DICIONÁRIO
HOUAISS
DE COMUNICAÇÃO E MULTIMÍDIA

EDUARDO NEIVA

DICIONÁRIO HOUAISS DE COMUNICAÇÃO E MULTIMÍDIA

HOUAISS

PUBLIFOLHA

Instituto Antônio Houaiss
Coordenação editorial: Rodrigo Villar

Revisão
Isabel Newlands
Vera Coelho Villar

Informatização
João Rodrigo de Mello Franco

Projeto gráfico
Susan Johnson

Editoração eletrônica
Livros & Livros
Susan Johnson e Patricia Esteves

Publifolha
Editor assistente
Lucas Verzola

Coordenadora de produção gráfica
Mariana Metidieri

Produtora gráfica
Samantha R. Monteiro

Capa
Paula Astiz

Revisão
Marcia Menin

Dados Internacionais de Catalogação na Publicação (CIP)
(Câmara Brasileira do Livro, SP, Brasil)

Neiva, Eduardo
Dicionário Houaiss de comunicação e multimídia / Eduardo Neiva ; [Instituto Antônio Houaiss]. – São Paulo: Publifolha, 2013.

Bibliografia
ISBN 978-85-7914-436-3

1. Comunicação – Dicionários. 2. Multimídia – Dicionários
I. Instituto Antônio Houaiss. II. Título.

13-03016 CDD: 469.3

Índices para catálogo sistemático:
1. Comunicação : Dicionários : Português 469.3
2. Multimídia : Dicionários : Português 469.3

Este livro segue as regras do Acordo Ortográfico da Língua Portuguesa (1990), em vigor desde 1º de janeiro de 2009.

Direitos desta edição reservados à:
Publifolha – Divisão de Publicações
da Empresa Folha da Manhã S.A.
Al. Barão de Limeira, 401, 6º andar
CEP 01202-900, São Paulo, SP
Tel.: (11) 3224-2186/2187/2197

Sob licença de:
Paracatu Editora
Largo do Machado, 21, sala 1001, Catete
CEP 22221-020, Rio de Janeiro, RJ
Tel.: (21) 2246-3688

Para Andréa e meus filhos,
Duzinho, Pedro e Gabriel

Sumário

Agradecimentos

Muitos amigos e colegas colaboraram na feitura do *Dicionário Houaiss de comunicação e multimídia*, respondendo a perguntas, dando sugestões sem as quais o trabalho não seria realizado.

Sou grato, portanto, à colaboração técnica de Fernando de Almeida Sá (GRÁF), Sandro Mello (INF), Isabel Travancas (ANTRPOL), Sílvio Tendler (CINE), Arthur Omar (CINE, FOT), Jean Bodon (CINE, FOT), José Carlos Rodrigues (ANTRPOL), Kevin G. Barnhurst (JORN), James Lull (M.COM), Minabere Ibelema (JOR), Steven J. Miller (HIST), David Basilico (LING), Eduardo Kac (ART.PLÁST), André Millard (HIST, MÚS), Gabriel Neiva (ANTRPOL, MÚS), Cris Castier (MKT), César Chaves Fernandes (JOR), Ronaldo Helal (SOC), Hailin Ning (ART. PLÁST, PSIC), Monica Rector (LIT).

Apresentação

Kevin G. Barnhurst,
Ph.D. Universidade de Amsterdã

Jorge Luis Borges, no ensaio "O idioma analítico de John Wilkins", da coletânea *Outras inquisições*, escreve: "Notoriamente, não há classificação do universo que não seja arbitrária e conjectural. A razão é muito simples: não sabemos que coisa seja o universo". O mesmo é verdade para o universo, ainda que menor, da comunicação.

Vulgarmente, a comunicação é uma disciplina nova; na universidade moderna, já foi considerada secundária, menosprezada por uma presumida falta de profundidade e por se limitar a produzir meras mecânicas discursivas, como é o caso do relato jornalístico; mas esse é um entendimento equivocado. Como afirma repetidamente o professor de retórica e historiador Deidre McCloskey, a comunicação é a soberana de todos os conhecimentos.

Nenhuma disciplina universitária poderia funcionar ou existir sem comunicação. Longe da torre de marfim, a comunicação é essencial para a ontologia, a epistemologia e a axiologia da existência humana. Afinal, a comunicação é a atividade que constitui a nossa vida interna e pessoal, bem como a externa e social: é, então, uma disciplina que merece (de fato até exige) uma lexicografia.

A tarefa é, contudo, assustadora. Após citar Hume sobre a inexistência de uma ordem universal no mundo, Borges declara que, se existe algum unificador orgânico, "falta conjecturar as palavras, as definições, as sinonímias, do dicionário secreto de Deus". Assim, deve-se considerar a finalidade, bem à maneira divina, que inspira este *Dicionário Houaiss de comunicação e multimídia*: a tarefa é nada mais, nada menos do que definir a terminologia, as origens e as conexões, portanto os significados, da vida da comunicação.

Um dicionário é um objeto curioso, não uma, mas muitas coisas. Um dicionário geral vale-se da ordem alfabética para listar as palavras que o leitor irá encontrar; e, todavia, o alfabeto é o mais arbitrário de todos os sistemas de organização. Sua ordem é a de uma acumulação de acidentes, formada a partir do momento em que o mundo antigo executou a passagem dos símbolos-palavras para os símbolos sonoros. As duas linhas (<) e um corte vertical entre eles (|) na palavra *aleph* ('boi'), por exemplo, gerou o grego *alfa* e na escrita romana *A*, e um processo similar gestou a palavra *beta*, para indicar 'casa' e dar forma à letra grega *beta* e à romana *B*. As duas representações tornaram-se, por motivos perdidos no hábito e na história, as duas primeiras letras e as raízes da palavra *alfabeto*.

A partir daí, os vinte e dois caracteres fenícios expandiram-se para vinte e quatro no grego e no latim, e, através da Idade Média, as letras J e W apareceram em seus lugares, próximos a letras foneticamente aparentadas (I e V), compondo a lista atual de vinte e seis letras.

A transformação cultural mediterrânea das agregações de ícones antigos em alguns poucos caracteres fonéticos que representariam tudo-o-que-existe-sob-o-sol é quase que mágica, mas o alfabeto, infelizmente, produz apenas uma escala caprichosa, que é a mesma usada nas listas telefônicas e nos dicionários. Ler todas as entradas das letras A e B de um dicionário é uma estranha experiência, ainda que sua ordem aleatória não deixe de revelar outros tipos de fascínios.

Figura. Origem de *alfabeto* no fenício

Alfa	𐤀	Beta	𐤁

As listas ancestrais de palavras sumerianas, os subsequentes *wordbooks* ('livros de palavras') ou *Wörterbucher* serviam para tradução. Graças a eles, um leitor que encontrasse uma palavra incomum ou desconhecida numa língua estrangeira ou antiga poderia achar a palavra equivalente na língua franca. A mera listagem, instrumento trivial de quem vai às compras, é uma ação poderosa com efeitos sociais, tais como o de padronizar a ortografia e silenciar vozes alternativas.

Foi o que aconteceu com a língua inglesa no sXIX, quando o lexicógrafo americano Noah Webster empreendeu uma tarefa radical: a de fazer um dicionário monolíngue que discriminasse o inglês da Inglaterra daquele falado e escrito nos Estados Unidos. Webster simplificou e tornou mais eficiente a ortografia. Para ele, o *u* de *colour* desapareceria e a palavra *programme* passaria a ser grafada *programe*. O dicionário de Webster incluía termos técnicos (*locomotive* passara a ser uma máquina ferroviária e não apenas o adjetivo de *locomotion*, que era o ato ou efeito de mudar de um lugar para outro) e adicionava termos originários da América do Norte, como, por exemplo, *yankee*, corruptela da palavra francesa *anglais* feita pelos indígenas locais.

A lista de Webster implementava uma reforma linguística radical, politicamente importante, ao simplificar, manipular e inventar palavras em e para o uso da nova república dos Estados Unidos. Suas inovações exerceram tamanha influência sobre outros dicionários de língua inglesa que o termo *webster* passou a indicar qualquer dicionário que representasse a expressão linguística do país.

O *Dicionário Houaiss de comunicação e multimídia*, de Eduardo Neiva, é também americano, não apenas geograficamente, mas porque está repleto de termos técnicos, muitos deles originários do falar norte-americano. A terminologia técnica advém de áreas diversas: da fotografia, das artes gráficas, da editoração, do cinema, da televisão, da música, do rádio e de outras formas da cultura de massa, bem como da internet e das comunicações em rede, como no caso da palavra *barcode*, além de gírias empregadas em locais de trabalho, caso de *back orifice* por *back office*.

Neste dicionário, os termos técnicos recebem definições curtas e denotativas, mas exercem ainda outra função, ao relacionar o léxico de várias ocupações próprias do ofício da comunicação, com o que se dá continuidade ao processo recente de convergência da mídia com outros domínios pessoais e midiatizados. Desse modo, o trabalho de Neiva mostra um senso de humor (não de *humour*), surpreendente em qualquer dicionário. Uma das minhas entradas favoritas é *blue screen of death*, expressão bem familiar aos usuários do sistema operacional Windows. Mesmo com o toque leve, Neiva expande seu propósito de criar, padronizar e demonstrar a universalidade da comunicação, arrancando a disciplina de suas raízes retóricas e jornalísticas.

Bem diferente é o caso do dicionário especializado que serve a peritos e que se organiza a partir dos conceitos predominantes de um saber, e não do rastro das palavras, como é o caso da lexicografia genérica. O dicionário para especialistas vale-se de uma terminologia específica, composta, a rigor, de termos que designam dimensões ou aspectos dos conceitos; e, assim, investiga que termos descrevem um conceito, enquanto um dicionário comum opera de outra maneira, investigando o que significam as palavras e locuções individualmente. De outra forma, na lexicografia especializada, as definições apontam para as relações entre unidades lexicais.

Diante de tais dilemas, Neiva assume uma postura decidida quanto à discussão sobre se a comunicação é uma especialidade restrita ou uma disciplina que abarca todo o conhecimento. O autor do *Dicionário Houaiss de comunicação e multimídia* organiza seu texto visando prioritariamente o leitor comum, recusando a atitude condescendente do conhecimento universitário. Para Neiva, a terminologia da comunicação é o léxico do cotidiano no sXXI.

Os dicionários, falando genericamente, fazem outras coisas, como, p.ex., nomear e narrar a vida de pessoas importantes (no caso do dicionário biográfico), registrar, georreferenciar e descrever topônimos (no caso do *gazeteer* e dos dicionários geográficos) ou registrar e discutir simplesmente ideias (no caso dos dicionários filosóficos), este último, nos passos de Voltaire, cujo *Dictionnaire philosophique*, de 1764, era principalmente um projeto enciclopédico.

Um toque magistral do *Dicionário Houaiss de comunicação e multimídia* são as entradas biográficas e filosóficas, nas quais Neiva versa extensamente sobre pensadores-chave (Bakhtin, Barthes, Darwin, Marx) e suas ideias (intertextualidade, *fait divers*, babelismo, base, burguesia), apontando referências para leituras posteriores. A entrada sobre Francis Bacon traça as ideias de Galileu e Newton, passando por Popper e Wittgenstein, e explorando como a linguagem da comunicação se transforma de "um espelho da natureza" até chegar ao conceito de "representações arbitrárias e convencionais".

O biográfico e os termos filosóficos caminham ao lado das palavras de cunho geral, para demonstrar como o saber específico se entrelaça com o conhecimento mais genérico. Neiva não evita termos como *beleza*, produzindo uma definição concentrada de teor estético, para depois refutar o significado funcionalista que privilegia os efeitos da beleza na audiência, tudo isso valendo-se de uma erudição que vai da filosofia platônica à era moderna. Outros termos (*bibliografia*, *fofoca*, *biblioteca* etc.) fazem a ponte entre o especializado e o universalizante, reiterando a centralidade da comunicação na vida cotidiana. Neiva chega sugerir etimologias em entradas de termos históricos, como no caso de *carbon copy*.

Em última análise, o *Dicionário Houaiss de comunicação e multimídia* é menos classificatório do que explicativo. Eduardo Neiva reinterpreta a comunicação, deslocando-a de um interesse ocupacional restrito para uma atividade humana fundamental, mas sem deixar de atender a ambos os fins. Enquanto Webster era um cristão em busca das etimologias religiosas das palavras, Neiva privilegia a competição neodarwiniana e a seleção natural, que, para ele, presidem a sua disciplina.

Assim como o compêndio de Webster, o de Neiva é descritivo e prescritivo, especializado e generalista, em síntese, um festim onívoro. No conto "O jardim dos sendeiros que se bifurcam", Borges prosseguiu zombando satiricamente do saber acadêmico, inventando especialidades e habitando-as com estudiosos que competiam entre si, brandindo obras-primas fictícias.

Imaginando a interpretação como um "labirinto de símbolos" onde a humanidade se perde, Borges também previu o arquivo digital a ser pesquisado, os jogos *on-line* e o romance hipertextual, que se hospedam no universo do sXXI, em contraste com a solidez da física newtoniana e a lexicografia de Webster. A terminologia de Neiva ocupa uma posição fundadora semelhante.

Kevin G. Barnhurst é Professor Emérito de Comunicação da University of Illinois at Chicago e Professor-Chair de Comunicação na Era Digital do Institute of Communications Research, University of Leeds, no Reino Unido. Fluente em português, é autor de mais de 100 trabalhos acadêmicos sobre comunicação e mídia, bem como ensaios literários e ficção. Seu interesse em lexicografia remonta a uma ambição juvenil. Barnhurst, filho de uma família operária do Oeste Americano, queria ser um escritor da Costa Leste. Para que isso fosse possível, passou a ler livros de listas como *Os cem mais importantes romances* e tornou-se devoto do *Webster's new international dictionary* (segunda edição, 1934). Até hoje utiliza como referência aquele seu exemplar de 1951 da College Edition do Webster.

Lista de reduções e abreviaturas

ABREVIATURA	DESCRIÇÃO
a.C.	antes de Cristo
abrev.	abreviação
ACS	acústica
ADM	administração
al.	alemão
ANTRPOL	antropologia
aport.	aportuguesamento
ár.	árabe
ARIT	aritmética
ART.PLÁST	artes plásticas
AUT	automação
BIBL	bibliologia
BIO	biologia
BIOQ	bioquímica
BIOTEC	biotecnologia
CALG	caligrafia
cf.	conferir
CIB	cibernética
CINE	cinema
COM	comércio
COMN	comunicação
d.C.	depois de Cristo
DES	desenho
DES.IND	desenho industrial
DOC	documentação
ECO	ecologia
ECON	economia
ECON.POL	economia política
EDIT	editoração
ELETR	eletricidade
ELETRÔN	eletrônica
empr.	empregado(a)
ENC	encadernação
ENG.ELETRÔN	engenharia eletrônica
esp.	espanhol
esp.	especialmente
EST	estatística
ESTÉT	estética
ESTL	estilística

ÉT	ética
etc.	et cetera
ETN	etnografia
ETO	etologia
EVOL	evolução
f.	forma
FIL	filosofia
FILOL	filologia
FÍS	física
FISL	fisiologia
FON	fonética, fonologia
FONO	indústria fonográfica
FOT	fotografia
fr.	francês
freq.	frequentemente
GEN	genética
ger.	geralmente
gr.	grego
GRÁF	artes gráficas
GRAM	gramática
GRAM.GENER	gramática generativa
GRAV	gravura
heb.	hebraico
HIST	história
HIST.ART	história da arte
INF	informática
ing.	inglês
INTERN	internet
it.	italiano
jap.	japonês
JOR	jornalismo
JUR	jurídico
lat.	latim
LEX	lexicografia/lexicologia
LING	linguística
LING.EST	linguística estrutural
LIT	literatura
LÓG	lógica
M.COM	meios de comunicação
m.q.	mesmo que

MAT	matemática
MED	medicina
MINER	mineralogia
MIT	mitologia
MKT	marketing
MÚS	música
NEUR	neurologia
ÓPT	óptica
n.-am.	norte-americano
p.ex.	por exemplo
p.opos.	por oposição
PALEOG	paleografia
PAP	indústria de papel
PINT	pintura
POL	política
prov.	provavelmente
PSIC	psicologia
PSIC.SOC	psicologia social
PSICN	psicanálise
PUB	publicidade/propaganda
QUÍM	química
RÁD	radiofonia
REC.AV	recursos audiovisuais
red.	redução
REL	religião
RET	retórica
rus.	russo
SEMIO	semiótica
SEMT	semântica
símb.	símbolo
SLING	sociolinguística
SOC	sociologia
tb.	também
TEAT	teatro
TEC	tecnologia
TEL	telecomunicações
TIP	tipologia
TV	televisão
us.	usado(a)/usualmente
VIDEO	vídeo

Aa

a 1 Primeira letra e primeira vogal do nosso alfabeto. 2 FON Letra que representa a vogal central baixa, não arredondada, oral. 3 GRÁF Tipo que imprime essa letra. 4 EDIT Matriz a partir da qual se faz essa letra. 5 Diz-se do primeiro elemento de uma série. 6 Na escala socioeconômica, diz-se da primeira classe quanto a riqueza e poder.

A 1 EDIT Abrev. de autor. 2 TEL Símb. de AMPERE.

@ INF Símb. de endereçamento eletrônico, dito em português *arroba*, e em inglês indicativo da preposição de lugar *at* (em). ▸ O símbolo @ discrimina as partes do endereçamento de uma mensagem por correio eletrônico. O que vem antes do símbolo constitui a parte local do endereçamento, na maioria das vezes o nome ou identificação do usuário ou destinatário da mensagem. O que se segue ao símbolo @ indica o domínio para o qual a mensagem será enviada, que pode ser o provedor do serviço de correio eletrônico, a organização e a instituição da qual o destinatário faz parte, ou seu SÍTIO pessoal. Sem o uso apropriado do símbolo @ no endereçamento, a mensagem não será transmitida. Em português, o sinal @ recebe a denominação de arroba porque a letra *a*, dentro de um círculo aberto (@), derivada da grafia de copistas medievais para a subordinação de 'lugar em' (*ad*, lat.), passou a ser interpretada como abreviação da medida arroba. Em 1971, o engenheiro e programador de telecomunicações Ray Tomlinson (1941-), que criou o primeiro correio eletrônico para a rede de computação ARPANET, valeu-se do símbolo @ para identificar e discriminar o usuário do domínio para onde a mensagem seria dirigida. ▸ Cf. EMAIL.

AA EDIT 1 Abrev. de autores. 2 Símb. de craseado usado por revisores de texto. 3 Plural de A. 4 EDIT GRÁF PAP Red. de FORMATO AA.

aba 1 EDIT Parte do livro também dita orelha, onde tradicionalmente se imprimem apreciações do texto publicado e dados do autor, ou qualquer outra informação pertinente ao que foi editado. 2 INF Instância aberta da janela principal de um programa de computador.

abano GRÁF Folha de papel que separa quantidades predeterminadas de jornais, recurso que facilita o controle da quantidade de unidades impressas.

ABC (American Broadcasting Company) [ing.] Rede de televisão n.-am., fundada em 1943, localizada em Nova York e hoje parte de The Walt Disney Company. ▸ A rede *ABC* é também conhecida como The Alphabet Company, em referência à sua sigla, composta das três primeiras letras do alfabeto. A programação da *ABC* inclui *shows*, noticiários, filmes, séries e programas de entrevistas noturnos.

abdução FIL LÓG Segundo a teoria de Charles Sanders Peirce (1839-1914), processo fundamental do raciocínio que gera explicações hipotéticas para um dado problema; hipótese, retrodução. ▸ Peirce utilizou vários termos para designar o mesmo processo: abdução, retrodução, presunção e hipótese. Ainda que o tema da conjectura e da possibilidade na teoria do conhecimento remonte à noção de 'hipótese', em Aristóteles (384 a.C. - 322 a.C.), descrita na *Analítica posterior*, é, de fato, com a obra do filósofo, lógico e semioticista norte-americano Peirce que a abdução passa a ter um estatuto próprio na lógica e, por extensão, na comunicação. Nos primeiros escritos de Peirce, ou seja, durante o período que vai de 1859 a 1890, a abdução é vista como um elemento no processo geral de evidenciação científica. Além de o raciocínio abdutivo responder pela reconstrução de causas e de intenções, é também a fonte criadora de novas hipóteses, cuja fundação seria estritamente lógica. Peirce reconhece a seguinte forma de pensamento na abdução: um fato problemático *C* é observado; mas, se *A* for verdadeiro quando *C* é o caso, há motivos para supor que *A* seja novamente verdadeiro quando *C* vier a ocorrer. Sendo assim, a invenção e a descoberta seguem um parâmetro lógico e mentalista. É legítimo concluir que, ao contrário do que presume o BEHAVIORISMO e sua ênfase nas relações mecânicas de estímulo e resposta, a criatividade e a inovação caracterizariam os modos de comunicação em geral. Gradativamente, em Peirce, a abdução passa a ser entendida como uma faculdade essencial ao pensamento. Peirce diria que a capacidade de gerar abduções deriva de uma espécie de *lume naturale*, intuição inata a todos os seres humanos. Não só inferimos indutivamente, a partir de um conjunto de observações singulares, e também deduzimos segundo princípios gerais estabelecidos e abstraídos de observações, mas sobretudo geramos hipóteses ininterruptamente. De qualquer maneira, a abdução seria um processo vital, comparável à SELEÇÃO NATURAL darwiniana. Na análise de K. T. Fann (1937-), o conceito peirciano de abdução transforma-se num método de geração de hipóteses possíveis. Sem a abdução inexistiria a proliferação (e, portanto, a comunicação) de novas ideias. A lógica que preside a troca de signos terá que ser necessariamente abdutiva: emitir um signo é substancialmente comunicar uma possibilidade. ▸ Cf. PEIRCE, CHARLES SANDERS; SIGNO.

BIBLIOGRAFIA

ARISTÓTELES. *Posterior analytics*. Oxford: Oxford University Press, 1994.

FANN, K. T. *Peirce's theory of abduction*. Hague: Martinus Nijhoff, 1970.

HOUSER, Nathan; KLOESEL, Christian (ed.). *The essential Peirce, volume 1: selected philosophical writings (1867-1893)*. Bloomington: Indiana University Press, 1992.

abecedário 1 ALFABETO 2 BIBL GRÁF Livro cujo conteúdo é disposto em ordem alfabética. 3 Catálogo em ordem alfabética. 4 Série completa de letras capitulares. 5 GRÁF Na produção de livros, sequência alfabética de cadernos impressos.

Abelardo (Le Pallet, França 1079-Saint Marcel, França 1142) Filósofo e teólogo francês do sXII que desenvolveu uma teoria de fundamentação lógica para uma ciência dos discursos. ▸ Abelardo é conhecido popularmente por seu romance e cartas trocadas com Heloísa, jovem aluna que seduziu e com quem se casou em segredo. O tio dela, por vingança, mandou castrá-lo e ainda o acusou de lascívia. A perseguição afastou-o de Paris para a Bretanha, terra que ele considerava bárbara, de língua desconhecida e população brutal e selvagem. Sua vida ali, onde acabou nomeado abade, e a convivência com os monges indisciplinados e corrompidos estão narradas na carta autobiográfica, *História de minhas calamidades* (*Historia calamitatum mearum*) que é, principalmente, uma revisão dos percalços de sua carreira. Aluno dos principais filósofos da época, adotou atitude crítica que, somada à sua proverbial capacidade de aniquilar e humilhar seus oponentes, foi certamente uma das razões para tantas inimizades. A inveja diante da imensa popularidade acadêmica de Abelardo é outro fator a ser considerado na avaliação de sua vida. Abelardo concebia o debate dialético como uma forma de conflito militar e era conhecido, pela força de sua argumentação, como *Rhinocerus indomitus*. Sob a orientação de Roscelin de Compiègne (1050-1121), Abelardo começa sua carreira filosófica e, criticando-o, toma parte no interminável debate escolástico da Idade Média sobre a questão dos universais. A discussão sobre os universais é um conjunto de respostas para um paradoxo do conhecimento: todas as coisas são entidades particulares em que é possível reconhecer atributos universais. A doçura é comum a todas as coisas doces; a vermelhidão, ao que é vermelho etc. A polêmica que daí se segue é se os universais têm uma realidade distinta dos particulares. As posições teóricas da época eram ou nominalistas ou realistas. Para o platonismo cristão de Santo Agostinho (354-430), as coisas são apenas sombras do único mundo real, que é o das formas ideais. Os agostinianos são realistas. Abelardo, porém, nota que, quanto mais se ascende em generalidade, mais atributos surgem a propósito de um universal; logo, o universal 'justiça' contém o que é justo e injusto; 'cor', a brancura e o negrume; 'razão', a racionalidade e a irracionalidade etc. Abelardo argumenta contra os realistas, apontando que, do ponto de vista dos universais, atributos contraditórios coexistem num mesmo indivíduo, o que leva progressiva e inevitavelmente à indistinção lógica. A postura realista é obviamente um erro. A oposição ao realismo é chamada de nominalismo. O nominalismo afirma a existência meramente nominativa e mental dos universais. Fora do pensamento, os universais inexistem. Os universais seriam apenas nomes que nada representariam. O professor de Abelardo, Roscelin, era um nominalista. Ainda que Abelardo achasse inaceitável a resposta realista, isso não o levava a adotar acriticamente a postura nominalista. Partindo da suposição nominalista, não haveria como identificar as particularidades das coisas. Tudo é apenas um nome arbitrário. Uma rosa, um nome próprio e um número seriam identificações a esmo. Se isso for verdade, o nome da rosa pode, teoricamente, passar a representar o número sete: tanto as teses realistas como as nominalistas impedem o julgamento e a identificação de contradições. Logo, para Abelardo, os realistas e os nominalistas estariam igualmente equivocados: suas hipóteses não admitem o conhecimento conceitual do mundo objetivo. Na teorização de Abelardo, a lógica revela que a referência é de menor relevância que o nexo entre uma sentença discursiva (*dictum*) e aquilo que é conceitualmente proposto. As sentenças proposicionais reúnem vários nomes e, portanto, não são a representação do que é único, mas o inevitável apelo à pluralidade, o que sempre demanda juízo, julgamento e ação racional por parte daqueles que participam da comunicação e dos diálogos cognitivos. Assim, o trabalho de uma ciência do discurso será necessária e unicamente o julgamento da verdade ou da falsidade de uma proposição. Para os medievais, não havia motivo para se separar gramática, retórica e lógica: segundo o historiador Robert Blanché, "a gramática ensina a falar corretamente, a retórica a falar elegantemente e a lógica, por fim, a falar verdadeiramente" (p.139). A lógica trata o que for *oratio* (o discurso) como veículo do raciocínio. Uma comunicação só se completa quando todo o significado de seu pensamento tiver sido transmitido. Por isso, a polêmica em torno dos universais seria, para Abelardo, simplesmente irrelevante. É graças à intelecção que as proposições dos discursos são avaliadas como verdadeiras ou falsas. O pensamento é uma atividade que gera atos mentais que se habilitam a julgar os enunciados. O racionalismo de Abelardo parece típico de muitos pensadores de sua época, que punham os sentidos sob suspeita em favor da intelecção dedutiva, mas com uma diferença significativa: sua crítica à querela do realismo e nominalismo escolástico constitui, na prática, um interesse, de fato um retorno ao que é individual, o que encoraja a observação e a consideração do particular. ▸ Cf. REALISMO ('doutrina medieval').

BIBLIOGRAFIA

ABELARDO, Pedro. *Lógica para principiantes e história de minhas calamidades*. São Paulo: Abril, 1973. (Coleção Os pensadores, v. 7).

BLANCHÉ, Robert. *A história da lógica de Aristóteles a Bertrand Russell*. Lisboa: Edições 70, 1985.

KNEALE, William; KNEALE, Marta. *O desenvolvimento da lógica*. Lisboa: Fundação Calouste Gulbenkian, 1991.

aberração ÓPT **1** Desvio de raios luminosos que atravessam um sistema óptico, provocando distorção da imagem. **2** Diz-se cromática quando, por meio de uma lente, forma-se uma imagem com bordas coloridas, efeito do índice refratário do meio óptico que dispersa de modo diferente as várias cores constituintes. ▸ Lentes acromáticas corrigem as aberrações cromáticas. ▸ Cf. ACROMÁTICO.

abertura 1 CINE FOT ÓPT TV Razão entre a distância focal e o diâmetro da pupila de entrada de uma objetiva ou câmara fotográfica. **2** CINE FOT TV Diafragma da lente de uma câmara fotográfica, ou cinematográfica, que controla a qualidade e a definição de uma imagem. **3** CINE TV Movimento de lente em zum que aproxima sem que a câmara chegue perto do objeto. **4** CINE TV Aparecimento progressivo de imagem em tela escurecida; FADE IN. **5** EDIT Corte lateral do livro, oposto ao dorso ou lombada. **6** JOR Matéria que inicia uma ou várias publicações. **7** JOR Introdução ou apresentação de um artigo. **8** JOR Lide. **9** JOR Parte do texto jornalístico que abrange o título e o lide. **10** JOR Parte mais importante de matéria jornalística, que tem por objetivo atrair a atenção do leitor. **11** MÚS Prelúdio ou composição que introduz uma obra de grande desenvolvimento, como ópera, cantata, sinfonia etc. **12** MÚS Música tocada no início de uma apresentação. **13** ÓPT Diafragma que controla a quantidade de luz que penetra num sistema óptico. **14** ÓPT Superfície, em um sistema óptico, perpendicular ao eixo e disponível à passagem de luz, de área definida pelo diâmetro da pupila de entrada. ▸ Numa lente isolada, a abertura é definida pelo seu diâmetro. **15** ÓPT Em espelhos esféricos ou lentes, o diâmetro da superfície que reflita ou refrate. **16** RÁD TV Apresentação padronizada que identifica uma emissora de rádio ou de televisão no meio de sua programação diária. **17** RÁD TV Apresentação que inicia determinado programa de rádio ou TV, trazendo, na vinheta, sua identificação e os nomes de seus principais realizadores. **18** TEAT Música executada antes do início propriamente dito de espetáculo ou programa; abertura musical. **19** TV Início de programa ou filme que apresenta seu título e a identificação dos principais participantes.

abonação BIBL LEX **1** Trecho de livro ou escrito qualquer que serve para autorizar o emprego de um vocábulo, sintagma, acepção, sintaxe etc. na língua; autoridade. **2** Atestação, por meio de documento, da ocorrência de uma palavra ou acepção numa determinada data.

abonar **1** EDIT Comprovar por meio de ABONAÇÃO. **2** MÚS Resolver musicalmente uma dissonância.

abordagem **1** COMN Método de estudo ou de interpretação de mensagem ou grupos de mensagens. **2** M.COM Maneira ou plano de ação em comunicação. **3** PUB Recurso, plano de ação usado pela pessoa responsável pelo contato com o cliente de agência publicitária. **4** MKT PUB Contato inicial no processo de venda de um produto.

abordagem interpretativa COMN Método de analisar os meios e atos comunicativos que pretende revelar o significado implícito ou oculto das mensagens.

abordagem objetiva COMN Método de pesquisa empírica que aspira ao grau de cientificidade das ciências naturais. ▸ Frequentemente, as abordagens objetivas em comunicação coligem as reações individuais da audiência, adotando o método indutivo e a linguagem quantitativa. ▸ Cf. INDUÇÃO; QUANTIFICAÇÃO.

abortar INF Interromper tarefa em execução num computador.

above-the-line [ing.] CINE REC.AV Termo orçamentário que indica os custos da equipe de criação (produtor, escritor, diretor, músicos e atores) de filme ou vídeo. ▸ O orçamento é elemento crucial na realização de um filme ou vídeo, pois determina as possibilidades criativas e técnicas do produto final. A separação entre custos de criação e custos técnicos (BELOW-THE-LINE) permite maior controle do orçamento da produção. No que concerne ao orçamento de filmes e vídeos, a tendência é sempre reservar um fundo de contingência de aproximadamente 15% a 20%, para fazer frente a qualquer eventualidade. O produtor responde por decisões que dizem respeito tanto ao pessoal criativo quanto ao técnico. O produtor acompanha o orçamento que é executado pelo diretor.

ABR [ing.] INF Sigla de AVAILABLE BIT RATE ('taxa de bite disponível').

abrir **1** CINE FOT TV Afastar a lente de uma máquina fotográfica ou cinematográfica de (o que está sendo registrado), com o propósito de aumentar seu enquadramento. ▸ Cf. ENQUADRAMENTO. **2** EDIT Ajustar ou alterar (paginação de matéria impressa). **3** EDIT Indicar o corte e a dobra de (cadernos que farão parte de um livro impresso). **4** EDIT GRÁF Adicionar traços no acabamento de (matriz), chamada de arte-final, antes de ser fotografada para impressão. **5** EDIT GRÁF Cortar com espátula (folhas ainda não separadas de um livro). **6** EDIT GRÁF Espacejar (palavras ou linhas num texto impresso). **7** EDIT GRÁF Aumentar (claros) numa matéria impressa. **8** EDIT GRÁF Intercalar na encadernação de um livro (imagens, gravuras, ilustrações e fotos que foram impressas em separado). **9** INF Comandar o início de (programa ou arquivo num computador). **10** JOR Revelar (fonte sigilosa).

abrir o papel GRÁF Bater o papel (resma) ou passá-lo na dobradeira, para separar as folhas e facilitar a margeação.

abrir página GRÁF Iniciar capítulo, ou outra divisão do livro, em página nova, dando-lhe um claro de entrada.

A/B roll [ing.] CINE REC.AV Sistema de edição linear de múltiplas fontes que permite o uso das várias formas de transição (dissoluções, *fade-ins* etc.) de uma imagem editada para outra. ▸ Os quadros no *A roll* fazem parte da narrativa principal de um programa, como p.ex. entrevistas num documentário. O *B roll* registra os elementos fílmicos ou televisivos que contextualizam o que está sendo dito. Muitas vezes, o *B roll* é transposto e extraído de materiais de arquivo.

absoluto FIL Diz-se de ou a realidade plena, ilimitada, essencial, que não depende senão de si mesma para existir, em oposição a todos os fenômenos que se mantêm dependentes, contingentes, relativos ou particulares. ▸ O reconhecimento do absoluto permite que se fale não apenas do que existe, mas do que poderia especulativamente existir. O filósofo Immanuel Kant (1724-1804) usa o termo para indicar o que é incondicionalmente válido, mas o *absoluto* é uma ideia estranha à comunicação. De acordo com a distinção kantiana entre conhecimento absoluto e prático, ou seja, a oposição entre o que é verdadeiro em todas as circunstâncias e aquilo que só pode ser entendido em termos de suas situações, a comunicação, por ser prática, é o oposto do absoluto. Enquanto prática e objeto de estudo, a comunicação sempre se apresenta como radicalmente contextual. Não há nada em comunicação que seja universalmente válido; pois, afinal, comunicar é dirigir-se a audiências específicas com seus valores, expectativas e peculiaridades próprias.

abstração **1** ART.PLÁST ESTÉT Estilo ou técnica de composição de imagens que não se preocupa em representar a percepção do mundo natural. ▸ Cf. MIMESE. **2** FIL Operação intelectual, compreendida como a origem de todo o processo cognitivo, na qual o que é escolhido como objeto de reflexão é isolado de uma série de fatores que comumente lhe estão relacionados na realidade concreta (como ocorre, p.ex., na consideração matemática que despoja os objetos de suas qualidades sensíveis: peso, cor etc.), no intuito de considerá-los apenas em seu aspecto mensurável e quantitativo. ▸ A faculdade de abstração permite operações seletivas, que lidam com as circunstâncias do que está sendo pensado e tb. traçam o caminho para a generalização, a universalidade e a revelação do que é essencial num objeto do conhecimento. Não se deve considerar a abstração como meramente ascendente, pois pode-se abstrair uma qualidade sensível (como a doçura) a partir de um objeto concreto, percebido e experimentado. A abstração progressiva e ascendente leva a conceitos como a ideia de Deus e/ou uma entidade matemática (p.ex., o conjunto de números pares e ímpares). A permanência de uma abstração é o que faz de um conceito uma ideia abstrata. Por esse motivo, a linguagem explora tanto o que contém alto grau de abstração (o Mal, a Justiça, a Felicidade etc.) como o que é da mais completa concretude (essa casa, aquele carro, tal cachorro etc.). Um dos resultados da possibilidade cognitiva de abstrair é a idealização do conhecimento, que, então, deixa para trás a impermanência do mundo sensorial. Assim, surge o conceito de círculo que, com sua perfeita equidistância, não existe, nem pode mesmo existir, no mundo material. Se não houvesse a capacidade de abstrair, não seria viável produzir definições e classificações, sejam elas motivadas ou arbitrárias. A autonomia do processo de abstrair é tal que se pode falar de seres imaginários que não se abstraem das coisas, mas que pairam sobre elas, seja um ente imaginário, como uma fada, ou as formas ideais da filosofia platônica. **3** FIL O resultado da operação de abstrair. **4** PSIC Processo mental que consiste em escolher ou isolar determinado aspecto de um estado de coisas relativamente complexo, a fim de simplificar sua avaliação, classificar ou permitir a comunicação do mesmo. ▸ A abstração distingue-se da análise. No caso da análise, uma totalidade é mentalmente cindida em suas partes, enquanto que a abstração pode lidar, isoladamente, com cada um dos elementos analisados. **5** PSIC Situação temporária, na qual o indivíduo retira sua atenção de tudo que o cerca e se volta para os próprios pensamentos, num processo de alheamento. **6** PSIC Imagem subjetiva, irreal.

abstracionismo ART.PLÁST ESTÉT Estilo não figurativo (não mimético) de obras de arte. ▸ Cf. ARTE; MIMESE.

abstract [ing.] BIBL EDIT Sinopse ou resumo dos pontos principais de artigo, tese, conferência etc.

abstratizante ART.PLÁST Que ou o que segue um modelo estético não figurativo (não mimético). ▸ Cf. MIMESE.

abstratizar ART.PLÁST ESTÉT Adotar, em obra de arte ou composição visual, um estilo de representação não figurativa ou não mimética. ▸ Cf. MIMESE.

absurdo **1** Que se opõe à razão e ao bom senso; que é destituído de sentido, de racionalidade. **2** Que não se enquadra em regras e condições estabelecidas. **3** Carente de argúcia, agudez; tolo, ingênuo. **4** Aquilo que é contrário à sensatez e ao bom senso; coisa absurda, disparatada; absurdez, absurdeza, absurdidade. **5** FIL Para os filósofos da Antiguidade e Idade Média, pensamento contraditório, incoerente em seus próprios termos ou inconsistente de um ponto de vista lógico. ▸ Cf. REDUÇÃO AO ABSURDO. **6** FIL Em Sören Kierkegaard (1813-1855), a distância que separa a subjetividade verdadeira em comunhão com Deus de qualquer abstração racionalista. **7** FIL No existencialismo literário e filosófico (Albert Camus, Jean-Paul Sartre etc.), falta de sentido ou de justificação racional para a existência do homem e do universo.

acabamento GRÁF **1** Término de um trabalho de impressão. **2** Ato de dar os últimos retoques numa arte-final. **3** Processo de finalização de um livro que inclui aparagem, corte, marmorização e douração. **4** Conjunto de operações manuais que dão forma final a um material impresso. **5** PAP Tratamento da superfície de papel.

ação **1** CINE Modo de categorizar um tipo e gênero de filme de grande audiência que narra as proezas de um herói em conflito com um ou vários vilões. ▸ Os recursos de digitalização permitiram que alguns filmes se caracterizassem por um crescente grau de espetaculosidade, a tal ponto que, mais atraentes do que a narrativa por si mesma, os efeitos especiais se tornaram o motivo real pelo qual os filmes de ação têm sido tão populares. **2** CINE JOR LIT RÁD TV Sequência de movimentos em narrativa literária, jornalística, televisiva, radiofônica ou cinematográfica. **3** FIL Atividade surgida da livre intenção de um agente e, portanto, não submetida a qualquer compulsão ou poder coercitivo. ▸ P.opos. a PAIXÃO. **4** LÓG Categoria aristotélica que indica uma situação ativa do sujeito na proposição. **5** FIL Atividade prática, concreta, que intervém no real, em contraste com a passividade de uma atitude puramente especulativa ou teórica. **6** RET TEAT M.q. GESTICULAÇÃO. **7** CINE TV Derradeira palavra de comando dita por um diretor a seu elenco para determinar o momento de início da filmagem de um plano.

acavalamento GRÁF Desalinhamento na impressão.

account [ing.] MKT PUB Conta de um cliente de agência publicitária.

aceder INF M.q. ACESSAR.

aceitabilidade GRAM LING Qualidade dos enunciados aceitáveis. ▸ Cf. ACEITÁVEL.

aceitação **1** FIL LÓG Concordância diante do que é apresentado como evidência. ▸ Quando a conclusão diante do que é argumentado apresenta-se como indiscutível, estamos diante do que só poderia ser entendido como verdadeiro. A aceitação, porém, acontece muitas vezes quando chegamos a uma conclusão provisória, por estarmos diante de uma argumentação apenas persuasiva; logo, pode-se dizer que a aceitação acontece quando os padrões de estabelecimento da verdade são menos restritos e mais tolerantes do que o que se considera ABSOLUTO. Há um relativo parentesco entre verdade e aceitação, mas, nesse caso, seria mais preciso dizer que o argumento apresentado é VEROSSÍMIL. Em reação à rejeição de Platão (c428 a.C. - c348 a.C.) face ao verossímil, Aristóteles (384 a.C. - 322 a.C.) argumenta que é razoável aceitar e ser persuadido por argumentos que tenham a forma e a aparência da verdade; e é justamente por isso que os aceitamos. A lógica da comunicação examina as condições de aceitação do que parece ser verdadeiro e é, portanto, aceito como persuasivo: seu objetivo limita-se ao verossímil. O conceito de aceitação considera o desempenho e a eficácia de uma mensagem. Aceitar é matéria de um juízo contextual, uma avaliação, muitas vezes, de cunho psicológico. Se, para os estudos da comunicação, não existem enunciados universalmente válidos, o que comunicamos é 'mais ou menos' aceitável. ▸ Cf. ABDUÇÃO; CONFIRMAÇÃO. **2** PSIC Objeto de estudo das condições psicossociais que delimitam a recepção positiva de uma mensagem.

aceitável GRAM Diz-se de enunciado que, submetido ao julgamento de falantes nativos, é considerado por estes normal, bem formado, pertencente à sua língua. ▸ Noam Chomsky (1928-) introduziu o conceito, que não deve ser confundido com a noção de *correto* da GRAMÁTICA NORMATIVA. Na teoria de Chomsky, o aceitável é um conceito intuitivo, pré-científico e de difícil aplicação: as diferenças dialetais e as noções escolares de correção podem não ser sempre as mesmas. ▸ Cf. GRAMATICAL.

acento **1** EDIT Sinal gráfico que representa um destaque linguístico. **2** LING Destaque, realce, relevo dos elementos verbais. **3** Sinal diacrítico que indica a tonicidade ou timbre das expressões linguísticas, bem como tom de voz e pronúncia regionais. **4** MÚS Destaque de nota, pulso, acorde ou acentuação musicais.

acertar GRÁF Regular e ajustar a velocidade, tintagem, batente, registro de fotos ou chapas de máquina impressora.

acerto GRÁF Ato de regular máquinas para se obter um registro correto e perfeito de impressão.

acessar INF Ter, obter acesso a informação, arquivo, memória, dados, armazenamento ou unidade de redes disponíveis em computadores e sistemas informatizados.

acesso 1 INF Possibilidade de comunicar-se com dispositivos informacionais para receber ou transmitir dados. **2** M.COM Maneira de ter suas posições ideológicas ou pontos de vista pessoais representados ou veiculados nos meios de comunicação públicos ou privados. ▸ A questão do acesso não deve ser confundida com o direito à informação, mas sim pensada nos termos restritos do interesse, seja pessoal, político ou empresarial. Muitas vezes, o direito inerente e judicialmente consagrado à resposta, ante uma notícia disseminada pelos veículos de comunicação, constitui um modo de acesso à comunicação. Pode-se, porém, considerar a intervenção jurídica ou governamental aos meios de comunicação, por meio de acesso obrigatório (*mandated access*), uma interferência indevida na liberdade de expressão. Por outro lado, argumenta-se que, graças à discussão pública, qualquer forma de acesso obrigatório só melhora a qualidade dos meios. As novas tecnologias e o acesso quase que minimamente restrito à comunicação, hoje possíveis pela digitalização e pela internet, modificaram consideravelmente o debate. Ainda que haja censura governamental ocasional, como na proibição do governo chinês à ação livre do Google, ou no governo Hugo Chávez (1954-2013), da Venezuela, as barreiras criadas nesse caso são de natureza política e não inerentes ao meios de comunicação. Assim, o acesso à comunicação varia do repúdio completo à censura governamental até as formas moderadas ou extremas de controle. As regulamentações do acesso aos meios também se modificam, dependendo da lei nacional, se o meio é o jornalismo impresso, a rádio e teledifusões, ou a internet.

acetinação PAP Ato ou efeito de dar brilho ou lisura de cetim a papel de impressão.

acetinadeira PAP M.q. CALANDRA.

acetinador PAP Que ou quem atua no processo de acetinação de papel.

acetinar PAP M.q. CALANDRAR.

acidente 1 FIL No pensamento aristotélico ou escolástico, aspecto casual ou fortuito de uma realidade, que, por esta razão, é irrelevante para a compreensão do que nela é essencial e imprescindível. **2** MÚS Um dos cinco sinais gráficos (sustenido, bemol, bequadro, dobrado sustenido e dobrado bemol) que são colocados ao lado do registro de uma nota musical para alterar sua altura.

ácido desoxirribonucleico BIOQ Ácido nucleico que consiste em dois polímeros de desoxirribonucleotídeos cuja sequência é a informação genética característica dos seres vivos e de vários vírus. ▸ Sigla: *ADN* (*DNA*, em ing.). ▸ Cf. GENE.

ácido ribonucleico BIOQ Ácido nucleico composto pela polimerização de ribonucleotídeos que atua como intermediário na expressão gênica, permitindo que sequências específicas de DNA sejam lidas e traduzidas em proteínas. ▸ No arsenal de mecanismos de tradução de informação que caracteriza a vida biológica, o ARN é uma das transições que respondem pela geração progressiva de complexidade nos organismos vivos. Segundo os biólogos John Maynard Smith (1920-2004) e Eörs Szathmáry (1959-), a vida começa com moléculas replicantes que formam populações de moléculas organizadas em protocélulas. Nesse estágio inicial, a replicação é simples e limitada, porque não se mostra capaz de especificar instruções para a formação de novas estruturas: apenas reproduzem o que existira antes. Nos organismos vivos, as moléculas replicantes, que são os genes, então se encadeiam para formar cromossomos que geram uma replicação cooperativa e não competitiva de genes. Nesse quadro, o ARN é um dos ácidos nucleicos (o outro é o ADN [ou DNA]) que armazena e transmite informação para proteínas que formam a estrutura corpórea e as partes do organismo vivo. Para que o ARN se transforme em DNA, é necessário que um código genético evolua, desenvolvendo sequências de bases que estabeleçam as estruturas proteicas. O ARN é um mensageiro que exerce um papel importante na síntese de proteínas, formando, por vezes, o genoma de alguns vírus. ▸ Sigla: *ARN* (*RNA*, em ing.). ▸ Cf. GENE.

BIBLIOGRAFIA

MAYNARD SMITH, John; SZATHMÁRY, Eörs. *The origins of life: from the birth of life to the origin of languages*. Oxford: Oxford University Press, 1999.

acionador INF Dispositivo que permite a leitura ou gravação de dados em um computador; unidade de disco, *drive*.

aclamação RET Exclamação sentenciosa que encerra, com maior ou menor ênfase, um raciocínio ou discurso; epifonema.

acomodação COMN Ato ou efeito de adaptar-se, por meio de divergência ou convergência, a uma mensagem recebida. ▸ Teorizado como o elemento central do que se chama *CAT* (*Communication Accommodation Theory*, Teoria da Acomodação Comunicativa), o fenômeno da acomodação verifica-se mais claramente na interação de indivíduos com estilos de comunicação e expectativas diversas. Psicólogos experimentais norte-americanos notaram que a acomodação se bifurca em duas estratégias: uma de divergência, outra de convergência. Quando um dos indivíduos pertence a um grupo que favorece ou que produz identidades culturais mais poderosas, a estratégia é a de acomodação divergente. Através da comunicação divergente, os membros de uma comunidade linguística dominante afirmam suas diferenças em relação a quem pertence a outros grupos sociais. A comunicação divergente permite que um indivíduo expresse e reafirme seu poder social. A comunicação convergente, por outro lado, constitui-se no ajuste estratégico ao que é visto ou concebido como um estilo comunicativo superior. Análise do dispositivo de convergência entre membros de comunidades distintas, como franco-canadenses e anglo-canadenses, revela os mesmos processos de acomodação. O processo de acomodação verifica-se também entre subgrupos de uma mesma cultura, como, p.ex., diferentes gerações numa mesma sociedade .

BIBLIOGRAFIA

BOURHIS, Richard. Cross-cultural communities in contreal: two field studies since Bill 101. In: *International Journal of the Sociology of Language*, n. 46, p. 33-47, 1984.

GILES, Howard. Accent mobility: a model and some data. In: *Anthropological Linguistics*, n. 15, p. 87-109, 1973.

WILLIAMS, Angie; GILES, Howard. Intergenerational conversations: young adults' retrospective accounts. In: *Human Communication Research*, n. 23, p. 220-50, 1996.

acordeão MÚS 1 Instrumento de palheta com fole, teclado e botões que produzem acordes; acordeom, sanfona. ▸ Cf. CONCERTINA. 2 Músico que toca esse instrumento.

acordeom 1 EDIT GRÁF Costura usada para encadernar livros. 2 M.q. ACORDEÃO.

acrescento EDIT M.q. ACRÉSCIMO.

acréscimo EDIT Inclusão feita pelo autor, em prova tipográfica, de palavra, frase ou trecho que não estava no manuscrito original; acrescento, intercalação.

acrograma LING M.q. SIGLA ('redução').

acromático 1 Sem cor. 2 MÚS Sem acidentes nem modulação; diatônico. 3 ÓPT Que refrata a luz sem dispersá-la em suas cores constituintes, não apresentando aberração cromática (diz-se de meio óptico). ▸ Cf. ABERRAÇÃO.

acronia LING Abstração metodológica que desconsidera o tempo em todas as suas manifestações quando uma mensagem linguística é comunicada. ▸ A acronia abstrai tanto a evolução e o desenvolvimento histórico da linguagem (diacronia) como a consideração do sistema atuante na mente de quem fala (sincronia), portanto exige que se desvalorizem as dimensões do passado e do presente. Quando se privilegiam diacronia e sincronia, dá-se excessiva atenção a aspectos da temporalidade que apenas se complementam. A acronia destaca a natureza atemporal das estruturas lógicas e semânticas da linguagem, sublinhando o espontâneo, com o objetivo de capturar uma dimensão radicalmente subjacente à temporalidade e que seria um elemento real na produção de mensagens linguísticas. Para a abordagem acrônica, só as manifestações de superfície do discurso é que reivindicam a temporalização da linguagem. ▸ Cf. DIACRONIA; SINCRONIA.

acrônimo BIBL EDIT Diz-se de ou palavra formada pela inicial ou por mais de uma letra de cada um dos segmentos sucessivos de uma locução, ou pela maioria destas partes. ▸ Exemplos de acrônimos: AIDS (*acquired immunological syndrome*: síndrome de deficiência imunológica adquirida), DNA (*desoxyribonucleic acid*: ácido desoxirribonucleico), Sudam (Superintendência do Desenvolvimento da Amazônia).

acrossemia BIBL EDIT Redução de vocábulos ou expressões a seus elementos (letras ou sílabas) iniciais.

actância SEMIO Qualidade ou característica de ACTANTE.

actancial SEMIO 1 Relativo ao modelo de narrativa pelo qual se explica uma estrutura, observando as relações estabelecidas entre actantes de uma história, um mito etc. representados por seres animados ou inanimados. 2 Diz-se de estatuto ou papel vivido por um actante no desenvolvimento de uma narrativa. ▸ Os papéis actanciais fazem parte da sintaxe de superfície de uma narrativa. Associados, no discurso narrativo, a outros papéis temáticos, os actanciais transformam os atores em lugares para onde vai a narração. Os papéis actanciais adicionam-se aos actantes à medida que a combinatória da narração progride. ▸ Cf. ACTANTE.

actante SEMIO Na narratologia de A. J. Greimas (1917-1992), termo designativo da unidade sintática, básica e funcional de uma história, que não deve ser reduzida ao personagem da narrativa, mas àquilo que, textualmente, determina a ação que está sendo desenvolvida. ▸ Os actantes não são personagens ou caracteres singulares das narrativas, mas atores, humanos ou não, que apresentam traços semelhantes. P.ex.: bom moço, bom menino é um actante; bandido, ladrão, um outro actante. Greimas reconhece seis actantes que se definem por traços antinômicos e de oposição binária (cf. ANTINOMIA/BINÁRIO): actante 1 - sujeito (ou herói); actante 2 - objeto (objeto do desejo); actante 3 - emissor; actante 4 - receptor; actante 5 - adjuvante; actante 6 - oponente (sujeito/objeto; emissor/receptor; adjuvante/oponente). Na teoria de Greimas, os actantes podem combinar-se. Se uma história apresenta a narrativa "o rei mandou o mensageiro matar o menino", o rei é A1 (sujeito) e A4 (receptor), pois ele será o beneficiário, se o ato se concretizar; o mensageiro será A3 (emissor) e A5 (adjuvante), porque ajuda o rei; o menino, A6 e matar ou livrar-se do menino será A2. Mais do que simples indivíduos, os actantes definem-se pelo papel que exercem na sequência lógica da narrativa ou pelo que Greimas chama de investimento modal, que é a morfologia de um indivíduo: um herói pode ser heroico em determinado momento da história, mas não necessariamente em outro, como nos instantes que antecedem seu heroísmo. O que importa na teoria de Greimas é a ação combinatória atuante na narrativa e não apenas os personagens individuais que dela participem.

BIBLIOGRAFIA

GREIMAS, A. J. Elementos para uma teoria da interpretação da narrativa mítica. In: BARTHES, Roland *et alii*. *Análise estrutural da narrativa*. Petrópolis: Vozes, 1971, p. 61-107.

RECTOR, Monica. *Para ler Greimas*. Rio de Janeiro: Francisco Alves, 1978.

aculturação COMN PSIC.SOC Efeito do encontro de culturas que leva à modificação de indivíduos, grupos e povos, que se adaptam a sistemas de representações e ideias culturais, abandonando os traços de sua cultura de origem. ▸ O conceito de aculturação foi introduzido, no final do sXIX, por antropólogos anglo-saxões, não só para explicar como as culturas se modificam, mas também para dar conta da mecânica de difusão cultural. Visto de uma maneira mais ampla, a aculturação é tanto cultural como comunicacional, sendo, portanto, do interesse do campo de estudos interculturais da comunicação. Muitas vezes, aculturação é um termo usado para indicar a ação transformadora de uma cultura tecnologicamente superior sobre outra. O fluxo migratório intenso que a globalização fomenta reviveu o tema da aculturação, que parecia restrito às discussões antropológicas clássicas, mas agora com um significativo deslocamento de ênfase. Estudos e pesquisas recentes tendem a concentrar-se na dimensão psicológica do fenômeno, portanto na ansiedade, na incerteza (cf. AUM), bem como na solidão, na insônia, na irritabilidade vivida pelos indivíduos, mostrando, ainda que secundariamente, interesse no papel e nos efeitos aculturadores dos meios de comunicação. Frequentemente o que se entende por aculturação não passa de um processo de aquisição de uma cultura nova seguido de uma desculturação do indivíduo. Assim, a comunicação é um fator fundamental de adaptação a novas identidades culturais, pois é através de atos comunicativos que os indivíduos participam efetiva e plenamente de suas comunidades. A competência comunicativa do anfitrião (*host communication competence*) é um dado da maior importância na aculturação bem-sucedida. A participação ou a representação positiva de grupos imigrantes nos meios de comunicação são também de grande ajuda na aculturação. ▸ Cf. COMUNIDADE.

BIBLIOGRAFIA

CHUNG, Guo-Ming. Relationships of the dimensions of intercultural communication competence. In: *Communication Quarterly*, n. 37, p. 118-33, 1989.

FRITZ, Marie Vafors; CHIN, Dorothy; MARINIS, Valerie. Stressors, anxiety, acculturation and adjustment among international and north american students. In: *International Journal of Intercultural Relations*, n. 32, p. 244-59, 2008.

REDFIELD, Robert; LINTON, Ralph; HERSKOVITS, Melville J. Memorandum for the study of acculturation. In: *American Anthropologist*, n. 38, p. 149-52, 1936.

acumulação de capital ECON.POL Concentração de riquezas e recursos econômicos que, segundo as teorias marxistas, caracterizam o capitalismo industrial. ▶ A ideia de acumulação de capital não é um conceito diretamente derivado da observação dos veículos de massa, mas trata-se de uma noção fundamental para o entendimento dos processos e objetivos que regem os meios de comunicação. Para Karl Marx (1818-1883), o processo de acumulação de riquezas é uma determinação inevitável em todos os ramos e atividades da economia industrial. A burguesia capitalista vê-se na necessidade de juntar capital por motivos que transcendem a mera escolha subjetiva do que consumir. A compulsão de guardar e de acumular recursos também não é determinada por pressões éticas e religiosas, como as que Max Weber (1864-1920) iria apontar em seu livro clássico sobre a constituição do espírito do capitalismo. O fenômeno da acumulação de recursos é impossível de ser compreendido sob a perspectiva restrita das escolhas de compra. A burguesia, nos primórdios do capitalismo industrial, adia o consumo, porque é forçada a poupar e a buscar margens incessantes de lucro. É uma resposta de classe às urgências do capital na era da industrialização. Fatores estruturais da atividade capitalista exigem o crescimento do capital industrial. O indivíduo que for capitalista será inevitavelmente pressionado pela ação de competidores que disputam o mercado de consumo, querendo eliminá-lo. Por isso, o capitalista precisará de recursos acumulados para enfrentar as pressões monopolizantes da economia. A indústria moderna também exige expansão tecnológica ininterrupta, que, somada à competição, faz o capital perseguir uma lógica expansionista e acumulativa. Não há, então, como se livrar da pressão para amealhar margens de lucros cada vez maiores. Se não há escapatória das forças que levam à concentração acumulativa na economia capitalista, as indústrias da comunicação não poderiam estar livres dessa orientação generalizada. Interesses econômicos determinariam a ação social dos veículos de massa. Os veículos de comunicação mostram-se, portanto, incapazes de desempenhar um papel formador de consciências críticas. Até mesmo o jornalismo vira um espetáculo de mero entretenimento. O pensador alemão Jürgen Habermas (1929-), considerado membro da ESCOLA DE FRANKFURT, entende que as pressões da acumulação são uma das causas da decadência dos valores cívicos da comunicação na sociedade contemporânea.

BIBLIOGRAFIA

HABERMAS, Jürgen. *Mudanças estruturais na esfera pública: investigações quanto a uma categoria da sociedade burguesa*. Rio de Janeiro: Tempo Brasileiro, 2003.

MARX, Karl. *O capital*. Coimbra: Centelha, 1974. v. 1.

WEBER, Max. *A ética protestante e o espírito do capitalismo*. São Paulo: Pioneira, 1985.

acumulação primitiva ECON.POL Na teoria marxista, estágio original no processo de formação do capitalismo industrial. ▶ No primeiro livro de *O capital*, Karl Marx (1818-1883) examinou as condições históricas que permitiram o surgimento do capitalismo industrial. Nele, Marx postula que o capitalismo desenvolveu-se na ruptura com o marasmo econômico do modo de produção agrícola feudal. Já que, na agricultura, a terra é o principal meio de subsistência, as forças que forjam a economia capitalista dependem da exploração dos camponeses e, assim, alienam o trabalho da terra, o que, por sua vez, gera outra relação de produção. A nova ordem econômica define-se pela posterior usurpação do trabalho assalariado, que começa antes mesmo da industrialização. Mas como se chegou a esse momento histórico? Marx acredita que não há mistério algum na acumulação primitiva de capital. A acumulação primitiva nada tem a ver com as virtudes da poupança e o sacrifício econômico da burguesia. Sem a exploração original do trabalhador agrícola, a separação e conflito de classes jamais teriam se formado. Mas isso não é tudo. O capitalismo também solapou a base ideológica sobre a qual se erguia a economia feudalista. O mundo do capitalismo expurga os sublimes êxtases religiosos, o sentimentalismo cavalheiresco de generosidade caridosa, afogando-os nas águas gélidas da mais brutal e direta exploração econômica. Mesmo que apresente uma visão totalizante dos primórdios do capitalismo industrial, a eficácia explicativa do marxismo clássico é, de fato, restrita, pois confina-se ao entendimento do que é próprio da produção. Ao contrário de Adam Smith (1723-1790), que vê no ato de consumir o propósito final e único da produção, a interpretação socioeconômica de Marx desconsidera a formação de um mercado de consumo. Uma tese que bem ilumina a formação de um mercado primitivo pré-capitalista foi formulada por Robert P. Brenner (1943-) no artigo "Agrarian class structure and economic development in pre-industrial europe". Para Brenner, o surgimento do mundo capitalista depende da constituição de um sistema de trabalho assalariado. O trabalho assalariado surge a partir do momento em que, no sXVI, desastres demográficos (declínio produtivo, fome e doenças) reduzem o contingente de servos disponíveis para mão de obra agrícola. Na Inglaterra, então, os proprietários de grandes extensões de terra passam a competir por trabalhadores, oferecendo-lhes salário e assim permitindo a composição de um (ainda que incipiente) mercado de consumidores. Isso não só mostra como o conjunto de consumidores importa na ordem capitalista, mas também sugere que o mercado de consumo será a arena de ação dos veículos de massa, porque consumir constitui a prioridade central nas sociedades que atravessam a industrialização moderna.

BIBLIOGRAFIA

ASHTON, T. H.; PHILPIN, C. H. E. *The Brenner debate: agrarian class structure and economic development in pre-industrial Europe*. Cambridge: Cambridge University Press, 1985.

MARX, Karl. *O capital*. Coimbra: Centelha, 1974. v. 1.

acumulador INF Registro que armazena temporariamente os resultados de um cálculo num computador, ou os dados transferidos entre microprocessadores e a memória do aparelho.

acústica ACS **1** Ramo da física que estuda e trata dos sons e dos fenômenos que lhe são concernentes **2** Qualidade de um local (esp. auditório), sob o ponto de vista da propagação do som.

adaga EDIT GRÁF Sinal em cruz, indicativo de falecimento; cruz, obelisco.

adamismo FIL LING Doutrina e concepção da linguagem que afirmam que a variedade de línguas tem uma origem unificada e divina, sendo o hebraico a provável língua original. ▸ O filósofo Gottfried Leibniz (1646-1716) advogava a origem divina de uma linguagem adâmica. Na avaliação de Paul Churchland (1942-), Leibniz acreditava na existência de uma ordem racional comum a todas as variações de linguagem. Por mais especulativa que possa parecer, a ideia não foi infrutífera, pois bem mais tarde, mas seguindo abordagem laica, a linguística contemporânea que deriva dos estudos de Noam Chomsky (1928-) postulou que as variedades das estruturas linguísticas não passam de manifestações de superfície, geradas a partir de uma estrutura profunda e comum a todos os desempenhos verbais. O adamismo de Leibniz teve seus opositores em filósofos da época, como Christian Wolff (1679-1754). Wolff afirmava, a partir da teoria desenvolvida em 1745 pelo teólogo e orientalista Johann Michaelis (1717-1791), que as linguagens eram invenções humanas. Nesse polo do debate, ressalta-se a participação de Jean-Jacques Rousseau (1712-1778). No seu ensaio sobre a origem das línguas, em 1759, Rousseau afirmou que, se a competência e a capacidade linguísticas tinham natureza e origem comuns, tal fato não apaga a característica fundamental de todos os sistemas de comunicação linguística, que só podem ser convencionais e arbitrários. A meio caminho do adamismo de Leibniz e do convencionalismo de seus críticos, encontra-se Lessing (1729-1781). Para Lessing, as línguas são criações humanas, mas elas não são arbitrárias, pois baseiam-se na onomatopeia. Johann Georg Hamann (1730-1788) retomou a hipótese do adamismo, afirmando que o pecado original nos afastou da fonte primitiva da verdade original, que só reencontraremos agora em produtos de inspiração divina presentes especificamente nas criações poéticas. Mais recentemente, porém bem antes de Chomsky, Walter Benjamin (1892-1940), no texto "A linguagem como tal e a linguagem do homem", escrito em 1916, especulou excentricamente sobre as origens paradisíacas e perfeitas da linguagem. O conhecimento se faz quando, a partir do *fiat* divino, o homem, que não é criado através da linguagem por Deus, mas como Sua palavra, passa a ser investido com a dádiva da linguagem e, assim, transcende a natureza material. O homem imbui-se da função de nomeador, podendo, então, conhecer. A discussão contemporânea da origem natural ou social do homem é uma projeção dos debates que se originaram no adamismo, mas agora sem que se recorra a Deus e ao Éden, onde Adão teria falado a língua a partir da qual todas as outras se diversificaram. ▸ Cf. BABELISMO.

BIBLIOGRAFIA

BENJAMIN, Walter. *Selected writings*, v. 1: *1913-1926* (ed. por Marcus Bullock e Michael W. Jennings). Cambridge: The Belknap Press of Harvard University Press, 1996.

BULTMANN, Christoph. *Johann David Michaelis*. In: Neue deutsche Biographie, Band 17. Berlim: Druncken & Humboldt, 1994.

CHOMSKY, Noam. *Linguística cartesiana: um capítulo na história do pensamento racionalista*. São Paulo: Edusp, 1972.

CHURCHLAND, Paul. *Matter and consciousness*. Cambridge, MA: MIT Press, 1984.

HAMMAN, Johann Georg. *Writings on philosophy and language*. Cambridge: Cambridge University Press, 2007.

LEIBNIZ, Gottfried W. *Die Philosophichen Schriften*, ed. C.I. Gerhardt. Berlim: Weidmam, 1880-1890.

BIBLIOGRAFIA *(cont.)*

LESSING, Gotthold E. *Laocoon: the imits of poetry and painting*. London: Ridgeway, 1936.

ROUSSEAU, Jean-Jacques. *Essai sur l'origine des langues*, introdução e comentários de Erc Zerne. Paris: PhiloSophie, 2008.

WOLFF, Christian. *Gesammelte Werke* (ed. por Jean École *et alii*). Zurich/New York: Olms, 1962.

adaptação 1 BIO Capacidade dos seres vivos de se ajustarem ao ambiente. **2** BIO Característica de organismo ou espécie que torna possível a sobrevivência em determinado ambiente. **3** CINE RÁD TEAT Transposição de obras ou narrativas para um gênero distinto do original a partir do qual foram concebidas. **4** MÚS Transformação ou versão menos elaborada de uma peça musical.

INFORMAÇÕES GERAIS

Na biologia moderna, a adaptação é um conceito central que explica tanto a diversificação das espécies como sua eliminação do mundo natural. A adaptação resulta do confronto das espécies naturais, seus indivíduos e o meio ambiente. Num determinado momento, como Charles Darwin (1809-1882) especulou durante sua viagem ao redor do mundo que o levou às ilhas Galápagos, no Equador, uma espécie chega ao arquipélago equatoriano. Os sabiás parecem-se com outras espécies de pássaros latino-americanos; mas, por mutação, alguns traços específicos começam a produzir-se em alguns nichos das ilhas. Darwin observa as transformações e verifica que elas conferem um diferencial de sobrevivência em relação às condições e ao estado do meio ambiente. É justo supor que esses traços vantajosos se espalhem pelas populações de pássaros. Adaptação é tanto ajuste a condições ambientes como o que se espalha, como vantagem, nas populações de organismos vivos. Porém, para o geneticista populacional Richard C. Lewontin (1929-), o termo 'adaptação' é uma metáfora imprecisa, que se cristalizou indiscutivelmente no idioma científico moderno. A rigor, não existe um meio ambiente fixo, dado e imutável ao qual os organismos se ajustam: cada organismo constrói à sua volta o ambiente no qual vivem. O ambiente, por sua vez, é modificado pela ação dos organismos num processo interminável de coevolução. ▸ Cf. DARWIN, CHARLES.

BIBLIOGRAFIA

LEWONTIN, Richard C. Adaptation. *Scientific american*, n. 239, p. 212-28, 1978.

MAYNARD SMITH, John. *The theory of evolution*. Cambridge: Cambridge University Press, 1993.

adaptação da audiência COMN Ato ou ação de ajuste estratégico daqueles que recebem uma mensagem, dependente da especificidade do público e dos receptores.

adaptação integrativa COMN PSIC.SOC Resultado ou efeito de comunicação interpessoal, manifesto pelo ajuste pessoal de interagentes quando seus comportamentos se mostram incompatíveis com suas necessidades ou preferências.

BIBLIOGRAFIA

BURGOON, Judee K.; HALE, Harold. Nonverbal expectancy violations: model elaboration and application to immediacy behaviors. *Communication Monographs*, n. 55, p. 59-79, 1988.

adaptador 1 CINE TV REC.AV Conector que converte um tipo de plugue em outro. ▸ Os adaptadores oferecem a solução técnica para resolver os problemas que surgem na produção de vídeos, que naturalmente utiliza um grande número de conectores, como o que acontece no momento da produção em que se precisa ligar o conector de um gravador de áudio digital a um gravador de vídeo digital com tipos diferentes de conexão. Para isso existem adaptadores (conectores de conectores) que compatibilizam as ligações entre equipamentos. **2** INF Diz-se de ou placa de circuito impresso (interface) que permite a um computador, especialmente um microcomputador ou compatível, utilizar um equipamento periférico para o qual não possui internamente as conexões ou placas necessárias; placa de interface.

add-in [ing.] INF Acessório de pequeno porte que, adicionado à estrutura de um computador, o complementa. ▸ Sob a forma de cartucho ou *chips*, o *add-in* expande a memória, adiciona gráficos e aumenta a capacidade operacional da máquina.

additive manufacturing [ing.] INF Processo de construção de objetos pela junção de materiais, que parte de uma modelização tridimensional. ▸ Sigla: AM. ▸ Cf. COMPUTER AIDED DESIGN.

add-on [ing.] INF Adição maior que a do *add-in* a um computador. ▸ A autonomia do *add-on* face à estrutura de um *software* é outro traço que distingue *add-ons* de *add-ins*. Os *add-ons* vêm, frequentemente, sob a forma de adições a todo o circuito do computador. Cf. ADD-IN.

address [ing.] INF M.q. ENDEREÇO.

ad-ed ratio [ing.] JOR Proporção (*ratio*) entre matérias publicitárias e editoriais em jornal ou revista.

adenda BIBL EDIT M.q. ADENDO.

adendo **1** BIBL EDIT Complemento, suplemento ou apêndice de uma obra. **2** JOR Texto que dá apoio e suporte a matéria jornalística. ▸ A história da transformação dos jornais impressos, que deixaram de ser meras plataformas de opinião para se tornarem veículos de informação da esfera pública, teve, como uma de suas consequências, a redefinição do papel dos adendos jornalísticos. O objetivo de informar o leitor do modo mais pleno possível levou o jornalismo atual a considerar os adendos como elementos tão importantes quanto a narração jornalística do fato. No jornalismo impresso e tradicional, os adendos deveriam ser esclarecedores, mas recomendava-se parcimônia no seu uso. Sem os limites impostos pelos custos de impressão, e por meio de *links* digitais, os jornais atualmente oferecem o maior teor de informação possível aos leitores. Exemplos de adendos jornalísticos: narrativa histórica do fato noticiado, mapas, gráficos, tabelas, biografias dos que são notícia, glossários, bibliografias etc.

administração de informação INF Ato ou efeito de controlar, gerenciar e coordenar um sítio ou *home page* numa rede de informática.

administração de marketing **1** MKT PUB Ato ou processo de dirigir, analisar, planejar a venda de mercadorias. ▸ O objetivo de quem faz a gestão de *marketing* de uma empresa é influenciar e sincronizar a demanda dos consumidores e seus mercados. O planejamento administrativo de *marketing* leva em conta múltiplos fatores que estabelecem objetivamente como a empresa atuará no seu ambiente de mercado. É a partir desse entendimento que as estratégias de atuação num mercado e seus segmentos serão estabelecidas. A descoberta de estratégias de mercado adquiriram importância crescente nas atividades econômicas que se expandem globalmente. **2** M.q. GERÊNCIA DE MARKETING.

administracão de mercado MKT PUB Ato ou efeito de fazer, executar ou planejar ações mercadológicas que envolvem recursos e atividades de um negócio.

ADN BIOQ Sigla de ÁCIDO DESOXIRRIBONUCLEICO (tb. us. *DNA*, em ing.)

Adorno, Theodor W. (Frankfurt, Alemanha 1903 - Wallis, Suíça 1969) Filósofo e sociólogo alemão, analista dos meios de comunicação. ▸ O expurgo nazista de judeus e intelectuais de esquerda das universidades obrigou Adorno a fugir da Alemanha em 1934. Após uma estadia na Inglaterra, Adorno transferiu-se para os Estados Unidos. Em 1949, retornou a Frankfurt, tendo participado ativamente da reestruturação democrática do sistema universitário alemão, o que lhe granjeou críticas tanto do movimento estudantil como da direita alemã. Adorno continuou escrevendo até sua morte, de ataque cardíaco, deixando uma obra imensa e variada, que cobre os tópicos mais diversos. Considerado um dos principais pensadores marxistas do sXX, Adorno era musicólogo, filósofo, sociólogo, crítico cultural, certamente uma das figuras centrais da intelectualidade germânica. Nas múltiplas produções teóricas de Adorno, que vão da análise da ópera wagneriana à interpretação sociológica das colunas de astrologia do *Los Angeles Times*, salienta-se uma postura de negatividade crítica radical, cujo propósito primário é identificar os equívocos da cultura pós-iluminista. O pessimismo de Adorno é uma estratégia de reforma, que, segundo ele, só pode advir da crítica dos sistemas de ideias dominantes na sua época. De sua cooperação com Max Horkheimer (1895-1973) surge o projeto de uma TEORIA CRÍTICA que é adotado de maneira mais ou menos consistente por toda a ESCOLA DE FRANKFURT. Adorno acreditava que os ideais do esclarecimento iluminista se transformaram numa exaltação cega da racionalidade instrumental e técnica, cujo propósito oculto é oprimir e não libertar a humanidade. A razão técnica, a exploração cientificista da natureza e os interesses de dominação capitalista andam de mãos dadas. Por mais que a ideologia cientificista prometa o fim da ignorância, da doença e do atraso, o que se vê ao redor é uma sociedade em que se exerce a mais brutal exploração: a ordem social fundada no capitalismo industrial e científico é um desastre humanitário. Não que o Iluminismo deva ser totalmente rejeitado, Adorno apenas observa que, no bojo de um projeto intelectual originariamente construtivo, surgem forças negativas e destruidoras que contradizem o propósito iluminista. A liberdade que o Iluminismo anuncia traz consigo mecânicas e práticas que visam controlá-la; o esclarecimento não é completo, pois estratégias de alienação são aprimoradas e disseminadas através dos meios de comunicação de massa. Para desenvolver uma interpretação histórica que é menos marxista do que hegeliana, Adorno publicou em 1947, com Max Horkheimer, o livro que é, provavelmente, seu trabalho mais conhecido, *Dialética do esclarecimento*. Mesmo que nem todos que se referem a suas teses tenham lido o trabalho completo, é nessa obra clássica que Adorno e Horkheimer expuseram uma noção que é atualmente moeda corrente nos estudos aos meios de comunicação: o conceito de INDÚSTRIA CULTURAL. Está implícito no texto de Adorno e Horkheimer que a libertação do jugo ideológico do CIENTIFICISMO e da ordem capitalista não é possível sem uma crítica ideológica aos meios de comunicação. O primeiro passo para o entendimento dos meios é desqualificá-los como *cultura de massa* e reconhecer que estão bem longe de ser uma forma contemporânea de arte popular. A indústria cultural, quando usa as formas antigas da cultura popular, o faz com propósitos mercantis que nada têm a ver com a espontaneidade gratuita da cultura popular. A indústria cultural é planejada de cima para baixo, seguindo a mesma lógica de planejamento centralizado da burocracia atual. O consumidor não domina a cultura que é veiculada pelos meios de comunicação: é apenas um objeto manipulado com o propósito de auferir lucros. O que parece cultura reduz-se ao papel de mercadoria homogeneizada e capaz de entorpecer a capacidade crítica daqueles que são expostos a ela. A indústria cultural é um modo de opressão típico do capitalismo tardio. Outro estudo importante de seu período n.-am. é *The authoritarian personality*, que descreve a mentalidade individual conformista, fraca e subserviente com os fortes e fortemente abusiva com os mais fracos. Nos dois livros importantes da fase tardia de sua obra, *Dialética negativa* e *Teoria estética*, Adorno reconhece a criação modernista, mais especificamente o romance proustiano e o teatro de Samuel Beckett (1906-1989), como reações de recusa eficaz ao filistinismo vulgar da sociedade moderna. A postura de Adorno aproxima-se bem mais das teses de Clement Greenberg (1909-1994) sobre a oposição entre vanguarda e KITSCH do que a defesa do romance tradicional por parte do pensador marxista György Lukács (1885-1971).

BIBLIOGRAFIA

ADORNO, Theodor W.; HORKHEIMER, Max. *Dialética do esclarecimento*. Rio de Janeiro: Zahar, 1985.

_______________. *Teoria estética*. Rio de Janeiro: Edições 70, 2008.

_______________. *Dialética negativa*. Rio de Janeiro: Zahar, 2009.

adotante imediato MKT PUB Consumidor que tende a preferir e fazer uso de produtos anunciados mais rapidamente do que outros, constituindo, assim, a base e o alvo privilegiado dos planos de *marketing*.

ADP [ing.] INF Sigla de AUTOMATIC DATA PROCESSING (processamento automático de dados).

ad page exposure [ing.] PUB M.q. APX.

ADSL [ing.] INF Sigla de *Asymmetric Digital Subscriber Line*, sistema de banda larga (*broadband*) que, por meio do uso de microfiltros, trabalha sobre as linhas telefônicas sem exigir a instalação de novos sistemas de cabo.

ad usum delphini [lat.] LIT Coleção expurgada de passagens consideradas escandalosas ou inapropriadas de textos clássicos (Homero, Aristófanes, Ovídio, Juvenal etc.), mas também de outros textos da época (Racine, p.ex.), feita para a educação e uso do Delfim, filho do rei de França, Luís XIV (1638-1715), por sugestão do Duque da Montasieur. ▸ Usa-se a expressão *ad usum delphini* (para uso do Delfim) quando se menciona, com certo grau de ironia, qualquer edição oficiosa e expurgada.

advertência BIBL EDIT Texto anteposto a uma obra literária, em que o autor faz adições ou ressalvas ao conteúdo apresentado.

advocacia de atitude contraditória COMN PSIC.SOC Termo da teoria da DISSONÂNCIA COGNITIVA que identifica a adoção pública de crenças e opiniões opostas ao que realmente se acredita, resultado da oferta de vantagens e incentivos, ainda que mínimos.

BIBLIOGRAFIA

FESTINGER, Leon; CARLSMITH, James. Cognitive consequences of force compliance. *Journal of Abnormal and Social Psychology*, n. 58, p. 203-10, 1959.

A&R man [ing.] M.COM Agente de artistas que atuam em rádio, cinema, televisão e teatro. ▸ Em inglês, literalmente, *art and repertoire manager*, 'agente de arte e repertório'.

afasia LING NEUR Enfraquecimento ou perda quase total do poder de captação, manipulação e, por vezes, expressão de palavras como símbolos de pensamento, em virtude de lesões em alguns centros cerebrais e não devido a defeito no mecanismo auditivo e fonador; logastenia. ▸ O afásico sofre de lesões (derrame, tumor, hemorragia etc.) nos hemisférios cerebrais, que levam a problemas crônicos nos meios de expressão oral e escrita. O distúrbio foi identificado por Paul Broca (1824-1880) e Carl Wernicke (1848-1905) e reformulado, teoricamente, nos termos da linguística estrutural por Roman Jakobson (1896-1982). O afásico apresenta dificuldades de combinar elementos linguísticos, de compreender a que eles se referem e de selecionar palavras apropriadas. A afasia é bem diferente da surdez e da mudez. O mudo e o surdo apresentam restrições, não na sua habilidade linguística básica, mas na sua recepção e na expressão. Os que padecem de surdez e de mudez acabam desenvolvendo, através da aquisição de códigos não verbais, habilidades expressivas, porque seu cérebro não foi afetado, o que não acontece com os afásicos. Casos raros de afasia entre surdos revelam que sua capacidade de entender e de receber signos linguísticos foi severamente afetada. Publicados pelo neurologista francês Broca, em 1865, os primeiros relatos clínicos de afasia atribuíam o distúrbio a lesões cerebrais. Broca observou que os afásicos exibiam um sistema comunicacional laborioso, empobrecido, de difícil compreensão e aparentemente telegráfico. Acreditou-se, a princípio, que os afásicos suprimiam elementos linguísticos de função sintática e lógica. Parecia que as deficiências sintáticas eram apenas de cunho expressivo, mas, aos poucos, viu-se que a compreensão dos pacientes era igualmente afetada. Formas linguísticas passivas eram compreendidas como ativas: "o carro é dirigido por José" virava uma expressão do tipo "carro dirige José". Os afásicos sofriam de perturbação cognitiva sob a forma de distúrbio na habilidade sintática. No período inicial do estudo da afasia, a investigação do neurologista alemão Wernicke, em 1874, descobriu que distúrbios linguísticos se desenvolviam após lesões cerebrais na parte posterior do lóbulo temporal esquerdo. Os pacientes de Wernicke apresentavam discurso fluente, mas cheio de elementos de difícil compreensão. Unidades linguísticas de alta frequência linguística, como 'ali', 'isso' e 'aquilo', eram usadas sem propósito semântico e referencial claro, o que também indicou que a perturbação tinha um fundo conceitual e representativo. Conjugadas, as pesquisas de Broca e Wernicke apontavam o cérebro como um órgão que conecta funções combinatórias e denotativas da linguagem humana. Diz-se que um afásico é anômico quando seu discurso é fluente, mas ele se mostra incapaz de identificar o termo que é alvo de sua fala. Frequentemente, essas perturbações afetam o reconhecimento de categorias específicas, domínios ou modalidades de palavras. Há afasias em que o requisito reiterativo da linguagem é atingido; uma palavra dita espontaneamente não consegue ser lembrada e repetida. Os estudos neurológicos sobre a afasia apontaram que o cérebro responde pelas faculdades combinatórias e seletivas da linguagem. Por isso, em meados da década de 1950, Jakobson afirmou que, se a afasia afeta as faculdades mentais básicas de conectar em contiguidade e reconhecer similaridade, isso não só impossibilita e dificulta a geração de metonímias e metáforas, mas sugere que os mecanismos freudianos de deslocamento e de condensação estruturam o funcionamento mental, o que levará o psicanalista parisiense Jacques Lacan (1901-1981) a afirmar que o inconsciente se estrutura como uma linguagem. Pesquisadores da gestualidade de afásicos notaram que, se o discurso do paciente é opaco, seus gestos não o são: os afásicos prioritariamente assintáticos compensam suas dificuldades apontando e indicando o que querem dizer, enquanto que aqueles que têm dificuldade de usar os termos referenciais gesticulam faticamente; a intenção e o desejo de comunicar-se permanecem inafetados pelo distúrbio.

BIBLIOGRAFIA

HALE, Sheila. *The man who lost his language: a case of aphasia*. London: Jessica Kingsley Publishers, 2007.

JAKOBSON, Roman. Two aspects of language and two types of aphasic disturbances. In *Selected writings II*. The Hague: Mouton, p. 239-59, 1956.

OBLER, Lorraine K.; GJERLOW, K. *Language and the brain*. Cambridge: Cambridge University Press, 1999.

afastamento mediano EST Mediana dos afastamentos entre um conjunto de valores relativamente a uma média qualquer de todos os valores desse conjunto.

afastamento médio EST Média aritmética obtida a partir dos módulos dos afastamentos de uma variável relativamente à média.

afastamento padrão EST Medida de dispersão de uma distribuição de frequência igual à raiz quadrada da variância; valor assumido pelo afastamento quadrático médio quando a origem é a média aritmética ou a esperança matemática; afastamento quadrático médio da média, afastamento unitário, desvio padrão, desvio unitário.

afastamento provável EST Mediana do conjunto composto por módulos dos afastamentos dos membros desse conjunto relativamente a uma origem, ger. a média aritmética.

afiliada M.COM Emissora regional de TV ou de rádio, parte de uma cadeia nacional que transmite programas comuns. ▸ Mesmo que estejam ligadas a uma rede de veículos, as emissoras afiliadas são entidades econômicas independentes.

afirmação funcional RET Declaração ininterrupta que desempenha função específica, ainda que variada, num discurso.

afirmativa **1** FIL RET Expressão positiva sobre fato ou coisa que se propõe como verdadeira. **2** LING Proposição pela qual se afirma ou se sustenta que uma coisa dita é verdadeira. ▸ Os estudos tradicionais da linguagem diferenciam quatro cláusulas gramaticais: afirmativas, negativas, interpretativas e imperativas. As duas primeiras cláusulas (afirmação e negação) constituem-se de enunciados factuais de existência e não se referem ao interlocutor, como é o caso das orações interpretativas e imperativas. Uma cláusula afirmativa declara algo a propósito de alguma coisa e, ger., tem a forma da predicação ('a maçã é verde'), o que a qualifica como sentença informativa. No sXVII, a gramática filosófica e cartesiana, gerada no monastério de Port-Royal-des-Champs, argumentava que as afirmativas manifestam-se como predicações baseadas naquilo que, lógica e mentalmente, o verbo 'ser' permite.

BIBLIOGRAFIA

ARNAULD, Antoine; LANCELOT, Claude. *A gramática de Port-Royal*. São Paulo: Martins Fontes, 2001.

AFM [ing.] CINE REC.AV Sigla de *Audio Frequency Modulation* (modulação de frequência auditiva). ▸ *AFM* é um método de gravação de áudio numa fita de vídeo que combina som e imagem de tal forma que o som não pode ser separado do vídeo durante a edição. É um formato analógico de gravação direta de áudio que permite melhor qualidade do material sonoro do que a maioria das gravações longitudinais, que são gravações paralelas de vídeo e áudio.

afonia **1** Perda parcial ou total da voz em virtude de lesão nos órgãos de fonação. **2** PSIC Perda histérica da voz.

agamia BIO M.q. REPRODUÇÃO ASSEXUADA.

agamogênese BIO M.q. REPRODUÇÃO ASSEXUADA.

agamogonia BIO M.q. REPRODUÇÃO ASSEXUADA.

AGC [ing.] CINE REC.AV Sigla de *Automatic Gain Control* (controle de ganho automático). ▸ *AGC* é um dispositivo de controle interno nas máquinas, tanto para áudio como para vídeo, que aumenta ou diminui automaticamente o som e a imagem, com o propósito de obter um sinal de melhor qualidade.

agência de features M.COM Empresa de prestação de serviços que oferece material variado para veículos de comunicação, tais como histórias em quadrinhos, perfis de artistas e celebridades, horóscopos etc.

agência de notícias JOR Empresa de prestação de serviços que elabora e fornece regularmente matérias jornalísticas para seus assinantes (ger. órgãos de imprensa, além de outras instituições governamentais e privadas).

INFORMAÇÕES GERAIS

Agências de notícias, como a France-Presse, a UPI, a Reuters, a Associated Press, a BBC etc., oferecem material jornalístico que é reelaborado pelos jornais, rádios e televisões. As agências de notícias foram criadas no sXIX e são os primeiros exemplos de empresas mundiais de jornalismo. As agências de notícias contribuíram decisivamente para o aumento da rapidez e da precisão na cobertura de fatos internacionais. É impossível imaginar a criação e o desenvolvimento de agências de notícias num vácuo tecnológico: elas estão diretamente ligadas à invenção do telégrafo. Nos seus primórdios, o material disseminado continha apenas relatos factuais, o que significava uma divisão de trabalho com os jornais locais, que interpretavam e elucubravam notícias a partir dos telegramas das agências. Com a internet, os leitores têm acesso direto ao relato das agências de notícias, mudando seu papel de atacadistas de material jornalístico. Como é o caso da Dow Jones e da Bloomberg Business News, algumas agências são especializadas em assuntos econômicos que não vão apenas para as empresas jornalísticas, mas para os computadores de seus assinantes. Atualmente, a distinção entre agências e veículos de notícias não é tão clara: a CNN é tanto um veículo como um fornecedor de matérias, através da internet, para outros meios de comunicação.

agência de publicidade e propaganda PUB Empresa de prestação de serviços especializada no planejamento, organização, execução, distribuição e controle da propaganda ou publicidade de seus clientes.

agência fotográfica M.COM Empresa de prestação de serviços que fornece material fotográfico para veículos de comunicação (editoras, jornais, agências de publicidade e propaganda etc.)

agência literária LIT Empresa de prestação de serviços que atua como mediadora entre o titular da propriedade intelectual e o editor com relação aos direitos de publicação de obras literárias.

agência plena MKT PUB Agência de publicidade equipada para atender os clientes em todas as atividades de comunicação, não se restringindo aos serviços publicitários específicos.

agenda **1** Caderneta ou livro, datado, que se destina a anotar, dia a dia, compromissos, lembretes etc. **2** O registro diário dessas anotações. **3** Temário ou programa de conferências, convenções, congressos etc. **4** Conjunto dos compromissos a serem cumpridos por alguém, estejam ou não registrados em agenda ('caderneta').

agenda dos meios de comunicação M.COM Conjunto de compromissos e interesses implícitos necessariamente não revelados de um jornal, rádio, TV etc. ▸ Através de investigação empírica, teóricos da comunicação e psicólogos sociais norte-americanos observaram que as opiniões de indivíduos estão diretamente relacionadas com sua exposição a temas e assuntos que os veículos apresentam com maior frequência. O reconhecimento da relação entre exposição a uma notícia e a geração de uma opinião não quer dizer que os indivíduos sejam desprovidos de consciência crítica, apenas que um processo de emolduramento (*framing*) os influencia, o que se verifica quando um veículo seleciona um conjunto de atributos e qualificações de maneira consistente ao noticiar um fato. Isso indicaria que o veículo tem um conjunto de pressupostos políticos e sociais que o guia como uma agenda. Porém, a agenda de um veículo é composta não só do que frequentemente apresenta, mas também do que omite. O silêncio em torno de assuntos e notícias faz parte da agenda de um meio de comunicação. O reconhecimento de uma agenda opera com os seguintes elementos a serem considerados: 1) os meios têm uma agenda de notícias que são os acontecimentos ou assuntos por eles cobertos num determinado período de tempo; 2) os meios acabam selecionando os acontecimentos noticiados; 3) os assuntos podem ser categorizados por tópicos que são apresentados em recorrência; 4) os meios recorrem a fontes que são pessoas ou instituições que expressam suas opiniões e posições numa notícia, fornecendo-lhe uma moldura interpretativa. O método mais comum no estudo da agenda dos meios é por ANÁLISE DE CONTEÚDO numa linguagem quantificada: assim, quanto maior a frequência e visibilidade, mais influência o que está sendo noticiado exerceria na consciência do público. Porém, a questão que hoje ameaça a perspectiva analítica de estudo de uma agenda é efeito da proliferação dos meios de notícia. As notícias não são mais apresentadas de modo concentrado, pois misturam-se num ambiente informacional sem hierarquia e cada vez mais inflacionado. O poder das organizações de notícias de manufaturar consenso foi, portanto, consideravelmente diluído. Além de ser feroz, a competição no mercado de notícias atualmente não se restringe apenas aos grandes veículos. Livres da filtragem institucional, indivíduos postam *blogs*, fotos, imagens, notícias, documentos que são facilmente acessíveis graças à tecnologia dos mecanismos de busca (*search engines*). Esse ambiente informacional desobedece ou ignora os critérios de objetividade e veracidade jornalísticas, mas mesmo assim (ou, talvez, por isso mesmo) desfruta de extrema popularidade. Twitter, Google, YouTube transformaram-se em agências de notícia, e o público, em repórteres, o que desfaz as suposições mais básicas da hipótese teórica de que os meios constroem uma agenda, por meio de centralização das notícias e da concentração de credibilidade num número restrito de meios que dominariam a atenção do público. ▸ Cf. AGENDA SETTING.

BIBLIOGRAFIA

MCCOMBS, Maxwell. *Setting the agenda*. Cambridge: Polity, 2004.

agenda setting [ing.] M.COM JOR Processo de formação de uma agenda política e ideológica num veículo ou meio de comunicação. ▸ A ideia de *agenda setting*, em teoria da cultura de massa, toma forma mais visível no estudo que os professores e intérpretes do jornalismo n.-am. Maxwell McCombs (1938-) e Donald Shaw (1930-) publicaram sobre a cobertura feita pelo jornal *The Washington Post* daquilo que viria a ser o escândalo Watergate. Durante o verão de 1972, o caso Watergate é relatado primeiro como arrombamento numa pequena coluna de crime no jornal. Aos poucos, e devido à exposição dos laços do incidente com a Casa Branca, a opinião pública americana vira-se de tal maneira contra o presidente Richard Nixon (1913-1994) que ele se vê obrigado a renunciar. O fenômeno, que hoje se denomina *agenda setting*, fora notado anteriormente, em 1922, por Walter Lippmann (1889-1974), que qualificara os meios de comunicação como agentes de mediação que influenciam as opiniões dos indivíduos. ▸ Cf. AGENDA DOS MEIOS DE COMUNICAÇÃO; ESFERA PÚBLICA; CONSENTIMENTO.

BIBLIOGRAFIA

LIPMANN, Walter. *Public opinion*. New York: Macmillan, 1922.
MCCOMBS, Maxwell; SHAW, Donald. The agenda-setting function of the mass media. *Public Opinion Quarterly*, n. 36, p. 176-87, 1972.

agente M.COM **1** Que ou quem representa e encontra trabalho remunerado para atores, diretores e outros envolvidos nos processos criativos dos meios de comunicação. **2** A&R MAN.

agente literário LIT Profissional que exerce função numa agência literária, mediando e representando autores diante de editoras de livros.

agitprop [rus.] CINE GRÁF M.COM TEAT Filmes, *posters*, obras de arte e peças de teatro que têm por objetivo incentivar práticas políticas revolucionárias. ▸ A palavra *agitprop* é composta dos termos *agitação* e *propaganda* e refere-se ao Departamento de Agitação e Propaganda criado pelo Comitê Central do Partido Comunista Soviético. A plataforma programática da *agitprop* tem origem na Revolução Russa de 1917, quando trens e navios iam para as populações rurais com o propósito de conscientizá-las politicamente. A palavra é usada para designar tanto o teatro político alemão de Erwin Piscator (1893-1966) como as intervenções do *street theater* (teatro de rua) dos anos 1960 e 1970 nos Estados Unidos, feitas pelo Living Theater, em Nova York.

agnosia NEUR **1** Incapacidade de reconhecer informações sensoriais. **2** Amnésia perceptiva que consiste na incapacidade de reconhecer objetos ou símbolos usuais, sem perturbação das sensações em geral.

Agostinho (Santo), Bispo de Hipona (Tagasta, no interior da Argélia 354 - Hipona, perto de Cartago, na África do Norte 430) Teólogo, filósofo, dialético, moralista, pensador sobre a linguagem e a comunicação, com múltiplas contribuições para o cânone ocidental. ▸ A obra de Agostinho deve ser dividida em três fases. Ainda que nada de sua fase secular tenha sobrevivido, sabemos que ele escreveu pelo menos um trabalho de provável caráter estético e filosófico. Após um longo processo descrito em seu texto clássico *Confissões*, Agostinho converteu-se ao catolicismo, embarcando num projeto pessoal e intelectual, onde ele procurava ser uma espécie de asceta monástico que se dedicava à meditação sobre os fundamentos da fé cristã. O propósito de Agostinho era publicar diálogos filosóficos: neles se encontrariam os fundamentos cognitivos de sua opção religiosa. Para viver, asceticamente, como *servus Dei*, Agostinho retirou-se para uma vila, provavelmente emprestada, que hoje se acredita ter sido perto de Milão, onde ficou com um gupo de amigos e parentes dedicado a discutir profundamente o que seja a felicidade, o ceticismo e seus limites, a autoinvestigação da alma etc. O objetivo de Agostinho era, então, buscar no estudo das artes liberais uma justificação de alto cunho intelectual para o catolicismo. Era um momento histórico em que as camadas sociais mais privilegiadas e educadas do Império Romano começavam a abraçar uma religião que era, originariamente, de gente pobre e desfavorecida. É com esse espírito que, em 388-389, ele escreve o diálogo *De magistro* ("Sobre o mestre"). O diálogo começa perguntando qual o propósito da fala, para afirmar que falamos de acordo com muitos propósitos, mas prioritariamente para ensinar e aprender. E continua assegurando que aprendemos com palavras que se esclarecem com palavras, numa ronda interminável. Ou será que aprendemos pelo contato com coisas, quando, por exemplo, vemos uma pessoa apanhar um passarinho na mata? Agostinho chega a um impasse, de onde parece não conseguir sair, a não ser dizendo que aprendemos de verdade em contato com Cristo, que é o verdadeiro mestre que nos ensina pelos efeitos dentro de nós. Agostinho mostra, assim, o valor cognitivo das Escrituras que, apesar de ser um documento tosco (*sermo humilis*) reverbera na vida interior do cristão. Uma das importantes contribuições de Agostinho é sua defesa do MENTALISMO, tanto linguístico como religioso. Devemos aceitar as Escrituras como a palavra de Deus, por puro ato de fé: *credo ut intelligam* ("creio para poder compreender") é o que diz, citando o profeta Isaías. As raízes teológicas da doutrina dos signos em Agostinho remontam não só a Isaías, mas principalmente ao Gênesis e sua descrição de que Deus cria o mundo por um ato de vontade. Vontade e intenção, aspectos e atributos da mente humana, mas agraciados por Deus vão projetar-se por tudo que existe e isso inclui a linguagem, os signos que Deus usa para nos apontar coisas do mundo e até mesmo a conversão à religião cristã, que deve ser um ato mentalista de escolha. Na sua definição de signo em *De doctrina christiana*, Agostinho argumenta com os mesmos princípios mentalistas: signo é aquilo que nos faz pensar além das impressões que as coisas causam nos nossos sentidos. A classificação básica dos signos é dual. Os signos ou são naturais (*signa naturalia*), que são passivamente causais como as marcas de pegadas deixadas na terra úmida, ou são intencionalmente transferidos de uma mente para outra, ou da mente divina para a dos seres humanos (*signa data*) que, por serem dados, exigem interpretação ou reconhecimento de uma intencionalidade. A cada tipo de signo corresponde um modo distinto de entendimento. Era outro momento da vida de Agostinho, que fora ordenado bispo da comunidade de Hipona contra sua vontade, quando ele a visitava sem o menor plano de ser um padre católico, levando-o a envolver-se com o cotidiano de uma comunidade cristã. A perspectiva mudara, mas os princípios que guiam o pensamento de Agostinho permanecem o mesmos. Assim como no caso do diálogo *De Magistro*, Agostinho quer, em *De Doctrina Christiana*, oferecer um molde interpretativo, de cunho mentalista, para as escrituras cristãs. Agostinho exerceu uma enorme influência sobre os pensadores posteriores que investigam a linguagem, como Roger Bacon (c1214-1294). O alcance social e filosófico de Agostinho é inestimável e as ideias modernas de contrato social que tanto inspiraram Rousseau (1712-1778) são uma interpretação secular de sua ideia do contrato que os homens têm com seu Criador. É através do iluminista laico que Agostinho continua sendo um pensador vital para a vida moderna.

BIBLIOGRAFIA

AGOSTINHO, SANTO. *De magistro*. Petrópolis: Vozes, 2009.

____________. *A cidade de Deus*. Petrópolis: Vozes, 2009-2010. v. 1-2.

____________. *Confissões*. Petrópolis: Vozes, 2011.

BROWN, Peter. *Augustine of Hippo*. Berkeley: University of California Press, 2000.

NEIVA, Eduardo. Vontade e contrato social em Santo Agostinho. *Alceu*, n. 12, p. 170-215, 2006.

WILLS, Gary. *Saint Augustine*. New York: Penguin, 1999.

agrafia NEUR Incapacidade de escrever resultante de lesão cerebral.

agregação de interesses M.COM Ato ou efeito de ação organizada de grupos de pressão que buscam espaço ou representatividade nos veículos de comunicação. ▸ Cf. ACESSO.

agudo MÚS **1** Diz-se de som elevado na escala musical; claro. **2** Diz-se de ou característica de voz infantil. ▸ O equiv. fem. adulto é soprano.

AIDA [ing.] PUB Sigla que define os quatro estágios e propósitos de um anúncio publicitário. ▸ Cada uma das letras da sigla *AIDA* indica um objetivo do que seria um anúncio eficaz: 1) *A*, para chamar a Atenção (*awareness*); 2) *I*, criar Interesse (*interest*); 3) *D*, fomentar um Desejo (*desire*); e 4) *A*, estimular uma Ação ou resposta (*action or response*).

AIO MKT PUB Sigla de 'atos, interesses e opiniões'.

ajuste de espaço GRÁF INF M.q. KERNING.

Al-Ahram [ár.] JOR Jornal árabe diário, fundado em 1875 e sediado no cidade do Cairo, Egito. ▸ Em árabe, *Al-Ahram* quer dizer 'As Pirâmides'. Com uma circulação de aproximadamente 1 milhão de exemplares, chegando a 1,2 milhão, na sexta-feira, *Al-Ahram* é o mais influente jornal egípcio. Por ser um jornal majoritariamente estatal, foi criticado como tendencioso e pró-governo, num passado recente que fora um período político ditatorial da história do país. Até então, o editor-geral de *Al-Ahram* tem sido indicado pelo governo egípcio.

Al-Arabia [ár.] TV Sistema de televisão situado em Dubai, nos Emirados Árabes Unidos, e fundado em 3 de março de 2003. ▸ A programação da estação consiste em notícias políticas, esportivas, econômicas e financeiras, além de programas de debates e documentários. Em 26 de janeiro de 2009, o presidente norte-americano Barack Obama deu sua primeira entrevista à emissora, num gesto que seria de conciliação com o mundo árabe. Al-Arabia disputa o mercado pan-arábico da comunicação com AL-JAZIRA.

alarme INF Advertência ou indicação de problemas e anomalias num equipamento informático.

alçado GRÁF **1** Lugar da oficina gráfica onde se faz o trabalho de alceamento de um livro. **2** Cujas folhas ou cadernos foram ordenados para serem costurados.

alçadora GRÁF Máquina que agrupa em um volume os cadernos impressos de um livro, substituindo o trabalho manual de alçar.

alcance 1 MKT PUB Parte do público-alvo exposto, por determinado período, a uma campanha publicitária. 2 TEL TV Limite, área geográfica ou ponto máximo em que os sinais emitidos por uma emissora ou aparelho de comunicação podem ser captados por determinados receptores; área, área de serviço. 3 M.COM Área máxima atingida por determinado meio de comunicação; cobertura.

alcance da penetração COMN PSIC.SOC Conjunto de áreas ou aspectos da vida de um indivíduo que se revelam progressivamente no curso de uma interação comunicativa. ▶ Partindo da suposição de que a personalidade humana se estrutura como uma cebola, os psicólogos Dalmas Taylor (1933-1998) e Irwin Altman (1930-) afirmaram que, apesar da tendência natural à autoproteção, os indivíduos desenvolvem, no curso das trocas de mensagens, uma intimidade progressiva, ao revelarem recíproca e mutuamente o que, de outra forma, lhes produziria sentimentos de vulnerabilidade. Quanto maior a revelação mútua, maior o alcance da penetração na intimidade do outro. Altman e Taylor formularam o que se chama de 'teoria da penetração social' (*social penetration theory*) em comunicação.

BIBLIOGRAFIA

TAYLOR, Dalman; ALTMAN, Irwin. Communication in interpersonal relationships: social penetration processes. In: MILLER, R. Gerald; ROLOFF, Michael (ed.) *Interpersonal processes: new directions in communication research*. Tousand Park: Sage, 1987.

alçar GRÁF Juntar ordenadamente (cadernos impressos que fazem parte de um livro).

aldeia global M.COM Expressão inicialmente us. pelo teórico da comunicação canadense Marshall McLuhan (1911-1980) para identificar os efeitos socioculturais das tecnologias da comunicação, hoje frequentemente aplicada à internet, fenômeno comunicacional que McLuhan não pôde conhecer. ▶ Quando a locução *aldeia global* começou a se popularizar, através da série de livros que iam de *A galáxia de Gutenberg* até *Os meios de comunicação como extensões do homem* (*understanding media*), a recepção do *slogan* beirava o jocoso, ainda que soasse atraente como efeito de um certo tom de absurdo no que McLuhan dizia. A televisão era, na época, a vanguarda dos meios, veículo certamente mais instantâneo do que os outros, mas mesmo assim relativamente incapaz de abraçar o planeta como um todo. As estações de televisão eram predominantemente regionais e não reduziam realmente as distâncias geográficas e culturais entre as nações. Do ponto de vista político, Marshall McLuhan era considerado um visionário excêntrico e ingênuo, se não uma pessoa descontextualizada dos conflitos que sacudiam o mundo, justamente o oposto da associação com uma paz pastoral que a expressão *aldeia global* evocava. De fato, McLuhan não previra, de forma alguma, a ação de redes globalizantes, como a internet, que não tinham chegado ao conhecimento do público. A internet era um segredo militar ainda inexplorado em sua plenitude. Agora sim, a instantaneidade faz do planeta uma imensa rede comunicacional que, mesmo assim, não é uma aldeia. O próprio McLuhan afirmara que metáfora mais apropriada seria um *teatro global*, o que também não captura a experiência mais característica da vasta cadeia comunicacional contemporânea, onde cada celular é uma unidade concentrada de meios, uma câmara de filmar, gravar e fotografar e que, por isso, dissolve a separação entre plateia e palco: atualmente todos observam, ao mesmo tempo que, potencialmente, podem ser observados.

BIBLIOGRAFIA

MCLUHAN, Marshall. *The global village*. New York: Oxford, 1998.
____________. *Os meios de comunicação como extensões do homem*. São Paulo: Cultrix, 1996.
____________. *The Gutenberg galaxy*. Toronto: Toronto University Press, 1998.

aldino GRÁF M.q. ITÁLICO.

alegoria RET Representação simbólica que, por meio de referências elaboradas, comunica um tema, assunto ou ideia. ▶ Mesmo que a retórica moderna considere a alegoria apenas uma metáfora extensa e codificada, além de artificiosa, quando não excessivamente elaborada, as obras clássicas recorriam frequentemente a alegorias para representar um argumento. É o que fez Platão (c428 a.C. - c347 a.C.) no livro VII de *A república*, ao produzir a alegoria da caverna, onde compara a escuridão das cavernas à ignorância humana, cuja iluminação virá pelo sol do entendimento filosófico. Literalmente, alegoria significa 'dizer de outra forma ou maneira'. Assim, na obra de Dante (1265-1321), *A vida nova* (1295), Beatriz é ela mesma, o amor e a pureza dos sentimentos mais nobres, representando também a possibilidade de se alcançarem as bênçãos do amor divino. Na literatura contemporânea, a sátira de George Orwell (1903-1950), *Animal Farm* (1945) usa recursos alegóricos em sua narração. Para atacar a ideologia comunista, Orwell vale-se de dois porcos, Snowball (Bola de Neve) e Napoleão, que representam alegoricamente Trotsky (1879-1940) e Stalin (1878-1953).

alegoria da caverna FIL Parábola que ilustra em *A república* (VII, 514b - 521a) a tese platônica de que o saber progride em iluminação ascendente na direção da verdade. ▶ Também conhecida como 'Parábola da caverna', 'Mito da caverna' e 'Analogia da caverna', essa é a passagem mais famosa dos diálogos platônicos. Platão (c428 a.C. - c348 a.C.) apresenta Sócrates e Gláucon discutindo a natureza do conhecimento e da educação filosófica. Sócrates pede a Gláucon que imagine uma caverna subterrânea e escura. Na caverna, há homens acorrentados desde o seu nascimento, presos pelas pernas no mesmo lugar e sem poder virar as cabeças. Imagine, Sócrates insiste, um fogo nas costas dos prisioneiros. Entre essa fonte de luz e as costas do prisioneiro, há um espetáculo de bonecos e também a exposição de vários tipos de implementos e instrumentos, além de formas de animais e outras coisas. Sócrates pergunta: o que viram os prisioneiros além de sombras lançadas pelo fogo na parede da caverna? Como poderia ser diferente se os prisioneiros não podem virar-se e olhar para os modelos que projetam somente sombras. Se os prisioneiros falassem uns com os outros e nomeassem o que viam estariam nomeando algo mais do que figuras distorcidas e escuras? Não estariam os prisioneiros confundindo sombras e objetos reais? Caso os prisioneiros pudessem libertar-se das amarras e virar-se imediatamente para onde estão o fogo e os modelos, o que veriam? Acostumados à escuridão, seus olhos doeriam e não seriam capazes de ver nada, a não ser o brilho deslumbrante do fogo. A reação natural dos prisioneiros diante da ofuscação da luz seria voltar-se para a escuridão e acreditar que as sombras que até então viram são a realidade inquestionável. Se um dos prisioneiros fosse levado rapidamente para fora da caverna, a luz do sol o cegaria. Porém, aos poucos e habituando-se, um prisioneiro aprenderia a distinguir as formas do mundo na sua variedade, reconhecendo as aparências fantasmáticas, os reflexos da luz nas águas e os objetos reais. Instruídos propriamente, numa ascensão penosa, mas possível, o prisioneiro aprenderia a reconhecer, com precisão, os objetos artificiais, o fogo, os modelos e, finalmente, o Sol. Quem fosse assim treinado, poderia, após a conclusão do processo de aprendizado, comunicar o que vira para os outros que permanecem ainda presos às paredes da caverna. A iluminação permite que a alma perceba e conheça a verdade e a razão que inundam o mundo inteligível, composto de Formas. As Formas são a mais verdadeira e fundamental realidade, sendo tudo o mais cópia e representação fantasmática. ▸ Cf. PLATÃO.

BIBLIOGRAFIA
PLATÃO. *A república*. São Paulo: Perspectiva, 2006.

alegoria visual ART.PLÁST ESTÉT HIST.ART Representação simbólica e codificada, numa obra de arte visual (pintura, escultura, desenho etc.), que sugere mais do que a imagem literal indica. ▸ As análises iconológicas do historiador da arte Erwin Panofsky (1892-1968) apontaram a importância de se interpretar como alegorias visuais o que se considerou por algum tempo como mero realismo pictórico. Usando muitas vezes, como guia, um texto do sXVII, *Iconologia* de Cesare Ripa (c1560-c1622), Panofsky argumentou que o objeto representado pode ter muitas vezes um significado que exige decifração elaborada. Só uma leitura rasa qualificaria a pintura que Jan Van Eyck (c1395-1441) fez do casal Arnolfini como uma representação realista. Os Arnolfinis teriam sido pintados em seu quarto nupcial. Os espelhos à sua volta são a expressão simbólica da pureza; o cão aos pés do casal indica fidelidade conjugal e, num canto da pintura, o pêssego que está no peitoril da janela sugere honestidade. A famosa imagem dos Arnolfinis é simultaneamente um retrato de um casal e um sermão moralista. Panofsky sugere que a inscrição *"Johannes de Eyck fuit hic"* (Jan van Eyck esteve aqui) certifica a união dos cônjuges. Um processo semelhante de alegoria visual estaria presente na *Alegoria da prudência*, de Ticiano (c1488-1576). O quadro é composto de imagens paralelas. A parte superior mostra uma composição tricéfala de um jovem, um homem maduro e um velho, enquanto que o nível inferior da imagem reúne as cabeças de um lobo, um cão e um leão. O quadro carrega também uma inscrição em latim que diz: "baseado na experiência do passado, o presente age prudentemente para não estragar a ação futura". O motivo, intricado e elaborado, representaria uma reflexão autobiográfica de Ticiano sobre a passagem do tempo e as transformações que sofre a vida humana: é o que Panofsky defende num célebre artigo de história da arte contemporânea. ▸ Cf. ALEGORIA; ICONOLOGIA; PANOFSKY, ERWIN.

BIBLIOGRAFIA
PANOFSKY, Erwin. *Early netherlandish painting: its origin and character*. Cambridge: Cambridge University Press, 1953. v. 2.
____________. *Significado nas artes visuais*. São Paulo: Perspectiva, 2002.

alelo 1 Que ocupa os mesmos *loci* nos cromossomos (diz-se de gene). **2** GEN Cada uma das formas que um gene pode apresentar e que determina características diferentes; alelomorfo.

alelomorfo GEN M.q. ALELO.

alfabeto 1 Conjunto das letras de um sistema de escrita, dispostas em ordem convencionalmente estabelecida. **2** LING Número finito de símbolos que representam os elementos de uma língua. **3** LING Conjunto de signos us. para representar graficamente os sons da fala (fonemas ou sílabas). ▸ Os primeiros alfabetos surgiram na bacia do Mediterrâneo ocidental. O fenício data aprox. do sXII a.C. e deu origem a vários alfabetos modernos, entre os quais o grego, o latino, o cirílico, o árabe, o hebraico etc. Na Antiguidade, as escritas, fossem ideográficas, fossem hieroglíficas, eram de difícil compreensão e só acessíveis a um segmento restrito do corpo social. O alfabeto muda esse quadro, pois vale-se de número finito de elementos representativos, o que facilita seu aprendizado e, assim, a escrita dissemina-se por toda a sociedade. Os hieróglifos egípcios não tinham por objetivo primeiro comunicar ideias; seu aprendizado deve ter sido de cunho vocacional, sob a supervisão constante de um superior. Os primeiros objetos marcados com hieróglifos eram parte do universo privado do decoro e foram apostos a palhetas para triturar e mesclar cosméticos. Eram marcas cifradas de propriedade. Só com a invenção do alfabeto grego (a rigor, o verdadeiro alfabeto) e seu registro de vogais (o que reduz drasticamente a ambiguidade do que foi escrito) é que se pôde representar o fluxo discursivo, o que, por sua vez, resultou numa progressiva explosão de informação que iria transformar o mundo antigo. A rigor, o alfabeto é um tipo de escrita fundado na fonetização silábica e cuja eficácia depende de fatores semânticos, tais como contextualização e convencionalidade. É importante lembrar que os alfabetos, em si mesmos, não passam de inventários de signos não estruturados e que, portanto, não dão conta da complexidade da comunicação verbal, suas associações, contexturas etc. Para que isso aconteça, o alfabeto deve subordinar-se às regras do sistema linguístico que irá representar, mas, do ponto de vista de sua representação visual, os sistemas de escrita, sejam fonéticos ou não, obedecem a uma lógica visual comum que advém das condições neurológicas da visão, sem a qual a leitura seria impossível. Pesquisa feita no California Institute of Technology defende a ideia de que todos os sistemas de representação simbólica, sejam eles alfabéticos ou não, jamais poderiam ser completamente arbitrários ou divergentes; pelo contrário, seguem princípios que, como a visão, se desenvolveram no curso evolutivo da espécie humana. A diferença entre sistemas de escrita é superficial. Todas as escritas, com exceção do braile, são feitas para o olho. Por isso o desenvolvimento de um sistema de escrita deve sempre derivar de formas gráficas e topográficas que facilitem sua leitura visual e que, no fundo, transcendam a diversidade das várias culturas.

BIBLIOGRAFIA
BAINES, John. Literacy and ancient Egyptian society. In: *Man*, NS, n. 18, p. 572-99, 1983.
____________. Communication and display: the integration of early Egiptian art and writing. In: *Antiquity*, n. 63, p. 471-82, 1989.
CHANGIZI, Mark A. *et alii*. The Structure of letters and symbols throughout history are selected to match those found in natural scenes. *The American Naturalist*, n. 167, p. 117-39, 2006.
DANIELS, Peter T.; BRIGHT, William. *The world's writing systems*. Oxford: Oxford University Press, 1996.
POWELL, Barry. *Homer and the origin of the Greek alphabet*. Cambridge: Cambridge University Press, 1991.

alfabeto Morse TEL M.q. CÓDIGO MORSE.

alfanumérico **1** Que combina letras do alfabeto e números (diz-se de sistema de codificação). **2** Codificado por esse sistema. **3** Que funciona com base nesse sistema (diz-se de dispositivo).

álgebra MAT Ramo da matemática que, simplificando e resolvendo por meio de fórmulas problemas nos quais as grandezas são representadas por símbolos, lida com as propriedades e relações entre quantidades e generaliza os resultados.

álgebra de Boole INF MAT Álgebra desenvolvida por George Boole (1815-1864), que manipula símbolos por métodos estritamente algébricos que refletem apenas as leis do pensamento, us. na linguagem de computadores. ▸ Tecnicamente, a álgebra de Boole permite, por cálculo lógico, que se representem uma classe e seu oposto como conjuntos abstratos e complementares, daí sua estruturação binária; logo, assemelha-se à álgebra numérica ordinária, mas dela difere porque suas classes não se restringem ao que é universal e vazio. Filosoficamente, o que a álgebra de Boole produziu foi um cálculo lógico de valores de verdade. O que, na álgebra numérica, fora multiplicação, adição e negação transformou-se numa operação de caráter lógico, que segue as formas valorativas de conjunção, disjunção e complemento (ou negação). Boole demonstrou que, aplicando as regras de operação lógica, não só todos os cálculos algébricos serão executados, mas também que, seguindo seu método, as conclusões da lógica aristotélica reduzem-se a relações entre classes ou conjuntos. Por isso, define-se a álgebra de Boole como uma álgebra de valores, onde 0 e 1 traduzem-se nos operadores lógicos de verdadeiro (V) e falso (F). É um método de lógica matemática que valida os argumentos da lógica filosófica tradicional. Atualmente, a expressão *álgebra de Boole* qualifica todo e qualquer sistema abstrato semelhante à álgebra original de Boole, quando aplicado a problemas da probabilidade e da computação. ▸ Cf. BINÁRIO; COMPUTADOR.

BIBLIOGRAFIA

BOOLE, George. *Collected logical works*. La Salle, ILL: Open Court, 1952.

HOLLINGDALE, Stuart. *Makers of mathematics*. Harmondsworth: Penguin, 1989.

ALGOL INF Linguagem de programação de computadores de alto nível, baseada na álgebra de Boole, que expressa informação em notação algébrica. ▸ Cf. ÁLGEBRA DE BOOLE; INFORMAÇÃO.

algoritmo INF LING MAT Sequência de regras, rotinas e procedimentos lógicos baseada num sistema preciso e matemático, que leva à solução de um problema, finalização de um raciocínio ou execução de uma tarefa em um número finito de etapas. ▸ Algoritmos são aplicáveis e úteis para o funcionamento de computadores porque permitem a criação de uma série precisa e discreta de instruções. Suponhamos que, como acontece em alguns países, em uma nota fiscal de restaurante venha identificado o valor do imposto em 10% e que se queira dar uma gorjeta no valor de 20%. O algoritmo que informa o valor preciso da gorjeta é dado pela multiplicação do imposto por dois. Regras de adição e subtração de dois ou mais números, normas de trânsito, jogos como xadrez e damas, receitas culinárias são outros exemplos de algoritmos. Em *De arte combinatoria*, escrita em 1666, Gottfried Leibniz (1646-1716) chama de algoritmo a regra geral que, em linguagem simbólica, permite que se chegue à resposta correta para um determinado problema. Desde então, em sistemas de linguagem simbólica (o que abarcaria linguagens lógicas e naturais), concebe-se algoritmo como a combinação de elementos que enunciam o conhecimento de como algo deve ser feito, passo a passo, através da aplicação precisa de regras. Nesse sentido, é correto concluir que a gramática, que é o fundamento da comunicação verbal, trata-se de um algoritmo, pois apresenta normas e regras de procedimento que levam à geração e à compreensão das palavras. Problemas para os quais inexistem soluções algorítmicas demandam procedimentos heurísticos. Uma solução heurística procura a resposta para o problema, não através da aplicação de uma regra, mas por meio de uma aproximação progressiva. A palavra algoritmo advém do árabe *al-khwārizmī* que é a alcunha dada ao matemático e astrônomo islâmico do sIX, Muhammad Ibn Musa (c780-c850). ▸ Cf. HEURÍSTICA.

BIBLIOGRAFIA

KOZEN, Dexter. *The design and analysis of algorithms*. New York: Springer-Verlag, 1992.

alienação **1** ECON.POL M.COM Conceito hegeliano, marxista e pós-marxista que descreve e explica o distanciamento, o estranhamento e a consciência enganosa dos seres humanos (indivíduos, grupos, instituições) em relação a si mesmos. ▸ A concepção de alienação em Marx (1818-1883) postula que o homem alienado vive um estado de consciência infeliz porque perde a capacidade de se definir livre e conscientemente. Nas economias capitalistas, as mercadorias e sua produção passam a ser mais importantes do que as atividades humanas. A teoria da alienação marxista foi formulada nos *Manuscritos econômicos e filosóficos* de 1844. Seu objetivo era apresentar uma alternativa à ideia hegeliana de que a história dos homens é movida por um movimento absoluto, o qual não controlam. As teses idealistas de Hegel (1770-1831) identificavam esse movimento inexorável como ação do Espírito. Para Hegel, o fenômeno da alienação do homem deveria ser entendido como perda de sua natureza espiritual. O espírito nega-se a si mesmo, distanciando o homem do que é absoluto. O espírito pode negar-se. O ser humano em estado de alienação não vê mais que a finitude encontrada na imanência do mundo natural. A alienação, segundo a teoria hegeliana, caracteriza-se por ser simultaneamente discordância diante de uma essência básica que deveria nos forjar, e também submissão ao que nos é estranho. O mérito de Marx foi ter encontrado uma interpretação material e concreta para as formulações dolorosamente rarefeitas de Hegel. Assim, nos *Manuscritos* de 1844, portanto antes de escrever a obra-prima de agitação política e de diagnóstico do capitalismo industrial, que é o *Manifesto do Partido Comunista* de 1848, Marx admitia que a alienação é uma ocorrência humana real. Porém, ao contrário de Hegel, Marx argumentava que o motivo da alienação dos seres humanos não é a perda de uma essência natural. Há quem afirme que os *Manuscritos* são apenas uma tentativa preliminar do jovem Marx que amadureceria, efetivamente, na parceria com Friedrich Engels (1820-1895), ao produzirem o *Manifesto*. O verdadeiro sistema teórico marxista deve ser uma ruptura inconciliável com as ideias de Hegel, porque, em Marx não há natureza humana. Aquilo que percebemos ser uma essência humana não passa de um efeito fantasmático das redes sociais criadas pelos interesses de classe. Logo, nos *Manuscritos*, o que aliena o homem de si mesmo é sua relação com o produto de seu trabalho. Os produtos da atividade econômica, no capitalismo, transformam-se nos fetiches da mercadoria, do dinheiro e do capital. A transformação revolucionária das relações humanas com o trabalho é o único caminho para a desalienação. O fato de que os *Manuscritos* de 1844 só tenham ficado disponíveis na primeira década do sXX explica porque o conceito de alienação demorou tanto a ser conhecido e disseminado nas teorias críticas da sociedade. Uma tentativa importante de entender a alienação humana, dentro de uma teoria marxista, pode ser encontrada nos escritos de György Lukács (1885-1971), mais especificamente na seção "Reificação e consciência do proletariado" de *História e consciência de classe*. Nesse texto, Lukács afirma que o fetichismo da mercadoria é de tal monta no capitalismo moderno que as relações entre homens são reificadas, ou seja, os seres humanos são tratados como se fossem coisas. O homem é alienado como uma mercadoria. Mas é a partir da ESCOLA DE FRANKFURT, mais especificamente nos trabalhos de Herbert Marcuse (1898-1979), que o conceito de alienação passaria a ocupar um lugar central, ainda que disputado, na interpretação marxista e neo-hegeliana da sociedade. O marxismo soviético e stalinista, bem como o marxismo estruturalista de Louis Althusser (1918-1990), atacaria o emprego do conceito de alienação social, por ser um retorno ao hegelianismo de que Marx tanto desfizera e que, para todos os efeitos, descartara. Mais importante do que a consciência e a autoconsciência do homem que se aliena seriam as causas objetivas da alienação humana: a divisão e exploração do trabalho, a subjugação e luta de classe, a propriedade privada, entre outros fatores econômicos. Entretanto, apesar das críticas, o conceito de alienação continuou a exercer fascínio; efeito, certamente, de sua tentativa de explicar a relação complexa dos indivíduos com o sistema social em que vivem. O conceito de alienação revelaria uma característica potencial dos seres humanos, que é a de se negarem a compreender a sua própria condição e assim se submeterem muitas vezes docemente ao jugo do sistema social que os oprime. Um dos instrumentos mais eficazes para a sedimentação da alienação humana é o que se chama de indústria cultural disseminada pelos meios de comunicação. Os veículos de massa inviabilizariam a desalienação do homem, pois agem como modeladores de consciência que sustentam a sociedade burguesa e capitalista. É nesse sentido que os movimentos de transformação social recentes, típicos de uma sociedade que deixou o capitalismo industrial para trás, e que hoje vive um estágio pós-industrial, reclamam da propriedade e da injustiça de sua representação manipulada nos meios de comunicação; e veem ali um dos campos de batalha a serem enfrentados. Ainda que feministas norte-americanas, como Heidi Hartmann (1945-) no artigo "The unhappy marriage of marxism and feminism: towards a more progressive union" (1981), considerem o marxismo insensível às questões específicas das mulheres, é do conceito de alienação marxista que extraem os motivos da opressão feminina. As mulheres são condicionadas a papéis subalternos graças à ação persuasiva da mídia. Se alienação para Marx advinha dos produtos da atividade humana, na sociedade contemporânea, o fenômeno da alienação transformou-se no resultado das mensagens recebidas através dos meios de comunicação. A interpretação de Althusser não reconhece o papel da categoria de alienação no pensamento marxista. O recurso à alienação seria um resíduo idealista numa teoria cuja positividade revolucionária deriva de uma concepção totalmente materialista da história. ▸ Cf. ALTHUSSER, LOUIS; FEMINISMO. **2** TEAT Na teoria e na dramaturgia de Bertolt Brecht (1898-1956), termo que descreve o efeito produzido pelo estilo e os recursos artificiosos de encenação de seu teatro épico. ▸ Na teoria do teatro épico de Bertolt Brecht, 'efeito de alienação' (*Verfremdungseffekt*) não tem caráter pejorativo. Pelo contrário, o teatro revolucionário deve dirigir-se diretamente à consciência do espectador, alienando-a, distanciando-a das armadilhas do ilusionismo naturalista do teatro burguês. Brecht acreditava que as convenções e recursos do teatro naturalista materializavam uma ideologia de classe que se mostrava inútil e perniciosa quando se tratava de fazer um teatro socialmente revolucionário. Para que o efeito de alienação se produzisse, a artificialidade teatral deveria ocupar o palco com canções, *slogans*, cenários e vestuário que chamassem obviamente a atenção dos espectadores. ▸ Cf. DISTANCIAMENTO.

BIBLIOGRAFIA

ALTHUSSER, Louis. *Pour Marx*. Paris: La Découverte, 2005.

BRECHT, Bertolt. *Brecht on theater* (ed. John Willet). New York: Hill and Wang, 1964.

HARTMAN, Heidi. The unhappy marriage of marxism and feminism: toward a more progressive union. In: SARGENT, Lydia (ed.) *Women and Revolution*. Cambridge: South End Press, 1981.

LUKÁCS, György. *História e consciência de classe*. São Paulo: Martins Fontes, 2001.

MARCUSE, Herbert. *Negations: essays in critical theory*. London: Allen Lane/Penguin, 1968.

MARX, Karl. *Manuscritos econômicos e filosóficos*. São Paulo: Boitempo, 2004.

MARX, Karl; ENGELS, Fredrich. *Manifesto do Partido Comunista 1848*. Porto Alegre: L&PM, 2001.

alínea **1** Primeira linha de um novo parágrafo. **2** Cada subdivisão de um artigo de lei, decreto, contrato e similares; parágrafo.

aliquid stat pro aliquo [lat.] FIL SEMIO Na tradição filosófica medieval, definição do signo como algo que está no lugar de outra coisa. ▸ Na fórmula medieval, o termo *aliquid* é o elemento representante na função-signo (*signans*), enquanto que *aliquo* indica o representado (*signatum*). Seguindo as sugestões dos escritos de Charles S. Peirce (1839-1914) sobre SIGNO, o linguista russo-americano Roman Jakobson (1896-1982) reviveu essa definição para identificar o caráter referencial dos signos. Para Jakobson, os signos evocam objetos que podem ser substituídos por enunciados. Ainda que não seja a única maneira de ser do signo, a referência e a remissão são por certo funções da linguagem e da comunicação. ▸ Cf. FUNÇÃO DA LINGUAGEM; FUNÇÃO REFERENCIAL; UNIVERSAL.

BIBLIOGRAFIA

ASHWORTH, E. Jennifer. *Language and logic in the post-medieval period*. Dordrecht: Reidel, 1974.

______________. *The Tradition of medieval logic and speculative grammar*. Toronto: Pontifical Institute of Medieval Studies, 1977.

aliteração LING LIT Repetição de fonemas idênticos ou parecidos no início de várias palavras na mesma frase ou verso, visando obter efeito estilístico na prosa poética e na poesia (p.ex., "rápido, o raio risca o céu e ribomba"); aliteramento, paragramatismo.

aliteramento LING LIT M.q. ALITERAÇÃO.

Al-Jazira [ár.] TV Rede de televisão árabe situada no Estado do Catar, na península Arábica. ▸ A palavra *Al-Jazira* significa pequena ilha e é uma referência à península Árabe onde se originou. A projeção da estação deve-se à cobertura e ao acesso concedido a grupos radicais islâmicos, após ao ataque às Torres Gêmeas de Nova York. A estação começou a operar em 1996 e tem sido criticada por veicular os *tapes* e as notícias de grupos considerados terroristas. A emissora defende-se, afirmando que, ao contrário das estações ocidentais, procura mostrar os dois lados do conflito. Durante a insurreição popular de 2011, no Oriente Médio, e também na cobertura da revolta popular egípcia contra a ditadura de Hosni Mubarak (1928-), a emissora exerceu papel fundamental, disseminando notícias não oficiosas, apesar de ter sido, muitas vezes, alvo de retaliação e ataques físicos.

alltype [ing.] PUB Material publicitário sem desenhos, fotos ou ilustrações, constituído apenas de textos; anúncio de composição.

almaço **1** PAP Diz-se de certo papel branco encorpado, próprio para documentos, registros etc. **2** GRÁF PAP M.q. FORMATO ALMAÇO.

alocar INF Reservar trecho ou área na memória de um computador para rotina, programa ou armazenamento de dados.

alt. **1** EDIT Abrev. de ALTERAÇÃO. **2** INF Red. de ALT.HIERARCHY.

alta **1** GRÁF Que ou o que tem a forma de letra maiúscula, na primeira ou em todas as letras da palavra. ▸ Red. de *caixa-alta*. **2** TEAT Diz-se da parte superior do espaço cênico, desde o centro até o fundo.

alteração **1** CINE REC.AV TV Ato ou efeito de mudar um sinal de áudio ou de vídeo com o propósito de torná-lo diferente da gravação original. ▸ A alteração (na terminologia técnica da física, transdução) é um elemento central na feitura de vídeos, pois a gravação começa com uma forma de energia (ondas sonoras ou energia elétrica) que é convertida em outra (sinais eletromagnéticos). **2** EDIT GRÁF Modificação, por supressão ou acréscimo, de um texto já composto. ▸ Abrev.: ALT. **3** MÚS Sinal colocado à esquerda de uma nota para modificar apenas sua altura.

alteridade **1** Natureza ou condição do que é outro, do que é distinto. **2** Situação, estado ou qualidade que se constitui através de relações de contraste, distinção, diferença. ▸ Relegada ao plano de realidade não essencial pela metafísica antiga, a alteridade adquire centralidade e relevância ontológica na filosofia moderna (hegelianismo) e esp. na contemporânea (pós-estruturalismo). ▸ P.opos. a IDENTIDADE. ▸ Cf. OUTRO.

alt.hierarchy [ing.] INF INTERN Classe de *newsgroups* que, devido à sua estrutura e organização, escapam de qualquer controle ou censura. ▸ Criada em 1987 por Brian Reid (1949-) e John Gilmore (1955-), a hierarquia *alt.* rejeita o modo tradicional de dispor ramificações na internet. Como as hierarquias predeterminam a organização dos arquivos transmitidos, uma questão concreta que se apresentava nos primórdios da internet era relativa aos critérios que geravam tal organização e à maneira pela qual isso era definido antecipadamente. As hierarquias tradicionais acabavam estabelecendo mecanismos implícitos de exclusão, pois os arquivos que nelas não se encaixavam não tinham lugar livre e imediato na internet. A solução dada para o impasse era submeter o assunto à votação dos usuários, o que, obviamente, criava condições para a marginalização dos que tivessem interesse em tópicos polêmicos ou chocantes. O desenvolvimento da hierarquia *alt.* criou um agrupamento que não estabelece patamar de níveis, dando aos originadores dos *newsgroups* a mais absoluta e completa liberdade de expressão, livre de discussões formais, aprovações ou quaisquer outras restrições. Quando a hierarquia superior é *alt.*, qualquer outra pode seguir-se a ela. Não é à toa que algumas das primeiras hierarquias *alt.* foram *alt.sex* e *alt.drugs*. A partir desses pontos dados (de fato a partir de *alt.*) segue-se o que for do desejo do criador do *newsgroup* ou *chatgroup*. Surgiriam, então, outras ramificações, como *alt.sex.fetiche* e *alt.drugs.crack* etc. Uma piada comum é a que diz que o termo *alt.*, que abre essa hierarquia nada tem a ver com a palavra 'alternativo', mas trata-se de uma sigla para 'anarquistas, lunáticos e terroristas'. Em 2008, alguns provedores de serviço de comunicação (Sprint, AT&T) anunciaram a suspensão de acesso às hierarquias *alt.* que permitem o envio de arquivos binários, argumentando que servia para a distribuição de pornografia infantil. ▸ Cf. NEWSGROUP; INTERNET.

Althusser, Louis (Birmandreis, Argélia 1918-Paris, França 1990) Filósofo francês e epistemólogo do marxismo. ▸ As principais contribuições de Althusser ao marxismo dizem respeito ao estatuto teórico do sistema de ideias de Karl Marx (1818-1883). Do epistemólogo e historiador das ciências Georges Canguilhem (1904-1995), de quem fora discípulo, Althusser apropriou a ideia de que o conhecimento se faz por meio de uma ruptura, um corte epistemológico, com os sistemas teóricos que o antecedem e que, por isso, recebem a qualificação de *ideologia*. Por consequência, Marx não pode ser a continuidade do humanismo burguês: Marx é ruptura e descontinuidade em relação à tradição. Por isso, é impossível conciliar o marxismo com a filosofia da história que o antecede: o marxismo nada teria a ver com o hegelianismo. Coincidentemente, Althusser discutia a epistemologia de Marx no mesmo momento histórico em que Lacan (1901-1981) exigia uma interpretação mais precisa de Freud (1856-1939). O paralelo era óbvio: Freud descobriu o inconsciente e o marxismo divulgava um novo tipo de saber sobre os meios de produção. Por esse motivo e por desconsiderarem a subjetividade em favor de uma estrutura que a antecede, Althusser e Lacan passaram a ser agrupados como pensadores estruturalistas (cf. ESTRUTURALISMO). Para Althusser, a novidade radical do pensamento marxista era, sem dúvida, teórica. O Marx maduro não pode ser visto em termos do jovem Marx e seus voos hegelianos; e nem deve ser visto sob a perspectiva de qualquer forma de HISTORICISMO. O marxismo é uma teoria da prática revolucionária, da história feita aqui e agora, produzida a partir de um conhecimento científico sobre os modos e as mecânicas de produção. A categoria conceitual de ALIENAÇÃO é incapaz de definir o marxismo. Funcionando como mero suporte para a ação de forças históricas impessoais, a subjetividade não passa de um efeito do processo histórico. Nos textos primeiros de Marx, consciência, alienação e subjetividade são resíduos idealistas numa teoria que amadureceu ao abraçar, definitivamente, o materialismo. O processo histórico seria impessoal, irredutível à autorrealização dos seres históricos. Segundo a teoria althusseriana, as formações sociais caracterizam-se por processos complexos e variados de fatores em determinação múltipla. Por serem sobredeterminadas, as formações sociais seriam descentradas e resultantes de estruturas autônomas. Não há, portanto, determinação social, nem mesmo no nível das relações econômicas que só seriam determinantes em última instância. A imagem que Althusser apresenta da vida social é a de coexistência de fatores díspares, alguns econômicos, outros não. Daí ser importante, para o pensamento althusseriano, o entendimento dos processos ideológicos. A ideologia não surge diretamente da cabeça dos indivíduos, mas a eles se dirige, demandando comportamentos, num processo que Althusser chama de *interpelação*. Através de suas reflexões sobre a ideologia, o pensamento althusseriano influencia os estudos da comunicação. Politicamente, Althusser era membro do Partido Comunista francês, com o qual teve relações ambíguas. Era, sem dúvida, um pensador marxista radical, mas nada disse a respeito do estalinismo, ainda que tenha escrito sobre o valor filosófico de Lenin, concordando com a tese leninista de que o partido era a vanguarda organizada e condutora da classe operária (cf. LENIN, VLADIMIR ILITCH ULIANOV). Em meados da década de 1960, sua influência foi considerável no pensamento francês, sendo admirado por sua leitura epistemólogica rigorosa de Karl Marx. Mas, em 1980, Althusser, que tinha problemas psiquiátricos sérios e recorrentes, assassinou a mulher, Hélène Rytman. Até a morte, Althusser passou internado em instituições psiquiátricas. ▸ Cf. CANGUILHEM, GEORGES; KOYRÉ, ALEXANDRE; MARXISMO.

BIBLIOGRAFIA

ALTHUSSER, Louis. *Pour Marx*. Paris: La Découverte, 2005.
_______, Louis *et alii*. *Lire le capital*. Paris: PUF, 2008.
_______, Louis. *Aparelhos ideológicos do Estado*. Rio de Janeiro: Graal, 2010.

alto-contraste 1 FOT Processo de reprodução fotográfica em que os tons claros e escuros são fortemente acentuados, em detrimento da gradação de cinzas, que podem até desaparecer. ▸ Atingia-se o efeito de alto-contraste com o uso de filme industrial, cuja função era determinar os extremos de luz num fotolito com o propósito de permitir um melhor retoque. Os efeitos de alto-contraste passaram a ser usados esteticamente e em capas de discos, livros, revistas etc. Atualmente programas de visualização como *Photoshop* produzem o mesmo efeito de alto-contaste em imagens digitalizadas. 2 GRÁF Processo de reprodução a traço completamente isento de pontos.

alto-falante ACS M.q. MEGAFONE.

alto-relevo 1 ART.PLÁST Figura ou ornato que se esculpe ou molda sobre uma superfície da qual se destaca em acentuado relevo, podendo apresentar pormenores totalmente libertos daquela superfície. ▸ Cf. BAIXO-RELEVO; MÉDIO-RELEVO. 2 GRÁF Impressão que tem uma parte ou é toda ela mais alta do que o papel em que o material foi produzido.

altruísmo 1 FIL Segundo o pensamento de Auguste Comte (1798-1857), tendência ou inclinação de natureza instintiva que incita o ser humano à preocupação com o outro e que, não obstante sua atuação espontânea, deve ser aprimorada pela educação positivista, evitando-se assim a ação antagônica dos instintos naturais do egoísmo. 2 Amor desinteressado ao próximo; filantropia, abnegação.

INFORMAÇÕES GERAIS

Ao ser incorporado ao vocabulário ético, filosófico e religioso do sXIX, 'altruísmo' passou a indicar um novo princípio normativo que julgaria as ações humanas. Altruísta seria aquele que nega seus interesses pessoais em nome do amor ao próximo. Altruísmo transformou-se, se não na única virtude ética, pelo menos na mais alta qualidade pessoal, já que livre de qualquer resíduo egoísta. Apesar de a palavra ter sido cunhada pelo filósofo ateu e positivista, Auguste Comte, o conceito tem raízes cristãs. Santo Agostinho (354-430) via na caridade (*caritas*) a suprema virtude, porque ordenada pelo amor desinteressado que espelhava a união amorosa e desprendida de Deus com suas criaturas. Num só vocábulo, Comte deslocava a avaliação de um ato para a intenção que o gerou. Não era mais a ação o que importava. O mesmo valor doado, o mesmo sacrifício pessoal, os mesmos atos de amor e dedicação apequenavam-se, se houvesse o menor resíduo de interesse pessoal. Por mais que possa ser concebido, de modo impreciso, como uma questão de grau, o altruísmo tem a tendência de ser marcado pela pureza extrema. É um ideal absoluto. A esperança e o desejo de grandeza que se manifestariam em atos altruístas acabaram encontrando lugar nos púlpitos cristãos e em pensadores seculares e ateus, como Herbert Spencer (1820-1903), na ficção popular da época, no *ethos* vitoriano inglês, em ideologias socialistas, no reformismo gradualista defendido pela Sociedade Fabiana etc. Quando o assunto era altruísmo, ateus e religiosos falavam a mesma língua: mais do que o benefício próprio, importava o bem-estar de todos. Acreditava-se, facilmente, que não haveria contradição entre o interesse pessoal saudável, não egoísta, e o interesse coletivo. A distinção entre o todo e a parte, entre o indivíduo e a sociedade era apenas aparente. Historicamente, o quadro mudou e, no fim do sXIX, o indivíduo passou a ser visto como uma fonte malévola, pelos coletivistas socialistas, e satânica, pelos cristãos. A harmonia entre amor-próprio e interesse geral desfez-se, tornando-se um foco de tensão teórica. A ética cristã encontrou no altruísmo extremo e total a maneira de se distinguir do ateísmo dos que seguiam o credo positivista ou suas versões. Os ateus, por sua vez, reconheciam no altruísmo inato aos seres humanos uma refutação da ideia cristã de que o pecado e o egoísmo são estruturantes do destino da humanidade. Argumentações ideológicas polarizavam-se, de modo confuso, a respeito do alcance e do papel social do altruísmo. Para os ateístas, diante das necessidades coletivas, a importância cristã conferida à salvação individual era apenas uma forma disfarçada de egoísmo, enquanto, para os cristãos, os propósitos ateísticos somente criavam um imenso indivíduo egoísta e fundamentalmente mau, a quem davam o nome de *sociedade*. Na Inglaterra vitoriana, alguns diziam que o altruísmo ateísta não passava de uma caricatura secular da ética cristã. A oposição entre sentimentos ou intenções boas e más esteve sempre presente nas nuances semânticas possíveis do vocábulo 'altruísmo'. Porém, a partir do instante em que a dicotomia funciona como um instrumento ideológico, o hiato entre COOPERAÇÃO e interesse individual assume uma forma moralizante que impossibilita a discussão racional do tema. Por mais que Charles Darwin (1809-1882) estivesse atento às discussões vitorianas sobre o que fosse altruístico, o problema que ele tentava articular, sem usar o nome 'altruísmo', era bem outro: como era possível que a evolução tivesse criado seres cooperativos, como as abelhas numa colmeia, onde existiam, lado a lado, aqueles que reproduziam e os 'neutros' que abdicavam da reprodução para criar os descendentes de outros? Darwin percebera claramente os problemas que o fenômeno trazia para sua teoria: como situar esse fato na moldura teórica da SELEÇÃO NATURAL, que cria indivíduos naturalmente egoístas e que, por isso, teoricamente, fazem de tudo para sobreviver e reproduzir? Durante certo período de tempo, a resposta para o problema do altruísmo articulava-se como sendo o que beneficiava o grupo em detrimento do indivíduo. As teses que sustentavam esse tipo de resposta eram ditas 'selecionadoras de grupo' (*group selectionists*). Porém, o exame cuidadoso de argumentos que privilegiam o grupo como nível de seleção evolutiva identifica facilmente algumas falácias: por que o organismo individual haveria de abrir mão de seus interesses mais imediatos em nome de uma entidade difusa, distante e dificilmente reconhecida, que é o grupo? O grupo não é um agente independente e, por isso, não pode ser parte ativa do processo evolutivo. Robert L. Trivers (1943-) argumentou que o altruísmo só faz sentido se for marcado pela perspectiva individual e recíproca. A redução do interesse individual é temporária, realizada na expectativa de que o ato altruísta será posteriormente retribuído. Não é o grupo que conduz o indivíduo, mas as ações individuais que formam o que, posteriormente, é inferido como sendo o grupo. Peixes que limpam os dentes de peixes maiores recebem posteriormente, entrando na boca daqueles de que limpou a dentição, proteção contra predadores; morcegos que são bem sucedidos na coleta de sangue repassam o excesso para outros vampiros que, por sua vez, retribuem o favor recebido. A partir de Darwin e seus seguidores, o sentido moderno do termo 'altruísmo' modificou-se: a qualificação de 'altruísta' passou a identificar ações que aumentam a vantagem reprodutiva de quem é objeto do ato, ao mesmo tempo em que reduzem a vantagem reprodutiva daquele que é o autor da ação altruísta. Para um tipo de interpretação restrita da evolução biológica, o altruísmo é, sem dúvida, um dilema central, cuja solução mais aceita, junto com a de Trivers, foi a que o biólogo William D. Hamilton (1936-2000) propôs: para Hamilton, a evolução atua prioritariamente no nível dos genes. A seleção atua no parentesco (*kin selection*). O que importa na seleção de parentesco não é o veículo individual, mas tudo aquilo que permite a replicação de novos seres. Vistos dessa perspectiva do gene, e devido ao tipo de sua estrutura genética haploide-diploide, os insetos neutros numa colmeia acabam espalhando seus próprios genes, de maneira indireta, ao tomarem conta da prole de suas irmãs, em vez de se reproduzirem diretamente. Os machos na colmeia saem de óvulos não fertilizados e são haploides, com um único conjunto de cromossomos derivado da mãe, enquanto as fêmeas são criadas a partir de óvulos fertilizados e têm um conjunto diploide de cromossomos, em regime de metades: metade da mãe, metade do pai. Como estratégia reprodutiva, a proteção e o sacrifício pessoal em nome da sobrevivência dos parentes é equivalente à disseminação de genes por meio do sexo. Cuidar dos que foram fertilizados aumenta a vantagem reprodutiva dos genes dos neutros. Logo, não há, nesse caso, altruísmo puro, como uma concepção ingênua do problema pode sugerir. Outra explicação engenhosa para o fenômeno do altruísmo foi proposta pelos biólogos israelenses Amotz Zahavi (1928-) e Avishag Zahavi (1922-). Examinando o comportamento dos pássaros, os Zahavi formularam uma tese que é reconhecida como 'o princípio da desvantagem' (*handicap principle*). Nos pássaros que observaram no deserto da Palestina, o comportamento altruístico é uma mensagem, um risco assumido com o propósito de afirmar a superioridade biológica do altruísta, que age assim, assumindo uma desvantagem, porque pode pagar o preço de suas ações. Quem corre o risco emite uma mensagem verdadeira, uma afirmação de que é um indivíduo de inegável superioridade: o organismo altruísta intimida seus competidores, através de ações aparentemente abnegadas. Esse é o propósito de atos altruísticos que nunca são desinteressados, mas que são, certamente, mensagens sociais. Entre os seres humanos acontece algo semelhante: os que praticam atos altruístas o fazem porque têm o poder necessário para fazê-lo. O altruísmo sempre beneficia o altruísta, seja no interior de sua consciência, seja pela vantagem de ver seu estatuto social magnificado, na medida direta do risco desinteressado pelo qual passou. ▶ Cf. ALTRUÍSMO RECÍPROCO; HAMILTON, W. (WILLIAM) D. (DONALD); SOCIOBIOLOGIA; TRIVERS, ROBERT L.; ZAHAVI, AMOTZ.

BIBLIOGRAFIA

DAWKINS, Richard. *O gene egoísta*. São Paulo: Companhia das Letras, 2002.

DIXON, Thomas. *The invention of altruism: making moral meanings in victorian Britain*. Oxford: The British Academy, Oxford University Press, 2008.

HAMILTON, W. D. *The narrow roads of gene land: evolution of social behavior*. Oxford: W.H. Freeman/Spektrum, 1996, v. 1.

TRIVERS, Robert L. The evolution of reciprocal altruism. In: *The quarterly review of biology*, n. 46, p. 35-57, 1971.

ZAHAVI, Amotz; ZAHAVI, Avishiga. *The handicap principle: a missing piece of Darwin's puzzle*. New York: Oxford University Press, 1997.

altruísmo recíproco BIO Comportamento de um organismo que reduz seu teor adaptativo em benefício de outros, na expectativa de ter seu favor retribuído no futuro. ▶ O conceito de altruísmo recíproco foi formulado pelo sociobiologista n.-am. Robert L. Trivers (1943-) para explicar o paradoxo e aparente contradição de comportamentos altruístas e cooperativos que evoluem nas populações marcadamente egoístas dos seres sexuados. O altruísmo recíproco é uma estratégia que se caracteriza pela lógica do "toma lá, dá cá", com um intervalo mais ou menos longo entre cada etapa do processo. A tese de Trivers, que é um momento fundador daquilo que veio a se chamar SOCIOBIOLOGIA, restaurou a perspectiva radical do indivíduo nas teorias evolucionistas que, então, se perdiam em argumentos justificadores da cooperação com base num presumido benefício ao grupo. O custo inicial do ato presente é compensado pelo benefício obtido no futuro. A teoria do altruísmo recíproco concilia o que parecera até então irreconciliável: a perspectiva individual e a sociabilidade. Um elemento importante implícito nos atos de altruísmo recíproco é que os encontros entre os organismos serão reiterativos. Sem a repetição dos encontros, a estratégia do altruísmo recíproco trará apenas efeitos danosos para os que a adotem. A partir do argumento de Trivers, o evolucionismo mostra como as relações sociais se desenvolvem sem abrir mão de seu pressuposto de que os organismos vivos defendem, em primeiro lugar, seus interesses imediatos. ▸ Cf. TRIVERS, ROBERT L.

BIBLIOGRAFIA

TRIVERS, Robert L. The evolution of reciprocal altruism. In: *The Quarterly Review of Biology*, n. 46, p. 35-57, 1971.

AM 1 PAP Abrev. de folha de papel para impressão no formato dito americano; formato americano. **2** RÁD Símb. de AMPLITUDE MODULADA.

AM INF Símb. de ADDITIVE MANUFACTURING.

Amazon.com [ing.] INTERN A maior companhia em volume de vendas pela internet, que comercializa livros, produtos editoriais, vídeos, jogos, aparelhos e equipamentos eletrônicos, móveis, brinquedos, utensílios de cozinha, comida etc. ▸ Sediada na cidade de Seattle, no estado de Washington, e fundada em 1995 por Jeff Bezos (1964-), essa companhia revolucionou o processo de venda de livros e outros produtos pela internet nos Estados Unidos e no mundo, a tal ponto que, atualmente, o segundo colocado em vendas através de comércio eletrônico negocia três vezes menos do que a Amazon.com. A Amazon.com, que começou como uma livraria *on-line* operando com um catálogo centralizado dos livros oferecidos nos Estados Unidos, ocupou o vácuo deixado pelas editoras tradicionais que, pressionadas por acionistas e conglomerados editoriais, viam-se na obrigação de atingir sucesso imediato de vendas, negligenciando a venda progressiva e lenta de livros em suas listas editoriais. Com um número relativamente pequeno de empregados e *softwares* eficazes, oferecendo descontos atraentes e valendo-se do sistema existente de correio público e privado, a Amazon. com virou uma espécie de imenso FUNDO DE CATÁLOGO. Para ela, importava mais vender pouco de muito do que muito de pouco. Como Bezos previu, o sucesso veio aos poucos. Para irritação dos acionistas, desde sua fundação até 2001, a companhia não postou lucro, porém, com a depuração da bolha econômica dos dot.com, a Amazon começou a mostrar-se lucrativa, transformando-se na maior multinacional de comércio eletrônico. Foi através da Amazon.com que o E-BOOK revelou-se uma força real no mercado de livros, revistas, jornais, blogs etc. Em 2007, Bezos anunciou um novo tipo de plataforma de mídia digital, o Kindle que, em meados de 2010, chegou a vender 4 milhões de unidades, número sujeito a disputas mas que indica a popularidade crescente do novo veículo. Apesar de manter suas raízes no comércio de livros, mas graças à sua expansão progressiva e associação com outras companhias, a Amazon.com transformou-se no maior *shopping center* virtual do mundo.

ambientação M.COM Criação de clima adequado às características de uma obra, a partir do uso de recursos visuais (cenografia, figurinos, adereços, objetos etc.), sonoros (música composta, sons ambientais e outros modos de sonoplastia), linguajar, ângulos e cores; *background*.

ambiente 1 COMN Âmbito natural, sociocultural e histórico por onde circulam mensagens. **2** INF Conjunto de parâmetros e recursos informatizados de *software*, onde atuam os computadores.

ambiente de rede INF Meio no qual se relacionam computadores que estão conectados entre si.

ambiguidade 1 AUT Duplicidade de equilíbrio num mecanismo de controle automático. **2** COMN Teor de incerteza de uma mensagem. ▸ Do ponto de vista da comunicação eficaz, a ambiguidade é frequentemente indesejável: um dos efeitos de comunicar é reduzir incertezas e indefinições. Entretanto, é preciso reconhecer que, em situações específicas, a ambiguidade pode ser intencionalmente utilizada, como no caso de quem quer enganar, esconder, mentir a respeito de seus propósitos. ▸ Cf. INFORMAÇÃO. **3** FIL LÓG Característica de uma asserção que tenha mais de um significado. ▸ Uma mensagem pode ser ambígua sem que seja necessariamente vaga. Um exemplo que costuma ser dado é que "calvo" é vago sem que seja ambíguo, como se pode ver ao considerarmos a declaração: *ele está ficando calvo*. Não está completamente careca, mas não se disputa que a calvície chegou a ele: veja só suas entradas de cabelo. Um raciocínio não ambíguo é aquele que permite uma resposta sem gradações. Não haverá ambiguidade se a conclusão for biunívoca, com uma estrutura lógica excludente, do tipo 'sim' ou 'não'. As ambiguidades podem ser lexicais, quando as mensagens são ambíguas porque as palavras e termos nelas usadas, por homografia ou homofonia, apresentam significações múltiplas. A palavra 'portal' pode ser a entrada principal de um recinto ou um sítio na internet. Ambiguidade estrutural apresenta-se quando a mensagem exige uma interpretação de seus operadores, como na frase: "ele fará dieta e ginástica se seu médico mandar". A ambiguidade resulta da sobreposição de dieta e ginástica com as ordens do médico. O que realmente disse o médico: "fazer dieta e ginástica" ou apenas e estritamente "qualquer método que leve a emagrecer"? Ambiguidade pragmática é aquela que depende da variação do contexto em que a mensagem é transmitida. O que quer dizer com a frase "não sei se ele está falando a verdade"? A mensagem expressa dúvida ou declara que o indivíduo está mentindo e sabe, sem dúvida, que ele mente? **4** JOR Obscuridade de sentido, causada pela sugestão de mais de um significado no texto jornalístico. ▸ A ambiguidade é indesejável nas páginas de um jornal. Segundo o *Manual da redação* da *Folha de S.Paulo*, as causas mais comuns da ambiguidade nos textos jornalísticos são: 1) colocação errada ou falta de vírgulas; 2) sucessão inadequada de termos e de expressões; 3) colocação do 'que' em outro lugar da frase que não após o nome que substitui; 4) posição inadequada do adjunto adverbial (não escreva "o governador e sua mulher, que morreu há um mês, na sacada de sua casa", mas "na sacada de sua casa, o governador e sua mulher, que morreu há um mês"); 5) abuso da preposição 'de'.

âmbito MÚS M.q. EXTENSÃO.

ambivalência PSICN Existência ou aparição sistemática, face a um mesmo objeto, de atitudes, tendências ou sentimentos de sentidos opostos e contraditórios. ▸ A ambivalência manifesta-se em vários aspectos da vida e da comunicação porque a mente humana opera de maneira relativamente autônoma face ao mundo exterior. Por isso, o reconhecimento de ambivalências manifesta-se em muitas, ainda que não todas, teorias mentalistas da significação (cf. MENTALISMO). Dentre elas, as teorias psicanalíticas de inspiração freudiana talvez sejam as mais explícitas, como resultado do privilégio que dão ao tópico da enunciação. O freudismo sugere que a mente humana atua inconscientemente, condensando representações de valores opostos num só, ou deslocando conteúdos indesejáveis e incômodos para o sujeito em análise (cf. ATO FALHO; CONDENSAÇÃO; DESLOCAMENTO). Os mecanismos de condensação e deslocamento correspondem ao que linguisticamente expressamos por metáforas e metonímias. Por esse motivo, o psicanalista Jacques Lacan (1901-1981) afirma que o inconsciente é estruturado como uma linguagem de comunicação cifrada e enigmática, mas, mesmo assim, uma linguagem. Essa noção de linguagem, comunicação e significado é profundamente desreferencializada: os enunciados apontam não apenas para o que é dito, mas prioritariamente para quem os enuncia; assim, quando João fala de Pedro, ele não fala só de Pedro, mas de si mesmo. Consequentemente, como uma derivação dessa ideia, o mesmo repositório de afeto pode ser objeto de amor e de ódio. Aqui, os princípios lógicos de identidade, da contradição e do terceiro excluído simplesmente não se aplicam. Invocá-los seria uma tática camuflada de resistência à interpretação perturbadora que revelou as contradições e divisões do sujeito em terapia. Segundo Freud (1856-1939), a ambivalência representa as ambiguidades que os conflitos sexuais disparam nos seres humanos. A ambivalência estaria, portanto, ligada à bissexualidade fundamental de todos, o que incluiria o próprio Freud. Em dois de seus mais famosos relatos de casos clínicos, durante o tratamento do Pequeno Hans e do Homem dos Ratos, Freud identifica a existência de sentimentos antagônicos de amor e de ódio dirigidos à mesma pessoa. A psicanalista Melanie Klein (1882-1960) interpreta a ambivalência de maneira ainda mais radical. Para Klein, nas primeiras relações de objeto de uma criança, a ambivalência está sempre presente no desejo e impulso simultâneos de destruir e de amar seus objetos de afeição. Através de mecanismos de projeção, a criança perceberá o seio da mãe como bom e mau. Ainda que os sentimentos de ambivalência se modifiquem no curso do desenvolvimento do indivíduo, eles estarão sempre presentes nas relações maduras que atravessarão a vida dessa criança. O termo ambivalência é usado de modo amplo e variado nas teorias de inspiração psicanalítica.

BIBLIOGRAFIA

FREUD, Sigmund. *Duas histórias clínicas: O homem dos ratos e o pequeno Hans*. Rio de Janeiro: Imago, 2006.

KLEIN, Melanie. *Amor, culpa e reparação*. Rio de Janeiro: Imago, 1960. v. 1.

LACAN, Jacques. *Escritos*. São Paulo: Perspectiva, 1996.

__________. *Complexos familiares*. Rio de Janeiro: Zahar, 2002.

amigável INF Diz-se de recurso informatizado, seja *hardware* ou *software*, que não apresenta dificuldades para seu usuário e que, por isso, pode dispensar treinamento específico. ▸ Nesta acepção, a característica de amigável é uma tradução direta do inglês *user-friendly*, ou seja, 'de fácil manipulação pelo usuário'.

amor fati [lat.] Amor pelo destino. ▸ Aceitação do destino como uma ordem já preestabelecida e determinada.

amostra 1 EST SOC Porção ou subconjunto representado numa pesquisa sociológica ou estatística, cujas propriedades e características fundamentais permitem o entendimento da totalidade do universo estudado. ▸ Um dos obstáculos centrais para a validade de pesquisas estatísticas e sociológicas em comunicação de massa é precisamente o estabelecimento apropriado de sua amostra, portanto do subconjunto representado na investigação. A menos que, arbitrária e abstratamente, se presuma uma continuidade entre o subconjunto e a totalidade do universo investigado, os trabalhos de quantificação estatística em cultura de massa podem apresentar falhas gritantes. Como chegar a afirmações universais sobre um objeto que se manifesta de maneira tão ampla que se torna impossível fazer um recenseamento completo de seu universo? A controvérsia é a mesma que assombra a aplicação de métodos indutivos na investigação científica: por mais que a amostragem seja ampla, não é possível concluir, por exemplo, que "todos os cisnes são brancos" no passado, no presente e no futuro. O problema reside aqui no caráter confirmatório da pesquisa empírica. O certo é proceder por falsificação, o que gera uma afirmação universal, de cunho negativo, mas ainda assim universal. Bastaria, portanto, a descoberta de apenas um cisne preto para que a hipótese seja falsificada, ainda que se possa, por falsificação, afirmar uma conclusão de cunho relativamente universal: "nem todos os cisnes são brancos". Por mais que os pesquisadores que se valem da quantificação indutiva neguem, o que se pode fazer em estudos da cultura de massa nunca atinge o objetivo de verificação inquestionável, como se observa pela oscilação intermitente das conclusões a respeito dos efeitos que os meios exercem sobre a consciência e o comportamento dos indivíduos. Quando muito, a amostragem estatística fornece argumentos retóricos para uma hipótese que afinal não pode ser verificada empírica ou mesmo matematicamente. Até há pouco tempo, a dependência do exame de um subconjunto da totalidade do universo para que se generalizasse sobre ele, parecia um problema insuperável, ao qual seria melhor resignar-se. Porém, com o desenvolvimento e o baixo custo da programação informática BIG DATA, universos de imensa e longa extensão podem ser examinados em sua totalidade, o que produz um raciocínio mais empiricamente fundamentado do que as especulações por amostragem feitas a partir de subconjuntos do universo pesquisado. ▸ Cf. AMOSTRAGEM; INDUÇÃO; QUANTIFICAÇÃO. **2** Porção ou miniatura de um produto oferecido ou dado para consumidores em potencial, com o propósito de indicar e validar a qualidade e a atratividade do que é oferecido no mercado. ▸ As amostras podem ser distribuídas e dadas pelo correio, através do que se chama mala-direta, de porta em porta ou em pontos de venda montados em lojas e estabelecimentos comerciais. A expressão *amostra grátis* refere-se, prioritariamente, a produtos farmacêuticos.

amostragem COMN EST MKT PUB SOC Ação, processo, técnica de escolha de amostras de uma população ou de um universo que representem a totalidade do universo a ser pesquisado. ▸ A questão central de todo o processo e técnica de amostragem está diretamente relacionada à impossibilidade ou dificuldade de examinar populações e universos que não sejam restritos e completos. No caso de universos amplos, o que se deve levar em conta prioritariamente é a aplicação de critérios apropriados a cada conjunto examinado. Quando a extensão do universo é limitada, não há por que se preocupar: faça-se uma recensão de cada segmento do universo e as conclusões apropriadas serão atingidas. Mas essa é justamente a questão central que se levanta sobre a validade de amostragem quantitativa na comunicação de massa, ou qualquer universo de grande amplitude. O propósito do processo de amostragem é determinar como, a partir de uma subtotalidade, pode-se descobrir e compreender uma totalidade do universo mais amplo, do qual a subtotalidade seja parte. Os que empregam técnicas de amostragem costumam optar por dois caminhos básicos e, assim, procedem por amostragem probabilística ou não probabilística. A amostragem probabilística não escolhe o seu universo e investiga por escolha aleatória, presumindo que a totalidade do universo se manifestará inevitavelmente nos dados coligidos. A amostragem não probabilística, ou seja, a que faz escolhas propositais, opera com a suposição oposta e sai em busca de subtotalidades representativas. O pesquisador que opte pelo método de amostragem não probabilística poderá fazer três tipos de escolha: por conveniência, por cotas e por respostas voluntárias. Nos três casos, o pesquisador deve agir com cautela, e assim ter, como tarefa complementar, de estruturar e interpretar os dados que a investigação venha a revelar. Isso é particularmente visível no caso de amostragem por conveniência (que pode ser apenas uma subestratégia da pesquisa probabilística): o pesquisador deve considerar a composição do universo pesquisado como um conjunto de variáveis capazes de influenciar e direcionar o resultado, ou seja, levar em conta fatores como educação, extração social, sexo etc., que seriam estruturantes das cotas de pesquisa. Suponhamos que o pesquisador esteja investigando um universo amplo como uma companhia com um número imenso de empregados e que não seja factível recenseá-los por completo, mas que ele conheça a composição estrutural de seu universo; que 53% dos funcionários sejam homens e 47% mulheres e que a composição etária da firma obedeça ao seguinte parâmetro: 65% dos empregados tenham entre 22 e 35 anos de idade e que 35%, de 36 anos em diante. Problema: o pesquisador só terá como examinar 100 pessoas que ali trabalham. A saída é dividir a investigação de acordo com sua composição: distribuir questionários para 53 homens e 47 mulheres e igualmente investigar 65 pessoas entre 22 e 35 anos e 25 de 36 anos em diante etc. A ideia de amostragem por cotas é que, quanto mais próximo for o universo pesquisado da estrutura total que se quer entender, mais precisas e representativas serão as conclusões. Cautela nas conclusões é ainda mais premente no caso de amostragem voluntária, pois o indivíduo pesquisado pode ter, muitas vezes, uma opinião rígida e excêntrica sobre o que a pesquisa está tratando e que quer veicular.

BIBLIOGRAFIA

BABBIE, Earl. R. *Survey research methods*. Belmont: Wadsworth, 1995.

amostragem acidental MKT PUB Tipo de pesquisa mercadológica que envolve uma amostragem aleatória, em oposição a uma planejada. ▸ Para coletar uma amostra aleatória, um pesquisador de mercado vai, por exemplo, a um *shopping center* e faz perguntas aos que lá vão comprar ou por lá passeiam. O propósito de uma amostragem acidental é coligir informações que não são obtidas por pesquisas com grupos controlados e previamente determinados. As amostragens aleatórias e acidentais são probabilísticas, pois presumem que a totalidade do universo investigado estará provavelmente representado plenamente no universo da amostragem.

amostragem aleatória PUB MKT Processo de pesquisa de mercado feita ao acaso, preferida quando se quer ter uma amostra de segmentos maiores da população.

amostragem estratificada PUB MKT Técnica de pesquisa mercadológica que divide o universo da amostra em subconjuntos ou subclasses (cotas) que seriam parte da totalidade a ser pesquisada.

amostragem forçada MKT PUB Promoção de venda de um produto por meio da oferta de vantagens especiais.

amostragem por cotas MKT PUB Pesquisa conduzida a partir da análise das categorias gerais do universo pesquisado (idade, sexo, residência, renda etc.).

amostragem por estágios múltiplos MKT PUB Processo progressivo de pesquisa de mercado que aplica a cada estágio o mesmo método ou métodos complementares de abordagem.

amostragem por intervalo MKT PUB Tipo de pesquisa aletória. ▸ Usando a lista telefônica como base, o pesquisador de mercado conta, por exemplo, 375 números e, a cada intervalo de 375 assinantes da lista, telefona para um número, com o propósito de conduzir uma entrevista. ▸ Cf. AMOSTRAGEM ALEATÓRIA.

amostragem provável MKT PUB Amostragem probabilística de cunho aleatório. ▸ Cf. AMOSTRAGEM.

amperagem ELETR Intensidade de uma corrente elétrica em amperes. ▸ Cf. AMPERE.

ampere ELETR TEL Unidade de medida de corrente elétrica. ▸ A medida recebe esse nome em homenagem ao físico André-Marie Ampére (1775-1836). *Simb*: *A*.

Ampère, André-Marie (Saint Nizier, Lion, França 1775- Marselha, França 1836) Um dos principais físicos do sXIX, responsável pelo estabelecimento das fundações teóricas do fenômeno do eletromagnetismo, cujo entendimento é central para as telecomunicações contemporâneas. ▸ André-Marie Ampère é o criador do termo *cibernética*, em seu livro *Essais sur la philosophie des sciences*, para indicar o que ele chamava de a ciência do controle e do governo em geral e mais especificamente da INFORMAÇÃO. Não apenas o termo, mas principalmente a ideia de que um processo de FEEDBACK controla e torna eficaz o processo comunicativo foi retomada de Ampére pelo matemático norte-americano Norbert Wiener (1894-1964). Ampère teorizou matematicamente que os sistemas de classificação que permitem os atos comunicativos se desenvolvem a partir de sucessivas dicotomias binárias, prefigurando assim as concepções estruturalistas da comunicação. ▸ Cf. BINÁRIO; ESTRUTURALISMO; WIENER, NORBERT.

BIBLIOGRAFIA

AMPÈRE, André-Marie. *Essais sur la philosophie des sciences; ou exposition analytique d'une classification naturelle des connaissances humaines*. Paris: Mallet-Bachelier, 1856.

ampliação 1 CINE Cópia e conversão, por meio de processo óptico ou informatizado, de um máster, contratipo ou outra cópia em dimensões maiores. ▸ Cf. MÁSTER; CONTRATIPO. 2 FOT Reprodução fotográfica, em maior escala, de imagens obtidas manual ou mecanicamente.

ampliador 1 MKT PUB O que, para o consumidor de um produto, permite obter ganhos e vantagens. 2 FOT Diz-se de ou aparelho us. em fotografia analógica para obter reproduções (ger. ampliadas) de negativos fotográficos.

amplificação 1 RET Recurso retórico por meio do qual se diz muito sobre pouco, com o propósito de estender ou dar maior ênfase ao que se quer comunicar. 2 ELETR Intensificação da energia de um sinal sem alterar-lhe a forma.

amplificação de desvio M.COM Maneira pela qual a televisão e os jornais impressos alimentam um ao outro, gerando interesse público num comportamento desviante e, assim, produzindo um clima de pânico moral na sociedade.

amplificador ELETR Diz-se de ou aparelho eletrônico us. na reprodução ou aumento de sinais de áudio ou de vídeo, que recebe sua força por meio de outra fonte que não seja a entrada do sinal.

amplificar REC.AV Usar (aparelho que aumenta o tamanho de imagens ou sons) durante os processos de mixagem, distribuição e transdução de sinal elétrico de áudio ou vídeo.

amplitude REC.AV Altura de uma onda sonora. ▸ A amplitude determina o volume do som gravado; portanto, quanto maior a amplitude, mais alto o som.

amplitude de banda INF M.q. LARGURA DE BANDA.

amplitude modulada RÁD Frequência de onda de transmissão de sinais eletrônicos em rádio. ▸ Assim como a frequência modulada, a amplitude modulada é uma variação de radiofrequência. A frequência AM (símb. de *amplitude modulada*) é de fundamental importância na disseminação popular das transmissões de rádio, já que permite a feitura de rádios receptores baratos, ainda que com perda da qualidade de transmissão e recepção. Atualmente, o uso de sinais digitalizados em amplitude modulada evitou que essa frequência caísse em desuso: a digitalização do sinal melhora a qualidade de recepção do que é transmitido.

anáclase FÍS M.q. REFRAÇÃO.

anacolutia GRAM M.q. ANACOLUTO.

anacoluto GRAM Período iniciado por uma palavra ou locução, seguida de pausa, que tem como continuação uma oração em que essa palavra ou locução não se integra sintaticamente, embora esteja integrada pelo sentido; anacolutia, frase quebrada. P.ex.: o provérbio *quem ama o feio, bonito lhe parece* (que corresponde à frase canônica *o feio parece bonito a quem o ama*).

anáfora RET Construção retórica que se faz pela reprodução de uma palavra ou grupos de palavras com o propósito de enfatizar o que está sendo dito. P.ex.: "Este amor que nos toma, este amor que tudo nos dá, este amor de Deus que nos inspira e que um dia há de nos salvar".

análise 1 Separação de um todo em seus elementos ou partes componentes. **2** Estudo pormenorizado de cada parte de um todo, para conhecer melhor sua natureza, suas funções, relações, causas etc. **3** Exame, processo ou método em que se descreve, caracteriza e compreende algo, para proporcionar sua avaliação crítica. **4** COMN Estudo das partes isoladas de uma mensagem, estratégia, ou contra-estratégia comunicativa. **5** Na glossemática de Louis Hjemslev (1899-1965), o conjunto de procedimentos usados na descrição de uma construção semiótica ou linguística. ▸ Para a teoria do linguista dinamarquês e fundador do Círculo Linguístico de Copenhague, Louis Hjelmslev, o objetivo das análise semióticas e linguísticas seria identificar o que chama de *glossemas*, que são as menores entidades linguísticas que dão suporte à significação. Se as mensagens são totalidades significativas, o objetivo da análise deve ser a identificação das partes que compõem o signo, bem como essas partes se relacionam entre si, pois é a partir das relações entre glossemas que o todo significativo se forma. **6** JOR Texto ou artigo assinado e publicado num jornal que representa a opinião do autor. **7** PSICN M.q. PSICANÁLISE. ▸ Cf. ANÁLISE FREUDIANA.

BIBLIOGRAFIA

FREUD, Sigmund. *Introductory lectures on psychoanalysis*. New York: Norton, 1966.

HJELMSLEV, Louis. *Prolegomena to a theory of language*. Wisconsin: University of Wisconsin Press, 1961.

análise cultural comparativa ANTRPOL Método de análise por comparação contrastiva, que coteja categorias e práticas sociais diversas com o propósito de descobrir traços comuns e regulares na diversidade de grupos humanos; *cross-cultural survey*; *cross-cultural analysis*. ▸ A abordagem comparativa está inevitavelmente pressuposta no tratamento antropológico da cultura e da comunicação. O que o antropólogo percebe e interpreta na trocas de mensagens num grupo social está sempre fundamentado, de uma maneira ou de outra, clara ou implicitamente, no modelo que carrega consigo ao iniciar sua análise. Como toda forma de conhecimento, a abordagem antropológica das culturas opera com pressupostos, intenções e conjecturas que, se por um lado não determinam obrigatoriamente o que será concluído, por outro não podem ser desconsiderados. Não há *tabula rasa* no tratamento das culturas. A abordagem cultural é sempre comparativa. Metodologicamente, o antropólogo deve, por tarefa, tratar a cultura que analise e interprete em seus próprios termos, entendendo-a não a partir do que ele gostaria que ela fosse, mas efetivamente do que ela é. Por isso, seus modelos culturais precisam ser postos entre parênteses. O antropólogo suspenderá juízo sobre o que trata e descreve, relativizando-se na medida do possível. Mas aqui se verifica um paradoxo aparentemente incontornável da antropologia: como conciliar a tarefa de interpretar culturas diversas na sua mais radical singularidade e, ao mesmo tempo, propor e reconhecer o que há de comum na humanidade, sem cair em generalizações que distorçam e deformem as configurações culturais específicas que seriam o objeto prioritário da análise antropológica? ▸ Cf. ANTROPOLOGIA.

BIBLIOGRAFIA

HARKNESS, Janet A.; MOHLER, Peter Ph.; VAN DE VIJVER, Fons J. R. *Cross-cultural survey*. Hoboken: Willey-Interscience, 2002.

análise de conteúdo COMN LING SOC Método de estudo das mensagens que considera quem comunica o quê, para quem, por quê, com qual propósito ou efeito, através de métodos de sistematização quantitativa, em oposição aos estudos formalistas que privilegiam a forma e a materialidade do que é transmitido ou recebido. ▸ O objetivo das análises de conteúdo pode ser categorizado de três maneiras: 1) descrever ou entender de onde a comunicação foi feita, ou seja, fazer inferências sobre sua fonte; 2) descrever os traços da mensagem transmitida; 3) considerar os efeitos do que foi comunicado a seu destinatário. Para que tais objetivos sejam atingidos, as análises de conteúdo seguem os parâmetros que costumam definir a investigação científica tradicional. As hipóteses que inicialmente guiam uma análise de conteúdo só são consideradas válidas se confirmadas por sua base empírica. Por isso, os defensores da metodologia de análise de conteúdo definem seu método como *the grounded theory*, ou seja, a teoria fundamentada em base empírica. Empiricamente, todos os elementos do processo comunicativo seriam explicáveis por análises conteudísticas. As análises de conteúdo têm por objetivo apreender, em termos estatísticos, as formas de organização de um texto, ou de um tipo de texto, capturando as regras de sua formação, partindo do princípio de que se comunica uma ideia sob formas expressivas diferentes. Ainda que a quantificação textual seja um método robusto em análise de conteúdo, é possível, com a mesma metodologia, estudar as intenções e propósitos de atos comunicativos, desde que se evitem as armadilhas da subjetividade e se atinja uma confiabilidade objetiva. ▸ Cf. BASE EMPÍRICA; INDUÇÃO; QUANTIFICAÇÃO.

BIBLIOGRAFIA

HOLST, Ole. *Content analysis for the social sciences*. Reading: Addison-Wesley, 1969.

NEUENDORF, Kimberly A. *The content analysis guidebook*. Thousand Oaks: Sage, 2002.

análise de discurso 1 COMN Estudo e interpretação crítica de mensagens comunicadas, reduzindo-as às características de um texto. 2 LING Parte da linguística que estuda as regras para a produção de textos (orais ou escritos) maiores que o período, ou seja, as sequências de frases, e tem como objeto a fala (na oposição saussuriana língua/fala [ou discurso]); seus critérios e métodos variam segundo as escolas; análise do discurso.

análise freudiana COMN PSICN Exame e interpretação de mensagens que aplica os pressupostos teóricos de Sigmund Freud (1856-1939), Jacques Lacan (1901-1981) e outros psicanalistas aos estudos da comunicação. ▸ Como resultado da imensa penetração das ideias freudianas e mais especificamente lacanianas no Brasil, os princípios teóricos que caracterizam a terapêutica verbal psicanalítica foram aplicados aos meios de comunicação, seja sistemática, ocasional ou apenas metaforicamente. Mesmo sem se referir diretamente a indivíduos que, em situação terapêutica, resistem à interpretação de seus motivos psicológicos ocultos, muitas análises partem do pressuposto de que o que é comunicado pelos meios tem um sentido cuja força emerge de pulsões inconscientes. Justificam-se tais análises dizendo que a criação de mensagens sempre parte de indivíduos que teriam, portanto, um sistema de representações latentes, que são, de fato, inconscientes. Os princípios e métodos da analítica freudiana foram usados por alguns membros da ESCOLA DE FRANKFURT, mais especificamente Herbert Marcuse (1898-1979), em *Eros and civilization*, para explicar os mecanismos de controle e domínio político nas sociedades capitalistas e industriais. A analítica freudiana forneceu aos membros da Escola de Frankfurt (e aqui cabe ressaltar tanto Marcuse como Adorno [1903-1969] e Horkheimer [1895-1973]) uma perspectiva psicológica que lhes parecia ausente nas teses de Marx (1818-1883) e Engels (1820-1895). O fascínio pela personalidade autoritária cultivado pelos projetos políticos nazistas ou fascistas seriam projeções do SUPEREGO, que controla as pulsões atuantes na mente individual. Marcuse acreditava que a pulsão de morte, que é o lado oposto do desejo e do impulso sexual, explica a alienação, as escolhas e atrações contrárias à vitalidade e interesses pessoais do indivíduo. Assim, a analítica freudiana teria função e validade em interpretações sociológicas da comunicação de massa. ▸ Cf. CONTEÚDO LATENTE; CONTEÚDO MANIFESTO.

BIBLIOGRAFIA

ADORNO, Theodor W.; HORKHEIMER, Max. *Dialética do esclarecimento*. Rio de Janeiro: Zahar, 1985.

FREUD, Sigmund. *Kulturtheoretische Schriften*. Frankfurt am Main: S. Fisher, 1986.

LACAN, Jacques. *Écrits*. Paris: Éditions du Seuil, 1966.

MARCUSE, Herbert. *Eros and civilization: a philosophical inquiry into Freud*. Boston: Beacon Press, 1966.

análise qualitativa COMN SOC Estudo interpretativo de cunho e teor não indutivos ou matemáticos, na maioria das vezes apresentado de forma estritamente textual, sem recurso a dados numéricos.

BIBLIOGRAFIA

LAZARSFIELD, Paul F. *Qualitative analysis: historical and critical essays*. Boston: Allyn and Bacon, 1972.

análise quantitativa COMN EST SOC Estudo de cunho empírico ou indutivo, que coleta dados ou reações em linguagem numérica e de cunho verificativo, na suposição de que as regularidades majoritárias reveladas pela quantificação expressam leis e verdades teóricas da mensagem, gênero ou estratégias comunicadas. ▸ Cf. AMOSTRAGEM; ESTATÍSTICA; INDUÇÃO.

BIBLIOGRAFIA

FICO, Frederick G.; LACY, Stephen; RIFFE, Daniel. *Analyzing media messages using quantitative and content analysis in research communication*. Mahwah: Erlbaum, 1998.

análise semântica LING A que se propõe depreender o conteúdo, a estruturação e as relações de significados numa língua, considerando tanto a interpretação lexical quanto a das frases. ▸ Em nível lexical, a análise semântica caracteriza os sentidos dos morfemas e das palavras por meio de conceitos básicos, como ação, evento, estado etc., presentes nos verbos, e indivíduo, humano, concreto etc., presentes nos substantivos; em nível frasal, determina a estruturação semântica da sentença, a partir das combinações dos significados de seus termos intermediadas pelas relações sintáticas.

analítico e sintético FIL LÓG Na filosofia kantiana, uma asserção composta de sujeito e predicado é analítica, se o conceito apresentado no predicado estiver previamente contido no conceito do sujeito; e uma assertiva é sintética se a verdade da proposição for extensional, ou seja, fundada em fatos. ▸ Teríamos, então, dois tipos de evidência; uma estritamente conceitual (analítica) e outra empírica (sintética). Consequentemente, uma asserção analítica não afirma nada de novo, apenas reitera o que está presente no sujeito de sua proposição. Trata-se, simultaneamente, de uma afirmação tanto tautológica como indiscutível. "Os solteiros não são casados" e "os bípedes têm duas pernas" não passam de asserções analíticas. O valor de verdade das duas proposições é inquestionável: que solteiros não são casados e que bípedes têm duas pernas serão verdadeiras em toda e qualquer circunstância, mas sobre elas não há nada mais a dizer, acrescentar, comunicar, ou discutir. Por outro lado, "João é solteiro" e "o cavalo é branco" são sintéticas, porque no conceito 'João' não se estende necessariamente na predicação 'solteiro' e nem em 'cavalo', 'branco'. Antes da filosofia kantiana, Leibniz (1646-1716) já falara em "verdades da razão" e "verdades de fato" e Hume (1711-1776), que Kant (1724-1804) admite tê-lo despertado do sono filosófico, afirmava que o conhecimento se bifurca em "relações de ideias" e "questões de fato". Entretanto, é a partir do kantismo que a distinção entre *analítico e sintético* se solidifica no vocabulário filosófico moderno. A relação entre analítico e sintético, por outro lado, é bem mais complexa do que uma comparação superficial pode sugerir. Se a asserção for contingente, o consequente pode estar contido no antecedente e, mesmo assim, ser uma afirmação que só pode ser sintética, como na sentença: "se é um jasmim, é uma flor": nem toda flor é um jasmim, mas se é um jasmim será uma flor. Logo, a distinção entre analítico e sintético não é tão nítida como poderia, a princípio, parecer. A resolução para esse problema foi proposta por Kant: uma proposição é analítica se sua negação não o for. "Solteiros não são casados" é por isso analítica, já que, se forem casados, não serão solteiros. "X é x" é uma proposição explicitamente analítica, mas "solteiros são machos" é implicitamente analítica, ou também dita verdadeira por definição. As proposições analíticas são lógica e necessariamente verdadeiras. As proposições analíticas não trazem consigo muito espaço para discussão e por isso tendem a ser admitidas como verdadeiras e imediatamente persuasivas, ainda que tautológicas. Assim, a filosofia mais contemporânea considera a distinção entre proposições analíticas e sintéticas como problemática. De certa forma, o próprio Kant já intuíra injunções espinhosas na distinção que propunha. Logo, para enfrentar os problemas criados pela distinção entre analítico e sintético, e diante do enigma da matemática, que não é sintética mas se ajusta á realidade, permitindo calcular alguns aspectos da experiência, Kant adicionou os conceitos *a priori* e *a posteriori*. A matemática seria sintética *a posteriori*. Mesmo assim, filósofos contemporâneos negam a possibilidade de uma proposição ser sintética e *a priori*. Isso seria uma contradição em termos. No artigo, "Dois dogmas do empirismo", Willard van Orman Quine (1908-2000) afirma que uma proposição analítica, para ser realmente analítica, deveria não permitir uma revisão. Mas, de fato, as asserções analíticas estão sujeitas a revisão. Podemos achar que um animal tem as características de uma espécie (o animal deveria estar contido totalmente no conceito que define a espécie), mas, de fato, isso não é necessariamente o caso, como se nota empiricamente com as baleias: seu meio ambiente é o mar, mas revelam-se mamíferas. Além da verificação empírica, um enunciado é analítico não apenas por virtude de seu significado e sua definição, mas também pelas leis lógicas, que são presumidamente imutáveis e que emolduram toda discussão. Asserções analíticas podem estar imunes à discussão e às interações comunicativas, mas isso não as torna imunes à trivialidade. Como as redundâncias, podem ser úteis para a comunicação, mas sua utilidade cognitiva é drasticamente limitada. ▶ Cf. KANT, IMMANUEL.

BIBLIOGRAFIA

HUME, David. *Enquiry on human understanding* (editado por Tom L. Beauchamp). Oxford: Clarendond Press, 1968.

KANT, Immanuel. *Critique of pure reason*. Garden City: Doubleday, 1966.

QUINE, Willard van Orman. Two dogmas of empiricism. In *Philosophical Review*, n. 60, p. 20-43, 1951.

analogia FIL **1** Processo que, por semelhança aproximada ou mimetismo, reúne formas da linguagem e da comunicação. **2** Qualidade que resulta da comparação de particulares ou de relações gerais e que, em sua forma lógica ou material, é regida por similitude. **3** Prova desenvolvida pelo filósofo grego Aristóteles (384 a.C. - 322 a.C.), por meio da qual uma composição retórica compara exemplos hipotéticos.

INFORMAÇÕES GERAIS

De maneira geral, a analogia resulta de uma identidade que une entidades diferentes. Nesse sentido, a analogia é sinônima da proporcionalidade. Se tivermos três termos em proporções analógicas, um quarto será determinado. Portanto, seguindo uma sentença proporcional do tipo "a está para b, assim como c está para d" pode-se chegar às seguintes relações; "o timbre está para o som, assim como a cor está para a luz", ou, então,"a asa está para o pássaro, assim como a barbatana está para o peixe". Nessas duas sentenças analógicas, mesmo que o seu quarto termo esteja suprimido (e seja a resposta almejada) - 'luz' no caso da primeira sentença, 'peixe' no caso da segunda –, a resposta final não é de modo algum arbitrária, pois está determinada pela proporcionalidade entre os três termos anteriores. É possível reconhecer analogias do ponto de vista formal, quando se identificam correspondências termo a termo entre interpretações diversas de uma teoria, bem como podemos distinguir analogias materiais entre qualidades e fatos observados. Através de redes analógicas chega-se à descoberta de correspondências remotas, reconhecíveis agora como semelhantes. A rigor, só um entendimento superficial definiria a analogia como identidade. Caso gere uma identidade absoluta, a analogia se desfaz. O que for completamente idêntico a outra coisa será, inevitavelmente, indiscernível, logo incapaz de ser reconhecido analogicamente. A predição científica só é possível através de analogias materiais entre fatos observáveis e distintos. A analogia é o princípio que revela e indica conexões causais. A descoberta e o reconhecimento de analogias articulam representações com maior ou menor grau de semelhança. ▶ Cf. CATEGORIA; ÍCONE; METÁFORA; SÍMBOLO.

BIBLIOGRAFIA

HESSE, Mary. *Models and analogies in science*. Notre Dame: Notre Dame University Press, 1966.

analógico **1** INF Diz-se de forma de medida ou representação de grandezas na qual um sensor ou indicador acompanha de maneira contínua, sem hiatos ou lacunas, a variação de grandeza que está sendo representada. **2** INF Diz-se de computador cujas magnitudes numéricas são representadas pelas quantidades físicas de voltagem, corrente elétrica ou resistência. **3** REC.AV Diz-se de método de representação de sons e de imagens que se vale de onda de valor continuamente variante que carrega os mesmos elementos essenciais (volume, luz, cor etc.), tanto na cena como na sua gravação.

analogismo LÓG Hipótese, abusiva ou não, que advém da comparação de raciocínios ou suposições teóricas que aproxima objetos diferentes, reconhecendo neles alguma forma de semelhança. ▶ Cf. ANALOGIA.

analog-to-digital conversion [ing.] INF Ato ou efeito resultante da aplicação de um conversor eletrônico que traduz sinais de linguagem ou correntes analógicas em digitais, obtido por meio da proporcionalidade da magnitude das voltagens ou correntes elétricas utilizadas.

anamórfico ART.PLÁST ESTÉT Relativo à deformação de imagens por ANAMORFOSE.

anamorfose **1** ART.PLÁST ESTÉT Método pictórico, geométrico ou óptico de distorcer imagens. ▶ Se a perspectiva clássica representa o mundo exterior, como se fosse um reflexo frontal num espelho plano, as imagens por anamorfose fazem-no como se a imagem fosse um reflexo não frontal ou projetado por lentes que fazem das formas visuais uma imagem curva e deformada. **2** ÓPT Variação da ampliação transversal relativamente à ampliação de uma imagem, cujo efeito é uma deformação.

BIBLIOGRAFIA

BALTRUSAITIS, Julius. *Anamorphic art*. New York: Abrams, 1977.

anchor-man [ing.] M.COM M.q. ÂNCORA e APRESENTADOR.

âncora JOR TV Aquele que apresenta programas de notícias jornalísticas. ▸ O âncora é mais do que um apresentador, pois muitas vezes tece comentários sobre o que é noticiado. Desde a imensa popularidade do programa de notícias da TV norte-americana CBS Evening News, conduzido por Walter Cronkite (1916-2009) nos anos 1960, o âncora (ANCHOR-MAN) tornou-se fator de credibilidade no noticiário. Através dele, os Estados Unidos viam-se a si mesmo e ao mundo. Cronkite chegou a ser considerado o homem mais confiável da América do Norte.

ancorar 1 M.COM Restringir, durante a transmissão de um programa ou num texto jornalístico (significação de uma imagem ou de uma notícia), através de legenda ou comentário direto e indireto. ▸ Como no caso da conexão entre fotografias e textos num jornal impresso, mas estendido a outros exemplos, o ato de ancorar constrói uma referência contextual entre elementos comunicativos de natureza diferenciada. O que de fato ocorre é uma redução da imprecisão e da incerteza semântica de uma das mensagens. Roland Barthes (1915-1980) usou o verbo 'ancorar', em francês, para descrever como legendas e subtítulos apostos a uma fotografia reduzem a escolha de significados possíveis por parte do leitor, transformando o que está sendo publicado numa imagem parasítica: o texto ancora e força a conotação (ou seja, o nexo entre unidades significantes) de uma imagem. **2** TV Centralizar a transmissão de um programa de televisão.

BIBLIOGRAFIA

BARTHES, Roland. *Oeuvres complètes. Tome I: 1942-1961.* Paris: Seuil, 1993.

andamento MÚS Velocidade das pulsações de um trecho musical; tempo, movimento.

androcentrismo FIL Segundo teorias feministas, ênfase inaceitável no ponto de vista masculino.

androginia Qualidade ou característica do que é simultaneamente masculino e feminino.

anecoico REC.AV Diz-se de ou o que não produz eco, que tem baixíssimo grau de reverberação; à prova de som.

anedota 1 Particularidade curiosa ou jocosa de uma determinada personagem, ou passagem histórica que acontece à margem dos eventos mais importantes e por isso é ger. pouco divulgada. **2** Narrativa breve de um fato engraçado ou picante.

anexo BIBL Apêndice, acréscimo, suplemento.

anfigênese BIO M.q. REPRODUÇÃO SEXUADA.

anfiteatro COMN TEAT Espaço ou sala, ao ar livre ou não, circular, oval ou semicircular, com arquibancadas e palco, estrado ou arena, us. para representações teatrais, concertos, aulas, palestras etc. ▸ Os antigos anfiteatros romanos eram usados primariamente para esportes e tinham um espaço para as apresentações cercado de escadarias ascendentes, na forma dos estádios atuais. Os anfiteatros modernos apresentam um espaço mais como um palco de teatro que é visto de maneira frontal ou quase frontal.

ângulo 1 CINE FOT REC.AV TV Posição da câmara em relação à cena representada. ▸ Mais do que uma simples maneira de registrar, o ângulo é um elemento narrativo que enfatiza ou sublinha o que há de importante ou dramático num acontecimento. O significado de uma narrativa cinematográfica depende não só da montagem dos fotogramas que, apresentados em sequência, forçam o espectador a reconhecer uma continuidade de ação, mas também e principalmente da maneira como o material foi filmado. Códigos implícitos às imagens atuam diretamente na experiência de quem vê as cenas, guiados, simultaneamente, pela montagem e pela angulação. A escolha do diretor e do diretor de fotografia, num filme, ou de um fotógrafo constroem a vivência comunicativa da fotografia, da televisão e do cinema. **2** ÓPT Espaço entre planos ou linhas que se cruzam, medido em graus ou radianos (medida de ângulo que corresponde ao ângulo central subentendido por um arco de circunferência cujo comprimento seja igual ao raio dessa mesma circunferência).

ângulo de vista CINE FOT REC.AV TV Ponto de enquadramento de uma cena registrada em imagem. ▸ A divisão da diagonal do negativo pelo comprimento da focal da objetiva determina o cálculo de um ângulo de vista.

aniconicidade SEMIO Qualidade e característica de signos visuais que, sendo convencionalizados, não entretêm relação de similaridade com o que representam.

anima [lat.] **1** A alma. **2** PSIC Na teoria de C. G. Jung (1875-1961), o componente feminino da personalidade de todos os seres humanos. **3** PSIC Parte da psique em contato com o inconsciente. **4** PSIC Inconsciente individual independente do meio ambiente.

animação 1 M.COM Gênero fílmico que, a partir de imagens fixas (desenhos, bonecos ou quaisquer objetos fotografados ou desenhados quadro a quadro) produz a ilusão de movimento. ▸ O fascínio pela criação de imagens fixas que iludem o espectador é mais antigo do que se costuma supor e não começou no filme de Walt Disney (1901-1966), *Steamboat Willie*, que seria um dos primeiros desenhos de Mickey Mouse. Com o nome de "Théâtre optique", a animação de fato inicia-se com *Pantomimes lumineuses*, de Charles-Émile Reynaud (1844-1918), feito em Paris, por volta de 1892. Reynaud projetava desenhos enrolados numa espécie de carrossel que girava, criando a ilusão de movimento. O uso de espelhos no dispositivo circular, chamado de praxinoscópio, gerava imagens bem mais claras e brilhantes do que outros sistemas de projeção. O interesse pelas técnicas de animar espalhou-se pelo mundo, pelo Brasil (*Sinfonia amazônica*, de André Latini Filho), pela Argentina (Quirino Cristiani [1896-1984] e seu filme *El apóstol*), chegando até mesmo à Índia (G. W. Phalke) e à Ásia (Seitaro Kitayama [1888-1945]). O que foi a princípio experimentação e invenção tornou-se uma das indústrias mais poderosas e lucrativas dos meios de comunicação. É nesse momento histórico e de transformação empresarial que surgem as célebres companhias americanas como Walt Disney (*Branca de Neve e os sete anões*) Warner Bros. (*O coelho Pernalonga*) e MGM (*Tom e Jerry*) etc. Se, por um lado, a pressão competitiva das TVs e a redução de recursos que financiassem o experimentalismo em animação foram forças restritivas no seu desenvolvimento criativo, as novas tecnologias informáticas permitiram que os limites da representação animada fossem consideravelmente estendidos. Atualmente, técnicas e tecnologias digitais ampliam as possibilidades da animação para filmes e narrativas não só em duas, mas em três dimensões, produzindo uma impressão de profundidade como não seria sequer pensável nos tempos heroicos dos desenhos animados. A animação deixou de ser um processo fílmico marginal: a expansão tecnológica que autoriza a fusão de imagens geradas por computador com fotogramas realistas faz da animação contemporânea um recurso central para todo tipo de cinematografia. **2** RÁD TEAT TV Atividade ou técnica de conduzir um programa de rádio, televisão ou *show* em casa de espetáculos.

BIBLIOGRAFIA

BECK, Jerry (ed). *Animation art: from pencil to pixel, the history of cartoon, animé and CGI*. New York: Harper Desing International, 2004.

CRAFTON, Donald C. *Before Mickey: The animated film, 1898-1928*. Chicago: The University of Chicago Press, 1993.

HABERMAN, J. *Film after film (or, what became of 21st century cinema)*. London: Verso, 2012.

WATT, Alan H.; POLICARPO, Fabio. *3D games: animation and real--time rendering*. Harlow, NE: Addison-Wesley, 2003.

animé [jap.] CINE TV Filme ou estilo de animação cinematográfica derivado e influenciado por histórias em quadrinhos japonesas (mangás). ▸ A palavra *animé* vem da palavra *animação* em japonês. Veiculados principalmente como seriados de TV, os *animés* são a mais popular forma de cultura de massa japonesa, com admiradores e audiência pelo mundo inteiro. O mercado de *animés* só nos Estados Unidos supera a marca de um bilhão de dólares. O mais antigo *animé* foi feito em 1917 e mostra o desenho de um samurai brandindo e testando uma espada. Um dos principais animadores e produtores de *animé* foi Osamu Tezuka (1928-1989), cuja fama, no Japão, compara-se à de Walt Disney (1901-1966) nos Estados Unidos. Se as animações americanas, como *Betty Boop*, *Bambi* e outros, influenciaram os *animés* japoneses, filmes com o estilo Disney de animação (*O rei leão*), usam hoje soluções estéticas derivadas do trabalho de Tezuka. O estilo dos *animés* caracteriza-se pela hipérbole visual. Os personagens exibem olhos muito grandes, sempre abertos e líquidos, cabelos tingidos, quase que em pé ou esvoaçados, corpos alongados, traços fisionômicos exagerados, executados por meio de formas gráficas oblíquas, como se fossem pintadas ou desenhadas com largas pinceladas. Quando as histórias em quadrinhos ou *animés* mostram cenas sexualmente explícitas, o termo usado para defini-las é HENTAI, palavra japonesa que sugere perversão sexual. Um *hentai* invariavelmente contém as mais variadas e explícitas cenas de sexo. A versão mais moderada de *animés* eróticos chama-se *ecchi*, representação fonética da letra H, de fato uma abreviatura de *hentai*. ▸ Cf. ANIMAÇÃO; MANGÁ.

BIBLIOGRAFIA

NAPIER, Silvia Jolliffe. *Anime: from Akira to Howl's moving castle; experiencing japanese contemporary animation*. New York: Palgrave MacMillan, 2005.

animismo FIL M.COM PSIC Doutrina que afirma que tudo no universo tem, em maior ou menor grau, os traços essenciais que se reconhecem na mente e na alma humana. ▸ O conceito de animismo foi cunhado pelo físico e químico alemão Georg Ernst Stahl (1659-1734) para explicar sua ideia de que a alma era responsável pelo desenvolvimento orgânico. Uma visão animista radical afirmaria que, por serem mais do que um simples agrupamento de moléculas, as plantas, os animais e até as máquinas (computadores, por exemplo) devem ter alguma forma direta ou projetada de consciência ou de percepção a respeito de seu meio ambiente. O antropólogo Edward B. Tylor (1832-1917), em *Primitive culture*, dizia que o animismo é um estágio da formação de ideias espirituais, sobrenaturais e religiosas que florescem e se desenvolvem em grupos primitivos. O animismo de Tylor foi duramente criticado por James Frazer (1854-1941) e Marcel Mauss (1872-1950), que afirmavam que as religiões não são uma forma de animismo, logo o evolucionismo de Tylor não passava de um equívoco. Quando a ideia é expressa em termos filosóficos, o termo usado, na maioria das vezes, é panteísmo, ou pampsiquismo. Ainda que não seja uma questão corrente e significativa da filosofia contemporânea, ideias e teses panteístas foram apresentadas e defendidas por pensadores como Empédocles (c490a.C.-c430a.C.), Plotino (205-270), Gottfried Leibniz (1646-1716), Arthur Schopenhauer (1788-1860), Charles Peirce (1839-1914), Alfred Whitehead (1861-1947), Pierre Teilhard de Chardin (1881-1955), entre outros. Curiosamente, a ideia de que algumas formas de vida tenham um modo de consciência foram revitalizadas no estudo da comunicação animal. Em *Animal minds*, Donald R. Griffin (1915-2003) sustenta que uma maneira de resolver a questão da consciência animal é através do reconhecimento ou não de que um determinado animal se comunica e em que grau. Por lidar com as trocas repetidas de sinais e mensagens entre seres vivos que não são humanos, o estudo da comunicação animal permite que se "abra uma janela para as mentes animais", o que levaria ao reconhecimento de raciocínios e sentimentos que foram até então inacessíveis à investigação científica. Na cultura de massa, ideias animistas expressam-se, muitas vezes, por meio de fantasias futuristas, como em *2001: uma odisseia no espaço*, de 1968, filme de Stanley Kubrick (1928-1999), que presume a existência de mente em um computador que teria, portanto, intenções e sentimentos próprios dos seres humanos. ▸ Cf. ANTROPOMORFISMO.

BIBLIOGRAFIA

FRAZER, James G. *The golden gough: a study in magic and religion*. London: J. Murray, 1955.

GRIFFIN, Donald R. *Animal minds*. Chicago: University of Chicago Press, 1992.

MAUSS, Marcel. *A general theory of magic*. London: Routledge and Kegan Paul, 1972.

TYLOR, Edward B. *Primitive culture: researches into the development of mythology, philosophy, religion, art and customs*. London: J. Murray, 1871.

anomia **1** ANTRPOL PSIC SOC Desorganização pessoal que resulta numa individualidade desorientada, desvinculada do padrão do grupo social. **2** SOC Na tradição sociológica que advém de Émile Durkheim (1858-1917), estado da sociedade em que desaparecem os padrões normativos de conduta e de crença e o indivíduo, em conflito íntimo, encontra dificuldade para conformar-se às contraditórias exigências das normas sociais. ▸ É a partir da influência do livro sociológico de Durkheim, *O suicídio*, publicado em 1897, que o termo *anomia* passou a ser usado amplamente. Efeito direto do conflito entre o indivíduo e os padrões convencionados do grupo, o desacordo anômico afeta o ator social a ponto de levá-lo ao mais completo sentimento de deriva, muitas vezes causando comportamentos criminosos, sociopáticos, e chegando mesmo ao suicídio. No sistema teórico de Durkheim, a anomia ilustra a tese central de sua sociologia, que postulava o papel dominante das regras e normas sociais em detrimento da dimensão singular e psicológica do indivíduo. Opondo-se à microssociologia de seu contemporâneo Gabriel de Tarde (1843-1904), Durkheim argumentava que, se o grupo atinge um estado de solidariedade orgânica, o fenômeno da anomia reduz-se ou chega à sua quase eliminação. O grupo passa a exercer força contínua sobre cada uma de suas partes, pois seus indivíduos vivem em estado de solidariedade mútua. A solidariedade orgânica é o ideal de toda e qualquer formação social. Assim, Durkheim postula uma interpretação estritamente sociocêntrica para o que, em outros autores, toma forma de uma causalidade psicológica, política ou moral. Para ele, o fato social reage ao que for subjetivo, coagindo a consciência individual dos sujeitos. A consciência social é, portanto, coletiva. Muitas formas de determinismo sociológico derivam da obra do importante sociólogo francês. O que Immanuel Kant (1724-1804) via em Deus como necessidade para a moral, o que Auguste Comte (1798-1857) via na ordem política, Durkheim verá na sociedade: uma instância igualmente racional e transcendente que faz a vontade individual dobrar-se diante do que seja geral e coletivo. Por isso, porque as sociedades são moldes formativos do indivíduo, Durkheim concebe o social sob o ponto de vista de uma solidariedade orgânica e mecânica; daí sua crítica ao comunismo revolucionário de Karl Marx (1818-1883), que resultava da ideia de que a unificação das divisões sociais, sem transformação da ordem econômica, não passa de ilusão causada pelo entorpecimento ideológico das classes oprimidas. Para Durkheim, a história da humanidade não pode ser a história de um conflito eterno. O desejo marxista de abolir o Estado seria um erro, pois se trata de uma força social necessária. Além de ser um fator estritamente econômico, o Estado é fonte de autoridade e origem da organização solidária das sociedades. Durkheim opunha uma política socialista ao que era a reorganização comunista em Marx. Sendo uma questão de cunho estritamente social, as causas da anomia seriam também sociais. Por esse motivo, Durkheim reconhecia o crescimento da anomia no processo de industrialização que se espalhava pela Europa do sXIX, como um momento de anormalidade a ser corrigido pela ação planejada do Estado sobre as partes localizadas da formação social. O que Marx via como estrutural seria apenas circunstancial e característico das perturbações criadas por influência da Revolução Industrial. Segundo Durkheim a sociedade é o oposto da anomia. Apesar de o influente antropólogo A. R. Radcliffe-Brown (1881-1955) preferir 'disnomia' (*dysnomie*), anomia é o termo corrente nas ciências sociais.

BIBLIOGRAFIA

CANDEA, Matei. *The social after Gabriel Tarde: debates and assessments*. London: Routledge, 2010.

DURKHEIM, Émile. *O suicídio*. São Paulo: Martin Claret, 2003.

GIDDENS, Anthony. Durkheim, socialism and marxism. In: *Profiles and critiques in social theory*. Berkeley: University of California Press, p. 117-32, 1983.

anopistógrafo Impresso ou escrito numa só face (diz-se de folha, documento, livro). ▸ P.opos. a OPISTÓGRAFO.

anotador CINE RÁD TEAT TV M.q. CONTINUÍSTA.

Anselmo (Santo) (Aosta, norte da Itália 1033 - Canterbury, Kent, Inglaterra 1109) Principal teólogo cristão do sXI, criador dos fundamentos do pensamento escolástico, analista e intérprete do funcionamento da linguagem. ▸ Anselmo era um monge beneditino que se tornou o segundo arcebispo de Canterbury, Inglaterra, no período de 1093 a 1109. Sua influência intelectual projeta-se além do período histórico em que atuou. Não haveria escolasticismo sem os preceitos de discussão por questionamento (*quaestio*) que Anselmo expôs e demonstrou numa série de trabalhos, entre eles *De grammatico*, *De veritate*, *De libertate arbitrii*, *De casu diaboli* e *De concordia*. A origem dos argumentos ontológicos que tornaram Anselmo célebre está enraizada na versão cristã do platonismo que Santo Agostinho (354-430) apresentara antes dele. De acordo com Anselmo, se há bondade no mundo, ela emerge de uma fonte, o que leva necessariamente à ideia de Deus. Só poderia haver um grau qualquer de bondade porque existe bondade suprema em si, por si e para si no Ser Supremo. Para chegar a esse argumento, Anselmo criou uma versão variante do que Agostinho postulara, a partir de uma sentença bíblica: *credo ut intelligam* ("acredito de modo a entender"). Em Anselmo, o princípio agostiniano da precedência da crença transforma-se em "fé à procura do entendimento" (*fides quaerens intellectum*): a fé continua sendo uma motivação, um impulso básico, para o qual se apresentam argumentos teísticos. Não se substitui a fé pelo entendimento, mas, por outro lado, ele não deve ser abandonado. O sentimento de fé não é passível de dúvida: é um dado constituinte das provas teísticas que Anselmo desenvolveu. A negação da existência de Deus é, para ele, ignorância ou tolice. Deus é o máximo que o intelecto pode conceber. Valores parciais e mutantes, que se apresentam sob as formas do justo, do belo, do harmônico, do bondoso etc., coexistem de modo simples e unificado Naquele em que é tudo e um, além de tudo e supremamente bom e perfeito. As formas da justiça que parecem imperfeitas e incompletas derivam de Deus, que é a sua causa eficiente. Os tratados de Anselmo *Monologion* e *Proslogion* são argumentos em torno dessa ideia central. Porque Deus é a causa original, os seres humanos devem-Lhe gratidão e obediência. Como criaturas, os homens têm uma dívida imensa com Deus, que nada lhes deve. Além dos argumentos ontológicos que formam um modelo de pensamento para a filosofia da religião, as questões levantadas por Anselmo a respeito do pecado, da redenção, do perdão etc. apresentam os fundamentos de uma ética cristã. Historicamente, através da ação política de Anselmo, as complexas relações entre Igreja e Estado secular, na Idade Média, começaram a ser definidas. O então rei da Inglaterra, Guilherme I, reservava para a Igreja um papel de submissão e de subserviência que Anselmo rejeitava sem qualificação. O propósito inconfesso do rei era pilhar o patrimônio da Igreja. Segundo Anselmo, a Igreja deveria ser uma entidade e uma instituição autônoma e independente, com mecanismos e regras próprios. É mais fácil admitir que o Estado secular siga os ditames da Igreja do que o contrário. O conflito com Guilherme cresceu a ponto de forçar Anselmo ao exílio em 1097. Com a morte de Guilherme, Anselmo retornou a Canterbury, continuando a ter conflitos com o sucessor, Henrique I. As discussões de Anselmo com o poder secular constituído são um documento central para a definição da função da Igreja no período medieval e, por extensão, na modernidade. Ainda que Anselmo seja uma mente imersa em problemas da época, seu interesse no funcionamento da linguagem e da argumentação torna-o fonte de fascínio para os que atualmente se interessam pela persuasão. Não basta, para Anselmo, simplesmente declarar uma tese: é preciso argumentá-la, apresentando questões, pontos de vistas opostos, debatendo dialeticamente para despertar a mente dos fiéis. Os argumentos são, por isso, no *De grammatico* e trabalhos correlatos, examinados em sua estrutura formativa. O sentido das palavras e dos verbos dos argumentos, *facere* (fazer), *dare* (dar), *debere* (dever) e os paradoxos da linguagem são partes integrantes das análises de Anselmo, que apontam freq. usos e impropriedades linguísticas. No debate dos universais, Anselmo apresentou defesa em favor do REALISMO, em oposição ao NOMINALISMO.

BIBLIOGRAFIA
ANSELMO, Santo. *Proslogion*. Porto: Porto Editora, 1996.
___________. *Por que Deus se fez homem?* São Paulo: Fonte Editorial, 2003.
___________. *Livre-arbítrio e predestinação*. São Paulo: Fonte Editorial, 2006.

ansiedade PSIC SOC Falta de tranquilidade, sentimento de aflição, receio, desconforto, estado afetivo penoso que, na relação sócio-cultural, se caracteriza pelo presságio de perigo e de temor. ▸ Cf. ACULTURAÇÃO; AUM.

antecedente LÓG Nas proposições condicionais, afirmação que, por meio do conectivo 'se', determina um conjunto de circunstâncias prévias com o sentido de possibilidade ou suposição (p.ex., o antecedente 'se chove', que pode resultar na sentença consequente 'então esfria'). ▸ P.opos. a CONSEQUENTE.

anteporta BIBL GRÁF M.q. ANTERROSTO.

anteportada BIBL GRÁF M.q. ANTERROSTO.

anterrosto BIBL GRÁF Primeira folha de um livro que antecede a folha de rosto e geralmente apresenta em sua face frontal apenas o título da obra; anteporta, anteportada, falsa folha de rosto, falso-rosto, falso-título, olho.

antetítulo JOR Palavra ou frase que antecede o título para introduzi-lo, indicando assunto, local, época ou contexto da notícia; sobretítulo, chapéu, sutiã. ▸ Exemplos: *Internacional* (antetítulo) Lisboa e Ilha da Madeira têm inverno mais chuvoso desde o século XIX. *Esporte* (antetítulo) Bruno brilha e Fla vence.

anticlímax 1 CINE RÁD TV Cena menos relevante do que a anterior em obra cinematográfica, radiofônica ou televisiva. 2 COMN Passagem de uma mensagem que é tida como irrelevante. 3 RET Figura de retórica que emprega, numa mesma frase ou parte de composição, uma gradação decrescente de intensidade ou expressividade, que se segue a uma de intensidade maior e crescente. 4 TEAT Clímax irreal ou inconvincente. ▸ Cf. CLÍMAX.

antífen EDIT GRÁF Sinal [#] de revisão de provas que indica a necessidade de inserir um espaço entre palavras justapostas. Se o hífen une, o antífen separa. ▸ Além de ser o símbolo de revisão que pede o afastamento de palavras justapostas, esse sinal pode ser usado diferentemente em outras línguas. Nos Estados Unidos, o símbolo # também indica número e é frequentemente referido como *pound sign*, presente nos teclados de telefones celulares ou, em algumas regiões, *number sign*; portanto quando se escreve # 353 Portland Road, o que se quer representar é a casa número 353 da Rua Portland. Muitas vezes, em mensagens transmitidas por voz nos telefones celulares, quando se diz que o usuário deve dar o seu número seguido do *pound sign*, o que se quer dizer é que, após o número, a tecla com o sinal # seja pressionada. Em outros países de língua inglesa, o símbolo # é também referido como *hash mark*, *hash sign*, *hash symbol* e, nos telefones, a tecla é chamada de *hash key*. Os engenheiros de telecomunicação deram outros nomes ao símbolo, como *octothorp* ou *octaherp*, mas o uso consagrado é *pound sign* (*pound key* para celulares) ou *number sign* ou *hash sign* e *hash number*. A expressão *pound key* ou *pound sign*, em inglês literalmente tecla ou sinal de libra, indica que o atual símbolo # deriva da maneira pela qual a unidade de peso, a libra, foi abreviada simbolicamente em inglês. Na língua informal do Brasil, a tecla de celulares e computadores com o sinal # é frequentemente referida como 'cruzadinha', 'lasanha', 'tralha', 'cerquinha', 'cerquilha' ou 'jogo da velha'. ▸ Cf. CERQUILHA.

antífrase 1 RET Emprego de palavra ou frase com sentido oposto ao verdadeiro, cujo efeito estilístico pode expressar proibição ou ironia. ▸ P.ex., dizer 'beleza' para expressar desagrado diante de algo considerado feio ou reprovável.. 2 SEMIO Processo de substituição de um signo por outro que tem sentido contraditório e opositivo em pelo menos uma de suas unidades de significação.

antilogia 1 LÓG RET Entre sofistas e céticos gregos, choque de argumentos antagônicos que não impossibilita a verdade, mas contribui, ao contrário, para a produção de novas ideias. ▸ É através do reconhecimento de construções e argumentos antilógicos que se identifica a influência onipresente de sofistas como PROTÁGORAS DE ABDERA (c490 a.C. - c420 a.C.) e GÓRGIAS DE LEONTINOS (c483 a.C. - c375 a.C.), no período mais glorioso da cultura ateniense. Finley (1863-1940) apontou traços antilógicos e antitéticos na *História da Guerra do Peloponeso* de Tucídides (c460 a.C. - c395 a.C.), em oradores como Trasímaco (c459 a.C. - c400 a.C.) e Antiphon (480 a.C. - 411a.C.) e em dramaturgos como Sófocles (c497 a.C. - c406 a.C.) e Eurípedes (c480 a.C. - c406 a.C). Recorrer à antilogia era mais do que uma opção retórica e estilística; indicava uma atitude cognitiva que Protágoras disseminara em seu ensino para a elite de Atenas. Protágoras instruía a atacar e defender, acusar e desculpar, louvar e condenar o mesmo ponto de vista, o que só é possível pela geração antilógica de argumentos antagônicos: todo discurso ramifica-se em outro ao qual se opõe. Para Protágoras, os seres humanos são incapazes de atingir a verdade absoluta, que é acessível apenas a entidades divinas, cujo universo não podemos conhecer. Posteriormente, o filósofo cético CARNÉADES (c214 a.C. - c129 a.C.) desenvolveria o que Protágoras sustentava em sua época. 2 LÓG RET Opinião incoerente entre ideias ou sentenças de um mesmo discurso, livro ou autor. ▸ Cf. ANTILOGISMO e ANTINOMIA.

BIBLIOGRAFIA
FINLEY, John H. *Three essays on Thucidides*. Cambridge: Cambridge University Press, 1967.
ROMILY, Jacqueline. *Magic and rhetoric in ancient Greece*. Cambridge: Harvard University Press, 1974.
______________. *The great sophists in the Periclean age*. Oxford: Clarendon Press, 1991.

antilogismo FIL LÓG Conjunto inconsistente ou contraditório de proposições que são apresentadas num argumento. ▸ Os raciocínios antilógicos são também chamados de tríade inconsistente. O antilogismo é uma forma de autocontradição e a ele deve ser aplicado o princípio lógico que afirma que, se duas premissas num raciocínio levam a uma conclusão que as contradiz ou que se mostra inconsistente com uma delas, o raciocínio é inválido. É impossível construir um pensamento que não seja inconsistente e contraditório com as seguintes asserções: "O mal não pode ser criado por Deus", "o mal é real" e "toda a realidade foi criada por Deus". Uma das características da antilogia é que pode ser formulada linguisticamente sem que seja logicamente consistente. ▸ Cf. ANTILOGIA.

antimaculador GRÁF Diz-se de ou substância, sob a forma de pó às vezes suspenso em líquido, que é borrifada nas folhas, à medida que são impressas, e que funciona como isolante para se evitarem repintes.

antimentalismo FIL Concepção teórica da linguagem e da comunicação, de cunho behaviorista, que restringe o entendimento do significado das mensagens aos comportamentos observáveis dos falantes, deixando de lado o que é introspectivo ou interno às suas mentes. ▶ O influente filósofo norte-americano Willard van Orman Quine (1908-2000), defensor e postulante da teoria antimentalista da linguagem, afirmava que sua postura teórica era principalmente um ato de disciplina intelectual, pois só se pode falar com propriedade daquilo que se observa. No livro *Word and object*, Quine advogou a tese de que os significados das sentenças são construídos na mente do falante tão somente a partir de conhecimentos parciais, conectados por analogias aproximadas. O exercício teórico e especulativo que exemplifica o que Quine chamava de 'tradução radical' presume o encontro de dois falantes que desconhecem absolutamente a língua do outro. Por eles passa um animal que identificaríamos a princípio como um coelho. Um dos falantes diz: *gavagai*. Quem ouvir a palavra oscilará, inevitavelmente, entre vários significados possíveis. O referente *coelho*, ou seja, o animal que acabou de passar, é insuficiente para que o significado seja estabelecido com nitidez ou definição. O recipiente da mensagem vacilaria entre algumas alternativas: o termo *gavagai* quer dizer coelho? Estratégia de coelho? Partes integrais de coelho? Fusões de coelho? Nenhum? Todos os significados? O processo de estabelecimento de significado só pode ser tentativo. Não há de imediato como definir, com precisão, que representação mental corresponde corretamente a seu objeto. A indeterminação é sistemática e só poderá ser reduzida no curso da interação entre os indivíduos, que teriam acesso apenas ao comportamento observado de seus interlocutores. Em *Pursuit of truth*, Quine declara que é um erro reduzir a questão do significado ao reconhecimento de resíduos mentais que ficam quando fazemos as traduções de uma língua para outra. Para Quine, não existiriam entidades mentais nem formas conscientes, nem mesmo pensamentos que nos permitissem sair dessa situação de tradução radicalmente indeterminada. Ao verter significados, nossos únicos guias seriam as circunstâncias presentes e observáveis no comportamento dos falantes. Segundo Quine, o modelo a ser usado na compreensão da aquisição dos significados das mensagens teria que ser estritamente empírico e behaviorista, porque é assim que adquirimos e entendemos as línguas. O que fazemos é sempre uma recorrente tentativa, na base de estímulos e respostas, observando o comportamento dos outros e sendo por eles corrigido. Ao criticar as teses da tradução radical, o linguista Noam Chomsky (1928-) concluiu que os equívocos de Quine resultariam precisamente de sua concepção empirista e comportamental da linguagem. O modo de adquirir uma língua nada tem a ver com tentativas ou qualquer mecanismo de ensaio e erro. Só é possível falar uma língua porque em todas elas existem regras gramaticais profundas e subjacentes à diversidade apenas aparente e superficial. O que é diverso e superficialmente incompatível faz parte da multiplicidade de formas fonéticas das várias línguas. Tudo mais (sua forma lógica, seus parâmetros comuns que permitem o poliglotismo e a estrutura profunda das línguas) é o oposto da indeterminação radical que marca as posturas antimentalistas. A existência de uma gramática profunda torna problemática a hipótese de que as línguas se caracterizam pela divergência absoluta dos falantes. Conhecer uma língua exigiria o domínio de regras de transformação próprias da gramática. Nesse caso, não haveria parcialidades progressivas. Para que o significado seja compreendido, é preciso ter acesso ao sistema mental *a priori* que, em sua estrutura profunda, emerge de uma competência inata aos seres humanos e que determina como as sentenças, e não apenas seus nomes referenciais, podem ser produzidas. Para os que se recusam a aceitar e criticam o antimentalismo, nada no universo das línguas e da comunicação é radicalmente indeterminado. ▶ Cf. BASE EMPÍRICA; BEHAVIORISMO.

BIBLIOGRAFIA

CHOMSKY, Noam. Some empirical assumptions in modern philosophy of language. In: MORGENBESSER, Sidney; MORTON, White; SUPPER, Patrick. *Philosophy, science and method*. New York: Saint Martin's Press, p. 260-85, 1969.

QUINE, Willard van Orman. *Word and object*. Cambridge: The MIT Press, 1964.

________________. *Pursuit of truth*. Cambridge: Harvard University Press, 1990.

antinarrativa COMN Estratégia de criação que oferece ao espectador ou ao leitor alternativas ao estilo realista de narrar.

antinomia 1 COMN LÓG Posição ou disposição contrária ou oposta de termos e expressões. ▶ Os estudos que têm por objeto os códigos que estruturam as mensagens reservam um papel central para a identificação de antinomias, seja no nível formal, seja no entendimento do que é comunicado. Sem o reconhecimento de elementos que se opõem binariamente num sistema, não há como transmitir e receber mensagens precisas, pois seus significados tornam-se vagos. O som do FONEMA */b/* é oposto material e semanticamente a */p/*, daí as palavras inconfundíveis *bato* e *pato*. Como entender o que é baixo se não em relação ao que é alto? Ou o real sem referência ao aparente? Pode-se entender o mal se não for pelo contraste com o bem? E a mentira sem relação com a verdade? Os elementos significativos podem entreter relações de polaridade extrema, onde não há gradações, mas o processo antinômico não exclui, necessariamente, gradatividade: pequeno/médio/grande, quente/morno/frio. É possível descrever as linguagens e a experiência social antinomicamente em seus vários níveis, sejam combinatórios, de referência ou de uso, como um código binário. ▶ Cf. ACTANTE; ARQUILEXEMA; BINÁRIO. 2 LÓG Paradoxo ou contradição. ▶ Cf. ANTILOGIA.

antinômico LÓG Em que há antinomia, oposição, contradição.

antítese 1 FIL Negação de um termo ou especulação filosófica formulada anteriormente, estabelecendo desta maneira uma contrariedade ou contradição intelectual. 2 FIL Na filosofia idealista de G. W. Friedrich Hegel (1770-1831), segundo momento do movimento dialético em que ocorre a contradição da etapa anterior, preparando a superação sintética de ambas no final do processo. 3 RET Figura pela qual se opõe, numa mesma frase, duas palavras ou dois pensamentos de sentidos contraditórios (p.ex.: *com a luz no olhar e trevas no coração*). 4 SEMIO Processo de combinação de signos que tenham em si pelo menos dois sentidos e significações contraditórias.

antivéu CINE FOT Tipo de revelador de base alcalina, us. em processos de revelação prolongada,que evita a formação de véu.

antivírus INF Programa de computador que detecta, remove, elimina e impede a instalação e propagação de vírus transmitidos por *malwares* ('programas danosos'). ▶ Os primeiros programas antivírus datam do fim da década de 1980. Acredita-se que a mais antiga ação antivírus documentada fora executada por Bernd Fix (1962-), em 1987. Antes da internet e a consequente interconectividade global das redes de computação, os vírus espalhavam-se através de disquetes. Atualmente, a irrupção de vírus em computadores dá-se, principalmente, na troca de mensagens por correios eletrônicos. O processo de contaminação ocorre, na maioria das vezes, quando se abrem arquivos adicionados a *emails*. Os arquivos de *malwares* carregam instruções danosas, além de permitirem a violação da privacidade dos dados pessoais e o roubo da identidade dos usuários. Muitos crimes financeiros são assim cometidos. Verifica-se, inevitavelmente, uma espécie de corrida armamentista entre *malwares* e programas antivírus de proteção, pois as ações e mutações intermitentes dos programas danosos exigem constante atualização protetora. As principais consequências da necessidade incessante de defesa dos computadores são os custos progressivos e intermináveis de atualização dos programas antivírus, problemas de segurança de informação, identificação errônea de um programa que não é viral como se o fosse (falso positivo), trazendo a perda de programas e informações armazenadas, e assim a degradação tanto de computadores individuais como da eficácia sistêmica das redes de informação. A vida útil média de programas antivírus é, hoje em dia, de aproximadamente apenas um ano. ▶ Cf. VÍRUS; WORM.

antologia BIBL EDIT Livro ou coleção de textos em prosa ou verso organizado por tema, época, autores, estilos etc.

antologista BIBL EDIT Quem organiza ou edita uma antologia.

antonomásia RET Tropo que substitui uma frase descritiva pelo nome de alguém, ou uso de um nome para representar um estado psicológico ou uma situação. ▶ O uso de "romeu" para um homem apaixonado, ou um conquistador de corações femininos é um exemplo de antonomásia.

antropocentrismo FIL Forma de pensamento, comum a certos sistemas filosóficos e crenças religiosas, que atribui ao ser humano uma posição de centralidade em relação a todo o universo, seja como um eixo ou núcleo em torno do qual estão situadas espacialmente todas as coisas (cosmologia aristotélica e cristã medieval), seja como uma finalidade última, um *télos* que atrai para si todo o movimento da realidade (teleologia hegeliana).

antropologia ANTRPOL Estudo de tudo que se refere aos seres humanos: sua origem, evolução, desenvolvimento histórico físico, material e cultural, bem como as crenças, costumes e códigos em ação nos agrupamentos de seres humanos. ▶ O campo antropológico subdivide-se em várias regiões cognitivas e dele fazem parte a antropologia física (que estuda as características biológicas dos seres humanos), a antropologia social (tradicionalmente preocupada com o estudo comparativo de sociedades), a antropologia cultural (que estuda a originalidade e especificidade de cada cultura e seus códigos), a etnologia (hoje sinônimo de antropologia em geral, mas que indicava, no sXIX, o estudo comparativo das diferentes raças humanas), a etnografia (que descreve, observa e analisa *in loco* grupos humanos de tamanho reduzido e também ditos primitivos) etc. Devido à peculiaridade histórica de seu desenvolvimento, a antropologia brasileira tem-se restringido a pesquisas e teorizações que dão ênfase exclusiva a abordagens sociais e culturais. Dos antropólogos culturais, Claude Lévi-Strauss (1908-2009) foi aquele que maior influência exerceu nos estudos da comunicação. ▶ Cf. ANÁLISE CULTURAL COMPARATIVA; COMUNIDADE; CULTURA.

BIBLIOGRAFIA

RODRIGUES, José Carlos. Lévi-Strauss, teórico da comunicação. In *Famecos*, Porto Alegre, n. 39, p.57-62, 2009.

STOCKING, George W. *Bones, bodies, behavior: essays on biological anthropology*. Madison: University of Wisconsin Press, 1988.

_______________. *After Tylor: British social anthopology 1888-1951*. Madison: University of Wisconsin Press, 1995.

_______________. *Volksgeist as method ethic: essays on boasian ethnography and the German anthropological tradition*. Madison: University of Wisconsin Press, 1996.

antropologia cultural ANTRPOL A que trata do estudo da cultura do homem em todos os seus aspectos, servindo-se de dados e conceitos próprios de diversas outras ciências, como arqueologia, etnologia, etnografia, linguística, sociologia, economia etc.

antropologia física ANTRPOL A que estuda a origem e a evolução biológica da humanidade e as diversidades raciais de seus subgrupos.

antropologia social ANTRPOL A que se ocupa do estudo da estrutura social de sociedades iletradas.

antropologia urbana ANTRPOL Abordagem antropológica da organização social urbana.

antropomorfia FIL Atribuição de qualidades e características do que é humano a formas de vida que não são humanas.

antropomorfismo FIL Forma de pensamento que atribui características e comportamentos típicos da condição humana às formas inanimadas. ▶ Dizer que uma abordagem teórica padece de antropomorfismo indica, frequentemente, uma avaliação negativa da interpretação. Alguns teóricos criticam o emprego de termos e conceitos como *memória* e *instrução* a computadores, pois implica algo que máquinas não têm. A analogia seria enganosa e forçada, uma vez que computadores não aprendem criativamente, como os que fazem parte da humanidade, e a memória humana é flexível, criativa e construtora de representações novas, ao passo que a memória de computadores tem sido, até agora, um processo rígido e estático de armazenamento.

BIBLIOGRAFIA

CHERRY, Collin. *On human communication*. Cambridge: The MIT Press, 1966.

anuário 1 Publicação anual que registra informações sobre um ou vários ramos de atividade, tais como ciências, artes, literatura, profissões, economia etc. **2** Publicação anual contendo as principais ocorrências da vida de uma instituição e suas atividades durante o ano transato.

anunciante M.COM PUB Cliente (instituição, ramo de negócio, grupo ou indivíduo) que faz propaganda e anuncia em meios de comunicação. ▶ Ao veicular anúncios, ramos de comércio, entidades institucionais, grupos de interesse ou indivíduos têm, por objetivo geral, persuadir seus consumidores potenciais de que a compra de um produto lhes é benéfica, vantajosa ou desejável. A massa de anunciantes nos meios de comunicação é uma força considerável, já que movimenta orçamentos gigantescos, que chegam na totalidade a centenas de bilhões de dólares, só nos Estados Unidos. Os anunciantes manifestam-se por meios digitalizados e eletrônicos ou através de veículos mais tradicionais, como rádio, televisão, jornais, revistas e *outdoors*. Acredita-se que, para se atingir um total de venda de 100 mil dólares, um anunciante deva fazer um investimento em anúncios da ordem de pelo menos 3 mil dólares. O poder econômico dos anunciantes muitas vezes influencia a AGENDA DOS MEIOS DE COMUNICAÇÃO. A sinalização digital e seu baixo custo permitiram que indivíduos sejam anunciantes de si próprios e de suas vidas, como acontece num *blog* ou em redes sociais da internet (Twitter, Orkut, Facebook, MySpace, Friendster etc.).

anúncio M.COM MKT PUB Mensagem que, apresentada através de um ou vários meios de comunicação, informa ou quer persuadir o público dos benefícios e qualidades de produto, serviço, instituição, determinada ideologia etc. ▸ O primeiro anúncio registrado pela história data de 1000 a.C. e oferece, em Tebas, a recompensa de uma moeda de ouro pela captura de um escravo. No sXVII, o jornal *The London Gazette* publica anúncios publicitários, com imenso sucesso; e, em 1841, Volney B. Palmer (1799-1864) funda a primeira agência publicitária americana em Boston, Nova York e Baltimore. Mas o surgimento de anúncios publicitários modernos, espalhados por toda a sociedade, é um efeito das transformações sociais que aconteceram com a produção em massa que caracterizou a industrialização nos dois séculos passados (cf. ACUMULAÇÃO DE CAPITAL; ACUMULAÇÃO PRIMITIVA). A vida nas sociedades industriais passou a ser dirigida pela proliferação de mensagens informativas ou mercadológicas. Os anúncios podem ser comerciais, quando visam o aumento do consumo dos produtos num mercado específico. Podem também ter o propósito de criar uma imagem institucional positiva, quando organizações de serviço público, ou mesmo companhias de grande porte, transmitem mensagens para melhorar sua imagem junto ao público ou persuadi-lo de seus benefícios. Indivíduos de notoriedade pública e celebridades frequentemente endossam produtos em anúncios publicitários. Atualmente, com a disseminação e a atomização dos veículos de comunicação, os anúncios proliferam não só pelos meios tradicionais, como jornais, rádios e televisões, mas também pela internet. Por isso, desde o fim da década de 1990, a eficácia dos anúncios tornou-se tópico de exame prioritário, seja para os que participam do mundo comercial, seja para os que estudam academicamente a publicidade. Em termos comerciais, o que se quer é não só exercer controle financeiro sobre os custos crescentes da propaganda, mas também saber se o investimento gerou o retorno esperado. Um dos modos de medir a eficácia de um anúncio é através de pesquisa contínua e direta de grupos de consumidores, antes e após a veiculação das mensagens. Esse método de avaliar os efeitos de um anúncio requer alguns cuidados básicos, sem os quais a mensuração seria problemática. Como formular perguntas precisas e sem ambiguidade que permitam quantificar significativamente o impacto da mensagem? Como discriminar a eficácia do anúncio num meio ambiente onde a proliferação de mensagens pode perfeitamente disparar efeitos em cadeia? Ainda que seja possível separar os grupos de consumidores a serem pesquisados, entre os que tinham conhecimento do anúncio e os que nada perceberam antes da veiculação da campanha, a correlação entre a mera exposição ao anúncio e a geração de uma atitude favorável ao produto é frequentemente mais complexa do que se costuma admitir. As raízes da atitude positiva estão, muitas vezes, plantadas antes mesmo da exposição à campanha publicitária, por fatores tais como simpatia a uma marca (cf. ASSOCIAÇÃO DE MARCA). Sabe-se, por pesquisa empírica, que os simpatizantes de uma marca tendem a ter maior atenção para com seus anúncios, o que interfere na avaliação restrita do anúncio propriamente dito. A saída para o problema tem sido combinar as amostragens, procurando medir os indicadores tradicionais do desempenho do anúncio considerando os receptores que tinham familiaridade com o produto. Os anúncios são considerados eficazes ou não a partir de respostas a algumas perguntas: o anúncio foi percebido (visualmente ou lido)? Tem credibilidade? É lembrado? Gerou uma ação? A preocupação com a eficácia dos anúncios é perfeitamente justificada num universo em que o consumidor está exposto a uma multiplicidade de mensagens veiculadas por uma infinidade de meios de comunicação. Os estudos contemporâneos de comunicação entendem os anúncios publicitários como um modo de discurso social que transcende o simples objetivo de gerar compra e venda de produtos ou serviços. Os anúncios valem-se de nexos complexos que reúnem os produtos representados na publicidade e a consciência dos compradores, porém mediados pelos valores culturais que predominam na vida social. ▸ Cf. AIDA.

anúncio aéreo PUB Peça publicitária sob a forma de letreiro com caracteres grandes e texto breve, carregada por avião, balão ou veículo similar que sobrevoa áreas determinadas.

anúncio classificado PUB M.q. CLASSIFICADO.

anúncio cooperativo PUB Aquele custeado por mais de um anunciante (p.ex., o fabricante e o revendedor de um produto, pelos participantes de uma rede de franquia ou pelos lojistas de um mesmo centro comercial etc.)

anúncio de composição PUB M.q. ALLTYPE.

anúncio de espaço PUB Matéria paga veiculada em listas telefônicas, em localização determinada, ger. próxima à rubrica do produto ou serviço a que se refere.

anúncio de informação PUB Matéria paga que se publica dentro da sequência sistemática de uma lista telefônica, com a mesma largura de coluna em que a lista foi diagramada.

anúncio de lançamento PUB Material publicitário veiculado com maior frequência do que no caso de uma campanha normal e que divulga uma novidade no mercado.

anúncio de prestígio PUB M.q. ANÚNCIO INSTITUCIONAL.

anúncio de sustentação PUB Durante uma campanha publicitária, anúncio que se destina a manter presente nos órgãos de veiculação um produto ou serviço já lançado no mercado.

anúncio fechado PUB Aquele classificado que, por não trazer a assinatura do anunciante, não é identificável pelo público.

anúncio institucional PUB Aquele cujo objetivo não é vender, mas promover uma imagem favorável de determinada marca, empresa, instituição, órgão particular ou público; anúncio de prestígio.

anúncio luminoso PUB Aquele que é exposto em letreiro ou painel iluminado, para ser visto à noite, ou montado com tubos de gás neônio e/ou lâmpadas incandescentes. ▸ Tb. se diz apenas *luminoso*.

anúncio-sanduíche PUB Anúncio volante, constituído por dois cartazes, presos ao ombro do transportador, um à frente e outro às costas. ▸ Tb. se diz apenas *sanduíche*.
anuncista GRÁF Numa oficina gráfica, o responsável pela impressão e composição de anúncios.
ao vivo 1 Que se apresenta diante dos espectadores. 2 M.COM Transmissão direta no exato momento de sua ocorrência.
ap. [lat.] 1 BIBL EDIT Abrev. de APUD. 2 INF Ver APP.
apara GRÁF Sobra de papel aparado ou cortado com guilhotina ou outro instrumento.
aparado GRÁF Cujas extremidades foram igualadas por corte (diz-de de maço de folhas de papel, livro etc.).
aparagem GRÁF M.q. REFILO.
aparato CINE Na teoria do cinema, tanto a totalidade de recursos técnicos e tecnológicos de filmagem como o que se define esteticamente como cinematográfico.
aparelho ideológico do Estado COMN FIL POL Cada um dos agentes que têm por função reproduzir e justificar o modo de produção vigente e que disseminam a ideologia dominante na sociedade capitalista. ▸ Um dos problemas teóricos centrais mais persistentes no marxismo é explicar porque uma sociedade fraturada em classes em luta não explode em revolta revolucionária. Uma resposta óbvia é atribuir o equilíbrio social à ação de agentes repressores, como a polícia, o exército e as cortes. Essa sugestão, porém, desconsidera o fato de que os agentes diretamente repressivos atuam quando a revolta e o desvio ocorrem, o que não esclarece o equilíbrio social constante das sociedades oprimidas. A questão tornou-se um pouco mais clara após a formulação da noção de hegemonia por parte de Antonio Gramsci (1891-1937). Como não fora pensado antes, a hegemonia gramsciana enfatizava o papel das ideologias nas formações sociais. Para o marxismo pós-gramsciano, a ideologia dominante dissemina-se por meio de aparelhos específicos, que incluem o sistema educacional, a família nuclear e os meios de comunicação. Segundo o filósofo marxista francês Louis Althusser (1918-1990), os aparelhos ideológicos de Estado moldam os sujeitos individuais, interpelando-os constantemente. ▸ Cf. ALTHUSSER, LOUIS; GRAMSCI, ANTONIO; HEGEMONIA; IDEOLOGIA; INTERPELAÇÃO.

BIBLIOGRAFIA

ALTHUSSER, Louis. *Aparelhos ideológicos de Estado*. Rio de Janeiro: Graal, 2010.

aparitmese RET RET M.q ENUMERAÇÃO ('revisão').
aparta PAP Nas fábricas de papel, a separação e classificação de sobras para eventual aproveitamento como matéria-prima.
apedido JOR 1 Publicação ger. paga que se faz em jornal a pedido do interessado. 2 Cada uma das colunas de jornal destinadas a esse tipo de publicidade.
apelativo 1 COMN LING Diz-se de ou expressão us. na comunicação direta para interpelar o interlocutor, nomeando-o ou mencionando o caráter da relação existente entre ambos. ▸ São apelativas expressões do tipo: *senhor presidente, peço a palavra*; *mamãe, já estamos prontos*. No enunciado indireto, os termos apelativos têm uma sintaxe particular, situando o interlocutor como uma terceira pessoa (p.ex.: *o amigo parece preocupado* por *amigo, pareces preocupado*). ▸ Cf. APÓSTROFE, VOCATIVO. 2 MÚS Cada um dos sons entre os quais existe afinidade, parentesco ou proximidade.
apelo JOR Critério que qualifica a importância de uma notícia, pois desperta a curiosidade dos leitores.
apêndice BIBL EDIT Anexo que complementa, acrescenta ou suplementa uma obra.
apergaminhado PAP Que imita ou se assemelha a pergaminho.
apertar GRÁF Diminuir os claros entre palavras, linhas ou quaisquer elementos gráficos.
apetrecho CINE TEAT Acessório, adereço ou instrumento necessário para a produção de filme ou peça de teatro.
ápice CINE LIT TEAT TV M.q. CLÍMAX.
aplicação GRÁF 1 Inclusão, no fotolito, de qualquer elemento como marca, logotipo, desenho, foto, composição, retícula. 2 Utilização de logomarca e outros elementos da identidade visual de uma instituição em impressos, anúncios, placas etc.
aplicativo INF Programa de computador concebido e direcionado para facilitar e reduzir o tempo de execução de uma tarefa pelo usuário. ▸ Os aplicativos (*applications softwares*) são uma subclasse de programas de computação que otimizam uma tarefa, empregando diretamente as capacidades que o sistema permite, ao contrário de programas que procuram integrá-las.
aplique Peça recortada em madeira ou metal e revestida com folhas impressas de papel, que se acrescenta a um *outdoor* para produzir efeitos tridimensionais ou formatos especiais que darão maior impacto à mensagem publicitária.
apodíctico LÓG 1 Que exprime uma necessidade lógica, e não um simples fato empírico, apresentando uma natureza evidente e indubitável (diz-se de proposição). ▸ P.ex.: 2 + 2 = 4. 2 Que não pode ser refutado, contradito, contestado; indiscutível. 3 Que se mostra convincente em função das evidências, que convence; evidente.
apódose GRAM Oração principal, que expressa uma consequência em relação a uma subordinada condicional (chamada *prótase*). ▸ A apódose é a sentença consequente de uma condicional; p.ex.: *se chover* (prótase), *não iremos à praia* (apódose).
apogamia BIO M.q. REPRODUÇÃO ASSEXUADA.
apojatura MÚS Tipo de nota melódica que desloca a nota real.
apolíneo 1 Relativo ou pertencente a Apolo (jovem deus da mitologia grega); apolinar, apolinário, apolínico. 2 Formoso como esse deus. 3 Que exprime força ou beleza equilibrada; luminoso. 4 FIL Segundo Nietzsche (1844-1900), em que há contemplação da beleza e da harmonia, o que resulta na criação de um estado onírico no qual todo o sofrimento humano é transfigurado. ▸ O conceito foi apresentado por Nietzsche em *A origem da tragédia* (1872), para caracterizar as forças da ordem, racionalidade e do intelecto na cultura grega. ▸ P.opos. a DIONISÍACO.
apologia RET Discurso ou texto em que se defende ou elogia doutrina, indivíduo, ação etc.
apontamento ART.PLÁST Esboço de um desenho, gravura etc.
aporia COMN FIL RET 1 O que não permite saída, solução ou decisão racional. 2 Expressão deliberada de dúvida ou incerteza.

INFORMAÇÕES GERAIS

O termo 'aporia' pode ser entendido de várias maneiras. Para Aristóteles (384 a.C. - 322 a.C.), no segundo livro da *Metafísica*, aporia (que no grego de sua época significava enigma e perplexidade) é uma dificuldade sem solução evidente e definitiva. Quem está diante de uma aporia não tem como decidir qual a alternativa mais apropriada, pois todas lhe parecem igualmente razoáveis. O diálogo de Platão (c428 a.C. - c348 a.C.), *Górgias* , que tem como um dos fios condutores a crítica aos efeitos sociais da retórica, é dito aporético. Nele, Sócrates (c469 a.C. - 399 a.C.) critica a retórica, desfazendo-a por completo, mas sem oferecer alternativa. Para a filosofia contemporânea, aporia é um problema ou assunto sem solução: o filósofo pós-estruturalista Jacques Derrida (1939-2004) usa o termo para qualificar a incapacidade irremediável do pensamento filosófico de definir termos ou conceitos binários sem ambiguidade. Em *La pharmacie de Platón*, Derrida mostra como o conceito platônico de *pharmakón* pode ser interpretado tanto como veneno quanto como antídoto. Referindo-se a uma passagem do *Fedro*, Derrida alude à polissemia dos termos *pharmakeus*, *pharmakón*, *pharmakeia*, que coabitam tanto a narrativa platônica como a língua que fornece os meios de expressão para a filosofia clássica. Derrida, então, mostra que uma malha complexa de significação se manifesta na interpretação e nas palavras de Sócrates. Sócrates é tanto racional como mágico, capaz de invadir a alma que quem o ouve. É, portanto, antídoto e veneno. Uma malha de adições inevitáveis faz da filosofia uma atividade aporética, manifesta nos seus suplementos e dicotomias, como corpo/alma, vital/moral, dentro/fora etc. ▸ Cf. DESCONSTRUCIONISMO.

BIBLIOGRAFIA

ARISTÓTELES. *The complete works*. Princeton: Princeton University Press, 1984, v. 1-2.
DERRIDA, Jacques. *La dissemination*. Paris: Seuil, 1972.
PLATÃO. *Gorgias*. New York: Clarendon Press, 1959.
SANTIAGO, Silviano (supervisão). *Glossário de Derrida*. Rio de Janeiro: Francisco Alves, 1976.

a posteriori [lat.] FIL Critério que define uma asserção como verdadeira ou falsa em referência à experiência. ▸ Em latim, *a posteriori* significa de trás para frente. A proposição *o café esfriou* só pode ser verdadeira ou falsa após a xícara de café ser provada e, por isso, diz-se que a asserção é *a posteriori*. ▸ P.opos. a A PRIORI.

apóstrofe **1** LING Palavra ou sintagma nominal que iniciam um enunciado, para indicar o destinário da mensagem ▸ P.ex.: *bom dia*, doutor; você, *venha cá*. **2** LIT RET Interrupção súbita do discurso que o orador ou escritor faz para dirigir-se a alguém ou algo, real ou fictício. ▸ P.ex.: a seguir, *leitor amigo*, contarei a história tal como sucedeu. **3** RET Invectiva, frase violenta ou mordaz com que se interrompe ou ataca alguém; catilinária.

apóstrofo **1** O mesmo sinal us. no início e no final de uma palavra, grupo de palavras ou de frase, para indicar que se trata de significado ou acepção de palavra citada anteriormente (p.ex. o português *lancha* 'barco') **2** EDIT LING Sinal gráfico e diacrítico que aparenta uma vírgula virada para a esquerda, ou de forma reta, que é posta acima da linha para indicar a supressão de letras ou sons. ▸ P.ex.: galinha d'angola, Conde d'Eu. **3** FON Em transcrição fonética e transliteração, indica palatização quando colocado após o símbolo (p.ex.: na transliteração do russo, colocado após uma consoante, indica que está é palatizada: russo *bol'chói* 'grande')

app. [ing.] INF Abrev. de *application software* ('aplicativo de software') programa de computador que ajuda o usuário a realizar uma determinada tarefa. ▸ Cf. APLICATIVO.

apresentação CINE RÁD TEAT TV Parte, ger. inicial, de filme cinematográfico, programa de rádio ou TV, na qual se indicam o título e os nomes dos que participaram da elaboração e montagem da obra.

apresentador M.COM **1** Quem, numa transmissão ou espetáculo ao vivo, introduz um programa ou apresentação, bem como os artistas que dele participam. **2** Quem conduz entrevistas, debates etc., num programa jornalístico ou de entretenimento; *anchor-man*. **3**

apresentar M.COM Pôr diante de um público, através de espetáculo ou meio de comunicação, as pessoas, elementos etc., que dele participam.

a priori [lat.] FIL Critério que distingue asserções ou proposições como verdadeiras ou falsas sem que haja referência à experiência, a não ser no caso de a experiência ser necessária para que se conheçam os elementos terminológicos da asserção. ▸ Em latim a expressão *a priori* quer dizer de frente para trás. O conceito foi introduzido na filosofia grega por Aristóteles (384 a.C. - 322 a.C.) que opunha os dois modos pelos quais se pode obter o conhecimento da verdade ou da falsidade de uma proposição: um, sem referência à experiência (que hoje se chama de *a priori*) e outro de BASE EMPÍRICA. O sentido corrente é bem outro. Atualmente, *a priori* e *a posteriori* são modos e critérios que determinam se uma proposição é verdadeira ou falsa. Como uma asserção *a priori* não depende de confirmação empírica, ela é uma conclusão necessária, enquanto que uma asserção *a posteriori* é contingente, pois advém de algo a ser ou não experimentado. Um conhecimento *a priori* é dedutivo, enquanto que o *a posteriori* é empírico. Autores como Platão (c428 a.C. - c348 a.C.) e Leibniz (1646-1716) afirmam que o conhecimento *a priori* de entidades (como substância, causa, igualdade, semelhança etc.) é prioritário, porque antecede e não pode ser diretamente explicado pelo que experimentamos na natureza, enquanto outros filósofos, como Hume (1711-1776), argumentam que só podemos conhecer o que efetivamente experimentamos, logo o *a priori* seria uma abstração do que é originariamente *a posteriori*. Kant (1724-1804) modificou a distinção, dizendo que não são termos opostos, mas de alguma forma complementares, já que aquilo que experimentamos é organizado por categorias *a priori*, a eficácia prática da matemática e da geometria sugerem que são formas de conhecimento sintético (em sua referência à realidade), mas efetivamente *a priori*. ▸ P.opos. a A POSTERIORI.

apriorismo FIL Doutrina filosófica que acredita ser possível atingir o conhecimento sem recorrer à experiência, pois a mente estaria imbuída de ideias inatas e *a priori*. ▸ No sXVII, René Descartes (1596-1650) postulou aprioristicamente que a mente humana é habitada por ideias inatas que ali foram postas por Deus. Modernamente, e sem recursos a teologias dualistas, o apriorismo foi revitalizado pela linguística de Chomsky (1928-), que criticou impiedosamente o empirismo behaviorista de Skinner (1904-1990) e Quine (1908-2000), argumentando que a criança nasce pré-programada para adquirir uma língua. As línguas não são ensinadas, mas apreendidas e, devido à complexidade dos sistemas linguísticos, isso só é possível porque a mente humana não é uma página em branco, como Locke (1632-1704), Hume (1711-1776) e outros empiristas presumiam. ▸ Cf. ANTIMENTALISMO; A PRIORI; BEHAVIORISMO; MENTALISMO.

A programming language [ing.] INF Linguagem informática que cria programas capazes de controlar o comportamento de máquinas computadorizadas. ▸ Consiste numa notação com especificações e ou algoritmos que permite a interação entre computadores e programas.

apropriação PUB **1** Orçamento detalhado de publicidade que se submete ao anunciante para seu julgamento. **2** Aplicação da verba de propaganda reservada pelo cliente para uma campanha específica ou para um período previamente estabelecido de esforço publicitário.

INFORMAÇÕES GERAIS

Uma apropriação é, na maioria das vezes, estabelecida, levando-se em conta não só a veiculação e a produção das peças publicitárias, mas também custos administrativos, objetivos a serem alcançados, o gasto e a capacidade dos que disputam o mercado, bem como outros tipos de decisão. A apropriação será feita por tempo determinado e previamente estabelecido.

apud [lat.] BIBL Empregado em bibliografia para designar a origem de uma citação indireta: uma citação de uma citação. ▸ No direito romano, o termo *apud* era usado para introduzir a opinião específica de um jurista. A palavra original latina designa 'entre', 'na presença de', 'na casa de', 'junto a'. Abrev.: *ap.*

apuração JOR Levantamento das informações necessárias, por meio de entrevistas, pesquisas, investigação, etc., para a elaboração de matérias jornalísticas. ▸ A apuração é, a rigor, o objetivo principal da averiguação jornalística, e faz-se a partir de informações novas e, de preferência, surpreendentes, extraídas no contato com documentos e pessoas, consideradas as fontes da notícia. A qualidade da notícia jornalística é proporcional à precisão e fidelidade do que foi apurado. Ao investigar uma matéria que esteja cobrindo, o jornalista deve retornar ao jornal com respostas para as perguntas básicas que fundamentam a boa apuração: 1) o que aconteceu?; 2) por que aconteceu? 3) onde aconteceu?; 4) como aconteceu?; 5) quem participou do acontecimento?

APX [ing.] PUB **1** Medida dos estudos que tratam da retenção de um anúncio (por mala-direta ou numa publicação) na memória dos leitores. **2** Capacidade e valor que um veículo de comunicação tem de atrair a atenção e o olhar de sua audiência. ▸ Sigla de AD PAGE EXPOSURE.

ar FOT Parte que não integra o assunto principal de uma fotografia, sendo passível de corte.

arbitrariedade LING SEMIO Característica e qualidade do signo linguístico de ser arbitrário ou, mais precisamente, imotivado face a seu referente. ▸ No *Curso de linguística geral*, Ferdinand de Saussure (1857-1913) afirma que o nexo que reúne, num mesmo signo, a imagem acústica (ou seja o seu material significante) e o conceito (o significado) é arbitrário. Assim concebido, o signo linguístico define-se como uma entidade psíquica que unifica elementos diversos, numa fusão indissolúvel, como os dois lados de uma folha de papel. O significado (ou seja, a ideia presente numa palavra) nada tem a ver com o objeto que designa. A mesma fruta receberá em português o nome abacaxi, mas *pineapple*, em inglês, e *ananá*, em espanhol. A questão, portanto, de como as palavras se relacionam com os objetos do mundo é irrelevante para uma teoria do signo e da comunicação de inspiração linguística: sua preocupação há de limitar-se ao estudo da combinação dos signos e seus usos. Para o estudo dos signos que emerge de Saussure, o que importa é o sistema totalizante de relações sígnicas, suas estruturas, a partir das quais o que é signo se faz, não sendo necessário considerar o elo entre a representação e seu referente. A referência é reduzida à convenção, às normas e hábitos desenvolvidos coletivamente. Seguindo Durkheim (1858-1917), cujos ecos são claros nos termos e ideias de Saussure, o signo é uma representação coletiva, não podendo ser qualificado de arbitrário. A rigor, a indissolubilidade do significante e do significado exige que se reveja a noção de arbitrariedade do signo. Para os usuários de uma língua, a relação entre significante e significado é necessária: por isso, Benveniste (1902-1976) afirma que o laço que prende significante e significado não é jamais arbitrário na mente do falante, mas imotivado por seu referente. Bouissac (1934-), em *Saussure: a guide for the perplexed*, recriando as últimas aulas de Saussure, em maio de 1911, observa que o próprio linguista não estava satisfeito com a palavra 'arbitrário' para definir o signo linguístico: "talvez o que eu queira dizer não seja arbitrário: vamos usar, ao invés, imotivado". ▸ Cf. NECESSÁRIO.

BIBLIOGRAFIA

BENVENISTE, Émile. *Problèmes de linguistique générale*. Paris: Gallimard, 1966.

BOUISSAC, Paul. *Saussure: a guide for the perplexed*. New York: Continuum, 2010.

SAUSSURE, Ferdinand de. *Curso de linguística geral*. São Paulo: Cultrix, 2006.

archie [ing.] INF MECANISMO DE BUSCA (*search engine*) que permite localizar qualquer arquivo na internet através de seu nome.

arco 1 FOT Instrumento que, em projetores e estúdios, permite que se ilumine uma cena a ser fotografada por meio de luz incandescente. **2** MÚS Vara firme e flexível, com crinas de cavalo ligadas às suas extremidades, que produz som musical quando passada sobre as cordas de instrumentos (violas, violinos etc.). **3** MÚS Numa partitura, indicação de utilização do arco, após um *pizziccato*, trecho da execução em que as cordas são pinçadas e não friccionadas.

área TEL TV M.q. ALCANCE.

área a salvo TV M.q. ÁREA CRÍTICA.

área crítica TV Área-limite de recepção da imagem de TV em relação aos aparelhos receptores de seus usuários; área a salvo.

área de serviço TEL TV M.q. ALCANCE.

área de trabalho INF M.q. DESKTOP.

área de transferência INF Programa de computador para armazenamento temporário ou transferência de dados entre documentos e aplicativos por meio de cópia e colagem; *clipboard*.

área luminosa FOT Efeito resultante da iluminação de uma cena num estúdio fotográfico.

arejado GRÁF Diz-se do que se arejou.

arejar GRÁF Produzir claros em (trabalhos gráficos, textos compostos, página diagramada etc.) a fim de se obter visualmente um resultado menos denso. ▸ Alguns jornais consideram o ato de arejar uma prática jornalística indesejável, pois os elementos visuais devem ser escolhidos apenas por serem elucidativos e complementares à notícia.

argot [fr.] **1** Gíria, calão, linguagem de ladrões, de marginais. **2** Linguagem particular de pessoas que exercem a mesma atividade; jargão.

argumento 1 CINE TV Apresentação escrita de roteiro que será filmado ou televisionado, sob a forma de narrativa e com notações de encenação. **2** LÓG RET Recurso lógico ou discursivo para convencer alguém. ▶ Na lógica aristotélica, o argumento é um discurso que tenta convencer alguém a respeito do raciocínio apresentado. Como todo processo de inferência dedutiva, a validade das conclusões advogadas pelo raciocínio depende das suposições feitas anteriormente por meio de sentenças que são consideradas suas premissas. Para Aristóteles (384 a.C.-322 a.C.), se as premissas forem necessárias, a conclusão a que se chega é dita dedutiva. A dedução é, portanto, um dos tipos de argumento lógico. O argumento dedutivo faz-se por um processo de consequência: a lógica moderna diz que a dedução é uma inferência válida, mas a relação de consequência é, na lógica clássica, o que define a dedução. O termo grego que Aristóteles emprega é *sullogismós* que significa 'cálculo, conta', p.ext., 'conjectura, suposição'; portanto, a terminologia aristotélica é mais ampla do que o sentido que a lógica moderna confere ao termo *silogismo*, quando o qualifica apenas como sendo uma inferência válida. A teoria aristotélica supõe que dedução seja todo conjunto de encadeamento de pensamentos que adicione um conteúdo novo, diferente do que é afirmado pelas premissas. A força de uma conclusão deduzida depende do grau de necessidade que a gera; e, nesse caso, existe lugar tanto para uma conclusão absolutamente indiscutível como para outra que seja contingente. Para o outro tipo de argumento, Aristóteles reserva o nome de *epagoge* (*epagôgê*), 'indução lógica'. A indução resulta de um acúmulo de instâncias singulares que permitiriam a inferência de uma proposição universal. Ao contrário da dedução, a indução não acrescenta algo novo ao conteúdo das proposições: apenas totaliza-os. A forma lógica da indução presume um conjunto de afirmações sobre um objeto 'a': a_1 tem a propriedade 'p'; a_2 tem a propriedade 'p'; a_3 tem a propriedade 'p'; logo, todos os 'a' têm a propriedade 'p'. O argumento dedutivo e o argumento indutivo têm em comum a presença do quantificador 'todo'. A dedução vale-se de uma premissa já reconhecida como universal, que se expressa por 'todos', enquanto que a indução, que é o caminho que leva a uma proposição universal, também se define pelo quantificador 'todo'. Outra diferença entre os dois argumentos reside no fato de que a generalidade da indução é falsificável pela descoberta ou pelo reconhecimento de uma e apenas uma exceção. Aristóteles não parece ter-se preocupado muito com a fragilidade da indução. Ele não considera que a indução exige muitas instâncias para ser produzida e que basta um caso para falsificá-la por completo. Para Aristóteles, um raciocínio estritamente persuasivo é aquele que se fundamenta em premissas geralmente aceitas. Assim, um argumento que, baseado na generalidade de concepções admitidas pela audiência, teria a aparência de verdade é, portanto, verossímil e chama-se ENTIMEMA. Por outro lado, o que poderia ser considerado como indutivo é um raciocínio também geral, mas estruturado a partir de 'exemplos' singulares e concretos. **3** LÓG SEMIO Na teoria semiótica de Charles Sanders Peirce (1839-1914), um tipo de signo ou conteúdo proposicional que se quer como necessariamente verdadeiro e cuja completude, por ser parte de um silogismo, depende do encadeamento de suas premissas. ▶ O argumento caracteriza-se por ser a totalidade do raciocínio. Um argumento é composto de termos que se organizam em frases declarativas (*dicentes* ou *dicissignos*) que, organizadas segundo as normas lógicas, engendram uma conclusão necessária, ou seja, aquela que não pode ser outra. Considere-se a formação de um silogismo. 'Sócrates', 'mortal', 'homem', 'é' e o quantificador 'todos' serão seus termos (no novo vocabulário técnico de Peirce são 'remas', ou 'palavras'). Remas articulam-se em declarações possíveis do tipo: "Sócrates é homem", "Todos os homens são mortais". O argumento é a totalidade de termos e de declarações encadeadas na totalidade e na ordem que se segue: "Sócrates é homem/Todo homem é mortal// Logo, Sócrates é mortal". Mesmo que cada uma das premissas deva ser verdadeira, de modo que a conclusão também o seja, o que o argumento conclui é um acréscimo lógico ao que foi dito nas premissas anteriores. No vocabulário teórico da semiótica peirceana, o argumento é do domínio do interpretante, ou seja, faz parte dos conjuntos de signos que interpretam a relação entre um veículo de representação (*ground*, veículo, ou *representamen*) de um objeto e uma consciência interpretativa. Quando um argumento é completo, passa-se do domínio da possibilidade (seja sob a forma de termos isolados, ou de proposições declarativas que podem ou não ser verdades) para uma conclusão que será forçosamente verdadeira. O salto da possibilidade para a necessidade ocorre na consciência de quem avalia o argumento como um todo. **4** RET Disputa ou contenda discursiva. **5** RET Em retórica clássica, o que funciona como prova, cuja intenção é persuadir o interlocutor. **6** RET Assunto ou conteúdo temático de um discurso.

BIBLIOGRAFIA

BARNES, Jonathan (ed.). *The complete works of Aristotle*. Princeton: Princeton University Press, 1984. v. 1-2.

HOUSER, Nathan; KLOESEL, Christian (ed.). *The essential Peirce, volume 1: selected philosophical writings (1867-1893)*. Bloomington: Indiana University Press, 1992.

argumento ampliativo LÓG Ver INDUÇÃO.

Aristóteles (Estagira, Macedônia 384 a.C. - Cálcis, Eubeia 322 a.C.) Junto com Platão (c428 a.C. - c348 a.C.), o pensador grego mais importante da filosofia clássica, autor de contribuições inestimáveis para quase todas as áreas do conhecimento humano e natural. ▶ A medida da influência das doutrinas aristotélicas no saber ocidental é mais do que evidente para quem conhece a descrição que Dante Alighieri (c1265-1321) faz de Aristóteles, escrita mais de um milênio após a morte do filósofo grego. Caminhando com o poeta romano Virgílio (70 a.C. - 19 a.C.), Dante atravessa o limbo, efetivamente o primeiro círculo do inferno, uma região sacudida por trovões. O limbo é o lugar em que se encontram aqueles que morreram numa época anterior à vinda de Cristo e que, por isso, viveram sem conhecer a iluminação cristã. Dante, então, reconhece Aristóteles, mas não pronuncia o nome do filósofo, apenas identifica-o com a frase:"*Il maestro di color che sanno*" ('o mestre daqueles que sabem', *Inferno* IV, 131). Nomear abertamente Aristóteles era desnecessário: todos sabiam a quem Dante se referia. Organizados no sI a.C., sob a editoria de Andrônico de Rodes (c130 a.C. - 60 a.C.), os escritos de Aristóteles são tratados e notas dos cursos que ministrara (aproximadamente um quarto de sua produção intelectual), havendo registro de que publicara diálogos e vários outros textos citados por autores do mundo clássico. Como um todo, a obra aristotélica tem a aparência de um imponente edifício sistemático, apesar de constituir-se também num agregado de notas de aula; e foi, por muito tempo, considerada como um sistema filosófico, completo e acabado, a ponto de receber, por vezes, a qualificação de filosofia perene. Mesmo tendo estudado sob Platão, e talvez porque a divergência fosse parte do espírito do ensino filosófico grego, em muitos pontos Aristóteles discorda radicalmente de seu mestre. Uma de suas frases sobre a relação com Platão incorporou-se aos epigramas em latim: "*amicus Platus, (sed) magis amica veritas*" ("sou amigo de Platão, mas mais amigo da verdade"). Na *Metafísica*, Aristóteles mostrou inconsistências na *Teoria das formas* de Platão. A teoria platônica das formas erra ao separá-las da existência real e concreta do mundo dos sentidos. Ao contrário de Platão, Aristóteles dava importância especial aos sentidos na obtenção de conhecimento. Nas *Categorias*, os entes individuais têm substância e são realidades primárias e não seriam cópias imitativas de uma essência que paira sobre o mundo sensível, conduzindo-o. À primeira vista, o essencialismo aristotélico é radicalmente distinto do de Platão. Nos escritos sobre lógica, disciplina que foi por ele inventada, Aristóteles defende uma concepção da explicação científica, cujo propósito seria não apenas conhecer algo que existe no universo, como, p.ex., que o céu troveja, mas saber por que motivo, por que razão existem trovões. O objetivo do conhecimento é dar uma resposta para a causa do fenômeno, captando, assim, a essência natural do que deve ser explicado. A discrepância entre Aristóteles e Platão não o afasta totalmente da tradição essencialista do conhecimento do qual Platão é parte. No que concerne à retórica, portanto a comunicação persuasiva, os dois filósofos gregos discordam completamente. Para Platão, o ensino da retórica, disseminado por Protágoras de Abdera (c490 a.C. - c420 a.C) e Górgias de Leontinos (c483 a.C. - c375 a.C.), não passa de uma atividade secundária, uma arte cosmética, que não tem a menor preocupação com a verdade. A retórica seria um saber vazio, sem objeto. Aristóteles responde que a retórica é um saber prático, que merece estar ao lado da política e da poética, com um objeto próprio: o entendimento das condições de persuasão. A retórica lida com uma forma do verdadeiro, aquilo que é verossímil e que não está fora do reino da verdade, mas é parte dele. O verossímil é uma verdade mantida e sustentada por opiniões comuns e coletivas. A influência vasta e persistente de Aristóteles por muitos campos do saber espalha-se além da Europa e encontra abrigo na filosofia árabe da renascença intelectual islâmica. Na era cristã, Tomás de Aquino (1225-1274) produziu uma síntese da doutrina aristotélica com o cristianismo que iria assegurar para a filosofia de Aristóteles um lugar fundamental no pensamento do Ocidente. Com a física galileana, a influência de Aristóteles começa a declinar, pois é com a linguagem matemática e geométrica, e não mais o descritivismo aristotélico dos fenômenos, que o livro da natureza começa a ser lido. ▶ Cf. LÓGICA; ÓRGANON.

BIBLIOGRAFIA

ARISTÓTELES. *The complete works*. Princeton: Princeton University Press, 1984. v. 1-2.

armação 1 GRÁF Disposição imediatamente anterior ao fechamento das diversas matérias componentes de uma página de jornal ou qualquer outro trabalho gráfico ou editorial. **2** PUB Tudo que faz parte da sustentação de painéis, cartazes, letreiros, anúncios luminosos etc.

armadura ANTRPOL Na antropologia de Claude Lévi-Strauss (1908-2009), grupo de propriedades formais, sejam elas sintáticas ou semânticas, que, ao permanecer invariantes, estruturam dois ou mais mitos.

BIBLIOGRAFIA

LÉVI-STRAUSS, Claude. *O cru e o cozido*. Rio de Janeiro: Cosac Naify, 2004.

armazenador INF M.q. MEMÓRIA.

armazenamento INF Ato ou efeito de conservar dados. ▶ Todo computador equipado com uma unidade central de processamento é habilitado a armazenar informação. Desde os anos 1940, armazenar é um dos atributos básicos dos computadores. Em geral, o armazenamento é avaliado segundo os seguintes parâmetros: volatidade (capacidade de retenção do que é armazenado), diferenciação (capacidade de leitura e releitura da informação guardada), mutabilidade (habilidade tanto de ler como de escrever num computador), acessibilidade (capacidade e modo de se chegar à informação, de maneira aleatória ou sequencial) e endereçabilidade (capacidade de localizar conteúdos e arquivos armazenados).

armazenar INF Estocar (dados) num dispositivo ou na memória primária de modo a poder recuperá-los. ▶ O ato de armazenar informação em computadores tem por objetivo permitir a retenção da informação digitalizada e é considerado uma das funções centrais do computador moderno. O verbo armazenar tende a ser usado para descrever a estocagem não na memória principal da máquina (RAM), mas na memória secundária, a memória externa do computador.

ARN BIOQ Sigla de ÁCIDO RIBONUCLEICO. ▶ Tb. us. *RNA*, em ing.

Arnheim, Rudolf **(Berlim, Alemanha 1904 - Ann Harbor, Michigan, Estados Unidos 2007)** Psicólogo, filósofo da arte e da imagem, nascido na Alemanha e radicado nos Estados Unidos. ▶ Até o final da década de 1930, Rudolf Arnheim viveu na Europa. Sua família era dona de uma fábrica de pianos; ele estudou psicologia, filosofia, arte e música na Universidade de Berlim, onde se doutorou em 1928. Com a ascensão nazista, fugiu para Roma e Londres, tendo trabalhado como tradutor da BBC (British Broadcasting Company), e imigrou, finalmente, para os Estados Unidos em 1940. Ali, lecionou no Sarah Lawrence College e na Universidade de Harvard, onde foi professor catedrático de arte. Após aposentar-se de Harvard, Arnheim lecionou na Universidade de Michigan. Ele é autor de uma série de trabalhos que estabelecem a forma visual como uma forma de conhecimento primário e mais importante do que a expressão linguística. Segundo Arnheim, nosso conhecimento faz-se por meio da percepção sensória objetiva. A principal fonte de influência teórica nos trabalhos de Arnheim é a psicologia da GESTALT, mas é inegável o parentesco de seu raciocínio com a tese empirista de que o conhecimento se faz por meio da observação. Para ele, é graças à visão que se tem conhecimento da totalidade, daí ser necessário reavaliar o *status* da forma visual e sua dinâmica como modos primários de conhecimento. As fronteiras do conhecimento são mais fluídas do que costumamos admitir: perceber é conhecer; raciocinar é intuir e observar, inventar. Alguns de seus principais trabalhos são *Art and visual rerception*, *Visual thinking*, *The dynamics of architectural form* e *Film as art*.

BIBLIOGRAFIA
ARNHEIM, Rudolf. *Arte e percepção visual*. São Paulo: Thompson, Pioneira, 1998.
_____________. *Intelecto e intuição na arte*. São Paulo: Martins Fontes, 2004.

ARPANET [ing.] INF INTERN Rede de computação precursora da internet e criada por órgão do departamento de defesa americano, o ARPA (Advanced Research Project Agency), daí a sigla ARPANET (*ARPA Network*). ▸ Construída segundo as concepções do engenheiro J.C.R. Licklider (1915-1990), essa rede de computadores conectava inicialmente quatro universidades e centros de pesquisas americanos, que iam da Califórnia a Utah. A ARPANET começou a operar em 29 de outubro de 1969. Suas principais funções eram enviar correio eletrônico, transferir arquivos e permitir o que se chama de *voice traffic*, transmissão de voz para conferências eletrônicas. Por motivos técnicos, o sistema de *voice traffic* não funcionou adequadamente. A partir de junho de 1970, o sistema ARPANET cresceu a ponto de cobrir os Estados Unidos de costa a costa. O modelo da ARPANET é o mesmo da internet atual e caracteriza-se pelo que se chama *packet switching*, a fragmentação das informações (*data*) que são reunidas em pacotes (*packets*). A tecnologia de *packet switching* possibilita a transmissão da informação para múltiplos endereços. Ao chegar aos destinatários, os pacotes são compilados na mensagem original. As redes de comunicação valem-se da tecnologia de *packet switching*, que se diferencia do modelo de comunicação telefônica, que é por *circuit switching*. *Circuit switching* não admite a fragmentação das mensagens, mas, por outro lado, garante a sua completa transmissão, o que necessariamente não acontece no caso de pacotes. Atualmente, uma nova opção tecnológica, *ATM* (*Asynchronous Transfer Mode*, 'modo de transferência assincrônica'), combina *packet switching* com *circuit switching*. A tecnologia *ATM* quer assegurar a transmissão eficaz da informação combinada às vantagens da fragmentação por pacotes. ▸ Cf. EMAIL; INTERNET.

BIBLIOGRAFIA
HAFNER, Katie. *Wizards stay up late: the origins of the internet*. New York: Simon & Schuster, 1998.

arquétipo **1** FIL Em Platão (c428 a.C. - c348 a.C.), cada uma das formas ideais a partir das quais o universo foi constituído. **2** PSIC Em Carl G. Jung (1875-1961), conteúdo imagístico e simbólico do inconsciente coletivo, compartilhado por toda a humanidadade, evidenciável nos ritos e lendas de um povo ou no imaginário individual, esp. em sonhos, delírios, manifestações artísticas etc; imagem primordial. ▸ É em torno da ideia de arquétipo e de inconsciente coletivo que se diferenciam as teorias psicanalíticas freudianas e jungianas. Para a psicanálise freudiana, a atividade mental é involuntária e individualmente inconsciente, ao contrário de Jung, que reconhece na *psyché* uma atividade profunda, que escapa ao domínio do indivíduo. No inconsciente coletivo estariam representadas, por meio de arquétipos, as imagens primordiais que caracterizam os mais básicos dramas humanos, expressos por meio de mitos, práticas religiosas, culturas, formas artísticas, comunicacionais etc.

arquilexema LING Palavra, locução que reúne o conjunto de traços semânticos (semas) pertinentes e comuns a diversas unidades de uma série de palavras ou signos de um mesmo campo semântico e representa a neutralização da oposição multilateral de traços semânticos específicos das unidades dessa série. ▸ O arquilexema abarca o diverso, organizando signos numa série que não se caracteriza pela oposição e antinomia, mas pelo reconhecimento de traços contínuos e comuns a essa ordem. O arquilexema identifica o que possivelmente há de genérico num sistema de representações e expressa-se, no nível estritamente vocabular, pelo hiperônimo que reúne um vocábulo genérico a outros que são mais específicos, como no caso de 'assento', que é hiperônimo de 'cadeira', 'poltrona', 'tamborete' etc. Os signos que participam de uma grade classificatória são significativos, graças ao mecanismo de ordenação lógica que gera um arquilexema. O termo arquilexema foi cunhado em referência ao que, em linguística, se chama de arquifonema, que neutraliza as oposições fonéticas. ▸ Cf. ANTINOMIA; BINÁRIO.

arquivista M.COM Quem é responsável pela guarda, registro, conservação, classificação, pequisa de dados, fatos, materiais etc., a serem usados em uma empresa de comunicação.

arquivo **1** FIL Na teoria de Michel Foucault (1926-1984), coleção completa dos enunciados e discursos históricos, governada por regras de formação e de transformação, constituindo a totalidade do saber. ▸ Foucault afirma que o saber a ser encontrado e reconhecido no arquivo organiza-se como um sistema autossuficiente, composto não apenas do que pode ser dito, mas constituído do que não se pode dizer. Entre a expressão linguística, que é o nível mais geral do discurso, cuja função é permitir a formação de enunciados, e o CORPUS, que descreve todas as sentenças e discursos efetivamente enunciados, existe o arquivo. Ao intermediar a língua e o *corpus*, o arquivo determina que enunciados podem ser pronunciados, usados e analisados em determinados períodos históricos. A história do saber só pode ser uma arqueologia. Foucault argumenta, no livro *Arqueologia do saber*, que as análises discursivas exigem mais do que as abordagens históricas costumam postular. Não bastaria identificar as regras que unificam os enunciados históricos; é preciso mostrar como o discurso se dispersa de maneira ampla, num processo que, simultaneamente, valida e invalida as proposições que circulam num momento específico da história de um saber. O arquivo é a totalidade absoluta do que foi (e não foi), do que pôde (e não pôde) ser construído discursivamente. A dívida de Foucault com as teses de Saussure (1857-1913) é mais do que evidente. Para Saussure, o estudo da linguagem deve ir além da consideração do que é dito, ou seja, da fala. A fala existe graças à instituição social específica – a língua. A língua é um sistema abstrato e totalizante que sublinha e fornece as regras formativas dos discursos produzidos e silenciados. De certa forma, a relação do arquivo com o *corpus* e a linguagem funciona como Saussure imaginou a relação entre língua e fala, com a novidade de enfatizar, para os estudos históricos, que a ideia de sistema é marcada também pela descontinuidade do que não pode ser dito. ▸ Cf. ANÁLISE DE DISCURSO. **2** INF Conjunto de dados digitalizados que pode ser gravado em dispositivo para ARMAZENAMENTO. ▸ Nos arquivos do computador moderno encontram-se as mais variadas formas de representação:

documentos, figuras estáticas ou em movimento, sons, enfim tudo que possa ser digitalizado. Também chamados, ainda que menos frequentemente, de ficheiros, os arquivos são depositados em áreas específicas dos computadores. Os processos de arquivo eletrônico tomam formas variadas, que podem ser classificados de três maneiras: 1) por ramificação (*branching*), que oferece ao usuário uma busca ordenada linearmente a partir dos tópicos ou pontos específicos; 2) matricial (*matrix*) que não tem a linearidade dos arquivos ramificados e é como se fosse uma grade sem caminho específico a seguir, o que permite ao usuário ter acesso a qualquer informação arquivada, sem que uma seleção prévia seja levada em conta; a única restrição de tais arquivos não lineares é o tamanho do que foi arquivado; 3) esquizo (*schizo*), que é completamente aleatório e que se chama também de "estilo espaguete"; nesse modo de arquivamento, o usuário não exerce controle, pois não segue uma orientação predeterminada. Progressivamente e desde a invenção e o aprimoramento de poderosos dispositivos de busca na internet, tais como o Alta Vista, os arquivos em rede tornaram-se objetos do estudo e do interesse de quem pesquisa a comunicação, como é o caso de J. Masanes. O propósito dos que fazem o que se chama de *archiving the internet content* (arquivar o conteúdo da *internet*) pode ser múltiplo. Os estudos preocupam-se em identificar, avaliar, rastejar (*crawl*) e expor em HYPERLINK o que for encontrado, seja para entender as mecânicas e processos institucionais, seja para inovar e experimentar com métodos de pesquisa, como fazer etnografia em rede (*network ethnography*). **3** M.COM Lugar num jornal, rádio ou TV em que se guardam os registros, exemplares e cópias de jornais, programas realizados ou transmitidos, bem como um conjunto de materiais a serem usados pelo veículo de comunicação.

BIBLIOGRAFIA

FOUCAULT, Michel. *Arqueologia do saber*. Rio de Janeiro: Forense Universitária, 2008.
MASANES, J. (ed.). *Web archiving*. Berlin: Springer, 2006.

arranjador MÚS Quem faz arranjos musicais.

arranjo **1** MÚS Adaptação de material musical (melodia, harmonia, textura, timbre etc.). ▸ O arranjo de uma peça musical caracteriza-se pela transformação de uma composição já existente em outra forma, para efeitos de apresentação. Arranjar é adicionar materiais, tais como temas introdutórios, transições, modulações e finalizações. **2** RET Composição ou efeito de pôr em ordem harmonicamente os elementos e partes de um discurso ou mensagem. **3** RET Segundo cânone da arte retórica que teoriza e discute a composição, seleção e ordenação dos discursos. ▸ Os termos que a retórica clássica usa para o arranjo discursivo são *oikonomia* e *táxis*, em grego; e *dispositio*, em latim. A arte do arranjo discursivo é, por vezes, composta de prescrições que parecem emergir do senso comum, como, por exemplo, "disponha a parte mais fraca de seu argumento no meio do discurso". A rigor, o problema central de qualquer aprendizado e treinamento retórico é sempre encontrar o melhor arranjo para o que se quer dizer, que vai desde a descoberta de um argumento até a escolha de palavras adequadas para compor um discurso. Em *Fedro*, diálogo de Platão (c428 a.C. - c347 a.C.), Sócrates (c469 a.C. - 399 a.C.) atribui aos primeiros instrutores de retórica, Córax (sV a.C.) e Tísias (sV a.C.), a sugestão de que todo discurso siga um plano de composição. Pelo que podemos saber, em Córax e Tísias, o discurso como um todo não passa de um arranjo, ou seja, de uma composição. Porém, a própria ideia de plano permitiu que os manuais de retórica clássica passassem a enfatizar progressivamente a necessidade de treinamento próprio para cada uma das partes dos discursos. Finalmente, a identificação do arranjo como um dos cânones da retórica é responsabilidade de Cícero (106 a.C. - 43 a.C.), em *De oratore*, escrito no ano 90 d.C. Nele, a seção 2, 307-332, trata especificamente da maneira correta de arranjar e compor um discurso. ▸ Cf. ORQUESTRAÇÃO.

BIBLIOGRAFIA

KENNEDY, George A. *A New history of classical rhetoric*. Princeton: Princeton University Press, 1994.

arroba INF Sinal gráfico (@) de endereçamento eletrônico. ▸ Cf. @.

art déco [fr.] ART.PLÁST Estilo decorativo de artes aplicadas, industriais e arquitetura. ▸ O estilo *art déco* é considerado internacional, pois pode ser visto desde o Japão até o Brasil. A *art déco* disseminou-se e popularizou-se universalmente entre meados da década de 1920 e 1940. As obras de *art déco* apresentam formas ziguezagueantes, hiperbólicas e opulentas. O nome deriva de um grupo de artistas franceses [Hector Guimard (1867-1942) e Paul Bellot (1876-1944), entre outros], que expuseram, com sucesso, na Exposição Internacional de 1900, em Paris, e recebia o nome de *La Societé des Artistes Décorateurs*.

arte **1** ESTÉT Produção consciente de obras, formas ou objetos voltada para a concretização de um ideal de beleza e harmonia ou para a expressão da subjetividade humana. **2** ESTÉT O talento, a contribuição própria da inteligência e da sensibilidade de um artista. **3** ESTÉT A tendência geral e/ou a totalidade das manifestações artísticas em determinada época, fase, lugar etc. **4** ESTÉT Obra humana, de funções práticas ou mágicas, e posteriormente considerada bela, sugestiva. **5** FIL Segundo tradição que remonta ao platonismo, habilidade ou disposição dirigida para a execução de uma finalidade prática ou teórica, realizada de forma consciente, controlada e racional. **6** FIL Segundo tradição que remonta ao aristotelismo, conjunto de meios e procedimentos por meio dos quais é possível a obtenção de finalidades práticas ou a produção de objetos; técnica. ▸ P.opos. a CIÊNCIA. **7** GRÁF Qualquer original, em fase de leiaute ou de arte-final, a ser impresso. **8** JOR Editoria incumbida de preparar desenhos, selecionar e cortar fotos, cooperar com os diagramadores. **9** PUB Conjunto das atividades relativas à apresentação gráfico-visual de anúncios, cartazes, logotipos etc. **10** PUB Setor ou grupo de profissionais em agência de publicidade responsáveis pela execução de rafes, leiautes, ilustrações, artes-finais etc. para a produção de anúncios, encartes, cartazes, letreiros, painéis etc.

INFORMAÇÕES GERAIS

A conexão de arte e técnica, sugerida pela etimologia da palavra grega *techné*, que significa ao mesmo tempo criação artística e fazer algo de um modo específico, indica que o produto artístico é resultado de uma atividade consciente, planejada e deliberada para se materializar numa composição cujo propósito é atingir determinados efeitos em vários veículos: música, pintura, filme, dança, escultura etc. A importância do fazer artístico manifesta-se na linguagem comum que identifica arte com domínio e mestria. Mesmo que o pensamento filosófico tenha um campo específico, a ESTÉTICA, para lidar com a questão da arte, isso não quer dizer que o fenômeno artístico tenha sido plenamente compreendido. A arte caracteriza-se por múltiplas ramificações sociológicas, psicológicas, biológicas etc. Teoricamente, a filosofia da arte diferencia-se da estética por se dedicar não ao entendimento de categorias gerais que fazem parte da apreciação dos efeitos das obras de arte, mas à consideração de trabalhos específicos que foram feitos com o propósito de produzir uma construção artística. O entendimento conceitual do fazer artístico não trata de temas filosóficos, tais como o papel das sensações, a questão da BELEZA, o sentimento do sublime etc., que são parte da estética. O objeto artístico será talvez mais bem compreendido se comparado, em distinção, a outros objetos da esfera cultural. No universo da cultura de massa, porém, traços construtivos do objeto artístico transportam-se facilmente para os mundos do entretenimento e da indústria cultural, que foram produzidos com propósitos que não os da arte tradicional. De um ponto de vista geral, arte e comunicação parecem equiparar-se: tanto o fazer artístico como os objetos da cultura de massa são feitos com o mesmo propósito de transmitir e estimular a recepção de ideias, sentimentos ou emoções. Além de um presumido refinamento, freq. mera distinção social de classes, a atitude necessária para a apreciação do artístico difere consideravelmente de como se consome um objeto feito para as massas. A atitude estética desconsidera todo e qualquer propósito posterior à recepção desinteressada, o que, portanto, implica um juízo que não é marcado por traços práticos, educacionais ou catequéticos. A orientação necessária para a apreciação da arte seria de uma depuração negativa, o que excluiria do objeto artístico tudo que fosse de conteúdo pessoal, subjetivo, social e até mesmo cognitivo. Para a arte resta apenas o que é aparência; e, por isso, a obra artística será definida prioritariamente por sua forma e expressão composicional, pela interação de elementos formais que fazem da arte uma experiência única, intraduzível, sem outra justificação que ela mesma. Como formação ideológica, esse tipo de julgamento é considerado por muitos uma prova do esteticismo vazio da ARTE PELA ARTE.

BIBLIOGRAFIA

CALABRESE, Omar. *Como se lê uma obra de arte*. Rio de Janeiro: Edições 70, 1998.

____________. *A linguagem da arte*. Porto Alegre: Globo, 2001.

arte abstrata 1 HIST.ART Arte que se realiza por componentes estéticos puros (formas, linhas, cores etc.) não dirigidos para a representação de seres ou objetos em suas formas reconhecíveis e, portanto, despojados de qualquer imagem figurativa; abstracionismo, arte concreta. ▸ P.opos. a ARTE FIGURATIVA. 2 GRÁF Acabamento de um trabalho gráfico.

arte concreta HIST.ART M.q. ARTE ABSTRATA.

arte figurativa ART.PLÁST A que se comunica pela representação dos seres ou objetos em suas formas reconhecíveis; figurativismo. ▸ P.opos. a ARTE ABSTRATA.

arte-final EDIT GRÁF 1 Trabalho gráfico (capa de livro, de jornal, ilustração, anúncio etc.) pronto para ser reproduzido. 2 Acabamento final de um trabalho de arte a ser reproduzido graficamente, com especificações de seus detalhes (cor, fotografias, ampliações, reduções etc.); finalização.

arte-finalista GRÁF Que ou aquele que prepara, realiza ou avalia uma arte-final (diz-se de artista gráfico, desenhista). ▸ Tb. se diz apenas *finalista*.

arte-finalizar GRÁF Preparar ou realizar a arte-final de ilustração, anúncio, capa de livro etc.; finalizar.

arte pela arte ESTÉT HIST.ART Compreensão do fenômeno artístico que vê na própria arte e nos seus meios os fins a que ela deve almejar, sem o apelo a objetivos extrínsecos ao puro deleite formal, tais como motivações estéticas, didáticas ou ideológicas. ▸ Cf. FORMALISMO; FORMALISMO RUSSO.

articulação 1 FON Conjunto dos movimentos dos órgãos fonadores (articuladores) e a forma dos ressoadores na passagem do ar laríngeo para a produção dos sons da linguagem. ▸ A ação do aparato fonador humano gera o fenômeno da articulação. Articular é exercer a capacidade de produzir e combinar os sons sem os quais a comunicação linguística inexiste. Quando se diz *articulação fonética*, a ênfase é posta no nível de transmissão dos sons; caso seja dito *articulação acústica*, designa-se o nível de sua transmissão, e a *articulação auditiva* refere-se ao nível da recepção. 2 FON Sequência das etapas de emissão de um som que são: a) movimento de aproximação dos articuladores ativos (catástase, implosão ou intensão); b) sustentação dessa posição (articulação sistente ou tensão); c) afastamento dos articuladores (metástase, explosão ou distensão). 3 LING Propriedade das formas linguísticas de serem desmembradas em unidades menores. ▸ Segundo André Martinet (1908-1999), a linguagem humana diferencia-se de outros modos de comunicação porque se articula em dois níveis. O fenômeno, que Martinet chama de dupla articulação, é uma propriedade estruturante de todas as línguas e não segue o princípio da atividade derivada, que é próprio da comunicação animal. Entre os animais, como resultado direto do processo evolutivo, um movimento, por exemplo, pode ser apropriado e derivar-se num signo de movimento, onde a função do ato passa a ser comunicativa. É o caso de cães que adotam a postura de briga, com os dentes à mostra, não para brigar, mas para indicar que brigariam. Comparada com a linguagem humana, a comunicação animal não se desmembra em unidades menores que se recombinam em outras cadeias de signos. Martinet observou que a primeira articulação dá-se linearmente no nível dos morfemas (unidades mínimas linguísticas, desinências, afixos etc., que têm função gramatical) para depois formarem os elementos chamados de monemas (unidade significativa mínima de uma palavra), que irão compor as palavras e frases. 4 LING Ponto de conexão entre duas orações. 5 MÚS Ato ou efeito de separar (grupos rítmicos ou melódicos) para tornar o discurso musical inteligível.

BIBLIOGRAFIA

BENVENISTE, Émile. Communication animale et language humaine. In: *Problèmes de linguistique génerale*. Paris: Gallimard, 1966, p. 56-62.

MARTINET, André. *Eléments de linguistique générale*. Paris: A. Collin, 1960.

articulista JOR Diz-se de ou aquele que escreve artigos para revistas e jornais.

artigo JOR Gênero de texto jornalístico, sempre assinado, que oferece uma análise de determinado assunto e também expressa a opinião do autor.

artigo de fundo JOR M.q. EDITORIAL.

artista performático TEAT Artista que realiza *performance* ('espetáculo'), criando livremente seu próprio papel, em vez de interpretar o personagem de um autor, e apresentando-se em diversas modalidades artísticas (como ator, cantor, declamador, dançarino etc.); *performer*.

art nouveau [fr.] ART.PLÁST Estilo ornamental que se caracteriza pelo uso de linhas longas, ondulantes, assimétricas, caprichosas, na arquitetura e outras artes aplicadas. ▸ Ainda que influenciado pela estética reativa aos efeitos da industrialização teorizada por William Morris (1834-1896), o estilo *art nouveau* apresenta composições visuais inspiradas na exuberância das formas naturais, mas utilizando as possibilidades técnicas de reprodução que se disseminaram durante a Revolução Industrial. O estilo *art nouveau* é também chamado de *Jugenstill* ('estilo jovem', em alemão), em referência à revista *Jugend* que o promoveu.

ascendente MÚS Qualificação de escala que vai do grave ao agudo.

ASCII [ing.] INF Sigla de *American Standard Code for Information Interchange* (Padrão Americano para Troca de Informação). ▸ O *ASCII* fornece o esquema de codificação que atribui valores numéricos a caracteres e padroniza a troca de dados entre computadores. Originariamente concebido a partir de códigos telegráficos e tendo sido usado inicialmente pelos serviços de computação da empresa de comunicação Bell Company, o ASCII começou a ser usado em 1960 após deliberação da *American Standards Association* (Associação Americana de Padrões).

Ashai Shimbun [jap.] JOR Jornal diário japonês, fundado em 1879, sediado em Tóquio e de propriedade de Michiko Murayama e Shoichi Ueno. ▸ Impresso em duas edições, uma matutina e outra vespertina, o *Ashai Shimbu* tem atualmente uma tiragem de quase 8 milhões de exemplares (sendo 3 milhões impressos na edição matutina e o resto, na vespertina). *Ashai Shimbu* é o segundo jornal da imprensa japonesa.

ASP [ing.] INF Sigla de *Application Service Provider* (provedor que fornece serviços aplicativos). ▸ Empresa que, através de rede de computação, oferece *softwares* para firmas de porte pequeno e médio, reduzindo os custos crescentes de programas de computação especializados. O mercado das várias empresas de ASP nos Estados Unidos é crescente, já tendo ultrapassado, no início deste século, a casa dos bilhões de dólares.

aspas GRÁF GRAM Sinal gráfico, sob a forma de vírgulas invertidas, que delimita uma citação, título de obra, denominação comercial etc.; comas. ▸ Aspas também realçam palavras, afirmações, sentidos figurados, gírias, além de indicar ironia, ênfase e uso incorreto ou incomum de uma expressão.

aspect ratio [ing.] CINE REC.AV TV Proporção entre a largura e a altura de uma imagem. ▸ *Aspect ratio* é o cálculo matemático que estabelece a resolução de uma imagem a ser transmitida por vídeo, televisão ou cinema. O padrão tradicional de filmes, criado pela Edison Company, era 4:3 (ou 1,31:1), o que significa que a imagem deve ter quatro padrões de largura por três de altura. A mesma proporção foi inicialmente adotada nas transmissões de TV. Progressivamente, com o desenvolvimento da televisão, outras proporções foram experimentadas tais como 2,2:1 e 1,66:1. A proporção padrão nas televisões de alta definição (*HDTV, High Definition TV*) é de 1,76:1. ▸ Cf. WIDESCREEN.

aspect ratio calculator [ing.] REC.AV Dispositivo que calcula as dimensões de *pixels* que determinam a resolução de material em vídeo. ▸ Cf. PIXEL.

assemblage [fr.] ART.PLÁST ESTÉT Composição artística feita com objetos achados ou descartados, frequentemente pedaços ou tiras de papel, madeira, jornais etc. ▸ Entre outros artistas contemporâneos, Juan Gris (1887-1927), Pablo Picasso (1881-1973), Kurt Schwitters (1887-1948), Max Ernest (1891-1976), Marcel Duchamp (1887-1968), Jean Dubuffet (1901-1985), Joseph Cornell (1903-1972) e Robert Rauschenberg (1925-2008) valeram-se dessa técnica de composição artística. O caráter associativo da *assemblage* aproxima-a do processo de citação.

assembler [ing.] INF Programa de computador que, por meio de um tipo de linguagem informática (*assembly*), implementa mecanismos de tradução e conversão simbólica em uma máquina. ▸ O *assembler* monta um código de memorização para a máquina, convertendo um CÓDIGO-FONTE em um conjunto de instruções, que passam a fazer parte do computador. É uma linguagem de menor nível em termos de programação informática. Os programas mais sofisticados (*macro assemblers*) trazem consigo alternativas de programação que facilitam o desenvolvimento de programas, controlam os processos de tradução e reunião de instruções, e também descontaminam (*debug*) a máquina. De maneira geral, *assembler* é todo programa que converte as múltiplas formas da linguagem ordinária na linguagem binária da máquina.

assembly [ing.] INF Linguagem de programação de baixo nível cujo CÓDIGO-FONTE é formado por mnemônicos que ger. representam diretamente as instruções da linguagem de máquina; linguagem mnemônica.

assembly edit [ing.] CINE Dispositivo que permite a edição e a montagem de imagens antes que se chegue ao corte definitivo em um filme.

asserção FIL LÓG Proposição que afirma ou nega um sentido ou intenção que pode ser verdadeira ou falsa; assertiva, declaração. ▸ Segundo o filósofo e lógico polonês Alfred Tarski (1901-1983), as asserções fazem parte da linguagem-objeto da lógica e simplesmente enunciam o que é verdadeiro ou falso a respeito de um objeto ou de uma intenção. No nível inicial da linguagem, a comunicação compõe-se de asserções. Isso não quer dizer que a linguagem-objeto seja o único nível a ser considerado. Pode-se ter uma linguagem que fala da linguagem-objeto e, assim, qualifica o que é dito. Respostas sobre os critérios de veracidade de uma proposição são parte de uma linguagem outra que o conjunto de assertivas da linguagem-objeto. Fazem, portanto, parte de uma metalinguagem. Seguindo o que Tarski teoriza, para entender o processo comunicacional como um todo, é preciso considerar a modalidade das assertivas, ou seja, perguntar-se como e sob que condições o que foi comunicado é verdadeiro, falso ou verossímil. Uma asserção será persuasiva, se, e apenas se, for verossímil. ▸ Cf. AXIOMA; BIVALÊNCIA; VEROSSÍMIL; LINGUAGEM-OBJETO; METALINGUAGEM.

BIBLIOGRAFIA

TARSKI, Alfred. *La concepción semantica de la verdade y los fundamientos de la semantica*. Buenos Aires: Nueva Visión, 1972.

assertiva FIL LÓG M.q. ASSERÇÃO.

assinatura 1 EDIT JOR Pagamento antecipado de uma publicação regular, feito de uma vez ou parceladamente, que garantiria o recebimento do material; subscrição. **2** JOR Crédito que identifica o autor da matéria ou do artigo, anteposto ao início ou ao final do texto. **3** MÚS Traço que identifica uma peça musical, muitas vezes pela evocação de uma passagem ou tema. **4** PUB Nome, marca de um produto ou anunciante que se encontra em anúncio publicitário. **5** PUB Identificação discreta da agência de publicidade que criou o anúncio.

assinatura digital INF Recurso que atesta a autenticidade de um documento por meio de um esquema matemático. ▸ As autenticações digitais de assinatura são úteis no caso de distribuição de *softwares*, transações financeiras e outras situações que possam ser prejudicadas por falsificações ou outros meios de desvirtuamento. Desenvolvidos por Whitfield Diffie (1944-) e Martin Hellman (1945-), os métodos de autenticação digital utilizam uma criptografia assimétrica expressa por algoritmos que remetem ao emissor da mensagem.

assincronia CINE TV Falta de simultaneidade entre sons e imagens num filme ou numa transmissão de TV.

assíncrono INF **1** Que não é controlado simultaneamente pelo computador. **2** Ações sem uso de intervalos previamente programados entre cada uma de suas sequências.

Assis Chateaubriand Ver CHATEAUBRIAND [BANDEIRA DE MELLO], FRANCISCO DE ASSIS.

assistente M.COM Que ou quem auxilia, ajuda e participa de um programa ou espetáculo de comunicação.

assistente de direção CINE RÁD TV REC.AV Que ou quem auxilia o diretor em suas funções criativas.

assistente de produção CINE REC.AV TV Que ou quem auxilia o produtor em suas tarefas.

associação de ideias FIL PSIC Mecanismo psicológico e cognitivo que seria o caminho para que se conheça a vida mental de um indivíduo. ▸ A fundação teórica mais completa dessa pressuposição encontra-se na seção sobre o entendimento no livro de David Hume (1711-1776), *A treatise of human nature*, escrito em meados do sXVIII. Hume apresenta, de maneira radical, algumas das teses empiristas que, ao longo da história, mais influenciaram a filosofia britânica. A filosofia empirista de David Hume afirma que a associação de ideias é o princípio central da mente humana. O indivíduo que conhece algo o faria, em primeiro lugar, através das sensações advindas do mundo exterior. Cada sensação é completamente singular e irredutível a qualquer outra. Essas sensações, que Hume chama de 'impressões' (*impressions*), aos poucos perdem a vivacidade e a intensidade que inicialmente as caracterizam. As impressões são abstraídas e transformadas em abstrações mentais, chamadas de 'ideias' (*ideas*). Ao longo do tempo, a mente prossegue, associando ideias intermitentemente, por meio de relações de contiguidade, similaridade e causa e efeito. A partir de Hume, o associacionismo virou uma tradição, na filosofia anglo-saxã e na psicologia em geral. O jovem neurologista e psicólogo Sigmund Freud (1856-1939) tomou de empréstimo do clima intelectual do sXIX a noção de que um processo associativo liga materiais mentais diversos, unificando-os numa cadeia que aponta e revela as peculiaridades psíquicas do sujeito que fala e pensa. Frequentemente, em psicanálise, 'associação' quer dizer também o conjunto de elementos expressos durante o tratamento de um paciente. A cadeia associativa organizar-se-ia a partir de pontos nodais enunciados para o terapeuta, que tem a função de interpretá-los, ainda que o paciente resista, recuse e negue a verdade do que se interpreta. A comunicação associativa é fundamentalmente cifrada, distorcida e deformada, seja pela obstinação reativa ou pela memória do paciente. Por isso, por seu caráter de diálogo interminável e construtivo, a teoria associacionista de cunho freudiano não se reconhece na postura supostamente acomodada do associacionismo clássico, que se contentaria com a mera revelação dos laços associativos. Entretanto, o método psicanalítico de livre-associação que, segundo Freud, desvelaria o inconsciente da pessoa em terapia, é certamente aparentado ao associacionismo humiano. Hume acreditava ter descoberto uma mecânica que explicaria as operações da mente humana, só comparável à descoberta newtoniana de leis naturais. O associacionismo complementa o empirismo naturalista e seu postulado de que as sensações materiais são tudo o que se pode conhecer. Os testes de pesquisa mercadológica por associação de marca e de palavras seriam impensáveis sem as teses de Hume. ▸ Cf. CONOTAÇÃO; ASSOCIAÇÃO DE MARCA; ASSOCIAÇÃO DE PALAVRAS; DENOTAÇÃO.

BIBLIOGRAFIA

FREUD, Sigmund. *Conferências introdutórias à psicanálise*. Rio de Janeiro: Imago, 2006.

HUME, David. *Inquiry on human understanding with selections of a treatise of human nature*. La Salle: Open Court, 1956.

associação de marca PUB Processo ou ação de combinar uma marca específica com um tipo de produto na mente do consumidor. ▸ A associação de marca revela o grau de aceitação ou rejeição que uma marca específica tem no mercado de consumo. É um processo metonímico, onde a parte, ou seja, a marca, passa a representar o todo que é o produto geral. Quando, por exemplo, um consumidor vai a uma farmácia e pergunta onde estão as aspirinas, querendo saber da prateleira dos analgésicos e sendo Aspirina uma marca, esse fenômeno indica que o consumidor fez uma associação de marca.

BIBLIOGRAFIA

MARCONI, Joe. *The brand marketing book: creating, managing, and extending the value of your brand*. Lincolnwood: NTC Business Books, 2000.

associação de palavras **1** LING Conjunto de relações que podem existir nas construções linguísticas. **2** MKT PUB Procedimento usado em método de pesquisa de mercado que testa e revela, por comunicação verbal, as atitudes e predisposições dos consumidores. ▸ Para alguns pesquisadores de mercado, o método de associação de palavras indicaria as tendências e inclinações mais imediatas na mente do público. Uma palavra é dita ao pesquisado que deve responder com a primeira coisa que lhe vier à mente. As mensagens publicitárias teriam um conteúdo latente a ser explorado subliminarmente quando o plano publicitário for posto em prática. A associação de palavras é uma técnica que se baseia no fenômeno psicológio chamado de ASSOCIAÇÃO DE IDEIAS.

BIBLIOGRAFIA

PACKARD, Vance. *The hidden persuaders*. Harmondsworth: Penguin, 1961.

Associated Press [ing.] Agência de notícias internacional, com seu próprio corpo de correspondentes, que, sob o regime de cooperativa e desde 1848, fornece notícias para jornais pelo mundo inteiro. ▶ Especializada na divulgação de notícias internacionais, a *Associated Press* é uma agência norte-americana estruturada em regime de cooperativa. Os jornais que utilizam seus serviços pagam uma taxa para terem acesso a seus telegramas e reorganizam, reescrevem e editam suas notícias, mantendo a integridade dos conteúdos. Sigla: *AP*.

associativo LING EST M.q. PARADIGMÁTICO.

astrologia Doutrina, estudo, arte ou prática cujo objetivo é decifrar a influência dos astros no curso dos acontecimentos terrestres e na vida, características psicológicas e destino das pessoas, bem como explicar o mundo e predizer o futuro de povos ou indivíduos.

Asynchronous Transfer Mode [ing.] INF Técnica de transmissão celular de mensagens que opera com a segmentação assincrônica, através de processos que combinam mensagens analógicas ou fluxos de datos digitais num só cabo. ▶ Sigla: *ATM*.

ata BIBL **1** Registro ou resenha de ocorrências verificadas em assembleias e reuniões de corpo deliberativo ou consultivo de uma agremiação, associação, congregação etc. **2** Publicação de trabalhos apresentados em encontro científico ou de pesquisa. ▶ A princípio publicadas sob a forma de livros, as atas de encontros científicos são atualmente distribuídas em *CDs* ou pela internet. A organização das atas é feita por um conselho editorial e sua qualidade deve ser garantida pelo sistema de *peer-review* (leitura prévia e aprovação por pares acadêmicos), que deve ser feita sob o véu do anonimato, tanto no caso dos autores como dos leitores dos trabalhos.

atacadista COM **1** Relativo ao comércio feito por atacado. **2** Que ou o que compra em grandes quantidades os artigos de sua especialidade e os revende igualmente por lotes aos comerciantes do varejo (diz-se de comerciante).

atacado COM Forma de venda de mercadorias em grandes ou médias partidas; comércio grossista ou por grosso. ▶ Cf. VAREJO.

atachar INF Anexar (um ou vários arquivos de texto, imagens, sons etc.) a (mensagem transmitida por computador). ▶ O termo vem do verbo inglês *to attach*, que indica o ato de ligar. Os componentes que são atachados a uma máquina podem alterar o seu funcionamento. É por meio de atachados que os vírus se espalham por computadores. ▶ Cf. ANTIVÍRUS; ARQUIVO (conjunto de dados digitalizados).

atalho INF **1** Conjunto de teclas de computador que, se apertadas numa ordem preestabelecida, funcionam como ponto, porta ou via de entrada num sistema informatizado. ▶ Os atalhos são compostos de uma tecla modificadora inicial (*shift*, *alt* ou *ctrl*) e mais outras. Quando o conjunto de teclas é acionado, a função desejada se realiza. Os atalhos são estabelecidos e indicados nos menus dos programas. No sistema *Windows*, os atalhos podem ser acionados tanto pelas teclas como pelo clique de ícones. **2** M.q. LINK.

ataque **1** MKT PUB Estratégia ofensiva que investe contra competidores, com o propósito de diminuir a participação ou retirar outras empresas do mercado. **2** MÚS Início de uma peça musical. **3** MÚS Pequena frase de apenas algumas notas que, às vezes, antecede o tema ou a resposta da fuga.

atemático MÚS Que não tem tema definido (diz-se de composição musical).

atenção COMN PSIC Estado de vigília ou tensão conscientes que fundamenta a orientação seletiva do pensamento, da percepção e da ação em geral. ▶ Porque estar atento é uma condição para receber uma mensagem, o tópico atenção é não só antigo, mas muito frequente na literatura da comunicação fundamentada na pesquisa psicológica. Acredita-se que, através da atenção, os estímulos transmitidos pelas mensagens são filtrados e selecionados, tanto na interação privada como em público. O psicólogo norte-americano William James (1842-1910) enfatizou pioneiramente o papel da atenção em seu livro *The principles of psychology*; mas só quando a influência behaviorista (cf. BEHAVIORISMO) declina, é que a atenção deixa de ser considerada inobservável, porque interna aos indivíduos, e passa a ocupar um nicho importante nos estudos psicológicos e eventualmente na comunicação. Com o trabalho de Donald E. Broadbent (1926-1993), a ênfase na materialidade física dos estímulos deixou de ser considerada a única rota de pesquisa. Broadbent demonstrou que, além de receber diretamente um estímulo, o indivíduo seleciona e filtra o que recebe do mundo exterior. Atualmente, graças às possibilidades abertas pela tomografia (*PET scans*) e pela investigação do CÉREBRO por ressonânia eletromagnética, pode-se identificar como o processo de atenção aumenta a intensidade da ação neural no cérebro, sublinhando as ligações entre intencionalidade e o processamento de informação.

BIBLIOGRAFIA

BROADBENT, Donald E. *Perception and communication*. New York: Pergamon, 1958.

JAMES, William. *The principles of psychology*. New York: Dover, 1910.

atendimento PUB **1** Setor de uma firma de publicidade e propaganda que, diretamente supervisionado por um chefe, atende às necessidades de seus clientes, acompanhando, assistindo, coordenando a conta e os serviços prestados. **2** Indivíduo que trabalha no setor de atendimento de uma agência de publicidade.

atintamento GRÁF M.q. ENTINTAMENTO.

atitude COMN PSIC.SOC Predisposição a reagir, resultado de crenças e sentimentos anteriores à recepção da mensagem. ▶ Na teoria do psicólogo americano Carl Hovland (1921-1961), as atitudes humanas mais básicas são mensuráveis em escala numérica e advêm de três causas que refletem a estrutura da comunicação. Portanto, seu entendimento das atitudes é definido por quem emite a mensagem, pelo que é dito (o conteúdo comunicado) e por quem seria o objeto da persuasão, ou seja, a personalidade e a suscetibilidade dos receptores. Influenciadas por Hovland, pesquisas empíricas procuraram entender como atitudes são mais acessíveis à memória individual e como permitem a previsão de comportamentos. Outros estudos enfatizaram o papel da atitude na recepção de anúncios, notícias etc.

BIBLIOGRAFIA

HOVLAND, Carl I.; WEISS, Walter. The influence of source credibility on communication effectiveness. *Public Opinion Quarterly*, n. 15, p. 635-50, 1951.

__________; LUMSDAINE, Arthur A.; SHEFIELD, Fred D. *Experiments of mass communication*. New York: Wiley, 1965. 3 v.

atividade MKT Comportamento de um ou vários consumidores.

ativismo M.COM Trabalho desenvolvido através de veículos alternativos à mídia tradicional, com propósito de militância política ou social. ▶ O ativismo político e social no mundo contemporâneo exige práticas alternativas de comunicação que respondam à ação maciça da mídia, pois na sociedade de massa, vastos conglomerados empresariais comandam, filtram e controlam o fluxo social da informação. Por meio de escolhas explícitas, ou graças à conspiração da indiferença, todos os meios (alternativos ou não) exercem um papel de militância social (cf. AGENDA DOS MEIOS DE COMUNICAÇÃO; AGENDA SETTING). Os ativistas de comunicação alternativa querem responder nos mesmos termos e desmascarar o que já é a prática corriqueira dos conglomerados de mídia. O projeto ativista em comunicação deve produzir mais do que simples críticas à injustiça social. A perspectiva ativista quer que sua prática se caracterize por mecanismos pluralistas e democráticos de representação, ausentes ou ignorados pela indústria do entretenimento. Esse é o dilema central do ativismo em comunicação, que oscila entre a persuasão ideológica e o democratismo de sua base, ou seja, move-se em duas direções aparentemente contraditórias: uma que vem de cima para baixo e outra que ascende de baixo para cima. Ideias e práticas ativistas remontam ao uso de transmissão radiofônica pelos sindicatos de mineiros na Bolívia, em 1947, e prosseguem, em maior ou menor grau, através das práticas das cooperativas de jornalistas que se desenvolveram após a revolução sandinista, na Nicarágua, além de *O Pasquim* e outros jornais no Brasil, até as práticas de organizações comunitárias, como a SEWA (*Self Employed Women Association*), em atividade na Índia desde os anos de 1970. Os protestos durante os encontros da *World Trade Association*, em 1999, na cidade de Seattle, resultam diretamente da ação dos *Indymedia centers* (centros de meios independentes), que hoje chegam a mais de uma centena, espalhados por 15 países. A teorização do ativismo social pode ser encontrada em Armand e Michele Mattelart (2000) e Máximo Simpson Grinberg (1987), entre outros. Nos Estados Unidos, onde os conglomerados dominam a esfera pública, Edward S. Herman (1925-) e Noam Chomsky (1928-) merecem ser notados pelo livro *Manufacturing consent: the political economy of the mass media*, que lida com o ativismo político dos meios tradicionais de comunicação de massa. ▶ Cf. CONSENTIMENTO.

BIBLIOGRAFIA

HERMAN, Edward S.; CHOMSKY, Noam. *Manufacturing consent: the political economy of the mass media*. New York: Pantheon, 1988.

MATTELART, Armand; MATTELART, Michele. *Networking the world: 1794-2000* (trad. Liz Carrey-Libbrecht e James Cohen). Minneapolis: University of Minnesota Press, 2000.

SIMPSON GRINBERG, Máximo. *Comunicação alternativa na América Latina*. Petrópolis: Vozes, 1987.

ativo INF Que se encontra operacional, num dado instante, em referência a um programa, documento, dispositivo etc.

atlas **1** Publicação constituída por uma coleção de mapas ou de cartas geográficas. **2** Livro constituído por uma coleção de gravuras, gráficos etc., relativos a uma dada ciência.

ato de fala FIL LING Ato de proferir um enunciado linguístico. ▶ Existe uma teoria dos atos de fala (*speech act theory*) porque a linguagem é concebida como um instrumento com o qual se faz algo. Estudos de Charles Morris (1833-1922), Rudolf Carnap (1891-1970) e as *Investigações filosóficas*, segundo livro de Ludwig Wittgenstein (1889-1951), fundam e impulsionam essa linha de pensamento. Os atos de fala seriam tratados pela pragmática da linguagem e não por análises semânticas, que lidariam com os significados estritamente verbais dos enunciados linguísticos. A teoria dos atos de fala presume que a relação entre o mundo natural e a consciência humana não seja de absoluta transparência: entre as coisas e o entendimento humano interpõe-se o aparato representativo da linguagem que dá forma ao que pode ser conhecido. Seria uma ingenuidade supor que a linguagem seja transparente em face da realidade exterior. Quando se analisa um ato de fala, acredita-se que importam mais os comportamentos envolvidos na produção de enunciados do que a relação entre as representações linguísticas e aquilo do qual elas falam. Não é que a linguagem crie a realidade exterior: o mundo é função das categorias que se usam para representá-lo. Para que o estudo pragmático dos atos de fala seja viável, costuma-se diferençar o significado para um falante e o significado linguístico propriamente dito. Quando falamos, criam-se, sem percebermos, camadas de atos linguísticos. O filósofo inglês J. L. Austin (1911-1960) afirma que o primeiro ato é sempre LOCUTÓRIO: reúne fonemas, segue regras gramaticais e vale-se de termos que possuem sentido dicionarizado. Ao ato locutório acompanha um ato *ilocutório*, que se realiza por meio da enunciação linguística, como é o caso de "prometer", "jurar", "casar", "declarar" etc. Após esses atos, realiza-se um ato *perlocutório* que produz efeito no receptor, como "emocionar", "envergonhar", "informar" etc., que só pode ser feito por meio de palavras. Um mesmo conteúdo linguístico, *casarei com você*, desdobra-se em três tipos de atos de fala: locutório, *ele me disse que vai se casar comigo*; ilocutório, *ele prometeu que vai se casar comigo*, e perlocutório, *ele me convenceu de que vai se casar comigo*. Austin explicitou as nuances e diferenças atuantes nos atos de fala num livro póstumo, *Quando dizer é fazer* (*How to do things with words*), no qual estão reunidos textos apresentados nas conferências de William James na Universidade de Harvard, em 1955. O volume é um desenvolvimento da tese de Ludwig Wittgenstein (1889-1951) que identificara significado e uso. A separação entre significado do falante e significado linguístico sugere que o ato de fala é, por sua natureza, um ato intencional. Um mesmo enunciado indicará, sem nenhum problema, intenções diferenciadas por parte dos falantes. Portanto, quando se reconhece a intencionalidade de um ato de fala e se pergunta o que se quer dizer com o que está sendo dito, a resposta só pode ser a identificação de uma intenção; logo, é correto afirmar que as discussões de John R. Searle (1932-) sobre a intencionalidade e o significado ampliam e enriquecem o que Austin dizia a respeito dos atos de fala. Antes de *How to do thing with words*, Austin apresentara uma classificação preliminar dos atos ilocucionários em *constativos*, que, no texto de Harvard é ampliada para incluir outras instâncias de atos de fala: *diretivos*, *comissivos*, *de reconhecimento* e *performativos*. Os constativos tomam a forma de asserções, predições e respostas. Os diretivos são ordens, requisições, permissões e pedidos; as apostas seriam comissivas; saudações, pedidos de desculpas e congratulações são atos de reconhecimento. Todos são ilocucionários com uma função comunicativa. Os atos de fala também teriam força, o que deve ser compreendido como a capacidade que têm de fazer algo, que é a característica principal de um *performativo*. Quando se diz: *peço* *desculpas pelo que fiz*, a desculpa realiza-se no momento exato em que a frase é pronunciada. Um ato de fala que seja performativo pode vir acompanhado da expressão: "por meio desta, atestamos que...". Em termos lógicos, porque não há separação entre um ato e o que ele designa, não se pode aplicar com precisão os valores de verdade ou de falsidade aos performativos. Um ato performativo, como uma promessa, deve ser dito 'feliz' ou 'infeliz', mas não 'verdadeiro' ou 'falso'. Quando, num casamento, o noivo responde "sim" à invocação que pergunta se ele aceita determinada mulher como sua esposa legítima e legal, o ato de dizer sim não descreve o casamento, mas realiza-o. Esses atos performativos não antecedem a ação: são os próprios atos que se realizam por palavras. No texto bíblico, quando Deus determina, por meio de palavras, que "se faça a luz" (*fiat lux*) e a luz se faz, não se deve entender que há um enunciado e depois a criação da luz: dizer "crie-se a luz" e sua criação são concomitantes. Linguagem é comportamento e, quando as pessoas se comunicam, elas agem no mundo apresentando suas intenções. O problema com a formulação de Austin, que afinal ele mesmo descobriu, é que descrever algo não é o oposto de realizar uma ação: a oposição entre constativo e performativo é problemática. Descrever é também uma forma de ação; logo, a diferença entre a descrição e o performativo manifesta-se não por ser ou deixar de ser um ato, mas pelo seu grau de força. Para a filosofia dos atos de fala, falar uma língua é envolver-se em modos específicos de comportamento que têm intencionalidade porque se dirigem para o mundo. Por mais complexo que seu entendimento filosófico pareça ser, a condição para que um ato de fala funcione é relativamente simples; para isso, basta que se trate do reconhecimento da intenção de seu interlocutor. Essa condição é conhecida por todos os que se comunicam de modo bem sucedido. A história da criação divina no *Gênesis* presume esse conhecimento: o *fiat* divino é um ato criativo fundamental que, significativamente, se realiza por um ato linguístico. ▸ Cf. AUSTIN, J. L.; INTENCIONALIDADE; LOCUTÓRIO; ILOCUTÓRIO; PERLOCUTÓRIO.

BIBLIOGRAFIA

AUSTIN, J. L. *Quando dizer é fazer*. São Paulo: Artmed, 1990.
SEARLE, John R. *Speech acts: an essay in the philosophy of language*. Cambridge: Cambridge University Press, 1969.
__________. *Intencionalidade*. São Paulo: Martins Fontes, 2001.

ato falho PSICN Na teoria freudiana, ocasião em que a intenção de uma pessoa aparentemente não se realiza, porque é substituída por outra, mas que, de fato, indica o que o sujeito está inconscientemente recalcando. ▸ Um dos aspectos mais provocativos das teses de Sigmund Freud (1856-1939) é sua exposição sobre a presença de mecanismos patológicos no cotidiano de pessoas que não são classificáveis como sofredoras de problemas ou traumas psíquicos. Muitas vezes, mas nem sempre, os atos falhos manifestam-se nos lapsos de linguagem (ou seja, quando se quer dizer uma coisa, mas afirma-se outra). Os atos falhos incluem erros de leitura, comunicações desintencionais, equívocos, esquecimentos etc. Numa viagem de trem, em setembro de 1896, Freud conversa com outro passageiro sobre os costumes turcos na área por onde o trem passava, pela Bósnia e Herzegovina. Freud diz para o passageiro que os turcos da região têm excepcional confiança nos médicos que os tratam, mesmo quando o médico não consegue curá-los; mas, ao mesmo tempo, ele pensa em outra coisa, nas histórias que ouvira quanto ao valor excepcional que os turcos dão aos prazeres sexuais e como, diante da impotência, entregam-se a uma voragem de desespero, estranha, se comparada com a resignação que mostram face à morte. Freud pensa nisso, mas não toca no assunto com o passageiro a seu lado: era melhor não abordar um tema tão delicado com um estranho. Em seguida, Freud pergunta ao senhor com quem viaja se conhece Orvieto e se já tinha visto os afrescos de lá, que foram pintados por... e, então, esquece o nome do pintor. O nome era Luca Signorelli (c1445-1523), mas ele só recorda outros dois: Sandro Boticelli (1445-1510) e Giovanni Antonio Boltraffio (c1466-1516). Freud não falara em sexualidade, mas pensara no assunto e mais especificamente num paciente que se suicidara e que sofria graves perturbações sexuais. Para Freud, o assunto era profundamente inapropriado. O sobrenome do passageiro a seu lado é Freihau que evoca livremente *Frau* (em alemão, senhora). O nome esquecido do pintor era Signorelli, que traz consigo a associação com senhor, homem, enfim, macho. Sua mente fizera uma associação indesejada entre homem e mulher, um nexo sexual que ele acreditava ser adequado esquecer e, de fato, esquece. Só mais tarde, quando a repressão foi levantada, Freud consegue lembrar-se, lentamente, do que estava obstruído na sua recordação. Primeiro, vem à sua mente o prenome do pintor, que é, em seguida, associado a seu autorretrato: Luca Signorelli pintou os afrescos de Orvieto. O episódio, narrado em *Sobre a psicopatologia da vida cotidiana*, ilustra a teoria de Freud sobre a vida mental dos seres humanos. A mente é um território onde convivem dois sistemas de representação, com regras próprias, características diferentes e propósitos contraditórios. Nesse território, os lugares psíquicos podem conviver sem sobreposição e representam a dualidade ambivalente das exigências que assombram o sujeito que quer satisfazer seus desejos de fundo sexual, mas que, socialmente, deve reprimi-los; mas o que foi recalcado retorna, transformado, nas defesas, nos sonhos, nos lapsos de linguagem, nos esquecimentos aparentemente imotivados, naquilo que Freud identificava como um ato falho. ▸ Cf. AMBIVALÊNCIA; DESEJO; INCONSCIENTE.

BIBLIOGRAFIA

FREUD, Sigmund. *Sobre a psicopatologia da vida cotidiana*. Rio de Janeiro: Imago, 2006.

atomismo lógico FIL Filosofia proposta por Ludwig Wittgenstein (1889-1951) em *Tractatus logico-philosophicus*, que acredita ser possível analisar o significado de uma sentença por meio da identificação de unidades fundamentais que funcionam como átomos de significado. ▸ Trata-se de uma tendência influente na filosofia da linguagem britânica do sXX.

ator 1 CINE RÁD TV Indivíduo que desempenha profissionalmente um papel em filmes, peças, ou qualquer outra narrativa veiculada em um meio de comunicação. **2** M.COM SOC Que ou quem participa ou desempenha um papel num cenário social.

INFORMAÇÕES GERAIS

O desempenho de um ator em cena é uma atividade complexa, composta de, pelo menos, três elementos que interagem: as características pessoais e físicas do ator; o caráter imaterial do personagem dramático, que o texto da peça exige e determina, mas que só se realiza plenamente na recepção do desempenho; e a imagem do personagem criado pelo ator e toda a equipe dramática envolvida na montagem da peça. A relação entre esses elementos é a parte essencial e criativa da representação dramática. Através de ações e gestos comunicados, o ator pode seguir ou optar não apenas por um modelo realista de representação, mas também pela criação de um efeito de distanciamento e de alienação, como desejava Bertolt Brecht (1898-1956), cujo propósito seria agir pedagogicamente na mente da audiência (cf. ALIENAÇÃO). A interação desses três elementos dramáticos faz do ator tanto um signo como o lugar a partir do qual os signos teatrais (linguísticos, paralinguísticos, faciais, cinésicos e proxêmicos) são produzidos. Cabe, igualmente, observar que a combinação das duas acepções da palavra 'ator' mostra que os estudos da comunicação podem centrar-se na ideia de *performance*, de desempenho. Algumas teorias sociológicas da mídia acreditam que os indivíduos concretos desempenham papéis que foram aprendidos ou adquiridos na recepção das mensagens. Os meios de comunicação seriam instrumentos de propagação ideológica. Não haveria assim nenhum traço essencial nos atores sociais. Todos limitam-se a viver papéis indicados como desejáveis ou ideais pelos meios de comunicação. ▸ Cf. ACTANCIAL; ACTANTE.

atossigno SEMIO ESTÉT Designação criada pelo lógico e semiótico americano Charles Sanders Peirce (1839-1914), que indica uma representação radicalmente singular, portanto determinada por seu aqui e agora. ▸ Na tiragem múltipla de um livro, uma determinada palavra pode repetir-se inúmeras vezes, não apenas num só livro, mas em vários exemplares impressos. O atossigno é sempre uma ocorrência e não a repetição do que ocorrera antes: é o que se manifesta presente e de modo singular, *hic et nunc*, na página que está sendo lida. O original de uma obra de arte é um atossigno: a destruição do trabalho artístico implica seu desaparecimento como signo. ▸ Cf. AURA.

BIBLIOGRAFIA

THE PEIRCE EDITION PROJECT. *The essential Peirce, volume 2: selected philosophical writings (1893-1913)*. Bloomington: Indiana University Press, 1998.

atravessamento GRÁF M.q. VAZAMENTO.

atribuição COMN PSIC.SOC **1** Diz-se de ou inferência produzida sobre o caráter e comportamento de outros, resultante da troca de mensagens. **2** Processo através do qual um observador observa o comportamento e a mensagem alheia e tenta adivinhar a intenção que supõe ser a de seu interlocutor.

INFORMAÇÕES GERAIS

Como muitas explicações vigentes no mundo acadêmico americano, o interesse pelos processos de atribuição iniciou com pesquisas empíricas e psicológicas. Inicialmente, o interesse pelas inferências atributivas era apenas restrito à psicologia, pois é, de fato, um processo interno aos sujeitos. Aos poucos, as mecânicas atributivas passaram a ser consideradas sob o aspecto da comunicação, pois é a partir de uma mensagem trocada que se atribui causa e sentido a um determinado comportamento, tanto no caso de atribuições certas como de erradas. Nesse sentido, o processo de atribuição passou a ser um elemento chave da teoria de Charles Berger e Richard J. Calabrese, que afirma ser a função da comunicação mitigar a dificuldade natural que temos de prever o comportamento alheio. A teoria de Berger e Calabrese postula que o objetivo principal da comunicação é reduzir incertezas, mesmo que a preço da disseminação de estereótipos e preconceitos.

BIBLIOGRAFIA

BERGER, Charles R.; CALABRESE, Richard. Some explorations in initial interaction and beyond: toward a developmental theory of interpersonal communication. *Human Communication Research*, n. 1, p. 99-112, 1975.

atributo **1** O que é próprio e peculiar a respeito de algo. ▸ 'Verde', 'azeda', 'doce' etc. são predicados e atributos de uma maçã. De maneira geral, o atributo é uma propriedade, um traço, um aspecto, uma característica de algo; mas, no vocabulário filosófico, o atributo é aquilo que não faz parte de uma entidade. **2** FIL No panteísmo spinozista, cada um dos dois caracteres essenciais e invariáveis de Deus (ou da natureza), passíveis de serem percebidos pelo entendimento humano: pensamento e extensão. ▸ P.opos. a MODO.

ATSC [ing.] TV **1** Sigla de *Advanced Television System Committee* (Comitê para o Sistema de Televisão Avançada) norte-americano. **2** Padrões desenvolvidos pelo comitê que substituem o antigo sistema de televisão analógica do *NTSC* (National Television System Committee 'Comitê para o Sistema de Televisão Nacional') norte-americano.

INFORMAÇÕES GERAIS

O padrão *ATSC* estabelece os parâmetros e as condições de transmissão e recepção da *HDTV* (*High Definition TV*, televisão de alta definição). O sistema *ATSC* começou a funcionar plenamente nos Estados Unidos em 12 de junho de 2009. O novo padrão vale-se de imagens de até 1920 x 1080 pixels de tamanho, o que gera uma resolução até seis vezes maior do que as TVs analógicas. Os canais de som do *ATSC* usam sistema *Dolby* com capacidade de 5.1 canais de som ambiente. Inúmeras outras características podem ser adicionadas pelo sistema. No Brasil, o sistema adotado pelo SBTD-T (Sistema Brasileiro de Televisão Digital Terrestre) é o *ISDB* (*Integrated Services Digital Broadcasting*), de origem japonesa, que difere do *ATSC* norte-americano. O sistema brasileiro começou a ser testado em 19 de junho de 2007.

atual **1** Que é presente, que existe; efetivo, real. **2** No aristotelismo, que se encontra em ato; que adquiriu a sua forma final, plena, acabada; que manifestou todas as suas potencialidades. ▸ P.opos. a POTENCIAL. **3** Relativo a qualquer ato de fala (ou *parole*, na oposição saussuriana *langue/parole*) ▸ Cf. VIRTUAL.

atualização COMN LING SEMIO Processo pelo qual o sujeito falante realiza as possibilidades comunicativas da linguagem, transformando uma unidade virtual da língua em unidade do discurso, com substância fônica, função e significação; realização. ▸ Tanto nas expressões linguísticas como em qualquer forma de comunicação, a atualização realiza a passagem de um sistema ou unidade virtual para o processo de fala ou discurso a ser transmitido. A atualização exige que se considerem fatores que não se limitem ao sistema que estrutura a mensagem. A mensagem atualizada adquire sentido em referência ao que não é linguístico, como o contexto da comunicação. Uma mesma sentença pode ter variações consideráveis de significado, como é o caso de quem indiferentemente deseja um 'bom-dia' num elevador para um estranho e quem emite as mesmas palavras com sarcasmo. Porque os enunciados são atualizações de possibilidades virtuais é que se deve considerar, simultaneamente, o sujeito do enunciado e o sujeito da enunciação. Quem e sob que circunstâncias se diz 'bom-dia', ou seja, o sujeito da enunciação e o contexto da ocorrência, determinam o que a comunicação significa. Por meio do processo de atualização, o que foi comunicado deixa de ser apenas possível e, assim, existencializa a presença de um ato de comunicação.

atualizar LING Fazer passar ou passar (unidade linguística virtual) do sistema da língua para o plano da fala (p.ex., *moça, vestido, azul* na frase *veja essa moça de vestido azul à sua frente*), de modo que os conceitos, antes genéricos, concretizam-se, adquirem individualidade, atualizam-se no discurso; realizar.

audição 1 Ato de ouvir ou escutar; percepção dos sons pelo ouvido; audiência. 2 Função sensorial que permite captar os sons pelo ouvido e transmiti-los, através do nervo auditivo, ao cérebro, onde são recebidos e analisados. 3 RÁD TV Transmissão de um programa de rádio ou televisão. 4 REC.AV Alto-falante independente que não está conectado com o que está sendo mixado pelo AUDIO CONSOLE ou transmitido durante a programação. 5 MÚS TEAT Representação ou exibição de uma peça musical ou teatral. 6 MÚS TEAT Apresentação de trecho de música, peça teatral ou dança para diretor de teatro, júri etc., que é um teste para admissão ao elenco de uma companhia.

audiência COMN M.COM Conjunto de leitores, ouvintes, espectadores ou quaisquer pessoas que recebem mensagens, discursos, consomem jornais, revistas, filmes, programas de rádio e televisão etc. ▶ A audiência é um elemento central (talvez o mais importante) do processo comunicativo, pois é através da recepção que uma comunicação será avaliada. Por isso, um dos livros da *Retórica* de Aristóteles (384 a.C. - 322 a.C.) dedica-se a analisar a audiência, seu papel e o que ela determina nos discursos cívicos gregos. Até a invenção do tipo móvel, pode-se falar de comunicação pública, mas não nos termos do que entendemos como cultura de massa. No mundo antigo, a comunicação pública dirige-se a assembleias e agrupamentos, voluntários ou compulsivos, ao passo que a dispersão tipifica a audiência moderna. É por isso que as pesquisas contemporâneas de audiência antecedem e determinam a geração das mensagens de massa. Seu propósito é identificar as características sociais, gostos e outros dados que seriam influentes na produção de uma mensagem de massa. Outro tipo de pesquisa de audiência é de cunho acadêmico, cujo objetivo é avaliar como e o quê as mensagens produziram socialmente ao atingir um público específico. Não se deve confundir o estudo acadêmico com as análises feitas por institutos de pesquisa (Ibope, Nielssen etc.) que, nesse caso, medem apenas a eficácia restrita das mensagens veiculadas. Costuma-se dividir a interpretação acadêmica da audiência em estudos dos efeitos socioculturais, dos usos e gratificações da comunicação de massa, da crítica literária e da recepção dos veículos, cada um com métodos e objetivos diferenciados. Não é o mesmo entender o público como uma agregação de pessoas que reagem individualmente a uma mensagem ou como um grupo social. A própria definição de audiência como um grupo social não significa que essa totalidade esteja imune à segmentação e à fragmentação. O grupo social pode ser subdividido em segmentos, tais como idade, raça, sexo, classe social etc., o que reintroduz o fantasma da dispersão no estudo das audiências. Hoje os estudos da audiência enfrentam outros desafios, criados pela difusão da mídia internacional e da internet, que promovem um ambiente comunicacional inusitado, sem barreiras, nômade, com identidade rarefeita e também frequentemente marcado pelo anonimato.

BIBLIOGRAFIA
MCQUAIL, Denis. *Audience analysis*. Thousand Oaks: Sage, 1997.

audiência acumulada M.COM Soma de público que assiste a uma mensagem que se repete nos meios de comunicação. ▶ Diz-se audiência acumulada bruta quando o pesquisador considera a superposição de pessoas que recebem uma mensagem, ou seja, o investigador conta cinco pessoas quando o mesmo indivíduo assistiu ao programa cinco vezes. Audiência acumulada líquida é aquela que só considera o número de pessoas diferentes que receberam a mensagem. Se o objetivo é saber da audiência acumulada líquida, quando uma pessoa assiste cinco vezes ao mesmo programa, o pesquisador leva em conta o receptor não cinco vezes, mas uma só.

audiência-alvo PUB MKT M.q. GRUPO-ALVO.

audiência ativa M.COM Público ou indivíduo que interage com o que é apresentado por um meio de comunicação. ▶ O conceito de audiência cativa foi formulado com o propósito de apontar para o fato de que os receptores dos meios de comunicação decodificam e manipulam criativamente o que lhes é transmitido. ▶ Cf. BRICOLAGEM.

BIBLIOGRAFIA
MORLEY, David. *TV, audience, and cultural studies*. London: Routledge, 1992.
__________; BRUNSDON, Charlotte. *The nationwide television studies*. London: Routledge, 1999.

audiência cativa M.COM Público de *shows*, televisão, rádio, cinema etc. que, por escolha ou não, está completamente exposto e fixado à mensagem transmitida, bem como sua publicidade. ▶ Se essa fixação se dá por escolha, o sentido da expressão é mais o de audência fiel. Quando se fala, freq., numa rede cativa de audiência, o que se quer dizer é que uma rede de televisão localizada especificamente num determinado lugar não oferece alternativas aos espectadores; como no caso dos empregados de uma firma que assistem, por rede de televisão interna, programas de treinamento, anúncios divulgados pela área de recursos humanos ou comunicados da diretoria. Nos aeroportos norte-americanos, que transmitem apenas uma edição especial dos programas da CNN (*Cable News Network*), os passageiros são audiência cativa.

audiência diferenciada M.COM Subconjunto da totalidade de uma audiência dividida e categorizada, p.ex., por idade, sexo, profissão, classe social, nível educacional etc.

audiência duplicada M.COM Grupo de espectadores que recebe uma mensagem mais de uma vez em meios de comunicação diferentes.

audiência ideal COMN Conceito forjado pela teoria do paradigma narrativo de Walter Fisher (1931-), que descreve os casos de públicos reais que aceitam valores idealizados de verdade, beleza, saúde, sabedoria, coragem, temperança, justiça, harmonia, ordem, comunhão, amizade, unidade com os outros e o cosmos etc.

BIBLIOGRAFIA
FISHER, Walter R. *Human communication as narration: toward a philosophy of reason, value, and action*. Columbia: South Carolina University Press, 1987.

audiência média M.COM Cálculo que, nas pesquisas de audiência, procura apreender o tamanho médio de um público específico que vê um programa, na base do minuto a minuto. ▶ Quando se calcula a audiência média, o resultado toma a seguinte forma: tamanho *x* da audiência no minuto 1, variação de *x* no minuto 2 etc. A informação é particularmente valiosa para os anunciantes que querem veicular mensagens num determinado programa de um veículo específico, pois estabelece os parâmetros de negociação e compra de espaço publicitário.

audiência primária M.COM **1** Público-alvo de uma campanha publicitária, muitas vezes determinado por uma categorização geral mais ampla. ▶ O anúncio de uma fralda nova no mercado tem como audiência primária os que são pais do bebê, não as crianças que usam fraldas. **2** Conjunto de assinantes de uma revista ou publicação em que determinado anúncio é publicado. **3** Indivíduos para quem (ou em que lugar preciso) uma publicação é vendida ou distribuída gratuitamente.

audiência total M.COM Percentual da população, numa determinada área de alcance de um veículo, que assistiu a um programa particular de TV durante um período de pelo menos seis minutos. ▶ A audiência total tende a ser maior do que a AUDIÊNCIA MÉDIA, já que os parâmetros desta se baseiam numa moldura de tempo mais restrita.

audioclipe RÁD REC.AV Extrato de uma pessoa falando usado no noticiário radiofônico.

audio console [ing.] REC.AV Dispositivo que reúne, faz mixagem, seleciona, amplifica sons e transfere o material gravado para outro equipamento ou destino.

audiofone ACS REC.AV Dispositivo que consiste em um par de pequenos alto-falantes, que se leva aos ouvidos para ouvir música etc., adaptados a um arco que o ouvinte ajusta na cabeça; fone de ouvido, *headphone*.

audiofrequência ACS Frequência que se situa entre 20 Hz e 20.000 Hz, audível para o ouvido humano normal.

audiograma ACS Gráfico representativo da variação do limiar de audibilidade, em função da frequência das ondas sonoras recebidas pelo aparelho auditivo.

audiolivro Gravação sonora da leitura de um livro para reprodução em aparelho de som, computador etc.

audio mixer [ing.] REC.AV **1** Dispositivo que permite a mixagem de som. **2** Técnico que faz a mixagem sonora de um produto audiovisual.

audiossinal ELETRÔN Sinal de audiofrequência.

audiotécnica ELETRÔN Meio e processo empr. na gravação e reprodução do som.

audiotexto INF MKT TEL Gravação de áudio, ger. digitalizada, us. em sistemas automáticos de atendimento telefônico, serviços de informações com voz interativa em terminais de computador, serviços de caixa eletrônico etc. ▶ Cf. UNIDADE DE RESPOSTA AUDÍVEL.

audiovisual **1** Que se destina a ou visa estimular os sentidos da audição e da visão simultaneamente (diz-se de qualquer comunicação, mensagem, recurso, material etc.). **2** Que utiliza som e imagem na transmissão de mensagens (diz-se de meio de comunicação). **3** Diz-se de programa feito em *slide* e fita magnética; *slide*-som. **4** Veículo ou sistema que tem como característica apresentar, de forma simultânea e sincronizada, uma sequência de *slides* e uma fita magnética (previamente gravada com narração e trilha sonora); *slide*-som.

AUM [ing.] COMN PSIC.SOC Sigla de *Anxiety Uncertainty Management* (controle de incerteza ansiosa), uma teoria psicológica da comunicação que estuda o fenômeno de grandes ou altas taxas de ansiedade experimentadas quando indivíduos de culturas diferentes interagem. ▶ Trata-se de uma variação quase que inevitável da teoria de redução de incerteza de Berger e Calabrese, agora sob o ponto de vista intercultural, argumentada principalmente por William B. Gudykunst (1947-2005). ▶ Cf. ATRIBUIÇÃO; ACULTURAÇÃO.

BIBLIOGRAFIA
GUDYKUNST, William B; KINM, YoungYum. Uncertainty and Anxiety. In: *Theories in Intercultural Communication*. Newbury Park: Sage, 1988.

aura COMN ESTÉT Conceito metafórico criado por Walter Benjamin (1892-1940) que serve para definir a obra de arte tradicional e seu valor na economia e na estética burguesas. ▶ A aura é um efeito resultante da presença material de uma obra de arte; e trata-se de seu 'aqui e agora'. Segundo Benjamin, em seu texto de 1935, "A obra de arte na era de sua reprodutibilidade técnica", as técnicas de reprodução múltipla, próprias do filme e tão comuns na cultura de massa, não têm aura porque nelas inexiste original. Portanto, na sociedade da cultura de massa não há hierarquia de valor definida pela unicidade da obra e, consequentemente, a dimensão política da arte seria mais importante do que seu valor de posse enquanto obra individual *per se*. Em Benjamin, a destruição da aura tem um tom definitivamente positivo e otimista, bem diverso da negatividade presente na ideia de INDÚSTRIA CULTURAL, propagada por Theodor W. Adorno (1903-1969). Benjamin observou que as tecnologias de reprodução técnica, quando aplicadas às artes, são intrínsecas e potencialmente revolucionárias, já que desfazem a singularidade que permite a propriedade de um trabalho de arte e seu valor de troca na economia burguesa. O conceito de aura é uma tradução para o domínio da estética de uma das ideias de Marx (1818-1883) e Engels (1820-1895) no *Manifesto do Partido Comunista*, de 1848, que dava ao desenvolvimento tecnológico da produção papel central na formação do capitalismo moderno.

BIBLIOGRAFIA
ADORNO Theodor W.. *Culture industry: selected essays on mass media*. New York: Routledge, 2001.
BENJAMIN, Walter. *Illuminations*. New York: Schoken, 1968.

Austin, J. L. (Lancaster, Escócia 1911 - Oxford, Inglaterra 1960) Filósofo da linguagem ordinária, um dos principais formuladores anglo-saxões da teoria dos atos de fala. ▶ As teses de John Longshaw Austin procuram alternativas para as questões sugeridas por Ludwig Wittgenstein (1889-1951). Ao retornar a Cambridge em 1929, após um longo período de misterioso silêncio, Wittgenstein popôs uma filosofia profundamente diferente da que advogara no livro que, em 1921, o fizera famoso e que lhe outorgara uma cátedra na universidade inglesa. O *Tractatus logico-philosophicus* de Wittgenstein afirmava uma teoria da linguagem claramente representativa e abstraída das atividades humanas. No *Tractatus*, Wittgenstein argumentava que as proposições linguísticas representam, como um espelho, os estados de coisas do mundo. Agora, ao reassumir sua cátedra em Cambridge, Wittgenstein postulava o contrário, que a linguagem era uma atividade manifesta na maneira pela qual os homens interagem. Não lhe parecia importante perguntas sobre o significado; para ele, o que importava era o uso. Influenciados por Wittgenstein, os filósofos britânicos passaram a dar atenção meticulosa às maneiras pela qual se usava a linguagem ordinária. Para muitos dos filósofos da época, o objetivo era explicativo e terapêutico: entender os usos linguísticos revelaria um aparato conceitual implícito na linguagem comum. Não é que as grandes questões filosóficas inexistam ou sejam simples miragens linguísticas. A linguagem vernacular traria consigo distinções sutis e iluminadoras dos temas mais persistentes da filosofia. Por isso, entre outros assuntos, a especulação sobre 'o conhecimento' e 'a percepção' deve ser precedida pela análise do uso ordinário das palavras 'conhecer', 'existir', 'real' etc. As análises de Austin transmitem a impressão de que, para ele, o vernáculo era um tesouro filosófico a ser descoberto e explorado. Seu ensaio de 1956, "A plea for excuses" mostra as nuances sutis envolvidas no ato de desculpar-se e de prometer. Aqui, surge pela primeira vez na obra de Austin, a ideia de que a performatividade é um traço importante das expressões linguísticas. Austin contrasta dois tipos de expressão: aquelas que são *constativas*, ou seja, que declaram algo, em oposição àquelas que, por meio de seus enunciados, fazem algo e são chamadas de *performativas*. A distinção entre 'constativo' e 'performativo' é criticável, por sugerir que só as as sentenças performativas fazem algo, quando é claro que as constativas fazem pelo menos uma coisa: descrever, fornecer informações. Posteriormente, Austin distinguiria os atos de fala em *locutórios*, *ilocutórios* e *perlocutórios*, que seriam três tipos de força nas enunciações. Através de atos locutórios, os significados são percebidos; a ilocução revela a intenção do falante, enquanto os atos perlocutórios são identificados nas suas consequências. O fundamento da teoria contemporânea dos atos de fala está no que Austin escreveu sobre a performatividade, cuja formulação mais completa se encontra na série de conferências *Quando dizer é fazer* (*How to do things with words*).

BIBLIOGRAFIA

AUSTIN, J. L. *Philosophical papers*. Oxford: Oxford University Press, 1979.

________. *Quando dizer é fazer*. São Paulo: Artmed, 1990.

________. *Sentido e percepção*. São Paulo: Martins Fontes, 2004.

autheur [fr.] CINE Diretor de cinema cuja obra é comparável à dos grandes autores da literatura. ▸ O vocabulário crítico francês distingue *autheur* de *metteur en scéne* ('encenador'). O *metteur en scéne* é o diretor cujos objetivos estéticos são apenas entreter e encenar uma narrativa fílmica. O *autheur* constrói uma obra que transcende ou subverte os padrões da indústria de entretenimento cultural. A obra de um *autheur* persegue uma visão e apresenta desenvolvimentos e transformações estéticas que são a sua assinatura artística. O termo foi usado pelos teóricos da revista francesa *Cahieurs du Cinéma*, principalmente o crítico André Bazin (1918-1958).

autocue [ing.] REC.AV Dispositivo que permite a um apresentador falar diretamente com uma câmara sem que pareça estar lendo ou seguindo um roteiro; *teleprompter*, gerador de caracteres.

automação AUT Sistema em que os processos operacionais em fábricas, estabelecimentos comerciais, telecomunicações etc. são controlados e executados por meio de dispositivos mecânicos, eletrônicos, computacionais etc., substituindo o trabalho humano; automatização.

automatic data processing [ing.] INF Processo automático de interpretação de produtos e métodos armazenados num computador.

automatização AUT M.q. AUTOMAÇÃO.

autômato 1 FIL Mecanismo que simula comportamentos humanos. ▸ O termo autômato não se restringe apenas a máquinas. Pode ser aplicado a organismos que, apesar de vivos, não têm os atributos que caracterizam o gênero humano. Para René Descartes (1596-1650), os seres humanos não são autômatos porque operam, autonomamente, seguindo sua razão ou vontade. Descartes argumenta que os animais, sendo brutos, são uma espécie de autômatos. Os animais não teriam linguagem e, portanto, apenas reagem aos estímulos que recebem. Sem comunicação mais sofisticada, sem linguagem e sem razão, os animais são incapazes de pensar e seu comportamento só é explicável em termos puramente mecânicos. As conclusões de Descartes derivam-se diretamente de sua filosofia dualista, que supõe a existência de duas naturezas opostas e regidas por princípios diversos: o pensamento (*res cogitatio*) e a extensão do mundo material (*res extensio*). Muitos disputam as suposições de Descartes. David Hume (1711-1776) argumentou, no sXVIII, que os animais são capazes de ter alguma forma de raciocínio. Ao recusar a separação entre ordem natural e humana, Charles Darwin (1809-1882) demonstrou como as emoções operam tanto em animais como nos seres humanos. Etólogos, como Donald R. Griffin (1915-2003), sustentam que a existência de comunicação entre os animais é prova de que existe pensamento naqueles que Descartes considerava como autômatos e brutos. **2** INF Dispositivo lógico e mecânico que, por meio de algoritmos, concatena uma série de operações com o propósito de atingir um resultado. ▸ Nesse sentido, autômato designa um operador que não é humano, mas que, por possuir um grupo algorítmico de regras, é capaz de executar instruções determinadas. Composto de normas que geram ações, o autômato merece ser considerado como um domínio de signos interiorizados e que, ao serem levados a cabo, simulam ações que são normalmente reconhecíveis em organismos vivos. **3** INF Dispositivo lógico destinado a resolver algoritmos. ▸ Cf. ALGORITMO.

BIBLIOGRAFIA

DARWIN, Charles. *The expression of the emotions in man and animals* (prefácio de Konrad Lorenz). Chicago: University of Chicago Press, 1965.

GRIFFIN, Donald R. *Animal minds: beyond cognition to consciousness*. Chicago: University of Chicago, 2001.

autonomia INF Período de validade temporal de um equipamento, durante o qual funciona sem requerer manutenção.

autoridade 1 RET Especialista, fonte ou pessoa notável invocada, com base em sua reputação, para evidenciar e apoiar os argumentos de um discurso ou mensagem. ▸ Aristóteles (384 a.C. - 322 a.C.), na *Retórica*, observa que, quanto mais a autoridade é unânime, mais persuasivo seu apoio a um argumento. **2** LEX M.q. ABONAÇÃO

auxiliar GRAM LING Red. de VERBO AUXILIAR.

AV PUB REC.AV Sigla de AUDIOVISUAL.

available bit rate [ing.] INF Taxa de dígitos binários numa determinada unidade temporal das redes de computação ditas *ATM* (*Asynchronous Transfer Mode*). ▸ A *available bit rate* é possível quando a fonte e o destino de uma mensagem transmitidas não exigem sincronia.

avant-première [fr.] CINE TEAT M.q. PRÉ-ESTREIA.

avatar INF **1** Representação de um ser humano num universo digital. ▶ O termo *avatar* é um uso derivado da palavra que designa a materialização deliberada de um ser divino (Vishnu, Shiva, Ganesha etc.) na terra, que toma, então, forma humana ou animal. Em sânscrito, o termo *avatar* combina os sentidos de 'atravessar, manifestar-se, ir além', portanto capaz de indicar reencarnação, e é, por isso, usado para descrever o que acontece quando um usuário de VIDEO GAME escolhe uma personagem que o representará, passando a viver e assumir, no curso do jogo, as características físicas e capacidades próprias de sua representação. O termo foi inicialmente usado nos jogos sociais chamados *MUDs* (sigla de *multiple user dungeons*), muito populares no início da implementação generalizada da internet. É através de avatares que os agentes de um mundo virtual interagem uns com os outros. ▶ Cf. REALIDADE VIRTUAL. **2** Escolha possível que um usuário de *video game* tem através de um *mouse* e das interfaces que permitem sua presença em um espaço virtual.

axiologia FIL Qualquer uma das teorias formuladas a partir do início do sXX concernentes à questão dos valores. ▶ Cf. VALOR.

axioma **1** FIL Premissa considerada necessariamente evidente e verdadeira, fundamento de uma demonstração, porém ela mesma indemonstrável, originada, segundo a tradição racionalista, de princípios inatos da consciência ou, segundo os empiristas, de generalizações da observação empírica. ▶ O princípio aristotélico da contradição, que gera sentenças como "nada pode ser e não ser simultaneamente", é considerado, desde a Antiguidade, um axioma fundamental da filosofia. **2** FIL LÓG Premissa que, por ser evidente, não precisa ou exige demonstração e assim funciona como proposição num argumento, mas não como conclusão. ▶ Literalmente, em grego, *axioma* quer dizer algo que é digno de respeito. Muitos acreditam que os axiomas, por serem autoevidentes, seriam inatos na mente. O modelo do uso de axiomas na organização de um raciocínio é o da geometria euclidiana, que parte das definições básicas de linha, ponto, reta e plano infinito, para chegar indubitavelmente a conclusões. O axioma funciona como prova da conclusão. Como em muitos sistemas axiomáticos, na geometria euclidiana, a conclusão a que se chega por meio de um axioma é efeito direto das definições de cada proposição básica, Assim, se houver um ponto acima de uma reta que atravessa o plano infinito, uma e apenas uma paralela pode ser traçada. Note-se, como afirmaria uma geometria não euclidiana, que, se as definições das premissas mudam, a conclusão mudará; logo, se o plano for redefinido como finito, atravessa-o um número infinito de paralelas. Um método é também dito axiomático quando reordena as conclusões e os conceitos aceitos de um ramo específico do saber com o propósito de aumentar o grau de clareza e de certeza do que fora afirmado. Dessa maneira, Baruch Spinoza (1632-1677) refez a moral pelo método geométrico. Pensadores contemporâneos, como o lógico polonês Alfred Tarski (1901-1983), redefiniram conclusões já estabelecidas a partir do método axiomático. Para Tarski, a afirmação clássica de que a verdade se dá como correspondência é passível de ser reformulada e assegurada por uma linguagem axiomática precisa. Assim, linguagem-objeto que fala das coisas indica uma correspondência empírica, será reexpressa nos termos de uma linguagem que transcende e explicita a linguagem-objeto. A tese de que a verdade se dá por correspondência adquire maior rigor, e não mais se limita a asserções singulares ("esse diamante risca esse vidro"). A nova linguagem formal lida com as correlações entre várias asserções singulares (diamante 1 risca vidro 1, diamante 2 risca vidro 2 etc., até se criar a hipótese de que o diamante é duro). Finalmente, a asserção "o diamante é duro" transforma-se numa equivalente de cunho axiomático: "o diamante será considerado duro se e apenas se for pressionado contra uma superfície de vidro e deixar marcas". "Deixar marcas" é expressão de uma linguagem-objeto, mas "se e apenas se" indica uma asserção axiomática. Em comunicação, o trabalho clássico de Claude Shannon (1916-2001) e Warren Weaver (1894-1978), "A teoria matemática da informação", começa com uma definição axiomática e básica do que é informação. ▶ Cf. ASSERÇÃO; AXIOMÁTICA; INFORMAÇÃO.

BIBLIOGRAFIA

TARSKI, Alfred. *Logic, semantics and metamathematics: papers from 1923-1938*, trad. J. H. Woodger. Indianapolis: Hackett, 1983.

SHANNON, Claude; WEAVER, Warren. A teoria matemática da comunicação. In: COHN, Gabriel (org.). *Comunicação e indústria cultural*. São Paulo: Cultrix/Edusp, p. 25-37, 1975.

axiomática FIL LÓG Teoria considerada coerente e sistemática, formada inicialmente por um conjunto organizado de noções primitivas, admitidas sem demonstração, a partir das quais é possível definir e demonstrar outros termos logicamente dedutíveis. ▶ Uma teoria axiomática apresenta os seguintes elementos: 1) vocabulário de símbolos definidos de maneira inequívoca e completa; 2) regras sintáticas de formação de enunciados, cuja função é definir explicitamente que proposições são aceitáveis para a teoria; 3) conjunto de axiomas independentes considerados centrais para o sistema teórico; e 4) regras de inferência que definem os teoremas (proposições logicamente demonstradas) que emergem do conjunto de axiomas. A completude e a ausência de contradições do sistema de enunciados, composto de axiomas e teoremas, caracterizam logicamente uma teoria axiomática. ▶ Cf. AXIOMA.

axiomático **1** Relativo a AXIOMA. **2** Que encerra um axioma; evidente, incontestável, inquestionável.

axônio BIO Prolongamento de uma célula nervosa que transmite sinais ou influxos nervosos para outros neurônios; cilindro-eixo, neuroaxônio.

Bb

b **1** Segunda letra do nosso alfabeto **2** FON Letra que representa a consoante oclusiva bilabial sonora. **3** GRÁF Tipo que imprime essa letra. **4** EDIT Matriz a partir da qual se faz essa letra. **5** Diz-se do segundo elemento de uma série. **6** Na escala econômica, diz-se da segunda das classes quanto a riqueza e poder. **7** INF Símb. de BIT.

B **1** CINE M.COM Que pertence a uma categoria inferior. ▸ Os filmes B caracterizam-se por ter um orçamento pequeno e qualidade artística inferior. **2** GRÁF PAP Formato de papel DIN (*Deutsche-Industrie Normen*) ou ISO (*International Standard Organization*). ▸ O corte de papel B foi concebido para gerar alternativas à série A, cujos tamanhos são, por vezes, pequenos ou grandes demais para imprimir determinados materiais gráficos. A série B de tamanhos de papel ISO é a seguinte: B0 (1.414 mm x 1.000 mm), B1 (1.000 mm x 707 mm), B2 (707 mm x 500 mm), B3 (500 mm x 353 mm), B4 (353 mm x 250mm), B5 (250 mm x 176 mm), B6 (176 mm x 125 mm), B7 (125 mm X 88 mm), B8 (88 mm x 62 mm), B9 (62 mm x 44 mm), B10 (44 mm x 31 mm). Além da série B DIN, existe também a série B japonesa (JIS B, *Japan Industrial Standard*), muito próxima da série alemã, com pequenas variações. **3** INF Símb. de BYTE. **4** MÚS Seção central de uma forma ternária. **5** MÚS Nota si, na notação alfabética. **6** MÚS Nota si bemol, na notação alemã. **7** MÚS Segunda seção de uma forma ternária.

B2B (business to business communication) [ing.] EDIT MKT Publicação especializada ou qualquer forma de comunicação dirigida aos que se interessam por um negócio específico que não visa atingir o público em geral.

B2C (business to consumer communication) [ing.] Publicação especializada ou qualquer forma de comunicação dirigida a consumidores em potencial ou ao público em geral interessado num produto ou serviço.

babelismo **1** LING Doutrina, em voga nos sXVIII e XIX, que aceita como possível as línguas, em maior ou menor grau, terem se desenvolvido independentemente umas das outras em várias partes do planeta. ▸ O debate intelectual em torno da poliginia ou da monoginia linguística deve ser entendido como reação ou aceitação das teses evolucionistas e monogenistas de Darwin (1809-1882) a propósito da formação de espécies, que, para ele, seria o produto de uma descendência comum com modificações (cf. DARWIN, CHARLES; DESCENDÊNCIA COMUM COM MODIFICAÇÕES). O babelismo é uma postura teórica e doutrinária que se opõe às teses monogênicas do adamismo linguístico. O babelismo especula que a diferença entre as normas linguísticas constitui o traço principal das línguas. O linguista poligenista Johannes Schmidt (1843-1901) formulou sua teoria da onda (*Wellentheorie*) como crítica às teses monogenistas de August Schleicher (1821-1868). Schleicher postulara que as línguas são como organismos que se desenvolvem, evolutivamente, por etapas e que, assim, obedecem a um sistema classificatório básico, como uma árvore que, a partir de um tronco comum, se ramifica numa diversidade de galhos. A teoria da onda de Schmidt defende o princípio de que as línguas se desenvolvem de um ponto central em círculos concêntricos, dos quais progressiva e independentemente se afastam, semelhantes ao movimento de ondas que se formam após uma pedra cair na superfície de um lago. ▸ Cf. ADAMISMO. **2** LING Tipo de construção linguística que se caracteriza pela adoção, confusa e não rigorosa, de palavras de origens diversas. **3** PSIC Expressão oral incompreensível.

INFORMAÇÕES GERAIS

Em todos os sentidos acima apresentados, a referência ao episódio bíblico da Torre de Babel indica algo deformatório ou catastrófico, como o episódio do Gênesis (11: 1-9) sempre foi concebido.

BIBLIOGRAFIA

SCHLEICHER, August. *Die darwinsche theorie und die sprachwissenschaft*. Weimar: H. Bohlau, 1868.

SCHMIDT, Johannes. *Zur Geschichte des indogermanischen Vokalismus*. Weimar: H. Bohlau, 1871-1875. v. 1-2.

baby [ing.] **1** CINE TV Tripé pequeno de câmaras. **2** FOT Pequeno refletor de luz.

bacalhau INF Adaptação em sistema ou programa de computador, visando solucionar um problema inesperado.

back bone [ing.] INF Núcleo, parte essencial ou central de uma rede de informática, onde se encontram elementos e subsistemas de alta capacidade, tais como sistemas de transmissão, dispositivos de seleção múltipla (*multiplexers*), de encaminhamento (*switches*) e de roteamento (*routers*). ▸ Literalmente, em inglês, espinha dorsal.

back catalogue [ing.] **1** EDIT M.q. FUNDO DE CATÁLOGO. **2** MÚS Conjunto de gravações anteriores feitas por artista de música popular.

backcover [ing.] BIBL M.q. QUARTA CAPA.

back door [ing.] INF M.q. PORTA DE ENTRADA.

background [ing.] **1** ART.PLÁST Conjunto de elementos (formas, cores etc.) apresentados com menor destaque em relação aos elementos principais. **2** ART.PLÁST Cor, estampa, que serve de fundo a desenho ou fotografia. **3** JOR Conjunto das condições, circunstâncias ou atributos de uma situação, acontecimento, ou fenômeno noticiado. **4** M.COM M.q. AMBIENTAÇÃO. **5** MÚS Sons que acompanham a melodia ou o tema dominante de uma execução musical.

background program [ing.] INF Programa próprio do sistema operacional de um computador que executa múltipas tarefas (limpeza de vírus, checagem periódica do sistema) sem interação com o usuário.

backing vocal [ing.] MÚS Som de vozes, em segundo plano, que acompanha solista num aranjo musical.

backlash [ing.] INF Sinal gráfico oblíquo (\) inclinado para a esquerda que serve de sinal que delimita a ação de alguns programas de computador.
backlight [ing.] **1** FOT TEAT M.q. CONTRALUZ. **2** PUB Painel impresso, pintado, confeccionado em material translúcido e iluminado por trás; *full light*, luminoso, *outdoor*. ▸ P.opos. a FRONTLIGHT.
backlist [ing.] EDIT M.q. FUNDO DE CATÁLOGO.
back office [ing.] INF Programa de administração remota de computadores que permite a operação de um computador a distância. ▸ Por meio de um *back office*, é possível abrir e criar pastas, aplicações para uso remoto, acessar ou sair de um servidor, mostrar senhas, acessar o teclado de um computador etc. Ainda que tenha sido concebido para operações legítimas, um *back office* pode, perfeitamente, servir para ações danosas e virais. *Back orifice* é corruptela de *back office*.
back orifice [ing.] INF Corruptela de e m.q. BACK OFFICE.
backplate [ing.] **1** CINE REC.AV Região eletricamente carregada de microfones eletroestáticos; placa paralela, placa fixa, placa dupla. **2** REC.AV M.q. CONDENSADOR.
back projection [ing.] CINE Superposição de cenas independentes, que são filmadas ao mesmo tempo, permitindo que os atores não estejam, de fato, no local onde a cena deveria ocorrer; *rear projection*. ▸ A tecnologia digital e o CHROMA-KEY melhoraram consideravelmente a qualidade das antigas *back projections*, onde uma cena era projetada em telões no fundo do estúdio e filmada, enquanto os atores representavam seus papéis.
backstage [ing.] TEAT M.q. BASTIDOR ('conjunto').
backtime [ing.] REC.AV Processo de sincronização de material sonoro ou visual de modo a que se possa usá-lo no momento precisamente desejado.
backups [ing.] INF Cópia de segurança, feita com o propósito de ter material adicional copiado no caso de sua perda ou corrupção. ▸ Porque a taxa de perda de material digitalizado é alta, da ordem de 60%, os *backups* são procedimentos básicos e necessários na comunicação digital e atendem a dois propósitos: um deles é recuperar cópias, outro, restaurar arquivos que foram corrompidos.
Bacon, Francis (Strand, Londres, Inglaterra 1561 - Highgate, Londres, Inglaterra 1626) Filósofo inglês, considerado um dos precursores do empirismo como método cognitivo, que escreveu ensaios sobre questões éticas e também sobre o progresso e o desenvolvimento apropriado do conhecimento da natureza que, segundo ele, só poderia ser conhecida, em sua estrutura, por um raciocínio indutivo. ▸ Alguns veem Francis Bacon como aquele que deu fundamentação teórica ao conhecimento da natureza, enquanto outros, como o historiador das ciências Alexandre Koyré (1892-1964), consideram-no profundamente equivocado no seu entendimento do que seja a ciência natural. Segundo Koyré, a ciência moderna define-se por duas concepções básicas: a substituição da concepção do universo fechado, que tipifica o cosmos da ciência grega, pela ideia de um universo infinito, e a aplicação matemática do método HIPOTÉTICO-DEDUTIVO, por Galileu (1564-1642) e Newton (1642-1727), que nada tem a ver com o EMPIRISMO rasteiro de Bacon. A rigor, trata-se do contrário, Bacon é um obstáculo para o progresso científico. Sua desconsideração pela matematização da natureza assim como seu desprezo pela dedução são empecilhos para o progresso científico. Bacon acredita que, por meio do processo de INDUÇÃO, seria possível inferir princípios gerais e universais a partir de observações sistematicamente coletadas. É o que propôs no seu livro *Novum organum*. O filósofo contemporâneo das ciências Karl Popper (1902-1994) avalia negativamente o papel da indução baconiana no saber científico. Não haveria como dar o salto de observações singulares para a identificação de princípios gerais sem uma pressuposição especulativa e insustentável que presuma uma uniformidade da natureza. Mas, se a importância de Bacon não é metodológica, ela é, certamente, sociológica e institucional. Vem de Bacon a visão de instituições dedicadas ao saber científico que constituiriam uma espécie de colégio invisível, uma rede na qual circulariam informações entre aqueles dedicados ao conhecimento e à transformação das condições da natureza. Segundo a frase célebre de Bacon, "saber é poder". O saber científico caracteriza-se por sua essência eminentemente prática e jamais por voos especulativos, sem fundamento na natureza. A mente que, na escolástica medieval, era o acesso para o entendimento de Deus através do qual a natureza era concebida, tornou-se, com Bacon, objeto de suspeita: o homem e sua mente devem limitar-se ao papel de ministros e intérpretes do mundo natural. As ilações lógicas devem ser feitas somente com base na observação dos fatos empíricos. A mente humana é criadora de ídolos perniciosos que conspiram contra o saber da natureza. Tudo que nos afasta da natureza seria fonte de erros, sejam eles residentes na nossa constituição física, mental, predisposições subjetivas, treinamento social, educacional ou cognitivo. Prefigurando pensadores contemporâneos, como Wittgenstein (1889-1951), na sua primeira fase, que produziu o *Tractatus logico-philosophicus*, Francis Bacon fustiga a linguagem ordinária como espelho da natureza: as linguagens humanas são irremediavelmente compostas de representações arbitrárias e convencionais, vários graus afastadas da verdade empírica.

BIBLIOGRAFIA

BACON, Francis. *Novum organum*. Lisboa: Res Editora, 1996.

báfer INF Aport. de *BUFFER*.
baferização INF Aport. de BUFFERING.
baffle [ing.] **1** ACS Painel dianteiro de caixa acústica, onde são montados os alto-falantes. **2** RÁD TV Construção com material antirrefratário, que impede reflexos indesejados.
bagaceira TEAT Peça sem valor artístico.
bailarino 1 PAP Cilindro revestido por tela metálica que gira entre duas caixas aspirantes na máquina contínua, para a formação mais homogênea do papel. **2** TEAT Indivíduo que dança profissionalmente para o público.
baite INF Aport. de BYTE.
baixa 1 EDIT GRÁF Red. de CAIXA-BAIXA. **2** TEAT Design. da parte inferior do espaço cênico, desde o centro até a frente.
baixa frequência ELETR FÍS Valor de FREQUÊNCIA entre 30 e 300 kHz. ▸ Sigla: BF.
baixar INF Transferir *software* e dados de um computador para a máquina operada pelo usuário; *download*.
baixo MÚS **1** Que está aquém da afinação convencionada. **2** Cantor que tem a voz masculina de registro mais grave. **3** M.q. GRAVE. **4** Linha melódica mais grave de uma composição. **5** Nota mais grave de um acorde. **6** M.q. CONTRABAIXO.

baixo-relevo GRÁF Impressão nada saliente. ▸ Cf. ALTO-RELEVO; MÉDIO-RELEVO.

Bakhtin, Mikhail Mikhailovich (Oriol, Rússia 1895-Moscou, União Soviética 1975) Filósofo, semioticista, crítico literário, autor de contribuições variadas e importantes para a teoria da cultura, da linguagem, do romance, da psicanálise etc. ▸ O reconhecimento da importância de Bakhtin foi progressivo e começa com a descoberta de seu trabalho, nos círculos intelectuais do Ocidente, na década de 1960, pela escritora francesa Julia Kristeva (1941-), que atribuiu ao teórico russo um papel central no entendimento do que seja INTERTEXTUALIDADE. Segundo Kristeva, Bakhtin demonstrara que um texto literário não é uma entidade imanente, mas um caleidoscópio, um mosaico que se refere, como num eterno e interminável diálogo, a outros textos que cita, critica, comenta etc. O estudo de Dostoievski (1821-1881) que Bakhtin publicara em *A imaginação dialógica* seria uma viva demonstração da tese. É através dessa ideia que Bakhtin deixa sua marca nos estudos da comunicação literária. Além de postular sua tese dialógica, Bakhtin, na prática, argumenta contra as análises formalistas de Roman Jakobson (1896-1982) sobre a linguagem e a literatura, que teriam expurgado a dimensão crítica, social e política dos romances e das obras literárias em geral. Ao contrário de Tolstoi (1828-1910), que unifica a narrativa na voz centralizada do autor impessoal, os romances de Dostoievski seriam estruturalmente dialógicos e polifônicos. Além da crítica literária, Bakhtin publicou uma importante, ainda que incompleta, classificação dos gêneros do discurso. Vários intelectuais russos se reuniam em torno dele e daí saíram contribuições importantes para a música e para os estudos da linguagem e da literatura. Dessas discussões, formou-se uma sociolinguística que discorda das teses formalistas a respeito da linguagem. A ênfase de Bakhtin era na fala, não no sistema organizado da língua, e constitui uma alternativa às teses estruturalistas da linguística saussuriana. Bakhtin foi um dos primeiros teóricos a chamar atenção para o papel da linguagem e suas trocas na terapia psicanalítica. O interesse de Bakhtin transcende a questão do signo e suas propriedades formais, sendo mais centrado nas questões da enunciação, e remonta a uma de suas primeiras obras, apresentada como tese de doutoramento, sobre o contexto sociocultural da obra de François Rabelais (1494-1553). É nesse texto que surge o seu célebre conceito de *carnavalização*, que dá ao riso, ao exagero e à fantasia desmesurada e grotesca um papel sociologicamente subversivo, sendo, então, uma estratégia de resistência da cultura popular à ordem estabelecida.

BIBLIOGRAFIA

BAKHTIN, Mikhail M. *The dialogical imagination*. Austin: University of Texas Press, 1981.

__________. *Cultura popular na Idade Média e no Renascimento: O contexto de François Rabelais*. São Paulo: Huicitec, 2010.

BRAITH, Beth. *Bakhtin: conceitos-chave*. São Paulo: Contexto, 2007.

bala PAP Volume de papel equivalente a dez resmas ou a 5.000 folhas.

balada MÚS **1** Canção instrumental, em ritmo lento, interpretada por cantores de música *pop*, acompanhada de conjuntos de instrumentos modernos, como guitarra, teclado etc. **2** Composição musical de caráter épico. **3** Composição musical sem forma definida. **4** Dança executada ao som de baladas.

balançar **1** ACS Ajustar (vários canais de som) numa transmissão ou gravação. **2** ART.PLÁST Dispor harmonicamente (elementos de uma composição). **3** FOT Compor equilibradamente (um ou mais elementos visuais de uma imagem). **4** FOT Acertar equilibradamente (intensidade de focos de luz).

balanceamento REC.AV Ato ou efeito de ajustar a câmara à luz (halogênica, natural, solar, fluorescente etc.) do ambiente capturado; *white balance*.

balancear ELETR REC.AV Tornar (sinal) eletricamente simétrico em relação a um nível arbitrário de referência.

balanço **1** ACS Dispositivo que permite integrar e equilibrar os canais de som, para que se obtenha determinado efeito sonoro. **2** MÚS Ritmo de uma peça musical. **3** TEAT Aparelho para produzir ascensões e descidas de personagens numa peça teatral.

balão M.COM **1** Convenção gráfica das histórias em quadrinhos que indica fala, emoção, sonho ou pensamento dos personagens. ▸ De maneira geral, quando a forma retangular ou arredondada do balão se desenvolve numa ponta alongada que se dirige para a boca da personagem, trata-se de sua fala; quando se transforma numa série de bolinhas que apontam para sua cabeça, isso quer dizer pensamento, sonho, devaneio etc. **2** M.q. QUADRINHO.

balcão TEAT Espaço numa sala de espetáculos, cada um dos andares recuados, acima das últimas filas da plateia, entre os camarotes e as galerias. ▸ O balcão é dito nobre quando está acima da plateia.

baliza **1** GRÁF Nas máquinas de impressão, cada uma das peças nas quais encosta a folha a ser marginalizada e que ajusta o papel à fôrma; guia. **2** SEMIO Qualquer sinal convencional que transmita informação.

banco de dados INF Coleção ou reunião organizada de arquivos, informações e materiais diversos (imagens, documentos etc.) sobre um ou mais assuntos disponíveis para múltiplos usos, mediante sistemas de processamento eletrônico; base de dados, *data bank*, *data base*. ▸ Organizados por linhas (*rows*) e colunas (campos) e graças ao uso de sistemas de gerência computadorizada, os bancos de dados permitem a seus usuários adicionar, atualizar, recuperar e remover informações de maneira imediata. Duas estratégias básicas possibilitam que os bancos estejam disponíveis para seus usuários. Alguns bancos são organizados por sistemas de processamento de transações *online* (*OLTP*, sigla de *Online Transaction Processing Systems*), cuja busca é orientada no sentido de reconhecer um objeto pela identificação de sua linha de informações. Existem também outros processos de armazenamento: catálogos de bibliotecas e o *Big Table*, do Google, que usam um sistema de gerência de dados dirigido para o reconhecimento de colunas ou campos e são considerados relacionais. Os sistemas de gerência dos bancos de dados controlam a criação, a manutenção e o uso dos dados armazenados, conforme dois modelos: um orientado para o objeto e outro, para a identificação de nexos entre os arquivos, dados informacionais ou materiais que foram guardados. Esses dois tipos de arquitetura podem existir separadamente em bancos de dados diferentes, que são por vezes vinculados ao conceito de objeto ou então relacionais, o que não impede que sejam combinados em sistemas que são tanto de objeto como relacionais.

banco de imagens 1 EDIT Arquivo de documentos visuais (desenhos, pinturas, fotografias, filmes e vídeos) que podem ser usados em publicações mediante o pagamento de direitos autorais. 2 M.COM Arquivo de materiais visuais veiculados ou criados por um meio de comunicação; iconoteca.

banda 1 RÁD M.q. FAIXA DE FREQUÊNCIA. 2 ELETR RÁD INF Red. de LARGURA DE BANDA.

banda de frequência RÁD M.q. FAIXA DE FREQUÊNCIA.

banda de vídeo TV Faixa de frequência de uma emissora de TV para transmissão de sinais de vídeo.

banda do cidadão COMN Sistema de radiofonia entre indivíduos com uma seleção de 40 canais na banda de 27 MHz, us. principalmente em lojas, negócios e comunicação pessoal; *citizen's band*.

banda larga 1 TEL Método de sinalização com FAIXA DE FREQUÊNCIA ampla que pode ser dividido em canais. 2 REC.AV Arquivos de vídeo ou áudio que exigem altas taxas de transmissão de *bits* para que se tenha acesso a eles. ▸ Cf. BITRATE. 3 INF Método de sinalização em redes de internet que se vale da tecnologia de fibra óptica, ao contrário de *modems*, que usam linhas telefônicas, e que permite a transmissão e recepção de sinais simultâneos, sem que isso afete a qualidade do processo. ▸ Cf. LARGURA DE BANDA.

INFORMAÇÕES GERAIS

Define-se banda larga pela velocidade de transmissão superior a 768 kb/s, padrão consideravelmente menor do que os serviços norte-americanos. atualmente disponíveis na internet. Em 2010, na Coreia do Sul, a velocidade média era de 20 Mb/s, quatro vezes maior do que a média nos Estados Unidos. Desde o fim da década de 1940, quando o matemático Claude Shannon (1916-2004) postulou a noção de INFORMAÇÃO, a capacidade de um canal determina o tempo necessário para a transmissão precisa de uma mensagem. Outros efeitos seguem-se, porém, à velocidade de banda do canal: se a faixa de frequência é ampla, os usuários têm a capacidade de se envolver em atividades mais complexas do que aquelas possíveis quando a banda é mais limitada. A explosão e a disseminação de criatividade na internet estão diretamente ligadas ao aumento das faixas de frequência disponíveis para os usuários. Mais do que isso, a disponibilidade de bandas largas permite que vários computadores operem num mesmo espaço, potencializando ainda mais o que se possa realizar. Um só roteador subdivide os sinais a serem transmitidos e liga várias unidades de informação ao IP (*Internet Protocol*), que não apenas transmite, mas distribui fluxos de mídia, áudio, vídeo e sinais de telefonia pelo espaço físico do usuário. Serviços de banda larga utilizam tecnologias diferenciadas. A DSL (*Digital Subscriber Line*, 'linha de assinatura digital') é feita através de um MODEM ligado a uma linha telefônica, pela qual a informação trafega até um multiplexador que agrega todos os dados e conecta-os à internet por meio de uma banda larga. A tecnologia DSL é chamada de ADSL (*Asymmetric DSL*), porque tem maior capacidade de DOWNLOAD do que de UPLOAD. Por não ser partilhada, a conexão em DSL não fica sobrecarregada. Uma alternativa para os que vivem fora das áreas de serviço é o uso de satélites. O *modem* é ligado a um satélite, que repassa o sinal para o centro provedor, que conecta com a internet. A sinalização por satélite não é tão rápida quanto a DSL, mas é bem mais veloz do que o serviço por meio de linha telefônica, que tem outras inconveniências, entre elas a impossibilidade de uso da linha ocupada quando o computador está em operação.

BIBLIOGRAFIA

BOCUZZI, Joseph. *Signal processing for wireless communication*. New York: McGraw Hill, 2007.

banda sonora CINE REC.AV TV 1 Área do filme de cinema ou da pista de vídeo em que estão gravados os sons que acompanham as imagens; pista sonora. 2 O som (música, diálogos, ruídos) aí gravado.

bandeira 1 FOT TEAT Pequena placa de metal anexada à borda dos refletores para variar a abertura do ângulo de iluminação, limitando a área iluminada, de acordo com as necessidades de iluminação; gobo. 2 GRÁF Recorte de cartolina que se cola na vareta das minervas para impedir que a fôrma manche o papel nas áreas com extensos claros; pestana.

bandeirola PUB M.q. BANNER.

bandwidth [ing.] TEL A menor faixa de frequência na qual um determinado sinal pode ser transmitido.

bangue-bangue CINE LIT M.q. FAROESTE.

bank [ing.] REC.AV M.q. BUS.

banner [ing.] 1 INF Mensagem que avisa quando alguns comandos são acionados num computador. 2 INF PUB Curta mensagem publicitária, animada ou não, em um *site* da *internet*, com *link* para a página do anunciante. 3 PUB Peça de publicidade em forma de bandeira, estandarte ou flâmula, impressa em um ou ambos os lados do papel ou do tecido, geralmente para ser pendurada em portões, na via pública, em pontos de venda etc.; bandeirola, galhardete.

baqueta MÚS M.q. MALHO.

barba 1 GRÁF A irregularidade que apresenta o livro nas extremidades do corte feito em suas páginas por guilhotina ou outro instrumento com o propósito de igualar as bordas do volume. 2 PAP A margem desigual ou franjada do papel fabricado a mão ou a imitação deste, mecanicamente produzido; rama.

barbear 1 GRÁF Cortar as barbas de (livro, papel etc.). ▸ Cf. BARBA. 2 ENC GRÁF Aparar as bordas de (maço de papel ou de livro) para que estas se igualem nas extremidades; refilar.

barcode [ing.] INF M.q. CÓDIGO DE BARRAS.

barganha ECON Transação econômica que transfere mutuamente valores, coisas etc. entre dois ou mais agentes econômicos. ▸ Ao contrário do uso comum, que entende barganha como mera pechincha, processo de troca amesquinhada de valores pequenos ou mesmo negócio escuso, a barganha é um tema central do pensamento econômico denominado TEORIA DOS JOGOS. Trata-se de uma situação de conflito de interesses, com uma variante fundamental: ao barganhar, os agentes da troca, os jogadores, prejudicam-se se não conseguirem chegar a um ponto de equilíbrio comum que permita a troca de valores ou coisas. Então, como conciliar conflito de interesses com a necessidade de chegar a um acordo, que é o oposto da disputa, já que fundamentalmente cooperativo? Quem põe uma casa à venda no mercado imobiliário quer (muitas vezes precisa) vendê-la ao preço mais alto possível, enquanto seus compradores potenciais têm a intenção de comprá-la ao preço mais baixo. Mas, se não houver acordo, perdem tanto o vendedor como o comprador. Qual a solução racional para o problema da barganha? O matemático e Prêmio Nobel de Economia John Nash (1928-) propôs a seguinte solução: cada jogador atribui um valor de UTILIDADE a cada resultado possível, escalonando-os numa hierarquia de preferências. Ainda que utilidade pareça algo qualitativo e vago, a ideia da escala de utilidades é a de estabelecer uma ordem de gostos e vontades com valores numéricos inequívocos. No artigo "The bargaining problem" (1950), Nash apresenta, de imediato, a tabela total de utilidades de cada jogador, num exemplo extremo de INFORMAÇÃO COMPLETA. Uma análise crítica da teoria de Nash objetaria que a informação completa não acontece no mundo real, mas a objeção é refutável: 1) ao longo do tempo em que a barganha se desenvolve, os jogadores intuem ou acabam descobrindo a intenção real de seu oponente; 2) para que haja a COOPERAÇÃO necessária e desejada, pois sem ela haveria perda para os dois jogadores, as mensagens trocadas entre os agentes econômicos serão, no curso do processo, a expressão mais honesta, completa e verdadeira. A barganha fracassa se os jogadores não encontram um ponto em que ambos saiam ganhando, o que significa sempre maximizar os ganhos e minimizar os custos do resultado final (cf. MAXIMIN). Para que isso aconteça da maneira mais rápida, a informação completa será mutuamente vantajosa para ambos os jogadores, que, cedo ou tarde, chegam a essa compreensão. Aplicando um teorema da geometria, o teorema do ponto fixo de Shizuo Kakutani (1911-2004), Nash concluiu que a barganha e a cooperação podem sempre ocorrer. Kakutani demonstrara matematicamente que, em situações divergentes e contrapostas, há sempre pelo menos um ponto em comum, um ponto fixo de convergência. O que Nash fez foi estender o raciocínio para a barganha, que se mostra possível desde que os jogadores decidam racionalmente e sejam capazes de reconhecer que, na situação de conflito de interesses, existe um ponto de equilíbrio para ambos os agentes econômicos. O ponto de equilíbrio nada mais é do que a obtenção da maior vantagem mútua. O EQUILÍBRIO DE NASH é uma situação em que nenhum dos jogadores tem motivo para se afastar dela. Outra variante para a solução do problema seria ver a barganha como um resultado regido pelo desejo mútuo de obter os maiores ganhos possíveis. Tanto num como noutro caso, as estratégias a serem seguidas são menos importantes do que os resultados que geram. Ainda que o problema da barganha pareça ser estritamente econômico e matemático, seu alcance transcende os limites dessas duas disciplinas. Os estudos da comunicação têm o que aprender com esse tema. Durante o processo de barganha, não há lugar permanente para mensagens enganosas ou ardilosas, pois, apesar de estarem numa situação de conflito, os jogadores têm por objetivo chegar a um resultado cooperativo comum, em que a comunicação desempenha papel inestimável.

BIBLIOGRAFIA

HARSANYI, John C. Bargaining. In: EATWELL, John; MILGATE, Murray; NEWMAN, Peter (ed.). *The new palgrave: game theory*. London: W. M. Norton, 1989. p. 51-66.

NASH JR., John F. The bargaining problem. In: *Econometrica*, n. 18, p. 155-62, 1950.

barra 1 EDIT GRÁF Sinal em diagonal (/) para separar números, dia, mês e ano de uma data, entre outros afins. 2 EDIT GRÁF Sinal gráfico em forma de pequeno segmento de reta, que tem valor simbólico na notação de vários campos do conhecimento. 3 MÚS Traço resultante da união de caudas em figuração ritmomelódica; travessão. 4 MÚS Traço que corta a colcheia, significando APOJATURA ou semicolcheia; travessão. 5 MÚS Em instrumentos de arco, sarrafo de madeira colado no interior do tampo, do lado direito. 6 MÚS No piano, sarrafos de madeira onde se apoiam os martelos. 7 INF Espaço estreito e longo na interface gráfica de um programa, que serve para conter menus ou quaisquer outras informações e também para mover a página no sentido vertical ou horizontal. 8 PUB Num anúncio, cada uma das tiras de papel, ger. brancas, que se põem entre a moldura e o papel onde a peça publicitária foi impressa.

barra de atenção EDIT Sinal de revisão composto de pequeno traço posto pelo revisor sobre letra, grupos de letras e outros elementos a serem emendados, juntamente com a correção que deve ser feita.

barra de botões INF M.q. BARRA DE FERRAMENTAS.

barra de cor REC.AV TV Padrão internacional, composto de gradação tonal de faixas coloridas, que permite o ajuste e o balanceamento de aparelhos de vídeo e áudio; *color bar*.

barra de ferramentas INF Em programas de computação com interface gráfica, botões, ícones e outros elementos com funções definidas que permitem o acesso mais rápido às ferramentas de trabalho num computador; barra de botões, barra de ícones.

barra de ícones INF M.q. BARRA DE FERRAMENTAS.

barra de menu INF Área de um computador, ger. na parte superior da tela ou de uma janela, com ferramentas e ícones que identificam as funções, procedimentos ou conteúdos disponíveis para o usuário.

barra de navegação INF Área na página da internet que, por meio de HIPERLINK, indica as funções oferecidas ao usuário; *navigation bar*.

barra de rolagem INF Faixa vertical ou horizontal que tem por função acionar as informações da tela de um computador, comandada pelo *mouse* e percorrendo todo o conteúdo de uma janela.

barra de status INF Área numa janela ou tela de computador que fornece informações sobre o programa ou arquivo que está sendo utilizado.

barra de tarefas INF Na parte inferior da tela de um computador, área onde estão localizados os aplicativos que realizam tarefas específicas. ▸ Cf. APLICATIVO.

barra de título INF Na parte superior de uma janela, faixa que designa o título do arquivo que está aberto. ▸ A luminosidade da área informa a situação da janela; se escura, está desativada.

barramento INF Conjunto de condutores elétricos e circuitos que interliga os diversos componentes de um computador, através do qual fluem dados e sinais de controle; *bus*.

barriga JOR Notícia errada ou falsa publicada pela imprensa e posteriormente desmentida por fatos. ▸ Como parte de sua política editorial, os jornais de qualidade admitem e noticiam o erro publicado.

Barthes, Roland (Cherburgo, França 1915 - Paris 1980) Semiólogo, crítico cultural e escritor francês de grande influência na disseminação e popularização da semiologia na segunda metade do sXX. ▶ Ao morrer tragicamente atropelado em Paris, Barthes formulara uma obra vasta em que os estilos e temas se conjugam numa prosa elegante e encantadora. Seus últimos trabalhos aproximavam-no mais da escrita literária do que da exposição científica. Ainda que não se possa dizer para onde iria o trabalho criativo de Barthes, é sedutora a ideia de que, ao morrer, ele começava a fechar um círculo que começara a desenhar em *Le degrée zero de l'écriture* (*O grau zero da escritura*, 1947). Seja falando de fotografia, em *La chambre claire* (*A câmara clara*, 1980), seja expondo as relações entre o libertino Marquês de Sade (1740-1814), o socialista Charles Fourier (1772-1837) e Santo Inácio de Loyola (1491-1556), seja falando de si mesmo, Barthes explorava o que estava então chamando de textualidade. Desde *O grau zero da escritura*, escrever e dar forma eram, para ele, estratégias éticas. Progressivamente, após marcado interesse pelo existencialismo de Jean-Paul Sartre (1908-1980) e pelo teatro épico de Bertolt Brecht (1898-1956), Barthes aproximou-se do estudo formal dos signos, lendo o *Curso de linguística geral*, de Ferdinand de Saussure (1857-1913). Através do contato com pensadores franceses, que também se interessavam por questões formais da linguística e da fonologia, tanto na antropologia, literatura, psicanálise freudiana como na teoria da narração, ele desenvolveu a importante concepção de que a cultura humana é, na prática, uma linguagem. A tese de *Le système de la mode* (*O sistema da moda*, 1967) era que a roupa feminina ilustrada nas revistas de moda constituíam uma fala. O conceito de signo autorizava Barthes a reunir elementos culturais díspares (discursos, revistas, vestidos etc.) num todo sistêmico e semântico. Os princípios dessa semiologia geral, que foram anunciados em poucas linhas por Saussure, transformaram-se nos escritos de Barthes da década de 1960. A exposição metodológica mais completa da semiologia barthesiana encontra-se em *Eléments de semiologie* (*Elementos de semiologia*, 1964). Convincentemente ou não, Barthes inverte a proposta metodológica de Saussure. Saussure dizia que a linguística seria parte de uma teoria geral dos signos que ainda não existe, mas que seria uma promessa no horizonte. Barthes afirma que, devido ao progresso da linguística desde os tempos heroicos de Saussure, a semiologia é que deve ser parte da linguística. A linguagem é a fundação de tudo que é humano. Na prática de suas análises sempre cintilantes, Barthes utilizava mais a linguística de Louis Hjemslev (1899-1965) para interpretar os signos comunicados. O signo não passa da reunião de uma forma de expressão e um conteúdo, não tendo correspondência no mundo exterior (cf. DENOTAÇÃO). As trocas de signo numa sociedade são transações ideológicas. O que os signos fazem não seria transmitir informação, mas criar moldes de significação social. É preciso observar, porém, que, apesar de ensinar semiologia e escrever sobre assuntos e temas da comunicação de massa, Barthes define-se, principalmente, como intérprete da literatura, que, para ele, devia ser designada como escritura. Escrever, tanto teórica como literariamente, é um ato de crítica e desmantelamento do que fora até então concebido. Em 1977, três anos antes de sua morte, Roland Barthes foi nomeado o primeiro professor de semiologia do Collège de France. ▶ Cf. FAIT DIVERS.

BIBLIOGRAFIA

BARTHES, Roland. *Oeuvres complètes. Tomes I-II.* Paris: Seuil, 1993.

base **1** CINE Folha de celuloide sobre a qual é aplicada a emulsão de clorato de prata para que se obtenha um negativo. **2** ECON.POL No sistema de conceitos marxistas, o alicerce metafórico, composto de relações econômicas, sobre o qual o edifício social se ergue. ▶ Também chamada de infraestrutura, a base econômica determina e condiciona os outros modos de interação social, sejam eles políticos (portanto, todo o aparato do Estado), ideológicos (configurações de ideias e valores) ou culturais (religião, arte, entretenimento, sistemas de ideias, concepções ideológicas etc.). Da mesma forma, interesses de classe atuam diretamente na consciência e na vontade dos indivíduos que agem nas formações sociais. Apresentada pela primeira vez em *A ideologia alemã* (1845-1846), a metáfora da base é um ponto central da teoria marxista: aquele que afirma ser a fundação econômica o elemento determinante da toda existência. Na frase de Marx (1818-1883), em *A ideologia alemã*, "a natureza dos indivíduos depende das condições materiais que determinam sua produção". A contribuição definitiva do marxismo ao entendimento da vida em sociedade está baseada na intuição de que as sociedades se organizam em níveis que entretêm relações complexas. No edifício social existe uma base nem sempre diretamente percebida, de fato frequentemente camuflada, mas que é, entretanto, a causa mais poderosa da ordem humana. Engels (1820-1895) dirá que a base exerce supremacia final sobre os outros níveis. Para Marx e Engels, o que não seja relação de propriedade e comércio é considerado como SUPERESTRUTURA. Porém os nexos da base e da superestrutura não podem ser de determinação simplista ou mesmo de reflexo passivo, como o reducionismo econômico vulgar costuma supor. A base e a superestrutura são caracteristicamente sobredeterminadas, ou seja, mantêm uma relação causal de última instância. Nesse sentido, o prefácio da *Contribuição à crítica da economia política* (1859) sugere que, ainda que seja coberta por véus de pieguice e de ilusão, a estrutura econômica é a base real e efetiva das sociedades. Também em *O capital* (1857-1883), mesmo exigindo que se reconheça que a política, a religião, a arte etc. são incapazes de alimentar materialmente as sociedades pré-capitalistas, Marx admite que a superestrutura funciona como uma força poderosa de aglutinação. É bem verdade que nem tudo é economia, já que a infra e a superestrutura são relativamente autônomas. Mas, consequentemente, ainda que a teoria marxista clássica considere que os processos e mecânicas de comunicação, por serem parte da superestrutura, forjam a vida social, são a base econômica e os interesses de classe que condicionam e determinam a produção e a transmissão dos meios de massa. **3** GRÁF Parte inferior da letra impressa em manuscrito, que assenta sobre a linha. **4** LING Parte do componente sintático que define as estruturas básicas das orações de uma língua, sendo constituídas do léxico e de categorias sintáticas e regras de reescrita (sintagmáticas), que expandem as categorias sintáticas em sintagmas e introduzem, nos sintagmas, os itens lexicais. **5** LING Raiz pura, sem qualquer afixo (prefixo ou sufixo). ▶ P.ex., de *feliz* formam-se *infeliz, desinfeliz, infelicitar, infelicidade* etc. **6** MAT Número que dá início a uma série ou sistema numérico ou logarítmico. ▶ Notação binária é o sistema numérico de base 2. ▶ Cf. BINÁRIO; BIT; LOGARITMO. **7** MÚS Nota tônica. **8** MÚS Gravação musical preliminar, usando alguns instrumentos de ritmo, percussão e cordas, à qual o arranjador acrescenta, posteriormente, os demais instrumentos que contribuirão para a composição final do arranjo. **9** MÚS Conjunto instrumental mínimo de acompanhamento em música popular. **10** TV Sinal de vídeo que serve para iniciar ou terminar a transmissão de um programa; *black on line*.

BIBLIOGRAFIA

MARX, Karl. *O capital*. Coimbra: Centelha, 1974. v. 1.

________. *Contribuição à crítica da economia política*. São Paulo: Martins Fontes, 2003.

________. *A ideologia alemã*. Rio de Janeiro: Civilização Brasileira, 2007.

base de dados **1** MKT PUB Coleção que armazena e organiza as informações necessárias para a atividade de *marketing*. ▶ Na base de dados, encontram-se, de maneira ordenada, as informações sobre as estratégias de *marketing* de uma empresa, dados sobre os seus clientes, produtos, serviços etc., além de fornecer elementos sobre as tecnologias disponíveis e o que for preciso saber sobre vendas, preços e descontos. Através da base de dados, atualmente informatizada, as empresas são capazes de traçar políticas de *marketing*, bem como elaborar ações diretas e personalizadas que permitam a realização de seus objetivos. **2** INF M.q. BANCO DE DADOS.

base de logaritmo MAT Número em termos do qual um dado número é escrito como potência. ▶ Cf. LOGARITMO.

base empírica LÓG A que qualifica um enunciado de pesquisa como experimental ou científico. ▶ Uma pesquisa é considerada científica na medida em que é confirmada ou falsificada pelo que é exterior à mente que gerou as suas hipóteses e que, por isso, nos chega objetivamente através dos sentidos.

BASIC [ing.] INF Código de instruções simbólicas de uso geral para principiantes; linguagem de programação de alto nível para microcomputadores desenvolvida para facilitar o aprendizado de principiantes. ▶ A linguagem de programação *BASIC* (sigla de *Beginners' All-purpose Symbolic Instruction Code*), desenvolvida em 1964 por John George Kemeny (1926-1992) e Thomas Eugene Kurtz (1928-), da Universidade de Dartmouth, Estados Unidos, é responsável pela popularização dos microcomputadores. O propósito dos seus criadores era facilitar o uso de computadores para estudantes de outras áreas que não a computação e a matemática, permitindo, por consequência, que a informatização fosse amplamente disseminada. A influência da linguagem *BASIC* está presente em muitos programas de computação, como, por exemplo, o *Microsoft Visual Basic*.

basic input output system [ing.] INF Conjunto de programas de computador, composto de um sistema básico de entrada e saída de informação sem o qual a máquina não opera plenamente. ▶ Ao ser acionado quando o usuário liga o computador, o sistema básico de entrada e saída de informações (*BIOS*: *basic input output system*) faz com que os dispositivos fundamentais da máquina, tais como tela, *mouse*, *hardware*, disco rígido, *CD/DVD*, teclado etc., sejam inicialmente identificados. Posteriormente, o sistema de entrada e saída de informações localiza o *software* mantido num dispositivo periférico (*boot device*), que é um disco rígido ou um *CD*. Só então a máquina baixa e opera os programas que dão controle ao computador. O processo é chamado de *booting* ou *boot up*, que abrevia a expressão *bootstrapping*. O sistema básico de entrada e saída é um programa que já vem de fábrica em um *chip* específico do aparelho. ▶ Sigla: *BIOS*.

baskerville [ing.] BIBL EDIT GRÁF Denominação de tipo ou de família tipográfica que apresenta características do estilo romano de transição, olho elegante e grande legibilidade, criado pelo tipógrafo e impressor inglês John Baskerville (1706-1775). ▶ John Baskerville desenvolveu o tipo que leva seu nome com o propósito de melhorar a legibilidade e a elegância visual de tipos antigos, como os de William Carson (1770-1843). O tipo *baskerville* é considerado de transição, pois se situa historicamente entre os antigos, como o de Carson, e aqueles de tipógrafos posteriores, como Giambattista Bodoni (1740-1813) e Firmin Didot (1764-1836). A letra *baskerville* foi primeiro usada em uma coletânea de versos de Virgílio (70 a.C. - 19 a.C.) que inaugurava uma coleção de textos clássicos. Em 1758, John Baskerville foi nomeado impressor da Cambridge University Press.

bass control [ing.] ACS Controle, em um amplificador integrado ou em um pré-amplificador, que reforça ou atenua os sons graves.

bass reflex [ing.] ACS MÚS Tipo de alto-falante aberto, chamado de *port* ou *vented box*, que usa os sons da parte interior do diafragma, com o propósito de melhorar a amplificação de sons graves.

bastão EDIT GRÁF M.q. GROTESCO.

bastardo GRÁF Diz-se do tipo não padronizado, que não possui as características estruturais de nenhuma família.

bastidor **1** ENC M.q. COSEDOR. **2** TEAT Armação móvel de cenário, feita de madeira e pano, que se monta nas partes laterais do palco para delimitar, em conjunto com as bambolinas, o espaço cênico; regulador **3** TEAT Conjunto de corredores que contornam a cena, no palco, fora das vistas dos espectadores; *bakstage*, coxia.

bastonete EDIT GRÁF M.q. GROTESCO.

batch [ing.] INF M.q. LOTE.

batch capture [ing.] REC.AV Gravação automática de uma série de vídeos ou audioclipes, em sistema de edição não linear.

batedora PAP M.q. HOLANDESA.

bater EDIT GRÁF M.q. COTEJAR ('confrontar').

batida **1** EDIT M.q. TOQUE. **2** MÚS Batida, pulso, cadência, andamento de uma peça ou composição musical. ▶ Cf. BEAT. **3** TEAT Cada uma das marcações que antecedem um processo de declínio ou de intensificação da ação dos atores na trama de uma peça.

batoque CINE Carretel em que se enrola o material filmado.

baud INF TEL Unidade de medida da taxa de transmissão de sinais que expressa a frequência do sinal transmitido em um determinado canal; unidade de velocidade de transmissão de dados. ▶ Para uma modulação de sinal em dois níveis, 1 baud equivale a 1 dígito binário ou *bit* por segundo. Quando se diz 300 bauds, o que se quer dizer é que 300 *bits* foram sinalizados por segundo. A palavra é uma homenagem a J. M. E. Baudot (1845-1903), inventor do código telegráfico Baudot.

Baudrillard, Jean (Reims, França 1929 - Paris, França 2007) Sociólogo, semiólogo, filósofo e crítico francês que teorizou sobre os dilemas e peculiaridades da cultura e da sociedade pós-modernas.▸ Numa sucessão de livros cada vez mais heterodoxos e provocantes, Baudrillard acabou tornando-se parte da cultura de massa que ele tantas vezes interpretara criticamente. Ainda que Baudrillard tenha dito que nada tinha a ver com o filme, os cineastas da série *Matrix*, de grande popularidade no final da década de 1990, afirmaram que seus filmes ilustravam as teses de Baudrillard sobre o papel e os efeitos da simulação e do simulacro numa utopia futura. Depois de escrever textos críticos sobre a literatura alemã, Baudrillard publicou sua tese de doutorado, *Le systéme des objects* (*O sistema dos objetos*, 1968), que pode ser considerada um trabalho que segue o modelo clássico da sociologia com uma importante novidade: as coisas são concebidas como signos, o que, na formulação de Baudrillard, justifica, explica e constitui o processo de consumo. Consumimos não apenas objetos, mas prioritariamente representações. Não se deve reduzir o consumo à satisfação de necessidades: consumir é um modo de existência que define a sociedade industrial. O consumo funda a sociedade em todos os seus aspectos culturais. É através da manipulação de signos que o consumo se justifica, instaura e perpetua. Nesse caso, o objeto para ser consumido precisa funcionar como um signo. Da mesma maneira que os fonemas e elementos linguísticos se definem mutuamente por diferenciação material, os objetos consumidos mantêm uma relação sincrônica igualmente mútua. A conclusão que se anuncia para Baudrillard é clara: não há real, nem objeto em si: só há signos. O pensamento em *O sistema dos objetos* é inequivocadamente influenciado pelo clima estruturalista da época, principalmente a semiologia barthesiana (cf. BARTHES, ROLAND), mas suas raízes filosóficas remontam à crítica kantiana de que não existe a coisa em si, apenas representações, ou seja, o que Immanuel Kant (1724-1804) chamava de fenômeno e que se organiza através das categorias codificantes e *a priori* de espaço e tempo. No vocabulário moderno, o fenômeno apontado pelo kantismo é comparável à ideia de representação que funda o signo. O consumo é ilimitado, porque as representações que o impulsionam existem em movimento autônomo, próprio, irrefreável, cuja ação revela uma ausência, de fato uma eterna falta. Considerada um desenvolvimento radical do estruturalismo francês e companheira dos trabalhos de Jean-François Lyotard (1924–1998) e Gilles Deleuze (1925–1995), a posição teórica de Baudrillard recusa a ideia de que os signos que circulam em sociedade codificam o consumo, representando objetos para seus compradores em potencial. O que os signos fazem é desreferencializar o mundo, criando uma experiência de outra ordem, em que a simulação da experiência ocupa o lugar antes conferido ao real, forjando um domínio que não é nem real nem falso: trata-se de uma hiper-realidade. Para Baudrillard, graças à força da tecnologia, experimentamos um estágio terminal das imagens, no qual não cabem discursos e pensamentos sobre a realidade da representação. Estaríamos na última de uma série de fases sucessivas, que passam pelo desejo antigo de se terem representações mimeticamente fiéis até chegarmos ao encanto e ao sortilégio da pura simulação, que não é reflexo, mas sedução. Numa sequência de livros curtos e entrevistas fustigadoras, Baudrillard procurou demonstrar que a experiência social se transformou num teatro, onde assistimos sombras representando sombras e que acreditamos ter alguma forma de realidade.

BIBLIOGRAFIA

BAUDRILLARD, Jean. *Simulacros e simulação*. Lisboa: Relógio d'Água, 1996.

____________. *O sistema dos objetos*. São Paulo: Perspectiva, 2000.

bazuca REC.AV Caixa acústica em forma de tubo.

BB GRÁF PAP M.q. FORMATO BB.

BBC (British Broadcasting Corporation) [ing.] M.COM Rede pública de comunicação britânica, fundada em 18 de outubro de 1922, com escritório central em Londres. ▸ Sustentada por impostos cobrados dos usuários britânicos de televisão, a *BBC* é uma entidade governamental autônoma. Sua missão é prover serviços de comunicação televisiva, radiofônica e de *internet*, que sejam direcionados ao interesse público e não à comunicação comercial. Desde a gestão de seu primeiro diretor, John Reith (1889-1971), a *BBC* acredita que deve fomentar a cidadania, promover educação e aprendizado, representar o Reino Unido em outras comunidades e culturas, trazer o mundo para o Reino Unido e o Reino Unido para o mundo, além de promover, para a população britânica, os benefícios das novas tecnologias de comunicação. A *BBC* é o modelo que inspirou as várias televisões educativas e redes públicas de comunicação no mundo inteiro.

BBS (bulletin board systems) [ing.] INF M.q. BULLETIN BOARD.

BCD [ing.] INF Sigla de *Binary-Coded Decimal* (decimal codificado binariamente)▸ *BCD* é um método de codificação binária que usa quatro *bits* de código binário para representar dez dígitos decimais. A codificação *BCD* permite que se perceba, com facilidade, a relação existente entre um número decimal (de base 10) e outro binário (de base 2).

BCU [ing.] CINE Sigla de BIG CLOSE-UP.

beam splitter [ing.] ÓPT REC.AV Dispositivo óptico, composto de prisma e espelhos, que, numa câmera, separa a imagem recebida em cores primárias (azul, verde e vermelho).

beat [ing.] **1** MÚS Andamento rítmico pronunciado, principal característica do *jazz*. **2** MÚS Compasso quaternário acentuado, principal característica do *rock*. **3** LIT M.COM Abrev. de BEATNIK.

INFORMAÇÕES GERAIS

Foi da palavra inglesa *beat* (batida), associada a BEATNIK, e de um grupo de motoqueiros do filme *The wild one*, estrelado por Marlon Brando (1924-2004), que o grupo musical The Beatles (*beat* sobreposto a *beetle*, 'besouro') extraiu seu nome.

beatnik [ing.] LIT M.COM Grupo e movimento literário atuante em meados do século passado, principalmente em Nova York e na Califórnia, caracterizado como *The Beat Generation*, que advogava um estilo de vida boêmia e uma prática literária experimental, com ramificações e influência pela música *pop*, as artes visuais, a moda e muitos outros aspectos da cultura americana e mundial. Abrev: BEAT.▸ O termo *beatnik* refere-se inicialmente a um grupo de escritores americanos da década de 1950 [Jack Kerouac (1922-1969), Allen Ginsberg (1926-1997),

William S. Burroughs (1914-1997) etc.], cujas obras e comportamentos são a base da contracultura dos anos de 1960. O termo *beatnik* começou a ser usado pejorativamente como um estereótipo na grande mídia dos anos de 1950 e de 1960, nos Estados Unidos. A palavra *beatnik* foi cunhada pelo jornalista norte-americano Herb Caen (1916-1997), que fundiu a raiz *beat* ao sufixo russo *-nik*, que era parte do vocabulário popular: estavam no período da Guerra Fria e da hostilidade crescente entre americanos e soviéticos, que também se manifestava na exploração do espaço, para onde os russos lançaram o satélite Sputnik. Apesar de ter sido a princípio rejeitada por escritores como Ginsberg, a forma abreviada do epíteto tornou-se a etiqueta que popularizou esse movimento existencial e literário. John Clellon Holmes (1926-1988), num artigo de 1962 para o jornal *The New York Times*, apresentou a Geração Beat para um público mais sofisticado, tratando-a seriamente, expondo o que seriam as suas bases filosóficas. A fluidez da palavra *beat* permitiu que se associasse o termo a êxtase, beatitude, ritmo, e assim fosse possível falar de William Blake (1757-1827), Arthur Rimbaud (1854-1891), Walt Whitman (1819-1892) e o *jazz* de Charlie Parker (1920-1955) como fontes criativas de alguns membros do grupo. O que era marginal tornou-se uma febre na juventude norte-americana da época, pois o que fosse *beatnik* ou *beat* passava a ser identificado com modernidade artística e comportamental.

BIBLIOGRAFIA

CHARTER, Ann. *The portable beat reader*. New York: Penguin Books, 1992.
KRIM, Seymour. *Beats: a golden medal anthology*. Greenwhich: Fawcett Publications, 1967.

becapado INF De que se fez *backup* ('cópia de segurança', 'becape'); copiado.
becape INF Aport. de BACKUP.
Bedeutung [al.] FIL Na filosofia da linguagem de Gottlob Frege (1848-1925), referência, denotação, em oposição a *Sinn* ('sentido'). ▶ Cf. DENOTAÇÃO; SENTIDO; [1]REFERÊNCIA.
beep [ing.] TEL Ver BIPE.
beeper [ing.] TEL Ver BIPE.
behaviorismo 1 PSIC Teoria e método de investigação psicológica que procura examinar do modo mais objetivo o comportamento humano e dos animais, com ênfase nos fatos objetivos (estímulos e reações), sem recorrer à introspecção. ▶ O objetivo da postura intelectual behaviorista é dar um caráter estritamente científico e empírico à psicologia, livrando-a da nebulosidade experimental inevitavelmente causada por tentativas de entender os processos psíquicos em termos introspectivos e mentalistas. A palavra 'behaviorismo' (do ing. *behavior*, cuja tradução é 'comportamento'), foi cunhada por John B. Watson (1878-1958), em 1925, mas sua formulação mais aprimorada encontra-se na psicologia de B. F. Skinner (1904-1990), na linguística de Leonard Bloomfield (1887-1949) e nos argumentos filosóficos de Willard van Orman Quine (1908-2000). As teses behavioristas presumem que os comportamentos humanos são previsíveis e explicáveis, como se fossem a expressão de uma lei científica natural, se submetidos a uma análise funcional, ou seja, à especificação de variáveis (estímulos) que engendram respostas de cunho comportamental. O behaviorismo reduz a aquisição da linguagem à cristalização, por meio de estímulos, ou de determinados comportamentos (cf. ANTIMENTALISMO). O behaviorismo é tanto um método como uma filosofia que, paradoxalmente, beira o metafísico. Como método, reduz o entendimento científico da personalidade aos comportamentos observados, e, enquanto filosofia, nega a existência de consciência e de introspecção. No sentido metafísico, a postura behaviorista encontra apoio em filósofos como Gilbert Ryle (1900-1976), que, ao criticar o dualismo cartesiano, afirmava que a mente não podia estar separada da realidade exterior, que não haveria nenhum fantasma dentro da máquina do mundo (*ghost in the machine*): a consciência deve ser entendida nos termos de atos e enunciados explícitos. Ludwig Wittgenstein (1889-1951) também postulou que a introspecção não deve ser levada a sério, pois os processos mentais que são significativos não são privados, mas públicos. A crítica mais devastadora ao behaviorismo, do ponto de vista da aquisição da linguagem, é a resenha de Chomsky (1928-) ao livro de Skinner, *Comportamento verbal*, em 1959. Nessa resenha, Chomsky argumentara que a criatividade, e não a determinação feita por estímulos vindos do meio ambiente, define a produção de sentenças; a mente humana, preexiste aos estímulos do mundo exterior, e não poderia jamais ser uma página em branco que recebe passivamente o que lhe vem através dos sentidos. Enquanto as teses mentalistas se interessam pela ASSOCIAÇÃO DE IDEIAS, o behaviorismo tem, como objeto de interesse, outro tipo de associacionismo: aquele que reúne estímulos e respostas. As suposições behavioristas foram incorporadas à linguística através dos trabalhos de Leonard Bloomfield, que advogava um modelo de entendimento do significado redutível às relações entre estímulos linguísticos e respostas práticas, com o propósito declarado de fornecer descrições rigorosas e formalizáveis da linguagem, sem recorrer aos processos introspectivos dos falantes. De maneira semelhante, quando aplicado à comunicação, o modelo behaviorista opta por considerar as mensagens como respostas a situações que funcionam como seus estímulos. **2** COMN LING Doutrina apoiada na psicologia behaviorista, proposta inicialmente por Leonard Bloomfield e depois por B. F. Skinner, que busca explicar os fenômenos da comunicação linguística e da significação da língua em termos de estímulos observáveis produzidos pelos falantes em situações específicas.

BIBLIOGRAFIA

BLOOMFIELD, Leonard. *Language*. New York: Holt, Reinhardt and Winston, 1933.
CHOMSKY, Noam. A review of B. F. Skinner's *verbal behavior*. In: *Language*, n. 35, p. 26-58, 1959.
RYLE, Gilbert. *Concept of mind*. Harmondsworth: Penguin, 1949.
SKINNER, B. F. *Verbal behavior*. New York: Appleton-Century--Crofts, 1957.
WATSON, J. B. *Behaviorism*. New York: W. W. Norton, 1929.
WITTGENSTEIN, Ludwig. *Investigações filosóficas*. Petrópolis: Vozes, 2005.

beleza BIO ESTÉT FIL Qualidade, propriedade, caráter, virtude do que é belo ou se manifesta como tal, capaz de despertar sentimento de êxtase, admiração ou prazer através dos sentidos (visão, olfato, tato, paladar etc.). ▶ Num universo saturado de mensagens, como a sociedade contemporânea, a discussão estética e filosófica do que é belo parece redutível ao entendimento dos efeitos produzidos pelas pinturas, anúncios, filmes, canções etc. Assim concebida, a beleza deixa de ser interessante e o que importa passa a ser o entendimento de como se manifesta o efeito da beleza. Uma resposta estaria em afirmar que o reconhecimento do que é belo resulta direta e estritamente da cultura, educação, treinamento da sensibilidade do ATOR social. Nesse sentido, a beleza é produto direto das convenções de época. A variabilidade do gosto histórico parece justificar plenamente tal afirmação. Realmente, não só as apreciações estéticas mudam, mas as reações ao que inova são frequentemente negativas, ainda que, no curso do tempo, o que parecia ser o oposto da beleza passa a ser identificado com ela. O rejeitado transforma-se em canônico: assim, Henri Matisse (1869-1954), Pablo Picasso (1881-1973), Marcel Duchamp (1887-1968), Igor Stravinsky (1882-1971), Arnold Schoenberg (1874- 1951), James Joyce (1882-1941) etc. recebem o manto de mestres da nova época. Mas é precisamente porque as convenções e gostos gerais mudam que cabe a pergunta sobre se o belo resulta ou não de propriedades intrínsecas aos objetos. Até o sXVIII, essa era a discussão predominante e, por isso, porque se presumia que a beleza resultava de propriedades inerentes às coisas (como a harmonia, a perfeição etc.), identificava-se o belo com o sublime, que se manifestaria tanto no mundo não convencional da natureza, como no da cultura humana. De certa forma, ainda que identificasse o belo como qualidades puramente intelectuais e não sensíveis (como a simetria, a perfeição das formas geométricas), é isso que Platão (c428 a.C. - c348 a.C.) argumentara no diálogo *Filebo*. A separação da beleza natural e da beleza cultural encontra seu fundamento na filosofia de Kant (1724-1804), que afirma que o belo certamente resulta da experiência, mas é também juízo, e, com o juízo, a percepção da beleza adquire uma validade universal, aceita por todos ou por muitos numa sociedade. É, portanto, com base no julgamento geral que a beleza será transmitida sob a forma de ensino e disseminação do que vem a ser um sistema de convenções. O prazer que o sentimento de beleza produz num indivíduo pode ser, então, partilhado. Darwin (1809-1882), em *A origem do homem e a seleção sexual* concebe a beleza dos machos (sua plumagem, seu canto, seus excessos, suas danças etc.) como instrumentos da mecânica de SELEÇÃO SEXUAL. A dimensão do papel da beleza na seleção dos seres sexuais é um assunto ainda a ser plenamente explorado nos estudos da comunicação que, muitas vezes, se restringem ao entendimento das convenções estritamente culturais dos seres humanos.

BIBLIOGRAFIA

DARWIN, Charles. *A origem do homem e a seleção sexual*. Belo Horizonte: Itatiaia, 2004.

KANT, Immanuel. *Crítica à faculdade de julgar*. São Paulo: Ícone, 2009.

HAMILTON, Edith; CAIRNS, Huntington (ed.). *The collected dialogues of Plato, including the letters*. Princeton: Princeton University Press, 1989.

below-the-line [ing.] CINE REC.AV Termo orçamentário em inglês que designa os custos da equipe técnica de produção de um filme ou vídeo. ▸ Cf. ABOVE-THE-LINE.

benchmark [ing.] INF Diz-se de programa de computador que serve de padrão de medida para comparar a velocidade de processamento de máquinas.

benchmarking [ing.] MKT Processo de avaliação e comparação das atividades de uma companhia ou empresa com outras que são suas concorrentes ou consideradas padrão de excelência, num mesmo ou num ramo equivalente de negócios. ▸ Esse tipo de avaliação tem por objetivo medir valores, como qualidade, tempo e custos envolvidos na atividade de uma empresa, para aprimorá-la. Pode ser feita internamente, avaliando as atividades de um segmento da companhia com referência a outro semelhante. O termo, em inglês, é derivado das atividades de sapateiros que usavam um banco (*bench*) para pôr os pés de seus clientes e marcá-los, antes de confeccionar os calçados. Também chamado de *best practice benchmarking*, é um processo valioso e necessário para o desenvolvimento de estratégias empresariais em mercados competitivos.

BIBLIOGRAFIA

BOXWELL JR., Robert J. *Benchmarking for competitive advantage*. New York: Mc Graw-Hill, 1994.

Benjamin, Walter (Berlim, Alemanha 1892 - Portbou, Catalunha, Espanha 1940) Teórico alemão, filósofo da linguagem, pensador marxista da cultura, sociólogo, crítico literário, tradutor de Proust e de Baudelaire para a língua alemã, jornalista, cunhador do termo 'modernismo' e um dos mais influentes intérpretes dos meios de comunicação. ▸ De todos os pensadores da ESCOLA DE FRANKFURT, Walter Benjamin é o mais enigmático e certamente o mais difícil de se classificar. Escritos quando ainda estudante universitário em Berlim, Friburgo e Berna, seus primeiros trabalhos mostram uma particular sensibilidade filosófica para o entendimento da linguagem e da literatura, com ecos aproximados do messianismo místico judaico. Suas teses universitárias são um texto sobre o conceito de crítica de arte no romantismo alemão, que foi recebido *cum laude*, e um trabalho excêntrico e idiossincrático sobre o drama barroco alemão, o qual, em 1925, ele se viu obrigado a retirar da consideração da Universidade de Frankfurt, já que seria evidentemente rejeitado para a obtenção de uma *Habilitation*, título de docência. Desde então até seu suicídio por acreditar que não conseguiria cruzar a fronteira espanhola e, assim, fugir da perseguição nazista, Benjamin sobreviveu traduzindo a literatura de Marcel Proust (1871-1922) e de Charles Baudelaire (1821-1867), além de publicar artigos e textos críticos os mais variados para jornais de língua alemã. Benjamin deixou inacabado um conjunto de notas e de textos chamados *Passagen-Werk*, traduzido como *Passagens* – uma colagem de inspiração surrealista que apresentaria uma teoria da história moderna, justapondo fragmentos e observações caleidoscópicas em torno das as galerias parisienses, por onde passavam flanadores, mercadorias, produtos da cultura de massa etc. Como o trabalho das *Passagens* só foi publicado na década de 1980, a fortuna crítica de Benjamin fez-se a partir de trabalhos isolados e veiculados pela revista do Instituto para Pesquisa Social de Frankfurt, órgão oficial da ESCOLA DE FRANKFURT. O mais célebre de seus artigos, publicado em meados da década de 1930, que seria parte do trabalho das *Passagens*, "A obra de arte na era de sua reprodutibilidade técnica", introduz o conceito de AURA, cuja destruição caracterizaria as produções da indústria cultural. Para Benjamin, a destruição do valor de original que a tecnologia industrial permite é algo revolucionário e politicamente positivo, pois desfaz a categoria de unicidade que confere valor mercantil à arte burguesa. A visão positiva de Benjamin a propósito da cultura de massa certamente desagradou a seu amigo Theodor W. Adorno (1903-1969), que entendia a indústria cultural negativamente, como sintoma da corrupção cultural imposta pela mercantilização industrial moderna. Seus artigos sobre Baudelaire aproximam, de maneira fascinante, produtos culturais diversos, como a lírica do poeta francês, os folhetins, a multidão perambulando pelas ruas de Paris e a organização narrativa dos jornais da época, repensando, de maneira original e sempre dentro de uma posição que pode ser considerada como marxista, os nexos entre cultura, classe e desenvolvimento da técnica moderna. Benjamin deixou reflexões argutas e elucidadoras sobre o ofício de traduzir, além de ensaios sobre brinquedos de crianças, Surrealismo, fotografia, filme etc. Seja por necessidade de produzir trabalhos de circunstância, seja por possuir uma personalidade saturnina e complexa, como se vê pelo fato de que era amigo de intelectuais de matizes e tendências diversas, como o dramaturgo marxista Bertolt Brecht (1898-1956) e o filósofo sionista e historiador da mística judaica Gershom Scholem (1897-1982), um dos traços predominantes de Benjamin é sua inteligência relacional, expressa numa prosa simultaneamente sombria, precisa, metafórica e cintilante. Porque mantinha tais tipos de relacionamentos pessoais, há quem considere a obra de Benjamin como a expressão de um desejo utópico de redenção, onde convivem os ideais comunistas e o sionismo messiânico.

BIBLIOGRAFIA

BENJAMIN, Walter. *Obras escolhidas I: magia e técnica – arte e política*. São Paulo: Brasiliense, 1996.

____________. *Obras escolhidas II: rua de mão única*. São Paulo: Brasiliense, 2004.

____________. *Obras escolhidas III: Charles Baudelaire – um lírico no auge do capitalismo*. São Paulo: Brasiliense, 2004.

____________. *Passagens*. Belo Horizonte: UFMG, 2006.

KOTHE, Flávio René. *Benjamin e Adorno: confrontos*. São Paulo: Ática, 1978.

MERQUIOR, José Guilherme. *Arte e sociedade em Marcuse, Adorno e Benjamin*. Rio de Janeiro: Tempo Brasileiro, 1969.

BER [ing.] INF Sigla de BIT ERROR RATE.

Bertelsmann AG M.COM Conglomerado global de comunicação, baseado na cidade alemã de Gütersloh, fundado em 1835 e que opera em 63 países. ▸ Atualmente, a Bertelsmann emprega mais de 100 mil funcionários, atuando nas áreas de televisão, publicação, editoração de revistas e livros (Random House), distribuição de música, além de prover serviços de comunicação (Arvato AG) para outras companhias.

besteirol TEAT Gênero de espetáculo leve e humorístico, que extrai sua comicidade do absurdo, do ridículo, da troça e da crítica social, sem compromisso com teses ou propostas didáticas.

best-seller [ing.] EDIT Livro popular que faz parte de uma lista hierárquica decrescente divulgada por jornais, revistas ou livrarias. ▸ A lista hierárquica de livros considerados *best-sellers* é feita pela comparação do seu desempenho de vendas em duas categorias básicas: ficção e não ficção. Em países onde a indústria de livros segmenta-se em dois outros mercados, com regras e expectativas próprias, as listas de *best-sellers* também identificam, separadamente, o desempenho de livros de encadernação dura (*hardcover*) e de BROCHURA ou encadernação mole (*paperback*). Nesses países, os livros em *hardcover* são mais caros e constituem uma primeira edição do trabalho, que, posteriormente, pode ser lançado como brochura. Porém fatores estritamente econômicos e sem relação com a qualidade intelectual do livro podem influir no processo de feitura e comercialização e fazer com que um volume seja exclusivamente lançado na forma de brochura. Esses livros são chamados de *trade books*. A principal e mais prestigiosa lista de *best-sellers*, nos Estados Unidos, é a do *The New York Times*. Atualmente, livrarias eletrônicas, como a AMAZON.COM, também classificam livros por sua vendagem. Nos Estados Unidos, um livro de encadernação dura é considerado *best-seller* se atingir a marca de venda de 4.000 a 25.000 exemplares por semana. No Brasil, a distinção entre livros de capa dura e brochura não se aplica, pois, por motivos econômicos, a indústria livreira normalmente restringe a encadernação dura para os chamados 'livros de arte'. No mercado brasileiro atual, um livro é considerado *best-seller* se alcançar a marca de 10.000 exemplares vendidos num mês. Livrarias do país fornecem a lista de seus livros mais vendidos, que é, então, publicada. Os jornais divulgam a lista após selecionar os títulos, o que, muitas vezes, revela critérios de preferência editorial. Uma lista prestigiosa de *best-sellers* é a do jornal *Folha de S.Paulo*. A presença de um livro numa lista de *best-sellers* é, para muitos, considerada elemento importante na sua publicidade. Por outro lado, para críticos ácidos, como Gore Vidal (1925-2012), a exibição da lista dos mais vendidos, quando muito, não passa da descoberta de uma exuberante falta de qualidade que atingiu o gosto do público porque, afinal, segundo ele, "não se perde dinheiro subestimando a inteligência alheia".

BIBLIOGRAFIA

SODRÉ, Muniz. *Best-seller: a literatura de mercado*. São Paulo: Ática, 1988.

VIDAL, Gore. "The top ten best-sellers according to the Sunday New York Times as of January 7, 1973". In: *United States, essays 1952-1992*. New York: Random House, 1993, p. 67-88.

betumado PAP Diz-se de papel entremeado de betume; betuminado.

betuminado PAP M.q. BETUMADO.

BF TEL Sigla de BAIXA FREQUÊNCIA.

BG M.COM Sigla de BACKGROUND.

bibliofilme BIBL FOT Reprodução em microfilme das páginas de um livro.

bibliofoto BIBL FOT Técnica de reprodução das páginas de um livro por MICROFOTOGRAFIA.

bibliografia 1 BIBL EDIT Disciplina que tem por objeto grupar textos impressos segundo critérios sistemáticos diversos (cronológico, autoral, temático, geográfico, histórico etc.), visando facilitar o acesso a eles. **2** BIBL EDIT Repertório elaborado bibliograficamente. **3** BIBL EDIT Relação de obras consultadas ou citadas por um autor na criação de determinado texto. ▸ As várias formatações de bibliografias demandam que algumas informações básicas sejam arroladas. No caso de livros citados, espera-se que os seguintes elementos estejam presentes: (1) nome do autor ou dos autores, (2) data de publicação da obra, (3) título do trabalho citado, (4) local de publicação e (5) editora ou instituição que publicou o volume. Em dúvida ou na ausência de um desses elementos, recomenda-se a consulta ao manual de estilo da editora. No caso de citação de artigos em jornais ou revistas científicas, devem ser listados: (1) nome do autor ou dos autores, (2) data de publicação (ano, obrigatoriamente), (3) título do trabalho, (4) título do jornal ou revista que o publicou, (5) número do volume, (6) paginação do trabalho. Os mesmos critérios aplicam-se a materiais que não têm a forma de livros: discografias, filmografias e webgrafias. No caso de trabalhos acadêmicos, cada editora, jornal ou revista tem um sistema de relação bibliográfica e um manual de estilo de citação que os autores devem seguir e consultar em caso de dúvidas. **4** INF Coleção de programas e rotinas padronizadas que dá suporte ou subsídio para a execução de outros programas. **5** JOR Seção onde se arrolam livros e outras publicações recebidas.

BIBLIOGRAFIA

HARMON, Robert B. *Elements of bibliography: a simplified approach*. Meutchen: Scarecrow Press, 1988.

bibliologia BIBL Ciência da história e da composição do livro, em todos os seus aspectos.

SINAIS DE REVISÃO (DO LIVRO ELEMENTOS DE BIBLIOLOGIA)

OBJETIVO	REMISSIVA	CORRIGENDO	COMISSIVA	OBSERVAÇÃO	CORRIGIDO
1) retirar tipo	/	fal/ou	/ϙ		falou
2) retirar tipo mas manter unido o vocabulário	/	a/funda	⌣ϙ		afunda
3) retirar dois ou mais tipos até uma linha	⊢⊣	faleceeu	⊢⊣ϙ		faleceu
4) retirar duas ou mais linhas	⊏⊐		⊏⊐ϙ		
5) retirar de parágrafo inteiro a página	⊠		⊠ϙ		
6) retirar tipo(s) mantendo separação	/ ⊢⊣	a/pêra aiai pêra	/ϙ# ⊢⊣ϙ#		a pêra a pêra
7) ligar	⌣ ⌣⌢ ⌢ ○	estu⌣do liga⌣⌢dura cor⌢ado mas○, no meio	⌣ ⌣⌢ ⌢ ○	 dispensável dispensável dispensável	estudo ligadura corado mas, no meio
8) separar 1 espaço	/	a/mulher	/#		a mulher
9) separar 2 espaços	/	a/mulher	/##		a mulher
10) separar 3(*n*) espaços	/	a/mulher	/#3		amulher
11) separar espaço menor	/	a/mulher	/-!#		a mulher
12) separar linhas	⊢⊣	quero muito que você me diga o que lhe parece mais a-	⊢⊣#		quero muito que você me diga o que lhe parece mais a-
13) inserir tipo(s)	/ / / ∨ ∧	apreceu apreceu apreceu apreceu apreceu	/ / / ∨ ∧	dispensável dispensável dispensável	apareceu apareceu apareceu apareceu apareceu
14) inserir vocábulo(s)	/ ⊢⊣	ele /deu ele⊢⊣deu	/ me ⊢⊣ era o que me		ele me deu ele era o que me deu
15) inserir linha(s)	⊢⊣	quero muito diga o que lhe parece	⊢⊣ que você lhe		quero muito que você lhe diga o que lhe parece
15) manter tal qual está	....	esta soidade	....	a prova teria vindo como um ? de dúvida do revisor	esta soidade
16) trocar tipo defeituoso	usar do círculo ou ovóide,				
17) pôr tipo corpo regular	*v.* 9.1.2.4 *supra*				

18) substituir para redondo ou romano		ela é triste			ela é triste
19) substituir para grifo ou itálico		ela está triste	gr / it	para os n.° 19, 20, 21, 22, 23, 24, a laternativa, que é a solução preconizada para o n.°25.	ela *está* triste
20)subtituir por negrito		ela está só			ela **está** só
21)substituir por versalete		a alopatia	v		a ALOPATIA
22) substituir por versal		a alopatia	v		a ALOPATIA
23) substituir por versal-versalete		a alopatia está onra			a ALOPATIA está ONRA
24) substituir versal por minúscula		esta VIDA	c.b.	c.b. quer dizer "caixa baixa"	esta vida
25) substituir qualquer gênero, família, corpo por qualquer outro gênero, outra família, outro corpo		O círculo envolverá o corregendo			
26) corrigir posição do tipo		vida vIda		dispensável	vida vida
27) ordenar a seqüência de 2 tipos		ivda ivda	Hvi	dispensável	vida vida
28) ordenar a seqüência de 3 ou mais tipos		adzueme adzueme	H zedu	dispensável	azedume azedume
29) ordenar a seqüência de 2 ou mais vocábulos		o e me que /o é me que	/e/que/		e o que me e o que me
30) aproximar linhas		quero que você/ me diga o quanto	ap	"ap", apertar	quero que você me diga o quanto
31) grifo alemão	×××××	esta flor esta FLOR	×××××	melhor o uso do círculo	esta f l o r esta F L O R
32) ordenar margem esquerda		que me parece parece-me que você é inteligente			que me parece parece-me que você é inteligente
33) ordenar margem direita		... ten-do-se disposto é fato que, se ele me procurou 1.°			... ten-do-se disposto é fato que, se ele me procurou 1.°
34) impor margem esquerda especial (recorrido ou indentação esquerda)			n.c	*n* é o número de "c." cíceros, que pode ser "q." quadratins	
35) impor margem direita especial			n.c	ver *supra*	
36) impor margens esquerda e direita especiais			n.c n.c	ver *supra*	
37) desfazer parágrafo		até aí. Então ela			até aí. Então ela
38)ordenar a seqüência de linhas		um raio -3 fulgura -4 esparso -2 no espaço -1			no espaço esparso um raio fulgura

BIBLIOGRAFIA
HOUAISS, Antônio. *Elementos de bibliologia*. São Paulo: Hucitec, 1983.

biblioteca 1 Coleção de livros. 2 Edifício onde ficam depositadas, ordenadas e catalogadas diversas coleções de livros, periódicos e outros documentos que o público, sob certas condições, pode consultar no local ou levar de empréstimo para devolução posterior. 3 BIBL EDIT Série de obras publicadas por um mesmo editor e que apresentam alguma característica em comum. 4 INF Coleção ordenada de código de programas e rotinas a que um programador pode recorrer para desenvolver outros programas. ▸ Se, para estabelecer um código de programas e rotinas, um programador observa que precisará de muitas instruções para realizar determinada tarefa, ele usará uma biblioteca dinâmica (p.ex., no caso de estar criando um programa que permita duas pessoas usarem a internet de uma maneira específica). Assim, em algum momento do processo, o programador precisará de um tipo de protocolo, ou método de comunicação, que a internet já usa, como é o caso do UPD (sigla de *User Diagram Protocol*): para que reinventar o que já foi feito? O programador, então, pode deixar de se preocupar com a engenharia de funcionamento do UPD, se fizer referências às funções que precisa usar, veiculando-as à biblioteca dinâmica disponível que carrega as instruções necessárias para a engenharia do protocolo UPD. Graças à possibilidade de referir-se à biblioteca dinâmica, o programador dedica-se, exclusivamente, ao problema específico que quer resolver e não ao processo como um todo.
bibliotecnia BIBL Corpo de conhecimentos relacionados à produção do livro, seja do ponto de vista dos elementos materiais que lhe servem de suporte (papel, cartão, pele, linha, cola), seja de sua representação simbólica (tintas, cores, manchas, medidas, formatos, composição, impressão); bibliotécnica.
bibliotécnica BIBL M.q. BIBLIOTECNIA.
bicôncavo ÓPT Meio óptico que é côncavo nos dois lados.
bicondicional LÓG Que ou o que, num enunciado teórico, apresenta duas cláusulas ligadas pelo conectivo lógico 'se e apenas se'. ▸ Alguns exemplos de enunciados bicondicionais são: *um número é par se e apenas se for divisível por dois sem deixar resto*; ou *o Flamengo será campeão se e apenas se vencer a última partida com saldo de um gol*. É fácil ver que a expressão e o conteúdo lógico de *se e apenas se* são fundamentais para as linguagens formais regidas pelo princípio da necessidade, portanto obrigatórias para a formulação rigorosa de enunciados científicos, já que, através do critério de necessidade, é que se reconhece o mais alto grau de cientificidade de uma teoria. Ao aplicar o princípio da bicondicionalidade a sentenças declarativas, tais como "a neve é branca" (que se transformaria na sentença "a neve é branca" é verdadeira *se e apenas* se o fenômeno [neve] do mundo exterior for de fato branco), o lógico polonês Alfred Tarski (1901-1983) mostrou que é possível formular axiomas e regras de inferência dedutivas que seriam aplicáveis à experiência com o mesmo rigor das linguagens formais (cf. AXIOMA). A presença explícita de cláusulas bicondicionais assegura que existe determinada condição lógica capaz de asseverar que o enunciado é uma verdade necessária e suficiente. A bicondicionalidade não se apresenta na comunicação ordinária com a mesma força que tem nas definições científicas e nas linguagens formais, pois a comunicação opera com a persuasão e seu critério lógico de verossimilhança (cf. VEROSSÍMIL). Entretanto, a aparência de bicondicionalidade pode perfeitamente funcionar como fator e elemento persuasivo numa mensagem.

BIBLIOGRAFIA
ELLIS, Ralph D. Three elements of causation: biconditionality, asymmetry, and experimental manipulation. In *Philosophia*, n. 1, p. 103-25, 2001.
TARSKI, Alfred. *Introduction to logic and the methodology of deductive sciences*. New York: Oxford University Press, 1946.

biconvexo ÓPT Meio óptico que é convexo nos dois lados.
bicromia GRÁF Processo de impressão em cores em que são superpostos dois clichês ou fotolitos, ou outros pares de matrizes reticuladas, cada uma com tinta de cor diferente, para obter novos tons e cores; dublê, duotono.
bicromia falsa GRÁF M.q. DÚPLEX.
bidirecional ACS REC.AV Que ou o que registra sons que vêm de duas direções; difônico. ▸ Cf. DIFONIA.
big close-up [ing.] CINE Numa filmagem, plano que é dito primeiríssimo; tomada cinematográfica bem próxima, que focaliza um detalhe da cena. ▸ Sigla: *BCU*.
big data [ing.] INF 1 Diz-se de uma classe de dados que, devido a seu tamanho, apresenta problemas operacionais de busca, coleta, análise, interpretação etc., exigindo, por isso, o uso de programações especiais que levem em conta a complexidade da informação. 2 Programa, ferramenta e conjunto de soluções informacionais que, com alta velocidade de processamento, precisão e freq. em tempo real, fornecem informações variadas, até então desconectadas ou não estruturadas, para que o usuário tome determinada decisão econômica, como abastecimento, compra e venda de produtos, ou então nas telecomunicações, na análise de risco, na prospecção de petróleo no mar, no tratamento de doenças ou mesmo numa alternativa operacional numa empresa.

INFORMAÇÕES GERAIS
Para o mercado brasileiro de *big data*, a projeção de crescimento até 2016 seria de uma explosão de 75% em 2013, seguida de uma expansão anual de 25%, chegando, em aproximadamente três anos, a ultrapassar a marca de 1 bilhão de reais.

bigode 1 GRÁF Fio de fantasia, mais grosso no centro e afinado nas extremidades; fio inglês. 2 GRÁF JOR Qualquer fio horizontal que, em uma página de jornal ou revista, separa partes de uma matéria ou duas matérias entre si, sem ocupar toda a largura do material que separa.
Bild [al.] JOR Tabloide diário alemão, fundado em 1952 e publicado pelo grupo Alex Springer AG. ▸ Política e socialmente classificado como um jornal sensacionalista de direita, o *Bild* é desavergonhadamente apelativo e semelhante ao jornalismo de TABLOIDE, como *The Sun*, na Inglaterra. Sempre apresentando fotos de jovens fazendo *topless*, com mais de 3,5 milhões de exemplares diários, o jornal é o mais vendido da Alemanha e um dos que mais se vendem no mundo.
bilíngue MÚS Que traz duas notações diferentes, por exemplo: notação alfabética e notação neumática.
billboard [ing.] PUB Anúncio de grandes proporções na forma de cartaz exposto ao ar livre.
bimodal MAT Diz-se de distribuição de frequência com dois modos ou duas modalidades distintas.

bin [ing.] REC.AV Área de armazenamento de clipes em um sistema de edição não linear; *cue*.

binário 1 ANTRPOL LING Diz-se de traço distintivo marcado pela oposição em pares (0/1, +/-, presença/ausência etc.), que estrutura os sistemas culturais e fonológicos. ▸ Produzida pelo cérebro humano e seus processos sinápticos, a lógica organizacional da língua e das culturas humanas é qualificada como binária, pois segue uma estrutura excludente e distintiva do tipo sim/não, 0/1. Ainda que o linguista Ferdinand de Saussure (1857-1913) tenha argumentado que as linguagens humanas devem ser descritas por dicotomias básicas, como língua (*langue*)/fala (*parole*), significante/significado, sincronia/diacronia etc., que fundam os atos articulatórios, o binarismo moderno só é radicalmente formulado pelos linguistas, como Yuri Tynianov (1894-1943), Nikolay Trubetzkoy (1890-1938) e Roman Jakobson (1896-1982), que fundaram, nas primeiras décadas do sXX, o CÍRCULO LINGUÍSTICO DE PRAGA. É por volta de 1920 que começa a ser formulada a ideia de que a palavra não é o último elemento da expressão linguística. Tynianov dirá que palavra é como um tijolo sobre o qual o edifício será construído, cabendo, portanto, à ciência da linguagem dividir a palavra em elementos verbais muito menores, os fonemas, organizados em sistemas linguísticos caracterizados pela oposição binária (cf. FONEMA). Ao emitir sons que se combinam em palavras e, posteriormente, em frases, o falante escolhe algumas formas acústicas em detrimento de outras. A escolha pode ser feita sem ambiguidade, já que o sistema a partir do qual os sons são selecionados se organiza por rígida e clara discriminação binária. Qualquer enunciado linguístico será feito com uma totalidade de invariantes sonoras universais. O conjunto das línguas é, então, composto de 12 traços opositivos: 1) vocálico/não vocálico; 2) consonantal/não consonantal; 3) interrompido/contínuo; 4) brusco/fluente; 5) estridente/doce; 6) sonoro/não sonoro; 7) compacto/difuso; 8) grave/agudo; 9) rebaixado/sustentado; 10) incisivo/raso; 11) tenso/frouxo; 12) nasal/oral. A origem da estruturação linguística é, em todas as línguas, composta de traços binários distintivos e mínimos. Em "Por que mama e papa?", Jakobson distinguiu os exercícios livres de uma criança que simplesmente produz ruídos e a expressão linguística plenamente codificada. Ao contrário do balbucio, os fonemas precisam ser reconhecíveis, distinguíveis e identificáveis. 'Mama' e 'papa' são as primeiras expressões de uma possível ordem material da língua. A universalidade de termos como 'mama' e 'papa' depende das características materiais dos sons /m/ /a/, /p/ /a/, que são percebidos binariamente. Seguindo a inspiração da linguística estrutural e fonológica russa, antropólogos como Claude Lévi-Strauss (1908-2009) e Edmund R. Leach (1910-1989) reconheceram a ação de uma ordem binária nas culturas humanas. Assim como no caso do balbucio da criança, o mundo físico e ambiental é, a princípio, indiscriminado. Uma grade ordenadora é posteriormente sobreposta à experiência, estabelecendo hierarquias, prioridades e construindo representações do mundo que deixa de ser amorfo ao receber nomes que identificam coisas, eventos e outros estados de existência. Isso não quer dizer que as formas da existência sejam apenas binárias. O que o binarismo sugere é que o princípio estrutural acompanha uma ordem binária. Como na língua, a ordem estabelecida é binária: nós/eles, ego/não ego, natureza/cultura, alto/baixo, superior/inferior, normal/anormal, puro/impuro, sagrado/profano e, principalmente, dar/receber, que apoia o fundamento social de reciprocidade, sem o qual as várias formas da sociabilidade não existiriam. O modelo binário é simples e sem ambiguidade, o que o torna útil e frutífero para a construção e a captura inequívoca das normas sociais, ainda que ao preço de uma hierarquização insustentável criada pela dicotomia entre cultura e natureza. Teoricamente, a opção pelo binário sugere, para muitos autores nas ciências sociais, uma verticalização e uma posição superior da cultura sobre a natureza, quando as relações entre o cultural e o natural só podem ser horizontais. O binarismo fundamenta o dogma ilusório de que o mundo natural é socialmente construído, mas, de fato, a natureza fornece a base e os princípios materiais e energéticos da vida humana. De maneira mais solta, as análises de texto de cunho estruturalistas utilizaram o papel do reconhecimento de oposições binárias para analisar produtos da cultura de massa, como filmes, novelas etc. Uma publicação importante que aplica a estruturação binária à narração é o número 8 da revista francesa *Communications*, da École Pratique des Hautes Études. Os ensaios de Barthes (1915-1980) e Greimas (1917-1992) partem dos estudos que Lévi-Strauss fizera, aplicando o binarismo da fonologia russa aos mitos ameríndios. Cf. BINARISMO; ESTRUTURA; ESTRUTURALISMO. 2 INF Diz-se de código numérico, composto de zeros e uns, usado por quase todos os computadores, devido à facilidade de implementação de linguagens que combinem sistemas eletrônicos digitais e a ÁLGEBRA DE BOOLE. ▸ As tarefas e ações programadas para que um computador realize determinado processo devem ser traduzidas para a linguagem da máquina, que se expressa como um código binário que, ainda que inteligível para a máquina, não é legível para o ser humano. O que o leigo vê é uma série de zeros e uns que são o código-fonte da máquina. 3 INF Todo dado digital (inclusive caracteres), que faz parte da linguagem de computadores. ▸ A característica dominante da linguagem informatizada é ser sempre binária, a menos que existam mais de dois níveis discretos no sistema.

BIBLIOGRAFIA

BARTHES, Roland, *et alii*. *Análise estrutural da narrativa* (introdução à ed. bras. por Milton José Pinto). Petrópolis: Vozes, 1973.

JAKOBSON, Roman. *Fonema e fonologia*. Rio de Janeiro: Acadêmica, 1972.

_____________. *On language*. Cambridge: Harvard University Press, 1990.

LEACH, Edmund R. *Social anthropology*. London: Oxford University Press, 1982.

LÉVI-STRAUSS, Claude. *O cru e o cozido*. Rio de Janeiro: Cosac-Naify, 2004.

TOLEDO, Dionísio (org.). *O Círculo Linguístico de Praga: estruturalismo e semiologia*. Porto Alegre: Globo, 1978.

binarismo ANTRPOL LING Postura epistemológica, doutrina identificada com a fonologia de Roman Jakobson (1896-1982) que reduz todas as unidades discretas da língua a uma ordem binária emergente das propriedades fundamentais da mente humana. ▸ O binarismo é um pressuposto teórico, a rigor uma hipótese de trabalho da linguística e da antropologia estruturais. Da obra fonológica dos linguistas russos do CÍRCULO LINGUÍSTICO DE PRAGA (Roman Jakobson [1896-1982] e Nikolay Trubetzkoy [1890-1938]), o antropólogo Claude Lévi-Strauss

(1908-2009) extraiu suposição estruturalista que afirma existir sempre uma ordem binária, de oposições claras e distintivas, não somente na linguagem, mas nos mitos e outros aspectos das sociedades humanas. A hipótese que inspira o binarismo advém não da recensão indutiva de todas as línguas existentes e inexistentes, o que seria uma tarefa impossível, mas, de fato, de uma conclusão dedutiva. Qualquer mensagem transmitida é binária, não por causa apenas de sua ordem interna de correlações opositivas, mas, principalmente, pelo fato de que uma sequência de signos transmitidos é o oposto da opção de silenciar. Assim, as mensagens comportam sempre uma estrutura binária fundamental. ▶ Cf. BINÁRIO; ESTRUTURA; ESTRUTURALISMO.

binocular ÓPT 1 Em que existe foco com profundidade de campo, em função das diferentes imagens formadas pelos dois olhos individualmente (diz-se de percepção visual). ▶ A visão binocular é uma habilidade encontrada em animais que possuem olhos protuberantes e que são capazes de pôr um mesmo objeto em foco valendo-se de ambos os olhos. A percepção visual binocular representa o mundo exterior em profundidade. Assim, os animais julgam e avaliam a distância entre objetos. 2 Diz-se de ou instrumento óptico projetado para ser us. com ambos os olhos.

biociência BIO M.q. BIOLOGIA.

biofilia BIO COMN EVOL Hipótese desenvolvida por E. O. Wilson (1929-), que afirma um nexo evolutivo, instintivo e comunicacional entre todas as formas de vida. ▶ O conceito de biofilia evoca a imagem de conectividade radical entre tudo que existe. Das muitas hipóteses sobre a natureza, a biofilia reconhece que a vitalidade é, simultaneamente, um nexo comunicativo e um processo evolutivo. O que parece ser vital exerce um profundo fascínio sobre os seres humanos, que, assim, sentem-se num estado de filiação inegável aos fenômenos naturais. Conceitualmente, a hipótese da biofilia está na direção oposta à dicotomia entre natureza e cultura que a antropologia cultural herdou do iluminismo rousseauniano. Mais do que o reconhecimento de uma tendência psicológica, a biofilia é produto e prova do princípio evolutivo de que a vida caracteriza-se pela unidade: cada ser existente está completa e necessariamente conectado com os outros seres vivos, formando uma vasta cadeia de comunicação. A empatia e o encanto biofílicos funcionam como um elemento importante no processo de SELEÇÃO NATURAL, na medida em que reduzem antagonismos potenciais entre predadores e presas, aumentando a taxa de sobrevivência das espécies. Criar animais domésticos, cultivar plantas, manter jardins botânicos são instâncias corriqueiras de biofilia.

BIBLIOGRAFIA
WILSON, E. O. *Biophilia*. Cambridge: Harvard University Press, 1986.

biolinguística COMN LING 1 Estudo da língua e da comunicação consideradas como atividades orgânicas, sobretudo com relação aos fatores e aspectos neurofisiológicos e genéticos. 2 Ramo da linguística que trata das condições biológicas favoráveis à aquisição e desenvolvimento da linguagem e ao seu uso.

biologia BIO Ciência que estuda os seres vivos e as leis que os regem, bem como sua evolução e suas relações com o meio ambiente e entre si. ▶ A tarefa imposta à biologia é imensa e complexa. Os organismos vivos podem ser estudados do ponto de vista de sua bioquímica, sua anatomia, seu comportamento, suas interações com outros organismos e com o meio ambiente. A biologia atual contempla a vida de múltiplas perspectivas, teorizando e formulando hipóteses sobre as estruturas formadoras dos seres vivos, entendendo como cada elemento de sua anatomia se articula e forma o todo orgânico, sem deixar de considerar sua origem, evolução e distribuição pelo mundo natural e também de que maneira cada forma de vida é classificada. Nessa variedade que é a vida, o que há de mais espantoso é o fenômeno recorrente, minucioso, detalhado e eficaz da adaptação. Por isso, diz-se que a biologia começa com a descoberta do princípio darwiniano de SELEÇÃO NATURAL. Até então (e mesmo para Darwin [1809-1882]), a natureza não era entendida em sua imanência radical e em seus próprios termos. A riqueza das adaptações naturais era apenas um argumento apologético para a existência de Deus e para o sentimento de religiosidade. O que se fazia não era biologia, mas *teologia natural*. Em *Natural theology*, William Paley (1743-1805) especulava: imagine uma estrada abandonada e deserta, onde se encontra um relógio com todas as partes encaixando-se perfeitamente; não é preciso ver e encontrar o relojoeiro para saber de sua existência. Ao embarcar no navio mercante H.M.S. Beagle, que o levou a uma viagem pelo mundo, Darwin aceitava esse tipo de hipótese para entender o mistério de todos os mistérios: por que existe a diversificação de espécies no mundo natural? Teologicamente, cada espécie e suas adaptações tinham sido criadas por um demiurgo supremo, que, para fazer isso, exercera o seu infinito saber de criador. Entretanto, ainda que reconfortante para a crença religiosa, a argumentação de Paley tinha óbvias lacunas, sobre as quais Darwin meditou profundamente até o retorno do Beagle à Inglaterra. Se as espécies foram criadas em separado, cada uma delas seguiria o que sua essência determina. Para os defensores do criacionismo, havendo evolução (e essa característica biológica era reconhecida na época de Darwin), ela segue os desdobramentos de uma essência; entretanto, refutavam-se facilmente os pressupostos essencialistas da teologia natural com a simples observação de que os criadores de animais alteravam os atributos dos seres vivos, cruzando-os, exercendo o princípio de seleção artificial. O mesmo poderia perfeitamente acontecer na natureza, se fosse dado tempo suficiente para as formas de vida evoluírem. Darwin, que no início de sua carreira interessava-se profundamente por geologia, sabia que a terra era bem mais velha do que a teologia supunha. Esse era o argumento do geólogo Charles Lyell (1797-1875), a quem Darwin tanto admirava e do qual era amigo. Darwin combinou Lyell com as observações sobre o crescimento populacional de Thomas Malthus (1766-1834). Lendo Malthus, Darwin percebeu que o crescimento exponencial da natureza é, necessariamente, seguido de morte e eliminação de muitos organismos. É daí que surge a ideia de seleção natural: ao longo do tempo, os organismos individuais que sobreviverem transmitirão traços vantajosos para os descendentes, que, por sua vez, também sobreviverão e transmitirão seus traços para os descendentes. Independentemente de Darwin, Alfred Russel Wallace (1823-1913) chegou a uma idêntica formulação do princípio de seleção natural: Darwin e Wallace receberam o crédito de serem os descobridores do princípio de seleção natural. A mecânica de seleção natural é simples e elegante: sobrevivência e diferencial reprodutivo misturam-se, impulsionando a vida, gerando novas espécies, num processo teoricamente interminável. O benefício da adaptação é transferido de um organismo para sua descendência até atingir a espécie como um todo. Por mais brilhante que seja a resposta darwiniana para a origem das espécies, algumas questões importantes ficam em aberto. Entre elas, uma indagação central: que tipo de traços vantajosos é transmitido para os descendentes? Falar mais de uma língua e ter educação refinada são traços vantajosos, mas intransmissíveis para as novas linhagens. A roda da vida não anda só para frente: ela volta a um ponto anterior. Os experimentos de August Weismann (1834-1914) revelaram que a transmissão de traços não se dá no caso de características adquiridas, como aprender línguas e ter educação superior. Weismann decepou o rabo de ratos e cruzou-os, para observar que esse traço adquirido era ignorado pelo processo evolutivo. A ideia de seleção natural deve ser deslocada para outro nível, ou seja, acredita-se que a evolução seja um fenômeno genotípico e não fenotípico. Em outras palavras, os experimentos de Weismann mostraram que a evolução resulta da composição genética do indivíduo e não das características visuais e resultantes da interação entre o organismo e o meio ambiente. A vida não se reduz a respostas a estímulos. Um sensor reage à presença de corpos que entram numa determinada área, mas isso não quer dizer que seja um organismo vivo, pelo simples motivo de que sua evolução não resulta de um processo de seleção natural. A definição do que seja vida começa sempre com o processo de seleção natural: cabe à biologia identificar que traços são necessários para que uma população específica evolua. Para que uma população evolua por meio de seleção natural, ela deveria ter as propriedades da multiplicação, variação e hereditariedade. Um organismo estéril não se multiplica, mas foi o produto da multiplicação de seus genitores. A multiplicação, por sua vez, gera novos organismos que, se não forem idênticos, trarão variedade para a população. Se a variedade natural for de tal maneira que se possam produzir organismos diferentes, então tem-se a terceira característica da vida: a hereditariedade. O processo hereditário cria novos organismos porque os organismos possuem material genético que contém informação para que um novo organismo seja produzido. Por informação entende-se um conjunto ou uma lista de instruções necessárias para que outro organismo adulto se desenvolva. Por isso é correto dizer que, dessa maneira, a vida não resulta de réplica dos ancestrais: o que é replicado não é o pai ou a mãe, mas um grupo de instruções, uma receita, uma mensagem; se for fazer um urso, faça-o assim. É um processo de alguma forma semelhante à transmissão de um programa de televisão ou à gravação de uma música: o que chega à TV ou ao aparelho fonográfico são instruções para que as imagens ou os sons sejam gerados. A vida evolui porque mudanças acontecem durante o processo de transmissão de informação, que cria diferenças sutis, incrementais ao longo do tempo de vida de uma espécie, mas que introduz imediata variedade no conjunto da população. A informação gera um novo organismo com forma biológica própria e características individuais. O desenvolvimento da vida cria um conjunto de instruções para cada tipo de organismo: répteis, peixes, pássaros, mamíferos etc. O que muda são as mensagens, mas a codificação permanece substancialmente a mesma. Toda a terminologia da comunicação está presente na descrição da formação de uma vida: INFORMAÇÃO; TRANSMISSÃO; CÓDIGO; MENSAGEM etc. A vida é uma linguagem, um tipo de comunicação que se transfere genética e fisicamente de organismo a organismo. É claro que multiplicação, variedade e hereditariedade são insuficientes para que se expliquem a sobrevivência e a reprodução de uma forma de vida adulta. Para isso, é necessária a consideração de outro elemento do processo: mais especificamente, a relação entre o organismo e o ambiente que o circunda. A transmissão de uma instrução como ao fazer pele, faça-o com muitos pelos é desastrosa se o meio ambiente for tropical, ensolarado e muito quente. Outra catástrofe biológica ocorre se o organismo for lançado num ambiente em que inexistam ou sejam escassas as fontes de energia para sua alimentação e sobrevivência. Um animal mais rápido e ágil do que outros de sua espécie terá mais facilidade de escapar da predação ou alimentar-se de mais presas. Mas é preciso observar que o mero crescimento, a sobrevivência e a reprodução não fazem de algo como o fogo um objeto da biologia: o fogo espalha-se, mantém-se e reproduz-se, mas não há nele hereditariedade e seleção natural. Principalmente, não há, no fogo, complexidade adaptativa: é o mesmo por toda parte. Além de um sistema genético, as formas de vida biológica precisam de um sistema metabólico que transforme a energia colhida e coletada do mundo exterior e mantenha a sobrevivência do organismo. A consideração do metabolismo não pode ser deixada de lado: trata-se de um dos processos fundamentais para a sobrevivência de um organismo. Como campo de estudos, a biologia trata da evolução, hereditariedade, metabolismo e homeostase. Homeostase é o controle informacional do equilíbrio dinâmico que mantém o organismo vivo ou que dispara respostas ao que nele se passa. Outro ponto central para a biologia moderna começou com a invenção e os progressos tecnológicos de aparelhos microscópicos. Antonie van Leeuwenhoek (1632-1723) e Robert Hooke (1635-1703), usando microscópicos rudimentares, indicaram, para surpresa e rejeição de seus contemporâneos, que, olhando por uma lente, via-se um universo que até então não fora percebido. Van Leeuwenhoek chamou os organismos que se moviam de *animálculos*, Hooke chamou-os de *células*. Desde então, a célula tornou-se objeto central da biologia. Considerada a unidade básica da vida biológica e responsável pela saúde e pela patologia de um organismo, a célula contém a informação necessária para que a o organismo vivo se forme. Pesquisas revelaram que a célula é capaz de dividir-se, criando, assim, organismos complexos. Durante a divisão de células, a informação necessária para a hereditariedade é transmitida. A célula participa da transmissão de energia no sistema metabólico do organismo. Sabe-se hoje que a transferência de informação genética acontece do óvulo fertilizado e da célula para as proteínas que formam o organismo, mas o caminho inverso não ocorre, confirmando, em termos moleculares, a teorização de Weismann.

BIBLIOGRAFIA

MAYNARD SMITH, John; SZATHMÁRY, Eörs. *The origins of life: from the birth of life to the origin of language*. Oxford: Oxford University Press, 1999.

MAYR, Ernst. *The growth of biological thought: diversity, evolution, and inheritance*. Cambridge: Harvard University Press, 1982.

biologismo FIL **1** Teoria segundo a qual os fenômenos psicológicos e situações sociais teriam origem e determinação predominantemente biológicas. **2** Tendência a explicar ou interpretar fenômenos sociais, psicológicos, históricos etc. em termos biológicos. ▸ Cf. SOCIOBIOLOGIA.

biometria **1** BIO EST Aplicação de métodos de medição e análise estatística aos dados biológicos. **2** BIO EST Medida e estudo da duração da vida dos organismos. **3** BIO EST Estudo das medidas e de estruturas e órgãos dos organismos, bem como da importância funcional dessas medidas. **4** BIOTEC Uso de certas características biológicas humanas em mecanismos de identificação, tais como o reconhecimento pela impressão digital, pela voz, pela íris etc.

BIOS [ing.] INF Sigla de BASIC INPUT OUTPUT SYSTEM.

biossemiótica BIO COMN SEMIO Estudo crítico que integra a comunicação natural, animal e humana num único corpo de conceitos. ▸ Como empreitada intelectual, a biossemiótica só seria possível após a afirmação darwiniana de que a vida é regida por uma mecânica de DESCENDÊNCIA COMUM COM MODIFICAÇÕES. Se a vida é unitária, por que entendê-la com regimes conceituais distintos? As diferenças que existem entre espécies, nos reinos humano, vegetal, animal e geológico, portanto no mundo como um todo, seriam uma questão de grau, não de tipo. Teoricamente, a biossemiótica acredita que a célula seja sua unidade mínima de estudo, a partir da qual seu edifício de conceitos se fundamenta, procurando entender as mecânicas comuns a um número imenso de células. Ao ser confirmada e expandida pela ciência contemporânea, a intuição darwiniana, que presumia o entendimento unificado de todas as formas de vida orgânica, haveria de trazer consequências radicalmente transformadoras para o estudo do signo e da comunicação. Até recentemente, as explicações sobre as sociedades e os indivíduos humanos fundamentavam-se em teorias iluministas próprias de autores do sXVII, como Jean-Jacques Rousseau (1712-1778), que separavam os reinos da natureza e cultura. Após o evolucionismo de Charles Darwin (1809-1882), a contribuição mais significativa para a biossemiótica advém dos estudos do biólogo Jakob von Uexküll (1864-1944), que afirmou a existência de modelações básicas que fundamentam e permitem que um organismo viva no mundo que lhe é exterior. O biólogo Von Uexküll teorizou que o animal carrega consigo veículos materiais de significação que identificam o que seja do seu interesse no processo de sobrevivência. Tendo pele sensível à luz, mesmo que desprovido de olhos, o organismo pode reconhecer uma presa potencial, cuja captura é feita com o auxílio de outras capacidades e sentidos, como o reconhecimento da termodinâmica da presa, olfato etc. Na teoria biológica de Von Uexküll, existem três tipos de mapas: além do *Unwelt*, que é o mapa cognitivo de cada espécie, existe o *Innenwelt*, mapa do organismo individual de qualquer espécie, e o *Lebenswelt*, mapa da espécie humana criado com a origem da linguagem. As teses de Von Uexküll inspiraram o semioticista norte-americano Thomas A. Sebeok (1920-2001), que formulou a ideia de uma biossemiótica de caráter universalista, capaz de abarcar, na sua classificação, os processos de ação sígnica (SEMIOSE) que caracterizam todas as formas de vida animal.

BIBLIOGRAFIA

DANESI, Marcel; SEBEOK, Thomas A. *The form of meaning: modeling sytems theory and semiotic analysis*. Berlin: Mouton de Gruyter, 2000.

KULL, Kalevi. Jakob von Uexküll: an introduction. *Semiotica*, n. 134, p. 1-59, 2000.

biossociologia SOC Estudo da evolução e do comportamento de grupos sociais, no qual se procura estabelecer uma analogia entre a interação social e os processos vitais de um organismo vivo. ▸ Cf. SOCIOBIOLOGIA.

bip [ing.] TEL Ver BIPE.

bipar TEL **1** Programar ou acionar (bipe). **2** Mandar (mensagem) por meio de bipe.

bipe **1** TEL Aparelho eletrônio portátil que, ao receber sinais eletrônicos, esp. emitidos por uma central, faz soar um bipe (som) que indica solicitação ao usuário de que entre em contato com uma central; *beep*, *beeper*, bíper, *pager*. **2** RÁD Sinal acústico ou eletrônico por meio do qual se indica que uma gravação está sendo feita para futura transmissão. **3** Som agudo, esp. o produzido por aparelho eletrônico de telemetria (radar, sonar etc.), para servir de sinal ou aviso.

bíper TEL M.q. BIPE.

birô GRÁF INF Aport. de BUREAU.

bisbilhotar **1** Ser intermediário de boatos, de observações não confirmadas, de suposições. **2** Divulgar segredos à boca pequena. **3** Falar da vida alheia. **4** Intrometer-se com curiosidade em (o que não lhe diz respeito), discretamente ou não, para descobrir algo. **5** Buscar, examinando com minúcia; esquadrinhar.

bit [ing.] **1** INF MAT TEL Dígito binário (*binary digit*). ▸ Símb.: *b*. **2** Menor parcela de informação processada por um computador. **3** Algarismo do sistema binário que somente pode assumir as formas de 0 ou 1.

INFORMAÇÕES GERAIS

Ao estatístico americano John W. Tukey (1915-2000) atribui-se a invenção dessa palavra composta, que funde e abrevia *binary* e *digit* em inglês, e foi usada pela primeira vez em 1947; mas a ideia à qual a palavra *bit* se refere já tinha sido sugerida, por volta do fim da segunda década do sXX, pelo engenheiro eletrônico Ralph Hartley (1888-1970). Nas suas pesquisas de radiotransmissão, Hartley observara que a quantidade de informação transmitida deveria ser proporcional à relação entre o alcance da frequência e o tempo de sua transmissão. Para ele, a medida desse teor de transmissão expressar-se-ia numa fórmula logarítmica. Em 1948, o matemático Claude Shannon (1916-2001), escrevendo um dos textos mais importantes para os estudos contemporâneos da comunicação, a teoria matemática da informação, afirma que a informação mede-se por uma expressão logarítmica de base 2, que resulta numa determinada quantidade de *bits* (dígitos binários). A fórmula proposta era $H = log_2 N$; o que levaria a uma resposta do seguinte tipo: a quantidade de informação H será igual a *x bits*. Na fórmula de Shannon, *N* indicaria o número de alternativas igualmente prováveis que possam ser transmitidas. Assim, se N for 8, a fórmula resultaria em 3 *bits*, pois sendo $H = \log_2 8$, e porque $2^3 = 8$, H = 3 *bits*. Medido em termos de tempo, e supondo que cada *bit* leve um segundo para ser transmitido, o que se gasta na transmissão de uma alternativa a partir de um conjunto de 8 alternativas igualmente prováveis será necessariamente maior do que se o conjunto N for composto de 4 alternativas. No caso de 8, a mensagem levará 3 segundos e no caso de 4, 2 segundos. A quantidade de informação armazenada em dispositivos digitais, nos quais existem dois estados físicos excludentes (aceso/apagado; sim/não etc.), é convenientemente medida por *bits*. ▸ F. aport.: BITE ▸ Cf. INFORMAÇÃO; LOGARITMO.

BIBLIOGRAFIA

SHANNON, Claude, WEAVER, Warren. "A teoria matemática da comunicação". In: COHEN, Gabriel (org.). *Comunicação e indústria cultural*, p. 25-37. São Paulo: Companhia Editora Nacional, 1975.

bite INF Aport. de BIT.

bite de paridade TEL Dígito binário (*bit*) adicionado a uma transmissão para que se forme um código de detecção de erro.

bit error rate [ing.] INF Numa transmissão digital, número de dígitos binários (*bits*) corrompidos por ruído, interferência ou distorção, proporcional ao número total de *bits* transferidos num determinado período de tempo. ▸ *Bit error rate* (*BER*) é uma medida de desempenho, geralmente expressa sob a forma percentual. No caso de uma transmissão de 10 dígitos binários por segundo, se 3 *bits* corromperam-se nesse período, o cálculo é feito pela divisão de 10 por 3, resultando num percentual de 0,3, portanto 30% de erros. Quando se fala em *bit error probability*, o que se mede é o valor de expectativa de uma transmissão, uma estimativa aproximada da probabilidade de erro. ▸ Sigla: BER.

bitmap [ing.] INF Em computação gráfica, um tipo de organização de memória ou formato de arquivo que serve para armazenar imagens digitais.

bitola 1 CINE Largura de um filme. ▸ As medidas mais empregadas são de 8 mm, 16 mm e 35 mm. **2** CINE REC.AV Largura padronizada de fitas de aúdio e de vídeo.

bitrate [ing.] INF Medida que determina a quantidade de *kilobits* por segundo de determinado arquivo de vídeo e áudio. ▸ A quantidade de *bits* num arquivo de vídeo e áudio é diretamente proporcional à sua qualidade: quanto maior o arquivo na memória, mais *bits* e melhor a qualidade do material arquivado. ▸ Cf. KILOBIT.

bitstream [ing.] REC.AV Conjunto de informações digitais em vídeo ou áudio.

bivalência LÓG Princípio lógico que diz haver apenas dois valores de verdade num enunciado ou pensamento que, assim, será considerado ou verdadeiro ou falso. ▸ O princípio da bivalência está diretamente ligado ao que, na linguagem-objeto de um enunciado, se chama de terceiro excluído. Nos enunciados factuais não há meio-termo: se um raciocínio é verdadeiro, ele não pode conter a sua negação. Caso a contenha, trata-se de uma inferência contraditória. A bivalência é um princípio metalinguístico que postula como uma linguagem deve ser interpretada. ▸ Cf. LINGUAGEM-OBJETO; METALINGUAGEM.

bivalente 1 LING Que funciona como predicado e requer dois argumentos (diz-se de elemento). **2** LÓG Diz-se de pensamento lógico em que há apenas dois valores de verdade que uma proposição pode tomar: verdadeiro ou falso. ▸ Cf. BIVALÊNCIA. **3** NEUR Associado aos pares em sinapses.

black [ing.] REC.AV **1** Sinal de vídeo sincronizado que não apresenta nenhuma informação visual, gerando, portanto, uma tela vazia. **2** Processo de registrar uma pista de som e um sinal de sincronização em videoteipe.

blackbox [ing.] CIB M.q. CAIXA-PRETA.

black hat [ing.] INF M.q. CIBERPIRATA. ▸ Cf. WHITE HAT; GREY HAT.

black on-line [ing.] TV M.q. BASE ('sinal de vídeo').

blanking [ing.] REC.AV Momento em que o feixe de elétrons que representa uma imagem numa tela move-se para a esquerda, com o propósito de começar uma nova linha.

blanqueta GRÁF Película de borracha natural ou sintética que reveste o cilindro compressor das máquinas OFFSET e transfere da matriz para o papel a imagem a ser impressa.

blend [ing.] LING M.q. PALAVRA-VALISE.

blindagem CINE Sistema de proteção que envolve a câmara, impedindo que ruídos das engrenagens interfiram no gravador de som, durante as filmagens.

blind carbon copy [ing.] INF M.q. CÓPIA CEGA. ▸ Sigla: *BCC*.

blind copy [ing.] INF M.q. CÓPIA CEGA.

blind off [ing.] MKT Diz-se de decisão arriscada que se toma sem um conhecimento completo das informações necessárias para que se chegue à resolução.

blindsight [ing.] NEUR Fenômeno neurológico de percepção residual em pessoas clinicamente cegas que, mesmo assim, são capazes de reagir a formas de estímulos visuais. ▸ Uma pessoa que tenha *blindsight* sofreu lesões em determinadas áreas do cérebro que a tornaram cegas. Ao receber um envelope e ser solicitado a depositá-lo numa abertura de uma caixa, pessoas com *blindsight* conseguem fazê-lo com precisão. Uma explicação para o fenômeno afirma que a visão por ser dividida em sistemas visuais independentes, um que reconhece relações espaciais e outro que permite a identificação de um objeto não perdeu, por completo, o que permite conhecer as relações espaciais como um todo, ainda que não seja mais capaz de identificar o objeto específico. Por isso, o cego não vê o envelope, mas pode perfeitamente depositá-lo onde foi solicitado. A mecânica dos gestos é inconsciente e, assim, os cegos, ao ouvirem que o teste foi bem-sucedido, ficam, freq., espantados com o resultado. O fenômeno de *blindsight* funciona como um argumento que indica o caráter cerebral e profundo da visualidade, com importantes consequências para o estudo das imagens.

BIBLIOGRAFIA

MCGINN, Colin. *The problem of consciousness: essays towards a resolution*. London: Blackwell, 1991.

RAMACHANDRAN, V. S.; BLASKELEE, Sandra. *Fantasmas no cérebro*. Rio de Janeiro: Record, 2002.

blind spot [ing.] FISL Área da retina sem cones ou conexões, em que as fibras do nervo óptico e a corrente sanguínea se encontram no olho, sendo, portanto, uma região que não captura os estímulos visuais do mundo exterior. ▸ Essa estranha configuração da retina revela duas importantes propriedades da visão. Em primeiro lugar, ver independe da retina, pois, caso contrário, uma mancha negra acompanharia as percepções visuais. Em segundo lugar, ver é uma capacidade cerebral, pois é o cérebro que desconsidera a mancha percebida, restaurando a continuidade visual (*filling in*) do que é percebido.

BIBLIOGRAFIA

DURGIN, Frank H.; SRIMANT, P. Tripathy; LEVI, Denis M. On the filling in of the visual blind spot: some rules of thumb. In: *Perception*, n. 24, p. 827-40, 1995.

RAMACHANDRAN, V. S. Blind spots. In: *Scientific American*, 1992. May, 86-91.

______________; GREGORY, R. L. Perceptual filling in of induced scotomas in human vision. In: *Nature*, n. 350, p. 699-702, 1998.

blister [ing.] GRÁF Embalagem para pequenos produtos, feita de cartela ou plástico transparente, semirrígido, na qual geralmente se moldam cavidades para acondicionar unidades ou porções do produto, coberta depois por papel-alumínio selado, a quente ou por pressão, na superfície da cartela, de modo que ele possa ser retirado por leve pressão dos dedos.

blocado GRÁF M.q. JUSTIFICADO.

blocador **1** GRÁF PAP Que ou aquele que faz blocos de papel. **2** GRÁF Que ou o que monta, arma, arruma, ata e dispõe de blocos de matéria composta para impressão.

blocar **1** GRÁF Compor um texto justificado. **2** INF Reunir registros diversos num único bloco físico de armazenamento de dados. **3** PAP Fazer bloco de papel.

blockbuster [ing.] EDIT *Best-seller* de alta proporção.

bloco **1** ACS Espaço físico de gravação incluído entre dois intervalos ou entre dois caracteres especiais, que indicam o início e o fim de cada segmento. **2** EDIT INF Em editoração eletrônica, conjunto de caracteres devidamente selecionados para a aplicação de algum comando ou série de comandos. **3** GRÁF Chapa de madeira, ferro ou metal-tipo, na qual são fixados clichês e estereótipos para a impressão. **4** INF Grupo de elementos considerados como uma unidade porque foram armazenados em sequência na memória de um computador. **5** INF Grupo de palavras ou caracteres em série, unificados por motivos técnicos ou lógicos. **6** PUB RÁD TV Grupo de anúncios comerciais transmitidos sem interrupção num programa. **7** RÁD TV Num programa jornalístico, grupo de notícias de uma mesma seção, transmitidas sem interrupção.

bloco de texto PUB Num anúncio, parte do texto que apresenta as razões e argumentos para compra e venda do produto e que é considerada sua parte principal; *body-copy*, *body-text*, corpo de texto.

blog [ing.] INF M.COM Ver BLOGUE.

blogger [ing.] M.COM Quem escreve um BLOG; blogueiro.

blogosfera INF M.COM Conjunto ou comunidade de todos os blogues e interconexões disponíveis na internet. ▸ Cunhada em 1999, por Brad L. Graham (1968-2010), com intenções jocosas, a expressão 'blogosfera' foi posteriormente retomada em 2002 pelo escritor de ficção científica William Quick. Ao ser adotado pela mídia tradicional (*CNN*, *CBS*, *ABC* etc.), o termo deixou de ser jocoso, adquirindo tons de seriedade crescente, até que a ironia da palavra inventada desapareceu e esta passou a referir-se à totalidade de *blogs* existentes na internet. Muitas vezes, usa-se blogosfera para indicar o conjunto de opiniões que circulam na *world wide web*, constituindo uma espécie de ESFERA PÚBLICA digital. A blogosfera é constantemente rastreada por mecanismos de busca, tais como Technorati, BlogPulse e Blogscope.

blog search engine [ing.] INF Dispositivo de busca que permite escanear, listar, indexar e rastrear todos os blogues expostos na internet.

blogue INF M.COM Publicação, veículo ou *site* que reúne comentários, análises, documentos, música, filmes, fotografias etc., na internet. ▸ Cunhada no final dos anos de 1990, a palavra *blog*, aportuguesada como *blogue*, é uma abreviação de *weblog*, termo em inglês, resultado da junção de *web* (rede) e *log* (verbo que indica o ato de fazer anotação no livro, ou documento que registra oficialmente os acontecimentos que ocorrem durante a trajetória de um navio ou avião; também usado de uma maneira ampla como livro de ocorrências, numa escola, por exemplo). Os blogues resultam das possibilidades abertas pela internet, pois a *net* é um conjunto de protocolos que permite fácil publicação e acesso a qualquer usuário da internet. Devido à sua completa abertura, os blogues são extremamente diversificados e vão de diários pessoais publicados na rede até comentários sobre eventos políticos, culturais, científicos, econômicos etc. Os blogues não só costumam expressar opiniões e pontos de vista individuais ou coletivos, mas também, através do uso de *links* criam uma rede comunitária de textos e de opiniões que, assim, ganharam força crescente. É um veículo novo na história dos meios de comunicação. Desde o início de sua popularização nos anos de 1990, os blogues cresceram espantosamente, chegando hoje á casa dos milhões, espalhados pelo mundo inteiro. Os jornais tradicionais, através de seus *sites*, passaram a incorporar o blogue como um formato estilístico para seus comentaristas, muitas vezes publicando os rascunhos dos textos finais, o que visa demonstrar abertura e transparência. As audiências dos blogues variam da mais minúscula insignificância à extrema popularidade, sendo vistos ou como expressão da liberdade individual, ou como sintoma da atomização narcisista contemporânea. Livres da disciplina e da rigidez dos padrões jornalísticos de apuração, os blogues podem frequentemente se transformar em veículos, quando não distorcidos, obviamente falsos. O fato é que os blogues não são apenas um fenômeno permitido pelos meios de informatização: são o sintoma de uma época que questiona seriamente a imparcialidade e a veracidade dos veículos de informação tradicionais. A disseminação contaminante dos blogues obrigou a mídia tradicional a tratá-los com seriedade, já que muitos deles não só se tornaram influentes, mas também superaram a apuração de muitos jornais, revistas e emissoras de rádio ou TV tradicionais. Mecanismos de busca especializados (cf. BLOG SEARCH ENGINE) monitoram e acessam os blogues que se espalham pela *net*, hierarquizando-os segundo sua popularidade. Segundo o mecanismo de busca Technorati, em 2010, o blogue individual mais popular na blogosfera é o da atriz chinesa Xu Jinglei (1974-), com 50 milhões de entradas no *site*. *Boing Boing* é o blogue coletivo mais popular.

blogueiro M.COM Aport. de BLOGGER.

bloguista M.COM Aport. de BLOGGER.

bloqueado **1** INF Não disponível. **2** INF Que não admite saída ou entrada de dados, registros etc., ou que não os processa, sob determinadas circunstâncias (diz-se de unidade, programa ou terminal de computador). **3** TEL Que não transmite ou recebe sinais, mensagens, informações etc., por ação de alguma característica de funcionamento (diz-se de aparelho).

bloquear **1** INF Impedir (dispositivo, programa) de iniciar outras operações até que a operação em curso se complete. **2** INF Impedir (operações de determinado segmento de um sistema de cálculo), enquanto as demais partes estejam em funcionamento. **3** INF Inibir mecanicamente (mecanismo de impressão de um dispositivo) ou eletricamente (terminais de entrada do mesmo). **4** TEL Tornar (um dispositivo) não receptivo a determinados dados por meio de triagem de dados recebidos, através do não reconhecimento de caracteres de definição de campo.

bloqueio **1** INF Combinação de dois ou mais registros em um bloco. **2** INF Ato de impedir as operações de um determinado segmento de cálculo, enquanto os demais segmentos estejam funcionando. **3** TEL Transmissão de sinais de rádio, visando interferir na recepção dos sinais de outra estação emissora. **4** INF Inibição mecânica ou corte elétrico nos terminais de entrada do mecanismo de impressão de um dispositivo.

blowup [ing.] **1** FOT Ampliação fotográfica. **2** CINE Conversão de filme cinematográfico de uma bitola para outra maior.

bluebox [ing.] CINE REC.AV TV Recurso utilizado para obter o efeito de composição de imagens por CHROMA-KEY. ▸ Cf. BLUESCREEN.

blues [ing.] MÚS **1** Gênero de canção do folclore negro norte-americano, de cunho melancólico e ritmo sincopado, em compasso binário ou quaternário e andamento moderado. ▸ Cf. RHYTHM AND BLUES. **2** Qualquer canção desse gênero.

INFORMAÇÕES GERAIS

Devido ao caráter triste desse tipo de canção, o termo deriva do ing. *blues* 'melancolia', 'depressão', este, por sua vez, acepção metafórica do substantivo *blue,* 'azul'.

bluescreen [ing.] CINE REC.AV TV Processo de filmagem feita contra um telão da cor azul, que permite a superposição de uma figura humana contra outras imagens que fazem parte de seu pano de fundo, p.ex., num boletim meteorológico, onde o meteorologista aponta para áreas do mapa com o propósito de explicar as condições do tempo. ▸ Ainda que outras cores, como o verde (GREENSCREEN), possam produzir efeitos semelhantes, telões azuis são os mais frequentemente utilizados, devido ao alto contraste entre essa cor e os tons da pele humana. No caso do meteorologista, ele não deve usar peças de roupa azuis, pois, se assim o fizer, a imagem de suas roupas serão invadidas e tomadas pelo vídeo, mapa ou imagem que está sendo projetada no fundo. Cf. CHROMA-KEY.

blue screen of death [ing.] INF Tela azulada (em sistemas Microsoft) que aparece após a interrupção súbita e completa do funcionamento de um computador. ▸ Sigla: BSD. Cf. CRASH.

Blu-ray disc [ing.] REC.AV Formato de disco óptico desenvolvido pela BDA (*Blu-disk Association*) em parceria com a indústria de aparelhos eletrônicos (Apple, Dell, Panasonic, Mitsubishi etc.) que permite a gravação e reprodução de imagens com alto grau de qualidade e definição. ▸ O formato *Blu-disk* foi desenvolvido com o propósito de superar a tecnologia tradicional de reprodução por *DVD*. O disco *Blu-ray* pode gravar e reproduzir 25 *gigabytes* para cada camada de vídeo, sem que isso seja o limite completo da tecnologia. O nome *Blu-ray* (corruptela de 'raio azul', em inglês) deriva do fato de que a nova tecnologia não usa um método de reprodução com raios vermelhos, como fazem os *DVDs*, mas com um raio *laser* azul-violeta. ▸ Cf. GIGABYTE. ▸ Sigla: *BD.*

boato **1** Clamor de novidade. **2** Notícia muito propalada. **3** Notícia de fonte desconhecida, muitas vezes infundada, que se divulga entre o público; qualquer informação não oficial que circula dentro de um grupo; bochicho. **4** Maledicência divulgada à boca pequena; coscuvilhice. **5** Dito sem fundamento; balela.

bobina **1** PAP Rolo grande de papel contínuo, usado no processo de impressão nas rotativas. **2** REC.AV Parte do microfone dinâmico que vibra, emitindo uma corrente elétrica.

bobinadeira PAP Ver REBOBINADEIRA.

bobinagem PAP Ato ou efeito de BOBINAR.

bobinar PAP Enrolar em bobina (folha produzida por máquina contínua) por meio de bobinadeira.

boca **1** GRÁF No cilindro das prensas, abertura onde se fixa o revestimento e onde funcionam as pegadeiras. **2** GRÁF JOR Nas rotativas, abertura por onde saem os jornais impressos.

boca a boca MKT PUB Processo de divulgação que é feito, informalmente, de pessoa a pessoa.

boca de cena TEAT Parte da cena próxima da plateia.

bocal MÚS Peça móvel que serve de embocadura para certos instrumentos de sopro de metal.

bodoni [it.] BIBL EDIT GRÁF Denominação de tipo ou de família que apresenta características do estilo romano moderno, esp. traços geométricos, serifas retas e delgadas e nítido contraste entre os traços grossos e finos. ▸ As primeiras versões das letras *bodoni* foram desenhadas em 1798 por Giambattista Bodoni (1740-1813), gravador, editor, impressor e tipógrafo italiano de alta reputação em sua época e que hoje é lembrado como criador dessa família de letras. Para criá-la, Bodoni inspirou-se na família de tipos BASKERVILLE, radicalizando algumas de suas propriedades, contrastando traços finos e grossos, criando serifas ainda mais horizontais. O efeito da letra foi considerado moderno e os tipos que antecedem a criação de Bodoni passaram a ser ditos de transição. A maioria das versões digitalizadas de *bodoni* derivam das formas extremas que caracterizam a última fase da carreira de Giambattista Bodoni, cujo estilo consolidou-se com a publicação póstuma de seu *Manuale tipografico,* em 1918.

bodoniano BIBL Referente a Giambattista Bodoni (1740-1813), tipógrafo, gravador e editor italiano, aos tipos, encadernações e edições saídas de suas oficinas ou aos exemplares que os copiam ou que neles se inspiram.

body-copy [ing.] PUB M.q. BLOCO DE TEXTO.

body-text [ing.] PUB M.q. BLOCO DE TEXTO.

body type [ing.] GRÁF Texto figurado (geralmente em latim, ou digitado aleatoriamente, formando palavras desconexas) que se usa em leiautes para simulação do espaço a ser ocupado pelo texto definitivo do trabalho gráfico; *display type.*

Boing Boing [ing.] M.COM Publicação da subcultura *cyberpunk* que começou como revista e depois se tornou, em 1988, um sítio. ▸ Os temas postados mais frequentemente em *Boing Boing* são tecnologia, direitos de propriedade, *gadgets*, futurismo, ficção científica e políticas da esquerda cultural.

bold [ing.] GRÁF Ver NEGRITO.

boletim **1** EDIT Publicação periódica destinada à divulgação de atos oficiais e governamentais, ou de entidades de classe, instituições privadas etc. **2** JOR Seção de jornal com o resumo das manchetes do dia; resenha. **3** RÁD TV Curta edição informativa transmitida em intervalos mais ou menos regulares sobre determinado asunto.

Bollywood CINE Centro e estilo de produção cinematográfica da indústria cultural hindu. ▶ Geograficamente, Bollywood está localizada em Mumbai, nome atual de Bombaim, Índia. Toda a produção cinematográfica hindu é, por vezes, também referida, imprecisamente, como estilo Bollywood. Assim como a palavra Hollywood, o termo Bollywood indica não apenas um lugar onde filmes são produzidos para consumo local e para exportação, mas refere-se, vagamente, a um modo de produção cinematográfica, uma espécie de degustação antropofágica dos modelos colonizantes de Hollywood. Os diálogos das produções de Bollywood valem-se de frases quase sempre em estilo ornamental e grandioso. A produção em série, típica do que se chama de INDÚSTRIA CULTURAL, é uma de suas características principais, frequentemente com orçamentos de dezenas de milhões de dólares. A indústria cinematográfica de Bollywood movimenta aproximadamente 3,5 bilhões de dólares ao ano, empregando 2,5 milhões de pessoas. Da mesma forma que a clássica Hollywood, Bollywood tem um STAR-SYSTEM próprio; seus filmes são musicais, confessionais e românticos. A popularidade dos filmes de Bollywood ainda se restringe ao mercado asiático e a bolsões onde a imigração hindu começa a formar um respeitável mercado de consumo de produtos culturais. Apesar de ter sido criticado na Índia por oferecer uma imagem presumidamente negativa do país, o filme *Quem quer ser um milionário?* (*Slumdog millionaire*), vencedor, em 2009, de oito Oscars e quatro Globos de Ouro, representa uma tentativa de oferecer um filme híbrido que, de certa maneira, se apropria do estilo de Bollywood, adaptando-o para audiências ocidentais.

bolsa BIBL EDIT M.q. BOLSO.

bolso BIBL EDIT Espécie de envelope que se apensa à contracapa de um livro, utilizado para guardar mapas, desenhos etc.; bolsa.

bomba JOR Notícia importante e inesperada que ocupa, ger., a manchete principal da primeira página de um jornal.

boné JOR Vinheta identificadora do assunto ou gênero de determinado texto jornalístico, num pequeno claro endentado no início da matéria.

boneca GRÁF PUB Projeto gráfico de uma publicação (livro, revista, folheto, jornal etc.) que visa definir as características (diagramação, tipo de papel, encadernação etc.) que deverá ter o produto impresso; boneco, leiaute, maquete, *mock-up*.

boneca branca GRÁF Projeto gráfico de livro, revista etc. composto apenas de folhas em branco para mostrar algumas características físicas finais do produto: papel, capa, formato, encadernação etc.

boneco 1 GRÁF PUB M.q. BONECA. ▶ Menos usado do que *boneca*. 2 JOR Fotografia de indivíduo, geralmente focalizado de frente, em *close-up* ou a meio-corpo, publicada em matéria jornalística.

bônus ECON Prêmio ou vantagem concedida, por sorteio, a portadores de determinados títulos, cupons, bilhetes de transporte etc., algumas vezes concessões no preço, peso ou medida de alguma coisa, ofertas de presentes etc.

book [ing.] PUB M.q. PORTFÓLIO.

booking [ing.] PUB Agendamento de profissional para trabalho fotográfico.

booklet [ing.] M.q. FOLHETO.

bookmark [ing.] INF 1 Recurso, no *browser* de um computador, que permite guardar o endereço (URL *Uniform Resource Locator,* Localizador-Padrão de Recursos) de um sítio específico para futuro acesso. 2 Mecanismo que permite a identificação de um documento ou de um lugar específico de um documento.

bookseller [ing.] COM Varejista de livros.

booliano INF LÓG MAT Relativo a George Boole (1815-1864), criador da lógica matemática moderna, e/ou a seus trabalhos nos campos da álgebra ou da lógica simbólica. ▶ Cf. ÁLGEBRA DE BOOLE.

boom [ing.] CINE Dispositivo usado para ampliar o alcance de outros dispositivos cinematográficos, principalmente microfones.

boot [ing.] INF M.q. INICIAÇÃO.

boquilha MÚS Em alguns instrumentos de sopro, peça onde se ajusta a palheta.

borda GRÁF Superfície gráfica decorativa; cercadura.

borderline [ing.] CINE TV REC.AV Num CHROMA-KEY, os limites de seu recorte.

botão INF 1 Região da tela equivalente ao interruptor de uma máquina, que pode ser acionado por pressão para provocar a execução de uma ação, deslocando até ela o cursor do *mouse* e clicando. 2 Parte da tela de um computador que aciona um *link* em uma *webpage*, um disco ou um *software*.

Bourdieu, Pierre (Denquin, Argélia 1930 - Paris, França 2002) Sociólogo francês que começou a carreira analisando os processos de modernização no campesinato da França e da Argélia, mas que adquiriu celebridade e influência no mundo intelectual parisiense por seus estudos sobre a discriminação do gosto cultural nas sociedades modernas. ▶ As análises sociológicas de Pierre Bourdieu sobre temas culturais como gosto e julgamento sociais mostram como a cultura não pode ser vista apenas como um espaço de integração, suposto pela tradição durkheimiana, mas como um campo de forças que engendra discriminação e exclusão sociais. Tomado em seu duplo sentido de diferença e valor social de exclusão, a *distinção* expressa, nas classes subalternas, a falta de capital cultural e simbólico. Sintomaticamente, adquirem-se capital cultural e poder simbólico não nas práticas corriqueiras do sistema educacional, mas nas suas bordas. O que é excepcional é sinônimo de maior poder social, porque inacessível a vastos segmentos da população. As formas de expressão nos vários espaços da sociedade legitimam, naturalizam e reproduzem o poder simbólico que é diariamente experimentado pelos agentes sociais. Bourdieu acredita que não se devem pôr de lado as práticas de violência simbólica que infestam os domínios aparentemente elevados da educação, da arte e da cultura. ▶ Cf. CAMPO; HABITUS.

BIBLIOGRAFIA

BOURDIEU, Pierre. *A economia das trocas simbólicas*. São Paulo: Perspectiva, 2006.

____________. *O senso prático*. Petrópolis: Vozes, 2009.

____________; PASERRON, Jean-Claude. *A reprodução*. Petrópolis: Vozes, 2008.

bps INF Sigla de *bits* por segundo. ▶ Cf. BIT.

br. EDIT GRÁF Abrev. de BROCHURA.

braço MÚS Parte alongada dos instrumentos de corda sobre a qual se encontra o espelho e passam as cordas.

braille 1 Sistema de escrita com pontos em relevo que as pessoas privadas da visão podem ler pelo tato e que lhes permite tb. escrever. 2 Referente a ou próprio desse sistema.

brainstorming [ing.] MKT PUB Técnica ou processo de discussão em grupo que se vale da contribuição espontânea de ideias por parte de todos os participantes, no intuito de resolver algum problema ou de conceber um trabalho criativo.

brainwashing [ing.] M.q. LAVAGEM CEREBRAL.

branco **1** GRÁF Em trabalhos impressos, qualquer claro maior do que os espaços ordinários. **2** GRÁF O lado do papel que recebe a impressão em primeiro lugar. **3** GRÁF Red. de MATERIAL BRANCO. **4** TEAT Num ensaio ou encenação de uma peça, queda de ritmo.

brand [ing.] MKT PUB M.q. MARCA.

brand equity [ing.] MKT Valorização ou depreciação que uma marca confere a um produto, em relação ao que teria, caso a marca fosse outra. ▶ Pesquisas de mercado revelam que vários fatores influem no desempenho mercadológico do que é produzido e consumido. Alguns desses fatores estão diretamente ligados ao que a empresa está habilitada a produzir, enquanto outros dependem das qualidades específicas do produto, mas não é possível esquecer que os mercados são compostos de consumidores que estariam dispostos ou relutantes a adquirir o que lhes é oferecido; logo, um dos elementos de sucesso ou fracasso mercadológico emerge da reputação de uma determinada marca, que é um ativo diferenciador do produto. Assim, as marcas teriam um valor de mercado, um valor patrimonial, que recebe o nome de *brand equity*. ▶ Cf. ASSOCIAÇÃO DE MARCA; BRAND LOYALTY.

BIBLIOGRAFIA

ALLAWADI, Kusun L.; LEHMANN, Donald R.; NELSON, Scott A. Revenue premium as an outcome measure of brand equity. *Journal of marketing*, n. 67, p. 1-17, 2003.

KELLER, Kevin Lane. Conceptualizing, measuring and managing consumer-based brand equity. *Journal of marketing*, n. 57, p. 1-22, 1993.

branding [ing.] MKT PUB Processo de criação e de estabelecimento da MARCA de uma empresa, produto ou serviço.

brand loyalty [ing.] MKT Compromisso de um consumidor que o leva a adquirir, de maneira recorrente, determinada marca. ▶ Ainda que a lealdade a uma marca cause o fenômeno de aquisições recorrentes por parte de consumidores, não se deve acreditar que *brand loyalty* reduza-se ao ato de aquisição contínua. *Brand loyalty* indica satisfação comprovada, confiança e uma atitude geral consistentemente positiva em face de marcas consideradas favoritas; nada tem a ver com fatores circunstanciais como o preço, a oferta ou qualquer outro motivo econômico. Gerar esse tipo de lealdade no mercado de consumidores potenciais de uma marca constitui o objetivo final e prioritário dos planos e campanhas mercadológicas. ▶ Cf. ASSOCIAÇÃO DE MARCA; BRAND EQUITY.

BIBLIOGRAFIA

KOTLER, Philip. *Marketing: an introduction*. Upper Saddle River: Prentice Hall, 2009.

brand name [ing.] MKT PUB Nome comercial de um produto, empresa ou serviço.

[1]***break*** [ing.] CINE REC.AV TV Pausa ou intervalo.

[2]***break*** [ing.] DNÇ Red. de BREAK DANCING.

break dancing [ing.] DNÇ Dança que teve origem nos anos 1970, ger. executada ao som de música *rap* por adolescentes nas ruas e caracterizada por movimentos improvisados de grande virtuosismo atlético. ▶ Tb. se diz apenas *break*.

breakdown [ing.] MKT PUB **1** Análise detalhada de um orçamento que leva em consideração cada um dos custos envolvidos numa programação de *marketing* ou de propaganda de um produto ou serviço. **2** Detalhamento de um orçamento publicitário.

break even point [ing.] **1** MKT Ponto de equilíbrio a partir do qual as vendas começam a cobrir o que foi investido no seu posicionamento de mercado e passam a produzir lucro. **2** ECON MAT Em uma representação gráfica, ou cálculo, ponto em que o retorno (renda) é superado pelo custo de uma tarefa.

breaking news [ing.] M.COM Apresentação e relato de notícias que acabam de acontecer. ▶ *Breaking news* é uma forma contemporânea e abreviada do que o jornalismo impresso chamava de edição extra.

Brecht, Bertolt (Augsburgo, Alemanha 1898 - Berlim, Alemanha 1956) Poeta, dramaturgo, teórico do teatro e poeta alemão, fundador do grupo teatral Berliner Ensemble e um dos criadores centrais da dramaturgia no sXX. ▶ Influenciado pela ideia marxista de que a arte deva ser politizada, Brecht escreveu peças importantes do repertório dramático do sXX, encenou-as e teorizou sobre as fundações do que ele chamava de *teatro épico* em oposição ao teatro burguês. Se, para Brecht, a característica principal do teatro burguês é gerar as condições para identificação do público com o que é encenado, o teatro didático e revolucionário deve criar na plateia uma sensação de DISTANCIAMENTO, através do que ele chama de efeito de ALIENAÇÃO ('dramaturgia'). No teatro épico, o espectador deve estar plenamente consciente de que está num espetáculo teatral. O caráter pedagógico da dramaturgia brechtiana não se reduz à apresentação de um conteúdo. Teatro é forma e, por isso, as peças podem mostrar *slogans* escritos em cartazes, projetar *slides* como parte do cenário, sem o menor respeito pelas convenções do teatro psicológico. O ator não representa a realidade: ele a cita. Canções interrompiam o fluxo narrativo tanto para enfatizar a artificialidade da encenação teatral como para sublinhar uma ideia. Brecht entreteve relações tensas com a ortodoxia marxista de sua época. Dizia-se seguidor de Marx, mas detestava todas as formas de realismo pedagógico, fossem elas o realismo socialista stalinista ou o mimetismo literário defendido por György Lukács (1885-1971). O teatro político de Brecht está firmemente ancorado na estética modernista, principalmente no AGITPROP de Erwin Piscator (1893-1966). Entre suas peças memoráveis estão *A ópera dos três vinténs* (1928), musicada por Kurt Weill (1900-1950), *A vida de Galileu* (1943) e *Mãe coragem e seus filhos* (1939). Os poemas de Brecht têm um tom coloquial e ágil, cheio de sabedoria e ironia. Após um período de exílio nos Estados Unidos, para onde fugira do regime nazista, Brecht retornou à Alemanha Oriental e começou a dirigir um grupo teatral, o Berliner Ensemble, que circulou pela Europa apresentando-se na Inglaterra, Itália e França, durante a década de 1950. ▶ Cf. LUKÁCS, GYÖRGY.

BIBLIOGRAFIA

BRECHT, Bertolt. *Brecht on theater*. New York: Farrar, Strauss and Giroux, 1994.

__________. *Diários de trabalho, v. 1: 1938-1941*. Rio de Janeiro: Rocco, 2002.

__________. *Diários de trabalho, v. 2: 1941-1947*. Rio de Janeiro: Rocco, 2005.

bricolagem ANTRPOL COMN M.COM Termo original do francês, que indica, de maneira geral, trabalhos manuais, usado, metaforicamente, pelo antropólogo Claude Lévi-

-Strauss (1910-2009) com o propósito de caracterizar o pensamento mítico de culturas pré-industriais e que, por extensão, se aplica a uma mensagem feita com mensagens que circulam ou estão disponíveis em outros meios de comunicação, sejam eles música, artes visuais, literatura, sistemas informacionais etc. ▶ Em *O pensamento selvagem*, originalmente publicado em 1949, Lévi-Strauss utilizou o termo francês *bricolage* como metáfora que explicaria a lógica que forma a maneira de pensar dos povos sem escrita e sem história, comumente chamados de selvagens. Para o ESTRUTURALISMO de Lévi-Strauss, a lógica das sociedades pré-industriais não é inferior ao pensamento cientificista. O pensamento selvagem simplesmente requer outro entendimento e percepção, estando mais próximo do que se chama de bricolagem. As palavras francesas *bricolage* e *bricoleur* resistem à tradução, mas, literalmente, indicam um trabalho manual que se apropria de materiais já existentes, os quais não construiu. A lógica da bricolagem difere da lógica do engenheiro, que opera não com o que já existe, mas cria o existente, estruturando-o com relativa uniformidade. Como no caso dos trabalhos manuais, a bricolagem associa elementos heterogêneos, a partir de um repertório restrito e já dado. Claramente visível, nas mais diversas formas de narrativas míticas, a *bricolagem* intelectual seria, portanto, um traço fundamental do pensamento humano. Mesmo sem usar o termo *bricolagem*, analistas da cultura de massa, notaram que o processo de bricolagem fascina e caracteriza as subculturas contemporâneas. Hoje em dia, os consumidores de produtos culturais não seguem passivamente o que lhes é oferecido e agem como *bricoleurs*, apropriando-se do que é disponível, transformando os componentes da cultura em novas mensagens que são expressões de si mesmos. James Lull (1944-) argumenta que, no mundo globalizado, o consumidor de produtos culturais frequentemente desconsidera o que for estruturação cultural prévia, pois refaz e reprograma o que lhe é oferecido. A cultura de massa adquire as feições de uma vasta bricolagem. ▶ Cf. AUDIÊNCIA ATIVA.

BIBLIOGRAFIA

LÉVI-STRAUSS, Claude. *O pensamento selvagem*. Campinas: Papirus, 2005.

LULL, James. *Culture-on-demand: communication in a crisis world*. Oxford: Wiley/Blackwell, 2007.

bridgeware [ing.] INF Programa que funciona como conexão entre sistemas de computação ou plataformas.

briefing [ing.] M.COM **1** Ato de a chefia instruir e direcionar, precisa e objetivamente, os que estão envolvidos na criação e realização de um plano publicitário, programa de televisão e rádio ou feitura de um jornal. **2** Apresentação, por escrito ou verbalmente e por parte de um cliente, das diretrizes necessárias para a criação e execução de um plano de comunicação.

brifar M.COM Dar orientações por meio de BRIEFING.

brightness [ing.] REC.AV Recurso que indica onde se localiza uma determinada cor na escala de graus de luminosidade que vão do branco ao preto, indicando alta presença de luz e sua ausência.

brilhância ÓPT M.q. LUMINÂNCIA.

brilhância fotométrica ÓPT M.q. LUMINÂNCIA.

brilho REC.AV **1** Recurso de pré-amplificação que aumenta ou diminui os sons agudos. **2** M.q. LUMINÂNCIA.

brinde MKT PUB Peça promocional que se oferece visando objetivos de *marketing*.

brístol GRÁF PAP M.q. CARTÃO BRÍSTOL.

broad [ing.] CINE REC.AV Fonte de luz retangular.

broadband [ing.] INF M.q. BANDA LARGA.

broadcast [ing.] RÁD TV **1** Emissão e transmissão de sons e imagens por meio do rádio ou da televisão, sob a forma de notícias e programas recreativos; *broadcasting*. ▶ *Broadcast* é transmissão ampla, portanto processo característico da emissão aberta em radiofonia e televisão. ▶ Cf. NARROWCAST; NARROWCASTING. **2** Cada um dos programas transmitidos por estação de rádio ou televisão.

broadcasting [ing.] RÁD TV M.q. BROADCAST.

broadsheet [ing.] **1** GRÁF Folha de papel de tamanho grande, impressa em apenas um de seus lados. **2** JOR Tipo de jornalismo originalmente impresso em folhas maiores do que as de um tabloide. ▶ O termo significa mais do que o tamanho de uma folha de papel. Refere-se a um estilo de jornalismo mais sério, dirigido a leitores de melhor nível educacional, que estaria comprometido com um jornalismo sem recursos sensacionalistas e sempre mais objetivo. Cf. TABLOIDE.

broadside [ing.] PUB Impresso para lançamento de um produto, promoção de vendas ou informação sobre uma campanha, ger. acima de três dobras, em formato maior que o dos folhetos comuns; folhetão.

brochar EDIT Prender entre si, mecânica ou manualmente (as folhas de cadernos, livro, folheto etc.) mediante costura, grampeação ou colagem, envolvendo esse miolo com uma capa mole, de papel ou cartolina, colada à sua lombada.

broche JOR Foto ou ilustração aplicada sobre outra foto ou ilustração maior, com função de destaque, detalhe ou informação complementar.

brochura **1** ENC Tipo de encadernação em que o miolo do livro é coberto por uma capa mole, colada ao dorso. **2** ENC Capa de papel encorpado ou cartolina utilizada em encadernação mole. **3** BIBL Livro confeccionado dessa forma. **4** BIBL M.q. LIVRO BROCHADO.

browser [ing.] INF M.q. NAVEGADOR.

bruto CINE REC.AV TV Diz-se de ou material gravado em filme, vídeo ou digital ainda não editado.

BSD [ing.] INF Sigla de BLUE SCREEN OF DEATH. ▶ Cf. CRASH.

BST [ing.] MKT PUB Abrev. de BRAINSTORMING.

bucha JOR Matéria de redação.

buferização INF M.q. BUFFERING.

buffer [ing.] INF Região na memória de um computador que mantém, temporariamente, materiais e dados que estão sendo transferidos de um lugar para outro. ▶ Também chamado de *data buffer*, o *buffer* é implementado por meio de *softwares* ou instalado no *hardware* do aparelho. Seu uso tipicamente ocorre quando o material guardado num dispositivo, que é parte dos *inputs* de um computador, como o teclado, é removido para um outro mecanismo que produz *outputs*, como uma impressora. O primeiro uso de *buffers* data de 1952 e é atribuído a Russell A. Kirsch (1929-), que aplicara o princípio, originário das telecomunicações, no computador SEAC (*Standard Eletronic/Eastern Automatic Computer*), computador eletrônico de primeira geração, construído nos anos 1950 pelo NBS (*National Bureau of Standards*), agência do Departamento de Comércio do governo norte-americano.

buffering [ing.] INF Ato ou efeito de utilizar a região de memória temporária (ger. de um computador).

bufo TEAT M.q. BURLESCO.

bug [ing.] INF Defeito, falha ou erro no código de um programa, que provoca seu mau funcionamento. ▸ Antes de sua disseminação como vocábulo da informática, o termo '*bug*' já era usado no inglês do sXIX para indicar tanto inseto como ameaça em geral ou defeitos e problemas na engenharia de máquinas. Tipicamente, são duas as fontes de *bugs* em computadores: erros do programador ou do código-fonte de um programa. Tanto num como noutro caso, os erros podem ir do mais insignificante até o mais grave, de alterações mínimas e sutis no funcionamento da máquina até sua danificação completa, causando vítimas em hospitais ou desastres aéreos. Em 2002, o Departamento de Comércio do governo norte-americano estimou que o impacto de *bugs* na economia americana era da ordem de 59 bilhões de dólares por ano, o que corresponderia a 0,6% do produto interno bruto do país. Para que os efeitos danosos de *bugs* sejam minimizados, a indústria de computação tem adotado medidas de segurança, que vão do estilo de programação até o desenvolvimento de programas que sejam capazes de checar a consistência interna da programação. Ainda que se acredite que o termo *bug* passou a ser utilizado após a descoberta de uma mariposa no interior de um computador, por Grace Hopper (1906-1992), o uso específico da palavra com a derivação atual antecede essa história pitoresca. O termo '*bug*' era frequentemente usado por engenheiros americanos para designar um defeito de máquina e foi apropriado para a computação por técnicos e engenheiros do Laboratório de Armas Navais dos Estados Unidos. ▸ Cf. ANTIVÍRUS; VÍRUS; WORM.

BIBLIOGRAFIA

MCDONALD, Marc; MUSSON, Robert; SMITH, Ross. *The practical guide to defect prevention*. Redmont: Microsoft Press, 2007.

Bühler, Karl (Meekesheim, Alemanha 1879 - Los Angeles, Estados Unidos 1963) Psicólogo alemão, autor de *Sprachtheorie* (*Teoria da linguagem*, 1934), cujas contribuições para o entendimento e o desenvolvimento perceptivo e psicológico da criança são de fundamental importância para a compreensão dos processos de aquisição e uso da linguagem. ▸ As teses de Karl Bühler para a compreensão do desenvolvimento linguístico da criança não podem ser entendidas sem que se levem em conta suas considerações sobre os estágios que definem a mente infantil. As pesquisas empíricas de Bühler formam a base para suas conclusões a respeito das funções da linguagem entre os seres humanos e exerceram grande influência em autores tão diversos como o sociólogo Paul Lazarsfeld (1901-1976), o etólogo Konrad Lorenz (1903-1989) e o filósofo Karl Popper (1902-1994). O linguista Roman Jakobson (1896-1982) considerava as teses de Bühler como as mais inspiradoras para o entendimento de uma psicologia da linguagem. Em 1938, Bühler foi detido pela polícia nazista vienense e emigrou para os Estados Unidos, onde morreria aos 85 anos. Bühler entende a linguagem humana como um *organum*, portanto como um instrumento funcional que o termo em grego sugere. A função prioritária da linguagem no desenvolvimento humano é comunicar informações para aqueles que vivem em sociedade. Por isso, a linguagem não pode ser reduzida apenas às duas funções que a psicologia tradicional reconhecia: a função apelativa e a expressiva. A linguagem tem também a função representativa, ou seja, refere-se ao que está além dos signos usados, representa o mundo exterior e com ele está coordenada. Entretanto, é preciso observar que essa coordenação, para Bühler, não se faz por meio de uma imediata fidelidade relacional, mas através de construções intermediárias que aproximam signos e estados do mundo. A linguagem explora e mapeia o mundo exterior, mas não o captura por completo. Porque o acordo total inexiste, há sempre uma discrepância entre os signos representantes e a realidade representada. A linguagem representa o mundo não porque o reflete, mas porque resulta de um juízo de valor, de um julgamento a respeito dos fatos observados. Já que a criança pode produzir enunciados sem que os valores que os julgam estejam cristalizados, o processo de formação da função representativa da linguagem é aproximativo. Bühler notou que, a princípio, a criança representa o mundo de modo desorganizado e responde a perguntas usando atributos como método classificatório. O que é um ônibus? Serve para transportar muitas velhinhas. E cachorro? Balança o rabo, morde, late. Na medida em que os valores são interiorizados, a criança produz respostas diferentes e passa a descrever um objeto pela pertinência a uma classe de veículos, no caso de ônibus, ou de caninos, no caso dos cachorros. Nesse ponto, a criança identificou o erro, o que significa dizer que a linguagem tem como função representar o mundo de modo crítico, sendo a verdade uma propriedade intrínseca da comunicação linguística.

BIBLIOGRAFIA

BÜHLER, Karl. *The mental deveopment of the child*. New York: Arno Press, 1975.
________. *La teoria del lenguaje*. Madrid: Alianza Editorial, 1979.

bule EDIT GRÁF PAP M.q. PAPEL PARDO.

bulletin board [ing.] **1** COMN Quadro de avisos. **2** INF Sistema de computação (*software*) que permite a conexão, o acesso a partir de um terminal. ▸ Os *BBS* (*bulletin board systems*) criam uma rede comunitária de usuários com interesses partilhados. Além da conexão, os *BBS* permitem descarregar (*download*) e enviar (*upload*) programas e dados, ler notícias, participar de fóruns de discussão, conversar com outros usuários e usar jogos digitais *on-line*. Os *BBS* começaram mais amplamente a funcionar em 16 de fevereiro de 1978, conectados por linha telefônica e *modem*. Hoje, usam a tecnologia de *packet switching*, mas, com a popularização da internet que permite acesso mais fácil a custos mais baixos, os *bulletin boards* começaram a entrar em declínio. ▸ Cf. USENET.

bum CINE TV M.q. GIRAFA.

bumper sticker [ing.] PUB Anúncio na forma de adesivo para ser colado no para-choque de automóveis.

bundled software [ing.] INF Programas de informática vendidos num só pacote ou que vêm com a máquina de um computador.

buque PUB M.q. PORTFÓLIO. ▸ Aport. de *book*.

buraco 1 GRÁF JOR Espaço vazio por falta de matéria ou erro de diagramação. **2** RÁD TEAT TV Segmento irrelevante, ou sem muita relação com a urdidura do texto de peça teatral, roteiro de filmes, telenovela etc.

bureau [fr.] GRÁF INF Estúdio de computação gráfica ou editoração eletrônica. ▸ Em port. BIRÔ.

burguesia 1 HIST Na Idade Média, qualidade ou condição de um burguês (habitante livre). ▸ A burguesia é uma categoria social e jurídica que se define pelo lugar de residência de um indivíduo. O burguês era um indivíduo que vivia livremente, sem as restrições e a opressão que caracterizavam a existência dos servos e camponeses medievais. **2** HIST Classe social surgida na Europa, com o desenvolvimento dos burgos medievais e o influxo do comércio na sociedade feudal, que principia a gozar, com seu enriquecimento, de crescente liberdade e poder, passando a dominar sociopolítica e economicamente as outras classes. **3** ECON.POL Conjunto de burgueses que exercem profissões liberais, estando mais ou menos ligados às esferas dirigentes e detentoras da economia. ▸ O caráter pejorativo dos termos *burguesia* e *burguês* é certamente atribuível a Marx, que se valeu do significado negativo e de desprezo dado às palavras pela aristocracia europeia. Na sociologia marxista clássica, é considerado burguês quem detém, quase que exclusivamente, a propriedade dos meios de consumo e das matérias-primas e dos meios de produção. Por isso, no *Manifesto do Partido Comunista* de 1848, Marx e Engels definem o burguês em oposição ao proletário de maneira simples: burguês é quem paga salário e operário quem o recebe. No pagamento de salários reside a fonte da opressão burguesa. Para fazer frente à competição de outros burgueses, aos reinvestimentos tecnológicos inevitáveis, próprios da sociedade industrial, a burguesia tem de comprimir os salários, gerando miséria crescente. A depreciação dos salários só acontece porque a burguesia dispõe de um exército de reserva industrial, de onde recruta operários, pagando-lhes salários cada vez mais baixos, que permitem apenas a sobrevivência. ▸ Cf. ACUMULAÇÃO DE CAPITAL; ACUMULAÇÃO PRIMITIVA; CLASSE; PROLETARIADO.

BIBLIOGRAFIA

MARX, Karl; ENGELS, Friedrich. *Manifesto do Partido Comunista 1848*. Porto Alegre: L&PM, 2001.

burlesco TEAT **1** Diz-de de ou paródia de natureza satírica ou trocista, sobre obra teatral, que traveste o nobre em vulgar e vice-versa, p.ex., atribuindo a heróis ações e propósitos vulgares e mesquinhos ou imputando objetivos altaneiros e brilhantes a personagens de tramas chãs; bufo. **2** Nos E.U.A., diz-se de ou cabaré ou *music hall* artístico, com danças de natureza erótica.

burn [ing.] INF Gravar informação digital num *CD-ROM* ou *DVD*.

burner [ing.] REC.AV Dispositivo para gravar informação digital num *CD-ROM* ou *DVD*.

bus [ing.] **1** INF M.q. BARRAMENTO. **2** REC.AV Grupo de botões que apresentam as entradas disponíveis num dispositivo de vídeo; *bank*.

buscador INF Diz-se de ou sistema informatizado cuja função é vasculhar um ou mais bancos de dados *on-line* (p.ex., a *web*) ou *off-line* (p.ex., os arquivos locais de um computador) em busca de dados, realizando pesquisas a partir de palavras-chave fornecidas pelo usuário; máquina de busca, mecanismo de busca, motor de busca, motor de pesquisa, *search engine*.

buscard [ing.] PUB Anúncio na forma de cartaz para ser exposto nas laterais ou na parte traseira de ônibus e transporte público.

busdoor [ing.] PUB Anúncio ou painel publicitário exposto na parte exterior de ônibus.

buzzword [ing.] LING PUB Palavra ou frase que adquire significado e ressonância social por meio de uso reiterativo na mídia.

by line [ing.] JOR Matéria assinada e publicada em jornal ou revista.

byte [ing.] INF Conjunto de *bits* adjacentes, ger. constituído por oito *bits*, que forma a unidade de informação para representar um caractere. ▸ Símb: *B*. ▸ O termo *byte* foi cunhado em meados da década de 1950, por Werner Buchholz (1922-), durante o projeto de feitura do computador IBM *Stretch*. O tamanho específico de um *byte* varia, mas o modelo comum é o de oito *bits* consecutivos por conjunto básico. Como o *bit* é o resultado de uma operação logarítmica de base dois, o conjunto de oito bits por *byte* é matematicamente conveniente, pois permite que o algoritmo siga aceleradamente e em progressão geométrica por múltiplos de dois: 16, 32, 44 e até 128 *bits*. Há quem prefira o uso do termo 'octeto' a *byte*, para que se evitem ambiguidade e confusão com o termo *bit*. ▸ Cf. BIT.

Cc

c 1 Terceira letra do nosso alfabeto 2 **FON** Letra que representa três sons distintos: a) consoante oclusiva velar surda /k/ (*casa, cujo*); b) consoante fricativa côncava alveolar surda /s/ (*cedo, cimo* ou, quando cedilhada, *maçã*); c) consoante fricativa côncava palatoalveolar surda (como o som do 'x' em *xadrez*) quando seguida de 'h' (*chegar, acha*). 3 **GRÁF** Tipo que imprime essa letra. 4 **EDIT** Matriz a partir da qual se imprime essa letra. 5 Diz-se do terceiro elemento de uma série. 6 Na escala socioeconômica, diz-se da terceira das classes quanto a riqueza e poder. 7 **BIBL** Abrev. de CIRCA ('aproximadamente', 'por volta de'). 8 **MÚS** Formato das aberturas nos tampos dos instrumentos da família das gambas. 9 **PSICN** Letra usada pelo psicanalista Sigmund Freud (1856-1939) para indicar CONSCIENTE.

C 1 **INF** Linguagem de programação de alto nível para computadores, voltada para o desenvolvimento de sistemas. 2 **MÚS** Nota dó, na notação alfabética. 3 **MÚS** Representação do compasso quaternário.

C++ **INF** Versão, baseada em objetos, da linguagem de programação C. ▸ Criada em 1975 por Bjarne Stroustrup (1950-), a linguagem C++ é baseada em procedimentos feitos por meio da interação de unidades de *software* (também chamadas de objetos). As linguagens baseadas em objetos são criadas pelo programador para o objeto do qual se quer tratar e contém instruções específicas e procedimentos para que isso aconteça. A linguagem C++ é amplamente utilizada pela indústria de programação de computadores, da programação de *drivers* e de jogos para PCs, Macs e consoles em geral. A linguagem C ++ serve de apoio a múltiplos estilos de programação e é considerada uma linguagem de nível médio, pois combina características das linguagens de alto nível com as de baixo nível.

c.A. **GRÁF** Abrev. de CAIXA-ALTA.

c.A.b. **GRÁF** Abrev. de CAIXA ALTA E BAIXA. ▸ Tb. se grafa *C.A.b.*

cabeça 1 **GRÁF** Parte superior de livro ou lombada. 2 **JOR** M.q. LIDE. 3 **GRÁF JOR** M.q. NARIZ DE CERA. 4 **LING** M.q. NÚCLEO. 5 **PUB** Abertura fixa de uma série de anúncios para mídia impressa ou eletrônica.

cabeçada **ENC** Cordão colorido ou debrum, colocado como adorno e reforço nas extremidades superior (cabeça) e inferior (pé) do dorso do livro ou do conjunto dos cadernos costurados.

cabeça de câmara **REC.AV** Caixa ou área que reúne os componentes eletrônicos essenciais para o funcionamento da câmara.

cabeça de página **EDIT GRÁF** M.q. CABEÇALHO.

cabeça de rede **RÁD TV** Num sistema de rádio ou teledifusão, emissora que gera os programas retransmitidos pelas afiliadas.

cabeçalho 1 **BIBL** Conjunto de informações localizadas na parte superior de cada uma das páginas ou seções de um documento, que indicam circunstâncias gerais ou parciais da publicação (nome do autor, título corrente, número da página etc.). 2 **EDIT GRÁF** Título permanente que encabeça uma publicação periódica (revista, jornal etc.) na capa ou primeira página, compreendendo o nome, o ano, o número da edição, a data de publicação e outras indicações, quando necessárias. 3 **EDIT GRÁF** O alto de uma página impressa ou o que aí se imprime; cabeça de página, cabeço. 4 **EDIT GRÁF** O que denomina um capítulo de livro. 5 **EDIT GRÁF** Conjunto de dizeres colocados no alto das colunas e casas de tabelas, ou na parte superior das fichas de catalogação e de certos formulários. 6 **EDIT GRÁF** Título que destaca artigo, notícia, anúncio etc. 7 **GRÁF** Em cartas, memorandos, relatórios etc., as linhas iniciais que antecedem a mensagem propriamente dita e informam sobre local, data, assunto, destinatário etc. 8 **INF** Conjunto de informações que indicam o início de um programa de computador, o nome, o objetivo e a autoria do programa.

cabeção **GRÁF** Vinheta ou gravura estampada na parte superior de frontispício ou página capitular de livro; cabecel, encabeçamento.

cabeça tabulada **JOR** Conjunto de despachos de agências de notícias, reunidos e condensados num só texto pela editoria do jornal.

cabecear **EDIT** Pôr CABEÇADA em (livro).

cabecel **GRÁF** M.q. CABEÇÃO.

cabeço **GRÁF** 1 O alto de uma página impressa, ou o que aí se imprime; cabeçalho, cabeça, cabeça de página, cabeção. 2 Timbre ('inscrição') que se imprime no alto de envelopes, papel de carta, notas fiscais, faturas etc. 3 Titulo ou indicação que figura no alto de composições gráficas, tabelas etc.

cabine de locução **RÁD TV** Área de um estúdio com isolamento acústico onde se grava ou transmite locução.

cabine de projeção **CINE** Área onde estão os projetores de cinema.

cable broadcasting [ing.] **TV** M.q. CABODIFUSÃO.

cable TV [ing.] **TV** M.q. TELEVISÃO A CABO.

cabo 1 Fio ou feixe de fios por meio do qual uma força é exercida por um mecanismo para operá-lo ou controlá-lo. 2 **TEL** Condutor para transmissão de sinais. 3 **CINE REC.AV TEAT TV** Fio com plugue para cada conexão us. na condução e transmissão de sinais de energia, vídeo, áudio etc.

cabo balanceado **ELETR REC.AV** Cabo de áudio que tem três fios elétricos: um positivo, um negativo e um terra.

cabodifusão **TV** Sistema de transmissão de televisão por meio de radiofrequência de sinais através de cabos ópticos ou coaxiais; *cable broadcasting*.

cabo óptico **INF REC.AV** M.q. FIBRA ÓPTICA.

cache [ing.] **INF** Área de memória rápida onde é mantida uma cópia temporária de dados armazenados em um meio de acesso mais lento, com o objetivo de acelerar a recuperação de dados. ▶ *Cache*, que em inglês ordinário quer dizer 'esconderijo', indica um tipo de memória de computador que funciona como se fosse uma folha de esboço para cálculos.

cachê **1** Remuneração que ator, músico ou outro artista recebe por apresentação. **2** Quantia paga a quem se apresenta em público (p.ex.: conferencista, animador etc.), esp. artista em espetáculo (de teatro, música, variedades etc.) ou que participa de uma produção cultural ou publicitária (p.ex.: de cinema, televisão, disco etc.).

caco TEAT Fala mais ou menos breve que o ator ou atriz acrescenta ou substitui, por conta própria, à do texto original, ger. improvisando durante a apresentação para realçar ou introduzir efeito cômico, dramático ou outro.

cacófato GRAM LING **1** Som feio, desagradável, impróprio, com sentido equívoco, produzido pela união dos sons de duas ou mais palavras vizinhas. **2** Palavra ou expressão obscena, ridícula ou fora de contexto, formada pela sílaba final de uma palavra e a inicial da seguinte.

cacofonia **1** Qualidade do que soa desagradavelmente. **2** Som feio ou desagradável; união não harmônica de sons diversos. ▶ Cf. ECO ('rima'). **3** GRAM LING Pronúncia feia ou incorreta, formando cacófato. ▶ Cf. EUFONIA. **4** GRAM LING Repetição de sons (fonemas ou sílabas) considerada desagradável ao ouvido. ▶ Cf. ALITERAÇÃO; COLISÃO; ECO ('rima'). **5** MÚS Vozes ou sons musicais dissonantes ou que não estão harmonizados entre si.

cacotipia GRÁF Erro ou defeito de composição.

CAD [ing.] GRÁF INF Sigla de COMPUTER AIDED DESIGN.

cadarço GRÁF **1** Cada uma das tiras que mantêm o papel aderente aos cilindros das máquinas de impressão, transportando-o para a mesa receptora e largando-o na posição devida; fita, nastro. **2** Cada uma das tiras que, nas máquinas dobradoras, conduzem as folhas de papel até o mecanismo de dobragem; fita, nastro.

cadastrar INF Registrar (quem ou o que participa de uma rede informacional), conferindo número, senha ou qualquer outro modo de identificação.

cadeia **1** ACS Conjunto dos dispositivos e aparelhos us. para difundir e reproduzir apropriadamente sons determinados. **2** JOR Publicações que podem ser classificadas como parte de um mesmo grupo ou empresa de comunicação. **3** MÚS Peça de madeira que fica entre os tampos de instrumentos de cordas, como o violino. **4** TEL Conjunto de aparelhos que fazem parte de uma rede de transmissão de sinais eletrônicos ou de qualquer outra forma de comunicação. **5** TV M.q. REDE.

cadeia de distribuição MKT Cadeia que o profissional de *marketing* deve construir ou seguir para que o produto chegue aos consumidores. ▶ Muitas vezes, a canalização de um produto requer, para ser bem-sucedida, que se multiplique por instâncias variadas, seguindo sempre o critério de mercantilização eficaz, até que, finalmente, chegue ao usuário. Os canais de distribuição não são apenas físicos, como no caso da distribuição feita por intermediários para lojas. O produto, ao ser anunciado, está sendo distribuído, não de maneira física, mas mental, o que sugere que um plano de *marketing* pode criar novos canais de distribuição que escapam às redes tradicionais, desde que o objetivo de atingir o consumidor seja realizado.

cadência **1** MÚS Encadeamento de duas notas ou dois acordes que articula o discurso musical e que define o tom ('tonalidade') ou modo ('escala') empregado; cláusula. **2** MÚS Em concertos ('composição') e árias ('parte para solista'), seção em que o solista improvisa ou mostra virtuosidade. **3** MÚS M.q. PULSAÇÃO. **4** LIT M.q. NÚMERO.

caderno **1** BIBL EDIT GRÁF Conjunto ordenado de páginas impressas numa única ou em várias folhas, ou conjunto similar de páginas em branco que constitui cada uma das unidades ou seções reunidas e presas (por meio de colagem, costura, grampeamento etc.) de modo a formar um único volume. **2** EDIT Publicação, ger. seriada, sobre determinado assunto, disciplina etc. (mais us. no pl., designando o conjunto dos volumes que integram a série ou coleção). **3** GRÁF Folha única em que são impressas diversas páginas (ger. 16 ou 32), a depender do formato e tamanho do livro e do tipo de impressão, dobrada e ger. cortada ou aparada nos lados, de modo a formar uma das partes de um livro, jornal, revista etc. **4** GRÁF JOR Cada uma das partes separadas que constitui um exemplar de jornal, formada por um certo número de folhas dobradas e encasadas, com o mínimo de quatro páginas, e que ger. contém matérias de uma determinada seção ou editoria. ▶ Em termos estritamente jornalísticos, os jornais editam e publicam cadernos temáticos ou geográficos que respondem ao que entendem ser o interesse de seus leitores, formando equipes de jornalistas que, sem desconsiderar a linha do jornal, atuam exclusivamente nesses cadernos, porém seguindo critérios de editoração e publicação que lhes são próprios. Além dos cadernos diários, os jornais podem decidir publicar cadernos especiais, de acordo com a magnitude da notícia ou do interesse dos leitores. Ainda que a origem dos cadernos tenha sido determinada pelo processo de impressão em folhas únicas, dobradas em quatro partes (tamanho mínimo de um caderno impresso), o processo de editoração jornalística em cadernos persiste, até hoje, como elemento organizador e estruturante dos jornais, até mesmo quando as publicações migram para o meio digital ou eletrônico. **5** PAP Conjunto de cinco ou seis folhas, tomado como unidade no comércio de papel.

caderno certo GRÁF Em uma publicação, caderno que utiliza toda a folha de papel, ger. obtendo 16 ou 32 páginas. ▶ Um livro fecha com caderno certo quando tem, por exemplar, 160 páginas, logo dez cadernos de 16 páginas.

CAF ACS Sigla de *controle automático de frequência*.

café-cantante TEAT M.q. CAFÉ-CONCERTO.

café-concerto TEAT Pequeno teatro, onde se podia beber e fumar, assistindo a números musicais e de variedades; café-cantante, café-teatro.

café-teatro TEAT M.q. CAFÉ-CONCERTO.

Cahiers du Cinéma [fr.] CINE Periódico francês que, a partir do início da década de 1950, fundamentou teórica e praticamente o movimento cinematográfico francês chamado *la nouvelle vague*. ▶ A princípio, a revista *Cahiers du Cinéma* caracterizou-se por ser o desdobramento de uma publicação do movimento cineclubista parisiense, *Revue du Cinéma*. Fundada por André Bazin (1918-1958), Jacques Dionol-Valcroze (1920-1989) e Joseph-Marie Lo Duca (1910-2004), *Cahiers du Cinéma* passou a ter a função de plataforma teórica de jovens cineastas franceses, como François Truffaut (1932-1984), Claude Chabrol (1930-2010), Jean-Luc Godard (1930-), entre outros, que se rebelavam contra o filme francês da época. Pode-se dizer que a revista *Cahiers du Cinéma* reformulou, de maneira crítica e radical, os padrões contemporâneos da crítica cinematográfica, ao considerar a prática de fazer filmes como algo a mais do que mera indústria de entretenimento. Foi com esse propósito que a revista reavaliou, positivamente, alguns produtos de Hollywood, como os filmes de Nicholas Ray (1911-1979), Fritz Lang (1890-1976) e Alfred Hitchcock (1899-1980). Um texto influente de Truffaut, "La politique des autheurs", articulou programaticamente o que veio a ser chamado de cinema de AUTHEUR. Ao longo de sua história, e conforme os editores-gerais se sucediam, a revista mudou o foco de interesse, tornando-se mais ou menos sociológica, mais ou menos interessada em questões de estilo cinematográfico. Após ter sido comprada, em 1998, pelo grupo francês de mídia *Le Monde*, a revista transformou-se, sem maior sucesso, numa publicação sobre os meios de comunicação audiovisuais contemporâneos, como televisão e *video games*, sendo novamente adquirida, em 2009, pelo grupo internacional Phaidon Press.

CAI [ing.] INF Sigla de *Computed-Aided Instruction*. ▸ A sigla *CAI* refere-se aos sistemas de *software* usados para ensino interativo.

caititu Pessoa que tenta ou está encarregada de promover a difusão e execução de música popular – de sua autoria ou não –, pelo contato com os responsáveis pela programação de estações de rádio e TV, festas e bailes populares etc., e distribuição de material promocional, presentes ou mesmo propinas e suborno.

caitituar Realizar campanha de divulgação ou promoção de (música, disco, artista etc.), empregando recursos ou métodos de caititu.

caixa **1** JOR Chamada editada entre fios, numa página de jornal, que remete para matéria de página inteira. **2** MÚS Tipo de tambor pequeno, com membranas nas duas extremidades. **3** TEAT Conjunto formado pelo espaço cênico, bastidores e camarins de um teatro; caixa de cena, caixa de teatro, palco.

caixa acústica REC.AV Agregação de dispositivos sonoros diversos (divisor de frequência, sintonizador, atenuador etc.) numa caixa de madeira recoberta por uma tela; caixa de som.

caixa-alta GRÁF Diz-se da forma gráfica de letra maiúscula. ▸ Abrev.: *c.A.* e *C.A.*

caixa alta e baixa GRÁF Indicação de que o texto deve ser composto em letras de caixa-alta e letras de caixa-baixa, segundo as necessidades da maiusculização. ▸ Abrev.: *c.A.b.* e *C.A.b.*

caixa-baixa GRÁF Diz-se da forma de letra minúscula. ▸ Abrev.: *c.b.* e *C.b.*

caixa de cena TEAT M.q. CAIXA ('conjunto').

caixa de diálogo INF Área, em sistemas operacionais, como *Microsoft Windows* e *Apple Mac Os*, que permite troca de informação entre o computador e o usuário sobre o que foi ou será feito, como resposta a uma pergunta. ▸ Interação típica numa caixa de diálogo: "Deseja salvar antes de sair?", "OK/cancele".

caixa de luz FOT Dispositivo para iluminação fotográfica em estúdio ou ao ar livre que distribui a fonte de luz indiretamente, por meio de caixa revestida de acrílico, poliéster e papel, ou pelo uso de guarda-chuva metalizado.

caixa de som REC.AV M.q. CAIXA ACÚSTICA.

caixa de teatro TEAT M.q. CAIXA ('conjunto').

caixão GRÁF M.q. LETRA DE CAIXA-ALTA.

caixa postal INF Área na memória de um computador que armazena automaticamente o correio eletrônico enviado ao usuário.

caixa-preta INF CIB Em tecnologia lógica, teoria dos autômatos etc., nome usado para qualquer elemento, máquina ou dispositivo de cujo funcionamento não se tem nenhum conhecimento por acesso direto, sendo apenas identificado ou caracterizado pela verificação da relação existente entre as reações e estímulos que chegam a ele (entrada) e as respostas de saída; *blackbox*.

calandra PAP Máquina para acetinar papel constituída de vários cilindros de ferro alternados com outros revestidos de cartão, entre os quais corre a folha de papel contínuo, para torná-la mais lisa e lustrosa; acetinadeira.

calandrar PAP Efetuar a acetinação de (papel) na calandra; acetinar, cilindrar.

calco ART.PLÁST GRÁF Desenho ou gravura que se reproduz com a utilização de um papel transparente e pena ou lápis que, sobre esse papel, repete os traços do original.

calcografia GRÁF M.q. IMPRESSÃO CALCOGRÁFICA.

calculadora Máquina dotada de dispositivos mecânicos ou de programa computacional que faz cálculos matemáticos; máquina de calcular.

caldeirão MÚS M.q. FERMATA.

calhau **1** GRÁF Claro colocado para complementar a medida em páginas curtas. **2** JOR Notícia, artigo etc. utilizado para preencher espaço criado pela falta de material editorial ou por falha no cálculo da diagramação. **3** PUB Anúncio publicitário colocado gratuitamente, ou por um custo abaixo da tabela, em jornal ou revista; *filler*.

calibre GRÁF Distância entre a base e o ponto mais alto dos caracteres tipográficos médios (sem as hastes, ascendentes ou descendentes) de determinada fonte.

caligrafia CALG **1** Arte ou técnica de escrever à mão, formando letras e outros sinais gráficos elegantes, segundo certos padrões e modelos estilísticos de beleza ou excelência artística. **2** Escrita produzida com essa arte ou técnica. **3** Forma determinada de um texto manuscrito, ou a disposição e proporção de suas várias partes ou características.

caligráfico GRÁF Diz-se de ou tipo que imita a escrita cursiva. ▸ Essa denominação faz parte da classificação tipográfica do editor francês Maximilien Vox (1894-1974), adotada em 1962 pela Association Typographique Internationale, sediada na Suíça.

caligrama LIT Texto (ger. poema) cujas linhas ou caracteres gráficos formam uma figura relacionada com seu conteúdo ou mensagem.

call back [ing.] INF Função de retorno num computador, que permite o controle ou a criação de uma sub-rotina.

call center [ing.] MKT PUB Centro de atendimento personalizado de clientes por meio de uma central telefônica.

calling card [ing.] Cartão de visita onde se encontram impressos o nome da pessoa, seu telefone, endereço eletrônico, *website*, por vezes acompanhado de símbolo, desenho ou logomarca.

call sheet [ing.] CINE REC.AV M.q. ORDEM DO DIA.

calotipia FOT GRÁF Antigo processo de reprodução fotográfica em que o papel era tratado, antes da exposição, com iodeto de prata e, depois, submetido a uma solução de ácido gálico, ácido acético e nitrato de prata; talbotipia. ▸ Cf. TALBOT, (WILLIAM) HENRY FOX.

calúnia COMN JUR **1** Afirmação falsa ou desonrosa a respeito de alguém. **2** Falsa imputação a alguém de um ato juridicamente definido como um crime, feita com má-fé; pode ser feita verbalmente, de forma escrita, por representação gráfica ou através da internet. ▸ Como crime de comunicação, a calúnia está definida no artigo 138 do *Código Penal* brasileiro. Superficialmente, a calúnia assemelha-se à DIFAMAÇÃO, mas dela difere por ser um crime formal, já que se estabelece não pela imputação mera e simples de uma falsidade desonrosa, mas pela atribuição de um crime que, de fato, não foi julgado. O princípio filosófico que norteia a calúnia é o de que a inocência precede a culpa e a culpa se faz, portanto, por um julgamento. Se não há juízo, não há crime, e, portanto, uma atribuição dessa ordem constitui um crime em si mesmo. O crime de calúnia extingue-se por meio de uma completa retratação. Atualmente, um projeto de lei (n. 6972/2010) propõe uma punição mais severa para o que seja um ato calunioso.

BIBLIOGRAFIA

GONÇALVES, Victor Eduardo. *Direito penal: dos crimes contra a honra*. São Paulo: Saraiva, 1999.

cama GRÁF Nas impressoras, almofada ('revestimento de papel, feltro, cartolina, pano etc.') ou a sua parte interior, que fica em contato com o cilindro.

câmara ÓPT Qualquer aparelho ou dispositivo constituído basicamente de uma espécie de caixa ou compartimento fechado, ou quase fechado, com uma abertura pela qual raios luminosos, provenientes de objetos exteriores, são captados (e muitas vezes devidamente refratados ou refletidos), de modo a formarem ou serem utilizados para produzir uma imagem ao incidirem sobre o anteparo ou superfície esp. preparada.

câmara alta CINE M.q. PLONGÉE.

câmara baixa CINE Tomada de câmara efetuada de baixo para cima; *contre-plongée*.

câmara-caixão FOT Câmara ou máquina fotográfica muito simples, com corpo caracteristicamente em forma de caixa ou paralelepípedo, dotada de abertura muito pequena para a entrada da luz e de lente objetiva de grande distância focal; máquina-caixão.

câmara clara ÓPT M.q. CÂMARA LÚCIDA.

câmara contínua TV Técnica narrativa que usa o mínimo de corte ou montagem.

câmara de eco REC.AV Ambiente ou espaço preparado para que se produza a repetição de um som pela reflexão de onda sonora por uma superfície ou objeto.

câmara de filmar CINE Aparelho que aciona um suporte que é exposto à luz por um mecanismo especial que permite a obtenção de tomadas necessárias ao efeito cinematográfico; filmadora. ▸ As câmaras digitais registram arquivos de vídeo que são armazenados num disco rígido portátil. Os arquivos são, então, transferidos do disco rígido para o computador onde são editados ou arquivados em *DVD*. Outra alternativa é registrar imagens em fita especial e transferir o arquivo para o computador, que arquiva digitalmente o que foi filmado. Para garantir que nada se perca no processo, algumas câmaras permitem que o material seja registrado ('queimado') em *DVD* e fita.

câmara de televisão TV Aparelho que capta imagens (a exemplo da câmara fotográfica) e as converte em sinais eletrônicos que podem ser transmitidos por um canal de televisão.

câmara digital CINE TV FOT Câmara fotográfica que transforma a imagem captada em informação digital, que então se grava em algum meio de armazenamento magnético (p.ex., cartão de memória).

câmara escura FOT Compartimento da câmara fotográfica completamente vedado à luz, exceto por um pequeno orifício, que faz entrar o feixe luminoso para sensibilizar o suporte de registro da imagem.

câmara fotográfica FOT Aparelho que, por meio de recursos técnicos específicos, registra a gravação de um objeto sobre uma superfície sensível à luz. ▸ A câmara fotográfica inclui uma caixa que protege da luz o filme sensível; um filme onde a imagem é gravada; um dispositivo (abertura ou diafragma) para controlar a entrada de luz na caixa; um conjunto de lentes, que dirige os raios de luz do objeto focalizado para o filme; e um visor, pelo qual o fotógrafo observa o objeto filmado. ▸ Cf. CÂMARA DIGITAL; FOTOGRAFIA.

câmara lenta 1 CINE Técnica cinematográfica que consiste em filmar uma cena em velocidade acelerada para, depois, exibir o filme em velocidade normal, o que produz, como resultado, a sensação de que as cenas transcorrem de maneira lenta; *slow motion*. 2 TV Essa técnica (ou efeito assim obtido) adaptada aos meios e equipamentos elétricos, eletromagnéticos e eletrônicos da televisão e vídeo.

câmara lúcida ÓPT Instrumento constituído por prismas ou espelhos montados de maneira conveniente, de modo que a imagem de um objeto, vista através da ocular, pode ser observada simultaneamente à sua imagem projetada sobre um anteparo (tela ou folha de papel), permitindo a realização de um esboço; câmara clara.

câmara obscura ÓPT Caixa ou câmara dentro da qual se forma, por intermédio de uma pequena abertura (ou lente), a imagem de uma cena externa. ▸ O efeito óptico da câmara obscura foi descoberto pelos primeiros estudos sobre os fenômenos solares.

câmara rápida CINE TV Técnica de filmagem graças à qual uma ação parece estar acontecendo mais depressa do que na realidade, o que é resultado da projeção em ritmo normal de imagens rodadas em velocidade inferior à normal.

camarim TEAT Divisão ou recinto, no teatro, em que os atores mudam de roupa e fazem a maquilagem, antes e depois de se apresentarem.

camarote TEAT Em teatro ou sala de espetáculos, espaço fechado, separado por divisórias dos demais lugares da plateia e aberto na direção do palco, com cadeiras ou poltronas para acomodar os espectadores.

camcorder [ing.] CINE REC.AV TV Câmara leve, portátil, que incorpora simultaneamente sistemas de gravação e produção de imagens e sons.

cameo lighting [ing.] CINE REC.AV TEAT M.q. LUZ DE PINO.

câmera 1 ÓPT M.q. CÂMARA. 2 CINE TV Cinegrafista.

camera chain [ing.] TV Câmera de TV acoplada a monitor, amplificador e cabo que emite sinal para a sala de controle e edição de uma emissora.

camera control unit [ing.] CINE REC.AV M.q. UNIDADE DE CONTROLE DE CÂMARA. ▸ Sigla: CCU.

cameraman [ing.] CINE TV Operador de câmara.

camera monitor [ing.] TV Instrumento que exibe os movimentos de uma câmera para a mesa de corte ou controle de vídeo.

camera mount [ing.] CINE REC.AV TV Lugar ou mecanismo de apoio (tripé, pedestal, capacete do *cameraman*, carro, grua, asa de avião etc.) onde a câmara é colocada para ser operada.

camera-ready [ing.] EDIT GRÁF Projeto ou material gráfico que está pronto para ser fotografado para reprodução.

caminhão de externa TV Unidade móvel equipada com instrumentos e vários recursos audiovisuais usados na transmissão de cena ou material externo.

campanha 1 COMN Soma de esforços de comunicação feitos para atingir determinado objetivo. 2 MKT PUB Conjunto de meios, recursos e peças utilizados na consecução de fins publicitários.

campo 1 CINE FOT TV Espaço abrangido pela objetiva de uma câmara fotográfica, cinematográfica ou de televisão; plano, quadro. 2 INF Trecho de um registro de banco de dados que armazena uma informação específica. 3 SOC Na teoria sociológica de Pierre Bourdieu (1930-2002), espaço social estruturado (de literatura, arte, educação, ciência, filosofia, economia, política e lei) autônomo em relação à sociedade como um todo, com suas próprias regras de formação, dominação e legitimação, onde os atores sociais se aliam e enfrentam. ▸ É da combinação das perspectivas sociológicas aparentemente irreconciliáveis de Marx e sua visão de que a sociedade é fraturada em conflitos até agora intermináveis e da crítica weberiana à redução da vida social ao estritamente econômico, que Pierre Bourdieu forja a sua sociologia, em que o conceito de campo ocupa um lugar central, com posições e relações sociais predeterminadas. A sociedade é, portanto, dividida em regiões operativas, cada uma com sua especificidade. Nesses campos, os sujeitos sociais enfrentam-se em busca de outro tipo de capital e poder, que não é econômico, mas cultural e simbólico. Prestígio, distinção e reconhecimento determinam a existência em sociedade, numa dança mútua de inclusão e retração. Regidos por regras que os tipificam, os campos são espaços de força, a partir dos quais as múltiplas atividades sociais se definem. É do campo e do capital cultural que nele circula que se define o que é literatura, arte, educação, cientificidade etc. Trata-se de um tipo específico de poder, mas, de qualquer forma, poder social pelo qual os agentes entram em disputa. ▸ Cf. BOURDIEU, PIERRE; COMPETÊNCIA; HABITUS.

BIBLIOGRAFIA

BOURDIEU, Pierre. Le champ littéraire: préables critiques et principes de méthode. In: *Lendemains*, n. 36, p. 5-20, 1984.

___________. *A distinção: crítica social do julgamento*. Porto Alegre: Zouk, 2007.

campo focal CINE FOT TV Distância que permite que um assunto ou objeto seja fotografado de modo nítido e em foco.

canal 1 ACS REC.AV TV Cada uma das vias de entrada, memória ou saída de som ou de imagem, em equipamentos de captação, edição ou reprodução sonora ou televisiva. 2 COMN Meio físico no qual, durante o processo de comunicação, a mensagem se propaga sob a forma de sinais de código. ▸ Por ser fundamentalmente a transmissão de uma mensagem, a comunicação precisa de um elo material que conecte quem ou o que emite a mensagem e aquele que recebe o signo ou grupos de signos veiculados. A variedade de canais pelos quais as mensagens circulam é um claro indicador da flexibilidade dos processos de comunicação nas interações não apenas humanas, mas pela vida como um todo. Haverá tantos canais não somente quantos suportes materiais e sensoriais existam, mas também meios técnicos (redes de computação, cabos ópticos etc.) e sociais (veículos de comunicação, púlpitos de igrejas, palcos de teatro, salas de espetáculo etc.) que possibilitem e favoreçam a transmissão de mensagens. Os estudos da comunicação tendem a dar mais atenção aos processos e práticas de codificação das mensagens do que a sua circulação por meio de canais específicos, mas não é possível negar que o entendimento e a atenção aos suportes físicos, materiais e técnicos de transmissão desempenham um papel vital nos atos comunicativos. Afinal, mesmo que uma mensagem seja codificada, sua eficácia social ficaria paralisada se não circulasse do modo que é concebida. Nesse caso, o objetivo da comunicação ficaria irremediavelmente frustrado. Por isso, o artigo central para a teoria matemática da comunicação de Claude Shannon (1916-2001) e Warren Weaver (1894-1978) enfatiza que a capacidade transmissiva de um canal determina o que pode ou não ser comunicado; toda transmissão de uma mensagem é limitada pela quantidade de informação que o canal é capaz de suportar, desde que o teor da informação seja mensurável em *bits*. Os canais abrangem recursos sensoriais, como a fala e a audição, o próprio corpo, e a visão (na linguagem gestual); suportes naturais, como o ar, a água; suportes manufaturados, fenômenos físicos ou processos e dispositivos técnicos. Cf. BIT; INFORMAÇÃO. 3 ENC Concavidade formada pelo corte da frente de um livro e que corresponde à parte arredondada do lombo; canelura, goteira. 4 GRÁF Aparecimento de espaços que se ligam em várias linhas seguidas por defeito de composição, formando uma espécie de raia branca. 5 GRÁF Espaço que separa verticalmente colunas de texto quando não são divididas por fio; rua. 6 GRÁF Sulco no pé do tipo de fundição, aberto à plaina; goteira. 7 RÁD TEL TV Faixa de frequência ocupada por uma emissora de rádio ou televisão. 8 RÁD TEL TV M.q. EMISSORA ('estação').

BIBLIOGRAFIA

SHANNON, Claude; WEAVER, Warren. A teoria matemática da comunicação. In: COHEN, Gabriel (org.). *Comunicação e indústria cultural*. São Paulo: Companhia Editora Nacional, 1975. p. 25-37.

canção 1 LIT Composição poética de grande elevação e qualidade literária superior. 2 MÚS Composição de espírito popular destinada ao canto, de caráter romântico ou sentimental, dividida em estrofes e às vezes terminando por um estribilho.

cancioneiro MÚS Coleção de canções.

candela ÓPT Unidade de intensidade luminosa do Sistema Internacional, definida como a intensidade luminosa de uma fonte, emitindo, numa dada direção, radiação monocromática numa sequência de 540 x 10^{-12} Hz com uma intensidade de 1/683 watt por esferorradiano. ▸ Símb.: *cd*.

canelura ENC M.q. CANAL ('concavidade').

caneta 1 Pequeno tubo, ger. de metal, onde se coloca lápis ou pena para escrever. ▸ Cf. CANETA ESFEROGRÁFICA; CANETA-TINTEIRO. 2 Utensílio contendo tinta ou similar com que se pode escrever ou desenhar.

caneta esferográfica Caneta que tem uma pequenina esfera metálica que gira na extremidade escrevente. ▸ Inventada pelo húngaro László Biró (1899-1985) e apresentada ao público em 1931, a caneta esferográfica escreve com tinta viscosa à base de óleo, que escorre por meio de uma pequena bola rígida e dura feita de cobre, aço ou tungstênio. A princípio caras e ineficazes, as esferográficas acabaram sendo barateadas e melhoradas tecnologicamente, a ponto de transformar o tradicional instrumento de escrita, a CANETA-TINTEIRO, em artigo de luxo. A língua inglesa distingue dois tipos de esferográficas: *ballpoint* e *rollerball*. Introduzida no mercado na década de 1970, a *rollerbal* usa uma bola móvel de feltro e tinta líquida para produzir escrita e marcas mais finas e controladas do que a *ballpoint*. A caneta esferográfica é tb. dita apenas *esferográfica*.

caneta-fonte M.q. CANETA-TINTEIRO.

caneta óptica INF Dispositivo de entrada que utiliza um estilete cuja ponta é sensível à radiação emitida pela tela de um monitor, us. para desenhar gráficos ou para apontar e selecionar objetos diretamente na tela.

caneta-tinteiro Caneta que carrega tinta em reservatório contido em seu bojo; caneta-fonte, estilógrafo. ▸ A eficácia da caneta-tinteiro depende do uso combinado de um dispositivo construído e da gravidade natural. Sua tinta é guardada em reservatório especialmente construído de onde escorre para o papel e superfícies que recebem a escrita, o desenho e outras marcas. Antes de o conceito de caneta que fosse tb. tinteiro ser inventado no sX, escrevia-se com pena molhada num receptáculo com tinta, o que acabava, às vezes, manchando as mãos, as roupas do escritor e o suporte utilizado. Várias soluções foram criadas para o mesmo conceito de escrita: há registros históricos de canetas que separavam o reservatório da pena, permitindo que o usuário controlasse o fluxo da tinta ao apertar a área onde o líquido estava guardado. A melhoria e o desenvolvimento das canetas-tinteiro dependeram de avanços tecnológicos e do uso de materiais que permitiram a industrialização barata, robusta, eficaz e precisa de seus componentes, como penas, reservatórios etc. Uma força igualmente importante que impulsionou a fabricação em massa de canetas-tinteiro foi a alfabetização crescente das populações europeias, que passaram a carregar esse instrumento de escrita para as salas de aula. Em meados do sXIX, companhias de caneta (Waterman, Wirt, Scheaffer, Cross etc.) surgiram para responder à necessidade social de instrumentos de escrita, não apenas para o público escolar, mas para calígrafos e desenhistas profissionais. A invenção de uma bomba que não vazasse líquido e que retirasse tinta de um tinteiro foi inovação técnica importante, que aumentou a popularidade desse instrumento de escrita. Data de 1827 o primeiro uso de cartucho para recarregar as tintas de canetas. As canetas-tinteiro ditas de segurança eram aquelas que apresentavam pouco ou nenhum vazamento. Até a década de 1960, as canetas-tinteiro dominaram o mercado de instrumentos de escrita, pois as esferográficas, além de caras, manchavam facilmente e não permitiam o fluxo constante de tinta. Porém, com a melhoria e o barateamento das canetas esferográficas, o mercado alterou-se, fazendo com que houvesse uma espécie de segmentação: as esferográficas passaram a ser para uso constante e casual, e as canetas-tinteiro, para situações especiais e sofisticadas, ou para as gavetas e armários de colecionadores.

BIBLIOGRAFIA

FISCHLER, George. *Fountain pens and pencils*. New York: Schiffer, 1992.

LAMBROU, Andreas. *Fountain pens of the world*. New York: Philip Wilson, 2003.

Canguilhem, Georges (Castelnaudary, Aude, França 1904 - Marly-le-Roi, França 1995) Filósofo das ciências de grande influência no pensamento francês do sXX. ▸ As teses de Canguilhem sobre as atividades científicas claramente privilegiam as descontinuidades. Para ele, cada ciência estabelece seu modo de produzir conhecimento em inequívoca distinção com o que fora feito antes. Um momento de invenção é sempre um corte epistemológico com o que se fazia no passado. Para Canguilhem, nesse instante de ruptura, agregam-se questões, conceitos e ideias chamadas de problemática. O que até então fora produzido não seria conhecimento, mas ideologia. A influência de Canguilhem é notória em pensadores franceses modernos, tais como Michel Foucault (1926-1984) e Louis Althusser (1918-1990).

BIBLIOGRAFIA

CANGUILHEM, Georges. *La connaisance de la vie*. Paris: J. Vrin, 2000.

__________. *O normal e o patológico*. Rio de Janeiro: Forense, 2006.

canhão FOT TEAT Refletor poderoso que conta com foco ajustável e em geral traz embutidas, ou à frente da lente, gelatinas para mudança de cor da cena.

canoa GRÁF Diz-se de ou tipo de acabamento us. esp. em revistas, cujo grampeamento é feito na linha de dobra.

cânone 1 MÚS Tipo de composição polifônica em que uma melodia é contrapontada a si mesma. 2 MÚS Peça de canto coral em que as várias partes repetem a parte inicial em tempos diferentes. 3 RET Divisão ou parte da arte da oratória.

cantata MÚS Composição poética lírico-dramática de origem italiana, com partes recitadas e partes cantadas (árias).

cantear GRÁF Cortar, arredondando os cantos de.

cantiga MÚS Qualquer composição popular destinada ao canto; quadra ('estrofe') musicada.

canto 1 LIT Cada uma das partes de um poema longo. 2 MÚS Ato ou efeito de cantar; cantoria. 3 MÚS Melodia ou conjunto de melodias cantadas. 4 MÚS Conjunto de técnicas para o aprimoramento da voz como instrumento musical. 5 LIT Poesia destinada à interpretação musical.

cantor MÚS Que ou aquele que canta; cantador.

canvas [ing.] REC.AV Ver VIEWER.

capa GRÁF Parte exterior de qualquer publicação, ger. de papel encorpado, papelão ou outro material mais rijo que o miolo, que protege e mantém juntas as páginas.

capacidade de memória INF Habilidade ou potencial máximo e mínimo que um computador tem de reter informações para que uma máquina possa operar.

capacitor ELETR REC.AV Diz-se de ou conjunto de dois ou mais condutores isolados entre si por meio de dielétricos, que tem como função armazenar carga e energia elétrica no campo eletroestático que se estabelece entre os condutores; condensador. ▸ Os microfones condensadores, que são, portanto, capacitores, exigem baterias ou alguma outra forma de fonte de energia externa; são mais sensíveis do que os dinâmicos e pouco apropriados para ambiente com múltiplas fontes sonoras. Cf. CARDIOIDE; MICROFONE DINÂMICO; MICROFONE OMNIDIRECIONAL.

capa dura GRÁF Invólucro exterior de qualquer publicação encadernada ou cartonada.

capa fora EDIT GRÁF Modo de produção de livros que gera, em separado, capa e miolo de um volume, que serão posteriormente reunidos.

capa interna GRÁF M.q. CONTRACAPA.

capa semiflexível GRÁF Processo de acabamento de livro por brochura que se vale, parcialmente, de recursos de capa dura.

capa separada GRÁF Parte do processo de produção por CAPA FORA.

capa solta GRÁF Parte do processo de CAPA FORA.

capital 1 ECON Todo bem econômico aplicável à produção. ▶ Cf. ACUMULAÇÃO DE CAPITAL; ACUMULAÇÃO PRIMITIVA; CLASSE; CAPITALISMO. 2 ECON Toda riqueza capaz de produzir renda. 3 GRÁF M.q. MAIÚSCULO.

INFORMAÇÕES GERAIS

O capital é um fator econômico complexo que precisa ser entendido como mais do que simples acúmulo de dinheiro. Dinheiro em si e recursos financeiros não aplicados não são exatamente capital: uma situação assim representa, na melhor das hipóteses, uma instância de capital virtual. O capital deve ser qualificado pela taxa de retorno de um investimento, pois trata-se de dispositivo financeiro que atua diretamente nos meios de produção. Para o marxismo, que tanto se debruçou para entender a mecânica do capitalismo industrial, capital só faz sentido se considerado em termos das relações sociais de produção. Para Marx (1818-1883), o capital não é uma coisa. Segundo a interpretação marxista, enquanto capital, o dinheiro move-se e metamorfoseia-se num ciclo interminável: *D-M-D* (dinheiro-mercadoria-dinheiro). O capital é o motor da produção que é, por sua vez, impulsionado pelo consumo, já que a produção sem consumo é, no caso industrial, sinônimo de crise econômica. O caráter circulatório do capital financia a produção e é magnificado pelo retorno que o consumo gera. Isso significa que o capital é bem mais do que um valor econômico: é um valor econômico em movimento. Assim, o capital sofre transformações nos vários estágios do processo econômico. Em relação ao capital, os polos sociais se definem: os que possuem capital controlam os meios de produção, enquanto os que não o detêm recebem, apenas, salários. É através do capital e não dos salários auferidos que a sociedade capitalista industrial se estrutura.

BIBLIOGRAFIA

MARX, Karl. *O capital*. Coimbra: Centelha, 1974. v. 1.

capital cultural SOC Na teoria do sociólogo Pierre Bourdieu (1930-2002), conjunto de recursos educacionais e culturais que geram ou impedem a mobilidade social de um indivíduo. ▶ Cf. BOURDIEU, PIERRE; CAMPO; COMPETÊNCIA.

capitalismo ECON SOC 1 Sistema econômico baseado na legitimidade dos bens privados e na irrestrita liberdade de comércio e indústria, com o principal objetivo de adquirir lucro. 2 Sistema social em que o capital está em mãos de empresas privadas ou indivíduos que contratam mão de obra em troca de salário. 3 Conjunto de indivíduos, países etc. capitalistas.

INFORMAÇÕES GERAIS

É com o marxismo que se solidifica a crítica social às mazelas da sociedade capitalista. Em Marx (1818-1883), entende-se por capitalismo não apenas um modo de produção econômica, mas também uma formação social específica. Nesse sentido, é correto falar numa sociedade capitalista. Afinal, faz parte da teoria marxista a suposição de que as relações econômicas se infiltrem pelo tecido social, atingindo áreas da vida que, aparentemente, nada têm a ver com trocas e relações econômicas. Segundo o marxismo clássico, o capital é o principal meio de produção na sociedade burguesa e isso não significa apenas dinheiro. Considerando a economia como uma rede de circulação, a mercadoria produzida transforma-se em dinheiro, que produz mercadoria, que produz dinheiro, bem como o dinheiro gera mercadoria, que gera dinheiro, que será usado na produção de mercadoria. Essa circulação, na economia regida pelo capital, só faz sentido se produzir e gerar um excedente, ou seja, se lucro for obtido: para que investir na produção de mercadorias, se o valor auferido no processo é o mesmo que o investimento inicial? As sociedades e as economias arcaicas fazem da troca um valor social, enquanto que o capitalismo moderno transforma os laços sociais em processos e princípios estritamente econômicos. Na sua dependência de dinheiro sonante ou de crédito, que é dinheiro virtual, o capitalismo caracteriza-se pela concentração de poder econômico nas mãos de um segmento restrito da sociedade que exclui o resto da população. Uma sociedade desse tipo vive uma constante necessidade de legitimação, sem a qual a revolta irromperia. Nas teses derivadas do marxismo, os meios de comunicação existem e proliferam, na medida em que justificam ideologicamente a exploração humana, por meio do amortecimento da consciência crítica da maioria da população que assistiria, estupefata, ao que os meios oferecem. Isso é necessário e constante, já que o mundo capitalista chafurda numa experiência insegura de mutação sem parar, precisamente nos termos descritos por uma das frases célebres do *Manifesto do Partido Comunista*, de 1848: "tudo que é sólido dissolve-se no ar". De maneira geral, o capitalismo transforma a força de trabalho em salário, alienando o trabalhador daquilo que ele faz, ao mesmo tempo que monetariza a sociedade e a economia, criando uma vasta urgência de consumo, sem o qual a produção capitalista perde sua razão de ser. Por isso, as economias capitalistas estão sempre em busca de mercados de consumo, não só porque produzir exige consumo, mas porque o poder econômico do trabalhador assalariado é progressivamente reduzido para que maiores margens de lucros sejam obtidas. As inovações técnicas e comunicacionais, que vão da invenção da máquina a vapor até a criação e disseminação de veículos de transferência de informação, devem ser entendidas, diz a teoria marxista, como espelho das necessidades expansionistas da sociedade e da economia capitalistas. É no bojo de sua crítica radical ao marxismo que Max Weber (1864-1920) afirma que o capitalismo não pode ser entendido, como Marx fizera, como uma formação histórica particular, mas como uma característica universal de todas as economias. Em Weber, o traço predominante do capitalismo seria sua ideologia religiosa, que contamina trabalho, produção e impulso aquisitivo, acoplado ao planejamento racional em larga escala. Portanto, o que há de único no capitalismo moderno seria a monetarização sem fronteiras e limites das atividades econômicas, bem como a comercialização da propriedade privada por meio da venda de ações. Para que a nova ordem econômica seja palatável, não apenas como lei, mas como convenção social (sem a qual só há desaprovação e ilegitimidade), é que os meios de comunicação modelam as relações entre os seres humanos. ▶ Cf. CAPITAL; CLASSE; ACUMULAÇÃO DE CAPITAL; ACUMULAÇÃO PRIMITIVA; ALIENAÇÃO.

BIBLIOGRAFIA

MARX, Karl. *O capital*. Coimbra: Centelha, 1974. v. 1.

________; ENGELS, Friedrich. *Manifesto do Partido Comunista*. Porto Alegre: L&PM, 2001.

WEBER, Max. *Economy and society: an outline of interpretative sociology*. Berkeley: University of California Press, 1978.

capitular GRÁF M.q. MAIÚSCULO.
capítulo EDIT Cada uma das seções de um texto, em prosa ou em verso, organizado por unidade temática.
captura CINE REC.AV Ato ou efeito de registrar informação de áudio ou vídeo num sistema de edição não linear.
caput [lat.] BIBL EDIT Parte superior; cabeça, capítulo, parágrafo.
caractere INF **1** Letra do alfabeto, algarismo, sinal de pontuação, símbolo de qualquer natureza que pode ser introduzido em um computador pelo teclado ou outro dispositivo de entrada, assim como exibido na tela ou em outro dispositivo de saída; caráter. **2** Unidade de informação em programas e sistemas de computadores, ger. medida em seis *bits*. ▸ Cf. BIT.
caractere instantâneo EDIT Caractere que não é transferível.
caracterização CINE TEAT TV Modificação acentuada no rosto e corpo de um ator para representar determinado papel.
caracterizar CINE TEAT TV Preparar(-se) [ator] para atuar, pintando o rosto e envergando o traje e acessórios apropriados ao personagem.
caraoquê **1** Tipo de espetáculo no qual qualquer pessoa pode cantar ao microfone, acompanhada pelos músicos da casa ou por fundos instrumentais já gravados. **2** Estabelecimento comercial que oferece esse tipo de entretenimento.
carapuça TEAT Papel escrito exclusivamente para um ator.
caráter **1** INF M.q. CARACTERE. **2** BIO Aspecto morfológico ou fisiológico utilizado para distinguir indivíduos em uma espécie ou espécies entre si. **3** GRÁF Forma gráfica de cada um dos símbolos ou sinais utilizados na escrita; letra. **4** GRÁF M.q. [1]TIPO. **5** RET Traço distintivo da pessoa de um orador (modo de vida, reputação etc.) reconhecido pela maioria da comunidade à qual se dirige.
carcela EDIT GRÁF No livro, faixa estreita de papel ou pano, do mesmo tamanho da página, em que se colam gravuras e que serve também para aumentar, se necessário, a espessura da lombada.
cardioide ELETR REC.AV Tipo de desenho de captação de som de um microfone, que tem a forma aproximada de um coração. ▸ Microfones são transdutores, portanto dispositivos que convertem um tipo de energia em outro. Para converter ondas sonoras em sinais de áudio, os microfones diferem na maneira pela qual realizam essa tarefa, mas valem-se de alguns mecanismos comuns: possuem diafragma, que vibra ao receber as ondas sonoras, e essa vibração afeta outros componentes que foram desenhados para converter o sinal elétrico em sinal de áudio. Os microfones, que são seguros manualmente e funcionam na proximidade da fonte sonora (como o aparelho vocal do falante), seguem a forma estrutural de um coração, daí o nome 'cardioide', e capturam os sons frontais, desconsiderando os que vêm do fundo, ainda que possibilitem que alguns sons vindos dos lados sejam registrados. ▸ Cf. CAPACITOR; MICROFONE DINÂMICO; MICROFONE OMNIDIRECIONAL.
carga **1** ELETR Em um circuito elétrico, conjunto de elementos sob a ação do restante do circuito. **2** ELETR Dispositivo elétrico, eletrônico ou corpo material que absorve energia de uma fonte de impulsos elétricos, como, p.ex., um alto-falante, um receptor de rádio, uma resistência. **3** INF Ação de carregar um programa de computador e iniciar sua execução; carregamento.
caricatura GRÁF Desenho de pessoa ou de fato que, pelas deformações obtidas por um traço cheio de exageros, se apresenta como forma de expressão grotesca ou jocosa. ▸ A caricatura é a expressão de um exagero, muitas vezes caracterizada pelo mero deslocamento significativo e hiperbólico de uma parte facilmente reconhecida num indivíduo que passa a estar no lugar de seu todo. O objetivo de tal distorção é freq. enfatizar e separar o que é essencial do que seria acidental. Seus traços carregados fazem das caricaturas exercícios visuais burlescos. Por isso, a caricatura não pode ser considerada como simples distorção gratuita ou um reconhecimento meramente perceptivo. Desde os trabalhos de Gian Lorenzo Bernini (1598-1680), que foi quem introduziu o termo *caricatura* ('carregar nos traços') no vocabulário estético europeu dos sXVI e XVII, passando por Honoré Daumier (1808-1879), até desenhistas modernos, como David Levine (1926-2009), Ziraldo (1932-), Jaguar (1932-), Chico Caruso (1949-), caricaturar é expor uma identidade profunda. Gombrich (1909-2001) afirma que a caricatura é uma máscara sobreposta a um rosto ou pessoa que está, de fato e incessantemente, sob processo de mutação. Ainda que se expresse freq. por distorção, a caricatura não é uma desordenação, mas um reordenamento, que pode, por vezes e paradoxalmente, parecer mais real do que o mero reflexo num espelho.

BIBLIOGRAFIA
LAMB, Chris. *Drawn to extremes: the use and abuse of editorial cartoons*. New York: Columbia University Press, 2004.
LUSTOSA, Isabel (org.). *Imprensa, humor e caricatura: a questão dos estereótipos culturais*. Belo Horizonte: Editora UFMG, 2011.
GOMBRICH, E. H. La máscara y la cara: la percepción del parecido fisionomico en la vida y en el arte. In: GOMBRICH, E. H. *et alii*. *Arte, percepción y realidad*. Barcelona: Paidós, 1972. p. 15-67.

carimbo **1** Peça de metal, madeira ou borracha, contendo letras, números ou figuras em relevo, us. para marcar ou autenticar, a tinta, documentos, identificar livros, roupas etc. **2** Marca feita por essa peça.
carisma SOC Na sociologia de Max Weber (1864-1920), talento especial, possuído por poucos, de exercer fascínio e autoridade sobre um grupo de pessoas, proveniente de uma capacidade extraordinária de seduzir e, assim, governar. ▸ Em seus escritos sociológicos sobre o fenômeno religioso, Max Weber observou que carisma está diretamente associado às distinções que qualificam indivíduos no interior de um grupo. É reconhecível em pessoas que exercem fascínio e autoridade sobre outras e é racionalizado de várias maneiras, seja sob a forma de predestinação individual, na doutrina calvinista, seja como o particularismo da graça divina. O carisma funciona como fator de divisão de *status* social. Trata-se de um aspecto heroico da religiosidade, em oposição ao que se apresente como ecumenidade ou mesmo religiosidade das massas. A expressão carismática pertence ao domínio dos poderes mágicos e miraculosos que conferem força ao líder social e autorizam seu controle sobre o grupo. Como modo de exercer poder, o carisma pode ser transferido através da nomeação de um novo líder pelo indivíduo que fora reconhecido anteriormente como carismático, o que não exclui a definição do carisma por meio de relações sanguíneas herdadas através de linhagens sociais que teriam poder carismático essencial. O conceito weberiano de carisma estende-se aos processos seculares de legitimação do poder político e social, sendo, por-

tanto, de grande utilidade na compreensão de como as sociedades são governadas pela imposição da vontade individual sobre os outros atores sociais.

BIBLIOGRAFIA

WHIMSTER, Sam (ed.). *The essential Weber: a reader*. London/ New York: Routledge, 2004.

Carnap, Rudolf **(Ronsdorf, Alemanha 1891- Santa Mônica, Califórnia, Estados Unidos 1970)** Filósofo norte-americano, de origem alemã, membro do CÍRCULO DE VIENA, um dos pensadores que mais influenciaram o positivismo cientificista contemporâneo, com importantes contribuições para a questão do significado, da necessidade, da possibilidade e do signo. ▸ Mesmo que não tenha tratado diretamente dos meios de comunicação, é como filósofo treinado em lógica das ciências que Carnap contribui, indiretamente, para os estudos da linguagem e da comunicação. Carnap considerou todos os enunciados com base em seus processos combinatórios, ou seja, em sua sintaxe lógica. É na sintaxe lógico-matemática que se encontram as soluções do que parece profundidade e enigma filosófico, mascarados de mistificação, encanto e força persuasiva. Sentenças como "o absoluto é perfeito", "o nada nadifica", "Deus é amor" não passam de combinações exdrúxulas de termos que não resistem a um exame mais detalhado. Seguindo as sugestões do filósofo austríaco Ludwig Wittgenstein (1889-1951), Carnap e seus companheiros do CÍRCULO DE VIENA propuseram uma solução terapêutica: examinar se os termos usados em tais propostas, que tomam a forma encantatória de *slogans*, são o que Otto Neurath (1882-1945) chamava de *sentenças protocolares*: sentenças compostas de nomes próprios e termos originários de observações. Não é a frase em si (a sua proposição) nem a sintaxe que devem prevalecer, exclusivamente, mas a observação, logo o extradiscursivo, que garante tanto a verdade e a falsidade das proposições como o seu significado. Enunciados que estejam deslocados da base observacional são a mais pura ausência de sentido. Essa atitude tinha sido proposta, no sXVIII, pelo filósofo David Hume (1711-1776), que advogava a seguinte atitude para avaliar um raciocínio: se não contiver algo sobre quantidade e número, ou sobre questões de fato e de existência, jogue o livro no fogo, pois só pode conter sofismas e ilusões. O motivo pelo qual ainda persistem tais sofismas e ilusões que, de fato, se espalham incessantemente pelos meios de comunicação, é que significado e verdade pertencem a regimes diferenciados de construção de mensagens. Um enunciado como "Deus é amor" não tem correspondência empírica, mas isso não quer dizer que nada signifique, que seja mero ruído linguístico. A frase parece provida de sentido por motivos de sintaxe gramatical (não necessariamente lógica) e porque a definição de Deus dá a impressão de conter a ideia de amor. Em *The logical syntax of language*, publicado em 1971, Carnap afirmou que existem duas linguagens que nos permitem falar do mundo: uma de cunho matemático, feita de conceitos, números etc., e outra mais ampla da qual essa linguagem matemática é parte. A linguagem mais ampla contém conceitos matemáticos e por isso nos permite incluir a lógica matemática na construção de sentenças empíricas. A linguagem, chamada de Linguagem II, mais ampla, é regida por designação e referencialidade, e por isso é factível a avaliação da verdade ou falsidade das proposições comunicadas. De Ludwig Wittgenstein (1889-1951), Carnap extraiu sua atitude terapêutica em face da linguagem e comunicação: não se deve dizer nada a não ser o que pode ser dito empiricamente. Ao submeter a sintaxe gramatical à sintaxe pura, de cunho matemático, Carnap sugeriu que não bastaria analisar as sentenças individuais que falam das coisas. Se ficarmos só nesse nível, não nos livraremos de mundos criados pela comunicação sem base cognitiva, um mundo divertido, fantasioso e bufão, como eram os arlequins. A verdadeira e eficaz terapia estabelece padrões e regras de raciocínio normativo para o que dizemos, revelando, ao mesmo tempo, as regras apropriadas de manipulação dos signos. Entre as décadas de 1930 e 1940, Carnap toma contato com a obra do lógico polonês Alfred Tarski (1901-1983) e reconhece que os signos não devem ser reduzidos ao entendimento de como as representações se combinam, mas também considerados em duas outras dimensões: a relação entre as expressões e aquilo ao qual se referem e também a seus usos. O processo comunicacional, que é um processo expressivo, deve levar em conta as relações de combinação (a sintaxe), as relações de referência (semântica) e as condições de uso (pragmática).

BIBLIOGRAFIA

CARNAP, Rudolf. The elimination of metaphysics through logical analysis. In: AYER, A. J. (ed.) *Logical positivism*. New York: Free Press, 1959. p. 60-81,

__________. *The logical syntax of language*. London: Routledge and Kegan Paul, 1971.

HUME, David. *Investigação sobre o entendimento humano*. São Paulo: Abril, 1980.

WITTGENSTEIN, Ludwig. *Tractatus Logico-Philosophicus*. São Paulo: Edusp, 2006.

carnavalização **1** Ato ou efeito de carnavalizar. **2** Processo pelo qual uma manifestação social ou cultural adquire caráter carnavalesco, ou pelo qual se lhe empresta esse caráter; concepção ou realização carnavalesca de obra, manifestação ou fenômeno artístico, social ou cultural. **3** COMN SOC LIT Mistura de elementos diversos em que as regras ou padrões (sociais, morais, ideológicos) comumente seguidos são subvertidos ou postos de lado, em favor de estímulos, formas e conteúdos mais ligados aos instintos e aos sentidos, à expansão do riso e da sensualidade. **4** COMN SOC LIT Condição daquilo que apresenta tal mistura.

INFORMAÇÕES GERAIS

Nas duas últimas acp., o conceito de carnavalização encontra-se na interpretação da cultura popular na Idade Média e no Renascimento que foi produzida pelo crítico russo Mikhail Bakhtin (1895-1975). Para Bakhtin, o exagero, o grotesco, o hiperbólico não só de autores como François Rabelais (1494-1553), mas tb. reconhecíveis na cultura popular medieval e renascentista, fazem mais do que celebrar o riso e a alegria: são estratégias críticas das classes subalternas que se contrapõem à opressiva ordem estabelecida. ▸ Cf. BAKHTIN, MIKHAIL MIKHAILOVICH.

BIBLIOGRAFIA

BAKHTIN, Mikhail M. *Cultura popular na Idade Média e no Renascimento: contexto de François Rabelais*. São Paulo: Huicitec, 2010.

carnavalizar **1** Dar aspecto ou característica de carnaval a, ou tomar esse aspecto ou característica. **2** Tornar(-se) agitado, alegre, informal. **3** Submeter(-se) à influência do carnaval; dotar de ou adquirir elementos carnavalescos. **4** Aplicar ou trazer a (algo), ou passar a apresentar, espírito, ambiente ou tipo de comportamento característico do carnaval. **5** COMN SOC LIT Fazer (algo) apresentar ou passar a apresentar características de carnavalização.

Carnéades (Cirene, Grécia c214 a.C. - Atenas, Grécia c129 a.C.) Filósofo cético e orador grego que defendia o relativismo filosófico e enfatizava o papel de argumentos plausíveis na construção de discursos persuasivos. ▸ Em 155 a.C., Carnéades assumiu, em Roma, o papel de líder da Nova Academia, onde se agregavam filósofos e oradores que seguiam e aprimoravam a tradição cética antiga, originada por Pirrón de Élis (c360 a.C. - c270 a.C.), mas que alguns comentaristas preferem ver como efeito do fascínio pelos aspectos aporísticos e céticos dos diálogos de Platão (c428 a.C. - c348 a.C.). Teoricamente, Carnéades abraçava as suposições anteriores de PROTÁGORAS DE ABDERA (c490 a.C. - c420 a.C.) a respeito da natureza apenas conjectural do conhecimento humano. A certeza é um sonho irrealizável quando o conhecimento só atinge o provável e não passa do plausível (*pithanon*). Tanto o conhecimento como a persuasão não podem ser mais do que hipotéticos e a verdade absoluta não é acessível àqueles que não são divinos. Como desenvolvimento coerente de seu relativismo cético, Carnéades notabilizou-se por defender, com igual desenvoltura, pensamentos e argumentos antagônicos, entendidos apenas como expressão da habilidade dialética de argumentar segundo qualquer ponto de vista que seja plausível. Um dos episódios mais célebres de sua carreira Marco Túlio Cícero (106 a.C. - 43 a.C.) narrou: Carnéades, em uma manhã, fez um discurso em que apresentava um elogio à justiça, para atacar a mesma posição à tarde, deixando os romanos perplexos diante do poder persuasivo de ambos os discursos. ▸ Cf. ANTILOGIA.

BIBLIOGRAFIA

BROCHARD, Victor. *Les sceptiques grecs*. Paris: J. Vrin, 1969.

carona PUB RÁD TV **1** Anúncio em que se apresenta um produto em contexto que foi dedicado a outro produto. **2** Publicidade comercial que faz propaganda de vários produtos num só anúncio.

carpintaria TEAT **1** Estrutura básica ou linhas gerais de sustentação dramática de uma peça teatral. **2** Ordenação harmoniosa dos elementos de uma peça teatral, cujos efeitos se manifestam no público. **3** Área, num teatro, onde carpinteiros fazem os móveis necessários para a encenação de uma peça.

carregamento INF M.q. CARGA.

carregar 1 ELETR Acumular eletricidade em. **2** Organizar (catálogo) em ordem alfabética. **3** Dispor (conteúdo de um livro) em ordem alfabética. **4** Pôr (cadernos impressos) em sequência alfabética. **5** Ordenar (série completa de letras capitulares). **6** INF Ler no disco ou em outro dispositivo de armazenamento e copiar na memória principal (arquivo de dados ou conjunto de instruções que constituem programa ou rotina), permitindo seu processamento (no caso do arquivo de dados) ou sua execução pelo microprocessador (no caso do conjunto de instruções ou rotina). **7** INF Transferir (arquivo de dados ou conjunto de instruções) do disco para a memória principal.

cartão 1 ART.PLÁST M.q. CARTELA. **2** PAP Papel encorpado, obtido por colagem e prensagem de várias folhas, ou utilizando a polpa na fabricação à máquina. ▸ Como suporte de impressão, nos meios gráficos, cartão é a folha de papel que pesa 180 g ou mais por metro quadrado. Quando tem mais de 0,5 mm de espessura, chama-se papelão; quando tem menos, cartolina. **3** PAP Pedaço pequeno e regular dessa espécie de papel, us. para diversas finalidades. **4** PAP Desenho executado sobre papel espesso ou sobre papelão, para servir de modelo a diversas obras. ▸ Red. de *papel-cartão*.

cartão bristol GRÁF PAP Cartão de qualidade superior, produzido pela colagem de duas a seis folhas de papel, us. para cartões de visita, fichas, participações etc. ▸ Tb. se diz apenas *bristol*.

cartão cinzento PAP Espécie de papelão fabricado com pasta de madeira de baixa qualidade, us. em capas de livros encadernados e, nesse caso, ger. revestidas com papel, couro ou plástico.

cartão comercial PAP Espécie de cartão de visita que traz o nome, endereço, *email* e telefone comerciais de seu dono e que é us. na vida profissional.

cartão-couro PAP Papelão duro e fibroso, feito com pasta de madeira cozida, de cor semelhante à do couro; cartão-fibra.

cartão-cromo PAP Variedade de cartão dúplex, com uma face áspera e outra cromada ou muito lisa; cartão tríplex.

cartão de colagem PAP O que resulta da colagem de diversas folhas de papel. ▸ Cf. CARTÃO DE MOLDAGEM.

cartão de encadernação ENC Cartão de moldagem, ou de colagem, us. na encadernação de livros de capa dura.

cartão de erratas EDIT Folha de papel, não necessariamente encorpado, que se intercala entre as folhas de um volume, para substituir páginas que contêm erros.

cartão de lombo ENC M.q. FALSO-DORSO.

cartão de memória INF Dispositivo eletrônico portátil de armazenamento de dados com ampla capacidade de reutilização, us. em câmaras digitais, telefones celulares, computadores etc.

cartão de moldagem PAP O que é fabricado, a partir da pasta de papel, já na espessura característica de cartão. ▸ Cf. CARTÃO DE COLAGEM.

cartão de visita Pequeno cartão retangular onde se imprimem nome e eventualmente endereço, telefone e títulos do seu dono, que o entrega para se identificar e ser localizado; cartão pessoal.

cartão dúplex PAP Cartão composto por duas camadas de pasta unidas sem cola durante a fabricação, e que tem as faces de cores ou texturas diferentes; cartolina dúplex.

cartão-fibra PAP M.q. CARTÃO-COURO.

cartão-ficha PAP Variedade de cartão bristol, mais prensado, us. na fabricação de fichas.

cartão íris PAP Variedade de cartão bristol, com desenhos e cores variadas.

cartão magnético INF Aquele que armazena dados informacionais em sua superfície magnetizada.

cartão-offset PAP Diz-se de ou que é apropriado para impressão em *offset*.

cartão ondulado PAP Papelão com pequenas saliências que lembram canais, us. na embalagem de mercadorias frágeis; papelão ondulado.

cartão-palha PAP Papelão de baixa qualidade, amarelado, feito de pasta de palha cozida, com pouco tratamento químico, para caixas e para o falso-dorso de livros.

cartão-pedra PAP Substância obtida da mistura e compressão de pasta de papel com gesso, cola e adesivos, us. em artes decorativas e utensílios diversos.

cartão pessoal M.q. CARTÃO DE VISITA.

cartão-resposta GRÁF Impresso próprio para retorno de informações, na forma de questionário, formulário, ordem de compra, contratação de serviços etc., ger. com porte postal previamente pago, enviado ao público-alvo por meio de mala direta ou encartado em outra publicação (revista, jornal, livro).

cartão tríplex PAP **1** Cartão semelhante ao dúplex, mas com suporte feito em duas ou mais camadas. **2** M.q. CARTÃO-CROMO.

carta patente JUR M.q. PATENTE.

cartaz **1** PUB Anúncio ou aviso de dimensões variadas, muitas vezes ilustrado com desenhos ou com fotografias, apropriado para ser afixado em lugares públicos. **2** CINE TEAT Representação ou exibição de peça ou filme. **3** CINE TEAT Peça, filme, espetáculo em representação ou exibição.

cartazete PUB Cartaz de pequenas dimensões, ger. concebido para exibição em ambientes interiores, como meios de transporte, pontos de venda etc.

cartela **1** ART.PLÁST Motivo ornamental, pintado ou esculpido, em forma de escudo, moldura, pergaminho, quase sempre destinado à inscrição de uma legenda ou à assinatura do artista; cartão, cartucho, cártula. ▸ Cf. CARTÃO. **2** ART.PLÁST PUB Tipo de embalagem para pequenos objetos.

cartesiano **1** Que tem René Descartes (1596-1650) como autor ou origem; formulado por Descartes. **2** Diz-se do espírito sistemático em excesso (p.opos. ao espírito intuitivo). ▸ Uso pejorativo. **3** Que ou o que apresenta os caracteres racionais rigorosos e metódicos do pensamento de Descartes. **4** Que ou o que se caracteriza pelo bom senso e seriedade próprios do pensamento de Descartes. **5** Que ou o que partilha das ideias de Descartes como entusiasta, especialista e conhecedor do cartesianismo.

cartolina PAP Cartão de espessura mediana, intermediário entre o papel grosso e o papelão. ▸ Cf. CARTÃO.

cartolina dúplex PAP M.q. CARTÃO DÚPLEX.

cartonado GRÁF Diz-se de ou livro encadernado com lâminas de cartão ou pastelão nas faces e no dorso, sobre as quais se coloca capa de papel mais fino com textos que identificam a obra, autor, editor etc.

cartonagem **1** ENC Processo de encadernação que utiliza capa rígida, de papelão, que se cola à parte interna do dorso do livro e se reveste externamente de papel impresso. **2** ENC Livro cartonado. **3** PAP Confecção de produtos de cartão ou de papelão. **4** PAP Qualquer artefato de cartão.

cartucho **1** PAP M.q. CARTELA. **2** INF Dispositivo removível que contém a tinta utilizada nas impressoras a jato de tinta. **3** INF Módulo removível que armazena dados e que operacionaliza programas de computação.

cártula ART.PLÁST M.q. CARTELA.

cartum **1** CINE Desenho animado. ▸ Cf. ANIMAÇÃO; ANIMÉ. **2** M.COM Desenho humorístico ou caricatural, espécie de anedota gráfica que satiriza comportamentos humanos, ger. destinada a publicação jornalística. ▸ Cf. CARICATURA. **3** M.COM História em quadrinhos, ger. humorística. **4** TV Vinheta cômica.

INFORMAÇÕES GERAIS

O sentido de cartum como representação humorística e satírica é recente. No vocabulário da arte renascentista italiana, *cartone* refere-se a desenho feito numa folha de papel com o objetivo de ser transferido para uma tela. Após a feitura do desenho, o artista espalhava giz nas costas da folha de papel e, com um estilete, transferia o desenho para a superfície a ser pintada. O repertório técnico dos pintores da época oferecia variações dessa técnica básica. Modernamente, ainda que seja possível reconhecer sua forma e sua narratividade em artistas ingleses, entre eles Samuel Hogarth (1697-1764), os cartuns, como expressão popular de comunicação, começaram a ser publicados nos jornais (*broadsheets*) do sXIX com o propósito de oferecer e adicionar comentários críticos ao que estava sendo noticiado. Por isso, uma das práticas comuns do cartum jornalístico é editorializar um assunto ou tópico do dia, comentando a notícia principal e satirizando personagens da vida pública e, principalmente, da política. Porém, e freq., os cartuns fazem mais do que isso: satirizam causas e ideias que circulam naquele momento em sociedade, veiculando, igualmente, crítica a costumes e ideologias, como fazem, desde o início do sXIX até hoje, os *gag cartoons* da revista *New Yorker*, que publica, com imenso sucesso, o trabalho de cartunistas americanos (Charles Addams [1912-1988], Saul Steinberg [1914-1999], Roz Chast [1954-], James Thurber [1894-1961] etc.). Na maioria das vezes, o que caracteriza os cartuns é sua efemeridade e a dependência extrema de contextualização dos acontecimentos. Daí o caráter movediço e indefinido de muitos estudos sobre o desenho humorístico e caricatural que hoje aparecem nos jornais para serem amanhã esquecidos. Muitos estudos de cartuns são de cunho historiográfico, oferecendo uma descrição de contextos ou uma coletânea temática das vinhetas cômicas publicadas, o que dificulta a distinção entre estudos históricos e comunicacionais dos cartuns. Outra tendência é enfatizar os conteúdos e consequências sociais dos desenhos. O fato é que a eficácia de um cartum depende de sua comunicação mais imediata, o que demanda uma simplificação extrema, desde que evite o óbvio. Os cartuns ancoram-se em uma frase de cunho verbal, explicitada numa legenda ou meramente sugerida, que dispara o efeito de crítica cômica na mente de sua audiência. Ainda que, por vezes, desprovida de mordacidade satírica, a forma visual dos cartuns ajuda na ilustração de tópicos educativos ou veiculação de protestos políticos, como foi comum na década de 1960 do século passado, no Brasil (Henfil [1944-1988], Ziraldo [1932-], Jaguar [1932-] etc.) e em outros países.

BIBLIOGRAFIA

LEHMAN, Christopher E. *American animated cartoons of the Vietnam era: a study of social commentary and films in television programs (1961-1973)*. Jefferson: McFarland, 2006.

LORENZ, Lee. *The art of the New Yorker (1925-1995)*. New York: Knopff, 1995.

MATTOS, Abel. Utilizing the political cartoons in the classroom. *The history teacher*, n. 5, p. 20-7, 1972.

PAULSON, Ronald (ed.). *Hogarth's graphic works*. London: The Printing Room, 1989.

cartunista Diz-se de ou desenhista de cartum ('desenho', 'história', 'vinheta'). ▸ Cf. CARTUM.

casa **1** COMN Conjunto de espectadores presentes a um espetáculo qualquer. **2** ENC M.q. ENTRENERVO. **3** MÚS Tipo de indicação de repetição de seções numa composição.

casa de espetáculos Lugar onde se realizam, ao vivo, apresentações, *shows* musicais ou teatrais.

casa de finalização **1** CINE PUB TV Empresa especializada em serviços de finalização; casa finalizadora,

finalizadora. 2 CINE TV Empresa que presta serviços de pós-produção a filmes e programas de TV. ▸ Cf. PÓS-PRODUÇÃO.

casado GRÁF Diz-se da combinação de dois ou mais trabalhos gráficos que se juntam para impressão na mesma tiragem.

casa finalizadora CINE PUB TV M.q CASA DE FINALIZAÇÃO.

casar GRÁF 1 Juntar (diferentes trabalhos gráficos) numa só matriz para fazer a impressão simultaneamente. 2 Ajustar corretamente (elementos, cores superpostas ou disposição correta das páginas de um trabalho gráfico).

cascata JOR 1 Informação jornalística sem base em fatos reais. 2 Texto jornalístico inconsistente, feito ger. para preencher um espaço ou por falta de assunto.

case history [ing.] MKT PUB Relato detalhado que contém todas as informações relativas a um trabalho ou plano de publicidade, *marketing*, relações públicas etc.

casela ENC M.q. ENTRENERVO.

caso RET Prova desenvolvida para uso específico numa situação retórica determinada.

Cassirer, Ernst (Breslau, Alemanha, atualmente Wroclaw, Polônia 1874 - Nova York, Estados Unidos 1945) Filósofo e historiador das ideias alemão, um dos principais pensadores idealistas do sXX; intérprete dos fundamentos filosóficos e culturais da simbolização. ▸ Filho de família judia, Cassirer estudou literatura e filosofia na Universidade de Berlim e em outras instituições de ensino superior da Alemanha. Doutorou-se em 1899 pela Universidade de Marburg, então um centro importante de ideias neokantianas. Durante o período de 1906 a 1919, lecionou na Universidade de Berlim, de onde se transferiu para a recém-fundada Universidade de Hamburgo, onde presidiu a cadeira de filosofia. Em 1933, Cassirer abandonou a Alemanha que, então, experimentava a ascensão nazista. O exílio levou-o da Inglaterra, All Souls College, Oxford (1933-1935), para a Suécia, Universidade de Gotemburgo (1935-1941). Exilou-se nos Estados Unidos, em 1941, tendo ensinado na Univerdade de Yale e, até sua morte, na Universidade de Colúmbia, Nova Iorque. Intelectualmente, Cassirer é uma força importante no pensamento alemão do início do sXX. Redigiu vários volumes sobre história das ideias, adotando sempre a perspectiva da criação individual. É justamente essa postura anticoletivista e liberal que o separa de autores que pensaram a disseminação e os efeitos dos saberes e da tecnologia nas sociedades, seja positivamente, como Oswald Spengler (1880-1936), ou negativamente, como Martin Heidegger (1889-1976). A contribuição mais duradoura de Cassirer para o pensamento contemporâneo é a série de livros *A filosofia das formas simbólicas*, escritos no período de 1923 a 1929, em que argumenta, de modo extremamente erudito e multidisciplinar, sobre o papel da formação simbólica no universo da cultura. Em *A filosofia das formas simbólicas*, tratou, no mesmo patamar, do mito, da linguagem, da matemática e das ciências. Ele moveu-se, com familiaridade e fluência, por áreas de conhecimento diversas, da lógica à estética, da psicologia à linguística. Ainda que o kantismo seja, sem dúvida, uma das influências predominantes em Cassirer, ele foi igualmente sensível a teses hegelianas, humboldtianas, leibnizianas, entre outros sistemas filosóficos. Ele parte do princípio kantiano de que o conhecimento não se caracteriza pela adequação do pensamento ao mundo exterior: só há conhecimento porque o espírito humano impõe à experiência categorias *a priori*, que sublinham e dão forma às percepções empíricas. Para Cassirer, as teses kantianas têm um alcance mais amplo e devem ser estendidas ao universo cultural. As formas simbólicas seriam unidades sintéticas que se relacionam mutuamente para compor o todo orgânico da cultura. A cultura funde valores cognitivos diversos, que as formas simbólicas representam. Só então o que é experiência particular se universaliza para um grupo social. A cultura impõe regras totalizantes que atuam em todas as esferas das atividades humanas. A influência de Cassirer é notória na obra de Erwin Panofsky (1892-1968), que produziu uma monografia exemplificando a perspectiva visual como uma forma simbólica nos termos exatos de Cassirer. No mesmo tom, Panofsky tb. unificou duas produções culturais diversas: a teologia escolástica e a arquitetura gótica. Os trabalhos de Cassirer são de enorme relevância para a análise da cultura. ▸ Cf. PANOFSKY, ERWIN.

BIBLIOGRAFIA

CASSIRER, Ernst. *Linguagem e mito*. São Paulo: Perspectiva, 2001.

___________. *A filosofia das formas simbólicas*. São Paulo: Martins Editora, 2001. v. 1-3.

cast [ing.] CINE TV RÁD TEAT Elenco de peça ou espetáculo musical, cinematográfico, teatral etc.

castanha GRÁF Roldana que se ajusta às extremidades de algumas impressoras, para que corram nos trilhos.

casting [ing.] CINE TV RÁD TEAT Ato ou processo de escolha dos artistas que participarão de um espetáculo cinematográfico, televisivo, musical, teatral etc.

catacrese LING RET Metáfora já absorvida no uso comum da língua, de emprego tão corrente que não é mais tomada como tal, e que serve para suprir a falta de uma palavra específica que designe determinada coisa; abuso ▸ P.ex.: *braços* de poltrona; *cair* num logro; *dentes* do serrote; *nariz* do avião; *pescoço* de garrafa; virar um vaso de *cabeça* para baixo. ▸ Cf. METÁFORA.

catálogo 1 BIBL Lista ou fichário em que se relacionam, de maneira ordenada, os livros e documentos diversos de uma biblioteca. 2 Lista de livros, discos, fitas disponíveis para compra numa determinada livraria, gravadora etc.

catálogo-dicionário BIBL Catálogo, enfeixado em livro, que coleciona, alfabética e concomitantemente, fichas de autores, títulos, obras e assuntos.

catálogo eletrônico INF Banco de dados que reúne informações indexadas por recursos de computação.

catalografia BIBL Ramo da biblioteconomia que trata dos preceitos, métodos e técnicas para a realização de um catálogo.

catarse 1 ESTÉT Na teoria da arte que deriva do aristotelismo, descarga de desordens emocionais ou afetos desmedidos a partir da experiência estética oferecida pelo teatro, música e poesia. 2 TEAT Purificação do espírito do espectador através da purgação de suas paixões, esp. dos sentimentos de temor ou de piedade vivenciados na contemplação do espetáculo trágico. 3 PSICN Operação de trazer à consciência estados afetivos e lembranças recalcadas no inconsciente, liberando o paciente de sintomas e neuroses associados a esse bloqueio. 4 PSIC Liberação de emoções ou tensões reprimidas. 5 PSIC Efeito liberador produzido pela encenação de certas ações, esp. as que fazem apelo ao medo e à raiva, utilizado por terapias que se baseiam no método catártico.

INFORMAÇÕES GERAIS

O sentido original da palavra *catarse* (grego *kátharsis*) associa as noções de ritual e de purificação. Posteriormente, a medicina hipocrática grega apropriou-se do termo, alocando-o como parte de sua concepção de humor. O caráter, simultaneamente medicinal, ritualizado e purificador, está presente quando Aristóteles (384 a.C. - 322 a.C.) se utiliza da noção, com o propósito de justificar o papel social da arte dramática entre os gregos. Para responder ao ataque platônico, que acusava o drama de ser disfuncional socialmente, Aristóteles redefiniu-o como um remédio que atua no corpo da sociedade, emocionando os que assistem às representações teatrais. No livro *Poética*, que trata da tragédia, Aristóteles opera um sutil deslocamento conceitual. Apesar de radicalmente distintas, tanto a crítica platônica como a descritividade aristotélica do teatro evocavam uma palavra grega, *phármakon*, que representa polissemicamente 'veneno' e 'remédio'. Se, para o argumento de Platão (c428 a.C. - c348 a.C.), o teatro era veneno, para Aristóteles, passava a ser remédio. Como remédio, o teatro era tanto homeopático como alopático. Homeopaticamente, as paixões que a encenação do drama despertava, como espanto, piedade, medo etc. funcionavam na cura de outras paixões; alopaticamente, acontecimentos vividos eram apresentados num outro veículo, na cena teatral, por meio de imitação (mimese): então, o espanto, o medo e a piedade transformavam-se em deleite estético. Na avaliação clássica, o conceito de catarse identificava, paradoxalmente, veneno, remédio e prazer. Catarse é também parte do vocabulário psicanalítico e psicológico moderno, nos dois casos, no sentido de remédio. Na obra freudiana, catarse é um conceito primordial, da época pré-psicanalítica, quando, junto com Josef Breuer (1842-1925), Sigmund Freud (1856-1939) investigava os fenômenos ditos histéricos. Para Freud e Breuer, a hipnose abria o caminho da cura, pois oferecia as chaves para um relato que descarregava e purgava o sofrimento do paciente. O processo de purgação era qualificado de ab-reação. Catarse integra também o vocabulário psicológico moderno, sempre com o sentido de remédio.

BIBLIOGRAFIA

FREUD, Sigmund; BREUER, Josef. *Estudos sobre histeria*. Rio de Janeiro: Imago, 2003.

RAPIN, René. *Réflexions sur la poétique d'Aristote, et sur les ouvrages des poètes anciennes et modernes*. Genéve: Droz, 1970.

catástrofe TEAT Acontecimento funesto e decisivo que, na tragédia clássica, provocava o desenlace da ação.

catatau EDIT GRÁF M.q. TIJOLO ('composição').

categorema 1 LÓG M.q. ATRIBUTO. 2 LING Cada uma das classes formais dos morfemas (as menores entidades significativas) de uma língua.

categoremático GRAM LÓG 1 Na gramática e lógica medievais, diz-se de palavra ou termo que possui sentido autônomo, completo e preciso (p.ex., um substantivo ou adjetivo), não necessitando da complementação de outros termos para adquirir significado independente (como ocorre, p.ex., nas preposições ou conjunções). ▸ Os conceitos tanto de categoremático como de sincategoremático foram amplamente utilizados pelos gramáticos e lógicos medievais, mas derivam da sistematização teórica de Aristóteles (384 a.C. - 322 a.C.) a propósito das categorias (cf. CATEGORIA). O sistema aristotélico reconhece a existência de dez categorias, portanto de dez classes, que representam todas as modalidades do ser e da existência. Cada manifestação do ser e da existência poderia, segundo Aristóteles, ser alocada em uma das categorias, logo as entidades existentes pertenceriam independentemente das outras e seriam apenas classificadas em uma das categorias. Das dez categorias aristotélicas (substância, qualidade, quantidade, relação, lugar, tempo, situação, estado, ação e paixão), a mais importante era a substância, seguida da qualidade. A centralidade da substância advém de sua independência face às demais categorias. Por isso, e também porque o modelo de explicação aristotélica deriva da forma básica da relação entre sujeito (substantivo) e predicado, que se espelham em formas gramaticais, os lógicos medievais passaram a dar grande importância àquilo que chamavam de *categorematas*, que são termos gramaticais que existem independentemente. A sentença *a maçã é verde* possui dois termos independentes: *maçã* e *verde*, ligados por um termo que nada significa isoladamente, porque não existiria sozinho, que é a terceira pessoa do singular do verbo *ser*. Com uma ressalva, o termo 'é' será considerado *categoremata* se for usado no sentido de existência, como na sentença 'a maçã é'. Os sincategoremáticos, por sua vez, são termos ou palavras lógicas que alteram o sentido das sentenças, mas que não pertencem às classes ou categorias da existência, como por exemplo 'se', 'nenhum', 'portanto', 'algum', 'não', além dos verbos. ▸ Cf. SINCATEGOREMÁTICO. 2 Na lógica moderna, qualquer símbolo com significado independente (p.ex.: 'doce', 'maçã' e nomes próprios).

BIBLIOGRAFIA9

ECO, Umberto; MARMO, Constantino (ed.). *On the medieval theory of signs*. Amsterdam: John Benjamins, 1989.

categoria FIL 1 No aristotelismo, cada um dos conceitos que formam o conjunto dos gêneros ou divisões primeiras do ser (substância, qualidade, quantidade, relação, lugar, tempo, situação, estado, ação e paixão). 2 FIL Em Kant (1724-1804), cada um dos conceitos fundamentais do entendimento (unidade, pluralidade, totalidade etc.) que são formas *a priori* capazes de constituir os objetos do conhecimento. 3 Cada um dos conceitos genéricos, abstratos, fundamentais, de que se pode servir a mente para elaborar e expressar pensamentos, juízos, julgamentos etc.

INFORMAÇÕES GERAIS

A existência ou não de categorias de pensamento que expressem espaço, tempo, realidade, existência, necessidade, substância, matéria, mente, estados, acontecimentos etc. é um dos problemas centrais da atividade filosófica e diz respeito à possibilidade, à impossibilidade ou aos modos de se conhecer algo. A doutrina das categorias tem, portanto, um pé na lógica e na ontologia, outro na expressão estrutural do pensamento e na realidade. Historiadores da lógica acreditam que seja por isso que os compiladores da obra de Aristóteles (384 a.C. - 322 a.C.) tenham aberto a série de livros de lógica que compõem o ÓRGANON justamente com o livro *Categorias*. Mas o texto de *Categorias* tem mais a ver com *Tópicos* e *Retórica* do que com os *Analíticos* e, por certo, pode ser considerado uma reflexão ontológica e metafísica. A palavra 'categoria', em grego, indica os processos de PREDICAÇÃO; mas, de maneira paradoxal, a obra trata tanto de predicados como de sujeitos. Isso só é justificável pelo fato de que o tema do trabalho parece ser mais a raiz ontológica das frases do que apenas os elementos sem os quais a frase não pode atribuir uma qualidade a uma coisa ou sujeito. Entretanto, é preciso ter em mente que a linguagem não é o tema de *Categorias*: Aristóteles estava mais interessado nas coisas do que nas sentenças. A teoria aristotélica das categorias afirma que apresenta um inventário completo dos modos de ser. Aristóteles reconhece dez categorias, sendo a substância o modo ontológico prioritário. As sentenças são, por isso, compostas de uma substância mais uma qualidade ou uma das outras categorias. Além das categorias, as sentenças usariam termos sincategoremáticos que só existem junto a outros termos (cf. SINCATEGOREMÁTICO). Uma questão que merece ser respondida refere-se ao número das categorias: por que existem em número de dez? Uma resposta possível seria que Aristóteles admitia a dezena como um número completo, logo as categorias teriam de ser também dez: se for assim, trata-se de um resíduo arbitrário da influência pitagórica que o platonismo da Academia lhe legara. A justificativa é frágil, pois não afasta a impressão de que as categorias podem ser reduzidas a um número menor do que dez. Cada uma das categorias que vão de substância a paixão é discutida no livro aristotélico. Entre elas, a categoria discutida mais exaustivamente é a substância. As substâncias são divididas em substâncias primeiras e substâncias segundas. A substância primeira é aquela que não é predicado de um sujeito, nem existe num sujeito: 'homem individual', 'este cavalo', p.ex. Entretanto, a existência da substância primeira revela uma segunda substância: o homem individual é parte da espécie homem e pertence ao gênero da espécie animal: homem e animal seriam substâncias segundas. Esse argumento é problemático, pois, se por um lado permite que se diga "isto é um homem" ou "isto é um cavalo", não há como se deduzir dele que "o branco é uma cor". A hipótese sugerida pela discussão categórica da substância tem lá seu sentido; o homem não é 'lugar' ou 'tempo', mas é certamente um animal, como o cavalo. Principalmente, a divisão do ser em categorias permite que seja resolvido um problema central na teoria platônica das formas. Se tudo é, como Platão (c428 a.C. - c348 a.C.) sugeriu, uma substância, deveria haver substâncias independentes tanto para homem como para animal, o que, portanto, exigiria uma substância de cada uma dessas substâncias. A questão, de difícil resolução, é se haveria uma forma das formas. A teoria aristotélica não cai nessa armadilha. As categorias aristotélicas não requerem transcendência, pois habitam as coisas, podendo funcionar como uma tipologia básica da realidade. Apesar de sua ambiguidade e de alguns problemas identificáveis nas suas consequências, a teoria aristotélica das categorias foi aceita sem maiores problemas durante o período medieval até a reforma kantiana. Immanuel Kant (1724-1804) apresenta uma alternativa a Aristóteles e formula um sistema que opera com a subdivisão em quatro de cada três categorias. Assim, p.ex., sob quantidade tem-se 'unidade, pluralidade e totalidade'; sob qualidade, 'realidade, negação e limitação'. O problema com a solução sistêmica de Kant é que as categorias não foram reduzidas, mas multiplicadas. Posteriomente, o filósofo n.-am. Charles S. Peirce (1839-1914) propôs uma redução das categorias a uma estrutura triádica universal: 'primariedade' (*firstness*), 'secundariedade' (*secondness*) e 'terceiridade' (*thirdness*). Por isso, os signos usados para comunicar o pensamento são uma função triádica que reúne um veículo ou base (*ground*), um objeto (*object*) e uma representação mediadora que interpreta essa relação entre veículo e objeto e que recebe o nome de 'interpretante' (*interpretant*).

BIBLIOGRAFIA

ARISTÓTELES. *Categorias*. São Paulo: Martin Claret, 2010.

HOUSER, Nathan; KLOESEL, Christian (ed.). *The essential Peirce, volume 1: selected philosophical writings (1867-1893)*. Bloomington: Indiana University Press, 1992.

KANT, Immanuel. *Crítica da razão pura*. São Paulo: Martin Claret, 2009.

KNEALE, William; KNEALE, Marta. *O desenvolvimento da lógica*. Lisboa: Fundação Calouste Gulbenkian, 1991.

CATV [ing.] TV Abrev. de CABLE TV ('televisão a cabo').

causa **1** Razão de ser; explicação, motivo. **2** O que faz com que algo exista, aconteça. **3** FIL No empirismo, evento que condiciona a ocorrência regular e constante de um determinado efeito, em um encadeamento, cuja previsibilidade decorre da frequência com que essa relação é sucessiva e constatada pelo observador humano. ▶ O estudo e o entendimento de como um evento causa outro é da mais fundamental importância para todas as formas de conhecimento. De que fonte e de que maneira uma relação de causa e efeito surge? Não se pode afirmar que a causalidade tenha um fundamento lógico, pois a razão só pode avaliar se existe um nexo racional entre enunciados, ou seja, se uma ocorrência descrita pelo sistema teórico implica outra. Mas, se for o caso de que um enunciado apenas implica outro, não temos dois enunciados e suas respectivas ocorrências, mas duas expressões da mesma forma lógica. Nesse caso, um enunciado não é diferente de outro; ele é o outro (cf. ANALÍTICO E SINTÉTICO). Dois acontecimentos estão em relação de causalidade quando o primeiro permite ou precipita o segundo. Acende-se um monte de gravetos e depois vêm as cinzas. A causação parece ser, portanto, uma linha sequencial. Desde a crítica de David Hume (1711-1776), em *A treatise of human nature*, à noção de causalidade natural, ou seja, desde que ele mostrou que as causais não pertencem ao regime dos acontecimentos naturais, mas são o resultado da ação da mente do sujeito conhecedor, a causalidade empírica não pode mais ser considerada como em encadeamento necessário. Hume argumentava que não se pode jamais conhecer as essências ocultas da natureza que justificariam a ideia de causação necessária. O conhecimento empírico não passa de uma conexão de cunho mental, gerada por quem conhece. O que se tem são percepções a princípio estritamente singulares e irredutíveis entre si, mas, posteriormente, como resultado de sua frequência, unificadas e uniformizadas em nossa mente. A causação empírica é apenas isso. Em termos de uma teoria do conhecimento, Hume desfere um golpe mortal nas concepções de causalidade que fundamentam as pesquisas empíricas. As consequências de seu argumento são imensas, a tal ponto que, em *História da filosofia ocidental*, Bertrand Russell (1872-1970) diz que, se Hume estiver certo, não haveria diferença entre um cientista e um louco que acredita ser um ovo *poché*; a diferença entre um e outro seria apenas quantitativa, pois o doido estaria em minoria. Mas o fato é que se acredita que, para o senso comum, perceber a sequência de acontecimentos produz explicações sobre o processo que gerou os fatos. Inverta-se a direção da linha causal e estará explicado. Vejo cinzas misturadas a madeira e permito-me inferir que a madeira pegou fogo. E, também, se não há restos de cinzas, é porque o fogo não consumiu a madeira. Análises deterministas diriam que a explicação causal é sempre uma relação necessária, enquanto interpretações indeterministas qualificariam essa explicação como meramente provável, já que não se pode esperar que a regularidade da sequência ocorra sempre e em todas as circunstâncias. Por ignorarem a crítica de Hume à causação empírica e porque não examinam filosófica e logicamente seus pressupostos, muitos programas de pesquisa empírica em comunicação espalham a ilusão determinista de causalidade, na crença de que atingiram um alto grau de cientificidade. A consideração do que pode ser identificado como sobredeterminação causal (definida pela existência de um evento que tenha mais de uma causa) revela outros problemas. Vejo cinzas e infiro que o fogo consumiu a madeira; mas será que isso basta? Qual a causa efetiva do fogo? Um piromaníaco, que jogou gasolina na casa? Um raio, que atingiu o sistema elétrico, gerando o incêndio? Um curto-circuito, que fez a televisão queimar, passar o fogo para as cortinas e queimar o resto da casa? A contrarresposta à ideia de sobredeterminação é que algumas das sugestões são simultâneas e que, no final das contas, não são o piromaníaco, o circuito elétrico etc. a causa do incêndio, mas o fogo em si. A crítica rigorosa e o exame minucioso da causalidade empírica levam facilmente a uma paralisia intelectual a ser evitada pela presunção de que todo conhecimento é apenas provável e que estará sujeito a revisões intermináveis. Entretanto, se a causa é entendida como lei, podem-se identificar vários modos de lei causal. Uma lei causal é sequencial se um evento é seguido por outro: cortados os pulsos, haverá derramamento de sangue. Entretanto, essa lei causal é facilmente caracterizável não apenas por sequência, mas por coexistência: ao cortar a pele, o sangue flui imediatamente, ao mesmo tempo. Uma lei causal é determinista se ocorre no interior de sistemas estritamente formais, como a matemática: dois duas vezes é quatro, logo o logaritmo de quatro na base dois é dois. Certo caráter determinístico pode ser identificado em leis econômicas: a escassez de um produto (sua oferta) aumenta seu preço, se houver demanda dos consumidores. Curiosamente, desde as teorizações de Werner Heisenberg (1901-1976), o mundo físico, que fora o ninho de leis deterministas, passou a ser visto como apenas probabilístico e assim devem ser qualificadas as leis da física quântica. De maneiras diferentes e com qualificações diversas, o que as leis causais fazem é apresentar explicações diferentes para a mesma pergunta: qual a causa disso? Um objeto complexo de estudos como a comunicação acaba apontando várias e, frequentemente, múltiplas causas para o fenômeno estudado. Para a comunicação, as causas podem ter dimensões formais, sociais ou psicológicas: os códigos geram mensagens; as convenções codificadas têm origem nas convenções sociais; os meios de comunicação são a causa de determinados comportamentos por parte de espectadores individuais etc.

BIBLIOGRAFIA

HUME, David. *A treatise of human nature*. Harmondsworth: Penguin Books, 1969.

causação Ato ou efeito de causar; causa.

causalidade FIL LÓG Relação entre dois acontecimentos ou estados de coisas, fatos ou objetos estudados quando o surgimento do primeiro induz, origina ou condiciona a ocorrência do segundo. ▶ Cf. CAUSA.

Cavalli-Sforza, Luigi Luca (Gênova, Ligúria, Itália 1922 -) Estudioso italiano das populações, dos processos migratórios e da transmissão cultural do ponto de vista estatístico e genético. ▶ A carreira acadêmica de Cavalli-Sforza começou na Itália, onde se formou em medicina pela Universidade de Pávia. Posteriormente, transferiu-se para Cambridge, onde foi discípulo do biólogo evolucionista britânico Ronald A. Fisher (1890-1962). Com Fisher, Cavalli-Sforza aprendeu o valor e a importância da metodologia estatística para o estudo da transmissão genética. Após muitos anos em universidades italianas, ele imigrou para os Estados Unidos, onde foi professor da Universidade de Stanford, na Califórnia. Combinando dados demográficos, primeiro com análises sanguíneas e posteriormente com amostras de *DNA* que evidenciam traços de herança genética, Cavalli-Sforza e seus colaboradores desenharam o que se chama *árvore filogenética das migrações humanas*, apresentando uma fundação factual e científica para as hipóteses do DIFUSIONISMO cultural que, restrito ao raciocínio antropológico clássico, apenas apresentava especulações desprovidas de evidência material. As mutações genéticas e as transformações culturais existem num processo coevolutivo. Os estudos de Cavalli-Sforza sugerem que a herança humana é indiscutivelmente dual, o que exigiria a consideração simultânea dos processos de difusão genética e cultural. As observações do grupo conduzido por Cavalli-Sforza, Human Genome Diversity Project (HGDP), atraíram críticas apressadas por parte de cientistas sociais que viram a conjunção do reconhecimento de diversidades genéticas, acopladas à aparente noção de hierarquização indicada pela forma gráfica de uma árvore, como uma espécie de justificação da superioridade de grupos sociais, capaz de funcionar como uma espécie de racismo biológico. A resposta possível a essa crítica é baseada na noção darwiniana de DESCENDÊNCIA COMUM COM MODIFICAÇÕES: quando se olha na direção das raízes da árvore, o que se vê é uma redução das diferenças genéticas, que aumentam na medida de sua ramificação posterior. A noção de raça é, portanto, instável, insustentável e incapaz de definir a humanidade, o que, em si mesmo, desfaz a possibilidade de qualquer tese racista por parte de Cavalli-Sforza. Teoricamente, Cavalli-Sforza reconhece uma distinção clara entre mutação genética e mutação cultural. Ambas são randômicas, mas a mutação cultural tem um propósito definido e um objetivo dirigido. Isso não quer dizer que as mutações genéticas e culturais sejam em si benéficas para os indivíduos. O modelo de transmissão cultural de Cavalli-Sforza presume que o processo ocorra em etapas: mesmo sendo uma criação individual e aleatória, a transformação de um conteúdo cultural deve ser primeiro transmitida para depois ser aceita. Sua aceitação depende tanto da energia carismática daquele que propaga a inovação como da eficácia prática da sugestão para os outros membros do grupo. Além disso, a transmissão cultural pode vir verticalmente, no interior do grupo, pela influência dos mais velhos sobre os mais novos, ou através de contatos com outras formações sociais. Mas isso não exclui a possibilidade de uma interação horizontal, que parece uma infecção epidemiológica progressiva. A difusão de inovações pode dar-se de modos variados. Usando modelos matemáticos combinados com o rastreio de traços genéticos, Cavalli-Sforza apontou que a dispersão genética acompanha a transmissão de conteúdos culturais, sendo ambas propagadas por fluxos migratórios.

BIBLIOGRAFIA

CAVALLI-SFORZA, Luigi Luca; FELDMAN, Marcus W. *Cultural transmission and evolution*. Princeton: Princeton University Press,1981.

______________; CAVALLI-SFORZA, Franceso; THORNE, Sarah. *The great human diasporas: the history of diversity and evolution*. New York: Perseus Books, 1996.

c.b. GRÁF Abrev. de CAIXA-BAIXA.

CBS (Columbia Broadcasting System) [ing.] M.COM Rede televisiva e conglomerado norte-americano de comunicação, sediada em Nova York, fundada na década de 1920 como estação de rádio e posteriormente transformada, em 1939, em transmissora de TV, que agora faz parte do grupo Viacom. ▸ A *Columbia Broadcasting System* é também conhecida como The eye network (A rede do olho), em referência à sua logomarca, que tem a forma gráfica de um olho. O grupo ao qual pertence tem interesse em música, TV a cabo etc. A programação da *CBS* segue o modelo clássico das redes, transmitindo temas variados, de programas infantis a especiais, até telejornalismo. A *CBS* tem sido alvo de críticas pesadas sobre a maneira como cobriu eventos jornalísticos, apresentando notícias sem a devida prova. Sua supremacia no mercado televisivo americano durou desde o fim da Segunda Guerra Mundial até recentemente.

BIBLIOGRAFIA

GOLDBERG, Bernard. *Bias: a CBS insider exposes how the media distorts the news*. Washington, D.C: Regency, 2002.

cc [ing.] INF Sigla de *carbon copy* [cópia de documento enviado a um receptor que não seja o destinatário imediato da mensagem].

CC TV Sigla de *closed caption*[sistema que apresenta, por escrito, o que está sendo falado num programa de televisão].

CCD [ing.] REC.AV Sigla de CHARGE COUPLED DEVICE.

CCU [ing.] CINE REC.AV Sigla de CAMERA CONTROL UNIT (unidade de controle de câmara).

CD [ing.] REC.AV Sigla de COMPACT DISC.

CDF [ing.] INF Sigla de CHANNEL DEFINITION FORMAT.

CD-I [ing.] INF Sigla de *compact disc interactive* (disco compacto interativo).

CD-player [ing.] REC.AV Dispositivo que lê discos compactos.

CD-R [ing.] INF Tipo de *compact disc* que pode ser us. para gravar informações (textos, imagens, sons) em computador. ▸ Sigla de *compact disc recordable*. Cf. CD-ROM.

CD-ROM [ing.] INF *Compact disc* que armazena informações digitalizadas (texto, imagem, som, vídeo) em computadores, ger. com a capacidade de 700 *gigabytes*, capazes de serem recuperadas através de leitura óptica, mas não alteradas. ▸ Sigla de *compact disk read-only memory*.

CD-RW [ing.] REC.AV Sigla de COMPACT DISC REWRITABLE.

celofanagem PUB Ato ou processo de embalar um produto em papel celofane.

celofane GRÁF Tipo de papel transparente; papel celofane.

célula 1 BIO Unidade microscópica estrutural e funcional dos organismos, constituída fundamentalmente de material genético, citoplasma e membrana plasmática. **2** INF Nos aplicativos que gerenciam bancos de dados, área na qual se armazenam informações, ger. sob a forma de texto, valores numéricos ou fórmulas. **3** MÚS Estrutura musical mínima, a partir da qual se faz uma composição. **4** TEL Área geográfica onde se concentram os dispositivos transmissores e receptores que servem os usuários de telefonia nessa região.

célula binária INF Elemento de um computador que pode armazenar informações, graças a sua capacidade de ficar estável em um de dois estados possíveis.

celular TEL Red. de TELEFONE CELULAR.

celulose BIOQ Hidrato de carbono que constitui a base dos tecidos vegetais. ▸ Componente mais abundante da parede celular e constituído de monômeros de glicose ligados entre si, é us. como matéria-prima nas indústrias de papel e de tecidos.

cena 1 ART.PLÁST Composição em que figuram personagens em ação. **2** CINE TV Parte de filme ou de vídeo que focaliza determinada situação e um mesmo ambiente, ger. com as mesmas personagens, podendo incluir diversos planos ou tomadas. **3** Cada uma das situações ou momentos na evolução de filmes, romances, contos, relatos etc. **4** TEAT Nas casas de espetáculo, área que contém os cenários e em que os atores, intérpretes, mágicos etc. se exibem diante do público; palco. **5** TEAT A arte teatral ou do espetáculo. **6** TEAT Cada uma das unidades de ação de uma peça que se destacam como tal pela entrada e saída no palco dos intérpretes, alterando-se ou não os cenários. **7** CINE TEAT TV M.q. CENÁRIO ('conjunto', 'lugar').

cena muda TEAT A que não contém diálogos, apenas gestos; pantomima.

cenário 1 CINE LIT RÁD TEAT TV Lugar em que decorre a ação ou parte da ação de peça, filme, telenovela, radionovela, romance etc.; cena. **2** CINE TEAT TV Conjunto de elementos visuais (tais como telões, móveis, objetos, adereços e efeitos de luz) que compõem o espaço onde se apresenta um espetáculo teatral, cinematográfico, televisivo etc.; cena. **3** CINE M.q. ROTEIRO.

cenarista CINE TEAT TV M.q. CENÓGRAFO.

cenografia 1 CINE TEAT RÁD TV Arte, técnica e ciência de conceber e executar ou supervisionar a execução e instalação de cenários para espetáculos, esp. os teatrais. **2** TEAT Arte e técnica de colocar em perspectiva as decorações cênicas.

cenógrafo CINE RÁD TV Profissional de cenografia; cenarista.

cenotécnica CINE TEAT TV Técnica de executar, compor e fazer funcionar cenários e demais elementos cênicos.

cenotécnico CINE TEAT TV Que ou quem coordena e executa projetos fornecidos pelo cenógrafo.

censura 1 Exame a que são submetidos trabalhos de cunho artístico ou informativo, ger. com base em critérios de caráter moral ou político, para decidir sobre a conveniência de serem ou não liberados para apresentação ou exibição ao público em geral. ▸ Cf. LIBERDADE DE IMPRENSA. **2** Restrição à publicitação de informações, pontos de vista ou produções artísticas, com base nesse exame. **3** Comissão de pessoas encarregadas de fazer esse exame. **4** PSICN Fator ou conjunto de fatores que regula, no ego, no ego ideal ou no superego, a emergência de ideias e de desejos no consciente, reprimindo-os; censor. ▸ Na psicanálise, censura é uma função psíquica que barra, bloqueia, distorce e cifra desejos, impulsos e representações problemáticas, remetendo-as a um sistema de difícil e tortuoso acesso à mente humana. Seria através da censura que, na *primeira tópica*, ou seja, na primeira teoria freudiana sobre o aparelho psíquico, o INCONSCIENTE se forma. Na gênese do pensamento de Sigmund Freud (1856-1939), a ideia de censura é antiga e remonta a uma carta de 1897, onde ele procura explicar o caráter desinteligível, ilógico, desatinado e alucinatório de representações psíquicas. Porque existimos em sociedades que exigem controle, estabilidade e coordenação, a censura não desaparece e, de fato, exerce uma função seletiva que conduz os processos, os movimentos psicológicos do sujeito, principalmente aqueles que são considerados repreensíveis e antissociais. A censura atua em todos os níveis do aparelho psíquico, e faz-se presente nas formações inconscientes, pré-conscientes ou conscientes, constituindo-se, por vezes, num mecanismo de defesa psíquica. Nas duas teorias freudianas do aparelho psíquico, a censura exerce um papel recorrente, podendo ser entendida como um obstáculo comunicativo. Cf. ATO FALHO.

BIBLIOGRAFIA

FREUD, Sigmund. *Cinco lições de psicanálise, Leonardo da Vinci*. Rio de Janeiro: Imago, 2006.

censura prévia JUR Exame antecipado, de natureza proibitiva, que o Estado faz em obras, esp. artísticas, com a justificativa de preservar a ordem e a moralidade públicas; pré-censura.

centimetragem PUB 1 Área ocupada por anúncio publicitário em publicações impressas, ger. expressa em centímetros (altura) por número de colunas (largura). 2 Área total expressa em centímetros (de coluna) das matérias jornalísticas ou publicitárias publicadas na imprensa sobre determinado assunto durante certo período.

centímetro FÍS Unidade fundamental para a medida do comprimento no sistema c.g.s., equivalente a um centésimo de metro. ▸ Símb: *cm*.

centímetro de coluna PUB Padrão usado na venda de espaço publicitário em jornais. ▸ A unidade centímetro por coluna tem a altura de 1 cm e a largura de uma coluna padrão de jornal, aproximadamente 4,5 cm. O padrão centímetro de coluna não se aplica à venda de espaço publicitário nos cadernos de classificados.

centrado GRÁF M.q. CENTRALIZADO.

central TEAT Ator ou atriz de meia-idade, que ger. representa personagens idosos.

central de vídeo TV Local em que estão instalados os equipamentos, recursos e meios que permitem o exame, ajustamento e correção de imagens produzidas por câmaras e a serem transmitidas por emissora de televisão.

centralizado GRÁF Que se centralizou (diz-se composição, paginação, diagramação etc.); centrado.

centralizar GRÁF Alinhar (linhas de texto e outros elementos gráficos), tomando por base uma reta imaginária vertical que passa pelo meio da coluna ou da mancha gráfica; centrar.

central processing unit [ing.] INF Região do computador que executa as instruções de um programa. ▸ Sigla: *CPU*.

central telefônica TEL Instalação em que se encontram os recursos tecnológicos que permitem a seleção, o controle e a conexão das linhas e troncos telefônicos.

centrar 1 Colocar ou situar em um centro ou em uma posição central; centralizar. 2 GRÁF M.q. CENTRALIZAR.

Centre for Contemporary Cultural Studies (CCCS) [ing.] COMN M.COM Núcleo de pós-gradução e pesquisa, responsável pela criação de um campo de estudos em comunicação, chamado *cultural studies* ('estudos da cultura'), atuante na Universidade de Birmingham, na Inglaterra, de 1964 a 2002. ▸ Fundado por Richard Hoggart em meados da década de 1960, o Centre for Contemporary Cultural Studies foi uma força atuante nos estudos da comunicação por quase 40 anos. Nele foram produzidas análises influentes sobre o papel da cultura como um texto ideológico, forte o suficente para formar a consciência e a perspectiva de vida dos indivíduos nas sociedades modernas, mas evitando, conscientemente, as armadilhas do determinismo cultural. Se parte da análise antropológica atual derivou suas conclusões das contribuições de teóricos como Émile Durkheim (1858-1917), que privilegiavam a totalidade da cultura, agindo e formando os atores sociais, os intérpretes que atuaram no *CCCS*, como Stuart Hall (1932-) e David Morley (1949-), sublinharam a importância da identidade cultural, buscando inspiração em fontes teóricas menos arcadianas e idealizantes, certamente mais diversificadas e em sincronia com a experiência moderna, como o marxismo, o feminismo, o pós-estruturalismo e os estudos étnicos. Apesar do ecletismo teórico dos que participaram do *CCCS*, que se ramifica pelos escritos de Antonio Gramsci (1891-1937), Louis Althusser (1918-1990) e Michel Foucault (1926-1984), caracterizados simplisticamente, no Reino Unido, como *The New Left*, não há dúvida quanto à influência central de Raymond Williams (1921-1988) para as análises e os estudos da cultura emergente do *Centre for Contemporary Cultural Studies*. As representações experimentadas pelos atores sociais nos meios de comunicação seriam textos culturais, com relativo grau de abertura e participação criativa por parte de sua audência.

BIBLIOGRAFIA

HALL, Stuart; JANES, Linda; GAY, Paul. *Culture, media and identities*. Thousand Oaks: Sage, 1996. v. 1.

________. *Da diáspora*. Belo Horizonte: UFMG, 2003.

________. *Identidade cultural na pós-modernidade*. Rio de Janeiro: DP&A, 2006.

MORLEY, David. *Media, modernity and technology: the geograhy of the new*. London: Routledge, 2007.

centrex TEL PABX partilhado por mais de uma rede telefônica privada e ligado à rede geral como qualquer central local.

centro 1 TEAT Espaço principal da cena. 2 TEAT M.q. CENTRAL. 3 Lugar em que se concentram muitas atividades; aglomeração.

centro de criação M.COM PUB Unidade de empresas de comunicação, agências de publicidade e empresas de moda destinada a criar e a planejar novos projetos, programas ou produtos, anúncios, campanhas, eventos etc.; criação, unidade de criação.

centro de dados INF Área física de um prédio da qual uma empresa de informática opera e provê serviços para os computadores de seus clientes.

centro de distribuição TEL Unidade encarregada da recepção e expedição de mensagens interurbanas entre grupos de redes de telecomunicações; centro de redes.

centro de processamento de dados INF Instalação onde se concentram os recursos materiais e humanos utilizados para o processamento de dados, em uma empresa ou organização. ▸ Sigla: *CPD*.

centro de redes TEL M.q. CENTRO DE DISTRIBUIÇÃO.
CEP Sigla de CÓDIGO DE ENDEREÇAMENTO POSTAL.
cercadura 1 ENC GRÁF Elemento decorativo formado por quatro bordaduras e us. em composição, gravura e encadernação; enquadramento, guarnição, margem, orla, orladura. ▶ Cf. QUADRO. 2 GRÁF Moldura de material tipográfico (texto, ilustração, tabela etc.) constituída de fios, vinhetas ou material branco; borda, guarnição, orla, orladura.
cercar GRÁF Guarnecer, emoldurar, rodear (página ou outro espaço gráfico editorial).
cérebro BIO NEUR Parte do sistema nervoso central situada na caixa craniana do homem e de outros vertebrados e que, associada a todos os centros nervosos superiores, é o órgão do pensamento e da coordenação neural. ▶ Recebe estímulos dos órgãos sensoriais, interpretando-os e correlacionando-os com impressões armazenadas, a fim de acionar impulsos motores que, essencialmente, controlam todas as atividades vitais. A constância da visão é prova de que o cérebro não é um órgão passivo, já que recebe informação do mundo exterior e não se limita a registrá-la. Se assim não fosse, o cérebro apenas depuraria os traços menos relevantes de um universo físico em incessante fluxo. A atividade cerebral constrói uma representação estável do meio ambiente, descartando as mudanças, selecionando o que é relevante e, surpreendentemente, equiparando a representação estável que gerou às características mutantes do mundo físico. Um dos traços espantosos do processo é que o cérebro segue o movimento da retina, a qual percebe a natureza de vários pontos de vista, ângulos diferentes e distâncias variadas, sob uma iluminação que muda sem parar; mesmo assim, nessas condições, o cérebro percebe com relativa estabilidade a identidade dos objetos que são vistos. Não há motivo fisiológico, neurológico ou filosófico para que se separem ver e entender. Ainda que a retina opere normalmente, se houver lesão em determinadas áreas do cérebro, o paciente não é capaz de compreender o que vê. Pesquisas neurológicas realizadas nas últimas décadas indicaram que as células cerebrais impõem categorias gerais ao mundo físico. A compreensão de um objeto se dá do geral para o particular, o que faz da inferência dedutiva um elemento central do entendimento lógico e visual do mundo. Por isso, as palavras denotam coisas em sua generalidade. A estabilidade do mundo natural advém da imposição de categorias gerais de natureza cerebral, por meio de operações complexas, num processo de mais de uma etapa. Considerando apenas a visão, o que se verifica é a existência de três estágios: o cérebro analisa o espectro luminoso, interpretando-o como um segmento do espectro de cores, para, finalmente, integrar as etapas anteriores numa só representação, o que constitui em si um julgamento: "este é um tom ou uma variação do verde". A descrição do processo em etapas causa uma sensação de estranheza, porque a visão e o entendimento da cor em questão parecem inseparáveis, por ocorrerem na velocidade extrema do tempo neural, tempo este que é medido em escala infinitesimal de milionésimos de segundos. Seguindo o processo de especialização funcional, o cérebro cria representações essenciais. O cérebro reconhece cores em separado, havendo nele áreas específicas que identificam cada cor, bem como movimento e FISIONOMIA. Em termos visuais, que é uma dimensão central para os estudos da comunicação, o cérebro possui dois sistemas que operam simultaneamente, com funções especializadas. Uma das áreas da arquitetura cerebral é feita para a identificação e processamento de movimento, profundidade, percepção espacial e para separar figura de fundo: é o Sistema do onde, que não reconhece cores, é rápido e com baixa acuidade e sensibilidade a alto-contraste. Isso acontece porque o processamento de informação espacial reconhece as bordas do objeto contra o fundo em que está localizado. O segundo sistema, o Sistema do quê, lida com o reconhecimento de objetos, rostos e cores. É sensível à cor, lento no seu processamento, com alta acuidade e sensibilidade a baixo contraste. Os dois sistemas caracterizam-se por funcionalidade oposta e por estarem localizados em áreas anatomicamente segregadas. A integração da informação visual não é exatamente perceptual, mas interpretativa. Um dos muitos espantos que reclamam respostas da neurologia diz respeito à integração interpretativa dos estímulos perceptivos. Não parece haver um lugar no cérebro que processe essa integração; logo, a pergunta: "como acontece?". Imagens visuais não são apenas elementos perceptivos, mas o resultado de inferências sutis e velocíssimas, feitas por processamento paralelo.

BIBLIOGRAFIA

LIVINGSTONE, Margaret. *Vision and art: the biology of seeing*. New York; Hary Abrahms, 2001.
RAMACHANDRAN, V.S.; BLAKESLEE, Sandra. *Fantasmas no cérebro*. Rio de Janeiro: Record, 2002.
ZEKI, Samir. *A vision of the brain*. London: Blackwell, 1993.

cerifa GRÁF M.q. SERIFA.
cerquilha INF Sinal us. em algumas linguagens como operador de divisão ou como sinal de comentário na linguagem-fonte; tralha. ▶ Símb: #. ▶ Cf. ANTÍFEN.
certeza 1 FIL LÓG Convicção intelectual que, considerando superada a dúvida característica do questionamento filosófico, sustenta uma verdade supostamente irrefutável e evidente (como ocorre, p.ex., no *cogito* cartesiano). ▶ A consideração de um enunciado ou sistema de enunciados como certo advém de duas fontes possíveis: uma de cunho psicológico, que se traduz num sentimento interno que ignora a hesitação própria do que é duvidoso, e outra de cunho cognitivo, que igualmente desconhece total ou parcialmente motivos para a existência de dúvida. Certeza e dúvida estão, assim, entrelaçadas. As caracterizações psicológica e epistêmica de uma proposição não precisam estar conectadas: a rigor, pode-se acreditar em algo sem justificação cognitiva, mas dúvida e certeza não se desconectam dessa maneira. A existência de dúvida em um determinado conhecimento desqualifica-o em maior ou menor grau. E, por extensão, se houver traço de dúvida num saber, o conhecimento não pode aspirar à qualificação de perfeito e indiscutível. Mais radicalmente, se inexistir conhecimento sem dúvida, só resta a alternativa cética: suspender juízo quanto aos fundamentos do conhecer, o que leva ou a um pragmatismo rasteiro e filosoficamente simplório ou a uma paralisia que o ceticismo da Antiguidade chamava de ataraxia. Em *Contra os acadêmicos*, Santo Agostinho (354-430) insurge-se contra a atitude cética. Deus pode ser conhecido e seu conhecimento deve ser indubitável; caso contrário, não há motivo para converter-se à religião decisivamente verdadeira, que seria, para ele, o cristianismo. Só através da compreensão daquilo que nunca está errado é possível atingir a verdadeira, duradoura, inabalável e definitiva felicidade. A dúvida, Agostinho aponta, é a expressão do provável e

o provável é um passo no processo de se atingir a certeza. O mundo exterior não pode ser razoavelmente duvidado, nem mesmo os princípios lógicos que guiam todos os raciocínios e que nos permite compreendê-los. Como duvidar que, mesmo que erradamente, a mente pensante de fato existe? Nesse instante, os argumentos de Agostinho prefiguram o *cogito* cartesiano, expresso por René Descartes (1596-1650) em *O discurso sobre o método*: "penso, logo tenho a certeza de que existo" (*cogito, ergo sum*). Mas é em suas *Meditações* que Descartes se dedica ao exame dos princípios primeiros que fundamentam, na certeza, todos os saberes. O caminho para isso é o da dúvida hiperbólica, em que se afirma que é preciso de maneira radical, sistemática e exagerada duvidar de tudo para que, por eliminação, se chegue à certeza. Descartes não qualifica dúvidas: tudo que for duvidoso, tudo que não resistir ao assalto da dúvida será descartado. Ele indaga: como duvidar do que chega a mim através dos sentidos? Como duvidar de suas próprias mãos, do fogo que crepita na lareira à frente? Isso seria possível no caso de um louco que alucina. Descartes, então, pergunta-se se não sofre jamais de alucinações. Não é isso o que acontece quando sonha? E, por outro lado, não é certo que é muitas vezes impossível distinguir os estados mentais do sonho e da vigília? E se agora for um desses momentos? Surge a dúvida e o conhecimento sensível não pode ser considerado como fonte de certeza. E, no caso da aritmética e da geometria, é possível duvidar? E se houver um gênio maligno diabolicamente conduzindo todos os geômetras ao erro? A geometria não é passível de certeza absoluta, mas será que isso quer dizer que não há nenhuma certeza possível? Errado ou não, o ato de pensar leva a uma certeza indubitável: a de que existimos. Isso quer dizer que não apenas existe certeza, mas que ela não se reduz a um conteúdo; é efeito de um processo interminável de investigação. É, portanto, no curso desse processo que a dúvida será eliminada. Cf. CETICISMO. **2** LÓG RET Modalidade lógica do necessário.

BIBLIOGRAFIA

AGOSTINHO, Santo. *Contra os acadêmicos*. São Paulo: Paulus, 2008.

DESCARTES, René. *Meditações metafísicas*. São Paulo: Martins Fontes, 2008.

ceticismo 1 Falta de crença em alguém ou algo; descrença, incredulidade, dúvida. **2** FIL Doutrina segundo a qual o espírito humano não pode atingir nenhuma certeza a respeito da verdade, o que resulta em um procedimento intelectual de dúvida permanente e na abdicação, por inata incapacidade, de uma compreensão metafísica, religiosa ou absoluta do real. ▸ P.opos. a DOGMATISMO.

INFORMAÇÕES GERAIS

No entender dos antigos, o ceticismo era um dos caminhos possíveis para a sabedoria. A dúvida e o questionamento cético radical teriam que ser medidos por seus efeitos. Através da descrença e da recusa ao dogmatismo fanático atinge-se um estado de equilíbrio que não se deve identificar com o NIILISMO, mas com a condição para uma vida tranquila e marcada pela sabedoria. A atitude do primeiro filósofo reconhecidamente cético, Pirro de Élida (c365a.C. - c275 a.C.), poderia ser resumida como um distanciamento radical do que fosse forma de conhecimento. Nada pode ser realmente conhecido, logo não há que se cultivar nenhum modo de preocupação e tensão. Para o CETICISMO ANTIGO, a sabedoria advém da suspensão de juízo: só assim se obtém paz, que se identifica com temperança. A impossibilidade de conhecimento é a condição para o alcance de felicidade e de profunda satisfação pessoal. Trata-se menos de uma negação do conhecimento do que de uma afirmação dos aspectos positivos de uma investigação e um questionamento interminável que deveria guiar a vida humana. Por isso, alguns intérpretes do ceticismo acreditam que suas raízes localizam-se na atitude socrática de favorecer o erro como o caminho para a sabedoria. Mas alguém que buscasse a felicidade total e completa facilmente se sentiria insatisfeito com o que o ceticismo prometia. Como viver sem crenças que são regras para a ação? Era o que Santo Agostinho (354-430) sentia, ao dizer que o mero processo de buscar a sabedoria que o ceticismo oferece jamais será suficiente: um saber certo e inquestionável é o objetivo da sabedoria e da felicidade, que são efetivamente alcançadas apenas quando se percorre o caminho correto e se chega à verdade. Por mais sábia que possa parecer, a ausência de dogmatismo simplesmente não basta para se obter uma vida plenamente feliz. Só secundariamente, o CETICISMO MODERNO tem por objetivo produzir sabedoria existencial. Em René Descartes (1596-1650), o ceticismo hiperbólico é apenas um método: a menor dúvida torna-se motivo para que se abandone uma forma de conhecimento. Nesse caso, a dúvida é um critério de eliminação e jamais um estado desejável. O pensamento cético moderno contenta-se em delimitar o que se pode saber e seu objetivo é substancialmente negativo. O efeito da postura cética moderna não é produzir *epoché*, colocar o conhecimento entre parênteses e assim suspender crenças, mas apenas limitá-las. Ao ler a negatividade cética de David Hume (1711-1776), Immanuel Kant (1724-1804) diz que despertou do sono filosófico para procurar reconhecer se existem faculdades *a priori* (na sua resposta, espaço e tempo) que independem da experiência e que, por organizarem-na, não podem ser objeto de dúvida. A postura cética pode ter um alcance total ou parcial. O ceticismo parcial duvida da existência de conhecimento ou de sua justificação numa área cognitiva específica. O ceticismo total amplia a dúvida para o conhecimento como um todo: o conhecimento, a partir desse ponto de vista, é uma impossibilidade. Há quem afirme que o ceticismo total é irrazoável, já que, se for efetivamente sustentado, levaria à mais completa paralisia, o que os antigos chamariam de *ataraxia*: um estado imperturbável, porém impraticável e inviável, de completa inação. O ceticismo é menos uma escola do que uma atitude crítica face aos poderes do conhecimento; e, por isso, permanece como um traço recorrente da atividade filosófica. Não há dúvida de que o ato de pensar impulsiona-se pela descrença que, por sua vez, leva ao exame crítico dos saberes. ▸ Cf. CARNÉADES; CERTEZA; HUME, DAVID; KANT, IMMANUEL.

BIBLIOGRAFIA

BARKER, Joseph. *Modern skepticism*. Middlesex: Nabu Press, 2010.

BROCHARD, Victor. *Les sceptiques grecques*. Paris: J. Vrin, 1969.

POPKIN, Richard H. *History of skepticism from Savonarola to Bayle*. Oxford: Oxford University Press, 2003.

SOUZA FILHO, Danilo Marcondes. Rústicos x urbanos: o problema do insulamento e da possibilidade do discurso cético. In: *O Que Nos Faz Pensar*, n. 24, p. 135-50, 2008.

ceticismo antigo FIL Doutrina cética, surgida na antiga filosofia grega, que punha em dúvida a validade de nossos conhecimentos relativos ao mundo exterior e à verdade, considerando tal procedimento dubitativo um meio para a obtenção de tranquilidade pela indiferença aos estímulos e antagonismos mundanos. ▸ P.opos. a CETICISMO MODERNO.

ceticismo fideísta FIL Doutrina que, supondo a razão incapaz de atingir qualquer conhecimento seguro, defende a fé e a revelação religiosas como vias exclusivas de acesso à verdade.

ceticismo moderno FIL Doutrina cética, formulada esp. por Hume (1711-1776), que, embora rejeite a validade de qualquer conhecimento absoluto ou metafísico, admite a possibilidade de uma investigação científica do mundo exterior e a necessidade de uma aceitação não dubitativa das crenças cotidianas e do senso comum. ▸ P.opos. a CETICISMO ANTIGO. Cf. HUME, DAVID.

cf. EDIT Empregado para indicar ao leitor a necessidade de comparar, confrontar, verificar, cotejar uma referência bibliográfica.

chaining [ing.] INF Segmentação de um programa em unidades menores para que possa ser utilizado num computador específico que tenha capacidade de memória menor do que aquela exigida pelo programa.

chamada 1 COMN Telefonema, ligação telefônica. **2** GRÁF Palavra ou conjunto de palavras, ger. indicativas do título, da seção ou da retranca, impressas no cabeçalho de uma prova para identificar a que original pertence. **3** JOR Resumo de notícia, estampado na capa ou no sumário de uma edição ou de um caderno de jornal ou revista, indicando a página ou seção em que está localizada a respectiva matéria. ▸ A chamada remete o leitor à cobertura mais completa e extensiva do fato noticiado. Na forma do presente e sem expressões como 'segundo', 'afirmou' etc., o texto da chamada deve ser direto, substantivo, curto e seco, apresentando o fato na sua completude. **4** JOR RÁD TV Resumo de notícia apresentado na abertura de noticiário de rádio ou televisão, ou em momentos que antecedem o programa, o bloco ou a notícia propriamente dita. **5** RÁD TV Anúncio de programa a ser apresentado brevemente pela emissora. **6** RÁD TV Anúncio de atração a ser apresentada por determinado programa. **7** PUB Num anúncio, título atraente que leva o consumidor a interessar-se pela mensagem publicitária. ▸ Cf. TEASER.

chamada de sistema INF Método us. para a comunicação entre as aplicações do usuário da máquina e o núcleo do sistema operacional de um computador; *system call.*

chamar 1 COMN Soar (telefone ou similar) como indicação de chamada. **2** INF Transferir o controle a. **3** M.COM Fazer chamada para um programa radiofônico, televisivo ou matéria jornalística. **4** TEL Contatar (serviço ou indivíduo) por sinal telefônico.

chancela 1 PUB Marca de anunciante, à guisa de assinatura, em uma mensagem publicitária. **2** MKT PUB Identificação do patrocinador, em filme cinematográfico, espetáculo teatral ou musical, programa televisivo ou radiofônico, evento promocional etc. **3** MKT PUB M.q. PATROCÍNIO.

chanchada 1 CINE TV Filme cinematográfico ou programa televisivo de baixa ou má qualidade. **2** CINE TEAT TV Espetáculo ou filme em que predomina um humor ingênuo, burlesco, de caráter popular. **3** TEAT Espetáculo popularesco de baixa qualidade conceptual, formal e cultural, ger. mesclando música e humor.

channel definition format [ing.] INF Padrão que define o conteúdo e a estrutura de um *website.* ▸ Sigla: *CDF.*

chapa GRÁF Folha metálica ou de outro material us. na impressão de fotografias, esp. *offset.*

chapado GRÁF Que ou o que é impresso de modo uniforme e sem meios-tons (diz-se de cor ou superfície).

chapar GRÁF Cobrir (área de impressão) com tinta, de modo uniforme e sem meios-tons.

chapéu JOR M.q. ANTETÍTULO.

charge Desenho humorístico, com ou sem legenda ou balão, ger. veiculado pela imprensa e tendo por tema algum acontecimento atual, que comporta crítica e focaliza, por meio de caricatura, uma ou mais personagens envolvidas; caricatura, cartum.

charge coupled device [ing.] REC.AV Dispositivo (*chip*) que reúne células fotossensíveis que permitem a captura da luminosidade do meio ambiente da cena filmada. ▸ Sigla: *CCD.*

chargista Humorista que concebe e desenha charges. ▸ Cf. CARICATURA; CARTUM; CHARGE.

chariô CINE Plataforma com rodas, us. esp. para deslocar a câmara em tomadas de vista em movimento.

charivari MÚS Cacofonia musical.

charneira ENC Reforço de pano que cobre o encaixe entre a guarda e a contraguarda; espelho.

chart [ing.] EDIT Diagrama que, pelas relações, proporções e ordem de elementos gráficos, representa visualmente informação relativa a organizações e dados quantificados.

chassi pneumático GRÁF Chassi dotado de revestimento de borracha por meio do qual se produz o vácuo para fazer cópias mais perfeitas; prensa de vácuo.

chat [ing.] COMN INF Forma de comunicação a distância, utilizando computadores ligados à internet, na qual o que se digita no teclado de um deles aparece em tempo real no vídeo de todos os participantes do bate-papo. ▸ O *chat* é uma das formas de comunicação mediadas pela tecnologia informática (*computer-mediate communication*) que se vem tornando uma subárea importante dos estudos da comunicação. Como processo, ainda que se devam observar as suas peculiaridades, o *chat* é comparável ao *instant messaging, email* etc. A princípio, as pesquisas sobre *chats* e *chat rooms* enfatizavam as diferenças entre esse modo de comunicação tecnológica e as interações face a face, mas a tendência atual é considerar os processos de *chat* como parte do cotidiano de seus usuários. Os *chat rooms* (espaços virtuais para bate-papo eletrônico) organizam-se como um subgrupo de pessoas que dividem, participam e têm o mesmo grau de interesse por determinado assunto, tópico, problema etc. Assim, os *chat groups* acabam exercendo o papel de comunidades efetivas, ligadas por laços que se podem desfazer, mudar etc., mas que são, realmente, comunidades, mesmo que precárias ou temporárias. Uma das peculiaridades comunicacionais dos *chat groups* é fomentar a comunicação anônima, o que os torna um caso especial dos estudos de comunicação ditos relacionais.

BIBLIOGRAFIA

WALTER, J. B.; BURGOON, J. K. Relational communication in computer-mediated technology. In: *Human communication research*, n. 19, p. 50-82,1992.

Chateaubriand [Bandeira de Mello], Francisco de Assis (Umbuzeiro, Paraíba, Brasil 1892 - São Paulo, São Paulo, Brasil 1968) Proprietário do conglomerado brasileiro de comunicação Diários Associados, jornalista, político, advogado e diplomata. ▸ Durante as décadas de 1940 e 1950, Assis Chateaubriand exerceu imensa influência na esfera pública brasileira. Seu conglomerado de comunicação, Diários Associados, reunia centenas de jornais, rádios, televisões, revistas e agências de notícias brasileiros. Como ninguém, na sua época, Chateaubriand percebeu os laços íntimos entre os meios de comunicação e a política. Durante os anos mais influentes de sua atividade empresarial, os Diários Associados (e, por extensão, Chatô, como era chamado) eram sinônimo da imprensa no país. Apesar de defender a ideologia do mercado livre, pertenceu à geração que trouxe dos E.U.A. o realismo de Randolph Hearst (1863-1951) com sua vocação sensacionalista. Hearst foi o introdutor da manchete como eficiente instrumento de choque e indignação contra alvos pessoais, gerando uma simbiose do poder econômico do que se dizia ser o quarto poder – a imprensa – com a autoridade pública eleita, manipulada por jornais e outras publicações de seu império de meios de comunicação.

BIBLIOGRAFIA

MORAIS, Fernando. *Chatô, o rei do Brasil*. São Paulo: Companhia das Letras, 1994.

chatese [ing.] Linguagem adaptada para a troca de mensagens em *chat groups*.

chatext [ing.] Texto ou mensagem adaptada para uso em *chat groups*.

chat group [ing.] INF Agrupamento de pessoas que se valem das redes de computadores para discutir, debater ou conversar sobre um tema ou assuntos variados.

chavão ESTL M.q. CLICHÊ.

chave **1** EDIT GRÁF Sinal gráfico ({) que indica a reunião de itens relacionados entre si, formando um grupo. **2** ELETR ELETRÔN Comutador (alavanca ou botão), isolado ou em painel, capaz de abrir, fechar ou modificar um circuito. **3** LIT Abertura ou fecho de uma composição literária, esp. poesia. **4** MÚS Mecanismo que, em certos instrumentos de sopro, controla a abertura dos orifícios reguladores da altura da coluna de ar. **5** MÚS Cada uma das ferrramentas us. pelos afinadores para dar a tensão exata às cordas dos instrumentos dotados de cravelha de aço (piano, cravo, harpa, cítara etc.).

checagem JOR Ato ou efeito de estabelecer a veracidade, correção ou realidade de uma notícia; cruzamento de informação.

check list [ing.] M.COM PUB Lista de tarefas a serem realizadas no desenvolvimento e na produção de um programa ou plano de comunicação.

cheio **1** GRÁF Diz-se de composição compacta, não interrompida por claros com tabelas, títulos, vinhetas etc., que contém um texto com certo número de linhas em medida igual. **2** MÚS No órgão, o conjunto de registros.

chiaroscuro [it.] ART.PLÁST M.q. CLARO-ESCURO.

Chicago Tribune, The [ing.] JOR Jornal diário n.-am., fundado em 1847, sediado em Chicago e de propriedade do grupo Tribune Company. ▸ O *Chicago Tribune* é o jornal mais lido e o mais influente no meio-oeste estadunidense. Sua filiação política é conservadora e o jornal apoia o Partido Republicano, o que significa ser um periódico conservador, defensor do livre mercado e de uma mínima participação governamental na vida econômica. A tiragem do *Chicago Tribune* é de aproximadamente 440 mil exemplares durante a semana e 768 mil aos domingos.

china PAP Red. de PAPEL DA CHINA.

chip [ing.] **1** ELETR Pequena lâmina miniaturizada (ger. de silício), us. na construção de transistores, díodos ou outros semicondutores, capaz de realizar diversas funções mais ou menos complexas. **2** Ver CIRCUITO INTEGRADO.

Chomsky, Noam **(Filadélfia, Pensilvânia, Estados Unidos 1928 -)** O mais importante linguista da segunda metade do sXX, criador da gramática gerativo-transformacional, ativista político, crítico social e teórico dos meios de comunicação. ▸ No estudo, escrito com Edward S. Herman (1925-), *Manufacturing consent*, Chomsky entrecruzou duas de suas principais preocupações que freq. parecem desconectadas: linguagem e crítica sociopolítica. Filho de imigrantes do Leste europeu, estudou filosofia e linguística na Universidade da Pensilvânia em meados da década de 1940. Seu pai era professor de hebreu e militante trabalhista de esquerda. A tese que Chomsky apresentou para obtenção do título de mestre foi sobre a morfologia e a fonêmica da língua hebraica. Derivado da leitura dos positivistas lógicos, o trabalho de mestrado já apresentava alguns princípios de transformação linguística que prefiguram sua contribuição maior ao estudo da linguagem e que faz dele o linguista mais importante do sXX: a gramática gerativo-transformacional. Entretanto, é no livro *Estruturas sintáticas*, de 1957, que Chomsky demonstra claramente sua teoria revolucionária. Desde 1955, é professor titular no departamento de linguística e filosofia do MIT (Massachusetts Institute of Technology), Chomsky estuda e teoriza uma área que a linguística saussuriana negligenciara: a gramática e a sintaxe. A linguagem, para Chomsky, é um sistema formal caracterizado por transformações internas, cujas regras compõem a sintática e a gramática. O uso contextual da linguagem é uma dimensão completamente ignorada pela teoria chomskiana. No modelo de Chomsky, a linguagem não é a atualização mecânica de um sistema de regras, mas um processo criativo que permite a produção e a interpretação de um número infinito de sentenças que nunca foram ouvidas anteriormente pelos falantes. As consequências da gramática gerativo-transformacional transcendem o que é estritamente linguístico: o MENTALISMO de Chomsky é o principal argumento filosófico contra o BEHAVIORISMO sociológico e linguístico que dominou a psicologia até meados do sXX (cf. ANTIMENTALISMO). Recentemente, Chomsky defendeu a ideia de que a linguagem deve ser descrita em termos de um conjunto finito de princípios (regras gramaticais) e parâmetros (marcadores) que são ligados ou desligados pelos usuários da língua. Os dois mecanismos formais complementam-se na mente dos falantes. Ainda que seja criticado por vários estudiosos da linguagem, o modelo de princípios e parâmetros domina a gramática gerativo-transformacional contemporânea. Nos dois programas teóricos que apresentou, Chomsky lida com as mesmas questões. Ele oferece respostas às maneiras como as estruturas inatas, que fazem parte do aparato linguístico, operam e funcionam coerentemente, unificando, adaptando-se e combinando elementos linguísticos que são inteligíveis para a comunidade de falantes. A dimensão criativa da linguagem, que fora deixada de lado pelo estruturalismo linguístico e pelo behaviorismo psicológico e filosófico, se transformou em questões centrais da linguagem e da comunicação, a partir dos escritos teóricos de Chomsky. Politicamente, ele é um crítico radical do capitalismo industrial n.-am. Sua presença na vida pública americana é notável e constante desde a oposição ao envolvimento dos Estados Unidos no Vietnã. Chomsky acusou, sistematicamente, o *establishment* político de seu país de práticas hipócritas, por posar como defensor de liberdade política, ao mesmo tempo que apoia regimes opressivos, de acordo com sua conveniência. A análise da mídia que apresenta em *Manufacturing consent* indica coerentemente as contradições da indústria da notícia que, por estar determinada por interesses econômicos que a ligam ao capitalismo estatal n.-am., transforma-se num instrumento de propaganda política e ideológica. O CONSENTIMENTO que a mídia gera e fomenta não passa de um mecanismo de controle social nas sociedades democráticas que se infiltra nos textos e na mentalidade que prevalece nas práticas do jornalismo.

BIBLIOGRAFIA

CHOMSKY, Noam. *Estruturas sintáticas*. Rio de Janeiro: Edições 70, 1980.
____________. *The minimalist program*. Cambridge, MA: The MIT Press, 1995.
____________. *The Essential Chomsky*. New York: Vintage, 2002.
____________. *11 de setembro*. Rio de Janeiro: Bertrand, 2003.
____________. *Linguagem e mente*. São Paulo: Unesp, 2009.
____________. *Cartesian Linguistics*. New York: Cambridge University Press, 2009.
HERMAN, Edward S.; CHOMSKY, Noam. *Manufacturing consent: the political economy of the mass media*. New York: Pantheon Books, 1998.

chora [gr.] PSICN SEMIO Na semiótica psicanalítica de Julia Kristeva (1941-), estágio primitivo do desenvolvimento sexual, caracterizado como pré-linguístico, em que uma mistura caótica e contraditória de signos, sinais, sentimentos, percepções, vontades e necessidades dominam o indivíduo, efeito da materialidade mais bruta da existência que a teoria lacaniana chama de O real em oposição à socialização permitida pela entrada do sujeito na ordem simbólica. ▶ Em grego, *chora* indica um espaço fechado que poderia ser compreendido à imagem de e como um útero. Kristeva tomou o termo *chora* emprestado do diálogo *Timeu*, de Platão, forjando conceitualmente a sugestão de que se trata de uma forma especial de receptáculo primordial e arcaico, uma dimensão diversa do simbólico que permite a socialização e a entrada do sujeito no que Jacques Lacan (1901-1981) chamava de O simbólico. ▶ Cf. IMAGINÁRIO; SIMBÓLICO.

BIBLIOGRAFIA

KRISTEVA, Julia. *La révolution du langage poétique*. New York: Columbia University Press, 1974.

chorinho MÚS Variante do choro, de andamento vivo e corrido, em que a linha melódica tende a prevalecer entre os jogos instrumentais.

choro **1** ACS Modulação de frequência indesejada nos sinais gravados, ocasionada por um movimento irregular do suporte de gravação, durante o registro ou a reprodução, e com frequência compreendida entre entre 0,1 e 10 hertz; *wow*. ▶ Cf. INTERMITÊNCIA. **2** MÚS Gênero de música popular urbana originário do Rio de Janeiro, prov. na década de 1870, cuja formação hoje compreende um bandolim, um ou dois violões de seis cordas e outro de sete cordas, um cavaquinho, um pandeiro e, eventualmente, um ou mais instrumentos de sopro. ▶ É forma de música passível de ser executada em diversos ritmos, como a polca, a valsa, o xote etc. Cf. CHORINHO. **3** MÚS Conjunto instrumental dessa forma musical (*chorões*). **4** MÚS Composição instrumental erudita, inspirada nessa forma musical.

chroma [ing.] CINE TV M.q. CHROMA-KEY.

chroma-key [ing.] CINE TV Processo eletrônico para montar, sobre uma imagem obtida separadamente, determinadas partes da imagem captada por outra câmara, produzindo-se assim um efeito visual de primeiro plano e pano de fundo; *chroma*. ▶ Cf. BLUESCREEN.

chuva TV Série de pequenos traços na imagem da televisão resultantes de interferência ou de má captação das ondas eletromagnéticas.

chuvisco TV Série de pequenos traços que aparecem no vídeo e toldam a imagem à maneira de chuva fininha.

CI ELETRÔN INF Sigla de CIRCUITO INTEGRADO.

ciberespacial COMN INF Relativo ou pertencente a ciberespaço.

ciberespaço COMN INF Espaço das comunicações por rede de computação. ▶ Cf. COMUNIDADE VIRTUAL.

cibernauta COMN INF Usuário de um espaço virtual ou de uma rede internacional de telemática. ▶ Cf. COMUNIDADE VIRTUAL.

cibernética COMN INF Ciência que tem por objeto o estudo comparativo dos sistemas e mecanismos de controle automático, regulação e comunicação nos seres vivos e nas máquinas. ▶ A possibilidade de uma ciência ou saber que controle automaticamente e gere respostas imediatas, tanto em seres vivos como inanimados, depende da conceitualização do processo de *feedback* em comunicação, ou seja, do efeito causado pela informação recebida e que se completa ao retroalimentar quem ou o que emitiu a mensagem. Ainda que o termo tenha sido cunhado por André-Marie Ampère (1775-1836), foram cientistas e matemáticos do pós-guerra, como o americano Norbert Wiener (1894-1964) e o mexicano Arturo Rosenblueth (1900-1970), que conceberam uma engenharia geral da comunicação denominada propriamente de cibernética, que abarcasse as ciências humanas, biológicas e físicas. Os sistemas de *feedback* já eram conhecidos pela mecânica de regulação da velocidade de um motor a vapor através do calor registrado por um termostato. O resultado era uma máquina com autocontrole e objetivo determinado. A nova cibernética expandiu consideravelmente essa possibilidade, introduzindo tal concepção mecânica nos processos cerebrais. A informação passou a ser vista no interior de um processo de controle, criando as condições teóricas que criaram a passagem da era industrial às redes informáticas da sociedade contemporânea. A questão deixou de ser o dualismo cartesiano entre mundo e mente e passou a ser que linguagem matemática pode ser formulada para que a matéria responda de maneira assemelhada à mente. ▶ Cf. WIENER, NORBERT.

BIBLIOGRAFIA

CHERRY, Colin. *On human communication*. Cambridge: The MIT Press, 1971.

cibernetização INF **1** Ato ou efeito de cibernetizar. **2** Controle de comunidades, processos etc. por meio de máquinas.

cibernetizado INF **1** Que se cibernetizou. **2** Que se caracteriza por ou em que há cibernetização.

cibernetizar INF Contolar automaticamente (uma operação qualquer) através de computadores.

ciberpirata INF Pessoa com profundos conhecimentos de informática que eventualmente os utiliza para violar sistemas ou exercer atividades ilegais; pirata eletrônico.

Cícero, Marco Túlio **(Arpíneo, Império Romano 106 a.C. - Formia, Império Romano 43 a.C.)** Político romano, orador e autor de tratados sobre retórica. ▶ Até a morte por assassinos a mando de seu adversário Marco Antônio (83 a.C. - 30 a.C.), em 7 de dezembro de 43 a.C., Cícero participou ativamente da vida política de Roma como advogado, escritor, cônsul, pretor e conspirador. Sua obra é composta de discursos, tratados políticos e filosóficos, escritos poéticos, livros sobre retórica e traduções de Platão (c428 a.C. - c348 a.C.) e Xenofonte (c430 a.C. - 350 a.C). Cícero deixou também uma vasta correspondência. Para assumir o papel de protagonista influente na formação da cultura política romana, ele dispôs de todos os estratagemas e procedimentos retóricos possíveis. Seus principais escritos sobre retórica teorizaram sobre tais práticas, produzindo estudos definitivos sobre a manipulação e o governo das paixões de uma audiência. Nos trabalhos de Cícero, o discurso político assume a função simultânea e idealizada de educação cívica e expressão literária do mais alto nível. Na obra prática e teórica ciceroniana, o argumento político é mais do que um instrumento persuasivo. Fazer um discurso tem sempre o propósito de disseminar o ensino do que seja cívico, ético e político e que, por isso, funda a república. Para Cícero, o pensamento filosófico serve à ordem republicana: sua visão social é aristocrática e redentora. Na prática, ele defendia seus interesses de classe. Os discursos de Cícero contra o contemporâneo Lúcio Sérgio Catilina (c108 a.C. - 62 a.C.) atacam mais do que um inimigo pessoal, já que procuram demolir o populismo ascendente, que, segundo ele, ameaçaria o fundamento da república. *As catilinárias* descrevem Catilina como um nobre decadente que, de modo irresponsável e por mero interesse, incitava o populacho. Para Cícero, Roma sustentar-se-ia apenas pelo que chama de *consensus omnium bonorum*, a concordância dos abastados proprietários de terra, que defenderiam a ordem política e social por lealdade à república e suas origens familiares; as contradições irredutíveis dos interesses das classes dominantes, porém, inviabilizaram o sonho republicano de Cícero. Sob formas diversas e ao sabor das circunstâncias políticas, Cícero acreditou constantemente que o futuro de Roma dependeria do controle e do poder de suas elites. Num universo assombrado pela instabilidade política, o discurso seria a ferramenta social por excelência, que combinaria saber filosófico e eloquência. A conjugação de persuasão e condução política é um tema dominante nos escritos de Cícero sobre oratória, desde a incompleta obra de juventude, *De inventio*, até o diálogo de inspiração platônica, *De oratore*, composto em 55 a.C., durante um período de exílio da cena política. Em *De oratore*, Cícero analisou as peculiaridades das principais partes da oratória (*inventio*, *dispositio* e *memoria*, respectivamente a descoberta de argumentos, sua organização e técnicas mnemônicas) que foram, posteriormente, retomadas no *Institutio oratore* de Quintiliano (c35-c100). Além dessas partes, *De oratore* discute como o discurso deve ser transmitido. A versatilidade e a excelência de um orador dependem de sua capacidade de considerar seu ponto de vista em relação ao argumento oposto; só assim é possível prever e alterar os preconceitos da audiência. Por outro lado, o argumento produzido deve reconhecer e tirar partido das concepções que a audiência reverencie como tradição. O modelo ciceroniano não separa o orador idealmente eficaz do político da classe dominante. Ambos tiveram a mesma educação e seus propósitos são os mesmos. O bom orador demonstra, deleita e emociona a sua audiência. Seus outros escritos sobre retórica incluem: um livro-texto de perguntas e respostas sobre retórica, *Partitiones oratoriae*; uma história da eloquência grega, sob a forma de diálogo, *Brutus*; e um tratado curto, *De optimo genere oratorium*. Em 44 a.C., redigiu seu último texto retórico, um trabalho considerado apressado e menor, *Topica*, inspirado em Aristóteles (384 a.C. - 322 a.C.), que examina o papel do LUGAR-COMUM no discurso persuasivo e na cultura em geral. Por acreditar que a eloquência não deriva do conhecimento teórico, mas que, ao contrário, a teoria se fundamenta no processo de eloquência, que é, em última análise, a expressão de opiniões, Cícero acabou favorecendo um modelo de conhecimento que recusa a verdade absoluta e que se caracteriza pelo ecletismo relativista e cético. Ainda que se considerasse mais um político do que um escritor e pensador, é como prosador e estilista que Cícero exerceu uma enorme influência na cultura ocidental. Santo Agostinho (354-430) viu-se na obrigação de diminuir as expectativas literárias criadas pela força de Cícero, para que pudesse apreciar o que lhe parecia ser a expressão tosca e humilde das escrituras cristãs. Modernamente, Cícero deixou de ser leitura obrigatória nas escolas, o que representa e acentua o declínio de seu prestígio filosófico e literário.

BIBLIOGRAFIA

CÍCERO, Marco Túlio. *On the orator*. Cambridge: Harvard University Press, 1942.

______________. *On the ideal orator*. New York: Oxford University Press, 2001.

______________. *As catilinárias*. São Paulo: Martin Claret, 2006.

______________. *Selected works*. Harmondsworth: Penguin, 2008.

cíclico MÚS Diz-se de ou composição em que um mesmo fragmento melódico aparece nos vários movimentos.

ciclo de vida de um produto MKT Série de estágios do processo de comercialização de um produto que vão da criação, crescimento, estabelecimento no mercado, declínio até a desaparição. ▶ Sigla: *CVM*.

ciclorama REC.AV TEAT Grande tela clara, ger. circular, que cobre o fundo e os lados do palco, para se obterem efeitos especiais de iluminação, criando a ilusão de espaço aberto, de grande distância, do céu em seus diversos aspectos, ou projetando filmes ou diapositivos que complementam a ação dramática; infinito, parede do infinito, cúpula de horizonte.

ciência **1** Conhecimento atento e aprofundado de alguma coisa. **2** Esse conhecimento como informação, noção precisa; consciência. **3** Conhecimento amplo adquirido via reflexão ou experiência. **4** Processo racional us. pelo homem para se relacionar com a natureza e assim obter resultados que lhe sejam úteis. **5** Corpo de conhecimentos sistematizados que, adquiridos via observação, identificação, pesquisa e explicação de determinadas categorias de fenômenos e fatos, são formulados metódica e racionalmente. **6** Conjunto de conhecimentos teóricos, práticos ou técnicos voltados para determinado ramo de atividade; talento, mestria. **7** Atividade, disciplina ou estudo voltado para qualquer desses ramos do conhecimento. **8** Erudição, saber. **9** Conhecimento puro independente da aplicação. **10** FIL Conhecimento que, em constante interrogação de seu método, suas origens e seus fins, procura obedecer a princípios válidos e rigorosos, almejando esp. coerência interna e sistematicidade. ▸ P.opos. a OPINIÃO. **11** FIL Na metafísica grega ou no hegelianismo moderno, conhecimento filosófico racional, absoluto e sistemático a respeito da essência do real, culminância de todos os saberes particulares e específicos. **12** FIL Cada um dos inúmeros ramos particulares e específicos do conhecimento, caracterizados por sua natureza empírica, lógica e sistemática, baseada em provas, princípios, argumentações ou demonstrações que garantam ou legitimem sua validade. ▸ Menos importante na filosofia grega, tal sentido da palavra tornou-se hegemônico no decorrer do pensamento filosófico moderno.

ciência política Ciência social cujo objeto principal é a descrição e a análise das instituições e processos políticos, esp. governamentais; politicologia, politologia. ▸ Cf. POLÍTICA.

ciências biológicas BIO Estudos dos seres vivos e sua evolução, seu desenvolvimento e suas relações com o meio ambiente e entre si, com a contribuição de inúmeras disciplinas, como a ecologia, a bioquímica, a química e a botânica. ▸ Cf. BIOLOGIA; BIOSSEMIÓTICA.

ciências econômicas M.q. ECONOMIA.

ciências humanas Disciplinas que tratam dos aspectos do homem como indivíduo e como ser social (p.ex., psicologia, história, sociologia, linguística etc.). ▸ O caráter das ciências humanas depende não apenas daquilo de que tratam, mas tb. daquilo a que se opõem. O grupo de saber do qual se distingue confere um matiz importante na definição do que se entende por ciências humanas. Se a locução opositora é de cunho teológico (*divinity*, em ing., em oposição a *humanities*), as ciências deveriam ser todas aquelas que não têm a intenção de investigar a natureza de Deus. Opor ciências humanas a ciências naturais, no sentido de ciências biológicas ou físicas, sugere mais do que um objeto de pesquisa diferente, pois presume que seja correto examinar os vários aspectos da humanidade com uma metodologia que não seja empírica e científica, portanto interpretativa e explicativa.

ciências sociais Disciplinas que têm por objeto o estudo das sociedades humanas em seus diferentes aspectos (sociologia, história etc.). ▸ Cf. HISTÓRIA; SOCIOLOGIA.

cientificismo **1** FIL Concepção filosófica de matriz positivista que afirma a superioridade da ciência sobre todas as outras formas de compreensão humana da realidade (religião, filosofia, metafísica etc.) por ser a única capaz de apresentar benefícios práticos e alcançar autêntico rigor cognitivo. **2** FIL Tendência intelectual que preconiza a adoção do método científico, tal como aplicado às ciências naturais, em todas as áreas do saber e da cultura (filosofia, ciências humanas, artes etc.) **3** Tendência a valorizar excessivamente as noções científicas em qualquer campo da vida prática, intelectual ou moral.

INFORMAÇÕES GERAIS

A crença na superioridade exclusiva das ciências naturais como forma de conhecimento é incompatível com o projeto que move a atividade científica, que se caracteriza por um processo de autocorreção interminável. O cientificismo é apenas uma vulgarização do que se concebe como ciência, uma crença cega e dogmática em flagrante contradição com o que o saber científico de fato pratica.

cientismo FIL M.q. CIENTIFICISMO.

cifra **1** Sinal gráfico representado pelo algarismo zero (0), que não tem valor absoluto e serve para conferir valores relativos aos algarismos que o acompanham, segundo a posição que ocupam. **2** Qualquer algarismo. **3** Número total; soma, montante. **4** Quantia em dinheiro; montante, importância. **5** Conjunto de caracteres, sinais ou palavras convencionalmente us. numa escrita secreta; a chave dessa escrita. **6** Conjunto de regras de transposição de sinais que permitem a um serviço oficial comunicar-se em linguagem secreta; código. **7** Linguagem obscura, metafórica. **8** MÚS Número ou letra que representa um acorde.

cifrar **1** COMN INF Operar ou comunicar por cifra ('escrita' ou 'código'). **2** MÚS Marcar com cifra.

cilindrar PAP M.q. CALANDRAR.

cilindro GRÁF Cada um dos rolos das rotativas entre os quais corre o papel no processo de impressão plano-cilíndrica.

cilindro de sucção PAP M.q. ROLO DE SUCÇÃO.

cilindro-eixo M.q. AXÔNIO.

cilindro formador PAP Cada um dos cilindros de tela que moldam a folha de papel; forma redonda.

cilindro gofrador GRÁF M.q. PRENSA DE GOFRAR

cilindro holandês PAP Parte do aparelho de produção de papel chamado HOLANDESA.

cilindro lustrador PAP M.q. SECADOR MONOLÚCIDO.

cineamador CINE Que ou quem faz cinema por prazer, em caráter não profissional.

cineasta CINE **1** Profissional ou amador que exerce uma atividade criativa e técnica no cinema. **2** Diretor de cinema. ▸ Cf. AUTHEUR. **3** Profissional que colabora tecnicamente na realização de um filme.

cinedrama CINE Drama cinematográfico; filme dramático.

cinegrafista CINE TV Que ou quem opera câmara de cinema ou televisão; câmera.

cinema CINE **1** O conjunto das pessoas que trabalham na indústria cinematográfica. **2** Sala de projeção de filmes cinematográficos, esp. sala de espetáculos com finalidade comercial e que é instalada e equipada para tal fim. **3** M.q. CINEMATOGRAFIA.

cinemacrografia CINE M.q. MACROCINEMATOGRAFIA.

cinema falado CINE M.q. CINEMA SONORO.

cinema mudo CINE Filme cinematográfico sem som gravado em trilha sonora ('estreita faixa'), tal como existiu, basicamente, até cerca de 1929.

cinema sonoro CINE Cinema cuja técnica utiliza processos de sincronização entre a imagem e o som (ruídos, música, fala etc.) e que surgiu no final da década de 1920; cinema falado, fonocinematografia.

cinematografar CINE **1** Registar, filmar, em imagens cinematográficas. **2** Projetar (imagens filmadas) numa tela.

cinematografia **1** CINE O conjunto de atividades relacionadas com a produção de filmes cinematográficos; indústria cinematográfica. **2** CINE Conjunto de filmes de um autor, de um país, de uma época. **3** CINE O conjunto de princípios, processos e técnicas utilizados para captar e projetar numa tela imagens estáticas, sequências (fotogramas) obtidas com uma câmara especial, dando a impressão ao espectador de estarem em movimento. **4** COMN Meio de expressão e comunicação que usa esse processo. **5** ESTÉT Realização de obras, cujo suporte físico é o filme de cinema e cujo objeto é a expressão artística da subjetividade humana ou a criação de material documental, educacional ou de entretenimento, na forma de produtos de cunho semicomercial ou fundamentalmente comercial.

INFORMAÇÕES GERAIS

Para Walter Benjamin (1892-1940), o cinema era uma arte fundamentalmente tecnológica. Num texto marxista clássico sobre a comunicação de massa, "A obra de arte na era de sua reprodutibilidade técnica", Benjamin reconhecia na tecnologia a causa de tudo que havia de revolucionário no cinema. A tecnologia criara uma arte que destruía a noção de propriedade burguesa, transformava as noções estéticas tradicionais e dava origem a espetáculos verdadeiramente populares, dirigidos à consciência das massas. Quase um século depois do que Benjamin teorizou, o cinema é uma indústria burguesa freq. conservadora, que movimenta um capital de bilhões de dólares, utilizando recursos tecnológicos impensáveis e profundamente distintos daqueles usados em 1936, quando o ensaio foi publicado. O cinema surgiu da conjugação de inovações tecnológicas: a imagem cinematográfica era a projeção mecânica de instantâneos reproduzidos em celulose, numa velocidade específica que gerava a percepção ilusória de movimento. Antes de um filme ser produzido, ele é concebido como proposta, argumento, visualização e decupagem em *storyboards*, levando em conta limites e dotações orçamentárias. Desde os primórdios da indústria cinematográfica, tudo isso é feito com as capacidades tecnológicas em mente: pensando-se de que modo uma cena pode ser registrada em filme, que tipo de sonorização é possível, como editar em sequência contínua as cenas que foram filmadas descontinuamente etc. Na fase de pós-produção, os elementos visuais e sonoros que compõem o filme são ajustados e equilibrados de forma que o produto final seja da melhor qualidade possível. Após o término da filmagem, seguem-se os processos de distribuição nas salas de cinema ou em outros veículos alternativos. Os filmes de ficção não foram os primeiros produzidos: quando a tecnologia cinematográfica era uma novidade, ia-se ao cinema para ver cenas da vida cotidiana. O espectador do cinetoscópio, inventado por Thomas Edison (1847-1931), via filmes olhando individualmente para o interior de um dispositivo que projetava imagens visuais. Só após a invenção do cinematógrafo, pelos irmãos Louis Jean (1864-1948) e Auguste Lumière (1862-1954) é que o cinema tornou-se uma arte para ser vista simultânea e coletivamente por vários espectadores sentados numa mesma sala de projeção. Aos poucos, som (reproduzido por meio de amplificadores, sincronizado com as imagens) e cor (primeiro pintada manualmente, depois com fotogramas coloridos) foram introduzidos na cinematografia da época. A partir da década de 1960, os filmes passaram a ser majoritariamente coloridos. Impulsionadas pela competição entre distribuidores e exibidores, as salas de projeção transformaram-se em multiplexes, que exibem e distribuem vários tipos de filme, atraindo audiências maiores do que era possível no caso da projeção de um único filme numa sala isolada. Apesar de não ser uma tecnologia realmente extinta, os filmes em 35 mm estão sendo ameaçados pelo uso de tecnologia digital, que reduz significativamente os custos de produção. Pode-se facilmente prever que a nova revolução cinematográfica se fará por meio de avanços na produção de imagens digitais, que transformarão a produção, a distribuição e a exibição de filmes. Superproduções recentes já foram filmadas com máquinas de alta definição que, ao mesmo tempo, propiciam a filmagem de atores em cenários virtuais. Um dos efeitos imediatos causados pela tecnologia digital tem sido na área da pós-produção. Comparada com a montagem feita com material em celulose, a edição digital e computadorizada é bem mais fácil. O mesmo aconteceu com a distribuição, que agora é feita pelo envio de discos óticos, através da internet, o que facilita não apenas o envio físico do material cinematográfico, mas sua veiculação *on-line*. Frequentemente, uma produção cinematográfica exige que um terço de seu orçamento seja alocado para a promoção do produto. Apesar de variar de filme para filme, o custo de investimento de um filme em superprodução holywoodiana pode ser da ordem de 200 milhões de dólares. Aí estão incluídos os investimentos feitos no desenvolvimento do produto, nos custos de pré-produção, produção e pós-produção, sem que se inclua a publicidade, o *marketing* e a distribuição do filme. Várias fontes contribuem para o retorno do investimento: venda de ingressos nas salas cinematográficas, venda ou aluguel de vídeos, exibição *pay-per-view*, venda de direitos de exibição para a televisão etc. Os aspectos comerciais de um filme não podem ser desconsiderados para o entendimento de sua cinematografia, uma vez que a produção de um filme está diretamente relacionada com os recursos orçamentários disponíveis. E, por outro lado, essa disponibilidade é sempre determinada pelo retorno financeiro do que foi investido na produção. Hoje, a cinematografia é uma arte capitalista com uma audiência de massa.

BIBLIOGRAFIA

HAINES, Richard W. *The moviegoing experience: 1968-2001*. Jefferson: McFarland, 2003.

VIVIAN, John. *The media of mass media*. Boston: Pearson, 2011.

cinematográfico CINE Relativo a cinematografia e a cinema.

cinema-verdade CINE Gênero cinematográfico que privilegia a filmagem direta de cenas e diálogos do cotidiano, com situações e personagens reais, prescindindo muitas vezes de argumento, cenários e atores; *cinema-verité*. ▶ A origem do gênero cinematográfico do cinema-verdade remonta ao filme de Jean Rouch (1917-2004), de 1961, *La chronique d'un éte* (A crônica de um verão). A câmara de Rouch seguia transeuntes em sua rotina diária, registrando diretamente suas reações ao serem filmados. A expressão cinema-verdade é uma tradução do russo *Kino-Pravda*, cunhada pelo cineasta e teórico soviético Dziga Vertov (1896-1954). O conceito fílmico do cinema-verdade de Vertov pode ser descrito como a coleta de fragmentos da realidade que, reorganizados por processos de montagem, ilumina o inacessível ao espectador. Desde o *Kino-Pravda* de Vertov, os que praticam o gênero cinema-verdade rejeitam a narratologia cinematográfica tradicional, que importa modelos do romance e da ficção de séculos anteriores. Mas, examinando com cuidado o que Vertov fez e o que Rouch produziu, as diferenças são evidentes. Vertov não fugia da artificialidade da composição e nele a organização do material funcionava igualmente como o reconhecimento de uma gramática do olhar, enquanto Rouch tinha por objetivo prioritário o registro daquilo que um olho de fato vê.

BIBLIOGRAFIA

ROUCH, Jean; FELD, Steven. *Cine-ethnography*. Minneapolis, MN: University of Minnesota Press, 2003.

VERTOV, Dziga. *Kino-eye: the writings of Dziga Vertov*. Berkeley, CA: University of California Press, 1985.

cinema-verité [fr.] **CINE** M.q. CINEMA-VERDADE.

cinemicrografia **CINE** M.q. MICROCINEMATOGRAFIA.

cinésica **SEMIO** Parte da semiótica que estuda os movimentos e processos corporais que formam um código de comunicação extralinguística, entre os quais o enrubescimento facial, o menear de ombros, os movimentos dos olhos etc. ▸ O uso do termo *cinésica* começou com a publicação dos trabalhos de Ray L. Birdwhistell (1918-1994), na década de 1970. Birdwhistell acreditava que todo e qualquer movimento corporal é um ato comunicativo que exerce influência social. O estudo dos códigos do corpo, porém, origina-se no fim do sXIX, mais precisamente em 1872, quando Darwin (1809-1882) publicou *A expressão das emoções no homem e nos animais*. O livro combinava, de maneira original e fascinante, observações e interpretações teóricas sobre a similaridade da expressão de emoções nos corpos humanos e animais. Era tanto um agregado de ilustrações de sua teoria evolucionista, que afirmava a origem comum de todas as formas de vida, através do processo de descendência comum, como também postulava que a expressão (a comunicação) das emoções é universal e inata, não podendo ser o resultado de um processo de aprendizado. Segundo Darwin, a comunicação de emoções depende da constituição do sistema nervoso e independe da vontade e do hábito. Se certos estados mentais levam a certas ações e expressões que comunicam emoções, as expressões opostas tomam a forma inversa e com o sentido oposto: para exemplificar a tese darwiniana, basta considerar a forma antitética do riso e do choro (como mostram as máscaras que representam a comédia e a tragédia nos símbolos teatrais). Apesar da força argumentativa de Darwin, que ilustrou seu livro com uma riqueza de exemplos, suas teses foram ignoradas por mais de um século, devido à aceitação inquestionável da ideologia relativista advinda da antropologia de inspiração cultural. A antropóloga Margaret Mead (1901-1978) assegurava categoricamente que a mesma expressão poderia facilmente significar emoções diferentes, caso o universo cultural seja outro, ou, então, que algumas formas de expressão só se manifestam numa cultura específica, jamais sendo universais. Um sorriso poderia identificar raiva numa cultura e tristeza noutra etc. As hipóteses darwinianas foram consideradas inaceitáveis, não porque a humanidade tivesse uma fonte monogenista, logo uma descendência comum a partir de progenitores humanos, mas porque parecia *a priori* inaceitável a ideia de que as espécies não se formavam descontinuamente, de modo poligenista, mas a partir de uma única origem. A reação de antropólogos ao que Darwin afirmava indica apenas o extremo relativismo de suas suposições. As expressões não deveriam ser inatas, mas aprendidas no curso da interação cultural, que teria força determinista. Assim como os indivíduos, as emoções seriam o resultado de uma construção social. Por mais lógica que a tese do relativismo cultural pudesse parecer, ela não tinha fundamento empírico, pois, quando fotografias de expressões foram mostradas a nativos de outras culturas, as leituras do rosto humano correspondiam sem discrepância, independentemente das diferenças culturais. Paul Ekman (1934-), que editou a terceira e mais completa edição do livro de Darwin, elaborou nesse espírito um modelo de interpretação cinésica com Wallace V. Friesen (1933-). Originalmente publicado em meados da década de 1970, o modelo de Ekman e Friesen, claramente derivado de Darwin, afirma que os sistemas de codificação e decodificação não verbais, como a leitura de expressões faciais, seguem princípios básicos e comuns; sendo analógicos, portanto formando um espectro contínuo de expressões; icônicos, ou seja, entretendo uma relação de semelhança com aquilo que representam; universais, porque determinados pela estrutura biológica do sistema nervoso; de transmissão simultânea, já que, ao contrário da linguagem que se expressa numa cadeia linear, é possível transmitir mais de uma mensagem ao mesmo tempo; bem como automáticos e espontâneos.

BIBLIOGRAFIA

BIRDWHISTELL, Ray L. *Kinesics and context: essays on body motion communication*. Philadelphia: University of Pennsylvania Press, 1970.

DARWIN, Charles. *The expression of emotions in man and animals; the definite third edition* (com introdução, notas e comentários por Paul Ekman). Oxford: Oxford University Press, 1998.

____________. *A expressão das emoções no homem e nos animais*. São Paulo: Companhia das Letras, 2009.

EKMAN, Paul; FRIESEN, Wallace V. *Unmasking the face: a guide to recognizing human emotions*. Los Altos: Marlor Book, 2003.

__________. *Darwin and facial expression: a century of research in review*. Los Altos: Marlor Books, 2006.

cinestesia **FISL** Sentido da percepção de movimento, peso, resistência e posição do corpo, provocado por estímulos do próprio organismo.

ciografia **ART.PLÁST** Entre os antigos, a arte de pintar sombras, o efeito de claro-escuro. ▸ Cf. CLARO-ESCURO.

circa [lat.] **BIBL EDIT** Aproximadamente, ao redor de; cerca de.

circuito **1** **CINE** Exibição simultânea de um filme em diversos cinemas de uma região. **2** **ECON** Desenvolvimento de duplo sentido (compra/venda, oferta/procura, produção/consumo e vice-versa) em que se manifesta a interdependência dos fatores econômicos. **3** **ELETR** Conjunto de componentes eletrônicos conectados, desempenhando uma função específica.

circuito aberto **RÁD TV** Sistema de emissão e transmissão em que os programas se efetuam para recepção de qualquer ouvinte ou telespectador situado dentro da área de alcance da estação. ▸ P.opos. a CIRCUITO FECHADO.

circuito digital **ELETR INF** Conjunto de componentes eletricamente conectados que, por meio de linguagem digital, opera computadores, *CDs*, *DVDs* etc.

circuito elétrico **ELETR** Circuito cujos componentes são de natureza elétrica.

circuito eletrônico **ELETRÔN** Circuito cujos componentes são de natureza eletrônica.

circuito fechado **1** **ELETR ELETRÔN** Circuito no qual há circulação de corrente elétrica. **2** **RÁD TV** Fonte de programa que não é difundida para uso geral, e sim alimentada para unidades monitoras distantes. ▸ P.opos. a CIRCUITO ABERTO.

circuito integrado ELETRÔN INF Dispositivo que incorpora numa unidade de pequenas dimensões todos os componentes de um circuito eletrônico completo, desenhado para executar uma ou mais funções determinadas; circuito eletrônico miniaturizado fabricado na superfície de um fino substrato feito de material semicondutor; *chip*. ▸ Sigla: *CI*.

circuito virtual INF Trilha percorrida por informação e dados que circulam em redes computadorizadas.

circuit switching [ing.] INF Método de comunicação que estabelece uma conexão unívoca (canal) que permite a circulação de mensagens do emissor para o receptor e vice-versa. ▸ *Circuit switching* faz o contrário de PACKET SWITCHING, pois constrói uma relação prévia entre o polo de emissão e o polo de recepção. As mensagens, integrais, sem serem segmentadas, circulam pelo canal criado: foi um método dominante na telefonia. Além da imediaticidade da comunicação, *circuit switching* não padece de atrasos ou perda de segmentos de informação na entrega das mensagens, como pode ser o caso em *packet switching*. Uma desvantagem é que, tendo sido estabelecida a conexão entre transmissor e receptor, o canal fica ocupado.

circulação 1 Transmissão e propagação entre o público de ideias e notícias. **2** ECON Movimentação de mercadorias, bens, valores etc., que transitam entre pessoas ou lugares, com poder de troca. **3** ECON Conjunto de mecanismos que ocasionam a transformação de capitais circulantes. **4** EDIT Quantidade de exemplares de uma publicação, esp. de periódicos, distribuídos numa edição. **5** EDIT Maior ou menor difusão entre o público leitor de um veículo impresso; diferença entre a tiragem e o encalhe de uma edição. **6** EDIT Número de volumes retirados de uma biblioteca.

circular Diz-se de ou comunicação escrita de interesse comum, que é reproduzida em vários exemplares e transmitida a diferentes pessoas ou entidades.

Círculo de Viena FIL LÓG Grupo de filósofos, esp. Moritz Schilck (1882-1936), Rudolf Carnap (1891-1970), Otto Neurath (1882-1945) etc., membros do grupo de positivistas lógicos atuantes na capital da Áustria, nos anos de 1920 e 1930 do século passado. ▸ A principal contribuição do Círculo de Viena à filosofia contemporânea é a ideia de que o critério de VERIFICABILIDADE de um enunciado estabelece e determina o significado de uma proposição que se quer científica. Para os positivistas lógicos de Viena, o que não for verificável empirica e cientificamente não tem sentido (cf. CIENTIFICISMO; CORROBORAÇÃO). A verificabilidade seria o que exclui e demarca as proposições pseudocientíficas da ciência propriamente dita. Porém, é preciso notar que nem todos os que se interessam ou inspiram filosoficamente pela atividade científica são positivistas. Acredita-se por isso, erroneamente, que o filósofo da ciência Karl Popper (1902-1994) seja um positivista do Círculo de Viena. Na verdade, Popper argumenta que o critério que distingue ciência de não ciência não é significado ou verificação, mas falseabilidade empírica. No seu levantamento das discussões do Círculo de Viena, Viktor Kraft (1880-1975) argumentou que os temas de Popper e os do Círculo são os mesmos, mas suas soluções para os problemas diferem por completo. O Círculo de Viena funcionou de 1922 a 1938, mas, com a ascensão nazista e o exílio de muitos de seus membros, deixou de atuar na Áustria, espalhando-se pela filosofia anglo-saxã. O Círculo de Viena publicou uma revista, *Erkenntnis*, e uma série de outras publicações. O que as discussões do Círculo propunha era um reflexo direto do clima intelectual do pensamento germânico de então, que presumia a separação entre o conhecimento natural e a interpretação do que fosse estritamente humano. ▸ Cf. VERSTEHEN.

BIBLIOGRAFIA

KRAFT, Viktor. *The Vienna Circle; the origin of neopositivism: a chapter in the history of recent philosopphy*. New York: Greenwood, 1969.

Círculo Linguístico de Praga LING SEMIO Grupo de linguistas e teóricos da literatura, sediado em Praga, que advogava o uso de uma metodologia estruturalista para promover o entendimento da linguagem, da literatura e de outros objetos semióticos. ▸ Os encontros do Círculo Linguístico de Praga ocorreram no período que vai de 1929 a 1938. O grupo debandou com a irrupção da Segunda Guerra Mundial, mas, mesmo assim, suas ideias espalharam-se pela Europa e, eventualmente, Estados Unidos. Roman Jakobson (1896-1982), Nikolay Trubetskoy (1890-1938) e René Welleck (1903-1995) são alguns de seus membros mais célebres. A teoria que predominava nas discussões do grupo era predominantemente funcionalista. ▸ Cf. FUNCIONALISMO.

BIBLIOGRAFIA

TOLEDO, Dionísio (org.). *O círculo linguístico de Praga: estruturalismo e semiologia*. Porto Alegre: Globo, 1978.

cisalha ENC Aparelho usado por encadernadores para cortar e aparar papelão, constituído de mesa de ferro, esquadros, calcador (para prender o cartão) e grande lâmina curva (faca), dotada de cabo; tesourão, cesária, cesárea.

cita 1 Referência a um texto ou a uma opinião autorizada. **2** O texto citado; citação.

citação 1 M.q. CITA. **2** Ato ou efeito de fazer referência a.

citizen's band [ing.] COMN Ver. BANDA DO CIDADÃO. ▸ Sigla: *CB*.

civilização 1 LING SOC Em sociolinguística, o conjunto de elementos materiais, intelectuais e espirituais característicos de uma sociedade e por ela transmitidos. **2** SOC Estágio superior de desenvolvimento de determinada sociedade. ▸ A ideia de civilização é, por vezes e sob alguns aspectos, comparável à noção de cultura. Porém alguns estudiosos preferem cultura a civilização porque, no seu entender, o termo *civilização* estaria bem próximo de uma adjetivação, algo assim como civilidade e desenvolvimento progressivo, o que acabaria sugerindo e naturalizando uma superioridade cultural do que for considerado como civilização. Civilização seria uma forma etnocêntrica de nomear o que é apenas uma outra cultura. No termo grego *paideia*, as noções de cultura e civilização sobrepõem-se. Quando Péricles de Atenas (c495 a.C. - 429 a.C.), durante a guerra do Peloponeso, pronunciou a oração fúnebre (*epitaphios*) aos que morreram nos combates de Atenas com Esparta, o termo central que define seu discurso é justamente *paideia*. A exortação de Péricles é, principalmente, uma proclamação da superioridade da cultura democrática dos atenienses, presente em toda a vida da cidade: em seus prédios, seu sistema político, seus festivais, sua arte etc. Por ser superior,

Atenas é um exemplo e um modelo para todas as outras cidades-estado. Porque há no termo um juízo de valor, helenistas, como Werner Jaeger (1888-1961), recusam a aplicação do termo a outros grupos sociais. O que haveria em outros agrupamentos é tudo menos *paideia*. O linguista Émile Benveniste (1902-1976) observou que o uso mais antigo de *civilização* no vocabulário teórico francês é traçável aos escritos econômicos de Victor de Riqueti, o Marquês de Mirabeau (1715-1789), no sXVIII, que a definia como aprimoramento e refinamento dos costumes, da polidez, da urbanidade dos seres humanos. Sob a influência de Mirabeau, *civilizar* significa transcender a barbárie. Coincidentemente, as primeiras aparições do vocábulo 'civilização' e essa acepção em inglês são do mesmo período. O dicionário de Samuel Johnson (1709-1784) registra o termo. Uma civilização pode ser entendida de maneira vizinha ao que se chama de cultura, pois trata-se de um sistema organizado de vida que confere identidade aos agentes sociais, composto de um modo específico de produção e de subsistência, de uma estratificação sociopolítica e governamental, de uma linguagem e de um conjunto de crenças e práticas religiosas. Em *Raça e história*, o antropólogo Claude Lévi-Strauss (1908-2009) diz que as megaculturas ou, se preferirmos, as civilizações resultam de encontros e intercâmbios variados e mesmo conflituosos entre culturas, sejam eles trocas econômicas, circulações migratórias, fluxos de ideias ou mesmo embates beligerantes. Mais recentemente, para o cientista político Samuel P. Huntington (1927-2008), a palavra 'civilização' deve designar um conjunto de traços sociais mais amplos e superiores aos que conferem a identidade social dos indivíduos. A civilização tem o tom de culminância, de um estágio social que começa nos grupos igualitários de caça e coleta, mas que deles se diferencia.

BIBLIOGRAFIA

BENVENISTE, Émile. *Problèmes de linguistique générale*. Paris: Gallimard, 1966.

HUNTINGTON, Samuel P. *The clash of civilizations*. New York: Simon and Schuster, 1996.

JAGGER, Werner. *Paideia: the ideals of Greek culture, volume 1: archaic Greece, the mind of Athens*. New York: Oxford University Press, 1939.

LÉVI-STRAUSS, Claude. *Raça e história*. Lisboa: Presença, 2000.

Civita, Victor (Nova York, Estados Unidos 1907 - São Paulo, Brasil 1990) Jornalista brasileiro e empresário de comunicação. ▶ Fundador da Editora Abril, em 1950, Victor Civita participou ativamente da expansão da editora, em um dos maiores conglomerados de comunicação da América Latina, o Grupo Abril, que atua na mídia impressa e eletrônica.

CK [ing.] CINE TV Abrev. de CHROMA-KEY.

claquete CINE TV Pequeno quadro-negro em que se registra o título do filme, novela, programa etc., além dos números correspondentes a cada sequência tomada e cena. ▶ A claquete é sempre filmada no início de cada tomada, a fim de, com suas indicações técnicas, facilitar o trabalho posterior de montagem de som e imagem.

clarendon GRÁF Denominação de caráter tipográfico muito conhecido e us., cujo nome é homenagem a lorde Edward Hyde, conde de Clarendon. ▶ Clarendon é um tipo serifado criado pelo impressor inglês Robert Besley, em 1845. Após o vencimento da patente do tipo, em 1848, a letra foi extensivamente copiada por outros impressores. A legibilidade do tipo e suas formas contrastantes, sem ambiguidade visual, tornam-no muito us. em placas de sinalização de rua e logotipos de companhias, como a Sony.

Clarín, El [esp.] JOR Jornal diário argentino, fundado em 1976, sediado em Buenos Aires e publicado pelo grupo argentino de comunicação Clarín. ▶ De linha política de centro-direita, *El Clarín* é o jornal de maior circulação na Argentina, com tiragem diária de aproximadamente 390 mil exemplares. Em 1996, publicou uma versão *on-line*. Atualmente, após ter recebido aportes financeiros americanos, está em um regime de propriedade sob a forma de consórcio com o grupo americano Goldman Sachs.

claro 1 ART.PLÁST Num quadro ou gravura, parte clara ou mais iluminada. **2** ART.PLÁST Em quadro, sobretudo de paisagem, espaço em que se divisa entre árvores, rochedos etc. **3** ART.PLÁST Numa pintura, pontos em que a luz se mostra mais intensa. **4** GRÁF Que apresenta traços delicados ou delgados (diz-se de fio, vinheta, letra); fino, magro. **5** GRÁF Em qualquer trabalho impresso, o espaço existente entre palavras, linhas e gravuras, ou nas margens e outras áreas sem impressão.

claro-escuro 1 ART.PLÁST Em pintura, desenho ou gravura, impressão que o contraste dos claros com os escuros causa no observador. **2** ART.PLÁST FOT Em pintura, desenho, fotografia etc., imitação dos efeitos de contraste produzidos sempre que certas partes de um lugar, pessoa ou objeto recebem luz, ao passo que outras permanecem mais ou menos na sombra. **3** ART.PLÁST Processo de pintar ou desenhar em que os efeitos se produzem unicamente com os mais diversos tons de preto e branco ou de branco e outra cor escura, sem mistura das demais cores. **4** ART.PLÁST Estilo em que predominam tais efeitos.

INFORMAÇÕES GERAIS

Apesar de ser comumente atribuída a pintores, gravadores e desenhistas do Renascimento, a técnica de modelação ilusória por luz e sombra, claro e escuro, pode ser rastreada até um período bem anterior. Filosoficamente, o ilusionismo, como critério de valoração da imagem visual, está presente de modo negativo, como algo a ser criticado, em Platão (c428 a.C.- c347 a.C.), no livro X de *A república*. Para a receita social platônica, a representação das condições da visão resumia-se a um truque, um sofisma, mera sedução barata. Isso certamente quer dizer que, mesmo sem a sobrevivência física dos trabalhos aos quais Platão se refere, os malefícios sociais da imagem ilusória eram moeda corrente para os atenienses, algo digno de ser pensado e excluído da república ideal. A história das técnicas visuais de representação gráfica deu as costas para a crítica de Platão. Associado à geometrização unificada do espaço representado, o efeito de claro-escuro transformou-se numa técnica de visualização frequentemente utilizada não só para embelezar uma cena, mas também para se obter maior dramaticidade visual, como é o caso da pintura de Caravaggio (1571-1610). Em Caravaggio, o uso exacerbado de claro-escuros transforma-se num elemento da *storia*, do drama narrativo: gestos amplos e sombras varrem a cena. Caravaggio torna-se uma das grandes influências visuais de sua época. Recentemente, David Hockney apontou que as composições visuais de Caravaggio, Velázquez (1599-1660), Frans Hals (c1580-1666) etc. provavelmente se valiam de espelhos, lentes e câmaras escuras para traçar e compor os objetos representados.

Atualmente, a fotografia, primeiro analógica depois digital, fez da técnica do claro-escuro um recurso corriqueiro de visualização nos meios de comunicação contemporâneos. ▸ Cf. MIMESE.

BIBLIOGRAFIA

BENEDICT, Nicolson. *The international Caravaggesque movement*. Oxford: Phaidon, 1979.

HOCKNEY, David. *O conhecimento secreto: redescobrindo as técnicas perdidas dos grandes mestres*. São Paulo: Cosac Naify, 2001.

classe **1** Desde a Roma antiga, cada uma das categorias entre as quais se dividem os cidadãos, segundo sua riqueza. **2** Categoria de cidadãos fundada nas distinções da lei ou na diferença de condição. **3** ECON.POL HIST SOC Na teoria marxista, grupos de indivíduos com interesses políticos econômicos e sociais diferenciados, cuja luta é o motor da história. **4** ECON.POL SOC Na teoria sociológica de Max Weber (1864-1920), a base de poder da economia. **5** LÓG Na lógica moderna, conjunto de seres, objetos ou fatos que apresentam um ou mais aspectos distintivos em comum. **6** MAT Conceito primitivo que generaliza o conceito de conjunto.

INFORMAÇÕES GERAIS

A ideia de classe é central para uma teoria marxista da sociedade, como pode ser visto logo no inicio do *Manifesto do Partido Comunista* de 1848, onde se lê que a história de todas as sociedades que até hoje existiram é a história das lutas de classes. De certa forma, é através da descoberta do proletariado como segmento social, concebido como um grupo potencialmente revolucionário, que Karl Marx (1818-1883) passa a dedicar-se ao estudo da formação econômica do capitalismo industrial. Por sua vez, Friedrich Engels (1820-1895) escreve, em 1845, *A condição da classe trabalhadora na Inglaterra*. Tudo isso cria a expectativa de encontrar, nos textos de Marx e Engels, uma definição clara e precisa do que seja uma classe social, o que infelizmente não acontece. O *Manifesto do Partido Comunista* prevê a polarização das classes sociais, declarando que o número de proletários destituídos inevitavelmente crescerá. Burguesia e proletariado são fraturas na formação social com interesses divergentes e definidas principalmente pelo fato de que os burgueses pagam os salários dos proletários. O interesse burguês corre na direção oposta à dos operários: aos donos dos meios de produção, aos burgueses, cabe a tarefa obrigatória de reduzir progressivamente o que pagam aos proletários, dando-lhes apenas o mínimo para sobreviver. Não é correto, porém, presumir que, na exposição marxista, apenas salário caracterize o fenômeno da formação de classes. O rol das classes que Marx e Engels citam no *Manifesto* inclui contingentes de dominantes e de dominados que desconheceram o trabalho assalariado: camponeses, arrendatários de terra, servos, plebeus, patrícios, artífices etc. O que parece ser o atributo que os distingue não é classe, mas conflito, de fato, luta. Nesse sentido, virando de ponta-cabeça a concepção idealista de Hegel (1770-1831) a propósito da marcha das sociedades, a luta de classes move a história. A ênfase é mais na realidade da luta do que na categorização sociológica do seja uma classe. Se o pagamento de salários caracteriza as distinções de classe, a rigor, só haverá classe em momentos da história onde inexista esse modo de troca econômica; portanto, classe seria um fenômeno restrito da economia industrial. A comparação e o contraste do burguês com o proletário produz uma imagem nítida, por demais nítida quando se olha para a realidade das formações sociais, mas certamente útil para Marx no seu papel de agitador social.Por outro lado, como historiador e intérprete da sociedade, Marx reconhecia a existência de uma camada intermediária entre os extremos do espectro social. O próprio Marx censura o economista David Ricardo (1772-1823) por desconsiderar as gradações entre classes e o crescimento progressivo de uma classe média. Não há como deixar de observar que a qualificação generalizada de *média* sugere a dificuldade de situar e classificar esse contingente de atores sociais. Em *O dezoito brumário de Luís Bonaparte* (1851-1852), Marx adota outra visão do que seja classe. Sua análise é mais sofisticada, pois afinal ele percebe, no pano de fundo dos conflitos de classe, as condições propícias para a ascensão de um ditador medíocre como Luís Bonaparte; mas, em si, isso não resolve as dificuldades intelectuais inerentes ao conceito de classe. Marx, no *Brumário*, declara que classe é todo agrupamento que tem um modo de vida comum, e isso inclui, naturalmente, fatores extraeconômicos. O modo de vida é o que dispõe o grupo contra outros. Mesmo sem consciência clara e definida de sua unidade, a agregação do que Marx chama dessa massa sem sentimento de unidade nacional, sem senso comunitário, já é uma classe. Na verdade, ao estender as margens do que seja classe, e assim incluir, na sua definição, algo mais do que a remuneração assalariada, Marx torna a ideia mais informe. Alguns contra-argumentariam que isso não pode ser visto como um problema, mas como um dado da realidade. Se as classes se originassem com consciência própria e organização política, a história seria uma marcha sem contramarchas, um movimento predeterminado na direção de um ideal, num passo que se assemelharia ao que o filósofo idealista burguês Hegel preconizara. As classes podem perfeitamente envolver-se numa luta diária e capilar não por bens estritamente econômicos, mas por outro tipo de capital, de natureza simbólica e cultural, como os estudos sociológicos de Pierre Bourdieu (1930-2002) apontaram (cf. CAMPO; HABITUS). As estruturas de classes não desapareceram, apenas tornaram-se mais complexas, como resultado do desenvolvimento do capitalismo, tornando sua identificação mais ambígua e mais onipresente do que Marx, no momento do *Manifesto*, fora capaz de imaginar. Em qualquer caso, o reconhecimento de classes é uma exigência inescapável para quem quiser entender como as formações sociais se organizam e funcionam. É contra esse conjunto de questões que as teorias marxistas tentam entender o papel dos meios de comunicação na sociedade contemporânea, que seriam uma força de assimilação persuasiva e ideológica. Para a ESCOLA DE FRANKFURT, os meios de comunicação abafam os conflitos de classe, assimilando a massa operária apenas mentalmente, anestesiando-a, tornando-a conservadora e burguesa, sem que se altere sua condição econômica de proletariado. De maneira razoavelmente aparentada, Louis Althusser (1918-1980) entende os meios de comunicação como um APARELHO IDEOLÓGICO DO ESTADO. O uso eficaz do conceito de classe para o entendimento das formações sociais deve-se a Max Weber (1864-1920). Ainda que visivelmente inspirado por Marx, a maneira pela qual Weber entende classe permite seu uso teórico com maior grau de objetividade, podendo ser elemento interpretativo sem a carga ideológica e política do marxismo. Na sociologia weberiana, as classes definem-se não por serem grupos em conflito, mas pela posse negativa ou positiva de propriedade e pela possibilidade de rendimentos. No interior das classes estão traçadas linhas de acesso a bens por meio de elos sociais, relações de influência, matrimônio, parentesco etc. A aquisição de bens, a posição do ator social em face de outros e a realização psicológica interna dão-se no interior dessa base de poder e de situação que é a classe social. A classe social não gera garantia de que tais objetivos se realizem, mas torna-os mais ou menos possíveis, estabelecendo o que se pode esperar. Para Weber, classe é o conjunto de indivíduos, enfim todas as pessoas, com interesses semelhantes, numa mesma situação de classe. Cada classe constitui um universo de bens de consumo, modos de produção, recursos intelectuais, gostos e habilidades semelhantes. A classe não é uma categoria uniforme. Isso só aconteceria no caso de absoluta falta de recursos intelectuais e materiais. Por mais variável que seja, a ideia de classe permite um pensamento relativamente uniforme sobre grupos da sociedade. Na sua obra monumental que condensa uma vida de entendimento sociológico, nos dois volumes de *Economia e sociedade*, Weber reconhece a existência de quatro classes: a classe trabalhadora como um todo, a pequena burguesia, a classe intelectual sem propriedade e especialização definida (os trabalhadores de colarinho branco, servidores públicos) e as classes privilegiadas pela posse de propriedade e recursos educacionais. Ao contrário da perspectiva marxista, Weber não reduz classe a posição econômica, pois classe é também um estamento, um grupo de prestígio (*Stand*), o que introduz a questão de estilo de vida, educação formal e valores culturais, treinamento e instrução no que era apenas uma linha divisória que o pagamento ou o recebimento de salários produziam na sociedade. Como só se podia esperar, as pesquisas empíricas sobre grupos de consumo, seus valores e expectativas feitas por investigadores de *marketing* atuais devem muito mais a Weber do que a Marx. ▸ Cf. ACUMULAÇÃO DE CAPITAL; ACUMULAÇÃO PRIMITIVA; BURGUESIA; PROLETARIADO.

BIBLIOGRAFIA
MARX, Karl; ENGELS, Friedrich. *Manifesto do Partido Comunista*. Porto Alegre: L&PM, 2001.
WEBER, Max. *Economia e sociedade*. Brasília: UnB, 1994. v. 1

classe de palavras 1 GRAM Subconjunto do conjunto de palavras que compõem o léxico de uma língua, reunido por um número de propriedades comuns, que podem ser definidas por um critério sintático (formal) ou por um critério semântico (nocional); espécie de palavra, parte do discurso, classe gramatical, categoria gramatical, categoria léxica, categoria sintática. ▸ Uma tradição que vem dos gregos estabelece nove classes de palavras: substantivo, artigo, adjetivo, pronome, verbo, advérbio, preposição, conjunção, interjeição; a partir do sXX, ganhou terreno a posição de que não se pode estabelecer uma lista fechada das partes do discurso. 2 LING EST Conjunto de palavras que se definem pela analogia da distribuição. ▸ P.ex., no português, o artigo define-se pela posição que ocupa antes de outra palavra, o substantivo; a presença ou ausência de flexões determina as classes de palavras variáveis e invariáveis.

classe unitária MAT Classe com um só membro.

classificação BIBL Em bibliotecas, filmotecas, melotecas e grupamentos documentais afins, sistema de distribuir (em classes, subclasses, temáticas etc.) as unidades e sua localização.

classificado PUB Anúncio, apenas com texto, que oferece e procura serviço, bens, aluguéis e emprego, publicado num caderno ou seção especial de jornal, revista, sítio eletrônico etc. ▸ Red. de *anúncio classificado*.

cláusula MÚS M.q. CADÊNCIA ('encadeamento').

clicar 1 FOT Fotografar. 2 INF Pressionar (um dos botões do *mouse*) fazendo o cursor abrir ou fechar (janela, *link*, programa etc.)

clichê 1 ESTL Frase freq. rebuscada que se banaliza por ser muito repetida, transformando-se em unidade linguística estereotipada, de fácil emprego pelo emissor e fácil compreensão pelo receptor; chavão, lugar-comum. 2 JOR Cada uma das tiragens sucessivamente atualizadas de uma edição de jornal impresso.

clichê a traço GRÁF Clichê de fotogravura em que não há retícula, próprio para a reprodução de imagens sem meios-tons.

clichê invertido GRÁF Clichê de imagem inversa quando impresso em relação ao original.

clichê negativo GRÁF Clichê que inverte o negro e o branco, como no negativo fotográfico.

clickthrough rate [ing.] INF PUB Padrão de medida de sucesso e eficácia de uma campanha publicitária *on-line* avaliado em termos de pessoas que acessaram determinada página num *website*. ▸ O *clickthrough rate* é medido pela proporção entre o número de cliques (impressões recebidas por um anúncio na internet) e a quantidade de vezes em que é exibida nesse ponto publicitário para usuários individuais durante um certo tempo. Se a página foi exibida 250 vezes e apenas um usuário clicou no anúncio, a medida seria 2,5% *CTRs*. ▸ Sigla: *CTR*.

cliente 1 INF Componente de uma rede cliente-servidor com capacidade própria de processamento. 2 MKT PUB Que ou quem usa, contrata ou compra um serviço ou produto. 3 PUB Anunciante que contrata os serviços de uma agência de publicidade. 4 SOC Cada um dos indivíduos socioeconomicamente dependentes que fazem parte de uma clientela (conjunto de indivíduos dependentes). ▸ Uso pejorativo.

clientela SOC Conjunto de indivíduos socioeconomicamente dependentes que oferecem apoio a uma pessoa de maiores posses e prestígio (freq. um político ou alguém politicamente poderoso), em troca de proteção, benefícios, apadrinhamento, reais ou fictícios ▸ Uso pejorativo.

clímax 1 CINE LIT TEAT TV Parte do enredo (de livro, filme, novela etc.) em que os acontecimentos centrais ganham o máximo de tensão para os personagens envolvidos, prenunciando o desfecho; ápice. ▸ Cf. ANTICLÍMAX. 2 RET Figura de linguagem em que uma série de frases ou orações é disposta em ordem ascendente de vigor retórico. 3 RET Concatenção dos elementos de um período de modo a fazer com que cada um comece com a última palavra do anterior; gradação.

clipagem JOR 1 Serviço profissional de apuração, coleção e fornecimento de matérias publicadas em jornais e revistas a respeito de determinado tópico, pessoa, instituição etc. 2 Conjunto de sinopses das principais notícias na mídia impressa e/ou eletrônica.

clip art [ing.] 1 GRÁF INF Ilustração disponível em arquivo de imagens, impresso ou digitalizado, para livre utilização em trabalhos gráficos. 2 INF Coleção de imagens para uso livre e gratuito reunida em arquivos de editoração eletrônica.
clipboard [ing.] INF M.q. ÁREA DE TRANSFERÊNCIA.
clipe 1 MÚS TV M.q. VIDEOCLIPE. 2 REC.AV Segmentação de vídeo e áudio armazenada como unidade discreta num sistema de edição não linear. 3 REC.AV Modulação excessiva ou intermitente de sinal de áudio.
clipper [ing.] 1 JOR Indivíduo ou empresa que provê serviços de clipagem. 2 INF Linguagem de programação de alto nível derivada da linguagem básica. 3 INF Programa de computador para essa linguagem.
clipping [ing.] 1 JOR Ato ou efeito de recortar, seletivamente, partes ou segmentos de notícias publicadas em um jornal. ▸ Cf. CLIPAGEM. 2 REC.AV Em equipamento de vídeo, ação que retém a luminosidade do material.
clip window [ing.] REC.AV M.q. VIEWER.
clone INF Cópia de um elemento de *hardware* ou *software* capaz de executar as mesmas funções que o original.
close [ing.] CINE FOT TV M.q. CLOSE-UP.
closed caption [ing.] REC.AV TV Sistema de emprego opcional que, em tela de vídeo, apresenta texto, informação ou interpretação adicional ao espectador. ▸ Sigla: *CC*.
close shot [ing.] CINE FOT TV M.q. CLOSE-UP. ▸ Sigla: *CS*.
close-up [ing.] CINE FOT TV Tomada em que a câmara, distante ou próxima do assunto, focaliza apenas uma parte dele (p.ex., enquadra apenas o rosto de um personagem ou parte de um objeto etc.); *close*, *close shot*, primeiro plano, grande plano. ▸ Sigla: CU.
cloud computing [ing.] INF INTERN M.q. COMPUTAÇÃO EM NUVEM.
cluster [ing.] 1 INF Conjunto de setores que constitui a menor unidade de alocação capaz de ser endereçada num disco magnético. 2 MÚS Bloco sonoro de segundas maiores e menores. 3 TEL Agrupamento de células nos sistemas de telefonia móvel. ▸ Cf. CÉLULA.
cm FÍS Abrev. de CENTÍMETRO.
CM COMN Abrev. de COMUNICAÇÃO DE MASSA.
CNN (Cable News Network) [ing.] M.COM TV Rede de televisão a cabo, sediada em Atlanta, Geórgia, no sul dos Estados Unidos, fundada em 1980 por Ted Turner (1938-), hoje parte do grupo Time Warner, pioneira na transmissão de notícias 24 horas por dia. ▸ Desde seu lançamento no dia primeiro de junho de 1980, a CNN internacionalizou-se, chegando a atingir, aproximadamente, um bilhão de espectadores de 200 países. Vários acontecimentos recentes foram primeiro cobertos pela CNN: o desastre da aeronave Challenger, a Guerra do Golfo, o ataque às Torres Gêmeas de Nova York. Mas, aos poucos e progressivamente, seus índices de audiência decaíram com a concorrência da Fox News nos Estados Unidos, que se caracteriza por um noticiário abertamente opinativo e politicamente partidário. A programação que a caracterizava expandiu-se e, hoje em dia, a CNN vale-se de recursos informatizados (*website*, Twitter), programas de variedades matinais, entrevistas e documentários, seja sobre a vida norte-americana, seja sobre assuntos internacionais. Apesar dos esforços de internacionalização, a CNN tem sido criticada por apresentar uma visão do mundo comprometida com os valores e com a política dos Estados Unidos.
coaxial 1 ELETR REC.AV TEL TV Diz-se de cabo montado sobre um mesmo eixo ou sobre eixos concêntricos, us. na transmissão de sinais de baixo nível ou na ligação de antena de televisão. 2 MAT Que ou o que tem o mesmo eixo.

INFORMAÇÕES GERAIS

O cabo coaxial foi inventado para a transmissão de sinais e energia de alta frequência, com um mínimo de perda. Compostos por dois eixos que formam um cilindro concêntrico, os cabos coaxiais compõem-se de um eixo condutor central e um eixo que o envolve. Entre um e outro, são colocados polietileno e uma substância isoladora de eletricidade, dielétrica. A parte externa do fio condutor é frequentemente ligada à Terra.

cobertura 1 GRÁF Ato ou efeito de revestir a capa dura de um livro com pano, pergaminho, plástico ou outro material. 2 GRÁF O material que serve para esse revestimento. 3 JOR RÁD TV Presença de reportagem para registro ou transmissão de um fato no próprio local de ocorrência. 4 JOR RÁD TV Apuração do fato em veículo de comunicação de massa ou no conjunto da mídia. 5 JOR RÁD TV Registro do fato em veículo de comunicação ou no conjunto da mídia. ▸ A cobertura jornalística pode ser feita pelo repórter individual, mas também por um *pool* de jornalistas que trabalham coletivamente na elaboração e na apuração da notícia. Os jornais pedem que os que cobriram a notícia não a guardem para si, mas que a dividam com os outros colegas, pois o jornalismo é um empreendimento coletivo que se vale da colaboração mútua de jornalistas especializados e, por vezes, múltiplas editorias. 6 PAP M.q. REVESTIMENTO. 7 M.COM M.q. ALCANCE.
cobertura de rede MKT Medida de alcance, numa determinada região, de segmentos de público ou audiência atingidos por mensagens e campanhas publicitárias.
COBOL [ing.] INF Diz-se de ou linguagem de programação de alto nível concebida para aplicações comerciais ou financeiras. ▸ Sigla de *Common Business-Oriented Language* ('linguagem comum de orientação comercial').
cobrir JOR RÁD TV Fazer a cobertura ('registro') de um fato jornalístico.
codec REC.AV Dispositivo que, de várias maneiras, em aplicações diferentes, gera o padrão de compressão e leitura de um vídeo armazenado. ▸ Sigla de *codificador/decodificador*.
codema SEMIO Unidade discreta mínima de um código ('sistema de regras') que, por convenção prévia, é destinado a representar e a transmitir informação entre a fonte (ou emissor) e o destinatário (ou receptor); codiguema.
códex M.q. CÓDICE.
códice 1 Reunião, coleção, compilação de manuscritos, documentos históricos ou leis. 2 BIBL HIST Pequena placa encerada (freq. de marfim ou madeira), us. pelos antigos romanos para escrever; tábula, pugilar. 3 BIBL HIST Conjunto dessas placas, articulado por dobradiças, constituindo uma espécie de livro. ▸ Cf. DÍPTICO. 4 BIBL HIST Grupo de folhas de pergaminho manuscritas, unidas numa espécie de livro por cadarços e/ou cosedura e encadernação.
codificação 1 COMN SEMIO Operação que conisiste em converter mensagem em sinais adequados à transmissão por um determinado canal. 2 INF Listagem de dados ou programas de computador codificados. 3 INF Representação de programa em determinado código para torná-lo aceitável e compreensível por um sistema. 4 LING Processo de formular um enunciado linguístico de acordo com as regras de uma língua considerada como um código. ▸ Cf. CÓDIGO.

codificação/decodificação M.COM No vocabulário do CENTER FOR CONTEMPORARY CULTURAL STUDIES (CCCS), modo de análise que considera a produção e a interpretação de uma mensagem de comunicação de massa. ▸ Formulado por Stuart Hall (1932-), num texto de 1973, o princípio da codificação e da decodificação é um elemento central de sua influente teoria da significação na mídia eletrônica. Segundo o texto de Hall, as mensagens que circulam na mídia são estruturalmente passíveis de interpretação por parte daqueles que as recebem. Se, por um lado, o codificador construiu a mensagem, o decodificador inevitavelmente a interpretará. A rigor, existem dois tipos de textos de mídia: textos fechados e textos abertos. Ao contrário dos textos abertos, que proliferam pelos meios de comunicação, os textos fechados resistem à interpretação ativa de sua audiência. A intenção de Stuart Hall era enfatizar uma concepção sociológica da comunicação que não caísse em determinismos sociológicos e culturalistas.

BIBLIOGRAFIA

HALL, Stuart. *Encoding and decoding in the television discourse*. Birmingham: Centre for Contemporary Cultural Studies, 1973.

codificador **1** COMN LING SEMIO Diz-se de ou o elemento emissor (pessoa ou máquina) que efetua a codificação. **2** COMN SEMIO Que ou o que codifica. **3** ELETR Que ou o que emite uma série de recursos para identificação (diz-se de circuito eletrônico). **4** INF Que ou o que traduz uma forma de expressão para outra aceitável por um computador (diz-se de dispositivo). ▸ Cf. CÓDIGO.

codificar **1** Reunir em uma só obra (mensagens, textos, documentos oriundos de diversas fontes); compilar. **2** COMN SEMIO Constituir (mensagem) segundo um código acessível ao destinatário, escolhendo os sinais ou signos correspondentes ao conteúdo de uma mensagem na ordem correta e transmitindo-os no canal. **3** INF Informar (instruções de programa) nos termos de uma linguagem de programação. **4** LING Formular (enunciado linguístico) de acordo com as regras de uma língua, considerada como um código. **5** TEL Converter (mensagem) em sinais adequados à transmissão em determinado canal. ▸ Cf. CÓDIGO.

código **1** COMN LING SEMIO Sistema de regras geradoras de sinais, signos e símbolos, simples ou complexos, e convencionados de tal modo que possibilitem a constituição e transmissão de mensagens. **2** INF Sistema de símbolos us. para representar informações, de modo que um programa possa ser processado por um computador.

INFORMAÇÕES GERAIS

Através de um sistema de regras que lhe é próprio, o código relaciona expressão e conteúdo. Seja sob o nome de 'código', seja sob o de 'estrutura' ou 'sistema', processos semelhantes de codificação surgem nas linguagens humanas e outras formas de comunicação. Num código, os elementos de expressão são estritamente materiais: sons, cores, material fonético etc. Entretanto, sem a ação de um sistema de regras que relacione substância corpórea a conteúdo, não há maneira pela qual a matéria possa adquirir significado. Se, por um lado, na matéria o acaso e a desordem predominam, por outro, nos códigos haverá sempre ordem. Ao participarem de um sistema linguístico, o que antes foi murmúrio e balbucio se constitui em enunciados verbais significativos. Os códigos ordenam o mundo físico segundo princípios formais que seguem sempre normas de reciprocidade. A reciprocidade e a partilha determinam a eficácia funcional de um código. Emissores e receptores seguem sistemas de regras comuns. Sem isso, os signos trocados e feitos seriam incompreensíveis. Por esse motivo, a codificação é um processo que atravessa os sistemas linguísticos, comunicacionais e culturais. Um código, como um sinal luminoso, associa valores lógicos, cores (vermelho, amarelo e verde), estados da rua (perigo, estado fronteiriço e ausência de perigo) e respostas previsíveis por parte dos que circulam na rua (não andar, cuidado e andar). Mais do que simples sistemas de regras, os códigos discriminam os elementos que farão parte dos sistemas, estabelecem as correspondências entre elementos significativos que fazem parte do sistema de comunicação e indicam as reações possíveis às mensagens.

BIBLIOGRAFIA

ECO, Umberto. *Tratado geral de semiótica*. São Paulo: Perspectiva, 2000.

código binário INF MAT Aquele cujos símbolos são expressos no sistema numérico binário. ▸ Cf. BINÁRIO.

código de acesso INF M.q. SENHA.

código de barras INF Informação sobre produtos, principalmente industrializados, representada por linhas em tamanhos variados, obtida por leitura mecânica e óptica, guardada, após escaneamento, na memória dos computadores de estabelecimentos comerciais; *barcode*.

código de endereçamento postal Código postal que identifica um município, cidade, bairro ou logradouro público. ▸ Sigla: *CEP*.

código de máquina INF M.q. LINGUAGEM DE MÁQUINA.

código-fonte INF Sistema de símbolos utilizados para codificar o programa-fonte. ▸ A expressão 'código-fonte' refere-se a um processo de codificação que antecede a finalização de um programa. O programador dispõe, numa linguagem simbólica e matemática, como FORTRAN, o conjunto de enunciados e procedimentos necessários para que a máquina proceda da maneira que se quer e armazena o código-fonte num arquivo com um nome que o identifique. Quando se adquire um *software*, o usuário não tem acesso ao código-fonte por motivos estritamente comerciais. Com acesso ao código-fonte, o usuário poderia alterar, aprimorar o programa, prejudicando a compra futura de novas versões do *software*. O programa JavaScript não tem código-fonte nem código-objeto, pois permite o acesso direto a objetos computados sem que ocorra a entrada num ambiente que hospede o usuário. Cf. CÓDIGO-OBJETO.

código Morse TEL Série de sinais convencionais formados de pontos (.) e traços (-), correspondentes a letras e algarismos, para transmissão de mensagens telegráficas sonoras ou luminosas; alfabeto Morse.

código-objeto INF Sistema de símbolos utilizado para codificar um programa-objeto. ▸ Após preparar o conjunto de instruções codificadas que constitui o código-fonte, o programador compila os resultados num código-objeto, o que faz dele o resultado do que o código-fonte estabeleceu. Assim como o código-fonte, o código-objeto é armazenado sob um nome que o identifica. É um código em linguagem específica, de difícil entendimento para o usuário comum, mas que pode ser manipulada por programadores experientes. Uma das funções do código-objeto é precisamente fechar o programa-fonte para que não se possa entender como o programa foi feito ou mesmo modificar e gerar novas versões deste. ▸ Cf. CÓDIGO-FONTE.

codiguema SEMIO M.q. CODEMA.

coerência 1 Ligacão, nexo ou harmonia entre dois fatos ou duas ideias; relação harmônica, conexão, congruência. 2 FIL Diz-se de ou teoria cujo teor de verdade é conferido por seu grau de integração conceitual. ▸ Quando se avalia uma teoria apenas e exclusivamente do ponto de vista de sua harmonia interna, o que está implícito é mais do que um julgamento sobre esse sistema conceitual específico. A postura coerentista presume que, no curso da história, as teorias possam ser completamente integradas num único sistema de pensamento ou de crenças. Consequentemente, para a postura coerentista radical, nenhuma formulação teórica pode ser considerada verdadeira ou falsa, já que se trata apenas de um estágio parcial de verdade ou de falsidade; mais importante do que uma teoria seria seu papel no processo de integração conceitual que pode vir a ocorrer no futuro. O critério de coerência postula sistemas conceituais autossuficientes, que adquirem sua força de verdade não por seu poder explicativo a propósito de algo, mas pela harmonia de crenças e juízos. Entendida como um modo de conferir valor de verdade a uma ou várias teorias, a coerência está no lado oposto ao critério de verdade por correspondência, que, por sua vez, deriva da relação entre uma representação conceitual e a realidade empírica. Assim, a aplicação purista do critério de coerência pode facilmente assumir a forma de um idealismo teoricista. O critério de coerência teórica seria, portanto, mais rigoroso do que uma mera consistência conceitual: trata-se de uma concepção que privilegia a evolução teórica dos sistemas de ideias, ainda que ao preço de criar uma integração irrazoavelmente solidificada, quando rejeita a contribuição da realidade exterior para a formação e a avaliação de conceitos.

cognitivo Relativo ao conhecimento, à cognição. ▸ Uma teoria cognitiva direciona-se por processos mentais que levam ao entendimento, à compreensão, à justificação de crenças e à aquisição de conhecimentos. Algumas teorias que aparentam ser cognitivas, mas escapam a essa caracterização, pois dedicam-se prioritariamente a transmitir intenção, moralizar, disseminar crenças, fatos etc., não são consideradas cognitivas. Por extensão, os enunciados cognitivos são aqueles que podem ser julgados como verdadeiros ou falsos, enquanto os que expressam emoção, exclamação, fé e, assim, escapam ao julgamento de verdadeiro ou falso não são considerados cognitivos.

colaboração JOR 1 Artigo de publicação periódica escrito por alguém estranho ao quadro efetivo da redação. 2 Conjunto de colaboradores. 3 Trabalho feito por esses colaboradores.

colaborador 1 Que ou quem produz com outro(s) trabalho ou obra; coautor. 2 EDIT JOR Que ou quem escreve artigos ou matéria para uma publicação periódica sem pertencer ao corpo permanente da redação.

colacionar 1 BIBL Fazer o cotejo de (impresso ou manuscrito). 2 ENC Verificar, antes da costura, se as folhas de cada caderno estão devidamente em ordem, sem falhas nem duplicações; revisar, conferir, passar à letra.

colagem ART.PLÁST Técnica ou processo de composição que consiste na utilização de recortes ou fragmentos de material impresso, papéis pintados etc., superpostos ou colocados lado a lado no suporte pictórico. ▸ O processo de colagem é antigo e traçável até o sX no Japão. Após a invenção do papel, os calígrafos japoneses colaram pedaços de papel escrito nos poemas que escreviam ou copiavam. O uso moderno da palavra e do conceito de colagem é identificado com as inovações estéticas dos artistas modernistas do início do sXX, em Paris. *Collage* em francês deriva do verbo *coller*, que é 'colar' em português e tipificava as obras dos cubistas parisienses, mas foi imediatamente adotada por várias correntes artísticas modernas. Pablo Picasso (1881-1973), Georges Braque (1882-1963), Kurt Schwitters (1887-1948), Man Ray (1890-1976), Marcel Duchamp (1887-1968), Richard Hamilton (1922-2011), entre tantos outros, valeram-se da técnica e do espírito da colagem. A ideia de usar objetos encontrados nos detritos do cotidiano expandiu-se do papel para outros materiais, como madeira, pano, objetos reais etc. A colagem é particularmente favorecida pelo processo de fotomontagem, atualmente potencializado por *softwares* como *Photoshop*. A colagem deixou de ser uma técnica de composição e transformou-se num conceito estético, usado por músicos como os Beatles em *Sgt. Pepper's Lonely Hearts Club Band* e pelos artistas tropicalistas (Rogério Duprat [1932-2006], Caetano Velloso [1942-], Gilberto Gil [1942-], os Mutantes etc.), no disco *Tropicália*. O teórico alemão Walter Benjamin (1892-1940) concebeu um livro, *Passagen-Werk*, que não foi por ele concluído, que usaria citações num processo semelhante às técnicas de colagem. Nesse caso, colagem é efetivamente uma forma de citar. As restrições ao uso de colagem, atualmente, não são estéticas, mas jurídicas e envolvem questões de direitos autorais.

BIBLIOGRAFIA

DIETRICH, Dorothea. *The collages of Kurt Schwitters: tradition and invention*. Cambridge: Cambridge University Press, 1993.

TAYLOR, Brandon. *Collage: the making of modern art*. London: Thames and Hudson, 2004.

colar INF Transferir para o documento ativo o conteúdo da área de transferência.

cold start [ing.] INF Problema de computação que afeta a máquina impedindo que se faça inferência a partir dos dados armazenados.

coleção EDIT 1 Conjunto limitado de obras de um ou de vários autores publicadas sob um título principal pela mesma editora. 2 Conjunto não limitado de obras de vários autores, publicadas pela mesma editora sob um título em geral indicativo de área ou assunto. ▸ Ex.: coleção Mestres da Ciência; Novas Fronteiras da Comunicação.

coletiva JOR M.COM Red. de ENTREVISTA COLETIVA.

coletura GRÁF Sobra de papel que resulta do processo de impressão e acabamento de um produto gráfico. ▸ No final do processo de impressão, sobra o papel usado no acerto das máquinas (cores, cortes etc.), que é vendido para reciclagem. Em geral, a coletura corresponde a um excesso aproximado de 7% a 10% da tiragem desejada.

colisão LING Aliteração de efeito acústico desagradável (p.ex.: *nunca comi miolos*; *esse não era o chá que queria*). ▸ Cf. CACOFONIA.

colofão EDIT GRÁF Inscrição final num livro impresso que indica a data e o lugar de feitura da obra; cólofon, subscrição.
cólofon EDIT GRÁF M.q. COLOFÃO.
colonialismo 1 ECON.POL Orientação política ou sistema ideológico de que uma nação lança mão para manter sob seu domínio, total ou parcial, os destinos de outra, procurando submetê-la nos setores econômico, político e cultural. 2 POL Atitude, teoria ou doutrina favorável à colonização.

INFORMAÇÕES GERAIS

Os meios de comunicação são entendidos, freq., como instrumentos do imperialismo cultural moderno. Nas sociedades colonizadas, a mídia funciona como braço político do dominador, veiculando concepções sociais que favorecem, implementam e sedimentam estratégias sociais do interesse dos que colonizaram. A mecânica de dominação pode ser sutil, mas eficaz, porque atua na formação da consciência dos dominados, invadindo-os por dentro. Seria através dos meios que a invasão colonialista se completaria. Esse fenômeno recebe várias etiquetas nos estudos da cultura e da comunicação: imperialismo dos meios, imperialismo estrutural, dependência cultural, colonialismo eletrônico, sincronização cultural, imperialismo ideológico etc. Os termos indicam algumas nuances e diferenças na conceituação do problema, mas fazem parte de uma perspectiva interpretativa comum. Uma crítica possível a tais teorizações apontaria evidências históricas de grupos oprimidos, que criam veículos de comunicação alternativos aos grandes meios e aos processos de globalização cultural e econômica (cf. ATIVISMO). A eficácia do ativismo alternativo pode não ser imensa, mas isso também indica que o domínio não é total. Um dos textos importantes da perspectiva cultural pós-colonialista é o livro *Orientalismo,* de Edward Said (1935-2003), que mostra a função ideológica do fascínio e disseminação de falsidades sobre o Oriente pelo Ocidente, que é também seu objeto de conquista. Poder e discurso passam a ser vistos como um conjunto de estratégias conjugadas que, somadas ao domínio militar, subjuga as nações e culturas por outros meios que não a força bruta. A crítica ao colonialismo da comunicação é frequentemente parte de uma análise política geral da sociedade. Cf. PÓS-COLONIAL; SAID, EDWARD.

BIBLIOGRAFIA

MCPHAIL, Thomas L. *Eletronic colonialism: the future of international broadcasting and communication*. Thousand Oaks: Sage, 1987.
MORAES, Dênis de. *Sociedade midiatizada*. Rio de Janeiro: Muad, 2006.
SAID, Edward W. *Culture and imperialism*. New York: Alfred Knopf, 1993.
__________. *Orientalismo*. São Paulo: Companhia das Letras, 1978.
SCHILLER, Hubert. *Communication and cultural domination*. New York: International Arts and Sciences Press, 1976.
YOUNG, Robert. *Postcolonialism: a historical introduction*. Oxford: Blackwell, 2001.

colonização SOC Ato ou efeito de colonizar. ▶ Cf. COLONIALISMO.
color bar [ing.] REC.AV TV M.q. BARRA DE COR.
color corrector [ing.] REC.AV TV Dispositivo que permite ajustar e remediar as distorções cromáticas de imagens.
color frame REC.AV Dispositivo (circuito eletrônico) que sincroniza as cores numa edição de vídeo.
colorimetria FÍS Análise quantitativa baseada na comparação da cor de uma solução com a cor de outras de concentração conhecida e tomadas como padrão; cromometria.
colorímetro FÍS Aparelho us. para determinações colorimétricas; cromômetro. ▶ Cf. COLORIMETRIA.
color separation overlay [ing.] CINE TV Técnica de separação de registro de cores de imagens filmadas que permite a composição em CHROMA-KEY.
coluna 1 EDIT GRÁF Cada uma das faixas ou divisões verticais, freq. padronizadas, de uma página (de livro, periódico, folheto) ou de tabela, que se separam por um canal (espaço branco) ou por filete. 2 JOR Seção, ger. assinada, e que ocupa uma coluna (acp.1) ou um grupo de colunas numa publicação. 3 JOR Artigo de jornal.
colunismo 1 Ofício de colunista. 2 Coletivo de colunista. ▶ Cf. COLUNISTA.
colunista JOR Que ou quem é responsável por coluna (seção de crônicas, comentários, críticas etc.) regular de jornal ou revista.
coma 1 GRÁF Indicativo de dois pontos. 2 MÚS Nas partituras de música instrumental ou vocal, sinal em forma de vírgula que indica ao executante o momento em que deve respirar sem fazer pausa. 3 MÚS Microtom (ger. admitido como a nona parte do tom) quase imperceptível ao ouvido humano que separa duas notas enarmônicas. 4 MÚS Intervalo teórico entre o semitom cromático e o diatônico. 5 ÓPT Aberração de um sistema óptico que dá a forma de um cometa à imagem de uma fonte luminosa situada fora do eixo óptico.
comando 1 AUT Variável de entrada de um sistema de controle que se modifica automaticamente. 2 INF Sinal enviado pelo usuário a um programa ou sistema operacional com o objetivo de iniciar, finalizar, modificar ou controlar de alguma forma a execução do programa ou de uma operação.
comas GRÁF GRAM M.q. ASPAS.
combinatório SEMIO Referente ao processo de combinação ou combinações de um ou vários signos.
comédia TEAT 1 Peça teatral de qualquer gênero. 2 Peça cujo propósito é divertir pelo tratamento cômico das situações, dos costumes e dos personagens. 3 O estilo cômico. 4 A arte de fazer comédias. 5 Conjunto de peças teatrais desse gênero literário. 6 Locais onde se apresentam tais peças. 7 Grupo de atores; companhia teatral. 8 A instituição teatral como um todo.

INFORMAÇÕES GERAIS

Para Aristóteles (384 a.C. - 322 a.C.), a palavra grega que define o estilo e o gênero teatral chamado de comédia deriva de *komos*, espetáculo em que uma trupe de atores dançava alegremente em torno de um pênis imenso. Os elementos da comédia estão aí nessa referência: alegria, exagero, obscenidade, riso e referência jocosa à sexualidade humana. Hoje, comédia não se limita a peças teatrais, mas refere-se a qualquer apresentação humorística nos meios de comunicação. Pode ser o mero contar piadas, muito popular nos Estados Unidos, sob o nome de *stand-up comedy*. Nesse tipo de espetáculo, uma pessoa relata fatos e faz comentários satíricos com o propósito de provocar o riso da audiência. No mundo grego antigo, a comédia era invariavelmente uma sátira a políticos ou questões políticas, profundamente ligada ao sistema de governo democrático. Nos anfiteatros gregos, o riso tinha um caráter pedagógico. Quando Platão (c428 a.C. - c348 a.C.) escreve a apologia que Sócrates (c469 a.C. - 399 a.C.) teria ou deveria ter feito durante o seu julgamento, há uma clara referência aos efeitos que a comédia de Aristófanes (c450 a.C. - c388 a.C.), *As nuvens*, trouxera para o filósofo grego: a audiência teria visto a sugestão de que ele era um homem malévolo, de intenções criminosas. A comédia satírica nunca fora vista como inconsequente, como a busca do riso pelo riso, em espetáculos de mero divertimento, como é o caso de hoje em dia. Nas teorizações de Aristóteles, a comédia é um gênero literário que está ao lado da tragédia, da poesia épica e da poesia lírica. Se as tragédias apresentam personagens lutando contra seu destino, envolvidos em situações que causam espanto e admiração, a comédia é um gênero que encontra favor na cultura democrática grega. Nas comédias, os personagens são homens comuns ou abaixo da média, que se envolvem em situações que revelam a sua pequenez, impropriedade ética, em suma, bufões apresentados em cena para provocar o riso e o escárnio da assistência. Os principais autores de textos classificados como escritores de comédia, no mundo grego, são Aristófanes (cujas peças parecem inspirar o que sabemos do raciocínio de Aristóteles sobre esse gênero teatral) e Menandro (c342 a.C. - 291 a.C.). Infelizmente, o livro que Aristóteles teria escrito sobre a comédia desapareceu. ▸ Cf. TEATRO; TRAGÉDIA.

BIBLIOGRAFIA

HEATH, Malcolm. Aristotelian comedy. In: *Classical Quarterly*, n. 39, p. 344-54, 1989.

JANKO, Richard. *Aristotle on comedy: towards a reconstruction of poetics II*. London: Duckworth, 2001.

comédia-farsa TEAT Tipo de comédia que utiliza procedimentos da farsa, procurando provocar o riso, esp. por meio da linguagem, da situação, dos gestos.

comediante M.COM **1** Ator ou atriz de qualquer gênero, seja de rádio, televisão, teatro ou cinema; cômico. **2** Ator ou atriz de comédia; intérprete especialista em fazer rir.

comédia-pastelão M.COM TEAT Tipo de comédia de urdidura simples, mas de intensa movimentação, em que são típicas as cenas de perseguição e aquelas em que os personagens jogam tortas e pastelões sobre os outros; pastelão.

comediógrafo TEAT **1** Autor de textos cômicos, esp. para teatro. **2** Dramaturgo, teatrólogo.

comentarista JOR RÁD TV Que ou quem, na imprensa escrita ou falada, se especializa em determinados assuntos (econômicos, políticos, esportivos etc.) e faz comentários acerca dos acontecimentos relativos a essas áreas.

comerciais PUB **1** Intervalo reservado na programação de uma emissora de televisão para a divulgação de mensagens publicitárias. **2** Conjunto de anúncios publicitários divulgados por meio de televisão.

comercial PUB Em rádio e televisão, qualquer mensagem publicitária veiculada nos intervalos da programação regular ou dentro de um programa.

comercialização MKT Ato ou efeito de tornar um produto comerciável ou comercial, esp. por meio de técnicas de *marketing*.

INFORMAÇÕES GERAIS

As teorias que se valem das hipóteses marxistas para entender e avaliar os efeitos sociais dos meios de comunicação consideram o processo de comercialização como o que responde pela padronização dos programas e mensagens veiculadas. O efeito seria a formação de uma consciência social acrítica, conservadora e passiva, tanto estética como politicamente. Autores como Theodor W. Adorno (1903-1969) observaram que a indústria moderna da comunicação afirma estar atendendo aos desejos e vontades do público, mas trata-se apenas do processo de mesmice e subserviência à comercialização desenfreada que caracteriza a industrialização moderna, aplicada a produtos da cultura. ▸ Cf. INDÚSTRIA CULTURAL.

comércio eletrônico INTERN Comércio que usa esp. a internet como meio; *e-commerce*.

comic book [ing.] M.COM M.q. HISTÓRIA EM QUADRINHOS.

cômico M.COM TEAT **1** Que ou quem escreve roteiros ou peças de teatro, esp. as de divertimento. **2** Que ou quem atua em papéis de teatro, rádio e televisão, esp. comédias. **3** O gênero cômico.

comics [ing.] M.COM M.q. HISTÓRIA EM QUADRINHOS.

comitê editorial JOR M.q. CONSELHO EDITORIAL.

communiqué [fr.] COMN Boletim ou correspondência oficial.

compactar INF **1** Armazenar (dados), modificando-os de forma a ocupar menos espaço no meio de armazenamento ou na memória primária. **2** Aproveitar as características de (dados digitalizados) de modo a fazer com que menor quantidade seja us. para representar exatamente a mesma informação. **3** Reduzir o tamanho de (arquivo ou grupo de arquivos), convertendo em arquivo reversível de formato diferente; comprimir.

compact disc [ing.] REC.AV Disco de aprox. 12 cm de diâmetro, no qual informações, músicas, sons etc. são digitalmente gravados para serem lidos (escaneados e decodificados) por um feixe de raios *laser* e, então, transmitidos a um sistema de reprodução sonora, um computador ou um televisor. ▸ Sigla: *CD*.

compact disc rewritable [ing.] REC.AV Disco óptico regravável. ▸ Sigla: *CD-RW*.

compacto RÁD TV Versão reduzida e abreviada de programa de rádio ou TV.

compaginação GRÁF M.q. PAGINAÇÃO.

compaginador GRÁF M.q. PAGINADOR.

comparação **1** INF Operação de computador que consiste em comparar dois números quanto a identidade, magnitude relativa ou signo. **2** RET Figura que consiste em aproximar e cotejar duas ideias que tenham similitude total ou parcial, para criar tensão poética ou visando a clareza.

comparador **1** INF Dispositivo que compara duas transições da mesma informação ou de uma cópia feita para outra, para aferir a exatidão de um armazenamento, uma operação aritmética, uma transcrição ou outro processo de computação, e fornecer, em sua saída, uma indicação sobre se ambas as transcrições concordam ou discrepam. **2** INF Dispositivo que detecta o valor da quantidade que se deseja controlar, utilizando um sistema de controle de retroalimentação que compara continuamente esse valor com a quantidade padrão que se queira ter. **3** INF Em computação analógica, unidade funcional que compara duas variáveis analógicas e indica o resultado dessa comparação. **4** RET Na tópica sofística, ato ou efeito de alocar, lado a lado, dois assuntos semelhantes para identificar e sublinhar seus pontos comuns. **5** RET Exercício elementar nas escolas de retórica da Antiguidade.

compasso 1 MÚS Divisão da pauta musical em partes iguais, separadas por barras (ditas *barras de compasso*), cada parte contendo o número de tempos (2, 3 ou 4), indicado pelo numerador de uma fração (*fração de compasso*) localizada no início da peça musical, após a clave. 2 Movimento cadenciado, andamento regular.

compatibilidade 1 INF Capacidade de programas, dispositivos e componentes funcionarem em conjunto e interagirem sem prejudicar o funcionamento do computador, do sistema operacional ou de outros programas, dispositivos e componentes. 2 MAT Propriedade que possui um sistema de equações quando existe pelo menos um conjunto de valores das variáveis que satisfazem todas as equações; consistência.

compêndio 1 Resumo de uma teoria, ciência, doutrina etc. 2 Livro, esp. escolar, que enfeixa tal resumo.

competência 1 LING O saber linguístico inconsciente do indivíduo, graças ao qual ele é capaz de construir, reconhecer e compreender frases gramaticais em sua língua, mesmo que nunca as tenha ouvido. 2 M.COM Capacidade de entendimento de mensagens veiculadas nos meios de comunicação por parte de um indivíduo ou uma audiência.

INFORMAÇÕES GERAIS

A competência linguística é a gramática internalizada, que resulta de sua capacidade inata para a aquisição da linguagem. Nos estudos sociais da comunicação, competência é a capacidade que um indivíduo ou uma audiência têm de interpretar e avaliar uma mensagem veiculada e, por isso, porque pode ser ensinada e aprendida formalmente, não deve ser confundida com a ideia de competência inconsciente e inata da gramática gerativa de Noam Chomsky (1928-). Pierre Bourdieu (1930-2002) desenvolveu uma teoria sobre o papel social da competência que se apresenta como capital cultural que distingue as classes na sociedade contemporânea. Do mesmo modo que a acumulação econômica de bens, o capital cultural faz mais do que expressar uma capacidade: é adquirido e serve para o exercício do poder em sociedade. ▸ Cf. BOURDIEU, PIERRE; CAMPO; CHOMSKY, NOAM.

---

competência narrativa LIT Saber ou conjunto de saberes que um leitor traz para a interpretação de um trabalho iliterário. ▸ Seja sob a forma de preconceitos ou de um saber adquirido, é inegável que o leitor dispõe de conhecimento prévio para o entendimento de um texto literário. A leitura pode, então, fluir sem que detalhes menores intervenham na sua interpretação.

competição 1 Concorrência a uma mesma pretensão por duas ou mais pessoas ou grupos, com vista a igualar ou esp. superar o outro. 2 Luta, conflito; oposição. 3 BIO Interação intra ou interespecífica que ocorre quando duas ou mais espécies necessitam de um mesmo recurso. 4 ECON Luta ou rivalidade pela conquista de mercados.

compilação BIBL EDIT INF Ato ou efeito de compilar.

compilador 1 INF Diz-se de ou programa de computador us. para compilar. 2 BIBL EDIT Que ou o que compila.

compilar 1 BIBL EDIT Enfeixar numa única obra (textos, documentos, extratos provenientes de fontes diversas). 2 INF Converter para linguagem de máquina (programa desenvolvido em linguagem de alto nível).

compiler [ing.] INF M.q. COMPILADOR.

componente REC.AV Método de distribuição de sinal de vídeo por meio da separação por crominância e brilho. ▸ Cf. COMPOSTO.

compor 1 CINE TEAT TV (Diretor) estruturar (um personagem) para ser representado por ator ou atriz. 2 CINE TEAT TV (Ator) encarnar (um personagem), tomando por base as intenções do autor e as sugestões do diretor. 3 GRÁF Alinhar, juntar (caracteres e outros elementos gráficos) para impressão. 4 GRÁF Produzir (texto) com caracteres gráficos. 5 GRÁF Juntar (letras). 6 MÚS Criar (composições) por meio de notação musical; escrever.

composição 1 GRÁF Produto da ação de compor matérias para publicação por meios manuais, mecânicos, fotomecânicos, fotográficos ou eletrônicos. 2 MÚS Ato de compor. 3 MÚS Conjunto de técnicas para compor. 4 MÚS Na tradição ocidental escrita, produto musical organizado e individualizado.

composição aberta EDIT GRÁF M.q. COMPOSIÇÃO ENTRELINHADA.

composição acidentada EDIT GRÁF Aquela que apresenta caracteres especiais, esquemas, tabelas etc.

composição à margem EDIT GRÁF Aquela cujas linhas são menores do que a medida do restante da matéria, e são alinhadas somente por um dos lados, ger. o esquerdo (p.ex. uma lista de nomes); composição ao canto.

composição ao canto EDIT GRÁF M.q. COMPOSIÇÃO À MARGEM.

composição arejada EDIT GRÁF Aquela cuja disposição dos claros é bem equilibrada.

composição assimétrica EDIT GRÁF Aquela cujas linhas não seguem padrão de paginação previsível.

composição cerrada EDIT GRÁF M.q. COMPOSIÇÃO CHEIA.

composição cheia EDIT GRÁF Bloco de texto corrido, sem entrelinhamento superior ao do corpo utilizado e sem claros, tabelas, esquemas etc.; composição cerrada, composição compacta, composição corrida, composição desentrelinhada.

composição compacta EDIT GRÁF M.q. COMPOSIÇÃO CHEIA.

composição corrida EDIT GRÁF 1 Composição regular habitual, sem caracteres especiais, fórmulas, tabelas, corondéis; composição de cheio, composição seguida, matéria corrida, trabalho de cheio. 2 M.q. COMPOSIÇÃO CHEIA.

composição de cheio EDIT GRÁF M.q. COMPOSIÇÃO CHEIA.

composição desentrelinhada EDIT GRÁF M.q. COMPOSIÇÃO CHEIA.

composição eletrônica EDIT INF Num impresso, a parte textual feita com uso de recursos informáticos. ▸ Os métodos tradicionais de composição tipográfica, sejam eles a quente (monotipia, linotipia) ou a frio (fotocomposição, datilocomposição), foram plenamente substituídos pela computação eletrônica, que, atualmente, domina a editoração e as artes gráficas.

composição em pirâmide EDIT GRÁF M.q. COMPOSIÇÃO EM TRIÂNGULO.

composição em triângulo EDIT GRÁF Aquela cuja primeira linha obedece à largura da página, enquanto as outras, centradas, vão diminuindo, sucessivamente, até formarem um vértice; composição em pirâmide.

composição entrada EDIT GRÁF Aquela que, sendo mais estreita do que a medida normal da coluna, apresenta recuo à esquerda e/ou à direita.

composição entrelinhada EDIT GRÁF Aquela em que se usam entrelinhas de corpo superior ao dos caracteres tipográficos us. no texto; composição aberta.

composição interlineal EDIT GRÁF Aquela que põe em confronto, em linhas alternadas, os textos de uma composição bilíngue correspondentes entre si.

composição quebrada EDIT GRÁF Composição ou trecho de composição com inúmeros parágrafos, linhas curtas, claros frequentes e outros acidentes tipográficos.
composição recorrida EDIT GRÁF Texto de composição refeito em outra medida, por exigência da diagramação.
composição seguida EDIT GRÁF M.q. COMPOSIÇÃO CORRIDA.
composição tabular EDIT GRÁF 1 Ato de dispor fio para compor uma tabela. 2 Aquela cujas linhas iniciais são desprovidas do espaço recolhido do parágrafo (a separação faz-se por linhas brancas), podendo, porém, iniciar-se com vinhetas ou quaisquer sinais.
composite [ing.] CINE GRÁF TEAT TV Folheto que reúne várias fotos de ator ou modelo, us. para divulgação junto a possíveis contratantes.
compositor 1 MÚS Que ou quem compõe ou escreve música, se dedica à arte de composição musical. 2 GRÁF Diz-se de ou tipógrafo, aquele que executa serviços tipográficos de composição, paginação ou impressão.
composto REC.AV Método de distribuição de sinal de vídeo que combina matiz, saturação e brilho num único sinal; vídeo composto. ▸ Cf. COMPONENTE.
composto de produto MKT Conjunto de elementos que fazem parte de um plano mercadológico (produto, preço, canal de distribuição, pessoal envolvido na campanha, processos utilizados e ambiente onde o produto ou serviço é comercializado); composto mercadológico, composto promocional, *marketing mix*, *mix* de *marketing* e *mix* de produto.
composto mercadológico MKT M.q. COMPOSTO DE PRODUTO.
composto promocional MKT M.q. COMPOSTO DE PRODUTO.
comprador de espaço PUB Que ou quem, em uma agência publicitária, tem como tarefa profissional adquirir tempo e espaço em um veículo de comunicação (jornal, televisão, rádio), cujas decisões de compra são feitas levando em conta o veículo mais adequado para a mensagem a ser divulgada; comprador de mídia.
comprador de mídia PUB M.q. COMPRADOR DE ESPAÇO.
comprador de tempo PUB Que ou quem contrata a veiculação de um anúncio em rádio ou TV.
compreensão 1 COMN Na comunicação, qualidade de coerência na resposta do interlocutor (emissor), seja enunciado ou ato, à mensagem emitida pelo receptor (locutor). 2 FIL SOC Segundo o filósofo alemão Wilhelm Dilthey (1883-1911), método de conhecimento caracterizado pelo uso da intuição e da empatia, os únicos meios apropriados às investigações sociais, históricas, psicológicas ou culturais que constituem as ciências humanas (em alemão, *Verstehen*). 3 LÓG Na lógica clássica, conjunto formado pelas características ou qualidades que estão contidas na definição de um conceito (como p.ex. no caso do conceito 'homem', cuja compreensão engloba sua racionalidade, animalidade, bipedismo, mortalidade etc.). 4 PSIC Faculdade mental pela qual o significado é apreendido.
compressão 1 ELETR Diminuição do ganho efetivo de um dispositivo em determinado nível de sinal relativamente ao ganho em um nível inferior de sinal, de modo que os componentes de um sinal fraco não se percam nos sinais de fundo, e os sinais mais fortes não sobrecarreguem o sistema. 2 REC.AV O que comprime material de áudio e vídeo.
compressão contínua de uma imagem REC.AV Efeito de vídeo digital no qual uma imagem é comprimida para um tamanho menor em tempo real.
compressor REC.AV Dispositivo de áudio que comprime a distância entre os níveis mais altos e baixos de uma massa sonora.
comprimir INF M.q. COMPACTAR.
comprovar EDIT GRÁF M.q. COTEJAR ('confrontar').
computação INF 1 Ação ou efeito de computar. 2 Ação ou atividade exercida por meio de computadores eletrônicos. 3 M.q. PROCESSAMENTO DE DADOS.
computação em nuvem INF INTERN Programa informático que permite que se executem tarefas e serviços *on-line* sem a necessidade de armazenamento na máquina do usuário; *cloud computing*.
computação gráfica EDIT INF Ação ou atividade de planejamento visual e gráfico feita com recursos informatizados.
computador INF Máquina destinada ao processamento de dados, capaz de obedecer a instruções que visam produzir certas transformações nos dados, com o objetivo de alcançar determinado fim. ▸ Os computadores, máquinas programadas para receber, manipular e transformar dados e informações, parecem ser um produto intelectual exclusivo do fim da primeira metade do sXX (1940-1945), mas, de fato, o conceito de uma máquina de computar dados e fazer cálculo antecede essa data e abarca saberes tais como geometria, álgebra, cálculo, equações diferenciais, lógica, estatística, probabilidade etc. Em meados do sXIX, o matemático e inventor inglês Charles Babbage (1791-1871) desenvolveu uma máquina dita diferencial ou analítica, movida por cartões perfurados, para computar números com precisão. Os computadores atuais, que combinam circuitos eletrônicos e programação sofisticada, são infinitamente mais capazes de realizar um trabalho rápido e eficaz. A disseminação de computadores em todos os aspectos do cotidiano é uma revolução intelectual e prática de tal alcance que é perfeitamente possível classificar os estágios revolucionários básicos da evolução humana como sendo a invenção da agricultura, a revolução industrial e a revolução informática pós-industrial. A rigor, computador é tudo que transforma dados de acordo com um propósito preestabelecido. Invenções e desenvolvimentos tecnológicos como *random-access memory*, processadores etc. adicionam poder e eficácia ao conceito original. Alan Turing (1912-1954) concebeu um aparelho de computação e estabeleceu o critério pelo qual se pode considerar uma máquina 'inteligente': uma máquina inteligente é aquela que simula o funcionamento da mente humana, a ponto de enganar um ser humano que a investigue (cf. MÁQUINA DE TURING). Ao conceito de simulação de Turing seguiram-se outros refinamentos que aprimoraram os computadores. Konrad Zuse (1910-1995) desenhou o primeiro computador controlado por um programa e George Stibitz (1904-1995) é o responsável pelo computador digital moderno. Os computadores da metade do século passado operavam com tubos a vácuo, que foram substituídos por transistores, o que confere às máquinas mais rapidez, menos consumo de energia, tamanho menor e mais eficácia. As unidades sintáticas da linguagem dos computadores têm por base a lógica de valores de verdade que caracterizam a ÁLGEBRA DE BOOLE, funcionando, portanto, com operadores do tipo 'e', 'ou', 'não' e 'sim'. Pode-se dizer que a novidade revolucionária do computador como máquina reside na sua capacidade de realizar atualizações físi-

cas e materiais de linguagens formais de cunho lógico e aritmético. O uso de eletricidade faz do computador um instrumento que supera certas capacidades mentais dos seres humanos. Acoplados e ampliados por dispositivos que reproduzem, com precisão incansável, a percepção e ação humanas, os computadores estabelecem mecanismos de controle robótico nunca imaginados. Não é irrazoável considerá-los como um estágio avançado no processamento de informações, que se inicia na replicação química e progride, a partir da linguagem ordinária dos seres humanos, até atingir a formulação de linguagens técnicas e precisas de fundo lógico e matemático. A conexão de computadores numa vasta rede, que funciona como uma grande cadeia, cria um sistema global incomparável, como se fosse um imenso superorganismo, com alto grau de interdependência e conectividade que altera radicalmente as noções de saber, invenção, produção, subjetividade, relações interpessoais, sociedade, comunidade e comunicação.

BIBLIOGRAFIA

COPELAND, Jack B. (ed.). *The essential Turing: the ideas that gave birth to the computer age*. Oxford: Clarendon Press, 2004.

computador analógico INF Computador que opera com dados que se representam por variáveis físicas. ▸ Os dados que alimentam o computador convertem-se nos seus circuitos mecânicos ou elétricos equivalentes, com o que se forma um sistema análogo ao fenômeno físico que se investiga.

computador analógico-digital INF M.q. COMPUTADOR HÍBRIDO.

computador de grande porte INF Computador de grande capacidade de processamento, ger. capaz de ser compartilhado por diversos usuários simultaneamente, e concebido para atender às necessidades de grandes corporações; *mainframe*.

computador digital INF Computador que opera com dados discretos ou descontínuos, efetuando com eles processos aritméticos ou lógicos.

computador eletrônico INF M.q. COMPUTADOR.

computador híbrido INF Computador que opera com dados tanto analógicos como digitais; computador analógico-digital.

computador pessoal INF M.q. MICROCOMPUTADOR.

computar INF **1** Cumprir todas as tarefas de um algoritmo, alcançando o resultado almejado. **2** Executar tarefa usando um computador.

computer aided design [ing.] INF REC.AV Tecnologia que gera a representação da estrutura física e a aparência gráfica de objetos reais e meio ambientes, através de programação computadorizada, de amplo uso na indústria automotiva, aeroespacial, nos filmes de animação etc. ▸ A tecnologia chamada de *computer aided design* apresenta e veicula informações completas e detalhadas sobre objetos representados, que vão de sua aparência até fatores como materiais, resistência, processos de fabricação, dimensões etc. Por esse motivo, os *computer aided designs* são usados nos aspectos mais variados do planejamento industrial e arquitetônico, com emprego frequente nos efeitos especiais e na animação de filmes. Também conhecida como *computer aided geometric design* (*CAGD*), essa tecnologia gera imagens e representações, seja de objetos ou ambientes, de múltiplos pontos de vista, podendo fazê-los girar em rotação completa, a partir de todos os ângulos possíveis. Inicialmente desenvolvidos a partir da linguagem FORTRAN, hoje em dia esses programas vêm adaptados às necessidades e às profissões dos usuários. O impacto da tecnologia no planejamento industrial é, de fato, revolucionário. Apesar de seus custos crescentes e do alto grau de especialização exigido do usuário, é através dela que os engenheiros de planejamento, arquitetos, *designers* e animadores podem começar a experimentar e visualizar suas ideias num computador pessoal, sem que precisem de parceria com um desenhista e sem a menor preocupação com escala e outros detalhes que exigiriam trabalho de equipe com visualizadores especializados. No mundo industrial, a tecnologia de *computer aided design* acabou tornando obsoleta a contribuição e, portanto, a profissão de desenhista mecânico. A modelização de objetos e ambientes é agora completamente informatizada. ▸ Sigla: *CAD*.

BIBLIOGRAFIA

FARIN, G., HOSCHECK, J.; KIM, M. S. (ed.). *A handbook of computer aided graphic design*. Amsterdam: Elsevier, 2002.

computer to plate [ing.] GRÁF Técnica de gravação de chapa metálica para impressão por meio de transferência de arquivo computadorizado. ▸ O processo de gravação de chapa metálica para imprimir material gráfico é sempre fotossensível. Seu objetivo é transferir para a superfície do metal áreas que são protegidas da luz, ao se tornarem, por reação química, lipófilas, ou seja, capazes de atrair a gordura da tinta, enquanto que outras regiões da chapa são hidrófilas, logo atraem água. Atualmente, isso pode ser feito por meio da transferência de material gerado no computador diretamente para a chapa de metal, sem que seja necessário o uso de filme fotográfico e analógico. Na tecnologia *computer to plate*, o arquivo é traçado diretamente na chapa por processo *laser* que o fixa no metal. ▸ Sigla: *CtP*.

COMSAT [ing.] M.COM TEL Satélite de comunicação que veicula notícias para todas as áreas do planeta. ▸ Sigla de *Communications Satellite*.

comum GRÁF Diz-se ger. do tipo romano.

comunicabilidade COMN Qualidade de comunicável; facilidade ou disposição de se comunicar.

comunicação 1 COMN Processo que envolve a transmissão e a recepção de mensagens entre uma fonte emissora e um destinatário receptor, no qual as informações, transmitidas por meio de recursos físicos (fala, audição, visão etc.) ou de aparelhos e dispositivos técnicos, são codificadas na fonte e decodificadas no destino com o uso de sistemas convencionados de signos ou símbolos sonoros, escritos, iconográficos, gestuais etc. **2** COMN A informação transmitida; seu conteúdo. **3** COMN O conjunto de conhecimentos, técnicas e procedimentos relativos ao processo da comunicação e ministrado como disciplina em faculdades, cursos etc. **4** COMN Atividade profissional relacionada ao estudo e à aplicação desses conhecimentos, técnicas e procedimentos. **5** Comunicado esclarecedor; esclarecimento; exposição. **6** Ato de conversar; conversação, colóquio. **7** Carta, nota ou qualquer outra informação transmitida por escrito. **8** Exposição oral ou escrita sobre determinado tema de teor científico, administrativo, político, jornalístico, religioso etc. **9** Participação oral ou escrita; aviso. **10** Habilidade de dialogar e se fazer entender; comunicabilidade. **11** Acesso entre duas ou mais coisas distanciadas no espaço. **12** Junção, união, cruzamento entre duas ou mais coisas. **13** Prestação de serviços recíprocos. **14** ADM Numa organização, função de transmitir ordens, ideias, políticas de ação etc. **15** ELETR Ciência e tecnologia por meio da qual a informação de uma fonte original é reunida, transformada em correntes ou campos elétricos, transmitida por meio de redes elétricas ou pelo espaço a determinado local, e reconvertida numa forma adequada à sua interpretação. **16** LING Intercâmbio que se processa, por meio de um código linguístico, entre um emissor, que produz um enunciado, e o interlocutor ao qual esse enunciado é dirigido. **17** TEL Ligação, por meio de dispositivos elétricos, eletrônicos, radioelétricos etc. de dois ou mais locais distanciados no espaço. **18** RET Figura em que o orador (ou o autor) parece tomar o público como testemunha (p.ex., em indagações como "Que ireis fazer nessa situação?", "Que poderia eu fazer?").

comunicação administrativa MKT M.q. COMUNICAÇÃO EMPRESARIAL.

comunicação animal BIO SEMIO M.q. ZOOSSEMIÓTICA. ▸ Cf. ETOLOGIA; BIOSSEMIÓTICA.

comunicação de massa **1** Forma de comunicação dirigida a um grupo de pessoas numericamente vasto, disperso, heterogêneo e anônimo, e que utiliza, para atingir sua audiência, aparelhos e dispositivos de edição, reprodução, transmissão, distribuição e comercialização das mensagens; comunicação social. ▸ Os problemas de explicação teórica da comunicação de massa não podem ser os mesmos da comunicação interpessoal. Em termos estritamente comunicacionais, a situação muda quando se passa da interação um a um para uma situação em que uma ou várias mensagens circulam de um centro emissor para uma multiplicidade de receptores espalhados social, geográfica e culturalmente. No caso da comunicação interpessoal, pode-se até vislumbrar uma escolha e uma identificação mútua de emissores e receptores; mas a comunicação de massa assemelha-se a uma rede que é lançada sem que se tenha certeza do que será colhido. Por isso, uma de suas dificuldades centrais reside na identificação das peculiaridades e características específicas das audiências. As pesquisas de audiência de massa veem-se obrigadas a identificar os traços comuns dos receptores. A comunicação de massa acaba sendo um tipo especial de comunicação, aquela que é produzida a partir de um saber geral e impreciso sobre seus destinatários. Não é de surpreender que, no imenso conjunto de mensagens de massa, tantas fracassem. A identificação da mensagem com a massa de seus receptores produz, em vários sociólogos e antropólogos, a crença de que interpretar as mensagens da mídia é lidar com a sociedade propriamente dita, pois as mensagens dos meios e a sociedade partilham das mesmas convenções. Alguns acreditam que quanto mais popular for a forma de comunicação mais ela será um espelho da sociedade. Mas é preciso cautela para que esse pressuposto seja adotado acriticamente. O sucesso de uma mensagem, por maior que seja o tamanho de sua audiência, torna-a, por vezes, transformadora da sociedade e não necessariamente seu reflexo. Nesse caso, seria mais produtivo considerar não a sociedade em termos de suas mensagens, mas como as mensagens atuam na sociedade. A estandardização de mensagens num momento histórico não é, de forma alguma, garantia de que seja a projeção de traços sociais, podendo ser o caso de regularidades próprias do ofício profissional da comunicação. Não é só a sociedade que se reproduz através de mensagens, mas o sistema de mensagens que nela circula é também passível de reprodução relativamente autônoma. A complexidade da comunicação é responsável pela impossibilidade de se ter um corpo teórico unificado que explique esse objeto mutante e sempre impermanente. **2** O conjunto ordenado de meios (jornais, rádios, televisões etc.) que atuam sistematicamente na consciência daqueles que vivem nas sociedades industriais. ▸ Antes de se tornar sabedoria convencional próxima do clichê, a ideia de que os meios de comunicação de massa produzam efeito nos indivíduos foi intuída por escritores que não tinham o propósito de teorizar o assunto, mas queriam descrever e ficcionalizar a vida a seu redor. Como é amplamente reconhecido, o personagem principal de *Dom Quixote* misturava ficção e realidade de um modo peculiar e trágico. O objetivo de Miguel de Cervantes (1547-1616), ao escrever seu romance, era fazer do herói um homem radical que, após ler livros de cavalaria, resolve viver aventuras semelhantes às que lera. Os atos de imaginação que o guiam foram extraídos de um meio de comunicação: o livro. Muito tempo depois, ao acolher a sugestão de amigos e escolher, como tema de *Madame Bovary*, a banalidade da vida burguesa, Gustave Flaubert (1821-1880) propôs-se mais do que escrever uma narrativa realista do cotidiano na província francesa: seu romance seria uma demonstração do exercício técnico de narrar. As palavras em cada frase seriam justas e precisas; as frases da prosa aspirariam à qualidade da mais alta poesia; os temas seriam remetidos uns aos outros, sobrepondo-se em camadas sinfônicas; mas os personagens seriam comuns, completamente vulgares, beirando a tolice. Por isso, como Dom Quixote, a heroína de Flaubert idolatra visceralmente os romances e os folhetins populares da época, os quais quer imitar no seu cotidiano. No livro, o farmacêutico Homais devota uma adoração semelhante à ciência. As ações dos personagens são motivadas por clichês e convenções descontextualizadas e trivializantes. Homais fala o mesmo idioma social de Emma Bovary, apenas com sotaque cientificista e com o declarado propósito de deslumbrar os outros burgueses. A experiência dos atores sociais, em todo o ambiente ficcional que Flaubert cria, é controlada e conduzida pela nascente indústria da *mass media*. Antes mesmo da teorização sobre o fenômeno da indústria cultural pela ESCOLA DE FRANKFURT, Flaubert mostrara como a modelagem da consciência na vida moderna está ligada à ação permanente dos meios de comunicação. Cada personagem não é apenas vulgar, mas efeito da vulgarização que se infiltra por toda a burguesia francesa. Ninguém escapa desse destino; a modelação da mídia está por toda parte: nos jornais diários, nas revistas de moda, nas publicações médicas e farmacêuticas, na liturgia e nos sermões da Igreja, nas reações anticlericais que imitam toscamente a filosofia iluminista, na ficção românica, na poesia, enfim, nos produtos culturais que a sociedade consome. Hoje, num mundo em que a família tradicional se desagrega e as instituições educacionais perdem o poder de instrução sobre os atores sociais, o que Cervantes e Flaubert observaram é admitido por muitos teóricos e críticos sociais: a *mass media* é vista como um epicentro das consciências individuais. Cf. APARELHO IDEOLÓGICO DO ESTADO; INTERPELAÇÃO; ESFERA PÚBLICA; MASSA ('grande número').

comunicação empresarial MKT Numa organização, todos os procedimentos comunicacionais (memorandos, circulares etc.) us. com o propósito de informar, coordenar, harmonizar, integrar os seus departamentos e setores, internamente ou com seu seu público externo (fornecedores, clientela, clientes etc.); comunicação administrativa.

comunicação externa MKT Comunicação de uma instituição, empresa ou atividade comercial com seu público externo.

comunicação institucional MKT Conjunto de procedimentos, técnicas e práticas comunicacionais que visam disseminar informação sobre os propósitos e práticas de uma instituição, com o objetivo de definir ou melhorar sua imagem junto ao público.

comunicação interna MKT Comunicação entre uma instituição, empresa, grupo comercial e seu público interno (funcionários, empregados etc.).

comunicação não verbal COMN Aquela que utiliza sistemas significantes outros que não o da linguagem falada ou escrita (p.ex., música, gestos etc.). ▶ Toda forma de comunicação que não seja feita com palavras ou outra forma de expressão linguística é uma comunicação não verbal. Para que gestos, expressões faciais, posturas, distâncias físicas entre as pessoas, toques, cheiros, sons, comportamentos etc. atinjam o estatuto de comunicação não verbal é preciso que sejam significativos. A ideia de comunicação não verbal é mais do que simplesmente vasta: ela sugere que tudo possa ser transformado numa mensagem, desde que tenha teor semântico. Ao contrário das mensagens linguísticas que se caracterizam por serem digitais, as mensagens não verbais são analógicas. A comunicação não verbal se dá prioritariamente por sedimentação temporal, não por organização sistêmica, como é o caso das estruturas linguísticas. Thomas A. Sebeok (1920-2001) e Gregory Bateson (1904-1980) especularam que as mensagens não verbais pertencem a uma linhagem evolutiva anterior ao surgimento das linguagens humanas. As comunicações não verbais vão do químico, como é o caso dos cheiros, até movimentos que derivam de uma ação qualquer e que se transformam em mensagens, como, por exemplo, quando dois animais, antes de lutarem, encenam analogicamente a luta, mostrando os dentes e rosnando para indicar e comunicar sua ferocidade. A definição de comunicação não verbal por via negativa, ou seja, como aquilo que comunica sem ser verbal, fomenta uma ilusão teórica: a de que a verbalidade e a não verbalidade são ramificações excludentes da comunicação que caminham lado a lado sem interagirem, quando o que acontece é o oposto. Enunciados verbais e signos não verbais ancoram-se mutuamente, mesmo sejam elementos de natureza distinta. ▶ Cf. CINÉSICA.

BIBLIOGRAFIA

BATESON, Gregory. *Steps to an ecology of mind: collected essays in anthropology, psychiatry, evolution, and epistemology*. Chicago: University of Chicago Press, 1972.

DAVIS, Flora. *A comunicação não verbal*. São Paulo: Summus, 1979.

SEBEOK, Thomas A. (ed.). *Animal communication: techniques of study and results of research*. Bloomington: Indiana University Press, 1968.

comunicação social COMN M.COM Ver COMUNICAÇÃO DE MASSA.

comunicação verbal COMN Aquela que se exerce por meio da linguagem falada ou da escrita.

comunicação visual DES.IND **1** COMN Aquela que se caracteriza pela ênfase nos aspectos gráfico-visuais da mensagem que está sendo transmitida. ▶ Cf. VISUAL. **2** DES.IND M.q. PROGRAMAÇÃO VISUAL. **3** M.q. DESIGN GRÁFICO.

comunicações COMN Conjunto dos meios técnicos de comunicação; telecomunicações.

comunicado **1** Que se comunicou. **2** Que foi levado ao conhecimento de; tornado conhecido. **3** Que foi transmitido. **4** Que foi posto em contato. **5** JOR Informe de um correspondente. **6** JOR Texto de informação distribuído aos órgãos de imprensa por instituição privada, órgão governamental etc., para ser publicado gratuitamente entre as matérias de seu noticiário; *press release*, *release*.

comunicador **1** Que ou o que comunica; transmissor. **2** COMN O que desempenha a função de emissor num processo de comunicação; fonte, fonte emissora. **3** COMN Especialista em comunicação; comunicólogo. **4** COMN M.COM Profissional que cria e/ou transmite mensagem para determinado público. **5** M.COM Apresentador de espetáculos, programas de rádio, televisão etc; animador.

comunidade **1** BIO SOC Conjunto de populações que habitam uma mesma área ao mesmo tempo. **2** SOC Estádio social ou societário. **3** SOC População que vive em dado lugar ou região, ligada por interesses comuns. **4** SOC Qualquer agrupamento populacional. **5** SOC Conjunto de indivíduos com determinada característica comum, inserido em grupo ou sociedade maior que não partilha suas características fundamentais. **6** SOC Grupo de indivíduos que partilha uma crença econômica ou social particular e vive em comum. **7** SOC Grupo de indivíduos que partilha um interesse comum. **8** SOC Grupos de indivíduos ligados por uma política de ação comum. **9** SOC Conjunto de indivíduos, inclusive de nações diferentes, ligados por determinada consciência histórica e/ou por interesses sociais e/ou culturais e/ou econômicos e/ou políticos comuns.

INFORMAÇÕES GERAIS

A diversidade das definições do conceito de *comunidade* pode ser unificada pela ideia de que se trata de redes, qualidades materiais ou noções abstratas comuns a diversos indivíduos. Comunidade define-se como efeito de uma comunhão, sendo, portanto, um princípio fundamental para o entendimento da comunicação e da existência de uma ecologia de convivialidade entre tudo que existe, seja animal ou humano. A vida como um todo é uma rede comunitária. Após esse reconhecimento, surge uma questão fundamental: o que efetivamente formaria uma comunidade? As teorias sociológicas clássicas derivam das teses de Émile Durkheim (1858-1917) que trataram etnograficamente de grupos ditos primitivos e, assim, à margem da industrialização europeia. Os trabalhos de Durkheim afirmavam que comunidade é sempre uma rede social de indivíduos organizada pela partilha de algo em comum, sejam bens, interesses, ideias, e que geralmente vivem juntos. A comunidade, portanto, faz-se pela aceitação tácita de um conjunto de regras e princípios básicos que, segundo a filosofia política do filósofo iluminista Jean-Jacques Rousseau (1712-1778), funciona como um contrato capaz de conduzir, gerar e expressar a vontade coletiva do grupo. Então, o traço fundamental de uma comunidade seria a partilha de convenções implícitas ou explícitas, além da convivilidade do agrupamento humano num espaço físico e geográfico determinado. As comunidades humanas são ordenações convencionadas. Outra maneira de entender comunidade, agora no sentido biológico mais amplo, deriva da definição de que se trata de uma população de organismos individuais que coexistem em um mesmo meio ambiente. Logo, a partilha de convenções e de espaço estabeleceria, por completo, o que se entende por comunidade. Mas o que a disseminação das novas tecnologias de comunicação demonstrou foi que o contratualismo e a ecologia que derivam de Durkheim e Rousseau não podem aspirar ao papel de leis da formação de comunidades sociais. A presença maciça e ubíqua de comunidades virtuais sugere que a sociologia de Gabriel de Tarde (1843-1904), tão sistematicamente menosprezada e minimizada pela teoria social contemporânea, merece ser levada seriamente em conta. É possível reconhecer outro tipo de comunidade que escapa aos requisitos de Rousseau e Durkheim, como é o caso das comunidades ditas virtuais, que se aproximam mais da ênfase que Tarde dá à ação individual. Uma COMUNIDADE VIRTUAL não se organiza por convenções (uma língua em comum não passa de condição expressiva mínima e secundária), mas por microinterações de indivíduos que nem sequer partilham de identidade reconhecida explicitamente e muito menos de um espaço físico e geográfico comuns. As comunidades virtuais caracterizam-se por um extremo nomadismo e um associacionismo baseados numa mentalidade de grupo provisoriamente estabelecida, como se pode ver nas comunidades virtuais que proliferam através das redes de interação social, como Facebook, Orkut etc. As mecânicas que disseminam inovação e que geram imitação são também modos de formação e organização de comunidades e precisam ser consideradas no estudo das comunidades. Comunidade é mais comunicação intermitentemente partilhada do que uma totalidade fixada por regras comuns. ▸ Cf. REDE SOCIAL.

BIBLIOGRAFIA

TOEWS, David. The new Tarde sociology after the end of the social. In: *Theory, culture and society*, n. 5, p. 81-98, 2003.

VARGAS, Eduardo Viana. *Antes tarde do que nunca. Gabriel Tarde e a emergência das ciências sociais*. Rio de Janeiro: Contra Capa, 2000.

Comunidade Econômica Europeia ECON POL Associação econômica e política de alguns países europeus que funciona como um todo sem barreiras ao comércio entre eles, com movimento livre de trabalhadores, tarifas comuns externas sobre mercadorias importadas do resto do mundo; políticas centralizadas sobre agricultura etc.; Mercado Comum Europeu.

comunidade virtual INF SOC Grupo de indivíduos que participam, criam, atuam etc. numa espécie de rede social de comunicação mediada por recursos computadorizados. ▸ A expressão 'comunidade virtual' popularizou-se a partir do livro do escritor e crítico social norte-americano Howard Rheingold (1947-). A investigação de Rheingold reconheceu, pela primeira vez, a criação de redes e elos sociais por parte de indivíduos que, usando computadores, formavam uma comunidade especial, porque fundada no que era estritamente voluntário. No início da década de 1990, as comunidades virtuais eram um fenômeno sociológico radicalmente novo. Ainda que haja a tendência apressada de qualificar as comunidades virtuais como subculturas, Rheingold enfatiza que se trata da criação de um ecossistema marcado pelo interesse mútuo mais variado. As comunidades virtuais transcendem os limites clássicos da concepção sociológica de comunidade, pois não se restringem necessariamente a limites geográficos ou requerem a participação num sistema social e político comum. Os critérios de pertinência a uma comunidade virtual podem ser bem diversos daqueles que caracterizam a inclusão estritamente sociológica e, portanto, regidos por laços e elos subjetivos, sejam eles psicológicos, estéticos etc. As comunidades virtuais distinguem-se das comunidades reais por serem muitas vezes de cunho imaginário, como no caso de jogadores de MUDs (*Multi-user Dungeon*), e, assim, não teriam a força aglutinadora das comunidades reais. É preciso, por outro lado, reconhecer que o que parecia ser um elo fraco de socialização comunitária transformou-se em uma força inegável, com a popularização da internet, que multiplica a ação mútua dos que formam comunidades virtuais, através de uma reciprocidade incessante, como é o caso de Facebook, Orkut e outras redes sociais de comunicação, onde circulam mensagens do mais absoluto cunho pessoal ("o que está pensando agora?" "o que você acaba de fazer?") da maneira menos privada e com a extensão mais pública e coletiva possível. ▸ Cf. ALT.HIERARCHY; COMUNIDADE; FOFOCA; NEWSGROUP.

BIBLIOGRAFIA

RHEINGOLD, Howard. *A comunidade virtual*. Lisboa: Gradiva, 1996.

comutação 1 ELETR Conversão de corrente alternada em corrente contínua, ou vice-versa, por meio de um comutador. 2 ELETR Inversão de sentido da corrente elétrica em um circuito. 3 ELETR Ato ou efeito de abrir, fechar ou modificar as conexões de um circuito. 4 INF Conexão estabelecida entre um terminal e um computador. 5 LING EST Substituição de um segmento por outro num contexto discursivo. 6 TEL Operação necessária para fazer conexão entre dois circuitos, estabelecendo comunicação temporária entre duas ou mais estações.

comutador ELETR FÍS M.q. INTERRUPTOR.

conativo LING 1 Que denota uma tentativa de realizar uma ação. 2 Que possui o intuito de influir no comportamento do interlocutor, por meio de ordem, pedido ou sugestão (diz-se de função da linguagem). 3 Diz-se de ou modalidade verbal que expressa esforço, empenho ou tentativa de realizar uma ação. ▸ Em certas línguas é expresso em formas verbais por afixos próprios; em outras, por formas compostas.

conceito 1 Produto da faculdade de conceber. 2 FIL Representação mental de um objeto abstrato ou concreto, que se mostra como instrumento fundamental do pensamento em sua tarefa de identificar, conceber, descrever e classificar os diferentes elementos e aspectos da realidade. 3 FIL Segundo a tradição racionalista da filosofia ocidental, de Platão (c428 a.C. - c348 a.C.) a Hegel (1770-1831), a manifestação da essência ou substância do mundo real. 4 FIL Segundo tradição que atravessa o estoicismo grego, o nominalismo medieval, o empiricismo moderno, um signo ou representação linguística que mantém uma relação significacional, não ontológica, com os objetos do conhecimento. 5 LING Noção abstrata, contida nas palavras de uma língua, para designar, de modo generalizado e de certa forma estável, as propriedades e características de uma classe de seres, objetos, ou entidades abstratas. ▸ Um conceito possui *extensão*, que é o número de elementos da classe em questão (o conceito 'animal' tem maior extensão que o de vertebrado) e *compreensão*, que é o conjunto dos caracteres que constituem a definição ('vertebrado', que não inclui todos os animais, tem compreensão mais detalhada que 'animal').

INFORMAÇÕES GERAIS

A noção de conceito deve ser sempre entendida como um elemento central da atividade teórica. Pensar teoricamente é forjar, avaliar, relacionar conceitos, seja com outros conceitos, seja com um objeto de análise. E, por isso, os conceitos devem ser compreendidos no interior dos fundamentos e dos propósitos de um sistema filosófico específico. A tradição racionalista, apesar de suas muitas variantes intelectuais, entende *conceito* como uma essência racional, enquanto o empiricismo o vê a partir da relação que entretém com um objeto de conhecimento, da experiência etc. Na influente filosofia moderna de Gottlob Frege (1848-1925), considera-se conceito (*Begriff*) como expressão incompleta a ser preenchida pela predicação, por outros termos singulares e por quantificadores. Frege contrasta conceito e objeto. Fala-se de objetos aos quais se aplicam conceitos. Os objetos são saturados, ao contrário dos conceitos, que são insaturados: na expressão *Bingo é um cachorro*, *Bingo* apresenta um objeto e *cachorro*, um conceito. O nome próprio do cão pode ser usado isoladamente, enquanto *cachorro* não, mesmo que seja algo do qual podemos falar. Os conceitos classificam fenômenos analisados, sejam eles observáveis ou não. Há quem considere que a significação de um conceito depende de e se revela nas suas definições operacionais. Devido à sua função no entendimento de uma classe de fenômenos, os conceitos são sempre dirigidos a universais: árvore, micróbio, elétron, mensagem etc. O conceito 'cão' não se restringe a esse cão específico que cruza a rua, mas a todos os cães, e, portanto, unifica uma classe de objetos intelectuais. Porém, ao se admitirem as propostas de Frege a respeito da expressão incompleta dos conceitos, deve-se diferenciar, rigorosamente, conceito e todo tipo de objeto, sem confundir conceito e classe. Os fenômenos linguísticos da hiperonímia (um vocábulo geral abarcando outro mais específico) e da hiponímia (um termo específico que seja parte de uma classificação geral) mostram como, na representação verbal, conceito e classe interagem mutuamente. ▸ Cf. HIPERÔNIMO; HIPÔNIMO.

---

conceitual LING Relativo a, formado por ou que consiste em conceitos. ▸ Cf. CONCEITO.

conceitualismo FIL LING M.q. CONCEPTUALISMO.

concentração 1 INF TEL Dispositivo que recebe caracteres transmitidos por diversas vias de comunicação a baixa velocidade, reagrupando-os em forma de blocos de mensagens segundo normas prefixadas de formato para, em seguida, enviá-las a grande velocidade para outros dispositivos eletrônicos. 2 TEL Espécie de computador us. para estabelecer ou interromper a comunicação entre os extremos de linhas ou aparelhos. 3 TEL Ato, processo ou efeito de se combinarem diversas mensagens numa só, para sua transmissão.

conceptual 1 Relativo a, em que há ou próprio para a concepção; conceptivo. 2 Relativo às operações mentais (do pensamento abstrato) que produzem ou utilizam o conceito; teórico, abstrato. 3 Que constitui um conceito. 4 Relativo ou pertencente à abstração. ▸ P.opos. a EMPÍRICO.

conceptualismo FIL LING Doutrina medieval formulada por Abelardo (1079-1142), que atribui aos conceitos ou ideias gerais – os universais – uma concretude específica que os distingue das meras abstrações ou sinais linguísticos, apresentando uma forma real e existente, mas somente no interior da mente humana; conceitualismo. ▸ Historiadores da filosofia medieval consideram, no debate dos universais, o conceptualismo como um ponto de vista nuançado do NOMINALISMO. ▸ Cf. ABELARDO; REALISMO.

concertina MÚS Instrumento da família do acordeão, de forma hexagonal, dotado de dois teclados de botões com que se produzem acordes e melodias; sanfona.

concerto MÚS 1 Consonância de vozes e/ou de sons; harmonia. 2 Peça musical extensa, que consiste na oposição de um ou mais instrumentos solistas a uma orquestra ou a um grupo instrumental. 3 Execução ou audição pública ou privada de obra(s) musical(is) de qualquer gênero, com exceção da música sacra tocada em culto religioso e a executada em cena dramática. ▸ Cf. RECITAL.

concessão RET 1 Figura de retórica que consiste em concordar com o adversário em coisa passível de contestação. 2 O que se admite como possibilidade ou hipótese válida.

concha 1 MÚS Nos instrumentos de sopro, parte alargada e levemente côncava das chaves, us. para abrir ou fechar os orifícios do tubo, quando acionadas pela pressão dos dedos sobre a espátula. 2 TEAT Semicúpula, ger. de madeira, que cobre o buraco do ponto, ocultando este do público e auxiliando na propagação da sua voz em direção aos atores em cena; cúpula do ponto.

concordância BIBL 1 Repertório de textos concernentes a determinada palavra, ou a determinada ideia, que visa facilitar a consulta e o estudo de uma obra. 2 Repertório dos exemplos de cada palavra, o qual dá para cada ocorrência um contexto de três linhas, figurando obrigatoriamente a palavra estudada na linha do meio.

concretismo 1 HIST.ART LIT Tendência segundo a qual a arte deve concretizar (materializar) visualmente os conceitos intelectuais, através de formas geométricas em movimento e cores artificiais, abandonando a representação do real e do emocional que ainda dominava a arte moderna; arte concreta. ▸ Proposta por Theo van Doesburg, em 1930, e desenvolvida pelo grupo europeu Abstraction-Création (1931-1938), por Max Bill (1908-1994) e pela Escola de Ulm e, no Brasil, nas décadas de 1940 e 1950, em São Paulo e no Rio de Janeiro. 2 Teoria ou prática da arte concreta ou da poesia concreta.

condensação 1 Ato ou efeito de condensar(-se). ▸ Cf. CONDENSAR. 2 Ato ou efeito de resumir ao essencial (texto, ideia etc.); resumo. 3 PSICN Modo de funcionamento dos processos inconscientes, através do qual várias ideias associativas se concentram numa única representação. ▸ Em *A interpretação dos sonhos*, Freud (1856-1939) teoriza que o trabalho do sonho é regido por dois mecanismos: o DESLOCAMENTO e a condensação, caracterizados como duas maneiras de circulação da energia psíquica. A condensação agrega o fluxo mental em representações que normalmente são vistas ou identificadas como desarticuladas e dessemelhantes. Além de estarem presentes nos sonhos, os mecanismos psíquicos condensatórios manifestam-se em trocadilhos e nas mais variadas formas do humor. Pode-se ver a condensação atuando tanto na alucinação psiquiátrica, como na vida corriqueira, nos atos falhos, na perda da memória identificadora de algo, na transposição de imagens mentais para outras etc. Neologismos são criados graças ao mecanismo de condensação. Para que uma representação psíquica condensada faça sentido, é preciso vertê-la numa outra linguagem, frequentemente através do desmanche da unidade representativa. A condensação expressa-se como um cruzamento de energias mentais, de fato uma encruzilhada de representações psíquicas. O processo condensatório atua recorrentemente no pensamento humano, tanto na vigília como nos estados oníricos. Ao tipificar o INCONSCIENTE como uma linguagem, o psicanalista freudiano Jacques Lacan (1901-1981) reconhece a condensação como unidade do diverso na metáfora, enquanto o deslocamento, que representa o todo pela parte, seria metonímico.

BIBLIOGRAFIA

FREUD, Sigmund. *A interpretação dos sonhos*. Rio de Janeiro: Imago, 1999.

LACAN, Jacques. *Escritos*. São Paulo: Perspectiva, 1996.

condensado GRÁF Que se apresenta visualmente comprimido dos lados, ger. por diminuição dos claros interliterais, embora siga o desenho da família a que pertence (diz-se de tipo). ▸ P.opos. a EXPANDIDO.

condensador 1 ÓPT Diz-se de ou aparato óptico convergente, us. para iluminar objetos numa observação ou numa projeção. 2 REC.AV Diz-se de microfone de alta qualidade que consiste de diafragma; *backplate*. 3 ELETR REC.AV M.q. CAPACITOR.

condensar GRÁF Apertar (caracteres de uma composição), ger. estreitando os claros interliterais, sem alterar o corpo nem a família tipográfica. ▸ P.opos. a EXPANDIR.

condicional 1 INF Sujeito ao resultado de uma comparação realizada por computador durante um processamento. 2 Sujeito a intervenção humana. 3 GRAM LING Que expressa, introduz, contém ou implica uma condição, suposição ou hipótese.

condutor 1 ACS FÍS Diz-se de ou corpo, substância ou sistema capaz de conduzir energia elétrica, térmica ou acústica. 2 PAP Diz-se de ou operário que supervisiona o funcionamento da máquina de fazer papel.

conectar 1 INF Estabelecer conexão entre (dispositivos ou computadores) com o objetivo de transferir dados; interligar. 2 FIL LÓG Estabelecer ou reconhecer uma relação entre (proposições).

conectividade INF Capacidade ou possibilidade que tem um computador, dispositivo, sistema operacional, programa etc. de operar em um ambiente de rede.

conectivo 1 LÓG Termo (p.ex, *ou*, *e*, *não*) ou símbolo dele, que relaciona proposições de modo tal que a verdade ou inverdade da afirmação é resultante determinada pela verdade ou inverdade de seus componentes. ▸ A relação entre proposições é determinada por conectivos que são palavras ou grupos de palavras com conteúdo lógico capazes de transformar as sentenças diversas numa única asserção complexa. Na lógica e na gramática medievais, uma palavra ou termo lógico (como 'e', 'porque', 'então', 'uma vez que', 'se e somente se' etc.) é dito SINCATEGOREMÁTICO por ter de ser usado em relação com outros termos lógicos. Muitos conectivos são binários, porque juntam duas proposições, mas isso não quer dizer que não seja possível reunir mais que dois componentes de uma sentença lógica. Uma proposição pode seguir a forma lógica determinada pelos conectivos 'se', 'e', 'então' com três proposições: "Se fizer sol e não ventar muito, então iremos à praia". O conectivo 'então', nesse caso, é considerado o conectivo principal, porque enuncia uma conclusão. Os conectivos podem reunir proposições sobre objetos ou suas classes; nesse caso, diz-se que a conexão ocorre num domínio. Um conectivo sentencial é usado para construir sentenças compostas. O valor de verdade da sentença é dado apenas pela relação entre os conteúdos da sentença composta ("fazer sol", "não ventar muito", "irmos à praia"). 2 GRAM Forma linguística que estabelece ligação entre dois termos de uma oração, ou entre orações num período; conector. ▸ São as conjunções, advérbios, pronomes relativos.

conector 1 REC.AV Cabo que permite a transmissão de sinal de áudio ou vídeo. 2 GRAM M.q. CONECTIVO.

conector BNC ELETRÔN TV Em equipamentos profissionais de vídeo e áudio, conector que garante isolamento eficiente entre múltiplos condutores.

conexão 1 ELETR Ligação de corrente elétrica por contato. 2 ELETR Dispositivo que faz essa ligação. 3 INF Ligação entre dispositivos ou computadores com o objetivo de transferir dados. 4 TEL Em um telefone ou sistema similar de telecomunicações, linha de conexão entre dois pontos.

conferência TEL 1 Comunicação telefônica entre dois ou mais clientes; comunicação coletiva. 2 Repetição, pelo operador da central, da designação do telefone pedido por um correspondente.

conferência de imprensa JOR M.q. ENTREVISTA COLETIVA.

conferente EDIT GRÁF Diz-se de ou auxiliar de revisão que lê os originais em voz alta para o revisor ou escuta a sua leitura, procurando discrepâncias.

conferir EDIT GRÁF M.q. COTEJAR ('confrontar').

confiabilidade 1 ELETRÔN Grau de fidelidade de uma informação em relação ao original (p.ex. na gravação de fita, arquivo e disco eletromagnéticos). 2 INF Capacidade de uma unidade funcional desempenhar, sem falhas ou avarias, dada tarefa sob certas condições e dentro de um período determinado.

configuração 1 ELETR Conjunto de componentes interligados, com o fim de desempenharem uma função não determinada num circuito. 2 Lista de componentes e periféricos que consituem ou estão conectados a um computador ou sistema de computadores. 3 PSIC M.q. GESTALT.

configurar INF 1 Estabelecer em (programa) as opções que definem a preferência de um usuário e atendem às exigências do computador e do sistema operacional em que ele está instalado. 2 Ajustar as características de (componente, dispositivo ou computador), de modo a permitir que este funcione harmoniosamente com os demais elementos a que está conectado.

confirmação 1 FIL LÓG Ato ou efeito de produzir evidência que apoie, sustente, valide ou confira credibilidade a uma hipótese. ▸ O processo de busca de evidência que confirme um enunciado ou sistema teórico é mais complexo do que superficialmente se supõe. O que frequentemente é dito, quando se fala de confirmação, tem menos a ver com a verificação definitiva e absoluta de uma teoria do que com o grau de possibilidade que essa hipótese tem de ser provisoriamente confirmada como verdadeira. Nesse sentido, é preciso distinguir dois tipos de confirmação: uma delas de cunho acumulativo ou incremental e outra que produza uma avaliação mais ou menos absoluta para o que está sendo apresentado como hipótese. No caso da confirmação incremental, a evidência indica uma resposta possível. Tome-se, por exemplo, a questão: quem, de fato, cometeu tal crime? As evidências parciais conjugam-se (motivação para o crime, traços materiais da presença do acusado na cena da violência, um revólver recém-disparado que foi encontrado na gaveta do seu armário, a falta de álibi etc.), indicando um indivíduo como suspeito preferencial. No exemplo considerado, a qualidade da evidência exerce um papel fundamental na mente do promotor, mas, por outro lado, não se deve esquecer que a quantidade incremental de evidências funciona como apoio e sustento da hipótese. Assim, não apenas a qualidade, mas a quantidade de evidências também reduz o teor estrita e vagamente possível da hipótese no início de sua formulação. É claro que a quantidade de evidências produzidas leva à convicção de que uma suposição sustentada por um grande número de evidências seja a resposta verdadeira. Considere-se, porém, o seguinte problema: quantas observações e evidências são necessárias para que a hipótese "todos os corvos são negros" seja indubitavelmente confirmada? Uma metodologia indutiva procuraria o acúmulo confirmativo de observações que registrem corvos factualmente negros. Mas como lidar com a descoberta de um corvo branco que não confirma a hipótese? Como avaliar a evidência encontrada? Deve-se descartá-la? No caso de se acharem corvos negros, a coleta acumulativa de observações confirmatórias não torna a hipótese inviolavelmente forte: por mais que se coletem registros de corvos negros, basta um único encontro de corvo branco para que a hipótese seja invalidada. A assimetria entre confirmação e não confirmação é gritante. Não se pode jamais dizer que todos os corvos são negros, mas pode-se afirmar, quando houver um corvo branco, que "nem todos os corvos são negros". O problema da confirmação está diretamente associado à crítica que o filósofo da ciência Karl Popper (1902-1994) faz a métodos indutivistas de descoberta científica (cf. INDUÇÃO). Uma hipótese é sempre falsificável e nunca definitivamente confirmada. Toda CORROBORAÇÃO é temporária e indica uma possibilidade mais ou menos sustentada. Para o conhecimento e, portanto, para os estudos da comunicação, o saber a ser obtido é sempre efeito de um processo contínuo de cunho hipotético. Cf. ABDUÇÃO; CERTEZA. **2** RET Parte do discurso na qual o orador defende a credibilidade dos argumentos que usou na exposição.

conflito TEAT No drama, fato em torno do qual se estruturam as ações da peça e que consiste no choque de interesses, opiniões etc. de duas ou mais personagens, ou entre o protagonista e forças externas (divindades, forças da natureza) ou até consigo mesmo.

congelar CINE TEAT TV Manter parado, sem movimento; imobilizar, paralisar, fixar.

conglomerado ECON Organização em que várias empresas, dos mais diversos setores e ramos, pertencem à mesma *holding*.

congruência COMN PSIC Ato ou efeito de ajustar sentimentos e emoções subjetivas ao que é comunicado pelo interlocutor. ▸ Apesar de terem sido originadas na experiência terapêutica, as teorias psicológicas de Carl Rogers (1902-1987) exerceram profunda influência nos estudos norte-americanos da comunicação. Rogers via na comunicação plena, honesta e empática o caminho para a melhoria do que afligia seus pacientes. Esse tipo de comunicação seria congruente, pois o terapeuta precisa colocar-se sinceramente no lugar daquele que está sendo tratado. A congruência é um processo que se complementa por duas outras qualidades terapêuticas: olhar incondicionalmente positivo por parte de quem trata e compreensão empática do sofrimento do outro. A congruência resulta num equilíbrio cognitivo, justamente o oposto do que se passa na DISSONÂNCIA COGNITIVA, que recusa a transformação pessoal e insiste na manutenção de comportamentos habituais, ainda que danosos.

BIBLIOGRAFIA

ROGERS, Carl. *Becoming a person*. Boston: Houghton Mifflin, 1961.

conjunção LÓG Conexão entre duas ou mais sentenças, formando uma unidade que será verdadeira se todas as proposições isoladas que a compõem também forem verdadeiras. ▸ A conjunção é um operador lógico que liga duas sentenças e que tem a forma de 'e'. É o contrário lógico da disjunção que assume a forma de 'ou'. Por ser um conectivo lógico-semântico, a conjunção não presume, necessariamente, conexão simultânea, como no caso de "ele se formou e arrumou um emprego", "ela não apareceu para o encontro e ele ficou esperando" ou "o pai e o filho são professores". Do ponto de vista lógico, se *p* e *q* correspondem a duas sentenças, a conexão entre elas se representa de várias maneiras: '*pq*', '*p.q*' '*p&p*' ou '*p^q*'. Formalmente, sendo as letras V e F indicativas de verdadeiro e falso, respectivamente, a tabela de conteúdo de verdade numa conjunção é a seguinte: // V V V// V F F // F F F //. A conjunção de duas proposições é verdadeira se e apenas se ambas as proposições forem verdadeiras.

conotação 1 FIL Propriedade por meio da qual um nome designa uma série de atributos implícitos em seu significado, para além do vínculo direto e imediato que mantém com os objetos da realidade. **2** FIL LING LÓG Conjunto de ideias, associações, significados e propriedades que permitem o emprego apropriado de um conceito ou expressão. **3** LING Conjunto de alterações ou ampliações que uma palavra agrega a seu sentido literal (denotativo) por associações linguísticas de diversos tipos (estilísticas, fonéticas, semânticas), por identificação com alguns dos atributos de coisas, pessoas, animais e outros seres da natureza (p.ex., porco, pavão, cisne, garça etc.) ou do mundo social (ligação de palavra com profissões, grupos de idade, ideologias, crenças, classes sociais, países ou regiões geográficas etc.), ou com coisas, personagens ou pessoas que inspiram sentimentos de admiração, amor, ódio, temor, asco etc.

INFORMAÇÕES GERAIS

Para que uma palavra, termo, símbolo, expressão, proposição etc. signifique algo, é preciso que esse algo seja propriamente indicado pelo signo comunicado. Sendo assim, o significado de um signo é um nome assemelhado logicamente a um nome próprio, ou seja, àquilo que aponta e singulariza o ente representado ou suas propriedades, atributos etc. "Esse é meu cão buldogue, Platão" significa tanto cão, como buldogue, como Platão. O que a sentença nomeia foi chamado filosoficamente de DENOTAÇÃO. O termo *cão*, porém, não designa apenas esse cão, mas todos os cães, ou seja, indica um universal que não vejo, mas reconheço inferencialmente, da mesma forma que *comer* e *comido* indicam o ato de comer e palavras lógicas como *então* e *e* referem-se a consequência e adição. O reconhecimento desse fato exige que se distinga aquilo ao qual a palavra se aplica (sua extensionalidade) e aquilo que o termo significa (sua intensionalidade). Com isso em mente, o filósofo britânico John Stuart Mill (1806-1873) propôs que se use 'denotação' para o reconhecimento da extensionalidade de um signo e 'conotação' para sua intensionalidade (escrito assim, com a letra 's', para distinguir de 'intenção' e INTENCIONALIDADE). Através da conotação compreende-se o significado de um conceito; nela se reúnem seus atributos e tudo o que é necessário para o entendimento do seu sentido. A conotação é o conjunto de associações que um signo desperta pela conexão de significados dependentes do termo. Reconhecer o processo conotativo implica a admissão de que o significado conotado é um efeito mental que surge de uma associação de ideias. O termo *mãe* denota "mulher que deu à luz e/ou criou um ou mais filhos" e conota 'amor', 'cuidado', 'assistência' etc.; enquanto *leão*, além de ser um animal, está associado a ferocidade, bravura etc. No interior do sistema conceitual que Mill utiliza, a denotação é a classe de indivíduos aos quais o termo, a palavra, o signo é aplicado e a conotação é o conjunto de propriedades por meio das quais os indivíduos são identificados como membros dessa classe. A extensionalidade de um termo é, nesse sentido, função de sua intensionalidade. Para os que restringem a comunicação a um processo de uso codificado, como é o caso do estruturalismo de inspiração saussuriana e hjelmsleviana, que supõe que a relação entre um signo e o que designa é arbitrária e imotivada, a conotação é o repertório total de conhecimentos disponíveis num universo cultural específico, mais precisamente as condições de aplicação de uma expressão, portanto de seu uso comum. A conotação agrega os sentidos que podem ser comunicados. Quando vista sob a perspectiva da codificação social, a conotação agrega sentidos e representações ideológicos. Cf. ASSOCIAÇÃO DE IDEIAS; DENOTAÇÃO; IDEOLOGIA.

conotar **1** FIL Implicar como conotação lógica. **2** LING Evocar ou sugerir [sentido(s)] além do conceito literal de uma palavra ou expressão.

consciência **1** FIL Faculdade por meio da qual o ser humano se apercebe daquilo que se passa dentro dele ou em seu exterior. **2** FIL No cartesianismo, a vida espiritual humana passível de conhecer a si mesmo de modo imediato e integral, estabelecendo, dessa maneira, uma evidência irrefutável de sua própria existência e, por extensão, da realidade do mundo exterior. **3** FIL Na reflexão contemporânea, calcada em Nietzsche (1844-1900) e na psicanálise, faculdade aperceptível de caráter restrito, já que a dimensão pulsional ou passional do ser humano é refratária a qualquer tentativa de controle ou conhecimento que se pretenda integral e absoluto. **4** PSIC Nível da vida mental do qual o indivíduo tem percepção (ao contrário dos processos inconscientes). **5** PSIC Fase subjetiva de uma parte dos processos físicos (esp. dos processos perceptivos) que se produzem no sistema nervoso.

INFORMAÇÕES GERAIS

Segundo Sigmund Freud (1856-1939), a psicanálise, a astronomia copernicana e o evolucionismo darwiniano infligiram uma ferida narcísica aos seres humanos. A consciência que tradicionalmente fornecera o critério definidor da humanidade foi implodida pela descoberta de que forças contraditórias, inconscientes e incontroláveis infestavam as ações dos indivíduos. A consciência existiria como efeito de um sistema de representações enganadoras que têm mais a função de desconhecimento do que a expressão de uma racionalidade. Não haveria nada de essencialmente excepcional no fenômeno da consciência que ponha a humanidade no centro do mundo natural. Agora, não cabe mais o imperativo ético do pensamento religioso, ou seja, a obrigação de agir moralmente como se houvesse um mandato divino, a partir do qual a consciência se obriga a reconhecer racional e claramente quais sejam os princípios dos atos morais. Ao sustentar que a consciência do sujeito está irremediavelmente clivada, a reflexão moderna afirma a impossibilidade de a mente refletir apropriada e imaculadamente sobre si mesma, em frontal contradição com a tradição filosófica que começara a ser seriamente questionada por David Hume (1711-1776), quando o filósofo escocês afirma que inexiste identidade pessoal, logo a consciência, e que o sujeito não passa de um feixe de percepções. Os avanços da neurologia moderna também em nada ajudam na dissipação do mistério da consciência: o cérebro humano é um órgão dividido em áreas regidas por especializações funcionais, sem que nele se tenha até hoje identificado um centro, um núcleo que totalize a diversidade de mecanismos mentais e que possa, assim, ser responsável pela vida consciente. Se, para o darwinismo, a consciência está diretamente ligada às origens animais e se, para Freud, a consciência é um véu ocultador, para a biologia, o quadro não muda: o cérebro não passa de um produtor de fantasmas, mas que é, mesmo assim, espectral ou não, capaz de exercer um papel importante na resolução de conflitos, na recepção de mensagens, na tomada de decisões e, também, como mecanismo de defesa psicológica. ▸ Cf. ID; ATO FALHO.

BIBLIOGRAFIA

RAMACHANDRAN, V. S.; BLAKELEE, Sandra. *Fantasmas no cérebro*. Rio de Janeiro: Record, 2002.

consciente **1** Que tem conhecimento de sua própria existência. **2** Que tem capacidade de pensar, desejar, ter um propósito, perceber. **3** Que envolve raciocínio, conhecimento, percepção, decisão. **4** Que tem conhecimento de (algo); cônscio, ciente, informado. **5** Tratado ou executado com conhecimento crítico, cuidado, honestidade; responsável, sério. **6** Que se encontra na posse plena de suas faculdades mentais; que não se encontra embotado pelo sono, por desmaio ou estupor; acordado, desperto. **7** Que assume uma postura ideológica; que tem consciência de sua condição ou papel. **8** Que se preocupa com o próximo e não age levado por motivos egoístas; responsável. **9** Que procede com consciência; probo. **10** Feito com meticulosidade, cuidado. **11** PSIC PSICN Relativo a ou instância da psique que constitui o lado da vida mental a que se tem acesso instantâneo e que está em maior contato com a realidade exterior. ▸ Cf. EGO. **12** PSIC PSICN Nível superior da vida mental do qual uma pessoa tem consciência, ao contrário dos processos do inconsciente. **13** PSICN Uma das três instâncias da primeira teoria tópica de Freud acerca da psique, que postula a existência do inconsciente, do pré-consciente e do consciente; conscienciosidade. ▶ Símb: *c.*

INFORMAÇÕES GERAIS

Uma das novidades radicais que a teoria freudiana trouxe para a psicologia moderna foi ter entendido o conhecimento que o sujeito tem de si próprio em termos de processos inconscientes que escapam ao entendimento imediato e transparente por parte da consciência individual. Para Freud (1856-1939), a centralidade da consciência nas outras teorias psicológicas, é um equívoco recorrente que precisa ser superado. Segundo o freudismo, à primeira vista e sem uma interpretação dos conflitos psíquicos individuais, a consciência reduz-se à capacidade de perceber qualidades sensíveis. Mas os processos de pensamento que o sujeito devota a si mesmo apresentam uma complexidade bem maior. Ao longo de sua obra, Freud enfatizou que o ego não é autônomo e independente, pois constitui-se na relação com outras forças psíquicas que escapam a seu controle e que, assim, o formam. O consciente é, portanto, dividido: o sujeito vive num estado irremível de clivagem. Se, por um lado, o que vem à consciência sem elucidação psicanalítica é freq. uma representação fantasmática, por outro, a consciência é lugar da cura analítica que interpreta o conflito psíquico, reintegrando, terapeuticamente, o que fora anteriormente recalcado.

BIBLIOGRAFIA

FREUD, Sigmund. *Esboço de psicanálise*. Rio de Janeiro: Imago, 1998.

conselho editorial **1** EDIT Grupo de especialistas e notáveis que avalia, considera, acompanha e guia o projeto e o desenvolvimento intelectual e comercial de uma editora, opinando sobre seu projeto e programa de publicações. **2** JOR Grupo de pessoas que opinam sobre a linha e as opções editoriais de um jornal; comitê editorial.

consenso **1** Concordância ou uniformidade de opiniões, pensamentos, sentimentos, crenças etc., da maioria ou da totalidade dos membros de uma comunidade. **2** Anuência, consentimento. **3** Uma das maneiras de se deliberar em assembleias, conselhos etc., em que não há objeções ou argumentos contrários ao que se está propondo. ▶ Cf. CONSENTIMENTO.

consentimento **1** Ato ou efeito de consentir. **2** JOR Uniformidade de opiniões, concordância de declarações, acordo de vontade das partes para se alcançar um objetivo comum.

INFORMAÇÕES GERAIS

Os regimes sociais democráticos estão baseados no pressuposto de que seus cidadãos são indivíduos com força para alterar, influir, criticar e até mesmo recusar as soluções políticas que lhes são oferecidas; porém, quanto mais livre a sociedade, mais surge o imperativo de controlá-la. Por tudo isso, nas sociedades democráticas modernas, o consentimento por vezes toma a forma de servidão voluntária. Como explicar que os agentes sociais aceitam e confirmam a implementação de políticas que são frequentemente contrárias a seus interesses pessoais ou de classe? Dentre os teóricos do jornalismo do sXX, Walter Lippmann (1889-1974) foi um dos primeiros a observar que um dos objetivos sociais dos meios de comunicação, principalmente os informativos, é o de fabricar consenso social, sem o qual as escolhas públicas comuns seriam impossíveis. Uma linha reta liga os ensaios de Lippmann sobre a opinião pública à ESCOLA DE FRANKFURT, até que se chegue, na década de 1970, ao que passou a ser chamado de AGENDA SETTING. Para todos esses autores, de maneira positiva ou negativa, o jornalismo tem a função não apenas de informar, mas de moldar a consciência e a vontade geral de uma audiência. A visão de Lippmann é, de maneira geral, positiva, pois entende o jornalista como aquele que faz a mediação entre os formuladores de políticas públicas com seus saberes especializados e o público como um todo, ao transmitir fatos que serão vitais para a formação de consentimento numa sociedade. Apesar de terem tomado de empréstimo a Lippmann a expressão 'fabricação de consenso', Noam Chomsky (1928-) e Edward S. Herman (1925-) acreditam que o jornalismo contemporâneo faz justamente o contrário, pois manipula fatos, distorce os relatos de acontecimentos, emite juízos preconceituosos sobre os assuntos noticiados, com o propósito de marginalizar e remover o público das decisões políticas que o afetem. Em *Manufacturing consent* (*A fabricação do consenso*), Chomsky e Herman identificam os dois públicos prioritários de grandes jornais, que são dirigidos não só para a elite política e social, que efetivamente participa e influi nas decisões públicas a serem tomadas, mas também para o resto da população, que se limita a legitimar o que seria do interesse das classes dominantes. Quem exerce o poder no universo dos noticiários não é o seu leitor, mas as elites e suas instituições, o governo e seus aparelhos de Estado, os grandes conglomerados industriais e de serviços que anunciam nas páginas dos jornais. Os críticos de Chomsky e Herman dizem que os autores não conhecem o dia a dia dos jornais, que não há nenhuma vasta conspiração para controlar a mente dos leitores e que, se erros ocorrem, como é inevitável em qualquer prática humana, isso não invalidaria o papel social do jornalismo contemporâneo. Chomsky e Herman contra-argumentam que o espantoso não é o erro ocasional ou frequente, mas a completa ausência de posições alternativas sobre a política e a sociedade. Para os autores de *Manufacturing consent*, não se trata de uma teoria conspiratória sobre o conluio cabalístico dos meios de comunicação: dizem que apenas propuseram uma análise do poder das instituições governamentais, que se mostram ativas e poderosas diante dos limites das pessoas que não têm tempo, recursos ou disposição para resistir ao que se apresenta no noticiário diário. Paradoxalmente, a tese da condução da sociedade por parte dos meios de comunicação é uma ideia sustentada por comentaristas tanto de esquerda (Chomsky, Herman e Ignacio Ramonet [1943-]) como de direita (Bozell III [1955-], Bernard Goldberg [1945-]). Os extremos da política coincidem na avaliação de que os jornais continuariam sendo dispositivos de criação, controle e manutenção de consentimento social. Tanto a esquerda como a direita fazem uso de uma imagem funcionalista e estritamente instrumental da mídia. Cabe, porém. a observação de que os meios de comunicação não espelham uma realidade transmissível direta, imediata e sem distorção, simplesmente porque são núcleos que se formam a partir de uma multiplicidade de perspectivas e procedimentos, sejam eles políticos, ideológicos, industriais, contextuais, culturais, educacionais etc. ▶ Cf. ATIVISMO; CHOMSKY, NOAM; ESTABLISHMENT.

BIBLIOGRAFIA
BOZELL III, Brent. *And that lis the way it is(n't): a guide to media bias*. Alexandria, VA: Media Research Center, 2000.
HERMAN, Edward S.; CHOMSKY, Noam. *Manufacturing consent: the political economy of the mass media*. New York: Panthe-on Books, 1988.
GOLDBERG, Bernard. *Bias: A CBS insider exposes how the media distort the news*. New Yok: Harper Paperbacks, 2003.
LIPPMANN, Walter. *Public opinion*. New York: Macmillan, 1922.

consequência Conclusão que deriva de um raciocínio lógico; inferência, ilação, dedução. ▸ Cf. DEDUÇÃO.

consequente 1 LÓG Nas proposições condicionais, afirmação que se segue de outra, constituindo uma ilação. ▸ P.opos a ANTECEDENTE. 2 MÚS Numa composição contrapontística, diz-se de ou imitação que se segue ao tema inicial (antecedente).

consistência 1 LÓG Na lógica aristotélica, propriedade semântica de duas proposições que são consideradas simultaneamente verdadeiras. 2 LÓG RET Ausência de contradição; coerência lógica em comportamento, pensamento, mensagem, doutrina ou proposição. 3 PSIC SOC Estabilidade de opinião ou de comportamento por parte de um indivíduo submetido a um teste ou sondagem.

INFORMAÇÕES GERAIS

Como critério, a consistência indica o teor de racionalidade de um comportamento, uma proposição, um argumento, uma mensagem ou uma doutrina. Se um conjunto de asserções for consistente, ele não contém contradição interna nem leva a consequências contraditórias. Por isso, diz-se que uma proposição ou sistema de proposições é logicamente falso, incompleto e mal formado caso implique contradição. Argumentativamente, o reconhecimento de inconsistências desqualifica o que está sendo comunicado. Caso contrário, levando-se em conta o sistema total dos elementos de um raciocínio, e se ele estiver livre de contradições inconsistentes, pode-se presumir que seja aceitável. O mesmo princípio é válido quando se consideram comportamentos ou atos passados em face daqueles futuros e vice-versa. A consistência ramifica-se em consistência sintática (que avalia a combinação dos elementos do raciocínio) e semântica (que considera a relação entre uma representação comunicada e o que ela significa). Ainda que teorias dedutivas e sistemas axiomáticos, por serem vistos como modelos do raciocínio, sejam particularmente vulneráveis ao reconhecimento da falta de consistência, esse critério é aplicável a tudo que for veiculado com o propósito de persuadir.

console ELETRÔN Equipamento ou conjunto de componentes que combina mostradores, visores etc. com dispositivos de entrada (teclado, interruptores, botões, chaves, unidade de disco etc.), por meio do qual um operador pode acompanhar e dirigir um sistema (p.ex., um computador, uma emissora de TV etc.).

constante 1 EST MAT Que ou o que não depende de um conjunto especificado de variáveis (diz-se de quantidade). ▸ P.opos. a VARIÁVEL. 2 LING M.q. INVARIANTE.

constativo FIL Na filosofia analítica da linguagem de J. L. Austin (1911-1960), tipo de ato de fala que fornece informação direta e verificável a propósito dos fatos e de circunstâncias do mundo exterior, portanto capaz de ser julgada nos termos da verdade e da falsidade. ▸ Cf. ATO DE FALA; AUSTIN, J. L.; PERFORMATIVO.

BIBLIOGRAFIA
AUSTIN, J. L. *How to do things with words*. Oxford: Clarendon Press, 1962.

construção PSICN Elaboração do histórico de um paciente pelo psicanalista, feito a partir dos fragmentos dispersos que aquele lhe comunica.

construcionismo SOC Teoria que afirma ser tudo na natureza o produto da sociabilidade humana e suas convenções. ▸ Cf. CONVENCIONALISMO.

Construtivismo HIST.ART Movimento histórico que preconiza a integração entre técnicas artesanais e a produção artística, o uso de formas geométricas e sua adequação às necessidades do novo mundo socialista que se desenvolve a partir da Revolução Russa de 1917. ▸ Influenciado pelo Cubismo, Futurismo, Suprematismo e Neoplasticismo, por sua vez influencia a Bauhaus, o Concretismo, a Arte Cinética e todas as correntes de arte do sXX chamadas de construtivas.

consumer market [ing.] PUB Grupo definido de consumidores.

consumidor 1 Que ou o que consome. 2 Que ou quem adquire mercadorias, riquezas e serviços para uso próprio ou de sua família; freguês, cliente.

consumo 1 COMN Venda de produtos. 2 ECON Utilização, pela população, de riquezas, materiais, artigos produzidos.

conta 1 INF Dispositivo que registra, permite, identifica e autoriza um usuário individual (ou múltiplo) a participar do serviço de uma rede de computadores. 2 MKT PUB Contrato mantido por uma agência para que esta realize serviços publicitários, promocionais ou de *marketing*, para determinada organização ou produto. 3 PUB Cliente de uma agência publicitária

contador GRÁF Diz-se de ou pequeno aparelho adaptado às máquinas impressoras para contar as folhas impressas.

conta-fios GRÁF Lupa us. para verificar detalhes de retículas, registros de cores etc.

contagem 1 MÚS Ato de contar compassos de espera. 2 MAT Processo que consiste em determinar o número de elementos de um conjunto.

contaminação INF M.q. INFECÇÃO. ▸ Cf. WORM; VÍRUS.

contaminar INF M.q. INFECTAR.

contato PUB 1 Indivíduo que representa determinado veículo de comunicação, promovendo a contratação de espaços publicitários junto a agências de propaganda e potenciais anunciantes; executivo de conta. 2 Publicitário que faz a ligação entre a agência de propaganda e o cliente.

contestação M.q. REFUTAÇÃO.

conteudismo ART.PLÁST LIT Tendência a valorizar mais o conteúdo do que a forma. ▸ P.opos. a FORMALISMO.

conteúdo 1 Tópico, ou conjunto de tópicos, abrangido em determinado livro, carta, documento, anúncio etc.; assunto. 2 Significação mais profunda; relevância. 3 LING.EST M.q. SIGNIFICADO ('face do signo'). ▸ P.opos. a EXPRESSÃO.

conteúdo latente PSICN Na teoria freudiana, conjunto de imagens, rememorações, resíduos de cunho onírico interpretados pelo psicanalista durante o processo de análise. ▸ À medida que a comunicação terapêutica se desenvolve, o paciente expressa livre e abertamente seus pensamentos mais íntimos, frequentemente materializados na narrativa de sonhos, devaneios, fantasias etc. É tarefa do terapeuta decifrar o que se manifestara na mente do paciente, confrontando-o com uma interpretação latente das causas e motivos, até então encobertos, que organizam e dão significado ao que fora narrado, reapresentando os acontecimentos inconscientes nos termos do desejo reprimido do paciente. Até que a interpretação revele o que permanecera latente, a comunicação com o paciente parece ilógica, absurda e irracional. Mesmo que resista e denegue a veracidade e a propriedade da interpretação, a narrativa passa a ter um ou vários centros de significação. Os que abraçam e são influenciados pela teoria psicanalítica da comunicação acreditam que o conteúdo latente de uma mensagem qualquer é a tradução do que é dito nos termos de uma nova linguagem, que aloca tais manifestações em outra ordem significativa.

BIBLIOGRAFIA
FREUD, Sigmund. *A interpretação dos sonhos*. Rio de Janeiro: Imago, 1999.

conteúdo manifesto PSICN Na teoria freudiana, conjunto de imagens e resíduos psíquicos, ger. sob a forma narrativa, que ainda não foram interpretados pelo psicanalista. ▸ A expressão *conteúdo manifesto* indica os efeitos das operações psíquicas atuantes num indivíduo antes de serem elaboradas pela interpretação do terapeuta. O conceito de conteúdo manifesto acoplado ao de CONTEÚDO LATENTE sugere que tanto um como outro são estágios de um mesmo processo: facetas diversas de um mesmo e único conteúdo.

BIBLIOGRAFIA
FREUD, Sigmund. *A interpretação dos sonhos*. Rio de Janeiro: Imago, 1999.

contexto **1** Interrelação de circunstâncias que acompanham um fato ou uma situação. **2** O que constitui o texto no seu todo; contextura. **3** O conjunto de palavras, frases ou o texto que precede ou se segue a determinada palavra, frase ou texto, e que contribuem para seu significado; o encadeamento do discurso. **4** LING O conjunto de condições de uso da língua que envolve, simultaneamente, o comportamento linguístico e o social, e é constituído de dados comuns ao emissor e ao receptor; ambiente.

contextualismo ESTÉT Concepção teórica que advoga a tese de que uma obra de arte deve ser sempre considerada e interpretada no contexto cultural de sua produção, por ser uma criação historicamente determinada.

contiguidade LING Relação de proximidade entre duas unidades na cadeia da fala.

contingência **1** Caráter do que é contingente. **2** Fato imprevisível ou fortuito que escapa ao controle; eventualidade. **3** EST Relação entre dois atributos quando sua medida é baseada no afastamento de suas frequências em relação aos valores que teriam, na hipótese de independência estatística. **4** FIL Caráter do que que ocorre de maneira eventual, circunstancial, sem necessidade, pois poderia ter acontecido de maneira diferente ou simplesmente não se ter efetuado. ▸ As discussões antigas sobre a existência e a natureza de Deus esclarecem, ainda que aparentemente de modo tangencial, o que é contingente, em relação ao que é necessário. A contingência é o oposto da necessidade. A filosofia religiosa ocidental presume que haja uma distinção contrastiva entre o humano e o divino, mesmo que haja, entre eles, semelhança. Deus e homem possuem conhecimento, poder, arbítrio, alguma forma específica de temporalidade onde vivem, liberdade etc. Mas, é preciso reconhecer, como o faz Santo Agostinho (354-430), que, criados por Deus, os homens são dessemelhantes a Ele. Acreditar no contrário seria cometer o mesmo erro que Adão perpetrara no Paraíso, o que leva sempre à arrogância desobediente e à queda da humanidade. Assim como a contingência subtrai-se da necessidade, somos o divino menos alguma coisa. Se Deus for considerado uma ideia necessária que justifica o mundo, como acreditam os teólogos, então, a humanidade é fruto da contingência e, por isso, o pensador escolástico medieval Santo Anselmo (1033-1109) afirma que a existência de Deus, sendo necessária, não permite discussão, dúvida ou debate. Se assim o fizermos, lançaremos Deus no reino da contingência, onde prevalecem a dúvida, a incerteza e as oscilações intermináveis do conhecimento humano. Para Anselmo, a necessidade, que caracteriza Deus, presume nada mais, nada menos do que fé e obediência. Ao contrário da necessidade, que não admite outra resposta e alternativa, a contingência indica o que pode ser de outra maneira. A filosofia empiricista moderna considera o conhecimento necessário como tautológico e, na sua distância da experiência, incapaz de acrescentar algo de relevante a nossos saberes. A contingência não é necessária e por isso é sempre o domínio do possível (cf. ANALÍTICO E SINTÉTICO). Uma proposição é necessariamente verdadeira se e apenas se sua negação implicar CONTRADIÇÃO, enquanto uma sentença contingente pode ser negada sem que isso indique contradição. Por isso, diz-se que a contingência e a necessidade bifurcam-se, como no garfo apontado por David Hume (1711-1776). No livro *Investigação sobre o entendimento humano*, Hume sugere que as verdades necessárias são parte da matemática. Seu teor de verdade deriva de uma redundância: o número quatro está contido duas vezes na soma final, logo não admite a resposta cinco. O caso da experiência é bem outro. A pergunta "choverá amanhã" admite, ainda que em grau diferente de possibilidade, tanto o *sim* como o *não*. A contingência é, portanto, uma propriedade inevitável do conhecimento e da dimensão empírica. ▸ Cf. CONTINGENTE; NECESSIDADE; NECESSÁRIO).

BIBLIOGRAFIA
HUME, David. *Investigação sobre o entendimento humano*. São Paulo: Hedra, 2010.

contingente **1** Que pode ou não ocorrer; incerto. **2** Que pode ocorrer por acaso ou acidente; aleatório. ▸ P.opos. a NECESSÁRIO. **3** FIL Na filosofia escolástica, diz-se de qualquer ocorrência fortuita e casual quando considerada isoladamente, mas necessária e inevitável ao ser relacionada às causas que lhe deram origem. **4** FIL No spinozismo, diz-se de circunstância, aparentemente eventual, em decorrência de uma limitação do conhecimento humano na compreensão de sua origem causal. **5** FIL Na filosofia moderna, em polêmica com a tradição, diz-se de evento natural ou humano que se caracteriza por sua absoluta indeterminação e imprevisibilidade.

INFORMAÇÕES GERAIS

A oposição entre *contingente* e *necessário* não é tão clara e definida como pode, à primeira vista, parecer. Uma verdade contigente é aquela que é possível em algumas circunstâncias e não em todas. Se for verdade em todas as circunstâncias, ela será uma verdade necessária. Daí o salto que se dá frequentemente e que opõe contingência e necessidade. Porém, o que se opõe logicamente ao necessário é o não necessário; e ao contigente, o não contingente. Contingente é, na maioria das vezes, alguma coisa dependente de outra, o que faz da contingência uma condição para a verdade, não a verdade propriamente dita. Cf. NECESSIDADE.

continuidade 1 CINE TV Conjunto de medidas que imprimem coerência ao fluxo visual e sonoro ou aos cortes de uma filmagem, mantendo unidade de ação nas sucessivas tomadas e cenas. 2 CINE RÁD TEAT TV Desenvolvimento lógico e coerente na sequência de um programa televisivo ou radiofônico, um filme cinematográfico, um espetáculo teatral etc. 3 RÁD TV Passagem de um programa a outro, sem interrupção. 4 PUB Qualidade de uma campanha cujas peças se desenvolvem a partir de um mesmo tema. 5 PUB Veiculação de uma campanha por período longo e ininterrupto.

continuísta CINE RÁD TEAT TV Que ou quem se responsabiliza pela continuidade em uma filmagem ou gravação de programa; anotador.

conto LIT Narrativa breve e concisa, contendo um só conflito, uma única ação (com espaço ger. limitado a um ambiente), unidade de tempo e número restrito de personagens.

contrabaixo MÚS 1 Voz mais grave que a do baixo. 2 Instrumento mais grave da família dos violinos; rabecão. ▶ Tb. se diz apenas *baixo*. 3 O mais grave em algumas famílias de instrumentos.

contracampo CINE TV Campo filmado na direção oposta à do campo precedente (p.ex., o personagem que, no campo, se encontra de frente para a câmara é visto de costas no contracampo); contraplano.

contracapa GRÁF Cada uma das faces internas da capa; capa interna.

contracena CINE TEAT TV 1 Ato de contracenar, atuação de um ator com outro em cena, sob a forma de diálogos, gestos etc. 2 Posição ou sequência de posições secundárias de um ator no espaço cênico, ou diálogo simulado que acontece em segundo lugar, paralelamente à encenação principal.

contracolagem EDIT GRÁF M.q. CONTRAGUARDA.

contracultura Subcultura que rejeita e questiona valores e práticas da cultura dominante da qual faz parte. ▶ Cf. CULTURA.

contradição FIL LÓG RET 1 Relação de incompatibilidade entre dois termos ou juízos, sem qualquer dimensão intermediária ou sintética que os concilie. ▶ Cf. BIVALÊNCIA; TERCEIRO EXCLUÍDO. 2 Relação de incompatibilidade entre dois termos em que a afirmação de um implica a negação do outro, e reciprocamente (p.ex., 'vivo' e 'morto'). 3 Relação de incompatibilidade entre duas proposições, que não podem ser simultaneamente verdadeiras e simultaneamente falsas, por representarem o mesmo sujeito o mesmo predicado, mas diferirem ao mesmo tempo em quantidade e qualidade (p.ex., *alguns homens são mortais* e *alguns homens não são mortais*). 4 Na filosofia hegeliana, oposição, conflito ou incompatibilidade de natureza lógica e ontológica, presente tanto no âmbito do pensamento como no das coisas materiais, que funciona como um motor fundamental para as transformações objetivas e subjetivas. 5 No pensamento marxista, conflito histórico e social cuja origem é a necessidade econômica, tal como o que se dá entre a humanidade e a natureza no processo de trabalho, entre classes sociais pela hegemonia do processo produtivo ou ainda entre forças produtivas e relações de produção; em todos os casos, funciona como motor da história ou causador das transformações nas sociedades humanas. ▶ Cf. CLASSE; SOBREDETERMINAÇÃO.

INFORMAÇÕES GERAIS

Foi no estudo da argumentação dialógica, conduzida pelo ensino da retórica entre os gregos do sV a.C., que se identificou o esquema inferencial da contradição, visto inicialmente como simples ANTILOGIA (cf. ANTILOGISMO). A antilogia não era considerada como um modo de pensamento absolutamente inválido. O que importava era sua eficácia persuasiva. Protágoras de Abdera (490a.C. - c420 a.C.) dizia que, não havendo a possibilidade de se conhecer a verdade absoluta, qualquer argumento implica a sua negação e o seu contrário, e ambos são igualmente válidos. Tudo se resumia a uma questão de pontos de vista. A contradição é definitivamente considerada inválida por Aristóteles (384 a.C. - 322 a.C.) que afirma judicativamente: nada pode ser e não ser ao mesmo tempo e ao mesmo respeito. O caminho que vai da dialética às teorizações filosóficas da lógica grega pode ser demarcado por três etapas. A princípio, o esquema inferencial da contradição é considerado parte do receituário dos discursos, para posteriormente ser avaliado na organização sistemática das argumentações dialéticas, mas sua teorização explícita só acontece quando Aristóteles, nos *Analíticos*, integra a contradição nas suas reflexões sobre o raciocínio formal como um todo, fazendo-a parte das leis do pensamento. O debate grego não é propriamente um diálogo, como a raiz do termo 'dialética' sugere. Trata-se de um confronto de teses contraditórias que se excluem; nele, refutar e convencer são partes do mesmo processo, o que levará à distinção de raciocínios corretos e incorretos. Contradizer-se passa a ser entendido como efeito de um pensar deficiente e inválido. Não basta produzir um argumento que tenha uma aparência superficial inatacável de verdade, quando a estrutura lógica dos termos e dos juízos colidem contraditoriamente. Ainda que historiadores da lógica tenham reservas, do ponto de vista formal, à maneira pela qual Platão avalia e considera os argumentos dos personagens de seus diálogos (não sendo claro se os defeitos são dele ou de seus personagens), é óbvio que sem as teses centrais platônicas, Aristóteles não teria identificado os princípios da lógica e, dentre eles, o da contradição. Apesar de não formular e esmiuçar os princípios da inferência válida, Platão examinou, com clareza, as questões metafísicas e epistemológicas que fundam a lógica. Se a forma do Ser é, como Platão afirma, unitária, a oscilação incerta de juízos e termos contraditórios só pode ser sintoma de falta ou deficiência de compreensão. Quando o conceito de contradição se transfere, através da influência do hegelianismo e do marxismo, para o domínio da história, ele passa a ser adjetivante das incompatibilidades entre fatos naturais, humanos, históricos e sociais. Do ponto de vista lógico, uma pessoa se autocontradiz quando afirma algo incompatível e inconsistente com as premissas de seu raciocínio. Cf. CONSISTÊNCIA; NEGAÇÃO; PARMÊNIDES DE ELEIA.

BIBLIOGRAFIA

BLANCHÉ, Robert. *História da lógica de Aristóteles a Bertrand Russell*. Lisboa: Edições 70, 1985.

contraforma GRÁF Num trabalho de duas ou mais cores, a fôrma, ou fôrmas, com que se fazem a segunda impressão e as impressões subsequentes.
contraguarda EDIT GRÁF Parte da guarda de cor que, num livro encadernado, é colada à parte exterior da guarda branca; contracolagem.
contraluz 1 CINE FOT REC.AV Efeito que se obtém quando a luz incide por trás do objeto, que dessa forma é visto em silhueta, contornado por um halo; *backlight*. 2 TEAT Foco de luz que incide do palco sobre a plateia.
contramarca 1 PAP Em papéis antigos, marca-d'água secundária, com as iniciais do fabricante, lugar e data de origem. 2 TEAT Senha para a saída e a entrada de um espetáculo em curso.
contraplano CINE TV M.q. CONTRACAMPO.
contraposição ART.PLÁST Variação das linhas, da luz ou das atitudes da figura em uma pintura, ornato ou baixo-relevo, do que resulta certo equilíbrio.
contraprogramação TV Tática de oferecer um programa para atrair a audiência de *shows*, espetáculos, acontecimentos etc. de outra emisssora.
contrapropaganda COMN Propaganda que visa a anulação dos efeitos de outra.
contraprova GRÁF 1 Prova feita depois das emendas de uma prova anterior. 2 Prova invertida, obtida mediante pressão, sobre o papel, da prova ainda úmida de tinta.
contraprovar EDIT GRÁF M.q. COTEJAR ('confrontar').
contrariedade 1 Ato ou efeito de contrariar. 2 Oposição entre coisas; oposição ou resistência a algo. 3 LÓG No aristotelismo, relação de distância ou diferença máxima entre termos ou proposições. ▸ Cf. CONTRADIÇÃO. 4 LÓG Relação de diferença entre dois termos em que a negação de um não implica a afirmação do outro e reciprocamente (p.ex., 'preto' e 'branco'). 5 LÓG Relação de diferença entre duas proposições que não podem ser simultaneamente verdadeiras, mas podem ser ao mesmo tempo falsas (p.ex., *todas as paredes estão brancas* e *nenhuma parede está branca*)
contrarregra 1 CINE RÁD TEAT TV Técnico responsável pelo acompanhamento do desenrolar de uma encenação teatral, *show*, filmagem cinematográfica, programa de rádio ou TV, providenciando o necessário aos cenários, indicando cada entrada e saída de cena dos atores, supervisionando a equipe técnica etc. 2 RÁD M.q. SONOPLASTA. 3 CINE RÁD TEAT TV O ofício do contrarregra; contrarregragem. 4 CINE RÁD TEAT TV Roteiro com a indicação da entrada de atores em cena, uso de adereços etc.
contrarregragem CINE RÁD TEAT TV M.q. CONTRARREGRA.
contrarregulador TEAT Cada um dos bastidores ou reguladores que, num palco italiano, se situam logo atrás do primeiro plano.
contrarrótulo GRÁF 1 Rótulo afixado em um recipiente, no lado oposto ao do rótulo, com informações adicionais sobre o produto, fabricante, distribuidor etc. 2 Verso do rótulo, esp. quando us. para impressão de algum texto.
contrassujeito MÚS O tema secundário em uma fuga; contratema.
contraste 1 ART.PLÁST Variação de cores, luz e sombra, massas, que faz sobressair os diversos valores plásticos de uma obra. 2 CINE FOT TV Variação nas tonalidades de luz e sombra, claro e escuro, zonas opacas e transparentes, numa imagem de televisão, cinema e fotografia. 3 GRÁF Numa obra gráfica, a variação de tons entre o claro e o escuro. 4 LING Diferença entre duas unidades contíguas na cadeia falada, numa relação sintagmática (p.ex., o contraste entre uma sílaba tônica e uma sílaba átona que a precede ou a segue, como entre /*va*/ e /*so*/ de *vaso*, o contraste entre os fonemas /*p*/ e /*a*/ na sílaba /*pa*/ etc. ▸ Cf. BINÁRIO.
contratema MÚS M.q. CONTRASSUJEITO.
contratempo 1 MÚS A parte fraca do tempo (a 'pulsação'). 2 TV O intervalo natural entre as falas de dois atores que contracenam.
contratipar CINE Produzir (cópia negativa) a partir de um positivo.
contratipo CINE FOT Cópia de um máster. ▸ Cf. MÁSTER; AMPLIAÇÃO.
contrato social FIL No sistema teórico de Jean-Jacques Rousseau (1712-1778), princípio que fundamenta a sociabilidade e o direito, que se realiza quando o indivíduo submete sua vontade social à vontade coletiva. ▸ A noção de 'contrato social' não passa de uma metáfora. À semelhança dos contratos entre agentes econômicos que firmam um acordo mútuo, o contrato social estipula direitos e deveres, mas trata-se de uma ordem difusa: é como se a sociedade fosse um pacto sem contratantes. Teoricamente, na filosofia iluminista de Rousseau, a contratualidade demarca natureza de sociedade humana. Adotar um contrato social significa abandonar o estado natural, caracterizado pela regra de cada um por si e todos contra todos. Graças a contratos implícitos ou explícitos, os seres humanos vivem em estado comunitário. Para que um contrato seja verdadeiramente social, é preciso que seja legítimo, o que implica a aceitação comum. Contrato e vontade geral (*volonté générale*) determinam-se mutuamente, o que, por sua vez, presume simultaneamente liberdade de escolha individual e submissão ao grupo. As teorias do contrato social acabam sendo reflexões especulativas sobre as origens das sociedades humanas: existem, primeiro, as vontades e as consciências individuais, que se transformam, por opção, numa totalidade maior do que a mera soma de suas partes. Antes de Rousseau, Hobbes (1588-1679), no *Leviatã*, e Locke (1632-1704), em *Two treatises of civil government*, defenderam ideias aparentadas ao contratualismo do filósofo francês. A novidade da formulação teórica de Rousseau é que o contrato é mais do que uma agregação: através do contrato manifesta-se outra entidade, a vontade geral que transforma e modifica o que for meramente individual. David Hume (1711-1776) criticou violentamente a noção de contrato social, apontando que a contratualidade não será jamais suficiente para que se estabeleça a ordem social: para não ser mera fantasia, a vida em sociedade exigiria outros princípios de natureza mais fundamental. A noção de contrato sugere mais uma justificação do que um fundamento explicativo de por que se vive em sociedade. O caráter hipotético e especulativo do contratualismo social não incomoda autores contemporâneos, como o teórico do direito John Rawls (1921-2002): para eles, a obrigação política e moral deriva suave e naturalmente do espírito social contratualista. Karl Marx (1818-1883), porém, ataca a mecânica de formação do contrato social: o contratualismo seria um princípio absurdamente contraditório, pois não existem indivíduos fora da comunidade e a individualidade seria, em si mesma, uma noção social. O princípio do contrato social também deixa sem explicação como se funda o Estado e, da mesma forma,

por que mecanismos a ordem estatal se mantém. Se for apenas um empréstimo de poder individual, existir socialmente não ultrapassaria os limites da servidão voluntária (cf. LA BOÉTIE, ÉTIENNE). Mesmo que não seja verdadeiro para todas as formações sociais, o princípio do contrato social mostra-se operativo e funcional para os sistemas democráticos, que supõem que o governo seja uma criação do povo, regida pela obrigação de respeitar e exercer a vontade de todos. Não é à toa que tanto a ordem democrática como as teorias da justiça que se centram no indivíduo não se incomodem com a noção originalista de um contrato social. ▸ Cf. CONTRATUALISMO.

BIBLIOGRAFIA

ROUSSEAU, Jean-Jacques. *Do contrato social*. São Paulo: Companhia das Letras, 2011.

contratualismo COMN FIL POL SOC Doutrina cujas origens remontam à filosofia grega, mas que adquiriu importância teórica e política no pensamento liberal moderno, que considera a sociedade humana e o Estado fundados por um acordo ou contrato estabelecido nas práticas sociais entre os cidadãos. ▸ O contratualismo é uma doutrina que foi formulada na origem da democracia grega pelo estadista, legislador e poeta Sólon de Atenas (c638 a.C. - 560 a.C.). Sólon argumentava que, para obter uma decisão política que fosse percebida como justa, era necessário que houvesse um acordo tácito entre os cidadãos. Era o que ele denominava com o termo grego *eunomia* ('harmonia consensual de interesses antagônicos'). Só assim se atingiria a paz e, portanto, criar-se-ia uma sociedade harmônica. A constituição que Sólon propôs para uma Atenas fraturada por interesses de classe dependia da adoção coletiva e contratual de um conjunto de convenções sociais com o qual a comunidade deveria concordar. É óbvio que o contratualismo pode funcionar para vários aspectos da vida humana. Assim, os princípios teóricos de cunho contratualista encontram lugar nas discussões filosóficas sobre a política, a moral, a linguagem e os processos de comunicação. Para transcender a guerra de todos contra todos (*bellum omnium contra omnes*) que caracterizaria a existência primitiva, Thomas Hobbes (1588-1679) justifica um Estado forte e capaz de regular os conflitos inerentes aos interesses egoístas dos seres humanos. Entretanto, cabe notar que as teses de Hobbes não são apenas argumentos monolíticos sobre a necessidade de um Estado forte e dominante. Nas suas reflexões a propósito da linguagem, ele afirma que a expressão linguística faz mais do que representar o mundo, pois, através de nossos enunciados, expressamos sentimentos, manifestamos paixões, transmitimos apelos, mas também fortalecemos contratos e promessas. Sem os contratos que emergem das conversas recíprocas não haveria vínculos, Estados, convenções, como não existem entre os leões, lobos e ursos. Já em Hobbes, o contratualismo é uma das faces das doutrinas convencionalistas sobre a sociedade e a comunicação. Talvez o filósofo contratualista de maior influência no pensamento ocidental, após Hobbes, tenha sido Jean-Jacques Rousseau (1712-1778), não apenas no que formula em seu *Do contrato social*, mas principalmente no *Ensaio sobre a origem das línguas*, publicado postumamente, mas considerado uma representação das primeiras fases do pensamento rousseauniano. Para Rousseau, a palavra e as línguas caracterizam a humanidade em contraponto à natureza bruta dos animais. As línguas são as instituições sociais primeiras e sobre suas trocas assentam-se os fundamentos da sociabilidade. No que concerne à moral, o *imperativo categórico* kantiano, ou seja, aquele que diz que devemos agir a partir de regras que possam aspirar ao estatuto de lei universal, deve ser considerado uma transposição da filosofia contratualista para o domínio da ética, enfim, do que seja uma forma prática da razão. Nesse sentido, Immanuel Kant (1724-1804) prefigura o contratualismo moderno de John Rawls (1921-2002), que defende a adoção de princípios contratuais para a política e a moral. Segundo Rawls, devemos decidir e agir sempre sem levar em conta os interesses comezinhos de nossa individualidade, logo preferindo decisões cobertas por um véu de ignorância, livres de preconceitos morais, políticos ou religiosos. Tal prática deve ser comum a todos os homens. O contratualismo e o convencionalismo lançam uma sombra extensa sobre os estudos da comunicação, quando autores de inspiração linguística, originados na leitura de Saussure (1857-1913), reduzem o ato de comunicar à manifestação e à atualização de regras convencionalizadas e determinadas pela cultura em que circulam os signos.

BIBLIOGRAFIA

JAGGER, Werner. *Paidea: the ideals of Greek culture*. New York: Oxford University Press, 1939.

HOBBES, Thomas. *Leviatã*. São Paulo: Martin Claret, 2008.

RAWLS. John. *Uma teoria da Justiça*. Lisboa: Presença, 1994.

ROUSSEAU, Jean-Jacques. *Do contrato social*. São Paulo: Abril Cultural, 1973.

________________. *Ensaio sobre a origem das línguas*. São Paulo: Abril Cultural, 1973.

SAUSSURE, Ferdinand de. *Curso de linguística geral*. São Paulo: Cultrix, 2006.

contre-plongée [fr.] CINE M.q. CÂMARA BAIXA.

controle **1** INF Função que estabelece o curso das operações ou do sistema de processamento de dados. **2** PUB RÁD TV Setor responsável por fiscalizar o posicionamento, centimetragem etc. de anúncios a serem inseridos nos veículos de comunicação, assim como avaliar a estratégia de mídia adotada. **3** RÁD TV Local em uma emissora onde são recebidos os sons e/ou imagens do estúdio, de externas etc., para que sejam selecionados, mesclados e organizados eletronicamente para transmissão ou gravação. **4** RÁD TV Sala equipada eletronicamente, da qual se coordena, por meio de equipamento, a produção técnica e artística de um programa.

controle de erro JOR Setor do jornal responsável pela qualidade editorial, jornalística e textual da publicação, que tem a tarefa de apontar deslizes gramaticais, lógicos, de coerência, de padronização etc. ▸ Numa publicação de qualidade, o setor que controla erros e aponta deslizes com o propósito de fornecer aos editores meios de melhorar internamente a atividade do jornal. No que concerne a enfoque e informação, a identificação de erros é, frequentemente, atribuição das editorias, da direção do jornal ou do OMBUDSMAN.

controle de fluxo JOR Critério de avaliação da produtividade de cada editoria, que gera um relatório diário do ritmo de fechamento da publicação no dia anterior.

controle mestre ELETRÔN RÁD TV Centro de controle em estação de rádio ou TV que recebe todos os sons e/ou imagens produzidos pela emissora e os leva ao ar, sendo responsável pela comutação, distribuição, monitoração e registro dessas transmissões; centro de televisão, máster.

convenção COMN SOC **1** Qualquer dos usos comunicacionais ou de costumes sociais estabelecidos, ger. por regras e aceitação tácita pelos indivíduos de uma comunidade. **2** Conjunto de regras admitidas e aceitas num grupo seja para produzir mensagens, seja para guiar comportamentos sociais.

INFORMAÇÕES GERAIS

Ainda que o termo *convenção* possa tomar a forma restrita de *código*, *regra*, *norma* etc., a convencionalidade é um traço que ressurge em várias teorias e análises da comunicação que presumem determinado tipo de sociedade. As convenções produziriam unidade e coordenação social. Entretanto, para outros, a ênfase excessiva nas convenções para explicar o comportamento dos seres humanos funcionaria como uma camisa de força determinista que empobrece o entendimento da comunicação. Comunicação social não é apenas resultado de forças aglutinadoras, mas também um produto de processos conflituosos e competitivos. A princípio, o conceito de convenção serve para separar o que é do que não é natural. Uma coisa seriam os signos produzidos por casualidade material e outra, as representações construídas pelo acordo e pelo contrato social entre os seres humanos. Daí a importância concedida às convenções em análises estritamente sociológicas e antropológicas. Fundadas em suposições metafísicas baseadas em teses rousseaunianas, muitas das ciências sociais justificam o dualismo entre natureza e cultura, reconhecendo, sem questionamento, a separação entre estado natural e sociabilidade convencional. Por ser imutável, a natureza seria o reino da necessidade, enquanto que o contrato social (constituído por convenções) seria o reino da liberdade. A ideia funciona para períodos históricos pré-evolucionistas como o período dos filósofos iluministas, quando Jean-Jacques Rousseau (1712-1778) teorizou, mas, para a concepção moderna de que a natureza se transforma por mutação evolutiva, o rousseaunianismo é definitivamente obsoleto. Tanto a natureza como a cultura se transformam e entre os dois reinos existe mais continuidade do que separação. Havendo similaridades contínuas entre o que é natural e o que é convencional, discussões a propósito da procedência dos signos tornam-se irrelevantes. Os signos naturais fazem parte de contextos comunicacionais em que, com a mesma desenvoltura, ocorrem representações convencionais: seja por argumentos teóricos gerais, seja por considerações práticas, não há motivo para discriminar o que é natureza em oposição às convenções. As representações, porém, têm a capacidade de afastar-se progressivamente de sua origem material e, assim, passam a assumir um valor puramente mental. Utilizando regras estritamente formais, é possível criar linguagens altamente convencionalizadas que são estritamente formais, além de imotivadas em face do objeto que representam. Os signos assumem maior grau de convencionalidade à medida que progridem do indexical para o icônico, chegando à constituição imotivada, que é o traço do símbolo. Por isso, o que for de natureza simbólica e imotivada é prioritariamente interpretado em relação às regras de formação convencional que o geraram.

convencionalismo **1** Qualidade, caráter do que é convencional; convencionalidade. **2** Submissão ou apego exagerado às convenções sociais, políticas etc. **3** Sistema que se fundamenta em convenções. **4** Conjunto de convenções.

INFORMAÇÕES GERAIS

O convencionalismo é uma doutrina dominante nas teorias sociais da comunicação. O papel das convenções na formação social remonta à oração fúnebre de Péricles (c495 a.C. - 429 a.C.), durante a Guerra do Peloponeso, que diz ser a cultura ateniense um instrumento de vitória na luta contra Esparta. Modernamente, o convencionalismo nas ciências sociais deriva das teses de Émile Durkheim (1858-1917), que atribui às representações coletivas e convencionalizadas o papel de mediação entre o social e o psicológico. As doutrinas convencionalistas esposam de maneira não necessariamente unificada e certamente difusa algumas teses básicas: 1) acreditam na separação entre natureza e cultura; 2) afirmam que as barreiras e as distinções (valorativas ou não) entre grupos humanos resultam do aprendizado necessário para que as convenções sejam interiorizadas; 3) postulam a crença de que a força do grupo é maior do que a ação de cada indivíduo. ▶ Cf. CONTRATUALISMO.

convergência **1** CINE TV Grau de nitidez que determinada cor apresenta num monitor. **2** INF Tendência para a aproximação de duas ou mais soluções tecnológicas que, interagindo, geram uma nova solução. **3** ÓPT M.q. POTÊNCIA.

convergência de mídia M.COM Ato ou efeito de integrar meios de comunicação diversificados.

conversação **1** Ato de conversar; colóquio. **2** Arte de conversar. **3** COMN Troca de mensagens entre dois usuários ou dois terminais de uma rede de comunicação. ▶ Cf. DIÁLOGO.

conversão **1** Transformação de uma coisa, de um estado, de uma forma etc. em outra. **2** Substituição de uma coisa por outra. **3** ECON Mudança das características de uma ação ou título. **4** INF Transformação dos dados de um sistema operacional ou programa de computação em outros. **5** PSICN Transformação de energia libidinal em inervação somática. **6** PSICN Transformação de afetos (recalcados) em sintomas corporais. **7** PSIC Mudança fundamental de atitude ou opinião (p.ex., passagem de uma atitude oposta ou neutra a uma aceitação incondicional), freq. acompanhada de conflitos.

conversor **1** ELETR Máquina que se destina a transformar corrente contínua em corrente alternada, ou alternada em contínua. **2** ELETRÔN Dispositivo us. conjuntamente com um receptor de rádio ou televisão, para permitir a recepção através de canais de frequência para os quais o receptor não estava originalmente apto. **3** FOT Lente suplementar que permite maior distância focal, duplicando ou triplicando a lente principal; teleconversor. **4** INF Qualquer dispositivo que converta sinais elétricos ou dados de um formato a outro. **5** INF Unidade de computador que transfere informação numérica de um formato para outro.

cookie [ing.] INF Fragmento de informação transmitido de um servidor na internet para um *browser*, podendo ser processado inteiramente do lado do usuário apenas.

cooperação Ato ou efeito de trabalhar ou atuar, juntamente com outros, para um mesmo fim. ▶ Seria perfeitamente racional e justificável que não houvesse cooperação entre seres sexuais. A reprodução sexual é, na origem, radicalmente competitiva. Uma vez fertilizada por outro membro da espécie, a fêmea não pode ser novamente um veículo de reprodução até dar filhos. Estruturalmente, é um JOGO DE SOMA ZERO, conceito que a teoria dos jogos cria para descrever situações de disputa extrema, em que um ponto ganho (+1) representa um ponto perdido (-1); logo, (+1) + (-1) = 0. Mas, paradoxalmente, as populações sexuais são tb. núcleos de cooperação. Por que isso acontece? Uma explicação que recorra à racionalidade mútua dos jogadores deveria bastar: se os jogadores percebem que a cooperação os beneficia individualmente, não há motivo para que a cooperação deixe de aparecer em populações de egoístas, desde que sejam racionais. Isso, a longo prazo, significaria que uma população egoísta e centrada no seu próprio interesse se transformaria numa população de seres dóceis e cooperativos, num grupo de pombos, diz a metáfora na teoria dos jogos. Gaviões egoístas e individualistas seriam substituídos por seres de natureza dócil e pacífica. Pelo mesmo raciocínio, porém, uma população que se transforma em seres cordatos e pacíficos é vulnerável à invasão de uma mutação egoísta, que, por sua vez, a longo prazo, transformaria o contingente de organismos. Por isso, as populações sexuais mantêm uma proporção de atributos aproximadamente da ordem de 1:1, numa situação de equilíbrio. Essa explicação dá conta do equilíbrio entre cooperação e competição, mas não fornece motivos para que se entendam a origem, o motivo e a mecânica através da qual a cooperação se mantém. O que deve ser notado, nessa situação descrita, é que não basta que um dos jogadores perceba que vale a pena cooperar: o outro jogador tem de se convencer do mesmo, caso contrário o primeiro será explorado. Isso, em si, revela como a cooperação depende de comunicação entre os jogadores. Um problema clássico da teoria dos jogos sobre a falta de cooperação e a assimetria entre cooperar e racionalizar chama-se *o dilema do prisioneiro*. Dois parceiros de crime são presos e isolados pela polícia, que não tem provas suficientes para levá-los a júri. Um promotor visita-os, em separado, e propõe um acordo: "se você me apresentar provas que condenem o parceiro, deixará a cadeia". Um prisioneiro não pode se comunicar com o outro, mas infere que a mesma proposta deve ter sido feita àquele que está numa cela próxima. Agora, cabe o raciocínio: seria melhor que ambos os prisioneiros cooperassem entre si, pois assim os dois sairiam da situação em que se encontram. Mas não há como garantir que o outro fique em silêncio e não sucumba à tentação de fornecer provas para o promotor. Resultado: os dois traem-se mutuamente e, assim, são penalizados. O paradoxo é tal que o economista Amartya Sen (1933-) descreve os prisioneiros como *tolos racionais*. A decisão de trair o parceiro é racional e pouco inteligente. Mas, aparentemente, não há mesmo saída. Insatisfeito com a contradição do dilema do prisioneiro, o cientista político Robert Axelrod (1943-) resolveu submeter a situação a um torneio de estratégias que seriam implementadas por computadores. Duas outras situações básicas do dilema do prisioneiro foram também alteradas: os jogadores não se enfrentariam apenas uma vez, como era o caso do dilema original, mas sim repetidas vezes; e, a cada nova jogada, lembrariam o que seu oponente dissera antes. Os indivíduos viveriam situações de interação social frequente e comunicar-se-iam através de ações passadas que, ao serem lembradas, indicariam o que eles estariam dispostos a fazer no futuro. Para surpresa de Axelrod, a estratégia que venceu os dois torneios fora cunhada pelo psicólogo e matemático Anatol Rapoport (1911-2007) e tinha o nome de *toma lá dá cá* (*tit for tat*). Ao contrário de muitas estratégias apresentadas, o *toma lá dá cá* era simples, logo podia ser facilmente compreendida, e compunha-se de duas etapas: primeiro movimento, cooperar; segundo, fazer o que o outro fez. Era uma estratégia mista (como se um pombo pudesse transformar-se num gavião e voltar a ser pombo, dependendo do que o oponente fizera) que combinava cooperação e conflito, mas que, além disso, tinha o objetivo de persuadir o oponente. É intuitivamente claro que, numa população em que há cooperação, os cooperadores florescem e a tendência espalha-se e evolui. Nesse caso, é bem claro que uma das condições centrais para que a cooperação evolua é a comunicação entre os membros da população. ▸ Cf. ALTRUÍSMO RECÍPROCO.

BIBLIOGRAFIA

AXELROD, Robert. *A evolução da cooperação*. São Paulo: Leopardo, 2010.

SEN, Amartya. Rational fools: a critique of the behavioral foundations of economic theory. In: *Philosophy and public affairs*, n. 6, p. 317-44,1977.

coordenada 1 JOR Diz-se de ou matéria jornalística conectada a outra sem que lhe seja subordinada; sub-retranca. 2 TEAT Cada uma das linhas imaginárias que dividem o palco em zonas, us. para otimizar a distribuição de massas e a arrumação dos cenários.

copatrocínio PUB Modo de publicidade em que dois ou mais anunciantes dividem os custos de veiculação de um anúncio, em cotas iguais ou não.

cópia 1 Transcrição de um texto original. 2 Reprodução de um original (texto, filme, gravura, desenho, música etc.) obtida por meio de qualquer processo de impressão, reprografia, gravação fonográfica, fotografia etc. 3 Imitação por falsificação; contrafação, plágio. 4 Reprodução fiel, por imitação, de obra de arte ou outro trabalho original. 5 FIL No sistema teórico de Platão (c428 a.C. - c348 a.C.), princípio que domina sua cosmologia e postula a existência especulativa de um mundo original e essencial de que tudo deriva por imitação. ▸ No diálogo *Timeu*, texto de cunho mítico e extremamente elaborado sobre a formação do universo, Platão postula a existência de um mundo original que contém todas as coisas inteligíveis e, assim como esse mundo dos sentidos, onde vivemos, compreende a nós mesmos e a outras criaturas. O mundo que percebemos pelos sentidos e que está em constante mutação e processo é imperfeito e incompleto, sendo apenas uma cópia criada de outro original que repousa em perfeição. Para Platão, cópia é a perda de uma essência. O mundo dos sentidos é imperfeito porque se trata de uma cópia de formas perfeitas. Quanto mais houver cópia, mais distanciamento da idealidade das formas. Cópias de cópias estariam ainda mais afastadas do original: seriam não mais que simulacros. 6 MÚS Traslado manuscrito de qualquer trecho de música.

BIBLIOGRAFIA

HAMILTON, Edith; CAIRNS, Huntington (ed.). *The collected dialogues of Plato, including the letters*. Princeton: Princeton University Press, 1989.

cópia cega INF Diz-se de ou prática de enviar mensagem eletrônica para múltiplos receptores sem que todos eles

estejam listados no rol de receptores da mensagem que chega ao destinatário; *blind carbon copy, blind copy*.
copiadeira FOT M.q. COPIADORA.
cópia de segurança INF M.q. BACKUP.
copiadora 1 FOT Máquina que se destina à reprodução de filmes, cópias ou *slides*; copiadeira. 2 GRÁF Máquina de reprografia.
copiagem 1 CINE Ato de tirar cópias de um filme a partir das matrizes de imagem e de som, ou de másteres, contratipos etc. 2 FOT GRÁF Operação de fazer reproduções de um original a partir de matrizes, esp. utilizando meios fotoquímicos (fotografia, reprografia etc.).
copião CINE Cópia de todas as tomadas de um filme, us. como uma espécie de rascunho no processo de montagem, para indicar pontos de corte, sonorização, dublagem etc.; *workprint*
copiar 1 Produzir cópia de, por transcrição, imitação, reprodução etc. 2 INF Transcrever (trecho selecionado de texto ou uma imagem do documento ativo) para a área de transferência, sem alterar o conteúdo do documento ativo.
copidescar JOR PUB Fazer o copidesque ('revisão') de (texto, artigo, anúncio etc.).
copidesque EDIT JOR PUB 1 Setor de editora, jornal, firma de publicidade etc., onde se executa o trabalho de revisão de texto a ser publicado. 2 Revisão de texto a ser publicado, tendo em vista a correção ortográfica e gramatical, a clareza, a adequação às normas editoriais, os cortes para obter a extensão devida etc. 3 Profissional com essa especialidade; *copy editor*, redator de banca.
copirraite Aport. de COPYRIGHT.
coprodução Produção (atividade econômica, artística etc.) que se efetua com a participação de mais de uma entidade, organização, empresa etc.
copy [ing.] 1 EDIT Qualquer original a ser publicado. 2 EDIT Exemplar de uma edição. 3 GRÁF Reprodução de um original através de processos de impressão, reprografia etc.; cópia. 4 EDIT JOR PUB Red. de COPYDESK. 5 PUB Red. de COPYWRITER. 6 PUB Num anúncio, a parte escrita.
copy chief [ing.] JOR Chefe de redação.
copydesk [ing.] EDIT JOR PUB Ver COPIDESQUE. ▸ Tb. se diz apenas *copy*.
copy editor [ing.] EDIT JOR PUB 1 Profissional que revê e edita textos. 2 M.q. COPIDESQUE ('profissional').
copyleft [ing.] INF Direito livre, sem restrição, de reproduzir, divulgar, copiar programas de computação. ▸ O termo depende de um jogo linguístico que o inglês permite: se *right* é 'direito' e abrevia 'direito de propriedade', *left* é seu oposto. ▸ Cf. FLOSS; CREATIVE COMMONS.
copy plataform [ing.] PUB Plano que fundamenta e define os temas de uma campanha publicitária e que serve de guia para a produção de textos e de materiais a serem veiculados. ▸ Uma *copy plataform* propõe e analisa o plano de ação publicitária, definindo-o em relação à sua audiência-alvo. Frequentemente, a *copy plataform* é apresentada ao cliente antes da aprovação do projeto, mas também serve como visão antecipada e geral do que será desenvolvido durante a campanha.
copy research [ing.] PUB Processo de análise e avaliação de uma mensagem publicitária que antecede e sucede à veiculação dos anúncios e estratégias de uma campanha.
copyright [ing.] M.COM Direito exclusivo de autor, compositor ou editor de imprimir, reproduzir ou vender obra literária, artística ou científica; direito autoral. ▸ F. aport.: *copirraite*.
copy testing [ing.] PUB Diz-se de ou campo da pesquisa mercadológica que avalia a eficácia de mensagens publicitárias.
copywriter [ing.] PUB Redator de textos publicitários. ▸ Tb. se diz apenas *copy*.
cor 1 ÓPT Propriedade de radiação eletromagnética, com o comprimento de onda pertencente ao espectro visível, capaz de produzir no olho uma sensação característica. ▸ Outras condições fisiológicas podem resultar na mesma sensação. 2 A coloração predominante de um ser, de um conjunto etc.; colorido. 3 A cor ou o conjunto de cores que constituem elementos distintivos ou simbólicos de alguma coisa. 4 A coloração da pele em geral ou, particularmente, a do rosto. 5 PINT Efeito produzido pela combinação de matizes num quadro. 6 Vitalidade de linguagem; realce, colorido. 7 Opinião particular; tendência, credo. 8 FOT CINE A qualidade cromática de uma fotografia, de um trabalho gráfico, de uma imagem de televisão etc. 9 PINT Qualquer substância corante para pintar ou tingir.
coroa MÚS M.q. FERMATA.
corpo 1 ACS Intensidade ou volume de um som. 2 ART. PLÁST Em uma ilustração, desenho, ou pintura, a área central ou principal. 3 CALG Parte cheia ou central de uma letra que se distingue das hastes. 4 BIBL JOR Parte principal de um relatório, monografia, matéria jornalística ou qualquer texto, excluídas as partes extratextuais ou complementares. 5 GRÁF M.q. MIOLO. 6 MÚS Compartimento que tem a função de ampliar o som das cordas em certos instrumentos; caixa de ressonância. 7 PAP Volume e espessura de papel.
corpo de texto 1 JOR Numa notícia, a parte mais desenvolvida e substanciosa. 2 JOR Na notícia, o que vem abaixo do lide. 3 PUB M.q. BLOCO DE TEXTO.
corpo do livro EDIT M.q. MIOLO.
corporate identity [ing.] PUB Elementos gráficos e visuais que sugerem e definem a imagem que uma companhia ou corporação deseja apresentar ao público.
corpus [lat.] 1 LING Conjunto de enunciados numa determinada língua, ger. colhidos de atos reais de fala, que servem como material para análise linguística. 2 LING SEMIO Conjunto de enunciados (que são indefinidamente possíveis, i.e., inesgotáveis) constituídos de amostras significativas da gramática de determinada língua.
correção EDIT Sinalização ou indicação, feita pelo revisor, dos erros encontrados na prova; emenda.
correferir LING Referir-se (cada um de dois ou mais termos de uma oração ou período) a uma mesma coisa ou pessoa ('referente').
correio eletrônico INF M.q. EMAIL.
correlação MAT Interdependência de duas ou mais variáveis. ▸ Uma correlação entre duas variáveis estabelece até que ponto a mudança numa implica mudança na outra. A correlação é considerada baixa, se houver distância entre as duas variáveis, e alta, se houver proximidade entre elas. Correlação positiva indica que ambas as variáveis mudam na mesma direção e negativa, se tomarem rumos diferentes. Quando as variáveis forem aleatórias e independentes umas das outras, diz-se *correlação zero*.
corrente alternada ELETR Corrente elétrica que possui variação senoidal com o tempo. ▸ Símb.: *ac*, *ca*, *AC* ou *CA*.
corrente contínua ELETR Corrente elétrica que flui numa única direção e com magnitude constante. ▸ Símb.: *cc* ou *DC*.

correspondência 1 INF Regra por meio da qual cada elemento de um conjunto é associado a um ou mais elementos de outro conjunto. 2 JOR Matéria ou artigo de jornal publicado em forma de carta aos leitores.
correspondente JOR Jornalista encarregado de fazer a cobertura regular e a matéria sobre os acontecimentos gerais e/ou específicos de uma localidade, cidade, região ou país, ger. distantes da sede do órgão jornalístico para o qual trabalha; enviado especial.
corretor 1 GRÁF Que ou quem faz a revisão de provas tipográficas. 2 PUB Profissional que intermedeia e agencia a veiculação de anúncios pubicitários.
corretor de multifrequência REC.AV Diz-se de ou dispositivo que equaliza as frequências sonoras.
Corriere della Sera [it.] JOR Jornal diário italiano, fundado em 1876, sediado em Milão e de propriedade do conglomerado RCS MediaGroup. ▸ O *Corriere della Sera* é o jornal mais lido na Itália. De linha socialmente liberal, é impresso à tarde, como sugere o seu nome ('Correio da Tarde'). Além do noticiário tradicional, o jornal tem um importante caderno de cultura, chamado de "a terceira página", editado por importantes intelectuais italianos que freq. contribuem para o jornal. Sua tiragem diária aproximada é de 619 mil exemplares.
corrigenda BIBL EDIT M.q. ERRATA.
corroboração FIL Processo ou efeito de ratificar, confirmar, comprovar (algo). ▸ Os testes empíricos corroboram ou falsificam a totalidade ou parte de um sistema teórico. O termo 'corroboração' não significa exatamente verificação, pois nenhum sistema teórico é confirmado ou justificado em definitivo. Os sistemas de ideias podem ser revistos ao longo da história. Aceitação e corroboração são sempre de cunho precário e provisório. Para um pensador falibilista como Karl Popper (1902-1994), uma teoria corroborada é aquela que foi capaz de resistir temporariamente ao assalto de um ou mais testes, o que a torna aceitável, mas não decisivamente verdadeira. Não há acúmulo de corroborações que garantam a aceitação completa de uma teoria. A corroboração deve ser entendida como uma forma da possibilidade: um enunciado corroborado é possivelmente verdadeiro. Cf. CONFIRMAÇÃO.

BIBLIOGRAFIA
POPPER, Karl. *A lógica da pesquisa científica*. São Paulo: Cultrix/Edusp, 1975.

corrugadeira PAP M.q. ONDULADEIRA.
corta-papel GRÁF Pequeno artefato semelhante à faca, feito de madeira, metal, marfim ou outro material, e us. para cortar papel ou aparar as folhas de um livro, cortando as ligações das margens.
cortar INF Transferir (trecho selecionado de texto ou imagem do documento ativo) para a área de transferência, removendo do documento ativo.
corta-trapo PAP No fabrico do papel, instrumento com que se cortam as sobras.
corte 1 CALG Linha horizontal que atravessa a haste de certas letras e algarismos (p.ex., o *t* minúsculo e o número *7*). 2 CINE TV No processo de edição, interrupção de uma tomada e passagem imediata para outra imagem. 3 CINE RÁD TV Em sonoplastia, interrupção de determinado material sonoro. 4 ENC Superfície que corresponde à espessura do livro nos três lados em que é aparado.
corte à frente CINE TV Corte que, numa sequência ou montagem, antecipa uma ação futura; *flashforward*.
corte de abertura ENC Parte do livro paralela à lombada, por onde se abre o livro; dianteira, frente, corte de frente.
cortina 1 CINE TV Efeito visual que fecha e abre uma imagem, us. na passagem de um plano a outro, escurecendo (*fade out*) uma imagem e iluminando (*fade in*) a outra, quando se deseja indicar mudança de tempo ou de lugar. 2 TEAT Qualquer material (pano, papel etc.) us. para ocultar e fechar a boca de cena de um palco.
cortineiro TEAT Indivíduo responsável por cuidar da abertura e fechamento da cortina do palco; paneiro.
cosedor ENC GRÁF Diz-se de ou artefato de madeira us. pelos encadernadores para costurar manualmente um livro; bastidor, costurador.
costaneira GRÁF 1 Pedaço de papel us. para fazer cadernos que se colocam de um lado a outro das resmas para servir de anteparo ao papel utilizável. 2 GRÁF Papel de má qualidade.
costaneiro GRÁF Referente a costaneira.
cost per thousand [ing.] PUB Custo de anúncio por cada mil clientes potenciais atingidos por veiculação em cada mídia específica. ▸ Sigla: *CPM* (a letra M corresponde ao numeral mil em latim).
costumer relationship management [ing.] INF MKT Gerenciamento das relações de atendimento a clientes de uma empresa. ▸ Sigla: *CRM*.
costumier [fr.] CINE TEAT TV Aquele que faz, desenha, aluga figurinos; figurinista.
costurador ENC GRÁF M.q. COSEDOR.
cota PUB 1 Índice de audiência atingido por um veículo. 2 Tempo destinado a um anunciante dentro de um programa ou de um esquema publicitário.
cotejar EDIT GRÁF 1 Comparar (duas versões de um mesmo original ou uma tradução) com o texto ou idioma de origem para verificar a ocorrência de possíveis saltos, impropriedades, trechos truncados e afins. 2 Confrontar (duas provas sucessivas de revisão, paginação, prelo etc.) para verificar se as emendas, alterações e demais indicações foram realizadas corretamente; bater, comprovar, conferir, contraprovar.
couché [fr.] PAP M.q. PAPEL CUCHÊ. ▸ Aport: *cuchê*.
coup de théâtre [fr.] TEAT Mudança repentina do decurso de uma ação teatral.
courseware [ing.] INF Programa de computação feito com propósito educacional, para uso em sala de aula.
covariação LING M.q. COVARIÂNCIA ('variação simultânea').
covariância 1 MAT Entre duas variáveis aleatórias, a esperança matemática dos produtos do desvio das variáveis. 2 LING Variação simultânea de uma ordem de dados sociais e de uma ordem de fatos linguísticos independentes entre si; covariação.
cover girl [ing.] JOR Jovem atraente cuja imagem fotográfica é us. na capa de jornais ou revistas.
coxia TEAT M.q. BASTIDOR.
cozimento PAP M.q. DIGESTÃO.
cozinha 1 JOR Preparo de textos para posterior publicação. 2 MÚS Seção rítmica de um conjunto musical, ger. instrumental, que inclui, basicamente, os instrumentos de percussão, localizados freq. atrás dos demais instrumentos em um concerto ou apresentação.
cozinhar JOR Reescrever um texto publicado em outro jornal.
CPD INF Sigla de CENTRO DE PROCESSAMENTO DE DADOS.

CPU [ing.] INF Sigla de CENTRAL PROCESSING UNIT ('unidade central de processamento').
cracker [ing.] INF Perito em informática que usa seus conhecimentos para violar sistemas ou redes de computadores; *black hat*. ▶ Cf. CIBERPIRATA; HACKER.
crash [ing.] INF Colapso súbito e total (de um sistema ou programa de computador), ger. acompanhado de perda de dados. ▶ Um computador (sistema operacional ou aplicativo) entra num processo de *crash* quando funcionamento pára de maneira total e imprevista, após reconhecer um erro. O usuário frequentemente vê sua tela congelada, ou, no sistema Microsoft, uma tela azul (*The blue screen of death* - 'tela azul da morte'), onde se encontram detalhes do acontecimento que permitem diagnosticar o problema. *Crashes* de computadores resultam ger. de falha da programação, principalmente pela maneira como o sistema operacional gera a memória.
Creative Commons [ing.] Organização sem fins lucrativos, sediada na Califórnia, Estados Unidos, que promove um tipo de distribuição de *softwares*, música, vídeo etc., através do qual os direitos autorais originais são mantidos, permitindo, ao mesmo tempo, a modificação da obra. ▶ Fundada em 2011 por Lawrence Lessig (1961-), Hal Abelson (1947-) e Eric Eldred (1943-), a Creative Commons dedica-se a permitir que o consumidor de produtos culturais seja efetiva e legitimamente um programador cultural ativo. Seu ativismo expande a noção de domínio público.
crédito **1** M.COM Indicação das pessoas ou instituições participantes da elaboração intelectual, artística, técnica e empresarial de um determinado filme, programa de rádio ou televisão, publicação impressa, disco, *site*, evento cultural etc. ▶ Mais us. no plural. **2** JOR Que ou o que identifica a autoria de uma matéria jornalística; assinatura.
crédito final CINE TV Parte final de película cinematográfica ou programa de televisão que apresenta os nomes dos que participaram da elaboração do trabalho, especificando suas funções e listando os agradecimentos a pessoas e instituições que contribuíram direta ou indiretamente para sua feitura.
crena GRÁF TIP Em certos caracteres tipográficos, a parte do relevo que vai além da haste; projeção, creno.
crença **1** Ato ou efeito de crer. **2** Estado ou processo mental de quem acredita em pessoa ou coisa. **3** Atitude de quem se persuadiu de algo pelos caracteres de verdade que ali encontrou. **4** Fé, em termos religiosos. **5** Mito ou doutrina religiosa ou mística. **6** Convicção profunda e sem justificativas racionais em qualquer pessoa ou coisa. **7** Opinião manifesta com fé e grande segurança. **8** Aquilo ou aquele em que se crê; o objeto ou alvo de uma crença. **9** FIL No pensamento medieval, fé religiosa, convicção na doutrina e nos ensinamentos sagrados, freq. considerados compatíveis e coerentes com a reflexão racional. **10** FIL No empirismo moderno, disposição meramente subjetiva a considerar algo certo ou verdadeiro, por força do hábito ou da vivacidade das impressões sensíveis.

INFORMAÇÕES GERAIS

As filosofias que advogam a centralidade exclusiva da crença tendem a uma contradição que não é difícil de ser resolvida. Acreditar numa crença é aceitá-la como verdadeira, mas, se a verdade que confere validade a uma crença não for subjetiva, o que se tem é um saber objetivo e não uma crença. O que fazer nesse caso? Para solucionar a contradição entre objetividade e a subjetividade estruturante das crenças, talvez seja melhor considerar as crenças do ponto de vista dos argumentos que as justificam. Com base na justificação, um indivíduo que crê num determinado conteúdo reflexivo estaria disposto a agir de determinada maneira ou de outra. Os critérios que justificam uma crença podem ser de várias naturezas. A crença pode ser produzida pela aceitação de um argumento com base em alguma forma de autoridade, seja ela religiosa, política, familiar etc. Mas o problema não se encerra aqui: se a autoridade produz uma crença, sua sustentação depende da tenacidade do crente, que se afastará das dúvidas que forem capazes de solapar a aceitação da ideia. Uma crença é, por vezes, a aceitação lógica e não necessariamente empírica de um argumento. E, finalmente, não se deve descartar a possibilidade de que uma investigação objetiva como a atividade científica produza crenças. Essas teses foram apresentadas pelo filósofo e lógico n.-am. Charles Sanders Peirce (1839-1914) num dos artigos, "The fixation of belief", escrito em 1877. A extrema subjetividade da crença permite que a aceitação de ideias implausíveis ou mesmo irracionais sirva para a avaliação dos sujeitos em religiões ou ideologias pararreligiosas.

BIBLIOGRAFIA

HOUSER, Nathan; KLOESEL, Christian (ed.). *The essential Peirce, volume 1: selected philosophical writings (1867-1893)*. Bloomington: Indiana University Press, 1992.

creno GRÁF TIP M.q. CRENA.
criação **1** COMN PUB M.q. CENTRO DE CRIAÇÃO. **2** LING A produção, por parte do falante, de qualquer ato de linguagem. **3** MÚS Interpretação muito característica e/ou consagrada de uma peça, canção etc. **4** TEAT Preparo ou caracterização, pelo ator, de um papel ou do personagem que interpretará em encenação. **5** TEAT A primeira interpretação de um ator ou intérprete em determinado papel, quando tem sucesso.
criatividade LING Capacidade que tem o falante de produzir e compreender um número imenso de enunciados, mesmo aqueles que não tinham sido por ele ouvidos ou pronunciados anteriormente. ▶ Chomsky argumentou que a criatividade decorre da competência linguística inata que gera um conhecimento intuitivo, que todo falante possui, dos princípios e regras de sua língua. ▶ Cf. A PRIORI; APRIORISMO; ANTIMENTALISMO; BEHAVIORISMO; MENTALISMO.
criativo PUB Nas agências de publicidade, profissional da área de criação.
críotron INF Componente de computadores que, utilizando certas propriedades eletromagnéticas de supercondutividade, permite que pequenas correntes elétricas controlem o fluxo de correntes maiores e que vários circuitos semelhantes possam ser interconectados em sistemas lógicos.
criptanálise COMN M.q. CRIPTOANÁLISE.
criptoanálise COMN Conjunto de técnicas e métodos para a decifração de caracteres de uma escrita de sistema desconhecido; criptanálise. ▶ Cf. CÓDIGO.
criptografar **1** COMN Cifrar (texto ou mensagem) em código não conhecido, tornando, desse modo, intencionalmente ininteligível para os que não têm acesso às suas convenções. ▶ Cf. CÓDIGO. **2** INF Codificar (informação) de modo que somente destinatários autorizados ou pessoas conhecendo a chave correta de decodificação possam ter acesso a ela; encriptar.

critério 1 Faculdade de discernir e identificar a verdade; juízo, razão. 2 Fundamento, base para uma opção ou decisão. 3 Maneira de avaliar pessoas, coisas, situações. 4 FIL LÓG RET Em qualquer sistema de pensamento, princípio ou conceito apropriado para a determinação de uma série de distinções fundamentais em sua lógica interna, como as que se dão nos âmbitos cognitivos (verdade ou falsidade), ético (bem ou mal), estético (beleza ou feiura). ▸ Toda discussão sobre escolhas, decisões e juízos repousa sobre critérios que definem a conclusão, o que caracterizaria esse tema como uma corrente subterrânea em muitos ramos do saber humano. Mas, se não for concebido apropriadamente, o mero recurso a critérios para emitir um julgamento acaba transformando o juízo e a cognição em meras questões de opinião, o que abriria a porta para um relativismo cognitivo extremo. Nesse caso, seria verdade o que tivesse alguma semelhança com o verdadeiro, ainda que não o seja realmente, fomentando uma espécie de vale-tudo cognitivo. É no conjunto de notas que sobrevieram nos chamados *Blue and brown books*, do filósofo austríaco Ludwig Wittgenstein (1889-1951), que o pensamento contemporâneo encontra a argumentação mais influente do que sejam 'critérios'. Para Wittgenstein, a explicação de um termo e o estabelecimento de critérios estão rigorosamente ligados. O critério define o termo, como 'cadeira' integra-se com "sentar-se numa cadeira", a tal ponto que a gramática de 'cadeira' exige a integração com 'sentar-se': 'sentar-se' é o critério que define 'cadeira'. Wittgenstein, então, pergunta-se o que aconteceria se dissesse para alguém que "fulano está com dor de dente e tem uma mancha vermelha na bochecha". Naturalmente, a reação seria: "como você sabe que há uma conexão entre a dor de dente e a área avermelhada no rosto de fulano?" Seria porque esse nexo entre dor de dente e a mancha tenha sempre acontecido uma vez que as pessoas pressionam a bochecha no caso da dor? Nem sempre uma mancha vermelha é índice de dor de dente. Por isso, o critério deve ser de cunho lógico e não estritamente empírico. Considere-se, por exemplo, o nexo entre *bacilo* e *inflamação*. Seria a inflamação um sintoma da existência de um bacilo, portanto o critério que define uma inflamação? Ou é o bacilo o critério da inflamação? O que evita a circularidade do raciocínio é justamente o recurso a critérios. O critério deve ser sempre uma condição logicamente necessária e suficiente para que alguma coisa efetivamente aconteça. A suficiência que define a verdade da proposição pode ser válida em circunstâncias normais e não somente em termos absolutos. Para os filósofos que antecederam a criteriologia rigorosa de Wittgenstein, os critérios variariam da justiça à moralidade, da intencionalidade à significância, do conhecimento à justificação. Diz-se que, ao rejeitar o sintoma como critério, Wittgenstein exigiu um elo conceitual entre um termo e sua inteligibilidade. O critério seria uma verdade não indutiva, que precede e informa o caso e tem portanto o estatuto de regra e pode aproximar-se da convenção, o que nas palavras do próprio Wittgenstein seria o fundo do poço (*"here we strike rock bottom, that is we have come down to conventions"*). Os recursos a critérios geram saberes próximos e comprometidos não apenas com a experiência, mas com a convencionalidade. Dizer uma palavra, reconhecer o significado de uma expressão, conhecer um termo ou uma ideia, como nos casos de quem segura o queixo com dor de dente ou reconhece o bacilo como sintoma de uma doença, tudo isso mostra que as convenções da linguagem são coordenadas por critérios variados e múltiplos que norteiam seu uso. A linguagem e as expressões comunicadas não são convencionadas de maneira perfeita e restrita: não foi assim que as aprendemos, não é assim que as usaremos. ▸ Cf. CONVENCIONALISMO.

BIBLIOGRAFIA

WITTGENSTEIN, Ludwig. *The blue and brown books: preliminary studies for the "Philosophical investigations"*. New York: Harper & Row, 1958.

crítica 1 FIL Exame de um princípio ou ideia, fato ou percepção, com a finalidade de produzir uma apreciação lógica, epistemológica, estética ou moral sobre o objeto da investigação. 2 FIL Entre os pensadores iluministas e seus epígonos, questionamento racional de todas as convicções, crenças e dogmas, mesmo que legitimadas pela tradição ou impostas por autoridades políticas ou religiosas. 3 FIL No sistema teórico de Kant (1724-1804), questionamento empreendido pela razão a respeito de seus próprios limites, princípios, pretensões cognitivas e especulativas. 4 JOR Gênero de texto jornalístico que comenta ou avalia trabalhos artísticos, intelectuais, acadêmicos, esportivos, sempre assinado.

crítica textual EDIT M.q. ECDÓTICA.

criticismo FIL 1 Doutrina ou conjunto de formulações teóricas de Immanuel Kant (1724-1804) e seus epígonos, que apresenta a preocupação central de avaliar as possibilidades e os limites do conhecimento racional, refutando ao mesmo tempo o dogmatismo e o ceticismo absoluto, e considerando a teoria do conhecimento como o fundamento de toda a investigação filosófica. 2 M.q. KANTISMO.

CRM [ing.] INF MKT Sigla de COSTUMER RELATIONSHIP MANAGEMENT ('gerenciamento das relações com o consumidor'). ▸ *CRM* é um mecanismo de tecnologia da informação, um SEARCH ENGINE, um *software*, que recebe, analisa e fornece dados sobre o cliente, permitindo que o usuário desenvolva planos e estratégias de comercialização baseados no gosto, nas tendências de consumo específicas e concretas daquele que se quer atingir. É um instrumento necessário e importante para o MARKETING DE RELACIONAMENTO.

croma ELETRÔN TV Dimensão do sistema Munsell de cor e que corresponde mais estritamente à saturação, isto é, ao grau de vividez de um determinado matiz.

crominância 1 REC.AV Padrão técnico que afere o equilíbrio, a intensidade de cor (matiz, saturação e brilho) de um sinal de vídeo. 2 REC.AV TV Dispositivo pelo qual se mede a variação de cor num sinal de vídeo. 3 TV Na televisão em cores, a diferença colorimétrica entre uma cor e um padrão de igual intensidade.

cromo 1 Estampa colorida, freq. em relevo e us. em ornamentação, impressa ou recortada, emoldurada, colada em álbuns, cadernos, folhinhas etc. 2 FOT GRÁF Fotografia em cores, transparente e positiva; diapositivo, transparência de cor. 3 GRÁF M.q. CROMOLITOGRAFIA.

cromofotografia FOT M.q. FOTOCROMIA.

cromolitografia GRÁF 1 Litografia colorida resultante da impressão das pedras ou chapas de metal em que as diversas partes dos motivos foram separadamente gravadas; litocromia. 2 A estampa obtida com essa técnica e requisitos; litocromia. ▸ Tb. se diz apenas *cromo*.

cromometria FÍS M.q. COLORIMETRIA.

cromômetro FÍS M.q. COLORÍMETRO.
cromossomo GEN Estrutura composta de ADN, normalmente associada a proteína e que contém genes arranjados em sequência linear, visível ao microscópio durante a divisão celular.
crônica 1 M.COM Noticiário a respeito de fatos atuais. 2 M.COM Descrição dos principais acontecimentos de dada situação. 3 JOR Texto, publicado em jornais ou coligido em livros, que aborda temas do cotidiano, considerado mais literário do que jornalístico, e que vem sempre assinado. 4 LIT Texto literário breve, em geral narrativo, de trama quase sempre pouco definida e motivos, na maior parte, extraídos do cotidiano imediato.
croniqueiro JOR 1 Redator incumbido de crônica; cronista. 2 Cronista inferior, incompetente. ▸ Uso pejorativo.
cronista JOR M.COM Relativo a crônica ou o que a escreve. ▸ Cf. COLUNISTA.
croqui ART.PLÁST Esboço à mão de pintura, desenho, planta, projeto arquitetônico; esquisso.
cross-cultural analysis [ing.] ANTRPOL Ver ANÁLISE CULTURAL COMPARATIVA.
cross-cultural survey [ing.] ANTRPOL Ver ANÁLISE CULTURAL COMPARATIVA.
crossfade [ing.] REC.AV Ato ou efeito de aumentar progressivamente uma pista sonora, enquanto outra é retirada, tb. lentamente.
cross-keying [ing.] CINE TEAT TV Iluminação que transforma em uma única luz o foco principal e o foco secundário de uma cena.
crossmedia [ing.] M.COM Diz-se de ou plataforma múltipla de comunicação que utiliza diversos meios para um programa.
crossover [ing.] M.COM Diz-se de ou mensagem que atravessa e transcende limites previamente estabelecidos, sejam eles de audiência, estilo, gênero etc.
cruz EDIT GRÁF Sinal em forma de cruz latina, us. em calendários, enciclopédias, dicionários etc., para indicar data de falecimento, remissiva etc.; adaga, obelisco.
cruzamento de informação JOR M.q. CHECAGEM.
cruzar MÚS Em instrumento de teclado, inverter as funções das mãos direita e esquerda, ao executar as regiões agudas e graves.
cruzeta GRÁF Material utilizado em provas de prelo, com papel cuchê, para controle de qualidade na seleção de cores.
CS [ing.] CINE TV Sigla de CLOSE SHOT.
CtP [ing.] GRÁF Sigla de COMPUTER TO PLATE.
CTR [ing.] INF PUB Sigla de CLICKTHROUGH RATE.
CU [ing.] CINE TV Sigla de CLOSE-UP.
cuchê PAP Aport. de COUCHÊ.
cue [ing.] REC.AV M.q. BIN.
cultura ANTRPOL COMN SOC 1 Conjunto de padrões de comportamento, crenças, conhecimentos (técnicos, econômicos, rituais, religiosos, comunicacionais), costumes etc. que distinguem um grupo social. ▸ O conceito de cultura e sua relação com a comunicação têm uma longa história, que pode remontar, na prática (ainda que o termo 'cultura' não tenha sido utilizado), a autores clássicos, como Heródoto (c484 a.C. - 425 a.C.), no sV a.C. Em suas investigações (*historiē*), Heródoto procurava definir o que constituía a grandeza e a natureza específicas do mundo helênico, mas entendia que, além de relatar fatos históricos, seria preciso comparar e contrastar a cultura grega com a dos egípcios. Além de ser o 'pai da história', Heródoto mereceria o título de fundador dos estudos da cultura. Seu livro *Histórias* teria dado o primeiro passo intelectual para o que depois se chamaria de ANÁLISE CULTURAL COMPARATIVA. Alguns estudiosos contemporâneos reconhecem também o historiador romano Tácito (56-117), o monge budista Fa Xian (337-c422), que escreveu relatos de viagem pelo Oriente, e o muçulmano Ibn Battuta (1304-c1368) como precursores do estudo das culturas. Mas o antropólogo Edward A. Hoebel (1903-1996) discorda dessa arqueologia. Para ele, os antigos comparavam culturas porque estavam preocupados em estabelecer a estrutura política e social ideal e não se dedicavam ao entendimento de como os grupos sociais específicos funcionavam. A ideia de cultura só começaria a ser forjada após as reflexões de Michel de Montaigne (1533-1592) em seu ensaio sobre os canibais e, posteriormente, por Jean-Jacques Rousseau (1712-1778), que opunha o homem em estado natural ao homem em estado de cultura. Não é sem motivo que Claude Lévi-Strauss (1908-2009) considerava Rousseau o fundador das ciências do homem. Entretanto, é preciso observar que, de fato, não existem grupos ou indivíduos em estado natural. O homem no estado da natureza é uma mera hipótese filosófica, sem grande valor para a antropologia cultural. Por isso, Hoebel acreditava que as análises antropológicas contemporâneas se caracterizavam por serem estudos de grupos sociais específicos, tal como fizera o jesuíta francês Joseph-François Lafitau (1681-1746) a respeito dos costumes culturais dos nativos americanos iroqueses e huronianos. Entretanto, nos seus primórdios, o princípio da singularidade cultural não estava no centro das teorias sociais da cultura. Para os que pensavam as culturas humanas, o conjunto de valores predominantes num grupo social era entendido como parte de uma totalidade única que organizaria a diversidade humana. Os primeiros estudos da cultura, como o influente programa de pesquisa de Edward B. Tylor (1832-1917), preocupavam-se mais com a busca de universais do que com o entendimento do que fosse particular das sociedades. Mesmo durante o seu predomínio na antropologia britânica, a concepção tyloriana de cultura não estava livre de críticas e suspeitas. O estatístico e explorador Francis Galton (1822-1911) perguntara-se se Tylor não estaria reconhecendo como diverso o que, de fato, era apenas uma instância superficialmente distinta do mesmo fenômeno. No início do sXX, o antropólogo alemão Franz Boas (1858-1942) questionou seriamente os princípios de Tylor, argumentando que mais importante e produtivo seria reconstituir o que as culturas singulares apresentavam. Após Boas, dissemina-se um sentimento antibiológico e persistentemente antidarwiniano nas interpretações antropológicas das culturas humanas. Aos poucos, e como mostrou definitivamente a experiência de Bronislaw Malinowski (1884-1942) nas ilhas Trobriand, a antropologia passou a reprovar o que Tylor fizera. Não caberia recortar fragmentos da cultura e inseri-los numa totalidade que lhes é estranha. O foco das análises culturais deveria ser uma instituição social específica e não mais a humanidade como um todo. Metodologicamente, Malinowski criou o que se chama de teoria funcionalista da cultura, cujo objeto é a compreensão dos propósitos, das regras, das normas, do aparato material (o capital), das atividades e das funções das instituições na vida de grupos sociais específicos. Segundo

Malinowski, a cultura só faz sentido se alocada num contexto de situação. Após Malinowski, o conceito de cultura é visto como um todo integral que oferece coesão social e coletiva aos indivíduos que, num grupo, interagem. A análise das culturas identifica valores e regulações que atuam no comportamento real e ocasional dos indivíduos. Cultura e comunicação passam a ser elementos complementares na experiência social. O que importa é, a partir de então, o presente e não as dimensões históricas e filológicas da comunicação. A comunicação implica cultura, pois a interpretação correta do significado de um ato comunicativo exige uma consideração precisa e detalhada da cultura dos seus usuários. A ênfase na dimensão cultural da comunicação sugere que as significações transmitidas pela interação simbólica dependem de códigos que antecedem e estabelecem as regras de produção das mensagens. A codificação cultural é um processo que condiciona os atos comunicativos no interior das sociedades. Talvez como efeito do imenso impacto da ideia de cultura nas ciências sociais e humanas, a palavra 'cultura' galvanizou noções diversas, que vão de etnia a comunidade, de sociedade a civilização. O estudo de Alfred L. Kroeber (1876-1960) e Clyde Kluckhohn (1905-1960) revê e identifica a multiplicidade de nuances agregadas em torno do conceito de cultura. ▸ Cf. ANTROPOLOGIA; CÓDIGO; COMUNIDADE; HOLISMO, SOCIEDADE. **2** Forma ou etapa evolutiva das tradições e valores intelectuais, morais, espirituais (de um lugar ou período específico). ▸ Cf. CIVILIZAÇÃO. **3** Complexo de atividades, instituições, padrões sociais ligados à criação e difusão das belas-artes, ciências humanas e afins.

BIBLIOGRAFIA

HOEBEL, Edward A. *Anthropology: the study of man*. New York: McGraw-Hill, 1966.

KROBER, Alfred L.; KLOCKHOHN, Clyde. Culture: a critical review of concepts and definitions. In: *Papers of Peabody Museum of American Archeology*, n. 47, p. 1962-3, 1952.

STOCKING, Jr.; GEORGE, W. *After Tylor: british social anthropology, 1888-1951*. Madison: The University of Wisconsin Press, 1998.

cultura alternativa ANTRPOL SOC Na sociedade de consumo, tendência a assumir atitudes, linguagens, costumes etc. que contrariam real ou supostamente (esp. do ponto de vista da produção ou do consumo) os padrões culturais estabelecidos.

cultura de massa SOC **1** Universo de formas culturais (p.ex., música, literatura, cinema) selecionadas, interpretadas e popularizadas pela indústria cultural e meios de comunicação de massa para disseminação junto ao maior público possível; indústria cultural. **2** Conjunto de atitudes, linguagens, conhecimentos e costumes assim induzidos, que tendem freq. à estereotipagem e à simplificação e buscam satisfazer indiretamente interesses de determinados grupos sociais; INDÚSTRIA CULTURAL. ▸ Uso pejorativo. ▸ Cf. COMUNICAÇÃO DE MASSA.

cultura emergente SOC Nos estudos de Raymond Williams (1921-1988) sobre a dinâmica da cultura, forma cultural cuja influência se encontra em estado de ascensão.

cultura empresarial MKT Conjunto de ideias, valores, hábitos, crenças, práticas, padrões comportamentais etc. predominantes numa empresa ou organização.

cultura erudita ANTRPOL SOC Conjunto de conhecimentos acumulados e socialmente valorizados, que constituem patrimônio da sociedade.

cultura oficial ANTRPOL SOC Conjunto de atitudes, linguagens, conhecimentos, costumes etc. explícita ou implicitamente difundidos e estimulados pelos meios de comunicação mantidos ou utilizados pelo Estado e suas autoridades constituídas.

cultura residual SOC Nos estudos sobre a dinâmica da cultura de Raymond Williams (1921-1988), forma cultural cuja influência se encontra em estado de declínio.

cunho GRÁF Na impressão artesanal por contramolde ('reprodução de gravura com relevo inverso'), chapa de metal com figuras ou dizeres gravados a seco, que auxiliam a GOFRAGEM de papéis e a impressão em relevo.

cupom MKT **1** Espécie de cédula ou cartão destacável, distribuído por firmas comerciais, em revistas ou jornais, que dá direito à remessa de folhetos, brindes, encomenda de mercadorias, participação em espetáculos, consultas de opinião etc. **2** Espécie de cartão que dá direito de acesso a brindes e/ou serviços de distribuição limitada.

cuponagem MKT PUB Técnica de comercializar produtos por meio da distribuição de cupons. ▸ Cf. CUPOM.

cúpula de horizonte TEAT M.q. CICLORAMA.

cursivo GRÁF Diz-se de ou caráter tipográfico que imita o modo de escrever traçado conforme letra manuscrita.

cursor INF **1** Que ou o que (seta ou outro elemento gráfico) se move na tela, acompanhando os movimentos do *mouse* ou dispositivo de entrada semelhante. **2** Que ou o que (traço, retângulo ou elemento similar) pulsa na tela, indicando o ponto em que ficará o próximo caractere a ser introduzido no texto.

curta CINE Red. de CURTA-METRAGEM.

curta-metragem CINE Filme com duração de até 30 minutos, de intenção estética, informativa, educacional ou publicitária, ger. exibido como complemento de um programa cinematográfico. ▸ Tb. se diz apenas *curta*. Cf. FILMETE; LONGA-METRAGEM; MÉDIA-METRAGEM.

cut-off [ing.] COMN Diz-se de ou ação e mensagem que excluem a interação com o interlocutor.

CVM MKT Sigla de CICLO DE VIDA DE UM PRODUTO.

Dd

d 1 Quarta letra do nosso alfabeto. 2 FON Letra que representa a consoante oclusiva dental-alveolar sonora do português, como em *dou* 3 GRÁF Tipo que imprime essa letra. 4 EDIT Matriz a partir da qual se faz essa letra. 5 Diz-se do quarto elemento de uma série. 6 Na escala socioeconômica, diz-se da quarta das classes, quanto a riqueza e poder.

DAD [ing.] INF REC.AV Sigla de *Digital Audio Disk* ('disco de áudio digital').

dadá HIST.ART LIT Movimento artístico de cunho niilista, nascido durante a Primeira Guerra Mundial e que durou de 1916 a 1922, que utilizava a mistificação, o riso, a incongruência e a provocação para negar todas as formas de arte e denunciar o absurdo e o arbitrarismo reinantes no mundo.

dadaísmo HIST.ART LIT Movimento ou escola DADÁ.

dado 1 Aquilo que se conhece e a partir do qual se inicia a solução de um problema, a formulação de um juízo, o desenvolvimento de um raciocínio. 2 Resultado de investigação, cálculo ou pesquisa. 3 FIL Elemento inicial de qualquer ato de conhecimento (uma impressão sensível, um axioma, um princípio lógico etc.) apresentado de forma direta e imediata à consciência e que servirá de base ou pressuposto no processo cognitivo. 4 INF Informação capaz de ser processada por um computador. 5 LING Cada um dos enunciados de uma língua falada e/ou escrita, reunido ou não com outros num *corpus*, tomado como elemento empírico capaz de servir de base a um estudo, hipótese ou teoria sobre a estrutura daquela língua.

dados brutos INF Informação ainda não processada por um computador.

Daily Beast, The [ing.] INTERN JOR *Site* jornalístico n.-am. com periodicidade diária, propriedade de The Newsweek Daily Beast Company, fundado pela jornalista inglesa Tina Brown. ▸ *The Daily Beast* foi lançado em 6 de outubro de 2008. Aproximadamente um ano depois de seu lançamento, a publicação atingia o número mensal de três milhões de visitantes a seu *site*. Um recurso original de *The Daily Beast* é o que chama de *cheat sheet* ('página da cola') que apresenta uma lista de matérias e leituras obrigatórias de outros jornais acompanhadas de um *link* que leva o interessado ao texto original. As matérias do *The Daily Beast* cobrem cultura, entretenimento, política nacional. acontecimentos internacionais etc. Celebridades do mundo político, artístico, cultural e do entretenimento contribuem para a publicação, entre elas o ex-primeiro-ministro britânico Tony Blair, a ex-secretária de Estado do governo George W. Bush, Condoleeza Rice, o historiador da arte Simon Schama. O nome do jornal, traduzível como 'O animal diário', foi extraído de um jornal fictício num romance satírico, publicado em 1938, *Scoop* ('Furo'), do escritor inglês Evelyn Waugh (1903-1966).

dália CINE TEAT TV Texto que se esconde num cenário, em objetos de cena, ou se põe sobre o chão ou ao lado da câmara, como recurso utilizável pelo intérprete, caso dele vier a se esquecer.

dália eletrônica TV M.q. TELEPROMPTER.

dança 1 Arte e/ou técnica de dançar. 2 Conjunto organizado de movimentos ritmados do corpo, acompanhados por música; bailado.

INFORMAÇÕES GERAIS

A dança é a transformação de movimentos do corpo que, antes, serviram principalmente a funções e propósitos de sobrevivência evolutiva. O que frequentemente se entende por dança é a mutação corporal por meio de música, ritmo, ritual etc. O filósofo Nelson Goodman (1906-1998) observou que, se a dança é composta de movimentos e expressões sutis e variadas por parte de organismos complexos, trata-se de uma atividade que naturalmente resiste aos princípios de notação que caracterizam as partituras musicais. Por mais que o ato de dançar siga instruções, a dança e o dançarino fundem-se numa única manifestação vital. A dimensão comunicacional da dança é inegável: o dançarino expressa-se em movimento e o público recebe o movimento como mensagem comunicada. Nesse sentido, pose, postura e deslocamento não são meros estados físicos, mas mensagens. Porque eminentemente gestuais, os signos não verbais da dança assumem freq. uma forma denotativa que se expande por meio de associações conotativas na mente da audiência. É em momentos como esse que a dança se aproxima na linguagem verbal, já que se busca durante o espetáculo 'contar' uma história. A imensa plasticidade do corpo humano, que pode transformar-se em gestos expressivamente sutis, faz com que a dança humana relate acontecimentos, refira-se a fatos narrados. O que escapa da dança e que a linguagem verbal faz com eficiência é a representação de proposições lógicas complexas como as *palavras lógicas* ("se", "não", "e", "então" etc.), o que se trata de um traço possível apenas por enunciados verbais.

BIBLIOGRAFIA

GOODMAN, Nelson. *Languages of art: an approach to a theory of symbols*. Indianapolis: Hackett, 1976.

HANNA, Judith Lynne. *To dance is human: a theory of nonverbal communication*. Chicago: University of Chicago Press, 1987.

dançar 1 Movimentar o corpo com intenção artística, obedecendo a determinado ritmo musical, ou como forma de expressão subjetiva ou dramática. 2 Executar os movimentos próprios de uma modalidade de dança; bailar. 3 GRÁF Ficar (a composição de um texto) com linhas tortas e mal justificadas.

dar pau INF Sofrer uma pane abrupta, travar, apresentar funcionamento irregular que provoca perda de dados ou instabilidade (aplica-se tanto a programas quanto a sistemas operacionais e computadores).

dar um furo JOR Publicar notícia em primeira mão.

Darwin, Charles (Shrewsbury, Shrospshire, Inglaterra 1809 - Downe House, Downe, Inglaterra 1882) Naturalista inglês que estabeleceu o princípio de seleção (natural e sexual) como mecanismo da evolução das espécies. ▶ Após tentar seguir a carreira do pai, o Dr. Robert Darwin, médico inglês, Charles Darwin inscreveu-se no mestrado do Christ's College, na Universidade de Cambridge, com o propósito de se tornar pastor da Igreja Anglicana. Robert Darwin acreditava ter achado a profissão certa para o filho, que lhe parecia servir para nada que fosse relevante, já que só se interessava por pombos, besouros e animais em geral. Muitos pastores anglicanos eram naturalistas: a natureza provava a existência de um Deus criador das maravilhas e das adaptações perfeitas do mundo físico. Terminados seus estudos em Cambridge, Charles Darwin conseguiu a permissão do pai para embarcar numa longa viagem num navio, o Beagle, como geólogo e naturalista. Durante a viagem, tendo visto nichos ecológicos que eram inacessíveis à maioria dos naturalistas ingleses, como o arquipélago dos Galápagos, ilha na costa do Equador, Darwin modificou radicalmente sua opinião a respeito da criação da natureza e publicou um diário de viagem que o tornaria um autor popular junto ao público de sua época. Até então, o que se chamava de 'o mistério dos mistérios', ou seja, a existência de uma multiplicidade de espécies, era atribuído à ação de uma entidade divina. Influenciado pelo geólogo Charles Lyell (1797-1875), que advogava a ideia de que a Terra era bem mais antiga do que se costumava supor, Darwin concluiu que a variedade de espécies no universo seria o resultado de um processo físico que ele haveria de chamar de seleção natural, em distinção à seleção artificial dos criadores de animais. A explicação de Darwin era absurdamente simples e extremamente elegante: ponha animais na natureza durante larga extensão de tempo e o resultado será a procriação de animais com diferenças mínimas que, no confronto com a pressão do meio ambiente, serão favorecidos ou descartados na medida direta de sua adaptação ou desadaptação às condições naturais. Ainda que Darwin preferisse chamar o processo de 'descendência comum com modificação', estava assim explicado o que muitos reconheciam existir, mas para o qual faltava uma explicação estritamente material: o processo evolutivo da vida biológica. As variações acumular-se-iam, bifurcando-se em espécies diferenciadas. Durante anos, Darwin adiou a publicação de sua tese e dedicou-se à tarefa de amealhar confirmações que apoiariam a teoria da seleção natural, seja porque se propunha a apresentar o melhor caso possível à comunidade científica de sua época, seja porque queria evitar ferir a sensibilidade religiosa dominante na Inglaterra, até o dia em que recebeu uma carta de outro naturalista, Alfred Russel Wallace (1823-1913), que postulava a mesma ideia, exatamente nos mesmos termos e expressões que Darwin. Com o apoio de amigos e colegas da comunidade científica, Darwin partilhou o crédito pela descoberta do princípio da seleção natural com Wallace e apressou-se a escrever e publicar, em 1859, sua obra-prima, *A origem das espécies*. Darwin fez bem mais do que modificar o entendimento da vida animal e biológica. Após o sucesso de *A origem das espécies*, alterou sua tese inicial ao afirmar que outro tipo de seleção respondia pela multiplicidade das espécies. Esse processo é chamado de 'seleção sexual'. Darwin percebera que de nada adiantava apenas sobreviver sem reprodução: um animal que apenas sobrevive é um beco sem saída evolutivo. Até então apenas uma referência no pano de fundo de suas teorias, a humanidade toma um lugar privilegiado em *The descent of man; and selection in relation to sex* (1871). Para a mente popular, cristalizou-se uma concepção errada a respeito das teses darwinianas, que supõem que a humanidade descenda de macacos, quando, na verdade, o argumento é muito mais sutil: seres humanos e primatas originam-se de ascendente comum. A pluralidade de exemplos e ilustrações no segmento sobre seleção sexual sugere uma importante resposta para a questão por que a vida é atravessada por atos comunicativos. Comunicamo-nos por motivos sexuais para anunciarmos nossa excelência biológica e sermos, então, escolhidos. Antes de escrever seus últimos trabalhos sobre a botânica do solo, Darwin publicou um texto fundamental para a comunicação, *The expression of emotions in man and animals* (1872), que abriria caminho para o ramo da comunicação chamado de CINÉSICA, ou seja, o estudo da comunicação expressa pelos movimentos e pela expressão corporal.

BIBLIOGRAFIA

BROWNE, Janet. *Charles Darwin, volume 1: voyaging*. Princeton: Princeton University Press, 1996.

__________. *Charles Darwin, volume 2: the power of place*. Princeton: Princeton University Press, 2003.

darwinismo BIO FIL POL Teoria evolucionista fundamentada nas ideias do naturalista inglês Charles Darwin (1809-1882), na qual são propostos mecanismos baseados na seleção natural e na seleção sexual para explicar a origem, a transformação e a perpetuação das espécies ao longo do tempo. ▶ O termo 'darwinismo' foi forjado pelo naturalista, explorador, antropólogo e geólogo Alfred Russel Wallace (1823-1913). Num acesso de febre na selva, onde procurava espécies com o propósito de vendê-las para naturalistas ingleses, Wallace formulou, independentemente de Darwin, a hipótese da seleção natural. Ao receber uma carta de Wallace com o pedido de repassar um artigo para outros cientistas da época, Darwin percebeu que sua tese fora antecipada pelo explorador. A carta de Wallace continha os mesmos termos e exatamente a mesma ideia de sua teoria. Darwin deu-se conta de que a ideia não era mais exclusivamente sua e viu-se obrigado a partilhar o crédito da tese com Wallace, que, por sua vez, retribuiu, chamando o que conceberam, ao mesmo tempo e por caminhos diferentes, de 'darwinismo'. A rigor, a etiqueta 'darwinismo' é imprecisa, pois muito do que se chama darwinismo é, na verdade, um desvio sutil das teses de Darwin. Se para Darwin o processo evolutivo é marcado por um egoísmo fundamental, para as teses consideradas atualmente como darwinianas o que importa não é o egoísmo individual, mas o gene ou o lado oposto da individualidade: a cooperação. Os rumos atuais do darwinismo caminham na direção oposta ao darwinismo social do filósofo Herbert Spencer (1820-1903), que naturaliza e legitima políticas a favor da competição desabrida e do *laissez-faire* econômico vitoriano.

darwinismo social SOC Teoria de evolução social baseada na evolução orgânica, substituindo os organismos vivos por grupos sociais. ▶ As teses que guiam o darwinismo social costumam ser atribuídas ao pensamento do filósofo inglês Herbert Spencer (1820-1903), cujo propósito seria expandir de forma definitiva as teses de Darwin para as sociedades humanas. Não há como duvidar que as teses centrais de *A origem das espécies* sugeriam essa possibilidade, pois, afinal, se a vida é unitária, todos os organismos se relacionam, em maior ou menor grau, pelo princípio de descendência comum com modificação. Seria quase inevitável que alguns traços se projetassem da origem para as modificações presentes. Assim, Spencer formulou hipóteses do mais alto teor de generalidade, sem se preocupar em matizar as modificações e variações que são centrais para o darwinismo original. Evolução, para ele, significava progresso e um caminho inevitável para a sociedade vitoriana. As origens predatórias do capitalismo industrial, sua competitividade desabrida e a ordem econômica baseada na mecânica do LAISSEZ-FAIRE seriam desenvolvimentos mais elaborados e mais racionais de impulsos primitivos básicos que se projetavam naturalmente numa sociedade do sXIX. Por isso, muitas vezes o darwinismo social é entendido como uma justificação ideológica e naturalizante de práticas sociais regidas pela competitividade e pela disputa. Traços biológicos e sociais que expressem cooperação, altruísmo e outros desenvolvimentos refinados de discussões sobre deveres morais não teriam supostamente lugar no darwinismo social. É de Spencer a famosa frase que Darwin incorporou às reedições de *A origem das espécies*: *survival of the fittest*, que seria uma regra geral de todas as formas de vida, frequentemente traduzida como 'a sobrevivência do mais bem adaptado, do mais forte'. A rigor, o darwinismo social é um capítulo inicial da aplicação de princípios evolutivos à ética e à sociabilidade, que atualmente não é favorecido por uma percepção fundamental do evolucionismo recente, que entende o papel seletivo do altruísmo na vida orgânica como um todo, seja ela animal ou humana. O princípio de seleção natural mostra-se bem mais complexo e sutil do que as hipóteses do darwinismo social que se inspiraram em Spencer. O termo 'darwinismo social' é hoje usado de forma pejorativa para sugerir qualquer autor ou livro que se valha de princípios ou pesquisas biológicas no âmbito das ciências sociais. Essa caracterização das teses darwinianas é caricatural e distorce frequentemente até mesmo as teses de Spencer, que via positivamente o altruísmo e achava que o governo tinha um papel na promoção do bem-estar coletivo e na regulação das competições entre os seres humanos.

BIBLIOGRAFIA

BUICAN, Denis. *Darwin e o darwinismo*. Rio de Janeiro: Zahar, 1990.

HOFSTADTER, Richard. *Social darwinism in America, 1860-1915*. New York: Houghton Mifflin, 1992.

LEONARDS, Tim C. Origins of the myth of social darwinism: the ambiguous legacy of Richard Hofstadter's social darwinism in American thought. In: *Journal of Economic Behavior and Organization*, n. 71, p. 37-51, 2009.

darwinista BIO FIL Que ou aquele que está de acordo com o darwinismo; darwiniano.

DAT [ing.] REC.AV Sigla de *Digital Audio Tape* ('fita para gravação de áudio digital').

data 1 Dia precisamente delimitado por um sistema específico de numeração sequencial. ▶ Esse sistema compreende a contagem infinita de anos de 365 ou 366 dias, que se agrupam por 12 meses em conjuntos de aproximadamente 30 dias. **2** Período de tempo; época.

data [ing.] INF Conjunto de dados ('informação').

data bank [ing.] INF Ver BANCO DE DADOS.

data base [ing.] INF Ver BANCO DE DADOS.

data base management system [ing.] INF Conjunto de programas de computadores que controlam a criação, o fluxo, a manutenção e o acesso a banco de dados.

data buffer [ing.] INF M.q. BUFFER.

data de fechamento JOR PUB M.q. DEADLINE.

dataglove [ing.] INF Luva esp. projetada com sensores que capturam o movimento dos dedos e permitem a interação entre seres humanos e computadores, criando assim efeitos de realidade virtual. ▶ Cf. REALIDADE VIRTUAL.

data medium [ing.] INF Diz-se de suporte ou material no qual se representam dados a serem processados por um computador.

datamining [ing.] MKT Processo e técnica que aplica logaritmos para identificar probabilidades e tendências mercadológicas observadas, ao longo do tempo, por meio do acúmulo de dados.

Davidson, Donald (Springfield, Massachusets 1917 - Berkley, Califórnia, Estados Unidos 2003) Filósofo analítico da linguagem n.-am., cuja influência estende-se pela filosofia da ação e da mente. ▶ A reputação de Davidson deriva de suas duas coleções de ensaios: *Essays on actions and events* (1980) e *Inquiries into truth and interpretation* (1984). Nesses livros, ele considera a relação entre verdade e significado, do ponto de vista da nomeação. Para ele, o significado das sentenças não apenas depende do significado das palavras que as compõem, mas também deriva, necessariamente, da sua referência. Conjugadas as duas suposições, chega-se à ideia de Davidson de que o significado é produto da relação entre elementos expressivos e aquilo que lhes é exterior. A tese, em si, não é absolutamente nova; a novidade está na afirmação de Davidson de que a linguagem se transforma num elemento de comunicação devido à sua natureza semântica e referencial. A linguagem comunica porque expressa, por meio de sentenças, conteúdos de verdade e de falsidade; enunciar uma frase é descrever o falso e o verdadeiro. Portanto, isso significa que, ao recebermos uma mensagem, reconhecemos duas naturezas distintas: de um lado, a referência; de outro, a crença de verdade que uma sentença gera no usuário a partir da interpretação de que os signos apontam para um referente verdadeiro. Davidson parte da ideia de Gottlob Frege (1848-1925) de que uma teoria da verdade é central para uma teoria do significado. Comunicação existe quando o usuário consegue transpor duas naturezas tão radicalmente distintas, ou seja, a verdade e o significado. Davidson qualificou sua teoria de 'interpretação radical'. Todo e qualquer entendimento de uma mensagem requer uma interpretação que recompõe o sentido a partir de uma espécie de grau zero. Entender, logo comunicar, é o mesmo que criar, algo muito semelhante à teoria da tradução radical de Willard van Orman Quine (1908-2000). No que concerne às ações, Davidson concebe-as como eventos descritos de modos diferentes, reformulando o agir nos termos de uma semântica da verdade.

BIBLIOGRAFIA

DAVIDSON, Donald. *Essays on actions and events*. Oxford: Clarendon Press, 1980.

______________. *Inquiries into truth and interpretation*. Oxford: Clarendon Press, 1984.

DAW [ing.] REC.AV Diz-se de ou processo de criação digital de sons que combina *hardware* e *software*. ▶ Sigla de *Digital Audio Workstation* ('estação digital de áudio').

Dawkins, Richard (Nairobi, Quênia, Reino Unido da Grã-Bretanha 1941-) Etólogo e biólogo evolucionista britânico, autor de livros populares e influentes de divulgação científica, proponente da teoria do gene egoísta, do meme e do fenótipo extenso, intelectual público e pensador ateu, crítico de religiões e de toda forma de teísmo que se candidate ao papel de intérprete da verdade dos fatos naturais. ▶ Após passar parte da infância no Quênia, então colônia britânica, Richard Dawkins estudou zoologia na Universidade de Oxford, Inglaterra, com Nikolaas Tinbergen (1907-1988), um dos maiores etólogos do sXX e ganhador do Prêmio Nobel de Medicina por suas teorias a propósito do comportamento animal. O ensino de Tinbergen familiarizou Dawkins com a concepção de que os comportamentos animais são formas de comunicação. Na década de 1960, já na Califórnia, Dawkins foi professor assistente no *campus* de Berkeley, onde participou das manifestações de oposição ao envolvimento norte-americano na Guerra do Vietnã. Desde 1970, lecionou na Universidade de Oxford, até aposentar-se como professor emérito em 2008, quando ocupava a cadeira Simonyi para o Entendimento Público da Ciência, criada especialmente para ele. Seu livro de 1976, *O gene egoísta*, popularizou a noção de que a unidade seletiva da evolução não é o grupo, nem mesmo o organismo individual, e sim o gene. Por ser a unidade onde se exerce o processo evolutivo, o gene cria os corpos individuais que agem, por sua vez, como veículos dos replicantes. O gene comunica um receituário de instruções que informam como o organismo e suas partes devem ser feitos. Em si, a ideia não era nova e fora parte do arsenal conceitual de duas gerações de biólogos ingleses, que iam de Ronald A. Fisher (1890-1962) a W. D. Hamilton (1936-2000). Entretanto, a formulação de Dawkins era elegantemente simples: os organismos, e aí estão incluídos os seres humanos, são máquinas programadas para sobreviver e preservar as moléculas egoístas, que são os genes. Assim como se dizia que a galinha é apenas uma outra maneira de o ovo produzir outro ovo, os seres humanos são apenas um modo pelo qual os genes fazem outros genes. Não há, portanto, plano ou propósito predeterminado na vida, a não ser o objetivo que os genes têm de criar novos genes e espalhá-los pela natureza, num processo interminável. Inexiste um outro nível de seleção além do gene e, de modo radicalmente darwiniano, a biologia é regida pela mais estrita adaptação. Quando os organismos agem de modo aparentemente altruísta, o que fazem tem por objetivo preservar e favorecer os genes que são partilhados com outros organismos. Por isso, a evolução atua, como no caso das abelhas, sob a forma de adaptação inclusiva (*inclusive adaptation*) no nível do parentesco, através do que Hamilton chamou de *kin selection*. A rigor, não há grandeza no ALTRUÍSMO, apenas uma estratégia egoísta de os organismos preservarem e espalharem seus próprios genes. O gene, porém, não age por si só, daí o fenótipo dos organismos se estenderem para outros organismos e tb. para o meio ambiente onde os veículos dos genes agem. Essa é a tese que predomina em *The extended phenotype*. Uma passagem breve de *O gene egoísta* sugere uma analogia entre a replicação do gene e os processos culturais. A ideia de MEME explica o processo de reprodução de formas e conteúdos da comunicação e da cultura na mente dos indivíduos. O termo inspirou uma série de especulações e de análises que aproximam os domínios da natureza e da cultura. O meme é Darwin transposto além da ordem estritamente biológica. Em *O relojoeiro cego*, de 1986, Dawkins investiu brilhantemente contra as concepções criacionistas que, mais tarde, seriam popularizadas sob a forma de *intelligent design*: a inegável complexidade dos organismos naturais não justifica ou autoriza a crença supersticiosa na existência de um ser divino e criador que projetaria suas qualidades na natureza. Se há um relojoeiro na vida orgânica, ele é a SELEÇÃO NATURAL, que sempre age sem propósito preestabelecido e de maneira pontual ou cega. A partir de 1990, expôs polêmica e estridentemente sua visão ateísta. O ateísmo implacável de Dawkins, que não poupa nenhuma das religiões existentes e tem sido objeto de críticas vindas, simultaneamente, da direita religiosa e da esquerda culturalmente relativista, produziu um livro *Deus, um delírio*, que se tornou um *best-seller* internacional, com milhões de exemplares vendidos.

BIBLIOGRAFIA

DAWKINS, Richard. *The extended phenotype: the long reach of the gene*. Oxford: Oxford University Press, 1999.

______________. *O relojoeiro cego*. São Paulo: Companhia das Letras, 2001.

______________. *O gene egoísta*. São Paulo: Companhia das Letras, 2007.

______________. *Deus, um delírio*. São Paulo: Companhia das Letras, 2007.

______________. *O maior espetáculo da Terra*. São Paulo: Companhia das Letras, 2009.

dB ELETRÔN TEL Símb. de DECIBEL.

DBMS [ing.] INF Programa de computador que constrói, mantém e permite o acesso a um banco de dados. ▶ Sigla de *Database Management System* ('sistema de gerência de dados').

DBS [ing.] TEL Sigla de *Direct Broadcast Satellite* ('transmissão de TV feita diretamente por satélite').

DDR [ing.] INF Procedimento que censura *emails* que contenham termos, palavras ou expressões classificados como inapropriados. ▶ Sigla de *Direct Document Review* ('revisão direta de documento').

DDT [ing.] INF Programa que analisa, detecta e corrige máquinas contaminadas por vírus. ▶ Sigla de *Dynamic Debugging Tool* ('instrumento de descontaminação dinâmico').

deadline [ing.] **1** JOR Instante em que um jornal fica pronto para impressão. **2** JOR PUB Prazo máximo para entrega de anúncio ou matéria; data de fechamento.

Debord, Guy (Paris 1931 - Bellevue-la-Montagne 1994) Poeta francês, cineasta, teórico, autor de *A sociedade do espetáculo*. ▶ Debord foi o principal formulador do situacionismo francês, movimento ideológico de vanguarda que parte de uma peculiar interpretação marxista da sociedade moderna. Se o dadaísmo do início do sXX é uma resposta crítica ao industrialismo, que varria e transformava radicalmente a Europa da época, o situacionismo, articulado por artistas e intelectuais franceses, holandeses, ingleses e belgas, entre outros, parte da noção de que, no final do sXX, a sociedade não é mais regida pela produção, mas pelo espetáculo. Nesse momento específico da história, o que importa é criar uma situação que seja desvio e DERIVA da norma: algo novo, entre a diversão e a subversão. Dos trabalhos que surgiram dos encontros dos pequenos grupos que compunham a Internacional Situacionista, o mais influente é o livro de Debord, *A sociedade do espetáculo*. Publicado em 1967, a obra é uma importante interpretação da pós-modernidade, sendo uma força que se espelha nos trabalhos de Jean Baudrillard (1929-2007). Nesse novo estágio da sociedade, o que predomina é a circulação de imagens e não de mercadorias. A vida é, assim, pura mostra e vitrina. Na sociedade pós-moderna, vive-se menos do que se posa. As relações humanas não mais acontecem em imediatismo autêntico, mas são mediadas por imagens partilhadas e comuns a todos. Até o que parece mais intimamente subjetivo não passa de um simulacro social, construído por imagens e mensagens que circulam incessantemente. Partindo da filosofia existencialista sartriana, que definia o homem como um ser jogado no mundo, em situações nas quais exercerá sua liberdade, a visão de Debord é profundamente pessimista e, na sua crítica à sociedade contemporânea, aparentada à dialética negativa da ESCOLA DE FRANKFURT.

BIBLIOGRAFIA

DEBORD, Guy. *A sociedade do espetáculo*. Rio de Janeiro: Contraponto, 1997.

debug [ing.] INF Ver DEPURAR.

decalagem 1 ELETRÔN Variação da frequência central de uma onda portadora, causada pela presença de modulação. 2 CINE Assincronia entre som e imagem.

decalcar 1 ART.PLÁST Transferir (imagens gráficas) de uma superfície para outra, por calco ('compressão') ou cópia. 2 EDIT Cotejar (duas provas), pondo uma sobre a outra e levantando, rápida e alternadamente, a prova de cima a cada indicação de emenda ou alteração, para verificar se a prova de baixo, a mais recente, foi corrigida. 3 EDIT GRÁF Tirar uma CONTRAPROVA.

decalque 1 Imagem obtida pelo processo de decalcar. 2 Ato ou processo de transferir imagens gráficas, decalcando-as.

decibel 1 ELETRÔN TEL Unidade de medida de tensão ou potência elétrica referenciada a uma outra da mesma natureza. 2 FÍS Unidade utilizada na medida da intensidade do som, correspondente à décima parte do bel (unidade adimensional que exprime o quociente entre duas potências ou intensidades). ▸ Símb.: *dB*.

decifrar COMN Entender ou interpretar (mensagem de conteúdo obscuro ou cifrado).

decisão INF 1 Operação lógica que conduz a uma escolha. 2 Opção por dada estratégia entre as diversas apresentadas por um algoritmo.

declaração FIL LÓG M.q. ASSERÇÃO.

deco ELETRÔN TEL Red. de DECODIFICADOR.

decoder [ing.] INF TEL Ver DECODIFICADOR.

decodificação 1 Ato ou efeito de decodificar. 2 COMN SEMIO Conversão de mensagem codificada em linguagem inteligível; interpretação de uma mensagem; tradução. 3 INF Operação em que um computador determina o código de uma instrução, estabelecendo nas rotinas de interpretação o significado de determinados parâmetros.

decodificador 1 Que ou o que decodifica. 2 COMN INF LING SEMIO Diz-se de ou sistema funcional, pessoa ou aparelho que decodifica. 3 COMN LING SEMIO Que ou quem, num ato de comunicação, recebe e decodifica uma mensagem; receptor. 4 INF Programa ou dispositivo que efetua a decodificação. 5 TEL Diz-se de dispositivo alugado por usuário de televisão a cabo, destinado a recompor o sinal codificado na emissão por uma estação transmissora.

decodificar 1 COMN SEMIO Passar (mensagem codificada) para outro código, em linguagem inteligível; mudar um código em (outro); descodificar, decifrar, decodizar. 2 INF Interpretar (código), convertendo os dados a seu formato original.

décor [fr.] CINE TEAT TV Ver CENÁRIO.

decriptar INF Reconhecer (informação) de modo que se possa ter acesso à mensagem cifrada por um código. ▸ Cf. CRIPTOGRAFAR.

decupagem 1 CINE TV Divisão de um roteiro em cenas, sequências e planos numerados, para facilitar a gravação. 2 CINE RÁD TV Listagem de material filmado ou gravado (em vídeo ou áudio) para posterior seleção dos trechos a serem aproveitados na edição.

dedeira GRÁF Pedaço de couro us. pelo encadernador para proteger o dedo.

dedeira do livro BIBL No índice de dedo, entalhe em cada abertura, esp. de letra, em que se posiciona o polegar para abrir a página de um livro.

dedução 1 Ato de deduzir. 2 Inferência lógica de um raciocínio; conclusão, ilação. 3 Enumeração detalhada. 4 FIL LÓG Processo de raciocínio através do qual é possível, partindo de uma ou mais premissas aceitas como verdadeiras (p.ex.: *A* é igual a *B*, *B* é igual a *C*) a obtenção de uma conclusão necessária e evidente (*A* é igual a *C*). ▸ Deve-se ao filósofo grego Aristóteles (384 a.C. - 322 a.C.) o reconhecimento dos processos básicos, ou seja, a indução e a dedução, que compõem o raciocínio. Ao contrário da indução, que coleta casos singulares para deles extrair um princípio ou regra geral, a dedução recorre a princípios estabelecidos para produzir conclusões. Apesar de ter sido entendida inicialmente pelo papel que exercia na demonstração silogística de Aristóteles (cf. SILOGISMO), o estudo da dedução transcende esse tipo de lógica. Quando um raciocínio é dedutivo, é impossível aceitar as premissas do pensamento e negar sua conclusão sem que se caia em contradição. Se *A* é *B* e *B* é *C*, não há como concluir que *A* não seja *C*. A dedução é, portanto, tipificada como dependente de um sistema de regras, já que um dos termos da premissa funciona como axioma. A dedução é um tipo de prova e demonstração, pois suas sentenças dependem de outras por meio das quais se faz a inferência. Para o método hipotético-dedutivo em filosofia das ciências, a dedução é um processo fundamental no teste de uma hipótese proposta. A hipótese será testada no confronto com a experiência, para que as consequências sejam deduzidas logicamente. Só assim, após um ato dedutivo, a hipótese e o sistema que a gera podem ser rejeitados ou não. Diz-se que a dedução é natural quando não faz uso de postulados ou axiomas, logo, se for estruturada a partir de proposições contingentes, desde que não sejam tautológicas. O raciocínio, na dedução natural, prossegue por meio das regras de inferência lógica. Nesse caso, o que se tem é uma forma de raciocínio e de demonstração que não tem o rigor da dedução sintática e axiomática, mas que é útil e válida na vida cotidiana.

default [ing.] INF 1 Valor ou parâmetro padrão designado automaticamente por um aplicativo, sem intervenção por parte do usuário; *preset*. 2 Diz-se de ou valor padrão de uma condição, na lógica de um programa. 3 Diz-se de ou valor padrão de um formulário. 4 Diz-se de ou valor predefinido, ainda que não imutável, de uma variável ou constante em programação computadorizada. 5 Diz-se da configuração de um computador como vem da fábrica e que não foi alterada pelo usuário.

defectivo 1 MÚS A que faltam semitons. 2 LING Que não apresenta todas as formas do paradigma a que pertence (diz-se de palavra, esp. verbo).

defesa 1 PSICN Conjunto de operações inconscientes que visam diminuir a influência de fontes de perigo ou ameaça à integridade do indivíduo. 2 GRÁF Claro lateral, posto de um ou ambos os lados da coluna, que faz que esta fique mais estreita em relação à bitola normal. ▸ Usado para dar destaque a determinados trechos, tais como citações, transcrições etc.

definição 1 Ato ou efeito de definir. 2 Significação precisa; indicação do verdadeiro sentido. 3 ACS Clareza, precisão na reprodução de um som. 4 CINE FOT TV Contorno nítido, contraste marcado (de uma imagem). 5 FIL No aristotelismo, conceito filosófico que aponta a natureza essencial de alguma coisa, determinando dessa maneira suas semelhanças e diferenças em relação a outras realidades. 6 FÍS ÓPT REC.AV Clareza e nitidez de uma imagem produzida por sistema óptico (lente, espelho etc.). 7 LING Enunciado que parafraseia a acepção de uma palavra ou locução pela indicação de suas características genéricas, essenciais e específicas, de sua finalidade, por sua inclusão num determinado campo de conhecimento etc. 8 LÓG Operação linguística que busca a determinação clara e precisa de um conceito ou objeto.

INFORMAÇÕES GERAIS

A definição caracteriza-se pela equivalência lógica entre o que define (*definiendum*) e o que é definido (*definiens*). A definição não se restringe a uma forma de sinonímia, ainda que um sinônimo possa definir um termo. 'Uma centena de anos' seria um dos modos de definir 'século', mas 'refogado na manteiga de alhos e cebola onde se frita farinha de mandioca com outros ingredientes, tais como banana, ovo etc.' define de modo empiricamente estipulativo o que seja 'farofa'. De maneira geral, as definições podem ser nominais ou reais, que, nesse último caso, capturam a essência ou o conceito de uma coisa, ação ou processo. Essa observação sobre a definição nominal e real advém do trabalho dos gramáticos e lógicos de Port-Royal, Antoine Arnauld (1612-1694) e Claude Lancelot (1615-1695), que aplicaram a filosofia cartesiana à gramaticalidade. Entretanto, a junção de filosofia e gramática é mais antiga que a contribuição de Port-Royal, no sXVII, e remonta ao pensamento grego. Para Sócrates (469 a.C. - 399 a.C.), definir é condição para que se conheça algo. Quem se mostra incapaz de definir somente desconhece. Assim, no diálogo platônico *Górgias*, Sócrates pede que Górgias de Leontinos (c483 a.C. - c375 a.C.) defina retórica, que é o que o sofista pretende ensinar, já que se proclama um conhecedor e um professor dessa arte. A resposta que Górgias dá para a definição de retórica é insuficiente, pois defini-la apenas como sendo o uso das palavras só confunde, já que sobrepõe a atividade de orador à de médico, que também usa palavras, mas para instruir um paciente; e, principalmente, Górgias não é médico. Também não basta fazer como um dos personagens do diálogo, o jovem e impulsivo Pólus, que afirma ser a retórica a mais nobre das artes. Outras artes são nobres, sem serem retórica. A atividade do pensamento seria definir precisamente conceitos que são, na verdade, essências de fatos ou de ideias. No diálogo da última fase filosófica de Platão (c428 a.C. - c348 a.C.), *O sofista*, o personagem identificado como o Estrangeiro mostra como definir, sem ambiguidade e com precisão, um tipo de pescador, mais precisamente aquele que, como era o caso na Grécia, usa anzol. O método platônico exige o cumprimento de algumas etapas básicas que levam à definição de um termo ou conceito. Platão advoga uma metodologia dedutiva de definição. Quem define começa no ponto mais abrangente possível, o que significa que a definição deve caminhar do geral para o particular, até chegar, no processo, a detalhes do que se quer definir. Platão propõe que tudo isso seja feito por meio de respostas a perguntas do tipo sim/não, para que a definição alcançada fique livre de contradições. No caso do pescador que o diálogo platônico quer definir, o Estrangeiro pergunta a Teeteto: "pode-se dizer que o pescador seja alguém que domina uma técnica?" Teeteto responde que sim. Isso, porém, não basta, ainda que a resposta alcançada tenha classificado a pescaria no domínio hiperonímico da técnica (cf. HIPERÔNIMO). Que tipo de técnica seria: de produção ou de coleta? Como o pescador obviamente não faz o peixe, a resposta só pode ser: sim, o pescador coleta. Dois elementos da definição estão, portanto, identificados: o pescador é uma pessoa que se vale de uma técnica de coleta. O processo prossegue até que o pescador seja classificado como alguém que coleta peixes, durante o dia, com um anzol. Na lógica aristotélica, a definição é uma conexão universal, do tipo que reúne ser humano e ser racional numa relação de continência, assim como, em geometria, a linha contém o ponto. Para o aristotelismo, a definição tem um caráter objetivo e funciona, na demonstração, como sendo uma proposição verdadeira, que expressa menos uma essência abstrata e rarefeita do que uma natureza comum. Por isso, histórias do pensamento como *O desenvolvimento da lógica* observam que a tradição filosófica que emerge da filosofia grega acredita que a definição é mais do que o estabelecimento de uma mera convenção: ela expõe uma verdade central para o conhecimento de algo. Na obra de filósofos contemporâneos da matemática, como David Hilbert (1862-1943), que produziu trabalhos que norteiam os debates atuais mais importantes a respeito da prova matemática, as definições são elementos centrais para a obtenção de demonstrações verdadeiras e devem ser vistas como os axiomas geométricos. Os axiomas são, portanto, definições básicas sobre as quais as teorias se erguem numa arquitetura de conceitos. Hilbert refere-se a algo bem diferente do debate, da circunstância e da ocasião, que determinam o resultado dos atos de comunicação. Em comunicação, o desafio feito a um oponente no sentido de produzir uma definição precisa, que ateste seu saber a respeito do que fala, continua sendo uma estratégia de conflito, remanescente do que Sócrates fazia, ao fustigar a empáfia dos atenienses de sua época. Contemporaneamente, no que quer ser uma estratégia de transformação social, feministas americanas propuseram a redefinição de termos em que a mulher é referência direta ou indireta. A linguagem ordinária estaria infectada de ANDROCENTRISMO. A crença é que significados falocêntricos se infiltram na prática de dominação do feminino e que subvertê-los seria um passo na libertação social da mulher.

BIBLIOGRAFIA

ARNAULD, Antoine; LANCELOT, Claude. *A gramática de Port-Royal; ou Gramática geral e razoada*. São Paulo: Martins Fontes, 1992.

BARNES, Jonathan (ed.). *The complete works of Aristotle*. Princeton: Princeton University Press, 1984. v. 1-2.

HAMILTON, Edith; CAIRNS, Huntington (ed.). *The collected dialogues of Plato, including the letters*. Princeton: Princeton University Press, 1989.

KNEALE, William; KNEALE, Marta *O desenvolvimento da lógica*. Lisboa: Fundação Calouste Gulbenkian, 1991.

KRAMARAE, Cheris; TICHELLER, Paula A. *A feminist dictionary*. London: River Oram Press, 1996.

definição contextual Definição de uma palavra ou símbolo por meio da explicação do significado da frase ou declaração em que ocorre.

definição nominal Explicação do sentido de uma palavra; definição verbal. ▶ P.opos. a DEFINIÇÃO REAL.

definição real Explicação da coisa ou realidade significada por uma palavra; a essência para a qual aponta um signo linguístico. ▶ P.opos. a DEFINIÇÃO NOMINAL. Cf. OSTENSÃO.

definição verbal LÓG M.q. DEFINIÇÃO NOMINAL.

defrag [ing.] INF Comando que aciona a reorganização de dados e arquivos armazenados num disco rígido. ▶ Abrev. de *defragmentation*.

degolar GRÁF Cortar na guilhotina (parte impressa do trabalho pronto).

deixa TEAT Indicação visual ou sonora que facilita ao ator a identificação do instante correto de entrar, falar, agir em cena.

deleatur [lat.] EDIT GRÁF Sinal us. em revisão de provas para suprimir letra, palavra, trecho, sinal de expressão. ▶ O sinal de *deleatur* é representado de diversas maneiras, sendo mais usadas as formas assemelhadas à letra grega ômega (Ω) e menos us. um *d* com um corte horizontal (đ), a cruz (+) e o xis (X).

deletar INF Palavra a evitar por REMOVER, *apagar*, *suprimir*.

Deleuze, Gilles (Paris, França 1925 - Paris, França 1995) Filósofo e historiador da filosofia francês, crítico social, teórico da psicanálise e do cinema. ▶ A obra de Deleuze cobriu, filosoficamente, as áreas mais diversas do conhecimento. Deleuze era historiador da filosofia, intérprete da literatura, do filme, da pintura, da linguagem, da sociedade capitalista, da psicanálise, do sexo etc. A erudição e a diversificação caracterizam o seu estilo expositivo. Um tema é escolhido para ser atravessado por fios condutores os mais diversos, sem que as condições, referências e contextualizações históricas sejam consideradas uma prioridade. Deleuze escrevia para o presente e não para desencavar o passado. O que analisou ilustra uma visão peculiar e própria da atividade filosófica, que expressa uma visão geral do mundo, da experiência e da ação vistas pelo filtro de categorias que poderiam, na historiografia tradicional, ser consideradas metafísicas. Conceitos filosóficos não se encontram delimitados a uma região específica do conhecimento, pois podem ser vistos em Lewis Carroll (1832-1898), Francis Bacon (1909-1992), Leopold von Sacher-Masoch (1836-1895) e Marcel Proust (1871-1922), entre outros. Tanto nos trabalhos dedicados estritamente à filosofia, muitas vezes bem próximos do modelo de monografia convencional, como naqueles em que se aventura em áreas culturais adjacentes, como pintura, literatura etc., Deleuze queria produzir conceitos novos que se aproximassem da experiência dos criadores ou da experiência em geral. A experiência é um tema constante em seus trabalhos, desde as magistrais interpretações de David Hume (1711-1776) até o que postula no seu livro mais estritamente metafísico *Diferença e repetição*. Para ele, o uso de conceitos não é neutro, mas capaz de produzir a partir daquilo que se experimenta. Por isso, em *Diferença e repetição*, Deleuze demanda que se abandonem substância, essência e possibilidade em favor de multiplicidade, acontecimento e virtualidade. A mudança proposta não seria estritamente nominal, mas uma escolha capaz de disparar forças produtoras. Na década de 1970, Deleuze começou uma série de trabalhos com Félix Guattari (1930-1992), dos quais *O anti-Édipo: capitalismo e esquizofrenia* é o mais conhecido e o que constitui um ataque teórico e político ao freudismo e à psicanálise lacaniana. A categoria de DESEJO é repensada sob o ponto de vista da liberação e não como uma força que deve ser reprimida para que o sujeito se forme socialmente (cf. MÁQUINA DESEJANTE). Apesar de seu estilo extremamente metafórico, que parece, por vezes, estar apenas preocupado com categorias filosóficas e abstratas, as ideias veiculadas por Deleuze foram sistematicamente usadas para entender e guiar práticas políticas da esquerda não marxista, sendo uma figura central do pós-estruturalismo francês. Em *Mil platôs*, Deleuze e Guattari apresentaram o conceito de rizoma, que descreve os movimentos de raiz num espraiar-se de noções por toda parte, sem centro definitivo, e que pode ser visto como uma conceituação do que foi feito durante toda a trajetória da obra deleuziana. Rizoma é a metáfora mais apropriada para descrever o quase indescritível pensamento do filósofo francês. Em 1995, debilitado por complicações pulmonares cada vez mais sérias, Deleuze cometeu suicídio, atirando-se de uma janela. ▶ Cf. GUATTARI, FÉLIX.

BIBLIOGRAFIA

DELEUZE, Gilles. *A lógica do sentido*. São Paulo: Perspectiva, 2000.

__________. *Empirismo e subjetividade*. São Paulo: Editora 34, 2001.

__________. *Nietzsche*. Rio de Janeiro: Edições 70, 2007.

__________. *Diferença e repetição*. Rio de Janeiro: Graal, 2009.

__________; GUATTARI, Félix. *O que é a filosofia?* São Paulo: Editora 34, 2000.

__________; __________. *Mil platôs*. São Paulo: Editora 34, 1995-1996.

__________; __________. *O anti-Édipo: capitalismo e esquizofrenia*. São Paulo: Editora 34, 2010.

delimitador INF Que ou o caractere que determina os limites de uma sequência contígua de caracteres, sem a ela pertencer.

delocutivo LING Aquele ou aquilo de quem se fala, isto é, a terceira pessoa de um discurso.

demanda 1 ECON MKT Qualquer bem ou serviço procurado no mercado por determinado preço e em determinado momento. **2** PSICN Exigência que incide sobre um objeto equivocado e, portanto, impossível de ser satisfeita, segundo o psicanalista francês Jacques Lacan (1901-1981). ▶ Cf. NECESSIDADE.

demarcação FIL LÓG Diz-se de ou princípio que identifica e separa o conhecimento científico de outras formas que não são científicas. ▸ O critério de demarcação é o sinal diferenciador que separa ciência do que não é ciência. Em reação às filosofias que identificam a ciência com o método indutivo, Karl Popper (1902-1994) argumenta que a demarcação cientifica de um enunciado seja fornecida por seu teor de FALSIFICABILIDADE, revelado por testes empíricos. O abandono do princípio da indução não significa a adoção de critérios metafísicos. O conteúdo empírico de um enunciado ou de um sistema teórico deve ser julgado pelo critério de falseamento.

BIBLIOGRAFIA

POPPER, Karl. *A lógica da descoberta científica*. São Paulo: Cultrix/Edusp, 1975.

demarketing [ing.] MKT Uso de estratégias de *marketing* com objetivos opostos ao do *marketing* convencional (p.ex., estimular o público a limitar o consumo de determinado produto numa época de escassez do mesmo).

demibold [ing.] GRÁF M.q. MEIO-PRETO.

demo INF REC.AV Feito para demonstração ou apresentação (p.ex., de um produto, uma série de músicas, um aplicativo informático etc.) com objetivos comerciais.

democlipe MKT MÚS PUB REC.AV Clipe, sob a forma de vídeo, feito para demonstrar as qualidades de um músico e que é divulgado junto a veículos de comunicação.

democracia COMN POL Sistema político cujas ações e decisões são determinadas por mecanismos que espelham a soberania, os interesses e a vontade populares. ▸ Como sistema de escolha pública, a democracia emerge numa das crises que abalaram a sociedade ateniense dos sV e IV a.C. Aristóteles (384 a.C. - 322 a.C.) em *A constituição de Atenas* atribuiu ao estadista grego Clístenes (565 a.C. - 492 a.C.) a reforma constitucional que fez surgir o regime democrático e, principalmente, a invenção do mecanismo do voto. Acredita-se que a solução democrática fora adotada para evitar e diminuir as disputas sangrentas pelo poder que moviam a aristocracia ateniense e eram consideradas não apenas parte natural da vida política, mas também um processo heroico a que os indivíduos superiores tinham o direito de aspirar. No vocabulário grego da época, *tirano* não é uma palavra pejorativa, mas alguém que toma o poder num ato de individualismo heroico. Tiranos como Pisístrato (sVI a.C. - c527 a.C.) poderiam ser não só benevolentes como populares. Heródoto (c484 a.C. - c425 a.C.) relata, anedoticamente, como Pisístrato chega a governar Atenas: ele se declara dono do poder político da cidade, acompanhado de uma moça de alta estatura, que diz ser a deusa protetora e patrona da cidade, Palas Atenas, mas que é, de fato, uma mulher de um povoado vizinho. Paradoxalmente, um regime político que se erguia sobre tamanha fraude e cinismo mostrou-se extremamente popular, favorecendo com empréstimos os agricultores, acostumando, assim, a sociedade ateniense à ideia de que o povo é uma força política que deve ser considerada quando se faz uma escolha pública. O modelo de escolha pública democrática admite a divisão e a fratura da sociedade em grupos regidos por interesses pessoais que têm o direito sancionado de livre expressão. Por serem tb. instrumentos políticos em sociedades de massa, as democracias modernas são radicalmente diferentes das que se desenvolveram na Grécia do período clássico, mas a concepção de indivíduo, sociedade e escolha pública é substancialmente a mesma nos mundos antigo e moderno. A divisão da sociedade existe, mas será resolvida por uma ideia de contrato social que a antecede, mais precisamente o que os atenienses chamavam de *eunomia*. Segundo o princípio da *eunomia*, concorda-se coletivamente que o consenso virá através da adoção da escolha pública preferida pela maioria dos cidadãos. Vota-se individualmente, mas a vontade geral deve ser respeitada e adotada pelo indivíduo como se fosse sua, mesmo que não tenha sido esse o caso originalmente. A dissensão desaparece através de atos de comunicação persuasiva. Foi na prática política democrática que a teoria, o ensino e o exercício sistemático da comunicação persuasiva floresceram, muito antes de serem um dispositivo que fomenta o consumo de bens numa sociedade. Cf. RETÓRICA.

BIBLIOGRAFIA

BOBBIO, Norberto. *Qual democracia?* São Paulo: Loyola, 2010.
POPPER, Karl. *A sociedade aberta e seus inimigos*. Belo Horizonte: Itatiaia, 1998. 2 vs.
RIBEIRO, Renato Janine. *A democracia*. São Paulo: Publifolha, 2001.

demodulação ELETRÔN TEL M.q. DESMODULAÇÃO ('processo').

demodular ELETRÔN TEL M.q. DESMODULAR ('processar').

demografia Ciência que investiga as populações humanas (em aspectos como natalidade, produção econômica, migração, distribuição étnica etc.) sob uma perspectiva quantitativa. ▸ Para a teoria da comunicação, a análise das reações de determinada população ou área geográfica a mensagens específicas é uma importante contribuição para o estudo das audiências. Mesmo que se utilize a divisão geográfica como critério de demarcação de áreas para a coleta de dados, o que poderia parecer simples entendimento da geografia deve ser complementado por indispensáveis indicadores demográficos e socioeconômicos. A análise da geografia e a das populações se sobrepõem: afinal, são populações humanas que vivem em regiões geográficas determinadas. A demarcação geográfica propriamente dita será complementada por outros fatores, tais como o grau de urbanização da região, atividades econômicas, níveis de educação e de renda. Esse trabalho analítico fornece uma espécie de radiografia útil e explicativa para decisões comunicacionais as mais diversas, que vão da elaboração de um plano de campanha de propaganda política à alocação de recursos que comercializem produtos ou serviços, ou então para explicar o sucesso ou o fracasso de uma empreitada de comunicação.

BIBLIOGRAFIA

BRUSTLEIN, Violette *et alii*. *A geografia do voto nas eleições presidenciais do Brasil: 1989-2006*. Rio de Janeiro, Petrópolis: Vozes / Editora PUC-Rio, 2010.

demônio 1 MIT Espírito sobrenatural que, na crença grega, apresentava uma natureza intermediária entre a mortal e a divina, freq. inspirando ou aconselhando os humanos. **2** FIL A voz que ressoava na consciência do filósofo grego Sócrates, guiando suas ações, atribuída por este, talvez ironicamente, ao espírito sobrenatural da crença grega. **3** REL Cada uma das entidades sobrenaturais de natureza maléfica presentes na tradição judeo-cristã; diabo, lúcifer. **4** REL O anjo que se rebelou contra a autoridade divina, com uma legião.

INFORMAÇÕES GERAIS

Até a reinterpretação cristã do termo *daimôn*, a palavra grega não tinha o sentido negativo de maligno, nefasto, malévolo: definitivamente, o *daimôn* não era o diabo. O caráter comunicacional do demônio perdeu-se com o predomínio do significado cristão. Antes disso, o sentido do vocábulo oscilou de Homero (prov. sVIII a.C.) a Platão (c428 a.C. - c348 a.C.), passando por Hesíodo (sVIII a.C. - sVII a.C.). No texto homérico, o *daimôn* é uma potência de natureza divina, um *theos*, que se manifesta de modo difuso e de difícil identificação. O demônio começa a assumir um papel funcional de intermediação do divino e do humano em *Trabalhos e dias*, de Hesíodo, que os apresenta como seres de uma era perdida, guardiães dos seres humanos. Com Hesíodo, o *daimôn* adquire um caráter mais manifesto e pessoalizado. Nos diálogos platônicos, os atributos do *daimôn* variam: é um ser capaz, inteligente, doador, participante dos destinos da vida humana e, principalmente, uma entidade intermediária entre o divino e o humano. O *daimôn* espalha mensagens do divino que, de outra forma, seriam inacessíveis para os seres humanos. Há comunicação entre o reino divino e o humano porque existe o *daimôn*, que exerce essa função. Platão definiu esses atributos do demônio como resultado do contato e das lições de seu mentor, Sócrates (c469 a.C. - 399 a.C.). Sócrates assegurava que experimentava o demoníaco sob a forma de signos que lhes eram transmitidos. A expressão grega usada por ele era *to daimon sêmeion*. E, principalmente, os signos demoníacos vinham sob a forma de uma voz que ecoava na sua consciência, guiando-o e apontando-lhe o que fazer. Os signos que Sócrates recebia eram manifestadamente interiores e tinham uma dimensão de suprimento moral que preenchia as inevitáveis faltas e tortuosidades humanas. É difícil saber o propósito real da narração desse episódio no texto platônico *A apologia*, que trata do julgamento de Sócrates. Talvez fosse uma maneira de responder à acusação de que Sócrates era alguém que pregava contra os deuses oficiais, corrompendo assim a juventude. Talvez fosse para enfatizar o papel fundamentalmente moral da ação socrática durante a Guerra do Peloponeso. Talvez fosse uma mera estocada irônica. Após Platão, o que se segue é uma tentativa de atribuir uma tipologia de predicados ao demônio, que deixou de ser definido por um atributo dominante, o da comunicação. A conotação de 'diabo' é bem outra: *diaballen* indica hiato, interrupção e tb. os atos de separação, acusação, divisão, caluniação, justamente os atributos contrários do *daimôn* no pensamento mítico e filosófico da Grécia antiga.Os demônios passaram a ser organizados numa hierarquia, criada pela teologia da Igreja católica, até, finalmente, se unificarem no caráter maldoso de Lúcifer, o gênio que o orgulho destruiu e que, de maneira fascinante, nos versos do poeta inglês John Milton (1608-1674), dizia ser "melhor reinar no inferno do que servir no céu".

BIBLIOGRAFIA

HESÍODO. *Teogonia/Trabalhos e dias*. São Paulo: Martin Claret, 2010.
PLATÃO. *Apologia de Sócrates*. São Paulo: Martin Claret, 2010.
PAGELS, Elaine. *The origin of Satan*. New York: Vintage, 1996.

demonstração 1 Ato ou efeito de demonstrar. 2 Qualquer recurso capaz de atestar a veracidade ou autenticidade de algo ou de um argumento; prova. 3 Evidência empírica de caráter comprobatório. ▶ Cf. CONFIRMAÇÃO. 4 FIL LÓG Raciocínio que desenvolve princípios reconhecidamente verdadeiros, com o intuito de alcançar, por intermédio da evidência e da necessidade inerentes ao processo de elaboração dedutiva, determinadas verdades que não se manifestavam à primeira vista. 5 FIL LÓG Raciocínio que torna evidente o caráter verídico de uma proposição, ideia ou teoria.

INFORMAÇÕES GERAIS

Na parte de sua obra que foi denominada *Organum*, que seria o instrumento da ciência, mais especificamente nos livros *Tópicos* e *Sobre as refutações sofísticas*, o filósofo grego Aristóteles (384 a.C. - 322 a.C.) distingue dois modos de raciocínio: o dialético e o demonstrativo. O raciocínio dialético fundamenta-se em opiniões que merecem ser levadas a sério, porque são aceitas pela maioria de uma comunidade ou por aqueles que conhecem e são considerados sábios. A dialética manuseia um tipo de verdade que Platão (c428 a.C. - c348 a.C.) desprezava como uma espécie de ignorância, mas que Aristóteles considerava uma forma especial do verdadeiro, que ele chamava de VEROSSÍMIL. Se o raciocínio dialético presume a possibilidade de refutação, por basear-se em premissas prováveis, a demonstração é, pelo contrário, um encadeamento de premissas de cunho verdadeiro e primário. A demonstração não leva a debates e discussões, como é o caso da dialética. Por isso, a dialética tem como unidade de formação o que Aristóteles chama de ENTIMEMA, que é um argumento que se admite como não mais que provável. A demonstração usa uma cadeia de raciocínio composta de premissas, que são ligadas por um termo do meio, que sustenta a validade da conclusão. O exemplo que se costuma dar, mas que não está presente na obra de Aristóteles, é: "Sócrates é homem/todo homem é mortal/Sócrates é mortal". Note-se que esse argumento demonstrativo depende da validade indiscutível do termo do meio, que é 'homem', do qual não se duvida que seja mortal. A força da demonstração deriva do fato de que a premissa, ou seja, aquela que atribui mortalidade aos seres humanos, é indiscutivelmente verdadeira em virtude do quantificador 'todo': "todo homem é mortal". Se a verdade da proposição do meio não se verifica, a conclusão que a demonstração sugere é inválida. A demonstração deve ser tratada como o objeto principal de um ramo específico da lógica, aquele que lida com a produção de inferências indiscutivelmente verdadeiras e cujo interesse prioritário seria o SILOGISMO. Tanto quem argumenta dialeticamente como quem demonstra usam a forma silogística, mas só a demonstração pode ser considerada de fato e rigorosamente dedutiva. ▶ Cf. DEDUÇÃO; DIALÉTICA.

BIBLIOGRAFIA

BARNES, Jonathan (ed.). *The complete works of Aristotle*. Princeton: Princeton University Press, 1984. v. 1-2.

demonstração por absurdo LÓG M.q. REDUÇÃO AO ABSURDO.

demonstrativo RET M.q. EPIDÍTICO.

dendrito HISTOL Prolongamento altamente ramificado dos neurônios, especializado na recepção de estímulos.

denegação PSICN Forma específica de negação na qual o enunciado de um conteúdo afirmativo pode ser expresso por meio de uma negação. ▶ No exercício de sua clínica,

Sigmund Freud (1856-1939) observou a recorrência do fenômeno da denegação, que se constitui num dos modos pelos quais o paciente expressa afetos, pensamentos, desejos e sentimentos recalcados. Terminologicamente, Freud usa a palavra alemã *Verneinung*, que significa 'negação', no sentido lógico, gramatical e psicológico; mas o que a denegação freudiana representa é um processo complexo que transcende o conteúdo lógico e gramatical restrito, que deve ser entendido não nos termos do sentido de um enunciado, mas como expressão de uma enunciação. A forma lógica de um enunciado denegado é superficialmente uma negação lógica, porém seu sentido verdadeiro é uma enunciação positiva: "não, eu não fiz isso", o que quer dizer "sim, eu fiz isso, mas não posso admiti-lo". Porque supõe um sujeito dividido e carregado por forças que não podem ser facilmente controladas, o freudismo recusa-se a ser emoldurado rigidamente pelos princípios lógicos da identidade, contradição e terceiro excluído. Num sistema teórico que situa a ambivalência no seu centro, um 'não' significa, facilmente, um 'sim'; e um 'sim', um 'não'. Considerada segundo sua dimensão psicológica, a denegação existe porque o paciente assume, primariamente, uma atitude defensiva. Sob a forma de uma negativa, a comunicação denegadora é, no fundo, uma estratégia de recusa. Em sua análise do homem dos ratos, Freud registra que o paciente desenvolve a ideia de que será amado por determinada mulher se algo de ruim lhe acontecer, daí passa a fantasiar que isso acontecerá se seu pai morrer: o pensamento é simultaneamente rejeitado e desejado, ainda que o homem dos ratos tivesse sistematicamente insistido na negação de que pensara, com esperança e vontade, no falecimento do pai. Admitir a negação como afirmação, Freud afirma, é um passo no sentido da cura de uma neurose: o que foi recalcado vem à luz e, assim, o paciente enriquece não só a compreensão do que reprimira, mas também se libera da obrigação, frequentemente compulsiva, de negar seu desejo.

BIBLIOGRAFIA

FREUD, Sigmund. *Duas histórias clínicas: o homem dos ratos e o pequeno Hans*. Rio de Janeiro: Imago, 2006.

denotação 1 Ato ou efeito de denotar. 2 FIL LÓG Vínculo direto de significação (sem sentidos derivativos ou figurados) que um nome estabelece com um objeto da realidade. 3 LING LÓG SEMIO Relação significativa objetiva entre marca, ícone, sinal, símbolo etc. e o conceito que eles representam (p.ex., entre 'cruz' e 'hospital', entre 'caveira com dois ossos cruzados' e 'perigo' ou 'veneno', entre uma forma sonora [masã] 'maçã' e 'fruto da macieira' etc.) 4 LING LÓG Extensão do conceito que constitui o significado de uma palavra; propriedade que tem um significante de se referir genericamente a todos os membros de um conjunto. ▶ Designa o sentido literal das palavras.

INFORMAÇÕES GERAIS

Tudo o que se afirma sobre o mundo está relacionado com ele, sob a forma de verdade, falsidade ou possibilidade. Mas, se produzirmos um juízo afirmativo sobre algo, isso não quer dizer que o mundo determine todos os aspectos do que se diz a propósito da realidade. Além do objeto denotado ao qual o juízo se refere, as proposições têm sentido próprio, livre de referência. Por isso, o importante filósofo da matemática e lógico alemão Gottlob Frege (1848-1925) exigia a distinção entre 'sentido' (*Sinn*) e 'referência denotada' (*Bedeutung*). Frege singulariza que as expressões 'estrela da manhã' e 'estrela da tarde' denotam o mesmo referente, mas têm sentidos diferentes. Ainda que diversas, as duas expressões apontam para um só planeta: Vênus. 'Tristão de Ataíde' e 'Alceu Amoroso Lima' indicam o mesmo indivíduo, um jornalista brasileiro que nasceu em 1893 e morreu em 1983, e que, no início do sXX, converteu-se ao catolicismo, tendo sido um crítico ácido do regime militar brasileiro até sua morte. Como muitos sabem, Tristão de Ataíde era o pseudônimo literário da pessoa que tinha o nome de Alceu Amoroso Lima. Objetos da imaginação possuem sentido, sem que haja referência: 'Brás Cubas' e 'personagem que narra, na primeira pessoa, um romance de Machado de Assis, escrito em 1881' expressam sentidos diferentes e não se referem a nada que exista no mundo real; e, mesmo assim, as expressões não são destituídas de sentido. É o que ocorre com entidades ficcionais ainda mais distantes da realidade, como a Lebre de Março, o Chapeleiro Louco, dragões, medusas, unicórnios etc. Em seu artigo clássico "Sobre sentido e referência", Frege estabeleceu essa importante distinção. Formulamos descrições diversas, sejam elas sobre uma pessoa ou o planeta Vênus, porque as descrições, não a coisa denotada, são diferentes. Em termos de conhecimento, a distinção entre sentido e denotação é crucial, já que a descoberta da equivalência entre 'estrela da manhã' e 'estrela da tarde' foi feita pelo exame dos céus e não por uma consideração de palavras em uma frase. A expressão '2 + 3 = 5' tem um sentido diferente de '4 + 1 = 5', ainda que o número que resulta da soma seja o mesmo. Não apenas para a lógica e para a matemática, a distinção feita por Frege é importante: muito da comunicação esclarece-se por meio da distinção entre sentido e referência; pois, afinal, a comunicação que resulta da transmissão entre interlocutores faz-se exclusivamente através de expressões com sentido que, necessariamente, não apontam para nada fora delas. As palavras podem ser usadas com significados reconhecíveis, sem que denotem de fato alguma coisa. Pode-se concluir que o sentido é prioritário. É impossível haver uma frase denotativa desprovida por completo de sentido. Ao discutir o problema da denotação, o semiólogo francês Roland Barthes (1915-1980) não se refere a sentido da maneira que Frege fizera. O interesse de Frege era determinado por sua preocupação com o problema da equivalência na linguagem ordinária e nas linguagens formalizadas, e isso nada tem a ver com o interesse que Barthes demonstra pelo uso social das representações. Para Barthes, denotação indica um termo particular dicionarizado, enquanto, na conotação, reúne-se um conjunto de significados que são daí revelados. Em certo sentido, a denotação aponta para todos aqueles que são reuníveis sob o termo denotador, enquanto a conotação abstrai um sentido presente naquilo que foi denotado. A denotação é a ordem primária das mensagens que leva à identificação do que for imediatamente representado, enquanto a conotação aponta para outro nível de significação. Na coleção de ensaios *Mitologias*, que reúne artigos de jornal e comentários sobre a mídia popular, Barthes afirma que uma foto específica de Greta Garbo é o retrato reconhecível de sua atuação num filme, mas conota beleza. À medida que a denotação é perceptiva, o nível conotativo é o nível social do significado. Barthes retira parcialmente a ideia da leitura do *Curso de linguística geral* de Ferdinand de Saussure (1857-1913) que fala no conjunto de significados associados a uma palavra que é seu paradigma. O paradigma é um elemento não da fala, mas da língua, e por isso funciona como um patamar de codificação para a construção de mensagens. Ainda que possa não estar diretamente presente na mensagem, o paradigma de fato existe na mente do falante. Afinal, quando se faz uma escolha, outra é posta de lado. Em Barthes, a denotação é devorada pelas associações de conteúdos que uma imagem, uma palavra, uma representação, enfim, os signos disparam. Por isso, o que interessa é a decifração dos conteúdos conotativos que comunicam e tornam operável a ideologia dominante na vida social. Ao aplicar a linguística de Louis Hjemslev (1899-1965) às mensagens da cultura de massa, Barthes abandona a dimensão denotativa do signo e restringe-se a uma percepção dos signos como mensagens autônomas, desconectadas de uma função denotativa e apenas compostas de um plano de expressão que se associa a um plano de conteúdo. Mesmo sem referência à linguística estruturalista de Saussure e à semiologia de Barthes, o filósofo americano Nelson Goodman (1906-1998) chega a uma conclusão semelhante. Definir uma imagem pelo critério de semelhança seria, diz Goodman, um equívoco. A semelhança é o traço do que não é imagem, como no caso de gêmeos ou de carros que saem de uma linha de montagem. Uma imagem é mais assemelhada a outras imagens do que a uma coisa: o quadro que John Constable (1776-1837) pintou sobre o castelo de Marlborough é mais semelhante a outras pinturas do que ao castelo em si. Uma imagem não é 'representação de' algo, mas 'representação como' algo: a situação é bem mais complexa do que se costuma admitir. Uma fotografia é um instantâneo sobre alguém, mas que, na maioria das vezes, é visto como uma representação que aponta uma generalidade. Não se trataria, por exemplo, de uma foto que denota tal mulher específica, mas de uma imagem que sugere a feminilidade. Tanto para Goodman como para Barthes, as imagens referem-se prioritariamente a códigos e não a coisas denotadas: é assim que adquirem sentido. ▶ Cf. SENTIDO; CONVENÇÃO; DESCRIÇÃO.

BIBLIOGRAFIA

BARTHES, Roland. *Mitologias*. São Paulo: Difel, 2003.
FREGE, Gottlob. *Lógica e filosofia da linguagem*. São Paulo: Edusp, 2009.
GOODMAN, Nelson. *Languages of art: an approach to a theory of symbols*. Indianapolis: Hackett, 1976.

denotatum [lat.] LING Aquilo que é denotado por um termo ou uma expressão (p.ex., a palavra *cão* denota 'todos os animais do gên. *Canis*' e não um cão em particular). ▶ P.opos. a DESIGNATUM.

densidade 1 FOT Qualidade estética e visual de uma imagem fotográfica expressa por maior ou menor concentração de áreas escuras. 2 INF Grandeza, ger. expressa em *bits* por polegada quadrada, que exprime a quantidade de dados digitalizados passíveis de serem armazenados na unidade de área de uma superfície magnética. ▶ Cf. BIT. 3 MKT Proporção de clientes que seriam consumidores potenciais numa determinada área geográfica ou num mercado de consumo.

densímetro 1 FÍS Denominação genérica de instrumentos us. na medição da densidade de líquidos. 2 GRÁF Medidor da densidade de tonalidades, us. no controle de fotolitos e provas (preto e branco e em cores).

dente GRÁF M.q. PINÇA.

deontologia Conjunto de deveres morais de qualquer categoria profissional minuciados em códigos específicos. ▶ Cf. ÉTICA.

depósito BIBL Grande compartimento de uma biblioteca em que está situado o acervo principal.

depuração INF Eliminação de falhas (em um programa). ▶ Cf. DEPURAR.

depurador 1 INF Que ou o que é us. para depurar outros programas (diz-se de programa de computador). ▶ Cf. DEPURAR. 2 PAP Diz-se de ou aparelho que completa ou substitui a ação de um areeiro (canal em que a massa vai deixando a areia e outras impurezas) na limpeza da pasta para a fabricação de um papel.

depurar INF Examinar o código de (um programa) para identificar, localizar e suprimir falhas ou erros, através de sua análise. ▶ Para que se depure um programa que apresenta erros de funcionamento, o programador avalia as funções e etapas da codificação que apresentaram problemas e *bugs* (cf. BUG). A tarefa pode ser laboriosa na proporção direta do número de subsistemas atuantes no programa. O ato de depurar, aportuguesado canhestramente como 'debugar', requer que o programador monitore isoladamente cada etapa de execução do programa, interrompendo seu funcionamento e dando reinício ao processo após cada etapa ser analisada e depurada. Detalhes específicos do programa recebem a ação de dispositivos especiais (*debugging tools*, como *Strace* e *Cygwin*) que, revendo as ações previstas no programa, ajudam no processo de suprimir o que estava errado. Mas, a rigor, depurar não se restringe a consertar os erros de um programa. Depurar é um recurso que permite a análise e o entendimento estrutural de um programa. Durante o processo de depuração, o analista é capaz de melhor entendê-lo, valendo-se de ferramentas que analisam o código-fonte e interceptam as ações de um código binário que estabelece a execução de tarefas. Depurando, o analista compreenderá tanto o programa danificado como os *malwares* que nele interferem. ▶ Em ing.: *debug*.

deriva 1 LING Encadeamento de mudanças ocorridas em uma dada língua, que seguem uma direção bem definida. 2 SOC Segundo Guy Debord (1931-1994), experiência que introduz o desejo e a subjetividade no meio urbano em que se vive. ▶ Originalmente um termo militar de significado negativo, o de estratégia de deslocamento por meio de movimentos rápidos e transitórios, o conceito de 'deriva' foi transformado em ato positivo de reconhecimento dos efeitos obtidos ao andar pela cidade. A ideia tem antecedentes nas práticas do Surrealismo, que prenunciavam encontros reveladores e espantosos. Ao teorizar sobre a deriva, Debord critica, com firmeza agressiva, a inocuidade passiva dos surrealistas, que eram incapazes de perceber na deriva uma forma de ativismo social no espaço urbano. Para ele, a deriva surrealista gera apenas devaneios. O que Debord pretende é bem mais do que refletir: esse objetivo apenas repetiria o que Rousseau (1712-1778) fez em *Devaneios do caminhante solitário*. A inspiração da deriva debordiana é marcadamente coletiva e social e jamais redutível a qualquer forma de introspecção. De outra perspectiva, o teórico Walter Benjamin (1882-1940) descreveu a experiência do flanador urbano como um tipo de deriva. Nas notas para seu livro inacabado sobre Paris, Benjamim recorta e guarda um prefácio de 1848 escrito para o jornal popular *Le Flâ-*

neur, em que se lê que o flanador perambulava pelas ruas da cidade, soltando fumaça de seu cigarro, sonhando, de olhos abertos, com os prazeres da noite: mas essa experiência perdeu-se no tempo; é preciso recuperá-la, sejamos *flâneurs*. Nunca definido de maneira séria e frequentemente de uso irônico, o conceito de 'deriva' em Debord estabelece as condições para que o poético, o erótico, os estados subjetivos e emocionais se infiltrem no ambiente da cidade. A deriva participa do que Debord teorizava ser uma psicogeografia subversiva da ordem numa sociedade do espetáculo. Não seria jamais um passeio de lazer, um andar a esmo, mas um microgesto de insurreição. Pequenos grupos de indivíduos devem praticar a deriva, que será uma experiência de liberdade, mas, paradoxalmente, estruturada. Os indivíduos, num grupo de deriva, devem suspender seus motivos para se movimentar na cidade e fazê-lo abertos à sedução dos locais e dos acidentes reconhecidos em prédios e lugares. A importância da deriva para Debord é inegável: ele a praticava caminhando de ponta a ponta por Paris, durante dias e noites a fio. Cf. DEBORD, GUY.

BIBLIOGRAFIA

DEBORD, Guy. Théorie de la dérive. In: *Oeuvres*. Paris: Gallimard, 2006, p. 251-7.

derivação ELETR Comunicação condutora estabelecida por meio de um segundo condutor entre dois pontos de um circuito fechado.

derivada MAT **1** Limite da razão incremental quando o acréscimo da variável independente tende para zero. **2** Para dada função, em determinado ponto, a taxa de variação de uma variável dependente por uma variável independente, calculada nesse ponto.

deriva genética GEN Mudança na frequência gênica em população pequena e isolada, que não é causada por seleção natural, mutação ou imigração. ▸ Ao contrário da seleção natural, que atua de maneira não randômica e, assim, gera adaptações hereditárias, a deriva genética surge sem que tenha o propósito de causar efeitos nos corpos dos organismos. Seleção natural e deriva genética são duas forças que interagem na formação dos organismos. Para o biólogo japonês Motoo Kimura (1924-1994), a maioria dos processos de evolução molecular é de neutros, causados por deriva genética.

Derrida, Jacques (El Briar, Argélia 1930-Paris, França 2004) Filósofo e escritor francês, criador do método crítico desconstrucionista, uma das principais figuras do pensamento pós-moderno. ▸ A princípio concebido como uma leitura crítica da história da filosofia, o DESCONSTRUCIONISMO de Derrida foi tb. um instrumento de leitura política das instituições e práticas das sociedades contemporâneas. O ímpeto presumidamente niilista das leituras de Derrida e seus discípulos é, de fato, apenas aparente. Ainda que o *slogan* desconstrucionista proclame que não há nada fora do texto, as leituras descontrucionistas presumem que haja outro mundo, do outro lado da leitura, capaz de produzir aquilo que a tradição negou, suprimiu e silenciou. Filho de família judia, Derrida nasceu na Argélia, quando o país era uma colônia francesa. Durante o governo francês colaboracionista, que implementou leis antissemitas que determinavam cotas de vagas limitadas para alunos judeus, foi impedido de continuar os estudos secundários. É tentador ver na crítica de Derrida à metafísica da presença e em seu essencialismo teórico uma reação à discriminação antissemita, mas há muito mais do que autobiografia em sua postura filosófica. Em 1952, Derrida começou a estudar filosofia na École Normale Supérieure. O ambiente intelectual francês da época era vigorosamente filosófico e é a partir daí que se deve entender a combatividade teórica e o tom acentuadamente apocalíptico dos textos iniciais de Derrida. A tríade de livros publicados em 1967, *A escritura e a diferença*, *A gramatologia* e *A voz e o fenômeno*, transformam-no num dos mais proeminentes intelectuais parisienses. Derrida já começara a ser conhecido fora da França, ao apresentar um *paper* num colóquio sobre o estruturalismo na universidade americana de Johns Hopkins. Desde então, Derrida publicou cerca de 50 livros, lecionou em várias instituições pelo mundo inteiro. Documentários foram feitos sobre sua vida e obra. Além de célebre por seu estilo de pensamento mais sugestivo do que argumentativo, Derrida escrevia uma prosa hermética que foi, sistematicamente, motivo de repúdio e de fascinação. Ele refutava esse tipo de crítica, afirmando que a pureza de suas teses exigia uma escritura intransigente, radical no modo de expressão, que, se parecia mais literatura do que filosofia, era por motivo de sua novidade filosófica. Para Derrida, os conceitos apresentados em todos os trabalhos de filosofia são mais do que meros instrumentos do pensamento: constituem-se em operadores que interpretam e criam a realidade. Para ele, portanto, criticar conceitos, mostrar seu alcance e efeitos seriam modos de modificar o real. Os ensaios que Derrida publicou cobriram assuntos os mais diversos, desconsiderando sistematicamente as barreiras disciplinares, tratando dos clássicos da filosofia, mas também de autores que eram mais comumente classificados como parte da literatura, atravessando os domínios das humanidades. Isso era uma manifestação de sua crença inabalável em que os conceitos filosóficos se alocavam em todas as formas e práticas do saber, principalmente nas suas margens. Ao mesmo tempo que se dedicava a desmontar a arquitetura conceitual logocêntrica, Derrida demonstrava sua profissão de fé na atividade filosófica. Entretanto, e como o próprio Derrida esperava, filósofos acadêmicos rejeitaram, sistematicamente, a sua obra filosófica, considerando-a argumentativamente fraca, deliberadamente obscura, grosseiramente hiperbólica, intimidadoramente hermética e que, no fundo, apenas veiculava noções triviais. Por causa de sua crítica ao estruturalismo no *paper* apresentado na Universidade Johns Hopkins, Derrida foi classificado, juntamente com Gilles Deleuze (1925-1995), Jean-François Lyotard (1924-1998), Michel Foucault (1926-1984) e outros filósofos de sua geração, como pós-estruturalista ou pós-moderno. Derrida morreu de câncer no pâncreas em 2004. ▸ Cf. APORIA; DIFFÉRANCE.

BIBLIOGRAFIA

DERRIDA, Jacques. *O animal que logo sou*. São Paulo: Unesp, 2001.

____________. *As margens*. São Paulo: Loyola, 2002.

____________. *Adeus a Emmanuel Levinas*. São Paulo: Perspectiva, 2004.

____________. *Cartão-postal*. Rio de Janeiro: Civilização Brasileira, 2007.

____________. *Gramatologia*. São Paulo: Perspectiva, 2008.

____________. *A escritura e a diferença*. São Paulo: Perspectiva, 2009.

____________. *Força de lei*. São Paulo: Martins Fontes, 2010.

derrubar JOR Eliminar (matéria jornalística) durante o processo de edição.

desabilitar INF Desativar, impedir a ação de (dispositivo, função ou entrada de menu).

descarga 1 ELETR Ato de anular ou diminuir a carga de um condensador, uma bateria ou qualquer dispositivo que armazene energia elétrica. **2** INF Ato de copiar o conteúdo parcial ou total da memória principal do computador em um meio externo (p.ex., memória secundária, vídeo ou impressora). **3** INF Impressão de dados transferidos diretamente da memória principal para o dispositivo de saída; impressão da memória. **4** INF Cópia de conteúdo. **5** GRÁF Folha que passa pelos rolos de uma máquina impressora para absorver e reduzir o excesso de tinta. **6** PSICN Na teoria freudiana, deslocamento, despejo, esvaziamento de energia alocada no aparelho psíquico do sujeito.

Descartes, René (La Haye en Touraine, Touraine, atualmente Descartes, Indre-et-Loire 1596 - Estocolmo, Suécia 1650) Filósofo racionalista e matemático francês, criador do método da dúvida hiperbólica. ▸ A modernidade de Descartes manifesta-se claramente na maneira pela qual enfrentou um problema clássico da filosofia, que diz respeito à dúvida. No texto que compõe sua obra-prima, *Meditações sobre a primeira filosofia*, escrita em 1641, Descartes propõe que se examine a questão da dúvida que solapa qualquer possibilidade de conhecimento, adotando uma postura radical e exagerada. Examine-se cada uma das várias formas de conhecimento; se nelas houver dúvidas, deverão ser descartadas e abandonadas. Trata-se de achar uma forma de conhecimento da qual não se possa duvidar, de modo absoluto e completo. A primeira forma de conhecimento seria produzida pelos sentidos: como duvidar de que essas mãos são minhas? Que esse fogo diante de mim realmente existe? Isso só seria possível se eu estivesse alucinado e agisse como os insanos que acreditam ter corpos de vidro e que veem monstros. Descartes, então, pergunta-se se está livre das alucinações que acabara de considerar. À noite, muitas vezes, sonha intensamente a ponto de pensar que está acordado quando estaria dormindo. Por vezes, a vida acordada e aquela imersa em sonhos confundem-se: como acreditar, sem dúvida, que esse momento não é um dos que confundem o onírico e a vigília? Se não há como traçar essa diferença, não há como acreditar na certeza produzida pela experiência imediata dos sentidos. Descartes pergunta-se quem o alucinou. Não seria Deus em sua infinita bondade e perfeição: só pode ser um gênio maligno. Daí, Descartes examina as verdades da razão absoluta, como é o caso da matemática: como duvidar de que dois e dois são quatro? Novamente, só se o gênio maligno alucinar-me e a todos a minha volta, coisa que não é impossível. Assim como no caso dos sentidos, não há como aceitar a indubitabilidade da matemática. Parece tudo ter chegado a um impasse, mas Descartes raciocina sobre o ato de raciocinar. O que ele revela? O pensamento, certo ou errado, alucinado ou não, revela uma certeza indiscutível: a certeza da existência de quem pensa. Na fórmula cartesiana: *cogito, ergo sum:* "penso, logo existo". A engenhosidade do argumento de Descartes não é completamente nova, pois Santo Agostinho (354-430) formulara argumento semelhante no seu tratado contra os céticos. O que há de novo, em Descartes, são as consequências teóricas do *cogito*, que influenciarão e demarcarão o polo racionalista no pensamento moderno. Após Descartes, uma das posturas cognitivas dominantes é dualista: existe razão (*res cogitatio*) e natureza (*res extensio*) em regime de exclusão dualista. Isso caracteriza o conhecimento científico. Existem tb. ideias inatas à mente humana, que em Descartes apontam para o Criador que as gerou e que, para o conhecimento laico, indica a predominância do MENTALISMO, como postulado pela linguística de Noam Chomsky (1928-). O modelo de linguagem que se deriva de Descartes e que está descrito na lógica e na gramática de Port-Royal é denotativo e referencial. Descartes foi um crítico feroz do conhecimento empírico, que para ele era claro no caso do argumento da cera: pegue um pedaço de cera e identifique-a apenas em termos dos sentidos; ponha a cera diante de uma chama e observe-a dissolvendo-se: os sentidos sugerem que não é mais cera o que está sendo visto, mas de fato é. Não os sentidos, mas a mente é o que levaria a um conhecimento verdadeiro, da mesma maneira que o Eu, a Alma, conduz e ilumina o corpo e tudo que for de natureza corpórea. Antes das *Meditações*, em 1637, Descartes expôs, magistralmente, suas concepções filosóficas em *O discurso sobre o método*, uma introdução a três tratados científicos: *Dióptrica*, *Meteoros* e *Geometria*. A crença filosófica e a demonstração que Descartes faz do poder da quantificação matemática tornaram-no uma influência avassaladora na criação do método e da prática científica moderna. Mesmo que o dualismo de pensamento e corpo que advoga possa ser questionado e considerado um problema a ser resolvido, não há como deixar de reconhecer o papel de Descartes na concepção de que a matemática é a expressão direta de um mentalismo poderoso que domina a natureza corpórea.

BIBLIOGRAFIA

DESCARTES, René. *Meditações sobre a primeira filosofia*. Campinas: Unicamp, 2004.

____________. *O discurso sobre o método*. Petrópolis: Vozes, 2006.

descendência comum com modificações BIO Segundo a teoria darwiniana, processo que caracteriza a maneira pela qual todas as formas de vida evoluem. ▸ Cf. BIOLOGIA; DARWIN, CHARLES; DARWINISMO.

descendente 1 Que ou quem provém de uma família ou de um indivíduo. **2** Que ou quem possui determinada origem. **3** GRÁF Que, no desenho de algumas letras, ultrapassa para baixo as letras e o alinhamento horizontal da composição (diz-se de haste). **4** MÚS Referente à sequência de sons de gama que partem de cima para baixo numa escala.

descido EDIT GRÁF M.q. SUBSCRITO.

descoberto TEAT Em que os comediantes atuam praticamente sozinhos, sem o apoio de quaisquer interlocutores (diz-se de cada uma das cenas).

descompactar INF Reconstituir (dados previamente compactados); descomprimir (dados).

desconstrução FIL M.q. DESCONSTRUCIONISMO.

desconstrucionismo COMN FIL Movimento intelectual que procura desfazer a interpretação tradicional de textos literários e filosóficos na cultura ocidental, desestruturando simultaneamente os valores e 'verdades' vinculados a essa tradição, tendo como fundamento uma concepção pluralista e polissêmica do processo significacional; desconstrução. ▸ A postura que caracteriza o desconstrucionismo no pensamento pós-estruturalista francês está intimamente associada ao trabalho teórico de Jacques Derrida (1930-2004). Apesar de criticada como niilista, imprecisa e efetivamente não filosófica, a obra de Derrida exerceu imensa influência no mundo intelectual francês e norte-americano. Seu objetivo era produzir uma crítica imanentista de textos que desmascarasse os pressupostos silenciados e implícitos na atividade teórica, assim desvendando o que fora até então dissimulado. Para que isso acontecesse, Derrida empenhou-se em desmontar a hierarquia de conceitos que organiza a tradição da filosofia ocidental e que se sustentaria apenas por um vasto processo histórico de legitimação. As leituras desconstrutoras eram certamente radicais e iniciavam-se com atos de reversão (o que não significa um estágio cronológico primeiro, mas uma postura que lhe dá forma). Para Derrida, o significado transcendental e a verdade definitiva inexistem: não passam de um sonho ou frequentemente de um pesadelo. Inexiste também o centro, o que o leva a buscar um descentramento completo, que surge, simultaneamente, da identificação interna dos elementos significantes do texto, para interpretar as metáforas recalcadas até então. O *renversement* (a inversão, a reversão) desconstrucionista libertaria o texto do que o amarrava, através de comentários transgressivos. O desconstrucionismo de Derrida afirma que as oposições que estruturam a nossa tradição intelectual (dentro/fora, sensível/inteligível, presença/ausência etc.) são apenas ilusões. Mas a postura desconstrucionista não merece ser qualificada como apenas negativa, já que postula uma concepção de linguagem e pensamento auto-referencial, criadora do que ele chama de suplementos, uma série radicalmente aberta, próxima do jogo, da polissemia e da INTERTEXTUALIDADE. Embora os desconstrucionistas insistam em que sua tarefa é uma forma de filosofar, uma produção puramente teórica, estando, portanto, desinteressada de aplicações, o desconstrucionismo é um movimento profundamente influente nos estudos literários e sociais contemporâneos. A atitude desconstrucionista, mesmo sem seguir o método e o estilo de Derrida, encontra eco nas análises das ideologias institucionais e, portanto, no estudo dos meios de comunicação. Nesse sentido, o descontrucionismo passa a ser uma estratégia de leitura dos mitos sociais que toma Derrida como mestre exemplar, mas que não pretende reproduzir suas frequentemente enigmáticas acrobacias intelectuais. ▸ Cf. APORIA; DIFFÉRANCE.

BIBLIOGRAFIA

FISK, John; HARTLEY, John. *Reading television*. London: Routledge, 1996.

ROYLE, Nicholas. *Desconstruction: a user's guide*. London: Palgrave Macmillan, 2000.

SANTIAGO, Silviano (superv.). *Glossário de Derrida*. Rio de Janeiro: Francisco Alves, 1976.

descrever 1 Fazer um relato circunstanciado de; contar em detalhes, narrar. **2** Representar por escrito ou oralmente (objeto, evento, pessoa, animal etc.), de maneira detalhada ou parcial. ▸ Cf. DESCRIÇÃO.

descrição 1 Ato ou efeito de descrever. **2** Representação oral ou escrita de; exposição **3** Representação de algo, de alguém ou de si mesmo, por escrito ou oralmente, no seu todo ou em detalhes. **4** LÓG Elemento central da teoria analítica de Bertrand Russell (1872-1970), que permite a identificação e distinção das formas lógicas em enunciados da linguagem natural. ▸ No texto "Sobre a denotação", Russell dedica-se a refinar os temas de SENTIDO e DENOTAÇÃO, que foram anteriormente analisados por Gottlob Frege (1848-1925). A crítica de Russell presume que, para atingir seu objetivo, é preciso considerar o conceito lógico de descrição. Sentido e denotação tornam-se matéria de confusão e de disputa, porque, toda vez que usamos um nome logicamente próprio ou uma expressão descritiva como sujeito de uma frase, sugerimos implicitamente que essa parte da frase designe algo, mesmo que a designação refira-se a algo fictício ou não existente. A maneira de evitar que a expressão transmita essa ideia errada encontra-se na consideração e na identificação da forma lógica das sentenças originariamente expressas em linguagem natural. A ambiguidade e o caráter vago das sentenças construídas são certamente úteis no comércio entre as pessoas, mas, infelizmente, geram compreensões equivocadas e induzem ao erro. O verbo *ser* flexionado na terceira pessoa do singular do presente indica três possibilidades: o verbo predica, ou seja, atribui uma qualidade a algo, estabelece relações de identidade entre entidades ou aponta para o que existe. Consequentemente, as frases denotativas descrevem seus objetos com indefinição estrutural. Porém, quando o conteúdo do nome é passível de ser expresso por pronomes demonstrativos, o reconhecimento da denotação não revela maiores problemas: 'este cachorro' existe aqui na minha frente. A sentença que guia o exame de Russell é famosa nos estudos da lógica: "o atual rei da França é calvo". A pergunta inicial é "o que essa sentença descreve?", pois parece irremediavelmente inapropriada. Para que a frase tivesse sentido, seria necessário que representasse algo? Se não tem referência, é desprovida de significado? A frase de Russell sobre o rei calvo aparenta ter sentido e não referir-se a nada. O que ela representaria, uma vez que não há nem rei da França, muito menos um que seja calvo? A solução de Russell para o problema é engenhosa e deriva da possibilidade de que uma sentença descritiva, dita numa linguagem natural, seja decomponível em partes ligadas pelo conectivo lógico 'e'. O conteúdo lógico da frase de Russell diz que "existe esse indivíduo que é o rei da França" e "esse indivíduo é calvo". As duas partes da sentença permitem a aplicação da regra lógica do terceiro excluído: não há meio-termo, os dois segmentos da sentença ou são verdadeiros, ou são falsos. Agora é fácil ver que as duas partes da sentença são referenciais e podem ser, portanto, consideradas do ponto de vista da verdade ou da falsidade. Para que a frase seja referencial é preciso que a primeira parte lógica (existe esse homem que reina na França) e o segundo segmento (esse homem é calvo) sejam igual e referencialmente verdadeiras. Dizer que não há um homem calvo reinando na França é uma mera questão de contexto: o que não quer dizer que nunca houve um homem calvo reinando na França, nem que não haverá. Porque dependem da avaliação das circunstâncias contextuais, as descrições são símbolos incompletos. Só podem ser referenciais contextualmente. A linguagem lógica e simbólica que Russell utiliza é complexa, mas pode ser entendida verbalmente. A teoria das descrições de Russell faz parte de uma tendência filosófica, dominante na primeira metade do sXX, que desconsidera a linguagem e a comunicação ordinária, que seria apenas um ninho de erros e equívocos. Aos poucos, o pensamento anglo-saxão haveria de voltar a se interessar pelos atos de fala, pela comunicação cotidiana, sem deixar de querer atingir o mesmo rigor formal que autores como Russell e a primeira fase dos escritos de Ludwig Wittgenstein (1889-1951) demandavam. A análise de Russell é parte de uma tradição filosófica que desqualifica a comunicação ordinária e a acusa de ser a origem de todos os males cognitivos. A desconfiança em face da linguagem foi prefigurada por Francis Bacon (1561-1626), quando considerou a linguagem ordinária um dos ídolos do mercado (*idola fori*), que impedem o conhecimento empírico da natureza, e, depois, quando David Hume (1711-1776) pede que se lance ao fogo qualquer trabalho que não contenha juízos matemáticos ou fundamentados na realidade empírica. ▸ Cf. ATO DE FALA; DESIGNADOR.

BIBLIOGRAFIA

RUSSELL, Bertrand. *Logic and knowledge: essays 1901-1950*. London: Routledge, 2007.

descrição densa ANTRPOL FIL Ato ou efeito de descrever o contexto e o significado de um comportamento observado. ▸ O conceito de 'descrição densa' foi inicialmente cunhado pelo filósofo britânico Gilbert Ryle (1900-1976) e, posteriormente, apropriado pelo antropólogo americano Clifford Geertz (1926-2006). Geertz usa 'descrição densa' para qualificar o trabalho da antropologia. Por esse motivo, a ideia de descrição densa é mais utilizada por antropólogos do que por filósofos. Ryle argumentou que a descrição superficial de um comportamento não basta para que a ação seja compreendida. Usando como ilustração a escultura *O pensador* de Auguste Rodin (1840-1917), Ryle conclui que há mais de uma maneira de descrever o que a estátua estaria representando. Uma descrição superficial, ligeira e fina (*thin description*) limitar-se-ia a dizer que *O pensador* está murmurando algo para si mesmo. A hipótese descritiva inicial tornar-se-ia mais densa se o intérprete da escultura descrevesse imaginativamente quais os conteúdos do pensamento e que frases ocupariam o raciocínio de *O pensador*. Para ilustrar melhor a ideia, Ryle identificou as diferenças de significado que uma simples contração de pálpebras pode evocar. Uma contração de pálpebras seria um mero tique nervoso, uma sinalização de intimidade e de cumplicidade ou uma representação exagerada desse ato, para mostrar como se convida alguém para uma ação íntima e cúmplice. Há, obviamente, nessas três alternativas uma hierarquia de significados que se acumulam e que permitem que o receptor da mensagem faça a inferência correta e entenda o que o ato de piscar significa. Alguns elementos são fundamentais nesse caso: a materialidade do ato de contrair os olhos, a regra social que equipara a contração de pálpebras a uma intimidade cúmplice e o contexto em que essa ação específica se produz. Segundo Geertz, esses mesmos elementos orientam a interpretação antropológica: um ato concreto, uma codificação amplamente socializada e um contexto. Caberia ao antropólogo dedicar-se a compreender a maneira pela qual as estruturas de inferência de significado se produzem na cultura que está sendo por ele interpretada. ▸ Cf. GEERTZ, CLIFFORD.

BIBLIOGRAFIA

GEERTZ, Clifford. *A interpretação das culturas*. São Paulo: LTC, 1989.

RYLE, Gilbert. Thoughts of thoughts: what is Le Penseur doing? In *Collected papers II: collected essays 1929-1968*. London: Hutchinson, 1971, p. 494-510.

descritivismo LING **1** Escola n.-am. de linguística, surgida na primeira metade do sXX, que desenvolveu propostas e métodos para analisar objetiva, científica e sincronicamente os fatos e sistemas linguísticos, atendo-se somente aos elementos que aparecem num *corpus* colhido dos falantes nativos de uma determinada língua, de acordo com técnicas de descoberta desenvolvidas para evitar a interferência do sistema linguístico do investigador nos dados. **2** Doutrina que considera que a linguística deve descobrir, registrar e explicar as regras e princípios que funcionam nas línguas, sem tentar impor-lhes outras regras ou normas de correção. ▸ P.opos. a NORMATIVISMO.

descritivo GRAM LING **1** Diz-se do adjetivo que modifica o sentido de uma palavra, acrescentando-lhe uma característica, esp. real e concreta (p.ex., 'alto' em 'homem alto'). **2** Relativo à descrição de uma estrutura linguística, feita do ponto de vista sincrônico e sem preocupações normativas.

descritor INF Diz-se de ou parâmetro de registros de dados que possibilita que todos os registros referentes a um mesmo assunto sejam identificados conjuntamente numa memória de computador e num sistema de recuperação.

desejo PSICN No freudismo, moção psíquica que procura restabelecer a situação da primeira satisfação. ▸ Para a psicanálise freudiana, o desejo é a fundamentação básica dos dramas que compõem a vida humana. Logo, o desejo não é irredutível à saciação circunstancial de uma vontade ou de um capricho presente. De cunho mnésico, o desejo remonta ao que foi a satisfação infantil original que se quer revivida e reestabelecida. Já que o passado só pode ser reinstituído graças a representações, o desejo expressa-se por meio de signos capazes de atualizar, ainda que sob a forma de fantasmas, o que está irremediavelmente perdido. Não é à toa que a psicanálise entende que as representações oníricas são realizações do desejo. Ainda que pensada assistematicamente pelo criador da psicanálise, a questão do desejo somente assume um lugar central no freudismo com a leitura lacaniana da metapsicologia psicanalítica. Para Jacques Lacan (1901-1981), o desejo difere da necessidade e da demanda. A necessidade satisfaz-se, a demanda busca o outro, enquanto o desejo não repousa. Ao reviver a primeira satisfação, o sujeito desejante entrega-se a um paradoxo que só pode gerar clivagens. Se o objeto revivido é, por definição, a mãe, trata-se de uma experiência interdita, a qual causa desassossego. O resultado é uma divisão irreparável; quem deseja quer um outro, mas encontra o interdito, que, segundo Lacan, é o Outro, a quem o sujeito se vê obrigado a apelar, transformando a revivência num acontecimento fantasmático, no qual o que se deseja é o desejo do Outro. Por sua vez inspirada na leitura que Alexandre Kojève (1902-1968) fez da concepção hegeliana de desejo, a interpretação lacaniana da metapsicologia de Freud mostrou-se influente em pensadores pós-estruturalistas, como Gilles Deleuze (1925-1995), Félix Guattari (1930-1992) e Jean-François Lyotard (1924-1998), que figuram o desejo como um fluxo em busca de um objeto fluido, que deve ser criado, que é criado, mas que se esquiva sem parar.

BIBLIOGRAFIA

DELEUZE, Gilles; GUATTARI, Félix. *O anti-Édipo: capitalismo e esquizofrenia*. São Paulo: Editora 34, 2010.

FREUD, Sigmund. *A interpretação dos sonhos*. Rio de Janeiro: Imago, 1999.

LACAN, Jacques. *Escritos*. São Paulo: Perspectiva, 1996.

LYOTARD, Jean-François. *Les dispositives pulsionnels*. Paris: Christian Bourgois, 1973.

desempenho 1 TEAT Maneira de representar, de interpretar; interpretação. 2 LING Manifestação da competência dos falantes nativos de uma língua, através de enunciados produzidos espontaneamente e de seu processamento interpretativo; *performance*, situação. ▸ Fornece dados para a construção de uma gramática ('conjunto de regras') da COMPETÊNCIA, embora contenha dados irrelevantes para esta, tais como hesitações, estruturas inacabadas e repetições, imputáveis à memória, nervosismo, cansaço, distração etc. Deve-se observar que há esforços, esp. dos psicolinguistas, no sentido de construir uma gramática do desempenho, distinta da gramática da competência.

desencadernar GRÁF Desfazer(-se) a encadernação de (brochura).

desenhista ART.PLÁST GRÁF 1 Que ou quem possui particular talento para a arte do desenho ou a pratica habitualmente; desenhador. 2 Que ou quem executa desenhos us. como modelos para produtos, indústria, tecidos etc.

desenhista industrial DES.IND Profissional que pratica a arte do *design*; *designer*.

desenho 1 Representação de seres, objetos, ideias, sensações sobre uma superfície, por meios gráficos, com instrumentos apropriados. 2 Arte que utiliza e ensina essa técnica de representação. 3 Conjunto de procedimentos relativos a essa arte. 4 Qualquer obra de arte executada por meios gráficos. 5 Configuração (de um conjunto); delineamento, recorte. 6 Forma considerada dos pontos de vista estético e utilitário, esp. o contorno quando apreciado pelas suas qualidades plásticas; *design*. 7 Figura ou conjunto de figuras de efeito decorativo; motivo. 8 Representação de objetos executada para fins científicos, industriais, ornamentais; planta, risco, traçado.

desenho animado M.COM M.q. ANIMAÇÃO.

desenho industrial DES.IND M.q. DESIGN.

desentrelinhado GRÁF 1 Sem entrelinhas (diz-se de composição ou texto). 2 Cujo entrelinhamento ('distância entre duas linhas de composição sucessivas') foi reduzido.

desentrelinhar GRÁF Retirar as entrelinhas de (composição ou texto).

desfocar CINE FOT TV Tirar de foco.

desfragmentador INF Que ou o que realiza a ação de desfragmentar.

desfragmentar INF Reunir (arquivo fragmentado) num só local do disco rígido.

design [ing.] DES.IND 1 A concepção de um produto (máquina, utensílio, mobiliário, embalagem, publicação etc.), esp. no que se refere à forma física e funcionalidade. 2 O produto dessa concepção. 3 M.q. PROGRAMAÇÃO VISUAL. 4 M.q. DESENHO ('forma').

INFORMAÇÕES GERAIS

A manufatura de um objeto é, por natureza, planejada. Mesmo um objeto encontrado na pré-história, como um tipo de pedra que seria útil na limpeza e corte de carnes de animais, é selecionado de acordo com uma concepção formal que antecede seu emprego. De modo mais sistemático, porém semelhante, um artesão segue um plano de execução que reproduzirá, de modo mais ou menos preciso, ao repetir a feitura do objeto. A funcionalidade do objeto é o que o caracteriza. Sem abandonar o critério de funcionalidade, a mecanização industrial apaga os traços manuais do artesão, criando o que críticos chamaram de uma dessemantização do ambiente humano. Num mundo marcado pela globalização da mídia e dos mercados, a automatização da produção e a competição por mercados consumidores cada vez mais amplos responderiam pelo efeito de descontextualização cultural que ocorre no sistema de objetos consumidos internacionalmente. Do ponto de vista da feitura de um objeto por meio de *design* industrializado, o planejador deverá ter em mente considerações a respeito do material empregado, da forma física do objeto, sua função e uso pelo consumidor. O objeto será multiplamente codificado de acordo com essas considerações básicas, sendo, na prática, definido por sua relação com outros objetos disponíveis no mercado. Eles precisam ser reconhecidos como membros de uma classe, sem deixar de ser uma expressão singular. Os objetos produzidos por *design* seguem as mesmas determinações dos signos que são simultaneamente representações gerais e indicadores individuais de desempenho. Por isso, ao comprar um objeto, o consumidor define-se como sujeito social. Consumir algo é, também, comprar a mensagem que o objeto comunica, seja um rótulo de vinho, um liquidificador ou um modelo de carro. Mais do que nunca, consumir é ver.

---

designação COMN FIL LING SEMIO 1 Indicação (de alguém ou algo) entre os demais. 2 Marca ou sinal de; representação, significação. 3 Caracterização por meio de palavra ou expressão; denominação, qualificação. 4 Distinção de alguém ou algo de maneira precisa; denominação, qualificação. 5 Ato de designar uma coisa ou um conceito em determinado sistema de representações ou numa língua. 6 M.q. [1]REFERÊNCIA. ▸ Cf. DESIGNATUM; DENOTAÇÃO; DESIGNADOR.

designação rígida FIL LÓG Ato ou processo de indicar um mesmo objeto em todos os mundos em que ele possa existir. ▸ O conceito de designação rígida é um elemento central da semântica de Saul Kripke (1940-). Revivendo a especulação metafísica leibniziana de existência em todos os mundos possíveis, Kripke defendeu uma ideia revolucionária para a lógica modal. Segundo ele, pode-se hipoteticamente representar o mesmo objeto, com diversas descrições, em mundos variados. Mas isso não aconteceria com os nomes próprios. Para que o nome próprio funcione logicamente é preciso que seja o mesmo em todos os mundos possíveis; logo, os nomes próprios não são descrições disfarçadas ou abreviadas. Seria uma inconsistência afirmar que sentenças de identidade possam ser contingentes. Se os termos *A* e *B* forem nomes próprios em todos os mundos possíveis, *A* será sempre igual a *B*. Uma sentença lógica com essas condições é necessariamente verdadeira ou necessariamente falsa. O raciocínio de Kripke seria igualmente válido para tipos naturais (*natural kinds*) que seguem o processo de designação rígida. Até Kripke, a lógica moderna reduzia a verdade a uma referencialidade radicalmente empírica. A novidade de Kripke foi reintroduzir o argumento metafísico na lógica modal, apresentando uma importante, porém polêmica, contribuição à questão da VERDADE. ▸ Cf. DESIGNAÇÃO; DESIGNADOR.

BIBLIOGRAFIA

KRIPKE, Saul. Semantic considerations in modal logic. In: *Philosophica Fennica*, n. 16, p. 83-94, 1963.

________. *Naming and necessity*. Cambridge: Harvard University Press, 1980.

designador LÓG Que ou o que designa, precisa, especifica; designante. ▶ Acredita-se que só há designação se houver um signo designador que indica e nomeia o que é designado. Assim, o designador é um termo a ser ser julgado segundo critérios de verdade ou falsidade. Entretanto, é preciso observar que um designador pode nomear um objeto que não existe de fato na realidade, como 'Capitu', mas que é perfeitamente inteligível e que tem, portanto, sentido (cf. DENOTAÇÃO). Porque os designadores são verdadeiros ou falsos, cabe a preocupação de distinguir aquele que seja sempre verdadeiro, não só agora, mas em todos os mundos possíveis, daquilo que seja um designador ocasional. Designador rígido é o que ou aquele que indica o mesmo objeto em qualquer instância ou circunstância, desde que o objeto não desapareça ou que as convenções linguísticas não mudem: 'logaritmo na base dois de oito' é um designador rígido de 'três'; mas 'o criador de Capitu' é um designador não rígido de 'Machado de Assis', porque, simplesmente, o romancista poderia ter falecido antes de escrever *Memórias póstumas de Brás Cubas*. O entendimento da designação verdadeira em termos da identidade nomeada é uma importante contribuição para a filosofia da lógica desenvolvida pelo filósofo norte-americano Saul Kripke (1940-). A maneira como Kripke entende a questão do designador descreve uma metafísica da modalidade que procura entender a verdade sob a perspectiva do que é possível. Por isso, verdade requer identidade nomeável estavelmente em todos os mundos possíveis, não sendo, então, matéria de debate entre interlocutores. ▶ Cf. NOME; VERDADE; VEROSSÍMIL.

BIBLIOGRAFIA

KRIPKE, Saul. *Naming and necessity*. Cambridge, MA: Harvard University Press, 1980.

designar 1 Indicar a propósito de algo, lugar ou tempo. **2** Referir, denotar. ▶ Cf. DENOTAÇÃO. **3** Simbolizar.

designatum [lat.] LING Ser, ação, qualidade (concreto ou abstrato, real ou imaginário) do mundo extralinguístico, remetido por um signo linguístico; referente. ▶ Através de *designata*, os atributos do mundo exterior são representados para a consciência sob a forma de signos e sinais. O processo de criação, geração, aplicação de *designata* e *denotata* ao que nos cerca permite que representemos, sob a forma de pensamento, desde os sentimentos mais íntimos até as mais rarefeitas abstrações. Um dos principais traços do processo de designação é a transformação do mundo exterior em representações partilháveis, que permitem ações complexas e principalmente organizadas como um todo carregado de sentido. Portanto, a designação não é apenas uma referência ao mundo exterior, ao qual corresponderia numa relação do tipo um a um, mas principalmente a geração de uma dimensão tanto psicológica como social da comunicação que, a rigor, não se limita ao que é próprio dos homens. Aqui surge uma questão fundamental: o que possibilita a comunicação? Para a tradição racionalista a propósito da linguagem, a resposta é que, através da designação que as palavras permitem, podemos expressar nossos pensamentos, o que é uma impossibilidade para os animais. Os seres humanos, diz René Descartes (1596-1650) numa carta de 1647, empregam sinais que se referem à natureza corporal, enquanto os animais não podem jamais fazer tal coisa. O que o grande filósofo francês desconhecia é que os animais trocam sinais, como Karl von Frisch (1886-1982) demonstrou no seu estudo sobre a dança de abelhas batedoras, que indica, com precisão, através da interação complexa de olfato, percepção, orientação etc., para os outros membros da colmeia, não só a distância como a qualidade do pólen. A partir das observações revolucionárias de Von Frisch, pode-se perceber que a abelha comunica, com apenas dois movimentos (um em círculo e outro rebolativo), mais do que uma informação sobre o mundo exterior. É através dos sinais designados que a colmeia age em uníssono organizado. A designação faz mais do que aplicar uma etiqueta (arbitrária ou não) ao mundo exterior: designação é comunicação que torna a vida social possível. ▶ P.opos. a *DENOTATUM*. ▶ Cf. DENOTAÇÃO.

BIBLIOGRAFIA

VON FRISCH, Karl. *The dancing bees: an account of the live and senses of the honey bee*. New York: Harcourt, 1953.

designer [ing.] DES.IND Ver DESENHISTA INDUSTRIAL.

design gráfico DES.IND EDIT GRÁF PUB Programação visual de livro, etiqueta, publicação, anúncio etc., que incorpora em sua representação gráfica o conceito e as estratégias de comercialização do produto.

desktop [ing.] INF **1** Parte da interface gráfica de sistemas operacionais que exibe, na tela, representações de objetos presentes na mesa de trabalho, como documentos, arquivos, pastas e impressoras; área de trabalho. **2** Diz-se de ou computador pessoal projetado para uso em um só local, como p.ex. uma mesa, ao contrário dos computadores móveis (*laptops*).

desktop publishing [ing.] EDIT GRÁF INF Conjunto de recursos informatizados que combina o computador pessoal com programas de desenho de páginas e disposição gráfica para produzir serviços gráficos e editoriais. ▶ Sigla: *DTP*.

desligador da pressão GRÁF M.q. SALVA-FOLHAS.

deslocamento 1 LING Capacidade própria da linguagem humana de descrever, mencionar, indicar eventos, objetos e pessoas que estejam fora das referências espaciais ou temporais do interlocutor. **2** PSIC Mecanismo de defesa por meio do qual o investimento afetivo é transposto de seu objeto original para um objeto substituto. ▶ O deslocamento faz com que os valores morais e considerações é ticas,que reprimem o desejo consciente do sujeito, sejam invertidos, transformados e dissimulados sem freios. Aí, o deslocamento é livre, porque o inconsciente manifesta-se através de um regime de liberdade. Representações imagéticas destacam-se nos sonhos, porque o deslocamento transfere e transmuta conteúdos latentes em imagens figuradas. O deslocamento responde também pela condensação, pois desloca e reúne resíduos oníricos díspares. Para Sigmund Freud (1856-1939), o deslocamento cria os leitos profundos e subterrâneos da mente humana, seguindo primariamente o curso livre do desejo, mas também censurando e transformando os conteúdos da mente em recalques. Os que, como Jacques Lacan (1901-1981), conceberam o inconsciente humano não em termos energéticos, como Freud fizera, mas nos termos da linguagem, percebem claramente o parentesco entre deslocamento e metonímia. **3** PSICN Modo de funcionamento do sistema inconsciente por meio do qual um conteúdo psíquico presente na mente de um paciente desliza numa cadeia associativa. ▶ Ao contrário da CONDENSAÇÃO, que funde conteúdos psíquicos, o deslocamento impulsiona o trânsito de representações através do encadeamento de associações. Freud postulou a existência de deslocamentos na mente de pacientes neuróticos que isolavam alguns afetos e suas representações. O deslocamento impulsiona conteúdos psíquicos irrefreadamente, porque obedece ao regime de liberdade que caracteriza os processos do sistema inconsciente. A teoria freudiana reconhece a ação, ainda que limitada, de deslocamentos nos sistemas conscientes e pré-conscientes da mente humana, pelo simples motivo de que o processo secundário, que regula os sistemas consciente e pré-consciente, restringe e controla a satisfação do desejo do sujeito. Como muitos outros conceitos que Freud usa para compreender a mente humana, é no sonho que ele reconhece a atuação mais típica desse modo de funcionamento do aparelho psíquico. É através do deslocamento que, no sonho, a mente minimiza o que é relevante e acentua o supérfluo, fazendo com que o neurótico se confunda e se perca num redemoinho de representações aparentemente cifradas.

BIBLIOGRAFIA

FREUD, Sigmund. *A interpretação dos sonhos*. Rio de Janeiro: Imago, 1999.
LACAN, Jacques. *Escritos*. São Paulo: Perspectiva, 1996.

desmagnetização FÍS Ato ou efeito de retirar propriedades magnéticas de um corpo magnetizado.
desmodulação 1 ELETRÔN TEL Ato ou efeito de desmodular. 2 ELETRÔN TEL Processo inverso ao da modulação, pelo qual o sinal de saída adquire as características do sinal modulador original; detectação, demodulação. 3 INF Reconstituição de dados digitalizados a partir de sons recebidos através de linha telefônica.
desmodular 1 ELETRÔN TEL Processar (um sinal) de modo a extrair a informação nele contida; demodular. 2 INF Reconstituir (dados digitalizados) a partir de sinais modulados recebidos através de linha telefônica; demodular.
destacar ART.PLÁST 1 Dar vulto ou relevo a. 2 INF Alterar a aparência de (opção ou entrada de menu), diferenciando-a das demais, ger. através da mudança da cor de fundo, para assinalar que será executada por padrão. 3 MÚS Executar notas sucessivas, separando-as com pequenas pausas.
destaque EDIT JOR Ato ou efeito de dar ênfase, salientar, chamar a atenção para elemento de um texto sob forma gráfica (negrito, itálico, versal, versalete etc.), que segue ger. as normas de estilo do jornal, revista, editora etc. ; realce.
destinador COMN LING SEMIO Que ou quem emite a mensagem destinada a alguém; emissor, locutor, transmissor.
destinatário COMN LING SEMIO No esquema da comunicação, aquele que recebe a mensagem; ouvinte, receptor.
destino COMN INF LING SEMIO Ponto em que se recebe (numa cadeia de comunicação entre seres animados e inanimados) a mensagem transmitida.
desvio 1 EST Num conjunto de números, diferença entre esses números e o valor médio do conjunto. 2 LING Qualquer ato de fala que transgride as normas da língua.
desvio médio EST 1 Média aritmética dos valores absolutos dos desvios em relação à média de um conjunto de números. 2 Esperança matemática do valor absoluto do desvio de uma variável aleatória em relação ao seu valor médio.
desvio padrão EST M.q. AFASTAMENTO PADRÃO.
detalhamento MKT PUB M.q. BREAKDOWN.
detalhe CINE FOT TV Cada uma das partes do PLANO tomadas em separado.
determinação de preço MKT Processo pelo qual se estabelece o valor de um produto, expresso na forma de seu preço de mercado. ▸ Cf. PREÇO.
determinismo FIL 1 Princípio segundo o qual todos os fenômenos da natureza estão ligados entre si por rígidas relações de causalidade e leis universais que excluem o acaso e a indeterminação, de tal forma que uma inteligência capaz de conhecer o estado presente do universo estaria necessariamente apta tb. a prever o futuro e reconstituir o passado. ▸ Cf. CAUSALIDADE; CONTINGÊNCIA; NECESSÁRIO. 2 Princípio segundo o qual tudo no universo, até a vontade humana, está submetido a leis necessárias e imutáveis, de tal forma que o comportamento humano está totalmente predeterminado pela natureza e o sentimento de liberdade não passa de uma ilusão subjetiva.

INFORMAÇÕES GERAIS

As filosofias deterministas caracterizam-se por presumir que um estado de coisas não só precede outro, mas que, entre eles, existe uma relação rígida de causalidade. Quem conhecer plenamente um desses estados será capaz de prever, com precisão, o futuro. O acaso é, portanto, um subproduto da ignorância. Em termos morais, o determinismo desconsidera os dilemas do livre-arbítrio. Determinismo e liberdade excluem-se mutuamente. Para o pensamento determinista, o livre-arbítrio santifica o desconhecimento e legitima a ignorância. A sensação de que agimos em liberdade não passaria de uma ilusão.

BIBLIOGRAFIA

HACKING, Ian. *The taming of chance*. Cambridge: Cambridge University Press, 1990.

deus ex machina [lat.] 1 Pessoa ou circunstância que surge inesperadamente, oferecendo solução para uma situação difícil. 2 TEAT Na Antiguidade greco-romana, recurso dramatúrgico que consistia na descida em cena de um deus, cuja missão era dar uma solução arbitrária a um impasse vivido pelos personagens. 3 TEAT Resolução inverossímil dada a um problema dramático.

INFORMAÇÕES GERAIS

A expressão *deus ex machina* é uma tradução latina das palavras do escritor de comédias grego Menandro (342 a.C. - 291 a.C.) e significa 'um deus que sai da máquina' e, então, intervém arbitrariamente na cena teatral. Na *Poética*, Aristóteles (384 a.C. - 322 a.C.) critica o uso generalizado do recurso, argumentando que o desenvolvimento de uma trama dramática deve sair do que acontece na cena e não de fora, como acontecia quando o recurso de um *deus ex machina* era usado. Igualmente, o poeta latino Horácio (65 a.C. - 8 a.C.) condena a solução por ser artificiosa.

diacronia ANTRPOL LING SEMIO SOC 1 Descrição de uma língua ou parte dela ao longo de sua história, com as mudanças que sofreu; gramática histórica, linguística diacrônica. 2 O conjunto dos fenômenos sociais, culturais etc. que ocorrem e se desenvolvem ao longo da história. 3 O estudo desses fenômenos.

INFORMAÇÕES GERAIS

Uma das críticas recorrentes à influência do estruturalismo nas ciências sociais e humanas, afirma que, após Ferdinand de Saussure (1857-1913), a dimensão diacrônica, portanto a historicidade da linguagem e dos fatos sociais, foi ignorada ou posta arbitrariamente de lado. Os que refutam essa crítica afirmam que a ideia de uma língua (*langue*) estável em Saussure não passa de uma abstração útil para que se identifique a ordem sistêmica e sincrônica do material linguístico. A historicidade da língua é inegável, mas só se consegue reconhecer a evolução de um sistema linguístico pela comparação de dois modos do presente: tanto o que é presente hoje como o que foi presente no passado. A opção estruturalista de congelar o tempo na linguagem e, com isso, a evolução e a transformação de seus elementos é, portanto, um simples, porém necessário, recurso heurístico, uma estratégia metodológica que tem por objetivo representar uma característica real do que é linguístico: se não houver uma estabilidade relativa no sistema da língua, não haverá comunicação entre os falantes. Na realidade, sincronia e diacronia complementam-se. A descrição sincrônica preocupa-se com a ordem sistêmica da língua, enquanto a diacrônica identifica o que é continuidade sucessiva. Não haveria nenhum problema em abordar as duas perspectivas em separado: o próprio falante está livre de conhecer o processo histórico e o desenvolvimento da língua. Mas é preciso admitir que a estabilidade do sistema é inegável, sendo suas transformações de menor importância, pois, se uma língua transformar-se radicalmente durante o período de uma geração de falantes, o efeito imediato é o de alienação comunicativa entre os que vivem numa mesma sociedade. Se Saussure influenciou-se pela sociologia de Émile Durkheim (1858-1917) a ponto de definir língua como fato social e instituição, termos tipicamente de extração durkheimiana, sua imensa influência após a década de 1960 é responsável pela presença das teses do sociólogo francês nos estudos da sociedade e da comunicação. ▸ Cf. SINCRONIA.

BIBLIOGRAFIA

BOUISSAC, Paul. *Saussure: a guide for the perplexed*. New York: Continuum, 2010.

DOROSZEWS, W. Quelques remarques sur les rapports de la sociologie et da la linguistique: Durkheim et Saussure. In: *Journal de Psychologie Normal et Pathologique*, n. 30, p. 82-91, 1933.

SAUSSURE, Ferdinand de. *Curso de linguística geral*. São Paulo: Cultrix, 2006.

diacronismo ANTRPOL LING SEMIO SOC **1** Abordagem histórica de fenômenos sociais. **2** Enfoque ou tratamento diacrônico.

diádico Referente a grupo de dois, a par.

diafilme REC.AV Tira de filme em 35 mm, ger. constituída por uma série de fotogramas (20 a 50) e destinada à projeção de imagens fixas; filme fixo.

diafragma ÓPT Em um sistema óptico, abertura que controla a seção reta de um feixe luminoso que passa através desta, com a finalidade de regular a intensidade luminosa, reduzir a aberração ou aumentar a profundidade local.

diagnóstico INF Red. de TESTE DE DIAGNÓSTICO.

diagonal TEAT Cada uma das paredes laterais de uma cena interior (salão, gabinete etc.) ou cada um dos elementos acessórios de uma cena aberta (jardim etc.) que se dispõe, em diferentes planos, nos dois lados do palco, complementando o motivo principal do pano de fundo.

diagrama 1 CINE TV Cenário em miniatura destinado a filmagens de estúdio. **2** EDIT GRÁF PUB M.q. LEIAUTE ('esboço'). **3** INF Recurso de representação, num programa de computador, que estabelece a sequência de ações ou relações entre elas. ▸ Cf. FLUXOGRAMA.

diagramação GRÁF **1** Ato ou efeito de diagramar. **2** Elaboração de leiaute ou esquema (de dimensões e formatos iguais aos da publicação) em que aparecem devidamente calculados e representados todos os elementos (textos, paginação, legendas, fotos, ilustrações etc.) que compõem o material a ser impresso.

diagrama de barras EST M.q. GRÁFICO DE BARRAS.

diagramador GRÁF Que ou quem se encarrega da diagramação (diz-se artista gráfico, paginador, *designer*, jornalista etc.)

diagramar GRÁF Dispor graficamente os elementos (p.ex., textos, títulos, ilustrações, legendas, fios, vinhetas etc.) que deverão fazer parte de (uma publicação), ger. com base em programação visual determinada; proceder à diagramação de (livro, revista, jornal, anúncio etc.).

dialética FIL **1** Num sentido bastante genérico, oposição, conflito originado pela contradição entre princípios teóricos ou fenômenos empíricos. **2** No platonismo, processo de diálogo entre interlocutores comprometidos profundamente com a busca da verdade, através do qual a alma se eleva, gradativamente, das aparências sensíveis às realidades inteligíveis ou ideais. ▸ Cf. DIÁLOGO. **3** No aristotelismo, raciocínio lógico que, embora coerente no seu encadeamento interno, está fundamentado em ideias apenas prováveis e, por essa razão, traz sempre em seu âmago a possibilidade de sofrer uma refutação. **4** No hegelianismo, lei que caracteriza a realidade como um movimento incessante e contraditório, condensável em três momentos sucessivos (tese, antítese e síntese), que se manifestam simultaneamente em todos os pensamentos humanos e em todos os fenômenos do mundo material. **5** No marxismo, versão materialista da dialética hegeliana aplicada ao movimento e às contradições de origem econômica na história da humanidade.

INFORMAÇÕES GERAIS

A crença do filósofo grego Sócrates (469 a.C. - 399 a.C.) nas virtudes do vai e vem de perguntas e respostas que forma a arte do diálogo, ou seja, a dialética, é impensável fora do ambiente de discussão generalizada que se instaurou em Atenas pela implantação do sistema político democrático (cf. DEMOCRACIA). Para Sócrates, a interação dialética é um modo privilegiado de pensamento filosófico. A dialética preocupa-se, prioritariamente, com o método de investigar através de conversação, que, na cultura agonística da época, tomava muitas vezes a forma de uma disputa, cujo objetivo era apenas subjugar e vencer o interlocutor a todo custo, em detrimento da perseguição ao verdadeiro. A dialética é, para Sócrates, o oposto de tal prática beligerante, que, por sua vez, recebe o nome de erística. Como discípulo de Sócrates, Platão (c428 a.C. - c348 a.C.) usa o termo 'erística' com uma definitiva conotação pejorativa. As estratégias erísticas envergonham e humilham o adversário: vencer é tudo que importa. Entretanto, é preciso observar que os socráticos não abandonaram por completo o ideal competitivo da cultura ateniense, trata-se de um deslocamento sutil: o verdadeiro e único adversário do método socrático era a ignorância de seus compatriotas, principalmente aqueles que pensavam conhecer algo, quando de fato eram incapazes de produzir respostas e definições sem contradição para perguntas fundamentais que regem a vida humana: *o que é a Justiça? O que é o Bem?* etc. É em torno de questões comunicacionais, que eram então identificadas pela palavra retórica, que a dialética filosófica será elaborada, pois as práticas dos oradores públicos da Antiguidade não pareciam exigir uma fundamentação mais reflexiva. Dialética, para todos antes de Sócrates, era apenas um receituário de soluções consideradas e concebidas como eficazes. Aos poucos, a origem do termo *dialética* vai mudando e, assim, deixa de significar troca de impressões, debate ou prática de um diálogo. O raciocínio dialético passa, portanto, a se preocupar com os erros de construção lógica do discurso, mostrando, como faz Sócrates, que facilmente se chega a opiniões sofísticas, se não houver uma atenção especial para o ato de falar. Não apenas a conclusão estaria errada, mas o discurso em si, na sua forma interna, estaria igualmente eivado de erros. Ao separar-se da erística e da sofística, a dialética assume o papel que é próprio da lógica, ou seja, do estudo de como fazer corretamente inferências verdadeiras. O que Platão postula nos seus diálogos é a apresentação de uma dialética implícita e uma exortação de cunho moral: o saber merece ser amado e é através desse amor que se transcende o mundo imperfeito dos sentidos e se atinge o reino da verdade, onde habitam as formas ideais e perfeitas, capturadas verbalmente como definições conceituais (cf. DEFINIÇÃO). Platão identifica criticamente retórica com sofística e separa, por consequência, retórica e dialética. Para ele, a boa retórica é apenas a filosofia, o resto deve ser abandonado com desprezo. A postura de Aristóteles (384 a.C. - 322 a.C.) é bem outra: a retórica é a contraparte, o contracanto da dialética. A palavra que usa, em grego, é *antistrófos*, que supõe uma correlação de contraponto complementar entre retórica e dialética. Em Aristóteles, a teoria do raciocínio classifica dois tipos de pensamento: um que se chama analítico, cujo modelo dedutivo vale-se de princípios efetivamente verdadeiros, e outro, dialético, que usa argumentos prováveis como premissas e que, assim, tem a aparência de verdade. Sendo apenas verossímeis, os argumentos dialéticos podem ser disputados, discutidos, logo, refutados. No mundo medieval, dialética significa o estudo da lógica argumentativa: dialética, gramática e retórica são as três artes básicas do ensino escolástico. Com Georg W. F. Hegel (1770-1831), a dialética abandona o domínio da interação comunicativa, portanto do discurso persuasivo e provável, para transformar-se num atributo geral da humanidade e da natureza. A filosofia hegeliana afirma que o movimento do universo é dialético. Tudo que existe move-se por meio de contradições que, harmonizadas em sínteses, conservam alguns elementos do contraditório, ao mesmo tempo que descartam outros. Dialética passa a ser uma predicação do processo histórico. Numa tentativa de escapar das abstrações idealizantes de Hegel, Karl Marx (1818-1883) diz que a contradição histórica não é espiritual, mas material e econômica. Para o marxismo, o movimento da história é dialético e progride incessantemente, ao longo do tempo, pelo conflito de classes, para repousar, após a revolução proletária, numa sociedade que abole e harmoniza estado e sociedade civil, criando um mundo onde inexiste propriedade privada, constituindo-se, portanto, numa síntese comunista. Seja por reação crítica à imponência de Hegel, na Alemanha de seu tempo, seja por acreditar que a política conservadora hegeliana merecia ataque, o fato é que Marx faz da contradição algo incompatível com a maneira pela qual a lógica julga os raciocínios contraditórios. Hegel e Marx desconsideram que, para a lógica clássica, de onde retiram o nome 'dialética', as contradições são vistas como nocivas para o pensamento, logo precisam ser plenamente descartadas. Mesmo que a palavra tenha caído no gosto popular, sendo usada e abusada indiscriminadamente, o conceito de dialética abriga atualmente concepções teóricas tão díspares que parece estar sendo empregado para o entendimento de objetos incompatíveis.

BIBLIOGRAFIA

BARNES, Jonathan (ed.). *The complete works of Aristotle*. Princeton: Princeton University Press, 1984. v. 1-2.

FERMANI, Arianna; MIGLIORI, Maurizio (orgs.) *Platão e Aristóteles; dialética e lógica*. São Paulo: Loyola, 2012.

HAMILTON, Edith; CAIRNS, Huntington (ed.). *The collected dialogues of Plato, including the letters*. Princeton: Princeton University Press, 1989.

HEGEL, G. W. F. *Science of logic*. New York: Taylor and Francis, 2011.

MARX, Karl. *Crítica à filosofia do direito de Hegel*. São Paulo: Boitempo, 2010.

dialógico LIT SEMIO Na teoria de Mikhail Mikhailovich Bakhtin (1895-1975), uma das maneiras de construção criativa, de cunho polifônico, que caracteriza a ficção de Dostoievski, em oposição ao monologismo dos romances de Tolstoi, na literatura russa. ▶ Cf. BAKHTIN, MIKHAIL MIKHAILOVICH; INTERTEXTUALIDADE.

diálogo **1** Fala em que há a interação entre dois ou mais indivíduos; colóquio, conversa. **2** Contato e discussão entre duas partes, em busca de um acordo. **3** Obra em forma de conversação, com fins expositivos, explanatórios ou didáticos. **4** INF Na computação, intercâmbio informacional entre dois elementos de um sistema; troca de sinais entre computadores que se comunicam entre si através de uma rede; interação. **5** INF Processo de entrada humana e resposta imediata da máquina que configura uma conversa entre um computador interativo e seu usuário. **6** MÚS Composição em que as vozes ou instrumentos se alternam ou respondem. **7** TEAT Um dos processos básicos de comunicação e expressão do personagem no teatro; sequência de falas trocadas pelos personagens, a qual faz a ação dramática caminhar sem que seja necessária a figura de um narrador.

INFORMAÇÕES GERAIS

Na literatura contemporânea, o uso de diálogos restringe-se, na grande maioria das vezes, à ação dramática em geral, às narrativas criativas e, no jornalismo, à prática de entrevistas. Além de ser a maneira de comunicação mais frequente entre os seres humanos, o diálogo é uma forma expressiva que remonta à origem do ensino da retórica, como forma de treinamento daqueles que falavam em público, e também à filosofia. Os sofistas gregos praticavam um método de ensino que se caracterizava por dois estágios: apresentavam uma exposição discursiva sobre o assunto ou tema a ser ensinado (*epideixis*), à qual se seguia uma rodada de perguntas e respostas, derivadas ou inspiradas pelo que fora exposto. Era o que supostamente inventara o sofista Protágoras de Abdera (c490 a.C. - c420 a.C.). Radicalmente antilógica, a filosofia geral de Protágoras supunha a convivência irremediável de pontos de vista contraditórios em eterno conflito, cuja resolução nos escapa porque a verdade, que poria fim ao embate, não se pode alcançar. O pensamento antilógico de Protágoras sai diretamente de um modelo intelectual que é próprio do diálogo. A prática de ensino desenvolvida por outro sofista da época, Górgias de Leontinos (c483 a.C. - c375 a.C.), que enfatizava a criação prática de discursos a serem criticados pelo instrutor, é igualmente dialogal. O que Platão (c428 a.C. - c348 a.C.) desaprovava nos diálogos sofísticos era precisamente o fato de não serem verdadeiros diálogos. Para Platão, a pregação de Protágoras era pura erística, que seria a arte de duvidar do outro para humilhá-lo, gerando apenas dúvidas e controvérsias. Quando o diálogo platônico *Górgias* representa a conversa que Sócrates (c469 a.C. - c399 a.C.) teria tido com o professor de retórica e sofista que dá nome à obra e seus alunos, Calicles e Pólus, o tom é amargo, beligerante e termina numa nota de inutilidade: os personagens debateram, discutiram, mas não houve ali diálogo e, portanto, conclusão esclarecedora. Num texto escrito bem mais tarde, Platão apresenta uma situação completamente oposta à de *Górgias*, de tal maneira que o novo diálogo, o *Fedro*, assemelha-se a uma retratação posterior. Sócrates encontra Fedro nos arredores de Atenas. Fedro mostra um discurso atribuído a um orador jurídico da época, Lísias, e pede a Sócrates que faça um discurso sobre o assunto. O resultado é um discurso no qual o interesse de Sócrates em seduzir o jovem Fedro é mais do que evidente. Sócrates envergonha-se do que fez e afirma que o importante é transcender o ponto de vista e esclarecer, definindo, o que é o amor. No diálogo que prossegue não há disputa, controvérsia ou confronto. Trata-se de um encontro intelectual cooperativo, interessado em investigar a essência do amor (cf. DEFINIÇÃO). Antes de proferir um discurso, o orador deve conhecer a verdade sobre o assunto de que falará e ser capaz de defini-lo. O texto termina com uma condenação da escrita. Quem acha que escrever é condição para a transmissão de um saber confiável e permanente não passa de um ingênuo. A escrita produz discursos mortos: apenas os diálogos são expressões vivas do conhecimento. A DIALÉTICA, entendida como a arte do diálogo que busca o saber com amor desinteressado, planta as sementes da verdade na alma de quem ouve. Aristóteles, que também escreveu diálogos que, porém, se perderam, reconhece que a postura platônica é a base do filosofar, cuja origem estaria em Sócrates, a tal ponto que chama os diálogos filosóficos de "razões (ou os discursos)" socráticos, em grego *Sokratikoi logoi*. A literatura latina também usou o diálogo como forma de expressão, seja em sátiras ou na demonstração filosófica. Cícero (106 a.C. - 43 a.C.) escreveu vários tratados como diálogos, dentre eles, *De oratore* e *De republica*. Antes de se tornar um bispo católico, Agostinho (354-430) também redigiu seus trabalhos de filosofia cristã na forma dialogal. O último diálogo que escreveu foi *De magistro*, redigido em 388-389. O estilo dialógico começa, lentamente, a confinar-se à literatura. Na filosofia contemporânea da comunicação, o semioticista e lógico americano Charles Sanders Peirce (1839-1914) imagina a comunicação sígnica como um diálogo de representações, onde um signo-base interpela um objeto, sendo mediado por um signo dito interpretante, que medeia dialogicamente a relação denotativa entre base e objeto. Assim como Peirce interessava-se pela dimensão pragmática da comunicação, ou seja, em como se faz um ato comunicativo, Paul Grice (1913-1988) entende o diálogo como a cena em que o conhecimento se desenvolve e pergunta-se por meio de que critério se identifica um significado transmitido. Grice recusa a formulação, geralmente atribuída a Ludwig Wittgenstein (1889-1951), de que significado seja apenas uso. Numa série de escritos influentes sobre lógica e conversação, Grice conclui que o indivíduo A produz uma sentença significativa se, à maneira de um diálogo, o seguinte processo se verificar: A diz *y* com a intenção de gerar uma crença por meio do reconhecimento de sua intenção. Para que isso aconteça, é preciso boa-fé. Segundo Grice, as máximas da comunicação pelo diálogo presumem uma atitude cooperativa comum, pois só dessa maneira se pode ter alguma certeza de que as formas de inferência e implicação, feitas através do diálogo, estão mais ou menos corretas. Portanto não se deve dizer o que se acredita ser falso, ou afirmar aquilo para o qual não se tem evidência. A informação transmitida não poderia exceder ou estar aquém do que é necessário para esclarecer o tema da conversação. O foco da conversação teria que ser mantido apenas no que é relevante para o que se diz; e as formas do obscurecimento, ambiguidade, desordem argumentativa e prolongamento da discussão precisam ser evitadas para que o diálogo seja pleno. Nos estudos literários, a concepção de INTERTEXTUALIDADE vale-se da imagem de um diálogo para descrever como os textos e produções culturais se relacionam mutuamente. ▸ Cf. BAKHTIN, MIKHAIL MIKHAILOVICH.

BIBLIOGRAFIA

GRICE, Paul. *Studies in the way of words*. Cambridge, MA: Harvard University Press, 1989.

HAMILTON, Edith; CAIRNS, Huntington (ed.). *The collected dialogues of Plato, including the letters*. Princeton: Princeton University Press, 1989.

HOUSER, Nathan; KLOESEL, Christian (ed.). *The essential Peirce, volume 1: selected philosophical writings (1867-1893)*. Bloomington: Indiana University Press, 1992.

PEIRCE, Charles S. *Peirce on signs*. Chapel Hill: The University of North Carolina Press, 1991.

diálogo interior LIT M.q. MONÓLOGO INTERIOR.

dialoguista CINE Profissional que escreve e elabora diálogos para cenas a serem filmadas.

diapositivo 1 FOT REC.AV Imagem positiva, estática e translúcida, de modo geral em película, e que se pode projetar. 2 GRÁF M.q. VAZADO.

diário 1 Escrito em que se registram os acontecimentos de cada dia. 2 JOR Periódico que se publica a cada dia; jornal.

Diário do Povo, O (*Rénmín Ribáo*) JOR Jornal diário, fundado em 1948 e sediado em Beijing, órgão oficial do Comitê Central do Partido Comunista chinês. ▸ O *Diário do Povo* é lido, pelos observadores ocidentais, menos como um jornal do que como um conjunto de pistas sintomáticas do que acontece nos corredores do Partido Comunista chinês. Costuma-se ler as opiniões e os comentários impressos em suas páginas como aquilo que está sendo debatido e discutido no Comitê Central, sem que isso signifique mais do que estágios de um processo decisório. Os editoriais, por sua vez, representam e indicam as tomadas de posição políticas que guiarão a ação partidária. O *Diário do Povo* traz seções de notícias internacionais, nacionais e locais, bem como suplementos e seções semanais sobre a economia e vida no campo e nas províncias chinesas. A tiragem diária do jornal é de 3 milhões de exemplares.

diatônico MÚS M.q. ACROMÁTICO

diatribe 1 Crítica severa ou mordaz. 2 Discurso, escrito ou oral, em tom violento e ger. afrontoso, em que se ataca alguém ou alguma coisa. 3 Discussão exaltada.

dicção 1 Maneira de articular ou pronunciar (sílabas, palavras, versos etc.); pronúncia, prolação. 2 Arte de proferir um texto com uma pronúncia e uma articulação claras, e uma entonação adequada ao seu sentido; expressão vocal. 3 MÚS Pronúncia e enunciação das palavras cantadas. 4 MÚS Qualidade ou modo de interpretar. 5 RET Modo de dizer, no que tange à escolha e à combinação e disposição das palavras, com vistas à correção, clareza e eficácia do texto; estilo, linguagem.

dicente FIL LÓG SEMIO Na teoria semiótica de Charles Sanders Peirce (1839-1914), veículo sígnico que se relaciona com seu OBJETO ('qualquer realidade investigada), sob a forma de juízos ou afirmações, sejam eles verdadeiros ou falsos. ▸ Como enunciado descritivo, o dicente informa sobre o objeto representado. Cf. SIGNO.

dicionário BIBL EDIT Livro, ou qualquer outro suporte de mensagem auditiva, visual etc., que contém compilações de informações ou referências sobre qualquer ramo do conhecimento (p.ex., determinada área do fazer ou saber humano), cujos itens vêm organizados em ordem alfabética; glossário, vocabulário. ▸ Como modos de disseminação e comunicação de saberes, o dicionário e a enciclopédia são aparentados. Ambos caracterizam-se por serem tentativas de capturar um universo em processo de transformação e acumulação infinitas. Uma forma possível de diferençar dicionário de enciclopédia seria talvez dizendo que o dicionário compila e descreve os componentes de palavras ou unidades lexicais, enquanto a enciclopédia lida com fatos, saberes e práticas; mas o exame atencioso dessas ideias revela que a distinção é ineficaz. Há muito em comum entre os dois veículos: tanto o dicionário como a enciclopédia fazem-se por meio de palavras, desde sua ordem alfabética até o fato de que as explicações lexicais são dependentes de saberes enciclopédicos que as esclarecem. As próprias palavras que dicionários e enciclopédias utilizam à exaustão são signos que apontam para referentes, fatos, ideias, conteúdos e interpretações representados. Para distingui-los, seria tentador dizer que os dicionários coligem etiquetas linguísticas, mantendo ao máximo sua pureza lexical, valendo-se apenas das explicações técnicas e cognitivas que forem estritamente necessárias. De fato, tanto o dicionário como a enciclopédia expressam modos conjugados da representação sígnica, sendo o dicionário, por definição, mais abrangente do que a especialização enciclopédica, ainda que, do ponto vista de conteúdos cognitivos, a enciclopédia contenha mais do que o dicionário. O dicionário abarca teoricamente todo e qualquer termo da linguagem ordinária e do discurso especializado. Talvez um modo de identificar o dicionário em oposição à enciclopédia seja classificá-lo prioritariamente como um dispositivo preocupado com os marcadores semânticos básicos de uma palavra, como no caso da definição de *solteiro*, em que se espera encontrar os marcadores de significação 'masculino' e 'pessoa que não está casada'. Aparentemente o que é analítico tipifica os dicionários. Ainda que possa ser eventualmente o caso, no dicionário não se encontra necessariamente um saber do tipo "Sócrates era homossexual" ou "Galileu é um físico do sXVII", pois esses seriam conhecimentos marcados não de maneira analítica, mas empírica e sinteticamente. Idealmente, o dicionário coleta as formas completas dos usos da linguagem. Assim, dicionarizar é prioritariamente apresentar equivalências perifrásticas tanto do senso comum como do conhecimento especializado. ▸ Cf. ANALÍTICO E SINTÉTICO; ENCICLOPÉDIA.

BIBLIOGRAFIA

PETÖFI, J. S. Lexicology, encyclopedic knowledge and theory of text. In: *Cahiers de Lexicology*, n. 25, p. 126-42, 1976.

dicionarizado 1 Registrado, incluído em dicionário. 2 Organizado sob a forma de dicionário.

dicionarizar 1 Registrar em dicionário. 2 Organizar sob a forma de dicionário. 3 Redigir dicionário(s).

dicissigno FIL LÓG SEMIO M.q. DICENTE. ▸ Cf. SIGNO.

dictum [lat.] LING Aquilo que uma frase expressa, retirados todos os elementos modalizadores (palavras ou construções que indicam desejo, medo, receio, satisfação, alívio de que o fato se realize); p.ex., as frases "alegro-me de que estejas curado" e "desejei muito tua cura" têm o mesmo *dictum* de "estás curado" e "tua cura".

didascália TEAT 1 A representação dramática. 2 Qualquer escrito ou crítica a respeito de obra teatral. 3 Repertório de peças.

didot [fr.] BIBL EDIT GRÁF Denominação de tipo ou família de caracteres do estilo romano moderno, que apresenta acentuado contraste entre traços grossos e finos, com serifas horizontais leves. ▸ Durante os anos de 1784-1811, o tipógrafo e impressor francês Firmin Didot (1764-1836) cunhou, em Paris, as versões originais da família tipográfica que leva seu sobrenome e que foi usada, pela primeira vez, por seu irmão, Pierre Didot (1760-1853). Na época, vários livros de alcance popular e baixo custo foram impressos com a criação tipográfica de Firmin Didot. O tipo *didot* deriva-se da letra BODONI, cuja forma gráfica foi ainda mais acentuada por contrastes visuais. Muitos consideram a letra *didot* evocativa do clima intelectual do Iluminismo francês. É uma fonte tipográfica considerada 'moderna'.

diegese 1 CINE TV O tempo e o espaço de uma narrativa ou trama. 2 Conjunto de aspectos relativos ao tempo e o espaço em uma narração qualquer. 3 LIT SEMIO Conceito da narratologia que identifica e distingue a realidade exterior à narração e a ação narrativa propriamente dita. ▸ O termo diegese foi extraído da filosofia grega pelo estruturalista francês Gérard Genette (1930-), para identificar um tipo de segmento textual ou paratextual que não é mimético, mas que conduz a história em si mesma de uma narração. Em *A república* (III, 392a-395e), Platão (c428 a.C.-c348 a.C.) explicita a distinção entre tipos de discurso: discutindo com um personagem do diálogo, Adimanto, Sócrates teoriza que um narrador pode proceder por imitação, identificando-se com um ator da narrativa ou distanciando-se e apresentando uma narração, criando assim uma ação ficcional pura e simples. As teses aristotélicas sobre a arte dramática também reconhecem a narrativa diegética como uma das formas do processo teatral. Seguindo a sugestão socrática, Genette identifica o que é narrado em oposição ao que é descrito mimeticamente. A introdução do termo grego na teoria da literatura francesa, por parte de Genette, queria não apenas revitalizar a retórica clássica, como instrumento da interpretação e do entendimento da criação literária, mas também diminuir a ênfase na visualidade que teóricos anglo-saxões forjavam ao descrever a distinção entre 'contar' e 'mostrar'. Na narratologia de Genette, tanto a diegese como a mimese são formas da mais restrita textualidade. Ainda que seja muitas vezes usada imprecisamente como o argumento puro e simples de uma história, a diegese caracteriza-se pelo que seja intrínseco e interno à ação narrativa propriamente dita. Numa cena de batalha entre soldados romanos, o ruído dos cavalos trotando é diegética, enquanto a música de fundo não deve ser considerada diegética. Se o conceito de diegese tipifica as narrações, é possível reconhecer três tipos de narradores diegéticos: Mandrake é o protagonista e narrador autodiegético no romance *A grande arte*, de Rubem Fonseca (1925-), pois no livro ele discorre sobre o que direta e imediatamente lhe aconteceu. Um narrador heterodiegético é Zeitblom, no livro *Dr. Fausto* de Thomas Mann (1875-1955), que fala de acontecimentos dos quais não participou. As aventuras de Diadorim em *Grande sertão: veredas*, de João Guimarães Rosa (1908-1967), são contadas por um narrador homodiegético, pois Riobaldo conviveu com Diadorim e dessa experiência extrai o que é necessário para compor a narrativa.

BIBLIOGRAFIA
GENETTE, Gérard. *Nouveau discours du récit*. Paris: Seuil, 1983.

difamação COMN JUR Imputação ofensiva de fato(s) que atenta(m) contra a honra e reputação de alguém, com a intenção de torná-lo passível de descrédito na opinião pública. ▶ O artigo 139 do *Código Penal* brasileiro define difamação como a falsa imputação de fato ofensivo ou a transmissão de uma falsidade detratora para com uma terceira pessoa. A difamação não se caracteriza pela explosão emocional e pelo xingamento, mas pela descrição de algo factual. Por isso, tanto para a acusação como para a defesa, o crime de difamação decide-se em referência à verdade do fato descrito pelo ofensor.

BIBLIOGRAFIA
GONÇALVES, Victor Eduardo. *Direito penal: dos crimes contra a honra*. São Paulo: Saraiva, 1999.

diferencial MKT Que estabelece ou indica a diferenciação de um produto em relação a outros oferecidos no mercado. ▶ O diferencial apresenta-se sob a forma de uma mensagem que justifica o consumo de determinada marca em face de outras disponíveis. O diferencial materializa-se em componentes diversos do produto, que podem ser seu preço, durabilidade, qualidade, apresentação visual etc.

différance [fr.] FIL LIT No desconstrucionismo de Jacques Derrida (1930-2004), ato ou efeito de ação crítica que subverte e desfaz os fundamentos e suposições de interpretações canônicas de textos filosóficos e literários. ▶ Ao trocar a grafia da palavra *différence* ('diferença', em francês), colocando um 'a' no lugar do 'e', Derrida quis criar uma palavra nova, que descreve algo até então não percebido pelos que seguiam os métodos tradicionais da filosofia e da literatura. A palavra criada por Derrida associa vários sentidos: diferença, diferimento, diferir, desacordar, normalmente alocados em termos distintos. Atos de *différance* desfazem a presença originária da interpretação tradicional de um texto, recusando os princípios comuns de significado cultural. A *différance* é um momento no jogo da desconstrução. Em francês, as palavras *différence* e *différance* são indistinguíveis; e isso indica uma escolha proposital de Derrida, que pretende, na sua crítica à predominância da fala sobre a escritura, dar valor especial e ênfase ao que é gráfico e não fonético. ▶ Cf. APORIA; DESCONSTRUCIONISMO; ESCRITURA.

BIBLIOGRAFIA
DERRIDA, Jacques. *La dissemination*. Paris: Seuil, 1972.
____________. *A escritura e a diferença*. São Paulo: Perspectiva, 2004.

difonia ACS Método de gravar e registrar sons que usa um tipo especial de disposição de microfones, que permite a criação de efeito sonoro ambiental. ▶ Inventado no final do sXIX, o método difônico caiu em desuso até meados do sXX, quando voltou a ser utilizado para a gravação e transmissão de espetáculos ao vivo. Não se deve confundir difonia com estéreo ou estereofonia. Uma gravação difônica é feita com dois microfones montados na cabeça de um manequim, o que permite capturar os ajustes de audiofrequência que naturalmente ocorrem, na medida que sons circulam pela cabeça, e cuja recepção é determinada pelas peculiaridades internas e externas dos ouvidos humanos. O método difônico reproduz a capacidade biauricular humana, a qual, valendo-se das diferenças de recepção dos sons que atingem os ouvidos, os interpreta, avaliando o que é central ou não para a recepção sonora. Recentemente, *video games* para *iPhone* usam recursos difônicos e o conjunto de *rock* Pearl Jam lançou o álbum *Binaural*, que tem faixas gravadas com essa técnica.

difônico ACS REC.AV M.q. BIDIRECIONAL.

difração FÍS Passagem de uma onda pela borda de uma barreira ou através de uma abertura, provocando, em geral, um alargamento do comprimento de onda e interferência das frentes de onda, que criam regiões de maior ou de menor intensidade. ▶ As ondas podem ser eletromagnéticas, de som ou aquelas associadas a partículas atômicas e subatômicas, e a barreira pode ser formada por fendas óticas ou mesmo átomos numa rede cristalina.

difusão **1** COMN Ato ou efeito de difundir mensagens. **2** COMN Divulgação, difusão, multiplicação ou propagação (de ideias, de impressos). **3** ÓPT Espalhamento de raios luminosos causado por um meio irregular como, p.ex. na reflexão sobre uma superfície rugosa ou na transmissão através de material translúcido. **4** TEL Transmissão radiofônica.

difusionismo ANTRPOL COMN SOC Teoria segundo a qual um elemento cultural é a maior força de inovação e mudança transmitida de um povo a outro ou irradiada de grandes centros para determinadas áreas sob sua influência. ▶ O difusionismo de formas culturais é uma questão teorizada pela antropologia clássica que procura explicar a causa e a mecânica de transmissão de ideias, tecnologias, procedimentos de uma cultura para outra. Os proponentes dessas teorias nem sempre concordaram plenamente em seus pressupostos teóricos, mas, para eles, é através do processo de difusão que as invenções técnicas, as práticas culturais se disseminam pelos grupos humanos. No início do sXX, os teóricos da antropologia descartaram algumas hipóteses que explicariam o fenômeno, tais como a unidade psíquica da humanidade e a evolução paralela de formas culturais. O psiquiatra, neurologista e antropólogo britânico W. H. R. Rivers (1864-1922) argumentou que um pequeno grupo de andarilhos de uma 'cultura superior' poderia exercer profunda influência em outra cultura que lhe fosse inferior. Mas não se deve atribuir a difusão apenas a migrações organizadas de grupos humanos, uma vez que se trata mais da comunicação de ideias do que o maciço contato intercultural. O menor e mais variado encontro seria sempre uma mecânica difusionista eficaz. Certa ou errada, a especulação de Rivers exprimia fé no poder de ideias transmitidas. As teses difusionistas aproximavam-se do que veio a ser identificado como ACULTURAÇÃO. A difusão pode aculturar, mas não se deve mesclar acriticamente difusão com aculturamento, uma vez que uma prática, uma ideia e uma solução tecnológica podem perfeitamente difundir-se sem que causem aculturação. Muitas vezes, um sistema cultural tem a capacidade de absorver fragmentos transmitidos por outro grupo sem que isso cause desfiguração de sua estrutura. Historicamente, o difusionismo é uma hipótese reativa ao evolucionismo (não apenas darwiniano) e ao historicismo que prevaleciam no pensamento social do sXIX. Consequentemente, em termos metodológicos, as teses difusionistas abriram espaço para a rejeição da perspectiva diacrônica na antropologia. O difusionismo acredita que o mais importante na interpretação e na avaliação das sociedades é a consideração de seu estado presente, de seu sistema organizado na atualidade, e não a sua história cultural. Afinal, sem documentação apropriada e com conhecimento arqueológico deficiente, é mais sensato recusar conjecturas não fundamentadas e de cunho diacrônico (cf. DIACRONISMO) do que postular o improvável. Difusionistas, como Rivers e o anatomista e egiptólogo Grafton Elliot-Smith (1871-1937), acreditavam que os traços culturais semelhantes em sociedades diversas não podem ser evoluções autônomas, mas, apenas, o resultado de uma transmissão adquirida, direta ou indiretamente, de uma sociedade por outra. Curiosamente, o difusionismo acabou advogando teses que eram igualmente especulativas. E, na falta de evidências concretas para explicar essa transmissão e difusão, muitas das teses difusionistas acabam sofrendo duras críticas por serem fragilmente hipotéticas, assim caindo em descrédito. Entretanto, um ponto importante, hoje em dia, é que o fenômeno da difusão de segmentos culturais, que fora julgado controverso e recusado como produto de uma ilusão analógica que aproximaria artificialmente formas culturais diversas, trata-se de uma realidade inegável, graças à ação onipresente e o caminho visível traçado pelas vastas cadeias de comunicação globalizante. Teoricamente, as teses difusionistas foram renovadas e revigoradas pelos estudos recentes de genética populacional. ▸ Cf. CAVALLI-SFORZA, LUIGI LUCA.

BIBLIOGRAFIA

CAVALLI-SFORZA, Luigi Luca. *Genes, peoples and languages*. Berkeley, CA: University of California Press, 2001.
ELLIOT-SMITH, Grafton. *Human history*. New York: Norton, 1929.
RIVERS, W. H. R. *The history of melanesian society*. Cambridge: Cambridge University Press, 1914. v. 1-2.

difusor 1 ACS Diz-se de ou painel acústico us. em auditórios e estúdios para produzir reverberação. 2 CINE TEAT TV Diz-se de ou tela translúcida de filó ou material equivalente, us. pelos iluminadores para suavizar a luz dos refletores e obter efeito de luz difusa. 3 COMN Que ou o que difunde mensagens; transmissor, emissor. 4 PAP Que ou o que é reservado à lavagem e secagem da pasta de papel após o processo de cozimento (diz-se de compartimento).

digest [ing.] EDIT Publicação que condensa ou resume um material.

digestão PAP Na fabricação de papel, tratamento da madeira fragmentada, a quente, com uso de produtos químicos, para obtenção da pasta; cozimento.

digesto EDIT 1 Resenha, resumo de livro ou artigo. 2 Pequena publicação que contém esses resumos.

digitado INF Que se digitou; introduzido no computador por meio de teclado.

digitador INF Que ou aquele que digita.

digital 1 Relativo a dedos ou em analogia com eles. 2 Relativo a dígito (algarismo). 3 INF Que assume unicamente valores inteiros (diz-se de grandeza). 4 INF Que trabalha exclusivamente com valores binários (diz-se de dispositivo). ▸ Cf. ÁLGEBRA DE BOOLE.

digital disk [ing.] INF REC.AV Disco óptico que grava vídeo e áudio com tecnologia *laser*.

digitalização INF Processo pelo qual um dado analógico é digitalizado.

digitalizador 1 Que ou o que digitaliza. 2 INF Aparelho (ger. um conversor análogo-digital) que serve para a digitalização da informação.

digitar INF Introduzir (dados) em computador por meio de teclado.

dígito 1 INF Cada um dos símbolos que representam os números inteiros positivos menores que a base de um sistema numérico; algarismo. 2 MAT Sinal convencional que representa graficamente os números.

dinâmica populacional BIO Combinação de fatores diversos que alteram o tamanho das populações.

dionisíaco 1 Relativo ao deus grego Dioniso ou Dionísio, tb. conhecido, entre os romanos, pelo nome de Baco, de simbologia ampla mas ger. ligada às festas campestres, ao vinho, aos ciclos vitais (nascimento, morte, renascimento) e da fecundidade humana, animal e vegetal. 2 De natureza desinibida e agitada, como Dioniso; espontâneo, natural, instintivo. 3 Vibrante, entusiástico, arrebatado. 4 Sem ordem; irracional, anárquico, confuso. ▸ P.opos. a APOLÍNEO. 5 TEAT Relativo ao espetáculo cênico (cuja origem se prende aos cultos dionisíacos).

dioptria ÓPT Unidade de medida de potência, equivalente ao inverso da distância focal em metros. ▸ Símb: *dptr*.

diploide GEN Que possui um conjunto duplo de cromossomos homólogos (diz-se esp. de célula). ▸ Condição representada pelo número cromossômico *2n*, o dobro do número haploide *n*.

díptico 1 Conjunto de duas tábuas articuladas por dobradiças, com algum motivo (ger. religioso) pintado ou esculpido em relevo e que se pode fechar ou expor abertas. 2 ART.PLÁST Conjunto de duas obras congêneres, do mesmo autor, que se completam. 3 BIBL HIST Códice feito de duas placas enceradas sobre as quais se escrevia com um estilete na Antiguidade.

direção 1 CINE TEAT TV Condução do trabalho de atores e outras pessoas envolvidas na realização de filme, espetáculo, peça teatral, *show*, programa de televisão etc.; realização, *mise-en-scène*; encenação (em teatro). 2 MÚS Regência (de orquestra, coro etc.); condução, batuta.

direct access [ing.] INF M.q. RANDOM ACESS.

direct mail [ing.] PUB *Marketing* direto feito exclusivamente pelo correio ou por envio eletrônico.

direct marketing [ing.] PUB Ver MARKETING DIRETO.

direito autoral M.COM Ver COPYRIGHT.

direito de resposta JOR JUR Direito de contestação facultado a pessoa física ou jurídica que seja objeto de notícia publicada em órgão de comunicação.

direitos artísticos JUR M.q. COPYRIGHT.

direitos conexos JUR M.COM Diz-se de e ou remuneração devida pela divulgação e difusão de trabalhos artísticos ou intelectuais. ▶ Cf. COPYRIGHT.

diretor CINE TEAT TV Que ou aquele que dirige uma apresentação artística (espetáculo teatral, musical, filme, programa de televisão etc.) e é responsável pela atuação dos atores e pela coordenação geral do trabalho dos demais membros da equipe; cineasta (CINE), encenador (TEAT), *metteur-en-scène* (CINE TEAT) e realizador (CINE). ▶ Cf. AUTHEUR.

diretor de arte 1 EDIT GRÁF PUB Profissional responsável pela criação da aparência gráfica de um material a ser publicado. 2 CINE Profissional que responde pela criação e planejamento do aspecto visual de uma obra cinematográfica; diretor de criação.

diretor de cena CINE RÁD TEAT TV Profissional que, seguindo um roteiro preestabelecido, é responsável pela realização de uma obra cinematográfica, uma peça teatral, um programa de rádio ou televisão

diretor de criação PUB M.q. DIRETOR DE ARTE.

diretor de fotografia CINE TV Profissional responsável pela qualidade conceitual, estética e técnica da imagem fotográfica de um filme ou programa de televisão, desde a concepção até a exibição.

diretor de som ACS ELETR ELETRÔN M.COM M.q. ENGENHEIRO DE SOM.

diretor de TV TV Profissional que controla a equipe encarregada de produzir um programa de televisão.

diretório INF 1 Subdivisão de um disco ou de outro meio de armazenamento capaz de conter arquivos. 2 Lista dos arquivos contidos na subdivisão de um disco ou de outro meio de armazenamento.

disc jockey [ing.] M.COM MÚS Indivíduo ou personalidade que escolhe, comenta, seleciona ou grava música para vários tipos de eventos e audiências (festas, programas de rádio, discotecas, clubes noturnos etc.). ▶ Sigla: *DJ*.

discman [ing.] ELETRÔN Aparelho portátil que reproduz *CDs* e, por vezes, funciona como rádio, com fones de ouvido. ▶ *Discman* é o nome registrado de um produto que passou a designar seu gênero.

disco 1 ACS M.COM Placa circular em que se gravam sons (fonogramas) por meios eletroacústicos e eletrônicos. 2 GRÁF Cada uma das peças circulares que servem para imprimir as linhas paralelas em uma máquina de pautar. 3 INF Meio de armazenamento de dados constituído de um suporte circular com uma ou ambas as faces recobertas de material magnético.

disco a *laser* INF Disco revestido de uma camada de prata, cuja superfície metalizada e reflexiva é capaz de armazenar dados digitalizados, recuperáveis por leitura óptica; disco óptico. ▶ Cf. DISCO DE ÁUDIO DIGITAL; VIDEODISCO e CD-ROM.

disco de áudio digital FONO Disco a *laser* que contém gravações fonográficas. ▶ Sigla: *DAD*.

disco de boot Peça ou componente que contém as instruções para dar início ao sistema operacional de um computador, antes feito por um disquete, mas hoje por outra mídia (*CD-ROM, pendrive, DVD-ROM,* ou através da partição de um disco rígido da máquina; disco de iniciação, disco de partida.

disco de iniciação INF M.q. DISCO DE *BOOT*.

disco de partida INF M.q. DISCO DE *BOOT*.

disco rígido INF Componente de computador com baixo grau de volatilidade, na forma de disco magnético, onde estão gravadas e armazenadas informações a serem lidas na medida que o disco se move por meio de dispositivo de rotação; *hard disk*; *hard drive*; *HD*; *winchester*. ▶ Desde 1956, quando começou a ser usado pela fábrica IBM, o disco rígido (*hard drive*) tem sido um dispositivo central de computadores. Nele, grava-se, em regiões sub e micromilimétricas, o conjunto de dados digitalizados e disponíveis para o processamento das máquinas. A magnetização dos discos permite, por meio de um processo de direcionalidade, que os dados sejam codificados de modo binário, em dígitos de 0 e de 1. Ainda que tenha evoluído consideravelmente em termos de qualidade técnica e capacidade de armazenamento, o disco rígido permanece sendo um conceito fundamental para a computação contemporânea. Acredita-se, porém, que, no futuro, outros métodos de gravação serão utilizados, tais como o *BPR* (*bit-patterning record*) e outras formas de gravação térmica, como o *HAMR* (*heat-assisted magnetic recording*), mas a tendência da indústria de computadores parece caminhar no sentido de adotar uma alternativa ao disco rígido tradicional, utilizando o que se chama de *SSD* (*solid state drive*), cuja capacidade de armazenamento atinge 32 *GB* (*gigabytes*).

discreto 1 INF Sujeito a variações descontínuas; capaz de assumir exclusivamente valores inteiros (diz-se de valor). 2 LING Que se junta a outros na cadeia falada sem, contudo, perder a individualidade, sem gradação ou continuidade entre eles (diz-se de cada unidade da língua, em diferentes níveis, como fone, fonema, morfema, palavra etc.) ▶ Cf. BINÁRIO. 3 MAT Constituído por unidades distintas (diz-se de uma grandeza); descontínuo.

discrição LING Propriedade que tem a linguagem de apresentar unidades discretas de diferentes ordens (fonemas, palavras, sintagmas, frases etc.).

discurso 1 Mensagem oral, ger. solene e prolongada, que um orador profere perante uma assistência. 2 Série de enunciados significativos que expressam formalmente a maneira de pensar e de agir e/ou as circunstâncias identificadas com um certo assunto, meio ou grupo. 3 LIT Texto em que se trata com profundidade algum assunto; estudo, tratado, dissertação. 4 FIL Raciocínio que se realiza por meio de movimento sequencial que vai de uma formulação conceitual a outra, segundo um encadeamento lógico e ordenado. 5 LING A língua em ação, tal como é realizada pelo falante. ▶ Para muitos linguistas, a palavra 'discurso' é sinônimo de 'fala' e figura em igualdade de sentido a dicotomia 'língua/discurso'. 6 LING Segmento contínuo de fala, maior que uma sentença. 7 LING Enunciado oral ou escrito que supõe, numa situação de comunicação, um transmissor e um receptor. 8 LING Reprodução que alguém faz das palavras atribuídas a outra pessoa.

INFORMAÇÕES GERAIS

Nos estudos contemporâneos da comunicação, o termo 'discurso' difere da acepção tradicional de texto filosófico expositivo, raciocínio sequenciado, dissertação mais ou menos extensa a respeito de um tema, sermão etc., como se encontra em *Discurso sobre o método*, de René Descartes (1596-1650), ou *Discurso sobre a origem e os fundamentos da desigualdade entre os homens*, de Jean-Jacques Rousseau (1712-1778). O conceito teórico de discurso em comunicação é o de unidade de análise de uma mensagem, o que é bem solto e talvez até vago, a ponto de ser entendido como sinônimo de texto, tanto literário como visual, ideia ou qualquer outra forma de CORPUS, desde que o discurso adquira sentido diante do entendimento e da revelação de suas regras formativas. Ainda que tenha uma dimensão semântica inconsciente ou profundamente implícita, o discurso é sempre uma experiência de alguma forma organizada. E é devido a esse nível de organização subjacente que a eficácia comunicativa dos discursos se concretiza. As raízes dessa concepção de discurso remontam a uma das dicotomias centrais do pensamento linguístico de Ferdinand de Saussure (1857-1913): 'língua' (*langue*) distinta de 'fala' (*parole*). A rigor, como muitas das dicotomias registradas nas notas de seus alunos, publicadas como *Curso de linguística geral*, Saussure de fato não opõe língua a fala, pois são dimensões complementares da linguagem. O discurso está para suas regras assim como a língua está para a fala, o que seria metaforicamente o mesmo que acontece com a partitura e a execução de uma composição musical. A execução de uma música depende intrinsecamente da partitura, que lhe dá forma e sem a qual a interpretação inexiste. Em termos metodológicos, isso significa que, sem a disseminação e a popularidade do ESTRUTURALISMO de inspiração linguística, não haveria o que hoje se compreende pelo conceito de discurso. Entendido do ponto de vista de sua formação por regras, o discurso não é a expressão de uma subjetividade que se manifesta num ato comunicativo. Se há subjetividade num universo discursivo, ela é uma agência que desempenha papel eminentemente social. Por isso, o termo *discurso* aproxima-se do que a sociologia chama de IDEOLOGIA, que seria uma espécie de fala comunitária. Discurso é todo ato comunicativo que pretende influenciar quem o recebe. Para Émile Benveniste (1902-1976), que é, com Saussure, um dos estruturalistas mais influentes do sXX, trata-se de um erro conceber o discurso como um instrumento estritamente linguístico de comunicação. Existe em todo discurso uma dimensão que transcende o linguístico e que está associada aos efeitos que a conjunção de enunciados e signos não verbais causa em seu receptor. Como comunicação, o discurso é um horizonte profundamente humano, em que se percebem tanto o social como o subjetivo, tanto o coletivo como o individual. Sujeito é aquele que se diz sujeito por meio de um discurso construído com regras partilhadas socialmente. Por isso, por meio de pronomes, o discurso indica a categoria de pessoa que é simultaneamente subjetividade e sociabilidade, sendo, portanto, um fenômeno intersubjetivo. Nesse caso, discurso é um domínio efetivamente comunicacional. ▸ Cf. ANÁLISE DE DISCURSO; TEXTO.

BIBLIOGRAFIA

BENVENISTE, Émile. *Problemas de linguística geral*. Belo Horizonte: Editora Pontes, 2008. v. 1.

SAUSSURE, Ferdinand de. *Curso de linguística geral*. São Paulo: Cultrix, 2006.

disjunção LÓG Tipo de proposição na qual se apresenta uma alternativa (através dos conectivos 'ou' ou 'e/ou') em que alguns atributos heterogêneos ou antitéticos dizem respeito ao mesmo sujeito. ▸ Também dita alternada ou alternativa, a disjunção de duas proposições funciona como um operador lógico que representa *ou* ou *e/ou*, o que significa que pode ser de inclusão, como no caso de "ele é burro ou preguiçoso", ou de exclusão, como no caso: "nessa sociedade os membros são senhores ou escravos". Ninguém pode, nessa formação social ser senhor e escravo, mas é perfeitamente viável ser burro e preguiçoso. No caso da conjunção inclusiva, a forma lógica é representada como *pvq*, onde v representa disjunção. Se a forma lógica da disjunção exclusiva é a de "p ou q, mas não ambos", a notação é outra: (pvq) & -(p&q). Com as letras V e F representando verdade e falsidade, a tabela de verdade da disjunção segue a seguinte forma: pvq // V V V // V V F //F V V // F F F.

disjuntivo LÓG 1 Que ou o que expre ssa alternativa por meio do conectivo 'ou' (diz-se de juízo, proposição, enunciado). ▸ Cf. DISJUNÇÃO. 2 LING Diz-se de ou conjunção coordenativa, do tipo 'ou', que indica disposição, separação, alternativa.

Disney (The Walt Disney Company) M.COM Conglomerado de comunicação, fundado em 1923 pelo animador, escritor, produtor de filmes e empresário norte-americano Walt Disney (1901-1966). ▸ The Walt Disney Company é o maior conglomerado internacional de mídia. A companhia diversifica-se em quatro áreas básicas de atuação: cinema, parques de diversão, *merchandising* e redes de televisão, tais como a ABC (AMERICAN BROADCASTING COMPANY) e outras emissoras a cabo. A receita operacional do conglomerado atinge a casa de mais de 5 bilhões de dólares e sua influência atravessa toda a história da mídia americana e internacional, desde que Walt Disney começou, na década de 1920, a fazer filmes que misturavam pessoas com figuras animadas. No fim dessa década, Disney criou o personagem Mickey Mouse, num dos primeiros filmes a usar som sincronizado. Os produtos culturais Disney sofreram ataques da esquerda, que os consideram expressões do COLONIALISMO cultural, e da direita, que identifica referências imorais e liberais em trabalhos que deveriam caracterizar-se pelo compromisso com a ideologia conservadora e pregar valores familiares.

disparador CINE TV Em câmaras fotográficas ou cinematográficas, mecanismo que comanda o diafragma e que, quando acionado, inicia o processo de fotografar e filmar.

display [ing.] 1 ELETR M.q. MOSTRADOR. 2 PUB Cartazete exposto em balcões de pontos de venda. 3 MKT PUB Peça promocional concebida para expor e anunciar determinado produto ou linha de produtos, ger. produzida pelo fabricante e colocada em posição de destaque no ponto de venda; expositor, mostruário.

display ad [ing.] M.COM PUB Anúncio com ilustrações veiculado na mídia impressa.

display type [ing.] GRÁF M.q. BODY TYPE.

dispositivo 1 INF Conjunto de componentes físicos ou lógicos que interagem ou estão conectados a um computador, e que constituem um ente capaz de armazenar, transferir ou processar dados. 2 FIL Na teoria de Michel Foucault (1926-1984), conjunto de saberes distribuídos por regiões discursivas (as ciências, as leis etc.) aparentemente díspares, que regula e normatiza as práticas dos sujeitos, por meio da criação de categorias sociais, como a de criminoso, doente, louco etc. ▸ Cf. ARQUIVO; FORMAÇÃO DISCURSIVA.

dispositivo de armazenamento INF Dispositivo capaz de armazenar dados em base permanente ou semipermanente (fitas e discos magnéticos, *CD-ROM, DVD* etc.); memória secundária.

dispositivo de entrada INF Qualquer componente de um computador us. para armazenar dados.
dispositivo de saída INF Qualquer componente de um computador que serve para extrair dados de um aparelho, como p.ex. uma impressora.
dissector [ing.] ELETRÔN TV Que ou o que faz a transmissão sucessiva dos pontos de uma imagem do objeto que se quer televisar (diz-se de aparelho de análise elétrica).
dissonância 1 Reunião de sons que causam impressão desagradável ao ouvido. 2 Falta de harmonia; discordância. 3 MÚS Relação entre notas próximas que gera tensão. 4 MÚS Combinação simultânea de notas convencionalmente aceitas como em estado de irresolução harmônica. 5 MÚS Na música tonal, acorde (ou intervalo) sem resolução harmônica em consonância, esp. os de segundas ou sétimas e os que contêm tais intervalos, requerendo resolução noutro acorde. 6 MÚS Desafinação.
dissonância cognitiva COMN PSIC Na teoria de Leon Festinger (1919-1989), estado mental perturbador causado pelo conflito e pela inconsistência entre crenças pessoais ou entre o que se acredita e ações. ▶ O psicólogo social Leon Festinger observou que existe, entre os seres humanos, uma tendência a preferir e valorizar a coerência. Por isso mesmo, os desacordos percebidos entre duas ou mais crenças ou entre crenças e comportamentos disparam um impulso de aversão ao que for dissonância cognitiva. O resultado é sempre ou uma mudança de crenças ou um esforço no sentido de reduzir, trivializar, ignorar etc. o sentimento de aversão que causa o reconhecimento da dissonância. A dissonância cognitiva é diretamente proporcional a seu grau de percepção. Os pesquisadores que seguiram a teoria de Festinger reconhecem três mecanismos psicológicos que favorecem a diminuição da dissonância entre crenças, ações e atitudes. O primeiro mecanismo, e por isso o tema foi de muito interesse para a pesquisa de comunicação nos Estados Unidos, refere-se à exposição seletiva diante de uma informação transmitida. Isso se faz através de dois tipos de escolha; evitando as informações e mensagens que agravam a dissonância, mas também por meio da seleção de convívio com pessoas que partilham da mesma visão de mundo; seja ela política, social ou moral. Outra mecânica claramente ligada à exposição seletiva diz respeito à tendência de buscar a reafirmação do que se acredita. É o que acontece com pessoas que, após uma decisão difícil, procuram confirmação que assegure que tomaram a decisão certa. Muitos grupos de apoio operam, na prática, dessa maneira; um dos exemplos se verifica nos Alcoólicos Anônimos, que indicam um mentor para acompanhar, reforçar e assegurar à pessoa que deixara de beber que tudo está ocorrendo da maneira apropriada. A terceira hipotese considera o que se chama de justificativa mímima. A hipótese da justificativa mínima afirma que é preciso algum estímulo para que se estimule uma mudança de atitude que sustente o novo comportamento desejado. Os estudos de dissonância cognitiva foram vistos como parte das estratégias de persuasão. Muitos dos que usam o esquema conceitual de Festinger justificam sua escolha afirmando que as suas teses fazem jus à complexidade do processo persuasivo, sendo um instrumento conceitual importante para o entendimento dos processos psicológicos da comunicação, pois leva em conta o fenômeno da autoilusão e a fraqueza de vontade dos seres humanos. O efeito mais óbvio da dissonância cognitiva é ansiedade resultante de convicções simultâneas e incompatíveis entre si.

BIBLIOGRAFIA

FESTINGER, Leon. *Theory of cognitive dissonance*. Stanford, CA: Stanford University Press, 1959.

distanciamento TEAT Série de procedimentos dramáticos (p.ex., a maneira esquemática de representar, a ausência de cenários, a simplicidade dos figurinos, as interrupções da ação feitas por um narrador, a dissociação de ator e personagem etc.) que visam evitar o envolvimento emocional do público com os acontecimentos representados, para que possa ter uma atitude analítica e crítica frente ao que lhe é mostrado; estranhamento. ▶ O distanciamento é um conceito desenvolvido por Bertolt Brecht (1898-1956), poeta e dramaturgo alemão, para ser aplicado à sua forma de teatro épico-educativo. ▶ Cf. ALIENAÇÃO; BRECHT, BERTOLT.
distenso SLING M.q. INFORMAL ('situações informais'). ▶ P.opos. a TENSO.
distintivo LING SEMIO Diz-se de traço, componente ou elemento que apresenta propriedades físicas ou semânticas que permitem sua discriminação em face de outros elementos da mensagem comunicada. ▶ Cf. BINÁRIO; BINARISMO.
distribuição 1 CINE Estágio no processo de comercialização de uma obra cinematográfica. 2 GRÁF Ação de distribuir ou efeito de devolver aos respectivos lugares o material utilizado. 3 MKT Conjunto de atividades que possibilitam que produtos ou serviços sejam colocados à disposição de seus potenciais consumidores (p.ex., distribuição de jornais, revistas e livros por intermédio de bancas e livrarias, distribuição de filmes a serem exibidos nos cinemas etc.) 4 TEAT Divisão dos papéis da peça entre os componentes do elenco. 5 TEL TV Transmissão de sinais de uma emissora de televisão para os receptores domésticos.
distribuição de frequência EST Conceito estatístico, ger. utilizado em análise de audiência, que propõe a tabulação de valores de frequência de uma determinada variável coletados na pesquisa de grupos específicos.
distribuição intensiva MKT Estratégia de mercado que se caracteriza pela maior exposição possível de um produto, no maior número de pontos de venda.
distribuição seletiva MKT Tipo de comercialização feita apenas em certas áreas de mercado, considerada apropriada no caso de produtos de alta qualidade ou no caso de marcas de maior prestígio.
distribuidor 1 GRÁF O encarregado do trabalho de distribuição, numa gráfica. 2 MKT Empresa que se encarrega da distribuição de determinado produto no mercado.
diversificação MKT Estratégia mercadológica que tem por objetivo aumentar a área de atuação de empresas para que se atinjam margens de lucro crescentes.
diversificação concentrada MKT Tipo de diversificação comercial por meio da qual empresas desenvolvem produtos correlatos, ou diretamente relacionados com aqueles que atualmente produzem, com o objetivo de ampliar sua ação e seu alcance mercadológicos.
diversificação conglomerada MKT Tipo de diversificação por meio da qual uma empresa passa a atuar num novo segmento de mercado, que não tem direta relação com sua atividade principal, como resultado de aquisição ou fusão de empresas.

diversificação horizontal MKT Tipo de diversificação por meio da qual uma empresa passa a desenvolver produtos que não têm correlação direta com sua atividade principal, mas que poderiam ser atraentes para seus consumidores.
divertimento MÚS 1 Composição leve e lúdica; episódio. 2 M.q. TRANSIÇÃO.
dividendo 1 Que se pode ou deve dividir; que se há de dividir. 2 ARIT Número que é dividido por outro na operação aritmética denominada divisão. 3 ECON Cota ou porcentagem resultante de divisão dos lucros de uma empresa rateada entre seus acionistas. 4 ECON Cifra rateada do produto de uma instituição liquidada, obtida pelos credores.
divisória 1 GRÁF Folha, ger. confeccionada em material mais encorpado, que separa as partes distintas de uma publicação, paste de papéis, caderno escolar etc. 2 MÚS Barra, linha ou vírgula que, no fim de um compasso, corta a frase musical.
díxis COMN LING SEMIO Característica da linguagem humana que consiste em fazer um enunciado referir-se a uma situação definida, real ou imaginária, que pode ser: a) quanto aos participantes da enunciação (1ª pessoa - a que fala; 2ª pessoa - aquele a quem se dirige toda a fala; 3ª pessoa - todo assunto da comunicação que não sejam a 1ª e a 2ª pessoas); b) quanto ao momento da enunciação (díxis temporal); c) quanto ao lugar onde ocorre a ação, estado ou processo (díxis espacial). ▸ Além da díxis linguística, existe a díxis não linguística, feita com gestos, mímica, expressões faciais, ruídos etc. ▸ Cf. ENUNCIAÇÃO.
DJ [ing.] Sigla de DISC JOCKEY.
DLS [ing.] INF TEL Sigla de *digital line subscriber* (assinante de linha digital).
DNA [ing.] BIOQ Ver ÁCIDO DESOXIRRIBONUCLEICO. ▸ Sigla de *de(s)oxyribonucleic acid*.
dobradeira GRÁF Peça em forma de faca, ger. de madeira ou osso, us. pelos encadernadores para processar manualmente a dobra das folhas de papel.
dobrar TEAT Atuar em dois papéis ao mesmo tempo numa peça.
dobra seca GRÁF Vinco feito por impressão a seco.
documentação 1 Ato ou efeito de documentar. 2 DOC Acervo de documentos (gráficos, artísticos etc.) de uma instituição, organizado segundo os preceitos da documentologia.
document file [ing.] INF Conjunto de dados informacionais armazenados em discos.
documento eletrônico INF Qualquer escrito us. para esclarecer alguma coisa, ou atestado que sirva de prova ou testemunho, armazenado ou transmitido sob a forma de programação informatizada ou outro veículo de registro eletrônico. ▸ Cf. ASSINATURA DIGITAL.
documentologia DOC Sistematização de técnicas de organização que objetivam a pesquisa, reunião e classificação de documentos de uma determinada área do conhecimento, us. pela museologia, discografia, arquivologia etc.
dodecafonia MÚS Sistema musical baseado na divisão da oitava em 12 meios-tons sem quaisquer relações tonais.
dodecafonismo MÚS Sistema de composição atonal, composto de 12 sons (sete da escala diatônica e cinco resultantes da alteração cromática) que só entre si são aparentados.
dogmatismo FIL 1 Pressuposto teórico, comum a diversas doutrinas filosóficas, que considera o conhecimento humano apto à obtenção de verdades absolutamente certas e seguras. ▸ P.opos. a CETICISMO. 2 No kantismo, crença equivocada na capacidade do espírito humano para a elaboração de sistemas de pensamento que dispensam o movimento reflexivo da crítica, isto é, o debruçar-se da razão sobre si mesma na busca de seus limites e ilusões. ▸ P.opos. a CRITICISMO.
dois a dois CINE Quadro duplo de animação. ▸ Cf. ANIMAÇÃO.
2G INTERN M.q. INTERNET 2G.
Dolby [ing.] ACS ELETRÔN M.COM 1 Processo de redução do ruído de fundo nos registros sonoros e magnéticos, esp. em gravações musicais. 2 Dispositivo que utiliza esse processo. ▸ *Dolby* é uma marca registrada para o dispositivo eletrônico que elimina ruídos de fundo em registros sonoros eletromagnéticos.
dolly [ing.] CINE TV 1 Pequeno veículo ou plataforma, ger. equipados com rodas ou roldanas, us. para movimentar câmara de cinema ou de televisão; carrinho. 2 M.q. TRAVELLING.
dolly-in [ing.] CINE TV Ato ou efeito de fechar o enquadramento de uma cena filmada usando uma *dolly*.
dolly-out [ing.] CINE TV Ato ou efeito de abrir o enquadramento de uma cena filmada usando uma *dolly*.
domínio 1 EST MAT Conjunto a que uma variável está confinada. 2 INF Conjunto de computadores e dispositivos interligados em rede, administrados como uma unidade, sujeitos a regras e procedimentos em comum e compartilhando o mesmo NOME DE DOMÍNIO.
domínio público 1 JUR Diz-se de ou propriedade intelectual que não está coberta juridicamente por *copyright*, disponível gratuitamente para uso e divulgação, como p.ex. a língua portuguesa, canções folclóricas, trabalhos clássicos, como o texto de *Os lusíadas* (excetuando o caso de notas recentes de um editor ou comentarista). 2 JOR Diz-se fato amplamente conhecido e que não é considerado notícia. ▸ Fatos que são de domínio público podem ser relatados de modo a complementar a notícia, mas não fazer parte de seu relato.
dorso BIBL M.q. LOMBADA.
DOS [ing.] INF Sigla de *disk operating system* (unidade operacional de disco).
dots per inch [ing.] GRÁF REC.AV Medida de pontos por polegada que, em impressão e em vídeo, determina aproximadamente o grau de resolução da imagem filmada ou impressa. ▸ Sigla: *DPI*.
douração EDIT GRÁF Processo de impressão em baixo-relevo, us. comumente para reproduzir títulos ou subtítulos em lombadas e capas duras com recurso a um pigmento, ger. dourado (mas tb. prateado, vermelho, amarelo etc.).
download [ing.] INF Ver BAIXAR.
downtime [ing.] INF Percentual de tempo em que um sistema de computador, ou seus componentes, permanece inativo por causa de um problema inesperado ou para fins de manutenção, troca de equipamento, arquivamento de dados antigos etc.
draft [ing.] GRÁF INF Cuja impressão se compara a um rascunho.
DRAM [ing.] INF *Chip* de memória volátil que permite a reescritura. ▸ Sigla de *dynamic random-access memory* (memória de acesso randômico dinâmico).
drama 1 LIT Qualquer narrativa no âmbito da prosa literária em que haja conflito ou atrito (conto, novela,

romance etc.) 2 LIT Um dos três gêneros literários considerados a partir do sXVII (juntamente com a lírica e a épica). 3 M.COM Qualquer peça de caráter grave ou patético que representa ações da vida comum. 4 TEAT Forma narrativa em que se figura ou imita a ação direta dos indivíduos. 5 TEAT Texto em verso ou prosa, esp. escrito para ser encenado, ou a encenação desse texto. 6 TEAT Designação genérica de obra literária escrita para ser encenada. 7 TEAT Atividade de representar; arte dramática.

dramalhão 1 M.COM Qualquer apresentação de fato, situação ou estado em que se acentuam com exagero os conflitos emocionais. 2 TEAT Drama que se alonga à custa de um excesso de lances trágicos e de tensões emocionais de toda sorte; melodrama.

dramalhoco TEAT Peça de pequeno valor, sem importância.

dramática TEAT Arte e gênero dramáticos.

dramaticista TEAT Que ou aquele que atribui dramaticidade aos textos que adapta ou que escreve.

dramático 1 LIT Que se caracteriza por conter diálogos, como é da natureza do drama, em que o autor faz falar suas personagens como no palco. 2 MÚS TEAT Diz-se de cantor(a) de ópera que tem voz clara e cheia, além de ser capaz de um estilo dramático e teatral. 3 MÚS TEAT Caraterístico ou próprio do drama, esp. por expressar-se pela ação, repleto de peripécias, aventuras ou acontecimentos aflitivos. 4 TEAT Relativo a um dos três gêneros em que Aristóteles (384 a.C. - 322 a.C.) classificou as obras literárias, que tem como forma de linguagem o diálogo e se caracteriza pela ênfase na ação, sem a interferência do narrador, de tal modo que esta, movida por um conflito, transcorre diante de um espectador como se estivesse acontecendo pela primeira vez. ▸ Cf. LÍRICO; ÉPICO. 5 TEAT Relativo ao esp. drama (narrativa através de ações e diálogos) ou às peças de teatro em geral. 6 TEAT Que é capaz de interessar, de emocionar fortemente, quando apresentado em espetáculo. 7 TEAT Que atua em dramas.

dramatis personae [lat.] 1 LIT TEAT As personagens principais e secundárias de uma peça teatral e, p. ext., de romance ou poema. 2 TEAT O conjunto de atores de uma peça, tal como vem impresso no programa, por ordem de entrada em cena; elenco.

dramatista TEAT M.q. DRAMATURGO.

dramatização TEAT Ato ou efeito de dramatizar, de tornar dramático ou de transformar em ação dramática, esp. de adaptar (romance, conto, poema etc.) à forma dramática.

dramatizar M.COM Converter (romance, conto, poema etc.) em peça teatral; adaptar para o palco e, p. ext., para o cinema e televisão.

dramaturgia TEAT 1 Arte ou técnica de escrever e representar peças de teatro. 2 Conjunto de peças de teatro de determinado período, escola ou autor.

dramaturgo TEAT Autor de peças de teatro; dramatista.

drive [ing.] INF M.q. ACIONADOR.

driver [ing.] INF Arquivo que contém as funções a serem integradas a um sistema operacional para controlar determinado periférico.

drive time [ing.] PUB Anúncios dirigidos àqueles que vão de carro para o trabalho, esp. antes e depois do horário de expediente normal.

DTP [ing.] INF Sigla de DESKTOP PUBLISHING.

dualismo FIL 1 Padrão recorrente de pensamento desde os primórdios da filosofia, que busca compreender a realidade e a condição humana, dividindo-as em dois princípios básicos, antagônicos e dessemelhantes (p.ex., forma e matéria, essência e existência, bem e mal, aparência e realidade etc.). 2 No pensamento de Descartes (1596-1650), perspectiva segundo a qual o pensamento e a matéria são substâncias independentes e incompatíveis. ▸ P.opos. a MONISMO.

dual layer disk [ing.] REC.AV Tipo de disco óptico (*DVD*) que pode ser gravado em duas camadas, permitindo o armazenamento de informação de até 8,54 *gigabytes*.

dubitação RET Figura de linguagem em que o orador procura conquistar a simpatia do(s) interlocutor(es), apresentando-se como se estivesse em dificuldades na sua exposição, com dúvidas ante as diversas ou contrastantes alternativas do tema.

dublador CINE TV Que ou quem faz dublagem.

dublagem 1 CINE TV Gravação de falas e/ou partes cantadas, posteriormente à filmagem ou gravação de imagens, ger. em sincronia com o movimento labial do personagem, para montagem da trilha sonora de uma produção cinematográfica ou televisiva; *lip-sync*. 2 CINE TV Substituição de um idioma por outro na trilha sonora de um filme, programa de televisão etc. 3 Interpretação mímica em que um cantor ou ator acompanha, com sincronismo labial, uma gravação realizada antecipadamente e reproduzida em *playback*.

dublar CINE TV Fazer dublagem de.

dublê 1 CINE TV Profissional que toma o lugar do ator em certas cenas de filme, vídeo etc. (esp. em situação de perigo, planos distantes, cenas de nudez etc.); duplo. 2 GRÁF M.q. BICROMIA. 3 GRÁF M.q. DÚPLEX.

duerno GRÁF Caderno constituído de duas folhas de papel encaixadas. ▸ Cf. TERNO.

dueto 1 Qualquer atividade, conversação etc. entre duas pessoas. 2 MÚS Composição para dois executantes. 3 MÚS Conjunto formado por dois executantes.

dummy [ing.] PUB Ver BONECA.

dump [ing.] INF Ver DESCARGA.

duodrama TEAT Peça dramática composta para ser encenada por dois personagens.

duotono GRÁF M.q. BICROMIA.

dupla articulação LING Segundo a corrente funcionalista liderada por André Martinet (1908-1999), característica exclusiva da linguagem humana, que consiste em possuir dois planos de articulação dos enunciados: no primeiro plano (primeira articulação), o enunciado é segmentável em unidades dotadas de sentido (frases, sintagmas, palavras e morfemas), sendo a menor unidade significativa o monema; no segundo plano (segunda articulação), cada monema é analisável em unidades distintivas desprovidas de sentido, os fonemas. ▸ Cf. ARTICULAÇÃO.

dupla de criação PUB Dupla de publicitários formada por um redator e um visualizador, que trabalha com o propósito de representar mercadologicamente um produto em anúncios e campanhas de produtos, serviços etc.

dupla falsa GRÁF Diz-se de página dupla de revista em formato CANOA, encartada como se fizesse parte da paginação, quando se trata de anúncio de página central dupla. ▸ O objetivo da dupla falsa é conciliar uma contradição potencial entre o material, que é próprio da revista, e seus anúncios. Dessa maneira, o anúncio é veiculado sem que a integridade da revista seja comprometida.

dúplex 1 FOT Aplicação de cor chapada sobre fotografia em preto e branco. 2 GRÁF Processo de impressão a duas cores que utiliza um clichê de retícula sobre fundo liso, chapado; bicromia falsa, dublê. 3 M.COM Que ou o que permite a telecomunicação entre duas estações simultâneas, nos dois sentidos. 4 GRÁF PAP Tipo de papel com duas cores ou texturas diferentes.

duplicação GRÁF 1 Reprodução gráfica por meio de aparelho duplicador. 2 M.q. REPETIÇÃO.

duplicador GRÁF Relativo a ou aparelho que, manual ou eletricamente, multiplica textos, desenhos etc. a partir de uma matriz especial.

duplicar GRÁF Fazer cópias de (documento ou material) por meio de aparelho duplicador.

dúplice PAP Composto de duas camadas (diz-se de papel).

duplo CINE TV M.q. DUBLÊ.

duplo sentido Propriedade de uma frase ou texto que pode ser interpretado de duas maneiras, que é passível de duas leituras diferentes.

duração CINE TV Tempo de projeção fílmica ou televisiva.

Durkheim, Émile (Épinal, França 1858 - Paris, França 1917) Sociólogo francês, um dos fundadores das ciências sociais modernas. ▸ Bisneto, neto e filho de uma ilustre família de rabinos, Durkheim nasceu na região de Lorena na França, mas não seguiu a tradição familiar. Estudou na École Normale Supérieure, onde tomou contato com o pensamento social e positivista de Auguste Comte (1798-1857). Da leitura de Comte, reteve a ideia de que as sociedades podiam ser estudadas por uma disciplina, imaginada pelo filósofo positivista francês, de nome *sociologia*. A sociologia funcionaria como uma espécie de física social, compreensível pelos métodos e critérios que regem as ciências da natureza; seria a ciência das sociedades. Desde o início de sua carreira, a postura intelectual de Durkheim desafiava a ideologia dominante na França, que valorizava e enfatizava os estudos clássicos. Por não conseguir emprego como professor na França, mudou-se para a Alemanha. Seu afastamento do mundo acadêmico francês solidificou, ainda mais, a concepção que tinha sobre a importância e a necessidade de um tratamento empírico das sociedades. A carreira que o levou a ser considerado um dos principais pensadores e intelectuais franceses da segunda metade do sXIX e início do sXX é pontilhada de artigos, trabalhos e monografias memoráveis. Em tudo que fez, Durkheim teve a intenção de fazer da sociologia uma disciplina respeitável e uma ciência de centralidade inquestionável. Fundou o primeiro departamento e foi o primeiro professor francês de sociologia. Em torno de Durkheim surgiu a principal revista acadêmica francesa dedicada à sociologia: *L'Année Sociologique*. Seus principais escritos são *A divisão social do trabalho*, publicado em 1893, *As regras do método sociológico*, de 1895, *O suicídio*, que saiu em 1897, e *As formas elementares da vida religiosa*, de 1912. Cada um dos livros de Durkheim procurou esclarecer um ou vários aspectos da estrutura de um FATO SOCIAL. Além de serem entidades estáveis, as sociedades formam um todo maior do que suas partes. Os indivíduos e suas consciências são, portanto, compreensíveis em relação ao todo integral e coerente que os determina. A consciência coletiva de uma sociedade dá forma ao pensamento de cada agente individual. Sem consciência e representações coletivas, não haveria sociedade. Para Durkheim, a integridade de uma ordem social é mantida por múltiplas instituições de caráter legal, educacional e cultural. Ainda que não se refira à ação comunicacional de cada uma dessas instituições formadoras da sociedade, é óbvio que a estrutura socializante se faz por meio de mensagens que circulam durante a interação social. Essa é a forma da vida social moderna, que não depende exclusivamente de características religiosas ou étnicas. Ainda que critique o tratamento filosófico e metafísico das sociedades, e por consequência prefira sempre a análise concreta e imanente, Durkheim apresenta uma filosofia social, clara, inegável e extremamente influente nas ciências sociais modernas. A sociedade não é uma simples abstração acumulada de perspectivas individuais: compõe-se de relações objetivas, capturáveis pelo entendimento, da mesma forma que a natureza é explicável pelas leis do mundo natural. O empirismo de Durkheim é de cunho sociológico e, portanto, radicalmente distinto do empirismo subjetivista e psicológico do pensamento britânico. Idealmente, o entendimento sociológico seria imparcial e impessoal. Os fatos sociais não se relacionariam apenas com os indivíduos, mas também e prioritariamente com outros fatos sociais. A comparação de fatos revelaria as leis que estruturam as sociedades, que, por isso, funcionariam como se fossem organismos. A analogia com o conceito de organismo é meramente metafórica, porque as sociedades têm um estatuto próprio que não se confunde com o que for biológico, do mesmo modo que a dimensão sociológica não se reduz à psicologia dos indivíduos. A própria valorização social do indivíduo seria um efeito de um tipo de sociedade, aquela que, em oposição às que se ordenam mecanicamente e da qual evoluíram, é caracterizada por uma solidariedade orgânica, onde os agentes sociais vivem em relação de interdependência, marcada pela especialização de funções e de trabalho e pela cooperação. Durkheim foi um dos primeiros pensadores sociais modernos a reservar um papel central para os fenômenos da CULTURA. ▸ Cf. ANOMIA; MAUSS, MARCEL; RADCLIFFE-BROWN, A. R.; SOCIOLOGIA.

BIBLIOGRAFIA

DURKHEIM, Émile. *As regras do método sociológico*. São Paulo: Martin Claret, 2001.

__________. *O suicídio*. São Paulo: WMF Martins Fontes, 2001.

__________. *As formas elementares da vida religiosa*. São Paulo: WMF Martins Fontes, 2003.

__________. *Da divisão social do trabalho*. São Paulo: WMF Martins Fontes, 2010.

duro 1 LIT Cuja expressividade fônica contraria a estética tradicional. 2 MÚS Que desagrada ao ouvido, dissonante.

dúvida 1 Ação, estado ou efeito de duvidar; hesitação entre opiniões diversas; incerteza. 2 Hesitação entre confirmar ou negar um julgamento, ou a realidade de um fato. ▸ Cf. CERTEZA; CONFIRMAÇÃO. 3 RET Figura retórica em que o orador lança mão de perguntas e súplicas com as quais sugere que o público o assessore. ▸ Com tal recurso, ele reforça a atenção dos ouvintes e fortalece a credibilidade de seu ponto de vista.

DVB [ing.] TV Sigla de *digital video broadcasting* (transmissão televisiva por meios digitais).

DVD [ing.] INF REC.AV Tipo de disco de face dupla que utliliza meio óptico regravável de grande densidade. ▸ Sigla de *digital video disk* (disco digital de vídeo) ou de *digital versatile disk* (disco digital versátil).

Ee

e 1 Quinta letra e segunda vogal do nosso alfabeto. 2 FON Letra que representa a vogal anterior média não arredondada, aberta (como em *mel*) ou fechada (como em *cedo*) 3 GRÁF Tipo que imprime essa letra. 4 GRÁF Matriz a partir da qual se faz essa letra. 5 Diz-se do quinto elemento de uma série. 6 ECON Na escala socioeconômica, diz-se da quinta das classes quanto a riqueza e poder.

& INF Símb. que representa a conjunção aditiva *e*. ▸ Esse símbolo originou-se na maneira com que se grafava, em ligadura, as letras *et* no latim, de que derivou o *e* português, e *and* em inglês. Na língua inglesa, o símbolo & se diz *ampersand*, corruptela da expressão *and per se* (e por si). Seus registros históricos mais antigos, muito aproximados da forma gráfica atual, podem ser encontrados em manuscritos do sI. A atual grafia do símbolo é quase a mesma dos manuscritos carolíngios. Entretanto, e aos poucos, o símbolo & caiu em desuso, ficando restrito em inglês à identificação de firmas e organizações (p.ex., Williams & Sons; Smith, Broadbent & Rodham, Certified Public Accounts.), ao endereçamento de envelopes para um casal (p.ex., Mr. & Ms. Jones) etc. Em português, o mesmo acontece: Rolim & Wainstok Advogados Associados. Com a disseminação de TEXT MESSAGING em telefones móveis, o símbolo & foi revitalizado na linguagem empregada nos serviços de mensagens curtas e instantâneas (cf. SMS, TEXTESE, CHATEXT), oferecidos por companhias de telefones celulares. Nas mensagens curtas e instantâneas, transmitidas por telefones móveis, usam-se abreviações compostas de símbolos gráficos, como um coração para amor ou o verbo amar, (+) no lugar de mais, dois colchetes representando um abraço ([]), bem como o símbolo da conjunção aditiva *e* (&). Advindo da linguagem da matemática, em que é uma notação lógica para operadores binários ou conectivos sentenciais, & passou a ser usado também em informática. Numa linguagem lógica, a expressão *p* & *q* será verdadeira se, e apenas, para cada *p*, *q* seja verdadeiro.

EA TEAT Abrev. de ESQUERDA ALTA.

Eastman, George (Waterville, Nova York, Estados Unidos 1854 - Rochester, Nova York, Estados Unidos 1934) Inventor e homem de negócios n.-am., fundador da Eastman Kodak Company, cujas patentes e estratégias de comercialização fizeram da fotografia a fundação e o meio mais disseminado e popular da cultura de massa moderna. ▸ Antes da patente de George Eastman, que registrou uma máquina capaz de utilizar, de modo eficaz, um rolo de filme flexível e transparente, os fotógrafos tinham de carregar e manusear dispositivos e aparelhos pesados e de uso complexo. Até a invenção do filme de rolo e da máquina portátil, a fotografia era uma atividade restrita a artistas dedicados e técnicos especializados. O imenso sucesso da invenção de Eastman não apenas popularizou a prática de fotografar como abriu caminho para a invenção de aparelhos de filmagem e projeção cinematográficas. Na concepção de Eastman, o filme em rolo vinha acondicionado em uma máquina barata e acessível a um grande número de consumidores, que recebeu o nome de Kodak palavra composta que a nada correspondia no vocabulário da época. Passou imediatamente a ser identificada com o que é fotográfico. Faz parte do gênio comercial de Eastman a intuição de que esse era o nome perfeito para uma câmara que era enviada pelo correio para sua fábrica. Ali, o filme era retirado da caixa, revelado, copiado e, então, a máquina era remetida para o consumidor que poderia assim bater mais fotos. O *slogan* de Eastman representava todo o processo numa frase: "Aperte o botão; nós faremos o resto". A ideia central das máquinas Kodak, de Eastman é a mesma que, por exemplo, predomina na indústria informática contemporânea: o usuário não precisa conhecer o processo que está sendo usado; basta seguir instruções fáceis e amigáveis. A conjunção de um filme que permitia a obtenção de dezenas de fotografias num mesmo rolo com máquinas portáteis mostrou-se uma combinação irresistível. Sua máquina Brownie era simples, fácil de usar e atraente como um brinquedo. A fotografia instantânea que registra o dia a dia espalhou-se por todo o tecido social e por todo o mundo, dos Estados Unidos ao Japão, graças à popularidade das invenções de Eastman. Para quem empunhava uma máquina, qualquer aspecto do cotidiano parecia digno de ser fotografado e a sociedade descobriu o encanto de muitos rituais, cerimônias e momentos aparentemente insignificantes. Esse tipo de fotografia, amadora e destituída de maiores pretensões é impensável sem o gênio comercial de Eastman. Além de inventor e milionário, foi um filantropo generoso e importante, tendo contribuído para inúmeras obras de caridade, instituições educacionais e de pesquisa médica, bem como museus. Atormentado por dores causadas por enfermidades na espinha, deprimido pela morte da mãe, a quem idolatrava, sem filhos e sem vida amorosa, Eastman cometeu suicídio, com um tiro no coração, deixando um bilhete em que afirmava ter completado o trabalho que norteara toda a sua vida.

BIBLIOGRAFIA

BRAYER, Elizabeth. *George Eastman: a biography*. Baltimore: Johns Hopkins University Press, 1996.

EB TEAT Abrev. de ESQUERDA BAIXA.

EBDIC INF Esquema de codificação us. para representar informação numérica (como numa fita magnética).

e-book [ing.] EDIT INF 1 Livro em suporte eletrônico, esp. para distribuição via internet, concebido orign. ou vertido para esse tipo de mídia. 2 Dispositivo portátil próprio para a recepção, armazenamento e visualização de livros transmitidos por telemática ou por outros meios informáticos, como disquete e *CD-ROM*.

INFORMAÇÕES GERAIS

Quando, em abril de 2010, Steve Jobs (1955-2011), presidente da Apple, apresentou à imprensa o suporte iPad para livros eletrônicos, o dispositivo foi saudado como *the Jesus tablet* (a tábua de Jesus), devido à significativa melhora da técnica de reprodução de imagens. Via-se o iPad como o redentor da editoração eletrônica de livros, mas o fato é que esse suporte era um passo adiante na concepção tradicional de livro eletrônico, porque permite a leitura e a visão não só de textos como de imagens, acentuando ainda mais a tendência que a mídia informatizada tem de criar convergências de produtos, antes entendidos e definidos em separado. Mesmo que se costume definir *e-books* como a versão eletrônica de livros, os novos suportes são utilizados para revistas, como a *New Yorker*, que apresentou, em sua primeira edição eletrônica, de 14 de novembro de 2010, uma capa animada de autoria do artista britânico David Hockney (1937-). O jornal *Daily* foi lançado exclusivamente para o suporte iPad, no final de novembro de 2010. Os livros eletrônicos podem ser lidos em *tablets* (Nook, Kindle, além do produto da Apple), na tela de computadores e também em telefones celulares. Os livros eletrônicos foram inventados no início da década de 1970, mas, a princípio, tiveram um público bem restrito; trinta anos depois, em meados de 2010, o número de exemplares vendidos eletronicamente no mercado editorial americano superou, pela primeira vez, a vendagem das edições em CAPA DURA. Algumas das vantagens dos *e-books* são a disponibilidade dos produtos, facilidade de estoque, agilidade de distribuição, redução de preço por exemplar, portabilidade etc.; enquanto, ao mesmo tempo, identificam-se atualmente alguns outros problemas: alto custo dos aparelhos de leitura, vulnerabilidade à obsolescência tecnológica, degradação dos circuitos de leitura eletrônica, apelo estético visual limitado, durabilidade restrita em relação à permanência física do livro impresso.

e-book reader [ing.] INF Aparelho receptor que permite a recepção e a visualização de *e-books*. ▸ Cf. E-BOOK.

e-business [ing.] INTERN Nome genérico das transações ou compromissos comerciais e prestações de serviços que usam esp. a internet como meio.

écbase RET Digressão no discurso.

ecdótica EDIT Ciência e saber que busca, por meio de minuciosas regras de hermenêutica e exegese, restituir a forma mais próxima do que seria a redação inicial de um texto, a fim de que se estabeleça a sua edição definitiva; crítica textual.

écfrase RET Descrição minuciosa de pessoa ou de objeto. ▸ Cf. EVIDÊNCIA.

eco **1** GRAM Sucessão de palavras que rimam entre si (p.ex., "não dão explicação para a demissão do João"). **2** ACS FÍS Repetição de um som que se dá pela reflexão de uma onda sonora por uma superfície ou objeto. **3** JOR Notícia infundada; rumor. **4** FÍS Reflexão de onda eletromagnética por uma superfície ou por um objeto que pode causar sinais de rádio ou vídeo repetidos. **5** LIT Recurso que consiste em fazer suceder uma palavra ou grupo de palavras a um verso, rimando com ele.

ecologia BIO **1** Ciência que estuda as relações dos organismos entre si e com o meio em que vivem; bioecologia, bionomia, mesologia. **2** Estudo das relações recíprocas entre o homem e seu meio moral, social, econômico.

e-commerce [ing.] INTERN M.q. COMÉRCIO ELETRÔNICO.

economia **1** Dinheiro e bens economizados. **2** ECON Ciência ou saber que estuda e explica os fenômenos relacionados com a obtenção e a utilização de recursos materiais necessários ao bem-estar. ▸ Não é de hoje que se admite a importância dos processos comunicativos para as atividades econômicas. É óbvio que a circulação de informação influencia, determina ou constitui as possibilidades dos agentes econômicos que leem jornais, assistem à televisão, consultam dados e tendências na internet. Se fosse essa a única relação entre a economia e a comunicação, a observação seria apenas trivial, pois, na verdade, os processos econômicos e comunicativos entrelaçam-se de modo muito complexo, a ponto de ser possível o questionamento de que formam ordens e saberes humanos completamente separados. Enquanto interpretação da totalidade social, o marxismo, na sua formulação vulgar, reconhece a existência de ordens de relação distintas nas sociedades: uma econômica, outra política e uma terceira ideológica. O nível ideológico é uma região em que se reúnem as várias práticas comunicativas humanas, sejam elas religiosas, ritualísticas, linguísticas etc., na mais completa diferenciação da infraestrutura econômica. A interpretação marxista vulgar traz consigo um juízo qualitativo: o que importa seria sempre a base econômica, que é o fator determinante, em última instância, de todos os modos de sociabilidade. É por isso que um certo tipo de marxismo considera a comunicação como de menor relevância, quando, realmente, a perspectiva cognitiva dos escritos originais de Karl Marx (1818-1883) e Friedrich Engels (1820-1895) é bem diferente. O *Manifesto do Partido Comunista*, de 1848, refere-se, repetidamente, ao papel da comunicação na formação, no estabelecimento e na expansão da economia industrial. Lê-se, então, que a mercantilização é uma força transformadora da navegação e da comunicação que permitiram a expansão colonialista. Nesse processo, a comunicação exerce um papel fundamental. O caráter globalizante da economia forjaria a produção de trabalhos de literatura mundial, o que anuncia o fenômeno dos *best-sellers* internacionais. Nas páginas escritas no final de sua vida, em trabalhos que têm por objetivo menos agitar a revolução comunista do que entender a economia capitalista, Marx concebe a mercadoria como uma linguagem. Os bens produzidos industrialmente circulam, exercendo o papel de mensagens, e é nesse processo de comunicação social que a economia capitalista se desenvolve. Assim, as mercadorias não seriam mais do que produtos com valor de uso. Produzir e consumir uma mercadoria é gerar signos. Logo, o que era estritamente econômico, ou seja, o que se definiria como mera obtenção e uso de recursos para a sobrevivência e a criação de riqueza transforma-se em algo complexo. Por ser simultaneamente produzida e consumida, a mercadoria realiza suas potencialidades em referência ao mercado ao qual se dirige. Sem essa dimensão comunicacional, a economia é apenas sobrevivência e uso imediato. A questão que predomina no pensamento econômico da comunicação é mais intrincada do que um simples nexo de causação expresso na pergunta: o que conduz quem? É a economia que impulsiona a comunicação, ou são a troca e a circulação de signos as causas dos fatos econômicos? Numa de suas aulas, em 2 de junho de 1911, quando estava também idealizando e redigindo o que deveria vir a ser o *Curso de linguística geral*, o linguista Ferdinand de Saussure

(1857-1913) perguntou-se o que havia de comum entre a economia política e a linguística. Para Saussure, as duas disciplinas lidam com atividades cujos elementos se definem por valor mútuo. Na sua memorável reconstituição das aulas do linguista estruturalista, Paul Bouissac (1934-) sugere que Saussure parte da noção de valor contemporâneo para conceber a dimensão sincrônica da linguagem: a língua seria um sistema abstrato em estado presente na mente dos falantes, que se caracteriza pela mutualidade de valor de cada elemento linguístico. A linguagem não se caracteriza por ser uma lista enumerativa de palavras e significados aos quais o usuário se refere quando quer se comunicar com outros falantes. O recurso a listas, como os dicionários, é um apelo secundário. A correspondência, uma a uma, entre a palavra e sua referência ou significado não dá conta do funcionamento da língua. A língua é uma cadeia de diferenças, em que o valor de cada termo se estabelece em relação a outros termos linguísticos. O plural de palavras é marcado por seu término em 's' e o singular, por valoração contrastante, pela ausência do fonema ou da letra 's'. O raciocínio é válido para toda forma de valor contrastivo, seja através de presença e ausência, seja por meio de oposição da matéria sonora. Outra maneira de entender a presença de mecanismos econômicos na linguagem seria considerando o motivo pelo qual podemos usar tanto cheques, papéis-moedas como peças de metal para comprar um mesmo objeto. Os meios de circulação devem ter o mesmo valor, exatamente o que acontece com formas sonoras e gráficas. O valor de cada quantidade de meio circulante não é dado pelas unidades em si, mas pelo sistema que estabelece os valores diferenciais. Ao conceber a economia como modelo para a comunicação e a significação linguísticas, Saussure sugere, na prática, que existe uma isomorfia nos acontecimentos dos domínios econômico e linguístico. Economia e linguística seriam dois ramos da mesma ciência do valor. Influenciado pela linguística saussuriana, que aplicou ao caso das sociedades, o antropólogo Claude Lévi-Strauss (1908-2009) afirmou que as organizações sociais são estruturadas por processos de codificação que abrangem, em relação de similaridade, os sistemas de parentesco, as práticas econômicas e as circulações de mensagens. Etnologia, economia e linguística seriam, portanto, formas de comunicação: mulheres, bens e serviços e palavras participam de uma ordem simbólica comum. Outros sociólogos, que não são marxistas ou mesmo influenciados pela linguística estrutural, também se mostram sensíveis aos nexos entre os sistemas econômico e linguístico. Talcott Parsons (1902-1979) dizia ser o dinheiro uma forma especializada de linguagem; transações econômicas seriam formas de conversação; a circulação de moedas, que depende de uma estrutura monetária, seria um código no sentido gramatical e sintático. Pensando nisso, Roman Jakobson (1896-1982) conclui que o modelo linguístico será certamente útil para o entendimento das atividades econômicas. Marx, Saussure, Lévi-Strauss, Parsons e Jakobson enfatizam a estrutura comum da economia e da comunicação linguística. O que neles está ausente é a consideração da ação direta dos atores econômicos e linguísticos. Essa dimensão foi tratada pela teoria dos preços de Friedrich Hayeck (1899-1992). Para Hayeck, o PREÇO é uma mensagem sobre o valor de um bem ou serviço. Numa outra concepção igualmente individualizante, mas que não desse autor, quando agentes econômicos interagem, as mensagens que forem trocadas terão que levar em conta a circunstância atual da troca ou a sua história. Se entre os jogadores não houve um ciclo de interações, é preciso considerar a situação em que se encontram. Se o encontro (o jogo) é de disputa, a informação que circula entre eles não pode ser completamente reveladora das intenções, limites e capacidades de cada um dos agentes; mas, se a circunstância for de cooperação, o tipo de mensagem pode ser o inverso: honesto, revelador, sincero etc. Estamos agora no universo dos atos comunicacionais: as mensagens que são trocadas entre quem participa do jogo econômico são elementos decisivos na consecução de resultados, pois ligam planos de ação a objetivos desejados. A consideração da economia dos meios de comunicação exige algumas cautelas. Ainda que se refira acriticamente a uma INDÚSTRIA CULTURAL, a analogia mecânica com a indústria manufatureira é imprecisa. Mais do que qualquer outro objeto, os produtos de comunicação são consumidos por motivos intangíveis, como os de significação cultural. Alguns objetos, seja um sapato ou uma barra de chocolate, são consumidos individualmente, enquanto um produto comunicacional é frequentemente um bem público, consumido por uma audiência incomensurável. A economia dos meios de comunicação apresenta outra peculiaridade: seus custos de produção são bem maiores do que os de distribuição. Quando um produto chega a múltiplos consumidores, o custo envolvido no produto como um todo pouco se alterou, o que faz da distribuição um problema central dessa atividade econômica. As margens de lucro e a recuperação de custos são diretamente dependentes da distribuição dos produtos. Por isso, a criação de redes de distribuição, como a internet, acoplada à ação de *search engines* (cf. SEARCH ENGINE), alterou profundamente o modelo clássico da economia dos meios de comunicação. Não mais importa vender muito de pouco, como é o objetivo tradicional da indústria do *best-seller*. Um modelo que objetive vender pouco de muito é igualmente ou até mais viável do que era predominantemente feito no passado. Sendo um mercado de bens culturais regido pela significação, a comunicação não se restringe à economia de mercado; há na comunicação lugar para instituições de serviços públicos como a BBC (BRITISH BROADCASTING CORPORATION).

BIBLIOGRAFIA

ANDERSON, Chris. *The long tail: the future of business is selling more of less*. New York: Hyperion, 2008.

BOUISSAC, Paul. *Saussure for the perplexed*. New York: Continuum, 2010.

FIANI, Ronaldo. *Teoria dos jogos*. São Paulo: Campus, 2006.

HAYECK, Friedrich. *Individualism and economic order*. Chicago: The University of Chicago Press, 1996.

JAKOBSON, Roman. *Selected writings II: word and language*. The Hague: Mouton, 1971.

LÉVI-STRAUSS, Claude. *Antropologia estrutural*. Rio de Janeiro: Tempo Brasileiro, 1975.

MARX, Karl. *O capital*. Lisboa: Centelha, 1974. v. 1.

MARX, Karl; ENGELS, Friedrich. *Manifesto do Partido Comunista*. Porto Alegre: L&PM, 2001.

SAUSSURE, Ferdinand de. *Curso de linguística geral*. São Paulo: Cultrix, 2006.

economia política ECON.POL Ciência social que estuda os processos políticos e econômicos, suas interrelações e influência sobre as instituições sociais. ▸ A disciplina chamada de economia política é mais do que um ramo da economia geral: ela existe na pressuposição de que as atividades econômicas são fatores centrais na constituição da sociedade como um todo. Efeito da imensa influência do marxismo na sociologia da comunicação, vários autores transpuseram, de forma mecânica ou criativamente, os conceitos básicos da filosofia social de Marx (1818-1883) e Engels (1820-1895) para o estudo dos veículos de massa. O conceito de INDÚSTRIA CULTURAL da ESCOLA DE FRANKFURT inspira-se numa leitura dos meios como arma ideológica de processos econômicos e políticos. Apesar de igualmente influenciados pelas teses marxistas, os que praticam *cultural studies* preferem enfatizar a condição de consumo dos textos culturais em detrimento de sua produção, como fizeram Adorno (1903-1969) e Horkheimer (1895-1973). ▸ Cf. CENTRE FOR CONTEMPORARY CULTURAL STUDIES (CCCS).

Eco, Umberto (Alexandria, Piemonte, Itália 1932 -) Escritor italiano, teórico da comunicação, semioticista, filósofo, romancista, crítico literário e da indústria cultural, historiador, medievalista. ▸ A popularidade de Umberto Eco começou com a publicação, em 1980, do romance *O nome da rosa*, que se tornou um *best-seller* internacional, sendo transposto para a tela cinematográfica. Antes disso, sua atividade intelectual cobrira, prolificamente, as áreas mais diversas, numa voracidade cognitiva exemplar. Seu primeiro livro desenvolve sua tese universitária sobre o pensamento estético de São Tomás de Aquino (1225-1274). Eco participou das discussões do círculo vanguardista de críticos literários, artistas e músicos italianos, que agrupara ao conhecê-los quando editor da Radiotelevisione Italiana (Gruppo 63), mas o interesse que devota à teorização parece iniciar-se, de fato, nos seus textos sobre estética medieval, em que ele reconhece a busca pelo conceito de beleza, convivendo ao lado da produção de obras criativas. As duas perspectivas complementam-se: uma investiga e identifica códigos, enquanto a outra gera construções estéticas interpretáveis nos termos de um CÓDIGO. Essa tensão encontra-se numa de suas obras teóricas de início de carreira, *A obra aberta*, em que enfatiza o papel do espectador na recepção do trabalho, não como efeito, mas como método e intenção criativa característicos dos trabalhos de vanguarda. É em torno do conceito de código que a obra polimorfa de Umberto Eco se organiza, seja sob a forma da cognição, da interpretação ou do uso de signos codificados. A codificação do que é próprio de filme, narrativa, visualidade etc. oferece possibilidades para quem faz e para quem consome um trabalho. É daí que se pode reconhecer a eficácia comunicativa de uma mensagem, seja ela um filme popular, como *Casablanca*, uma narrativa literária ou de comunicação de massa, histórias em quadrinhos, notícias de jornais, parques de diversão norte-americanos, antropologia da cultura etc. *Tratado geral de semiótica* é, até agora, a formulação teórica mais completa de Umberto Eco.

BIBLIOGRAFIA

ECO, Umberto. *Viagem na irrealidade cotidiana*. Rio de Janeiro: Nova Fronteira, 1984.

__________. *Tratado geral de semiótica*. São Paulo: Perspectiva, 2000.

__________. *Arte e beleza na estética medieval*. Lisboa: Presença, 2000.

__________. *A obra aberta*. São Paulo: Perspectiva, 2001.

__________. *Apocalípticos e integrados*. São Paulo: Perspectiva, 2008.

__________. *O nome da rosa*. Rio de Janeiro: Record, 2009.

écran [fr.] **1** CINE Tela de projeção. **2** FOT Chapa de vidro de diversas cores us. para escolher os raios luminosos da fotografia colorida.

E-CRM [ing.] INF MKT Sigla de *electronic costumer relation management* (gerência da relação com consumidor feita eletrônicamente).

ectipografia GRÁF Impressão em relevo legível pelos cegos.

ECU [ing.] CINE FOT TV Sigla de EXTREME CLOSE-UP ('enquadramento completo em primeiro plano').

ed. EDIT GRÁF Abrev. de EDIÇÃO.

EDE [ing.] INF Sigla de *electronic data exchange* (troca de informação eletrônica). ▸ A troca de informação eletrônica, ou computadorizada, verifica-se entre ramos de negócio, sem a direta interferência humana, quando documentos de caráter rotineiro (recibos, ordens de compra e de pagamento) são transferidos de um computador para outro.

edição **1** Ação de editar. **2** Atividade do editor. **3** Reprodução, publicação e difusão comercial por um editor de uma obra (texto, partitura, estampa, disco etc.). **4** CINE RÁD TEL Escolha das cenas gravadas ao mesmo tempo por diferentes câmaras; montagem. **5** CINE RÁD TEL Seleção e coordenação de materiais filmados ou gravados para a elaboração de filme ou programa. **6** EDIT Publicação de obra inédita; lançamento. **7** EDIT Conjunto de exemplares de um determinado periódico, impressos de uma só vez. **8** EDIT Conjunto dos exemplares de uma obra, impressos em uma só tiragem, ou ainda em várias, se não houver modificação no texto ou na composição gráfica iniciais. **9** RÁD TEL Cada uma das transmissões de um determinado programa jornalístico.

edição abreviada BIBL EDIT Aquela em que parte é suprimida sem o comprometimento da obra.

edição ampliada BIBL EDIT Aquela acrescida de matéria nova em relação à anterior.

edição ancípite BIBL EDIT Aquela que não traz a indicação do nome do impressor, nem do lugar ou ano de sua publicação.

edição anônima BIBL EDIT Aquela que não apresenta registro do nome do autor.

edição anotada BIBL EDIT Aquela cujo texto é acrescido de notas explicativas, ger. na margem ou no pé de página, que se destinam a esclarecê-lo ou atualizá-lo.

edição apócrifa BIBL EDIT **1** Aquela cujo texto se mostra diferente do que o autor escreveu, **2** Diz-se de ou obra falsamente atribuída a um autor ou de cuja autoria se tenha dúvida. **3** Diz-se de ou obra mantida na clandestinidade.

edição atualizada BIBL EDIT Aquela cujo texto foi alterado em relação à edição anterior (com acréscimos, eliminações, modificações), visando torná-lo coerente com os conceitos, teorias etc. vigentes.

edição autorizada BIBL EDIT Aquela feita com o consentimento do autor ou do detentor dos direitos autorais.

edição clandestina BIBL EDIT Aquela produzida sem autorização do autor ou do editor; edição fraudulenta, edição pirata.

edição clássica BIBL EDIT Aquela cujo texto é reunido de forma a ser aceito como referencial.

edição compacta BIBL EDIT Aquela reproduzida em pequenos formatos, com corpo pequeno e sem entrelinhas.

edição corrente BIBL EDIT Aquela destinada ao grande público e composta somente de texto corrido.

edição crítica BIBL EDIT Aquela que chegou adulterada e em que se procura o texto original; edição exegética.
edição de bibliófilo BIBL EDIT Edição em geral pequena, assinada, impressa em papel nobre e dirigida a colecionadores.
edição de bolso BIBL EDIT Aquela reduzida para formato pequeno próprio para ser conduzido no bolso; livro de bolso.
edição definitiva BIBL EDIT Aquela que foi revista pelo autor e é declarada como fixa e invariável; edição *ne varietur*.
edição de luxo BIBL EDIT Aquela caracterizada pelo bom gosto na diagramação e impressa em papel nobre.
edição de texto EDIT Atividade profissional exercida por aquele que prepara, organiza, revisa e reúne material para publicação.
edição diamante BIBL EDIT Edição em tamanho minúsculo, composta em corpo minúsculo; edição liliputiana, edição microscópica.
edição digital TV M.q. EDIÇÃO ELETRÔNICA.
edição diplomática BIBL EDIT Aquela que reproduz com absoluta fidelidade o texto sobre o qual se trabalha e se quer editar, após o estabelecimento crítico desse texto.
edição eletrônica TV Ação ou processo de editar imagens e sons gravados em *videotape*, fazendo cortes, fusões, mixagens e efeitos diversos por meios eletrônicos; edição digital.
edição especial BIBL EDIT **1** Edição melhorada, com inclusão de gravuras e nova diagramação, impressa em papel especial. **2** Aquela editada enfocando determinado assunto ou acontecimento.
edição espúria BIBL Aquela não reconhecida e rejeitada.
edição exegética BIBL M.q. EDIÇÃO CRÍTICA.
edição expurgada BIBL Aquela de que se suprimiram passagens por ordem da censura civil ou religiosa. ▸ Cf. AD USUM DELPHINI.
edição fac-similada BIBL EDIT M.q. EDIÇÃO FAC-SÍMILE.
edição fac-similar BIBL EDIT M.q. EDIÇÃO FAC-SÍMILE.
edição fac-símile BIBL EDIT Edição fiel ao original e reproduzida por processo fotomecânico; edição fac-similada, edição fac-similar.
edição fraudulenta BIBL EDIT M.q. EDIÇÃO CLANDESTINA.
edição integral BIBL EDIT Aquela não expurgada, sem defeitos e sem mutilações.
edição liliputiana BIBL EDIT M.q. EDIÇÃO DIAMANTE.
edição limitada BIBL EDIT Aquela de tiragem pequena e ger. numerada.
edição microscopica BIBL EDIT M.q. EDIÇÃO DIAMANTE.
edição *ne varietur* BIBL EDIT M.q. EDIÇÃO DEFINITIVA.
edição paleográfica BIBL EDIT Aquela que reproduz o texto fielmente, obedecendo à ortografia e pontuação, em que as alterações necessárias são representadas em colchetes.
edição pirata BIBL EDIT M.q. EDIÇÃO CLANDESTINA.
edição popular BIBL EDIT Aquela compactada em papel comum, vendida a preço baixo.
edição *princeps* ou **príncipe** BIBL EDIT M.q. EDITIO PRINCEPS.
edição semidiplomática BIBL EDIT Aquela que reproduz o original com rigorosa fidelidade em relação à configuração original e lexical, mas que admite pequenas intervenções, como a perda do testemunho material da escrita, em favor de sua legibilidade.
editação BIBL EDIT Ato ou processo de editar.
edital COMN Comunicação oficial, aviso, postura, citação etc., que se prende em local próprio e visível ao público ou se anuncia na imprensa, para conhecimento geral ou dos interessados.
editar 1 Publicar (obra) por meio de impressão ou outra modalidade de reprodução. **2** Corrigir erros em (documento ou matéria impressa). **3** CINE RÁD TEL Fazer a edição de (filme, programa de rádio, TV etc.).
editio princeps [lat.] BIBL EDIT Diz-se de ou primeira edição de um texto, principalmente de obra literária antiga.
editologia EDIT Estudo crítico dos processos de organização editorial dos materiais e princípios que regem a publicação de livros, revistas e outros veículos de comunicação (impressos ou eletrônicos).
editor M.COM **1** Que ou o que edita. **2** Que ou quem tem como função publicar textos, estampas, partituras, discos etc. **3** Que ou quem prepara, de acordo com normas editoriais, um texto ou uma seleção de textos para figurar numa publicação.
editora M.COM **1** Casa ou insituição que edita; editor. **2** Título dado a esse estabelecimento; editorial.
editoração EDIT **1** Conjunto das atividades funcionais de um editor (seleção de originais, compra de direitos autorais, contratação de tradutores, supervisão da preparação de originais, escolha da tipologia, assentamento da diagramação, escolha da capa etc.). **2** Preparação de originais (textos para posterior produção gráfica). **3** Constelação de atividades relacionadas com a publicação de livros, abrangendo as funções precípuas do editor e mais a produção gráfica (composição, impressão, acabamento) e a comercialização do produto (divulgação, distribuição, venda). **4** Constelação de atividades relacionadas com a produção do suporte de qualquer meio de difusão de cultura ou entretenimento (livro, disco, *CD-ROM* etc.), assim como a edição de relatórios e afins. **5** Constelação de atividades relacionadas com a elaboração de informações transmitidas por meios e canais eletrônicos de comunicação.
editorador M.COM Que ou o que editora.
editorar EDIT **1** Exercer (uma editora) as suas atividades precípuas na publicação (de livro). **2** Preparar os originais de. **3** Preparar, rever, compor, imprimir, dar acabamento e comercializar (um livro). **4** Produzir o suporte de (qualquer meio de difusão de cultura ou entretenimento, como, p.ex., livros, discos, videodiscos etc.).
editor de arte M.COM Profissional que visualiza gráfica e artisticamente uma publicação, uma película cinematográfica etc.; editor visual.
editor de conteúdo M.COM Pessoa responsável pela supervisão, escolha, formatação, organização etc. dos conteúdos de qualquer veículo de comunicação.
editor de imagem TV Profissional responsável pela gravação, corte, montagem etc. de material fílmico transmitido em programas de TV.
editor de som M.COM Profissional encarregado de selecionar, cortar, mixar, gravar, montar trilhas e materiais sonoros a serem us. em espetáculos teatrais, cinematográficos, televisivos e audiovisuais.
editor de texto 1 INF Programa de computador que permite a composição, a criação, a revisão de textos. ▸ Existem dois tipos de editores de texto: os que têm recursos de formatação gráfica (*Word*, *Wordpad*) e os que não os têm (*Vi*, *Notepad*, *Nano*). **2** M.COM Profissional que prepara, organiza, revisa e reúne material para publicação.

3 RÁD TV Profissional responsável pela organização, seleção, montagem de material a ser veiculado por programas de rádio, TV etc.
editoria M.COM Conjunto das seções de uma publicação que estão a cargo de um editor.
editorial JOR Artigo que discute uma questão, apresentando o ponto de vista do jornal, da empresa jornalística ou do redator-chefe; artigo de fundo.
editorialista 1 Relativo a ou próprio de editorial. 2 Autor de editoriais.
editor responsável JOR Profissional responsável pública e juridicamente pelo conteúdo publicado em um jornal.
editor visual M.COM M.q. EDITOR DE ARTE.
efabulação LIT M.q. FABULAÇÃO ('disposição').
efeito 1 ART.PLÁST CINE MÚS TEAT TV Procedimento empr. para atrair a atenção ou causar impressão. 2 CINE FOT RÁD TEAT TV Impressão distintiva produzida por um recurso técnico. 3 FIL Realização, produto, resultado da causa; termo de ação. ▸ Cf. CAUSA; CAUSAÇÃO.
efeito Baldwin EVOL Fator no processo evolutivo, postulado pelo psicólogo n.-am. James Mark Baldwin (1861-1934), que enfatiza a ação da mente na evolução orgânica e que deriva da capacidade que o indivíduo tem de se adaptar ao meio em que existe de maneira plástica, graças ao aprendizado e à transmissão cultural, criando, consequentemente, uma nova pressão seletiva. ▸ Em *A origem das espécies*, Darwin (1809-1882) estabeleceu que a evolução orgânica e a ramificação em espécies existiam graças ao processo de SELEÇÃO NATURAL. As diferenças incrementais entre organismos conferiam vantagem reprodutiva, criando assim a diversidade de formas de vida. Mas ficou sem resposta convincente uma questão importante, que assombrou e dividiu, durante muito tempo, as teorias da evolução biológica; ou seja, qual o papel que as características adquiridas no curso da existência de um organismo teriam na vida natural? A tese de que características adquiridas se transferem para as espécies e que fora advogada, antes de Darwin, pelo biólogo Jean-Baptiste Lamarck (1744-1829) acabou sendo falsificada por August Weismann (1834-1914). Weismann conduziu um elegante teste de laboratório: ele alterou fisicamente as características de camundongos e promoveu seu cruzamento: os roedores que tiveram o rabo decepado não transmitiam tais características para seus descendentes, levando Weismann a teorizar que a vida biológica ocorre em níveis radicalmente separados, que chamou de 'linha-germe' e 'linha-soma'. Formou-se, assim, o que se chama de *dogma central da biologia*, portanto aquele que reconhece a origem e a residência de todas as mutações que se espalham numa determinada população de organismos apenas na linha-germe, ou seja, no GENÓTIPO. A roda da vida evolutiva andaria para trás; por isso, uma criança chinesa que seja adotada por pais brasileiros e que não seja treinada no idioma de seus pais biológicos aprenderá e será fluente em português. Linha-germe e linha-soma, genótipo e FENÓTIPO, existem numa relação de paralelismo. A informação adquirida no nível somático não tem como ser transferida para as células-germes. Essa é a discussão que está no pano de fundo da teoria criada por Baldwin, no final do sXIX. No artigo de 1893, "A new factor in evolution", Baldwin argumentou a favor da existência de fatores do processo evolutivo que não são, necessariamente, produtos diretos da hereditariedade. Conwy Lloyd Morgan (1852-1936) e Henry Fairfield Osborn (1857-1935), dois outros darwinianos da época, produziram teses semelhantes à de Baldwin. O novo fator evolutivo identificado por Baldwin caracteriza-se pela plasticidade fenotípica de um organismo em adaptar-se ao meio ambiente, o que, por sua vez, permite que uma mutação que não seja completamente eficaz tenha sua ineficácia reduzida. Aprendizado é, certamente, um fator evolutivo importante. Não se trata apenas de um momento na vida de indivíduos numa população específica. Caso o fator persista por um período de tempo significativo, é razoável supor que o processo evolutivo encontrará uma solução herdada geneticamente que substitua o aprendizado que guia o indivíduo. No correr do tempo, o que fora adquirido transforma-se num traço inato. A tese de Baldwin não revive o lamarckismo, pois não afirma que seja possível que o fenótipo altere o genótipo, apenas que o aprendizado permite que se ganhe tempo para que mutações favoráveis se produzam. Na competição biológica, a capacidade de aprender e modificar o meio ambiente constitui uma nova pressão seletiva. Se, por exemplo, num ambiente, surgir um inimigo com novos planos de ataque, aquele que aprender a desenvolver estratégias de sobrevivência mais imediatamente estará na frente daqueles que não o conseguirem. Paulatinamente, alguns darwinistas que defendiam o papel definitivo do gene na evolução, como o inglês W. D. Hamiton (1936-2000), passaram a admitir a hipótese de que o efeito Baldwin deva ser considerado seriamente pela biologia evolucionária. Através do efeito Baldwin, a capacidade de aprendizado de um indivíduo, igualmente sustentada por atos de comunicação, assume um lugar da maior importância no processo e na teoria evolutiva.

BIBLIOGRAFIA

BALDWIN, James M. A new factor in evolution. *American Naturalist*, n. 30, p. 441-51, 1896.
DENNETT, Daniel C. *Darwin's dangerous idea: evolution and the meanings of life*. New York: Simon and Schuster, 1995.
RIDLEY, Mark (ed.). *Narrow roads of gene land: the collected papers of W. D. Hamilton*. Oxford: Oxford University Press, 2005. v. 3.

efeito digital M.COM Qualquer efeito (sonoro, visual etc.) produzido por recursos computadorizados.
efeito Kuleshov CINE Ver KULESHOV, LEV.
efeito Sabatier FOT M.q. SOLARIZAÇÃO. ▸ No efeito Sabatier, por meio de superexposição de uma fotografia, o negativo transforma-se num positivo.
efeitos especiais M.COM Efeitos produzidos para qualquer meio de comunicação que criam representações ilusórias, visuais ou sonoras por meio de recursos ópticos, mecânicos ou digitalizados. ▸ Cf. MÉLIÈS, (MARIE-)GEORGES(-JEAN).
efeméride 1 Livro ou agenda em que se relacionam os acontecimentos de cada dia; diário. 2 Obra que registra fatos ocorridos no mesmo dia do ano em diferentes anos. 3 BIBL Obra em que se narra o dia a dia da vida de certa personagem. 4 BIBL Obra que enumera os acontecimentos sujeitos a cálculo e a previsão durante o ano.
e.g. [lat.] BIBL Abrev. de *exempli gratia*.
egípcio GRÁF Que ou o que apresenta desenho uniforme, tendo todos os traços a mesma espessura, e com serifas retas (diz-se de caractere gráfico).
ego 1 PSIC Núcleo da personalidade de uma pessoa. 2 PSIC Princípio de organização dinâmica, diretor e avaliador que determina as vivências e atos do indivíduo. 3 PSICN De

acordo com a segunda teoria do aparelho psíquico (a segunda tópica), instância do aparelho que se constitui através das experiências do indivíduo e exerce, como princípio de realidade, função de controle sobre seu comportamento, sendo grande parte do seu funcionamento inconsciente. ▸ Na teoria freudiana, as três instâncias que compõem o aparelho psíquico são o *id*, o superego e o ego. Dentre elas, o ego é uma instância dependente do *id* e do superego, que funcionam como forças de pressão exercidas sobre ele. Apesar de ser originariamente o lugar da percepção racional, o ego é também o cruzamento de agentes contraditórios: o *id* exige que o ego persiga desejos inconscientes, enquanto que, a partir do superego, disseminam-se as exigências moralizantes e condenatórias da sociabilidade. Os conflitos da personalidade neurótica manifestam-se no ego, que se esforça na tarefa de defender-se desses embates, transformando o desprazer e choque em compulsões, obsessões, angústias, negações etc., desde que sejam estratégias de desvio da aflição original. A princípio, o ego é uma instância de desconhecimento que permite a adaptação de seus desejos à realidade (cf. DESEJO). Mesmo que nele se inclua o sistema pré-consciente/consciente da primeira teoria freudiana sobre o aparelho psíquico, o ego incorpora uma dimensão mais vasta, na qual atuam *id* e superego. Por isso, a teoria de Freud (1856-1939) evita dizer que o ego é o que se costumava indicar pela noção de personalidade individual: o ego é um domínio, mais precisamente uma instância e, metaforicamente, a fronteira do *id* e do superego. Nos textos de Freud, a origem do conceito de ego é de difícil reconhecimento, pois se trata de um elemento que, sob formas diferenciadas, permeia toda a sua obra psicológica; mas acredita-se que, por volta de 1920, quando escreveu *O ego e o id* e *Além do princípio do prazer*, a sua teorização tenha chegado à ideia como passou a ser formulada na sua segunda tópica. Para o freudismo, a função defensiva do ego faz com que as comunicações aparentemente conscientes exijam a remissão ao entendimento de conflitos que assombram a vida mental do sujeito: a causa dos signos que nos vêm à mente é sempre elusiva e requer interpretação. ▸ Cf. ATO FALHO; CONTEÚDO LATENTE; CONTEÚDO MANIFESTO; CONSCIÊNCIA; ID; SUPEREGO.

BIBLIOGRAFIA

FREUD, Sigmund. *Além do princípio do prazer; Psicologia de grupo e outros trabalhos (1920-1922)*. Rio de Janeiro: Imago, 2006.

___________. *O ego e o id e outros trabalhos* (1923-1925). Rio de Janeiro: Imago, 2006.

egoísta 1 Que ou quem só pensa em si mesmo. **2** REC.AV Diz-se de ou fone de ouvido que, colocado num aparelho de som, restringe a audição à pessoa que o usa.

EHF ELETRÔN Medida de radiofrequência na faixa de 30-300 GHz. ▸ Símb. de 'frequência extremamente elevada' (em ing., *extremely high frequency*)

eidós [gr.] FIL Termo grego que significa *forma* e que, no vocabulário platônico, denota uma forma abstrata ou ideal. ▸ Cf. PLATÃO.

EIRP TEL Quantidade de energia que um dispositivo isotrópico (que distribui energia em todas as direções) produz para maximizar a densidade de potência de uma antena. ▸ Sigla de *equilavent isotropic radiated power* (potência irradiada pelo equivalente isotrópico).

Eisenstein, Sergei Mikhailovich (Riga, Letônia, Império Russo 1898 - Moscou, União Soviética 1948) Cineasta russo e teórico do cinema, autor de filmes clássicos e de uma influente teoria da MONTAGEM cinematográfica. ▸ A importância de Eisenstein para a indústria cinematográfica é tanto teórica como prática. Sob sua direção foram produzidos alguns dos mais importantes filmes da história do cinema: *O encouraçado Potemkin* (1925), *Outubro* (1927), *Alexandre Nevsky* (1938), *Ivã, o Terrível* (1944-1946). Profundamente influenciado por movimentos artísticos de sua época e participante entusiasta da revolução soviética, Eisenstein é autor de uma teoria da montagem que, junto com Lev Kuleshov (1899-1970), determina o curso do cinema moderno. Para Eisenstein, a unidade fundamental da comunicação cinematográfica é a TOMADA, que se associa a outras tomadas numa sequência que pode ser descrita como um processo de choque ou de colisão. Eisenstein inspirou-se na DIALÉTICA hegeliana para criar algumas das cenas mais memoráveis e inovadoras da história do cinema. Em *O encouraçado Potemkin*, as tropas do czar descem as escadarias de Odessa, o povo sobe na mesma direção, daí são mostradas cenas de carnificina, numa ilustração do movimento dialético: tese, antítese e, então, síntese. É através dessa justaposição de imagens contraditórias e antitéticas que o significado cinematográfico se produz. A visão cinematográfica de Eisenstein é estritamente comunicacional: concebidas, por montagem, na mente do diretor, as imagens fílmicas completam-se na recepção da audiência, que, assim, participa ativamente na construção de seu sentido. O filme não é uma rede que se joga para capturar o real, mas um conjunto de representações e signos que têm o poder de fabricar o significado do que mostram. Para Eisenstein, o cinema é um processo de CONOTAÇÃO semântica, associativo e sintetizador de contradições, revelado pela sequência de cenas que se seguem no desenrolar do tempo cinematográfico. ▸ Cf. KULESHOV, LEV.

BIBLIOGRAFIA

EISENSTEIN, S. M. *Hacia una teoria del montaje*. Madrid: Paidós, 2001. v. 1-2.

___________. *A forma do filme*. Rio de Janeiro: Zahar, 2002.

eixo óptico ÓPT Linha imaginária pela qual se traça a simetria rotacional de um sistema óptico (câmara, microscópio).

eixo paradigmático LING Na terminologia pós-saussuriana, eixo das relações virtuais entre unidades suscetíveis de comutarem entre si. ▸ Cf. PARADIGMA.

eixo sintagmático LING Na terminologia pós-saussuriana, eixo das relações entre unidades que se sucedem na cadeia falada. ▸ Cf. SINTAGMA.

elegia 1 LIT Poema composto de versos hexâmetros e pentâmetros alternados. **2** LIT Poema lírico de tom ger. terno e triste. **3** MÚS Canção de lamento; nênia

elenchus [gr] FIL **1** No método socrático, exame das opiniões do oponente com o propósito de identificar contradições ou conclusões indesejáveis para, assim, refutá-las. **2** Nas obras lógicas de Aristóteles (384 a.C. - 322 a.C.), refutação.

elenco CINE RÁD TEAT TV Conjunto de atores ligados a uma produção, espetáculo ou companhia.

elenco de apoio CINE RÁD TEAT TV Grupo de atores que desempenham um papel secundário numa produção, espetáculo ou companhia.

eletracústica ACS FÍS Ramo da física que estuda os fenômenos que envolvem conversão da energia acústica em energia elétrica e vice-versa; eletroacústica.

eletricidade 1 ELETR FÍS Conjunto de fenômenos naturais que envolvem a existência de cargas elétricas estacionárias ou em movimento. 2 FÍS Ramo da física que investiga esses fenômenos.
eletricista CINE TEAT TV Especialista em eletricidade e iluminação, incumbido dos efeitos de luz; iluminador.
eletroacústica ACS FÍS M.q. ELETRACÚSTICA.
eletrônica ELETRÔN Estudo das propriedades e aplicações de dispositivos que dependem do movimento de elétrons em semicondutores, gases ou no vácuo.
e-letter [ing.] INF M.COM Comunicação (*newsletter*) transmitida por meio digital.
elevado GRÁF M.q. SOBRESCRITO.
ELF ELETRÔN De acordo com convenção internacionalmente aceita, frequência situada abaixo de 3 quilo-hertz. ▸ Símb. de 'frequência extremamente baixa' (em ing., *extremely low frequency*)
elite SOC Minoria que detém o prestígio e o domínio sobre o grupo social. ▸ Cf. CLASSE.
elocução 1 RET Modo de expressar-se, oralmente ou na escrita. 2 RET Parte da retórica que trata da seleção e disposição das palavras e frases. ▸ A cultura latina recebeu com suspeita o *corpus* de saberes e práticas retóricas que vieram dos gregos. Em referência à retórica, Porcius Cato, o Censor (234 a.C.-149 a.C.) pontificava: "*rem tene, verba sequentur*" ('conheça o assunto e as palavras virão'). Mas o ensino e prática da eloquência infiltraram-se no mundo romano. O tratado RHETORICA AD HERENNIUM, LIBRI VI DE RATIONE DICENDI, cujo autor é desconhecido e que provavelmente foi escrito entre 86 e 82 a. C., dividia a arte retórica em cinco ramos que deveriam ser ensinados e dominados pelos alunos da arte de bem falar: invenção, arranjo, elocução, memória e estilo. A *Rhetorica ad Herennium* é o manual mais completo de retórica latina e iria exercer influência nos vários escritos de Marco Túlio Cícero (106 a. C. - 43 a.C.) sobre as artes da oratória. Como tudo o que era retórica, a eloquência (*elocutio*) era entendida por Cícero como um instrumento para o orador culto, que deveria, prioritariamente, conhecer aquilo do que falava. A postura ciceroniana conciliava a prática da eloquência com o saber que Cato acreditava ser condição para o falar bem em público. O leitor moderno que recorra às fontes históricas disponíveis sobre a elocução encontrará nelas apenas um receituário de fórmulas estilísticas, pois, por sua própria natureza evanescente, pouco restou a respeito das técnicas e treinamentos de vocalização dos discursos. A própria fama de Cícero vem de textos que foram escritos após sua transmissão, que sabemos não ter sido sempre eficaz nas arenas da oratória pública romana. Sabemos, também, que a eloquência declamatória era considerada pelo romanos a marca de excelência de um orador. A declamação e a escolha estilísticas sobrepunham-se. O ramo do ensino retórico que tratava da elocução passou a preocupar-se com a obtenção de efeitos literários. Assim, os manuais de retórica, ao tratarem da elocução, apresentavam uma lista de figuras da linguagem e do pensamento que seriam úteis para o orador. ▸ Cf. CÍCERO, MARCO TÚLIO; QUINTILIANO, MARCO FÁBIO.

BIBLIOGRAFIA

CLARKE, M. E. *Rhetoric at Rome*. London: Cohen and West, 1966.
KENNEDY, George A. *The art of rhetoric in the Roman world*. Princeton: Princeton University Press, 1972.

eloquência 1 Capacidade de falar e expressar-se com desenvoltura. 2 RET Arte de bem falar. ▸ Cf. ELOCUÇÃO.
ELS CINE Enquadramento geral de uma cena ou paisagem. ▸ Abrev. de *extreme long shot*.
elucidário BIBL EDIT Publicação que esclarece ou elucida questões ininteligíveis ou pouco claras; comentário.
elzevir GRÁF Diz-se de ou caráter ('letra') semelhante aos us. nas edições dos Elzevir, com características do estilo romano antigo. ▸ As edições elzevir tinham um selo de garantia que dizia *ex officina Elzeviriana*. Os Elzevir eram uma família de editores, tipógrafos e impressores que exerceram suas profissões na Holanda durante os anos de 1587 e 1681. A fonte elzevir foi desenhada por Christoffel van Dijck (c1606-1669), baseada num cruzamento visual da letra *garamond* com inscrições de frontispícios romanos, gerando, assim, uma forma gráfica firme, elegante e sóbria.
elzeviriano GRÁF Pertencente à família Elzevir ou às obras produzidas na sua oficina. ▸ Cf. ELZEVIR.
EM TEL Sigla de ESTAÇÃO MÓVEL.
email ou ***e-mail*** [ing.] COMN INF 1 Sistema que comporta intercâmbio de mensagens através de meios de comunicação eletrônicos, esp. de computadores ligados em rede. 2 Mensagem enviada e/ou recebida através desse sistema.

INFORMAÇÕES GERAIS

Foi em 1961, no MIT (Massachusetts Institute of Technology), que se fizeram as primeiras demonstrações de uso de *email*. O sistema de comunicação por correio eletrônico (*email* é uma palavra composta da abreviação de *eletronic* e de *mail*, 'correio' em inglês), permitia a conexão de múltiplos usuários a terminais distantes que recebiam mensagens ou arquivos. A partir da metade da década de 1960, os *emails* começaram a ser usados em maior escala, desde que os usuários estivessem conectados a um computador *mainframe* a partir do qual a rede de correios era estabelecida. Na década seguinte, Ray Tomlinson (1941-) inventou o sistema de endereçamento com o sinal @, separando o endereço do usuário e a máquina que fosse utilizada. Desde então, os sistemas de endereçamento passaram a seguir esse modelo. O formato de endereçamento por arroba (@) fez com que as ligações entre usuários do correio eletrônico se expandissem além das redes iniciais, que se limitavam a favorecer a troca de mensagens no interior de regiões estritamente locais de comunicação. Por meio do endereçamento com arroba, o *email* globalizou-se de maneira considerável, pois usuários de diferentes provedores e *mainframes* puderam, então, interagir. A rede de computação que materializa, ainda que incipientemente, essa concepção globalizante é a ARPANET (*Advanced Research Project Agency Network*), considerada a precursora da internet. A mensagem de um correio eletrônico é composta de duas camadas independentes, com exigências distintas de precisão. O cabeçalho deve conter os dados inequívocos do emissor e do receptor (ou receptores, com cópia dita carbono [*carbon copy*] ou oculta [*blind carbon copy*]) da mensagem. Há, no cabeçalho, lugar opcional para que se identifique o conteúdo da mensagem. O formato de endereçamento pela internet segue o modelo arroba, sem o qual é impossível encaminhar a mensagem do emissor a seu provedor e do provedor do receptor para seu objetivo final, que é a caixa de correio do destinatário. A data e a hora do envio são também registradas, o que teoricamente faz do correio eletrônico um instrumento de documentação valioso e aceitável por muitos sistemas jurídicos de diferentes nações. O que não quer dizer que a fraude inexista. O corpo da mensagem pode tomar a forma que aprouver ao emissor, seja ela epistolar, conversacional, ou mesmo sendo usado para o envio de fotos, vídeos etc. O uso generalizado do correio eletrônico responde pela explosão de informação por todo o globo. A popularidade do correio eletrônico não significa que seja um meio de comunicação sem problemas. Nele, encontram-se dilemas relativos à privacidade, ao excesso de informação, à transmissão de frivolidades e mensagens desnecessárias, bem como problemas de descontextualização do sentido da mensagem comunicada, quando o correio é lido por terceiros ou em outras situações que a troca efetiva de mensagens entre os usuários, além da contaminação de computadores por vírus etc. O *email* caracteriza-se por ser um modo assincrônico de comunicação, sendo viável em situações onde o lapso temporal e o envio da mensagem não seja de vital importância e onde a interação face a face não seja um requisito fundamental.

---

e-marketing [ing.] INF MKT Técnicas e atividades de *marketing* veiculadas por meios eletrônicos e digitais.

embalagem MKT PUB Ato ou efeito de acondicionar um produto com o propósito de facilitar seu transporte, protegê-lo, identificá-lo, expô-lo ou torná-lo atraente para o mercado consumidor.

embaralhador de áudio ELETR ELETRÔN M.q. SCRAMBLER ('circuito').

embargo JOR **1** Informação dada a um jornal com o pedido de que só seja publicada a partir de um determinado horário, período ou data. **2** Diz-se de ou matéria jornalística que, devido à sua natureza, depende da aprovação do editor ou da direção geral para ser publicada.

em cartaz CINE TEAT Diz-se de película cinematográfica ou espetáculo que está sendo apresentado num determinado momento.

em cena TEAT Diz-se de espetáculo teatral que está sendo apresentado num determinado momento.

emenda 1 EDIT M.q. CORREÇÃO. **2** GRÁF Ato de corrigir no texto os erros apontados na revisão. **3** GRÁF Cada uma das correções assinaladas num texto ou numa prova por um revisor.

emendador EDIT GRÁF Que ou o que emenda.

êmico LING.EST Em tagmêmica, relativo à descrição e ao estudo das unidades linguísticas consideradas em termos físicos, sem correlação com sua função no sistema da língua. ▶ P.opos. a ÉTICO.

emissão 1 COMN Ato de emitir, colocar uma mensagem em circulação. **2** COMN LING SEMIO No esquema da comunicação, a ação de emitir a mensagem; ato ou efeito de produzir enunciados. **3** MÚS A produção do som.

emissor COMN LING Que ou o que faz a codificação da mensagem, no ato de comunicação, e transmite os sinais codificados ao receptor (em linguística, emissor e fonte se confundem); transmissor. ▶ O processo de comunicação é constituído pelos polos do emissor e do receptor; e, mais ainda, se a comunicação é regida por códigos, o emissor codifica a mensagem, enquanto o receptor a decodifica. Já que o processo comunicativo se origina no emissor, pode-se atribuir-lhe a responsabilidade pelos atos comunicativos, tanto no caso de o emissor ter intenção e vontade como quando acontece com aparelhos mecânicos. As teorias da comunicação de cunho estritamente semiótico tendem a desconsiderar o emissor: para elas, o que importa são os signos; mas é inegável que o emissor é um tema vital para os que se interessam pela totalidade do processo comunicativo. No seu célebre artigo sobre as funções da linguagem, Roman Jakobson (1896-1982) afirmou que uma das funções básicas da linguagem é a 'função emotiva'. Não é, portanto, à toa que as linguagens naturais valem-se de termos ditos embreantes (*shifters*), cuja significação precisa depende de contextos e que por isso, frequentemente, demandam que se estime na relação entretida com o emissor. Para um determinado emissor nascido no Japão, a expressão "eu sou japonês" é verdadeira, enquanto, para um falante americano, é falsa ou com um significado irônico ou metafórico. A informação comunicada pela função emotiva é adicional e complementar ao aspecto referencial da mensagem. Estudos que consideram o narrador na fabulação literária dão relevância ao emissor do texto e sua tipologia (cf. DIEGESE). Tudo o que se refira à performatividade da comunicação há de sempre atentar para a função, o papel e a dimensão do emissor. ▶ Cf. ATO DE FALA.

BIBLIOGRAFIA

JAKOBSON, Roman. *Linguística e comunicação*. São Paulo: Cultrix, 1974.

SHANNON, Claude; WEAVER, William. A teoria matemática da comunicação. In: COHN, Gabriel (org.). *Comunicação e indústria cultural*. São Paulo: Companhia Editora Nacional, 1975, p. 25-37.

emissora RÁD TV **1** Estação que transmite os sinais de rádio e de televisão; canal. **2** Empresa produtora e transmissora dos programas de rádio e de televisão.

emoção 1 Agitação de sentimentos; estado afetivo ou moral: comoção. **2** PSIC Reação orgânica de intensidade e duração variáveis, ger. acompanhada de alterações respiratórias, circulatórias etc. e de grande excitação mental.

INFORMAÇÕES GERAIS

Bem mais preciso do que a definição clássica de emoção como agitação psíquica e física é o vocabulário filosófico dos sXVI e XVII, em que o que chamamos de emoção era designado pela palavra paixão. O pensador britânico David Hume (1711-1776) acreditava que o fundamento possível da moral eram as paixões, o que, para ele, permitiria que se almejasse formular uma ética baseada na natureza humana. O conceito de emoção abarca estados psicológicos diversos, que vão do medo à alegria, da raiva à empatia. A emoção é, por sua própria natureza, reativa. Por isso, Hume categorizava as emoções como próximas da vividez das impressões e afastadas das ideias. A ideia é, frequentemente, tênue e a emoção, intensa. A emoção escapa do domínio da razão; assim, muitas crenças de fundo emotivo, como o sentimento de religiosidade, florescem a partir de argumentos claramente irracionais ou até mesmo absurdos. Dessa maneira, a política e a religião estruturam-se, confortavelmente, a partir de sentimentos fortes e extremos, tais como o medo e o rancor. Por serem acionadas tanto por acontecimentos como por representações (ou seja, tanto pelo pavor diante do que causará mal, como diante da ameaça de uma mensagem que prometa o mal), as emoções sublinham e fortificam representações, mensagens e discursos, que se tornam assim mais eficazes. A emoção é mais poderosa do que a razão, a tal ponto que a emotividade passional nos cega para situações contraditórias. A experiência emocional caracteriza-se por ser polimórfica e incluir sentimentos de aprovação e de rejeição, motivação e desacordo. Sentir emoção é atingir uma decisão moral e, por isso, as emoções fazem parte do arsenal argumentativo, como Aristóteles (384 a.C. - 322 a.C.) observou em sua *Retórica*. Além dos argumentos lógicos e da reputação de que um orador goza diante de sua audiência, resta a emoção (*pathos*) que pode ser despertada naqueles que ouvem um discurso. Um dos objetivos do livro II da *Retórica* de Aristóteles é demonstrar o papel da emoção na comunicação persuasiva. Compreender estados emocionais, como a calma, a raiva, a empatia (*philia*), o ódio, o medo, a confiança, a vergonha, a gentileza, a hostilidade, a inveja, a emulação, a impetuosidade juvenil, a cautela geriátrica, é um saber vital para a prática da oratória, pois é através das emoções que um discurso atinge sua força e plenitude.

BIBLIOGRAFIA

ARISTÓTELES. *Arte retórica e arte poética*. Rio de Janeiro: Ediouro, 1998.

HUME, David. *A treatise of human nature*. Harmondsworth: Penguin, 1969.

em off 1 CINE TEAT TV Fora das vistas (p.ex., dos espectadores). 2 JOR De maneira confidencial; secretamente. ▸ Cf. OFF-THE-RECORD.

empastar 1 ART.PLÁST Aplicar (tinta) em grande quantidade para produzir o efeito de empastamento. 2 ENC Prender pastas ao livro, colando os cordões da costura para encapá-lo.

empastelar GRÁF Misturar ou apresentar em desordem (tipos, títulos, linhas de composição), na composição, na montagem ou na paginação.

empírico 1 Relativo ao empirismo. 2 Baseado na experiência e na observação, metódicas ou não. ▸ P.opos. a CONCEPTUAL. 3 Profissional que alardeia qualidades ou conhecimentos de que carece; charlatão. ▸ Cf. EMPIRISMO.

empiriocriticismo FIL Doutrina, formulada pelo filósofo alemão Richard Avenarius (1843-1896) e defendida por Ernst Mach (1838-1916), que considera a experiência pura do conhecimento irredutível a modelos explicativos materialistas ou idealistas, por ser composta de elementos que precedem a distinção entre a realidade física e psíquica; empirocriticismo.

empirismo FIL LÓG Doutrina segundo a qual todo conhecimento provém unicamente da experiência, limitando-se ao que pode ser captado do mundo externo, pelos sentidos, ou do mundo subjetivo, pela introspecção, e sendo ger. descartadas as verdades reveladas e transcendentes do misticismo ou apriorísticas e inatas do racionalismo. ▸ Já que todas as filosofias ditas empiristas parecem dar a mesma resposta à questão do que justifica e define o conhecimento humano, muitas histórias das ideias filosóficas colocam numa única entrada autores de teses diversas e, por vezes, contraditórias. Francis Bacon (1561-1626), John Locke (1632-1704), George Berkeley (1685-1753) e David Hume (1711-1776) são considerados empiristas britânicos porque partem de uma ideia básica que diz ser a experiência o que origina, valida e justifica nossos conhecimentos e crenças. *Empeiría*, em grego, quer dizer experiência e o vocábulo grego *empeirikós* é, mais precisamente, alguém, como um médico, que depende de um conhecimento prático. Mesmo deixando de lado como as filosofias antigas concebiam o papel da experiência no conhecimento e na natureza, o princípio teórico empirista é vasto o suficiente para abarcar concepções de tal maneira distintas e diversificadas que talvez seja irremediavelmente equivocado designar a totalidade dos que se preocupam com o papel cognitivo da experiência como pensadores empiristas. Presumir que o empirismo seja uma única doutrina é outra imprecisão, pois pode-se notar claramente que há pensadores empiristas que centram seus esforços teóricos no entendimento da formação de conceitos a partir de observações empíricas, enquanto outros filósofos veem na experiência a fonte justificadora daquilo em que acreditamos. Em si mesmo, isso demonstraria que o empirismo se bifurca e parece estar lidando com dois objetos teóricos distintos: um, de cunho estritamente filosófico, que lida com a formação de conceitos, e outro, de alcance psicológico, que se dedica a pensar como os processos de introjeção e introspeção definem nossas convicções e crenças. Uma leitura das teses do empirista David Hume problematiza essa bifurcação do lógico e do psicológico. Após criticar o conhecimento indutivo, afirmando que não se pode, lógica e filosoficamente, saltar de observações passadas para a previsão certa do futuro, Hume postula que a indução baseia-se no hábito, nas crenças adquiridas. Em Hume, lógica e psicologia misturam-se subversivamente, a ponto de o filósofo escocês afirmar que a razão é escrava das paixões (cf. EMOÇÃO). Os empiristas que privilegiam os conceitos defendem a noção de que as abstrações se aplicam ao que é singular e empiricamente experimentado: o conceito de dor advém de dados sensoriais. Não é difícil perceber que o postulado exige que se explique a passagem da singularidade sensorial para a generalidade dos conceitos. Como justificar que sentenças aparentemente empíricas, pois originadas nas observações factuais, usem termos como *sempre* e *necessariamente*? Será que se pode dizer, com rigor, que frases do tipo "o veneno sempre mata" e "o dia segue-se necessariamente à noite" são empíricas? Nessas frase, *sempre* e *necessariamente* não são termos de observação. Vemos o veneno agir no envenado e o dia seguir-se à noite, mas não esbarramos em *sempre* e *necessariamente*, que são representações mentais e irredutíveis à experiência. Para o filósofo empiricista John Locke, representações mentais como *sempre* e *necessariamente* advêm diretamente não da singularidade das coisas, mas de uma habilidade semiótica, ou seja, daquilo que as palavras produzem. Locke, então, argumentou que os elementos lógicos do tipo 'sempre' e 'necessariamente' fomentam saberes puramente tautológicos, cujo remédio é raciocinar com aquilo que, de fato, experimentamos. É a partir dessa clivagem entre representação e experiência que a tradição empirista se irá desenvolver. Após inteirar-se da ênfase de Hume na relação entre impressões empíricas e ideias mentais que se combinam por similaridade e contiguidade, formando os nexos de causa e efeito, Immanuel Kant (1724-1894) argumentou que todo o conhecimento se fundamenta na experiência, mas não é redutível a ela, como é, por exemplo, o caso da matemática e seu pensamento sobre espaço e tempo que emergem do nosso instrumental cognitivo, portanto das condições formadoras do pensamento. O raciocínio humano é sempre um composto dos *a priori* do espaço e do tempo. Por isso não podemos pensar coisas fora do espaço e do tempo, mas podemos imaginar espaço e tempo sem coisas. O mentalismo dos empiristas conceituais também se espelha nos empiristas que enfatizam as crenças. Segundo tais pensadores, nossas crenças não devem ser consideradas como conhecimento, pois têm, de uma forma ou de outra, alguma validade cognitiva. Aquilo em que acreditamos está inevitavelmente ligado à experiência. Torna-se, apenas, necessário reconhecer o que valida uma crença: acreditar é sempre mais do que aceitar algo que vem da experiência. Aquilo em que acreditamos é realmente um saber *sobre* o que experimentamos. A perspectiva empirista, porém, não se limita a validar, por confirmação, o nexo entre ideia e fato empírico. A discrepância entre a generalidade das ideias e a singularidade da experiência permite conceber o método empírico como crítico e falsificacionista. Representações e experiências podem chocar-se impiedosamente, como o filósofo das ciências Karl Popper (1902-1994) observou. Uma hipótese não é confirmada absolutamente por maior que seja o conjunto de suas confirmações, mas basta uma instância que negue a hipótese para que ela seja falsificada. A aceitação acrítica de um confirmacionismo ingênuo é responsável por muito do que se passa por empirismo nos estudos da comunicação. ▸ Cf. BACON, FRANCIS; CONFIRMAÇÃO; ESTATÍSTICA.

BIBLIOGRAFIA

DELEUZE, Gilles. *Empirismo e subjetividade*. São Paulo: Editora 34, 2001.

HUME, David. *A treatise of human nature*. Harmonsworth: Penguin, 1969.

LOCKE, John. *Ensaio sobre o entendimento humano*. Lisboa: Calouste Gulbenkian, 2010.

POPPER, Karl. *A lógica da pesquisa científica*. São Paulo: Cultrix/Edusp, 1975.

empirocriticismo FIL M.q. EMPIRIOCRITICISMO.

emprego LING **1** Significação de um termo segundo o contexto em que se encontra. **2** Qualquer uso de uma palavra ou de um elemento gramatical na fala ou na escrita.

empurrar GRÁF Abrir os espaços além do normal, empurrando as palavras para frente ou para a linha seguinte.

em *stand-by* Em estado de espera, de suspensão.

emulador INF **1** Diz-se de ou sistema de computação equipado para emular outro sistema. **2** Diz-se de *hardware* (ou *software*) que permite a um programa de computador ser executado em outro computador, ger. de geração mais nova.

INFORMAÇÕES GERAIS

Frequentemente, o emulador é um programa que cria o ambiente para outros programas funcionarem. É o caso de emuladores que permitem que se jogue *video games* dentro deles ou o caso da criação de ambientes de terminal para quem precisa trabalhar com um MAINFRAME. O objetivo de um emulador é diferente do simulador, que se limita a reproduzir um *software* ou um *hardware*.

emular INF Fazer (um dispositivo ou programa) reproduzir fielmente as funções de (outro dispositivo ou programa), de modo a permitir a utilização do primeiro no lugar do segundo.

encabeçamento GRÁF M.q. CABEÇÃO.

encabeçar **1** M.COM Criar o título ou parte inicial de (mensagem escrita). **2** ENC Colar cabeçada em.

encadeamento **1** LIT M.q. ENJAMBEMENT. **2** MÚS Sequência lógica de acordes.

encadernação ENC Operação que consiste em revestir com capa dura (ger. de papelão, coberta por couro, alcalina ou plástico) as folhas e cadernos que compõem um livro, após terem sido colados os seus dorsos, unindo-os, e costuradas ou grampeadas entre si as folhas ou cadernos.

encadernação de meio-couro ENC M.q. MEIA-ENCADERNAÇÃO.

encadernação de meio-pano ENC M.q. MEIA-ENCADERNAÇÃO.

encadernação editorial ENC Aquela produzida por um editor para publicações seriadas.

encadernação inteira ENC Aquela que recobre todo o exemplar com o mesmo material; inteira.

encalhe M.COM Conjunto de exemplares ou produtos que não conseguiram venda.

encarte GRÁF **1** Operação de inserir (em uma publicação) uma revista, um folheto etc., ger. de cor ou de aspecto gráfico diferente, que constitui uma separata de matérias especiais ou puramente publicitárias. **2** Conjunto assim constituído; inserto.

encarteladora GRÁF MKT PUB Que ou o que embala em cartela.

encasado GRÁF Caderno inserido em outro para completar determinado conjunto de páginas.

encasar GRÁF **1** Pôr (caderno) dentro de outro para completar o número de páginas, no fechamento de livro ou revista. **2** Inserir (folhas impressas ou dobradas) em outras; intercalar.

encenação **1** Ato ou efeito de encenar. **2** TEAT Espetáculo teatral; montagem, representação. **3** TEAT Conjunto de providências técnicas e artísticas para a realização de um espetáculo; montagem. **4** TEAT Trabalho desenvolvido pelo diretor teatral; direção teatral.

encenador TEAT M.q. DIRETOR.

encenar TEAT **1** Pôr em cena; preparar a infraestrutura necessária para levar à cena (um espetáculo, esp. teatral); montar. **2** Dirigir (espetáculo), esp. teatral. **3** Exibir em teatro; representar.

encerramento **1** JOR Momento final de uma reportagem, quando o repórter se identifica, dizendo o nome, onde está e para que programa está apresentando a notícia. **2** RÁD TV Apresentação das mensagens finais que indicam o término de determinado programa de rádio ou TV, ger. padronizada, contendo vinhetas de identificação do programa e nomes dos profissionais diretamente envolvidos (atores, apresentadores, equipe técnica, produtores, diretores).

encher a cena TEAT Representar de maneira brilhante, excepcional.

enciclopédia **1** Conjunto de todos os conhecimentos humanos **2** BIBL EDIT Obra que reúne todos os conhecimentos humanos ou apenas um domínio deles e que o expõe de maneira ordenada, metódica, seguindo um critério de apresentação alfabético ou temático. **3** BIBL EDIT Obra que reúne considerável soma de conhecimentos.

INFORMAÇÕES GERAIS

É difícil estabelecer clara e definitivamente a distinção entre enciclopédia e dicionário. Não basta dizer que o dicionário é uma representação estritamente linguística e a enciclopédia compõe-se de representações culturais de cunho mais amplo. Ainda que isso seja de alguma forma verdade, não se trata de tudo. Em sua nominata, a enciclopédia descreve propriedades sintéticas e não apenas analíticas, pois abarca a experiência técnica, conceitual e prática que está além das palavras (cf. ANALÍTICO E SINTÉTICO). O saber completo de 'abacaxi' seria tanto "um problema, algo intrincado" como "uma planta terrestre (*Ananas cosmosus*), da fam. das bromeliáceas, nativa do Brasil etc.". A rigor, em um dicionário podem-se encontrar os dois conteúdos cognitivos. A distinção contextual talvez seja a melhor maneira de estabelecer os limites do conhecimento dicionarizável e do enciclopedizável. Se houver, na publicação, a necessidade de apresentar a derivação figurada de uma palavra, como os dicionários devem fazer, não há como deixar escapar o registro de que, em português, *abacaxi* é também 'problema intrincado', mas só a rubrica enciclopédica 'angiosperma' abriga a qualificação de *Ananas cosmosus*. Não haverá lugar, numa enciclopédia, para a derivação figurada de 'abacaxi' como "problema intrincado", mas na entrada enciclopédica "angiosperma" provavelmente se encontrarão explicações reflexivas sobre a fruta brasileira, da fam. das bromeliáceas. O que importa no discurso enciclopédico é menos a palavra em si e mais a moldura conceitual e cognitiva que enquadra um saber determinado. A enciclopédia é uma moldura de outra moldura, que é a linguagem ordinária. O que for parte da moldura da linguagem ordinária (seja um significado comum ou especializado) terá lugar no dicionário, enquanto a enciclopédia se define por um registro de segunda ordem, uma moldura específica, que abarca saberes especializados que transcendem e não se restringem ao senso comum. Cf. DICIONÁRIO; ENCYCLOPÉDIE.

BIBLIOGRAFIA

PETIÖF, S. J. Lexicology, enciclopaedic knowledge, theory of texts. In *Cahiers de lexicologie*, n. 25, p. 126-42, 1976.

encriptar INF M.q. CRIPTOGRAFAR.

enculturação ANTRPOL M.COM Efeito do processo de condicionamento cultural consciente ou inconsciente por meio do qual um indivíduo adquire as condições de participação em um grupo social. ▶ O conceito de enculturação é sinônimo de 'socialização' e de 'internalização da cultura' formulado por antropólogos culturais. Ruth Benedict (1887-1948), Alfred L. Kroeber (1876-1960) e Margaret Mead (1901-1978), através do processo de enculturação, tentaram explicar a maneira pela qual um ator social torna-se membro ativo e integrante de seu grupo. Ao contrário do processo de aculturação, que significa perda, a enculturação é a aquisição de conteúdos e práticas culturais. Como um diálogo entre o indivíduo que assimila as tradições de seu grupo e o grupo que as transmite para seus participantes, a ideia de enculturação é tanto antropológica como comunicacional, sendo, portanto, verificável em sociedades onde a presença da mídia é considerada avassaladora. ▶ Cf. ACULTURAÇÃO; ÉTHOS ('personalidade de base').

BIBLIOGRAFIA

MEAD, Margaret. *Sexo e temperamento*. São Paulo: Perspectiva, 2000.

___________. *Coming of age in Samoa: a psychological study or primitive youth for western civilization*. New York: Harper, 2001.

enculturar ANTRPOL Socializar-se, internalizando a própria cultura.

Encyclopédie [fr.] BIBL Abrev., em francês, do título completo (*Enciclopédia ou dicionário descritivo das ciências, das artes e dos ofícios*) da obra maior do iluminismo francês do sXVIII, editada pelo matemático, músico, filósofo e cientista Jean-Baptiste le Rond d'Alembert (1717-1783) e pelo filósofo, escritor e crítico de arte Denis Diderot (1713-1784). ▶ Após anunciar a sua publicação em 1747, o editor parisiense André Le Breton (1708-1779) lançou, durante os anos 1751 a 1772, a obra majestosa do saber iluminista, a *Encyclopédie*, que viria a ser composta de 35 volumes, com 71.818 artigos, ilustrados por 3.129 gravuras. Elaborada sob a supervisão de D'Alembert e Diderot, com uma equipe de 272 colaboradores, a obra foi um sucesso editoral inegável, tendo sido reeditada cinco vezes, com revisões e suplementos, antes de 1789. Para realizar o objetivo ambicioso de coligir todo o saber historicamente disponível, d'Alembert e Diderot arregimentaram a colaboração de alguns dos pensadores mais importantes da época: Voltaire (1694-1778), Helvétius (1715-1771), Rousseau (1712-1778), Montesquieu (1689-1755) entre outros, de todos os ramos do saber, da economia, das ciências naturais, clérigos, teólogos, sem discriminar ou segregar as artes liberais das artes mecânicas e do comércio. Apresentada sob a forma bibliológica de um dicionário, a *Encyclopédie* inovava ao reconhecer o valor do saber especializado. Filosoficamente, a *Encyclopédie* materializa, em sua estrutura organizativa, uma defesa do saber experimental sobre a natureza. O objetivo, segundo o editor-chefe, Diderot, era ensinar ao público leigo uma nova maneira de pensar. Sua influência na formação e na disseminação do pensamento moderno é incalculável. Cf. DICIONÁRIO; ENCICLOPÉDIA.

BIBLIOGRAFIA

BLOM, Philip. *Enlightening the world: Encyclopédie, the book that changed the world*. New York: Palgrave MacMillan, 2005.

endel INF Abrev. de *endereço eletrônico*. ▶ Cf. ENDEREÇAMENTO.

endentação GRÁF Deslocamento do texto a partir da margem esquerda; recuo de alinhamento.

endereçamento INF Ato ou efeito de endereçar ou identificar um registro ou posição de memória por meio de um endereço.

endereçar 1 Pôr endereço em; sobrescritar. 2 INF Atribuir endereço, identificar (registro, posição, dispositivo de memória).

endereço INF Número ou nome que identifica inconfundivelmente um registro, uma posição ou um dispositivo de memória.

endoculturação ANTRPOL Estágio no processo de socialização de um indivíduo, que se dá por meio da transmissão, por parte dos mais velhos, de hábitos, valores e práticas culturais aos mais jovens de um grupo social, considerado o primeiro estágio da ENCULTURAÇÃO.

endomarketing [ing.] MKT 1 Técnica de administração que aplica planejamento mercadológico ao funcionamento de uma organização, com o objetivo de motivar, estimular ou entusiasmar, de modo consciente e não apenas ocasional, os que participam de uma determinada empresa; *marketing* interno. 2 Trabalho mercadológico que visa atingir a totalidade daqueles (público interno e público externo) que participam ou influem na atividade de uma empresa.

e-newsletter [ing.] INF MKT Boletim informativo periódico que dissemina, eletronicamente, informações jornalísticas ou institucionais a respeito de uma empresa ou atividade econômica.

ênfase 1 COMN Ânimo ou entusiasmo excessivo na fala e/ou no gesto. 2 GRÁF Destaque visual (itálico, negrito, varsalete etc.), realce marcante ou ostensivo de um material impresso. 3 LING Recurso linguístico para realçar enunciados em geral (pode ser lexical, sintático ou fonológico).

enforcar GRÁF 1 Começar (página) com o final de um período iniciado na página anterior. 2 Separar (linha) do conjunto a que pertence.

eng [ing.] INF JOR RÁD TV Qualquer recurso, dispositivo ou agente (humano ou mecanizado) que participe e auxilie na coleta de informação jornalística. ▸ Sigla de *electronic news gathering* (coleta eletrônica de notícias).

engasgue GRÁF Problema na paginação de um texto que ocorre, p.ex., quando uma linha é enforcada.

engatado GRÁF Com muitos erros, gatos (diz-se de texto composto).

engatar GRÁF Encher (composição de textos) de gatos, erros.

Engels, Friedrich (Bremen, Prússia 1820 - Londres, Inglaterra 1895) Criador, com Karl Marx (1818-1883), do materialismo histórico, formulador teórico da doutrina comunista, pensador socialista, cientista social e político e filósofo alemão. ▸ A comparação de Marx e Engels é uma tentação inevitável. No outono de 1842, quando editava a *Rheinische Zeitung* (A Gazeta Renana), Marx recebeu, nos escritórios do jornal, a visita de Engels. Quase dois anos mais novo que Marx, Engels era filho de uma família de industriais abastados. Durante esse período de sua vida, Engels trabalhava nas fábricas de manufaturas têxteis do pai, em Manchester, Inglaterra, apesar de já ter abraçado os ideais socialistas, após a leitura dos livros de Moses Hess (1812-1875). A bonomia e a jovialidade de Engels complementavam o rigor profético e feroz de Marx. Teoricamente, Engels trazia para Marx um entendimento crítico da economia política burguesa de Adam Smith (1723-1790), David Ricardo (1772-1823), entre outros pensadores econômicos da época. A proximidade dos operários da fábrica de sua família revelara, para Engels, o potencial destrutivo do capitalismo industrial. Em 1845, Engels publicou um trabalho sobre a situação da classe operária na Inglaterra em que anunciava o papel revolucionário do proletariado na sociedade moderna: por experiência própria, Engels sabia do futuro sombrio do capitalismo industrial. Durante o período de 1845 a 1850, Marx e Engels colaboraram intensamente. Engels rompeu com a família e dedicou-se à causa socialista, escrevendo com Marx a obra-prima de agitação e pensamento político, o *Manifesto do Partido Comunista* de 1848. Em 1850, de volta a Manchester, retomou o trabalho na fábrica do pai, ali permanecendo pelos próximos 20 anos, ajudando Marx economicamente. Aposentado, Engels dedicou-se a divulgar o pensamento marxista, participando intensamente do trabalho político do movimento socialista de sua época. Nesse período, Engels elaborou uma teoria marxista da natureza, escreveu sobre as distinções entre o socialismo utópico e científico e publicou um livro influente sobre a origem da família, da propriedade privada e do Estado. Marx morreu em 1883 e Engels dedicou-se, generosamente, tanto a organizar a obra dispersa e incompleta *O capital* como a divulgar o pensamento do amigo e colaborador. Ainda que o pensamento materialista e dialético seja hoje sinônimo da obra de Marx, até meados da década de 1910, Engels foi a força principal de divulgação e disseminação do pensamento socialista, que veio a ser o marxismo.

BIBLIOGRAFIA

HUNT, Tristram. *Marx's general: the revolutionary life of Friedrich Engels*. New York: Holt, 2010.

WILSON, Edmund. *Rumo à Estação Finlândia*. São Paulo: Companhia das Letras, 2006.

engenheiro de som ACS ELETR ELETRÔN M.COM Profissional responsável pelo uso, aplicação ou instalação de aparelhos e equipamentos eletracústicos em cinemas, teatros, casas de espetáculos, estúdios etc.; diretor de som, operador de som, sonoplasta.

engrampar GRÁF M.q. GRAMPEAR (prender).

enigma COMN 1 Texto ou parte dele, frase ou discurso cujo sentido seja incompreensível ou ambíguo. 2 Qualquer mensagem de difícil explicação ou entendimento.

enigma codificado COMN Parte de uma mensagem ou de uma narrativa que exige interpretação elaborada por parte da audiência ou do receptor; interpretação codificada.

enigmista 1 Que ou quem propõe ou decifra enigma(s). 2 COMN Que ou quem se comunica por enigma(s).

enjambement [fr.] LIT Partição de uma frase no final de um verso ou de uma estrofe, sem respeitar as fronteiras dos sintagmas, colocando um termo do sintagma no verso anterior e o restante no verso seguinte; debordamento, cavalgamento, encadeamento, quebra de verso, transbordamento. ▸ Cria um efeito de coesão entre os versos, pois aquele onde começa o *enjambement* não pode ser lido com a habitual pausa descendente no final, e sim com entonação ascendente, que indica continuação da frase, e com pausa mais curta ou sem pausa, como as estrofes camonianas de "Babel e Sião": "Não é logo a saudade/Das terras onde nasceu/A carne, mas é do Céu/ Daquela santa Cidade/Donde esta alma descendeu". No *enjambement*, a linha não para, é apenas uma pausa rítmica, que se recusa a obedecer à sugestão de término.

enlatado M.COM Diz-se (pejorativamente) de ou filme produzido em escala industrial, de conteúdo facilmente assimilável pelo grande público e pronto para veiculação, ger. fornecido aos lotes e a baixo custo, esp. para emissoras de televisão; filme enlatado. ▸ Cf. INDÚSTRIA CULTURAL.

enquadramento 1 CINE FOT TV Ato ou efeito de delimitar a imagem. 2 CINE FOT TV Colocação do motivo em relação ao quadro do visor de um aparelho fotográfico ou cinematográfico. 3 GRÁF Numa prova gráfica, determinação das dimensões e da escala de reprodução de um documento qualquer. 4 GRÁF M.q. CERCADURA ('elemento').

enquete 1 Pesquisa de opinião sobre uma questão qualquer, que envolve documentos, depoimentos, experiências pessoais; sondagem, referendo. 2 M.COM Coleta diversificada de opiniões sobre um assunto, tema ou fato específico com o propósito de publicação em jornal, rádio, televisão ou outro veículo de comunicação.

enredo M.COM 1 Sucessão de acontecimentos que constituem a ação de uma peça literária (conto, romance, história etc.) ou de um produto de comunicação de massa (filme, telenovela, radionovela etc.). 2 Episódio complexo, confuso; mistério, segredo. 3 Informação falsa ou controvertida; mentira.

enroladeira PAP M.q. REBOBINADEIRA.

ensaiador 1 CINE MÚS RÁD TEAT TV Que ou quem ensaia. 2 TEAT Que ou quem comanda ensaio.

ensaio 1 CINE MÚS TEAT TV Em qualquer espetáculo (teatro, balé, música etc.), montagem experimental, a portas fechadas, que vale como sessão preparatória à estreia para o público. 2 CINE RÁD TV Última passagem de texto e de marcação de posições que antecede a tomada definitiva ou a transmissão de cena de filmes, telenovelas e programas de rádio. 3 LIT Prosa livre que versa sobre um tema específico, sem esgotá-lo, reunindo dissertações menores, menos definitivas que um tratado formal feito em profundidade.
ensaio fotográfico FOT Conjunto de imagens fotográficas de um só autor, ou de vários, sobre o mesmo assunto.
ensaísta LIT Diz-se de ou autor de ensaio literário.
ensarrafar TEAT Reunir e pregar (sarrafos) para montar estrutura de cenário.
enterrar TEAT Festejar o espetáculo final, ger. deturpando o texto de (peça).
entimema 1 LÓG RET Na lógica aristotélica, silogismo formulado apenas em função de seu efeito retórico, carente de rigor formal, por elidir premissas consabidas, ou de rigor teórico, por utilizar argumentos apenas prováveis. ▸ Cf. SILOGISMO; EPIQUIREMA. 2 LÓG Silogismo em que falta ou está subentendida uma premissa, tal como ocorre com freq. no discurso cotidiano, que suprime as asserções pressupostas pelos interlocutores.

INFORMAÇÕES GERAIS

O entimema depende de premissas subentendidas, como é o caso de "Pedro está com febre, logo está doente", pois elide "todos os que têm febre estão doentes"; ou então, no caso de um anúncio para computadores que sugira "pense de maneira diferente, pense Apple", sendo que a premissa oculta seria "Apple é diferente". Para Aristóteles (384 a.C.-322 a.C.), o entimema é um tipo especial de silogismo que faz parte da dialética, portanto do estudo e da arte da argumentação. O entimema distingue-se do silogismo mais pelo tipo de argumento que utiliza do que por procedimentos formais de raciocínio. Quando um silogismo acontece numa peça de oratória, Aristóteles chama-o de entimema, da mesma maneira que renomeia 'indução' como 'exemplo'. O propósito é apontar a diferença na qualidade lógica do pensamento analítico (próprio da lógica formal) e do dialético (que faz parte da oratória). A dialética, que explica a retórica e a oratória, tem por propósito estudar a maneira pela qual se produz um argumento que seja compreendido imediatamente e sem o requisito de um raciocínio mais complexo. A audiência de discursos retóricos é composta por pessoas comuns, que não mostram maior capacidade de entendimento lógico; logo seus padrões de compreensão podem perfeitamente ser satisfeitos por encadeamentos de raciocínios baseados na probabilidade e na verossimilhança. Não é certamente qualquer opinião que fundamenta, de modo apropriado, um silogismo retórico, mas aquela que seja a representação de um valor sustentado pela grande maioria da comunidade para a qual a mensagem se dirija ou por pessoas com autoridade pública reconhecida; por isso os anúncios da Apple eram ilustrados com fotos e filmes de pessoas consagradas como originais e criativas: Albert Einstein, Bob Dylan, Martin Luther King, John Lennon e Yoko Ono, Alfred Hitchcock etc. É razoável presumir que os gênios, assim como as pessoas do anúncio da Apple, pensem diferente. Não importa, por isso, que o argumento seja composto de verdades fixas e imutáveis. Basta, nesse caso, que uma premissa seja considerada verdadeira na maioria das vezes ou na maior parte dos casos. Se a lógica formal depende de o quantificador 'todos' adquirir sua força demonstrativa, a quantificação 'quase todos, na maioria das instâncias' é retoricamente eficaz, ainda que sua eficácia dependa do grau de extensividade dessa quantificação. O entimema encadeia premissas possíveis para produzir uma conclusão também possível. A força do entimema é certamente menor que a do silogismo, mas não há como negar a proximidade de ambos: a força do entimema depende da força do quantificador 'na maioria dos casos', que se trata de uma versão atenuada, mas próxima, do quantificador 'todos', que confere valor de verdade ao silogismo.

BIBLIOGRAFIA

BARNES, Jonathan (ed.). *The complete works of Aristotle*. Princeton: Princeton University Press, 1984. v. 1-2.

entintamento GRÁF Ato ou efeito de entintar; atintamento, tintagem.
entintar GRÁF Aumentar quantidade de tinta de (máquina impressora); tintar.
entoar MÚS 1 Cantar, seguindo as indicações de tom, ritmo, dinâmica etc. 2 Interpretar cantando.
entrada 1 Bilhete ou similar que permite acesso a uma sala de espetáculos. 2 BIBL Registro descritivo (p.ex., em um índice, catálogo de cartões) de documento, objeto etc. 3 BIBL O documento assim registrado. 4 ELETR Energia ou sinal com que se alimenta um aparelho elétrico ou eletrônico; *input*. 5 ELETR Cada um dos sinais aos quais se aplica a energia ou o sinal. 6 GRÁF Espaço em branco deixado no início da primeira linha de um parágrafo; claro de entrada, recolhido, recuo. 7 GRÁF Espaço deixado em branco no início de todas as linhas de um bloco de composição (p.ex., na abertura de um texto ou em citações); recolhido, recuo. 8 GRÁF Em aberturas de capítulo, espaço em branco deixado no alto da página; claro de abertura. ▸ As entradas de capítulo têm ger. de um sexto a um quarto da altura da página. 9 GRÁF Cada uma das páginas no início de uma publicação, ger. numeradas com algarismos romanos, que contêm elementos pré-textuais. 10 INF Cada uma das diversas opções de um menu. 11 INF A recepção de dados num sistema informático para processamento. 12 INF Conjunto de dados assim fornecidos ao sistema. 13 INF Equipamento, processo ou canal que participa de uma transferência de dados. 14 LING Conjunto de informações estruturais de um item lexical. 15 MÚS Início pronto e decidido de uma interpretação vocal ou instrumental; ataque. 16 MÚS Numa fuga, apresentação do tema.
entrada composta BIBL DOC Registro composto de duas ou mais palavras (p.ex., 'ensaio fotográfico').
entrada de máquina GRÁF Cada uma das inserções da película que serve de matriz para impressão gráfica.
entrada em máquina GRÁF Ato de inserir matriz numa máquina impressora para produzir tiragem gráfica.
entrada simples BIBL DOC Registro composto de uma só palavra (p.ex., 'entoar', 'entrada').
entreato 1 TEAT Intervalo entre dois atos consecutivos de uma representação teatral, musical ou de qualquer espetáculo; entrecena, interlúdio, *intermezzo*. 2 TEAT MÚS Pequena representação dramática ou musical apresentada nesse intervalo.
entrecena TEAT M.q. ENTREATO ('intervalo').

entrefilete 1 ENC Espaço entre dois filetes na lombada de um livro. 2 JOR Pequena matéria jornalística (nota, notícia, tópico, chamada etc.) destacada das demais por meio de fios.

entrefolha GRÁF 1 Folha de papel para anotações, comentários ou acréscimos, intercalada entre duas folhas de um livro. 2 M.q. INTERCALAÇÃO ('folha').

entrelinha 1 Espaço entre duas linhas. 2 GRÁF Espaço entre as linhas de um texto; branco. 3 MÚS M.q. ESPAÇO.

entrelinhar 1 Escrever em entrelinhas ou colocar entrelinhas em. 2 Traduzir, comentar (texto) ou pôr notas nas entrelinhas de. 3 GRÁF Aumentar os claros que separam linhas de (composição) com entrelinhas de metal; abrir, faiar.

entrenervo ENC Espaço entre dois nervos, na lombada de um livro; casa, casela.

entretalhadura M.q. RECORTE ('objeto artístico').

entretenimento 1 Ato ou efeito de entreter(-se), distrair(-se). 2 Aquilo que distrai; distração, divertimento. 3 M.COM Maneira pela qual se caracteriza um ramo da cultura de massa cuja função e objetivo primário são divertir e distrair a audiência.

entretítulo JOR 1 Cada um dos títulos que introduzem os diversos blocos em que é dividida uma matéria jornalística extensa. 2 Trecho breve inserido, entre parênteses, no meio do título de uma matéria jornalística; intertítulo. ▸ O entretítulo é composto em caracteres menores que aqueles us. no título. Cf. SOBRETÍTULO.

entrevista M.COM JOR 1 Coleta de declarações tomadas por jornalista(s) para divulgação através dos meios de comunicação. 2 Conjunto das declarações assim coligidas.

entrevista coletiva JOR M.COM Entrevista dada para jornalistas de vários veículos de comunicação; conferência de imprensa. ▸ Tb. se diz apenas *coletiva*.

entrevista exclusiva JOR M.COM Entrevista dada com exclusividade para um repórter ou um veículo de comunicação.

entropia 1 BIO Medida da variação ou desordem em um sistema. 2 COMN Medida da desordem ou da imprevisibilidade da informação. ▸ Em teoria da comunicação, o conceito de entropia, considerado a segunda lei da termodinâmica, foi usado para explicar a tensão que existe entre ordem e desordem comunicacional. À medida que as mensagens são transmitidas, a ordem inicial que permitiu sua construção é afetada pelos atos e trocas comunicacionais entre indivíduos. A desordem instaura-se a partir de erros, ambiguidades, desconhecimento ou conhecimento parcial da ordem originária. Trata-se de uma tendência semelhante à dispersão de energia verificada nos sistemas físicos. Se a ordem que caracteriza um código comunicacional estabelece graus diferentes de probabilidade de ocorrência e de construção de uma mensagem, então haverá uma deterioração natural produtora de equiprobabilidade, desordem e imprevisibilidade. Para os que fazem objeção a essa analogia, como Colin Cherry (1914-1979), a relação entre entropia e comunicação é inaceitável: os estados físicos são incomparáveis aos estados comunicacionais. O conceito de entropia seria útil para lidar com a probabilidade estatística de gases, em que um número imenso de partículas se agrupa com movimentos súbitos e bruscos. Os sistemas comunicacionais, por outro lado, emergem de um número restrito de elementos que se combinam por meio de regras estáveis. O que acontece na comunicação é uma desordem e uma imprevisibilidade de outro tipo, pois ocorre num canal de comunicação e não num canal de observação como são os estados da natureza. ▸ Cf. ENTROPOLOGIA; INFORMAÇÃO. 3 FÍS Num sistema termodinâmico bem definido e reversível, função de estado cuja variação infinitesimal é igual à razão entre o calor infinitesimal trocado com o meio externo e a temperatura absoluta do sistema. ▸ Símb.: *S*. 4 FÍS Num sistema físico, a medida da energia não disponível para a realização de trabalho.

BIBLIOGRAFIA

CHERRY, Colin. *On human communication*. Cambridge: The MIT Press, 1966.

entropologia ANTRPOL COMN Neologismo crítico, criado pelo etnólogo Claude Lévi-Strauss (1908-2009) para designar um campo potencial de estudos que trataria da desorganização da informação que se verifica nas trocas de mensagens intraculturais ou interculturais. ▸ No fim de *Tristes trópicos*, Lévi-Strauss observa que, por meio das trocas comunicacionais, um nivelamento ocorre dentro dos elementos comunicados, levando a uma equivalência entrópica. Os estilos artísticos mesclam-se, as palavras tendem a perder seus contornos definitivos originais, o que é um sintoma de desorganização dos códigos que formavam a ordem social originária. Oscilando de um pessimismo crônico à resignação diante de um mundo que idealizara e desejara conhecer e que desaparecia diante de seus olhos, Lévi-Strauss imagina uma disciplina que seja o oposto da antropologia e sua preocupação com sociedades organizadas: "mais do que uma antropologia, teria que se escrever 'entropologia', nome da disciplina dedicada a estudar em suas mais elevadas manifestações esse processo de desintegração". Consistente com sua desconsideração sistemática do progresso e da história, Lévi-Strauss reconhece que, se o conhecimento progride, há de ser por meio da coalização de grupos, os quais perdem sua identidade e experimentam uma perda cultural entrópica. A experiência do trabalho antropológico de campo e a visão relativizadora que daí se segue são um dobre fúnebre. Ao contrário de ser um alargamento de horizonte, compreender o outro e seu grupo é perder a intensidade de sua própria experiência social: o que parecia determinado e inevitável se esvai. ▸ Cf. ETNOCENTRISMO; ENTROPIA; ESTRUTURA.

BIBLIOGRAFIA

LÉVI-STRAUSS, Claude. *Tristes trópicos*. São Paulo: Companhia das Letras, 1996.
MANGLIER, Patrick. A bicicleta de Lévi-Strauss. *Cadernos de Campo*, n. 17, p. 275-92, 2008.

entry level [ing.] INF Diz-se de ou nível inicial de configuração de um computador fabricado em linha de montagem com baixa capacidade de processamento de dados.

enumeração 1 RET Revisão de todas as maneiras, circunstâncias, partes etc. de um fato; aparitmese. 2 Recapitulação, imediatamente antes da conclusão de um discurso, em que o orador recorda todas as provas apresentadas na argumentação.

enumeração simples FIL LÓG M.q. INDUÇÃO ENUMERATIVA.

enunciação COMN FIL LING SEMIO Ato individual de utilização da língua ou qualquer outro sistema de signos por seu usuário, ao produzir um enunciado num dado contexto comunicativo. ▸ As sugestões metodológicas feitas por Ferdinand de Saussure (1857-1913) e registradas nas notas de suas aulas, que vieram a compor o *Curso de linguística geral*, criaram um clima de desinteresse generalizado pelas questões do enunciado entre os linguistas pós-saussurianos. Para Saussure, se os estudos da linguagem aspiram a um estatuto científico, eles devem identificar seu objeto sem ambiguidade. É bem verdade que a experiência vivida pelos usuários da linguagem é múltipla e imprecisa e que a produção de enunciados linguísticos incorpora dimensões que não se limitam aos enunciados produzidos, já que a comunicação por meio da linguagem é tanto um ato social como individual; mas essa complexidade não favorece o estudo estritamente científico da linguagem. Para que a linguística se efetive e floresça como ciência, é preciso que se abandone o universo da fala. Em linguística, o que importa é a língua como sistema de regras abstratas e reconhecíveis nos atos de comunicação. A língua antecede a fala de tal maneira que a fala nada tem a contribuir para o objeto real dos estudos linguísticos. Mesmo quando um linguista, como Émile Benveniste (1902-1976), reconhece o entrecruzamento incessante de língua e fala, o que se verifica é a recomendação de que a linguagem deva ser tratada a partir do reconhecimento de seus níveis diferenciados: uma coisa seria estudar o sistema de signos, sua ordem classificatória e combinatória que segue regras fixas e outra seria ver a linguagem como instrumento comunicacional, como manifestação de um discurso materializado como um ato vivido de comunicação. O que o falante individual faz é utilizar-se do sistema abstrato de regras disponível numa comunidade que se comunica. É a partir desse sistema *a priori* que os atos de criação linguística se verificam. Porque a fala é um aspecto criativo da experiência linguística, ela acaba sendo naturalmente confusa, vaga demais para poder ser o objeto das ciências da linguagem. A escolha pelo universo da língua é uma escolha estritamente metodológica da linguística moderna, mas isso não quer dizer que nela inexista o que se chama de enunciação. A linguagem tem elementos que indicam se referem a situações reais e definidas do discurso (cf. DÍXIS), mas a enunciação pertenceria, de direito, a outro campo de estudos, ao estudo do desempenho dos falantes, da subjetividade, da comunicação propriamente dita. O filósofo J. L. Austin (1911-1960) observou que, na linguagem ordinária, existem dois tipos de enunciados: um constativo, que deve ser considerado por sua descritividade factual, e outro que ele chama de performativo. A sentença "João virá hoje" é constativa, mas aquela que diz "Juro que [João virá hoje]" é performativa e só tem sentido em relação aos propósitos da pessoa que faz esse juramento. Na segunda frase, os colchetes separam e marcam a ação realizada pelo falante, singularizando outro registro, distinto da sentença que afirma a verdade factual da vinda de João hoje. O desempenho dos indivíduos que se comunicam não é tratado pela linguística, pois se constitui, segundo John R. Searle (1932-), por meio de fatores não linguísticos, tais como intencionalidade e performatividade. Frequentemente, dizer é mais do que enunciar uma descrição; mas trata-se, por vezes, de fazer uma promessa.

BIBLIOGRAFIA

AUSTIN, J. L. *Philosophical papers*. Oxford: Oxford University Press, 1979.

BENVENISTE, Émile. *Problèmes de linguistique générale*. Paris: Galimard, 1966.

SAUSSURE, Ferdinand de. *Curso de linguística geral*. São Paulo: Cultrix, 2006.

SEARLE, J. R. *Os actos de fala*. Coimbra: Alhambra, 1984.

enunciado 1 Exposição sumária de uma asserção a ser definida, explicada ou demonstrada. 2 COMN LING SEMIO Frase ou parte de um discurso (oral ou escrito) em associação com o contexto em que é enunciado. 3 LING Segmento da cadeia falada produzida por um falante numa determinada língua que é delimitado por certas marcas formais: de entonação, de silêncios (expressão oral), de pontuação (expressão escrita). ▸ Mesmo que o conjunto dos enunciados constitua o CORPUS utilizado para a descrição de uma língua, a relação entre as regras produtoras de um discurso e o discurso propriamente dito é considerada problemática desde a formulação da linguística estrutural de Ferdinand de Saussure (1857-1913). A prescrição de Saussure era clara e definitiva: o objeto da linguística só poderia ser o sistema abstrato de regras usado pelo falante. A linguística deve ocupar-se da língua e não dos atos de discurso, que se mostram excessivamente complexos para a atividade dos linguistas. O enunciado é um ato individual e sociológico, não sendo facilmente reduzido à língua. E, principalmente, a sequência falada, que caracteriza o enunciado, é ao mesmo tempo parte da língua e da fala. Ainda que por vezes identificado com a ideia de frase, se o enunciado resulta da interação entre falantes, ele pode perfeitamente não atender às exigências do que constitui uma frase completa com sujeito, verbo e predicado. Em resposta a uma pergunta como: "você vai jantar hoje?", a resposta "ora", em tom exclamativo, é um enunciado. O *dictum* é o conteúdo de um enunciado, ainda que se use, imprecisamente, a expressão 'enunciado' como sinônimo de conteúdo de uma frase. Frequentemente, a expressão 'análise de enunciados' significa 'análise de discurso', o que remete à dimensão individual do discurso, que recebe o nome de enunciação. O enunciante gera um discurso, enquanto enunciado é aquilo que se produz em termos estritamente linguísticos. ▸ Cf. ENUNCIAÇÃO.

enviado especial JOR M.q. CORRESPONDENTE.

environment [ing.] INF Grupo ou rede de máquinas, processadores, *softwares* etc. conectados, que produzem soluções variadas para problemas e sistemas informatizados.

enxugar JOR Depurar (texto jornalístico) com o propósito de prepará-lo melhor para publicação.

epagogē [gr.] FIL LÓG Indução por simples enumeração. ▸ Aristóteles (384 a.C. - 322 a.C.) define *epagogē* como um tipo de indução, ou seja, como um movimento do raciocínio que vai do particular para o universal. O raciocínio por *epagogē* fornece as regras que explicam os casos particulares, por mero processo enumerativo. Se reconhecemos que o melhor navegador é aquele que é mais capaz, e que os professores mais capazes são os melhores, e que um filósofo excelente é o mais capaz, não há como desviar da conclusão universal de que o mais capaz é o melhor. Não se deve, porém, confundir indução pelo método científico com *epagogē*, que se caracteriza por ser indução por simples enumeração.

épica LIT Poema de cunho narrativo que trata de feitos heroicos e/ou lendários que, em meio a cometimentos bélicos, se destacam por suas qualidades superiores.

épico 1 Que relata, em versos, uma ação heroica. 2 Relativo ou próprio de epopeia ou de heróis. 3 CINE Diz-se de superproduções cinematográficas com temas históricos ou bíblicos. 4 TEAT Diz-se do teatro e das encenações teatrais de Erwin Piscator (1893-1966) e Bertolt Brecht (1898-1956) para designar uma dramaturgia AGITPROP, que tinha por objetivo despertar a consciência política da audiência.

epidíctico RET M.q. EPIDÍTICO.
epidítico RET **1** Diz-se do terceiro dos gêneros do discurso (a saber, deliberativo, judicial, epidítico ou demonstrativo) que se pronuncia em reunião solene, elogiando ou criticando determinado tema considerado consabido pelo orador e pelos ouvintes, seja acerca de uma pessoa (pertencente à atualidade, à história ou ao mito), seja de uma comunidade (pátria, cidade), seja de uma atividade (profissão, estudo), seja de algo que se quer celebrar. **2** Que usa recursos estilísticos em abundância; aparatoso. **3** Que procura convencer com exemplos, raciocínios etc. (diz-se de discurso).
epifonema RET M.q. ACLAMAÇÃO.
epígrafe **1** M.q. INSCRIÇÃO. **2** EDIT Título ou frase que, colocada no início de um livro, um capítulo, um poema etc. serve de tema ao assunto ou para resumir o sentido ou situar a motivação da obra; mote. **3** EDIT Fragmento de texto, citação curta, máxima etc. colocada no frontispício de um livro, ou no início de uma narrativa, um capítulo, uma composição poética etc.
epigrama LIT **1** Pequena composição em verso sobre qualquer assunto. **2** Composição poética, breve e satírica, que expressa, de forma incisiva, um conceito malicioso; sátira. **3** Palavra mordaz, dito picante, sarcasmo, zombaria etc., introduzida em uma composição em prosa ou verso, em uma conversa, narrativa etc. **4** Dito picante, mordaz; alusão crítica e acerba.
epílogo **1** Remate de uma peça literária em que se fazem a recapitulação e o resumo da ação; desfecho, final. **2** TEAT Capítulo, comentário ou cena, ger. breve, que, no final de uma narrativa, peça teatral etc., alude ao destino das personagens mais importantes da ação, depois de ocorrido o desenlace, ou revela fatos posteriores à ação, complementando-lhes o sentido. **3** TEAT Conclusão, a parte final de um evento; desfecho, remate.
epimerismo RET Recapitulação, em dado momento de um discurso, exposição etc., de partes já tratadas, para reavivar a memória dos ouvintes ou para anunciar-lhes os pontos que ainda serão abordados.
epiquirema FIL LÓG Em Aristóteles (384 a.C. - 322 a.C.), raciocínio silogístico que, embora coerente em seu encadeamento interno, está fundado em premissas apenas prováveis, pois originadas em opiniões do senso comum. ▶ Cf. ENTIMEMA; SILOGISMO.
episódio **1** TEAT Ação acessória que se prende de forma relativamente natural à principal. **2** ART.PLÁST LIT Ação incidente ligada a outra, principal, em um poema, romance, pintura etc. **3** CINE RÁD TV Parte, divisão de uma obra em série de telenovela, minissérie, filme etc. **4** MÚS M.q. DIVERTIMENTO ('composição').
episteme HIST FIL No pensamento de Michel Foucault (1926-1984), paradigma geral segundo o qual se estruturam, em uma determinada época, múltiplos saberes científicos, que por esta razão compartilham, a despeito de suas especificidades e diferentes objetos, determinadas formas ou características gerais. ▶ Nos livros de história das ideias de Foucault, o surgimento de uma nova episteme estabelece uma dramática ruptura epistemológica que abole a totalidade dos métodos e pressupostos cognitivos anteriores. o que implica uma concepção fragmentada e não evolucionista da história das ciências. ▶ Cf. ARQUIVO; DISPOSITIVO; ESTRUTURALISMO; FOUCAULT, MICHEL.
epistemologia FIL LÓG **1** Reflexão geral em torno da natureza, etapas e limites do conhecimento humano, esp. nas relações que se estabelecem entre o sujeito indagativo e o sujeito inerte, as duas polaridades tradicionais do processo cognitivo; teoria do conhecimento. **2** Estudo dos postulados, conclusões e métodos dos diferentes ramos do saber científico, ou das teorias e práticas em geral, avaliadas em sua validade cognitiva ou descritas em sua trajetórias evolutivas, em seus paradigmas estruturais ou suas relações com a sociedade e a história; teoria da ciência.

INFORMAÇÕES GERAIS

A epistemologia é a investigação teórica sobre as fontes e processos de conhecimento. Portanto, respostas a perguntas que tratem da natureza, dos fundamentos do conhecimento, das crenças como modos cognitivos, bem como das relações entre eles, pertencem à epistemologia. A epistemologia encarrega-se de tratar de temas como a verdade, a falsificabilidade, a racionalidade e a justificação do conhecimento, além da natureza provável ou necessária do conhecer e de sua tipologia. Segundo a epistemologia, há vários tipos de conhecimento. Um deles é proposicional, ou seja, aquele que estabelece que alguma coisa *é* dessa maneira. Além das proposições, existem outras maneiras de se conhecer: por familiaridade, por contato direto com algo, ou seja, por experiência, por meios que não advêm do que é empírico, mas do estritamente racional. As doutrinas racionalistas e empiristas da história da filosofia distinguem-se por suas respostas de cunho epistemológico ao que seja conhecer. Os racionalistas advogam a tese de que o conhecimento é interno e intrínseco ao sujeito que pensa e, portanto, advém de seu instrumental racional, enquanto os empiristas afirmam que o verdadeiro conhecimento é exterior à mente pensante. Isso não exclui a posição epistemológica intermediária de Immanuel Kant (1724-1804), que não recusa o conhecimento empírico, mas reconhece o papel formador dos instrumentos *a priori* do raciocínio, como espaço e tempo no saber humano. Outros temas da epistemologia são a verdade, a justificação e a crença, enquanto condições que definem o conhecimento. Diz-se então que uma proposição é uma crença verdadeira e justificada. Deve-se observar aqui que a crença não é condição para o conhecimento verdadeiro, pelo fato de que é possível acreditar no que é falso. O que é conhecimento teria, em si mesmo e por definição, que atender à condição de ser verdadeiro. Da verdade vem a força de justificação de um conhecimento, não da crença pura e simples. No que concerne ao critério de verdade, a epistemologia identifica três formas do verdadeiro: a verdade como correspondência a fatos ou estados de coisa; a verdade como coerência, que resulta da ligação de uma proposição com outras proposições de um sistema teórico; e a verdade como valor pragmático, medida pelo uso que se faz de um conhecimento. É claro que um conhecimento verdadeiro requer justificativa, pois chega-se à verdade de várias formas: por intuição, pela formulação de uma hipótese e até mesmo fortuitamente. A justificação responde pela necessidade de se indicarem as condições que estabelecem a verdade de uma proposição, ou seja, sua evidência. Nesse sentido, a epistemologia preocupa-se não só com a fundação do conhecimento, mas também com sua aceitação e explicação. Outra questão importante para a epistemologia diz respeito aos limites do conhecimento, pois não se pode ingenuamente supor que o conhecimento seja ilimitado e todo-poderoso. Mais do que especificamente duvidar do conhecimento como um todo, o que se costuma fazer é examinar que tipos de dúvida surgem em determinadas áreas do saber: o conhecimento do mundo exterior, a capacidade de introspecção, o conhecer outras mentes, o problema lógico da indução etc.

BIBLIOGRAFIA
DUTRA, Luiz Henrique de Araújo. *Introdução à epistemologia*. São Paulo: Unesp, 2010.

epístola 1 Carta, missiva, correspondência. 2 LIT Composição poética em verso ou prosa de temática variada, composta em feitio de carta. 3 LIT Carta em verso que faz a dedicatória de um livro. 4 LIT Carta de temática estética trocada entre escritores.
epopeia 1 LIT Poema épico ou longa narrativa em prosa, em estilo oratório, que exalta as ações, os feitos memoráveis de um herói histórico ou lendário que representa uma comunidade. 2 Sucessão de eventos extraordinários, ações gloriosas, retumbantes, capazes de provocar a admiração, a surpresa, a maravilha, a grandiosidade de uma epopeia. 3 Aventura fabulosa.
equalização ELETRÔN REC.AV Redução da distorção por meio da introdução de redes capazes de compensar a distorção própria de determinada faixa de frequência.
equalizador ELETRÔN REC.AV Diz-se de ou um circuito aplicado ao processo de equalização.
equilíbrio de Nash ECON MAT Na teoria dos jogos, ponto em que os interesses conflitantes de jogadores coincide, de modo que nenhum deles tenha motivo ou razão para aceitar ou adotar outra estratégia. ▸ Esse tipo de equilíbrio em situações de conflito de interesse recebe o nome de Nash em referência ao trabalho do matemático norte-americano John Nash Jr. (1928-), que foi Prêmio Nobel de Economia em 1994. Em seu artigo "The bargaining problem", Nash desenvolveu a intuição de John von Neumann (1903-1957), que dizia haver para todo e qualquer cenário de jogos e conflitos de interesses uma solução possível. O que Nash fez foi mostrar que, além de haver uma solução, há sempre um ponto ideal em que o autointeresse do jogador exige que desse ponto ele não se afaste. No seu clássico artigo sobre a barganha, Nash supôs que um jogador saiba que pode fazer uma troca e ganhar carro A ou carro B. Ao escalonar suas preferências, o jogador pode avaliar o grau de satisfação no caso de um ou outro carro. Se o escalonamento for numérico, vê-se claramente que o agente econômico tem preferência maior por um veículo e menor por outro. Um dos carros receberá o valor um, enquanto não ganhar nada será zero, e o outro carro estará entre um e zero e pode não ser o que o jogador mais quer, mas é alguma coisa e principalmente é o ponto de equilíbrio da barganha, o ponto que o jogador não terá motivo para abandonar. Caso o mesmo raciocínio seja feito para o outro lado da barganha, o reconhecimento de um ponto de equilíbrio também se verificará. Cruzando preferências, é possível identificar o equilíbrio de Nash nas trocas econômicas em que todos os jogadores saem ganhando algo. ▸ Cf. BARGANHA.

BIBLIOGRAFIA
NASH JR., John. The bargaining problem. In: *Econometrica*, n. 18, p. 155-62, 1950.

equipamento periférico INF M.q. PERIFÉRICO.
equivalência 1 LÓG Relação de igualdade lógica ou implicação mútua entre duas proposições, de tal forma que cada uma delas só é verdadeira se a outra também o for. 2 MAT Relação de equivalente.
erb TEL Abrev. de estação rádio-base.
ergo [lat.] Logo, por conseguinte, portanto.
erística FIL RET 1 Na Antiguidade grega, arte ou técnica da disputa argumentativa no debate filosófico, desenvolvida sobretudo pelos sofistas e baseada na habilidade verbal e acuidade de raciocínio. 2 Em Platão (c428 a.C. -c348 a.C.), argumentação que, buscando unicamente a vitória em um debate, abandona qualquer preocupação com a verdade. ▸ Uso pejorativo.
errata BIBL EDIT 1 Documento, feito para acompanhar uma obra posteriormente à sua publicação, em que estão identificados os erros desta, bem como sua correção; corrigenda. 2 Diz-se de cada um dos erros assinalados em uma obra.
erro acidental EST Erro causado por fatores incontroláveis e aleatórios.
erro centesimal EST Erro relativo multiplicado por 100; erro percentual.
erro constante EST M.q. ERRO SISTEMÁTICO.
erro cumulativo EST M.q. ERRO SISTEMÁTICO.
erro de imprensa GRÁF M.q. ERRO TIPOGRÁFICO.
erro de primeira espécie EST M.q. ERRO DE TIPO I.
erro de revisão EDIT Incorreção num texto impresso, decorrente de erro tipográfico ou de engano na confecção do próprio original, que não foi percebida pelo revisor.
erro de tipo I EST Aquele causado pela rejeição, devido a um teste estatístico, de uma hipótese estatística verdadeira; erro de primeira espécie.
erro de tipo II EST Aquele causado pela aceitação, devido a um teste estatístico, de uma hipótese estatística falsa de segunda espécie.
erro médio EST Esperança matemática do valor absoluto do erro, quando considerado como variável aleatória.
erro padrão EST Raiz quadrada positiva do valor médio do quadrado da variância de uma variável estatística.
erro percentual EST M.q. ERRO CENTESIMAL.
erro relativo EST Razão entre o erro absoluto de uma grandeza e seu valor.
erro sistemático EST Aquele que não é determinado pelo acaso, mas sim introduzido pela inexatidão intrínseca de um sistema, p.ex., através de uma medição ou levantamento; erro constante; erro cumulativo.
erro tipográfico GRÁF Engano cometido na composição de um texto em relação ao texto original, às normas gramaticais ou às indicações da diagramação; erro de imprensa.
esboço M.q. ESQUEMA.
escada TEAT Ator que participa secundariamente de uma cena, dando pistas que realçam ou enfatizam a fala principal; ponte.
escala MÚS Organização dos sons em sequência, dentro de uma oitava.
escala cromática 1 GRÁF Amostra das principais cores, por gradação tonal, que serve para comparação em trabalhos de policromia, normalmente fornecida pelos fabricantes de tintas e us. por impressores, artistas gráficos, produtores técnicos etc. 2 MÚS Escala formada somente por semitons.
escala de cores GRÁF Retângulos ou círculos impressos à margem de uma prova progressiva, para mostrar o valor das diversas cores empregadas no trabalho de impressão.

escaneador INF Que ou o que escaneia.
escaneamento INF Ato ou efeito de escanear.
escanear INF Digitalizar (documento, página impressa etc.) com a ajuda de um escâner; escanerizar.
escâner INF Equipamento que varre uma imagem com um feixe de luz e codifica suas características sob a forma de dados expressos no sistema binário. ▸ Em ing. *scanner*.
escanerizar INF M.q. ESCANEAR.
escâner óptico INF Dispositivo que escaneia a luz projetada na superfície de material impresso, traduzindo os dados obtidos em sinais que são armazenados no computador.
escansão MÚS Subida de tom.
escapismo M.COM **1** Tendência de determinados produtos da comunicação de massa para fugir à realidade ou à rotina, esp. das coisas vivenciadas como desagradáveis, problemáticas, penosas, desviando a mente para outras preocupações, diversões e entretenimento. **2** Na mídia, desvio ou digressão mental de defesa em face de assuntos ou temas desagradáveis, preocupantes, problemáticos ou penosos.

INFORMAÇÕES GERAIS

Os estudos contemporâneos da comunicação de massa levam a sério a função ideológica da mídia escapista, considerando-a formadora da mentalidade conformista de grandes segmentos da população. Segundo a ESCOLA DE FRANKFURT, a cultura de massa caracteriza-se pela mercantilização desmesurada e pela tendência ao escapismo. ▸ Cf. FANTASIA.

escapista M.COM Diz-se de mensagem na mídia com acentuada tendência para o escapismo.
Esclarecimento FIL M.q. ILUMINISMO.
Escola de Frankfurt Grupo de pensadores, sociólogos e teóricos marxistas que se associaram, de maneira diversa, na década de 1920, ao Instituto para Pesquisa Social da Universidade de Frankfurt, sendo que alguns emigraram para os Estudos Unidos durante a Segunda Guerra Mundial. ▸ Por mais diversificada que seja a Escola de Frankfurt, um ponto em comum reúne autores tão díspares como Max Horkheimer (1895-1973), Theodor W. Adorno (1903-1969), Erich Fromm (1900-1980), Herbert Marcuse (1898-1979) e Walter Benjamin (1892-1940): esse ponto é a crença variada e diversificada no marxismo como atividade teórica capaz de transformar radicalmente as condições sociais. Mas a Escola de Frankfurt fez-se num momento de desilusão histórica para os seguidores de Marx (1818-1883). As promessas de uma sociedade nos moldes do materialismo histórico esvaneciam-se. Os movimentos operários de esquerda foram derrotados na Europa Ocidental. O fascismo e o stalinismo apareciam, como espectros totalitários e perturbadores, no horizonte político da época. Não era mais possível acreditar na inevitabilidade histórica do socialismo revolucionário. Os pensadores da Escola de Frankfurt rejeitavam o modelo marxista soviético, por ser uma ortodoxia distorcedora e equivocada, ao mesmo tempo em que não se mostravam inclinados a aceitar o sistema capitalista. Apesar de sua negatividade extrema, os membros da Escola de Frankfurt acreditavam que fosse possível formular uma teoria crítica radical que levasse à emancipação completa da opressão em sociedade, objetivo que, para eles, o marxismo soviético abandonara. O desenvolvimento do pensamento frankfurtiano foi progressivo e começou com uma revisão dos princípios teóricos do materialismo histórico, para depois se desenvolver numa TEORIA CRÍTICA, que se afastava do economicismo básico do marxismo tradicional. Aos poucos, os pensadores de Frankfurt dedicaram-se a argumentar contra os efeitos e limites teóricos do que chamavam de 'razão instrumental', cujo produto objetivo seria a burocratização cientificista da sociedade. Por sua ênfase no mundo das ideias e por se distanciar dos preceitos economicistas de Marx, a Escola de Frankfurt recebeu a qualificação de neo-hegeliana. A crítica inicial dos frankfurtianos aprofundou-se em negatividade crescente, marcada, certamente, pela ascensão nazista na Alemanha com apoio da classe operária, mas certamente agravada, durante o exílio norte-americano, pela percepção de que, sob as diferenças políticas superficiais, havia uma convergência entre o capitalismo industrial e o totalitarismo, fosse nacional-socialista, fosse comunista. Um novo tipo de sociedade estava sendo formada, com práticas de planejamento centralizante que julgavam ser opressivas e desumanas. A mercantilização da cultura era tão nociva socialmente quanto a persuasão em massa da propaganda nazista. Daí Adorno e Horkheimer terem cunhado o termo INDÚSTRIA CULTURAL, que seria a industrialização brutalizante dos produtos culturais, que não poderiam ser identificados como cultura de massa, porque as massas não participariam de sua criação. Para os pensadores da Escola de Frankfurt, Weber (1864-1920) e Freud (1856-1939) tinham o que ensinar nesse novo momento da história social. Marx situara a questão em termos da dominação e opressão econômica do capitalismo industrial, mas isso não era o suficiente. O que o momento histórico exigia era o entendimento de que as relações de produção, que o marxismo ortodoxo considerava como determinantes em última instância, não eram diretamente impulsionadas por uma base econômica autônoma, mas por mediações complexas que atuavam independentemente. Cultura não podia ser um reflexo, mas tratava-se, como Weber preconizara, de uma ferramenta criadora da sociedade. Tanto os partidos comunistas quanto o sistema político da burguesia capitalista suprimiam ou negligenciavam a urgência de promover liberação de baixo para cima, já que sufocavam ou entorpeciam a demanda da subjetividade humana. Por isso, nem Horkheimer nem Adorno nem Marcuse nem mesmo os membros da geração seguinte da Escola de Frankfurt, como é o caso de Jürgen Habermas (1929-), apresentaram uma plataforma doutrinária e política para a sociedade. O que sugeriam era apenas uma perspectiva crítica que promovesse a emancipação individual. Dentre os frankfurtianos, Marcuse foi quem enfatizou, com grande popularidade na década de 1960, que o prazer, as artes, a estética e a dimensão política do erotismo e do prazer fossem considerados forças de transformação e não obstáculos, como a burguesia moralizante e a ortodoxia soviética consideravam. Através da força de Eros, a liberdade e a esperança viriam. Como poucas vezes na história do pensamento moderno, o hedonismo vira uma barricada contra a moralização. O burocratismo soviético e o capitalismo industrial seriam formas semelhantes de opressão com justificativas ideológicas distintas. Os estudos feitos ao longo da existência do Instituto para Pesquisa Social, tanto na Alemanha (antes e depois da guerra) como no exílio norte-americano, são variados e cobrem aspectos múltiplos da vida social. Entre seus colaboradores encontram-se, além dos mais

conhecidos, o cientista político Franz Neumann (1900-1954), o crítico da cultura Leo Löwenthal (1900-1993), os economistas Friedrich Pollock (1894-1970) e Henryk Grossman (1881-1950). Mas a perspectiva teórica da Escola de Frankfurt de maior alcance popular são seus estudos e teses sobre os meios de comunicação. Depois dos influentes trabalhos de Adorno e Horkheimer, principalmente *Dialética do esclarecimento*, a mídia passou a ser vista pelos efeitos sociais que causa nos indivíduos, pois seriam veículos de produção, transmissão e sedimentação de ideias e crenças na sociedade industrial. Cf. HEGEL, GEORG W. FRIEDRICH.

BIBLIOGRAFIA

BOTTOMORE, Tom. *The Frankfurt School and its critics*. London: Routledge, 1984.

JAY, Martin. *A imaginação dialética: história da Escola de Frankfurt e do Instituto de Pesquisas Sociais, 1923-1950*. Rio de Janeiro: Contraponto, 2008.

Escola Freudiana de Paris PSICN Grupo de psicanalistas reunidos em torno de Jacques Lacan (1901-1981) que constituía uma dissidência francesa da International Psychoanalytic Association. Em 1980, Lacan dissolveu a Escola Freudiana de Paris que fundara em 1963. ▸ Cf. LACAN, JACQUES.

escolástica FIL 1 Pensamento cristão da Idade Média, baseado na tentativa de conciliação entre um ideal de racionalidade, corporificado esp. na tradição grega do platonismo e aristotelismo, e a experiência de contato direto com a verdade revelada, tal como a concebe a fé cristã; escolasticismo. 2 Qualquer filosofia elaborada em função de uma doutrina religiosa. 3 Qualquer doutrina cujos seguidores permanecem em pensamento acrítico, ortodoxo e tradicionalista.

escolasticismo FIL M.q. ESCOLÁSTICA.

escravo M.COM Diz-se de ou dispositivo que executa funções em resposta a estímulo ou comando emitido por outro dispositivo.

escrever 1 Representar por meio de caracteres ou escrita. 2 Expressar-se por meio de escrita. 3 Narrar, descrever, contar (algo) por meio de escrita. 4 INF Introduzir (informações) em determinado lugar da memória de um computador ou recurso informático. 5 MÚS M.q. COMPOR.

escrita 1 Ato ou efeito de escrever; escritura. 2 Representação da linguagem falada por meio de signos gráficos. 3 Arte de escrever à mão; caligrafia. 4 Conjunto de signos num sistema de escrita. 5 LING Código de representação gráfica da linguagem por meio de sinais visíveis. 6 LING Sistema de signos gráficos ou de outra natureza us. para representar qualquer coisa. 7 LING Maneira, técnica ou método particular de se exprimir literariamente; estilo, escritura. 8 LING Estilo individual comum a um grupo caracterizado por posições sociais, ideológicas, filosóficas etc. (p.ex. o estilo surrealista, o estilo barroco). ▸ Cf. ALFABETO; ESCRITA ALFABÉTICA; ESCRITA IDEOGRÁFICA; ESCRITURA; GRAFEMA; LIVRO.

escrita alfabética LING Sistema de escrita em que as letras e grafemas apresentam os sons de determinada língua, nem sempre correspondendo exatamente a seu inventário de fonemas; escrita fonética. ▸ Cf. ALFABETO.

escrita chinesa LING Escrita ideográfica formada de caracteres separados e inscritos num quadrado imaginário. ▸ Os caracteres chineses são dispostos em colunas lidas de cima para baixo a partir da direita e na forma tradicional eram traçados a pincel.

escrita fonética LING M.q. ESCRITA ALFABÉTICA. ▸ Cf. ALFABETO.

escrita fonológica LING Tipo de escrita alfabética ideal, em que a cada fonema corresponderia uma letra.

escrita ideográfica LING Sistema de escrita em que cada signo (figurativo ou não) representa uma noção expressa por uma palavra. ▸ Cf. IDEOGRAMA.

escrita silábica LING Sistema de escrita fonética no qual cada signo (grafema) representa uma sílaba (consoante e vogal seguinte ou precedente); silabismo.

escrito 1 Expresso por meios gráficos, pela escrita. 2 Que se encontra redigido. 3 Aquilo que está expresso por sinais gráficos, em papel, matéria semelhante ou superfície apropriada. 4 Comunicação feita por meio de escrita; bilhete. 5 Trabalho literário, científico.

escritor 1 Aquele que escreve. 2 Autor de obras literárias, culturais, científicas, esp. o ficcionista.

escritor fantasma EDIT M.q. GHOST-WRITER.

escritura 1 Modo de traçar ou desenhar caracteres; escrita, caligrafia. 2 FIL Para o filósofo francês Jacques Derrida (1930-2004), o jogo de diferenças que gera os processos de significação em qualquer forma de discurso, inclusive o falado, ao contrário do que concebe uma tradição linguística e filosófica, que considera a voz articulada em íntima conexão com a verdade da alma, a origem da linguagem. ▸ Por mais que o termo *écriture* (escritura) em francês seja intercambiável com escrita, é graças à influência de Derrida que a palavra passa a indicar, valorativamente, a superioridade da forma gráfica em face do caráter fonetizado da língua. A palavra 'escritura' é também usada pelo crítico e semiólogo Roland Barthes (1915-1980), em *O grau zero da escritura* (cf. BARTHES, ROLAND). A interpretação de Barthes é uma espécie de sociologia da literatura, pois designa um estilo de época, verificável numa geração de escritores franceses. Posteriormente, a palavra 'escritura' irá designar, em Barthes, o processo de criação literária propriamente dito. A materialidade da escritura desmitifica e denuncia o projeto social da literatura burguesa, que celebra a representação plácida e conformista do cotidiano. A literatura burguesa privilegia o conteúdo literário e a escritura é uma aventura nas formas de expressão. Nesse sentido, escritura é uma tessitura, um tecido de referências que se constitui numa INTERTEXTUALIDADE. Assim sendo, a criação literária deve ser vista como um texto, portanto como uma entidade autônoma, que não remete a um autor, mas às suas propriedades intrínsecas. É nesse mesmo espírito que Derrida critica o privilégio concedido à fala. O favorecimento do fônico é uma estratégia com consequências políticas e sociais que exige desconstrução (cf. DESCONSTRUCIONISMO). Sua crítica é ainda mais radical e atinge o que ele acredita ser um pressuposto fundamental da filosofia clássica. No *Fedro*, Platão (c428 a.C. - c348 a.C.) argumenta que a fala manifesta no DIÁLOGO é superior à escrita. E, por isso, a investigação filosófica dependerá sempre do encontro de mentes que, num ato de amor, falam e pensam sobre determinado assunto. A recusa platônica da escritura não só quer invalidá-la como também sugere que a fala seja a expressão anterior e original de qualquer pensamento. Derrida insurge-se contra esse pressuposto, negando que a escritura seja um efeito da fala e, portanto, a deformação artificial de um pensamento límpido e verdadeiro. Sobre a oposição fala e escritura articulam-se todas as dualidades que atravessam a história da filosofia ocidental. A fala é interioridade, inteligibilidade, essência e verdade, enquanto a escritura seria exterioridade, perceptualidade sensível e fugidia, aparência e falsidade. O privilégio do fônico sobre a escritura funda todo o discurso metafísico ocidental, o qual, através do jogo que a escritura permite, é preciso abandonar. Cf. APORIA; DIFFÉRANCE. **3** LIT Prática da linguagem escrita por meio da qual um escritor se individualiza e afirma sua liberdade de escolha como sujeito, sua filiação social, ideológica, estética etc.

BIBLIOGRAFIA

BARTHES, Roland. *Crítica e verdade*. São Paulo: Perspectiva, 2009.

DERRIDA, Jacques. *La dissemination*. Paris: Seuil, 1972.

____________. *A escritura e a diferença*. São Paulo: Perspectiva, 2004.

escurecimento CINE TV M.q. FADE OUT.

escuta TEL Red. de RADIOESCUTA.

esfera pública M.COM SOC Na teoria de Jürgen Habermas (1929-), área virtual, imaginária ou real em que os indivíduos se reúnem para identificar, discutir e gerar posições a respeito de questões públicas, constituindo grupos de apoio ou de pressão junto ao Estado. ▶ No livro que inaugurou a carreira filosófica de Habermas, a esfera pública é o lugar no qual a opinião pública se articula com o propósito de influenciar decisões sociais. O argumento de *Mudança estrutural da esfera pública* mostra que, numa democracia, a esfera pública tem como função mediar as relações entre sociedade civil e Estado. Trata-se, portanto, de um espaço em que comunicação e política se misturam inseparavelmente. Os atores sociais da esfera pública são indivíduos que, racional ou emotivamente, discutem os rumos do Estado. Assim, o livre acesso e o diálogo aberto são traços constitutivos da esfera pública. Ao escrever *Mudança estrutural da esfera pública*, Habermas tinha por propósito oferecer uma alternativa ao ceticismo negativista da ESCOLA DE FRANKFURT. Tal livro distinguia-se de tudo o que fora produzido até então pelos pensadores frankfurtianos a respeito da mídia, não apenas por sua recusa em postular uma visão amargamente negativa da comunicação de massa, mas também por sua interpretação de base histórica. Habermas reconhece a origem da esfera pública moderna no desenvolvimento europeu da indústria jornalística. O percurso histórico que vai do sXVII até meados do sXX não foi um caminho fácil. Pelo contrário, em *Mudança estrutural da esfera pública*, Habermas alerta para os perigos da desintegração da arena em que a sociedade civil exerce seu poder. O jornalismo independente e produzido em pequena escala criou uma nova forma social, onde o indivíduo burguês podia criticar, discutir, questionar e influenciar a autoridade pública. O quadro muda no final do sXIX e início do sXX. A imprensa não é mais feita em pequena escala. Exigem-se maiores investimentos de capital para a impressão de jornais. Paralelamente a isso, o Estado e suas instituições correlatas fortalecem-se, tornando-se menos vulneráveis à crítica individual. O controle estatal e as demandas mercantis da imprensa, através da conjugação de leis de imprensa e a comercialização crescente da mídia, produzem um efeito negativo na esfera pública, enfraquecendo a influência crítica dos meios de comunicação. A imprensa promete vigiar o Estado, efetivamente apoia o Estado (cf. CONSENTIMENTO). O Estado reconstitui-se e recupera-se da perda, para a sociedade civil, do monopólio da representação da justiça e do interesse público. A teoria de Habermas presume uma distinção radical entre o universo da privacidade pessoal e o exercício público da autoridade. No universo da privacidade, a sociedade civil expressa-se plenamente por meio da troca de mercadorias e da vida, numa esfera íntima que caracteriza a conjugalidade familiar burguesa. A esfera privada nada tem a ver com os aparatos estatais e judiciais da autoridade pública. Mas, entre o reino da privacidade e o domínio da autoridade pública, situa-se a esfera pública burguesa de cunho político, em que os indivíduos se reúnem em cafés e bares para discutir políticas públicas, ou participando, lendo, discutindo, escrevendo cartas para os jornais e os meios de comunicação como um todo. O olhar e a argumentação histórica de Habermas sugerem que o modelo explicativo da mídia, que ele apresenta em *Mudança estrutural da esfera pública*, talvez fosse aplicável apenas ao que aconteceria até meados do sXX. Foi com o propósito de oferecer uma teoria que transcendesse a história, que Habermas escreveu, na década de 1980, o que muitos consideram sua obra-prima, *Teoria da ação comunicativa*, em que ele descreve abstrata e atemporalmente as condições constitutivas do processo democrático. ▶ Cf. HABERMAS, JÜRGEN.

BIBLIOGRAFIA

HABERMAS, Jürgen. *Mudança estrutural da esfera pública*. Rio de Janeiro: Tempo Brasileiro, 2009.

esfria JOR Pessoa que, conhecedora de uma notícia, não a comunica a um jornalista.

esmaltação 1 Ato ou efeito de esmaltar; esmaltagem. **2** FOT Processo que consiste em cobrir uma cópia fotográfica, durante a secagem, com solução que lhe dá brilho e realça seus contrastes e detalhes.

espacejamento GRÁF Ato ou efeito de espacejar.

espacejar GRÁF Inserir espaços (entre letras ou palavras); abrir.

espaço 1 Extensão limitada em uma, duas ou três dimensões; área ou volume determinados. **2** EDIT O claro que constitui a separação entre as palavras de uma linha em texto impresso ou manuscrito. **3** MÚS O claro entre duas linhas consecutivas da pauta; entrelinha. **4** TEL Intervalo ou ausência de sinal num ato de telecomunicação.

INFORMAÇÕES GERAIS

Depois da *Crítica da razão pura*, publicada por Immanuel Kant (1724-1804) em 1781, o espaço é ger. pensado intrinsecamente com o TEMPO. Afinal, espaço e tempo partilham alguns atributos básicos: as duas categorias *a priori* organizam a experiência, porque fazem parte do aparato necessário para a construção e aquisição do conhecimento humano. Na dissertação que produzira antes de escrever a *Crítica*, Kant concebera espaço e tempo como eixos perpendiculares. O que ele propusera, tanto na dissertação inaugural como na *Crítica*, diferenciava-se das concepções clássicas de espaço e tempo, que eram vistos como entidades separadas. A concepção clássica de espaço variava de uma extensão com múltiplas dimensões até uma ordem tridimensional onde os objetos físicos se situavam e através da qual, por meio de suas posições mútuas, as distâncias eram estabelecidas. Para os atomistas gregos, o espaço era uma infinitude vazia na qual os átomos se moviam. Por sua vez, Aristóteles (384 a.C. - 322 a.C.) define espaço como o agregado de todas as coisas que existem fisicamente no mundo. O espaço aristotélico é uma conjugação de lugares naturais, onde cada existente habita em paz e quietude: quando uma coisa se move, ela o faz em busca de seu lugar natural. A concepção de espaço em Aristóteles é agregativa e não geométrica. Só com a revolução astronômica do sXVII é que o espaço é entendido como homogêneo, infinito e necessário para o saber cosmológico. Após as revoluções coperniciana e galileana, as questões que guiam o tema do espaço tornam-se bem outras: seria o espaço uma abstração ou uma entidade efetivamente existente no mundo natural? A solução newtoniana para o problema do espaço é uma abstração operatória: se a mecânica supõe distâncias absolutas, devem ser absolutos tanto o espaço como as leis físicas do movimento. Ao contrário de Isaac Newton (1642-1727), para Gottfried Leibniz (1646-1716), espaço seria sempre uma relação e não uma entidade substantivada: na filosofia leibniziana, espaço não existe fora das relações físicas entre as coisas. Diante desse interminável debate, a solução kantiana desloca o entendimento do espaço para outro nível, deixando definitivamente para trás a noção de que a forma espacial seja efeito direto das relações entre as coisas do mundo. Porque é possível pensar o espaço sem coisas, mas não se pode imaginar coisas fora do espaço, Kant confere à extensão espacial o estatuto complexo de intuição externa, de representação tanto sintética como *a priori*. Modernamente, a teoria da relatividade dá um passo além do kantismo, sem abandoná-lo, ao conceber o espaço e suas relações como manifestações dependentes do ponto de vista do observador, que se fazem a partir de uma estrutura comum.

BIBLIOGRAFIA

KOYRÉ, Alexandre. *Estudos da história do pensamento científico*. Rio de Janeiro: Forense, 2011.

__________. *The astronomical revolution*. New York: Routledge, 2008.

espaço cênico TEAT M.q. CENA ('palco').

espaço comercial 1 MKT PUB Espaço num veículo de comunicação reservado para mensagem publicitária. 2 JOR PUB Diz-se de unidade de medida para material publicitário (em jornais, página e centímetro de coluna; em revistas, página).

espargido ENC Técnica us. para decorar o corte de livros por meio de uma grelha ('pequena tela') embebida em tinta.

espécie 1 Característica comum que serve para dividir os seres em grupos; qualidade, natureza, gênero. 2 Cada grupo assim dividido. 3 Caso particular de algo genérico; variedade, tipo, sorte. 4 Condição, classe ou origem social; tipo, jeito. 5 Dissimulação, disfarce. 6 BIBL Denominação comum às entidades bibliológicas. 7 BIO Categoria taxonômica abaixo do gênero, cujos indivíduos são morfologicamente semelhantes entre si e com seus progenitores e se entrecruzam, gerando descendentes férteis.

espécie bibliográfica BIBL Qualquer coisa que, não sendo um livro, pode constituir uma entrada bibliográfica individual num catálogo ou numa bibliografia (p.ex., artigo de periódico, monografia, comunicação em congresso, relatório técnico, patente etc.).

especiesismo Pressuposto da superioridade humana sobre outras espécies. ▸ Acreditar que apenas algumas experiências são reservadas para a espécie humana é a causa de um preconceito que leva à manipulação irresponsável de todas as outras formas de vida. Contra o especiesismo insurgiram-se os movimentos de libertação dos animais, que acreditam ser importante conferir os mesmos direitos a outros animais e organismos. A ação dos movimentos que exigem o tratamento digno dos animais tem se propagado através dos meios de comunicação. O filósofo Peter Singer (1946-) é o formulador mais importante desse movimento social, que tem raízes na definição darwiniana de que a vida se caracteriza pelo princípio de descendência comum com modificação. O especiesismo é considerado um preconceito análogo ao sexismo e ao racismo.

BIBLIOGRAFIA

SINGER, Peter. *Animal liberation: a new ethics for our treatment of animals*. New York: Random House, 1970.

__________. *A darwinian left*. Yale: Yale University Press, 2000.

espelhado GRÁF JOR PUB Publicado em página dupla (diz-se de anúncio, foto, notícia etc.); em espelho.

espelhar ENC 1 Colar sobre (uma página cujas margens estejam gastas ou rasgadas) uma folha de papel com o mesmo formato e com uma janela cortada para manter visível a área impressa. 2 GRÁF JOR PUB Posicionar (matéria impressa) em páginas contíguas. 3 JOR Fazer a maquete de um jornal. 4 TV Fazer roteiro e a sequência de um telejornal.

espelho 1 GRÁF M.q. PLANILHA. 2 JOR TV Relação esquemática das matérias a serem paginadas num jornal ou revista ou apresentadas em uma estação de televisão. 3 MÚS Superfície do braço de um instrumento de cordas sobre a qual correm as cordas. 4 ENC Reforço de papel que se cola debaixo da guarda, junto ao lado interno das copas; quarto branco. 5 ENC M.q. CHARNEIRA. 6 MÚS Abertura na caixa de alguns instrumentos de corda. 7 MÚS Tipo de imitação retrógrada e invertida.

esperança matemática EST 1 De uma variável aleatória discreta, é a soma dos produtos de cada valor da variável por sua respectiva probabilidade. 2 De uma variável aleatória contínua, é a integral do produto da variável por sua densidade de probabilidade.

esperanto Língua artificial, criada pelo médico e estudioso de línguas polonês Ludwig Lazar Zamenhof (1859-1917), por volta de 1887, para ser língua de comunicação internacional. ▸ Possui gramática muito simples e regular e utiliza as raízes das línguas europeias mais faladas, além de raízes latinas e gregas. Inicial por vezes maiúsc.

espessura PAP M.q. CORPO.

espetáculo Qualquer apresentação pública de teatro, canto ou dança, em palco, arena, praça pública etc.; *show*.

espiral do silêncio COMN POL PSIC.SOC Nos estudos de Elisabeth Noelle-Neumann (1916-2010), pressão crescente sentida pelo indivíduo que, por isso, deixa de manifestar sua opinião por se acreditar em minoria. ▸ A teoria de Noelle-Neumann é tanto uma afirmação sobre a reação psicológica de indivíduos que se sentem fora de compasso com o grupo que os cerca como uma crítica à maneira pela qual os institutos de pesquisa e os cientistas políticos formulam as questões com as quais pretendem investigar as tendências da opinião pública. Um exemplo do fenômeno ocorreu na eleição para presidente dos Estados Unidos em 1980. Se os pesquisadores tivessem perguntado "sem levar em conta sua opinião, quem você acha que vencerá as eleições?", e não "em quem você pretende votar?", os resultados seriam diferentes. Até os últimos momentos da eleição, as pesquisas indicavam um empate virtual entre os candidatos. Mas milhões de votos foram lançados para aquele que era percebido como vencedor e Ronald Reagan (1911-2004) ganhou o mandato presidencial. Os votantes resolveram, praticamente na boca da urna, votar naquele que o grupo preferia, seja por repúdio ao isolamento, seja para se alinharem com o vencedor. A opinião pública é, no entender de Noelle-Neumann, uma força capaz de controlar, silenciar, conduzir e influenciar os que se sentem isolados. Nesse processo, os meios de comunicação exercem um papel central na disseminação do que se entende ser a vontade coletiva. A mídia não reflete a opinião pública: ela é uma força criadora daquilo em que se acredita em sociedade. Apesar de ter sido acusada de simpatizar com o regime nazista alemão e de ter expressado preconceitos antissemitas em artigos jornalísticos, mas ao mesmo tempo celebrada como a elaboradora de uma sofisticada teoria psicológica, Noelle-Neumann exerceu grande influência nos estudos e nas pesquisas sobre comunicação política nos Estados Unidos e em outros países.

BIBLIOGRAFIA

NOELLE-NEUMANN, Elisabeth. *The spiral of silence: public opinion, our social skin*. Chicago: University of Chicago Press, 1993.

esporte **1** Conjunto de atividades físicas regulares, com fins de recreação e/ou de manutenção do condicionamento corporal e da saúde; desporte, desporto. **2** Cada uma dessas atividades; desporte, desporto. **3** Cada um dos jogos ou atividades que requerem destreza física, com observância de regras específicas (corrida, futebol, hipismo, natação, tênis etc.) ou o conjunto deles; desporte, desporto.

INFORMAÇÕES GERAIS

A multiplicidade quase interminável de esportes transmitidos e recebidos através de rádio, TV, jornais etc. justificaria o interesse sociológico por esses jogos e atividades. É, portanto, legítimo que haja um ramo da SOCIOLOGIA dedicado ao estudo das causas e dos efeitos sociais dos jogos. Mas não é apenas pela presença maciça dos esportes nos meios de comunicação contemporâneos que se pode falar numa dimensão sociológica do esporte. Eventos esportivos expõem os dramas da luta por uma excelência de desempenho e destreza física que transcende o meramente individual: esporte é sempre uma experiência coletiva. O nexo entre os espectadores e os esportistas dá freq. lugar a um conjunto de reações que explicitam como funciona uma sociedade específica, como se formam os mitos e os valores sociais que representam o grupo. Como os esportes começam pela adoção e a aceitação implícita de regras formadoras, não é difícil reconhecer que a analogia entre esporte e sociedade seja considerada legítima. Os esportes podem representar uma sociedade, ainda que alguns modos de desporto sejam mais capazes do que outros de despertar paixões e emoções que, devido à sua intensidade coletiva, parecem expressar seu inquestionável valor representativo no interior de um grupo. Por que um jogo como beisebol, fundado na ideia do desempenho claramente individualista do lançador da bola e do batedor com o taco, agrada e comove a sociedade individualista n.-am.? A resposta soa óbvia: no beisebol, os americanos reconhecem algumas categorias sociais básicas que lhes são introjetadas em seu processo de socialização. Não é apenas esse detalhe que confere sentido sociológico ao beisebol nos Estados Unidos. Usando critérios estatísticos, os narradores de beisebol nos meios de comunicação n.-am. reconhecem e celebram a excelência de um jogador, medindo-a individualmente, comparando o desempenho de hoje com o dos grandes jogadores do passado. Da mesma maneira que a sociedade n.-am. é definida por leis presumidamente democráticas, que regulam as interações dos atores sociais, o campo de beisebol tem um juiz em cada base, observando e tomando decisões sobre a validade dos atos. A lei está em todos os lugares e é igualmente válida para todos. O valor social e ideológico das leis nos Estados Unidos projeta-se num campo de esporte. A paixão brasileira pelo futebol também espelha categorias sociais: o juiz é facilmente visto como um inimigo do time pelo qual se torce e sua entrada em campo é, muitas vezes, acompanhada de vaias das duas torcidas. A situação no estádio expressa a mesma sensação de desconfiança da imparcialidade da justiça que se vê num ditado brasileiro: "para os amigos, tudo; para os inimigos, a lei". Ainda que, no Brasil, também se admire a habilidade dos jogadores, o individualismo é malvisto, pois jogar sozinho, sem pensar no sucesso do time, é sintoma de alguém "fominha". Parece que ambas as sociedades vivem o mesmo drama sociológico da justiça, mas é claro que o fazem de modos diferentes. Um dos atributos importantes dos jogos é que, por serem comportamentos determinados por sistemas de regras arbitrárias e autônomas, eles se prestam facilmente à criação de uma realidade própria que, certamente, vem de algum lugar: assim, para muitos intérpretes, é justo admitir que o esporte seja uma criação social. As regras que constituem os jogos são igualmente meios de se determinar socialmente se uma vitória esportiva é justa e aceitável, ou injusta e ilegítima. Mútuas, recíprocas e do conhecimento de todos (jogadores e plateia), as regras não definem o resultado dos jogos, apenas estabelecem a mecânica da disputa. No esporte, a relação entre regras e disputas é completamente diferente daquela que acontece num drama teatral e na linguagem ordinária. O esporte é a realização de um desempenho diante do qual as regras não são condutoras, como no drama e na fala gramatical: os desportos materializam-se no momento em que se desempenham as ações que levam à vitória ou à derrota. Atualização e regras misturam-se. Os esportes, como os jogos em geral, são maneiras de discriminar e legitimar socialmente os conflitos individuais numa sociedade: eles não se definem como mecânicas de aglutinamento de um grupo. Caso fosse assim, a sociologia do esporte seria pouco mais do que a vulgarização de um sociologismo óbvio. Ao se adequarem às regras partilhadas reciprocamente, os jogadores exibem qualidades individuais que têm um valor social que os discrimina e os distingue para seu grupo. Não é sem motivo que, desde os ancestrais jogos olímpicos na Grécia antiga, os esportistas sejam objeto de admiração, inveja e reverência. Os esportes criam mundos em que se desenvolvem racionalidades que o grupo reconhece como universais, além de fomentar uma experiência que é simultaneamente erótica e estética. A paixão que o esporte desperta depende de sua natureza densa, onde vários níveis de significado e de experiência interagem. Não somente os jogadores, mas o entusiasmo e a frustração dos espectadores contribuem para que os esportes propiciem uma experiência de alta densidade psíquica, emocional e sociológica.

BIBLIOGRAFIA
HELAL, Ronaldo. *O que é sociologia do esporte*. São Paulo: Brasiliense, 1990.
__________; LOVISOLO, Hugo; SOARES, Antonio Jorge. *Futebol, jornalismo e ciências sociais: interações*. Rio de Janeiro: Eduerj, 2001.

esquema 1 Figura que dá a representação muito simplificada e funcional de um objeto, movimento, processo etc.; esboço. 2 Descrição ou imagem mental restrita aos traços essenciais de um objeto, processo etc.; sinopse, plano, programa. 3 Estrutura, esqueleto de algo. 4 Resultado de um estudo que visa estabelecer normas, metas, cotas etc.; plano, planejamento, arranjo. 5 Maneira de gestão ou funcionamento; sistema, organização, método. 6 Plano instalado para a consecução de determinados objetivos. 7 FIL No kantismo, produto da faculdade humana da imaginação com a tarefa de estabelecer uma conexão entre as categorias puras do entendimento e a experiência sensível, o que permite a ocorrência do ato cognitivo.

esquerda alta TEAT Parte superior do palco, situada à esquerda de quem assiste da plateia. ▸ Abrev.: *EA*.

esquerda baixa TEAT Parte do palco situada à esquerda e na frente. ▸ Abrev.: *EB*.

esquete RÁD TEAT TV Rápida encenação, ger. cômica, em teatro, rádio ou televisão.

esquisso ART.PLÁST M.q. CROQUI.

essência 1 Aquilo que é o mais básico, o mais central, o estrutural, a mais importante característica de um ser ou de algo, que lhe confere uma identidade, um caráter distintivo. 2 A ideia central, o argumento principal; intenção, espírito. 3 FIL No platonismo, o ser verdadeiro, conhecível na medida em que o espírito supera o caráter enganoso e ilusório das impressões sensíveis, tornando-se apto à contemplação das formas eternas e imutáveis da realidade. 4 FIL No aristotelismo, conjunto de qualidades, propriedades e atributos universais que caracterizam a natureza própria de um indivíduo concreto, em oposição às alterações circunstanciais que possam eventualmente acometê-lo.

INFORMAÇÕES GERAIS

No vocabulário da filosofia, *essência* opõe-se a *acidente*. Essencial é o que participa do fundamento permanente do ser, enquanto que o acidental é contingente e sofre mudanças. Essência é o conceito que guia a atividade filosófica desde quando, no sVI a.C., Parmênides de Eleia a identificou como a pergunta mais importante a ser respondida. Ainda que haja uma imensa variedade de respostas e tons de sutilezas que matizam e diferem séculos de pensamento filosófico, a questão da essência infiltra-se no raciocínio sob a forma de uma pergunta: "o que é isto?", "qual é sua essência?". Isto é, se a pergunta não demandar apenas um ato de apontar e sim uma reflexão sobre as propriedades estruturais (e não apenas materiais) que dão forma a um conhecimento ou indivíduo e que são, assim, vistas como se fossem uma substância. As respostas essencialistas à pergunta "o que é isto?" presumem que o objeto do pensamento tem uma ou mais propriedades estruturantes que se expressam por definições que o descrevem (cf. DEFINIÇÃO). Acredita-se que o conhecimento gerado pela definição será uma explicação certa e precisa, pois captura uma propriedade imutável do objeto. Teorias que veem a cultura, a sociedade, a estruturação subjetiva ou as posições de classes como formadoras da identidade de indivíduos singulares adotam modos modernos das antigas doutrinas essencialistas. ▸ Cf. ESSENCIALISMO.

BIBLIOGRAFIA
WAHL, Jean. *El ser, la existencia, la realidad*. Mexico: Fondo de Cultura Económica, 1997.

essencialismo FIL LÓG Doutrina filosófica, metafísica ou cognitiva que afirma a existência de essências em objetos, o que cria uma distinção entre predicações essenciais e acidentais. ▸ O essencialismo postula que os objetos, por terem ESSÊNCIA, são unificados por propriedades necessariamente comuns a todas as coisas que participam da mesma classe. Para autores antigos que seguiram os passos de Aristóteles (384 a.C. - 322 a.C.), as discussões sobre essências começam com a distinção entre 'o que' e 'como' um objeto é. Por isso, há a necessidade de separar essência de atributo: uma essência manifesta-se pela presença de atributos, que não são sua essência, mas dela participam. Cada essência é um universal de uma classe de coisas que podemos conhecer por meio de sua DEFINIÇÃO. A tarefa de uma definição é identificar e apresentar as propriedades universais de um objeto existente, seja ele físico, mental ou psicológico. Por isso, definir era entendido como a maneira primordial do conhecimento. Mas, como resultado da influência teórica dos pensadores empiristas, a discussão sobre essência passou a ser considerada improdutiva (cf. EMPIRISMO). A especulação metafísica do essencialismo clássico parecia uma miragem, uma busca do que não se pode experimentar e que, por isso, não se pode conhecer. Se pensar é atribuir qualidades a algo, o que importa, para a filosofia empirista, não são os termos da atribuição, mas a relação entre eles. Enquanto na filosofia especulativa clássica, seja ela grega ou medieval, os atributos eram interiorizados numa essência, para o empirismo moderno, essa interioridade é desbancada pela exterioridade empírica das relações entre eles. Agora, o que se vê é um deslocamento radical de interesse: definir passa a ser simplesmente apresentar as significações arbitrárias e convencionais que os termos ou as palavras definidas assumem. Tanto John Locke (1632-1704) como David Hume (1711-1776) veem, em termos lógicos, como necessidade apenas a presença de um sinal linguístico que expressa uma relação lógica, mas que não é projeção de uma natureza essencial. Locke distingue radicalmente 'essência real' de 'essência nominal': a real é 'uma constituição desconhecida', enquanto sabemos da essência nominal através daquilo que seu nome corretamente invoca. Até meados do sXX, devido à influência do BEHAVIORISMO de autores como Willard van Orman Quine (1908-2000), a discussão e o pensamento sobre essências pareciam estar enterrados de vez. Mas, por meio do que veio a ser chamado de 'semântica modal', a questão das essências ressurgiu na forma da afirmação e demonstração lógica de que uma verdade necessária é aquela que é verdadeira em todos os mundos possíveis. Por esse motivo, o essencialismo contemporâneo que Saul Kripke (1940-) defende não está em busca especulativa de entidades essenciais: o problema da essência passou a ser parte do estudo da modalidade lógica dos quantificadores de uma sentença cognitiva. Em outro registro, o interesse do pensamento social recente sobre como se faz a identidade de um grupo composto de indivíduos conferiu sobrevida a questões essencialistas, que pareciam estar excluídas de vez do pensamento contemporâneo. A cultura e a estrutura social seriam o que confere identidade a um grupo e seus atores sociais.

BIBLIOGRAFIA

AUBENQUE, Pierre. *El problema del ser en Aristoteles*. Madrid: Taurus, 1982.

LOCKE, John. *Ensaio sobre o entendimento humano*. Lisboa: Calouste Gulbenkian, 2010.

HUME, David. *A treatise of human nature*. Harmondsworth: Penguin, 1969.

KRIPKE. Saul. *Naming and necessity*. Cambridge: Harvard University Press, 1980.

essencialismo metodológico FIL Segundo Karl Popper (1902-1994), uma atitude filosófica, que se forma a partir das doutrinas platônicas e aristotélicas, e que afirma ser o objetivo da atividade científica penetrar a essência das coisas com o propósito de explicá-las. ▶ Em *A pobreza do historicismo*, Popper critica radicalmente a demanda de que conhecer seja identificar e compreender uma essência. Os que assumem essa postura teórica acreditam, sem motivo, que exista uma resposta para o significado real e essencial dos termos que conduzem uma investigação científica. A resposta ideal seria a descrição completa da essência. O essencialismo metodológico acaba sendo uma busca vazia, cujo produto final é um mero verbalismo, incompatível com as exigências empíricas do conhecimento científico. ▶ Cf. ESSÊNCIA; ESSENCIALISMO.

BIBLIOGRAFIA

POPPER, Karl. *The poverty of historicism*. London: Routledge & Kegan Paul, 1976.

establishment [ing.] SOC Grupo de indivíduos com poder e influência em determinado segmento social ou campo de atividade. ▶ A análise crítica dos meios de comunicação presume, implicitamente, que a CLASSE, ou o grupo que toma decisões a respeito do financiamento e da distribuição de produtos de comunicação, compõe-se de pessoas com formação social, especialização profissional e interesses de classe semelhantes. Num universo econômico que tende à formação de conglomerados, a ideia ou suspeita de um plano conspiratório é tentadora, principalmente quando sugere uma explicação relativamente uniforme para certas tendências de escolha e planejamento de mídia. Mesmo que careça frequentemente de identificação ou prova empírica, essa hipótese de trabalho faz-se presente em analistas, tanto de esquerda como de direita. Os de esquerda supõem uma conspiração do ESTAMENTO capitalista e os de direita falam numa espécie de lavagem cerebral da audiência que é contaminada por ideias liberalizantes e esquerdistas. ▶ Cf. CONSENTIMENTO.

estação 1 RÁD TV Centro emissor de rádio e televisão. **2** TEL Conjunto de equipamentos e instalações que se destinam à emissão, retransmissão ou recepção de sinais de telecomunicações.

estação atendida TEL Centro emissor de telecomunicação que conta com uma equipe de manutenção em regime de tempo integral.

estação móvel TEL Aparelho celular móvel. ▶ Sigla: *EM*.

estação semiatendida TEL Centro emissor de telecomunicação que conta com uma equipe de manutenção em regime de tempo parcial.

Estadão JOR Ver ESTADO DE S. PAULO, O.

Estado de S. Paulo, O JOR Jornal diário brasileiro, sediado na cidade de São Paulo, distribuído nacionalmente pelo Grupo Estado e de propriedade exclusiva da família Mesquita desde 1902. ▶ Inicialmente chamado de *A Província de S. Paulo*, o jornal começou a ser produzido em 1875 com quatro páginas e 2.025 exemplares. Em 1889, seu nome passou a ser *O Estado de S. Paulo*. O linguajar popular refere-se ao jornal como Estadão. De linha política conservadora e defensor de teses neoliberais na economia, *O Estado de S. Paulo* é um influente jornal no cenário brasileiro, tendo reagido à censura militar na década de 1960; no lugar de matérias censuradas, publicava versos do poeta português Luís de Camões. Após uma crise econômica na década de 2000, o jornal reestruturou-se gráfica e editorialmente, tendo atualmente uma circulação de mais de 250 mil exemplares diários em média, sendo que 160 mil circulam pela região metropolitana de São Paulo.

estado de um acorde MÚS Classificação de um acorde a partir de uma nota que ocupa o baixo; face.

estamento SOC Grupo de indivíduos com análoga função social e influência em determinado campo de atividade. ▶ Cf. CLASSE.

estampa 1 BIBL Ilustração fora do texto, em folha solta, em papel de melhor qualidade e com numeração própria. **2** GRÁF GRAV Figura impressa em papel, tecido, couro etc. por meio de chapa gravada de metal ou madeira, de pedra ou outro material duro; prancha.

estampar 1 GRÁF Imprimir, reproduzir por molde ou matriz. **2** EDIT Publicar.

estampar a frio GRÁF M.q. GOFRAR.

estampar a seco GRÁF M.q. GOFRAR.

estande PUB MKT Em uma exposição ou feira, espaço reservado a cada expositor.

estanga 1 PAP Tubo de ferro, papelão ou madeira us. para enrolar papel, nas máquinas de acabamento e na enroladeira. **2** GRÁF M.q. SABUGO ('eixo').

estante 1 Móvel com prateleiras intervaladas, destinado à exposição de livros, revistas, materiais impressos. **2** MÚS Acessório ou móvel portátil, provido de uma peça inclinada que serve de suporte para partituras musicais. **3** MÚS Classificação hierárquica de instrumentistas de cordas, por sua posição em relação ao pódio.

estática RÁD Ruído nos aparelhos de rádio provocado pela eletricidade atmosférica.

estático LING Que expressa um estado, sem nenhuma ação ou mudança, (diz-se de aspecto). ▶ P.ex. o verbo *ser*, p.opos. a *tornar-se*.

estatística 1 EST Qualquer coleta de dados quantitativos. **2** MAT Ramo da matemática que trata da coleta, análise, interpretação e apresentação de massa de dados numéricos.

INFORMAÇÕES GERAIS

Para pesquisadores de mercado e um segmento dos estudiosos de comunicação, as técnicas estatísticas são consideradas instrumentos fundamentais no seu trabalho interpretativo. O que a análise estatística revela seria uma propriedade ou uma característica estruturante do universo pesquisado. Acredita-se que, quanto mais uma tendência for confirmada estatisticamente, mais verdadeira ela será. Nesse sentido, as análises estatísticas restringem-se a recensear um universo. A regularidade estrutural em universos restritos faria da análise estatística um método eficaz, já que as reações individuais dos pesquisados seriam previsíveis. Mas o que fazer com o caso de um universo extremamente extenso como o da comunicação de massa, sem contar com a imensa variabilidade das tendências psicológicas humanas que se misturam a fatores sociais, culturais etc.? De acordo com alguns estudiosos norte-americanos da comunicação, o uso de métodos estatísticos é sinônimo de cientificidade. Há quem diga que a quantificação estatística não é apenas uma maneira de examinar um universo estudado, mas a única maneira de fazê-lo cientificamente (cf. CONFIRMAÇÃO; CIENTIFICISMO), já que a intuição, a tenacidade, o senso comum, a experiência pessoal, a autoridade e a racionalidade dedutiva produzem conclusões invariavelmente insustentáveis empiricamente. Mas alguns passos básicos precisam ser seguidos para que se obtenha o que seria um conhecimento cientificamente objetivo. O pesquisador deve querer entender um fenômeno problemático, para o qual formulará uma conclusão teórica de cunho hipotético. As conclusões hipotéticas serão testadas por experimentos planejados com o fenômeno em mente. Os testes apresentarão resultados quantitativos que determinarão a validade ou não da hipótese explicativa inicial. A abordagem estatística valoriza prioritariamente as reações dos indivíduos testados, que são considerados mais centrais como fonte de saber do que qualquer literatura científica publicada sobre o assunto. Frequentemente, as análises estatísticas em comunicação padecem de um antiteoricismo que nem sempre contribui para um entendimento sólido dos fenômenos da comunicação de massa. Em síntese, é somente através dos dados e das reações coletadas quantitativamente que as hipóteses de trabalho serão consideradas corretas, passíveis de modificação ou inválidas. Para isso, o pesquisador terá de interpretar os dados que os testes revelam. Nesse ponto, o critério de significação estatística é considerado fundamental: uma hipótese que tenha uma variação menor do que 0,5 será considerada como evidência confirmativa da hipótese, pois a variação diante da maioria quantitativa obtida é da ordem de 5 para 100 ou de 1 para 20 respostas, o que a tornaria irrelevante. Os desvios diante da resposta padrão e uniforme seriam produto do acaso. Mesmo que os defensores desse tipo de análise acreditem piamente na análise quantitativa dos dados estatísticos, algumas perguntas precisam ser respondidas. Como avaliar a variabilidade estatística numa vasta AMOSTRAGEM? Basta a mera ocorrência estatística abaixo de um determinado valor numérico? São todas as ocorrências igualmente relevantes a tal ponto que nenhum outro tipo de avaliação se faça necessário? Como resolver o problema da assimetria entre a confirmação e falsificação nos conhecimentos empíricos, expresso da seguinte forma: por mais que haja registros confirmativos de uma hipótese, é preciso não mais do que um caso desviante significativo para que a regra seja falsificada? O problema aqui é, portanto, avaliar o que seja um desvio irrelevante e outro falsificador. Isso é sempre estabelecido, não por análises estatísticas, mas por avaliação qualitativa. A suposição de que o universo pesquisado seja uniforme e sem variações qualitativas é especulativa e próxima do metafísico: não se trata de algo estabelecido empiricamente e de uma vez por todas. Apesar dessas críticas potenciais, o método estatístico é frequentemente usado nos estudos derivativos da psicologia experimental. ▸ Cf. EMPIRISMO.

BIBLIOGRAFIA
WILLIAMS, F. N. *Reasoning with statistics*. New York: Holt, Reinhardt & Winston, 1992.
WIMMER, R. D.; DOMINICK, J. R. *Mass communication research*. Belmot: Wadsworth, 1994.

estêncil 1 Material (p.ex., folha de papel, metal, camada fina de cera, tecido de lã) que se perfura com um desenho ou um texto, e que é us. para imprimir (o desenho ou o texto) sobre uma superfície, ger. de papel, fazendo-o rolar ou premindo tinta através dos orifícios que compõem o desenho ou as letras do texto. 2 GRÁF Folha de papel fino especial, que recebe gravações na forma de pequenas perfurações obtidas com o uso de máquina de escrever e estilete, para servir de matriz para a impressão por mimeógrafo. 3 GRÁF Folha de papel impregnado ou revestido de tinta especial que transfere para o papel, ao ser umedecida com álcool, os textos ou desenhos nela gravados, permitindo a produção de cópias por meio de hectógrafo ou copiógrafo.

estendido GRÁF M.q. EXPANDIDO.

[1]**estéreo** ACS REC.AV Aparelho de som que utiliza a técnica de ESTEREOFONIA.

[2]**estéreo** ACS Red. de ESTEREOFÔNICO.

estereofonia ACS REC.AV 1 Técnica de gravação, transmissão e reprodução de sons que reconstitui a distribuição das fontes sonoras, emitindo os sons em dois canais para dois ou mais alto-falantes, pelo que se obtém o efeito de relevo acústico. 2 Qualidade de estereofônico.

estereofônico ACS MÚS Relativo à estereofonia. ▸ Tb. se diz apenas *estéreo*.

estereografia GRÁF 1 Conjunto dos processos e técnicas envolvidos na criação de estereogramas. 2 Qualquer dos processos gráficos em que a impressão é obtida através das partes em relevo ou da matriz (como, p.ex., na tipografia, fotogravura, xilogravura etc.); impressão de relevo.

estereograma 1 FOT Par de fotografias obtidas com um estereoscópio ou câmara de objetiva dupla. 2 ART.PLÁST Imagem bidimensional capaz de provocar ilusão de tridimensionalidade quando observada no ângulo de convergência correto a olho nu, sem a necessidade de qualquer dispositivo especial. 3 FOT GRÁF Qualquer imagem bidimensional (anáglifo, aerofotograma, par estereoscópico, autoestereograma etc.) que, isolada ou em par, com uso de dispositivos (visor, óculos etc.) ou a olho nu, proporcione a ilusão de profundidade e relevo.

estereogrametria FOT Aplicação da estereoscopia ('processo fotográfico') nas atividades de fotogrametria.

estereoscopia CINE FOT 1 Processo fotográfico e posterior projeção de imagens que dão à imagem plana a impressão de relevo, por ser o objeto fotografado ou filmado, simultaneamente, em duas perspectivas diferentes, utilizando-se da câmara com duas objetivas, uma a certa distância da outra. 2 Visão tridimensional que se obtém de um objeto assim fotografado ou filmado, usando visores ou óculos que adaptam cada olho a uma das imagens. ▸ Cf. BINOCULAR.

estereótipo 1 Algo que se adequa a um padrão fixo ou geral. 2 Esse próprio padrão, ger. formado de ideias preconcebidas e alimentado pela falta de reconhecimento real sobre o assunto em questão. 3 Aquilo que é falto de originalidade; banalidade, lugar-comum, modelo, padrão básico.

INFORMAÇÕES GERAIS

O recurso à identificação de estereótipos é de utilidade para abordagens semânticas, uma vez que a submissão de um termo a uma classe (que é a mecânica do estereotipar) indica as nuances de significado do termo em questão. Mas quando o problema é ético ou político, o estereótipo beira o preconceito, pois se desconsidera a singularidade individual, enfim, submetendo-a ao que é percebido, muitas vezes incorretamente, como regra rígida e imutável. Tanto num como noutro caso, estereotipar se faz por generalização.

estesia FIL Capacidade de perceber sentimento de beleza. ▸ Cf. ESTÉTICA.

estética 1 Harmonia das formas e/ou cores; beleza. 2 FIL Parte da filosofia voltada para a reflexão a respeito da beleza sensível e do fenômeno artístico. 3 FIL Segundo o criador do termo, o filósofo alemão Alexander Baumgarten (1714-1762), ciência das faculdades sensitivas humanas, investigadas na sua função cognitiva particular, cuja perfeição consiste na captação da beleza e das formas artísticas. ▸ Em *Estética*, livro extenso e que deixou inacabado, após nele trabalhar por quase uma década, de 1750 a 1758, Baumgarten defendeu a tese de que as obras de arte são objetos complexos, simultaneamente intelectuais e sensitivos e que, portanto, não podem ser considerados como simples representações de conteúdos mentais. 4 FIL No kantismo, estudo dos juízos por meio dos quais os seres humanos afirmam que determinado objeto artístico ou natural desperta universalmente um sentimento de beleza e sublimidade. ▸ O filósofo Immanuel Kant (1724-1804) reserva a palavra *estética*, chamando-a mais precisamente de *estética transcendental*, para a investigação dos princípios e formas apriorísticas que antecedem a experiência e conduzem a captação humana da realidade por meio dos sentidos. Apesar de o termo 'estética' ser também usado para a reflexão sobre a arte e a beleza, Kant vê o belo como produto de um julgamento. A estética transcendental é um momento de fundação na sua obra, que tinha por objetivo legitimar a autoridade da razão que as filosofias empiristas haviam seriamente comprometido. Se o empirismo britânico estivesse completamente certo, como explicar a existência de saberes não empíricos, como o da matemática? O que David Hume (1711-1776) dizia, ou seja, que a matemática é o resultado da associação de ideias, não pode ser satisfatório, já que a matemática nada tem a ver com o psicologismo que caracteriza o elo entre representações mentais. Existem, Kant afirma, conhecimentos que se formam *a priori* e que ordenam a sensibilidade. Antes de formular, com firmeza, os argumentos da seção "A estética transcendental" na *Crítica da razão pura*, de 1781, Kant já discutira os princípios comuns da sensibilidade e da inteligibilidade. Na sua dissertação de 1770, *Sobre a forma e princípios do mundo sensível e inteligível*, Kant acredita que o conhecimento de espaço e tempo sublinha as aparências e nos permite abordar questões do mundo estritamente inteligível, tais como Deus, moralidade etc. No intuito de provar que os *a priori* espaço e tempo antecedem a experiência, Kant pergunta-se se podemos imaginar espaço e tempo sem coisas existentes. A conclusão de Kant é que é possível pensar o espaço e o tempo sem coisas, mas não podemos pensar coisas que não tenham, em si mesmas, espaço e tempo. Logo, espaço e tempo antecedem e formam o que podemos experimentar. Kant não nega a existência de conhecimentos empíricos, mas diz que isso não deve opor razão e experiência. O aparato constitutivo da razão é um instrumental sem o qual não podemos conhecer. Assim, o conhecimento matemático funda-se nos *a priori*, que são espaço e tempo. Na *Crítica do juízo*, Kant distingue o sentimento de beleza natural daquele produzido artisticamente. Para ele, a arte é a representação bela de alguma coisa. A arte não se confunde com a natureza porque deve ser reconhecível como tal. Arte é criação suprema que media universalidade e subjetividade, puro sentimento de beleza e exercício subjetivo da genialidade. O gênio confere regra à arte, que deixa de ser o produto de imitação e se transforma em algo a ser seguido. Por tudo isso, a produção estética deve ser entendida como resultado de uma culminância que se manifesta ao longo do tempo. Além de sugerir uma abordagem histórica da estética que será, mais tarde, apropriada por Hegel (1770-1831), Kant define a estética como o estudo das regras e das convenções criadas e descobertas pelo gênio artístico. 5 FIL No hegelianismo, estudo da beleza artística, que apresenta, em imagens sensoriais ou representações sensíveis, a verdade do espírito, do princípio divino ou da ideia. ▸ Em *Lições sobre a estética*, Hegel (1770-1831) demonstra claro desconforto com as conotações da palavra *estética* que evocam o superficial, o aparente e o que for meramente sensorial. Adotar, sem qualificação, o termo *estética* seria empobrecer a maneira pela qual a arte deve ser entendida. No sistema hegeliano, a arte é produto do espírito que se manifesta, superficialmente, como forma sensível e encarna o que há de mais elevado na dimensão humana, comparável e equivalente às religiões e aos textos filosóficos. Acreditando que, na arte, o Ser representa-se como belo, Hegel apresenta uma visão civilizatória do fazer artístico que se distingue da natureza e que pertence, portanto, à ordem da cultura.

INFORMAÇÕES GERAIS

A discussão sobre a natureza e os efeitos da obra de arte está claramente presente na obra filosófica de Platão (c428 a.C. - 348 a.C.). No *Íon*, Platão apresenta Sócrates (c469 a.C. - 399 a.C.) discutindo o papel dos intérpretes, mais precisamente os declamadores de Homero (prov. sVIII a.C.), na apreciação dos poemas. Sócrates afirma que, se Homero e os outros poetas eram intérpretes da Musa, o que os declamadores (rapsodos) fazem é interpretar uma interpretação. Poetas e declamadores dramáticos são levados por uma força que não controlam e que os guia. O ofício dos que criam produtos artísticos é diferente dos que exercem a profissão de médico, pescador, navegador e carpinteiro, pois não seguem regras, mas apenas essa inspiração de natureza divina. O ofício dos artistas é, por isso, irrepetível. A comparação com os outros trabalhadores na cidade grega revela que o fazer artístico é mutante e proteico e que por isso não pode ser considerado um saber. O livro X de *A república* indaga qual o lugar que o artista teria na sociedade ideal. A resposta platônica é famosa: o artista deve ser coroado de louros e expulso da república, por ser um fomentador de ilusões. Ao qualificá-lo lado a lado com o sofista, Platão tem em mente os artistas gregos da época, que se esmeravam em apresentar a aparência de realidade sensível, criando efeitos representativos de profundidade em superfícies bidimensionais ou forjando distorções de colunatas nos templos da Acrópole, para que o espectador as visse como retas. Tudo isso não passava de uma disseminação de falsidades. A postura platônica de críca à obra de arte tem menos a ver com o que a constitui e mais com os efeitos sociais que fomenta, pois a filosofia platônica parte do princípio de que o que nos vem através das faculdades sensitivas só pode ser fonte de erro e equívoco; algo completamente distante do interesse de Alexander Baumgarten (1714-1762), pois o filósofo alemão do sXVIII refere-se a *estética* como o senso de BELEZA que se descobre e se encontra no mundo natural e que se reproduz nas obras de arte. Outra distinção caracteriza a discussão da Antiguidade sobre as obras estéticas e a filosofia moderna. Os antigos, como Platão e Aristóteles (384 a.C. - 322 a.C.), julgavam a obra segundo critérios externos, sejam eles epistemológicos, morais ou sociais, enquanto que a modernidade se esmera em entender o que internamente define e constitui a criação da beleza artística. Ainda que Baumgarten tenha aberto o caminho para o ramo da filosofia que hoje se chama estética, o ímpeto e formulação do edifício intelectual sobre o qual repousa a discussão contemporânea sobre arte está na obra de Immanuel Kant (1724-1804). Para ele, o juízo estético é uma dimensão importante da vida humana e por isso uma de suas três *Críticas*, que está ao lado das questões da razão e da moral, é aquela que trata do julgamento estético e expressa a subjetividade dos que contemplam as obras de arte. Os seres humanos são mais do que racionais e morais: a humanidade manifesta-se pela experiência subjetiva de beleza. Do núcleo de ideias formuladas por Kant, a discussão da obra de arte ramificou-se como expressão, seja da história, seja do sujeito. Kant projeta-se na filosofia hegeliana e nos autores e filósofos românticos que viram a obra não mais em termos de verdade e conhecimento, como fizeram Platão e Aristóteles, mas como imaginação e consciência. A análise freudiana da obra de arte como expressão reveladora dos impulsos inconscientes de seu criador é tributária das concepções estéticas do romantismo, que não seria possível sem a filosofia kantiana. O marxismo e o feminismo, de maneira complementar, transformaram a obra de arte na expressão do que é coletivo e ideológico, tanto como reflexo da sociedade e de seus mecanismos de opressão, como de ensino. Uma multiplicidade de perspectivas teóricas projeta-se sobre a questão estética. Martin Heidegger (1889-1976) vê a obra de arte como a morada ontológica do Ser; Maurice Merleau-Ponty (1908-1961) acredita que os objetos artísticos são esclarecidos pela fenomenologia da percepção vários estruturalistas procuram entender a arte como uma linguagem etc. O que hoje se verifica nos estudos estéticos é uma dissolução de fronteiras que separavam, no mundo antigo e no início da modernidade, a arte de outras formas de expressão. A cultura de massa infiltrou-se no domínio artístico e os produtos de consumo estetizaram-se como nunca fora possível. Nesse ambiente cognitivo, a unidade da estética como disciplina pode ser seriamente questionada. Ciências que nada pareciam ter a ver com a criação de imagens, música e poesia mostram-se capazes de esclarecer aspectos da constituição de um objeto artístico, como no caso de neurologistas que examinam a geração e a recepção de mensagens visuais com base em pesquisas científicas de suas disciplinas. É o que faz Semir Zeki (1940-), importante neurologista, que examina as reações cerebrais diante dos elementos da arte, como cores, formas, direções etc. e que estaria contribuindo para uma neuroestética. Zeki argumenta, convincentemente, que os artistas podem até desconhecer as especializações funcionais do aparelho neurológico, mas sabem, sem dúvida e certamente de modo intuitivo, como o cérebro visual funciona. Sem o interesse na autonomia da obra de arte que Kant estimulou seriam impossíveis as discussões formalistas e semióticas de como a arte é um instrumento comunicativo vital para a experiência moderna.

BIBLIOGRAFIA

HAMILTON, Edith; CAIRNS, Huntington (ed.). *The collected dialogues of Plato, including the letters*. Princeton: Princeton University Press, 1989.

HEIDEGGER, Martin. *A origem da obra de arte*. Lisboa: Edições 70, 2010.

KAMAL, Salim. *Kant and fine art: an essay on Kant and the philosophy of art and culture*. Oxford: Clarendon Press, 1986.

KANT, Immanuel. *Crítica da faculdade do juízo*. Rio de Janeiro: Forense Universitária, 2005.

__________. *Escritos pré-críticos*. São Paulo: Unesp, 2008.

__________. *Crítica da razão pura*. São Paulo: Martin Claret, 2004.

MERLEAU-PONTY, Maurice. *O visível e o invisível*. São Paulo: Perspectiva, 2003.

METZ, Christian. *A significação no cinema*. São Paulo: Perspectiva, 1972.

ZEKI, Semir. *Inner vision: an exploration of art and the brain*. Oxford: Oxford University Press, 1999.

esteticismo FIL Doutrina comum a filósofos como Friedrich Schelling (1775-1854) ou Friedrich Nietzsche (1844-1900) que concebe a dimensão estética, a experiência estética e a fruição do belo como aspectos fundamentais ou primordiais da condição humana que subordinam, orientam ou determinam processos cognitivos, julgamentos morais ou investigações metafísicas. ▸ Cf. ESTÉTICA.

estilística **1** Arte de escrever de forma apurada, elegante. **2** LING LIT Ramo da linguística que estuda a língua na sua função expressiva, analisando o uso dos processos fônicos, sintáticos e de criação de significados que individualizam estilos.

estilo **1** Maneira de exprimir-se, utilizando palavras, expressões, jargões, construções sintáticas que identificam e caracterizam o feitio de determinados grupos, classes ou profissões. **2** Conjunto de traços que identificam determinada manifestação cultural. **3** Maneira de escrever que segue o padrão social de correção e elegância. **4** Conjunto de características formais que distinguem e qualificam um objeto segundo o modo e a época em que foi produzido. **5** Modo pessoal, singular, de realizar ou executar algo (falando-se de figuras importantes no âmbito do esporte, cinema, dança etc.). **6** ART.PLÁST CINE FOT LIT MÚS TEAT Conjunto de tendências e características formais, conteudísticas, estéticas etc. que identificam e distinguem uma obra, um artista, um escritor etc. ou determinado período ou movimento. **7** LING Cada um dos graus de formalidade de um discurso escrito ou falado; registro. **8** SOC Conjunto de tendências, gostos, modos de comportamento característicos de um indivíduo ou grupo.

INFORMAÇÕES GERAIS

Em clara correlação com sua origem etimológica, que remonta à palavra latina *stilus* ou *stylus* ('varinha pontuda; estilo, ferro pontudo com que se escrevia em tábuas enceradas'), o termo *estilo* é us. em várias acepções, sendo, portanto, muitas vezes definido como 'marca, traço peculiar de um escritor ou de um texto'. No vocabulário clássico, *estilo* caracteriza-se pela relação entre entre um enunciado e um enunciador, seja ele um indivíduo ou um grupo ('escola'). Seguindo o receituário da retórica aristotélica, na avaliação clássica dos estilos, considera-se, prioritariamente, se há adequação entre meios e fins, entre as finalidades almejadas pelo emissor e a audiência que recebe a mensagem. Em termos linguísticos modernos, o problema do estilo transcende o domínio dos códigos formadores da expressão e centra-se no que é parte da mensagem e da fala. Só quando um estilo é admirado a ponto de ser considerado canônico é que se pode introduzir nas discussões estilísticas referências a uma normatividade que facilmente caminha no sentido de expressar o espírito de uma época, seus gostos dominantes e opções estéticas. Mesmo sem um teor normativo, a questão do estilo centra-se freq. num julgamento do que foi expresso. O interesse pelo tema adquire menor relevância nas teorizações recentes por dois motivos básicos: 1) a personalização da expressão passou a ser tema dos estudos psicológicos, psicanalíticos, linguísticos e pragmáticos; 2) a expressão marcadamente individual é mais uma raridade do que um fato corriqueiro, numa sociedade em que prevalece a industrialização da cultura.

---

estilógrafo M.q. CANETA-TINTEIRO.

estímulo 1 FISL Qualquer agente externo ou interno, ou ato, que provoque uma reação motriz, glandular, funcional ou metabólica em um órgão receptor ou tecido excitável. **2** PSIC Todo processo, hipotético ou observado no organismo, que provoca um comportamento preciso. **3** PSIC Parte do mundo exterior de complexidade variável, cuja mudança qualitativa e/ou quantitativa gera reações correspondentes, proporcionais aos graus e tipos dessa mudança, e capazes de serem distinguidas quanto à qualidade e quantidade. ▶ Cf. ANTIMENTALISMO; BEHAVIORISMO; PAVLOV, IVAN P.

estímulo condicionado PSIC O que originalmente era neutro e ineficaz para dada resposta e que, através de procedimento experimental de condicionamento, tornou-se capaz de gerar aquela resposta. ▶ Cf. BEHAVIORISMO; PAVLOV, IVAN P..

estocástica EST MAT Emprego para o uso estatístico do cálculo de probabilidade.

estocástico 1 EST MAT Relativo à estocástica. **2** EST MAT Diz-se do que depende ou resulta de uma variável aleatória. **3** LING Diz-se de modelo linguístico no qual a língua é definida como um mecanismo que produz sequências de símbolos (as frases) cujo símbolo inicial é livre e cada símbolo seguinte é determinado pelo modelo que o precede, segundo o processo MARKOVIANO. **4** MÚS Diz-se de composição vanguardística do sXX feita a partir de critérios estatísticos.

estoicismo FIL Doutrina fundada por Zenão de Cítio (c335 - c264 a.C.), e desenvolvida por várias gerações de filósofos, que se caracteriza por uma ética em que a imperturbabilidade, a extirpação das paixões e a aceitação resignada do destino são as marcas fundamentais do homem sábio, o único apto a experimentar a verdadeira felicidade.

estourar 1 EDIT GRÁF JOR Ir além dos limites estabelecidos numa página impressa. **2** JOR Exceder o espaço reservado para uma fotografia, gráfico, ilustração etc. **3** TV Ultrapassar os limites da luminosidade de uma imagem, distorcendo-a. **4** TV Estender-se além do tempo reservado para um determinado programa.

estranhamento TEAT M.q. DISTANCIAMENTO.

estratégia 1 Plano de ação. **2** MKT Planejamento operacional que tem por objetivo conquistar e dominar segmentos de um mercado.

estratificação 1 EST Operação que, numa sondagem, consiste em distribuir determinados estratos por conjuntos que se querem estudar. **2** SOC Processo de diferenciação das diversas camadas sociais que compõem uma sociedade, agrupadas a partir de suas relações e dos valores culturais, o que vem a constituir sua separação em classes, estados ou castas. ▶ Cf. CLASSE.

estratificar SOC Dividir em segmentos (população, grupo social etc.) segundo um princípio hierárquico.

estrato 1 EST Amostra que reúne unidades mais ou menos homogêneas entre si. **2** SOC Conjunto de indivíduos cujas características socialmente significativas são semelhantes.

estreia CINE TEAT A primeira apresentação de um filme ou peça teatral.

estreito GRÁF Diz-se de letra que apresenta largura menor do que a medida normal de sua fonte e corpo. ▶ P.opos. a [1]LARGO, ESTENDIDO, EXPANDIDO.

estrela CINE TEAT TV Atriz ou artista famosa, muito cotada pelo público.

estrelato M.COM Condição de alguém que atingiu o apogeu em uma carreira ou atividade artística; fama, glória.

estrelismo Comportamento característico de quem, sendo ou não astro ou estrela, exige ser tratado como tal, chegando, por vezes, à arrogância; vedetismo.

estrutura 1 Organização, disposição e ordem dos elementos essenciais que compõem um corpo (concreto ou abstrato). **2** Processo de construção. **3** Modo de construção, formação. **4** Organização das partes em função de algo de cunho genérico ou global. **5** Aquilo que dá sustentação (concreta ou abstrata) a alguma coisa; armação, arcabouço. **6** Parte essencial de (fenômeno, pensamento, ideia etc.) complexo e abstrato. **7** Constituição emocional, resistência psicológica. **8** Agregação, reunião de elementos que compõem um todo e a sua inter-relação com esse todo. **9** BIO Conjunto ou disposição dos diversos órgãos e partes que constituem um organismo. **10** BIO Distribuição ordenada das células e tecidos em um organismo. **11** FIL Na terminologia marxista, constituição econômica da sociedade, marcada pelas relações de poder e de trabalho e que, em última instância, determina a superestrutura; infraestrutura. ▶ Cf. CLASSE. **12** LING Rede de associações que se constroem a partir de correlações e oposições entre elementos linguísticos. **13** PSIC Princípio de explicação da unidade da experiência vivida. **14** SOC O conjunto das relações e inter-relações de uma cultura, como costumes, família, ordem judicial etc. **15** SOC Sistema de crenças e valores religiosos pertencentes aos membros de um grupo social.

INFORMAÇÕES GERAIS

Há pontos de encontro nas várias acepções do termo 'estrutura', resultantes da maneira pela qual não apenas o senso comum e a linguagem ordinária, mas também as disciplinas mais variadas reconheceram ser o conteúdo possível dessa palavra. Em muitas acepções, a palavra 'estrutura' sugere ordem, construção, organização etc., que se faz a partir da reunião e da associação de elementos singulares que não são o sistema estruturante *per se*, mas que dele resultam. Fala-se, portanto, de estrutura como o resultado de uma relação entre elementos materiais; o produto de uma construção ordenadora, que antecede a relação entre coisas; o efeito de uma organização de narrativas ficcionais, como o mito; a condição para a recepção e emissão de uma mensagem; o princípio sublinhante nas práticas sociais, como o parentesco; um traço que dá unidade não só ao todo social, mas também ao indivíduo. Filosoficamente, pelo fato de que a ordem estrutural parece inevitavelmente preceder a interação concreta de elementos individuais, o predomínio da noção de estrutura (não necessariamente o uso vago da palavra) verifica-se em teorias que, apesar de suas diferenças, recusam os princípios do empirismo e favorecem teses mentalistas e de cunho racionalista, como é o caso de Noam Chomsky (1928-), Ferdinand de Saussure (1857-1913), Claude Lévi-Strauss (1908-2009) etc. (cf. BEHAVIORISMO). Nas teses da linguística gerativa de Chomsky, a competência precederia o desempenho; em Saussure, a língua antecederia a fala; e, em Lévi-Strausss, a estrutura determinaria os acontecimentos rituais, míticos, integrativos etc. nas sociedades concretas que analisou. O conceito de estrutura é, portanto, recorrente em diversas teorias que procuram explicar e compreender a precedência de uma ordem sistêmica que totaliza e determina os acontecimentos singulares. A estrutura restringe as relações possíveis entre seus elementos e integra suas partes num todo. Agora, é preciso observar que a estrutura não é reconhecida por sua percepção direta e imediata, já que sua identificação procede por inferência, feita com base em seus efeitos, estes sim materiais. A estrutura objetifica-se apenas teoricamente e é, portanto, real (já que está nas coisas), mas também transcendente (porque as organiza e as antecede). Para o entendimento do termo 'estrutura', é vital que se reconheça o caráter paradoxal e aparentemente contraditório da noção de estrutura. Esse paradoxo e essa contradição foram notados por vários dos usuários do termo *estrutura*, como o antropólogo Lévi-Strauss e o topólogo René Thom (1923-2002), cuja TEORIA DA CATÁSTROFE é um estruturalismo matemático que afirma a existência de um número restrito de formas estruturais básicas que morfologicamente geram toda a existência física e biológica. O paradoxo da estrutura é facilmente reconhecível após a consideração de que, se os elementos de uma ordem estruturante só adquirem sentido e razão em face de outros que coexistem na mesma estrutura, então a totalidade deve preceder a singularidade; mas como pode ser esse o caso, se a totalidade é o conjunto de elementos individuais? O problema assemelha-se à circularidade vertiginosa que se apresenta na pergunta: "quem veio primeiro, o ovo ou a galinha?". Se a resposta for de cunho histórico, portanto não estrutural, a solução deveria ser: "quem veio primeiro foi outro tipo de ovo, que evoluiu na direção do ovo presente, que permitiu a geração das galinhas". Por isso, mesmo ao preço de uma abstração, os proponentes da noção de estrutura são muitas vezes levados a dar uma preferência dogmática ao que seja absolutamente presente, ao que se apresenta como exclusivamente sincrônico, ao que não faz parte da história e da evolução. Mesmo quando o tempo é considerado no entendimento de uma estrutura, ele é concebido apenas como transformação autorregulada por normas que preexistem e determinam o processo evolutivo. Na sua análise do estruturalismo como postura filosófica, Gilles Deleuze (1925-1995) observou que as descrições de estruturas são objetivamente empíricas e simultaneamente idealizadas. Cf. BINÁRIO; ESTRUTURALISMO; FONOLOGIA; HOLISMO;OPOSIÇÃO.

BIBLIOGRAFIA

CHOMSKY, Noam. *Syntactic structures*. Berlin: Mouton de Gruyter, 2002.

DELEUZE, Gilles. "Em que se pode reconhecer o estruturalismo?" In: CHATELET, François. *História da filosofia: ideias, doutrinas; o século XX*. Rio de Janeiro: Zahar, 1974, v. 8, p. 271-303.

________. *A lógica do sentido*. São Paulo: Perspectiva, 2009.

LÉVI-STRAUSS, Claude. *Antropologia estrutural*. Rio de Janeiro: Tempo Brasileiro, 1972.

SAUSSURE, Ferdinand de. *Curso de linguística geral*. São Paulo: Cultrix, 2006.

THOM, René. Les mathematiques et l'inteligible. In *Dialetica*, 1975. n. 28, p. 71-80.

________. *Mathematical models of morphogenesis*. New York: Ellis Horwood, 1983.

estrutura de sentimento FIL LIT Terminologia criada pelo crítico inglês Raymond Williams (1921-1988) que reconhece a presença de determinado momento histórico-cultural em ideias e textos literários. ▸ O conceito de estrutura de sentimento está diretamente relacionado com a concepção sociológica de Williams, que afirmava ser a cultura uma experiência vivida diretamente pela comunidade para a qual foi produzida. Nesse sentido, não haveria por que diferenciar alta e baixa cultura. Uma obra literária ou um programa de televisão podem perfeitamente capturar as várias estruturas de sentimento de uma determinada época. O caráter difuso da noção de 'estrutura de sentimento' é proposital e visa evitar com que se caia em formulações idealistas e hegelianas de que uma obra materializa, de modo definitivo, o que é próprio de um período histórico. Um sentimento desse tipo está às margens do que se ensina em escolas. ▸ Cf. WILLIAMS, RAYMOND.

BIBLIOGRAFIA

WILLIAMS, Raymond. *The long revolution*. London: Chatto & Windus, 1961.

estruturado 1 Que se estruturou. **2** Dotado de estrutura ou que nela se fundamenta. **3** Provido de organização; organizado. **4** Amadurecido, psicológica e emocionalmente equilibrado. **5** LING Em que há uma estrutura (diz-se de cadeia). ▸ Cf. ESTRUTURA.

estruturalismo 1 ANTRPOL SEMIO Movimento associado esp. a Claude Lévi-Strauss (1908-2009), que se propõe a analisar as relações sociais em termos de estruturas relacionais altamente abstratas, não raro expressas em simbolismo lógico. **2** ANTRPOL Em antropologia cultural, método de análise que se concentra nos padrões reincidentes do pensamento e do comportamento. **3** ANTRPOL COMN SEMIO Teoria segundo a qual o estudo de uma categoria de fatos deve enfocar esp. as estruturas. ▸ Cf. ESTRUTURA. **4** FIL Qualquer escola, sistema etc. que se fundamenta em determinados métodos e concepções ligados à definição de estrutura. **5** LING SEMIO Toda abordagem de análise que define os fatos linguísticos a partir das noções saussurianas de estrutura e de sistema; linguística estrutural. ▸ O termo *estruturalismo* também identifica a escola linguística produzida pelo CÍRCULO LINGUÍSTICO DE PRAGA com a glossemática (escola dinamarquesa de Louis Hjelmslev [1899-1965]) e as teorias descritivistas norte-americanas. As posturas que caracterizam o estruturalismo extrapolaram o domínio da linguística e exerceram influência noutras áreas do saber, como etnologia, antropologia, sociologia, economia e teoria literária. ▸ Cf. ANTROPOLOGIA; ECONOMIA.

INFORMAÇÕES GERAIS

Como efeito de sua aceitação, ou a partir de seu repúdio, por vezes arraigado, o estruturalismo foi um programa de pesquisa intelectual diversificado, a ponto de não poder ser considerado uma escola, mas que se mostrou capaz de preencher os requisitos clássicos de um PARADIGMA cognitivo. Para complicar o assunto, os termos *estruturalismo* e *estrutural* designam, por vezes, perspectivas teóricas incompatíveis. Para o linguista n.-am. Leonard Bloomfield (1887-1949), estruturalismo é uma metodologia estritamente descritivista que não pode ser aplicada, especulativamente, a outras formas de saber, como fez o estruturalismo parisiense. Bloomfield acreditava que os signos se compõem a partir de elementos formais que, em si, não geram significado, sendo apenas estímulos para a significação, enquanto o estruturalismo de Ferdinand de Saussure (1857-1913), principalmente após o trabalho de Louis Hjelmslev (1899-1965), afirma que é preciso separar analiticamente, num signo, o plano da expressão e o plano do conteúdo que, reunidos, produzem significado. As teorias de Bloomfield fundam o BEHAVIORISMO linguístico, enquanto a linguística saussuriana e seus derivados são claramente mentalistas. O estruturalismo francês tem também um caráter freq. filosófico e especulativo. Na tradição francesa, a noção de estrutura presta-se tanto para o trabalho matemático do grupo Bourbaki, que lida com objetos construídos a partir de uma idealização geral e abstrata, como para entender os enunciados linguísticos, que são naturalmente formais, puramente contextuais, mas com função social clara. O estruturalismo francês começou com a leitura e a popularização do *Curso de linguística geral*, de Ferdinand de Saussure. Metodologicamente, as observações de Saussure contrapunham-se ao historicismo dominante no sXIX. Para que a linguística atingisse a promessa de ser um estudo científico, a preocupação deveria ser, prioritariamente, com o estado da língua cuja ordem é sistêmica e sincrônica. A dimensão histórica seria considerada posteriormente, pela comparação de estados da língua. Nas notas de aulas coligidas pelos alunos de Saussure, que viraram o célebre *Curso de linguística geral*, o termo 'estrutura' não aparece; fala-se de 'sistema', que é qualificado como 'fato social', pois a língua seria uma 'instituição', proposta claramente inspirada na sociologia de Émile Durkheim (1858-1917). Numa passagem insuficientemente desenvolvida, Saussure sonhou com uma ciência geral dos signos, uma semiologia, da qual a linguística faria parte. Outra sugestão igualmente inspiradora era a possibilidade de que assim um alto grau de unidade das ciências sociais e humanas seria atingido, sem que houvesse uma separação entre o psicológico e o sociológico. Para o programa estruturalista, a unificação de todos os domínios do humano seria feita através do 'signo', que é visto como o resultado de uma associação arbitrária entre uma forma material e um conteúdo (cf. ARBITRARIEDADE; EXPRESSÃO; ENUNCIADO; SIGNO). Por serem parte de um sistema que os ordena, os signos caracterizar-se-iam pela diferenciação opositiva de seus valores (cf. ECONOMIA). Essa intuição de que o signo seja marcado por traços diferenciais mostrou-se particularmente produtiva para os estudos fonológicos do Círculo Linguístico de Praga. Nikolay Trubetzkoy (1890-1938), Yury Tynyanov (1894-1943) e Roman Jakobson (1896-1982) argumentavam que diferenças de teor BINÁRIO estruturavam, por determinação recíproca, os sistemas fonéticos e fonológicos das línguas (cf. BINARISMO). Apesar de Saussure ter sugerido que a ordem sistêmica e estrutural da linguagem participava do domínio dos fatos sociais, foi através do contato pessoal entre Jakobson e o etnólogo Claude Lévi-Strauss (1908-2009) que as relações entre a linguística saussuriana e as ciências sociais durkheimianas vieram finalmente à tona. Jakobson sugeriu a Lévi-Strauss a hipótese de que a linguística poderia ser o modelo explicativo para as interações em sociedade, uma vez que a linguagem era ela mesma um processo de circulação de signos e um método de relação comunitária. Todas as instâncias da vida social não passariam de modos de troca, fossem de símbolos (mitos, palavras etc.), de bens e serviços ou de pessoas (parentesco). Ao contrário do que supunha o estruturalismo social da antropologia funcionalista britânica, a ordem das sociedades não se revelaria diretamente pela observação empírica, mas seria sempre deduzida e inferida graças à identificação de estruturas que antecedem as relações sociais concretas, da mesma maneira que a língua estrutura e determina o discurso falado. A partir da imensa influência de Lévi-Strauss, que transcendeu os limites disciplinares da antropologia, pensadores franceses aplicaram as teses estruturalistas à história das ideias (Michel Foucault [1926-1984]), à literatura (A. J. Greimas [1917-1992], Roland Barthes [1915-1980], Umberto Eco [1932-]), à psicanálise (Jacques Lacan [1901-1981]) e ao marxismo (Louis Althusser [1918-1990]).

BIBLIOGRAFIA

DOSSE, François. *História do estruturalismo*. Bauru, SP: Edusc, 2007. v. 1-2.

estruturalista **1** Relativo a estruturalismo. **2** Que ou o que segue os princípios do estruturalismo.

estrutura profunda GRAM.GENER Representação da frase em nível abstrato, na qual se estabelecem as relações semânticas básicas entre os itens lexicais, cuja ordem linear pode ser modificada com a aplicação das transformações que forem necessárias para derivar a estrutura superficial, mantendo as relações semânticas iniciais; estrutura subjacente.

estrutura social ANTRPOL Organização social que se projeta nas relações individuais e que se manifesta em vários níveis de uma sociedade. ▸ Só deixando para trás a tese marxista de que as sociedades são palcos de lutas de classes é que a antropologia pôde privilegiar o tema de que as sociedades são ordenações estáveis. Nesse espírito, para o antropólogo britânico A. R. Radcliffe-Brown (1881-1955), fazer antropologia é estudar, demonstrar e analisar como a estrutura de grupos sociais determina as relações reais entre indivíduos. Considerado o pai do método funcional-estruturalista, Radcliffe-Brown afirma que a concepção correta da antropologia começa na recusa em se preocupar com a dimensão psicológica dos que vivem em sociedade. Seguindo as sugestões de Émile Durkheim (1858-1917) de que é preciso recusar toda forma de psicologismo, Radcliffe-Brown assegura que as relações mentais não interessam aos antropólogos: as regras sociais e psicológicas não devem ser confundidas.

Um dos seus propósitos era purificar a atividade antropológica, se preciso tornando tabu os estudos psicológicos e culturalistas. O que, para ele, de fato, conta é a descrição de como, empiricamente, as relações sociais são totalizadoras. Importa, principalmente, saber como a sociedade é forjada, como a interação social é produzida. Para o funcional-estruturalismo de Radcliffe-Brown, o desvio desse objetivo é descartável. Ele acredita que a antropologia será sempre o estudo da estrutura social em funcionamento num grupo. A influência da sua perspectiva estrutural e funcionalista levou toda uma geração de antropólogos britânicos a rejeitar a noção de cultura, considerando-a inútil e errônea. O historiador da antropologia George W. Stocking Jr. (1928-) descreve a influência de Radcliffe-Brown como autoritária com seus discípulos, galvanizante, exigente e dominadora. Ele concebia as sociedades como uma espécie de superorganismo que gera relações harmoniosas e funcionais. Todas as ações em sociedade emergem da rede complexa de modos de interação existentes que é chamada de 'estrutura social'. Qualquer desvio desse objetivo seria motivo de censura. Por isso, as reflexões teóricas de um dos fundadores da antropologia moderna, Bronislaw Malinowski (1884-1942), foram consideradas por Radcliffe-Brown "uma irresponsabilidade", no livro *Structure and function in primitive society*. Nos termos estritos do estruturalismo funcionalista de Radcliffe-Brown, a linguagem e a comunicação não devem ser levadas a sério como modos de conhecimento, pois não passam de dispositivos práticos e incompletos que só merecem ser entendidos face à estrutura funcional de uma sociedade. Por isso, na sua monografia sobre os habitantes das ilhas Andaman, no golfo de Bengala, Índia, Radcliffe-Brown descreveu o discurso andamanês em termos pejorativos e etnocêntricos, para ele composto de frases e sentenças curtas e desconectadas. Com o declínio da sua influência, a 'estrutura social' adquiriu nuances que sugerem ser a ideia não apenas um fator imanente e empírico, mas principalmente um modelo construído pela interpretação antropológica que se verifica na realidade empírica, mas que com ela não se confunde. Assim, em Claude Lévi-Strauss (1910-2009), a estrutura está próxima do conceito de sistema na linguística saussuriana. Como as línguas, os modelos de estrutura modificam-se em função da transformação da ordem de seus elementos. O mentalismo e o culturalismo, que horrorizavam Radcliffe-Brown, retornaram à antropologia através de Lévi-Strauss. ▸ Cf. ESTRUTURALISMO; CLASSE; SOCIEDADE.

BIBLIOGRAFIA

LÉVI-STRAUSS, Claude. On manipulated sociological models. In: *Bijdragen tot de Taal-, Land- en Volkenkunde*. n. 116/1, p. 45-54, 1960.

RADCLIFFE-BROWN, A. R. *The Andaman islanders*. Glencoe: The Free Press, 1948.

____________. *A natural science of society*. Glencoe: The Free Press, 1948.

____________. *Structure and function in primitive society*. New York: The Free Press, 1968.

STOCKING JR., George W. Radcliffe-Brown and the British Social Anthropology. In: *Functionalism historicized: essays on British social anthropology, history of anthropology*. Madison: The University of Wisconsin Press, 1984. v. 2, p. 139-96.

estrutura subjacente GRAM.GENER M.q. ESTRUTURA PROFUNDA.

estrutura superficial GRAM.GENER Organização sintática da frase tal como esta efetivamente se apresenta, e que resulta das transformações realizadas a partir da estrutura profunda. ▸ Cf. ESTRUTURA PROFUNDA.

estúdio 1 Espaço físico delimitado no qual um ou mais artistas e criadores projetam e realizam trabalho; ateliê. **2** Recinto apropriado e equipado para a realização de determinados trabalhos, como gravação sonora ou de imagens, revelação de filmes etc. **3** CINE TV Conjunto de prédios, locações etc. nos quais são filmadas as cenas externas e internas de filmes (mais us. no plural).

et alii [lat.] BIBL EDIT Na citação bibliográfica, indicação de que a obra a que se faz referência tem mais de um autor e se menciona, por concisão, apenas o primeiro, omitindo os demais. ▸ Em latim: 'e outros'.

etc. BIBL EDIT Abrev. de ET CETERA.

et cetera [lat.] **1** E outras coisas. ▸ Encerrando enumeração como informação genérica e, ao mesmo tempo, conclusiva, definitiva ou comprobatória da extensão do que vinha sendo enumerado. **2** E assim por diante. ▸ Abrev: *etc.*

eterno retorno 1 ETN MIT Na mitologia de inúmeras sociedades tradicionais, concepção a respeito da ciclicidade inexorável do tempo, que retorna sempre ao ponto de partida após circunscrever fases definidas, tais como a alternância de estações, dias e noites, geração e morte das criaturas etc. **2** FIL No orfismo, pitagorismo e platonismo, doutrina que afirma a sucessiva reencarnação da alma em diferentes corpos, através dos quais esta realiza o seu processo de purificação, retornando à sua condição primitiva de perfeição. **3** FIL Cosmologia escatológica sustentada por diversos pensadores gregos pré-socráticos e helenísticos, que afirma o caráter cíclico, ilimitado e necessário da destruição e renascimento do universo, supondo que a realidade atualmente existente já tenha ocorrido infinitamente no passado e retornará, idêntica e sempre renovada, no futuro; ciclo do mundo. **4** FIL Em Friedrich Nietzsche (1844-1900), esse mesmo processo cósmico, suposto como um desafio ético para o homem, que deve amar sua existência a ponto de desejar repeti-la por toda a eternidade.

éthos [gr.] **1** Conjunto de costumes e hábitos fundamentais, no âmbito do comportamento (instituições, afazeres etc.) e da cultura (valores, ideias ou crenças), característicos de determinada coletividade, época ou região. **2** Conjunto de valores que permeiam e influenciam determinada manifestação (teoria, escola etc.) artística ou filosófica. **3** ANTRPOL Na antropologia norte-americana, reunião de traços psicossociais que defendem a identidade uma determinada cultura; personalidade de base. ▸ Entre outros antropólogos n.-am., Ruth Benedict (1887-1948), Ralph Linton (1893-1953), Margareth Mead (1901-1978) e Edward Sapir (1884-1939) advogaram a tese de que os grupos sociais possuem características básicas expressas na personalidade de seus membros. A tais traços básicos de personalidades esses antropólogos aplicaram o termo *éthos*. O *éthos* é uma generalização normativa e formativa, que é irredutível à simples e mera abstração, feita através da consideração dos membros individuais dessa cultura. O *éthos* resulta da ação modeladora dos valores predominantes no grupo. Influenciados pela psicologia e pela psicanálise comparativas, principalmente o ensaio de Sigmund Freud (1856-1939) *Mal-estar na civilização*, adicionado a pesquisas de campo, os antropólogos da Escola de Cultura e Personalidade supõem que valores culturais estruturam o grupo através da concessão de uma identidade comum a seus membros individuais. **4** RET Na retórica aristotélica, prova baseada no caráter (*éthos*) publicamente reconhecido do orador. ▸ No livro I, capítulo 2 de *A arte retórica*, Aristóteles (384 a.C. - 322 a.C.) reconhece a existência de três tipos de prova: uma baseada no caráter do orador, outra nas emoções que um discurso provoca e uma terceira que é de cunho lógico e reflexivo. A teoria aristotélica das provas persuasivas reconhece que o discurso persuasivo se faz por meio dos polos que constituem o processo comunicacional: a audiência e suas emoções, no caráter lógico e argumentativo da mensagem, e também aquele que a transmite. Um requisito importante para a prova persuasiva é que ela seja sustentada pela maioria da coletividade à qual o discurso é dirigido. **5** RET Parte da retórica clássica voltada para o estudo dos costumes sociais. ▸ A teoria retórica clássica afirma ser necessário o estudo dos valores e costumes sociais porque os entende como instrumentos do arsenal persuasivo dos oradores. A eficácia de um discurso dependeria diretamente de como nele se manifestam valores sociais e coletivos. Tais valores universais precisam ser transfigurados em valores concretos, que, finalmente, seriam ilustrados por exemplos. Para isso, é preciso saber não só que o Bem, a Verdade, a Justiça, o Belo etc. existem, mas como são concebidos especificamente por audiências que veem tais valores sob a forma de fidelidade, lealdade, honra, solidariedade etc. Para evitar a ambiguidade potencial dos valores universais e particulares, o orador deve recorrer a exemplos concretos. Exemplificar significa provar, seja como referência ao que efetivamente acontece e que por isso é persuasivo, mas também apresentar uma figuração efetiva dos valores por meio de parábolas e fábulas. O fundamento dessa preocupação da retórica clássica remonta ao sofista grego PROTÁGORAS DE ABDERA (c490 a.C. - c420 a.C.), que afirmava que, se a verdade absoluta é inacessível aos seres humanos por ser uma prerrogativa divina, só restaria ao orador escolher conteúdos para seu discurso fortificados pela concordância com os valores culturais da sua audiência.

BIBLIOGRAFIA

ARISTÓTELES. *Arte retórica e arte poética*. Rio de Janeiro: Ediouro, 1988.

BENEDICT, Ruth. *O crisântemo e a espada*. São Paulo: Perspectiva, 2002.

LINTON, Ralph. *O homem*. São Paulo: Martins Editora, 2000.

STOCKING, George W. (ed.). *Malinowski, Rivers, Benedict and others: essays on culture and personality*. Madison: University of Wisconsin Press, 1986.

ética **1** FIL Parte da filosofia responsável pelo estudo dos princípios que motivam, alteram, disciplinam ou guiam o comportamento humano, refletindo esp. a respeito das normas, valores, prescrições e exortações presentes em qualquer realidade social. **2** Conjunto de regras e preceitos de ordem valorativa e moral de um grupo social e profissional.

INFORMAÇÕES GERAIS

A palavra *ética*, aplicada aos meios de comunicação, difere radicalmente da definição proposta pela filosofia, que se preocupa em investigar princípios, finalidades e ideais que norteiam toda a atividade humana, muitas vezes resultantes da supressão, adiamento ou controle de desejos e paixões. Ao contrário de uma ética profissional, que é sempre situacionista e restrita às ações e efeitos de determinado veículo de comunicação (seja de jornalismo ou de publicidade, que têm objetivos próprios e diferenciados), a ética filosófica aspira à identificação de princípios universais de conduta, como no caso do imperativo categórico de Immanuel Kant (1724-1804). Para Kant, uma ação é ética quando se pode erguê-la à categoria de regra universal, portanto apropriada para todos. A ética utilitarista, que define o moralmente justificável como aquilo que beneficie uma maioria, é igualmente universalizante. A ética profissional, por sua vez, toma outro viés e não aspira a ser o produto de uma investigação filosófica com todos os meandros que a filosofia propicia, pois freq. se reduz a uma decisão legislativa que se materializa numa uma série de regulamentações governamentais. A exigência de que se anuncie data de validade e a composição dos produtos comercializados exemplifica a ação de uma legislação regulatória e politicamente consensual, logo de circunstância, cujo objetivo seria proteger e informar o consumidor de suas escolhas. Se os benefícios gerais desse tipo de medida são claros e normalmente aceitos no caso de tabaco, há quem advogue o mesmo procedimento para se vender, comercializar e anunciar produtos que contenham açúcar, sal, gordura etc., o que exigiria mais do que a informação simples e honesta do que faz parte do produto. Não é difícil imaginar que, aos poucos, isso levaria à restrição da venda de produtos nocivos à saúde em nome do bem-estar coletivo. Por que, afinal, a legislação permite o anúncio e a venda de tabaco e álcool, quando acompanhados de alertas, e proíbe a venda legalizada de maconha e outros entorpecentes? É óbvio que, nesse caso, as decisões são políticas e não obedecem ao critério universalista da ética filosófica. No caso da informação jornalística, um dilema semelhante apresenta-se. Quais os limites da liberdade de imprensa? A ética jornalística demanda objetividade, precisão, honestidade e imparcialidade na divulgação de uma notícia. Sendo um veículo comprometido com a representação apropriada da realidade, os critérios básicos do jornalismo exigem que não se distorçam, elaborem, manipulem ou fabriquem relatos, fontes ou fotografias. Mas nesse cuidado não se incluem os modos de apresentação e de reelaboração dos fatos, ancorando-os a interpretações do interesse do veículo que noticia. O *Manual da redação* da *Folha de S.Paulo* estabelece critérios éticos que devem nortear a atividade do jornalista profissional. Dentre outras recomendações, um jornalista está impedido de tirar vantagens pessoais ou agir de modo a beneficiar comercialmente qualquer outra empresa. Cf. CONSENTIMENTO.

BIBLIOGRAFIA

MARCONDES, Danilo. *Textos básicos de ética*. Rio de Janeiro: Zahar, 2007.

VALLS, Álvaro Luiz Montenegro. *O que é ética*. São Paulo: Brasiliense, 1996.

ético LING EST Em tagmêmica, relativo à descrição e ao estudo das unidades linguísticas consideradas em termos físicos, sem correlação com sua função no sistema da língua. ▸ P.opos. a ÊMICO.

étimo LING 1 Termo determinado e abonado (com exceção das formas hipotéticas), que serve de base para a formação de uma palavra. ▸ Pode ser: uma forma antiga (do mesmo idioma ou de outro) de que se origina a forma recente; o radical com um afixo; uma palavra moderna a partir da qual se formam outras; uma forma hipotética (da mesma língua ou de outra), estabelecida para explicar formas recentes. 2 Morfema ou palavra que serve de base para a formação de palavras por derivação ou composição. 3 Origem de uma palavra; etimologia.

etimologia LING 1 Estudo da origem e da evolução das palavras. 2 Disciplina que trata da descrição de uma palavra em diferentes estados de língua anteriores por que passou, até remontar ao étimo. 3 Origem de um termo, quer na forma mais antiga conhecida, quer em alguma etapa de sua evolução; étimo.

etnia ANTRPOL Coletividade de indivíduos que se diferencia por sua especificidade sociocultural, principalmente na língua, religião e maneiras de agir; grupo étnico. ▸ Há quem identifique em etnia uma base biológica das sociedades, que seria definida por uma raça, uma cultura ou ambas. A antropologia contemporânea renegou a noção de raça como parte de seu objeto de estudo, substituindo-a pelo conceito de cultura. As diferenças entre sociedades seriam mais bem explicadas pela consideração das diferenças culturais do que pela diversificação étnica. ▸ Cf. CULTURA.

BIBLIOGRAFIA

STOCKING George W. (ed.). *Race, culture and evolution in the history of anthropology*. New York: Free Press, 1968.

etnobiologia ANTRPOL Estudo de como os vários grupos humanos usam plantas e animais.

etnocentrismo ANTRPOL SOC Visão do mundo característica de quem considera seu grupo étnico ou nacionalidade socialmente superior e mais importante do que os demais. ▸ O etnocentrismo é um absolutismo de grupo, uma espécie de xenofobia cultural. As palavras 'etnocentrismo' e 'etnocêntrico' foram cunhadas no início do sXX por William G. Sumner (1840-1910). Ainda que haja uma tendência a considerar e identificar a postura etnocentrista com a subjugação arrogante da expansão colonial, trata-se de um fenômeno recorrente nas culturas humanas, pois todas elas se consideram o centro das formas de vida. Não é incomum verificar que o etnocentrismo se desdobra em preconceitos que geram práticas racistas. Por isso, em *Raça e história*, o antropólogo Claude Lévi-Strauss (1910-2009) sublinhou o nexo entre etnocentrismo e racismo. Porém a postura etnocêntrica não é apenas o leito de preconceitos: trata-se de um subproduto da intensa força que a identidade cultural exerce nos membros de determinada sociedade. Em geral, os atores sociais acreditam piamente que a sua experiência cultural é a mais vital, a mais importante, a mais completa possível. O antídoto para as mazelas do etnocentrismo seria o desenvolvimento de um sentimento de relativismo cultural, o que é muitas vezes um mero ideal e um objetivo de difícil alcance: no retorno das expedições etnográficas que são objeto de seu livro *Tristes trópicos*, Lévi-Strauss reconhece em si um vazio existencial, pois a volta a seu grupo de origem é um sentimento ambíguo. O vigor de sua cultura original evanesceu-se, deixando-o apenas com uma compreensão das formas estruturais que sublinham a diversidade das culturas. Porém é inegável que, sem alguma forma de superação de preconceitos etnocêntricos, o entendimento e a comunicação interculturais são uma impossibilidade. Cf. ANTROPOLOGIA, ENTROPOLOGIA.

BIBLIOGRAFIA

LÉVI-STRAUSS, Claude. Diogène couché. In: *Les temps modernes*. n. 110, p. 1187-220, 1955.
________________. *Tristes trópicos*. São Paulo: Companhia das Letras, 1996.
________________. *Raça e história*. Lisboa: Presença, 2000.
SUMMER, William G. *Folkways*. New York: Ginn, 1906.

etnografia ANTRPOL 1 Estudo descritivo de grupos e subgrupos humanos, com ênfase nas suas características antropológicas e sociais. 2 Registro descritivo da cultura material de um determinado grupo humano.

INFORMAÇÕES GERAIS

Para a antropologia, na qual a metodologia etnográfica originalmente se desenvolveu, etnografia quer dizer descrição resultante da experiência vivida pelo etnógrafo. Nesse sentido, etnografia e observação de campo são partes de um só processo: o trabalho de campo fornece os dados que serão interpretados pelo etnógrafo. Muitas vezes, a etnografia da comunicação é chamada de antropologia da comunicação. Em termos idealizados, o etnógrafo deveria capturar a vida do grupo estudado não de sua perspectiva, mas do 'ponto de vista do nativo'. A descrição etnográfica materializa-se, frequentemente, no caderno de notas que o etnógrafo mantém para registrar os acontecimentos de sua exploração antropológica. Essa é a tradição dos estudos descritivos monográficos em antropologia que começara com a experiência de campo de Bronislaw Malinowski (1884-1942) nas Ilhas Trobriand, no início do sXX. Através do contato direto com a vida social dos nativos, e por meio de interação face a face com os membros do grupo estudado, o etnógrafo produziria uma monografia capaz de reconstituir os aspectos mais diversos do grupo (religião, modos de parentesco, sistema político, ordem jurídica, práticas tecnológicas etc.). Inspirado na obra de Franz Boas (1859-1942), Edward Sapir (1884-1939) e Roman Jakobson (1896-1982), Dell Hymes (1927-2009) advogou o que seria chamado de 'etnografia da comunicação', dando especial atenção ao fato de que os enunciados discursivos de um grupo deveriam sempre ser entendidos no seu contexto humano e social. Depois de Hymes, o método de descrição etnográfica começou a ser mais amplamente aplicado aos estudos da comunicação norte-americana durante as décadas de 1960 e 1970. Graças à descrição de processos culturais e comunicacionais, manifestos em práticas discursivas, a etnografia da comunicação interessa-se, prioritariamente, pela construção e pelo exercício de identidades no interior de grupos sociais. Derivada da tradição da antropologia cultural, a tríade metodológica da etnografia é composta de observação direta, entrevistas abertas e diário de campo. Recentemente, a etnografia da comunicação tem-se dedicado ao estudo tanto das peculiaridades culturais das audiências como daqueles que exercem profissões nos veículos de comunicação: jornalistas, publicitários, pesquisadores de mercado, músicos etc. Frequentemente, a etnografia da comunicação realiza estudos estritamente localizados, como a cena musical de uma área específica. Os críticos da etnografia da comunicação de massa argumentam que o método é falho, porque depende de registros excessivamente particulares e estritamente pessoais da experiência etnográfica, além de estar limitado pelo tamanho restrito das subcomunidades investigadas: a comunicação, por sua própria natureza, exigiria no mundo moderno outra forma de tratamento. Os defensores da etnografia como abordagem contra-argumentam que a descrição por eles produzida é um estudo de caso ou o reconhecimento de 'tipos ideais'; por isso, o critério quantitativo é de menor importância. O método etnográfico conscientemente produz pesquisas qualitativas, realizadas com grupos restritos e geradora de resultados parciais e localizados: não se trata de uma falha, mas de uma opção. James Lull (1944-), em *A China ligada*, produziu um estudo de cunho etnográfico que, na prática, responde a essas críticas, ao examinar e descrever sua experiência direta durante o momento em que a televisão era introduzida na cultura chinesa. No Brasil, Ondina Fachel Leal (1951-) é autora de um estudo etnográfico pioneiro sobre a novela *Sol de verão*, transmitida em horário nobre, em outubro de 1982, pela TV Globo. ▸ Cf. ANTROPOLOGIA.

BIBLIOGRAFIA

HYMES, Dell. *Foundations of sociolinguistics: an etnographic approach (communication and conduct)*. Philadelphia: University of Pennsylvania Press, 1974.
LEAL, Ondina Fachel. *A leitura social da novela das oito*. Petrópolis: Vozes, 1986.
LULL, James. *A China ligada: televisão, reforma e resistência*. Rio de Janeiro: Rio Fundo, 1992.
MALINOWSKI, Bronislaw. *Argonauts of the Western Pacific: an account of native enterprise and adventure in the archipelagos of Melanisian New Guinea*. New York: Dutton, 1992.
SAVILLE-TROIKE, Muriel. *The ethnography of communication: an introduction*. Malden: Wiley-Blackwell, 2002.
TRAVANCAS, Isabel. *O mundo dos jornalistas*. São Paulo: Summus, 2011.

etno-história ANTRPOL Estudo do desenvolvimento e de culturas humanos que recorre a descobertas arqueológicas.

etnolinguística ANTRPOL Estudo das relações entre linguagens e culturas.

etnologia ANTRPOL Estudo ou ciência que trata dos fatos e documentos levantados pela etnografia no âmbito da antropologia cultural e social, buscando uma apreciação analítica e comparativa das culturas. ▸ Até determinado momento na história da antropologia, havia uma divisão de trabalho relativamente estável na disciplina. A etnografia produzia descrições monográficas locais, resultado do trabalho de campo dos antropólogos, enquanto a etnologia comparava-as, teorizando sobre o que existiria de comum nos grupos humanos. A partir da introdução do termo, em 1788, por Alexandre-César Chavannes (1731-1800), em seu *Essai sur l'éducation intellectuelle avec le project d'une science nouvelle* ('Ensaio sobre a educação intelectual com o projeto de uma nova ciência'), a etnologia estudava as sociedades ditas 'primitivas' e tudo o que antecedia, antropologicamente, a experiência da industrialização europeia. O objetivo dos etnólogos seria analisar e interpretar comparativamente as diversas culturas humanas. O etnólogo preocupava-se com uma espécie de antropologia cultural: um interesse amplo o suficiente para nele conter tudo o que fizesse parte das formações culturais, fosse isso crença, ordem política e social, práticas linguísticas, culinária, discurso etc. O método comparativo criava as condições para que o etnólogo pudesse generalizar, em maior ou menor grau, sobre o que é típico da vida humana, mas a partir da coleta etnográfica das particularidades dos grupos sociais. Aqui, algumas perguntas surgem: se é esse o propósito da etnologia, qual a sua relação com a antropologia? Seria a etnologia um estágio de generalização anterior ao estudo antropológico? Mesmo assim, o que foi chamado de etnologia é frequentemente sobreposto à ideia de uma antropologia social ou cultural, como se pode ver em estudos e unidades acadêmicas, em que 'etnologia' aparece como sinônimo de 'antropologia'. Em outras circunstâncias, porém, 'etnologia' identifica o trabalho daqueles que estudam as sociedades pré-industrializadas ou os grupos indígenas, que se encontram em estágio crescente de aniquilação sociocultural. ▸ Cf. ANTROPOLOGIA; ETNOGRAFIA; ESTRUTURA SOCIAL.

etnomusicologia ANTRPOL ETN MÚS **1** Estudo das formas e atividades musicológicas de todas as culturas. **2** Arte da musicologia que estuda as músicas (utilização dos sons) de tradição oral.

etnônimo ANTRPOL Palavra que designa tribo, etnia, raça, grupo humano definido, nação e, em alguns casos, equivale a nome gentílico ou gentílico; nome étnico.

etologia **1** BIO ETO Estudo do comportamento individual e social dos animais. **2** ANTRPOL Ciência que estuda os costumes humanos como fatos sociais. **3** PSIC Ramo da pesquisa do comportamento, de natureza comparativa, que se ocupa das bases, dos modelos comportamentais inatos e de condições que os desencadeiam, como o instinto. **4** M.q. ZOOSSEMIÓTICA.

INFORMAÇÕES GERAIS

Não surpreende que o comportamento animal tenha sido considerado impróprio e indigno do entendimento humano. Numa carta de 1647, o filósofo René Descartes (1596-1650) dizia que a palavra e a linguagem, de fato modos de troca racional, tipificam os seres humanos, até mesmo os loucos, enquanto, por serem brutos e máquinas, "os animais não fazem coisas semelhantes". No sXVIII, Jean-Jacques Rousseau (1712-1778) qualificava a natureza como o reino da necessidade, enquanto a interação humana caracterizar-se-ia pela liberdade. No seu estudo da década de 1940 sobre os sistemas de parentesco, o antropólogo Claude Lévi-Strauss (1908-2009) valia-se da distinção axiomática entre natureza e cultura para produzir uma explicação de como a proibição de incesto gera os mecanismos de sociabilidade, que seriam essenciais e formadores dos grupos humanos. Mas, enquanto a tradição que desconsiderava a vida animal se desenvolvia, a revolução darwiniana chamava atenção para aspectos do comportamento animal que nunca tinham recebido a devida atenção. Antes de se transformar numa ramificação da zoologia, com técnicas experimentais próprias e métodos e objetivos claramente definidos, no sXIX, o interesse no comportamento animal fazia parte do naturalismo da época. Ainda que pense parcialmente como um naturalista britânico de então, Charles Darwin (1809-1882) responde pelo primeiro trabalho biológico que pode ser considerado o precursor dos estudos etológicos modernos. Publicado em 1872, *A expressão das emoções nos homens e nos animais* é tanto uma ilustração da tese de que as espécies se desenvolvem a partir de uma origem comum (o que é evidenciado pelos pontos que se repetem na comunicação das emoções nos seres vivos) quanto um conjunto de observações sutis e elucidativas de como a emotividade se dá em animais que não dispõem do sistema da língua. Com Darwin, os etólogos contemporâneos aprenderam o valor inestimável da observação que sempre se processa no interior de um quadro teórico ao mesmo tempo evolucionista e adaptativo. As pesquisas que estabeleceram definitivamente o reconhecimento da etologia como um campo de estudo são atribuídas ao ornitólogo e biólogo holandês Nikolaas (Niko) Tinbergen (1907-1988), ao zoólogo e ornitólogo Konrad Lorenz (1903-1989) e ao entomologista Karl von Frisch (1886-1982), que dividiram o Prêmio Nobel de Fisiologia e Medicina em 1979. Para entender o comportamento animal, os etólogos contemporâneos recorrem a uma multiplicidade de abordagens, observando como determinado tipo de ação animal se manifesta, tanto em laboratórios, como no seu *habitat* natural, levando-se em conta os processos fisiológicos e neurológicos que os constituem. Preferência tem sido dada à observação em *habitat* natural, porque a catividade freq. altera o comportamento a ser observado. Porque o termo etologia tem na sua raiz *ethos*, que indica comportamento, a palavra pode ser usada para identificar os estudos valorativos de atos humanos. De maneira geral, já que a etologia se interessa pela interação entre animais destituídos evolutivamente de um sistema que permita a comunicação linguística, a ação animal é reiteradamente vista como um modo de sinalização entre eles. Assim, os estudos etológicos contribuem para o entendimento de um tipo específico de comunicação de caráter não verbal que ocorre nas sociedades de outros seres vivos, que não os homens. Por meio de sinais comportamentais que são veiculados pelos cinco canais sensoriais possíveis, os animais anunciam o que individual ou coletivamente irão fazer ou querem que seja feito. Os três etólogos que receberam o Prêmio Nobel estudavam, prioritariamente, processos de sinalização. Tinbergen teorizou sobre a comunicação animal em referência a uma conceitualização que chama de 'princípio atividade derivada'. Numa sociedade animal, os sinais comunicados não podem ser arbitrários e imotivados: dúvidas e incertezas quanto à sua eficácia só podem ser um obstáculo para que o sinal seja evolucionariamente selecionado, pois o que está em questão, na sinalização animal, é a sobrevivência do organismo. A etologia teria, segundo Tinbergen, o dever de elucidar aspectos causativos do comportamento animal, tendo em mente não só a mecânica de uma ação, mas como e por que ela se desenvolveu, sem deixar de considerar posteriormente a função adaptativa de um ato e seu propósito evolutivo. Teoricamente, a contribuição de Konrad Lorenz desenvolve-se a partir do reconhecimento de formas de ação fixas (*fixed action patterns*). A forma constante de um sinal garante que ele seja propriamente interpretado. A causa dessa formação é evolutiva, por isso os animais nascem com tais formas fixas gravadas na sua mente, por um processo que Lorenz chamou de *imprinting*. Esse processo ele notou em pássaros que nascem programados para reconhecer a primeira forma que percebem como a de sua mãe e assim se comportam, seguindo pessoas ou outros animais que primeiro veem, mas que não são sua mãe. Os estudos de Lorenz sobre lutas ritualizadas entre animais que disputam recursos e respondem a pressões evolutivas da seleção foram muito populares. Há quem critique a explicação de Lorenz com base no interesse do grupo, sendo um caso de *group selection*, ideia rejeitada por muitos dos biólogos evolucionistas. A adesão de Lorenz ao regime nazista alemão foi também severamente criticada. O paciente e laborioso esforço de Karl von Frisch sobre o sistema de comunicação entre abelhas é um primor de pesquisa científica e imaginação teórica. A dança das abelhas era mais do que um comportamento puro e simples: Frisch apontou que eram sinais informativos sobre a distância entre as fontes de pólen e a colmeia. A comunicação era proposital e não se reduzia a uma mecânica de estímulo e respostas. Através de repetidos testes, Von Frisch estabeleceu que o fenômeno era um ato comunicativo e não a guia da abelha batedora. Marcada com cores, as abelhas batedoras não seguiam o resto da abelhas que iam atrás do pólen. Dançavam no meio de membros da colmeia e ali permaneciam, enquanto os recipientes das mensagens iam sem hesitação na direção certa. Nesse caso, a comunicação de fato ocorrera por meio de duas danças: se a abelha dançasse em círculos, a fonte de pólen (alocada em lugares diferentes por Von Frisch) estaria entre 50 e 100 metros; a alteração de distância levava a outra dança: quando o pólen era posto a mais de 100 metros, a abelha batedora dançava em rebolado. A direção era indicada pela posição da dançarina em relação aos raios solares que o aparelho perceptivo das abelhas era capaz de reconhecer. A engenhosidade, persistência e metodologia apropriada de Karl von Frisch são inegáveis. O que nele se pode criticar é sua afirmação de que a comunicação animal é uma linguagem. Émile Benveniste (1902-1976) indicou que o termo linguagem seria uma descrição inapropriada para o fenômeno estudado. A sinalização das abelhas indica o elo essencial entre comunicação e sociedade, mas os sinais usados não são decomponíveis em seus termos, como é o caso da linguagem humana. Não podem também ser recombinados: a abelha ou usa uma dança ou a outra para indicar o pólen. A capacidade de análise e recombinação das linguagens humanas gera um grande número de sinais e sistemas de expressão, o que não acontece na comunicação animal. A crítica de Benveniste postula que o que Karl von Frisch fez foi identificar um código de sinalização, mas isso não invalida o trabalho dos etólogos, que passaram a tratar de sistemas e processos de sinalização entre as espécies variadas, de pássaros a primatas. ▸ Cf. BIOSSEMIÓTICA; COMUNICAÇÃO ANIMAL.

BIBLIOGRAFIA

BENVENISTE, Émile. *Problèmes de linguistique générale*. Paris: Gallimard, 1966.

DARWIN, Charles. *A expressão das emoções dos homens e dos animais*. São Paulo: Companhia das Letras, 2009.

FRISCH, Karl Von. *The dancing bees: an account of the senses and the language of the honey bees*. New York: Harvest, 1953.

__________. *Animal architecture*. New York: Harcourt, 1974.

LORENZ, Konrad. *King Solomon's ring*. London: Routledge, 2002.

__________. *On agression*. London: Routledge, 2002.

TINBERGEN, Niko. *The study of instinct*. Oxford: Clarendon Press, 1951.

__________. *The animal and its world: explorations of an ethologist, 1932-1972*. Cambridge: Harvard University Press, 1972-1973.

__________; FALKUS, Hugh. *Signals for survival*. Oxford: Clarendon Press, 1970.

etopeia RET Descrição literária que focaliza esp. o temperamento, o caráter, as paixões, as tendências de uma ou mais personagens.
etos Aport. de ÉTHOS.
etrusco EDIT GRÁF M.q. GROTESCO.
eu 1 Individualidade da pessoa humana. **2** PSICN M.q. EGO.
eufemismo LING Palavra, locução ou acepção mais agradável, de que se lança mão para suavizar ou minimizar o peso conotador de uma outra palavra, locução ou acepção menos agradável, mais grosseira ou mesmo chula: *dianho* por 'diabo', palavra que o povo procura evitar; *caramba* por 'caralho', por ser grosseiro) etc.
eufonia 1 Som ou a combinação de sons agradáveis ao ouvido. **2** A sensação auditiva resultante da combinação desses sons. **3** GRAM Qualidade acústica favorável da emissão ou da audição de um significante pela articulaçãao de certos fonemas. ▸ No domínio fônico, a eufonia procura evitar sons estranhos, contrastantes, discordantes, repetições desagradáveis; em fonética, explica certas mudanças, podendo ser fator de assimilação ou dissimilação. Cf. CACOFONIA.
evento 1 Acontecimento ger. observável; fenômeno. **2** Acontecimento (festa, espetáculo, comemoração, solenidade etc.) organizado por especialistas, com objetivos institucionais, comunitários ou promocionais. **3** EST Realização de possível alternativa de um fenômeno probabilístico; acontecimento. **4** LING Fato, ação, processo expressos por um verbo ou por um substantivo deverbal que denota ação.
evento de fala LING Unidade básica da análise conversacional, em que se ressalta o papel dos participantes no intercâmbio linguístico. ▸ Cf. DIÁLOGO.
evidência 1 Qualidade ou caráter de evidente, atribuído ao que não dá margem a dúvida. **2** Aquilo que indica com probabilidade a existência de (algo); indicação, sinal, traço. **3** LÓG Afirmação de caráter tautológico, cuja verdade resulta dos próprios termos em que foi proposta (como, p.ex.: "o triângulo representa três lados") **4** RET Descrição viva e minuciosa de um objeto, realizada com a enumeração de suas particularidades sensíveis, reais ou fantasiosas. ▸ Cf. ÉCFRASE.

INFORMAÇÕES GERAIS

O conhecimento é composto de proposições e evidências. A evidência apresenta informação sobre a verdade ou falsidade de uma sentença ou de um conjunto de proposições; o que significa dizer que a evidência deve ser considerada em relação ao que a proposição afirma ou nega. A evidência cognitiva e filosófica difere da evidência jurídica. No sentido jurídico, um traço material pode valer como evidência da culpa ou da inocência de um criminoso. De maneira semelhante, mas com outro propósito, a existência de um determinado tipo de matéria frequentemente serve de evidência científica ou filosófica sobre uma teoria específica: a presença de *DNA* em formas de vida diferenciada sustenta, através da hereditariedade, a hipótese de descendência comum com modificação do evolucionismo darwiniano. Um conhecimento verdadeiro é uma crença sustentada por evidência. Nesse caso, as evidências revelam a tipologia dos conhecimentos verdadeiros. Um tipo de evidência é produzido pelos sentidos ou por fatos observáveis, o que é, para muitos, a fonte primária de evidência (cf. EMPIRISMO). Estados mentais, como memória e familiaridade, também fornecem evidência. Além da introspecção, outro modo de gerar evidência é através do contato social ou intersubjetivo. Tudo isso se soma à possibilidade de que a razão e o raciocínio sejam fontes eficazes de evidenciação. A força da evidência qualifica um saber como conclusivo ou inconclusivo, na medida direta de sua resistência a dúvidas. Por serem eivados de dúvida, os dados sensoriais dão origem a evidências frequentemente inconclusivas. O recurso a fontes especializadas produz evidências temporárias que também só se sustentam na ausência de incerteza a respeito do que tiver o poder ou o direito de autoridade. ▸ Cf. CONFIRMAÇÃO.

---

evolução 1 Ato, efeito ou processo de evoluir. **2** BIO Processo através do qual as espécies se modificam ao longo do tempo. **3** BIO Teoria segundo a qual as espécies se modificam ao longo do tempo graças à ação das mutações e da SELEÇÃO NATURAL. ▸ Cf. DARWINISMO; DARWIN, CHARLES; EVOLUCIONISMO. **4** Processo de desenvolvimento natural, biológico e espiritual, discutido no pensamento de Herbert Spencer (1820-1903) e de Henri Bergson (1859-1941), em que toda a natureza, com seus seres vivos ou inanimados, se aperfeiçoa progressivamente, realizando novas capacidades, manifestações e potencialidades.
evolucionismo 1 Qualquer teoria que explique a evolução das espécies ao longo do tempo; transformismo. **2** ANTRPOL SOC Doutrina segundo a qual toda cultura de uma sociedade é resultado constante de processo evolutivo.

INFORMAÇÕES GERAIS

O evolucionismo sociológico parece aparentado ao evolucionismo biológico, mas suas diferenças são flagrantes. Em primeiro lugar, é preciso notar que o evolucionismo que sai da teoria biológica de Charles Darwin (1809-1882) sugere apenas mutação e pouco tem a ver com progresso, não podendo ser um juízo de valor que hierarquize indivíduos ou grupos humanos. A grande maioria dos organismos vivos não poderia ter a visão de um futuro imediato, muito menos de um progresso remoto. E mais do que isso: como a espécie humana é biologicamente recente, se comparada a outras formas de vida, e porque as diferenças biológicas só se acentuam ao longo do tempo, o termo 'evolução' não poderia jamais sugerir, a não ser por voluntarismo ideológico, uma superioridade de grupo. No darwinismo, a unidade da evolução não será prioritariamente o grupo, mas o que dele eventualmente faz parte, sejam indivíduos ou seus genes. A evolução seria lenta, desastrosa e inoperante, se atuasse do grupo para o indivíduo e não do indivíduo para a sua população. Na crença de que a humanidade se desenvolve, progressivamente, ao longo da história, o evolucionismo sociológico pode ser profundamente essencialista, enquanto o evolucionismo darwiniano é marcadamente local e regional, já que o processo biológico de seleção natural só pode ser singular e individual. O evolucionismo darwiniano presume relações de conflito entre organismos em estado de competição incessante que, disputando recursos, querem sobreviver e procriar. O relojoeiro dessa mecânica só pode ser cego a noções de progresso. É daí que a evolução se estabelece, passo a passo, e jamais por um plano essencializante que a tudo antecede. O exame comparativo de sociedades por vezes revela um conjunto de diferenças técnicas, sociais e cognitivas, o que leva à tentação de se desenhar uma escala de estágios progressivos; mas isso é uma suposição injustificável. Centrado no reconhecimento de que os seres vivos estão em estado de adaptação com o meio ambiente, o evolucionismo darwiniano seria incapaz de fazer projeções e juízos futuros. Toda adaptação é local: o que hoje se mostra uma vantagem pode ser uma desvantagem mais adiante. Isso não quer dizer que as sociedades humanas sejam imutáveis. O conhecimento humano aprimora-se e evolui, porque sua transformação resulta de uma crítica rigorosa e impiedosa sobre si mesmo. ▸ Cf. DARWIN, CHARLES; DARWINISMO.

BIBLIOGRAFIA

DAWKINS, Richard. *O relojoeiro cego*. São Paulo: Companhia das Letras, 2001.

_____________. *O maior espetáculo da Terra*. São Paulo: Companhia das Letras, 2009.

LULL, James; NEIVA, Eduardo. *The language of life: how communication drives human evolution*. Ann Arbour: Prometheus Books, 2012.

WILLIAMS, George C. *The pony fish's glow and other clues to plan and purpose in Nature*. New York: Basic Books, 1997.

evolutivo 1 Relativo à evolução; evolucional. 2 Que pode fazer com que se realize um processo de evolução. 3 LING Relativo à evolução da língua; diacrônico. ▸ Cf. DIACRONIA e SINCRONIA.

exabyte INF Conjunto de *bytes* adjacentes ou medida de armazenamento composta de um quintilião de *bytes*.

excerto EDIT Fragmento, extrato, trecho de obra literária, artística ou científica.

executar 1 INF Processar as instruções de (programa ou algoritmo). 2 MÚS Tocar (instrumento) ou cantar (música).

executivo de conta PUB M.q. CONTATO.

exemplar BIBL EDIT Cada um dos livros, ou impressos em geral, que pertencem à mesma tiragem.

exempli gratia [lat.] Por exemplo. ▸ Abrev.: *e.g.*

exemplo RET M.q. PARADIGMA ('na teoria retórica').

exibição 1 CINE Projeção de filme cinematográfico. 2 TEAT Representação de espetáculo teatral. 3 M.q. EXPOSIÇÃO ('conjunto').

exibidor CINE Proprietário ou arrendatário de cinema ('sala de projeção').

ex-líbris Vinheta desenhada ou gravada que os bibliófilos colam ger. na contracapa de um livro, da qual consta o nome deles ou sua divisa, e que serve para indicar posse.

exnominação SEMIO Termo cunhado pelo semiólogo francês Roland Barthes (1915-1980) que indica a suposição, freq. nos meios de comunicação, de que valores comuns e presentes em várias mensagens de massa representam um conteúdo de tal modo básico que pode aspirar à categoria de valor natural, portanto sem referência e justificação. ▸ A exnominação é uma operação ideológica que expressa a codificação social dominante.

BIBLIOGRAFIA

BARTHES, Roland. *Mitologias*. São Paulo: Difel, 2003.

exórdio RET O início de um discurso; preâmbulo, prólogo, proêmio.

expandido GRÁF Que se apresenta ampliado horizontalmente, ger. por alargamento dos claros interliterais, embora siga o desenho da família a que pertence (diz-se de tipo); estendido. ▸ P.opos. a CONDENSADO, ESTREITO.

expandir GRÁF Ampliar horizontalmente (uma composição), ger. alargando os claros interliterais, sem alterar o corpo nem a família da letra. ▸ P.opos. a CONDENSAR.

expediente JOR Quadro de identificação que um jornal ou revista está obrigado por lei a publicar (ger. na parte inferior da mesma página onde saem os editoriais) em todas as suas edições e do qual constam os nomes da empresa jornalística responsável, da gráfica impressora, dos profissionais mais importantes (diretores, editores, editor-chefe etc.) ligados a essa publicação, os preços de venda avulsa e por assinatura etc.

explicação 1 Ato de explicar-se, de tornar claro ou inteligível; esclarecimento. 2 Razão, causa ou motivo de algo. 3 Aquilo que justifica; elucidação.

INFORMAÇÕES GERAIS

Uma explicação é composta de uma proposição que elucida (*explanans*) e de algo elucidado (*explanandum*). Seu propósito final é tornar algo inteligível ou compreensível. A explicação é, portanto, a transformação de um acontecimento cifrado em causas ou propriedades elucidativas, reduzindo o não familiar a uma demonstração familiar, ou o desconhecido ao que é conhecido. Muitas vezes, para que isso aconteça, causas físicas podem ser apontadas: falha no cálculo da estrutura de um prédio explica seu desabamento. O *explanandum* é 'o desabamento do prédio' e o *explanans* 'a falha no cálculo da estrutura'. Muitas vezes, na realidade, um acontecimento pode ter mais de uma causa ou *explanans* que interagem, como, no caso do prédio, poderia ser o tráfego intenso na rua em frente ao edifício, o tipo de solo sobre o qual o edifício foi construído etc. Na comunicação ordinária ou numa notícia de jornal pode-se singularizar uma explicação como o fator explicativo dominante. O contexto que determina a natureza da explicação pode ser uma resposta a 'por quê' o acontecimento se deu, ou mesmo 'como' tal evento ocorreu. É plausível que se explique um evento recorrendo-se a um modelo que apresenta uma lei (*covering law model*). Nesse caso, a forma lógica da explicação é dedutiva (cf. DEDUÇÃO) e obtida pela aplicação de leis gerais a casos particulares. No caso de explicações deterministas, se digo ou observo que 'a panela d'água está fervendo' (*explanans*) e sei que 'água ferve a 100°C' (*explanandum*), então a explicação está articulada a partir de um conhecimento absoluto sobre o ponto de fervura da água. A recorrência estatística também fornece explicação, sendo essa explicação probabilística, logo mais fraca do que a determinista. Quando o objeto da explicação é uma ação humana, frequentemente a explicação toma a forma de apresentação de propósitos, motivos, desejos ou crenças. E, assim, o que se tem é uma razão para o fato singular, não a apresentação de um modelo legislativo, como foi o caso do que se chamou de *law covering model*. 'Tomo café porque quero' é uma racionalização subjetiva que não pode ter o mesmo estatuto lógico e elucidativo, mas que, de alguma forma, fornece uma explicação.

expolição RET Ato de aperfeiçoar, ornar ou ampliar um discurso.

exponenciação MAT Elevação de um número a uma potência.

exportar INF Alterar as características referentes ao formato de (arquivo de dados gerado pelo aplicativo us. pelo usuário), visando permitir que seja aberto e editado por outro aplicativo.

exposé [fr.] JOR Reportagem que denuncia escândalos ou atos de corrupção.

exposição 1 Conjunto de objetos similares expostos para visitação pública; exibição. 2 COMN Apresentação organizada de um assunto, oralmente ou por escrito; palestra, explanação. 3 FOT Período de tempo que um aparelho fotográfico se submete à ação da luz.

exposição de anúncio PUB Tempo ao qual um consumidor é exposto a uma mensagem publicitária; expa, *ad page exposure*, *APX*.

expositor 1 O que expõe. 2 BIBL EDIT Livro que expõe uma teoria, uma doutrina etc. 3 EDIT Autor que apresenta seu trabalho ou livro em exposição pública. 4 MKT PUB M.q. DISPLAY ('peça promocional').

exposure [ing.] Quantidade de pessoas e consumidores potenciais atingidos por um veículo específico.

expressão 1 ART.PLÁST CINE COMN LIT MÚS TEAT Desde o romantismo, característica predominante das obras de arte e produtos estéticos, que assim veiculam emoções e sentimentos individuais. 2 LING SEMIO M.q. SIGNIFICANTE.

INFORMAÇÕES GERAIS

É preciso entender a forma expressiva como um atributo central da comunicação, não apenas porque toda mensagem se origina no receptor, que, teoricamente, estaria se expressando, mas porque a expressão é um fator atuante em todo o processo comunicativo. Se os signos unem matéria e conceito, significante e significado, a dimensão expressiva sempre caracterizará as representações semióticas. Na linguística saussuriana, o significante (a matéria acústica) expressa o conceito (seu significado). E os dois, expressão e conteúdo, são inseparáveis como os lados de uma folha de papel. A rigor, a expressão é parte do domínio do significante, pelo simples fato de que, apesar de indissoluvelmente ligado ao significado, o que chega primeiro à recepção é a forma material do signo. O próprio sistema de representações disponíveis para os usuários da língua manifesta-se através de uma estrutura formal e imanente, organizada a partir da matéria expressiva do signo. O falante emite o som /b/ para dizer /bato/ e, assim, rejeita a matéria sonora /p/ como inapropriada, porque a materialidade sonora /b/ é oposta formal e expressivamente a /p/, ainda que a escolha do conteúdo faça parte do curso de ação do transmissor. Se fosse em inglês, o som emitido seria /b/ para /*beat*/ ('bato') e não /p/, mas /f/, pois /*feat*/ ('uma realização excepcional, banquete etc.'), não seria o que se quer comunicar. É bem verdade que a equivalência entre expressão e significante não se encontra formulada claramente no *Curso de linguística geral*, de Ferdinand de Saussure (1857-1913), mas sim na obra do linguista dinamarquês Louis Hjemslev (1899-1965), que separa o plano da expressão do plano do conteúdo do signo. Segundo Hjemslev, a análise linguística começa com essa distinção operativa básica que se subdividiria nos domínios da forma e da substância das mensagens. A substância, por sua vez, subdividir-se-ia isomorficamente em forma da expressão e forma do conteúdo. Graças à influência do ESTRUTURALISMO, a concepção isomórfica hjemsleviana de expressão e conteúdo espalhou-se, para os estudos da comunicação, seja através da narratologia de A. J. Greimas (1917-1992) ou nas interpretações dos produtos da comunicação de massa por Umberto Eco (1932-). A separação dos domínios da expressão e do conteúdo permitiu que a consideração das propriedades formais e expressivas fosse refletida na interpretação do conteúdo dos signos. A outra vertente teórica sobre a expressão origina-se na plataforma estética do romantismo e deságua nas seguintes ideias fundamentais: a) a expressão artística materializa intenções presentes na mente do criador; b) por meio da forma expressiva, a comunicação de sentimentos ocorre; c) o que era um sentimento vago se realiza pela expressão; e, assim, a expressão é uma propriedade intrínseca e não posterior ou secundária da comunicação estética.

BIBLIOGRAFIA

ECO, Umberto. *As formas do conteúdo*. São Paulo: Perspectiva, 1999.

HJELMSLEV, Louis. *Prolegômenos a uma teoria da linguagem*. São Paulo: Perspectiva, 2009.

LANGER, Susanne K. *Sentimento e forma*. São Paulo: Perspectiva, 1980.

____________. *Filosofia em nova chave*. São Paulo: Perspectiva, 2004.

SAUSSURE, Ferdinand de. *Curso de linguística geral*. São Paulo: Cultrix, 2006.

expressionismo 1 ART.PLÁST EST Movimento artístico que procura retratar não a realidade objetiva, mas as emoções e respostas subjetivas que objetos e acontecimentos suscitam no artista. 2 MÚS Termo das artes plásticas empr. para se referir à música atonal.

extensão 1 LÓG Na lógica tradicional, conjunto formado por todos os elementos singulares designados por um conceito (como, p.ex., no caso do conceito 'homem', em que sua extensão será o conjunto dos entes que compõem a humanidade). ▸ Cf. COMPREENSÃO. 2 MÚS Intervalo que vai do som mais grave ao mais agudo, num instrumento ou na voz humana; âmbito.

extenuação RET Figura que atenua ou apouca as circunstâncias de um acontecimento.

externa CINE TV Qualquer emissão, gravação ou filmagem feita em local externo, fora de um estúdio.

extra 1 CINE TEAT TV M.q. FIGURANTE. 2 M.COM Que é publicado fora dos horários ou dias estabelecidos em sua programação (diz-se esp. de noticiários jornalísticos, escritos ou falados); extraordinário.

extralinguístico LING 1 Que não pertence ao sistema da língua, mas que se associa à aplicação deste na produção e na compreensão dos enunciados no que tange ao sujeito e/ou à situação, e ao conhecimento que os falantes compartilham. 2 Exterior ao campo da língua.

extranet INF INTERN Rede de computadores constituída pela interligação de duas ou mais intranets. ▸ Cf. INTRANET

extraordinário M.COM Que é publicado ou transmitido fora dos horários ou dos dias normalmente estabelecidos em sua programação (diz-se esp. de noticiários jornalísticos, escritos ou falados); extra.

extrato EDIT Passagem, trecho tirado de um texto; excerto.

extreme close-up [ing.] CINE Enquadramento em primeiríssimo plano. ▸ Sigla: *ECU*.

extreme long shot [ing.] CINE Grande plano geral. Abrev.: *ELS*

e-zine [ing.] EDIT INF Revista (*magazine*) em formato eletrônico, distribuída por acesso a *websites* ou por *email* e adquirida através de assinatura.

Ff

f 1 Sexta letra do nosso alfabeto. 2 FON Letra que representa a consoante fricativa labiodental surda. 3 A forma dessa letra. 4 GRÁF Tipo que faz essa letra. 5 GRÁF Matriz a partir da qual se faz essa letra. 6 Diz-se do sexto elemento de uma série. 7 Abrev. de *feminino* (GRAM), *foco* (FOT), *forte* (MÚS) etc. 8 FÍS Símb. de FREQUÊNCIA. 9 MÚS Nota fá, na notação alfabética. 10 MÚS Formato das aberturas nos tampos dos instrumentos da família dos violinos.

fã 1 Indivíduo que tem ou manifesta grande admiração por personalidades públicas (artistas, políticos, desportistas etc.). 2 Pessoa que tem grande afeição ou demonstra grande interesse por (alguém ou algo).

INFORMAÇÕES GERAIS

O que faz de um indivíduo um fã? Por que centrar totalmente sua vida num produto da comunicação de massa, muitas vezes irremediavelmente distante do cotidiano do admirador? Qual a causa desse desejo de intimidade e proximidade ao que é, freq. e por sua própria natureza, inacessível, distante e artificial? As explicações para a existência de fãs dedicados (o que não deve ser confundido com o admirador que ocasionalmente se entusiasma) variam de modo considerável. Uma interpretação para o fenômeno dessa dedicação intensíssima e ardorosa tende a vê-la sob a perspectiva da patologia, seja ela da sociedade ou do indivíduo. A percepção do senso comum e dos relatos jornalísticos é que há algo disfuncional na psicologia do fã. O motivo que move esse tipo de pessoa seria um mecanismo compensatório para suas frustrações e pequenez: o culto excessivo dos fãs ofereceria uma identidade nova ao admirador. A veneração apaixonada do fã não passaria de uma transferência do culto religioso para produtos de uma esfera profundamente secular que, ao mesmo tempo, caracterizaria a sociedade contemporânea do espetáculo. Tanto estrelas de cinema, rádio, TV, celebridades em geral, clubes, times e práticas esportivas, como gêneros musicais e de espetáculo são objetos da admiração incontida e da lealdade dos fãs, que, muitas vezes, produzem folhetos, *sites*, encontros que se aproximam dos rituais de fé e da catequese intermitente. A paixão do fã pode ser intensa a ponto de redirecionar sua vida, que passa a gravitar em torno daquilo que tanto adora. A suposição de que a paixão e o intenso sentimento dos fãs seja acrítico é passível de questionamento, uma vez que o que o admirador faz é produto de uma escolha e uma avaliação crítica: não importa se distorcida, tendenciosa ou não. Em inglês, talvez com menor rigor, há quem diga que a origem da palavra *fan* ('fã') resulta da abreviação de *fancy* (que seria 'gosto, fantasia') ou *fanatic* ('fanático'). Alguns teóricos sugerem cautela no uso de conceitos correntes sobre audiências quando se estuda um grupo de fãs. O universo dos fãs difere da maioria dos espectadores e muitos dos analistas desse tipo de admiração fervorosa não possuem o distanciamento crítico necessário para a análise, sendo eles mesmos fãs do que procuram interpretar.

BIBLIOGRAFIA

BIRD, Elizabeth S. *The audience in everyday life: living in a material world*. London: Routledge, 2003.

GRAY, Jonathan; SANDVOSS, Cornell; NARRINGTON, C. Lee. *Fandom: identity and communities in a mediated world*. New York: NYU Press, 2007.

SANDVOSS, Cornell. *Fans: the mirror of consumption*. Cambridge: Polity Press, 2005.

fábula 1 Narração popular ou artística de fatos puramente imaginados. 2 Fato inventado; invencionice. 3 LIT Curta narrativa, em prosa ou verso, que tem entre as personagens animais que agem como seres humanos e que ilustra um preceito moral. 4 LIT Narração de aventuras e de fatos (imaginários ou não), no romance, na epopeia, no conto; fabulação. 5 LIT História narrada das ações dos deuses e heróis greco-romanos; mitologia. 6 LIT SEMIO Em narratologia, o conteúdo básico de uma história, composto da totalidade de acontecimentos apresentados pelo narrador. ▸ A narratologia formalista identifica a fábula como o conteúdo que constitui uma história. A fábula foi definida como um elemento que conduz a trama de uma narração e funciona como seu fio condutor, dando-lhe motivo e forma funcional. A trama e a sequência temporal de uma história específica desenvolvem-se a partir das relações causais sugeridas pela fábula. A trama pertence ao registro da criação estilística e literária que qualifica o trabalho de um autor, enquanto a fábula seria a estrutura linguística mais profunda da história, que pode ser expressa em uma ou mais proposições narrativas. A fábula é uma construção complexa, que reúne representações culturais coletivas e, assim, articula conteúdos arquetípicos que se materializam em um ou mais temas de valor simbólico.

BIBLIOGRAFIA

DIJK, Teun A. van. *Some aspects of text grammar*. The Hague: Mouton, 1972.

fabulação 1 Versão romanceada de uma série de fatos. 2 Fato inventado; mentira. 3 LIT Ação moral que encerra uma fábula; afabulação. 4 LIT Disposição linear e lógica dos episódios de uma narrativa; afabulação, efabulação.

fabulário LIT 1 Livro de fábulas. 2 Conjunto de fábulas; fabulística. 3 Autor de fábulas; fabulista.

fabulística LIT M.q. FABULÁRIO ('conjunto').

faca 1 GRÁF Utensílio de metal, osso, marfim, madeira etc., com bordas finas, us. para cortar papel nas dobras, abrir páginas de livros brochados etc.; navalha. 2 ENC Grande lâmina curva, munida de cabo, que faz parte da cisalha. ▸ Cf. CISALHA. 3 GRÁF M.q. TELHA ('peça do tinteiro').

facão GRÁF Instumento de cortar papelão; tesourão.

face 1 Região delimitada pelo couro cabeludo, as orelhas e o pescoço, composta da testa, olhos, boca, nariz, queixo e bochechas; fácies. 2 ANTRPOL Parte do corpo humano que comunica as emoções e patenteia as diferenças raciais, tanto do ponto de vista morfológico como do psicológico. ▸ Cf. CINÉSICA. 3 MÚS M.q. ESTADO DE UM ACORDE.

Facebook INTERN Rede informatizada de relações sociais, fundada em 2004 que se transformou em 2011 no *site* mais popular do planeta. ▸ A princípio feito para um grupo fechado de alunos das escolas de elite n.-am., o Facebook expandiu-se, abrindo-se para qualquer pessoa e, assim, virando o *social network* com o maior número de membros na internet. Seus fundadores eram alunos da Universidade de Harvard: Mark Zuckerberg (1984-), Dustin Moskovitz (1984-), Chris Hughes (1983-) e Eduardo Saverin (1982-). O Facebook é um estágio da linha evolutiva do fenômeno da REDE SOCIAL através da internet, que se caracteriza pela transmissão pública e imediata daquilo que acontece na página do usuário. Antes do Facebook, o mecanismo de *news feed* existia, mas exigia-se que a pessoa fosse atrás da informação que, agora, é repassada sem nenhum trabalho por parte do membro do *site*. Ao facilitar, satisfazer e fomentar a curiosidade pela vida alheia, o *site* distinguia-se de tudo o que até então fora feito no âmbito das redes sociais. Ele eliminou progressivamente a força de seus concorrentes (Friendster, Orkut, MySpace etc.), até transformar-se, na prática, em um vasto monopólio. O grande momento de crescimento do *site* foi em agosto de 2008, quando se tornou uma febre, crescendo 178% nesse mês. Desde então e até setembro de 2011, Facebook aumentou oito vezes o número de participantes. Várias disputas jurídicas marcaram a existência do *site*, que, hoje, é inegavelmente um dos principais agentes da internet.

BIBLIOGRAFIA

ANDREWS, Lori. *The Facebook nation*. New York: Simon and Schuster, 2012.

fachada BIBL GRÁF 1 M.q. PÁGINA DE ROSTO. 2 M.q. PORTADA.

fac-símile 1 GRÁF Reprodução, por meio fotográfico, de um texto ou imagem. 2 GRÁF Aparelho que realiza essa reprodução. 3 TEL M.q. TELEFAC-SÍMILE.

INFORMAÇÕES GERAIS

O fac-símile serve, frequentemente, como instrumento que autentica e documenta uma opinião ou um fato descrito. A publicação de fac-símiles em jornais, seja de modo parcial ou total, considera fatores como curiosidade do leitor sobre o fato noticiado ou dúvida quanto à veracidade do que é noticiado.

fade [ing.] 1 CINE TV Efeito de aparecimento e desaparecimento de som e imagem de uma tomada ou narrativa. 2 CINE RÁD TV M.q. FADE OUT.

fade down [ing.] CINE RÁD TV M.q. FADE OUT.

fade in [ing.] 1 CINE TV Efeito de aparecimento gradual de imagem; abertura, *fade up*. 2 RÁD Efeito de aparecimento gradual de som em gravações; *fade up*.

fade out [ing.] 1 CINE TV Ato ou efeito de escurecer uma imagem; escurecimento, *fade down*. 2 RÁD Efeito de desaparecimento gradual do som nas gravações; *fade down*.

fader [ing.] CINE RÁD TV Dispositivo que, numa mesa de som, permite a obtenção dos efeitos de *fade in* e *fade out*.

fade up [ing.] CINE RÁD TV M.q. FADE IN.

fading [ing.] COMN M.q. FÁDINGUE.

fádingue COMN Diminuição temporária de intensidade de sinais radioelétricos, devida a variações das condições de propagação.

fait divers [fr.] JOR RÁD TV Assuntos variados; variedades. ▸ Em um artigo de 1962, coligido no livro *Essais critiques* (*Ensaios críticos*), Roland Barthes (1915-1980) distingue dois tipos de mensagens jornalísticas. Quando um jornal noticia um assassinato político, o que faz é transmitir informação; mas quando se trata apenas de um crime, o que aparece nas páginas do jornal é *faits divers*. A palavra não tem tradução plena para o português, mas o conceito de *fait divers* é esclarecedor para o entendimento da mídia. O texto "Structure du fait divers (*Estrutura do* fait divers) examina o que seja esse fenômeno de reportar o que é pequeno e corriqueiro e assim magnificar o minúsculo. Nas páginas dos jornais, o *fait divers* reclassifica a desorganização da vida cotidiana. A partir de agora, não há mais o que seja privado, pois todos os acontecimentos podem encontrar o caminho da representação pública. *Fait divers* qualifica notícias variadas: "cavalo atropela carro e mata três em São Paulo"; "placa de vidro cai de prédio e atinge morador"; "dupla assalta supermercado com carrinho de bebê" etc. Barthes afirma que a notícia política, como é o assassinato de uma figura pública, remete a um contexto social mais amplo, a situações que transcendem o fato em si mesmo. Sem o conhecimento do contexto, o assassinato político não faz sentido, enquanto a notícia variada, que é o *faits divers*, depende apenas de si mesma. No *fait divers*, duração, análise e contexto não se estendem muito além do que é narrado, pois a notícia caracteriza-se pela imanência, por ser uma estrutura fechada. A estrutura narrativa de um *fait divers* faz mais do que produzir o relato de insignificâncias. No período de festas de fim de ano, a informação de que a cidade está decorada para o Natal é insignificante, mas o complemento de que as ruas ganharam iluminação e decoração nova é noticiável como *fait divers* de um jornal ou telejornal. No *fait divers* basta apenas ler a manchete e a relação de causa e efeito que é, por ela, sugerida: "cavalo atropela carro mais três feridos" chama a atenção, sem que se refira a outro nexo de causa e efeito. A singularidade para aí. Apesar de as personagens serem inteiramente nomeadas no corpo da notícia, o leitor lida com representações coletivas, com estereótipos (o velho, a mãe, o filho viciado, o delegado, a estudante, a criança etc.), cuja função narrativa é conferir atemporalidade ao que é, de outra forma, efêmero. No *fait divers*, através dos estereótipos, o que seria transitório e ínfimo transforma-se em história exemplar: "grande efeito, pequena causa", diz Barthes. Outra mecânica narrativa do *fait divers* é a da contradição: "absolvida mãe que matou filho viciado em *crack*"; "pai entrega filho criminoso à polícia", "idosa vende maconha em casa", "delegado espanca esposa" etc. O que fora acaso vira ilustração arquetípica de uma regra moral. É bem verdade que o texto de Barthes inspirava-se nas notícias que lera nos jornais parisienses da metade do sXX, mas sua reflexão continua válida para o entendimento do noticiário de variedades, na era do jornalismo eletrônico. O leitor, o eu-repórter, que fotografa e filma minudências do cotidiano para entregá-las ao jornal, à televisão, corporifica os princípios noticiosos do *fait divers*. ▸ Cf. BARTHES, ROLAND.

BIBLIOGRAFIA
BARTHES, Roland. *Oeuvres complètes. Tome I: 1942-1961*. Paris: Seuil, 1993.

faixa de frequência RÁD Conjunto de frequências que se situam entre dois limites; banda de frequência.

faixa lateral TEL Faixa de frequência situada em cada um dos lados da frequência da onda portadora, produzida por modulação.

fala COMN **1** Ato ou efeito de falar. **2** Faculdade que tem o homem de expressar suas ideias, emoções e experiência, de se comunicar por meio de palavras (signos verbais da linguagem articulada). **3** O uso dessa faculdade. **4** Aquilo que se exprime por palavras; colóquio. **5** Palavra, dito, frase. **6** Elocução, discurso. **7** Cada trecho do papel ou do texto que cabe a um ator ou a um locutor num diálogo, monólogo ou narração. **8** Timbre ou tom de uma voz. **9** M.q. LINGUAGEM ('maneira de exprimir-se'). **10** Emissão de sons nos animais. **11** Para o linguista Ferdinand de Saussure (1857-1913), a parte da linguagem que se manifesta como ato individual, por oposição à língua (que é social em sua essência e independente do indivíduo); *parole*. ▸ Certos linguistas substituem *fala* por *discurso* e referem-se à dicotomia língua/discurso.

falácia **1** Qualidade do que é falaz; falsidade. **2** No aristotelismo, qualquer enunciado ou raciocínio falso que, entretanto, simula a verdade; sofisma. **3** Na escolástica, termo us. para a caracterização do silogismo sofístico do aristotelismo, que consiste em um raciocínio verossímil, porém inverídico.

INFORMAÇÕES GERAIS

A linguagem ordinária é tanto um instrumento de comunicação imediata e eficaz como uma das causas de inferências inválidas e falaciosas, já que a versatilidade, a plasticidade, a concisão da comunicação cotidiana permitem que se produzam raciocínios sem rigor lógico. Além disso, por ser um dispositivo de socialização, a linguagem comum abriga preconceitos e julgamentos que carecem de maior fundamentação. Os usuários do discurso convivem com ambiguidades de expressão que levam a inferências inválidas, porque dispõem de um conjunto de recursos, como entonação, gestos, recorrências, paráfrases, contextualização, que tornam o que é dito mais preciso do que a mera expressão verbal. O que há de falacioso numa comunicação não é necessariamente a conclusão enunciada, mas o processo que faz chegar a ela. Uma falácia é considerada informal quando o raciocínio parece ser correto, quando de fato não o é. As falácias informais são aquelas que empregam equivocadamente argumentos em situações e contextos específicos e não resultam apenas do encadeamento lógico-dedutivo de premissas e conclusões. Uma falácia óbvia, do tipo "os ricos são pessoas insensíveis e os pobres sensíveis", deriva de uma regra formal de dedução: "se todos os *X* são *Y*, os *não X* são *não Y*". Os argumentos falaciosos são mais de uso do que de procedimento formal. A lógica aristotélica prescreve a referência a definições precisas, para evitar falácias, porque freq. estas provêm do emprego vago ou equivocado de palavras. As causas de argumentos falaciosos podem ser muitas e vão desde o recurso ao que uma audiência presume, erradamente, ser uma verdade (*argumentum ad populum*), passando pela desconsideração capciosa do argumento de um adversário, por meio do ataque à sua pessoa e não pelo exame de seu argumento (*argumentum ad hominem*), e até mesmo pelo emprego equivocado da opinião de peritos que, por sua vez, apesar de serem autoridades, podem estar errados. Um argumento pode ter a aparência de verdade quando, na verdade, o encadeamento de premissas é falacioso. *As refutações sofísticas* de Aristóteles (384 a.C.-322 a.C.) discutiu em detalhe e pela primeira vez o que pode ser um argumento falacioso. Uma falácia é formal quando pode ser descrita nos termos da lógica formal, seja por defeito de estruturação, porém sem necessária referência aos conteúdos de suas premissas, seja pela aplicação inadequada das regras de inferência ou mesmo pela utilização de premissas que forem produto de alguma inferência inválida. O exame analítico dos elementos essenciais presentes num argumento possibilita, na maioria das vezes, que uma falácia seja identificada.

BIBLIOGRAFIA
BARNES, Jonathan (ed.). *The complete works of Aristotle*. Princeton: Princeton University Press, 1984. v. 1-2.
FEARNSIDE, W. Ward; HOLTHER, William B. *Fallacy: the counterfeit of argument*. Upper Saddle River, NJ: Prentice-Hall, 1963.

falante **1** COMN Que fala **2** COMN Que fala muito ou comete indiscrições. **3** COMN Que gosta muito de falar; desinibido, extrovertido. **4** COMN M.q. LOCUTOR. **5** LING Pessoa capaz de usar uma língua (p.ex., todo lusófono é falante do português).

falante nativo COMN LING Pessoa que tem dada língua como sua língua materna, também chamada de língua nativa.

falar **1** COMN Fazer-se compreender; demonstrar. **2** COMN Dar ordem; comandar. **3** COMN LING Exprimir por meio de palavras. **4** COMN LING Dirigir um discurso, discursar. **5** COMN LING Dizer, declarar. **6** COMN LING Dizer, comentar. **7** COMN LING Dialogar, encontrar-se. **8** COMN LING Pregar, anunciar, ensinar. **9** COMN LING Contar a verdade; revelar. **10** COMN LING Expor pensamentos; discorrer, conversar, contar. **11** COMN LING Saber exprimir-se em (outro idioma que não o seu). **12** COMN LING Comunicar-se com outro(s) falante(s) segundo um sistema definido próprio de uma comunidade linguística, ou seja, por meio de uma determinada língua. **13** Maneira de expressar uma ideia. **14** LING Variedade de uma língua peculiar a um quadro geográfico; dialeto, fala. ▸ Tem-se o 'falar regional', próprio de uma área mais ampla (p.ex., o 'falar' nordestino) e o 'falar local', próprio de uma cidade, uma vila etc. **15** LING Variedade de uma língua (com características específicas na sintaxe e no léxico) que caracteriza um determinado grupo sociocultural; dialeto, linguajar.

falibilismo FIL Teoria proposta pelo filósofo Karl Popper (1902-1994) que descreve a busca pelo conhecimento como uma atividade aproximada, progressiva e eminentemente falível, cujo progresso se realiza pela identificação incessante de erros. ▸ Antes de Karl Popper ter argumentado que o conhecimento científico é, por sua natureza, falível, o filósofo Charles Sanders Peirce (1839-1914) fizera uma defesa do falibilismo como teoria do conhecimento. Proponentes do falibilismo acreditam que o conhecimento humano é uma empreitada marcada pela incerteza. Todo conhecimento é conjectural e aproximado, e não apenas devido a imperfeições no processo de conhecer: a ordem do universo físico e humano está em processo de mutação incessante, logo, não há forma de conhecimento que, ao longo da história, escape da ação crítica. A ideia de um conhecimento perfeito, livre de correção, é uma fantasia implausível. Os críticos do falibilismo contra-argumentam que, na sua forma mais rigorosa e extrema, isso não passa de um modo de ceticismo, cuja aceitação radical leva à impossibilidade não só de todo e qualquer juízo, mas também de toda e qualquer ação. A própria formulação de doutrinas céticas invalida sua conclusão, pois o ceticismo é, em todas as suas formas, um julgamento sobre o conhecimento. Além, disso, os céticos continuam agindo e vivendo suas vidas, de uma maneira ou de outra. Outra crítica seria que, se não é possível ter juízos empíricos isentos de erros, isso não quer dizer que seja impossível a existência de crenças aceitas como verdadeiras por meios estritamente analíticos, racionais e intuitivos. Tal crítica é rebatível como um desvio do critério de objetividade empírica que o falibilismo pretende refinar; e que ela depende teoricamente da discriminação entre conhecimento ANALÍTICO E SINTÉTICO, que fora severamente questionada por W. V. Quine (1908-2000). ▶ Cf. ABDUÇÃO; CONFIRMAÇÃO; FALSIFICABILIDADE.

BIBLIOGRAFIA

POPPER, Karl. *Conjecturas e refutações*. Brasília: UnB, 2008.
__________. *Textos escolhidos*. Rio de Janeiro: Contraponto, 2010.
QUINE, Willard van Orman. Two dogmas of empiricism. In: *Philosophical Review*, n. 60, p. 20-43, 1951.

falo PSICN Função simbólica representada pelo pênis. ▶ A teoria lacaniana reinterpreta e reenfatiza o papel do falo na formação do indivíduo, rejeitando sua redução ao meramente orgânico e transformando-o num SIGNIFICANTE primordial, cuja consciência é indispensável para que o sujeito entre na ordem do SIMBÓLICO. Na verdade, Jacques Lacan (1901-1981) não se afasta do que Freud (1856-1939) dissera, ainda que as referências freudianas sobre o falo sejam passageiras e ocasionais. Freud referiu-se ao falo tanto como um órgão como uma representação simbólica de domínio e poder social. A novidade da interpretação lacaniana reside na valoração exclusivamente simbólica e imaginária do falo. O falo é o significante que age como elemento mediador entre o sentimento de castração e a representação simbólica paterna. Através de um procedimento imaginário, o indivíduo torna-se um ser social, ao perceber "O nome do pai" (*Le nom-du-père*), expressão francesa intraduzível que reúne, num trocadilho, tanto o 'nome' (*le nom*) como a negatividade castradora (*le non*) da função paterna em sociedade. O falo articula o desejo em sua complexidade. Ao perceber o falo como objeto de desejo da mãe, a criança é levada, imaginariamente, a desejá-lo, pois assim atenderia tanto à mãe como a si mesmo. Porém o falo não é um órgão, mas um símbolo que nenhuma pessoa específica pode possuir: trata-se de uma presença e uma ausência constitutivas das identidades sexuais. Entre os que avaliam as teses lacanianas sobre a função simbólica exercida pelo falo, há quem considere a tese como um afastamento definitivo das origens biológicas da identidade e da sexualidade, que passariam a ser compreendidas como estritamente culturalistas e convencionais (porque simbólicas). Mas a crítica à interpretação de Lacan afirma o contrário: as teses lacanianas apenas sublinham a importância e a centralidade dada ao pênis como órgão. Outras análises desconstrucionistas de Lacan afirmam que a noção de significante primordial é absurda, uma vez que não há significante primordial: os significantes articulam-se e definem-se em relação de diferença mútua. ▶ Cf. LACAN, JACQUES; FALOCENTRISMO; FREUD, SIGMUND; PSICANÁLISE; SEXO.

BIBLIOGRAFIA

LACAN, Jacques. *Escritos*. Rio de Janeiro: Zahar, 1998.

falocêntrico **1** Que centraliza tudo no falo. **2** Que acredita na superioridade masculina.

falocentrismo PSICN SOC Doutrina ou crença centrada no falo, esp. na convicção da superioridade do sexo masculino. ▶ Na sua origem, falocentrismo não é somente uma simples ideologia machista. O termo surgiu no debate interno da psicanálise em referência à tese freudiana sobre o desenvolvimento da sexualidade infantil. Sigmund Freud (1856-1939) acreditava que a criança passaria, inevitavelmente, por uma 'fase fálica'. Nesse momento de sua evolução, a criança atribui imensa importância ao pênis. A percepção infantil do pênis, tanto para o menino como para a menina, é de dicotomia: presença e ausência do órgão. A ausência do pênis indicaria mais do que uma falta: a feminilidade evoca e anuncia castração, cujo sentimento seria fundamental para que a criança perceba uma punição associada à sexualidade, sem a qual não há sociabilidade. Ernest Jones (1879-1958), psicanalista britânico e biógrafo oficial de Freud, criticou a tese, afirmando que a menina certamente percebia seus órgãos não como uma falta, mas como uma propriedade corporal sua. Para Jones, a ideia era indevidamente falocêntrica, pois desconsiderava a genitália feminina, que aparentava não ter o menor papel na formação da sexualidade. Nesse momento, o debate sobre o falocentrismo é sobre a constituição e a estruturação psicológica do indivíduo e sua entrada na ordem social através da percepção de uma pena castradora. Na época, o debate não progrediu com sua inevitável implicação feminista, uma vez que Jones contemporizou a crítica ao falocentrismo, invocando o desinteresse feminino por seus próprios órgãos e uma presumida preferência pelo membro masculino. A teoria psicanalítica desenvolveu a tese da 'inveja do pênis', por parte das mulheres. Só em meados da década de 1970 é que as implicações antifeministas da tese são abertamente questionadas pela psicanalista belga Luce Irigaray (1932-). Ela fez mais do que uma crítica ao falocentrismo psicanalítico: seu propósito seria fundar um modelo de interatividade sexual sem a dominância de um ou de outro sexo. ▶ Cf. FEMINISMO; FREUD, SIGMUND; PSICANÁLISE.

BIBLIOGRAFIA

IRIGARAY, Luce. *Speculum de l'autre femme*. Paris: Minuit, 1974.

falocracia Dominação social, cultural simbólica exercida pelos homens sobre as mulheres; a sociedade dos falocratas.

falocrata **1** Que ou quem defende ou postula uma sociedade dominada pelos homens. **2** Diz-se de ou indivíduo que se crê superior às mulheres em razão de sua masculinidade; machista.

falologocentrismo FIL Neologismo criado pela filósofo francês Jacques Derrida (1930-2004) para indicar a dominância do falocentrismo e do logocentrismo para a psicanálise lacaniana, que perpetuaria os efeitos de subjugação da metafísica ocidental. ▶ Cf. FALO; FALOCENTRISMO; LOGOCENTRISMO.

falseabilidade FIL M.q. FALSIFICABILIDADE.

falsificabilidade FIL **1** Caráter do que pode ser falsificado. ▶ Cf. CONFIRMAÇÃO; FALIBILISMO. **2** Possibilidade inerente a qualquer teoria científica de ser submetida a uma refutação parcial, decorrente de sua incapacidade constitutiva de refletir integralmente a natureza dos fatos; refutabilidade. ▸ A falsificabilidade qualifica a ciência como uma atividade regida por um processo ininterrupto de autocorreção. A irrefutabilidade é um traço da especulação metafísica ou de saberes pseudocientíficos. O conhecimento científico é radicalmente antidogmático. O filósofo das ciências Karl Popper (1902-1994) acreditava que tudo isso acontece porque é impossível confirmar empiricamente um enunciado universal do tipo "todos os *s* são *p*", que tem a forma lógica de uma lei científica a propósito da natureza. A confirmação do enunciado "todos os *s* são *p*" é impossível, primeiro porque não há como prová-lo em todas as circunstâncias, já que isso exigiria o levantamento completo do passado, do presente e do futuro e, mesmo que se pudesse fazer uma recensão completa das formas do passado e do presente, a dimensão do futuro persiste como um problema. Por mais que um enunciado se tenha verificado no passado e porque o futuro é aberto, não há como supor a sua perfeita confirmação. Se a confirmação é impossível, isso não quer dizer que não se possa falsificar um enunciado universal em confronto com um caso que contradiga o que parecia ser uma regra. A falsificabilidade, que Popper acreditava ser o que define a ciência, nada tem a ver com o critério de significância que, segundo os positivistas do CÍRCULO DE VIENA, define o conteúdo científico de uma proposição. Na seção 22 de *A lógica da pesquisa científica*, Popper distingue falsificabilidade de falsificação. A falsificabilidade é o critério geral que estabelece o empirismo dos enunciados científicos, enquanto que a falsificação é o efeito que resulta das regras necessárias para que se atinja a falsificabilidade. A simples constatação de enunciados básicos isolados em discordância com fatos empíricos não implica a rejeição imediata de um sistema de enunciados. Para que a falsificabilidade aconteça, é preciso que a falsificação invalide empiricamente todo o sistema de enunciados, o que quer dizer a refutação tanto de suas leis fundamentais como de outros enunciados que dela derivam.

BIBLIOGRAFIA

POPPER, Karl. *A lógica da pesquisa científica*. São Paulo: Cultrix, 1975.

falso-dorso ENC Tira de cartão colada no revestimento externo do livro, junto à lombada, para separá-la do dorso dos cadernos; lombo falso, cartão de lombo.

falso positivo INF O que acontece quando um computador identifica como vírus um programa que não é danoso, eliminando arquivos necessários para o funcionamento do computador, tornando-o, assim, inoperável.

falso-rosto BIBL GRÁF M.q. ANTERROSTO.

falso-título BIBL GRÁF M.q. ANTERROSTO.

fama CINE TEAT TV M.q. ESTRELATO.

família GRÁF Conjunto de letras que apresentam em seu desenho as mesmas características básicas; fonte.

família linguística LING Grupo de línguas geneticamente aparentadas (derivadas de uma mesma protolíngua), cuja origem comum, inferida por estudos comparativos de gramática, filologia e linguística histórica, é atestada por grande número de cognatos e de correspondências sistemáticas e regulares de ordem fonológica e/ou gramatical. ▸ Cf. LÍNGUA ISOLADA.

fantasia **1** Faculdade de imaginar, de criar pela imaginação. **2** Obra criada pela imaginação.

INFORMAÇÕES GERAIS

O sucesso popular de obras da imaginação fantástica em livros ou em filmes, tais como *O senhor dos anéis*, a série *Harry Potter* etc., pode ser objeto de crítica. O recurso ao fantástico seria uma forma mais ou menos sofisticada de virar as costas para a realidade cotidiana. Afinal, os universos ficcionais puramente imaginativos são impermeáveis à crítica social e por isso não podem ser modificados. As obras fantasiosas fariam parte de uma estratégia social de fundo conservador. A resposta a essa crítica contra-argumentaria que a ficção fantasiosa sempre entretém algum modo de relação com a realidade; afinal, o real fornece os elementos básicos que serão reconstruídos como um mundo possível: como imaginar a entidade mitológica Pégaso sem o conhecimento e a percepção de cavalos e pássaros? Até mesmo quando se imagina outro tipo de universo material, os traços da realidade manifestam-se como ausência. Usos distintos de uma linguagem descritiva básica criam mundos diferentes. Não se trata de acreditar, ingenuamente, na existência de mundos paralelos e alternativos à realidade supostamente única que estaria diante de nossos olhos; mas também não se pode aceitar que exista um só modelo de realidade. O filósofo norte-americano Nelson Goodman (1906-1998) argumenta que existem "tantos universos de mundos como os próprios mundos construídos a partir de suas formas diferenciadas". A multiplicidade de universos, que caracteriza tanto a fantasia como a imaginação, define tb. o que se entende por realidade material. Assim, o mundo material e suas alternativas são inegavelmente reais, ainda que se possa dizer que são formas específicas da realidade. Para que o efeito de realidade se produza numa construção ficcional, basta ter outra moldura de referência. Por esse motivo, um traço frequente da narrativa fantasiosa é a obediência a regras de gênero, seja sob a forma de ficção científica, filmes de monstros ou terror, criando, regularmente, uma imagem invertida, mas especular da realidade cotidiana: é o que acontece nos textos de *Harry Potter*, em que os personagens principais atuam numa implausível escola de magia que é, na prática, uma inversão das escolas particulares britânicas. Nada disso é surpreendente, pois, seja para descrever o mundo factual seja para postular o mundo da imaginação possível, usam-se molduras de referência. Constroem-se mundos a partir de outros já existentes: começa-se com uma versão de um mundo existente e acaba-se em outra. O mundo da fantasia só faz sentido se entendido como transformação, possibilidade e distinção em face da realidade. Isso vale para filmes, *video games*, novelas de televisão, fotonovelas, histórias de caubóis etc., e mesmo obras literárias de protesto escritas sob regimes ditatoriais, em que a fantasia de uma ditadura espelha, de maneira insinuante, o regime opressor sobre o qual não se pode falar ou criticar diretamente. A relação entre fantasia e realidade é bem mais complexa do que a acusação de ESCAPISMO pode dar conta. ▸ Cf. FICÇÃO.

BIBLIOGRAFIA

DILL, Karen E. *How fantasy becomes reality: seeing through media influence*. New York: Oxford University Press, 2009.

GOODMAN, Nelson. *Ways of worldmaking*. Sussex: The Harvest Press, 1978.

HARRINGTON, Pat; WARDRIP-FRUIN, Noah (ed.). *Seccond rerson: role-playing and story in games and playable media*. Cambridge: The MIT Press, 2010.

fanzine M.COM Revista para fãs, esp. sobre ficção científica, música e cinema. ▶ Abrev.: *zine*.

faroeste CINE LIT TV Filme ou livro cuja ação se passa no Oeste americano, esp. na segunda metade do sXX, e que ger. envolve lutas e tiroteios; bangue-bangue, *western*. ▶ Apenas superficialmente, o faroeste é um gênero histórico. Seus filmes e livros têm por norma narrar histórias que aconteceram ou poderiam ter acontecido, ger. na última metade do sXIX, nas regiões geográficas do rio Mississipi. O primeiro filme de faroeste americano, *The great train robbery* (*O grande roubo do trem*), data de 1930. Um dos mais recentes, *True grit* (*Bravura indômita*) foi exibido em 2010, concorrendo a vários Oscars. Além de celebrar o heroísmo individualista, o faroeste tem necessariamente, como pano de fundo histórico, o processo de colonização interna ou a formação da nação norte-americana. Os filmes e as narrativas do *western* encenam histórias no período entre 1836 e 1890, datas que circunscrevem os dias da batalha do Álamo, contra o México, e o massacre índio de Wounded Knee, quando começa o fim das guerras entre europeus e nativos n.-am. A celebração da mudança social é um dos temas subjacentes do faroeste. Em muitas histórias de faroeste, os nativos americanos e os fazendeiros resistem à modernização que o progresso técnico e industrial traz consigo. Quando o pano de fundo histórico dos faroestes é a Guerra Civil norte-americana, a resistência à mudança social personifica-se no conflito entre o Sul agrícola e o Norte industrializado. Ao longo de sua história, os filmes e narrativas literárias de faroeste forneceram ao público americano uma moldura flexível que enquadrou valores sociais diferenciados e em acordo com o momento histórico de sua produção. Nos anos do pós-guerra, o herói era altruísta, desinteressado, um libertador que vinha a cavalo para dar início a um novo momento numa comunidade de fracos e oprimidos. Nas décadas posteriores, quando a Guerra do Vietnã desfazia a inocência e a ingenuidade da nação que agora não mais libertava o mundo do nazismo, mas invadia um país do Sudeste asiático, os heróis mostravam-se cínicos e cruamente individualistas. Tanto num como noutro caso, o bem não era a realização da justiça, mas uma representação personalizada. Nesse sentido, pode-se dizer que o faroeste é o gênero criativo essencialmente n.-am., um veículo de propagação ideológica do individualismo da nação, sendo, por isso, uma referência constante para interpretações sociais e políticas dos Estados Unidos. Produto de uma sociedade altamente tecnológica e industrializada, os faroestes constituem um inventário de narrativas que assumem uma função aproximada à do mito nas sociedades pré-industrializadas. Algumas análises, que partem dessa hipótese profundamente sociologizante, foram criticadas por serem simplistas, por não observarem que frequentemente os personagens são complexos e mostram traços psicológicos que se sobrepõem. Os críticos das análises sociológicas do faroeste esquecem que o gênero é puro entretenimento e também que a popularidade e o sucesso dos *westerns* não se restringem ao mercado americano. Como deixar de reconhecer que o faroeste tem sido uma forma de entretenimento transformada e apropriada por diretores e roteiristas não americanos, como Akira Kurosawa (1910-1998) em *Os sete samurais* e os vários *western spaghettis* de Sergio Leone (1929-1989)? O faroeste parece, portanto, ser algo mais do que um sintoma dos Estados Unidos. Paradoxalmente, o tipo de filme favorito do líder soviético Joseph Stalin (1879-1953) era o *western* americano.

BIBLIOGRAFIA

SLOTKIN, Richard. *Gunfighter nation: the myth of the frontier in 20th Century America*. Nebraska: University of Oklahoma Press, 1998.

WRIGHT, Will. *Sixguns and society*. Berkeley: University of California Press, 1975.

farsa TEAT **1** Pequena peça cômica, popular, de concepção simples e ação trivial e burlesca, em que predominam gracejos, situações ridículas etc. **2** Peça de teatro cômica que se desenvolveu e popularizou a partir do sXIV, ger. curta e de poucos personagens, em que se inseriam canções.

farsalhão TEAT Farsa de grande tamanho ou duração, mas de reduzida importância.

fascículo 1 BIBL EDIT Cada um dos cadernos ou folhetos que integram uma obra maior e que vão sendo publicados por partes. **2** DOC EDIT M.q. NÚMERO ('exemplar')

fático COMN LING Centrado no próprio canal da comunicação e cujo objetivo é estabelecer, sem interrupção, a comunicação entre o locutor e o destinatário, mas sem a transmissão de nenhuma mensagem importante (diz-se de função da linguagem). ▶ A disseminação do conceito fático deve-se ao linguista Roman Jakobson (1896-1982), mas sua criação começa com a experiência etnográfica do antropólogo Bronislaw Malinowski (1894-1942) nas ilhas Trobriand do Pacífico Ocidental. Como resultado de uma estadia extensa entre os nativos trobriandeses, Malinowski passou a advogar a ideia de que os estudos antropológicos devem produzir uma análise funcional da cultura, pois a experiência social deriva de um todo que oferece coesão coletiva aos indivíduos que nela interagem. Portanto, a interpretação antropológica deve estar ancorada em contextos. As trocas de mensagens entre indivíduos, a circulação de palavras criam o canal para que a sociedade exista e, assim, a linguagem só pode ser entendida num contexto de situação. O contexto que liga e estabelece o contato entre os atores sociais é uma dimensão essencial da comunidade humana. Os traços históricos e filológicos da linguagem são de menor relevância do que o contato presente e contextual que Malinowski chama de fático, palavra cuja raiz indica e privilegia a atividade pragmática desempenhada através da interação cultural. Num texto importante sobre linguística e poética, Roman Jakobson vale-se da ideia de fático com outro propósito: ele queria distinguir a comunicação poética da comunicação prosaica. Jakobson propõe o cotejo das várias funções da linguagem para que se possa identificar o que faz de uma mensagem verbal uma obra de arte. Então, Jakobson identifica seis fatores do ato de comunicação verbal: cada um dos elementos fundamentais do processo comunicativo determina uma função da linguagem. Entre esses elementos do processo, encontra-se o CANAL que une o emissor ao receptor da mensagem. O canal pelo qual a mensagem circula não está isento de perturbações materiais que deformam a comunicação. A linguagem, por isso, tem recursos e mecanismos que verificam o trânsito correto das mensagens. Centrada no canal de comunicação, a função fática da linguagem é uma função comunicativa primordial, sendo a primeira que as crianças adquirem, antes mesmo de poderem identificar o conteúdo informativo do que lhes é comunicado. O 'alô', ao atender um telefonema, 'uhumm', 'sim', 'ok' nada acrescentam ao que foi comunicado, mas verificam e confirmam o contato entre o emissor e o receptor.

BIBLIOGRAFIA

JAKOBSON, Roman. *Linguística e comunicação*. São Paulo: Cultrix, 1974.

MALINOWSKI, Bronislaw. *Argonauts of the Western Pacific: an account of native enterprise and adventure in the archipelagos of Melanesian New Guinea*. London: Routledge and Kegan Paul, 1922.

__________________. *Uma teoria científica da cultura*. Lisboa: Edições 70, 2008.

fato 1 Ação ou coisa que se considera feita, ocorrida ou em processo de realização. 2 Aquilo que acontece por causas, naturais ou não, dependentes ou independentes da vontade humana; ocorrência, sucesso. 3 Algo cuja existência pode ser constatada de modo indiscutível. 4 Informação apresentada como baseada numa realidade objetiva. 5 Ação consistente em algo.

INFORMAÇÕES GERAIS

Um pensamento rigoroso não confunde fato e valor. Sua distinção é considerada básica, sem a qual o raciocínio confundiria 'o que é' com 'aquilo que deve ser'. Fato e valor pertencem a domínios autônomos. Por isso, alguns pensadores acreditam que uma ética que se fundamente em fatos e não considere juízos de valor corre o risco de ser apenas uma FALÁCIA naturalista. O fato de que um comportamento seja dominante numa situação ou momento histórico não o torna, por efeito de sua maioria ou mesmo totalidade, algo aceitável valorativamente; mas, por outro lado, a desconsideração dos fatos pode induzir a uma tirania determinista de convenções aceitas em sociedade. Os valores fazem parte do universo das representações gerais, enquanto os fatos são radicalmente singulares: a passagem de um para o outro só pode ser problemática. O filósofo empirista britânico David Hume (1711-1776) foi quem enfatizou a necessidade de diferenciar fato e valor, argumentando que não se pode inferir um juízo valorativo de fatos sem que haja a introdução de uma premissa que avalie o conjunto de fatos considerados. Aceitar, por exemplo, que se deva seguir uma regra de ação que aumente o bem-estar coletivo presume a aceitação do valor de que o bem-estar de muitos é absolutamente desejável, mesmo que às expensas do indivíduo. Obviamente, é necessário que se discuta esse valor como valor e não como fato, pois dos fatos não há como extrair, diretamente, o que for um julgamento valorativo. Para Hume, o fundamento do que ele chama de moralidade vulgar escapa ao domínio dos fatos e da razão, sendo apenas uma reação passional, o que sugere, um fundo de reações emotivas. Qualquer que seja o fundamento para a moral, muitos acreditam que as observações de Hume em seu *Tratado sobre a natureza humana* estabeleceram em definitivo a distinção lógica entre o descritivo e o prescritivo: só assim evita-se a falácia naturalista. Os que recusam a crítica ao naturalismo falacioso argumentam que não há valor prescritivo sem um fundamento natural e factual. Como veículos de comunicação, os jornais definem-se por uma missão, por vezes entendida como um mandato que lhes é concedido por seus leitores: o de apurar fatos considerados importantes para a opinião pública, além de editá-los e publicá-los de forma legível e a mais veraz possível. A objetividade factual da informação em jornalismo é algo contestado e por vezes admitido pelo próprio jornal, como é o caso da *Folha de S.Paulo* que, em seu *Manual da redação*, reconhece que o jornal elabora o fato, tornando problemático seu teor objetivo. A escolha do assunto noticiado já é, em si, uma decisão que compromete a transparência factual absoluta. Isso sem considerar que o fato é reelaborado editorialmente, diagramado numa página ou *website*, cujo relato estritamente textual recebe fotografias, gráficos e outros recursos que ancoram o significado do que é fato jornalístico (cf. ÂNCORA). A subjetividade infiltra-se, sorrateiramente, na busca e na apuração de fatos. Apesar dessa consciência, os jornais não abandonaram o critério de objetividade factual que deveria, idealmente, nortear sua atividade. O reconhecimento e a transparência face à natureza da notícia passam a ser elementos que, retoricamente, depuram a ação do jornal e enfatizam o isolamento objetivo do fato noticiado, ainda que tudo se resuma a uma questão de grau. Admitir e identificar quando a informação é *off-the-record* faz mais do que registrar a natureza de uma declaração ou fonte: seu propósito é revelar aos leitores o que não é estritamente factual. O princípio de considerar o outro lado de uma notícia procura separar o reino da opinião dos fatos em si mesmos.

BIBLIOGRAFIA

FOLHA DE S.PAULO. *Manual da redação*. São Paulo: Publifolha, 18ª ed., 2013.

HUME, David. *A treatise of human nature*. Harmondsworth: Penguin, 1969.

fato linguístico LING Tudo aquilo que se manifesta no ato de fala acabado e pode servir como dado para a análise e generalização linguística.

fato social SOC Para o sociólogo francês Émile Durkheim (1859-1917), tudo aquilo que existe de social, regulador e externo à consciência psicológica de um ser humano, capaz de exercer coação sobre os indivíduos. ▸ Em *As regras do método sociológico*, Durkheim afirma que a sociologia lida com um tipo específico de fato empírico: o fato social. A sociologia deve tratar, portanto, dos fatos sociais como coisas. Para Durkheim, a palavra *sociologia*, forjada por Auguste Comte (1798-1857), só deixaria de ser um messianismo voluntarista, se tivesse um objeto claro e distintivo. Filosoficamente Durkheim, que é considerado o pai da Escola Sociológica Francesa, outorgava à experiência social um teor positivo, radicalmente distinto da causação psicológica de nossos hábitos teorizada pelo empirista David Hume (1711-1776). Segundo Durkheim, o fato social seria o verdadeiro e único objeto da sociologia. Por fato social, Durkheim não quer dizer acontecimento genérico. O fato social tem um papel de formação da experiência social. Só a partir da perspectiva do fato social é que se pode entender a sociologia como o estudo da formação da consciência social e coletiva, que se faz através de técnicas de coação moralizante. Sem isso, é impossível conceber a sociologia como 'a ciência das instituições, de sua gênese e de seu funcionamento'. Seja material, seja imaterialmente, como representação coletiva, regra, valores ou conceitos, o fato social é externo à interioridade de nossa consciência e exerce poder de pressão e coação sobre ela, por meio da concessão e cessão de prestígio e reconhecimento sociais. Não é preciso ter sido mãe, p.ex., para saber o que constitui a função que é socialmente conferida, e também requerida, a mulheres que vivem a maternidade. É só tratando de fatos sociais que a sociologia pode demarcar seu domínio cognitivo próprio, inconfundível e irredutível à psicologia.

BIBLIOGRAFIA
DURKHEIM, Émile. *As regras do método sociológico*. São Paulo: Martin Claret, 2001.

fato social total ANTRPOL SOC Termo cunhado por Marcel Mauss (1872-1950) para identificar um tipo de fato sociológico que atua e deve ser considerado em múltiplos níveis (econômico, jurídico, religioso, estético, simbólico etc.) e cuja função é impulsionar e representar a totalidade de um sistema social. ▸ Em 1924, Mauss publicou "Ensaio sobre a dádiva" em *L'Année Sociologique*, o órgão oficial da Escola Sociológica Francesa. O texto de Mauss apontava que, dentro da pluralidade e da variedade de acontecimentos e fatos comunitários, alguns merecem atenção, por representarem, em si e simultaneamente, várias instâncias da vida em sociedade. Esses seriam um tipo de FATO SOCIAL que deveria ser qualificado de fato social total. O raciocínio de Mauss é analógico: um fato social é total quando a totalidade do social está nele presente. À primeira vista parece impossível que tal fato exista: onde se encontrará um fato que congregue a diversidade das instituições sociais e que reúna o religioso, o moral, o político, o econômico, o simbólico, tudo isso misturado a dimensões psicológicas e afetivas? Fenômenos que podem ser considerados fatos sociais totais não eram estranhos à investigação etnográfica. Dois anos antes da publicação do ensaio de Mauss, o antropólogo inglês A. R. Radcliffe-Brown (1881-1955) apontara que as festas entre os andamaneses tinha vários propósitos: eram o encontro de alegrias pessoais, mas os presentes trocados tinham o fim moral e social de exprimir generosidade e amistosidade. Diante desse tipo de troca, os andamaneses não tinham como recusar a dádiva: a aceitação dos presentes era obrigatória. Algo mais chamara a atenção de Radcliffe-Brown: a aceitação criava um desequilíbrio entre quem dava e quem recebia. Para nivelar a rivalidade, o recipiente retribuía a dádiva para o doador. A fraternidade, então, transformava-se em disputa que voltaria a ser fraternidade outra vez. Além de Radcliffe-Brown, outros etnólgos, anteriores a Mauss, tinham notado uma situação semelhante entre os nativos da costa oeste norte-americana, que era chamada de *potlacht*. O sentido original da palavra *potlacht* era flutuante e referia-se tanto a alimentar como a consumir, além de dádiva e saciação. A flutuação também distinguia o acontecimento nomeado: duas facções rivais se entregavam a um ritual de disputa que significava rivalidade e aliança. Os presentes oferecidos por um chefe de uma facção ao líder de uma outra não podiam ser recusados e o recipiente da dádiva contraía a obrigação de retribuir generosamente ao doador, sob pena de perda de prestígio. Aparentemente, tratava-se de uma troca irracional de valores econômicos, mas seu objetivo era, na verdade, moral, porque o que estava em jogo era a honra. Mauss identificou, no seu ensaio, outros exemplos históricos que confirmavam a existência de fatos sociais totais no direito romano, germânico, celta, brâmane e até nas sociedades contemporâneas. Através de uma mecânica de troca e de circulação, os fatos sociais totais impulsionam a existência comunitária e comunicam para os membros de uma sociedade que ela é conectada de maneira orgânica e sistêmica.

BIBLIOGRAFIA
MAUSS, Marcel. *Sociologia e antropologia*. Rio de Janeiro: Cosac Naify, 2005.
RADCLIFFE-BROWN, A.R. *The Andaman Islanders*. Glencoe: Free Press, 1948.

fax TEL **1** Red. de TELEFAC-SÍMILE. **2** Documento enviado por esse sistema.

fazer a retranca de GRÁF Despaginar (composição das páginas impressas).

fazer sentido Ter significado; ser compreensível, lógico.

fazer tipo **1** TEAT Proceder sempre de modo semelhante nos gestos, na fala, na interpretação etc., com o objetivo de acentuar a sua atuação. **2** Agir como se estivesse representando uma personagem teatral.

feature [ing.] JOR Gênero jornalístico que cobre mais do que fatos e acontecimentos, escrito de maneira mais livre e que pode apresentar uma personalidade, histórias de interesse humano etc.

fechamento **1** JOR Finalização da parte de redação, diagramação e montagem de um jornal, revista etc., antes da impressão. **2** JOR PUB Prazo para a entrega de material a ser veiculado.

INFORMAÇÕES GERAIS

Uma das preocupações fundamentais do jornalismo não é apenas produzir um jornal de qualidade, mas fazê-lo dentro de um cronograma previamente estabelecido. Descumprir prazos significa desorganizar o esquema de impressão e de distribuição. Por isso, muitos jornais estabelecem que o fechamento fora do prazo deve ser autorizado pela secretaria de redação do jornal. O mesmo tipo de atenção a prazos deve estar presente na mente daqueles que elaboram um plano publicitário. Os anunciantes compram antecipadamente espaço num veículo que não pode deixar de ser utilizado.

fee [ing.] M.COM Remuneração ou pagamento estabelecido antes da prestação de um serviço.

feed [ing.] RÁD TV Ato ou efeito de transmitir sinais entre estações.

feedback [ing.] **1** Reação a um estímulo, efeito retroativo. **2** CIB COMN Informação que o emissor obtém da reação do receptor à sua mensagem e que serve para avaliar os resultados da transmissão. **3** ELETR ELETRÔN M.q. REALIMENTAÇÃO. ▸ Cf. WIENER, NORBERT.

feeder [ing.] ELETR Condutor ou linha de transmissão que transporta energia de alta frequência entre um emissor e a antena de emissão, ou entre a antena de recepção e o receptor; cabo de alimentação.

feedforward [ing.] INF Método de controle que tem por objetivo antecipar erros num sistema operacional.

feira **1** Reunião de vendedores e compradores em determinado local e hora, com objetivos mercantis. **2** M.COM MKT PUB Exposição destinada a exibir novos produtos a compradores em perspectiva e/ou ao público em geral.

feminismo **1** Doutrina que preconiza o aprimoramento e a ampliação dos direitos das mulheres em sociedade. **2** Movimento que milita nesse sentido. **3** Teoria que sustenta a igualdade política, social e econômica de ambos os sexos. **4** Atividade organizada a favor dos direitos das mulheres.

INFORMAÇÕES GERAIS

A tensão entre o marxismo e o feminismo não impediu que as teses de Karl Marx (1818-1883) e Friedrich Engels (1820-1895) sobre o papel formador e opressivo das representações ideológicas se espalhassem pelo campo de estudos que recebe o nome de 'feminismo'. É bem verdade que, em 1884, Engels, no livro *A origem da família, da propriedade privada e do Estado*, tratou explicitamente da subjugação feminina, conectando-a com as formas políticas de dominação econômica. Antes mesmo, no *Manifesto do Partido Comunista*, de 1848, Marx e Engels alinhavam-se com os ideais feministas de Mary Wollstonecraft (1759-1797), autora de *A vindication of the rights of woman* (1792). Marx e Engels referem-se à mutação da economia capitalista, pois existe apenas para o ganho econômico privado e, por isso, não há família na vida operária; sob todas as formas, o casamento seria não mais do que uma forma de prostituição pública, sancionada pela lei. O *Manifesto* de Marx e Engels preconizava que a opressiva família burguesa desapareceria, de vez, com o fim do sistema capitalista. Ainda que, ao longo do fim do sXIX e no sXX, na Europa e nos Estados Unidos, o feminismo tenha assumido posturas mais ou menos radicais, muitas vezes apenas lutando por um direito específico, como o sufrágio feminino, ou advogando a implementação de políticas e regras econômicas socialistas que alterassem o cotidiano das mulheres, o feminismo acadêmico contemporâneo é bem menos contemporizador. O feminismo do final do sXX desconfia da solução e da causalidade otimista do marxismo. Marx e Engels reduziam a opressão à economia, quando, na verdade, as causas do jugo feminino seriam de outra natureza. A opressão das mulheres está bem além do econômico, pois advém da maneira pela qual as sociedades distribuem o poder entre o masculino e o feminino. Sem a supressão da ordem patriarcal, a submissão feminina permaneceria a mesma. Seria preciso superar o privilégio que Marx e Engels concedem à ordem econômica. Entretanto, por mais radical que a objeção feminista ao economicismo das teses de Marx e Engels possa parecer, os estudos feministas retiraram do marxismo a ideia de que as ideologias cimentam a sociedade. O cimento social vem da disseminação e do papel ideológico das mensagens que circulam nos meios de comunicação de massa. Um grande contingente de estudos feministas faz um inventário, uma análise, uma interpretação e uma crítica ideológica das representações da mulher em vários tipos de mídia, ainda que a feminista Julia Kristeva (1941-) discorde radicalmente da política de identidade que domina os estudos feministas. Um aspecto complementar do estudo acadêmico da representação feminina estaria comprometido com o entendimento de como tais efeitos exercem o poder que têm sobre as mulheres modernas: a contribuição da psicanálise poderia fornecer as ferramentas intelectuais que expliquem o fenômeno. Frequentemente, ao recusar a distinção biológica entre homens e mulheres, o feminismo faz mais do que defender um projeto de liberação: abraça uma teoria geral sobre o papel da comunicação em sociedade, conectando gênero, identidade, cultura e veículos de massa. Para o feminismo, a identidade da mulher não é dada por fatores externos à sociabilidade e à educação dos atores sociais. Tudo não passa do efeito do poder de convenções e contratos sociais que se disseminam através das mensagens ideológicas da mídia. Nesse sentido, o feminismo distancia-se de Marx e aproxima-se ou da vertente neo-hegeliana da ESCOLA DE FRANKFURT, ou do contratualismo convencionalista de Jean-Jacques Rousseau (1712-1778). A recusa do biológico remonta à tese do filósofo francês de que a natureza é o reino da necessidade, regida por um contrato passível de revisão e recusa, enquanto a vida social é o reino da liberdade. Ainda que assuma muitas formas, o feminismo é, sem dúvida, uma força importante na política, no pensamento, na cultura e nas práticas sociais do sXX. Indo de Simone de Beauvoir (1908-1986), Betty Friedan (1921-2006), Kate Millet (1934-) e Germaine Greer (1939-) a Judith Butler (1956-), as distinções do feminismo derivam na ênfase e no tipo de resposta a uma questão comum, que é a da desigualdade da mulher no mundo contemporâneo. ▸ Cf. ALIENAÇÃO; TEORIA CRÍTICA; WOLLSTONECRAFT, MARY.

BIBLIOGRAFIA

BEAUVOIR, Simone. *A mulher desiludida*. Rio de Janeiro: Nova Fronteira, 2010.

____________. *O segundo sexo*. Rio de Janeiro: Nova Fronteira, 2009.

BUTLER, Judith. *Gender troubles: feminism and the subversion of identity*. London; Routledge, 2006.

__________. *Undoing gender*. London: Routledge, 2004.

ENGELS, Friedrich. *A origem da família, da propriedade privada e do Estado*. São Paulo: Expressão Popular, 2010.

FRIEDAN, Betty. *The feminine mystique*. New York: Norton, 1963.

GREER, Germaine. *A mulher inteira*. Rio de Janeiro: Record, 2001.

KRISTEVA, Julia. *O feminino e o sagrado*. Rio de Janeiro: Rocco, 2001.

MARX, Karl e ENGELS, Friedrich. *Manifesto do Partido Comunista*. Porto Alegre: L&PM, 2001.

MILLET, Kate. *Sexual politics*. Champaign: University of Illinois Press, 2000.

fenômeno FIL **1** Apreensão ilusória de um objeto, captado pela sensibilidade ou também reconhecido de maneira irrefletida pela consciência imediata, ambas incapazes de alcançar intelectualmente a sua essência. **2** No kantismo, o objeto do conhecimento não em si mesmo, mas sempre na relação que estabelece com o sujeito humano que o conhece, e portanto captado segundo a perspectiva das formas *a priori* de intuição (espaço e tempo) e categorias inatas do intelecto. ▸ P.opos. a NÚMENO.

fenomenologia FIL **1** No pensamento setecentista, descrição filosófica dos fenômenos, em sua natureza aparente e ilusória, manifestados na experiência aos sentidos humanos e à consciência imediata. **2** Na filosofia de William Hamilton (1788-1856), a descrição imediata, anterior a qualquer explicação teórica, dos fatos e ocorrências psíquicas. **3** Em Edmund Husserl (1859-1938), método filosófico que se propõe a uma descrição da experiência vivida da consciência, cujas manifestações são expurgadas de suas características reais ou empíricas e consideradas no plano da generalidade essencial. ▸ Reconhecida como uma das principais correntes filosóficas do sXX, influenciou autores como Martin Heidegger (1889-1976), Jean-Paul Sartre (1905-1980) e Maurice Merleau-Ponty (1908-1961). **4** Cada uma das doutrinas filosóficas inspiradas nesse método, porém seguindo desdobramentos particulares. **5** Qualquer formulação teórica (esp. nas ciências humanas, psicologia ou psicanálise) que busque ressaltar descritivamente a experiência vivida da subjetividade, em detrimento de princípios, teorias ou valores preestabelecidos.

INFORMAÇÕES GERAIS

Até o uso generalizado no panorama intelectual do sXX, fenomenologia indica um aspecto ou elemento de filosofias tão diversas como as de Kant (1724-1804) e Hegel (1770-1831). O sentido literal de fenomenologia é a descrição ou a análise das aparências. Enquanto em Kant a abordagem fenomenológica era inevitável para toda forma de conhecimento, pois só se pode conhecer aquilo que vem à luz, uma vez que a coisa em si é inacessível, em Hegel, a fenomenologia descreve a história do espírito humano em busca do saber racional, universal e verdadeiro. Para a filosofia moderna, a fenomenologia é um corpo relativamente uniforme de abordagens que começam com o exame escrupuloso da consciência e seus processos intelectuais, cujo objetivo é determinar as causas desse processo de introspecção interna. Para que isso aconteça, o mundo externo é submetido a uma *epoché*, ou seja, é posto entre parênteses. Cabe aqui observar que a fenomenologia não é uma investigação de processos psicológicos: o mais influente fenomenólogo do sXX, Edmund Husserl, dizia que a descrição fenomenológica captura os modos essenciais e significativos do pensamento comuns a todas as mentes. A fenomenologia estaria, portanto, desinteressada das peculiaridades individuais dos sujeitos. O método fenomenológico fala em essências, mas o que faz é reduzir o essencial ao que é existente. Não há essência que preceda a existência. Como a mente dirige-se inevitavelmente para seus objetos, pois a consciência é sempre a consciência intencional de algo, descrever um fenômeno é capturar o que ele é: filosoficamente, Husserl rejeita o dualismo, sujeito e objeto da filosofia cartesiana. Husserl inspirou uma série diversificada de pensadores modernos, que se designam como fenomenólogos, apesar de suas distinções filosóficas: Heidegger, Sartre e Merleau-Ponty escreveram trabalhos influenciados, de uma forma ou de outra, pelo método fenomenológico. Johann Heinrich Lambert (1728-1777) introduziu a palavra 'fenomenologia' no vocabulário filosófico do sXVIII.

BIBLIOGRAFIA

HEIDEGGER, Martin. *Os problemas fundamentais da fenomenologia*. Petrópolis: Vozes, 2012.

LYOTARD, Jean-François. *A fenomenologia*. São Paulo: Edições 70, 1996.

MERLEAU-PONTY, Maurice. *Fenomenologia da percepção*. São Paulo: Martins Fontes, 2011.

SOKOLOWSKI, Robert. *Introdução à fenomenologia*. São Paulo: Loyola, 2012.

fenomenologia do espírito FIL No hegelianismo, a história do espírito humano em busca do conhecimento de si e da natureza, em um processo evolutivo que se eleva das sensações individuais e meramente aparentes à razão universal e verdadeira.

fenotexto SEMIO Texto final, considerado definitivo pelo autor. ▸ Cf. GENOTEXTO.

fenótipo GEN Conjunto das características estruturais e funcionais visíveis de um organismo, resultante da interação entre o genótipo e o ambiente.

fermata [it.] MÚS Sinal que indica sustentação indeterminada da nota ou da pausa sobre ou sob a qual se encontra; caldeirão, coroa.

feromônio BIO Substância biologicamente muito ativa, secretada esp. por insetos e mamíferos, com funções de atração sexual, demarcação de trilhas ou comunicação entre indivíduos; ferormônio. ▸ Após serem produzidos e expelidos por certos organismos, os feromônios disparam reações comportamentais variadas naqueles que os recebem. Entre outros propósitos, os feromônios servem para atrair sexualmente, demarcar território, produzir agrupamento, alertar outros animais etc. Composta por dois termos gregos, *phérein* e *hormôn*, respectivamente 'trazer' e 'estimular', a palavra identifica um elemento químico e comunicacional da mais fundamental importância para o entendimento da comunicação e da sociabilidade animal. Segundo o entomólogo e sociobiologista n.-am. E. O. Wilson (1929-), foi durante suas investigações sobre o papel dos feromônios nas formigas que passou a se interessar sobre a fundação biológica da sociabilidade animal e humana. Wilson observou que, quando uma formiga não conseguia levar algo para o formigueiro, ela retornava ao nicho, arrastando-se pelo chão, criando uma trilha de cheiro que era seguido pelas companheiras. Assim, graças ao trabalho cooperativo imediato, o que uma formiga era incapaz de fazer acabava sendo realizado por outras companheiras. Por meio de minuciosa e paciente pesquisa na anatomia do animal, Wilson identificou a glândula da formiga que secretava e influenciava o comportamento social dos outros insetos. Cf. OLFATO.

BIBLIOGRAFIA

WILSON, E.A.O. Chemical signals. In: SEBEOK, Thomas A. (org.) *animal communication: techniques of studies, and results of research*. Bloomington: Indiana University Press, 1968. p. 75-102.

ferormônio BIO M.q. FEROMÔNIO.

festival 1 Festa de grandes proporções. **2** Cortejo comemorativo em datas de relevância cívica. **3** CINE MÚS TEAT Programa de eventos ou espetáculos culturais, renovado periodicamente em apresentações que podem ou não ter caráter competitivo.

INFORMAÇÕES GERAIS

Os festivais e as festas públicas são objetos inevitáveis dos estudos antropológicos e sociais. Neles, as sociedades unificam-se por meio de atos explicitamente comunicativos. Numa data específica, num momento comemorativo, os atores sociais trocam signos sob as formas mais variadas, como comportamentos que se expressam por meio de rituais, espetáculos, jogos, paradas, cortejos etc. Nessa inundação de signos que possivelmente representam ou despertam sentimentos coletivos, o intérprete de festivais terá, como tarefa inicial selecionar seu objeto de atenção. A busca de traços distintivos e invariantes, numa festa pública dessa natureza, é um passo importante para que o acontecimento seja interpretado. Se algo se repete, é porque deriva de uma regra e nessa regra se encontra a chave para o que poderia, de outra forma, constituir-se num enigma. Assistir reiteradamente a um festival é condição para que se possa entendê-lo. O analista de festas populares deve classificar e categorizar o que é invariância e variância nesses acontecimentos. Não se deve esquecer que os festivais são freq. momentos de suspensão ou inversão significativa da vida cotidiana, que deve ser, obviamente, levada em consideração, já que a inversão reforça a ordem corriqueira do cotidiano interrompido. É no cotejo com a pequenez das rotinas dos atores sociais que a grandeza das cerimônias festivais se justificam. Cabe, portanto, toda atenção ao cerimonial, à exaltação, ao êxtase, à suspensão das normas, ao que é desvio, reiteração e intensidade. Os estudos sobre festivais enfatizam neles três traços básicos: devem ser periódicos, devem ser a expressão comunitária e também situar-se em liminaridade. Como comunicação, os festivais são unidades discursivas por meio das quais o senso de pertinência coletiva se manifesta; e, por serem também unidades complexas de elementos sintáticos e semânticos, os festivais devem ser considerados como práticas contextuais, cotextuais, multidimensionais e multicodificadas, onde, realmente, muito acontece: dança, ingestão de alimentos ou bebidas, música, canções, espetáculos e expressão desregrada de sexualidade. As análises antropológicas e sociológicas enfatizaram o caráter coletivo dos festivais, mas não se deve esquecer que eles são espaços de desempenho semióticos. Sua estrutura regular não deve cegar o intérprete para o fato de que as regras comuns não apenas agregam o grupo, mas revelam aqueles que, seguindo regras, mostram desempenho excepcional, que justifica a admiração, o espanto e a reverência da coletividade. Nesse caso, o festival é um entrelaçamento de atos de fala individuais.

BIBLIOGRAFIA

CAVALCANTI, Maria Laura Viveiros de Castro. *Carnaval carioca*. Rio de Janeiro: UFRJ Editora, 2006.

DA MATTA, Roberto A. *Carnavais, malandros e heróis*. Rio de Janeiro: Rocco, 1992.

HICKS, David (ed.). *Ritual and belief: readings in the anthropology of religion*. Lanham: Altamira Press, 2001.

LEACH, Edmund. *Genesis as myth and other essays*. London: Jonatha Cape, 1970.

QUEIROZ, Maria Laura Pereira de. *Carnaval brasileiro*. São Paulo: Brasiliense, 1999.

RADCLIFFE-BROWN, A. R. *Structure and function in primitive society*. Glencoe: The Free Press, 1961.

TURNER, Victor. *The forest of symbols: aspects of the Ndembu ritual*. Cornell: Cornell University Press, 1970.

fetch [ing.] INF Ler conteúdos armazenados em áreas específicas de um computador.

fetichismo 1 Admiração exagerada, irrestrita, incondicional por uma pessoa; veneração. 2 PSIC PSICN Desvio do interesse sexual para algumas partes do corpo do parceiro, para alguma função fisiológica ou para peças do vestuário, adorno etc. ▸ Cf. FETICHISMO DA MERCADORIA; INDÚSTRIA CULTURAL.

fetichismo da mercadoria ECON.POL SOC Na teoria marxista, fenômeno social e psicológico que sugere o comportamento independente das mercadorias em relação à vontade e à intenção de seus produtores. ▸ O fetichismo da mercadoria representa um dos mais altos graus de ALIENAÇÃO produzida pela sociedade capitalista. Karl Marx (1813-1883) observou e analisou o fenômeno no primeiro capítulo de sua obra magna, *O capital*. Segundo a teoria marxista, se o trabalho e a mercadoria são produtos da relação social, há, porém, na economia, uma dimensão que transcende o que for estritamente pessoal. O alfaiate e o sapateiro definem-se pelo casaco e pelo sapato que produzem. Todo objeto gerado pelo trabalho teria, além do valor de uso, um valor de troca. Os valores de troca não existem em si mesmos, pois são conferidos por uma valorização extrínseca a cada mercadoria individual. Os valores de troca são determinados pelo valor de uma mercadoria em face de outra. Esse valor não é representado pelo trabalho envolvido na produção da mercadoria, mas pela relação de uma mercadoria com a outra. As mercadorias passariam a ter uma existência autônoma em face do trabalho que as gerou, dando a impressão ilusória de que têm um poder mágico que exige sua veneração. Isso quer dizer que, por meio da fetichização da mercadoria, a ordem capitalista oculta as relações sociais que, de outra forma, seriam visíveis no trabalho. O ocultamento das relações sociais cria condições ideológicas para a alienação. Apesar de Marx não se ter valido recorrentemente do conceito de fetichismo da mercadoria, trata-se de um conceito influente, graças à teoria da REIFICAÇÃO, de György Lukács (1885-1971), e à ideia de INDÚSTRIA CULTURAL, de Theodor W. Adorno (1903-1969) e Max Horkheimer (1895-1973).

BIBLIOGRAFIA

ADORNO, Theodor W.; HORKHEIMER, Max. *Dialética do esclarecimento*. Rio de Janeiro: Zahar, 1985.

LUKÁCS, György. *História e consciência de classe*. São Paulo: Martins Fontes, 2003.

MARX, Karl. *O capital*. Coimbra: Centelha, 1974. v. 1

fibra óptica FÍS ÓPT Fibra composta por materiais de diferentes índices de refração, ger. de forma cilíndrica e pequena espessura, que serve de guia para a onda de luz, possibilitando sua transmissão a grandes distâncias e com pouca perda de intensidade; cabo óptico. ▸ Concebido em meados da década de 1960 por Charles K. Kao (1933-) e George Hockham (1938-), o processo de transmissão de informação por fibra óptica revolucionou por completo a vida diária, a política e o saber no final do sXX. A fibra óptica é de grande utilidade e eficácia na transmissão de todo tipo de informação. Por isso, Kao dividiu o Prêmio Nobel de Física de 2009 com Willard S. Boyle (1924-2011) e George E. Smith (1930-): Kao calculou como se pode transmitir luz a longa distância através de fibras ópticas de vidro, enquanto Boyle e Smith são responsáveis pela invenção dos sensores semicondutores de imagens (CCD) que possibilitam a circulação de imagens digitais por fibras ópticas. Atualmente, imagens digitalizadas constituem a grande maioria do tráfego nas redes informacionais que conectam o mundo inteiro, sendo também usadas no diagnóstico das partes internas do corpo humano e em microcirurgias.

ficada 1 GRÁF JOR Matéria que sobra numa edição de jornal, por falta de espaço, e ger. é aproveitada em edição futura; ficado. 2 JOR Grupo de jornalistas de um jornal que permanece no local de trabalho, após a feitura do mesmo, para operar qualquer correção ou ainda para inclusão de eventuais matérias.

ficado GRÁF JOR M.q. FICADA.

ficção 1 COMN Relato ou narrativa com intenção objetiva, mas que resulta de interpretação subjetiva de um acontecimento, fenômeno, fato etc. 2 COMN Grande falácia; mentira, farsa, fraude. 3 CINE COMN LIT RÁD TEAT TV Criação artística (literária, cinematográfica, teatral etc.) em que o autor faz uma leitura particular e ger. original da realidade. 4 LIT Caráter imaginativo e criativo de uma obra literária (narrativa, lírica ou teatral). 5 LIT Prosa literária (freq. conto, romance, novela) construída a partir de elementos imaginários, calcados no real e/ou de elementos da realidade inseridos em contexto imaginário; ficcionalismo, ficcionismo, literatura de ficção, narrativa. 6 LIT Conjunto da prosa literária de determinado autor ou de uma época específica ou de um país, região etc.; narrativa.

INFORMAÇÕES GERAIS

A caracterização ingênua de narrativa ficcional como aquela descompromissada com a transmissão de fatos acontecidos é problemática, não só porque as ficções são, na maioria das vezes, extraídas de acontecimentos reais, mas principalmente porque a distinção entre ficção e fato depende mais da moldura de referência que constrói a superfície de um texto do que qualquer outro elemento externo à narrativa. Porque a narrativa é feita a partir de regras extraídas de uma moldura claramente reconhecível, as audiências não têm grande dificuldade em distinguir o que é ficcional do que não é ficcional, principalmente porque a distinção é supérflua e sem maior importância para a apreciação de uma história. Mesmo sendo a fantasia mais desabrida, as narrativas ficcionais recorrem a dispositivos estilísticos consagrados, que fazem da ficção um modo de expressão do que seria possivelmente real, seja através de um narrador, que apresenta seu relato como testemunho, seja pela sequência ininterrupta de acontecimentos, seja por meio da ambientação detalhada. Em todo caso, o efeito de realidade é parte integrante dos atos da imaginação ficcional. ▸ Cf. FANTASIA.

---

ficcional 1 Referente ou pertencente a ou próprio de ficção. 2 LIT Que pressupõe uma interpretação, visão, abordagem etc. imaginária e/ou criadora da realidade (diz-se de obra literária).

ficcionista 1 Referente a ficção. 2 LIT Que ou quem escreve ficção, esp. prosa literária; autor de ficção, escritor.

ficha catalográfica EDIT Relação de dados a respeito da obra publicada, que inclui nome do autor, título, título original, crédito do(s) tradutor(es), *copyright*, editora, endereço da editora, *ISBN* etc.

ficha técnica M.COM PUB 1 Relação dos nomes dos profissionais que participaram direta ou indiretamente de um trabalho. 2 M.q. CRÉDITO (us. tb. no plural).

ficheiro INF M.q. ARQUIVO.

fidelidade JOR 1 Compromisso que demonstra zelo, respeito por alguém ou algo. 2 Compromisso com a exatidão e a sinceridade.

INFORMAÇÕES GERAIS

No processo jornalístico, a fidelidade é considerada um compromisso fundamental que os produtores do jornal têm para com seus leitores. Desconsiderar fatos, manipulá-los, distorcer declarações danificam a credibilidade do veículo e freq. indicam ou sugerem interesses escusos. Por isso, uma entrevista, p.ex., deve ser conduzida com o propósito de expor o mais objetivamente possível as ideias, posturas e observações do entrevistado. Porque a coleta de dados por meio de entrevistas é feita para publicação no estilo indireto, manuais de redação sugerem que o entrevistador produza um roteiro prévio, que guiará as perguntas e identificará objetivamente o tema ou temas que serão tratados: ficará mais fácil atingir o propósito de fidelidade jornalística. Igualmente, para assegurar fidelidade na apuração, recomenda-se o recurso a anotações e também a gravação da entrevista. A gravação protege o jornalista e dificulta desmentidos posteriores. Ainda que o jornalismo contemporâneo reconheça a dificuldade de se atingir o objetivo de fidelidade absoluta, isso não quer dizer que essa obrigação e postura ética tenham desaparecido dos jornais de qualidade. Mesmo na era do jornalismo desavergonhadamente subjetivo, que aproxima o relato jornalístico dos blogues, a fidelidade a fatos, o que não quer dizer indiferença ou apatia, continua guiando a atividade dos que reportam acontecimentos nos jornais, sob a forma de um objetivo a ser perseguido.

---

fidelização MKT 1 Conquista da constância do cliente com relação ao uso dos produtos de determinada marca, serviço, loja, rede de pontos de venda etc. 2 O resultado dessa estratégia de *marketing*.

Figaro, Le [ing.] JOR Diário francês, fundado em 1826, de propriedade do grupo Dassault. ▸ O nome do jornal é retirado de uma citação da peça *As bodas de Fígaro* de Pierre Beaumarchais (1732-1799), que diz que sem a liberdade de crítica não há elogio verdadeiro. *Le Figaro* é o jornal mais antigo da França. Política e socialmente, *Le Figaro* representa os pontos de vista ideológicos da burguesia francesa e é um jornal de linha conservadora. Desde 2009, em associação com o *The New York Times*, publica uma edição semanal com artigos traduzidos do jornal americano. Sua tiragem diária é de aproximadamente 336 mil exemplares.

figura 1 Qualquer representação visual (esculpida, pintada, gravada etc.) de uma forma inspirada na realidade ou na imaginação. 2 Imagem que ger. acompanha um texto; ilustração, estampa. ▸ Mais us. no plural. 3 Impressão visual; imagem, figuração. 4 RET Todo recurso linguístico que, desviado de uma norma linguística, cria efeitos que revestem uma parte de um enunciado, de realce, contraste, sentimento. ▸ As figuras podem ser de *palavras*, de *sintaxe* e de *pensamento*. 5 LÓG Cada uma das quatro formas possíveis do silogismo de Aristóteles (384 a.C.-322 a. C.), de acordo com a posição ocupada pelo *termo médio*. ▸ Nos seus trabalhos de lógica, Aristóteles identificou as três figuras do SILOGISMO, sendo a quarta posteriormente descoberta pelo médico e filósofo Galeno (130-200) Por ser uma demonstração necessária, feita pelo encadeamento de premissas que afirmam ou negam (predicam ou não) uma qualidade ou algo sobre outra coisa, o silogismo extrai sua forma lógica do que é denominado o *termo médio*, sem o qual a conclusão indiscutível não se faz. Os outros termos são ditos *extremos* ou *limites*. Para que um encadeamento silogístico seja válido logicamente, é preciso que a conclusão seja o resultado de premissas que a antecedem, de tal maneira que seja impossível que as premissas sejam verdadeiras e a conclusão, falsa. Além de ocupar um lugar intermediário entre *extremos*, o *termo médio* é aquele elemento da sentença lógica que está presente *apenas* nas duas premissas que antecedem a conclusão. O silogismo categórico, portanto aquele que predica algo sobre alguma coisa, terá e só poderá ter três termos. A lógica antiga classifica o silogismo categórico (predicativo) segundo a posição dos *termos médios* no seu esquema geral. Assim, sendo *M* o *meio termo*, *P* o *termo maior* (predicado da conclusão) e S o *termo menor* (sujeito da conclusão), o esquema das quatro figuras do silogismo são: Figura 1: *M* é *P*; *S* é *M*; logo, *S* é *P*; Figura 2: *P* é *M*; *S* é *M*; logo, *S* é *P*; Figura 3: *M* é *P*; *M* é *S*; logo, *S* é *P*; Figura 4: *P* é *M*; *M* é *S*; logo, *S* é *P*. Quando Aristóteles identificou as três primeiras figuras, também notou uma variação na posição dos termos no encadeamento do raciocínio: o sujeito de uma premissa era o predicado da outra; outro tipo de ordem formal da sentença era composto de premissas com o mesmo predicado ou, finalmente, de premissas com o mesmo sujeito. O exame cuidadoso dos raciocínios revela que um dos silogismos (o da primeira figura) é *perfeito*, o que na terminologia aristotélica quer dizer 'completo', ou seja, aquele que não necessita de prova externa ao silogismo, sendo portanto logicamente válido. Aristóteles observou que, a conversão das duas outras figuras do silogismo no esquema da primeira figura conferia-lhes completude. O processo dedutivo ocorre nas figuras posteriores à primeira, mas elas demandam prova para serem consideradas logicamente completas. Assim, ainda que criticada ou reinterpretada por lógicos modernos, a silogística de Aristóteles teve o grande mérito de tratar, pela primeira vez, de uma sistemática que lidasse com os modos de demonstração. **6** Representação simbólica de algo; imagem que remete a alguma coisa; símbolo, emblema, alegoria.

figuração **1** Fato de tornar alguém ou algo visível pela utilização de meios gráficos, pictóricos, plásticos etc. **2** Representação exterior de uma forma; contorno, figura. **3** M.q. FIGURA ('impressão visual') **4** CINE TEAT TV Papel de figurante; ponta. **5** CINE TEAT TV Em um espetáculo qualquer, ou em uma gravação cinematográfica ou televisiva, o conjunto de figurantes. **6** MÚS Em determinado trecho ou compasso, conjunto de notas ou ritmos de estrutura similar que apresenta distinção em relação a notas e ritmos circundantes.

figura de duração MÚS M.q. FIGURA DE RITMO.

figura de linguagem RET M.q. FIGURA DE RETÓRICA.

figura de palavra RET A que está relacionada com a mudança de sentido das palavras (p.ex., metáfora, metonímia, sinédoque etc.); figura de significação.

figura de pensamento RET A que se posiciona no plano das ideias; faz-se por imaginação (p.ex., prosopopeia), por raciocínio (p.ex., deliberação ou concessão), por significação simbólica (p.ex., alegoria, litotes, ironia).

figura de retórica RET Forma particular e elaborada de exprimir o pensamento, a fim de torná-lo mais incisivo, mais comovente, mais original, para isso fugindo da maneira usual, neutra, da comunicação; figura de linguagem.

figura de ritmo MÚS Cada um dos sete sinais gráficos atualmente mais us. e que indicam a duração de sons musicais (valores positivos) ou dos silêncios (pausas – valores negativos), resultando disso o ritmo da música; figura de duração.

figura de significação RET M.q. FIGURA DE PALAVRA.

figurado **1** Que não é o literal da palavra ou do texto, e sim outro, criado por metáfora, metonímia ou sinédoque (diz-se de sentido). **2** RET Que se caracteriza por uso abundante e sistemático das *figuras de palavras* (tropos), como a metáfora, a metonímia e a sinédoque (diz-se de linguagem ou estilo). **3** RET Que se caracteriza pelo uso de *figuras de expressão*. como a alegoria, a ironia, o lítotes (diz-se de estilo, linguagem etc.).

figura dramática TEAT Cada um dos papéis, numa peça teatral, representado por ator ou atriz.

figura negativa MÚS Sinal gráfico que representa pausa.

figurante CINE TEAT TV Que ou quem, sozinho ou misturado a um grupo de pessoas, ocupa papel secundário ou insignificante, ger. sem fala, em gravação cinematográfica ou televisiva ou em encenação teatral; comparsa, extra.

figura positiva MÚS Cada um dos símbolos ou sinais que indicam a duração de uma nota.

figurativismo ART.PLÁST M.q. ARTE FIGURATIVA.

figurativista **1** Concernente a ou próprio de figurativismo. **2** HIST.ART Que ou quem produz arte figurativa ou segue seus princípios.

figurativo **1** Que figura. **2** HIST.ART Que, em diferentes épocas e culturas, se volta para a representação de formas reconhecíveis na natureza (diz-se da arte). **3** HIST.ART Que ou quem segue os princípios da arte figurativa; artista que adota o figurativismo artístico.

figurinista CINE TEAT TV **1** Que ou quem desenha figurinos. **2** Que ou quem, na produção artística, cuida da indumentária dos atores, projetando figurinos e acompanhando-lhes a confecção; *costumier*.

file [ing.] INF Ver ARQUIVO.

file directory [ing.] INF Ver DIRETÓRIO.

file management system [ing.] INF Programa esp. feito para a criação e uso de arquivos.

filete **1** ENC Traço liso ou de fantasia com que os douradores ornamentam a capa e a lombada dos livros; friso. **2** GRÁF M.q. SERIFA. **3** GRÁF M.q. FIO. **4** MÚS Fio de madeira que circunda o tampo dos instrumentos de cordas.

filigrana **1** GRÁF Traço perceptível por transparência através da luz de certa qualidade de papel. **2** GRÁF PAP Trama de filetes de cobre, formando letras ou desenhos, que se fixa na fôrma ou na tela metálica em que vem filtrar-se a pasta de papel e cuja marca aparece na espessura da folha, mais transparente nos lugares em que os filetes foram colocados; marca-d'água. **3** GRÁF PAP Marca assim feita, visível contra a luz; marca-d'água.

filipeta TEAT Pequeno prospecto com que se faz a divulgação de peças de teatro, eventos culturais, ger. beneficiando quem o recebe com algum desconto no preço do ingresso.

filler [ing.] PUB M.q. CALHAU.

fill light [ing.] CINE TEAT TV Luz lateral que atenua ou reduz o contraste daquilo que se encontra numa área menos iluminada; luz atenuante.

filmador REC.AV Que ou o que é próprio para fazer filmagens (diz-se de dispositivo).

filmadora CINE M.q. CÂMARA DE FILMAR.

filmagem CINE REC.AV TV Ato, processo ou efeito de filmar, de gravar (cena, paisagem etc.), profissional ou amadoristicamente, utilizando equipamentos apropriados.

film chain [ing.] TV Ver TELECINE.

filme **1** FOT CINE Película de acetato de celulose revestida de uma emulsão sensível à luz e destinada a registrar imagens cinematográficas. **2** CINE Sequência de imagens registradas em filme cinematográfico, filme fotográfico ou videoteipe, para exibição em movimento ou não; fita, película. **3** CINE Obra cinematográfica registrada em filme (acp. 1). **4** CINE M.COM Obra cinematográfica registrada em qualquer suporte. **5** GRÁF M.q. FOTOLITO.

filme a traço GRÁF M.q. FILME DE TRAÇO.

filme cinematográfico CINE Filme us. em equipamentos cinematográficos (câmara, editor e projetor) para registro, edição ou exibição de imagens em movimento.

filmeco CINE Filme cinematográfico de qualidade inferior; mau filme. ▸ Uso pejorativo.

filme colorido FOT Filme capaz de reproduzir imagens coloridas e quase fiéis daquilo que se registrou.

filme de traço GRÁF Aquele que é utilizado para realizações de alto contraste e reprodução de artes finais a traço; filme a traço.

filme enlatado TV M.q. ENLATADO.

filme fotográfico FOT Filme us. em equipamentos fotográficos para registro, ampliação e reprodução de imagens fixas.

filme positivo FOT Filme que, após a revelação, mostra a imagem em positivo.

filme preto e branco CINE FOT TV Filme em que as cores naturais aparecem em cinza de todos os matizes, do mais próximo da cor negra até o mais próximo da cor branca.

filmete CINE Filme curto, com duração de 15 a 60 segundos, produzido com finalidade publicitária, para exibição em cinema ou televisão.

fílmico CINE Concernente, pertinente a ou próprio de filme.

film noir [fr.] CINE Gênero e estilo cinematográfico hollywoodiano que narra histórias de crime e mistério, vividas por personagens cínicos, pessimistas e patológicos. ▶ O crítico ítalo-francês Nino Frank (1904-1988) criou a expressão *film noir* para caracterizar tanto a atitude niilista e cínica que predomina nesse gênero cinematográfico como a ambientação escura e ameaçadora de alguns filmes, nas décadas de 1940 e 1950. Na época, a editora francesa Gallimard começara a publicar a literatura norte-americana de crime e mistério na coleção Série Noir, daí a locução *film noir*. O público francês descobria um conjunto de trabalhos literários e cinematográficos que constituíam um gênero de sucesso nos Estados Unidos durante a Grande Depressão que atingiu a economia mundial de 1929 a 1940. Ainda que as histórias variem, os personagens dos film noirs são relativamente constantes. Neles, espera-se encontrar um detetive particular frio e objetivo, uma loura luxuriosa, sensual e manipuladora, um marido ciumento e vingativo, um policial venal à paisana, pessoas jogadas no meio de uma trama que não lhes faz o menor sentido, um golpe que envolve ganância e lucro desmedido ou uma recompensa financeira inesperada, sem excluir um inocente injustamente acusado de um crime hediondo. Visualmente, os *films noirs* inspiram-se na estética expressionista alemã e seu jogo de iluminação e sombras: um de seus mais famosos ancestrais é o filme *M*, que Fritz Lang (1890-1976) produziu no início da década de 1930. Não apenas o expressionismo alemão dá forma ao *film noir* norte-americano: há um claro parentesco estético entre *Underworld*, de Joseph von Sternberg (1894-1969), e o interesse neorrealista italiano pela rua, pela cidade grande inóspita e ameaçadora, por *gangsters* e marginais. Seguindo o clima social da época, desilusão e desesperança marcam os *films noirs*. Por serem produtos *B* da indústria cinematográfica americana, os *films noirs* operavam com orçamentos baixos; acredita-se que, por apresentarem risco financeiro reduzido, seus diretores gozaram de maior liberdade criativa do que aqueles que trabalhavam nas grandes produções da época. Assim, os *films noirs* utilizaram técnicas narrativas fora das normas de Hollywood. Derivando seus roteiros da literatura popularesca dos livros de bolso, os realizadores de *films noirs* mostraram acentuada preferência por narrativa na primeira pessoa: a solução do crime apresentava-se progressivamente através dos olhos do narrador. Os outros personagens transformavam-se, por vezes surpreendentemente, de acordo com as percepções daquele que conta a história. À primeira vista, o *film noir* é uma expressão puramente subjetivista e pode ser visto como complementar à ideologia individualista n.-am., que se materializa em outros gêneros e estilos, tais como o FAROESTE. Mas, na verdade, os personagens não se definem pelas sutilezas da psicologia individual: eles se articulam entre si como arquétipos altamente convencionalizados que se movem numa trama reveladora do lado podre da lei que governa um mundo irremediavelmente corrupto. Aos poucos, com a introdução da cor na produção cinematográfica, o *film noir* deixou de ser definido por suas características visuais, tornando-se um gênero de fronteiras difusas. Muitos diretores da época fizeram o que poderia ser qualificado de *film noir*: Orson Welles (1915-1985), Billy Wilder (1906-2002), John Huston (1906-1987), Otto Preminger (1905-1986), Nicholas Ray (1911-1979), Samuel Fuller (1912-1997), Jules Dassin (1911-2008) entre outros. Na mente de muitos críticos e realizadores, que admiram a vitalidade criativa de Hollywood, mais do que os musicais, que procuravam atingir uma maior unanimidade de público, são os *noirs* e o faroeste que representam a contribuição original do Estados Unidos à arte do cinema. Por contraste, apesar de antípodas, os *films noirs* ressaltam o escapismo aparentemente ingênuo da indústria cinematográfica da época: junto com a alegria frívola dos musicais, os *films noirs* formam o inventário de sabedoria possível que o cinema norte-americano oferecia para sua audiência.

BIBLIOGRAFIA

CHOPRA-GANT, Mike. *Hollywood genres and postwar America: masculinity, family and nation in popular movies and filme noir*. London: I. B. Tauris, 2006.

filmografia CINE **1** Listagem, relação, catálogo de filmes ou de uma série deles agrupados segundo algum critério (obra, autor, país, gênero etc.). **2** A obra cinematográfica de um autor.

filmoteca **1** Coleção, depósito e/ou arquivo de filmes, documentos filmados, microfilmes etc.; cinemateca. **2** Lugar em que se encontra essa coleção ou arquivo, onde são conservados esp. os filmes de valor científico, artístico, cultural ou documentário; cinemateca. **3** Sala de exibição desse tipo de filme.

filogênese BIO EVOL M.q. FILOGENIA.

filogenia BIO EVOL História evolutiva de uma espécie ou qualquer outro grupo taxonômico; filogênese, filogenesia. ▶ Cf. ONTOGENIA.

filosofia FIL **1** Amor pela sabedoria, experimentado apenas pelo ser humano consciente de sua própria ignorância. ▶ Segundo autores clássicos, sentido original do termo, atribuído ao filósofo grego Pitágoras (c570 a.C. - c500 a.C.). Esse sentido é controverso, pois a palavra pode indicar não o amor pela sabedoria e pela verdade, mas a escola ou agrupamento de amigos que se reuniam para investigar o que seria o saber verdadeiro: nesse caso, 'filosofia' constitui-se numa descrição apropriada do que acontecia ou deveria acontecer na irmandade pitagórica. **2** No platonismo, investigação da dimensão essencial e ontológica do mundo real, ultrapassando a mera opinião irrefletida do senso comum que se mantém cativa da realidade empírica e das aparências sensíveis. **3** No âmbito das relações com o conhecimento científico, conjunto de princípios teóricos que fundamentam, avaliam e sintetizam a miríade de ciências particulares, tendo contribuído de forma direta e indispensável para o surgimento e/ou desenvolvimento de muitos desses ramos do saber. **4** Na dimensão metafísica, conjunto de especulações teóricas que compartilham com a religião a busca das verdades primeiras e incondicionadas, tais como as relativas à natureza de Deus, da alma e do universo, divergindo, entretanto, da fé por utilizar procedimentos argumentativos, lógicos e dedutivos. **5** No âmbito da relação entre teoria e prática, pensamento inicialmente contemplativo, em que o ser humano busca compreender a si mesmo e a realidade circundante, e que irá determinar, em seguida, o seu caráter prescritivo ou prático, voltado para a ação concreta e suas consequências éticas, políticas ou psicológicas.

INFORMAÇÕES GERAIS

Ainda que o objetivo de Pitágoras, ao cunhar o termo 'filosofia', possa ter sido o de caracterizar um modo de pensamento que fosse movido pelo amor ao saber, é óbvio que o uso platônico do termo é claramente beligerante. Para PLATÃO (c428 a.C. - c348 a.C.), seus contemporâneos, os sofistas, professores itinerantes de RETÓRICA, considerados especialistas na arte tendenciosa e amoral de vencer um debate a qualquer preço, não passavam de um bando de vigaristas sem o menor apego à verdade (cf. SOFISTA). O ensino sofístico reduzia-se a um objetivo apenas pecuniário: conscientemente, sofistas diminuíam e desconsideravam a possibilidade de se achar o que fosse verdadeiro. A crítica platônica reconhecia a popularidade do ensino sofístico como uma das causas principais para a derrota de Atenas na guerra contra os espartanos. Atenas afundara-se por ter embarcado numa combinação nociva de regime democrático e a aceitação de estratégias políticas demagógicas, que eram propostas sem outro compromisso que a busca do poder. Conforme a avaliação platônica, a influência dos sofistas espalhou uma doença social que corrompeu a sociedade ateniense e que, por isso, seus praticantes só mereceriam o escárnio e a condenação. Na obra de Platão, a filosofia define-se antagonicamente em face do estudo e ao ensino do discurso cívico. Porém é no interior da escola platônica que tb. surgem ideias positivas a respeito da comunicação e da retórica, definidas como o reconhecimento do que seja persuasivo. Por meio da obra do principal discípulo de Platão, Aristóteles (384 a.C.-322 a.C), é que a comunicação foi, pela primeira vez, entendida sistematicamente. Segundo a *Retórica* aristotélica, a persuasão não se dá a partir da transmissão de falsidades: a comunicação caracterizar-se--ia pelo uso de um modo da verdade, o verossímil, que se fundamenta em opiniões comumente aceitas, tidas como verdadeiras, por uma determinada audiência. Só depois de Aristóteles é que filosofia e comunicação se reconciliam. Sejam quais forem as respostas produzidas no curso da investigação filosófica, o que impulsiona a filosofia é um tipo de investigação teórica que examina questões gerais e os múltiplos fundamentos do que for conhecimento humano. A filosofia caracteriza-se pelo exercício sistemático da dúvida, pois, se houver certeza definitiva a propósito de um saber, não haverá motivo para se questionarem os seus fundamentos. É nesse sentido que se pode falar de filosofia da biologia, da mente, da religião, da história, da lei, da linguagem, das ciências sociais, da comunicação etc. Acredita-se que o exame dessas disciplinas em sua arquitetura e fundação trará aprimoramento, melhora e rigor teóricos. A filosofia não se preocupa com os fatos que são tratados pelos saberes empíricos, mas examina se, através da conceituação, o conhecimento é possível e de que modo suas questões lógicas, semânticas e conceituais contribuem para o seu projeto disciplinar específico. Enquanto disciplina em si mesma, a filosofia constitui-se num debate com sua própria tradição: é por isso que se diz que a filosofia não passa de um conjunto de notas de pé de página ao que Platão escreveu. Ao contrário das ciências empíricas, que se refazem pela relação de suas teorias com os fatos que procuram explicar, a filosofia é uma atividade que depende de argumentações exclusivamente racionais. Ainda que seja possível admitir que, se o pensamento filosófico é uma atividade puramente racional, existe filosofia nas culturas as mais diversas, no Egito antigo, na Babilônia, na China, na Índia etc., o termo 'filosofia' é usado para designar, de modo preciso, apenas um tipo de pensamento que surgiu no sVI a.C., mais especificamente na Grécia antiga. Tradicionalmente, a atividade filosófica subdivide-se em vários ramos de estudo e de investigação. Filosofar é examinar especulativamente, entre outros objetos, a metafísica, em que se investiga o estatuto intelectual da realidade e sua existência, cujo objeto seria o Ser e sua múltipla enunciação. Além da metafísica, são áreas da filosofia: a EPISTEMOLOGIA, que lida com as fundações gerais do conhecimento e procura definir o que seja verdade, crença, realidade, além de justificar os nexos entre cada um desses elementos do conhecimento; a ÉTICA, que questiona como ter uma vida plena e é, fundamentalmente, um saber prático; e a LÓGICA, que teoriza as condições através das quais se produzem inferências válidas. Além da lógica, todas as reflexões sobre os múltiplos aspectos dos saberes sobre a linguagem e tb. a linguagem propriamente dita são de particular relevância para os estudos da comunicação.

BIBLIOGRAFIA

MARCONDES, Danilo. *Iniciação à história da filosofia*. Rio de Janeiro: Zahar, 1998.

PRADEAU, Jean-François. *História da filosofia*. Petrópolis: Vozes, 2011.

Filosofia das Luzes FIL M.q. ILUMINISMO.

filósofo FIL **1** Que ou quem ama a sabedoria, movido pela consciência lúcida da ignorância inerente à condição humana. ▶ O sentido remonta ao filósofo grego Pitágoras (c570 a.C. - c500 a.C.), citado pelos antigos como o inventor da palavra. **2** Que ou indivíduo que investiga os princípios, fundamentos ou essências da realidade circundante, seja numa perspectiva imanente, seja propugnando causas e explicações transcendentes, transcendentais ou metafísicas. **3** Que ou quem procura formular uma reflexão que organiza, sintetiza ou relaciona as metodologias e conhecimentos obtidos pelas diversas ciências que compõem o saber humano.

filter mike [ing.] REC.AV Microfone us. para modificar o som de uma voz.

filtro 1 CINE FOT Tela ou placa us. para alterar as condições da luz ou regular sua intensidade. **2** FÍS Dispositivo que absorve seletivamente algumas componentes de um pulso de radiação e transmite às demais. **3** FÍS O que retém ou ameniza (onda sonora, de calor, luminosidade etc.) **4** INF Dispositivo que seleciona uma informação. **5** INF Red. de PALAVRA-FILTRO.

filtro óptico ÓPT Dispositivo óptico que permite a passagem de apenas certos comprimentos de onda.

filtro passa-altos RÁD Filtro que só deixa passar sinais com frequência superior a um determinado mínimo.

filtro passa-baixos RÁD Filtro que só permite passagem de sinais até uma determinada frequência.

final 1 BIBL Cada uma das partes pospostas ao corpo do livro, como, p.ex., apêndice, índice, bibliografia etc. **2** MÚS A nota terminativa em qualquer dos modos eclesiásticos; *finale*.

finalista GRÁF Red. de ARTE-FINALISTA.

finalização 1 CINE PUB TV Conjunto de providências artísticas e técnicas, esp. por meio de recursos informatizados, no acabamento de filme, áudio, vídeo, anúncio (de mídia eletrônica ou impressa etc.). 2 GRÁF M.q. ARTE-FINAL.

finalizador CINE PUB TV Que ou quem se encarrega das tarefas de finalização.

finalizadora CINE PUB TV M.q. CASA DE FINALIZAÇÃO.

finalizar GRÁF Mais us. e m.q. ARTE-FINALIZAR.

Financial Times, The [ing.] JOR Diário internacional de negócios e finanças, fundado em 1884, sediado em Londres, distribuído em 24 capitais pelo mundo inteiro e de propriedade do grupo Pearson PLC. ▸ *The Financial Times* compete diretamente pelo mesmo mercado de comunicação com o *The Wall Street Journal*. Sua cobertura dá especial ênfase aos mercados financeiros ingleses, mas também cobre notícias relativas a negócios internacionais. Um de seus traços mais visíveis é ser impresso em papel de um avermelhado cor-de-rosa, tom próximo à cor salmão-claro. No final do sXIX, seu público leitor era apenas o mundo financeiro de Londres, mas a globalização da economia forçou o *The Financial Times*, bem como o *The Wall Street Journal*, a se internacionalizar. Desde 2000, o *The Financial Times* publica uma edição em alemão. Defensor de um liberalismo de mercado e da globalização econômica, advoga, em seus editoriais, uma relativa intervenção governamental nos negócios, podendo alguns compararem às estratégias das teses econômicas keynesianas. Sua tiragem aproximada é de 336 mil exemplares por dia.

finish house [ing.] CINE PUB TV M.q. CASA DE FINALIZAÇÃO.

fino 1 CALG GRÁF Qualquer dos elementos delgados do traçado das letras. ▸ Cf. GROSSO. 2 GRÁF M.q. CLARO. 3 MÚS M.q. AGUDO.

fio GRÁF Lâmina de metal us. nos trabalhos gráficos para vincar, cortar, perfurar papel, papelão etc., com o auxílio de máquina; filete.

fio de nota GRÁF M.q. RISCA DE NOTA.

fio inglês GRÁF M.q. BIGODE.

fio terra ELETR Numa instalação elétrica, o fio neutro.

firewall [ing.] INF Técnica, dispositivo ou área de um computador ou de uma rede de computação programada para interceptar o envio de mensagens não autorizadas.

firmware [ing.] INF Programa de computador destinado a controlar ou operar um dispositivo, ger. gravado pelo fabricante num circuito de memória permanentemente integrado àquele dispositivo.

fisionomia 1 Conjunto de traços do rosto humano; feição, semblante. 2 Expressão singular desses traços; ar, aparência.

INFORMAÇÕES GERAIS

A aparência externa do rosto de uma pessoa, sua fisionomia, pode ser estudada como uma subdivisão da comunicação não verbal. Nesse caso, o estudo trataria da estruturação da face humana e de sua transformação expressiva como elementos produtores de signos: assim compreendido, o rosto seria tanto um mapa como um campo expressivo composto de regras formadoras semelhantes às de uma gramática. Congelada num instante fotográfico ou transformando-se pela atividade muscular, a face é um signo decifrável de fundamental importância na interação diária. É através da leitura de signos faciais que são tomadas decisões de interação e de comunicação vitais para os indivíduos que coexistem socialmente. Algumas questões teóricas importantes são levantadas pela sugestão de que os signos faciais sejam lidos. A imediaticidade do reconhecimento facial sugere que este se faça através de uma interpretação totalizante dos traços físicos e não como produto de uma decifração sequencial e linear, como seria o caso da leitura de uma linha escrita. Será que as faces são passíveis de leitura, ou seria essa uma descrição apenas aproximada? Provavelmente, os termos 'gramática' e 'gramatical' não passam de metáforas. O estudo analítico da fisionomia persiste por boa parte da tradição cognitiva do Ocidente, estando presente no mundo grego, na Idade Média e até mesmo quando Charles Darwin (1809-1882) escreveu seu livro clássico sobre a expressão das emoções nos homens e nos animais. Darwin argumenta que o sorriso espontâneo e tão precoce de um bebê é indicação suficiente de que o conhecimento e a capacidade de se exprimir facialmente uma emoção derivam de uma faculdade inata. Ao contrário dos estudos antigos sobre a fisionomia, que comparavam analogicamente o rosto humano ao de animais para identificar traços psicológicos, que representariam tendências típicas da mente humana, ou mesmo em oposição às teses da criminologia lombrosiana, que via no rosto índices de patologia pessoal ou sociopatias potenciais, os estudos contemporâneos da CINÉSICA entendem a fisionomia como um meio comunicativo e não a expressão de uma essência que precede os movimentos e as aparências faciais. A neurologia descobriu que o reconhecimento da face é produto específico de uma especialização regional do cérebro humano. Quando uma área do cérebro é afetada por derrame ou qualquer outra lesão, o paciente passa a sofrer de um tipo de agnosia visual, chamada de PROSOPAGNOSIA (agnosia facial). Estudiosos do fenômeno observaram que os pacientes com prosopagnosia não perdem o conceito de rosto: sabem o que é um rosto e que estão olhando para uma fisionomia. Entretanto, não conseguem identificar um rosto específico. Há relatos de que o paciente não reconhece o próprio rosto no espelho. Para identificar pessoas que conhecia, precisa valer-se de outras pistas, como o tom de voz ou qualquer outro traço que não seja parte da configuração facial. O senso de identidade alheia desintegra-se e alguns pacientes relatam a dificuldade de saber se o próprio rosto precisa ser lavado. Observou-se que partes do rosto continuam sendo identificadas, como o nariz, as orelhas, a boca, os olhos: o que o paciente não faz é construir uma configuração completa, com as partes formando um todo. Não se trata, tb., de perda de memória, uma vez que pacientes declaram que a impressão que têm é de estarem olhando para um retrato borrado. Há especulação de que a prosopagnosia não seja uma lesão no mero mecanismo cerebral de reconhecimento de rostos, mas uma incapacidade de associar traços da memória com o rosto percebido, o que levaria à construção imagética de um rosto individual.

BIBLIOGRAFIA

BRUCE, Vicki; YOUNG, Andrew. *In the eye of the beholder: the science of face recognition*. New York: Oxford University Press, 2000

FARRAH, Martha. *Visual agnosia: disorders about object recognition and what they tell us about normal vision*. Cambridge: The MIT Press, 1990.

ZEKI, Samir. *A vision of the brain*. London: Blackwell, 1993.

fita 1 CINE M.q. FILME ('sequência de imagens'). 2 GRÁF M.q. CADARÇO.

fita fechada ACS REC.AV Gravação de som em fita magnética cujas extremidades estejam lacradas.

fita magnética ACS INF TV Dispositivo de armazenamento, no formato de fita flexível, no qual as informações são registradas pela magnetização seletiva de porções de sua superfície; teipe.

fitilho GRÁF M.q. MARCADOR.

fitossemiótica SEMIO Ramo da semiótica que estuda os signos ou sequências de signos emitidos por plantas. ▸ A fitossemiótica é um campo de estudo que tem por objetivo entender as transformações e processos que ocorrem a partir do reino vegetal. Os estudos que participam desse ramo da semiótica tratam das interações de plantas com plantas, sem deixar de considerar as relações com animais e seres humanos. Uma das questões centrais que dominam o estudo das plantas como transmissoras de informação no mundo natural não tem só a ver com o papel orgânico que exercem sobre outras formas de vida, fato amplamente admitido e verificado pela biologia: o problema dos estudos das comunicações a partir da ação das plantas resume-se a saber se houve, de fato, um processo de *feedback* entre plantas e outros organismos animados ou inanimados. Através de elaborados e elegantes testes, a ETOLOGIA conseguiu estabelecer se há, realmente, comunicação entre animais, o que não tem sido, até agora, fácil de se determinar no caso de plantas. Todavia, quando um investigador se pergunta qual a estrutura do organismo da planta que funciona como elemento de sinalização, isso não seria o caso de um preconceito antropocêntrico que presume que todos os mecanismos sinalizadores tenham de ser à imagem e semelhança dos processos humanos? O progresso dos estudos fitossemióticos traz consigo um potencial revolucionário cognitivo que provavelmente obrigará a reformulação do que se entende por comunicação, já que essa disciplina dispensaria o mecanismo clássico que identifica a eficácia comunicativa: a fitossemiótica não dependeria de *feedback*.

BIBLIOGRAFIA

KRAMPEN, Martin. Phytosemiotics. In: *Semiotica*, n. 36, p. 187-209, 1981.

fixação 1 PSIC Interesse ou ligação de origem psicossexual cujo estabelecimento remonta à infância. 2 PSICN Persistência no inconsciente de certos conteúdos inalterados e próprios de etapas anteriores do processo de organização da libido, aos quais a PULSÃO continua ligada.

flanqueamento MKT Técnica mercadológica que consiste em investir contra o concorrente, apontando-lhe as deficiências ou defeitos.

flash [ing.] 1 FOT Clarão breve e intenso produzido por certa lâmpada, clareando ambientes de luminosidade insuficiente para fotografia. 2 FOT Essa lâmpada. 3 FOT Aparelho que usa essa lâmpada. 4 JOR Nota breve sobre um acontecimento. 5 M.COM Mensagem importante, transmitida com brevidade, freq. em caráter de urgência.

flashback [ing.] CINE TV Corte que, numa sequência ou montagem, remete a uma ação passada.

flashforward [ing.] CINE TV Ver CORTE À FRENTE.

flat [ing.] CINE TV Área de cenário feita com chapas de madeira e coberta com superfície pintada ou impressa (papel de parede, machê etc.).

flecha 1 GRÁF Sinal gráfico que, numa regra de reescrita, dá instrução para que o elemento à sua esquerda seja convertido no elemento (ou sequência de elementos) indicado à direita. 2 MÚS Objeto que faz parte do instrumento folclórico chamado arco e flecha, constituído por um arco, uma flecha e uma corda; lança.

flexografia GRÁF Processo de impressão cilíndrica ou rotativa que utiliza, como matriz, chapas de borracha ou de plástico, fotogravadas em relevo.

flight [ing.] PUB M.q. BLOCO ('grupo de anúncios').

flood [ing.] CINE FOT REC.AV TEAT TV 1 Fonte de luz artificial. 2 Lâmpada de forte intensidade, p.ex., a de tungstênio.

floodlight [ing.] CINE FOT REC.AV TEAT TV 1 Foco intenso de luz artificial emitido por um *flood*. 2 Lâmpada que produz esse efeito de luz intensa.

florão 1 GRÁF Vinheta que imita flor, us. para ornamentar frontispícios, finais de capítulos etc. 2 GRÁF Ferrão de dourador, us. para estampar ornato que imita flor ou folhagem. 3 ENC Esse ornato estampado na encadernação.

FLOSS INF Programa de computador que libera o seu código-fonte grátis para qualquer usuário. ▸ Sigla de *Free-Libre-Open Source Software*.

flou [fr.] CINE FOT REC.AV Artifício fotográfico conseguido por meio de tomadas fora de foco ou de efeitos de iluminação, com o fim de reduzir a nitidez das imagens e dar-lhes atmosfera brumosa.

fluorografia GRÁF Arte da gravação em vidro que utiliza o ácido fluorídico sobre riscos feitos com ponta metálica em chapa previamente envernizada.

flutter [ing.] ACS REC.AV Efeito de INTERMITÊNCIA sonora.

fluxo de consciência LIT Extensa representação em monólogo de pensamentos de um personagem ficcional, ger. sem articulação lógica dos períodos, de modo a refletir o estrato psíquico em que não há intromissão do consciente e de suas leis.

fluxo de mídia INF INTERN M.COM M.q. STREAMING.

fluxograma INF 1 Recurso de representação, num programa de computador, que estabelece os passos lógicos para a realização de uma ou mais ações. 2 Diagrama para a representação de um algoritmo; diagrama de fluxo. ▸ Cf. ORGANOGRAMA.

FM FÍS ELETR RÁD Sigla de FREQUÊNCIA MODULADA.

foca JOR Jornalista pouco experiente, novato.

focagem CINE FOT TV Ato de focar; focalização.

focalização CINE FOT TV M.q. FOCAGEM.

focalizar 1 Pôr em foco; enfocar, focar. 2 ÓPT Ajustar (sistema óptico) de modo que se possam obter imagens nítidas.

focar CINE FOT TV M.q. FOCALIZAR.

foco 1 ÓPT O ponto para o qual converge, ou do qual diverge, um feixe de raios luminosos paralelos, após atravessar uma lente delgada. 2 ÓPT Ponto para o qual converge, ou do qual diverge, um feixe de raios luminosos após a reflexão por um espelho esférico. 3 MKT PUB Ponto para o qual converge um plano de ação publicitária, mercadológica ou organizacional. 4 TEAT Ponto onde se concentra a luz que ilumina toda a cena ou uma parte determinada. 5 Pequena luminária orientável, composta de uma lâmpada de alta potência e de refletor que concentra a luz num feixe estreito; *spot*.

focus group [ing.] PUB Grupo de pessoas que respondem a pesquisa de *marketing*, cujo propósito é avaliar a eficácia de um anúncio ou produto.

fofoca 1 Ato ou efeito de mexericar, bisbilhotar. 2 Dito maldoso; mexerico, disse me disse. 3 Afirmação não baseada em fatos concretos; especulação. 4 Aquilo que é comentado em segredo sobre outrem.

INFORMAÇÕES GERAIS

O antropólogo e psicólogo evolucionista britânico Robin Dunbar (1947-) apresentou, no fim da década de 1990, uma tese provocativa a respeito de um recorrente uso da linguagem, que é a fofoca. Por que a fofoca é um traço que persiste em vários agrupamentos humanos? Os primeiros passos para se entender o papel social da fofoca começam considerando a mecânica pela qual a sociabilidade dos seres humanos se manifesta. O argumento de Dunbar afirma que a fofoca expande, consideravelmente, as fronteiras da sociedade. Mas por quê? Dunbar nota que a comparação da natureza fisiológica e o tamanho do cérebro humano com as dimensões dos grupos sociais revela um paradoxo. O cérebro humano não é o maior cérebro da natureza, entretanto, os agrupamentos sociais são de porte bem maior do que o de outros animais. Tb. chama a atenção o fato de que, em relação a seu corpo, o cérebro de um primata (esp. do homem) é privilegiado. No caso dos seres humanos, trata-se, na verdade, de um órgão seis vezes maior do que o esperado. Novamente, cabe a pergunta: por que isso? Dunbar acredita que o tamanho do cérebro humano não evoluiu na razão direta da complexidade social em que vive a humanidade. Como acontece com todos os primatas, os seres humanos interagem com outros membros da sociedade de modo intensamente interdependente e por um longo período. Entre todos os primatas, inclusive os seres humanos, relações sociais são marcadas pela extrema proximidade e pela imensa dificuldade de cortar relações. Em seu mundo social, os primatas (esp. os homens) criam alianças fundamentadas no conhecimento que obtêm dos outros com quem interagem. No caso específico dos seres humanos, a questão torna-se ainda mais complexa, pois o tamanho do cérebro humano não está diretamente relacionado com a amplidão de suas unidades sociais. Pelo contrário, o que se verifica é uma discrepância entre o volume do cérebro e as vastas redes humanas regionais e nacionais onde chegam a coexistir milhões de indivíduos. Numa situação desse tipo, pouco se conheceria de outros seres humanos. Quando se observam as diversas unidades sociais dos homens, comparando os bandos de coleta e as tribos, os números passam de 30 a 50 membros para chegar a 500 ou 2.500 participantes. Aqui, o paradoxo é bem claro: proporcionalmente a tanta gente disponível, os laços diretos entre os membros da sociedade, diminuiriam ainda mais, principalmente porque o cérebro não cresce proporcionalmente. Contudo, o crescimento exponencial dos nexos sociais é tal que atualmente uma entre quatro pessoas do planeta conectam-se pelo Facebook. Dunbar observou que as relações entre grupos de primatas se fazem diretamente por meio do tratamento mútuo da pele, pelo alisar dos cabelos, pelo catar de parasitas, pelo cafuné e, assim, pelo afago. Sem esse recurso social, como poderiam os seres humanos, vivendo em grupos maiores do que outros primatas, estabelecer relações sociais próximas? Carícias e cafunés são modos de socialização limitados: consomem um período considerável de tempo que poderia ser utilizado em outras atividades mais produtivas. Os afagos beneficiam alguns poucos membros de um grupo, já que, feitos individualmente, excluem um número considerável de beneficiários; por isso, são práticas generalizadas em grupos pequenos e não em grupos maiores. Entretanto, se a linguagem evolui, a capacidade social dos indivíduos se alarga: um membro do grupo pode falar com vários outros, potencializando o alcance social de sua relação. Essa potencialidade é magnificada ainda mais pelo ato de fofocar. É factível conversar em grupos e tb. saber dos outros, expandindo consideravelmente o conhecimento que se tem de muitos atores sociais. O fascínio a propósito da fofoca, do mexerico sobre a vida alheia, é perfeitamente justificável. O que é o Facebook se não uma potencialização tecnológica dos conhecimentos pessoais? O que é um *feed* de notícias se não uma fofoca escancarada e de salto alto? Dunbar observa um traço complementar interessante sobre fofocar: ao fofocarem, machos tendem a falar de si mesmos, enquanto que fêmeas se referem muito mais a outras pessoas. Preferem saber do outro do que comunicar sobre si. Isso mostra que a linguagem torna-se, a partir desse momento, não só um instrumento central da sociabilidade, mas que, pensando no papel da fofoca, conclui-se que o caráter social da comunicação linguística seria uma construção essencialmente feminina. ▸ Cf. COMUNIDADE; COMUNIDADE VIRTUAL.

BIBLIOGRAFIA

DUNBAR, Robin. *Grooming, gossiping and the evolution of language*. Cambridge: Harvard University Press, 1977.

foguete 1 GRÁF Traço em forma de seta, us. como sinal pelo revisor de provas, para unir e relacionar o erro ou a omissão no texto composto com a emenda proposta. **2** PUB RÁD TV Texto curto, com fundo musical e voz característica, que funciona como *slogan*; vinheta.

foldback [ing.] REC.AV Dispositivo em amplificador que limita a transmissão de corrente e sinais sonoros.

fôlder PUB **1** Impresso de pequeno porte, constituído de uma só folha de papel com uma ou mais dobras, e que apresenta conteúdo informativo ou publicitário; folheto. **2** M.q. PROSPECTO DESDOBRÁVEL.

folha 1 Pedaço de papel quadrangular e de determinado tamanho. **2** Cada um dos elementos que compõem um livro, bloco, caderno, jornal etc., cujas faces são chamadas de 'páginas'. **3** O que está escrito, desenhado, impresso em uma folha. **4** Periódico diário; jornal. **5** Série de nomes de pessoas ou coisas relacionados por escrito; lista, relação, rol.

folha de aviamento GRÁF Folha utilizada pelo impressor para recortes ou colocação de calços que corrijam o excesso ou falta de pressão da fôrma; folha de preparo.

folha de descarga GRÁF **1** Folha impregnada de óleo ou querosene com que se reveste o cilindro da máquina impressora no preparo da retiração, a fim de evitar que o primeiro lado impresso repinte a folha de padrão e esta suje as folhas a serem impressas. **2** M.q. MACULATURA.

folha de guarda ENC M.q. GUARDA.

folha de impressão GRÁF Pedaço retangular de papel, de formato próprio para constituir um caderno de determinada publicação, que é impresso na frente e no verso com determinado número de páginas.

folha de padrão GRÁF Aquela que cobre o revestimento ou almofada das máquinas de impressão de cilindro ou de platina, em que se faz o preparo ou aviamento da fôrma. ▸ Tb. se diz apenas *padrão*.

folha de preparo GRÁF M.q. FOLHA DE AVIAMENTO.

folha de rosto 1 GRÁF Folha de abertura de um livro, na qual se apresentam (no anverso ou na página de rosto) as

informações essenciais da obra: autoria, título, subtítulo e imprenta, e (no verso ou na página de crédito) a indicação de *copyright*, dados da editora, equipe editorial, ficha catalográfica etc. 2 BIBL GRÁF M.q. ANTERROSTO.
folha de rosto gravada GRÁF M.q. PORTADA.
Folha de S.Paulo JOR Jornal diário brasileiro, fundado em 1921, sediado na cidade de São Paulo, de propriedade da família Frias de Oliveira desde 1962. ▸ Um dos mais influentes jornais brasileiros, a *Folha de S.Paulo* declara-se politicamente neutra, apesar de ter sido uma das principais forças políticas da restauração democrática no Brasil, após o golpe militar de 1964, que se estendeu por mais de duas décadas. O jornal faz parte do conglomerado de mídia Grupo Folha e tem circulação diária de, aproximadamente, 300 mil exemplares.
folha encasada GRÁF Folha impressa e dobrada que se encarta noutra para completar o caderno.
folhas liminares BIBL M.q. FOLHAS PRELIMINARES. ▸ Tb. se diz apenas *liminares*.
folhas preliminares BIBL Parte inicial de um livro, onde o autor expõe o argumento, a finalidade da obra e o modo de tratar o assunto; folhas liminares. ▸ As folhas preliminares vêm ger. numeradas com algarismos romanos e contêm alguns dos elementos pré-textuais do livro, como dedicatória, prefácio e introdução. Tb. se diz apenas *preliminares*.
folhetão PUB M.q. BROADSIDE.
folheteiro GRÁF Fabricante ou vendedor de folhetos.
folhetim 1 GRÁF Pequeno caderno composto de oito páginas. 2 JOR Texto literário, esp. novelas ou trabalhos de crítica de literatura e artes, ger. impressos na parte inferior da página de um jornal; gazetilha. 3 LIT Romance ou novela, publicados regularmente em periódicos, em fragmentos ou capítulos. 4 LIT Obra literária considerada de pouco valor literário, destinada a leitores menos exigentes.
folheto 1 Obra impressa de poucas folhas, quase sempre na forma de brochura. 2 DOC Publicação impressa, não periódica, com no mínimo cinco e no máximo 48 páginas, sem contar as capas. 3 EDIT PUB M.q. PROSPECTO. 4 EDIT PUB M.q. FÔLDER.
folhinha GRÁF PUB Calendário impresso numa única folha ou em pequenas folhas descartáveis, correspondentes a cada dia do ano e que, por vezes dá outras informações, como os dias santos e feriados, datas notáveis, santos do dia, as fases da lua etc., muitas vezes us. como anúncio publicitário.
foliado GRÁF Paginado a livro aberto, por folhas, e não por páginas.
foliar GRÁF Numerar por folhas (livro, manuscrito); paginar a livro aberto.
fólio GRÁF 1 Livro numerado por folhas (frente e verso) e não só por páginas. 2 Cada uma das páginas frontais dos livros assim numerados. 3 Cada uma das folhas (frente e verso) de um livro ou manuscrito. 4 O número que, nos livros impressos, representa a página. 5 M.q. IN-FÓLIO ('livro').
follow-up [ing.] 1 MKT Num plano de *marketing*, acompanhamento e revisão da estratégia de uma campanha. 2 MKT Num plano, revisão dos estágios do processo de venda. 3 JOR Cobertura contínua de determinada notícia ou acontecimento.
fonado COMN Por intermédio de um telefone.
fone 1 TEL Em um aparelho telefônico, designação de um microfone em que a energia mecânica posta em movimento pela voz se transforma em impulso elétrico. 2 TEL A peça do telefone que se leva ao ouvido; ascultador, auricular. 3 TEL Parte do aparelho telefônico que congrega, numa peça, o fone e o ascultador, nos telefones modernos. 4 FON Som da fala, como unidade da fonética, sem envolver considerações de ordem fonológica.
fone de ouvido ELETRÔN Aparelho que converte energia elétrica em ondas sonoras e é us. sobre o ouvido ou metido no pavilhão auricular; audiofone.
fonema FON LING 1 Unidade sonora; som da fala. 2 LING Na linguística estrutural, unidade mínima das línguas naturais, no nível fonêmico, com valor distintivo (distingue morfemas ou palavras com significados diferentes), mas ele próprio não possui significado (p.ex., em português, as palavras 'faca' e 'vaca' distinguem-se apenas pelos primeiros fonemas /f/ e /v/). ▸ O conceito de fonema não deve ser confundido com as letras dos alfabetos, porque estas freq. apresentam imperfeições e não são uma representação exata do inventário dos fonemas de uma língua.

INFORMAÇÕES GERAIS

No período que antecede a sua formulação dos conceitos fundamentais para a linguística estrutural, Ferdinand de Saussure (1857-1913) partilhava entusiasticamente das ideias da escola chamada de *neogramática*. Como outros neogramáticos, Saussure considerava que a abordagem correta para a linguística não deveria ser uma descrição naturalista, mas um tratamento cientificista detalhado dos fenômenos das línguas antigas e modernas, dando especial atenção à fonética e, principalmente, utilizando uma metodologia comparativa. A neogramática desvelaria as mudanças diacrônicas das línguas, fundamentada em leis fonéticas determinadas pelo aparelho fisiológico humano. A concepção de linguística era, então, para Saussure, mecânica e causal. Foi como resultado desse treinamento inicial, que produziu uma publicação sobre o sistema linguístico indo-europeu, que ele formulou sua revolucionária *teoria do fonema*. O fonema passou a ser visto como a unidade funcional mínima da língua falada. Não há como ir além da ordem dos fonemas, que se definem, distintivamente, de outros fonemas e que, por isso, não podem ser considerados isoladamente. É através do reconhecimento dos fonemas que os falantes podem decompor o fluxo sonoro transmitido em unidades significativas distintas. Após Saussure e sua ênfase na ordem sincrônica da língua, e graças às teorias da escola fonológica de Praga (cf. FONOLOGIA), bem como aos escritos de André Martinet (1908-1999), o fonema foi redefinido por seus procedimentos comutativos. A construção e o entendimento da expressão linguística são possíveis porque operações distintivas de ordem binária são reconhecidas e interpretadas pelos usuários da língua. O que não for distintivo não é significativo e deve ser considerado redundante, fazendo parte de traços acidentais da língua, como a personalidade do usuário, o local onde nasceu, as condições específicas de sua fala etc. Em português, o som /e/ no final de uma palavra como /noite/ pode ser pronunciado /noite/ e /noiti/, sem que a comunicação seja comprometida. A metodologia pode variar no tratamento do fonema: a escola linguística de Copenhague afirma que a sílaba deve ser a unidade mínima da expressão, composta pela oposição de fonemas vocálicos e consonantais, porque o fonema participa simultaneamente da ordem da frase (sintagma) e de suas possibilidades de substituição (paradigma). Os gramáticos gerativos contemporâneos não dedicam maior atenção aos fonemas, considerando-os apenas na medida em que participam da formação sintática. A eficácia dos fonemas, como material linguístico básico, deriva de seu universo reduzido, sendo em geral composto de 20 a 50 fonemas, dependendo da língua. Não há nada na materialidade fônica de um fonema que determine, por completo, sua função nos sistemas linguísticos. Reconhece-se o significado de uma palavra pela identificação do valor funcional de uma materialidade sonora no interior do sistema fonológico de uma língua determinada. Assim, afirma-se que os fonemas existem como traços pertinentes e essenciais à expressão linguística. O termo *fonema* passou a fazer parte da linguística moderna através do linguista polonês Baudouin de Courtenay (1845-1928), estando presente na análise mitológica de Claude Lévi-Strauss (1908-2009) pelo neologismo 'mitema', que o antropólogo francês criou para enfatizar o caráter comum da linguagens e da mitologias humanas. ▸ Cf. BINÁRIO; BINARISMO; ESTRUTURA; ESTRUTURALISMO; FONÉTICA; FONOLOGIA.

BIBLIOGRAFIA

HJELMSLEV, Louis. *Prolegômenos a uma teoria da linguagem*. São Paulo: Perspectiva, 2009.
JAKOBSON, Roman. *Fonema e fonologia*. Rio de Janeiro: Acadêmica, 1972.
LÉVI-STRAUSS, Claude. *O cru e o cozido*. São Paulo: Cosac Naify, 2004.
ODDE, David. *Introducing phonology*. Cambridge: Cambridge University Press, 2005.
SAUSSURE, Ferdinand de. *Curso de linguística geral*. São Paulo: Cultrix, 2006.

fonemática LING M.q. FONOLOGIA.

fonêmica LING M.q. FONOLOGIA.

fonética FON LING Parte da linguística que estuda e classifica os elementos mínimos da linguagem articulada (fones, sons da fala) em sua realidade concreta.

INFORMAÇÕES GERAIS

A fonética estuda a materialidade das línguas naturais, enquanto o objeto da fonologia é a caracterização significativa, abstrata e gramatical de seu universo de sons. Os estudos fonológicos tratam de como a língua se efetiva, preocupando-se com as condições fisiológicas da emissão e da recepção sonora e com tudo o que nelas acontece do ponto de vista acústico, auditivo e, atualmente, neurológico. Na fonética, a significação linguística ainda não se faz presente. A fonética lida como a substância da expressão linguística. A *fonética fisiológica* ou *articulatória* procura entender o que o aparelho fonador faz para que se produzam os sons articulados das línguas naturais. A *fonética acústica* considera os sons em sua materialidade física, enquanto a *fonética auditiva* considera os mecanismos acústicos envolvidos na percepção de sons, tanto levando em conta um sistema linguístico específico como comparando-os. Os sons que a fonética considera são frequentemente segmentados em unidades fonéticas, sejam elas pequenas (segmentais) ou em agrupamentos de unidades sintagmáticas maiores (suprassegmentais). Os linguistas do CÍRCULO LINGUÍSTICO DE PRAGA afirmavam que a fonética é a ciência da matéria sonora da linguagem humana. ▸ Cf. FONOLOGIA.

BIBLIOGRAFIA

CAGLARI, Luiz Carlos. *Elementos de fonética do português brasileiro*. São Paulo: Editora Paulistana, 2007.
LADEFOGED, Peter; MADDIESON, Ian. *The sounds of the world's languages*. Oxford: Blackwell, 1996.

fonético LING **1** Relativo a fonética. **2** Que diz respeito aos sons da fala (ou fones); fônico. **3** Que representa os fonemas ou sílabas de uma língua (diz-se de alfabeto ou sistema de escrita).

fônico **1** Relativo a som; sonoro, acústico. **2** ACS Diz-se dos pontos em que se acham a pessoa que escuta e o corpo que emite sons (tb. ditos centros ou focos). **3** FON Relativo ao som da fala; sonoro, vocal. **4** FON LING Relativo ao contínuo sonoro que constitui a cadeia falada. **5** LING Que representa os sons da fala (diz-se de alfabeto); fonético.

fonocentrismo FIL Para o filósofo contemporâneo Jacques Derrida (1930-2004), centralidade da discursividade oral, ou da palavra fonética, na natureza do pensamento ocidental desde suas origens, questionável por excluir a polissemia da prática discursiva. ▸ Na teoria gramatológica de Derrida, o fonocentrismo é um aspecto complementar da metafísica logocêntrica, que unifica o pensamento ocidental. A valorização do aspecto acústico e fonético da linguagem traz consigo uma desvalorização da escritura. As raízes metafísicas dessa escolha estão no diálogo *Fedro*, que articula a ontologia platônica. Sintomaticamente, a argumentação socrática do texto tanto reduz a verdadeira filosofia a um diálogo como ataca, frontalmente, a escrita. Para Derrida, desconstruir o fonocentrismo é libertar-se de uma metafísica da presença, pois desfaz-se o preconceito de que o diálogo seja superior à escrita simplesmente porque aqueles que dialogam estão presentes face a face, e assim supostamente garantem a precisão e a verdade do que é discutido. Assim, o fonocentrismo não é apenas um resíduo filosófico do passado, mas um elemento metafísico estruturante que se espalha por várias teorizações que, por isso, merecem ser desconstruídas. Em Derrida, a escrita não é uma representação subsidiária da fala, mas uma positividade em si mesma.

BIBLIOGRAFIA

DERRIDA, Jacques. *Gramatologia*. São Paulo: Perspectiva, 2008.
______. *A escritura e a diferença*. São Paulo: Perspectiva, 2009.

fonocinematografia CINE **1** Registro simultâneo de imagem e de som. **2** M.q. CINEMA SONORO.

fonofilmagem CINE Ato ou efeito de fonofilmar; realização de um filme sonoro.

fonofilmar **1** CINE Filmar registrando simultaneamente os sons ambientes e/ou diálogos etc. **2** Fazer um filme sonoro de.

fonofilme CINE Filme sonoro; filme em que a imagem e o som estão gravados simultaneamente.

fonologia LING **1** Parte da gramática comparada que trata dos sons, letras e suas mudanças através do tempo; fonética histórica. **2** Ramo da linguística que estuda os sistemas de fonemas de uma língua ou das línguas em geral; fonêmica, fonemática. **3** Parte da linguística que estuda os fonemas do ponto de vista de sua função na língua (pares opositivos, variantes posicionais, neutralização e arquifonema, possibilidades de combinações, condições prosódicas etc.); fonêmica, fonemática.

INFORMAÇÕES GERAIS

A diminuição progressiva, desde o início do sXX, da importância de considerações históricas para o entendimento dos fenômenos linguísticos é a base do sucesso teórico da fonologia pós-saussuriana. Os leitores do *Curso de linguística geral*, de Ferdinand de Saussure (1857-1913), entenderam que se deve prioritariamente considerar o estado da língua e não a sua história. Assim, a palavra 'fonologia' deixou de ser parte da gramática histórica e comparativa e passou a designar o estudo da formação dos sistemas da linguagem que existem em relações sincrônicas. No manuscrito que deveria vir a ser sua obra magna, mas que ficou incompleto devido a sua morte, Saussure refere-se a *status* e *motus* das línguas. Para Saussure, *status* qualifica o estado recíproco dos termos linguísticos, enquanto *motus* indica as mudanças constantes que uma língua sofre no curso de sua história, mas que não transformam uma língua em outra. As mudanças na linguagem humana são semelhantes às de uma máquina que tem as partes alteradas, mas que continua em operação. Num apêndice intitulado "Princípios de fonologia", os editores da versão inicial do *Curso de linguística geral* valeram-se das notas tomadas durante um curso de Saussure sobre a teoria da sílaba, para então considerar o funcionamento das línguas: nessa passagem curta, evidencia-se que Saussure acreditava que não se deve confundir fonética e fonologia. Fonética estudaria a transformação, o *motus* temporal da matéria linguística, na verdade um saber de menor relevância para o entendimento do *status* das linguagens humanas, enquanto a fonologia teria que levar em consideração o modo pelo qual os sons são percebidos e que papel exercem nos atos de comunicação linguística. A influência saussuriana na ideia de uma fonologia fez-se a partir da divulgação de suas ideias na Rússia por Sergei Karcevski (1884-1955), e é visível nas teses dos linguistas russos que, fugindo do clima político soviético, formaram o CÍRCULO LINGUÍSTICO DE PRAGA. Nikolay Trubetzkoy (1890-1938) e Roman Jakobson (1896-1982) defendem uma nova linguística, centrada no FONEMA e nas suas relações mútuas. Inspirados pela obra do polonês Baudouin de Courtenay (1845-1929), que ensinara em São Petersburgo, os linguistas russos acreditavam que Saussure deixara inexplorado o estudo das relações sistêmicas das línguas. Linguagem era, de fato, estrutura; o método, estruturalista e, nesse deslocamento teórico, a fonologia ocuparia um lugar central. Para a escola de Praga, o papel comunicativo da língua revela que os sons extraídos da língua e usados na fala são impregnados de significado, o que é essencial para as trocas e a comunicação de signos linguísticos. Em si, os sons não carregam significação, apenas por meio da comparação contrastiva em cada língua específica. O sentido é primeiro reconhecido como distinção, pois a língua é um sistema relacional. A fonologia que daí resulta é estritamente funcionalista, pois os sons se definem por sua função no sistema da língua. A fonética e a fonologia tratam dos sons de modos radicalmente diferentes; a fonética considera os sons de seu ponto de vista material e fisiológico, e isso não inclui a dimensão comunicativa. A fonologia faz o oposto: a diferença fônica existe porque sua função é comunicar algo para alguém numa comunidade linguística. Por isso, os elementos fônicos, nas várias línguas, têm valores linguísticos diferentes. Isso não quer dizer que a *fonologia geral* seja uma tarefa impossível: ela existe porque é possível comparar as várias línguas existentes e, nelas, identificar seus princípios de funcionamento. A *fonologia contrastiva* identifica as diferenças entre línguas. Jakobson argumenta que o BINARISMO é seu traço fundamental (cf. BINÁRIO). Ao longo do desenvolvimento da linguística no sXX, a distinção entre fonética e fonologia assume o papel de uma conceitualização fundamental para o entendimento da linguagem, tanto na obra do dinamarquês Louis Hjelmslev (1899-1965) como na do norte-americano Leonard Bloomfield (1887-1949), espalhando-se posteriormente para a antropologia e os estudos da comunicação, principalmente por meio da influência de Jakobson sobre o etnólogo Claude Lévi-Strauss (1908-2009). Lévi-Strauss define seu trabalho como antropologia estrutural e postula a tese de que a fonologia de inspiração saussuriana é fundamental para a elucidação de questões como os sistemas de parentesco e as representações míticas de uma sociedade. ▸ Cf. ESTRUTURA; ESTRUTURALISMO; FONEMA; FONÉTICA.

BIBLIOGRAFIA

GODEL, Robert. *Les sources manuscriptes du cours de linguistique générale*. Paris: Droz, 1957.

JAKOBSON, Roman. *Fonema e fonologia*. Rio de Janeiro: Acadêmica, 1972.

_____________. *Linguística e comunicação*. São Paulo: Cultrix, 1974.

LÉVI-STRAUSS, Claude. *Antropologia estrutural*. Rio de Janeiro: Tempo Brasileiro, 1972.

SAUSSURE, Ferdinand de. *Curso de linguística geral*. São Paulo: Cultrix, 2006.

TOLEDO, Dionísio (org.). *O Círculo Linguístico de Praga: estruturalismo e semiologia*. Porto Alegre: Globo, 1978.

fonoteca DOC **1** Coleção de documentos sonoros (gravações em discos, fitas etc.). **2** Lugar onde se guarda essa coleção. **3** Lugar para consulta e empréstimo de documentos sonoros (discos, fitas etc.).

fonte 1 COMN Elemento que dá origem a uma mensagem; ponto de origem de uma mensagem, **2** FILOL Texto ou documento original. **3** GRÁF Jogo completo de letras, números e sinais us. na composição de textos. **4** GRÁF Conjunto de letras, números e sinais formado por um mesmo caractere e um mesmo corpo. **5** GRÁF M.q. FAMÍLIA. **6** INF Conjunto completo de letras, números, sinais e caracteres especiais com traços tipográficos comuns. **7** INF Conjunto de todas as mensagens que podem vir a ser transmitidas num determinado sistema. **8** JOR Pessoa que fornece informações secretas e privilegiadas à imprensa. ▸ Tomada em sua acepção mais geral de aquilo que fornece informações necessárias para a construção do texto a ser publicado pela imprensa, a *fonte* é um elemento central para a atividade jornalística. O jornal recorrerá a publicações de reputação indubitável, bem como pessoas que tenham conhecimento de causa e imparcialidade em face do assunto a ser noticiado. No caso de dúvida, jornais recomendam que outras fontes sejam cotejadas com a opinião duvidosa. Pessoas com histórico de confiabilidade constituem uma fonte valiosa para o jornalista. Mas mesmo uma pessoa com interesse na publicação de determinada notícia pode servir de fonte, sendo muitas vezes qualificada de rumor, ou algo a ser posteriormente confirmado. Todo cuidado é pouco na seleção de fontes jornalísticas, pois nenhuma delas está livre de erro e imprecisões.

fonte de alimentação ELETR Qualquer circuito capaz de produzir energia elétrica.

fonte de consulta Qualquer obra que fornece informação a um pesquisador (como livro, documento, dicionário, enciclopédia etc.).

fonte luminosa ÓPT Qualquer sistema que emite luz de forma controlada.

footer [ing.] EDIT M.q. RODAPÉ.

footswitch [ing.] ACS REC.AV Pedal que interrompe, distorce e reverbera ondas sonoras emitidas por um aparelho musical.

fora TEAT Grito chamando ao proscênio o elenco, o autor ou as pessoas responsáveis pelo espetáculo, no intuito de vaiar ou aplaudir.

fora do ar **1** RÁD TV Interrompido ou sem transmissão (diz-se de programa). ▸ P.opos. a NO AR. **2** INF Interrompido, sem funcionamento ou operação (diz-se de sistema, programa etc. ligado a computador).

fora do texto GRÁF Diz-se do material ilustrativo de uma obra (p.ex., gravura, mapa, foto, desenho etc.) que se imprime à parte, ger. em papel especial e em folha(s), não numerada(s) ou com numeração autônoma, que se intercala(m) entre os cadernos do livro.

forca GRÁF M.q. LINHA ENFORCADA.

força GRÁF Densidade maior ou menor dos traços dos caracteres, tipos, fios etc.; peso.

força de venda MKT Pessoal que constitui o corpo de vendedores de uma companhia.

foregrounding [ing.] M.COM Ato ou efeito de trazer determinado assunto ou detalhe para o primeiro plano de uma mensagem com o propósito de sublinhar sua importância.

forma **1** Um dos diferentes modos de existência, ação ou manifestação de algo particular. **2** Modo, jeito, maneira, método. **3** Sistema, método. **4** Estrutura coerente, segundo um padrão familiar. **5** FIL No platonismo, cada uma das realidades transcendentes que contêm a essência material dos objetos concretos, captáveis somente pelo intelecto, que supera as impressões sensíveis; arquétipo, ideia. **6** FIL No aristotelismo, princípio que determina, modela ou delineia a matéria bruta, fazendo com que cada ser adquira uma identidade imagética, um traçado definido, uma configuração característica. ▸ Ao contrário da forma platônica, não transcende os entes que constitui. **7** FIL LÓG A natureza geral e basilar da relação entre os termos em qualquer enunciado, alcançável pela abstração que particulariza cada formulação linguística. **8** FIL No kantismo, cada uma das leis e estruturas inerentes ao espírito humano que possibilitam o ordenamento apriorístico do material múltiplo e caótico oferecido pelas sensações, viabilizando dessa maneira a compreensão da realidade. **9** GRAM Um radical seguido de uma desinência; flexão. **10** LING Qualquer unidade linguística provida de significado (morfema, alomorfe, palavra, locução etc.). **11** LING Caracterização das relações que constituem uma estrutura, abstraindo-se o conteúdo (fonético e semântico). **12** LING Na concepção de Ferdinand de Saussure (1857-1913), recorte que um sistema de signos linguísticos (língua) opera sobre a realidade amorfa da substância (sonora e conceitual). **13** MÚS Disposição dos elementos de uma peça musical, organizada segundo determinados princípios; modelo de composição. **14** MÚS Relação entre as partes de uma composição. **15** PSIC Conjunto organizado, cujos elementos têm uma tendência espontânea a estruturar-se, do ponto de vista dos gestaltistas. É o dado imediato da percepção.

INFORMAÇÕES GERAIS

Superficialmente, o senso comum e a investigação filosófica coincidem na investigação do conceito de 'forma'. Assim como o pensamento filosófico da Antiguidade clássica separa forma e matéria de maneira mais ou menos radical, na linguagem coloquial, entende-se o conteúdo da palavra *forma* em relativa oposição ao de *matéria*. Quando se diz que "essa caneta é de plástico e aquela de ouro", há, na frase, uma única forma (daí o nome comum *caneta*) identificada em dois objetos individuais e duas matérias diferentes: o plástico e o ouro; mas, nesse caso, a oposição entre matéria e forma não é filosófica. A forma traz consigo a sugestão correlata de ser uma espécie de estrutura. A matéria, por sua vez, é acidental, empírica e é estruturada na forma de caneta, pois existem outros objetos de plástico e de ouro, como um relógio, por exemplo, que tem essas matérias e outra forma. Não é porque ambos são igualmente feitos de ouro que esse relógio confunde-se com caneta. Se forma e matéria fundem-se numa entidade, de tal maneira que a matéria é incorporada na forma, então pode-se sugerir, imprecisamente, a expressão "forma sensível", ou seja, aquela que se apreende pelos sentidos, em que plástico e ouro são, tanto um como outro, modos da forma porque parte inseparável dela. A forma de uma caneta (ou de qualquer outro objeto produzido) é geral e reproduzível, mas a matéria, não. O desaparecimento físico dessa caneta de plástico não causa o desaparecimento de todas as canetas que existem ou que possam existir; mas esse plástico realmente foi aniquilado. A generalidade da forma sanciona sua função classificatória: pode-se ordenar a forma dessa caneta em oposição à daquela caneta; a forma da caneta em oposição à da árvore; a forma das canetas e a das árvores. A filosofia clássica refinou essas intuições, tornando-as sistemáticas. Nas teorias platônicas e aristotélicas, a noção de 'forma' assume um lugar central e, em referência às ideias de Platão (c428 a.C. - c348 a.C., a palavra deve iniciar-se sempre com letra maiúscula. De várias outras filosofias e pensadores da época, dos pitagóricos, de Parmênides (c515 a.C. - ?), de Heráclito (c540 a.C. - c480 a.C.), mas principalmente de seu encontro com Sócrates (c469 a.C. - c399 a.C.), Platão destila a identificação de forma e conhecimento *de algo*. A revolução intelectual do platonismo é inegável: a experiência não basta para o conhecimento; conhecer é construir conceitos, identificar a Forma do que queremos ou presumimos saber. Nos muitos diálogos de Platão, Sócrates participa de discussões em que seus interlocutores citam casos, exemplos, atos individuais, sentimentos pessoais, convenções e hábitos (todos os modos da experiência) para fundamentar o que falam. Usando de ironia e um raciocínio penetrante, Sócrates afirma que não basta indicar, apontar, identificar, ter opinião a propósito de atos justos, verdadeiros ou bons, porque a justiça, a verdade, o bem são, de fato, a referência e o tema do debate. É óbvio que, nos textos platônicos, o sentido de Forma difere do uso comum. Por ignorância da Forma, os interlocutores de Sócrates caem em irremediável contradição. Não há contradição para quem é capaz de capturar a Forma numa definição precisa e atemporal. Nesse sentido, Platão identifica Forma com *essência*. A vantagem que o conhecimento da Forma confere sobre a opinião pessoal é indiscutível: quem conhece a Forma sabe que atos são justos, verdadeiros ou bons e, principalmente, sabe por que o são. As Formas são entidades puramente intelectuais e, por isso, eternas, persistentes, imutáveis, logo imunes ao relativismo confuso e contraditório do mundo real. A rigor, para o sistema platônico, o que chamamos de real é apenas uma sombra da realidade suprema e verdadeira que só será sempre a das Formas. Somente a perspectiva da eternidade e o abandono da subjetividade individual nos livrariam do relativismo do mundo onde existimos, pois nele ninguém ou nenhuma coisa *é* essencialmente. Julgamos alguém grande em relação ao que lhe é menor e menor em relação ao que é maior. Não há, portanto, nessas condições, a menor possibilidade de atingir um conhecimento verdadeiro. Filosoficamente, não se deve confundir o sentido corriqueiro da palavra 'forma' com o que Platão faz, porque há, no sistema platônico, uma valoração teórica extremada da Forma como condição e natureza do conhecimento verdadeiro. A teoria aristotélica move-se na direção oposta às teses platônicas. Ao contrário de Platão, seu discípulo Aristóteles (384 a.C. - 322 a.C.) não identifica as formas com eternidade, imutabilidade e distanciamento do mundo sensorial. Escritas em minúsculas, as formas aristotélicas são intelectivas, mas habitam a matéria. A coexistência de forma e matéria é o que permite o conhecimento do mundo natural. A unidade e a permanência do mundo dos sentidos não podem ser a projeção de formas que o antecedem e determinam, mas, mesmo assim, identificam-se unidade e permanência no mundo natural, porque podemos extirpar o que for acidental: por serem traços acidentais, ser branco ou negro, tocar um instrumento ou não, ser brilhante ou bronco não fazem parte da substância *homem*. Excluindo Deus, toda substância é forma e matéria. Por ser forma e matéria, o mundo físico, humano e social transforma-se através de atos que realizam potencialidades ainda não existentes. O mundo muda, transforma-se, não como decadência imperfeita, como dizia a filosofia platônica, mas porque é feito de atos que realizam uma potência. Não é só o caso de um carpinteiro que faz uma cadeira, seguindo uma representação mental de sua estrutura, que é potencial, ajustando-a à matéria da madeira disponível, mas toda existência biológica, física, moral e natural seria assim. A distinção entre forma e matéria responde pela mudança e geração do mundo como um todo. O fervor medieval e escolástico pelo sistema aristotélico leva a elaborações de tipos de formas, dentre elas a *forma substancial*, aquela que as substâncias têm: a beleza terá, por isso, a finalidade de ser plena e absolutamente bela etc. O pensamento mecanicista e científico do sXVIII recusou essa concepção de forma porque o propósito e a finalidade da mudança e da transformação são menos relevantes do que o *como* a geração acontece. Por isso, Immanuel Kant (1724-1804) faz da forma, traduzida como a palavra 'ideia', um elemento organizador do pensamento, que é parte da razão pura e que permite o conhecimento real, porque a forma o organiza e determina. Resíduos do platonismo e do aristotelismo, transpostos para a mente individual habitada pelas formas da razão pura e transcendental, participam da tese de Kant, que usa o termo ideia porque *eidōs*, em grego, é a palavra que se usa para a referência ao que se chama de forma. Em linguística, a questão da forma tem peculiaridades próprias e começa com a maneira pela qual Ferdinand de Saussure (1857-1913) define o objeto de estudo da disciplina, que é o signo. No *Curso de linguística geral*, Saussure afirma que o signo é a junção de uma expressão significante e um conteúdo, significando que gera uma forma. É apenas como forma e unidade relacional que o signo existe e isso quer dizer que o signo não tem substância em si. As palavras que Saussure usa não são intercambiáveis com o vocabulário do sistema aristotélico. A forma linguística funde dois planos (o do significante e o do significado), que passam a ser uma só entidade. A metáfora usada é a de uma folha de papel com dois lados inseparáveis. Porque é uma forma unificada que articula diferenças, o signo será transmitido, compreendido e partilhado pelos falantes de uma língua. Após Saussure e desde Louis Hjelmslev (1899-1965), a linguística opera com o pressuposto de que a forma é a condição necessária para a língua como um todo. Sendo assim, o estudo dos signos, sejam linguísticos ou não, preocupa-se com a forma ou o sistema formal que cria o nexo entre os planos da expressão e do conteúdo.

BIBLIOGRAFIA

BARNES, Jonathan (ed.). *The complete works of Aristotle*. Princeton: Princeton University Press, 1984. v. 1-2.

HAMILTON, Edith; CAIRNS, Huntington (ed.). *The collected dialogues of Plato, including the letters*. Princeton: Princeton University Press, 1989.

HJELMSLEV, Louis *Prolegômenos a uma teoria da linguagem*. São Paulo: Perspectiva, 2009.

KANT, Immanuel. *A crítica da razão pura*. São Paulo: Martim Claret, 2009.

SAUSSURE, Ferdinand de. *Curso de linguística geral*. São Paulo: Cultrix, 2006.

formação discursiva FIL Na teoria de Michel Foucault (1926-1984), conjunto de regras constitutivas dos discursos e enunciados históricos do saber. ▶ Extremamente influenciado pela linguística saussuriana, Michel Foucault reconhece que os discursos enunciativos de um saber seguem regras implícitas que se escondem como num sítio arqueológico. Por isso é possível reunir conhecimentos diversos num fundo comum que os atravessa e determina. Foi o que fez numa série de livros influentes, tais como *As palavras e as coisas* e *História da loucura*. Conceitualmente, a ideia de formação discursiva que está subentendida nesses trabalhos históricos encontra sua mais clara formulação em *Arqueologia do saber*. Regras formativas unificam o que, na superfície, parece padecer uma diversidade irredimível. As ciências da mente, da vida, da riqueza e do falar seguem regras de constituição comuns. Um arquivo de regras formativas dá forma, inteligibilidade e legitimação a saberes que existem num contexto social mais amplo, mas que têm relativo grau de autonomia. ▶ Cf. ARQUIVO; DISCURSO.

BIBLIOGRAFIA

FOUCAULT, Michel. *História da loucura*. São Paulo: Perspectiva, 2004.

____________. *As palavras e as coisas*. Rio de Janeiro: Martins Fontes, 2007.

____________. *Arqueologia do saber*. São Paulo: Forense, 2008.

fôrma de branco GRÁF Aquela que é us. para imprimir o primeiro lado do papel; primeira fôrma, branco.

fôrma de impressão GRÁF Aquela com superfície de borracha, metal ou plástico que, depois de entintada, imprime em papel as imagens (texto, foto, vinheta, ilustração) nela contidas.

fôrma de retiração GRÁF Aquela com que se imprime o segundo lado da folha de papel; segunda fôrma.

fôrma de tira e retira GRÁF Aquela que compreende todas as páginas a serem impressas nos dois lados de uma folha.

formador de opinião MKT PUB Indivíduo reconhecido por sua habilidade, capacidade, reputação e que, por isso, é capaz de influenciar a opinião pública.

fôrma externa GRÁF Fôrma que contém a primeira e a última páginas de um caderno.

forma funcional LÓG M.q. FUNÇÃO LÓGICA.

fôrma interna GRÁF Fôrma que compreende a segunda e a última páginas de um caderno.

formal 1 ART.PLÁST CINE LIT MÚS Relativo à forma, à estrutura, aos recursos artísticos empregados numa obra. **2** ESTÉT Em que se visa mais a forma do que o conteúdo, ou em que se visa unicamente a forma (diz-se de pintura, escultura, obra literária etc.). ▸ Uso pejorativo. **3** FIL Pertencente à essência ou substância de uma realidade qualquer. ▸ Termo us. esp. na escolástica. **4** FIL No kantismo, relativo aos componentes apriorísticos e universais da subjetividade humana. **5** LING Apropriado a situações solenes, cerimoniosas; que segue as regras da gramática normativa e usa palavras não marcadas como coloquiais, familiares, populares, gírias etc. (diz-se de variedade linguística); tenso, correto, cuidado, apurado, culto. **6** LING Próprio das relações estabelecidas entre uma unidade e outros elementos do ambiente linguístico, e não a seu conteúdo intrínseco (p.ex., regência, concordância etc.). **7** LING Relativo a ou próprio da forma dos elementos constituintes das unidades linguísticas, sem levar em conta uma interpretação fonética e/ou semântica de seus elementos. **8** LÓG Relativo a uma relação generalizável e paradigmática entre termos de um enunciado, a despeito de qualquer conteúdo empírico ou material. ▸ O sentido e a interpretação de linguagens formais são determinados pela aplicação rígida de regras inferenciais claramente definidas. Os enunciados numa linguagem formal independem tanto de flutuações semânticas ou conteudísticas como de qualquer natureza gramatical. Uma linguagem formal vale-se de variáveis (letras como *p*, *q*, *x*, *y* etc.), conectivos lógicos (p.ex. &, →, ≡ etc., representando respectivamente conjunção, disjunção e inclusão própria) e recursos de pontuação, como pontos indicando a conjunção 'e', assim como colchetes para isolar ambiguidades formais. Além disso, as linguagens estabelecem regras de transformação de seus enunciados. As linguagens formais diferem radicalmente das linguagens naturais, mas não são identificáveis com linguagens artificiais. Trata-se apenas de linguagens lógico-formais. ▸ Cf. FORMALIZAÇÃO.

forma lied MÚS Composição baseada numa ideia principal e dividida em três partes, sendo a terceira a recapitulação da primeira.

formalismo ART.PLÁST CINE LIT MÚS **1** Estreita observância dos preceitos formais, esp. os tradicionais, que não dá espaço à inovação: academicismo, academismo. **2** Tendência segundo a qual as formas artísticas se bastam em si mesmas, em detrimento do conteúdo. ▸ P.opos. a CONTEUDISMO e REALISMO. ▸ Cf. ARTE PELA ARTE.

formalismo russo LIT SEMIO Escola de crítica literária que propôs métodos de análise da forma dos textos poéticos e literários, por defender que o que os distingue de outros tipos de texto, referentes a assuntos semelhantes, são recursos formais us. pelo autor. ▸ Os críticos do formalismo russo afirmavam que a pergunta "o que é a obra de arte?" que esses novos teóricos procuravam responder já fora apresentada no passado. Até então, o caminho adotado tinha sido entender a obra de arte em termos de sua relevância histórica, influência ideológica, ação política ou expressão biográfica: o que mais haveria de ser feito? Em *Literatura e revolução*, Leon Trotski (1879-1940) vê pobreza na metodologia dos formalistas russos: uma análise puramente descritiva, de cunho estatístico, meramente etimológica, centrada apenas na sintaxe dos termos poéticos, encantada com a contagem de vogais, consoantes, sílabas e epítetos que se repetem. Mas nada do que seus críticos argumentavam convencia os formalistas russos; para eles, os críticos esqueciam o que era próprio da obra de arte, julgando-a por critérios que eram extrínsecos à produção estética. Segundo Viktor Jirmunski (1891-1971), a riqueza da metodologia formalista manifesta-se na sua aproximação da poética à ciência da linguagem, à linguística. Foi o que os teóricos e linguistas dos eixos centrais do formalismo russo, o Círculo Linguístico de Moscou e a Sociedade para a Pesquisa da Linguagem Poética (*Opoiaz*) fizeram. Os formalistas russos acreditavam que princípios de construção do material linguístico distinguiam radicalmente dois tipos possíveis de linguagem: a prosaica e a poética. O poeta russo Vladimir Maiakovski (1893-1930) dizia algo semelhante: para ele, poesia é fabricação, difícil e complexa. As teorias formalistas procuravam colocar-se no interior do fazer poético como condição para entendê-lo. Afinal, o material da poesia não é a imagem ou a emoção, mas simplesmente a palavra (*slovo*) e seus recursos formais. Entender a poesia como arte da palavra (*slovesnost*) requer outro tipo de recepção que a exigida na compreensão da linguagem prosaica. Para isso, é preciso que se leve em conta a materialidade da expressão, cujo caminho apontava para o encontro da discussão estética com a aplicação do entendimento fonológico de que a língua us. na poesia existe num sistema próprio e autônomo. Para seus críticos, essa era uma opção idealista, abstratizante, mas, para os formalistas russos, isso significava a adoção de um perspectiva rigorosamente científica. Como grupo, o formalismo russo existiu, em Moscou, de 1916 a 1930, mas sua influência atingiu as teorias literárias contemporâneas, tanto o ESTRUTURALISMO como o *New Criticism* norte-americano. ▸ Cf. FONOLOGIA.

BIBLIOGRAFIA

MAIAKOVSKI, Vladimir. *Poética: como fazer versos*. Porto Alegre: Global, 2000.

MATEJKA, Ladislav; POMORSKA, Krystyna. *Readings in Russian poetics: formalist and structuralist views*. Urbana-Champaigne, Dalkey Archive Press, 2002.

POMORSKA, Krystyna. *Formalismo e futurismo: a teoria formalista russa e seu ambiente*. São Paulo: Perspectiva, 1972.

TROTSKI, Leon. *Literatura e revolução*. Rio de Janeiro: Jorge Zahar, 2007.

formalista ESTÉT LIT Que ou o que é partidário do formalismo ou que o pratica em sua arte.

forma livre LING **1** Segundo a definição de Leonard Bloomfield (1887-1949), qualquer forma capaz de ocorrer em um enunciado sem agregar-se a outro morfema. ▸ P.opos. a FORMA PRESA. **2** Qualquer unidade que constitui sozinha um enunciado completo (nesse sentido, são formas livres a palavra, o sintagma e a frase.)

forma livre mínima LING A menor forma livre que pode constituir sozinha um enunciado; palavra, vocábulo.

formalização LÓG Procedimento por meio do qual um sistema de conhecimento é considerado em suas estruturas formais, por meio de símbolos algébricos, formas sintáticas e desenvolvimentos lógicos, e assim purificado de seus conteúdos empíricos e materiais. ▸ A formalização de um sistema teórico é feita com o propósito de reduzir suas suposições e consequências a uma metodologia hipotético-dedutiva. Desde a Antiguidade, alguns pensadores, como Platão (c428 a.C. - c348 a.C.), acreditavam que a formalização matemática e geométrica representava o ápice do conhecimento humano. Por isso, só entraria na academia platônica quem soubesse o método euclidiano de formalização axiomática. Reconhecido como o pai do pensamento geométrico, Euclides de Alexandria (330 a.C. - 277 a.C.) formulara o que parecia um sistema teórico absolutamente perfeito, dotado de um rigor inatingível para outros ramos do conhecimento humano. Acreditava-se que a formalização geométrica fosse, de alguma maneira, divina. Nos sistemas hipotético-dedutivos, o raciocínio progride até as suas conclusões, sem a necessidade de discutir, argumentar, discordar ou defender pontos de vista. A formalização ilumina o mecanismo inferencial de um sistema de ideias. Através da formalização, a prova coincide com a inferência. Os axiomas são os primeiros passos do raciocínio, que seguirá rigorosas regras inferenciais. Uma condição para que o raciocínio prossiga e não retorne, em recorrência, aos axiomas formadores é a aplicação de regras mecânicas, o que, por sua vez, funciona como método de eliminação de contradições e ambiguidades. Gottlob Frege (1848-1925) foi o filósofo que, após Aristóteles (348 a.C. - 322 a.C.) e Gottfried Leibniz (1646-1716), expurgou a intuição e a psicologia na consideração do raciocínio, advogando, portanto, uma teoria do pensamento que fosse plenamente objetiva e apenas preocupada com cadeias de inferência sem intervalos. Isso só é possível por meio dos procedimentos que a formalização autoriza. Desde Frege, a lógica contemporânea debruça-se sobre as questões da formalização, que é considerada um instrumento igualmente útil nos estudos filosóficos da linguagem. ▸ Cf. FREGE, GOTTLOB; LOGICISMO.

forma lógica LÓG **1** Forma de uma proposição, expressa em linguagem perfeita, determinada pela forma gramatical da sentença que, por sua vez, representa a sentença ideal da proposição. **2** M.q. FUNÇÃO LÓGICA.

INFORMAÇÕES GERAIS

O exame da forma lógica de um argumento ou de uma proposição permite que se faça um juízo a propósito de sua validade enquanto construção simbólica. Isso significa dizer que os argumentos e as proposições transcendem a mera expressão em símbolos que são comunicados. Os raciocínios têm uma estrutura que escapa à formulação gramatical. Ao abraçar essa hipótese, a lógica formal moderna afastou-se radicalmente do predomínio aristotélico conferido à relação estritamente gramatical entre o sujeito e o predicado de uma sentença. A gramática da linguagem ordinária continua presente em muitas sentenças que usamos, mas o julgamento lógico de uma proposição obedece aos critérios de uma linguagem formalmente perfeita. *Socrates is a man*, *Sócrates é homem*, *Socrates es hombre* seguem as regras gramaticais diferenciadas do inglês, do português e do castelhano, mas têm a mesma forma lógica: "existe um conjunto de entes chamados homens que têm qualidades comuns"; "Sócrates é parte desse conjunto", tudo isso expresso em notação apropriada. Dois enunciados que tenham a mesma forma lógica são ambos válidos ou inválidos. Seu julgamento não é gramatical, pois, caso se reconheça como inválido um raciocínio que tenha uma determinada forma lógica, todos os outros que tenham a mesma forma lógica também o serão. As descrições que a consideração da forma lógica permitem serão sempre feitas em termos de sua verdade e falsidade (não estritamente referencial ou semântica), equivalência, compatibilidade ou consequências lógicas etc. no interior de uma linguagem especificada. A simplicidade, a abstração e a artificialidade das formas lógicas têm sido a causa pela qual, apesar das tentativas de Richard Montague (1930-1971), as linguagens lógicas, desde a 'conceitografia' de Gottlob Frege (1848-1925), são consideradas incompatíveis com as linguagens naturais. ▸ Cf. FORMALIZAÇÃO; FREGE, GOTTLOB.

BIBLIOGRAFIA

CHOMSKY, Noam. *Aspects of the theory of syntax*. Cambridge: The MIT Press, 1965.

MONTAGUE, Richard. *Formal philosophy: selected papers*. New Haven: Yale University Press, 1974.

forma presa LING Qualquer unidade que não ocorre sozinha num enunciado, mas sempre presa a outra (p.ex., o prefixo *in-* em *infeliz*; o sufixo *-ndo* em *andando*; o radical *receb-* de *receber*). ▸ P.opos. a FORMA LIVRE.

forma redonda PAP M.q. CILINDRO FORMADOR.

forma sonata MÚS Tipo de estrutura constituída basicamente de exposição, desenvolvimento e recapitulação, empr. sobretudo nos primeiros movimentos da sonata; sonata forma.

formatação INF **1** Ato ou efeito de formatar. **2** Adaptação das características, da estrutura, da aparência de um conjunto de dados a determinado padrão. **3** Preparação de um meio magnético para que possa receber dados. **4** Alteração de dados recebidos ou enviados, visando adaptá-los a formato aceito normalmente pela máquina.

formatado INF Que sofreu formatação.

formatador INF **1** Processador de dados que ordena e coloca os dados digitais num formato específico. **2** Circuito ou programa que registra marca de arquivos, trilhas, endereços.

formatar INF **1** Efetuar a formatação de (suporte de dados). **2** Estabelecer a disposição geral dos dados (cartão de controle, registro ou arquivo), indicando a ordem, o comprimento dos campos e as normas de codificação.

formato 1 BIBL Conjunto das dimensões (altura e largura) de um livro. **2** CINE ELETRÔN REC.AV M.q. BITOLA. **3** GRÁF Dimensões de um impresso (livro, jornal etc.) determinadas pelo número de dobras a que se sujeita ou não a folha de imprimir. ▸ Sem dobrar a folha: formato *in-plano*; uma dobra, duas páginas de cada lado, totalizando quatro pp.: formato *in-fólio*; duas dobras, oito pp: formato *in-quarto*; três dobras, 16 pp.: *formato in-oitavo*; quadro dobras: formato *in-doze*, e assim sucessivamente. **4** GRÁF PAP Dimensão característica de uma folha de papel tradicionalmente indicada por sua marca-d'água. **5** GRÁF Tamanho de cartão, envelope etc., expresso por medidas convencionais. **6** INF Padrão magnético criado por quem faz um formato (p.ex., de arquivo, impressor, disco rígido, disco, monitor etc.) **7** M.COM Dimensão característica de algo (p.ex., fotografia, revista, filme etc.). **8** M.COM Gênero, característica, organização (p.ex., de um programa de TV). ▸ O predomínio de formatos nos vários produtos de comunicação de massa revela o seu caráter de indústria da cultura. A INDÚSTRIA CULTURAL concebe sua produção a partir de regras de gênero fartamente conhecidas por sua audiência. Não é difícil reconhecer que essa opção cultural é fundamentalmente econômica. Atrai-se a audiência, oferecendo-lhe uma mensagem o menos inventiva possível. Além disso, o uso de formatos facilita o planejamento do produto. A indústria cultural segue os princípios de divisão de trabalho e produção em série que domina toda a produção industrial do sXX, após Henry Ford (1863-1947) tê-los usado, amplamente, para a feitura de carros. Marxistas da ESCOLA DE FRANKFURT viam na mecanização formatada da indústria cultural um sinal claro de seu valor social negativo. Mas o fato é que a presença de formatos se dá não apenas na produção, mas também na concepção intelectual dos produtos da cultura de massa. Daí, ser possível a aplicação de teorias convencionalistas à indústria cultural, atentando-se para a ordem sistêmica a partir da qual as mensagens são produzidas. A distância entre a mecânica produtiva e a maneira de conceber uma mensagem na cultura de massa é bem menor do que se poderia supor. A abordagem marxista dos frankfurtianos e a dos que aplicam princípios culturalistas à cultura de massa fazem algo semelhante, já que sublinham as duas maneiras de fazer uma mensagem, sempre em detrimento de sua recepção. Para que a recepção de mensagens formatadas seja plenamente eficaz, é, por vezes, necessário supor que a audiência é passiva e incapaz de participar ativamente do que é transmitido. Outro elemento a ser considerado diz respeito à inegável autonomia da mecânica de produção em face da concepção intelectual que preside a elaboração das mensagens na cultura de massa. Produtos da indústria cultural continuam sendo feitos de acordo com a mesma eficácia mecânica, mas desgastam-se intelectual e comunicativamente, exigindo a sua reconcepção e revisão, ainda que por vezes tímidas, mas sem as quais os índices da audiência declinam, gerando perdas econômicas.

formato A3 GRÁF PAP Cf. FORMATO INTERNACIONAL.

formato A4 GRÁF PAP Cf. FORMATO INTERNACIONAL.

formato AA GRÁF PAP Formato equivalente à folha de papel de 76 cm x 112 cm. ▸ O formato AA gera produtos nos tamanhos de 13 cm x 18 cm, 18 cm x 26 cm e 26 cm x 32 cm. Lê-se 'formato dois A'.

formato almaço GRÁF PAP Formato de papel de 33 cm x 44 cm que, dobrado ao meio, equivale ao tamanho ofício de 22 cm x 33 cm, us. em correspondência oficial.

formato AM GRÁF PAP M.q. FORMATO AMERICANO. ▸ Abrev.: AM.

formato americano PAP **1** Formato de folha de papel para impressão nas dimensões de 87 cm x 114 cm, largamente utilizado na impressão de livros; formato AM. ▸ O formato americano permite um aproveitamento excelente da folha de papel, pois rende 64 páginas duplas de livros a cada entrada de máquina. Usa-se também o formato americano para produzir trabalhos impressos nos tamanhos 10,5 cm x 14 cm, 14 cm x 21 cm e 21 cm x 28 cm. **2** Formato de publicações impressas (livro, revista etc.) de 14 cm x 21 cm ou 21 cm x 28 cm, ger. obtido pelo uso de folhas de papel no tamanho 87 cm x 114 cm.

formato BB GRÁF PAP Formato equivalente à folha de papel medindo 66 cm x 96 cm. ▸ O formato BB gera 32 páginas no tamanho de 16,5 cm x 34 cm. Lê-se 'formato dois B'.

formato deitado GRÁF PAP M.q. FORMATO OBLONGO.

formato DIN GRÁF PAP Cf. FORMATO INTERNACIONAL.

formato francês GRÁF **1** Formato equivalente à folha de papel de 76 cm x 96 cm. **2** Formato de publicações impressas (livro, revista etc.) medindo cerca de 13,5 cm x 20,5 cm, ger. obtido pelo uso de folhas de papel no tamanho de 76 cm x 96 cm.

formato in-fólio GRÁF PAP Ver FORMATO (acp. 3).

formato in-oitavo GRÁF PAP Ver FORMATO (acp. 3).

formato in-plano GRÁF PAP Ver FORMATO (acp. 3).

formato in-quarto GRÁF PAP Ver FORMATO (acp. 3).

formato internacional GRÁF PAP Sistema de padronização de formatos de papel, estabelecido pela Deutsche Industrie-Normen (Instituto Alemão de Normalização Industrial), que tem por base o sistema métrico decimal. O sistema mantém a mesma proporção largura/altura (1 dividido por raiz quadrada de 2) em todas as suas variações de formatos, a partir do formato original denominado A0 (A zero), um retângulo de 1 m^2, com 841 mm x 1.189 mm, do qual derivam os formatos A1 (4594 mm x 841 mm), A2 (420 mm x 594 mm), A3 (297 mm x 420 mm), A4 (210 mm x 297 mm) etc., por meio de dobras sucessivas no meio da folha. ▸ Cf. FORMATO SÉRIE B; FORMATO SÉRIE C.

formato italiano GRÁF PAP M.q. FORMATO OBLONGO.

formato oblongo GRÁF PAP Aquele no qual, depois de pronto o livro, a largura fica maior do que a altura; formato deitado, formato italiano, formato solfa.

formato ofício GRÁF Tamanho 22 cm x 33 cm, us. para ofícios. ▸ Cf. FORMATO ALMAÇO.

formato série A GRÁF PAP Padrão de formato de papel, convencionado a partir do retângulo de 1 m^2, com as dimensões de 841 mm x 1.189 mm.

formato série B GRÁF PAP Variação do formato internacional, que tem por base um retângulo de 1.000 mm x 1.414 mm.

formato série C GRÁF PAP Variação do formato internacional, que tem por base um retângulo de 917 mm x 1.297 mm.

formato solfa GRÁF PAP M.q. FORMATO OBLONGO.

formato standard GRÁF PAP Formato padrão de um jornal (32 cm de largura por 56 cm de altura).

formato tabloide GRÁF PAP Formato equivalente à metade de um jornal de tamanho padrão.

formulário contínuo INF Folha de imprimir que consiste numa série de folhas, cada uma presa à anterior e à seguinte por picotes, com remalinas laterais para atenuar o efeito automático e ininterrupto do papel durante a impressão.

forte **1** Que se baseia em extensas evidências ou raciocínios muito lógicos. **2** MÚS Com o mais alto sinal de dinâmica; alto, intenso, sonoro. **3** MÚS Nota, passagem ou trecho executado com maior volume de intensidade. **4** MÚS Diz-se de tipo acentuado de um compasso.

forth [ing.] INF Linguagem de programação que executa comandos interativos necessários ao desempenho de sistemas operacionais, também compilando sequências para futuras ações.

Fortran [ing.] INF Linguagem imperativa de computação de base numérica, de alto nível, desenvolvida na década de 1950 pela IBM, até hoje amplamente us. em programação informática, técnica e científica. ▸ Sigla de *IBM mathematical FORmula TRANslation system*.

fórum **1** Reunião, congresso, conferência que envolve debate de um tema. **2** INF M.q. CHAT GROUP.

foto FOT Red. de FOTOGRAFIA.

fotocomposição GRÁF **1** Processo de composição a frio que utiliza técnicas fotográficas ou eletrônicas para a produção de textos, a partir de fontes ('conjunto de letras') gravadas em filme, fita magnética, disco etc. **2** Composição obtida por esse processo. **3** Ação de trabalhar em fotocompositora.

fotocópia GRÁF **1** Processo de reprodução fotográfica de documentos sobre papel sensibilizado, que é colocado em contato com o original e, mediante ação da luz ou de outras radiações, o impressiona. **2** Cópia obtida dessa forma; cópia fotostática. **3** Cópia obtida por meio de qualquer equipamento fotostático, eletrostático ou de processos análogos; xerocópia.

fotocopiar GRÁF Reproduzir por meio de fotocópia ('processo').

fotocromia FOT Processo de fotografar em cores; cromofotografia.

fotogenia FOT M.COM Qualidade atribuída a um indivíduo ou objeto que tende a apresentar uma boa imagem ao ser fotografado.

fotogênico **1** FOT M.COM Que ou quem tem FOTOGENIA. **2** CINE FOT TV Que aparece com imagem nítida em fotografia, filme ou televisão.

fotografação Ato de fotografar.

fotografar CINE FOT TV **1** Reproduzir (pessoa, objeto, paisagem etc.) por processo fotográfico. **2** Sair (bem ou mal) numa fotografia, filme ou televisão; ser ou não fotogênico. ▸ P.ex.: "é bonita, mas fotografa mal".

fotografia **1** Arte ou processo de reproduzir imagens sobre uma superfície fotossensível, pela ação de energia radiante, esp. a luz. **2** Imagem obtida por esse processo; retrato. **3** Reprodução ou cópia fiel de algo.

INFORMAÇÕES GERAIS

Para muitos historiadores da fotografia, a imagem que hoje se vê espalhada pela cultura visual contemporânea tem sua origem no fenômeno óptico da CÂMARA OBSCURA, cuja descoberta costuma ser atribuída a Leonardo da Vinci (1452-1519). Através de um furo na parede de um ambiente completamente escuro, um raio de luz projeta a imagem do que está em frente ao orifício. Os princípios que regulam as imagens da câmara obscura são os mesmos que os da perspectiva. A perspectiva e a câmara obscura organizam sua representação em torno de um ponto fixo. Na perspectiva geométrica, o olho fixo passa a ser o ponto a partir do qual se forma o vértice de um triângulo de projeção de luz cuja base é o objeto percebido. O efeito da imagem projetada na câmara obscura é semelhante, apenas produzindo uma representação invertida na parede que recebe a luz que vem de um orifício: daí, o pintor traça a imagem projetada. Na fotografia analógica mais recente do sXX, um espelho corrigia a inversão da imagem projetada numa superfície fotossensível que fixava a projeção vinda do exterior. Walter Benjamin (1882-1940), certamente um dos primeiros a pensar a centralidade social do processo fotográfico, acreditava que a característica mais definitiva da fotografia não era a sua continuidade em face das técnicas da pintura em perspectiva, mas seu caráter destrutivo diante do que era próprio do passado. A mais radical reprodução mecânica caracteriza a fotografia (cf. AURA; BENJAMIN, WALTER). A história recente da fotografia sublinha claramente sua filiação ao conjunto de métodos de reprodução da sociedade industrial. Os antecedentes da fotografia são a silhueta e o fisionotraço, técnica de reprodução muito popular até 1930, inventada por Gilles-Louis Chrétien (1754-1811), em 1786, que, usando uma CÂMARA LÚCIDA, procurava mecanizar a produção de retratos pelo emprego de um pantógrafo. O resultado era o retrato ampliado e detalhado do perfil de uma pessoa, mas considerado frio, esquemático e trivial. A fotografia tornaria obsoletas as técnicas de produzir silhuetas e o fisionotraço. A grande novidade da fotografia era o uso de material preparado com sais de prata para registrar as sombras de uma imagem diante da câmara. Comparadas com as imagens produzidas pelo fisionotraço, as fotografias pareciam espontâneas. Eram um registro mecânico relativamente próximo das condições da visão. O registro em vidro coberto de material fotossensível faz da fotografia um espelho que guarda a percepção como se fosse memória. Uma das primeiras fotos que se conhecem, a célebre *A mesa posta* (1822) de Joseph Nicéphore Niépce (1765-1833), levou várias horas para deixar marcas sutis de uma natureza morta no suporte. Os primeiros fotógrafos cobriam uma folha de vidro que servia de negativo com colódio, mistura viscosa de nitrocelulose em álcool e éter. O desenvolvimento da fotografia dependeu de soluções para problemas tecnológicos que reduzissem o tempo de exposição do modelo. O progresso tecnológico é evidente, pois, se em 1839 o tempo de exposição da placa sensibilizável era de 15 minutos, dois anos mais tarde foi reduzido para dois minutos, e em 1842 bastavam 40 segundos para sua fixação. A fotografia expandiu-se do universo das coisas e dos modelos visuais da natureza morta para a aventura de capturar o instante, agora com poses ditas 'naturais' e não congeladas em rígida imobilidade, como acontecera até então, quando as pessoas se apoiavam em colunas estranhamente alocadas sobre tapetes, ou restringidas pelo ato de sentar. A pose passou a ser determinada por uma centelha de contingência, por um aqui e agora, como fala Walter Benjamin em seu ensaio "Pequena história da fotografia", de 1931. Ainda que tenha demorado a ser incorporada aos jornais diários, é óbvio que a fotografia começa a qualificar-se além das salas da burguesia fotografada. Para o burguês que buscava os serviços de um fotógrafo, representar-se era mais do que registrar uma identidade pessoal: significava um culto de classe, uma pertinência a um grupo dominante. Suas poses apropriavam-se da codificação já estabelecida pela iconografia da pintura clássica ou acadêmica; e, assim, o burguês assimilava-se, simbolicamente, à nobreza. A fotografia transforma a vida numa cena que é retrabalhada tecnologicamente até se transformar em puro efeito. A informatização e a digitalização da representação fazem da imagem fotográfica um efeito que pode até transcender qualquer causa. É claro que a fotografia permanece sendo usada como método de registro em casamentos, batizados, comemorações etc., mas essa deixa de ser a sua única determinação: por ser um registro minucioso dos acontecimentos vividos, fotografias são amplamente distribuídas, criando redes de integração. Pierre Bourdieu (1930-2002) observa que a fotografia é, em seu uso, um caminho de mão dupla: trata-se de um modo de capturar os instantes de integração social, que, por sua vez, impulsionam a integração. As minúcias da vida cotidiana são consideradas dignas de celebração e tudo que existe merece o registro de uma fotografia. Sendo assim, Roland Barthes (1915-1980) afirma que, ao nos sentirmos prestes a ser fotografados, assumimos uma pose e nos transformamos numa imagem fotografável. A análise de uma fotografia é um processo complexo, pois inclui reflexões sobre onde e como a foto é tirada, que recursos técnicos são utilizados para se obter determinado efeito formal, qual o propósito comunicativo desse efeito, como se olha uma fotografia e quais as atitudes posadas ou espontâneas representadas numa imagem fotográfica. Atualmente, os telefones celulares varrem cada instante da realidade e há neles, potencialmente, sempre alguém capaz de fotografar tanto as ocorrências mínimas como os acontecimentos mais extraordinários, que, no passado, só podiam ser testemunhados verbalmente (cf. EASTMAN, GEORGE). As imagens ofuscam a experiência da realidade. A fotografia descola-se do real, transformando-se numa imagem radicalmente autônoma e expressivamente plena.

BIBLIOGRAFIA

BARTHES, Roland. *A câmara clara: ensaio sobre a fotografia*. Rio de Janeiro: Nova Fronteira, 1984.

BENJAMIN, Walter. *Selected writings, vol. 2: 1927-1934*. Cambridge. MA: The Belknap Press of Harvard University Press, 1999.

BOURDIEU, Pierre, *et alli*. *Un art moyen: essai sur les usages sociaux de la photographie*. Paris: Minuit, 1965.

FLUSSER, Vilém. *A filosofia da caixa preta: ensaios para uma futura filosofia da fotografia*. São Paulo: Huicitec, 1985.

FREUND, Gisèle. *Photographie et sociète*. Paris: Seuil, 1974.

OMAR, Arthur. *O zen e a arte gloriosa da fotografia*. São Paulo: Cosac Naify, 1999.

fotografia digital INF Técnica de processamento de fotografias pelo computador. ▶ Por volta de 2004, a venda de câmaras analógicas começou a ser superada pelas de tecnologia digital. Ao contrário das câmaras tradicionais, que se valiam de filme sensível à luz para registrar, analogicamente, as imagens do mundo exterior, a tecnologia digital utiliza um conjunto de sensores e semicondutores que reagem à iluminação do ambiente. A foto é, então, armazenada num arquivo digitalizado e composto de *pixels* de cor cinza, antes de ser retrabalhada por programas e computadores que permitem o ajuste de todos os aspectos de sua composição visual para, então, se for o caso, proceder à impressão das imagens. A matéria química, que predominara nos estúdios desde o sXIX, desapareceu do processo fotográfico; e, na primeira década do sXXI, deixaram de ser fabricadas as câmaras de 35 mm, que ainda recorriam a vestígios e transformações da tecnologia concebida por fotógrafos e inventores como Joseph Nicéphore Niépce (1765-1833), Louis Daguerre (1787-1851) e Henry Fox Talbot (1800-1877). O mercado para a venda das câmaras fotográficas digitais era, inicialmente, composto de profissionais e entusiastas da tecnologia fotográfica. O crescimento de vendas de máquinas digitais foi tal que se, por volta de 2004, 42% dos lares americanos tinham uma câmara desse tipo, no início da segunda década do sXXI, a proporção cresceu para 81,3%. A fotografia digital transformou-se num instrumento de registro minucioso e interminável da vida pessoal e doméstica. O mercado é, agora, composto de pessoas (principalmente mulheres) que não têm maior interesse no desenvolvimento da tecnologia digital. O que encanta na fotografia digital é a facilidade de seu uso e a possibilidade de circulação em redes de interação social. Muitas das imagens fotográficas produzidas por digitalização transformar-se-ão apenas em conjuntos de *pixels* materializados em telas de computadores e televisões de alta definição. A impressão de fotos é um estágio do processo fotográfico cada vez mais raro. Sob qualquer ponto de vista, a fotografia digital é uma revolução, seja ela do ponto de vista da recepção ou da geração de imagens. Ainda que continuem sendo us. para produzir mapeamentos geográficos, registros médicos, pessoais, jornalísticos etc., por serem facilmente manipuladas e alteradas, as imagens digitais não deveriam ter o estatuto de verdade inerente, que era um atributo quase que natural das fotos analógicas. Por mais que a manipulação, a alteração e recomposição de registros fotográficos sejam fenômenos antigos, que remontam a imagens fotográficas do início do sXX, a dificuldade técnica e a habilidade necessária para que uma foto analógica seja modificada e deturpada sedimentaram o preconceito de que a fotografia seja sempre e inevitavelmente um registro fiel de acontecimentos reais. Esse preconceito tem um fundamento técnico: a fotografia analógica é o registro direto de exposição à luz de uma cena, enquanto que, apesar de desconhecido por seus usuários, as fotos digitais são obtidas por meio de um elaborado processo de recomposição computadorizada. A tecnologia digital fez com que a máquina fotográfica deixasse de ser o instrumento exclusivo para a obtenção de fotos: as imagens digitais são produtos de uma complexa convergência em que interagem telefone celular, computador e câmaras de vídeo. Bem mais do que a câmara fotográfica, o telefone celular transformou o mundo num vasto palco a ser tanto registrado como transmitido sob a forma de fotos digitais que chegam às redes sociais, ao noticiário das televisões e às páginas dos jornais. Como qualquer um que carregue um telefone celular traz consigo uma câmara digital, a noção de registro social e jornalístico modificou-se, fazendo com que o leitor, de fato, a pessoa comum, possa ser também um repórter de fatos experimentados. O número de residências n.-am. com câmara digital era 2,5% em 2003, subindo para 62% em 2009. Espera-se que, nos próximos anos, a proliferação de mecanismos de fotografia digital nas mãos de indivíduos cresça ainda mais.

BIBLIOGRAFIA

ANG, Tony. *Fotografia digital*. São Paulo: Senac, 2011.

fotógrafo FOT Pessoa que se dedica à fotografia como amador ou profissionalmente.

fotograma 1 CINE Cada impressão fotográfica ou quadro unitário de um filme cinematografado; quadro. **2** FOT Cada instante de um filme (negativo ou *slide*).

INFORMAÇÕES GERAIS

No cinema sonoro analógico, a velocidade de projeção de filmes de 35 mm era de 24 fotogramas por segundo, o que produzia um efeito de representação caracteristicamente fiel da realidade. Com a digitalização do processo cinematográfico, que não opera com a unidade fotograma, obtém-se um efeito de realidade, com uma velocidade próxima de 24 fotogramas por segundo. Outra alternativa é operar digitalmente com 60 fotogramas por segundo, o que gera uma imagem extremamente clara e definida, bem mais nítida do que a velocidade de 24 fotogramas. Muitos realizadores rejeitam a velocidade de 60 fotogramas, porque avaliam o efeito da imagem como pouco fílmico e estranhamente *real*.

fotogravura GRÁF **1** Procedimento fotográfico ou fotomecânico para gravar um clichê sobre uma placa metálica (esp. de zinco ou cobre) por meio da ação química da luz. **2** Gravura ou clichê que se obtém por esse procedimento. **3** Lâmina ou estampa impressa por esse procedimento. **4** Oficina ou seção onde se realiza esse tipo de trabalho.

fotojornalismo JOR **1** Gênero de jornalismo em que a fotografia é primordial para a veiculação das notícias. **2** Trabalho desempenhado por jornalista responsável pelo registro fotográfico de quaisquer fatos ou assuntos de interesse jornalísticos.

INFORMAÇÕES GERAIS

Não há motivo para se acreditar que a FOTOGRAFIA seja um elemento subserviente ou secundário na produção da mensagem jornalística. Na imprensa, a foto é companheira do texto. Os dois recursos iluminam-se mutuamente: visualidade e textualidade complementam-se. O jornalismo contemporâneo deixou para trás as funções até então reservadas para a fotografia, que se limitaria a complementar lacunas na página, valorizar a notícia ou arejar o material impresso. No jornalismo, a foto não é o mero produto do acaso, mas um elemento agendado pela editoria de notícias. A recomendação que se faz ao repórter fotográfico é a de que entenda o fato noticiado em termos de sua representação visual e não apenas textual. Quando, por exemplo, um repórter fotográfico cobre uma conferência de desarmamento entre países que têm uma história de atrito e desconfiança, muitas fotos que encontram lugar nas páginas do jornal representam cordialidade e amistosidade sob a forma fotográfica de sorrisos, abraços e apertos de mão; mas a captura de um instante que escape ao convencional confere à mensagem fotográfica um valor ainda maior. A fotografia, no jornal, é bem mais do que um recurso técnico ou uma imagem estética: ela interpreta, jornalisticamente, o que é instantâneo e fugidio numa notícia. Graças à disseminação maciça de dispositivos fotográficos e fílmicos nos telefones celulares, é atualmente corriqueiro que as fotos e filmagens jornalísticas sejam feitas por alguém que testemunhava determinada cena ou acontecimento. O compromisso com o factual que caracteriza o jornalismo faz com que os jornais de qualidade recusem a publicação de uma FOTOMONTAGEM. No caso raro de publicação de uma fotomontagem de interesse jornalístico, os jornais costumam identificar a imagem como montagem, ger. especificando que técnica foi usada na sua produção. Outro tipo de interferência na imagem fotografada é aquela que se faz obscurecendo o rosto de menores em situações constrangedoras, com o objetivo de respeitar o direito à privacidade conferido pela lei. A popularização do fotojornalismo como um subgênero ou componente estilístico da comunicação de massa começa no período após a Segunda Guerra Mundial, com publicações do tipo *Picture Post*, *Life* etc. ▶ Cf. MOMENTO DECISIVO, O.

BIBLIOGRAFIA

ARAÚJO, Roberto (coord.). *O melhor do fotojornalismo brasileiro*. São Paulo: Editora Europa, 2010.

OLIVEIRA, Erivam Morais de; VICENTINI, Ari. *Fotojornalismo*. São Paulo: Cengage, 2009.

foto-legenda JOR Fotografia, em jornais ou revistas, acompanhada de legenda mais extensa que a comum, descrevendo, explicando ou comentando a ilustração. ▶ Cf. TEXTO-LEGENDA.

fotolito GRÁF Filme fotográfico, positivo ou diapositivo, us. no transporte de imagem para matrizes de impressão em *offset*, serigrafia etc.; filme.

fotolitografia GRÁF **1** Processo de fotogravura pelo qual a imagem a ser impressa é gravada em matrizes de pedra ou metal com o auxílio da fotografia, diretamente, por meio de fotolito. **2** Imagem obtida por esse processo.

fotomacrografia FOT **1** Técnica fotográfica que permite focalizar e ampliar consideravelmente objetos diminutos, através do uso de lentes de aproximação; macrozum. ▶ Cf. FOTOMICROGRAFIA. **2** Fotografia que se obtém por esse método.

fotomacrógrafo FOT Indivíduo que pratica a fotomacrografia.

fotomanchete JOR Manchete em que um texto vem acompanhado de fotografia ou ilustração, formando uma só unidade.

fotometragem FOT Técnica por meio da qual se mede a intensidade da luz.

fotometria ÓPT Campo da óptica que trata da medição das propriedades da luz, esp. de sua intensidade.

fotômetro ÓPT Instrumento com que se mede a intensidade de uma fonte luminosa.

fotomicrografia FOT **1** Técnica que utiliza um microscópio encaixado na câmara para fotografar objetos diminutos ou mesmo invisíveis a olho nu; fotomicroscopia. ▶ Cf. FOTOMACROGRAFIA. **2** Fotografia que se obtém por esse método.

fotomicrógrafo FOT Indivíduo que pratica a fotomicrografia.

fotomicroscopia FOT M.q. FOTOMICROGRAFIA.

fotomicroscópio FOT Equipamento composto de um microscópio acoplado a uma câmara fotográfica, us. em fotomicroscopia.

fotominiatura FOT **1** Processo fotográfico que permite a redução, a pequenas dimensões, de desenhos, pinturas etc. **2** Desenho, pintura etc. obtido por esse processo.

fotominiaturista FOT Que ou quem faz fotominiaturas.

fotomontagem FOT **1** Técnica de reunir duas ou mais imagens distintas para criar uma nova composição. **2** Fotografia que daí resulta.

fotomultiplicadora GRÁF Máquina utilizada em litografia, esp. no processo *offset*, destinada a repetir, a distâncias perfeitamente iguais, um original que se quer transportar certo número de vezes na mesma chapa; repetidora.

fotorreportagem JOR Reportagem em que o peso da informação está contido sobretudo nas fotografias, que são acompanhadas apenas por legendas ou notas pequenas de esclarecimento. ▶ Cf. FOTOJORNALISMO.

fotorrepórter JOR Indivíduo que se ocupa com a produção de fotorreportagens.

fotoscultura GRÁF **1** Processo fotomecânico que confere ilusão de relevo à imagem fotografada. **2** A imagem obtida por esse processo.

fotostática GRÁF Processo de reprodução ampliada ou reduzida, pelo qual se obtêm cópias de tamanho diferente do original.

fotostático 1 Reproduzido por fotóstato, equipamento de reprografia que produz cópias em papel sensibilizado sem necessidade de negativo. **2** Relativo a fotóstato.

fototeca FOT **1** Coleção de fotografias. **2** Local ou repositório onde essa coleção é armazenada.

fototeste FOT Procedimento para determinar a qualidade ou natureza de uma fotografia.

Foucault, Michel (Potiers, França 1926 - Paris, França 1984) Filósofo francês, teórico das relações entre poder e conhecimento, historiador de sistemas de pensamento e crítico das instituições sociais modernas: a psiquiatria, a medicina, as prisões, a sexualidade. ▸ A celebridade intelectual de Michel Foucault começa com o crepúsculo da influência de Jean-Paul Sartre (1905-1980) na filosofia francesa do sXX. A centralidade da consciência, do engajamento e da militância política que caracterizavam Sartre parecia ultrapassada para quem lera, na metade da década de 1960, os trabalhos de Claude Lévi-Strauss (1908-2009), Roland Barthes (1915-1980), Louis Althusser (1918-1990), Jacques Lacan (1901-1981) e *Les mots et les choses*, de Foucault. Era a época do ESTRUTURALISMO nas ciências sociais. *A crítica da razão dialética*, de Sartre, fora duramente criticada por Lévi-Strauss em *La penseé sauvage* e os parágrafos finais do livro de Foucault mencionavam indiretamente tudo aquilo que o existencialismo humanista e sartriano representava. Referindo-se metaforicamente a um rosto precariamente desenhado na areia, Foucault declarava que, enquanto sujeito e objeto de conhecimento, o homem era uma invenção recente prestes a desaparecer. A trajetória que o levara a formular uma arqueologia das ciências sociais em *Les mots et les choses* fora lenta; começa, após seu bacharelado em psicologia, com a publicação, em 1954, de *Maladie mentale et personalité*, trabalho que abjuraria e que utiliza os parâmetros conceituais marxistas e existencialistas então em voga. Com a publicação, em 1961, de *Folie et déraison: histoire de la folie a l'âge classique*, e de *La naissance de la clinique*, em 1963, Foucault desloca, definitivamente, seu interesse do universo das práticas para a consideração do papel histórico exercido pelos sistemas de pensamento. Agora, para Foucault, o que importava era o *discurso* através do qual se manifesta um complexo jogo de estratégias cognitivas e políticas que forjam tendências e práticas históricas. Para Foucault, a dispersão da história unifica-se em eras descontínuas que têm uma problemática comum, na sua terminologia uma EPISTEME. A problemática que a episteme estrutura indica o que pode ser dito e pensado. É uma visão da história como uma série de camadas em ruptura profundamente influenciada pela obra do mentor Louis Althusser e também pela história filosófica das ciências de Georges Canguilhem (1904-1995) [cf. ALTHUSSER, LOUIS; CANGUILHEM, GEORGES]. É difícil classificar com nitidez a constante mutação dos interesses de Foucault, que vão da história das ideias à literatura, passando pela filosofia e pelo ativismo político e social. Em *Les mots et les choses*, ele declara que o que faz é uma arqueologia do conhecimento, que seria um estudo das formações discursivas que atuam na história independentemente das intenções, vontades e crenças dos atores sociais. Da mesma forma que a linguística saussuriana dava privilégio à língua (*langue*) em detrimento da ação individual dos falantes (*parole*), Foucault argumentava que as mentalidades históricas seguiam regras discursivas comuns. As mudanças descontínuas dos sistemas históricos seriam compreensíveis por meio de uma abordagem genealógica, ideia que Foucault toma emprestada de Friedrich Nietzsche (1844-1900). A GENEALOGIA foucaultiana aponta as mutações e transformações das ideias não em relação a outras ideias ou discursos, o que presumiria uma continuidade, mas como resposta a demandas extradiscursivas do poder político e social. Para Foucault, a genealogia supera a arqueologia dos saberes; o que era *episteme* toma a forma ativa e produtora de um DISPOSITIVO. Há quem afirme que Foucault faz uma história hegeliana tradicional, com uma abordagem não tradicional inspirada na filosofia nietzschiana. Os historiadores descobrem um plano geral da história *a posteriori*, a partir de outra perspectiva e de outro momento histórico, já distante da ação microscópica exercida por redes capilares de poder. A unidade da história faz-se por um movimento espiral ascendente. A *episteme* comum é um efeito secundário da ação de dispositivos locais e regionais. Agora, o que fora conhecimento na sua arqueologia transforma-se em prática específica de poder social. O poder não é apenas repressivo, mas trata-se de uma estratégia positiva de produção. A loucura, o crime e a sexualidade não são fatores inerentes à vida humana, mas construções históricas e sociais criadas pelos discursos teóricos da psiquiatria, do sistema jurídico e da psicologia normativa. Foucault oferece uma imagem pessimista, niilista e negativa da sociedade moderna, como o efeito da ação persistente de um poder pan-óptico que controla, gera, observa e normatiza as populações e os grupos sociais. Após seu livro de método histórico e filosófico, *L'archéologie du savoir*, e *Surveiller et punir: Naissance de la prison*, estudo sobre a formação e a genealogia do sistema penitenciário, Foucault anunciou um novo projeto, *Histoire de la sexualité*, que ficaria inconcluso após sua morte por infecção generalizada, causada por AIDS. A sua história da sexualidade haveria de constituir um imenso painel sobre os discursos históricos e civilizatórios do desejo, que partia em retrocesso dos discursos modernos da biologia e da psicologia sobre o sexo até volumes sobre o prazer e o eu entre os cristãos, os romanos e os gregos. Os temas dominantes nesses livros seriam os discursos sobre o sujeito desejante e a construção da identidade sexual dos atores sociais. A publicação, após sua morte, de seus ditos e escritos, em quatro volumes, mostra um Foucault bem mais sutil do que aquele que os críticos de suas imprecisões e distorções de fatos históricos identificam. ▸ Cf. ARQUIVO.

BIBLIOGRAFIA

FOUCAULT, Michel. *Dits et écrits*. Paris: Gallimard, 2001. 4v.

__________. *História da loucura*. São Paulo: Perspectiva, 2004.

__________. *O poder psiquiátrico*. São Paulo: Martins Fontes, 2006.

__________. *História da sexualidade*. Rio de Janeiro: Graal, 2007. v. 2-3.

__________. *As palavras e as coisas*. São Paulo: Martins Fontes, 2007.

__________. *Vigiar e punir*. Petrópolis: Vozes, 2007.

__________. *Arqueologia do saber*. São Paulo: Forense, 2008.

__________. *História do saber*. Rio de Janeiro: Graal, 2008. v. 1.

__________. *Microfísica do poder*. Rio de Janeiro: Graal, 2008.

MERQUIOR, J. G. *Foucault ou le nihilisme de chair*. Paris: PUF, 1992.

PORTER, Roy. *Mind-forg'd manacles: a history of madness in England from the Restoration to the Regency*. Harmondsworth: Penguin, 1987.

fourdrinier [fr.] PAP M.q. MÁQUINA CONTÍNUA PLANA.

Fox Network [ing.] M.COM Rede televisiva norte-americana, com programação variada, de propriedade da News Corporation, que começou a operar em 9 de outubro de

1986, sendo hoje a rede de maior audiência nos Estados Unidos. ▶ Atualmente parte do conglomerado de comunicação de origem australiana comandado por Rupert Murdoch (1931-), a Fox Network é, desde 2008, a rede mais assistida pelos lares americanos, mantendo o domínio de 18% do mercado televisivo. Sua programação cobre *shows* musicais, programas infantis, *reality shows*, programas humorísticos, noticiários jornalísticos etc. De todas suas subsidiárias, a mais falada nos Estados Unidos é a polêmica Fox News Channel (FNC), que, na opinião de seus críticos, se define por praticar um jornalismo desavergonhadamente partidário de causas políticas conservadoras. A Fox News contra-argumenta, dizendo que isso não faz parte de sua prática consciente, pois o noticiário da FNC é gerado independentemente da concepção política de Murdoch. No primeiro semestre de 2009, a Fox News foi vista por 102 milhões de lares norte-americanos, exercendo enorme pressão na sua mais próxima competidora, de características mais liberais, que é a CNN (Cable News Network). Há quem associe o crescimento extraordinário da FNC a essa opção política que a torna aparentada dos *blogs*. A FNC teria feito uma opção mercantilista e empresarial, abandonando os modelos tradicionais do jornalismo objetivo. Ainda que à custa da verdade dos fatos, a Fox News acredita ser sua missão produzir um jornalismo apaixonado, vivo e vibrante, e não mais tão inexpressivo como costuma ser o noticiário tradicional. ▶ Cf. BLOGUE.

BIBLIOGRAFIA

COLLINS, Scott. *Crazy like a fox: the inside story of how Fox News beat CNN*. New York: Porfolio, 2004.

foyer [fr.] TEAT Salão, nos teatros, onde os espectadores aguardam o início de uma apresentação, ou tomam drinques etc., nos intervalos.

fraco FON Que é pronunciado com pouca força expiratória e menos tensão dos órgãos articuladores; lene, distenso, lasso, relaxado. ▶ As consoantes sonoras são consideradas fracas.

frade GRÁF Trecho de um texto impresso com falha de tinta.

fragmentação INF Ato ou processo de armazenamento de dados num computador por meio da ocupação de espaços disponíveis num disco ou dispositivo armazenador.

fraldão TEAT Decoração cenográfica nas partes laterais do palco, visando ocultar dos espectadores a vista dos bastidores.

franchise [ing.] MKT M.q. FRANQUIA.

franchising [ing.] MKT Ver FRANQUIA.

Frankfurter Allgemeine Zeitung [al.] JOR Jornal diário alemão, fundado em 1949, sediado na cidade de Frankfurt e de propriedade do grupo Fazit-Stiftung. ▶ O *Frankfurter Allgemeine Zeitung* (*FAZ*) é um jornal de centro-direita com traços de liberalismo clássico e conservador. Um dos mais importantes jornais alemães, o *FAZ* tem uma tiragem diária de 390 mil exemplares.

franquia MKT **1** Relação comercial em que uma pessoa física ou jurídica (o franqueador), titular de marca registrada, patente ou registro de propriedade industrial, concede a outra (o franqueado) licença para a utilização (em atividade de comércio, indústria ou serviços) de sua marca, bem como de seu processo de produção, seus produtos e/ou seu sistema de negócios, mediante o pagamento de *royalties* e o cumprimento de determinadas condições; *franchise, franchising*. **2** A licença concedida pelo franqueador ao franqueado; *franchise, franchising*, licenciamento. **3** Estabelecimento que funciona sob esse licenciamento; *franchise, franchising*.

frase GRAM LING Construção que encerra um sentido completo, podendo ser formada por uma ou mais palavras, com verbo ou sem ele, ou por uma ou mais orações. Pode ser afirmativa, negativa, interrogativa, exclamativa ou imperativa, o que, na fala, é expresso por entonação típica e, na escrita, pelos sinais de pontuação. ▶ Cf. ORAÇÃO; PERÍODO.

frase assertiva LING Aquela que enuncia uma asserção; afirmação. ▶ O lógico e matemático alemão Gottlob Frege (1848-1925) postula que o caráter assertivo das linguagens da matemática, da ciência e da lógica indica que seu objetivo é a busca da verdade. Os estágios que levam a um juízo verdadeiro seriam três: 1) apreensão do que é dito; 2) juízo como reconhecimento da verdade; e 3) a assertividade entendida não apenas como o que é enunciado pela proposição, mas também por sua natureza conjectural ou hipotética. De uma maneira ou de outra, as asserções estão diretamente relacionadas com seu valor de verdade. ▶ Cf. FREGE, GOTTLOB.

frase quebrada GRAM M.q. ANACOLUTO.

freelance [ing.] COMN **1** Diz-se de ou trabalho extraordinário, avulso, que não apresenta vínculo empregatício. **2** Que ou quem trabalha freq. por conta própria, oferecendo seus serviços profissionais sem qualquer vínculo empregatício, e é remunerado por tarefa, por trabalho apresentado. **3** Não regido por contrato de longo prazo ou vínculo empregatício (diz-se de trabalho ou atividade).

free software [ing.] INF Programa de código aberto, desenvolvido colaborativamente, e que, quando comercializado, demanda que seja disponibilizado o código-fonte. ▶ Os programas de OPENSOURCE ou de *free software* são parte de um movimento político que questiona a ausência de preocupação social das grandes corporações que monopolizam e controlam os *softwares* disponíveis no mercado. A comercialização de *software* depende da implementação de programas de código fechado. O movimento também é chamado de *shareware*.

freeware [ing.] INF Programa de computador posto gratuitamente à disposição dos usuários.

freeze [ing.] CINE TEAT TV Ver CONGELAR.

Frege, Gottlob (Wismar, Alemanha 1848 - Bad Kleinen, Alemanha 1925) Lógico e matemático alemão, precursor da filosofia analítica da linguagem, um dos fundadores da lógica contemporânea, defensor de uma filosofia logicista, ou seja, aquela que recusa toda forma de psicologismo aplicada à matemática, que, segundo ele, seria derivação de um sistema de axiomas puramente lógicos. ▶ Enquanto professor da Universidade de Iena, Gottlob Frege trabalhou solitariamente na sua filosofia logicista. Se Aristóteles (384 a.C. - 322 a.C.) é o fundador da lógica clássica, Frege é quem formulou o primeiro sistema completo de lógica formal (cf. FORMAL; FORMALIZAÇÃO). Aristóteles descobrira os princípios da não contradição e do terceiro excluído, mas não apresentara sua teoria da inferência numa linguagem própria de alto rigor. Em 1879, Frege publicou o primeiro trabalho sobre lógica, em que apresentava uma tese completamente nova: lógica e matemática sobrepunham-se. Os números não são subjetivos ou convencionais, mas entidades objetivas e lógicas. O 'zero', p.ex., não pode ser subjetivamente entendido como outra coisa que zero, nem outra coisa pode ser arbitrariamente convencionada sob a forma de 'zero'; como toda entidade matemática, esse número não é, também, a representação empírica de coisas existentes, pois se trata, justamente, da representação do que não existe. O 'zero' só pode ser um conceito e um juízo. Para Gottlob Frege, o que a lógica clássica chamava de 'generalização', ou seja, uma sentença que tivesse uma estrutura lógica afirmativa e universal ("todos os *S* são *P*") tinha uma raiz ancestral que fora, até então, negligenciada. Uma sentença que começasse com a palavra *todos* indicava quantificação. Filosoficamente, o progresso da lógica dependeria do abandono da linguagem coloquial e da adoção de uma linguagem estritamente formal. Para fazer isso, Frege criara um sistema de notação, uma "conceitografia" (*Begriffsschrift*) radicalmente diferente da linguagem ordinária. Inovador, laborioso e complexo, a ponto de dificultar a leitura de lógicos da época, seu sistema de notação lhe parecia filosoficamente básico: ele queria, nas suas próprias palavras, mostrar uma nova maneira de usar a linguagem, que fosse tão distanciada do falar comum como a visão a olho nu se diferenciava daquela que usa um microscópio. Recusando a formulação de problemas lógicos em expressões coloquiais, Frege assaltava definitivamente a linguagem ordinária. Devido à sua força e poder nocivo, a linguagem comum deveria ser afastada da lógica. A redução das regras lógicas à gramaticalidade é um erro frequente, que causa o surgimento de falsos problemas e dilemas intelectuais de difícil resolução. Frege mostrou que era perfeitamente possível raciocinar a partir da separação de seus elementos constituintes, sem que seja necessário o recurso à referência ou à gramaticalidade. Porque se trata de um ramo da lógica, a matemática atinge altos graus de precisão. A contrapartida do logicismo de Frege foi apresentada por Boole, que demonstrou que a aritmética é redutível a leis do pensamento (cf. ÁLGEBRA DE BOOLE; BOOLIANO). A atitude de Frege é marcadamente antipsicológica: a lógica é um saber objetivo que desconsidera vontade, intenção, motivação e tudo o que não for deduzido a partir de um conjunto restrito de axiomas. Outra característica do pensamento de Frege é sua advocacia do papel universal da lógica, que forneceria uma moldura geral para toda forma de conhecimento. Essa concepção afasta-o de muitos filósofos, os quais influenciou, como Ludwig Wittgenstein (1889-1951) e Rudolf Carnap (1891-1970). A crença inabalável de Frege no papel normativo dos sistemas formalizados faz dele uma força constitutiva da filosofia analítica britânica. Sem o exemplo de Frege, filósofos como J. L. Austin (1911-1960) não teriam examinado e desmembrado a estrutura lógica das sentenças feitas em linguagem coloquial. Em 1891 e 1892, Frege escreveu uma série de artigos sobre filosofia da linguagem, sendo o mais importante, para a comunicação, aquele que discute as relações e diferenças entre sentido e DENOTAÇÃO. A matemática, a ciência natural, a literatura e a linguagem coloquial diferem por ter diferentes regras de jogo. Contraditoriamente, seu principal divulgador no mundo acadêmico britânico foi quem o fez interromper seu trabalho lógico. Numa carta a Frege, Bertrand Russell (1872-1970) apontou que havia uma contradição central no seu raciocínio sobre classes: a classe de todas as classes não poderia fazer parte de sua classe. A classe de todos os gatos não faria parte da classe de gatos, porque não é um gato: se fosse um gato, não seria uma classe; se fosse uma classe, não seria um gato. Um dos efeitos do paradoxo de Russell foi o silêncio filosófico de Frege.

BIBLIOGRAFIA

BEANEY, Michael (ed.). *The Frege reader*. London: Blackwell, 1997.
DUMMET, Michael. *Frege: the philosophy of language*. Cambridge: Harvard University Press, 1993.
FREGE, Gottlob. *Lógica e filosofia da linguagem*. São Paulo: Edusp, 2009.

freguesia EDIT JOR Área que agrupa pontos de venda de jornais e revistas.

frente ENC 1 O lado por onde começa o texto de um livro. 2 M.q. CORTE DE ABERTURA.

frequência 1 FÍS Num processo periódico, número de ciclos completos que ocorrem por unidade de tempo transcorrido, cuja unidade para o segundo é o *hertz*. ▸ Símb.: *f* e *v*. 2 MKT PUB Número de exposições de um consumidor a uma mensagem publicitária.

frequência de emissora RÁD Posição que uma emissora ocupa num *dial*.

frequência elevada ELETRÔN De acordo com convenção internacionalmente aceita, frequência compreendida entre 3 e 30 mega-hertz; alta frequência ▸ Símb.: *HF*.

frequência modulada ELETRÔN FÍS RÁD Na transmissão de um sinal por onda eletromagnética, frequência variável dessa onda, que aumenta ou diminui de maneira proporcional à amplitude do sinal, sendo que a amplitude da onda se mantém constante. ▸ Sigla: *FM*.

frequência muito elevada ELETRÔN De acordo com convenção internacionalmente aceita, frequência compreendida entre 30 e 300 mega-hertz. ▸ Símb.: *VHF*.

frequência superelevada ELETRÔN De acordo com convenção internacionalmente aceita, frequência compreendida entre 3 e 30 giga-hertz. ▸ Símb.: *SHF*.

frequência ultraelevada ELETRÔN De acordo com convenção internacionalmente aceita, faixa de frequência de rádio compreendida entre a faixa de frequência superelevada e a faixa de frequência muito elevada, ou seja, entre 300 e 3.000 megahertz no espectro radiofônico, correspondendo a comprimentos de ondas entre 10 cm e 1 m. ▸ Símb.: *UHF*.

Freud, Sigmund (Freiberg, Morávia 1856 - Londres, Inglaterra 1939) Neurologista austríaco, criador da psicanálise e do método psicanalítico, pensador sobre a sexualidade e suas múltiplas consequências para a arte, a cultura e a civilização. ▸ Nos versos que escreveu após a morte de Freud, em 1939, o poeta inglês W. H. Auden (1907-1973) observou que, recitando a vida passada como poesia e profecia, apesar de ocasionalmente absurdo, o psicanalista austríaco deixara de ser uma mera pessoa e transformara-se no mais "completo clima de opinião". De maneira geral, pode-se dizer que Freud formulou uma teoria do funcionamento mental que rege algumas tendências importantes do pensamento contemporâneo. Sua influência transcende os limites restritos da psicologia e da neurologia e alcança a teoria da cultura, da política, da identidade, da sexualidade, do significado, da comunicação etc. Na teoria freudiana, a sexualidade que define a personalidade individual é mais do que o efeito de uma anárquica e desordenada Afrodite: trata-se de uma força irrefreável, onipresente em todos os seres humanos, de todas as idades. O sexo divide o sujeito em partes incessantemente conflituosas. Após Freud, a unidade da mente cartesiana está irremediavelmente cindida. A mente deixa de ser uma entidade inteiramente harmonizada e passa a ser a arena onde os mais complexos processos se desenvolvem. No palco mental, vê-se um incessante fluxo de deslocamentos, transferências e transformações. O que parecera, até então, desprovido de significado é, de fato, prenhe de sentido à beira de ser revelado. As primeiras publicações de Freud sobre o fenômeno da histeria enfatizam que os distúrbios histéricos remetem a reminiscências até então reprimidas. Trazê-las para a superfície da consciência seria, inevitavelmente, um momento cicatrizante e curativo. É a partir da experiência clínica com casos psiquiátricos que Freud teoriza sobre os processos mentais. Formado em medicina, em 1881, Freud estuda anatomia e fisiologia e, nos anos 1885 e 1886, vai a Paris estagiar no hospital Salpêtrière com o mais importante neurologista da época, Martin Charcot (1825-1893). Por meio de hipnose, Charcot demonstrava que a vida mental oculta de seus pacientes era a causa das anomalias físicas de pacientes histéricos. Na busca de uma etiologia mental para sintomas histéricos, Freud produz seus primeiros raciocínios sobre o inconsciente. A novidade das teses de Freud não está na afirmação de que a identidade pessoal seja uma construção múltipla e complexa, um feixe caótico de percepções descentradas, pois esta tese fora apresentada no sXVIII pelo filósofo empirista David Hume (1711-1776). Em sua parceria com Charcot, Freud extraiu uma causalidade sexual para os conflitos mentais que, sendo intoleráveis para o paciente, sofrem repressão mnésica e mutação somática. Nesse primeiro estágio de seu desenvolvimento teórico, Freud supõe que os pacientes histéricos sofrem os efeitos de uma sedução. Para vários críticos do freudismo, Freud agira de má-fé, pois haveria evidência concreta de abusos sexuais de crianças por parte de adultos. A justificativa que Freud adota para descartar sua teoria da sedução é bem outra. A incidência generalizada de uma causalidade sexual para processos mentais era de tal maneira avassaladora que a sedução ocasional não poderia dar conta de seu alto grau de universalidade. Freud, nesse momento, reconhece a existência de uma sexualidade infantil que nos acompanha desde a origem e que, por ser um impulso antissocial, sofre a ação de forças culturais que o reprimem. A princípio, Freud culturalizou o sexo. Ambiciosamente, ultrapassa as fronteiras restritas da clínica psiquiátrica e oferece, então, uma metapsicologia sobre o funcionamento mental de todos os indivíduos, sejam eles pacientes portadores de uma psicopatologia ou não (cf. ATO FALHO). Durante o período de 1900 a 1915, Freud formula sua primeira tópica do funcionamento mental que presume a existência de dois sistemas de representações: O INCONSCIENTE e O CONSCIENTE, mediados por um processo pré-consciente. Em 1920, refaz a sua teoria topológica dos processos inconscientes, reapresentando-a em termos de EGO, ID e SUPEREGO. Tanto a primeira como a segunda tópica são reelaborações sofisticadas das intuições que tivera na clínica de Charcot, agora transformadas numa teoria do significado. Uma hipótese constante da teoria freudiana é a de que o sentido pleno de um ato mental se faz em referência a um sistema de representações que é ocultado. O freudismo é uma arquitetura de dualismos: o psíquico *versus* o material; o manifesto *versus* o latente; o processo primário *versus* o processo secundário; o inconsciente *versus* o consciente; o prazer *versus* sua repressão; o ego em conflito com o superego; o ego *versus* o id; a força da libido *versus* a necessidade de autopreservação; o desejo individual *versus* a sociedade; Eros contra Tânato; a pulsão de vida contra a pulsão de morte etc. A presença recorrente de dualismo em Freud não é de surpreender: a psicanálise é uma resposta ao fenômeno do conflito psíquico, que, como todo e qualquer conflito, só pode ser minimamente dual. A última fase dos escritos de Freud é dedicada ao entendimento de produções culturais. Do ponto de vista de seus conceitos básicos, Freud psicanalisa a arte, a literatura, oferecendo interpretações sobre o gênio, a personalidade ou os processos criativos de Michelangelo Buonarrotti (1475-1564), Leonardo da Vinci (1452-1519), Johann Wolfgang von Goethe (1749-1832) etc. Agora, a teoria freudiana sexualizava a cultura. Não só a sua obra, mas a literatura sobre o criador da psicanálise e o freudismo é imensa. Alguns, como o psicanalista Jacques Lacan (1901-1981), o veem como o supremo inventor de uma nova forma de ciência que, de modo completamente original, trata do inconsciente. Karl Popper (1902-1994) critica a psicanálise por ser infalsificável, logo incapaz de produzir conhecimentos científicos. O ficcionista russo-americano Vladimir Nabokov (1899-1977) rejeita-o passionalmente, qualificando Freud como apenas um médico charlatão vienense. Feministas recusam, como falocêntrica, sua interpretação da sexualidade feminina, que não seria, de forma alguma, o mero efeito da inveja do pênis. É inegável, porém, a presença de teses freudianas sob a forma de sabedoria convencional na mídia e no cotidiano. Por ser de família judaica, após a anexação da Áustria pelo regime nazista, Freud exilou-se em Londres, onde passou os últimos anos de sua vida.

BIBLIOGRAFIA

GAY, Peter. *Freud: uma vida para o nosso tempo*. São Paulo: Companhia das Letras, 1989.

Frias de Oliveira, Octavio (Rio de Janeiro, 1912 - São Paulo, 2007) Jornalista brasileiro, *publisher* e proprietário do conglomerado de comunicação paulista Grupo Folha. ▸ Em agosto de 1962, Octavio Frias adquiriu, em parceria com o empresário e político Carlos Caldeira Filho (1919-1993), o jornal *Folha de S.Paulo*, transformando-o num dos mais proeminentes jornais brasileiros e na base do Grupo Folha. O conglomerado de mídia fundado por Frias de Oliveira inclui a *Folha de S.Paulo*, o portal da internet UOL (Universo Online), a editora Publifolha, a gráfica Plural, o jornal *Agora São Paulo*, o instituto Datafolha e a publicação econômica *Valor*, em parceria com as Organizações Globo.

frila COMN M.q. FREELANCE.

frisa TEAT Nos teatros e salas de espetáculo, camarote que se situa no nível da plateia.

friso 1 ENC M.q. FILETE ('traço'). **2** TEAT Trilho guarnecido de ferro que, aberto no chão do palco, permite deslocamento dos trainéis.

frontalidade ART.PLÁST Característica notada nas obras de arte de artistas primitivos, que consiste na representação da figura humana com o rosto voltado para a frente e o corpo visto de perfil.

frontispício BIBL Ilustração colocada na folha de rosto.

frontlight [ing.] PUB Painel, ger. opaco, com iluminação frontal. ▸ P.opos. a BACKLIGHT.

fuga MÚS Composição polifônica em contraponto imitativo, cujas seções são caracterizadas por conjuntos de representações temáticas e divertimentos.

fuga em profundidade ART.PLÁST Efeito de perspectiva para sugerir que o fundo se distancia.
fuga tonal MÚS Aquela cuja resposta sofre modificações intervalares em relação ao sujeito.
full light [ing.] PUB M.q. BACKLIGHT.
full-out [ing.] JOR Página impressa composta na largura completa de página ou coluna de jornal e revista.
função 1 GRAM LING Papel que cada um dos elementos gramaticais desempenha dentro da frase e que decorre da relação que estabelece com os demais elementos nela presentes. **2** LING Papel desempenhado por um elemento linguístico (fonema, morfema, palavra, sintagma etc.) numa construção da qual ele faz parte. **3** MÚS A relação de uma nota ou um acorde dentro de um contexto. **4** MÚS Denominação de um baile popular. **5** PSICN Para o psicanalista suíço Carl G. Jung (1875-1961), qualquer manifestação espontânea da libido ou da psique. **6** SOC Papel ou efeito que uma parte exerce sobre o todo de uma sociedade. ▸ Na sociologia de influência durkheimiana, a função é um efeito criado por uma estrutura. A estrutura institucional da família, por exemplo, tem como função instruir e educar os atores sociais, que, por sua vez, manteriam a ordem estrutural da sociedade. Mas, se a estrutura é formadora daqueles que desempenham uma função, cabe perguntar qual é o efeito que essa parte da sociedade exerce sobre o todo, seja porque a estrutura não foi eficaz no exercício de sua função, seja porque as regiões da sociedade têm relativa autonomia e podem, assim, atuar em direções imprevisíveis, mudando, transformando ou desfazendo a estrutura. Parte de uma estrutura social mais ampla, jogos de futebol assumem uma função e um papel formador na constituição da identidade de nações. Segundo uma vertente possível da sociologia da cultura de massa, a função da mídia é conservar a ordem social, disseminando ideologia ou forjando novas formas de consciência que reproduzem o *status quo*. A visão negativa da mídia, propagada pela ESCOLA DE FRANKFURT, não é a única que se tem sobre a função dos meios em sociedade. Há quem afirme que a mídia tem a função positiva de criar um sentido de comunidade num ambiente humano atomizado. Realmente, na sociedade atual, a mídia tem funções múltiplas: é uma atividade econômica altamente rentável e lucrativa, além de servir para entreter, relaxar, animar, conscientizar, educar e informar seus consumidores. Por isso, teorias norte-americanas de inspiração psicológica enfatizam o que chamam de USOS E GRATIFICAÇÕES da mídia. No entender desses intérpretes, a mídia trabalha para fomentar um sentimento de plenitude e REALIZAÇÃO pessoais. Sentimentos íntimos são articulados e representados nos meios de comunicação; daí alguns teóricos sustentarem que, no mundo moderno, vive-se social e psicologicamente através da mídia. Portanto, a sociedade caracterizar-se-ia pelo fenômeno da midiatização.

BIBLIOGRAFIA
HELAL, Ronaldo; SOARES, Antonio Jorge. O declínio da pátria de chuteiras: futebol e identidade nacional na Copa do Mundo de 2002. *In:* FIGUEIREDO, Vera Foillan de; GOMES, Renato; PEREIRA, Miguel (org.). *Comunicação, representação e práticas sociais*. Rio de Janeiro: Editora PUC-Rio, 2004. p. 257-77.

função afetiva COMN LING M.q. FUNÇÃO EMOTIVA.
função apelativa COMN LING Aquela que se caracteriza pela interpelação direta do interlocutor (o vocativo, em qualquer língua, é o caso que mais claramente o expressa).
função central COMN LING A função referencial, por oposição às demais funções da linguagem, como a conativa, a emotiva etc.
função cognitiva LING M.q. FUNÇÃO REFERENCIAL.
função combinatória LING Na linguística estrutural, a capacidade que têm as unidades da língua de se combinarem, para formar unidades de nível superior (fonema formam morfemas, que constituem palavras ou sintagmas, que, por sua vez, formam frases etc.).
função conativa COMN LING Função pela qual, no processo de comunicação, o locutor visa a atuar sobre o comportamento do destinatário, tendo como expressão mais característica o imperativo ou seus substitutos (formas polidas de sugerir, pedir, ordenar etc.). ▸ Cf. FUNÇÃO DA LINGUAGEM.
função da linguagem COMN LING Cada um dos objetivos predominantes que um enunciado pode visar, tomando como ponto central o contexto (para a função referencial), o locutor (para a função emotiva), o destinatário (para a função conativa), o contato ou canal (para a função fática), o código (para a função metalinguística) e a mensagem em si (para a função poética). ▸ O estudo das funções da linguagem desenvolveu-se nas discussões do CÍRCULO LINGUÍSTICO DE PRAGA, principalmente a partir do trabalho teórico de Roman Jakobson (1896-1982) a respeito do que seja o fenômeno poético. Para ele, a poesia era uma instância da construção verbal que só poderia ser entendida pela comparação entre as várias funções da linguagem. Querendo identificar a natureza da poesia, no texto "Linguística e poética", Jakobson parte do modelo de comunicação proposto por Claude Shannon (1916-2001) e Warren Weaver (1894-1978): assim, cada um dos fatores do processo de comunicação determinaria uma função ou um objetivo específico da linguagem. Engenhosamente, Jakobson fazia o que seus companheiros do Círculo Linguístico de Praga propuseram: entender o que é poético como construção material e não como a expressão da luta política, do etéreo ou do gênio rarefeito. A poesia tem uma lógica própria que se revela, na formulação de Viktor Jirmunski (1891-1971), pela aproximação da poética à ciência da linguagem. No texto de Jakobson, a linguagem é reconcebida como um modo da comunicação (cf. FORMALISMO RUSSO). O modelo comunicacional de Shannon e Weaver afirmava que o processo de comunicação começa num polo transmissor, que pretende fornecer informação sobre algo, num determinado *contexto*, e, assim, emite uma *mensagem* para um *receptor*. Extraída de um sistema de regras de formação, que funciona como um *código* comum a dois interlocutores, a mensagem transita pelo *canal*, ocasionando um contato. Quando a mensagem centra-se no emissor e, por isso, expressa diretamente a atitude de quem fala em relação àquilo de que está falando, ela é qualificada de *emotiva*. Além disso, existe o que Jakobson chama de *função referencial* da mensagem, regida por seu conteúdo cognitivo. Quando a mensagem é interpelativa ou imperativa, ou seja, quando o que é expresso visa o destinatário (ou receptor) da mensagem, essa é a *função conativa*. Mas, quando a mensagem comunicada quer assegurar que o contato está acontecendo entre emissor e receptor, a função é *fática* e restaura, estabelece ou afirma a conexão entre os interlocutores. O esclarecimento do próprio código usado para que as mensagens sejam construídas é tarefa da *função metalinguística*, na prática, um desdo-

bramento da função referencial, em que o referente é o código utilizado. Por sua vez, a função poética centra-se na mensagem propriamente dita e não se restringe à obra de arte apenas, pois se encontra na linguagem prosaica: é uma percepção comunicativa estética e sensorial, muitas vezes incapaz de ser traduzida em outro sistema linguístico, sem que a sua materialidade significativa se perca, seja no caso de versos poéticos, trocadilhos ou mesmo *slogans*, como o que Jakobson usa como exemplo. Durante uma das disputas eleitorais para presidente dos E.U.A., a campanha do candidato Eisenhower, cujo apelido era Ike, valia-se de um *slogan* aliterativo, "I like Ike", modo de expressão que, traduzido para o português ("Gosto do Ike"), perde a sua eficácia comunicativa.

BIBLIOGRAFIA

JAKOBSON, Roman. *Linguística e comunicação*. São Paulo: Cultrix, 1974.

SHANNON, Claude; WEAVER, Warren. A teoria matemática da comunicação. In: COHN, Gabriel (org.). *Comunicação e indústria cultural*, p. 25-37. São Paulo: Companhia Editora Nacional, 1975.

função denotativa COMN LING M.q. FUNÇÃO REFERENCIAL.

função emotiva COMN LING Função da linguagem centrada no emissor (a mensagem expressará a atitude do locutor em relação ao conteúdo e/ou ao contexto do enunciado); função afetiva. ▶ Cf. FUNÇÃO DA LINGUAGEM.

função fática COMN LING Modo como se estabelece, se mantém ou se interrompe o contato entre o emissor da mensagem e o destinatário desta (p.ex., 'alô!', 'hum-hum', 'até logo' etc.), ou ainda a função predominante quando o contato em si importa mais do que o conteúdo da mensagem (p.ex., quando se conversa sobre o tempo na sala de espera de um consultório médico). ▶ Cf. FUNÇÃO DA LINGUAGEM; FÁTICO.

função latente SOC Toda função não intencional, não raro sequer identificada, de uma instituição ou de outro fenômeno social qualquer. ▶ Cf. FUNÇÃO MANIFESTA.

função lógica LÓG Sequência de símbolos em que se apresenta pelo menos uma variável; forma funcional, forma lógica.

função manifesta SOC Toda função planejada e intencional de uma instituição ou outro fenômeno social qualquer. ▶ Cf. FUNÇÃO LATENTE.

função metalinguística COMN LING Função da linguagem que é centrada no código us. pelo emissor e pelo receptor; é a linguagem voltada para si mesma, que fala sobre si mesma (p.ex., termos como 'substantivo', 'verbo', 'sujeito', 'predicado', 'oração', 'morfema' etc. pertencem à função metalinguística). ▶ Cf. FUNÇÃO DA LINGUAGEM.

função poética COMN LING Função da linguagem pela qual a mensagem em si, com todos os seus processos e elementos constitutivos (rimas, ritmo, aliteração, sonoridade, metáforas, vocabulário, ordem etc.), torna-se um objeto estético. ▶ A função poética predomina na linguagem literária (esp. na poesia), mas é frequente na publicidade e tb. ocorre na comunicação do dia a dia, p.ex., nos provérbios. Cf. FUNÇÃO DA LINGUAGEM.

função referencial COMN LING Função pela qual o enunciado tem como elemento principal o contexto, ou seja, o conteúdo da mensagem; função cognitiva, função denotativa. ▶ A função referencial é considerada a função central da linguagem e existe em menor grau nas outras funções da linguagem; predomina nos jornais, noticiários, documentos e textos científicos. ▶ Cf. FUNÇÃO DA LINGUAGEM.

funcional LING Diz-se da linguística que descreve a estrutura de uma língua, definida primordialmente como um elemento de comunicação.

funcionalismo 1 ANTRPOL SOC Teoria que enfatiza a interdependência dos padrões e instituições de uma sociedade, e o modo como interagem na preservação da unidade social e cultural. **2** LING Teoria segundo a qual os elementos de uma língua são analisados e descritos do ponto de vista de sua função no ato de comunicação. ▶ Conforme as FUNÇÕES DA LINGUAGEM desenvolvidas pela Escola de Praga, ou conforme as relações entre os elementos de dupla articulação, na visão de André Martinet (1908-1999). **3** LING Método de análise e de descrição das unidades linguísticas que visa definir o papel por estas desempenhado no ato de comunicação. **4** LING Em versão mais recente, teoria desenvolvida por linguistas norte-americanos (Talmy Givón [1936-] e outros) segundo a qual a sintaxe emerge do discurso, as formas linguísticas se originam em princípios comunicativos e possuem uma natureza pragmática. **5** PSIC Teoria psicológica que considera a percepção e a consciência como funções a serviço de impulsos e necessidades, em um contexto de confrontação com o meio ambiente.

INFORMAÇÕES GERAIS

Nas teorias da sociedade, o funcionalismo é uma hipótese de trabalho que nasce da reação crítica aos excessos especulativos de antropólogos de gabinete, como James George Frazer (1854-1941) e Edward B. Tylor (1832-1917). Frazer e Tylor nunca visitaram as comunidades de onde retiravam relatos e fragmentos descritivos que eram posteriormente unificados num esquema evolutivo geral que abstraía, precedia, distorcia e determinava as suas interpretações. Essa distância só podia induzir à incapacidade de perceber que as sociedades são unidades funcionais organizadas como sistemas. Até a imersão profunda de Bronislaw Malinowski (1884-1942) na vida dos nativos das Ilhas Trobriand, no Pacífico Ocidental, o trabalho antropológico padecia de uma clara e confortável divisão de trabalho. Funcionários públicos, missionários, viajantes, exploradores e outros tentáculos do colonialismo da época experimentavam diretamente as sociedades primitivas, enquanto cabia a acadêmicos retrabalhar teoricamente as informações que recebiam de segunda-mão. A experiência de Malinowski revelou a necessidade e a importância de se viver diretamente no grupo a ser interpretado. Após Malinowski, o trabalho de campo torna-se uma exigência da antropologia moderna, e a hipótese funcionalista é a contrapartida cognitiva desse requerimento. O funcionalismo é uma concepção de sociedade que desconsidera tanto o processo histórico interno como a análise comparativa de grupos sociais. Emerge daí uma imagem de sociedade que é a de um todo integrado, oferecendo coesão coletiva para as interações entre indivíduos. Metodologicamente, o funcionalismo demanda que as análises sociais sejam interpretações de contexto. Diz-se, também, que, apesar de ter sido uma influente inovação na sociologia e na antropologia contemporâneas, o funcionalismo excede-se ao conceber as práticas sociais como reiteração perpétua e contínua de um sistema social. Se isso fosse verdade, os sistemas sociais jamais sofreriam mudanças, a não ser no caso da ação de forças que lhes são exteriores. Idealizadas como exemplos de subsistências harmonizadas, as sociedades arcaicas não sofreriam as disfunções típicas e frequentes na vida moderna. As sugestões de Malinowski sobre a natureza pragmática das trocas linguísticas entre os trobriandeses influenciaram as teorias da linguagem do sXX, que concebem a fala como o preenchimento de uma função social (cf. FÁTICO). A escola linguística de Praga é dita funcionalista por postular que cada elemento da linguagem deve ser compreendido segundo sua função comunicacional no sistema da língua. Para André Martinet, a função opositiva de cada elemento da língua é o que permite seu emprego sem ambiguidade por parte dos falantes. A mesma imanência materialista do funcionalismo social e linguístico manifesta-se nas teorias funcionalistas em psicologia, que definem os estados mentais em termos de suas causas e efeitos. O funcionalismo psicológico afirma que os estados mentais não têm uma natureza em si, mas derivam das relações com a estimulação sensorial. A proximidade do funcionalismo psicológico com o behaviorismo é evidente: o que for representação mental de dor, por exemplo, vem de estímulos externos que geram desconforto e sensações desagradáveis (cf. BEHAVIORISMO).

BIBLIOGRAFIA

JAKOBSON, Roman. *Linguística e comunicação*. São Paulo: Cultrix, 1976.

JAMES, William. *The principles of psychology.* New York: Cosimo, 2007. v. 1-2.

MALINOWSKI, Bronislaw. *Argonauts of the Western Pacific: an account of native enterprise and adventure in the archipelagoes of Melanesian New Guinea*. London: Routledge and Kegan Paul, 1922.

MARTINET, André. *Function et dynamique des langues*. Paris: Armand Colin, 1989.

STOCKING JR., George W. An ethnographer's magic: fieldwork in British anthropology from Tylor to Malinowski. In: *History of anthropology 1*, Madison: University of Wisconsin Press, 1922. p. 70-120.

fundamental MÚS Red. de NOTA FUNDAMENTAL.

fundinho TEAT Em cenários, tela que se coloca por trás das aberturas de janelas, balaustradas, portas etc., onde às vezes se pintam horizontes ou paisagens.

fundo **1** ART.PLÁST O plano em desenho, gravura, pintura etc. que, por artifício técnico, parece mais distanciado dos olhos do espectador. **2** PINT Primeira camada de tinta sobre a qual se apoiarão os elementos pictóricos da composição. **3** ECON Concentração de recursos de várias procedências para qualquer fim. **4** ECON Concentração de recursos de diferentes procedências para, mediante financiamentos, se promover a consolidação ou o desenvolvimento de um setor deficitário da atividade pública ou privada. **5** GRÁF Superfície impressa em cor normalmente mais clara para receber por cima nova impressão de dizeres, gravuras, vinhetas, em tinta diversa e mais forte. **6** CINE TEAT TV Parte do cenário vista como mais distanciada pelo público.

fundo de catálogo EDIT Conjunto de livros que uma editora continua reimprimindo e oferecendo ao público, bem depois de seu lançamento; *back catalogue, backlist.* ▶ Economicamente, os livros de fundo de catálogo fornecem a base de rendimento para uma editora, que pode, então, arriscar-se em novos produtos. O fundo de catálogo responde por 56% dos lucros de uma editora do porte da Random House. Se, no passado, os custos de manutenção de livros de fundo de catálogo exigiam que se determinassem especulativamente tiragens e estoques difíceis de calcular, atualmente, com os processos de PRINTING ON DEMAND, tais livros produzem um rendimento constante a baixo custo e com o risco de um cálculo malfeito bem reduzido. Igualmente, com o surgimento de livrarias digitais, como *Amazon.com*, os compradores podem adquirir o que efetivamente está disponível nos catálogos da grande maioria das editoras. A lógica econômica do fundo de catálogo é a inversa do *best-seller*: não se trata de vender muito de poucas ofertas, mas poucas de muito. Cf. AMAZON.COM.

fundo musical M.COM Conjunto de efeitos musicais que acompanham as ações de um filme, peça de teatro, programa de rádio, televisão etc.

furão JOR Repórter de grande sagacidade, que se antecipa aos outros ao noticiar matéria jornalística.

furar JOR Obter e noticiar um acontecimento importante antes de (outro ou outros).

furo JOR Notícia importante publicada por órgão de imprensa (jornal, revista, noticiário de rádio ou televisão etc.) antes dos demais; *scoop*. ▶ Ainda que nem sempre seja possível, a reportagem quer ser exclusiva, pois, através do furo, um dos objetivos da instituição, que é o jornal, se realiza. Um jornal que apenas veicula os telegramas de agências de notícias e que repete o que os outros já fizeram não tem identidade nem qualidade jornalística. O leitor compra, assina e lê um jornal porque acredita que nas suas páginas irá encontrar reportagens e informações especiais, de fato únicas, que justifiquem sua escolha. Um ambiente saturado por uma mídia ágil e imediata apresenta uma questão nova para a prática jornalística. Muitas vezes, os jornais, nesse universo de mídia *on-line*, noticiam eventos tão próximos um do outro que o conceito de furo jornalístico não se reduz ao simples relato de um fato. O apuro técnico, a qualidade das entrevistas, a profundidade e a relevância da interpretação de um fato constituem o diferencial necessário para a identificação da qualidade do jornal. Se a mera agilidade na divulgação de um acontecimento simplesmente não basta para que o leitor prefira um determinado jornal em detrimento de seus competidores, o furo acontece hoje em dia pela qualidade da informação veiculada e não pela mera rapidez em noticiá-la. O fato de que um jornal tenha sido furado por outro não faz com que a notícia não seja registrada. Diante do que é considerado uma notícia importante, dada com exclusividade por outro jornal, o jornal furado muitas vezes identifica que órgão da imprensa foi responsável pelo furo. Cf. FAIT DIVERS; GANCHO.

fusão **1** CINE TV Desaparecimento gradativo de uma imagem, simultâneo com o aparecimento de outra. **2** EST Princípio estatístico, adotado na análise da influência de determinados fatores sobre uma população, que consiste em agrupar dois ou mais fatores para diminuir a margem de erro da amostragem. **3** LING Combinação de dois ou mais elementos em contato no interior de uma palavra, o que torna difícil a análise dos elementos fundidos. ▶ A aglutinação é esp. um caso de fusão tão íntima que, em algumas ocorrências, somente a análise histórica pode chegar aos elementos que entraram na composição da palavra; p.ex., perceber no verbo *comer* a presença da preposição *com-* 'união', *-ed-* 'ingerir alimentos' e a terminação *-ere* 'segunda conjugação'. **4** M.COM Combinação de gêneros que leva à criação de um novo estilo de comunicação. ▶ Muitas vezes, em comunicação, o que há de novo é resultado da combinação conjugada de estilos consagrados e reconhecidos pelo gosto popular. Isso aconteceu quando o *rock* combinou-se com o *jazz*, e o bolero, com o samba, assim criando o samba-canção, ou quando, no *new journalism* norte-americano, os fatos noticiados foram reportados na forma estilística do romance moderno. **5** RÁD Combinação de temas musicais, vozes, som ambiente, que sinaliza um novo momento na programação.

fuste MÚS O corpo de um tambor.

fuzz [ing.] ELETR MÚS Dispositivo que se adapta a um instrumento (p.ex., guitarra elétrica) com a finalidade de distorcer seu som e sustentar uma nota por longo tempo.

Gg

g **1** Sétima letra do nosso alfabeto. **2** FON Letra que representa a consoante oclusiva velar sonora, quando antecede as vogais *a*, *o*, *u* (*galo*, *goma*, *gude*), quando forma grupos consonantais (*grito*, *gnose*, *glória*), quando seguida de *u* muda ou não (*guerra*, *água*), ou a consoante fricativa palatolabial sonora, se diante das vogais *e* e *i* (*gesso*, *giz*). **3** A forma dessa letra. **4** GRÁF Tipo que imprime essa letra. **5** EDIT Matriz a partir da qual se faz essa letra. **6** Diz-se do sétimo elemento de uma série.

G MÚS A nota sol, na notação alfabética.

gabinete **1** INF Caixa que envolve a placa-mãe e demais dispositivos, e cuja função é proteger os seus componentes eletrônicos. **2** TEAT M.q. PALCO INTERIOR.

gag [ing.] CINE TEAT TV Efeito cômico que, numa representação, resulta do que o ator faz ou diz, jogando com o elemento surpresa.

gaita MÚS **1** Instrumento de sopro rudimentar, semelhante à flauta ou ao pífaro, que consiste num canudo com vários orifícios. **2** Pequeno instrumento de sopro constituído de várias palhetas de metal, de tamanhos diferentes, que geram uma escala; gaita de beiços, gaita de boca, gaita harmônica, harmônica.

galã CINE TEAT TV **1** Em produções dramáticas, papel principal masculino, de caráter romântico. **2** Ator que desempenha esse papel.

galena RÁD Red. de RÁDIO DE GALENA.

galeria ART.PLÁST **1** Estabelecimento para exposição e venda de obras de arte. **2** Coleção de objetos de arte.

galhardete PUB **1** Bandeira de pequenas dimensões. **2** M.q. BANNER.

galharufa TEAT Objeto imaginário, que se costuma pedir aos atores iniciantes como trote.

galicismo COMN LING **1** Modo de falar ou escrever próprio da língua francesa; traço ou construção peculiar a essa língua. **2** Palavra, construção ou locução da língua francesa, tomada de empréstimo por outra língua.

galicismo semântico COMN LING Acepção tomada de empréstimo ao francês e exótica às acepções vernáculas da palavra, registradas ao longo de sua evolução histórica (p.ex., 'abordagem' como 'modo de tratar ou encarar; visão de um problema; método de enfocar ou lidar com'; 'acentuar-se', no sentido de 'evidenciar-se, distinguir-se; sobressair').

gambiarra ELETR FOT REC.AV TV TEAT **1** Extensão elétrica, de fio comprido, com uma lâmpada na extremidade, que permite a utilização da luz em diferentes localizações, dentro de uma área relativamente grande. **2** Rosário de lâmpadas com que se iluminam fortemente determinados locais, quando necessário. **3** Série de pequenas lâmpadas colocadas no teto de um estúdio ou de um palco.

game [ing.] M.COM Red. de VIDEO GAME.

gamogênese BIO M.q. REPRODUÇÃO SEXUADA.

gamogonia BIO M.q. REPRODUÇÃO SEXUADA.

gancho **1** GRÁF Entre revisores, ponto de interrogação. **2** JOR Motivo que proporciona ou justifica a publicação de uma matéria, pela primeira vez ou como continuação de outras. ▸ O gancho jornalístico define o que será publicado num jornal. Todo jornal tem um conjunto de temas que aborda com maior ou menor frequência: o gancho é o motivo da publicação de uma matéria, que se corporifica em um ou vários acontecimentos. Por meio do gancho, o jornal relata as situações particulares, recentes e que dão sentido aos temas ger. presentes em suas páginas. Suponhamos que o país tenha elegido um novo presidente, que irá tomar posse em breve. Os ganchos das matérias jornalísticas desse tema geral podem ser: a escolha do novo ministro da Educação; qual o valor do salário mínimo que a pessoa eleita vai propor ao Congresso; quantas autoridades virão do exterior para a posse etc. Recomenda-se que o jornalista avalie criticamente qual será o gancho da matéria escrita, tanto porque o jornal não publica todo e qualquer acontecimento, como porque muitos 'fatos jornalísticos' são fabricações artificiais, destituídas de interesse público. Se um fato é construído, isso não quer dizer que seja uma mentira, mas simplesmente que atende interesses localizados e não representa uma notícia significativa para a esfera pública. Representar e relatar o que tem impacto para a esfera pública é o objetivo da empreitada jornalística. Por isso, é preciso que seja avaliada a repercussão do fato a ser noticiado para a sociedade, o estado, o município, a cidade como um todo etc. O grau de impacto determinará a extensão da presença do relato no jornal. O *Manual da redação* da *Folha de S.Paulo* cita a seguinte possibilidade: um parlamentar, que teve sua imagem desgastada por um acontecimento qualquer, propõe um projeto de lei de impacto social. A proposição do projeto seria o primeiro gancho; o segundo, a contextualização do motivo para essa proposta. O segundo gancho requer outro tipo de apuração, como a cronologia de gestação do projeto, sua consistência ou inconsistência em relação à história desse parlamentar, pois, se o projeto foi proposto antes dos acontecimentos que lhe denegriram a imagem, o segundo gancho não é um gancho jornalístico legítimo e correto. Caso a análise crítica do acontecimento não seja feita, ou seja feita de modo descuidado e acrítico, o jornal e o jornalista correm o risco de serem acusados de ingenuidade ou má-fé. Começa-se o trabalho jornalístico de levantamento de dados, entrevistas, redação etc., só depois de o gancho ser identificado e avaliado criticamente. ▸ Cf. FAIT DIVERS; FURO. **3** M.COM Recurso para renovar o interesse do leitor ou do espectador, atiçando seu interesse pelo prosseguimento de texto jornalístico ou literário, de ação cênica (em teatro, cinema ou TV) ou de campanha publicitária, que consiste ger. em um acontecimento ou revelação inesperada, surpreendente ou curiosa. 4 MKT PUB Brinde oferecido com a compra de um produto. 5 RÁD TV Prêmio ou promoção oferecidos em um programa de rádio ou de televisão. 6 MÚS Segmento de uma composição ou arranjo musicais facilmente memorizado pelo ouvinte.

BIBLIOGRAFIA

FOLHA DE S.PAULO. *Manual da redação*. São Paulo: Publifolha, 18ª ed. 2013.

ganho ELETR 1 Medida da capacidade apresentada por um dispositivo, aparelho ou circuito eletrônico de aumentar a magnitude de um parâmetro de entrada (p.ex., a corrente, a voltagem). 2 Em um circuito eletrônico, aumento da potência de um sinal.

garaldino BIBL EDIT GRÁF Diz-se de ou letra e caráter gráfico que apresentam serifas delgadas e angulosas e contrastantes, pouco acentuadas, entre traços finos e grossos. ▸ A denominação 'garaldino', que abrange famílias do estilo romano antigo, esp os tipos *garamond*, derivados deste, faz parte da classificação tipográfica de Maximilien Vox (editor francês, 1894-1974), adotada pela Association Typographique Internationale, sediada na Suíça.

garamond [fr.] BIBL EDIT GRÁF Denominação de tipo ou família tipográfica que apresenta traço leve, serifas delgadas e tênue contraste entre elementos grossos e finos, e que, pela primeira vez, reuniu romanos e itálicos em um mesmo repertório de caracteres e consolidou o estilo romano antigo. ▸ Inspirado no protótipo aldino do tipógrafo veneziano Francesco Griffo (1450-1518), que trabalhara para o célebre editor Aldo Manúncio (c1450-1515), o tipo *garamond* é uma família de letras criadas pelo tipógrafo francês Claude Garamond (1499-1561). Suas formas gráficas são consideradas fluidas, mas consistentes, por isso o tipo *garamond* tem sido popular em momentos diversos da história da imprensa. Antes de cortar a família *garamond*, Claude Garamond fizera um desenho de letra grega para Francisco I (1494-1547), que reinou na França de 1515 até sua morte. Garamond provavelmente conhecia o trabalho de Griffo, pois seu tipo apresenta semelhança com o que o tipógrafo veneziano fizera para as edições aldinas. Após a morte de Garamond, seus tipos foram vendidos para o editor belga Christophe Plantin (c1520-1589), que o popularizou pela Europa. Versões variadas e elaboradas do tipo *garamond* têm sido feitas desde o início do sXX.

garoto-propaganda PUB Aquele que, nos meios visuais de comunicação, apresenta determinado produto, ressaltando suas qualidades.

garrafal EDIT GRÁF Que é grande, graúdo, facilmente legível (diz-se de tipo de letra). ▸ Os tipos ditos garrafais, freq. us. em manchetes ou títulos chamativos, excedem o corpo de tamanho 72.

gatefolder [ing.] GRÁF PUB Tipo de fôlder desdobrável, freq. grampeado no centro de uma revista ou publicação que, aberto, excede o tamanho das páginas nas quais foi encartado.

Gates, Bill [William Henry, III] (Seattle, Washington, Estados Unidos 1955 -) Empresário, filantropo e escritor n.-am. ▸ A imensa fortuna pessoal de Bill Gates é produto da era da informática. Seu primeiro programa de computador foi desenvolvido para brincar de jogo da velha. Além de empresário, Bill Gates revisava, pessoalmente, todos os programas que eram comercializados por sua companhia. Em 1985, a Microsoft comercializou um produto de imenso sucesso, o Windows, em associação com a companhia de *hardware* IBM. Até 2000, após um longo escrutínio público de suas práticas empresariais pelo governo norte-americano, que acusava a Microsoft de práticas antitruste, Gates deixou de ser *CEO* (*chief executive officer*) da companhia que fundou com Steve Ballmer (1956-). Ballmer assumiu a presidência da Microsoft; Gates passou a dedicar-se prioritariamente à filantropia. Muitos entendem a decisão como resposta à crítica de que se tratava de um empresário predador, que nada fazia de benemérito. Atualmente, Gates comanda a Bill & Melinda Gates Foundation, que tem por objetivo atuar em áreas de necessidade ger. esquecidas e negligenciadas pelos governos e entidades não governamentais. É autor de dois livros sobre negócios e a internet.

BIBLIOGRAFIA

GATES, Bill. *A estrada do futuro*. São Paulo: Companhia das Letras, 1995.

_______. *A empresa na velocidade do pensamento*. São Paulo: Companhia das Letras, 1998.

gato EDIT GRÁF 1 Troca de palavra por outra; erro, lapso, engano. 2 Qualquer erro que se deixe passar.

gazeta 1 JOR Periódico, ger. em formato de tabloide, cujas notícias e comentários se tecem em torno de alguma área especializada. 2 M.q. JORNAL.

Gb INF Símb. de GIGABIT.

GB [ing.] INF Símb. de GIGABYTE.

Gbyte [ing.] INF Símb. de GIGABYTE.

geek [ing.] INF Pessoa socialmente inepta ou excessivamente convencional, ou ainda aquele que demonstra aplicação extrema e mais ou menos obcecada pelos estudos ou trabalhos que faz, principalmente ligados à informática. ▸ O termo *geek* é derivado do baixo holandês *geck* e tinha, a princípio, o sentido de 'simplório' ou 'bobalhão'. Atualmente, tb. se refere a qualquer pessoa que demonstre atenção ou conhecimentos de alguma maneira excessivos sobre tecnologia da informação, jogos de computadores ou séries e filmes de ficção científica como *Jornada nas Estrelas*.

Geertz, Clifford (San Francisco, Califórnia, Estados Unidos 1926 - Filadélfia, Pensilvânia, Estados Unidos 2006) Antropólogo norte-americano; teórico da antropologia. ▸ Os primeiros trabalhos de Geertz seguiram o modelo clássico da monografia antropológica, registrando o trabalho de campo na Indonésia e no Marrocos. Nesse espírito, *Peddlers and Princes* é um estudo de 1963 que analisa e teoriza sobre os efeitos culturais do desenvolvimento econômico em duas cidades indonésias. Geertz estava, desde então, mais interessado nos processos de mudança do que nos mecanismos de manutenção de estados sociais que se tornara um dogma do FUNCIONALISMO antropológico anglo-saxão. Para ele, cultura não é apenas estado, mas transformação. Ainda que seja verdade que as culturas são herdadas, também é certo que a herança transforma-se inevitavelmente no curso da vida social. Um dos trabalhos antropológicos admiráveis de Geertz é seu estudo sobre a briga de galos em Bali, que representaria as categorias da sociedade balinesa. Segundo o artigo, um evento como o da briga de galos não é a expressão geral da condição humana que se distingue dos estados da natureza, mas a chave para o entendimento e a interpretação locais da sociedade que o produzira.

Ainda que igualmente interessado na ordem simbólica, Geertz diverge de Claude Lévi-Strauss (1908-2009) na medida em que vê o símbolo como instrumento social e não como o traço que distingue a humanidade em abstrato. De teorias externas à antropologia Geertz extraiu as teses básicas que guiaram seu trabalho. A filosofia wittgensteiniana ensinou-lhe que o significado é, por natureza, público, enquanto a sociologia weberiana sugeriu-lhe que os estudos sociais almejam a interpretação de significados. As duas perspectivas complementam-se, pois, nos seus estudos, a cultura é principalmente um contexto em que se tecem redes públicas e simbólicas. Geertz afirma que a tarefa da antropologia é fundamentalmente interpretativa. Não cabe à antropologia preocupar-se com a captura das leis sociais como um todo, mas cumprir o programa da sociologia weberiana, que seria a penetração na estrutura mental do grupo analisado, entendendo-a em sua complexidade, identificando a hierarquia estratificada que conduz e confere sentido à interação entre seus indivíduos. Geertz tomou de empréstimo ao filósofo britânico Gilbert Ryle (1900-1976) a expressão que, na sua visão, melhor definiria a antropologia: DESCRIÇÃO DENSA. A descrição densa analisa os sistemas de representação simbólica de uma cultura que permitem a interação entre seus membros, pois sem organização simbólica o mundo não pode ser experimentado. Seguindo seus interesses nos processos vividos de mudança, Geertz também estudou as mutações culturais criadas pela descolonização.

BIBLIOGRAFIA

GEERTZ, Clifford. *Local knowledge: further essays in interpretative anthropology*. New York: Basic Books, 1985.

__________. *A interpretação das culturas*. São Paulo: LTC, 1989.

__________. *Observando o Islã: desenvolvimento religioso no Marrocos e na Indonésia*. Rio de Janeiro: Zahar, 2004.

gelatina 1 FOT Folha translúcida colorida (ger. de celofane) que, colocada sobre refletores, produz efeitos cromáticos na iluminação. **2** M.q. MASSA DE ROLOS.

gelatina bicromada GRÁF Gelatina sensibilizada com bicromato de potássio ou de amônio, us. como matriz de impressão em certos processos fotomecânicos por tornar-se insolúvel nas partes atingidas pela luz, ao ser colocada, p.ex., sob um negativo fotográfico.

gelatinografia FOT GRÁF GRAV Qualquer processo fotomecânico que utiliza como matriz de impressão uma camada de gelatina (ou material semelhante) endurecida por exposição à luz.

gene GEN Unidade fundamental, física e funcional da hereditariedade, constituída pelo segmento de uma cadeia de ADN responsável por determinar a síntese de uma proteína. ▸ Antes mesmo de serem concretamente identificadas as partículas que estabelecem a herança genética, a hereditariedade era, obviamente, reconhecida, ainda que fosse um mistério a ser desvendado. Havia, desde a biologia do sXIX, a suposição de que, assim como a matéria física era composta de átomos e de moléculas, a transmissão de traços hereditários de um organismo para outro teria de ser feita através de um tipo de partícula fundamental. *Plastículo* foi o primeiro nome dado a essa unidade, até então especulativa, que responderia pelas mecânicas hereditárias. Entretanto, em 1910, surgiu *gene*, um novo termo curto e elegante cunhado pelo biólogo dinamarquês Wilhelm Johannsen (1857-1927); a sugestão era apropriada: gene evocava, principalmente, 'nascer' e 'gerar'. Assim plastículo caiu em desuso, derrubado pelo neologismo de Johannsen. A atividade científica de Johannsen era marcada pelo interesse por processos químicos em ação na botânica e na fisiologia das plantas. Suas observações empíricas levaram-no a reconhecer uma distribuição relativamente homogênea nos traços das sementes e das plantas produzidas. Para distinguir tais estágios, ele usou os termos GENÓTIPO e FENÓTIPO. Posteriormente, num de seus livros, Johannsen refere-se a 'gene', que viria identificar a unidade física da hereditariedade. Estava quase tudo pronto para a aparição material do gene: reconhecia-se a hereditariedade, havia um nome a sua espera, mas a tal partícula escondia-se da investigação científica. Segundo Johannsen, a noção de gene admitia a realidade da transmissão de qualidades pessoais dos progenitores para a prole, mas a herança genética não se fazia sob a forma de uma linha contínua e não interrompida. A hereditariedade não é reta, pois, sendo potencialidade, assemelha-se mais aos movimentos de um jogo de amarelinha. Não se sabia direito o que era um gene, mas era viável reconhecer seus traços. Afinal, a experiência de Gregor Mendel (1822-1884) com ervilhas verdes e amarelas mostrara os rastros do gene. O gene estava sendo descoberto; a genética começa a ser fundada. Outro passo importante nessa direção foi dado pelo físico austríaco e teórico da biologia Erwin Schrödinger (1887-1961), ao anunciar, no livro *O que é vida?*, o parentesco entre o gene e os processos de codificação, mais especificamente o CÓDIGO MORSE. O gene, portanto, não é uma coisa, mas um conjunto de instruções que seguem um código e sinalizam em determinada direção durante a geração de um organismo. Se a informação caracteriza o gene, os aminoácidos parecem os conteúdos de uma palavra, enquanto as moléculas das proteínas seriam uma espécie de parágrafo. Haveria tb. um conjunto completo de instruções nos cromossomos. A estrutura conceitual da hereditariedade estava montada quando, em 1953, James Watson (1928-) e Francis Crick (1916-2004) decodificaram a estrutura do *DNA* que funcionava como uma hélice dupla. Crick conhecia o livro de Schrödinger. Os genes estavam associados a proteínas e formavam uma cadeia de aminoácidos. A informação transferia-se de um ácido nucleico para outro, ou de um ácido para uma proteína, mas não poderia haver transmissão de proteína a proteína. Essa mecânica explica por que os músculos desenvolvidos por um pai que faz ginástica e se exercita não passam para sua prole. No núcleo das células de todos os seres vivos encontrava-se uma substância, um tipo de ácido nucleico, mais especificamente o ÁCIDO DESOXIRRIBONUCLEICO (sigla em ing. *DNA*). A cadeia produzida pela combinação de ácidos seguia uma série de permutações possíveis: cada sequência precisa era o veículo, ou seja, a mensagem que transmitia a informação genética. O que a hereditariedade faz não se reduz ao armazenamento de informação, mas abrange a sua comunicação e transmissão: a questão deixou de ser vista em termos de causalidade energética e foi reconcebida nos termos próprios da informação. O gene transformou-se em mais do que uma mera unidade hereditária, pois passou a fornecer explicações biológicas e sociais para comportamentos específicos, que eram considerados inexplicáveis: por que os organismos se arriscam e se sacrificam para favorecer a sua linhagem genética e para assistir cooperativa e altruisticamente outros organismos que são parte do mesmo grupo? O que havia de novo no horizonte teórico da biologia era o gene, justamente aquilo que era partilhado pelos membros de uma mesma espécie, principalmente por aqueles que entretinham uma relação de parentesco. Todas as interpretações da sociabilidade que constituem a SOCIOBIOLOGIA não seriam viáveis sem o conceito de gene. A mudança de perspectiva era estonteante: ao invés de serem os mestres e senhores da natureza, os organismos (inclusive os seres humanos) seriam apenas veículos a serviço da replicação exigida por genes, que seriam, segundo a metáfora de Richard Dawkins (1941-), totalmente egoístas. Não é surpresa, portanto, que a genética tenha sido rejeitada com horror pela antropologia cultural, que não se alegrara em ver uma base biológica explicando o parentesco e se ressentia de estar na corrente errada por tanto tempo, se a sociobiologia estivesse certa. Algumas incompreensões e equívocos fatais impedem que o senso comum entenda propriamente o que fazem os genes. Em primeiro lugar, é incorreto supor que um gene faça um organismo e que haja um gene para a música e, como diz o biólogo Maynard Smith (1920-2004), para amarrar os sapatos: assim como a musculação, música e atar sapatos são comportamentos adquiridos por aprendizado. O material hereditário não exercita músculos, não treina músicos e não amarra sapatos. O quadro é bem mais complexo do que a mente popular imagina: cada corpo e cada organismo são uma multidão, uma colônia de genes que se conjugam e, assim, autorizam o exercício de funções. Gene nada tem a ver com determinação rígida e inescapável. No processo de cópia, os erros genéticos respondem pela variabilidade e pela mutação. Sendo apenas informação, os genes não têm plano ou outro propósito que não seja replicar-se cega e interesseiramente. O geneticista populacional Richard C. Lewontin (1929-) criticou ferozmente as noções comumente associadas ao gene que seriam, para ele, apenas metáforas que disseminam visões deterministas da vida que, de fato, não existem. Seria incorreto, biologicamente, reduzir a vida ao gene. A vida é criada pela ação coevolutiva do gene, do organismo e do meio ambiente. Cf. DAWKINS, RICHARD; HAMILTON, W. (WILLIAM) D. (DONALD); MAYNARD SMITH, JOHN; TRIVERS, ROBERT L.; WILSON, E(DWARD). O(SBORNE).

BIBLIOGRAFIA

DAWKINS, Richard. *O gene egoísta*. São Paulo: Companhia das Letras, 2009.

GLEICK, James. *The information: a history, a theory, a flood*. New York: Pantheon, 2011.

LEWONTIN, Richard C. *The triple helix: gene, organism, and environment*. Cambridge: Harvard University Press, 2000.

SCHRÖDINGER, Erwin. *O que é vida?* São Paulo: Unesp, 1997.

WATSON, James D. *A dupla hélice*. Lisboa: Gradiva, 2003.

genealogia FIL Em Friedrich Nietzche (1844-1900) e Michel Foucault (1926-1984), investigação histórica com o objetivo de identificar as relações de poder que deram origem a ideias, valores ou crenças.

gene estrutural GEN Aquele que contém a sequência de nucleotídeos efetivamente determinante da sequência de aminoácidos em uma proteína.

gene operador GEN Aquele que determina a atividade de outro(s) gene(s).

generativo LING **1** Diz-se da gramática que enuncia explicitamente todas as regras e princípios capazes de gerar todas as sentenças gramaticais de uma língua, atribuindo-lhes estrutura e distinguindo-as das agramaticais; gerativo. **2** Relativo ou pertencente à gramática generativa (diz-se de regra, teoria, princípio); gerativo. ▸ Cf. CHOMSKY, NOAM.

gene regulador GEN Aquele que controla a taxa de transcrição de outro(s) gene(s).

gênero **1** ART.PLÁST Cada uma das categorias em que são classificadas as obras artísticas, segundo o estilo e a técnica usados. ▸ Inicialmente tripartido e já objeto de estudo de Platão (c428 a.C. - c348 a.C.) e Aristóteles (384 a.C. - 322 a.C.), é com o Romantismo que os estudos sobre os gêneros alcançam maior divulgação, sendo tb. divididos em três: lírico, épico e dramático. No entanto, o problema da classificação dos gêneros permanece com o aparecimento, p.ex., da narrativa, atualmente considerada como proveniente, segundo alguns autores, do desenvolvimento do gênero épico. **2** LING Categoria das línguas que distingue classes de palavras a partir de contrastes como masculino/feminino/neutro, animado/inanimado, contável/não contável. ▸ Nas línguas, a distribuição das várias palavras nessas classes pode coincidir em parte com uma distinção semântica, como, p.ex., a distinção entre sexos, pela qual a classe de palavras designando machos é gramaticalmente masculina e a classe de palavras designando fêmeas é gramaticalmente feminina (p.ex., 'cavalo' e 'égua'), mas as palavras podem tb. entrar numa ou noutra classe por critérios convencionais, como se vê, p.ex., em 'garfo' (masculino) e 'louça' (feminino), em que não é pertinente a distinção natural entre os sexos. **3** LIT Em teoria literária, cada uma das divisões que englobam obras de características similares. **4** LÓG No aristotelismo, qualquer classe de indivíduos com propriedades em comum, passível de subdivisão em classes mais restritas, as espécies. ▸ A relação entre gênero e espécie está na origem da taxonomia científica moderna. **5** RET Divisão e classificação dos discursos segundo os fins que se tem em vista e os meios empregados.

INFORMAÇÕES GERAIS

Pensar o gênero literário é estabelecer os critérios e condições que conferem identidade a uma obra de arte, determinar a pertinência do trabalho individual a um conjunto de outros assemelhados com os quais mantém relações de parentesco e, principalmente, permitir o reconhecimento de regras de formação dessas criações literárias. A utilidade da empreitada parece óbvia. A análise dos gêneros começa com observações feitas pelos diálogos platônicos, desenvolve-se de maneira mais sólida na *Poética* de Aristóteles (384 a.C. - 322 a.C.) e atravessa várias escolas de crítica literária ocidentais. Isso não significa, porém, que a caracterização de gêneros seja uma empreitada sem problemas e sem uma necessária discussão de seus pressupostos, métodos e resultados. Já no sXIX, o influente crítico italiano Benedetto Croce (1866-1952) argumentava contra a função da ideia de gênero para o entendimento da literatura. Ver a singularidade da criação literária do ponto de vista do gênero pode levar à perda da especificidade da criação, mas também não há originalidade sem referência ao conjunto de convenções que tipificam os gêneros. Então, como separar rigorosamente até mesmo o que parece básico e indiscutível: drama, prosa e poesia? As regras convencionadas autorizam a classificação descritiva das obras, mas transformam-se num molde paralisador, se entendidas como um paradigma prescritivo. Outra sugestão potencialmente perniciosa da noção de gênero reside na suposição implícita de que o que se classifica como parte de um conjunto de obras é completamente isolado ou alheio ao que faz parte de outro grupo. Principalmente do ponto de vista filosófico, é difícil decidir se os gêneros são arquétipos metafísicos, expressões de visão de mundo de uma época, famílias de obras ou mesmo uma ordem arbitrária imposta pelo crítico literário. Por isso, alguns críticos preferem entender a criação não como a implementação de regras formativas, mas sim como atos do discurso; se não for o caso, os gêneros transformam-se em expressões de uma essência etérea e inverificável que aprisiona a imaginação criadora. Se a opção teórica for por entender a criação literária como um desempenho específico de seus autores, o gênero não passaria de um pano de fundo semelhante ao papel que um código exerce num ato de fala. Nesse sentido os trabalhos que constituem um gênero são, segundo Tzvetan Todorov (1939-), instâncias de uma "série que tira suas formas de si mesma". Uma alternativa para se entender a questão do gênero, sem armadilhas historicistas ou metafísicas, é abandonar a ideia de autor que segue regras preestabelecidas e ver a criação como inscrições numa "série de obras que a antecede". A alternativa acaba forjando o novo elo que está além do gênio individual do autor, além do opressivo espírito de uma época, e que só pode ser experimentado pela leitura e pelo prazer da obra. Em "A morte do autor" (1968), Roland Barthes (1915-1980) aponta que a unidade do texto não está no transmissor nem no código do qual a mensagem emerge. A criação manipula, funde e transforma as normas de gênero. O que daí resulta é revivido na leitura, que confere um teor de realidade à invenção literária.

BIBLIOGRAFIA

BARTHES, Roland. *Oeuvres complètes. Tome II: 1962-1967*. Paris: Seuil, 1994.

TODOROV, Tzvetan. *As estruturas narrativas*. São Paulo: Perspectiva, 1970.

genética BIO MED Ciência voltada para o estudo da hereditariedade e da variação entre os organismos. ▸ Cf. GENE.

genitivo LING **1** Diz-se de ou caso que exprime, em certas línguas declináveis, a relação de posse ou de alguns sentidos limitativos entre um nome e seu complemento ou adjunto (p.ex., em lat., *liber Petri* 'livro de Pedro'); possessivo. **2** Interpretação dada à preposição 'de' na relação entre dois sintagmas nominais. ▸ Conforme se trate do sujeito ou do objeto expresso pelo genitivo, tem-se o genitivo subjetivo ou o genitivo objetivo; assim, na frase "a citação de Camões do professor" (= o professor cita Camões), *o professor* é o genitivo subjetivo, e *Camões*, o genitivo objetivo.

genlock [ing.] REC.AV TV Técnica usada para combinação de vídeos, feita pela suspensão da geração de sinais, de modo que a sincronização adequada de imagens se verifique. ▸ Abrev. de *general lock* ('fechamento geral').

genoma GEN **1** Conjunto haploide de cromossomos característico de cada espécie. **2** Conjunto de todos os genes de uma espécie de ser vivo. **3** Conjunto de todas as moléculas de ADN presentes em uma célula de determinada espécie de ser vivo.

genotexto SEMIO Estrutura de um texto contendo as várias fases do seu processo de elaboração (notas, rascunhos etc.). ▸ Cf. FENOTEXTO.

genótipo GEN Composição genética de um indivíduo, mais frequentemente us. a respeito de um gene ou grupo de genes.

gentílico Diz-se de ou nome que designa o país, região, estado, província, condado, município, cidade, povoação ou afins, em que alguém nasceu, habita ou de onde procede; locativo, adjetivo gentílico.

geração INF **1** Produção automática de dados, rotinas ou sistemas operacionais. **2** Técnica us. para, a partir de uma rotina em estado esquemático, obter uma rotina completa.

gerador **1** ELETRÔN Que ou o que é capaz de gerar um pulso, ou uma série de pulsos, de corrente ou voltagem com características prefixadas (diz-se de circuito). **2** ELETRÔN Diz-se de ou oscilador capaz de gerar uma voltagem alternada de frequência determinada, quando alimentado por fonte de corrente direta ou fonte de corrente alternada de baixa frequência. **3** ELETRÔN Que ou o que é capaz de fornecer energia elétrica ou uma tensão com características predeterminadas a um circuito (diz-se de dispositivo). **4** INF Diz-se de ou rotina de controle que realiza uma função de geração. **5** INF Diz-se de ou programa que elabora outro programa a partir de instruções esp. concebidas, selecionando-as, ajustando-as e dispondo-as de acordo com especificações dadas.

gerador da barra de cor REC.AV Parte do equipamento de registro de imagem que produz as cores básicas (azul, verde, amarelo etc.).

gerador de caracteres REC.AV M.q. TELEPROMPTER.

gerar COMN LING Definir (conjunto ou estrutura comunicacional e linguística) pela aplicação de uma ou mais regras. ▸ Cf. CÓDIGO; MENSAGEM.

gerativismo LING M.q. TEORIA GERATIVA.

gerativo LING Cujo enunciado refere a formulação da gramática gerativa.

gerativo-transformacional LING Diz-se de gramática gerativa que se caracteriza por fazer amplo uso de regras transformacionais.

Gerbner, George (Budapeste, Hungria 1911 - Filadélfia, Pensilvânia, Estados Unidos 2005) Professor, fundador do Cultural Indicators Research Project da Universidade da Pensilvânia e teórico dos efeitos sociais da televisão. ▸ O trabalho de Gerbner é conhecido como 'teoria da cultivação'. Examinando empiricamente os efeitos da violência televisiva, Gerbner afirmava que o enfraquecimento da família nuclear e dos outros ramos tradicionais de socialização do indivíduo (igreja, escola, comunidade etc.) cria as condições para o surgimento de um novo fator de cultivação social, que seria a televisão. Gerbner argumentava que a exposição excessiva a programas de TV que celebram a violência forma pessoas que sofrem do que chamava de 'síndrome do mundo cruel'. Essas pessoas seriam indivíduos frágeis e dependentes, que acreditariam ser a sociedade um lugar impiedoso e temerário. Os críticos das ideias geradas por Gerbner e seus associados no Cultural Indicators Research Project contra-argumentam que essas ideias de cultivação são simplistas e muito automáticas. Entretanto, é preciso reconhecer que, apesar das críticas, as teses de Gerbner ainda ecoam pelo debate contemporâneo a respeito dos efeitos psicossociais da televisão.

BIBLIOGRAFIA

GERBNER, George; FOX, Robin F. *Harvesting minds*. Santa Barbara: Praeger, 2000.

gerência de marketing PUB MKT Ação o efeito de conceber, planejar, executar, supervisionar e avaliar estratégias e procedimentos que, desde a produção até o consumo, visem o sucesso comercial de um produto; administração de *marketing*.

gestalt [al.] 1 ART.PLÁST Posicionamento que afirma serem a carga emocional e os conceitos estéticos atributos de uma obra de arte e não do seu espectador. 2 PSIC Teoria que considera os fenômenos psicológicos como totalidades organizadas, indivisíveis, articuladas, isto é, como configurações; teoria da forma. ▸ O papel e a predominância de configurações visuais completas observadas na psicologia e na dinâmica da percepção inspiraram uma escola de pensamento alemão organizada em torno de Max Wertheimer (1880-1943), Wolfgang Köhler (1887-1967) e Kurt Koffka (1886-1941). Os gestaltistas notaram que o observador reconhecia que uma figura posta contra um pano de fundo oscilava: por vezes, a percepção privilegiava a figura; por vezes, o fundo. Era o caso do cubo de Necker, de uma figura composta de um coelho e de um pato, ou de dois rostos de perfil que se transformavam num cálice. Edgar Rubin (1886-1951) notara o fenômeno na relação entre uma nota e a melodia musicais. Para os psicólogos gestaltistas, o fundamento de tais ocorrências não era orgânico ou estritamente sensorial, mas efeito de uma interpretação. A interpretação seria o resultado direto de percepções básicas que fundamentavam a ação do observador. O observador oscilava porque a configuração da imagem era subdeterminada por sua forma geral. A percepção do todo é, por consequência, autônoma e distinta da percepção das partes. A imagem que se projetava na retina visual desarticulava todo e parte, sendo, portanto, sensível e reativa às ambiguidades da composição visual. As experiências gestaltistas fornecem argumentos para a concepção de que as imagens, e, por extensão, a comunicação visual, seriam interpretações não determinadas por observações diretas, completas e fixas. ▸ Cf. ARNHEIM, RUDOLF.

BIBLIOGRAFIA

ASH, Mitchell G. *Gestalt psychology in German culture: holism and the quest for objectivity*. Cambridge: Cambridge University Press, 1998.

KÖHLER, Wolfgang. *Gestalt psychology: an introduction to new concepts*. New York: Liverright, 1998.

gestão de marketing MKT PUB Área de uma empresa que se ocupa de todos os aspectos da gerência, comercialização e identidade de um produto (criação, produção, planejamento e estratégias de definição do produto, criação de marca, desenho da logomarca, identidade visual, plano publicitário, posicionamento no mercado, estratégias de venda etc.)

gesticulação 1 Ato ou efeito de gesticular; gesticulado, gesto. 2 RET TEAT Modo de expressão que usa corpo, mãos, braços e expressões fisionômicas para dar mais força à fala, ou mesmo substituí-la.

gesto 1 M.q. GESTICULAÇÃO ('ato'). 2 Movimento do corpo, esp. das mãos, braços e cabeça, voluntário ou involuntário, que revela estado psicológico ou intenção de exprimir ou realizar algo; aceno, mímica. 3 Expressão singular (em alguém ou em seu semblante); aparência, aspecto, fisionomia. 4 Maneira de se manifestar; atitude, ação. ▸ Cf. COMUNICAÇÃO NÃO VERBAL.

ghost [ing.] EDIT M.q. GHOST-WRITER.

ghost-writer [ing.] EDIT Pessoa que prepara ou escreve anonimamente uma obra literária, científica ou artística encomendada por quem, passando por autor, a assina; *nègre*, escritor fantasma.

GHz FÍS Símb. de GIGA-HERTZ.

gibi M.COM Publicação em quadrinhos, ger. infanto-juvenil.

gigabaite INF Aport. de GIGABYTE.

gigabit [ing.] INF Múltiplo do *bit*, que vale mil *megabits*. ▸ Alguns aplicativos consideram que seu valor é de 1.024 megabits. F. aport.: *gigabite*. ▸ Símb.: *Gb*.

gigabite INF Aport. de GIGABIT.

gigabyte [ing.] INF Unidade de informação, múltiplo do BYTE no valor de mil *megabytes*. ▸ Alguns aplicativos consideram que o *gigabyte* vale 1.024 *megabytes*. F. aport.: *gigabaite*. ▸ Símb.: *GB*, *Gbyte*.

gigahertz FÍS Unidade de frequência equivalente a um bilhão de hertz ou 10^9 Hz. ▸ Símb.: *GHz*

gipsografia GRÁF 1 Processo que permite obter gravura de um clichê em gesso. 2 Gravura obtida por esse processo.

girafa 1 CINE TV Dispositivo movido por sistema de compressão de ar, us. para suspender, abaixar ou levar de um lado para outro microfones e fontes de iluminação, de modo a mantê-los fora do enquadramento das câmaras; bum. 2 MÚS Tipo de piano com cauda vertical.

gíria COMN LING 1 Linguagem informal caracterizada por um vocabulário rico em idiomatismos metafóricos, jocosos, elípticos, ágeis e mais efêmeros que os da língua tradicional. 2 Dialeto us. por determinado grupo social que busca se destacar através de características particulares e marcas linguísticas, esp. em nível lexical. ▸ O processo de formação de gíria inclui truncamento, sufixação parasitária, acréscimo de sons ou sílabas, uso de certos códigos etc. 3 Linguagem de marginais que, não sendo exatamente compreendida por outras classes sociais, costuma funcionar como mecanismo de coesão tribal e como código interativo entre tais grupos. ▸ A gíria, a princípio linguagem de marginais, estendeu-se a outros grupos sociais. 4 Linguagem própria daqueles que desempenham uma mesma arte ou profissão; jargão.

giroscópio FÍS REC.AV Dispositivo cujo eixo de rotação mantém sempre a mesma direção na ausência de forças que o perturbem, seja qual for a direção do veículo que o conduz, e que é composto de um disco rígido ou um volante que gira em grande velocidade ao redor de um eixo de revolução e é suspenso de modo a ter liberdade de movimentos. ▸ O giroscópio é parte integrante de um tipo de cabeça de tripé de máquinas de filmar, sendo tb. conhecido como 'cabeça giroscópica'.

giveaway [ing.] MKT PUB Promoção que envolve a distribuição de amostras gratuitas de determinado produto.

globalização 1 ECON POL Intercâmbio econômico e cultural entre diversos países, devido à informatização, ao desenvolvimento dos meios de comunicação e de transporte, à ação neocolonialista de empresas transnacionais e à pressão política no sentido da abdicação das medidas protecionistas. 2 ECON POL Integração cada vez maior das empresas transnacionais, num contexto mundial de livre comércio e de diminuição da presença do Estado, em que as empresas podem operar simultaneamente em muitos países diferentes e explorar em vantagens próprias as variações nas condições locais. **3** SOC Processo pelo qual a vida social e cultural nos diversos países é cada vez mais afetada por tendências internacionais em razão de conjunções políticas e econômicas.

INFORMAÇÕES GERAIS

Costuma-se ver, na globalização, os traços do capitalismo internacional com o qual está frequentemente associada. No *Manifesto do Partido Comunista*, de 1848, Marx (1818-1883) e Engels (1820-1895) referem-se à ligação inevitável entre capitalismo e expansão da indústria em busca de novos mercados. A expansão globalizante do capitalismo industrial traria consigo nítidos efeitos culturais e sociais. Por mais que lhes fosse difícil fazer uma previsão correta e indiscutível, Marx e Engels preconizaram que a modernidade econômica criaria uma 'literatura mundial', o que pode ser facilmente entendido como globalização das formas culturais. Sem terem forjado a palavra globalização, que se popularizou muito depois, na década de 1960, Marx e Engels apresentaram a ideia de que o intercâmbio econômico transcenderia a esfera econômica, divulgando, assim, um argumento de fundo antiglobalizante presente em vários autores que compõem a tradição marxista. Para muitos estudiosos, a globalização anuncia-se desde meados do sXIX, que é quando começa o processo de transformação da vida social e humana em mercadoria; mas o fato é que, até recentemente, o impulso planetário que caracteriza a globalização fora restrito por limites na tecnologia de comunicação e informação. Sem uma rede de comunicação global atuando de maneira direta e imediata, não haveria a conexão de grupos sociais, antes relativamente isolados. Isso, porém, não quer dizer que a globalização seja vista, socialmente, como uma força positiva que cria um admirável mundo novo. A interconexão social não é, a rigor, o problema que assombra os críticos da internacionalização ilimitada. A censura à globalização frequentemente advém do reconhecimento dos efeitos degradantes da expansão industrialista. Calculada ou indiretamente, a sociedade industrial globalizada destrói o que define outras maneiras de viver, arrastando consigo o trabalho, a terra e o dinheiro. O trabalho, como atividade humana, a terra, como natureza e o dinheiro, como elemento de troca e conversão social, são profundamente afetados pelo mercantilismo que move a industrialização. Tudo vira mercadoria. O trabalho assume a forma de salário, a terra é reduzida ao papel de área de produção desenfreada e o dinheiro circula freneticamente como capital financeiro. Nada tem valor em si: seus valores são estabelecidos por uma força que lhes é externa, ou seja, o poder do mercado. Se essa foi a lógica que dominou as sociedades industriais do sXIX, o mesmo acontece quando essa concepção de economia e sociedade se espalha por todo o globo. Não é sem razão que a crítica à globalização reúne movimentos e perspectivas sociais diferentes, indo da denúncia comum de imperialismo econômico e cultural das nações industrializadas do Ocidente e abarcando, como resultado, movimentos políticos aparentemente incompatíveis, tais como o nacionalismo e o socialismo, que teria, desde Marx e Engels, cunho relativamente internacional.

BIBLIOGRAFIA

BAUMAN, Zygmunt. *Globalização*. Rio de Janeiro: Zahar, 1999.

KLEIN, Nahomi. *No logo*. New York: Picador, 2009.

MARX, Karl; ENGELS, Friedrich. *Manifesto do Partido Comunista*. Porto Alegre: L&PM, 2001.

POLANYI, Karl. *A grande transformação*. Rio de Janeiro: Campus, 2000.

global search [ing.] INF Programa de computação que permite a identificação em arquivos de tipos, palavras ou frases.

Globo, O JOR Jornal diário brasileiro, sediado no Rio de Janeiro, fundado pelo jornalista Irineu Marinho (1876-1925) em 29 de junho de 1925, hoje parte do maior conglomerado brasileiro de mídia Organizações Globo, propriedade da família Marinho. ▸ O jornal *O Globo* foi concebido como um jornal matutino para complementar o veículo vespertino *A Noite*. Logo após a fundação de *O Globo*, Irineu Marinho morreu e a direção do jornal foi assumida por um amigo da família, Euclides Matos, que dirigiu o jornal até 1931, quando morreu. Foi substituído pelo filho de Irineu Marinho, Roberto Marinho (1904-2003), que transformou o jornal na principal publicação jornalística impressa do grupo de mídia sob controle da família Marinho. A orientação política do jornal é conservadora, tendo apoiado o golpe militar de 1964. Era, na época da ditadura militar brasileira, o jornal nacional de maior circulação, posição que perdeu para o jornal paulista *Folha de S.Paulo*, que tomara a frente da campanha pela redemocratização do Brasil. No início da década de 2010, a tiragem de *O Globo* ultrapassou a marca de 269 mil exemplares em média por dia.

glória CINE TEAT TV M.q. ESTRELATO.

glosa MÚS M.q. VARIAÇÃO.

glossário 1 BIBL EDIT Dicionário de palavras de sentido obscuro ou pouco conhecido; elucidário. **2** BIBL EDIT Conjunto de termos de uma área de conhecimento e seus significados; vocabulário. **3** BIBL EDIT Pequeno léxico, agregado a uma obra, principalmente para esclarecer termos pouco us. e expressões regionais e dialetais nela contidos. **4** INF Utilitário de processadores de texto em que se podem registrar frases e expressões muito us., para rápida inserção no texto dos documentos.

glossema LING O significante do morfema.

glossemática LING SEMIO Termo criado pelo dinamarquês Louis Hjelmslev (1899-1965) para designar a teoria linguística que, incorporando certas teses de Ferdinand de Saussure (1857-1913), concebe a língua como forma, separada da substância e organizada em dois planos, o da expressão e o do conteúdo. ▸ Cf. FORMA; HJELMSLEV, LOUIS.

glossologia LING M.q. GLOTOLOGIA.

glotologia LING Estudo científico de uma língua; glossologia, glótica, linguística.

glotológico LING Relativo à glotologia.

GNU INF Tipo de *software* público e gratuito oferecido pelo projeto *GNU General Public License* (GNU Licença Pública Geral). ▸ Desde 1983, o ativista político do movimento *free software* Richard Stallman (1953-) vem-se dedicando a oferecer *softwares* gratuitos através do Projeto GNU. Stallman é célebre por sua postura radical e libertária contra a propriedade privada e o *copyright* de *softwares*. O projeto GNU permite que, por meio de um sistema operacional Linux, uma comunidade de programadores participe da alteração de *softwares* sem que sejam cerceados por limites jurídicos de propriedade. ▶ Cf. JOBS, STEVE.

gobo FOT TEAT M.q. BANDEIRA.

Gödel, Kurt (Brno, atual República Tcheca 1906 - Princeton, Nova Jersey, Estados Unidos 1978) Lógico, filósofo e matemático austríaco que revolucionou a teoria do conhecimento; seus dois teoremas da incompletude reconhecem e determinam limites em todos, menos os mais triviais sistemas axiomáticos em matemática. ▶ Depois de passar a infância e juventude na Morávia e na Áustria, Gödel aceitou um convite para viver e trabalhar nos Estados Unidos, onde se associou ao Institute of Advanced Studies, da Universidade de Princeton. Ali, continuou publicando, até a morte, uma série de artigos importantes sobre a teoria dos conjuntos, mas ele é mais conhecido pelos escritos que produziu após receber o doutorado pela Universidade de Viena. De personalidade depressiva, desenvolveu sintomas paranoicos após um simpatizante nazista assassinar o lógico e filósofo Moritz Schlick (1882-1936), o fundador do CÍRCULO DE VIENA, do qual Gödel fazia parte. Nos últimos anos de vida, com medo de ser envenenado, sua paranoia cresceu a ponto de só se alimentar com a comida feita por sua mulher. Após a doença que incapacitou definitivamente sua esposa, Gödel parou de se alimentar, morrendo de inanição aos 71 anos. As provas que Gödel ofereceu, na década de 1930, chamadas de *teoremas da incompletude*, abalaram profundamente a matemática e a filosofia do sXX. Sua argumentação, considerada um dos grandes momentos da filosofia e da lógica moderna, demonstrou que, em todo sistema formal, haverá, pelo menos, uma sentença que deveria ser provada, mas que é impossível de se provar. Algumas escolhas teóricas básicas são feitas em nome da consistência e não por motivo de prova. Paradoxalmente, a consistência dos axiomas não pode ser provada dentro do sistema de conceitos. No primeiro teorema publicado, ao afirmar a impossibilidade de se provar a verdade de pelo menos uma sentença básica de uma teoria, Gödel acabou formulando uma hipótese revolucionária sobre a natureza do conhecimento: as teorias são limitadas e não expressam a verdade completa de seu objeto. O segundo teorema da incompletude refere-se à consistência de uma sentença de uma teoria, o que impossibilita a formalização completa e perfeita dos sistemas aritméticos. Os teoremas de Gödel são da mesma natureza que o paradoxo do mentiroso ou o paradoxo de Russell sobre a contradição que existe em um conjunto de todos os conjuntos que não seja membro de sua mesma classe (cf. FREGE, GOTTLOB; RUSSELL, BERTRAND). No paradoxo do mentiroso, a sentença 'eu sou um mentiroso' é uma impossibilidade lógica, um ninho de contradições, pois, se for verdadeira, é falsa; e falsa, se for verdadeira. Em Gödel, algo semelhante acontece; é como se a sentença declarasse que não pode ser demonstrada.. Nem mesmo os axiomas de um saber totalmente dedutível como a geometria estão livres de controvérsias radicais. Tanto a geometria euclidiana como a não euclidiana são igualmente válidas, desde que alguns de seus pressupostos sejam reformulados. Tomem-se como elementos fundamentais da geometria axiomática o plano, a linha e o ponto: conceitos que independem de prova. Se o plano for infinito e se uma paralela for o que não cruza outra linha, então, dada uma linha, um ponto e um plano infinito (ou indefinido), o que daí resulta é uma e apenas uma paralela. Igualmente preocupante e em contradição com a ideia de que os sistemas dedutivos seriam consistentes era o fato de que os matemáticos do sXIX não conseguiam deduzir o axioma da paralela de outros que faziam parte do sistema geométrico. Não só isso: verificava-se que, se o plano fosse considerado finito e se a linha fosse o que vai de um extremo do plano a outro, por um mesmo ponto passaria um grande número, quase infinito, de paralelas. Os dois sistemas axiomáticos contradizem-se. Não há dúvida de que nenhum dos sistemas dedutivos é plenamente consistente e completo. Gödel demonstrou que o fenômeno se repete em todos os sistemas aritméticos. Após os teoremas da incompletude de Gödel, a matemática deixou de ser a mesma. A proposta imaginada por David Hilbert (1862-1943) de uma matemática formalizada de modo completo e consistente, que seria, na prática, a demonstração de que a matemática era o suprassumo abstrato e formal dos saberes, não fazia mais sentido. Gödel respondera a duas questões sobre a natureza da matemática, definitiva e destrutivamente: a matemática era incompleta e inconsistente. Sua argumentação metamatemática demoliu as expectativas da comunidade matemática da época, que, renegando os temas da completude e da consistência dos sistemas matemáticos, passou a investigar prioritariamente como chegar a uma DECISÃO. O artigo de Alan Turing (1862-1949), apresentado em 1936, "On computable numbers, with an application to the *Entscheidungsproblem*", sobre o papel da computação para o problema da decisão (*Entscheidungsproblem*), é uma resposta aos teoremas da incompletude: mesmo que não seja completa e consistente, mas usando uma metodologia baseada no ALGORITMO, a matemática é um elemento importante para o que se determine o que é decidível. É a partir da matemática da decidibilidade de Turing que a computação moderna se desenvolveu. ▶ Cf. AXIOMA; COMPUTADOR.

BIBLIOGRAFIA

FEFERMAN, Solomon *et alii* (ed.). *Kurt Gödel: collected works*. Oxford: Clarendon Press, 1985. 3 v.

NAGEL, Ernst; NEWMANN, James R. *A prova de Gödel*. São Paulo: Perspectiva, 1998.

gofradura GRÁF M.q. GOFRAGEM.

gofragem GRÁF Ato ou efeito de gofrar, imprimir a seco; gofradura.

gofrar GRÁF Imprimir (papel ou cartão) com relevo, sem usar ouro nem tinta, na máquina esp. reservada a esta impressão; estampar a seco, estampar a frio.

gomador GRÁF **1** Diz-se de ou operário que executa a gomagem de papel. **2** Diz-se de ou máquina de gomar; aparelho de passar goma em papéis. **3** Diz-se de ou peça móvel da máquina de fabricar envelopes, que apanha a goma de seus rolos distribuidores e aplica-a às margens de colagem de um envelope.

Gombrich, Ernst H. (Viena, Áustria 1909 - Londres, Inglaterra 2001) Historiador da arte e um dos mais importantes teóricos modernos da imagem. ▶ O fascínio e o encanto dos muitos livros de Gombrich resultam de uma mescla de especificidade histórica e generalização teórica. Gombrich é um historiador no estilo detalhista de Aby Warburg (1866-1929), que dizia ser necessário buscar a explicação histórica para as imagens em materiais que pertencem a regiões sociais aparentemente desconexas. A obra de arte não é a produção do gênio romântico solitário, mas é feita na arena cultural, onde o diverso inevitavelmente se unifica. A história da arte de Gombrich é tradicional, erudita e firmemente alocada em contextos históricos. Sua fama advém de um importante trabalho, *Arte e ilusão*, que procura explicar o fenômeno da ilusão artística, recorrendo a teorias psicológicas da GESTALT, mas sem abandonar o que caracteriza sua história da arte. Segundo Gombrich, através da história, os criadores de imagens elaboram modelos visuais que são refeitos incessantemente, num processo que é o mesmo da atividade científica. A ilusão de realidade não resulta do cotejo com os estímulos da natureza, mas se aprimora através da reação ativa do espectador. Teoricamente, Gombrich aplicou o conceito de FALSIFICABILIDADE de Karl Popper (1902-1994) à história da arte. É bem verdade que o artista opera com regras de representação convencionais legadas pela história, mas as convenções são criativamente refinadas e reelaboradas. Assim, por influência de Popper, Gombrich formula uma história da arte que é vibrante e que não se reduz à mera atualização impessoal de regras pictóricas, conciliando, portanto, engenhosamente, história e criação individual.

BIBLIOGRAFIA

GOMBRICH, Ernst H. *Arte e ilusão*. São Paulo: Martins Fontes, 2007.

__________. *Meditações sobre um cavalinho de pau*. São Paulo: Edusp, 1999.

gôndola MKT Nos supermercados, prateleira ou estante onde ficam em exposição as mercadorias à venda.

Goodman, Nelson (Somerville, Massachusetts, Estados Unidos 1906 - Needham, Massachusetts, Estados Unidos 1998) Filósofo n.-am., pensador da lógica, da estética e da natureza dos símbolos. ▸ Apesar de formado na tradição filosófica que atribuía um papel central a questões lógicas derivadas da matemática e da teoria dos conjuntos, Nelson Goodman adotou, a partir do fim da década de 1940, uma postura consistentemente ontológica a respeito dos símbolos. Ele é um dos mais importantes nominalistas modernos. Sua principal contribuição à estética contemporânea encontra-se em *Languages of art*, trabalho ambicioso que define o fazer artístico como uma forma de conhecimento, equivalente à filosofia e às ciências. Para Goodman, os vários ramos do saber são modos de construção de mundos, cada um com regras próprias: as atividades, a percepção e o entendimento humanos só são possíveis através de representações simbólicas. Porque simbolizar é o equivalente de conhecer, a filosofia estética de Goodman é considerada cognitivista. Seu sistema teórico identifica simbolização e referência. Examinar uma obra de arte em seus fundamentos é o mesmo que fazer uma investigação dos princípios epistemológicos da arte. Cabe, portanto, à investigação filosófica e estética perguntar-se de que modo uma referência é constituída. Para fazer isso, Goodman vale-se de um raciocínio rigorosamente lógico. Uma de suas mais célebres argumentações é aquela que destruiu, de vez, o critério de semelhança na definição de uma representação pictórica. Dois objetos podem ser semelhantes sem que sejam capazes de funcionar como representantes: duas moedas cunhadas de um mesmo molde são semelhantes e representam um valor que nada tem de semelhante com sua forma visual. Uma vez desfeito o critério de similaridade, Goodman perguntou-se por que motivo acredita-se que uma imagem seja semelhante àquilo que representa: a resposta dada era simultaneamente uma solução para o impasse que sua crítica à semelhança criara e uma identificação do que seja uma imagem. O sentimento de semelhança não se dá pela denotação fiel de um objeto, mas pelo fato de que os sistemas formadores das imagens, seus sistemas de regras, são tanto convencionais como adquiridos por meio de uma aprendizagem cultural. A crença na representação mimética resulta apenas de um processo de valoração e não de captura de aparências perceptivas. Pela variedade de temas artísticos tratados em seu *Languages of art*, Nelson Goodman mostra-se um pensador que tem a habilidade rara de fazer filosofia a partir de uma familiarização inegável com o fazer artístico, seja ele pintura, dança, escultura, música, arquitetura etc.

BIBLIOGRAFIA

GOODMAN, Nelson. *Languages of art: an approach to the theory of symbols*. Indiana: Hackett, 1968.

Google INF M.COM Companhia multinacional, sediada em Mountain View, Califórnia, Estados Unidos, fundada em 14 de dezembro de 1998, operadora do maior e mais popular mecanismo de busca (*search engine*) de informação na internet. ▸ Deve-se a Larry Page (1973-) e Serguey Brinn (1973-), alunos do doutorado em informática da Universidade de Stanford, o desenvolvimento da tecnologia que revolucionou a busca de dados e informação na internet, que, por sua vez, levou à criação da companhia Google. No final da década de 2010, a força do Google era imensurável, com um orçamento geral que superava a casa de 24 bilhões de dólares. A base de atuação da companhia é a internet e seus rendimentos são auferidos, principalmente, por meio da venda de publicidade. Através de mais de 1 milhão de servidores de informação, espalhados pelo mundo inteiro, o Google organiza, torna acessível e distribui informação que se encontra espalhada na internet e que parecia, até então, irremediavelmente descentrada. O Google processa, diariamente, mais de 1 bilhão de pedidos de busca de informação, além de oferecer, gratuitamente, *email* (Gmail), *site* de relacionamento e mídia social (Orkut), *site* de compartilhamento de vídeos (YouTube) etc. O que o Google fez de novo foi, através de um programa de computação, chamado PageRank, hierarquizar algoritmicamente os *sites* disponíveis na internet, o que facilitou a identificação e a localização da informação desejada. Os esforços de diversificação dos serviços do Google ainda não foram capazes de alterar sua extrema dependência da venda de publicidade que, no final da década de 2010, respondia por 95% de seu orçamento. Os críticos do Google insistem no que consideram ser um constante desrespeito da companhia ao direito de propriedade alheia (postagem no YouTube, acesso a livros sem pagar direitos autorais, como é o caso do Google Books), consumo desmesurado de energia para manter a ação ininterrupta de seus servidores, distribuição de pornografia criminosa, manipulação de informação permitida pelo sistema de hierarquização que é o PageRank etc.

google goggles [ing.] INF Óculos usados para receber informação. ▸ Cf. WEARABLE TECHNOLOGY.

googlenauta INF Usuário do mecanismo de busca operado pela empresa GOOGLE, especializada em buscas na internet.

gordo GRÁF M.q. PRETO.

Górgias de Leontinos (Leontinos, Sicília c483 a.C. - Lárissa, Tessália c375 a.C.) Sofista grego cujo estilo oratório influenciou a prática do discurso público na Antiguidade Clássica. ▸ Além de fragmentos doxográficos que expressam a opinião de outros sobre o influente sofista grego ou que coletam passagens de sua obra, pouco restou do trabalho de Górgias de Leontinos. O fato de que fora, mais de uma vez, convidado a fazer discursos em festivais públicos interditos a estrangeiros é medida de seu prestígio como orador público. Provavelmente, Górgias aprendeu, desenvolveu e aprimorou seu estilo retórico no contato com os ecos das ideias de outro siciliano, Empédocles (c490 a.C. - c430 a.C.). Talvez conhecedor das teses de Empédocles sobre o cosmos, que seria composto por quatro mecanismos (água, ar, terra e fogo) atraídos por forças de organização opositiva, o Amor e a Luta, Górgias organizava seus discursos por meio de choques antagônicos. Antilogia e antítese eram recursos bem ao gosto das audiências helênicas, que se encantavam com as acrobacias verbais de Protágoras de Abdera (c490 a.C. - c420 a.C.) e Górgias de Leontinos. Os discursos de Górgias que sobreviveram são um encômio a Helena de Troia e a defesa de Palamedes, outro personagem das narrativas troianas que forçou Odisseu a ir para a luta, contra a vontade do principal herói de *A odisseia*. Tanto um como outro discurso exibem um texto por vezes opaco, nem sempre ao gosto das audiências modernas, mas com um estilo poético, rimado, metrificado, composto de palavras refinadas, exibindo paralelismos artificiosos e blocos retóricos antagônicos. Como muitos outros helênicos, Górgias reconhecia nos discursos um poder mágico e encantatório. O elogio a Helena compara o discurso a uma droga que, na sua doçura, induz prazer e reduz dor. A palavra sedutora e as drogas produzem efeitos opostos: dão fim às doenças, mas podem acabar com a vida. Foi o que aconteceu com Helena, que fugiu de sua cidade natal, Esparta, e seguiu Páris, que a manteve em Troia. Não há por que condená-la: ela é inocente, pois foi carregada pelo discurso e forçada a agir da maneira como agiu. A persuasão e a insanidade do amor que a levou como uma força sobrenatural e divina aniquilam a vontade individual. Helena não deve ser condenada. O argumento de Górgias é baseado no que os helênicos chamavam de *eikós* ('probabilidade'). Teoricamente, a persuasão fundamenta-se no critério lógico da probabilidade. Além do elogio a Helena e da defesa de Palamedes, Górgias deixou um texto curto, *Sobre a natureza*, parafraseado por Aristóteles (384 a.C. - 322 a.C.) e o comentarista posterior Sexto Empírico (c160-210). O livro de Górgias é articulado em torno de algumas teses básicas: nada existe, e, se existe, não pode ser conhecido por completo, e, se pudesse ser conhecido, não poderia ser comunicado. O texto tem sido considerado uma paródia, mas intérpretes contemporâneos consideram-no um trabalho sério, que expressa a visão filosófica cética do mais famoso dos sofistas. No diálogo que leva, no título, o nome de Górgias, Platão (c428 a.C. - c348 a.C.) apresenta a visão amoral do orador sofístico. Górgias afirma que o uso pernicioso e malévolo do ensino retórico não justifica críticas aos que o disseminam, mas àqueles que fazem mau uso do que lhes foi ensinado. Através do principal personagem do diálogo, o filósofo Sócrates (c469 a.C. - 399 a.C.), Platão argumenta que essa indiferença moral é inaceitável e responsável pela decadência de Atenas que, então, se debatia numa destrutiva e incessante guerra contra Esparta. Platão desqualifica Górgias, mostrando como ele não consegue definir o que ensina. O uso de palavras e discursos para obter persuasão é uma prática inútil. A persuasão deve ser sempre secundária à verdade. Sempre acreditamos num discurso verdadeiro, mas podemos acreditar ou desacreditar num argumento falso, logo a verdade precede a persuasão. Foi a partir de críticas assim, disseminadas e elaboradas por Platão, que as palavras *sofista* e *sofística* passaram a carregar os sentidos de mentira, especiosidade, desconsideração e desinteresse pela verdade, deixando para trás o sentido grego original de especialista, sábio, instrutor das artes do discurso, cuja prática aprimora o sentido de virtude cívica (*aretē*). Górgias chegou a Atenas como embaixador siciliano, em 427 a.C. Seus discursos flamejantes impressionaram os atenienses de tal maneira que lá permaneceu por longo período. Górgias parece não ter escrito, como outros sofistas, um *technai*, um manual de ensino retórico. Porém, o que restou de sua ação entre os atenienses indica alguém despreocupado com uma verdade absoluta, a qual não acreditava ser possível atingir, e mais dedicado a impressionar por meio de habilidades verbais que funcionavam como uma espécie de garantia de que um orador tão capaz provavelmente conhecia a verdade. Para Platão, as decisões cívicas são sérias demais para serem tomadas com base na probabilidade, que pode, ocasionalmente, indicar a melhor solução, mas também ser causa de desastre e destruição sociais.

BIBLIOGRAFIA

HAMILTON, Edith; CAIRNS, Huntington (ed.). *The collected dialogues of Plato, including the letters*. Princeton: Princeton University Press, 1989.

MCCOMSKEY, Bruce. *Gorgias and the new sophistic rhetoric*. Carbondale: Souther Illinois Univeristy Press, 2002.

ROMILY, Jacqueline. *Magic and rhetoric in ancient Greece*. Cambridge: Harvard University Press, 1975.

gosto ESTÉT Capacidade de apreciação estética, calcada em padrões e critérios intersubjetivos e manifestada em juízos que atribuem beleza, harmonia, sublimidade a formas, sons e objetos, ger. artísticos. ▸ Cf. BELEZA.

goteira 1 ENC M.q. CANAL ('concavidade'). **2** GRÁF M.q. CANAL ('sulco').

gótico 1 ART.PLÁST Relativo a ou estilo artístico que predominou na Europa, ao final da Idade Média (de meados do sXII aos inícios do sXIV), esp. notável pela arquitetura das catedrais, com arcobotantes, arcos e abóbadas ogivais que possibilitaram as formas esguias e a abertura das paredes por grandes vitrais. **2** GRÁF Diz-se de ou estilo de letra que se distingue por traços angulosos e predominantemente verticais, com ornatos em forma de pontas e ganchos, desenvolvido a partir de manuscritos carolíngios desde o sVIII e adotado nos primeiros livros impressos, entre os sXIII e XVI. **3** GRÁF Diz-se de ou família de letras e caracteres gráficos que segue esse estilo. ▸ Ao ser transportada da forma manuscrita para a forma tipográfica, a letra gótica passou a ser chamada de *letra de fôrma*, na França, e de *textura*, na Alemanha. **4** LIT Diz-se de ou gênero de prosa ficcional que envolve mistério e terror em ambientes lúgubres, como castelos arruinados, passagens secretas etc., frequentados por fantasmas e entidades sobrenaturais.

GP CINE FOT TV Abrev. de GRANDE PLANO.

GPL [ing.] INF Autorização ou licença que acompanha os programas de computação de código aberto, aqueles que podem ser us. gratuitamente. ▶ Sigla de *General Public License* (licença para uso público).

GPS [ing.] Sigla de *Global Positioning System* (sistema de posicionamento global). ▶ O *GPS* é um aparelho móvel que recebe informações constantes e ininterruptas de mapas, acidentes e condições geográficas, transmitidas por sistemas de satélites disponíveis. Na América, o sistema é operado pelo Departamento de Defesa n.-am.; na Rússia, o correspondente é o GLONASS; na Europa, o Galileo; e o Compass opera na China. A princípio usado apenas para fins militares, o *GPS* passou a ser um dispositivo usado por qualquer cidadão que precise de informações sobre navegação numa determinada área, condições atmosféricas, horário etc.

gracioso TEAT Ator que, numa comédia, tem o papel que provoca maior hilaridade; comediante, bufão.

gradação 1 DES PINT Passagem gradual de uma cor para outra ou de uma tonalidade para outra; gama, esbatimento. 2 CINE FOT REC.AV Escala de luminosidade de uma imagem fotografada ou filmada. 3 RET Figura que consiste em dispor várias palavras ou expressões que se enriquecem mutuamente em progressão ascendente ou descendente (p.ex., "é bom, é maravilhoso, é excepcional"). 4 RET M.q. CLÍMAX.

grade 1 ENC GRÁF M.q. GRELHA. 2 MÚS M.q. PARTITURA ('material gráfico'). 3 PINT Armação de sarrafos na qual o pintor estica a tela que vai pintar; caixilho.

grafema GRAM LING Unidade de um sistema de escrita que, na escrita alfabética, corresponde às letras (e tb. a outros sinais distintivos, como o hífen, o til, sinais de pontuação, os números etc.) e, na escrita ideográfica, corresponde aos ideogramas. ▶ Cf. ALFABETO; ESCRITA; ESCRITA ALFABÉTICA; ESCRITA IDEOGRÁFICA.

grafêmica LING Estudo e análise de um sistema de escrita em termos de grafemas.

grafia GRAM LING 1 Representação escrita de uma palavra; escrita, ortografia, transcrição. 2 Cada uma das possíveis maneiras de representar por escrito uma palavra (inclusive as consideradas incorretas); p.ex., 'Ivan' e 'Ivã'; 'atrás' (grafia correta) e 'atraz' (grafia incorreta); 'farmácia' (grafia atual) e 'pharmacia' (grafia antiga). 3 Transcrição fonética da fala, por meio de um alfabeto fonético.

gráfica GRÁF 1 Forma de letra. 2 Estabelecimento onde se fazem trabalhos impressos.

gráfico 1 Relativo a grafia ou a gráfica. 2 Impresso em gráfica. 3 Relativo ou destinado à representação da linguagem por sinais visuais desenhados ou gravados. 4 Relativo a qualquer tipo de grafismo produzido pela mão humana sobre uma superfície (papel, pedra, papiro, parede etc.) 5 Representado por desenho; desenhado, pictórico. 6 Relativo às artes gráficas. 7 Capaz de dar soluções estéticas a algo (p.ex., logotipos, fotos, letragens etc.). 8 Belo quanto à natureza estética de sua forma. 9 Representação plana de dados físicos, econômicos, sociais ou outros por meio de grandezas geométricas ou figuras; diagrama, curva. 10 Indivíduo que trabalha na indústria gráfica.

gráfico de barras EST Representação gráfica em que, sobre as classes da distribuição figuradas num eixo horizontal por intervalos apropriados, se levantam retângulos, chamados barras, cuja área é proporcional à magnitude a ser representada; diagrama de barras. ▶ Os jornais representam transformações numéricas em informação visual por meio de gráficos. O gráfico de barras é freq. utilizado quando a representação se faz no eixo horizontal e indica elementos não quantitativos que crescem ao longo do tempo. A comparação das variantes não qualitativas evidencia-se de modo mais flagrante.

gráfico de linhas EST Representação gráfica em que as classes figuradas são distribuídas ao longo de um eixo vertical e um horizontal, sob a forma de uma linha contínua. ▶ Nos jornais, como é o caso de todos os gráficos publicados, os gráficos de linhas servem para representar uma transformação numérica numa imagem visual. Um tipo de gráfico recorrente é aquele que relaciona um dado de interesse com uma escala temporal. Um gráfico de linhas serve, então, para mostrar o crescimento do número de votos possíveis para um determinado candidato ao longo de um período de tempo. Nesse caso, a variável de intenção de voto é alocada no eixo vertical e a sequência temporal, no eixo horizontal.

gráfico pictórico EST M.q. PICTOGRAMA.

gráfico-visual COMN 1 Que tem cumulativamente aspectos gráficos e visuais. 2 Que utiliza conjuntamente recursos gráficos e visuais.

grafismo 1 Forma de representar ou escrever as palavras de determinada língua; grafia, ortografia. 2 ART. PLÁST Estilo característico do conjunto de signos gráficos (linhas, curvas, pinceladas etc.) us. por um artista em seus desenhos e pinturas.

grafita MINER QUÍM Variedade alotrópica do carbono natural ou sintético, us. industrialmente em elétrodos, para fabricar minas de lápis, como lubrificante etc. ▶ F. não pref.: *grafite*.

grafitar Executar grafites em; riscar, pichar.

grafite 1 COMN DES Rabisco ou desenho simplificado, ou iniciais do autor, feitos ger. com aerossol de tinta, nas paredes, muros, monumentos etc. de uma cidade; grafito. 2 MINER QUÍM F. não pref. de GRAFITA. 3 Fino bastão de grafita que serve para escrever, existente dentro dos lápis ou separado, ajustável às lapiseiras; mina. 4 Lápis próprio para desenhar.

grafiteiro COMN DES Aquele que faz grafites; pichador.

grafito COMN DES 1 Inscrição ou desenho feito em superfície, pedras (em épocas antigas) ou paredes. 2 M.q. GRAFITE.

Graham Bell, Alexander (Edimburgo, Escócia, Reino Unido 1847 - Beinn Bhreagh, Nova Escócia, Canadá 1922) Cientista, engenheiro, empresário e inventor do telefone. ▶ A Graham Bell não pode ser creditada a criação do conceito de telefonia, mas ele é, certamente, aquele que, a partir do conceito, inventou o aparelho universalmente usado como TELEFONE. Quando jovem, seus talentos eram múltiplos e incluíam a música, as artes, ventriloquia e a invenção de máquinas que foram usadas na fazenda de um vizinho. Atribui-se seu interesse por acústica ao desejo de minorar os problemas progressivos causados pela surdez da mãe. Apesar de talentoso e do fato de que o pai era professor universitário, Graham Bell foi um aluno medíocre e desinteressado. Os interesses fomentados pela escola não lhe atraíam. O trabalho inicial de Graham Bell tratava de acústica, eloquência, fisiologia da voz e educação de surdos e mudos. Em 1874, ao se ocupar do aprimoramento de uma máquina de registros das ondas sonoras da voz, ocorreu-lhe a possibilidade de inventar um aparelho telefônico. A principal invenção de comunicação da época era o telégrafo. Evolutivamente, a telefonia desenvolveu-

-se a partir do telégrafo, adicionando à comunicação por fios elétricas uma novidade e um atrativo considerável: a voz. A voz expandia a base de massa da comunicação à distância porque não exigia o conhecimento de uma linguagem tradutora, como o código Morse. Financiado por patronos ricos, por tentativa e erro, e valendo-se dos conselhos de engenheiros elétricos, que lhe recomendaram o uso de aparelhos com múltiplas palhetas, Bell apresentou, em 1875, a patente que lhe conferia os direitos de invenção do telefone. Bell continuou contribuindo com invenções para a metalurgia, hidrólise e aeronáutica. Disputas quanto a honraria de ter inventado o telefone continuam até hoje. Sem a invenção e a disseminação do uso dos telefones, não haveria a expansão de negócios a distância que caracteriza a economia moderna nem mesmo seria viável a existência de escritórios em prédios altos e arranha-céus que hoje predominam na paisagem dos grandes centros urbanos.

BIBLIOGRAFIA

GRAY, Charlotte. *Reluctant genius: Alexander Graham Bell and the passion for invention*. New York: Arcade, 2011.

gralha EDIT GRÁF Erro tipográfico que consiste em tipo virado, fora de seu lugar ou trocado; gato, pastel.

gramagem PAP M.q. GRAMATURA.

gramática GRAM **1** Conjunto de prescrições e regras que determinam o uso considerado correto da língua escrita ou falada. **2** Na gramática tradicional, tratado descritivo-normativo da morfologia e da sintaxe de uma língua (ficando de fora, portanto, a fonética e a semântica). **3** Em linguística descritiva, estudo objetivo e sistemático dos elementos (fonemas, morfemas, palavras, frases etc.) e dos processos (de formação, construção, flexão e expressão) que constituem e caracterizam o sistema de uma língua. **4** Modelo da competência linguística do falante nativo.

gramática comparada LING Ramo da linguística que compara duas ou mais línguas, ou dois estágios de uma mesma língua, confrontando suas estruturas fonéticas e morfológicas; gramática comparativa, linguística comparada, filologia comparada. ▸ Suas bases foram lançadas pelos filólogos alemães Franz Bopp (1791-1867) e Jacob Grimm (1785-1863).

gramática comparativa LING M.q. GRAMÁTICA COMPARADA.

gramática descritiva **1** GRAM Gramática sincrônica de uma língua, feita no modelo da gramática tradicional; gramática expositiva. **2** LING Descrição sincrônica, rigorosa, objetiva e completa (abarcando a fonologia, a morfologia, a sintaxe, a semântica) de qualquer das variantes de uma língua, sem prejulgamentos quanto à correção gramatical, a partir de um *corpus* de enunciados produzidos espontaneamente por falantes nativos. Pode-se fazer a gramática descritiva do português carioca culto do final do sXX, do português falado por camponeses de alguma região do país, da norma culta brasileira etc., bem como de uma língua ágrafa.

gramática estrutural LING Descrição sincrônica de uma língua, fundamentada nos postulados do ESTRUTURALISMO, e que adota a concepção de língua como um sistema em que todos os elementos estão interligados e interdependentes e a noção de oposição. ▸ Cf. ESTRUTURA.

gramática gerativa GRAM **1** Descrição de uma língua que usa regras formalizadas, constituindo um conjunto de instruções inteiramente explícitas e de aplicação mecânica que são capazes de gerar todas as frases gramaticais de uma língua e nenhuma agramatical; gramática generativa. ▸ Cf. TEORIA GERATIVA. **2** Teoria da sintaxe dentro do gerativismo do linguista norte-americano Noam Chomsky (1928-).

gramática gerativo-transformacional GRAM LING Menos us. e m.q. GRAMÁTICA TRANSFORMACIONAL.

gramatical GRAM LING Formado segundo as regras de uma gramática; bem formado. ▸ P.ex., a frase "este ônibus ir para Copacabana?", que um falante nativo não falaria, embora compreensível, não é gramatical; já a frase "eu vi ele hoje" é gramatical, segundo a gramática da variante informal do português brasileiro. ▸ Cf. ACEITÁVEL.

gramaticalidade GRAM LING **1** Atributo que é correto, segundo a gramática normativa; correção. **2** Característica de uma sentença gramatical, ou seja, aquela que foi gerada pelas regras da gramática de uma língua. ▸ Cf. GRAMATICAL.

gramática normativa GRAM LING Gramática descritiva que tem por objetivo estabelecer normas de uso de uma língua e determinar o que não se deve usar, e que, do conjunto total dos fatos de uma língua, considera apenas aqueles que são tidos como a expressão do bem falar e do bem escrever, entendendo por isto a variante linguística das pessoas cultas e dos bons escritores; gramática prescritiva.

gramática tradicional GRAM LING Modelo de descrição gramatical que tem origem nos estudos do grego e do latim feitos pelos antigos gramáticos gregos e latinos, prorrogando-se pela Idade Média e Moderna até nossos dias. ▸ Foi a base do ensino escolar do grego e do latim e, com o surgimento das línguas vernáculas no final da Idade Média, foi adaptada a estas para fins pedagógicos, daí imputar-se-lhe o modelo de querer moldar todas as línguas pela estrutura do latim.

gramática transformacional GRAM LING Gramática gerativa que inclui tb. o conceito de transformação, ou seja, a aplicação de um conjunto de regras que convertem uma estrutura profunda de uma língua em estrutura superficial. ▸ A ideia de uma gramática transformacional começa com o reconhecimento de que um conjunto de regras geradoras de enunciados permite que os falantes de uma determinada língua produzam e troquem mensagens compreensíveis. Nesse sentido, geração e construção querem dizer a mesma coisa, ainda que a transformação prevista pelas regras traga consigo uma concepção de linguagem que é produto da obra revolucionária de Noam Chomsky (1928-). A ação dos falantes transcende o mero aprendizado de um código que seria constituído por mecanismos de estímulo e resposta. A partir de um número restrito de sentenças, o usuário da língua extrai regras de transformação que lhe permitem produzir um número infinito de sentenças. A linguagem existe, consequentemente, em dois níveis. Um nível é chamado de *estrutura profunda* e o outro, de *estrutura superficial*. As regras de transformação convertem um nível em outro. A gramática universal e profunda é inata a todos os seres humanos que têm competência comum a ser desempenhada em cada língua específica. A tese transformacionista de Chomsky dá conta de uma série de questões fundamentais para o entendimento da linguagem e da comunicação. Ela ilumina a natureza mentalista da linguagem, que não encontra explicação nas teses empiristas e behavioristas, acentuando, ao mesmo tempo, o caráter criativo do falar. A redução da linguagem ao mecanismo de estímulo e resposta empobrece o que acontece no domínio linguístico, já que deixa de lado o fato de que os usuários das línguas ouvem, intermitentemente, sentenças novas que são sempre compreendidas, se feitas segundo um conjunto de regras gramaticais de transformação.

BIBLIOGRAFIA

CHOMSKY, Noam. *Arquitetura da linguagem*. Florianópolis: Edusc, 2008.

___________. *Linguagem e mente*. Brasília: UnB, 1998.

MCGILVRAY, James (ed.). *The Cambridge Companion to Chomsky*. Cambridge: Cambridge University Press, 2001.

gramática universal GRAM LING **1** Na concepção de Noam Chomsky (1928-), a faculdade ou estado inicial da mente (uma parte da dotação biológica humana) que, sob condições normais de interação social, num estágio fixo de maturação, permite ao indivíduo adquirir sua língua materna (aquela a que foi exposto nos primeiros anos de vida). **2** Conjunto de princípios inatos e universais que restringem a forma e o funcionamento das gramáticas particulares das diferentes línguas.

gramatologia Estudo acerca do alfabeto, leitura, escrita e silabação. ▶ Cf. DERRIDA, JACQUES; DESCONSTRUCIONISMO; FONOCENTRISMO; LOGOCENTRISMO.

gramatura PAP Peso do papel, expresso em gramas, referente a uma folha de um metro quadrado, e que serve como termo de comparação entre os tipos de papel; gramagem.

grampação GRÁF M.q. GRAMPEAMENTO.

grampador GRÁF M.q. GRAMPEADOR.

grampadora GRÁF M.q. GRAMPEADORA.

grampagem GRÁF M.q. GRAMPEAMENTO.

grampeação GRÁF M.q. GRAMPEAMENTO.

grampeadeira GRÁF M.q. GRAMPEADORA.

grampeador **1** Diz-se de ou aparelho manual para grampear papéis. **2** GRÁF Diz-se de ou gráfico que trabalha em grampeadora; grampador.

grampeadora GRÁF Máquina para brocar cadernos, revistas e livros por meio de grampeamento; grampeadeira, grampadora.

grampeagem GRÁF M.q. GRAMPEAMENTO.

grampeamento GRÁF Brochagem em que a costura dos cadernos de um livro é efetuada com fio metálico; grampeação, grampação, grampagem, grampo.

grampear **1** GRÁF Brochar a fio metálico. **2** GRÁF Prender (folhas impressas) com grampos; engrampar. **3** Interceptar (ligações de linha telefônica) por meio de dispositivo especial que permite ouvir e/ou gravar as conversações.

grampo GRÁF **1** Peça metálica fina, com as extremidades dobradas e em ângulo reto, para grampear folhas de papel em um só volume. **2** M.q. GRAMPEAMENTO.

Gramsci, Antonio (Ales, Sardenha, Itália 1891 - Roma, Itália, 1937) Filósofo, teórico social italiano considerado um dos maiores marxistas do sXX. ▶ Porque militou no Partido Comunista Italiano, que era ilegal durante o regime fascista italiano, Gramsci passou a última década de sua vida numa prisão do regime de Benito Mussolini (1883-1945). Após estudar literatura na Universidade de Turim, Gramsci amealhou fama e prestígio político, escrevendo e editando jornais de tendência socialista. Gramsci redigiu, durante os anos de prisão, os *Cadernos do cárcere*, em que sua fama filosófica se baseia. Os *Cadernos* abordam temas variados conscientemente obscurecidos para escapar da vigilância dos censores. Uma das ideias centrais dos escritos produzidos durante o encarceramento é o conceito de *hegemonia política*, que Gramsci desenvolveu para explicar por que a previsão marxista de crise inevitável do capitalismo industrial não se realizara. De maneira geral, a teoria de Gramsci é uma interpretação do poder em sociedade. Para ele, o marxismo tradicional pensara apenas em termos da hegemonia econômica do operariado, esquecendo que a manutenção da ordem social depende de outros atores sociais, dentre eles os intelectuais, que justificam ou subvertem ideologicamente a coação capitalista. Ao saudar a Revolução Russa, de 1917, como um acontecimento histórico da mais fundamental relevância, Gramsci não deixou de notar que a implantação do regime soviético era, na prática, uma falsificação histórica das teses estritamente econômicas de *O capital*, de Marx. Ao contrário do que a doutrina marxista previra, a primeira revolução socialista acontecera numa região que nem sequer passara pelo capitalismo industrial. Os acontecimentos de 1917 demonstravam que era preciso pensar e construir uma nova ordem intelectual, livre da rigidez economicista. Nessa nova sociedade, os intelectuais teriam um novo papel. Examinando a história da Itália, Gramsci reconheceu a existência de dois tipos de intelectuais: os intelectuais orgânicos e os intelectuais tradicionais. Os intelectuais orgânicos estariam comprometidos com a transformação progressista do presente, enquanto os tradicionais tinham seus olhos no passado. O papel dos intelectuais orgânicos estaria definido pela tarefa de construir a hegemonia política da sociedade. Afinal, o Estado não se caracteriza apenas pelo exercício simplista da força: a ordem social precisa de consentimento. Esse consentimento hegemônico é aparentemente livre e espontâneo, mas trata-se de uma direção determinada por múltiplos fatores históricos. Para estudiosos da mídia, Gramsci representa importante alternativa teórica. Vistos sob a perspectiva da hegemonia cultural, os meios de comunicação exercem papel determinante na formação da consciência dos indivíduos. Os ecos e a influência do conceito gramsciano de hegemonia são extraordinários e repercutem nos teóricos sociais mais diversos, de Louis Althusser (1918-1990) a Stuart Hall (1932-); de Perry Anderson (1938-) a Raymond Williams (1921-1988). ▶ Cf. CONSENTIMENTO; HEGEMONIA.

BIBLIOGRAFIA

GRAMSCI, Antonio. *Escritos políticos*. Rio de Janeiro: Civilização Brasileira, 2004.

grande-angular FOT Red. de OBJETIVA GRANDE-ANGULAR.

grande plano CINE FOT TV M.q. CLOSE-UP. ▶ Abrev.: *GP*.

grand-guignol [fr.] TEAT Espetáculo dramático caracterizado por extremo horror ou bizarria e destinado a criar pavor e pânico.

granido GRÁF **1** Processo de representar sombras ou volumes, em desenho ou gravura, por meio de maior ou menor concentração de pontos pequenos. **2** A sombra ou o volume obtidos por esse processo. **3** Aspereza conferida às placas metalográficas para torná-las mais receptivas à imagem. **4** Rugosidade de que são dotados certos papéis próprios para desenho.

granulação FOT Efeito poroso obtido em uma fotografia pela concentração de grãos de halogeneto, que formam a imagem. ▶ Pode ser intencional ou não.

grânulo CINE FOT M.q. GRÃO.
grão CINE FOT Cada uma das partículas diminutas da camada que reveste uma chapa, filme ou papel fotográfico; grânulo.
graphic design [ing.] DES.IND GRÁF Conjunto de técnicas e concepções estéticas aplicadas à representação visual de uma ideia ou mensagem, criação de logotipos, ícones, sistemas de identidade visual, vinhetas para televisão, projeto gráfico de publicações impressas etc.
gravação 1 Ato ou efeito de gravar. 2 M.COM Registro de som e/ou imagem em um suporte (ger. disco ou fita), por meio de processo fonográfico, fotográfico, magnético, eletrônico, informatizado etc. 3 M.COM O som ou a imagem assim gravados.
gravador 1 Que ou o que grava. 2 ELETRÔN Aparelho de gravação e reprodução sonora por processos magnéticos. 3 GRAV Que ou quem grava em placas de matéria dura (esp. madeira, pedra ou metal), por processo manual, químico ou fotomecânico, ger. destinadas à reprodução.
gravadora M.COM Empresa equipada com estúdios e instalações apropriadas para a gravação de discos e fitas com fins comerciais.
gravador de videocassete REC.AV M.q. VIDEOCASSETE.
gravar 1 GRAV Traçar (figura ou caracteres) em matéria dura (metal, madeira, pedra, vidro etc.), utilizando instrumento cortante (buril, ponta, faca, goiva, cinzel, ponteiro etc.), ou marcar com reagente químico, ger. tendo em vista criar uma matriz para tirar cópia por processos gráficos. 2 INF Transferir (dados digitalizados) para um meio de armazenamento, de modo a poder recuperá-los posteriormente; salvar. 3 M.COM Fixar (som ou imagem) num suporte qualquer, esp. disco ou fita.
gravata GRÁF Traço que separa o cabeçalho do corpo, numa tabela.
grave 1 ACS FÍS Diz-se de ou som produzido por ondas de baixa frequência. 2 GRAM Diz-se do acento gráfico que, segundo as normas ortográficas vigentes, serve para indicar a crase da preposição *a* com a forma feminina do artigo definido ou com o *a* inicial dos pronomes demonstrativos *aquele*, *aquela*, *aquilo*. 3 FON FONOL LING Diz-se do fone que, no espectro acústico, apresenta concentração de energia nas frequências inferiores. ▶ Em termos de articulação, são sons periféricos, com o ressoador bucal amplo e menos compartimentado, e, no plano auditivo, os sons caracterizam-se pelo timbre sombrio. 4 LING Diz-se de cada um dos fonemas que, segundo a alternativa da teoria binarista, apresentam as características anteriormente descritas. 5 LIT Na versificação, diz-se de verso que termina em palavra paroxítona. 6 MÚS Diz-se de ou qualquer das notas situadas no registro inferior de certos instrumentos ou da voz de certos cantores; baixo. 7 MÚS Diz-se de ou som com frequência lenta. 8 MÚS Diz-se de ou andamento lento, de caráter solene.
gravura 1 GRAV Arte de gravar ('traçar'). 2 GRAV Cada uma das técnicas de fazê-lo. 3 GRAV Suporte, matriz (p.ex., placa de madeira, metal, pedra) sobre a qual o processo de gravar se efetua. 4 GRÁF GRAV Estampa ou ilustração obtida por esse processo. 5 GRÁF Qualquer reprodução desse tipo de estampa, obtida por qualquer processo gráfico. 6 GRÁF Qualquer ilustração impressa.
gray hat [ing.] INF Ver GREY HAT.
Greenberg, Clement (Nova York, Estados Unidos 1909 - Nova York, Estados Unidos 1994) ESTÉT PINT Crítico e teórico da arte n.-am., defensor e promotor da abstração em pintura. ▶ Clement Greenberg foi um dos primeiros críticos a perceber a importância da abstração na arte norte-americana do pós-guerra. O movimento abstrato-expressionista, que deslocou o centro artístico ocidental de Paris para Nova Iorque, é impensável sem os argumentos teóricos de Greenberg. Para ele, a abstração pictórica de artistas residentes em Nova Iorque representava o desenvolvimento inevitável do modernismo nas artes visuais. A abstração deveria, por isso, ser considerada a vanguarda da arte da época. É nesse espírito que Greenberg escreve um de seus artigos mais memoráveis, o célebre "Avant-garde and kitsch", em que compara a vanguarda artística com a cultura de massa. Para ele, a vanguarda americana enterrara de vez as pretensões miméticas da pintura ocidental. O mimetismo e o conteudismo só teriam lugar na cultura de massa que celebra acriticamente o mau gosto e o atraso intelectual da burguesia. A cultura de massa era designada, pejorativamente, de KITSCH. Greenberg postulava que a tarefa da arte moderna era a exploração da visualidade mais pura. Os temas e assuntos prioritários da vanguarda só podiam ser a pintura em si mesma. Aos poucos, a crítica de Greenberg perdeu o poder que tinha de ditar o destino de carreiras e foi-se tornando um mero historicismo dogmático e elitista. Paradoxalmente, após a abstração expressionista dos pintores celebrados por Greenberg, a arte americana dirigiu-se no sentido do *kitsch*, que ele tanto detestava. Na década de 1960, as histórias em quadrinhos e a cultura de massa encantaram a *pop art* nova-iorquina. No livro de 1975, *A palavra pintada*, o jornalista e romancista Tom Wolfe (1931-) ironizou o papel de críticos como Greenberg na arte norte-americana.

BIBLIOGRAFIA
GREENBER, Clement. *Art and culture*. New York: Beacon Press, 1961.
WOLFE, Tom. *A palavra pintada*. Rio de Janeiro: Rocco, 2009.

greenscreen [ing.] CINE TV REC.AV Processo eletrônico de montar imagens, usando-se um telão verde, feito para obter os efeitos de *chroma-key*. ▶ Cf. BLUESCREEN; CHROMA-KEY.
grelha ENC GRÁF Pequena tela provida de cabo em que se esfrega uma escova embebida em tinta e que é us. para decorar com espargido o corte dos livros; grade.
grenha TEAT Cabeleira postiça e emaranhada, us. por atores de teatro na composição dos tipos, esp. cômicos e populares.
grey hat [ing.] INF Profissional da área de computação de uma empresa que se vale do elo empregatício para sabotá-la; *insider*. ▶ Cf. WHITE HAT; BLACK HAT.
grifar EDIT GRÁF 1 Compor em grifo; italicizar. 2 Sublinhar, no original (trecho ou palavra), indicando que a composição deve ser em grifo. 3 Marcar (palavra ou número) com sublinha, a fim de chamar a atenção, destacando o trecho sublinhado; sublinhar.
grife 1 Empresa criadora, produtora e/ou distribuidora comercial de artigos, ger. de vestuários luxuosos. 2 Nome de um costureiro, alfaiate ou fabricante famoso que se apõe a um artigo de luxo em forma de marca, rótulo, logotipo, assinatura ou identidade do criador estilista ou de sua empresa. 3 Marca distintiva de um fabricante; etiqueta. ▶ Cf. LOGOMARCA; LOGOTIPO.
grifo 1 COMN Questão ou assunto obscuro, de difícil interpretação; enigma. 2 COMN Elocução, expressão que

denota ambiguidade. 3 GRÁF M.q. ITÁLICO. 4 JOR Seção, num jornal ou revista, composta em grifo ou itálico.

gris GRÁF 1 Diz-se de impresso em que há tons apagados, cinzentos, devido a problemas com a tintagem. 2 Diz-se de negativo fotográfico com contraste insuficiente. 3 Diz-se de letra cujas hastes são preenchidas por uma série de traços finos e paralelos.

grisar GRÁF Gravar ou traçar em (clichê, gravura etc.) rede de pontos ou traços que representa o grisê.

grisê GRÁF Diz-se de ou efeito de meio-tom obtido na reprodução de originais, por meio de retículas.

grosso CALG GRÁF 1 Diz-se de ou traço espesso do desenho das letras (manuscritas ou impressas). 2 A parte espessa do traçado das letras (manuscritas ou impressas). ▶ Cf. FINO.

gross rating point [ing.] M.COM Medida de audiência bruta acumulada que identifica o alcance de um veículo ou plano de mídia. ▶ Abrev.: *GRP*.

grotesco 1 ART.PLÁST CINE FOT LIT TEAT Diz-se de ou categoria estética cuja temática ou imagens privilegiam, em seu retrato, análise, crítica ou reflexão, o disforme, o ridículo, o extravagante, e, por vezes, o KITSCH. 2 ART. PLÁST Diz-se de ou criação ornamental de graciosa fantasia que utiliza motivos maneiristas. 3 ART.PLÁST Diz-se de ou estilo artístico ou obra graciosa desenvolvida a partir de ornamentos maneiristas. 4 EDIT GRÁF Diz-se de tipo que apresenta traço uniforme, todo ele da mesma espessura, dispensando serifa, ou seja, remate na extremidade da letra; bastão, bastonete, etrusco, lineal.

groupie [ing.] Fã, esp. jovem do sexo feminino, que acompanha todos os concertos e excursões de um músico ou grupo *pop* ou de *rock*.

groupthink [ing.] SOC Conformidade aos valores, convenções e ética do grupo.

GRP Abrev. de GROSS RATING POINT.

grua CINE REC.AV TV 1 Câmara montada em um dispositivo (longo braço) que se movimenta no alto de uma cena, com um assento para o operador, e cuja base é composta de quatro rodas que permitem seu deslocamento. 2 Tomada ou plano cinematográfico feito com o uso de grua. 3 Guindaste us. em filmagens exteriores ou dentro dos grandes estúdios, capaz de se movimentar em todas as direções, com uma plataforma em sua extremidade onde ficam a câmara, seu operador e o diretor; guindaste.

grupo 1 Conjunto de pessoas formando um todo. 2 Reunião de várias pessoas. 3 Conjunto de pessoas que têm traços, objetivos, interesses comuns. 4 Conjunto de pessoas cujas características comuns são utilizadas para sua classificação.

Grupo Abril Conglomerado brasileiro de mídia, fundado em 1950 por Victor Civita (1907-1990) e sediado em São Paulo. ▶ O Grupo Abril atua no ramo editorial de livros e revistas, além da internet e da televisão a cabo. Associada, em *joint venture*, com a Sony Entertainment, a Viacom, a MTV e outros grupos estrangeiros, o grupo tb. publica as revistas *Veja*, *Playboy*, *Quatro Rodas* etc. Seu orçamento em 2011 foi de 4,2 bilhões de dólares.

grupo-alvo PUB MKT Audiência ou segmento de pessoas num determinado mercado para o qual se dirigem uma mensagem publicitária ou uma estratégia mercadológica; audiência-alvo. ▶ A mercadologia divide os grupos-alvo em categorias gerais, freq. por faixa etária ou pertinência a um grupo social. Esse saber permite que uma mensagem seja dirigida para sua audiência, levando em conta seus hábitos, gostos, desgostos, expectativas, comportamentos etc.

grupo de controle COMN EST Elemento de métodos comparativos de pesquisa que se vale de dois grupos expostos às mesmas mensagens, com o propósito de cotejar e avaliar-lhes as reações.

grupo de impressão GRÁF M.q. UNIDADE DE IMPRESSÃO.

grupo de interesse SOC M.q. GRUPO DE PRESSÃO.

grupo de pressão SOC Grupo de pessoas que procuram defender seus interesses materiais ou seus princípios morais, praticando em conjunto ações que visam pressionar sobretudo governos, partidos políticos, órgãos governamentais e administrativos, ou influenciar a opinião pública; grupo de interesse.

grupo de referência SOC Grupo do qual um indivíduo, com ele identificado, infere normas, valores, categorias e objetivos sociais a seguir.

grupo étnico ANTRPOL Aquele que se considera segmento de um país, colônia ou qualquer outra entidade territorial, em virtude da consciência de sua continuidade histórica em relação a grupos anteriores à colonização.

Grupo Folha M.COM Conglomerado de comunicação brasileiro, sediado na cidade de São Paulo, consolidado por Octavio Frias de Oliveira (1912-2007), que atua nas áreas de jornalismo, edição, serviços gráficos e de internet. ▶ O grupo de comunicação é dirigido pela família Frias. Seu principal veículo é o jornal *Folha de S.Paulo* que, seguindo princípios de imparcialidade e neutralidade jornalística ao longo da história do sXX, transformou-se num dos mais influentes jornais na vida cívica e política do país. Durante as décadas da ditadura militar, a *Folha de S.Paulo* opôs-se às práticas autoritárias do regime, adquirindo a reputação de que goza até hoje. O Grupo Folha foi um dos primeiros conglomerados de mídia brasileiros a perceber os efeitos das mutações tecnológicas sofridas pelos meios de comunicação tradicionais. Por isso, expandiu sua atuação pelo ramo de serviços de acesso à internet (UOL, Universo Online), tanto no Brasil como na América Latina. O jornal *Folha de S.Paulo* atualmente tem a tiragem aproximada de 300 mil exemplares diários.

grupo social SOC Conjunto de pessoas associadas por processos de interação, a partir de interesses, culturas, crenças comuns e/ou por conviverem proximamente.

guarda ENC 1 Cada uma das folhas (brancas, de cor, estampadas) us. para reforço e acabamento da encadernação e que são coladas, unindo a capa ao miolo, no início e no fim do volume; folha de guarda. 2 Parte da folha assim dobrada, que fica colada a um dos lados internos da capa.

guarda suja ENC M.q. SALVAGUARDA.

Guardian, The [ing.] JOR Jornal diário britânico, fundado em 1821, sediado em Londres e de propriedade do Guardian Media Group. ▶ *The Guardian* era, no passado, conhecido como *The Manchester Guardian*. É uma publicação de centro-esquerda, considerada fonte de informação confiável e objetiva. Sua tiragem diária aproximada é de 248 mil exemplares.

guarnecer GRÁF Revestir (cilindro da máquina ou impressora) com pano e folhas de papel.

guarnição GRÁF Moldura gráfica decorativa; cercadura.

Guattari, Félix (Villeneuve-les-Sablons, Oise, França 1930 - Clínica La Borde, Cour-Cheveny, França 1992) Psicanalista institucional, filósofo, semioticista, militante francês, criador da esquizoanálise com o filósofo Gilles

Deleuze (1925-1995). ▸ Antes de escrever uma série de livros com Deleuze, dos quais os mais famosos são *O anti-Édipo* e *Mil platôs*, Félix Guattari contribuiu para a publicação trotskista *La Voie Communiste*. Sua atividade como psiquiatra deve ser considerada como uma forma de militância política. Guattari clinicava prioritariamente junto a minorias hispânicas e franco-chinesas, sem deixar de estudar e escrever sobre temas teóricos: filosofia, matemática, etnologia etc. Em 1968, conheceu Deleuze nos encontros de grupos solidários e promotores da revolução política na América Latina. Apesar de suas obras terem sido *best-sellers* na França, Guattari e Deleuze não formaram uma escola, como outros psicanalistas franceses. Tanto em psiquiatria como na política, o tema central de Guattari era a questão de como se atingir uma subjetividade realmente livre em toda a sua heterogeneidade, seja material, maquinal, virtual ou territorial. *O anti-Édipo* oferece a base para uma psicanálise alternativa ao freudismo. A ação do livro parece ser prioritariamente teórica. O argumento de Deleuze e Guattari conecta a sociedade capitalista, a história, o indivíduo e o desejo, ao mesmo tempo em que critica impiedosamente as teses freudianas de edipização do indivíduo que, na realidade, age como uma MÁQUINA DESEJANTE. Guattari morreu de ataque cardíaco na clínica psiquiátrica La Borde, que fundara e onde trabalhava. ▸ Cf. DELEUZE, GILLES.

BIBLIOGRAFIA

DELEUZE, Gilles; GUATTARI, Félix. *Mil platôs*. São Paulo: Editora 34, 1995-1996.

__________________. *O anti-Édipo: capitalismo e esquizofrenia*. São Paulo: Editora 34, 2010.

GUATTARI, Félix. *O que é a filosofia?* São Paulo: Editora 34, 2000.

__________. *Caosmose*. São Paulo: Editora 34, 2006.

guia 1 BIBL EDIT Livro, manual, publicação contendo instruções, ensinamentos, conselhos de diversas naturezas. 2 BIBL EDIT Manual, publicação para uso turístico; roteiro. 3 GRÁF M.q. BALIZA.

guião MÚS Sinal gráfico colocado ao final de um pentagrama ou diagrama para indicar a altura da primeira nota da pauta seguinte; índice.

Guilherme de Ockham Ver OCKHAM, GUILHERME DE.

guilhotina GRÁF Cortadora de papel dotada de possante faca que corta de viés a pilha de papel no ponto preciso.

guilhotina trilateral GRÁF Cortadora de papel dotada de três facas, que refilam livros ou revistas nos seus três lados, simultaneamente.

guindaste CINE GRÁF REC.AV TV M.q. GRUA.

guitarra MÚS 1 Instrumento de cordas pinçadas, com forma característica e dimensões variáveis, do gênero do alaúde, mas com o fundo ger. plano, fixado à caixa de ressonância por meio de costilhas, tiras finas de madeira que se localizam entre o tampo e o fundo. 2 M.q. VIOLÃO ('instrumento'). 3 Instrumento de cordas dedilháveis, semelhante ao bandolim, com seis pares de cordas.

gulp [ing.] INF Gíria que designa agrupamentos de *bits* ou *bytes*.

Gutenberg, Johannes (Mogúncia, Alemanha c1398 - Mogúncia, Alemanha 1468) Gravador, editor, criador e inventor alemão da imprensa mecânica moderna. ▸ É freq. reconhecido que uma das origens da modernidade começa, em 1439, com a invenção da imprensa tipográfica por parte do ourives, ferreiro, gravador, impressor e editor Johannes Gutenberg. A descoberta gutenberguiana do tipo móvel é um momento culturalmente revolucionário, que permitiu a disseminação até então impensável de reformas políticas, culturais e religiosas. Além de inventar o tipo móvel, Gutenberg desenvolveu tb. tinta de impressão com base em óleo e outros detalhes do processo que permitiram a impressão de cópias múltiplas de livros, libertando o discurso das limitações impostas pela cópia em MANUSCRITO. Filho de família aristocrata, cujos patriarcas trabalharam na casa da moeda episcopal, Gutenberg aprendeu ofícios que utilizavam metais, que provavelmente inspiraram a ideia de empregar uma mistura de metal fundido na fabricação de tipos móveis. Antes de Gutenberg, impressores asiáticos formularam o conceito de se usar um molde para reproduzir os caracteres de um livro impresso. O chinês Bi Sheng (990-1051) aplicou porcelana e argila na feitura dos tipos, mas a imprensa no Oriente esbarrava num problema estrutural, relativo à natureza da representação linguística: a escrita ideográfica oriental exigia um número incalculavelmente maior de moldes do que aquele demandado pela escrita fonética ocidental. Como em todas as suas empreitadas, o interesse de Gutenberg pela produção de livros era estritamente comercial e fora precedido por outras investidas comerciais mal sucedidas, como a de fazer espelhos de metal polido que, presumidamente, capturavam a luz sagrada e seriam vendidos para peregrinos alemães em visita a Aachen, para ver a coleção imperial de relíquias. A exposição foi adiada sem que Gutenberg e seus investidores pudessem recuperar o capital investido. Por volta de 1450, Gutenberg tomou um empréstimo de Johann Fust (1400-1466) para produzir livros. Além de sua famosa Bíblia de 42 linhas, impressa em papel e pele de carneiro, a oficina de Gutenberg tb. imprimira gramáticas latinas e um número grande de indulgências para a Igreja. Os custos de impressão da Bíblia cresceram e Gutenberg não pôde ressarcir o empréstimo pedido a Fust, que o processou e tomou posse da máquinas e metade da edição das Bíblias. Gutenberg mudou-se de Estrasburgo para Bamberg, onde reabriu uma imprensa de livros. Por falta de documentação, não se sabe exatamente o papel de Gutenberg na feitura dos produtos de Bamberg: acredita-se que ele, pelo menos, forneceu os tipos móveis. No fim da vida, Gutenberg retornou a Mogúncia, onde morreu. Durante um longo período de tempo até o desenvolvimento das técnicas e processos de editoração eletrônica, a imprensa e a publicação de livros eram apenas variações do método gutenberguiano original. A impressão de um livro exigia o trabalho organizado de muitos artesãos, que participavam da confecção do tipo móvel, da composição manual do texto, linha a linha, da montagem das linhas em páginas, da impressão em papel ou velo etc. Antes da Revolução Industrial, Gutenberg criara um modelo produtivo em série, pois a mesma matriz de texto poderia ser empregada novamente na produção de páginas de livro substancialmente iguais. Além de baratear o custo dos livros, Gutenberg fizera objetos idênticos, que permitiram o desenvolvimento de técnicas de indexação capazes de democratizar o ensino e o estudo de textos: se o conteúdo de um livro repete-se em todas as páginas de uma edição, o indivíduo pode, por si só, encontrar a passagem, a noção e a explicação que lhe interessa, sem que seja necessária a guia de uma autoridade. Bibliófilos e pesquisadores recentes questionaram a ideia de que Gutenberg fizera seus tipos a partir de moldes que prefiguravam a industrialização: acredita-se que ele se servira de técnicas tradicionais de punção conhecidas pela metalurgia da época. Mesmo sem inventar o molde que impulsionaria ainda mais a indústria de livros, mesmo que empregasse técnicas mais primitivas, não há dúvida de que a conceituação de feitura de páginas seriadamente é uma noção impossível sem Gutenberg. Da Alemanha, a imprensa espalhou-se pela Europa, encontrando nichos em Paris e em cidades italianas como Veneza e Roma, sendo uma tecnologia da comunicação importante para a expansão do saber clássico renascentista e da insurreição protestante contra a Igreja católica apostólica romana, igualmente permitindo a fundação de pasquins e jornais de oposição ao *establishment* da época e veiculando as ideias do novo espírito científico que sepultaram o mundo medieval. ▸ Cf. LIVRO.

BIBLIOGRAFIA

CHILDRESS, Diana. *Johannes Gutenberg and the printing press*. Minneapolis: Twenty First Century Books, 2008.

Hh

h 1 Oitava letra do nosso alfabeto. **2** FON Letra que não representa nenhum som (p.ex. *hélio, haver, ahh, Brahma*); participa da formação de dígrafos: *ch* para a consoante fricativa côncava alveolar surda (*chave*), *nh* para a consoante nasal palatar (*ninho*) e *lh* para a consoante lateral palatal (*falha*); pode representar aspiração em palavras interjetivas ou onomatopaicas, como *hum, ha-ha, ahã, hã*. **3** A forma dessa letra. **4** GRÁF Tipo que imprime essa letra. **5** EDIT Matriz a partir da qual se faz essa letra. **6** Diz-se do oitavo elemento de uma série.

Haaretz [heb.] JOR O mais antigo jornal diário de Israel, fundado em 1918, sediado em Tel Aviv. ▸ Em hebraico, *Haaretz* quer dizer *A terra de Israel*. Um ano após sua fundação, o jornal foi comprado por um grupo sionista russo. Atualmente, é o jornal israelita mais influente, considerado de tendência liberal e secular e lido pela elite intelectual do país. Sua circulação, durante a semana, é de aprox. 70 mil exemplares diários, chegando aos 100 mil na edição de domingo. Além da edição em hebreu, o jornal é tb. publicado em inglês. As duas línguas estão presentes na versão *on-line* do jornal.

Habermas, Jürgen (Dusseldorf, Alemanha 1929 -) Filósofo alemão na tradição da *teoria crítica* da ESCOLA DE FRANKFURT, pensador de inspiração marxista, que produziu influentes trabalhos sobre a criação social da democracia, e autor dos conceitos de *racionalidade comunicativa* e *esfera pública*, que norteiam algumas das interpretações sociais contemporâneas. ▸ Os primeiros trabalhos de Habermas já expressam uma atitude ambígua face à Escola de Frankfurt. Theodor W. Adorno (1903-1969) e Max Horkheimer (1895-1973) tinham retornado definitivamente à Alemanha, deixando a experiência americana para trás, quando Habermas começa seu relacionamento com o Instituto para Pesquisa Social de Frankfurt, agora sediado na Universidade Johann Wolfgang Goethe. Na década de 1950, Habermas empenhou-se na redação do trabalho, uma tese de habilitação docente, que impulsionaria sua carreira como pensador público: *Mudança estrutural da esfera pública*. A princípio, a tese seria orientada por Max Horkheimer. Habermas afastou-se de Horkheimer por motivos práticos e teóricos: Horkheimer exigira uma revisão drástica do material produzido e Habermas passara a discordar da visão extremamente negativa dos frankfurtianos clássicos a respeito da sociedade moderna. O livro de Habermas apresenta o célebre conceito de ESFERA PÚBLICA, que seria o espaço socialmente construído para o exercício de uma racionalidade pública crítica das ações do Estado. A argumentação de Habermas é histórica. Os sistemas políticos europeus desenvolveram uma cultura da representação até o sXVII. A vontade do monarca era a vontade coletiva, que seria redefinida, após o Iluminismo, como a cultura da esfera pública que se manifesta na criação da indústria do jornalismo. O modelo político agora era o do individualismo burguês, revigorado pela discussão nos cafés e alimentado pela leitura crítica de jornais. Era uma prática política bem diversa da centralização monárquica, que submetia a vontade de muitos aos ditames de um: a esfera pública caracteriza-se por um diálogo crítico aparentemente interminável e descentrado. A sociedade transformara-se num coro de vozes em contraponto. Seguindo uma interpretação economicista aparentada à de Marx (1818-1883) e Engels (1820-1895) no *Manifesto do Partido Comunista* de 1848, Habermas afirma que os custos progressivos de reinvestimento tecnológico exigidos pela indústria da notícia acabam redefinindo o jornalismo como um ramo do entretenimento, trazendo consigo o declínio do jornal como formador da consciência crítica. Para Habermas, a tradição marxista é parte do projeto iluminista, que anuncia a libertação política por meio de uma crítica ideológica. Do estudo das condições históricas de formação da esfera pública, Habermas desenvolve gradativamente um modelo idealizado de sociedade democrática, que fomenta a discussão livre, aberta e ininterrupta. A sociedade ideal é aquela que cria a comunicação ideal. A modernidade social é fundamentada numa concepção de diálogo racional, político e comunicativo e, por isso, não se reduz à pesquisa científica, à expansão tecnológica, à produção otimizada ou mesmo à administração racionalizada burocraticamente. É nesse estágio de seu pensamento que Habermas escreve o que muitos consideram sua obra-prima, *Teoria da ação comunicativa*, publicada na década de 1980. Uma situação social ideal demanda cidadãos livres que possam discutir sem preconceitos, ideologias ou erros passionais. Só assim é possível que se forme uma verdade consensual. A verdade consensual emerge de atos de fala. Em *Teoria da ação comunicativa*, Habermas assume uma postura decididamente idealista e de fundamento ético. Ao contrário de Marx e Engels, que viam na democracia um mero engodo, Habermas acreditava que a democracia constitucional oferecia as condições para a situação de discussão discursiva ideal que tanto o interessava. Ainda que seus livros sejam escritos numa prosa obscura e, por vezes, tortuosa, no melhor estilo acadêmico germânico, Habermas envolveu-se em animadas polêmicas públicas com Jacques Derrida (1930-2004), Michel Foucault (1926-1984) e o então cardeal Joseph Ratzinger (1927-), que viria a ser o papa Bento XV, entre outros intelectuais. As polêmicas de Habermas ilustram sua defesa ardorosa do papel positivo a ser reservado para o debate e a racionalidade comunicativa nas sociedades democráticas.

BIBLIOGRAFIA

HABERMAS, Jürgen. *Contribuição à ética do discurso*. Lisboa: Instituto Piaget, 1999.

______. *Mudança estrutural da esfera pública*. Rio de Janeiro: Tempo Brasileiro, 2009.

______. *Teoria de la acción comunicativa*. Madrid: Trotta, 2010.

habilitar INF Tornar ativo (dispositivo, rotina ou entrada de menu), permitindo que exerça sua função.

habitus [lat.] SOC **1** Na sociologia de Max Weber (1864-1920), disposição comportamental adquirida; modo particular e característico de ver o mundo. **2** Na teoria sociológica de Pierre Bourdieu (1930-2002), sistema de disposições e respostas a experiências concretas que foram interiorizadas e incorporadas no curso da experiência social objetiva dos agentes sociais. ▶ Aplicado primeiramente a seus estudos da sociedade argelina, o conceito de *habitus* é uma reconcepção das ideias de Marcel Mauss (1872-1950) sobre as técnicas do corpo. O *habitus* é uma forma de consciência prática que se forma sem a conscientização explícita do indivíduo, mas que afirma a crença no valor implícito de pertinência estrutural a uma sociedade. Através do *habitus*, Bourdieu enfatiza o processo de incorporação de bens e valores culturais. Por isso, é um fenômeno mais imediatamente reconhecível em sociedades pré-industriais, como a que Bourdieu analisou na Argélia, onde a pertinência ao grupo como um todo se torna mais dramática. Se o campo é um espaço predominantemente objetivo, o *habitus* é da dimensão individual dos sujeitos que adotam uma racionalidade e técnicas que se manifestam na experiência social. Cf. CAMPO.

BIBLIOGRAFIA

BOURDIEU, Pierre. *Questões de sociologia*. Rio de Janeiro: Marco Zero, 1983.

____________. *O poder simbólico*. Rio de Janeiro: Bertrand, 2006.

WHIMSTER, Sam (ed.). *The essential Weber: a reader*. London-New York: Routledge, 2004.

hachura **1** ART.PLÁST Traçado de linhas finas, paralelas e muito próximas umas das outras, que se utiliza em desenhos ou gravuras para produzir efeito de sombra ou meio-tom. **2** GRÁF Série de traços cruzados ou paralelos que cobrem a superfície do papel em certo tipo de trabalho gráfico.

hachurar ART.PLÁST GRÁF Traçar hachuras ou produzir mecanicamente seu efeito em (desenho, gravura, superfície etc.).

hacker [ing.] INF **1** Indivíduo obcecado por computadores e programas. **2** Pessoa que se introduz em sistemas informáticos alheios, já com objetivos ilícitos, já por gosto da aventura e da experimentação ▶ Cf. CRACKER.

hacktivista INF Ciberpirata, *hacker* que atua com o propósito político e social de desmoralizar um governo, agência governamental, instituição, firma ou figura pública, infiltrando-se nas redes computadorizadas desses grupos ou pessoas para revelar informações confidenciais e segredos embaraçosos.

haicai LIT **1** Forma de poesia japonesa surgida no sXVI e ainda hoje em voga, composta de três versos, respectivamente com cinco, sete e cinco sílabas, que ger. tem como tema a natureza ou as estações do ano. **2** Forma poética de métrica e acentuação criada no Brasil, adaptada a partir desta.

Hall, Stuart (Kingston, Jamaica 1932-) Pensador e sociólogo britânico, teórico da cultura de linhagem pós-gramsciana, diretor, de 1968 a 1979, do Centre for Contemporary Cultural Studies (CCCS), da Universidade de Birmingham, Inglaterra. ▶ Durante sua educação secundária na Jamaica, Stuart Hall foi exposto a uma concepção formal de cultura canônica que deixou de fazer parte dos seus interesses teóricos. No início da década de 1950, transfere-se para a Inglaterra, onde obtém o mestrado em artes na Universidade de Oxford. Seus trabalhos sobre arte e cultura popular, de cunho marxista, granjeiam-lhe fama e reconhecimento acadêmico. A convite do crítico inglês, Richard Hoggart (1918-), Hall passa a fazer parte do CCCS da Universidade de Birmingham, que irá dirigir por mais de uma década. Um dos mais proeminentes intelectuais negros britânicos, Stuart Hall influenciou imensamente os estudos modernos de comunicação de massa. Utilizando um modelo marxista derivado das ideias de Antonio Gramsci (1891-1937), os textos de Hall (muitas vezes escritos em regime de colaboração) fornecem diretrizes para um entendimento sofisticado e sutil da organização do poder cultural na sociedade moderna. Hall e seus companheiros do CCCS identificaram as ideologias dominantes como mecanismos de poder cujo projeto é manter a HEGEMONIA social. Essa ideia, que já tinha sido sugerida por marxistas como Gramsci e Louis Althusser (1918-1990), é estendida para incluir a perspectiva racial e a de gênero. A principal contribuição de Hall à teoria da cultura é seu entendimento dos processos de codificação e decodificação dos textos culturais. Segundo ele, os consumidores da cultura participam ativamente da construção do significado das mensagens, já que toda mensagem é posta em um código cultural que será ativamente interpretado por seu destinatário. Isso quer dizer que a comunicação de massa não apenas veicula significados fixos e transparentes que a audiência recebe e consome de modo passivo. Para Hall, a experiência de consumo dos textos culturais é um processo aberto e complexo, menos uma determinação do que uma negociação social. Deve-se à influência de Hall a ampla aceitação do nexo entre ideologia, cultura, veículos de massa, identidade e política. ▶ Cf. CODIFICAÇÃO/DECODIFICAÇÃO.

BIBLIOGRAFIA

HALL, Stuart. *Encoding and decoding in the television discourse*. Birmingham: Center for Contemporary Cultural Studies, 1973.

halo CINE FOT TV Contraste muito acentuado, entre um objeto fotografado, filmado ou televisado e a área ao seu redor, que é visto ger. como uma auréola escura em torno de um objeto brilhante e claro.

Hamilton, W. (William) D. (Donald) (Cairo, Egito 1936 - Londres, Inglaterra, 2000) Considerado o mais importante biólogo evolucionista desde Charles Darwin (1809-1882), autor de teses revolucionárias sobre a fundação genética da sociabilidade e a evolução do sexo, e um dos mais influentes sociobiologistas do sXX. ▶ No início de sua carreira científica, W. D. Hamilton interessou-se por demografia, mas, após a leitura do livro do geneticista Ronald A. Fisher (1890-1962), *The Genetic theory of natural selection*, passou a acreditar que fosse possível a elaboração de uma teoria de base matemática para o entendimento dos processos evolutivos. Sua primeira contribuição importante para a teoria evolucionista toma uma forma matemática: $C < r \times B$ ou $rB > C$; em que C representa custo de um ato, r, o grau de relação de parentesco entre organismos e B, o benefício auferido pelo recipiente da ação. Isso quer dizer que o custo de uma ação altruísta, que reduz o teor de adaptabilidade de um organismo, é menor do que seu benefício, na proporção direta do grau de relação de parentesco entre o agente e o recipiente da ação. A evolução favorece e seleciona atos altruístas que beneficiem irmãos, que têm metade dos genes, mais do que meios-irmãos, que possuem um quarto de genes com o altruísta; meios-irmãos seriam mais freq. beneficiados do que primos etc. A tese de Hamilton, exposta, de modo complexo em dois artigos de 1964, "The genetical evolution of social behavior", resolvia teoricamente o problema que Darwin notara ao examinar o misterioso comportamento de alguns organismos que abriam mão de sua reprodutibilidade para se dedicar ao cuidado dos parentes. A importância da resposta de Hamilton era mais teórica do que diretamente empírica, o que não diminui sua relevância para a teoria evolucionista. O livro de Richard Dawkins (1941-) *O gene egoísta* popularizou as teses de Hamilton, o que, por sua vez, gerou uma imensa reação por parte de antropólogos e cientistas sociais. Todos os tipos de argumentos foram lançados contra o argumento de Hamilton: sua tese era politicamente reacionária, porque engessava a vida social no molde presumidamente rígido da hereditariedade genética; era, ao mesmo tempo, a expressão do mais crasso reducionismo, além de desconsiderar a dimensão cultural das sociedades humanas. As reações contra Hamilton traçavam o primeiro esboço da estigmatização de qualquer forma de SOCIOBIOLOGIA. Ao mesmo tempo em que apresentava um novo fundamento para a sociabilidade, Hamilton desfazia uma tradição de autonomia da ordem social que dera origem à sociologia e à antropologia. Até a matematização das relações genéticas que Hamilton propiciou, o parentesco era entendido apenas nos termos de uma função arbitrária, que seria regida por regras estritamente culturais. Depois de Hamilton, a teoria do parentesco adquiria uma base biológica que indicava uma direção bem diversa das teorias sociais originadas na mera especulação de filósofos iluministas, como Jean-Jacques Rousseau (1712-1778), que, na ignorância da genética, separavam natureza e cultura. A aceitação das teses de Hamilton foi progressiva no interior do pensamento biológico, enquanto elas foram profundamente rejeitadas pela antropologia cultural. Mas a explicação matemática de Hamilton mostrava-se perfeitamente apropriada para explicar a evolução social de abelhas, formigas e vespas que, devido a seus sistema genético haploide-diploide, têm relações genéticas mais próximas de suas irmãs do que teriam com sua prole. Nesse caso, a relação de custo e benefício favorecia as irmãs que, por isso, se tornavam objeto de investimento por parte dos insetos neutros. Atualmente, quando o assunto é evolução social, os textos de Hamilton são freq. citados. O trabalho de Hamilton é notável por uma série de conceitos e aplicações que transcendem as discussões sobre insetos e outros temas da biologia. Com o cientista político Robert M. Axelrod (1943-), que era seu colega de um outro departamento da Universidade de Michigan, Hamilton elaborou uma influente teoria sobre a evolução da cooperação em organismos egoístas e competitivos. Desenvolvendo a ideia de que a evolução favorece estratégias robustas que não são facilmente invadidas por outras, Axelrod e Hamilton argumentaram que a cooperação emerge da adoção de planos de ação do tipo "toma lá, dá cá" (*tit for tat*) que receberam, no trabalho de Robert L. Trivers (1943-), o nome de ALTRUÍSMO RECÍPROCO. A noção de 'estratégia imbatível' que Hamilton propusera foi adotada pelo biólogo John Maynard Smith (1920-2004) como sendo uma 'estratégia evolutiva estável' (*evolutionary stable strategy*). Até sua morte por malária, contraída durante uma expedição científica ao Congo, Hamilton dedicou-se ao estudo a evolução do SEXO. Para ele, o sexo evolui numa competição interminável com os organismos assexuados, que são parasitas, e seus predadores. No curso da corrida armamentista entre seres assexuados e sexuados, o sexo fomenta a recombinação de genes que se distanciam de cada um de seus genitores. O sexo faz mais do que criar pontos de resistência a parasitas. A escolha do parceiro reprodutivo passa a ser um fator de fundamental importância na estratégia de defesa contra parasitas e vírus. A aptidão biológica do parceiro manifesta-se por signos de cunho material com base nos quais se deduz que o parceiro é uma boa escolha. Brilho, cor, simetria, tamanho, qualidades materiais e formais da pele, das penas e de outros componentes corporais comunicam de fato indícios de resistência a parasitas. Hamilton foi professor visitante da Universidade de São Paulo, tendo recebido as mais importantes honrarias conferidas a biólogos, tais como o prêmio Crafoord (1993) e o prêmio Kyoto (1993).

BIBLIOGRAFIA

HAMILTON, W. D. *Narrow roads of gene land, volume 1: evolution of social behavior*. Oxford: W. H. Herman/Spektra, 1996.

__________. *Narrow roads of gene land, volume 2: evolution of sex*. Oxford: Oxford University Press, 2001.

Hamshahri [persa] JOR O jornal de maior circulação no Irã, publicado pela municipalidade de Teerã. ▸ Em persa, o nome do jornal, *Hamshahri*, traz consigo as associações verbais de cidadãos e companheiros. A publicação, em cores, tem 60 páginas e circulação diária de 400 mil exemplares, distribuídos nos limites municipais de Teerã.

handbill [ing.] MKT PUB Pequeno anúncio entregue em mãos de consumidores potenciais.

handbook [ing.] EDIT Manual informativo sobre determinado assunto.

hangover [ing.] ACS REC.AV Distorção causada por reflexão sonora.

haploide GEN Que possui um único conjunto completo de cromossomos, como é característico dos gametas (diz-se de organismo, de célula); monoploide.

háptico Relativo ao tato; tátil. ▸ Cf. TATO.

hard copy [ing.] INF Versão impressa de texto armazenado em computador.

hard-core [ing.] CINE M.COM Que contém material pornográfico. ▸ P.opos. a SOFT-CORE.

hard cover [ing.] ENC Tipo de encadernação de livro feita com folhas de papelão duro, ao contrário da brochura, que é de papel.

hard disk [ing.] INF M.q. DISCO RÍGIDO.

hard drive [ing.] INF M.q. DISCO RÍGIDO.

hard news [ing.] JOR Notícia precisa e factual, que não carece de interpretação e que, por isso, pode ser julgada objetivamente.

hard sell [ing.] MKT PUB Anúncio publicitário que valoriza as qualidades intrínsecas do produto, tais como preço, excelência tecnológica etc. ▸ Ao contrário do anúncio de alguns produtos que se referem a fatores externos ao produto, tais como estilo de vida, extração de classe etc., os anúncios *hard sell* transmitem informação sobre o produto em si mesmo. ▶ Cf. SOFT SELL.

hardware [ing.] INF Conjunto de componentes físicos (material eletrônico, placas, monitor, equipamentos periféricos etc.) de um computador. ▶ Usualmente, as três principais regiões de um *hardware* respondem pela memória, processamento e dispositivos de entrada e saída de dados. As três áreas comunicam-se entre si por meio de um sistema de circuitos que as integram a todos os demais componentes da máquina. A memória armazena dados e programas para processá-los. A unidade de processamento lógico e aritmético transforma os dados recebidos e executa as instruções dos programas, por meio de mecanismos de controle. Num computador, o sistema de armazenamento de dados depende, na prática, das condições físicas e materiais de sua constituição. As linguagens axiomáticas e formais que operacionalizam as máquinas são potencialmente infinitas, limitadas apenas pela imaginação dos programadores. ▶ Cf. SOFTWARE.

harmonia **1** COMN Conformidade entre pessoas; concordância, acordo. **2** ART.PLÁST Proporção agradável; beleza de linha, forma e volume. **3** ART.PLÁST Equilíbrio de cores, tons, nuances. **4** LIT Na versificação, forma de combinar elementos sonoros de uma língua (fonemas, aliterações, ritmo etc.) em textos, discursos, poemas etc. para que soem agradavelmente e provoquem um sentimento de beleza. **5** MÚS Conjunto de sons relacionados. **6** MÚS Conjunto de regras da tonalidade ('sistema'). **7** MÚS Numa orquestra, conjunto constituído pelos instrumentos de sopro. **8** MÚS Conjunto de sons agradáveis ao ouvido.

harmonizador REC.AV Dispositivo de mesas de som que permite a alteração do volume sonoro e, assim, equilibra, equaliza e ajusta o sinal para harmonizá-lo ou distorcê-lo.

harpa MÚS Instrumento bastante antigo, composto de cordas estendidas numa moldura aberta, que, na execução, se dedilha, dispondo modernamente de pedais que afetam a afinação das cordas, gerando sons cromáticos.

haste **1** GRÁF Cada um dos traços retos, oblíquos ou curvos de uma letra, que constitui uma linha de conexão ou de prolongamento (p.ex., o traço descendente do *p*). **2** MÚS Linha perpendicular que compõe uma figura de duração.

HCI [ing.] INF Sigla de *human computer interaction* ('interação entre ser humano e computador').

¹*HD* [ing.] INF Sigla de *hard disk* (DISCO RÍGIDO).

²*HD* [ing.] TV Sigla de *high definition* ('sistema televisivo de alta definição').

HDSL [ing.] TEL Sigla de *high speed digital subscriber Line* ('linha de assinante digital de alta velocidade').

HDTV [ing.] TV Sigla de *high definition TV* ('televisão de alta definição').

header [ing.] EDIT GRÁF M.q. CABEÇALHO.

headline [ing.] JOR **1** M.q. MANCHETE. **2** PUB Título de anúncio.

headphone [ing.] ACS REC.AV M.q. AUDIOFONE. ▶ Cf. FONE DE OUVIDO.

heavy metal [ing.] MÚS Tipo de *rock* de espírito agressivo, que explora batidas rítmicas violentas e efeitos sonoros fortemente amplificados por meios eletrônicos.

hebdomadário EDIT Publicação que aparece regularmente a cada semana; semanário.

hedonismo **1** Dedicação ao prazer como estilo de vida. **2** ÉT Cada uma das doutrinas que concordam na determinação do prazer como o bem supremo, finalidade e fundamento da vida moral, embora se afastem no momento de explicitar o conteúdo e as características da plena fruição, assim como os meios para obtê-la. **3** ÉT Na doutrina formulada pelo filósofo grego Aristipo de Cirene (c435 a.C. - 356 a.C.), dedicação ao prazer dos sentidos, fundamento de todos os prazeres espirituais. **4** Na pensamento do filósofo grego Epicuro (341 a.C. - 270 a.C.), busca de prazeres moderados, únicos que não terminam por conduzir a sofrimentos indesejados. **5** ÉT No sistema filosófico utilitarista, busca do prazer individual, que somente se plenifica por meio de sua extensão para o maior número de pessoas. **6** PSIC Teoria segundo a qual o comportamento animal ou humano é motivado pelo desejo do prazer e pelo de evitar o desprazer.

INFORMAÇÕES GERAIS

A concepção hedonista de que a otimização ou a busca do prazer é o principal bem da vida é uma teoria de caráter ético que fundamenta, mas que acaba se diferenciando do hedonismo psicológico. O hedonismo psicológico resume-se à busca individual do prazer, sem as aspirações transcendentes próprias das considerações éticas. O hedonismo psicológico apenas explica a motivação de um ato em termos do prazer imediato ou posterior que possa causar, enquanto as reflexões filosóficas hedonistas oferecem um padrão de julgamento das ações humanas, tomando, possivelmente, a forma de pensamento sobre agir de uma determinada maneira ou de outra. O hedonismo filosófico é, portanto, uma reflexão sobre as consequências de um ato e não apenas sua motivação. Essa postura, centrada nos efeitos de uma ação, inspira a solução utilitarista que julga o prazer em termos do número de pessoas atingidas pelo ato. Nesse caso, a ética hedonista distancia-se, ainda mais claramente, do hedonismo psicológico. Para o utilitarismo, o prazer não é restrito aos sentimentos do agente, mas definido pelos efeitos causados nos pacientes. A crítica ao hedonismo ético não é a de que esteja errado quanto à conexão entre prazer e bem. É óbvio que fazer o bem traz consigo um modo de prazer. O que seria criticável é sua concepção estreita e distorcida das ações éticas. Como explicar o que é feito para o bem dos que amamos e que não é um prazer, mas o resultado de um sentimento de obrigação? Isso significa que o elo entre bem e prazer é contingente e não necessário. Como explicar também o fato de que a busca do bem é marcada pela busca da felicidade, objetivo bem mais amplo e mais abrangente do que o prazer circunstancial. O sociólogo norte-americano Daniel Bell (1919-) aponta outros limites sociais do hedonismo, observando que a procura desenfreada do prazer na sociedade de consumo destrói os fundamentos éticos do capitalismo, desfazendo a ética protestante que o move e colocando nada no lugar, a não ser um interminável mal-estar civilizatório. Com base na acusação de hedonismo vazio e desenfreado, o senso comum condena a atual indústria do entretenimento.

BIBLIOGRAFIA

BELL, Daniel. *The cultural contradictions of capitalism*. New York: Basic Books, 1996.

FELDMAN, Fred. *Pleasure and the good life: concerning the nature, varieties, and plausibility of hedonism*. New York: Oxford University Press, 2006.

Hegel, Georg W. Friedrich (Sttugart, Alemanha 1770 - Berlim, Alemanha 1831) Filósofo idealista alemão, reconhecido por sua filosofia da história e da religião, criador de um ambicioso sistema interpretativo que abarcaria todas as atividades do espírito humano.▸ A ideia moderna de pensamento histórico encontra sua maior expressão no sistema idealista de Hegel. Com ele, a história deixa de ser uma narrativa do passado com propósitos circunstanciais, como o de Heródoto (c484 a.C. - c425 a.C.), que queria explicar o que caracterizaria os gregos, e o de Tucídides (c460 a.C. - c395 a.C.), que procurava recapturar e expressar, através da narrativa histórica, o que fora um conjunto de fatos verdadeiros. Para Hegel, a história, mais precisamente a historicidade, é um tema com lógica e processos próprios. Após estudar teologia e línguas clássicas, Hegel foi professor da Universidade de Iena, onde começou a desenvolver seu ambicioso sistema teórico, que explicaria a totalidade da experiência humana. Os escritos de Hegel queriam erguer um sistema teórico que fosse capaz de unificar lógica, filosofia da natureza e filosofia do espírito. Ao propor uma interpretação integrada da realidade, o sistema hegeliano abarcaria simplesmente tudo: sujeito, objeto, mente, natureza, arte, religião, Estado, história, psicologia, filosofia etc. Seu primeiro livro importante, *Fenomenologia do espírito*, foi publicado em 1807. Nele, Hegel desenvolve a ideia de que a história se processaria por uma dialética simultânea de superação e conservação, aquilo que a palavra alemã *Aufhebung* encerra num só vocábulo. A imagem que emerge da descrição hegeliana da história como um processo é a de que se trata de um fluxo unitário, cuja aparente diversidade é regida por princípios subjacentes. A originalidade de Hegel é indiscutível. No sistema hegeliano, a espécie humana é entendida como um sujeito autoconsciente em movimento, que se manifesta em todos os aspectos da existência e que constitui o que Hegel denomina de Espírito. Após *Fenomenologia do espírito*, Hegel publicou seu trabalho mais importante, *A ciência da lógica*, apresentado em dois volumes, em 1812 e 1816, que vislumbrava os conceitos necessários para a explicação de qualquer relato sobre as atividades humanas. A lógica de Hegel autorizá-lo-ia a concluir que a marcha do espírito humano caminha no sentido de realização plena e suficiente, reconhecível no Estado prussiano de sua época. Por sua vez, o Estado prussiano só seria compreensível em relação à filosofia pré-socrática, que progride de concepções antagônicas, como a de Heráclito de Éfeso (c540 a.C. - c480 a.C.), que afirma ser tudo movimento, passando por Parmênides de Eleia (c515 a.C. - ?) que, por sua vez, postulava ser o movimento ilusório, e sintetizando-se através de movimentos contraditórios que harmonizam os antagonismos na superação de tais oposições. O Estado prussiano realizaria esse processo na sua culminância. Hegel acreditava piamente na liberdade e no progresso em marcha da história, que existiria num processo de equilíbrio. Por isso, liberdade para Hegel não era o simples exercício da vontade pessoal; ser livre seria seguir uma concepção coletivista de liberdade, que é regulada pelo Estado. A consciência do futuro, que se anuncia no entendimento da história, deve guiar o exercício da liberdade presente. A consciência que caminha ao lado da liberdade não pode ser pessoal: ela é pública. O resultado dessa conjunção é expresso na sua ideia de que a história tenha uma lógica que seguiria um modelo dialético (cf. DIALÉTICA). A vulgarização mecânica da filosofia hegeliana da história disseminou a concepção de que o curso dos acontecimentos é uma forma especial de negatividade, uma passagem de estados que se sucedem segundo um modelo de tese, antítese e síntese. A visão de Hegel era bem mais sutil. Ainda que marcada pela negatividade, a história seria fundamentalmente racional. Não haveria oposição entre o que parece ser contraditório: a unidade dos contrários transcenderia os dualismos tradicionais que separam corpo e mente, liberdade e determinismo, universal e particular, Deus e homem, Estado e indivíduo, sujeito e coletividade etc. Em 1818, Hegel aceitou o prestigioso posto de professor de filosofia da Universidade de Berlim. As aulas de Hegel em Berlim eram concorridíssimas e tornaram-se um púlpito para sua pregação a propósito da história e do direito, que iria atingir todo o pensamento europeu da época. Após a morte, Hegel continuou influenciando o debate intelectual, principalmente em torno da religião. Ele funcionava como um centro de referência a partir do qual gravitavam autores de direita, centro e esquerda. Ludwig Feuerbach (1804-1872), Bruno Bauer (1809-1882) e D. F. Strauss (1808-1874) apresentaram a interpretação hegeliana da religião como sendo a expressão de uma filosofia humanística. Em *A ideologia alemã*, Marx (1818-1883) e Engels (1820-1895) criticaram duramente esses jovens hegelianos (cf. IDEOLOGIA). Filosoficamente, Marx fora, no início de sua carreira, um hegeliano de esquerda. Igualmente de fundo hegeliano é a tese marxista de que a história é luta de classes e que a sociedade comunista moderna resulta dessa negatividade conflituosa, que transforma a propriedade comunitária das sociedades ancestrais. Como estágio histórico posterior, o capitalismo industrialista será superado por um processo que faz da posse mais do que uma dimensão pessoal, criando uma nova síntese que definirá a sociedade comunista moderna. No comunismo, a propriedade privada é abolida e transformada em propriedade do Estado. Para alguns intérpretes das ideias marxistas, o significativo em o *Manifesto do Partido Comunista* é a luta de classes, não o curso hegeliano da história. Marx não seria continuidade, mas ruptura epistemológica com Hegel. A ESCOLA DE FRANKFURT é considerada uma nova forma de marxismo, que incorpora aspectos da cultura de cunho hegeliano. Na França, através das conferências de Alexandre Kojéve (1902-1968), que foram publicadas com o título *Introdução à leitura de Hegel*, as teses hegelianas influenciaram a fenomenologia de Maurice Merleau-Ponty (1908-1961), a psicanálise de Jacques Lacan (1901-1981), o surrealismo de André Breton (1896-1966), entre outros. A perspectiva teórica de que os produtos culturais de um grupo se organizam à maneira de um sistema seria impossível se não houvesse a filosofia hegeliana de história e de espírito humano.

BIBLIOGRAFIA

ALTHUSSER, Louis; BALIBAR, Étienne; ESTABLET, Roger. *Lire le capital*. Paris: PUF, 2008.

HEGEL, Georg W. Friedrich. *Filosofia da história*. Brasília: UnB, 1995.

____________________. *Fenomenologia do espírito*. Petrópolis: Vozes, 2008.

____________________. *Filosofia do direito*. São Paulo: Loyola, 2010.

KOJÉVE, Alexandre. *Introdução à leitura de Hegel*. Rio de Janeiro: Contraponto, 2002.

hegemonia SOC POL **1** Na tradição marxista, liderança política calcada no consentimento e não na violência, esp. aquela que, na luta de classes, o proletariado exerce sobre o campesinato e outros subgrupos submetidos na sociedade. **2** Em Antonio Gramsci (1891-1937), forma de exercício de poder, comum às sociedades modernas e a um projeto de construção gradativa do comunismo, em que instrumentos, como a geração de consenso, alianças e convencimento no âmbito cultural são priorizados em detrimento da violência.

INFORMAÇÕES GERAIS

Entre os teóricos marxistas, o conceito de hegemonia está estritamente ligado a problemas de poder. A primeira acepção, que se encontra em Lenin (1870-1924), refere-se ao papel de liderança e proeminência da classe operária que conduz a marcha revolucionária de modo hegemônico, aliando-se às outras classes em nome da revolução social mesmo que tenham interesses imediatamente diferentes. Nos *Cadernos do cárcere*, Antonio Gramsci formula outra versão do conceito de hegemonia; introduz criticamente Nicolau Maquiavel (1469-1527) e Vilfredo Pareto (1848-1923) à estrutura teórica do marxismo, postulando que o Estado é poder mais consentimento. Gramsci, de fato, enriquece e transforma a concepção de ideologia na filosofia marxista. Até Gramsci, o marxismo vulgarizado concebia o nível ideológico da sociedade como um efeito superestrutural de uma infraestrutura econômica que tudo determina em última instância. Com Gramsci, a ideologia adquire feições produtoras. Por meio da ação ideológica, instaura-se a hegemonia de uma classe. A função social da ideologia é produzir o consenso sem o qual a sociedade é incapaz de se manter e organizar. O poder hegemônico não é coercitivo nem legislativo. A liderança hegemônica de uma classe dá-se pela adesão voluntária de outros segmentos da sociedade; trata-se de uma proeminência verdadeiramente política, porque a classe hegemônica oferece uma visão para a sociedade que transcende os interesses imediatos e, assim, move as outras classes sociais. Teoricamente, Gramsci refina o que fora economicismo cru no pensamento marxista. As situações sociais resultam de um equilíbrio hegemônico de forças contraditórias. O conceito de hegemonia permite que Gramsci desenhe um retrato nuançado da política social que não se restringe a legitimação, falsa consciência e instrumentalização de outras classes. Bem mais do que influentes, as ideologias hegemônicas organizam as práticas coletivas, as relações práticas, as instituições e as consciências individuais. Resta, então, identificar por meio de quem a hegemonia de uma classe se produz. Se a hegemonia se instaura e mantém graças a um processo de liderança intelectual e moral de classe, os intelectuais dessa classe, que são todos aqueles que participam, concebem e executam a organização da sociedade civil, terão uma função orgânica nas classes dominantes. Daí, é fácil ver que Gramsci não poderia estar falando de questiúnculas e de filigranas teóricas puras e simples, mas daquilo que transborda os muros acadêmicos e se infiltra na consciência popular. Um intelectual orgânico de classe é aquele que formula uma visão para a sociedade ou que a dissemina no sistema educacional ou pelos meios de comunicação de massa. Hegemonia é mais do que a manutenção do *status quo*: é uma precondição para o domínio hegemônico. A ascensão hegemônica de uma classe dá-se após sua liderança intelectual ser reconhecida por outros segmentos da sociedade. As teorias marxistas da sociedade veem a ação dos meios de comunicação como um fator na criação da hegemonia das classes dominantes. ▸ Cf. CONSENTIMENTO; GRAMSCI, ANTONIO; HALL, STUART; IDEOLOGIA.

BIBLIOGRAFIA

BOBBIO, Norberto. *Ensaios sobre Gramsci e o conceito de sociedade civil*. Rio de Janeiro: Paz & Terra, 1999.

GRAMSCI, Antonio. *Cadernos do cárcere*. Rio de Janeiro: Civilização Brasileira, 1999-2002. 5 v.

MORAES, Dênis de. *A batalha da mídia*. Rio de Janeiro: Pão e Rosas, 2009.

Heidegger, Martin **(Messkirch, Baden, Alemanha 1889-Messkirch, Baden, Alemanha 1976)** Filósofo e fenomenólogo alemão; pensador sobre a existência, a linguagem e a arte, considerado por muitos o mais importante do sXX, aquele que inovou as questões ontológicas tradicionalmente tratadas pela metafísica; crítico da ciência e da tecnologia. ▸ A filosofia de Heidegger é extremamente complexa. A publicação em 1927 do livro *Ser e tempo*, que muitos consideram seu trabalho mais importante, acontece num momento em que a filosofia parecia ter enterrado, de vez, as preocupações da metafísica tradicional. Para Heidegger era mais do que necessário, era urgente, retornar ao exame ontológico da existência que fora negligenciado não apenas pelo cientificismo de sua época, mas pela própria história do pensamento ocidental. Sempre numa prosa túrgida e obscura, repleta de neologismos e jargões por vezes impenetráveis, Heidegger exerceu fascínio profético e dramático na filosofia do sXX. Segundo ele, o pensamento filosófico e seu compromisso com a investigação dos princípios ontológicos mais fundamentais salvariam a humanidade de uma perda irreparável: a perda do Ser. O aparente triunfo da ciência é apenas o indício da derrocada e da errância humana. No mundo da tecnologia, o homem é um ser desenraizado, um ente desenfreadamente em busca do que não é. A tecnologia afasta-nos do que deveria ser o destino da humanidade: residir na morada do Ser. Sem isso, o homem perde-se, pois vive como coisa no meio de coisas. Tudo começou bem antes da revolução científica moderna; e é também efeito do trabalho interpretativo das filosofias que o antecedem. No entendimento de Heidegger, a vida humana é determinada por sua história, principalmente pelo modo através do qual os homens se concebem. As abordagens metafísicas tradicionais, mesmo quando aparentemente investigam o sentido do Ser, fazem-no de modo errado. A filosofia deveria redirecionar-se e buscar o caminho correto na direção do Ser, ou seja, abordando o Ser das Coisas do ponto de vista do Ser. A história do pensamento e a tecnologia atual apenas manipulam entes, ao mesmo tempo em que negligenciam o cuidado com o Ser. A partir da metafísica platônica, a filosofia confundiu ente e ser. Encontra-se sempre, na leitura de Heidegger, a distinção entre dois domínios: aquele que agrega e reúne os Entes (*das Seiende*) e aquele que é parte do Ser (*Sein*). Bem antes de *Ser e tempo*, o autor procurara desfazer o que ele identifica como um dos dogmas fundamentais da metafísica. Em Heidegger, a questão do ser é basicamente a questão da sua história. Mesmo que sua fama tenha se estabelecido pelas análises existenciais de *Ser e tempo*, os primeiros trabalhos acadêmicos heideggerianos já questionavam o tratamento aristotélico e escolástico do Ser. Seria um erro ler o tema do Ser nos moldes do mundo natural. O que se faz a partir do platonismo e do aristotelismo é apenas confundir a estrutura do significado com a estrutura da realidade física e material do mundo. Porque a dimensão do Ser não é irredutível à ordem das coisas, Heidegger exige que se diferenciem linguagem, significado interpretado e significado referido. Reduzir o significado a referência é empobrecê-lo. É preciso retornar às coisas de outra maneira, com o propósito de redescobri-las, retirando delas o que for entulho metafísico. Só assim seria possível vislumbrar a clareza do Ser-Aí (*Dasein*). Para que a análise filosófica encontre o Ser, é prioritário o exame da existência, mas de um modo especial. A existência, nesse sentido, não é a maneira pela qual as coisas existem. A existência não é presença; ela é fenômeno, entendido no sentido que a etimologia da palavra *fenômeno* sugere: como aquilo que vem à luz. Vir à luz seria mais do que presença, pois levaria em conta a dimensão histórica do existir. Não bastaria apenas separar sujeito pensante e objeto pensado e, por isso, Heidegger recusa-se a pôr a existência entre parênteses como fizera seu mentor, o filósofo alemão Edmund Husserl (1859-1938). Quando a existência é posta entre parênteses, cria-se a ilusão de um mundo fixo, permanente e estável. O saber transforma-se em mera representação, que é o que Heidegger reconhece no cartesianismo, e cuja critica o separa radicalmente de Husserl. É preciso ter a coragem e a autenticidade de encarar a finitude e a instabilidade que só nos vêm pelo exame do tempo. O tempo é o horizonte do Ser, uma dimensão perdida e encoberta pela metafísica tradicional. Obviamente, outros filósofos pensaram o tempo, tentando identificá-lo, mas "o que é o tempo?" não passa de uma pergunta que leva a conclusões equivocadas. O tempo não *é*; se o tempo fosse algo, seria uma coisa e não tempo. O tempo traça o horizonte do Ser, mas é preciso não sobrepor a dimensão do Ser à dimensão do tempo. O Ser está destinado a acontecer, a manifestar-se, a ser fenômeno, revelado na sua relação com o tempo. O tempo é outra dimensão, que transcende a existência tridimensional das coisas. O tempo não deve ser substancializado, nem submetido à justaposição e sequência de momentos unitários, como fazem os ponteiros dos relógios ao mudar de ponto a ponto. A temporalidade autêntica é bem outra: trata-se de uma projeção de um modo fundamental do homem que é Ser-Aí, o *Dasein* que surge no mundo. A temporalidade autêntica da humanidade revela-se na consciência de sua finitude, no seu entendimento de 'Ser para a morte'. A angústia do homem diante da morte desvela o Nada e revela uma urgência que demanda plenitude e procura do Ser. Na consciência da morte, o *Dasein* percebe mais do que seu fim: ele experimenta a temporalidade total, uma unidade de diversidades, bem maior do que a passagem e a adição de passado, presente e futuro. Heidegger promete a revelação da unidade temporal absoluta, que não é necessariamente passado, presente e futuro, projetando-se além de si mesma; mas a última seção de *Ser e tempo*, que discutiria a temporalidade total em relação ao Ser, não foi concluída. Em 1947, Heidegger escreveu uma carta a Jean Beauffret (1907-1982) em que refletiu e negou seu HUMANISMO filosófico, admitindo que *Ser e tempo* ficaria incompleto, pois estava seriamente comprometido pelo domínio sub-reptício de uma linguagem da metafísica: era preciso dar uma reviravolta total no seu pensamento, fazer o que ele chamou de *A virada* (*Die Khere*). Com *A virada*, a análise existencial e fenomenológica deveria ficar para trás. A morada do Ser não se encontra no homem, mas na linguagem. Heidegger concebe a linguagem como o lugar de uma tensão irrefreável, pois, se por um lado leva à ilusão, ao erro, à indiscrição e ao falar à toa, por outro cria o Ser. A ontologia sublinha a visão heideggeriana sobre a linguagem suspeita do caráter representativo do discurso. A linguagem é mais do que gramática. Preso às restrições da expressão gramatical, o Ser aguarda para se revelar na linguagem. O Ser encaminha-se, através da linguagem, incessantemente. Por mais rarefeita que seja a expressão pomposa do pensamento heideggeriano, não se pode negar que haja em seus vários estágios uma unidade filosófica. A analítica existencial de *Ser e tempo* procurava interpretar criticamente as posições singulares do discurso (*Rede*) e da tagarelice pública (*Gerede*), que afastava a humanidade do Ser; em *A virada* (*Die Khere*), Heidegger acreditou ter chegado ao Ser por meio da análise da linguagem (*Sprach*). Após o fim da Segunda Guerra Mundial e a exposição pública de suas relações com o regime nazista alemão, Heidegger dedicou-se a escrever uma série de trabalhos oraculares sobre o pensamento pré-socrático, a poesia de Friedrich Hölderlin (1770-1843), a arte clássica dos templos gregos, entre outros assuntos. Sua argumentação contrastava eficácia tecnológica e exaltação poética.

BIBLIOGRAFIA

HEIDEGGER, Martin. *Ser e tempo*. Petrópolis: Vozes, 2006.
__________. *Conceitos fundamentais da metafísica*. Rio de Janeiro: Forense Universitária, 2006.
__________. *O caminho da linguagem*. Petrópolis: Vozes, 2008.
__________. *Introdução à filosofia*. São Paulo: Martins Fontes, 2009.

hélice dupla GEN Modelo ou estrutura de fitas na forma de hélice retorcida que agrupa, como em um código, as bases químicas das moléculas (adenina, timina, citosina e guanina), semelhantes aos degraus de uma escada espiralada, que respondem pela transmissão de características hereditárias. ▸ Cf. GENE.

heliocromia GRÁF HELIOGRAVURA em cores. ▸ Reprodução de cores por fotografia.

heliografia GRÁF Design. genérica de todo processo de reprodução fotomecânica que se vale da luz para cópia do original.

heliogravura GRÁF **1** Processo fotomecânico de imprimir que se serve de fôrmas impressoras em oco gravadas com uso de gelatina bicromada. **2** Placa obtida por esse processo. **3** Estampa que se tira dessa placa.

heliogravura rotativa GRÁF M.q. ROTOGRAVURA ('processo').

helvética GRÁF Denominação de tipo sem serifa, originariamente desenhado em 1957 por Max Miedinger (1910-1980) e Eduard Hoffmann (1892-1980), de alta legibilidade que, devido à sua forma neutra e clareza visual, é amplamente utilizado em letreiros, materiais impressos, logotipos, formulários, sistemas de sinalização urbana etc.

hemeroteca BIBL Setor das bibliotecas em que se encontram coleções de jornais, revistas, periódicos e obras em série.

hentai [jap.] M.COM Desenho animado, *video game*, animação, história em quadrinhos japonesa de conteúdo pornográfico. ▸ Cf. ANIMÉ.

Heráclito de Éfeso (c540 a.C. - c480 a.C.) Filósofo grego da escola jônica, estilista epigramático chamado 'O obscuro' e 'O criador de enigmas', que formulou a teoria de que o mundo se caracteriza por um interminável estado de fluxo. ▸ Para Heráclito, o mundo que experimentamos é pura e incessante mutação. Considerada desde a Antiguidade uma reflexão enigmática, um primor de obscuridade, a filosofia heraclitiana afirma que tudo flui, ainda que o teor e a velocidade do fluxo mundano sejam variáveis, de objeto a objeto. Heráclito reconhecia que o processo, a consumação e a mudança em si mesma eram a fonte da diversidade. Uma única substância, o fogo, em todas as suas manifestações cósmicas, sublinha a diversidade do que existe. É o que acontece com o clarão súbito e intenso do raio (em si, um modo do fogo), que ilumina as articulações e a totalidade das coisas, que mergulham, em seguida, na escuridão. Segundo Heráclito, os acontecimentos naturais oscilam de um extremo a outro, passando por polos contrários, indo do seco ao molhado, do quente ao frio etc. O que experimentamos é a luta de contrários. O conflito contestatório é, portanto, justiça, e o combate encarniçado é o pai e o rei de todos os acontecimentos. Há, nos fragmentos de Heráclito, bem mais do que a indicação das transformações cíclicas do mundo que, de resto, o senso comum haveria de perceber. Por isso, refere-se a uma unidade oculta, uma harmonia secreta, sem a qual não haveria mudança. Há unidade na diversidade e processo no real. Escrevendo num estilo epigramático, lapidado para dizer o máximo com o mínimo, comunicando-se de maneira oracular e aristocrática, Heráclito distingue-se dos pensadores de sua época, os quais critica duramente: para ele, a crença pitagórica na coerência analítica e conceitual celebrada pela adoração à matemática não passa de um erro, um empanturramento de ideias sem digestão. Os pitagóricos não entendem que a lei do LOGOS é um princípio de ordem e de harmonia que expressa e manifesta mudanças: não se banha duas vezes nas mesmas águas do mesmo rio; o mesmo e o outro se completam; o dia e a noite são um só. A lógica do antagonismo, em Heráclito, reconhece mais do que uma força que unifica a diversidade natural: é essa unidade que autoriza o conhecimento num mundo essencialmente precário e sem firmeza. Apesar de uma vida em solidão, sem discípulos a sua volta, Heráclito está presente, como inspiração e reação, em toda a filosofia grega e principalmente na reverência à ANTILOGIA, que guia o ensino das técnicas retóricas de comunicação pública, disseminadas por PROTÁGORAS DE ABDERA (c490 a.C. - c420 a.C.) e GÓRGIAS DE LEONTINOS (c483 a.C. - c375 a.C.). Diz-se que a crítica platônica à antilogia dos sofistas foi formulada no contato com o heraclitiano Crátilo (sV a.C.). Como se vê no diálogo *Crátilo*, esse interlocutor de Platão (c428 a.C. - c348 a.C.) defende uma versão extremamente cética, radicalmente relativista do que Heráclito pregara. Para Crátilo, porque tudo flui, não há conhecimento possível. Através da *persona* de Sócrates (c469 a.C. - 399 a.C.), Platão reage afirmando, heraclitianamente, a unidade do logos, que é a fonte do saber. A presença de Heráclito é duradoura e estende-se até Hegel (1770-1831) e sua concepção de DIALÉTICA como unidade dos contrários. A justiça que se atinge por meio da luta também habita o pensamento de Marx (1818-1883). Entre os pensadores de outra tradição, Alfred North Whitehead (1861-1947) defende, em *Process and reality*, uma tese heraclitiana, ao afirmar que as ocorrências do mundo estão num processo constante de vir a ser.

BIBLIOGRAFIA

AXELOS, Kostas. *Héraclite et la philosophie*. Paris: Minuit, 1992.

HERÁCLITO. *Fragmentos: origem do pensamento*. Rio de Janeiro: Tempo Brasileiro, 1980.

WHITEHEAD, Alfred North. *Process and reality*. New York: Free Press, 1979.

hereditariedade 1 Condição ou qualidade de hereditário. 2 Conjunto de qualidades físicas e morais transmitidas pelos pais a seus descendentes. 3 GEN Conjunto de processos biológicos que resultam na transmissão de caracteres de uma geração às outras por meio de genes. ▸ Cf. GENE.

hermenêutica 1 FIL LIT Ciência, técnica que tem por objeto a interpretação de textos. 2 SEMIO Teoria voltada à interpretação dos signos e seu valor simbólico. ▸ Cf. SEMIOLOGIA.

INFORMAÇÕES GERAIS

Além de ser uma arte, uma técnica e uma teoria da interpretação, a hermenêutica constitui-se numa postura filosófica quanto ao conhecimento. Sua origem é antiga e remonta às práticas de interpretação de textos ou enunciados que exprimiriam o sagrado. O termo grego, do qual a palavra hermenêutica derivou, indica tanto exprimir como interpretar. Daí o caráter intercomunicativo da locução e também a sugestão de que um ato hermenêutico deve representar a verdade que foi expresso. Geralmente associada à interpretação do significado de escrituras religiosas, a hermenêutica clássica tinha também um caráter jurídico, pois lidava com a interpretação da letra de lei, no caso o direito romano, posteriormente espalhando-se, na Alemanha, para a interpretação de textos literários e filosóficos. Por influência de F. Auguste Schleiermacher (1768-1834), as discussões sobre a hermenêutica assumiram um papel central na filosofia alemã dos sXIX e XX, tornando-se sinônimo de conhecimento verdadeiro na obra de Wilhelm Dilthey (1833-1911) e de Martin Heidegger (1889-1976). Entender seria o mesmo que interpretar. Segundo a hermenêutica que deriva de Schleiermacher, a interpretação possível deve seguir o movimento do 'círculo hermenêutico', que totaliza e caminha do implícito para o explícito, do particular para o todo, do individual para o histórico. Interpretar é ir além do texto e reconstituir a intenção do autor, contextualizado num momento da história. Na obra de Schleiermacher, interpretar é uma atividade que se aproxima do divinatório mas, para Dilthey, a atividade hermenêutica define o saber verdadeiramente humano em oposição às ciências da natureza, que lidam com fatos exteriores à consciência e a história. A posição de Heidegger é bem mais radical do que a de Schleiermacher e Dilthey, que se limitam a apresentar um receituário prescritivo que levaria à interpretação textual correta. Para Heidegger, a hermenêutica compõe-se de atos ontológicos que lidam com o que há de mais universal e que não podem, por isso, se restringir ao que é humano em oposição ao que é natural. Interpretar transcende o entender: é uma forma de criticar. A hermenêutica de Heidegger e sua interpretação de filósofos pré-socráticos e poetas, como Friedrich Hölderlin (1770-1843), depreciam a metafísica ocidental e seu projeto intelectual tecnocrático de transformar os seres humanos em coisas. Sendo produto de interpretações históricas, a hermenêutica tem um dever revolucionário. Nos textos heideggerianos, seu objetivo é o de reformar a história da filosofia e as preconcepções sedimentadas no curso do tempo. A proximidade da hermenêutica com o historicismo é clara e evidente. No pensamento mais recente, o exemplo de Heidegger foi retomado por Hans-Georg Gadamer (1900-2002) e Paul Ricoeur (1913-2005).

BIBLIOGRAFIA

DILTHEY, Wilhelm. *Introdução às ciências humanas*. Rio de Janeiro: Forense, 2010.

GADAMER, Hans-Georg. *Verdade e método*. Petrópolis: Vozes, 2009.

HEIDEGGER, Martin. *Conceitos fundamentais da metafísica*. Petrópolis: Vozes, 2005.

RICOEUR, Paul. *O conflito das interpretações*. Rio de Janeiro: Imago, 1978.

hertz FÍS Unidade de frequência no Sistema Internacional (SI), equivalente à frequência de um fenômeno periódico cujo período tem a duração de um segundo. ▸ Símb.: *Hz*.

hertziano FÍS RÁD Relativo à região de frequência das ondas de rádio.

heurística 1 Arte de inventar, de fazer descobertas; ciência que tem por objeto a descoberta de fatos. 2 INF Método de investigação baseado na aproximação progressiva da solução de um dado problema.

INFORMAÇÕES GERAIS

Ao contrário do algoritmo, que estabelece regras e rotinas predeterminadas que levam a uma solução precisa, o método heurístico é empírico, conjectural e progride por ensaio e erro. As descobertas heurísticas não são nem o produto da sorte ininteligível nem do acaso cego; trata-se de buscas racionais que consideram tanto as pressuposições que deram início à pesquisa, como aquilo que se descobre e se inventa durante o processo de busca. Um jogo de xadrez, p.ex., segue regras apriorísticas que é preciso não esquecer, tais como o tipo de movimento de cada peça e o seu valor relativo face a outras. Mas isso não quer dizer que as regras determinem cada jogada. O jogador procede heuristicamente a cada momento do jogo, simulando alternativas à situação em que se encontra, avaliando-as para que atinja o objetivo de derrotar o adversário. A palavra grega a partir da qual *heurística* se desenvolveu (v. *heurískō* 'encontrar, descobrir') tem a mesma raiz daquela que o físico, matemático e inventor Arquimedes de Siracusa (c.287 a.C. - 212 a.C.) exclamou, ao descobrir a solução para a questão da medida precisa dos corpos. Arquimedes entrara na banheira e ocorreu-lhe que o volume de água deslocado teria que ser o mesmo volume da parte submergida do corpo. A lenda narra que Arquimedes saiu correndo, nu, pelas ruas de sua cidade, gritando: "*eureca*!", ou seja, "achei!". A heurística trata da descoberta e não da prova de uma hipótese. ▸ Cf. ALGORITMO.

BIBLIOGRAFIA

MICHALEWICZ, Zigbgniew; FOGEL, Daniel B. *How to solve it: modern heuristics*. Berlim: Springer, 2010.

POLYA, George. *A arte de resolver problemas: um novo aspecto do método matemático*. Rio de Janeiro: Interciência, 1985.

heurístico 1 Relativo ou próprio da heurística. 2 Que serve para a descoberta ou para a investigação de fatos. 3 Diz-se de hipótese de trabalho que, a despeito de ser verdadeira ou falsa, é adotada a título provisório como ideia diretriz na investigação dos fatos.

hexadecimal INF MAT Diz-se de ou sistema numérico posicional de base 16.

HF [ing.] ELETRÔN Sigla de *high frequency* (frequência elevada).

hieróglifo 1 Unidade fundamental do sistema de escrita do Egito antigo, que aparece nas inscrições sobre os monumentos. ▸ Cf. ALFABETO. 2 Figura ou símbolo enigmático. 3 Escrita ilegível ou indecifrável. 4 Tudo que é difícil de decifrar.

hífen EDIT GRAM Sinal em forma de um pequeno traço horizontal (-), us. para unir os elementos de palavras compostas, separar sílabas em final de linha e marcar ligações enclíticas e mesoclíticas (p.ex., em guarda-chuva, aboli-ção, telefonaram-lhe, fá-lo-ei); risca de união, traço de união, tirete.

highbrow [ing.] Próprio da elite (diz-se de pessoa ou produto cultural).

high definition television [ing.] TV Sistema de televisão que reproduz sinais televisivos com alto nível de resolução por meio de tecnologia digital. ▸ Sigla: *HDTV*.

higroexpansibilidade GRÁF PAP Qualidade do papel higroexpansível.

higroexpansível GRÁF PAP Que se expande ou contrai conforme a maior ou menor umidade do meio ambiente (diz-se de papel).

hipérbole LING RET Ênfase expressiva resultante do exagero da significação linguística (p.ex. 'morrer de medo', 'estourar de rir'); auxese, exageração.

hiperbolizante LING Que ou o que hiperboliza. ▸ Diz-se de qualquer elemento da linguagem (tonal, acentual, mórfico, sintático, estilístico etc.) cuja função é ampliar o significado ou o nível de tensão de algo dito ou escrito, exagerar-lhe o sentido.

hiperbolizar LING RET Usar, ornar com ou introduzir hipérbole (s) em (discurso oral ou texto escrito), como recurso expressivo para acentuar ou diminuir de modo exagerado, desproporcional ou inverossímil.

hiperdoc EDIT INF Abrev. de HIPERDOCUMENTO.

hiperdocumento EDIT INF Arquivo que apresenta recursos de hipermídia em formatos diversos (diagramas, imagens, textos, sons, *softwares* etc.), interligado a outros documentos por meio de *links* programados em pontos-chave, de modo que o usuário possa passar de uma informação a outra, conforme seu interesse. ▸ Abrev.: *hiperdoc*. Cf. LINK.

hiperlink INF Aport. de *hyperlink*. ▸ Cf. LINK.

hipermídia COMN INF M.COM 1 Sistema de registro e exibição de informações informatizadas por meio de computador, que permite acesso a determinados documentos (com textos, imagens estáticas ou em movimento, sons, *softwares* etc.) a partir de *links* que acionam outros documentos e assim sucessivamente. ▸ Cf. LINK. 2 O suporte de informação com tais características de interatividade.

hiperonímia LING Relação estabelecida entre um vocábulo de sentido mais genérico e outro de sentido mais específico (p.ex., 'animal' está numa relação de hiperonímia com 'leão', 'gato' etc.). ▸ P.opos. a HIPONÍMIA.

hiperônimo LING Diz-se de ou vocábulo de sentido mais genérico em relação a outro (p.ex., *assento* é hiperônimo de *cadeira*, *poltrona* etc.; *animal* é hiperônimo de *leão*; *flor* é hiperônimo de *malmequer*, de *rosa* etc.); superordenado.

hiper-realismo HIST.ART Corrente da pintura, escultura, artes gráficas surgida nos Estados Unidos que, inspirada esp. na fotografia, busca uma reprodução fotográfica da realidade, uma interpretação minuciosa do visível.

hipertexto 1 EDIT Apresentação de informações escritas, organizadas de tal maneira que o leitor tem liberdade de escolher vários caminhos, a partir de sequências associativas possíveis, sem estar preso a um encadeamento linear único. 2 EDIT INF Forma de apresentação de informações num monitor de vídeo, na qual algum elemento (palavra, expressão ou imagem) é destacado e, quando acionado (ger. mediante um clique de *mouse*), provoca a exibição de um novo hipertexto com informações relativas ao referido elemento. ▶ Cf. HIPERMÍDIA.

INFORMAÇÕES GERAIS

Em 1987, o fabricante de computadores Apple introduziu comercialmente o dispositivo de hipertexto em seus aparelhos. O hipertexto é um novo tipo de comunicação que permite ao usuário navegar de tópico a tópico sem estar preso pela sequência linear do que está sendo lido. Trata-se de um recurso tecnológico aparentado a textos não sequenciais criados pela imaginação literária. Por isso, o teórico francês da literatura, Gerard Genette (1930-) reconhece uma tessitura intertextual no mecanismo de um hipertexto. O hipertexto agrega e retrabalha hipotextos. Não se trata apenas de um recurso da literatura moderna: James Joyce (1882-1941) estruturou *Ulisses* a partir de episódios das narrativas homéricas; Vladimir Nabokov (1899-1977) cita frequentemente Edgar Allan Poe (1809-1849) no texto de *Lolita*; mas Miguel de Cervantes (1547-1616) fez Dom Quixote viver aventuras dos romances de cavalaria. A literatura não é texto, mas palimpsesto. ▶ Cf. INTERTEXTUALIDADE.

BIBLIOGRAFIA

GENETTE, Gerard. *Palimpsestes: la littérature au second degrée*. Paris: Seuil, 1982.

hip-hop [ing.] Forma de cultura afro-americana, hispânica e jamaicana, composta de canto ritmado (RAP), dança (BREAK DANCING) e grafite, originada na década de 1970 no bairro do Bronx, em Nova York, nos Estados Unidos.

hiponímia LING Relação existente entre uma palavra de sentido mais específico e outra de sentido mais geral, que tem com a primeira traços semânticos comuns (p.ex., *mamífero* está numa relação de hiponímia com *animal*). ▶ P.opos. a HIPERONÍMIA.

hipônimo LING Vocábulo ou sintagma de sentido mais específico em relação ao de um outro mais geral, em cuja classe está contido (p.ex., 'poltrona' é hipônimo de 'assento'; 'leão' é hipônimo de 'animal').

hipótese 1 Proposição que se admite, independentemente do fato de ser verdadeira ou falsa, unicamente a título de um princípio a partir do qual se pode deduzir determinado conjunto de consequências; suposição, conjectura. 2 Suposição ou conjectura pela qual a imaginação antecipa o conhecimento, com o fim de explicar ou prever a possível realização de um fato e deduzir-lhes as consequências; pressuposição, presunção. 3 FIL Proposição (ou conjunto de proposições) antecipada provisoriamente como explicação de fatos, fenômenos naturais, e que deve ser ulteriormente corroborada ou falsificada pela dedução ou pela experiência; conjectura. 4 FIL Vasta explicação científica, métodica e organizada, mas ainda não provada.

hipótese de Sapir-Whorf LING Teoria, segundo a qual, a estrutura de uma língua condiciona as formas do pensamento e do comportamento de determinado povo. ▶ À primeira vista, a ideia básica da hipótese de Sapir-Whorf, formulada pelos linguistas n-am. Benjamin Lee Whorf (1884-1941) e Edward Sapir (1889-1939), parece profundamente razoável e intuitivamente certa: a língua e a cultura em que os enunciados da linguagem são trocados devem ser necessariamente transparentes uma à outra, de tal maneira que os mundos tanto físico como social são afetados e influenciados pelas estruturas linguísticas vigentes no grupo e que categorizam a realidade exterior. Além de determinista, a hipótese de Sapir-Whorf é uma forma radicalizada de construcionismo linguístico: ela postula que, sendo guias para a realidade, os símbolos linguísticos condicionam poderosamente nossos pensamentos sobre as coisas. As coisas não são o que parecem ser e todos os seres humanos não participam de um mesmo mundo empírico. O que percebemos é determinado por nossos sistemas de representação, que organizam os modos de nossas experiências, mesmo aquelas que supomos ser objetivas e naturais. Objetividade e naturalidade resultam, realmente, de nossa familiaridade com as formas particulares de nossa experiência linguística. Na linguagem, tudo parece natural porque aprendemos a manipular um sistema arbitrário de representações, esquecemos que o aprendemos e esquecemos que esquecemos. A língua passa a ser o meio dominante, o filtro de nossa experiência. Daí, Sapir afirma que o mundo real é, em grande medida, uma construção dos hábitos linguísticos do grupo. As línguas são inevitável e completamente distintas umas das outras: elas não podem, por isso, representar a mesma realidade social. Cada sistema de símbolos cria um mundo diferente, segmentando distintamente aquilo que experimentamos. O meio ambiente não é experimentado como uma coisa em si. Os sistemas de representação no qual habitamos predeterminam nossos modos de interpretação do meio ambiente. Nada na linguagem é condicionado pelo meio ambiente, caso contrário não teríamos sistemas de representação tão distintos. A relativa semelhança entre línguas de grupos indígenas norte-americanos deve-se mais à proximidade geográfica dos grupos do que a um mesmo mundo exterior. Whorf, que era linguista amador e não acadêmico, concorda com as sugestões de Sapir e admite que a língua se interpõe entre nossos pensamentos e a nossa percepção de realidade, influenciando o que pensamos sobre ela. A versão de Whorf é mais moderada do que a de Sapir: ele se refere à influência dos usos das representações linguísticas e não exatamente à determinação, como faz Sapir. Os críticos da hipótese de Sapir-Whorf afirmam que nela se confundem linguagem e pensamento. Se as línguas fossem redomas de vidro completamente seladas, não haveria interação possível entre culturas que tenham meios expressivos, ou seja, línguas diversas. A tradução seria totalmente impossível e não haveria indivíduos bilíngues. As descobertas da gramática transformacional de Noam Chomsky (1928-) afirmam o oposto da hipótese de Sapir-Whorf, ou seja, que todas as gramáticas naturais transformam e traduzem regras universais de uma gramática universal nas linguagens naturais, pois os seres humanos possuem formas linguísticas que lhes são inatas. As estruturas do pensamento antecedem as formas das línguas específicas. Se Chomsky está certo, a hipótese de Sapir-Whorf é um equívoco; e mais, a hipótese de Sapir-Whorf oscila, sem ser capaz de definir se o que quer dizer é que a linguagem determina o pensamento ou se somente o influencia. ▶ Cf. TRADUÇÃO.

BIBLIOGRAFIA
PENN, Julia M. *Linguistic relativity versus innate ideas: The origins of the Sapir-Whorf hypothesis in German thought*. The Hague: Mouton, 1972.
SAPIR, Edward. *Language*. New York: Harcourt, Brace, Jovanovich, 1949.
WHORF, Benjamin Lee. *Language, thought and reality*. Cambridge: The MIT Press, 1956.

hipotético-dedutivo **1** Que extrai, dedutivamente, as consequências lógicas de axiomas (diz-se de método ou raciocínio matemático). **2** Que parte de hipóteses explicativas, buscando deduzir as consequências e verificar sua realidade empírica (diz-se de método ou procedimento científico).

INFORMAÇÕES GERAIS

O método hipotético-dedutivo autoriza o teste empírico de uma conjectura sem que haja recurso à INDUÇÃO. Desde o sXVIII e apesar do imenso triunfo, na época, da ciência newtoniana, a atividade dos cientistas parecia carecer de fundamentação lógica. Em *A treatise of human nature*, David Hume (1711-1776) mostrara que a passagem da enumeração de observações para a geração de leis não tinha base lógica e empírica. Presumia-se a regularidade da natureza por motivos estritamente psicológicos, por crença ou por esperança. Se for assim, a ciência não passa de uma atividade irracional. Como justificar o empiricismo da atividade científica se a regularidade da natureza não é percebida, mas sim presumida por especulação? Paradoxalmente, a ciência empírica continuava sendo feita, mesmo carecendo de justificativa lógica. No sXX, o lógico polonês Alfred Tarski (1901-1983) formulou uma solução engenhosa para o problema, postulando-lhe uma metodologia hipotético-dedutiva. Tarski observou que uma sentença empírica tem dois níveis correlatos: é uma linguagem-objeto, que afirma algo sobre os fatos, mas também possui outro nível hierárquico, chamado metalinguagem. Uma sentença corresponde à realidade de um fato porque é possível traduzi-la numa expressão metalinguística que julga e testa a verdade ou falsidade de sentenças expressas em linguagem-objeto. Para distinguir os níveis, Tarski sugeriu que se pusesse a expressão em linguagem-objeto entre aspas. As aspas indicam hierarquia, uma distinção de registros de linguagem. Por isso, as aspas permitem que se separem logicamente as frases declarativas em linguagem-objeto em distinção àquilo ao qual os nomes se referem. A referência testa a frase: o termo 'neve' refere-se ao fato *neve*. Ou veja-se o caso da sentença "a palavra 'neve' tem quatro letras". Pode-se saber se a sentença é verdadeira sem recurso à acumulação indutiva de observações, mas pelo teste empírico de contar as letras da palavra 'neve'. Com as letras factualmente contadas, o que se fez foi cancelar as aspas. Por isso, Willard van Orman Quine (1908-2000) diz que a verdade resulta de um ato de não citação (*disquotation*). Tome-se o caso de uma sentença declarativa, como "o diamante é duro". Não é pela coletânea de instâncias de observação que se reconhece a verdade da sentença. Por mais que observações sejam coletadas, a sentença não pode ser dita definitivamente verdadeira (cf. CONFIRMAÇÃO). Mas, se os elementos da frase forem tomados isoladamente, é possível desdobrar, por sinonímia, 'dureza' em 'resistência a risco'. Essa tradução é meramente nominal e, portanto, hipotética: não se pode pensar que, em si mesma, a frase afirme uma verdade por correspondência empírica. Entretanto, se a frase "o diamante é duro" for refeita com os níveis da linguagem-objeto e a metalinguagem em mente, pode-se formular a sentença "o diamante é duro, se for pressionado contra um vidro e cortá-lo ou nele deixar marcas". Essa frase traduzida tem o mesmo sentido da frase original ("o diamante é duro"), com uma vantagem adicional: é testável empiricamente. Da mesma maneira que se contam as letras da palavra 'neve', para saber se tem quatro letras, o ato de riscar o vidro testa a sentença "o diamante é duro". Feito o teste, é possível deduzir a verdade da sentença. O princípio bicondicional (se e apenas se), que estabelece as condições empíricas da verdade ou falsidade do enunciado, é estritamente metalinguístico, pois permite, como resultado de uma dedução, que se julgue o conteúdo de verdade da sentença expressa na linguagem-objeto. Assim, obtém-se um conhecimento empírico de fundo originariamente hipotético, cuja conclusão é feita dedutivamente sem recurso à indução. Para a filosofia da ciência de Karl Popper (1902-1994), o método hipotético-dedutivo é valioso para falsificar hipóteses teóricas; mas, para seus críticos, a falsificação de um enunciado singular não basta para que um sistema teórico seja derrocado. Um sistema teórico só é falsificado se houver outro sistema teórico disponível para substituí-lo. Para eles, a falsificação pelo método hipotético-dedutivo apenas instrumentalizaria a decisão entre conhecimentos rivais. ▶ Cf. DEDUÇÃO; INDUÇÃO.

BIBLIOGRAFIA
QUINE, Williard van Orman. *Quiddities: an intermittently philosophical dictionary*. Cambridge: Belknap Press of Harvard University Press, 1987.
TARSKI, Alfred. *Logic, semantics and metamathematics*. Indianapolis: Hackett, 1983.

histerese INF Retardo na resposta de uma unidade do sistema quando existe um acréscimo ou decréscimo no valor de um sinal.

história **1** Conjunto de conhecimentos relativos ao passado da humanidade, segundo o lugar, a época, o ponto de vista escolhido. **2** Ciência que estuda eventos passados com referência a um povo, país, período ou indivíduo específico. **3** A evolução da humanidade ao longo de seu passado e presente; sequência de acontecimentos e fatos a ela correlatos. **4** Compêndio histórico que trata desses fatos e eventos. **5** A origem e a evolução de uma ciência, de uma arte, de um ramo de conhecimento. **6** Sequência de ações, de acontecimentos reais ou imaginários; enredo, trama. **7** Narração de eventos, fictícios ou não; narrativa, estória.

INFORMAÇÕES GERAIS

Se a humanidade sempre esteve imersa no tempo, isso não significa que o mesmo tenha acontecido no caso do saber histórico. Quando se diz que há povos sem história, o que se quer dizer é que o registro dos acontecimentos históricos é feito, em algumas organizações sociais, pela fragilidade da memória, o que faz da história vivida um leito impermanente já desparecido ou a ponto de desaparecer. Entendida como um modo específico de investigar e interpretar os assuntos humanos, a história surge de forma clara num determinado momento, a tal ponto que é frequente a recorrência ao chavão pelo qual se afirma que Heródoto de Helicarnasso (484 a.C. - c425 a.C.) seja o "pai da história". As investigações históricas examinam o passado a partir de alguns pressupostos que justificam sua prática. Para alguns historiadores, a sequência de eventos pesquisados oferece, por si só, uma moldura causal seja para o que aconteceu, seja para o que se transcorre no presente. O HISTORICISMO, em outras palavras, a orientação teórica de que a progressão histórica segue leis predeterminadas, é uma derivação desse pressuposto. O objetivo de Heródoto em *Histórias* era bem mais modesto: além de registrar acontecimentos de outra forma destinados a desaparecer, ou mesmo estabelecer as causas das guerras entre os helenos e os bárbaros persas, Heródoto apresentava, olhando para a história, a justificativa de um traço que ele reconhece não só presente mas constante na vida grega, que seria o amor pelo bem inestimável que é a liberdade. Passado, presente e futuro misturam-se na narrativa histórica de maior ancestralidade. A confiabilidade dos fatos descritos por Heródoto foi recorrentemente questionada por intérpretes posteriores, mas o método parece sustentável até hoje. Tucídides de Atenas (c460 a.C. - c396 a.C.), outro historiador grego, não poupa críticas aos que, antes dele, narraram fatos históricos: para Tucídides, poetas, como Homero (prov. sVIII a.C.), exageraram o que se apresentava como história; e os escritores de crônicas em prosa, numa referência velada a Heródoto, preferiram distorcer fatos para agradar e entreter sua audiência. Com o propósito de desencavar a história de entulhos míticos, o historiador deve-se referir apenas aos fatos mais simples e evidentes que funcionariam como argumentos para suas conclusões. O compromisso com a verdade histórica nasce, não com o "pai da História", mas com a *História da Guerra do Peloponeso* de Tucídides. Depois de Tucídides, o que é história não se confunde com qualquer narrativa do passado. As sagas islandesas e os poemas homéricos são criações culturais que se distinguem, necessariamente, do que seja história propriamente dita. Se o objeto da história pode ser a vida total de um determinado povo, grupo, indivíduo, prática ou mesmo objeto criado pelos seres humanos, as interpretações históricas são, por natureza e vocação, interdisciplinares. A interpretação histórica, por isso, recorre a vários saberes que possam esclarecer o passado: geografia, sociologia, economia, antropologia, psicologia, ciência política, registros históricos específicos, arqueologia etc. contribuem para o entendimento complexo de um fenômeno. Uma parte importante do ofício do historiador é avaliar o tipo e a qualidade dos documentos coligidos, que visões do mundo representam, como se enquadram na interpretação das forças que formam o passado, de que maneira foram descobertos etc. A consciência historiográfica do que está sendo feito é, desde Tucídides, parte central da atividade de um historiador e o que dá identidade ao ofício da história. Nos estudos da comunicação, a dimensão histórica tem-se manifestado principalmente através do interesse marxista no passado como ilustração das fraturas de classe. Outra alternativa é a consideração do desenvolvimento dos veículos de comunicação sob a forma de história da imprensa, da televisão ou do rádio, p.ex. A influência do funcionalismo durkheimiano e do estruturalismo linguístico não favoreceram o interesse pelo desenvolvimento e pela transformação histórica dos meios de comunicação. ▶ Cf. HISTORICISMO.

BIBLIOGRAFIA

EVANS, Richard J. *Em defesa da história*. Rio de Janeiro: Zahar, 1999.

MARTÍN-BARBERO, Jesús. *Dos meios às mediações*. Rio de Janeiro: UFRJ Editora, 2009.

WINDSCHUTTLE, Keith. *The killing of history*. New York: Free Press, 1997.

história em quadrinhos M.COM História narrada por meio de desenhos contidos em pequenos quadros, com diálogos inseridos em balões ou com texto narrativo, apresentado sob forma de legenda; *comics, comic book*. ▶ Sigla: *HQ*.

historial 1 Relativo a história ('evolução da humanidade', 'ciência') ou historiadores. 2 Obra histórica.

historicismo 1 Qualidade ou condição do que é histórico; historicidade. 2 FIL Conjunto de doutrinas filosóficas que buscam fazer da história o grande princípio da conduta, dos valores e de todos os elementos (artes, filosofia, religião etc.) da cultura humana. 3 FIL Tendência filosófica, esp. exemplificada pelo filósofo alemão Georg W. F. Hegel (1770-1831), que considera a história como o fundamento ou a dimensão mais profunda da realidade. 4 FIL Orientação teórica seguida pelo pensador alemão Oswald Spengler (1880-1936) e outros autores, tendente a compreender os fenômenos sociais e culturais como elementos integrantes de épocas, períodos ou civilizações distintas, possuindo sentido unicamente contextual e, portanto, relativo; historicismo relativista. 5 FIL Corpo teórico que procura determinar, de forma abrangente e sintética, as grandes etapas que marcam o desenvolvimento ou progresso da história humana, tal como o fizeram, p.ex. Hegel ou Marx (1818-1883); 6 FIL Segundo o filósofo Karl Popper (1902-1994) e outros autores, a suposição de que as transformações históricas ocorrem de acordo com leis, semelhantes em rigor às leis naturais, de tal modo que o curso da história pode ser predito, mas não alterado pela vontade humana.

INFORMAÇÕES GERAIS

No sentido mais polêmico, o historicismo figura como uma tendência filosófica que se espalhou no sXX e que reserva para a história um papel privilegiado na estruturação das vidas humanas. Quando Heródoto (c484 a.C. - 425 a.C.) examina e descreve as guerras entre gregos e não gregos, seu propósito é fundamentalmente narrar e testemunhar os acontecimentos, que certamente, têm papel na formação da identidade grega, mas não se pode dizer que ele advogue os princípios filosóficos do historicismo moderno. História é, para o escritor grego, o exame e a investigação do passado. O título do livro de Heródoto, *Histórias*, refere-se a inquérito, investigação. O renovado interesse de pensadores do sXIX pela história é uma reação ao predomínio do positivismo cientificista que dominava o saber acadêmico de então. Não a ciência, e sim a história ofereceria a chave para todas as disciplinas humanísticas: a economia, a filosofia do direito, a ciência política etc. O resultado seria uma interpretação baseada na análise das ocorrências históricas. Num sentido restrito e moderado, o historicismo não excederia os limites de uma necessária contextualização de caráter histórico. Benedetto Croce (1866-1952), José Ortega y Gasset (1883-1955) e R. G. Collingwood (1899-1943) são historicistas desse tipo. De outra maneira, o historicismo define-se por supor que os acontecimentos do passado não só explicam e iluminam o presente imediato, mas também estabelecem e conferem inevitabilidade às previsões sobre o futuro. A concepção de história, no historicismo, toma a forma de uma marcha, um caminho predeterminado. Mesmo para os que recusam a concepção historicista do passado é preciso discriminar historicidade e historicismo. Considerado o crítico mais feroz das filosofias deterministas da história, Popper diferencia historicismo e historismo. As crenças historicistas postulam que os acontecimentos históricos sejam regidos por leis *a priori*, que traçam o que virá, seja sob a forma do progresso do Espírito, em Hegel, seja como luta de classes, em Marx. Segundo Popper, o historismo não projeta nada sobre o futuro, apenas pede que se contextualize historicamente o que está sendo analisado: as produções intelectuais e culturais de uma época devem ser vistas a partir do momento em que foram produzidas. Dentre os críticos das afirmações popperianas sobre o historicismo, Hans Meyerhoff (1914-1965) diz que Popper usa equivocadamente o termo 'historicismo', aplicando-o a interpretações que não supõem nenhuma forma de determinação rígida da história. Na realidade, Meyerhoff não distingue historicismo e historismo, como faz Popper, deixando de lado o objeto exato da crítica popperiana. Do ponto de vista biográfico, o repúdio de Popper ao historicismo de esquerda e de direita nasce de uma reação ao extremismo dos grupos nacional-socialistas e social-democratas que se digladiavam nas ruas de Viena, quando ele era jovem. Popper abraçava a ideologia social-democrata, mas isso não o impediu de perceber que os dois movimentos, mesmo que conflitantes, invocavam a história como árbitro e cúmplice: a história está do nosso lado, era o que ambos argumentavam. As consequências do fatalismo histórico de esquerda ou de direita são óbvias: a história caminha numa direção determinada por antecipação, seguindo um plano que a sublinha e conduz sem hesitação. Justifica-se, portanto, qualquer esforço ou ato de violência que lhe apresse o passo. ▸ Cf. HISTÓRIA.

BIBLIOGRAFIA

COLLINGWOOD, R. G. *A ideia de história*. Lisboa: Presença, 1986.
IGGERS, George G. *The German conception of history: the national tradition of historical thought from herder to the present*. Middletown: Wesleyan University Press, 1968.
MEYERHOFF, Hans. *The philosophy of history in our time: an anthology selected, and with an introduction and commentary*. Doubleday: Anchor Books, 1959.
POPPER, Karl. *A pobreza do historicismo*. Lisboa: Esfera do Caos, 2007.

histotipia Arte da impressão em tecidos.

histrião M.COM TEAT **1** Comediante, cômico. **2** Indivíduo palhaço, farsista.

histrionia M.q. HISTRIONICE.

histrionice Qualidade, procedimento, ato ou dito de histrião; histrionia, histrionismo.

histriônico **1** Relativo a histrião. **2** Próprio de histrião.

histrionismo M.q. HISTRIONICE.

hit [ing.] **1** Aquilo que tem grande popularidade; o que fez ou faz muito sucesso. **2** INF Unidade que mede o número de visitas a um *site* na internet.

hit parade [ing.] M.COM RÁD TV Ver PARADA DE SUCESSOS.

Hjelmslev, Louis **(Copenhague, Dinamarca 1899 - Copenhague, Dinamarca 1965)** Linguista dinamarquês, criador de uma teoria da linguagem denominada 'glossemática', de grande influência na semiologia e nos estudos da comunicação. ▸ Hjelmslev é o linguista europeu da primeira metade do sXX que sistematizou e desenvolveu, com maior consistência, um sistema teórico que dá corpo às ideias esboçadas por Ferdinand de Saussure (1857-1913) no *Curso de linguística geral*. Hjelmslev estudou linguística comparada em Copenhague, Praga e Paris, publicando, em 1928, *Princípios de gramática geral*, em que apresenta a gramática geral como um sistema abstrato que as gramáticas naturais seguem. Em 1931, Hjelmslev e outros linguistas dinamarqueses fundaram o Círculo Linguístico de Copenhague, um foro de debate teórico e metodológico inspirado no CÍRCULO LINGUÍSTICO DE PRAGA. O Círculo de Copenhague tornou-se um foco importante dos debates estruturalistas que haveriam de influenciar enormemente a filosofia, as ciências sociais e o estudo da comunicação (cf. ESTRUTURALISMO). A concepção de linguagem em Hjelmslev segue o modelo que Saussure estabeleceu: é um todo orgânico, um sistema de signos. A não ser por um pequeno intervalo de três anos, Hjelmslev presidiu até a morte o Círculo de Copenhague. Seu trabalho mais influente, *Prolegômenos a uma teoria da linguagem*, foi publicado em 1943. Nos *Prolegômenos*, Hjelmslev critica o descritivismo linguístico e afirma que a tarefa da linguística é sistematizar os fenômenos da língua. Para ele, o estudo do fonema revela uma propriedade essencial da linguagem: seus elementos não possuem propriedades distintivas em si mesmos (como argumentavam os linguistas de Praga), mas adquiriam propriedades de acordo com as funções determinadas pelas regras combinatórias da cadeia do discurso. Norma e uso são domínios separados. A fonemática, segundo Hjelmslev, mostra que a linguagem é um sistema formal autônomo, determinado por normas próprias. Hjelmslev considerava-se um sucessor de Saussure e dele extraiu a noção de que a língua é radicalmente uma ESTRUTURA que se basta a si mesmo e de nada depende. Só resta à teoria da linguagem seguir as propriedades essenciais de seu objeto de estudo. Por isso, os estudos da linguagem devem ser estritamente formais, almejando atingir um alto grau de formalização, à maneira de uma álgebra combinatória, pois a língua não é substância, mas forma. Por isso, a descrição da linguagem só faz sentido se vincular-se estreitamente à análise da forma que organiza as suas relações. Hjelmslev dá um novo nome à linguística: trata-se da GLOSSEMÁTICA, cujo objeto é o estudo das formas da linguagem, que a estruturam à imagem de um todo sincrônico e solidário. Por extensão, qualquer sistema de signo segue a oposição dicotômica entre forma/substância e expressão/conteúdo. A linguagem, portanto, existe em dois planos: o da expressão e o do conteúdo. No interior de cada plano verifica-se uma subdivisão de forma e substância. A glossemática hjelmsleviana é radicalmente dedutiva e altamente abstrata, como ele considera ser a natureza do sistema linguístico. Inevitavelmente, a tarefa da linguística seria estudar a forma da expressão e a forma do conteúdo. No artigo "Pour une sémantique structurale", Hjelmslev argumenta o que já fora sugerido nos *Prolegômenos*, que o signo é uma entidade isomórfica e que, portanto, a forma do conteúdo do signo pode ser entendida segundo os mesmos princípios que guiam a forma da expressão. Posteriormente, nos seus escritos publicados na revista do Círculo de Copenhague, Hjelmslev sugere a possibilidade de descrever a linguagem segundo quatro níveis básicos: a substância do conteúdo, a forma do conteúdo, a forma da expressão e a substância da expressão. As distinções conceituais que a glossemática aponta são frutíferas para o estudo da comunicação e dos signos por dois motivos: pela possibilidade que abrem para uma formalização rigorosa dos atos comunicativos, de inspiração lógico-dedutiva; e também pelo que a separação de conteúdo e expressão causa nos estudos semiológicos de autores como Roland Barthes (1915-1980) e Umberto Eco (1932-). É certamente com o pensamento de Hjelmslev em mente que, no texto de *Elementos de semiologia*, Barthes inverte a previsão saussuriana de que a linguística seria parte de uma futura ciência geral dos signos. Barthes acreditava que, devido ao rigor científico dos estudos da linguagem, a semiologia seria, ao contrário, parte da linguística. A isomorfia da expressão e do conteúdo transforma, para esses autores, a linguística estrutural no melhor modelo interpretativo para a análise das trocas de signos. A semiologia como ciência geral dos signos, proposta de maneira esquemática por Saussure, é aprofundada e formulada mais precisamente nos escritos de Hjelmslev.

BIBLIOGRAFIA

BARTHES, Roland. *Elementos de semiologia*. São Paulo: Cultrix, 1996.

ECO, Umberto. *As formas do conteúdo*. São Paulo: Perspectiva, 1999.

HJELMSLEV, Louis. *Prolegômenos a uma teoria da linguagem*. São Paulo: Perspectiva, 2009.

Hobbes, Thomas **(Malmesbury, Wiltshire, Inglaterra 1588 - Derby, Devonshire, Inglaterra 1679)** Filósofo inglês do sXVII, importante pensador sobre a linguagem, tradutor de Tucídides e de Homero, autor de *Leviatã* e fundador da ciência política moderna. ▶ Antes de publicar, em 1651, *Leviatã*, a obra que inaugurou uma nova concepção de Estado, Hobbes escreveu um tratado, *De cive* (Do cidadão), em que apresentou os princípios básicos da ciência política moderna. De formação humanística e classicista, obtida em Oxford, Hobbes apaixonou-se intelectualmente pela geometria e pelo saber científico, ao encontrar, por acaso, uma exposição de um teorema pitagórico num livro de geometria euclidiana. Tendo, numa de suas viagens, conhecido Galileu Galilei (1564-1642), Hobbes dedicou-se a aplicar os princípios da ciência de sua época ao estudo do homem e da sociedade. Foi um movimento oposto ao socrático, que separara o mundo natural do mundo social. Conceitual e literalmente, Hobbes criou a noção de uma *ciência* política. Sua obra apresenta mais do que hipóteses sobre a sociedade humana. Hobbes acredita que a ciência do corpo e do movimento são as fundações do que seja político. O estudo da política deve ser, por isso, acompanhado dos preceitos rigorosos das ciências naturais e da matemática, que confeririam certeza empírica e dedutiva ao que fosse proposto para o caso da vida social. Tratados posteriores ao *De cive*, mais especificamente *De corpore* (Do corpo) e *De homine* (Do homem), exploraram princípios que irão, mais tarde, se incorporar a sua obra máxima, cujo título, *Leviatã*, é tirado de uma passagem do Livro de Jó, em que se encontra referência a um monstro de poderes totais e assombrosos, que funciona como metáfora para o poder absoluto do Estado. É preciso, entretanto, ler Hobbes cuidadosamente: ele não é um defensor obtuso do poder totalitário, um filósofo ateu, egoísta e herético, como muitos o qualificaram. A versão que Hobbes apresenta da natureza humana de forma alguma advoga o egoísmo cego; apenas afirma, como princípio axiomático, que os seres humanos são movidos pela intenção de proteger seus interesses, em nome da sua preservação. Consequentemente, se cada ser humano segue interesses próprios, como é possível viver em sociedade sem que a vida seja solitária, suja, bruta e curta, como diz uma das frases célebres do seu tratado? O que faz com que o homem não seja o lobo do homem? Se as paixões caracterizam a psicologia humana, como evitar que se instaure uma guerra generalizada? Hobbes percebe que não há como ignorar que um traço psicológico básico deve ser visto em termos do que causa numa população. Caso sejam assim os seres humanos, indivíduos conscientes que perseguem prioritariamente seus próprios interesses, como podem viver em sociedade? O texto de Hobbes oferece uma resposta dedutivamente clara: é preciso que haja um foco de poder capaz de implementar regras e contratos comuns, que produzam paz e equilíbrio. Não há outra saída para o estado natural que a ação do todo sobre as partes, seja sob a forma de aparelho político e poderoso do Estado, seja como educação e treinamento da sociedade. Sem isso, resta apenas o sentimento de medo constante. As sociedades não são produtos naturais, mas efeitos construídos; logo, é do interesse comum e benéfico para todos a submissão a um poder que medeie e organize as relações entre indivíduos. Não há outra saída ditada pela razão; seria irracional aceitar a morte violenta nas mãos de outros, que é o que aconteceria sem a existência de um Estado poderoso. Para Hobbes, a vida natural é uma constante situação de guerra, justamente o contrário de uma sociedade regulada de modo holístico. Sem isso, o que há é desordem, o que, para ele, é sinônimo de mal, da mesma maneira que a paz significa o bem. Hobbes é um contratualista racional, sem recurso à vontade coletiva. Por que o Estado tende a ser grande? O Estado deve ser sempre do tamanho apropriado para oferecer a devida proteção a seus súditos. O Estado precisa ter recursos e poderes suficientemente fortes para fazer com que as leis sejam implementadas e respeitadas. Sem leis não haveria segurança nem razão para que o Estado, de fato, exista. Nem sempre os intérpretes que se debruçaram sobre o paradoxo filosófico de Hobbes, que advogava um autoritarismo político organizado racionalmente em torno do direito natural, notaram a importância intelectual de seu pensamento sobre a linguagem e a comunicação. No capítulo IV do *Leviatã*, Hobbes reconheceu, no surgimento da linguagem, um acontecimento central para a humanidade. Segundo ele, a linguagem seria composta de *nomes* e de *apelações* que se conectam para produzir, registrar, lembrar, trocar e comunicar pensamentos. Instrumento de múltiplas funções, a linguagem é uma condição para a existência dos homens no Estado, vivendo sob a regra de contratos e em paz. Os predadores e presas da natureza são despossuídos de racionalidade ou de qualquer coisa que seja como a linguagem humana. Após refletir brevemente sobre a origem da dimensão linguística, com argumentos próprios do ADAMISMO e do BABELISMO, Hobbes conclui que a invenção da linguagem permite a passagem de um discurso mental para um discurso verbal, que é comunicável e partilhável entre os homens. As funções que daí derivam são o aconselhamento, o ensino, a revelação da intimidade pessoal, o agrado e a criação de expressões que deliciem pelo ornamento e pelo jogo das palavras.

Entretanto, a linguagem é tb. o lugar do erro e do abuso metafórico, que tem por propósito ofender, enganar e iludir os outros. Pela imposição de nomes e apelações, calculam-se as consequências das ações para si e para o grupo. O julgamento que a linguagem autoriza é tanto social como cognitivo: sem a expressão linguística, p.ex., não há como demonstrar as propriedades intelectivas de um triângulo. Verdadeiro e falso não são atributos das coisas, mas propriedades da ordenação das sentenças. A linguagem traz consigo a razão, já que compreensão é a concepção causada pelo discurso. Hobbes alertou que é preciso ter cuidado social com o discurso: as palavras podem ser o balcão dos sábios e a moeda dos tolos. Entendimento e linguagem não se descolam e, por isso, são condições para o contrato político e para a emergência do Estado. Com extrema originalidade, Hobbes demonstrou que a linguagem tem como função e propósito bem mais do que descrever o mundo; através de atos de fala e de julgamento, expressam-se pontos de vista, selam-se promessas e estabelecem-se contratos. Revelou também que o CONTRATUALISMO político e o CONVENCIONALISMO linguístico e semiótico são lados necessariamente complementares de um mesmo molde de raciocínio.

BIBLIOGRAFIA

HOBBES, Thomas. *Do cidadão*. São Paulo: Martins Editora, 2002.

____________. *Do corpo*. Campinas: Unicamp, 2002.

____________. *Leviatã*. São Paulo: Martin Claret, 2009.

____________. *Os elementos da lei natural e política*. São Paulo: Martins Fontes, 2010.

holanda PAP Red. de PAPEL DA HOLANDA.

holandês PAP M.q. HOLANDESA.

holandesa PAP Aparelho us. no tratamento da pasta de papel e formado por um cilindro de ferro, munido de facas, a girar no interior de um tanque de formato oval; batedora, holandês.

holismo 1 Abordagem, no campo das ciências humanas e naturais, que prioriza o entendimento integral dos fenômenos em oposição ao procedimento analítico em que os componentes são tomados isoladamente. ▸ P.ex., a abordagem que parte da sociedade global e não do indivíduo. **2** FIL LING Na filosofia da linguagem, teoria que considera o significado de um termo ou sentença unicamente compreensível se for considerado em relação com uma totalidade linguística maior, através da qual adquire sentido.

INFORMAÇÕES GERAIS

Para os estudos sociais da comunicação, o holismo é uma teoria que surge da ideia de que a totalidade do grupo social, à semelhança do que formado pelo organismo biológico, seja maior do que a soma de seus membros. Assim, para entender fenômenos sociais, é preciso a vê-los a partir daquilo que os totaliza, seja sob a forma de história ou de CULTURA. Em termos sociais, o holismo presume um tipo de causação determinista de cunho especulativo e inferencial. Infere-se uma totalidade que se origina nas suas partes. Porém nada disso garante que a a totalidade inferida não passe de mera idealização irrefutável. Afinal, o todo é sempre uma abstração maior e mais abrangente do que suas partes, o que leva facilmente à sensação de que a generalização seja definitivamente certa e irrefutável. Em várias disciplinas, o holismo é frequentemente metodológico, mas há possibilidade de ser descritivo em ocasiões claras e específicas. A tese de que exista uma força, um *élan* vital conduzindo as ações dos seres vivos e a hipótese durkheimiana de que a sociedade seja um todo maior do que os comportamentos individuais que são por ela gerados exemplificam o holismo metodológico. Por outro lado, a hipótese holística defendida pela GESTALT deriva de evidência empírica que sugere que o cérebro humano opera por meio de generalizações funcionais causadas em áreas especializadas que, por sua vez, totalizam as singularidades das sensações. O holismo semântico supõe que os termos e as sentenças linguísticas estão interligados num sistema que se altera se os seus elementos trocarem de lugar. ▸ Cf. ESTRUTURA.

BIBLIOGRAFIA

BERTALANFFY, Ludwig von. *General system theory: foundations, development, applications*. London: Allen Lane, 1968.

SMUTS, Jan. *Holism and evolution*. New York: McMillan, 1927.

Hollywood CINE M.COM Área da cidade de Los Angeles, Califórnia, onde se localizava toda a indústria cinematográfica dos Estados Unidos. ▸ Situado ao noroeste do centro da cidade de Los Angeles, desde o início do sXX o bairro de Hollywood é sinônimo de indústria cinematográfica, ainda que, atualmente, nesse distrito, estejam localizados apenas ramos subsidiários dessa indústria (edição, efeitos especiais, vestuário, pós-produção etc.). Em meados do sXIX, Hollywood era uma comunidade agrícola que cresceu a ponto de ter, meio século depois, uma população de pouco mais de 100 mil habitantes. Em meados da década de 1910, a Universal City abriu o primeiro estúdio cinematográfico de caráter industrial. O primeiro filme feito em Hollywood foi o curta-metragem, de 1906, *A daring in Southern California hold up*. A dominância econômica e cultural de Hollywood no mundo do cinema caracterizou-se por ser praticamente monopolística. Por isso, *hollywodiano* deixou de ser um adjetivo descritivo e passou a identificar imperialismo cultural norte-americano. Historicamente, o compromisso de Hollywood sempre foi com um projeto de cinema comercial para as massas. Durante o período áureo de Hollywood, o mercado cinematográfico era dominado por cinco companhias (MGM – Metro Goldwyn Mayer, Paramount, RKO Radio Pictures, Warner Bros e 20th Century Fox), que produziam, distribuíam e controlavam a exibição de filmes. A partir do fim da década de 1940, Hollywood passou também a ser um centro de produção para TV e gravação de discos. Hollywood exemplifica fielmente o que a ESCOLA DE FRANKFURT identificava como indústria cultural, pois a ideia de produção em série que Henry Ford (1863-1947) aplicara à fabricação de carros foi transposta, literalmente, para a feitura de filmes. É indiscutível que o exílio nos Estados Unidos dos frankfurtianos Theodor W. Adorno (1903-1969) e Max Horkheimer (1895-1973) os familiarizara com a cinematografia hollywoodiana. A padronização industrial caracteriza o modelo de Hollywood, que transcende os limites do filme propriamente. Hollywood foi também responsável pelo culto a celebridades, pois o comportamento dos atores e artistas, contratados com exclusividade por seu *star system*, servia para promover os filmes feitos pelos estúdios. Combinando filmes e promoção de comportamentos e estilo de vida, Hollywood transformou-se numa das mais poderosas forças ideológicas na sociedade norte-americana. Se depois da década de 1950 Hollywood entrou em declínio como centro produtor, seu modelo continua vigorando nos setores mais fortes da indústria cinematográfica. ▸ Cf. BOLLYWOOD.

BIBLIOGRAFIA

SCORSESE, Martin. *Uma viagem pessoal pelo cinema americano*. São Paulo: Cosac Naify, 2004.

hollywoodiano M.COM 1 Relativo a Hollywood (Los Angeles, Estados Unidos). 2 Próprio da indústria cinematográfica ou característico de suas produções, modo de vida etc.

holografia ÓPT Método de gravação de imagens ópticas tridimensionais na forma de hologramas, inventado pelo físico húngaro e Prêmio Nobel de Física (1971) Dennis Gabor (1900-1979); fotografia a *laser*, imagem holográfica. ▸ Cf. HOLOGRAMA.

holograma ÓPT Fotografia que produz imagem tridimensional e que contém informação sobre a intensidade e a base da radiação refletida, transmitida ou difratada pelo objeto fotografado. ▸ Um holograma é ger. obtido utilizando a radiação coerente de um *laser*, cuja luz é dividida de maneira que parte dela ilumine o objeto e parte incida diretamente sobre uma chapa fotográfica. A superposição dos dois feixes produz figuras de interferência e a imagem é reproduzida ao se iluminar a fotografia com a luz do *laser*.

home banking [ing.] INF Serviço oferecido por bancos a seus clientes, que permite a operação de suas contas através da internet.

homeografia GRÁF Processo de impressão anastática que se serve da combinação de clorofórmio e ácido gálico com uma solução gomosa e pelo qual se obtêm fac-símiles de velhas gravuras. ▸ Cf. IMPRESSÃO ANASTÁTICA.

home page [ing.] INF Página principal de abertura de um *site*, através da qual o programa navegador, uma vez indicado seu endereço (*URL*), tem acesso ao referido *site*. ▸ No caso de haver mais do que uma página, é por essa que se passa às outras. Cf. SITE.

homologia RET Em um discurso, uso reiterado das mesmas palavras, conceitos, figuras etc.

homonímia GRAM LING Relação entre formas linguísticas que, com significados diferentes, têm a mesma forma gráfica e fônica, ou apenas fônica. ▸ Cf. SINONÍMIA.

homônimo 1 GRAM LING Diz-se de ou cada uma de duas ou mais palavras de significados diferentes e grafia idêntica; homógrafo. 2 Diz-se de ou cada uma de duas ou mais palavras, ou dois ou mais morfemas, de significados diferentes e de forma fônica idêntica (p.ex., *papa* 'comida' e *papa* 'pontífice', *cant-* 'ângulo' e *cant-* 'cantar'; homófono.

hook [ing.] M.COM M.q. GANCHO ('recurso').

horário RÁD TV Cada um dos períodos em que está dividida a programação de uma emissora, caracterizados por diferentes audiências e consequente diversidade de programação e dos preços para inserção de comerciais.

horário nobre RÁD TV Período de maior audiência dos meios de comunicação de massa, esp. televisão, compreendido ger. entre 19 e 22 horas, e em que são mais altos os preços cobrados para anúncios de publicidade.

Horkheimer, Max (Sttugart, Alemanha 1895 - Nuremberg, Alemanha 1973) Filósofo e sociólogo alemão, um dos principais pensadores da ESCOLA DE FRANKFURT, diretor do Instituto para Pesquisa Social, autor do projeto de uma TEORIA CRÍTICA da sociedade, criador do conceito de INDÚSTRIA CULTURAL.

INFORMAÇÕES GERAIS

Desde o início da década de 1930, quando assumiu a direção do Instituto de Pesquisa Social, Horkheimer defendia a ideia de que uma teoria transformadora da ordem social teria de ser, necessariamente, interdisciplinar. E, de fato, uma congregação interdisciplinar de pensadores reuniu-se em torno de Horkheimer, composta de filósofos, sociólogos, economistas e críticos literários. Essa congregação é a Escola de Frankfurt. Uma espécie de desilusão generalizada tipifica os escritos de Horkheimer. Em *Eclipse da razão*, escrito em 1941, ele fala na relação entre afetos e conceitos, entre razão subjetiva e razão objetiva, como sendo uma oposição superficial e espúria, gerada pelo desenvolvimento histórico e social. O sentimento pessoal e a instrumentalização da natureza seriam apenas os dois lados de uma mesma moeda, distintos, mas proximamente conectados. Tanto um como outro fomentam distorções irracionais. A verdadeira razão é aquela de cunho social que emerge no exercício livre da crítica. Não é, portanto, sem motivo que Horkheimer rejeitou o apoio acrítico à ortodoxia soviética que exigia obediência aos ditames do Partido Comunista. Pensar, para ele, é fundamentalmente criticar o que há de opressivo na sociedade. Sua explicação para o fenômeno da personalidade autoritária, presente nos coletivismos nazifascistas e comunistas da primeira metade do século passado, afasta-o ainda mais dos pressupostos marxistas que guiavam seus trabalhos iniciais. Após sua leitura de Sigmund Freud (1856-1939), Horkheimer vê o processo civilizatório como um beco sem saída. Ele identifica, na civilização contemporânea, uma ordem social corrompida pelo planejamento tecnocrático, produto da razão instrumental do cientificismo, sustentada por uma cultura de massa que não merece o nome de cultura, mas de *indústria cultural*. No último capítulo de *Dialética do esclarecimento*, escrito com Theodor W. Adorno (1903-1969), em 1947, Horkheimer argumenta que a produção cultural moderna submete-se a uma lógica que lhe é estranha: a lógica da mercantilização industrial. Os produtos oferecidos no mercado da cultura são conscientemente feitos em série, com o único propósito de auferir lucros crescentes. A contribuição intelectual mais duradoura e conhecida de Horkheimer é a noção de indústria cultural que desloca o entendimento da cultura e da comunicação de massa para um plano explicativo bem mais completo do que fora outrora pensado. De maneira geral, a filosofia de Horkheimer define-se mais pelo que nega do que pelo que afirma de positivo; por isso sua contribuição à história do pensamento no sXX é marcada por rejeições, que vão da crítica ao positivismo cientificista à negação da possibilidade de uma filosofia objetiva e livre de tomadas de posição em face de valores, culminando no entendimento cético e negativo dos efeitos sociais da cultura de massa. Após o exílio nos Estados Unidos, onde fora professor de 1934 a 1949, Horkheimer retorna à Universidade de Frankfurt, de onde foi reitor no início da década de 1950.

BIBLIOGRAFIA

ADORNO, Theodor W.; HORKHEIMER, Max. *Dialética do esclarecimento*. Rio de Janeiro: Zahar, 1985.

HORKHEIMER, Max. *Eclipse da razão*. São Paulo: Centauro, 2007.

____________. *Teoria crítica*. São Paulo: Perspectiva, 2003.

horóscopo **1** Diagrama das posições relativas dos planetas e dos signos zodiacais num momento específico (como o do nascimento de uma pessoa), us. pelos astrólogos com a intenção de inferir o caráter e os traços de personalidade e prever os acontecimentos da vida de alguém; cronograma, mapa astral, mapa astrológico, tema astral, tema celeste. **2** Previsão astrológica.

hospedar INF Fornecer a infraestrutura necessária para (um *site*) ser utilizado na internet, oferecendo o *hardware* para armazenar os arquivos que constituem as diversas páginas que fazem parte dele, o *software* que permite administrá-lo e os meios de comunicação para acessá-lo.

hot [ing.] MÚS De ritmo muito acentuado e melodia livremente improvisada (diz-se do *jazz* característico da década de 1920).

hotlist [ing.] INF Lista que enumera os *sites* preferidos pelo usuário da internet.

house organ [ing.] JOR Ver JORNAL DE EMPRESA.

house style [ing.] BIBL EDIT Estilo editorial específico de um veículo impresso.

HQ M.COM Sigla de HISTÓRIA EM QUADRINHOS.

HTML [ing.] INF Sigla de *HyperText Markup Language* (linguagem de marcação de hipertexto). ▸ A *HTML* não deve ser considerada como uma linguagem de programação: o que ela faz é marcar a formatação de páginas na internet. Cf. NAVEGADOR.

HTTP [ing.] INF Sigla de *HyperText Transfer Protocol* (protocolo de transferência de hipertexto). ▸ *HTTP* é um protocolo de trabalho na internet para usuários de sistemas colaborativos de informação.

Huffington Post, The [ing.] INTERN JOR Portal de notícias na internet que oferece matérias, *blogs* e comentários sobre política, cultura, entretenimento, saúde etc.; além de produzir edições locais para algumas cidades dos Estados Unidos (*HuffPost New York, HuffPost Chicago, HuffPost Denver* e *HuffPost LA*), a organização também elabora edições para o Canadá e a França (em associação com *Le Monde*), tendo anunciado em 2012 que atuaria no mercado jornalístico italiano, espanhol e alemão. ▸ Em 7 de fevereiro de 2011, *The Huffington Post* foi adquirido pelo conglomerado de mídia AOL (America Online), mantendo na editoria-geral do Huffington Post Media Group a sua fundadora, Ariana Huffington. Considerado o *site* político mais visitado na internet, *The Huffington Post* é o primeiro jornal da internet que recebeu o Pulitzer Prize, o mais prestigioso prêmio jornalístico n.-am. A premiação em 2012 significa tb. o reconhecimento da importância da mídia digital no universo jornalístico. Politicamente, *The Huffington Post* é uma publicação que assume uma linha à esquerda dos jornais liberais, porém mais tradicionais, da mídia americana.

humanismo **1** Movimento intelectual, difundido na Europa durante a Renascença e inspirado na civilização greco-romana, que valorizava o saber crítico voltado para um maior conhecimento do homem e uma cultura capaz de desenvolver as potencialidades da condição humana. **2** Conjunto de doutrinas fundamentadas de maneira precípua nos interesses, potencialidades e faculdades do ser humano, sublinhando sua capacidade para a criação e transformação da realidade natural e social e seu livre-arbítrio diante de pretensos poderes transcendentes ou de condicionamentos naturais e históricos. **3** Vasta formação cultural que abrange o conhecimento das obras clássicas e o saber científico.

INFORMAÇÕES GERAIS

Não se pode dizer que o humanismo seja uma filosofia, uma escola de pensamento ou mesmo uma doutrina com estrutura conceitual clara e precisa. Entende-se por humanismo um conjunto de pressupostos com alguma motivação e objetivos cognitivos, mas que não passa de uma perspectiva fluida que assume formas variadas em circunstâncias históricas diferentes. Em termos mais ou menos filosóficos, o humanismo procura responder a algumas questões básicas. Existe uma essência propriamente humana? O que a constitui? De que maneira se pode investigá-la? Como utilizar o saber daí resultante para melhorar os destinos da humanidade? Para traçar uma perspectiva dessa ordem, os pensadores humanistas tiveram que primeiro demarcar o domínio que é exclusivo e próprio do humano face ao que lhe contrasta. Para que isso acontecesse, o humanismo modelou-se de forma estritamente secular. A invenção dos deuses e a organização religiosa das sociedades são, certamente, particulares dos seres humanos, mas as doutrinas humanistas rejeitam-nas, porque o humanismo só faz sentido se houver um lugar específico e autônomo para a humanidade no epicentro do universo. O humanismo é incompatível com teorias teológicas, porque a especulação teísta afirma que a humanidade é secundária e subserviente aos planos e desígnios de Deus. O humanismo supõe a mais completa maioridade do homem. A humanidade estaria, também, em contraste direto com o mundo natural e seus organismos. Os homens não seriam joguetes de Deus, nem mera animalidade. A essência do humano só pode ser identificada após essa demarcação de níveis. Os seres humanos teriam, por conseguinte, capacidades e habilidades únicas e essenciais. O humanismo é, por vezes, a expressão de um otimismo nem sempre confirmado pela marcha histórica dos seres humanos. Outra maneira de entender o que seja humanismo é vê-lo como a valoração de saberes e formas de conhecimento tradicionais que nos foram legados pela história. A humanidade seria a sua história. A palavra *humanidades* refere-se ao ensino e ao estudo das artes liberais tradicionais, como a gramática normativa, a história, a retórica, a filosofia, a literatura, uma prática que só se tornou possível após o interesse renascentista nos textos gregos e latinos que tinham sido então redescobertos. Aos poucos, a linguagem que inspirava devoção na cultura medieval é substituída pela eloquência vulgar das línguas de grupos ou de nações. Em seguida ao Renascimento, o outro momento histórico que impulsiona a perspectiva humanista é o Iluminismo. Pensadores e escritores, como John Locke (1632-1704), Jean-Jacques Rousseau (1712-1778), David Hume (1711-1776), Voltaire (1694-1778) e Denis Diderot (1713-1784), entre outros, adicionaram valores progressistas, tais como a liberdade, a tolerância, o secularismo e o cosmopolitismo à perspectiva humanista. Na busca da concretização desses valores, a humanidade progrediria, aperfeiçoando seu senso moral e sua responsabilidade. Ainda que os sXIX e XX tivessem presenciado a deterioração das condições sociais, assaltadas pela industrialização, pela explosão urbana, pelo desenraizamento causado pela migração populacional do campo para a cidade, pelo genocídio sistemático dos regimes totalitários nazistas e comunistas, as doutrinas de reforma social tendiam a intitular-se humanísticas. Por isso, a primeira fase dos escritos de Marx

(1818-1883) usa frequentemente o adjetivo humanístico para qualificar seu projeto de reforma social. Igualmente, o existencialismo de Jean-Paul Sartre (1905-1980) declara-se, em determinado momento, um humanismo, porque, na melhor tradição humanista, reconhece a liberdade como o atributo principal da vida humana. Na segunda metade do sXX, o humanismo é atacado como uma miragem ideológica. Martin Heidegger (1889-1976) afirma que a humanidade é submetida a questões ontológicas que a determinam: para a ontologia heideggeriana, o que importa é o Ser e não o homem; o homem é secundário: ele não é o mestre da linguagem, mas seu seguidor. A interpretação estruturalista do marxismo que Louis Althusser (1918-1990) advoga afirma categoricamente que, em Marx e Engels (1820-1895), há um momento de corte com a ideologia humanista quando estipulam que a história é luta de classes. O estruturalismo de Michel Foucault (1926-1984) argumenta que o homem é uma construção histórica datada e não uma essência permanente. A tese darwiniana de que a vida orgânica se faz a partir de descendência comum com modificação desfaz a separação de natureza e cultura, um dos pilares que organizam a perspectiva humanista.

BIBLIOGRAFIA

ALTHUSSER, Louis. *Pour Marx*. Paris: La Découverte/Poche, 2005.
FOUCAULT, Michel. *As palavras e as coisas*. São Paulo: Martins, 2007.
HEIDEGGER, Martin. *Sobre o humanismo*. Rio de Janeiro: Tempo Brasileiro, 1995.
NEPOMUCENO, André. *Petrarca e o humanismo*. Florianópolis: Edusc, 2009.
SARTRE, Jean-Paul. *O existencialismo é um humanismo*. Petrópolis: Vozes, 2010.

humanístico GRÁF **1** Diz-se de ou estilo de letra delgada e de corpo redondo, criado a partir da letra minúscula do estilo carolino, desenvolvido na Itália a partir do sXV e posteriormente aperfeiçoado, dando origem ao tipo romano. **2** Diz-se de ou caráter tipográfico que corresponde a certas famílias do estilo romano antigo, segundo a classificação criada por Maximilien Vox (editor francês, 1894-1974) e adotada, em 1962, pela Association Typographique Internationale, sediada na Suíça.

Hume, David (Edimburgo, Escócia 1711 - Edimburgo, Escócia 1776) Filósofo e historiador escocês, considerado o mais importante pensador britânico; formulador da crítica definitiva às concepções tradicionais de causalidade e de indução; defensor de uma concepção cética do conhecimento como probabilidade; crítico radical de todas as formas de crença religiosa. ▸ Durante a sua vida, Hume foi mais respeitado como historiador do que como filósofo. Hoje, a popular *História da Inglaterra* (1754-1762) é apenas uma curiosidade na história da historiografia britânica, enquanto suas formulações filosóficas inspiram e influenciam as discussões atuais sobre o conhecimento, a causalidade e a indução. O trabalho filosófico e a pessoa de Hume sempre despertaram reações extremas. Hume foi atacado pelo escritor inglês Samuel Johnson (1709-1784), que o considerava o suprassumo da vaidade; alguém que exibia infidelidade religiosa e que, nas palavras de Johnson, não se dera sequer ao trabalho de ler o *Novo Testamento*: segundo o mesmo Johnson, incapaz de tirar leite de vacas, Hume ordenhava um touro. Após celebrar Hume como o mais importante filósofo da tradição empirista, Bertrand Russell (1872-1970) acusa-o de ser o pai da irracionalidade moderna. Não se deve tb. acreditar que Hume tenha sido uma pessoa arrogante ou intratável. Ao contrário, muitos o consideravam sábio, virtuoso e de grande generosidade, a ponto de os franceses chamarem-no de *le bon David*. Hume é o neocético mais importante da história filosófica recente, tanto um empirista como aquele que mostra os becos sem saída do empirismo. Seu primeiro e mais completo trabalho filosófico, publicado antes de ele fazer 30 anos, *Tratado da natureza humana* (1739-1740), é marcado pela precocidade e pela ambição. Ele esperava que a publicação lhe trouxesse fama e um posto universitário, mas o livro foi, na sua própria avaliação, tão ignorado que lhe dera a impressão de ter nascido morto. Como filósofo, Hume publicou também um resumo transformado da seção sobre o entendimento do *Tratado*, com o título de *Uma investigação sobre o entendimento humano* (1748), e, além disso, uma coletânea de ensaios filosóficos, políticos, econômicos, literários e morais, também *Uma investigação sobre os princípios da moral* (1751) e o volume póstumo *Diálogos a respeito da religião natural* (1178), em que ataca frontalmente os dogmas religiosos. Na verdade, Hume disse pouco ou quase nada a respeito do que possa ser entendido como referência direta à comunicação, mas suas ideias sobre o conhecimento, a representação e as associações de ideias importam para aqueles que estudam as mensagens. A postura de Hume em face do conhecimento é, a princípio, restritiva: não se pode conhecer além da experiência; afirmar o contrário não passa de quimera e presunção. Quando Hume afirma que o conhecimento é imperfeito, precário e conjectural, ele dá um passo à frente diante das formulações céticas que atribuíam a fragilidade do conhecimento à imperfeição humana. Hume examina essa fragilidade em termos da natureza do conhecimento observacional, com resultados devastadores e surpreendentes. Se conhecer é uma derivação da experiência sensível, é preciso começar o exame do entendimento pela consideração da natureza das sensações, logo refletindo sobre os dados imediatos que se apresentam, como percepções, na mente humana. Recolhem-se percepções a cada contato com o mundo exterior. Quanto mais próximo o contato, mais vívida a percepção. Outro traço importante das percepções é sua singularidade e irredutibilidade. *Impressão* é o nome que Hume reserva para essas percepções compostas de sensações, paixões e emoções. As impressões que, no curso do tempo, se transformam em representações com menor grau de força e de vividez, seriam *ideias*. As ideias são como as impressões, porém atenuadas. Para Hume, as representações imaginárias só são possíveis se construídas a partir da realidade percebida. Constroem-se seres imaginários com seres reais: a imagem da Medusa combina, numa representação complexa, os cabelos de uma mulher como se fossem serpentes num ninho. A imaginação depende causalmente da realidade, mas não é sua escrava. Mesmo que sejam fatores cruciais para a existência humana, não apreendemos espaço e tempo diretamente. A imaginação fabrica-os numa impressão composta: a percepção visual dispõe os objetos tangíveis que formam a totalidade espacial, enquanto o tato dá origem aos dados sequenciais a partir dos quais se faz a noção de tempo. Conexões causais entendidas como necessárias são produtos da imaginação. A relação de causa e efeito é uma conexão mental de superfície e não a expressão de alguma causalidade profunda e essencial. Um evento segue-se a outro, então imaginamos que resulte de uma causa. Quando se diz que "A é causa de B", o que se diz é que "A é seguido por B"; e toda vez que algo semelhante a A surge, espera-se o aparecimento de algo semelhante a B. A repetição dos acontecimentos em sequência dá lugar a um sentimento de necessidade e de determinação. A necessidade e a determinação são apenas sentimentos: não há justificativa lógica para dizer mais do que isso. Para Hume, aqui reside um paradoxo: mesmo que não haja prova lógica e observacional que sustente as conexões causais, continuamos aceitando-as. Acreditamos que o futuro será necessariamente como foi o passado e pensamos que as leis da natureza são de tal forma constantes que é ridículo duvidar de que o sol nascerá amanhã aproximadamente na mesma hora em que nasceu hoje ou de que os homens sejam mortais. Já que o conhecimento indutivo começa com o reconhecimento repetido da experiência e se completa com um exercício psicológico especulativo e voluntarioso, tudo que a indução revela só pode ser conjectural e provável. O sentimento de realidade que os nexos de causa e efeito produzem é apenas a realidade de sua ideia. O saber indutivo começa na mente e é lançado no mundo real, adquirindo o valor de verdade por força do hábito. Por isso, todos os saberes observacionais não passam de meras crenças. Assim, Hume destrói, definitivamente, a possibilidade de acesso objetivo à realidade, solapando, como Russell o acusara, os sonhos mais caros ao conhecimento científico fundado na indução. Se, após Hume, não se pode fazer ciência da velha maneira, cabe também a dúvida de se a ciência empírica é cognitivamente factível ou apenas uma das muitas crenças que invadem a vida cotidiana. A solução humiana para a questão da indução pode ser julgada insatisfatória: diante de um problema lógico, ele apresenta uma resposta psicológica (cf. CONFIRMAÇÃO; BACON, FRANCIS). Parece uma conclusão incongruente e desviada, mas é preciso entender por que Hume encontra a saída no domínio da crença. Hume enfrentava um grave dilema intelectual. O exame racional do conhecimento sensorial levou-o a um impasse destrutivo: as sensações são fugidias demais para ancorar o entendimento; a razão é um guia traiçoeiro. A que mais se pode recorrer para evitar a mais absoluta paralisia intelectual? A resposta é clara: deve-se recorrer à imaginação. Graças à imaginação, podemos conceber o mundo de maneira diferente, que escapa à fugacidade do sensorial e à autodestrutividade da razão. A imaginação é uma forma especial de conceber o mundo. Através da imaginação, as coisas parecem existir de modo intenso. Não é à toa que, através imaginação, acreditamos num mundo permanente e estável e, por isso, nossa consciência deixa de ser um feixe desconexo de impressões e assumimos uma identidade pessoal, apesar de os corpos humanos estarem em constante mutação. Ao afirmar que a imaginação está no núcleo constitutivo da NATUREZA HUMANA, Hume não está afirmando que sejamos seres vivendo uma liberdade completa e espontânea. Uma das funções da imaginação é sancionar o reconhecimento da repetitividade e do hábito. Somos, por isso, criaturas da imaginação e do hábito. A imaginação arquiteta o hábito. Não existe a ideia de hábito sem a imaginação reconhecer um acontecimento atual como sendo uma imagem semelhante ao que acontecera antes. Uma leitura superficial da filosofia de Hume avaliá-la-ia como um dos vários pensamentos contratualistas que dominam o sXVII, mas Hume é não só aparentado a John Locke (1632-1704) e Jean-Jacques Rousseau (1712-1778), como também deles difere. No argumento humiano, a imaginação inventa convenções porque servem de contrato, porque seguem regras de passagem comuns a todos os seres humanos. Essas regras são mecanismos formais que associam ideias por meio de semelhança, contiguidade e causa/efeito. Assim o mundo natural e social se organiza. O contratualismo antropológico, que segue o exemplo de Rousseau e esquece Hume, acaba enfatizando apenas a estrutura, a convenção e os códigos. É uma leitura empobrecida da comunicação em sociedade, para a qual os argumentos humianos forneceriam o antídoto, pois alertam para o fato de que a linguagem só pode ser simultaneamente hábito e invenção, regra e criatividade. ▸ Cf. ASSOCIAÇÃO DE IDEIAS; CONTRATUALISMO; CÓDIGO; ESTRUTURA.

BIBLIOGRAFIA

AYER, A. J. *Hume*. São Paulo: Loyola, 2003.

DELEUZE, Gilles. *Empirismo e subjetividade*. São Paulo: Editora 34, 2001.

HUME, David. *Investigação sobre o entendimento humano*. São Paulo: Hedra, 2001.

__________. *A treatise of human nature*. Harmondsworth: Penguin, 1969.

MONTEIRO, João Paulo. *Hume e a epistemologia*. São Paulo: Unesp, 2009.

OLIVEIRA, Karina Gaspar de. *Hume: as ficções e os artifícios*. Rio de Janeiro: Zahar, 2006.

PORTO, Leonardo Sartori. *Hume*. Rio de Janeiro: Zahar, 2006.

humor **1** Comicidade em geral; graça, jocosidade. **2** Expressão irônica e engenhosamente elaborada da realidade; espírito. **3** Faculdade de perceber ou expressar tal comicidade.

humorista M.COM Que ou quem, em seus ditos, escritos, desenhos, interpretações cênicas etc., manifesta humor ('comicidade', 'expressão irônica'); que ou quem é capaz de perceber e manifestar a comicidade de situações, falas etc.

hyperlink [ing.] INF Recurso computadorizado que permite a um usuário clicar um cursor e, então, referir-se automaticamente a outra fonte de informação ancorada à original, sob a forma de documento completo ou parcial. ▸ Cf. LINK.

Hz FÍS Símb. de HERTZ.

Ii

i **1** Nona letra e terceira vogal do nosso alfabeto. **2** FON Letra que representa a vogal anterior alta fechada, não arredondada, oral. **3** O nome dessa letra. **4** A forma dessa letra. **5** GRÁF Tipo que imprime essa letra. **6** EDIT Matriz a partir da qual se faz essa letra. **7** Diz-se do nono elemento de uma série.

ibidem [lat.] BIBL EDIT Palavra empregada em citações, com o sentido de 'na mesma obra, capítulo ou página'; *loco citato*. ▸ Lit., 'aí mesmo', 'no mesmo lugar'. Abrev.: *ib.*

ícone **1** Pessoa ou coisa emblemática do seu tempo, do seu grupo, de um modo de agir ou pensar etc. **2** INF Elemento gráfico que, em sistemas operacionais ou programas com interfaces gráficas, representa determinado objeto, operação ou *link*, sendo ger. acionável pelo clique de um *mouse*. **3** SEMIO Signo que apresenta uma relação de semelhança ou analogia com o objeto que representa (como uma fotografia, diagrama, mapa, estátua ou desenho figurativo); p.ex. o desenho de uma faca e um garfo cruzados, que indicam a proximidade de um restaurante. ▸ Nos escritos sobre a classificação dos signos, o lógico e filósofo norte-americano Charles Sanders Peirce (1839-1914) postula o signo como uma função que se faz a partir de três elementos básicos: um veículo (*ground*), um objeto (*object*) e um INTERPRETANTE (*interpretant*), que não é um intérprete, mas outro modo de ser do signo, aquele que interpreta, naturaliza e reduz a relação de arbitrariedade do veículo e seu referente. Quando os signos são classificados nos termos daquilo que representam, temos três tipos: o ícone, o indício e o símbolo. Ao contrário dos outros dois elementos do conjunto, que são regidos por causalidade (índice) e convencionalidade (símbolo), o ícone faz-se a partir de suas qualidades formais internas, que aparentam ter algum grau de semelhança com o objeto designado. Nesse momento, é preciso observar que a classificação de signos na teoria peirceana é consistentemente triádica. O signo é função composta dos três elementos interdependentes já citados (veículo, objeto e intérprete), que se expandem em múltiplos de três: ícones, índices e símbolos. O argumento para o predomínio da estrutura triádica é de cunho lógico-matemático. As etapas lógicas e básicas do raciocínio são unicidade, dualidade e multiplicidade (três, quatro, cinco etc. são igualmente múltiplos), que Peirce denomina de "primeiridade" (*firstness*), "segundidade" (*secondness*) e "terceiridade" (*thirdness*). A qualidade de ser *um* caracteriza o ícone. Os ícones são dominados por relações de estrita qualidade e aparentam-se a sensações independentes do objeto percebido: a qualidade de vermelhidão pode ser produzida com os olhos fechados e numa evocação estritamente mental, independente e irredutível dos objetos vermelhos que efetivamente existem na realidade exterior. Assim como a vermelhidão, o ícone é uma presença na mente, sendo assim uma instância de unicidade e 'primeiridade'. Porque temos a plasticidade da memória, a mente coleta estímulos do mundo exterior, refazendo-os como formas visuais independentes, que não deixam de se referir analogicamente aos acontecimentos naturais. O analógico que o ícone reproduz não é a mera captura termo a termo de uma relação sensorial com o mundo exterior. O ícone denota por suas próprias características e não por efeito da realidade representada. Segundo o topólogo e matemático René Thom (1923-2002), que retrabalhou a noção de ícone de Peirce, a mente é por definição ativa quando contempla e se direciona a um objeto. Ela não copia: produz um *analogon* cognitivo. O ícone é substancialmente presença mental. Essa é sua característica principal, e daí os ícones permanecem como memória, mesmo que o objeto representado desapareça. A permanência de um ícone resulta da plasticidade e da competência da mente em que o signo icônico é produzido. O ícone é um signo que se caracteriza pela semelhança nativa com aquilo que é representado, como é o caso de mapas, diagramas, metáforas, fotografias etc. Classificar uma representação como icônica não implica que tudo nela seja ícone e que esteja purgada e desprovida de qualquer traço de causalidade e convencionalidade. As imagens fotográficas contêm traços indiciais, pois registram uma cena que a lente captura. Uma metáfora faz-se com elementos convencionais linguísticos, mas isso não quer dizer que não seja também um ícone. A ICONICIDADE é uma das formas da referência, uma modalidade de representação que se conjuga com outras maneiras de figurar o nexo entre signos e coisas. Alguns teóricos, como Umberto Eco (1932-) e Nelson Goodman (1906-1998), argumentam que a iconicidade não passa de um efeito de convenções partilhadas socialmente, que criam a impressão de semelhança. Esse é o caso da onomatopeia, que insinua analogia com um som natural, como o canto de um galo, mas acaba produzindo *cocorocó*, em português, e *cock-a-doodle*, em inglês. O som natural seria filtrado por convenções causadoras da sensação de naturalidade. ▸ Cf. ÍNDICE; ICONISMO; SÍMBOLO.

BIBLIOGRAFIA

ECO, Umberto. *Tratado geral de semiótica*. São Paulo: Perspectiva, 2000.

GOODMAN, Nelson. *Languages of art: an approach to the theory of symbols*. Indianapolis: Hackett, 1976.

HARTSHORNE, Charles; WEISS, Paul (ed.). *The collected papers of Charles Sanders Peirce*. Cambridge: Harvard University Press, 1931-1933. v. 1-4.

THOM, René. *Mathematical models of morphogenesis*. New York: Ellis Horwood, 1983.

iconicidade **1** LING Semelhança existente, em certos signos linguísticos, entre a forma e a coisa representada, o que ocorre em onomatopeias (p.ex. *atchim*, *tique-taque*) e palavras onomatopaicas (*sussurrar*, *zumbido*). **2** SEMIO Propriedade que tem o signo icônico de representar por semelhança o mundo real (quanto maior o grau de iconicidade de um signo, tanto menor o seu grau de abstração e de esquematização). ▶ Numa passagem de seus escritos, em que discute a natureza das ações, o lógico e filósofo americano Charles Sanders Peirce (1839-1914) diz que uma locomotiva soltando vapor constitui-se mais precisamente num nexo entre duas entidades distintas: a locomotiva e o vapor. A mente esquematiza reunindo, numa unidade sígnica, os objetos do mundo real. Assim, a locomotiva e o vapor parecem ser uma só coisa, quando, de fato, o nexo é construído semioticamente. Na realidade, todo e qualquer fato é uma relação: um objeto identificado como azul não passa de uma relação do azulado do objeto com a visão humana. O objeto azul age na visão e o que importa, nesse caso, é a maneira como as relações factuais são produzidas. Peirce argumenta que a iconicidade é o processo lógico primeiro. Progressivamente, o pensamento afasta-se da iconicidade, atingindo graus mais altos de abstração. Se é verdade que a iconicidade é o estágio lógico inicial do raciocínio, toda a experiência natural e social se estrutura, em primeiro lugar, como hipótese esquemática. Não há motivo para que a cultura humana se fundamente na convencionalidade em detrimento da iconicidade. É um equívoco ou uma imprecisão considerar a comunicação cultural como sendo estritamente simbólica: ela é o resultado do que, concordando com Peirce, o semioticista Thomas A. Sebeok (1920-2001), identificou como *iconicidade*. ▶ Cf. ÍCONE ('signo').

BIBLIOGRAFIA

HARTSHORNE, Charles; WEISS, Paul (ed.). *The collected papers of Charles Sanders Peirce*. Cambridge: Harvard University Press, 1960. v. 3.

SEBEOK, Thomas A. *The signs and its masters*. Austin: The University of Texas Press, 1979.

icônico **1** Relativo a ícone. **2** Que representa ou reproduz com exatidão e fidelidade; icástico.

iconismo SEMIO Representação por ícones. ▶ O iconismo não é um fenômeno admitido por todos os teóricos. Umberto Eco (1932-) afirma que a iconicidade é uma miragem das convenções, porque toda e qualquer função-signo é uma correlação entre expressão e conteúdo que se baseia num código estabelecido convencionalmente. Não haveria iconicidade sem convencionalidade. Para Eco, a teorização sobre a mecânica do iconismo desconsidera que as representações não se reduzem ao nexo entre signos e coisas. Eco percebe que, se o iconismo é legítimo, sua adoção das teses hjelmslevianas é um equívoco. ▶ Cf. HJELMSLEV, LOUIS; ÍCONE; ICONICIDADE.

BIBLIOGRAFIA

ECO, Umberto. *Tratado geral de semiótica*. São Paulo: Perspectiva, 2000.

iconizar **1** Representar em imagens; figurar. **2** Transformar (alguém ou algo) em ícone.

iconografia ICON **1** Estudo das representações figuradas; repertório dessas representações. **2** Estudo descritivo da representação visual de símbolos e imagens, tais como se apresentam nos quadros, gravuras, estampas, medalhas, efígies, retratos, estátuas e monumentos de qualquer espécie, sem levar em conta o valor estético que possam ter. **3** Descrição de imagens, pinturas, medalhas etc. da Antiguidade, de uma determinada civilização etc. **4** Repertório de imagens próprio de uma obra ou de um gênero de arte, de um artista, de um período artístico. **5** Material pictórico relacionado a ou que ilustra um tema. **6** Repertório de imagens ou símbolos tradicionalmente associados a um tema (esp. lendário ou religioso). **7** Conjunto de ilustrações que constitui ou completa a documentação de uma obra de consulta. **8** Coleção de retratos de pessoas célebres. **9** Grupo de especialistas ou seção de uma biblioteca, uma instituição cultural etc. encarregada de organizar, descrever, arquivar e conservar imagens (gravuras, fotos etc.).

iconologia ART.PLÁST ESTÉT HIST.ART SEMIO **1** Estudo dos ícones ('pinturas', 'representações', 'signos') ou do simbolismo artístico. **2** Ciência da representação, nas artes, de figuras alegóricas, míticas e emblemáticas, e de seus atributos. **3** Estudo de uma obra ou de um conjunto de obras para a interpretação de seu tema e dos seus símbolos como representações alegóricas ou emblemáticas de uma visão filosófica ou moral do mundo. **4** Estudo, por meio de seus reflexos na arte, da atitude básica de uma nação, um período histórico, uma classe social, uma corrente filosófica etc. **5** Ramo das belas-artes que estuda o tratamento dos temas em diversos artistas ou épocas.

INFORMAÇÕES GERAIS

Iconologia é o título de um trabalho de Cesare Ripa (c1560-c1622), publicado em 1593. *Iconologia overo descrittione dell'imagini universali cavate dall'antichità et da altri luoghi* oferecia um catálogo enciclopédico de fórmulas emblemáticas, extraídas das artes egípcias, gregas e romanas, que foi amplamente utilizado por pintores, oradores e poetas, tanto da época como de períodos posteriores, até o sXVIII. Combinando descrições verbais com imagens em xilogravura, que apresentavam visualmente o que fora descrito, Ripa amealhou um vasto repertório de soluções temáticas para a representação de paixões, vícios, virtudes, ciências e artes. O historiador moderno Erwin Panofsky (1892-1968) ressuscitou o termo 'iconologia' com um sentido mais amplo. Nos escritos metodológicos de Panofsky, o iconológico é o nível final de análise histórica das imagens. Fazer história da arte seria reconstruir traços perdidos de evidência que decifram uma configuração artística. O método iconológico reconhece semelhanças entre imagens e textos científicos, literários, políticos ou qualquer outra forma de expressão, seja ela das belas-artes ou das artes ditas menores. A iconologia de Panofsky supõe que, por serem legados históricos, as imagens são produzidas a partir de fórmulas que se repetem exaustivamente. As imagens estão carregadas de cultura e corporificam concepções culturais coletivas. O que Ripa fez foi reunir o que se espalhava pelas artes visuais e verbais transmitidas pela história. O objeto pintado carrega um sentido alegórico que Ripa codificara na sua *Iconologia*. As imagens caracterizam-se por serem ilustrações emblemáticas de um texto que lhes é subjacente. Em termos de método, Panofsky teoriza que o historiador de imagens começa distinguindo o pré-iconográfico, o iconográfico e o iconológico. A abordagem pré-iconográfica descreve a forma visual de uma pintura. Daí, o historiador passa a discriminar a natureza iconográfica da imagem, ou seja, identificar o que, nela, é estritamente convencional. A interpretação iconológica desvela e interpreta o significado inconsciente e não intencional da obra que foi precipitado por valores culturais, por códigos profundos que apresentam e articulam a história da arte. Com base nessas recomendações, Panofsky interpretou a célebre pintura de Jan van Eyck (1395-1441) do casal Arnolfini não como uma representação realista, mas como uma elaborada alegoria. Cada elemento do quadro - o espelho, os pêssegos na janela, o cão aos pés do casal, o quarto conjugal, o gesto de Giovanni Arnolfini - compunha um sermão, um contrato e um certificado de casamento. Para Panofsky, pouco importa se Van Eyck fizera a composição de modo consciente. O programa simbólico das imagens está por toda a parte e faz-se presente em uma imensa variedade de formas intelectuais, na filosofia, na literatura, na religião, nos costumes de época e também na arte. ▶ Cf. ALEGORIA; ALEGORIA VISUAL; PANOFSKY, ERWIN.

BIBLIOGRAFIA

PANOFSKY, Erwin. *Early netherlandish painting: its origin and character*. Cambridge: Cambridge University Press, 1953. v. 2.
__________. *Estudios en iconologia*. Madrid: Alianza, 1996.
__________. *O significado nas artes visuais*. São Paulo: Perspectiva, 2000. 2v.

iconoteca 1 Coleção sistematizada de imagens. 2 Local destinado, em museu, biblioteca etc., à guarda de material iconográfico. 3 M.COM M.q. BANCO DE IMAGENS.

id PSICN Sistema básico da personalidade, que possui um conteúdo inconsciente, por um lado hereditário e inato e, por outro, recalcado e adquirido, de acordo com a segunda teoria freudiana do aparelho psíquico. ▶ Em 1923, Sigmund Freud (1856-1939) usa, pela primeira, o termo 'id' (em alemão, 'isso') para categorizar um dos sistemas psíquicos em operação na mente humana, tomando a expressão de empréstimo à filosofia nietzschiana, que dizia ser o *isso* algo que não é pessoal, mas que forma, de modo necessário, a personalidade do indivíduo. O id é um conjunto inconsciente de forças incontroláveis que ocupa um lugar central naquilo que se chama a segunda tópica, ou a segunda teoria freudiana sobre a constituição do aparelho psíquico. Freud presume que se encontre no id tudo que o sujeito recalcou. O ego humano, ou seja, a personalidade individual, é produto do conflito de forças dinâmicas e contraditórias, portanto uma coação expressa nas formações mentais do id e, simultaneamente, na censura social do superego. Ao redefinir a personalidade humana em termos de *ego*, *id* e *superego* em antagonismo, Freud transforma a vida psíquica numa arena de forças e impulsos que se contradizem e, paradoxalmente, se misturam e se invadem. Conteúdos do superego podem estar reprimidos no *isso*, cujas pressões são inconscientes. O id não é desorganizado, mas mutante, nômade e em estado de fuga, em face do entendimento do sujeito. Diz-se, portanto, que sua desorganização é apenas aparente e, logo, relativa ao ego que se desconhece. O id inclui não apenas a cultura, mas um legado hereditário, fazendo com que, como é muito frequente nas humanidades, alguns critiquem a segunda tópica de Freud como "biologizante". ▶ Cf. AMBIVALÊNCIA; ASSOCIAÇÃO DE IDEIAS; ATO FALHO; INCONSCIENTE.

BIBLIOGRAFIA

FREUD, Sigmund. *Ego e o id e outros trabalhos*. Rio de Janeiro: Imago, 2006.

idealismo 1 FIL Qualquer teoria filosófica em que o mundo material, exterior, só pode ser compreendido plenamente a partir de sua verdade espiritual, mental ou subjetiva. 2 FIL No sentido ontológico, qualquer doutrina, cujo exemplo mais conhecido é o platonismo, segundo o qual a realidade apresenta uma natureza essencialmente espiritual, sendo a matéria uma manifestação ilusória, aparente, incompleta, ou mera imitação imperfeita de uma matriz original, constituída de formas ideais, inteligíveis e intangíveis. 3 FIL No âmbito da filosofia prática, cujo mais notório exemplo é a ética kantiana, doutrina que supõe o caráter fundamental das ideias de conduta como guias da ação humana, a despeito de uma possível ausência de exequibilidade integral ou verificabilidade empírica de tais prescrições morais. 4 LIT RET Teoria ou prática que valoriza mais a imaginação do que a cópia fiel da natureza. ▶ P.opos. a REALISMO.

INFORMAÇÕES GERAIS

As filosofias idealistas acreditam que a realidade material seja o produto direto das operações mentais. Não se deve, porém, dizer que o idealismo seja estritamente filosófico, uma vez que se manifesta também em doutrinas religiosas. A grande questão a ser resolvida pelos vários idealismos diz respeito não só ao funcionamento da mente, mas à sua origem e lugar. Seria a mente uma entidade que se encontra completamente fora da natureza material ou seria o efeito de uma interação de cunho cósmico ou social, sob a forma de espírito coletivo de uma sociedade ou de uma época? As teologias naturais que veem o funcionamento adaptativo aparentemente coordenado da natureza como a realização de um plano criado numa mente divina são formas do idealismo. Foi através da crítica a uma teologia natural desse tipo formulada por William Paley (1743-1805) que Charles Darwin (1809-1882) elaborou o princípio de SELEÇÃO NATURAL, que, sem recurso a Deus, explicaria a diversidade das espécies no mundo natural. Marx (1818-1883) faz algo semelhante com Hegel (1770-1831): ataca a concepção hegeliana de história como marcha inexorável do espírito, reinterpretando-a materialisticamente como lutas de classes. Materialismo e idealismo são polos extremos e antagônicos. Mas, a meio caminho de tais extremos, existem concepções do mundo físico de cunho simultaneamente materialista e idealista, principalmente aquelas que afirmam que o saber natural não é redutível ao conhecimento atual que se tem dela, mas determinado em face de um conhecimento ideal e futuro da natureza que será, um dia, atingido. Alguns criticam essa mistura de realismo e idealismo, dizendo que ela não identifica de maneira correta o que é objeto de conhecimento e saber propriamente dito. Pode-se, porém, criticar essa crítica, observando que não há, de fato, como separar mente e realidade, uma vez que o conhecimento que se tem da natureza é produzido a partir de estímulos naturais que são retrabalhados pelo aparato mental humano: afinal, não há como singularizar, categorizar e entender a natureza que não seja em termos mentais.

BIBLIOGRAFIA

COLOMER, Eusebi. *El idealismo en el pensamiento alemán de Kant a Heidegger*. Madrid: Herder, 1995.
MARKET, Oswaldo. *El início del idealismo alemán*. Madrid: Complutense, 1996.

idem [lat.] EDIT Palavra empregada em bibliografia para indicar 'o mesmo autor', 'o mesmo'. ▶ P.ex.: Clarissa, E, Veríssimo, p. 8, id., p. 33. Abrev.: *id.*

identidade 1 Conjunto de características e circunstâncias que distinguem uma pessoa ou uma coisa e graças às quais é possível individualizá-la. 2 FIL No aristotelismo, unidade de substância, seja no caso da relação necessária entre dois termos (sujeito e predicado) de uma proposição, seja na situação em que dois seres apresentam a mesma essência (p.ex., "Pedro e Paulo são animais racionais") ou ainda quando um mesmo ser é duplicado logicamente (p.ex., "uma rosa é uma rosa"). ▶ Cf. PRINCÍPIO DA IDENTIDADE; ESSÊNCIA. ▶ P.opos. a ALTERIDADE.

INFORMAÇÕES GERAIS

Desde a década de 1970, a questão da identidade domina algumas interpretações sociológicas da etnicidade, da sexualidade, da nacionalidade etc. O princípio explicativo que sustenta o tema da identidade é culturalista e coletivista, pois afirma que as regras, as normas e os valores sociais partilhados atuam fortemente na formação dos indivíduos. Sexo, raça, crença, nação não são biológicos ou naturais, mas uma construção cultural do que se denomina erradamente de realidade ou de natureza. Como num paradoxo, a norma cultural cria arbitrariamente o que é desviante. Frequentemente, os textos que discutem a questão da identidade apresentam uma agenda política de legitimação de minorias, sob a forma da celebração do diverso ou da demanda de concessão de direitos. Porém, esse tipo de tratamento da identidade esbarra em dilemas teóricos. Se as convenções são fortes o suficiente para forjar a natureza de um indivíduo, por que o desvio permanece e não se evapora ao longo do tempo? Se o indivíduo é um agente social ativo, que não se faz passivamente ante um sistema de regras onipotente, onde se reconhece a sua ação? O que se deve privilegiar, a uniformidade ou a diversidade? Os meios de comunicação são muitas vezes introduzidos na discussão como um princípio explicativo *ad hoc* para tais dilemas. O recurso à mídia fortalece as teses do interacionista simbólico norte-americano George Herbert Mead (1863-1931), que inspiram e sublinham as teorias da identidade mais recentes. Mead postulou que o indivíduo só existe em relação a outros indivíduos com os quais partilha mensagens, interagindo simbolicamente. A identidade pessoal é construída a partir de um conjunto generalizado de informações e representações socialmente disponíveis. Esse conjunto de dados e de símbolos dá forma a uma imagem do "outro generalizado", ao qual sempre nos referimos quando agimos de determinada maneira, tomando frequentemente posição face ao outro, atribuindo assim significado a nós mesmo. Mead não o afirma de maneira peremptória, mas é claro que a mídia se estrutura à semelhança de um "eu" generalizado e poderoso. A força das representações coletivas impulsionadas pela mídia e que constituem a IDEOLOGIA dominante não impediria que os atores sociais negociassem sua identidade. Entre os teóricos recentes, Stuart Hall (1932-) enfatizou que a identidade não é uma determinação de molde fixo, e sim um processo fluido submetido a uma multiplicidade de forças e de influências. Ainda que o conceito e a mecânica concreta da negociação sejam vagos e indefinidos, a hipótese da negociação de identidade encontra a aprovação de muitos que estudam os temas correlatos da identidade e da mídia. Na tradição filosófica, uma importante crítica à noção de identidade pessoal fixa foi formulada por David Hume (1711-1776), em *A treatise of human nature*. Como se formaria a noção de identidade pessoal? Se, na argumentação empirista de Hume, todas as ideias derivam de impressões básicas, qual a impressão com a qual a identidade pessoal se articula? O eu ou a noção de pessoa não são nenhuma das impressões corpóreas; o que se tem são sucessões de sensações de dor, prazer, alegria, tristeza, que não existem ao mesmo tempo. A identidade pessoal não passa de um feixe de percepções em sucessão veloz e em fluxo incessante e interminável. O que parece ser identidade é apenas uma ficção construída, resultante da corrente contínua e suave de ideias conectadas pela mente. Hume conclui, portanto, que da relação de ideias a sensação de identidade pessoal se faz. ▶ Cf. FEMINISMO; IDENTIFICAÇÃO; TEORIA CRÍTICA.

BIBLIOGRAFIA

HALL, Stuart. The question of cultural identity. *In*: HALL, S.; HELD, D.; MCGREW, T. (org.). *Modernity and its futures*. Cambridge: Polity University Press, 1992.

HUME, David. *A treatise of human nature*. Harmondsworth: Pelican, 1969.

MEAD, George H. *Mind, self, and society*. Chicago: The University of Chicago Press, 1934.

identidade visual PUB Conjunto integrado de elementos visuais (logotipo, embalagens, cores, uniforme etc.), que distingue de modo prontamente identificável determinada instituição, produto, promoção etc.

identificação 1 Ato ou efeito de identificar-se. ▶ O cruzamento da psicanálise e do marxismo, que é característico da ESCOLA DE FRANKFURT, fornece o modelo explicativo dominante para a compreensão do fenômeno da identificação de um indivíduo com o que é veiculado pela mídia. A personalidade individual constitui-se na recepção de livros, filmes, programas de televisão etc. que enaltecem personalidades alheias. Isso acontece numa sociedade que destrói as formas tradicionais de aprendizado social, até então adquiridas no interior da família. Agora, os veículos de comunicação oferecem diretrizes para a ação humana. Não é à toa, nota o frankfurtiano Leo Löwenthal (1900-1993), que as narrativas biográficas tornam-se tema exaustivamente repetido na comunicação de massa. As biografias são espelhos oferecidos para a identificação de seus leitores. Nelas, os consumidores encontram a celebração contraditória da vida única que se expõe nos termos da mesmice. Há, na proliferação de narrativas biográficas, uma postulação absurda que frequentemente escapa a seus consumidores: nenhuma pessoa pode ser realmente única, porque a qualidade de única é conferida a todos. No seu exame das revistas populares norte-americanas *Saturday Evening Post* e *Collier's*, publicadas durante o período de 1901 a 1941, Löwenthal registra uma variação na tipologia dos biografados. Antes da Primeira Guerra Mundial, biografam-se principalmente figuras políticas; em menor quantidade, profissionais em geral e homens de negócios; e, por fim, pessoas ligadas ao entretenimento: artistas, músicos e desportistas. No início da Segunda Guerra Mundial, em 1939, as proporções alteram-se: as biografias dos políticos caem 40%, enquanto a descrição de vidas ligadas ao entretenimento cresce 50%. Não se trata apenas de uma opção fútil pelo lado frívolo da vida. Löwenthal sugere que o interesse generalizado pelos ídolos de comunicação de massa (artistas, desportistas, celebridades etc.) se dá por meio de uma identificação coletiva, cujo efeito é a construção de subjetividades homogêneas em resposta aos interesses ideológicos das classes socialmente hegemônicas. ▶ Cf. HEGEMONIA; IDENTIDADE; TEORIA CRÍTICA.

2 PSICN Assimilação de um aspecto, uma propriedade, um atributo de outrem e transformação, total ou parcial, segundo esse modelo. ▶ A teoria freudiana apresenta a identificação como uma mecânica peculiar na constituição e na estruturação da subjetividade inconsciente. Através da identificação, um indivíduo torna-se *outro*. Filosoficamente, a origem do conceito de identificação remonta às teses clássicas a respeito da imitação como forma de conhecimento. O argumento de Platão (c428 a.C. - c348 a.C.) sugeria que, quanto mais imitação, mais afastamento da verdade: sendo assim, a imitação é causa de ignorância. Por imitar cenas da realidade, o teatro seria uma imitação de segundo grau, que deveria ser banida da cidade ideal. Aristóteles (384 a.C. - 322 a.C.) recusa essa tese, dizendo que o teatro é uma forma de conhecimento porque, através de um processo psicológico imitativo, a plateia identifica-se com o drama encenado, adquirindo um modo específico de conhecimento. Para o freudismo, o indivíduo estrutura-se por meio de um reconhecimento imitativo, mas a diferença do freudismo em face da catarse aristotélica reside na suposição de que, para a psicanálise, a identificação se processa de maneira inconsciente. O sujeito identifica-se com o que é fantasmático, fragmentando e recompondo em si mesmo múltiplas figuras de *outro*. A identificação psicanalítica procede intricadamente. O complexo de Édipo é descrito como uma mecânica assimilativa atuante na formação mental do indivíduo, que, assim, projeta a lei social dentro de si, com ela identificando-se. O narcisismo é uma identificação com um objeto de desejo fantasmático, em que o sujeito pensa que o mesmo é um outro pelo qual se apaixona. A teoria de Freud (1856-1939) abre lugar para a hipótese de que o narcisista reconheça-se em objetos anteriores, tais como pais, pessoas admiradas e meio ambiente, formando assim um modelo de *eu* que teria uma função de desconhecimento. Tanto na primeira como na segunda tópica freudianas, a identificação é um procedimento central para a constituição da personalidade. Na segunda tópica, ao teorizar as funções do ID, EGO e SUPEREGO, Freud sugere que a identificação assume a forma de resíduos, de relações do sujeito com diversos objetos. O sujeito assimila em si outros *eus* que lhes são exteriores, sejam ideais ou parciais. ▶ Cf. FREUD, SIGMUND. **3** **RÁD TV** M.q. PREFIXO.

BIBLIOGRAFIA

FREUD, Sigmund. *O mal-estar na civilização*. São Paulo: Companhia das Letras, 2010.

_______. *Totem e tabu*. Rio de Janeiro: Imago, 2006.

LÖWENTHAL, Leo. *Literature and mass culture: communication in society*. London: Transaction Books, 1984.

ideografia Representação direta do sentido das palavras por sinais gráficos.

ideográfico **1** Relativo à ideografia. **2** Que representa ideias pictórica ou graficamente (diz-se de escrita ou alfabeto). **3** **LING** Diz-se de símbolo gráfico ou sistema de escrita em que grafemas se reportam a noções e não a porções fônicas da cadeia falada.

ideograma **1** Símbolo fonético que representa um objeto ou uma ideia. **2** Imagem (convencional ou símbolo) que representa um objeto ou uma ideia, mas não uma palavra ou uma expressão que a designe; se imagem pictórica, não simboliza o objeto pintado, mas alguma coisa ou ideia que se considera seja sugerida ou emblematizada por esse objeto. **3** Caráter composto da escrita chinesa, obtido pela combinação de dois ou mais caracteres representativos de palavras com sentido relacionado. **4** **LING** Símbolo gráfico ou desenho que representa um objeto ou uma ideia. ▶ Em certas línguas pode ser lido como denotando o próprio objeto ou as respectivas conotações; assim, o ideograma pode encerrar uma ou mais unidades de sentido. Cf. PICTOGRAMA. **5** **LING** O mesmo símbolo ideogramático aplicado a uma unidade com valor fonético igual ao da unidade cujo sentido ele representa.

ideologema Componente mínimo de uma ideologia; componente irredutível, dentre outros, de uma convicção, fé, ideal, idealização. ▶ Como unidade de um discurso ideológico, o conceito de 'ideologema' assemelha-se aos de FONEMA e de SEMA, que constituem a expressão discursiva em geral. 'Pátria', 'liberdade', 'Deus', 'povo' etc. são ideologemas a partir dos quais se organizam vários sistemas ideológicos. Uma relação de continuidade entre elementos que são originariamente descontínuos é sempre possível entre ideologemas. 'Liberdade' e 'propriedade' são unidades significativas irredutíveis uma da outra, mas que, como ideologemas, podem ser aproximadas. Por isso, os sistemas ideológicos são sempre abertos e, assim, capazes de incorporar novos ideologemas. Através de ideologemas, os discursos articulam-se com a sociedade e a história.

BIBLIOGRAFIA

KRISTEVA, Julia. *Semiotiké: recherches por une sémanalise*. Paris: Seuil, 1969.

ideologia **1** **FIL** Ciência proposta pelo filósofo francês Destutt de Tracy (1754-1836) nos parâmetros do materialismo iluminista, que atribui a origem das ideias humanas às percepções sensoriais do mundo externo. ▶ Cf. IDEÓLOGO. **2** **FIL** No marxismo, conjunto de ideias presentes nos âmbitos teórico, cultural e institucional das sociedades, que se caracteriza por ignorar a sua origem materialista nas necessidades e interesses inerentes às relações econômicas de produção, e, portanto, termina por beneficiar as classes dominantes. **3** **FIL** No marxismo, esp. nos epígonos de Karl Marx (1818-1883), totalidade das formas da consciência social, o que abrange o sistema de ideias que legitima o poder econômico da classe dominante (ideologia burguesa) e o conjunto de ideias que expressa os interesses reacionários da classe dominante. **4** **SOC** Sistema de ideias (crenças, tradições, princípios e mitos) independentes, sustentadas por um grupo social de qualquer natureza ou dimensão, as quais refletem, racionalizam e defendem os próprios interesses e compromissos institucionais, sejam estes morais, religiosos, políticos ou econômicos. **5** Qualquer conjunto de convicções filosóficas, políticas, sociais etc. de um indivíduo ou grupo de indivíduos.

INFORMAÇÕES GERAIS

Os ideólogos franceses e o marxismo postulam que a comunicação veicula pensamentos e ideias, mas a discordância entre as duas perspectivas é gritante. Para o marxismo, as ideias são estratégias operativas nas lutas de classes. A princípio, para o marxismo, ideologia não seria o estudo abstrato e objetivo da formação de ideias, como supunham os pensadores franceses, mas qualquer sistema de pensamento ilusório, enganoso, errado, distorcido cujo propósito social seria justificar a exploração econômica; daí o tom pejorativo dos termos 'ideologia', 'ideológico' e 'ideólogo'. Na verdade, o descrédito da palavra 'ideologia' não se origina em Marx e Friedrich

Engels (1820-1895). Antes deles, Napoleão Bonaparte (1769-1821), enfurecido com a recusa dos ideólogos a participarem do regime napoleônico, passou a usar a noção ofensivamente. Em *A ideologia alemã*, Marx e Engels qualificam a religiosidade e o subjetivismo da filosofia idealista como ideológicos. Para eles, as ideologias apenas viram o mundo de cabeça para baixo, sem compreender o que objetivamente acontece na vida material dos homens. Georg W. F. Hegel (1770-1831), por exemplo, acredita que o Espírito gera uma Ideia que produz o Estado social prussiano, quando, de fato, são as relações sociais que dão lugar à concepção hegeliana de história. Ao revelar a distorção hegeliana e seus propósitos naturalizantes e justificadores do Estado político e do direito prussiano, Marx e Engels acreditam ter invertido uma inversão. A noção de ideologia permite que Marx e Engels contextualizem as ideias humanas no mundo real e concreto. Mas, ao concluírem que não basta compreender o mundo, que é preciso transformá-lo, Marx e Engels simultaneamente sugerem que a mera crítica filosófica a sistemas de ideias é insuficiente. Ludwig Feuerbach (1804-1872) criticara a ideologia religiosa sem, entretanto, dar-se conta de que a verdadeira superação das ideologias só acontece pela mudança revolucionária das relações econômicas de uma sociedade. Até a chegada da revolução redentora e messiânica, as ideologias instrumentalizam ideias que reproduzem o *status quo* ou que fomentam a aspiração imediata de indivíduos e grupos ao poder social e político, ainda que as apresentando sob a forma de verdades absolutas e universais. Na última fase dos escritos de Marx, que começa em 1858 e que leva a *O capital*, o termo 'ideologia' quase desaparece, mas dele mantém-se a imagem da inversão, com um acréscimo importante: as inversões ideológicas refletem o fato de que a realidade está igualmente invertida. Marx realinha sua concepção de sistema ideológico: ele continua assegurando o caráter negativo da ideologia, mas passa a compreendê-la como elemento de mediação entre as inversões correlatas das consciências e da realidade. Graças a justificações ideológicas, as contradições e os interesses de classe são apagados; o mercado é enaltecido como agente econômico sábio e incapaz de errar. A teorização marxista sobre ideologia muda com a revolução soviética de 1917. Na interpretação leninista de Marx, cada classe tem uma ideologia que representa seus interesses políticos e econômicos. O líder comunista soviético e teórico marxista Vladimir Lenin (1870-1924) estabelece uma distinção entre ideologia burguesa e ideologia socialista, que representa o proletariado. A partir de Lenin, o conceito de ideologia está purgado dos atributos de distorção, inversão e engano e passa a ser um dos sistemas de representação das classes em conflito. Mesmo sem subscrever a política marxista, Karl Mannheim (1893-1947) ainda sustenta uma oposição entre conhecimento e ideologia, afirmando a identidade entre o ideológico e o falso, equiparando ideologia e mentira. Mas, entre os marxistas, a posição é bem outra. György Lukács (1885-1971) opõe falsa consciência burguesa à ideologia do proletariado combativo, expressa pela teoria marxista, enquanto Antonio Gramsci (1891-1937) refina a antiga noção de ideologia como sendo um mecanismo de hegemonia social, sem, entretanto, considerá-la negativa, aproximando-a da ideia de visão do mundo. Na década de 1970, as análises de Louis Althusser (1918-1990) afirmam que a função da ideologia é garantir coesão social, articulando as representações imaginárias dos indivíduos com sua existência real em sociedade. Nesse momento, ainda que presumindo uma sociedade fraturada, o conceito marxista de ideologia aproxima-se da noção de representação coletiva da sociologia durkheimiana, que tanto se opusera às interpretações sociais de Marx. Sob a influência de Althusser e Gramsci, os estudos culturais contemporâneos concebem os meios de comunicação como disseminadores de ideologia. ▸ Cf. ALTHUSSER, LOUIS; GRAMSCI, ANTONIO; LUKÁCS, GYÖRGY.

BIBLIOGRAFIA

ALTHUSSER, Louis. *Aparelhos ideológicos de Estado*. Rio de Janeiro: Graal, 2010.

GRAMSCI, Antonio. *Antologia*. Buenos Aires: Siglo XXI, 2009.

LUKÁCS, György. *História e consciência de classe*. São Paulo: Martins Fontes, 2003.

MANNHEIM, Karl. *Ideologia e utopia*. Rio de Janeiro: ETC, 1986.

ideológico **1** Relativo a ideologia. **2** Relativo a ou que se funda em ideias.

INFORMAÇÕES GERAIS

Quando a teoria da comunicação analisa mensagens em termos ideológicos, o que faz é alocá-las no interior da formação social por onde os atos de comunicação circulam. O ideológico é um nível de análise dos discursos que confere e reconhece o sentido social de uma mensagem. Isso distingue ideologia dos sistemas de regras de construção sintática. A gramática diferencia o que é do que não é gramatical, enquanto não há um nível de significação social que não adquira significado em face de um segmento social e, assim, não seja ideológico. ▸ Cf. IDEOLOGIA; IDEOLOGEMA.

ideólogo **1** Membro do grupo de filósofos franceses que, nos sXVIII e XIX, criou uma ciência da formação de ideias. ▸ Pierre Cabanis (1757-1808), A. Destutt de Tracy (1754-1836) e Joseph M. Degérando (1772-1842) formavam o núcleo dos ideólogos franceses. Para eles, 'ideologia' era um campo de estudos que teria por objetivo compreender como as ideias se formam, o que, obviamente, nada tinha a ver com a noção marxista de que as ideologias justificam os interesses escusos da classe dominante, criando falsa consciência; e ideólogo é quem promove e justifica a subjugação econômica e política das classes subalternas. Inspirados pelas teorias de Étienne de Condillac (1715-1780), Cabanis, Tracy e Degérando acreditavam que era proveitoso compreender os mecanismos pelos quais as ideias se formam. Na filosofia pós-iluminista dos sXVII e XVIII, ideia é o que vem à mente quando se pensa. A ideologia estudaria o cruzamento de várias atividades humanas, sejam elas políticas, sociais ou econômicas. Além de teorizar as práticas humanas, os ideólogos observavam o papel da imaginação, da memória e da percepção no pensamento humano. Cabanis, por exemplo, concentrava seu interesse na maneira como as representações se formam, privilegiando a correlação entre signo e sensação. A comunicação do pensamento seria um tema secundário na sua obra, porque a formação de um conceito precede a transmissão. Por sua vez, Destutt de Tracy foi quem cunhou o termo e o conceito de 'ideologia'. Para ele, as regras gramaticais, sem as quais não há comunicação, devem ser entendidas no processo de formação de ideias. A ideologia não estuda o discurso, mas se preocupa em como os signos expressam raciocínios. Os signos estão entre as ideias e os processos de pensar. Degérando acreditava que os signos permitem a expressão do pensamento e, em desacordo com Cabanis, afirmava que o uso e a comunicação de representações não podem ser secundários em face do processo de formação de ideias. ▶ Cf. IDEOLOGIA. **2** Aquele que cria ou aperfeiçoa uma ideologia. **3** Aquele que advoga uma ideologia; expositor oficial desta. **4** Aquele que se atém excessivamente a ideias abstratas, a teorias, em prejuízo dos fatos e realidades. ▶ Uso pejorativo.

BIBLIOGRAFIA
PICAVET, François. *Les idéologues: essai sur l'histoire des idées et théories scientifiques, politiques, religieuses etc. en France depuis 1789*. New York: Burt Franklin, 1971.

idioleto LING Sistema linguístico de um único indivíduo num determinado período de sua vida, que reflete suas características pessoais, os estímulos a que foi submetido, sua biografia etc.; ideolecto. ▶ A possibilidade de se perceber a linguagem como a expressão mais pessoal do indivíduo é o que inspira o conceito de idioleto; entretanto, alguns linguistas estruturalistas acreditam que o conceito de idioleto é inútil e contraprodutivo. A linguagem e as palavras são essencialmente socializadas, já que organizadas por regras comuns aos falantes. Daí a afirmação de que o idioleto pertence ao campo da *langue* e não da *parole*, porque trata de particularidades linguísticas constantes e não fortuitas. Ainda que se acredite que o sistema linguístico do indivíduo seja uniforme e constante, essa constância e uniformidade seriam produto de vários fatores sociais. Quando a expressão é radicalmente individual, o fenômeno não é linguístico, mas patológico. Por dar prioridade a um falante-ouvinte ideal, a revolução gerativo-transformacional chomskiana relegou a ideia de idioleto às margens das discussões que hoje conduzem a linguística.

ILF [ing.] RÁD TEL Faixa de radiofrequência que opera no espectro de 300-3.000 Hz. ▶ Sigla de *infra low frequency* (o mais baixo nível de frequência).

ilha cultural SOC Cultura local que difere da cultura que a cerca.

ilha de edição CINE REC.AV TV Aparelhagem que reúne recursos de edição eletrônica (cortes, fusões, mixagens e efeitos diversos) de imagens e sons antecipadamente gravados, us. para produção de vídeos ou programas televisivos.

ilocução FIL LING Resultado da ação de realizar um ato locutório. ▶ Cf. ILOCUTÓRIO.

ilocucional FIL LING M.q. ILOCUTÓRIO.

ilocucionário FIL LING M.q. ILOCUTÓRIO.

ilocutório FIL LING Resultante da ação de se emitir um enunciado (diz-se de ato linguístico); ilocucional, ilocucionário. ▶ O filósofo da linguagem britânico J. L. Austin (1911-1960) denominou de *ilocutório* um ato linguístico que realiza uma ação. Os atos ilocutórios não são completamente verbais, pois exigem condições não verbais, tais como no casamento que os noivos sejam maiores de idade, gozando de suas faculdades mentais, que não sejam coagidos etc. Porém sem a emissão de uma mensagem verbal, o ato de casar não se realiza. Num ato de fala, dizer é fazer. A cerimônia de um casamento efetivamente se consumará quando os dois noivos respondem "sim" à pergunta do oficiante. E mais: no exato momento em que o sim é enunciado, o casamento se realiza. Não há, num ato ilocutório, intervalo separando o enunciado do fato, como acontece nas descrições, ou nos enunciados *constativos*, para usar a terminologia de Austin. Os verbos performativos (*ordenar*, *jurar*, *prometer* etc.) são ilocutórios. Porque não há intervalo entre o dito e o fato, os atos linguísticos ilocutórios não podem ser considerados verdadeiros ou falsos. A eles devem ser aplicadas outras categorias de julgamento, tais como *afortunado* ou *desafortunado*, *feliz* ou *infeliz*.

BIBLIOGRAFIA
AUSTIN, J. L. *How to do things with words*. Cambridge, MA: Harvard University Press, 1975.

iluminação **1** CINE TEAT TV Técnica de iluminar um cenário ou ambiente qualquer de modo a criar neste, por meio de variações e efeitos de luz, o clima adequado à cena filmada, televisionada ou levada ao palco. **2** CINE TEAT TV Efeito produzido pelo emprego dessa técnica ou pelo ato de simplesmente iluminar. **3** FIL Na teologia de Santo Agostinho, Bispo de Hipona (354-430), ato de ser tocado pela luz divina; meio pelo qual os homens são esclarecidos por Deus para atingir o verdadeiro conhecimento. ▶ Cf. AGOSTINHO (SANTO).

iluminador CINE TEAT TV **1** Indivíduo responsável pela iluminação de filmes, programas de televisão, espetáculos teatrais etc. **2** M.q. ELETRICISTA.

Iluminismo FIL Movimento intelectual do sXVIII, caracterizado pela centralidade da ciência e da racionalidade crítica no questionamento filosófico, o que implica recusa a todas as formas de dogmatismo, esp. o das doutrinas políticas e religiosas tradicionais; Filosofia das Luzes, Ilustração, Esclarecimento, Século das Luzes.

ilustração GRÁF **1** Publicação que contém estampas, gravuras, desenhos etc. **2** Desenho, gravura, imagem que acompanha um texto. ▶ Cf. LÂMINA.

Ilustração FIL M.q. ILUMINISMO.

ilustrador EDIT GRÁF Diz-se de ou artista que faz ilustrações (desenhos, estampas etc.) para textos (livros, periódicos etc.).

imagem **1** Representação da forma ou do aspecto de um ser ou objeto por meios artísticos. **2** Estampa, sem caráter de obra original ou rara, que reproduz temas diversos, esp. religiosos. **3** Aspecto particular pelo qual um ser ou um objeto é percebido; cena, quadro. **4** Reprodução invertida de um ser ou objeto, transmitida por uma imagem refletora. **5** Aquilo que apresenta uma relação de analogia, de semelhança (simbólica ou real); retrato, reflexo. **6** Opinião (contra ou a favor) que o público pode ter de uma instituição, organização, personalidade, renome, marca, produto etc.; conceito de que uma pessoa goza junto a outrem. **7** Pessoa que simboliza, representa ou faz lembrar alguma coisa abstrata; personificação. **8** LIT Qualquer maneira particular de expressão literária que tem por efeito substituir a representação precisa de um fato, situação etc. por uma alegoria, visão, evocação etc. **9** ÓPT Representação de um objeto que emite ou recebe luz e que é formada por raios luminosos que passam por uma lente, espelho ou qualquer sistema óptico. **10** PSIC Representação ou reprodução mental de uma percepção ou sensação anteriormente experimentada. **11** PSIC Representação mental de um ser imaginário, um princípio ou uma abstração.

INFORMAÇÕES GERAIS

O entendimento de uma imagem requer, em primeiro lugar, uma comparação contrastiva com outras formas de comunicação, como, p.ex., a expressão linguística. A imagem seria fundamentalmente icônica, caracterizada por relação de semelhança nativa com o objeto que estaria representado. Porém, Umberto Eco (1932-) e Nelson Goodman (1906-1998), entre outros, apontaram insuficiências teóricas no critério de semelhança para definir uma imagem. Gêmeos são semelhantes sem serem imagens intercambiáveis. Uma das questões teóricas da imagem refere-se ao modo pelo qual deve ser definida: como convenção ou como propriedade inata de sua configuração. Se há disputa possível entre as maneiras de sua construção, o propósito da imagem é sempre representar "fazendo de conta". Uma imagem representa uma coisa porque "conta" como se fosse essa coisa, pouco importando se o efeito obtido se faz por convencionalidade ou por semelhança com o que é representado. Se a iconicidade de uma imagem for entendida como faz de conta, isso não quer dizer que seja mimética e validada apenas pela relação de verificabilidade com a coisa. Se a imagem identifica o semelhante, ela tb. deriva da identificação do que é diferente em face do objeto representado. De maneira óbvia, o desenho de um rosto seria visto como uma configuração distinta da face desenhada, pois afinal o desenho num papel é bidimensional, enquanto a face não é. Como Ernst H. Gombrich (1909-2001) apontou, nenhuma criança montada numa vassoura ilude-se, achando que o objeto seja um cavalinho de pau: as diferenças são notórias e óbvias; mas é pelo reconhecimento da diferença que a imagem torna-se possível. A imagem não é o real (por isso gêmeos reais não servem como representação mútua): ela é um elemento de construção de uma possibilidade. A substituição de uma imagem pelo real não se dá pelo nexo entre configuração visual e coisa representada, sendo esse um nexo entre coisas diferentes, mas pela equivalência entre dois signos: um que é sugerido por aquilo que a vassoura evoca e outro pelo que o cavalo sugere. O que a criança faz é uma inferência sígnica, uma SEMIOSE. O predomínio da definição da imagem por semelhança ocorre, significativamente, num momento em que o mimetismo é um ideal estético nas artes visuais. Com a explosão dessa tradição por parte do modernismo nas artes visuais, fica claro e legítimo que a imagem pôde seguir, satisfatoriamente, outros critérios normativos. ▶ Cf. ÍCONE; VISUAL.

BIBLIOGRAFIA

ECO, Umberto. *Tratado geral de semiótica*. São Paulo: Perspectiva, 2000.
GOMBRICH, E.H. *Meditações sobre um cavalinho de pau*. São Paulo: Edusp, 1999.
GOODMAN, Nelson. *Languages of art: an approach to the theory of symbols*. Indianapolis: Hackett, 1976.
NEIVA, Eduardo. *A imagem*. São Paulo: Ática, 1994.
__________. *Mythologies of vision: image, culture, and visuality*. New York: Peter Lang, 1999.

imagem acústica LING Face material, sensível, do signo linguístico (significante) ligada ao significado.
imagem holográfica ÓPT M.q. HOLOGRAFIA.
imagem óptica ÓPT Aquela que é formada pela convergência dos raios luminosos que passam pelo sistema óptico. ▶ Ao colocar um anteparo no plano em que se forma essa imagem, ger. é possível visualizá-la, como p.ex. na tela de projeção de um cinema.
imagem primordial PSIC M.q. ARQUÉTIPO.
imagem residual PSIC Imagem virtual ou sensorial que persiste mesmo quando o estímulo não está presente.
imagem virtual ÓPT Aquela que é formada por raios luminosos que, após a passagem por um sistema óptico, são divergentes e que aparentemente se originam no plano em que se forma a imagem. ▶ Este tipo de imagem não é visível, se colocado um anteparo neste plano; é a imagem que se observa, p.ex., num espelho plano.
imaginário PSICN Na teoria de Jacques Lacan (1901-1981), um dos três registros essenciais (juntamente com o real e o simbólico) do campo psicanalítico, o qual se caracteriza pela preponderância da relação com a imagem do semelhante. ▶ Num texto do final da década de 1940, Lacan formula a base para sua teoria de que o imaginário seja um dos três registros fundamentais da psicanálise. A criança passa por uma "fase do espelho", imaginária e analogicamente a representação de sua unidade corporal. É um primeiro esboço do eu, de cunho ilusório, pois a imagem no espelho não é o corpo unificado do indivíduo, mas uma miragem. Ainda que essa seja uma condição para a interação intersubjetiva, pois permite a identificação de dualidades, o imaginário não significa a entrada da criança na vida social, o que só efetivamente ocorre com sua entrada no simbólico.

BIBLIOGRAFIA

LACAN, Jacques. *Escritos*. São Paulo: Perspectiva, 1996.

imago PSIC Representação de uma pessoa (ger. o pai, a mãe ou alguém querido) formada no inconsciente durante a infância e conservada de forma idealizada na idade adulta, segundo as teorias de Carl G. Jung (1875-1961).
imbróglio TEAT **1** Enredo confuso e intrincado de uma peça teatral. **2** Peça com tal enredo.
imitação **1** Plágio (de obra artística, literária ou musical). ▶ Cf. MIMESE. **2** LIT RET M.q. MIMESE. **3** MÚS Repetição de um motivo, um tema, ger. variando de tom, de ritmo e esp. de voz (como nas fugas). **4** MÚS Representação baseada na reprodução de sons de instrumentos musicais, ruídos diversos, formas, vozes de animais etc. **5** MÚS Na polifonia, reprodução de um motivo temático em muitas vozes.
imotivado LING Sem relação lógica ou analógica entre a forma e o significado (diz-se de signo linguístico); arbitrário. ▶ Cf. ARBITRARIEDADE.
impedância ELETR REC.AV Medida da capacidade de resposta de um sistema elétrico percorrido por uma corrente alternativa. ▶ A magnitude da impedância é dada pela raiz quadrada da soma dos quadrados da resistência e da reatância associadas ao circuito. ▶ Símb.: *Z*.
imperfeito MÚS Que apresenta imperfeição (diz-se de acorde); dissonante.
implementar INF **1** Resolver (problema); solucionar. **2** Implantar (programa ou conjunto de programas destinados a atingir fins específicos).
impor GRÁF Dispor na rama (páginas de uma composição), na posição certa, com as devidas margens e claros, de forma que o caderno obtido, após a dobragem da folha impressa, apresente uma sequência certa.
importar INF Alterar as características referentes ao formato de (um arquivo de dados gerado por outro aplica-

tivo), visando permitir que ele seja aberto e editado pelo aplicativo que está sendo us.

impostação 1 Ato ou efeito de impostar a voz. 2 MÚS Resultado do ato de impostar a voz. 3 TEAT Linha ou diretriz estabelecida pelo diretor para um espetáculo. 4 TEAT Maneira de (o ator) representar um papel. 5 TEAT Colocação de voz (de ator, cantor etc.).

impostar 1 Fixar (o ator, o cantor etc.) [a voz] nas cordas vocais, para que emita som em sua plenitude, sem tremor nem vacilação. 2 MÚS Fazer (a voz) soar segundo o canto ('técnica'). 3 TEAT Imprimir (o diretor) determinada linha ou estilo a (um espetáculo) ou (ao ator) determinada forma de representar (um papel).

imprensa 1 Máquina destinada a imprimir e estampar; prensa, prelo. 2 JOR Conjunto de publicações periódicas. 3 JOR Qualquer meio utilizado na difusão de informações jornalísticas; conjunto dos processos de veiculação de informações jornalísticas por veículos impressos ou eletrônicos. ▸ Cf. JORNALISMO. 4 JOR Aquilo que a imprensa ('conjunto de publicações') expressa. 5 JOR Conjunto de jornalistas que fazem a cobertura de um evento.

imprensa alternativa JOR A que busca representar para o leitor uma linha editorial independente em relação ao poder dominante das grandes empresas de comunicação, do governo e do sistema econômico.

imprensa amarela JOR Menos us. que IMPRENSA MARROM. ▸ Uso pejorativo.

imprensa do leitor JOR Conjunto de órgãos de imprensa que, para manter uma linha editorial independente e livre de pressões econômicas, não se vale de recursos provenientes de anúncios e sustenta-se basicamente com a venda de exemplares avulsos e assinaturas. ▸ Cf. IMPRENSA ALTERNATIVA.

imprensa marrom JOR Imprensa cujas características, em detrimento de qualquer compromisso ético, são o sensacionalismo das notícias (com ênfase para escândalos amorosos, políticos, sociais e econômicos), o achaque a personalidades, a intriga e a calúnia. ▸ Uso pejorativo. F. menos us.: *imprensa amarela*.

imprenta BIBL EDIT GRÁF Conjunto de informações, normalmente impresso na parte inferior da página de um livro, contendo nome da editora, cidade e ano de publicação.

impressão 1 BIBL EDIT GRÁF Processo de reprodução por pressão ou contato de uma superfície que transfere traços cobertos com tinta para outra, que os retém. 2 BIBL EDIT GRÁF Ação de reproduzir sobre um papel caracteres ou imagens. 3 BIBL EDIT GRÁF Texto ou imagem impressos. 4 FOT Processo de formação de uma imagem em superfície sensível durante sua exposição à luz. 5 GRÁF Processo de reprodução que assegura a transferência de sinais de um suporte para outro, sem que haja contato (direto ou indireto) entre ambos. 6 GRÁF Arte ou técnica de imprimir. 7 GRÁF Seção ou local de uma oficina onde são feitos os trabalhos de impressão. 8 GRÁF Maneira como um texto está impresso. 9 GRÁF Ação de tirar provas de uma estampa. 10 GRÁF Figura impressa em papel, tecido, couro etc.; estampa, gravura.

impressão a *laser* GRÁF Processo eletroestático de reprodução em que a imagem a ser impressa é transmitida por um feixe de raio *laser* para um cilindro sensível, atraindo para as áreas de impressão o *toner*, que é transferido por aquecimento para o suporte (ger. papel ou plástico).

impressão anastática GRÁF Reprodução de gravuras ou textos por decalque da imagem original, por meio de substâncias químicas, sobre pedra litográfica ou placa de zinco, com subsequente tiragem em prensa manual. ▸ Cf. HOMEOGRAFIA.

impressão a seco GRÁF A que se realiza sem tinta, ficando na superfície impressa apenas a marca da fôrma us.

impressão calcográfica GRÁF A que utiliza matriz gravada ou fotografada a entalhe, na qual são as partes entalhadas as que tomam tinta, como na rotogravura e no talho-doce; calcografia, impressão de entalhe, impressão funda, impressão em baixo-relevo, impressão em oco.

impressão de entalhe GRÁF M.q. IMPRESSÃO CALCOGRÁFICA.

impressão de plano GRÁF M.q. IMPRESSÃO PLANOGRÁFICA.

impressão digital GRÁF A que utiliza recursos da informática, aplicados à reprodução de textos ou de imagens em qualquer suporte, utilizando como matriz um arquivo digital e sem intermediação de fotolitos ou chapas.

impressão direta GRÁF A que se realiza por contato imediato da matriz impressora com o suporte de impressão. ▸ Cf. IMPRESSÃO INDIRETA.

impressão em alto-relevo GRÁF M.q. IMPRESSÃO EM RELEVO.

impressão em baixo-relevo GRÁF M.q. IMPRESSÃO CALCOGRÁFICA.

impressão em oco GRÁF M.q. IMPRESSÃO CALCOGRÁFICA.

impressão em relevo GRÁF A que tem por efeito reproduzir no suporte (papel, cartão etc.) letras ou desenhos em relevo; impressão em alto-relevo.

impressão flexográfica GRÁF Processo de reprodução gráfica que utiliza tintas de secagem rápida e matrizes de borracha ou plástico maleável gravadas em alto-relevo, esp. para embalagem de alimentos e materiais preparados em bobina, como papel celofane, polietileno, polipropileno etc.

impressão funda GRÁF M.q. IMPRESSÃO CALCOGRÁFICA.

impressão indireta GRÁF A que, em vez de realizar-se por meio de contato imediato da matriz com o suporte, serve-se de um elemento plástico intermediário, ao qual cabe fazer a transferência do que está na primeira para o segundo. ▸ É o processo usado no *offset* e na flexografia. Cf. IMPRESSÃO DIRETA.

impressão irisada GRÁF A que utiliza simultaneamente tintas de várias cores, separadas no tinteiro por divisões de chumbo, de modo a formarem faixas paralelas, em efeito que lembra um arco-íris.

impressão plana GRÁF Qualquer sistema de impressão em que a superfície da matriz utilizada e a que conduz o suporte são planas; plani-impressão. ▸ Cf. IMPRESSÃO PLANO-CILÍNDRICA; IMPRESSÃO PLANOGRÁFICA.

impressão plano-cilíndrica GRÁF Sistema de impressão em que a matriz utilizada tem superfície plana e a superfície que conduz o suporte é cilíndrica. ▸ Cf. IMPRESSÃO PLANA.

impressão planográfica GRÁF A que utiliza matriz gravada química ou fotograficamente em plano, sem recurso às diferenças de relevo ou de profundidade; impressão de plano. ▸ É o processo us. no *offset*. ▸ Cf. IMPRESSÃO PLANA.

impressão rotativa GRÁF Sistema de impressão em que a superfície da matriz utilizada e a que conduz o suporte são cilíndricas; rotoimpressão.

impressão sem contato GRÁF Aquela em que a atração da tinta é feita por meio de circuito elétrico (como na impressão a *laser* e na xerografia). ▸ Cf. IMPRESSÃO DIRETA; IMPRESSÃO INDIRETA.

impressão tipográfica GRÁF Sistema de impressão estereográfica que utiliza fôrmas em relevo produzidas a partir de caracteres móveis e clichês; tipografia, tipo.

impressionamento 1 FÍS Atuação de um campo magnético sobre um suporte magnético para gravá-lo. 2 FOT Exposição de placa ou filme sensibilizado à luz, para fixar imagem.

impressionar 1 FÍS Fazer agir (um campo magnético) sobre (suporte magnético) de modo a obter uma gravação. 2 FOT Fazer incidir luz em (placa ou filme sensibilizado) para aí fixar uma imagem.

Impressionismo 1 HIST.ART Movimento na pintura francesa, com origens no final do sXIX (c1867-1886), caracterizado sobretudo pelo interesse em efeitos fugazes de luz e movimentos, despreocupação com contornos, aversão aos tons sombrios, uso de ângulos de observação e enquadramentos originais, tudo envolto em uma aura de alegria de viver. ▸ Exerceu grande influência sobre as artes plásticas do sXX. 2 HIST MÚS Estilo de composição, desenvolvido na França, em fins do sXIX, por Claude Debussy (1862-1918), Erik Satie (1866-1925), Maurice Ravel (1875-1937), Albert Roussel (1869-1937) etc., com música descritiva, mas não programática, reticente, de um dinamismo que não se confunde com dramaticidade e que demonstra a tendência de usar sons como cores, empregar formas de caráter deliberadamente nebuloso, evitando a precisão nos ritmos e nas harmonias. 3 LIT Subjetivismo na literatura ou na crítica, em que os autores se preocupam mais em transmitir às obras literárias suas impressões pessoais do que descrever objetivamente os temas que as inspiram.

impresso GRÁF 1 Qualquer obra impressa (livro, opúsculo, folheto, folha volante etc.). 2 Papel impresso a ser us. em repartições, serviços administrativos etc.; formulário.

impressões LIT Nome dado a um gênero literário próximo da crônica ou do diário, em que se mesclam sensações, sentimentos, reflexões, relatos, esp. de viagens.

impressor GRÁF 1 Diz-se de ou operário que trabalha no prelo. 2 Diz-se de ou proprietário de oficina gráfica. 3 M.q. EDITOR.

impressora 1 GRÁF Máquina de impressão; prelo, prensa. 2 INF Periférico que imprime em papel ou meio similar (transparências de acetato etc.) textos e imagens gerados por computador.

impressora a jato de tinta INF Aquela que imprime lançando sobre o papel ou meio similar finos jatos de tinta vaporizada, emitidos através de um conjunto de minúsculos bocais.

impressora a *laser* INF Aquela que imprime usando um processo eletroestático, que transfere para o papel ou meio similar uma imagem gerada por um feixe de raios *laser* ao incidir sobre um cilindro de material sensível.

impressora de impacto INF Aquela que imprime pressionando sobre o papel uma fita impregnada de tinta, por meio do impacto de um objeto sólido sobre a fita.

impressora de margarida INF Impressora de impacto que imprime caracteres percutindo a fita com um molde de caracteres dispostos em uma peça circular, denominada margarida.

impressora matricial INF Impressora de impacto que imprime caracteres gráficos percutindo a fita com um conjunto de pinos que geram uma matriz de pontos impressos.

imprimatur [lat.] EDIT Palavra latina que autorizava a publicação de um livro submetido a censura religiosa. ▸ Literalmente, 'imprima-se'. Cf. LIBERDADE DE IMPRENSA.

imprimi potest [lat.] EDIT Expressão us. para a censura autorizar a publicação de um livro. ▸ Literalmente, 'pode ser impresso'. Cf. LIBERDADE DE IMPRENSA.

imprimir EDIT GRÁF 1 Reproduzir, em exemplar único ou múltiplos exemplares, marcando (em papel ou em outra superfície) com ou sem tinta, em relevo ou em plano, por meio de pressão exercida por máquina apropriada, os dizeres e/ou imagens contidos em fôrmas de vários tipos (metal, pedra etc.). 2 Levar ao conhecimento do público; publicar. 3 Publicar pela imprensa.

imprint [ing.] EDIT Nome de editora impresso na folha de rosto de um livro.

in [lat.] BIBL Em bibliografia, precede título de obra referida como fonte de citação; em seu, em sua. ▸ Prep. lat. *in*, que significa 'em'.

inatismo 1 FIL Doutrina que afirma o caráter inato das ideias no homem, sustentando que independem daquilo que ele experimentou e percebeu após o seu nascimento. 2 LING Em linguística gerativa, hipótese segundo a qual a estrutura da linguagem estaria inscrita no código genético da natureza humana e seria ativada pelo meio após o nascimento do homem.

INFORMAÇÕES GERAIS

As raízes metafísicas das doutrinas inatistas estão localizadas no sXVII, quando os principais físicos da época, seguindo as teses de Galileu Galilei (1564-1642), aceitavam a hipótese de que o livro da natureza fora escrita numa linguagem geométrica. As representações matemáticas produzidas pela mente humana são inatas, perfeitas e escapam às contingências da realidade empírica. É por isso que a linguagem matemática harmoniza plenamente razão e experiência. Entretanto, qual a justificativa intelectual para que se conceda à matemática o estatuto de saber indubitável? O filósofo francês René Descartes (1596-1650), que unificara, de modo revolucionário, a álgebra e a geometria, investigou, com audácia argumentativa única, a questão sobre se a matemática era absolutamente certa. Para isso, segundo ele, a investigação tinha de ser metafísica e seguir o critério da dúvida hiperbólica. Se houver a menor dúvida nos tipos de conhecimento examinados, o que se há de fazer é descartá-los. Esse tipo de dúvida é exagerado e extremo, porém necessário para estabelecer o fundamento da matemática. Nas *Meditações*, Descartes começa examinando o sonho e a percepção. Como muitas vezes o sonho parece tão intenso que passa por realidade, não se pode qualificar de indubitáveis tanto a alucinação onírica como o conhecimento sensorial. E a matemática, que repousa clara e distintamente nas mentes sãs e insanas? Está ela livre de dúvida? Para explicar o delírio dos sonhos, Descartes postulara a existência de um gênio maligno. E se o gênio estiver alucinando toda a humanidade, fazendo-a crer que as verdades matemáticas são claras e distintas, quando, na verdade, estão erradas? Nesse momento, Descartes põe a matemática em dúvida. Isso quer dizer que não há certeza nesse mundo? Descartes formula o famoso *cogito*, dizendo que a única certeza resulta do ato de pensar, pois, pensando, tenho a certeza de existir. O que leva, por consequência, Descartes a postular a existência de duas substâncias no mundo, uma que é coisa extensa (*res extensio*) e outra, coisa pensante (*res cogitatio*). Resta, agora, explicar a natureza da substância pensante. O pensamento e a razão só podem ser obra de um criador perfeito que as implantou na mente humana antes de sua existência. O inatismo da Idade Clássica é dualista na sua separação radical entre pensamento e existência. Ideias claras, perfeitas e matemáticas são inatas à mente humana. Se o dualismo filosófico e a suposição teológica e metafísica inspiraram o inatismo do sXVII, no sXX, as doutritnas inatistas são fundamentalmente materialistas e biológicas. O linguista Noam Chomsky (1928-) afirma que os seres humanos têm uma competência inata para produzir enunciados gramaticais que não são *aprendidos* pela experiência. Ao nascerem, as crianças trazem consigo o que é necessário para o desempenho linguístico. A hipótese de Chomsky opõe-se ao BEHAVIORISMO linguístico da metade do sXX, recusando a premissa de que a linguagem é aprendida por meio de estímulos e respostas. Um dos argumentos que apoiam o inatismo linguístico observa que as crianças adquirem a linguagem sem instrução formal e emitem sentenças sempre corretas gramaticalmente. Quando erram, fazem-no por generalizar excessivamente a regra gramatical que seu conhecimento inato identificou. Chomsky é um pensador mentalista, que diz ser sua linguística uma forma de cartesianismo. As ideias de Chomsky sobre a linguagem são as mais influentes da segunda metade do sXX. Ainda que reconheça na linguagem os mesmos traços que Chomsky identifica, o linguista e psicólogo Steven Pinker (1958-) acredita que a linguagem seja produto de uma adaptação evolutiva. A outra vertente do inatismo moderno é biológica e derivada das teses do EVOLUCIONISMO darwiniano. Sua formulação de maior importância foi sugerida pela crítica do geneticista August Weismann (1834-1914) às teses de Jean-Baptiste Lamarck (1744-1829). Para refutar a tese lamarckiana que definia a evolução como a transmissão de caracteres adquiridos, Weismann cruzou camundongos que tinham seus rabos amputados e verificou que a transmissão desse traço adquirido não se verificava, e que havia, portanto, uma barreira entre a linha 'soma' (adquirida) e a linha 'germinal' (hereditária), entre o fenótipo e o genótipo. A transmissão de características biológicas independe do que for adquirido após o nascimento do organismo: é inata e genética. O inatismo demarca a discussão moderna sobre se a vida humana é produto de aquisição ou de herança, de cultivo ou de legado natural.

BIBLIOGRAFIA

CHOMSKY, Noam. *Linguística cartesiana*. Madrid: Gredos, 1996.

DESCARTES, René. *Meditações metafísicas*. São Paulo: Martins Fontes, 2008.

MAYR, Ernst. *The growth of biological thought*. Cambridge: Belknap Press e Harvard University Press, 1983.

PINKER, Steven. *O instinto da linguagem*. São Paulo: Martins Fontes, 2004.

WEISMANN, August. *Essays upon heredity*. Oxford: Clarendon Press, 1899.

incipit [lat.] **1** PALEOG Grupo das primeiras palavras de um manuscrito. **2** PALEOG Termo ou grupo de palavras (p.ex., verso inicial) que identifica um texto, um poema etc., sem título. **3** MÚS O início de uma melodia. **4** MÚS Pequeno fragmento inicial de uma composição, à guisa de ilustração ou catalogação.

inciso **1** GRÁF Diz-se de ou tipo cujas formas se inspiram nas inscrições de monumentos romanos da Antiguidade e que apresenta serifas triangulares que se alargam a partir da espessura das hastes. ▶ Essa denominação faz parte da classificação de Maximilien Vox (editor francês, 1894-1974), adotada em 1962 pela Association Typographique Internationale, sediada na Suíça. **2** LING Diz-se de ou frase ou locução que se intercala entre dois constituintes de uma oração, interrompendo-a para dar informação acessória (p.ex.: "o advogado, disse ele, estará aqui em meia hora"; "o seu primo, aquele moreno, é lindo"). **3** MÚS Pequeno agrupamento fraseológico; incisa.

incompatibilidade LÓG Impossibilidade de duas proposições serem simultaneamente verdadeiras.

inconsciente **1** Que não é dotado de consciência; incônscio. **2** Que ou aquele que age impensadamente, sem medir o alcance de palavras ou atos; insensato, irresponsável, inconsequente. **3** Feito de maneira irresponsável, inconsequente. **4** PSIC Que ou o que não é consciente, mas pode influenciar o comportamento sob forma simbólica ou sublimada (diz-se de processo psíquico). **5** PSIC Segundo a primeira teoria da psique, formulada por Sigmund Freud (1856-1939), que ou o que é construído por conteúdos recalcados aos quais foi barrado o acesso aos sistemas pré-consciente e consciente, nos quais se desenrolam processos dinâmicos que constituem a vida consciente (diz-se de aparelho psíquico).

INFORMAÇÕES GERAIS

O reconhecimento generalizado do inconsciente como parte constituinte do sujeito é produto da imensa influência dos escritos freudianos. Após Freud, inconsciente deixa de ser uma qualificação descritiva ('imperceptível', 'insensível', 'obscuro' etc.) e passa a indicar um sistema ordenado e substantivado composto de conteúdos psíquicos reprimidos pelo sujeito. O freudismo acredita que o inconsciente seja um conceito que identifica e esclarece algo tópico, portanto localizado, e dinâmico. O inconsciente reúne conteúdos que representam descargas energéticas do psiquismo que recebem o nome de pulsões, o que significa que, além da consciência pura e simples, existe uma vida mental expressa sintomaticamente. Os conteúdos do inconsciente foram, a princípio, apresentados como inscrições representativas, para depois se transformarem em representações reprimidas e cifradas do desejo, que irrompem nos sonhos, nos atos falhos, nas compulsões neuróticas, nas repetições irracionais, enfim, em tudo o que superficialmente parece ser mistério comunicativo que se expressa sob a forma de hieróglifos mentais. Entendido como resultado do processo primário da mente humana, o inconsciente constitui-se pela busca do prazer, em liberdade, sem obedecer a critérios lógicos, sem respeitar a negação, sem restringir-se às pressões da realidade exterior, seja ela física ou social. Aos poucos, o termo 'inconsciente' retomou seu papel de descrição qualitativa, pois caracteriza, de modo diferenciado, tanto o ID como o EGO e o SUPEREGO da segunda teoria freudiana do aparelho psíquico. Ainda que o conceito de inconsciente tenha inegável presença não na neurociência contemporânea, mas na cultura de massa, é incontestável que cabe a Freud o mérito científico de ter identificado processos paralelos em ação na mente humana. ▶ Cf. ATO FALHO; DESEJO; PULSÃO; FREUD, SIGMUND.

BIBLIOGRAFIA

FREUD, Sigmund. *Conferências introdutórias à psicanálise*. Rio de Janeiro: Imago, 2006. v. 1-2.

inconsciente coletivo PSIC Segundo o psiquiatra e psicoterapeuta suíço C. G. Jung (1875-1961), parte do inconsciente que contém ideias inatas ou a tendência a organizar a experiência vivida em padrões predeterminados, comuns a todos os homens ▸ Cf. JUNG, CARL GUSTAV.

inconsistência 1 Qualidade, caráter ou estado do que ou de quem é inconsistente. 2 Falta de lógica, de nexo, incoerência. 3 Falta de firmeza moral, de solidez nas ideias; inconstância. ▸ Cf. CONSISTÊNCIA.

indeterminada PUB Red. de PÁGINA INDETERMINADA.

indeterminismo FIL 1 Doutrina segundo a qual a vontade é livre e o livre-arbítrio, com o ato que dele resulta, não é de todo ou não é de modo algum determinado por ou previsível de causas antecedentes. 2 Qualidade ou estado do que é indeterminado; indeterminação.

INFORMAÇÕES GERAIS

Se as filosofias deterministas postulam a certeza como propriedade essencial do conhecimento, o indeterminismo presume que a certeza inexiste, que a falibilidade caracteriza todo e qualquer conhecimento: a ignorância estaria no centro do conhecimento. O indeterminismo físico afirma que não há nada fixando *a priori* os acontecimentos do mundo. O mesmo raciocínio pode ser aplicado ao universo das representações culturais dos seres humanos. ▸ Cf. FALIBILISMO.

indexação BIBL 1 Ordenação em forma de índice; classificação. 2 Inclusão de índice em.

indexar BIBL 1 Colocar índice em. 2 Organizar em forma de índice.

in-dezesseis GRÁF 1 Diz-se da folha de impressão dobrada quatro vezes, de que resulta um caderno com seis folhas ou 32 páginas. 2 Diz-se do formato de livro assim obtido. 3 Livro em tal formato.

in-dezoito GRÁF 1 Diz-se da folha de impressão dobrada de modo a formar um caderno com 18 folhas ou 36 páginas. 2 Diz-se do formato de livro assim obtido. 3 Livro em tal formato.

indicador lógico LÓG Termo ou conjunto de termos que singularizam e indicam as causas de um acontecimento, as conclusões de um raciocínio ou as premissas que sustentam um argumento. ▸ Na frase "uma vez que os rios não foram dragados e a cidade inundou, a prefeitura é, portanto, responsável pela tragédia", a expressão *uma vez que* é um indicador lógico, que explica o motivo do acontecimento, e, após a palavra *portanto*, segue-se a conclusão do argumento apresentado. Expressões e palavras como *porque* e *uma vez que* são, ger., indicadores de premissas, enquanto *logo*, *segue-se*, *portanto* indicam conclusões.

índice 1 BIBL Lista, em geral alfabética, que inclui todos ou quase todos os itens (temas, tratados, nomes próprios mencionados) que se consideram de maior importância no texto de determinada publicação e que, junto a cada item, indica o lugar (p.ex., o número da página) em que pode ser encontrado na publicação. ▸ Cf. SUMÁRIO. 2 BIBL Conjunto de pequenas abas ('orelhas') com letras, palavras, números impressos, apostas às bordas de determinadas páginas de livro ou caderno e que facilitam o acesso às diferentes seções do livro. 3 GRÁF Sinal tipográfico (ideograma de dedo indicador) que remonta à tradição medieval, us. como remissão ou lembrete, chamando a atenção para outros pontos da obra; índex. 4 ECON Na bolsa de valores, valor numérico abstrato que se refere à oscilação do mercado mobiliário, baseado na média das cotações de um grupo de ações que o representa e referido a uma data determinada. 5 ECON Qualquer fenômeno (ou grupo de fenômenos) suscetível de observação e medição, que se usa para indicar a presença de outro fenômeno que não pode ser medido de forma direta ou conveniente. 6 EST Número obtido por meio de uma média, ou outro procedimento similar, capaz de representar um conjunto de valores; número-índice. 7 LING LÓG Notação distintiva aposta a um símbolo, quando este deve representar vários elementos da mesma natureza. 8 MÚS M.q. GUIÃO. 9 LING SEMIO Signo não convencional que está fundado na relação de contiguidade existencial, como a fumaça e o fogo, a nuvem escura e a chuva; índice, índex, sinal, indício. ▸ O lógico e filósofo norte-americano Charles Sanders Peirce (1839-1914) usa o termo *índice* para identificar um dos três modos de ser das representações em face de seu objeto. O *ícone* caracteriza-se por semelhança formal, o *símbolo*, por convencionalidade, enquanto o *índice* é regido pela causalidade imediata que entretém com o que é representado. Tudo que se faz por causalidade é um índice. Quando uma cerveja gelada é servida num copo e na superfície do vidro forma-se uma película de vapor, esse vapor é indicial. O ponteiro que marca a aceleração de um veículo, a seta que aponta uma direção, o número que indica a posição de um elemento num conjunto, todos os nomes próprios, pronomes demonstrativos, a flecha e o cata-vento são índices. Por manterem uma relação real e concreta com os objetos que representam, os índices singularizam objeto na sua posição espacial ou momento temporal. Do ponto de vista lógico, o índice permite a formação de processos indutivos. Na relação de contiguidade com seu objeto, verifica-se se a representação indicial é verdadeira ou falsa. Quando o índice designa rigidamente, é um sinal de verdade mais do que contingente. ▸ Cf. DESIGNADOR; ÍCONE; SÍMBOLO.

índice alfabético BIBL M.q. ÍNDICE ANALÍTICO.

índice analítico BIBL Lista alfabética de nomes, lugares e assuntos, incluída em livro ou em qualquer impresso, que permite localizar a página em que os itens podem ser encontrados; índice alfabético.

índice cronológico BIBL Aquele cuja ordenação é feita a partir das datas e ocorrências contidas numa obra, esp. de história.

índice cumulativo BIBL Aquele que relaciona diversos fascículos de uma mesma publicação periódica.

índice de assunto BIBL M.q. ÍNDICE REMISSIVO.

índice de audiência M.COM Proporção de espectadores para determinado programa de rádio ou televisão em determinado horário, de acordo com o total de aparelhos ligados.

índice de dedo BIBL Aquele que, por meio de *dedeira do livro*, permite a abertura do mesmo na página em que se inicia uma letra, um capítulo etc.

índice de leitura M.COM Proporção dos leitores para determinado jornal, revista, em relação às demais publicações do gênero.

índice de matéria BIBL M.q. SUMÁRIO.

índice expurgatório BIBL Catálogo ou relação de obras de leitura proibida, salvo licença especial, aos fiéis da Igreja católica apostólica romana; índice proibitório.

índice ideográfico BIBL M.q. ÍNDICE REMISSIVO.
índice onomástico BIBL Relação alfabética de autores citados ou tratados em um livro, acompanhados dos respectivos números de páginas.
índice proibitório BIBL M.q. ÍNDICE EXPURGATÓRIO.
índice remissivo BIBL Relação alfabética dos principais assuntos tratados numa obra, acompanhados da indicação de página, capítulo etc.; índice de assunto, índice ideográfico.
índice sinóptico BIBL M.q. SUMÁRIO.
índice sistemático BIBL Aquele em que as entradas são organizadas por assunto.
indício LING SEMIO M.q. ÍNDICE ('signo').
indivíduo **1** BIO Organismo único, distinguível dos demais do grupo. **2** Ser pertencente à espécie humana; homem. **3** O ser humano considerado isoladamente na coletividade, na comunidade de que faz parte; cidadão. **4** Qualquer ser concreto, conhecido por meio da experiência, que possui uma unidade de caracteres e forma um todo reconhecível. **5** LÓG Elemento que entra na extensão de uma espécie; aquilo que é indivisível em extensão. **6** Homem anônimo, indeterminado; pessoa. **7** Determinado homem; sujeito.

INFORMAÇÕES GERAIS

Em relação a uma classe, indivíduo é aquilo que pode ser tomado isoladamente. Uma biblioteca é composta de livros individuais, que coligem múltiplas páginas com um número grande de caracteres tipográficos. Em termos lógicos, o que se considera indivíduo resulta de um juízo e não se trata de uma entidade com um único elemento constitutivo. Mesmo que seja parte de uma generalidade ou de uma coleção, o indivíduo será sempre o referente do sujeito de uma sentença. A frase "o carioca é muito irreverente" refere-se a um grupo de pessoas nascidas no Rio de Janeiro, que são vistas como uma entidade individual. Assim, o indivíduo pode ser particular (João, esse carro, o juiz da primeira vara) ou universal (o Bem, a Justiça, a doçura etc.). Quando se fala em individuação, o que se quer dizer é a realização da ideia geral de um tipo numa instância particular. Apesar de examinarem casos e interações individuais, as teorias sociológicas veem os indivíduos como unidades e efeitos construídos a partir de um todo do qual fazem parte. Por esse motivo, existe, em sociologia, uma tendência teórica a desconsiderar as singularidades individuais, já que não passam de instâncias micro de um todo macro que as abarca. Tanto no debate entre Émile Durkheim (1858-1917) e Gabriel Tarde (1843-1904), que traçou os contornos da sociologia moderna, como no marxismo, que considera o indivíduo como um nível a ser superado e abolido, até mesmo nas suas coleções, ou seja, classes em conflito, e na linguística estrutural, que dá prioridade ao domínio da língua em detrimento da fala individual, a perspectiva individualista é avaliada como a projeção de uma totalidade que lhe é superior interpretativamente.

BIBLIOGRAFIA

CALLERO, Peter. *The myth of individualism: how social forces shape our lives*. New York: Rowman and Littlefield, 2009.
DUMMONT, Louis. *O individualismo: uma perspectiva antropológica da ideologia moderna*. Rio de Janeiro: Rocco, 1993.
NODARI, Paul César. *A emergência do individualismo moderno*. Porto Alegre: PUC-RS, 1999.

indoor [ing.] PUB Anúncio em forma de cartaz, painel etc., exposto em ambiente fechado. ▶ P.opos. a OUTDOOR.
in-doze GRÁF **1** Diz-se da folha de impressão dobrada de modo a formar um caderno com 12 folhas ou 24 páginas. **2** Diz-se do formato de livro assim obtido. **3** Livro com tal formato.
indução **1** FIL LÓG Raciocínio que parte de dados particulares (fatos, experiências, enunciados empíricos) e, por meio de uma sequência de operações cognitivas, chega a leis ou conceitos mais gerais, indo dos efeitos às causas, das consequências aos princípios, da experiência à teoria. ▶ Indução é um modo de raciocínio que generaliza ou infere princípios universais a partir de observações singulares. Na INDUÇÃO ARISTOTÉLICA, o raciocínio indutivo toma a forma simplesmente enumerativa, mas na ciência teorizada por Francis Bacon (1561-1626), o conhecimento indutivo dá sempre um salto e amplia o que as observações singulares forneceram. Isso se dá através da revelação dos princípios (leis) que sublinham os acontecimentos. Para Bacon, a indução enumerativa da lógica aristotélica, por desconsiderar as instâncias negativas dos acontecimentos, não poderia se constituir num procedimento compatível com os objetivos da ciência moderna. A INDUÇÃO BACONIANA começou a ser assaltada pelo empirismo de David Hume (1711-1776). Hume argumentava que não há como passar de instâncias singulares (por maior que seja seu número) para generalizações sem que se presuma uma hipótese não empírica que afirme a regularidade e a estabilidade da natureza. Portanto, a indução não teria um fundamento lógico, mas psicológico, já que depende de hábito. Desde então, observa-se que o conhecimento indutivo é, na melhor das hipóteses, provável e incompleto. Dentre os filósofos contemporâneos da ciência, Karl Popper (1902-1994) não reconhece a indução como um caminho válido para o conhecimento científico. Entretanto, não se pode dizer que haja unanimidade na rejeição ao raciocínio indutivo: Hans Reichenbach (1891-1953) e Herbert Feigl (1902-1988) acreditam que, por não haver outro mecanismo para a previsão de eventos futuros, a indução será, no final das contas, o critério racional que guia o conhecimento científico. ▶ Cf. CONFIRMAÇÃO; DEDUÇÃO; FALIBILISMO; HUME, DAVID; TÁBUAS DE BACON. **2** MKT PUB Ato ou efeito de induzir a compra de um produto por meio de uma oferta ou exortação do tipo "compre um e leve dois".

BIBLIOGRAFIA

POPPER, Karl. *A lógica da descoberta científica*. São Paulo: Cultrix/Edusp, 1975.

indução amplificadora LÓG M.q. INDUÇÃO BACONIANA.
indução aristotélica LÓG Em um silogismo indutivo, enumeração de todas as espécies de um gênero que, dessa maneira, se torna mais claro, preciso e determinado; indução completa, indução formal. ▶ Não gera um novo conhecimento, mas resume ou totaliza o saber já adquirido. ▶ P.opos. a INDUÇÃO BACONIANA.
indução baconiana LÓG Aquela que, partindo de certo número de eventos verificados na experiência, extrai uma lei capaz de articular todos os fatos do mesmo gênero numa explicação abrangente; indução amplificadora, indução científica. ▶ É, em algumas concepções da prática científica, considerada um instrumento fundamental da ciência. ▶ P.opos. a INDUÇÃO ARISTOTÉLICA.
indução científica LÓG **1** M.q. INDUÇÃO BACONIANA. **2** Na lógica contemporânea, indução que se caracteriza pelo caráter provável da conclusão, obtida por meio de pro-

cedimentos estatísticos ou do cálculo de probabilidades; indução incompleta.

indução completa LÓG M.q. INDUÇÃO ARISTOTÉLICA.

indução enumerativa FIL LÓG Método de pensamento que coleta e lista instâncias e acontecimentos singulares que apresentam regularidade e, por isso, funciona como base para generalizações; enumeração simples. ▸ Cf. INDUÇÃO.

indução formal LÓG M.q. INDUÇÃO ARISTOTÉLICA.

indução incompleta LÓG M.q. INDUÇÃO CIENTÍFICA.

indústria cultural **1** M.COM SOC Divulgação massificadora por meio da qual a mídia, funcionando como sistema mercantil e industrial, impõe formas universalizantes de comportamento e consumo. **2** M.q. CULTURA DE MASSA. **3** M.q. COMUNICAÇÃO DE MASSA.

INFORMAÇÕES GERAIS

Quando, no fim da década de 1940, Theodor W. Adorno (1903-1969) e Max Horkheimer (1895-1973) cunharam o termo *indústria cultural*, o conceito era apresentado no singular. Atualmente, seria mais correta a referência pluralizante às indústrias culturais, o que incluiria tanto as plataformas tradicionais (jornais, televisões, rádios, indústria editorial etc.) como a internet, a mídia interativa etc., sem deixar de lado o sistema educacional. Para Adorno e Horkheimer, indústria cultural era o efeito uniforme da aplicação da tecnologia industrial à esfera da cultura. Eles reconheciam no fenômeno algo mais do que a implementação de propaganda política, na Alemanha da década de 1930, às indústrias do cinema, do rádio, da música. Adorno e Horkheimer perceberam que a industrialização dos produtos culturais era uma característica geral da civilização contemporânea, afinal, era o que tinham visto durante o exílio americano. Tanto quanto seu oposto nazista, a democracia norte-americana era igualmente marcada pela industrialização e a mercantilização da cultura. Com a exceção premonitória e visionária de Walter Benjamin (1892-1940), para os pensadores da ESCOLA DE FRANKFURT, a indústria cultural representava uma inevitável negatividade programática. A visão de Benjamin era diferente: a industrialização cinematográfica revolucionava a consciência dos espectadores, além de destruir as expectativas da arte burguesa e sua noção de propriedade (cf. AURA). Mas, no livro *A dialética do esclarecimento*, Adorno e Horkheimer viram na indústria cultural apenas o que fosse decadência civilizatória: consumismo desvairado, subserviência ao maquinismo industrial, busca do lucro desenfreado, racionalização tecnocrática, comercialismo brutalizante, embotamento da consciência crítica, padronização conformista etc. Após terem considerado a possibilidade de usarem a expressão *cultura de massa*, Adorno e Horkheimer preferiram a expressão mais radicalizante de *indústria cultural*. A escolha de termos tinha por objetivo diferenciar o que os meios de comunicação criavam em relação à ideia de cultura popular. Os produtos da indústria cultural obedecem apenas a uma lógica estritamente de mercado: planeja-se cuidadosamente e de maneira segmentada o que será oferecido ao público, com o objetivo exclusivo de obter lucro, mesmo que ao preço da desvalorização da experiência estética e do entorpecimento das faculdades críticas do consumidor. Na indústria cultural, o projeto de esclarecimento iluminista é virado de cabeça para baixo. Os efeitos sociais dessa opção são obviamente negativos, tornados ainda mais sérios pelo fato de que a industrialização da cultura atinge todos os atores. Celebram-se o médio, o medíocre e o mau gosto. O que sair dos parâmetros da mediocridade será, com grande probabilidade, excluído e silenciado. Quando a arte erudita encontra lugar na indústria cultural, isso acontece por motivos que nada têm a ver com a excelência estética e frequentemente representam o que Karl Marx (1813-1883) chamava de FETICHISMO DA MERCADORIA. O consumidor aceita a arte de qualidade não por seu valor de uso, mas pelo valor de troca que a obra tem como elemento de distinção social ou como reverência mercantilizada. O que caracteriza a experiência estética, massificada ou não, na sociedade contemporânea seria, para Adorno e Horkheimer, mera monetarização da cultura, medida nos termos exclusivos da venda, ainda que sob o pretexto hipócrita de expressão da criatividade. Porque é dirigida pela necessidade obsessiva de vender, ainda que esse objetivo seja imprevisível, a indústria cultural acaba caracterizando-se pela procura de fórmulas que garantam o sucesso de seus produtos no mercado da cultura. ▸ Cf. ECONOMIA; ENLATADO; HOLLYWOOD; IDEOLOGIA; INTERPELAÇÃO; TEORIA CRÍTICA.

BIBLIOGRAFIA

ADORNO, Theodor W.; HORKHEIMER, Max. *Dialética do esclarecimento*. Rio de Janeiro: Zahar, 1985.

industrialismo **1** Sistema de organização econômica e social surgido da Revolução Industrial. **2** ECON Doutrina que preconiza a superioridade econômica e política do modo industrial de produção; organização social em que predominam as indústrias, esp. as de larga escala. **3** ECON Introdução da indústria em todos os setores da economia.

INFORMAÇÕES GERAIS

Entende-se por industrialismo a intervenção sistêmica de máquinas no processo de trabalho. Até o surgimento da Revolução Industrial, a indústria seguia um modelo de manufatura que se valia da força muscular humana ou da tração animal. A Revolução Industrial não é apenas o uso de ferramentas com o propósito de melhorar, viabilizar e facilitar a manufatura de objetos. O industrialismo é uma revolução no sentido literal do termo, pois suas ferramentas produtivas transformam radicalmente o que se entendia por trabalho. A maquinaria passa a ser parte de uma ordem complexa e totalizadora que racionaliza, amplia e magnifica a produção a um nível até então impensado. A maquinaria industrial se autonomiza e a tudo engloba: a industrialização canibaliza o trabalho, a disciplina necessária para a produção e até mesmo os lucros auferidos pela nova maneira de fazer as coisas, uma vez que as máquinas precisam ser mantidas e substituídas. A máquina deixa de ser uma extensão do trabalho: o trabalhador vira um apêndice da máquina. O próprio consumo de objetos produzidos passa a ser medido e avaliado por sua capacidade de financiar a expansão da maquinaria de produção. O conceito de industrialismo exige que o fenômeno da mecanização da produção seja pensado bem além do meramente tecnológico. Por isso, Karl Marx (1818-1883) e Friedrich Engels (1820-1895) veem-se na necessidade de sublinhar que a revolução criada pela máquina a vapor é impulsionada pela melhoria, pela transformação e pela ampliação de capacidades técnicas nas esferas do transporte e da comunicação. Ao contrário da manufatura, que cresce sempre em progressão aritmética (1, 2, 3, 4 etc.), aumentando paulatinamente seu acúmulo produtivo a cada trabalhador individual adicionado à força de trabalho, a atividade industrial, feita com máquinas poderosas, aumenta a produção geometricamente (2, 4, 8, 16 etc.). O aumento crescente da produção industrial exige que a indústria atinja e crie novos mercados, criando uma economia cada vez mais globalizada. A industrialização afeta todas as áreas da economia, além do setor secundário, ou seja, aquele que produz objetos e outros bens tangíveis. Os bens intangíveis da cultura industrializam-se: a indústria cultural veicula filmes, programas e formas de entretenimento que têm a mesmice seriada das fábricas de objetos. O setor primário, portanto a agricultura, é tb. industrializado, reduzindo pela mecanização o contingente de trabalhadores do campo, que assim migram para as cidades. A revolução urbana acompanha a Revolução Industrial. A concentração de mão de obra nas cidades gera um exército de reserva de trabalho industrial, que permite a rotatividade incessante de operários nas fábricas com salários cada vez mais baixos. Ao observarem que os salários dos trabalhadores decrescem e, com isso, reduz-se sua capacidade de compra da produção industrial, Marx e Engels preveem uma crise estrutural do capitalismo industrializado, que estaria sempre à beira cíclica de um colapso econômico. Por mais que as crises econômicas do capitalismo, previstas pela teoria marxista, se verifiquem, de modo atenuado e nem sempre inevitavelmente, não há dúvida de que o pensamento moderno sobre o processo de industrialização, sua necessidade de consumo crescente de manufaturas, bens e serviços deve muito ao diagnóstico de Marx sobre o capitalismo industrial. Mesmo um pensador politicamente mais à direita de muitos marxistas, como Raymond Aron (1905-1983), define o fenômeno do industrialismo em termos semelhantes aos de Marx. As sociedades industriais caracterizam-se pela aplicação de conhecimentos científicos e tecnológicos às técnicas de produção, pelo grande investimento de capital fixo em instalações e maquinarias e pela produção em série, em larga escala.

BIBLIOGRAFIA

ARON, Raymond. *Dezoito lições sobre a sociedade industrial*. Brasília: Martins Fontes/UnB, 1981.

MARX, Karl. *O capital*. Coimbra: Centelha, 1974. v. 1.

________; ENGELS, Friedrich. *Manifesto do Partido Comunista*. *1848*. Porto Alegre: L&PM, 2001.

in extenso [lat.] Em toda a sua extensão, sem omitir qualquer detalhe; na íntegra, completo.

infecção INF Introdução, transmissão ou presença de vírus de computador em arquivo, sistema operacional ou dispositivo; contaminação. ▶ Cf. WORM; VÍRUS.

infectado INF Que possui vírus de computador (diz-se de sistema operacional, arquivo ou dispositivo); contaminado.

infectar INF Transferir ou instalar vírus de computador em (arquivo, sistema, sistema operacional ou dispositivo); contaminar.

inferência 1 Ação ou efeito de inferir; conclusão, indução. 2 LÓG Operação intelectual por meio da qual se afirma a verdade de uma proposição em decorrência de uma ligação com outras já reconhecidas como verdadeiras. 3 LÓG Proposição admitida como verdadeira em virtude dessa operação. 4 EST Operação que consiste em efetuar generalizações, tomando por base amostras estatísticas.

INFORMAÇÕES GERAIS

O processo da comunicação é fundamentalmente inferencial, sendo baseado em asserções não apenas certas, como exige a lógica clássica, mas também em premissas prováveis, logo verossímeis. Quando uma conclusão se alicerça em outra, como no caso de "se todos os atenienses são gregos, qualquer pessoa que nasça em Atenas é grega", o resultado é um raciocínio inferencial. O termo 'inferência' é us. tanto para a conclusão a que se chega como para o processo que levou até ela. Uma inferência é imediata quando se passa de uma proposição a outra sem o auxílio de uma terceira, enquanto a inferência mediata exige a intervenção de uma terceira para efetuar-se.

in fine [lat.] Na parte final de parágrafo, página, verbete, capítulo, livro. ▶ Us. esp. para localizar mais completamente citações bibliográficas, jurídicas etc.

infinito TEAT M.q. CICLORAMA.

infografia EDIT JOR 1 Gênero jornalístico que utiliza recursos gráfico-visuais para apresentação sucinta e atraente de determinadas informações. 2 M.q. INFOGRÁFICO.

infográfico EDIT JOR 1 Relativo à infografia. 2 Apresentação de informações com preponderância de elementos gráficos (fotografia, desenho, diagrama estatístico etc.) integrados em textos sintéticos e dados numéricos, ger. utilizada em jornalismo como complemento ou síntese ilustrativa de uma notícia; infografia. ▶ Infográficos são representações visuais de informação jornalística. O uso crescente de infográficos em jornais é resultado do reconhecimento de que os leitores retêm e compreendem melhor a informação visual do que aquela que estiver sendo apresentada apenas sob a forma de texto. Feitos cuidadosamente, com precisão e senso estético, os infográficos são considerados atraentes e belos pela maioria dos leitores. Já que sua função principal num jornal é a de ser um instrumento da narrativa jornalística, cabe ao jornalista saber como utilizá-los. Existem três tipos de infográficos: linear, de barras e tabela, cada um mais apropriado para um determinado tipo de informação. Quando a informação implica a representação de mudanças (queda ou ascensão, progresso ou retrocesso), os gráficos lineares são adequados para o que se quer comunicar: a flutuação do balanço de pagamentos ou de uma moeda num período. Ao contrário dos lineares, os gráficos de barra funcionam bem quando se quer representar estados ou tendências num determinado momento, como é o caso das mudanças comparativas dos valores cambiais de uma moeda. As tabelas servem para relacionar uma quantidade considerável de dados que não tenham óbvias relações matemáticas, tais como a composição de um determinado produto ou a votação numa eleição por áreas. Ou então, numa eleição, as categorias de municípios por número de eleitores. Porque o repórter coleta dados que serão apresentados num infográfico, cabe a ele repassar a compreensão dos números que sustentam e apoiam a narrativa jornalística. A lógica dos infográficos é primordialmente comparativa, seja pelo cotejo do passado com o presente ou pelas variações num momento específico. Argumentativamente, a ilustração infográfica pode confirmar ou falsificar o que está sendo noticiado.

infografista GRÁF INF Que ou quem produz infográficos.

infólio GRÁF M.q. IN-FÓLIO.

in-fólio GRÁF 1 Diz-se da página de impressão dobrada ao meio, de que resultam cadernos com quatro páginas (no passado, páginas de 22 cm x 32 cm). **2** Diz-se do formato do livro assim obtido. **3** Livro com tal formato; fólio.

informação **1** Ato ou efeito de informar(-se). **2** Comunicação ou recepção de um conhecimento ou juízo. **3** O conhecimento obtido por meio de investigação ou instrução; esclarecimento, explicação, indicação, comunicação, informe. **4** Conhecimento ou fato de interesse geral, tornado do conhecimento público ao ser divulgado pelos meios de comunicação; notícia. **5** Informe escrito; relatório. **6** Conjunto de atividades que têm por objetivo a coleta, o tratamento e a difusão de notícias junto ao público. **7** Conjunto de conhecimentos reunidos sobre determinado assunto. **8** Elemento de um sistema capaz de ser transmitido por um sinal ou combinação de sinais pertencentes a um repertório finito. **9** COMN Quantidade numérica que mede a raridade, a novidade e a incerteza do resultado de um experimento a realizar-se; medida quantitativa do conteúdo de informação. **10** INF Mensagem suscetível de ser tratada pelos meios informáticos; conteúdo dessa mensagem. **11** INF Interpretação ou significado dos dados.

INFORMAÇÕES GERAIS

Dos múltiplos sentidos e usos da palavra *informação*, o mais importante para os estudos da comunicação é aquele que define o termo como a medida da raridade, novidade e, por extensão, incerteza na transmissão de sinais ou signos que circulam entre emissores a receptores. Ainda que a comunicação seja, de fato, um processo complexo, que ocorre simultaneamente em vários níveis, a teoria da informação não se preocupa prioritariamente com o significado ou efeito da mensagem comunicada. Não que para a teoria da informação o significado ou efeito das mensagens sejam nulos ou desprezíveis, e sim que a transmissão é o nível mais básico da comunicação. Sem transmissão, não há significado ou efeito comunicados. Pensar só a transmissão não passa de um ato reducionista consciente, mas que revela propriedades importantes do processo comunicativo. Com o propósito de simplificação, imagine-se uma situação em que o emissor e o receptor sejam completamente idênticos na sua capacidade e possibilidade. Claro que não se trata de uma abstração absurda, uma vez que isso ocorre frequentemente na comunicação entre objetos inanimados, tais como aparelhos telefônicos e computadores de dados. Sendo assim, como se devem avaliar as mensagens? São todas a mesma coisa? O que as diferencia? A hipótese é que o teor de informação distingue os sinais transmitidos. No seu artigo clássico sobre teoria matemática da comunicação, Claude Shannon (1916-2001) e Warren Weaver (1894-1978) afirmam que "informação não é o que é dito, mas o que pode ser dito". Uma mensagem terá quantidade diferenciada de informação se o número de alternativas que precedem sua escolha for diferente. Por exemplo: "minha namorada favorita é a Andréa" será informativamente diferenciada se quem emitir essa opinião tiver tido duas ou oito namoradas no passado. Uma mensagem que resulta da escolha de uma entre duas alternativas é bem menos dispendiosa do que aquela que faz a mesma escolha de um conjunto maior de possibilidades, no caso oito elementos equiprováveis. A informação terá de ser medida por uma fórmula de base binária, porque a transmissão resulta de um ato de escolha, não só entre sinais que podem ser transmitidos, mas também entre a possibilidade de se transmitir ou não uma mensagem (cf. BINÁRIO). Numericamente, a escolha será sempre de base dois. A fórmula que mede a informação expressa-se da seguinte maneira: $I = \log_2 N$, sendo N o número de alternativas igualmente prováveis. Mesmo que, após o interrogado ter conseguido fazer crescer o número de namoradas passadas de dois para oito, a resposta seja a mesma, portanto "Andréa é minha namorada favorita", a mensagem terá quantidade de informação diferente: tendo duas namoradas, a quantidade de informação seria um BIT, enquanto que, no caso de oito alternativas, o teor de informação seria três *bits*. O que a quantidade de informação faz é descrever quantitativamente uma mensagem, medindo estatisticamente o teor de raridade e, portanto, a novidade de uma mensagem transmitida. Não interessa aqui o conteúdo, a qualidade da mensagem. É óbvio que, quanto maior o valor de N no cálculo logarítmico, mais dispendiosa será a mensagem, pois mais disjunções binárias terão de ser feitas. Escolher um entre dois é menos dispendioso do que escolher um entre oito. Um entre dois é mais previsível e com menor teor de raridade, de novidade e de incerteza do que a escolha de um entre oito. Deve-se observar, porém, que a quantidade de informação não é necessariamente benéfica e propiciadora da comunicação. Quanto mais informativa uma mensagem for, mais dispendiosa ela será, portanto menos comunicativa. Informação e comunicação são valores inversos. Quanto mais informação, menos comunicação; quanto menos informação, mais comunicação. Outro ponto importante a ser extraído desse raciocínio é que, se a informação crescente é uma medida de improbabilidade, os atos de comunicação terão sempre de ser feitos a partir de mecânicas ou dispositivos que reduzam a incerteza, a raridade e a novidade do que foi comunicado. Todo ato de comunicação será feito a partir de um sistema normativo de regras recíprocas e igualmente conhecidas pelo emissor e pelo receptor – o CÓDIGO.

BIBLIOGRAFIA

SHANNON, Claude; WEAVER, Warren. A teoria matemática da comunicação. In: COHN Gabriel (org.). *Comunicação e indústria cultural*. São Paulo: Nacional, 1975. p. 25-37.

informação completa COMN ECON Na teoria dos jogos, informação veiculada voluntariamente pelos participantes da disputa, ou revelada pelo tipo de jogo em que os agentes estão envolvidos, que, por sua vez, permite a descoberta da verdadeira intenção dos jogadores.

informação genética GEN Aquela contida na sequência de nucleotídeos dos ácidos nucleicos e que se expressa durante a síntese de proteínas; conjunto de caracteres hereditários transmitidos por genes.

informação incompleta COMN ECON Na teoria dos jogos, tipo de informação parcial ou intencionalmente inverídica veiculada propositalmente por um jogador para ludibriar, blefar e enganar seu oponente.

informal **1** HIST.ART Diz-se do tipo de arte abstrata que se recusa a representar formas reconhecíveis ou classificáveis. ▸ Dentro do movimento abstracionista, opõe-se a tendências geometrizantes. **2** SLING Que se usa em situações informais, em que o indivíduo se sente à vontade e não se preocupa com a censura externa (diz-se de variante linguística, linguagem, registro etc.); distenso. **3** SLING Que usa uma linguagem mais próxima da linguagem falada não formal, não elaborada (diz-se de estilo, construção, texto etc.).

informante 1 Aquele que informa; informador. 2 LING Falante nativo que, diante de um *corpus* selecionado em seu idioma, é capaz de responder sobre a aceitabilidade dos enunciados e de fornecer ao linguista elementos (palavras, frases etc.) para análise.

informática INF Ramo do conhecimento dedicado ao tratamento da informação mediante o uso de computadores e demais dispositivos de processamento de dados.

information technology [ing.] COMN Ver TECNOLOGIA DA INFORMAÇÃO. ▶ Sigla: *IT*.

informativo 1 Que se presta a informar ou a noticiar. 2 Publicação periódica em que predomina o caráter informativo; boletim.

informe Ato ou efeito de informar(-se); esclarecimento, informação.

infra [lat.] BIBL EDIT Abaixo. ▶ Us. para indicar trecho da mesma página, ou de página(s) posterior(es). ▶ P.opos. a supra.

infraestrutura ECON.POL M.q. BASE.

inglesa GRÁF Red. de LETRA INGLESA.

iniciação 1 ANTRPOL Conjunto de práticas cerimoniais através das quais o membro de um grupo ou de uma sociedade adquire novo *status* social. 2 INF Execução de procedimento de partida de um computador; BOOT. ▶ F. não pref.: *inicialização*. 3 INF Numa programação, atribuição de um valor inicial a uma variável.

inicial GRÁF M.q. LETRA CAPITULAR.

inicialização INF F. não pref. de INICIAÇÃO.

inicializar INF F. não pref. de INICIAR.

iniciar INF 1 Executar o procedimento de partida de (computador). 2 Em programação, atribuir valores a (entes que podem assumir diferentes valores ao longo do tempo, como variáveis em programas ou campos em registro de bancos de dados). ▶ F. não pref.: *inicializar*.

injuntivo LING Que exprime uma ordem ao interlocutor para executar ou não determinada ação (diz-se de frase).

injúria 1 Ato ou efeito de injuriar. 2 Injustiça; algo que é injusto; tudo o que é contrário ao direito. 3 Dito ou ato insultuoso, ofensivo. 4 COMN JUR Ilícito penal praticado por quem ofende a honra e a dignidade de outrem. ▶ O artigo 140 do Código Penal brasileiro estabelece que injuriar alguém é crime de ofensa ao decoro. A injúria constitui-se em um ilícito de comunicação contra a honra de uma pessoa. Por honra entende-se o conjunto de atributos morais, físicos e intelectuais de alguém. O efeito da injúria seria a alienação do indivíduo em relação a seu meio ambiente social. A injúria pode ser objetiva ou subjetiva. A objetiva refere-se a atributos físicos, morais ou intelectuais de uma pessoa, enquanto a subjetiva diz respeito ao sentimento despertado pela comunicação injuriosa.

BIBLIOGRAFIA

GONÇALVES, Victor Eduardo. *Direito penal: dos crimes contra a honra*. São Paulo: Saraiva, 1999.

in-octavo [lat.] GRÁF M.q. IN-OITAVO.

in-oitavo GRÁF 1 Diz-se da folha de impressão dobrada três vezes, de que resulta um caderno com oito folhas ou 16 páginas; oitavo. 2 Diz-se do formato de livro assim obtido. 3 Livro em tal formato; oitavo. ▶ Tb. se grafa *in-octavo*

in-plano GRÁF 1 Diz-se de formato em que a folha do papel impresso fica inteira, sem dobra. 2 Livro com esse formato.

input [ing.] 1 ECON Ver INSUMO. 2 INF Ver ENTRADA. 3 LING No aprendizado da língua, conjunto de dados que o indivíduo recebe ao ouvir a língua sendo us. a seu redor.

in-quarto GRÁF 1 Diz-se da folha de impressão dobrada duas vezes, de que resulta um caderno com quatro folhas; quarto. 2 Diz-se do formato de livro assim obtido. 3 Livro com tal formato; quarto.

inscrição Frase ou citação que se escreve na fachada ou parede de prédios ou monumentos arquitetônicos, seja como decoração, seja para resguardar a sua história, seja com finalidade educativa, edificante etc.; epígrafe.

inserção 1 Ato de publicar algo num órgão de imprensa; intercalação, interposição. 2 CINE Na montagem de um filme, plano fixo e breve, intercalado na sequência narrativa, que informa convencionalmente sobre passagem do tempo, deslocamento no espaço etc. 3 TV Efeito de trucagem que consiste em inserir uma imagem pequena, captada por uma câmara, numa cena maior, captada por outra.

inserto GRÁF M.q. ENCARTE.

in-sessenta e quatro GRÁF 1 Diz-se de formato obtido pela sexta dobra da folha, que resulta em 64 páginas de cada lado. 2 Livro com tal formato.

[1]***insider*** [ing.] INF M.q. GREY HAT.

[2]***insider*** [ing.] ECON 1 Investidor que, tendo bom acesso a determinada empresa, recebe informações antes que estas se tornem conhecidas. 2 Tal indivíduo em posição de poder ou autoridade, que pode influenciar as decisões de uma empresa.

insígnia Sinal distintivo que é atributo de poder, dignidade, posto, comando, função, classe, corporação, confraria etc.; símbolo, emblema, divisa.

insinuação RET 1 Figura que consiste no emprego de expressões hábeis com o fim de captar a simpatia do auditório. 2 Artifício retórico que visa insinuar alguma coisa no espírito do ouvinte.

instalação ART.PLÁST Obra de arte que consiste em construção ou empilhamento de materiais, permanente ou temporário, e de que o espectador pode participar, manipulando-a, ou sendo, às vezes, de tamanho tão grande que o espectador pode nela entrar.

instalar INF Acrescentar (programa ou dispositivo) a um computador, preparando-o para ser utilizado.

instância 1 INF Cópia das instruções de um mesmo programa, que executa, em paralelo e na memória RAM de um computador, as mesmas tarefas com dados diferentes. 2 PSICN Parte do aparelho psíquico, segundo as teorias de Sigmund Freud (1856-1939). ▶ O termo seria mais apropriado para designar as três partes do aparelho psíquico de acordo com a segunda tópica de Freud (*ego*, *id* e *superego*).

instantâneo FOT Fotografia informal, batida sem tripé; *snapshot*.

instant messaging [ing.] INF INTERN Método ou programa que permite a troca de mensagens na internet em tempo real. ▶ O processo de *instant messaging* combina a escrita com o imediatismo de uma conversação. Se o *email* permitiu outra concepção de correio tradicional, *instant messaging* toma a forma de um diálogo. Extremamente popular na faixa etária mais jovem, esse sistema de comunicação aproxima a escrita da fala e pode ser visto como efeito de uma tendência predominante na mídia atual. Práticas comunicacionais já estabelecidas convergem, criando um novo modo de comunicação.

instant messenger [ing.] INF **1** Programa que permite a troca instantânea de mensagens na internet. **2** Mensagem produzida por esse programa.
institucional PUB Que visa estabelecer uma imagem favorável para uma dada marca, empresa, instituição, órgão público ou privado (diz-se de propaganda).
instrução INF Expressão ou código que especifica uma operação a ser executada por um microprocessador e, se necessário, identifica os operandos.
instrumentação MÚS **1** Escolha de instrumento(s) para a execução de uma peça musical ou parte dela. **2** O elenco desses instrumentos; instrumental. **3** Estudo das técnicas de utilização de instrumentos em composições.
instrumental MÚS **1** Que utiliza instrumentos; interpretada por instrumentos. ▸ P.opos. a VOCAL. **2** O conjunto de instrumentos musicais.
instrumentar MÚS Escrever as partes de cada instrumento em (composição).
instrumentista MÚS Compositor de música instrumental.
insumo ECON Cada um dos elementos (matéria-prima, equipamentos, capital, horas de trabalho etc.) necessários para produzir mercadorias ou serviços; *input*.
integração SOC Ação, processo ou resultado de assimilar completamente os indivíduos de origem estrangeira ao seio de uma comunidade ou nação (do ponto de vista jurídico, linguístico e cultural), formando um único corpo social.
inteira ENC M.q. ENCADERNAÇÃO INTEIRA.
intelectualismo FIL Doutrina que afirma a redutibilidade de tudo no Universo a elementos intelectuais, até mesmo uma categoria de fatos considerados pela maioria dos filósofos como irredutíveis à inteligência (p.ex., os sentimentos e a vontade, entendidos, em última análise, pelos intelectualistas, como fenômenos intelectuais confusos).
inteligência PSIC **1** Capacidade de apreender e organizar os dados de uma situação, em circunstâncias para as quais de nada servem o instinto, a aprendizagem e o hábito; capacidade de resolver problemas e empenhar-se em processos de pensamento abstrato. **2** Percepção clara e fácil; habilidade em tirar partido das circunstâncias; engenhosidade e eficácia no exercício de uma atividade; sagacidade, perspicácia. **3** Nos animais, função mental de organização do real em atos (e não em atos e pensamentos, como nos seres humanos).
inteligência artificial INF Ramo da informática que visa dotar os computadores da capacidade de simular certos aspectos da inteligência humana, tais como aprender com a experiência, inferir a partir de dados incompletos, tomar decisões em condições de incerteza e compreender a linguagem falada, entre outros. ▸ A observação dos avanços científicos na pesquisa sobre inteligência artificial revela importantes propriedades da mente humana e dos fenômenos da comunicação. A postura filosófica desse ramo do conhecimento é materialista, pois recusa a distinção radical entre o corpóreo e o mental que caracteriza o pensamento idealista (cf. IDEALISMO). Se, de modo geral, a inteligência constitui-se numa propriedade estrutural de um sistema vivo, a inteligência artificial projeta essa propriedade em compostos inanimados, que passam a funcionar segundo critérios lógicos que permitem a resolução de problemas, a execução de tarefas, bem como o entendimento e a produção de enunciados linguísticos. Por isso, os computadores podem ser considerados máquinas para pensar e executar tarefas com precisão e exatidão nem sempre alcançáveis no caso de agentes humanos. Questões de gosto, juízo, apreciação e outros modos da subjetividade estão notoriamente ausentes das preocupações que guiam o estudo da inteligência artificial. Isso talvez signifique que os processos da inteligência possam ser segregados de outras dimensões da vida humana. Obviamente, as pesquisas de inteligência artificial só foram possíveis porque se pode aplicar uma lógica booliana a todas as operações numéricas e a linguagem foi entendida com a manipulação de símbolos que expressavam um raciocínio. Os dados computáveis são, por isso, entendidos segundo um modelo de linguagem, ou seja, são formas de combinação que, por isso, possuem significado, o que implica dizer que a significação é efeito direto de seus processos combinatórios. A comparação com a geração de sentenças segundo uma gramática é óbvia. Como a gramática, a inteligência artificial manifesta-se por meio de regras sintáticas. O raciocínio é válido, se for feito com regras formais específicas, precisas e sem ambiguidade. Ainda mais evidentemente do que as linguagens naturais, as linguagens artificiais articulam-se a partir de princípios binários (cf. BINÁRIO; BINARISMO). A princípio, a computação de dados seguiu um modelo de conhecimento determinístico fomentado pela capacidade de máquinas computarem regras formais dedutivas, com precisão e rigidez. É o que faz uma calculadora ou qualquer outro processo de identificação sintática. Mas, para ser uma máquina que simule plenamente a inteligência, a informática teria de dar conta dos processos heurísticos que caracterizam o pensamento (cf. HEURÍSTICA). A lógica da descoberta não é produto do aleatório nem da obediência cega a instruções predeterminadas. As regras podem ser flexíveis, se a ocasião assim o exigir. Foi a partir da década de 1970 que o estudo da inteligência artificial começou a dedicar-se à aplicação de procedimentos heurísticos, o que significou a adição de um novo conjunto de problemas relacionados ao ato de conhecer e não apenas ao direcionamento do raciocínio reduzindo-o a regras formais. A inteligência artificial teve, então, que lidar com outras propriedades correntes nas linguagens naturais, como ambiguidade e relevância. Nas linguagens naturais, os falantes entendem uns aos outros não porque os símbolos usados sejam absolutamente precisos e sem sobreposição de sentido. Um enunciado é claramente compreendido em referência ao contexto e a um saber prévio que indicam o significado relevante do termo, caso contrário não haveria homônimos numa língua e os sistemas linguísticos teriam que se valer de um só termo para cada coisa e cada objeto de conhecimento, o que, de fato, não é necessário. Tanto as linguagens naturais como as da inteligência artificial exigem um conjunto de procedimentos hierárquicos, que indicam a relevância de um conhecimento para a compreensão de um enunciado, o que se faz por meio de referências cruzadas, índices, tabelas etc., que requerem uma elaboração de sistemas de reconhecimento. A inteligência artificial procura descobrir as maneiras de conexão e de pensamento paralelo em ação na mente ordinária. Cada operação mental seria feita a partir de um núcleo que se organiza em camadas conectadas entre si. A inteligência artificial quer simular, de maneira aproximada, as operações e os procedimentos materiais do cérebro humano, que se compõe de axônios e sinapses (cf. AXÔNIO; SINAPSE). John von Neumann (1903-1957)

teorizou que a arquitetura dos computadores deveria, de alguma forma, se aproximar do cérebro humano. ▶ Cf. ÁLGEBRA DE BOOLE; COMPUTADOR; TURING, ALAN.

BIBLIOGRAFIA

VON NEUMANN, John. *The computer and the brain*. New Haven: Yale University Press, 1958.

inteligibilidade Qualidade do que é inteligível, do que pode ser compreendido; compreensibilidade.

inteligível 1 Que se compreende bem, que é fácil de entender; compreensível. **2** FIL Diz-se de um fato ou de uma proposição logicamente contidos numa fórmula já reconhecida. **3** FIL Que só pode ser entendido pelo intelecto e não pelos sentidos.

intenção 1 Aquilo que se pretende fazer; propósito, ideia, plano. **2** Aquilo que se procura alcançar, conscientemente ou não; propósito, desejo, intento. **3** FIL Na escolástica, aplicação do espírito a um objeto de conhecimento; o próprio objeto de pensamento ao qual o espírito se aplica. **4** FIL Na fenomenologia de Edmund Husserl (1859-1938), atitude ou ato da consciência que dá sentido aos dados da percepção, da imaginação ou da memória. **5** LIT Conjunto de violações, desejos, projetos, veleidades, aspirações etc. que leva um escritor a produzir uma obra literária.

intencionalidade 1 Característica do que é intencional; intenção, deliberação, propósito. **2** FIL Segundo a fenomenologia, caráter da consciência de tender para um objeto e dar-lhe sentido. **3** PSIC Caráter de um ato ou estado de consciência mais adaptado a uma intenção, propósito.

INFORMAÇÕES GERAIS

O jargão da filosofia analítica da linguagem, de origem anglo-saxã, grava o termo 'intencionalidade' de modo diferente de 'intensionalidade'. Intensionalidade seria uma característica peculiar da linguagem, responsável pela reunião de vários atributos e propriedades de um termo ou CONCEITO. A intensionalidade não se confunde com referência, pois constitui-se daquilo que é universal e parte de um conceito, como o conceito 'cão'. A intensionalidade é um conjunto de significados diversos, atribuídos não apenas a esse cachorro do qual falamos, mas a todos os caninos: é mamífero, late, é um animal doméstico, é 'o melhor amigo do homem' etc. As extensões estabelecem indivíduos sob um termo, enquanto as propriedades intensionais indicam a pertinência a uma classe. O vocabulário filosófico dos séculos passados usava CONOTAÇÃO para nomear o que muitos hoje chamam de intensão. Escrita com 'c', a palavra 'intencionalidade' tem outro sentido. Intencionalidade carateriza-se por ser fundamentalmente um estado mental. Ainda que relacionadas, 'intencionalidade' e 'intensionalidade' não podem ser a mesma coisa. A intencionalidade é um conceito filosófico que, por referir-se a propósitos ou ações, está na fronteira do psicológico. Franz Brentano (1838-1917) foi quem o introduziu na discussão filosófica, para distinguir o físico do mental, resgatando a palavra do pensamento escolástico medieval para indicar a direção da mente em face de um objeto qualquer. O fenomenólogo alemão Edmund Husserl (1859-1938) usou o termo para identificar a relação de todo tipo de consciência com seus objetos, presentes ou ausentes do pensamento. Em Husserl, intencionalidade é um atributo da mente que confere sentido às coisas, sem que seja uma propriedade intrínseca da linguagem. Na filosofia linguística anglo-saxã, intencionalidade é entendida como o que estabelece o significado de um ato de fala. Considerando a sugestão de Ludwig Witttgenstein (1889-1951), de que as questões do significado seriam redutíveis ao uso que se faz das sentenças, porém insatisfeito com a indefinição do que seja 'uso', que pode ser muitas coisas, o filósofo norte-americano John R. Searle (1932-), na sua teoria dos atos de fala, afirma a conjunção entre significado e intencionalidade. Em primeiro lugar, é preciso reconhecer que dizer algo e significar algo diferem. Significar envolve o ato de dizer algo com a intenção de se produzir um efeito ILOCUCIONÁRIO na pessoa à qual a mensagem é dirigida. O interlocutor quer que o receptor reconheça essa intenção, através do conhecimento de regras que governam o ato de fala. Por isso, significar é querer dizer algo, ter um propósito, logo uma intenção. Com Searle, a intencionalidade passa a ser uma questão central para uma filosofia não só da linguagem, mas da comunicação.

BIBLIOGRAFIA

LYOTARD, Jean-François. *Phenomenology*. Albany: SUNY Press, 1991.

SANTOS, José Henrique dos. *Do empirismo à fenomenologia*. São Paulo: Loyola, 2010.

SEARLE, John R. *Speech acts: an essay in the philosophy of language*. Cambridge: Cambridge University Press, 1969.

__________. *Intencionalidade*. São Paulo: Martins Fontes, 2001.

intensão FIL LING LÓG Conotação ou significado de um termo ou de uma proposição que estabelece seu sentido, em oposição à sua referência ou extensão. ▶ O termo 'intensão' deve ser entendido em contraste com o conceito de extensão ou designação, como é o caso do planeta Vênus, que é dito, conforme o horário em que surge, na aurora ou no crepúsculo, 'estrela da manhã' ou 'estrela vespertina'. A extensão é um estado de coisas, enquanto a intensão indica seu sentido. De modo preciso, a extensão indica mais do que sua referência, como é o caso do termo 'doce' ter como extensão não apenas a doçura, mas todos as coisas doces que possam existir. A introdução do termo 'intensão' no vocabulário filosófico originou-se na *Lógica* de *Port-Royal* como uma derivação do dualismo cartesianno *res cogitatio* e *res extensio*, ou CONOTAÇÃO e DENOTAÇÃO.

intensidade 1 FON Característica da emissão de fonemas ou grupos de fonemas com maior energia do que a dos fonemas ou grupos de fonemas vizinhos; tonicidade, acentuação tônica. **2** MÚS Parâmetro do som resultante da amplitude da onda sonora.

inter alia [lat.] Entre outras coisas.

interatividade 1 Qualidade de interativo. ▶ A transmissão e a resposta instantânea a mensagens transmitidas caracterizam a comunicação contemporânea. Não há dúvida de que o interesse nas respostas e reações das audiências é um traço constante nos estudos da comunicação. Aristóteles (384 a. C. - 322 a. C.) dedica um dos segmentos de sua *Retórica* à investigação daquilo que poderia ser chamado de psicologia de massa; e isso significa que havia uma necessidade de pensar a interação do orador e seu público. Sob todas as formas, mas em grau diferenciado, a comunicação é um processo de adaptação interativa, que reúne quem comunica e aquele que recebe a mensagem. Para os pensadores da comunicação na Antiguidade, era claro que os oradores estavam diretamente expostos à reação da população, que vaiava, aplaudia e interferia ativamente nos discursos. Mas, desde a invenção da escrita, o emissor não está em contato direto com as pessoas que leem o que foi escrito. Para Platão (c428 a.C. - 348 a.C.), isso desvalorizava a escrita. No *Fedro*, o veredito platônico é peremptório: o DIÁLOGO, a investigação face a face é a cena ideal para a filosofia. O erro lógico da retórica é adaptar a verdade aos preconceitos da audiência, transformando o verdadeiro no verossímil. Mas há algo de precioso na interação de mentes, sem a qual o pensamento filosófico inexistiria. Acreditar que a escrita é permanente e imutável não passa de ingenuidade. Quem escreve não sabe quem o lerá e quem lê não tem um diálogo vivo com o autor do texto. Pela falta de interatividade, a escrita é inferior ao diálogo. Primeiro, a impressão tipográfica gutenberguiana e, depois, a industrialização generalizada dos meios de comunicação agravaram a tendência de distância e hiato entre emissores e receptores que incomodava Platão. Até o surgimento das tecnologias interativas, o produto cultural era oferecido sem a participação da audiência. A reação era sempre um efeito tardio, distante da produção, o que, a rigor, não é interação. O que os programas interativos permitiram foi que as audiências se transformassem em elementos diretamente ativos no processo comunicacional e não apenas um polo de reação. As novas tecnologias fomentaram uma urgência de redefinir o papel da audiência. No mundo da interatividade comunicativa, as audiências são conjuntos de programadores culturais que retalham, reformatam, reconcebem, num processo de reinterpretação interminável, o que está disponível nas redes de informação, agora montadas em escala global. É óbvio que essa nova situação requer modelos de entendimento que levem ao encontro de subjetividades desenraizadas, que se caracterizam mais pelo nomadismo do que pela permanência ou pertinência a grupos homogeneizados do tipo *nação*, *tribo*, *cultura local* etc. **2** COMN Capacidade de um sistema de comunicação ou equipamento de facilitar a interação. ▸ A crise da televisão tradicional, como veículo de massa, resulta da sua incapacidade estrutural de responder à competição das plataformas interativas e digitais. O nível de interatividade da televisão é relativamente baixo e consiste apenas na requisição de programas *on-demand* e *pay-per-view*, nas compras feitas através de canais especializados na venda de produtos e, principalmente, na reação à oferta do que foi previamente programado e do qual o espectador não participa diretamente. O conceito verdadeiro de interatividade exige que o espectador seja um agente criador daquilo que consome. Dependendo dos recursos oferecidos pelos telefones celulares, o quadro de recepção passiva muda consideravelmente e o usuário recorre a telas de *home theater* com tecnologias que incluem botões especiais, fones de ouvido, telas sensíveis ao toque e outros mecanismos de resposta ao que é mostrado através da televisão. Nesse caso, a televisão não é mais o dispositivo antigo, mas um lugar, uma tela, para onde convergem tecnologias digitais. Mesmo que não se chegue imediatamente a uma interatividade radical, ainda assim pode-se conceber a TV como um veículo com maior interação, em que o polo transmissor de programas esteja habilitado a identificar e reconhecer os seus receptores e, automaticamente, ajustar o que emite para os gostos conhecidos e reconhecidos daqueles que recebem os programas e mensagens. Essa realidade já existe graças aos mecanismos de busca (*search engines*) atuais, que, com base no interesse demonstrado pelo usuário, sugerem novos produtos, filmes ou programas. Além disso, uma das fronteiras da interação nos meios de comunicação está provavelmente alocada no cruzamento das televisões de múltiplos canais com as redes sociais que, por sua própria natureza, tendem a exigir maior grau de interatividade. A questão dominante, no caso, é menos a viabilidade tecnológica do que a aceitação dos novos recursos por parte dos espectadores. O aparelho de televisão deixará de ser o ponto privilegiado de emissão e passará a funcionar como um núcleo de convergência. No fim da primeira década do sXXI, companhias de televisão a cabo (EchoStar, DISH Network, DirectTV) ofereceram plataformas interativas para uma audiência de mais de 25 milhões de espectadores; a companhia de serviços telefônicos Verizon dispõe de aplicativos para redes sociais (Twitter, Facebook etc.). O Microsoft Mediaroom 2.0 é uma forma de TV interativa tanto para casa como para negócio que utiliza arquitetura de computação nas nuvens (CLOUD COMPUTING) habilitada a acompanhar o usuário por todos os pontos onde esteja. Apesar das incertezas e das hesitações do mercado, um relatório da agência de notícias Reuters de 2009 estimou que, em 2013, o número de assinantes de televisão interativa ultrapasse a casa de 155 milhões de usuários. Também há a expectativa de que uma nova geração de usuários de mídia interativa seja mais aberta ao novo formato do que aquela composta de espectadores acostumados à passividade que caracteriza os meios de comunicação pré-digitais. **3** INF Ato ou faculdade de diálogo intercambiável entre o usuário de um sistema e uma máquina, mediante um terminal equipado de tela de visualização.

BIBLIOGRAFIA

CANNITO, Newton. *A televisão na era digital: a interatividade*. São Paulo: Summus, 2010.

interativo **1** Relativo a interação. **2** Em que ocorre interação. **3** COMN Que permite ao indivíduo interagir com a fonte ou o emissor. **4** INF Que funciona pela interação com o usuário através da troca de informações e dados.

intercalação **1** EDIT M.q. ACRÉSCIMO. **2** GRÁF Numa composição, palavra, frase ou sinal de tipo diferente. **3** GRÁF Folha de papel com que se permeiam folhas impressas, para evitar decalques; entrefolha.

intercalar GRÁF M.q. ENCASAR ('inserir').

intercom COMN Red. de INTERCOMUNICAÇÃO.

intercompreensão COMN LING Na comunicação entre falantes de uma mesma comunidade, capacidade de compreender os enunciados dos interlocutores.

intercomunicação COMN Ato ou efeito de intercomunicar-se; comunicação recíproca de um para outro. ▸ Tb. se diz apenas *intercom*.

interespacejar GRÁF Pôr espaços finos entre (letras de uma palavra ou trecho) para ressaltá-las ou para que uma medida seja completada.

interface INF **1** Fronteira compartilhada por dois dispositivos, sistemas ou programas que trocam dados e sinais. **2** Meio pelo qual o usuário interage com um programa ou sistema operacional (p.ex., DOS, Windows).

interface gráfica INF Meio de interação do usuário com programa ou sistema operacional que emprega recursos gráficos (ícones e janelas) na edição de documentos e

utilização de programas, dispositivos e outros elementos, tendo como principal dispositivo de entrada o *mouse*.
interface paralela INF *Hardware* us. para a ligação de impressoras, através da transmissão simultânea dos *bits* de um *byte*. ▶ Cf. BIT; BYTE.
interface serial INF *Hardware* us. para ligação de *mouse*.
interferência TEL **1** Qualquer energia não desejada que afete a recepção de sinais desejados; intromissão. **2** Distorção produzida na recepção desses sinais.
interior CINE Cena que se filma em recinto fechado.
interligar INF M.q. CONECTAR.
interlineal **1** Relativo a entrelinha; interlinear. **2** EDIT GRÁF Que confronta, em linhas alternadas, textos bilíngues correspondentes entre si (diz-se de composição).
interlíngua LING **1** Língua artificial criada para comunicação internacional. **2** Língua artificial criada entre 1924 e 1951, baseada nas línguas românicas e destinada principalmente à comunicação internacional dos cientistas. ▶ Inicial por vezes maiúsc. **3** Na aquisição de uma segunda língua, o sistema linguístico que caracteriza a produção do falante não nativo em qualquer estágio anterior à completa aquisição dessa língua-alvo.
interlocutor **1** COMN Cada uma das pessoas que participam de uma conversa, de um diálogo. **2** COMN Pessoa com quem se conversa. **3** LING Cada uma das pessoas envolvidas num ato linguístico.
interlúdio RÁD **1** MÚS Composição instrumental com a função de separar as partes musicais, litúrgicas ou cênicas (p.ex., trecho tocado em órgão entre as estrofes de um hino ou entre cenas de uma ópera). **2** RÁD Trecho que marca o início e o fim de comerciais apresentados nos intervalos de um programa. **3** Em radioteatro, intervalo entre duas cenas. **4** TEAT M.q. ENTREATO.
intermediário Indivíduo que, em negócios, atua entre o vendedor e o comprador, entre o produtor e o consumidor.
intermédio MÚS TEAT M.q. INTERMEZZO.
intermezzo [it.] MÚS TEAT Pequena encenação dramática ou, mais frequentemente, peça musical executada no intervalo entre dois atos de uma peça teatral ou ópera; entreato, intermédio.
intermitência ACS REC.AV Modulação de frequência indesejada nos sinais gravados, ocasionada por movimento irregular do suporte de gravação durante o registro ou a reprodução, e com frequência maior do que 10 hertz.
International Standard Book Number [ing.] BIBL EDIT Ver ISBN.
internauta INF INTERN Usuário da INTERNET.
internet INF INTERN Rede de computadores dispersos por todo o planeta que trocam mensagens utilizando um protocolo comum, unindo usuários particulares, unidades de pesquisa, órgãos culturais, institutos militares, bibliotecas e empresas de todas as envergaduras. ▶ A interconexão global de redes de computação, a internet, espalha-se por um número incalculável de usuários de todos os tipos, sejam eles pessoais, acadêmicos, institucionais, comerciais, governamentais etc. A conexão faz-se possível através do uso de um agregado de normas e especificações técnicas que formam seu protocolo de comunicação (TCP/IP). Circulam pela internet todos os tipos de mensagens (verbais, visuais, auditivas) que a tecnologia disponível permite. A internet incorpora, transforma, potencializa as plataformas de comunicação tradicionais, tais como livros, jornais, filmes, televisão, correio etc., criando, ao mesmo tempo, uma nova maneira de comunicar efetivamente revolucionária. Com essa transformação, ocorrem mudanças em todas as esferas da vida humana. O que se entendia como pessoal sofre mutações radicais, expandindo-se incontrolavelmente. Governos até então intocáveis na sua força caem ou são abalados por um sistema de comunicação que segue uma lógica de imensa liberdade, mostrando que as teorias da comunicação de cunho holístico são parciais e não totalmente precisas. A combinação de liberdade, processos de indeterminação que beiram o caótico e uma força que vem de baixo para cima, do indivíduo atomizado até o todo, é uma experiência única na história da comunicação humana. Acontece de tudo nesse domínio da comunicação: faz-se ciência e namora-se; no mesmo espaço virtual da internet, é possível encontrar a casa, o escritório, a escola, o cassino e o bordel. Aplica-se confortavelmente à internet a frase de Karl Marx (1813-1883) que descreve os efeitos da industrialização em meados do sXIX europeu: "tudo que é sólido dissolve-se no ar". Entretanto, se comparados aos da internet, os efeitos da industrialização que evocaram a frase de Marx são mínimos. De maneira radical, a internet fomenta um espaço público e aberto onde as categorias tradicionais de erro e acerto, de verdade e falsidade, de moralidade e imoralidade, de boa e má qualidade, de privacidade e publicidade, de honestidade e logro mostram-se pateticamente inadequadas. Um dos paradoxos da internet é que facilmente disponibiliza a informação sem criar condições para seu julgamento, o que torna cada vez mais importante, em termos sociais e educacionais, a discriminação do que circula pela rede. A sua indeterminação é de tal ordem que é temerário fazer qualquer previsão precisa sobre seu futuro. A história da internet começa na década de 1960, com a criação de redes computacionais como a ARPANET, que tinham propósitos militares e políticos durante o período da Guerra Fria. Vinte anos depois, a agência n.-am. National Science Foundation (Fundação Nacional de Ciência) associou-se à iniciativa privada para construir uma rede de comunicação que se valesse das possibilidades abertas pela informática. As décadas seguintes experimentaram o uso comercial da internet, além de sua popularidade em crescimento geométrico, a ponto de abarcar parte considerável do planeta. Ainda que as proporções de usuários da rede variem consideravelmente de área a área geográfica, o poder de penetração da internet ultrapassa o espantoso. Até regiões de menor poderio econômico, como a África, experimentaram expansão extraordinária do uso dessa rede planetária: entre os anos 2000 e 2010, o número de internautas africanos cresceu quase que 2.400%. No Brasil, entre 2009 e 2010, o número de usuários cresceu 9,6%, chegando a quase 74 milhões. Acredita-se que a propagação da rede no mundo inteiro, durante esse mesmo período, tenha sido da ordem de 444,8%. Há, hoje, um contingente cada vez maior de pessoas que nasceram e se educaram por meio da internet. O modelo da internet foi planejado para abrigar pouco mais de 4 bilhões de usuários. Acreditava-se que, seguindo esse passo de crescimento, o sistema atingiria um ponto de colapso no início da década de 2010, sendo necessária a implementação de uma internet paralela bem mais ampla, para a qual muitos dispositivos da rede já estão preparados e desenhados, mas não todos. À exceção do protocolo normativo comum e do seu sistema de domínio de nomes,

não há força ou entidade que guie, centralize ou controle a internet. Isso resultou de uma opção tecnológica de distribuição de comunicação feita na década de 1960 por Paul Baran (1926-2011) para a Força Aérea americana. Baran propunha uma solução diferente daquela us. pela tecnologia telefônica, que operava com a alternância de circuitos, o que vulnerabilizava a transmissão da mensagem. A alternativa seria organizar a informação em pacotes (*packet switching*) de informação, que seguiriam por trilhas hierárquicas independentes até atingir o destinatário. Leonard Kleinrock (1934-) formulou a fundamentação teórica para as sugestões de Paul Baran. Coincidentemente, e quase simultaneamente, o mesmo conceito de *packet switching* foi descoberto por Donald Davies (1924-2000) no National Physical Laboratory (Laboratório Nacional de Física), do Reino Unido. A internet transforma-se numa vasta rede, quando redes alternativas juntam-se, num processo colaborativo sem dominância ou centro; as soluções técnicas das redes alternativas foram mutuamente incorporadas. Mesmo após seu fechamento, em 1981, a sombra da rede francesa Cyclades projetou-se nas redes europeias e, eventualmente, nas norte-americanas, formando uma rede de redes que é a internet. A única agência de governo na internet é a ICANN - Internet Corporation for Assigned Names and Numbers (Corporação Internet para a Atribuição de Nomes e Números), que se limita a coordenar a designação de identificadores de uso, tais como endereços, protocolos e outros parâmetros. A agência é dirigida por um corpo internacional de indivíduos com qualificação tecnológica, comercial, acadêmica, além de membros de agências não governamentais. Vários dispositivos permitem o acesso à internet e vão de linhas telefônicas comuns até celulares e consoles de jogos de computador. Atualmente, em alguns países, como a Coreia do Norte, o Irã e a China, o acesso à informação que circula na internet é controlado por meio de filtros que identificam e bloqueiam domínios e conteúdos específicos; nos países nórdicos, os provedores voluntariamente barram o acesso a *sites* que mostram pornografia infantil, mas o controle da informação na internet é uma anomalia e não uma característica estrutural desse tipo de mídia. Apesar de ser frequentemente usado de modo intercambiável com a palavra *internet*, a locução *world wide web* designa um dos serviços propiciados pela rede de computação global. A internet é o todo, a *world wide web* parte dessa totalidade. A rigor, a *world wide web* é um conjunto de documentos, imagens e outros recursos interconectados logicamente por *hiperlinks* e com um sistema de referência próprio, denominado *URI* (*Ultimate Recourse Identifier*, Identificador de Recurso Final). ▸ Cf. ALT.HIERARCHY; E-MAIL; HIPERLINK.

BIBLIOGRAFIA

CROMER, Douglas E. *The internet book: everything you need to know about computer networking and how the internet works*. Saddle River: Prentice Hall, 2006.

ERCÍLIA, Maria; GRAEFF, Antonio. *A internet*. São Paulo: Publifolha, 2008.

internet 2G INTERN Segunda geração de modalidade de acesso à internet. ▸ A tecnologia 2G foi criada com o propósito de melhorar a capacidade transmissiva e receptiva da telefonia móvel. Inicialmente desenvolvida e lançada na Finlândia, em 1991, a internet 2G é, hoje em dia, uma tecnologia superada, mesmo que ainda em uso em algumas partes do mundo. Quando se diz 2.5 G ou internet 2.5, o que se designa é o processo de transição da tecnologia de segunda para a de terceira geração.

internet 3G INTERN Terceira geração de modalidade de acesso à internet. ▸ A internet 3G foi, até recentemente, o mais avançado tipo de acesso à internet, por meio de tecnologia WIRELESS em rede. Será superada pela nova INTERNET 4G, que tem dez vezes mais capacidade de transmissão do que ela. Seus principais aplicativos são telefonia móvel, vídeo, televisão, teleconferência e outros conteúdos multimídia. Data de 1998 a primeira implantação do internet 3G, feita no Japão. O sistema foi utilizado nos Estados Unidos pela primeira vez, comercialmente, em 2002.

internet 4G INTERN Quarta e última geração de modalidade de acesso à internet. ▸ A internet 4G é uma banda larga da mais alta velocidade, que supera as gerações anteriores dessa rede de computadores. Com uma capacidade de transmissão dez vezes maior do que a banda de terceira geração (3G), tem uma estrutura WIRELESS aberta, que amplia consideravelmente os recursos de telefonia, a capacidade de navegação na rede, os tipos de jogos eletrônicos disponíveis e outros conteúdos multimídia. A internet 4G começou a funcionar experimentalmente em 2009, nas cidades de Estocolmo e Oslo. Espera-se sua disseminação por outras regiões geográficas num futuro próximo. Estará funcionando por todo o Brasil, provavelmente, em 2014. A internet 4G é qualificada de "geração", porque esse conceito indica uma solução tecnológica ou um *hardware* baseados em uma modalidade ou programa que os antecede.

interpelação 1 Ato ou efeito de intimar, de dirigir-se a alguém. 2 FIL Segundo o filósofo marxista Louis Althusser (1918-1990), maneira pela qual os sistemas ideológicos funcionam. ▸ As ideologias dirigem-se aos atores sociais, conclamando-os a agir, seguindo instruções. Althusser usa o termo 'interpelação' para qualificar esse processo. A interpelação operaria de maneira semelhante à de policiais que interrogam, questionam e disciplinam indivíduos criminosos, antissociais ou potencialmente desviantes. Em resposta a interpelações, o indivíduo ajusta-se ao todo social. Os aparelhos ideológicos de Estado, tais como o sistema educacional e a mídia, exercem poder de interpelação sobre os indivíduos, formando sua subjetividade. A subjetividade é, por isso, um efeito secundário dos processos de interpelação. Guy Debord (1931-1994), em *A sociedade do espetáculo*, fala de maneira semelhante a Althusser a respeito do papel da interpelação da mídia e seu efeito de anestesiar a consciência criativa das pessoas. Antes de Althusser e Debord, em 1957, Roland Barthes (1915-1980) reconheceu na interpelação um dos atributos dos mitos. ▸ Cf. IDEOLOGIA; IDEOLÓGICO.

BIBLIOGRAFIA

ALTHUSSER, Louis. *Aparelhos ideológicos de Estado*. Rio de Janeiro: Graal, 2010.

BARTHES, Roland. *Mitologias*. São Paulo: Difel, 2003.

DEBORD, Guy. *A sociedade do espetáculo*. Rio de Janeiro: Contraponto, 1996.

interpositivo CINE FOT M.q. MÁSTER.

interpretação 1 Ato ou efeito de interpretar. 2 CINE TEAT TV Arte e técnica do ator; arte de representar. 3 CINE TEAT TV A forma dada por um ator ao desempenho de seu papel. 4 INF Execução, com o auxílio de um interpretador, de um programa escrito em linguagem evoluída.

5 MÚS Ato de tocar ou cantar uma composição musical; execução. 6 MÚS O aspecto pessoal na execução musical. 7 PSICN Modo de ação do psicanalista, que consiste em comunicar o conteúdo latente que existe nas palavras e comportamentos do paciente, de modo a deixar claros as defesas e o desejo.

interpretação codificada COMN M.q. ENIGMA CODIFICADO.

interpretador 1 Aquele que interpreta; interpretante. 2 INF Programa que traduz o código de programação de alto nível em código de máquina, sem criar um arquivo executável do programa traduzido.

interpretante 1 M.q. INTERPRETADOR. 2 SEMIO Na teoria lógica e semiótica de Charles Sanders Peirce (1839-1914), signo que é compreendido como equivalente ou mais desenvolvido do que outro signo e que, por isso, o interpreta. ▸ A semiótica de Peirce é triádica. O signo, para ele, é um elemento de representação que se vale de três termos: um veículo material, um objeto e um interpretante. O signo é uma função, ou seja, os três elementos estão em relação de interdependência. A função-signo é como uma equação matemática: $x^2 + 3 = 7$, se $x = 2$; $x^2 + 3 = 19$, se $x = 4$. A substituição de um dos elementos na função altera o signo como um todo. O papel que o interpretante desempenha na função-signo é de crucial importância para a determinação do significado de uma mensagem. Peirce descreve o interpretante como outro signo que se produz na mente de quem recebe uma mensagem ou uma série de signos. Esse signo produzido interpreta o que foi transmitido. O interpretante pode ser equivalente a outro signo ou o desenvolvimento mais complexo e complementar do signo inicial. A descrição de uma palavra num dicionário é o interpretante de sua entrada. Um desenho, o apontar para um objeto, uma imagem mental formada no receptor são exemplos de interpretantes. Um signo que seja interpretante explica, traduz, desenvolve o veículo original da representação em outro signo, numa ação infinita denominada SEMIOSE. O interpretante não é um intérprete, mas um signo que interpreta. Como o interpretante consiste no efeito de um processo associativo, uma representação mediadora, quem comunica uma mensagem deve levar em conta que interpretante será gerado na mente do receptor. Discrepância de interpretantes implica desacordo na comunicação.

BIBLIOGRAFIA

PEIRCE, Charles Sanders. *Semiótica*. São Paulo: Perspectiva, 1999.

interrogação 1 Ato de interrogar(-se). 2 Pergunta que se faz a alguém. 3 Gesto ou sinal interrogativo. 4 Dúvida, incerteza. 5 GRAM M.q. PONTO DE INTERROGAÇÃO. 6 GRAM Modalidade de frase que exprime uma pergunta. 7 RET Frase formulada como uma interrogação, mas que constitui, de fato, uma afirmação.

interruptor ELETR FÍS Dispositivo pelo qual se interrompe (de forma reversível) a passagem de um sinal em um circuito elétrico ou eletrônico; comutador.

intertexto LIT Texto literário preexistente a outro texto e que é aproveitado, por absorção e transformação, na elaboração deste, ou que o influencia.

intertextual LIT Relativo a intertexto.

intertextualidade LIT 1 Superposição de um texto a outro. 2 Influência de um texto sobre outro que o toma como modelo, ou ponto de partida que gera a atualização do texto citado. 3 Utilização de uma multiplicidade de textos ou de partes de textos preexistentes de um ou mais autores, de que resulta a elaboração de um novo texto literário. 4 Em determinado texto de um autor, utilização de referências ou partes de obras anteriores desse mesmo autor.

INFORMAÇÕES GERAIS

Uma construção literária intertextual remete textos e fragmentos de textos a outros textos, criando um mosaico e uma rede de referências mútuas. Mikhail Mikhailovich Bakhtin (1895-1975) apresentou a ideia, inicialmente, em seus escritos sobre a imaginação dialógica e polifônica, com o propósito de descrever a linguagem como um ato vivo de intercomunicação e não como a atualização de um sistema de regras que antecede e paira sobre os enunciados literários. As formas da intertextualidade são múltiplas e exibem-se como paródias, citações, pastiches, ironias, alusões etc. A introdução do conceito de intertextualidade no vocabulário crítico internacional é da responsabilidade de Julia Kristeva (1941-). Tanto para Bakhtin como para Kristeva, a criação literária faz-se por meio de uma interminável ação recíproca consigo mesma e com a sua história. E isso não quer dizer influência, mas interação à maneira de um diálogo, ou então a luta angustiosa sugerida por Harold Bloom (1930-), desde que o fenômeno seja textual e não restrito à dimensão psicológica. ▸ Cf. BAKHTIN, MIKHAIL MIKHAILOVICH; DIALÓGICO; HIPERTEXTO.

BIBLIOGRAFIA

BAKHTIN, Mikhail M. *Problemas da poética de Dostoievski*. Rio de Janeiro: Forense, 2010.

____________. *The dialogical imagination*. Austin: Texas University Press, 1983.

BLOOM, Harold. *A angústia da influência*. Rio de Janeiro: Imago, 2002.

KRISTEVA, Julia. *Semiotiké: recherches pour une sémanalyse*. Paris: Seuil, 1978.

intertítulo JOR M.q. ENTRETÍTULO ('trecho').

interurbano TEL 1 Que processa chamadas telefônicas entre cidades, interconectando troncos e centrais distantes, ou destes com troncos de centrais locais ou próximas (diz-se de central telefônica). 2 Diz-se de ou comunicação telefônica feita entre duas cidades.

intervalar GRÁF Abrir na composição espaços mais largos que os normais.

intervalo 1 M.COM Espaço de tempo entre dois segmentos de um programa para a transmissão de comerciais, 2 TEAT Pausa que se faz num espetáculo, entre dois atos ou duas cenas, para descanso dos atores, do público, e para mudança de roupas e cenários; entreato, entrecena. 3 TEAT Qualquer entretenimento que se oferece ao público no intervalo entre os atos. 4 MÚS A diferença entre as alturas ('frequência') de duas notas musicais.

interview [ing.] JOR M.COM Ver ENTREVISTA.

intonso GRÁF Não aparado (diz-se de livro); não aberto (diz-se de caderno).

in toto [lat.] Integralmente.

in totum [lat.] M.q. IN TOTO.

intramuros Dentro dos limites (de cidade, vila etc.).

intranet INF INTERN Rede local de computadores, circunscrita pelos limites internos de uma instituição, na qual são utilizados os mesmos programas de comunicação usados na internet.

in-trinta e dois GRÁF 1 Diz-se do formato obtido pelas cinco dobras de uma folha que resulta em um caderno de sessenta e quatro páginas. ▸ Cf. FORMATO. 2 Livro com esse formato.
introdução 1 BIBL EDIT O que serve de abertura para um livro, uma tese etc.; prefácio. 2 MÚS Parte inicial de uma peça musical, não essencial ao entendimento da forma.
invariante 1 EST MAT Diz-se de ou função de coeficientes que permanece constante. 2 LING Diz-se de ou qualquer elemento que permanece constante (ou que se considera como tal) quando se põem em relação duas séries de fatos diferentes, em oposição às variáveis estudadas em seus diferentes valores; constante.
inversa LÓG Proposição cujos termos apresentam inversão.
inversão 1 ECON Ato de utilizar capital em certo negócio para obtenção de lucro; investimento. 2 FOT Série de manipulações que permitem obter uma imagem em positivo num aparelho fotográfico. 3 GRAM RET Deslocamento de alguns termos de uma frase, alterando a ordem direta; anástrofe. ▸ A inversão coloca em destaque determinados elementos da frase que não têm realce normalmente na ordem direta. 4 MÚS Procedimento contrapontístico que consiste em apresentar um fragmento melódico em direção oposta à original. 5 MÚS Deslocamento da nota superior de um intervalo para um lugar mais abaixo da mais grave e vice-versa.
I/O [ing.] INF Sigla de *input/output*. ▸ Cf. INPUT; OUTPUT.
iPad INF Linha de tabletes, plataformas audiovisuais, concebida, desenvolvida, fabricada e comercializada pela Apple Inc. e lançada em 27 de janeiro de 2010.
ipse dixit [lat.] Dito por ele mesmo.
ipsis litteris [lat.] Nos mesmos termos; tal como está escrito; *litteris, ipsis verbis, ad litteram, litteratim, verbatim*
ipsis verbis [lat.] M.q. IPSIS LITTERIS.
ipso facto [lat.] Por isso mesmo; por esse fato.
IPTV [ing.] INF INTERN Sigla de *Internet Protocol Television* (protocolo de internet para televisão). ▸ Cf. PROTOCOLO DE COMUNICAÇÃO; PROTOCOLO DE TRANSMISSÃO DE DADOS; STREAMING.
IRC [ing.] INF INTERN Sigla de *Internet Relay Chat* (protocolo de encaminhamento de *chat* pela internet). ▸ Protocolo us. para programação e desenvolvimento de *software* de comunicação instantânea (*chat, real-time communication*) veiculada na internet.
ironia 1 RET Figura por meio da qual se diz o contrário do que se quer dar a entender; uso de palavra ou frase de sentido diverso ou oposto ao que deveria ser empr., para definir ou denominar algo. ▸ Reconhece-se a ironia no contexto da comunicação graças à ação mental do receptor, que reconstrói a intenção original da mensagem transmitida pelo emissor. Se a antítese do que foi literalmente comunicado não for reconhecida como o significado real da mensagem, a comunicação irônica fracassou. A ironia pode ser, como é o caso de Sócrates (c469 a.C. - 399 a.C.), nos diálogos platônicos, uma estratégia camuflada de conhecimento. Sócrates fingia ignorância, para então questionar seus interlocutores e mostrar, ironicamente, que eles tagarelavam sobre o que, de fato, desconheciam. É óbvio que, nesse caso, Sócrates exagerava o seu sentimento de ignorância. O filósofo dinamarquês Sören Kierkegaard (1813-1855) qualificava a ironia socrática como negatividade absoluta. O exagero satírico é, por vezes, uma estratégia aparentada à ironia. Em *A Modest proposal*, Jonathan Swift (1667-1745) propôs, ironicamente, um plano para aliviar a pobreza na Irlanda: as crianças dos pobres deveriam ser engordadas e vendidas para a alimentação dos ricos. O conto "Teoria do medalhão", de Machado de Assis (1839-1908), é um espelho irônico da burguesia brasileira e seu encanto hipócrita e frívolo pela mera aparência. 2 LIT Figura que se caracteriza pelo uso inteligente dos contrários, para criar ou ressaltar certos efeitos humorísticos.
ironia dramática TEAT Descompasso entre a situação desenvolvida num drama e as palavras ou atos que as acompanham, os quais são entendidos pela plateia, mas não pelos personagens.
ironia socrática FIL Disposição de aprender com outrem que fingidamente se adota para, interrogando alguém habilmente, fazê-lo entrar em contradição e deixar bem evidente o caráter errôneo de suas concepções, do que resulta o reconhecimento por aquele interlocutor da autêntica ignorância do interrogado. ▸ Era o procedimento característico de Sócrates (c469 a.C. - c399 a.C.) nos diálogos de Platão (c428 a.C. - c.348 a.C.). Cf. IRONIA.
irradiar RÁD Transmitir(-se) [programação radiofônica] através de meios próprios de propagação; divulgar(-se), propalar(-se).
ISBN [ing.] BIBL Sigla de *International Standard Book Number* (número padrão internacional de livro). ▸ O *ISBN* é um código numérico que identifica livros, criado pelo estatístico irlandês Gordon Foster (1920–2010) e us. pela primeira vez no final da década de 1960, para catalogar o estoque de livraria comercial britânica.
ISDN [ing.] INF Sigla de *Integrated Service Digital Network* (rede digital de serviços integrados). ▸ Serviço de comunicação simultânea de voz e outros conteúdos informativos numa única linha transmissiva, em que se reúnem vários canais.
Isócrates (Atenas, Grécia 436 a.C. - Atenas, Grécia 338 a.C.) Orador ateniense, teórico da retórica, juntamente com Platão (c428 a.C. - c348 a.C.), o mais influente crítico dos sofistas gregos. ▸ No sIV a.C., a fama de Isócrates resultava de seu ensino e de sua atividade de logógrafo, ou seja, de autor dos escritos feitos para serem lidos nas cortes atenienses por outros que os encomendavam. Apesar de não possuir voz poderosa que ressoasse nas assembleias de sua cidade natal, foi através desses discursos, remunerados a preços altíssimos, que Isócrates influenciou fortemente a vida pública de Atenas. Sua escola de retórica exerceu profundo impacto no ensino, na literatura e na oratória gregas. A atividade pedagógica e retórica de Isócrates aconteceu durante a prolongada Guerra do Peloponeso. Filho de família abastada, dona de uma fábrica de flautas, Isócrates viu a atividade econômica de seu pai ser arruinada durante a guerra com Esparta, o que o levou ao ensino como profissão. Acredita-se que ele tenha aprendido com Górgias de Leontinos (c483 a.C. - 375 a.C.) a dominar a comunicação retórica e, com Sócrates (c469 a.C. - 399 a.C.), assimilou a crítica ao ensino sofístico, o que incluía o próprio Górgias. No final do diálogo *Fedro*, em que Platão (c428 a.C. - 348 a.C.) opõe a má e nociva retórica dos sofistas ao ensino e à investigação filosófica, Sócrates, com sutil ironia, elogia Isócrates como um modelo a ser seguido. Isócrates argumentava que a prática, o estudo e o ensino da retórica seriam um método pedagógico unificado que, conjugando persuasão e razão, funcionaria como

fonte de sabedoria e caminho para se viver bem em sociedade. No texto *Antidosis*, Isócrates defende seu sistema e prática de ensino retórico, que Platão criticava. Isócrates passou a teorizar e ensinar retórica após desencantar-se com a atividade de logógrafo. Ao contrário de Platão e de Aristóteles (384 a.C. - 322 a.C.) que se dedicavam a especulações metafísicas e abstratas, Isócrates era um espírito fundamentalmente prático. Sua visão política reconhecia na discórdia entre as cidades helênicas a causa da pobreza de suas populações, que eram joguetes da ambição desmesurada de lideranças políticas. O que podia parecer ingenuidade para o elitismo dos pensadores clássicos era, de fato, bom senso e moderação. O papel de Isócrates na revolução educacional grega de sua época é considerável. Sabe-se que ele orientava pessoalmente seus alunos, oferecendo-lhes um meio caminho entre a teorização pura e a prática aparentemente sem teoria. Para Isócrates, o ensino da retórica não era um fim em si mesmo, mas uma preparação para a construção das práticas políticas das cidades-estado gregas. Sem cair no relativismo absoluto dos sofistas, ele ensinava que o orador deveria estar atento ao papel da forma do discurso, considerando sempre a adaptação do que fosse dito às expectativas da audiência. A verdade completa e total, que era, para Platão, o objetivo de todo ensino, não fazia parte dos objetivos pedagógicos de Isócrates, que queria apenas ensinar a argumentar, instruindo seus alunos a se valerem da ocasião, da circunstância, do que os gregos chamavam de KAIRÓS, que era tanto a oportunidade como uma divindade reverenciada num altar da cidade de Olímpia.

BIBLIOGRAFIA

POULAKOS, Takis; DEPEW, David (ed.). *Isocrates and civic education*. Austin: University of Texas Press, 2009.

isocromia GRÁF Imagem diáfana, coberta de verniz, em cuja parte posterior se aplicaram cores a óleo em camadas espessas e homogêneas.

isotopia SEMIO Conceito operacional da narratologia de A. J. Greimas (1917-1992) que, tomando de empréstimo um conceito da física nuclear, identifica o modo pelo qual um elemento discursivo é gerado a partir de outro enunciado, seguindo uma moldura hierárquica que foi gerada pela relação. ▸ Segundo traço semântico pertinente, uma mesma narrativa pode ser reconhecida como tendo várias camadas de significado. A história da Branca de Neve é uma história infantil, uma parábola das relações entre ricos e pobres e a narração do abuso de uma criança por parte de sua madrasta.

Israel HaYom [heb.] JOR O jornal diário de maior circulação em Israel, fundado em 30 de julho de 2007 e distribuído gratuitamente. ▸ Em hebreu, *Israel HaYom* quer dizer 'Israel Hoje'. O jornal segue o modelo editorial do n.-am. *USA Today*. Sua circulação, de domingo a sexta-feira, é de 300 mil exemplares. É politicamente inclinado na direção das posições da direita israelense. Seus críticos acusam-no de ignorar sistematicamente o que não favorece a opção política do jornal.

ISSN [ing.] Sigla de *International Standard Serial Number* (número padrão seriado internacional). ▸ *ISSN* é um código numérico us. para identificar publicações seriadas (jornal, revista, fascículo etc.) disponíveis em qualquer suporte (impresso, eletrônico etc.).

IstoÉ JOR Revista semanal brasileira, fundada em 1976, propriedade da Editora Três. ▸ A *IstoÉ* caracteriza-se pelo mesmo tipo de jornalismo investigativo que é prática de sua concorrente *Veja* e de publicações internacionais como *Der Spiegel*, *Time* e *Newsweek*. A revista autodefine-se como sendo a publicação semanal mais combativa do Brasil. Sua tiragem é de aproximadamente 360 mil exemplares.

italiana GRÁF Red. de LETRA ITALIANA.

itálico GRÁF Diz-se de ou letra inclinada, ger. à direita, us. como meio de realce; aldino, grifo, letra grífica, letra itálica. ▸ O tipo itálico foi desenhado pelo impressor Aldo Manutius (1449-1515), em 1501, a partir da letra chanceleresca cursiva, por Francesco Griffo (1450-1518), donde o sinônimo *grifo*, e, posteriormente, aperfeiçoado por Ludovico degli Arrighi (1475-1527).

iteração Ato de dizer ou fazer novamente; repetição.

iterativo **1** Relativo a iteração. **2** Próprio para iterar. **3** Repetido, reiterado, feito mais de uma vez; frequente. **4** LING Que expressa ações repetitivas (diz-se de verbo, substantivo, frase, sentido etc.). ▸ P.ex., saltitar, vaivém, pisca-pisca etc.

ITU [ing.] TEL Sigla de International Telecommunication Union (União Internacional de Telecomunicação). ▸ Sediada em Genebra, na Suíça, a ITU coordena o uso global dos espectros e padrões de telecomunicação. Desde 1945, essa organização internacional opera, regulamenta e coordena atividades governamentais e privadas. Faz parte da missão da ITU fomentar a mídia nos países em desenvolvimento.

Jj

j 1 Décima letra do nosso alfabeto. 2 FON Letra que representa a consoante fricativa côncava, palato alveolar sonora, como em *jato, jeito*. 3 A forma dessa letra. 4 GRÁF Tipo que imprime essa letra. 5 EDIT Matriz a partir da qual se faz essa letra. 6 Diz-se do décimo elemento de uma série.

jacaré PAP M.q. TRITURADOR.

Jakobson, Roman (Moscou, Rússia 1896 - Boston, Estados Unidos 1982) Linguista e crítico literário russo, um dos criadores do estruturalismo linguístico, pensador erudito sobre a linguagem e a comunicação. ▸ Nas primeiras páginas de *Literatura e revolução*, Leon Trotski (1879-1940) singulariza Jakobson como um dos linguistas representativos das tendências formalistas que tanto abjurava. De fato, a perspectiva teórica de Jakobson é consistentemente formalista, desde seus primeiros trabalhos de importância no campo do estudo material e semântico da linguagem, que é a FONOLOGIA. Coerentemente, ao longo de seus trabalhos, Jakobson concebeu o FONEMA como entidade que participa de um sistema relacionado por propriedades contrastivas e distintivas. A trajetória intelectual de Jakobson foi marcada pelo exílio e, por onde passou, deixou traços que desenham a história da linguística no sXX. De Moscou, transferiu-se para a República Tcheca, onde fundou e foi uma das figuras centrais do CÍRCULO LINGUÍSTICO DE PRAGA. Sua passagem por Copenhague levou-o ao contato com Louis Hjelmslev (1899-1965); as críticas de Hjelmslev à fonologia do Círculo de Praga resultam desse encontro. Da Europa, Jakobson fugiu para os Estados Unidos, onde exerceu imensa influência na linguística norte-americana. Além de apresentar contribuições centrais para problemas específicos da linguística, como o estudo das categorias verbais em russo ou o ritmo métrico do tcheco, Jakobson demonstrou raro pendor multidisciplinar. Sempre levando em conta as conclusões às quais chegara nos estudos fonológicos com Nikolay Trubetzkoy (1890-1938), Jakobson aplicou o método estrutural a outros aspectos da linguagem, tais como a sintática, a morfologia e a semântica. Para ele, som e sentido não podiam ser propriedades em separado; som e sentido determinavam-se mutuamente. A audácia e o brilhantismo teórico e metodológico de Jakobson permitiram que forjasse a fundamentação formal dos aspectos da comunicação que transcendem o estritamente linguístico. Jakobson escreveu sobre poesia, cinema, teoria da comunicação, música, cibernética, antropologia, artes visuais, crítica literária etc., constantemente propagando a ideia de que a linguística teria uma contribuição central a dar para todas as formas de conhecimento humano. Sua série de artigos que tratam da relação da linguística com outras ciências é um exemplo memorável de sua abertura intelectual e erudição prodigiosa. Após o contato com o antropólogo Claude Lévi-Strauss (1908-2009), que divulgou suas ideias no mundo intelectual parisiense, Jakobson tornou-se sinônimo de ESTRUTURALISMO. Também desenvolveu a aplicação de princípios da linguística saussuriana, sugerida por uma breve passagem do *Curso de linguística geral*, a outros sistemas de signos que não a linguagem. Jakobson é uma das figuras centrais para a criação da semiologia moderna. Da década de 1960 até sua morte, escreveu sobre assuntos próprios de uma teoria da comunicação. O interesse de Jakobson em comunicação emana de sua perspectiva teórica, que era simultaneamente estrutural e funcionalista. A linguagem, para ele, seria mais bem compreendida se fosse vista a partir de sua função comunicativa: a linguagem é substancialmente a sua expressão, estando, por isso, diretamente relacionada com os modos de comportamento. Por isso, Jakobson entendia que a inovação comunicacional e linguística deve ser legitimada pelo consenso social que a aceita e a integra num sistema coletivo e geral. Uma de suas contribuições centrais à teoria da comunicação é o reconhecimento de que os códigos comunicacionais são um conjunto de regras formativas presentes na mente tanto dos transmissores como dos receptores. Linguagem e cultura são, assim, campos integrados: linguística e antropologia cultural sobrepõem-se uma à outra. Essa hipótese foi minuciosamente desenvolvida por Lévi-Strauss nos seus estudos sobre o parentesco e as mitologias de sociedades não industriais. Sem a influência de Jakobson, seria difícil para Lévi-Strauss identificar as sociedades humanas como vastos sistemas de comunicação. Roland Barthes (1915-1980) valeu-se da mesma hipótese para analisar as mitologias da comunicação de massa, que vão do rosto fotografado de Greta Garbo ao bife com batatas fritas. Jakobson postulou que os códigos culturais e linguísticos são equivalentes e seguem uma ordem binária (cf. BINÁRIO; BINARISMO), o que lhe permitiu aproximar metodologicamente linguística e teoria da informação; além disso, foi um dos primeiros a observar as analogias reconhecíveis nos códigos tanto linguísticos como comunicacionais e o genoma humano. Ao propor esse programa de pesquisa, Jakobson renovou o conceito de comunicação. Graças a processos comuns de codificação e decodificação, tanto a ordem genética como os processos linguístico-culturais se integram definitivamente, criando a possibilidade de um saber que totalize as formas da vida humana e animal. A leitura dos textos teóricos de Charles Peirce (1839-1914) mostrou a Jakobson que a noção de signo é, por si mesma, extremamente abrangente, o que, por sua vez, autorizaria a expansão da noção de comunicação para domínios que transcendem o estritamente intencional. A busca incessante de novas perspectivas teóricas não comprometeu a unidade da obra imensa e versátil de Jakobson, que sempre reconheceu na linguagem e nas formas de comunicação os núcleos gerativos de todos os aspectos da vida. ▸ Cf. AFASIA; FUNÇÃO DA LINGUAGEM; HJELMSLEV, LOUIS; FONOLOGIA.

BIBLIOGRAFIA

JAKOBSON, Roman. *Linguística, poética e cinema*. São Paulo: Perspectiva, 1970.

__________. *Selected writings*. Berlin: Mouton de Gruyter, 1982.

__________. *Linguagem e comunicação*. São Paulo: Cultrix, 2001.

James, William (Nova York, Estados Unidos 1842 - Chocorua, New Hampshire, Estados Unidos 1910) Psicólogo e filósofo estadunidense, um dos criadores da escola filosófica denominada pragmatismo; teorizador dos processos de consciência entendidos, segundo, como um fluxo de representações mentais. ▸ Juntamente com Charles Sanders Peirce (1839-1914), William James é um dos mais importantes filósofos pragmatistas americanos. Ele defendeu uma versão da tese de que a verdade de uma representação se mostra na relação com a conduta ou a ação despertada. James cresceu num ambiente de prestígio e privilégio: seu pai era um famoso pensador heterodoxo sobre a religião e seu irmão, Henry, uma das principais figuras da literatura norte-americana, autor de romances que são, até hoje, altamente valorizados. O interesse de James pela psicologia experimental resultou de constante depressão clínica: ele se definia como neurastênico. Após examinar os processos mentais, William James argumentou que a consciência não era um processo associativo puro e simples, como os empiristas do século anterior consideravam. A consciência seria um fluxo ininterrupto. Suas teorias psicológicas acabaram sendo usadas por alguns dos escritores modernos mais importantes, como Gertrude Stein (1874-1946) e James Joyce (1882-1941). O que seria consciência é, de fato, um processo, uma corrente de signos em movimento. Em 1890, James publicou uma de suas obras-primas, os dois volumes de *Princípios de psicologia*, que o estabeleceu como a principal figura intelectual da psicologia no fim do sXIX e início do sXX. Para ele, psicologia e filosofia eram partes da mesma empreitada. Segundo James, é preciso adotar uma postura filosófica indeterminista, que leve em consideração aquilo que o acaso produz, e reconhecer a centralidade do indivíduo que pensa e exerce sua vontade. É assim que o significado de uma proposição se estabelece. O 'eu' é efeito da consideração de alternativas que levam o indivíduo a abraçar o que lhe parece mais adequado. William defende uma espécie de instrumentalismo teórico. Assim como a consciência se faz sob a forma de uma corrente de representações, a verdade é um processo, uma tentativa livre, plural, aberta e sem determinações antecedentes. Ele definia sua postura intelectual como um 'empirismo radical'. Para James, o mundo não é dado, mas construído de várias formas que são irredutíveis entre si. Um dos seus livros mais fascinantes é *Variedades da experiência religiosa*, publicado em 1902, onde ele mostra a instrumentalidade da religiosidade humana. Nas páginas sobre religião, James separa símbolo de realidade, dizendo que é através das representações simbólicas que se atinge e se articula o real. O significado de proposições jamais poderia ser conferido pela relação direta com o mundo exterior. Trata-se do contrário: os símbolos não são secundários, mas criam a realidade que se faz presente na mente humana e que, sem a ação simbólica, estaria desprovida de sentido.

BIBLIOGRAFIA

JAMES, William. *Varieties of religious experience*. New York: Modern Library, 1936.

__________. *The Principles of psychology*. New York: Dover, 1950.

__________. *Essays in radical empiricism*. Cambridge, MA: Harvard University, 1975.

__________. *A vontade de crer*. São Paulo: Loyola, 2001.

__________. *Pragmatismo*. São Paulo: Martin Claret, 2006.

janela 1 Num texto, espaço branco em que falta uma palavra. **2** CINE FOT Numa câmara ou projetor, abertura retangular em uma placa opaca que delimita a área a ser fotografada ou projetada. **3** CINE FOT Em certos instrumentos ópticos, abertura por onde são feitas as leituras em índices fixos. **4** RÁD TV Intervalo deixado nos programas (gravados ou ao vivo) para inserção de comerciais. **5** GRÁF Espaço em claro, seja por falha na impressão, seja de propósito, para que seja preenchido pelo usuário de um formulário, p.ex., ou para que ali se insira outro elemento gráfico. **6** GRÁF Abertura praticada em folha de papel ou cartão, envelope ou embalagem, coberta ou não por tira transparente, para deixar ver o que está por baixo. **7** INF Trecho retangular de tela no qual um documento, arquivo, mensagem ou imagem é exibido, total ou parcialmente, por um programa ou sistema operacional.

japão PAP Red. de PAPEL DO JAPÃO.

jaqueta ENC GRÁF M.q. SOBRECAPA.

jargão 1 Linguagem viciada, disparatada, que revela conhecimento imperfeito da língua. **2** Linguagem resultante de alteração de estrutura, não raro pela interferência de um ou mais idiomas. **3** Discurso obscuro, hermético. **4** Linguagem alterada por perturbações patológicas, de natureza afásica. **5** Linguagem corrompida, estropiada, deformada, feita de elementos díspares. **6** Qualquer linguagem (esp. língua estrangeira) incompreensível. **7** SLING Linguagem deliberadamente artificializada empregada por membros de um grupo, desejosos de não serem entendidos por não iniciados ou, simplesmente, de se diferenciarem de outras pessoas. **8** SLING Código linguístico próprio de um grupo sociocultural ou profissional, com vocabulário especial, difícil de compreender ou incompreensível para os não iniciados; gíria. **9** SLING Linguajar destinado a não ser entendido senão por um grupo, esp. o que adota determinadas convenções.

INFORMAÇÕES GERAIS

Já que seu objetivo é atingir um amplo segmento do público, os veículos de comunicação de massa evitam o emprego de jargões nos textos que publicam. Entretanto, abre-se exceção para a regra quando não há palavra ou expressão corrente que substitua claramente o sentido do que se deseja comunicar; o mesmo acontece no caso de citação ou de reprodução de uma entrevista.

jingle [ing.] PUB RÁD TV Mensagem publicitária musicada que consiste em estribilho simples e de curta duração, próprio para ser lembrado e cantarolado com facilidade.

job [ing.] **1** INF Conjunto de operações que se executam simultaneamente (ger. envolvem impressão). **2** PUB Tarefa realizada por uma agência de publicidade.

Jobs, Steve (São Francisco, Califórnia, Estados Unidos 1955 - Palo Alto, Califórnia, Estados Unidos 2011) Empresário da indústria de computadores, cofundador da companhia Apple, inventor de produtos e serviços informáticos. ▸ A morte de Jobs de câncer pancreático, em 2011, provocou uma comoção internacional nos meios de comunicação tradicionais e na internet. Os jornais que noticiaram seu falecimento o compararam aos grandes capitães de indústria e inventores do passado: Henry Ford (1863-1947), Thomas Edison (1847-1931) e David Rockefeller (1839-1937), qualificando-o de espírito revolucionário. Uma das empreitadas comerciais do início de sua carreira foi o desenvolvimento de um programa, o Bluebox, que permitia burlar as centrais telefônicas, fazendo chamadas grátis e clandestinas. No final da década de 1970, Jobs e Steve Wozniak (1950-), financiados pelo investidor Mike Markkula (1942-), desenvolveram a primeira linha de computadores pessoais que foi comercializada com sucesso; tecnicamente, foram os primeiros processadores de dados com tela gráfica e MOUSE. A invenção, que fora desenvolvida por funcionários da Xerox, foi cooptada pela Apple. A história de Jobs não se enquadra muito bem na imagem do inventor solitário que desenvolve a ideia e os processos que constituem um produto. O que fazia sempre era recombinar o que estava até então disperso para fazer com que se materializasse uma intuição inovadora. Seus admiradores dizem que a visão de Jobs transformou várias indústrias dos sXX e XXI, nas áreas de computadores pessoais, cinema, música, telefonia, *tablets* e editoração. Filho de pai sírio e mãe americana, que o deram para adoção, Steve Jobs não cursou mais do que um semestre universitário. Após um período tumultuado na Apple, Jobs fundou a NeXT Computer, em 1985. De volta à Apple, continuou expandindo a utilização de técnicas e produtos de computação para outras áreas da comunicação e do entretenimento. A presença de Jobs mostra-se em praticamente todas as formas de comunicação digital, indo do computador pessoal à gravação, coleção e consumo de músicas em iPods, ou à telefonia, com a disseminação do iPhone. Através da companhia que fundou após comprar a divisão de computação gráfica da Lucasfilm, a Pixar Animation Studios, Jobs foi responsável pelo primeiro filme feito completamente com tecnologia digital; a explosão de *e-books* deve-se também a seu desenvolvimento de *tablets* eletrônicos. Ele é autor ou coautor de 338 patentes americanas de produtos informáticos. Para alguns, Jobs redefiniu ou deu forma à nova era digital. Entretanto, a aprovação de Jobs não é, de forma alguma, unânime: os participantes do movimento *software* livre consideram-no apenas um homem de negócios, movido pela ganância e pelo lucro, que militava contra a livre apropriação e uso social de programas. Para eles, Jobs fez tudo o que podia para controlar os produtos e a expressão criativa e criação coletiva dos usuários de informática. Os críticos de Jobs enfatizam que, para empresários de seu tipo, o que importa é uma guerra de patentes e não as potencialidades abertas pela criação científica e técnica na indústria da informação. ▸Cf. GNU.

BIBLIOGRAFIA

ISAACSON, Walter. *Steve Jobs*. São Paulo: Companhia das Letras, 2011.

joelho GRÁF Composição ortogonal de texto em colunas, com a forma aproximada da letra L.

jogo 1 Designação genérica de certas atividades cuja natureza ou finalidade é recreativa; diversão, entretenimento. **2** Atividade espontânea das crianças; brincadeira. **3** Essa atividade submetida a regras que estabelecem quem vence e quem perde; competição física ou mental sujeita a uma regra com participantes que disputam entre si por uma premiação ou por simples prazer. **4** Qualquer atividade empreendida ou vista como uma competição que envolva rivalidade, estratégia ou comparação de desempenho. **5** Conjunto de procedimentos ou estratégias para atingir um determinado fim; tática. **6** Luta ou combate entre dois ou mais adversários. **7** MÚS Utilização técnica que um artista faz dos recursos físicos de seu instrumento.

INFORMAÇÕES GERAIS

Teoricamente, o exame de jogos serve a vários propósitos. Johan Huizinga (1872-1945) acreditava que o jogo é um processo formativo da experiência humana. Uma prova de que os jogos são fundamentais é o seu surgimento espontâneo. Os jogos respondem a necessidades básicas e intrínsecas dos seres humanos. Para Huizinga, olhar um jogo seria contemplar os traços mais característicos da humanidade. Seguindo as considerações do biólogo Heini Hediger (1908-1992), que observara os processos de distanciamento e de aproximação entre animais da mesma espécie, Thomas A. Sebeok (1920-2001) concluiu que o nomear e a identificação animal só acontecem por causa de jogos e brincadeiras entre os membros de uma mesma espécie, o que, por extensão, leva à segregação de inimigos potenciais. O antropólogo Claude Lévi-Strauss (1908-2009), no capítulo inicial de *O pensamento selvagem*, compara jogos a rituais. Jogos seriam o inverso dos rituais: rituais integram o indivíduo na totalidade do grupo, enquanto jogos dividem o todo em facções. Para a teoria dos jogos (*game theory*), criada na economia moderna por John von Neumann (1903-1957) e Oskar Morgenstern (1902-1977), a noção de jogo é mais ampla do que a de brincadeira e de entretenimento. Em *Teoria dos jogos e comportamento econômico*, Neumann e Morgenstern definem jogo como qualquer situação de interação mútua onde indivíduos entretêm relações de conflito de interesse. Os resultados dos jogos seriam ganho ou perda. Mais tarde John Nash (1928-) reconheceu a existência de jogos cooperativos, sem os quais a BARGANHA não aconteceria. O conceito de jogo é ampliado para incluir disputas esportivas, competições de todas as espécies, em que jogadores interagem seguindo regras comuns, comunicando informação e efetivando estratégias que querem determinar o resultado de suas interações.

BIBLIOGRAFIA

HUIZINGA, Johan. *Homo ludens*. São Paulo: Perspectiva, 2008.
LÉVI-STRAUSS, Claude. *O pensamento selvagem*. Campinas, SP: Papirus, 2005.
SEBEOK, Thomas A. Naming in animals, with reference to playing: a hypothesis. *In*: *Semiotic Inquiry*, n. 1, p. 121-35, 1981.
VON NEUMANN, John; MORGENSTERN, Oskar. *Theory of games and economic behavior*. Princeton: Princeton University Press, 1944.

jogo cênico CINE TEAT TV **1** Conjunto de movimentos (deslocamentos em cena, gestos, esgares fisionômicos) executados por um ator ao representar dado papel; jogo de cena, jogo dramático. **2** Conjugação de efeitos obtidos por um diretor numa peça, como marcação do elenco, composição cromática dos figurinos, cenários, iluminação etc.; jogo de cena, jogo dramático.

jogo de cena CINE TEAT TV M.q. JOGO CÊNICO.

jogo de espírito M.q. JOGO DE PALAVRAS.

jogo de linguagem FIL Segundo a teoria do filósofo austríaco Ludwig Wittgenstein (1889-1951), conjunto de formas constantes, presentes e utilizadas durante o uso de expressões linguísticas. ▸ De acordo com Wittgenstein, usa-se a linguagem da mesma forma que um jogo se desenvolve. Os usuários da linguagem e os jogadores seguem regras que indicam que movimentos são permitidos ou proibidos. É em relação ao conjunto de regras diretrizes que os jogos e a linguagem acontecem. A linguagem não representa univocamente um conceito: entre os objetos e os signos existe sempre um conjunto de convenções. Porque a linguagem é, por natureza, pública, é legítimo concluir que não há significado privado. Reconhece-se o significado da mesma forma que se identifica um jogo, não pelas ações dos jogadores, mas pelas regras que unificam e criam uma 'família de usos'. Após Wittgenstein apresentar a ideia de jogos da linguagem em *Investigações filosóficas*, o interesse da filosofia inglesa dirigiu-se para a análise minuciosa dos usos da linguagem ordinária. ▸ Cf. AUSTIN, J. L.; WITTGENSTEIN, LUDWIG.

BIBLIOGRAFIA

WITTGENSTEIN, Ludwig. *Investigações filosóficas*. Petrópolis: Vozes, 2005.

jogo de palavras Combinação de palavras que, aproveitando o duplo sentido de um vocábulo ou semelhança fônica com outro, produz efeito engenhoso ou cômico; trocadilho, jogo de espírito.

jogo de soma zero ECON MAT Na teoria dos jogos, interação onde os ganhos de um jogador são equivalentes à perda de seu oponente. ▸ A locução 'jogo de soma zero' é uma das expressões da teoria dos jogos (*game theory*) que foram incorporadas ao linguajar ordinário. Se um jogador obtém um ponto e se, simultaneamente, o oponente perde um ponto, o resultado da soma ([+1] + [-1]) é necessariamente zero. John von Neumann (1903-1957) e Oskar Morgenstern (1902-1977) cunharam a expressão em *The theory of games and economic behavior*.

BIBLIOGRAFIA

VON NEUMANN, John; MORGENSTERN, Oskar. *The theory of games and economic behavior*. Princeton: Princeton University Press, 1944.

jogo dramático M.q. JOGO CÊNICO.

jogo eletrônico INF Jogo que associa uma memória ('dispositivo') a um sistema de circuitos eletrônicos.

jogo não zero ECON MAT Na teoria dos jogos, uma situação em que os jogadores ganham algo, ainda que não sejam necessariamente os mesmos valores. ▸ Cf. JOGO DE SOMA ZERO; NASH JR., JOHN; TEORIA DOS JOGOS.

jornal JOR Publicação diária, com notícias sobre o cenário político nacional e internacional, informações sobre todos os ramos do conhecimento, entrevistas, comentários gerais etc.; gazeta, periódico. ▸ Na Europa, os primeiros jornais impressos foram produzidos a partir do início do sXVI. Mas só no sXVIII a periodicidade diária passou a ser um traço dos jornais. Frequentemente, a relação entre as autoridades constituídas e os jornais eram tensas, sendo muitos deles fechados e proibidos por governos da época. No Brasil, durante o período colonial, os que sobreviveram eram, na maioria, órgãos subservientes ao poder público, como Nelson Werneck Sodré (1911-1999) demonstrou em *A história da imprensa no Brasil*. Na Inglaterra, os impostos que incidiam sobre os jornais tornavam-nos atividades pouco lucrativas. A abolição progressiva da *tax stamp* barateou os custos dos jornais, que se popularizaram ainda mais com o crescimento da alfabetização no sXIX. A atividade jornalística profissionalizou-se e inovações tecnológicas permitiram a impressão de imagens, o que criou uma associação entre publicidade e jornalismo. Anúncios passaram a financiar os custos da empreitada jornalística. Com a criação das agências de notícias, os jornais expandiram sua cobertura para outras áreas do mundo (cf. AGÊNCIA DE NOTÍCIAS). Durante muito tempo, até a competição do rádio e da televisão, os jornais eram os principais meios de comunicação da sociedade moderna. De certa forma, uma nação definia-se como sendo o conjunto de pessoas que liam os mesmos jornais. Em alguns lugares, a popularização da internet afetou consideravelmente a indústria do jornalismo impresso, reduzindo dramaticamente o número de exemplares vendidos. O fenômeno, porém, não é universal, pois o declínio de vendas de jornais não ocorreu na Ásia. O maior mercado jornalístico do mundo é japonês. O Japão consome mais de 67 milhões de exemplares diários, bem mais do que os 15 milhões vendidos na Inglaterra. Não apenas no Japão, mas na Alemanha, o consumo de jornais cresceu. No caso brasileiro, previsões sugerem que o crescimento populacional da nação contribuirá positivamente para o aumento do número de leitores de jornais. Atualmente, a concentração econômica no mercado internacional da mídia faz do jornal não um veículo privilegiado comprometido com a consciência cívica, mas mais um dos ramos da indústria de entretenimento. É óbvio que a digitalização e a veiculação de jornais na internet mudarão ainda mais a indústria jornalística. O jornal deixou de ser o espaço onde texto e imagens fixas (desenhos, fotos, gráficos etc.) coexistem, já que incorpora facilmente filme e áudio a seus materiais de produção. Um dos principais dilemas da indústria contemporânea de jornais não é estilístico, mas econômico. Alguns jornais *on-line* cobram assinatura para seus usuários, da mesma maneira que os jornais impressos tradicionais. Recentemente, o *The New York Times*, que optara pela gratuidade parcial, mas significativa, da edição, abandonou esse modelo econômico, passando a cobrar assinatura se o usuário acessa o veículo mais do que 10 vezes no mês. Não se tem certeza de qual a alternativa econômica mais adequada para a sobrevivência dos jornais como meios de comunicação. Cf. FAIT DIVERS; JORNALISMO; NOTÍCIA.

BIBLIOGRAFIA

BARNHURST, Kevin. *Seeing the newspaper*. New York: St. Martin's Press, 1993.

______________; NERONE, John. *The form of news; a history*. New York: The Guilford Press, 2003.

SODRÉ, Nelson Werneck. *A história da imprensa no Brasil*. Rio de Janeiro: Mauad, 1999.

jornal de empresa JOR Publicação interna de empresa pública ou privada, firma ou outro estabelecimento qualquer, distribuída gratuitamente a seus funcionários e clientes; revista de empresa, *house organ*.

jornaleco EDIT JOR **1** Jornal ('publicação') sem repercussão, sem importância ou mal redigido. ▸ Termo pejorativo. **2** Jornal de pequeno formato e/ou de pequena tiragem.

jornalês Linguagem pejada de tecnicidades do jargão jornalístico. ▸ Uso informal.

jornal falado JOR Noticiário transmitido oralmente.

jornalismo JOR 1 Atividade profissional que visa coletar, analisar e transmitir periodicamente ao grande público, ou a segmentos dele, informações da atualidade, utilizando veículos de comunicação (jornal, revista, rádio, televisão etc.) para difundi-las. 2 Conjunto dos jornais ou dos jornalistas; imprensa.

INFORMAÇÕES GERAIS

O jornalismo é uma prática específica de difusão de informações que não se pauta pelo objetivo de persuadir o público consumidor a propósito da excelência de um determinado produto; tampouco quer criar as condições de favorecimento da imagem pública de uma instituição ou empresa qualquer. Se assim fosse, o jornalismo confundir-se-ia com a publicidade ou com as práticas de relações públicas. A atividade dos jornais é, então, frequentemente caracterizada pelo compromisso primeiro com a verdade dos fatos e o exercício da consciência crítica em nome dos leitores que assinam ou compram a sua publicação. Por esse motivo, a mensagem jornalística pode ser avaliada segundo os efeitos sociais que produz. Ainda que as gradações e posturas ideológicas não sejam as mesmas, as teorias sociais do jornalismo vão da produção da ESFERA PÚBLICA, em Jürgen Habermas (1929-), até o estudo da influência direta na consciência do leitor, como é o caso das teses de AGENDA SETTING, passando pela avaliação do comprometimento político dos jornais, exposto pelos estudos da produção de CONSENTIMENTO social, criticada por Noam Chomsky (1928-) e Edward S. Herman (1925-). Igualmente importante é a análise do papel dos jornais na formação de uma atitude social necessária para a construção de um regime político. A sutil análise de Minabere Ibelema (1954-) do caso específico da Nigéria é exemplar: mostra que o jornalismo faz mais do que agir na consciência social, pois, ainda que a missão social dos jornais seja semelhante em todas as sociedades, ocidentais ou africanas, o jornalismo também se adapta à circunstância, ao momento, aos desafios do momento em que o jornal é produzido. Os jornais atuam nas sociedades que os influenciam. Sob todas as formas, a sociabilidade faz-se presente no veículo de comunicação que é o jornal. Estilisticamente, o jornalismo é uma forma de narrativa, de apuração e de exercício crítico que encontra lugar em várias plataformas de comunicação (rádio, televisão, imprensa, *blog*, internet etc.). Independentemente do suporte em que é transmitido, jornalismo passa a ser definido por sua textualidade, em última instância, por seu discurso. Tradicionalmente, o espaço de um jornal era dividido de acordo com a informação veiculada. Notícia e opinião eram expressas em áreas claramente diferenciadas. Teoricamente, podia-se reconhecer sem dificuldade o que fosse a narração de um fato ou a sua interpretação: uma coisa seria reportar um acontecimento em seu imediatismo e outra examinar as causas mais profundas desse evento. Mas o que a história do desenvolvimento da imprensa revela é que, como todos os meios de comunicação, o que era segregado no espaço dos jornais converge progressivamente. O que era esfera pública facilmente vira entretenimento. Há mais de meio século, em 1934, Walter Benjamin (1892-1940) observava que a página do jornal é o espaço de uma "confusão literária". A página do jornal é uma balbúrdia de conteúdos que colidem uns com os outros. Uma vez que o jornal não oferece ordem, não pode exigir a atenção paciente do leitor. Seu papel restringe-se a satisfazer a demanda de notícias diárias, num estilo literário que não tem mais necessariamente a ver com as formas e os gêneros literários tradicionais, sacrificando, se for o caso, uma abordagem mais profunda a respeito do que for noticiado. Para Benjamin, o jornal expressa a vida moderna e é por isso comparável à lírica do poeta Charles Baudelaire (1821-1867). Assim, o jornal adota o espírito de sua época, privilegiando a brevidade, a concisão, a desconexão, dispondo fragmentariamente notícias, anúncios, referências cruzadas em suas páginas. O que fora informação é atropelado por uma enxurrada de sensações. Se o jornalismo derivou de modelos literários, isso não autoriza uma separação rígida de domínios entre o jornalístico e o literário. Muitos estilos modernos adotaram técnicas jornalísticas e o jornalismo mostrou-se inegavelmente aberto aos estilos de ficcionistas como Truman Capote (1924-1984), Norman Mailer (1927-2007) e Tom Wolfe (1931-), no caso norte-americano. Apesar de o quadro geral ter-se alterado consideravelmente, ainda é útil a referência à história panorâmica de Nelson Werneck Sodré (1911-1999). *A história da imprensa no Brasil* sublinha o caráter oficioso e subalterno do jornalismo brasileiro até pouco depois da instauração da ditadura militar, que começou em 1964. ▶ Cf. AGENDA SETTING; CONSENTIMENTO; ESFERA PÚBLICA; FAIT DIVERS.

BIBLIOGRAFIA

HABERMAS, Jürgen. *Mudança estrutural da esfera pública*. Rio de Janeiro: Tempo Brasileiro, 2009.

HERMAN, Edward S; CHOMSKY, Noam. *Manufacturing consent: the political economy of the mass media*. New York: Pantheon Books, 1988.

IBELEMA, Minabere. *The African press, civic cynicism, democracy*. New York: Palgrave Macmillan, 2008.

JENNINGS, Michael; EILAND, Howard; SMITH, Gary (eds.). *Walter Benjamin: selected writings, vol. 2: 1927-1934*. Cambridge: Belknap/Harvard Press, 1999.

PENA, Felipe. *Teoria do jornalismo*. São Paulo: Contexto, 2005.

SODRÉ, Nelson Werneck. *A história da imprensa no Brasil*. Rio de Janeiro: Civilização Brasileira, 1966.

jornalista Pessoa que trabalha como redator, repórter, colunista ou diretor de um órgão de imprensa ou de programa jornalístico no rádio ou na televisão.

BIBLIOGRAFIA

TRAVANCAS, Isabel. *O mundo dos jornalistas*. São Paulo: Summus, 2011.

jornal *on-line* JOR Jornal editado em mídia digital. ▶ A princípio, o atrativo dos jornais *on-line* era estritamente econômico. Se feita *on-line*, os custos de impressão de uma publicação eram drasticamente reduzidos. Além disso, do ponto de vista da veiculação, os jornais *on-line* podiam continuar atingindo um grande número de leitores. Pouco a pouco, os jornais tradicionais começaram a produzir edições digitais, frequentemente oferecendo gratuitamente todo o jornal ou parte dele, na esperança de que a perda de assinaturas fosse compensada pela receita da publicidade, o que, por sua vez, agravou a tendência de queda do número de leitores do jornal em papel. Aí o dilema era se os jornais deviam ter edições em papel ou se iriam se transformar em veículos completamente digitais. Novas perspectivas e problemas econômicos surgiram para os quais não há ainda um modelo certo e confortável. *The New York Times* limitou drasticamente o acesso à versão *on-line*, passando a cobrar assinatura se o usuário acessar o veículo mais do que 10 vezes no mês. Os jornais *on-line* permitiram a convergência de mídia, apresentando filmes, entrevistas etc. na edição eletrônica. *The New York Times* deu um passo à frente, mostrando suas reuniões de pauta, enquanto que a mesma tecnologia possibilitava, na seção de culinária do jornal, a mostra ao vivo de como cozinhar um prato. ▶ Cf. JORNAL.

joystick [ing.] INF Dispositivo de entrada, utilizado em jogos de computador, dotado de uma alavanca capaz de controlar o movimento de um cursor, na tela, e de um ou mais botões capazes de comandar certas ações, ao serem pressionados. ▶ Os primeiros *joysticks* eram periféricos simples, compostos de uma alavanca e alguns poucos botões que aumentaram sua complexidade, aumentando o número de botões e as funções correspondentes. Provavelmente, num futuro próximo, os *joysticks* serão substituídos por sensores capazes de capturar e reproduzir movimentos humanos ou outros mecanismos de realidade virtual.

JPG [ing.] INF Formato de arquivo de imagens baseado em um método de compressão de dados com grau ajustável de perda de informação. ▶ Sigla de *Joint Photographic Experts Group*, empresa criadora desse formato, em 1992. Em 1994, tornou-se padrão internacional.

juízo FIL LÓG **1** Operação mental que articula termos ou conceitos, por meio de uma atribuição afirmativa ou negativa de um predicado (P) a um sujeito (S), intermediados por um verbo (redutível ao verbo 'ser') com papel de cópula ou ligação, segundo o modelo S é P. **2** Constructo lógico e linguístico resultante dessa ação intelectual; proposição, enunciado. **3** No kantismo e no hegelianismo, faculdade mental de pensar o particular (o sujeito) como contido no interior do universal (o predicado).

jukebox [ing.] ELETRÔN MÚS Aparelho provido de dispositivo para leitura de registros musicais, ger. movido a moedas ou fichas, que executa automaticamente a gravação escolhida pelo usuário.

jump cut [ing.] CINE Montagem descontínua de tomadas que interrompe o fluxo da narrativa convencional, feita com o propósito de chamar a atenção do espectador.

jump to the screen [ing.] FOT INF Ato ou efeito de transferir uma imagem digital diretamente para o disco, de modo a ser vista numa tela de computador, sem que a representação se materialize em outro suporte, como o papel.

Jung, Carl Gustav (Keswill, Suíça 1875 - Küsnacht, Suíça 1961) Psicólogo e psiquiatra suíço, criador da psicologia analítica, uma vertente dissidente da psicanálise, e teórico do simbolismo. ▶ Antes de se dedicar decisivamente ao estudo dos fenômenos psiquiátricos, Jung estudou filosofia. Seus primeiros escritos foram influenciados pelo kantismo. Foi da leitura de Immanuel Kant (1724-1804) que Jung derivou a ideia de que as representações antecedem e organizam o espírito humano. Da mesma forma que espaço e tempo estruturam *a priori* nossas representações do mundo, os arquétipos junguianos precedem e estruturam a psique dos indivíduos; para Jung, os arquétipos só podem ser coletivos, produtos não da mente individual, mas de uma espécie de história da espécie que se materializa e se individua em cada ser humano existente. Quatro funções básicas estruturam o indivíduo em sua particularidade: sensação, intuição, pensamento e sentimento. Essas funções complementam-se por um conjunto de elementos exteriores que formam o ambiente coletivo dos homens: consciência, interiorização, afeto etc. Quando os dois universos interagem, a individuação dá-se e só aí emerge a pessoa humana. Após o encontro, em 1906, com o criador da psicanálise, Sigmund Freud (1856-1939), Jung reconheceu que processos inconscientes traçam o destino da personalidade, mas, para ele, não seria correto reduzir o inconsciente a uma dimensão restrita à história pessoal do paciente. Jung, então, formulou um dos conceitos mais conhecidos da psicologia clínica e da psicanálise, o do INCONSCIENTE COLETIVO. Ao nascerem, os seres humanos herdam um repertório básico de conteúdos mentais que encontram caminho e se materializam nos sonhos e nas patologias de cada pessoa. Esse repertório seria repetido e atravessaria todas as culturas e sociedades humanas: os arquétipos são *imagos* primordiais. Ao contrário de Freud, que vê os processos mentais como sintomas, Jung os vê como expressão coletiva e simbólica. Até a ruptura da relação, em 1913, Freud e Jung discutiram exaustivamente as questões teóricas centrais da psicanálise. Jung acreditava que a sexualização da personalidade individual, tão privilegiada por Freud, empobrecia a dimensão simbólica e filogenética que atua em cada indivíduo. Ainda que não fique muito claro como e partir de onde o inconsciente coletivo, em oposição ao pessoal, se articula, Jung afirma que o símbolo é espontâneo e múltiplo. Nele se encontra a totalidade da experiência humana, feita de culturas remotas e épocas distantes, que convergem e se fazem presentes na liturgia da vida individual. O teor especulativo e os apelos religiosos, orientalistas e oraculares, facilmente identificáveis nas teses de Jung, fazem de seu pensamento não só uma alternativa ao freudismo, mas também o tornam uma força considerável na imaginação popular a propósito do que sejam os processos mentais e psicológicos.

BIBLIOGRAFIA

JUNG, Carl Gustav. *Fundamentos de psicologia analítica*. Petrópolis: Vozes, 2001.

____________. *Os arquétipos e o inconsciente coletivo*. Petrópolis: Vozes, 2002.

____________. *Memórias, sonhos, reflexões*. Rio de Janeiro: Nova Fronteira, 2006.

____________. *O homem e seus símbolos*. Rio de Janeiro: Nova Fronteira, 2008.

junk mail [ing.] INF INTERN M.q. SPAM.

justificação **1** Ato de justificar(-se). **2** Conjunto de argumentos apresentados em defesa de alguém ou de algo. ▶ O conceito de justificação tem um alcance ético e cognitivo. Teses, ideias e noções são justificadas se passaram por alguma forma de crítica ou de exame. Aqueles que teorizam sobre os atos de justificação acreditam que, se ela se valer de um mesmo conteúdo de raciocínio, mesmo que apresentada por autores distintos em momentos históricos diversos, é uma única justificação. Isso sugere que resulta de um processo filosófico. Mas há quem advogue que a justificação não precisa ser necessariamente racional ou filosófica. Ela bastaria se expressasse uma causalidade psicológica ou, então, se uma crença fosse justificada por outra crença, assim sugerindo que a coerência é um critério de justificação ou prova argumentativa. No sentido ético, muitas vezes justificar não é indicar uma causalidade, mas afirmar algo positivo a respeito de uma ação ou propósito. Mas algo que pareça ser bom não é necessariamente justificável. Por isso, a justificação não deve ser vista como a mera e simples expressão da verdade, pois aproxima-se do conceito comunicativo de VEROSSIMILHANÇA. **3** Produção de provas. **4** GRÁF Ato ou efeito de compor um texto em linhas de igual comprimento, de modo que fiquem alinhadas à esquerda e à direita.

justificado GRÁF Diz-se de composição cheia que obedece a determinada medida, à esquerda e à direita, e em que ger. se utiliza o recurso de apertar ou alargar espaços entre letras e palavras e/ou se segmentam palavras por divisão silábica; blocado.

justificar GRÁF Compor (linhas de um texto) na mesma medida, aumentando ou diminuindo os espaços entre as palavras e letras, se necessário; blocar.

Kk

k 1 Décima primeira letra do nosso alfabeto, us. em casos especiais no português. ▸ Em símbolos internacionais, unidades léxicas e terminologias estrangeiras, determinados africanismos, etnônimos brasílicos e em derivados gráficos de nomes próprios dos quais consta essa letra. 2 FON Letra que representa a consoante oclusiva velar surda. 3 A forma dessa letra. 4 GRÁF Tipo que imprime essa letra. 5 EDIT Matriz a partir da qual se faz essa letra. 6 Diz-se do elemento de uma série que sucede ao designado pela letra *j*.

kA ELETR Símb. de QUILOAMPERE.

kairós [gr.] RET A materialização personificada da oportunidade que define o saber, o ensino e a prática da retórica. ▸ Na *Descrição da Grécia*, de Pausânias (c150 d.C.), Kairós foi identificado como o filho mais jovem de Zeus. Apesar de ausente das narrativas mitológicas, Kairós teve um altar na cidade de Olímpia. O instante oportuno e apropriado faz de Kairós uma representação do tempo complementar e distinta de Chronos, que se caracteriza pela continuidade, pela sucessão e pelo fluxo temporal. O tema do *kairós* surgiu na retórica grega como o reconhecimento do que é próprio a uma determinada situação, ao momento específico em que se quer influenciar e transformar uma audiência concreta. Assim, ele é parte intrínseca da convivência social. A tarefa do ensino retórico e sua busca do que é apropriado momentosamente para o convencimento de uma audiência específica se associam na personificação da oportunidade, o que, por sua vez, faz dos sofistas um grupo que advoga o reconhecimento daquilo que seja *kairós*. ▸ Cf. ISÓCRATES; PERSUASÃO; SOFISTA.

BIBLIOGRAFIA

PLEBE, Armando. *Breve história da retórica antiga*. São Paulo: EPU/Edusp, 1978.

Kant, Immanuel (Königsberg, Prússia, atualmente Letônia 1724 - Königsberg, Prússia, atualmente Letônia 1804) Importante filósofo prussiano, provavelmente uma das figuras intelectuais mais marcantes da filosofia do sXVIII. ▸ Em suas próprias palavras, Kant despertou do dogma filosófico após a leitura do pensador escocês David Hume (1711-1776). Hume colocara um freio na atividade cognitiva ao afirmar que só se pode conhecer o que for experimentado, reduzindo o conhecimento ao encadeamento de ideias geradas a partir de estímulos vindos da natureza. Para Hume, o objeto experimentado era a única fonte de conhecimento. Isso tornava o saber da matemática problemático, pois, além de não ter um estatuto próprio, seria limitado por uma fonte que lhe é estranha: a realidade empírica. Para Kant, que se formara na tradição racionalista de Gottfried Leibniz (1646-1716), essa ideia merecia exame mais cuidadoso. Como é possível fazer operações matemáticas, manipulando uma série imensa de números, sem ter tido a experiência de objetos igualmente inúmeros? A solução que Kant oferece para o problema é uma inversão radical do que fora feito: até Kant, acreditava-se que o saber era um processo de adaptação do pensamento ao objeto. Kant pressupôs uma tese completamente nova, ao dizer que a mente constrói seu objeto impondo-lhe traços e atributos. A reversão é engenhosa e permite a Kant manter a centralidade da razão na estrutura do pensamento, sem que a experiência empírica seja descartada. A mente vale-se dos conceitos puros e *a priori* de espaço e tempo, que não só organizam e permitem experiências, mas também possibilitam a formulação conceitual de saberes geométricos e aritméticos. Além de espaço e tempo, substância e causalidade são algumas das categorias sem as quais a experiência não se constituiria. Quando examina, em *A crítica da razão prática*, a questão da moral, Kant é igualmente construtivista: as ações morais corretas são aquelas que seguem uma regra que possa ser universalmente válida para todos os seres humanos; algo semelhante à maneira pela qual a autoridade da razão forneceu as regras de organização da experiência. Em *A crítica da faculdade do juízo*, Kant separa a beleza da natureza e a beleza artística. A arte não é uma forma de beleza natural, mas a representação bela de um determinado objeto. A última *Crítica* kantiana não se limitou a expandir o argumento de *A crítica da razão pura* ao domínio da estética. Seria por demais óbvio dizer que, assim como a natureza, a arte é representação, ainda que um outro tipo de representação. *A crítica da faculdade do juízo* faz mais do que isso: unifica a universalidade da razão pura com a subjetividade do gênio criador, que transforma as formas estéticas dadas pela história, inventando novas regras de representação bela. Kant está presente em inúmeros debates intelectuais contemporâneos. Sua distinção entre julgamentos analíticos e sintéticos inspira tomadas de posição behavioristas e mentalistas a respeito da linguagem (cf. BEHAVIORISMO; A PRIORI; ANALÍTICO E SINTÉTICO). A ideia kantiana de que um sistema conceitual antecede a experiência, dando-lhe forma, sentido e ordem, materializa-se nas várias versões antropológicas de cultura e de linguagem que acabam sendo modos do kantismo, ainda que sem o recurso a um sujeito transcendental. A leitura de Kant inspirou a teoria junguiana de inconsciente coletivo (cf. JUNG, CARL GUSTAV). Tanto a semiótica peirceana, que define a função-signo, como a filosofia wittgensteiniana, que enfatiza o papel da regra nos jogos da linguagem, são, igualmente, produtos das teses de Kant. A influência de Kant chega às ciências sociais e à comunicação sob a forma da ideia de que a realidade social, assim como a empírica, seja construída.

BIBLIOGRAFIA

KANT, Immanuel. *A crítica da razão prática*. São Paulo: Martin Claret, 2003.

____________. *A crítica da faculdade do julgamento*. São Paulo: Martin Claret, 2005.

____________. *A crítica da razão pura*. São Paulo: Martin Claret, 2009.

kantismo FIL Doutrina do filósofo alemão Immanuel Kant (1724-1804), que almeja estabelecer os limites das potencialidades cognitivas da razão e apontar as condições apriorísticas do conhecimento e da legislação moral, inerentes à constituição universal do espírito humano; criticismo.

karaoke [jap.] Ver CARAOQUÊ.

kb [ing.] INF Símb. de KILOBIT.

kB [ing.] INF Símb. de KILOBYTE.

kernel [ing.] INF O núcleo, a parte mais importante do sistema operacional de um computador.

kerning [ing.] GRÁF INF Ajuste do espaço usual entre dois caracteres tipográficos, que confere equilíbrio e legibilidade ao texto, do ponto de vista do *design* gráfico; ajuste de espaço.

keyboard [ing.] INF M.q. TECLADO ('conjunto de teclas').

key drawing [ing.] CINE REC.AV TV Nos processos de ANIMAÇÃO cinematográfica, desenhos que marcam o início e o fim de um movimento, us. como chaves para demarcar o espaço que será trabalhado pelos animadores que finalizam o trabalho.

key message [ing.] Em comunicação empresarial, ponto ou conjunto de mensagens identificadas pelo porta-voz da empresa para veiculação e uso em discursos, entrevistas, contatos com a imprensa etc., com o propósito de enfrentar situações embaraçosas ou de crise que abalem ou possam abalar o prestígio e a imagem social da empresa.

keynesianismo ECON Conjunto das teorias e medidas propostas pelo economista britânico John Maynard Keynes (1883-1946) e seus seguidores, que defendiam, dentro dos parâmetros do mercado livre capitalista, a necessidade de forte intervenção econômica do Estado com o objetivo principal de garantir o pleno emprego e manter o controle da inflação.

kHz FÍS Símb. de QUILO-HERTZ.

kicker [ing.] JOR Manchete escrita com o propósito de despertar o interesse do leitor.

kilobaud [ing.] INF TEL Mil bauds por segundo. ▶ Cf. BAUD.

kilobit [ing.] INF Múltiplo do *bit*, que vale 1.024 *bits* ou 2^{10} *bits*. ▶ Freq. arredonda-se o valor do *kilobit* para mil *bits*. ▶ Cf. BIT. Símb.: *kb*. F. aport.: quilobite.

kilobyte [ing.] Unidade de arquivamento e de transmissão de informação que corresponde a cerca de 1.024 (2^{10}) *bytes*. ▶ Freq. arredonda-se o valor do *kilobyte* para mil *bytes*. ▶ Cf. BYTE. Símb.: *kB*. ▶ F. aport.: quilobaite.

kit [ing.] **1** Jogo de elementos que atendem juntos a um mesmo propósito ou utilidade. **2** Caixa ou estojo que abriga um conjunto de peças.

kit de vendas MKT Conjunto de peças promocionais, reunido pelo departamento de *marketing* de uma empresa, que contém informações promocionais e outras informações publicitárias a respeito de um produto ou serviço; *sales kit*.

kitsch [al.] **1** Que se caracteriza pelo exagero sentimental, melodramático, sensacionalista, freq. com a predileção do gosto mediano ou majoritário, e pela pretensão de, fazendo uso de estereótipos e chavões inautênticos, encarnar valores da tradição cultural (diz-se de objeto ou manifestação de teor artístico ou estético). ▶ A palavra *kitsch* tem forte conotação pejorativa associada a lixo e mau gosto. Derivada da expressão alemã do sXIX, *kitsch* designa uma arte média e medíocre, falsamente moralista, destruída e destruidora de valores. A expressão foi posteriormente aplicada à INDÚSTRIA CULTURAL como um todo. Usou-se, primeiro, *kitsch* para identificar a sentimentalidade crassa e apelativa que caracteriza um conjunto de produtos culturais. Muitos artistas de vanguarda propositadamente se valeram de imagens, situações dramáticas e músicas *kitsch* como elemento de crítica artística e reação às concepções cultas e educadas de arte. O crítico norte-americano Clement Greenberg (1909-1994) opôs vanguarda e *kitsch* em seus artigos teóricos, ainda que, para alguns, essa distinção seja questionável. O *kitsch* encontraria seu ninho adequado na arte média e medíocre que a comunicação de massa divulga. **2** Estilo artístico, tendência estética que apresenta essas características.

BIBLIOGRAFIA

CAVALCANTI, Lauro; GUIMARAENS, Dinah. *Arquitetura kitsch*. Rio de Janeiro: Paz e Terra, 2006.

GREENBERG, Clement. *Arte e cultura*. São Paulo: Ática, 1996.

MOLES, Abraham. *O kitsch*. São Paulo: Perspectiva, 2001.

knockdown [ing.] MKT PUB Anúncio ou *display* que pode ser desmontado, montado e transferido para outro ponto de venda.

Kodachrome [ing.] FOT Película us. em fotografias ou filmes coloridos. ▶ Cf. EASTMAN, GEORGE.

Koyré, Alexandre (Tangarog, Rússia 1882 - Paris, França 1964) Filósofo e historiador das ciências naturais. ▶ A importância do trabalho filosófico de Koyré deriva da influência de seus estudos sobre a revolução científica do sXVII. Para ele, o caráter revolucionário das ciências naturais pós-renascentistas resulta de uma escolha teórica: os grandes pensadores da natureza no sXVII recusaram-se a prosseguir com o descritivismo pedestre dos fenômenos naturais, passando a matematizá-los. A concepção dominante na física aristotélica medieval fora abandonada, em favor de uma concepção platônica da natureza. Isso implicou uma reforma completa do que, desde os gregos, se acreditava ser o mundo natural. Até a física copernicana, kepleriana e galileana, o mundo era um cosmos fechado. A revolução científica do sXVII forjou uma nova imagem da natureza: um universo infinito e aberto, unificado pelas relações matemáticas entre os entes. Matemática e leis naturais passaram a ser idênticas. O que está filosoficamente pressuposto, na série de trabalhos memoráveis de Koyré, é a ideia de que a atividade científica é fundamentalmente teórica. As experiências empíricas nada revelam sem uma moldura de conceitos que as determinam. A EPISTEMOLOGIA francesa de Georges Canguilhem (1904-1995), Louis Althusser (1918-1990) e Michel Foucault (1926-1984) aprendeu com Koyré o valor da invenção teórica para o processo de conhecimento. ▶ Cf. CANGUILHEM, GEORGES; ALTHUSSER, LOUIS; FOUCAULT, MICHEL.

BIBLIOGRAFIA
KOYRÉ, Alexandre. *Do mundo fechado ao universo infinito*. Rio de Janeiro: Forense Universitária, 1990.
__________. *Estudios galileanos*. Buenos Aires: Siglo XXI, 1990.

Kraft PAP Red. de PAPEL KRAFT.

Kristeva, Julia (Sliven, Bulgária 1941-) Pensadora búlgara, crítica literária, psicanalista, feminista e romancista, residente em Paris. ▸ No pensamento de Julia Kristeva convergem os temas dominantes da teoria crítica do sXX: linguística, psicanálise, identidade, filosofia, ativismo feminista etc. Sua vasta obra inclui até romances e é uma arena de transformações que caminha progressivamente no sentido de dar conta das questões da subjetividade. O ponto inicial de seu trabalho é o grupo que se reunia em torno da revista parisiense *Tel Quel*. Foi Kristeva quem trouxe, para o debate intelectual francês, a noção de INTERTEXTUALIDADE apresentada pelos estudos de Mikhail Bakhtin (1895-1975) sobre a imaginação dialógica e a polifonia da narrativa romanesca. A teoria semiótica de Kristeva procura integrar o sujeito a pulsões arcaicas, enfatizando o papel de um registro pré-linguístico e que antecede a entrada do indivíduo na ordem simbólica (cf. IMAGINÁRIO; SIMBÓLICO). Ao contrário do influente psicanalista Jacques Lacan (1901-1981), que enfatizava o papel da linguagem entre os seres humanos a ponto de considerar o INCONSCIENTE como uma de suas formas, Kristeva teorizou que a linguagem não é tudo, pois o desejo que forma o sujeito está presente e atuante antes mesmo da sua entrada na ordem simbólica. Essa é uma dimensão verdadeiramente semiótica que se manifesta nas criações literárias transgressoras e seus ritmos sensuais, corpóreos e pré-edipianos. Se não houvesse esse reino antecedente ao simbólico, não haveria crítica social ao que é tradicional, convencional e formador do *status quo*. Na década de 1980, Kristeva produziu uma série de livros em torno dos aspectos da subjetividade: abjeção, amor e depressão. Ao contrário de muitas feministas, que dão privilégio exclusivo ao feminino, em Kristeva, a experiência do amor incorpora, prismaticamente, o paternal, o maternal, o narcísico etc., pois recusa-se a reduzir a questão da mulher a uma competição fálica. Cf. CHORA; FEMINISMO.

BIBLIOGRAFIA
KRISTEVA, Julia. *Semiotiké: recherches pour une sémanalyse*. Paris: Seuil, 1978.
__________. *Histórias de amor*. Rio de Janeiro: Paz e Terra, 1988.
__________. *As novas doenças da alma*. Rio de Janeiro: Rocco, 2001.
__________. *No princípio era o amor*. Campinas, SP: Verus, 2010.

Kuhn, Thomas (Cincinnati, Ohio, Estados Unidos 1922 - Cambridge, Inglaterra 1996) Influente historiador e filósofo das ciências norte-americano, ▸ Kuhn é autor de um dos trabalhos historiográficos de maior repercussão na filosofia das ciências norte-americana: *A estrutura das revoluções científicas*, publicado em 1962. O conceito nuclear do livro, a noção de PARADIGMA, foi incorporado ao linguajar comum e corrente, com óbvias deformações e imprecisões. No estudo clássico de Kuhn, o paradigma não é apenas um modelo, mas uma moldura de referência teórica que guia a atividade científica e à qual se chega por um processo descontínuo, interrompido e caracterizado por rupturas e recomeços malsucedidos. As revoluções científicas atingem, então, um ponto de confluência e concordância entre seus praticantes, que passam a trabalhar com um novo modelo de referência. Esse modelo é, de fato, uma moldura teórica de referência comum em que estão incluídos conceitos, resultados e procedimentos considerados aceitáveis e razoáveis pela comunidade de investigadores. Os livros *O novo sistema de filosofia química*, de John Dalton (1766-1844), e *A origem das espécies*, de Charles Darwin (1809-1882), são paradigmáticos no sentido sugerido por Kuhn para a química e a biologia contemporâneas. O paradigma não funciona como se fosse uma referência rígida, mas trata-se de algo que sofre uma ação intelectual externa que o altera e torna maleável e flexível. A imagem de uma história do conhecimento descontínua que Kuhn postula em seu livro recusa a ideia de que o conhecimento científico seja um processo suave, progressivo e acumulativo, como as filosofias empiristas e positivistas das ciências defendiam. A ciência seguiria um modelo revolucionário que, após seu sucesso, se cristaliza. No curso desse momento de estabilização, que Kuhn denomina de 'ciência normal', surgem anomalias e discrepâncias. Para resolver tais contradições, o conhecimento científico busca uma nova instância revolucionária que, eventualmente, conduz a comunidade científica. Críticos das ideias de Kuhn argumentam que ele faz sociologia do saber e não filosofia das ciências.

BIBLIOGRAFIA
KUHN, Thomas S. *Estrutura das revoluções científicas*. São Paulo: Perspectiva, 2003.

Kuleshov, Lev (Tambov, Império Russo, atual Rússia 1899 - Moscou, União Soviética, atual Rússia 1970) Teórico russo da montagem cinematográfica, diretor de cinema e roteirista. ▸ Kuleshov apresentou a várias audiências fragmentos de filme compostos de duas imagens desconexas, mas apresentadas em sequência. Esse fragmento é hoje denominado o 'efeito Kuleshov'. O filme era mudo e começava com o rosto impassível do ator Ivan Mozzhukhin seguido de outra imagem: respectivamente um prato de sopa, um caixão com uma criança morta ou uma mulher em pose sensual. Todas as imagens foram extraídas de filmes antigos da era tsarista. Em resposta a Kuleshov, a audiência entendeu que os filmes apresentavam interpretações magníficas de fome, dor e desejo. Com base nisso, Kuleshov argumentou que a montagem e a edição de imagens eram os processos essenciais da arte do cinema. Imagens desconexas são recompostas como um processo contínuo, no momento em que a audiência atribui significado ao que está vendo. O conjunto da montagem prevalece sobre o corte individual de cada fotograma. Para que o efeito seja obtido, o diretor deve colocar-se no ponto de vista da audiência que realiza uma atribuição. Comentando a afirmação de Kuleshov de que a tomada cinematográfica é um signo, uma espécie de letra, o linguista Roman Jakobson (1896-1982) aponta a natureza comunicacional do filme. O espectador vê a cena através da câmara: a lente e o olho coincidem. A montagem adiciona uma sequência de percepções que formam significado, da mesma maneira que a letra não tem sentido em si mesma, mas adicionada a outros signos. Cineastas soviéticos da primeira metade do sXX (Sergei Einsenstein [1898-1948], Vsevolod Pudovkin [1893-1953], Dziga Vertov [1896-1954] etc.) partiram desse pressuposto para criar seus filmes, sendo o mesmo princípio aplicado no cinema hollywoodiano de Alfred Hitchcock (1899-1980). Um exemplo famoso do efeito Kuleshov é o massacre do povo por tropas governamentais no filme *O encouraçado Potemkin* de Einsenstein. Entremeado à carnificina, um carrinho de bebê desce descontrolado pelas escadarias de Odessa. Em *Psicose*, Hitchcock usa o mesmo recurso de montagem na cena do assassinato no chuveiro. Sob a acusação estalinista de formalismo, a montagem foi banida do cinema soviético após a década de 1930. Além de roteirista e diretor de filmes de longa metragem, Kuleshov foi um dos fundadores da Escola de Filme de Moscou. ▶ Cf. EISENSTEIN, SERGEI MIKHAILOVICH.

BIBLIOGRAFIA

JAKOBSON, Roman. Is film in decline? *In*: *Selected writings: poetry of grammar and grammmar of poetry*. The Hague: Mouton Publishers, 1981, p. 232-9. v. 3.

LEVACO, Ronald (ed.). *Kuleshov on film: writings*; Berkeley: University of California Press, 1975.

kVA ELETR Símb. de QUILOVOLT-AMPERE.

Kyodo News JOR Agência de notícias japonesa sem fins lucrativos. ▶ A *Kyodo News* foi fundada em 1945 com o propósito de distribuir notícias para a mídia japonesa; emprega aproximadamente mil jornalistas e opera por meio de convênios com outras agências de notícias internacionais.

Ll

l 1 Décima segunda letra do nosso alfabeto. 2 FON Letra que representa a consoante lateral dental-alveolar sonora, como em *lá* e a semivogal posterior alta fechada arredondada oral, como em *relva* 3 A forma dessa letra. 4 GRÁF Tipo que imprime essa letra. 5 EDIT Matriz a partir da qual se faz essa letra. 6 Diz-se do elemento de uma série que sucede ao designado pela letra *k*.

lab. Abrev. de LABORATÓRIO.

La Boétie, Étienne (Sarlat-la-Canéda, França 1530 - Germignan, França 1563) Escritor, filósofo e poeta, considerado o fundador da ciência política na França. ▸ La Boétie escreveu sonetos, traduziu obras clássicas para o francês e produziu o ataque mais devastador à noção de autoridade constituída de que se tem notícia no pensamento francês, muito antes das insurgências modernas de Henry David Thoreau (1817-1862) e Martin Luther King Jr. (1929-1968). Filho de família aristocrática, La Boétie foi juiz e diplomata e é célebre como exemplo da amizade descrita num ensaio de Michel de Montaigne (1533-1592). O verdadeiro precursor da noção de desobediência civil não é Mohandas Gandhi (1869-1948), mas La Boétie. A tese do livro precoce de La Boétie, *Discurso sobre a servidão voluntária*, provavelmente escrito quando tinha entre 18 e 22 anos, é extremamente simples: o domínio político depende, originariamente, do consentimento por parte daqueles que são subjugados. Eis aqui um paradoxo e uma solução. Por que haveria alguém de vender o mais precioso bem que tem – a liberdade – e submeter-se aos caprichos de tiranos? O exame histórico das tiranias revela que La Boétie apontava, sem piedade ou pieguice, para uma falha grave na natureza humana, que se compraz com a obtenção de vantagens e privilégios imediatos, mesmo que seu preço seja a autocorrupção e a perda da liberdade. Mas basta, segundo o ensaio de La Boétie, dizer 'não' e os regimes tirânicos caem, mesmo que eventualmente resistam com violência. A força do argumento de La Boétie foi atenuada por Montaigne, que qualificou o trabalho como um exercício de juventude: na verdade, o poder da desobediência civil manifestar-se-ia em época futura, que questionaria as regras e as leis. Foi o que aconteceu durante a libertação colonial da Índia e o movimento norte-americano de direitos civis da década de 1960. La Boétie continua presente no mundo moderno, quando sua exortação à recusa e à revolta conjuga-se à sua disseminação de mensagens que, por meio de redes sociais e *smartphones*, fomentam a organização e canalização de revoltas sociais contemporâneas. Cf. CONTRATO SOCIAL; CONTRATUALISMO.

BIBLIOGRAFIA

LA BOÉTIE, Étienne. *Discurso sobre a servidão voluntária*. São Paulo: Martin Claret, 2011.

laboratório Local provido de instalações e equipamentos apropriados para tratar (revelar, ampliar e copiar) filmes fotográficos ou cinematográficos. ▸ Abrev.: *lab.*

Lacan, Jacques (Paris, França 1901 - Paris, França 1981) Psicanalista e psiquiatra estruturalista francês, responsável pelo ressurgimento filosófico de Sigmund Freud (1856-1939), no sXX, e formulador de uma concepção revolucionária do inconsciente estruturado como linguagem. ▸ Graças a Lacan, a teoria freudiana permaneceu influente no ambiente cultural e teórico do sXX. Desde a década de 1950 até sua morte, Lacan pregava o 'retorno a Freud'. O palco da pregação eram os seminários semanais que ele oferecia na Universidade de Paris; seu objetivo era fustigar a elite psicanalítica francesa agregada em torno da Sociedade Psicanalista de Paris (SPP). Em 1963, quando começou a proferir seminários, Lacan já tinha rompido com a SPP para criar, com outros psicanalistas franceses, a Sociedade Psicanalítica da França (SPF), mas, uma década depois, ele se afastaria da SPF para fundar a ESCOLA FREUDIANA DE PARIS, que dissolveu um ano antes de falecer. A leitura que Lacan faz de Freud está longe de ser uma ortodoxia servil. Ele acusava o *establishment* psicanalítico francês de ter distorcido a obra freudiana. O resultado dessa distorção representava uma traição a Freud, pois disseminava uma prática terapêutica adaptativa centrada no EGO, quando o conceito freudiano central é o de INCONSCIENTE. Lacan argumentava que não se pode entender o que seja inconsciente em termos de descargas biológicas e energéticas, mesmo que o criador da psicanálise assim o fizesse. Freud recorria a aproximações biologizantes porque desconhecia a linguística estrutural moderna, mas é óbvio que o inconsciente tem um parentesco direto com a linguagem, já que se revela por meio de atos falhos de natureza linguística (cf. ATO FALHO). Além disso, a terapia psicanalítica ocorre num ambiente em que paciente e terapeuta apenas trocam palavras. Por esse motivo, Lacan enuncia peremptoriamente o seu célebre *slogan*, que diz ser o inconsciente estruturado como uma linguagem. A primeira contribuição original de Lacan à psicanálise é de 1936, quando, num congresso psicanalítico, ele apresenta seu trabalho sobre a fase do espelho (*stade du mirroir*). A fase do espelho é um momento constitutivo da subjetividade humana, cronologicamente datado por volta do primeiro ano e meio de vida da criança. Desarticulada e incompleta corporalmente, a criança projeta e antecipa, na imagem de um espelho, sua unidade corporal. O primeiro rascunho de 'eu' é caracterizado pelo desacordo entre a experiência corporal parcializada e uma unidade que de fato inexiste. O ego, para Lacan, é desde sua origem tipificado por desconhecimento e ilusão. Com base nisso, uma série de identificações imaginárias e posteriores são projetadas, formando um ego narcísico e fantasmático recorrentemente fragmentado e despedaçado. Quando na interação intersubjetiva, o ego agride o outro, que é tanto o outro como ele. Centrar-se no ego só pode ser enfatizar o desconhecimento. Mas onde se encontra a alternativa que seria a entrada no inconsciente? Em 1953, Lacan afirma no famoso "Discurso de Roma" que só pode ser através da linguagem. Mas só depois da leitura dos textos do linguista russo Roman Jakobson (1896-1982) sobre AFASIA é que Lacan realmente reconhece o que denomina 'instância da letra no inconsciente'. Jakobson identificara os processos freudianos de condensação e deslocamento com as figuras linguísticas de metáfora e metonímia. O trabalho do sonho e a linguagem seguem a mesma lógica. As representações oníricas interagem livremente e os signos linguísticos esclarecem-se mutuamente. A concepção de linguagem defendida pela linguística pós-saussuriana é a mesma da psicanálise freudiana. Na concepção teórica da linguística moderna e no processo psicanalítico de livre associação, o universo das representações sígnicas é autônomo, arbitrário e desreferencializado. Lacan defende essa tese básica em duas coletâneas de escritos; mas, para se perceber o processo pelo qual ele chegou à sua formulação, é preciso ler a série de seminários que foram transcritos ao longo de muitos anos. A última fase de Lacan é dedicada a identificar uma álgebra do inconsciente que estaria organizada a partir de representações topológicas (*matemas*) que exigem extrema devoção intelectual pelo leitor. Outro obstáculo em Lacan é seu estilo associativo de escrita, sempre obscuro, movido por trocadilhos e referências que, por vezes, escapam à leitura. Certamente, essa é também uma das razões do fascínio que ele exerceu na vida intelectual parisiense do século passado. ▸ Cf. IMAGINÁRIO; SIMBÓLICO.

BIBLIOGRAFIA
LACAN, Jacques. *Escritos*. Rio de Janeiro: Zahar, 1998.
__________. *Outros escritos*. Rio de Janeiro: Zahar, 2003.

ladrão 1 ENC Dobra defeituosa de uma folha, que ocorre na ocasião de encadernar ou brochar. 2 GRÁF Pedaço de papel ou qualquer outro material que, colocado deliberadamente ou deixado por descuido sobre a folha a ser impressa, produz, dentro dos limites de sua silhueta, uma falha ou interrupção da impressão. 3 GRÁF Falha produzida no canto de uma impressão por uma dobra de papel.

laissez-faire [fr.] 1 Atitude que consiste em não intervir; neutralidade. 2 ECON POL Doutrina que preconiza a liberdade absoluta de produção e comercialização de mercadorias. ▸ A doutrina econômica e política de *laissez-faire* foi advogada pelos fisiocratas franceses do sXVIII, depois defendida radicalmente pela Inglaterra, que então lutava por mercados para seus produtos. O *laissez-faire* é o sustentáculo teórico do liberalismo econômico moderno. Deve-se, porém, observar que atribuir adesão e formulação da doutrina de *laissez-faire* a Adam Smith (1723-1790) é um equívoco histórico. Apenas uma vez e de modo passageiro Smith utiliza, no capítulo IV de *A riqueza das nações*, a frase "a mão invisível do mercado". Para ele, a liberdade econômica é uma perspectiva moral que, por isso mesmo, não isenta os governos de atuarem em áreas socialmente deficitárias, tais como a educação pública e outros setores que exijam alocação especial de recursos. Não passa de ingenuidade supor que o mercado seja sábio e visionário, quando é quase sempre cego, pontual e regido por interesses individuais, além de insensível ao bem-estar da coletividade. ▸ Cf. SMITH, ADAM.

BIBLIOGRAFIA
SMITH, Adam. *A teoria dos sentimentos morais*. São Paulo: Martins Fontes, 1999.
__________. *A riqueza das nações*. São Paulo: Martins Fontes, 2003. v. 1-2.

lamarckismo BIO HIST Teoria proposta pelo naturalista francês Jean-Baptiste de Monet, Chevalier de Lamarck (1744-1829), segundo a qual a evolução das espécies resultaria da herança das modificações causadas pelo ambiente e pelos efeitos do uso e desuso dos órgãos; herança dos caracteres adquiridos, lamarckianismo. ▸ Cf. DARWINISMO.

lâmina GRÁF 1 Publicação impressa de uma só folha. 2 Figura impressa; estampa, ilustração.

laminação PAP Passagem de folhas de papel por um cilindro compressor para retirar-lhes a rugosidade e os vincos, reduzir as espessuras e regularizar as possíveis variações de tamanho.

lammer [ing.] Aspirante a HACKER.

lançamento 1 CINE Estreia de um filme, em circuito comercial ou não. 2 PUB O período inicial de uma campanha publicitária.

lance CINE LIT TEAT TV Peripécia ou situação em peça teatral, filme, novela de tevê ou narração escrita.

langue [fr.] LING Ver LÍNGUA (para Saussure).

lap dissolve [ing.] CINE TV Na edição de um filme, processo pelo qual a última cena de uma tomada se sobrepõe à primeira imagem da próxima cena, sugerindo passagem de tempo.

lapidar GRÁF Diz-se de variedade de letras e caracteres gráficos que se distinguem pelas hastes quase uniformes, sem serifas, e se inspiram no talho disciplinado de inscrições feitas a cinzel no mármore ou em outras pedras.

lápis 1 Instrumento para escrever, desenhar ou riscar, que consiste em ou contém um estilete de grafita ou substância sólida, para marcar com uma cor superfícies, esp. de papel ou madeira. 2 Qualquer substância com que se risca ou desenha sobre qualquer superfície (vidro, metal, porcelana etc.). 3 ART.PLÁST Desenho feito a lápis. 4 Desenhista que trabalha com lápis.

INFORMAÇÕES GERAIS

O lápis é uma evolução e um desenvolvimento dos ponteiros de haste de metal ou de osso que eram usados na Antiguidade para marcar e escrever em tabletes de cera. Os instrumentos que antecederam o lápis moderno são estiletes de metal ou pedaços de carvão, além de madeira, queimados nas pontas, com os quais era possível desenhar nas pedras de caverna. Por ter colocado uma ponta de grafita escura (*plumbago*) num instrumento que tinha a forma de estilo, o que permitia a escrita, o naturalista e médico suíço Conrad Gesner (1516-1565) é considerado o inventor do lápis moderno. O uso generalizado de grafita sob a forma de lápis data de meados do sXVII, quando se descobriram minas do material perto da cidade de Keswick, na região da Cúmbria, noroeste da Inglaterra. As primeiras superfícies a receber marcas de lápis foram os pelos de ovelhas: fazendeiros da região usavam bastões de grafita para identificar seus animais. Como a grafita é uma substância mole e de pouca resistência, a proliferação do lápis, como instrumento, exigia um invólucro que o protegesse. As grafitas dos primeiros lápis eram, então, cobertas por pele de carneiro ou por cordões que os envolviam. Descobertos pelos artistas da época, os lápis tornaram-se instrumentos centrais para o ofício dos artistas plásticos. A cobertura do grafite, fino bastão de grafita, com um pequeno bloco de madeira, cedro ou pinho, tornou a manipulação do lápis mais eficaz. Ainda que empregue tecnologia e mecanização sofisticadas, o método de fabricação de lápis de madeira é o mesmo até hoje: duas metades do instrumento são feitas em separado com um pequeno sulco para que se instale o grafite; depois de inserido, as metades são coladas. A popularidade do lápis cresceu significativamente, sendo usado por estudantes, professores, escritores, artistas, carpinteiros etc. Atualmente, a manufatura anual de lápis, no mundo inteiro, ultrapassa a casa de 14 bilhões de unidades. ▶ Cf. LÁPIS DE COR; LAPISEIRA.

BIBLIOGRAFIA
PETROSKI, Henry. *The pencil: a history of design and circumstance*. London: Faber and Faber, 2003.

lápis de cor Lápis cujo miolo ou mina se constitui de argila em cores diversas e que é us. para a execução de desenhos coloridos.

INFORMAÇÕES GERAIS

Em 1827, o catálogo da firma norte-americana de materiais de escritório e de desenho Andrew J. Allen, de Boston, oferecia, pela primeira vez, lápis com ponta de grafite vermelha. O obstáculo para se produzir lápis de cor que fossem populares resultava da dificuldade de apontá-los. De igual modo, a produção de lápis de cor esbarrava em questões técnicas: o grafite do lápis colorido exige uma quantidade considerável de cera que resiste ao cozimento e assim não se transforma facilmente em bastonete sólido. Feitas com argila, as cores dos lápis tornavam-se, muitas vezes, excessivamente duras. Os lápis de cor só puderam ser produzidos em larga escala após a Blaisdell Pen Company ter desenvolvido um tipo de lápis que podia ser apontado sem o uso de facas. As pontas dos primeiros lápis coloridos eram, então, feitas com lixas ou mesmo com as unhas: um processo sujo e que exigia cuidado e destreza. O catálogo de 1891 da companhia Dixon anunciava a venda de um pequeno apontador de lápis com um mecanismo de interrupção do processo de apontar que impedia que o grafite quebrasse. Outras invenções seguiram-se, entre elas o apontador Acme, manufaturado e comercializado pela companhia Faber, em 1897, que tinha a vantagem de ser portátil. Fazer lápis coloridos de qualidade para artistas foi um processo lento. Os lápis alemães da época, que misturavam grafite e argila, eram de manipulação canhestra; além disso, suas marcas não podiam ser apagadas. A fábrica Conté, responsável por inúmeras soluções tecnológicas na feitura de lápis, resolveu o problema do lápis artístico, moendo a grafita (*plumbago*), o que lhe permitia eliminar impurezas e misturá-la à argila que era, então, cozida, para depois moldar a mistura numa fôrma retangular. Por seu preço, as caixas de lápis de cor para artistas vendem bem menos do que o lápis comum e barato de grafite preto, mas sua fabricação justifica-se economicamente devido às altas margens de lucro auferidas por fabricantes e lojistas. ▶ Cf. LÁPIS.

BIBLIOGRAFIA
PETROSKI, Henry. *The pencil: a history of design and circumstance*. London: Faber and Faber, 2003.

lápis de vídeo INF Dispositivo em forma de lápis que permite a comunicação direta do operador com o computador (ao qual está ligado por cabo elétrico ou fibra óptica), através de uma tela catódica; lápis emissor, lápis fotossensível, lápis luminoso.

lapiseira **1** Caixa cilíndrica munida de um dispositivo (rosca ou pequena mola) que faz correr o grafite, facilitando sua utilização na escrita ou desenho. **2** Estojo para guardar lápis.

INFORMAÇÕES GERAIS

Por mais que pareça exagerado para o usuário contemporâneo, a introdução da lapiseira mecânica no mercado de lápis exigiu a persuasão de seus consumidores potenciais. A comercialização inicial de lapiseiras enfatizou sua novidade e curiosidade: não tinha por objetivo disputar o mercado das ferramentas de escrita com os lápis. As vantagens da lapiseira para os produtores de instrumentos de escrita eram óbvias: a popularidade do lápis levara à depredação de florestas de cedro-vermelho; o cedro escasseava e seu preço aumentara consideravelmente. Do ponto de vista do consumidor, a lapiseira só podia parecer um luxo: na Inglaterra vitoriana, algumas lapiseiras eram luxuosas, a ponto de serem feitas de ouro ou de prata. Os lápis de madeira, por serem baratos e eficazes, atendiam plenamente às demandas das escolas e dos escritórios no sXIX. Além disso, os apontadores funcionavam a contento. Os dispositivos e mecanismos das primeiras lapiseiras facilmente rompiam ou emperravam. As lapiseiras, porém, eram atraentes para aqueles que não quisessem ficar apontando lápis. Como instrumento, assemelhavam-se aos lápis de seu inventor, Conrad Gesner (1516-1565), na segunda metade do sXVI: um tubo com um grafite na ponta. As lapiseiras podiam ser carregadas em estojos com grafites sobressalentes. Não havia sujeira e não precisavam ser substituídas ou mesmo jogadas fora: bastava colocar um novo bastão de grafite. Eram o instrumento ideal para aqueles que escrevessem ou desenhassem muito. Entretanto, além de bem mais caras que os lápis comuns, as lapiseiras exigiam cuidado e leveza na escrita, pois os bastonetes de grafite quebravam-se facilmente. No mercado dos instrumentos de escrita, a principal competidora dos lápis e lapiseiras era a caneta esferográfica, que tinha sido patenteada em 1888. A fábrica norte-americana A. T. Cross, fundada em 1846, produzia lapiseiras mecânicas, canetas-tinteiro e esferográficas. Devido a dificuldades de produção, algumas primeiras esferográficas Cross foram feitas na década de 1930, sendo seu processo interrompido para ser retomado por volta de 1980. O lápis e a lapiseira mantiveram sua fatia de mercado: a esferográfica falhava frequentemente e derramava tinta, causando o eterno incômodo da sujeira que aflige os instrumentos de escrita. Os lápis permaneciam baratos e relativamente eficazes e as lapiseiras permitiam uma manipulação firme e constante do instrumento, que, livre da necessidade de apontamento, não se transformava num toco pequeno demais para ser seguro pelos dedos. ▶ Cf. LÁPIS.

BIBLIOGRAFIA
PETROSKI, Henry. *The pencil: a history of design and circumstance*. London: Faber and Faber, 2003.

lápis emissor INF M.q. LÁPIS DE VÍDEO.
lápis fotossensível INF M.q. LÁPIS DE VÍDEO.
lápis luminoso INF M.q. LÁPIS DE VÍDEO.

lapsus linguae [lat.] Erro acidental ao falar, que altera o sentido que se pretendia dar à frase e que é interpretado (por influência da psicanálise) como expressão de pensamentos reprimidos. ▸ Cf. ATO FALHO; INCONSCIENTE; FREUD, SIGMUND.

lapsus memoriae [lat.] Falta de lembrança; recordação defeituosa ou inexata.

laptop [ing.] INF Computador portátil, provido de monitor de vídeo, ger. de cristal líquido, e ativado por bateria, com peso inferior a 6 kg e dimensões compatíveis para ser us. no colo de um operador sentado; *notebook*.

INFORMAÇÕES GERAIS

Dois conceitos centrais da comunicação contemporânea materializam-se nos computadores pessoais denominados *laptops* ou *notebooks*: a mobilidade e a miniaturização. Além de incorporar esses dois objetivos na sua feitura, os *laptops* concretizam, de maneira radical, a ideia de que os computadores sejam também para uso pessoal, tornando-se instrumentos constantes da vida diária, carregados para toda parte por seus usuários. Um cientista da companhia Xerox, Alan Kay (1940-), foi quem primeiro imaginou a viabilidade desses computadores que, para ele, eram essencialmente dinâmicos. *Dynabook* foi o nome que Kay deu ao que chamamos de *laptop*. O início da carreira científica de Kay é marcado pelo interesse pelo uso de computadores por parte de crianças, de onde certamente saiu a ideia do *laptop*, miniatura concebida no final da década de 1960.

[1]**largo** GRÁF Que apresenta largura maior do que a medida normal de sua fonte e corpo (diz-se de letra). ▸ P.opos. a ESTREITO. Cf. EXPANDIDO.

[2]**largo** MÚS **1** Andamento muito vagaroso. **2** Peça musical escrita nesse andamento. **3** Que se executa de maneira grave, majestosa, lenta (diz-se de acorde). **4** Com acordes caracterizados por grandes distâncias intervalares entre as notas (diz-se de composição musical). **5** Em andamento muito pausado.

largura de banda **1** ELETR RÁD Diferença entre a frequência mais alta e mais baixa de uma banda passante. **2** INF Medida da capacidade de transmitir dados através do canal de um sistema de computação, expressa em *bits* ou múltiplos de *bits*. ▸ Cf. BIT. **3** INF Tamanho do canal us. para a transmissão de *bits* numa transação digital. ▸ Cf. BIT; CANAL ▸ Tb. se diz apenas *banda*.

largura de pulso ELETR ELETRÔN O tempo de duração de um pulso ('impulso').

l'art pour l'art [fr.] Máxima segundo a qual a arte não se deve prender a restrições morais ou sociais. ▸ Cf. ARTE PELA ARTE.

laser [ing.] INF ÓPT Qualquer aparelho que produza radiação eletromagnética monocromática e coerente nas regiões visível, infravermelha e ultravioleta, possuindo inúmeras aplicações, que vão da soldagem à cirurgia. ▸ *Laser* é a sigla de *light amplification by stimulated emission of radiation* (amplificação de luz por emissão estimulada de radiação). Os processos a *laser* resultam da amplificação eletromagnética de qualquer frequência de luz, daí a referência a *laser* ultravioleta, *laser* infravermelho etc. Em 1917, o fenômeno foi inicialmente teorizado por Albert Einstein (1879-1955), que previu matematicamente os coeficientes de probabilidade de absorção, emissão espontânea e emissão estimulada da radiação eletromagnética. O desenvolvimento prático que levou aos dispositivos *laser* só começou a de fato acontecer na década de 1950. Desde sua invenção, os equipamentos que utilizam a tecnologia *laser* atuam nas mais variadas áreas da vida moderna, que incluem os equipamentos eletrônicos e informatizados, a ciência, a medicina, o entretenimento, a guerra etc. O uso generalizado dessa tecnologia começou em 1974, quando os supermercados passaram a adotar um sistema de codificação por barras a *laser*, que permitia um alto grau de precisão, controle de estoque e planificação eficaz de sua atividade comercial. A maioria dos *lasers* é constituída de pequenos semicondutores na forma de *chips* implantados em aparelhos eletrônicos ou computadorizados: *CDs*, *CD-ROMs*, *blu-rays* e *DVDs*. Há também *lasers* do tamanho de um edifício, que geram mais energia do que todo o sistema elétrico dos Estados Unidos. Tudo isso é *laser* porque gera luz por meio da amplificação estimulada de radiação. Cf MASER.

BIBLIOGRAFIA

HECHT, Jeff. *Understanding laser: an entry-level guide*. Hoboken: Wiley-IEE Press, 2008.

Laswell, Harold D. (Dwight) (Donnellson, Illinois, Estados Unidos 1900 - Nova York, Estados Unidos 1978) Influente teórico, sociólogo, cientista político e psicólogo n.-am., inspirador de análises sobre efeitos de conteúdo em comunicação. ▸ Laswell lecionou nas universidades de Chicago, Yale e Nova York e é o principal precursor dos estudos psicológicos que tratam dos efeitos da comunicação de massa. A mais importante contribuição de Laswell ao estudo da comunicação resume-se à identificação das questões básicas que devem ser respondidas quando se analisa qualquer ato comunicativo: "quem diz o que para quem em que canal e com que efeito?" A frase teve especial ressonância no mundo anglófono pela proliferação de palavras começando com a letra 'w', o que lhe conferia poder mnemônico: *who says what to whom in what channels and with what effetcs*. Ao afirmar que o processo comunicacional apresentava vários níveis, que vão do emissor à retroalimentação (efeitos) de uma mensagem, Laswell matizou uma concepção predominante em sua época sobre os poderes totais dos meios sobre os indivíduos. A sombra de Laswell projeta-se por toda a psicologia da comunicação contemporânea.

BIBLIOGRAFIA

LASWELL, Harold D. *Poder e sociedade*. Brasília: UnB, 1988.
__________. *The analysis of political behavior*. New York: Routledge, 2003.

lato sensu [lat.] Tomado no sentido amplo da palavra. ▸ P.opos. a STRICTO SENSU.

lauda **1** Cada um dos lados de uma folha de papel. **2** CINE RÁD TEAT TV Cada uma das páginas, ger. padronizada, de um *script* ou roteiro. **3** EDIT GRÁF Cada uma das folhas escritas (manuscritas, datilografadas, produzidas em computador) apenas em uma face do papel, que integra texto destinado a publicação. **4** EDIT GRÁF Página de livro (impressa ou em branco). **5** RÁD TV Folha padronizada, escrita de um só lado, contendo o texto para ser lido pelo locutor ou apresentador de programa de rádio ou de televisão. **6** Qualquer página datilografada.

launch [ing.] MKT PUB Lançamento de determinado produto ou serviço.

lavado FOT Cujos tons são esbranquiçados e sem contrastes (diz-se de fotografia).

lavagem cerebral Poder de persuasão exercido sobre o público pelos meios de comunicação de massa, esp. a televisão, as técnicas de publicidade etc.

lavar 1 ART.PLÁST Diluir (cor) em água para tornar mais suave. **2** ART.PLÁST Colorir com tinta espalhada por água (ou outro líquido). **3** ART.PLÁST Aplicar a (desenho, pintura etc.) tinta em camada fina e transparente. **4** GRÁF Molhar (livro) em banho de ácido clorídrico, para fazer desaparecer as suas manchas. **5** PAP Molhar (papel) em banho de alume, para torná-lo menos absorvente.

layout [ing.] EDIT GRÁF PUB Ver LEIAUTE.

layoutman [ing.] EDIT GRÁF PUB Ver LEIAUTISTA.

Lazarsfeld, Paul (Viena, Áustria 1901 - Newark, Estados Unidos 1976) Sociólogo austríaco, fundador do Bureau of Applied Social Research, da Universidade de Columbia em Nova York; defensor e divulgador de uma metodologia empírica nos estudos dos efeitos da comunicação de massa; teórico do fluxo da comunicação de massa em dois passos (*two-step flow theory*); um dos teóricos responsáveis pelo estabelecimento de uma sociologia da comunicação de cunho quantitativo nos Estados Unidos. ▶ Após imigrar para os Estudos Unidos, em 1933, Lazarsfeld dedicou-se à aplicação de métodos empíricos e quantitativos ao estudo da comunicação de massa, mais especificamente à análise dos efeitos da mídia na política e no processo de votação. Sua influência na sociologia n.-am. da comunicação na metade do sXX é incalculável. A postura teórica de Lazarsfeld era oposta à da teoria crítica da ESCOLA DE FRANKFURT. Para ele, a teoria crítica de Theodor W. Adorno (1903-1969) e Max Horkheimer (1895-1973) era estritamente filosófica, valorativa e ideológica: os frankfurtianos discutiam o que a mídia deveria ser, não o que ela efetivamente é. Uma refutação possível à conclusão de Lazarsfeld é afirmar que sua hipótese teórica não é neutra, como ele afirma ser, pois se trata de uma instância da ideologia cientificista moderna, parte daquilo que Jürgen Habermas (1929-) denomina 'razão instrumental'. Lazarsfeld acreditava que os espectadores da mídia não são passivos, pois fazem escolhas concretas do que ver, ouvir e consumir, freq. guiadas por suas preconcepções, expectativas e visão do mundo. Não haveria, para ele, por que presumir a homogeneização dominadora dos meios de comunicação. Seus estudos e os que sofreram sua influência são predominantemente estatísticos, extremamente delimitados por região ou por outros fatores sociais e inclinados a favorecer o entendimento do estudo dos efeitos dos meios de comunicação. A *administrative research* de Lazarsfeld conclui que um dos efeitos da mídia é o bombardeamento de informação nos espectadores, que reagem ocasionalmente, como se estivessem entorpecidos, indiferentes e apáticos à vida pública. Num estudo extremamente influente no campo da comunicação política, *The people's choice*, escrito com Bernard Berelson (1912-1979) e Hazel Gaudet (1908-1975), Lazarsfeld analisou o processo de decisão de voto num condado do estado de Ohio durante campanha presidencial na década de 1940. O resultado da pesquisa empírica surpreendeu seus autores. A decisão de voto não fora feita apenas em decorrência das mensagens que circulavam pelo rádio. A escolha final fora feita após conversas dos votantes com outros membros da comunidade. A pesquisa conduzida por Lazaesfeld concluiu que a decisão de votar fora atingida através de um processo denominado *two-step flow*, ou seja, um fluxo em dois estágios, o que demonstrava que os eleitores fizeram suas escolhas sem a condução rígida da mídia, baseando-se num processo de opção individual resultante da interação com outros votantes. ▶ Cf. ANÁLISE QUANTITATIVA; ESTATÍSTICA.

BIBLIOGRAFIA

LAZARSFELD, Paul; BERELSON, Bernard; GAUDET, Hazel. *The people's choice: how the voter makes his mind in a presidential campaign*. New York: Columbia University Press, 1944.

KATZ, Elihu; LAZARSFELD, Paul. *Personal influence: the part played by people in the flow of mass communication*. New York: The Free Press, 1955.

lazer 1 Tempo que sobra do horário de trabalho ou do cumprimento de obrigações, aproveitável para o exercício de atividades prazerosas. **2** Atividade que se pratica nesse tempo. **3** Cessação de uma atividade; descanso, repouso.

INFORMAÇÕES GERAIS

É inegável que se verifica um declínio do trabalho nas sociedades pós-industriais. Na Europa do início do sXX, o trabalhador passava, em média, 53 horas por semana em ambientes de trabalho, sendo esse número atualmente reduzido para 40 horas por semana, no caso do trabalhador de uma fábrica. Não se deve supor que essa tendência seja irreversível: uma crise econômica pode perfeitamente alterar a situação; mas, com base nesse dado, Joffre Dumazedier (1915-2002) postulou, em meados da década de 1960, a existência de uma sociedade voltada prioritariamente para o lazer, o que obrigaria a sociologia a reconsiderar o papel social das atividades exercidas durante o tempo livre. Nas horas disponíveis, os indivíduos assistem à televisão, vão aos *shopping centers*, navegam pela internet etc., fomentando uma indústria do entretenimento que desempenha, cada vez mais, papel central nas atividades econômicas da sociedade. Se o indivíduo passa a maior parte de seu tempo longe do trabalho, sua identidade não é mais definida pela profissão ou pelo ofício, por sua pertença a uma classe ou a uma família, mas pelo que consome durante a sua esfera de lazer. Não é sem motivo que as redes sociais da internet, como Facebook e Orkut, reservam uma área específica para identificação do usuário, que ali declara seus livros, cantores e autores favoritos, estilo de vida e outros interesses culturais. A identidade pessoal do indivíduo é conferida não só por seu estado civil, escola que frequentou, onde reside, mas também por aquilo que faz durante o lazer.

BIBLIOGRAFIA

DUMAZEDIER, Joffre. *Lazer e cultura popular*. São Paulo: Perspectiva, 2000.

______________. *Sociologia empírica do lazer*. São Paulo: Perspectiva, 2004.

LBS COMN Sigla de LÍNGUA BRASILEIRA DE SINAIS.

l.c. [lat.] Abrev. de LOCO CITATO. Tb. us. *loc. cit.*

LCD [ing.] TEC Sigla de LIQUID CRYSTAL DISPLAY (tela de cristal líquido).

Leach, Edmund (Sidmouth, Inglaterra 1910 - Cambridge, Inglaterra 1989) Antropólogo social britânico, autor de trabalhos que aproximam a antropologia da comunicação. ▶ Leach formou-se em ciências médicas em 1932, indo trabalhar na China durante quatro anos. Terminado o contrato, Leach passou um período na costa de Formosa, onde fez anotações sobre os costumes e práticas dos nativos. Sua intenção, em 1939, era passar um tempo no Sudeste asiático para coletar dados e escrever uma monografia no estilo funcionalista e malinowskiano (cf. FUNCIONALISMO; MALINOWSKI, BRONISLAW). A eclosão da Segunda Guerra Mundial frustrou sua intenção inicial. Para realizá-la, Leach alistou-se no exército de Burma. Em 1946, tornou-se professor de antropologia social na London School of Economics, transferindo-se sete anos depois para a Universidade de Cambridge. Entre os que praticam a antropologia, a fama de Leach deriva do livro *Political systems in highland Burma*, de 1954, que, através de um estudo empírico, questiona os pressupostos teóricos do funcionalismo antropológico britânico. Leach apontou a coexistência de morfologias holísticas e individualísticas nos sistemas políticos do noroeste de Burma, identificando dois grupos sociais contíguos tão distintos que recebiam nomes diversos: Xãs e Katchins. Os Xãs caracterizavam-se pela estabilidade, e os Katchins, por seu contrário. No estudo de campo, Leach observou que as diferenças eram bem mais sutis do que o que fora, até então, percebido. As diferenças eram claras na atividade econômica predominante e mesmo na expressão linguística. Leach, entretanto, recusou-se a considerá-los como grupos isolados e fechados. A área parecia-lhe ser mais uma rede integrada. Os sistemas políticos e de parentesco apresentavam-se num estado de fluxo. Vistos a partir de sua ordem interna, os sistemas podiam até dar a impressão superficial de serem excludentes, mas os grupos entretinham relações fronteiriças, onde reinava a ambiguidade. Situações ambíguas eram resolvidas por meio de procedimentos rituais que reforçavam e definiam os lugares sociais de cada grupo. A concepção de cultura que Leach apresentava era fundamentalmente comunicacional. Cultura não era ordem fechada e sistema orgânico, mas a apresentação de um conjunto de possibilidades, algo bem diferente da ideia funcionalista, caracterizada por regras de unificação e de totalidade comunitária, que A. R. Radcliffe-Brown (1881-1955) extraíra de Émile Durkheim (1858-1917). Ao conceber a cultura e os rituais como ideias que resolvem conflitos de conduta entre grupos, Leach desconsiderou a hipótese de que as culturas sejam instrumentos de sedimentação interna de um grupo, baseados nas várias tradições locais: cultura é apenas um meio de comunicação. Leach escreveu dois livros influentes sobre cultura do ponto de vista da comunicação: *Antropologia social* e *Cultura e comunicação*. Tanto um como outro trabalho compõem-se de recomendações metodológicas aparentadas ao ESTRUTURALISMO. Além disso, Leach publicou uma monografia numa série popular inglesa, *Modern Masters*, sobre Claude Lévi-Strauss (1908-2009), onde rivaliza, ataca e simultaneamente elogia o antropólogo francês. Nesse livro, provavelmente com o propósito de diferenciar-se de Lévi-Strauss, Leach identifica-se como membro da tradição funcionalista de análise de campo. O que Lévi-Strauss fez era, para ele, parte de outra tradição, estranha à antropologia, que trata de uma filosofia do homem.

BIBLIOGRAFIA

DAMATTA, Roberto (org.). *Edmund Leach-Antropologia*. São Paulo: Ática, 1983.

HUGH, Steven (ed.). *The essential Leach*. Yale: Yale University Press, 2009.

LEACH, Edmund. *Political systems in highland Burma*. London: The Althone Press, 1970.

__________. *Cultura e comunicação*. Rio de Janeiro: Edições 70, 2009.

lead [ing.] **1** JOR Ver LIDE. **2** TEAT Papel de protagonista.

legenda **1** GRÁF Lista explicativa das convenções gráficas adotadas em planta, mapa, que permite sua compreensão e utilização, ger. alocada nas margens laterais ou inferiores da representação gráfica. **2** CINE REC.AV TV Letreiro sobreposto à imagem dos filmes estrangeiros, na parte inferior do enquadramento, que fornece, no idioma do país exibidor, um resumo da tradução da fala dos personagens, quando esta não é dublada. **3** JOR Texto curto que acompanha, interpreta, ancora e clarifica uma imagem fotográfica ou uma ilustração.

legendar CINE GRÁF JOR TV Apor legenda em; criar legenda. ▸ Cf. ANCORAR.

legibilidade Estado do que é legível.

legissigno FIL SEMIO Na teoria semiótica de Charles Sanders Peirce (1839-1914), veículo que se representa por meio de regras convencionadas. ▸ Por ser um produto de regras, o legissigno mantém sua identidade, independentemente de qualquer mudança em seu suporte. O desenho de uma estrela de davi é feito segundo uma norma que se manifesta em todas as suas representações: trata-se de uma estrela especial, feita com dois triângulos invertidos e superpostos. Como legissigno, a palavra *caneta* é o mesmo nome, mesmo se grafada com letras diferentes. Como os qualissignos e sinsignos, os legissignos são subsignos classificados conjuntamente em termos das qualidades gerais que um signo possa ter. ▸ Cf. SIGNO; QUALISSIGNO; SINSIGNO.

legitimação M.COM SOC Ato ou processo pelo qual uma política pública ou um indivíduo se define como justificável e aceitável para determinada comunidade. ▸ A legitimação da autoridade pública é um tema que fora analisado com argúcia pela sociologia weberiana. Através dos processos de legitimação, conferem-se poder e autoridade a algo e alguém num grupo ou segmento social. Nas sociedades de massa, a questão da legitimação depende da veiculação de argumentos na mídia. Desenvolvendo mais recentemente ideias sugeridas em *Mudança estrutural da esfera pública*, Jürgen Habermas (1929-) vê na discussão pública que se faz pelos meios de comunicação a maneira de restaurar um sistema social e político que não se mostra capaz de oferecer soluções aceitáveis para sua população.

BIBLIOGRAFIA

HABERMAS, Jürgen. *A crise de legitimação no capitalismo tardio*. Rio de Janeiro: Tempo Brasileiro, 2002.

legível **1** Que, pela clareza e nitidez visual, se pode ler com facilidade (diz-se de texto manuscrito ou impresso). **2** Que merece ser lido.

INFORMAÇÕES GERAIS

Ser legível é uma qualidade comunicacional básica. Para alcancá-la, o emissor da mensagem deve colocar-se no lugar de seu receptor, tendo também a disposição de eliminar tudo o que, na ordem das ideias, na constituição do texto, se interponha e pareça opaco.

leia-se **1** Expressão us. oralmente para enfatizar determinada coisa apenas sugerida anteriormente. **2** EDIT Expressão empr. em corrigenda, errata, ou em outras passagens de um texto com o intuito de retificar algum erro de impressão.

leiautar EDIT GRÁF PUB Realizar o leiaute de.

leiaute **1** EDIT GRÁF PUB Esboço ou projeto mostrando fonte e corpo dos caracteres utilizados, disposição de elementos gráficos, formato da obra a ser produzida; boneca, maquete, diagrama. **2** PUB Esboço de anúncio que é submetido à aprovação do cliente, com indicação da forma e disposição de seus elementos visuais mais importantes (título, manchas do texto, ilustração etc.) ▸ Aport. de LAYOUT

leiautista EDIT GRÁF PUB profissional que faz LEIAUTE.

Leibniz, Gottfried Wilhelm (Leipzig, Alemanha 1646 - Hanover, Alemanha 1716) Matemático, lógico e filósofo alemão, um dos formuladores da análise matemática do cálculo diferencial. ▸ No *Cândido*, Voltaire (1694-1778) ironiza o otimismo filosófico de Leibniz, que acreditava que vivemos no melhor dos mundos possíveis. Ainda que Leibniz tenha percorrido os mais diversos campos do conhecimento, da ética à historiografia, da física à linguística, sua fama advém das teses metafísicas e matemáticas. Durante muitos anos discutiu-se quem teria inventado o cálculo diferencial: ele ou Isaac Newton (1642-1727). Hoje a disputa é entendida da seguinte maneira: Newton inventou o cálculo primeiro, mas a prioridade de publicação da ideia ficou com Leibniz. Para Leibniz, cada indivíduo existente seria uma entidade imaterial sem presença no espaço, mas com 'apetite', que ele denomina 'mônada', cuja totalidade só é conhecida por Deus. A mônada é parcial e só ocasionalmente percebe outras mônadas com claridade e entendimento: só Deus seria capaz de percebê-las com absoluta e necessária claridade. Como a causalidade substancial da mônada é feita por Deus e não por outra mônada, vivemos no melhor dos mundos possíveis. Se a criação é a atualização harmoniosa de princípios gerais preestabelecidos, feita à maneira da dedução, o que se pode conhecer é de cunho analítico, mesmo que isso não seja claro para nós, que somos mônadas. Leibniz argumenta que não existem proposições verdadeiras e contingentes, não só porque o predicado de uma frase deve estar necessariamente contido no sujeito gramatical, mas também porque, para que uma proposição seja conceitualmente verdadeira, é preciso que seja necessariamente verdadeira. A filosofia de Leibniz é, portanto, extremamente racionalista, tanto na sua metafísica como na sua concepção de pensamento e de linguagem. Mesmo que se desconsidere a metafísica de Leibniz como fantástica e bizarra, sua filosofia é indiretamente responsável, com René Descartes (1596-1650) e Bento de Spinoza (1632-1677), pelo racionalismo que fundamenta a concepção mentalista da linguagem. Respondendo, passo a passo, à teoria empirista de John Locke (1632-1704) a respeito da linguagem, Leibniz escreveu seu *Novos ensaios sobre o entendimento humano*, em que começa a formular uma teoria apriorística do conhecimento, que supõe que os conceitos sejam inatos à mente. Como o pensamento, cuja expressão maior é a matemática, a linguagem só pode ser um processo combinatório e autônomo. O saber, segundo Leibniz, seria redutível a uma notação universal, algébrica e formal que conduziria o raciocínio. A lógica que a metafísica de Leibniz sugere é aparentada ao LOGICISMO contemporâneo e distingue-se radicalmente da silogística aristotélica. Em completo acordo com suas teorias e com base na sua linguagem matemática, que é dita perfeita, Leibniz construiu uma máquina de pensar precursora da atual computação informatizada. ▸ Cf. ADAMISMO; LOCKE, JOHN.

BIBLIOGRAFIA

LEIBNIZ, G. W. *A monadologia e outros textos*. São Paulo: Hedra, 2009.

__________. *O discurso de metafísica*. São Paulo: Martin Claret, 2009.

lei da entropia FÍS Lei que afirma que todos os processos naturais tendem a aumentar a medida de desordem no universo. ▸ Cf. ENTROPIA.

leitmotiv [al.] **1** Ideia, fórmula que reaparece de modo constante em obra literária, discurso publicitário ou político, com valor simbólico e para expressar uma preocupação dominante. **2** MÚS Tema melódico ou harmônico, destinado a caracterizar um personagem, uma situação, um estado de espírito e que, na forma original ou por meio de transformações desta, acompanha os seus múltiplos reaparecimentos ao longo de uma obra, esp. em óperas; motivo condutor. **3** CINE Imagem ou sequência de imagens que, repetida periodicamente num filme, de valor simbólico, contribui ademais para a estruturação de seu ritmo.

leitor **1** Que ou aquele que lê textos escritos para si, mentalmente, ou para outrem, em voz alta; ledor. **2** Que ou aquele que tem o hábito de ler. **3** Que ou aquele que lê habitualmente determinado periódico, gênero de literatura, autor. **4** Usuário de uma biblioteca, arquivo, serviço de documentação. **5** Que ou aquele que em editoras, companhias teatrais, estúdios de cinema e televisão etc. está encarregado de ler e avaliar os originais remetidos pelos autores. **6** Que ou aquele que sabe ler sinais de notação musical. **7** Diz-se de ou aparelho que realiza a leitura de códigos, sinais, dados microfilmados etc.

INFORMAÇÕES GERAIS

Para uma teoria da comunicação, o conceito de leitor é mais do que outra maneira de qualificar os destinatários das mensagens. Por mais assemelhados que pareçam os conceitos de leitor e de audiência, enfatizar a função da leitura na recepção das mensagens indica a necessidade de se atribuir um papel individual e ativo para o que seja comunicação. Se a leitura está longe de ser um processo passivo, o leitor não pode ser entendido como um mero destino da informação textual. Com a introdução do conceito de intencionalidade, a questão do significado de uma mensagem ou de um enunciado passou a ser entendido como o reconhecimento ou a atribuição de um propósito por parte de quem lê o que lhe foi transmitido. Importam, nesse caso, não apenas os contextos de emissão de uma mensagem, mas o que acontece quando de sua recepção, que só se realiza plenamente como um ato criativo. ▸ Cf. LEITOR IMPLÍCITO.

leitor implícito LIT Na teoria da recepção de Wolfgang Iser (1926-2007), elemento constituinte da recepção estética, criado e presumido pelo texto literário. ▸ A teoria da recepção literária desenha uma figura de leitor implícito, irredutível ao leitor real que efetiva e concretamente pratica o ato de leitura. De acordo com Iser, o leitor implícito é criado pela estrutura do texto, que oferece estruturas construídas e indicações de recepção, que se atualizarão no ato concreto de decifração por parte do leitor real. O significado de uma criação ficcional, novelística, poética ou dramática não reside imanentemente num texto, como uma experiência dada ou um conteúdo a ser extraído analiticamente. Não é também na cultura de uma época, nem nas constituições psicológicas dos autores e dos leitores, que se encontrará o significado da experiência literária, mas no encontro particular do leitor implícito e do leitor real, pois é nesse encontro que se forja a recepção estética que, por sua vez, toma a forma de resposta a que o texto convida. Assim, a experiência da literatura é inexaurível, caracterizável pela geração de uma pluralidade exponencial de significados. A teoria da recepção de Iser faz da leitura um ato criativo.

BIBLIOGRAFIA
ISER, Wolfgang *et alii*. *Literatura e o leitor*. Rio de Janeiro: Paz e Terra, 2000.

leitor primário JOR Aquele que se interessa por uma publicação a ponto de assiná-la ou comprá-la.

leitor secundário JOR Aquele cujo interesse por uma publicação não é suficiente para que a assine ou adquira.

leitura 1 Ato ou efeito de ler. **2** Ato de decifrar signos gráficos que traduzem a linguagem oral; arte de ler. **3** Ato de ler em voz alta. **4** Ação de tomar conhecimento do conteúdo de um texto escrito, para se distrair ou se informar. **5** O hábito, o gosto de ler. **6** O que se lê; material a ser lido; texto, livro. **7** Conjunto de obras já lidas. **8** Maneira de compreender, de interpretar um texto, uma mensagem, um acontecimento. **9** Ato de decifrar qualquer notação; o resultado desse ato. **10** TEC Decodificação, obtenção de dados de um dispositivo de memória, de um meio de armazenamento ou de outra fonte.

leitura à primeira vista MÚS Execução de uma composição sem conhecê-la previamente.

leitura dramática TEAT Leitura de uma peça feita para o público por um ou mais membros de um grupo teatral, sem recursos cênicos de qualquer espécie.

lema LÓG Proposição preliminar cuja demonstração prévia é necessária para demonstrar a tese principal que se pretende estabelecer.

lembrança de véspera PUB Pesquisa cuja finalidade é verificar a permanência ou não, na memória do público, de um anúncio recentemente transmitido por meios audiovisuais.

lemnisco GRÁF **1** Sinal convencionado na forma de um traço entre dois pontos (÷), que indica uma passagem tirada da Bíblia, mas não literalmente. **2** Sinal convencionado na forma de um traço com dois pontos sobrepostos (-̈), que indica uma transposição.

Lenin, Vladimir Ilitch Ulianov (Simbirsk, Rússia 1870 - Gorki, União Soviética 1924) Líder da revolução bolchevique de 1917; estadista; teórico da revolução e fundador do Partido Comunista soviético. ▸ A palavra 'leninismo' qualifica uma versão do marxismo que dominou boa parte do pensamento esquerdista do sXX. Lenin foi o principal organizador da revolução bolchevique de 1917, que destituiu o tsar russo e implementou o regime comunista soviético. Lenin era um pseudônimo. Ainda que as biografias oficiais tenham ocultado, ele nasceu numa família de classe média: sua mãe era professora e seu pai, funcionário público. A família teria raízes na nobreza russa. Quando Lenin era ainda um adolescente, seu irmão, Alexander, foi executado por tentativa de assassinato do tsar. Lenin acabou ingressando na oposição radical ao tsarismo, que ajudou a destruir. Teoricamente, Lenin modificou o que Karl Marx (1818-1883) afirmava no *Manifesto do Partido Comunista*, de 1848. Apesar de sua linguagem incandescente, a posição de Marx no *Manifesto* era mais reformista do que revolucionária. Lenin, por sua vez, defendia a transferência total do poder para os sovietes, ou seja, para os conselhos de trabalhadores, soldados e revolucionários, que passaram a ter poder deliberativo após a tomada de poder. A condução da revolução e os destinos de um país comunista deveriam ser delegados ao grupo de revolucionários profissionais que formavam o partido. Esse grupo compunha-se de militantes devotados, extraídos da *intelligentsia*, e que não apenas representavam o proletariado, mas conduziam o país após a vitória da insurreição comunista. Seria através do partido que o proletariado governaria e exerceria a sua ditadura. A visão política de Lenin era absolutista e inspirou profundamente o marxismo do sXX, que passou a ser denominado marxismo-leninismo. Lenin também acreditava que o capitalismo, na busca incessante de mercados, se transformara num regime imperialista.

BIBLIOGRAFIA
LENIN, Vladimir Ilitch. *O Estado e a revolução*. São Paulo: Expressão Popular, 2001.
________________. *O imperialismo, fase superior do capitalismo*. São Paulo: Centauro, 2003.
________________. *Que fazer?* São Paulo: Martins Editora, 2006.

[1]lente Aquele que lê; leitor.

[2]lente ÓPT Corpo composto por um material que permite a passagem de luz e a refração, ger. formado por duas superfícies esféricas, por uma superfície plana e outra esférica ou ainda por superfícies cilíndricas ou parabólicas.

lente apocromática ÓPT Lente composta que não apresenta aberração esférica em dois comprimentos de onda, nem coma em um, e possui boa redução das aberrações cromáticas.

lente azulada FOT Lente de objetiva fotográfica, dotada de camada antirreflexo e que apresenta coloração azul, se observada por reflexão.

lente bicôncava ÓPT Lente formada por duas superfícies côncavas, de forma que sua espessura diminui no sentido das bordas para o centro, e os raios luminosos refratados por ela divergem.

lente biconvexa ÓPT Lente composta de duas superfícies convexas, de modo que sua espessura aumenta no sentido das bordas ao centro, e os raios luminosos por ela refratados convergem.

lente plano-côncava ÓPT Lente que possui uma das superfícies esférica e côncava e a outra plana, e cuja espessura diminui no sentido das bordas ao centro.

lente plano-convexa ÓPT Lente que possui uma das superfícies esférica e convexa e a outra plana, e cuja espessura aumenta no sentido das bordas ao centro.

lente supercromática ÓPT Lente que não apresenta aberração cromática numa larga banda de frequências do espectro visível.

leque GRÁF **1** Nas impressoras de cilindro, série de palhetas de madeira paralelas que apanham dos cordões ou cadarços a folha impressa e a depositam na mesa receptora; pente. **2** Defeito na composição tipográfica, em que uma extremidade das linhas fica mais fina que a outra, prejudicando o paralelismo.

ler 1 Percorrer com a vista (texto, sintagma, palavra), interpretando-o por uma relação estabelecida entre as sequências dos sinais gráficos escritos (alfabéticos, ideográficos) e os sinais linguísticos próprios de uma língua natural (fonemas, palavras, locuções gramaticais). **2** Enunciar em voz audível (um escrito). **3** Recitar (versos, poemas); declamar. **4** Ter acesso a (texto, obra) através de sistema de escrita, valendo-se de outro sentido que não a visão. **5** Ter acesso a uma informação de código não linguístico (composto de sinais gráficos ou não); decifrar. **6** Conhecer, através de exame mais ou menos extenso (o conteúdo de um texto, obra etc.). **7** Examinar com profundidade (o conteúdo de um texto escrito); estudar. **8** Dedicar-se, entregar-se à leitura como um hábito ou como paixão. **9** Interpretar (ideia, conceito mais ou menos complexo ou pensamento de autor, pensador etc.); compreender. **10** Atribuir (sentido, significado ou forma) ao que se vê; interpretar. **11** Perceber, adivinhar, interpretar (sentimentos, pensamentos não formulados ou ocultos), guiando-se por indícios mais ou menos subjetivos; decifrar (o que não se revela facilmente, o que está além do literal). **12** Deduzir, guiando-se por indícios objetivos (alguma coisa não explícita, não declarada, mas indiretamente constatável); inferir. **13** Prever, presumir (algo), formular (hipótese) a partir de dados objetivos; conjecturar. **14** Predizer por meio de presságios; extrair significado premonitório de; adivinhar. **15** Decifrar, reconhecer (qualquer tipo de informação) através de mecanismo de leitura próprio. **16** INF Disponibilizar (dados) de um meio de armazenamento em que foram previamente gravados.

letra **1** Cada um dos sinais gráficos que representam, na transcrição de uma língua, um fonema ou grupo de fonemas. **2** Maneira por que cada pessoa os representa; caligrafia. **3** Esse sinal, do ponto de vista de seu aspecto, forma, cor etc. **4** Coisa redigida; escrito. **5** Dizer inscrito, gravado ou esculpido. **6** Expressão formal de um texto, sentido estrito, literal. **7** M.q. TIPO ('letra impressa'). **8** GRÁF M.q. CARÁTER. **9** MÚS Conjunto de palavras, ger. em versos, que compõem o texto de canção, hino etc.

letra aberta GRÁF M.q. LETRA VAZADA.

letra antropomorfa GRÁF Letra com traçados retorcidos, representando figuras humanas, que foi us. pelos miniaturistas do sVIII ao sXI.

letra ascendente GRÁF Letra cuja haste preenche o ombro superior do tipo, como *d*, *l*, *t*.

letra bastarda CALG GRÁF Ver BASTARDO.

letra binária GRÁF M.q. LETRA DE DOIS PONTOS.

letra caligráfica **1** CALG Letra manuscrita, gravada com elegância e harmonia, segundo certos padrões de beleza e excelência artística. **2** GRÁF Caráter gráfico que imita esse estilo de escrita.

letra capital CALG GRÁF M.q. LETRA MAIÚSCULA.

letra capitular **1** CALG GRÁF M.q. LETRA MAIÚSCULA. **2** GRÁF Letra grande, em geral ornamentada, com que se inicia um capítulo.

letra caudata GRÁF Aquela que tem os traços um pouco mais prolongados, com intuito decorativo.

letra chanceleresca PALEOG Escrita humanística intermediária entre a letra inicial e a cursiva, que apresenta acentuadas hastes ascendentes ou descendentes; letra de chancelaria. ▸ Tida como imitação da letra de Petrarca (1304-1374), foi us. inicialmente pelos secretários papais no sXV e adotada pelas chancelarias dos principados italianos.

letra corrida GRÁF Caractere impresso em composição defeituosa, por ter escapado ao entrelinhamento.

letra crenada GRÁF Tipo ('bloco') que apresenta saliência lateral ou crena; letra projetada.

letra cursiva Ver CURSIVO.

letra curta GRÁF M.q. LETRA MÉDIA.

letra de caixa-alta GRÁF Letra maiúscula, assim chamada porque, na antiga técnica tipográfica, ficava na parte alta da caixa tipográfica; caixão, letra versal. ▸ Abrev.: *c.A.* e *Cx.A.*

letra de caixa-baixa GRÁF Letra minúscula assim chamada porque, na antiga técnica tipográfica, era guardada na parte baixa da caixa tipográfica. ▸ Abrev.: *c.b.*

letra de chancelaria PALEOG M.q. LETRA CHANCELERESCA.

letra de dois pontos GRÁF Letra cuja altura ocupa duas linhas do texto e é us. como inicial de capítulo; letra binária.

letra de fôrma GRÁF **1** A letra impressa; letra de imprensa, letra redonda. **2** Letra maiúscula manuscrita, escrita em caráter tipográfico; letra de imprensa, letra redonda. **3** Letra de estilo gótico de traçado compacto, arredondado e geométrico, de grande popularidade no início da imprensa. ▸ Empr. por Johannes Gutenberg (c1398-1468) na sua Bíblia de 42 linhas, foi a mais us. na composição de livros litúrgicos durante a Idade Média.

letra de imprensa GRÁF M.q. LETRA DE FÔRMA.

letra descendente GRÁF Aquela que ultrapassa a parte inferior da linha do tipo, como *g*, *q*, *ç*.

letra empastelada GRÁF Letra que se encontra misturada com outras diferentes.

letra garrafal GRÁF Letra muito grande e legível.

letra gótica GRÁF Ver GÓTICO.

letra grífica GRÁF M.q. ITÁLICO.

letra historiada GRÁF Letra inicial ornada com gravuras ilustrativas do texto.

letra humanística GRÁF Ver HUMANÍSTICO ('estilo de letra').

letra inglesa GRÁF Caráter manuscrito de traços inclinados à direita, típico da escrita caligráfica comum. ▸ Tb. se diz apenas *inglesa*.

letra italiana GRÁF Tipo de ostensão que apresenta maior força nos traços horizontais em relação aos verticais. ▸ Tb. se diz apenas *italiana*.

letra itálica GRÁF M.q. ITÁLICO.

letra longa GRÁF M.q. LETRA PLENA.

letra maiúscula CALG GRÁF **1** Letra de tamanho maior e formato próprio, cuja fonética é a mesma de sua correspondente minúscula, sendo ger. us. em início de períodos e de nomes próprios e como fator de destaque de certas palavras; letra capital, letra capitular, versal. ▸ Tb. se diz apenas *maiúscula*. **2** M.q. MAIÚSCULO.

letra média GRÁF Aquela que não tem ascendente ou descendente como *a*, *c*, *m*, *r* etc.; letra curta.

letra minúscula CALG GRÁF Letra de tamanho menor em relação a sua correspondente maiúscula e de formato próprio, mais apropriado para os textos em geral. ▸ É mais us. do que a maiúscula, exceto no início de período e de nome próprio. ▸ Tb. se diz apenas *minúscula*.

letra montante GRÁF Letra inicial que, em início de capítulo, sobrepõe-se às demais letras.

letra negra GRÁF M.q. GÓTICO.

letra plena GRÁF Letra que é, ao mesmo tempo, ascendente e descendente, como *f*, *j* etc.; letra longa.

letra projetada GRÁF M.q. LETRA CRENADA.

letra redonda CALG GRÁF **1** M.q. LETRA DE FÔRMA. **2** M.q. RONDO.

letra travada CALG Letra unida a outra por ligadura.
letra vazada GRÁF Letra cujo traçado apresenta apenas as linhas de contorno, deixando em branco ou transparentes os espaços internos; letra aberta.
letra versal GRÁF M.q. LETRA DE CAIXA-ALTA.
letreiro **1** Inscrição em tabuleta, que serve aos mais diversos propósitos de informação (avisos, sinalização de estradas e ruas, especificações de guichês, nomes de estabelecimentos, de profissionais autônomos, propaganda etc.) **2** CINE TV Genericamente, qualquer texto projetado na tela (créditos, títulos, legendas de um filme). **3** CINE TV Texto que, num filme, esclarece o espectador sobre situações vividas pelos personagens (esp. no cinema mudo) ou sobre o conteúdo dos diálogos (no cinema mudo ou, quando traduzidos, nos filmes sonorizados). ▸ Cf. LEGENDA (CINE TV)
letrismo **1** ART.PLÁST Toda e qualquer obra de arte que utiliza palavras, letras e sinais, tomando em consideração seu efeito visual, mas com absoluta indiferença pelo significado que possam ter ou constituir. **2** LIT Teoria e escola literária que recomendam ao poeta proceder a uma disposição arbitrária das letras para a formação de palavras em seus poemas, com vistas a buscar efeitos onomatopaicos e uma sonoridade quase articulada, desprezando completamente a palavra como signo.
letrista **1** Relativo a ou próprio de letrismo. **2** Que ou aquele que desenha e/ou pinta letras em fachadas de lojas ou tabuletas. **3** ART.PLÁST DES.IND Especialista em desenho de letras. **4** ART.PLÁST LIT Que ou aquele que cultiva o letrismo (diz-se de artista). **5** MÚS Que ou aquele que compõe a letra ('conjunto de palavras') que acompanha uma melodia.
leucografia GRÁF Ato de imprimir texto ou gravura em branco sobre um fundo preto.
Lévi-Strauss, Claude (Bruxelas, Bélgica 1908 - Paris, França 2009) Antropólogo e etnólogo francês, um dos criadores do estruturalismo e um dos pensadores mais influentes do sXX. ▸ A experiência de Lévi-Strauss no Brasil, de 1935 a 1938, como professor na Universidade de São Paulo, é a base para *Tristes trópicos*, o livro que lhe trouxe fama. Publicado em 1955, *Tristes trópicos* demonstrava uma nova maneira de pensar as sociedades humanas. Lévi-Strauss indicava que a função da antropologia era descobrir o que está subjacente à experiência imediata e que, portanto, organiza as relações sociais. Num tom decididamente melancólico e pessimista, Lévi-Strauss parecia por vezes dar adeus à antropologia, que, com a destruição das sociedades ágrafas, as quais estudava, estaria à beira de se transformar num saber sem objeto. O texto de Lévi-Strauss causou admiração no mundo intelectual parisiense por sua coragem moral e audácia intelectual, mas, principalmente, pela prosa resplandecente em sua frieza. Por mais que pareça um relato de viagens, o livro materializa um programa de pesquisa que vinha sendo desenvolvido desde a publicação, em 1949, de *As estruturas elementares do parentesco*. Nesse livro, Lévi-Strauss apontava que a diversidade dos sistemas de parentesco era apenas superficial: assim como as linguagens, o parentesco e, por extensão, todas as formas da sociabilidade só podem ser realmente compreendidos em sua ESTRUTURA. A estrutura é uma força inconsciente, de cunho não subjetivo, que organiza a experiência e que responde por seu significado profundo. As raízes filosóficas do estruturalismo lévi-straussiano são evidentes: assim como Immanuel Kant (1724-1804) caracterizava o espaço e o tempo, Lévi-Strauss entende que a vida social é estruturada por uma ordem formal que antecede e confere sentido à sociabilidade humana. De fato, Lévi-Strauss é um antropólogo filosófico, como poucos foram. Para ele, importa tanto a sociologia das formas elementares de Émile Durkheim (1858-1917) como o pensamento iluminista de Jean-Jacques Rousseau (1712-1778), pois os dois sublinham a centralidade das convenções contratuais em sociedade. No universo da sociologia francesa, além de Durkheim, Lévi-Strauss inspirou-se no ensaio sobre a dádiva de Marcel Mauss (1872-1950). Segundo Lévi-Strauss, Mauss complementava Rousseau e Durkheim: a reciprocidade que governa a dádiva é o que constrói as alianças que fundam a sociabilidade. Mas foi no encontro com Roman Jakobson (1896-1982) que Lévi-Strauss descobriu o papel teórico da linguística estrutural pós-saussuriana para o estudo das sociedades. A fonologia linguística de Jakobson enfatizava a organização binária subjacente a todas as línguas. *As estruturas elementares do parentesco* é um programa estruturalista no sentido restrito da palavra; desde então, a antropologia de Lévi-Strauss afirmou que a estrutura organiza a ordem simbólica, as trocas de parentesco e as transações econômicas. Porque existe uma estrutura *a priori* organizadora da vida social, é que as sociedades se tornam sistemas coerentes e coesos. Além de *a priori*, a estrutura ordena binariamente um número mínimo de elementos, que se definem por oposição. O que, então, importa é a relação entre os termos, pois ela é o que lhes confere valor e significado. As oposições binárias revelam que os signos adquirem sentido em face de outros signos e também que atravessam os vários níveis da linguagem e da comunicação, indo do material fonemático até unidades semânticas mais complexas. Considerado do ponto de vista de um sistema que tem a força de uma estrutura, as oposições não se excluem, mas de fato complementam-se. Na década de 1960, Lévi-Strauss publicou uma coletânea, *Antropologia estrutural*, que mostrava a ação da estruturação binária em produtos culturais diversos: no parentesco, no mito, na arte, na organização social etc. Da mesma época é o livro *O pensamento selvagem*, em que Lévi-Strauss ataca a doutrina da mentalidade primitiva e pré-lógica defendida por Lucien Lévy-Bruhl (1875-1913). *O pensamento selvagem* é um *tour de force* intelectual, que demonstra de maneira definitiva que o chamado pensamento selvagem tem um estatuto próprio e, por isso, não se trata de um estágio que antecede a mentalidade do homem urbano e presumidamente civilizado. O modelo de saber da sociedade moderna é o de um engenheiro, mas as culturas ditas primitivas são igualmente sofisticadas e tipificam-se pelo que seria BRICOLAGEM. Na série de livros *Mitológicas*, encontram-se as duas correntes do pensamento de Lévi-Strauss: usando como referência mitos ameríndios, ele aplica a metodologia estrutural para decompô-los em unidades aproximadamente como fonemas, que são denominadas *mitemas*; além disso, o argumento mostra como os mitos são modos sofisticados de entendimento e classificação do ambiente em que os nativos vivem. Os mitos não são histórias descoladas da realidade, mas uma ordem que classifica, ordena e racionaliza o mundo de seus criadores. As teses antropológicas de Lévi-Strauss não são plenamente aceitas na comunidade

acadêmica dos antropólogos que se formaram na escola funcionalista britânica. Para muitos, ele não foi um antropólogo dedicado aos rituais da profissão, que incluem restrita contextualização etnográfica, trabalho de campo e a produção de monografias circunscritas; mas não pode haver dúvida quanto a sua presença marcante nas ciências humanas, na teoria literária, nos estudos sobre cinema, na narratologia, na história, na comunicação, na cultura legada pelo sXX.

BIBLIOGRAFIA

LÉVI-STRAUSS, Claude. *Tristes trópicos*. São Paulo: Companhia das Letras, 1996.

_______________. *Antropologia estrutural*. São Paulo: Cosac Naify, 2000.

_______________. *Raça e história*. Lisboa: Presença, 2000.

_______________. *O pensamento selvagem*. Campinas, SP: Papirus, 2005.

_______________. *Do mel às cinzas*. São Paulo: Cosac Naify, 2005.

_______________. *A origem das maneiras de mesa*. São Paulo: Cosac Naify, 2006.

_______________. *As estruturas elementares do parentesco*. Petrópolis: Vozes, 2009.

_______________. *O cru e o cozido*. São Paulo: Cosac Naify, 2011.

lexema LING **1** Unidade de base do léxico que pode ser morfema, palavra ou locução; lexia. **2** Na terminologia de André Martinet (1908-1999), o monema (unidade de primeira articulação), que contém o significado lexical, ou seja, a simbolização do recorte dos ambientes físico, biológico e social feita por determinada língua (em oposição ao morfema que contém o significado gramatical); corresponde à raiz e à semantema. **3** Na terminologia de Bernard Pottier (1924-), morfema lexical.

lexia LING **1** Unidade do léxico (vocábulos, expressões idiomáticas, locuções etc.). **2** Unidade funcional significativa de comportamento lexical. ▸ Pode ser *lexia simples, lexia composta* ou *lexia completa*.

lexia complexa LING Lexia do âmbito da fraseologia (p.ex.: *mãos de fada, hino nacional*)

lexia composta LING Aquela que se constitui de palavras reunidas (p.ex.: *porta-luvas*).

lexia simples LING Aquela constituída por uma palavra (p.ex.: *cão, estrela, saudade*).

lexical LING **1** Relativo a vocabulário, léxico. **2** Relativo a palavra; vocabular. **3** Que simboliza o recorte do ambiente biossocial por determinada língua (diz-se de morfema).

léxico **1** Dicionário de línguas clássicas antigas. **2** Dicionário bilíngue (ger. grego ou latim e um vernáculo). **3** Obra de compilação (em maior ou menor extensão) do repertório de vocábulos de uma língua, registrados com suas definições e relacionados segundo alguns critérios, dentre os quais a ordem alfabética; dicionário. **4** LING Repertório total das palavras existentes em determinada língua. **5** LING Conjunto dos lexemas da língua (no sentido saussuriano), oposto ao conjunto de vocábulos que ocorrem no discurso. **6** LING Relação de palavras empregadas com sentido diferente da língua comum, com as respectivas explicações, ou relação das palavras us. por um autor, grupo social etc.; vocabulário. **7** GRAM Componente da gramática internalizada do falante, que contém todo seu conhecimento lexical; conjunto das palavras que conhece com sua pronúncia, significação e as características sintáticas para seu emprego numa sentença.

lexicógrafo LING Aquele que pratica a lexicografia; dicionarista.

lexicologia LING Parte da linguística que estuda o vocábulo quanto a seu significado, constituição mórfica e variações flexionais, sua classificação formal e semântica em relação a outros vocábulos da mesma língua, em perspectiva sincrônica ou diacrônica; lexiologia. ▸ Seu objetivo é desenvolver as teorias de que os lexicógrafos lançam mão na solução de seus problemas práticos.

LF [ing.] Medida de radiofrequência na faixa de 30-300 kHz. ▸ Sigla de *low frequency* (baixa frequência).

Liberátion [fr.] JOR Diário de esquerda francês, fundado, entre outros, por Jean-Paul Sartre (1905-1980), em 1973, e sediado em Paris. ▸ O *Liberátion* é efeito dos acontecimentos de maio de 1968, quando Sartre e outros intelectuais franceses resolveram fundar um jornal de esquerda que defendesse causas populares. Até 1974, Sartre foi seu editor. O jornal atravessou várias crises e ressuscitou, transformado, mais de uma vez. Ainda que possa ser caracterizado como um jornal liberal e esquerdista, a linha editorial foi atenuada. Desde o final da década de 1990 até 2010, teve a circulação reduzida em 20 mil exemplares. A tiragem atual é de aproximadamente 140 mil exemplares.

liberdade de imprensa Direito que tem a imprensa de emitir opiniões e pensamentos sem censura prévia, mas guardando critérios éticos. ▸ A discussão sobre os efeitos positivos ou negativos da liberdade de imprensa é um capítulo que se segue à argumentação sobre o papel do discurso livre na condução de políticas e práticas sociais. Sua origem localiza-se, mas não se restringe, à liberdade discursiva na DEMOCRACIA grega dos sV e IV a.C. Porque a imprensa não tinha sido inventada e disseminada, para os helênicos, a questão da liberdade se resumia principalmente ao discurso oral, às alocuções que ocorriam na PÓLIS grega. Esse resíduo histórico está claramente presente no texto do poeta inglês John Milton (1608-1679) quando escreve o panfleto *Aeropagitica: a speech on the liberty of unlicensed printing to the parlament of England*, marco fundamental na história da democracia moderna e defesa apaixonada da liberdade de imprensa. A palavra inicial desse título, *Aeropagitica*, trazia consigo referência ao aerópago grego, lugar onde argumentos e discussões jurídicas e políticas eram apresentados aos cidadãos de Atenas, bem como evocava o *Discurso aeropagítico*, de Isócrates (436 a.C.-338 a.C.), um texto escrito para ser lido em público. Com aquele título, portanto, Milton enfatizava que seu tema era a liberdade de circularem discursos escritos. Na época de Milton, por determinação real, sancionada parlamentarmente, qualquer obra impressa, livro ou panfleto, teria de ser submetida a apreciação e licenciamento de um órgão do Estado, The Stationers' Company. Milton já se recusara a fazê-lo ao publicar seu panfleto a favor do divórcio. *Aeropagitica* apresentava a defesa filosófica e moral do direito à expressão irrestrita. Mais do que a manifestação plena da liberdade civil, o livre discurso é o instrumento pelo qual se identifica o erro, se ouvem queixas, se pondera sobre a legitimidade do questionamento e se chega a uma reforma de modo rápido e direto. Sem dimensão crítica, um discurso limita-se à cortesia e à bajulação. Para Milton, a legitimação e a aceitação de tratado, livro ou panfleto deveriam estar nas mãos da sociedade e não nas de um grupo especial de censores. Já que os livros têm vida própria, censurar um livro seria um crime pior do que o homicídio: o argumento de Milton afirmava que o controle da circulação de material impresso equivaleria ao do assassínio do dom da Razão, que nos é acessível pela graça de Deus. Além da argumentação lógica e metafísica sobre os benefícios da livre expressão, Milton criticou a história da censura entre gregos, romanos e cristãos. Parecia-lhe escandaloso que qualquer matéria impressa fosse avaliada pelo capricho de "dois ou três frades glutões". O indivíduo dotado de racionalidade crítica é plenamente capaz de julgar e avaliar aquilo que lê, sem a necessidade de ser tutelado por qualquer outra pessoa. É impossível saber o que é bom sem a experiência do que seja mau: o mesmo vale para o puro e o impuro, o certo ou o errado. O dote da racionalidade traz consigo a liberdade de escolha e da discriminação: raciocinar equivale a eleger. Esse é o legado dos que têm descendência adâmica. A solenidade da prosa bíblica e erudita de Milton não impediu ou diminuiu a influência de seus argumentos em momentos históricos mais seculares e igualitários. O Parlamento inglês de 1637, ao qual o panfleto se dirigia, não suspendeu o licenciamento governamental de livros, o que só viria acontecer em 1695. Porém, a influência de Milton encontra-se nitidamente na defesa que John Locke (1632-1704) faz da virtude social da tolerância política e na celebração da liberdade instigada por John Stuart Mill (1806-1873). A sombra do panfleto de Milton também se reflete na primeira emenda constitucional n-am. que proíbe o governo de promulgar leis que, de qualquer forma, limitem a livre expressão individual. Tal emenda faz mais do que sublinhar o direito à liberdade de imprensa: esboça o mecanismo jurídico que assegura a livre expressão, impondo rédeas ao governo. A ação governamental passa a ser um fator a ser considerado seriamente quando o direito de expressão e crítica individual é entendido como um valor realmente central para as relações sociais. Seguindo o exemplo norte-americano, a Constituição brasileira, promulgada em 5 de outubro de 1988, no artigo 5, incisos IV e IX, garantiu o direito de informação e de liberdade de expressão. Porém, o que distingue as duas formulações constitucionais é que inexiste na regra brasileira o propósito claro de deter prioritariamente a ação do Estado. Pelo contrário, a partir de 1967, portanto desde a ditadura militar, vigorou, no Brasil, uma Lei de Imprensa que conferia ao Estado poderes de censura e amordaçamento da liberdade de expressão e que iria durar até a revogação pelo Supremo Tribunal Federal em 2009, quando sua inconstitucionalidade foi decretada, sem que um novo instrumento jurídico especificamente concebido para a imprensa ou para a mídia tenha sido posto no lugar. De maneira geral, as discussões mais recentes sobre a liberdade de imprensa centram-se principalmente nos efeitos deletérios das práticas profissionais dos veículos de comunicação, aproximando-se das instâncias de INJÚRIA, CALÚNIA e DIFAMAÇÃO prescritas pelo direito civil brasileiro. Assim, apesar de ser freq. definida como o pilar para o funcionamento de um regime plenamente democrático, a questão da liberdade de imprensa no Brasil tem sido enquadrada pelo objetivo de proteger não apenas a coletividade, mas o indivíduo contra o poder avassalador da mídia, o que, por sua vez, levou à geração de argumentos distintos das teses de Milton e bem mais próximos de chamadas à responsabilidade ética e social dos órgãos de imprensa. Um outro aspecto da discussão deriva tb. da consideração crítica dos efeitos sociais possíveis causados pela mídia que, por consequência, defende restrições às tendências monopolizantes e oligopolizantes da indústria dos meios de comunicação.

BIBLIOGRAFIA

BUCCI, Eugênio. *A imprensa e o dever da liberdade: independência editorial e suas fronteiras com a indústria do entretenimento, as fontes, os governos e as ONGs*. São Paulo: Contexto, 2009.

LIMA, Venício A. de. *Liberdade de expressão x liberdade de imprensa: direito à comunicação e democracia*. São Paulo: Publisher, 2010.

ROSENBLATT, Jason P. (ed.). *Milton's selected poetry and prose*. New York: W. W. Norton and Company, 2010.

liberdade de linguagem 1 Não obediência às regras que norteiam a gramática, a sintaxe ou esquemas formais literários. 2 Linguagem vulgar, carregada de termos grosseiros.

liberdade negativa FIL POL Segundo a filosofia política liberal, ausência de coerção da sociedade sobre a vontade individual, manifestada, p.ex., na liberdade de expressão ou de propriedade. ▸ Segundo o filósofo Isaiah Berlin (1909-1997), liberdade negativa é aquela que indica todas as possibilidades que não são negadas ao indivíduo e, assim, estabelece-se o que um indivíduo pode fazer. A liberdade negativa complementa-se pela 'liberdade positiva': só relacionando os dois conceitos de liberdade é que se tem uma conceituação completa do problema. Pensar sobre a liberdade negativa é demarcar a presença ou ausência de obstáculos que restrinjam a ação individual. A liberdade negativa não é a ausência ou limite puro e simples da liberdade, mas uma mecânica que espalha a liberdade de maneira mais uniforme. Alguns dos problemas que afligem as discussões filosóficas, políticas e sociais que tratam do tema resultam da ausência de pensamento sobre a liberdade negativa, tornando-a alvo de abusos ao longo da história. É o que acontece quando a liberdade do indivíduo é suprimida em nome de um saber, uma moral, uma superioridade racial, uma religião, um partido ou mesmo em nome do bem-estar do outro. Sendo estritamente individual, a liberdade não pode ser absoluta. Aplicar o conceito de liberdade de modo absoluto pode levar a um paradoxo: uma tirania em nome da liberdade. Por isso, a liberdade econômica não justifica a exploração do trabalhador pelo empregador. O direito de criação dos pais não escusa a coerção e a exploração dos filhos. Nem mesmo a liberdade do empregador conjugada e acumulada à liberdade paterna legitima o emprego regulamentar ou forçado de crianças em fábricas ou fazendas. A respeito dos meios de comunicação, a liberdade de publicar notícias não autoriza a disseminação de informações difamatórias. Dando poder ao indivíduo, a liberdade negativa limita a força dos poderosos. ▸ P.opos. a LIBERDADE POSITIVA.

BIBLIOGRAFIA

BERLIN, Isaiah. *Four essays on liberty*. Oxford: Oxford University Press, 1996.

liberdade positiva FIL POL Participação livre e autônoma do cidadão na organização política e nos destinos da comunidade (p.ex., a capacidade para influência plebiscitária em decisões públicas). ▸ No ensaio "Dois conceitos de liberdade", Isaiah Berlin (1909-1997) afirma que liberdade positiva é aquela que estabelece o que um indivíduo pode fazer. A liberdade só é propriamente entendida se, além da liberdade positiva, for considerado o que ele chama de 'liberdade negativa'. As discussões sobre a liberdade positiva estabelecem quem governa, com que autoridade, através de que processo, com que legitimação etc. A identificação da liberdade positiva também estipula por que processo de legitimação se faz a ordem política. Outros temas são próprios do debate da liberdade positiva: quem faz as leis (a maioria? um grupo escolhido?), em referência a que documentos ou princípios (as escrituras religiosas? o debate filosófico?). Respostas às questões da liberdade positiva definem, de modo geral, a sociedade em que se vive, enquanto as que tratam da liberdade negativa instituem o modo pelo qual os indivíduos existem num determinado grupo. Uma sociedade que se quer livre considera as duas conceituações de liberdade. ▸ P.opos. a LIBERDADE NEGATIVA.

BIBLIOGRAFIA

BERLIN, Isaiah. *Four essays on liberty*. Oxford: Oxford University Press, 1996.

libidinal PSICN Relativo a libido.

libido **1** Procura instintiva do prazer sexual; desejo. **2** PSICN Energia que está na base das transformações da pulsão sexual; energia vital de acordo com as teorias de Sigmund Freud (1856-1939). **3** PSICN Energia psíquica. ▸ Segundo as teorias de Carl G. Jung (1875-1961), apetite.

INFORMAÇÕES GERAIS

Desde meados da década de 1890, Freud utilizou o termo 'libido', que atravessa várias etapas do pensamento freudiano, mantendo, porém, algumas características básicas. Nos escritos freudianos, a libido tem um caráter marcadamente sexual, que a distingue de outras formações do aparelho psíquico. A definição de libido de Freud difere da de Jung. A rigor, as teorias junguianas dessexualizam a libido, reduzindo-a a uma tendência a algo, às formas do apetite. Libido, em Freud, é uma quantidade de energia que pode diminuir, aumentar, deslocar-se e transformar-se no aparelho psíquico, fazendo parte da afetividade ou do amor do sujeito que a experimenta sob a forma de pulsão sexual localizada em áreas específicas do corpo: na genitália, no ânus, na boca etc. A crítica feminista ao conceito de libido em Freud afirma que a concepção de desejo nos escritos freudianos é restritivamente masculina e peniana.

BIBLIOGRAFIA

FREUD, Sigmund. *Três ensaios sobre a teoria da sexualidade*. Rio de Janeiro: Imago, 1992.

libras Sigla de LÍNGUA BRASILEIRA DE SINAIS.

licença poética Liberdade de o escritor utilizar construções, prosódias, sintaxes não conformes às regras, ao uso habitual, para atingir seus objetivos de expressão.

lide JOR Linha ou parágrafo que apresenta os principais tópicos da matéria desenvolvida no texto jornalístico; cabeça. ▸ Cf. PIRÂMIDE INVERTIDA.

ligatura GRÁF **1** Tipo que une diversas letras (p.ex: *oe*) num só sinal gráfico. **2** Em certos caracteres, traço que une uma letra a outras na escrita das palavras.

lineal EDIT GRÁF M.q. GROTESCO. ▸ Essa denominação, que corresponde ao tipo conhecido como 'grotesco' ou 'etrusco', faz parte da classificação de Maximilien Vox (editor francês, 1894-1974), adotada pela Association Typographique Internationale, sediada na Suíça.

linear **1** Relativo a linha ('traço contínuo'). **2** Que consiste em linha; que envolve o uso de linha. **3** Que segue a direção de uma linha; que se estende em linha ou comprimento. **4** Que se assemelha a uma linha; cujos elementos ou cujos termos se sucedem à maneira de linha. **5** Relativo a, baseado em ou que depende de um movimento sequencial. **6** Que é claro, simples; direto. **7** ART.PLÁST Que se caracteriza por dar ênfase à linha ou por usar formas definidas com precisão pela linha (diz-se de estilo ou obra artística). **8** MAT Que envolve medição em uma única dimensão. **9** MÚS Diz-se de conjunto de sons sucessivos que formam melodias, por oposição àqueles simultâneos (acordes) que formam harmonias. **10** MÚS No *jazz*, diz-se da relação de notas ou acordes tocados em sequência, lidos horizontalmente na partitura; horizontal.

linearidade Qualidade, condição ou característica do que é linear. ▸ Os primeiros estudos saussurianos sobre o signo apontaram a linearidade como sua principal característica. O falante emite sons que parecem vir numa cadeia que segue a imagem de uma linha contínua. Apesar de o *Curso de linguística geral* apontar a linearidade como o traço principal da expressão sígnica, o quadro é bem mais complexo. Se a representação sígnica é construída a partir de um sistema de regras (LÍNGUA) que a antecede e determina suas possibilidades, a origem sistêmica do signo é mais importante do que a expressão imediata. Afinal, a própria teoria saussuriana concedia à língua e não à fala um papel central na ordem dos signos; e, como os componentes da língua são definidos por oposição mútua, a simultaneidade e não a linearidade tipificaria o signo. Outro traço que escapa à linearidade é o fato de que, num ato locutório, os elementos linguísticos não são inicialmente percebidos como uma cadeia nítida de traços discretos: os sons sobrepõem-se ao serem pronunciados. A linearidade é efeito de um recorte produzido pelo destinatário da mensagem. Outros pontos devem ser considerados: cada signo expresso associa-se, na mente dos transmissores e dos receptores, a outros signos virtuais, seja por contraste ou por similaridade. A expressão linguística é, por isso, marcada pela ambiguidade. De qualquer maneira que se perceba o fenômeno, a linearidade é resultado de uma identificação segmental posterior ao momento em que a comunicação linguística se realiza.

BIBLIOGRAFIA

SAUSSURE, Ferdinand de. *Curso de linguística geral*. São Paulo: Cultrix, 2006.

língua LING **1** Sistema de representação constituído por palavras e por regras que as combinam em frases e que os indivíduos de uma comunidade linguística usam como principal meio de comunicação e expressão, falado ou escrito. **2** Para o linguista Ferdinand de Saussure (1857-1913), o sistema abstrato de signos inter-relacionados, de natureza social e psíquica, obrigatório para todos os membros de uma comunidade linguística; *langue*. **3** Estilo de expressão particular a um grupo social, profissional ou cultural; linguagem. **4** Estilo de expressão característico de um escritor, uma escola, um movimento, uma época; linguagem.

língua-alvo LING **1** Em tradução, língua para a qual se verte um enunciado; língua de chegada. **2** Em aprendizagem, a língua que o falante está procurando dominar.

língua brasileira de sinais LING A língua de sinais us. no Brasil. ▸ Siglas: *libras, LBS.*
língua comum 1 Língua utilizada como veículo de intercomunicação amplo e suprarregional, com a eliminação de diferenças regionais, esp. em políticas de planificação linguística (p.ex.: o *ibo* e o *chona* falados na África); língua de união. **2** O conjunto das formas linguísticas adotadas por povos de línguas e dialetos aparentados, que facilitam a intercomunicação (p.ex.: a *coiné*, o grego comum que se formou a partir do sIV a.C.). **3** Em gramática histórica, língua (documentada ou não) considerada num estado anterior à sua diferenciação em línguas ou dialetos dela provenientes; assim, para as línguas eslavas, haveria um eslavo comum; para as línguas germânicas, um germânico comum; o latim é língua comum em relação às línguas neolatinas. ▸ Cf. BABELISMO.
língua de chegada LING M.q. LÍNGUA-ALVO (acp. 1).
língua de civilização LING Sistema linguístico que serve de base aos textos da literatura e que desempenha papel preponderante na divulgação e na tradição de uma cultura.
língua de contato LING **1** Língua resultante de e/ou us. no contato e comunicação entre grupos linguisticamente distintos; língua de relação. **2** M.q. LÍNGUA FRANCA.
língua de cultura LING Língua dos povos que desenvolveram uma civilização marcada por grande cultura e nessa língua produziram sua literatura escrita.
língua de origem LING M.q. LÍNGUA-FONTE.
língua de relação LING M.q. LÍNGUA DE CONTATO. (acp. 1)
língua de sinais LING Cada uma das línguas naturais cujos significantes são gestuais-visuais (sinalizando com mãos, braços e expressões faciais), us. em comunidades linguísticas de deficientes auditivos, para os quais a língua é língua materna ou segunda língua, e de outros indivíduos que tb. a aprendem (ger. como segunda língua), servindo de meio normal de comunicação e de expressão.
língua de união LING M.q. LÍNGUA COMUM (acp. 1).
língua escrita LING **1** Representação de natureza visual de uma língua, mediante o emprego de um dos diversos sistemas de escrita existentes. **2** Conjunto das formas e construções que caracterizam o estilo dos textos que ocorrem por escrito. ▸ Difere da língua falada por ser ger. mais conservadora e formal.
língua especial LING Língua cujo vocabulário e modo de uso são próprios de uma determinada atividade ou de um determinado grupo de pessoas (p.ex., a língua dos juristas, dos médicos etc.).
língua falada LING A língua empregada na modalidade falada da comunicação, considerada a língua por excelência, ou seja, a língua viva. ▸ É marcada por várias características que a diferenciam da língua escrita, como maior informalidade, mais redundâncias e menos conservadorismo, com espaço para a renovação e a criatividade.
língua-fonte LING Em tradução, língua em que está o enunciado que se quer traduzir para a língua-alvo; língua de origem.
língua franca 1 LING Língua formada de elementos do francês, italiano, espanhol, grego e árabe, e que ainda hoje é falada nos portos do Mediterrâneo para fins de intercomunicação prática e imediata entre falantes de diferentes línguas; sabir. **2** SLING Qualquer língua de que se servem falantes que não têm uma língua em comum, para possibilitar sua comunicação nas relações comerciais ou diplomáticas; língua geral. **3** LING Qualquer linguagem, vocabulário, expressão ou conceito us. ou aceito em comum por grupos diferentes.
linguagem 1 COMN Qualquer sistema de símbolos ou objetos instituídos como signos; código. **2** COMN Meio de comunicação próprio de uma espécie animal. **3** COMN O meio de comunicação que emprega signos orais articulados, próprio da espécie humana. **4** INF Conjunto de símbolos, palavras e regras us. na construção de sentenças que expressam e processam instruções para computadores. **5** LING Maneira de exprimir-se própria de um povo, de uma área geográfica; linguajar, falar, fala, dialeto. **6** COMN LING Qualquer meio sistemático de comunicar ideias ou sentimentos por meio de signos convencionais, sonoros, gráficos, gestuais etc. **7** COMN LING Sistema secundário de sinais ou símbolos criado a partir de uma determinada língua. **8** COMN LING A capacidade inata da espécie humana de aprender e comunicar-se por meio de uma língua ('sistema', 'estilo'). **9** LING M.q. LÍNGUA. **10** LING Emprego particular de uma língua considerada do ponto de vista da relação entre o modo de expressão e seu conteúdo. **11** LÓG Sistema formal de símbolos estabelecidos em função de axiomas, regras e leis que estruturam um enunciado.

INFORMAÇÕES GERAIS

As muitas concepções de linguagem são respostas e reações à plasticidade polimorfa desse instrumento de comunicação e de pensamento. Talvez as distinções de concepção sobre o que seja e quais os atributos da linguagem resultem apenas do traço distinto que cada interpretação sublinha. Ainda que vista sob perspectivas diferentes, a linguagem é sempre o mesmo objeto. O ADAMISMO, por exemplo, discute, desde o diálogo platônico *Crátilo*, se a linguagem é arbitrária, se os signos entretêm uma relação imediata e direta com o mundo natural. Haveria, nesse caso, um legislador e nomeador perfeito, uma espécie de Adão, que deu às coisas o nome correto e preciso que elas deveriam receber. Portanto, o que se segue, no curso histórico e evolutivo, é apenas dispersão linguística que o BABELISMO aponta e enfatiza. Uma essência foi perdida. Por mais especulativas que sejam as argumentações das teses adâmicas e babelistas, não há dúvida de que o uso da linguagem parece natural para os usuários de uma linguagem e arbitrário para os que comparam sistemas de expressão linguística. Quando se reconhece a preexistência de um sistema de regras que permite o ato de falar, o que se faz é estabelecer uma condição necessária e suficiente para que a linguagem exista, independente de sua origem. A língua, como estrutura e como código, ultrapassa os problemas que o adamismo e o babelismo privilegiavam. Sem regras codificantes, os atos individuais de linguagem não podem acontecer. O código determina o conjunto de sentenças a serem produzidas, ao mesmo tempo que lhes atribui significado. Porque os signos gerados têm relativo grau de semelhança, a comunicação entre os usuários de uma linguagem torna-se possível. Nesse caso, a linguagem não possui o mesmo grau de rigor formal das linguagens lógicas e matemáticas. Mas, por outro lado, o caráter proteico da linguagem expressiva autoriza seu uso em uma multiplicidade de circunstâncias, o que leva o filósofo Ludwig Wittgenstein (1889-1951) a comparar linguagem e jogo, afirmando, ao mesmo tempo, que a questão do significado seja principalmente seu uso. O significado, portanto, não se identifica ao que seja apenas e estritamente uma sentença de linguagem. O conceito de linguagem expande-se na direção de signos e símbolos que não têm natureza apenas verbal. Aplica-se, assim, vagamente, o termo *linguagem* ao que não é uma linguagem no sentido linguístico. Se o português e o francês disponibilizam as palavras *língua* e *langue* em distinção a *linguagem* e *language*, o inglês só oferece um vocábulo, *language*, ainda que seja possível verificar nele mais de uma acepção. O uso de um só termo para objetos diversos, como *linguagem do amor*, *linguagem dos meios de comunicação*, *linguagem dos bebês* etc., tem mais uma função metafórica do que explicativa.

BIBLIOGRAFIA

UCHOA, Carlos Eduardo Falcão. *A linguagem*. Rio de Janeiro: Nova Fronteira, 2008.

linguagem adâmica FIL Ver ADAMISMO.
linguagem algorítmica INF MAT Linguagem aritmética na qual são especificados, com precisão e sob forma padronizada, os procedimentos numéricos para um computador. ▸ Cf. ALGORITMO.
linguagem artificial Aquela projetada especificamente para facilitar a comunicação em determinada área, como as línguas artificiais e as linguagens científicas (da lógica, da matemática etc.).
linguagem corporal Modo de mover-se e de gesticular próprio de cada pessoa ou animal, us. para intercomunicação com outras pessoas ou animais.
linguagem de máquina INF Linguagem de programação de baixo nível na qual cada instrução é representada por um número expresso no sistema binário; código de máquina.
linguagem de programação INF Código composto de um número constante de palavras ou expressões que podem ser encadeadas, obedecendo a um conjunto de regras fixas, denominado sintaxe, capaz de gerar uma série de instruções passíveis de serem interpretadas por um computador, formando então um programa.
linguagem de programação de alto nível INF Linguagem de computador (*Fortran*, *Cobol* etc.) que visa facilitar a codificação e cujas instruções correspondem, cada uma, a diferentes instruções de linguagem de máquina.
linguagem de programação de baixo nível INF Linguagem de computador cujas instruções são expressas em códigos mnemônicos simples e cuja estrutura é baseada no modo de funcionamento de um computador ou de determinado tipo de computador.
linguagem familiar LING SLING Variante linguística falada no âmbito doméstico, cujas palavras ou expressões são empregadas na literatura, no teatro ou em atividades afins quando é preciso recriar com realismo a atividade familiar.
linguagem figurada ESTL Linguagem que se caracteriza pelo emprego sistemático de figuras de palavras, esp. das que comportam mudança de sentido, como a metáfora, a metonímia etc.; linguagem simbólica.
linguagem-fonte INF Linguagem em que um programa de computador está originalmente escrito, antes de ser codificado em linguagem de máquina.
linguagem formal LÓG Cf. FORMAL ('relativo a relação de enunciados').
linguagem interior Produção de frases pensadas, porém não expressadas.
linguagem mnemônica INF Ver ASSEMBLY.
linguagem natural Aquela que surge e se desenvolve a partir de uma capacidade natural de uma espécie, como as línguas humanas e as linguagens animais.
linguagem-objeto 1 INF Linguagem da máquina em que determinado programa está convertido, de modo que suas funções possam ser executadas pelo computador. **2** SEMIO Linguagem cuja estrutura está descrita em termos de metalinguagem. ▸ Cf. ASSERÇÃO; BIVALÊNCIA.
linguagem simbólica 1 Aquela que emprega símbolos, esp. no sentido de tornar claras e precisas as formulações (da lógica, matemática, química etc.) **2** ESTL M.q. LINGUAGEM FIGURADA.
língua geral LING M.q. LÍNGUA FRANCA (acp. 2).
língua histórica LING Aquela que, documentada por escrito durante longo tempo, permite ser estudada de forma profunda, tanto dentro de uma fase de sua evolução (em sincronia), quanto ao longo de sua evolução (diacronia).
língua irmã LING Em uma família, cada uma das línguas derivadas de uma língua-mãe, com relação às outras.
língua isolada LING Na classificação genética das línguas, aquela que sozinha representa uma família presumida, quando não existem línguas conhecidas ou registradas. ▸ Cf. FAMÍLIA LINGUÍSTICA.
linguajar 1 Falar muito; dar à língua, tagarelar. **2** Tomar forma de língua. **3** LING Qualquer modo de falar de características regionais, familiares, populares etc. us. por pessoa ou grupo, ou em circunstâncias determinadas; fala, falar, dialeto. **4** LING Maneira de falar; linguagem, fala.
língua-mãe LING M.q. PROTOLÍNGUA.
língua materna LING A primeira língua aprendida na infância, ger. a da mãe; língua nativa.
língua nativa LING M.q. LÍNGUA MATERNA.
língua natural LING Qualquer uma das línguas que surgiram e evoluíram naturalmente, em virtude da capacidade de linguagem universal e específica da espécie humana, e que são ou foram us. como meio de comunicação e de expressão pelos indivíduos que as aprenderam.
língua padrão LING A variante de uma língua que é prestigiada pela comunidade falante e que suprarregionalmente se torna o meio unificado de comunicação, us. na mídia, no ensino etc. ▸ Tb. se diz apenas *padrão*.
línguas aparentadas LING Línguas que, segundo se sabe (ou se deduz, graças às descobertas da gramática comparada), evoluíram da mesma língua-mãe.
línguas clássicas LING O latim e o grego.
língua tonal LING Língua na qual as variações de tons das vogais e sílabas distinguem os significados das palavras que, no restante, são iguais entre si.
língua viva LING Qualquer língua, enquanto é us. como meio de comunicação natural por uma comunidade linguística e que está sujeita a mudanças.
linguista 1 Especialista em linguística. **2** Diz-se de ou pessoa que se dedica ao estudo e ensino de línguas.
linguística LING Ciência que tem por objeto: 1) a linguagem humana em seus aspectos fonético, morfológico, sintático, semântico, social e psicológico; 2) as línguas consideradas como estrutura; 3) a origem, o desenvolvimento e a evolução das línguas; 4) as divisões das línguas em grupos, por tipos de estrutura ou em famílias, consoante o critério seja tipológico ou genético. ▸ Do ponto de vista da comunicação, a ciência da linguagem é de fundamental importância como estudo de um tipo de trans-

missão de mensagem feita a partir de um conjunto de regras comuns a quem (ou ao que) emite e a quem (ou ao que) recebe uma frase ou conjunto de frases. Sendo assim, apesar de ter sido notada a analogia entre código/mensagem e língua/fala, a identidade dessas dicotomias é, de fato, problemática. Os códigos não podem ser facilmente equiparados às línguas, pois trata-se de sistemas de regras construídos artificialmente, enquanto as línguas, por outro lado, evoluíram no curso da história biológica da humanidade. Algumas perspectivas da linguística estão obviamente ausentes de muitos códigos. As teorias linguísticas lidam, integral ou parcialmente, com a formação e a composição histórica dos elementos verbais, com sua morfologia, enquanto a consideração dos códigos pode perfeitamente apenas descrever as regras de formação dos sinais transmitidos. A sintaxe dos códigos não tem a complexidade das transformações e gerações de sentenças produzidas nas línguas naturais. A fonologia e o estudo dos sistemas sonoros que compõem as línguas são igualmente inexistentes para quem considera os vários tipos de códigos. As línguas podem ser estudadas a partir de múltiplas perspectivas: de seus aspectos formais e estruturais, de sua história evolutiva, de seu processo de aquisição, das sociedades nas quais as línguas circulam e também do ponto de vista orgânico de sua criação. Fala-se, portanto, em vários tipos de linguísticas: linguística estrutural, linguística histórica, psicolinguística, neurolinguística, linguística do discurso etc. Os estudos linguísticos podem produzir conhecimentos teóricos, descritivos ou aplicados. Até o início do sXX, sob o nome de 'filologia', a linguística adotara uma perspectiva metodológica predominantemente histórica. A primeira revolução intelectual, que deu forma à linguística moderna, começou com a crítica metodológica que o ensino de Ferdinand de Saussure (1857-1913) apresentou no *Curso de linguística geral*, publicação póstuma feita com base em notas de seus alunos da Universidade de Genebra. Para Saussure, a linguagem deveria abordar, prioritariamente, o estado sincrônico da língua antes de lidar com qualquer elemento histórico e diacrônico. A sugestão metodológica de Saussure não apenas transformou a linguística, mas as ciências sociais da primeira metade do sXX em diante. Outros aspectos formativos importantes do fenômeno linguístico foram deixados de lado e, posteriormente, abordados: como se adquire uma língua? A aquisição das linguagens naturais tem uma origem biológica ou apenas sociológica? As línguas são inatas ou adquiridas? O que há de comum em todas as línguas que existem? Até meados do século passado, a obra de Saussure dominou a linguística moderna. Saussure apontara que o objeto central da linguística não eram as frases produzidas pelos falantes, mas a ESTRUTURA que permite sua construção. De fato, ele jamais usara a palavra 'estrutura'. No texto saussuriano, a ordem sincrônica para a qual chamara a atenção foi sempre chamada de 'sistema'; os que foram por ele influenciados é que passaram a usar o termo 'estrutura'. A linguística estrutural concebia a linguagem como a atualização de um sistema de regras que antecede e determina a formação dos enunciados que não fossem seu objeto de estudo. Ignorava-se, por completo, a gramática e a sintaxe. Era uma simplificação do que acontece no universo das línguas; mas, mesmo assim, uma simplificação produtiva, já que se eliminava uma série de variantes que complicariam ao extremo a formação de uma ciência da linguagem. A concepção estrutural, derivada das recomendações saussurianas, acabou desconsiderando importantes aspectos da linguagem que foram, aos poucos, reintroduzidos por linguistas posteriores. Muitos se perguntavam por que restringir-se a essa visão simplificante de estrutura: é certo que as regras de produção de enunciados linguísticos são necessariamente restritas, caso contrário a aquisição das línguas mostrar-se-ia excessivamente trabalhosa, mas a linguagem tem dimensões bem mais complexas do que a atualização de um sistema de dicotomias. Com um punhado de regras, o falante constrói, criativamente, uma infinidade de sentenças novas que nunca ouviu e mesmo assim são compreensíveis. Tanto para os falantes como para o linguista, a novidade das sentenças mostra-se regular e estável, porque sua geração segue fórmulas combinatórias previsíveis: as transformações são novas relações simétricas entre expressões ou classes de expressões, como é o caso da voz ativa transformada em voz passiva. A comunicação linguística segue três tipos de operações combinatórias, que são operações sintáticas: 1) troca de uma expressão por outra; 2) substituição fundada no conhecimento da antinomia dos elementos linguísticos; 3) acréscimo ao que foi dito, certamente através de operações lógicas de dedução e implicação. Essa concepção estrutural da linguagem difere por completo daquilo que Saussure definia como sendo próprio da linguística: está bem próxima de outro tipo de dimensão mentalista e gramatical, profundamente desconsiderada pelo linguista de Genebra. Para linguistas norte-americanos, como Zellig Harris (1909-1992) e Noam Chomsky (1928-), a concepção de Saussure era estritamente mecanicista: o *Curso de linguística geral* sugeria uma concepção trivial da aquisição linguística. Na conceituação saussuriana, o processo linguístico não passava de segmentação e de classificação, operações necessárias para a identificação do sistema do qual os enunciados da fala derivavam. Entretanto, como explicar a aquisição das línguas e sua variação espantosa? Como era possível que a criança adquirisse um grande número de sistemas linguísticos a partir de contatos restritos? Dando um passo adiante da hipótese de que a sintaxe se faz pela transformação meramente superficial de estruturas conhecidas, Chomsky postulou que os seres humanos nascem com uma competência inata que lhes permite adquirir qualquer sistema linguístico. Segundo ele, a transformação sintática é sempre o resultado da reescritura de estruturas profundas da linguagem, que se transformam em estruturas de superfície. Aquilo que chamamos de sintaxe é um processo de transformação de uma estrutura profunda numa construção de superfície. Após a publicação de seu livro *Syntatic structures*, em 1957, Chomsky modificou profundamente a linguística do sXX. A linguística chomskiana tratava a linguagem como um sistema modular não contextual, que independia de estímulos sociais e se encontrava inscrita nos seres humanos sob a forma de uma competência inata. Não se estabeleceu até agora se o inatismo linguístico é de cunho genético, se surge como uma derivação das capacidades cognitivas humanas ou mesmo se faz parte de uma codificação altamente abstrata, que pertence ao legado biológico dos seres humanos. Mas é certo que a mente humana, após as argumentações de Chomsky, não segue a imagem de uma página em branco, que recebe estímulos exteriores que ficam gravados e conduzem o comportamento verbal. A gramática de Chomsky enfatiza a criação e a liberdade expressiva, apesar de ocorrendo entre sistemas de regras formais. Nesse sentido, apesar do vocabulário e da problemática altamente especializada e, por vezes, impenetrável para o leitor leigo, a linguística da segunda metade do sXX trouxe uma importante contribuição para as ciências sociais e da comunicação, libertando-as da dimensão determinista e empobrecedora que aflige as teorias que veem os atos de comunicação como a mera transmissão de estímulos.

BIBLIOGRAFIA

CRYSTAL, David. *Que é linguística?* Rio de Janeiro: Imperial Novo Milênio, 1988.

linguística antropológica LING Estudo das línguas do ponto de vista de suas relações com a cultura do povo que a fala.

linguística aplicada LING Corpo de conhecimentos obtidos pela linguística, selecionados para atender aos problemas relacionados com atividades de natureza prática ou profissional (ensino de línguas, tradução, transformação da linguagem humana em outros códigos e vice-versa, transmissão de informações, tratamento de problemas da fala e da linguagem, decodificação da mecânica da fala etc.) e para resolver questões levantadas por outras disciplinas (psicolinguística, neurolinguística, sociolinguística etc.).

linguística chomskiana LING M.q. TEORIA GERATIVA.

linguística comparada LING M.q. GRAMÁTICA COMPARADA.

linguística diacrônica LING Ramo da linguística que estuda as línguas, uma língua ou ainda uma família de línguas do ponto de vista de sua história e das mudanças que ocorreram em sua estrutura com o passar do tempo; linguística histórica.

linguística estrutural LING Posição doutrinária das várias correntes da linguística (Escola de Praga, glossemática, descritivismo norte-americano, linguística funcional) que aceitam, como princípio básico, a afirmação de que qualquer fato linguístico só pode ser interpretado nos termos do sistema linguístico ao qual pertence, considerando a língua como uma estrutura coerente, cujas partes componentes e suas correlações visam determinar e descrever. ▸ Cf. BINÁRIO; BINARISMO; ESTRUTURA; ESTRUTURALISMO.

linguística funcional LING M.q. FUNCIONALISMO.

linguística geral LING Ramo da linguística que procura determinar as características da linguagem humana de maneira geral, sem se especializar em uma língua ou família de línguas, partindo do pressuposto de que as línguas particulares são manifestações concretas da faculdade humana mais geral de criar linguagens (capacidade simbólica) e utilizá-las na sua interação com outros seres humanos.

linguística gerativa LING M.q. TEORIA GERATIVA.

linguística histórica LING M.q. LINGUÍSTICA DIACRÔNICA.

linguística histórico-comparativa LING Ramo da linguística que estuda as semelhanças entre as línguas, procurando estabelecer parentesco genealógico entre elas, agrupando-as em famílias, e formular hipótese sobre a origem dessas línguas, bem como descrever as regularidades das mudanças nelas verificadas no decorrer do tempo.

linguística quantitativa LING Ramo da linguística que trabalha com técnicas estatísticas para estudar a distribuição e frequência de ocorrência de determinados fatos linguísticos em um *corpus*, ger. com indagações de teor sociolinguístico.

linguística sincrônica LING Ramo da linguística que estuda uma língua em determinado momento de sua evolução, buscando descrever seus vários subsistemas (fonológico, sintático, semântico etc.), sem levar em conta etapas passadas, por considerar que, não obstante as línguas vivas estarem em constante mudança, em cada momento de sua existência, uma língua existe e funciona como um sistema completo e suficiente para sua finalidade, ou seja, servir de meio de comunicação entre os falantes. ▸ Cf. ESTRUTURA; ESTRUTURALISMO; LINGUÍSTICA ESTRUTURAL.

linha 1 Traço contínuo, alongado, real ou imaginário, representativo de uma extensão que se considera hipoteticamente como não tendo largura nem altura, apenas comprimento. **2** ELETR Sistema de fios ou cabos que servem para transmitir energia elétrica. **3** EDIT GRÁF Conjunto de caracteres manuscritos e tipográficos dispostos sequencialmente de um lado a outro de coluna ou página. **4** EDIT GRÁF As palavras que estão escritas em qualquer dessas linhas; as ideias ou pensamentos que elas representam. **5** ELETR TEL Fio metálico ou fibra óptica para transmissões telefônicas. **6** GRÁF Composição mecânica ou eletrônica que preenche ou não uma linha de leitura. **7** GRÁF Reta ideal que determina o alinhamento horizontal de uma composição, passando por debaixo das letras curtas. **8** JOR Orientação editorial de um jornal. ▸ Red. de *linha editorial*. **9** MÚS Cada um dos traços horizontais que constituem a pauta ou o pentagrama, sobre os quais se escrevem as notas. **10** POL Orientação política. **11** TEL Conexão que torna possível a comunicação telefônica. **12** TV Cada uma das sucessivas séries de *pixels* que constituem a imagem televisiva.

linha branca GRÁF Área em branco numa página, que não foi impressa por defeito na composição; linha de branco.

linha centrada GRÁF A que foi alinhada pelo centro; linha centralizada.

linha centralizada GRÁF M.q. LINHA CENTRADA.

linha cheia GRÁF Aquela cujas palavras enchem a linha por completo. ▸ P.opos. a LINHA CURTA.

linha cruzada TEL Confusão de conversas que se estabelece na origem de dois circuitos eletrônicos; paradiafonia.

linha curta GRÁF **1** A que forma um parágrafo completo, sem que suas palavras a encham inteiramente. **2** Qualquer linha que não chega ao fim da medida. ▸ P.opos. a LINHA CHEIA.

linha-d'água PAP **1** Cada uma das filigranas ('traços') visíveis por transparência, características do papel avergoado. **2** Diz-se de tipo de papel avergoado que, no Brasil, goza de isenção fiscal e, por lei, só pode ser us. na impressão de livros e jornais.

linha de branco GRÁF M.q. LINHA BRANCA.

linha de continuidade MÚS M.q. TRAÇO DE CONTINUIDADE.

linha de corte GRÁF Traço feito nas margens de uma arte-final, com o fim de indicar o formato do impresso e orientar o corte no acabamento.

linha de dobra GRÁF Traço pontilhado feito na arte-final com o propósito de indicar os locais em que a folha será dobrada, no acabamento.

linha de emenda GRÁF Linha composta para substituir a linha podre.

linha de nota GRÁF M.q. RISCA DE NOTA.
linha de quadratim GRÁF M.q. RISCA DE QUADRATIM.
linha editorial EDIT JOR 1 Posicionamento prévio quanto à seleção dos assuntos ou do tratamento das informações em determinado veículo de comunicação ou no conjunto dos produtos editoriais de uma empresa. 2 Estilo básico que caracteriza uma publicação impressa, programa radiofônico ou televisivo, *site* etc. ▸ Tb. se diz apenas *linha*.
linha enforcada GRÁF Aquela que confere má aparência a uma paginação por destoar das demais, como a linha quebrada no alto de uma página ou coluna; forca.
linha multiponto INF 1 Linha ou circuito pelo qual se intercomunicam três ou mais estações terminais. 2 Em transmissão de dados, linha única a que se ligam diversos terminais e que evita a transmissão simultânea, ao assegurar a comunicação de cada um deles, em separado, com o equipamento central.
linha perdida GRÁF Linha tipográfica constituída de uma única e pequena palavra, ger. proposição ou conjunção, centrada entre duas linhas maiores.
linha pertinente FON LING M.q. TRAÇO PERTINENTE.
linha podre GRÁF Linha composta com erro e que, após revisão, é substituída por uma linha de emenda.
linha quebrada GRÁF Linha que, finalizando um parágrafo, não alcança a largura da página ou da coluna; viúva.
link [ing.] INF Elemento de hipermídia formado por um trecho destacado por um elemento gráfico que, ao ser acionado (ger. mediante um clique de *mouse*), provoca a exibição de novo hiperdocumento. ▸ Cf. HIPERLINK.
linografia 1 Qualquer processo de impressão sobre pano. 2 Técnica de impressão por meio de reprodução fotográfica sobre tela ou tecido que depois se pinta a óleo.
linoleogravura ART.PLÁST GRAV 1 Processo de gravação, semelhante à xilogravura, em que se recorta a matriz em placa de linóleo. 2 Estampa que se obtém por esse processo.
Linux INF Sistema operacional criado inicialmente pelo programador finlandês Linus Torvalds (1969-) e que hoje é desenvolvido colaborativamente pela Microsoft. ▸ A palavra Linux é uma combinação de Linus Torvalds, o autor original do sistema operacional, e Unix. Linux designa um sistema operacional disponível gratuitamente por *GPL* (*General Public License*). Isso significa que qualquer pessoa pode usar seu código-fonte dentro dos limites estabelecidos pela licença de uso. O licenciamento gratuito permite que se estude, modifique, utilize e distribua o programa com alto grau de liberdade. Milhares de colaboradores fazem exatamente isso, criando ferramentas que se disseminam, demonstrando o poder imenso do conhecimento colaborativo em termos de *software*. Também se usa a palavra Linux em referência a seu KERNEL e aplicativos. O Linux é usado em órgãos, instituições e entidades as mais diversas, que incluem o governo brasileiro, a Nasa, a IBM, a Oracle e o Google. O Linux não apenas se apresenta em computadores: ele é usado em dispositivos os mais diversos, tais como supercomputadores e aparelhos celulares.
Lippmann, Walter (Nova York, Estados Unidos 1889 - Nova York, Estados Unidos 1974) Intelectual público n.-am., teórico do jornalismo e da democracia, colunista e ganhador do Prêmio Pulitzer de jornalismo. ▸ Filho de família judia e abastada de Nova York, Walter Lippmann estudou filosofia em Harvard, fundando ali um de seus círculos socialistas. Posteriormente rompeu com a ideologia socialista, mas manteve sua preocupação com temas sociais. Tornou-se editor da revista liberal norte-americana *The New Republic* e foi assessor de vários presidentes dos Estados Unidos. Seus artigos, colunas e livros frequentemente tinham o jornalismo como tema e aí reside sua fama como intelectual público. Criticou duramente os relatos do *The New York Times* a respeito da revolução russa de 1917, apontando imprecisões e erros no que o jornal relatava. Sua principal contribuição para a teoria do jornalismo foi formulada no livro *Opinião pública*, de 1922, em que descreve o papel do jornalismo na formação do consenso social. Para ele, os saberes especializados que guiavam os que implementavam políticas públicas precisavam ser traduzidos para o público leigo, que, então, propriamente informado, constituiria a opinião pública. O jornalismo exerceria um papel de mediação entre segmentos sociais nas sociedades democráticas e sofisticadas cognitiva e tecnologicamente. O termo que ele usara ('manufatura de consentimento') foi retomado de maneira radical e profundamente negativa por Noam Chomsky (1928-) e Edward S. Herman (1925-). É bem verdade que a visão de Lippmann não supunha a participação consciente do público, que era visto por ele como indiferente aos efeitos que as políticas públicas poderiam ter sobre sua vida. Lippmann criou a expressão 'guerra fria' para designar os conflitos entre os Estados Unidos e a União Soviética. ▸ Cf. CONSENTIMENTO.

BIBLIOGRAFIA
LIPPMANN, Walter. *Opinião pública*. Petrópolis: Vozes, 2008.

lip-sync [ing.] CINE TV Ato ou efeito de sincronizar o som e a imagem filmada de modo a criar a impressão de adequação do que está sendo ouvido ou visto; dublagem.
liquid crystal display [ing.] TEC Tela ou visor cuja tecnologia é baseada nas propriedades moduladoras de cristais líquidos, que não emitem luz diretamente. ▸ As *liquid crystal displays* são mais eficientes, mais baratas, mais compactas, mais portáteis e menos suscetíveis de produzir reflexos e refrações indesejáveis, sendo por isso amplamente utilizadas em telas de computador e de televisão, monitores de vídeo e relógios eletrônicos. Sigla: *LCD*.
lírica LIT 1 Conjunto das poesias líricas de um autor. 2 Poesia lírica. 3 O gênero lírico.
lírico 1 Na Antiguidade, dizia-se de composição poética para ser cantada com acompanhamento da lira (como as odes, os hinos). 2 Diz-se de obra em verso para canto, ou própria para musicar. 3 Que constitui uma expressão ética e dramática do sentimento; que se distingue pelo sentimentalismo, pelo enlevo poético. 4 LIT MÚS Diz-se de gênero poético ou musical consagrado à expressão de sentimentos e pensamentos íntimos. 5 Diz-se de ou poeta que cultiva o gênero lírico; liricista. 6 LIT Cujo gênero é lírico. 7 MÚS Relativo a ópera. 8 MÚS Diz-se de cantor de ópera. 9 TEAT Diz-se de teatro onde são representadas óperas.
lista de assinantes Lista telefônica com os nomes dos assinantes alfabeticamente organizados.
lista de endereços Lista telefônica que organiza alfabeticamente os nomes dos logradouros e, por ordem crescente, a numeração de edifícios e casas e a de apartamentos residenciais ou salas comerciais.
listagem INF Sucessão de linhas impressas que representam o conteúdo de um arquivo ou um código-fonte de um programa.

lista negra JOR Relação de assuntos ou pessoas que, por contrariarem os interesses da direção de um órgão de imprensa, nele não devem ser mencionados ou tratados favoravelmente.

lista telefônica Design. genérica da relação de assinantes que, conforme o modo de organizar as entradas e o ponto de vista sob o qual são considerados os listados (nome, atividade econômica, residência/sede comercial), se especifica em lista 'de assinantes', 'classificada' ou 'de endereços'.

literatura **1** Ensino das primeiras letras. **2** Conjunto de escritores, poetas etc. que atuam no mundo das letras, numa determinada sociedade. **3** LIT Uso estético da linguagem escrita; arte literária. **4** Ofício, trabalho do profissional de letras. **5** LIT Conjunto de obras literárias de reconhecido valor estético, pertencentes a um país, época, gênero etc. **6** Conjunto de obras científicas, filosóficas etc. sobre determinado assunto, matéria ou questão; bibliografia. **7** Disciplina escolar composta de estudos literários. **8** COMN Boletim, conjunto de instruções etc. que acompanham um produto para orientar o cliente ou comprador sobre seu emprego. **9** Palavreado vazio, de caráter inautêntico, artiificial ou superficial. ▸ Uso pejorativo.

INFORMAÇÕES GERAIS

A literatura é uma prática comunicativa que faz parte de uma totalidade, que é a comunicação verbal. Essa observação talvez crie a expectativa equivocada de que os métodos de compreensão geral dos textos verbais sejam os mesmos que explicam o fenômeno da literatura. Na verdade, as criações literárias valem-se de procedimentos sintáticos e semânticos apenas superficialmente aparentados às práticas ordinárias da linguagem. Os enunciados produzidos pelo falar comum seguem uma regra comunicacional básica: as locuções da linguagem ordinária derivam-se de um modelo estatístico presente na mente dos usuários da língua. A fala normal é por isso a projeção de um código, enquanto a criação literária somente se origina nesse código, desviando-se dele, porque seus propósitos são outros. Em primeiro lugar, o efeito literário resulta da ação individual do criador e do leitor. Sendo assim, o efeito da literatura não é plenamente regido por um modelo abstrato e coletivo. O que se entende por 'literariedade' é somente uma generalização rarefeita, que se verifica após a existência de trabalhos individuais e concretos. Os estudos literários são uma semiótica da fala e não da língua. A dimensão principal da literatura é, por natureza, pragmática, até mesmo quando a teoria literária chama para si a tarefa de descrever e classificar as propriedades da poesia e da prosa narrativa. Presta-se atenção ao ritmo, à métrica e à aliteração, sem se prender à compreensão puramente sintática do texto: o que se quer é captar como essas propriedades formais operam durante a leitura. O mesmo se faz quando o objeto é a sintaxe narrativa: a narratologia procura singularizar como os elementos da trama criam o fluxo e o significado da história. A rigor, na literatura, a pragmática do texto abarca as outras dimensões da linguagem, sejam elas sintáticas ou semânticas. Mais do que língua, a criação literária é discurso. De maneira complementar, não se deve esquecer que os trabalhos literários são interações simbólicas institucionais e que, assim, participam da cultura de um grupo social, o que fomenta análises comparativas. Levando em conta o contexto histórico e político da sociedade, é viável cotejar a literatura com outras configurações de signos, como música, artes visuais, cinema etc. É razoável também supor que, como toda análise comparativa, o cotejamento da literatura com outros sistemas de signos engendre teses sobre a percepção, o saber, a lógica, a eficácia comunicativa e outros aspectos da vida humana. Afinal, tudo é signo e representação, inclusive a literatura.

---

literatura comparada LIT Análise sincrônica ou diacrônica das relações e similaridades entre as literaturas de povos ou países diferentes. ▸ Atualmente, os estudos comparativos de literatura não mais se restringem às fronteiras da nacionalidade, já que se tornaram abordagem importante nos estudos culturais, dedicando-se aos temas da globalização e da interações entre culturas.

literatura de cordel LIT **1** Literatura popular (esp. contos, novelas e poesia) de impressão barata, exposta à venda em cordéis, esp. em logradouros públicos do Nordeste do Brasil. **2** O livreto contendo poesias, contos etc. dessa literatura. ▸ Tb. se diz apenas *cordel*.

literatura de ficção LIT M.q. FICÇÃO (prosa literária).

literatura de massa LIT M.COM Literatura de conteúdo facilmente assimilável (p.ex. contos e novelas sentimentais, histórias em quadrinhos, fotonovelas etc.) produzidas para o grande público.

literatura de vanguarda LIT Toda literatura que se contrapõe estética e, por vezes, ideologicamente às tendências literárias vigentes ou às imediatamente anteriores a seu aparecimento.

literatura oral LIT Conjunto de lendas e histórias populares, ger. antigas, difundidas e perpetuadas por tradição.

literatura popular LIT Aquela que nasce fora dos meios consagrados e que, por sua expressão espontânea, criativa, original, acaba por ser cultivada entre aqueles que se interessam por literatura. ▸ Cf. LITERATURA ORAL; LITERATURA DE CORDEL.

litocromia GRÁF **1** M.q. OLEOGRAVURA. **2** M.q. CROMOLITOGRAFIA.

litografia GRÁF **1** Processo de reprodução que consiste em imprimir sobre papel, por meio de prensa, um escrito ou desenho executados com tinta graxenta sobre superfície calcária ou placa metálica, ger. de zinco ou alumínio. **2** Escrito ou desenho produzido por esse processo; litogravura. **3** Oficina onde são feitas litografias.

litográfico GRÁF **1** Relativo a litografia. **2** Diz-se de certa pedra calcária, us. em litografia, de grãos finos e homogêneos e fácil de polir.

litogravura GRÁF M.q. LITOGRAFIA.

litteratim [lat.] M.q. IPSIS LITTERIS.

livreto Livro de poucas páginas; folheto, livrete, opúsculo.

livro **1** Coleção de folhas de papel, impressas ou não, cortadas, dobradas e reunidas em cadernos cujos dorsos são unidos por meio de cola, costura etc., formando um volume que se recobre com capa resistente. **2** Esse volume, considerado tb. do ponto de vista de seu conteúdo; obra de cunho literário, científico, técnico, documentativo etc. ▸ Segundo as normas de documentação da ABNT (Associação Brasileira de Normas Técnicas) e organismos internacionais, livro é a publicação com mais de 48 páginas, além da capa. **3** Esse volume em qualquer suporte (p.ex. papiro, disquete etc.) ▸ Cf. FOLHETO ('publicação não periódica'). **4** Cada uma das partes em que se divide uma obra extensa (p.ex.: a Bíblia). **5** Caderno ('volume') para registro ou anotação de algo. **6** Cada um dos volumes que compõem um livro (acp. 2); tomo. **7** Coletânea de documentos relativos a determinado assunto, publicados por um governo para o conhecimento do público (p.ex.: o *livro azul*, na Inglaterra). **8** Aquilo que pode ser interpretado como se fosse um livro.

INFORMAÇÕES GERAIS

O livro é uma forma de publicação daquilo que é escrito e que pode vir em pedra, tabletes de cera ou argila, folhas de metal, papiro, em manuscrito e ilustrado, impresso, digitalizado em *pixels* etc. Os instrumentos e meios de sua produção são secundários, em face da escritura ou do que é exposto em suas páginas. Os livros não se restringem a um gênero, estilo ou processo criativo e podem conter tudo, desde que venham sob a forma de texto ou de imagem em separado ou combinados. Nos livros, encontram-se mitos de origem de uma civilização, prescrições e regras religiosas, registros históricos, receituários práticos, especulações filosóficas, tratados matemáticos e científicos, criações literárias etc. Transpõe-se facilmente um livro para outro suporte: o leitor contemporâneo compra em *e-book* o código de Hamurabi. O livro faz mais do que acolher as formas mais variadas do discurso: o livro é discurso. A invenção do livro é, portanto, consequência da descoberta da escrita (cf. ALFABETO) e tem aproximadamente cinco mil anos. Os textos antigos eram cuneiformes e seguiam o fluxo de grafia chamado de bustrofédon. No bustrofédon, o texto ia da direita para a esquerda e, então, da esquerda para a direita. A primeira linha, que se iniciava no canto direito, não era interrompida ao chegar a seu fim: descrevia um semicírculo e recomeçava na segunda, que ia em sentido inverso da esquerda para a direita, e assim sucessivamente. Esse modo de grafar denomina-se bustrofédon porque deriva de uma palavra que significa 'como os sulcos de um arado puxado por bois'. Na sua descrição da vida no Egito, Heródoto (c484 a.C. - c425 a.C.) menciona papiros egípcios que eram folhas grossas tecidas a partir dos talos de uma erva aquática local (*Cyperus papyrus*). Segundo Heródoto, os fenícios introduziram no Egito tanto o suporte dos livros como o alfabeto com o qual eram escritos. As folhas do livro em papiro eram coladas em rolos. Os jônicos das ilhas gregas da Ásia Menor chamavam os papiros de *peles*, porque as peles de animais eram frequentemente usadas como suporte da escrita. As páginas podiam variar, do pergaminho a cascas de árvore, mas a formas dos livros era predominantemente em rolos de texto. A forma de publicação em códice, com folhas encadernadas com cosedura, que caracteriza o livro moderno, começou a ser us. no final do sI d.C., só se estabelecendo definitivamente dois ou três séculos depois. A cultura cristã preferiu o volume em códice provavelmente por dois motivos: para estabelecer uma distinção clara com a cultura pagã e por economia, já que o códice, por usar os dois lados da folha, gastava a metade do suporte material. O monastério medieval tinha uma área destinada à cópia e produção de livros: o *scriptorium*. Nessa época, os livros eram raros e caros, produzidos manualmente por monges, que exerciam atividades diferenciadas: alguns dos escribas caligrafavam os livros, outros o produziam, enquanto o restante corrigia e cotejava as cópias com o original, além de pintar-lhes ilustrações e rubricar os volumes. Só depois desse processo penoso, custoso e demorado, o livro seria encadernado. Os textos dos livros antigos eram corridos, sem espacejamento entre as palavras, o que exigia a leitura em voz alta. Em *Confissões*, Santo Agostinho (354-430) nota, com espanto, que Ambrósio, bispo de Milão (c340-397), lia em silêncio, apenas para si, uma habilidade única, o que leva Agostinho a identificar esse tipo de interioridade com a mais alta espiritualidade. Apenas no sVII os monges dos conventos irlandeses introduziram sistematicamente o espacejamento entre as palavras, facilitando bastante a leitura de livros. Porém a prática de separar palavras só se sedimentou cinco séculos depois. Através dos árabes, no sVIII, o papel, que fora inventado na China, substituiu o pergaminho dos livros. O papel fez do livro um objeto leve, mais barato e passível de ser carregado pelo leitor. Antes da invenção do tipo móvel e sem recorrer à cópia manuscrita, livros chineses do sIX foram reproduzidos a partir de blocos de madeira cavados em relevo, que constituíam a página a ser impressa. O processo fora inventado para a decoração de tecidos, mas servia perfeitamente no caso dos suportes de papel. O LIVRO XILOGRAFADO possibilitava a múltipla impressão, contudo demandava trabalho árduo. A invenção do tipo móvel, na China e na Coreia, não se proliferou: os caracteres ideográficos orientais eram numerosos demais para se constituírem numa invenção prática. O tipo móvel chegou ao Ocidente independentemente da invenção chinesa e coreana, por meio do trabalho do impressor alemão Johannes Gutenberg (1398-1468). A escrita fonética ocidental, que recorre a um conjunto limitado de letras, ajustava-se admiravelmente ao tipo móvel, que era fundido, sinal por sinal, em liga metálica que combinava chumbo, estanho e antimônio. Um molde de letra gerava um número considerável de tipos, que eram dispostos numa caixa, de onde o tipógrafo retirava a letra que era colocada numa régua de metal chamada *componedor*. Até o advento recente da editoração eletrônica, os processos de produção de livros seguiam variações e ajustes do modelo básico de Gutenberg. As mecânicas de industrialização multiplicaram a produção de livros, barateando-os consideravelmente, tornando-os acessíveis a segmentos numerosos da população, disseminando a informação a um ponto nunca visto, o que levou o teórico da comunicação canadense Marshall McLuhan (1911-1980) a referir-se ao processo como a galáxia de Gutenberg, que, no seu entender, criara outro tipo de ser humano: o homem tipográfico, um ser com novas capacidades cognitivas que não seriam possíveis antes da invenção do livro tipográfico. A relação de causalidade que McLuhan estabelece pode até ser contestada, mas não a importância da revolução cultural gerada pela multiplicação do livro. Atualmente, os livros são impressos por meio do processo de litografia ofsete. No ofsete, o material a ser reproduzido é transferido fotográfica ou digitalmente para uma chapa de metal, que é revelada de modo a criar duas áreas de recepção incompatíveis: uma receptiva à água e outra ao óleo da tinta de impressão. A imagem a ser impressa é transferida para a área que recebe tinta, e o processo de impressão final é feito por máquinas rotativas, que podem produzir grande quantidade de exemplares. As impressoras mais poderosas imprimem grandes quantidades de livros, mas isso não quer dizer que essa seja a norma absoluta do livro. Impressoras digitais produzem quantidades de exemplares inferiores a 250 unidades, subvertendo a mecânica tradicional de editoração: nesse caso, a impressão do livro *on-demand* só acontece quando o consumidor assim o exige. Os *tablets* e os *e-books* dispensam completamente a impressão, transformando o livro num agregado de *pixels*. Os livros eletrônicos são disponibilizados na internet ou por meio de *CD-ROMs*. Acredita-se que a informatização generalizada do livro criará mais do que um novo de tipo de distribuição: um novo tipo de livro. Nele, os modos segregados de transmissão de informação convergirão. Teremos livros animados, com *hiperlinks* que levam a informações cruzadas e complementares ao que está sendo dito, disseminando um novo tipo de discurso, próprio de uma nova era. ▸ Cf. E-BOOK; GUTENBERG, JOHANNES; HIPERTEXTO.

BIBLIOGRAFIA

AVRIN, Leila. *Scribes, script, and books: the book arts from Antiquity to the Renaissance*. New York: The American Library Association, 1991.

HALLEWELL, Laurence. *O livro no Brasil: sua história*. São Paulo: T. A. Queiroz Editor/Edusp, 1985.

HERÓDOTO. *Histórias*. São Paulo: Edições 70, 2007. v. 1-8.

MCLUHAN, Marshall. *The Gutenberg galaxy*. Toronto: Toronto University Press, 1998.

THOMPSON, John B. *Merchants of culture: the publishing business in the twenty-first century*. Cambridge: Polity Press, 2011.

livro brochado EDIT GRÁF Livro coberto com capa mole (plastificada, envernizada, sem proteção); brochura.

livro cartonado EDIT GRÁF Livro encadernado com lâminas de papelão revestidas com uma capa impressa em papel de baixa gramatura.

livro de bolso EDIT GRÁF Livro impresso em formato reduzido, papel de baixa gramatura, que ger. é reimpressão de livro editado em formato normal.

livro de texto EDIT 1 M.q. LIVRO DIDÁTICO. 2 M.q. LIVRO-TEXTO.

livro didático EDIT Livro adotado em estabelecimentos de ensino, cujo texto se enquadra nas exigências do programa escolar; livro de texto.

livro eletrônico EDIT INF M.q. E-BOOK.

livro encadernado EDIT GRÁF Livro revestido com capa dura, ger. de couro ou percalina.

livro tabular ou **tabulário** GRÁF M.q. LIVRO XILOGRAFADO.

livro-texto EDIT Livro adotado como texto básico de determinado curso; livro de texto.

livro xilografado GRÁF Livro impresso a partir de matrizes de madeira com imagens e textos gravados em relevo; livro tabular, livro tabulário. ▸ Prática comum antes da invenção do tipo móvel.

load [ing.] INF M.q. DESCARGA ('ato de copiar').

lobby [ing.] POL 1 Atividade de pressão de um grupo organizado (de interesse, de propaganda etc.) sobre políticos e poderes públicos que visa exercer sobre estes quadros qualquer influência ao seu alcance, mas sem buscar o controle formal do governo; campanha, lobismo. 2 Grupo organizado que desenvolve essa atividade.

INFORMAÇÕES GERAIS

Há quem acredite que se deva distinguir a atividade de um *lobby* com o que seria uma advocacia de interesses. Os lobistas atuariam diretamente junto aos formuladores de políticas públicas, enquanto os que exercem a advocacia de interesses procurariam influenciar a opinião pública de maneira estritamente argumentativa. Segundo o economista e crítico social Thomas Sowell (1930-), os *lobbies* são apenas grupos de interesse que sabem o que querem e como atingir seus objetivos. Nada de espantoso, pois a sociedade seria necessariamente um palco onde as visões sociais colidem. É possível criticar Sowell apontando que os *lobbies* submetem os interesses da nação ao egoísmo de grupos organizados que acabam por desmantelar o que seria para o bem da coletividade. Quando os *lobbies* atuam, deixa de existir o equilíbrio de poder tão necessário para a democracia. Não há unanimidade a esse respeito: nos Estados Unidos, por exemplo, a atividade de *lobby* não é considerada escusa ou ilegítima. Os grupos sociais têm o direito de expressar suas opiniões e fazê-las valer: esse é um direito afirmado na primeira emenda à Constituição norte-americana, que garante o exercício da livre expressão. Decisões políticas que restringiam a atividade dos lobistas foram, por vezes, consideradas inconstitucionais. Para evitar práticas de corrupção, a legislação norte-americana dispõe do *Lobbying Disclosure Act*, implementado em 1995 e do *Open Government Act* de 2007. Assim como os Estados Unidos, outros países (Lituânia, Polônia, Itália, Geórgia, Israel etc.) também regulamentam a prática do *lobby*. Na França, a atividade é vista com suspeita pois o sistema político nacional deveria estar livre da pressão de grupos de interesse particulares.

BIBLIOGRAFIA

SOWELL, Thomas. *Knowledge and decisions*. New York: Basic Boods, 1996.

__________. *A conflict of visions*. New York: Basic Books, 2007.

lobbying [ing.] Ato de fazer *lobby*.

lobista 1 Indivíduo que faz *lobby*. 2 Relativo a *lobby*.

locação 1 CINE TV Local fora do estúdio, em ambiente aberto ou fechado, em que são filmadas as cenas externas. 2 TEAT Compra de entradas para um espetáculo a preço acima do custo normal, por ser feita a poucas horas de seu início.

local 1 JOR Notícia sobre determinada localidade, publicada por jornal da mesma área. 2 RÁD TV Qualquer transmissão restrita à emissora local.

localista JOR Jornalista que escreve locais ('notícias') num jornal.

localizar INF 1 Adaptar (*software*) para o mercado local. 2 Traduzir (documentação de *software*).

loc. cit. [lat.] Abrev. de LOCO CITATO. ▸ Tb. us. *l. c.*

Locke, John (Wrington, Somerset, Inglaterra 1632 - Essex, Inglaterra 1704) Filósofo empirista e pensador político inglês, defensor do liberalismo democrático; um dos principais intelectuais do sXVII. ▸ Em 1620, Locke publicou seus mais importantes trabalhos: *Ensaio sobre o entendimento humano* (*Essay concerning human understanding*) e *Dois tratados sobre o governo* (*Two treatises of government*). Em tudo o que pensou e escreveu sobre o conhecimento, a política, o saber, a medicina, a economia e a religião, Locke é um filósofo da experiência que rejeita qualquer noção de prática ou de conhecimento regido por um sistema A PRIORI de suposições. O início do importantíssimo *Ensaio* define a filosofia como um caminho e, nesse caminho, anda lado a lado com a ciência. A ciência que inspirou Locke e a que praticou devotadamente foi a medicina. Após estudos em Oxford e sem querer seguir as carreiras de clérigo ou de professor, Locke trabalhou como médico. Em 1667, conheceu o médico Thomas Sydenham (1624-1689), criador dos métodos clínicos modernos e que escrevera um tratado importante sobre a febre. Sydenham e Locke colaboraram em pesquisas sobre doenças. Durante esse período, Locke escreveu sobre aspectos práticos e teóricos do que fazia, além de um texto sobre varíola. Para ele, praticar eficazmente a medicina é achar curas que exigem o conhecimento das causas que afligem o paciente, o que só se realiza pela consideração da história do distúrbio médico. Era o mesmo método científico proposto por Francis Bacon (1561-1626) sob o nome de 'história natural'. As recomendações que Sydenham e Locke extraíram de Bacon originavam-se numa orientação metodológica básica: o médico teria de considerar o acúmulo indutivo, a história natural dos sintomas, sem preconceitos teóricos, educativos ou quaisquer outros. O que importa sempre é o sintoma observado na manifestação sensível mais imediata. Os *a priori* precisam ser descartados, para que se chegue ao entendimento das causas reais de uma doença. No melhor estilo empirista, conhecer só é possível como resultado de observações. As causas serão identificadas pela consideração dos efeitos percebidos, portanto, pela análise dos dados sensíveis. O que for pensamento e imaginação, o que não tem correlato direto na experiência, só leva ao erro. Posteriormente, Locke dirá que os fatos não devem ser julgados do ponto de vista das opiniões; ao contrário, as opiniões devem ser julgadas pela consideração dos fatos. Assim como Bacon expõe sua filosofia científica e empirista atacando os quatro ídolos da mente (preconceitos coletivos, pressuposições individuais, imprecisões generalizantes causadas por usos da linguagem e erros transmitidos pela autoridade da educação), que assombram, deformam e levam o pensamento ao equívoco, os primeiros argumentos de Locke no *Ensaio sobre o entendimento humano* são impiedosamente críticos. A entrada para a filosofia empirista sempre se fez por meio da refutação de uma concepção ou de um dogma geralmente aceitos. O primeiro alvo de Locke é o pensamento cartesiano, que defende o inatismo das ideias. Entretanto, o *Ensaio* de Locke prossegue, em quatro partes, até formular uma avaliação crítica à origem, à natureza e aos limites da razão humana. A tarefa da filosofia restringir-se-ia a limpar, criticamente, o terreno do conhecimento. Para isso, após a refutação do inatismo, Locke apresenta suas teses a respeito do papel das ideias na geração de conhecimento, considerando também como as palavras representam, semioticamente, as ideias, para terminar discutindo as relações entre saber e probabilidade. No que concerne à relação entre ideias e conhecimento, Locke afirma, peremptoriamente, que a origem do conhecimento é a experiência, seja sob a forma de sensações, obtidas no contato com o mundo exterior, seja sob a forma de introspecção reflexiva, como é o caso das crenças e da vontade. As ideias seriam simples ou complexas. A percepção de uma cor, a experiência de dor, a identificação de um movimento e o gosto de uma comida são ideias simples. A associação de ideias simples forma ideias complexas. Daí, Locke conclui que as ideias complexas não podem ser formadas se não forem feitas pelas ideias simples, que correspondem diretamente à experiência sensível. A terceira parte do *Ensaio* é a mais importante contribuição de Locke para o estudo da linguagem e da comunicação. Com o propósito de corrigi-la e para expressar um ponto de vista oposto, Gottfried Leibniz (1646-1716) redigiu seu *Novo ensaio sobre o entendimento*. De maneira análoga, mas com argumentos diferentes, a discussão, séculos depois, de Noam Chomsky (1928-) e B. F. Skinner (1904-1990), que pode ser traduzida num conflito entre MENTALISMO e BEHAVIORISMO, reflete o confronto entre Leibniz e Locke. Ao introduzir a questão da representação da experiência em termos semióticos, que se faz graças à transformação exercida pelas palavras, Locke afirma que as coisas não são direta e completamente transpostas para a mente. Afinal, não há identidade entre ideias e objetos. Pensamentos e coisas são mediados por representações linguísticas, de fato, por signos. As palavras nomeiam as coisas, estabelecendo outro tipo de verdade, que não é a verdade estrita do pensamento, nem a da moral, mas uma espécie de verdade nominal, que Locke chama de METAFÍSICA, sendo função das relações sígnicas. As palavras e os signos expressam essências nominais. Antes mesmo de Ferdinand de Saussure (1857-1913) e de Charles Peirce (1839-1914), Locke concebeu a existência de uma doutrina dos signos, uma SEMIÓTICA, que lida com questões próprias dos nomes universais e das significações. Não é através da introspecção que os seres humanos partilham saberes, conhecimentos e sentimentos, mas através dos signos e das palavras, que asseguram a comunicação dos pensamentos. Sem ser espelho das coisas, os signos são, por sua natureza, convencionais. Porque o saber expressa-se como relação entre signos, Locke conclui, na última parte do *Ensaio*, que a unidade básica do saber é a intuição, que se demonstra dedutivamente. Assim, pode-se provar a existência de Deus. A visão política de Locke depende do pressuposto de que, em estado natural, os seres humanos são livres e iguais. A liberdade é um direito básico e essencial que deve ser protegido pelo governo, cuja função restringe-se a garantir direitos e mediar conflitos. Nesse quadro político, a tolerância é uma virtude fundamental, necessária para todas as esferas da vida civil e religiosa, que jamais deve ser desrespeitada. Depois de John Milton (1608-1674) e antes de John Stuart Mill (1806-1873), Locke articulou as bases filosóficas que justificam o papel central da LIBERDADE DE IMPRENSA na vida moderna.

BIBLIOGRAFIA

LOCKE, John. *Dois tratados sobre o governo*. São Paulo: Martins Fontes, 2005.

________. *Ensaio sobre o entendimento humano*. Lisboa: Calouste Gulbenkian, 2010.

loco citato [lat.] Remissão a texto anteriormente citado no mesmo livro; *ibidem*. ▸Abrev.: *l.c.*; e *loc. cit.*

locução 1 Maneira de articular palavras, frases, versos etc. dicção. 2 Modo próprio de se expressar no que tange à escolha e combinação de palavras; linguagem, estilo. 3 CINE RÁD TV Em um roteiro, indicação das partes a serem faladas pelo interlocutor. 4 GRAM Conjunto de palavras que equivalem a um só vocábulo, por terem significado conjunto próprio e função gramatical única (p.ex., a de adjetivo, donde a locução adjetiva; a de verbo, donde a locução verbal etc.). 5 LING M.q. SINTAGMA. 6 RÁD TV Ato de falar diante dos microfones, em rádio ou televisão.

locucional LING 1 Relativo a ou próprio de locução; locutivo. ▸Segundo o filósofo inglês J. L. Austin (1911-1960), os atos locucionais são a base da ação linguística. Os atos locucionais enunciam sentenças que são significativas; e, assim, é graças a eles que se transmite informação ou fazem-se coisas por meio de palavras (como casar, prometer etc.). **2** M.q. LOCUTÓRIO.

BIBLIOGRAFIA

AUSTIN, J. L. *Quando dizer é fazer*. Porto Alegre: Artmed, 1996.

locucionário LING M.q LOCUTÓRIO.

locutivo LING **1** Aquele que fala na primeira pessoa. **2** Relativo a ou próprio de locução; locucional.

locutor 1 Referente, pertencente ou próprio de locução. **2** COMN LING Aquele que produz enunciados, por oposição ao que os recebe ou responde; falante, emissor. ▸ Cf. INTERLOCUTOR. **3** JOR RÁD TV Na imprensa falada (rádio e televisão), profissional que, ao microfone, ger. ao vivo, apresenta programas, faz entrevistas, lê textos comerciais ou noticiosos, descreve acontecimentos de ordem econômica, política, social, esportiva etc. ▸ Cf. COMENTARISTA.

locutório LING Resultante da ação de emitir um enunciado (diz-se de ato linguístico); locucional, locucionário.

log MAT Abrev. de LOGARITMO DECIMAL. ▸ Cf. LOGARITMO.

logaritmo MAT Expoente a que se deve elevar um número tomado como base para se obter outro. ▸ Considerando que o logaritmo de um número, numa determinada base, é o expoente ou potência à qual a base deve ser elevada para que resulte outro, o logaritmo de 8 (número que é chamado de antilogaritmo) na base 2 é 3, porque, multiplicando o número da base (2) 3 vezes, o resultado será 8, ou seja, matematicamente, se $2^3 = 8$, $\log_2 8 = 3$. Em comunicação, a base mais comum é a base 2, porque reflete, numericamente, o processo de escolha não só no que concerne à estruturação binária da linguagem e das mensagens em geral, mas também pelo fato de que o emissor da mensagem pode simplesmente não querer transmiti-la. O logaritmo, que fora a princípio chamado de 'número artificial', é produto de matemáticos dos sXVI e XVII, entre eles Michael Stifel (c1487-1567), autor de *Arithmetica Integra* (1544) e John Napier (1550-1617), em *Mirifici Logarithmorum Canonis* (1614). Johannes Kepler (1571-1630) não só explorou o uso de logaritmos em suas investigações astronômicas, mas também popularizou o cálculo logarítmico, explicando-o de maneira clara e eficiente. ▸ Cf. ÁLGEBRA DE BOOLE; BIT.

logaritmo binário MAT Logaritmo na base 2. ▸ Cf. LOGARITMO.

logaritmo de Briggs MAT M.q. LOGARITMO DECIMAL.

logaritmo decimal MAT Logaritmo na base 10; logaritmo de Briggs. ▸ Abrev.: *log* e *lg*.

logastenia LING NEUR M.q. AFASIA.

lógica 1 Maneira rigorosa de raciocinar. **2** Forma por que costuma raciocinar uma pessoa ou um grupo de pessoas ligadas por um fato de ordem social, psíquica, geográfica etc. **3** Maneira por que necessariamente se encadeiam os acontecimentos, as coisas ou os elementos de natureza efetiva. **4** Coerência, fundamento. **5** Encadeamento coerente de alguma coisa que obedece a certas convenções ou regras. **6** FIL Parte da filosofia que trata das formas do pensamento em geral (dedução, indução, hipótese, inferência etc.) e das operações intelectuais que visam à determinação do que é verdadeiro ou não. ▸ Durante muito tempo acreditou-se que a lógica era um saber fechado e completo que não se alterara nem modificara desde Aristóteles (384 a.C. - 322 a.C.). É exatamente isso que Immanuel Kant (1724-1804) diz no prefácio à segunda edição de *A crítica da razão pura*. Até a formalização do raciocínio feita pelo *Organum* aristotélico, a filosofia clássica preocupara-se implicitamente com o que podia ser considerado lógica. A lógica era apenas instrumento do debate e da refutação; os esquemas inferenciais empregados eram circunstanciais e não tinham o propósito de oferecer um entendimento que fosse parte da lógica formal propriamente dita. Quando Sócrates (c469 a.C. - 399 a.C.) discute com os cidadãos atenienses, o propósito do argumento não é pensar a lógica, e sim estabelecer um princípio moral: a contradição é sinal de desconhecimento e a ignorância não deve ser o que guia a decisão pública. O ignorante tem por obrigação moral reconhecer o que não compreende e jamais agir como um sábio. Nesse caso, a lógica é secundária ante a ética. Sócrates fez o que outros debatedores faziam; para todos, em Atenas, a lógica que presidia os debates democráticos era negativa e crítica, sem o menor propósito de identificar e formular princípios lógicos, que seriam objeto de estudo independente e em si mesmo. Quando Platão (c485 a. C. - c348 a.C.) exige que a discussão filosófica produza definições universais, ele tem por propósito entender não o pensamento (isso seria lógica), mas a ontologia das coisas, cujas essências são capturadas quando definidas verbalmente. Ao afirmar que deve haver uma correspondência entre uma definição e a forma do que se define, Platão dirige-se no sentido da lógica, mas não a alcança plenamente. Como nota a *História da lógica* de Robert Blanché (1898-1975), lógica é o que faz Aristóteles, quando afirma que "de premissas verdadeiras não se podem tirar conclusões falsas, mas de premissas falsas pode-se chegar a uma conclusão verdadeira". Diante do que Platão propunha, Aristóteles promove exatamente o que hoje se denomina lógica. A lógica é o estudo da inferência, que se ramifica em dois tipos: lógica dedutiva e lógica indutiva. Na lógica dedutiva, o raciocínio parte de premissas de tal modo que, com base nelas, chega-se a uma conclusão. Na lógica indutiva, as premissas formam a base da conclusão, sem que haja entre premissas e conclusão uma relação de implicação necessária: o fato de que o sol nasceu todos os dias no passado sustenta a crença (não a conclusão lógica) de que nascerá amanhã. A conclusão indutiva não é regida pela necessidade, ou seja, é um fato empírico, perfeitamente lógico e não contraditório que o sol deixe de nascer amanhã. A lógica tem por objetivo teórico identificar como as inferências são feitas, singularizando suas regras. O estudo das inferências lógicas não se confunde com o pensamento concreto dos indivíduos, mas a eles importa, pois ignorar regras lógicas significa correr o risco de produzir inferências contraditórias e inválidas. Ainda que não use a palavra 'lógica', e sim o termo *organum*, que quer dizer 'instrumento', querendo assim referir-se ao papel da lógica no conhecimento, o propósito de Aristóteles é claro: seu objeto de estudo é o raciocínio que passa de premissas à armação de uma conclusão. A lógica envolve necessariamente relações entre proposições, mas isso não quer dizer que as proposições não devam ser entendidas em sua estrutura; que é exatamente o que Aristóteles faz em *Categorias*. Nesse tratado ele lista os dez tipos de predicação que podem ser feitos em sentenças. Predicar é atribuir algo a um sujeito, que é, no caso, tanto algo existente como um elemento gramatical. Por isso, a lógica tem inevitavelmente um lado formal que, ao ser estudado, revela a maneira pela qual os raciocínios são produzidos. Modernamente, a lógica formal preocupa-se com a axiomatização (cf. AXIOMA), sem negligenciar como as proposições são conectadas por palavras lógicas ('se', 'então', 'logo', 'e', 'ou' etc.). A lógica também reconhece uma tipologia fundamental dos raciocínios. Em *Analíticos anteriores*, Aristóteles contrasta a demonstração com a DIALÉTICA. Apesar de terem a mesma forma silogística, a demonstração e a dialética diferem no seu tipo de modalidade. O raciocínio dedutivo oferece provas e a dialética, argumentação. Diz-se isso porque a demonstração opera com premissas necessariamente verdadeiras, enquanto a dialética se faz a partir de premissas que são geralmente aceitas, ainda que não sejam necessariamente verdadeiras. Uma conclusão válida é aquela que é necessária e constitui um interesse central da demonstração científica. Por sua vez, o raciocínio dialético é aquele que interessa ao debate público e que é, por isso, vital para os que praticam a comunicação. O manual aristotélico que lida com o assunto é o livro *Tópicos*. A *Retórica*, de Aristóteles, desenvolve-se estabelecendo uma espécie de receituário do discurso persuasivo, mas é nos *Tópicos* que estão os fundamentos lógicos da comunicação (cf. LUGAR-COMUM). A modalidade do raciocínio dialético é o da possibilidade e isso presume que se levem em conta as duas pessoas que estão participando da discussão. Porque leva em conta os polos da discussão, a lógica da comunicação é sintética, situacional e não se desenvolve a partir de um sistema formalizável, como é o caso do raciocínio analítico. Mas o paralelo dos raciocínios analíticos e dialéticos deve ser considerado para que se entenda a lógica da comunicação. Tanto num como no outro caso, encontra-se o raciocínio indutivo e o raciocínio dedutivo; além disso, as formas lógicas das proposições são as mesmas. Considerando que as sentenças se estruturam segundo o modelo de sujeito e predicado conectados pelo verbo 'ser', o resultado é um conjunto de quatro sentenças básicas, positivas ou negativas, que, conjugadas aos quantificadores 'todo', 'algum' e 'nenhum', geram "todo S é P"; "nenhum S é P"; "alguns S são P" e "alguns S não são P". Daí, é fácil produzir uma hierarquia de raciocínios. A forma "todo S é P" é mais robusta logicamente do que "alguns S são P" ou "alguns S não são P". Conclusões necessariamente verdadeiras são mais desejáveis em termos de conhecimento do que as que são prováveis; mas isso apenas indica a força do argumento: um argumento provável não é necessariamente verdadeiro, mas isso não quer dizer que seja falso. Ele pode ser verdadeiro na maioria das vezes. Do ponto de vista da quantificação, 'todo' e 'a maioria das vezes' são, de fato, equivalentes, sendo sua diferença uma questão de grau. É, portanto, legítimo concluir que uma proposição geralmente aceita tem, portanto, força lógica e persuasiva. Deve-se, então, reconhecer a existência de duas modalidades de verdade: o verdadeiro e o verossímil. Uma argumentação verossímil é razoável, mas isso não quer dizer que seja verdade por força da razão necessária. A lógica da comunicação é o estudo de como a verossimilhança é uma condição lógica para a persuasão. A lógica moderna abandonou o modelo silogístico de Aristóteles e aproxima-se da matemática, como resultado da influência do LOGICISMO de Gottlob Frege (1848-1925) e Bertrand Russell (1872-1970). Frege operou uma revolução na lógica contemporânea, mostrando que a matemática é apenas um ramo da lógica. Os raciocínios matemáticos são perfeitamente explicáveis em referência a quantificadores, variáveis e funções, o que faz da lógica uma disciplina das relações num sentido mais amplo do que a lógica aristotélica supunha. **7** FIL Tratado, compêndio de lógica. **8** FIL Qualquer exemplar de um desses tratados. **9** INF Organização e planejamento das instruções, assertivas etc. num algoritmo, a fim de viabilizar a implantação de um programa. ▶ Cf. ALGORITMO.

BIBLIOGRAFIA

BLANCHÉ, Robert. *História da lógica de Aristóteles a Bertrand Russell*. Lisboa: Edições 70, 2001.

lógica aristotélica FIL M.q. LÓGICA FORMAL.
lógica das proposições LÓG Parte da lógica formal que investiga o cálculo proposicional; lógica sentencial.
lógica das relações LÓG Parte da lógica formal que investiga o cálculo de predicados.
lógica dialética FIL Processo lógico desenvolvido por Georg W. F. Hegel (1770-1831), em que há uma progressão do pensamento pela passagem de afirmação (tese) a negação (antítese) e pela união dos contrários num momento superior (síntese), que, por sua vez, irá desenvolver-se em outras progressões, até identificar-se, em seu aspecto subjetivo, com a ideia absoluta e, no objetivo, com o cosmos. ▶ Cf. DIALÉTICA.
lógica formal FIL Na tradição clássica, estudo dos conceitos, julgamentos e raciocínios abstraídos dos objetos que designam e das leis do pensamento; lógica aristotélica.
lógica modal FIL Aquela que investiga as noções de necessidade e possibilidade contrariamente à simples afirmação ou negação.
lógica polivalente LÓG Estrutura lógica que pressupõe mais de dois valores de verdade.
lógica sentencial LÓG M.q. LÓGICA DAS PROPOSIÇÕES.
lógica simbólica FIL Estudo das notações puramente formais consignadas aos conceitos, que visa estabelecer um sistema restrito de relações simbólicas capaz de exprimir a inclusão, a disjunção, a implicação e a transformação dos conjuntos; lógica matemática, logística.
lógica transcendental FIL Lógica kantiana que se funda na análise crítica dos princípios puros do entendimento, buscando esp. interpretar-lhes a origem e extensão e o valor objetivo desse entendimento, independentemente da experiência.
logicismo FIL **1** Tendência de privilegiar a lógica sobre os demais ramos da filosofia. **2** Doutrina que considera as formulações da lógica suficientes em si mesmas e isentas de qualquer interferência de ordem psicológica. **3** Tendência a utilizar a lógica em outros ramos do conhecimento. **4** Teoria segundo a qual a matemática seria parte da lógica, pois os seus axiomas podem ser deduzidos de um conjunto de axiomas puramente lógicos. ▶ O logicismo moderno começa com a argumentação de Gottlob Frege (1848-1925) em *Fundações da aritmética* e prossegue no livro de Bertrand Russell (1872-1970) e Alfred North Whitehead (1861-1947) *Principia mathematica*. Tanto um como outro trabalho defendem a ideia de que as leis da matemática são, de maneira significativa, redutíveis às leis da lógica que as explicam. Se há ambiguidade num raciocínio matemático, é porque a sua estruturação lógica é ambígua. As teses logicistas apresentam soluções teóricas para uma questão central da matemática, cujo objeto é o número. O que são os números? Certamente, os números são entidades abstratas e não empíricas. Sendo essa premissa admitida, as respos-

tas sobre a natureza do número parecem excluir-se: os números teriam uma realidade própria e uma existência externa a nossos pensamentos ou, então, são criações formais que inexistem fora da formalização. Os logicistas, como Frege e Russell, dizem que os números são explicáveis em termos estritamente lógicos e gerais, pois são classes e conjuntos. Para Frege, as verdades básicas da contagem são formalizadas por dois processos lógicos: a quantificação e a identidade. Frege demonstrou que os quantificadores e a identidade em si bastam para explicar o número, sem o menor recurso à matemática; logo, a matemática só pode ser parte da lógica. Russell e Whitehead, em *Principia mathematica*, refinaram a tese, mostrando que a matemática podia ser uma teoria dos conjuntos com seus próprios axiomas e estruturas de raciocínio. ▸ Cf. FREGE, GOTTLOB; RUSSELL, BERTRAND.

BIBLIOGRAFIA

SULLIVAN, Arthur. *Logicism and the philosophy of language*. Perterborough, Ontario: Broadview Press, 2003.

lógico **1** Relativo à lógica, de acordo com as regras da lógica. **2** Cujo raciocínio é rigoroso, coerente, acertado. **3** Conforme o bom senso, a razão; justo, racional. **4** Que decorre ou procede de acordo com uma ordem normal; que resulta da natureza das coisas, consequente. **5** Naturalmente, evidentemente, claro. **6** FIL Que ou aquele que estuda a lógica; especialista em lógica.

log in [ing.] INF M.q. LOG ON.

LOGO [ing.] INF Linguagem de programação computadorizada feita para o uso de crianças.

logocêntrico Relativo a ou próprio de logocentrismo.

logocentrismo FIL Para o filósofo contemporâneo Jacques Derrida (1930-2004), centralidade do LOGOS no pensamento ocidental, questionável em decorrência de seu caráter metafísico, fruto de uma consciência interiorizada que se expressa esp. através da linguagem falada e empreende uma investigação ontológica da linguagem. ▸ A crítica de Derrida ao logocentrismo foi apresentada, pela primeira vez, em "La pharmacie de Platón", capítulo de *La dissemination*. Derrida reconhece no logocentrismo o traço central do pensamento metafísico, centrado no logos, na estabilidade do significado, no absolutismo da verdade e na dominância da presença. *Logos*, verdade e presença são modos do ser. Derrida também observa que o ser se faz presente através da fala, da substância fônica, em detrimento da escritura, e, por isso, é pelo diálogo que o pensamento socrático procede à investigação a respeito dos fundamentos da realidade. Na tradição que o platonismo inaugura, a expressão fonética segrega outras formas da escritura, da mesma maneira que a dialética socrática exclui, demoniza e subjuga a sofística e o pensamento mítico. O projeto desconstrucionista de Derrida quer a libertação das restrições e amarras que a tradição logocêntrica criou na sua disseminação. ▸ Cf. DESCONSTRUCIONISMO; DERRIDA, JACQUES.

BIBLIOGRAFIA

DERRIDA, Jacques. *La dissemination*. Paris: Seuil, 1972.

log off [ing.] INF Conjunto de procedimentos ordenados de saída de uma sessão de processamento interativo com sistema informatizado ou equipamento periférico; *log out*.

logomaquia **1** Discussão gerada por interpretações diferentes do sentido de uma palavra; querela em torno de palavras. **2** Emprego de termos não definidos num discurso, numa argumentação; palavreado vão. **3** Querela em torno de coisas insignificantes.

logomarca PUB **1** Conjunto formado pela representação gráfica do nome de determinada marca, em letras de traçado específico, fixo e característico (logotipo) e seu símbolo visual (figurativo ou emblemático). ▸ Cf. LOGOTIPO; MARCA. **2** Representação visual de qualquer marca.

log on [ing.] INF **1** Conjunto de procedimentos organizados que permitem ao usuário estabelecer uma conexão com o sistema utilizado ou dispositivo periférico; *log in*. **2** Informação de identificação pessoal a que se dá entrada em um computador para aceder um sistema de computação dotado de barreiras de segurança ou algum serviço *on-line*, *log in*.

logos FIL **1** Ver RAZÃO. **2** Para Heráclito de Éfeso (c540 a.C. - c480 a.C.), conjunto harmônico de leis, regularidades e conexões que comandam o universo, formando uma inteligência cósmica onipresente que se plenifica no pensamento humano. ▸ Cf. HERÁCLITO DE ÉFESO. **3** No estoicismo, força criadora e mantenedora do universo, agindo como princípio ativo que anima, organiza e guia a matéria, além de determinar a lei moral, o destino e a faculdade racional dos homens.

INFORMAÇÕES GERAIS

'Logos' é uma palavra-chave do vocabulário filosófico grego que se ramificou pela teologia cristã. A palavra refere-se a três sentidos nem sempre unificados ou convergentes: 'logos' quer dizer discurso, racionalidade e argumento, sendo, na literatura grega, mais us. em prosa do que em poesia. Quando o sofista grego Protágoras de Abdera (c490 a.C. - c420 a.C.) diz ser capaz de, através de seu ensino, fazer um discurso fraco mais forte, a palavra grega que usa é *lógos*: aqui os três sentidos convergem; ele se refere a discurso que se fortifica por apresentar um argumento mais ou menos racional. Para tornar o assunto ainda mais complexo, além de considerá-lo como um critério de valor, Heráclito utiliza o termo 'logos' para se referir a um princípio cósmico, análogo à racionalidade humana. Posteriormente, o platonismo identificará logos e mente (*nous*). Por isso, desde Heráclito, a filosofia grega acredita que seja possível falar e entender racionalmente tanto o cosmos como as sociedades humanas. Antes do processo de divinização do logos que o estoicismo grego dispara e que deságua na teologia cristã, claramente reconhecível nas palavras de abertura do Evangelho segundo João ["No princípio era o Verbo (logos) e o verbo era Deus"], logos podia ser entendido como uma lei ou regra capturável por meio de uma faculdade racional que faz parte da alma humana. É esse o sentido de logos no argumento platônico de *A república*. Aristóteles (384 a.C. - 322 a.C.) emprega o termo na acepção de razão e proporção. Sob a palavra 'logos' reúnem-se as mais elevadas capacidades humanas; 1) a de perceber a forma estruturante e subjacente à matéria; 2) a de se exprimir discursiva e logicamente; 3) a de entender e participar do logos matemático que revela as proporções e as razões quantificadas da natureza; e 4) a de afirmar ou negar algo a respeito do mundo. Os animais são *alogoi*, desprovidos de logos. Apesar de tantas sutilezas e dispersões semânticas que se ramificam na história do uso da palavra, o filósofo contemporâneo Jacques Derrida (1930-2004) vê no logos a força unificante do pensamento metafísico ocidental, que se insinua sorrateiramente em autores os mais diversos. Derrida condena e fustiga o que acredita ser um pecado intelectual, denominado LOGOCENTRISMO.

lógos [gr.] FIL Ver LOGOS.
logotipia GRÁF Criação de logotipos.
logotípico Referente a logotipo ou logotipia.
logotipo GRÁF PUB Símbolo que serve à identificação de uma empresa, instituição, produto, marca etc. e que consiste ger. na estilização de uma letra ou combinação de grupo de letras com *design* característico, fixo e particular. ▶ Cf. LOGOMARCA; MARCA.
logótipo GRÁF PUB F. pref. e menos us. que LOGOTIPO.
log out [ing.] INF M.q. LOG OFF.
lombada 1 BIBL A parte do livro oposta ao corte das folhas, onde ger. figuram, em sentido horizontal ou vertical, o título da obra, o nome do autor etc.; dorso, lombo. **2** ENC Na meia-encadernação, tira de couro ou pano que cobre a lombada e a parte dos planos.
lombo BIBL M.q. LOMBADA.
lombo falso ENC M.q. FALSO-DORSO.
longa CINE Red. de LONGA-METRAGEM.
longa-metragem CINE Filme com duração mínima de 70 minutos, ger. de ficção ou documental, e que constitui a parte principal de uma sessão cinematográfica. ▶ Tb. se diz apenas *longa*. Cf. CURTA-METRAGEM; MÉDIA-METRAGEM.
longa-metragista CINE Relativo a longa-metragem ou profissional especializado em longa-metragens.
long shot [ing.] CINE M.q. PLANO GERAL. ▶ Um plano geral é filmado de tal maneira que a composição determina um sentido de espaço ou de localização em determinado lugar.
loop [ing.] INF **1** Conjunto de instruções que um programa de computador percorre e repete um significativo número de vezes até que sejam alcançadas as condições desejadas. **2** A execução reiterada dessas instruções.
loose shot [ing.] CINE Tomada que deixa amplo espaço ao redor do objeto filmado. ▶ Abrev.: *LS*.
Lorenz, Konrad (Viena, Áustria 1903 - Viena, Áustria 1989) Zoólogo, ornitólogo e etólogo austríaco, autor de importantes trabalhos sobre a comunicação e o comportamento animais. ▶ A pesquisa ornitológica de Lorenz é um marco importante no estudo do comportamento animal como forma de comunicação. Lorenz partilhou o Prêmio Nobel de Medicina e Fisiologia, em 1973, com Niko Tinbergen (1907-1988) e Karl von Frisch (1886-1982). Doutorou-se em medicina e, posteriormente, em zoologia pela Universidade de Viena. Um ponto polêmico da carreira de Lorenz, que haveria de assombrá-lo por toda a vida, foi sua entrada no Partido Nazista, ao ser nomeado professor universitário em 1938. Reavaliando sua produção intelectual, Lorenz diria que seus escritos da época, aparentemente alinhados com princípios eugênicos nazistas, foram produto de maus conselhos e do medo e que, principalmente, ao escrever sobre seleção nunca quis com isso justificar o assassinato e o extermínio de pessoas. No final da vida, Konrad Lorenz apoiava o Partido Verde alemão. Seus estudos ornitológicos levaram-no a acreditar que os instintos básicos dos animais são atenuados e deformados pela sociabilidade humana. Com Tinbergen, ele fez experimentos sobre o comportamento de pássaros, chegando a formular a hipótese teórica de que o comportamento animal é instintivo e segue uma forma de ação fixa (*fixed action pattern*) que não está necessariamente determinada por seu valor adaptativo. Lorenz escreveu trabalhos científicos e também obras de apelo popular que divulgaram a ETOLOGIA para o público leigo. Em *A agressão*, Lorenz afirma que as lutas e os combates animais e humanos são heranças instintivas que advêm dos processos darwinianos de SELEÇÃO NATURAL. Junto com a predisposição instintiva para o combate por território e fêmeas, surge um importante traço do comportamento agressivo: a transformação do confronto num processo convencional de enfrentamento, através do qual os efeitos deletérios da luta são atenuados por meio da exibição ritualizada de ameaças e sinais que sugerem a resolução para os conflitos. Comportamento ritualizado e sinais trocados fazem parte do arsenal biológico da agressão. A RITUALIZAÇÃO é um processo de codificação evolutiva que transforma um comportamento numa mensagem. Alguns reparos importantes foram feitos às conclusões de Lorenz. Estudiosos recentes do conflito animal acreditam que a ritualização de conflitos evoluiu para o benefício dos indivíduos, e não para favorecer o grupo ou a espécie, e que a agressividade e a violência desmesuradas não são traços exclusivamente humanos, como Lorenz supunha, pois o mesmo se verifica entre animais. Outra categoria importante que Lorenz criou para o entendimento do comportamento instintivo é a noção de impressão (*imprinting*). Os laços que criam a sociabilidade seriam efeito de um instinto básico que os animais trazem consigo no início de sua vida. O primeiro objeto que um animal encontra resulta em comportamentos que são efeitos de uma marca profunda. O processo evolutivo oferece uma solução simplista e eficaz na maioria das vezes, pois os primeiros animais que um infante encontra são, a rigor, membros de sua espécie com os quais interagirá. A evolução funciona porque o instinto fixa e demarca formas de comportamento de modo irreversível.

BIBLIOGRAFIA
LORENZ, Konrad. *King Solomon's ring*. New York: New American Library, 1952.
__________. *A agressão*. Lisboa: Relógio D'Água, 1992.
__________. *Os fundamentos da etologia*. São Paulo: Unesp, 1995.

Los Angeles Times [ing.] JOR Jornal metropolitano da costa oeste n.-am., fundado em 1881 e de propriedade da Tribune Corporation. ▶ *Los Angeles Times* é o segundo maior jornal metropolitano dos Estados Unidos, com uma tiragem diária de aproximadamente 720 mil exemplares durante a semana e 1 milhão aos domingos. É ganhador de 41 Prêmios Pulitzer de Jornalismo. Como muitos jornais no início do sXXI, *LA Times* foi afetado por problemas econômicos e declínio de leitores, o que o levou a intensificar sua atuação *on-line*.
lote INF **1** Grupo de registros, documentos e programas a ser processado com uma só unidade; *batch*. **2** Conjunto de comandos de um sistema operacional processados sequencialmente sem a intervenção do usuário.
Lotman, Iuri M. (Petrogrado, Rússia 1922 - Tartu, Estônia 1993) Filólogo, linguista, pensador estruturalista da cultura, crítico formalista russo. ▶ Um dos méritos intelectuais de Iuri Lotman foi ter pensado o fenômeno da cultura de maneira profunda e abrangente. Após estudos linguísticos na Rússia e por reconhecer a dificuldade de progresso acadêmico num ambiente predominantemente antissemita, Lotman, que era filho de família judia, transferiu-se em meados do sXX para a Estônia, onde

permaneceria até sua morte. A teoria de Lotman confere à mente imaginativa um papel central na formação dos produtos culturais. Tudo o que for da ordem da cultura humana emerge da imaginação criadora. A mente é, portanto, ativa e modelizadora. Segundo Lotman, as culturas modelam o mundo natural de maneira imaginativa e diversificada, criando assim o que denomina de 'semiosfera'. Na semiosfera, a mente converte o que é sensível e material em significativo. A mesma ideia fora sugerida pela BIOSSEMIÓTICA de Jakob von Uexküll (1864-1944). Lotman sugere que a imaginação transforma a biosfera em semiosfera, levando-o a concluir que existe, na vida, outra força que não é a seleção natural da biologia darwiniana, mas a história. A semiosfera teria uma ordem evolutiva própria, que deve ser entendida do ponto de vista dos signos. Entre os sistemas de signo, Lotman confere um lugar essencial para o sistema modelador que é a linguagem humana, cuja essência é poética.

BIBLIOGRAFIA

LOTMAN, Iuri M. *Universe of the mind: a semiotic theory of culture*. Bloomington: Indiana University Press, 1990.

MACHADO, Irene (org.). *Semiótica da cultura e semiosfera*. São Paulo: Annablume/Fapesp, 2007.

lowbrow [ing.] Próprio dos extratos sociais mais baixos (diz-se de pessoa ou produto cultural).

lugar-comum 1 Ideia, dito ou frase sem originalidade; banalidade, chavão. 2 O que é do conhecimento de todos. 3 FIL RET Fonte geral de onde os oradores (e por extensão todo e qualquer produtor de uma mensagem persuasiva) podem tirar argumentos e provas para qualquer assunto.

INFORMAÇÕES GERAIS

Não é com o sentido pejorativo corrente que os teóricos da retórica clássica entendiam o lugar-comum. O fato de que Aristóteles (384 a.C.- 322 a.C.) não se esforça em definir precisamente o que seja *lugar* e *lugar-comum* é sinal de que o termo provavelmente fazia parte do vocabulário geral da retórica grega. Isócrates (436 a.C. - 338 a.C.) refere-se claramente a *lugar* em seu texto sobre Helena. Tanto em português como em grego, a ideia é nitidamente espacial. Ao falar em *topos*, os retóricos gregos presumiam que existe um lugar onde se possa encontrar o que seja persuasivo. Segundo a teorização de Isócrates, seria viável recorrer ao testemunho de Teseu no texto homérico para argumentar em defesa da mulher que teria causado a guerra de Troia. O testemunho de Teseu a propósito de Helena estaria disponível para todos os que queiram inocentá-la. No caso da teoria retórica aristotélica, a ideia é expandida: quando temas assemelhados são debatidos, é possível encontrar um conjunto de estratégias de argumento que sejam persuasivas. Por serem válidas para todas essas situações assemelhadas, o lugar é comum a todas as instâncias de um debate. É provável que a metáfora de lugar tenha sido transposta do repertório de técnicas gregas para a memorização. Sugeria-se que, na memorização de um discurso, o orador devesse criar na sua memória um espaço imaginário amplo, composto de lugares onde depositaria coisas e pessoas evocativas do argumento que quisesse produzir. Nesses lugares estariam os seus recursos persuasivos. Cada assunto ou objeto específico de discursos e saberes (justiça, política, física etc.) teria um conjunto de argumentos disponíveis para o orador, da mesma maneira que uma fonte oferece água a ser utilizada por aqueles que a ela recorrem. Os lugares-comuns não geram conhecimento, somente persuasão. Não importa a posição do orador: ele encontrará, nos lugares-comuns, o que é persuasivo e útil para defender e para atacar algo ou alguém. No livro 2, seção 23 da *Retórica*, Aristóteles identifica 28 lugares-comuns (*topoi koinoi*) apropriados para as argumentações persuasivas mais diversas. Entretanto, o sentido de *lugar-comum* muda no curso da história e deixa de ser um termo que indica um aspecto da técnica de persuasão. Quando Cícero (106 a.C.-43 a.C.) refere-se a *locus communis*, o sentido conferido é o de elemento de uma lista de generalizações, o que pavimenta o caminho para que o lugar-comum seja qualificado de chavão, clichê, banalidade ou fórmula vazia. Sem ser sabedoria coletiva e visto como opinião banalizada, o recurso a esse tipo de generalização transforma o discurso persuasivo numa expressão convencionada e sem teor criativo.

BIBLIOGRAFIA

ARISTÓTELES. *On rethoric: a theory of civic discourse* (tradução notas e apêndices de George A. Kennedy). New York: Oxford University Press, 1991.

Lukács, György (Budapeste, Hungria 1885 - Budapeste, Hungria 1971) Crítico literário e filósofo marxista húngaro, com contribuições relevantes para a teoria do realismo literário e a teoria da ideologia. ▶ Lukács, apesar de húngaro, escreveu muitas de suas obras em alemão. Durante seu exílio na Alemanha, Lukács desenvolveu amizade com Max Weber (1864-1920) e Georg Simmel (1858-1918). Na Hungria, seu círculo de estudos e debates contava com a presença do historiador da arte Arnold Hauser (1892-1978), do historiador da economia Karl Polanyi (1886-1964) e do músico Béla Bartók (1881-1845), entre outros. Na primeira década do sXX, Luckács converteu-se ao marxismo, tornando-se um dos líderes do movimento comunista na Hungria. A obra intelectual de Lukács acompanhou sua ação política no Partido Comunista húngaro, com o qual manteve relações tensas e contraditórias. Escrito numa época em que Lukács dedicava-se a intensa militância política, o livro *História e consciência de classe* foi condenado pela liderança do partido, o que não impediu que fosse lido com admiração por outros intelectuais europeus. Em *História e consciência de classe*, Lukács argumentou que o proletariado é a única classe que pode aspirar ao *status* de universalidade, em virtude de sua absoluta contradição com a ordem capitalista. O proletariado estaria, assim, livre das armadilhas da falsa consciência que domina as outras classes sociais: a consciência histórica total materializa-se inevitavelmente no proletariado, que se aprimora quando uma sociedade sem classes é por ele criada. A importância do proletariado é tanto histórica como filosófica. Através da totalização a cargo do proletariado, a verdadeira universalização social efetiva-se, superando, por completo e definitivamente, todos os modos de dualismo que tipificam o pensamento ocidental. Porém, para os leninistas ortodoxos do Partido Comunista húngaro, a tese de Lukács era mecânica e irrealista. Em si mesmo, o proletariado não tem consciência: a consciência ideológica da classe operária só existe por meio de mediação partidária. Por mais idealista que a tese de Lukács possa parecer, a sua contribuição à questão da ideologia, vista em sua relação de classe, é de considerável importância: as ideologias estão necessariamente relacionadas à sua origem de classe, ideia que não fora integralmente considerada até a obra de Lukács. Apesar de abjurada por ele como um início romântico e idealista, *A teoria do romance* contém muitos dos temas históricos que iriam guiar a avaliação que Lukács faz da literatura. Os pressupostos de *A teoria do romance* são hegelianos. O romance realista é, segundo Lukács, a síntese de um processo histórico que começa na literatura épica grega. O herói moderno move-se num mundo que lhe é estranho, do qual sente-se alienado (cf. ALIENAÇÃO). Suas aventuras fazem parte do esforço de dar sentido parcial e subjetivo ao mundo. Entretanto, sua busca é restrita, por ser subjetiva, justamente o oposto da consciência histórica do proletariado, que é universalizante. Como prática literária, o romance começa com *Dom Quixote* e produz *Guerra e paz*, porque a variedade da criação estética é um *reflexo* de época. A grande literatura representa os pontos críticos do momento social e histórico em que foi produzida. O modernismo seria um reflexo estético da decadência social da burguesia, que não pode mais retratar a totalidade do processo histórico. A opção estética de Lukács é normativa e favorece a criação artística nos termos do realismo socialista, que é o modelo estético da arte stalinista. Os críticos de Lukács dizem que ele parece reduzir a criação a um gênero apenas: o romance. Ele é também lembrado por ser um dos filósofos marxistas que teorizaram sobre o processo de REIFICAÇÃO social, modo da alienação que transforma as relações humanas em coisas e mercadorias. Essa tese é retrabalhada de modo descontextualizado das relações sociais por Martin Heidegger (1889-1976) em *O ser e o tempo* ▸ Cf. HEIDEGGER, MARTIN.

BIBLIOGRAFIA

LUKÁCS, György. *A teoria do romance*. São Paulo: Editora 34, 2000.

___________. *The historical novel*. Lincoln: Nebraska University Press, 2002.

___________. *História e consciência de classe*. São Paulo: Martins Fontes, 2003.

Lumière, Auguste (Marie Louis Nicolas) (Besançon, França 1862 - Lyon, França 1954) Cineasta e homem de negócios francês, considerado um dos primeiros realizadores da história do cinema. ▸ Auguste Lumière trabalhou com o irmão, Louis, na firma de fotografia do pai. Alunos da mais importante escola técnica de Lyon, os irmãos Lumière fizeram seus primeiros filmes em 1892, após a aposentadoria do pai. Várias das inovações criadas pela dupla tornaram-se corriqueiras no aparato tecnológico do cinema, como p.ex., o uso de filme perfurado, para que pudesse ser movimentado enquanto a câmara operava, além dass máquinas de filmagem e de projeção. O nome dado aos aparelhos transformou-se em sinônimo da indústria que os irmãos Lumière ajudaram a criar: encurtada, a palavra 'cinematógrafo', que cunharam para dar nome a seus dispositivos, virou 'cinema'. Os filmes dos Lumière eram registros do cotidiano mais banal: a saída de operários de uma fábrica em Lyon, a chegada de um trem na estação, uma pescaria, cenas do mar etc. A novidade tecnológica da cinematografia justificava a cobrança de entrada para ver um espetáculo tão corriqueiro. A noção, central para a cultura de massa, de um espetáculo filmado para as massas, que pagam ingresso, começa com as exibições cinematográficas dos irmãos, que mostraram o invento na Índia, no Canadá, na Inglaterra e em Buenos Aires. Classificada de *actualités*, a filmografia de Auguste e Louis Lumière antecipa o conceito de filme documentário. Incapazes de imaginar outras maneiras de utilizar o meio cinematográfico, os irmãos Lumière dedicaram-se a invenções de patentes correlatas, como a fotografia colorida e outros produtos da indústria fotográfica. Foi na sala de projeção dos irmãos Lumière que nasceu o conceito de narrativa ficcional. Vendo curtas de documentação realista, como *A chegada do trem na estação*, Georges Méliès (1861-1938) imaginou o que os Lumière jamais conceberam: as possibilidades de criação de filmes fantásticos e históricos, bem próximos dos contos de fada. ▸ Cf. LUMIÈRE, LOUIS JEAN; MÉLIÈS, (MARIE-) GEORGES(-JEAN).

BIBLIOGRAFIA

MAST, Gerald; KAWIN, Bruce F. *A Short history of the movies*. New York: Pearson Longman, 2006.

Lumière, Louis Jean (Besançon, França 1864-Bandol, França 1948) Físico, homem de negócios e realizador cinematográfico francês que, com seu irmão Auguste, é considerado o inventor do aparato tecnológico do cinema no sXIX. ▸ Cf. LUMIÈRE, AUGUSTE (MARIE LOUIS NICOLAS).

luminância ÓPT Quociente entre a intensidade do fluxo luminoso emitido por uma superfície em dada direção e a área dessa superfície projetada ortogonalmente de um plano perpendicular àquela direção; brilhância, brilhância fotométrica, brilho.

[1]**luminoso** **1** ART.PLÁST Diz-se de pintura cujas cores constituem uma vigorosa expressão da luz ou de cor que reflete a luz em alto grau. **2** FOT Diz-se de uma objetiva quando se avalia sua maior ou menor capacidade de formar imagens brilhantes de objetos. **3** PUB M.q. BACKLIGHT.

[2]**luminoso** PUB Red. de ANÚNCIO LUMINOSO.

lúmpem SOC Pessoa que pertence ao lumpemproletariado.

lumpemproletariado SOC No vocabulário marxista, termo designativo da camada flutuante do proletariado, destituída de recursos econômicos e esp. caracterizada pela ausência de consciência de classe. ▸ O termo *lumpemproletariado* está nas páginas de *O 18 brumário*, escrito por Karl Marx (1818-1883). Com essa expressão profundamente pejorativa, Marx refere-se a uma espécie de detrito social, uma massa amorfa que vai de burgueses decadentes até criminosos egressos da cadeia. O lumpemproletariado era a base de apoio do golpe de Estado de Carlos Luís Bonaparte (1808-1873). A noção ressurge quando autores marxistas identificam que tipo de pessoa sustentou politicamente os regimes fascistas no sXX. De modo geral, tanto para Marx como para marxistas posteriores, os *déclassés* que constituem o lumpemproletariado surgem quando momentos de crise social e econômica impulsionam o rancor reacionário dos desgarrados, que passam a apoiar regimes espúrios e totalitários.

BIBLIOGRAFIA

MARX, Karl. *O 18 brumário de Luís Bonaparte*. São Paulo: Martin Claret, 2008.

lumpesinato SOC M.q. LUMPEMPROLETARIADO.

lux ÓPT Unidade de iluminamento do Sistema Internacional, equivalente à produção de um fluxo luminoso uniformemente distribuído sobre uma superfície na proporção de um lúmen por metro quadrado. ▸ Símb.: *lx*.

luz **1** ART.PLÁST Qualquer área de quadro, gravura ou desenho, representada como iluminada; a parte de uma escultura que oferece à luz uma superfície em que ela se possa refletir. 2 ÓPT Toda radiação eletromagnética sensível à visão humana e cujos comprimentos de onda estão contidos na faixa entre 400 e 740 nanômetros aprox. ▶ É comum utilizar o nome 'luz' para regiões do espectro vizinhas mas não visíveis, como no caso das regiões ultravioleta e infravermelha.

luz artificial FOT A que se produz por processos técnicos e não provém direta ou indiretamente do Sol.

luz de fundo FOT TEAT Luz difusa com que se ilumina o fundo da cena.

luz de pino CINE REC.AV TEAT Tipo de iluminação em que um refletor direciona a luz para o ator apenas, em linha reta, como se viesse do teto, enquanto o fundo da cena permanece sem luz; *cameo lighting*.

luz difratada ÓPT Luz que sofreu difração.

luz difusa 1 FOT A que provém de muitas direções ou fontes, de tal modo que o objeto assim iluminado não tem seus contornos definidos com nitidez. 2 PINT Luz preferida pelos artistas impressionistas, quando os tons não apresentam extremos de claro ou escuro e as cores locais aparecem puras, sem modificação.

luz dirigida FOT A que, provindo de uma ou mais fontes bem localizadas, define vigorosamente contornos e sombras no objeto assim iluminado.

luz incidente ÓPT Luz que incide diretamente sobre uma superfície.

luz monocromática ÓPT Aquela cuja radiação eletromagnética apresenta apenas um comprimento de onda.

luz refletida ÓPT Luz emitida de volta por uma superfície iluminada.

luz refratada ÓPT Luz desviada de sua direção inicial ao passar pela superfície que separa dois meios transparentes diferenciados por seus índices de refração.

Lyotard, Jean-François (Versalhes, França 1924 - Paris, França 1998) Filósofo pós-estruturalista francês, crítico social e pensador do pós-modernismo. ▶ Mais conhecido por seu livro *A condição pós-moderna*, Lyotard deixou um conjunto de quase trinta trabalhos. Seu primeiro livro foi uma introdução exemplar à fenomenologia; a partir daí, investiu nas áreas mais diversas, que se estendiam da filosofia à teoria da arte, da questão da imagem ao desejo, passando pela reinterpretação pós-estruturalista do marxismo e do freudismo. *A condição pós-moderna* subverte a sugestão historicista contida no termo 'pós-modernismo': o pós-moderno não seria um período que se segue à modernidade. Porque a pós-modernidade é um estado, ela deve ser entendida como uma condição, perceptível no estatuto do saber da vida contemporânea. Vista como uma ruptura, a pós-modernidade não se reduz a uma nova modernidade, mas a algo completamente diferente. Ficaram para trás as heranças do sXIX: um modo de produção seriado, típico da industrialização clássica, e formas de saber totalizantes. O pós-moderno dá adeus às grandes narrativas do passado, abandonando a prioridade antes concedida à produção de mercadorias, favorecendo o conhecimento, que, por sua vez, se transforma em mercadoria. Os projetos intelectuais típicos de períodos anteriores, tais como as ideias que prevaleceram no Iluminismo, nas doutrinas historicistas, na esperança do socialismo, no marxismo e no freudismo clássicos, mostram-se singularmente inadequados à era pós-moderna. Nenhuma teoria herdada do passado é capaz de qualificar-se como sendo a expressão absoluta do que seja verdadeiro e assim determinar a supressão das subjetividades múltiplas que se manifestam através do DESEJO, sempre em interminável fluxo. Ao diagnóstico de Lyotard não se segue nenhuma alternativa totalizante: propor uma nova grande narrativa seria contraditório. Afinal, a pós-modernidade é composta de um conjunto de micronarrativas, descontínuas e parcializadas, que têm a função e o propósito de desequilibrar toda e qualquer tentativa de retorno às grandes narrativas. A religiosidade característica das grandes narrativas é sepultada e, sobre seu túmulo, surge um paganismo cognitivo e ideológico. A própria história é substituída pela experiência de eventos que se dissolvem sem parar. Em *A condição pós-moderna* e, de maneira semelhante, em trabalhos anteriores que tratavam da teoria da arte, Lyotard opõe discurso a figura: o discurso totaliza sob a forma de representação artística, enquanto que a figura desordena a linearidade discursiva. Não é possível deixar de reconhecer o parentesco de Lyotard com a experiência anarcorrevolucionária dos eventos franceses de maio de 1968. Como os insurgentes de maio, Lyotard rejeita as instituições, critica todo modo de representatividade, ao mesmo em que valoriza a radicalidade da experiência e do desejo.

BIBLIOGRAFIA

LYOTARD, Jean-François. *Economie libidinale*. Paris: Minuit, 1974.

________________. *A fenomenologia*. São Paulo: Edições 70, 1996.

________________. *Discourse, figure*. Paris: Klincksieck, 2002.

________________. *A condição pós-moderna*. Rio de Janeiro: José Olímpio, 2010.

Mm

m 1 Décima terceira letra do nosso alfabeto. **2** FON Letra que representa a consoante oclusiva bilabial sonora (como na palavra *meu*). **3** A forma dessa letra. **4** GRÁF Tipo que imprime essa letra. **5** EDIT Matriz a partir da qual se faz essa letra. **6** Diz-se do elemento de uma série que sucede ao designado pela letra *l*. **7** Abrev. de *masculino* (GRAM) e *médio* ('mediano').

mA ELETR FÍS Símb. de MILIAMPERE.

macarrão GRÁF **1** Trabalho gráfico que, por ter um número de páginas ou formato menor, é impresso no sistema tira-retira, ou utiliza folha de papel mais estreita que as dimensões normalmente empregadas na máquina impressora. **2** O papel us. nesse tipo de impresso.

maceração PAP Nas fábricas de papel, operação que consiste em mergulhar na água trapos de papéis velhos até amolecer-lhes as fibras, primeira etapa de sua transformação em pasta.

macete ENC M.q. MAÇO.

Machiavelli, Niccolò (Florença, Itália 1469 - Florença, Itália 1527) Teórico social e político, filósofo, historiador, escritor e político italiano. ▸ Interpretações apressadas e superficiais do pensamento de Machiavelli avaliam-no como um autor de receitas para o exercício amoral da política, a tal ponto que, no linguajar comum, 'maquiavélico' qualifica 'velhacaria', 'ardilosidade', 'inescrupulosidade repreensível'. Machiavelli é um dos fundadores da ciência política moderna e o principal pensador renascentista sobre a natureza do poder. Após receber a educação humanista da época, foi secretário da segunda chancelaria da República de Florença, cargo de atribuições diplomáticas que exerceu de 1498 a 1512. Com a queda da república florentina, em 1512, Machiavelli exilou-se da vida pública, dedicando-se principalmente à literatura, escrevendo ensaios, poemas, canções e comédias. Seus escritos costumam ser categorizados em dois grupos: textos relativos a práticas políticas de circunstância (memorandos, relatórios etc.) e obras com aspirações mais universais. De seus livros propriamente ditos, o mais importante é *O príncipe*, de 1513. A interpretação da política, em *O príncipe*, argumenta que o poder político é principalmente atividade prática, regida por seus próprios objetivos autônomos e absolutos. Os Estados fazem-se como resultados dessas práticas. Se as filosofias políticas que antecedem Machiavelli entendiam o poder segundo os limites da virtude moral ou teológica, *O príncipe* redefine o que seja *virtú*. A *virtú* do princípe nada tem a ver com a moralidade convencional; para o governante importa apenas o que lhe permita perceber a verdade e a crueza daquilo que os seres humanos efetivamente fazem, não o que deveriam fazer. É nisso que reside a virtude do político que se autoriza a fazer o que for necessário para se perpetuar. Machiavelli acreditava que existem limites e freios externos para a prática política: a fortuna e o acaso, as fraquezas da natureza física e psicológica do indivíduo que exerce o poder, além da imprevisibilidade dos acontecimentos históricos. O poder político é regido por mais de um determinante e forma-se na interação de fatores morais, individuais e cósmicos. As repúblicas, porque feitas à imagem dos seres humanos, seguem um ciclo semelhante à nossa existência: nascem, crescem e declinam. Machiavelli também acreditava que seria possível a regeneração de ordens políticas. Além de seus escritos históricos, entre outros trabalhos famosos constam *A arte da guerra* e a comédia *A mandrágora*.

BIBLIOGRAFIA

MACHIAVELLI, Niccolò. *A mandrágora*. São Paulo: Martin Claret, 2003.

______________. *O príncipe*. São Paulo: Martin Claret, 2008.

______________. *A arte da guerra*. Porto Alegre: L&PM, 2008.

maço ENC Ferramenta de madeira na forma de um paralelepípedo, munida de cabo, us. por entalhadores, encadernadores e impressores; macete.

macro 1 INF Sequência de comandos de um aplicativo ou conjunto de instruções de uma linguagem de programação, passíveis de serem armazenados em disco ou na memória como entes independentes que, quando solicitados, executam os comandos ou as instruções na mesma sequência em que foram armazenados. **2** INF Computador de grande porte. **3** GRÁF Sinal em forma de hífen (-), que se apõe sobre vogal para indicar que é longa.

macroambiente MKT Conjunto de fatores circunstanciais que influenciam, direta ou indiretamente, as possibilidades mercadológicas de uma empresa. ▸ Os fatores podem ser culturais, naturais, demográficos e tecnológicos.

macrobjetiva FOT Objetiva que aumenta o tamanho do que é fotografado.

macrocinema CINE M.q. MACROCINEMATOGRAFIA.

macrocinematografia CINE Método que permite a filmagem de objetos diminutos, por meio de lentes apropriadas; cinemacrografia, macrocinema.

macroinstrução INF Instrução em linguagem-fonte que deve ser substituída por uma sequência definida de instruções na mesma linguagem-fonte e que pode verificar valores para parâmetros nas instruções que a devem substituir.

macromarketing [ing.] MKT Processos e técnicas de mercadologia que procuram atender aos interesses da comunidade.

BIBLIOGRAFIA

BARTLES, Robert; JENKINS, Roger L. Macromarketing. *Journal of Marketing*, n. 41, p. 17-20, 1977.

macrozum CINE FOT **1** Objetiva zum equipada de dispositivo óptico especializado para focalizar a distâncias muito curtas. **2** M.q. FOTOMACROGRAFIA ('técnica').

maculatura GRÁF 1 Folha mal impressa, suja da impressão, que se faz passar por entre os rolos para descarregar a tinta em excesso ou dar partida à máquina, antes da tiragem definitiva; folha de descarga. 2 PAP Papel grosseiro ou proveniente de tiragem defeituosa, us. para embrulhar resmas ou bobinas de papéis para impressão.
maestro MÚS 1 Aquele que dirige orquestra, coro ou banda. 2 Aquele que compõe músicas.
magazine 1 M.COM Publicação periódica, em formato de revista, ger. ilustrada, que trata de assuntos diversos. ▸ Data do sXVIII o modelo de publicação dos magazines: uma revista periódica regular, com artigos variados, ger. financiada por uma combinação de assinaturas e publicidade, vendida em bancas, livrarias ou distribuída gratuitamente em áreas específicas. O primeiro magazine foi publicado em Londres no ano de 1731: *The Gentleman's Magazine*. Seu editor apropriou-se do termo militar *magazine*, que designava local de armazenamento de objetos variados ou de munição. A princípio, a publicação de magazines era totalmente financiada pelo número de exemplares vendidos: eram um bem de consumo cultural caro e restrito às elites. Quando os magazines passaram a ser financiados por receita publicitária, o preço de capa caiu, aumentando seu apelo popular. Em mercados editoriais, como o inglês e o norte-americano, o número de magazines disponíveis ultrapassa a casa da dezena de milhares. Até o final do século passado, os magazines eram uma atividade editorial lucrativa, direcionada a públicos altamente específicos, interessados em esportes, instrumentos musicais, arte, computação, culinária etc. Mas na primeira década do sXXI as vendas de exemplares e assinaturas de magazines caíram cerca de 30%, alterando consideravelmente o que se acredita ser um mercado estável e secular. A competição de mercado também vem reduzindo o número de títulos por assunto. Não é infrequente ver o mercado dominado por um ou dois títulos. A receita empresarial dos magazines costuma ser composta de 40% de publicidade e 60% de assinaturas ou vendas de exemplares avulsos. A rigor, os magazines indicam com precisão para os anunciantes qual é o seu público-alvo. Assim, os magazines bem-sucedidos editorialmente não são aqueles que apresentam um temário geral, e sim aqueles que se dirigem a um nicho claramente definido. Para os anunciantes, é mais eficaz veicular mensagens em revistas delimitadas tematicamente do que simplesmente anunciar numa publicação geral, com possível desperdício de investimento publicitário (cf. NICHO). Um dos desafios constantes dos magazines pagos pelos leitores é evitar o aumento do preço de capa e a consequente redução de seu público consumidor, pois isso acaba afetando a receita publicitária desse tipo de publicação. 2 CINE FOT Nas câmaras, recipiente à prova de luz, próprio para conter o filme virgem.
magro GRÁF M.q. CLARO.
maiêutica FIL 1 Método socrático que consiste na multiplicação de perguntas, induzindo o interlocutor à descoberta de suas próprias verdades e à conceituação geral de um objeto. ▸ O termo 'maiêutica' aplicado à filosofia estende seu sentido original de 'parto' para sugerir um parto de ideias. A maiêutica procede por questionamento que leva o interlocutor a descobrir por si mesmo as respostas para vários enigmas filosóficos. O método está diretamente associado à noção platônica de que o conhecimento é rememoração de um mundo das ideias que fora conhecido e que estava, até então, perdido. Estritamente, a maiêutica socrática não é descoberta, mas redescoberta. 2 Método heurístico. ▸ Cf. HEURÍSTICA.
mailbox [ing.] INF Caixa postal localizada numa área específica do armazenamento de um computador, reservada para o recebimento de correio eletrônico. ▸ Cf. EMAIL.
mailer [ing.] MKT PUB Anúncio enviado pelo correio.
mailing list [ing.] INF Lista de endereços, automatizada ou não, disponível para indivíduos ou instituições que, utilizando-a, poderão mandar mensagem para múltiplos recipientes. ▸ Tb. se diz apenas *mailist*.
mailist [ing.] INF Red. de MAILING LIST.
mainframe [ing.] INF Ver COMPUTADOR DE GRANDE PORTE.
mais-valia ECON 1 No liberalismo, aumento do valor de um bem ou de uma renda, após sua avaliação ou aquisição, em virtude de fatores econômicos que independem de qualquer transformação intrínseca desse bem ou dessa renda. 2 Na teoria marxista, lucro retido pelo capitalista, resultante da diferença entre o que ele paga pela mão de obra e o valor que ele cobra pela mercadoria produzida por essa força de trabalho; fração do trabalho não paga.

INFORMAÇÕES GERAIS

Marx (1813-1888) redesenhou radicalmente o conceito de mais-valia que fora forjado por economistas que o antecederam. Na teoria marxista, a mais-valia é a diferença entre valor de custo de um produto e seu preço de venda por parte dos capitalistas. O capitalista aumenta sua taxa de lucro, depreciando ao máximo o valor do trabalho do operário e, por isso, Marx concebia a mais-valia como exploração social. Para um economista clássico como David Ricardo (1772-1823), a mais-valia era uma troca injusta, mas, para Marx, não há troca justa quando o trabalho é remunerado por salários. Sem outra coisa a vender que a sua força de trabalho, o proletário encontra-se numa relação de forças tipicamente frágil. Em si, a exploração dá-se pela posição de classe e não por critérios de justiça ou de injustiça.

maiúscula CALG GRÁF Red. de LETRA MAIÚSCULA.
maiúsculo GRÁF Diz-se de letra de tamanho maior, formato próprio, us., p.ex., no início de períodos, nomes próprios, para dar maior destaque a certas palavras etc.; capital, capitular, versal.
make-up [ing.] Ver MAQUILAGEM.
making of [ing.] CINE TV Gênero de filme ou vídeo que mostra, registra e divulga os bastidores de concepção e produção de um filme famoso ou popular, entrevistando produtores, o diretor, atores, escritores e quaisquer outras pessoas envolvidas na sua produção.
mala direta MKT PUB 1 Comunicação seletiva de uma empresa com os clientes habituais ou potenciais de seus produtos ou serviços, feita por meio de remessa postal de impressos (folhetos, cartas circulares, catálogos etc.). 2 Relação com o nome e endereço desses clientes.
malagueta TEAT Cada uma das varetas de madeira ou metal, arranjadas em fileiras, nas quais se prendem cordas que movimentam os cenários.
malha ELETR Conjunto de ramificações que constitui uma passagem ou caminho contínuo numa rede, de tal forma que a omissão de qualquer das ramificações integrantes desse conjunto torne impossível às restantes formar uma passagem contínua.
malho MÚS Vareta us. em instrumentos de percussão; baqueta.

Malinowski, Bronislaw (Cracóvia, Polônia, Império Austro-Húngaro 1884 - New Haven, Connecticut, Estados Unidos 1942) Antropólogo funcionalista polonês, fundador da antropologia econômica, criador do método de descrição etnográfica, que caracteriza a etnologia moderna, e teórico da cultura. ▸ A experiência que inspirou a contribuição metodológica de Malinowski à antropologia começa em 1914. Malinowski formara-se em filosofia, matemática e física e viajara à Papua, porque se interessara por povos primitivos após a leitura do livro de James George Frazer (1854-1941), *The golden bough*. O plano era fazer uma viagem curta às ilhas do Pacífico Ocidental. Durante a viagem, a Primeira Guerra Mundial foi declarada e Malinowski ficou retido por estar num navio inglês, sendo ele cidadão polonês do Império Austro-Húngaro, em conflito com a Inglaterra. Por escolha própria, Malinowski residiu por aproximadamente quatro anos nas Ilhas Trobriand, que seriam o objeto do primeiro estudo de campo na história da antropologia. A experiência trobriandesa revelou-lhe a importância de imergir nas práticas da sociedade estudada, vivenciando-a diretamente, do ponto de vista dos nativos. Para ele, o estudo antropológico não se reduz apenas à descrição do que é experimentado: deve-se interpretar essas experiências, num nível de análise e de integração que não é diretamente percebido pelos atores sociais. O que, para o etnólogo, parece ordenado, justificado e legislado num claro desenho institucional não é direta e imediatamente reconhecível pelos membros dessa sociedade. Caberia à teorização antropológica unificar o diverso e o esparso, regidos apenas pela força do costume. Essa aspiração disciplinar é chamada de FUNCIONALISMO. Ao retornar das ilhas Trobriand, Malinowski publicou, em 1922, a sua monografia, *Os argonautas do Pacífico Ocidental*, considerada um dos trabalhos fundadores da antropologia moderna. Além de ilustrar seus pressupostos metodológicos, o livro é uma vívida descrição do vasto circuito de trocas denominado *kula*. Considerado em termos estritamente econômicos, o circuito *kula* é espantosamente irracional. Os navegadores de uma determinada ilha do arquipélago fazem uma travessia complexa e perigosa, carregando pulseiras e colares de conchas sem valor ou propósito econômico imediato, que dura de dois a dez anos, passando adiante objetos que, no final, retornam a seu ponto de partida. Malinowski perguntou-se: "qual o sentido da prática? A que propósito serve?". Ao contrário do capitalismo industrial, que faz da troca um elemento e causa da fratura social, o circuito *kula* opera por reciprocidade, que funciona como um mecanismo de coesão entre os habitantes das ilhas do arquipélago. Durante o circuito de navegação *kula*, na realidade, os indivíduos envolvem-se em trocas de cunho estritamente econômico que, porém, nada têm a ver com a cessão de colares e pulseiras de conchas: o circuito *kula* distingue radicalmente o social e o econômico. O livro de Malinowski demonstrou que a economia é uma atividade simbólica, que pode ser estudada antropologicamente. Em oposição às teses de Frazer, a análise que Malinowski faz da troca simbólica trobriandesa é sempre articulada a partir do que está presente sob seus olhos, sem o menor interesse pelo passado, pela história ou pela evolução do costume. O significado de uma troca cultural nunca é dado pelo exame filológico ou histórico. Teoricamente, os estudos de Malinowski indicam que o sentido de uma prática social emerge apenas de seu *contexto de situação*. Para ele, a troca de mensagens e o discurso são modos centrais da ação humana, onde está implicitamente presente toda a cultura dos que se comunicam. Os atos de comunicação não passam de reiterações fáticas da cultura. Nesse sentido, a visão de cultura em Malinowski é eminentemente prática. Essa tese foi criticada por Claude Lévi-Strauss (1908-2009), que reconhece na cultura um papel cognitivo. Seguindo Lévi-Strauss, o antropólogo norte-americano Marshall Sahlins (1930-) vê em Malinowski uma instância de uma distorção irreparável, que transforma a atividade cultural num instrumento prático. Malinowski tb. argumentou, com dados empíricos, contra a concepção freudiana de que os complexos, tais como o de Édipo, sejam universais.

BIBLIOGRAFIA

LÉVI-STRAUSS, Claude. *O totemismo, hoje*. São Paulo: Edições 70, 1986.

MALINOWSKI, Bronislaw. *Os argonautas do Pacífico Ocidental*. São Paulo: Abril, 1975.

__________. *Uma teoria científica da cultura*. São; Edições 70, 2009.

SAHLINS, Marshall. *Cultura e razão prática*. Rio de Janeiro: Zahar, 2009.

malware [ing.] INF Programação de *software* feita com o propósito malicioso de invadir, interferir, negar funcionamento, pescar dados de outros computadores sem autorização e frequentemente com propósitos criminosos. ▸ *Malware* é uma palavra composta de *malicious* (malicioso) e *software*.

mambembe TEAT **1** Grupo teatral ambulante. **2** Grupo teatral de má qualidade. ▸ Uso pejorativo.

mancha 1 GRÁF Parte impressa de uma página tipográfica, em oposição às margens e aos claros. **2** TV Região de sombra na imagem televisiva.

manchetado JOR Em estilo ou linguagem de manchete.

manchetar JOR Criar ou compor manchete(s) [para].

manchete JOR Título principal de maior destaque, no alto da primeira página de jornal ou revista, alusivo à mais importante dentre as notícias contidas na edição.

manchetinha JOR O segundo título de maior importância na primeira página ou nas páginas internas de um jornal ou revista.

Maneirismo 1 ESTÉT HIST.ART Estilo e movimento artísticos europeus de retomada de certas expressões da cultura medieval que, aprox. entre 1515 e 1610, constituíram manifesta reação contra os valores clássicos prestigiados pelo humanismo renascentista. ▸ Caracterizado pela concentração na maneira, o estilo levou à procura de efeitos bizarros que já apontam para a arte moderna, como o alongamento das figuras humanas e os pontos de vista inusitados. **2** LIT Tendência literária que precede o estilo barroco e com ele possui algumas afinidades, caracterizada, entre outras coisas, pela presença, esp. na prosa e na poesia, da melancolia, de uma visão pessimista do mundo, do sentimento de incerteza que abala os alicerces dos ideários humanista e antropocêntrico. ▸ Nas obras maneiristas, a presença de tais características já aponta uma divergência temática com relação às obras renascentistas, mas, formalmente, os artistas ainda se pautam por estas últimas.

manequim 1 Figura que representa o corpo humano, feita de materiais diversos e destinada a diferentes usos. **2** Representação tridimensional do tronco humano, us. para confeccionar e provar trajes completos ou peças da indumentária. **3** Boneco articulado e nas proporções humanas, us. para expor nas vitrinas e interiores das lojas a roupa com que está vestido. **4** ART.PLÁST Figura tridimensional e articulada, ger. de cera ou madeira, que, à falta de modelo vivo, é us. pelos escultores e pintores para estudos de poses ou de panejamentos, quando a revestem de um tecido. **5** FOT M.COM Mulher ou homem que tem por ofício exibir ao público modelos de costureiros ou posar para revistas de modas; modelo.

mangá [jap.] M.COM Estilo gráfico e revista em quadrinhos que constituem a fonte das soluções visuais dos filmes de animação japoneses (*animés*). ▶ As revistas em quadrinhos japonesas desenvolveram-se a partir do sXIX, alcançando imensa popularidade após a Segunda Guerra Mundial, mas o estilo visual que as caracteriza remonta à tradição da arte gráfica japonesa. No mercado editorial japonês, há *mangás* para todos os tipos de histórias e narrativas (da ficção científica às narrativas históricas). A melhor maneira de identificar os *mangás* é considerando seu estilo gráfico e visual. As personagens femininas são desenhadas com olhos arregalados e a dinâmica das cenas é claramente inspirada no cinema de ação. O exagero visual e narrativo caracteriza o *mangá*. A popularidade dos *mangás* é inegável, movimentando um mercado de mais de 4 bilhões de dólares no Japão, com alcance internacional, sendo um gênero crescentemente popular nos Estados Unidos e no Canadá. Em geral, a revista contém várias histórias seriadas. Após a publicação em revistas e dependendo do sucesso de público, os *mangás* são reeditados sob a forma de livros. Cf. ANIMÉ.

mangaka [jap.] M.COM Artista especializado na visualização e no desenho de *mangás*. ▶ O artista de *mangá* japonês trabalha com um grupo pequeno de colaboradores, sendo muitas vezes quem escreve a história publicada. Após estudos especializados em *mangá* numa escola de arte, o aspirante a *mangaka* responde a anúncios de concursos em revistas que publicam esse gênero de quadrinho. Selecionado, o aprendiz junta-se a um estúdio, onde completa sua formação. Os desenhos de *mangá* são, na maioria das vezes, executados manualmente. O *mangaka* submete seu trabalho a um editor, que responde pelo produto final. As histórias mais populares transformam-se em filmes de animação. Cf. ANIMÉ; MANGÁ.

manilha PAP Red. de PAPEL MANILHA.

manilhinha PAP Papel fino e acinzentado, us. para embrulhar gêneros alimentícios.

manipulação **1** Manobra pela qual se influencia um indivíduo, uma coletividade, contra a vontade destes (de modo geral, recorrendo a meios de pressão, tais como a mídia). **2** TEL Ação de incorporar sinais telegráficos a uma corrente contínua ou alternada, destinada a transmiti-los.

manobra TEAT **1** Conjunto dos equipamentos que sustenta e movimenta os cenários e a iluminação do palco. **2** A movimentação desse equipamento.

manta GRÁF Parte externa do papel de bobina, que se retira antes de ter início a impressão.

manual **1** Obra de formato pequeno que contém noções ou diretrizes relativas a uma disciplina, técnica, programa escolar etc. **2** Livreto descritivo e explicativo que acompanha determinados produtos, orientando acerca do uso, conservação, instalação etc.

manuário GRÁF Diz-se de ou tipo de ostensão cujas formas se inspiram no estilo medieval de letras sem ligaduras e cuidadosamente desenhadas à mão. ▶ Essa denominação faz parte da classificação tipográfica de Maximilien Vox (editor francês, 1894-1974), adotada em 1962 pela Association Typographique Internationale, sediada na Suíça.

manu propria [lat.] De próprio punho.

manuscrito **1** Que se manuscreveu; escrito à mão. **2** Obra escrita ou copiada à mão. **3** GRÁF Diz-se de ou qualquer texto que imita a escritura manual. **4** GRÁF Diz-se de ou versão original de um texto (escrito à mão, datilografado ou digitalizado), antes de ser editado.

INFORMAÇÕES GERAIS

Na Idade Média, a inauguração de um monastério exigia a instalação de uma biblioteca que servia também de fonte para a cópia de *codices manu scripti*: livros copiados à mão. Numa época de livros raros e escassos, sem que houvesse um processo de reprodução mecânica eficaz, o manuscrito era o livro propriamente dito, não um estágio anterior aos volumes que circulavam entre os leitores. Para suprir a demanda de livros copiados, os monastérios estabeleceram uma rede de empréstimo de manuscritos. Era parte da atividade de sacerdotes copiar textos religiosos. Junto com o livro, o monastério que emprestava a obra enviava frequentemente, com o volume, um monge que supervisionava sua cópia. Outra maneira de reproduzir um livro era pelo registro das palavras ditadas diretamente pelo autor. Os monges dedicavam-se a reproduzir em tabletes ou pergaminhos o que lhes era discorrido. Só no sXIV os autores passaram a redigir suas obras em letra cursiva que, junto com texto e comentários, eram posteriormente copiadas e distribuídas por editores que se localizavam em cidades universitárias. A Igreja Católica, durante o período medieval, tinha, entre suas missões, educar. Os reis e nobres podiam ser analfabetos, mas o padre deveria saber ler e escrever. Muitos esquivavam-se do rigor e do perigo do serviço militar entrando para um seminário. Os que não se ordenavam sacerdotes acabaram criando uma camada de escreventes que constituíram o funcionalismo público da realeza. Tanto a produção de manuscritos como a criação de seu público leitor eram efeito da ação dos monastérios católicos. O monastério de Monte Cassino, fundado por São Bento de Núrsia (480-547) em meados do sVI, tinha, como parte da atividade diária, um período dedicado à leitura de manuscritos. Os manuscritos medievais eram feitos sobre pergaminho, cujo processo dependia do esticamento e da alisadura de couro de boi, cabra ou ovelha. Quando o couro era de vitela (*vitulus*), o nome dado era *vellum*. Escrevia-se no couro de animais com penas de ganso e vários tipos de tinta feitos de cera de abelha, sebo, linhaça etc. As tintas laváveis podiam ser facilmente apagadas; senão, o erro era raspado com uma lâmina de faca. As únicas correções admitidas eram as do processo de cópia. O *scriptorium* medieval tinha por regra a fidelidade ao texto original. A produção de manuscritos era um trabalho penoso: em silêncio, o monge copiador fica aproximadamente seis horas por dia debruçado sobre as páginas; trabalhava enquanto houvesse luz e não estivesse envolvido nos seus deveres litúrgicos. Da invenção do tipo móvel, no sXV, até a propagação dos processos de editoração eletrônica, no sXX, os manuscritos restringiram-se à função de matéria intelectual do livro. Quando a editoração informatizou-se, o manuscrito mudou de lugar na produção editorial e gráfica. Atualmente, uma vez completo, o manuscrito recebe nova roupagem, servindo de base direta para a impressão ou difusão em *pixels*. Na editoração contemporânea, que possibilita a transformação do texto a ser impresso em tipos gráficos e páginas desenhadas com alto grau de finalização (CAMERA-READY), o manuscrito foi incorporado diretamente no feitio do livro. ▶ Cf. LIVRO.

BIBLIOGRAFIA

AVRIN, Leila. *Scribes, script and books: the book arts from Antiquity to the Renaissance*. New York: American Library Association, 1991.

LECLERCQ, Jean. *The love of learning and the desire for God: a study of monastic culture*. New York: Fordham University, 1985.

manuscrito americano GRÁF Letra cujo olho imita a manuscrita, mas sem as saliências e reentrâncias da letra inglesa.

mão PAP Conjunto de 25 folhas de papel.

mão direita MÚS **1** Em composições para instrumentos de teclado, o pentagrama superior. **2** Utilização do arco em instrumentos de cordas friccionadas.

mão esquerda MÚS **1** Em composições para instrumentos de teclado, o pentagrama inferior. **2** Dedilhado e posição em instrumentos de cordas friccionadas.

Mao Tsé-Tung (Zedong) **(Chaochan, província de Hunan, China 1893 - Beijing, República Popular da China 1976)** Líder revolucionário, estrategista militar, teórico marxista chinês. ▶ Após conduzir a insurgência chinesa que levou à criação da República Popular da China, em 1949, Mao Zedong foi o presidente chinês de 1954 a 1959. Durante toda sua vida, permaneceu como secretário-geral do Partido Comunista chinês. Até Mao, a teoria marxista restringia-se ao capitalismo industrial, pois, para o marxismo clássico, a luta de classes define-se pelos conflitos em torno da pressão posta por capitalistas nos salários de operários. A experiência da Revolução Chinesa e a implementação de um Estado marxista na China demonstraram que o campesinato, e não apenas o proletariado, é uma classe revolucionária. Os principais textos de Mao são *Sobre a prática* e *Sobre a contradição*: os dois escritos combinam reflexões marxistas ortodoxas com sugestões práticas para a organização revolucionária de movimentos de base. *Sobre a prática* declara que o conhecimento é efeito da conjunção da prática e do conflito social. O conhecimento seria determinado por sua origem de classe, porque não haveria outro modo de julgar seu teor de verdade ou falsidade. *Sobre a contradição* argumenta que a unidade dialética dos contrários caracteriza todas as formas de vida. O processo dialético é um movimento que inclui parte e todo: todas as situações emergem de uma contradição, que deve ser reconhecida em termos de contradição primária e secundária; no caso da sociedade capitalista, a contradição primária é aquela que opõe burguês e proletário. As contradições sucedem-se: os que hoje detêm os meios de produção serão despossuídos; a guerra transformar-se-á em paz; sem vida, não haveria morte e, sem morte, não há vida. Muitos dos livros de Mao são escritos em aforismos, que levaram os críticos a reconhecer a presença da tradição filosófica chinesa. Para Leszek Kolakowski (1927-2009), os escritos de Mao não passam de uma repetição ingênua de banalidades marxista-leninistas. Mas o modelo maoista apenas teorizava o que, através da experiência, se mostrara realidade: que a revolução comunista pode perfeitamente avançar do campo para a cidade. Ao contrário do que Marx indicara, o palco dos conflitos transformadores de uma sociedade não se limita à fábrica. O conflito e a contradição dialética estão presentes na guerrilha campesina, conduzida e controlada pelo partido. Na teoria maoista, proletariado quer apenas dizer 'uma classe sem propriedade', o que, por certo, inclui o campesinato. Apesar de suas divergências radicais com o marxismo soviético, em vários pontos Mao não se afasta da ortodoxia leninista (cf. LENIN, VLADIMIR ILITCH ULIANOV). Como Lenin, Mao tinha uma visão absolutista do poder do Partido Comunista. Porque acreditava que o partido podia, pela educação, criar um corpo de revolucionários dedicados ao extremo, o maoismo prevê o controle mais completo possível da arte e dos meios de comunicação. Mao acreditava que até os vagabundos rurais podem ser educados, a ponto de se transformarem numa vanguarda revolucionária. As mensagens artísticas ou dos meios de comunicação deveriam obrigatoriamente promover os objetivos revolucionários, o partido e seus líderes. A dissidência e a crítica eram intoleráveis. Os inimigos da revolução eram forças externas e também internas. Foi a partir dessas suposições práticas e teóricas que a Revolução Cultural Chinesa ocorreu, entre 1966 e 1976, impulsionada por Mao e executada por jovens guardas vermelhos, que procuraram a todo custo purgar o partido dos líderes do passado. No processo de criação do futuro, a Revolução Cultural movia-se no sentido de criar uma espécie de página em branco civilizatória, libertando o país do que evocasse a cultura tradicional. A reação de Mao aos relatos de desespero individual, humilhação e até mesmo suicídio indica sua indiferença ao que fosse particular. Para ele, mais importante era a causa que movia a história. Ainda que reverenciado como herói nacional, a China afastou-se progressivamente dos princípios maoistas. Um ponto constante na prática política de Mao era sua crença inabalável na educação e na condução da consciência individual como parte da engenharia de uma sociedade.

BIBLIOGRAFIA

KOLAKOWSKI, Leskek. *Main currents of marxism: the breakdown*. Oxford: Oxford University Press, 1981. v. 3.

TSÉ-TUNG, Mao. *O livro vermelho*. São Paulo: Martin Claret, 2002.

__________. *Sobre a prática e a contradição*. Rio de Janeiro: Zahar, 2008.

mapa de programação RÁD TV Lista resumida que indica os programas a serem transmitidos por uma emissora.

maqueta CINE GRÁF PUB M.q. MAQUETE.

maquetagem GRÁF Ato ou efeito de elaborar leiautes e artes-finais.

maquete **1** CINE Cenário em miniatura destinado a filmagens de estúdio, quando a obtenção de certas imagens, em ambientes ou paisagens reais, se torna muito difícil ou impraticável; reprodução em miniatura de edifícios, meios de transporte, paisagens etc., us. na simulação de peripécias impossíveis de filmar (p.ex., cenas de catástrofe); maqueta. **2** PUB Miniatura de vitrine, balcão ou interior de loja onde se experimentam possíveis arranjos de mercadorias a serem expostas; maqueta. **3** GRÁF M.q. BONECA.

maquetista Que ou quem faz maquetes.

maquiador M.q. MAQUILADOR.

maquiagem M.q. MAQUILAGEM.

Maquiavel, Nicolau Ver MACHIAVELLI, NICCOLÒ.
maquilador CINE TEAT TV Diz-se de ou profissional dedicado à criação e à aplicação de maquilagem em atores.
maquilagem **1** Ato de maquilar(-se), de aplicar produtos de higiene e/ou beleza em (alguém ou em si mesmo). **2** Conjunto desses produtos. **3** Ato de fazer modificações superficiais em algo, para melhorar-lhe o aspecto. **4** Ato de disfarçar algo.
máquina **1** GRÁF Qualquer aparelho mecânico que se destina a processos gráficos. **2** INF Computador, microcomputador. **3** TEAT Objeto, engenho ou mecanismo com que se produzem efeitos cênicos durante a representação de uma peça ou espetáculo.
máquina-caixão FOT M.q. CÂMARA-CAIXÃO.
máquina contínua PAP **1** M.q. MÁQUINA DE PAPEL. **2** Nas modernas fábricas de papel, máquina que transforma a pasta trabalhada em uma larga fita de papel contínuo, que é então enrolada em bobinas ou cortada em folhas avulsas
máquina contínua cilíndrica PAP Máquina de papel, us. principalmente para o fabrico de cartão, e em que a folha é formada pela ação de um ou mais cilindros cobertos de tela, que giram parcialmente mergulhados no tanque de pasta; máquina cilíndrica.
máquina contínua plana PAP Máquina contínua constituída por uma tela metálica que conduz a pasta em linha reta, sustentada por rolos; *fourdrinier*, máquina plana.
máquina de busca INF M.q. BUSCADOR.
máquina de papel PAP A que fabrica o papel em folha contínua, realizando as operações: armazenamento e dosagem da pasta de fibras de madeira (devidamente refinada), sua transformação em folha de papel, remoção do excesso de água, revestimento ou colagem, secagem e alisamento da superfície; máquina contínua.
máquina de retiração GRÁF Tipo de máquina que imprime verso e anverso mediante uma só passagem do papel.
máquina desejante PSICN SOC Na teoria de Gilles Deleuze (1925-1995) e Félix Guattari (1930-1992), conceito que critica a ideia freudiana do inconsciente como cena, transformando-o num mecanismo impessoal. ▶ Cf. DELEUZE, GILLES; GUATTARI, FÉLIX.

BIBLIOGRAFIA

DELEUZE, Gilles; GUATTARI, Félix. *O anti-Édipo: capitalismo e esquizofrenia*. São Paulo: Editora 34, 2010.

máquina de Turing INF Máquina hipotética de computação, imaginada por Alan Turing (1912-1954), que consiste de um autômato finito, operando um *tape* infinitamente longo. ▶ Cf. TURING, ALAN.
máquina plana PAP M.q. MÁQUINA CONTÍNUA PLANA.
máquina plano-cilíndrica GRÁF M.q. PRENSA PLANO-CILÍNDRICA.
máquina rotativa GRÁF M.q. PRENSA ROTATIVA.
máquina rotoplana GRÁF M.q. PRENSA ROTOPLANA.
maquinismo FIL Teoria de René Descartes (1596-1650) que considera os animais como simples máquinas, desprovidos de sensibilidade; teoria dos animais-máquina. ▶ Cf. AUTÔMATO.
maquinista **1** TEAT Profissional que se ocupa da montagem e desmontagem de cenários e acessórios em um teatro. **2** CINE Numa equipe de filmagem, aquele que se ocupa de deslocar ou elevar a câmara, de fazer funcionar dentro das especificações desejadas os equipamentos requeridos, para efetuar uma tomada. **3** MÚS Mau maestro.
marca **1** LING Traço fonológico, morfológico ou semântico para o qual dois termos linguísticos em oposição recebem valores opostos. ▶ No âmbito fonológico, p.ex., o traço sonoro (ou marca) do fonema /b/ faz dele o termo marcado da oposição /p/-/b/; no âmbito morfológico, a presença do morfema /-s/ de plural (ou marca de plural) torna 'livros' a forma marcada em relação a 'livro'. **2** MKT PUB Desenho, inscrição, nome, número, selo, símbolo, carimbo etc. que se coloca sobre um artigo para distingui-lo de outros, ou como indicação de propriedade, qualidade, categoria, origem. ▶ Cf. LOGOMARCA; LOGOTIPO. **3** MKT PUB A empresa que detém essa marca. **4** MKT PUB O próprio produto. **5** TEAT Definição de cada uma das posições a serem ocupadas pelo ator em cena. **6** TEAT Anotação que o ator faz em seu texto acerca do personagem que representa e de suas posições e atitudes durante a encenação.
marcação **1** GRÁF Anotação feita em texto ou ilustração que se destina a composição, com especificações de tipo, corpo, medidas etc. **2** TEAT Definição, feita pelo diretor, dos movimentos, posições e atitudes dos atores durante a representação. **3** TEAT Posição ou sequência de posições em que o ator se coloca em cena.
marca-d'água GRÁF PAP M.q. FILIGRANA ('trama', 'marca').
marcador GRÁF Tira ou fita presa à lombada de um livro para marcar a página desejada; fita solta ou objeto de espessura muito fina e comprimento maior que a largura, que tem essa função; cordão, fitilho, registro.
marcador de livro EDIT GRÁF Tira estreita de cartolina, couro, plástico etc., que se coloca em determinada página de um livro para marcá-la; marca-livro.
marcador semântico LING Na gramática gerativa, cada um dos componentes semânticos que, combinados, constituem o significado das palavras (tais como 'objeto físico', 'animado', 'humano').
marca-livro EDIT GRÁF M.q. MARCADOR DE LIVRO.
marcante Diz-se de ou elemento que permite a translação de uma palavra, ou sequência de palavras, de uma classe para outra; assim, em 'vestido de seda', a preposição 'de' é o marcante da passagem do substantivo 'seda' para adjunto adnominal (com função adjetiva). ▶ O marcante não é necessário em certos casos, como 'vestido laranja', em que se dá igualmente a passagem de substantivo a adjetivo.
marcar GRÁF Indicar em (texto destinado à composição) especificações tipográficas, como tamanho de coluna, tipos a serem usados etc.
marca registrada Marca (nome ou símbolo) indicativa de empresa, produto, serviço etc., cuja exclusividade é legalmente garantida a partir de seu registro no órgão governamental competente. ▶ A condição de marca registrada é indicada pelo sinal ®.
Marcuse, Herbert **(Berlim, Alemanha 1898 - Sternberg, Alemanha Ocidental 1979)** Filósofo alemão, crítico e teórico da sociedade, considerado o criador da *Nova Esquerda*. ▶ Autor de um *best-seller*, *One dimensional man* (originalmente traduzido como *A ideologia da sociedade industrial*), que inspirou a revolta estudantil da juventude universitária norte-americana do final da década de 1960, Marcuse é um dos principais integrantes da ESCOLA DE FRANKFURT. Desde seu exílio em 1934, nos Estados Unidos, o projeto teórico de Marcuse era essencialmente o de um marxista, com uma diferença fundamental: o marxismo precisava modificar-se para entender os novos estágios da sociedade industrial. É por isso que

Marcuse abandona e rejeita a ortodoxia soviética. Para ele, o dogmatismo do marxismo soviético não percebera que a sociedade industrial de meados do sXX era radicalmente diferente daquela que inspirara a crítica social de Marx e Engels. O desacordo de Marcuse com o marxismo clássico é acompanhado de uma tentativa de fertilizá-lo com *insights* da psicanálise freudiana e da teoria heideggeriana a propósito da alienação moderna (cf. FREUD, SIGMUND; HEIDEGGER, MARTIN). Marcuse acreditava que o centro da revolução se deslocara do proletariado para os núcleos de produção de ideias, a universidade, pois o que move a sociedade pós-industrial é essencialmente sua IDEOLOGIA. Segundo sua exposição em *One dimensional man*, a tolerância e a racionalidade das sociedades industrialmente avançadas são apenas ilusórias e não passam de formas sutis e eficazes de controle social, que desumanizam e subjugam os homens. Ao mesmo tempo em que formulava uma interpretação politicamente radical do livro freudiano *O mal-estar na civilização*, que chocara o *establishment* psicanalítico, Marcuse propunha a recusa e a rejeição de toda ordem social e civilizatória. Para ele, a liberdade vem das margens; a esperança, dos desesperançados: o sexo, o prazer e a arte são dimensões libertadoras que a humanidade troca pela inautenticidade e pelo entorpecimento empobrecedor da mídia e do consumismo. ▶ Cf. ANÁLISE FREUDIANA; REPRESSÃO; TEORIA CRÍTICA.

BIBLIOGRAFIA

MARCUSE, Herbert. *A grande recusa hoje*. Petrópolis: Vozes, 1999.

____________. *Eros e civilização*. São Paulo: LTC, 1999.

____________. *One dimensional man: studies in the ideology of advanced industrial society*. London: Taylor and Francis, 2002.

____________. *A dimensão estética*. Lisboa: Edições 70, 2007.

margeação GRÁF Operação de margear; marginação.

margear GRÁF Pôr (a folha) na prensa em posição apropriada para imprimir, pautar ou dobrar, de tal modo que nela se conserve o branco reservado à margem; marginar.

margem GRÁF O espaço em branco em cada um dos lados da página de um impresso.

margem da cabeça GRÁF Margem na parte superior da página.

margem de pé GRÁF Margem na parte inferior da página.

margem dianteira GRÁF Margem lateral externa, oposta à lombada do livro.

marginação GRÁF M.q. MARGEAÇÃO.

marginar GRÁF M.q. MARGEAR.

Marinho, Roberto (Rio de Janeiro, Brasil 1904 - Rio de Janeiro, Brasil 2003) Jornalista brasileiro, empresário e proprietário do conglomerado de mídia Organizações Globo. ▶ É difícil separar a atividade empresarial e jornalística de Roberto Marinho. Além de jornais e rádios, ele presidiu mais de uma centena de estações de televisão associadas à sua rede. Iniciou-se no jornalismo em 1925, quando seu pai, Irineu Marinho, comprou o jornal *O Globo*, morrendo três semanas depois. Roberto Marinho trabalhou na empresa como estagiário, aprendendo o ofício de jornalista, até se tornar editor-geral. Sempre cooperativo com os vários governos brasileiros, oferecendo apoio ao regime militar que dominou ditatorialmente o país por mais de vinte anos, Roberto Marinho construiu o maior império de mídia do Brasil.

marketing [ing.] MKT **1** Estratégia empresarial de otimização de lucros através da adequação da produção e oferta de suas mercadorias ou serviços às necessidades e preferências dos consumidores, para isso recorrendo a pesquisas de mercado, *design* de produtos, campanhas publicitárias, atendimentos pós-venda etc. **2** O conjunto dessas atividades. **3** Conjunto de ações estrategicamente formuladas, que visam influenciar o público quanto a uma determinada ideia, instituição, marca, pessoa, produto, serviço etc.

INFORMAÇÕES GERAIS

Não apenas produtos e serviços, mas tb. a programação e o planejamento de produtos culturais por meio de anúncios e promoções acentuou-se com a comercialização progressiva da mídia. Técnicas, estratégias e soluções antes aplicadas a produtos estritamente comerciais passaram a ser usadas diretamente nas indústrias fonográfica, cinematográfica e televisiva. Nesse momento, comunicação, cultura e mercado identificam-se por completo. Muitos acreditam que, na proporção de sua eficácia mercadológica, o *marketing* da cultura transformou-se num freio à invenção e à criatividade. No estilo de uma INDÚSTRIA CULTURAL, claramente percebido pelos que faziam parte da ESCOLA DE FRANKFURT, a cultura passou a ser regida por um planejamento antecipado, cujo único objetivo é o aumento de suas venda. De outra maneira, aplicado à maioria dos produtos comprados e vendidos, o *marketing* não passa de uma técnica auxiliar, ainda que essencial, no sucesso comercial de um bem ou de um serviço. As pesquisas de mercado modernas materializam uma suposição central da teoria aristotélica sobre as mecânicas da persuasão: a mensagem bem-sucedida emerge do conhecimento que se tem da sua audiência; logo, quanto mais o criador souber sobre aqueles que irão receber o apelo comunicacional, tanto melhor e mais eficaz será a mensagem criada. Além de familiarizados com a audiência, os profissionais de *marketing* devem conhecer também os que competem pela mesma fatia de mercado. A avaliação antecipada e a verificação posterior de planos publicitários, bem como alternativas de campanhas, são perspectivas que não podem ser negligenciadas. O *marketing* é uma atividade cognitiva constante. O que antes parecia ser um mercado razoavelmente uniforme e estável pode sofrer a ação de segmentação de diferenciação, conforme os gostos, interesses e expectativas do mercado se alteram. A segmentação e a diferenciação são fenômenos que atingem tanto o mercado de produtos como a mídia. A história da televisão mostra que, conforme a tecnologia disponível permitiu, os canais se segmentaram segundo escolhas temáticas cada vez mais diferenciadas. Frequentemente, as mudanças de mercado representam as mutações que ocorrem na sociedade.

***marketing* concentrado** MKT M.q. *MARKETING* DE NICHO.

***marketing* cultural** MKT Modalidade de *marketing* institucional que se desenvolve através do patrocínio de atividades artísticas, culturais, científicas, educacionais ou esportivas.

***marketing* de desenvolvimento** MKT Tipo ou estratégia de *marketing* que procura criar ou responder a uma demanda latente do mercado.

***marketing* de nicho** MKT Conjunto de estratégias de *marketing* totalmente direcionadas para um segmento de mercado; *marketing* concentrado.

***marketing* de relacionamento** MKT PUB Tipo de *marketing* que se baseia no conhecimento concreto dos gostos, tendências de consumo e interesses de um indivíduo. ▸ A tecnologia de informação CRM (*costumer relationship management*) permite que se desenhe um perfil de consumo relativamente preciso do comprador individual. O *CRM* é um *search engine* que não apenas capta, analisa e identifica o que foi adquirido pelo consumidor, mas tb., utilizando parâmetros escolhidos e determinados pelo usuário da tecnologica, gera informações do tipo: "Pessoas que compraram esse livro tb. compraram os livros X, Y e Z". Com base em dados desse tipo, o planejamento de *marketing* de um produto ou serviço pode estabelecer uma relação concreta com os indivíduos que sejam consumidores em potencial.

***marketing* de resposta direta** MKT M.q. *MARKETING* DIRETO.

***marketing* direto** MKT Tipo de *marketing* destinado a criar uma relação direta entre fornecedor e clientes, recorrendo, para isso, às vendas pelo reembolso postal, à mala direta, ao *telemarketing* etc.; *marketing* de resposta direta.

***marketing* institucional** MKT O que visa fortalecer a imagem da empresa ou de qualquer instituição (governo, igreja, clube etc.).

***marketing* interno** MKT M.q. *ENDOMARKETING*.

marketing mix [ing.] MKT M.q. COMPOSTO DE PRODUTO.

marketing on-line [ing.] MKT M.q. *WEBMARKETING*.

***marketing* para causas sociais** MKT M.q. *MARKETING* SOCIAL.

***marketing* político** MKT Conjunto de atividades de *marketing* destinadas a influenciar a opinião pública quanto a ideias relacionadas a política, ações governamentais, campanhas eleitorais etc.

***marketing* social** MKT 1 Modalidade de *marketing* institucional voltada para a realização de programas comunitários (serviço social, educação, saúde, lazer etc.); *merchandising* social. 2 Estratégia de *marketing* que leva em conta as responsabilidades da empresa a longo prazo, em relação aos interesses da sociedade.

market profile [ing.] MKT PUB Características específicas de um grupo de consumidores potenciais; perfil de *marketing*.

market share [ing.] MKT Grau de participação de uma empresa no mercado em termos das vendas de um determinado produto; fração do mercado controlada por ela. ▸ Cf. SHARE OF MIND.

markoviano MAT Em homenagem ao matemático russo Andrei Markov (1856-1922), diz-se de processo aleatório variável no tempo em que presente, passado e futuro são independentes.

marmita FOT Pequeno refletor de 1.000 W com que se produzem efeitos de luz de fundo.

marmoreação ENC GRÁF Operação que consiste em dar ao papel um aspecto que imita a superfície do mármore, us. ger. em folhas de guarda e nos cortes (superior, inferior e lateral) de um livro.

marmoreador ENC GRÁF Que ou aquele que faz trabalho de marmoreação; marmorizador.

marmorizador ENC GRÁF M.q. MARMOREADOR.

marqueteiro MKT Indivíduo que trabalha em *marketing*.

marreta JOR Matéria supostamente informativa ou opinativa, mas feita para a obtenção de compensações junto a alguém, empresa, partido político etc.; picaretagem. ▸ Uso pejorativo.

marretar JOR Escrever (o jornalista) ou mandar escrever matéria supostamente informativa ou opinativa, com a finalidade de obter compensações, favores ou dinheiro de alguém, empresa, partido político etc. ▸ Uso pejorativo.

marreteiro JOR Jornalista que escreve ou manda escrever matéria supostamente isenta, mas com o fim de obter compensações, favores ou dinheiro. ▸ Uso pejorativo.

martelo 1 ENC Utensílio que o encadernador usa no arredondamento do lombo do livro e para bater os cadernos. ▸ Cf. MAÇO. **2** GRÁF Na máquina de arredondar o dorso do livro, barra que bate a lombada. **3** MÚS Acessório que percute as cordas do piano.

marxismo ECON FIL POL SOC **1** Conjunto de concepções elaboradas por Karl Marx (1818-1883) e Friedrich Engels (1820-1895) que, baseadas na economia política inglesa do início do sXIX, na filosofia idealista alemã (esp. Hegel), e na tradição do pensamento socialista inglês e francês (esp. o chamado socialismo utópico), influenciaram profundamente a filosofia e as ciências humanas da modernidade, além de terem servido de doutrina ideológica para os países autodenominados socialistas. ▸ Cf. MATERIALISMO DIALÉTICO; MATERIALISMO HISTÓRICO. **2** Reunião dos movimentos de natureza política, econômica, social, cultural etc. fundamentados nessas concepções.

INFORMAÇÕES GERAIS

O marxismo é tanto uma interpretação do capitalismo industrial como uma crítica radical da civilização. As variadas versões do marxismo seguem, cada uma à sua maneira, a intuição original de Marx e Engels de que a história da civilização é a história das classes em conflito aparentemente interminável pelos meios de produção. Para o marxismo, o conflito de classes só pode terminar com a revolução socialista, que desmantelaria o poder econômico dos donos do capital. Se os fatores que compõem o marxismo são história e luta de classes, seus produtos são uma filosofia da história e da sociedade, além de uma teoria da revolução socialista. Na obra madura de Marx, qualquer especulação filosófica é secundária e auxiliar ao projeto de criação de um saber objetivo que esclareça as condições sociais que oprimem o proletariado. Só assim o socialismo deixaria de ser utópico e passaria a ser efetivamente científico. O trabalho prioritário da crítica teórica de Marx é refazer os fundamentos da economia política da época. O que há de implícito no marxismo clássico é que a revolução socialista aconteceria inevitavelmente num país industrial do sXIX, na Alemanha ou na Inglaterra, como efeito das contradições internas do capitalismo industrializado. O que aconteceu falsificou as previsões de Marx. Em 1917, a Revolução Soviética eclodiu num país que não passara pela industrialização capitalista. O marxismo reajustou-se a essa realidade e, ao longo da história, intérpretes do marxismo viram-se na necessidade de separar o marxismo soviético de um marxismo ocidental. Desde o início do sXX, o marxismo nunca foi um só continente. Mesmo que seja viável distinguir fases no marxismo soviético que começam no jacobinismo leninista, atravessam o totalitarismo stalinista, passando pela era Khruschev (1894-1971) de redirecionamento do que parecia perdido, indo do conservadorismo do período de Brejnev (1906-1982) até chegar à derrocada da União Soviética, o marxismo soviético prima pelo aprimoramento dogmático do que era a ortodoxia oficial. Sua contribuição teórica não é das mais relevantes, pois é somente tributária ao projeto de justificar um regime político totalitário. A adoção do marxismo dogmático como uma obrigatoriedade nos vários campos da ciência, da tecnologia, da cultura e da arte trouxe mais do que erros e equívocos: esterilizou o marxismo não apenas na União Soviética, mas também na China (cf. MAO TSÉ-TUNG). A renovação do marxismo veio do Ocidente, onde não foi instrumento de uma ideologia governamental. Desde a década de 1920, a crítica e a rejeição do marxismo soviético caracterizam sua versão ocidental. Para o marxismo ocidental, o objeto prioritário do pensamento crítico deslocou-se da economia política e da teoria do Estado para os domínios ideológicos da reflexão filosófica, da cultura e da arte. Além do conceito de HEGEMONIA, em Antonio Gramsci (1891-1937), da noção de literatura como reflexo da sociedade apresentada por György Lukács (1885-1971) e do revigoramento da conceituação marxista como alternativa às filosofias burguesas que o alemão Karl Korsch (1886-1961) formulou, a ESCOLA DE FRANKFURT representa o que há de mais significativo no marxismo ocidental. Na França, o marxismo misturou-se ao pensamento fenomenológico através de Maurice Merleau-Ponty (1908-1961) e ao existencialismo de Jean-Paul Sartre (1905-1980), cuja imensa força como intelectual público disseminou o marxismo junto ao público francês. Para todas as variações do marxismo ocidental, o que importa é o papel da cultura na formação da consciência social dos seres humanos, o que, paradoxalmente, se desviava da tese original de Marx, que dizia ser a consciência um efeito das condições sociais e não o produto das ideias. Um dos caminhos de conciliação com a obra de Marx seria a valorização de seus escritos de juventude, principalmente os *Manuscritos econômicos e filosóficos*, publicados pela primeira vez no início da década de 1930. Essa solução foi frontalmente criticada e rejeitada pelo teórico francês Louis Althusser (1918-1990) [cf. ALTHUSSER, LOUIS]. Outra possibilidade seria retomar e desenvolver as observações de Marx de 1859 na *Contribuição à crítica da economia política* e entender os vários níveis da sociedade como efeitos de ideologias que, por sua vez, se esclarecem no cotejo com as contradições da ordem e da BASE econômica (cf. IDEOLOGIA). O resultado desse segundo caminho não é sempre eficaz, pois facilmente produz interpretações e análises tanto mecânicas como economicistas que, apesar de agradáveis ao gosto popular, não se mostram sutis na interpretação das sociedades. Para um marxista mais sofisticado, como o teórico da literatura norte-americano Fredric Jameson (1934-), as teses de Marx exigem historicização constante das formas literárias, o que as caracteriza como mediadoras em face dos interesses econômicos, sem ser necessariamente a projeção da economia. Nem sempre os estudiosos marxistas dos meios de comunicação veem as representações que circulam na mídia como algo mais do que estando ligadas aos interesses de classes e às estratégias de luta pela posse dos meios materiais de produção econômica. A partir dessa intuição fundamental, o marxismo dividiu-se em correntes e versões diversificadas, por vezes contraditórias. Leszek Kolakowski (1927-2009) é o autor da mais completa e monumental história intelectual da ordem, do desenvolvimento e das crises teóricas do marxismo.

BIBLIOGRAFIA

ANDERSON, Perry. *Considerations on western marxism*. London: Verso, 1977.

JAMESON, Fredric. *Marxism and form*. Princeton: Princeton University Press, 1974.

KOLAKOWSKI, Leszek. *Main currents of marxism: its rise, growth and dissolution*. Oxford: Oxford University Press,1978. 3 v.

MARCUSE, Herbert. *Soviet marxism*. New Yorl: Columbia University Press, 1985.

MERQUIOR, José Guilherme. *Western marxism*. London: Grafton, 1991.

Marx, Karl **(Trier, Prússia, atualmente Alemanha 1818 - Londres, Inglaterra 1883)** Pensador, jornalista e teórico socialista; crítico da economia política; um dos escritores mais influentes do sXIX. ▶ As doutrinas teóricas que derivam dos escritos de Marx oscilam entre dois papéis que ele exerceu durante a sua vida. Marx foi tanto um agitador socialista como um cientista social, ainda que não tenha assumido nenhum posto acadêmico no sistema universitário de sua época. Para Marx, o entendimento da sociedade como ela é, seus dilemas e contradições fazem parte do arsenal necessário de transformação política e social. Dentre os pensadores socialistas, nenhum conseguiu ter a influência social de Marx, após sua morte. Durante boa parte do sXX, um número imenso de pessoas viveu sob regimes políticos e econômicos inspirados, correta ou incorretamente, em teses marxistas. Marx nasceu numa família judia, cuja linhagem era composta de rabinos, mas que se assimilara à Alemanha de sua época: seu pai era um advogado de sucesso e respeito. A princípio, Marx estudou direito na Universidade de Bonn, transferindo-se posteriormente para a Universidade de Berlim, onde se familiarizou com as teses hegelianas a propósito da história, convertendo-se, então, à causa socialista. A crítica social de Marx segue o modelo dos jovens hegelianos, que atacavam a ideologia cristã e seu papel na sociedade autoritária prussiana. Sem poder tornar-se professor, Marx escreveu artigos de forte crítica econômica e social para o influente jornal liberal *A Gazeta Renana*, do qual se tornou editor em outubro de 1842. Nas notas que escreveu, em 1845, sobre Ludwig Feuerbach (1804-1872), Marx declara que o propósito da filosofia não é interpretar o mundo, mas transformá-lo. Na *Gazeta Renana*, Marx conhece um jovem contemporâneo que seria seu parceiro por toda a vida e, posteriormente, depois de seu falecimento, o principal advogado e divulgador das teses marxistas: Friedrich Engels (1820-1895). Com Engels, Marx escreveu algumas de suas principais obras-primas, entre elas o *Manifesto do Partido Comunista*, programa político encomendado pela Liga Comunista. Nessa época, Marx estava em peregrinação e exílio por vários países da Europa, já que *A Gazeta Renana* tinha sido fechada pelo governo prussiano. É em Paris que Marx converte-se, definitivamente, ao comunismo, enquanto produz uma série de escritos que foram publicados em 1930, sob o título *Manuscritos econômicos e filosóficos*, e que mostram a imensa influência que Hegel (1770-1831) exerceu sobre os primórdios de seu pensamento. O texto dos *Manuscritos* evoca valores humanistas para desalienar o trabalho do sistema capitalista, que o corrompera e destruíra. Na sociedade comunista que Marx imagina, o trabalho é cooperativo e coletivista. A publicação dos *Manuscritos* fomentou intensa polêmica sobre o papel do hegelianismo na formação das ideias marxistas. Para a ESCOLA DE FRANKFURT, o hegelianismo do jovem Marx sanciona o interesse que os frankfurtianos devotaram ao papel da cultura como forma de alienação social; mas, para Althusser (1918-1990), o Marx maduro da luta de classes não é uma continuação do jovem Marx: trata-se, na verdade, de uma ruptura radical, de um corte epistemológico (cf. ALTHUSSER, LOUIS). Sobre o papel das ideias em sociedade, Marx escreve, com Engels, que a natureza humana inexiste fora das condições materiais de sua produção. Uma tese que seja falsa pode ser eficaz na manutenção do *status quo*. Além de publicar textos sobre momentos da conjuntura social e ser correspondente do jornal norte-americano *The New York Daily Tribune*, Marx militou no movimento socialista de sua época, transferindo-se de Paris para Bruxelas, retornou por um tempo à Alemanha e, finalmente, exilou-se em Londres, onde atravessou um período de pobreza. Entre 1857 e 1858, Marx redige um longo manuscrito, *Esboços da crítica da economia política*, que é considerado um prelúdio para sua obra máxima, *O capital*. A filosofia desaparece das preocupações de Marx, que acredita ser necessário entender a ordem econômica para que se possa determinar o momento da crise que levaria à inevitável revolução socialista. Os vários escritos que antecedem a publicação, em 1867, do primeiro volume de *O capital* esboçavam os conceitos econômicos centrais pelos quais Marx é conhecido: mais-valia, exploração do trabalho e seu valor, tendência decrescente da taxa de lucro etc. Por sua interpretação do modo de produção industrialista, Marx assegurou seu lugar como o mais importante pensador econômico do sXIX. A morte de Jenny, sua esposa, abala-o profundamente. Marx morre, deixando inacabados o segundo e o terceiro volumes de *O capital*, que foram publicados postumamente por Engels. ▸ Cf. MARXISMO.

BIBLIOGRAFIA

BERLIN, Isaiah. *Karl Marx: his life and environment*. Oxford: Oxford University Press, 1996.

KONDER, Leandro. *Marx: vida e obra*. Rio de Janeiro: Zahar, 1999.

máscara 1 FOT Cobertura translúcida ou opaca com que se oblitera parte da superfície de uma imagem, quando se tira ou imprime uma fotografia. 2 GRÁF No processo de serigrafia, tecido de seda ou de náilon preparado para impressão. 3 INF Símbolo, us. na formação de palavras-filtro, que representa um ou mais caracteres que ocupariam a mesma posição relativa no interior da palavra ou expressão; caractere curinga. ▸ Ger. o símbolo '?' é us. como máscara para representar a ocorrência de um único caractere, seja ele qual for, enquanto '*' é us. para representar a ocorrência de um número qualquer de caracteres, sejam eles quais forem. 4 TEAT Peça com que os atores cobrem o rosto para caracterizar o personagem que representam e para fazer a voz soar mais alto. ▸ Us. esp. em gêneros teatrais do Oriente e da Antiguidade greco-romana, e em primitivas manifestações dramáticas de caráter ritual. 5 TEAT Cada um dos dois símbolos (o da tragédia e o da comédia) originários do antigo teatro grego, que representam esses gêneros dramáticos. 6 TEAT Expressão que o ator imprime ao rosto em suas caracterizações.

máscara binária INF Sequência de algarismos binários (zeros e uns) us. para operar *bits* em memória, utilizando a lógica booleana. ▸ Cf. ÁLGEBRA DE BOOLE; BIT; BYTE.

máscara de imagem INF Mapa bidimensional de *bits* us. para isolar determinadas áreas de uma imagem digital de modo a permitir manipulá-las. ▸ Cf. BIT.

maser [ing.] FÍS Dispositivo utilizado para a amplificação ou produção de ondas eletromagnéticas (micro-ondas), através da emissão estimulada de radiação.

massa 1 Multidão ou conjunto numeroso de pessoas. 2 Grande número de pessoas, relativamente coesas, vistas do ponto de vista social, cultural e econômico. ▸ A noção de que a comunicação moderna se caracteriza por dirigir-se a um grupo de receptores coesos e indiferenciados remonta aos primórdios da indústria cultural moderna. Fala-se, por isso, numa comunicação de massa que só ocorre em uma sociedade de massa. Acredita-se que tanto comunicação como sociedade de massa verificam-se nas formações sociais que passaram simultaneamente pelo desenvolvimento industrial e pelo crescimento desmesurado das áreas urbanas. Definida como o oposto da raridade sofisticada da alta cultura, a expressão 'massa' tem um inegável sentido pejorativo. Cultura e comunicação de massa seriam efeitos do mais crasso comercialismo. Seus consumidores são pessoas ludibriadas ou ignorantes, incapazes de discriminar o que lhes é oferecido como cultura, quando de fato se trata de meras mercadorias. De acordo com esse tipo de pressuposição elitista, a audiência é facilmente manipulada e conduzida pelos meios de comunicação. Apesar de desacreditada pelas teorias contemporâneas da comunicação, a ideia de uma audiência em massa manipulável pelos meios continua presente no linguajar e nas concepções populares a respeito da *mass media*. 3 Grande público. 4 PAP A pasta de papel que, depois de diluída em água, está em condições de entrar na máquina contínua.

massa de rolos GRÁF Massa em cuja composição entram o grude ou a gelatina e o melaço ou a glicerina para fundir os rolos das máquinas de impressão; gelatina, massa para rolos, pasta para rolos.

massa para rolos GRÁF M.q. MASSA DE ROLOS.

massificação 1 Ato ou efeito de massificar(-se). 2 M.COM Tendência apresentada pelas sociedades industriais modernas de padronizar gostos, hábitos, opiniões, valores etc., ger. por meio de processos de simplificação que não raro representam empobrecimento cultural. ▸ Cf. ESCOLA DE FRANKFURT; INDÚSTRIA CULTURAL; COMUNICAÇÃO DE MASSA.

massificar 1 Tornar(-se) consumível por toda a sociedade (valores ou produtos freq. reservados a grupos de elite). 2 M.COM Padronizar (valores, produtos, maneiras de ser e de pensar etc.) pelos meios de comunicação de massa, ger. com empobrecimento de qualidade ▸ Cf. ESCOLA DE FRANKFURT; INDÚSTRIA CULTURAL; COMUNICAÇÃO DE MASSA.

mass media [ing.] M.COM Ver COMUNICAÇÃO DE MASSA.

máster 1 CINE FOT Cópia positiva especial obtida a partir de um original positivo, e com a qual se produz uma segunda cópia negativa, visando preservar o negativo original; interpositivo, positivo-mestre. ▸ Cf. AMPLIAÇÃO. 2 TV Suporte ou gravação usados como matriz. 3 ELETRÔN RÁD TV M.q. CONTROLE MESTRE.

master franchise [ing.] MKT Tipo de franquia que opera por cessão de direitos industriais, numa área preestabelecida. ▸ Cf. FRANQUIA.

masterização INF M.COM Produção de uma cópia máster ou matriz.

masterizar Produzir máster de (filme, disco, videoteipe etc.).

master shot [ing.] CINE TV Tomada cinematográfica em plano único de onde ocorre a filmagem, com o propósito de usá-la posteriormente na montagem final da cena.

mata-borrão PAP Papel não encolado, us. para absorver a tinta de escrever fresca ou para outros usos, como chupar a água na filtragem de uma mistura líquida; papel de chupar, papel-chupão, papel mata-borrão.

matemática MAT **1** Ciência que estuda objetos abstratos (números, figuras, funções) e as relações existentes entre eles, procedendo por método dedutivo. **2** Tratado, compêndio de matemática.

INFORMAÇÕES GERAIS

Por ser o estudo de objetos abstratos, que lida com quantidades, estruturas numéricas e espaciais, transformações e mudanças algébricas, aritméticas, geométricas e analíticas, a matemática não serviu prioritariamente para explorar e explicar o mundo físico. Os primeiros pensadores da matemática viam a disciplina como o caminho para uma ordem perfeita, que demonstrava a existência de outro mundo, puramente inteligível. A conexão da matemática com a religião era, então, inegável. O raciocínio matemático moderno é estritamente formal e axiomático (cf. AXIOMA). A partir de premissas de cunho axiomático, o matemático deduz provas e conclusões, utilizando somente o instrumento da razão. A matemática é um sistema dotado de princípios internos que levam a conclusões necessárias, o que significa dizer que, mesmo que se fundamente em capacidades de abstração que outros seres vivos (primatas, pombos, p.ex.) têm, a disciplina adquiriu um estatuto cognitivo próprio. A abstração matemática deixou de ser uma simples extração de atributos que se manifestam no mundo físico e tornou-se um continente de ideias puramente lógicas. Os propósitos práticos e imediatos da aplicação de números e quantificações para medir áreas geográficas, desenhar formas ou construir e calcular o movimento dos astros deixaram de ser o objeto principal da matemática, que se transformou, nas mãos dos gregos, num estudo sistemático por si só. Aos poucos, a ordem de prioridades foi invertida: atualmente, a conceituação matemática, é primeiro estabelecida para depois ser aplicada. Na sua história, a matemática racionalizou e beneficiou vários ramos da atividade humana: as trocas comerciais, a navegação pelos mares, a construção de casas e de monumentos, a identificação, por medidas, de extensões de terras, a mineração, a indústria, a comunicação etc. A eficácia e a elegância da matematização são alguns de seus atributos mais consistentes e encantadores. A matemática contribuiu para a comunicação, interpretando seu objeto de estudo, desenvolvendo instrumentos e dispositivos que liguem emissores e receptores, fornecendo métodos de interpretação de dados que facilitem propósitos comunicacionais. Devido à natureza estrutural do conhecimento matemático, a primeira contribuição importante da disciplina aos estudos da comunicação tratou apenas do nível mais básico dos fenômenos comunicacionais: a comunicação foi reduzida, matematicamente, a questões da transmissibilidade. Claude Shannon (1906-2001), em *A teoria matemática da comunicação*, considerou que outros aspectos da comunicação, tais como o significado dos símbolos comunicados e os efeitos produzidos nos receptores, deveriam ser temporariamente postos de lado. A demanda de Shannon era mais do que razoável: além do fato de que sem transmissão não há recepção, o procedimento requisitado era simplificador a ponto de mostrar os atributos estruturais dos processos comunicacionais. O modelo matemático de Shannon presumia que não existia distinção de capacidade entre transmissores e receptores, o que de fato acontece no caso da comunicação entre máquinas. Não interessava para ele o sentido, o conteúdo ou a qualificação da mensagem. Preocupada com a transmissão correta e precisa da mensagem, a teoria matemática da comunicação de Shannon tinha por objetivo primeiro a descrição quantitativa da INFORMAÇÃO. O conceito de informação enunciava a probabilidade ou raridade estatística das mensagens comunicadas. A descrição quantitativa da informação era dada pelo número de escolhas necessárias para a emissão de uma mensagem específica: a medida de informação expressava-se em unidades de disjunções binárias (cf. BIT). A mensuração da informação indicava um importante conceito para os estudos da comunicação: se medir é designar uma hierarquia quantitativa, no caso do teor de informação, quanto maior for o número de probabilidades de escolhas na fonte que transmite uma mensagem, mais informativa será a seleção final. Isso revela a existência de mensagens com alto teor informativo e mensagens com teor menor de informação. Portanto, vistas sob a perspectiva de sua transmissibilidade, as mensagens terão taxas de emissão mais ou menos dispendiosas. Em perfeita consonância com sua atividade de criptoanalista para o governo norte-americano durante a Segunda Guerra Mundial, Shannon observava a necessidade de se reconhecer, no processo de comunicação, um elemento que barra ou que propicia a transmissão de mensagem, reduzindo ou aumentando seu teor de predição, que é denominado CÓDIGO. Para a teoria matemática, código e informação são conceitos inversamente correlatos. A concepção teórica que possibilitou a construção dos computadores modernos derivou de questões teóricas próprias da metamatemática, após o lógico Kurt Gödel (1906-1978) ter demonstrado que todos os sistemas matemáticos eram inevitavelmente incompletos e inconsistentes (cf.GÖDEL, KURT). Como outros estudiosos da época, o inglês Alan Turing (1912-1954), criador da máquina de Turing, o protótipo intelectual dos processadores de dados, passou a interessar-se pela computação numérica, deixando de lado o propósito de completa formalização que, para David Hilbert (1862-1943), seria o objeto final do pensamento matemático. Porém alguma coisa do modo pelo qual Hilbert concebia a matemática sobrevivia para os matemáticos que se seguiram a Gödel. Mesmo com a crise do desejo hilbertiano de que a ciência matemática fosse totalmente formalizada, para muitos teóricos persistia a ideia de que seu estudo consistia-se num jogo formal, composto de cadeias e série de símbolos. Por mais que esse jogo fosse incompleto e inconsistente, ainda havia lugar para uma reflexão sobre a maneira pela qual um símbolo era preferível a outro. Após Hilbert e Gödel, a fronteira da matemática passara a ser a questão da decisão racional ou pragmática a respeito de números computáveis. Valendo-se de algoritmos, Turing publicou, em 1936, um artigo que relacionava números computáveis com o problema da decisão (*Entschdeidungsproblem*). O artigo de Turing traçava a fundação lógico-matemática para os *softwares* da computação moderna. A rigor, a função criadora da matemática não era nada de novo. Antes dos computadores, a unificação das equações sobre eletricidade e eletromagnetismo impulsionou as invenções de dispositivos e aparelhos que criaram o mais antigo veículo de *broadcasting*: o RÁDIO. Com o surgimento da TELEVISÃO, ficou claro que as inegáveis inovações que eram os meios de comunicação por *broadcasting* exigiam novos instrumentos cognitivos para se identificarem as preferências, as tendências e as características das audiências de massa. Um ramo da matemática, a ESTATÍSTICA, tem sido um instrumento privilegiado para identificação dessa entidade ficcional que é o *espectador médio*, que guia as tendências do mercado da comunicação. Além de ser um elemento de pesquisa de mercado, a estatística é freq. utilizada em algumas das interpretações e das avaliações teóricas dos efeitos dos meios de comunicação.

BIBLIOGRAFIA

EVES, Howard W. *Introdução à história da matemática*. Campinas: Unicamp, 2004.

KATZ, Victor J. *História da matemática*. Lisboa: Calouste Gulbenkian, 2010.

matéria 1 FIL Entre os filósofos pré-socráticos, elemento primordial ou substância original de que são feitos todos os seres da natureza. ▸ Entre os filósofos da natureza, ditos pré-socrátiocs, a matéria foi freq. identificada à tétrade ar, terra, fogo e água, ou a apenas um destes princípios. **2** FIL No platonismo e no aristotelismo, princípio informe, indefinido e indeterminado, subjacente e comum a todos os objetos da natureza, que adquire alguma forma universal em decorrência de sua natureza passiva e receptiva. **3** FIL No cartesianismo, substância que ocupa uma extensão - comprimento, largura e profundidade - no espaço, adquirindo, portanto, uma determinação geométrica e quantitativa, suscetível de medida e de enunciação matemática. **4** JOR Qualquer texto jornalístico.

INFORMAÇÕES GERAIS

A distinção entre matéria e mente traz consigo uma série de questões incômodas para a investigação filosófica. Se o dualismo de mente e matéria for, de fato, radical, como sugere o pensamento cartesiano, como explicar que a mente conheça a matéria que seria apenas uma substância extensa? De onde surge a matematização do mundo natural? No aristotelismo e no pensamento medieval, acreditava-se que a matéria teria atributos próprios irredutíveis ao que for mental ou pensamento: massa, volume, impenetrabilidade, solidez, mobilidade etc. A filosofia grega da natureza que antecede a Sócrates (c469 a.C. - 399 a.C.) dedicou-se a especular sobre qual a substância formadora do mundo natural. As respostas variavam da água ao fogo, terminando com a classificação aristotélica de quatro tipos de matéria: terra, ar, fogo e água. Essas quatro formas de matéria teriam uma 'matéria-prima' (*hylē*) comum a partir da qual são feitas: a matéria-prima que ajudava a explicar o fato de que o mundo material está em processo de mutação. Na especulação aristotélica, o mundo lunar é feito por um quinto tipo de matéria, a *quintessência* que se caracterizaria pela imutabilidade. Em Aristóteles (384 a.C. - 322 a.C.), matéria é o oposto de forma. A matéria confere aos objetos do mundo sua singularidade e a forma é o que se encontra ger. presente em cada objeto singular. Quando uma cadeira é destruída pelo fogo, a matéria madeira desaparece, mas não sua forma, que é reprodutível por um carpinteiro que construa, mais uma vez, esse objeto. Cf. MATERIALISMO.

matéria corrida GRÁF M.q. COMPOSIÇÃO CORRIDA.

matéria editorial JOR Matéria produzida pela redação do jornal e seus colaboradores, que é responsabilidade direta da empresa jornalística; matéria redacional.

material branco GRÁF Material, como espaços, quadrados, quadratins, entrelinhas, lingotes, guarnições etc., que, por ser de altura menor que o tipo, não marca na impressão. ▸ Tb. se diz apenas *branco*.

materialismo 1 Comportamento, maneira de viver, estado de espírito de uma pessoa (ou sociedade) extremamente devotada aos bens, valores e prazeres materiais. **2** FIL Doutrina que identifica, na matéria e em seu movimento, a realidade fundamental do universo, com a capacidade de explicação para todos os fenômenos naturais, sociais e mentais. ▸ P.opos. a IDEALISMO. **3** FIL Em Demócrito (460 a.C. - 370 a.C.), teoria que supõe a gênese da natureza, e até da alma humana, a partir do movimento, da agregação e da dissociação de porções mínimas e indivisíveis de matéria, os átomos, que não foram criados nem antecedidos por qualquer divindade ou força imaterial. **4** FIL Doutrina encontrável em pensadores, como Epicuro (341 a.C. - 270 a.C.) ou Helvétius (1715-1771), que relacionam a constituição material da realidade física com a suposição ética de que a busca do prazer é a suprema tendência e finalidade da condição humana. **5** FIL No setecentismo iluminista de Holbach (1723-1789) ou La Mettrie (1709-1751), ou no cientificismo oitocentista, doutrina que considera toda atividade espiritual humana um mero efeito ou epifenômeno da organização material do organismo, sistema nervoso ou cérebro. **6** FIL No marxismo, doutrina que afirma o caráter fundamental das necessidades materiais humanas (alimentação, vestimenta, abrigo etc.) e do trabalho para satisfazê-las, organizado em estruturas econômicas capazes de determinar toda a organização social.

INFORMAÇÕES GERAIS

Diferentemente, as filosofias materialistas são doutrinas que reservam para o conceito de MATÉRIA um papel exclusivo ou central na constituição de tudo aquilo que existe. Essa intuição não esgota a discussão sobre o assunto, pois demanda uma definição do que seja exatamente matéria. Quais são as propriedades da matéria? Se tudo é matéria, se tudo é extensão, como sugere a noção cartesiana de *res extensio*, isso significa que o pensamento, por ser *res cogitatio*, não existe? Se a matéria é singularidade, de onde surgem as generalizações? Como passa a matéria do singular para o geral? O dualismo entre matéria e mente implica respostas de difícil aceitação. Para resolver as aporias desse tipo de dualismo, a filosofia kantiana postulou a existência de conceitos A PRIORI (substância, causalidade, identidade, semelhança e diferença, tempo, espaço etc.) que organizam o que é dado sensorial e material. Alguns intérpretes da história da filosofia afirmam que o materialismo não é um corpo doutrinário único, mas um conjunto de respostas para o problema da origem das coisas e do conhecimento sobre elas. Outros afirmam que o materialismo é um programa de pesquisa, que procura respostas imanentes para o entendimento da natureza, reduzindo tudo a causas materiais, sem recorrer a entes transcendentes, que são, afinal, inverificáveis. Se for esse o caso, o materialismo não passa de uma instância da navalha de Ockham, ou seja, o princípio epistemológico que recomenda que se cortem explicações teóricas que não sejam estritamente necessárias para o entendimento do problema tratado. Metafisicamente, as doutrinas materialistas são monismos da matéria. Desde a Antiguidade, as várias formas do materialismo explicam a variedade do que existe, recorrendo ao argumento de que a diversidade da existência é efeito direto da combinação e da recombinação dos elementos que compõem o mundo material. Entre as filosofias materialistas, encontram-se formulações imensamente diversificadas que incluem as filosofias e a ciência natural do sXVII, o MARXISMO e o DARWINISMO. ▸ Cf. MATERIALISMO DIALÉTICO; MATERIALISMO HISTÓRICO; MATERIALISMO MECÂNICO.

---

materialismo dialético FIL Conjunto de ideias fundamentadas nos escritos finais de Engels (1820-1895) e transformadas em doutrina sistemática pelos marxistas soviéticos, que busca integrar a reflexão de Marx (1818-1883) a respeito da sociedade e de suas transformações - o materialismo histórico - a uma teoria sobre o processo dialético na realidade natural, no pensamento humano e na trajetória evolutiva dos seres vivos.

materialismo histórico FIL Doutrina formulada esp. nos escritos de Karl Marx (1818-1883), que se propõe a uma compreensão do processo histórico universal fundamentada no labor humano, em sua finalidade de satisfazer as necessidades econômicas da sociedade (alimentação, vestimenta, abrigo etc.) e na luta estabelecida entre as classes sociais pelo controle dos instrumentos e frutos dessa produção.

materialismo mecânico FIL Segundo Engels (1820-1895), materialismo não dialético, em razão de sua concepção exclusivamente quantitativa e mecânica dos processos de transformação na natureza, explicados como uma interação ou desagregação de partículas materiais isoladas e inertes. ▸ Cf. MECANICISMO.

matéria publicitária JOR Matéria de propaganda que, paga por anunciantes, assemelha-se a um texto jornalístico, mas distingue-se deste por receber tratamento gráfico especial.

matéria redacional JOR M.q. MATÉRIA EDITORIAL.

matinê Espetáculo, representação, sessão de cinema, reunião durante o dia, esp. na parte da tarde; vesperal, matinada, matinal.

matraca CINE Parte da claquete cinematográfica que permite a percussão que dá início à cena filmada. ▸ Cf. CLAQUETE.

matricial INF Que imprime caracteres ou gráficos percutindo a fita com um conjunto de pinos (diz-se de impressora de impacto).

matriz 1 GRÁF GRAV Placa (de metal, madeira etc.) em que se realiza trabalho de gravura (a entalhe, em relevo etc.) e do qual se extraem cópias em papel ou material similar. 2 GRAV A placa ou prancha original de uma gravura. 3 ELETRÔN INF M.COM Gravação original de sons e/ou imagens us. na reprodução de cópias em forma de fita, disco, filme ou qualquer outro suporte; máster. 4 INF Rede de guias de entrada e saída com elementos lógicos dispostos em determinadas interseções.

matutino JOR Diz-se de ou jornal que sai pela manhã.

Mauss, Marcel (Épinal, Vosges, França 1872 - Paris, França 1950) Antropólogo, considerado o fundador da antropologia francesa. ▸ Mauss formou-se em filosofia pela Universidade de Bordeaux, onde seu tio, o mais importante sociólogo francês da época, Émile Durkheim (1858-1917), ensinava. A primeira primeira publicação de Mauss é um estudo comparativo de religiões. Seguiram-se análises influentes sobre o sacrifício, a mágica e principalmente sua análise da dádiva que é considerada o trabalho central de sua vasta obra. Na história do pensamento antropológico contemporâneo, Mauss, que nunca fez um trabalho de campo, representa o abandono do método evolucionista, ao mesmo tempo em que avança teoricamente além do FUNCIONALISMO de Malinowski (1884-1942). Mauss também prenuncia o ESTRUTURALISMO antropológico de Lévi-Strauss (1908-2009). A interpretação de Mauss é fundamentalmente teórica e deriva de dados coletados por outros antropólogos e informantes que fizeram a pesquisa empírica de campo, entre eles A. R. Radcliffe-Brown (1881-1955). O ensaio de Mauss afirma que as dádivas e presentes trocados exerciam um inegável papel sociológico: doar e aceitar são obrigações normativas e complementares. Aquele que recebe o presente adquire, com a recepção, o dever de responder com uma dádiva. Por sua vez, a dádiva transforma-se na obrigatoriedade de responder com outra dádiva, num processo interminável. O termo dos nativos da costa noroeste americana para identificar tal processo era *potlacht*, que significava, simultaneamente, alimentação e consumo, doação e saciação. Aquele que recebe um presente não pode recusá-lo, sob pena de perda de prestígio social. Instala-se uma disputa de doação ou destruição suntuária de bens com o propósito de atingir um objetivo que não é econômico, mas moral: a honra. A dádiva é um crédito adquirido pelo doador. Dar é ser superior; aceitar sem retribuir é rebaixar-se, apequenar-se. Mauss observa que tudo em sociedade é matéria de transmissão e retribuição. Lévi-Strauss transferiu o comentário de Mauss sobre a reciprocidade para a circulação de indivíduos através dos sistemas de parentesco. Mauss e Lévi-Strauss afirmam, implícita ou explicitamente, que as sociedades formam vastos elos comunicativos. Mauss reconhece a mesma mecânica em várias práticas sociais: no direito romano, germânico, celta, brâmane e nas sociedades contemporâneas. Dentro dos sistemas de regras aceitas em comum, pode-se trocar tudo das mais diversas naturezas: bens materiais, valores econômicos, cumprimentos, gestos, palavras, hospitalidade, acolhimento fraterno etc. Além de cada domínio particular (jurídico, religioso, econômico, moral, social etc.), paira um contrato mais geral e permanente que nos totaliza: a sociedade. Romper o contrato é experimentar a mais dolorosa e absoluta solidão. A punição é imensa. Num ato de troca, o que importa é a sociabilidade e sua manutenção, através do reconhecimento e da aceitação da reciprocidade que une os membros de uma sociedade.

BIBLIOGRAFIA

MAUSS, Marcel. *Sociologia e antropologia*. São Paulo: Cosac Naify, 2000.

__________. *Esboço de uma teoria geral da magia*. São Paulo: Edições 70, 2000.

__________. *Sobre o sacrifício*. São Paulo: Cosac Naify, 2005.

máxima 1 Regra de conduta ou pensamento expresso sem qualquer conotação de valor. 2 Preceito, sentença que exprime uma regra moral, um princípio de conduta. **3** Axioma, princípio ger. aceito em qualquer arte ou ciência. **4** Fórmula breve que enuncia uma observação de valor geral; provérbio. **5** FIL Em Kant (1724-1804), princípio que o sujeito escolhe livremente para servir-lhe de norma de conduta. ▶ O sentido que Kant confere ao conceito de máxima está diretamente correlacionado à sua formulação do imperativo categórico. O imperativo categórico afirma que se deve agir desejando que o ato aspire à categoria de lei universal. Trata-se de um erro moral agir segundo interesses localizados. Os atos devem ser válidos para todos os seres humanos e a todos os momentos. Só assim um contrato social pode ser estabelecido racionalmente, sem questionamentos, rancores e injustiças. Com o argumento do imperativo categórico, Kant recusa-se a optar pelo modelo irrealista de racionalidade platônica ou por uma espécie de egoísmo personalizado. A visão moral de Kant presume que as ações espelhem regras de conduta que funcionam como um contrato coletivo. Na ética kantiana, moralidade e contrato se sobrepõem. **6** MÚS Figura da antiga notação musical, de valor longo (oito semibreves, nos compassos binários, e doze, nos ternários), constituída de uma cabeça em forma de retângulo e uma haste.

INFORMAÇÕES GERAIS

Em *A retórica* (II, 21), Aristóteles (384 a.C. - 322 a.C.) mostra que é enganoso ver a máxima como um ornamento discursivo, pois trata-se de um instrumento lógico da persuasão. As máximas afirmam generalidades, oferecendo regras de conduta. Ao apontar as causas de uma ação, as máximas fazem do argumento um ENTIMEMA. O uso de máximas funciona melhor quando o orador é alguém experiente, que viveu o suficiente para julgar o que é dito. Um orador muito jovem deve evitá-las. Algumas máximas tomam a forma de provérbios: sua força deriva da impressão de ser um saber coletivo, o que não impede o uso de máximas que contrariem o que muitos acreditam. Aristóteles oferece, nesse caso, dois exemplos que se opõem à sabedoria convencional, retirados de Sócrates (c469 a.C. - c399 a.C.): "conhece-te a ti mesmo" e "nada em excesso". No final das contas, a força lógica é o que preside num argumento. A máxima socrática de autoconhecimento pode ser perfeitamente invertida por quem diga que o conhecer-se a si mesmo é sempre uma má notícia, ou, então, no caso da máxima que celebra a moderação, o ódio e a recusa à iniquidade nunca são excessivos. Aristóteles observa, astutamente, que as máximas são recursos ideais quando a audiência é inculta. Os incultos sentem-se exaltados se ouvem um princípio geral que confirma e sanciona suas opiniões, preconceitos e experiências particulares. Correta ou incorretamente, as máximas conferem sabedoria, moralidade e caráter a um discurso e, por extensão, a seu orador.

BIBLIOGRAFIA

ARISTÓTELES. *Arte retórica e arte poética*. Rio de Janeiro: Ediouro, s.d.

KANT, Immanuel. *Crítica da razão prática*. São Paulo: Martin Claret, 2003.

maximin ECON MAT Na teoria dos jogos, princípio ou critério que rege a racionalidade dos jogadores que procuram maximizar o ganho e minimizar a perda. ▶ Nos jogos de soma zero, ou seja, aqueles em que o objetivo do jogador é derrotar o adversário, todos os que deles participam necessariamente procuram, perseguem e enfatizam estratégias que maximizem os ganhos e minimizem as perdas. Não se trata apenas de minimizar as perdas: é preciso que a estratégia simultaneamente maximize os ganhos. Para nomear o critério de otimização que rege a lógica desses jogos, John von Neumann (1903-1957) e Oskar Morgenstern (1902-1977) cunharam a palavra composta *maximin*. O critério maximin determina que planos serão usados nos jogos de soma zero, onde só há o objetivo de derrotar o adversário. ▶ Cf. BARGANHA; EQUILÍBRIO DE NASH; MINIMAX.

BIBLIOGRAFIA

VON NEUMANN, John; MORGESTERN, Oskar. *The theory of games and economic behavior*. Princeton: Princeton University Press, 1944.

Maynard Smith, John (Londres, Inglaterra 1920 - Lewes, Sussex, Inglaterra 2004) Um dos principais e mais influentes teóricos da biologia britânica, populacionista genético que aplicou, pioneiramente, os conceitos matemáticos da teoria dos jogos aos processos evolutivos (tais como a luta ritualizada, o sexo e os atos de sinalização entre animais), co-autor de uma interpretação sobre o surgimento da vida até a origem da linguagem, que descreve a acumulação das etapas evolutivas mais importantes, sendo cada uma dessas transições caracterizada por um modo específico de transmitir informação. ▶ John Maynard Smith é um dos biólogos darwinistas que se alinharam politicamente com ideologias ou partidos de esquerda. Desinteressado dos estudos clássicos oferecidos pela escola de elite inglesa onde se educara, o Eton College, Maynard Smith dedicou-se à matemática, à ciência e, finalmente, à biologia. A princípio, foi estudar engenharia aeronáutica no Trinity College de Cambridge e tornou-se membro do Partido Comunista inglês. Tentou alistar-se no exército, para participar da Segunda Guerra Mundial, tendo sido rejeitado por deficiência visual, o que permitiu que completasse seus estudos de engenharia em 1941. De 1942 a 1947, Maynard Smith trabalhou, como cientista, na indústria militar aeronáutica do Reino Unido. Decidiu retornar à universidade e estudar biologia, influenciado pela leitura do matemático, geneticista populacional, biólogo e, como ele, membro do Partido Comunista J. B. S. Haldane (1892-1964). Haldane e outros biólogos britânicos da época renovavam o darwinismo, entendendo a evolução do ponto de vista de genes e de populações a serem analisados com instrumental estatístico e matemático. Em 1959, diante da repressão soviética à dissidência húngara, Maynard Smith afastou-se do Partido Comunista; mudou-se do University College of London para a Sussex University, onde foi decano e professor de biologia até aposentar-se como professor emérito. Após a leitura e o contato com o brilhante e trágico teórico da biologia George R. Price (1922-1975), Maynard Smith desenvolveu conceitos que permitiram que a matemática da TEORIA DOS JOGOS fosse aplicada a problemas biológicos. Juntamente com outro biólogo evolucionista, W. D. Hamilton (1936-2000), Maynard Smith era uma das poucas pessoas presentes ao enterro de Price, que, em 1975, cometera suicídio. Price e Maynard Smith são coautores do artigo, "The logic of animal conflict", que direcionou a biologia no sentido da teoria dos jogos. É de Maynard Smith a primeira exposição sistemática sob a forma de livro, *Evolution and the theory of games*, que mostrou exaustivamente o poder explicativo da teoria dos jogos para as formas da vida evolutiva. Segundo Maynard Smith, o conceito de UTILIDADE, ou seja, a escala numérica dos interesses e dos propósitos dos jogadores, numa situação de disputa, poderia até parecer complexa, contraditória e confusa no caso das interações econômicas, mas era espantosamente simples do ponto de vista animal: utilidade é apenas o sucesso reprodutivo de um organismo quantificado numericamente. Duas outras proposições de *Evolution and the theory of games* ressoaram profundamente nos estudos biológicos: a noção de estratégia evolucionária estável (*ESS - evolutionary stable strategy*) e sua avaliação da função evolutiva das estratégias de águia (*hawk*) e pombo (*dove*) no conflito animal. Uma estratégia é considerada imbatível e evolucionariamente estável se ficar clara universalmente sua adoção evolutiva numa determinada espécie ou em mais de uma espécie, como é o caso do conflito animal que se articula sob a forma de luta convencionada e ritualizada que reduz e evita atos incontidos de agressão. Uma estratégia evolucionária estável desenvolve-se porque beneficia os indivíduos e não o grupo. Diante da pergunta por que as estratégias mistas evoluem com maior sucesso na vida biológica, Maynard Smith respondeu que isso resulta de seu teor adaptativo. A evolução atua seletivamente no nível individual, logo as estratégias devem ser avaliadas em relação aos outros jogadores. As posturas de maior agressividade, metaforizadas por Maynard Smith como as de uma águia, são ótimas em relação ao pacifismo e passividade dos pombos, mas arriscadas e massacrantes diante de outras águias, enquanto os pombos funcionam otimamente com outros pombos e desastrosamente diante de águias. A estratégia ideal é mista e composta tanto de exame (*probe*) como de retaliação (*retaliation*), pois permite que o animal conheça seu oponente e adapte-se a ele. É claro que, na formulação de Maynard Smith, evolução e a comunicação de informação andam de mãos dadas e são processos inseparáveis. Coerentemente com seu programa de pesquisa, um de seus últimos trabalhos, *Animal signals*, em coautoria com David Harper, é dedicado ao estudo da conceituação e dos problemas teóricos da sinalização animal. Para Maynard Smith, a relação entre custo e benefício, extraída da teoria dos jogos, tb. explica a evolução do sexo, que é custoso, se comparado à assexualidade, mas benéfico para os organismos individuais de uma espécie. Um trabalho importante de Maynard, publicado em 1995, é o livro *The major transitions in evolution*, escrito com o húngaro Ëors Szathmáry. A tese central de *The major transitions in evolution* articula a noção de que a evolução biológica depende de mudanças e transições na maneira pela qual a informação é transmitida: isso acontece desde a reprodução molecular hereditária até o surgimento das formas de linguagem. No capítulo final do livro, Maynard Smith e Szathmáry apontam e sublinham o caráter revolucionário potencial da transmissão eletrônica de informação. Maynard Smith é autor de uma excelente e influente introdução ao evolucionismo darwiniano: *The theory of evolution*. Entre os prêmios que reconhecem a importância de seu trabalho estão a medalha Darwin (1986), o prêmio Crafoord (1999) e o prêmio Kyoto de 2001.

BIBLIOGRAFIA

MAYNARD SMITH, John. *The evolution of sex*. Cambridge: Cambridge University Press, 1978.

_______________. *Evolution and the theory of games*. Cambridge: Cambridge University Press, 1982

_______________. *The theory of evolution*. Cambridge: Cambridge University Press, 1995.

_______________; SZATHMÁRY, Ëors. *The major transitions in evolution*. Oxford: Freeman/Spektrum, 1995.

_______________; SZATHMÁRY, Ëors. *The origins of life: from the birth of life to the origin of language*. Oxford: Oxford University Press, 1999.

_______________; JOHN HARPER, David. *Animal signals*. Oxford: Oxford University Press, 2003.

Mb [ing.] INF Símb. de MEGABIT.

MB [ing.] INF Símb. de MEGABYTE.

Mbps INF Abrev. de *megabits por segundo*.

McLuhan, Marshall (Edmonton, Alberta, Canadá 1911 - Toronto, Ontário, Canadá 1980) Professor, filosofo e teórico canadense, considerado um dos mais importantes pensadores do fenômeno da mídia. ▶ A formação acadêmica de McLuhan é literária. Sua primeira publicação de relevância, *The mechanical bride*, de 1951, analisa formas de persuasão na cultura contemporânea. O tradicional e o moderno cruzam-se nessa interpretação do mundo industrial: o método é derivado da retórica clássica, os exemplos são de anúncios publicitários da época e o título da obra faz clara referência a uma obra do dadaísta Marcel Duchamp (1887-1968). O estilo literário de *The mechanical bride* é, sem dúvida, modernista: o texto assemelha-se a uma colagem de ensaios curtos, organizados como um mosaico. Por mais que atualmente McLuhan seja considerado um arauto da pós-modernidade, ele é definitivamente um espírito calcado na experiência do modernismo. Seu livro seguinte, *The Gutenberg galaxy* (A galáxia de Gutenberg), explora a noção de que a tecnologia tipográfica é produtora de um novo tipo de ser humano. A hipótese de que a invenção tecnológica seja um fator de transformação social já fora observada no *Manifesto do Partido Comunista*, de Marx (1818-1883) e Engels (1820-1895). Porém, além da mais absoluta descontextualização social, o que havia de novo no texto de McLuhan era a ideia de que uma tecnologia de comunicação, a tipografia, fosse a causa da reorganização social que cria um novo modo de coexistência humana. Indivíduos, pensamento e sociedade coevoluem impulsionados tecnologicamente. Os rumos da humanidade foram refeitos pelas transformações na tecnologia da comunicação: não há como conceber a Reforma Protestante sem a invenção do tipo móvel. Igualmente, a tipografia fomentaria a predominância do visual sobre o oral, que caracteriza a cultura moderna. Ao dizer isso, McLuhan começava a expor o argumento que o levaria ao *slogan* que lhe traria fama: "o meio é a mensagem". O meio tipográfico impulsiona outra maneira de perceber; a tipografia não pode ser considerada um veículo neutro que transporta mensagens. O gosto de McLuhan pelo especulativo gerou fascínio e rejeição. Alguns de seus *slogans* e expressões foram incorporados ao linguajar comum: a noção de 'aldeia global' (derivada de sua leitura de James Joyce [1882-1941]) é uma recriação de McLuhan, bem como 'surfar' e 'mídia eletrônica'. Em *Os meios de comunicação como extensões do homem*, McLuhan argumentou que, por sua própria existência, a mídia transforma o ambiente em que circula, afetando a sociedade como um todo.

O efeito da mídia não depende daquilo que veicula, mas apenas de si mesma. A reação a suas teses foi previsivelmente polêmica. Para alguns, ele é o profeta; para outros, um ingênuo, se não uma mente delirante. O crítico inglês Raymond Williams (1921-1988) formulou em *Television: technology and cultural form* (1974) a crítica mais contundente a McLuhan, que colocou o teórico canadense, por vários anos, à margem das discussões produtivas sobre comunicação. Para Williams, as teses de McLuhan eram socialmente ingênuas e politicamente noviças na sua adesão implicitamente passiva ao *status quo*. Teoricamente, McLuhan é também criticável por difundir uma tese sociológica exageradamente determinista, na crença de que a invenção de uma tecnologia de comunicação cria uma nova formação social. Nas teses de McLuhan, outros fatores de transformação social são completamente ignorados. Com a invenção e a popularização da internet e da mídia eletrônica, McLuhan foi revalorizado como teórico da comunicação. Mesmo admitindo-se que ele não poderia ter a menor ideia do que viria a ser a *wide world web*, alguns citam seus *slogans* como versículos proféticos. Mas é inegável que, nos seus estudos, mídia eletrônica não passa de televisão, um meio que, na forma que foi por ele conhecida, tornou-se obsoleto. Cabe, entretanto, discutir a natureza de suas presumidas previsões especulativas. Ainda que seja difícil reconhecê-lo como um pensador sistemático, Marshall McLuhan foi e permanece sendo uma personalidade e uma inteligência provocadora nos estudos da comunicação. ▸ Cf. WILLIAMS, RAYMOND.

BIBLIOGRAFIA

MCLUHAN, Marshall. *The global village*. New York: Oxford University Press, 1989.

_______________. *Os meios de comunicação como extensões do homem*. São Paulo: Cultrix, 1996.

_______________. *The Gutenberg galaxy*. Toronto: Toronto University Press, 1998.

m-commerce [ing.] INF Abrev. de *mobile commerce*. ▸ *Mobile commerce* é o conjunto de atividades econômicas que acontecem através da internet, por meio de telefones celulares (móveis).

MCS MKT Abrev. de *marketing para causas sociais*. ▸ Cf. MARKETING SOCIAL.

mecanal GRÁF Diz-se de ou tipo que apresenta forma ger. retangular, hastes uniformes e serifas retangulares ou com curvatura interna, iguais às us. esp. em máquinas de escrever. ▸ Essa denominação faz parte da classificação tipográfica de Maximilien Vox (editor francês, 1894-1974), adotada em 1962 pela Association Typographique Internationale, sediada na Suíça.

mecanicismo **1** FIL Doutrina filosófica, também adotada como princípio heurístico na pesquisa científica, que concebe a natureza como uma máquina, obedecendo a relações de causalidade necessárias, automáticas e previsíveis, constituídas pelo movimento e interação de corpos materiais no espaço. ▸ A física do sXX, esp. a teoria quântica, tornou o mecanicismo ultrapassado no âmbito científico. **2** FIL Em Demócrito (460-370 a.C.), doutrina que atribui o surgimento de almas e mundos ao choque, agregação e desagregação mecânica dos átomos, sem qualquer intervenção divina. **3** FIL Nas origens da ciência moderna, com Galileu (1564-1642), Newton (1642-1727) e Descartes (1596-1650), doutrina que considera todos os fenômenos naturais passíveis de quantificação e geometrização, em decorrência de sua organização em leis universais de causalidade mecânica. **4** BIO Na biologia moderna, doutrina que considera os seres vivos explicáveis por meio de uma série de causas e efeitos de origem estritamente físico-química, dando continuidade à hipótese cartesiana do animal-máquina.

mecanismo **1** LING A estrutura formal que está na base do funcionamento linguístico. **2** MÚS Conjunto de procedimentos, de exercícios, que proporcionam destreza e virtuosismo na execução de um instrumento musical. **3** Aspectos técnicos da digitação pianística. **4** PSIC Conjunto de meios utilizados para que uma função psicológica se realize.

mecanismo de busca INF M.q. BUSCADOR.

mecanismo de defesa PSICN Conjunto de sentimentos, representações e tendências comportamentais que sobrevêm, automaticamente, quando um indivíduo percebe uma ameaça psíquica, e que o protegem da angústia, de uma tomada de consciência dos conflitos e perigos internos e externos, ou permitem-lhe acomodar-se de forma mais fácil, sem necessariamente conscientizar-se deles nem atingir de fato uma nova adaptação ou um domínio da situação. ▸ Conceito introduzido por Anna Freud (1895-1982).

mecanoquímico PAP Semiquímico (diz-se de pasta). ▸ Cf. PASTA SEMIQUÍMICA.

mecenas Indivíduo rico que protege artistas, homens de letras ou de ciências, proporcionando recursos financeiros, ou que patrocina, de modo geral, um campo do saber ou das artes; patrocinador.

mecenato PUB Apoio financeiro (sem vínculo direto com objetivos publicitários) prestado por pessoa física ou jurídica a realizações artísticas e culturais; patrocínio.

media [ing.] M.COM Ver MÍDIA.

media buying service [ing.] MKT PUB Firma comercial especializada em comprar tempo ou espaço em todos os tipos de mídia para veiculação de anúncio publicitário.

mediação **1** Ato ou efeito de mediar. **2** COM Ato de agir como intermediário entre comprador e vendedor; corretagem. **3** FIL Processo criativo mediante o qual se passa de um termo inicial a um termo final. **4** FIL Processo pelo qual o pensamento generaliza os dados apreendidos pelos sentidos. **5** FIL Aquilo que, como intermediário entre dois termos, responde pela produção de um deles. **6** PSIC Sequência de elos intermediários (estímulos e respostas) numa cadeia de ações, entre o estímulo inicial e a resposta verbal do final do circuito. ▸ Cf. ESTÍMULO; RESPOSTA.

média-metragem CINE Filme com duração de cerca de 30 a 70 minutos. ▸ Cf. CURTA-METRAGEM; LONGA-METRAGEM.

mediana EST Valor que divide um conjunto de valores ordenados em partes iguais.

medianiz GRÁF A margem interna da página de um livro.

media planner [ing.] PUB Quem trabalha no planejamento de uma campanha publicitária.

mediateca DOC **1** Conjunto de diversos meios de informação e cultura (diapositivos, filmes, livros, jornais, discos, *CDs*, videocassetes etc.) reunidos em um só local e ger. abertos ao público, para consulta ou empréstimo; midiateca. **2** Instalação onde fica esse conjunto; midiateca.

mediatecário DOC Membro do corpo de profissionais de uma mediateca; midiatecário.

mediático COMN M. q MIDIÁTICO.

mediatização COMN M.q. MIDIATIZAÇÃO.

mediatizar COMN M.q. MIDIATIZAR.

media training [ing.] M.COM Curso ou programa de treinamento de executivos ou de figuras públicas que, representando instituições, entram em contato com os meios de comunicação.
media watching [ing.] M.COM Prática de observar os meios de comunicação de massa com o propósito de escrever criticamente sobre eles.
medida GRÁF Tamanho de uma composição, página, coluna, ilustração ou de qualquer elemento gráfico.
médio MÚS Nem agudo, nem grave (diz-se de registro de sons ou da voz).
médio-relevo ART.PLÁST Relevo em que as figuras esculpidas correspondem aproximadamente à metade de sua espessura real; meio-relevo. ▸ Cf. ALTO-RELEVO; BAIXO-RELEVO.
medium shot [ing.] CINE M.q. PLANO MÉDIO.
medium user [ing.] PUB Nem excessivo, nem raro (diz-se de consumidor ou usuário de produto ou marca).
medley [ing.] MÚS M.q. POT-POURRI.
meduloso ART.PLÁST Diz-se da técnica de reproduzir, na pintura ou na escultura, a aparência flexível ou macia de um objeto.
megabaite INF Aport. de MEGABYTE.
megabit [ing.] INF Múltiplo do *bit* que vale mil *kilobits*. ▸ Alguns aplicativos consideram que o *megabit* vale 1.024 *kilobits*. ▸ F. aport.: megabite. ▸ Símb.: *Mb*
megabite INF Aport. de MEGABIT.
megabyte [ing.] INF Múltiplo do BYTE que vale mil *kilobytes*. ▸ Alguns aplicativos consideram que o *megabyte* vale 1.024 *kilobytes*. ▸ F. aport.: megabaite. ▸ Símb: *Mb*.
megaciclo FÍS M.q. MEGA-HERTZ.
megafone ACS Aparelho portátil, em forma de cone, que se destina a ampliar o som da voz; alto-falante, porta-voz.
mega-hertz FÍS Unidade de frequência que denota um milhão de hertz ou 106 Hz; megaciclo. ▸ Símb.: *MHz*.
meia ENC Red. de MEIA-ENCADERNAÇÃO.
meia-encadernação ENC A que tem a lombada e, por vezes, as cantoneiras de couro ou pano, diferentemente das pastas, cobertas com papel ou papelão; encadernação em meio-couro, encadernação em meio-pano, meio-couro, meio-pano. ▸ Tb. se diz apenas *meia*.
meia-tinta Tonalidade intermediária entre o claro e o escuro de uma cor; intensidade mediana dos traços entre a luz e a sombra.
meio **1** Possibilidade de fazer qualquer coisa; expediente, método, fórmula, receita, plano, maneira, modo. **2** Aquilo que serve para ou permite alcançar um fim. **3** Conjunto de elementos materiais e circunstanciais que influenciam um organismo vivo. **4** Procedimento, objeto, instrumento que permite a realização de algo.

INFORMAÇÕES GERAIS

Em comunicação, 'meio' tem um sentido preciso e específico. As mensagens que circulam entre transmissores e receptores são veiculadas materialmente através de meios que também formam os canais da comunicação. Já que os meios são materiais, haverá tantos meios quanto houver sentidos. Pode-se, por isso, identificar meios auditivos, meios visuais, meios gustativos, meios táteis e meios olfativos. Mesmo que os meios sigam as determinações materiais dos sentidos, essa ideia deve incluir o CÉREBRO. Afinal, o cérebro processa a informação que chega através dos sentidos materiais. Os circuitos computadorizados são feitos à imagem do cérebro. Quando McLuhan (1911-1980) diz que "o meio é a mensagem", ele afirma mais do que a neutralidade dos veículos, pois está postulando a importância transformadora dos meios (cf. MCLUHAN, MARSHALL). Em telecomunicação, os meios são dispositivos que, a partir de suas possibilidades e capacidades materiais, transmitem sinais.

---

meio circulante ECON A quantidade de dinheiro que está em circulação num país.
meio-claro GRÁF Que possui traço de peso intermediário entre o claro e o normal (diz-se de fio, letra ou vinheta); meio-fino.
meio-corpo ART.PLÁST A figura humana representada da cintura para cima.
meio-couro ENC M.q. MEIA-ENCADERNAÇÃO.
meio de armazenamento INF Material cujas propriedades físicas podem ser utilizadas para armazenamento de dados.
meio de comunicação COMN M.COM Faculdade ou conjunto de técnicas que dá aos homens a possibilidade de se comunicarem entre si; comunicação, veículo de comunicação.
meio de comunicação de massa COMN M.COM Meio de comunicação capaz de alcançar número muito grande de pessoas ou parcela significativa de uma população. ▸ Ainda que a origem da produção em série de objetos culturais remonte à invenção gutenberguiana do tipo móvel, no sXV, os meios de comunicação de massa proliferaram-se efetivamente durante a Revolução Industrial. A história dos meios de comunicação de massa revela uma nítida tendência concentracionária. Grupos menores foram gradativamente incorporados por grandes corporações, transformando-se em setores especializados de um megagrupo comunicacional, a tal ponto que o mercado internacional contemporâneo é hoje dominado por um punhado de empresas: Time Warner, Bertelsmann, Viacom são algumas delas. Essa tendência, verificável em outras atividades econômicas, manifesta-se também no campo da comunicação. Grandes conglomerados internacionais passaram a atuar em mercados regionais, após a compra de companhias locais. A globalização da mídia é, portanto, uma realidade inescapável. Companhias maiores aumentaram sua ação comercial, integrando companhias menores a seu grupo empresarial. Esse processo de integração faz muitas vezes com que vários setores que prestam serviços a uma determinada atividade sejam também adquiridos e consolidados pelo mesmo grupo. Assim, um grupo editorial passa a controlar a produção de livros, o processo de encadernação e uma indústria de papel, por exemplo. Os grupos acabaram especializando-se em áreas específicas da comunicação: uns na indústria editorial, outros na produção cinematográfica e televisiva etc. A tendência concentracionária e integrativa foi particularmente favorecida pela disseminação das tecnologias digitais, que diminuem as distâncias geográficas entre a corporação central e suas ramificações regionais. Para alguns estudiosos do alcance político e social da comunicação, a globalização da mídia seria uma forma sutil de imperialismo cultural. O imperialismo da mídia seria uma forma de domínio que acompanha a subjugação política e econômica. A proliferação das televisões a cabo popularizaram programas, esportes, filmes e *shows* feitos nas grandes metrópoles, muitas vezes em detrimento da produção local. Além de uma defesa nacionalista, a teoria do imperialismo cultural feito através

dos meios de comunicação presume audiências locais passivas e sem capacidade de reação crítica, que apenas recebem o que lhes é imposto, quando, na verdade, os estudos de audiências revelam frequentemente que os espectadores são agentes ativos do processo. Acredita-se também que a popularidade de alguns produtos culturais de massa se dê pelos motivos mais diversos, o que contraria a tese de homogeneização global por parte dos meios de comunicação. Em muitos mercados, como é o caso de BOLLYWOOD e da produção telenovelística brasileira e mexicana, a homogeneização dos meios globais não aconteceu. Muito da música popular continua sendo local e regional.

meio-fino GRÁF M.q. MEIO-CLARO.

meio-largo GRÁF Que apresenta largura intermediária entre o largo e o normal (diz-se de caráter tipográfico).

meio magnético INF Meio de armazenamento que utiliza as propriedades magnéticas de certos materiais para armazenar dados. ▸ Os mais comuns são fitas e discos recobertos com revestimento magnético.

meio óptico INF Meio de armazenamento que utiliza as propriedades ópticas de certos materiais para armazenamento de dados (p.ex., discos *CD-ROM*, videodiscos e *DVD*).

meio-pano ENC M.q. MEIA-ENCADERNAÇÃO.

meio plano CINE M.q. PLANO AMERICANO. ▸ Abrev.: *MP*.

meio-preto GRÁF Que apresenta traços mais fortes que o normal e menos carregados que os pretos (diz-se de letra ou vinheta); *demibold*.

meio-relevo ART.PLÁST M.q. MÉDIO-RELEVO.

meios de produção Objetos materiais de toda ordem que estão implicados, direta ou indiretamente, no processo de produção

meio-soprano MÚS Voz de mulher cujo registro, no canto, se situa entre o do contralto e o do soprano.

meio-tom **1** Som, voz pouco audível; murmúrio. **2** Tom ou tonalidade intermediária de cor. **3** Gradação de cores; matiz, nuança. **4** MÚS M.q. SEMITOM. **5** DES FOT GRAV Imagem na qual o contraste entre os tons claros e os escuros não é muito acentuado. **6** FOT Numa imagem fotográfica, qualquer das tonalidades de cinzento entre as partes mais escuras e as mais claras. **7** GRÁF Fotogravura feita a partir de uma imagem fotográfica através de uma tela e depois desenhada, para que os detalhes da imagem sejam reproduzidos em pontos.

Méliès, (Marie-)Georges(-Jean) (Paris, França 1861 - Paris, França 1938) Diretor de cinema, cenógrafo, ilusionista e mágico francês. ▸ Méliès inaugurou a tradição de narrativa ficcional cinematográfica de cunho fantástico e científico, forjando, ao mesmo tempo, a ideia de cinema como espetáculo. Ainda que, comparativamente com o que hoje faria um diretor de cinema, a obra de Méliès pareça primitiva, tosca e ingênua, não há como pensar na existência de Jean Cocteau (1889-1963), Walt Disney (1901-1966), George Lucas (1944-), Steven Spielberg (1946-) e outros cineastas sem a contribuição desse mágico e ilusionista francês. A noção de que EFEITOS ESPECIAIS sejam parte do ofício e da cinematografia moderna é, de fato, impensável sem dois filmes de Méliès: *A viagem à Lua* (1902) e *A viagem impossível* (1904). Para o espectador de filmes da época, a cinematografia era sempre um filme curto, registrando algum aspecto banal da vida cotidiana, tais como os filmes dos irmãos Lumière, que mostravam a saída de operários de uma fábrica ou a chegada de um trem na estação. Até Méliès, o máximo que se tentara em ficção era filmar pequenas cenas cômicas. Para o entendimento do sXIX, fotografia e cinema serviam para criar um efeito maravilhoso do real ou para esclarecer fatos naturais, como fizera o milionário e político californiano Leland Stanford (1824-1893), que contratara e financiara, em 1872, o fotógrafo inglês Eadweard Muybridge (1830-1904) para fotografar cavalos trotando e, assim, estabelecer definitivamente se, durante a corrida, os cavalos levantavam as quatro patas do chão. Méliès usou o cinema para dar um cunho de extrema realidade ao que é apenas um produto da imaginação fantasiosa. Filho de um fabricante de sapatos de luxo, Georges Méliès estudou em escolas parisienses prestigiosas, onde foi educado em literatura clássica. Para ele, o cinema era uma arte para as massas, o que não significava ser uma criação de pessoas ignorantes. Espetáculos de mágica que vira durante uma estadia em Londres levaram-no a interessar-se por práticas ilusionistas. Para que os truques de um mágico funcionassem era preciso mais do que simplesmente iludir e criar uma percepção equivocada: mágica acontece quando uma ilusão traz consigo a impressão de realidade. Ao assistir aos filmes documentais dos irmãos Lumière, Méliès compreendeu que o cinema conjugava ilusão e realidade de modo a servir a seus propósitos criativos. Com o dinheiro da herança de seu pai, mais o dote adquirido por seu casamento com uma mulher rica, Méliès comprou o Théâtre Robert-Houdini, em Paris, onde encenou, a princípio sem muito sucesso financeiro, *shows* de mágica. É nos espetáculos de mágica que inicialmente desenvolve conhecimentos, técnicas e práticas ilusionistas que informam e determinam a engenharia de efeitos especiais. Antes mesmo de desenvolver roteiros e histórias, Méliès filmara cenas de mágica e de ilusão. Vêm de seus filmes técnicas fotográficas como a de exposição múltipla de um filme e o *stop trick*, efeito de continuidade de cena causado pela interrupção mecânica da máquina e seu retorno posterior à filmagem: assim, num filme, pessoas podiam aparecer e desaparecer e um objeto filmado transformava-se em outro. Méliès também coloriu filmes manualmente. No teatro Houdini, durante o mês de maio de 1896, exibiu suas primeiras obras. No fim do ano de 1896, Méliès fundou sua companhia cinematográfica, a Star-Film. A companhia e o estúdio em Montreuil-sous-Bois, uma casa de vidro nos arredores da cidade, produziram todos os tipos de filme que agradassem aos espectadores parisienses. A popularidade de seus filmes criou, de fato, um mercado internacional para obras cinematográficas. Mas o advento da Primeira Guerra Mundial, em 1914, e a morte de sua mulher e do irmão, com quem se desentendera e que gerenciava seus negócios nos Estados Unidos, somados às mutações tecnológicas e comerciais da indústria cinematográfica, arruinaram Méliès, que passou a fazer e vender brinquedos numa pequena loja da estação de Montparnasse. No final da vida, sua importância foi reconhecida por uma nova geração de cineastas franceses e internacionais. Méliès morreu de câncer aos 76 anos.

BIBLIOGRAFIA

DESLANDES, Jacques. *Le boulevard du cinéma à l'époque de Geoges Méliès*. Paris: Éditions du Cerf, 1963.

EZRA, Elizabeth. *Georges Méliès*. Manchester: Manchester University Press, 2000.

melodia 1 MÚS Sequência de notas ou sons que, apresentando organização rítmica com sentido musical, se relacionam reciprocamente de modo a formar um todo harmônico; linha melódica. 2 MÚS A parte principal numa composição harmônica. 3 MÚS Linha de música, tal como está mostrada na pauta, quando lida horizontalmente. 4 MÚS Arranjo de sons musicais agradáveis aos ouvidos e fáceis de serem memorizados. 5 Tudo que é agradável de se ouvir. 6 Suavidade, doçura no falar, no cantar, no escrever. 7 LING O ritmo e a curva de variação sonora numa palavra ou num conjunto de palavras.

melódico MÚS 1 Relativo, pertencente a melodia. 2 Que tem melodia; melodioso. 3 Diz-se de intervalo formado por duas notas ouvidas sucessivamente.

meme BIO COMN Conjunto de fórmulas ou produtos culturais que, após transmitidos, proliferam de maneira autônoma, sem controle por parte das mentes receptoras, à imagem de um vírus. ▸ Richard Dawkins (1941-) apresentou brevemente o conceito de meme no seu livro *O gene egoísta*. Seu propósito teórico era exemplificar como o processo de replicação, que caracteriza a vida como um todo, estava presente nas formas culturais. No livro de 1976, Dawkins procurava assegurar que a evolução age e atua seletivamente, mas não a partir dos interesses de um grupo ou mesmo de um indivíduo. A evolução darwiniana faz mais sentido se vista pela perspectiva do gene, que tem por único processo copiar-se e replicar-se de modo egoísta, sem outro propósito ou objetivo. O meme é afim ao gene, pois se replica imitativamente a todo custo. Dawkins ilustra, com isso, a tese darwiniana de que não há separações de níveis na vida evolutiva: o que acontece na natureza deve acontecer na cultura. Por isso, os memes invadem as mentes, como vírus. De que outra maneira explicar a replicação de ideias, canções, frases, fragmentos e outras formas da cultura nas mentes individuais, que parecem ser incapazes de exercer vontade ou controle sobre a ação dos memes? A partir dessas observações, surge uma hipótese de cultura que não é meramente antropológica e que apresenta uma visão biológica e evolucionista. Como os genes se copiam imperfeitamente e com distorções, a ideia de meme não implica um entendimento estritamente conservador da cultura. Pelo contrário, à imagem do gene, os memes respondem pela inovação, pela transformação e mutabilidade das formas culturais. ▸ Cf. DAWKINS, RICHARD.

BIBLIOGRAFIA

DAWKINS, Richard. *O gene egoísta*. São Paulo: Companhia das Letras, 2007.

memorando 1 Mensagem escrita, breve e informal, us. como instrumento de comunicação administrativa, em impresso apropriado e ger. em correspondência interna. 2 GRÁF Impresso comercial, ger. no sentido da largura e em formato menor que o de carta, us. esp. em empresas, repartições, serviços administrativos, no comércio etc. para comunicações ligeiras.

memória 1 Exposição escrita ou oral de um acontecimento ou de uma série de acontecimentos mais ou menos sequenciados; relato, narração. 2 INF Dispositivo que pode receber, conservar e restituir dados. ▸ Apesar da crítica de que existem ecos antropomórficos indesejáveis no uso do termo 'memória', pois computadores não têm a plasticidade e as mesmas características do cérebro humano, os termos 'armazenador' e 'memória' são intercambiáveis, sendo 'memória' o mais usado. Em computadores, a guarda, a conservação e a recuperação de dados fazem-se por meio do registro eletromagnético de informações que ficam disponíveis para o usuário. ▸ Cf. ARMAZENADOR; RAM. 3 Dissertação sobre um assunto ou uma matéria de ciência, de erudição, para ser apresentada em congresso, a uma sociedade científica, artística, cultural. 4 PSIC Função geral que consiste em reviver ou restabelecer experiências passadas com maior ou menor consciência de que a experiência do momento presente é um ato de revivescimento. 5 PSIC Termo geral e global para designar as possibilidades, condições e limites da fixação da experiência, retenção, reconhecimento e evocação.

INFORMAÇÕES GERAIS

Memória distingue-se de imaginação. Um relato de memória presume a ocorrência de um fato que é evocado. Memória não é apenas representação e experiência, mas um fator operativo na produção desse tipo de representação. O que é familiar e ordinário caracteriza a memória, enquanto a fantasia é excepcional e fantástica, beirando, se for o caso, a criação sem correspondência a fatos. A fantasia seria puramente imaginária. Memória está, portanto, frequentemente associada à verdade e ao conhecimento: é um tipo específico de conhecimento presente sobre o que deixou de estar presente. Como explicar que muitas pessoas acreditam ter-se lembrado de acontecimentos que, na verdade, não aconteceram? A memória, nesse caso, não é lembrança, mas criação. Por isso, a memória não é a evocação neutra de um fato, mas imagem, ideia ou impressão do que se acredita ter acontecido no passado. Nesse caso, importa entender não como a memória adquiriu os traços do passado, mas como os reteve. Uma posição cética extrema nega a possibilidade da memória.

memória afetiva TEAT Mecanismo de recuperação, e posterior rearticulação dramática, do estoque de experiências e sensações acumuladas por um ator em sua existência psicossocial, conforme a série de exercícios criada por Stanislavski (ator e diretor de teatro russo, 1863-1938). ▸ O recurso à memória afetiva possibilita ao ator a criação ou construção de personagem com o estofo humano do próprio personagem, além do seu próprio.

memória apenas de leitura INF M.q. MEMÓRIA PERMANENTE.

memória auxiliar INF M.q. MEMÓRIA EXTERNA.

memória de acesso nulo INF Memória de computador cujo tempo de espera é desprezível.

memória dinâmica INF Tipo de circuito integrado utilizado como memória volátil, o que exige que seu conteúdo seja frequente e permanentemente reforçado por meio de recargas de eletricidade, para preservar os dados armazenados. ▸ P.opos. a MEMÓRIA ESTÁTICA.

memória estática INF Tipo de circuito integrado utilizado como memória volátil, capaz de preservar os dados sem necessidade de reforçá-los periodicamente. ▸ P.opos. a MEMÓRIA DINÂMICA.

memória externa INF Memória que não faz parte do sistema do computador, mas que é adicionada a ele; memória auxiliar.

memória interna INF M.q. MEMÓRIA PRINCIPAL.

memorial LIT M.q. MEMÓRIAS.
memorialística LIT 1 Gênero de narrativa próprio das memórias. 2 Conjunto de obras desse gênero.
memória não volátil INF M.q. MEMÓRIA PERMANENTE.
memória permanente INF Tipo de circuito integrado capaz de preservar os dados mesmo quando não alimentado com eletricidade, mas cujo conteúdo não pode ser alterado pelo usuário; memória apenas de leitura, memória não volátil, memória ROM.
memória primária INF M.q. MEMÓRIA PRINCIPAL.
memória principal INF Memória interna de um computador, constituída por circuitos integrados capazes de armazenar dados digitalizados temporária (memória volátil, memória RAM) ou permanentemente (memória permanente, memória ROM); memória interna, memória primária.
memória RAM INF M.q. MEMÓRIA VOLÁTIL.
memória ROM INF M.q. MEMÓRIA PERMANENTE.
memórias LIT Relato que alguém faz, muitas vezes na forma de obra literária, a partir de acontecimentos históricos dos quais participou ou foi testemunha, ou que estão fundamentados em sua vida particular; memorial.
memória secundária INF M.q. DISPOSITIVO DE ARMAZENAMENTO.
memória virtual INF Artifício us. para ampliar a capacidade da memória primária de um computador, copiando num dispositivo de armazenamento trechos dessa memória que não estão sendo acessados em um dado momento, liberando a memória por eles ocupada e, posteriormente, copiando-os novamente na memória principal, quando seu acesso for solicitado.
memória volátil INF Tipo de memória primária que retém os dados somente enquanto os circuitos de armazenamento são alimentados com eletricidade; memória RAM.
memorizar INF Colocar (dados, informações) na memória.
mensageiro 1 Que ou o que leva e/ou traz mensagem escrita ou oral; portador. 2 Que ou o que anuncia ou pressagia; anunciador, precursor, pressagiador. 3 Aquele que leva e/ou traz encomendas, mensagens etc.; portador, rápido, próprio. 4 TEAT No antigo teatro grego, personagem que narra os eventos que antecedem a ação.
mensagem 1 Comunicação, ger. breve, que transmite a alguém uma informação, uma ordem. 2 Comunicação oficial entre os poderes Executivo e Legislativo de uma nação. 3 Comunicado de autoridade a uma coletividade. 4 Felicitação ou louvor escrito e endereçado a uma entidade, ger. por motivo solene. 5 Comunicação, nova, revelação ou ensinamento transmitido à humanidade por alguém considerado como extraordinário ou que é visto como enviado de Deus. 6 Pensamento, visão pessoal de escritor, filósofo, artista, personagem histórico etc., transmitida em sua obra. 7 COMN Sequência de signos organizados de acordo com um código e veiculados de um emissor para um receptor, através de um canal que serve de suporte físico à transmissão. 8 INF Sequência ordenada de caracteres que, representando dados e um lote de informações, é transmitida de uma só vez por ou para computador.

INFORMAÇÕES GERAIS

A definição clássica de 'mensagem' como um signo ou uma sequência de signos feitos a partir de um sistema codificado de regras, que se transfere de um emissor a um receptor, é de uma aparente e óbvia simplicidade, mas, nesse caso, é preciso atentar para algumas consequências e implicações. Se isso não for bem pensado, tudo poderia ser, então, uma mensagem, desde que seja uma construção sígnica feita a partir de um código comum a seus emissores e receptores. O que daí deriva é a questão sobre se existe mensagem sem códigos e sem reciprocidade. Há quem afirme que não, que, sem um código subjacente, as mensagens são ininteligíveis. Para sustentar a ideia, o linguista Roman Jakobson (1896-1982) cita uma experiência de transmissão de ruídos naturais pelo rádio. A gravação direta e natural do barulho de um trem entrando numa estação, se transmitida diretamente, é freq. irreconhecível. O valor informativo de um sinal natural é sempre mínimo. Seu reconhecimento exigiria, segundo Jakobson, uma codificação elementar, uma representação que permita a identificação desse som por parte dos receptores. Para Jakobson, não há mensagem sem um código a partir do qual os signos se projetam. Por mais persuasiva que seja a argumentação de Jakobson, algo mais deve ser considerado. Como explicar a compreensão universal de gestos e expressões faciais sugerida por Charles Darwin (1809-1882) e verificada por Paul Ekman (1934-)? [cf. CINÉSICA]. Como é possível que uma criança, antes de adquirir um sistema de codificação linguística e sem ter tido acesso a um espelho, esboce um sorriso para seus pais? Não há como negar que, além de mensagens codificadas pela sociabilidade, existem outras que se formaram através do processo evolutivo e que persistem nas mensagens não verbais. O etólogo Niko Tinbergen (1907-1988) sugere que a comunicação entre animais se faz segundo o processo de atividade derivada, como é o caso de um movimento que se transforma, ao longo da histórica evolutiva, num signo, a rigor, um movimento-signo. O curso evolutivo codifica o que não fora originariamente parte de um código. E não apenas isso: a mensagem deve ser sempre entendida como um recurso que existe num processo caracterizado por fatores autônomos: o emissor, o receptor e, por vezes, um sistema de regras codificadas. O foco da mensagem pode, portanto, variar e apontar para quem emite ou para quem recebe os signos e, certamente, para as regras que o geraram. Uma mensagem pode ser indicativa de intenções ou dirigida para quem a recebe. O uso é a dimensão definitiva do universo das mensagens. Por isso, o filósofo da linguagem Ludwig Wittgenstein (1889-1951) afirmou que a pergunta sobre o significado de uma mensagem não passa de uma questão sobre o seu uso. Porque existem múltiplos e infinitos usos é que se pode afirmar que as mensagens constituem-se num universo caracterizado pela plasticidade e pela variabilidade. Uma mensagem como "pode me trazer um copo d'água?" não é, por vezes, uma pergunta, mas uma ordem. Isso também significa que as mensagens só adquirem sentido em contextos específicos. ▸ Cf. ENUNCIADO; ENUNCIAÇÃO.

BIBLIOGRAFIA

DARWIN, Charles. *A expressão das emoções no homem e nos animais*. São Paulo: Companhia das Letras, 2009.
EKMAN, Paul. *Darwin and facial expression: a century of research reviewed*. Palo Alto: Marlo, 2006.
JAKOBSON, Roman. Visual and auditory signs. In: *Selected writings: word and language*, The Hague: Mouton, 1971. p. 334-7. v. 2.
TINBERGEN, Niko. *The animal and its world: explorations of an ethologist*. Cambridge: Harvard University Press, 1972-1973.
WITTGENSTEIN, Ludwig. *Investigações filosóficas*. Petrópolis: Vozes, 2005.

mensagem eletrônica INF Mensagem enviada por correio eletrônico. ▶ Cf. EMAIL.

mentalidade 1 Estado, qualidade daquilo que é mental, do que caracteriza os processos e atividades da mente. 2 Conjunto de manifestações de ordem mental (crenças, maneira de pensar, disposições psíquicas e morais), que caracterizam uma coletividade, uma classe de pessoas ou um indivíduo; mente, personalidade. 3 O desenvolvimento intelectual; a faculdade intelectiva; mente, inteligência, pensamento.

mentalismo 1 FIL Doutrina segundo a qual a mente é a realidade fundamental. 2 LING Doutrina que considera ser a língua, antes de tudo, um estado da mente, que preexiste e existe independentemente de sua manifestação no comportamento. 3 PSIC Teoria que considera os processos conscientes oriundos da introspecção como os verdadeiros dados da psique ('estrutura mental ou psíquica de um indivíduo'). ▶ Nas acp. 2 e 3, p.opos. a BEHAVIORISMO.

INFORMAÇÕES GERAIS

Diz-se que uma teoria ou doutrina é mentalista se reservar, para a intencionalidade, um papel central nos processos ou eventos mentais, desde que não a considere provida apenas de imaterialidade. Desejo, crença, pensamento, sentimento e esperança são alguns objetos teóricos de doutrinas mentalistas. A crítica do behaviorismo ao mentalismo é que esses estados mentais não são observáveis, logo inutilmente vagos e especulativos. A crítica behaviorista ao mentalismo foi respondida pela gramática gerativa de Noam Chomsky (1928-) e pelos avanços da ciência cognitiva moderna, que, com o uso de equipamentos sofisticados de ressonância magnética, estabeleceu correlações materiais entre estados mentais e modos de funcionamento do cérebro.

mente 1 Sistema organizado no ser humano referente ao conjunto de seus processos cognitivos e atividades psicológicas. 2 Parte incorpórea, inteligente ou sensível do ser humano; espírito, pensamento, entendimento. 3 Memória, lembrança. 4 Faculdade, ato ou modo de compreender algo ou de criar na imaginação; concepção, imaginação, percepção. 5 Intento (de fazer algo); intenção, plano, propósito. 6 Faculdade do intelecto independente da emoção e da vontade; inteligência, intelecto, razão. 7 O desenvolvimento intelectual, a faculdade intelectiva; inteligência. 8 M.q. MENTALIDADE ('conjunto', 'desenvolvimento').

INFORMAÇÕES GERAIS

O estudo moderno da mente começa com perguntas sobre o que distingue processos físicos e mentais. O caminho para o entendimento da mente varia e suas abordagens incluem o metafísico, o experimental, o psicológico e o biológico. Se a mente difere radicalmente da MATÉRIA, como é possível que seres com uma mente pensante capturem a estrutura causal da realidade? No sXVII, Descartes (1596-1650) reconhecia que deve haver uma relação causal entre mente e cérebro. Cérebro e mente não são meramente distintos: eles interagem mutuamente, num processo que vai do físico para o mental e também do mental para o físico. Entretanto, no dualismo cartesiano o que fica sem resposta é a maneira pela qual os elementos duais interagem. O argumento cartesiano acaba servindo a propósitos teológicos, já que reconhece a necessidade da existência de um ente que unifique a separação entre o material e o corpóreo, e que só pode ser Deus. O pensamento moderno propôs soluções para os obstáculos do dualismo cartesiano clássico: o BEHAVIORISMO é um exemplo contemporâneo desse tipo de doutrina. As teses behavioristas consideram que os processos mentais são inobserváveis e que, por isso, o que importa são os estímulos que causam estados mentais. Só os estímulos sensoriais podem aspirar à categoria de causa. A mente nada causa. Muitas das soluções para o dualismo mente/corpo soam mais como uma desistência do que uma resposta, como é o caso da solução postulada por Malebranche (1638-1715) e Leibniz (1646-1716), que afirmam a existência de um paralelismo completo entre corpo e mente. Nem um nem outro filósofo resolvem o problema, o que fazem é rejeitá-lo. Segundo Leibniz, a harmonia de estados corpóreos e mentais foi postulada num dos mundos possíveis que Deus concebeu e que se fez realidade. Malebranche nega a relação de causalidade entre mente e corpo; quem tudo causa é Deus, que predeterminou as duas naturezas em relação de harmonia. As soluções filosóficas oscilaram entre supor que a distinção entre corpo e mente seja apenas ilusória, concebendo monisticamente a matéria como uma forma da mente ou, materialisticamente, qualificando a mente como uma forma da matéria. Recentemente, a aplicação de processos de ressonância magnética à atividade cerebral estabeleceu correlações entre estados mentais e a fisiologia do cérebro humano, abrindo a possibilidade para uma explicação estritamente materialista a respeito da mente. Um tema que permanece incomodamente sem resolução é a questão da consciência. Há quem afirme que o que chamamos de estados de consciência reduz-se ao reconhecimento de uma intenção, tanto em si como no outro. Mas como se pode ter certeza de que a consciência não passa de uma ilusão, de um sentimento inexistente? A consciência parece pertencer a uma ordem diferente do mundo natural, pois, quando o mundo exterior é observado, geram-se, ao mesmo tempo, percepções de qualidades. Enquanto as doutrinas filosóficas clássicas debateram-se com a ideia de mente, a teoria da comunicação presume, no modelo básico de Shannon (1916-2001) e Weaver (1894-1978), que no processo comunicacional sempre existam duas mentes, que se distinguem por sua função e não por sua natureza. As funções da mente transmissora e da mente receptora complementam-se, sejam elas cérebros ou máquinas. Na comunicação, as mentes processam informação. Para isso, aparentemente basta um programa de produção e recepção de mensagens comum aos transmissores e aos receptores, que manipulam uma linguagem composta de símbolos convencionados, igualmente acessíveis aos que estiverem envolvidos no processo de comunicação. Entretanto, além de ser um processo cognitivo governado por regras e pela manipulação de signos, a comunicação humana prevê a existência de mentes capazes de fazer conjecturas, reconhecer e inferir regras, lidar com variações de contextos e anomalias, tomar decisões a respeito de ambiguidades e entender o significado de mensagens incompletas. Mas reconhecer que esses são os procedimentos da própria mente não justifica a suposição de que outras mentes procedam da mesma maneira. Ser consciente não garante o acesso a outras consciências. Gilbert Ryle (1900-1976) procurou uma resposta para esse problema, partindo de uma recusa sistemática da concepção cartesiana de que um fantasma habitaria a maquinaria mental. O resultado foi a formulação de uma concepção de inspiração behaviorista: a mente seria um agregado composto de disposições que respondem aberta e inteligentemente a estímulos sensoriais externos. Já que outras mentes se comportam da mesma maneira, é razoável supor que todas as mentes operem da mesma maneira. Para Ryle, o problema das outras mentes era apenas um efeito da maneira pela qual se conceitualizara o que seja mente. Só através de respostas públicas semelhantes aos mesmos estímulos é que se pode afirmar a existência de outras mentes; de outra forma, supor analogia entre estados mentais internos em outras pessoas seria pura especulação sem maior fundamento.

BIBLIOGRAFIA

CHALMERS, David J. *Philosophy of mind: classical and contemporary readings*. Oxford: Oxford University Press, 2002.

Ryle, Gilbert. *The concept of mind*. Harmondsworth: Penguin, 2000.

menu INF Lista de opções ou entradas postas à disposição do usuário, que aparece no vídeo de um terminal de computador com as funções que este poderá, a seguir, realizar por meio de um programa ou *software*.

menu em cascata INF M.q. SUBMENU.

mercadização ECON MKT **1** Conjunto de atividades e técnicas mercadológicas que dizem respeito à colocação de um produto no mercado em condições competitivas, adequadas e atraentes para o consumidor; *merchandising*. **2** Ver MARKETING.

mercado **1** Lugar (país, cidade, povoação) importante em matéria de negócios e transações financeiras; centro de comércio, empório. **2** ECON Concepção das relações comerciais baseada essencialmente no equilíbrio de compras e vendas, segundo a lei da oferta e da procura. **3** ECON Lugar teórico onde se processam a oferta e a procura de determinado produto ou serviço. **4** ECON Conjunto de consumidores que absorvem produtos e/ou serviços; o meio consumidor. **5** ECON Conjunto de transações econômicas entre vários países ou no interior de um país.

INFORMAÇÕES GERAIS

Aplicado à comunicação, o termo *mercado* unifica, de modo artificial, o que é extremamente diverso. O mercado dos meios de massa tende a ser dominado por organizações poderosas com práticas características de oligopólio. O mercado de comunicação tradicional tende a ser de difícil acesso, controlado por organizações poderosas. Nesse caso, a produção cultural transforma-se na mais pura mercadoria, sujeita aos ditames do comércio em geral. Porque os investidores na produção de bens culturais demandam retorno imediato, as organizações tradicionais acabam optando prioritariamente pela produção do que há de mais medíocre e acovardado em termos estéticos e culturais. Os estudos da mídia tradicional devem, portanto, adotar uma abordagem que considere o que for assim veiculado como um mero produto a ser vendido e comprado no mercado. Essa tendência foi particularmente acentuada no início do século, com as aquisições e consolidações de empresas menores nos grandes conglomerados de comunicação. A mercantilização da cultura acentuou-se. Os grandes conglomerados pressionaram o mercado da cultura a apresentar resultados imediatos a seus acionistas, ao contrário das empresas menores, que eram, fundamentalmente, propriedade de indivíduos ou de algumas famílias. Mas deve-se notar que o mercado comunicacional tem outro lado de troca livre imediata que escapa às determinações do comercialismo: esse mercado potencializou-se com o estabelecimento de comunidades virtuais, que criam outro tipo de mercado igualmente virtual. Por serem instituições sociais, os mercados estão sempre sujeitos a questionamentos sobre sua legitimidade. Qual o efeito dos mercados para a sociedade como um todo? Discutir a validade social do mercado implica perguntar-se a respeito dos limites da propriedade privada. Cf. COMUNIDADE VIRTUAL; ECONOMIA; LAISSEZ-FAIRE.

mercado aberto ECON Sistema adotado pelo banco central de um país que, comprando e vendendo títulos (esp. letras do Tesouro e obrigações do governo), pode controlar o sistema monetário e negociar com os bancos e o público.

mercado a futuro ECON Esfera dos compromissos de compra e venda, realizados nas bolsas de valores ou de mercadorias (*commodities*), de lotes prefixados, a preços determinados e para uma data futura estabelecida pelas bolsas.

mercado cambial ou de câmbio ECON Mercado de oferta e procura de divisas estrangeiras.

mercado comum ECON Associação comercial entre diversos países em que são abolidas cotas e tarifas de importação, subsídios para a exportação e outras medidas governamentais similares, conservando-se, entretanto, a liberdade de cada membro para estabelecer suas formas de comércio com os demais países; zona de livre comércio, área de livre comércio.

Mercado Comum Europeu POL ECON M.q. COMUNIDADE ECONÔMICA EUROPEIA.

mercado de balcão ECON Mercado de ações ou outros ativos cujas operações, não registradas ou previstas nas negociações dos mercados organizados (bolsas), atendem a especificações estabelecidas pelo cliente.

mercado de capitais ECON Aquele que é constituído pelas bolsas de valores e instituições financeiras (bancos e companhias de seguros e investimentos) e que negocia com papéis (ações, títulos de dívida) a longo prazo.

mercado de trabalho O estado da oferta e procura de empregos num país, numa região.

mercado financeiro ECON O conjunto formado pelo mercado de capitais e pelo mercado monetário.

mercado livre **1** Aquele que opera com mercadorias, moedas e valores que não estão tabelados nem cotados oficialmente. **2** O lugar onde opera esse mercado.

mercadologia MKT Ver MARKETING.

mercadológico MKT Relativo a mercadologia.

mercado monetário ECON Setor do mercado financeiro que negocia empréstimos a curto prazo, mediante o pagamento de juros.

mercado negro **1** Venda clandestina de produtos raros ou racionados, por preços acima daqueles oficialmente estipulados. **2** Compra e venda de bens e serviços feitas de forma clandestina, fugindo das normas ou leis costumeiras. ▸ Cf. MERCADO PARALELO.

mercado paralelo ECON Mercado cujas operações com títulos e moeda não são regulamentadas nem fiscalizadas pelo governo ou instituições financeiras credenciadas.

mercado primário **1** ECON Mercado no qual se fazem empréstimos diretamente ao devedor. ▸ Distingue-se do mercado secundário, onde são vendidos os títulos (*securities*) oriundos dos empréstimos realizados no mercado principal. **2** Mercado no qual, por meio de leilões e em primeira mão, são negociados títulos de dívida pública emitidos pelo governo. **3** Mercado no qual são oferecidas novas emissões de títulos, contratos futuros e de opções.

mercadoria **1** Qualquer produto (matérias-primas, gêneros, artigos manufaturados etc.) suscetível de ser comprado ou vendido; mercancia. **2** Negócio, comércio realizado entre mercadores; mercancia. **3** A ocupação, a profissão de mercador; mercancia. ▶ Cf. FETICHISMO DA MERCADORIA; REIFICAÇÃO.

mercado secundário ECON Etapa do mercado de ações e títulos sequente ao mercado primário, e que se caracteriza pela obrigatoriedade de realização das transações nas bolsas de valores.

mercado spot ECON Mercado de *commodities* em que os negócios são realizados com pagamento à vista e entrega imediata das mercadorias.

merchandising [ing.] ECON MKT **1** M.q. MERCADIZAÇÃO. **2** Citação ou aparição de determinada marca, produto ou serviço, sem as características explícitas de anúncio publicitário, em programa de televisão ou de rádio, espetáculo teatral ou cinematográfico etc. **3** M.q. PROMOÇÃO DE VENDAS. **4** Ato ou processo pelo qual, com propósitos comerciais, objetos de consumo são associados a filmes, artistas famosos etc. ▶ Recorrer ao *merchandising* é uma tentativa de capitalizar o sucesso de um bem cultural para vender outros produtos. Tênis, lençóis, brinquedos e outros objetos recebem a marca de um outro produto popular, o que também significa um aumento de receita para os que financiaram o filme, a peça, o espetáculo. O *merchandising* transfere a marca de um produto para outro. Não se trata propriamente de endosso, mas de uma expansão da capacidade mercadológica de uma marca.

***merchandising* social** MKT M.q. MARKETING SOCIAL.

merger [ing.] PUB Ato ou efeito de fundir duas ou mais agências publicitárias.

mergulhador GRÁF Que ou quem, de uma pilha de originais, retira de baixo um menos trabalhoso, transgredindo, desse modo, a norma de pegar sempre o da vez, que está em cima (diz-se de operário). ▶ Uso informal.

Merleau-Ponty, Maurice (Rochefort-sur-Mer, França 1908 - Paris, França 1961) Filósofo e psicólogo francês profundamente influenciado pelo marxismo e pela fenomenologia husserliana e heideggeriana; estudioso dos mecanismos da percepção e pensador da arte, da literatura, da linguística e da política. ▶ Merleau-Ponty morreu de ataque cardíaco quando se preparava para uma aula na Universidade de Paris, deixando uma obra instigante, mas incompleta. Junto com Sartre (1905-1980), Merleau-Ponty era o pensador francês mais influenciado pela fenomenologia e foi responsável pela introdução do método fenomenológico na França. Seu interesse pela linguística saussuriana também o qualifica como um dos autores que despertaram a atenção para o ESTRUTURALISMO. O interesse principal de Merleau-Ponty é descrever e compreender os processos que formam a consciência, que, para ele, é um atributo fundamentalmente humano. A consciência não seria uma unidade dada e completa, como formula o *cogito* cartesiano. Consciência faz-se na interação conflituosa e parcial com o corpo; tanto um como outro vive um processo de interminável vir a ser. Aqui reside a crítica de Merleau-Ponty à importância que o freudismo confere ao INCONSCIENTE. O inconsciente seria um conceito supérfluo e desnecessário para explicar os funcionamentos da fratura do sujeito: inconsciente e corpo estão cindidos e relacionados, certamente envolvidos mutuamente. A *Fenomenologia da percepção* argumenta que os processos perceptivos não devem ser entendidos como o registro daquilo que está diante do sujeito. O mundo e a corporeidade cercam, encobrem o indivíduo. Não há consciência que anteceda a percepção: a percepção é a principal modalidade de consciência. O corpo é a consciência materializada numa situação e a corporeidade da consciência é a intencionalidade do corpo. A leitura e o interesse de Merleau-Ponty em Saussure (1857-1913) justificam-se porque, para ele, a linguística saussuriana desreferencializava o signo e a representação, mostrando-os como um universo e um ambiente autônomos, que formam a cultura onde os seres humanos interagem. Como a linguagem, a criação artística faz um mundo; por isso, Merleau-Ponty opõe arte e ciência, que tem por propósito a missão de representar a realidade. Apesar de ligado politicamente à esquerda e ao movimento comunista francês, Merleau-Ponty foi um crítico ácido da ortodoxia stalinista.

BIBLIOGRAFIA

MERLEAU-PONTY, Maurice. *O visível e o invisível*. São Paulo: Perspectiva, 2003.

________________. *Aventuras da dialética*. São Paulo: Martins Fontes, 2006.

________________. *Estrutura do comportamento*. São Paulo: Martins Fontes, 2006.

________________. *Fenomenologia da percepção*. São Paulo: Martins Fontes, 2006.

mesa GRÁF Superfície plana e horizontal sobre a qual, em máquinas e aparelhos como guilhotina e picotadeira, é colocado o papel.

mesa de controle **1** ACS Conjunto de equipamentos e aparelhos de gravação e reprodução sonoras instalados em móvel dotado de painéis de controle; mesa de som. **2** RÁD TV Mesa ou painel onde estão instalados equipamentos us. para centralizar controles de observação, recepção e amplificação, bem como para selecionar canais de imagens ou sons, cortes e efeitos especiais.

mesa de corte TV Dispositivo que, em uma mesa de controle, permite ao diretor de TV selecionar as imagens e sons desejados, dentre os sinais captados pelas diversas câmaras e microfones; *switch*.

mesa de edição TV Numa *ilha de edição*, aparelho que conjuga os equipamentos de videoteipe utilizados na edição eletrônica de imagens e sons antecipadamente gravados.

mesa de gravação M.q. MESA DE CONTROLE.

mesa de luz **1** GRÁF Dispositivo em forma de mesa ou caixa, com tampo translúcido (ger. de vidro ou acrílico branco) que, iluminado por baixo, permite visualizar papéis sobrepostos e materiais transparentes (filmes, *slides* etc.) de modo a facilitar o trabalho de montagens, retoques, imposições etc.; mesa de montagem, mesa iluminada. **2** TEAT Console equipado com dispositivos de controle dos equipamentos de iluminação utilizados em palco, auditório, estúdio etc.

mesa de montagem GRÁF M q. MESA DE LUZ.

mesa de som ACS M.q. MESA DE CONTROLE.

mesa iluminada GRÁF M.q. MESA DE LUZ.

mesa telefônica TEL Local provido de aparelhagem com que os operadores de serviços telefônicos exercem seu ofício.

Mesquita Filho, Júlio de (São Paulo, Brasil 1892 - São Paulo, Brasil 1969) Jornalista brasileiro, editor e proprietário de *O Estado de S. Paulo*. ▸ A militância de Júlio de Mesquita Filho é tanto jornalística como política. Comprometido com um programa de reforma e modernização da sociedade brasileira, livre das amarras às oligarquias tradicionais, Mesquita participou ativamente do partido político UDN (União Democrática Nacional). Depois de apoiar o golpe militar de 1964, rompeu com o regime militar, tornando-se seu firme opositor. Após sua morte, Júlio de Mesquita Neto (1922-1996) substituiu-o na direção editorial de *O Estado de S. Paulo*.

metábole 1 MÚS M.q. MODULAÇÃO. 2 RET Figura que se resume na repetição de uma ideia por meio de palavras diferentes. 3 RET Figura que consiste na repetição de palavras já ditas, alterando-lhes a ordem ('comer para viver, viver para comer').

metafísica FIL 1 No aristotelismo, subdivisão fundamental da filosofia, caracterizada pela investigação das realidades que transcendem a experiência sensível, capaz de fornecer um fundamento a todas as ciências particulares, por meio da reflexão a respeito da natureza primacial do ser; filosofia primeira. ▸ O termo não remonta ao próprio Aristóteles (384 a.C.-322 a.C.), mas a um peripatético posterior, prov. Andrônico de Rodes (c130 a.C.-60 a.C.). 2 Parte da tradição filosófica aristotélica esp. desenvolvida pela escolástica medieval, voltada para a investigação teorética da divindade, o ser mais perfeito e elevado, causa de todos os outros seres e realidades do universo; teologia. 3 Linha temática inerente à escola peripatética, caracterizada pela especulação a respeito do ser, suas determinações necessárias e princípios universais, oferecendo dessa maneira o fundamento teórico para que as ciências particulares investiguem os seres da realidade sensível; ontologia. 4 No kantismo, estudo das formas ou leis constitutivas da razão pura, fundamento de toda especulação a respeito de realidades suprassensíveis (a totalidade cósmica, Deus ou a alma humana) e fonte de princípios gerais para o conhecimento empírico. 5 Qualquer sistema filosófico voltado para uma compreensão ontológica, teológica ou suprassensível da realidade. 6 No positivismo ou materialismo contemporâneos, qualquer teoria destituída de sentido, verificabilidade, operacionalidade pragmática ou concretude, apresentando consequentemente tendências dogmáticas, irrealistas ou ideológicas. ▸ Uso pejorativo. 7 Cada uma das teorias filosóficas a respeito do ser em geral, excluindo, portanto, a caracterização dos entes específicos e determinados; ontologia. 8 Qualquer doutrina filosófica que, tal como o neoplatonismo ou a escolástica, esteja voltada fundamentalmente para o conhecimento da divindade, do ser primeiro e perfeito, para além do que é captável pelos sentidos na experiência ordinária; teologia.

metáfora LING RET Designação de um objeto ou qualidade mediante uma palavra que designa outro objeto ou qualidade que tem com o primeiro uma relação de semelhança (p.ex.,"ele tem uma vontade de ferro", para designar uma vontade forte como o ferro). ▸ Elemento central na construção de discursos, a metáfora é mais do que uma figura de linguagem, pois funciona, simultaneamente, como uma extensão de sentido e de conhecimento. Entender a metáfora é refletir sobre as fronteiras do que seja literal num pensamento. A origem do pensamento é provavelmente metafórica, porque a inteligência opera pela conexão e aproximação ao que parece ser diverso. Mesmo que se possa conceber a verdade como um exército de metáforas, criar uma metáfora não é o mesmo que dizer uma verdade. As metáforas não deixam de ter certo teor de erro, se não de falsidade, na proporção em que se afastam da denotação literal. O literal e não o metafórico seria verdadeiro. Mas, caso não seja assim, o literal seria o pensamento morto, fosco e fossilizado. É preciso, porém, observar o pensamento metafórico com cautela, pois o reconhecimento de semelhanças pode ser apenas superficial, como no caso da CATACRESE, em que, por exemplo, se diz "as pernas de uma mesa". A catacrese é uma metáfora sem profunda relação causal, que se mantém por força do hábito e de uma hipercodificação que, afinal, são o pensamento no vácuo. Numa disputa filosófica, qualificar o argumento de um oponente de metafórico é desqualificá-lo como impreciso e vago. Para Aristóteles (384 a.C. - 322 a.C.), o processo metafórico é o fundamento de todas as outras figuras de linguagem: toda comunicação é essencialmente composta de metáforas mais ou menos aproximadas e precisas. Na interpretação aristotélica, a metáfora é um processo genérico de unificação que recorre a termos extraídos de tipologias diferenciadas. Não é possível identificar a metáfora com o sinônimo: nos sinônimos predomina a importância do mesmo, enquanto a metáfora alardeia a junção do que é distinto, já que toma a forma de uma comparação explícita. Suspeita-se da metáfora em virtude de seu funcionamento analógico. A aproximação e substituição por semelhança que fazem da metáfora um símile abreviado são, a rigor, problemáticas: estabelecer ou criar uma relação por similitude não garante que esse nexo seja, efetivamente, verdadeiro. O reconhecimento de analogia segue um modelo de proporcionalidade "*a* está para *b*, assim como *c* está para *d*", o que gera os seguintes pares: "o timbre está para o som, assim como a cor está para a luz, a asa para o pássaro e a barbatana para o peixe". Considerando a vida como um ciclo de estações, a juventude está para a primavera, assim como a velhice está para o inverno, daí ser factível abreviar a proporcionalidade, dizendo: "a velhice é o inverno da vida; a juventude, sua primavera". Para que uma metáfora seja formulada, deve-se partir da proporcionalidade formal "*a* está para *b*, assim como *c* está para *d*'; só então identifica-se e seleciona-se o que seja *a*, *b*, *c* ou *d*. Por isso, segundo Roman Jakobson (1896-1982), a metáfora, por sua relação paradigmática, ocorre no eixo de seleção da linguagem, o que a define como uma atribuição mental. Vista como uma produção mental, autônoma e livre de restrições factuais, a metáfora é parte da mecânica de CONDENSAÇÃO que as doutrinas e interpretações freudianas reconhecem em ação no aparelho psíquico.

BIBLIOGRAFIA

HESSE, Mary. *Models and analogies in science*. Notre Dame: Notre Dame University Press, 1966.

JAKOBSON, Roman. Two aspects of language and two types of aphasic disturbances. In: *Selected writings, Volume II: word and language*. The Hague: Mouton, 1956, p. 239-59.

metalíngua LING SEMIO M.q. METALINGUAGEM. ▸ Segundo o linguista Louis Hjelmslev (1898-1965), linguagem natural ou formalizada que serve para falar de uma língua, para descrevê-la.

metalinguagem LÓG Em semântica formal, linguagem us. para descrever outra linguagem, a linguagem-objeto. ▶ Metalinguagem é uma linguagem de segunda ordem us. para descrever e analisar o funcionamento de outra linguagem. A linguagem de primeira ordem fala sobre algo, enquanto a metalinguagem fala sobre o que é falado. A descoberta não é nova: gramáticos hindus e lógicos medievais notaram que uma palavra refere-se a objetos físicos ou intelectuais, mas também a si própria. Caso essa distinção de níveis e de ordens do discurso fosse inviável, não haveria como esclarecer ambiguidades e homonímias na comunicação. Um discurso crítico sobre a criação literária é linguagem que tem outra construção linguística como objeto. Principalmente, sem uma linguagem lógica de segunda ordem, não haveria maneira de destrinchar o famoso paradoxo do mentiroso. Como entender a seguinte frase: "essa sentença é falsa"? Para que o conteúdo da sentença represente exatamente o que diz, ela não pode ser falsa; e, não sendo falsa, será verdadeira, o que falsifica o que está sendo dito, num círculo interminavelmente vicioso. O mesmo acontece no caso da sentença "tudo é verdadeiro". Em lógica, a solução para tais paradoxos reside na criação de um sistema notacional rico o suficiente para que a linguagem fale sobre si mesma, o que levará à identificação de definições básicas ou à aplicação de parênteses a partes da sentença, que, por sua vez, passariam a ser julgadas de acordo com as definições básicas. Para aqueles que estudam a cultura, uma metalinguagem ordena hierarquicamente os vários subsistemas que compõem a ordem cultural, o que permite autorreflexividade e autoconsciência por parte dos que nela atuam. Nas explicações linguísticas, a linguagem que esclarece o seu uso é metalinguística. Se o esclarecimento de um termo em inglês é feito em português, o português funciona como uma metalinguagem. Por extensão, quando os usuários de uma linguagem identificam as condições de seu uso, estão envolvidos num processo metalinguístico. A metalinguagem parece ser uma condição necessária para a aquisição de uma linguagem. Roman Jakobson (1896-1982), no seu importante estudo sobre linguística e poética, reconhece a metalinguagem como uma das funções fundamentais da linguagem (cf. FUNÇÃO DA LINGUAGEM; FUNÇÃO METALINGUÍSTICA). O conceito de metalinguagem não está livre de críticas; uma delas é sua extrema relatividade: da mesma maneira que se esclarece um termo em português com sentenças da língua inglesa, pode-se explanar uma expressão inglesa com o português. Jacques Lacan (1901-1981) recusa a validade do conceito de metalinguagem, afirmando que a linguagem de segunda ordem é uma linguagem da mesma natureza que aquela identificada como de primeira ordem. Caso se acredite que os limites da linguagem demarcam as fronteiras do mundo, como o fazem Heidegger (1889-1976), Wittgenstein (1889-1951) e Derrida (1930-2004), entre outros, tudo é discurso da mesma ordem, o que, por vezes, leva à erosão do que seja verdade.

metal sign [ing.] PUB Anúncio impresso ou montado em metal.

método 1 Procedimento, técnica ou meio de se fazer alguma coisa, esp. de acordo com um plano. 2 Processo organizado, lógico e sistemático de pesquisa, instrução, investigação, apresentação etc. 3 Ordem, lógica ou sistema que regula uma determinada atividade. 4 Modo de agir; meio, recurso. 5 Maneira de se comportar. 6 Qualquer procedimento técnico, científico. 7 Conjunto de regras e princípios normativos que regulam o ensino ou a prática de uma arte. 8 Compêndio que apresenta detalhadamente as etapas desse método. 9 Maneira sensata de agir; cautela. 10 Conjunto sistemático de regras e procedimentos que, se respeitados em uma investigação cognitiva, conduzem-na à verdade. 11 FIL No cartesianismo, o somatório de operações e disposições preestabelecidas que garantem o conhecimento, tais como a busca de evidência, o procedimento analítico, a ordenação sistemática, que parte do simples para o complexo, ou a recapitulação exaustiva da totalidade do problema investigado. ▶ Cf. DESCARTES, RENÉ. 12 FIL Na filosofia de Francis Bacon (1561-1626), reunião de prescrições de natureza indutiva e experimental que asseguram o sucesso da investigação científica. ▶ Cf. BACON, FRANCIS; INDUÇÃO. 13 FIL No pensamento de Edgar Morin (1921-), atitude intelectual que busca a integração das múltiplas ciências e de seus procedimentos cognitivos heterogêneos, tendo em vista o ideal de um conhecimento eclético e complexo.

INFORMAÇÕES GERAIS

As questões de método numa disciplina são problemas filosóficos que produzem impacto direto sobre as formas de conhecimento. Métodos conduzem os raciocínios sobre um determinado objeto e, por isso, não são molduras neutras, mas fatores produtivos de um saber. Um método determina o que é digno de exame. Muitas vezes, invalida-se uma conclusão por motivos metodológicos. Examinar um método cognitivo frequentemente revela, considerando-se os procedimentos e objetivos de uma disciplina, qual a estrutura teórica e cognitiva de um conhecimento. O escrutínio sistemático de uma disciplina é tarefa da filosofia da ciência, que avalia criticamente os métodos que levaram a determinadas conclusões teóricas e práticas. ▶ Cf. METODOLOGIA.

método axiomático LÓG Aquele que parte de premissa considerada necessariamente evidente e verdadeira, fundamento de uma demonstração; método dedutivo. ▶ Cf. AXIOMA; DEDUÇÃO.

método de Stanislavski TEAT Teoria e técnica representativas desenvolvidas pelo ator e diretor teatral russo Constantin Stanislavski (1863-1938), segundo as quais o artista se identifica com a personagem que interpreta, atuando de modo naturalista, antideclamatório, altamente individualizado. ▶ Também chamado de *method acting*. ▶ Cf. STANISLAVSKI, CONSTANTIN.

metodologia 1 Corpo de regras e diligências estabelecidas para realizar uma pesquisa; método. 2 LÓG Ramo da lógica que se ocupa dos métodos das diferentes ciências. 3 LÓG Parte de uma ciência que estuda os métodos aos quais ela própria recorre. 4 LIT Estudo, segundo métodos específicos, dos componentes e do caráter subjetivo de uma narrativa, poema ou texto dramático.

INFORMAÇÕES GERAIS

Todas as formas de conhecimento, sejam elas científicas, éticas, históricas, psicológicas, matemáticas etc., podem ser examinadas criticamente. O escrutínio crítico e metodológico de uma disciplina tende a ser localizado e autorreflexivo, mesmo que seja feito com conceitos externos ao saber examinado, o que, por sua vez, não autoriza à investigação metodológica prescrever regras gerais para formas variadas de saber. A metodologia não é uma filosofia primeira, que se projeta prescritivamente sobre todos os conhecimentos. As discussões metodológicas funcionam melhor quando desconfiam de escrutínios globais e criticam, em detalhe, os pressupostos e procedimentos de um saber em determinado contexto cognitivo, histórico e social. ▸ Cf. MÉTODO.

metonímia LING RET **1** Figura de retórica que consiste no uso de uma palavra fora do seu contexto semântico normal, por ter uma significação que tenha relação objetiva, de contiguidade, material ou conceitual, com o conteúdo ou o referente ocasionalmente pensado. ▸ Não se trata de relação comparativa, como no caso da metáfora. **2** Relação metonímica de tipo qualitativo (causa, efeito, esfera etc.): matéria por objeto (*ouro* por dinheiro); pessoa por coisa; autor por obra (*adora Portinari* por 'a obra de Portinari'); proprietário por propriedade (*vamos hoje ao Venâncio* por 'ao restaurante do Venâncio'); morador por morada; continente pelo conteúdo (*bebeu uma garrafa de aguardente* por 'a aguardente de uma garrafa'); consequência pela causa (*respeite os meus cabelos brancos* por 'a minha velhice'); a qualidade pelo qualificado (*praticar a caridade* por 'atos de caridade').

INFORMAÇÕES GERAIS

Ao contrário da metáfora, que reúne o diverso, sugerindo, por vezes imprecisamente, um nexo subjacente ou profundo entre os termos da expressão metafórica, a metonímia caracteriza-se pelo deslocamento e não parece ter relevância cognitiva maior. Enquanto filósofos de inclinação positivista referem-se à metáfora como elemento de um estágio pré-teórico do conhecimento que, ao longo do desenvolvimento científico, a ciência abandona, a metonímia faz parte do domínio exclusivo do estilo, da linguagem e da construção retórica. A metonímia faz-se por várias formas de deslocamento: da causa para o efeito, do objeto feito com um material para o objeto propriamente dito, do produtor para o produzido, do todo para a parte etc. Desde o influente estudo de Roman Jakobson (1896-1982) sobre AFASIA, metonímia costuma indicar um processo geral de deslocamento, sendo, portanto, mais abrangente do que SINÉDOQUE. A sinédoque é considerada um tipo de metonímia que se faz pelo acúmulo quantitativo. Ao contrário da metáfora, que é resultado de escolhas no eixo seletivo da linguagem, ou seja, no seu eixo paradigmático e associativo, a metonímia presume uma relação de presença: porque a parte está presente no todo, pode-se dizer "dez velas" singraram a baía, em vez de "dez barcos". A metáfora se faz seguindo a lógica da semelhança, a lógica do *como* (a velhice é um crepúsculo, porque é *como* um período que precede o fim); a metonímia é a lógica da conjunção, a lógica do *e* (dez barcos *e*, portanto, dez velas). Jakobson argumentou que metáfora e metonímia, seleção e combinação, por sua vez, correspondem aos dois modos fundamentais de funcionamento do aparelho psíquico: CONDENSAÇÃO e DESLOCAMENTO. A metonímia é um processo recorrente nas descrições da literatura realista.

BIBLIOGRAFIA

JAKOBSON, Roman. Two aspects of language and two types of aphasic disturbances. In: *Selected writings Volume II: word and language*. The Hague: Mouton, 1956, p. 239-49.

metragem CINE **1** Comprimento total de um filme. **2** Duração da projeção de um filme. ▸ Cf. CURTA-METRAGEM; LONGA-METRAGEM; MÉDIA-METRAGEM.

metteur-en-scène [fr.] CINE M. que DIRETOR. ▸ Cf. AUTHEUR.

Metz, Christian (Béziers, França 1931 - Paris, França 1993) Téorico francês do cinema. ▸ Christian Metz demonstrou os limites e a viabilidade da aplicação da linguística saussuriana à arte cinematográfica. Como vários autores da década de 1960, Metz inspirara-se na sugestão metodológica de Ferdinand de Saussure (1857-1913), que imaginara a possibilidade de uma ciência geral dos signos (semiologia) da qual a linguística seria parte. Metz é filosoficamente um teórico do ESTRUTURALISMO. Seus primeiros trabalhos defendiam a possibilidade de uma semiologia do cinema, preocupada não só com a visualidade, mas com seus mecanismos de significação. Na segunda fase de sua obra, Metz aplicou a teoria lacaniana do olhar ao cinema. A passagem de uma discussão sobre a linguagem cinematográfica para a exploração de uma temática psicanalítica era o resultado da descoberta de que o cinema não era uma língua (LANGUE), mas um discurso (PAROLE). O modelo de interação comunicativa da linguística não seria totalmente aplicável ao cinema: a resposta direta dos espectadores, p.ex., não faz parte da experiência cinematográfica. Nos textos do final da década de 1970, Metz distinguiu filme e cinema. Cinema é o aparato extrafílmico que constitui a indústria cinematográfica e também o desejo de ver, que, na terminologia lacaniana, seria a *pulsão escópica*. Metz fez uma leitura do filme que era sociológica na sua identificação do funcionamento de mecanismos ideológicos na arte cinematográfica, sem negligenciar a dimensão psicanalítica da experiência cinematográfica. Os filmes são discursos que precisam ser interpretados. É através da interpretação, semelhante à ação do psicanalista, que o inconsciente cultural da produção cinematográfica é revelado. Até sua morte, Metz foi o mais influente teórico parisiense do cinema.

BIBLIOGRAFIA

METZ, CHRISTIAN. *Linguagem e cinema*. São Paulo: Perspectiva, 1971.

__________. *Significação no cinema*. São Paulo: Perspectiva, 2001.

__________. *Le significant imaginaire*. Paris: Christian Bourgois, 2002.

mexerico M.q. FOFOCA.

MF RÁD TEL Medida de radiofrequência na faixa de 300-3.000 kHz. ▸ Símb. de *medium frequency* ('frequência média').

MHz FÍS Símb. de MEGA-HERTZ.

micreiro INF **1** Relativo a microcomputador. **2** Próprio do usuário de microcomputador. **3** Pessoa que tem o hábito de utilizar o microcomputador. **4** Usuário perito e aficionado de microcomputador.

microchip INF Ver MICROPROCESSADOR.

microcinema CINE M.q. MICROCINEMATOGRAFIA.

microcinemateca BIBL Coleção de documentos ou obras sob a forma de material cinematográfico miniaturizado, ou setor de um arquivo ou biblioteca sob cuja guarda ela fica.

microcinematografia CINE Técnica que utiliza um microscópio acoplado à câmara na filmagem de objetos microscópicos; cinemicrografia, microcinema.

microcomputador INF Computador no qual o processamento de dados é realizado por um microprocessador; computador pessoal. ▶ Tb. se diz apenas *micro*. ▶ Cf. LAPTOP.

microcópia DOC FOT Cópia fotográfica em que o original é reduzido a ponto de só se tornar legível por meios especiais.

microficha DOC FOT Filme contendo microimagens de textos ou figuras, que pode ser consultado por meio de uma máquina apropriada, que exibe cada imagem ampliada na tela.

microfilmagem 1 Ato, efeito ou processo de microfilmar. 2 DOC Sistema de documentação que se baseia na redução de livros, jornais, processos etc. em microfilmes ('reprodução').

microfilmar DOC FOT Fotografar (documentos, livros etc.) em microfilme; converter em microfilme.

microfilme 1 DOC FOT Reprodução extremamente reduzida de documentos, textos, figuras etc. por meio de microfilmagem. 2 DOC CINE Filme cinematográfico em que são reproduzidos diversos documentos por meio de microfilmagem.

microfone ACS REC.AV Instrumento que converte ondas sonoras em variações correspondentes a um sinal elétrico. ▶ Porque esse sinal elétrico pode ser utilizado para transmissão, gravação ou amplificação do som, a evolução tecnológica do microfone exerceu profundo impacto na indústria fonográfica e no desenvolvimento da música como entretenimento popular. Até 1930, os cantores tinham que posicionar a voz de tal maneira que a gravação fosse clara e audível. Depois dessa data, tornou-se possível gravar a voz e o fraseado de modo mais pausado e íntimo, o que deu lugar à imensa popularidade de cantores americanos como Bing Crosby (1903-1977) e Frank Sinatra (1915-1998), o que sem dúvida também influenciou a bossa nova brasileira e o estilo musical de João Gilberto (1931-). O canto moderno assume suas feições próprias nesse momento em que não é mais preciso recorrer às estilizações do canto operático ou do *vaudeville*. Os cantores deixaram de ser apenas membros de uma banda e tornaram-se indivíduos célebres, frequentemente com aparições em filmes, no rádio e em outros produtos da indústria cultural. O mesmo fenômeno ocorreu no cinema, propiciando interpretações igualmente interiorizadas e menos empostadas, assim favorecendo a proliferação do método de atuação do diretor russo Stanislavski (1863-1939). ▶ Cf. MÉTODO DE STANISLAVSKI.

microfone bidirecional ACS REC.AV Tipo de microfone adequado para transmitir entrevistas entre duas pessoas.

microfone dinâmico ACS REC.AV Tipo de microfone resistente que captura sons altos, sem precisar de bateria e amplificador interno. ▶ O diafragma de microfones dinâmicos vibra ao receber ondas sonoras e isso afeta a sua bobina interna, criando uma corrente que atinge o dispositivo de registro através de cabos de áudio. Cf. CARDIOIDE; CAPACITOR; MICROFONE OMNIDIRECIONAL.

microfone direcional ACS REC.AV Tipo de microfone que permite a gravação dirigida e frontal de uma fonte sonora.

microfone omnidirecional ACS REC.AV Tipo de microfone que captura, indiscriminadamente, os sons de um ambiente. ▶ Cf. CARDIOIDE; CAPACITOR; MICROFONE DINÂMICO.

microfone ultradirecional ACS REC.AV Tipo de microfone que captura, de maneira extremamente seletiva, uma fonte de som a ser gravada.

microfonia ELETRÔN TEL Ruído causado em um amplificador pela realimentação do sinal de saída no transdutor de entrada; efeito microfônico, realimentação acústica, microfonismo.

microfonismo ELETRÔN TEL M.q. MICROFONIA.

microfonista CINE TV Diz-se de ou encarregado do manuseio do microfone, esp. do posicionamento da girafa ('dispositivo').

microforma DOC Qualquer forma miniaturizada que contém microimagens.

microfoto FOT M.q. MICROFOTOGRAFIA ('fotografia').

microfotografar FOT Fotografar (documentos, livros etc.) por meio da microfotografia.

microfotografia FOT 1 Técnica por meio da qual se obtêm reproduções fotográficas de tamanhos reduzidos, tais como microfilmes e microfichas. 2 Fotografia obtida pelo método de microfotografia; microfoto.

microfototeca FOT Coleção ou arquivo de microfotografias ('fotografia').

microimagem DOC Imagem obtida por meio de uma leitora, por ser tão reduzida que não permite a leitura a olho nu. ▶ A leitora é uma máquina que mostra na tela a imagem legível e ampliada de qualquer parte que se deseje obter de um microfilme.

microinformática INF Ramo da informática que trata de equipamentos e programas específicos para microcomputadores.

microinstrução INF Instrução elementar de um microprograma.

microprisma ÓPT Pequeno prisma que faz a imagem aparecer quebradiça, dividida em pequenos segmentos quando desfocada.

microprocessador INF Diz-se de ou circuito integrado constituído por unidade de controle, registradores e unidade aritmética e lógica, capaz de obedecer a um conjunto predeterminado de instruções e de ser utilizado como unidade central de processamento de um microcomputador. ▶ Cf. COMPUTADOR.

microprograma INF Sequência de instruções elementares que corresponde a uma operação específica de computador, mantida em memória especial.

microprogramação INF Preparação ou utilização de microprogramas.

microrreprodução FOT Reprodução obtida por meio de microfotografia.

microtargeting [ing.] MKT POL Em *marketing* político, conjunto de técnicas de DATAMINING que segmentam o universo de votantes potenciais, com o propósito de identificar aqueles que seriam os eleitores que votariam por um determinado candidato de um determinado partido. ▶ O uso de *microtargeting* nas eleições recentes revolucionou o *marketing* político n.-am. Em disputas decididamente acirradas, mais vale direcionar as mensagens e apelos de um candidato para aqueles que, numa região, estejam inclinados a votar num candidato ou num partido do que desperdiçar recursos em estratégias de campanha que atinjam muitos dos que já decidiram rejeitar uma determinada plataforma eleitoral. *Microtargeting* é um caso específico de *datamining* e leva em conta variáveis que não são estritamente políticas, tais como hábitos, preferências de consumo, crenças religiosas, doações a caridade etc. Se outras técnicas de comunicação, como anúncios de rádio e de televisão, lançam uma rede ampla numa região eleitoral, *microtargeting* permite o direcionamento específico das mensagens que respondem aos interesses, preferências e questões às quais os eleitores são mais sensíveis, otimizando assim os apelos políticos das candidaturas.

BIBLIOGRAFIA

ISSENBERG, Sasha. *The victory lab: the secret science of winning campaigns*. New York: Crown, 2012.

middlebrow [ing.] Próprio dos extratos sociais médios (diz-se de pessoa ou produto cultural).

MIDI [ing.] INF MÚS Interface que permite a conexão de sintetizadores, instrumentos musicais e computadores. ▸ Sigla de *Musical Instrument Digital Interface* ('interface digital de instrumento musical').

mídia 1 COMN Todo suporte de difusão da informação que constitui um meio intermediário de expressão capaz de transmitir mensagens; conjunto de meios de comunicação social de massas não diretamente interpessoais (como p.ex. as conversas, diálogos públicos e privados). ▸ Abrangem esses meios o rádio, o cinema, a televisão, a escrita impressa (ou manuscrita, no passado) em livros, revistas, boletins, jornais, o computador, o videocassete, os satélites de comunicações e, de um modo geral, os meios eletrônicos e telemáticos de comunicação, em que se incluem tb. as diversas telefonias. ▸ Cf. ESFERA PÚBLICA; INDÚSTRIA CULTURAL; COMUNICAÇÃO DE MASSA. 2 COMN Base física ou tecnologia empr. no registro de informações, como, p.ex., *CD*, videoteipe, impresso etc. 3 PUB Departamento de uma agência publicitária especializado em selecionar os veículos (televisão, jornal, mala direta etc.) e indicar as programações mais favoráveis à propaganda e divulgação de dada mensagem, de forma a atingir um público-alvo. 4 PUB O conjunto de veículos utilizados numa determinada campanha publicitária. 5 PUB Qualquer veículo utilizado numa campanha publicitária. 6 PUB Atividade profissional que trata do planejamento da mídia e providencia a veiculação das mensagens publicitárias nos meios de comunicação selecionados. 7 PUB Profissional de publicidade encarregado da atividade de mídia.

INFORMAÇÕES GERAIS

A palavra 'mídia' deriva' do ing. n.-am. *media*, red. de *mass media* 'meios (de comunicação) de massas' < lat. *media* neutro pl. lat. de *medius, a,um* 'meio; instrumento mediador, elemento intermédio'; a palavra e a pronúncia inglesas (em especial, a pronúncia n.-am.) exportaram-se graças ao seu maciço poder de cultura, comércio e finanças, manifestos em particular, no caso brasileiro, nas agências de propaganda comerciais.

mídia alternativa MKT PUB A que se distingue dos meios de grande alcance e ger. apresenta custo mais baixo e alcance restrito (como anúncios nos transportes públicos, *sites*, publicações de pequena circulação etc.) ou que apresenta características não convencionais (anúncio aéreo etc.)

mídia básica MKT PUB Num plano de mídia, o veículo selecionado como principal e de acordo com a estratégia e os objetivos da campanha.

mídia de apoio MKT PUB Aquela que complementa o plano de mídia básica.

mídia digital M.COM Conjunto de meios de comunicação que se valem de recursos informáticos (internet, *email* etc.).

mídia eletrônica COMN Veículo como rádio, televisão, cinema etc.

mídia impressa COMN Veículo como revista, jornal, cartaz, mala direta, folheto etc.

mídia-mix PUB M.q. MULTIMÍDIA.

midiateca DOC M.q. MEDIATECA.

midiatecário DOC M.q. MEDIATECÁRIO.

midiático COMN 1 Próprio da mídia ('todo suporte'); mediático. 2 Difundido pela mídia ('todo suporte'); mediático.

midiatização COMN Ação ou efeito de midiatizar.

midiatizar COMN Difundir por meio dos veículos de comunicação.

mike [ing.] ACS FÍS REC.AV Ver MICROFONE.

miliampere ELETR FÍS Unidade de medida de intensidade elétrica que equivale a um milésimo de ampere. ▸ Símb.: *mA*.

Millet, Kate (Saint Paul, Minnesota, Estados Unidos 1934-) Feminista norte-americana, autora de *Política sexual*. ▸ O livro mais célebre de Kate Millet, *Política sexual*, é um dos primeiros textos feministas produzidos nos Estados Unidos. Concebido como tese de doutoramento na Universidade de Colúmbia, em 1970, *Política sexual* foi um estrondoso *best-seller*. Para Millet, as relações entre homens e mulheres é marcada por mecanismos de controle e de poder; não haveria como separar sexo de poder. As estratégias de domínio fundamentam-se na estrutura patriarcal das sociedades. As armadilhas da ideologia patriarcal aprisionam vários autores que foram erroneamente identificados como arquitetos da liberação sexual: Sigmund Freud (1856-1939), D. H. Lawrence (1885-1930), Henry Miller (1891-1980) e Norman Mailer (1923-2007) não passariam, para Millet, de arautos do falocentrismo. Jean Genet (1910-1986) é um dos poucos que escapam à crítica minuciosa de Millet. A verdadeira revolução deveria derrocar o patriarcalismo e restaurar a igualdade sexual perdida, o que só seria atingível por uma profunda revisão dos papéis sociais atribuídos a homens e mulheres. O casamento seria um modo de opressão inaceitável. Em outros livros, Kate Millet defendeu a legalização da prostituição e descreveu, em memórias, sua depressão crônica e tratamentos psiquiátricos. É fundadora da NOW (sigla de *National Organization of Women*, 'Organização Nacional de Mulheres'), que é um trocadilho com a palavra 'agora', em inglês. ▸ Cf. FEMINISMO.

BIBLIOGRAFIA

MILLET, Kate. *Política sexual*. Madrid: Cátedra, 2010.

mimese 1 RET Figura em que o orador, usando discurso direto, imita outrem, na voz, no estilo ou nos gestos; imitação. 2 LIT Recriação, na obra literária e visual, da realidade, a partir dos preceitos platônicos, segundo os quais o artista, ao dar forma à matéria, imita o mundo das ideias; imitação. ▸ É na *Poética*, de Aristóteles (384 a.C. - 322 a. C.), que se encontra a primeira teorização sistemática acerca desse procedimento da arte; no entanto, para este filósofo, a mimese seria a imitação da vida interior dos homens, suas paixões, seu caráter, seu comportamento etc. 3 LIT A partir do Classicismo (sXV), princípio que orientou os artistas quinhentistas e seiscentistas, que acreditavam ter a arte greco-latina qualidades superiores, devendo por isso ser imitada.

INFORMAÇÕES GERAIS

É irônico que, após Platão (c428 a.C. - c348 a.C.) tê-lo formulado negativamente na sua crítica feroz ao papel social dos artistas, o conceito de mimese se transforme num princípio positivo de juízo estético. O conceito de mimese foi consideravelmente modificado ao longo de sua história. Em Platão, processos miméticos atravessam o cosmos. Se existe o objeto, o nome e a definição, resta explicar como essas instâncias diversas se articulam. A palavra 'círculo' nomeia um círculo, que resulta da equidistância da circunferência ao centro. Conhecer é reconhecer o que há de semelhante no nome, no objeto e na definição conceitual. Quando Platão refere-se à imitação (mimese), isso não quer dizer que nisso haveria algo de bom, mesmo se a representação obtida pudesse espelhar perfeitamente o mundo sensível. Para o pensamento platônico, cópia tem uma acepção negativa de transformação e perda do original. Resíduos estranhos à essência copiada acabam adicionados à representação, deturpando-a irremediavelmente. Cópia significa distanciamento da verdade, que só existe na forma original (cf. ALEGORIA DA CAVERNA) e que, portanto, não pode ser um critério positivo de juízo das imagens: só a verdade essencial é capaz de fornecer os valores e as linhas diretrizes que selecionam, excluem e condenam as imagens como formas de conhecimento. No livro X de *A república*, Platão condena os poetas e os pintores ao exílio, porque só representam, ilusoriamente, o que é aparência. O pintor e o poeta são mestres do engano. Os pintores não copiam as formas ideais, apenas o que lhes chega através dos sentidos. Na cosmologia platônica, os sentidos copiam o mundo das ideias. Portanto, os pintores copiam cópias e geram o nível mais baixo de conhecimento (*eikasia*), que nada tem a ver com a forma e o conceito de beleza. Para ser preciso, Platão não repudiava todas as formas da mimese. Num diálogo de sua última fase, *O sofista*, ele não só identifica dois tipos de mimese como também aceita uma delas. Haveria o ato de copiar as proporções reais do modelo (*mimesis eikastiké*), que era o objetivo das pinturas egípcias, e também a cópia deformadora das aparências (*mimesis phantastiké*), que caracterizava a representação em perspectiva. A preferência de Platão pela arte egípcia é diretamente proporcional à sua rejeição da perspectiva grega. Na *Poética*, ainda que restringindo a mimese à criação dramática, Aristóteles (384 a.C. - 322 a.C.) retém a relação entre imitação e conhecimento, mas sem a avaliação negativa de Platão. O conhecimento, como um todo, dá-se por meio da imitação e é isso o que o dramaturgo faz. O saber extraído da experiência artística e teatral é válido, pois se completa quando os espectadores do drama encenado projetam-se para o interior da cena e, posteriormente, quando imitam o que aprenderam na vida real. O teatro também funciona por meio da CATARSE, que tem um fundo imitativo. Até o Renascimento, a mimese transformou-se num ideal estético, bem ao contrário do que Platão pregava, pois, afinal, para ele, a verdadeira realidade não é aquela capturada pelos sentidos que são fugidios, imprecisos e contraditórios. Durante o Romantismo, o critério de apreciação artística desloca-se da natureza para o gênio subjetivo e criador. Sintomaticamente, a mimese ressurgirá na reação marxista à subjetividade que se instalara na criação estética romântica. Afinal, o marxismo identifica o individualismo dos artistas românticos ao egoísmo da burguesia e à alienação de classe. A mimese ressurge com a estética de György Lukács (1885-1971). Para Lukács, o romance deve fielmente imitar o passado que procura descrever. Mimese é sinônimo de realismo histórico: o termo que descreve o processo é 'reflexo'. Na avaliação de Lukács, as criações que não sejam realistas expressam a decadência social da burguesia. O realismo mimético é um princípio estético descritivo e, principalmente, prescritivo. Portanto, a estética lukacsiana postula, para a criação novelística (que parece ser seu único objeto de estudo), um modelo de captura da totalidade não do cosmo, mas da sociedade, ao mesmo tempo em que aproxima dos dogmas artísticos da era stalinista. O realismo crítico foi tarefa do passado, politicamente reacionário, mas ilustrativo do todo social, como foram Balzac (1799-1850) e Tolstoi (1828-1910). No argumento lukacsiano, a arte do presente bifurca-se em duas vertentes: uma que enfatiza, enquanto vanguarda, a materialidade esteticista da obra e outra que representa a totalidade da sociedade e que participa da luta comunista revolucionária. Lukács rejeita quase todos os mestres do modernismo (Marcel Proust [1871-1922], Franz Kafka [1883-1924], Samuel Beckett [1906-1989]), apenas tolerando o romance de Thomas Mann (1875-1955). Sem o dirigismo político de Lukács, mas reconhecendo na mimese um traço formador da literatura ocidental, Erich Auerbach (1892-1957) escreveu um dos trabalhos fundamentais sobre a representação mimética. Não há como negar que a arte contemporânea caminhou na direção oposta aos princípios que guiaram a mimese.

BIBLIOGRAFIA

AUERBACH, Eric. *Mimesis: the representation of reality in western literature*. Princeton: Princeton University Press, 2003.

ARISTÓTELES. *A poética*. São Paulo: Martin Claret, 2003.

LUKÁCS, György. *The theory of the novel*. Cambridge: The MIT Press, 1974.

PLATÃO. *A república*. São Paulo: Perspectiva, 2006.

mimésis Ver MIMESE.

mímesis Ver MIMESE.

mimetismo BIO Adaptação na qual um organismo possui características que o confundem com um indivíduo de outra espécie. ▸ O mimetismo é uma adaptação evolutiva que protege o portador de uma característica contra seus predadores no mundo natural. O mimetismo opera por semelhança, como no caso do sapo *Physalaemus netteri*, que exibe nas costas formas que parecem dois olhos esbugalhados que assustam seus inimigos. Um outro exemplo complementar é o da borboleta *Limentis archippus*, que não se assemelha a um predador, mas a um tipo específico de presa, *Danaus plexippus*, cujo gosto é horrível. Esse tipo de mimetismo é denominado batesiano, em referência a seu descobridor, H. W. Bates (1825-1892). Bates demonstrou que predadores que foram criados em cativeiro desconhecem o traço repugnante da presa e atacam-na para depois rejeitá-la com sinais de repulsa e náusea. Os predadores aprendem com a experiência e, então, evitam alimentar-se da presa nauseante. É claro que o mimetismo é um traço indesejável e perigoso que só se estabelece após o ataque, sendo, portanto, aparentemente desadaptativo para o organismo individual atacado. Por isso, os que portam a característica mimética trazem também outros traços protetores em seu organismo, tais como cutículas resistentes. Tanto o mimetismo como a cutícula resistente ou propriedades regenerativas especiais são produzidos geneticamente. Uma variação do mimetismo batesiano foi descoberta por F. Muller (1851-1897) e diz respeito à similaridade superficial entre as espécies, logo diferente daquela que exige uma prova gustativa. Já foi observado que o mimetismo acontece também em algas, não se resumindo a insetos e animais. O mimetismo é um caso especial, não intencionado, porque não genético, da comunicação enganosa na natureza.

BIBLIOGRAFIA

OWEN, Dennis F. *Camouflage and mimicry*. Chicago: University of Chicago Press, 1983.

WICKLER, Wolfgang. *Mimicry in plants and animals*. New York: McGraw-Hill, 1968.

mina Grafite para lapiseiras.

miniatura 1 DES PINT Pintura ou desenho muito delicado, caprichado, em tamanho pequeno, feito em pergaminho ou outra superfície, ger. com mínio (pigmento vermelho) e/ou algumas outras cores fortes. 2 DES PINT Letra inicial de capítulos dos manuscritos antigos, bastante ornamentada, inicialmente traçada em vermelho, com mínio, e posteriormente com preto, azul etc. 3 ART.PLÁST Objeto artístico de pequenas dimensões, delicado e minucioso.

miniaturar 1 Representar (algo) em miniatura; miniaturizar. 2 Representar ou descrever (algo) com minúcias; detalhar, pormenorizar.

miniaturizar 1 M.q. MINIATURAR. 2 ELETR INF Reduzir (circuitos eletrônicos) a dimensões mínimas, sem tirar-lhes a capacidade de executar suas funções. ▶ Cf. CHIP.

minicomputador INF Computador cuja capacidade de processamento se situa entre a dos microcomputadores e a dos computadores de grande porte, e que serve para ser us. por vários usuários (por meio de terminais), ou utilizado como servidor de uma rede de computadores. ▶ Cf. COMPUTADOR; LAPTOP.

minimal art [ing.] HIST.ART Ver MINIMALISMO.

minimalismo 1 Tendência para simplificação e redução dos elementos constitutivos de (algo); princípio de reduzir ao mínimo o emprego de elementos ou recursos. 2 HIST.ART Escola de pintura abstrata que vê num quadro um objeto estruturado, composto basicamente de formas geométricas elementares executadas em estilo impessoal, reduzindo ao mínimo seus elementos; *minimal art*. 3 ESTÉT Técnica ou estilo (musical, literário, visual) caracterizado por extrema concisão e simplicidade 4 LING Programa de pesquisa iniciado na teoria gerativa, na década de 1990, por Noam Chomsky (1928-), baseado na tese de reduzir a gramática ao seu mínimo; programa minimalista, teoria minimalista. ▶ O programa minimalista chomskiano conceitua a gramática universal como um sistema não redundante, com apenas dois níveis de representação: o da interface da gramática com a fonética, chamado de forma fonológica, e o da interface da gramática com a semântica, chamado de forma lógica. 5 MÚS Sistema composicional que utiliza fragmentos melódicos calcados em modelos tradicionais, mas desprovidos de toda representatividade.

minimax ECON MAT M.q. MAXIMIN. ▶ Usa-se minimax seguindo o mesmo critério do princípio maximin: minimizar a perda e maximizar o ganho. ▶ Cf. BARGANHA.

minissérie TV Novela ou filme seriado para televisão, ger. produção ficcional de no mínimo dois e no máximo 25 capítulos.

minoria ANTRPOL SOC Subgrupo existente dentro de uma sociedade que se considera e/ou é considerado diferente do grupo maior e/ou dominante, em razão de características étnicas, religiosas, ou de língua, costumes, nacionalidade etc., e que, por essa razão, não tem os mesmos direitos e/ou as mesmas oportunidades que o grupo majoritário, ou é alvo de discriminação ou preconceito.

minúscula CALG GRÁF Red. de LETRA MINÚSCULA.

minúsculo CALG GRÁF 1 De tamanho menor que o desenho da letra maiúscula e formato próprio, sendo mais us. no corpo do texto, exceto em início de período e de nome próprio (diz-se de letra do alfabeto). 2 Diz-se de ou caráter tipográfico que apresenta essa forma. ▶ Cf. LETRA DE CAIXA-BAIXA.

miolo GRÁF O conjunto de cadernos ou folhas reunidas que compõem um livro, uma revista etc., excluindo a capa; corpo.

mira TV Imagem de controle que as emissoras de televisão emitem para verificação da qualidade da transmissão.

mise-en-scène [ing.] 1 CINE TEAT M.q. DIREÇÃO. 2 TEAT Disposição de cenários no palco, em uma produção teatral.

missão corporativa Lista de objetivos a serem alcançados por uma empresa em seu ambiente externo.

mistificação 1 Ato ou efeito de enganar alguém, de induzi-lo a crer em uma mentira; ludíbrio, farsa, embuste. 2 Coisa enganadora, falsa.

INFORMAÇÕES GERAIS

Se a ideologia é falsa consciência, a mistificação é um dos seus atributos centrais. De que outra forma podem as teorias derivadas da noção marxista de ideologia esclarecer o fato de que, apesar das divisões de classes, as formações sociais não explodem em revolta? À frente da crua realidade que oprime e subjuga a maioria dos atores sociais, interpõe-se uma camada de valores e de representações que obscurecem a exploração econômica e o domínio político por parte das elites. Se esse fato for admitido, cabe à teoria das ideologias identificar quais os agentes que espalham a mistificação pelo tecido social. No *Manifesto do Partido Comunista* de 1848, Marx (1818-1883) e Engels (1820-1895) afirmam que a religião é o ópio, querendo também atribuir à fé religiosa o papel de agente da mistificação. Mas como entender que, mesmo em momentos sociais laicos, os processos de mistificação persistem? Outra resposta seria atribuir esse papel ao sistema educacional. Novamente, o problema não está de todo resolvido: pessoas com baixo nível educacional mostram-se frequentemente mais conservadoras do que aquelas que foram educadas. Para que a mistificação social opere efetivamente, deve ser propagada por um agente mais universal do que a religião e a escola. Teorias derivadas das teses marxistas reconhecem que os meios de comunicação exercem função mistificadora na sociedade, por um lado, interpelando os sujeitos, por outro lado, oferecendo-lhes um circo de logros e falsidades. As mensagens que se espalham pelos meios de comunicação desviam a atenção de suas audiências, transformando a realidade cotidiana em justificativas fantasiosas e sub-reptícias, assim criando um falso consenso. ▶ Cf. ALIENAÇÃO; CENTRE FOR CONTEMPORARY CULTURAL STUDIES (CCCS); HEGEMONIA; IDEOLOGIA; INTERPELAÇÃO.

mistura CINE MÚS TV M.q. MIXAGEM.

misturador 1 ELETRÔN Dispositivo eletrônico que é capaz de combinar dois ou mais sinais, dando origem a um outro com propriedades específicas. 2 PAP Tanque misturador.

mitema ANTRPOL Na antropologia estrutural de Claude Lévi-Strauss (1908-2009), a unidade constitutiva dos mitos, análoga aos fonemas. ▸ Ao contrário do fonema que antecede as frases produzidas, o mitema é parte das sentenças que compõem a narrativa mítica. Entretanto, como o fonema, o mitema define-se por oposição contrastiva de ordem binária. Além de traços distintivos, os mitemas transformam-se em outros mitemas por mecanismos de equivalência. Mitema é um conceito inspirado na linguística estrutural, principalmente a FONOLOGIA de Roman Jakobson (1896-1982). ▸ Cf. MITO; MITOLOGIA.

BIBLIOGRAFIA

LÉVI-STRAUSS, Claude. *Antropologia estrutural*. Rio de Janeiro: Tempo Brasileiro, 1972.

mito **1** Relato fantástico de tradição oral, ger. protagonizado por seres que encarnam, sob forma simbólica, as forças da natureza e os aspectos gerais da condição humana; lenda, fábula, mitologia. **2** Narrativa acerca dos tempos heroicos, que ger. guarda um fundo de verdade. **3** Construção mental de algo idealizado, sem comprovação prática; ideia, estereótipo. **4** Valor social ou moral questionável, porém decisivo para o comportamento dos grupos humanos em determinada época. **5** Representação idealizada do estado da humanidade, no passado ou no futuro. **6** Afirmação ou narrativa inverídica, inventada, que é sintoma de distúrbio mental; fabulação. **7** Afirmação fantasiosa, inverídica, que é disseminada com fins de dominação, difamatórios, propagandísticos, como guerra psicológica ou ideológica. **8** COMN FIL Exposição alegórica de uma ideia qualquer, de uma doutrina ou teoria filosófica; fábula, alegoria. **9** ANTRPOL Relato simbólico, passado de geração em geração dentro de um grupo, que narra e explica a origem de determinado fenômeno, ser vivo, acidente geográfico, instituição, costume social etc. **10** ANTRPOL SOC Representação de fatos e/ou personagens históricos, freq. deformados, amplificados através do imaginário coletivo e de longas tradições literárias orais ou escritas.

INFORMAÇÕES GERAIS

Mito não é linguagem, nem cultura, já que não se trata de um sistema isolado e autônomo. Entretanto, como a linguagem e a cultura, os mitos são feitos a partir de estruturas básicas. Mito é discurso. Roland Barthes (1915-1980) observou em *Mitologias* que mito é fala (*parole*). O mito expressa tipos, dando forma a generalidades. Da mesma maneira que a linguagem é arbitrária e imotivada pelos referentes que designa, mito não é referência, mas apropriação e uso. Radicalmente desreferencializado, o mito aproxima-se do que é puramente imaginário e fantasioso. O mito libera-se da obrigatoriedade de representar por correspondência e verdade: trata-se de uma distorção que é significativa e expressa valores. O mito desliza metonimicamente: Barthes afirma que a fotografia de um soldado negro saudando a bandeira francesa, numa revista popular, é uma representação mítica da nova França. A lógica da METONÍMIA é evidente: o todo (França, *francité*, a qualidade de ser francês) é representado pela parte, por uma minoria (um soldado negro). Num dos ensaios da coleção *Mitologias*, Barthes também reconhece num bife com batatas fritas uma outra representação metonímica do que seja ser francês. Tanto uma capa de revista como um prato de comida são mitos nacionais. Os mitos funcionam por processos associativos disparados pelos elementos que neles se conjugam. Seu cunho associativo não é necessariamente evidente, por isso, os mitos exigem interpretações que acabam revelando as raízes inconscientes da cultura onde circulam. Lévi-Strauss (1908-2009) compara mito a música porque os dois suprimem a contextualização temporal e possuem uma unidade internal fundamental. O mito é sintático por ser composto a partir de regras que se assemelham a uma gramática, daí sua chave ser binária como são as relações entre os componentes dos sistemas linguísticos (cf. BINÁRIO). Lévi-Strauss observou que, se os mitos se transformam na sua estrutura codificante ou na sua mensagem codifica, a fórmula mítica original se esgota. Ao longo da hisória e atravessando inversões, a narrativa mítica mantém seus elementos, convertendo-se, porém, num conto romântico ou numa fabula fantástica. ▸ Cf. MITOLOGIA.

BIBLIOGRAFIA

BARTHES, Roland. *Mitologias*. São Paulo: Difel, 2003.
LÉVI-STRAUSS, Claude. *O cru e o cozido*. São Paulo: Cosac Naify, 2004.
PROPP, Vladimir I. *A morfologia do conto maravilhoso*. São Paulo: Forense Universitária, 2006.

mito da caverna FIL M.q. ALEGORIA DA CAVERNA.

mito de Er FIL Narrativa no final de *A república* (X, 614b-621d) de Platão (c428 a.C. - c348 a.C.), que ilustra o papel fundamental da justiça na ordem humana e cosmológica. ▸ Er é um bravo guerreiro que retorna dez dias depois da morte e relata o que viu no outro mundo. Sua alma liberou-se do corpo e ele vaga até encontrar uma região misteriosa com dois buracos e juízes avaliando o que cada morto fez durante a sua vida terrena. Algumas almas eram puras; outras, cobertas de pó e sujeira. Durante longuíssimos períodos de tempo, os impuros eram severamente punidos, e os justos, recompensados. Para Platão, o que devemos fazer, através de nossas escolhas, é buscar a sabedoria e a justiça, que são, sempre e eternamente, preferíveis à injustiça e à tolice. Isso importa tanto na vida quanto após o seu fim.

BIBLIOGRAFIA

Platão. *A república*. São Paulo: Perspectiva, 2006.

mitógrafo Indivíduo que anota mitos e/ou escreve acerca deles.

mitologia **1** Conjunto dos mitos de determinado povo. **2** Coletânea de mitos dos antigos gregos e romanos. **3** Estudo dos mitos, suas origens, evolução, significado etc. **4** M.q. MITO ('relato fantástico').

INFORMAÇÕES GERAIS

Por mais que tenham sido um tema constante da antropologia, os mitos não foram concebidos da mesma maneira. Quando os pressupostos dominantes na disciplina eram vulgarmente evolucionistas, os mitos não passavam de rastros de uma mentalidade primitiva e tosca. A análise dos mitos era definitivamente negativa: as várias mitologias expressavam a irracionalidade da mente selvagem que caminharia eventualmente na direção de uma racionalidade mais elevada. Após a experiência de Bronislaw Malinowski (1884-1942) nas ilhas Trobriand ter revelado que todas as formas da cultura eram reiterações fáticas da sociedade, os mitos adquiriram o estatuto de representações que tinham a função específica de codificar a ordem social. Os mitos passaram a ser vistos como uma forma de razão prática. Em cada sociedade, as narrativas míticas organizavam o mundo de modo coerente, segundo os valores apropriados para a sobrevivência da comunidade. A razão mitológica era estritamente pragmática. Acreditava-se que os mitos eram um produto fantasioso, criado pelo grupo como um todo, ou que as narrativas fundamentavam os rituais dessa sociedade. É contra essa suposição que Claude Lévi-Strauss (1908-2009) se insurge na série *Mitológicas*. Para ele, as formas culturais, obviamente entre elas os mitos, não são transformações de impulsos ou necessidades biológicas. As mitologias são formas de um puro exercício intelectual, irredutível à mera função prática. Como todo pensamento humano, as mitologias partem de categorias básicas transformadas por operações lógicas, mas diferenciam-se das ciências por sua estratégia de conhecimento que favorece a percepção e a imaginação. A ciência, por outro lado, procura entender a estrutura do mundo natural, afastando-se do predomínio dos sentidos. Os mitos de sociedades não industrializadas tinham uma característica que saltava aos olhos dos antropólogos que os coletaram: neles predominava a arbitrariedade fantasiosa, mas suas narrativas apresentavam semelhanças estruturais básicas. Lévi-Strauss perguntou-se qual o motivo dessa convivência que transcendia barreiras geográficas, pois as semelhanças persistiam em narrativas míticas de sociedades extremamente distantes umas das outras. O problema dos mitólogos era aparentado ao dos linguistas, que se dedicavam a entender como os sons de línguas diversas eram os mesmos e, ainda assim, produziam significados diferentes e sistemas linguísticos marcados pela arbitrariedade. A linguística descobriu que a solução para esse enigma residia no abandono da consideração dos sons em si e, dando as costas para a FONÉTICA, em considerar as relações e as combinações do material sonoro. Mitologia e FONOLOGIA aproximavam-se, o que não significa que os mitos sejam destituídos de características próprias. A mitologia lida com um tipo particular de discurso, que se distingue do discurso comum e da poesia. A materialidade da expressão poética dificulta sua tradução, mas fragmentos de narrativas míticas são transformados, modificados e reapropriados sem que deixem de ser reconhecidos como mitos. Da mesma maneira, quando a poesia se apropria da linguagem ordinária, o linguajar comum vira poesia. O mito, por sua vez, é sempre mito. A tarefa da mitologia começa com a identificação das unidades constituintes dos mitos, que Lévi-Strauss chama de MITEMA e que se organizam em níveis mais elevados. As relações entre mitemas formam a narrativa dos mitos que a mitologia se propõe a esclarecer. Numa determinada região etnográfica, a repetição de unidades constituintes do mito revela a sua estrutura. Mas é preciso lembrar que a existência de uma ordem estruturante não exclui o fato de que a estrutura se manifesta através de múltiplas alternativas, pela recombinação e a transformação das unidades constituintes do mito. Cabe ao intérprete descobrir o significado de cada elemento mítico, identificando o que seja continuidade e descontinuidade. Por isso, nos sistemas míticos ameríndios, o corvo e o coiote, apesar de animais diferentes, exercem a mesma função de burlar, pregar peças, iludir etc., tendo, portanto, o mesmo significado lógico. A forma lógica determina o significado que não se restringe à expressão linguística nem a seu referente. Um par opositivo como molhado/seco transforma-se em mel/tabaco; e curiosamente, em algumas narrativas míticas, a abelha opõe-se ao sapo, porque uma é criatura do seco e a outra do molhado. Para que essa estrutura lógica se revele, é preciso interpretação mitológica: o sapo circula no seco, mas sua procriação se dá no molhado, uma vez que deposita seus ovos na água. Baseando-se num sistema estrutural de categorias desse tipo, as narrativas míticas são tecidas. A mitologia não lida com uma forma inferior de pensamento, mas com um tipo especial de lógica, que não segue o modelo da ciência e que, por isso, não é menos rica e elaborada.

BIBLIOGRAFIA

LÉVI-STRAUSS, Claude. *L'homme nu: mytholologiques IV*. Paris: Plon, 1971.

_______________. *Antropologia estrutural*. Rio de Janeiro: Tempo Brasileiro, 1972.

_______________. *O cru e o cozido*. São Paulo: Cosac Naify, 2004.

_______________. *Do mel às cinzas*. São Paulo: Cosac Naify, 2005.

_______________. *A origem das maneiras à mesa*. São Paulo: Cosac Naify, 2006.

mitopoese Origem, criação de um mito ou dos mitos; mitopoética.

mitopoética 1 M.q. MITOPOESE. **2** Pesquisa, estudo, busca da riqueza criadora, isto é, poética, dos mitos, sua eventual universalidade, seu lastro primitivo de racionalidade.

mixador CINE MÚS TV **1** Que ou aquele que faz mixagem (diz-se de indivíduo). **2** Diz-se de ou dispositivo us. para misturar e combinar vários canais de som em uma gravação ou amplificação; *mixer*. **3** Diz-se de ou aparelho para mixagem de diálogos, música e efeitos sonoros em filme ou programa de TV; *mixer*. ▶ Com várias entradas e uma saída comum, o mixador serve para combinar sincronizadamente, na proporção desejada, os sinais separados de áudio e vídeo.

mixagem 1 CINE Junção e combinação de sinais sonoros recebidos de fontes distintas, como ocorre na gravação de uma banda sonora, a partir das gravações separadas do diálogo, dos ruídos e da música, dando ênfase a uma ou outra, dependendo da imagem correspondente no filme. **2** MÚS Na indústria fonográfica, processo ou resultado de combinar vários canais de som, amplificados e/ou gravados separadamente. **3** MÚS Processo ou resultado de combinar as saídas de vários microfones em uma gravação sonora original. **4** MÚS Em música concreta e música eletrônica, superposição concomitante das monofonias e gravação do resultado. **5** TV Processo ou resultado de combinar dois ou mais sinais de imagem, para obter efeito de fusão, superposição, corte etc.

INFORMAÇÕES GERAIS

Atualmente, como resultado das possibilidades abertas pela tecnologia, a mixagem não se reduz a registrar sons criados ou obtidos. A mixagem passou a ser parte integrante do processo criativo, potencializando a matéria sonora e dando a quem produz música um papel de maior relevância. À proporção que o material sonoro pôde ser gravado em canais separados. com um canal para cada instrumento ou voz, as possibilidades de criação também se ampliaram, não apenas no que fosse instrumental, mas também na introdução de outros tipos de matéria sonora. Muitas vezes, o produtor faz mais do que apresentar soluções técnicas para que um determinado efeito se realize: ele se transforma num criador. O processo de montagem incorporou-se ao ofício musical ou cinematográfico. A música erudita afastou-se da instrumentalização clássica, surgindo então um novo gênero dito música concreta ou música eletrônica. A música popular também se beneficiou da novidade tecnológica, como no caso das produções de George Martin (1926-) para alguns discos dos Beatles, mais especificamente *Sgt. Pepper's Lonely Hearts Club Band*. Na música brasileira, Rogério Duprat (1932-2006) fez o mesmo nos discos tropicalistas da década de 1960. As mesas de som são hoje um conjunto de dispositivos utilizados tanto em estúdios de gravação como nas apresentações de música ao vivo.

mixar ACS CINE MÚS TV Fazer a mixagem de (sinais de som ou de imagem), misturando e combinando várias entradas de som.
mix de marketing MKT M.q. COMPOSTO DE PRODUTO.
mix de produto MKT M.q. COMPOSTO DE PRODUTO.
mixer [ing.] CINE MÚS TV M.q. MIXADOR ('aparelho')
mnemônica Técnica para desenvolver a memória e memorizar coisas, que utiliza exercícios e ensina artifícios, como associação de ideias ou fatos difíceis de reter a outros mais simples ou mais familiares, combinações e arranjos de elementos, números etc.; mnemotecnia, mnemotécnica.
mnemônico Que serve para desenvolver a memória e facilitar a memorização (diz-se de técnica, exercício etc.).
mnemonização Ato ou efeito de mnemonizar, de tornar (algo) fácil de reter na memória.
mnemotecnia M.q. MNEMÔNICA.
mnemotécnica M.q. MNEMÔNICA.
mnemotécnico Relativo a mnemotecnia ou a mnemotécnica.
móbile 1 ART.PLÁST Peça de escultura formada de elementos individuais, feitos de material ger. leve, suspensos artisticamente por fios e que oscilam ao vento. ▸ Cf. STABILE. 2 PUB Peça publicitária confeccionada ger. em papelão, arame etc., que se coloca em pontos de venda, suspensa do teto por fios, para mover-se ao vento.
mobilidade social SOC Fato ou capacidade de indivíduos e/ou famílias moverem-se de uma classe social para outra, deslocarem-se de uma área de emprego para outra, de um local de habitação para outro etc. ▸ A mobilidade social pode dar-se por várias causas, esp. o nível educacional do indivíduo, se for mais alto que o dos seus pais.
mock-up [ing.] PUB M.q. BONECA.
moda 1 Indústria ou o comércio da roupa. 2 História, desenvolvimento ou produção da roupa. 3 Artigo de vestuário.

INFORMAÇÕES GERAIS

O primeiro tratamento social sério e relevante da moda pertence hoje à história da semiologia. Na primeira edição do *Curso de linguística geral*, de 1916, Ferdinand de Saussure (1857-1913) argumentava, de maneira excessivamente breve, que, se o signo era o objeto prioritário da linguística, deve haver lugar para uma ciência geral das representações sígnicas, a semiologia, da qual o estudo da língua faria parte. A implicação era a de que todos os sistemas de signos seguiriam o mesmo modelo constitutivo. A sugestão saussuriana não progredira até meados da década de 1960. A linguística florescera: o avanço da FONOLOGIA, inspirada em Saussure, era inegável. O estudo das linguagens humanas transformara-se no entendimento da língua (*langue*), ou seja, a estrutura sem a qual a ação comunicativa dos falantes era impossível. Pela antropologia, a linguística tinha chegado às ciências sociais: em 1945, Claude Lévi-Strauss (1908-2009) publicara um artigo em que afirmava que os sistemas de parentesco, o sistema da linguagem e todos os sistemas de pensamento tinham uma origem comum: o espírito humano. O artigo permanecera restrito à antropologia até sua reedição em *Antropologia estrutural*, no início da década de 1960, e a semiologia não passava de uma promessa excêntrica e irrealizada pelas ciências sociais. Quando, em 1967, Roland Barthes (1915-1980) lançou *O sistema da moda*, a questão do destino da semiologia estava no ar. Barthes participava do debate provocativamente: ao contrário do que Saussure dissera, a linguística não é parte da semiologia, mas o contrário, a semiologia, sim, fazia parte da linguística. O motivo da afirmação de Barthes não era epistemológico, mas de conveniência: ao contrário da semiologia, a linguística dispunha de um aparato conceitual aplicável a outros tipos de signo. Publicado após uma pesquisa que, segundo o próprio Barthes, durou de 1957 a 1963, *O sistema da moda* foi a sustentação e a demonstração dessa tese. O problema que Barthes tinha nas mãos era espinhoso: além de carregar o estigma da frivolidade, a moda é um objeto transitório e instável. A saída foi engenhosa. A linguagem humana também é fugaz, mas, de acordo com Saussure, pode ser estudada como língua e estrutura da qual a fala (*parole*) humana deriva. Assim, Barthes procura o linguístico na moda: seu código e sua expressão. O livro, portanto, começa com a seguinte frase: "eu abro uma revista de moda". Como todos os sistemas de objeto numa sociedade, os artigos do vestuário formam um código cultural, organizado e expresso pelas regras de formação desse sistema, que será necessariamente o mesmo da linguagem humana, que também se corporifica nos textos das revistas de moda. No livro de Barthes, a moda é um sistema de comunicação. Tudo da comunicação está presente na moda. A moda vale-se de elementos paradigmáticos organizados em categorias, tais como 'chapéus', 'sapatos', 'blusas' etc. Esses elementos paradigmáticos são combinados num sintagma próximo do linguístico, 'sapato+saia+chapéu', que pode ser uma totalidade aprovada numa situação social, mas não ser em outra. Na moda, revela-se o mesmo caráter convencional dos sistemas linguísticos. Para Barthes, um sistema de regras, a moda, aceita e produz o que é permissível, da mesma maneira que algumas combinações do sistema da língua não são lícitas. Cada artigo de moda adquire assim significado: não cabe vestir-se com roupa de banho, sapatos e chapéu para ir a um acontecimento formal. É através do sistema convencional da moda que os significantes, ou seja, a parte material, das vestimentas adquirem significado. As revistas de moda articulam as regras de formação do vestuário como um signo comunicativo. Obviamente, restrito ao que era moda no universo parisiense do fim da década de 1950 e início da década de 1960, Barthes categoriza 60 gêneros ou tipos de roupa a serem articulados pelo sistema em voga. Seguindo o modelo binário da fonologia pós-saussuriana e a linguística de Louis Hjelmslev (1899-1965), Barthes reconhece as regras de significação da moda como um sistema de formas marcadas por oposição (natural/artificial, longo/curto, transparente/opaco, com/sem,; marcado/não marcado, justo/solto etc.) que se transformam mutuamente. Apesar de ser uma impressionante interpretação intelectual, o livro de Barthes foi criticado por transformar em linguístico o que, na prática, transborda além da linguagem humana. De qualquer maneira, a moda foi reintroduzida como objeto de estudo social e cultural graças à inventividade do livro. Outra crítica pode ser feita ao projeto de Barthes: ele reduz a moda a convenções, quando, de fato, existe uma dimensão inegável de expressividade individual e estilística que caracteriza o usuário da moda, da mesma maneira que a fala aponta, como enunciação, para aquele que articula os signos. Ao contrário da língua, que se projeta, atualizando-se nos atos de fala, a moda emerge da criação estilística, da *performance* individual do desenhista de moda ou do usuário, para posteriormente se cristalizar como um regime de convenções que as revistas divulgam. Os sistemas de objetos dos quais a moda é parte podem ser reformulados sob a perspectiva do desempenho e gosto do indivíduo. Não há interdição cabal que impeça efetivamente a subversão das funções sancionadas por regras culturais. A visão da moda como símbolo que resulta de uma regra convencionada empobrece a dimensão criativa que é, afinal de contas, a razão de ser do comércio, da indústria e do uso de vestimentas. Por ser *performance* e desempenho é que a moda se transforma de maneira tão caracteristicamente impermanente. Nela, ao contrário da língua, a regra de ontem é obsoleta e descartável. Barthes, por negligenciar esse ponto de vista, via a moda exclusivamente como uma dominação política e homogeneizante da burguesia francesa que, assim, conduziria uma das práticas sociais mais microscópicas da vida social, que é a ação pública de se vestir. Para Barthes, a moda só podia ser decreto ideológico e jamais marca ou índice de liberdade pessoal: sair da moda só aconteceria ao preço de uma condenação pessoal. ▸ Cf. ESTRUTURALISMO; BARTHES, ROLAND.

BIBLIOGRAFIA

BARTHES, Roland. *Elementos de semiologia*. São Paulo: Cultrix, 1966.

____________. *O sistema da moda*. São Paulo: Martins Fontes, 2009.

LÉVI-STRAUSS, Claude. *Antropologia estrutural*. Rio de Janeiro: Tempo Brasileiro, 1976.

SAUSSURE, Ferdinand de. *Curso de linguística geral*. São Paulo: Cultrix, 2006.

[1]**modal** **1** Relativo a modo ou modalidade. **2** Relativo ao modo particular de executar ou cumprir algo. **3** GRAM LING Relativo a ou que indica modo. **4** GRAM LING Diz-se da classe de verbos auxiliares (como *poder, dever*) pelos quais o predicado da frase é interpretado como necessário ou contingente, provável ou possível. **5** MÚS Que utiliza um modo ('escala'). **6** MÚS Que distingue o modo maior do modo menor (diz-se de nota). **7** MÚS Que diz respeito aos modos clássicos.

[2]**modal** GRAM LING Red. de VERBO AUXILIAR MODAL.

modalidade **1** Aspecto ou feição diversa que podem ter as coisas; tipo. **2** LING Expressão da atitude do falante (ou de alguém de quem ele fala) no que diz respeito à relação entre um predicado e aquilo que ele predica, vendo-a como um fato, uma possibilidade, um desejo, algo negativo ou positivo, algo a temer etc. ▸ A modalidade pode expressar-se pelo verbo da oração principal ("*acho* que vai chover"); por advérbio ("*felizmente* você veio"); pelo modo verbal, como o subjuntivo, indicando descrença ("ela não considera que ele *tenha melhorado*"); por auxiliares modais ("Paulo *pode* ter chegado"). **3** LÓG Na lógica clássica de matriz aristotélica, classificação das proposições ou juízos que avalia a possibilidade, impossibilidade, a necessidade ou a contingência presentes na atribuição de um predicado a um sujeito. ▸ A modalidade qualifica uma sentença em relação a seu conteúdo ou assunto. As sentenças modais expressam ou descrevem fatos que são necessários, reais ou possíveis. Sendo modalidades causais, podem-se classificar as sentenças em termos de necessidade e possibilidade. Se as sentenças expressam conteúdos morais, elas são qualificadas em termos de obrigatoriedade e de permissividade. A leitura que os lógicos medievais faziam dos tratados aristotélicos afirmava que as modalidades se distinguem na medida em que afetam todo o enunciado (modalidade *de dicto*) ou o verbo (modalidade *de re*). A sentença "é possível que Quincas Borba tenha vivido apenas no Rio de Janeiro" é *de dicto*, enquanto que "Quincas Borba possivelmente viveu apenas no Rio de Janeiro" é *de re*. A modalidade *de re* sugere que uma pessoa específica possivelmente viveu nessa cidade, enquanto que a *de dicto* afirma a possibilidade da sentença, não estritamente de Quincas Borba. As sentenças modais ou deônticas podem ser julgadas formal e analiticamente em termos de um sistema lógico. A lógica modal centra suas considerações no papel que os operadores de possibilidade e de necessidade exercem numa sentença. Para a lógica modal, verdade absoluta é aquilo que é o caso em todos os mundos possíveis. Verdade e possibilidade não se confundem: a possibilidade é uma verdade ocasional e contingente, o que acontece em um, em algum, mas não em todos os mundos possíveis. **4** LÓG No kantismo, conceito puro do entendimento subdividido nas categorias de possibilidade, existência e necessidade, e correspondente aos juízos assertórios, apodícticos e problemáticos.

modalização LING Marca com que o falante assinala seu enunciado, a fim de indicar sua relação com o conteúdo deste. ▸ A modalização pode ser de conteúdo assumido inteiramente pelo falante, ou assumido com reservas, ou não assumido; pode marcar transparência ou opacidade do sujeito falante; pode indicar tensão entre locutor e interlocutor (locutor que deseja agir sobre o interlocutor e locutor que ignora seu interlocutor) etc. ▸ Cf. ENUNCIAÇÃO.

modalizador LING Diz-se de ou elemento gramatical ou lexical por meio do qual o locutor manifesta determinada atitude em relação ao conteúdo de seu próprio enunciado.

modalizar LING **1** Dar outra modalidade, outra feição a. **2** Colocar (o locutor) marca(s) de modalização em (enunciado).

modelador ENC Pequeno instrumento us. por encadernadores para modelar manualmente capas de couro e dar-lhes relevo.

modelo **1** Indivíduo contratado por agência ou casa de modas para desfilar com as roupas que devem ser exibidas à clientela; manequim. **2** LING Sistema lógico construído com base nos dados acessíveis à observação direta, que procura descrever e explicar o funcionamento do sistema linguístico, inclusive nos seus aspectos inacessíveis à observação direta. **3** No ensino de língua, falante ou dialeto apresentado como exemplo ideal a ser seguido ou aprendido. **4** MÚS O fragmento melódico ou harmônico que é reproduzido numa marcha harmônica. **5** MÚS Em regência, padrão gestual básico para marcação de compasso.

INFORMAÇÕES GERAIS

Em lógica, modelo é um conjunto de interpretações verdadeiras para um conjunto de afirmações. Nas ciências empíricas, modelo é uma representação que dispõe de propriedades análogas ao que é representado. Um mesmo modelo de dinamismo pode ser visto no movimento de ondas e no movimento de gases, p.ex. O modelo não é o fato apresentado, podendo conter modificações dos fatos, sob a forma de idealizações, ampliações ou reduções, desde que permitam a aproximação à resposta para o problema científico que se quer resolver. Assim, a modelização funciona como recurso heurístico para a solução de um problema (cf. HEURÍSTICA). Em teoria dos signos, o sistema modelador primário é a linguagem natural que estabelece as propriedades significativas dos outros sistemas culturais de signos, que são sistemas modeladores secundários.

modelo econômico ECON Construção teórica, de natureza matemática, que visa estabelecer a essência de determinada estrutura, suas relações internas, sua evolução, os fatores que determinam as mudanças e as linhas a serem adotadas para equilibrar o sistema de produção.
modelo fotográfico FOT Pessoa que tem por ofício posar para fotografia a ser utilizada em publicidade, revistas de moda etc.
modem [ing.] INF Dispositivo de entrada e saída, modulador e desmodulador, utilizado para transmissão de dados entre computadores através de linha telefônica, fibra óptica, radiofrequência ou satélite. ▸ Composto da conjunção das primeiras sílabas de mod*ulator* e dem*odulator*, em ing., *modem* representa o processo criado por esse dispositivo.
modernidade 1 Qualidade ou estado do que é moderno; modernismo. 2 Período, influenciado pelo Iluminismo, em que o homem passa a se reconhecer como um ser autônomo, autossuficiente e universal e a se mover pela crença de que, por meio da razão, pode-se atuar sobre a natureza e a sociedade.

INFORMAÇÕES GERAIS

As acepções do termo 'modernidade' oscilam entre a atribuição da qualidade de moderno e a identificação de um momento no qual o que é moderno se produz. As raízes etimológicas de 'moderno' conjugam a ideia de modalidade com o que pertence ao presente. A confrontação de épocas é uma presença estrutural no termo: assim, os primeiros cristãos marcaram a sua distinção para com os pagãos gregos e romanos. Quando os renascentistas retomaram a cultura clássica, o termo 'moderno' sublinhou a novidade de sua redescoberta. No início do sXVIII, o caráter de confronto entre a modernidade e a antiguidade não se perdera. Em *Battle of the books*, Jonathan Swift (1667-1745) satiriza a luta entre volumes modernos e antigos numa biblioteca para representar uma discussão contemporânea sobre o valor do saber clássico em relação ao que estaria sendo produzido. Ainda que Swift indique que, como todas as guerras, a luta do moderno e do antigo seja filha do orgulho, o texto da sátira não declara nenhum dos lados como vencedor: a própria luta que se desenvolve a partir das prateleiras destrói o manuscrito de Swift. Progressivamente, 'modernidade' passou a significar avanço e transformação. Daí surge o sentido de que modernidade e cientificidade se equiparem por fornecer aos seres humanos maior autonomia e controle superior da natureza através da sua racionalidade, em oposição à fé e à obediência religiosa. Por isso, Jürgen Habermas (1929-) afirma que a modernidade é um projeto incompleto e, a rigor, interminável, pois a libertação que promete não será plenamente realizada. Habermas conclui que, por contraste, a pós-modernidade caracteriza-se pela negação da razão, logo pelo predomínio do irracional. O moderno é, por vezes, identificado de maneira positiva, mas também de forma negativa. Para Marx (1818-1883) e Engels (1820-1895), no *Manifesto do Partido Comunista*, de 1848, além de criar um admirável mundo novo, a modernidade é uma força destruidora, em que tudo que é sólido se desfaz no ar. Para a interpretação weberiana, modernidade é racionalidade burocrática somada a um desencanto do mundo. A sociologia durkheimiana distingue dois tipos de solidariedade social: uma que é dita 'orgânica', pois se faz pela unidade de crenças e valores que são partilhados pelos indivíduos de um determinado grupo, e outra 'mecânica', de cunho instrumental e estritamente racional, que é parte intrínseca do projeto de socialização na modernidade. A modernidade separaria religião e ciência, moralidade coletiva e interesse individual. É óbvia, nesse caso, a distinção que se faz entre o arcadismo das sociedades tradicionais e o burburinho da urbanização desenfreada, por onde circula o *flâneur* de Walter Benjamin (1892-1940). Aplica-se o termo 'modernidade', de maneira geral, ao que é feito socialmente pela industrialização. Bauman (1925-) não vê a modernidade como o período que antecede a pós-modernidade contemporânea; trata-se de duas atitudes mentais que podem coexistir num mesmo momento da história. A modernidade é normativa, legislativa, autoritária e criadora de sistemas que são postos em colapso pela atitude pós-moderna; a burocratização, o planejamento científico e a racionalidade instrumental são seus traços centrais, presentes em monstruosidades como o holocausto nazista. Para outras visões da sociologia atual, a modernidade faz-se através do impacto social dos meios de comunicação.

BIBLIOGRAFIA

BAUMAN, Zygmunt. *Modernidade e ambivalência*. Rio de Janeiro: Zahar, 1998.
____________. *Modernidade e holocausto*. Rio de Janeiro: Zahar, 1999.
____________. *Legisladores e intérpretes*. Rio de Janeiro: Zahar, 2010.
BENJAMIN, Walter. *A modernidade e os modernos*. Rio de Janeiro: Tempo Brasileiro, 2000.
____________. *The arcades project*. Cambridge: Harvard University Press, 2000.
THOMPSON, J. B. *The media and modernity: a social theory of the media*. Stanford: Stanford University Press, 1995.

Modernismo HIST.ART LIT Designação genérica de vários movimentos artísticos e literários (Cubismo, Dadaísmo etc.), surgidos no fim do sXIX e no XX, que buscaram examinar e desconstruir os sistemas estéticos da arte tradicional. ▸ A atitude geral da criação modernista é a de revelar o que fora negligenciado; mas, para que o novo aconteça, os modernistas precisaram rejeitar os modelos que, até então, presidiam a criação artística. O riso, o escárnio, a indiferença e a vaia acompanharam, a princípio, os criadores mais diversos, de Vincent van Gogh (1853-1890) a Igor Stravinski (1882-1971). É difícil encontrar, no vasto *corpus* modernista dos sXIX e XX, um traço unificador. O que há de comum na representação colorida dos bordéis da Belle Époque de Toulouse-Lautrec (1864-1901) e no fluxo de consciência que inunda o *Ulisses* de James Joyce (1882-1941)? O sentido do que seja modernismo tende a ser elusivo. No contexto das disputas doutrinárias do catolicismo, o papa Pio X (1835-1914) condenou toda e qualquer tentativa de modernizar, de maneira laica, a doutrina cristã: renovação, sim, mas em Cristo; modernização, não. Enquanto isso, no Brasil, o movimento modernista, iniciado com a Semana de Arte Moderna (1922), refletiu-se na busca de meios de expressão autenticamente brasileiros, fugindo dos tradicionais modelos europeus. Falando do espírito modernista, a escritora britânica Virginia Woolf (1882-1941) declarou, em tom de blague, que, por volta de dezembro de 1910, o caráter humano mudara, quando, de fato, mudara o modo de representá-lo. O Modernismo é uma sensibilidade em busca da invenção, o que, por sua vez, cria uma nova tradição: a tradição do novo. Tudo é permitido: do verso livre à colagem, do uso do detrito físico ao detrito verbal, à gíria, ao palavrão. Nesse sentido, Modernismo identifica-se com liberdade. Ao abandonar o compromisso com a temática realista, a estética modernista assume para si o projeto de criar representações autossuficientes: a pintura é o tema da pintura; a literatura torna-se seu próprio assunto. Se a criação é um espelho, o Modernismo não espelha o mundo, mas seu próprio rosto, e demanda outro tipo de espectador: alguém que entenda ou esteja aberto para as novidades históricas. O *corpus* modernista não é um conjunto de obras que visam o entretenimento, como faz a cultura de massa. O espectador modernista é um observador ilustrado no curso da arte até agora. O Modernismo é, por isso, muitas vezes acusado de distanciar-se da vida cotidiana, sendo freq. identificado com esnobismo elitista. Na verdade, os recursos estéticos do Modernismo infiltraram-se no meio ambiente contemporâneo, seguindo, por exemplo, as soluções arquitetônicas de Walter Gropius (1883-1969), Mies van der Rohe (1886-1969), Frank Lloyd Wright (1867-1959), Le Corbusier (1887-1965) e Oscar Niemeyer (1907-2012).

modernista 1 Relativo ou pertencente ao modernismo. **2** Que valoriza e usa mais as coisas modernas. **3** ART.PLÁST Adepto do Modernismo; moderno. ▶ Cf. MODERNISMO.

moderno 1 Relativo ou pertencente à época histórica em que se vive (a década ou o século atual). **2** Que é de época posterior à Antiguidade greco-romana. **3** Diz-se de estilo de arte, arquitetura, dança etc. desenvolvido entre o último quarto do sXIX e o final do sXX (ou fim dos anos 1980, caso se considere um período pós-moderno), e que tenha contribuído com algo inédito, original; contemporâneo. **4** Cujas características refletem tendências, metodologia etc. contemporâneas. **5** Que representa o gosto dominante da época. **6** Cujos valores, opiniões, comportamento etc. ainda não são aceitos pela maioria das pessoas numa sociedade. **7** Em que métodos, equipamentos etc. antigos foram substituídos por outros que representam avanço tecnológico, científico etc. **8** ART.PLÁST LIT M.q. MODERNISTA. **9** HIST Relativo ao período da história mundial, esp. europeia, que, por convenção, se inicia no fim da Idade Média e termina com a Revolução Francesa (1789).

modo 1 LÓG No aristotelismo, forma que o silogismo pode assumir segundo a qualidade (afirmativa ou negativa) e a quantidade (universal ou particular) de suas proposições. **2** LÓG Na lógica medieval, qualquer determinação, característica ou qualidade de uma substância ou de um sujeito. **3** LÓG Aspecto ou característica que, embora determine uma substância, não lhe pertence necessariamente, não sendo, portanto, incluída em sua definição. **4** FIL No spinozismo, cada um dos objetos particulares e mutáveis da realidade, aspectos múltiplos da substância única, infinita e absoluta, entendida como Deus ou a natureza. ▶ P.opos. a ATRIBUTO. **5** MÚS Maneira como se dispõem os intervalos de tom e meio-tom numa escala. **6** MÚS Padrão rítmico constante numa composição. **7** MÚS M.q. ESCALA.

modo de produção ECON POL Na teoria marxista, o elemento explicativo central da história, que se caracteriza pela sucessão dos modos de produção. ▶ Para Marx (1818-1883), modo de produção é um conceito de alcance histórico porque, na sua teoria, o nível econômico exerce o papel de determinação em última instância. Os estágios da história sucedem-se segundo seu modo de produção. Ao conceber a história como efeito das transformações econômicas, Marx abriu caminho para um tipo de marxismo considerado 'economicista'. Entre as doutrinas marxistas, o stalinismo afirmou categoricamente que essa seria a interpretação materialista mais apropriada para o entendimento de Marx. O modo de produção é a base real que determinaria a consciência social e as formas da ordem política e jurídica. Interpretado de modo rígido, o conceito de modo de produção fomenta a ilusão de que a história seja um processo determinista. Para escapar da acusação de determinismo, a interpretação althusseriana de *O capital* não descarta a centralidade do modo de produção, mas sofistica-o. A leitura que é, então, feita admite a existência de três níveis nas sociedades: o econômico, o político e o ideológico, mas concede a cada um deles relativa autonomia. O econômico, o político e o ideológico formam um todo que é regido por uma causalidade estrutural, esta, sim, econômica. O econômico não determina, apenas restringe e causa os outros níveis de formação social. A leitura althusseriana é, a rigor, ambígua, pois não esclarece ou distingue o econômico como processo de produção do seu papel nas relações sociais. O papel do modo de produção na história é uma das questões centrais da teoria marxista. Nas interpretações marxistas por vezes persiste a tentação de qualificar o modo de produção como uma força que antecede e causa a estrutura social de um momento histórico; entretanto, se esse for o caso, a história não pode mais ser vista como uma totalidade única e indivisível.

BIBLIOGRAFIA

ALTHUSSER, Louis *et alii*. *Lire le capital*. Paris: PUF, 1965.
MARX, Karl. *Contribuição à crítica da economia política*. São Paulo: Martins Fontes, 2003.

modo maior MÚS Escala diatônica em que os semitons ocorrem entre a terceira e a quarta, e a sétima e a oitava notas; escala maior.

modo menor MÚS Escala diatônica em que os semitons ocorrem entre a segunda e a terceira, a quinta e a sexta, e, por vezes, a sétima e a oitava notas; escala menor.

modo misto MÚS Modo ('escala') resultante da fusão das características de mais de um modo.

modulação 1 Ato ou efeito de modular. **2** Matiz, gradação, nuança de cores ou tonalidades. **3** MÚS Passagem de um tom a outro; metábole. **4** TEL Método pelo qual o parâmetro de uma onda é modificado pela ação da intensidade de outra onda.

modular 1 Variar a altura ou a intensidade de (voz). **2** Tocar, cantar ou dizer harmoniosamente. **3** ELETRÔN Modificar o parâmetro de (uma onda) de acordo com a intensidade de outra. **4** INF Transformar (dados digitalizados) em sons de frequência compatível com a transmissão através de linha telefônica. **5** MÚS Fazer a modulação de.

módulo RÁD Bloco com informações, músicas etc., em certos tipos de programação contínua, sem divisão rígida entre diferentes programas.

módulo-fonte INF M.q. PROGRAMA-FONTE.

módulo-objeto INF M.q. PROGRAMA-OBJETO.

modus faciendi [lat.] A maneira de fazer.

modus operandi [lat.] Modo pelo qual um indivíduo ou uma organização desenvolve suas atividades ou opera.

modus ponens [lat.] LÓG Regra de inferência que autoriza uma conclusão a partir da seguinte forma lógica: "sendo dado *p* e se *p* implica *q*, então *q*" ("Se chover, então fico em casa. Chove. Então fico em casa"). ▸ Red. de *modus ponendo ponens* ('maneira de afirmar afirmando').

modus tollendo ponens [lat.] LÓG Argumento que apresenta a seguinte forma lógica: "se *p* ou *q* e não *p*, logo *q*" ("Ele tem mais de 90 quilos ou ele é magro. Ele não tem mais que 90 quilos. Logo, ele é magro"). ▸ Em port.: modo de negar afirmando.

modus tollens [lat.] LÓG Regra inferencial que permite uma conclusão a partir da seguinte forma lógica: "sendo dado não *q* e se *p* implica *q*, logo não *p*" ("Se há chuva demais aqui, então há alagamento. Não há alagamento aqui. Então aqui não há chuva"). ▸ Red. de *modus tollendo tollens* ('maneira de negar negando').

moiré [fr.] GRÁF Interferência óptica indesejável produzida por superposição dos pontos da imagem.

moitão TEAT Peça de madeira formada por duas faces ovais, ligadas apenas nas extremidades e por entre as quais gira uma roldana por onde passam as cordas que suspendem os panos de fundo, ilhargas, rompimentos e acessórios que compõem o cenário.

molassa PAP Aparelho us. na fabricação de papel, formado por duas rodas de arenito que, girando em um tanque circular, trituram a matéria-prima para reduzi-la a pasta.

molhar MÚS Executar com flexibilidade rítmica.

momento decisivo, o FOT JOR Expressão disseminada pelo fotógrafo francês Henri Cartier-Bresson (1908-2004) para designar o instante em que o fotógrafo aperta o disparador da câmara e, como medida de sua habilidade, obtém a imagem que, na sua composição, representa perfeitamente o conteúdo da cena diante da lente. ▸ O momento decisivo é um instante composicional da fotografia, aquele em que se capturam as propriedades formais do que ocorre diante do olhar e do escrutínio fotográfico. A expressão 'momento decisivo' apareceu, no mundo da fotografia, como título inglês de uma coletânea de textos e fotos de Cartier-Bresson, dado por Dick Simon (1899-1960), então editor da Simon & Schuster. Dick Simon retirara o título da frase de Jean François Paul de Gondi, cardeal de Retz (1613-1679), padre, memorialista e escritor católico francês do sXVII, que servia de epígrafe ao livro: "não há nada nesse mundo que não tenha um momento decisivo". Nesse momento, o fotógrafo demonstra seu sentido de *timing*, sua capacidade de representar formalmente uma ocorrência. O momento decisivo é um estágio terminal da relação da fotografia com o tempo, que começa na célebre foto de Nicéphore Niepce (1765-1833), "A mesa posta", de 1822, que levara nove horas de exposição para deixar marcas tênues de uma natureza-morta. Em 1839, o tempo de exposição de uma placa sensibilizável caiu para 15 minutos; dois anos mais tarde foram reduzidos dois minutos do processo; em 1842, bastavam vinte ou quarenta segundos para a sua revelação. Graças a progressos tecnológicos da fotografia, o instante foi conquistado lentamente pela representação. O momento decisivo formula uma clara ideologia artística, que expressa a natureza e a dramaticidade da técnica fotográfica, mas é apenas uma hipérbole romantizada do olhar perfeito e preciso do fotógrafo que, por vezes, ignora o desenvolvimento tecnológico do ofício fotográfico. Ingenuamente, a ideologia do momento decisivo presume uma relação direta do fotógrafo com a realidade representada. E, assim, desconsidera-se facilmente aquilo que permitiu tecnologicamente as fotografias que fizeram a fama de Cartier-Bresson, mais especificamente uma câmara de 35 milímetros, a Leica, manufaturada na década de 1930. A Leica era um novo tipo de câmara, portátil, leve e flexível, cujo filme vinha acondicionado num rolo que permitia múltiplas exposições. Com uma Leica, ou qualquer outra câmara de 35 milímetros, o fotógrafo podia mover-se diante da cena fotografada sem ter de recarregar o negativo. O conceito de momento decisivo dá forma verbal às possibilidades abertas por câmaras, como as que Cartier-Bresson usava, pois é um estilo fotográfico e uma inspiração impossíveis numa época em que só houvesse câmaras pesadas, tripé e placas pesadas de negativo a serem trocadas durante o ato de fotografar. Entretanto, com uma câmara de 35 milímetros, o fotógrafo podia aproximar-se da cena, na medida em que os acontecimentos se desenvolviam. Porque isso era viável tecnologicamente, a fotografia aproximou-se do jornalismo, criando assim um novo elemento na mídia: o fotojornalismo. A fotografia transformou-se numa representação dramática da presença. O trabalho exemplar de Cartier-Bresson exerceu enorme influência em vários fotógrafos do século passado: Robert Capa (1913-1954), Tony Vaccaro (1922-), W. Eugene Smith (1918-1978), entre outros. Para a história da fotografia, a realidade até então impermanente passou a ser capturada numa fração de segundo, num momento fotograficamente decisivo. Isso seria o que conferiria poder à imagem fotográfica: a fotografia trazia uma porção da realidade para o jornalismo, que não mais se restringia a descrições estritamente verbais. Por mais atraente e universalizada que tenha sido a noção de momento decisivo, a fotografia tem outras possibilidades freq. ignoradas, como é o caso da série de imagens do brasileiro Arthur Omar (1948-), que fotografou durante anos o carnaval de rua carioca e produziu a série *Antropologia da face gloriosa*. Se Bresson contextualizava as ocorrências da realidade numa composição formal capturada em seu momento decisivo, Omar examina não o real, mas uma fotografia já produzida do real para extrair cada rosto fotografado de seu contexto, revelando um mundo que existe subjacente à representação e que a ela não se restringe. Não é mais a fotografia que representa um momento do real, mas um aspecto oculto da realidade que se descobre latente à fotografia. ▸ Cf. FOTOGRAFIA.

BIBLIOGRAFIA
CARTIER-BRESSON, Henri. *The decisive moment; texts and photographs*. New York: Simon & Schuster, 1952.
OMAR, Arthur. *A antropologia da face gloriosa*. São Paulo: Cosac Naify, 1997.

monaural ACS M.q. MONAURICULAR.

monauricular ACS Que concerne apenas a um ouvido; monaural.

Monde, Le [fr.] JOR Jornal vespertino francês de centro-esquerda, fundado em 1944, localizado em Paris e de propriedade do grupo La Vie-Le Monde. ▸ *Le Monde* foi, em meados do sXX, um símbolo da nova França. Sua primeira edição data de 19 de dezembro de 1944 e foi feita sob a direção de Hubert Beuve-Méry (1902-1989), a pedido do estadista e presidente general Charles de Gaulle (1890-1970), após a expulsão das tropas alemãs da França. O prédio do jornal era o do antigo *Le Temps*, publicação colaboracionista. Na última década, a tiragem diária do jornal tem decrescido em até 70 mil exemplares, o que o levou à busca de investidores, alterando o modelo cooperativo que lhe dominara a vida. *Le Monde* é um raro jornal francês que tem alcance internacional, sendo facilmente adquirido no exterior. Aproximadamente 40 mil exemplares da tiragem total diária de 330 mil são comprados fora do país.

monema LING Na terminologia de André Martinet (1908-1999), unidade de primeira articulação ou unidade significativa mínima elementar. (Pode ser uma palavra simples, uma raiz, um prefixo, uma desinência.) ▸ Cf. LEXEMA, MORFEMA.

monismo FIL Concepção que remonta ao eleatismo grego, segundo a qual a realidade é constituída por um princípio único, um fundamento elementar, sendo os múltiplos seres redutíveis em última instância a essa unidade. ▸ P. opos a DUALISMO e PLURALISMO. ▸ Cf. PARMÊNIDES DE ELEIA.

monismo neutro FIL PSIC Forma contemporânea do monismo, postulada pelo psicólogo e filósofo norte-americano William James (1842-1910), que a afirma a unidade básica do que seja físico ou mental. ▸ Além de William James, o atomismo lógico do filósofo britânico Bertrand Russell (1872-1970) também advogou uma filosofia chamada de monismo neutro. As duas teorias supõem que corpo e mente são apenas formas da mesma natureza: sua diferença resulta da maneira pela qual se organizam elementos comuns, logo neutros. Como todo monismo, o monismo neutro rejeita a separação dualista entre corpo e mente.

monitor 1 Instrumento que controla o funcionamento de um equipamento ou sistema. **2** INF Unidade utilizada para exibir visualmente texto ou gráficos gerados por computador; tela do computador. **3** RÁD TV Aparelho ligado aos circuitos da câmara ou dos aparelhos de som, com o qual se monitora a qualidade do som e/ou da imagem numa gravação ou transmissão. **4** RÁD TV Receptor de televisão ou rádio, em circuito fechado. **5** TV Pessoa que organiza, administra e orienta turmas de telealunos, promovendo reuniões, estudos em grupo, responsabilizando-se por matrículas, testes preparatórios etc.

monitorar RÁD TV Verificar a qualidade do som e imagens, o conteúdo etc. de (um programa), ao longo de sua realização.

monocromia GRÁF Processo de impressão que utiliza uma só cor. ▸ Cf. BICROMIA; TRICROMIA; POLICROMIA.

monofonia 1 ACS Técnica de gravação de sons em que se utiliza apenas um canal. ▸ Cf. ESTEREOFONIA; QUADRIFONIA. **2** ACS Transmissão ou reprodução de sinais sonoros, por um ou mais canais, gerados a partir de um canal único. **3** MÚS Música escrita a uma só voz, sem acompanhamento.

monofônico ACS MÚS Relativo a monofonia.

monófono MÚS Que produz apenas um som.

monoglota LING M.q. MONOLÍNGUE.

monografia Trabalho escrito acerca de determinado ponto da história, da arte, da ciência, ou sobre pessoa ou região.

monograma 1 Sigla formada por uma ou várias letras, conjuntas ou entrelaçadas, significando um símbolo ou a inicial, ou iniciais, de um nome; cifra. **2** Sinal aposto pelo artista em sua obra, servindo como assinatura.

monolíngue 1 Que trata de ou que envolve somente uma língua. **2** LING Que ou aquele que é capaz de usar fluentemente apenas uma língua; monoglota.

monolinguismo LING Uso fluente de apenas uma língua, por um falante ou grupo.

monologismo LIT Na teoria de Mikhail Mikhailovich Bakhtin (1895-1975), narrativa na voz centralizada do autor.

monólogo TEAT **1** Cena de peça em que o ator, achando-se só, fala consigo mesmo ou dirige-se ao público, expressando seus pensamentos, as lutas interiores do seu espírito etc. **2** Peça escrita para um único personagem.

monólogo interior LIT Representação, num monólogo ger. extenso, do fluxo da consciência de um personagem ficcional, seus pensamentos e sentimentos, habitualmente com desarticulação lógica dos períodos e sentenças; diálogo interior.

monologuista TEAT Ator que monologa.

monoploide GEN M.q. HAPLOIDE.

monopsônio ECON Estrutura de mercado caracterizada por haver um único comprador para o produto de vários vendedores (ger. matéria-prima ou produto primário). ▸ Cf. OLIGOPSÔNIO.

montador 1 CINE Aquele que executa a montagem dos filmes. **2** INF Diz-se de um programa que faz a conversão das instruções escritas em mnemônicos da ASSEMBLY para a linguagem da máquina.

montagem 1 CINE Processo pelo qual o montador seleciona as cenas de uma filmagem, após seu término, unindo-as em sequência para formar um filme. **2** JOR PUB Ato de preparar as provas de jornal ou revista, incluindo os textos e ilustrações que farão parte de suas páginas. **3** JOR PUB O resultado, a prova resultante dessa preparação. **4** RÁD TV Organização das informações, programações etc. numa determinada sequência para apresentação. **5** TEAT M.q. ENCENAÇÃO ('espetáculo teatral', 'conjunto de providências').

montagem de luz TEAT Ato ou processo de instalação e ajuste dos refletores que iluminam o palco.

montagem fotográfica FOT Processo de composição de uma imagem, muito us. em publicidade, em que se utilizam partes de diferentes fotografias que, justapostas, criam a ilusão de uma fotografia realmente tirada.

Montague, Richard (Stockton, Califórnia, Estados Unidos 1930 - Los Angeles, Califórnia, Estados Unidos 1971) Lógico e matemático norte-americano, autor de um importante modelo formal aplicado às linguagens naturais. ▸ Considerado o melhor aluno norte-americano do lógico e matemático Alfred Tarski (1901-1983) que, em 1939, emigrara da Polônia para a Califórnia, Montague é autor de uma obra central e revolucionária, que aplica lógica matemática às linguagens naturais. Filosoficamente, Montague falsifica uma hipótese que se considerara inquestionável desde os trabalhos de Gottlob Frege (1848-1925) e de Ludwig Wittgenstein (1889-1951) do *Tractatus Logico-Philosophicus*: que a linguagem natural e a linguagem matemática são incompatíveis e que, portanto, reduzir uma linguagem à outra é tarefa impossível. Para Montague, a linguagem lógica artificial e as linguagens naturais não são teoricamente distintas; as estruturas sintáticas das linguagens naturais são perfeitamente compatíveis com uma linguagem matemática. Suas teses já vinham sendo defendidas pelos gramáticos gerativos chomskianos. Isso não significa que a linguagem natural já esteja matematicamente formalizada, pois não é uma linguagem formal. O que Montague sugere é que as linguagens naturais podem ser descritas com o mesmo rigor das linguagens formalizadas. O resultado do desenvolvimento dessas hipóteses foi a criação de uma *gramática de Montague*: uma linguagem descritiva de primeira ordem que funciona com operadores lógicos que constroem e avaliam as sentenças produzidas. No artigo "Universal grammar", de 1970, Montague apresenta problemas sintáticos sob a forma algébrica, além de mostrar uma teoria da tradução vista como a versão de sentenças numa linguagem já produzida. A linguagem natural é um sistema de categorias que opera com regras sintáticas de transformação das expressões, o que faz da sentença dessa linguagem a expressão de sua forma lógica. As teses de Montague são particularmente frutíferas para a linguística computacional. Homossexual, Montague foi tragicamente assassinado por enforcamento em circunstâncias até agora não esclarecidas. ▸ Cf. FORMALIZAÇÃO; FORMA LÓGICA; FREGE, GOTTLOB; WITTGENSTEIN, LUDWIG.

BIBLIOGRAFIA
THOMASON, Richmond H. (ed.). *Formal philosophy: selected papers of Richard Montague*. New Haven: Yale University Press, 1974.

montar 1 CINE Produzir (montagem) de. 2 RÁD TV Organizar (montagem) de. 3 FOT Realizar (montagens fotográficas). 4 TEAT M.q. ENCENAR.

moral 1 FIL Cada um dos sistemas variáveis de leis e valores estudados pela ética (disciplina autônoma da filosofia), caracterizados por organizarem a vida das múltiplas comunidades humanas, diferenciando e definindo comportamentos proscritos, desaconselhados, permitidos ou ideais. 2 FIL Parte da filosofia que estuda o comportamento humano à luz dos valores e prescrições que regulam a vida das sociedades; ética. 3 Qualquer teoria, doutrina (não necessariamente defensora de um padrão de comportamento) que se fundamenta em certos princípios.

mordaçagem FOT GRAV Em certos processos de impressão, aplicação de ácidos corrosivos sobre metais, vidros, pedras etc. a fim de prepará-los para utilização; mordedura.

mordedura FOT GRAV M.q. MORDAÇAGEM.

mordente 1 GRÁF Verniz espesso e adesivo, empr. em dourações pelos tipógrafos. 2 MÚS Ornamento indicado por um pequeno til (~) sobre a nota a ser ornamentada (nota real ou melódica), cuja execução, rápida ou lenta, na dependência do caráter da obra, se compõe de três sons: nota real, nota acima ou abaixo, e volta à nota real; quebro simples.

morder FOT GRAV Corroer (material cilíndrico, peças, placas etc.).

morendo [it.] MÚS Diminuendo extremo, com redução da intensidade sonora (falando de execução de composição musical).

morfema LING 1 Na linguística estrutural, cada afixo gramatical de uma palavra. ▸ P.opos. a SEMANTEMA. 2 A menor unidade linguística que possui significado, abarcando raízes e afixos, formas livres (p.ex.: mar) e formas presas (p.ex.: sapat-, -o-, -s) e vocábulos gramaticais (preposições, conjunções). ▸ Para o estruturalismo norte-americano, pode ter ainda outras manifestações, como a ordem das palavras na frase, indicando as funções sintáticas dos constituintes, ou a entonação sozinha, que pode mudar o sentido de um enunciado: "*Você vai*", "*Você vai?*". 3 O monema que tem função gramatical, na terminologia de André Martinet (1908-1999). ▸ P. opos a LEXEMA.

morfêmica LING Ramo da linguística que estuda os morfemas, sua classificação, descrição e suas funções; morfologia.

morfologia LING 1 Estudo da constituição das palavras e dos processos pelos quais elas são construídas a partir de suas partes componentes, os morfemas. 2 Parte da gramática que estuda as classes de palavras, seus paradigmas de flexões com suas exceções.

Morris, Charles (Denver, Colorado, Estados Unidos 1901 - Gainsville, Flórida, Estados Unidos 1979) Filósofo e semioticista norte-americano. ▸ Formado em filosofia pela Universidade de Chicago, com uma tese sobre lógica simbólica, Charles Morris dedicou-se a unificar filosofia e ciência num só modelo cognitivo. Com a participação de positivistas lógicos europeus do CÍRCULO DE VIENA, Morris editou a *Encyclopedia of unified science*. Para Morris, a categoria de 'signo' unificaria o que parece superficialmente dispersão, juntando o positivismo, o empirismo e o pragmatismo, já que todas essas perspectivas filosóficas presumem o emprego de signos. As análises formais dos positivistas lógicos privilegiam o signo em si; os empiristas preocupam-se com a relação dos signos com seus objetos, enquanto os pragmatistas consideram o uso dos signos e das convenções nos atos de comunicação. Isso é possível porque signo é uma função relacional que se dirige a outros signos, objetos e usuários. Assim, a semiótica permite três formas de análise diferenciadas que, na realidade, se unem: a sintática, que estuda as regras de combinação dos signos; a semântica, que se dedica à referencialidade dos signos; e a pragmática, que é devotada ao esclarecimento do uso dos signos. Morris acreditava que, por isso, a semiótica atravessaria e fundamentaria os saberes do homem e da natureza. O objeto da semiótica seria a SEMIOSE, definida como o processo pelo qual algo se faz signo ou funciona como tal. As três dimensões de entendimento dos signos (sintática, semântica e pragmática) implicam-se mutuamente. A semiótica é uma METALINGUAGEM, portanto uma linguagem de segunda ordem, que trata dos signos e procura entender as dimensões de sua significação: descrição, prescrição e avaliação. O modelo semiótico de Morris é exposto em três de seus livros que se aprimoram progressivamente: *Foundations of the theory of signs*, publicado em 1932, *Signs, language and behavior*, de 1946, e *Signification and significance*, lançado em 1964.

BIBLIOGRAFIA
MORRIS, Charles. *Writings on the general theory of signs*. The Hague: Mouton, 1971.

morse TEL 1 Red. de CÓDIGO MORSE. 2 Red. de TELÉGRAFO MORSE.
mosaico ENC Encadernação em que recortes de couro multicores, embutidos ou superpostos, formam como um mosaico.
mosso [it.] MÚS Que se move rapidamente; agitado. ▸ Indicação de andamento de uma composição musical.
mostrador Em determinadas máquinas, esp. aparelhos eletrônicos (calculadora, relógio digital, videocassete etc.), visor em que se apresentam informações sobre o funcionamento do dispositivo (opções de uso, modo etc.); *display*, visor.
mote EDIT M.q. EPÍGRAFE ('título ou frase').
motherboard [ing.] INF Ver PLACA-MÃE.
motivação 1 Ato ou efeito de motivar. 2 LING SEMIO No signo (linguístico ou não), a relação de semelhança (lógica ou analógica) que pode ocorrer entre o significante e o significado. ▸ Cf. ARBITRARIEDADE ('signo'). 3 PSIC Conjunto de processos que dão ao comportamento uma intensidade, uma direção determinada e uma forma de desenvolvimento próprias da atividade individual.
motivacional ECON SOC Que se destina a descobrir motivações inconscientes do consumidor através da análise da orientação comportamental de pequenos grupos (diz-se de pesquisa).
motivado 1 LING Que mantém relação de semelhança entre significante e significado (diz-se de signo linguístico). 2 PSIC Que se comporta com determinação e/ou intensidade (diz-se de indivíduo).
motivar LING Sustentar (no signo linguístico, ou entre mais de um signo) relação analógica entre significante e significado.
motivo 1 ART.PLÁST LIT Tema, ideia etc. (freq. expressa em desenho, imagem etc.) principal e/ou recorrente que, numa obra de arte, estabelece um padrão. 2 MÚS Fragmento melódico ou rítmico que unifica uma composição.
motor FIL No aristotelismo, causa de um movimento ou uma mudança, aquilo que age sobre o móvel.
motor de busca INF M.q. BUSCADOR.
motor de pesquisa INF M.q. BUSCADOR.
motu proprio [lat.] Espontaneamente.
mouse [ing.] INF Dispositivo de entrada, dotado de um a três botões, que repousa em uma superfície plana sobre a qual pode ser deslocado, e que, ao ser movimentado, provoca o deslocamento análogo de um cursor na tela, permitindo ao usuário comandar a execução de determinadas ações, quer movendo o cursor até ícones, regiões da tela ou entradas de menu que correspondam às ações desejadas, quer clicando um dos botões; rato, ratão. ▸ O *mouse* é um dispositivo periférico de indicação que traduz o movimento de um cursor na tela do computador, facilitando as tarefas dos usuários. A semelhança do dispositivo com a forma de um camundongo, acentuada pelo fio que parece um rabo, fez com que esse nome (*mouse*: 'rato', 'camundongo', em inglês) se firmasse no vocabulário da informática. Inicialmente comercializado no início da década de 1980, o *mouse* popularizou-se ao ser adotado nos computadores Macintosh, da Apple. Atualmente, o *mouse* não precisa de fios e pode ter mecanismos variados, que vão do uso de ultrassom até o simples tato.
mouse pad [ing.] INF Acessório de computador, feito de material à base de borracha, que permite o deslizamento suave do *mouse*. ▸ Cf. MOUSE.
móvel FIL No aristotelismo, qualquer realidade que, em decorrência do contato com um motor, apresenta movimento, alterando sua posição no espaço ou transformando-se substancialmente.
movietone [ing.] CINE Processo de filme sonoro baseado na gravação em película (e não discos, como no caso do vitafone).
movimento 1 FIL Processo de mudança ou alteração das relações internas ou externas de um sistema. 2 MÚS M.q. ANDAMENTO ('velocidade das pulsações'). 3 MÚS Cada uma das seções independentes de uma composição; andamento.
MP CINE Abrev. de MEIO PLANO.
MP3 INF REC.AV Formato para armazenamento e codificação digital de material sonoro. ▸ O MP3 permite a condensação de vastos arquivos sonoros em pequenas unidades de armazenamento, fazendo com que audiotecas sejam guardadas em espaços menores. A tecnologia MP3 desenvolveu-se lentamente, de 1984 até a década de 1990, quando a popularidade da internet incentivou consideravelmente o uso desse formato para que se transferissem arquivos musicais digitalmente. ▸ Cf. NAPSTER.
ms BIBL EDIT Abrev. de MANUSCRITO.
MS [ing.] CINE Abrev. de MEDIUM SHOT (plano médio).
MUD [ing.] INF Abrev. de *multiple user dimension* ('dimensão de uso múltipla'). ▸ Quando foram lançados, os *MUDs* eram *video games* que envolviam múltiplos jogadores, que resolviam mistérios, buscavam tesouros e lutavam pela internet. São jogos de computador interativos que apresentam um universo imaginário e completo, o que permite que os usuários assumam identidades alternativas através das quais os jogadores se relacionam. ▸ Cf. AVATAR.
mudo 1 CINE Que não apresenta som em sua trilha (diz-se de cinema). 2 MÚS Que não emite som, us. apenas para estudo mecânico (diz-se de instrumento). 3 TEAT Que não tem diálogo (diz-se de cena).
multicanal COMN Que envolve ou em que há dois ou mais canais.
multicultural Proveniente ou composto de várias culturas. ▸ Cf. CULTURA; MULTICULTURALISMO.
multiculturalismo Coexistência de várias culturas num mesmo território, país etc. ▸ O multiculturalismo responde positivamente à diversidade das maneiras de viver que caracterizam as sociedades humanas. Mais do que uma mera tolerância, as propostas culturais e sociais multiculturalistas afirmam, claramente, uma política da diferença, que se traduz tanto no reconhecimento dos direitos e práticas das minorias, como na recusa ao universalismo racionalista legado pelo ILUMINISMO francês. Teórica e politicamente, o multiculturalismo é profundamente localista e, por isso, aparenta-se ao relativismo antropológico. Paradoxalmente, apesar de suas tendências anti-iluministas, o multiculturalismo depende de conceitos e de liberdade de igualdade que não seriam possíveis fora da influência cultural exercida por alguns filósofos do Século das Luzes: Voltaire (1694-1778) e Rousseau (1712-1778). O multiculturalismo confere à noção de CULTURA um papel central na definição dos indivíduos e dos subgrupos sociais. A exigência humanística e moral, que está no cerne do reconhecimento multicultural, acaba criando uma entidade social híbrida, simultaneamente individualista e grupal, seja ela étnica, linguística ou sexual. As interpretações sociológicas multiculturalis-

tas afirmam o valor moral supremo do comunitarismo e das identidades culturalmente autênticas. Numa época de migrações globais, o multiculturalismo é mais do que uma defesa das identidades diversas que constituem as nações modernas: trata-se do reconhecimento de direitos fundamentais de grupos coexistirem autenticamente em unidades políticas diversificadas. Como postura ética, o multiculturalismo exige que se abandone a violência das práticas de assimilação cultural que eram exigências para a concessão de cidadania e que dominavam as políticas migratórias das nações industriais do século passado.

BIBLIOGRAFIA

KYMLICKA, Will. *Multicultural citizenship*. Oxford: Oxford University Press, 1995.

TAYLOR, Charles. *Dilemmas and connections: selected essays*. Cambridge: The Belknap Press of Harvard University Press, 2011.

multidão SOC agrupamento de indivíduos que, apesar de heterogêneo e plural, reage de maneira impulsiva e semelhante por efeito de uma conjugação de elementos (contato físico, sujeição aos mesmos estímulos etc.).

multigrafar GRÁF Reproduzir (textos, desenhos etc.), utilizando uma matriz.

multígrafo GRÁF Aparelho que reúne em si as operações de composição e impressão.

multilite GRÁF Nome comercial de impressora planográfica com sistema *offset* simplificado para pequenos formatos.

multimídia 1 PUB Técnica de utilização de veículos de categorias diversas em uma campanha publicitária; mídia-mix. 2 COMN Técnica para apresentação de informações que recorre simultaneamente a diversos meios de comunicação, mesclando texto, som, imagens fixas e animadas. 3 M.COM Uso de meios de expressão de tipos diversos em obras, p.ex., de teatro, vídeo, música, *performances* etc. ▶ Há duas maneiras aparentemente inevitáveis de se entender uma mensagem ou grupo de mensagens multimídia: perceber o que há de comum na estrutura de cada meio de expressão ou descrever e analisar separadamente cada um dos veículos que entram na sua composição. Mas isso não esgota o problema que esse tipo de mensagem apresenta: afinal, qual a mídia da multimídia? Que meio de expressão deve ser considerado como a mensagem dominante numa comunicação em multimídia? Se a expressão for hierarquizada, isso não garante que a abordagem interpretativa seja correta, ainda mais que cada um dos componentes da multimídia obedece a processos próprios de representação. Uma mensagem corriqueira de comunicação pode ser classificada e entendida a partir de um processo ou propriedade dominante: as sentenças são convencionais, as imagens são icônicas ou referenciais. Uma composição multimídia, porém, é tudo ao mesmo tempo, o que constitui, certamente, o motivo de seu fascínio comunicacional. Por isso, a descrição sobre a qual a interpretação da mensagem em multimídia se baseia deve não só classificar os signos, mas também considerar como as representações se alternam, se apresentam paralelamente, se complementam, se contradizem, são concomitantes, equivalentes e compatíveis ou não, o que, em si, é consideravelmente complicado se a apresentação não for gravada e ocorrer ao vivo. A evanescência das representações é certamente parte integrante do efeito produzido. Nesse caso, isso acontece frequentemente em várias formas de comunicação: na troca de palavras face a face, nos espetáculos teatrais etc. O fenômeno da multimídia e sua proliferação que a convergência de meios permite obrigarão a teoria da comunicação a repensar o seu aparato conceitual, que vai do signo ao canal, passando pelas noções de código e mensagem. Uma mensagem multimodal que sincronize texto, imagem, animação, presença ao vivo e projeção em vídeo coordenados tecnologicamente seria um *supersigno*? E, se for assim, quais as categorias analíticas que a interpretam? Uma questão importante no estudo da multimídia diz respeito à construção de um sistema de notação que integre elementos verbais e não verbais e até mesmo táteis, olfativos e gustativos, pois não se deve descartar a possibilidade de integração dos cinco sentidos nas representações multimodais. Além de representar cada um dos signos materialmente diversos, seria necessário identificar os seus mecanismos de substituição e de integração. Mais do que em qualquer experiência da comunicação, a multimídia exige uma abordagem que seja efetiva e não apenas metaforicamente ecológica, pois o que faz não é transmitir informação, e sim criar um ambiente sensorial. A escassez de material e fontes teóricas que abordem esse fenômeno, que já existe de fato em vários produtos da mídia contemporânea (*video games*, *CD-ROMs*, realidade virtual etc.), é sinal de que o estudo das mensagens multimodais é uma das fronteiras futuras dos estudos da comunicação.

multiplex TEL TV M.q. MULTÍPLEX.

multíplex 1 TEL Diz-se de ou sistema de transmissão e recepção de programas estereofônicos em frequência modulada. 2 TEL Diz-se de ou processo ou equipamento de telecomunicação que transmite dois ou mais sinais ou programas independentes por um só circuito ou canal. 3 TEL Diz-se de ou transmissão simultânea de várias mensagens por uma mesma via, linha ou canal. 4 TEL Diz-se de ou ligação por via hertziana, telegráfica ou telefônica em que podem intervir, ouvindo e falando, pessoas que se encontram em locais distintos. 5 TEL Diz-se de ou material, instalação ou sinal em que uma multiplexação ocorre ou é utilizada. 6 TEL TV Que ou o que combina imagens de várias proveniências num mesmo canal de sinais (diz-se de aparelho).

multiplexação 1 INF Técnica que permite utilizar a mesma linha ou canal para transmitir diferentes dados ou sinais simultânea ou intercaladamente. 2 TEL Ato ou efeito de multiplexar.

multiplexado TEL Que sofreu MULTIPLEXAÇÃO.

multiplexador INF Diz-se de ou dispositivo ou sistema que permite multiplexar.

multiplexar ELETRÔN INF TEL 1 Operar pelo sistema multíplex. 2 Intercalar ou misturar (mensagens) num canal de telecomunicações. 3 Transmitir simultaneamente (várias mensagens, combinadas ou intercaladas) num mesmo canal, linha ou via de comunicação.

multiprocessador INF Computador no qual duas ou mais unidades centrais de processamento funcionam simultaneamente, compartilhando a mesma memória, dispositivos de entrada e saída e outros recursos.

multiprocessamento INF Compartilhamento dos recursos de um multiprocessador.

multiprogramação INF Modo de operação de um computador que permite a execução intercalada ou simultânea de vários programas com um único processador

multistandard [ing.] ELETRÔN TV Equipamento de televisão suscetível de receber imagens cujos emissores funcionam com padrões diferentes.

multitarefa INF Capacidade que possui um sistema operacional de computador de executar mais de um programa simultaneamente.

mundo inteligível FIL No platonismo, esp. no neoplatonismo, realidade composta por formas ou ideias eternas e intangíveis, que, embora separada e distante das subjetividades e objetos sensíveis, é conhecível pelo espírito humano e modelo essencial dos entes materiais. ▸ P.opos. a MUNDO SENSÍVEL.

mundo sensível FIL No platonismo, realidade captável pelos sentidos, caracterizada por uma natureza concreta e material que reflete de maneira imperfeita a ordenação suprassensível das ideias eternas. ▸ P.opos. a MUNDO INTELIGÍVEL.

mundos possíveis FIL SEMT Conceito metafísico, derivado da filosofia de Gottfried Leibniz (1646-1716), que indica um dos três tipos de modalidade (necessidade, possibilidade e contingência) e que foi retomado pela semântica modal e pela lógica filosófica de meados do sXX. ▸ A noção de mundos possíveis é facilmente polemizável por aqueles que acreditam que se trata de uma metáfora imprecisa. Não há como aceitar logicamente a noção de que a possibilidade possa se constituir como um mundo: caracterizar a possibilidade como um mundo seria torná-la atual e, assim, fazer com que deixe de ser uma possibilidade. A noção de mundos possíveis traria consigo uma contradição em termos. Porém o fato é que a noção de mundo possível apresenta, na prática filosófica, uma força intuitiva que a torna um conceito central para a semântica modal contemporânea. Para o senso comum, não há como negar que a possibilidade tenha uma forma qualquer de existência, como se pode verificar quando um relato ficcional é redigido e lido, uma decisão é tomada, um plano é realizado, ou, durante o curso de uma ação, percebe-se que existe uma alternativa possível. É perfeitamente factível imaginar um estado do mundo atual se um determinado acontecimento não tivesse ocorrido: como seria o Brasil de hoje se o presidente Jânio Quadros não tivesse renunciado, invocando forças ocultas? A categoria de mundo possível parece apropriada e inevitável quando a imaginação criativa é exercida. O mundo possível é, por natureza, uma alternativa criada pelo fato de que as representações sígnicas referem-se não só ao que está presente sob os olhos, mas tb. ao que é tanto ausência como uma indicação do que pode acontecer. Filosoficamente, o conceito de mundo possível foi formulado no interior das discussões contemporâneas da semântica modal. Para a semântica modal, o conceito de necessidade só faz sentido se uma proposição for verdadeira em todos os mundos possíveis. Caso contrário, o enunciado será contingente a um ou alguns dos mundos possíveis. Apesar da noção de possibilidade ter estado sempre presente, de uma forma ou de outra, em várias argumentações filosóficas, seja no pensamento aristotélico, seja no empirismo humeano, é com Saul Kripke (1940-) que a noção de mundos possíveis parece inevitável para que se reinterprete o que seja VERDADE e NECESSIDADE. Em *Naming and necessity*, Kripke afirma que a verdade de uma proposição não é uma verdade da razão: o teor de verdade de uma proposição é aquele que se apresenta como verdadeiro para todos os mundos possíveis. A argumentação de Kripke se faz a partir de três teses complementares: 1) objetos realmente idênticos são necessariamente idênticos; 2) a verdadeira identidade entre designadores rígidos, como nomes, é caracterizada pela necessidade; e 3) enunciados de identidade entre nomes são tb. necessários. Para que exista o que Kripke identifica como DESIGNAÇÃO RÍGIDA, é preciso que essas três condições sejam atendidas. Quando um nome não é designador rígido, ele indica uma possibilidade, como no caso de dois dados numa mão que, para Kripke, são literalmente 36 mundos possíveis. Ou, então, no caso de uma moeda antes de ser atirada ao ar: são dois estados possíveis, cara ou coroa. Porém, antes de um dado ser lançado ou quando uma moeda está para ser atirada, as alternativas indicam múltiplas qualificações existenciais: sua previsão é verdadeira ou falsa. Por outro lado, para que algo seja verdadeiro, como nomes próprios, espécies naturais e propriedades essenciais das coisas, o que se tem são designadores rígidos, o que significa dizer que serão reflexivamente verdadeiros em todos os mundos possíveis. Só assim a verdade atinge o patamar de perfeição. Na discussão filosófica corrente, não é claro se um mundo possível é uma entidade linguística, uma propriedade conceitual de proposições ou se tem o teor de existência. Para David Lewis (1941-2001), os mundos possíveis *existem* literalmente. A atualidade não é a única forma de existência. O possível de fato existe e, ao existir, necessariamente adquire o estatuto ontológico de mundo.

BIBLIOGRAFIA

KRIPKE, Saul. *Naming and necessity*. Oxford: Blackwell, 1980.
LEWIS, David. *On the plurality of worlds*. Oxford: Blackwell, 1986.

[1]mural **1** Referente a muro ou parede, esp. do ponto de vista da utilização desses espaços para fins publicitários, informações, avisos etc. **2** ART.PLÁST Pintura ou obra pictórica, quase sempre de grandes proporções, realizada sobre muro ou parede. ▸ Os murais, desde as épocas mais antigas, têm apresentado diversas formas (pintura, mosaico etc.). Na Idade Média, alcançaram grande desenvolvimento, esp. na Itália, com os afrescos.

[2]mural COMN Red. de QUADRO MURAL.

muralismo ART.PLÁST **1** Arte e técnica da pintura ou da composição de murais. **2** Corrente artística do sXX caracterizada pela execução de grandes pinturas murais sobre temas populares ou de propaganda nacional.

muralista **1** Relativo, pertencente a ou próprio de muralismo. **2** ART.PLÁST Que ou quem se utiliza dessa forma de expressão artística. **3** ART.PLÁST Que ou quem pertence a essa corrente artística do sXX.

música MÚS **1** Combinação harmoniosa e expressiva de sons. **2** A arte de se exprimir por meio de sons, seguindo regras variáveis conforme a época, a civilização etc. **3** Interpretação de obra musical. **4** Acompanhamento musical. **5** Sons vocais, instrumentais ou mecânicos com ritmo, harmonia e melodia. **6** Produto da criação ou execução musical. **7** Notação escrita de composição musical; partitura. **8** Conjunto de instrumentistas. **9** Grupo de músicos pertencentes a uma unidade militar, filarmônica, esportiva etc.; banda, fanfarra. **10** Sequência de sons agradáveis ao ouvido. **11** Qualidade musical; musicalidade.

INFORMAÇÕES GERAIS

A presença universal da música nas culturas humanas é índice de sua importância e centralidade. As formas musicais são uma combinação específica de aspectos intelectuais, emocionais e materiais, sejam eles acústicos ou fisiológicos, que têm em comum com as linguagens verbais o seu caráter sintático e combinatório. Os sistemas musicais apresentam variações culturais, mas é impossível deixar de compará-los com as linguagens humanas, se uma significativa diferença for apontada: os seres humanos são universalmente hábeis no uso de formas gramaticais, enquanto que a universalidade da música se verifica na sua apreciação e não necessariamente na sua produção. Etimologicamente, a palavra 'música' refere-se, em grego, à arte das Musas, o que, por si, sublinha sua natureza divina. Ao supor a harmonia das esferas, Pitágoras (c570 a.C. - c500 a.C.), faz mais do que reunir astronomia, música e matemática: a base numérica que sublinha a harmonia musical estaria em concordância com o movimento das estrelas, o que lhe permite supor que o deslocamento celeste gera uma música sublime, mesmo que jamais ouvida. Como não houve registro das formas musicais antigas, o que se tem do passado remoto é um inventário de citações que descrevem verbalmente o que fora entendido como música. Homero (sVIII a.C.), Pitágoras, Platão (c428 a.C. - c348 a.C.), entre outros, descreveram práticas e passagens musicais gregas. A permanência da música deve-se primeiro à criação de um sistema notacional que, como a escrita, representa sons. Na melhor das hipóteses, as notações musicais descrevem a estrutura sem poder capturar o desempenho dos músicos. A tecnologia da reprodução musical responde pela onipresença da música na vida contemporânea. A reprodutibilidade musical fez da música uma indústria sob o controle de algumas organizações gigantes, com ramificações pelo mundo inteiro. Até recentemente, a indústria fonográfica global fora dominada por quatro companhias: Sony/BMG, EMI, Universal e Warner. A supremacia das quatro grandes companhias não resistiu à ação devastadora do processo de *downloading* pela internet. A queda das vendas na indústria fonográfica é uma tendência inegável: se, em 1999, o volume de vendas foi da ordem de 38,6 bilhões de dólares, espera-se em 2013 a redução para um patamar de aproximadamente 9,2 bilhões. Outras atividades estão associadas à indústria fonográfica. Vídeos são produzidos para comercializar e ilustrar canções populares, apresentando uma combinação peculiar de narrativa, imagem e filme musicado. Um ramo específico da imprensa dedicou-se à música popular; numa mescla de noticiário e promoção, seus veículos mais notáveis são o jornal *Melody Maker*, no Reino Unido, e a revista *Rolling Stone*, nos Estados Unidos. Por ter sido frequentemente composta para ser acompanhada por versos, letras, encenações e interpretações teatrais ou operísticas, a música não deveria ser considerada um universo autônomo de sons. Mas o fato é que os estudos acadêmicos recentes da música ocorrem num ambiente cultural em que a estética modernista predominou, com sua ênfase na abstração e na ausência de referência. As formas musicais caracterizar-se-iam, portanto, por um processo de alternância e substituição que a teoria dos signos chamaria de pura SEMIOSE. Daí o caráter orgânico e autorreferente da experiência musical e seu alcance estritamente emocional e subjetivo. Mesmo quando usadas em cerimônias e acontecimentos públicos, como rituais religiosos, paradas, festas, as formas musicais escolhidas mantêm uma relação de correspondência icônica com o espírito do evento, sem a qual o poder comunicativo da música se enfraqueceria. Isso só é possível porque as formas musicais são linguagens não convencionais, uma combinatória de elementos que podem ser percebidos sem maiores restrições, portanto aplicáveis a uma infinidade de circunstâncias, de maneira semelhante ao que faz a matemática.

BIBLIOGRAFIA

BARKER, Andrew (ed.). *Greek musical writings*. Cambridge: Cambridge University Press, 1984. v. 1-2.

GOODWIN, Andrew. *Dancing in the distraction factory: music television and popular culture*. London: Routledge, 1993.

música clássica MÚS Aquela constituída formal e artisticamente pelos tipos de composição mais sofisticados e permanentes e que se caracteriza por ou adere ao estilo musical do final do sXVIII e início do sXIX, distinguindo-se do popular, do folclórico e do *jazz*; música erudita, grande música. ▸ Inclui sinfonias, óperas, sonatas, ciclos de canções e *lieds*.

música concreta MÚS A que manipula sons naturais, inclusive humanos, mecânicos e até musicais, gravados e filtrados em laboratório. ▸ A música concreta foi desenvolvida esp. pelo francês Pierre Schaeffer (1910-1995), a partir de 1948.

música de câmara MÚS Música para pequeno número de executantes.

música de cena M.COM M.q. MÚSICA INCIDENTAL.

música eletroacústica MÚS A que utiliza sons produzidos ou manipulados por meios eletrônicos.

música erudita MÚS **1** M.q. MÚSICA CLÁSSICA. **2** A música ocidental de tradição escrita.

música incidental **1** M.COM Fundo musical; música de cena. **2** MÚS Música que surge no espírito de um executante, sugerida por outra que este está a tocar ou cantar. **3** MÚS TEAT Música que acompanha a ação numa peça teatral.

musical **1** MÚS Que diz respeito a música. **2** MÚS Que domina o código da música. **3** MÚS Que tem propensão para a música. **4** MÚS Que soa como música; harmonioso, melodioso. **5** Em que há ou se faz música. **6** TEAT Diz-se de ou espetáculo teatral cantado e dançado. **7** CINE TV Que ou o que tem como ponto de atração a música, o canto, a dança (diz-se esp. de filme).

INFORMAÇÕES GERAIS

Sobreviveram do teatro grego apenas os textos; sabe-se, porém, que, além dos diálogos, os escritores de comédias e tragédias compunham a trilha sonora das peças. A reunião de música, narrativa, diálogo e coreografia era provavelmente derivada de rituais ancestrais, mas persistiu no teatro romano, medieval, renascentista até o desenvolvimento da ópera nos sXVII e XVIII. No Oriente, música, coreografia e drama eram também uma combinação popular. A história do teatro mistura-se à história do musical. Nos Estados Unidos, a primeira obra que segue as prescrições do gênero musical moderno data do final do sXIX. A trama dos primeiros musicais de Nova Iorque era frequentemente sobre personagens e situações do cotidiano na cidade, misturando elementos do *vaudeville*, do *music hall* e da comédia teatral. Um dos musicais nova-iorquinos mais populares da época chegou a ter mais de mil apresentações. No teatro londrino, as comédias musicais bem comportadas da dupla inglesa Gilbert e Sullivan foram espetáculos extremamente bem-sucedidos, com público fiel e crescente. Após um período de declínio, as operetas retornaram aos palcos do West End londrino e à Broadway nova-iorquina. Apesar de serem formas do teatro musicado, não se deve confundir ópera e musical: nas óperas, o canto predomina, mas os que atuam nos musicais são prioritariamente atores que cantam. Os filmes só se tornaram um veículo para musicais com a introdução do cinema sonoro. A atração do primeiro filme sonoro da década de 1920, *The jazz singer*, era principalmente a apresentação sincronizada de música e imagens. Durante as décadas de 1930 e 1940, o musical era o gênero mais popular do cinema norte-americano. Os filmes musicais seguiram a tendência de integração de argumento, música e coreografia que se aprimorara no teatro musicado. Geralmente, as peças musicais que se mostravam populares eram transpostas para o cinema, com cenários grandiosos que não eram possíveis no teatro propriamente dito. Filmes disseminaram um gênero artístico anglo-saxão para audiências do mundo inteiro: não era mais necessário ir à Brodway e ao West End para ver *The sound of music* (A noviça rebelde) ou *West Side story* (Amor, sublime amor). Com peças musicais que duram décadas nos palcos da Broadway, os musicais deixaram de ser uma forma de entretenimento para os residentes de Nova Iorque e Londres, passando a ser parte da indústria de turismo local, abandonando a inventividade teatral e musical, reduzindo-se à repetição de fórmulas. Atualmente, a produção de musicais no teatro exige investimentos iniciais que ultrapassam dezenas de milhões de dólares. O regime de coprodução domina a cena musical da Broadway. Com uma venda bruta de ingressos que ultrapassa um bilhão de dólares anuais, o patrocínio de corporações poderosas tem sido, portanto, uma presença constante nos letreiros que anunciam e divulgam os musicais. Isso não quer dizer que, apesar de um gênero musical anglo-saxão, o musical só tenha sido produzido por ingleses e norte-americanos. Há musicais checos, chineses, australianos, indianos, suecos, mexicanos e brasileiros. Durante o fim da década de 1960 e até a década de 1980, o compositor e escritor brasileiro Chico Buarque (1944-) produziu libretos e várias de suas canções para a cena teatral.

BIBLIOGRAFIA

EVERETT, William; LAIRD, Paul R. (ed.). *The Cambridge companion to the musical*. Cambridge: Cambridge University Press, 2007.

FLINN, Denny M. *Musical!: a grand tour; the rise, glory and fall of an American institution*. New York: Schirmer, 1997.

música pop MÚS Música popular, ger. derivada do *rock* e freq. enriquecida por influências do *jazz*, folclore, música erudita, eletrônica etc.; *pop music*.

música popular MÚS Música urbana de tradição oral, da qual os autores são normalmente conhecidos.

música programática MÚS Música instrumental composta a partir de um texto.

musicar 1 Compor música. 2 Tocar (instrumento musical). 3 Expressar-se vocalmente por meio de frases melódicas; cantar. 4 Colocar música em.

música sertaneja MÚS Desig. genérica da música rural brasileira.

music hall [ing.] MÚS TEAT 1 Casa de espetáculos variados, envolvendo música. 2 Gênero de *show* exibido por tal estabelecimento.

mutação 1 Ato ou efeito de mudar(-se); alteração, modificação, transformação. 2 Tendência, facilidade para mudar de ideia, opinião, atitude etc.; inconstância, mutabilidade, volubilidade. 3 GEN Alteração súbita no genótipo de um indivíduo, sem relação com os ascendentes, mas passível de ser herdada pelos descendentes. 4 MÚS No sistema hexacorde, a passagem de um hexacorde a outro. 5 MÚS Em composições imitativas, a modificação ou o conjunto de modificações sofridas pelo tema. 6 TEAT Troca de cenário.

mutação genética GEN Alteração devida à substituição, remoção ou inserção de nucleotídeos na estrutura de um gene.

mutatis mutandis [lat.] Uma vez efetuadas as necessárias mudanças.

muting [ing.] ACS ELETR Filtro us. para eliminar sons de aparelhos ou ruídos indesejáveis durante a transmissão de mensagens sonoras.

Muybridge, Eadward (Kingston upon Thames, Inglaterra 1930 - Kingston upon Thames, Inglaterra 1904) Fotógrafo inglês, cujas imagens de pessoas e animais em movimento estabeleceram as fundações visuais do cinema e da animação. ▸ Os primeiros trabalhos de Muybridge que chamaram a atenção do público nada tinham a ver com o tema que lhe conferiu notoriedade, fama e importância na história da representação visual. Nessas fotos não havia a presença de animais e pessoas em movimento, formando uma série contínua de instantâneos que capturavam os estágios e fases de uma ação; eram imagens estáticas e imponentes de vales e paisagens naturais da Califórnia e da cidade de São Francisco, que atravessava um período de crescimento urbano desordenado e migração descontrolada: as fotos de São Francisco mostravam a cidade expandindo-se durante a "Corrida do Ouro". Filho de um comerciante de trigos e cereais, Muybridge emigrara, aos 25 anos, da Inglaterra para a costa oeste dos Estados Unidos. Além dos Estados Unidos, ele viajou, em expedições fotográficas pelo Alasca e pela América Central. Acredita-se que seu comportamento errático, anticonvencional e instável fosse consequência das sequelas de ferimentos na cabeça resultantes de uma colisão de uma diligência onde viajava e que o projetou para fora do carro. O nome que recebeu no batismo era Edward James Muggeridge, mas ele alterou a grafia do nome várias vezes, sob desculpas diversas, como, p.ex., a de que o nome pessoal Eadward era mais autêntico e representativo de suas raízes. Entretanto, apesar de ter constantemente usado o sobrenome Muybridge, a lápide de seu túmulo traz a inscrição "Eadward Maybridge". Em 1872, o governador da Califórnia, político, milionário e aficionado por cavalos de corrida, Leland Stanford (1824-1893) encomendou-lhe uma série de fotografias de seus animais. Mais especificamente, Stanford queria produzir evidência fotográfica para uma disputa da época: se um cavalo trotando tinha sempre uma das patas apoiada ao chão ou se mantinha, algumas vezes, as quatro patas no ar. Stanford recebeu de Muybridge uma foto que mostrava um cavalo trotando sem tocar o chão. Após essa encomenda, Muybridge recebeu a tarefa de produzir fotografias de um cavalo galopando. Para atender ao pedido, Muybridge distribuiu câmaras ao longo de uma pista pela qual o animal passava, disparando os dispositivos fotográficos que capturavam o movimento. A intensidade da luz era magnificada pelos painéis de pano branco ao fundo, o que produzia imagens em silhueta. Muybridge, então, montou as fotos num disco operado por um projetor, o zoopraxiscópio, semelhante a um projetor cinematográfico. A imagem projetada revelava o que a percepção humana não podia perceber.

Nesse período, Muybridge casou-se com Florence Stone, uma jovem mais de duas décadas mais jovem do que ele, para depois descobrir que Florence estava grávida de outro homem. Muybridge foi atrás do amante de sua mulher e assassinou-o a tiros, sendo absolvido por 'homicídio justificado', ainda que os argumentos da defesa se baseassem em sua presumida doença mental. Trabalhando na Universidade da Pensilvânia, a partir da década de 1880, Muybridge produziu grande quantidade de fotos sequenciais de movimento animal e humano contra um pano de fundo quadriculado que virou uma marca de identificação visual de seu trabalho, cuja influência e importância são inegáveis. Em meados da década de 1890, Eadward Muybridge aposentou-se, retornando à Inglaterra, quando publicou dois livros célebres com representações de animais e seres humanos em movimento.

BIBLIOGRAFIA

CLEGG, Brian. *The man who stopped time: the illuminating story of Eadweard Muybridge, pioneer photographer, father of the motion picture, murderer*. Washington, D.C.: Joseph Henry Press, 2007.

Nn

n 1 Décima quarta letra do nosso alfabeto. 2 FON Letra que representa a consoante oclusiva nasal dental-alveolar (*nó*); diante de consoante ou em final de palavra, nasaliza a vogal precedente (*manso*, *hífen*); participa do dígrafo 'nh' (*ninho*), nasal palatal. 3 A forma dessa letra. 4 GRÁF Tipo que imprime essa letra. 5 EDIT GRÁF Matriz a partir da qual se faz essa letra. 6 Diz-se do elemento de uma série que sucede ao designado pela letra 'm'. 7 MAT Qualquer número inteiro indeterminado.

naïf [fr.] ART.PLÁST 1 Diz-se de ou certo tipo de pintura, escultura etc. espontânea e autodidata, desvinculada de escolas convencionais, que resulta em composições primitivas, ger. detalhadas e de fácil compreensão. 2 Que ou quem pratica esse tipo de arte.

nanquim DES 1 Pigmento negro e tinta que consiste em fina suspensão desse pigmento, com aplicação em desenho, devido à intensidade, nitidez e indelebilidade com que se fixa no papel. 2 Tinta para desenho indelével que se aplica com caneta, tira-linhas ou pincel, fabricada em cores diversas e com fórmulas diferentes do nanquim (acp. 1).

Napster INTERN *Site* pioneiro que operacionalizou a partilha gratuita de arquivos musicais no formato MP3, tendo sido alvo de uma ação jurídica por violação de *copyright*; atualmente uma atividade comercial, após ter sido comprado pela companhia norte-americana Roxio e revendida para a Best Buy. ▸ Durante sua atividade inicial, que durou de 1999 a 2001, o Napster criou um sistema descentralizado de arquivos musicais que afetou tremendamente a indústria fonográfica mundial. Atualmente, o Napster é um serviço pago, mas iniciou uma tendência que se espalhou de tal maneira que é difícil controlá-la. Outros *sites*, antes do Napster, permitiam a partilha de arquivos. O que havia de novo no Napster era sua acessibilidade e facilidade para o usuário, resultado do uso de arquivos MP3. É extraordinário que tenha chegado a movimentar 20 milhões de usuários e 80 milhões de canções sem apresentar nenhum problema técnico. A derrama de direitos autorais não pagos era também espantosa. Calcula-se que mais da metade do tráfego de internet nos dormitórios das universidades norte-americanas, no início do sXXI, era de transmissão de arquivos musicais. Algumas canções circulavam pela internet antes mesmo de terem sido oferecidas ao mercado e, portanto, companhias de disco, artistas e produtores sentiram-se prejudicados pelo *site*. Logo após a abertura do Napster, a RIAA (Recording Industry Association of America, 'Associação Americana da Indústria Fonográfica') abriu processo contra o Napster, que fechou em julho de 2001. O *site* passou a cobrar assinatura e declinou de popularidade. A companhia faliu em 2002, sendo vendida e revendida por 121 milhões de dólares.

nariz de cera GRÁF JOR Introdução freq. longa, vaga e desnecessária a uma notícia, reportagem etc., composta em medida menor do que a normalmente us. para uma coluna ou página; cabeça.

narração 1 Ação, processo ou efeito de narrar; narrativa. 2 M.q. NARRATIVA ('exposição'). 3 CINE TV Fala que acompanha, comenta ou explica uma sequência de imagens que expõem um acontecimento ou uma série deles. 4 CINE TV O texto dessa fala. 5 CINE TV Sequência de imagens que expõem ou mostram um acontecimento ou uma série deles.

narrador 1 Que ou quem narra, conta, relata. 2 CINE TV Locutor que lê o texto da narração ou que improvisa discurso narrativo. 3 LIT Entidade fictícia que, numa narrativa, possui a função de enunciar o discurso, sendo o protagonista da comunicação narrativa. ▸ Em princípio, um narrador pode assumir tb. o lugar de uma personagem, narrando os fatos na primeira pessoa, ou manter-se fora do enunciado, narrando os acontecimentos em terceira pessoa. 4 TEAT Personagem que faz comentários narrativos durante o desenrolar de uma peça, atuando como intermediário entre a ação da peça e o público.

narrar Expor, contar (fato real ou imaginário) por meio de escrita, oralmente ou por imagens.

narrativa 1 Ação, processo ou efeito de narrar; narração. ▸ Cf. NARRATOLOGIA. 2 Exposição de um acontecimento ou de uma série de acontecimentos mais ou menos encadeados, reais ou imaginários, por meio de palavras ou de imagens. 3 LIT Prosa literária (conto, novela, romance etc.), caracterizada pela presença de personagens inseridos em situações imaginárias; ficção. 4 O conjunto das obras de determinado autor ou de uma determinada época, de um país etc.; ficção.

narrativo 1 Relativo a narração. 2 Que tem forma ou caráter de narração.

narratologia LING LIT SEMIO Estudo, sob a óptica teórica e epistemológica da teoria semiótica, da estrutura das narrativas. ▸ A narratologia é um produto do ESTRUTURALISMO. Seu propósito era criar uma ciência na narração. A inspiração dominante no projeto de uma narratologia é o estudo dos relatos mitológicos ameríndios, feitos por Claude Lévi-Strauss (1908-2009) na série *Mitológicas*. Por sua vez, o que Lévi-Strauss fez foi uma transformação e uma modificação dos estudos formalistas do conto fantástico por parte de Vladimir Propp (1895-1970). Apesar de suas diferenças de propósito, tanto o antropólogo francês como o crítico literário russo acreditavam que a narrativa poderia ser decomposta em elementos básicos, que se recombinariam e assim adquiririam sentido. Haveria, portanto, uma gramática da narrativa, presente em todas as formas da narração, na ficção literária, nos sonhos, nos mitos, nos produtos da cultura de massa etc. A narratologia identificaria a sintaxe narrativa das ações que conduz um relato. A suposição é a de que cada relato produzido deriva de um sistema narrativo comum utilizado, muitas vezes inconscientemente, pelos vários narradores concretos. Nada disso deveria causar espanto, pois os falantes de uma língua valem-se de um sistema de regras que, para eles, não se apresenta necessariamente de modo consciente. O relato segue leis narrativas da mesma maneira que a FALA é determinada por um sistema abstrato de regras que compõe a LÍNGUA. O projeto intelectual da narratologia é um exemplo de METALINGUAGEM. Para o linguista francês, de origem lituana, A. J. Greimas (1917-1992), a narratividade é uma propriedade básica do discurso que vem sempre misturada a outros traços discursivos. A conversação estende-se naturalmente numa expressão narrativa e, por sua vez, a narrativa presume um diálogo entre quem narra e quem ouve o que foi narrado. A narratologia seria um entendimento para todos os modos do discurso, seja ele literário, mítico, científico ou de massa: a teoria da narração é, portanto, uma teoria do sentido que se ramifica em discussões sobre a temporalidade, a interação, a unidade dos modos de comunicar e outros aspectos da vida social. ▶ Cf. ACTANTE.

BIBLIOGRAFIA

BARTHES, Roland *et alii*. *Análise estrutural da narrativa*. Petrópolis: Vozes, 1970.

narrowcast [ing.] RÁD TV Modo de transmissão de sinais de rádio e de TV próprio de um sistema de emissão fechado, para um público restrito; *narrowcasting*. ▶ Os circuitos e processos de transmissão fechados e restritos são ditos *narrowcast* em oposição a *broadcast*. ▶ Cf. BROADCAST; BROADCASTING.

narrowcasting [ing.] RÁD TV M.q. NARROWCAST.

nasalidade FON Característica do som em cuja composição existe um formante proveniente da vibração do ar contido nas cavidades nasais; nasalização.

nasalização 1 Ato ou efeito de nasalizar; nasalação. 2 Ato de pronunciar um som com ressonância nasal; nasalação. 3 FON M.q. NASALIDADE.

Nash Jr., John (Bluefield, West Virginia, Estados Unidos 1928 -) Matemático, Prêmio Nobel de Economia de 1994, cujas contribuições revolucionaram a teoria dos jogos. ▶ As contribuições matemáticas de John Nash Jr. para a teoria dos jogos valeram-lhe o Prêmio Nobel de Economia em 1994, que foi dividido com Reinhard Selten (1930-) e John Harsanyi (1920-2000). A fama e a popularidade de Nash são produtos de um filme sobre sua vida atormentada, seu gênio matemático e o sofrimento causado por sua esquizofrenia paranoica. Ele teorizou, matematicamente, sobre o fenômeno do desenvolvimento de situações de equilíbrio econômico que hoje recebem seu nome: O EQUILÍBRIO DE NASH. Antes de Nash formular a fundação matemática para o fenômeno, outros pensadores tinham observado que, em situação de disputa, alguma forma de equilíbrio de desenvolve: Darwin, por exemplo, notara que, nas populações sexuais que existem no mundo natural, a proporção entre machos e fêmeas é constante (1:1). Independentemente de qualquer conhecimento biológico, Nash mostrou que o grande matemático da época, John von Neumann (1903-1957), que escreveu, com Oskar Morgenstern (1902-1977), um clássico da economia, *The theory of games and economic behavior*, deixara de lado um aspecto importante das transações econômicas, que era o equilíbrio obtido em situações de BARGANHA. Antes de ser internado, em 1961, pela primeira vez e contra sua vontade, no New Jersey State Hospital, Nash escreveu alguns poucos trabalhos que mudaram o curso da teoria econômica. Até a intervenção teórica de Nash, o que Von Neumann propusera com Morgenstern parecia inquestionável. A economia seria como um jogo de pôquer, aquilo que ele chamava de JOGO DE SOMA ZERO. Como num carteado, há apenas duas situações possíveis: se alguém ganha um ponto, outro perde um ponto, o que em termos matemáticos significa (+1) + (-1) = 0. Seguindo o mesmo modelo de situação de jogo que Von Neumann usara, Nash mostrou a existência de jogos de outra natureza, ditos não zero porque os dois jogadores ganhavam, e que não precisavam ser necessariamente os mesmos, mas que eram razão forte o suficiente para que nenhum dos dois contendores adotassem outra solução, formando assim uma situação de equilíbrio. Tudo isso acontecia sem que os jogadores deixassem de querer maximizar as suas vantagens e minimizar suas perdas. O que Nash descobrira era a existência de equilíbrios não cooperativos. Suas teses foram expostas concisamente num artigo de 1950, "The bargaining problem". Foi com alguns poucos trabalhos escritos quando estudante de pós-graduação que Nash qualificou-se para o recebimento do Nobel várias décadas depois.

BIBLIOGRAFIA

KUHN, Harold W.; NASAR, Sylvia. *The essential John Nash*. Princeton: Princeton University Press, 2000.

NASAR, Sylvia. *Uma mente brilhante*. Rio de Janeiro: BestBolso, 2008.

nastro GRÁF M.q. CADARÇO.

nativismo 1 Atitude ou política de favorecer os habitantes nativos de um país (p.ex., em detrimento dos imigrantes). 2 SOC Autoafirmação, revivescência, conservação, propagação das culturas dos povos ditos primitivos ou tribais, contra a aculturação. ▶ Cf. ACULTURAÇÃO.

natureza humana Conjunto de traços psicológicos, espirituais e sociais que caracterizam o ser humano. ▶ No segundo livro de *A retórica*, Aristóteles (384 a.C. - 322 a.C.) enumera o que seriam os traços básicos da natureza humana. Para ele, o conhecimento do que é essencial aos seres humanos é indispensável para aqueles que se envolvem na arte de persuadir. O orador precisaria entender o que são a raiva e a calma, a amizade e a inimizade, o medo e a confiança, a gentileza e a piedade etc., pois esses são fatores constituintes de toda e qualquer audiência. Se, em Aristóteles, a persuasão era parte da psicologia necessária para o entendimento da natureza humana, não se pode dizer que a abordagem psicológica tenha oferecido respostas definitivas a propósito dos homens. Até os estudos contemporâneos da neurociência e da biologia evolucionista, as discussões sobre o que constitui os seres humanos pertenciam aos domínios sobrepostos da teologia e da filosofia. O tema que guia essas investigações diz respeito à identificação não só dos traços exclusivos e comuns a todos os seres humanos, mas também à maneira pela qual a combinação de tais traços explica e justifica o que dá forma à humanidade. Na tradição teológica e filosófica que separa corpo e alma, mente e espírito, natureza e cultura, os traços da natureza humana não poderiam ser físicos ou materiais. Não caberia, portanto, a identificação de qualidades e de atributos partilhados por outras espécies. Nesse caso, a aceitação de que exista uma natureza humana presume a aceitação de que todos os gêneros e espécies naturais tenham uma essência. Por certo, os homens são animais, mas diferem de outros organismos vivos por serem dotados de razão. A racionalidade seria, então, o atributo essencial que distingue os seres humanos. Na natureza humana estão corporificados qualidades específicas e traços essenciais, como o altruísmo, a moralidade, o temor a outros, a sociabilidade e o desejo de ser imortal. Os argumentos teológicos de Santo Agostinho (354-430) definem o que é humano como uma projeção distorcida, incompleta e dissimilar face a seu Criador. De Deus os homens recebem a graça da vontade e da liberdade e aí escolhem a sua natureza individual. Não é preciso advogar uma filosofia idealista, como o platonismo agostiniano, para supor a existência de traços essenciais (divinos ou não) que se projetam na experiência humana. Pensadores contemporâneos de inspiração fenomenológica distinguem 'corpo objetivo' e fisiológico de 'corpo fenomenológico', que permite a vivência específica da materialidade corpórea individual. As parcialidades do corpo biológico podem ser então unificadas numa experiência vivida. Por isso, acredita-se que a natureza humana se revela graças à observação do que é comportamental. Os ataques da filosofia empirista dos sXVII e XVIII à ideia de natureza humana deslocaram a discussão de maneira radical. Para a tradição empirista, a natureza humana é uma página em branco (*tabula rasa*) que recebe estímulos do mundo exterior, mas é desprovida de qualquer traço essencializante. Não é sem motivo que o filósofo empirista David Hume (1711-1776) afirma que não há como saber das qualidades originais últimas da natureza humana, que deve ser entendida pelo exame de três tipos de ação que caracterizam a humanidade: o entendimento, as paixões e a moralidade. Raciocínios assim sugerem que a natureza humana seja plástica e maleável, sendo, portanto, inútil e desnecessário pensar o que seja a essência do humano. A natureza humana é mais bem compreendida em relação às forças exteriores que determinam o nosso comportamento. As respostas variam de estímulos fisiológicos até aspectos da sociabilidade, como a economia, a estrutura social, os sistemas de ideias que influenciam a vida dos seres humanos. A natureza humana, em toda a sua variedade, seria uma construção gerada pela inter-relação entre indivíduos. Para o EVOLUCIONISMO darwiniano, não há essência humana, não há plano divino a seguir e não somos o produto direto das convenções sociais que nos guiam. Mas isso não quer dizer que sejamos páginas em branco. Pelo contrário, a história evolutiva está inscrita em nossos corpos e mentes que partilham dos mesmos mecanismos formadores de outros animais. A natureza humana é formada pela luta para sobreviver e pela urgência em copular e procriar. Ela oscila entre as forças da SELEÇÃO NATURAL e da SELEÇÃO SEXUAL; o que move os seres humanos seria explicável em relação a uma força seletiva ou outra. Os estudos neurocientíficos recentes sobre a formação da natureza humana têm dado atenção a aspectos considerados, até recentemente, residuais, tais como emoções, intuições, preconceitos, traços individuais de personalidade etc., e não apenas a razão, lógica, abstração, inteligência etc. Usando tecnologia de ressonância magnética, que mapeia a atividade cerebral, a neurociência sugere que as ligações entre a criança e a mãe formam disposições no cérebro que levam o indivíduo a agir de maneira constante, o que, por sua vez, gera a suposição de uma essência sublinhando a personalidade individual. O que é dito nesse caso não segue a metáfora da página em branco, mas também isso não significa que a vida futura esteja predeterminada pelo passado, apenas que alguns caminhos foram traçados, o que não impede que sejam retraçados, refeitos ao longo da existência individual.

BIBLIOGRAFIA

HUME, David. *A treatise of human nature*. Harmondsworth: Penguin Books, 1969.

MILLER, Geoffrey F. *The mating mind: how sexual choice shaped the evolution of human nature*. New York: Doubleday, 2000.

RIDLEY, Matt. *The red queen: sex and the evolution of human nature*. New York: Penguin, 1993.

VRTICKA, Pascal *et alii*. Memory for friends and foes: the social context of past encounters with faces modulates their subsequent neural traces in the brain. *In: Social Neuroscience*, v. 4, n. 5, p. 341-84, 2009.

navalha M.q. FACA ('utensílio').

navalha de Ockham FIL Princípio bastante influente no positivismo contemporâneo, porém formulado remotamente pelo pensador escolástico inglês Guilherme de Ockham (1285-1349), que recomenda cortes terminológicos e especulativos na atividade filosófica, considerando desnecessária e não econômica a suposição na existência extralinguística de essências ou entidades universais, mais simplesmente compreensíveis como meras convenções verbais. ▸ Ainda que não sejam essas as palavras do filósofo inglês, a navalha de Ockham expressa-se linguisticamente pela fórmula *entia non sunt multiplicanda praeter necessitatem* ('as entidades não devem ser multiplicadas além da necessidade'). Sua recomendação é que se corte tudo que não for absolutamente necessário para uma explicação teórica. Também considerada como 'o princípio da parcimônia', a navalha de Ockham advoga simplicidade teórica e é um instrumento particularmente útil na discussão de explicações abstratas ou metafísicas. Seu principal problema reside na identificação de que conceitos sejam absolutamente necessários. Uma das soluções seria descartar as entidades teóricas que, de fato, não existem. Postular explicações que não sejam reais é tanto arbitrário como equivocado.

navegador INF Programa que permite a usuário da internet consultar página de hipertexto e navegar, passando de um ponto a outro da mesma página ou de página diferente, usando os *links* do hipertexto, além de desfrutar de outros recursos dessa rede de computadores; *browser*. ▸ Inventados no início da década de 1990, os navegadores interpretam a linguagem *HTML* (*hypertext markup language*), que, em si, não é uma programação, mas uma linguagem de conversão usada na internet, e, assim, permitem a procura, a descoberta e o cruzamento de informações disponíveis na *world wide web*, sejam elas textuais ou gráficas, bem como vídeos e sons. O primeiro navegador foi concebido e realizado por Tim Berners-Lee (1955-) em 1993, combinando programas e outros recursos disponíveis pela computação, e inspirado pela conceituação de *hyperlink* que fora formulada, anteriormente, por Ted Nelson (1937-) e Douglas Engelbart (1925-). O navegador *Mosaic*, também do início da década de 1990, foi o que permitiu, ao ampliar e possibilitar mais do que mera busca de textos, a explosão dos navegadores na internet. Netscape, Microsoft Internet Explorer, Mozilla Firefox são alguns dos navegadores disponíveis, cada um com peculiaridades próprias. A palavra em inglês *browser* quer dizer, literalmente, 'aquele que apanha e coleta folhas e arbustos numa determinada área'.

navegar INF Consultar sequencialmente diversos hipertextos, acionando os *links* neles contidos para passar de um para outro.

navigation bar [ing.] INF Ver BARRA DE NAVEGAÇÃO.

NBC (National Broadcasting Company) [ing.] Antiga rede de rádio e atual rede de televisão n.-am., formada em 1926 pela RCA (Radio Corporation of America) e hoje parte do grupo General Electric. ▶ Durante a década de 1930, a *NBC* dominou o mercado televisivo norte-americano. A *NBC* é conhecida como a Rede do Pavão (Peacock Network) devido a seu logotipo que mostra a forma desse pássaro com penas coloridas. Após processo de violação das leis antitruste do país, foi posta à venda e dividiu-se, no final da década de 1930, em *NBC* e *ABC*. Em 1954, a *NBC* transmitiu os primeiros programas de TV em cores nos Estados Unidos. Sua programação inclui noticiários, programas matutinos, *shows* infantis, cobertura de jogos olímpicos. A partir de 1993, produziu pioneiramente o *Canal de Noticias*, formatado para a América Latina, que haveria de inspirar a *CNN en Español*.

necessário 1 FIL LÓG Diz-se do que não pode deixar de seguir-se a uma hipótese, condição ou proposição. ▶ Cf. CONTINGÊNCIA. **2** FIL Para os estoicos, diz-se de proposição que, sendo verdadeira, não é capaz de ser falsa ou que circuntâncias anteriores a impedem de ser falsa. **3** LING SEMIO Segundo Émile Benveniste (1902-1976), diz-se do caráter do signo que vincula a coisa ao nome, o significante ao significado e impõe-se aos falantes, não podendo estes modificar a escolha - arbitrária - feita na origem. ▶ Cf. ARBITRARIEDADE.

INFORMAÇÕES GERAIS

Uma verdade é necessária se não puder ser de outra forma. Por isso, muitos opõem o necessário e o contingente, que seria verdadeiro sob algumas condições e circunstâncias. Ao contrário do contingente, o necessário é uma verdade constante, imutável e não circunstancial. Por isso, o filósofo Gottfried Leibniz (1646-1716) afirma que a necessidade é a verdade em todos os mundos possíveis. Por consequência, a verdade tem de ser absolutamente necessária, o que não permite outra possibilidade ou alternativa. Porém, se a contingência for uma forma da verdade, é preciso esclarecer o que distingue o contingente do necessário. Seria o contingente um modo atenuado e disfarçado do necessário? Ou seria o contingente um modo da condição e não da possibilidade de verdade? Uma condição é necessária se, sem ela, algo não acontece. Por isso, a discussão do necessário acaba por se sobrepor à discussão sobre a determinação no mundo natural e humano: sendo uma conclusão necessária, ela é objetivamente determinada ou causada por seu antecedente. ▶ Cf. CONTINGENTE; NECESSÁRIO.

necessidade 1 Qualidade do que é necessário. ▶ A necessidade é a propriedade modal de uma proposição que a impede de ser falsa. Para que isso aconteça, algumas condições precisam ser preenchidas: a proposição deve ser construída de tal forma que sua negação seja autocontraditória. Além da condição sintática, a proposição deve satisfazer a uma condição semântica: sua negação deve ser falsa e sua afirmação verdadeira em todos os mundos possíveis. Formalmente se diz que uma proposição *p* é necessária se for necessariamente necessária, o que simplesmente expressa a condição exigida por Gottfried Leibniz (1646-1716) de que a necessidade seja verdadeira em todos os mundos possíveis. O filósofo norte-americano Willard van Orman Quine (1908-2000) critica a discussão sobre a necessidade, dizendo que só as proposições analíticas e tautológicas são necessárias; as sintéticas, caracterizadas pela experiência, escapam ao domínio da necessidade. O emprego analítico do termo 'solteiro' é necessariamente 'homem que não está casado'; mas isso não quer dizer que essa mesma pessoa, dita solteira, não venha a se casar no futuro próximo ou remoto. Segundo Quine, as proposições analíticas são trivialmente verdadeiras, ao contrário daquelas ditas sintéticas (cf. ANALÍTICO E SINTÉTICO). Uma extensão dessa observação de Quine é feita por aqueles que acham que a necessidade é um efeito das convenções linguísticas e não uma propriedade do mundo natural que estaria fora dos limites da determinação causal absoluta. Posturas diante da questão da necessidade forjam concepções contrastivas do mundo e das sociedades humanas. Se há uma necessidade causal completa, a sequência de acontecimentos vividos é imutável e, portanto, não há escapatória de seu desenvolvimento rígido. Essa postura filosófica diminui o valor e a importância da liberdade na vida como um todo. O problema não é de fácil resolução, nem uma questão de escolha, pois, se o necessário for abandonado, o que resta seria contingência, que não pode ser sequer concebida sem a noção de necessidade. ▶ Cf. CONTINGÊNCIA. **2** Que não se pode evitar; inevitável. **3** PSICN Segundo Jacques Lacan (1901-1981), exigência que visa um objeto específico e satisfaz-se com ele. ▶ Cf. DEMANDA.

necrológio JOR Seção de periódico que publica notícias de óbitos e elogios fúnebres; necrologia.

negação 1 Ato ou efeito de negar, de dizer não. **2** O que se nega, o que não se admite como verdade; negativa. **3** GRAM Tipo de construção em que entra um vocábulo ou um morfema negativo (ou às vezes dois), o que dá como resultado uma frase contrária à frase afirmativa (p.ex., "Andréa não vem"/ "Andréa vem"). **4** LÓG Ação declarativa por meio da qual se nega uma proposição afirmativa anterior; enunciado que separa ou afasta dois conceitos. ▶ A negação é a operação lógica que contesta ou recusa uma proposição. A consistência lógica exige que, através da negação, uma proposição seja considerada contraditória. Já que a negação de uma proposição *p* é *não p*, se *p* for verdadeiro, sua negação é falsa, e, se *p* for falso, sua negação é verdadeira. A negação lógica é mais precisa do que a negação gramatical. Logicamente, uma proposição do tipo "os limões-galegos são azedos" teria uma única forma de negação que contradiz a proposição: "não é o caso que [os limões-galegos sejam azedos]". Na linguagem ordinária, se reduzida à gramaticalidade, a negação pode ser feita de várias formas: "os limões-galegos são azedos"; "nem todos os limões-galegos são azedos"; "nenhum limão-galego é azedo"; e "os limões-galegos não são azedos". Deixando de lado o critério de elegância estilística, é claro que a negação na linguagem ordinária pode induzir à imprecisão e ao contraditório, enquanto que, na expressão lógica, a contradição deve ser eliminada. Afinal, a negação lógica segue uma tabela de conteúdos de verdade expressa binariamente segundo uma ordem excludente do tipo sim/não. A negação representa, junto com a afirmação, uma das duas formas de asserção. **5** PSICN Conceito inicialmente us. por Sigmund Freud (1856-1939), em 1915, e mais tarde abandonado, para referir-se a conteúdos inconscientes recalcados. ▶ No original, *negation*. ▶ Cf. DENEGAÇÃO.

negativa 1 GRAM Modalidade de construção de frase em que se emprega palavra ou partícula negativa; negação. 2 LING Proposição de conteúdo negativo, pela qual se exprime uma recusa, uma falta de concordância, uma proibição etc.

negativo 1 GRAM LING Que pertence aos recursos da língua us. para construir enunciados que servem para negar algo (diz-se de forma, morfema, vocábulo, frase, construção etc.). 2 FOT Diz-se de ou filme revelado, em que os claros e escuros são o contrário dos do objeto fotografado. 3 GRÁF FOT Imagem inversa, na qual o original impresso se apresenta em branco sobre fundo preto.

negativo a meio-tom GRÁF Imagem inversa que se obtém pela aplicação de retícula.

negativo a traço GRÁF Imagem inversa sem retícula.

negativo reticulado GRÁF Aquele de meio-tom que se obtém através da utilização de retícula.

negentropia FÍS BIO COMN Ver NEGUENTROPIA.

nègre [fr.] EDIT M.q. *ghost-writer*.

negrita BIBL EDIT GRÁF M.q. NEGRITO.

negritar GRÁF Usar o tipo dito negrito na composição de (texto, palavra).

negrito BIBL EDIT GRÁF Diz-se de ou tipo, caráter de traço mais grosso que o comum, ger. us. para dar ênfase às palavras; *bold*, negrita. ▶ Como o itálico, a forma de letra em negrito é us. para enfatizar, marcar e identificar as partes mais importantes de um texto. Por ser posterior ao itálico, que fora desenvolvido pelo tipógrafo renascentista Aldo Manutius (1449-1515), a invenção do negrito corresponde ao que Michael Twyman (1934-) chamou de um tipo especial de linearidade gráfica, uma resposta às demandas causadas pelo surgimento de uma nova classe de pessoas alfabetizadas, que se valiam da marcação de ênfases para singularizar o que era mais importante no texto. O negrito funcionava, então, como um índice sumarizador do que fora impresso. A disseminação de fontes em negritos surge com a tecnologia da Revolução Industrial, principalmente após a invenção do pantógrafo por Linn Boyd Benton (1844-1932), pois a pantografia permitiu que, a partir de uma só forma gráfica, os tipos pudessem ser condensados, estendidos e inclinados. A aparência da forma faz com que a letra se chame negrito em português e, anacronicamente, *blackletters* em inglês, termo que hoje é mais us. para as formas de caligrafia gótica.

BIBLIOGRAFIA

TWYMAN, Michael. The graphic presentation of language. *In: Information Design*, n. 3. p. 2-22, 1982.

neguentropia BIO COMN FÍS Função que representa o grau de ordem e de previsibilidade existente num sistema; entropia negativa. ▶ Cf. ENTROPIA.

neguentrópico BIO COMN FÍS Relativo ou pertencente a neguentropia.

nênia MÚS Canção melancólica; elegia.

neodarwinismo BIO HIST Teoria baseada no darwinismo que nega a hereditariedade dos caracteres adquiridos, privilegiando como fator principal da evolução a seleção natural e incorporando conhecimentos da genética e da biologia molecular. ▶ Cf. DARWINISMO; LAMARCKISMO; NEOLAMARCKISMO.

neogramática LING Escola fundada na Alemanha, no sXIX, por um grupo de jovens linguistas de orientação positivista que enfatizavam a importância da fonética para o estudo histórico das línguas e o desenvolvimento do método comparativo.

neokantismo FIL 1 Qualquer doutrina calcada em uma nova interpretação da obra do filósofo alemão Immanuel Kant (1724-1804); neocriticismo. 2 Movimento filosófico desenvolvido esp. na Alemanha (embora tb. no resto da Europa), de meados do sXIX até aprox. 1920, e caracterizado por um retorno ao kantismo, com uma maior ênfase na reflexão a respeito do conhecimento científico.

INFORMAÇÕES GERAIS

O neokantismo é uma reação ao naturalismo empirista alemão. Os dois principais centros do neokantismo alemão localizavam-se nas universidades de Marburgo e de Baden. Entre os neokantianos de Marburgo encontra-se Ernst Cassirer (1874-1945), que formulou uma teoria das formas simbólicas, que unificava as várias produções da cultura num só sistema produzido pelo espírito humano: uma tese que prefigura a noção de EPISTEME em Michel Foucault (1926-1984). A vertente neokantista de Baden separava a atividade cognitiva das ciências naturais e a compreensão histórica; a ciência natural procuraria formular leis gerais, enquanto a compreensão histórica tem por objeto o particular. Algumas das principais figuras do pensamento sociológico moderno, como Max Weber (1864-1920) e Georg Simmel (1858-1918), foram influenciadas pelo debate neokantista que vigorava nas universidades alemãs da época.

neolamarckismo BIO HIST Teoria derivada do lamarckismo professada, entre 1885 e 1914, por biólogos que, sustentando a teoria da herança de determinados caracteres orgânicos por parte dos descendentes, admitiam tb. a seleção natural como um dos fatores evolutivos. ▶ Cf. DARWINISMO.

neolinguística LING Escola (dita italiana) que enfatiza a importância da geografia linguística nos estudos diacrônicos.

neolítico 1 Última divisão da Idade da Pedra, caracterizada pelo desenvolvimento da agricultura e pela domesticação de animais. 2 Período da Pré-História que se estende de 7000 a.C. a 2500 a.C., caracterizado pelo uso de artefatos de pedra polida, e que entra pela Idade do Bronze (c3000 a.C. no Oriente Médio). 3 Relativo a, pertencente a ou característico dessa era ou período.

neolocalidade ANTRPOL Costume institucionalizado segundo o qual, após o matrimônio, o casal reside à parte do local onde vive a família de cada um dos cônjuges.

neologia LING 1 Criação ou emprego de palavras ou de acepções novas. 2 Registro dessas palavras.

neologismo LING 1 Emprego de palavras novas, derivadas ou formadas de outras já existentes, na mesma língua ou não. 2 Atribuição de novos sentidos a palavras já existentes na língua.

neon PUB Letreiro luminoso em que se usa neônio.

neoplatonismo FIL Escola filosófica alexandrina surgida no sII e em expansão até o sV, que interpreta o platonismo de forma mística e espiritualista, supondo a transcendência de um Deus que, por emanação, cria a realidade profana, e a possibilidade de que o ser humano, em um movimento de interiorização contemplativa e retorno às suas origens, restabeleça a união com a divindade. ▶ Seu principal representante é o filósofo egípcio Plotino (205-270). ▶ Cf. AGOSTINHO (SANTO), BISPO DE HIPONA.

neopositivismo FIL M.q. POSITIVISMO LÓGICO.

neorrealismo 1 FIL Corrente filosófica desenvolvida esp. por pensadores norte-americanos do sXX, para os quais o ato cognitivo não distorce subjetivamente a compreensão e percepção da realidade objetiva. ▸ Os filósofos neorrealistas n.-am., no início do sXX, recusavam o dualismo que caracteriza as filosofias empiristas. Para os neorrealistas, não haveria como concordar com a distinção entre o objeto de conhecimento e sua consciência. Ainda que filtrada por uma representação neurológica, a consciência concorda com o objeto exterior. Os filósofos neorrealistas argumentam em favor de uma espécie de monismo neutro. Os neorrealistas favoreciam o trabalho cooperativo em filosofia e, apesar de suas diferenças, são considerados um grupo, composto por Ralph Barton Perry (1876-1957), Edwin Holt (1873-1946), William Pepperell Montague (1873-1953), Walter Pitkin (1878-1953), Edward Spaulding (1873-1940) e Walter Marvin (1872-1944). 2 CINE LIT Movimento surgido na Itália, no fim da Segunda Guerra Mundial, movido por preocupações sociais e pela simpatia pela classe trabalhadora, e cuja influência foi marcante no cinema e na literatura. ▸ Com a queda do regime fascista italiano em 1943, o cinema italiano reformou-se temática e formalmente. Suas raízes encontram-se no grupo de críticos e teóricos reunidos em torno da revista *Cinema*, que criticavam impiedosamente a imitação e importação de filmes norte-americanos pela indústria cinematográfica italiana. Para Luchino Visconti (1906-1976), Michelangelo Antonioni (1912-2007), entre outros, esses filmes, chamados de *telefoni bianchi* ('telefones brancos'), expressavam uma visão burguesa, artificial e conservadora, desconectada da realidade cotidiana da Itália. Os filmes neorrealistas utilizavam atores desconhecidos e técnicas documentais para retratar histórias do povo e não mais da burguesia. Alguns de seus principais filmes são *Ossessione* (*Obsessão*), de Luchino Visconti; *Roma, cittá aperta* (*Roma, cidade aberta*), de Roberto Rossellini (1906-1977); *Ladri di biciclette* (*Ladrões de bicicleta*), de Vittorio de Sica (1902-1974). A celebração da inocência e da pobreza foi retomada, hiperbolicamente, por Federico Fellini (1920-1993), em *La strada* (*A estrada da vida*). 3 LIT Movimento literário, surgido em Portugal, no terceiro decênio do sXX, que, inspirado na literatura n.-am. de preocupações sociais e no romance regionalista brasileiro, buscou instaurar uma literatura comprometida com os princípios do realismo socialista, tematizando sobretudo as condições de vida dos camponeses. ▸ O movimento neorrealista quer despertar a consciência dos leitores para as condições sociais injustas e miseráveis. Seu tom é simultaneamente pessimista e esperançoso, já que reconhece a degradação da pobreza, mas acredita que irá, a partir de sua exposição, modificá-la. No romance brasileiro, o retrato das condições de trabalhos agrícolas, em *A bagaceira*, de José Américo de Almeida (1887-1980), deriva dessa tendência.

INFORMAÇÕES GERAIS

Os realismos artísticos, seja na pintura, na literatura ou no cinema, advogam frequentemente a crença numa reforma social que surgiria da consciência crítica a propósito das condições de vida dos desfavorecidos. Uma de suas contradições fundamentais está na conciliação da pedagogia reformista com a objetividade que presumivelmente representa a realidade. A ênfase nos valores do povo e sua inocência acaba, por vezes, em sentimentalizações idealistas, incompatíveis com o projeto de transformação da sociedade.

BIBLIOGRAFIA

ARONICA, Daniela. *El neorrealismo italiano*. Madrid: Sintesis, 2005.

HOLT, Edwin *et alii*. *The new realism: cooperative studies in philosophy*. New York: McMillan, 1912.

nervo ENC 1 Cordão ou tira de pele que atravessa a lombada do livro e que é costurado sem o sulco transversal feito com serrote apropriado sob o revestimento da encadernação, o que forma uma saliência; corda. 2 A saliência produzida na costura da lombada por meio de cordão ou tira de pele (em substituição ao antigo uso de nervos bovinos)

nervura ENC Cada um ou o conjunto de nervos na lombada dos livros.

net [ing.] INF M.COM M.q. INTERNET; WORLD WIDE WEB (WWW). ▸ O conceito de *net* supõe uma totalidade que conecta pontos de comunicação, sejam analógicos ou digitais, tanto em radiofonia, como em televisão. ▸ Red. de *network*.

netbook [ing.] INF Tipo de computador portátil menor, menos poderoso, mais leve e barato que o *notebook*, e que depende fortemente da internet para acesso remoto a aplicações baseadas na *web*, ger. em conexões sem fio. ▸ Cf. LAPTOP.

net circulation [ing.] MKT PUB Audiência ou conjunto de receptores de uma mensagem publicitária.

netizen [ing.] INTERN Usuário da internet. ▸ A palavra *netizen* é composta de *net* ('rede') e *citizen* ('cidadão, membro de uma comunidade'). O termo traz consigo uma acepção sociológica, já que define o usuário segundo os critérios que regem e caracterizam a cidadania.

network [ing.] RÁD TV Ver REDE. ▸ F. red.: *net*.

network society [ing.] SOC M.q. SOCIEDADE EM REDE.

neuroaxônio BIO M.q. AXÔNIO.

neurobiologia BIO Ramo da biologia que estuda o sistema nervoso nos seus aspectos anatômicos, fisiológicos e patológicos.

neurociência Qualquer ciência, ramo de ciência ou conjunto de conhecimentos que se refere ao sistema nervoso (tb. us. no pl.). ▸ A neurociência contemporânea concebe o cérebro como um órgão regido por especialização funcional. Áreas específicas do cérebro reconhecem atributos específicos da natureza: rosto, cores, movimento etc. Ainda não se respondeu como essas áreas diversificadas se integram, mas, considerando pacientes que apresentam anomalias relativamente raras, ger. produtos de lesões, tem sido possível identificar os centros do cérebro que processam as informações vindas do mundo sensível.

BIBLIOGRAFIA

ZEKI, Semir. *A vision of the brain*. New York: Willey/Blackwell, 1993.

neurolinguística Ciência que estuda as relações entre a estrutura do cérebro humano e a capacidade linguística, com atenção especial à aquisição da linguagem e aos distúrbios da linguagem, esp. os que se seguem a lesões cerebrais. ▸ Descoberta importante da neurolinguística é o reconhecimento de que determinadas áreas do cérebro são responsáveis por competências linguísticas específicas. Com tecnologia de ponta que permite a observação da atividade cerebral sem que seja preciso uma ação invasiva, tem sido possível estabelecer correlações precisas entre o cérebro e a linguagem. Diante de um estímulo concreto, aparelhos com imagem funcional de ressonância magnética mostram que áreas do cérebro estão em ação. A noção de competência linguística tem sido profundamente alterada, passando a ser vista não como mero aprendizado, mas como um efeito da estruturação do cérebro.

newbie [ing.] INF Cibernauta aprendiz ou iniciante.

news feed [ing.] INF Formato digital que atualiza os conteúdos dos *sites* de usuários na internet.

news flash [ing.] JOR RÁD TV Boletim noticioso veiculado imediatamente após o acontecimento de um fato.

newsgroup [ing.] INF Conjunto ou coletânea de informações postadas por meio de *usenet* (*Unix User Network*). ▸ Os *newsgroups* são conjuntos de notícias organizadas hierarquicamente por conteúdos que criam uma rede de transmissão e reação. Os *newsgroups* começaram a se desenvolver no final da década de 1970, na Universidade de Carolina do Norte, em Chapel Hill, e na Duke University, ambas nos Estados Unidos. A veiculação era feita pelo *usenet*, rede precursora da internet. Através de assuntos de interesse comum, surge uma comunidade de usuários que se interligam e trocam mensagens, respostas, postam notícias que completam ou refutam o que foi veiculado. ▸ Cf. ALT.HIERARCHY; COMUNIDADE VIRTUAL.

newsletter [ing.] COMN **1** Boletim informativo periódico destinado a um grupo específico. ▸ O formato de *newsletter*, que pode ser veiculado das mais variadas maneiras (de quadro de avisos a postagens eletrônicas), caracteriza-se por ser um conjunto de informações internas para audiências específicas. Nesse caso, incluem-se os funcionários de uma empresa ou outros grupos de interesse. É freq. us. na comunicação empresarial. **2** INF Mensagem que um usuário recebe via internet, por se haver cadastrado em algum *site* específico, com informações, p.ex., sobre determinada empresa ou notícias de natureza jornalística.

Newsweek [ing.] JOR Revista semanal n.-am. fundada em 1933, sediada em Nova York e de propriedade do grupo de comunicação The Newsweek Daily Beast Company. ▸ A *Newsweek* segue o mesmo modelo de jornalismo internacional que está presente em *Time Magazine*. Tem editorias internacionais que preparam, simultaneamente, as notícias e as edições de cada região. A revista notabilizou-se por cobrir a relação amorosa do presidente Bill Clinton (1946-) e uma estagiária da Casa Branca, além de denunciar os abusos a prisioneiros na base militar de Guantánamo. Pressionada pela procura dos leitores por notícias e comentários imediatos *on-line*, que esvaziam a relevância jornalística das revistas semanais impressas, no fim de 2012, *Newsweek* anunciou a suspensão da edição em papel, passando a ser comercializada num formato completamente digital.

New Yorker, The [ing.] JOR Revista cultural n.-am. fundada em 1927, sediada em Nova York e atualmente de propriedade do grupo editorial Condé Nast. ▸ A *New Yorker* começou, na década de 1920, como uma publicação de intelectuais nova-iorquinos que combinava humor, reportagem, *cartoons*, ficção, comentários e críticas culturais etc. As maiores figuras literárias americanas publicaram nas páginas da *New Yorker*. Até hoje, a revista é admirada pela qualidade da prosa de seus contribuintes e dos *cartoons* que publica. Anualmente, a *New Yorker* sai 47 vezes, sendo que dois números são maiores e correspondem a uma edição de duas semanas. A tiragem semanal é de aproximadamente 1 milhão de exemplares.

New York Times, The [ing.] JOR Jornal nova-iorquino fundado em 1851, localizado na cidade de Nova York, o terceiro maior jornal metropolitano dos Estados Unidos e o *website* jornalístico mais popular dos E.U.A., parte da New York Times Company e de propriedade da família Ochs Schulzberg, desde 1896. ▸ Nos Estados Unidos, só dois diários têm maior circulação do que o *The New York Times*: o *The Wall Street Journal* e o *USA Today*. Entretanto, a importância do *The New York Times* na esfera pública americana é insuperável. Muitos telejornais n.-am. reproduzem na edição vespertina parte do conteúdo da pauta da edição matutina do *The New York Times*. Durante toda sua existência, o jornal, que é organizado em torno de seções que cobrem notícias, opiniões e *features*, recebeu, até o ano de 2010, 106 Prêmios Pulitzer de Jornalismo. As notícias são internacionais, nacionais, de política americana na área de Washington, tecnologia, ciência etc. Os artigos de opinião são de autoria de pessoas reconhecidas nacional e internacionalmente e as *features* apresentam comentários sobre livros, entretenimento, música, artes, comida etc. Publicado na volumosa edição de domingo, a *The New York Times Magazine* é uma revista semanal importante. Diante da força da digitalização pela internet, o *The New York Times* primeiro ofereceu parte de sua edição gratuitamente, para depois alterar o modelo econômico: atualmente, os leitores têm acesso a dez artigos por mês de graça. Após esse limite, para terem acesso ao conteúdo mais detalhado, devem comprar uma assinatura digital. ▸ Sigla: *NYT*.

nexo MÚS Classificação de uma melodia quanto à direção de seus intervalos, que podem ser ascendentes ou descendentes.

NGB Sigla de Nomenclatura Gramatical Brasileira.

nibble [ing.] INF Agregação de quatro *bits*. ▸ Cf. BIT.

nicho MKT Mercado especializado e que ger. oferece novas oportunidades de negócio. ▸ Para que um nicho mercadológico seja significativo, é preciso que haja um grupo de pessoas com interesses específicos, constantes e não meramente ocasionais, um veículo de comunicação que se dirija a ele, além de um produto a ser ofertado. Trata-se de um fenômeno contrário às tendências da mídia tradicional, que sempre teve por objetivo atingir, com o mesmo produto, o maior número de consumidores. A resposta aos interesses específicos dos leitores dava-se por meio da estruturação do veículo: os horários de uma programação de TV eram planejados para determinados tipos de público e os jornais segmentavam-se em cadernos temáticos. Os leitores e espectadores consumiam o que era de seu mais intenso interesse, adquirindo, porém, outros serviços que não lhes interessavam. Parte dos que liam o caderno de esportes num grande jornal certamente ignoraria o caderno literário da mesma edição de domingo. O número de leitores interessados num determinado tema é o que justifica o surgimento de um veículo para esse nicho. No mundo editorial, a criação de nichos data do desenvolvimento do MAGAZINE, que não passa de uma publicação periódica especializada. O nicho é um foco eficaz e atraente para anunciantes que, de outra forma, desperdiçariam recursos publicitários. Inovações tecnológicas recentes, como a televisão a cabo, fomentaram a criação de nichos altamente especializados, que se espalham por centenas de emissoras, a um risco menor do que a mídia impressa. A tendência à formação de nichos é ainda mais acentuada no caso da internet.

Nietzsche, Friedrich (Rökken, Alemanha 1844 - Weimar, Alemanha 1900) Filósofo, crítico social, escritor e poeta alemão. ▸ Talvez seja uma empreitada quase impossível tentar extrair um núcleo diretriz na sucessão de livros que Nietzsche publicou, desde 1872, quando foi lançado *O nascimento da tragédia no espírito da música*. Sua obra é uma dança de aforismos que expressa um mundo em estado de eterno vir a ser. Filho de pastor luterano, Nietzsche pensou em dedicar-se à religião, optando, finalmente, pela filologia. Após um período na Universidade de Bonn, de onde se transferiu para Leipzig, formou-se em estudos clássicos. Antes mesmo de terminar o doutorado, Nietzsche foi nomeado professor da Universidade da Basileia. A prova de seu brilhantismo é que se tornara professor aos 24 anos. Nietzsche trabalhou por uma década na Suíça, de onde se naturalizou cidadão, abandonando o cargo por problemas de saúde. Na época de estudante, Nietzsche encontrou a obra de Arthur Schopenhauer (1788-1860) *O mundo como vontade e representação* e a pessoa do músico Richard Wagner (1813-1883), que a princípio o fascinaram, para depois serem objetos da mais absoluta rejeição. Admirador dos poderes musicais de Wagner, Nietzsche desprezava o cristianismo e o antissemitismo do compositor. Schopenhauer e Wagner projetaram-se como duas sombras no *Nascimento da tragédia*. Nietzsche partia da leitura que Schopenhauer fizera do kantismo: o mundo não é necessariamente percebido como algo em si mesmo, mas como representação. Nietzsche, porém, afirma que é preciso ir além de Schopenhauer: a vontade nos dirige à coisa em si, lançando-nos de volta ao mundo. Não há, portanto, motivo, para que o indivíduo se ausente do mundo e se paralise numa imersão de pessimismo, quietismo e recusa às exigências da vida. O pessimismo de Schopenhauer significava um passo atrás. Os escritos de Nietzsche afirmam que não se deve buscar proteção no hiato entre a representação e a vida. O que for representação merece crítica: filosofar é usar um martelo e sistematicamente destruir o que, no universo da cultura, for deletério. Constantemente, o mundo é um objeto de representação e de construção: nele, cada organismo forma um centro de poder, controlado e exercido pelos instrumentos de representação que forem disponíveis. Por meio da linguagem, impomos categorias e princípios de organização do universo, transformando o que nos é dado em conceitos e valores, dentre eles as noções morais do Bem e do Mal. Segundo Nietzsche, acreditar na permanência e na estabilidade dos sistemas de representação e dos valores que os sustentam é equívoco e ingenuidade: operamos com hipóteses que são feitas, desfeitas e refeitas. Nietzsche alarmava-se com o que via à sua volta: o cristianismo que sustentara a cultura europeia estava, para ele, positivamente agônico; seria, portanto, necessário ter a coragem de admitir que Deus estava morto. Para ele, a morte de Deus seria tanto um evento cultural como um novo ponto de partida. As escolhas que daí se seguissem poderiam ser desastrosas se ressurgisse o niilismo, ou então estaríamos no portal de uma nova era. A opção é clara: seria um desperdício jogar fora a oportunidade de reconsiderar tudo, transformar todos os valores, refazer a tradição, reinventar a vida. O escrutínio deveria ser o mais completo possível. Para que isso acontecesse, o método seria genealógico. A genealogia mostraria criticamente a formação e os efeitos de uma ideia, um sentimento, um comportamento ou um valor. Além de anunciar a morte da religiosidade metafísica, Nietzsche anuncia o enterro do que até então se entendera como filosofia. Alguns dos que rejeitam o argumento nietzschiano reconhecem um paradoxo central no seu raciocínio: o crítico feroz do niilismo não passaria, por vezes, de um niilista radical. O paradoxo não é um recurso estilístico estranho a seu estilo de pensar. Se, no início de sua carreira literária e filosófica, Nietzsche explorara as possibilidades literárias do ensaio argumentativo, aos poucos seu trabalho tornou-se aforístico, enigmático e oracular. O leitor encontra, após *Humano, demasiadamente humano*, escrito entre 1878 e 1880, uma série de observações pontuais, brilhantes, polêmicas, sem que o autor tenha, aparentemente, se dado ao trabalho de costurá-las, deixando essa tarefa para quem o lê. O estilo está perfeitamente de acordo com sua concepção a propósito da centralidade inevitável da interpretação: não haveria verdade, apenas versões que lutam entre si. Para ele, seu livro mais importante era *Assim falou Zaratustra*, escrito entre 1883 e 1885. Não há como negar que, nas muitas páginas de sua obra febril, encontram-se formas de expressão e de raciocínio profundos, surpreendentes, abusivos, provocantes, analíticos, polêmicos, devastadoramente críticos, agudamente psicológicos e filosoficamente contraditórios. Nietzsche não pode ser considerado criador de um sistema filosófico. Seu clamor pela transformação criativa da existência tornou-o um filósofo central para a modernidade e para tudo o mais que se vem daí desenvolvendo, sendo também objeto de interpretações e admirações conflitantes. As notas que deixou inéditas e que foram publicadas como *A vontade de poder* por sua irmã, Elizabeth, encantaram os ideólogos nazistas da superioridade ariana. Curiosamente, Nietzsche é um pensador extremamente influente sobre pensadores de orientação política oposta, como Gilles Deleuze (1925-1995) e Michel Foucault (1926-1984). Em janeiro de 1889, após uma altercação exaltada com um policial nas ruas de Turim, Nietzsche assiste ao espancamento de um cavalo e entra em colapso físico e mental, o que o inabilitaria definitivamente, deixando-o aos cuidados da irmã até sua morte.

BIBLIOGRAFIA

NIETZSCHE, Friedrich. *Assim falou Zaratustra*. São Paulo: Martin Claret, 1999.

________________. *Além do Bem e do Mal*. São Paulo: Companhia das Letras, 2005.

________________. *Humano, demasiadamente humano*. São Paulo: Companhia das Letras, 2005.

________________. *Crepúsculo dos ídolos*. São Paulo: Companhia das Letras, 2006.

________________. *O nascimento da tragédia*. São Paulo: Companhia das Letras, 2007.

________________. *O anticristo e ditirambos de Dionísio*. São Paulo: Companhia das Letras, 2007.

________________. *Ecce homo*. São Paulo: Companhia das Letras, 2008.

________________. *A vontade de poder*. Rio de Janeiro: Contraponto, 2008.

________________. *Genealogia da moral*. São Paulo: Companhia das Letras, 2009.

nietzschianismo FIL Pensamento do filósofo alemão Friedrich Nietzsche (1844-1900), caracterizado pela rejeição absoluta de todas as doutrinas morais de caráter racionalista ou cristão, marcadas por um ascetismo que suprimiria a plenitude dos instintos humanos e a afirmação integral da vida. ▸ Suas ideias influenciaram importantes escolas do pensamento contemporâneo, esp. o existencialismo e o pós-estruturalismo.

nihil obstat [lat.] Permissão para publicar um livro, outorgada por censor oficial da Igreja católica que o examinou e se certificou de que nada continha contrário à fé ou à moral.

niilismo 1 Redução ao nada; aniquilamento; não existência. 2 Ponto de vista que considera que as crenças e os valores tradicionais são infundados e que não há qualquer sentido ou utilidade na existência. 3 Total e absoluto espírito destrutivo em relação ao mundo circundante e ao próprio eu. 4 Rejeição radical às leis e às instituições formais. 5 FIL Para o filósofo escocês William Hamilton (1788-1856), doutrina que nega a existência de qualquer substância ou realidade permanente na constituição do universo. ▸ Hamilton aponta o fenomenismo de Górgias de Leontinos (c483 a.C. - 375 a.C.) e de David Hume (1711-1776) como exemplos de tal perspectiva filosófica. 6 FIL No nietzschianismo, negação, declínio ou recusa, em curso na história humana e esp. na modernidade ocidental, de crenças e convicções – com seus respectivos valores morais, estéticos ou políticos – que ofereçam um sentido consistente e positivo para a experiência imediata da vida. 7 FIL No heideggerianismo, agravamento final do esquecimento originário do ser, o que implica a prevalência de uma realidade dominada pela técnica.

INFORMAÇÕES GERAIS

O termo 'niilismo' foi cunhado pelo romancista russo Ivan Turgenev (1818-1883) em *Pais e filhos* para descrever a filosofia de um dos personagens, Bazarov, que se recusa a adotar qualquer forma de crença. Em Turgenev, o sentido da palavra era claramente pejorativo e negativista. Passou, porém, a ser um termo cujo propósito é classificar não apenas toda recusa a crenças, mas qualquer pensamento radicalmente materialista: esse emprego é evidentemente impreciso. Usa-se também *niilismo* para qualificar filosofias que rejeitam valores absolutos. Em algumas passagens de Nietzsche (1844-1900), o niilismo é um produto do abandono da hipótese de Deus e a consequente recusa de todos os valores que regeram a tradição filosófica e moral. O niilismo seria uma doença cultural contemporânea.

nó 1 COMN Numa rede de comunicação, ponto de transmissão e de recepção de mensagens. 2 INF INTERN Num hipertexto, unidade informativa. 3 LING Numa representação de estrutura frasal em árvore, cada ponto de junção dos ramos correspondentes aos sintagmas componentes.

no ar RÁD TV Em transmissão (diz-se de programa que começa a ser [ou está sendo] veiculado pelos meios de comunicação). ▸ P.opos. a FORA DO AR.

nobre TV Em que a audiência é maior (diz-se de horário, programação de TV etc.).

nobreak [ing.] INF Dispositivo alimentado a bateria, capaz de fornecer energia elétrica a um sistema por certo tempo, em situações de emergência, no caso de interrupção do fornecimento de energia da rede pública.

noção 1 Conhecimento imediato, intuitivo, de algo; ideia, consciência. 2 Conhecimento elementar ou superficial de ou acerca de algo. 3 Construção do espírito; ideia, conhecimento, concepção. 4 Ponto de vista, convicção, ideia. 5 LING Ideia geral e abstrata que abarca os traços essenciais de um objeto; conceito.

Nochlin, Linda (Nova York, Estados Unidos 1931 -) Historiadora da arte e feminista norte-americana. ▸ O trabalho de Linda Nochlin é fundamentalmente histórico e suas análises centram-se na arte do sXIX. No início da década de 1971, Nochlin publicou um estudo que relacionava o surgimento do realismo com as demandas sociais de um sistema político democrático. Além disso, seus estudos dissecam a representação artística do feminino. Um dos textos mais influentes de Nochlin é "Why have been no great women artists?" ("Por que não houve grandes artistas mulheres?"), onde se demonstra a ação de mecanismos ideológicos que excluem as mulheres do circuito e da prática artística. Uma das consequências importantes desse artigo foi a criação de um ambiente interpretativo que reavaliou positivamente a contribuição de mulheres pintoras, como a impressionista Mary Cassatt (1843-1926). Cf. FEMINISMO.

BIBLIOGRAFIA

NOCHLIN, Linda. *Women in the 19th century*. New York: W. W. Norton, 1988.

__________. *Women, art, and power*. Boulder: Westview, 1988.

nocional 1 Relativo a noção ou a ideia; conceitual, ideal. 2 Que tem caráter de noção. 3 Que especula de modo teórico; que não se baseia em investigação empírica ou em fatos. 4 Que se baseia em uma ou várias noções; que consiste ou é formado de noções; racional, abstrato, especulativo. 5 Próprio da noção (ideia, conceito) que se tem de um objeto, de uma ação, de uma qualidade. 6 FIL Que repousa apenas em abstrações, sem referência na realidade. 7 Aquilo que pertence ao plano das noções; teoria, ideia. 8 LING Relativo ao conteúdo semântico dos vocábulos; semântico, conceitual. 9 LING Que parte da hipótese de que a linguagem traduz categorias de pensamento universais, extralinguísticas, independentes dos acidentes que são as línguas (diz-se de gramática, definição etc.). 10 LING Que expressa uma noção e não relações gramaticais (diz-se de termo, palavra, elemento etc.)

nodal ACS 1 Relativo aos nós de uma superfície ou de uma corda vibrante. 2 Diz-se de ou linha que se forma numa placa coberta de areia e posta a vibrar.

noema FIL Na fenomenologia husserliana, o objeto visado pela consciência humana. ▸ O conteúdo intencional distingue a consciência de seu objeto. Cf. NOESE.

noese FIL Na fenomenologia husserliana, a captação do objeto pela consciência na operação do pensamento. ▸ O fenomenólogo Edmund Husserl (1859-1938) afirmava que a noese era composta de atos mentais, como intencionalidade e percepção, que dão sentido às coisas do mundo. A noese confere inteligibilidade ao que é material e que se apresenta como objeto de uma consciência, realizando-se por um processo de conversão. Na filosofia clássica, esp. no platonismo, *noēsis* indica o mais elevado tipo de conhecimento que transcende à própria matemática. Sem *noēsis* não haveria como compreender a verdade, a justiça, o bem etc. ▸ Cf. NOEMA.

noético 1 Que pertence ao intelecto, à mente; racional. 2 Que se caracteriza pela atividade intelectual.

INFORMAÇÕES GERAIS

O étimo de noética (em grego, *noētikós*) sugere um tipo especial de percepção: aquela relativa a dados não sensoriais, como é o caso do significado linguístico. Pois através do intelecto é que se confere sentido às imagens estritamente acústicas de uma frase. As posturas filosóficas diante da atividade noética variam radicalmente: o platonismo vê no noético a racionalidade suprema, enquanto o empirismo afirma que a distinção entre impressão sensorial e ideia é, se não irrelevante, pelo menos uma mera questão de grau.

noise gate [ing.] REC.AV Aparelho que, num equipamento de gravação, elimina o registro de sons indesejados.

noise reduction system [ing.] REC.AV Componente eletrônico que reduz ou elimina ruídos numa gravação, mantendo o equilíbrio de tons desejado.

noite americana CINE Efeito de noite numa filmagem feita durante o dia, usando-se filtros ou a técnica da subexposição, ou ainda recursos de laboratório.

nome 1 Palavra ou locução com que se designa uma classe de coisas, pessoas, animais, um lugar, um acidente. **2** Antropônimo dado a uma criança ao nascer, no batismo ou em outra ocasião especial, de acordo com a cultura e os costumes de cada povo, e pelo qual ela é conhecida e chamada; nome de batismo, antenome, prenome. **3** Palavra que se agrega ao prenome para indicar sua origem (quem é seu pai, seu clã, seus antepassados, sua aldeia ou cidade, a profissão tradicional da sua família etc.); nome de família, sobrenome, apelido. **4** Conjunto dos antepassados e parentes que usam o mesmo sobrenome; família, linhagem, estirpe. **5** Palavra que expressa alguma característica de um indivíduo ou circunstância da sua vida, pela qual ele é conhecido; alcunha, apelido. **6** Conceito (bom ou mau) de que alguém goza; fama, reputação. **7** Boa reputação; renome, fama. **8** Indivíduo que se destaca em algum campo de atividade. **9** Palavra ou frase associada, ger. pelo autor, a um livro, filme, música, peça de teatro etc., e pela qual é conhecido; título.

INFORMAÇÕES GERAIS

Aparentemente, os nomes servem tanto para indicar um sujeito como para atribuir-lhe um predicado, mas, principalmente, referem-se aos modos possíveis da existência. Assim, no relato bíblico do *Gênesis* (1:1), a criação divina manifesta-se exclusivamente por meio de nomeação. No momento do *fiat*, quando o Criador faz a luz, nomeando-a, não há separação entre nome e coisa. As coisas do mundo são feitas quando seu nome é produzido: quem cria nomeia. Os nomes designam indivíduos, classes e até o que não existe ou pode existir. O nada não é, nem pode, por definição, ser, mas recebe o nome de 'nada'; e assim existe, passando a ser reconhecido e falado. Ao contrário do 'nome vazio', que supostamente nada designa, pois não possui DESIGNATUM na realidade externa, o 'nome individual' refere-se a um objeto específico e concreto, como é o caso dos nomes próprios e apelidos ('João Carlos de Oliveira', o 'Beringela', também conhecido como 'Berim'). Os nomes também representam classes de coisas ('a beringela, os seres humanos, as mulheres'); aquele que representa uma classe de coisas é considerado um 'nome geral'. Em referência ao que designa, um nome pode ser 'concreto' ou 'abstrato'. Por isso, é possível a referência a algo mais do que coisas e nomeia-se um atributo, uma relação, uma proporção, uma ficção, uma entidade imaginária etc. A natureza dos nomes é matéria de sério debate filosófico. Os filósofos medievais discutiram exaustivamente o que está sendo designado por um nome geral: um atributo comum de uma classe de coisas? Ou seria isso apenas uma ilusão, não mais que um nome arbitrário? (cf. NOMINALISMO; ABELARDO). O filósofo contemporâneo Saul Kripke (1940-) discute o que ele chama de 'designador rígido', ou seja, aquele que denota a mesma coisa em todos os mundos possíveis: para Kripke, é possível a existência de um termo singular com a mesma referência em qualquer situação existente ou imaginada (cf. DESIGNADOR). Os nomes próprios são designadores rígidos. Os nomes não devem ser confundidos com o que a lógica moderna chama de 'descrições definitivas'. 'Machado de Assis' refere-se sempre à mesma pessoa, e 'Rio de Janeiro', à mesma cidade, mas outra coisa é a frase "se Machado de Assis não tivesse nascido e vivido no Rio, ele não teria descrito os costumes cariocas". Saul Kripke diz que os nomes não são, portanto, descrições definitivas disfarçadas, pois a frase descreve e não se reduz ao nome próprio do escritor brasileiro. Os nomes referem-se à mesma coisa quando são substituíveis. 'Machado de Assis' e 'um escritor paraibano' não são intercambiáveis. "Um escritor paraibano que não morou no Rio de Janeiro e deixou de descrever os costumes cariocas" não é um nome, enquanto 'Machado de Assis' nomeia esse indivíduo específico e é intercambiável com a descrição 'o autor de *Memórias Póstumas de Brás Cubas*'. Porém, 'escritor' e 'paraibano', ainda que partes de uma descrição, são nomes, porque muitas pessoas que escrevem ou que nasceram na Paraíba podem ser nomeadas intercambiavelmente por esses termos. No caso da sentença condicional anterior sobre o que aconteceria se Machado de Assis não tivesse nascido ou vivido no Rio de Janeiro, os termos 'se' e 'não' não podem ser reconhecidos como nomes, pelo simples fato de que não têm significado ou aplicação isoladamente. 'Se' e 'não' só adquirem significado no bojo de uma sentença ou expressão lógica completa. Ao contrário de nomes que se referem a objetos (físicos ou mentais) específicos, a descrição qualifica algumas propriedades ou suposições feitas a respeito dessas coisas. Logo, uma descrição pode ter significado sem que se refira a algo existente. Bertrand Russell (1872-1970) mostrou que o significado é sugerido pela existência de seus termos e não pela descrição como um todo. "O atual rei da França é careca" tem significado, mas não referente. A decomposição lógica e analítica da frase mostra que tem sentido sem ter referência. Se a frase sobre o atual rei francês for decomposta logicamente se vê que não diz a mesma coisa que "José é careca". Nesse caso, a sentença tem vários elementos: "existe um homem", "esse homem chama-se José" e "esse homem, José, é careca". No caso da calvície do rei da França, a decomposição revela outros elementos: "existe um homem", "existe um rei hoje na França", "esse homem, que é quem reina a França, é careca". A decomposição da frase sobre o rei mostra que é uma expressão logicamente completa sem um *designatum*. Porque não contradiz nenhuma referência, a sentença poderia apressadamente ser considerada verdadeira, mas porque não nomeia um atual rei da França ela não pode ser, de fato, referencialmente verdadeira. Muito do que se diz é determinado não por sua referência, mas pela realidade linguística que se manifesta através dos nomes. Dentre os lógicos contemporâneos, Willard van Orman Quine (1908-2000) afirma que os nomes são distintos dos predicados. Inexistem nomes de propriedades: o predicado 'branco' não seria um nome, mas 'brancura', sim.

BIBLIOGRAFIA

KRIPKE, Saul. *Naming and necessity*. Cambridge: Harvard University Press., 1980.

RUSSELL, Bertrand. "On denoting". *In: Mind*, n. 14, p. 479-93, 1905.

QUINE, Willard van Orman. *From a logical point of view*. Cambridge: Harvard University Press, 1953.

nomeação 1 Ato ou efeito de nomear ou ser nomeado. ▸ Cf. DESIGNADOR; NOME. 2 Ato formal de atribuir um cargo público a alguém, efetuado por autoridade competente. 3 Designação de alguém para cargo ou função privada.

nomear 1 Designar pelo nome; chamar. 2 Citar o nome de; indicar pelo nome; mencionar. 3 Atribuir qualidade ou característica a (outrem ou a si mesmo); considerar(-se), classificar(-se), chamar(-se).

nome comercial MKT M.q. MARCA.

nome comum GRAM O que é aplicável a qualquer indivíduo de uma classe de seres ou que designa toda a classe abstratamente. ▸ Em português, normalmente, o nome comum é iniciado por letra minúscula. Cf. NOME PRÓPRIO.

nome de domínio INTERN Endereço eletrônico que identifica determinado *site*.

nome étnico ANTRPOL M.q. ETNÔNIMO.

nome gentílico GRAM Palavra que designa a naturalidade ou a nacionalidade de uma pessoa (sua procedência ou cidadania de um país, Estado, cidade, continente etc.).

nome próprio GRAM Substantivo que designa um indivíduo de uma classe ou categoria. ▸ Em português, normalmente, o nome próprio escreve-se com inicial maiúscula. ▸ Cf. NOME COMUM.

nominação RET Figura de retórica que consiste em denominar algo que não tenha nome.

nominalismo FIL Doutrina medieval que afirma a irrealidade e o caráter meramente abstrato dos universais (conceitos, ideias gerais, termos abrangentes), que são caracterizados como nomes, entidades linguísticas sem existência autônoma, ou simples meios convencionais para a compreensão dos objetos singulares. ▸ Etimologicamente, nominalismo é uma resposta a problemas filosóficos que emergem em torno da questão dos nomes (*nominalis* quer dizer, em latim, 'a respeito do nome'). Doutrinas nominalistas dizem que as coisas do mundo que recebem o mesmo nome só têm isso de comum entre si. Cada entidade é radicalmente singular e não há nenhuma realidade no que seja universal. As classificações impostas ao mundo são meramente nominativas e vazias (*flatus voci*). O que não fica claro nas doutrinas nominalistas é o modo pelo qual os nomes comuns foram impostos às coisas. Por que um cavalo recebe o nome 'cavalo' e não 'árvore'? Seria a linguagem e o saber domínios da mais pura arbitrariedade convencional? Ainda que haja distinções sutis e desacordos entre eles, de maneira geral para os nominalistas o indivíduo José é o referente do nome 'José', mas nomes gerais, como 'cadeira', 'homem', 'pássaro' são destituídos de referentes. ▸ Cf. ABELARDO; OCKHAM, GUILHERME DE.

nominativo 1 Que denomina, que encerra nome(s). 2 LING Que ou o que exprime a função gramatical de sujeito (diz-se de caso); subjetivo.

nómos [gr.] FIL A lei, segundo a filosofia grega da Antiguidade, explicada como uma convenção dependente do artifício humano ou, para outras correntes, das leis da natureza, em ruptura com as legitimações jurídicas fundamentadas na religiosidade e na tradição.

nonprice competition [ing.] MKT PUB Estratégia mercadológica que enfatiza outros fatores de um determinado produto que não o seu preço, com o propósito de distingui-lo do resto do mercado.

nonsense [ing.] 1 Frase, linguagem, dito, arrazoado etc. desprovido de significação ou coerência; absurdo, disparate. 2 Filme ou escrito que recorre a elementos surreais, a situações ilógicas, absurdas etc.

INFORMAÇÕES GERAIS

A palavra *nonsense* está freq. associada ao absurdo, ao ridículo, ao irrazoável e, por extensão, ao risível. Em nenhum desses sentidos *nonsense* indica completa falta de significação, como aconteceria na irrupção de estática durante uma transmissão radiofônica. No caso da estática, o indivíduo que recebe a mensagem não consegue ultrapassar a recepção física da matéria sonora: para ele, o som é apenas som e não faz o menor sentido. Na melhor das hipóteses, a estática é um índice causal que pode remeter a outro acontecimento, mas não a um significado. Num enunciado considerado *nonsense*, alguma forma de sentido pode ser reconhecida para, depois, ser avaliada como inapropriada ou absurda. Se uma sentença for construída seguindo as regras gramaticais de uma língua, ela adquire a aparência de sentido, mesmo que não se refira a nada ou a algo impossível de existir. A estrutura dos versos de Lewis Carroll (1832-1898) e outros autores de poesia *nonsense* seguem uma ordem gramatical canônica, enquanto os substantivos, sujeitos, verbos e adjetivos de cada um dos versos são completamente inventados. Em *Jabberwocky*, Carroll empregou uma estrutura gramatical preenchida com nomes, verbos e predicados claramente absurdos: "*twas brillig and the slithy toves did gyre and gimble in the wabe*". *Brillig, stilthy, toves, gyre, gimble, wabe* são termos cunhados absurdamente, mas não a estrutura da frase, que pode ser reescrita com outras palavras: "*twas night and black bats did fly and move in the dark*" ("era noite e os morcegos escuros voavam e moviam-se na escuridão"). Chomsky (1928-), em *Estruturas sintáticas*, oferece exemplo semelhante de frase feita segundo a gramática *nonsense*: "*colorless green ideas sleep furiously*" ("ideias verdes sem cor dormiam furiosamente"). O que Carroll e Chomsky fazem é bem diferente do que uma frase completamente agramatical que não tem o menor sentido: "não Antonio vez". Sintaxe e semântica são domínios distintos e inconfundíveis da linguagem e dos signos. Desde que uma mensagem seja feita a partir de regras, ela sugere algum sentido e, não tendo referente, pode-se qualificá-la de *nonsense*. Nos enunciados de uma língua, as fronteiras do sentido e do *nonsense* são demarcadas pelas regras gramaticais. Contudo, para a tradição positivista, que emerge do *Tractatus logico-philosophicus*, de Ludwig Wittgenstein (1889-1951), uma proposição *nonsense* é aquela que não pode ser verificada por nenhum referente. Na perspectiva do positivismo lógico, a avaliação do que seja *nonsense* é invertida e o critério do sentido recai na referencialidade da sentença e não mais na sua gramaticalidade. Posteriormente, em *Investigações filosóficas*, Wittgenstein reformula o critério do sentido e, por extensão, a moldura do que seja *nonsense*: o que não é de uso apropriado. Por ser reconhecível com critérios os mais diferenciados, o *nonsense* abarca acepções variadas, que incluem erros e falsidades empíricas ou semânticas, sem, porém, deixar de ser o caso de expressões tão absurdas que despertam o riso.

---

non sequitur [lat.] **1** Inferência ou conclusão que não é consequência lógica das premissas. **2** Assertiva sem nenhuma referência lógica ao que foi dito anteriormente. ▸ Trad. lat.: 'o que não se segue'.

noologia FIL **1** No pensamento seiscentista e setecentista, esfera do conhecimento filosófico responsável pela investigação da cognição humana. **2** Em Immanuel Kant (1724-1804), orientação filosófica que, em oposição ao empirismo, admite a existência de conhecimentos puros, derivados unicamente da razão. **3** No sXIX, conjunto das ciências cujo objeto é o espírito humano (história, literatura etc.).

noológico Relativo a noologia.

no prelo EDIT Já na editora e em processo de edição e impressão.

norma 1 Aquilo que regula procedimentos ou atos; regra, princípio, padrão. **2** Padrão representativo do desempenho usual de um dado grupo. **3** LING Conjunto dos preceitos estabelecidos na seleção do que deve ou não ser us. numa certa língua, levando em conta fatores linguísticos e não linguísticos, como tradição e valores socioculturais (prestígio, elegância, estética etc.). **4** LING Tudo o que é de uso corrente numa língua relativamente estabilizada pelas instituições sociais. **5** EDIT Título abreviado de uma publicação que acompanha o número do caderno na assinatura que se imprime na primeira página de cada caderno do volume, para orientar o trabalho de alceamento.

INFORMAÇÕES GERAIS

O caráter regulador das normas de comportamento faz com que muitas interpretações de fatos sociais ou de atos comunicativos privilegiem o sistema normativo que aparentemente determina o desempenho em sociedade. É inegável que a justiça, a política, a ética e a expressão linguística são consistentemente orientadas e conduzidas por regras; assim se justificaria a distinção, feita desde Jean-Jacques Rousseau (1712-1778), que separa o mundo natural, regido pela necessidade rígida, e o universo humano, que se caracterizaria por convenção e liberdade. Ao contrário das leis naturais, as convenções e os contratos humanos podem ser alterados e aperfeiçoados. O convencionalismo teórico é, porém, limitado no seu alcance. Mesmo que se admita que as convenções criem concordância social, resta ainda explicar por meio de que instrumentos essas convenções foram criadas. Um sistema de convenções anterior parece ser sempre necessário para a geração de convenções, o que dá lugar a uma situação incômoda, simultaneamente regressiva e interminável.

---

normal GRÁF Diz-se de caráter tipográfico redondo, de peso entre o claro e o preto, e de largura padrão em seu corpo e sua fonte; regular.

normando GRÁF Diz-se de ou caráter tipográfico, redondo e serifado, que apresenta contraste muito acentuado entre seus traços grossos e finos.

normativismo LING Abordagem prescritivista do ensino da língua, segundo a qual o gramático deve formular padrões de correção e impô-los aos falantes da língua como normas de comportamento linguístico. ▸ P.opos. a DESCRITIVISMO.

normativo 1 Relativo a norma ('regra', 'preceito'). **2** Que serve de norma. **3** Que estabelece normas ou padrões de comportamento; que determina o que é correto, bom etc. **4** LING Relativo a normativismo ou que atua de acordo com ele. ▸ Cf. NORMA.

normógrafo Aparelho de desenho constituído de várias réguas, ger. de celuloide ou plástico transparente, com letras e números recortados que servem de moldes para letreiros e legendas.

nota 1 Sinal com que se marca ou assinala algo. **2** Bilhete para lembrar, perguntar, requisitar ou sugerir algo. **3** Breve resumo escrito do que foi lido, ouvido, observado etc., para eventual consulta ou trabalho; apontamento. **4** Reflexão ou comentário escrito, que se apõe nas margens de um livro, relativo a alguma passagem do texto. **5** EDIT Observação, explicação, remissão ou aditamento a uma parte do texto de um livro. **6** JOR Notícia breve e concisa, que se destina à informação rápida. **7** MÚS Sinal gráfico representativo da altura e duração de um som; signo. **8** MÚS Som correspondente a alguma nota da escrita musical, produzido por instrumento musical ou pela voz humana. **9** MÚS Tecla calcada em um teclado para produzir tal som. **10** Qualquer som musical.

nota bibliográfica EDIT A que indica a obra ou o conjunto de obras que serviu de fonte de consulta para a elaboração de determinado trecho ou de todo o trabalho.

notação 1 Ato de notar, de representar algo por meio de símbolos ou caracteres. **2** Sistema de representação gráfica de elementos de determinado campo do conhecimento (p.ex., música, lógica, matemática, química etc.). **3** Símbolo ou conjunto de símbolos ou caracteres com que é feita essa representação. **4** Sinal que modifica os sons das letras (p.ex., acento, til, cedilha).

nota coberta TV Pequena notícia acompanhada de recursos visuais (filmes, gráficos, imagens etc.).

nota de passagem MÚS Tipo de nota melódica que preenche o intervalo entre duas outras. ▸ Tb. se diz apenas *passagem*.

nota de pedal MÚS Nota sustentada, sobre a qual se vão construindo diferentes harmonias.

nota de pé de página EDIT A que se coloca embaixo da página e que é extensão (observação, informação bibliográfica, explicação etc.) de algo dito ger. nessa mesma página; nota de rodapé.

nota de reprodução EDIT Frase ou grupo de frases apostos aos créditos e expediente de uma obra sobre as condições de sua reprodução, liberando o *copyright* ou reservando-o para o autor e a editora.

nota de responsabilidade EDIT Frase ou grupo de frases por meio das quais um editor isenta-se das opiniões ou conceitos emitidos pelo autor da obra.

nota de rodapé EDIT M.q. NOTA DE PÉ DE PÁGINA.

nota fundamental MÚS **1** A nota que gera uma série harmônica. **2** A nota mais grave de um acorde em estado fundamental. ▸ Tb. se diz apenas *fundamental*.

nota marginal EDIT Aquela situada em uma das margens laterais da página, freq. ao lado do trecho a que se refere.

nota oficial JOR Comunicado oficial emitido pelo governo ou por instituição pública ou privada e transmitido por escrito à imprensa, visando prestar esclarecimentos ao público.

nota-pé JOR TV Informação telejornalística complementar transmitida por apresentador de telejornal no final de uma matéria.
nota prévia EDIT M.q. PREFÁCIO.
notas modais MÚS A terceira e a sexta, que caracterizam o modo maior e o modo menor.
nota sustentada MÚS Nota com longa duração.
notebook [ing.] INF M.q. LAPTOP.
notícia JOR **1** Relato de fatos e acontecimentos, recentes ou atuais, ocorridos no país ou no mundo, veiculado em jornal, televisão, revista etc. **2** O assunto focalizado nesse relato.

INFORMAÇÕES GERAIS

Se a notícia é um fato selecionado para relato num veículo de comunicação, cabe a pergunta: quais os critérios que definem uma notícia? De maneira geral, uma notícia é definida por seu grau de relevância, utilidade e interesse. Isso não quer dizer que esses três critérios básicos sejam os mesmos para todos os veículos de comunicação. O grau de relevância, interesse e utilidade de uma notícia é medido pelo contexto de sua audiência. Um acontecimento extremamente privado, como encontrar, de surpresa, um amigo numa fila de banco, não tem maior relevância, a não ser para as pessoas envolvidas, e não pode, por isso, ser considerado notícia, mesmo que mereça o relato pessoal para amigos em comum. Entretanto, uma lei aprovada na Câmara de Deputados de um país terá relevância, interesse e utilidade suficiente para ser noticiada. Uma lei municipal interessa aos que moram no município, mas uma lei federal é de relevância para a nação. A mesma lógica aplica-se a nações. Atos, decisões e projetos de uma nação poderosa serão noticiados nos órgãos internacionais de notícia. Um crime horrendo, numa cidade remota, pode ser noticiado na imprensa internacional por causa de sua excepcionalidade. Ser mordido por um cachorro não é notícia, mas, quando um homem mata um cachorro a dentadas, isso será veiculado nas páginas de um jornal. Além do espanto, a utilidade caracteriza uma notícia: saber da aprovação e implementação rigorosa de uma lei seca no trânsito é algo que interessa a todos que circulam pelas ruas de uma cidade. As notícias também permitem que os cidadãos participem do debate que forma a ESFERA PÚBLICA. Por isso, órgãos governamentais e instituições públicas ou privadas preocupam-se com o que é notícia de jornal. Grupos de interesse farão o possível para serem noticiados nos meios de comunicação, muitas vezes organizando atos públicos, passeatas, demonstrações etc. É ingenuidade supor que as notícias são representações neutras e isentas da realidade. Afinal, os jornalistas trazem para a cena a ser noticiada um conjunto de pressuposições, hipóteses e valores seus ou das instituições para as quais trabalham. A notícia emoldura os fatos que narra. Os veículos jornalísticos têm limites para o que disseminam: o que sai num jornal impresso, na televisão, na rádio e *on-line* é determinado pelas possibilidades físicas de cada meio de comunicação; porém, a lógica da notícia não muda. Além da relevância, da utilidade e do interesse, outros critérios definem a notícia. Uma notícia deve causar impacto nos leitores: quanto maior o impacto, maior destaque receberá. Nas suas variadas formas, seja como guerras, desastres naturais ou dramas, os conflitos são temas constantemente favorecidos nas coberturas jornalísticas. O teor de novidade de um fato qualifica-o como notícia. Há pessoas e figuras públicas que são do interesse dos jornais, seja porque ocupam posição de proeminência, seja pelo fato de serem célebres. Interesse comunitário também determina o valor do que foi noticiado. A atualidade imediata não pode deixar de ser um dos elementos centrais da narrativa jornalística: a inundação pela chuva de uma determinada área em obras da cidade é notícia, mas os passos de construção de uma galeria de esgotos não serão noticiados. Mais do que nunca, é impossível conceber um dia sem notícia. No mundo sem fronteiras que é o universo da comunicação contemporânea, não há sempre algo digno de virar relato jornalístico. Seriedade não é o traço básico de uma notícia. Os jornais espelham a vida em seus múltiplos aspectos, por vezes distorcendo-os. Os noticiários representam rumores, crimes, desvios, estranhezas, preconceitos etc. (cf. FAIT DIVERS). A notícia é quase sempre uma má notícia. Já que noticiar é contar uma história seletivamente, até mesmo em países em que prevalece a liberdade de imprensa, os critérios de seleção ideológica, política e social de uma narração jornalística são frequentemente objetos de crítica e escrutínio. ▸ Cf. CONSENTIMENTO; JORNALISMO.

BIBLIOGRAFIA

ALSINA, Miguel Rodrigo. *A construção da notícia*. Petrópolis: Vozes, 2009.

MODERNELL, Renato. *A notícia como fábula*. São Paulo: Summus, 2012.

PEREIRA JÚNIOR, Luiz Costa. *A apuração da notícia*. Petrópolis: Vozes, 2000.

noticiar JOR Transmitir (notícia) através de meios próprios da imprensa falada e escrita.
noticiário **1** Reunião ou resenha de notícias; noticiarismo. **2** JOR Nos jornais e periódicos, seção regular que se destina à publicação de notícias políticas, econômicas, culturais, esportivas etc. **3** JOR Conjunto de notícias sobre determinado assunto. **4** JOR Em radiojornalismo e telejornalismo, apresentação, ger. acompanhada de comentário crítico, das notícias relevantes do dia, da semana etc., por jornalistas em programas ao vivo ou previamente gravados. **5** CINE JOR Filme cinematográfico cujo conteúdo é uma resenha dos acontecimentos da atualidade.
noticiarismo **1** Conjunto de notícias; noticiário. **2** JOR Atividade, ofício de noticiarista. **3** JOR Conjunto das pessoas que exercem esse ofício em periódico, radiojornalismo, telejornalismo etc.
noticiarista **1** Que ou o que noticia, fornece notícia(s). **2** JOR Que ou quem, nas redações de jornais e periódicos, tem a função de redigir as notícias a serem publicadas.
noticioso **1** Relativo a ou que contém notícia(s). **2** Que fornece grande número de notícias. **3** Programa radiofônico ou televisivo de transmissão de notícias.
notinha MÚS Pequena nota indicativa de ornamento.
noûs [gr.] FIL **1** Para o filósofo grego Anaxágoras (c499 a.C. - 428 a.C.), princípio cósmico inteligente, eterno e ilimitado, capaz de ordenar os elementos materiais (as *homeomerias*) que compõem o universo. **2** No platonismo e aristotelismo, faculdade humana capaz de captar verdades fundamentais por uma via intuitiva, em oposição aos limites apresentados pelo pensamento meramente calcado na ciência e na discursividade; intelecto. **3** Na

escolástica, o intelecto, faculdade intuitiva de conhecimento capaz de alcançar a realidade divina de forma mais efetiva do que estaria ao alcance da mera discursividade racional.

INFORMAÇÕES GERAIS

No vocabulário filosófico grego, *noûs* é a mais alta forma de pensamento, aproximada da intuição divina, cuja operação é puramente intelectual. *Noûs* captura a totalidade do universo; é o oposto de *dianoia*, uma forma de conhecimento progressivo, produto da argumentação.

nouvelle vague [fr.] CINE Movimento criado por cineastas franceses nascidos no período 1919-1939, originários da crítica cinematográfica, que realizaram, com estilos pessoais de cunho autoral, produções relativamente modestas no final dos anos 1950 e início dos anos 1960. ▸ A dívida do cinema francês com a *nouvelle vague* é imensa. Alguns dos principais nomes do cinema francês do sXX emergem do movimento, que recebeu esse nome num artigo publicado em 1958 pela revista *L'Express*. Os cineastas da *nouvelle vague* enfatizavam o caráter artístico do cinema, desprezando o que fosse produto de uma indústria da cultura. Entre seus principais cineastas encontram-se Claude Chabrol (1930-2010), François Truffaut (1932-1984), Alain Resnais (1922-), Eric Rohmer (1920-2010) e Jean-Luc Godard (1930-). Além de se dedicarem à feitura de filmes, muitos deles escreveram artigos teóricos e críticas para a revista CAHIERS DU CINÉMA.

nova mídia COMN M.COM Mídia que decorre de tecnologias recentes (informática, satélites etc.). ▸ Alguns recomendam cautela na avaliação da nova mídia por acharem que não se pode ainda plenamente avaliar sua extensão revolucionária. Para os menos entusiastas, a nova mídia traria apenas mudanças na veiculação de mensagens, que foi potencializada pela conjunção da digitalização e da internet. Mas, a cada dia que passa, a reversão e transformação dos meios sugerem o oposto: de fato, as novas mídias são realmente um novo fenômeno na ecologia dos meios de comunicação. Não só a veiculação, mas outros aspectos do processo da comunicação foram profundamente alterados, em suas possibilidades, pela nova mídia. Além da veiculação, a edição e a produção de mensagens tornaram-se progressivamente mais acessíveis, tanto econômica como tecnologicamente. Pessoas que, no passado, teriam de adquirir uma competência técnica mínima, agora podem produzir textos, fotografar, mixar sons e editar imagens. Certamente, isso não significa melhora na ecologia das mensagens, apenas sua democratização, o que, certamente, não deve ser desconsiderado. Mais do que a realização técnica, a concepção das mensagens passa a ser um fator central nas produções da nova mídia. A digitalização favorece a criação de instrumentos e dispositivos que são *user-friendly*. As barreiras que separavam o dramático, o musical, o textual, o fílmico e o imagético são dissolvidas, criando o fenômeno da convergência dos meios. As novas mídias exigem uma nova sensibilidade, de cunho mais generalista e menos especializado. No jornalismo, a opinião passa a ser supervalorizada em detrimento da objetividade da notícia. Um jornal *on-line* pode agora postar filmes, demonstrando como se faz um prato. As insurreições políticas e cenas de crime são filmadas nos celulares e distribuídas através do YouTube. A notícia jornalística não é mais propriedade de quem, na sala de um jornal, redige a matéria impressa; pode ser também gerada pelo homem comum que testemunhou um fato. Curiosamente, na era da sofisticação tecnológica, imagens cruas, diretas, tremidas e amadoras encontram lugar nos meios de comunicação. A recepção dos meios também se transformou. O espectador está cada vez mais liberado das determinações de horários estabelecidos pelos grandes veículos. Os arquivos de notícias fazem do jornal bem mais do que a documentação do presente: neles, a história digitalizada ressuscita ao clicar de um *mouse*. O espectador é hoje um programador em potencial. Consome-se comunicação a toda hora e em qualquer lugar: na rua, no trabalho, em casa etc. A mídia fragmenta-se e o conceito de NICHO mostra-se um instrumental mercadológico essencial para a comercialização nas novas mídias. A interação passa a ser um dos atributos centrais dos meios de comunicação, fazendo com que os sistemas teóricos que interpretaram a mídia no passado caduquem. Que tipos de sociedade e de comunidade se formam na ecologia digital? O mero surgimento de questões teóricas dessa natureza indica e valida a potencialidade revolucionária da nova mídia, mesmo que suas possibilidades não tenham sido plenamente entendidas, avaliadas ou mesmo exploradas. ▸ Cf. COMUNIDADE; COMUNIDADE VIRTUAL; SOCIEDADE EM REDE;TECNOLOGIA DA INFORMAÇÃO.

novela 1 LIT Narrativa breve, maior do que um conto e menor do que um romance, e que se caracteriza por apresentar uma espécie de concentração temática em torno de um número restrito de personagens. **2** RÁD TV Trama narrada em capítulos, esp. no rádio e na televisão.

INFORMAÇÕES GERAIS

A novela surge na Idade Média como um relato das aventuras de um herói mais ou menos individualizado e diferencia-se, desse modo, do caráter épico da canção de gesta, que a antecede.

novelão Novela, ger. televisiva, de fácil assimilação e em cujo enredo sentimental, melodramático são inseridas numerosas personagens, quase sempre passionais.

novelista Que ou quem escreve, cria novelas; que ou quem é autor de novelas.

NTSC [ing.] TV Sigla do sistema padrão de televisão em cores adotado nos Estados Unidos da América e em outros países; opera em 60 hertz e dispõe de 525 linhas de resolução. ▸ As iniciais de *NTSC* correspondem a *National Television System Committee* ('Comitê do Sistema Nacional de Televisão').

nuança MÚS Gradação de sons, obtida pelo emprego de maior ou menor intensidade na sua emissão.

núcleo 1 INF Num sistema operacional, a parte capaz de gerir as funções básicas do sistema e organizar as restantes. **2** LING Na gramática gerativa, palavra de uma categoria gramatical que é o centro do sintagma correspondente (p.ex.: o sintagma nominal *a casa amarela* tem o substantivo *casa* como núcleo); cabeça.

nulo MAT Sem nenhum membro (diz-se de conjunto).

númeno FIL No kantismo, a realidade tal como existe em si mesma, de forma independente da perspectiva necessariamente parcial em que se dá todo o conhecimento humano; coisa em si, nômeno, noúmeno. ▸ Embora possa ser meramente pensado, por definição, númeno é um objeto incognoscível. ▸ P.opos. a FENÔMENO.

numerador GRÁF Dispositivo para numerar livros, papéis etc., ger. componente de máquina impressora; numeradora.
numeradora GRÁF M.q. NUMERADOR.
numerar por folhas GRÁF M.q. FOLIAR.
número **1** LIT Harmonia resultante da combinação das palavras na prosa e no verso; cadência. **2** LIT Num espetáculo de variedades, a execução de uma música ou dança. **3** EDIT Exemplar de uma publicação periódica; fascículo.
número-guia FOT Valor que indica a potência de um *flash*.
num lock [ing.] INF Tecla no teclado numérico de um computador. ▸ Abrev. de *numeric lock key* ('tecla que fecha números').
nybble [ing.] INF Grafia original de NIBBLE. ▸ O primeiro uso da palavra *nybble* data de 1972 e era assim escrita para simular *byte*. O conceito foi formulado e aplicado para transmitir informação de máquinas de contagem de dinheiro para os computadores centrais do Citibank. Posteriormente, a grafia que prevaleceu foi *nibble*. ▸ Cf. BIT; BYTE.

Oo

o 1 Décima quinta letra e quarta vogal do nosso alfabeto. 2 FON Letra que representa a vogal posterior média arredondada oral, aberta (como em *sola*) ou fechada (como em *voa*). 3 A forma dessa letra. 4 GRÁF Tipo que imprime essa letra. 5 Matriz a partir da qual se faz essa letra. 6 Diz-se do elemento de uma série que sucede ao designado pela letra *n*.

obelisco GRÁF M.q. CRUZ.

obituário Diz-se de ou nota de falecimento ger. publicada em jornal, acompanhada de perfil biográfico do morto.

objeção 1 Ato de objetar. 2 Razão ou argumento apresentado em oposição a uma tese previamente enunciada. 3 Dificuldade que se apresenta em relação a uma proposta, a uma pretensão; obstáculo.

objetar 1 Alegar em sentido contrário. 2 Apresentar (impedimento, dificuldade) a. 3 Fazer oposição a.

objetiva 1 FOT Peça da parte anterior do aparelho fotográfico que se compõe de um conjunto de lentes e de uma armação fixadora das lentes provida de diafragma. 2 ÓPT Componente de um sistema óptico, constituído por uma lente ou por um conjunto de lentes, que forma uma imagem real de um objeto no plano focal de outro sistema óptico ou num anteparo. ▸ Ger. a imagem é formada no plano focal de uma ocular, como num microscópio.

objetiva acromática ÓPT Objetiva formada por um sistema de duas ou mais lentes de materiais diferentes, de modo que a distância focal se mantém a mesma para dois ou três comprimentos de onda, e que praticamente não apresenta aberração cromática.

objetiva apocromática ÓPT Objetiva em que a aberração cromática foi corrigida para três comprimentos de onda e que não apresenta aberração esférica para dois comprimentos de onda.

objetiva grande-angular FOT Objetiva de pequena distância focal, que cobre extenso campo visual. ▸ Tb. se diz apenas *grande-angular*.

objetiva normal FOT Objetiva que cobre o campo correspondente àquele normal da visão.

objetiva olho de peixe FOT Objetiva grande-angular cujo ângulo abarca de 140° até 200°. ▸ Tb. se diz apenas *olho de peixe*.

objetiva ortocromática ÓPT A que é sensível a todas as cores, com exceção do vermelho.

objetividade 1 Qualidade, caráter ou condição do que é objetivo. 2 Qualidade do que dá, ou pretende dar, uma representação fiel de um objeto. 3 FIL Realidade exterior ou dessemelhante ao sujeito (o intelecto cognitivo humano), passível de por ele ser conhecida ou transformada. ▸ P.opos. a SUBJETIVIDADE.

INFORMAÇÕES GERAIS

O critério de objetividade jornalística foi de tal modo criticado que esse valor não tem um lugar confortável no discurso que avalia os jornais. Manuais de redação, como o da *Folha de S.Paulo*, afirmam categoricamente que não existe objetividade em jornalismo. Realmente, a notícia jornalística é uma representação, uma construção discursiva feita com regras que lhe são próprias. A notícia não é um espelho da realidade. Acreditar no que se lê nas páginas de um jornal é mais um efeito da exposição do real do que o real propriamente dito. Quando um repórter redige um relato em que detalhes minuciosos da cena são apresentados, um de seus objetivos é assegurar ao leitor que ele esteve na cena, que viu o que está sendo dito ou usou fontes que ali estiveram. A rigor, não se pode saber da verdade absoluta dos fatos num jornal, pois o que nele se encontra é estritamente verossímil. O sentimento de verossimilhança emerge de uma narrativa que se percebe como objetiva. Por isso, ainda que os preconceitos, as suposições e a visão de mundo, tanto dos jornalistas como das instituições que são os jornais, estejam sempre presentes na sua prática diária, a objetividade não pode ser extirpada da notícia sem descaracterizá-la. É uma falsa questão exigir objetividade absoluta nos jornais. Por mais que seja um critério relativo e deslizante, os leitores confiam ou desconfiam de um jornal não só pela expressão, desacordo ou representação do que acreditam, mas pela objetividade do que é noticiado. Filosófica e jornalisticamente, a objetividade é uma relação entre um fato e sua representação. Trata-se de um processo que acontece tanto no momento em que a notícia é produzida e lida como na história dessa instituição específica que é o jornal. Ao adquiri-lo nas bancas, ao visitar seu *site* e, principalmente, ao pagar por uma assinatura, o leitor dá um voto de confiança ao jornal. Daí, um manual de redação que reconheça a impossibilidade da objetividade absoluta deve dizer, como faz o da *Folha de S.Paulo*, que o jornalista tem por obrigação ver o fato a distância, bem como consultar outras fontes e jornalistas, além de estar aberto à revisão do que foi noticiado tanto por seu jornal como por outros.

objetivismo FIL Doutrina filosófica, esp. o positivismo, que considera o verdadeiro conhecimento um processo tendente à captação precisa dos objetos externos, de maneira não deformada pela subjetividade cognoscente. ▸ P.opos. a SUBJETIVISMO.

objetivo FIL Que está situado na exterioridade do sujeito cognitivo humano, podendo ser capturado pelo intelecto. ▸ P.opos. a SUBJETIVO.

objeto 1 Coisa material que pode ser percebida pelos sentidos. 2 Coisa mental ou física para a qual converge o pensamento, um sentimento ou uma ação. 3 Assunto sobre o qual versa uma pesquisa ou ciência. 4 Artigo de comércio; mercadoria. 5 FIL Qualquer realidade investigada em um ato cognitivo, apreendida pela percepção e/ou pelo pensamento, que está situada em uma dimensão exterior à subjetividade cognoscente. ▶ P.opos. a SUJEITO. **6** ÓPT Fonte luminosa ou corpo cuja imagem se pode formar através de um sistema óptico. **7** PSIC Aquilo que é discriminado no ato de percepção, representação ou pensamento pela universalidade dos indivíduos, independente de seus desejos e opiniões. **8** PSICN Alvo de uma pulsão, que pode ser uma pessoa, um objeto parcial, real ou fantasístico. **9** PSICN Relação de uma pessoa ou de uma instância do ego com um objeto ('alvo da pulsão').

INFORMAÇÕES GERAIS

Derivam principalmente de autores estruturalistas a intuição e a ideia de que os objetos do mundo sejam não só artefatos e manufaturas, mas também mensagens. Por isso, os objetos estariam repletos de significado e funcionariam como signos e representações que são comunicados. A possibilidade de uma semiótica dos objetos é congênita à pesquisa antropológica, desde quando E. B. Tylor (1832-1917) definiu a cultura como um todo complexo, que abarcaria igualmente o imaterial e o material. A cultura seria tanto um conjunto de crenças coletivas como uma série de artefatos físicos. Um dos exemplos mais relevantes da abordagem antropológica de objetos é o ensaio estruturalista de Claude Lévi-Strauss (1908-2009) sobre as máscaras dos nativos da costa noroeste do Pacífico norte-americano. Dentre outros estruturalistas, Roland Barthes (1915-1980) postulou que o processo de significação dos objetos, mais especificamente de roupas, acontece quando as manufaturas são convertidas em signos. Os objetos portam mensagens que indicam seu uso. Esse seria o motivo pelo qual os objetos são constantemente descritos em termos utilitários: um vestido para a noite, um casaco para viagem etc. As revistas de moda transformam acessórios e objetos em representações codificadas segundo as suas funções. O objeto torna-se um signo, que é determinado por seu uso. Portanto, Barthes conceitualiza o objeto como uma *função-signo*. A significação dos objetos dependeria de sua integração num sistema social mais amplo, que impulsa e encoraja o seu consumo. Partindo das afirmações de Barthes, Jean Baudrillard (1929-2007) considera que consumir transcende aspectos relacionados com o uso concreto do objeto: consumir é responder a uma mensagem, atender ao apelo semântico de um artefato. Numa sociedade de consumo, além de funcionais, os artefatos tornam-se, em si mesmos, signos. Após chegar a essa conclusão, Baudrillard teoriza que, além dos valores de uso e de troca, os objetos consumidos têm valor de signo. A ideia merece discussão aprofundada: o que são objetos? Mensagens ou elementos de uma mensagem? E mais, de que maneira um objeto relaciona-se com outros objetos da mesma categoria (esse garfo assim especificamente desenhado e aquele ali com outro *design*)? Como se conjugam objetos de categorias aparentadas, tais como objetos de cozinha: faca, copo, garfo etc.? Qual a relação entre uma alça de bule e uma alça de xícara? Ainda que pareça possível que conceitos semânticos expliquem a natureza comunicativa dos objetos, há sempre a objeção de que esse exercício comparativo não passa de uma analogia arbitrária ou de um exercício inútil. O marxista italiano Ferruccio Rossi-Landi (1921-1985) contra-argumentou que há mais do que uma analogia entre linguagem e objetos: na verdade, uma homologia estrutural atravessa-os, pois são construções e articulações sociais dos seres humanos. Da mesma maneira, não se deve negligenciar o fato de que os objetos são instrumentos e ferramentas para que algo se realize. Utilidade, função e instrumentalidade tendem a coordenar-se numa só mensagem, igualmente capaz de dar corpo a valores sociais claramente reconhecíveis. Um objeto será útil, funcional e instrumental, além de servir de símbolo que expressa valores sociais de prestígio, luxo riqueza ou valores opostos.

BIBLIOGRAFIA

BARTHES, Roland. *O sistema da moda*. São Paulo: Martins Fontes, 2009.

BAUDRILLARD, Jean. *O sistema dos objetos*. São Paulo: Perspectiva, 2000.

______. *A sociedade de consumo*. São Paulo: Perspectiva, 2000.

LÉVI-STRAUSS, Claude. *Le voie des masques*. Paris: Plon, 1991.

ROSSI-LANDI, Ferruccio. *A linguagem como mercado e como trabalho*. São Paulo: Bertrand, 1985.

objeto-símbolo Objeto que faz de símbolo, representação, epifania, encarnação, manifestação de um ser ou mito.

objet trouvé [fr.] ART.PLÁST Objeto natural descoberto casualmente (p.ex.: uma pedra, um pedaço de madeira), ao qual é atribuído um valor estético que enfatiza esp. a atuação aleatória das forças da natureza sobre ele. ▶ Artefato que, exposto como obra de arte, adquire um valor estético, embora não tenha sido originalmente produzido com tal objetivo; foi um conceito apropriado e desenvolvido esp. pelo surrealismo.

obra **1** A produção total de um artista, de um cientista. **2** GRÁF Impresso gráfico que foge à classificação de jornais e periódicos; produção literária editada em um ou mais tomos

obra de arte **1** Obra em que a utilização da técnica e o uso dos materiais estão a serviço de comunicar a visão pessoal do artista e de suscitar emoção estética no receptor. **2** Obra primorosa, delineada com gosto, executada com esmero e bem-acabada. ▶ Cf. ARTE.

obra de consulta BIBL M.q. OBRA DE REFERÊNCIA.

obra de divulgação BIBL Livro ou similar cujo propósito é informar um público não especializado sobre um tema determinado.

obra de referência BIBL Livro ou similar (p.ex., dicionário, bibliografia, enciclopédia, manual, *CD-ROM*) que permite obter rapidamente uma informação ou referência sobre determinado assunto; obra de consulta.

obra intelectual BIBL Obra literária, científica ou artística protegida pela legislação sobre direitos autorais.

obra póstuma BIBL Obra publicada após a morte do autor.

obscenidade **1** Qualidade do que é obsceno. **2** Caráter do que, no domínio da sexualidade, fere o pudor. **3** Caráter do que, por sua inconveniência, não está de acordo com as regras do decoro; caráter do que é chocante. **4** Ato ou dito obsceno

INFORMAÇÕES GERAIS

No curso da história, não há unanimidade a respeito do que seja considerado obscenidade. Enquanto no mundo moderno as palavras, as referências e a exposição de atos sexuais podem ser motivo de condenação e censura, é sabido que, nas comédias gregas, não havia restrições ao obsceno. As peças extraordinárias de Aristófanes (c450 a.C. -

c388 a.C.) recorriam exageradamente a esse apelo, que servia para acentuar os traços condenáveis de quem era caricaturado no palco. Suspendiam-se os critérios de decência, de comedimento e de pudor, encorajando assim a extravagância e a farsa obscena. Não se deve, porém, esquecer que as comédias representavam não o que estava acima da média da humanidade, mas o que era baixeza. O riso obsceno e a crítica ao que fosse vil e errado andavam lado a lado. Nesse caso, a obscenidade era uma representação funcional e não objeto de censura. Afinal, os valores que guiam os juízos sociais a propósito do que é reprovável variam consideravelmente. Num mundo regido pela liberdade da internet, a censura ao que fere o pudor é uma prática evanescente e talvez em extinção. ▸ Cf. PORNOGRAFIA.

---

obsceno 1 Que é contrário ao pudor. 2 Que se compraz em ferir o pudor. 3 Que denota obscenidade. 4 Que choca pela falta de decoro, pela vulgaridade, pela crueldade. 5 Que escreve ou profere obscenidades. ▸ Cf. OBSCENIDADE; PORNOGRAFIA.

observação 1 Ato ou efeito de observar(-se). 2 Ação de considerar com atenção as coisas, os seres, os eventos. 3 Procedimento científico de investigação que consiste no exame atento de um fato, de um processo, ger. envolvendo instrumentos ópticos, de mensuração etc. ▸ A observação é uma forma de conhecimento empírico, distinta da experimentação. Trata-se de registros e constatações de fatos que se apresentam aos sentidos. A experimentação, por outro lado, presume a intenção, a condução e o controle do processo por parte daquele que produziu a experiência. As filosofias derivadas do empirismo, entre elas o positivismo, afirmam que a observação é a fonte definitiva para o conhecimento da natureza. Essas filosofias recusam como impróprios e arbitrários os enunciados que não tenham uma relação direta com uma proposição básica, cuja origem é a observação. O filósofo das ciências Karl Popper (1902-1994) perguntou-se se realmente pode-se ter experiência e observação em estado puro. Para ele, todas as observações existem à luz de teorias. A crença positivista de que existam dados observáveis livres da contaminação da teoria seria insustentável. 4 Ação de conformar-se a uma regra, a uma lei, a um regulamento; cumprimento, observância. 5 Comentário crítico que se faz acerca de uma exposição escrita ou oral. 6 Comentário que se apõe à margem do texto; nota. 7 Comentário em que se aponta alguma falha; reparo, advertência.

BIBLIOGRAFIA

POPPER, Karl R. *A lógica da pesquisa científica*. São Paulo: Cultrix/Edusp, 1975.

obsolescência planejada PUB Método de estimular o interesse e o consumo de produtos que serão superados ou quebrados após seu uso limitado.

obturador FOT Diz-se de ou dispositivo da câmara para controlar a duração da exposição da chapa sensível.

obversão LÓG Inferência imediata a partir de uma proposição, por meio da negação do oposto do que a proposição dada afirma. ▸ Por obversão, proposições categoriais básicas podem ser modificadas inferencialmente. O que a obversão faz é negar o termo predicativo e mudar a proposição de positiva para negativa ou vice-versa "todos os *S* são *P*" vira "nenhum *S* é não *P*", como no caso de "todos os seres sexuais são mortais", que leva à inferência imediata "nenhum ser sexual é não mortal". Graças à obversão, "nenhum *S* é *P*" modifica-se para "todos os *S* são não *P*": "nenhum professor é ignorante" é, então, vertido para "todos os professores são não ignorantes", "alguns *S* são *P*" transforma-se em "alguns *S* são não *P*", como no caso de "alguns velhos são rabugentos" que é logicamente equivalente a "alguns velhos são não rabugentos". Da mesma maneira, "alguns *S* não são *P*" converte-se em "alguns *S* são não *P*", ou seja, a partir de "alguns políticos não são corruptos", pode-se afirmar que "alguns políticos são não corruptos". Segundo a silogística aristotélica, a obversão é uma inferência lógica válida.

obverso LÓG Que decorre de obversão (diz-se de proposição).

óbvio 1 Fácil de descobrir, de ver, de entender; que salta à vista; manifesto, claro, patente. 2 Que não se pode pôr em dúvida; axiomático, evidente, incontestável. 3 Que pode ser apreendido, captado ou pressentido por intuição; intuitivo, evidente. 4 Aquilo que é evidente.

Ockham, Guilherme de (Ockham, Surrey, Inglaterra c1285 - Munique, Alemanha 1349) Teólogo e filósofo nominalista inglês. ▸ O teólogo franciscano, Guilherme de Ockham (em ing., William of Ockham) defendeu a tese polêmica e rejeitada pelo papado de João XXII de que não havia propriedade privada entre Jesus e seus discípulos. Desde então, seus laços com a autocracia da Igreja deterioraram-se a ponto de se ver obrigado a fugir para a corte da Baviera, onde morreu, provavelmente infectado pela peste negra, que dizimou quase metade da população europeia do sXIV. Filosoficamente, Ockham julgava-se o intérprete mais correto das doutrinas de Aristóteles (384 a.C. - 322 a.C.), além de ser um opositor feroz da doutrina dos universais. Dos nominalistas medievais, Ockham é um dos mais importantes (cf. NOMINALISMO). Para ele, acreditar na realidade dos universais constituía-se no maior erro filosófico possível. Os entes naturais não podem ter uma dupla natureza, como afirmavam os platonistas: uma no mundo das ideias, outra no mundo sensível. Não haveria motivo para se aceitar a existência unitária e universal das representações intelectuais que proliferariam em uma multiplicidade de entes sensíveis. Para que algo seja real, deve atender ao critério de individualidade e de particularidade. Ser universal é um efeito dos nomes que são usados para representar os entes individuais e particulares. Os nomes apenas indicam conceitos universais: o nominalismo ockhamiano acaba sendo, de fato, uma teoria conceitualista. Os escritos de Ockham são memoráveis na interpretação das mecânicas e procedimentos lógicos e linguísticos. Há quem o considere um dos precursores do EMPIRISMO britânico. É claro que a negação da realidade dos universais representava tanto o abandono de uma hipótese desnecessária como uma instância de sua recomendação epistemológica, que recebeu o nome de NAVALHA DE OCKHAM e que recomendava parcimônia no uso de conceitos. Logo, se a universalidade é uma propriedade dos nomes, não há motivo para que se examine ou que se especule sobre o que esteja além da dimensão sígnica. Os argumentos de Ockham sustentam uma identidade entre a experiência e o discurso. Conhecer conceitos depende apenas do exame dos signos. Cada signo material se subordina e expressa um conceito ao qual se tem acesso através da matéria sígnica. Guilherme de Ockham afirma que existem três tipos de comunicação: a escrita, a oral e a mental. As comunicações escrita e oral ocorrem por serem produtos de convenções; mas o discurso mental só existe no intelecto do indivíduo, não sendo, portanto, capaz de ser comunicado. A relação entre essas formas de comunicação é hierárquica, sendo a oral a mais baixa e a mental a mais alta. Todas as formas de comunicação são feitas a partir de dois tipos de elementos: sincategoremáticos e categoremáticos. Os elementos sincategoremáticos são aqueles que vêm sempre junto a outros, como é o caso das palavras lógicas *se*, *então*, *não* etc. Diz-se que um termo elementar é categoremático quando significa um objeto que pode ser entendido sem a referência necessária a outros termos: casa, mulher, Guilherme, que se referem a todas as casas, todas as mulheres e todas as pessoas chamadas Guilherme. Se os sincategoremáticos são relativos, os categoremáticos são absolutos. Os termos categoremáticos têm significação porque expressam conceitos. Um termo categoremático subordina-se a um conceito categoremático e tanto termo como conceito significam o mesmo objeto individual. Significado e sentido não passam de referência e denotação, mas isso não quer dizer que um termo categoremático aponte para uma dimensão conotativa. O termo *branco* associa-se a *brancura*, ainda que brancura não seja completamente o que se refere por branco. A denotação seria uma significação primária, ao passo que a conotação indicaria um sentido secundário e associativo. Considera-se uma proposição verdadeira ou falsa a partir de sua relação com o objeto individual que é representado. As teses de Ockham desenvolveram-se como resposta ao ambiente intelectual da Idade Média, que foi, por sua vez, imensamente influenciado por ele. A teoria dos signos em Ockham é aparentada à de autores posteriores tão diversos como Thomas Hobbes (1588-1679), John Locke (1632-1704) e Ferdinand de Saussure (1857-1913).

BIBLIOGRAFIA

OCKHAM, Guilherme de. *Philosophical writings*. Indianapolis: Hackett, 1990.

ocorrência 1 LING Na relação tipo/ocorrência, cada emprego de um vocábulo tipo da língua, analisado como elemento da fala, no contexto de um enunciado (p.ex.: a palavra *simbolismo*, analisada num contexto como elemento da fala, será uma ocorrência de simbolismo tomado como elemento da língua). 2 SEMIO Signo particular que aparece como caso individual, ou em indicação de circunstâncias dadas, destacando-se da categoria a que pertence. ▶ P.opos. a [1]TIPO.

OCR [ing.] INF Método mecânico ou eletrônico de traduzir imagens escaneadas de vários tipos de letra em sequência de letras codificadas que podem ser lidas por uma máquina. ▶ Sigla de *Optical Character Recognition* ('reconhecimento de caracteres ópticos').

octeto 1 MÚS Composição para oito executantes. 2 MÚS Conjunto de oito executantes. 3 INF *Byte* que comporta oito *bits*. ▶ Cf. BIT; INFORMAÇÃO.

off [ing.] Palavra gramatical inglesa us. para indicar separação ou distanciamento físico.

***off* cruzado** JOR Ver OFF-THE-RECORD.

off-diary [ing.] JOR Que surge de maneira inesperada (diz-se de notícia).

off-line [ing.] 1 INF Sem conexão a um computador associado. 2 INF Que não está conectado a um computador ou que não pode ser us. em um dado momento (diz-se de sistema, equipamento ou dispositivo). 3 INF Que não pode ser acessado por um computador num determinado momento (diz-se de dado ou arquivo). 4 TEL Que não fornece programação a suas estações afiliadas, permitindo, em vez disto, que cada estação estabeleça sua própria programação, ger. segundo um formato específico (diz-se de rede).

off-mike [ing.] RÁD Som que é transmitido em rádio sem que seja produzido diretamente em frente ao microfone.

offset [ing.] GRÁF Diz-se de ou processo de impressão indireta, derivado da litografia, em que a imagem a ser impressa é gravada por sistema fotomecânico numa chapa de metal (ger. de zinco ou de alumínio), a partir da qual é transferida para um cilindro revestido de borracha e, deste, para a folha de papel ou qualquer outro suporte adequado. ▶ Por esse sistema, a matriz é umedecida e as áreas de claro aceitam a umidade e repelem a tinta, ocorrendo o inverso nas áreas de impressão. ▶ F. aport.: *ofsete*

***off* simples** JOR Ver OFF-THE-RECORD.

off-the-record [ing.] JOR 1 Dito sem medidas acauteladoras, mas não para ser divulgado. 2 Confidencial, sigiloso, secreto; em *off*.

INFORMAÇÕES GERAIS

Ao contrário da maioria das informações que aparecem num jornal e têm a sua fonte identificada, por vários motivos publicam-se notícias cujas fontes são anônimas. O *Manual da redação* da *Folha de S.Paulo* reconhece três tipos de notícias *off-the-record*. Chama de '*off* simples' o que foi apurado, sem ser cruzado com outras fontes independentes: o *off* simples pode ser noticiado, com a ressalva de que é necessário uma apuração mais acurada do que foi relatado. O critério que preside a publicação desse tipo de notícia *off-the-record* é a credibilidade da fonte. O jornalista deve tomar cuidado para que o vazamento não seja do interesse da fonte, que procuraria plantar uma notícia no jornal. O *Manual de redação e estilo* de *O Globo* afirma que não há lugar para boatos nas páginas de um jornal. O *off* simples não é boato e pode até originar-se num rumor, que deve ser checado, verificado e investigado pelo jornalista. Se o *off* simples advém de apenas uma fonte, quando o jornalista cruza essa fonte com outras o que se tem é o '*off* cruzado'. Nesse caso, o jornal pode assumir a veracidade da notícia. Mas o procedimento não deve ser abusado, pois uma apuração imprecisa ou equivocada fere a credibilidade do jornal. No caso de um '*off* total', a fonte da notícia não será, de forma alguma, identificada. O anonimato do *off* total é sempre a pedido da própria fonte. O *off* total não é notícia, mas serve para guiar a investigação jornalística. Uma prática coerente do jornal é a notificação da pista em *off* total para os responsáveis pelo jornal, que devem responsabilizar-se pelo respeito ao segredo. ▶ Cf. NOTÍCIA.

***off* total** JOR Ver OFF-THE-RECORD.

oficina GRÁF JOR Numa gráfica ou empresa jornalística, local onde estão instalados os equipamentos de composição, clicheria, paginação, impressão e acabamento.

ofsete GRÁF Aport. de *OFFSET*.

ofsete gravado GRÁF Variante do processo ofsete com cópia positiva, pelo qual a chapa é submetida a mordaça-

gem com uma solução de percloreto de ferro, que aprofunda imperceptivelmente a imagem gravada, dando maior nitidez e durabilidade à chapa matriz.
ofsetista GRÁF Impressor de máquina ofsete.
ogiva EST Gráfico que apresenta a frequência acumulada.
ohm ELETR FÍS Unidade de medida de resistência ou impedância elétrica no Sistema Internacional. ▸ Símb.: Ω
oitava MÚS **1** Intervalo que abrange oito notas de uma escala diatônica. **2** Sinal que indica que o trecho melódico deve ser executado oitavado, acima ou abaixo.
oitavado MÚS À distância de uma oitava.
oitavar MÚS Executar à distância de oitava.
oitavo GRÁF M.q. IN-OITAVO.
olap [ing.] INF MKT Sistema de mensuração informatizado us. para produzir relatório de vendas e de *marketing*, além de orçamento e planejamento. ▸ Sigla de *online analytical processing* ('processamento analítico *on-line*').
oleografia ART.PLÁST **1** Reprodução de um quadro a óleo, feita de uma tela para outra. **2** Pintura realizada por esse processo.
oleogravura GRÁF Cromolitografia impressa em papel gofrado que se assemelha a uma tela, e que resulta em imitar o efeito da pintura a óleo; litocromia.
olfação Ato de cheirar; o exercício do sentido do olfato.
olfaltivo Relativo ou pertencente ao olfato.
olfato Sentido com que se distinguem os odores; cheiro, faro. ▸ Em todo o mundo natural, o olfato é um veículo de fundamental importância para a troca de mensagens entre organismos. As mensagens que circulam tanto entre organismos multicelulares como unicelulares são marcadas por suas propriedades físicas. Como a composição química das mensagens é uma marcação atuante, tanto em organismos multicelulares como unicelulares, acredita-se que os sinais químicos e olfativos sejam os mais antigos evolutivamente, já que se manifestam em todos os tipos de organismos. As substâncias ativas semiótica e quimicamente são chamadas de feromônios. Atualmente a base feromônica de mais de sete mil insetos já foi identificada. A codificação da informação olfativa depende da existência de um mapa semioquímico no cérebro dos organismos que percebe, identifica e classifica as qualidades materiais dos odorantes. A composição molecular que caracteriza a comunicação olfativa é variável: alguns sinais químicos são simples e outros compostos e espalham-se por meio de secreções orgânicas, tais como urina, fezes, saliva, fermentação bacterial, produções e descargas glandulares etc. Sensores químicos recebem a informação que chega a partes específicas do corpo dos organismos, sejam elas cavidades nasais, antenas ou células sensoriais de invertebrados. A comunicação olfativa serve para vários propósitos: identificar o indivíduo, sua pertinência ao grupo, seus traços particulares e também disparar reações relacionadas à sua sobrevivência. O cheiro serve para comunicar ameaça, alarmar, indicar domínio e superioridade potencial, marcar território, atrair parceiros, orientar a interação, sinalizar cio etc. O cheiro está intimamente ligado às múltiplas atividades sociais dos organismos. Alguns cheiros menos intensos exigem que o animal se aproxime para identificar a mensagem, mas há também composições químicas mais fortes, que sinalizam à distância. Um mesmo sinal pode servir para mais de uma função, umas vezes para atrair, outras para estimular. Um sinal olfativo identifica tanto indivíduos como a área que pertence a um determinado grupo. Na medida direta da durabilidade física do sinal, que independe da presença *in loco* do organismo, a comunicação olfativa atende com muita propriedade às demandas de territorialidade das sociedades animais. O olfato é um perceptor sensorial do ambiente químico em que vive o organismo. Cf. FEROMÔNIO.

BIBLIOGRAFIA

WYATT, Tristam D. *Pheromones and animal behavior: communication by smell and taste*. Cambridge: Cambridge University Press, 2003.

olho **1** BIBL GRÁF Área fechada no traçado de certas letras (p.ex., na parte superior do *e*). **2** GRÁF M.q. ANTERROSTO. **3** JOR Intertítulo ou pequeno trecho destacado da matéria.
olho-de-peixe FOT Red. de OBJETIVA OLHO DE PEIXE.
oligopólio ECON Situação de mercado em que poucas empresas detêm o controle da maior parcela do mercado. ▸ Os altos investimentos frequentemente indispensáveis para a comunicação de massa impulsionam o mercado no sentido de uma grande concentração. Além disso, a globalização do mercado da comunicação favorece aqueles grupos de maior poder econômico. Acredita-se que essa seja uma tendência inescapável, levando à existência de poucos conglomerados que partilhariam o mercado. A maneira de impedir esse domínio seria através de regulamentação legislativa, o que esbarra, por vezes, em interesses políticos e econômicos. Na prática, o controle legislativo dos meios de comunicação só se mostra possível em mercados regionais. Atualmente, parece inviável a regulamentação do mercado global de mídia.
oligopsônio ECON Estrutura de mercado caracterizada por haver um número pequeno de compradores. ▸ Cf. MONOPSÔNIO.
ombudsman [sueco] **1** Em empresas públicas ou privadas, indivíduo encarregado do estabelecimento de um canal de comunicação entre consumidores, empregados e diretores. **2** JOR Jornalista, contratado de fora ou pertencente ao quadro da empresa, que, de maneira independente, critica o material publicado e responde às queixas dos leitores.
onda curta FÍS TEL Onda eletromagnética cuja frequência se encontra compreendida numa região entre 30 mega-hertz e 300 quilo-hertz e cujo comprimento de onda está na região entre 10 e 100 metros; onda decamétrica.
onda decamétrica FÍS TEL M.q. ONDA CURTA.
onda eletromagnética FÍS Onda que ocorre da interação entre campos elétricos e magnéticos e sua inter-relação. ▸ Medida pelas equações do físico escocês James Clerk Maxwell (1831-1879).
onduladeira PAP Máquina que produz cartão ondulado; corrugadeira.
one-hit-wonder [ing.] MÚS Artista de música popular que, após fazer sucesso com uma música, desaparece da cena artística, por vontade própria ou pela indiferença do público.
one-man-show [ing.] TEAT TV **1** Espetáculo de variedades conduzido por ou centralizado em um único artista. **2** O artista que conduz esse tipo de espetáculo.
one-shot [ing.] PUB Diz-se de peça publicitária de grande impacto ou eficiência, que só é veiculada uma vez.
one-to-one [ing.] MKT Diz-se de processo de venda que ocorre por meio da interação pessoal de vendedor e cliente.

one-way [ing.] Diz-se de embalagem que não precisa ser devolvida ao vendedor ou ao produtor, depois de usado o produto que ela continha.
onitônico MÚS Que se adapta a qualquer tom ('tonalidade').
on-line [ing.] INF **1** Conectado direta ou remotamente a um computador e pronto para uso (diz-se de sistema, equipamento ou dispositivo). **2** Disponível para acesso imediato por um computador (diz-se de dado ou arquivo). **3** Entre ou em conexão com (sistema de processamento e/ou transmissão de dados).
on-line community [ing.] SOC M.q. COMUNIDADE VIRTUAL.
on-line game [ing.] INTERN M.COM Tecnologia de *video game* à qual se tem acesso através de redes de computação que permitem aos usuários jogarem no tempo real de um mundo virtual criado digitalmente. ▸ Cf. AVATAR; MUD; VIDEO GAME.
onomásia Designação nominal; denominação.
onomasiologia 1 LING Estudo da significação cuja metodologia de análise parte das noções ou conceitos para determinar as formas linguísticas a eles correspondentes. **2** LING Ramo da linguística que estuda as diversas relações lexicais de uma mesma noção dentro de uma ou mais línguas. **3** LING Estudo dos princípios da nomenclatura, esp. quanto à variação regional, social ou ocupacional. **4** LEX Técnica de partir de significados para indicar, em dicionários e afins, os significantes que lhes correspondem (p.ex., 'especialista em formigas' = 'mirmecólogo'). ▸ P.opos. a SEMASIOLOGIA.
onomástica LING **1** Relação, coleção, lista de nomes próprios. **2** Estudo linguístico dos nomes próprios; onomástico, onomatologia. ▸ Compreende várias subdivisões, como antroponímia, astronímia, mitonímia, toponímia etc. **3** Livro, estudo ou tratado que contém tal relação de nomes ou tal estudo.
onomastoteca BIBL Biblioteca especializada em material relacionado com onomástica, em que a mapoteca é fonte para a parte que diz respeito à geonímia, parte dedicada ao estudo e à etimologia dos nomes geográficos.
onomatopeia LING **1** Formação de uma palavra a partir da reprodução aproximada, com os recursos de que a língua dispõe, de um som natural a ela associado; onomatopoese. **2** A palavra assim formada (p.ex.: *pum, tique-taque, atchim, zum-zum* etc.)
onomatopoese LING **1** Nominação de uma coisa a partir da interpretação aproximada do som a ela associado; onomatopeia. **2** Criação de neologismo(s).
on-screen [ing.] INF Diz-se de informação projetada em tela de terminal informatizado.
ôntico FIL **1** Relativo ou pertencente ao ser, a seu estudo ou a suas características. **2** No heideggerianismo, diz-se do que se relaciona ao ente, o existente múltiplo e concreto, em oposição ao ontológico, que se refere à essência ou natureza geral de cada particularidade existente. ▸ Cf. HEIDEGGER, MARTIN.
ontogênese BIO EVOL M.q. ONTOGENIA.
ontogenia BIO O desenvolvimento de um indivíduo desde a concepção até a idade adulta; ontogênese. ▸ Cf. FILOGENIA.
ontologia FIL **1** Segundo o aristotelismo, parte da filosofia que tem por objeto o estudo das propriedades mais gerais do ser, apartada da infinidade de determinações que, ao qualificá-lo particularmente, ocultam sua natureza plena e integral; metafísica ontológica. ▸ Cf. ARISTÓTELES. **2** No heideggerianismo, reflexão a respeito do sentido abrangente do ser, como aquilo que torna possível as múltiplas existências. ▸ Opõe-se à tradição metafísica que, em sua orientação teológica, teria transformado o ser em geral num mero ente com atributos divinos. ▸ Cf. HEIDEGGER, MARTIN.

INFORMAÇÕES GERAIS

As hipóteses metafísicas características da ontologia remontam à filosofia grega, mas o termo só foi cunhado no sXVII. A ontologia discute o que existe no seu sentido mais amplo, e isso não quer dizer que o estudo ontológico limite-se a descrever o mundo, pois sua preocupação inclui não apenas o que é, mas também o que deve existir de uma forma ou de outra. A ontologia tem como objeto a existência, o ser e suas categorias. A discussão ontológica incluiria entidades simples, complexas, com ou sem extensão, eternas e precárias, reais e possíveis etc. A ontologia usa como seu instrumento principal de investigação a razão, o que, depois de Immanuel Kant (1724-1804), não é visto como recurso plenamente confiável. A existência tem um estatuto próprio, que escapa aos limites da razão em estado puro. No panorama filosófico do sXX, Martin Heidegger (1889-1976) pode ser considerado um ontologista, provavelmente o mais radical, enquanto muitos de seus críticos positivistas acreditam que a discussão ontológica não passa de verborragia inverificável. Para os empiristas, a ontologia é uma reflexão instrumental e jamais especulativa. Em um trabalho influente sobre o que existe, o filósofo americano Willard van Orman Quine (1908-2000) afirmou que, para cada objeto existente, há várias teorias que respondem por ele e que estão com ele comprometidos; e é esse critério de compromisso que define o pensamento sobre a existência. Os objetos existentes simplesmente preenchem essas condições, que não se reduzem a especulações rarefeitas e metafísicas, como a filosofia heideggeriana supôs.

BIBLIOGRAFIA

HEIDEGGER, Martin. *Introdução à metafísica*. Rio de Janeiro: Tempo Brasileiro, 1999.
QUINE, Willard van Orman. *From a logical point of view*. Cambridge: Harvard University Press, 1953.

ontológico FIL **1** Relativo à ou próprio da ontologia, à investigação teórica do ser. **2** No heideggerianismo, relativo ao ser em si mesmo, em sua dimensão ampla e fundamental, em oposição ao ôntico, que se refere aos entes múltiplos e concretos da realidade. ▸ Cf. HEIDEGGER, MARTIN; ONTOLOGIA.
ontologismo FIL **1** Qualquer doutrina que privilegia, na elucidação dos problemas filosóficos, o ponto de vista ontológico, que se caracteriza pela compreensão do ser em seu sentido mais geral e abrangente. **2** Doutrina oitocentista que critica a subjetividade da filosofia moderna desde o cartesianismo, afirmando que o supremo conhecimento, consistente em uma compreensão direta e intuitiva do ente divino, não é gerado por uma intenção humana, mas pela vontade da própria divindade. ▸ Cf. ONTOLOGIA.
op. [lat.] MÚS Abrev. de OPUS.
op-art [ing.] HIST.ART PINT Movimento da arte abstrata, surgido na década de 1960 e caracterizado pelo uso de linhas ou formas em alternância de cores e/ou luzes, criando padrões geométricos que provocam efeitos ópticos geradores de ilusão, esp. de movimento.

opção INF Uma das diversas escolhas possíveis, em um menu ou qualquer outro sistema que permita tal seleção.

op. cit. [lat.] Abrev. de OPERE CITATO.

op-ed [ing.] JOR Artigo de jornal, publicado na página direita da seção de editoriais, que expressa a opinião e a visão pessoal ou subjetiva de um indivíduo que não faz parte dos quadros do jornal. ▸ Desde a década de 1930, seguindo o modelo original do *The New York Times*, encontram-se *op-eds* nos jornais norte-americanos, que procuravam, assim, oferecer o que o rádio e a televisão não tinham. Não são comentários da direção do jornal sobre temas recentes, mas uma visão que pode até, por vezes, contradizer a linha do jornal ou apresentar uma alternativa, enriquecendo-a. ▸ Sigla de *opposite the editorial page* ('do lado oposto da página de editoriais').

opensource [ing.] INF **1** Programa de código aberto, desenvolvido colaborativamente, e que, quando comercializado, não exige que seja também disponibilizado o código-fonte. ▸ Cf. FREE-SOFTWARE. **2** M.q. SHAREWARE.

ópera MÚS TEAT **1** Obra dramática musicada, ger. desprovida de partes faladas, composta de recitativos, árias, coro, às vezes de balé, e acompanhada de orquestra; drama musical. **2** Gênero constituído por esse tipo de composição. **3** Teatro em que se representam óperas ou peças dramáticas musicadas; teatro lírico.

INFORMAÇÕES GERAIS

A ópera é tanto música como teatro e assim deve ser considerada. Perder de vista a interação do musical e do dramático numa só totalidade é destruir a experiência propiciada ao espectador. Aqui reside a principal dificuldade nas análises da comunicação operística: se a mensagem da ópera é dramático-musical, como abordá-la? A própria palavra 'ópera' é uma distorção da experiência que o gênero efetivamente propicia. *Opera* (do neutro pl. do lat. *opus,ĕris*) quer dizer 'obra', inclusive literária, o que sugere a predominância do libreto sobre a música, quando, na verdade, a referência aos criadores ou expressões máximas do gênero é sempre aos compositores musicais: Wolfgang Amadeus Mozart (1756-1791), Gaetano Donizetti (1797-1848), Gioachino Rossini (1792-1868), Giacomo Puccini (1858-1924), Alban Berg (1885-1935) etc. Entretanto, no universo da ópera, havia quem, como Richard Wagner (1813-1883), escrevesse seus próprios libretos. Em vez de empregar o termo 'ópera', Wagner dizia que seus trabalhos eram dramas musicais. Recapturar, nos termos de uma teoria, a totalidade do espetáculo musical e dramática tem sido uma questão debatida pelos intérpretes da ópera como comunicação. No estudo teórico da ópera, outro problema que se apresenta é que aqueles que são capazes de entender os problemas especializados da composição musical freq. desconhecem ou desconsideram o cenário, o libreto, o drama, a iluminação etc. Num espetáculo em que convivem, interagem e fundem-se música, palavra, gesto, tom, marcação, maquiagem, entre outros elementos, a sugestão de Tadeusz Kowzan (1922-2010) é importante: deve-se procurar a significação do espetáculo em segmentos que contenham todos os signos emitidos simultaneamente. A sugestão não é de fácil e imediata aplicação, pois, se é possível identificar o que sejam signos musicais e dramáticos, o mesmo não ocorre quando se tenta isolar, compreender, relacionar e interpretar uma unidade comunicativa que seja simultaneamente musical e dramática. A ópera é sempre uma história contada a partir de diálogos dramáticos e por indicações de como o acontecimento deve ser encenado. O que caracteriza a ópera em relação a outras formas musicais é a subordinação da composição musical à encenação dramática. A música sublinha, acompanha, enfatiza, interpreta as situações cênicas: é nesse conjunto de papéis que ela adquire seu sentido. O libreto realiza-se na música, o que torna problemática a aplicação direta de princípios da NARRATOLOGIA estruturalista à ópera. O discurso verbal não é uma entidade autônoma nas criações operáticas: o que é contado não pode ser separado da maneira como a cena é contada por meio da música. Como alguns teóricos reconheceram, a música não é uma linguagem no sentido estrito do termo; submeter uma metodologia advinda da linguística acaba produzindo resultados pouco confortáveis e que, no final das contas, desconsideram um aspecto central da ópera, a sua musicalidade. Na música, e comparado em relação à expressão linguística, o significado é de natureza particular, pois não foi codificado *a priori*. O *leitmotif* wagneriano explora e ilustra as possibilidades abertas pela natureza da música: um tema musical ocorre e recorre em relação a um personagem, local ou qualquer outro elemento do drama, fazendo do universo sonoro uma entidade com relativa autonomia e, paradoxalmente, expressiva do libreto, sem a ele reduzir-se. Ao contrário do teatro, que é composto de dois elementos básicos, o texto e o desempenho teatral, a ópera possuiria uma natureza triádica, na qual o texto operático se divide em música e libreto. É claro que, vistas como produtos culturais, as óperas podem ser compreendidas nos termos de sua contextualização histórica, política e social.

BIBLIOGRAFIA

CHARLTON, David (ed.). *The Cambridge companion to grand opera*. Cambridge: Cambridge University Press, 2003.

COOKE, Mervyn. *The Cambridge companion to twentieth-century opera*. Cambridge: Cambridge University Press, 2006.

NOSKE, Fritz Rudolf. *The signifier and the signified in the opera: studies in the opera of Mozart and Verdi*. Berlin: Springer, 1977.

operação **1** Ato ou conjunto de atos em que se combinam os meios necessários à obtenção de determinados resultados. **2** Qualquer processo que transforma dois elementos de um conjunto em um terceiro elemento.

INFORMAÇÕES GERAIS

A operação é uma subclasse da categoria geral de ação, pois se define como uma tarefa e não como a realização de uma intenção subjetiva. As operações são atividades que se fazem sem a ação direta de uma pessoa, sendo, portanto, capazes de serem realizadas por máquinas. Os processos matemáticos e a computação de dados são formas de operações. Para que uma operação se realize é necessário um conjunto de sinais definidos sem ambiguidade e regras que transformem esses elementos semióticos. Por isso, diz-se que a lógica formal estuda a maneira pela qual as operações mentais se realizam. Na lógica formal, não há lugar para disputa ou argumentação, pois a operação formal leva a uma conclusão que é necessária, ou seja que não pode ser uma outra. As operações resultam da conjunção de sinais e regras de transformação.

operação binária MAT Aquela que envolve dois elementos.

operação dúplex TEL Sistema de operação de um aparelho transmissor e receptor em uma só localização, em conjunto com equipamentos associados transmissores e receptores em outro local.
operação símplex TEL Sistema de operação em que a comunicação entre duas estações se realiza em um só sentido de cada vez.
operação ternária MAT Aquela que se define para três elementos de um conjunto.
operação unívoca MAT Aquela que determina um único resultado.
operador 1 INF Símbolo ou qualquer outro caractere indicativo de uma operação, que atua sobre um ou mais elementos na programação e nas aplicações do computador. **2** LÓG O indicador de uma função lógica.

INFORMAÇÕES GERAIS

Na medida em que realizam uma função, os operadores são símbolos e representações do tipo 'e', 'ou', '≥', '≤', '→'. Numa linguagem lógica, os quantificadores têm a função de operadores. ▸ Cf. OPERAÇÃO.

operador de câmara CINE TV VIDEO Técnico encarregado de operar câmaras, em um estúdio ou nas ruas; *cameraman*, cinegrafista.
operador de projeção CINE M.q. PROJECIONISTA.
operador de som ACS ELETR ELETRÔN M.COM M.q. ENGENHEIRO DE SOM.
operador de telemarketing MKT M.q. TELEOPERADOR.
operando INF Em uma instrução de computador, a parte que é operada ou a indicação ou endereço que a identifica.
opere citato [lat.] Na obra citada. ▸ Abrev.: *op. cit.*
opinião FIL Crença adotada como verdade pelo senso comum, sem qualquer reflexão a respeito de sua validade, de seus pressupostos e dos meios pelos quais foi obtida. ▸ Como efeito direto do domínio da tradição platônica no pensamento ocidental, o termo 'opinião' (em gr. *dóxa*) é visto como sinônimo de erro, ignorância ou consciência iludida, mas para a Antiguidade Clássica não havia essa unanimidade. Um dos primeiros registros do termo está na *Ilíada* (livro X) e na *Odisseia* (livro XI), onde *dóxa* é entendida como aquilo que parece normal, prudente e justo. Posteriormente, para os filósofos pré-socráticos, opinião é vista como aparência de verdade que não permite certeza. O que for opinião pode parecer algo justo do ponto de vista humano, porém essa concordância unânime de opinião indica apenas um valor relativo, na melhor das hipóteses apenas possível. É nesse momento histórico que surge a oposição entre o que é apenas razoável e o que é factual e empiricamente verdadeiro. O que Parmênides (c515 a.C.-?) fez e Platão (c428 a.C. - c348 a.C.) reforçou é o juízo de que a opinião tem uma base frágil que resulta da instabilidade dos sentidos. Opinião não é o que é, mas o que parece ser. Daí a afirmação de que *dóxa* é um sistema de conhecimento afastado da inteligibilidade da razão, o que produz um conhecimento equivocado, um desconhecimento. Opinião é o contrário do verdadeiro saber, da ciência. Mas, para Aristóteles (384 a.C. - 322 a.C.), a opinião tem um teor reflexivo, ainda que de natureza diferente em face do raciocínio analítico. O raciocínio analítico baseia-se em princípio lógico bivalente: nele, toda proposição é verdadeira ou falsa. Os enunciados de opinião, ainda que racionais, não podem ser ditos nem absolutamente verdadeiros, nem totalmente falsos. A opinião comum é resultado da adesão dos membros de uma comunidade; seus enunciados resistem à falsificação e expressam crenças mantidas e sustentadas como verdadeiras por um grupo específico. Trata-se de uma verdade local e circunstancial. A opinião que uma comunidade abraça, sustenta e acolhe não poderia, segundo a dialética aristotélica, ser descartada como completamente estranha à verdade. ▸ P.opos. a CIÊNCIA. ▸ Cf. PARMÊNIDES DE ELEIA.

BIBLIOGRAFIA

RÉGIS, L. M. *L'opinion selon Aristote*. Paris: J. Vrin/Institut des Études Mediévales, 1936.

opinião pública 1 O acordo da totalidade, ou da grande maioria, das opiniões de uma coletividade sobre questões de interesse geral. ▸ Cf. ESFERA PÚBLICA. **2** Opinião que traduz a vontade popular em assuntos que dizem respeito à condução dos destinos de uma coletividade politicamente organizada.
opistógrafo 1 Escrito ou impresso em ambas as faces (diz-se de manuscrito, folha, documento, livro). ▸ P.opos. a ANOPISTÓGRAFO. **2** Manuscrito, folha ou documento escrito de ambos os lados.
oportunidade ambiental MKT M.q. OPORTUNIDADE DE MERCADO.
oportunidade de mercado MKT Ocasião ou circunstância mercadológica criada pelo desenvolvimento de um produto ou serviço; oportunidade ambiental.
oposição LING Existência de diferença em unidades alternativas no eixo paradigmático, que serve para distingui-las (no plano fonológico, os fonemas e os traços distintivos; no plano morfológico, os morfemas; no plano semântico, os traços semânticos etc.), de forma que a substituição de uma unidade pela outra modifica o sentido da elocução na qual a substituição é feita. ▸ Fato de que cada unidade de uma língua tira seu valor da rede de oposições de que participa dentro daquele sistema linguístico, ou seja, para uma unidade ter existência, deve haver outra que a ela se oponha (p.ex., plural x singular; feminino x masculino; passado x não passado etc.); o mesmo acontece nos planos fonológico, morfológico etc. [Noção básica da linguística estruturalista.]

INFORMAÇÕES GERAIS

Já que não podem ser pensados isoladamente, a não ser em relação a seu oposto, os termos, elementos e conceitos em estado de oposição estão intimamente ligados. A oposição é considerada estruturante, sendo, portanto, uma propriedade *a priori* que antecede os elementos individuais. O reconhecimento das correlações de oposição dá-se pela identificação da presença ou da ausência de um traço, seja ele perceptivo ou conceitual: esse tipo de oposição é chamada de privativa. A oposição pode ser binária e regida por uma correlação do tipo sim/não, 0/1, aceso/apagado, marcado/não marcado ou então gradual e progressiva, como no caso dos fonemas p-k-t, cru-podre-cozido, ontem-hoje-amanhã. Nos seus escritos sobre a frase declarativa, Aristóteles (384 a.C. - 322 a.C.) identifica quatro tipos de frases que resultam da combinatória opositiva daquilo que declaram. Uma frase pode ser universal ou particular e afirmativa ou negativa. Daí, o reconhecimento de que existem frases universais afirmativas ("todo *S* é *P*"), universais negativas ("nenhum *S* é *P*"), particulares afirmativas ("alguns *S* são *P*") e particulares negativas ("alguns *S* não são *P*"). Para o linguista

Roman Jakobson (1896-1982), a oposição fundamental é binária, sendo todas as outras uma derivação desse traço estruturante. ▸ Cf. ESTRUTURA; ESTRUTURALISMO; BINÁRIO; BINARISMO.

---

oposição binária LING Oposição baseada em um traço distintivo que assume um entre dois valores possíveis, representados comumente pelos sinais + ou -, indicando, respectivamente, presença ou ausência do traço (p.ex., em português o traço sonoro, que distingue uma série de fonemas consonantais: p [-sonoro]/ b [+sonoro]; s [-sonoro]/ z [+sonoro] etc.). ▸ Cf. BINÁRIO; BINARISMO.

oposição gradual FON Na terminologia do Círculo Linguístico de Praga, oposição fonológica em que os termos se caracterizam por um mesmo aspecto particular, apresentado em graus diferentes (p.ex.: /é/, /ê/, /i/, que se distinguem por diferentes graus de abertura). ▸ Cf. BINÁRIO.

oposição privativa FON Na terminologia do Círculo Linguístico de Praga, oposição binária na qual um dos dois termos é marcado pela presença de um traço que está ausente no outro termo, como na distinção/b/ -/p/ (sonoridade/não sonoridade). ▸ Cf. BINÁRIO; BINARISMO.

óptica 1 FÍS Parte da física que estuda as leis relativas às radiações luminosas e aos fenômenos da visão. 2 FÍS Tratado, dissertação acerca desse ramo da física. 3 Local especializado na venda e/ou fabrico de óculos, lunetas, instrumentos ópticos em geral. 4 Forma, aspecto de um objeto visto ao longe ou sob determinado ângulo; perspectiva.

opt-in [ing.] INTERN MKT *Mailing list* da qual um indivíduo participa voluntariamente para receber informações sobre determinado produto, serviço ou organização.

opus [lat.] MÚS Índice catalográfico que indica a sequência temporal das publicações de um compositor. ▸ Abrev.: *op.*

¹opuscular Relativo a ou da natureza de opúsculo.

²opuscular Compor, escrever ou publicar opúsculos.

opúsculo 1 Impresso ou livro pequeno, de poucas páginas. 2 Folheto de conteúdo artístico, literário, científico etc.

oração GRAM Frase, ou membro de frase, que contém um verbo. ▸ Cf. FRASE; PERÍODO.

oracional GRAM Que diz respeito ou equivale a oração.

oratória RET Conjunto de regras que constituem a arte do bem dizer, a arte da eloquência; retórica.

ordem 1 LING Em qualquer dos níveis de análise (fonológico, morfológico ou sintático), sequenciamento, determinado por regras, das unidades que compõem a cadeia (de palavra, locução ou frase). 2 MÚS Termo que designa as cordas emparelhadas de alguns instrumentos de cordas dedilhadas.

ordem do dia CINE REC.AV Lista divulgada durante uma produção ou filmagem que estabelece e determina as responsabilidades e atribuições da equipe técnica e artística; *call sheet*.

ordem simbólica ANTRPOL PSICN M.q. SIMBÓLICO.

ordenar JOR TV Dispor em sequência (matérias de jornal impresso ou televisivo).

orelha BIBL EDIT 1 Parte da capa ou da sobrecapa de livros que se dobra para dentro, podendo ou não conter resumo do seu conteúdo ou informações a respeito do autor; aba. 2 EDIT Espaço ger. orlado, ao lado de títulos ou cabeçalho de jornal ou revista, contendo referências, anúncio ou notícia de destaque.

orelhão Espécie de cabine telefônica, ger. instalada ao ar livre, dotada de uma peça de formato côncavo que abriga o telefone público.

organicismo 1 BIO FIL HIST Concepção biológica e filosófica segundo a qual a natureza constitucional de um organismo vivo é resultado da organização mecânica dos órgãos parcialmente autônomos que o compõem, dotados de propriedades vitais redutíveis a processos físico-químicos, em oposição à crença na existência de uma força vital de natureza holística e imaterial. 2 FIL Qualquer doutrina (p.ex., a de Alfred North Whitehead [1861-1947]) que interpreta o universo ou a natureza como um gigantesco organismo vivo. 3 SOC Estabelecimento de analogia entre a sociedade e o organismo vivo, resultando na tendência de aplicar as leis e teorias da biologia aos fatos sociais.

organograma 1 Gráfico da estrutura hierárquica de uma organização social complexa, que representa simultaneamente os diferentes elementos do grupo e suas ligações. 2 INF Gráfico que representa as operações de um programa e sua ordem interna no computador. 3 INF Qualquer gráfico representativo de operações interdependentes. ▸ Cf. FLUXOGRAMA.

Órganon FIL O conjunto dos escritos filosóficos de Aristóteles (384 a.C. - 322 a.C.) que abordam o tema da lógica, considerada por seu autor um conhecimento cujo fim não está em si mesmo, sendo mais corretamente um meio, órgão ou instrumento para o pensamento correto e para a verdadeira ciência. [A designação, entretanto, foi dada pelos comentadores gregos do *corpus* aristotélico.] ▸ Após a morte de Aristóteles, em 322 a.C., seus trabalhos que tinham por tema o raciocínio foram agrupados numa série que recebeu o nome de *Órganon*. O título *Órganon* foi escolhido para representar a concepção que os peripatéticos, seus discípulos, tinham a respeito da lógica: para os peripatéticos, a lógica não era um ramo da filosofia, mas um instrumento auxiliar de investigação. Nessa época, a palavra 'lógica' não fora cunhada, mas pode-se dizer que o conteúdo do Órganon determinou o que havia de ser chamado de lógica. Ainda que não se possa estabelecer com precisão as suas datas, aparentemente os escritos de Aristóteles sobre lógica foram produzidos em épocas diferentes de sua carreira. O texto dos livros tem a forma de notas de aulas e sabe-se que as notas de curso eram constantemente revistas e alteradas pelo filósofo grego. Outra dificuldade em estabelecer a cronologia dessa coleção é que, ao revê-las, Aristóteles também fazia referência a escritos produzidos posteriormente. Há, entretanto, uma relativa unanimidade em considerar que, dos trabalhos do Órganon aristotélico, *Categorias* tenha sido o primeiro texto escrito. A rigor, *Categorias* é menos lógica do que metafísica e propõe uma classificação das maneiras pelas quais se pode dizer ou predicar por meio do raciocínio. *Categorias* afirma que existem dez predicados (*categoriai*): substância, quantidade, qualidade, relação, lugar, tempo, situação, estado, ação e paixão. Além de ser uma tentativa audaciosa e radicalmente original de classificar os modos do raciocínio, *Categorias* afirma que o pensamento toma a forma da predicação. Predicar é atribuir uma qualidade a uma coisa. Para Aristóteles, linguagem e pensamento coincidem. No Órganon aristotélico, a forma linguística do pensamento é sempre estruturada nos termos da relação entre sujeito e predicado gramaticais, portanto *Categorias* só deveria iniciar a série de escritos, tanto do ponto de vista cronológico como lógico. Entretanto, o pensamento em si toma duas formas diversas: uma dita analítica e outra dita dialética. Às *Categorias*, seguem-se, no Órganon, um texto chamado *Tópicos* e seu apêndice, *Sobre os argumentos sofísticos*. Historiadores da lógica acreditam que essa sequência seja relevante, pois indica que as origens da lógica não estão no pensamento sobre o raciocínio formal puro, mas na consideração das discussões públicas. Um raciocínio dialético seria aquele baseado em opiniões, das quais as mais importantes são aquelas mantidas e admitidas pela maioria das pessoas. A dialética teria por propósito teorizar sobre a argumentação (e a comunicação) em contradição ao raciocínio demonstrativo, ou seja, aquele que se baseia em suposições primariamente verdadeiras. A dialética lida com uma das formas do verdadeiro, que é o verossímil. Outro escrito do Órganon recebe, em grego, o título de *Peri hermeneias*, literalmente *Acerca da exposição*, que foi renomeado na Renascença como *De interpretatione*, daí ser esse hoje seu título *Sobre a interpretação*. O tema principal da obra é a afirmação e a negação e de que maneira, e por meio de que processo, afirmação e negação se opõem. Uma vez estabelecido o que seja raciocínio argumentativo e, portanto, dialético, Aristóteles examina em dois livros o que seja pensamento analítico: *Primeiros analíticos*, também chamado de *Analíticos anteriores*, e *Segundos analíticos*, ou seja, *Analíticos posteriores*. Considera-se que estes sejam os escritos mais bem-acabados de Aristóteles sobre lógica. Os *Primeiros analíticos* tratam da estrutura formal do raciocínio, analisando as figuras e o modo silogístico de pensar. Aristóteles afirma que toda demonstração é feita a partir de premissas que, conjugadas, levam a inferências conclusivas. Seguindo um modelo formal apropriado, obtém-se a demonstração correta e necessária, da qual não há como fugir ou disputar. Ao contrário da dialética, que é fundamentalmente debate e discussão, a demonstração analítica é indisputável. É preciso, porém, cautela com a distinção radical entre dialética e analítica. O próprio Aristóteles reconhece que, sob o ponto de vista da forma do raciocínio, o contraste entre demonstração e argumentação é superficial, pois tanto um como outro seguem a forma do silogismo, mesmo que as premissas e as conclusões da demonstração sejam verdadeiras, enquanto as da argumentação fundamentam-se na possibilidade. Os temas dominantes dos *Segundos analíticos* são a definição, o saber e a demonstração científica. O que importa nesse escrito não é o aspecto formal do saber, que já fora tratado nos *Primeiros analíticos*, mas a produção específica de conhecimento. Os *Segundos analíticos* apresentam o modo pelo qual se chega a enunciados factualmente verdadeiros e universais do tipo "todos os *S* são *P*", que, por sua vez, funcionam como se fossem axiomas da demonstração científica. ▶ Cf. ARISTÓTELES; FIGURA ('silogismo').

BIBLIOGRAFIA

BARNES, Jonathan (ed.). *The complete works of Aristotle*. Princeton: Princeton University Press, 1984. v. 1-2.

KNEALE, William; KNEALE, Martha. *O desenvolvimento da lógica*. Lisboa: Calouste Gulbenkian, 1962.

LUKASIEWICZ, Jan. *Aristotle syllogistic from the standpoint of modern formal logic*. Oxford: Clarendon Press, 1967.

orientação para *marketing* MKT Concepção mercadológica que procura atender às necessidades ou demandas dos consumidores.

orientação para o produto Concepção que, do ponto de vista do fabricante, define um produto a ser lançado no mercado.

original 1 Coisa de que se tirou cópia; retrato que se imita; pessoa retratada ou reproduzida. **2** EDIT Texto elaborado pelo autor de uma obra literária ou científica que não seja reprodução de outra ou tradução. **3** GRÁF Qualquer imagem (gravura, desenho, fotografia, arte-final etc.) destinada à reprodução gráfica. **4** GRÁF Escrito primeiro de que se fizeram cópias. **5** GRÁF Texto manuscrito, datilografado ou impresso, destinado à composição. **6** M.COM Texto que serve de base para sua adaptação ao teatro, cinema, rádio ou à televisão.

originalidade 1 Qualidade do que é inusitado, do que não foi ainda imaginado, dito, feito etc.; inovação, singularidade. **2** Capacidade para expressar-se de modo independente e individual; habilidade criativa; criatividade. ▶ Cf. INFORMAÇÃO.

orla ENC GRÁF M.q. CERCADURA.

orladura ENC GRÁF M.q. CERCADURA.

orquestra MÚS **1** Qualquer conjunto de músicos que executa uma peça musical ou acompanha um cantor. **2** Conjunto das partes instrumentais de uma partitura. **3** Os instrumentos da orquestra.

orquestração MÚS **1** Ato ou efeito de orquestrar; modo pelo qual as partes de uma orquestra estão combinadas, equilibradas, arranjadas entre si. ▶ Cf. ARRANJO. **2** Arte de compor para cada instrumento da orquestra; adaptação de uma melodia ou composição a uma estrutura orquestral.

orquestrador MÚS **1** Que ou quem adapta uma composição musical para orquestra. **2** Que ou o que constitui a base de ou compõe uma orquestração.

orquestrar MÚS **1** Fazer uma orquestração. **2** Compor para os instrumentos da orquestra. **3** Adaptar (melodia ou composição) a uma estrutura orquestral.

órticon TV Tubo de câmara de televisão semelhante a um iconoscópio, embora mais sensível que este, onde as cargas elétricas são exploradas por um feixe de elétrons de baixa velocidade; orticonoscópio.

orticonoscópio TV M.q. ÓRTICON.

ortocromático FOT Sensível a todas as cores, com exceção do vermelho (diz-se de chapa ou película fotográfica). ▶ Cf. PANCROMÁTICO.

ortodoxia 1 Caráter ou condição de ortodoxo. **2** Conformidade absoluta com certo padrão, norma ou dogma. **3** Interpretação, doutrina ou sistema teórico implantado como único e verdadeiro. **4** Intolerância com relação ao que é novo e diferente.

INFORMAÇÕES GERAIS

Além de significar a conformidade de crença, 'ortodoxia', no sentido teórico, indica consenso cognitivo, crença comumente partilhada por aqueles que abraçam um determinado sistema de conceitos. As ortodoxias são aceitas porque se apresentam ou são avaliadas como a opinião indiscutivelmente correta.

ortodoxo 1 Relativo a ou conforme com a ortodoxia. **2** Que professa os padrões, normas ou dogmas estabelecidos, tradicionais. **3** Que não tolera o novo e o diferente. **4** Indivíduo que segue rigorosamente qualquer sistema teórico ou doutrina estabelecida.

ortografia 1 Conjunto de regras estabelecidas pela gramática normativa que ensina a grafia correta das palavras, o uso de sinais gráficos que destacam vogais tônicas, abertas ou fechadas, processos fonológicos como a crase, os sinais de pontuação esclarecedores de funções sintáticas da língua e motivados por tais funções etc. **2** O estudo dessas regras. **3** M.q. GRAFIA ('representação').

ortoscópico FOT Que não apresenta distorção (diz-se de imagem).

OS [ing.] INF Sigla de *operating system* ('sistema operacional'). ▶ Cf. SISTEMA OPERACIONAL.

Osservatore Romano, L' [it.] JOR Jornal diário italiano, de publicação semanal em outras línguas, que cobre, de maneira oficiosa, o papa e a Igreja católica. ▶ Desde 1 de junho de 1861, *L'Osservatore Romano* apresenta jornalisticamente as atividades do papa e dos principais membros da Igreja católica, publicando, além de notícias, documentos e materiais relativos ao catolicismo. Além das edições italianas, uma diária e outra semanal, publica edições semanais em várias línguas: francês inglês, espanhol, alemão, português, polonês e malásio. A edição em inglês é distribuída em 129 países. Apesar de sua proximidade com a hierarquia da Igreja católica, *L'Osservatore Romano* não é o órgão oficial da instituição: suas opiniões podem perfeitamente refletir um ponto de vista pessoal e não necessariamente a visão doutrinária da Igreja.

ostensão FIL Ato ou efeito de mostrar, exibir com o propósito de definir ou esclarecer o significado de um termo ou de uma proposição. ▶ No diálogo *De magistro* (*Sobre o mestre*), Agostinho de Hipona (354-430) utilizou a expressão *ostendere*, no sentido de mostrar, exibir, para identificar um modo de definição possível de um termo. Diante da dúvida do que seja algo, seria útil mostrar o objeto ao qual o signo se refere. O que é 'parede'? Para que isso se esclareça, bastaria apontar para o referente da palavra. É claro que o método funciona no caso dos elementos categoremáticos (cf. CATEGOREMA), que são aqueles que podem ser usados isoladamente, como é o caso dos nomes próprios ou nomes de coisas como 'pão', 'cadeira', 'lápis' etc. O mesmo não acontece no caso das palavras lógicas ou sincategoremáticas (cf. SINCATEGOREMÁTICO), que só adquirem sentido junto a outras palavras, como é o caso de 'se', 'então', 'ou' etc. A linguagem da ostensão pode parecer extremamente rica porque é composta de tudo que existe, mas sua limitação é evidente: a ostensão só pode recorrer ao que for observável. A propósito da ostensão, Agostinho não distingue 'ostender' de 'exibir' ou 'demonstrar'. Em *As viagens de Gulliver*, Jonathan Swift (1667-1745) satirizou os que não veem os limites da ostensão. Visitando o país imaginário de Balnibarbi, onde se encontra uma adoração por projetos científicos irrazoáveis e impossíveis, do tipo tirar luz solar de pepinos, amaciar mármores para fazer travesseiros, Gulliver encontrou um linguista que propunha a linguagem perfeita que pouparia os homens do esforço de falar: em vez de usar palavras, o certo seria apontar para o objeto ao qual a palavra se refere. Mas, para que isso acontecesse, o usuário da língua teria que estar sempre com um saco nas costas, carregando as coisas sobre as quais discorreria. E se o falante tivesse muito que dizer? Acabaria esmagado pelo peso das coisas no saco, além de ser inviável carregar o mundo todo nas costas. É evidente que a ostensão é um recurso restrito para definir os termos de uma língua. Na ironia de Swift, coisa e representação opõem-se e excluem-se mutuamente. A ostensão foi progressivamente desconsiderada como recurso irrelevante para o entendimento da linguagem até meados do sXX, quando Wittgenstein (1889-1951) observou que a ostensão não servia apenas para indicar objetos e coisas, mas apontava as condições da significação de um termo, ou seja, o modo pelo qual a expressão pode ser usada. Se a palavra *vermelho* é usada em referência a esse vestido vermelho e também em face da cor dessa capa de revista etc., e se *doçura* é o que se experimenta quando se prova uma colher de açúcar, um doce e assim por diante, como evitar que, ao ver o vestido vermelho, o interlocutor não pense que a palavra *vermelho* representa um vestido e não a cor? Para que o equívoco não aconteça, aquele que recebe o esclarecimento ostensivo não pode estar imerso na mais absoluta ignorância sobre o que seja 'vermelho': é preciso que saiba que a palavra refere-se ao colorido, o que revela a dificuldade de se comunicar apenas com objetos, sem recurso ao que seja signo. O filósofo n.-am. Willard van Orman Quine (1908-2000) discutiu essa questão após imaginar o que aconteceria quando um coelho passasse diante de um antropólogo que desconhecesse por completo a língua nativa e ouvisse *gavagai*. O que seria *gavagai*? Coelho? Partes integrais de coelho? Fusões de coelho? Quine acreditava que o problema se resolveria por acumulação indutiva (cf. INDUÇÃO), na medida em que se constituísse a representação apropriada da palavra: o antropólogo entenderia o que fosse *gavagai* ao receber os estímulos externos que constituem a linguagem. Linguistas como Noam Chomsky (1928-) rejeitam a resposta de Quine por reduzir a linguagem ao efeito de estímulos externos, pois se trata, na verdade, de uma representação mental (cf. BEHAVIORISMO). A rigor, quando Ludwig Wittgenstein afirma que a ostensão está ligada ao uso de uma representação e não às coisas, a consequência teórica é que a comunicação só é possível por meio de representações, pois, quando se usa um objeto para comunicar, ele tem a função estrita de representar. A ostensão é um tipo particular de comunicação, que ocorre quando objetos, coisas e referentes adquirem o caráter de signo, pois deixam de ser objetos e passam a funcionar como representações. Mais recentemente, Umberto Eco (1932-) argumentou que a ostensão é estipulativa e contextual, sendo uma maneira de produzir signos.

BIBLIOGRAFIA

AGOSTINHO, Santo. *O mestre*. São Paulo: Landy, 2006.

ECO, Umberto. *Tratado geral de semiótica*. São Paulo: Perspectiva, 2000.

QUINE, Willard van Orman. *Word and object*. Cambridge: The MIT Press, 1954.

SWIFT, Jonathan. *As viagens de Gulliver*. São Paulo: Companhia das Letras, 2010.

WITTGENSTEIN, Ludwig. *Investigações filosóficas*. Petrópolis: Vozes, 2005.

ou Conjunção coordenativa que serve para indicar alternância ou exclusão. ▶ Quando uma proposição com o operador lógico 'ou' é de disjunção exclusiva, ela será considerada falsa, a não ser que apenas um de seus termos, *p*, p.ex., seja verdadeiro.

ousia [gr.] FIL Termo da filosofia clássica que indica substância, ser, essência e natureza. ▶ Em *Categorias*, Aristóteles (384 a.C. - 322 a.C.) afirma que *ousia* é a categoria mais importante, porque é sobre ela que se produzem todas as formas da predicação. Predicar é atribuir uma qualidade a algo, que é aquilo do que se fala e que recebe o nome de *ousia*. Por isso, as noções de ser, essência, natureza e substância interpenetram-se num só termo. Linguisticamente, *ousia* manifesta-se no sujeito da frase, sendo, portanto, uma categoria de pensamento e de linguagem. Ao contrário da filosofia platônica, que fala das formas como transcendentes, Aristóteles não concebe que *ousia* tenha existência independente das coisas. A única substância que teria esse tipo de independência é a substância primeira e original. Para Aristóteles, *ousia* é imanente.

out cue [ing.] JOR TV Num telejornal, indicação no fim da narração de uma história que sinaliza a passagem da palavra para outro apresentador.

outdoor PUB **1** Anúncio em forma de cartaz, painel múltiplo, painel luminoso etc., ger. de grandes proporções, exposto à margem de vias urbanas ou em outros pontos ao ar livre. ▶ P.opos. a INDOOR. **2** M.q. BACKLIGHT.

outlet [ing.] **1** ELETR Tomada externa de um sistema. **2** COM Centro comercial não luxuoso, cujas mercadorias são comercializadas a preços mais baixos, em geral diretamente do produtor ao consumidor. **3** COM Ponto de venda.

outline [ing.] **1** ART.PLÁST Ver CROQUI. **2** GRÁF Ver BONECA. **3** GRÁF Diz-se de letra ou caractere gráfico composto apenas pela linha que o circunda, sem que o resto da letra seja preenchido.

output [ing.] **1** Ação de produzir; produção. **2** ECON O resultado da combinação dos vários fatores de produção. **3** INF Informação adequadamente formatada para ser transmitida da unidade interna de um computador para uma unidade externa ou para outro meio externo qualquer. **4** INF Processo de transferir dados internamente armazenados para um meio externo qualquer (p.ex., papel, microfilme).

outro **1** Algo ou alguém, cuja referência indefinida encontra-se fora do âmbito do falante e do ouvinte, e que se contrapõe, implícita ou explicitamente, a algo ou alguém definido, conhecido; distinto, diferente. **2** No discurso, referindo-se a algo ou alguém mencionado, indica o que foi deixado de lado, esquecido, ignorado.

INFORMAÇÕES GERAIS

Ao contrário da linguagem ordinária, que usa o termo 'outro' tanto para referir-se ao que é igual ("outro aluno da universidade") como para o que é superior ("grande aluno, difícil achar outro"), o vocabulário teórico contemporâneo remete o termo ao que é prioritariamente diferente em relação a determinado grupo padrão. A discussão do 'outro' está, portanto, intimamente ligada à crítica que o antropólogo Lévi-Strauss (1908-2009) faz ao ETNOCENTRISMO. O reconhecimento da alteridade como uma perspectiva legítima e válida significa a rejeição de concepções negativas ou inferiorizantes a propósito de produções culturais que não sejam canônicas. O FEMINISMO critica a visão de que as mulheres sejam vistas ou como homens nos quais falta algo ou como indivíduos que têm algo que os homens não têm. Tanto num como noutro caso, o feminino é incompreendido ou negligenciado. A avaliação crítica que Edward Said (1935-2003) faz do orientalismo está predicada no reconhecimento de que o Ocidente construiu as representações orientais como uma forma de alteridade que perde o que é oriental de vista e, ao mesmo tempo, forja uma representação do Ocidente para si mesmo. A alteridade é um conceito central para as interpretações pós-colonistas da cultura. Seu estatuto teórico é complexo e de difícil avaliação, pois pode também ser o reconhecimento da diferença num sentido claramente positivo, mesmo que Derrida (1930-2004) tenha-se perguntado se a alteridade não acaba criando uma armadilha teórica que dá privilégio ao eu ou à origem como marcos de referência. ▶ Cf. LÉVI-STRAUSS, CLAUDE; SAID, EDWARD.

BIBLIOGRAFIA

SAID, Edward. *Orientalismo*. São Paulo: Companhia das Letras, 2007.

out-take [ing.] CINE Material que não é usado na versão final do filme.

ouvidor M.q. OMBUDSMAN.

ouvidoria **1** Cargo ou função de ouvidor. **2** Local onde o ouvidor exerce suas funções. ▶ Cf. OMBUDSMAN.

ouvinte **1** LING Na comunicação oral, a pessoa que recebe os enunciados produzidos por um locutor. ▶ Cf. DESTINATÁRIO, INTERLOCUTOR e RECEPTOR. **2** M.COM Membro ou parte de uma audiência.

overacting [ing.] TEAT Encenação teatral exagerada.

overflow [ing.] INF Extrapolação dos limites de armazenagem de dados de um computador. ▶ Cf. ARMAZENAMENTO.

overlay [ing.] **1** GRÁF Transparência com que se cobrem a arte-final e determinados originais (fotos, desenhos etc.), para proteger o material. **2** PUB Recurso visual que dispõe uma imagem em camadas serradas e apostas a um *outdoor*, para que se obtenha a ilusão de representação tridimensional.

ozalid GRÁF Impressão em papel fotossensível, produzida a partir de uma transparência positiva processada a seco com vapor de amônia.

Pp

p 1 Décima sexta letra do nosso alfabeto. ▸ Cf. PÊ. 2 FON No português do Brasil, representação da consoante oclusiva bilabial surda. 3 A forma dessa letra. 4 GRÁF Tipo que imprime essa letra. 5 GRÁF Matriz que funde essa letra. 6 Diz-se do elemento de uma série que sucede ao designado pela letra *o*. 7 EDIT Abrev. de PÁGINA. 8 JOR Abrev. de [matéria] *paga*. 9 MÚS Abrev. de PIANO (acp. 3).

P LÓG Símb. de PREDICADO.

pa CINE Abrev. de PLANO AMERICANO.

PABX [ing.] TEL Aparelho que funciona como central telefônica automática, permitindo que seus ramais privativos se interliguem entre si e com os troncos da rede geral; estação automática particular de telefones. ▸ Sigla em ing. de *Private Automatic Branch Exchange* ('comunicação [telefônica] automática de ramal privado').

packet switching [ing.] INF Método de transmissão de dados em blocos ou pacotes (*packets*) que não leva em conta distinções de conteúdo, tipos ou estrutura de informação e que são depois reintegrados quando recebidos. ▸ O conceito de *packet switching* foi elaborado, independentemente, na década de 1960 por Paul Baran (1924-2011) e Donald Davies (1926-2000). A ideia foi usada na criação do antecessor da internet, o ARPANET. *Packet switching* é uma metodologia de transmissão de informação que segue dois modelos. Um deles é dito sem conexão (*connectionless*). Nesse caso, os pacotes segmentados do conjunto de informação inicial são enviados independentemente, seguindo caminhos distintos para se encontrarem num determinado destino. Uma outra maneira (*connection-oriented*) estabelece uma conexão com o destino e segue diretamente para um local pré-identificado e não para um endereço. ▸ P.opos. a CIRCUIT SWITCHING.

pacote 1 EDIT Série ou conjunto de informações e documentos acerca de determinado tema. 2 INF Conjunto pronto de um ou mais programas destinados a determinado fim, tomado juntamente com sua documentação pertinente e os suportes de informação em que se encontra registrado. 3 INF Conjunto de *bits*, compreendendo dados e controle, de tamanho fixo, transmitido numa rede de comutação de pacotes. 4 PUB Grupo de inserções em um ou mais de um veículo de propaganda de uma mesma empresa, comprado por uma agência ou anunciante, ou a eles oferecido, ger. com redução de preço. 5 RÁD TV Programa completo ou série ou conjunto de programas que é vendido por uma emissora ou por seus produtores a um particular ou, mais comumente, a uma agência de propaganda ou a outra emissora ou rede, por preço ger. reduzido.

[1]**padrão** 1 FON Configuração nítida, coerente e simétrica formada pela rede opositiva dos fonemas de uma língua. 2 LING Modelo de uma estrutura da língua (p.ex., da frase, do vocábulo); esquema.

[2]**padrão** SLING Red. de LÍNGUA PADRÃO.

[3]**padrão** GRÁF Red. de FOLHA DE PADRÃO.

pager [ing.] TEL Ver BIPE.

página 1 Cada um dos lados das folhas de cadernos, cartas, livros ou outras publicações. 2 Texto de cada um desses lados. 3 Extrato de um texto; trecho, passagem. 4 GRÁF Composição tipográfica que se imprime numa página. 5 INTERN Conjunto de informações (texto, gráficos e informações em multimídia) contidas num único arquivo em hipertexto ou por ele referenciadas, capazes de serem exibidas no vídeo de um computador por um programa tipo navegador. ▸ Um *site* é formado por uma ou diversas páginas.

página aberta JOR Aquela (de jornal ou revista) em que ainda faltam matérias jornalísticas ou publicitárias.

página branca GRÁF A que não tem impressão; página em branco.

paginação 1 EDIT GRÁF Ato ou efeito de paginar, de transformar em página; compaginação. 2 GRÁF Ordem numérica das páginas de qualquer publicação. 3 GRÁF Seção de oficina onde se faz a paginação. 4 JOR TV Ordem das matérias de um telejornal.

paginação contínua GRÁF A que inclui, numa só sequência numérica, os diversos volumes de uma obra.

paginação independente EDIT A que, nas obras de dois ou mais volumes, recomeça em cada um deles.

página capitular EDIT GRÁF Página em que se inicia um capítulo; página de começo.

página cheia GRÁF Aquela constituída de texto corrido, sem claros, tabelas, títulos, ilustrações etc.

página coxa GRÁF A que contém, ger. por exigência de paginação, uma área de impressão maior ou menor do que a existente nas demais páginas.

página curta GRÁF 1 A que contém uma quantidade menor de linhas do que a que caberia em sua área de impressão (como pode ocorrer na página final de um capítulo). 2 M.q. PÁGINA CAPITULAR.

página de começo EDIT GRÁF 1 A que inicia o conteúdo de um livro. 2 M.q. PÁGINA CAPITULAR.

página de créditos EDIT GRÁF Aquela em que estão relacionados os responsáveis pela elaboração editorial e gráfica da publicação.

página deitada GRÁF A que dispõe seu conteúdo no sentido da altura da página.

página de referência GRÁF Páginas contíguas, par e ímpar, com quadros ou tabelas que ocupam as duas páginas como se fossem uma só.

página de rosto BIBL GRÁF Página ímpar da folha de rosto, que leva impresso o nome do autor, o título da obra e a imprenta; frontispício, página de título, fachada. ▸ Tb. se diz apenas *rosto*.

página determinada PUB Localização de mensagem publicitária em veículo impresso definida pelo anunciante no ato da compra do espaço.

página de título BIBL GRÁF M.q. PÁGINA DE ROSTO.
paginado 1 Que se paginou. 2 INF Diz-se do método de armazenamento de dados em memória virtual utilizado por alguns sistemas operacionais em que a memória principal é dividida em páginas residentes, em meio auxiliar de armazenamento, e que são recarregadas na memória real à medida que vão sendo necessárias.
paginador GRÁF Diz-se de ou quem está encarregado de montar as páginas de uma publicação, dispondo os elementos (textos, ilustrações etc.), ger. de acordo com um projeto gráfico; compaginador.
página dupla JOR Numa publicação impressa, conjunto de duas páginas contíguas.
página em branco GRÁF M.q. PÁGINA BRANCA.
página espelhada JOR PUB Página adjacente a outra, esp. no caso em que determinada matéria (ilustração, notícia, anúncio etc.) é apresentada em página dupla.
página ímpar BIBL GRÁF A que fica do lado direito da publicação impressa, quando aberta, e recebe numeração ímpar; página nobre.
página indeterminada PUB Localização de mensagem publicitária em veículo impresso estabelecida a critério da publicação e não do anunciante. ▸ Tb. se diz apenas *indeterminada*.
página institucional INTERN *Site* mantido por uma instituição, ger. com informações sobre ela ou por ela produzidas ou incluídas.
página júnior PUB Em alguns jornais e revistas, formato de anúncio que ocupa a maior parte da dimensão vertical e horizontal da página.
página nobre BIBL GRÁF M.q. PÁGINA ÍMPAR.
página par BIBL GRÁF A que fica do lado esquerdo da publicação impressa, quando aberta, e recebe numeração par.
página pessoal INTERN *Site* que tem como tema principal determinado indivíduo e que veicula informações produzidas ou editadas não raro por ele mesmo.
paginar 1 EDIT Reunir e dispor, de acordo com o projeto gráfico, todos os elementos que devem integrar uma página de (livro, periódico etc.). 2 EDIT Numerar sequencialmente as páginas de (livro ou registro). 3 EDIT Pôr ou compor o número da página em (livro, registro etc.). 4 EDIT Combinar harmoniosamente todos os elementos gráficos de uma obra (blocos de texto, brancos, desenhos etc.) para formar páginas de uma determinada medida. 5 GRÁF Transformar em página (trecho de composição não paginada, com os títulos, fólios, gravuras etc.) na medida da altura do formato; compaginar. 6 INF Transferir (instruções e/ou dados) entre a memória real e a memória virtual. 7 JORN TV Combinar em sequência e ritmos adequados (matérias de um telejornal).
paginar a livro aberto GRÁF Numerar (páginas par e ímpar) com o mesmo número; foliar.
paginar a livro fechado GRÁF Numerar sequencialmente (páginas de um livro).
página subcapitular EDIT A que contém abertura de seção secundária, indicando subdivisão de um capítulo.
painel 1 Trabalho de pintura executado sobre tela, madeira etc.; quadro. 2 Qualquer obra artística ou decorativa que recobre uma parede ou parte dela. 3 Divisória fixa ou móvel, us. em salas de exposição, museus etc. 4 PUB Modalidade de propaganda produzida sobre suporte durável (chapa de metal, plástico montado em estrutura de madeira etc.), ger. de grandes dimensões e para exibição ao ar livre.
painel eletrônico PUB O que é acionado por computador, apresentando imagens em movimento (textos, desenhos e gravações de vídeo).
painel luminoso PUB O que tem iluminação (frontal, interna ou traseira), para exibição de mensagens tb. à noite. ▸ Cf. BACKLIGHT; FRONTLIGHT.
painel múltiplo PUB O que é composto por um conjunto de folhas que se colam de maneira justaposta para formar a mensagem.
País, El [esp.] JOR Diário espanhol, fundado em 1976, sediado em Madrid e de propriedade do grupo de comunicação PRISA. ▸ Além da edição espanhola, *El País* também prepara uma edição internacional, que é distribuída na América Latina. O jornal surgiu após o fim do regime ditatorial franquista e é considerado um dos sustentáculos da democracia na Espanha. Em meados da década de 1990, lançou uma edição eletrônica. Sua tiragem diária é de aproximadamente 390 mil exemplares.
paixão 1 Sentimento, gosto ou amor intensos a ponto de ofuscar a razão; grande entusiasmo por alguma coisa; atividade, hábito ou vício dominador. 2 A coisa, o objeto da paixão ou da predileção. 3 Furor incontrolável; exaltação, cólera. 4 Ânimo favorável ou contrário a alguma coisa e que supera os limites da razão; fanatismo. 5 Sensibilidade, entusiasmo que um artista transmite através da obra; calor, emoção, vida. 6 FIL No kantismo, inclinação emocional violenta, capaz de dominar completamente a conduta humana e afastá-la da desejável capacidade de autonomia e escolha racional. ▸ P.opos. a AÇÃO ('atividade livre'). 7 LÓG Categoria aristotélica que indica a passividade, a inatividade perante uma ação alheia. ▸ P.opos. a AÇÃO ('categoria aristotélica'). ▸ Cf. EMOÇÃO.
PAL [ing.] TV Sistema de televisão em cores desenvolvido na Alemanha por Walter Bruch (1908-1990) e posteriormente adotado em vários outros países europeus. ▸ É uma adaptação aperfeiçoada do sistema norte-americano *NTSC*, opera em 50 hertz e dispõe de 625 linhas de resolução. ▸ Sigla de *Phase Alternate Line* ('linha de fase alternada').
paladar FISL 1 Função sensorial que permite a percepção dos sabores pela língua e sua transmissão, através do nervo gustativo, ao cérebro, onde são recebidos e analisados. 2 M.q. SABOR ('propriedade').
palavra 1 Unidade da língua escrita, situada entre dois espaços em branco, ou entre espaço em branco e sinal de pontuação. 2 GRAM Unidade pertencente a uma das grandes classes gramaticais, como substantivo, verbo, adjetivo, advérbio, numeral etc., não levando em conta as modificações que nela ocorrem nas línguas flexionais, e sim somente o significado; vocábulo. 3 GRAM M.q. VOCÁBULO ('unidade átona'). 4 Discurso curto, ger. pronunciado em ocasião solene; alocução, oração. 5 Modo de falar. 6 Compromisso verbal. 7 Autorização ou direito de falar. 8 Expressa afirmação, convicção. 9 LING.EST Para o estruturalismo norte-americano, unidade mínima com som e significado que pode, sozinha, constituir enunciado; forma livre mínima, vocábulo. 10 LING.EST Conjunto de palavras; frase. 11 LING.EST Capacidade de exprimir ideias por meio de sons articulados; fala.

INFORMAÇÕES GERAIS

Aparentemente, as palavras são mais bem definidas em relação ao que não seja material linguístico. Mesmo que as palavras se manifestem num fluxo verbal contínuo, os receptores de mensagens linguísticas segmentam esse fluir em hiatos, partes integrantes do discurso que não são, *stricto sensu*, palavras. Nas escritas fonéticas antigas, o rio de sons que dá curso à fala é representado sem maior transformação gráfica: para os leitores da Antiguidade, as palavras vinham sem espaços separando-as. A segmentação e a identificação das palavras aconteciam quando o leitor modulava em voz alta aquilo que lia. Isso é motivo para se suspeitar que as palavras não sejam categorias intrínsecas às linguagens, mas identificações mentais de segunda ordem. As teorias linguísticas clássicas forçavam equivalências para o que era sutilmente diferente: *dictio*, *locutio*, *verbum*, *vocabulum*, *vox*. Os gramáticos medievais enfrentavam ambiguidades que dificultavam a definição do que fosse palavra: *vox* indicava 'palavra', sobrepondo entidades distintas; era o som que circulava no ar e, ao mesmo tempo, representação imaginativa de outro teor que a matéria vocal. Por isso, 'palavra' seria som significativo. De maneira semelhante ao silêncio e ao espaço em branco, que não são vocábulos, mas que os definem, a natureza das palavras pode, à primeira vista, ser entendida em contraste com as coisas que representam. As palavras mostram, então, seu traço básico de ARBITRARIEDADE: para um mesmo objeto, línguas diferentes valem-se de nomes diferentes (cf. NOME). Esse caminho de entender as palavras na sua relação com as coisas é tortuoso, porque as palavras não adquirem sentido apenas na sua função de nomes: o significado de uma palavra é freq. dado na relação com outras palavras. Palavras e acontecimentos do mundo não estão radicalmente segregados. Um adjetivo pode ser substantivado e designar uma coisa; uma partícula condicional ou de negação fala do possível ou da inexistência, novamente dimensões que transcendem o mundo particular e concreto dos objetos. Não se pode negar que palavras se mesclam de modo complexo com as coisas. Dizer não é apenas nomear: as coisas passam a existir quando são ditas. É o que a narrativa bíblica faz ao afirmar que "no princípio era o Verbo". É o que acontece num ritual de casamento, quando a união se realiza por meio de palavras que funcionam como instrumentos de ação. A palavra tb. perde seu estatuto de menor (e mais importante) unidade linguística que porta significado quando línguas diversas são comparadas. Não há, nesse caso, como estabelecer uma correspondência unívoca entre palavras; estas se segmentam em partes que se repetem nas unidades significativas de outras línguas. Os estudos comparativos revelaram a necessidade de outros conceitos que explicassem o que era subjacente à palavra e que, mesmo assim, funcionava de modo significativo: as palavras são flexionadas e possuem afixos. Surge, então, a noção de MORFEMA, que seria um elemento fônico com valor significativo que não expressa o que se entendia por 'palavra'. Mas a redução do significado do morfema a unidades fônicas e significativas parece, para André Martinet (1908-1999), insuficiente. O que era palavra e virou morfema transformou-se em MONEMA, que não é nem fônico nem semântico, mas um ato combinatório de escolha enunciativa por parte do falante. Para os teóricos da linguagem, o desconforto com a noção de palavra é claro, mesmo que ela continue sendo operativa para o senso comum dos usuários das línguas e tb. para instrumentos de práticas linguísticas, como tradução e ordenação léxica de vocabulários, dicionários e glossários. ▶ Cf. FONEMA.

palavra-chave **1** Palavra que traduz o sentido de um contexto ou que o torna claro e o identifica. **2** Numa coleção de informações classificadas (arquivos, listagens, sinonímias, catálogos de livros e revistas etc.), palavra que identifica elementos correlatos ou que pertençam à mesma área de interesse para fins de pesquisa. **3** INF Palavra, símbolo, expressão, identificador ou locução predefinida, que tem significado particular em uma linguagem de programação, identificando uma forma sintática ou um comando de controle. ▶ As palavras-chave *if*, *then* e *else*, p.ex., indicam processamento condicional em várias linguagens de programação.

palavra composta GRAM Aquela formada por composição de dois ou mais elementos, quer contraídos, assimilados, aglutinados (p.ex., *aqueloutro*), quer apenas justapostos (p.ex., *ponteavante*), quer ligados por hífen ou hifens (p.ex., *couve-flor*, *joão-tenеném-do-brejo*).

palavra de civilização SLING Qualquer palavra que expressa uma noção dos valores de uma comunidade sociocultural num determinado período.

palavra de máquina INF A menor unidade de armazenamento capaz de conter um número que pode ser utilizado pelo computador como se operando em uma operação aritmética.

palavra de ordem GRAM Palavra, locução ou pequena frase, não raro rimada, us. para ser repetida, gritada, cantada ou reproduzida por escrito, e que expressa uma reivindicação, um incitamento à luta, um apelo à mobilização, ou resume uma posição ou doutrina de um grupo.

palavra de papel LEX **1** Palavra registrada em dicionário, vocabulário, glossário etc., ou em outros tipos de livros de autoridade similar, mas sem curso real no idioma. **2** Palavra desse tipo originária de erro ortográfico, tipográfico ou de má leitura de originais, ou ainda de pronúncia incorreta.

palavra dupla INF Conjunto de *bytes* adjacentes, correspondente a duas palavras de máquina e que constitui uma unidade endereçável.

palavra erudita LING Empréstimo direto das línguas clássicas que não sofreu as mudanças fonéticas regulares; cultismo, eruditismo.

palavra estrutural LING M.q. PALAVRA FUNCIONAL.

palavra expressiva LING Aquela que, com estrutura aparentemente onomatopaica ou imitativa, não permite tal relação entre o significante e o significado; vocábulo expressivo. ▶ Entre *cuco*, *cricrilar*, *zurrar*, *sussurro*, *murmúrio* e os seus referentes, pode-se admitir uma relação imitativa ou, mais forte, onomatopaica; mas em *coscorrinho* (dinheiro), *tartamudear*, *gangorrear*, *avacalhação*, de estrutura fônica algo homóloga, repetitiva ou lúdica, sem imitatividade nem onomatopaicidade, é a expressividade que é admitida.

palavra-filtro INF Palavra ou expressão, formada por caracteres e máscaras, us. para localizar informações em um documento ou conjunto de documentos. ▶ Tb. se diz apenas *filtro*.

palavra funcional LING Palavra que expressa relações gramaticais, como, p.ex., preposições e conjunções; palavra estrutural, palavra gramatical, palavra vazia. ▶ A descrição do seu significado ger. é feita usando-se metalinguagem gramatical. ▶ P.opos. a PALAVRA LEXICAL.

palavra gramatical LING M.q. PALAVRA FUNCIONAL.

palavra-guia BIBL Cada uma das palavras que aparecem no alto da página das obras de referência e que indicam a primeira e a última entradas da página, para facilitar a consulta.

palavra lexical LING Palavra que possui um semantema cujo significado remete para o mundo físico e biossocial (p.ex.: 'mar', 'frio', 'amor', 'floresta', 'chefe' etc.); palavra plena. ▸ P.opos. a PALAVRA FUNCIONAL.

palavra metalinguística LING Palavra da terminologia linguística ou gramatical, da qual nos valemos para falar da própria língua e de seus elementos (p.ex.: "a *palavra* artista é *comum de dois*"; "o *sujeito* é o elemento básico da *oração*").

palavrão 1 Expressão pomposa e empolada. 2 Palavra grande e de pronúncia difícil. 3 Palavra grosseira e/ou obscena.

palavra-ônibus GRAM LING Palavra, quase sempre de uso coloquial, cujas acepções são tantas que não comportam delimitação semântica formal (p.ex.: 'bacana', 'coisa', 'legal', 'troço').

palavra onomatopaica GRAM LING M.q. VOCÁBULO ONOMATOPAICO.

palavra reservada INF Em linguagem de programação, termo cujo significado é definido pelas regras da própria linguagem e que não pode ser us. com outro sentido ou em diferentes condições em programas escritos nessa linguagem.

palavras cruzadas Jogo de palavras que se entrecruzam horizontal e verticalmente e que devem ser adivinhadas pelo jogador com base em definições ou sinônimos dados pelo autor. ▸ O jogo de palavras cruzadas foi inventado em 1913 pelo jornalista norte-americano Arthur Wynne (1871-1945), a partir do quadrado mágico.

palavra semierudita LING Empréstimo direto de línguas clássicas que sofreu efeito das leis fonéticas; semicultismo, semieruditismo.

palavra-valise LING Palavra resultante da combinação de partes de outras palavras, podendo entrar no vocabulário da língua, como *motel* (*mot*or + hot*el*), *estagflação* (*estag*nação + in*flação*) etc.; *blend*. ▸ Pode tb. ser criação artificial, ger. nos textos jocosos (Lewis Carroll [1832-1892], Oskar Morgenstern [1902-1977], John Lennon [1940-1980] etc.), na prosa mais poética (João Guimarães Rosa [1908-1967], James Joyce [1882-1941] etc.) ou em autores afeitos ao trocadilho e ao neologismo. *Belíndia* (*Bélgica + Índia*), *Ingana* (*Inglaterra + Gana*), *gringalha* (*gringo + canalha*), *putânica* (*puta + satânica*), *portunhol* (*português + espanhol*) são exemplos informais.

palavra vazia LING M.q. PALAVRA FUNCIONAL.

palco 1 CINE TEAT TV M.q. CENÁRIO. 2 TEAT Estrado ou tablado destinado às representações, ger. feito de madeira, que pode ser fixo ou móvel e apresentar diversos formatos, de acordo com a localização da plateia. ▸ Cf. CAIXA; CENA. 3 TEAT Parte do teatro que fica atrás do pano de boca, destinada aos atores.

palco interior TEAT Tipo de cenário, ao fundo do palco, que reproduz o interior de uma casa e que proporciona a construção de diferentes ambientes; gabinete. ▸ Inclui, obrigatoriamente, paredes cegas, parede com aberturas e o teto.

paleta ART.PLÁST 1 Chapa, ger. ovalada e de madeira, com um orifício para o polegar, sobre a qual os pintores colocam e misturam as tintas; palheta. 2 Gama de cores preferida por determinado artista ou característica de um grupo, de uma escola artística; palheta.

palheta 1 GRÁF Cada uma das peças de madeira fina e flexível que integram o leque das máquinas plano-cilíndricas; pena, vareta. 2 GRÁF Cada uma das duas hastes que se encostam na folha de padrão das máquinas de platina, prendendo as extremidades do papel que está sendo impresso. 3 MÚS Pequena peça delgada que, ao ser posta em vibração pelo sopro ou corrente de ar, produz o som. 4 MÚS M.q. PLECTRO. 5 ART.PLÁST M.q. PALETA.

palm [ing.] INF Red. de PALMTOP COMPUTER.

PAL-M [ing.] TV Padrão especial brasileiro do sistema PAL, onde M é a letra de registro no Conselho Consultivo Internacional de Radiodifusão, em Genebra.

palmtop [ing.] INF Red. de PALMTOP COMPUTER.

palmtop computer [ing.] INF Computador portátil de reduzidas dimensões que se pode usar sobre a palma da mão, sendo ger. passível de se ligar a um computador maior, para sincronização de dados; computador de mão. ▸ Tb. se diz apenas *palmtop* ou *palm*.

PANA (PanAfrican News Agency) [ing.] Agência de notícias que cobre o continente africano, fundada em 1979, operando, desde 1993, na cidade de Dacar, Senegal. ▸ Criada pela Organização para a Unidade Africana e também conhecida como PanaPress, a PANA começou a funcionar na Etiópia, no final da década de 1970, sendo atualmente apoiada pela Unesco. Sua missão é disseminar notícias sobre assuntos e acontecimentos africanos que são negligenciados ou desconsiderados pelas agências de notícias ocidentais. Os telegramas e matérias da PANA são escritos em inglês, francês, português e árabe.

pancromático FOT Sensível a todas as cores do prisma, bem como ao infravermelho e ao ultravioleta (diz-se de chapa ou película fotográfica). ▸ Cf. ORTOCROMÁTICO.

pandecta GRÁF Variedade de caracteres tipográficos.

panegírico 1 LIT Discurso público em louvor a alguém ou a um ser abstrato. 2 Elogio solene. 3 Que louva, que contém louvor; elogioso, laudatório.

paneiro TEAT M.q. CORTINEIRO.

panfleto 1 Texto curto, violento e sensacionalista, ger. sobre assuntos políticos, impresso em folha avulsa ou folheto, e de distribuição limitada. 2 Folha avulsa ou folheto que contém esse texto. 3 Peça de propaganda eleitoral impressa em folha avulsa com informações sucintas sobre determinado candidato. 4 Qualquer texto de propaganda impresso em folha avulsa, distribuído em locais públicos.

panning [ing.] CINE FOT Técnica de enquadramento panorâmico, com máquina fotográfica ou de vídeo, que acompanha a movimentação de um modelo em cena.

Panofsky, Erwin (Hanover, Alemanha 1892 - Princeton, Estados Unidos 1968) Historiador da arte alemão, residente nos Estados Unidos, criador do método iconológico de interpretação culturalista das imagens. ▸ Panofsky ensinou na Alemanha de 1920 até 1933. Durante os primeiros anos da década de 1930, Panofsky passou temporadas na Universidade de Nova York até que, em 1934, foi demitido de seu cargo na Alemanha pelo regime nazista, transferindo-se definitivamente para os Estados Unidos. Passou os últimos anos de sua carreira em Princeton, onde foi membro do Instituto de Estudos Avançados, que tb. recebera, entre outros intelectuais importantes, o físico Albert Einstein (1879-1955) e o lógico Kurt Gödel (1906-1978). Um dos trabalhos centrais da primeira fase de Panofsky é *A perspectiva como forma simbólica*, publicado em 1927. A argumentação que Panofsky apresenta no ensaio é simultaneamente histórica e cultural. Dos estudos que fizera sobre o pintor, gravador e teórico da arte alemão Albrecht Dürer (1471-1528), Panosfky extraiu a convicção de que a representação visual por perspectiva tinha pouco a ver com a visão natural. A perspectiva era o que seu contemporâneo Ernst Cassirer (1874-1945) denominara 'forma simbólica'. A forma simbólica é uma construção cognitiva, um fato cultural que materializa, por meio de sua representação, as posições e as correntes intelectuais de uma época. Mesmo que o criador não esteja plenamente consciente da ação de conteúdos culturais naquilo que cria, cabe ao historiador identificar esses conteúdos, que dão significado ao trabalho analisado. Com Panofsky, a cultura deixa de ser um mero pano de fundo na feitura de um trabalho, transformando-se num agente concreto, que não pode ser negligenciado. A possibilidade de uma história da cultura torna-se uma realidade inegável com a obra de Panofsky: produto de um olhar sutil, atencioso a minúcias e dotado de uma vasta erudição, *A perspectiva como forma simbólica* é um trabalho extraordinário de história intelectual que iria inspirar vários pensadores fora dos limites da história da arte propriamente dita. Mais tarde, o sociólogo francês Pierre Bourdieu (1930-2002) haveria de reconhecer a imensa influência que Panofsky exerceu sobre suas interpretações sociológicas. Outro momento culminante da análise culturalista de Panofsky é sua leitura do quadro de Jan van Eyck (1395-1441), pintado em 1434 e representando o casal Arnolfini, que se encontra no livro *Early Netherlandish painting*. As imagens criadas por Van Eyck não se restringem à representação realista de um matrimônio. Cada elemento do quadro é uma configuração simbólica. Na câmara nupcial dos Arnolfinis, o espelho indica pureza, o cão aos pés do casal representa a fidelidade marital e os pêssegos na janela personificam a honestidade. O quadro é retrato e narrativa, arte sagrada e profana, um programa simbólico unificado por regras inconscientes, cujas chaves estariam guardadas num tratado de Cesare Ripa (c1560-c1622), *Iconologia*, escrito em 1611. No programa intelectual de Panofsky, imagens são textos alegóricos elucidados por outro texto. Não há motivo para se distinguir alta e baixa cultura. Tudo coexiste e qualquer produto cultural é capaz de servir de chave interpretativa para outro. Em *Gothic architecture and scholasticism*, Panofsky identifica processos comuns nas catedrais góticas e na *Summa theologica*, de Tomás de Aquino (1225-1274). A cultura é um horizonte comum onde habitam as produções mais diversas: arte, ciência, filosofia, literatura, religião, cultura popular etc. Um artigo metodológico que faz parte da coletânea *Significado nas artes visuais* reconhece a existência de três níveis necessários para o entendimento de uma imagem visual. O historiador deve ser capaz de reconhecer, em primeiro lugar, os aspectos formais e representativos de uma imagem, para depois identificar, ao reconhecer a representação como produto de uma época, o seu nível iconográfico, que é determinado pela convencionalidade da imagem; só então o intérprete pode atingir o nível iconográfico e assim atribuir significado à criação visual. Diante de um quadro, o analista deve discriminar o que as formas pictóricas apresentam, por exemplo, a imagem de um homem crucificado, para depois perceber que na cruz está pregada uma placa com as letras INRI, o que, por sua vez, indica que o crucificado é Jesus de Nazaré, para só então atribuir significado à composição artística. Os escritos de Panofsky são mais do que uma interpretação do significado das representações visuais que pode ser qualificada como sendo sempre uma ação laboriosa que reconstrói, de maneira arqueológica e com o saber do presente, o que foi experiência artística no passado. Panofsky é um dos grandes defensores do convencionalismo culturalista contemporâneo. ▸ Cf. ALEGORIA; ICONOLOGIA.

BIBLIOGRAFIA

PANOFSKY, Erwin. *Perspective as a symbolic form*. Cambridge: The MIT Press, 1997.

__________. *Significado nas artes visuais*. São Paulo: Perspectiva, 2002.

__________. *Gothic architecture and scholasticism*. New York: Plume, 2005.

pan-óptico **1** Que permite a visão de todas as partes ou elementos. **2** Que leva em consideração todas as partes ou elementos. ▸ No seu estudo sobre as técnicas penais disciplinares, *Vigiar e punir*, Michel Foucault (1926-1984) reconheceu no *pan-opticon*, concebido pelo filósofo utilitarista inglês Jeremy Bentham (1748-1832), uma metáfora sobre os mecanismos de controle social na vida moderna. O *pan-opticon* era um edifício construído e disposto de tal maneira que os prisioneiros seriam observados por um número pequeno de guardas, mas não poderiam reagir ou sequer reconhecer que estavam sendo controlados a distância. Num espírito semelhante à crítica social da ESCOLA DE FRANKFURT, Foucault afirma que há um lado escuro no que parece, superficialmente, humano e progressista. O poder racional regula, controla, administra uma nova tecnologia do poder, mais sutil, porém não menos impositiva e disciplinar do que as formas do passado. Foucault reconhece no pan-opticismo um traço característico da ação disciplinar exercida constantemente sobre os atores em sociedade. A organização pan-óptica materializa-se na organização de hospitais, penitenciárias, fábricas, prédios residenciais etc.

BIBLIOGRAFIA

FOUCAULT, Michel. *Vigiar e punir*. Petrópolis: Vozes, 2007.

panorama **1** Amplo quadro circular que permite ao espectador, colocado num ponto central, observar, como se estivesse do alto, os objetos representados. **2** Visão ampla, em todas as direções, sem obstáculos e ger. de um ponto mais alto, de uma área extensa; paisagem, vista. **3** Estudo contínuo e completo de uma determinada matéria. **4** Grande exposição; panorâmica.

panorâmica **1** M.q. PANORAMA ('exposição'). **2** CINE TV Movimento circular de uma câmara. **3** CINE O plano filmado com esse movimento.

pantomima TEAT **1** Representação de uma história exclusivamente através de gestos, expressões faciais e movimentos, esp. no drama ou na dança. ▸ Cf. CENA MUDA. **2** A arte de representar exclusivamente através de movimentos corporais.

paparazzo [it.] JOR Fotógrafo, ger. *freelance*, que persegue agressivamente as celebridades, com o fito de bater fotos indiscretas (mais us. no pl.: *paparazzi*). ▸ Paparazzo é o sobrenome de um personagem citado no romance *No mar Jônio*, de George Gissing (1857-1903, escritor inglês), lido por Federico Fellini (1920-1993, cineasta italiano), enquanto roteirizava *A doce vida*, e que serviu de inspiração para batizar os personagens dos fotógrafos indiscretos que aparecem nesse filme. Tais fotógrafos tornaram-se figuras onipresentes nas páginas dos tabloides e no jornalismo sensacionalista contemporâneo em geral. Os *paparazzi* são hoje símbolos de uma curiosidade insaciável sobre os movimentos e as ações de personagens célebres, usando todo tipo de recurso para obter fotos indiscretas e comprometedoras, freq. sem demonstrar o menor respeito pela privacidade alheia.

papel **1** Substância constituída por elementos fibrosos de origem vegetal, que formam uma pasta que se faz secar sob a forma de folhas delgadas, para diversos fins: escrever, imprimir, embrulhar etc. ▸ A história da tecnologia do papel começa na China, por volta de 105, durante a dinastia Han. As primeiras folhas de papel foram feitas a partir de uma pasta feita de material fibroso e posto para secar. O papel substituiu os suportes antigos da escrita, que eram osso ou bambu cortado em tiras e amarrados em rolos por cordões. Usados em documentos oficiais chineses, os suportes de osso e de bambu eram duráveis, mas tinham a desvantagem de serem muito pesados, se o documento fosse volumoso ou se transportados em quantidade. Provavelmente, o papel foi inventado para substituir suportes de seda, que eram leves, porém custosos. Como até hoje é o caso, o papel servia para comunicação escrita, para embrulhar objetos e também como guardanapo. O papel chinês era fino e transparente, o que permitia a escrita em apenas um de seus lados. Os chineses não dividiram facilmente os segredos de fabricar papel. Por isso, a técnica demorou muito a ser disseminada. A mitologia da descoberta da tecnologia de fabricação do papel atribui a dois prisioneiros chineses, numa prisão islâmica, a revelação dos segredos de como fazer papel, e, aos poucos, a tecnologia do papel espalhou-se pelas rotas de comércio do mundo árabe, até finalmente atingir a Europa medieval. O papel servia para a produção de livros manuscritos e mostrou-se um suporte perfeitamente adequado quando da invenção gutenberguiana do tipo móvel. Impresso em folhas dobradas em cadernos e feito com uma pasta mais grossa, que permitiu a impressão dos dois lados da mesma folha, o papel tornou-se de tal modo associado à imprensa que parece um componente indispensável, tanto na escrita manual como na indústria de impressão de livros, cartazes, caixas etc. Cf. LIVRO. **2** Pedaço ou folha de papel escrita. **3** Parte que cada ator ou atriz representa no teatro, cinema, televisão etc. **4** Personagem representada por cada ator ou atriz.

BIBLIOGRAFIA

TSUEN-HSUIN, Tsien. *Paper and printing*. Chicago: University of Chicago Press, 1985.

________________. *Written in bamboo and silk*. Chicago: University of Chicago Press, 2004.

papel acetinado PAP Papel para escrita ou impressão que apresenta certo grau de brilho por ter passado por um processo de acetinação.

papel aéreo PAP Papel muito fino para correspondência a ser transportada por via aérea; papel de avião.

papel almaço PAP **1** Espécie de papel encorpado, próprio para escrever e para registros, livros de contabilidade etc. **2** Formato peculiar desse papel, que costuma ser dobrado em forma de caderno e possui as medidas 32,5 cm x 22 cm.

papelão PAP **1** Papel bastante grosso e rígido, ger. com mais de 0,5 mm de espessura, com que são feitas caixas, capas de livros, pastas etc. ▸ Cf. CARTÃO. **2** Pedaço pequeno, retangular, dessa espécie de papel, us. para diversas finalidades. **3** PAP Desenho executado sobre papel espesso ou sobre papelão para servir de modelo a diversas obras.

papelão ondulado PAP M.q. CARTÃO ONDULADO.

papel apergaminhado PAP Papel para escrita ou impressão que apresenta aspecto fosco e áspero.

papel argentado PAP M.q. PAPEL DE ESTANHO ('papel de aparência metálica').

papel asfaltado PAP M.q. PAPEL BETUMADO OU BETUMINADO.

papel autográfico PAP O que se destina a autografia, técnica de reprodução litográfica, e que, para isso, recebe uma camada solúvel especial, à base esp. de goma e gelatina.

papel avergoado PAP O que apresenta linhas-d'água, traços horizontais e verticais ligeiramente transparentes produzidos por fios metálicos no fundo da fôrma (na fabricação artesanal), ou pelo rolo filigranador (na fabricação industrial); papel vergê.

papel betumado ou betuminado PAP O que recebe uma camada de betume e é us. como invólucro impermeável no transporte de mercadorias; papel asfaltado.

papel-bíblia PAP M.q. PAPEL DA ÍNDIA.

papel bobinado PAP Aquele acondicionado em bobina; papel em bobina.

papel-bond PAP Tipo de papel forte, apergaminhado e bem encolado, us. originariamente para imprimir ações, mas depois empr. para correspondência, diplomas etc.

papel bufã PAP Papel de pouca densidade, poroso e não acetinado.

papel calandrado PAP O que é acetinado ou lustrado na calandra.

papel-cartão PAP M.q. CARTÃO.

papel celofane PAP M.q. CELOFANE.

papel-chupão PAP M.q. MATA-BORRÃO.

papel contínuo PAP Papel produzido mecanicamente, em comprimento variado e enrolado em bobina; papel sem fim, parafuso sem fim.

papel crepe PAP M.q. PAPEL CREPOM.

papel crepom PAP Papel enrugado, muito flexível, us. esp. para confecção de enfeites; papel crepe.

papel cuchê GRÁF PAP Tipo de papel us. na impressão de material de alta qualidade (livros de arte, folhetos publicitários) coberto, em ambas as faces, por uma camada de minerais (gesso, caulim etc.) que reduz a porosidade do papel, conferindo-lhe uma superfície lisa, brilhante ou fosca, sendo também por vezes emboçada; papel gessado, papel estucado. ▸ O brilho do papel cuchê torna-o a superfície ideal para imprimir trabalhos gráficos que utilizam fotografias e ilustrações em meio-tom. Tb. se diz apenas *cuchê*.

papel da china PAP Qualquer dos vários papéis orientais, brancos ou da cor do marfim, resistentes e de superfície sedosa, selecionados para impressão de gravuras e edição de luxo. ▸ Tb. se diz apenas *china*.

papel da holanda PAP Papel avergoado, inicialmente produzido à mão na Holanda, e empr. para edições luxuosas. ▸ Tb. se diz apenas *holanda*.

papel da índia PAP Papel opaco, muito fino e resistente, originalmente produzido com fibras naturais, e depois com pastas de sulfito e de sulfato, us. na impressão de bíblias e outras obras muito extensas para reduzir a espessura dos volumes; papel oxford, papel-bíblia.

papel de alumínio PAP Folha finíssima de alumínio us. na embalagem de determinados produtos, esp. alimentícios; papel-alumínio, papel laminado.
papel de arroz PAP **1** Papel muito fino, obtido da palha de arroz, e us. como envoltório de cigarros. **2** Papel feito de lâminas prensadas da medula de certos arbustos da China e do Japão.
papel de avião PAP M.q. PAPEL AÉREO.
papel de chupar PAP M.q. MATA-BORRÃO.
papel de embalagem PAP Qualquer papel de embrulho, bastante resistente, us. tb. para fabricar embalagens industrializadas.
papel de escrever PAP Qualquer papel próprio para escrever a tinta.
papel de estanho PAP **1** O que é revestido por uma fina película de estanho, us. como invólucro para determinados produtos. **2** Qualquer papel que apresenta aparência metálica, us. para invólucros; papel argentado, papel de prata, papel estanhado, papel prateado.
papel (de) estêncil PAP Ver ESTÊNCIL ('folha de papel').
papel de fantasia PAP Qualquer papel estampado com padrões ger. coloridos.
papel de ferroprussiato PAP Papel heliográfico, sensibilizado com solução de ferrocianeto de potássio e citrato de ferro, us. no processo de cianotipia para reprodução de plantas, mapas etc.
papel de fôrma PAP O que é produzido manualmente, na fôrma própria para receber a pasta proveniente da tina; papel de tina.
papel de gráfico PAP Papel que apresenta um conjunto de linhas ou curvas, us. para traçar gráficos, esp. os produzidos por certos equipamentos, como o aparelho de eletrocardiograma.
papel de imprensa **1** PAP M.q. PAPEL DE JORNAL. **2** M.q. PAPEL DE IMPRESSÃO.
papel de impressão PAP Qualquer dos diversos papéis us. na feitura de livros, revistas e todo o tipo de material impresso; papel de imprensa.
papel de jornal PAP Tipo de papel de impressão cujas características de produção se ajustam ao custo e à rapidez exigidos na impressão de jornais; papel de imprensa, papel-jornal.
papel de linho PAP Tipo de papel gofrado cuja superfície se assemelha ao linho.
papel de lustro PAP M.q. PAPEL GLACÊ.
papel de máquina PAP O que é produzido mecanicamente, em grande quantidade.
papel de obra PAP Papel de qualidade superior, ger. acetinado, us. para impressão de obras de fino acabamento.
papel de palha PAP Tipo de papel amarelado, grosseiro e de pouca resistência, produzido com a palha de cereais.
papel de prata PAP M.q. PAPEL DE ESTANHO ('qualquer papel').
papel de seda PAP Papel fino, us. no empacotamento e na embalagem de objetos frágeis.
papel de tina PAP M.q. PAPEL DE FÔRMA.
papel do japão PAP Papel branco ou ligeiramente amarelado, originalmente produzido com a casca de arbustos japoneses, que, por sua resistência e superfície sedosa, é apropriado para a impressão de gravuras e edições luxuosas. ▸ Tb. se diz apenas *japão*.
papel dúplex PAP Aquele cujas faces apresentam cores ou texturas diferentes.
papel em bobina PAP M.q. PAPEL BOBINADO.
papel estanhado M.q. PAPEL DE ESTANHO ('qualquer papel').
papel estucado PAP M.q. PAPEL CUCHÊ.
papel filigranado PAP O que apresenta qualquer dos diversos tipos de filigrana.
papel fotográfico PAP Variedade de papel cuchê com uma emulsão fotossensível; papel sensibilizado, papel sensível.
papel gessado PAP M.q. PAPEL CUCHÊ.
papel glacê PAP Papel cuja superfície muito lisa e brilhante apresenta reflexos esmaltados; papel de lustro, papel lustroso, papel-porcelana.
papel gofrado PAP Aquele que apresenta relevo produzido por gofragem.
papel havana PAP M.q. PAPEL PARDO.
papel H.D. PAP Papel para embalagens resistentes, ger. fornecido em bobinas, colocadas em suportes próprios nos balcões das lojas. ▸ As letras H.D. representam a expressão inglesa *heavy duty* ('trabalho pesado').
papel heliográfico PAP Qualquer papel preparado com solução sensibilizadora, empr. na reprodução de desenhos, plantas etc. ▸ Cf. HELIOGRAFIA.
papel ilustração PAP O que apresenta superfície muito lisa e compacta, como o cuchê e o glacê, e que se presta à impressão de imagens com muitas gradações de cor.
papel-jornal PAP M.q. PAPEL DE JORNAL.
papel Kraft PAP Papel muito resistente e grosso, ger. de cor parda, fabricado com pasta de madeira tratada com sulfato de sódio. ▸ Muito us. em embrulhos, embalagens e sacos. Tb. se diz apenas *Kraft*.
papel laminado PAP M.q. PAPEL DE ALUMÍNIO.
papel litográfico PAP M.q. PAPEL OFSETE.
papel lustroso PAP M.q. PAPEL GLACÊ.
papel machê PAP Material moldável, feito basicamente de polpa de papel e substâncias aglutinantes e us. para confecção de moldes, bonecos e objetos leves. ▸ Aport. de *papier mâché*.
papel-manilha PAP **1** Nome genérico dado aos papéis que se fabricam com cânhamo-de-manilha. **2** Papel feito com fibra de juta, imitando o papel de manilha legítimo. **3** Papel comum de embrulho, com uma face áspera e outra lisa, fabricado em cores diversas, a partir de aparas de papel e pasta mecânica.
papel marmoreado PAP O que apresenta desenho semelhante ao do mármore, muito us. pelos encadernadores; papel marmorizado.
papel marmorizado PAP M.q. PAPEL MARMOREADO.
papel metalizado PAP Qualquer papel recoberto com pó metálico com aspecto de alumínio, bronze etc.
papel monolúcido PAP O que é lustrado de um só lado.
papel ofsete Papel bem encolado, de superfície uniforme, próprio para ser us. em processos ofsete e litográfico; papel litográfico.
papel oxford PAP M.q. PAPEL DA ÍNDIA.
papel pardo PAP Papel de cor parda, de baixa qualidade, us. para embalagem; bule, papel havana.
papel-pergaminho PAP M.q. PERGAMINHO VEGETAL.
papel-pigmento PAP Tipo de papel us. para transferência de imagens às placas ou cilindros de cobre, no processo de heliogravura.
papel-porcelana PAP M.q. PAPEL GLACÊ.
papel prateado PAP M.q. PAPEL DE ESTANHO.
papel sem fim PAP M.q. PAPEL CONTÍNUO.
papel sensibilizado PAP M.q. PAPEL FOTOGRÁFICO.

papel sensível PAP M.q. PAPEL FOTOGRÁFICO.

papel-título CINE TEAT TV Papel do ator que representa a personagem cujo nome dá título à obra a que pertence.

papel velino PAP **1** O que é produzido à base de pasta de trapos e apresenta superfície própria para escrita, lisa e macia como a do velino. **2** Qualquer papel liso e não avergoado, sem filigranas.

papel vergê PAP M.q. PAPEL AVERGOADO.

paper [ing.] EDIT Ensaio, artigo ou dissertação sobre assunto específico, publicado em periódico especializado ou nos anais do congresso ou outro tipo de evento em que tenha sido apresentado.

paperback [ing.] BIBL EDIT GRÁF M.q. BROCHURA ('livro').

paraconsistência LÓG Propriedade lógica que não deriva seus enunciados da ausência de contradição. ▸ A rejeição da contradição na lógica clássica baseia-se tanto na identificação do que é contraditório com o que é falso como no incômodo causado pelo reconhecimento de que, sem limites, pode-se inferir qualquer conclusão. O raciocínio seria uma espécie de vale-tudo, indiscriminado e indeterminado. Se a contradição for aceita, não haveria como rejeitar nada que se intrometesse no encadeamento de enunciados. Mas, se o sistema de enunciados for considerado não em termos absolutos, mas de acordo com sua relevância para a solução de um problema, não há motivo para se rejeitar integralmente as contradições nos raciocínios. A questão que importa nesse caso é bem outra: o raciocínio adapta-se e funciona para o problema que pretende resolver? Na verdade, a paraconsistência é uma propriedade mais presente no raciocínio cotidiano do que o absolutismo do princípio da não contradição. O fator determinante numa investigação acaba sendo a relevância do que é proposto e não a existência de elementos contraditórios. O pensamento cotidiano está mais próximo da paraconsistência do que da consistência propriamente dita.

BIBLIOGRAFIA

COSTA, Newton C.A. da. *Ensaio sobre os fundamentos da lógica*. São Paulo: Hucitec/Edusp, 1980.

parada de sucessos RÁD TV Relação das músicas populares de maior sucesso de público e de vendas no decorrer da semana ou do mês anterior; *hit parade*.

paradiafonia TEL M.q. LINHA CRUZADA.

paradigma **1** LING Conjunto de termos substituíveis entre si numa mesma posição da estrutura a que pertencem. ▸ A linguística saussuriana observou que, se a língua é um sistema estruturado na mente do falante, cada signo transmitido presume um ato de seleção que é feito em referência ao conjunto de termos chamado de paradigma. O paradigma reúne elementos que não estão na frase, mas que são, entretanto, parte integral da língua; caracteriza-se também por seu caráter virtual, sem o qual não haveria substituição de termos. O eixo sintagmático é um conjunto de relações horizontais entre signos, enquanto o paradigma estabelece os nexos verticais. O usuário dos signos faz suas escolhas a partir de um cardápio paradigmático para, então, criar um agrupamento individualizado de signos. Sendo as relações sintagmáticas *in presentia*, as paradigmáticas serão *in absentia*. O psicologismo que sublinha áreas da investigação de Ferdinand de Saussure (1857-1913) é responsável pela sugestão de que o paradigma é um conjunto de associações potenciais. O paradigma pertence ao domínio sistemático e abstrato da língua; logo, quando a fala é produzida, ela se dá levando em conta o conjunto de elementos de valor igual ou diferenciado que emergem do paradigma. **2** GRAM Conjunto de formas vocabulares que servem de modelo para um sistema de flexão ou de derivação (p.ex., na declinação, na conjugação etc.); padrão. **3** FIL Na filosofia das ciências de Thomas Kuhn (1922-1996), obras ou sistemas teóricos e conceituais que fornecem inspiração, modelo ou referência a trabalhos posteriores. ▸ Segundo Kuhn, o paradigma serve de referência obrigatória para os praticantes daquilo que seria a prática cotidiana da ciência normal. Após ser elevado à categoria de paradigma, um sistema de ideias passa a ser confirmado, ajustado, polido e refinado por outros cientistas. A argumentação de Kuhn considera que o paradigma seja um filtro que guia a atividade científica cotidiana. Só quando anomalias começam a ser percebidas é que surgem sistemas teóricos e conceitos alternativos que entram em competição com o paradigma dominante, eventualmente derrubando-o. Ainda que Kuhn tenha sublinhado que o fenômeno do paradigma seja próprio das ciências naturais, a noção é freq. invocada nos estudos literários e sociais. Cf. KUHN, THOMAS. **4** RET Na teoria retórica de Aristóteles (384 a.C. - 322 a.C.), um caso que é us. de modo exemplar e com propósito persuasivo; exemplo.

paradigmático **1** Relativo ou pertencente a paradigma; paradigmal. **2** LING EST Relativo a ou pertencente a uma série de unidades que possuem traço(s) em comum e que se podem substituir mutuamente num determinado ponto da cadeia da fala; associativo. ▸ P.opos. a SINTAGMÁTICO.

paradoxo **1** Proposição ou opinião contrária à comum. **2** Aparente falta de nexo ou de lógica; contradição. **3** LÓG No sentido lógico, raciocínio aparentemente bem fundamentado e coerente, embora esconda contradições decorrentes de uma análise insatisfatória de sua estrutura interna. **4** FIL No sentido existencial, presente em autores como Blaise Pascal (1623-1662) ou Sören Kierkegaard (1813-1855), argumento chocante e inusitado por refletir o absurdo em que está imersa a existência humana.

INFORMAÇÕES GERAIS

Quando um paradoxo é reconhecido, isso quer dizer que há algo de errado nas premissas do raciocínio ou nos princípios que levaram à conclusão paradoxal. O interesse nos paradoxos é terapêutico, pois revela o erro nos raciocínios ou nos processos de pensamento que eram considerados aceitáveis. Uma das versões do clássico paradoxo do mentiroso mostra que a proposição "sempre minto" é essencialmente contraditória. Se tudo o que digo é mentira, essa frase não pode ser verdadeira, pois, se for verdadeira, contradiz o conteúdo da sentença. A sentença é simultaneamente falsa e verdadeira, o que seria inaceitável. O paradoxo do mentiroso mostra que a contradição na sentença se dá por sua autorreferencialidade: é, portanto, necessário separar uma sentença sobre algo de outra que a avalie. Daí se depreende que as proposições podem ser avaliadas como LINGUAGEM-OBJETO e METALINGUAGEM.

paradoxo das classes LÓG MAT Paradoxo de Russell, que demonstra a existência de conjuntos pertencentes a si mesmos, como o peculiar conjunto formado por todos os conjuntos.

paradoxo de Russell LÓG MAT Paradoxo da teoria dos conjuntos, descoberto pelo matemático e filósofo inglês

Bertrand Russell (1872-1970), segundo o qual a classe de todas as classes que não são membros de si mesmas é uma contradição lógica. ▸ Cf. PARADOXO DAS CLASSES.

paradoxo do mentiroso LÓG Entre os paradoxos semânticos, aquele atribuído a Eubúlides de Mileto (sIV a.C.), consistente na declaração, rigorosamente verdadeira e falsa ao mesmo tempo, de um fictício habitante de Creta, segundo o qual "todos os cretenses sempre mentem".

parafasia 1 PSICN Forma de afasia caracterizada por erros na escolha das palavras ou por uma associação repetitiva de sílabas ou palavras inadequadas, que terminam por desvirtuar o sentido do que é dito. **2** LING Distúrbio da linguagem que se caracteriza pela substituição de certas palavras por outras ou por vocábulos inexistentes na língua.

paráfrase 1 Narração ou discurso prolixo, verboso, supérfluo. ▸ Uso pejorativo. **2** LIT Interpretação ou tradução em que o autor procura seguir mais o sentido do texto que a sua letra; metáfrase. **3** LIT Interpretação, explicação ou nova apresentação de um texto (entrecho, obra etc.) que visa torná-lo mais inteligível ou que sugere novo enfoque para o seu sentido. **4** LIT Trabalho desse gênero cujo texto, prolixo e supérfluo, só faz diluir o conteúdo do texto sobre que versa. ▸ Uso pejorativo.

parafuso sem fim PAP M.q. PAPEL CONTÍNUO.

paragonar GRÁF Combinar (tipos de letras de tamanhos diversos) cobrindo as diferenças com material branco numa mesma linha; parangonar.

parágrafo 1 Divisão de um texto escrito, indicada pela mudança de linha, cuja função é mostrar que as frases aí contidas mantêm maior relação entre si do que com o restante do texto. **2** M.q. ALÍNEA ('subdivisão'). **3** Sinal (§) us. para indicar essas divisões e que tb. serve de abrev. para a palavra.

parágrafo espanhol GRÁF Forma de composição em que todas as linhas são justificadas, na medida normal da coluna, exceto a última linha, que é centrada; triângulo espanhol.

parágrafo francês GRÁF Forma de composição em que a primeira linha do parágrafo preenche toda a medida da coluna e as demais apresentam recuo à esquerda (us. esp. em resumos, sumários e títulos); triângulo francês.

paragramatismo LING LIT M.q. ALITERAÇÃO.

paralaxe 1 Deslocamento aparente de um objeto quando se muda o ponto de observação. **2** Desvio aparente da agulha de um instrumento de medida, quando não observada de uma direção vertical a ela.

paralinguagem LING Qualquer som ou qualidade de voz que acompanha a fala e revela a situação em que o falante se encontra (se ele está bem, mal, alegre, triste, cansado etc.). ▸ Além dos fonemas, outros sons são produzidos nos enunciados linguísticos que enfatizam, sublinham e misturam-se ao que se quer comunicar. Além das vocalizações, o silêncio que pontua a fala é parte da paralinguagem. Os fonemas são, sem dúvida, elementos informativos importantes na fala, mas isso não quer dizer que sejam os únicos traços significantes. A paralinguagem traz consigo um arsenal de recursos expressivos que revelam as atitudes dos falantes. A paralinguagem expõe traços não verbais que são compreendidos tanto pelo emissor como pelo receptor numa troca linguística, através de posturas corporais, expressões faciais e vocalizações adicionais, que têm a função de controlar, manter, rejeitar e enfatizar a transmissão de significados. A paralinguagem é um objeto da SEMÂNTICA. Muitos analistas estudam o fenômeno com uma metodologia que é própria da FONÉTICA, considerando elementos como a fonte, a direção e a quantidade de sons produzidos fisicamente pelo falante. Os principais processos da paralinguagem são a labialização, a nasalização, a faringalização, a laringalização, a contração muscular e a alocação de sons no aparelho sonoro. A qualidade do som, sua produção e sua interrupção são tb. fatores a serem considerados no entendimento paralinguístico. Deve-se, entretanto, notar que, do mesmo modo que as línguas são sistemas de signos locais, a paralinguagem apresenta variações localizadas semelhantes às das linguagens naturais. A paralinguagem é uma característica universal do uso das línguas, mas suas variações são estritamente culturais. Outro dado importante a ser considerado no processo paralinguístico é a inter-relação íntima com a linguagem verbal, estendendo-a, ilustrando-a ou ampliando-a: os dois objetos, na prática, fomentam uma experiência unificada que confere significado ao que é comunicado.

paralinguística LING Estudo da paralinguagem. ▸ Cf. PARALINGUAGEM.

paralogismo LÓG Raciocínio falso que se estabelece involuntariamente.

parâmetro 1 INF Variável ou constante cujo valor é atribuído pelo usuário ou pelo próprio programa ou sistema, capaz de modificar, regular ou ajustar o comportamento desse programa ou sistema. **2** GRAM.GENER Cada um dos valores admitidos por um princípio linguístico na sua aplicação a cada língua particular. **3** PSIC Curva que representa um desempenho sob condições experimentais específicas.

parangona 1 GRÁF Diz-se de ou variedade de caracteres tipográficos que servia de base para todas as medidas. **2** GRÁF Diz-se de ou tipo grande, us. em anúncios e cartazes. **3** Alarde, estardalhaço. **4** JOR Título principal de um jornal ou revista; manchete.

parangonar GRÁF M.q. PARAGONAR.

parede do infinito TEAT M.q. CICLORAMA.

parentesco 1 Qualidade ou característica de parente. **2** Relação entre pessoas, quer por vínculo de sangue (consanguinidade) quer pelo casamento (afinidade).

INFORMAÇÕES GERAIS

O estudo do parentesco é um ramo central da antropologia. Teoricamente, é uma alternativa à tese marxista de que as relações econômicas estruturam e determinam o todo social. O que a antropologia mostrou foi que as sociedades pré-industriais se organizam através de elos que não são exclusivamente econômicos, mas que são eficazes na constituição da sociabilidade. Categorias sociais, econômicas e políticas entrecruzam-se nos eixos de parentesco. Algumas formações sociais só fazem sentido se entendidas a partir dos nexos de consaguinidade ou de matrimônio. Através dos nexos de parentesco, o poder social instaura-se, as várias prestações de serviço acontecem e, no interior de uma rede de parentesco, os indivíduos interagem. Além de se admitir que o parentesco seja uma instituição social da maior importância, é preciso entender de onde surge esse tipo de estruturação. Com esse problema em mente, Claude Lévi-Strauss (1908-2009) compôs as páginas iniciais de *As estruturas elementares do parentesco*. Lévi-Strauss reconhece a origem da sociedade na proibição do incesto. Uma vez estabelecida a evitação do incesto, os agentes sociais veem-se na obrigação e na necessidade de procurar parceiros fora do núcleo genético. O horror ao incesto exerce uma força positiva sobre todos, porque é uma regra de mutualidade universal. Graças à rejeição do incestuoso, alianças sociais são formadas: a proibição do incesto leva ao estabelecimento de regras culturais formadoras dos laços de parentesco com outros seres humanos e, assim, o parentesco transforma-se num sistema básico de troca social. Lévi-Strauss refuta a noção de que a proibição do incesto se dê por alguma forma de eugenia biológica intuitiva: sua função é estritamente sociológica. A lógica do parentesco segue dois modelos, sobre os quais constrói regras: proíbem-se muitas relações, permitindo poucas, como é o caso dos sistemas de troca restrita, ou então proíbem-se poucas formas de relação e permitem-se muitas, como é o caso da troca generalizada. As formas específicas das relações de parentesco são variações de um ou de outro modelo. Quando as atitudes sociais são representadas segundo uma forma constante, diz-se que o parentesco é organizado como num sistema. Em sociedades de tamanho reduzido, o parentesco espalha-se inevitavelmente por todos os modos de relação interpessoal: nesse tipo de agrupamento social, não há pessoa que não seja, de uma forma ou de outra, aparentada a algum outro membro da sociedade. O sistema de parentesco é o próprio grupo social.

BIBLIOGRAFIA

LÉVI-STRAUSS, Claude. *As estruturas elementares do parentesco*. Petrópolis: Vozes, 2009.

parêntese **1** LING Palavra, frase ou período intercalados num texto para acrescentar informação adicional, mas não essencial, sem alterar a estrutura sintática original. **2** GRAM Cada um dos sinais de pontuação ( ) que delimitam essa frase ou período. **3** Desvio momentâneo do assunto; digressão.

pari passu [lat.] No mesmo passo ou ritmo; a par.

Parmênides de Eleia (Eleia, atualmente sul da Itália, c515 a.C. - ?) Primeiro pensador metafísico da Antiguidade helênica, considerado o mais importante filósofo pré-socrático. ▸ Cabe em poucas linhas 'tudo' que se sabe sobre Parmênides de Eleia. As fontes disponíveis são escassas e pouco confiáveis: de sua autoria, sobreviveu um poema de cerca de 150 linhas com um título provavelmente apócrifo: *Da natureza*. Admirado e reverenciado por *Platão* (c428 a.C. - c348 a.C.), Parmênides é tema de um diálogo platônico, onde é reinterpretado como o principal precursor da filosofia das formas ideais, que constitui o núcleo teórico do platonismo. Dados do diálogo *Parmênides*, que relata um encontro do pensador eleata com o jovem Sócrates (c469 a.C. - 399 a.C.), de aproximadamente 20 anos de idade, permitem a afirmação de que Parmênides visitou Atenas com 56 anos, o que leva tb. à suposição de que tenha nascido por volta de 515 a.C. Apesar da autoridade intelectual de Platão, costuma-se aceitar o relato do cronista da época Apolodoro, que aponta o período de 544 a.C. a 541 a.C. como sendo a possível data de nascimento de Parmênides. Não se sabe se Parmênides conheceu pessoalmente o fundador da escola eleática de filosofia, Xenófanes de Cólofon (c570 a.C. - c470 a.C.), de quem teria sido aluno, ou se apenas teve contato indireto com as ideias daquele que foi provavelmente seu mestre. De família aristocrata, talvez médico, ele exerceu um papel político importante na definição das leis de sua cidade, então uma colônia grega no sudeste da península Itálica. Esse dado biográfico é igualmente matéria de debate: como poderia Parmênides ter redigido as leis de Eleia, que fora fundada 30 anos antes do seu nascimento? Além de Xenófanes, historiadores antigos da filosofia supõem que Parmênides tenha sofrido a ascendência de ideias pitagóricas, mesmo que não se vejam traços diretamente matemáticos e, portanto, claramente indiscutíveis dessa influência em *Da natureza*. Diógenes Laércio (sIII a.C.) afirma que Parmênides só escreveu um trabalho: um poema de conteúdo metafísico e cosmológico redigido na versificação clássica de hexâmetros. *Da natureza* é dividido em três partes. Começa com uma introdução, que apresenta dois caminhos para o conhecimento: um passo que leva à certeza e à verdade (*alétheia*) e outro que é o dos mortais e da opinião (*dóxa*). Depois da introdução, cada caminho (*hodós*) é avaliado criticamente. No poema, o tom da escrita é simultaneamente religioso e místico. O poeta-narrador descreve a ascese que o leva ao encontro de uma deusa, a Musa, que lhe revela a verdade e o caminho da certeza, deixando para trás o que é mistura de noite e dia, onde os opostos não são definitivamente definidos. Se o tom narrativo do poema de Parmênides parece expressar religiosidade, o argumento que a deusa emprega para revelar a certeza e a verdade nada tem de oracular: trata-se de uma abordagem completamente lógica e racional. Os modos da existência seriam apenas dois, que respondem a uma questão fundamental: o que é (*ta eon*)? Uma resposta diz que "há Ser e não pode ser que não haja", enquanto outra afirma que "não há Ser e não pode haver". Cada resposta é um caminho que leva à certeza ou ao engano e erro. Dizer que o Ser não existe é o mesmo que afirmar a existência do Nada, numa mistura insegura, oscilante e contraditória de Ser e Não Ser. A complexidade desse caminho contrasta flagrantemente com a outra alternativa: "O Ser é e existe como uma totalidade"; nele não há divisão, grau, variação ou mudança. O narrador vê-se numa situação de escolha, orientada pela deusa, usando como guia e instrumento apenas a razão, não os sentidos ou crenças anteriores. Em termos de método (*met-hodos*), a orientação da deusa é marcada pelo rigor lógico e pela dedução. O poema de Parmênides é um elogio aos poderes do raciocínio dedutivo, que devem guiar e produzir o saber certo que cria convicções inabaláveis. Por meios lógicos e dedutivos, chega-se ao entendimento do Ser como uno, totalizante, eterno, sem duração, sem princípio ou fim, completamente determinado. Parmênides também sugere que o Ser é esférico. A sugestão cosmológica de que tudo é esférico pode ser traduzida para o mundo sensível, produzindo a tese espantosamente original de que a Terra não é plana, depositada sobre um lençol d'água, como Tales de Mileto (c624 a.C. - c546 a.C.) sugerira. O rigor lógico de Parmênides indica a possibilidade de uma cosmologia alternativa, que é uma aproximação precisa da física futura: retrospectivamente, o que parecia apenas especulação sem fundamento indica o extremo vigor e o poder do raciocínio teórico, hipotético e dedutivo, que seria por isso superior à observação flutuante, imprecisa e contraditória. Podem-se daí deduzir outras regras que prevalecem no caminho da verdade e da convicção certa: o saber correto é aquele que, no seu interior, não abriga contradições. Ainda não havia sido criada a lógica formal, mas é claro que a ontologia de Parmênides começa a desenhar seus fundamentos: o Ser é completamente equivalente ao pensamento. Parmênides vira de cabeça para baixo o que, até então, se aceitava, ao postular que os sentidos são fontes de erro; que as opiniões fomentam enganos e incertezas, apesar da aparência de conhecimento certo. Já que o Ser é a única realidade que existe, sendo tudo mais ilusão mutante, o próprio movimento não existiria. O permanente e o estável são atributos da verdade, logo o centro da expressão de um pensamento, composto de sujeito e de cópula ou predicado, será sempre o sujeito do verbo 'ser': tudo mais é aparência e predicação. O que vale para o Ser vale para o pensamento e para a linguagem. Idealmente, os três registros, o do Ser, o do pensamento e o da linguagem, convergem, se forem a expressão da verdade. Quando uma expressão aponta movimento, diferença, mudança e alteração, ela não passa de um nome vazio, onde a contradição se aninha. Se a concepção que vigora no caminho da certeza e da convicção é unitária, o da opinião e do engano é dualista, com igual porção de contrários. O caminho da opinião é uma mistura equidependente de opostos, justamente o que caracteriza as dualidades corpóreas do tipo macho e fêmea, noite e dia etc. Apesar do descomunal impacto de Parmênides no pensamento grego, não há unanimidade a propósito daquilo que ele tenha efetivamente acreditado ou pregado. Para os antigos, ele introduziu as dualidades básicas da filosofia clássica: a oposição entre saber e opinião, unidade e pluralidade, permanência e mutação, mente e matéria, plenitude e multitude, pensamento e comunicação, conceito e sensação. Para os modernos, Parmênides é visto como um monista rigoroso, ou como um dos pensadores sobre os fundamentos da lógica, ou até mesmo alguém que se apropria das propriedades da língua grega e seu emprego do verbo 'ser' para, assim, inventar o pensamento filosófico. Dentre tudo o que se diga de Parmênides, é inegável sua originalidade filosófica quanto ao uso do mecanismo lógico da dedução como caminho prioritário do pensamento. ▸ Cf. CONTRADIÇÃO; MONISMO; OPINIÃO; PLATÃO.

BIBLIOGRAFIA

PARMÊNIDES. *Da natureza*. São Paulo: Loyola, 2011.

paródia Obra literária, teatral, musical etc. que imita outra obra ou os procedimentos de uma corrente artística, escola etc. com objetivo jocoso ou satírico; arremedo.

parole [fr.] LING M.q. FALA ('discurso'). ▸ O conceito de *parole* é um traço característico das teorizações estruturalistas da linguagem. Como todo o sistema linguístico saussuriano é dicotômico, *parole* deve ser entendida na relação contrastiva com a língua (*langue*). Enquanto a *langue* é um sistema abstrato de regras presente na mente de um falante ideal, a *parole* é uma sombra da língua, freq. associada ao nível do discurso ordinário. ▸ Cf. ENUNCIAÇÃO; ENUNCIADO.

parte **1** Qualquer porção de um todo. **2** Divisão de uma obra. **3** Tema abordado; matéria, assunto. **4** Grupo de pessoas partidárias da mesma causa; facção. **5** Comunicação escrita ou verbal; aviso, participação. **6** MÚS Cada um dos elementos estruturais de uma composição. **7** MÚS Cada uma das vozes ou instrumentos de uma composição homofônica ou polifônica.

parte da oração GRAM Os sintagmas que constituem uma oração (sintagma verbal, que tem a função de predicado; sintagma nominal, com a função de sujeito, objeto direto, objeto indireto, predicativo etc.; sintagma adverbial, com função de adjunto adverbial etc.); membro da oração.

parte do discurso GRAM M.q. CLASSE DE PALAVRAS.

participante da comunicação COMN LING As pessoas que participam da comunicação (o locutor e o interlocutor) e aquilo de que se fala (os seres e objetos do mundo); atores da comunicação. ▸ Cf. COMUNICAÇÃO.

particular LÓG Que não se aplica a todos os indivíduos de uma espécie, apenas a alguns. ▸ É fácil notar que, através da nomeação, os objetos particulares do mundo são agrupáveis em classes ou conjuntos. Os nomes que usamos na linguagem comum indicam claramente que classificamos as instâncias particulares em grupos ordenados segundo o reconhecimento, a admissão ou a construção de características próprias desses objetos. Portanto, um UNIVERSAL é uma propriedade predicada ao que é particular numa classe ou tipo de classes. A temática universal/particular discute a relação entre a unidade e pluralidade no mundo sensível. As formas platônicas são universais que existem em separado em face do que for particular no mundo, antecedendo e determinando as características das particularidades. A intuição platônica acaba esbarrando em problemas de difícil solução: para que os universais sejam realmente universais, eles devem estar completamente fora de toda particularidade; e, assim, certamente existirá necessariamente uma forma das formas, um universal dos universais, que, se for assim, não será, a rigor, um universal. Na filosofia grega, Aristóteles (384 a. C. - 322 a. C.) afirmava que os universais não antecedem as coisas; precisam apenas ser descobertos. Os universais habitam o particular. Desse modo, estrutura-se e constitui-se a realidade.

partida fria INF Desligamento elétrico, seguido de religamento de um computador ou acionamento do botão *reset*, causando a reinicialização do sistema sem executar os procedimentos usuais de desligamento por *software*; *cold start*.

partida quente INF Reinicialização de um computador, ainda mantendo-o sob controle do sistema operacional, ger. utlizando uma sequência de teclas; *warm start*. ▸ Teclando-se, p.ex., Crtl-Alt-Del em computadores pessoais usando o sistema *Windows*.

partitura MÚS **1** Material gráfico, contendo notações impressas ou manuscritas, que mostra a totalidade das partes de uma composição musical; grade. **2** Qualquer folha de papel com notação musical. **3** A composição musical em si. **4** Música esp. composta para produção teatral ou cinematográfica.

pascal INF Linguagem de programação de alto nível, modular e estruturada, adaptada do ALGOL, us. esp. em aplicações científicas e matemáticas. ▸ O nome é homenagem ao filósofo e matemático francês Blaise Pascal (1623-1662).

pasquim **1** Texto satírico colado em local público; pasquinada. **2** Jornal ou folheto calunioso; pasquinada. **3** Jornal sem repercussão, sem importância ou mal redigido. ▸ Uso pejorativo.

Pasquim, O JOR Semanário da imprensa alternativa carioca, comprometido com a política e o social, que durou de 26 de junho de 1969 a 11 de novembro de 1991. ▸ A princípio concebido como uma publicação humorística, *O Pasquim* tornou-se uma fronteira de resistência e oposição à ditadura militar que se instalou a partir de 1964 no Brasil. Sua primeira tiragem foi de 14 mil exemplares, crescendo progressivamente até atingir o sucesso de 200 mil. Tarso de Castro (1941-1991), Jaguar (1932-) e Sérgio Cabral (1937-) foram seus primeiros editores. Pelas páginas de *O Pasquim* passaram, publicando ou sendo ali entrevistados, as figuras culturais mais conhecidas da época. Essa publicação revolucionou a linguagem dos jornais brasileiros, optando sempre pela expressão distensa, popular.

pasquinada 1 M.q. PASQUIM ('texto', 'jornal'). 2 Linguagem de pasquim. 3 Crítica difamatória.

pasquinagem 1 Ação ou efeito de produzir pasquim ('jorna l', 'crítica'). 2 Costume de pasquineiro. 3 Difamação através de pasquim.

pasquineiro Diz-se de ou autor de pasquins ('jornal', 'crítica').

passagem MÚS Red. de NOTA DE PASSAGEM.

passagem da voz MÚS Região da tessitura vocal onde há mudança de registro ('produção vocal').

passagem de break TV Vinheta us. no início e no fim do intervalo de um programa.

passagem de som ACS Experiência feita com o equipamento sonoro antes de uma apresentação musical.

passar à letra ENC M.q. COLACIONAR.

passe-partout [fr.] Peça de cartão recortado, formando uma janela como se fosse moldura, onde se enquadram desenho, gravura, fotografia etc.

passim [lat.] BIBL LEX Fórmula empr. posposta ao título de uma fonte bibliográfica citada, para indicar a existência nela de numerosas referências, em diversas passagens, sobre determinado assunto.

password [ing.] INF M.q. SENHA.

pasta ENC 1 Retângulo de papel muito encorpado que se coloca em cada um dos lados do livro a ser encadernado, formando a capa. 2 Cada uma das partes da capa assim formada.

pasta mecânica PAP Massa para fabricação de papel.

pasta mecanoquímica PAP M.q. PASTA SEMIQUÍMICA.

pasta para rolos GRÁF M.q. MASSA DE ROLOS.

pasta química PAP Aquela obtida através do tratamento químico da madeira.

pasta semiquímica PAP A que se obtém em duas etapas: primeiro, empregando o agente químico e, depois, a ação mecânica; pasta mecanoquímica.

pastel GRÁF Erro tipográfico devido a desordem nos tipos, títulos, linhas de composição etc. de um impresso.

pastelão M.COM TEAT M.q. COMÉDIA-PASTELÃO.

paste-up [ing.] EDIT Preparação de uma página, livro, anúncio ou qualquer trabalho gráfico destinado à impressão em ofsete ou rotogravura.

pastilha 1 MÚS Em instrumentos de sopro, a parte da chave que efetivamente tampa o orifício. 2 INF M.q. CHIP.

patchwork [ing.] Trabalho que consiste na reunião de peças de tecido de várias cores, padrões e formas, costuradas entre si, formando desenhos geométricos.

patente JUR Título que assegura ao autor de uma invenção, modelo de utilidade ou desenho industrial, a propriedade e uso exclusivos de seu invento; carta patente.

path [ing.] INF Num sistema operacional, caminho que especifica uma determinada localização.

páthos [gr.] 1 Qualidade na comunicação em geral (e, p.ext., em fatos, circunstâncias, pessoas) que estimula o sentimento de piedade ou a tristeza; poder de tocar o sentimento da melancolia ou da ternura; caráter ou influência tocante ou patética. 2 Na experiência do espectador, leitor etc., sentimento de dó, compaixão ou empatia criados por essa qualidade do texto, da música, da representação etc.

INFORMAÇÕES GERAIS

Na retórica de Aristóteles (384 a.C.-322 a.C.), é um dos tipos de provas que podem ser utilizadas numa situação de discurso. Ainda que não seja exatamente essa a terminologia aristotélica, se a comunicação é uma relação composta, pelo menos, de três termos (emissor, mensagem e audiência), a tipologia das provas retóricas espelha-se em cada um desses elementos. O *páthos* é uma característica de um tipo de prova que atua e movimenta emoções e paixões que podem ser despertadas numa audiência específica.

patriarcado 1 Forma de organização social em que predomina a autoridade paterna. 2 ANTRPOL Forma de organização social em que a descendência reconhecida é patrilinear. 3 ANTRPOL Sociedade ou comunidade baseada nesse tipo de organização social.

INFORMAÇÕES GERAIS

O feminismo moderno vê no patriarcalismo a causa da opressão feminina em sociedade. Para muitas feministas, o poder masculino mantém-se não por uma determinação biológica, mas como produto das formas de socialização, estejam elas em ação no sistema educacional formal ou nas mensagens que a comunicação de massa dissemina incessantemente. Baseando-se numa concepção rousseauniana de natureza, como o reino da necessidade, enquanto as convenções, por serem mutáveis, acenariam para a liberdade, muitas das principais teóricas do feminismo abjuram a dimensão biológica por completo, afirmando ser uma construção convencionalista da cultura a atribuição de papéis de esposa e mãe a todas as mulheres. A força que sustenta essa intimação ideológica a lugares determinados e rígidos do feminino seria a INDÚSTRIA CULTURAL, que, com seus estereótipos de feminilidade, afirma, reforça e institui a ordem patriarcal. A teorização feminista sobre a dominação patriarcal disseminou-se no fim da década de 1960, com o livro *Política sexual*, de Kate Millet (1934-).

BIBLIOGRAFIA

MILLET, Kate. *Política sexual*. Madrid: Cátedra, 2010.

patrocinador Diz-se de indivíduo ou empresa que arca com os custos da realização de um espetáculo, competição esportiva, programa de televisão ou de rádio etc., com objetivos de publicidade ou *marketing*.

patrocinar 1 Prover despesas, gastos de; custear, financiar. 2 Fazer surgir; produzir, originar.

patrocínio MKT PUB 1 Custeio total ou parcial de espetáculo artístico ou desportivo, programa de rádio ou televisão etc., com objetivos publicitários; chancela. 2 Apoio, ger. financeiro, concedido, como estratégia de *marketing*, por uma organização a determinada atividade artística, cultural, científica, comunitária, educacional, esportiva ou promocional; chancela.

patronagem Apoio moral ou material oferecido por alguém ou por uma organização; proteção, patrocínio, patronato.

pattern [ing.] LING Modelo que representa esquematicamente uma estrutura linguística ou o comportamento verbal dos falantes.

pau EDIT Entre os revisores, o ponto de exclamação.
pausa 1 Suspensão temporária de ação ou movimento. 2 FON LING Silêncio breve ou longo interposto a palavras, sintagmas ou frases num discurso. 3 MÚS Figura de duração para o silêncio. ▸ Cf. FERMATA.
pausa comercial RÁD TV Intervalo na programação de rádio ou TV para a transmissão de anúncios publicitários.
pauta 1 Conjunto de linhas paralelas horizontais impressas numa folha de papel. 2 Cada uma dessas linhas. 3 Papel traçado com linhas paralelas impressas nitidamente, que se coloca sob uma folha translúcida para orientar a escrita. 4 COMN JOR Agenda ou roteiro dos assuntos mais importantes a serem cobertos numa edição de jornal, revista, programa de rádio ou televisão etc. 5 COMN JOR Na preparação de matéria jornalística já programada, indicação dos detalhes a serem abordados sobre determinado assunto e do modo de focalizá-lo. 6 MÚS Conjunto de linhas paralelas para se escreverem as notas; pentagrama.
pautadeira GRÁF Máquina de pautar, de produzir linhas no papel.
pautar 1 Traçar linhas à maneira de pauta em. 2 GRÁF Produzir no papel (linhas paralelas horizontais e/ou verticais) com máquinas especiais munidas de discos ou penas. 3 COMN JOR Pôr em pauta ou na ordem do dia; relacionar. 4 COMN JOR Programar (determinado assunto) para uma edição de jornal, revista, programa de rádio ou televisão etc. 5 COMN JOR Detalhar (assunto programado), quanto aos aspectos que deverão ser focalizados.
Pavlov, Ivan P. (Riazan, Rússia 1849 - Leningrado, União Soviética 1936) Cientista russo, estudioso do sistema digestivo e autor da teoria do reflexo condicionado. ▸ Pavlov recebeu o Prêmio Nobel de 1904 por seus estudos sobre o aparelho digestório, de onde derivou a teoria do reflexo condicionado. Pesquisadores anteriores a Pavlov notaram que animais reagiam, salivando, a estímulos que sinalizavam comida. O que Pavlov fez de revolucionário foi adotar uma metodologia quantitativa, de cunho estatístico, que, conforme afirmava, tornou o fenômeno objetivo, livre de interpretações subjetivistas. Matematizando as reações dos animais, Pavlov pôde apontar que estímulos eram indiferentes e que outros disparavam a reação em face do sinal transmitido. Após observar a ação de glândulas salivares, primeiro em crianças, depois em cães, Pavlov reconheceu que, antes de receberem comida, as glândulas aumentavam sua atividade. Apesar de estar fundamentalmente interessado em fisiologia, Pavlov propôs uma nova tipologia de personalidades, consideradas a partir da reação individual a estímulos transmitidos. Seu sistema teórico operava com uma distinção básica de estímulos: inatos, incondicionados e condicionados. A matéria corporal produz um conjunto de reações inatas, tais como piscar diante de um *flash* de luz, aumento ou diminuição da íris segundo a iluminação ambiente, contração muscular quando de uma topada etc. Porém, quando o toque de um sino associava-se à possível alimentação do animal, após a conexão repetida dos dois estímulos (som e comida), o comportamento do cão mudava. Ao ouvir o sinal, o animal começava a salivar, na expectativa de ser alimentado. O sino transmitia um sinal carregado de alguma forma de significado. Pavlov trazia para a fisiologia animal o fenômeno da ASSOCIAÇÃO DE IDEIAS, reconhecido e estudado pela psicologia da época, com uma diferença significativa: a conexão entre sinal e respostas não era mental, mas física e localizada, segundo sua teoria, nas áreas subcorticais do cérebro. Para ele, o comportamento animal nada mais era do que essas associações condicionadas; mas, para muitos pesquisadores, os experimentos de Pavlov podiam ser estendidos a todas as formas de comportamento: ele teria descoberto a chave para a formação e a alteração de todo tipo de ação, tanto animal como humana. Quando Pavlov começou a ser mais conhecido no Ocidente, suas teses passaram a fundamentar as psicologias cientificistas que fossem baseadas estritamente em dados da observação, mesmo que Pavlov duvidasse de que sua teoria do sinal fosse aplicável mecanicamente aos comportamentos humanos. No caso dos homens, haveria um processo de mediação, além da relação direta de causa e efeito que se dá no caso da reflexividade animal. Mas, graças à divulgação entusiasta de James B. Watson (1878-1958), Pavlov tornou-se uma espécie de pai do BEHAVIORISMO n.-am., sendo daí transposto para os estudos da comunicação. As teses pavlovianas iniciais, cuja aplicação ele admitia apenas no caso animal, tornaram-se a base dos estudos psicológicos que entendem a comunicação como uma reação causal imediata a estímulos externos.

BIBLIOGRAFIA

PAVLOV, Ivan. *Lectures on conditioned reflexes*. New York: International Publishers, 1928-1941.

pay off [ing.] MKT PUB Resultados ou efeitos de uma campanha publicitária.
pay-per-view [ing.] TV Sistema de televisão cujas emissões são codificadas e recebidas exclusivamente por assinantes providos de dispositivos decodificadores, que pagam pelo programa assistido. ▸ Cf. TELEVISÃO POR ASSINATURA.

INFORMAÇÕES GERAIS

O sistema *pay-per-view* é uma alternativa aos dois outros modos dominantes de arrecadação de recursos na indústria da televisão. Até as possibilidades abertas pela tecnologia de teledifusão por meio de satélites, os orçamentos das TVs dependiam exclusivamente de anúncios publicitários ou da cobrança de uma licença por parte do Estado, como é o caso do modelo britânico, na fase áurea da BBC. O sistema de *pay-per-view* é diferente da cobrança de uma taxa, pois funciona como se fosse um ingresso para assistir a um espetáculo cinematográfico ou teatral. O *pay-per-view* tem sido um modo de cobrança frequente no caso de eventos esportivos ou filmes recentes de grande sucesso.

paywall [ing.] INF JOR M.COM Sistema informatizado que bloqueia o acesso a uma publicação na internet por parte daqueles que não adquiriram a assinatura.
PB [ing.] GRÁF Sigla de PERFECT BINDING.
PBX [ing.] TEL Aparelho que funciona como central telefônica interna, permitindo que seus ramais privativos se interliguem entre si e com os troncos da rede geral, através de telefonista; estação particular (não automática) de telefones. ▸ Sigla de *private branch exchange*: 'comunicação (telefônica) de ramal privado', do ing. *private* 'privado' + *branch* 'ramal, ramo' + *exchange* 'comunicação, troca'
PC [ing.] INF Computador pessoal, a princípio de qualquer marca, mas ger. referindo-se a microcomputadores baseados na arquitetura Intel 8088, cuja família de pro-

cessadores tem descendentes até os dias atuais. ▸ Acrônimo da expressão ing. *personal computer* (1978) ('computador pessoal'), us. inicialmente pela IBM para designar seu primeiro microcomputador, lançado em 1981, e, posteriormente, para caracterizar o tipo ou a linha de microcomputador derivado daquela primeira máquina. ▸ Tb. se grafa *P.C.* ▸ Cf. COMPUTADOR.

PDF [ing.] INF Formato de arquivo para intercâmbio de documentos bidimensionais de maneira independente de sistema operacional e de plataforma de *hardware*. ▸ Sigla de *Portable Document Format* ('formato portátil de documento'), criado pela Adobe Sytems em 1993 e liberado pela empresa como formato aberto em 2008.

pê Nome da letra *p*.

peça **1** LIT Obra literária. **2** PUB Qualquer elemento produzido para uma campanha publicitária ou de promoção comercial (anúncio, encarte, filmete, cartaz etc.). **3** TEAT Enredo e/ou representação teatral.

peça-problema TEAT Drama que apresenta problemas de difícil solução, tanto para os indivíduos como para a sociedade em geral.

pedal de surdina MÚS M.q. PEDAL DOCE.

pedal doce MÚS No piano, o pedal da esquerda, us. para reduzir a sonoridade; pedal de surdina, *una corda*.

pé de galinha ENC Enrugamento em um dos cantos da página, decorrente de defeito na dobragem.

pedido Ordem de compra; encomenda.

peg [ing.] PUB M.q. GANCHO (acp. 3).

pegadeira GRÁF M.q. PINÇA.

Peirce, Charles Sanders (Cambridge, Massachusetts, Estados Unidos 1839 - Milford, Pensilvânia, Estados Unidos 1914) Filósofo e lógico n.-am., formulador da doutrina filosófica conhecida como pragmatismo e o articulador mais importante, no fim do sXIX e início do sXX, de uma semiótica sistemática e rigorosa. ▸ Os motivos pelos quais Peirce não se tornou um professor e estrela acadêmica nos Estados Unidos não são óbvios e talvez sejam, além de múltiplos, difíceis de compreender. Filho do mais importante matemático da época, Benjamin Osgood Peirce (1809-1880), educado nas instituições de elite do sistema acadêmico norte-americano, Peirce trabalhou muitos anos, como físico, para um órgão governamental, o U.S. Coast and Geodetic Survey. Era uma pessoa de temperamento volátil e um indivíduo desafiador das convenções da época: após um casamento desastroso, para o escândalo de muitos, Peirce insistia em apresentar, como se fosse sua esposa legal, uma pessoa que seria uma cigana, Josephine, com quem não era casado. Em 1891, Peirce foi demitido do emprego, não por sua incompetência, mas devido a restrições orçamentárias à agência onde trabalhava. Morou até morrer, na pobreza, numa casa no estado da Pensilvânia. William James (1842-1910), seu amigo e colega quando ambos estudavam em Harvard, muitas vezes doou ou coletou dinheiro para a sobrevivência de Peirce. Durante os anos de 1931 a 1958, parte de sua obra foi publicada como *The collected papers of Charles Sanders Peirce*, que, entretanto, não se pode considerar uma amostra útil e representativa da magnitude e amplidão de seu trabalho como lógico e filósofo. Na primeira metade do século passado, os arquivos de Peirce, que tinham sido adquiridos, como um gesto de caridade, pela Universidade de Harvard, encontravam-se num estado de desordem deplorável. Algumas de suas partes tinham sido perdidas ou jogadas ao esquecimento num canto qualquer dos arquivos da universidade. Não parecia ser possível reconstituir, com precisão, a cronologia da obra e assim estabelecer os estágios de seu progresso e desenvolvimento. Além disso, outro problema estava na fragmentação das fontes manuscritas, que nem sequer tinham sido catalogadas. Para os primeiros editores dos *Collected papers*, a única solução seria adotar uma edição temática dos trabalhos, o que, sem respeito à cronologia, não ajudou à compreensão do desenvolvimento da vasta obra de Peirce. A leitura dos *Collected papers* sugere, erradamente, que os trabalhos peircianos são assistemáticos e sem continuidade argumentativa, quando se trata precisamente do oposto. A edição mais recente, cuidadosa e respeitadora da totalidade de seu argumento, encontra-se em *The writings of Charles S. Peirce: a chronological edition*, que hoje cobre o que foi por ele escrito no período de 1857 a 1892. Ainda assim, a questão de se achar um fio teórico condutor em um conjunto de escritos tão vasto permanece tanto como uma questão histórica quanto como um problema de interpretação filosófica propriamente dita. O sistema lógico e filosófico de Peirce deriva de sua leitura crítica da filosofia kantiana, com a qual discordava em seus aspectos lógicos, mas que lhe fornecera uma intuição importante. Assim como Immanuel Kant (1724-1804) argumentava na *Crítica da razão pura*, Peirce postulava que a mente dá forma e ordena a experiência do mundo natural. Ao contrário de Kant, porém, para Peirce a ordenação se fazia por meio de categorias básicas que atravessam todas as representações humanas. Num artigo importante, apresentado em 1867, Peirce identifica três categorias básicas. Ao contrário de Aristóteles (384 a.C. - 322 a.C.) que identificara uma dúzia de categorias, a lista de Peirce é elegantemente parcimoniosa. Ainda que a terminologia peirciana se modifique ao sabor de circunstâncias, sua estruturação teórica permanece imutável nos manuscritos que o filósofo e matemático estadunidense publicou em vida e tb. nos que deixou inéditos. Em alguns momentos de sua obra, Peirce refere-se a *primeiridade* (*firstness*), *segundidade* (*secondness*) e *terceiridade* (*thirdness*); noutros, ele menciona *primeiros*, *segundos* e *terceiros*, não mais como qualidades, mas como coisas. Além disso, as tricotomias numéricas são associadas a procedimentos lógicos: os primeiros, a *possibilidade*; os segundos, a *atualidade*; e os *terceiros*, a *necessidade*. Portanto, quando em 1865 Peirce descreve os argumentos próprios da lógica, ele fala em hipótese ou ABDUÇÃO (primeiro, possibilidade), indução (segundo, atualidade factual) e dedução (terceiro, necessidade). No mesmo espírito, qualidade é um primeiro, fato, um segundo e hábito, um terceiro. Peirce reconhece relações triádicas em uma infinidade de situações lógicas que, na sua opinião, se tratava de fato corriqueiro e real da existência. Um, dois e três referem-se às etapas completas do pensamento, que vão da unidade à dualidade para atingir a pluralidade, por meio de valores lógicos monádicos, diádicos e poliádicos. Coerentemente, quando Peirce examina a fundamentação do pensamento, que é a expressão sígnica, ele irá defini-la como uma função composta de três elementos: um veículo (*ground*), um objeto (*object*) e um interpretante (*interpretant*). Esses seriam estágios da mente que atravessam e se fazem presentes por todo o universo: matéria, para Peirce, não passa de uma mente enfraquecida, apenas destituída de algumas características. Em Peirce, as relações que compõem a função triádica que forma um signo completo não se reduzem à ação de um sistema de regras que antecede e permite a transmissão de significações codificadas. A significação, no seu entender, é um processo interminável de substituições de representações, enfim, uma SEMIOSE ilimitada. Por isso, não se pode acreditar que Ferdinand de Saussure (1857-1913) e Charles Peirce estejam falando do mesmo objeto cognitivo quando falam de uma possível teoria dos signos (semiologia, no caso saussuriano, ou SEMIÓTICA, em Peirce). O modelo de significação e de comunicação proposto por Peirce segue a imagem de um diálogo e de uma troca de signos que é constante, mediada e interativa: a semiótica peirciana pouco tem a ver com o exercício de aplicação de regras; trata-se mais de um jogo de linguagem. Além de ser autor de uma complexa e completa teoria dos signos, que o qualifica como um dos maiores lógicos desde Aristóteles, Peirce é atualmente tido como o filósofo americano que esboçou a contribuição definitiva do pensamento americano para a filosofia moderna: com William James, Peirce é responsável pela fundamentação teórica do PRAGMATISMO moderno. Na concepção de Peirce, o pragmatismo é um método filosófico que estabelece e clarifica o significado de conceitos, proposições, crenças e outros aspectos da cognição humana. A chave que o pragmatismo propõe para que se estabeleça o significado de uma sentença é considerar seus efeitos sensíveis identificados a partir de sua praticidade. A filosofia pragmática faz parte de um ramo do REALISMO filosófico moderno, com claros desdobramentos utilitários e instrumentalistas. O pragmatismo afirma que o significado de um conteúdo proposicional é redutível às consequências práticas que dele se extraem. Segundo a máxima pragmática que Peirce enuncia, a totalidade dos efeitos práticos de um objeto de conhecimento é tudo que se pode conhecer a propósito desse objeto. Isso quer dizer que a totalidade de seus efeitos práticos é o significado total de um objeto. Uma das implicações importantes dessa filosofia é que o conhecimento atua diretamente na vida dos seres humanos: não haveria outra maneira de entendê-lo. As teses que definem o pragmatismo, ou o PRAGMATICISMO de Peirce, foram apresentadas numa série de artigos publicados no período de 1877-1878 com o título *Illustrations of the logic of sciences.*

BIBLIOGRAFIA

BRENT, Joseph. *Peirce: a life*. Bloomington: Indiana University Press, 1998.

HOUSER, Nathan; KLOESEL, Christian (ed.). *The essential Peirce, volume 1: selected philosophical writings (1867-1893)*. Bloomington: Indiana University Press, 1992.

THE PEIRCE EDITION PROJECT. *The essential Peirce, volume 2: selected philosophical writings (1893-1913)*. Bloomington: Indiana University Press, 1998.

pejorativo Que exprime sentido desagradável ou de desaprovação (diz-se de palavra ou expressão); depreciativo.

película CINE FOT **1** Fina camada de gelatina sensibilizada que recobre filmes fotográficos e cinematográficos. **2** Filme cinematográfico.

pelure [fr.] PAP Muito fino e ligeiramente translúcido (diz-se de papel).

pena **1** Tubo córneo da pena de algumas aves que, depois de aparado, serve para a escrita. **2** Pequena peça metálica, fixa ou adaptável, que se ajusta a uma caneta para escrever, desenhar etc.; aparo. **3** O aparato de escrita. ▸ Cf. CANETA. **4** MÚS Cada uma das partes do mecanismo que pinça as cordas de um cravo ou instrumento semelhante. **5** GRÁF M.q. PALHETA.

pendrive [ing.] INF Dispositivo removível, leve e de pequenas dimensões, que faz uso de semicondutores, us. para armazenamento de dados com uma tecnologia de memória de computador não volátil.

pentagrama MÚS Pauta com cinco linhas.

pente GRÁF M.q. LEQUE.

penumbra **1** Ponto de transição da luz para a sombra. **2** ART.PLÁST Gradação de luz para a sombra, esp. na pintura.

per accidens [lat.] Por acidente. ▸ No vocabulário filosófico, quando algo se dá por acidente, isso quer dizer que não é essencial: o que for acidente é circunstancial, logo o oposto daquilo que tem o estatuto de substância permanente. A expressão originou-se na filosofia medieval.

per capita [lat.] Por ou para cada indivíduo. ▸ Lit.: 'por cabeça'.

percepção **1** Ato ou efeito de formar ideia de. **2** Faculdade complexa de apreender a realidade exterior pela organização dos dados sensoriais. **3** Função ou efeito mental de representação dos objetos; sensação, senso . **4** Consciência dos elementos do meio ambiente através das sensações físicas. **5** Ato, operação ou representação intelectual instantânea, aguda, intuitiva. **6** Consciência (de alguma coisa ou pessoa), impressão ou intuição, esp. moral. **7** Sensação física interpretada através da experiência. **8** Capacidade de compreensão.

INFORMAÇÕES GERAIS

Através da percepção, conhece-se, por contato, o mundo exterior. Os sentidos que coletam informação da realidade externa, ou seja, a visão, o olfato, a audição, o tato e o paladar, interagem de tal maneira que a experiência imediata de quem percebe constitui um todo indissociável. Mas cada fonte perceptiva é caracterizada por certa especificidade: ver distingue-se de ouvir, ouvir não é tocar, tocar não é cheirar etc. Outra peculiaridade da natureza complexa da percepção é o fato de que ela está sempre conduzida por intencionalidade, por uma direção cognitiva, sendo, assim, sugestivamente teórica. Uma das questões centrais da percepção como modo de conhecimento é determinar se é fonte ou modo de conhecer e qual o estatuto cognitivo dos dados perceptivos. A percepção acontece, possivelmente, em mais de um nível: percebe-se um objeto para depois se perguntar a que fato tal percepção corresponde. Veem-se luzes a distância para depois se avaliar se são de estrelas ou não. Ouve-se uma campainha tocando e depois surge a pergunta: "é um toque na porta da frente, ou alguém chamando o vizinho?". A percepção pura e simples de objetos é dita não epistêmica, enquanto que sua avaliação é epistêmica. A percepção epistêmica produz resposta para as seguintes perguntas: "onde?", "como?", "quando?" etc. As respostas às perguntas são fonte de conhecimento e movimentam todo o sistema cognitivo: memória, conceituação e saberes prévios. Perceber é fonte tanto de conhecimento como de erros, pois a percepção é produtora de enganos e ilusões.

perdidos GRÁF Restos da tiragem (refugo e maculaturas).

perfect binding [ing.] GRÁF Sistema automático de acabamento brochado no qual as folhas avulsas ou cadernos são reunidos e cortados nos quatro lados, a lombada é fresada e preparada com cola para receber a capa, e as bordas (exceto a lombada) são aparadas. ▸ Abrev.: *PB*.

perfil JOR Tipo de matéria ou entrevista centrada na personalidade, nas ideias, nos gostos e particularidades do entrevistado.

perfil de *marketing* MKT PUB M.q. MARKET PROFILE

performance [ing.] 1 LING M.q. DESEMPENHO. 2 CINE TEAT TV Interpretação, ger. notável, de ator; proeza de representação. 3 TEAT Tipo de espetáculo em que o artista atua com plena liberdade e autonomia, interpretando papel ou criações de sua própria autoria. 4 ART.PLÁST CINE MÚS TEAT TV Atividade artística inspirada em formas de arte diversas, esp. o teatro.

performático 1 ART.PLÁST TEAT Relativo a *performance* ('espetáculo'). 2 ART.PLÁST TEAT Artista performático.

performativo 1 LING Diz-se de verbo cujo emprego numa sentença cria uma força ilocutória pela qual a enunciação da sentença em questão representa o ato descrito no verbo (p.ex.: 'declarar', 'solicitar', 'prometer'). ▸ O conceito de performativo explicita que enunciar uma sentença é também realizar um ato. A teoria dos atos da fala reconhece a existência de performativos em vários contextos da vida cotidiana, que vão do batizado à consumação pública de um matrimônio, bem como as muitas promessas e solicitações feitas pela fala comum. O performativo não admite a distinção entre dizer e fazer. Através do que é dito, algo é imediatamente feito, o que significa que um performativo não pode ser qualificado em termos de verdade e falsidade: verdade e falsidade supõem uma correspondência ou um desacordo entre representação e acontecimento. Se houver correspondência entre dizer e fazer, um enunciado é considerado *constativo*. Por esse motivo, o filósofo inglês da linguagem, J.L. Austin (1911-1960) afirmava que o performativo deve ser avaliado como 'feliz' ou 'infeliz', mas não 'verdadeiro' ou 'falso'. Mais tarde, Austin refinou a teoria, observando que a oposição entre performativo e constativo era problemática, pois os constativos que descrevem fatos não deixam de ser atos também: atos descritivos. Cf. ATO DE FALA; CONSTATIVO. 2 TEAT Em que há *performance* ('espetáculo').

BIBLIOGRAFIA

AUSTIN, J. L. *Philosophical papers*. Oxford: Clarendon Press, 1970.

performer [ing.] TEAT Ver ARTISTA PERFORMÁTICO.

pergaminho vegetal PAP Papel sem cola de aspecto semelhante ao pergaminho, preparado com ácido sulfúrico e destinado a várias aplicações industriais; papel-pergaminho.

periférico INF Dispositivo ou conjunto de dispositivos que não integra a unidade central de processamento de dados (p.ex., impressora, escâner, *pendrive*); equipamento periférico.

perífrase LING Frase ou recurso verbal que exprime aquilo que poderia ser expresso por menor número de palavras; circunlóquio.

perifrástico 1 Relativo a ou expresso por perífrase(s). 2 GRAM LING Composto por um vocábulo auxiliar e um principal.

periodicidade EDIT JOR Período de tempo previsto entre duas edições sucessivas de uma mesma publicação.

periódico EDIT JOR Diz-se de ou publicação (jornal, revista etc.) que aparece em intervalos fixos ou regulares e que conta com a contribuição de colaboradores diversos.

periodismo EDIT JOR Atividade, função, ofício de jornalista; jornalismo.

periodista EDIT JOR Diz-se de ou profissional que escreve em periódico.

período GRAM LING Frase que contém uma ou mais orações. ▸ Cf. ORAÇÃO; FRASE.

perissologia RET Vício de linguagem que consiste na repetição desnecessária, por palavras diferentes, de um determinado pensamento.

perístase RET O assunto completo de um discurso, com todos os seus detalhes.

perlocução FIL LING Resultado da ação de realizar um ato perlocutório.

perlocucional FIL LING M.q. PERLOCUTÓRIO.

perlocutório FIL LING Que exerce um efeito sobre o ouvinte (para amedrontar, persuadir etc.), dependendo, por isso, fundamentalmente, da situação da enunciação (diz-se de ato linguístico); perlocucional. ▸ O termo 'perlocutório' surgiu na revisão que J. L. Austin (1911-1960) fez de sua teoria dos atos de fala, após notar que algo é sempre feito quando se fala, seja para descrever um acontecimento, como é o caso de um enunciado CONSTATIVO; seja para realizar algo, como é o caso de um PERFORMATIVO. Mais importante do que manter uma oposição superficial entre constativo e performativo seria reconhecer outras dimensões da ação linguística. Nesse momento, Austin observa que o ato de falar é LOCUTÓRIO, ILOCUTÓRIO e perlocutório. Um ATO DE FALA perlocutório é aquele que gera efeitos nos sentimentos, nos pensamentos e nos atos de um emissor ou de um receptor. Convencer, emocionar, impedir são dimensões perlocucionais da ação linguística. ▸ Cf. ATO DE FALA; AUSTIN, J. L.

BIBLIOGRAFIA

AUSTIN, J. L. *Quando dizer é fazer*. São Paulo: Artmed, 1990.

permissão RET 1 Ato ou efeito de permitir; autorização, consentimento. 2 Figura pela qual aquele que fala, ou discursa, deixa ao juízo dos que ouvem a decisão de alguma coisa.

peroração RET 1 A última parte de um discurso ou sermão; conclusão, remate. 2 Discurso breve.

per se [lat.] Em si mesmo; intrinsecamente.

persona [lat.] 1 PSIC Na teoria junguiana, personalidade que o indivíduo apresenta aos outros como real, mas que, na verdade, é uma variante às vezes muito diferente da verdadeira. 2 LIT Personagem literário em que o autor se encarna. 3 Imagem com que uma pessoa se apresenta em público.

personagem 1 CINE TEAT TV Figura humana representada em várias formas de arte. 2 LIT Figura humana imaginada pelos autores de obras de ficção. 3 TEAT Papel representado por ator ou atriz a partir de figura humana fictícia criada por um autor.

personagem-tipo CINE TEAT Personagem que representa um tipo padronizado, de comportamento já conhecido.

personagem-título CINE TEAT Personagem cujo nome dá título à obra a que pertence. ▸ Otelo e Hamlet, p.ex., são personagens e tb. títulos de peças teatrais de William Shakespeare (1564-1616).

persona grata [lat.] Pessoa recebida com simpatia e prazer por alguém ou por alguma entidade.

personal computer [ing.] INF Computador pessoal. ▸ Cf. COMPUTADOR. ▸ Sigla: *PC*.

personalidade autoritária FIL SOC Conceito formulado por Theodor W. Adorno (1903-1969), que caracteriza aderentes a ideologias autoritárias, fascistas e de direita e cujos traços psicológicos são a intolerância, o preconceito, a arrogância, a falta de sutileza e o fascínio por atitudes e regimes de comando e submissão.

personalizar INF Definir a configuração de (equipamento ou programa), conforme as necessidades ou preferências do usuário.

persona non grata [lat.] Pessoa que não é bem-vinda ou a quem se fazem restrições.

perspectiva DES GRAV PINT **1** Técnica de representação tridimensional que possibilita a ilusão de espessura e profundidade das figuras, a partir da projeção das linhas paralelas do primeiro plano para um ponto de fuga, de maneira que haja uma diminuição das figuras que ocupam o segundo plano da obra. ▸ Cf. PONTO DE FUGA. **2** A obra delineada segundo as regras da perspectiva.

INFORMAÇÕES GERAIS

Considera-se uma imagem em perspectiva quando sua configuração visual traduz para um plano ou superfície bidimensional a aparência mais completa possível daquilo que é percebido em três dimensões. As técnicas de representação em perspectiva são recursos estilísticos visuais frequentes na obra de pintores, desenhistas e gravadores renascentistas. Uma das características mais evidentes de quadros em perspectiva é a convergência de linhas que, de fato, seriam paralelas para um ponto de fuga que se localiza na linha do horizonte. O suporte de uma obra em perspectiva funciona como se fosse uma janela através da qual se percebe o mundo natural. Por isso, a janela que a perspectiva abre para o exterior tem o estatuto de um ponto de vista obrigatório, dominante, estável e unificador que reúne as linhas, as cores e as formas de todos os objetos ali representados. O ponto de vista do pintor e o do espectador não se distinguem; pelo contrário, convergem. A perspectiva estabelece um modelo de visão que, além de fixo, é monocular. O artista que produz um trabalho em perspectiva não representa as condições da visão, mas um dos modos possíveis de representá-la. Por isso, uma das discussões constantes e aparentemente intermináveis a respeito da perspectiva diz respeito à sua convencionalidade. Enquanto Hubert Damisch (1928-) critica aqueles que consideram a perspectiva um código pictórico, a natureza autorreferente das imagens em perspectiva, bem como sua presença e ação normativa por toda a arte renascentista, pós-renascentista e na FOTOGRAFIA moderna, sugere para alguns precisamente o contrário. O filósofo n.-am. Nelson Goodman (1906-1998) equipara a perspectiva à linguagem humana: ambas seriam códigos pictóricos que demandam treinamento cultural e exposição sistemática para sua decifração. Se Goodman estiver certo, a perspectiva teria o estatuto de uma espécie de morfologia ou gramática da construção visual que independe e escapa às restrições da visão natural. Para os que defendem essa tese, só desse modo explica-se um paradoxo que assombra as discussões teóricas sobre a perspectiva: a espécie humana move-se no meio ambiente empregando rotineiramente a visão natural em perspectiva, mas, enquanto técnica de representação visual, a perspectiva começa a surgir e desenvolver-se num determinado momento histórico, que é sucintamente definido por John White (1924-2002) como a descoberta de que uma pirâmide de raios visuais reúne e agrega os objetos vistos por quem os contempla. O que White modernamente indica já fora notado por Leon Battista Alberti (1404-1472), em 1436, em seu tratado *Della pittura*: para Alberti, a imagem em perspectiva é a seção plana da pirâmide visual que confere o sentido de profundidade aos objetos que se afastam do olhar do espectador. Mas deve-se notar que, antes dos tratados renascentistas sobre perspectiva de Piero della Francesca (1415-1492), Albrecht Dürer (1471-1528) e Alberti, os artistas da Antiguidade grega conheciam e empregavam essa técnica de representação, mesmo que sua aplicação não fosse guiada ou resultasse de uma concepção completamente homogênea do espaço pictórico. Se, por um lado, os gregos demonstravam encanto e espanto pela arte de um de seus pintores, Zeuxis, que, no final do sV a.C., segundo um relato quase mítico, pintou tão naturalisticamente uvas que pássaros viriam bicá-las, Platão (c428 a.C. - 348 a.C.) criticava acidamente aqueles que, representando em perspectiva, criavam imagens ilusórias e falsas. Para ele, o artista não passava de um SOFISTA pictórico, na sua desconsideração da verdade objetiva, que, ao mesmo tempo, favorecia pontos de vista parciais e ilusórios. Segundo a tese platônica, a verdade eterna e objetiva seria incompatível com a persuasão e a perspectiva. Do mesmo modo que o sofista, o pintor representa o ponto de vista transitório e passível de mudança. Por serem mestres do ilusionismo, do truque fácil e falso, da criação de meros simulacros, os pintores e os sofistas disseminam espectros e representações fantasmagóricas da verdade. Curiosa e significativamente, o ataque de Platão à perspectiva foi sumamente ignorado pelos praticantes das artes visuais. Diz-se que Paolo Uccello (1397-1475) passava horas acordado, examinando e produzindo obras em perspectiva. Quando sua mulher o chamava para ir para a cama, Uccello respondia, de modo maroto, ambíguo e sugestivo: "*che dolce cosa è questa prospettiva*" ("que coisa doce é essa perspectiva"). Para intérpretes mais recentes, a perspectiva é mais do que o trabalho conjugado da mão e do olho. Foi isso que Erwin Panofsky (1892-1968) sugeriu em um de seus mais influentes trabalhos, *A perspectiva como forma simbólica*, de 1927. A perspectiva conecta um conceito de espaço com uma forma pictórica. Como representar em perspectiva sem a noção de um espaço composto não de lugares naturais isolados, mas de um todo unificado geometricamente? Foi com essa tese em mente que o historiador da arte Pierre Francastel (1900-1970) supôs que a perspectiva é a criação cultural de um novo tipo de espaço, comum ao planejamento arquitetônico de Filippo Brunelleschi (1377-1446) e à noção espacial estritamente matemática e geométrica que Galileu Galilei (1564-1642) postulou em *Dialogo sopra i due massimi sistemi del mondo* ('Diálogo sobre os dois sistemas máximos do mundo', 1632). Uma terceira alternativa sobre a conjunção da visão e a representação em perspectiva emerge de nossa herança biológica. Por causa da estrutura da visão humana, ou seja, porque os olhos produzem representações distintas dos mesmos dados naturais, o cérebro avalia as disparidades de informação, interpretando-as e produzindo, inferencialmente, o sentido de profundidade que dá forma à visão e representação em perspectiva. A perspectiva pictórica é uma tentativa de reproduzir os processos inferenciais que predominam na visão, através de sua representação pictórica.

BIBLIOGRAFIA

ALBERTI, Leon Battista. *On painting*. New Haven: Yale University Press, 1973.

BRYSON, Norman; HOLLY, Michael Ann; MOXEY, Keith. *Visual culture*. Hanover: Wesleyan University Press, 1994.

DAMISCH, Hubert. *L'origine de la perspective*. Paris: Flammarion, 1987.

FRANCASTEL, Pierre. *Peinture et societé*. Lyon: Audin, 1951.

GOODMAN, Nelson. *Languages of art; an approach to the theory of symbols*. Indianapolis: Hackett, 1976.

NEIVA, Eduardo. *A imagem*. São Paulo: Ática, 1994.

PANOFSKY, Erwin. *Perspective as a symbolic form*. Cambridge: The MIT Press, 1991.

WHITE, John. *The birth and rebirth of pictorial space*. Boston: Boston Book and Art Shop, 1967.

persuasão 1 Ato ou efeito de convencer (alguém ou a si mesmo) a acreditar ou aceitar. **2** Certeza fortemente estabelecida; convicção.

INFORMAÇÕES GERAIS

Diante da crítica platônica à falta de objeto teórico do ensino sofístico de retórica, Aristóteles (384 a.C. - 322 a.C.) respondeu que o objetivo da arte retórica não era produzir ou arrolar uma série de métodos ou fórmulas convincentes, mas identificar quais os meios disponíveis para cada situação em que se necessite de usar persuasão. A persuasão seria um efeito resultante das provas apresentadas para uma determinada audiência e circunstância. Isso significa que não há uma solução persuasiva que funcione em todos os casos; trata-se do reconhecimento do que é persuasivo para cada situação. A oportunidade, a circunstância, em suma, o que o vocabulário crítico grego chamava de KAIRÓS, caracterizariam a persuasão. Como a persuasão é uma situação de discurso, composta de quem emite uma mensagem, da mensagem propriamente dita e de quem a recebe, haverá sempre três tipos de provas persuasivas: a que reside no caráter do emissor (*éthos*), no estilo da mensagem (*lógos*) e no que é emocionalmente eficaz para uma audiência *(páthos*). O estudo da persuasão deve ser, portanto, o estudo dos efeitos do discurso, que se expressam por mudança de opinião e de atitude por parte de um grupo de receptores da mensagem. Uma leitura apressada da concepção clássica de persuasão pode levar à conclusão de que os receptores são fatores meramente passivos que, reconhecendo o que é persuasivo, simplesmente se submetem ao que lhes foi transmitido. Mas análises empíricas e estudos contemporâneos da persuasão e da recepção das mensagens de comunicação de massa revelam que as audiências exercem um papel ativo na interpretação das mensagens transmitidas. ▸ Cf. RETÓRICA.

perturbador de conversa ELETR ELETRÔN M.q. SCRAMBLER ('circuito').

peso GRÁF M.q. FORÇA.

pesquisa de *marketing* MKT PUB Estudo ou investigação de grupos de consumidores, áreas de atuação e outros concorrentes que ajuda a definir o plano de *marketing* para um produto ou serviço.

pesquisa de opinião Levantamento de informações detalhadas a respeito da opinião do público sobre determinado assunto, acontecimento etc., para fundamentar trabalho científico que não prevê aplicações práticas imediatas para suas propostas ou descobertas. ▸ Além de serem aplicadas à comunicação política, as pesquisas de opinião são igualmente úteis na identificação de gostos e tendências de compra de potenciais grupos de consumidores. Utilizam-se também os métodos de pesquisa de opinião para medir e avaliar a recepção de um programa de rádio ou televisão. Nesse sentido, a pesquisa de opinião é chamada de pesquisa de audiência. É claro que as informações obtidas pelas pesquisas de audiência servem para planejar programas futuros.

pestana GRÁF **1** Nos índices de dedo, recorte de papel que se cola na extremidade da página com a letra indicativa. **2** M.q. BANDEIRA ('recorte de cartolina').

petabaite INF Aport. de PETABYTE.

petabit [ing.] INF Unidade de informação composta de um quadrilhão de *bits* ou 1.000 *terabits*. ▸ Um *petabit* corresponde a 5.000 horas de transmissão de televisão de alta definição. ▸ Símb.: *Pbit* ou *Pb*.

petabyte [ing.] INF Unidade de informação composta de um quadrilhão de *bytes* ou 1.000 *terabytes*. ▸ Um *petabyte* corresponde, em termos de informação, a mais de 58 mil filmes de longa metragem. ▸ F. aport.: petabaite. ▸ Símb: *PB*.

petitio principii [lat.] Petição de princípio. ▸ A expressão indica um erro lógico involuntário de fundamentar uma demonstração naquilo que se quer provar.

PG CINE Abrev. de PLANO GERAL.

philosophes [fr.] Filósofos franceses iluministas do sXVIII (Jean-Jacques Rousseau [1712-1778], Voltaire [1694-1778], Étienne de Condillac [1715-1780] e outros enciclopedistas).

phishing [ing.] INF Ato ou efeito de obter informações pessoais, por meio de MALWARE, que possam ser usadas para fraudar outro usuário. ▸ *Phishing* funciona como uma pescaria (*fishing*). O *malware* de um usuário oferece uma 'isca' para aquele que quer fraudar. Quando a vítima potencial clica na imagem ou em qualquer outra isca, o *malware* é acionado, disparando o processo de pescaria dos dados, que poderão ser utilizados no roubo de identidade e outros tipos de crime cometidos na internet.

photoflood [ing.] FOT Lâmpada incandescente de tungstênio, de forte intensidade e espectro contínuo, muito us. em interiores.

physique du rôle [fr.] **1** Aparência física que se mostra adequada a papel ou função exercida. **2** TEAT Físico ou aparência que facilita, para um ator ou atriz, a personificação de determinado papel.

physis [gr.] FIL **1** O princípio da evolução ou do progresso, na natureza. **2** A natureza enquanto fonte de progresso e evolução. **3** Algo que se desenvolve, transforma ou cresce. **4** Natureza ou maneira de ser de uma coisa. **5** Forma do corpo; natureza da alma. **6** Disposição natural, condição natural. **7** Força produtora. **8** Substância das coisas. **9** Ser animado.

INFORMAÇÕES GERAIS

No diálogo platônico, *Górgias*, *physis* é definida por contraste a NÓMOS. O debate socrático com três outros personagens (Górgias, Polo e Cálicles) prossegue de uma tentativa de definir o que é retórica, passando por uma discussão sobre se um tirano pode ser feliz, até que chega ao tema de como viver uma boa vida. Uma boa vida, diz Cálicles, é aquela de um ser superior que se eleva acima das convenções e das mediocridades das leis (*nómoi*), feitas para proteger os fracos. Essa é a manifestação de uma força natural, expressão da *physis*. Os atributos da *physis* diferem radicalmente do que é *nómos*. A *physis* é repleta de paixões, desejo e intensidade, enquanto as leis convencionais são feitas para reprimir esses sentimentos, para controlar e negar as paixões naturais. Não haveria nada mais contrário do que *physis* e *nómos*. Aristóteles (384 a.C. - 322 a.C.) matiza a oposição, reconhecendo que a *physis* não se define apenas pelo que é, mas tb. pelo que pode ser. Na filosofia aristotélica, *physis* seria transformação e movimento, ato que realiza uma potência. Portanto, não é pela identificação dos processos naturais que o estudo da moral se justifica. A ética deve ser medida por seu objetivo, que é melhorar a vida humana.

---

piano MÚS **1** Instrumento de cordas metálicas percutidas por martelinhos acionados por um teclado (88 teclas) e munido de abafadores e dois ou três pedais, para regular o volume ou a extensão das notas. **2** Trecho musical executado com pouca sonoridade. **3** O pianista de um conjunto musical. **4** Com dinâmica suave. ▶Abrev.: *p.*

piano preparado MÚS Piano com características tímbricas modificadas pela colocação de objetos (parafusos, moedas, nozes, pedaços de borracha, de feltro, lascas de madeira etc.) sobre ou entre suas cordas, para obter acorde sem função harmônica e sonoridades heterodoxas. ▶O conceito de piano preparado foi introduzido em 1938 na música contemporânea pelo norte-americano John Cage (1912-1992).

picote **1** Conjunto de pequenas perfurações feitas em folhas de papel para permitir que, depois, essas folhas sejam ligadas ou unidas, formando um conjunto homogêneo. **2** Margem denteada de talões, blocos de papel, selos.

pictografia Sistema primitivo de escrita em que se exprimiam as ideias por meio de cenas figuradas ou simbólicas.

pictograma **1** Desenho ou pintura rupestre datada da Antiguidade ou da Pré-História, uma das mais antigas e rudimentares manifestações da escrita, encontrada ainda em algumas populações de caçadores e pescadores, como os índios da América, os esquimós e os boxímanes. **2** Símbolo componente de um sistema gráfico pictórico. **3** SEMIO Desenho figurativo estilizado que funciona como signo de uma língua escrita, não transcrevendo nem tendo relação explícita com a língua oral. ▶Distinguem-se o PICTOGRAMA-SINAL e o PICTOGRAMA-SIGNO. **4** EST Diagrama que representa dados estatísticos por meio de formas pictóricas; gráfico pictórico.

pictograma-signo SEMIO Desenho que contém sua própria significação.

pictograma-sinal SEMIO Pictograma que serve como suporte mnemônico.

piggybacking [ing.] PUB M.q. CARONA.

piloto TV Capítulo inicial de um programa ou série de TV, que tem como um dos principais objetivos sondar a reação do público.

pinacoteca **1** Coleção de quadros de pintura. **2** Museu de pintura.

pinça GRÁF Nas máquinas cilíndricas, cada uma das peças que prendem pela extremidade cada uma das folhas de papel, para a margeação, soltando-a depois de impressa, dobrada; dente, pegadeira, unha.

pintura ART.PLÁST **1** Arte e técnica de aplicar tintas sobre uma superfície com a finalidade de representar, esteticamente, seres, figuras, formas abstratas etc. **2** Obra executada por pintor (quadro, painel etc.). **3** O conjunto das obras de um pintor, de uma época, de um movimento etc. ▶Cf. ARTE.

pipeline [ing.] **1** COM JUR Qualquer produto em desenvolvimento que, embora tenha sido introduzido em um ou mais mercados, ainda não foi lançado em determinado país, o qual, a partir de certo momento, passa a reconhecer legalmente sua patente. **2** INF Sequência de elementos de processamento de dados encadeados numa série, de modo que o dado de saída de um elemento é o dado de entrada do elemento seguinte; tecnologia de *hardware* em que a *CPU* busca uma ou mais instruções além da próxima na fila de execução.

pirâmide invertida COMN JOR Técnica tradicional de redação de notícias e mensagens que começa enfatizando o asssunto principal do texto. ▶A técnica de composição por meio de pirâmide invertida é usada não só na redação de notícias, mas tb. em texto como memorandos, *newsletters*, discursos etc. O primeiro passo na redação, segundo o princípio da pirâmide invertida, é identificar quais os principais elementos do texto. Isso se faz porque o texto redigido vai do mais para o menos importante. Não se trata de redigir um relato com princípio, meio e fim. Sendo o fim muitas vezes o que há de mais importante na notícia, o texto por pirâmide invertida parte do fim, do resultado, dos efeitos obtidos, e não necessariamente da descrição do início cronológico, do processo como um todo e de suas causas. Assim, se os indicadores da bolsa de valores caem abruptamente, o texto deve começar com esse fato e só depois apresentar o que levou a ele. Ou então, num texto composto de duas partes em sequência, como: "companhias brasileiras começam a adotar sesta depois do almoço; estudos revelam que a produtividade sobe", a sequência causal foi invertida: a adoção da sesta é o efeito da causa de uma nova política empresarial, que seria a melhoria da produtividade. Essa é uma diferença fundamental entre notícia e narração. A composição de um texto por pirâmide invertida transforma um acontecimento cronológico numa notícia. Se a narratividade cronológica leva a um apogeu ou um clímax, a narração noticiosa começa pelo resultado que compõe o conteúdo do LIDE jornalístico.

pirata **1** Que é realizado com apropriação da forma anterior ou com plágio ou cópia de uma obra anterior, com infração deliberada à legislação que protege a propriedade artística ou intelectual (diz-se de disco, livro, fita de vídeo). **2** Que funciona sem autorização oficial, de maneira clandestina (diz-se de estação de rádio, TV etc.)

pirata eletrônico INF M.q. CIBERPIRATA.

pirataria Ato de copiar ou reproduzir, sem autorização dos titulares, livros ou impressos em geral, gravações de som e/ou imagens, *software* etc., com deliberada infração à legislação autoral. ▶Nos meios de comunicação, os atos de pirataria são extremamente frequentes e possibilitados pelo fato de que a tecnologia da informação traz consigo mecanismos eficazes de cópia e de transferência de arquivos e materiais. Ainda que se diga que a pirataria seja uma prática frequente na mídia, o cálculo exato de ações piratas é impossível de se obter, uma vez que a grande maioria passa ao largo da lei. A pirataria é considerada crime econômico de violação dos direitos autorais e de comercialização de um produto. Um dos tipos de pirataria que podem acontecer é a cópia completa e ilegal de determinado produto para fins de venda, como no caso de discos em que tudo é reproduzido do produto original, da capa às músicas gravadas. Muitas vezes, porém, apenas um elemento do produto é copiado, como algumas faixas de um disco. A pirataria ocorre tanto para fins lucrativos como no caso de troca não comercial de um produto entre amigos que se emprestam discos para serem copiados. Os comercializadores de produtos reclamam, então, de perdas financeiras, investimentos desperdiçados e lucros evanescentes. Quando Pablo Picasso (1881-1973) e Francis Bacon (1909-1992) se apropriam de quadros de Diego Velázquez (1599-1660) a ponto de criarem quadros que são quase completamente seus, isso é pirataria ou o uso criativo de uma fonte que é parodiada? Reproduzir um quadro de Velázquez na capa de um livro não poderia ser feito sem autorização do museu que retém os direitos da pintura. A legislação de direitos autorais procura demarcar e distinguir o que seja o uso apropriado (*fair usage*) de um trabalho daquilo que seja violação de *copyright*, estabelecendo a quantidade de linhas citadas legitimamente numa obra científica, por exemplo. Entretanto, a questão da pirataria complica-se pelo fato de que as leis de *copyright* protegem só o conteúdo dos trabalhos e não necessariamente a tecnologia e o processo de pesquisa utilizado. Legalmente, se alguém tem acesso a uma determinada solução técnica, sendo capaz de alterá-la a ponto de que o trabalho seja algo efetivamente novo, as restrições de *copyright* e o pagamento de *royalties* não se aplicam. A indústria reagiu, criando e desenvolvendo códigos ou dispositivos que bloqueiam o acesso a fontes, o que, se por um lado protege os direitos de propriedade, por outro congela a melhoria coletiva e incremental de um *software*.

pisar as tábuas TEAT Subir ao palco para representar; ser ator ou atriz.

pista sonora CINE REC.AV TV M.q. BANDA SONORA.

pitch [ing.] PUB Apresentação de um plano ou de uma mensagem publicitária.

pitch control [ing.] ACS FONO **1** Ato ou efeito de controlar volumes sonoros. **2** Dispositivo que ajusta, controla e equaliza os tons no processo de gravação.

pivô 1 LING EST Em análise distribucional, termo que, num dado enunciado, é idêntico ao que se encontra em outro enunciado e permite estabelecer a equivalência entre eles. **2** TEC Eixo fixado numa peça e encaixado no oco de outra, tornando-as articuladas e permitindo que se fechem, abram, sobreponham-se, girem, baixem ou levantem.

pixel [ing.] INF Ponto luminoso do monitor de vídeo que, juntamente com outros, forma as imagens na tela; ponto. ▸ Ing. *pixel*, palavra composta que designa 'qualquer dos pequenos elementos discretos que juntos constituem uma imagem (como na tela de televisão)'. De *pix* (pl. de *pic*, red. de *picture* 'imagem em movimento') + *element*.

placa 1 ELETR ELETRÔN Componente de uma válvula cujo potencial é positivo em relação ao elemento gerador de elétrons, e por onde flui a corrente elétrica. **2** INF Circuito impresso composto de um substrato não condutivo, ger. de fibra de vidro, sobre o qual são dispostos conectores e trilhas metálicas condutivas, us. para suportar mecanicamente e conectar eletricamente os *chips* e demais componentes de um dispositivo eletrônico ou de um módulo desse dispositivo.

placa controladora INF Placa de circuito impresso destinada a controlar e a promover a interligação entre um dispositivo externo e o computador, ger. encaixando-se em um dos *slots* da placa-mãe.

placa de circuito impresso ELETR ELETRÔN Placa plana de material isolante na qual são gravadas linhas constituídas por um material condutor para interligar os componentes de um circuito elétrico ou eletrônico.

placa de interface INF M.q. ADAPTADOR ('placa de circuito').

placa dupla CINE REC.AV M.q. BACKPLATE.

placa fixa CINE REC.AV M.q. BACKPLATE.

placa-mãe INF Principal placa de circuito impresso de um computador, que contém a unidade central de processamento, e que cada vez mais integra em seu empacotamento dispositivos que antes eram considerados periféricos (p.ex.: *modem*, controladora de rede, placa de som, controladora de acesso *wireless*, controladora de disco rígido etc.).

placa paralela CINE REC.AV M.q. BACKPLATE.

plágio 1 JUR Apresentação feita por alguém, como de sua própria autoria, de trabalho, obra intelectual etc. produzido por outrem. **2** Ato ou efeito de usurpar autoria.

planejamento Determinação de um conjunto de procedimentos, de ações (por empresa comunicacional, órgão de imprensa etc.), visando a realização de determinado projeto; planificação.

planejamento de produto MKT Estudo e desenvolvimento de produto que atenda aos anseios do consumidor, com aproveitamento total de sua capacidade produtiva.

plani-impressão GRÁF M.q. IMPRESSÃO PLANA.

planilha 1 Folha em que se faz qualquer cálculo. **2** GRÁF Cada uma das duas faces da carteira de identidade; espelho.

planilha eletrônica INF Programa que permite efetuar cálculos com dados dispostos na tela em linhas e colunas, simulando as planilhas convencionais desenhadas em papel.

plano 1 CINE TV Trecho de filme ou de gravação de vídeo feito com uma única tomada, isto é, sem cortes. **2** CINE FOT TV M.q. CAMPO. **3** ENC Cada uma das duas partes da capa de um livro encadernado. **4** FOT Modo como foi enquadrado o conteúdo de uma fotografia.

plano americano CINE Plano em que os personagens aparecem aprox. da cintura para cima; meio plano, plano aproximado. ▸ Abrev.: PA.

plano aproximado CINE M.q. PLANO AMERICANO.

plano-cilíndrico GRÁF **1** Cuja pressão se dá entre uma superfície plana (fôrma) e outra cilíndrica (diz-se de prensa de impressão direta ou indireta). **2** Em que a matriz utilizada tem superfície plana e a superfície que conduz o suporte é cilíndrica (diz-se de sistema de impressão).

plano de detalhe CINE Pormenor fotografado de uma cena.

plano de marketing MKT PUB Programa de ação mercadológica.

plano de reflexão ÓPT Plano definido pela direção do raio luminoso refletido numa superfície e pela normal (reta perpendicular) a esta no ponto de reflexão, e que no caso de reflexão especular coincide com o plano incidente.

plano geral CINE Plano que abarca, por inteiro, o personagem ou personagens de uma cena e/ou objeto e o cenário natural ou artificial onde transcorre uma cena. ▸ Abrev: *PG*.

planografia GRÁF Procedimento de impressão, de gravura ou fotogravura, em que as partes da placa que recebem a tinta estão no mesmo nível das demais.

plano longo CINE Plano que tem longa duração.

plano médio CINE Plano que, de modo geral, enquadra os personagens de corpo inteiro. ▸ Abrev.: *PM*.

plano próximo CINE Plano que mostra pessoas ou objetos de maneira mais aproximada.

plano-rotativo GRÁF Diz-se de prensa plano-cilíndrica alimentada a papel de bobina, e cujo cofre é fixo, deslocando-se o cilindro compressor.

plano-sequência CINE Plano ininterrupto, sem corte, de duração variável, mas ger. longo, que compreende toda uma sequência do roteiro.

plastificadora Máquina que se destina a recobrir papel, cartão etc. com película de plástico.

plataforma INF Padrão de um processo operacional ou de um computador; a tecnologia fundamental em que se assenta um sistema de computador. ▶ O conceito de 'plataforma' tem sido us. para qualificar o suporte dos veículos de comunicação. Não se trata de uma extensão arbitrária, pois a noção de plataforma sublinha o que se disponibiliza através do aparato tecnológico do veículo. 'Discurso' é bem distinto de 'plataforma'. Afinal, o que é um jornal? A impressão no papel ou vários recursos utilizados pelos jornalistas na composição discursiva das notícias, editoriais, comentários etc.? Distinguir 'suporte' de 'discurso' é correto, pois revela a autonomia dos discursos de comunicação que migram de um suporte para outro, ou seja, de uma plataforma para outra. Com os recursos da tecnologia informacional, o discurso jornalístico passou a ser oferecido por *sites*; o papel foi até então um anfitrião do jornal, mas isso não justifica sua identificação com o discurso jornalístico. O conceito de plataforma tem-se disseminado na linguagem comum, mas ainda não encontrou uma formulação teórica plena.

Platão (Atenas, Grécia c428 a.C. - Atenas, Grécia c348 a.C.) Filósofo ateniense, considerado, com Sócrates (c469 a.C. - 399 a.C.) um dos mais importantes pensadores da Antiguidade clássica, escritor de diálogos que o qualificam como gênio literário e filosófico, mestre e mentor de uma figura central da história da filosofia: ARISTÓTELES (384 a.C. - 322 a.C.). ▶ O que se conhece da obra de Platão é um conjunto de 36 diálogos e uma série de 14 cartas, que cobrem uma variedade imensa de temas e problemas, que vão da política à moral, da lógica à teoria do conhecimento, do amor à arte, da retórica ao funcionamento da linguagem etc. Membro de uma linhagem aristocrática ateniense que remonta ao seu mais ilustre legislador, Sólon (c638 a.C. - c560 a.C.), Platão preferiu optar pela contemplação intelectual em detrimento da participação ativa na política de sua cidade natal, o que não significa que tenha passado ao largo dos problemas e das questões sociais de uma Atenas em crise, uma cidade-Estado (PÓLIS) imperial humilhada pela derrota e pela capitulação aos espartanos na Guerra do Peloponeso. Nem sempre os temas da atualidade em que Platão viveu aparecem diretamente nos seus textos, o que, por vezes, permite uma descontextualização daquilo sobre o qual fala. Ainda que muitos leitores da filosofia platônica prefiram vê-lo como um pensador do presente em que a leitura é feita, Platão é um autor do passado: a crítica à democracia e seu ataque à retórica e seus professores, os sofistas, não fazem sentido, por exemplo, fora do contexto de época (cf. SOFISTA). Entretanto, o poder intelectual, a sutileza argumentativa, o encanto criativo e o alcance filosófico de sua obra são tais que há quem diga que a história da filosofia ocidental é apenas um conjunto de notas de pé de página do que Platão escreveu. Nada sobrou do seu ensino na Academia, escola ateniense que fundou e onde se agregaram algumas das principais mentes do mundo helênico, como seu discípulo Aristóteles. A escolaridade moderna classifica os escritos platônicos em três períodos ou grupos de diálogos. A primeira fase de Platão mostra-se sob a direta influência de SÓCRATES. Os diálogos dessa fase são ditos aporéticos, pois neles a figura principal representada, Sócrates, infiltra constantemente dúvidas e objeções às certezas dos outros interlocutores, ironizando a arrogância de se valerem de um pretenso conhecimento. Esses diálogos descrevem Sócrates, apontando que a estrutura do raciocínio de outros leva a conclusões contraditórias e indesejadas. Paradoxalmente, nos diálogos dessa fase, Sócrates não oferece respostas positivas ou soluções para as questões levantadas e discutidas. Os diálogos aporéticos são *Carmides, Laques, Lísias, Meno, Eutífron, Crátilo, Eutidemo, Crito, Hípias Menor, Protágoras* e *Górgias*. A *Apologia de Sócrates*, o trabalho mais antigo de Platão que chegou à posteridade, também faz parte do grupo. Acredita-se que o propósito de Platão, ao escrever os diálogos da primeira fase, era deixar registros sobre Sócrates, mas duvida-se se o Sócrates de Platão era o Sócrates histórico ou um modelo idealizado e exemplar. A própria *Apologia*, comparada ao que outro contemporâneo, Xenofonte (c430a.C. - 350 a.C.), escreveu, parece menos o registro de acontecimentos de então e mais o que Platão acreditava que Sócrates deveria ter dito ao júri que o condenara. A fase intermediária, considerada um momento glorioso na obra de Platão, difere radicalmente dos diálogos iniciais. Nesses diálogos, Platão faz mais do que registrar a atividade destrutiva do espírito crítico de Sócrates; a rigor, a ação socrática parece ter perdido bastante de seu objetivo de crítica radical a seus contemporâneos. Os diálogos da fase intermediária tb. se distinguem por apresentar soluções políticas, teóricas, psicológicas e metafísicas para os problemas discutidos. Costuma-se classificar no grupo intermediário os seguintes trabalhos: *Fedo, O simpósio* ou *O banquete, Fedro, A república* e *Timeu*. As obras platônicas da fase final são uma série de diálogos que reformulam e reelaboram os temas do período intermediário. Sócrates não é mais o personagem principal dos escritos, desaparecendo por completo ou sendo apenas um espectador da cena. Constariam desse período *Sofista, Político, Teeteto, Filebo* e *Parmênides*. O último escrito de Platão, *As leis*, é a culminância de sua visão cognitiva, política e social que guiaria um Estado ideal. A classificação de fases é útil, mas com problemas ainda sendo debatidos pelos especialistas da Antiguidade Clássica: onde alocar o diálogo *Timeu*? O que fazer com discrepâncias e variações dos diálogos? A divisão da obra platônica em fases é cronológica ou apenas uma grade organizadora e classificatória de estilos, mas que não dá conta da ordem temporal de composição dos diálogos. Não existe, atualmente, uma resposta definitiva para tais questões. Há, porém, uma unanimidade entre os especialistas que leem e interpretam Platão. A principal contribuição platônica para a história da filosofia é sua teoria das formas ou das ideias. A teoria das formas postula que o mundo sensível, aquele que se experimenta através dos sentidos e que se compõe de observações empíricas, é uma copia imperfeita de outro mundo, que se encontra num domínio distinto do sensível e que só pode ser atingido por meio do raciocínio: é um mundo de formas ideais, de objetos atemporais e eternos, composto de realidades que transcendem, regulam e dão sentido à contingência, aos pontos de vista e opiniões mutáveis, contraditórias, instáveis e flutuantes da vida empírica. Platão apresenta a teoria das formas ideais não como sugestão ou inferência, mas com clareza e completude, no diálogo *Fedo*, no qual a morte de Sócrates é descrita em meio a uma conversa sobre o sentido da vida filosófica, a morte, a eternidade e a alma. Isso significa que Platão, de alguma forma, atribuiu a Sócrates o crédito de ter sugerido a teoria das ideias, a qual elaborará, refinará e reformulará ao longo de sua carreira filosófica. As formas não são extrações e abstrações dos dados legados pelo mundo sensível. As formas ordenam e determinam a ordem empírica, à qual antecedem e à qual são hierarquicamente superiores. Para Platão, não há saber produzido, apenas rememorado em sua perfeição, imutabilidade e eternidade, que se expressam totalmente nos conceitos que, por sua vez, exigem uma definição liberta das opiniões variáveis e contraditórias. Desde os diálogos da primeira fase, Platão apresenta Sócrates demandando e procurando definições exatas e precisas para os assuntos em discussão. Definir um termo seria capturar sua essência. Até mesmo para se perguntar se a virtude cívica (*aretê*) pode ser ensinada, é preciso definir o que seja virtude. Como saber se algo é belo sem partir de uma definição da beleza? Como responder se piedade e retidão são as mesmas coisas sem que os termos da pergunta sejam definidos? O ataque de Platão à democracia, à retórica e ao uso de racionalidade persuasiva que caracteriza o ensino sofístico deriva dessa exigência de definição e de que uma decisão seja fundamentada na verdade e não na mera possibilidade. Para ele, o desastre da Guerra do Peloponeso é atribuível à insanidade de se decidir um assunto cívico com base no que seja apenas razoável e possível, mas não necessariamente verdadeiro. O desprezo e a desconsideração de sofistas como PROTÁGORAS DE ABDERA (c490a.C. - c420 a.C) e GÓRGIAS DE LEONTINOS (c483a.C. - 375 a.C.) seriam em si sinais de alerta contra a importância dada à persuasão em detrimento da verdade. Não é apenas a retórica aquilo que cria persuasão; a rigor, tudo que for verdadeiro é, de fato, persuasivo. Por isso, Platão argumenta que a prioridade é sempre o exame desinteressado da verdade. O amor pela sabedoria e pelo verdadeiro, que está sugerido na palavra 'filosofia', deve prevalecer em todos os assuntos que forem objetos de discussão pública. Platão rejeita todos os modos do debate erístico, sua beligerância, sua desconsideração pela verdade. Tudo isso deve ser abandonado em nome de uma investigação amorosa, purificada de desejos pessoais de vitória e prestígio público, que só o DIÁLOGO filosófico propicia. O amor à verdade é uma condição para o conhecimento das formas [Cf. ERÍSTICA; DIALÉTICA ('platonismo')]. A república deve ser governada não pelo conflito de opiniões e crenças, mas por aquele que tenha amor e seja conduzido pela verdade, pela justiça e pelo bem. Quem melhor reina é o filósofo-rei. Em qualquer circunstância, política, moral ou pessoal, o que o filósofo deve fazer é descobrir intelectualmente os padrões que conduzem e organizam a variedade das experiências empíricas. Esse é o objeto do conhecimento filosófico: os modos mais completos do Ser, que são as Formas. Não apenas a filosofia helênica de Plotino (205-270) ou a patrística de Agostinho de Hipona (354-430) receberam os influxos do pensamento platônico. Galileu Galilei (1564-1642), a física moderna e a lógica contemporâneas são alguns dos devedores filosóficos das teses de Platão.

BIBLIOGRAFIA

PLATÃO. *A república*. São Paulo: Martin Claret, 2000.

______. *Diálogos I, II, III, IV, V, VI, VII*. São Paulo: Edipro, 2007-2009.

______. *As leis*. São Paulo: Edipro, 2010.

plateia 1 Parte do pavimento de um teatro, cinema, auditório etc. em que ficam sentados os espectadores. 2 Conjunto dos espectadores que ocupam esse espaço; público.

platinotipia GRÁF Processo de impressão fotográfica que utiliza chapas revestidas de sais de platina e férricos.

playback [ing.] 1 MÚS Acompanhamento musical previamente gravado que se usa como base para a interpretação de um solista (vocal ou instrumental). 2 CINE Técnica de sonorização, utilizada esp. em cenas musicais, em que o intérprete (ator, cantor ou músico) se apresenta sincronizando seus movimentos com sons previamente gravados; pré-sonorização.

plectro MÚS Pequena peça delgada, feita de diferentes materiais, que serve para fazer soar as cordas; palheta.

pleonasmo LING 1 Redundância de termos no âmbito das palavras, mas de emprego legítimo em certos casos, pois confere maior vigor ao que está sendo expresso (p.ex.: "ele via tudo com seus próprios olhos"); tautologia. 2 Excesso de palavras para emitir enunciado que não chega a ser claramente expresso; circunlóquio, circunlocução.

plongée [fr.] CINE Tipo de enquadramento que filma um personagem de baixo para cima; câmara alta. ▸ Ao contrário da câmara baixa, o *plongée* engrandece o personagem filmado, seguindo o modelo de pinturas clássicas como a de Andrea Mantegna (1431-1506) em *O Cristo morto*, depois apropriada, em meados da década de 1950, por Salvador Dalí (1904-1989) em *A ascensão de Cristo*. A cena filmada pelo ponto de vista *plongée* expressa subserviência e foi utilizada muitas vezes em filmes de caubói, sendo tomadas do joelho para cima do protagonista representado, o que aumentava ainda mais o sentido de inferioridade do ponto de vista do personagem que contemplava a cena. Por ser tão frequente nos filmes de faroeste, esse enquadramento é também chamado de plano americano. ▸ Cf. CÂMARA BAIXA.

plotadora INF Dispositivo de saída capaz de desenhar imagens por varredura ou movendo penas que liberam tinta sobre papel ou meio similar.

plotagem INF Produção de uma imagem por meio de varredura ou desenho de linhas.

plotar INF Desenhar (imagem), usando plotadora.

plotter [ing.] INF Ver PLOTADORA.

plugado 1 Ligado a uma tomada (diz-se de aparelho que funciona a eletricidade). 2 Conectado a (um computador ou rede de computadores).

plugar 1 Ligar (aparelho elétrico) a uma tomada. 2 INF Conectar (computador) a uma rede de computadores (p.ex., à internet).

plugue 1 ELETR Peça com um ou mais pinos que penetra na tomada, estabelecendo ligação elétrica. 2 ELETRÔN Peça com um pino que penetra numa tomada para estabelecer um contato.

plumbotipia GRÁF Processo de impressão empregado esp. no fabrico de papéis marmorizados.

plural LING 1 Diz-se de ou um dos valores da categoria número que expressa a quantidade 'mais de um', nas línguas em que se opõe apenas ao singular, e 'mais de dois', nas línguas em que se opõe tb. ao dual. ▸ Nas línguas flexionais, o plural expressa-se por desinências de número. **2** Diz-se de ou palavra (substantivo, artigo, adjetivo, pronome, verbo) que recebeu a desinência morfológica de plural.

pluralismo **1** FIL Teoria, p.ex., o leibnizianismo, segundo a qual o universo é composto de uma pluralidade de elementos fundamentais, que, embora heterogêneos, mantêm contiguidade, continuidade e concatenação entre si. ▸ P.opos. a MONISMO. **2** POL Doutrina que defende a pluralidade de partidos políticos em uma sociedade, com direitos idênticos ao exercício do poder público. **3** SOC Pensamento, doutrina ou conjunto de ideias segundo as quais os sistemas políticos, sociais e culturais podem ser interpretados como o resultado de uma multiplicidade de fatores ou concebidos como integrados por uma pluralidade de grupos autônomos, porém interdependentes. **4** SOC Sistema que admite a existência, no seio de um grupo organizado, de opiniões políticas e religiosas e de comportamentos culturais e sociais diversos; a coexistência dessas correntes. **5** SOC Estado de uma sociedade que, voluntária ou involuntariamente, admite esse sistema.

PM CINE Abrev. de PLANO MÉDIO.

pneuma FIL Entre os antigos pensadores gregos, sobretudo os estoicos, designativo do espírito, sopro animador ou força criadora, us. pela Razão divina para vivificar e dirigir todas as coisas.

pocket book [ing.] EDIT Livro de bolso.

pocket show [ing.] Espetáculo (ger. musical ou teatral) apresentado em teatro ou casa noturna de pequenas dimensões. ▸ Lit.: 'espetáculo de bolso'.

podcast [ing.] INF M.COM **1** Disseminação de arquivos digitais de vídeo ou de áudio disponibilizados na internet. **2** Arquivo digital de vídeo ou de áudio, distribuído periodicamente, que é parte de um blogue, passível de reprodução em qualquer *media player* informatizado. **3** Mensagem ou publicação feita por este processo.

INFORMAÇÕES GERAIS

A palavra *podcast* foi criada em 12 de fevereiro de 2004 por Ben Hammersley (1976-), crítico de mídia do jornal londrino *The Guardian*, para identificar esse novo método de criação e transmissão de blogues. Harmmersley extraiu o radical *pod* do produto iPod, da companhia de computadores Apple, que é um reprodutor pessoal e portátil de arquivos sonoros. A transmissão por PODCASTING vem tipicamente ordenada num fluxo descontínuo de informação, da mesma maneira que os jornais e livros têm edições distintas. Um dos atrativos de *podcasting* é a possibilidade de acessar o arquivo quando for da conveniência pessoal do ouvinte. Além disso, pode-se repetir a audição quantas vezes for conveniente, mixá-la com outros materiais, criando assim uma programação extremamente pessoal, e também saltar o que não for do interesse do consumidor. A veiculação por *podcast* é uma força que compete com o rádio e a indústria fonográfica tradicionais. *Podcast* é uma palavra-valise que combina os termos *pod* (que também pode ser *personal on demand*: 'pessoal e sob demanda') e *broadcast* (substantivo que em inglês significa ampla emissão e transmissão de sons e imagens por meio do rádio e da televisão).

podcaster [ing.] INF M.COM Quem ou o que transmite PODCAST.

podcasting [ing.] INF M.COM Ato ou processo de criar ou transmitir PODCAST.

poder **1** Ter a faculdade ou a possibilidade de. **2** Possuir força física ou moral (para); ter influência, valimento. **3** Direito ou capacidade de decidir, agir e ter voz de mando; autoridade.

INFORMAÇÕES GERAIS

Uma das principais críticas da ação social dos meios de comunicação de massa diz respeito ao poder que a comunicação teria na vida moderna. Se a mídia é vista como poderosa a ponto de formar consciência, uma das consequências desse entendimento é exigir que os meios sejam regulados e controlados em nome do bem-estar de todos; mas não apenas isso: o poder da mídia deveria ser igualmente usado para promover e sedimentar valores positivos que melhorem a sociedade. A questão do poder da mídia oscila entre controle e pedagogia. Ainda que possa parecer que a mídia é efetiva e indiscutivelmente poderosa, décadas de pesquisa empírica não conseguiram, de fato, produzir evidência de que tais avaliações sejam indisputáveis. Pelo contrário, em vez de serem elementos passivos de recepção, os espectadores transformam o que veem, reinterpretando as mensagens, num processo que os estudos da cultura chamam de CODIFICAÇÃO/DECODIFICAÇÃO. Não há também evidência definitiva de que os meios de comunicação sejam promotores da violência que ocasionalmente irrompe em sociedade. Entretanto, isso não autoriza a conclusão de que os meios sejam desprovidos de poder. O silêncio em torno de um produto cultural, ou seu aplauso, muitas vezes significa a morte ou o desaparecimento do que foi produzido. O que, inegavelmente, a mídia faz é oferecer uma moldura de referência para o que é percebido como público e aí se incluem a política, a moral, a consciência que uma sociedade tem, em determinado momento, de si própria. É através dos meios de comunicação que se formam impressões de pânico moral que irão influenciar as decisões e programas políticos de uma sociedade. Trata-se, nesse caso, de uma forma óbvia de poder.

poder de cobertura **1** GRÁF Nível de opacidade das tintas. **2** PINT Capacidade de uma tinta cobrir inteiramente uma superfície.

poder de resolução **1** ÓPT Capacidade de um sistema óptico de formar imagens bem definidas de objetos que apresentam pequena distância angular entre si. **2** FOT Capacidade de uma película ou chapa fotográfica de registrar com precisão e riqueza de detalhes uma imagem formada por um sistema óptico.

poema **1** LIT Composição em verso. **2** Algo que sugere ou evoca um poema, pela beleza, sensibilidade etc.

poemática LIT Designativo da parte da poética que estuda o aspecto formal dos poemas.

poemático Relativo a ou próprio de poema.

poesia LIT **1** Arte de compor ou escrever versos. **2** Composição em versos (livres e/ou providos de rima) cujo conteúdo apresenta uma visão emocional e/ou conceitual na abordagem de ideias, estados de alma, sentimentos, impressões subjetivas etc., quase sempre expressos por associações imagéticas. ▸ P.opos. a PROSA. **3** Composição poética de pequena extensão. **4** Arte dos versos característica de um poeta, de um povo, de uma época. **5** Arte de excitar a alma com uma visão do mundo, por meio das melhores palavras em sua melhor ordem.

poética LIT **1** Parte dos estudos literários que se propõe a investigar os processos que dizem respeito às normas versificatórias dos textos, os componentes teóricos de que se revestem, bem como os compêndios de poética que, desde Aristóteles até os nossos dias, abordaram o assunto. ▸ Cf. LITERATURA. **2** Arte de fazer versos ou elaborar composição poética. **3** Tratado de versificação e de poesia. **4** Sistema poético de um escritor, de uma época, de um país.

point of purchase [ing.] MKT Ponto de venda.

polaroide **1** FOT Máquina fotográfica que, quase instantaneamente, revela e copia a chapa que produziu. **2** ÓPT Folha transparente que polariza a luz que a atravessa, diminuindo sua intensidade, us. em diferentes instrumentos ópticos.

policromia GRÁF **1** Processo de impressão que utiliza mais de três cores. ▸ Cf. MONOCROMIA; BICROMIA; TRICROMIA. **2** Impresso obtido por esse processo.

polidez LING Característica do discurso que indica cortesia, gentileza, civilidade etc. do locutor (autêntica ou não) e que se expressa esp. nas formas de tratamento, em expressões que atenuam o tom autoritário do imperativo (como 'por gentileza', 'por favor', 'se me permite' e outras fórmulas de etiqueta linguística).

polifonia **1** Multiplicidade de sons; conjunto harmonioso de sons. **2** MÚS Combinação simultânea de várias melodias. **3** MÚS Efeito que resulta do conjunto harmônico de instrumentos ou vozes que soam simultaneamente. **4** LING Propriedade de um sinal gráfico representar dois ou mais fonemas diferentes (p.ex., a letra *s* em *selo* e *casa*).

políptico ART.PLÁST Conjunto de quatro ou mais quadros independentes entre si, mas subordinados a um só tema.

pólis **1** Cidade-Estado, na Grécia antiga. **2** Estado ou sociedade, esp. quando caracterizado por um senso de comunidade.

INFORMAÇÕES GERAIS

Na antiguidade grega, a pólis era mais do que uma área geográfica. Tratava-se de uma unidade social, autônoma e com regras específicas. Cada pólis tinha um sentido de identidade própria. Para Platão (c428 a.C. - c.348 a.C.), as cidades-estado à beira do Mediterrâneo eram como rãs em volta de um lago, querendo ele, com isso, enfatizar a experiência peculiar de cada agrupamento, o desenvolvimento histórico e evolutivo que gerou sua religião, sua política, seus costumes etc.; enfim, tudo que conferia aos cidadãos um senso profundo de humanidade vivida no seu espírito comunitário mais amplo. O que era bom para a pólis era o que o indivíduo haveria de almejar. Para o cidadão grego, a sua pólis oferecia um horizonte social mais amplo do que a família, ao apresentar-lhe um modo total de vida. Aos poucos, a divisão de classes dissolveria esse senso de comunidade, que era de tal forma poderoso que, para os gregos, o exílio equivalia à punição capital séria: a morte. As discussões platônicas sobre a pólis ideal, em *A república* e *As leis*, indicam que a cidade-Estado era uma unidade central para a vida dos seres humanos.

polissemia LEX Multiplicidade de sentidos de uma palavra ou locução (p.ex.: *prato* 'vasilha', 'comida', 'iguaria', 'receptáculo de balança', 'instrumento musical' etc.; *pé de moleque* 'doce', 'tipo de calçamento'). ▸ A polissemia é um fenômeno comum nas línguas naturais; são raras as palavras que não a apresentam. Difere da homonímia por ser a mesma palavra, e não palavras com origens diferentes que convergiram foneticamente. As causas da polissemia são: a) os usos figurados, por metáfora ou metonímia, por extensão de sentido, analogia etc.; b) empréstimo de acepção que a palavra tem em outra língua. Cf. AMBIGUIDADE; AMBIVALÊNCIA.

polissêmico LING Relativo à polissemia; que tem mais de um significado.

polissíndeto LING Termo que se aplica à coordenação de várias palavras, através da repetição de uma ou mais conjunções (p.ex.: 'sem mocidade e sem amor e sem tostão'); polissíndeton.

polissíndeton LING M.q. POLISSÍNDETO.

política **1** Arte ou ciência de governar. **2** Arte ou ciência da organização, direção e administração de nações ou Estados; aplicação desta arte aos negócios internos da nação (política interna) ou aos negócios externos (política externa); ciência política. **3** Orientação ou método político. **4** Série de medidas para a obtenção de um fim, **5** Arte de guiar ou influenciar o modo de governo pela organização de um partido, pela influência da opinião pública, pela aliciação de eleitores etc. **6** Prática ou profissão de conduzir negócios políticos. **7** O conjunto de opiniões e/ou simpatias de uma pessoa com relação à arte ou ciência política, a uma doutrina ou ação política etc.

INFORMAÇÕES GERAIS

Usar o termo 'política' é, por vezes, referir-se a duas ordens da realidade social que não são necessariamente as mesmas. 'Política' é tanto um modo ou plano de ação implementados com o objetivo de se atingir determinado resultado como o conjunto de atos de indivíduos ou grupos sociais para ou durante a condução dos negócios de uma unidade social. Como essas ações são freq. guiadas por princípios gerais e visões de mundo, 'política' adquire facilmente o matiz semântico de 'doutrina'. Tanto num como noutro caso, a dimensão política é essencialmente pública, seja na competição pelo poder governamental, seja no processo de exercê-lo. Por isso, os conselhos práticos que Nicolau Maquiavel (1469-1527) oferece para o exercício e a manutenção da ordem política e a instigação de Étienne La Boétie (1530-1563), que propõe atos de rebeldia e de negatividade que derrubariam regimes opressivos, são textos clássicos que têm o mesmo objeto: a política. Isso não quer dizer que esse mesmo objeto, o da ação pública, seja tratado de uma só maneira e a partir de uma única perspectiva. O estudo da política preocupa-se com a variedade das estratégias de poder público, coletivo e social. A atividade política presume que a consciência coletiva não apenas seja possível, mas que seja uma força diretriz na condução dos assuntos públicos. Portanto, estudos políticos refletem-se, direta ou indiretamente, sobre os efeitos dos discursos e das mensagens persuasivas na formação dessa força motriz da ação pública que é a consciência coletiva. A política materializa-se, coletivamente, através da transmissão de discursos cívicos.

BIBLIOGRAFIA

DIAS, Reinaldo. *Ciência política*. São Paulo: Atlas, 2008.
WEBER, Max. *Ciência e política: duas vocações*. São Paulo: Cultrix, 2004.

Politico [ing.] JOR Organização jornalística n.-am., propriedade do grupo televisivo Allbritton, que opera em Arlington, estado da Virgínia, e cobre assuntos políticos e as atividades do Congresso e do Senado estadunidense. ▸ O *Politico* segue, de modo restrito, o modelo noticioso do *The Washington Post*: cobre a capital norte-americana, limitando-se, porém, ao que for atividade do governo federal, Congresso, Senado, além de tudo que afete direta ou indiretamente a política n.-am. Seus principais editores, John F. Harris e Jim VandeHei, saíram dos quadros do *The Washington Post* com a missão de recriar o jornalismo americano em crise. O *Politico* foi lançado em janeiro de 2007 e é afiliado à ABC, que faz parte do conglomerado Disney de comunicação. Com uma tiragem de 32 mil exemplares, distribuídos gratuitamente em Washington, o *Politico* sai cinco vezes por semana, seguindo a periodicidade do Congresso, de tal maneira que, estando as atividades congressionais em recesso, o jornal é distribuído apenas uma vez a cada sete dias. Além de ter um *site* próprio, *Politico* transmite material para televisões, provedores da internet, estações de rádio e jornais impressos, para os quais distribui seus conteúdos jornalísticos. Clara e conscientemente, *Politico* não está atrás da cobertura dos acontecimentos diários: o que se propõe a fazer é um jornalismo interpretativo, que ilumine os fatos e meandros da vida política do Estado norte-americano.

ponta 1 CINE TEAT TV Papel de pequena importância desempenhado por ator ou atriz, e que pode ou não conter diálogos; rábula. 2 ELETR Extremidade de contato de um pino de fone.

ponte TEAT M.q. ESCADA.

ponteiro INF 1 Elemento gráfico capaz de mover-se na tela de um ambiente ou de uma interface gráfica, acompanhando os movimentos de um *mouse* ou de um dispositivo de entrada similar, us. para indicar objetos, áreas da tela ou conjuntos de caracteres, sobre os quais se situa; ponteiro do *mouse*, cursor. 2 Variável que contém o endereço da posição de memória onde está armazenado um dado.

pontilhado ART.PLÁST Obra realizada com pontos (em pintura, gravura etc.).

pontilhismo 1 DES PINT Técnica de pintura e desenho em que as imagens são definidas por pequenas manchas ou pontos. 2 HIST.ART Escola de pintura, desenvolvida nas duas últimas décadas do sXIX, que preconizava o uso dessa técnica, com pontos de cores básicas entremeados, para produzir as cores secundárias no olho do espectador; divisionismo, neoimpressionismo. 3 MÚS Estilo característico de determinadas obras, esp. seriais, cujo universo sonoro elabora sons extremamente individuais e particularizados. 4 PSIC Tipo de percepção na qual determinado evento é apreendido como uma parte, sem relação com o todo.

ponto 1 Pequeno sinal ou marca. 2 Sinal, pequena mancha. 3 Marca, mais ou menos redonda, feita com objeto pontudo, lápis, caneta etc. e que se imprime em papel, tecido etc. 4 Sinal empregado após uma palavra abreviada (p.ex.: 'sr.' por 'senhor'). 5 Cada uma das pequenas impressões em relevo que formam os caracteres do alfabeto braille. 6 Sinal ortográfico posto sobre as letras 'i' e 'j'. 7 GRAM Cada um de um grupo de sinais gráficos us. na pontuação para indicar o fim de um período (p.ex., ponto de admiração, ponto de exclamação, ponto final, ponto de interrogação). 8 CINE TV Profissional com atribuições de recordar as linhas do roteiro para atores de filme ou espetáculo. 9 INF M.q. PIXEL. 10 MÚS Sinal gráfico utilizado com finalidades diversas na notação musical. 11 PINT Pequena mancha de cor. 12 PSIC Valor cifrado atribuído à resposta que o cliente dá a um item. 13 TEAT Auxiliar de cena que, oculto do público em determinado lugar do palco, recorda aos atores os seus diálogos, quando necessário. 14 TEAT Espécie de alçapão em que fica instalado esse auxiliar.

pontocom INTERN Que comercializa produtos ou presta serviços pela internet (diz-se de organização mercantil).

ponto de equilíbrio ECON Num gráfico de economia (p.ex., compra e venda de títulos, resultados financeiros de uma empresa), ponto que indica não ter havido lucro nem perda; ponto crítico.

ponto de fuga DES GRAV PINT Ponto para o qual, na profundidade do quadro, parecem convergir os raios ou linhas que se originam no primeiro plano de uma obra com perspectiva. ▸ Cf. PERSPECTIVA.

ponto de interrogação GRAM Sinal gráfico (?) que se coloca ao final de uma frase interrogativa.

ponto de venda 1 Lugar em que o consumidor adquire produtos e encomenda serviços que ger. lá estão expostos ou disponíveis de alguma forma. 2 MKT Qualidade de um produto comercial ou de um serviço, a que se dá destaque em sua propaganda para aumentar o interesse do consumidor.

pontuação GRAM LING 1 Na língua escrita, sistema de sinais gráficos que indicam separação entre unidades significativas para tornar mais claros o texto e a frase, pausas, entonações etc. (p.ex., ponto, vírgula, ponto e vírgula, ponto de interrogação). 2 Colocação desses sinais no texto escrito.

pontual LING Sem duração no tempo (diz-se de aspecto); momentâneo.

pontusal PAP 1 Arame de latão colocado no molde de papel de linho para marcar a linha-d'água, no processo de fabrico outrora us. nos moinhos de papel. 2 Cada um dos arames, transversais às vergaturas, que compõem a fôrma no fabrico artesanal do papel, ou que revestem determinados cilindros na fabricação industrial do papel avergoado. 3 Cada uma das filigranas que, no papel avergoado, cruzam as vergaturas e que são mais nítidas e espaçadas que estas. ▸ Cf. VERGATURA.

pool [ing.] 1 ECON Reunião temporária, especulativa, de duas ou mais empresas, que visa formar estoques de ações ou mercadorias comercializadas em bolsas de valores (café, açúcar, cereais), para forçar a elevação de seus preços e vendê-las, então, com lucros elevados. 2 RÁD TV M.q. REDE ('grupo').

[1]***pop*** [ing.] HIST.ART Red. de POP ART.

[2]***pop*** [ing.] 1 Cultura popular (origin. a do eixo anglo-americano, disseminada pelos meios de comunicação de massa). 2 MÚS Relativo à música *pop*. 3 ART.PLÁST Relativo a ou que tem, utiliza, imita ou simula técnicas e temas da *pop art*.

[3]***pop*** [ing.] MÚS Red. de POP MUSIC.

POP [ing.] MKT PUB Sigla de *point of purchase* ('ponto de compra e venda').

pop art [ing.] ART.PLÁST Movimento figurativo cuja temática é a sociedade de consumo e que utiliza, além de símbolos e estereótipos da comunicação de massa, objetos ou refugos dessa sociedade, muitas vezes fisicamente incorporados ao trabalho. ▸ Tb. se diz apenas *pop*.

pop music [ing.] MÚS 1 Música popular, oriunda dos países anglo-saxões, que se caracteriza esp. pelo emprego de instrumentos e de equipamentos elétricos e/ou eletrônicos. ▸ Tb. se diz apenas *pop*. 2 M.q. MÚSICA POP.

Popper, Karl R. (Viena, Áustria 1902 - Londres, Inglaterra 1994) Filósofo das ciências austríaco, naturalizado inglês, defensor da democracia liberal e fundador do racionalismo crítico. ▸ A família de Popper converteu-se ao luteranismo quando de seu nascimento. Eram judeus assimilados, sendo seu pai um proeminente advogado austríaco. Karl Popper doutorou-se em 1928 pela Universidade de Viena. Em 1936, foi contratado pela Universidade da Nova Zelândia, onde permaneceu até 1946, quando retornou a Londres, para a London School of Economics. Em 1949, foi promovido a professor titular da cadeira de lógica e metodologia científica. Permaneceu na London School of Economics de 1949 a 1969. Seus principais trabalhos são *A lógica da pesquisa científica*, *A sociedade aberta e seus inimigos*, *A pobreza do historicismo*, *Conjecturas e refutações* e *O conhecimento objetivo*. Apesar de ter sido classificado por seus críticos como positivista, essa qualificação não se aplica às teses de Popper, que começaram a ser expostas, em 1935, no livro *A lógica da descoberta científica*. Para ele, a ciência natural não se baseia em observações e tb. não se caracteriza pela busca de um saber indubitável e não hipotético, como o positivismo costumava afirmar. A ciência estabelece-se por meio de um critério de demarcação em face dos outros saberes, que não seriam necessariamente destituídos de valor. Ao contrário do que a filosofia positivista declarava, o traço principal da cientificidade não era a verificabilidade. O enunciado científico é aquele que pode ser falsificado. Por isso, é preciso, em nome da cientificidade, rejeitar a insistência na prova, na confirmação e na positividade absoluta. A argumentação de Popper parte do reconhecimento da assimetria entre representação teórica e observação. As teorias são sempre de cunho geral, enquanto as observações são singulares. Por mais que se procure confirmar uma teoria, por mais que observações sejam coletadas em acordo com o que é descrito, isso não quer dizer que seja certa, correta e inquestionável. Mas basta um fato em desacordo com a teoria para que ela seja falsificada empiricamente. O conjunto de evidências coletadas até então em apoio de uma teoria é tornado irrelevante. Diante de evidência que as falsifique, as teorias e seus erros passam a ser eliminados, criando um ciclo de aprimoramento que impulsiona o crescimento e o progresso científico. Considerado do ponto de vista da falsificação, o que se pode conhecer da verdade independe de confirmação: a verdade é sempre um entendimento crítico e negativo. Generalidades irrestritas não podem ser jamais confirmadas definitivamente; só é possível falsificá-las. Não cabe, portanto, à ciência proteger-se do erro; pelo contrário, a atividade científica deve ser testada rigorosamente, sendo corajosa a ponto de pôr em completo risco o que tinha obtido de sucesso até então. Conhecer nada tem a ver com acertar, mas sim com a identificação de erros. O método indutivo, que se esmera em achar instâncias confirmatórias e verificadoras de uma hipótese científica, precisa ser eliminado do arsenal e da mitologia do conhecimento. Sob todas as formas, o conhecimento é hipotético e falsificável. Saberes que evitam a falsificação ou que se centram na confirmação indutivista, sejam eles psicanalíticos, marxistas ou mesmo a investigação estatística em comunicação, não podem ser considerados científicos. Para Popper, cabe ao conhecimento que se quer científico apresentar hipóteses audaciosas e imaginativas, que possam ser refutadas. O conhecimento que parece cientificamente certo é composto de hipóteses que foram provisória e temporariamente corroboradas. O método científico não é indutivista, mas HIPOTÉTICO-DEDUTIVO. Popper foi um árduo apologista do objetivismo e do realismo cognitivos. De modo perfeitamente coerente, a filosofia política de Popper é rigorosamente antiautoritária. Segundo ele, e ao contrário do que pensadores ilustres do passado afirmavam, a história não segue leis inexoráveis que autorizem a previsão do futuro. O HISTORICISMO é um equívoco correlato ao indutivismo científico. Não há, portanto, como saber qual o melhor curso para o desenvolvimento histórico. O método mais apropriado para a condução de assuntos políticos e sociais seria aquele que incorporasse, em seu processo, a crítica mais radical e inflexível. Como não há centro a partir do qual se irradiem conteúdos de verdade, a democracia liberal é o regime mais apropriado para a disseminação da liberdade e da justiça. O processo de escolha política e social resulta do somatório de consciências individuais: o coletivismo é mais do que um engano; é um instrumento de opressão. Nenhum progresso social é justificável se em contradição com a vontade individual dos membros de uma sociedade. Os inimigos das sociedades democráticas foram intelectuais da estatura de Platão (c428 a.C. - c348 a.C.), Georg W. F. Hegel (1770-1831) e Karl Marx (1818-1883). Essa é a tese de seus dois principais livros de teoria social e política, *A sociedade aberta e seus inimigos* e *A pobreza do historicismo*. O que importa em sociedade não é quem governa, seja o governante um filósofo-rei, um partido, uma organização religiosa, o proletariado ou um sistema burocrático. A questão dominante numa sociedade é como se governa, o que significa dizer que isso acontece através da crítica, da identificação e da eliminação dos erros.

BIBLIOGRAFIA

NEIVA, Eduardo. *O racionalismo crítico de Karl Popper*. Rio de Janeiro: Francisco Alves, 1999.

POPPER, Karl R. *Objective knowledge: an evolutionary approach*. Oxford: Clarendon Press, 1972.

__________. *A sociedade aberta e seus inimigos*. Belo Horizonte: Itatiaia/Edusp, 1974. 2 v.

__________. *A lógica da pesquisa científica*. São Paulo: Cultrix/Edusp, 1975.

__________. *Autobiografia intelectual*. São Paulo: Cultrix/Edusp, 1977.

__________. *A pobreza do historicismo*. Lisboa: A Esfera do Caos, 2007.

__________. *Conjecturas e refutações*. Brasília: UnB, 2008.

população 1 Conjunto dos habitantes de determinado lugar, região, país. 2 O número desses habitantes. 3 Conjunto de pessoas que compõem uma categoria particular. 4 ECO Conjunto de indivíduos de uma mesma espécie que ocorrem em uma área definida.

populismo 1 Simpatia pelo povo. 2 LIT Corrente estética e literária que busca assuntos e temas para suas obras junto ao povo mais simples, que ali é retratado com simpatia. 3 POL Prática política em que se arroga a defesa dos interesses das classes de menor poder econômico, a fim de conquistar a simpatia e a aprovação popular.

pop-up [ing.] INF Menu contextual de opções, em uma interface gráfica de computador, que surge na tela em resposta a um gesto intencional do usuário, utilizando o *mouse*, o teclado, a tela sensível ao toque ou algum outro método apontador de acionamento.

pop-up window [ing.] INF Janela que se mantinha oculta e que surge, repentinamente, na tela de um computador, desaparecendo após seu uso.

pornochanchada CINE Subgênero de filmes popularescos de má qualidade conceitual, formal e cultural, com cenas de nudez, sexo explícito e diálogos que mesclam pornofonia e humor freq. escatológico. ▸ Cf. PORNOGRAFIA.

pornografia 1 Estudo da prostituição. 2 Coleção de pinturas ou gravuras obscenas. 3 Característica do que fere o pudor (numa publicação, num filme etc.); obscenidade, indecência, licenciosidade. ▸ Tb. se diz apenas *pornô*. 4 Qualquer coisa feita com o intuito de ser pornográfico, de explorar o sexo tratado de maneira chula, como atrativo (revistas, fotografias, filmes etc.). 5 Violação ao pudor, ao recato, à reserva, socialmente exigidos em matéria sexual; indecência, libertinagem, imoralidade.

INFORMAÇÕES GERAIS

Pornografia não é apenas a exposição do obsceno, do imoral e do que atenta ao pudor: é uma representação que tem por objetivo produzir excitação e fantasia sexual. Sendo assim, causa e efeito se misturam. Se não for pelos efeitos, como distinguir pornografia de arte erótica, que se limita a expor uma dimensão importante e central da vida humana, que é o SEXO? Os julgamentos morais da pornografia tb. transcendem o domínio das representações, que são as causas de prazer e de excitação; considera-se condenável não apenas o que é apresentado para o consumidor de pornografia, mas o que ela causa. Nesse sentido, as posturas apontam que a pornografia é uma estratégia comunicativa de subjugação e da degradação de mulheres; o mesmo raciocínio aplica-se a menores. O argumento que aponta os efeitos deletérios da pornografia leva à defesa do controle total ou parcial do que for exposto sexualmente. Vista sob a perspectiva dos seus efeitos potenciais, o debate sobre pornografia freq. acaba ultrapassando a questão do que é representado e acaba em tomadas de posição sobre a justificação ou não da censura e do controle estatal daquilo que circula pública e comercialmente como pornografia. Ao contrário do que muitos pensam, com o advento e facilitação do pornográfico pela internet, a indústria da comunicação pornográfica não se tornou poderosa economicamente em comparação com outros veículos. Enquanto a pornografia movimenta rendimentos da ordem de 2,5 bilhões de dólares, a televisão e o cinema apresentam resultados bem mais vantajosos: aproximadamente 30 bilhões de dólares.

porta 1 ENG.ELETRÔN Num equipamento eletrônico, conector físico a que se acopla um cabo de ligação com outro dispositivo. 2 INF Meio de conexão entre um computador e um dispositivo periférico ou outro computador.

portabilidade de *hardware* INF Qualidade de um componente de *hardware* que o torna capaz de ser utilizado em diferentes tipos de computadores, eventualmente mediante pequenas modificações (quanto menores as modificações exigidas, maior o grau da portabilidade).

portabilidade de *software* INF Capacidade de reutilizar um código-fonte existente, compilando-o para uma nova plataforma de *hardware*, num processo que permite a um programa ser executado em mais de um sistema operacional ou ambiente de máquina.

portabilidade numérica TEL Capacidade de manter o número de um telefone fixo ou celular por ocasião da troca de operadora telefônica.

portada BIBL GRÁF Página de rosto estampada, com vinhetas, cercaduras e outras ilustrações ornamentais; frontispício, fachada, folha de rosto gravada.

porta de entrada INF Método oculto de acesso a um computador que evita as formas corriqueiras de autenticação; *back door*, porta dos fundos. ▸ A invasão pela porta de entrada toma, em geral, a forma de um programa instalado ou uma modificação de programa existente ou de outro dispositivo (placas, monitores e equipamentos periféricos) no *hardware* de um computador. Os sistemas FIREWALL visam proteger os computadores pessoais das invasões, espionagens, acessos fraudulentos que chegam pela porta de entrada.

porta dos fundos INF M.q. PORTA DE ENTRADA.

portal INTERN Site na internet que oferece grande variedade de serviços, tais como correio eletrônico, foros de discussão, dispositivos de busca, informações gerais e temáticas, páginas de comércio eletrônico e outros.

porta paralela INF Porta em que vários *bits* de dados são enviados simultaneamente ao longo de diversos fios de conexão.

porta serial INF Porta em que *bits* de dados são enviados enfileirados ao longo de um único cabo de conexão.

porta-voz 1 Indivíduo que fala publicamente por outro. 2 M.q. MEGAFONE.

portfólio PUB 1 Conjunto de trabalhos de um artista (*designer*, cartunista, desenhista, fotógrafo etc.) ou de fotos de artista ou modelo, ger. us. para divulgação entre clientes potenciais, editores etc; *book*, buque. 2 Pasta contendo material publicitário (sugestões de leiautes, artes-finais, provas etc.) que se leva a um cliente para aprovação.

portmanteau word [ing.] LING Ver PALAVRA-VALISE.

POS [ing.] MKT Abrev. de *point of sale* ('PONTO DE VENDA').

poscênio TEAT A parte atrás da cena ou do palco; bastidores. ▸ P.opos. a PROSCÊNIO.

pós-colonial LIT Concernente a uma corrente de crítica de inspiração pós-estruturalista, que se especializa em buscar traços de dominação colonial no pensamento e no texto literário. ▸ A crítica cultural pós-colonialista examina as estratégias e os efeitos do colonialismo europeu. Para as interpretações pós-coloniais, as vozes criativas da periferia foram silenciadas ou apropriadas indevidamente por meio de preconceitos eurocêntricos. Nesse sentido, o que se designa como pós-colonial não é resultado de uma efetiva superação de um passado de imperialista. Ao contrário, as práticas imperialistas persistem e o que os estudos pós-coloniais fazem é enfrentar as consequências presentes da subjugação colonial. Seu objeto de estudo são as literaturas e as produções culturais africanas, latino-americanas, hindus, canadenses, australianas etc. Se o pós-colonialismo lida com todas as culturas que sofreram a ação do domínio estrangeiro, os Estados Unidos também deveriam ser considerados como de interesse para os estudos pós-coloniais. Não se deve, entretanto, confundir a crítica pós-colonial com uma nova forma de purismo nacionalista. Os métodos predominantes na crítica pós-colonial nada têm a ver com questões de autenticidade regional, conspurcada pelo imperialismo cultural estrangeiro. As análises pós-coloniais inspiram-se nas práticas textuais desconstrucionistas que denunciam a dominação política feita através das práticas discursivas. Um exemplo clássico dessa abordagem é o célebre *Orientalismo*, de Edward Said (1935-2003). Ao desmontar os princípios que regem o conhecimento colonialista, as interpretações pós-coloniais estariam contribuindo para desfazer o que foi mecânica de poder e administração cultural dos grupos sociais periféricos. Cf. SAID, EDWARD.

BIBLIOGRAFIA
REIS, Eliane Lourenço de Lima. *Pós-colonialismo, identidade e mestiçagem cultural*. Belo Horizonte: UFMG, 2011.

pose 1 Ato ou efeito de posicionar o corpo, assumir uma postura. **2** FOT Em fotografia analógica, tempo de exposição superior a 1/20 de segundo.

pós-estruturalismo FIL Conjunto de investigações filosóficas contemporâneas (esp. em autores como Michel Foucault [1926-1984] ou Jacques Derrida [1930-2004]) que, negando ou transformando os princípios teóricos do estruturalismo, além da forte influência de Friedrich Nietzsche (1844-1900), propõem um pensamento de recusa aos fundamentos tradicionais da filosofia, como as ideias de verdade, objetividade e razão. ▸ Muitos identificam o pós-estruturalismo como um grupo de investigações filosóficas a partir do momento em que Derrida enuncia sua crítica ao estruturalismo linguístico e antropológico. De fato, a primeira crítica desconstrucionista era dirigida ao que Derrida chamava de logocentrismo saussuriano e lévi-straussiano. Para Derrida, o que parecia novidade não passava de uma reedição fonocentrista que privilegiava a fala em detrimento da escrita. Os que são reconhecidos como pensadores pós-estruturalistas participam de uma visão sociológica comum: a realidade social e natural são construções, produto de convenções adotadas arbitrariamente num determinado momento histórico. Talvez seja esse o ponto que unifica autores realmente díspares como Jean Baudrillard (1929-2007), Gilles Deleuze (1925-1995), Jean-François Lyotard (1924-1998), Richard Rorty (1931-2007) e tb. Derrida. O cientificismo objetivista da linguística e da antropologia estrutural não tinha mais lugar nas discussões que os chamados pós-estruturalistas promoviam. O próprio Roland Barthes (1915-1980), que abraçara entusiasticamente o estruturalismo semiológico, admitia que o caminho cientificista, que o levara a analisar o modo como um sistema de regras fechado, chegara a um beco sem saída: o que agora importava era o prazer do texto. A partir de uma leitura de Nietzsche, os vários pós-estruturalistas extraíam uma recusa ao predomínio do verdadeiro, enfatizando como a história e a verdade não passavam de versões e de estratégias de poder. ▸ Cf. ESTRUTURALISMO.

BIBLIOGRAFIA
MENDONÇA, Daniel de. *Pós-estruturalismo e teoria do discurso*. Porto Alegre: EdiPUCRS, 2008.

posfácio Adendo, explicação ou advertência colocados no fim de um livro, depois de pronto.

posição de memória INF Trecho de memória com capacidade de armazenar uma unidade de informação (ger. um *byte*), identificado por um endereço de memória.

positivismo 1 FIL Sistema criado por Auguste Comte (1798-1857) e desenvolvido por inúmeros epígonos, que se propõe a ordenar as ciências experimentais, considerando-as o modelo por excelência do conhecimento humano, em detrimento das especulações metafísicas ou teológicas; filosofia positiva. ▸ 'Positivista' e, portanto, 'positivismo' são referências a uma concepção de conhecimento de cunho cientificista. A palavra *positivismo* é uma criação do filósofo francês Comte, mas sua origem pode ser encontrada nos princípios filosóficos do EMPIRISMO britânico. Aplicada às sociedades, a metodologia positivista de Comte faria da sociologia uma ciência com os mesmos princípios e valores das ciências naturais. Um conhecimento da natureza ou da sociedade é dito positivo se o que ele tem por base é certo e inquestionável empiricamente. Enquanto as interpretações especulativas são passíveis de revisões e de incerteza, um conhecimento positivo deve fundamentar-se em observações sensíveis. Por esse motivo, um dos traços centrais das filosofias positivas é a desconfiança do imaterial e do inverificável. Antes de Comte, o filósofo empirista britânico David Hume (1711-1776) propôs um critério para a avaliação de um livro, que seria a expressão de uma espécie de positivismo filosófico: se no livro não há nada empírico ou nenhum raciocínio matemático, ele deve ser jogado às chamas. Hume afirmava, antecipadamente, o que é a postura cognitiva de muitos positivistas: não se trata apenas do fato de que a observação sensível produz o conhecimento positivo; o teológico e o metafísico são dignos de suspeita. Especificamente, na epistemologia evolutiva de Comte, a ciência positiva supera os estágios cognitivos que a antecedem, ou seja, a teologia e a metafísica. De maneira geral, as filosofias positivistas recusam não só a metafísica e a teologia, mas todo conhecimento que for hipotético. **2** FIL Em sentido lato, cada uma das doutrinas influenciadas pelo comtismo, nos sXIX e XX, e caracterizadas pelo cientificismo, metodologia quantitativa e hostilidade ao idealismo. **3** LING Atitude de alguns linguistas que se limitam a considerar os fatos da linguagem como um conjunto de fenômenos a serem descritos, tomados independentemente dos falantes que os empregam. ▸ Cf. ANTIMENTALISMO.

BIBLIOGRAFIA
RIBEIRO, João. *O que é positivismo*. São Paulo: Brasiliense, 1996.

positivismo lógico FIL **1** Orientação teórica formulada na década de 1920 pelos pensadores do Círculo de Viena, com repercussões na filosofia norte-americana e inglesa, caracterizada pelo objetivo de unificar a ciência, dotando-a de uma metodologia universal apropriada, e para isso empreendendo uma minuciosa análise de sua linguagem; empirismo lógico, neopositivismo. **2** Conjunto de pesquisas filosóficas, entre as quais se destaca a de Ludwig Wittgenstein (1889-1951), voltadas para a análise da linguagem comum, sua verificabilidade empírica, estrutura lógica e utilização pragmática; empirismo lógico, neopositivismo.

INFORMAÇÕES GERAIS

A doutrina filosófica que guia o positivismo lógico combina os princípios epistemológicos do EMPIRISMO britânico com o instrumento lógico e matemático que se desenvolveu no início do sXX. Além disso, o positivismo lógico é influenciado pelo primeiro livro de Wittgenstein, o *Tratactus logico-philosophicus*. Nele, Wittgenstein expõe a tese de que uma sentença partilha, de forma pictórica, o estado de coisas que pretende descrever. O conteúdo semântico básico de uma sentença seria como um modelo que representa uma situação do mundo. Modelo e estado de coisas teriam as mesmas propriedades estruturais. Daí os positivistas lógicos extraírem a noção de que o significado de uma sentença pode ser verificado no confronto com a experiência. O que for sentença e não estiver em relação de verificabilidade com o mundo empírico é, portanto, desprovido de sentido. Argumentos e proposições metafísicas e teológicas que não atendam ao critério de verificabilidade devem ser descartados como conhecimento, sendo, no máximo, expressões de estados emocionais. As sentenças que tenham significado são necessárias e, por isso, redutíveis a uma estrutura tautológica e formal, como são os enunciados matemáticos e lógicos, ou então contingentes e verificáveis empiricamente. Existiriam dois métodos de verificação do significado de uma sentença: um, *a priori* e lógico e outro, *a posteriori* e empírico; o significado de uma sentença seria apenas o seu método de verificação. Essa ramificação de métodos de verificação e de significado de uma sentença levou os que abraçaram a orientação lógico-positivista a procurarem mecanismos de redução de um método a outro, nem sempre de modo bem-sucedido. O positivismo lógico acabou preso a um dilema de difícil solução: seu objeto de estudo passa a ser a linguagem *per se*, que seria necessariamente vista em termos atômicos ou a partir de unidades protocolares. Um problema aqui se apresenta: já que os átomos da linguagem e as unidades protocolares constituem-se de elementos significativos básicos e irredutíveis a quaisquer outros, eles não dão conta da complexidade das linguagens ordinárias e naturais. Como objeto de conhecimento, a linguagem escapa facilmente da metodologia lógico-formal adotada pelos positivistas lógicos. Apesar das muitas críticas formuladas a suas posições doutrinárias, o positivismo lógico exerce influência em muitas filosofias modernas que descartam ou desconfiam de sentenças que não possam ser verificadas empiricamente. O fundador do movimento, Moritz Schlick (1882-1936), que morreu assassinado por um simpatizante nazista, preferia que o movimento fosse denominado *empirismo consistente* ou *empirismo lógico*.

BIBLIOGRAFIA

AYER, A. J. *Linguagem, verdade e lógica*. Lisboa: Presença, 1991.

positivo GRAM Que indica um ser ou uma qualidade na sua dimensão normal (diz-se de grau do substantivo e do adjetivo). ▸ P.ex.: *casa*, p.opos. a *casinha* e a *casarão*, e *branco*, p.opos. a *branquíssimo* e a *pouco branco*, estão no grau positivo.

positivo-mestre CINE FOT M.q. MÁSTER.

Pós-Modernismo HIST.ART LIT Denominação genérica dos movimentos artísticos surgidos no último quartel do sXX, caracterizados pela ruptura com o rigor da filosofia e das práticas do Modernismo, sem abandonar totalmente seus princípios, mas fazendo referências a elementos e técnicas de estilos do passado, tomados com liberdade formal, ecletismo e imaginação; pós-moderno. ▸ 'Pós-Modernismo' é um desses termos que passaram a designar tantas coisas que se torna difícil dizer a que exatamente se referem. A expressão serve para designar tanto criações culturais em ruptura com o Modernismo clássico como a época e o momento histórico onde produtos ditos pós-modernos foram gerados. Se o Modernismo tinha uma positividade esperançosa de progresso, transformação e redenção cultural, o Pós-Modernismo caracteriza-se pela ironia lúdica e pela desilusão cínica que se expressa na recusa a qualquer hierarquia de valores. Por isso, quando o termo é aplicado à arquitetura, o que evoca são construções grandiosamente KITSCH, que mesclam quaisquer formas de solução estilística: arquitetos pós-modernos recusam o cânone geométrico e universalista da arquitetura modernista, transformando cada construção numa superabundância significativa de signos. O mesmo acontece na literatura, em que paródia, citação, colagem, fusão de artes de elite e populares predominam. Dentre os filósofos que contribuíram para a identificação do que seja o Pós-Moderno, Jean-François Lyotard (1924-1998) destaca-se, ao afirmar que a condição pós-moderna significa um momento terminal dos temas dominantes no passado; seria jogo puro, sem a menor consideração pelas grandes narrativas que formavam o cânone da cultura. Os pós-modernos rejeitam a ideia de que o conhecimento tenha uma fundação própria e que seja capaz de capturar a essência do real; a rigor, fundação, essência e realidade não passam de representações ilusórias. Por outro lado, 'pós-modernidade' é uma expressão bem mais localizada, já que indica claramente um período que se segue à era moderna, esp. o período após a Segunda Guerra Mundial. Nesse sentido, a pós-modernidade é um estágio de desenvolvimento social e econômico que deixa para trás o industrialismo modernista. Na era pós-moderna, a produção de mercadorias torna-se menos importante do que a geração de conhecimento.

BIBLIOGRAFIA

LYOTARD, Jean-François. *A condição pós-moderna*. Rio de Janeiro: José Olympio, 2010.
SANTOS, Jair Ferreira dos. *O que é pós-moderno*. São Paulo: Brasiliense, 2011.

pós-moderno 1 Relativo ou pertencente ao pós-modernismo; pós-modernista. 2 HIST.ART LIT M.q. PÓS-MODERNISMO.

pós-produção CINE PUB TV Fase posterior a uma produção, esp. de filmes ou gravações sonoras ou de TV. ▸ O processo de pós-produção inclui montagem, sonoplastia, finalização, copiagem etc.

possessivo 1 GRAM Que ou o que indica posse (diz-se de palavra, pronome, afixo etc.). 2 LING M.q. GENITIVO.

possibilidade Condição do que é possível, do que pode acontecer.

posta-restante 1 Sistema de envio de correspondência em que esta não é levada até o endereço do destinatário, e sim fica depositada no correio até que a reclamem. 2 Escrito na correspondência entregue por esse sistema. 3 Dependência do correio onde se guarda ou se reclama tal correspondência.

poster [ing.] 1 Cartaz impresso, com motivos variados, us. ger. para decoração. 2 Fotografia ampliada no tamanho desse cartaz. ▸ F. aport.: *pôster*.

pôster Aport. de POSTER.

pós-textual EDIT Que é colocado depois do texto principal (diz-se de qualquer parte de livro, publicação etc., como anexos, apêndice, bibliografia, ilustrações, mapas, colofão etc.).

post-hoc [lat.] LÓG Relativo à falácia lógica que consiste em inferir uma relação de causalidade onde há apenas sucessão temporal (como em 'se *q* segue-se a *p*, *p* é a causa de *q*').

post mortem [lat.] Depois da morte; póstumo.

postscriptum [lat.] Aquilo que se acrescenta a uma carta depois de assinada. ▸ Abrev.: *P.S.* ou *PS.* Lit.: 'escrito depois'.

potência ÓPT Numa lente, quantidade definida pelo inverso da distância focal e expressa pela unidade dioptria; convergência.

potencial 1 Que existe e está invisível, inativo, mas pode tornar-se visível e ativar-se; latente. 2 Existente apenas como possibilidade ou faculdade, não como realidade. 3 FIL No aristotelismo, que se encontra em estado inacabado, que ainda não desenvolveu plenamente suas tendências inatas ou intrínsecas, que ainda não atingiu a plenitude de sua forma final. ▶ P.opos. a ATUAL.

potenciômetro ELETR 1 Aparelho que mede as diferenças de potencial elétrico em condições de quase reversibilidade, e as forças eletromotrizes. 2 Resistor regulável us. como divisor de tensão.

potlacht Termo ameríndio da costa noroeste dos Estados Unidos que identifica uma instituição ritualizada das etnias kwakiuti, tlingit, tsimshian etc., que consistia na oferta, por parte de um membro da aristocracia do grupo, feita com o propósito de humilhar, desafiar e subjugar um grupo rival, que, por sua vez, teria de aceitar os presentes e retribuí-los mais do que à altura, sob pena de derrota e vergonha sociais. ▶ Cf. FATO SOCIAL TOTAL.

pot-pourri [fr.] MÚS Composição resultante da sequência de fragmentos de melodias conhecidas; *medley*.

PP CINE Abrev. de PRIMEIRO PLANO.

pragmática 1 LING A parte da teoria do uso linguístico que estuda os princípios de cooperação que atuam no relacionamento linguístico entre o falante e o ouvinte, permitindo que o ouvinte interprete o enunciado do seu interlocutor, levando em conta, além do significado literal, elementos da situação e a intenção que o locutor teve ao proferi-lo. ▶ P.ex.: o enunciado "você sabe que horas são?" pode ser interpretado como um pedido de informação, como um convite a que alguém se retire etc. 2 SEMIO Parte da semiótica que estuda as relações causais etc. entre as palavras, expressões ou símbolos e seus usuários. ▶ Ao contrário da sintática, que trata apenas das combinatórias de signos, e da semântica, que lida com a referência e a denotação, a pragmática considera o que é feito com as representações. A distinção entre pragmática e semântica é, por vezes, problemática, pois a pragmática também lida com um tipo de significado, não aquele que se estabelece em relação aos referentes dos signos, mas o que diz respeito ao uso dos signos. Seja sob o ponto de vista do mero uso dos signos ou de sua relação com os usuários, a pragmática caracteriza-se pela consideração dos contextos da comunicação. Reconhecem-se, nesse caso, alguns tipos de contexto: textuais, existenciais, situacionais ou psicológicos, sem deixar de considerar que usar signos é agir por meio deles. Apesar de terem sido teorizadas por autores diferentes, essas concepções de contexto de fato não se excluem: complementam-se como estratégias privilegiadas de entendimento dos signos. As interpretações e análises pragmáticas recusam a hipótese de que os signos sejam tomados literalmente. É preciso entender o que está sendo comunicado, mas sempre indo além do que seja meramente literal. O contexto forma a comunicação e a comunicação forma o contexto.

pragmaticismo FIL LING 1 M.q. PRAGMATISMO. 2 Doutrina filosófica de Charles Sanders Peirce (1839-1914, filósofo, matemático e físico estadunidense), que adotou essa denominação (1905) para distinguir sua filosofia prática do pragmatismo de William James (1842-1910, psicólogo e filósofo estadunidense). ▶ Insatisfeito com a disseminação e popularização do termo *pragmatismo* sem que seu conceito fosse respeitado, Peirce declarou que sua teoria do significado medido pelos efeitos práticos de uma proposição deveria chamar-se *pragmaticismo*, segundo ele uma palavra feia o suficiente para estar a salvo de raptores.

pragmatismo 1 FIL Consideração das coisas de um ponto de vista prático; tratamento prático, não dogmático ou sumário das coisas. 2 Tratamento dos fenômenos históricos com referência especial às suas causas, condições, antecedentes e resultados. 3 Método prático de tratar questões filosóficas, estéticas, literárias, científicas etc. 4 FIL Ênfase do pensamento filosófico na aplicação das ideias e nas consequências práticas de conceitos e conhecimentos; filosofia utilitária. 5 FIL Corrente de ideias que prega que a validade de uma doutrina é determinada por seus efeitos e bom êxito prático. 6 FIL LING Dentro do pensamento de Charles Sanders Peirce (1839-1914) , afirmação de que o conceito que temos de um objeto é a soma dos conceitos de todos os efeitos decorrentes das implicações práticas que podemos conceber para o referido objeto; pragmaticismo.

INFORMAÇÕES GERAIS

O pragmatismo é uma postura filosófica que tenta esclarecer a melhor maneira de se identificar, de modo claro e distinto, qual o significado de uma proposição. O lógico e filósofo n.-am. Charles Peirce foi quem a formulou de modo rigoroso, sendo disseminada por seu amigo William James (1842-1910). Para Peirce, o significado verdadeiro de uma proposição só é efetivamente claro se suas consequências práticas, os efeitos que se obtêm ao adotá-la, forem levadas em conta. O conteúdo de verdade de uma proposição é dado pelos efeitos que dela derivam. O critério de ação implícito na ideia de efeitos a serem considerados supera as alternativas. Nesse sentido, a familiaridade não é critério de verdade, nem o recurso recorrente e infinitamente circular das definições, muito menos a consideração do conteúdo estritamente lógico da sentença considerada. Testar uma hipótese traz consigo efeitos que estabelecem o conteúdo de uma proposição. O conjunto de efeitos de uma ação desse tipo é o que estabelece, sem hesitação e ambiguidade, qual seja o significado do que está sendo considerado. William James transformou a teoria em algo diferente, convertendo o princípio pragmático numa espécie de utilitarismo, mensurável pelos efeitos causados pela adoção de uma proposição como elemento de crença.

prancha 1 GRÁF GRAV M.q. ESTAMPA ('figura impressa'). 2 GRAV Tábua de madeira em que se grava a fôrma xilográfica. 3 GRAV Cada gravura já pronta.

praticável TEAT Elemento cenográfico tridimensional (estrado, armação) que permite o movimento dos atores sobre ele, criando diferentes planos no espaço cênico.

práxis 1 Maneira de proceder na prática; comportamento costumeiro. 2 Ação concreta; prática. 3 Ação de aplicar, usar, exercitar uma teoria, arte, ciência ou ofício. 4 Parte do conhecimento voltada para as relações sociais e as reflexões políticas, econômicas e morais. 5 FIL No aristotelismo, conjunto de atividades humanas autotélicas, cuja manifestação mais representativa é a política, e caracterizadas esp. por sua natureza concreta, em oposição à reflexão teórica. 6 FIL No marxismo, ação objetiva que, superando e concretizando a crítica social meramente teórica, permite ao ser humano construir a si mesmo e o seu mundo, de forma livre e autônoma, nos âmbitos cultural, político e econômico. ▶ O conceito de práxis na teoria marxista concilia ação concreta e liberdade. A práxis caracteriza-se por ser uma atividade livre, criativa e transformadora das condições objetivas dos seres humanos, sendo, portanto, o traço principal da humanidade. A práxis não se reduz a uma das esferas da existência em sociedade; já que possui um teor universal, manifesta-se em qualquer atividade social; por isso, transformou-se num conceito mediador entre BASE e SUPERESTRUTURA. Graças à práxis, que é sempre uma aplicação prática e útil, o econômico traduz-se em termos de um sistema de ideias, o que evitaria determinação mecânica da base sobre a estrutura, sem que o materialismo marxista fosse diluído. **7** LIT Movimento de vanguarda da poesia brasileira, surgido em São Paulo por volta de 1961.

prazer 1 ESTÉT No kantismo, sentimento desinteressado de satisfação diante da beleza, seja natural, seja artística. **2** FIL Nas doutrinas morais hedonistas, o bem supremo do homem. **3** PSIC Estado afetivo fundamental, um dos dois polos da vida afetiva, contrapondo-se à dor. ▶ O prazer contrapõe-se, dicotomicamente, à dor, mas também deve ser distinguido em relação ao gozo. O gozo (*jouissance*) é fundamentalmente físico, intenso e diretamente sexualizado. O prazer tem um caráter tb. cerebral, contido. Um texto legível causa prazer. Mas não é esse o único tipo de texto. Existem textos que não são da leitura, mas da escrita (*scriptible*), capazes de produzir sentimentos intensos, aproximados do enlevo e do gozo. Com esse raciocínio, Roland Barthes (1915-1980) enuncia o prazer do texto como parte de sua teoria da recepção literária.

BIBLIOGRAFIA

BARTHES, Roland. *O prazer do texto*. São Paulo: Perspectiva, 2008.

preâmbulo 1 Texto preliminar, escrito ou falado, que apresenta ou anuncia o assunto principal; prelúdio, prefácio. **2** Palavreado vago, que não vai diretamente ao fato. **3** EDIT M.q. PREFÁCIO. **4** MÚS M.q. PRELÚDIO ('peça').

pré-amplificador ELETRÔN Num circuito, amplificador que precede o amplificador principal.

pré-censura 1 JUR M.q. CENSURA PRÉVIA. **2** M.COM Exame de roteiro cinematográfico, televisivo ou literário, por funcionário do governo, a cujo resultado a respectiva realização poderá estar subordinada mais tarde.

preço ECON MKT Quantidade monetária equivalente a uma mercadoria, determinada em função de sua capacidade de ser negociada no mercado; valor, custo. ▶ O preço de um produto ou mercadoria não está apenas ligado à alocação de recursos na sua produção. Não só porque, além de ser produzida, a mercadoria será consumida, o que também implica custos, mas também porque o preço indica, aponta, estabelece um conhecimento público sobre seu valor. A característica principal do saber que pode gerar o preço perfeito escapa a determinações absolutas; o que o preço dissemina é um conhecimento estabelecido por um equilíbrio precário, por parcialidade e por conjectura. Como acontece nas trocas comunicacionais, o agente econômico percebe claramente o que se passa a partir de sua inserção em circunstâncias, considerando o contexto em que a mercadoria é transacionada. Sendo assim, o preço é fundamentalmente uma sinalização para o conhecimento público, que serve para apontar ações possíveis e coordenar interações a distância. De fato, o preço é um signo, ou então um símbolo, por meio do qual a informação econômica é transmitida. O economista Friedrich Hayek (1899-1992) teorizou que entender o sistema de preços como um sistema de telecomunicação a distância é mais do que apresentar uma metáfora: trata-se de sua realidade mais concreta. Segundo Hayek, o preço de um produto não pode ser estabelecido pelo cálculo matemático puro e simples, uma vez que ninguém tem todos os dados necessários para que a calculação seja feita. O conhecimento dos agentes econômicos está sempre disperso e fragmentado contraditoriamente. Por consequência, Hayek define o sistema de preços como a transmissão, ou seja, a comunicação de informação. Através do conhecimento parcial e precário de preços, os agentes econômicos observam os movimentos de signos que não produzem um saber perfeito, mas um conhecimento aproximado, plenamente ajustável às realidades das interações nos mercados, fazendo assim escolhas de produção e de consumo.

BIBLIOGRAFIA

HAYEK, Friedrich A. The use of knowledge in society. *In: American Economic Review*, n. 35, p. 519-30, 1945.

preço de capa Preço final de um livro, pago pelo consumidor.

preço de custo ECON Soma das despesas com materiais, mão de obra e impostos para a fabricação de um produto ou execução de um serviço; preço de fábrica.

preço de fábrica ECON M.q. PREÇO DE CUSTO.

preço de mercado ECON Preço com que bens, mercadorias, serviços ou títulos financeiros são efetivamente negociados.

preconceito PSIC Atitude, ger. negativa e hostil, que leva ao julgamento de objetos, opiniões, condutas e pessoas, independentemente de suas características objetivas, e exprime-se ou é gerada por crença estereotipada.

predicação SEMT Relação semântica existente entre um predicado e um argumento, pela qual o predicado atribui propriedades à entidade representada pelo argumento.

predicado 1 GRAM LING Aquilo que se afirma ou se nega a respeito do sujeito da oração. **2** LÓG Termo ou conjunto de termos atribuíveis, por meio de uma afirmação ou negação, ao sujeito de um juízo ou proposição. ▶ Símb.: *P*

INFORMAÇÕES GERAIS

O ato de predicar atribui uma qualidade a uma coisa ou a um sujeito. É uma ação simultaneamente linguística e lógica. A expressão "uma maçã doce" deve ser entendida como a afirmação "a maçã é doce". Se a forma gramatical da predicação é "x é y", *x* é o sujeito gramatical e ontológico que recebe a predicação *y*. Mais do que mera forma gramatical corrente nas línguas indo-europeias, a predicação é tb. um tema filosófico, quando a discussão passa da afirmação linguística para a consideração da verdade ou falsidade da predicação. A predicação (em grego, *kategoría*) é imposta à realidade que é exterior à mente que predica. Através de categorias, o mundo empírico faz-se inteligível. Na frase "ele é o maior mentiroso que já existiu", o predicado é quase tudo, com exceção de *ele*; na frase "morreu o maior mentiroso que já existiu", o predicado é *morreu*.

preempção INF Num ambiente multitarefa, ação ou evento que causa mudança do processamento de uma aplicação para outra.

pré-estreia CINE TEAT Apresentação de um filme ou peça teatral antes de sua estreia, para convidados especiais (críticos de arte, atores etc.); *avant-première*.

prefácio EDIT Texto preliminar de apresentação, ger. breve, escrito pelo autor ou por outrem, colocado no começo do livro, com explicações sobre seu conteúdo, objetivos ou sobre a pessoa do autor; nota prévia, preâmbulo, prólogo.

prefixo 1 GRAM LING Afixo que vem antes da raiz (semantema). ▸ P.ex., em 'previdente' temos os morfemas 'pre-' + 'vid-' + '-ente', em que 'vid-' é a raiz e 'pre-' é o prefixo; em 'imprevidente' temos dois prefixos, 'im-' e 'pre-'. **2** RÁD TV Vinheta característica de programa ou de emissora de rádio ou TV, transmitida regularmente na abertura do programa ou da apresentação diária da emissora. ▸ Cf. ABERTURA. **3** TEL Identificação em código alfanumérico, internacionalmente convencionada, de cada emissora de radiodifusão (TV ou rádio) ou estação transmissora de radiofrequência em aeronave, embarcação, equipamento de radioamador etc.

pré-impressão EDIT ELETRÔN Preparação técnica dos arquivos digitais de arte-final, para a produção eletrônica dos fotolitos e a impressão final. ▸ Ger. se fazem a digitalização em alta resolução de imagens, a escolha das cores, a distribuição nas páginas etc.

pré-industrial 1 Anterior à Revolução Industrial. **2** Anterior à industrialização (de um lugar, um setor da economia etc.).

prelo 1 Aparelho manual ou mecânico que serve para imprimir. **2** GRÁF M.q. PRENSA.

prelo de provas GRÁF Aparelho de impressão dotado de mármore, rolo de tintagem movido à mão, us. em tipografia, litografia e ofsete para tirar provas; tirador de provas, tira-provas.

prelúdio 1 Texto ou discurso introdutório; prólogo, prefácio, preâmbulo. **2** MÚS O que se canta ou se toca para experimentar a voz ou um instrumento. **3** MÚS Peça musical escrita ou improvisada, tocada antes da execução de uma obra, antes do início de uma cerimônia ou como introdução sinfônica de algumas óperas; preâmbulo. **4** MÚS Forma de composição pianística livre.

premasterizar FONO Editar arquivo digital que será us. no processo de masterização.

première [fr.] CINE TEAT Ver ESTREIA.

prêmio PUB Bem ou vantagem oferecida ao consumidor, condicionada à compra de uma mercadoria; bônus.

premissa LÓG **1** Cada uma das proposições que compõem um silogismo e em que se baseia a conclusão. **2** Ponto ou ideia de que se parte para armar um raciocínio.

premissa maior LÓG Convencionalmente us. como a primeira premissa de um silogismo, caracteriza-se por conter o termo maior, isto é, o predicado da conclusão.

premissa menor LÓG Convencionalmente us. como a segunda premissa de um silogismo, caracteriza-se por conter o termo menor, isto é, o sujeito da conclusão.

prensa GRÁF Aparelho manual ou mecânico destinado a reproduzir em papel ou noutro material, com tinta pastosa ou fluida, imagens e textos moldados, gravados ou fotogravados em placa ou cilindro, em relevo, a entalhe ou em plano; impressora, máquina impressora, prelo. ▸ Conforme o feitio das superfícies que promovem a pressão, as prensas podem ser planas, plano-cilíndricas ou rotativas.

prensa de dourar GRÁF Equipamento para dourar mecanicamente livros, equipado com aquecedor e plaina.

prensa de encaixe GRÁF Aquela que prende o lado da lombada do livro para se fazer o encaixe, batendo com o martelo.

prensa de gofrar PAP Máquina destinada a produzir no papel ou no cartão desenhos em relevo, e que consta de dois rolos de metal (cilindros gofradores), um dos quais, aquele onde está gravado o desenho da gofragem, serve de molde, representando o outro, que às vezes é formado de discos de papel fortemente comprimidos, o contramolde; cilindro gofrador.

prensa de vácuo GRÁF M.q. CHASSI PNEUMÁTICO.

prensa-pasta PAP Máquina simplificada de fazer papel, us. na fabricação de papelão, na confecção de lençóis úmidos de pasta química ou de folhas de pasta mecânica, na maneira em que são fornecidas às fábricas de papel.

prensa plano-cilíndrica GRÁF Prensa de impressão direta ou indireta (ofsete), cuja pressão se dá entre uma superfície plana (fôrma) e outra cilíndrica, que guia o suporte com os tipos próprios para impressão planográfica; máquina cilíndrica, máquina plano-cilíndrica.

prensa rotativa GRÁF Máquina impressora de pressão feita entre dois cilindros: um que conduz os elementos a serem impressos (chapa, fôrma) e outro que conduz o papel que se desenrola da bobina alimentadora; máquina rotativa. ▸ Tb. se diz apenas *rotativa*.

prensa rotoplana GRÁF Prensa alimentada a papel de bobina, que trabalha com fôrma plana; máquina rotoplana. ▸ Us. para jornais de tiragem média.

preparação de originais EDIT Ato ou processo de pôr um texto original, manuscrito, datilografado ou impresso, tecnicamente em condições de ser publicado, corrigindo-o gramaticalmente, por vezes fazendo observações quanto ao seu conteúdo, adequando-o às normas editoriais etc.

preparar 1 EDIT Organizar (originais ou provas de livro) segundo normas técnicas, indicando tipos, medidas, rodapés, cabeçalhos, distribuição de material gráfico etc. **2** MÚS Fazer (nota consoante) prolongar-se como dissonância sobre o acorde seguinte.

pré-processar INF Executar operações prévias ou rotineiras sobre (uma entrada).

pré-produção M.COM Fase anterior à produção, esp. de filme, gravação sonora ou TV; preparação para a produção. ▸ Inclui planejamento, ensaios, contratação de equipamentos e estúdio etc.

prescrição GRAM LING Norma para o uso linguístico, estabelecida pelos gramáticos, que a expõem, juntamente com outras, nas gramáticas normativas.

prescritivo LING Que apresenta determinada forma linguística como a única aceitável (diz-se de ensino, gramática etc.).

pré-seleção RÁD Seleção de uma emissão entre as várias captadas via antena pelos circuitos de um receptor.

pré-sensibilizado FOT Sensibilizado previamente com uma camada fotossensível.

preset [ing.] INF M.q. DEFAULT.

pré-sincronização CINE TV Conjunto de tarefas preparatórias para a sincronização das imagens e sons de um filme ou programa televisivo, na etapa de pós-produção, tais como a transcrição do som para o suporte de edição (filme ou fita) e a separação dos *takes* de imagem e dos respectivos trechos de som a serem sincronizados.

press association [ing.] JOR Organização profissional de jornalistas ou de jornais.

press clipping [ing.] JOR M.q. CLIPPING.

press corps [ing.] JOR Grupo de jornalistas que cobrem um mesmo assunto.

press release [ing.] JOR M.q. RELEASE.

pressuposição 1 Ato ou efeito de supor antecipadamente; conjectura, imaginação, suposição. 2 LÓG Proposição de cujo valor de verdade depende a verdade ou falsidade de outra proposição. ▸ A conexão entre pressuposição e verdade foi estabelecida definitivamente na análise de Bertrand Russell (1872-1970) sobre o problema da denotação. A verdade de uma sentença denotativa dependeria da verdade de uma proposição pressuposta. Por que a sentença "o atual rei da França é calvo" não pode hoje ser considerada verdadeira? Russell afirma que isso acontece pelo fato de que a frase é, de fato, composta de duas sentenças: "existe atualmente um rei da França" e "ele é calvo". A frase sobre a calvície é uma afirmação sobre alguém, enquanto a proposição sobre uma pessoa sendo hoje rei da França é uma sentença de outra natureza, bem diferente daquela sobre a calvície de um indivíduo. O problema parece estar resolvido, mas algo mais precisa ser observado. Paradoxalmente, a negação da frase "existe atualmente um rei da França" não afeta necessariamente a frase "o atual rei da França é calvo". A frase poderá ser verdadeira em outros contextos ou em outros momentos da história. A pressuposição é um elemento estrutural, e não apenas denotativo, das expressões linguísticas que se manifestam em verbos de transição, verbos de julgamento, frases interrogativas etc. "Pedro parou de beber uísque" pressupõe "Pedro bebia uísque antes" e "não bebe agora"; "Helena é solteira" supõe "Helena é mulher", "Helena não é casada"; "Quando foi que Pedro viu Helena?" compõe-se de "Pedro viu Helena" e "quando isso aconteceu", por exemplo. Essas sentenças são feitas a partir de cláusulas embutidas que fazem parte da combinatória sintática e não necessariamente do aspecto referencial das sentenças. Abolir uma das cláusulas implica a geração de outro significado com outra denotação.

pré-teste PUB Pesquisa para avaliação dos resultados de uma campanha, antes do lançamento desta.

pré-textual EDIT Que habitualmente precede o texto propriamente dito (diz-se de elemento de uma publicação, p.ex., folha de rosto, dedicatória, epígrafe, sumário etc.).

preto GRÁF Que apresenta traços acentuadamente mais fortes e espessos que o negrito (diz-se de fio, letra ou vinheta); gordo, grosso. ▸ P.opos. a CLARO. Cf. NEGRITO.

Price, George R. (Nova York, Estados Unidos 1922 - Londres, Inglaterra, Reino Unido 1975) Geneticista populacional n.-am., que teorizou a lógica evolutiva do conflito animal e formulou uma equação (a equação Price) que apresenta uma justificativa matemática para a ação da evolução tanto no nível individual, como do grupo. ▸ Price formou-se em química pela Universidade de Chicago, após estudos secundários em Nova York. No final da década de 1940, trabalhou como instrutor de química em Harvard e em laboratórios de pesquisa científica. Após tratamento para câncer na tireoide, Price transferiu-se para o Reino Unido. Três anos depois de sua chegada a Londres, ele abandonou o seu ateísmo intransigente, que fora a causa de conflitos e do eventual divórcio de sua esposa, e converteu-se ao cristianismo, dedicando-se, então, ao trabalho comunitário com a população de rua londrina. Sua postura assistencial estava em direta contradição com os princípios egoístas que fundamentavam a teoria e as equações matemáticas que formulara para resolver a questão intrincada de como e por que o ALTRUÍSMO evolui e se mantém. As tentativas de viver, na prática e na vida cotidiana, de acordo com princípios altruístas acabaram em desapontamento e em depressão. Incapaz de dar continuidade a seu trabalho comunitário, Price cometeu suicídio em janeiro de 1975, cortando a carótida com uma tesoura. De suas leituras sobre a base genética da evolução social, proposta por W. D. Hamilton (1936-2000), e mesmo sem treinamento e formação matemática, Price desenvolveu uma equação covariante que media a frequência das mutações genéticas em populações orgânicas, mostrando que a seleção atuava tanto no nível individual como no grupo. Price foi um dos primeiros teóricos a aplicar o arcabouço conceitual da TEORIA DOS JOGOS a temas biológicos, apresentando uma concepção de altruísmo que complementa o raciocínio de Hamilton, que apontara a possibilidade crescente de sacrificar-se em nome de seus descendentes para que os genes se espalhassem numa população. Com John Maynard Smith (1920-2004), Price publicou um trabalho fundamental sobre a lógica do conflito animal, que seria outra espécie de altruísmo. Segundo Price e Maynard Smith, a estratégia de guerra limitada e restrita evolui nos conflitos entre animais, porque é benéfica para os organismos em luta. Animais com presas, garras, chifres afiados e outros instrumentos agressivos preferem adotar uma forma de disputa ritual e convencionada, porque o custo da contenção da agressão incontida é menor do que o benefício de evitar feridas e até mesmo a morte. A luta, em condições ritualizadas e restritas, é muito mais a comunicação de excelência e superioridade biológica do que uma contenda real e estritamente física: sua adoção por espécies diferenciadas qualifica-a como uma estratégia evolucionária estável (*ESS – Evolutionary Stable Strategy*). O que importa nesse processo é que se trata de uma solução vantajosa para o organismo individual e não para a espécie. George R. Price é atualmente considerado um dos principais teóricos da biologia do sXX.

BIBLIOGRAFIA

HARMAN, Oren. *The price of altruism: George Price and the search for the origin of kindness*. London: Bodley Head, 2010.

PRICE, George R. Selection and covariance. *In: Nature*, n. 227, p. 520-1, 1970.

__________. Extension of covariance selection mathematics. *In: Annals of Human Genetics*, n. 35, p. 485-90, 1972.

__________.; MAYNARD Smith, John. The logic of animal conflict. *In: Nature*, n. 246, p. 15-8, 1973.

primeira figura LÓG Figura do silogismo na qual o termo médio é o sujeito na premissa maior e predicado na menor. ▸ Cf. SILOGISMO.

primeira fôrma GRÁF M.q. FÔRMA DE BRANCO.

primeiro plano CINE FOT TV M.q. CLOSE-UP. ▸ Abrev.: *PP*.

prime time [ing.] RÁD TV M.q. HORÁRIO NOBRE.

primo [lat.] FIL Em primeiro lugar.

princeps [lat.] EDIT Red. de EDITIO PRINCEPS. ▸ Tb. se diz apenas *princeps*.

princípio FIL 1 Fonte ou causa de uma ação. 2 Proposição filosófica que serve de fundamento a uma dedução.

princípio da contradição LÓG Princípio ontológico segundo o qual nada pode ser, ao mesmo tempo, aquilo que é e o que não é, o que corresponde à ideia lógica de que, em uma mesma proposição, é impossível que um atributo qualifique e não qualifique um sujeito; princípio da não contradição. ▸ Princípio lógico e ontológico no aristotelismo, tal concepção somente se consagrou exclusivamente como lei fundamental do pensamento na Idade Moderna.

princípio da identidade LÓG Lei fundamental do pensamento lógico que afirma que qualquer termo é idêntico a si mesmo ou, algebricamente, A = A. ▶ Concebido na filosofia medieval com o objetivo de simplificar o aristotélico princípio da contradição, foi, na Idade Moderna, erigido à posição de um dos princípios lógicos elementares do pensamento.

princípio da não contradição LÓG M.q. PRINCÍPIO DA CONTRADIÇÃO.

princípio de constância PSICN Tendência do aparelho psíquico de manter a carga de excitação o mais baixo e constante possível, segundo as teorias de Sigmund Freud (1856-1939).

princípio de individuação FIL Essência própria a cada indivíduo; o singular, concreto, determinado no tempo e no espaço; hecceidade, ipseidade.

princípio de realidade PSICN Princípio que rege o funcionamento do aparelho psíquico, no sentido de uma gratificação adiada das exigências pulsionais, em função das condições impostas pelo mundo exterior. ▶ Desde 1911, Sigmund Freud (1856-1939) falara na existência de um 'princípio de realidade'. No aparelho psíquico, o princípio de realidade surge de modo correlato ao PRINCÍPIO DO PRAZER. Apesar de impulsionado pelas exigências das pulsões prazerosas, chega um momento em que o sujeito reconhece a necessidade de adaptar-se às demandas da vida social e com ela estabelece uma forma de compromisso e concordância. Nesse momento, aparece o princípio de realidade, que tem por objetivo modificar e alterar o que fora determinado pelo princípio do prazer, que continua atuando segundo as leis primárias que regem o INCONSCIENTE. A função do princípio de realidade no aparelho psíquico é regulatória e visa equilibrar e reduzir as tensões mentais criadas pela busca de gratificações pulsionais que caracterizaria o princípio do prazer. A renúncia e o adiamento do prazer só são possíveis graças à ação do princípio de realidade. O sentimento de castração que ordena a sexualidade do sujeito é gerado pelo princípio de realidade e pelo reconhecimento de que a mãe é um objeto impossível de desejo, o qual deve ser reprimido.

BIBLIOGRAFIA
FREUD, Sigmund. *Além do princípio do prazer, Psicologia de grupo e outros trabalhos (1920-1922)*. Rio de Janeiro: Imago, 2006.

princípio do nirvana PSICN Tendência do aparelho psíquico a suprimir ou reduzir a um mínimo toda tensão externa e/ou interna. ▶ O termo 'nirvana' vem para a psicanálise através da analista britânica Barbara Low (1877-1953) e deriva da filosofia budista, referindo-se à supressão ou redução de desejo humano. O nirvana se revela por meio de quietude, dissolução da identidade pessoal e participação extasiada na totalidade do universo. No texto de 1920 *Além do princípio do prazer*, Sigmund Freud (1856-1939) adota a ideia de Low, transformando-a numa tendência natural do aparelho psíquico em reduzir a excitação interna com o objetivo de atingir um estado de constância. Freud sugere que o estado nirvânico corresponde a uma das pulsões que atuam no aparelho psíquico, a PULSÃO de morte, que é, igualmente, um mecanismo de redução de tensões. O princípio do nirvana e pulsão de morte são estados de inércia. Antes de Low e Freud, num sentido distinto, o filósofo alemão Arthur Schopenhauer (1788-1860) usara o conceito de nirvana para representar uma alternativa à contradição incessante e irracional da existência

BIBLIOGRAFIA
FREUD, Sigmund. *Além do princípio do prazer, Psicologia de grupo e outros trabalhos (1920-1922)*. Rio de Janeiro: Imago, 2006.

princípio do prazer PSICN Princípio que rege o funcionamento do aparelho psíquico no sentido de obter gratificação imediata das exigências pulsionais e de evitar o desprazer, segundo as teorias de Sigmund Freud (1856-1939). ▶ A atividade mental é regida, segundo a teoria freudiana, por dois mecanismos correlatos: o princípio do prazer e o PRINCÍPIO DE REALIDADE. O princípio do prazer é marcado pelo impulso que leva à busca do prazer, à realização do desejo e à evitação do que lhe seja oposto. Porém é preciso lembrar que Freud não defende, de forma alguma, uma filosofia hedonista da atividade mental. A mente humana busca o prazer, mas a sua realização está associada a mecanismos complexos e contraditórios. Prazer e desprazer estão intimamente associados, num processo de regulação mútua e automática. O reconhecimento dessa dicotomia exige que se postule a existência de dois princípios em ação no aparelho psíquico. Daí surge, em 1920, a dualidade princípio do prazer e princípio de realidade. O texto *Além do princípio do prazer* afirma que não se deve reduzir a atividade mental à pulsão prazerosa, uma vez que faz parte da atividade psíquica o desejo de morte, que levaria o sujeito ao estado de absoluta ausência de atividade psíquica. É nessa contradição entre a realização do desejo e seu adiamento necessário que se formam e vivem os sujeitos humanos. ▶ Cf. PRINCÍPIO DO NIRVANA.

BIBLIOGRAFIA
FREUD, Sigmund. *Além do princípio do prazer,.Psicologia de grupo e outros trabalhos (1920-1922)*. Rio de Janeiro: Imago, 2006.

princípio do terceiro excluído LÓG Princípio que postula a inexistência de qualquer meio-termo entre enunciados contraditórios, de tal forma que, necessariamente, uma proposição seja verdadeira e a outra falsa. ▶ Formulado por Aristóteles (384 a.C. - 322 a.C.) como um corolário do princípio da contradição, somente na Idade Moderna foi considerado como uma lei autônoma e fundamental do pensamento lógico.

printing on demand [ing.] GRÁF Tecnologia e processo de impressão, de natureza digital, que permite a impressão de uma matéria gráfica, como um livro, só após o volume ser solicitado pelo comprador. ▶ Ao contrário dos processos em ofsete, cujos preços decrescem na medida dos exemplares impressos, o custo do processo de *printing on demand* não está relacionado com a quantidade de sua tiragem.

printout [ing.] INF M.q. HARD COPY.

probabilidade 1 Característica do que é provável. 2 Perspectiva favorável de que algo venha a ocorrer; possibilidade, chance. 3 Grau de segurança com que se pode esperar a realização de um evento, determinado pela frequência relativa dos eventos do mesmo tipo numa série de tentativas. 4 EST Número provável correspondente a (algo), calculado estatisticamente.

INFORMAÇÕES GERAIS

Aquilo que o filósofo norte-americano Charles S. Peirce (1839-1914) tem a dizer sobre a probabilidade está diretamente ligado a seu entendimento sobre o papel exercido pela inferência estatística no caso de situações em que predominem a imperfeição, a inexatidão ou a incerteza. A probabilidade seria um dos meios de medida do que for possível. Para Peirce, o possível ramifica-se em probabilidade, plausibilidade e verossimilhança. O VEROSSÍMIL resulta do acúmulo de instâncias e casos individuais, que permitem a produção de uma generalidade; o plausível deve ser entendido como equivalente ao hipotético (cf. ABDUÇÃO), enquanto a probabilidade está associada à DEDUÇÃO. No entendimento de Peirce, a probabilidade não é um fenômeno subjetivo ou uma mera conceitualidade, produto da medida de crenças pessoais numa determinada proposição. A rigor, a probabilidade teria que assumir traços objetivos, pois é deduzida a partir do grau de frequência relativa na qual se manifestam fatos ou acontecimentos. Conceber a probabilidade como força subjetivista apenas indica que se deixou de lado a frequência relativa de um acontecimento que é, efetivamente, a causa dos sentimentos subjetivos de crença. Enquanto a verossimilhança é retórica e persuasiva, a probabilidade emerge de sua empiricidade. Quem usa probabilidade no seu raciocínio primeiro considera os casos verdadeiros ou falsos em que tal fato se manifestou. A proporção de verdade ou falsidade do acontecimento é anotada, o que gera uma visão extensa de sua frequência empírica: probabilidade é, essencialmente, uma propensão. Apesar de parecer semelhante à indução, a probabilidade opera a partir do que efetivamente aconteceu, enquanto os mecanismos indutivos saltam do que foi para o que ainda não aconteceu. A indução é um procedimento falho, pois depende da crença de que o futuro será como o passado, o que, na cosmologia evolucionária de Peirce, não passaria de uma hipótese absurdamente subjetiva.

BIBLIOGRAFIA

HOUSER, Nathan; KLOESEL, Christian (ed.). *The essential Peirce, volume 1: selected philosophical writings (1867-1893)*. Bloomington: Indiana University Press, 1992.

THE PEIRCE EDITION PROJECT. *The essential Peirce, volume 2: selected philosophical writings (1893-1913)*. Bloomington: Indiana University Press, 1998.

problemática 1 Conjunto de problemas da mesma natureza ou de um mesmo campo de atuação, ou concernentes a um mesmo objeto. 2 O conjunto das questões que se podem levantar em relação aos meios, pontos de vista ou objetos de estudo de uma ciência ou um sistema filosófico. 3 Incerteza ou dificuldade inerentes a um plano, contexto, situação etc. 4 Possibilidade teórica de um problema filosófico. 5 Série de problemas que devem ser corretamente propostos na perspectiva filosófica em que se colocou um pensador, um ensaísta, um filósofo etc.

INFORMAÇÕES GERAIS

Para Louis Althusser (1918-1990), referir-se a uma problemática é identificar um conjunto de questões que não são resolvidas ou decididas por um sistema teórico. Identificam-se numa problemática não apenas questões e problemas, mas também lacunas, inconsistências e contradições que demandam a consideração daquilo que é silenciado e ocultado. O procedimento interpretativo de uma problemática é semelhante ao de um psicanalista que dá sentido ao discurso do paciente, levando em conta seus interstícios, sua expressão sintomática. A tese de Althusser deriva da concepção de Georges Canguilhem (1904-1995) sobre o desenvolvimento histórico do conhecimento. ▸ Cf. CANGUILHEM, GEORGES.

BIBLIOGRAFIA

ATHUSSER, Louis. *Pour Marx*. Paris: La Découverte, 2005.

processador INF Circuito integrado, composto de um ou mais núcleos, capaz de efetuar o processamento de dados, obedecendo a um conjunto predeterminado de instruções. ▸ Cf. MICROPROCESSADOR; COMPUTADOR; LAPTOP.

processador de texto INF Programa de computador destinado à redação, edição e impressão de textos, que possui recursos para a formatação do documento, como, p.ex., escolha de fontes, abertura de parágrafos, inserção de notas de pé de página e manejamento do leiaute; tratador de texto.

processamento de dados INF Tratamento sistemático de dados, através de computadores ou outros dispositivos eletrônicos, com o objetivo de ordenar, classificar ou efetuar quaisquer transformações nos dados, segundo um plano previamente programado, visando a obtenção de determinado resultado; computação.

processamento de linguagem 1 Uso de dispositivo capaz de entender frases de línguas naturais. 2 Uso de dispositivo capaz de reconhecer e entender palavras pronunciadas e comandos emitidos por um usuário; processamento de voz.

processamento de voz M.q. PROCESSAMENTO DE LINGUAGEM (acp. 2).

processar INF Submeter a processamento de dados; organizar (dados), de acordo com a sequência de instruções codificada num programa.

processo de Markov MAT Processo estocástico tal que a distribuição de probalidade de um estado em um instante futuro depende do estado presente, mas não depende da história passada.

processo de transferência por difusão FOT Qualquer uma das técnicas fotográficas de copiar documentos em que a cópia se produz ao revelar uma imagem fotográfica, transferindo por difusão os sais de prata para áreas não reveladas do papel receptor e revelando a imagem transferida.

produção 1 ECON Criação de bens e de serviços para suprir as necessidades do ser humano. 2 M.COM Conjunto de todas as fases da realização de filme, espetáculo teatral, vídeo, programa radiofônico etc. 3 M.COM Reunião de todos os recursos financeiros, técnicos e materiais necessários para a realização de filme, espetáculo teatral, programa de rádio ou de TV etc. 4 PUB Setor de agência de propaganda que executa os projetos elaborados pela criação. 5 PUB A atividade desse setor.

produção editorial EDIT Processo de edição que vai desde o recebimento de originais, pelo editor, até a publicação.

produção gráfica GRÁF Sequência de ações para transformar um trabalho de criação em obra impressa, que começa com a composição e termina com o acabamento.

produto 1 Aquilo que é produzido; resultado da produção. 2 Aquilo que é produzido para venda no mercado. 3 Resultado de um trabalho ou de uma atividade. 4 Quan-

tia apurada em um negócio, venda de alguma coisa etc.; féria, resultado.
produtor M.COM Profissional que se encarrega de prover os meios materiais e humanos necessários à execução de filme, montagem teatral, programa de rádio ou televisão etc.
profissional de relações públicas M.q. RELAÇÕES-PÚBLICAS.
profundidade DES PINT Efeito que cria a ilusão de um espaço em três dimensões em quadro ou gravura, obtido pela perspectiva, pelo sombreado etc.
profundidade de campo FOT Região entre duas distâncias sobre o eixo de um instrumento fotográfico, na qual é possível se obter uma imagem nítida de um objeto; profundidade de foco. ▶ Uma das distâncias pode ser um ponto no infinito.
profundidade de foco FOT M.q. PROFUNDIDADE DE CAMPO.
programa 1 Lista escrita em que se enumeram (e às vezes se comentam) as partes que deverão compor um espetáculo, concerto, cerimônia etc.; programação. 2 A própria composição de um espetáculo ou de um concerto.
programação 1 Ação ou resultado de programar. 2 M.q. PROGRAMA ('lista escrita'). 3 Lista dos programas, a longo prazo ou permanente, de um teatro, uma emissora de rádio ou televisão etc. 4 Planejamento das ações de uma empresa. 5 INF Ação de desenvolver rotinas ou programas de computador. 6 INF Ciência ou técnica de elaboração desses programas.
programação visual 1 CINE FOT TV Aplicação de conceitos estéticos à captação ou edição de imagens para cinema, televisão ou fotografia. 2 COMN DES.IND Ramo do desenho industrial que busca, a partir de critérios funcionais e estéticos, a eficácia na aplicação dos elementos gráfico-visuais em produtos editoriais de mídias impressas e/ou eletrônicas, sistemas de identidade visual e de sinalização, peças publicitárias, *design* de embalagens, estandes de exposições etc.; comunicação visual, *design*. ▶ Cf. *DESIGN*; PROJETO GRÁFICO.
programa de computador INF Conjunto de instruções encadeadas, expressas em linguagem de programação, que um computador é capaz de executar para alcançar determinado objetivo. ▶ Cf. COMPUTADOR.
programador INF Profissional especializado em desenvolvimento, depuração, teste e aperfeiçoamento de programas de computador.
programadora TV Empresa produtora e/ou fornecedora de programas ou programações de televisão.
programador visual DES.IND GRÁF Especialista em atividades de programação visual; comunicador visual.
programa-fonte INF Programa de computador em sua forma original, anotado pelo programador em uma linguagem-fonte, antes de ser codificado em instruções de linguagem de máquina; módulo-fonte.
programa-objeto INF Programa de computador convertido em uma linguagem-objeto a partir das instruções originariamente transmitidas em linguagem-fonte; módulo-objeto.
programar 1 Organizar o programa ou a programação de. 2 Fazer planos para (alguma ocasião); planejar. 3 INF Elaborar programa de (computador); implementar.
programável INF Que pode aceitar e armazenar instruções para executar determinadas tarefas, porque seus parâmetros de funcionamento não estão definitiva ou estaticamente determinados (diz-se de aparelho).
progressiva GRÁF Red. de PROVA PROGRESSIVA.
projeção 1 Formação de uma imagem através de meios sólidos sobre uma superfície sensibilizada ou tela, ger. em tamanho ampliado. 2 CINE Ato de projetar um filme, *slide*, transparência etc. sobre uma tela, usando um projetor. 3 GRÁF TIP M.q. CRENA. 4 PSICN Mecanismo de defesa que consiste em atribuir a terceiros ou ao mundo que o rodeia os erros ou desejos pessoais. ▶ Na teoria psicanalítica, o mecanismo de projeção não tem caráter exclusivamente patológico. Por meio da projeção, o sujeito exterioriza aquilo que recusa ser parte de si mesmo. Faz parte da religiosidade, das superstições, da angústia, dos desejos inconscientes e mesmo da paranoia. A projeção permite que o sujeito se comunique, de modo seguro, com representações que o incomodam e potencialmente o desestabilizariam.
projecionista CINE Pessoa que opera projetores no interior de uma cabina, responsável pela projeção de um filme sobre a tela na sala escura; operador de projeção.
projeto 1 Descrição escrita e detalhada de um empreendimento a ser realizado; plano, delineamento, esquema. 2 Esboço ou desenho de trabalho a se realizar; plano. 3 Esboço provisório de um texto.
projeto gráfico DES.IND GRÁF Planejamento das características gráfico-visuais de uma publicação, que inclui, entre outras coisas, diagramação, a escolha do tipo, do sistema de composição em que serão gravados os caracteres, do papel a ser utilizado na impressão, do formato, do sistema de impressão e da forma de acabamento. ▶ Cf. *DESIGN*; PROGRAMAÇÃO VISUAL.
projetor 1 Qualquer aparelho que se destina a irradiar ao longe ondas luminosas, sonoras ou caloríficas. 2 Aparelho que projeta feixes luminosos. 3 Qualquer aparelho que serve para projetar filme cinematográfico, *slide*, fita de vídeo, imagem de computador etc. 4 ÓPT Aparelho óptico que possibilita formar, num anteparo, uma imagem, ger. ampliada, de um objeto.
projetor de som ACS Tipo de alto-falante de grande potência, cuja bobina móvel é protegida por blindagem metálica.
projetor digital INF M.q. PROJETOR MULTIMÍDIA.
projetor multimídia INF Dispositivo que se acopla a equipamento capaz de gerar matrizes de visualização (videocassete, tocador de *DVD*, computador etc.) para a projeção de vídeo ou de imagens digitais; projetor digital.
pro labore [lat.] Pelo trabalho. ▶ Expressão que indica o pagamento por uma determinada tarefa.
proletariado ECON.POL 1 Conjunto dos trabalhadores de um determinado país, região, cidade etc., ou do mundo inteiro. 2 Classe social dos proletários; classe trabalhadora; povo, povão. ▶ Cf. CLASSE; ACUMULAÇÃO DE CAPITAL; ACUMULAÇÃO PRIMITIVA; BURGUESIA.
prólogo 1 TEAT Em uma peça teatral, cena ou monólogo iniciais, em que ger. são dados elementos precedentes ou elucidativos da trama que se vai desenrolar. 2 TEAT A primeira personagem a entrar em cena, a que expõe o prólogo. 3 EDIT M.q. PREFÁCIO.
promoção Qualquer atividade (de propaganda, *marketing*, divulgação, relações públicas etc.) destinada a tornar mais conhecido e prestigiado um produto, serviço, marca, ideia, pessoa ou instituição.
promoção de vendas ECON MKT 1 Conjunto de técnicas promocionais e atividades (concursos, ofertas, amostras grátis, descontos, estandes, *displays* etc.) destinadas a reforçar o interesse de vendedores, revendedores e consu-

midores com relação a determinado produto. **2** Intensificação dos esforços de exibição de determinado produto para o público; *merchandising*.

promosite [ing.] INTERN MKT PUB *Site* criado com o propósito de promover um serviço, um bem, um indivíduo etc.

promoter [ing.] **1** Profissional que se dedica à organização de eventos de cunho promocional, publicitário, institucional etc. **2** Indivíduo encarregado de promover festas em boates, danceterias etc.

promover Fazer propaganda de; anunciar, propagandear.

promovido PUB Posto no mercado; lançado, divulgado.

propaganda **1** Divulgação, propagação de uma ideia ou uma crença. **2** Ação ou efeito de exaltar as qualidades de algo ou alguém para um grande número de pessoas; anúncio, reclame. **3** Disseminação de ideias, informações (verdadeiras ou falsas), boatos etc., com o fim de ajudar ou prejudicar (outrem); campanha. **4** PUB Difusão de mensagem verbal, pictórica, musical etc., de conteúdo informativo e persuasivo, em TV, jornal, revista, volantes, *outdoors* etc.; publicidade. **5** PUB Peça de propaganda; anúncio.

propaganda abusiva PUB Mensagem propagandística que incita à violência, explora o medo ou a superstição, contém discriminação de qualquer natureza ou pode levar o consumidor a praticar atos prejudiciais à saúde ou à segurança (próprias ou alheias); publicidade abusiva.

propaganda enganosa PUB Afirmação parcial ou totalmente mentirosa sobre um produto ou serviço, atribuindo-lhe qualidades que ele não possui e induzindo o comprador a erro; publicidade enganosa.

propaganda subliminar PUB Técnica de propaganda em que a mensagem publicitária não é captada pelo consciente do público, pois o estímulo é insuficientemente intenso para atingi-lo, e sim pela repetição ou outros mecanismos, atuando no seu inconsciente, esp. nas suas emoções, e causando os efeitos desejados nas suas ideias e opiniões. ▸ P.ex., se se deseja prejudicar a imagem de um político, costuma-se associá-lo por contiguidade a fatos catastróficos, desastres etc.; para vender um produto ao público masculino, costuma-se apresentá-lo ao lado de mulheres belas e sensuais.

propagandista MKT Que ou quem faz propaganda de remédios junto aos médicos, ger. por meio de visitas aos consultórios, distribuindo amostras grátis dos produtos.

proposição LÓG **1** Na lógica tradicional de matriz aristotélica, expressão linguística de uma operação mental (o juízo), composta de sujeito, verbo (sempre redutível ao verbo 'ser') e atributo, e passível de ser verdadeira ou falsa; enunciado. **2** M.q. JUÍZO ('constructo lógico e linguístico'). **3** Na lógica moderna, enunciado traduzível em símbolos matemáticos, passível de múltiplos valores de verdade (verdadeiro, falso, indeterminado etc.) e redutível a dois elementos básicos (o sujeito e o predicado).

INFORMAÇÕES GERAIS

Em nome da precisão, cabe diferenciar 'sentença' de 'proposição'. Proposições são sentenças ou juízos que afirmam ou negam algo. Os problemas teóricos das proposições são, portanto, referenciais. Uma proposição pode ser considerada verdadeira ou falsa pelo que denota. Assim, uma proposição pode ser traduzida por outra se aquilo que é denotado ou expresso for o mesmo. Uma alternativa a essa ideia de tradução seria considerar as proposições não a partir dos referentes, mas notando se são compostas de termos sinônimos. Nesse caso, o que deve ser considerado é a equivalência de conotações em duas ou mais proposições. ▸ Cf. CONOTAÇÃO; DENOTAÇÃO.

proposição afirmativa LÓG Aquela que, em função de sua natureza qualitativa, apresenta a atribuição afirmativa de um predicado a um sujeito (p.ex., "a luz é ofuscante"). ▸ P.opos. a PROPOSIÇÃO NEGATIVA.

proposição atributiva LÓG M.q. PROPOSIÇÃO CATEGÓRICA.

proposição categórica LÓG Proposição constituída através da simples união de um sujeito e um atributo, produzindo uma afirmação ou uma negação (p.ex., "todos os homens são mortais"); proposição predicativa, proposição atributiva.

proposição composta LÓG Aquela surgida da combinação de duas ou mais proposições simples, ou pelo acréscimo de termos às proposições simples. ▸ P.opos. a PROPOSIÇÃO SIMPLES.

proposição contingente LÓG Proposição que, em função de sua modalidade, enuncia algo que poderia ser de outro modo. ▸ P.opos. a PROPOSIÇÃO IMPOSSÍVEL e PROPOSIÇÃO NECESSÁRIA.

proposição hipotética LÓG Aquela constituída por uma hipótese ou condição (p.ex., "dormirei, se fizer silêncio").

proposição impossível LÓG Proposição que, em função de sua modalidade, enuncia algo que jamais pode ser ou ocorrer (p.ex., "a planta é racional"). ▸ P.opos. a PROPOSIÇÃO CONTINGENTE e PROPOSIÇÃO NECESSÁRIA.

proposição modal LÓG Proposição que, por meio de uma afirmação ou negação, estabelece relações de necessidade, contingência, possibilidade ou impossibilidade entre seus termos constituintes. ▸ Tb. se diz apenas *modal*.

proposição necessária LÓG Proposição que, em função de sua modalidade, enuncia algo que não pode ser de outro modo. ▸ P.opos. a PROPOSIÇÃO CONTINGENTE e PROPOSIÇÃO IMPOSSÍVEL.

proposição negativa LÓG Proposição que apresenta, em função de seu caráter qualitativo, a atribuição negativa de um predicado a um sujeito. ▸ P.opos. a PROPOSIÇÃO AFIRMATIVA.

proposição particular LÓG Proposição que, em função de sua natureza quantitativa ou extensiva, apresenta alguns dos elementos que compõem o sujeito aplicados ao predicado. ▸ P.opos. a PROPOSIÇÃO SINGULAR e PROPOSIÇÃO UNIVERSAL.

proposição particular afirmativa LÓG Proposição em que apenas uma parcela do sujeito se aplica ao predicado (p.ex., "alguns homens são mortais"). ▸ Símb.: *I*.

proposição particular negativa LÓG Proposição em que apenas uma parcela do sujeito não se aplica ao predicado (p.ex., "alguns homens não são mortais"). ▸ Símb.: *O*.

proposição predicativa LÓG M.q. PROPOSIÇÃO CATEGÓRICA.

proposição simples LÓG Proposição surgida da união de dois termos por meio de ligação verbal. ▸ P.opos. a PROPOSIÇÃO COMPOSTA.

proposição singular LÓG Proposição que, em função de sua natureza quantitativa ou extensiva, apresenta apenas um elemento do sujeito aplicando-se ao predicado (p.ex., "este homem é alto"). ▸ P.opos. a PROPOSIÇÃO UNIVERSAL e PROPOSIÇÃO PARTICULAR.

proposição universal LÓG Proposição que, em função de sua natureza quantitativa ou extensiva, apresenta todos os elementos que compõem o sujeito aplicados ao predicado (p.ex., "todas as nuvens são brancas"). ▸ P.opos. a PROPOSIÇÃO PARTICULAR e PROPOSIÇÃO SINGULAR.

proposição universal afirmativa LÓG Proposição em que a universalidade do sujeito se aplica afirmativamente ao predicado (p.ex., "todos os homens são mortais"). ▸ Símb.: *A*.

proposição universal negativa LÓG Proposição em que a universalidade do sujeito não se aplica ao predicado (p.ex., "nenhum homem é mortal"). ▸ Símb.: *E*.

proposicional 1 Relativo ou pertencente a proposição. 2 Que contém proposição; propositivo.

proposições contraditórias LÓG Duas proposições com sujeitos e predicados idênticos, mas absolutamente incompatíveis (p.ex., "todos os homens são mortais" e "alguns homens não são mortais"), pois diferem simultaneamente no âmbito quantitativo (sendo uma universal, a outra é particular) e no âmbito qualitativo (sendo uma positiva, a outra é negativa). ▸ P.opos. a PROPOSIÇÕES CONTRÁRIAS e PROPOSIÇÕES SUBALTERNAS. Cf. CONTRADIÇÃO.

proposições contrárias LÓG Duas proposições semelhantes quanto a sua classificação quantitativa (ambas universais ou particulares), mas que diferem quanto ao aspecto qualitativo, sendo uma positiva e outra negativa (p.ex., "todos os homens são mortais" e "nenhum homem é mortal"). ▸ P.opos. a PROPOSIÇÕES CONTRADITÓRIAS e PROPOSIÇÕES SUBALTERNAS. Cf CONTRARIEDADE.

proposições subalternas LÓG Duas proposições com sujeito e predicado semelhantes, diferindo apenas em quantidade (p.ex., "todas as nuvens são brancas" e "certas nuvens são brancas"). ▸ P.opos. a PROPOSIÇÕES CONTRADITÓRIAS e PROPOSIÇÕES CONTRÁRIAS. Cf. SUBALTERNA.

prosa Expressão natural da linguagem escrita ou falada, sem metrificação intencional e não sujeita a ritmos regulares. ▸ P.opos. a VERSO e POESIA.

proscênio TEAT 1 Parte anterior do palco dos teatros, junto à ribalta; antecena. ▸ P.opos. a POSCÊNIO. 2 Teatro, cena, palco.

prosopagnosia NEUR Incapacidade de reconhecer rostos. ▸ Cf. FISIONOMIA.

prospecto 1 Resumo do plano de uma obra; projeto, programa. 2 BIBL Anúncio impresso de um livro recém-publicado, ger. contendo amostras de páginas e estampas deste. 3 EDIT PUB Folha de papel impressa com propaganda ou divulgação de alguma ideia, evento, produto, serviço, empresa etc.; avulso, folha volante, folheto, volante.

prospecto desdobrável EDIT PUB Prospecto ('folha de papel') dobrado em sanfona, no qual se faz propaganda de alguma coisa ou se dá instrução a respeito do uso de um aparelho, produto ou serviço; fôlder.

protagonista CINE TEAT TV Diz-se de ou principal personagem de uma peça de teatro, livro, filme, telenovela etc.

Protágoras de Abdera (Abdera, Trácia, Grécia c490 a.C. - ? c420 a.C.) O mais importante sofista grego, provavelmente o primeiro formulador de uma teoria relativista do conhecimento. ▸ Pouco se sabe da vida de Protágoras. Conhece-se o lugar de seu nascimento, mas o da morte é desconhecido. Era amigo do líder democrático grego Péricles de Atenas (c495 a.C. - c429 a.C.) e frequentava o círculo de intelectuais que visitavam a casa do estadista. Péricles encarregou-o de formular e redigir o código legal de Turi, uma das colônias de Atenas. Inventou o ensino pago e dizia que ensinava aquilo que os gregos chamavam de *areté*, termo de difícil tradução, aprox., 'virtude cívica'. Era um especialista na arte de semear controvérsia, a ERÍSTICA, e afirmava ser capaz de fortalecer o discurso fraco e enfraquecer o forte. Na juventude, foi porteiro e carregador, mas sua engenhosidade com laços e aproveitamento de cordas era tal que foi transformado em *protegée* por seu conterrâneo Demócrito (c460 a.C. - c370 a.C.) que o instruiu e treinou em filosofia. Algumas teses filosóficas de Protágoras sobreviveram, como citações, em textos antigos; e, apesar de reduzidas a três fórmulas básicas, sua conexão é clara e indiscutível. Protágoras é mais conhecido por ter afirmado que "o homem é a medida de todas as coisas" (*anthropos metrón*). Muitos consideram que tal tese expressa uma visão relativista do conhecimento. Não há verdade absoluta e só é verdadeiro aquilo que parece ser para cada indivíduo em particular. Entretanto, essa interpretação parece apressada se for levada em conta outra proposição de Protágoras sobre a impossibilidade de conhecer os deuses. Não é possível conhecê-los porque são invisíveis e eternos, logo escapam a toda possibilidade de conhecimento integral por parte dos seres humanos, que vivem em finitude. As consequências da observação de Protágoras sobre os deuses levam igualmente à crença de que o sofista era mais do que um relativista. Protágoras soa principalmente como uma espécie de cético, que nunca negou a existência dos deuses, apenas suspendeu o juízo sobre as divindades que seriam impossíveis de conhecer. Daí chega-se a uma terceira tese, que estrutura a filosofia de Protágoras. Para ele, a verdade, cuja origem é divina, não pode ser conhecida. O que há são apenas pontos de vista: a cada ponto de vista corresponde sua expressão contrária, sua antilogia. A realidade tem uma natureza inevitavelmente dual e ambígua: a água, que é boa para os peixes, afoga os seres humanos; o que é jovem envelhece; o que é vivo morre; e o frio transforma-se em algo quente. Tudo é e não é. Esse atributo ontológico da natureza, associado à incapacidade de se ter um critério absoluto capaz de julgá-lo, transforma o saber num processo que oscila de um ponto contraditório a outro. O treinamento retórico deveria, por isso, ser um exercício que levasse a posições antilógicas ante um tema discorrido. Entretanto, não se pode dizer que Protágoras não tenha apresentado uma solução para o que parece ser uma conclusão paralisante. O sentimento de verdade pode não ser absoluto, mas há sempre um discurso forte para dar conta de uma disputa de pontos de vista. O discurso forte é aquele consensual e considerado verdadeiro pela comunidade que participa da disputa retórica. Para resolver o impasse criado por suas premissas radicais, Protágoras adota uma solução conservadora. A verdade não é universal, mas trata-se de um atributo a ser encontrado nas tradições, crenças e valores morais de uma comunidade específica. Protágoras postula uma concepção de verdade conveniente, meramente útil, uma simples opção pragmática. Um dos mitos inverificáveis que circulavam a propósito de Protágoras sugere que ele fora expulso de Atenas por causa de seu ateísmo subversivo.

BIBLIOGRAFIA

GUTHRIE, W. K. *Os sofistas*. São Paulo: Paulus, 2007.
ROMEYER-DHERBEY, Gilbert. *Os sofistas*. Rio de Janeiro: Edições 70, 1999.

protocolo de comunicação INF Apanhado de normas e especificações técnicas que regem a transmissão de dados entre computadores; protocolo de transmissão de dados.

protocolo de transmissão de dados INF M.q. PROTOCOLO DE COMUNICAÇÃO.

protolíngua LING Língua ancestral, documentada historicamente ou hipotética, da qual deriva uma língua ou uma família linguística (ou um ramo de uma família); língua-mãe.

protótipo 1 Primeiro tipo criado; original. 2 Algo feito pela primeira vez e, muitas vezes, copiado ou imitado; modelo, padrão, cânone. 3 INF Versão preliminar, ger. reduzida, de um novo sistema de computador ou de um novo programa, para ser testada e aperfeiçoada.

prova 1 Aquilo que demonstra que uma afirmação ou um fato são verdadeiros; evidência, comprovação. 2 Ato que dá uma demonstração cabal de (afeto, fidelidade, felicidade etc.); manifestação, sinal. 3 Experiência científica; demonstração, experimento, 4 GRÁF Primeira impressão de qualquer trabalho tipográfico que se tira para revisão e marcação de correções; primeira impressão de litografia, clicheria, ou gravura para revisão; qualquer exemplar calcográfico.

prova de autor EDIT GRÁF Aquela enviada ao autor, quando lhe cabe fazer revisão do trabalho.

prova de cores GRÁF M.q. PROVA PROGRESSIVA.

prova de máquina GRÁF Aquela tirada depois de revista a imposição, preparada a fôrma e conferidas as emendas; última prova do trabalho já em máquina.

prova de página GRÁF Aquela tirada da composição pronta, já paginada.

prova de reprodução GRÁF Aquela tirada, depois de feitas todas as correções, em papel gessado (cuchê) ou celofane para reprodução em fotogravura, litografia, ofsete etc.

prova progressiva GRÁF Prova de impressão que mostra o casamento das cores de uma policromia em máquinas de duas ou mais cores; prova de cores. ▶ Tb. se diz apenas *progressiva*.

provedor de acesso INF Empresa ou organização que tem instalada uma conexão de alta capacidade com a internet, e que põe à disposição de outros usuários o acesso a essa rede, por meio de linhas telefônicas ou cabos, cobrando ou não pelo serviço.

provedor de conteúdo INF *Site* que fornece ao usuário, cobrando ou não pelo serviço, diferentes tipos de informação *on-line*, como, p.ex., notícias, entretenimento, vagas de emprego etc.

P.S. [lat.] Abrev. de POSTSCRIPTUM. ▶ Tb. se grafa sem pontos: *PS*.

pseudoaleatório 1 EST MAT Que satisfaz um ou mais testes ou critérios de aleatoriedade estatística, mas é obtido por processo definido de cálculo matemático. 2 INF Diz-se de sinal cujos pulsos se repetem com intervalo de tempo muito longo e, por isso, parece não apresentar nenhuma tendência ou característica.

pseudoenunciado FIL No vocabulário do positivismo lógico, enunciado que pretende afirmar algo sobre o mundo que não pode ser nem confirmado nem contraditado pela experiência. ▶ Os pseudoenunciados escapam ao critério de verificabilidade e são, por isso, desprovidos de sentido.

psicanálise PSICN Método terapêutico, criado por Sigmund Freud (1856-1939), empregado no caso de neurose e psicose, que consiste fundamentalmente na interpretação por um psicanalista dos conteúdos inconscientes das palavras, ações e produções imaginárias de um indivíduo, com base nas associações livres e no processo chamado de transferência – processo no curso do qual o paciente transpõe para o terapeuta seus sentimentos, atitudes em relação a outros objetos (alvos) de amor. ▶ Nos escritos de Freud, a 'psicanálise' é uma disciplina ou uma técnica que investiga empiricamente os processos mentais inconscientes do sujeito, por meio de processos de livre associação. Existe um contrato implícito na relação terapêutica: o paciente deve falar sem amarras e livremente sobre tudo que lhe ocorra, de modo que o terapeuta possa apresentar-lhe nexos e inferências inconscientes que seriam a chave para um tratamento bem-sucedido. A hipótese terapêutica freudiana supõe que a cura começa com a revelação da causa real que aflige o paciente e a qual ele desconhece. O sistema teórico da psicanálise opera com conceitos básicos tais como PULSÃO, INCONSCIENTE, ATO FALHO etc., cujas articulações formam uma metapsicologia que tem por objetivo esclarecer a atividade mental cifrada e inconsciente daqueles que se submetem à terapia psicanalítica. Apesar de a palavra 'psicanálise' ser a etiqueta que mais identifica e singulariza as teorias freudianas, em momentos diferentes de sua obra Freud usou outros termos para reconhecer a disciplina que criara: 'análise', 'análise psíquica', 'análise psicológica', 'análise hipnótica' são equivalentes ao termo que predomina no vocabulário e imaginário popular. Em 1896, Freud cunhou a expressão 'psicanálise' para referir-se ao entendimento e à investigação dos processos mentais que se apresentam como cifrados ou resistentes ao tratamento. Nesse sentido, o projeto da psicanálise é constituir um arsenal terapêutico para lidar com o comportamento e os distúrbios neuróticos. A expansão da locução e de outros conceitos freudianos às esferas mais amplas da cultura humana não está, de forma alguma, em contradição com o que Freud supunha teoricamente: para ele, o patológico é um fenômeno central da existência dos indivíduos que, portanto, se manifesta naquilo que for criado por toda atividade mental. A imensa popularidade das intuições freudianas faz da psicanálise uma espécie de guarda-chuva onde se abrigam autores e tendências teóricas as mais diversas, algumas delas paradoxalmente em confronto e contraste com aquilo que Freud imaginara ser seu procedimento terapêutico e seu instrumento interpretativo. ▶ Cf. ANÁLISE FREUDIANA; ATO FALHO; FREUD, SIGMUND.

BIBLIOGRAFIA

FREUD, Sigmund. *Conferências introdutórias à psicanálise*. Rio de Janeiro: Imago, 2006. v. 1-2.

psicolinguística LING Parte da linguística que pesquisa as conexões existentes entre questões pertinentes ao conhecimento e uso de uma língua, tais como a do processo de aquisição de linguagem e a do processamento linguístico, e os processos psicológicos que se supõe estarem a elas relacionados.

psicologia 1 PSIC Ciência que trata dos estados e processos mentais. 2 PSIC Estudo do comportamento humano ou animal. 3 Conjunto dos traços psicológicos característicos de um indivíduo ou de um povo, comunidade, geração etc. 4 Atividade psicológica ou mental característica de uma pessoa ou situação. 5 Análise ou estudo psicológico de um livro, obra de arte, fato, fenômeno, uma característica de algo etc.

INFORMAÇÕES GERAIS

A psicologia presume uma correlação entre comportamentos e processos mentais, seja a partir do ponto de vista do indivíduo, seja socialmente. Além do tratamento clínico, os psicólogos interessam-se por múltiplos aspectos da existência humana: a aquisição de conhecimento, a percepção, a memória, o pensamento, os mecanismos afetivos e emocionais, as personalidades, os tipos de comportamento (normais e patológicos), os distúrbios mentais, os modos de interação, o desenvolvimento neuropsíquico etc. Há psicólogos que se dedicam ao entendimento de processos mentais visivelmente identificados pela investigação empírica, enquanto outros debruçam-se sobre o que é traço oculto e subjacente aos comportamentos, como é o caso da psicologia freudiana, centrada prioritariamente no INCONSCIENTE. Os métodos psicológicos também variam ao extremo e vão da coleta empírica de casos e exemplos particulares que, reunidos, revelam regras e princípios estruturantes dos comportamentos até o caminho metodológico inverso, que parte de pressuposições admitidas como regras, que explicam o caso de um comportamento individual. Na medida direta da complexidade e multiplicidade da existência humana, pode-se esperar que as contribuições teóricas para a psicologia derivem de muitas formas de conhecimento, bem como que a psicologia seja capaz de fornecer intuições teóricas para a economia, a literatura, a sociologia etc. É o que vem acontecendo desde quando Aristóteles (384 a.C. - 322 a.C.) utilizou-se de conceitos psicológicos como a vergonha (*aiskhyné*), a indignação (*nemesan*), a inveja (*pthonos*) etc. para fundamentar o que seja persuasão, até as investigações dos vencedores do Prêmio Nobel de Economia de 2002, Daniel Kahneman (1934-) e Vernon L. Smith (1927-), que estudaram os comportamentos dos agentes econômicos. Seria irrazoável esperar que o entendimento dos comportamentos e processos mentais ficasse restrito à clínica médica e terapêutica: a psicologia pode contribuir para todas as esferas do que seja humano. Etimologicamente, 'psicologia' quer dizer estudo ou discurso sobre a alma, o que indica uma oposição do psicológico ao que seja estritamente corpóreo. A palavra que designa essa disciplina continua sendo usada, ainda que a divisão e a segregação de corpo e mente não sejam respeitadas pelos que se dedicam a compreender o que seja psicológico. A psicologia empírica e experimental acredita que seja possível decompor a complexidade de processos psíquicos nos seus componentes mais fundamentais, da mesma maneira que procedem as ciências naturais, como a química, a física e os vários saberes médicos. Para aquele que muitos reconhecem como o fundador da psicologia moderna, Wilhelm Wundt (1832-1920), os comportamentos observados estruturavam-se em uma área determinada do corpo, mais especificamente no cérebro humano. O cientificismo estrutural de Wundt foi duramente criticado por autores de inspiração filosófica e descritiva, como William James (1842-1910), que não viam sentido no mero entendimento causal de um comportamento: seria preciso explicá-lo, de modo evidente e em termos de seu funcionamento, para a pessoa comum. É no espírito semelhante à crítica de James que surge a PSICANÁLISE de Sigmund Freud (1856-1939) e seus discípulos, o que acaba acentuando uma espécie de divisão de trabalho: a psicologia cindiu-se em cognitiva e terapêutica. Nem mesmo uma dissidência das teses freudianas, como a psicologia junguiana, pode ser considerada como um rumo radicalmente diferente do que James e Freud argumentaram (cf. JUNG, CARL GUSTAV). Uma coisa seria entender os processos mentais; outra, interpretá-los. Na década de 1950, surge uma concepção de psicologia que haveria de influenciar imensamente os saberes sobre a mente humana e animal: trata-se da psicologia behaviorista, que segue claramente o modelo cientificista de Wundt, mas cujas raízes encontram-se nas teses de que agir seja seguir, de modo condicionado, os reflexos que recompensam e estimulam determinados comportamentos, fato que teria sido mostrado pelo fisiologista russo Ivan Pavlov (1849-1936). Da mesma maneira que as pesquisas pavlovianas com cães indicaram, os behavioristas professavam que o meio ambiente transmite estímulos que condicionam respostas sociais (cf. PAVLOV, IVAN P.; SKINNER, B. F.). A repetição constante de estímulos reforçava o motivo para se agir de uma determinada maneira ou de outra. Para sustentar tal opinião, os behavioristas referiam-se aos resultados experimentais obtidos com animais em laboratórios. Alguns behavioristas eram radicalmente deterministas. No credo behaviorista, tudo que não fosse inequivocamente empírico não passava de elucubração sem sentido ou aplicação prática. De acordo com as teses behavioristas, a psicologia nada tem a ver com a interioridade dos seres humanos, mas apenas com aquilo que seja diretamente observado. A externalidade da observação psicológica seria a única garantia para sua cientificidade. O abalo do BEHAVIORISMO nas ciências sociais e humanas começa com a crítica que o linguista Noam Chomsky (1928-) fez do livro *Verbal behavior*, de B. F. Skinner (1904-1990). Chomsky demonstrou que o privilégio dado aos estímulos na formação da linguagem era definitivamente equivocado. Um fenômeno central para a vida humana, como a linguagem, não se resumia à resposta a algo tão pobre como um estímulo, mesmo que repetido incessantemente. A mente infantil que adquire a linguagem não é uma TABULA RASA, uma página em branco. Além de tudo isso, uma tendência importante no pensamento psicológico é a teoria da GESTALT, que critica a decomposição estrutural da totalidade psíquica em seus elementos parciais. A *gestalt* toma uma posição oposta ao que Wundt afirmara, argumentando que o todo é sempre maior do que as partes. Apesar dos esforços cientificistas, a psicologia é freq. influenciada por doutrinas de campos correlatos, como a discussão sobre a vontade, a intenção, o livre-arbítrio etc. A robustez teórica do darwinismo em biologia favoreceu a emersão de uma psicologia evolucionária, que parte dos princípios da SELEÇÃO NATURAL e da SELEÇÃO SEXUAL para identificar os mecanismos mentais adaptativos dos indivíduos e suas motivações psicológicas. A computação e os estudos sobre inteligência artificial abriram uma nova fronteira para a psicologia, permitindo, por analogia, a geração de modelos e de hipóteses sobre as funções cerebrais envolvidas no pensamento humano, o que é verificável, empiricamente, por meio das novas técnicas de ressonância magnética. Metodologicamente, a psicologia bifurca-se em dois tipos de abordagem: uma dita 'qualitativa', que colhe dados de seus informantes por meio de entrevistas, observações de primeira mão, e em que o pesquisador participa ativamente do processo. As tendências estritamente interpretativas em psicologia recorrem freq. a métodos qualitativos. O outro caminho é denominado 'quantitativo'. A metodologia quantitativa vale-se de princípios estatísticos, como coeficientes de correlação, variância, regressão linear múltipla, coleta de dados no presente ou ao longo de um período etc. A coleta de dados a serem submetidos a métodos estatísticos faz-se muitas vezes por meio de questionários, cujas respostas são vistas como elementos que confirmam as hipóteses dos pesquisadores. A aplicação de métodos quantitativos presume, sistematicamente, que o aparelho psíquico seja de tal modo constante que é possível descartar variantes socioeconômicas e outros aspectos contextuais dos fenômenos psicológicos. Quando o objeto de estudo é o efeito psicológico dos meios de comunicação, devido à imensa amplitude do conjunto de receptores, a coleta de dados torna-se não só particularmente problemática, mas principalmente limitada no seu processo de generalização. Tanto a interpretação psicológica qualitativa como a quantitativa têm sido objeto de crítica: a qualitativa é criticada por sua inclinação ao subjetivismo analítico; e a quantitativa, por seu recurso a questionários que exigiriam um recenseamento completo do universo estudado, o que não se mostra sempre viável. ▸ Cf. ANTIMENTALISMO; ESTATÍSTICA; MENTALISMO.

BIBLIOGRAFIA

CAMPOS, Regina Helena de Freitas. *História da psicologia*. São Paulo: Educ, 1996.

GOODWIN, James C. *História da psicologia*. São Paulo: Cultrix, 2010.

HOLANDA, Adriano Furtado *et alii*. *História da psicologia no Brasil no século XX*. São Paulo: EPU, 2004.

psicologia social PSIC Ramo da psicologia que estuda os efeitos da interação social no comportamento de um grupo, nos indivíduos e seus processos mentais.

psitacismo M.q. VERBALISMO.

psyché [gr.] Espírito, alma, mente, princípio vital.

publicação Obra impressa, publicada. ▸ Cf. PERIÓDICO.

publicar 1 Reproduzir (obra escrita) por meio de impressão ou outro meio; dar à luz, editar. 2 Fazer imprimir e pôr à venda ou distribuir gratuitamente (trabalho escrito, desenho, gravura, pintura etc.).

publicidade PUB 1 Arte, ciência e técnica de tornar (algo ou alguém) conhecido nos seus melhores aspectos, para obter aceitação do público. 2 Divulgação de matéria jornalística, ger. por encomenda de uma empresa, pessoa, instituição etc., por qualquer veículo de comunicação. 3 M.q. PROPAGANDA ('difusão').

publicidade abusiva PUB M.q. PROPAGANDA ABUSIVA.

publicidade enganosa PUB M.q. PROPAGANDA ENGANOSA.

publicista 1 Escritor político. 2 M.COM Jornalista ou escritor que escreve sobre política, economia, questões sociais ou jurídicas etc., de interesse do público; articulista. 3 M.COM Pessoa ou agência de comunicação especializada na geração gratuita de notícias e publicidade que promovem o interesse de um indivíduo ou produto.

publicitário 1 Relativo a publicidade; de publicidade. 2 PUB Especialista em publicidade. 3 Profissional que planeja, cria, executa ou dirige a execução de campanhas publicitárias.

público 1 COMN MKT PUB Conjunto das pessoas às quais se destina determinada mensagem, campanha ou promoção. 2 M.q. PLATEIA ('conjunto dos espectadores').

público-alvo COMN MKT PUB Segmento da sociedade com determinadas características em comum (idade, sexo, profissão, interesses etc.), ao qual se dirige uma mensagem ou um conjunto de mensagens, um texto, um produto etc.

público externo MKT Conjunto dos segmentos do público (consumidores, fornecedores, concorrentes, jornalistas, autoridades etc.) que, sem fazer parte de uma instituição, com ela mantêm certo relacionamento ou podem vir a tê-lo.

público interno MKT 1 Conjunto de pessoas que integram determinada instituição, esp. empregados, diretores e acionistas. 2 Conjunto dos que têm interesses comuns com uma organização e com ela mantêm relacionamento constante (familiares dos empregados, fornecedores, prestadores de serviços, revendedores etc.).

pugilar BIBL HIST M.q. CÓDICE ('pequena placa').

pulsação MÚS Unidade abstrata de medida do tempo musical, a partir da qual se estabelecem as relações rítmicas; cadência, tempo, pulso.

pulsão PSICN Processo dinâmico, força ou pressão que faz o organismo tender para uma meta, a qual suprime o estado de tensão ou excitação corporal que é a fonte do processo. ▸ Parte do vocabulário iluminista e romântico, 'pulsão' está presente na *Crítica à faculdade de julgar*, de Immanuel Kant (1724-1804), para indicar um aspecto animal que se manifesta no desejo humano. Posteriormente, durante o sXIX, *Trieb* refere-se a uma força interna que impulsiona a natureza humana. Nas edições francesas dos escritos de Sigmund Freud (1856-1939), 'pulsão' traduz a palavra alemã *Trieb*, que era vertida como 'instinto' ou 'tendência'. Para muitos teóricos da psicanálise, a tradução de *Trieb* por 'instinto' seria escandalosamente biologizante e não faz jus às nuances culturalistas e sociais do pensamento freudiano. Outra justificativa era tanto teórica como linguística: apesar de existir o termo *Instinkt*, em alemão, Freud usara *Trieb*, o que seria indício de que as traduções anteriores eram equivocadas. Instinto seria hereditário, e pulsão, algo adquirido. É nos seus ensaios sobre a sexualidade que surge, pela primeira vez, em 1905, o termo 'pulsão'. Pulsão é uma força dividida e divisível, dirigida livremente pelo desejo e que pode cindir-se em tendências contraditórias (pulsão de vida e de morte), como Freud argumentava em *Além do princípio do prazer*. Em outros textos de Freud, a pulsão é dita de agressividade, de destruição, parcial, de conservação etc.

BIBLIOGRAFIA

FREUD, Sigmund. *Três ensaios sobre a teoria da sexualidade*. Rio de Janeiro: Imago, 1997.

____________. *Além do princípio do prazer, Psicologia de grupo e outros trabalhos (1920-1922)*. Rio de Janeiro: Imago, 2006.

push-pull [ing.] ELETRÔN Que emprega dois tubos eletrônicos analógicos ou dispositivos amplificadores equivalentes (p.ex., transistores), trabalhando em oposição de fase (diz-se de tipo de amplificador, circuito etc.).

Qq

q 1 Décima sétima letra do nosso alfabeto. 2 FON Letra que representa a consoante oclusiva velar surda, como em *qual, quero, quis, quociente.* 3 A forma dessa letra. 4 GRÁF Tipo que imprime essa letra. 5 GRÁF Matriz com a qual se imprime essa letra. 6 Diz-se do elemento de uma série que sucede ao designado pela letra *p*.

quadrafonia ACS M.q. QUADRIFONIA.

quadricromia GRÁF M.q. TETRACROMIA.

quadrícula GRÁF Retícula de foto ou heliogravura.

quadrifonia ACS Técnica de gravação e reprodução sonoras que utiliza quatro canais; quadrafonia. ▸ Cf. ESTEREOFONIA; MONOFONIA.

quadrifônico ACS 1 Relativo a quadrifonia. 2 Que ocupa quatro canais (diz-se de gravação).

quadrinho M.COM Desenho em sequência, inicialmente sobre cartão e depois em papel ou afim, em preto ou em cores, para fins caricaturais ou humorísticos, e de amplo espectro de percepção e aceitação. ▸ Foi inicialmente destinado à publicação em periódicos e, em seguida, aproveitado para uma sequência narrativa de base visual em filmes animados ou histórias em quadrinhos. ▸ Cf. ANIMAÇÃO; ANIMÉ; CARTUM.

quadrinista M.COM Diz-se de ou autor de histórias em quadrinhos.

quadrinização M.COM 1 Ato ou efeito de quadrinizar. 2 História quadrinizada.

quadrinizado M.COM Que se quadrinizou (diz-se de narração, relato etc.); transformado em história em quadrinhos.

quadrinizar M.COM Transformar (relato, narração) em história em quadrinhos.

quadrivium [lat.] Na Idade Média, o conjunto dos quatro ramos do saber (aritmética, geometria, música e astronomia), orientados pela matemática, que compunham, com o *trivium*, as sete artes liberais ministradas nas universidades. ▸ O *quadrivium* reunia as quatro disciplinas de nível superior no currículo universitário medieval. Junto com a gramática, a retórica e a lógica, que formavam o TRIVIUM, os ramos do saber medieval chegavam ao número de sete. Após o *trivium*, o aluno escolático estudava o que fosse parte do *quadrivium*. ▸ Cf. TRIVIUM.

quadro 1 Moldura, caixilho de madeira ou outro material. 2 Trabalho de pintura assentado sobre essa moldura; painel. 3 Disposição ordenada de fatos; resenha, relação, descrição, exposição. 4 CINE M.q. FOTOGRAMA. 5 CINE FOT TV M.q. CAMPO. 6 CINE PUB TV Cada um dos passos da sequência de um *storyboard*. 7 GRÁF Nas matérias jornalísticas, páginas de livro etc. ou trecho, contendo texto, gráfico, foto, desenho, tabela etc., que se destaca emoldurado por uma cercadura; boxe. 8 GRÁF Qualquer tabela, mapa ou gráfico, ger. numerado, que ilustra um texto. 9 GRÁF M.q. CERCADURA. 10 TEAT Subdivisão de um ato, caracterizada pela troca de cenário. 11 TV Cada uma das imagens completas exibidas pela televisão.

quadro mural COMN Quadro de material e tamanho variado, us. em locais de grande circulação de pessoas em empresas, universidades, instituições públicas etc., e no qual se costuma fazer a divulgação de cursos, eventos artísticos e/ou acadêmicos, informações funcionais, propagandas e informes variados, ger. relacionados às atividades desenvolvidas no local. ▸ Tb. se diz apenas [2]*mural*.

quadro sincrônico Tabela que registra em colunas, lado a lado, acontecimentos registrados na mesma época, mas em diferentes locais.

qualidades originais, primárias ou primeiras FIL Propriedades sem as quais a realidade de um objeto qualquer (p.ex., extensão, forma, resistência) seria inconcebível.

qualidades secundárias FIL Propriedades não fundamentais de um corpo (cor, sabor, odor etc.), que surgem da interação entre as qualidades primárias e os sentidos humanos.

qualidades sensíveis FIL Segundo os empiristas, aspectos sensitivos da percepção (cor, som, odor etc.), a partir dos quais se elabora o conhecimento.

qualissigno LÓG SEMIO Na classificação dos signos de Charles Sanders Peirce (1839-1914), toda qualidade que exerce, se representa e, portanto, funciona como um signo. ▸ Para o lógico e semiótico americano Charles Peirce, a função-signo é composta de três elementos que, na sua relação, produzem significado. Os três estágios são a 'primeiridade' (*firstness*), a 'segundidade' (*secondness*) e a 'terceiridade' (*thirdness*). O primeiro estágio existe, isoladamente, na mente do usuário do signo. Se fecharmos os olhos e imaginarmos a vermelhidão, uma nota musical inalterada, sem início e fim, a doçura que estaria em todas as formas de doces, o signo não é o vermelho específico e concreto, nem a qualidade física de um som e essa colher de açúcar que está sendo provada. Mas isso não quer dizer que essas qualidades não existam. Ao contrário das coisas do mundo, que são a segundidade, elas existem como representação primeira puramente mental. O qualissígno é uma estrutura material do signo, podendo ser considerado um subsigno.

BIBLIOGRAFIA

PEIRCE, Charles Sanders. *Semiótica*. São Paulo: Perspectiva, 1999.

quantificação 1 Ato ou efeito de quantificar, de determinar a quantidade de algo. 2 FIL Utilização de quantificador (símbolo lógico correspondente a vocábulos como 'todos', 'muitos', 'poucos', 'alguns' etc.) com o objetivo de determinar a generalidade ou extensão quantitativa de um sujeito e/ou predicado em uma proposição (p.ex., "muitos homens estavam em poucas salas"). ▸ A teoria da quantificação permite o cálculo de predicados, usando expressões do tipo 'para todos os *x*' ou 'para alguns *x*'. Uma sentença quantificadora é uma expressão simbólica que especifica a quantidade envolvida na proposição, o que favorece seu cálculo. Na lógica formal, a quantificação é fundamental, pois estabelece se a sentença é válida para todos ou para alguns casos. Assim, a quantificação tem o estatuto de universal ou de existencial. Se a sentença for universal, ela afirmará que 'para todos [quaisquer] *x*, tal ou qual ocorre', sendo *x* a variável. Quando o quantificador é particular, em oposição a universal, a expressão sugere existência, pois afirma que existe pelo menos um caso de *x* que preenche tais ou quais condições. A quantificação também estabelece singularidade: 'para exatamente um caso de *x*, tal ou qual acontece', havendo variância no número de casos de *x*. No caso de cada um dos modos de quantificação, a lógica moderna estabelece os símbolos apropriados para sua representação.

quantificador 1 Que ou o que quantifica. 2 LING Diz-se de ou palavra que exprime quantidade, como 'todo', 'muito', 'pouco', 'cada'. 3 LÓG Na lógica tradicional aristotélica, diz-se de ou termo (ger. expresso pelos vocábulos 'todos' ou 'alguns') cuja função formal é, acompanhando o sujeito de uma proposição, determinar sua generalidade ou alcance quantitativo, o que resulta em proposições universais (p.ex.: "todos os homens são mortais") ou particulares (p.ex.: "alguns homens são espartanos"). 4 LÓG Na lógica matemática moderna, diz-se de ou vocábulo indicativo de quantidade ('todos', 'muitos', 'poucos', 'alguns', 'determinado' etc.), aplicável tanto ao sujeito quanto ao predicado de uma proposição (p.ex.: "todos os A são alguns B"), a qual se transforma em uma relação matemática de inclusão ou exclusão, total ou parcial, entre classes.

INFORMAÇÕES GERAIS

Tanto a lógica clássica como a lógica matemática moderna utilizam-se de símbolos que quantificam o que está sendo dito na sentença. Os quantificadores que representam quantidade são vocábulos ou símbolos que têm o significado de 'todos', 'qualquer', 'quaisquer', 'algum', 'nenhum', 'um', 'dois', 'três' etc. Para a lógica clássica, que deriva dos escritos aristotélicos, toda afirmação é universal ou particular, afirmativa ou negativa, o que gera quatro tipos de sentenças: universal afirmativa ("todos os seres sexuais são mortais"), universal negativa ("nenhum ser sexual é imortal"); particular negativa ("alguns organismos não são sexuais") e particular afirmativa ("alguns organismos são sexuais"). Na lógica aristotélica, essas sentenças opõem-se umas às outras e são tradicionalmente dispostas num quadrado. A oposição universal/particular é considerada quantitativa, enquanto a oposição positiva/negativa é considerada qualitativa. É evidente que uma sentença que seja universal afirmativa tem maior força cognitiva do que aquela que seja particular afirmativa, já que aquela que é particular afirmativa estará aberta a falsificação e disputa. Na retórica, o quantificador 'a maioria', 'a maior parte' adquire, por semelhança, a força do quantificador 'todos'. Porque uma proposição verossímil é aquela que expressa a quantificação da maioria, pode-se dizer que a força das opiniões da comunidade não advém apenas das convenções partilhadas, mas do conteúdo lógico da sentença que, assim, recebe o estatuto de persuasiva. A retórica é, por isso, uma quase lógica. Na teoria de Gottlob Frege (1848-1925), a universalidade de uma sentença resulta de seu grau de quantificação. Quando se afirma que todos os seres sexuais são mortais, a proposição lógica equivalente é "para cada um [todos] *x*, *x* é sexual e *x* é mortal". Simbolizada logicamente, a sentença é (x) $(Ox \rightarrow Mx)$, sendo *O* a abreviação de organismo, e *M*, de mortal. Há outras maneiras de simbolizar a sentença, mas o princípio é o mesmo. O LOGICISMO de Frege, Bertrand Russell (1872-1970) e Alfred North Whitehead (1861-1947), que reduz a matemática à lógica, depende diretamente de uma teoria da quantificação. É preciso também observar que o estabelecimento da verdade ou da falsidade de uma sentença quantificada emerge do conhecimento de seu domínio, ou seja, da totalidade de sua ocorrência, que é chamada de 'universo do discurso'. A reversão de um quantificador pode levar a raciocínios falaciosos: "todas as pessoas têm mãe" não quer dizer que existe uma 'mãe de todas as pessoas', ou então que, se for plausível que "todas as pessoas amem alguém" não implica que exista 'alguém amado por todas as pessoas'.

---

quarta capa BIBL EDIT GRÁF A última capa de um livro, em que frequentemente se imprimem recomendações da obra, informação sobre o autor e descrição do conteúdo do volume.

quarta figura LÓG Figura do silogismo na qual o termo médio é predicado na premissa maior e sujeito na menor.

quartelada TEAT Cada uma das divisões do piso de um palco em que se podem abrir alçapões etc.

quartetista MÚS Que ou quem faz parte de um quarteto (diz-se de músico).

quarteto de cordas MÚS 1 Conjunto de quatro instrumentos de cordas (primeiro e segundo violinos, viola e violoncelo). 2 Composição musical composta para ser executada por esse conjunto.

quarteto de sopro MÚS 1 Conjunto de quatro instrumentos de sopro de madeira (flauta, oboé, clarinete e fagote) ou metal (pistom, trompa, trombone e tuba). 2 Composição musical composta para ser executada por esse conjunto.

quarteto vocal MÚS 1 Conjunto de cantores normalmente formado por soprano, contralto, tenor e baixo. ▸ O masculino é formado por primeiro e segundo tenores, barítono e baixo, e o feminino, por primeiro e segundo sopranos e primeiro e segundo contraltos. 2 Composição musical composta para ser executada por esse conjunto.

quarto GRÁF M.q. IN-QUARTO.

quarto branco ENC M.q. ESPELHO ('reforço de papel').

quarto poder A imprensa, o jornalismo, por alusão a sua profunda influência sobre a sociedade moderna. ▸ A noção de um 'quarto poder' social parecia inabalável até recentemente, com a proliferação de veículos a custo baixo na internet. Mesmo sem citar exatamente essa expressão, muitas teorias e interpretações dos meios de comunicação derivam da ideia de que os meios, ainda que de maneira variada, influenciam a esfera pública e privada das sociedades modernas. ▸ Cf. *AGENDA SETTING*; CONSENTIMENTO; ESCOLA DE FRANKFURT; ESFERA PÚBLICA.

quase sinônimo LING Palavra da língua que denota uma mesma realidade que outra, mas apenas em um ou alguns dos sentidos que integram a sua polissemia (p.ex., *prato* e *comida*), ou palavra que significa o mesmo que outra, mas conota-a de forma diferente (p.ex., por ser uma mais erudita que ela, por terem ambas intensidade ou graus diversos, por estar uma em uso e ser a outra obsoleta etc.). ▸ Cf. SINÔNIMO; SINÔNIMO ABSOLUTO.

quatro ás MKT Quatro fatores centrais que, mnemonicamente, começam com a letra 'a': análise, adaptação, ativação e avaliação. ▸ A *análise* permite que as forças e processos atuantes no mercado sejam reconhecidos; a *adaptação* segue-se à análise, pois tem por objetivo ajustar o produto ao que existe de força atuante no mercado; *ativação* é o conjunto de passos tomados na direção de que o objetivo mercadológico seja atingido; e a *avaliação* permite o controle e o redirecionamento dos processos em ação no plano mercadológico.

BIBLIOGRAFIA

RICHERS, Raimar. *Marketing: uma visão brasileira*. São Paulo: Negócios, 2000.

quatro cês MKT Quatro fatores centrais que, mnemonicamente, começam com a letra 'c': cliente, custo, conveniência e comunicação. ▸ O conhecimento do *cliente* é fundamental e concomitante ao produto a ser posicionado no mercado; a determinação do *custo* do produto resulta de um ajuste entre o que é possível mercadologicamente e o que o cliente considera aceitável; *conveniência* é um fator importante para que o mercado atinja seu público potencial, através da localização de pontos de oferta; e *comunicação* é o que se deve fazer para que o produto do cliente chegue aos consumidores.

BIBLIOGRAFIA

RICHERS, Raimar. *Marketing: uma visão brasileira*. São Paulo: Negócios, 2000.

4G INTERN M.q. INTERNET 4G.

quatro pês MKT Quatro fatores centrais que, mnemonicamente, começam com a letra 'p': produto, ponto, preço e promoção. ▸ O *produto* deve ser concebido como um objeto que tem caraterísticas físicas próprias, tais como marca e embalagem; o *ponto* permite que o produto seja disponibilizado e oferecido aos consumidores; *preço* é o conjunto de valores a serem auferidos pelo produto em estágios diferenciados do processo: fábrica, atacado ou varejo; e *promoção* é o que torna o produto acessível e atraente para seu público consumidor.

BIBLIOGRAFIA

RICHERS, Raimar. *Marketing: uma visão brasileira*. São Paulo: Negócios, 2000.

quebra PAP Conjunto de aparas de papel defeituoso que se vendem como produto inferior ou se reaproveitam como matéria-prima.

quebra de verso LIT M.q. ENJAMBEMENT.

quebrar GRÁF Passar para a linha seguinte parte de (palavra, título, verso etc.).

quebra-verso GRÁF Sinal tipográfico ([ ) que serve para assinalar o final de um verso que se precisou quebrar.

quebro simples MÚS M.q. MORDENTE.

queimar 1 GRÁF Perder (papel) em grande quantidade, por defeito na máquina ou tiragem apressada. **2** INF M.q. BURN.

questão Polêmica referente a alguma ação; disputa, controvérsia, pendência, contenda. ▸ *Quaestio*, que em latim quer dizer 'questão'. é uma prática do debate dialético medieval. Entre os escoláticos, uma questão era apresentada para ser motivo de controvérsia. A questão inicial formulava uma tese em torno da qual se produziam confirmações ou críticas. Após a ponderação racional dos argumentos, chegava-se à resolução do que fosse *quaestio disputata*. Originada nos debates verbais, *quaestio* é um estilo de exposição filosófica.

questionário 1 Compilação ou série de questões. **2** Sequência de perguntas feitas para servir de guia a uma investigação, uma entrevista.

INFORMAÇÕES GERAIS

Pesquisadores de audiência e de mercado elaboram questionários que são distribuídos e aplicados com o propósito de extrair dados e reações específicas a respeito daqueles que são investigados. As respostas a essa sequência de perguntas podem ser preenchidas tanto pelos que são investigados como pelos investigadores. Uma pesquisa fechada é aquela que enseja respostas apenas do tipo sim/não ou que oferece, com a pergunta, um conjunto preestabelecido de reações. Quando o indivíduo pesquisado tem liberdade de escrever qualquer comentário que lhe pareça adequado, a pesquisa é considerada aberta. Se o universo pesquisado é composto de pessoas com alto grau de educação, tende-se a usar o modelo aberto, sendo o fechado mais frequente no caso de uma audiência de nível intelectual mais baixo. Acredita-se que, como método de coleta de dados, os questionários permitem a reunião de dados sobre uma grande variedade de aspectos constitutivos de uma audiência, tais como valores, crenças, opiniões etc. Além disso, as respostas a questionário servem para que se tabulem matematicamente as intenções de compra, votos, assistência a mensagens da mídia etc. por parte de um grupo de pessoas. ▸ Cf. AMOSTRA; AMOSTRAGEM.

---

quidade FIL Entre os escolásticos, essência ou natureza real de algo.

INFORMAÇÕES GERAIS

Derivado das teses aristotélicas sobre a imanência do ser nas coisas, o essencialismo filosófico medieval postulou que os objetos do mundo teriam uma essência que estabeleceria o que são em oposição à maneira pela qual existem. O objeto é sempre constituído de essência e acidentes. A essência é o correlato ontológico da sua definição, frequentemente referida como quidade. Essa suposição escolástica foi transferida para a filosofia moderna através de Gottfried Leibniz (1646-1716), que afirmou que cada objeto tem uma essência que lhe é peculiar. A tradição empirista britânica insurgiu-se contra a suposição de quidade: para o EMPIRISMO, a natureza de uma coisa é apenas o conjunto de sensações e percepções agrupadas ao seu redor. ▸ Cf. REALIDADE.

---

quidativo FIL Relativo a QUIDADE.

quiloampere ELETR Unidade de medida de corrente elétrica, igual a mil amperes. ▸ Símb.: *kA*.

quiloampère ELETR M.q. QUILOAMPERE.

quilobaite INF Aport. de KILOBYTE.

quilobite INF Aport. de KILOBIT.

quilo-hertz FÍS Múltiplo do hertz equivalente a mil hertz (ou 10^3); quilociclo. ▸ Símb.: *kHz*.

quilo-ohm ELETR Unidade de resistência ou impedância elétrica igual a mil ohms. ▸ Símb.: *kΩ*.

quilovolt-ampere ELETR Unidade de medida de diferença de potencial elétrico, igual a mil volts. ▸ Símb.: *kVA*.

quilowatt ELETR FÍS Múltiplo do watt equivalente a mil watts ou 10^3. ▸ Símb.: *kW*

quilowatt-hora ELETR FÍS Unidade de medida de energia empr. na designação do consumo de instalações elétricas. ▸ Símb.: *kWh*.

quimera 1 Produto da imaginação, sem consistência ou fundamento real; ficção, ilusão. 2 Fantasia, sonho, esperança ou projeto geralmente irrealizável; utopia. ▶ Cf. FANTASIA.

quimérico 1 Que é fruto da imaginação, da fantasia; fantástico, fictício, utópico. 2 Que confunde realidade com fantasia.

quimiotipia GRAV Processo de gravação por meios químicos, que transforma uma lâmina gravada em baixo-relevo em gravura de alto-relevo.

quimitipia GRAV M.q. QUIMIOTIPIA.

Quine, Willard van Orman (Akron, Ohio, Estados Unidos 1908 - Boston, Massachusetts, Estados Unidos 2000) Defensor e formulador de uma concepção behaviorista da linguagem, um dos mais influentes matemáticos, filósofos e lógicos do sXX. ▶ Após receber o doutorado em filosofia pela Universidade de Harvard, em 1932, Quine viajou, com bolsa, para a Europa, onde conheceu lógicos poloneses e os filósofos do CÍRCULO DE VIENA. A não ser por um pequeno período, quando trabalhou para o serviço de informação norte-americano, Quine lecionou em Harvard até sua morte. Sua celebridade está primeiramente firmada no artigo "Dois dogmas do empirismo", no qual argumenta contra a distinção ANALÍTICO E SINTÉTICO. Segundo Quine, uma filosofia empirista jamais poderia aceitar essa distinção. Seria um erro abraçar a noção trivial de que o significado de uma proposição é estabelecido por sua definição, como no caso da equivalência entre 'solteiro' e 'homem que não é casado'. Para que uma proposição seja compreendida, seria preciso o reconhecimento de um sistema de variáveis bem mais amplo do que a mera definição. Essa totalidade seria descoberta de um modo lento e progressivo que se estabelece por meio de atos de comunicação que não passam de indicações possíveis. A linguagem não está ancorada em definições preestabelecidas, pois se trata de um fluxo incessante que se faz e desfaz através de interpretações. Quine diz que o fluxo perpétuo da linguagem se espalha por meio de analogias, que forjam elos com outras sentenças que foram usadas anteriormente. Mesmo que presuma uma totalidade de relações, o conhecimento individual da língua é absolutamente singular e particular. No livro de 1964 *Palavra e objeto*, Quine formulou o mais conhecido exemplo daquilo que chama de 'tradução radical'. Um informante e um antropólogo veem a forma de um coelho passar a sua frente e o informante diz: *gavagai*. Qual o significado da expressão? Coelho? Estratégia de coelho? Partes integrais de coelho? Fusões de coelho? Qual o significado definitivo de *gavagai*? Todos e nenhum. O que o antropólogo busca tentativamente identificar é o que seja o significado de *gavagai*: a indeterminação semântica é sistemática e inevitável. Significado não pode ser o resíduo que fica quando fazemos traduções de uma língua para outra. A linguagem precisa ser pensada em outros termos que não a significação. Se não há significado, o que há quando se faz uma pergunta sobre o conteúdo semântico de uma proposição é uma conjectura, sem fundamento em entidades mentais nem formas conscientes, mas indicada por circunstâncias presentes e observáveis. Críticas de cientificistas e behavioristas não abalaram Quine. Para ele, não há possibilidade de se estudar a linguagem fora de um modelo behaviorista, pelo simples fato de que é assim que uma língua é aprendida, de uma maneira tentativa, com base em estímulos e respostas, observando o comportamento dos outros e sendo por eles corrigido. Os escritos de Quine são importantes e centrais para vários problemas da matemática, da lógica formal e da filosofia, sempre a partir de uma concepção de que as teorias científicas são redes interconectadas e sujeitas a revisão. Em Quine, o saber é uma totalidade que não pode ser testada parcial ou isoladamente, o que colocaria freios e limites à FALSIFICABILIDADE das teorias. ▶ Cf. BEHAVIORISMO.

BIBLIOGRAFIA

QUINE, Willard van Orman. *Quiddities*. Harvard University Press, 1984.

__________________. *Methods of logic*. Harvard University Press, 1985.

__________________. *Selected logic papers*. Harvard University Press, 1995.

__________________. *From stimuli to science*. Harvard University Press, 1998.

__________________. *Palavra e objeto*. Petrópolis: Vozes, 2010.

__________________. *De um ponto de vista lógico*. São Paulo: Unesp, 2011.

quinteto MÚS 1 Composição para cinco executantes (vozes e/ou instrumentos), escrita ger. na forma de sonata. 2 Conjunto de cinco executantes.

Quintiliano, Marco Fábio (Calagurris, Nassica, atual Calahorra, Espanha c35 - Roma, Império Romano c100) Professor e escritor de tratados sobre retórica, uma das maiores autoridades romanas em educação e literatura. ▶ Filho de professor de retórica, além de advogado e preceptor dos sobrinhos-netos do imperador romano Domiciano (51-96), Quintiliano exerceu a cátedra de retórica em Roma, remunerado pelo *fiscus*, os cofres do Estado. Quintiliano viveu o período de transição da república romana para império, o que significou a desvalorização da retórica como instrumento do debate público e da formação da consciência cívica. Para os que ensinavam a oratória, a retórica transformara-se numa disciplina estritamente teórica, enfraquecida naquilo que Cícero (106 a.C. - 43 a.C.) imaginara ser o propósito cívico da oratória, que seria a ciência do falar em público de modo excelente e apropriado (*bene dicendi scientia*). Na visão de Quintiliano, o ensino da retórica não era uma disciplina a mais no currículo educacional, mas o elemento central na formação do cidadão romano. O treinamento do orador clássico seria desenvolvido de modo a se obter competência e desenvoltura linguística, gramatical e retórica. De sua obra sobrevive o livro em 12 volumes *Institutio oratoria* ('Treinamento do orador'), que começou a ser redigido em 93 e foi publicado no ano de 95. Por meio do ensino e do treinamento sistemático, Quintiliano acreditava que seria possível purificar a retórica dos principais males que a assombravam: a falta de ética e a ausência de gosto literário. É claro que o ensino em si não bastaria para que a decadência da retórica fosse evitada: professores incompetentes e mal-intencionados corromperiam alunos, que se transformariam em proliferadores dos males da oratória. A redenção da retórica viria da aplicação do método apropriado, que implicaria simultaneamente o comprometimento ético e um treinamento cultural amplo. *Institutio oratoria* começa expondo os fundamentos didáticos e pedagógicos da retórica. A seguir, expõe os deveres morais da expressão pública, que é entendida como uma técnica. A partir desse ponto, Quintiliano propõe uma pedagogia baseada no exercício do orador nas partes que compõem o saber oratório. Segundo ele, o ensino da retórica também exigiria o estudo das figuras de estilo e o entendimento dos modelos tradicionais que a inspiram. À medida que os doze volumes chegam ao fim, Quintiliano trata da facilidade de expressão (*Facilitas*) e termina discutindo os problemas culturais que se apresentariam para o orador público. Pedagogicamente, o orador seria instruído na arte e na proficiência de descobrir teses para seu discurso (*Inventio*), na organização e na composição de um todo argumentativo coerente e persuasivo (*Dispositio*), o qual se materializaria em figuras de retórica e num determinado estilo (*Elocutio*), a ser memorizado graças a técnicas próprias da arte da memória (*Memoria*); faz também parte do treinamento do orador o estudo das maneiras de representar dramaticamente o seu discurso (*Actio*). Ao longo da história, a obra e os preceitos quintilianos representaram tanto a prática didática como o programa teórico que fundariam um conhecimento universal para qualquer forma de saber humano. A síntese de Quintiliano, que unificou, num só corpo teórico, as contribuições de Aristóteles (384 a.C. - 322 a.C.) e de Cícero, projetou-se pelo período clássico, passando pela Renascença, até o final do sXVIII. Só com a popularidade e o domínio do individualismo pedagógico e da expressão romântica é que o programa educacional e retórico de Quintiliano caiu em desuso, sendo, então, considerado convencional, abstrato e de reduzida eficácia.

BIBLIOGRAFIA

MURPHY, JAMES J. *Quintilian on the teaching of speaking and writing*. Carbondale: Southern Illinois University, 1988.

quiroxilográfico Que contém texto escrito à mão (diz-se de xilogravura).

quod vide [lat.] BIBL Expressão latina que quer dizer 'veja isto', que sugere a remisssão a outros verbetes, entradas e referências da mesma publicação. ▸ Abrev.: *q.v.*

q.v. [lat.] Abrev. de QUOD VIDE.

Rr

r 1 Décima oitava letra do nosso alfabeto. ▶ Cf. *erre* e *rê*. 2 FON Letra que representa cada um dos dois fonemas consonantais vibrantes alveolares orais sonoros: o simples ou o múltiplo. ▶ Quando entre vogais e junto a consoantes na mesma sílaba, a letra *r* representa o fonema vibrante simples (*cara*, *soro*, *braço*, *crise*); o fonema vibrante múltiplo é representado pela letra *r* quando inicia palavras (*ramo*, *rota*), quando está junto de consoante na sílaba seguinte (*morto*, *torto*) e pelo dígrafo *rr* quando está entre vogais (*carro*, *morro*). 3 A forma dessa letra. 4 GRÁF Tipo que imprime essa letra. 5 GRÁF Matriz a partir da qual se faz essa letra. 6 Diz-se do elemento de uma série que sucede ao designado pela letra *q*.

rabiscar 1 Fazer rabisco ('risco') [em]; cobrir de rabiscos. 2 Escrever de forma pouco ou nada legível; garatujar. 3 Escrever rapidamente; escrevinhar. 4 Dar forma escrita a. 5 Desenhar de maneira tosca; garatujar. 6 Fazer o desenho de.

rabisco 1 Risco mal traçado. 2 Desenho composto por traços malfeitos. 3 Esboço rápido de um desenho. 4 GRÁF M.q. SERIFA.

rabiscos 1 Letras ilegíveis. 2 Notas escritas sem esmero. 3 Textos escritos.

raciocínio por absurdo LÓG M.q. REDUÇÃO AO ABSURDO.

racional 1 Relativo à razão. 2 Que procede da razão ou se baseia num arrazoado. 3 Que tem por objeto a razão, sua forma e seus procedimentos. 4 Aceitável pela razão; razoável. 5 Em que há coerência, lógica; inteligente. 6 Que tem a possibilidade do uso da razão. 7 Que demonstra bom senso ou juízo ponderado; sensato. 8 MAT Número que pode ser representado pelo quociente de dois números inteiros.

INFORMAÇÕES GERAIS

Considera-se uma crença racional quando é possível justificar sua propriedade, o que autorizaria qualificá-la de verdadeira. Em termos cognitivos, um conhecimento racional é um produto confiável e bem fundamentado em seu raciocínio. Por sua vez, as escolhas e as ações racionais indicam uma decisão que se mostra adequada aos propósitos do agente. Matematicamente, o mais alto nível de decisão racional expressar-se-ia sob a forma de um ALGORITMO.

racionalidade 1 Qualidade ou caráter do que é racional, lógico. 2 Capacidade de exercer a própria razão. 3 Propensão para encarar fatos e ideias de um ponto de vista puramente racional.

racionalismo 1 Modo de pensar que atribui valor somente à razão, ao pensamento lógico. 2 FIL Qualquer doutrina que privilegia a razão como meio de conhecimento e explicação da realidade. 3 FIL Conjunto de teorias filosóficas (eleatismo, platonismo, cartesianismo etc.) fundamentadas na suposição de que a investigação da verdade, conduzida pelo pensamento puro, ultrapassa em grande medida os dados imediatos oferecidos pelos sentidos e pela experiência. ▶ P.opos. a EMPIRISMO. 4 FIL Toda doutrina (o hegelianismo, p.ex.) que considera o intelecto humano capaz de atingir a plenitude da verdade objetiva, já que a realidade estaria organizada segundo leis, recorrências e subdivisões equivalentes e semelhantes à organização do pensamento cognitivo. ▶ P.opos. a CETICISMO. 5 FIL Linha filosófica, da qual faz parte, p.ex., o spinozismo, que privilegia formas argumentativas, empíricas ou dedutivas de conhecimento como meios privilegiados para a compreensão da realidade, em detrimento da fé, misticismo, intuição ou revelação religiosa.

INFORMAÇÕES GERAIS

O resultado da distinção entre a razão e os sentidos leva à tomada de posição em face desses dois fatores constitutivos do pensamento. As doutrinas racionalistas dão maior importância à razão no processo de obtenção e de justificação de conteúdos cognitivos. A medicina antiga subdividia-se numa abordagem racionalista, que favorecia o conhecimento teórico, e numa escola empirista, que privilegiava a observação direta dos fatos clínicos. Entre as filosofias da Antiguidade, o platonismo foi a forma mais radical e absoluta de racionalismo, pois negava, por completo, a validade cognitiva dos sentidos. O mundo sensorial, por ser fluido e estar em estado de transformação perpétua, seria uma fonte de contradições e de instabilidade. Só a razão seria confiável para se obter conhecimento sem erro e engano. A partir do sXVII, quando o instrumental matemático é aplicado, com imenso sucesso, ao conhecimento da natureza, o racionalismo parece triunfar. Então se acredita que só através da razão é que se atinge o conhecimento, tanto da natureza quanto de Deus. A frase spinoziana "*Deus sive natura*" ("Deus ou natureza") postula uma equivalência entre os dois reinos até então concebidos em separado. Para Baruch Spinoza (1632-1677), o mundo sensível é redutível à essência divina, portanto capturável racionalmente, nos passos de um método geométrico. Nos sXVII e XVIII, é em torno do valor dado à razão que se tende a classificar as correntes filosóficas. Aparentemente, a filosofia segue vertentes racionalistas ou empiristas. Mas o quadro é mais complexo do que vulgarmente se acredita: um racionalista como René Descartes (1596-1650) enfatizava a existência de um mundo em extensão (*res extensa*) e os empiristas ingleses não deixavam de reconhecer o papel restrito, mas verdadeiro, do entendimento racional. A filosofia kantiana é uma fórmula que integra a divisão entre saber *a priori* e *a posteriori*, um de fundo racional e outro, empírico. ▶ Cf. ANALÍTICO E SINTÉTICO; DESCARTES, RENÉ; EMPIRISMO; HUME, DAVID; KANT, IMMANUEL.

racionalismo absoluto FIL Doutrina filosófica, tal como o eleatismo ou o platonismo, em que o pensamento não concede quase nenhum papel cognitivo à experiência. ▸ P.opos. a RACIONALISMO CRÍTICO.

racionalismo crítico FIL **1** Doutrina do filósofo alemão Immanuel Kant (1724-1804), caracterizada por uma auto-observação crítica, na qual a razão determina os seus próprios limites, e, em consequência, eleva a importância da experiência na efetivação do ato cognitivo. ▸ P.opos. a RACIONALISMO ABSOLUTO. **2** Doutrina do filósofo Karl R. Popper (1902-1994), que advoga a falsificação racional como critério de demarcação de teorias científicas e não científicas. ▸ Cf. FALSIFICABILIDADE; POPPER, KARL R.

racionalização PSICN Processo de caráter defensivo pelo qual um indivíduo apresenta uma explicação coerente ou moralmente aceitável para atos, ideias ou sentimentos cujos motivos verdadeiros não percebe. ▸ Para a psicanálise, o processo de racionalização tem um sentido bem diferente daquele que é reconhecido pelo linguajar cotidiano. Racionalizar não é apenas apresentar uma motivação de teor lógico, coerente e justificável. Quando o indivíduo racionaliza, ele oculta. A racionalização é, portanto, uma formação reativa que pode incluir tanto uma ponderação razoável como, em outro extremo, um delírio alucinatório. Nesse caso, o papel da interpretação do psicanalista é desvendar qual a motivação inconsciente que guia o paciente. Apesar de defensiva, a racionalização não deve ser considerada um mero mecanismo de defesa, pois não se dirige a um objeto de satisfação pessoal. A racionalização tem um conteúdo genérico, que deriva de sistemas de crenças políticas, religiosas ou morais, e que não passa de uma pseudoexplicação.

racle [fr.] GRÁF Ver RASPADEIRA.

Radcliffe-Brown, A. R. (Birmingham, Inglaterra 1881 - Londres, Inglaterra 1955) Antropólogo inglês, estudioso e teórico da estrutura social das sociedades ditas primitivas. ▸ A atividade intelectual de Radcliffe-Brown é central para a teoria antropológica do sXX. Frequentemente considerado o principal formulador do funcionalismo estrutural que dominou a antropologia britânica, Radcliffe-Brown fez trabalho de campo etnográfico entre os habitantes das ilhas Andaman, na Índia. O estudo que Radcliffe-Brown produziu sobre os andamaneses é o contraponto teórico da monografia clássica de Bronislaw Malinowski (1884-1942) sobre as ilhas Trobriand. A partir de um mesmo estilo de trabalho de campo, Radcliffe-Brown chega a uma concepção teórica de sociedade completamente diversa daquela que guiara Malinowski. Para Radcliffe-Brown, o que se observa numa sociedade não é uma vaga abstração chamada de CULTURA, mas os atos concretos dos que participam do grupo. Só assim a antropologia poderia aspirar ao estatuto objetivo das ciências naturais: qualquer generalização sobre as presumidas 'leis sociais' deveria ser construída pelo estudo comparativo das estruturas sociais. Os ataques do mais eminente antropólogo inglês eram dirigidos tanto à tradição evolucionista quanto ao que estava sendo feito por seus contemporâneos de inspiração culturalista. Além da monografia sobre os andamaneses, Radcliffe-Brown também produziu importantes análises sobre sistemas de parentesco. O que escreveu de artigos teóricos está coligido no livro de 1952 *Structure and function in primitive society*. Radcliffe-Brown seguia a orientação teórica de Émile Durkheim (1858-1917), de quem foi o principal divulgador no mundo acadêmico britânico. Tanto Durkheim como Radcliffe-Brown acreditavam que as sociedades caracterizavam-se prioritariamente pela estabilidade e pela permanência. ▸ Cf. DURKHEIM, ÉMILE; ESTRUTURA SOCIAL; SOCIEDADE.

BIBLIOGRAFIA

RADCLIFFE-BROWN, A. R. *The Andaman islanders*. Glencoe: Free Press, 1948.

________________. *Estrutura e funções na sociedade primitiva*. Lisboa: Edições 70, 1984.

radialista RÁD TV Profissional de rádio ou televisão que organiza programas ou deles participa.

radiemissão RÁD M.q. RADIOEMISSÃO.

radiemissor RÁD M.q. RADIOEMISSOR.

radiemissora RÁD M.q. RADIOEMISSORA.

rádio **1** TEL M.q. RADIOFONIA. **2** Aparelho emissor ou receptor de telegrafia e de telefonia sem fio. **3** Aparelho transmissor-receptor us. em aeronaves, navios, radiotáxis, por radioamadores etc. **4** Aparelho receptor dos sinais radiofônicos de uma estação de rádio. **5** RÁD Estação radiodifusora que transmite programas de entretenimento, educação e informação pelo sistema de ondas hertzianas; emissora, radioemissora.

INFORMAÇÕES GERAIS

Ao contrário da tecnologia a vapor, que foi primeiro descoberta, experimentalmente, por James Watt (1736-1819) e depois teorizada por Sadi Carnot (1796-1832), a invenção do rádio é, primeiro, anunciada teoricamente por James Clerk Maxwell (1831-1879) e só depois executada experimentalmente por Heinrich Rudolf Hertz (1857-1894). Maxwell unificou num conjunto de equações o que outros físicos e matemáticos (André-Marie Ampère [1775-1836], Carl Friedrich Gauss [1777-1855], Michael Faraday [1791-1867]) haviam sugerido a propósito da eletricidade, assim demonstrando matematicamente que ondas eletromagnéticas se propagam no ar. Por sua vez, o que Hertz fez foi criar aparelhos capazes de transmitir e receber sinais de rádio em *UHF* e *VHF*. Além de criar aparelhos emissores e receptores de ondas eletromagnéticas, Hertz desenvolveu a tecnologia necessária para a instalação de antenas receptoras frontais que, novamente deduzidas a partir da leitura das equações de Maxwell, ampliaram o âmbito de transmissão do sinal. A antena de Hertz é uma disposição potencializadora fundamental para a transmissão de ondas eletromagnéticas que, de fato, se propagam no ar, mas dentro de um espectro limitado. Muitos inventores da época trabalharam com as equações de Maxwell, mas o passo definitivo para a radiofonia comercial foi dado por Nikola Tesla (1856-1943), que, no final do sXIX, aprimorou consideravelmente o aparelho receptor, usando corrente alternada. Seja para a transmissão de rádio, seja para a telegrafia, além de Tesla, as invenções e desenvolvimentos de engenharia elétrica de Guglielmo Marconi (1874-1937) e de Thomas Edison (1847-1931) contribuíram para o uso comercial dessa tecnologia de informação. De todos os que poderiam se qualificar como 'inventores' do rádio, um dos mais importantes é o engenheiro elétrico Edward Howard Armstrong (1890-1954), que descobriu o princípio de *regeneração* que permite amplificar e sintonizar sinais, bem como reduzir estática (cf. ESTÁTICA). Graças às patentes de Armstrong, foi possível fabricar aparelhos acessíveis economicamente, que tornaram a radiodifusão um meio de comunicação popular. Tecnicamente, as rádios AM tinham baixa fidelidade e sofriam de interferência eletrônica, enquanto as FM, apesar do som de melhor qualidade, tinham um alcance de transmissão limitado. A tecnologia comunicacional passa a ter uma nova forma, dependente e derivada das propriedades da energia elétrica, um traço que se irá repetir até hoje. A primeira transmissão de rádio no Brasil fez-se de uma antena instalada no topo do morro do Corcovado e assistida por Edgar Roquette Pinto (1884-1954), que, então, percebeu o horizonte educativo do rádio para a população brasileira. Da mesma maneira que Roquette-Pinto, muitos visionários da comunicação, entre eles John Reith (1889-1871), que dirigiu a BBC inglesa, tiveram a mesma intuição sobre o papel educativo dos meios de comunicação, ainda que a história os tenha transformado principalmente em empreendimentos movidos pelo lucro comercial. O conteúdo da primeira emissão de rádio no Brasil foi um discurso, em 7 de setembro de 1922, do presidente Epitácio Pessoa (1865-1942). A comunicação por radiodifusão ampla (*broadcasting*) revolucionava o que, até então, se entendera por comunicação oral. À exceção da assembleia pública da democracia grega onde, em alguns momentos, o orador se dirigia a uma audiência de muitos cidadãos, os atos comunicativos orais eram feitos na base de um emissor comunicando-se, prioritariamente, com um receptor. A transmissão do morro do Corcovado, em 1922, é de outro tipo, daquele que se realiza de um transmissor para uma multiplicidade de receptores; mais precisamente, o trabalho coletivo da radioemissora é, de fato, uma transmissão de alguns para muitos. O livro impresso em tipo móvel multiplicava o conjunto de receptores, mas era uma acumulação em progressão aritmética: mais um livro, mais um leitor. No caso da radiodifusão ampla, a audiência não era uma simples somatória de consciências individuais: o rádio estendia-se exponencialmente, era estritamente oral e não requeria educação e alfabetização formais. A comunicação de massa pelo rádio é, por isso, o ponto de partida para uma profunda alteração dos vários aspectos da vida social contemporânea, que vão da política ao entretenimento, do público ao privado, do ensino à vida familiar etc. Em 1938, a reação extrema da audiência em estado de pânico, que levou muitos ao suicídio, acreditando que os marcianos invadiam a Terra, ao ouvirem o programa de Orson Welles *The war of the worlds* ('A guerra dos mundos'), é um testemunho do poder da radiodifusão. A história da música, brasileira ou não, está completamente entrelaçada com o desenvolvimento e a popularidade dos programas de rádio. Emilinha Borba (1923-2005), Marlene (1924-), Ângela Maria (1928-), Cauby Peixoto (1931-), Tom Jobim (1927-1994) e The Beatles são fenômenos de popularidade que se originam na indústria fonográfica e se espalham por meio do rádio. Como André Milliard observa, os Beatles dominaram a música popular inglesa da década de 1960 porque eram o grupo favorito da BBC, que, por sua vez, detinha o monopólio do rádio na Inglaterra. Devido a seu baixo custo, o rádio tornou-se um eletrodoméstico extremamente popular em vários países do mundo: 93% dos carros brasileiros e 90,2% das casas têm rádio. No final da década de 1990, os lares britânicos tinham, em média, cinco ou seis radiorreceptores. O rádio foi o primeiro veículo de comunicação que se infiltrou na vida diária dos espectadores. Até mesmo mais do que a TV, o rádio permite que se faça de tudo, simplesmente ouvindo-o. Ainda que seja uma invenção do sXIX, o rádio começa a ser um veículo popular no fim da Primeira Guerra Mundial, estendendo seu apelo de massa até o período que se segue ao fim da Segunda Guerra. Durante um quarto de século, a hegemonia do rádio era indisputável. Só na década de 1950, quando, na Europa e nos Estados Unidos, a televisão começa a ascender em penetração popular, é que o rádio começa a se transformar, deixando para a televisão muito do que era parte da fórmula do seu sucesso. Comédias, programas de variedades e obras ficcionais encontraram um novo nicho na televisão. A telenovela brasileira modifica e retém muito do modelo de folhetim radiofônico que dominava a radiodifusão nacional. O rádio sobreviveu e cresceu em termos de audiência, ao desenvolver nichos próprios. Curiosamente, hoje em dia, a tecnologia a cabo força a teledifusão ampla (*broadcasting*) a buscar nichos especializados de audiência. Um dos paradoxos do estudo dos meios de comunicação é que o rádio, ao contrário da televisão, seja um fenômeno tão pouco tratado, enquanto proliferam interpretações sociológicas e antropológicas dos veículos televisivos. O rádio é, inegavelmente, uma matriz fundamental para os estudos da comunicação de massa, que, com a era da digitalização do áudio, entra numa nova fase de desenvolvimento, na qual o consumidor programa e pessoalmente edita em *podcasts* o que prefere ouvir. Atualmente, a radiodifusão se divide em áreas especializadas, por vezes divulgando notícias, irradiando música, no caso das FMs, disseminando pregação evangélica, ainda que resistam programas de radialistas populares. Nos Estados Unidos, durante o início da primeira década do sXXI, mais de 223 milhões de pessoas ouviram semanalmente as difusões de mais de 13.500 estações AM e FM, que movimentaram um orçamento publicitário de 19,4 bilhões de dólares. As tecnologias de difusão digital de áudio combinam a transmissão de sinais analógicos e digitais sem a interferência de um processo de radiodifusão no outro. Mais do que uma nova tecnologia, a transmissão digital de áudio amplia as possibilidades de programação de novos conteúdos. De fato, o que se chamava de rádio não mais existe, como efeito das mutações tecnológicas do veículo que é hoje mais bem descrito como uma mídia pessoal de áudio. O termo 'rádio' virou uma expressão genérica, que abarca a frequência de ampla difusão territorial localizada, a internet, os satélites, os telefones celulares e os *podcasts*. Por mais que alguns façam profecias e alardeiem, apressadamente, o declínio e a superação do rádio, graças à adaptabilidade do veículo, isso de fato não aconteceu: há pouca chance de que acontecerá num futuro próximo. ▸ Cf. RADIODIFUSÃO.

BIBLIOGRAFIA

LEWIS, Tom. *Empire of the air: the men who made radio*. New York: Edward Burlingame, 1992.

MILLIARD, André. *Beatlemania: technology, business, and teen culture in America*. Baltimore: The Johns Hopkins University Press, 2012.

MOREIRA, Sonia Virgínia. *O rádio no Brasil*. Rio de Janeiro: Rio Fundo, 1991.

radiocomunicação TEL Comunicação de sinais, sons ou imagens efetuada por meio de ondas eletromagnéticas. ▸ Cf. RÁDIO.

rádio de galena RÁD Aparelho primitivo de rádio que usa o cristal de galena como detector e capta apenas estações muito próximas. ▸ Tb. se diz apenas *galena*.

radiodifusão 1 RÁD TV Transmissão de programas noticiosos, educativos, culturais, de entretenimento etc. através de rádio ou televisão. 2 TEL Serviço de transmissão de sinais, sons ou imagens, por meio de ondas eletromagnéticas, destinado ao público em geral. ▸ Abrange rádio, televisão, telefac-símile, telex etc.

INFORMAÇÕES GERAIS

O início do sXX assistiu às primeiras radiodifusões que usavam voz e música. Em 1906, usando a telefonia disponível nos navios comerciais, Reginald Fessender (1866-1932) transmitiu para navios ancorados em Massachusetts, Estados Unidos, a canção "Noite feliz" e trechos da Bíblia. O modelo atual de comunicação de massa, que se faz pela transmissão ampla de mensagens, não era ainda viável tecnologicamente, só sendo possível após a contribuição de Charles David Herrold (1875-1948). Herrold usou tecnologia de frequência modulada para transmitir voz e música. Ele também projetou antenas omnidirecionais, sem as quais não seria possível o que se chama de *broadcasting*. Até então, as de rádio seguiam o modelo um a um, característico de *narrowcasting*: transmissão estreita e limitada. Só com a conceituação e, principalmente, a tecnologia de *broadcasting* é que o rádio comercial começa a viabilizar-se. Então surgem, na década de 1920, inicialmente na Pensilvânia, as primeiras estações de rádio comercial licenciadas pelo governo americano.

radiodifusor TEL 1 Pessoa física ou jurídica que faz difundir um programa de rádio para um número ilimitado de estações receptoras. 2 Aparelho de radiodifusão. 3 Que faz radiodifusão.

radiodifusora RÁD Emissora de rádio, estação de radiodifusão.

radioemissão RÁD Emissão de mensagens radiofônicas por meio de ondas hertzianas.

radioemissor RÁD Diz-se de ou equipamento gerador de sinais elétricos, que são transmitidos a uma antena que os irradia sob forma de ondas de rádio.

radioemissora RÁD Estação que transmite mensagens radiofônicas pelo sistema de ondas hertzianas; radiotransmissora.

radioescuta TEL Serviço de recepção de ondas hertzianas emitidas por rádio, realizado com o objetivo de fiscalização e controle das telecomunicações. ▸ Tb. se diz apenas *escuta*.

radiofone TEL 1 Aparelho para a transmissão e recepção de sons por meio de ondas eletromagnéticas, utilizado em radiofonia. 2 Qualquer aparelho para produzir som pela energia radiante. 3 Comunicação radiofônica.

radiofonia TEL Sistema de emissão e transmissão de sons, por meio de ondas hertzianas; telefonia sem fio, rádio.

radiofônico 1 TEL Relativo a radiofonia; radiotelefônico. 2 RÁD Diz-se de emissão veiculada pelo rádio.

radiofonização RÁD Ato ou efeito de radiofonizar.

radiofonizar 1 Adaptar (texto de conto, peça teatral etc. existentes) para programa radiofônico. 2 Produzir programa de rádio fazendo uso de (essas adaptações).

radiofoto TEL M.q. RADIOFOTOGRAFIA.

radiofotografia TEL Imagem convertida em linhas de pontos claros e escuros e dessa forma transmitida por meio de ondas de rádio para ser reproduzida a distância por aparelhos receptores; radiofoto.

radiofrequência A região de frequência das ondas de rádio. ▸ Abrev.: *RF*.

radiograma TEL 1 Comunicação realizada através da radiotelegrafia; rádio. 2 Telegrama transmitido por rádio; radiotelegrama

radiojornal JOR RÁD Noticiário transmitido por estação de rádio.

radiojornalismo JOR RÁD Forma de jornalismo que utiliza o rádio como veículo de transmissão.

radiojornalista JOR RÁD Pessoa que trabalha como redator, repórter, colunista ou diretor em programa jornalístico de uma estação de rádio.

rádio-ouvinte RÁD M.q. RADIOUVINTE.

radiotelegrafia TEL Sistema de telegrafia que utiliza ondas radioelétricas para a transmissão de radiogramas ('telegrama'); telegrafia sem fio.

radiotelegrama TEL M.q. RADIOGRAMA ('telegrama')

radiouvinte RÁD Indivíduo que ouve programas de emissoras de rádio; rádio-ouvinte, ouvinte.

rafe GRÁF PUB Esboço inicial, anterior ao leiaute, de qualquer trabalho de *design* gráfico (anúncio, ilustração, diagramação etc.); croqui.

ralenti [fr.] 1 CINE Efeito de câmara lenta. 2 TEAT Recurso de interpretação que consiste em movimentar-se lentamente ou como em câmara lenta, quer em trechos de peças teatrais quer em musicais.

RAM [ing.] INF Sigla de *Random-Access Memory* ('memória de acesso aleatório').

rama 1 GRÁF Moldura de ferro ou aço, em várias medidas e ger. retangular, dentro da qual é encaixada a fôrma tipográfica, para ser então fixada diretamente na máquina impressora ou servir de matriz para a chapa de estereotipia. ▸ É us. para juntar e apertar em uma só fôrma a composição, os clichês e outros materiais tipográficos. 2 PAP M.q. BARBA.

random acess [ing.] INF Técnica de armazenamento e de acesso a dados que não exige ação sequencial; *direct access*.

randômico EST Aleatório, contingente, fortuito. ▸ Um acontecimento randômico é imprevisível quando não há nada em fatos antecedentes que leve à previsão do consequente, como poderia ser o caso de uma rodada de roleta. Diante disso, surgem duas hipóteses sobre a natureza do que parece ser fortuito: um acontecimento randômico dá-se porque a aleatoriedade é efetivamente um dos traços estruturais do mundo; ou, então, o que parece contingente e aleatório não é mais do que a expressão dos limites do conhecimento disponível para que a previsão seja feita. Se, por hipótese, um jogador tivesse todo o saber sobre as condições físicas da sala de jogo e de tudo que é parte do momento em que a roleta roda, seria perfeitamente lógico que pudesse prever onde a bola que gira irá parar. Para que um evento fosse identificado como realmente randômico, seria preciso que, numa sequência infinita de tentativas de previsão, não houvesse método que permitisse antever o resultado final.

BIBLIOGRAFIA

MLODINOW, Leonard. *O andar do bêbado: como o acaso determina as nossas vidas*. Rio de Janeiro: Zahar, 2009.

ranhura GRÁF Fenda ou risca na barriga de um tipo.

rap [ing.] MÚS Gênero de música popular urbana que consiste numa declamação rápida e ritmada de um texto, com alturas aproximadas. ▸ Na gíria urbana e negra americana, *rap* quer dizer 'conversa' e, por extensão, 'canto ritmado'. *Rap* pode também ser a sigla de *rythm and poetry* ('ritmo e poesia'), uma descrição relativamente aproximada do gênero. Muitas vezes sinônimo de *hip-hop music*, o *rap* começou como uma criação de *disc jockeys* negros norte- americanos e jamaicanos. Mais precisamente, o *rap* é parte da cultura *hip-hop* que inclui outras manifestações como o BREAK DANCING e o grafite. Musicalmente, a forma do *rap* era, a princípio, puramente sonora, eletrônica e não recorria a letras ou versos falados. A popularidade do *rap* aumentou na década de 1970, saindo dos guetos africanos da cidade de Nova York para atingir outras regiões do país e do mundo, chegando a seu apogeu no início dos anos de 1990. Por muito tempo, o *rap* manteve uma identidade relativamente constante, tratando de temas e questões das comunidades onde se originou.

rasante CINE TV Ator em movimento pela área de enquadramento de uma câmara ou de um conjunto de câmaras de cinema ou televisão.

raspadeira 1 GRÁF Peça flexível em forma de lâmina que, na prensa de rotogravura, raspa a superfície do cilindro durante a impressão para eliminar excessos de tinta; *racle*. 2 ENC GRÁF GRAV M.q. RASPADOR.

raspador ENC GRÁF GRAV Instrumento, que pode apresentar formatos diversos, us. em processos de artes gráficas para raspar ou limpar a superfície de matrizes, rolos, encadernações etc.; raspadeira.

rastreamento TEL Determinação a distância, por meio de radar, rádio ou fotografia, de uma ou mais variáveis características de um satélite, míssil ou veículo espacial, ger. associadas a seu movimento; acompanhamento, rastreio.

rastreio 1 INF M.q. VARREDURA. 2 TEL MKT M.q. RASTREAMENTO.

ratão INF M.q. MOUSE.

rates [ing.] M.COM Custo por centímetro, no caso de mídia impressa, ou por minuto, no caso de TV ou rádio, para veicular uma determinada mensagem publicitária.

rating [ing.] M.COM Medida da resposta de uma audiência a um programa de rádio ou TV, us. para estabelecer o preço (*rate*) da veiculação de um anúncio no mesmo horário de transmissão.

rato INF M.q. MOUSE.

razão 1 Faculdade de raciocinar, de apreender, de compreender, de ponderar, de julgar; inteligência. 2 Raciocínio que conduz à indução ou dedução de algo. 3 Capacidade de avaliar com correção, com discernimento; bom senso, juízo. 4 Aquilo que provoca, ocasiona ou determina um acontecimento, a existência de algo; causa, origem. 5 Justificação de um ato; explicação de um fato; argumento, motivo. 6 A lei moral; justiça. 7 Recurso para convencer alguém, para alterar-lhe a opinião ou o comportamento; argumento. 8 Informação a respeito de algo ou do estado em que se encontra algo; notícia, nova. 9 FIL Faculdade intelectual e linguística que distingue o ser humano dos outros animais. ▸ Originada no aristotelismo, essa concepção perpassa toda a história da filosofia, tendo sido adotada pela ciência moderna na designação taxonômica da espécie humana (*Homo sapiens*). 10 FIL Faculdade humana da linguagem e do pensamento, voltada para a apreensão cognitiva da realidade, em contraste com a função desempenhada pelos sentidos na captação de percepções imediatas e não refletidas do mundo externo. 11 O pensamento moral, em sua função de orientar a conduta humana, prevendo as consequências e avaliando o significado das ações, com autonomia em relação às inclinações sensíveis. 12 FIL No heraclitismo, no estoicismo e no hegelianismo, pensamento ou inteligência que se manifesta simultaneamente na objetividade ordenada e regular da natureza física e na subjetividade do espírito humano. 13 FIL No cartesianismo, faculdade caracterizada por seu poder de discernimento entre o verdadeiro e o falso, ou o bem e o mal, e eventualmente acometível por afecções antagônicas, tais como a paixão e a loucura; bom senso.

INFORMAÇÕES GERAIS

Dos atributos que possam caracterizar a humanidade, a razão tem sido a qualificação favorita de alguns filósofos e do senso comum em geral. A razão adquire tamanha força que freq. se acredita que seja um poder externo e impessoal capaz de guiar e iluminar os seres humanos. A racionalidade seria de tal maneira paradigmática que se costuma medi-la em relação a outros atributos igualmente humanos, tais como a emoção, a imaginação, a paixão, a fé, os sentidos etc. Mas o exame de como a razão foi concebida revela uma tal complexidade que, aparentemente, não se trata da mesma faculdade descrita e avaliada por pensadores diferentes. Enquanto nos textos de Heráclito de Éfeso (c.540 a.C.- c480 a.C.) a razão unifica o diverso e por isso tudo governa, nos diálogos de Platão (c428 a.C. - c348 a.C.), a razão é radicalmente distinta da percepção sensorial, a ponto de se poder falar no mundo das ideias em oposição ao fluxo instável do mundo sensível. Em Aristóteles (384 a.C. - 322 a.C.), o saber teórico é entendido como um discurso da mais alta racionalidade especulativa. Entretanto, os escritos aristotélicos parecem estar falando de outra coisa quando afirmam que a racionalidade é um traço essencial dos seres humanos. Afinal, quando Aristóteles estipula que o homem é *lógos zoon*, não há como deixar de pensar que, para ele, a humanidade é animal (*zoon*), racional e discursiva (*lógos*): os homens seriam animais que discursam racionalmente. Na frase de Agostinho de Hipona (354-430) "*credo ut intelligam*", que significa "creio para poder entender" (racionalmente), a fé guia a razão. O argumento agostiniano sugere que a fé seja o fundamento mais básico da humanidade: é inevitável acreditar em tudo que se entende racionalmente; mas como lidar com aquilo que escapa ao entendimento racional? A razão limita a fé, enquanto a fé abarca a razão; é perfeitamente plausível acreditar no que não se entende racionalmente. Segundo Agostinho, o principal formulador teórico do ecumenismo católico, a fé antecede a razão. A razão é para alguns poucos, a fé é para todos: racionais ou não, educados e ignorantes. No pensamento de Agostinho, a razão pode tomar duas formas, uma intuitiva e outra progressivamente discursiva. A fé estaria mais ao lado da obediência intuitiva do que da argumentação paulatina do entendimento racional. O filósofo empirista e profundamente irreligioso David Hume (1711-1776) afirma que outra faculdade antecede o entendimento racional: para ele, a razão é escrava das paixões. Por outro lado, para Immanuel Kant (1724-1804), dois tipos de razão ajudam-no a distinguir especulação teórica e argumentação ética, sob as formas respectivas de razão pura e de razão prática. Kant retoma a distinção de conhecimentos teóricos e práticos que Aristóteles sugeriu. Contudo, para obscurecer ainda mais o problema, o senso comum entende razão como um elemento causador de um fato.

reação RÁD Reflexão de uma parte do sinal de saída para a entrada em fase, com o sinal aplicado na entrada.

ready-made [ing.] HIST.ART Artefato comum tirado de seu contexto e exibido como objeto de arte. ▸ O termo *ready-made* é us. para identificar uma proposta estética de Marcel Duchamp (1887-1968). O *ready-made* é sempre um objeto corriqueiro (p.ex., um mictório) tirado de seu contexto, por vezes renomeado e exibido como objeto de arte. A palavra é empréstimo do ing. *ready-made*, adj. 'feito para uso ou venda imediatos; sem originalidade ou individualidade', (1882) subst. 'algo disponível para uso imediato', comp. dos adj. ingleses *ready* 'pronto' e *made* 'feito'. Um mictório é renomeado *Fonte* (1917) e exibido ao inverso da posição normal; uma pá recebe o título *Em antecipação ao braço quebrado* (1915) etc. Um *ready-made* é, a rigor, um objeto feito para uma determinada função e com um determinado sentido que é deslocado de contexto. Esse deslocamento altera seu estatuto como coisa e seu significado. Sob a forma de *ready-made*, o mais corriqueiro e cotidiano é transposto para o discurso artístico. A nova função estética do *ready-made* revela que o significado de uma coisa não se limita ao objeto em si mesmo, mas se faz através do meio ambiente onde é alocado.

BIBLIOGRAFIA

PAZ, Octavio. *Marcel Duchamp ou O castelo da pureza*. São Paulo: Perspectiva, 2008.

DUCHAMP, Marcel. *Duchamp du signe*. Paris: Flammarion, 1994.

real **1** Relativo ao que é concreto. **2** Que existe realmente; verdadeiro. **3** Relativo a ou próprio das preocupações ou atividades diárias e rotineiras. **4** Que não é falso, ilusório ou artificial; genuíno. **5** Fato verdadeiro; realidade.

INFORMAÇÕES GERAIS

Para a filosofia, o oposto de real é aquilo que não é aparente. O real seria independente do aparente, porque transcende a opinião, seja ela pessoal ou coletiva, que de forma alguma determina a realidade. O real é a causa da aparência, mas a aparência não é a causa do real. Nesse sentido, a definição real de uma coisa seria, por exemplo, sua estrutura química e não sua cor e outras qualidades secundárias. É preciso, porém, explicar o estatuto que o real teria para indivíduos específicos. Um copo d'água não é só H_2O, mas um conteúdo líquido, quente ou frio, limpo ou sujo no meu copo. Se Immanuel Kant (1724-1804) estiver certo ao afirmar que não há como apreender a coisa em si a não ser sob a forma de fenômeno, então a distinção entre o real e o aparente é ilusória. Nesse caso, sobram apenas representações, o que autorizaria vários pensadores contemporâneos a negarem o estatuto cognitivo do real, que, para Jacques Lacan (1901-1981), por exemplo, seria apenas um dos três registros do sujeito que é guiado pelo SIMBÓLICO e pelo IMAGINÁRIO. Para a teoria lacaniana, o real é um bloco inalcançável, uma matéria resistente que é mais do que a realidade exterior: o real contrapõe-se, antagonicamente, ao imaginário e, quando escapa à elaboração simbólica, retorna como sintoma a ser reprimido e relegado ao INCONSCIENTE.

realce EDIT JOR M.q. DESTAQUE.

realidade **1** Qualidade ou característica do que é real. **2** O que realmente existe; fato real; verdade. **3** O conjunto das coisas e fatos reais.

INFORMAÇÕES GERAIS

Atribui-se ao filósofo escolástico medieval John Duns Scotus (c1266-1308) a criação do neologismo *realidade* para se referir à essência ou essencialidade de uma coisa (*res*) que se manifesta como existente. Assim, entender a realidade de algo, estabelecer sua QUIDADE, representa o mesmo que determinar sua natureza efetiva. A falta de realidade significa inexistência. Realidade opõe-se a ficção e à mera elucubração mental. O paradoxo que a adoção do conceito cria é que praticamente todos os objetos mentais humanos passaram a ser disputados no tocante à sua realidade. Quando se fala numa possibilidade, ela existe como uma realidade concreta ou é apenas uma construção da mente? Os números têm realidade própria? Seriam os conceitos reais ou nominais? Por extensão, se a matéria é percebida por meio de um aparato lógico e conceitual, pode-se acreditar na sua realidade? O filósofo idealista George Berkeley (1685-1753) negava o estatuto ontológico da matéria fora da mente que a percebe. A discussão não é bizantina. Muitas práticas da comunicação de massa são intrinsecamente dependentes da realidade que reportam. Porém não há como negar que, seguindo o mesmo modelo literário da literatura realista, a experiência que o jornal oferece a seus leitores não é nem poderia ser a mesma do fato em si. O leitor acredita na verossimilhança do que lê pela reputação do jornal e pela abundância dos detalhes descritos, que lhe dão a impressão de realidade. A realidade é mais um efeito narrativo do que uma série de acontecimentos que se mostram diante de seus olhos. ▸ Cf. REAL; REALISMO.

realidade aumentada INF Cf. REALIDADE VIRTUAL.

realidade virtual INF Simulação de um ambiente real por meio de imagens de síntese tridimensionais. ▸ Na verdade mais um capítulo na história do encanto pelo ilusório, realidade virtual não é um meio de comunicação, e sim uma combinação e uma fusão de recursos gráficos, tecnologia computadorizada e programas de simulação visual que expressam uma determinada imaginação artística. O propósito das construções em realidade virtual é apresentar uma ambientação sensível, preferivelmente fantasiosa, que seja a mais próxima possível do real. A realidade virtual é, substancialmente, uma criação visual que se manifesta em vários veículos de comunicação. Diante das possibilidades abertas pela tecnologia recente, talvez não seja correto afirmar que efeitos cinematográficos em filmes seja um caso de realidade virtual, ainda que se deva reconhecer que processos informatizados permitem a recriação visual da realidade, sem que a cena seja encenada conforme as regras e os limites da cinematografia tradicional. Na maioria dos filmes comerciais, que recriam o efeito de realidade, o espectador não participa diretamente da experiência: apenas a contempla. Nesse caso, a simulação da realidade não requer a interação do espectador. Muitos *video games* valem-se da mesma atitude contemplativa: o jogador move seus personagens em ambientações e arquiteturas simuladas. Quando isso acontece, o nível de interatividade é relativamente baixo em relação a outros tipos de simulação virtual. Para que haja interação entre o espectador e o mundo simulado, é preciso que o sistema virtual tenha três elementos: um computador que gere e processe tanto as imagens projetadas como as reações dos que as experimentam; dispositivos que recebem estímulos externos, tais como um capacete e fones de ouvido, através dos quais representações visuais e auditivas sejam transmitidas; e dispositivos, freq. luvas, que processem os estímulos internos, de fato as reações, dos usuários. Essa combinação de elementos faz com que o espectador esteja no interior da cena e que possa mover-se, ainda que imaginariamente, no ambiente que lhe é projetado. Em realidade virtual, usando recursos computacionais e gráficos em três dimensões (3D), o que se cria em primeiro lugar é o ambiente virtual em que o usuário se moverá. Os dispositivos que transmitem as reações do usuário disparam novas imagens diretamente associadas à navegação de quem participa do ambiente. O processo caracteriza-se por uma interminável cadeia de ações do computador, reações do usuário, nova resposta do computador, outra reação do usuário etc. A circulação de mensagens visuais e táteis do computador para o usuário é o fundamento para a criação de realidades alternativas e visuais. Alguns aspectos e soluções técnicas de realidade virtual têm sido usados na comunicação de massa, principalmente em *video games* (Nintendo Wii, p.ex.). A construção de um AVATAR em jogos eletrônicos é uma possibilidade aberta pela tecnologia virtual, mas, devido ao alto custo do sistema de RV, a totalidade da tecnologia virtual tem sido mais empregada em organizações militares e na indústria aeroespacial, para fins de treinamento. Além da criação de uma realidade virtual, essa tecnologia também gera o que se chama de *realidade aumentada* (RA), cujo propósito não é a geração de um mundo alternativo, mas a ênfase e o realce de aspectos da realidade percebida no dia a dia. Os sistemas de realidade aumentada são também úteis para treinamento profissional. ▸ Sigla: *RV*.

BIBLIOGRAFIA

CADOZ, Claude. *Realidade virtual*. São Paulo: Ática, 1997.

realimentação **1** ELETR ELETRÔN Ato ou efeito de acoplar o circuito de saída de um sistema de amplificação ao de entrada, com o objetivo de alterar suas características; regeneração, comunicação de retorno, retroalimentação. **2** ELETR ELETRÔN O sinal assim transferido; retroalimentação. **3** ELETRÔN M.q. REGENERAÇÃO ('transferência'). **4** INF Retorno automático da informação processada ao ponto inicial; retroalimentação. **5** TEC Em ciência e tecnologia, controle da entrada como função da saída, obtido pelo retorno à entrada de parte da saída, esp. com o objetivo de autorregulação e controle; retroalimentação. **6** PSIC Num organismo, informação sensorial do resultado somático de um comportamento; informação cinestésica que indica a velocidade e a extensão de um movimento ou dor (p.ex., resultante de se haver encostado numa chapa quente). **7** PSIC Em psicologia social, percepção direta do resultado de um determinado comportamento sobre outrem (p.ex., a percepção do adeus dado por alguém em resposta a outrem que lhe acenou). ▸ Cf. WIENER, NORBERT.

realismo **1** Qualidade, estado ou característica do que é real. **2** EST LIT Caráter de uma obra que procede de uma concepção, cuja proposta é representar a natureza de modo objetivo e sem embelezamentos. **3** FIL Doutrina medieval que afirma a realidade dos universais, as ideias ou conceitos gerais, considerando que possuem uma natureza autônoma, desligada dos objetos particulares e concretos, e preexistente à consciência humana. ▸ Para os realistas medievais, como Tomás de Aquino (1225-1274) e John Duns Scottus (c1266-1308), os conceitos e as noções presentes na mente humana não são meros nomes, pois têm uma realidade inegável, seja em si mesmos, seja na mente de Deus. O debate medieval sobre os universais origina-se numa leitura da filosofia grega, mais especificamente o platonismo e sua afirmação de que as formas ideais estão imbuídas do mais alto grau de realidade. Os filósofos que abraçam o realismo acreditam que as relações entre gêneros e espécies são entidades, cuja realidade só pode ser real: caso contrário, seria impossível conhecê-las. Os nomes dos universais apenas representam o que existe. Os universais são substâncias que sublinham as particularidades do mundo natural e que, por isso, possuem um estatuto ontológico próprio. Para os pensadores medievais da natureza, investigar o mundo físico só teria sentido se revelasse uma realidade inteligível que atravessa as mudanças. ▸ Cf. CONCEITUALISMO. ▸ P.opos. a NOMINALISMO. **4** FIL Na filosofia moderna, doutrina que afirma a precedência do mundo objetivo sobre à cognição humana, que se limita a fornecer significado ou compreensão a uma realidade autônoma e previamente existente. ▸ O escritor e lexicógrafo inglês Samuel Johnson (1709-1784) acreditava ser simples refutar filosofias antirrealistas que defendiam a não existência da matéria. Johnson chutou uma pedra e disse que assim se refuta George Berkeley (1685-1753). O ato de Johnson expressa a tese de que objetos físicos têm existência própria, independente da mente que os percebe. Teses sobre a realidade do mundo material estão de acordo com o que o senso comum acredita, mas as teses realistas transcendem o domínio da matéria e aplicam-se também ao passado e ao futuro, a outras mentes, a objetos da matemática, aos universais, à possibilidade etc. A realidade dos objetos de conhecimento seria inegável, já que não são meras construções arbitrárias da mente que pensa e percebe. O realista afirma que a verdade e a falsidade de um conhecimento se produzem por sua relação com o objeto do qual fala, não sendo, portanto, uma construção meramente nominal ou uma pura armadura conceitual e lógica. A contra-argumentação às teses realistas postula que não há, como Immanuel Kant (1724-1804) afirmava, modo de apreender o mundo sem o filtro conceitual e linguístico que constitui a base e a fundação de nosso conhecimento. ▸ P.opos. a IDEALISMO. **5** LIT Escola literária do fim do sXIX, contrária às concepções românticas da arte, que preconizava a objetividade na mimetização da realidade e a necessidade de o artista não idealizar o real, mas apenas, provido de um certo rigor científico, observá-lo com isenção e agudeza, procurando fazer artisticamente um retrato fiel do que observa na sociedade. ▸ P.opos. a FORMALISMO. **6** LIT Corrente francesa surgida por volta de 1850 e caracterizada pela descrição minuciosa e objetiva da realidade banal e cotidiana de fatos e personagens. **7** PINT Corrente francesa que se opôs ao Romantismo e precedeu o Impressionismo.

realismo socialista ART.PLÁST LIT Método de representação da realidade surgido durante e após a revolução socialista na União Soviética, que parte do princípio de que a arte e a literatura devem pertencer ao povo e servir aos seus interesses e, nesse sentido, devem auxiliar na construção da sociedade comunista, denunciando e combatendo os vestígios das relações capitalistas no homem e na sociedade (inclusive as formas de arte consideradas decadentes), bem como delineando a imagem do novo homem e da nova sociedade, exaltando o trabalhador como o verdadeiro herói moderno e transmitindo fé e otimismo na construção do novo mundo. ▸ Derivado das teses de György Lukács (1885-1971) sobre o romance histórico, o realismo socialista passou a ser a ideologia artística oficial do stalinismo, quando, em 1934, o Sindicato dos Escritores soviético o adotou, qualificando-o como método preferencial, que deveria servir de guia para artistas plásticos e escritores comunistas. Segundo a estética stalinista, a arte não era apenas uma representação criativa do cotidiano, mas a maneira dominante de formar e instruir a sociedade. Ao contrário do modernismo ocidental, que se limitava a exprimir acriticamente a decadência capitalista, o modelo stalinista privilegiava uma abordagem pedagógica e edificante da criação estética. Concebido segundo a teoria marxista, o realismo socialista significava um compromisso com a ilustração pedagógica do processo histórico. Visualmente, os quadros do realismo soviético seguiam os modelos do realismo clássico, paradoxalmente uma arte burguesa. Ainda que a expressão 'realismo socialista' seja freq. atribuída a Joseph Stalin (1878-1953), a exposição da ideologia dessa doutrina é obra de Andrei Zhdanov (1896-1948), que via no realismo socialista o antídoto da suposta decadência burguesa.

BIBLIOGRAFIA

MORAES, Dênis de. *O imaginário vigiado*. Rio de Janeiro: José Olympio, 1998.

ROBIN, Regine. *Socialist realism*. Berkeley: Stanford University Press, 1992.

reality show [ing.] TV Gênero de programa televisivo que acompanha e apresenta o desenvolvimento de situações reais vividas por um grupo pré-selecionado de pessoas, que convivem durante um determinado período. ▸ É possível identificar os *reality shows* como uma combinação perversa de exibicionismo e voyeurismo. A curiosidade, por vezes mórbida, diante da intimidade alheia faz com que espetáculos como *Big Brother* sejam tão populares. Pesquisas de audiência revelaram que o interesse dos espectadores é impulsionado pela vontade de saber se o que está sendo transmitido é autêntico. O formato dos *reality shows* anuncia um tipo extremado de realismo televisivo.

BIBLIOGRAFIA

HILL, Annette. *Reality TV: factual entertainment and television audience*. New York: Routledge, 2005.

MURRAY, Susan; OUELLETTE, Laurie (ed.) *Reality TV: remaking television culture*. New York: New York University Press, 2004.

realização 1 CINE TEAT M.q. DIREÇÃO. 2 LING M.q. ATUALIZAÇÃO. 3 PSIC Sentimento de completude pessoal, resultante da atividade que o indivíduo considera mais importante para si próprio; na teoria de Abraham Maslow (1908-1970), a autorrealização é o ponto mais alto da hierarquia de necessidades humanas. ▸ Formulado por uma das teorias consideradas importantes nos estudos norte-americanos, que procurava explicar o uso e a função da mídia, o problema da realização expande as teses de Maslow sobre a hierarquia de necessidades humanas. Na avaliação de Maslow, os seres humanos agem no sentido de realizar uma hiearquia de necessidades que vai do nível biológico e psicológico mais básico até o sentimento pleno de realização pessoal (*self-actualization*). Os estudos chamados de usos da mídia postulam que as audiências dos meios de comunicação são ativas, pois selecionam o que lhes é mais gratificante. Em meados da década de 1940, Herta Herzog (1910-2010) observou, ao estudar a audiência feminina de radionovelas (*soap operas*), que uma das razões centrais que motivavam as espectadoras era o fato de que, após ouvirem novelas, podiam pensar melhor sobre o que fazer de suas vidas. Abria-se uma trilha que procuraria identificar os motivos pelos quais se assistia um programa de comunicação. Posteriormente, Wilbur Schramm (1907-1987) sugeriu que os membros de uma audiência avaliam o nível de recompensa que recebem da mídia, medindo-o em relação ao esforço necessário para garantir essa gratificação. Em inglês, o termo utilizado é *actualization* ou *self-actualization*, ou seja, o processo de realização (ou de autorrealização) por meio de uma ação, nesse caso, ação de assistir a um programa de televisão. ▸ Cf. USOS E GRATIFICAÇÕES.

BIBLIOGRAFIA

MASLOW, Abraham. *Motivation and personality*. New York: Harper, 1954.

HERZOG, Herta. Motivations and gratifications of daily serial listeners. In: LAZARFIELD, P. F.; STANTON, F. N. (ed.). *Radio research, 1942-1943*. New York: Duell, Sloan and Pearce, 1954.

SCHRAMM, Wilbur. *The process and effects of mass communication*. Urbana: University of Illinois Press, 1954.

realizador CINE TEAT TV M.q. DIRETOR.

realizar 1 CINE TEAT TV Dirigir. 2 LING M.q. ATUALIZAR.

real time [ing.] RÁD TV M.q. TEMPO REAL ('momento').

real-time bidding [ing.] INTERN MKT PUB Sistema de negociação e compra de espaço publicitário, que ocorre no momento em que o usuário visita um *site*. ▸ Desde fins da primeira década do sXXI, empresas n.-am. desenvolveram, por meio de algoritmos especializados, sistemas de compra e veiculação de material publicitário que é dirigido para a atenção imediata do usuário, levando-se em conta seus interesses de consumo. Tudo ocorre através do processamento de informação, que acontece, em média, numa fração de 30 milésimos de segundo. Sem que seja do seu conhecimento, 97% dos usuários norte-americanos da internet interagem constantemente com companhias especializadas em *real-time bidding*.

rear projection [ing.] CINE M.q. BACK PROJECTION.

rebarba GRÁF Claro que separa duas linhas contíguas, não entrelinhadas.

rebobinadeira PAP Nas fábricas de papel, máquina que rebobina, em rolos menores, as folhas produzidas na máquina contínua, cortando-as em larguras menores; bobinadeira, enroladeira.

recall [ing.] Convocação pública feita por um fabricante ou distribuidor, a fim de que lhe seja levado de volta para exame ou conserto determinado produto que pode estar com defeito ou contaminado.

recalque PSICN Mecanismo de defesa que, teoricamente, tem por função fazer com que exigências pulsionais, condutas e atitudes, além dos conteúdos psíquicos a elas ligados, passem do campo da consciência para o do inconsciente, ao entrarem em choque com exigências contrárias; recalcamento. ▸ Recalque e defesa são mecanismos psíquicos compreensíveis na relação entre si, que Sigmund Freud (1856-1939) identificou na clínica psicanalítica. Na última fase de seus escritos, Freud afirmou que a defesa abarcava todos os modos e maneiras gerais dos quais o 'eu' se serviria para enfrentar seus conflitos, enquanto o recalque seria um mecanismo possível de defesa. Isso quer dizer que o 'eu' tem outros recursos defensivos que não necessariamente o recalque. Por meio de recalcamentos, as representações psíquicas perdem seus laços com o sistema consciente do sujeito, formando grupos de conteúdos e formas cifradas. Ao longo de sua obra teórica, Freud passou a usar principalmente o termo 'recalque': este se tinha tornado um conceito fundamental para a teoria psicanalítica, pois é através do recalcamento que o sistema de representações inconscientes se forma nas mentes dos sujeitos. Deve-se entender o recalque como um processo dinâmico que aloca representações no aparelho psíquico, conferindo-lhes valores maiores ou menores, nelas investindo ou contrainvestindo. ▶ Cf. INCONSCIENTE; REPRESSÃO.

BIBLIOGRAFIA
FREUD, Sigmund. *Esboço de psicanálise*. Rio de Janeiro: Imago, 1998.

recapitulação MÚS M.q. REEXPOSIÇÃO ('repetição').
receiver [ing.] ACS Amplificador e sintonizador reunidos em um só aparelho; receptor *hi-fi*.
recensão 1 Análise crítica de obra literária ou afim; resenha. 2 Revisão, exame, apreciação de um tema, de um conjunto de textos etc.
recepção COMN LING No esquema da comunicação, o ato de receber a mensagem, e que corresponde à parte final da transmissão; entre falantes, cabe ao interlocutor ou destinatário.
receptividade 1 Qualidade de receptivo; receptibilidade, receptiva. 2 Tendência ou disposição para captar impressões físicas ou psíquicas; receptibilidade, receptiva. 3 GRÁF Propriedade que tem o papel de receber com facilidade a tinta, durante a impressão. 4 RÁD Qualidade de um receptor capaz de captar ondas de comprimentos muito diversos.
receptor 1 TEC Que ou o que capta energia bruta para ser transformada em energia utilizável (diz-se de aparelho). 2 TEL Que ou o que recebe variações de corrente ou tensão elétrica e transforma em sinais perceptíveis sonoros ou luminosos (diz-se de aparelho). 3 ELETRÔN Diz-se de ou equipamento que capta ondas eletromagnéticas e as converte nas informações originalmente transmitidas, como no caso dos sons e imagens de rádio ou televisão, ou em algum tipo de informação útil, como no caso de um radar. 4 LING No processo da comunicação, que ou quem recebe a mensagem e a decodifica; ouvinte.
receptor hi-fi ACS M.q. RECEIVER.
reciprocidade 1 Qualidade ou caráter daquilo que se faz ou se dá em recompensa ou em troca de algo; correspondência mútua; recíproca, reciprocação. 2 BIO SOC Mutualidade sem a qual as sociedades animais e humanas não se constituem. ▶ Entre a pluralidade de acontecimentos sociais, alguns merecem atenção especial por representarem várias instâncias da sociabilidade. No vocabulário da Escola Sociológica Francesa, trata-se de fatos sociais totais (cf. FATO SOCIAL TOTAL). Segundo Marcel Mauss (1872-1950), num ensaio clássico da antropologia, *Essai sur le don* ('Ensaio sobre a dádiva'), o princípio da mutualidade recíproca atravessa a diversidade das instituições sociais, sejam elas religiosas, políticas, econômicas, jurídicas ou morais, além de terem um correlato emocional na mente dos sujeitos. Outros antropólogos tinham assinalado o papel central da doação recíproca nos ritos de troca e de confraternização; o que Mauss fez foi reconhecer a lógica da reciprocidade no direito romano, germânico, celta, brâmane e nas sociedades contemporâneas, qualificando a mutualidade como um fundamento constitutivo básico da vida social. A reciprocidade cria um dinamismo de circulação social: dar supõe a obrigatoriedade de receber, o que provoca a urgência de retribuir. Dar é manifestar superioridade, que se manteria se a retribuição não ocorresse. É preciso retribuir, de preferência numa escala superior, sob pena de apequenar-se e rebaixar-se socialmente. Mauss estendeu a mecânica de troca recíproca a tudo: alimento, mulheres, crianças, bens, talismãs, terra, trabalho, ofícios sacerdotais, ofícios, postos etc. Em todas as suas formas, as sociedades e culturas humanas são matéria de transmissão e retribuição. A reciprocidade faz da vida social vastos processos comunicacionais. Em *As estruturas elementares do parentesco*, Claude Lévi-Strauss (1908-2009) segue a intuição e o argumento de Mauss e reconhece que a proibição do incesto é a regra recíproca fundamental dos vários sistemas matrimoniais. Na biologia contemporânea, o princípio da reciprocidade tem outra função teórica: a de explicar o surgimento do ALTRUÍSMO, que parece ser um fenômeno totalmente incompatível com o egoísmo que estrutura a mecânica evolucionista da SELEÇÃO NATURAL. Robert L. Trivers (1943-) observou que o altruísmo, quando adotado em regime de reciprocidade, beneficia o indivíduo e não faz dele um objeto de exploração. A lógica do altruísmo recíproco é a do "toma lá, dá cá". Se o organismo que for beneficiado de imediato retornar o benefício mais tarde, os dois ganham, a cooperação mútua estabelece-se, sem que os interesses individuais sejam contrariados. Não é difícil perceber que a reciprocidade que acontece no nível individual se desenvolve em sistemas de regras contratuais. Os contratos, por sua vez, abrem espaço para a atuação de agentes coletivos que fazem com que a contratualidade recíproca seja aplicada por meio de sanções. 3 FIL No kantismo, categoria do entendimento a partir da qual é possível o conhecimento da relação entre dois ou mais elementos quaisquer do mundo natural, que são percebidos simultaneamente no espaço de forma complementar e interativa. 4 LING SEMIO Relação entre vocábulos cujos sentidos contrários expressam uma relação recíproca, como em comprar-vender, marido-mulher etc.

BIBLIOGRAFIA
LÉVI-STRAUSS, Claude. *As estruturas elementares do parentesco*. Petrópolis/São Paulo: Vozes/Edusp, 1976.
MAUSS, Marcel. *Sociologia e antropologia*. São Paulo: EPU, Edusp, 1974. 2 v.
TRIVERS, Robert L. *Natural selection and social theory: selected papers of Robert L. Trivers*. Oxford: Oxford University Press, 2002.

recital 1 Audição em que são recitadas composições literárias. 2 MÚS Concerto de música vocal ou instrumental, realizado ger. por solista. 3 MÚS Concerto de um ou mais intérpretes. 4 MÚS Exibição de alunos de música.
reclame PUB M.q. RECLAMO (acp. 2).
reclamo 1 Meio de acelerar o êxito de uma empresa ou da venda de um produto. 2 PUB Toda sorte de publicidade feita por meio de cartaz, anúncio, prospectos etc.; reclame. 3 CINE TEAT Final da frase de um interlocutor que se escreve no papel de outro para este saber quando

tem de falar; deixa. **4** JOR Palavra ou sílaba composta ao pé de uma página, para indicar que é a primeira palavra ou sílaba da página imediata.

recolher GRÁF Começar (linha) com um claro, no início de parágrafos ou em todo um bloco de composição.

recolhido GRÁF M.q. ENTRADA ('espaço').

recomposição **1** Ato de recompor. **2** Restituição de formato anterior; reconstituição. **3** Nova organização; reorganização. **4** Disposição de dois ou mais elementos, objetos etc. em sentido oposto ou inverso; inversão. **5** LING Processo de formação de palavras que envolve um elemento que, embora na origem seja um radical, mudou seu significado na língua moderna e passou a funcionar como um falso prefixo (p.ex.: 'aero-', em *aeromoça*).

recorrência **1** INF Repetição continuada da mesma operação ou grupo de operações. **2** PSIC Volta à memória.

recorrer GRÁF Reajustar (linhas, colunas ou páginas).

recorrido GRÁF Que ou o que foi refeito em outra medida por exigência da diagramação (diz-se de trecho de composição).

recorte **1** Pedaço de revista, jornal etc. que se separa do todo. **2** Imagem ou gravura destinada a ser recortada. **3** Objeto artístico (figura, desenho etc.) sobreposto a um fundo que o ressalta; entretalhadura.

recto [lat.] EDIT Página direita de um livro ou material impresso.

recuo GRÁF M.q. ENTRADA ('espaço em branco' e 'espaço deixado').

recuperar INF **1** Encontrar (informação específica) nos registros de um arquivo. **2** Localizar e isolar (informação correta, esp. dados apagados ou impropriamente direcionados). **3** Repor (computador) em condição operacional estável.

recursão GRÁF Ação de recorrer, de reajustar (linhas, colunas ou páginas).

recursividade LING Segundo a gramática gerativa, propriedade das regras gramaticais que se podem reaplicar sucessivamente às estruturas resultantes de sua aplicação anterior, explicando assim o conceito teórico de sentença infinitamente longa, no plano da competência linguística.

redação **1** Ação ou efeito de escrever com ordem e método. **2** Expressão dada ao pensamento; maneira de redigir. **3** Conjunto de redatores e repórteres de um jornal, revista, editora etc. **4** Sala onde trabalham os redatores.

redator **1** Que ou pessoa que redige. **2** Diz-se de ou profissional que escreve para jornal, revista etc.

INFORMAÇÕES GERAIS

No jornalismo contemporâneo, o redator é aquele que dá a forma final da notícia. Está, entre suas funções, a tarefa de avaliar o que foi submetido pelo repórter, criar títulos e todos os elementos textuais da notícia. O redator exerce o controle de qualidade do produto final, usando o manual de redação como parâmetro de referência crítica, sendo também participante na elaboração das pautas do jornal.

redator de banca JOR M.q. COPIDESQUE.

rede **1** INF Sistema constituído pela interligação de dois ou mais computadores e seus periféricos, com o objetivo de comunicação, compartilhamento e intercâmbio de dados. **2** INTERN M.q. INTERNET. **3** RÁD TV Grupo de emissoras associadas ou afiliadas que transmitem, no todo ou em parte, a mesma programação; *network, pool.* ▸ Cf. CABEÇA DE REDE.

rede cliente-servidor INF Rede de computadores de capacidade de processamento distribuída entre os computadores denominados clientes, na qual um ou mais computadores, os servidores, concentram certas tarefas, como armazenamento de arquivos.

Rede Globo Rede de televisão brasileira, com sede na cidade do Rio de Janeiro, fundada em 26 de abril de 1965, a maior rede de televisão comercial da América Latina e a terceira maior do mundo. ▸ Com a audiência diária de 120 milhões de espectadores, a Rede Globo produz e veicula todos os tipos de programas de televisão: de telenovelas a *shows* musicais, passando por *reality shows*, coberturas jornalísticas e esportivas etc. Muitas vezes criticada por seu domínio de um dos maiores mercados de comunicação do mundo, a Rede Globo faz parte de um conglomerado de mídia, Organizações Globo, que cobre uma gama imensa de produtos de comunicação. Devido às peculiaridades da legislação brasileira de telecomunicações, que funciona sob o regime de licença e franquia do Estado, a TV Globo recebeu a autorização para operar um canal de televisão no fim da década de 1950, na área do Rio de Janeiro. Graças a um empréstimo considerado ilegal por muitos de seus críticos, a TV Globo começou as suas atividades em parceria com o grupo norte-americano Time-Life, que lhe emprestara 6 milhões de dólares em troca da participação de 30% nos lucros da emissora. Os opositores do regime ditatorial militar, que se instalou no Brasil após 1964, viram na formação dessa rede um ato de conluio e conspiração de interesses direitistas e militares, cujo plano seria o controle e domínio ideológico do país. O apoio do fundador da Rede Globo, Roberto Marinho (1904-2003), à ditadura militar brasileira coincidiu com a ascensão progressiva, mas irresistível, da TV Globo ao epicentro dos meios de comunicação audiovisuais brasileiros. Na década de 1990, as Organizações Globo ampliaram ainda mais seu domínio da mídia, ao entrar no mercado da televisão a cabo. O portal *globo.com* é um dos cem mais visitados *sites* em toda a internet. Certamente por causa de sua avassaladora presença na sociedade brasileira, a Rede Globo e seus programas têm sido objetos recorrentes de análise nas ciências sociais e no estudo da comunicação brasileira.

rede global de comunicação INF M.COM M.q. INTERNET.

rede local INF Rede de computadores estabelecida em uma área limitada cujos componentes são interligados por cabos, raios infravermelhos, radiofrequência ou outros meios de transmissão de dados a curta distância.

rede remota INF Rede de computadores cujos componentes estão dispersos em grandes áreas e são interligados por sistemas de telecomunicações, satélites ou outros meios de transmissão de dados a longa distância.

rede social **1** COMN INF SOC Efeito do encadeamento mais ou menos sistemático de grupos humanos ou organizações que mantêm contato entre si por meio de um ou mais de um tipo de relações, compartilhando informações e tendo interesses e objetivos comuns; *social network.* ▸ Três critérios básicos definem uma rede social informatizada: 1) o *site* gerador das interações distribui um perfil público ou semipúblico, criado pelo usuário, para outros participantes do sistema; 2) além disso, o *site* estabelece uma lista de outros usuários que tb. construíram um perfil público ou semipúblico; 3) então, através da internet, o *site* permite e tece cruzamentos entre todos que estão ali listados. Redes sociais como Facebook,

Twitter, MySpace, Orkut etc. são veículos de partilha de informação. É óbvio que cada rede social tem a sua peculiaridade. O Twitter, por exemplo, distribui um *microblog* que alimenta o sistema de informação com mensagens de tamanho limitado a 140 caracteres, num processo recorrente de constante atualização. A rapidez e a acessibilidade do Twitter tornaram-no uma rede social poderosa e importante, disponível tanto para computadores como para telefones celulares. O Twitter segue o modelo de TEXT MESSAGING, que tem sido extremamente popular na telefonia móvel. Os usuários do Twitter podem acompanhar uns aos outros de modo minucioso e detalhado. É justamente através do tipo de conexão que uma rede social se define e se torna bem-sucedida: seus usuários acreditam que a conectividade oferecida pelo *site* é a que lhes convém e agrada. Outra consideração importante diz respeito a quem os usuários querem se conectar: amigos, redes de trabalho, pessoas com os mesmos gostos culturais, indivíduos em busca de relações românticas etc. As primeiras redes sociais computadorizadas datam do fim da década de 1960, quando negócios que queriam diminuir os custos de informatização dividiam um computador central comum a um conjunto de usuários. Com a introdução e popularidade dos computadores pessoais, a custo bem mais reduzido do que fora possível anteriormente, a Compuserve Network desenvolveu um programa de interação pessoal entre seus membros. No início, os *sites* eram formas de *bulletin boards*. O conceito de rede pessoalizada de relações sociais começou a tomar forma com o *site* SixDegrees.com, que criou um círculo de pessoas que podiam trocar *emails*. O modelo foi usado por todas as redes sociais (Friendster, LinkedIn, MySpace, Facebook etc.) que se seguiram a SixDegrees.com. As variedades dos *sites* de relação social seguiam objetivos definidos *a priori*: o Friendster era para pessoas que já tinham um laço pessoal qualquer estabelecido, enquanto o MySpace tinha por objetivo expandir a rede de conhecimentos. O grau de liberdade de expressão, de escolha do modo de apresentação pessoal tb. distinguia os *sites*. A competição por novidade entre os *sites* acabou por se traduzir no domínio absoluto do mais popular sobre os outros. O que não é nada garantido, mas apenas o efeito transitório de uma espécie de corrida armamentista. Em 2010, o Facebook detinha a superioridade em termos do número de membros. A novidade do Facebook foi oferecer *news feed* diretamente aos outros usuários que eram 'amigos', transformando a rede de relações sociais num vasto tsunami de fofocas (cf. FOFOCA). A transparência era imensa: sabia-se de novas relações dos outros, dos gostos musicais, das mudanças de emprego, das novas fotos postadas sem que fosse preciso ir atrás. A informação vinha direto ao usuário. Ao estabelecer limites para o tamanho das mensagens postadas, o Facebook disseminou a ideia de *microblogging* que, posteriormente, caracterizaria o Twitter. Esse fato e a popularidade de *text messaging* em telefonia fizeram com que o Twitter oferecesse algo fascinante para seus usuários: a revelação e a atualização instantâneas do que seja mais trivial e íntimo, ainda que tudo possa ser apenas um simulacro. O fato de que os celulares e os *smartphones* sejam máquinas de registro de imagens passíveis de serem transmitidas pela internet fez com que as redes sociais rivalizassem a mídia tradicional ou se transformassem em fontes de notícias para jornais e outros veículos de comunicação. Insurreições e protestos contra regimes opressivos também usaram as redes sociais, especificamente o Twitter, na disseminação de informação imediata. O ponto de vista do indivíduo multiplica-se ao se espalhar pela rede de relações conectadas através do *site*. Não se deve tb. esquecer que os empregadores têm observado o comportamento privado de seus empregados, o que, por vezes, lhes custa o emprego. Por mais que se queira transformar as redes sociais em algo que esteja livre dos problemas e práticas da vida em sociedade, isso de fato não acontece. Além de ser uma praça universal de encontros, as redes sociais respondem por mais de 20% dos anúncios comerciais *on-line*. De todos os usos na internet, o acesso a redes sociais é aquele que mais cresce na medida direta do aumento do número de pessoas com *smartphones*. Não há motivo para que as redes sociais sejam utilizadas apenas pelos indivíduos e não por instituições e entidades públicas e empresariais. ▸ Cf. COMUNIDADE; COMUNIDADE VIRTUAL. **2** SOC Sistema de grupos humanos ou organizações que mantêm contato entre si por meio de um ou mais tipos de relações, compartilhando informações e tendo interesses e objetivos comuns. ▸ Cf. COMUNIDADE; SOCIEDADE.

BIBLIOGRAFIA

LEMOS, Renata; SANTAELLA, Lúcia. *Redes sociais digitais*. São Paulo: Paulus, 2010.

RECUERO, Raquel. *Redes sociais na internet*. Porto Alegre: Sulina, 2009.

redigir 1 Exprimir por escrito aquilo que se concebe e deseja externar; escrever. **2** Saber colocar em forma literária o pensamento. **3** Exercer o ofício de redator (em periódicos).

redondo GRÁF Diz-se de ou caráter tipográfico cujas hastes verticais são perpendiculares à linha que lhes serve de base; romano.

redução 1 ART.PLÁST Reprodução, em pequena escala, de um objeto de arte. **2** FOT Positivo em escala menor que o correspondente negativo. **3** FOT Processo para acentuar os contrastes de uma chapa fotográfica, dando mais ênfase aos seus brancos e negros.

redução ao absurdo LÓG Segundo Aristóteles (384 a.C. - 322 a.C.), raciocínio que assume provisoriamente um ponto de vista contrário ao que se quer demonstrar, com o objetivo de ressaltar as consequências absurdas e contraditórias que resultariam do desenvolvimento lógico de tal perspectiva; raciocínio por absurdo, demonstração por absurdo. ▸ A redução ao absurdo é um método que indiretamente invalida um raciocínio. Quando um pensamento é reduzido ao absurdo, todo o raciocínio é invalidado como efeito das consequências que sua conclusão apresenta. ▸ Cf. ABSURDO ('pensamento contraditório').

reducionismo FIL **1** Tendência a descrever qualquer processo biológico com as mesmas explicações (p.ex., as leis da física e da química) us. pela ciência para interpretar a matéria inanimada. **2** Teoria segundo a qual é possível o reducionismo completo. **3** Procedimento ou teoria que decompõe (reduz) todo dado ou fenômeno complexo a seus termos mais simples e considera-os mais fundamentais do que o próprio fenômeno. **4** Redução sistemática de um domínio do conhecimento a um outro mais particular, tido como mais fundamental (p.ex., matemática à lógica formal, linguística à semiótica).

INFORMAÇÕES GERAIS

Um dos aspectos teóricos do reducionismo é a suposição de que os saberes possam ser unificados. Se, de fato, a atitude reducionista é uma possibilidade aberta pelo reconhecimento de que a vida é um processo unitário, daí não se conclui que o reducionismo, por si só, seja um procedimento intelectual tão aceitável que não mereça crítica ou discussão. Ainda que pareça justo reduzir a biologia à química, isso certamente não quer dizer que os fatos biológicos inexistam, que os organismos sejam meros efeitos químicos e que, por consequência, a biologia se transforme num ramo da química. Nas ciências humanas, o reducionismo toma freq. a forma de um cientificismo, por vezes ingênuo: nesse espírito, os processos mentais são declarados quiméricos, como faz o BEHAVIORISMO, porque só é possível observar e descrever o que seja comportamento. Todo saber é, estritamente, uma redução, mas o problema que a tendência reducionista traz é resultado de reduções inapropriadas e empobrecedoras ao extremo. A tradutibilidade de teses de um saber noutro é plenamente justificada se a tradução enriquecer o objeto de conhecimento.

BIBLIOGRAFIA

JONES, Richard H. *Reductionism: analysis and the fullness of reality*. Lewisburg: Bucknell University Press, 2000.

reductio ad absurdum [lat.] FIL Ver REDUÇÃO AO ABSURDO.

redundância 1 Qualidade ou característica do que é repetido e supérfluo. **2** Insistência desnecessária nas mesmas ideias; excesso de palavras, de expressões; prolixidade, abundância. **3** ESTL M.q. TAUTOLOGIA ('uso').

INFORMAÇÕES GERAIS

A teoria matemática da comunicação opõe redundância e INFORMAÇÃO. O conceito de informação expressa, quantitativamente, o teor de novidade, surpresa e raridade estatística de uma mensagem. Sendo o oposto de informação, redundância é repetição e, principalmente, desperdício, uma vez que uma mensagem redundante diz com maior custo aquilo que pode ser comunicado com mais economia. Superficialmente, redundância significaria inutilidade, mas, se esse é o caso, por que mecanismos de redundância se instalam em tantos sistemas de comunicação, como é o caso das línguas naturais? Como já se observou, diante de enunciados linguísticos, o receptor efetivamente só presta atenção à metade do que foi transmitido: na maioria das frases produzidas, o teor de redundância costuma ser aproximadamente da ordem de 50%. Os mecanismos de redundância persistem na comunicação porque são antídotos contra o surgimento de ruídos e interferências, que degradam, distorcem e desfiguram as mensagens. Durante as primeiras transmissões de rádio, engenheiros eletrônicos observaram que ruídos eram claros fatores de perturbação que precisavam ser eliminados. Além da solução técnica de reduzir estática, uma saída seria construir a mensagem deliberadamente de forma a isolar o ruído da perturbação física do meio ambiente. Graças a esse recurso, quando a mensagem é repetida, apesar do desperdício redundante, pode-se separá-la dos distúrbios da estática. Por isso a redundância torna-se perfeitamente aceitável por parte dos transmissores, já que beneficia a recepção de mensagens. A redundância aumenta a inteligibilidade relativa do que é comunicado, mesmo que ao preço de sua originalidade. Nesse caso, importa mais a comunicabilidade do que a eficiência econômica de sua transmissão. O fenômeno da redundância revela a contradição estrutural entre compreensão e originalidade. Uma mensagem facilmente absorvida é quase sempre pouco informativa. Entretanto, é preciso observar que a ausência de originalidade e de informação é freq. sinônimo de tédio e outro tipo de ineficácia comunicativa. Em termos práticos, cada situação traz consigo um teor ótimo de informação, que não deve ser ultrapassado. O mesmo raciocínio é válido para o teor de redundância. Redundância e informação são, portanto, complementares e não apenas excludentes. Não se deve esquecer também que um sistema comunicacional com fartos mecanismos de redundância, como as línguas naturais, tem naturalmente alto potencial informativo.

redutor 1 QUÍM Diz-se de ou indivíduo químico (substância simples, composta, radical, íon etc.) que perde elétrons numa oxirredução, aumentando assim sua valência positiva ou diminuindo a negativa. ▶ Quanto maior a facilidade em perder elétrons, mais forte o redutor; quando uma substância se oxida, age como redutora, e, dependendo da reação, um mesmo indivíduo químico pode agir como redutor ou oxidante. **2** Que ou o que permite reduzir com precisão desenhos, gravuras etc. (diz-se de artefato).

reedição 1 Ato ou efeito de reeditar. **2** EDIT Nova edição que apresenta alterações (no texto, na diagramação etc.) em relação às edições anteriores da mesma obra. ▶ Cf. REIMPRESSÃO.

reembolso postal Serviço oferecido pela Empresa Brasileira de Correios e Telégrafos, que permite a remessa de encomenda a ser paga e retirada pelo destinatário na agência postal de sua localidade.

reescrita Ação de reescrever algo ou algo escrito de outra forma.

reestampa Nova edição; reedição, reimpressão.

reestampar Tornar a estampar; reeditar, reimprimir.

reexposição 1 Nova exposição; nova apresentação. **2** MÚS Repetição dos temas principais de uma composição, ger. em forma de sonata, após o seu desenvolvimento; reprise, recapitulação.

[1]referência LING SEMIO Ato de indicar, por meio de um signo linguístico, um indivíduo, um objeto, um processo, uma qualidade etc. do mundo extralinguístico, real ou imaginário (o referente); designação. ▶ A referência depende do contexto linguístico e situacional. Entender uma referência é ser capaz de identificar a relação que existe entre o nome de algo ou de alguém e o objeto que é, então, nomeado. Para o problema da referência, usam-se vários termos correlatos: 'denotar', 'nomear', 'designar', 'representar', 'mencionar', 'falar de' etc. O que há de comum em todos esses termos é que tratam da conexão da linguagem com objetos do mundo, sejam eles físicos, mentais, psicológicos ou cognitivos. Os objetos dos atos de referência são ditos 'referentes', ou seja, aquilo sobre o qual se diz, nega ou enuncia algo. O referente é tudo o que um signo designa: trata-se de seu *designatum* ou *denotatum*. Devido à complexidade dos referentes, deve-se ter cautela ao dizer que cada signo tem um referente. Alguns termos categoremáticos têm, mas nem todos: existem signos plenamente significativos, como 'se', 'então', 'portanto', 'não', que não têm objeto a não ser sob a forma intelectual e abstrata. Igualmente importante é levar em conta que a descrição referencial, na maioria das vezes, exige não um, mas vários signos ou sentenças: "a neve é branca", "João saiu de casa para tomar um avião" etc. Para alguns lógicos que seguiram as observações de

Gottlob Frege (1848-1925), a unidade representativa da referência deve ser sempre a sentença. A referência é o que permite a atribuição de condições de verdade a uma representação. A sentença "a neve é branca" é verdadeira se e somente a neve for branca. ▸ Cf. CONOTAÇÃO; DENOTAÇÃO; DESCRIÇÃO; FREGE, GOTTLOB; TARSKI, ALFRED.

[2]**referência** 1 Nota informativa de remissão em uma publicação (livro, revista etc.). 2 Citação, impressa ou difundida por qualquer outro meio, que se inclui em livro, artigo etc.

referente 1 Relativo a, que diz respeito a. 2 LING O elemento do mundo extralinguístico, real ou imaginário, ao qual remete o signo linguístico, num determinado contexto sociocultural e de discurso. ▸ Cf. DENOTAÇÃO; [1]REFERÊNCIA.

refilador GRÁF Que ou quem opera uma guilhotina para trabalhos de refilo.

refilagem GRÁF M.q. REFILO.

refilar ENC GRÁF M.q. BARBEAR.

refile GRÁF M.q. REFILO.

refilo GRÁF Corte fino, com largura de poucos milímetros, feito no acabamento de trabalho impresso, por meio de guilhotina ou instrumento manual, de modo a igualar as bordas das páginas; refilagem, refile, aparagem.

refletor 1 Que reflete ou repercute; refletidor. 2 Aparelho que se destina a refletir a luz.

reflex FOT 1 Caracterizado pela reflexão da imagem sobre um vidro despolido no meio de um espelho inclinado a 45° (diz-se de sistema de visor fotográfico). 2 Que utiliza esse sistema (diz-se de máquina fotográfica).

reforçador FOT Substância que reforça um banho fotográfico com o fim de tornar mais nítida a fotografia.

reforço 1 FOT Aumento da intensidade do escuro em uma matriz fotográfica. 2 PSIC Apresentação do estímulo que desencadeia a reação incondicionada, em lugar de estímulo condicionado. ▸ Em teorias behavioristas, o conceito de 'reforço' é concebido como um elemento no processo formador de respostas, o que o qualifica a ser parte da educação do indivíduo. Por extensão, os efeitos das mensagens veiculadas nos meios de comunicação teriam a função de consolidar, enfatizar e reforçar valores que já foram estabelecidos e introjetados socialmente. Esse tipo de suposição é conservador, política e socialmente, já que reduz ao mínimo a autonomia dos espectadores, que são definidos como *tabulas rasas*. A noção de reforço mostra-se em muitas teorias da comunicação de massa n.-am., que veem a comunicação de massa como um vasto, constante e sistemático mecanismo de aprendizagem. ▸ Cf. BEHAVIORISMO; SKINNER, B. F.; REALIZAÇÃO ('sentimento de completude'); USOS E GRATIFICAÇÕES.

reformatar INF Formatar novamente; repetir a operação de formatação de (um meio magnético ou óptico).

reformismo POL Doutrina política segundo a qual a transformação da sociedade, com vistas a aperfeiçoar todos os seus aspectos, pode efetuar-se no quadro das instituições existentes, por meio de reformas gradativas, sem necessidade de mudanças bruscas ou métodos revolucionários. ▸ Cf. REVISIONISMO.

refração FÍS Mudança da direção de uma onda que se propaga em um determinado meio ao passar obliquamente para outro meio no qual a velocidade de propagação é alterada; anáclase.

refutabilidade 1 Qualidade ou condição daquilo que é refutável; contestabilidade. 2 FIL M.q. FALSIFICABILIDADE ('possibilidade').

refutação 1 Ação de refutar; contestação. 2 Argumento, série de argumentos ou prova que destrói o que foi alegado; réplica, contestação. 3 Conjunto de razões invocadas para refutar. 4 RET Parte do discurso que refuta argumentos contrários.

regeneração 1 ELETRÔN Transferência de parte da energia de saída de um circuito para a entrada, para reforçar o sinal ou controlar-lhe a intensidade; realimentação. 2 ELETRÔN Reobtenção de um sinal de saída em condições semelhantes a determinado sinal de entrada, mas com amplitude, forma de onda ou sincronismo dentro de parâmetros estabelecidos. 3 INF Processo periódico de restauração da informação armazenada na máquina. 4 INF Inserção de lógica no projeto de um sistema, a fim de facultar a geração de dados a partir de fórmulas básicas, em lugar de armazenar grandes volumes de dados estatísticos. 5 INF Em técnica de digitalização, reconhecimento e reconstrução de um sinal digital, de modo que a amplitude, a forma da onda e o sincronismo sejam mantidos dentro de parâmetros convencionados.

registrador 1 INF Dispositivo de memória situado no interior de um microprocessador, dotado de uma capacidade de memória determinada, ger. destinado a uma utilização específica e que pode ser acessado com velocidade maior que qualquer outra área de memória no sistema. 2 INF Processo periódico de restauração da informação armazenada na máquina. 3 Qualquer aparelho que registra o resultado da medição por ele executada.

registro 1 Índice, arquivo, crônica. 2 Cópia ou documento de papel. 3 GRÁF Correspondência das linhas de uma página com as de outra página do mesmo caderno. 4 GRÁF Correspondência que deve existir entre várias impressões sucessivas, de modo que, p.ex., uma letra vermelha caia exatamente no seu lugar dentro do texto preto, e os pontos de cores diferentes se encaixem perfeitamente formando a policromia. 5 GRÁF M.q. MARCADOR. 6 INF Estrutura (diretório) que contém dados sobre determinado assunto. 7 INF Parte desse banco de dados (arquivo). 8 INF Conjunto de sinais telegráficos pelo qual é assegurada a preservação de qualquer forma desses sinais ou de elementos desses sinais; resultado desse processo. 9 LING SLING Variante linguística condicionada pelo grau de formalidade existente na situação em que se dá o ato da fala, ou da finalidade, no ato da escrita; estilo, linguagem. ▸ Na língua falada, podem distinguir-se, em grau decrescente de formalidade, os registros oratório, formal, coloquial tenso, coloquial distenso e familiar, e, na linguagem escrita, literário, formal, informal, pessoal; algumas pessoas usam uma classificação simplificada e falam, tanto para a língua falada como para a escrita, em registro formal e registro informal. 10 MÚS Cada uma das subdivisões do âmbito de um instrumento ou voz. 11 MÚS Cada um dos tipos de produção vocal.

registro de som FONO Gravação de sons para posterior reprodução.

registro informal LING SLING 1 Variante linguística da fala ou da escrita em que o autor, encontrando-se numa situação de menor ou nenhuma formalidade, usa formas consideradas coloquiais, populares, familiares etc. 2 Variante da língua escrita em que não há grande preocupação com o estilo e os padrões oficiais de correção, como em cartas familiares, certas revistas e jornais voltados para os jovens etc.

regra 1 Aquilo que regula, dirige, rege; princípio, norma, preceito. 2 Norma, fórmula que indica o modo apropriado de falar, pensar, agir em determinados casos. 3 Aquilo que foi determinado, ou se tem como obrigatório, pela força da lei, dos costumes etc.; lei, princípio, norma.

INFORMAÇÕES GERAIS

As linguagens e a comunicação em geral são possíveis porque suas mensagens são construídas segundo sistemas de regras recíprocas para os emissores e os receptores, para os falantes e suas audiências. Apesar de variados e diversos, os modos de comunicação e de linguagem têm uma característica geral: são formas de ação fixadas por meio de regras. Para que exista um sistema comunicacional, é preciso que seus usuários sejam capazes de identificar as regras formativas do sistema e também que sejam capazes de usá-las. O conhecimento das regras de comunicação e da linguagem deve ser idealmente completo, ainda que, no caso de usuários de uma língua que não lhes seja natural, possa ser inevitavelmente parcial. Entretanto, deve-se notar que, no caso da aquisição de sua linguagem primeira, o usuário obtém, logo no início da infância, um conhecimento simultaneamente inconsciente e total da estrutura linguística básica. As regras descrevem e prescrevem os sistemas de expressão. A gramática gerativa chomskiana teorizou, convincentemente, que as regras gramaticais têm grau de universalidade, resultante da origem biológica da linguagem humana. A descrição normativa de uma língua dá conta de um sistema específico de comunicação linguística, enquanto o nível prescritivo lidaria com a universalidade das regras gramaticais. Na verdade, isso leva ao reconhecimento de que existe, entre os seres humanos, uma capacidade inata e intrínseca de apreender regras, efeito de sua herança biológica.

regra categórica SLING Regra da gramática que se aplica mecanicamente sem levar em consideração condições sociais ou regionais.
regra de reescrita LING Regra sob a forma de instrução formalizada que converte um símbolo, representante de uma estrutura sintática, em um ou mais símbolos, que representam os constituintes dessa estrutura.
regra fundamental PSICN Num tratamento psicanalítico, a aplicação sistemática do método da livre associação.
regra moral JUR SOC Conduta moral que é tida como regra por força dos costumes.
regra transformacional GRAM.GENER M.q. TRANSFORMAÇÃO.
regressão 1 EVOL Reversão da direção evolutiva. 2 EST Dependência funcional entre duas ou mais variáveis aleatórias. 3 PSICN Retorno a fases ou estágios já percorridos no desenvolvimento de um indivíduo, em situações acrescidas de estresse ou que comportam conflitos internos e externos. 4 RET Figura pela qual se repetem palavras ou frases, invertendo-lhes a ordem e alterando-lhes o sentido.
regressão fonológica FON LING Intervenção das forças linguísticas de conservação na evolução fonética de uma forma, levando-a a retornar a um estado anterior.
regulador 1 TEAT M.q. BASTIDOR ('armação móvel'). 2 MÚS Sinal gráfico que indica crescendo ou descrescendo.
reificação 1 Ato ou efeito de reificar, de transformar em coisa. 2 Operação mediante a qual uma abstração se converte em objeto concreto, em coisa. 3 FIL Processo em que uma realidade social ou subjetiva de natureza dinâmica e criativa passa a apresentar determinadas características – fixidez, automatismo, passividade – de um objeto inorgânico, perdendo sua autonomia e autoconsciência. 4 FIL Segundo György Lukács (1885-1971), baseado em um conceito de Karl Marx (1818-1883), processo histórico inerente às sociedades capitalistas, caracterizado por uma transformação da atividade produtiva, das relações sociais e da própria subjetividade humana, que se conformariam progressivamente com o caráter inanimado, quantitativo e automático dos objetos ou mercadorias circulantes no mercado. ▶ Bem mais do que assinalar que o humano se transforma em coisa, a ideia de reificação sugere que, no capitalismo industrial, a economia não seja parte da sociedade, mas que, ao contrário, as relações sociais se transformem em instâncias da organização econômica. No capitalismo, tudo se transforma em mercadoria, que é coisa negociada economicamente; por consequência, a consciência também é mercantilizada, seguindo o modelo de fetichismo de mercadoria apontado por Marx. Como coisas e mercadorias, os agentes sociais não podem exercer seu potencial revolucionário de transformação das estruturas econômicas. ▶ Cf. ALIENAÇÃO; FETICHISMO DA MERCADORIA; LUKÁCS, GYÖRGY; MERCADORIA.
reimpor GRÁF Impor de novo, de modo que se altere o formato. ▶ Cf. IMPOR.
reimpressão 1 Ato ou efeito de reimprimir. 2 BIBL EDIT GRÁF Nova tiragem que se faz de um impresso (livro, revista, jornal, selo etc.) sem que o texto ou a imagem da edição anterior sofra modificação. ▶ Cf. REEDIÇÃO.
reinicialização INF Processo de restauração do estado inicial de um dispositivo, computador, sistema etc.
reiniciar INF Restaurar situação, estado ou valor inicial de (sistemas, dispositivos, computadores ou variáveis). ▶ F. não pref.: *reinicializar*.
relação 1 Ato de relatar; relato. 2 Ato de informar, de noticiar. 3 FIL Caráter de dois ou mais objetos de pensamento compreendidos num só ato intelectual. 4 LING Interdependência entre dois ou mais elementos linguísticos. 5 LÓG Condição que liga dois ou mais objetos lógicos. 6 LÓG No kantismo, conceito puro do entendimento subdividido nas categorias de substância, causa e reciprocidade, e correspondente aos juízos categóricos, hipotéticos e disjuntivos. 7 MÚS Intervalo entre dois sons; ligação harmônica entre duas notas executadas uma após a outra.
relação associativa LING A que existe entre componentes de um conjunto de elementos de um sistema linguístico, que não ocorrem consecutivamente na cadeia da fala e que são mutuamente substituíveis. ▶ Potencialmente cada elemento desse conjunto pode ocupar o lugar do outro. ▶ Cf. OPOSIÇÃO.
relação binária MAT Subconjunto do produto cartesiano de dois conjuntos X e Y, caracterizando, assim, uma propriedade entre os elementos desses conjuntos (denota-se por xRy).
relação de equivalência MAT Qualquer relação reflexiva, transitiva e simétrica definida para todos os elementos de um conjunto dado.
relação de operação INF Relação entre o tempo de operação e o tempo total preestabelecido como turno de utilização da máquina.
relação sintagmática LING Relação entre dois elementos situados consecutivamente na cadeia falada, em que um funciona como determinante e o outro como determinado.

relação transitiva LÓG MAT Relação em conjunto que relaciona *a* com *c*, se *a* estiver relacionado com *b* e *b* estiver relacionado com *c*.

relacional LING Que indica uma relação sintática (diz-se do conteúdo gramatical dos elementos flexionais, preposições, conjunções etc.).

relações humanas 1 Estudo dos problemas humanos provenientes das relações organizacionais e interpessoais (na indústria, na burocracia etc.). 2 Curso, currículo ou programa destinado a aprimorar a integração interpessoal.

relações públicas Atividade profissional cujo objetivo é informar a opinião pública acerca das realizações de organizações de qualquer tipo.

relações-públicas Indivíduo que trabalha em relações públicas.

relativismo 1 ÉT Doutrina segundo a qual os valores morais não apresentam validade universal e absoluta, diversificando-se ao sabor de circunstâncias históricas, políticas e culturais. 2 FIL Ponto de vista epistemológico (adotado pela sofística, ceticismo, pragmatismo etc.) que afirma a relatividade do conhecimento humano e a incognoscibilidade do absoluto e da verdade, em razão de fatores aleatórios e/ou subjetivos (tais como interesses, contextos históricos etc.) inerentes ao processo cognitivo.

INFORMAÇÕES GERAIS

A negação da universalidade que faz parte das filosofias e doutrinas relativistas toma duas formas: uma, cognitiva e outra, ética. O perspectivismo sofístico da Antiguidade Clássica é um caso de relativismo cognitivo, ao afirmar que só podemos conhecer pontos de vista particulares: só os deuses alcançariam a verdade absoluta. Entre os sofistas gregos, Protágoras de Abdera (c490 a.C. - c420 a.C.) foi um dos primeiros pensadores a apresentar uma formulação relativista, dizendo que "o homem é a medida de todas as coisas": a água é boa para o peixe que nela nada e mortal para um náufrago. O relativismo é uma postura teórica reativa que só afirma um particularismo radical, seja ele político, histórico ou cultural, após negar toda e qualquer forma de universalidade. Próximo de posturas céticas, o relativismo, quando muito, postula uma versão meramente instrumental do conhecimento. Se as filosofias relativistas expressam uma verdade cognitiva, isso quer dizer que estão apresentando uma avaliação universal a propósito do conhecimento, o que indica a natureza contraditória de sua doutrina. O relativismo ético supõe que não existam princípios morais universais, pois a variedade cultural seria inegável. Cada cultura seria regida por sistemas de regras e convenções próprios. Porém, novamente surge aqui uma contradição: para que um sistema de convenções seja adotado por um grupo, é preciso que se admita sua validade universal; caso contrário, o conhecimento e os valores morais seriam radicalmente subjetivistas. Nesse caso, não haveria como manter uma ordem convencional coletiva.

relativismo cultural SOC Doutrina que advoga a tese de que não há padrão absoluto que permita julgar os comportamentos humanos.

relatório 1 Conclusões às quais chegaram os membros de uma comissão (ou uma pessoa) encarregada de efetuar uma pesquisa, ou de estudar um problema particular ou um projeto qualquer. 2 Exposição por meio da qual uma pessoa apresenta o essencial de sua própria atividade ou de um grupo ao qual pertence. 3 INF Documento de saída, preparado por um sistema de processamento de dados.

relé ELETR Dispositivo que retransmite um sinal radioelétrico, amplificando-o, ou que permite comutar um circuito com a ajuda de um sinal de comando.

release [ing.] JOR 1 Material informativo distribuído entre jornalistas antes de solenidades, entrevistas, lançamentos de filmes etc., com resumos, biografias, dados específicos que facilitem o trabalho jornalístico. 2 M.q. COMUNICADO ('texto').

relevo Aparência de saliência ou de profundidade, num quadro ou numa fotografia, resultante da oposição das partes claras e escuras.

relevografia GRÁF GRAV M.q. TIMBRAGEM.

relevogravura GRÁF GRAV M.q. TIMBRAGEM.

relocar INF Deslocar (dados) de uma área de memória para outra.

relógio de tempo real INF Dispositivo que indica o tempo realmente transcorrido, criando sinais periódicos ou indicando, por dígitos legíveis, o lapso de tempo que separa os eventos.

relógio diário INF Contador binário interno, independente da atividade do sistema, que registra uma medição exata do tempo transcorrido com uma resolução de microssegundos e um ciclo medido em anos.

rema 1 LING Parte da frase que diz algo de novo sobre o tema; comentário. ▶ Cf. TEMA. 2 SEMIO Na teoria dos signos de Charles S. Peirce (1839-1914), termo que é parte de uma demonstração silogística ou de qualquer outro argumento lógico. ▶ P.ex., no silogismo "todos os atenienses são homens"/"todos os homens são mortais"//"todos os atenienses são mortais", cada um dos elementos da demonstração é um rema, que etimologicamente se refere a palavra, objeto de um discurso.

remake [ing.] M.COM Nova versão de uma obra artística, esp. de um antigo filme de sucesso.

remalina INF Tira de papel delimitada por picote serrilhado ou microsserrilhado com uma série de furos nas partes laterais dos formulários contínuos, que servem para prender-se ao mecanismo trator da impressora que faz o papel avançar.

remate GRÁF 1 Vinheta de acabamento. 2 M.q. SERIFA.

remix 1 FONO MÚS TV M.q. REMIXAGEM. 2 Nova orquestração; orquestração atualizada (de música). 3 Resultante de nova mixagem (diz-se gravação fonográfica).

remixagem FONO MÚS TV 1 Ato ou efeito de remixar; remix. 2 Modificação ou versão modificada da orquestração de uma música (ou outro som qualquer), gravada e mixada; remix.

remixar FONO MÚS TV 1 Mixar novamente. 2 Modificar (música já gravada), mixando-a de outro modo (p.ex., alterando o volume de um canal, suprimindo trechos, acrescentando partes previamente excluídas da mixagem original).

remoto INF Diz-se de computador ou aparelhagem similar que se encontra em local afastado, distante, mas que pode ser acessado por meio de um *link* de comunicações.

remover INF Desfazer-se de (dados ou arquivos); eliminar; apagar; suprimir.

Renascimento 1 HIST Movimento intelectual que, no sXV, preconizou a recuperação dos valores e modelos da Antiguidade greco-romana, contrapondo-os à tradição medieval ou adaptando-os a ela, e que renovou não apenas as artes plásticas, a arquitetura e as letras, mas tb. a organização política e econômica da sociedade. 2 HIST.ART Estilo artístico desse movimento, que nasce em Florença aprox. a partir de 1420 e estende-se até 1520, espraiando-se para outras áreas da Itália. ▸ A crítica tradicional considera-o um estilo italiano que se difunde pela Europa, ao longo do sXV, enquanto parte da crítica do sXX tende a julgar que sua disseminação, após 1520, já teria ocorrido sob as formas do Maneirismo.

repaginação GRÁF Ato ou efeito de tornar a paginar.

reparte Quantidade de publicações que se envia para uma ou mais bancas de jornais.

repertório 1 Disposição de assuntos em ordem que facilita encontrá-los. 2 Título de certas coletâneas. 3 O conjunto das peças teatrais ou das composições musicais pertencentes a um determinado autor, uma época, uma escola etc. 4 Conjunto das peças que já foram apresentadas por uma companhia teatral ou que estão sendo remontadas periodicamente, ou que foram escolhidas para montagens futuras. 5 Conjunto dos papéis interpretados por um ator ou uma atriz. 6 Conjunto das peças executadas em um concerto. 7 Conjunto de conhecimentos.

repetição 1 Enunciação das mesmas palavras, das mesmas ideias que já tinham sido enunciadas antes. 2 GRÁF Erro tipográfico que consiste em duplicar letra(s), palavra(s), frase(s); duplicação. 3 MÚS Reprodução de um trecho de música, indicada por sinal próprio na partitura. 4 RET Figura que consiste na repetição de uma mesma palavra ou frase.

repetição enfática RET Uso reiterado de uma palavra, numa sequência de palavras, por motivo de ênfase.

repetidor TEL Amplificador us. nas linhas telefônicas de grande extensão.

repetidora GRÁF M.q. FOTOMULTIPLICADORA.

repintagem GRÁF M.q. REPINTE.

repintar GRÁF Reproduzir numa página o que está impresso com tinta fresca em folha contígua.

repinte 1 Ato ou efeito de repintar; repintagem. 2 PINT M.q. RETOQUE.

replay [ing.] TV Retransmissão imediata da gravação de trecho de programa transmitido ao vivo, esp. de acontecimento esportivo.

réplica M.q. REFUTAÇÃO.

reply [ing.] INF Resposta a mensagem de correio eletrônico.

reportagem JOR 1 Atividade jornalística que basicamente consiste em adquirir informações sobre determinado assunto ou acontecimento para transformá-las em noticiário. 2 O resultado desse trabalho (escrito, filmado, televisionado), que é veiculado por órgãos da imprensa. 3 Função, serviço de repórter; a classe dos repórteres.

repórter JOR 1 Jornalista que recolhe informações, notícias de qualquer natureza, para transformá-las em matéria de noticiário. 2 Noticiarista de periódicos, rádio, televisão etc.

INFORMAÇÕES GERAIS

Os repórteres de um meio de comunicação jornalística trabalham numa editoria específica, o que significa que fazem parte de um time de profissionais, cuja função é produzir informação a ser publicada no jornal. O repórter tem como tarefa mais do que coligir um conjunto de informações: faz parte da atividade profissional de um repórter analisar, verificar a veracidade do que será publicado e apresentar o conteúdo informativo sob a forma de texto. A função de um repórter deve ser vista, primariamente, como interpretação de fatos. O jornalismo contemporâneo pede que o repórter faça mais do que colecionar dados e fatos. Ele é também o profissional que redige o que foi apurado, o agente produtor da notícia final, o indivíduo que participa de todos os estágios de formulação da matéria, atuando na escolha das imagens e infográficos a serem publicados. O repórter é um narrador cuja expressão não se limita à criação de frases, daí ser também considerado repórter o profissional que fotografa para o jornal. Repórter e repórter fotográfico trabalham num espírito de equipe, oferecendo sugestões mútuas. Jornais de qualidade exigem que o repórter seja capaz de produzir textos ditos finais, ou seja, que possam e mereçam ser impressos.

---

repórter cinematográfico JOR Profissional que registra cinematograficamente imagens de interesse jornalístico.

repórter fotográfico JOR Profissional responsável pela parte fotográfica das matérias jornalísticas; aquele que realiza fotos para os meios de comunicação de massa. ▸ Cf. REPÓRTER.

Reppublica, La [it.] Diário italiano, fundado em 2008, sediado em Roma e de propriedade do Gruppo Editoriale L'Expresso. ▸ *La Reppublica* é o segundo jornal em termos de exemplares vendidos na Itália. Foi o primeiro jornal italiano a ser impresso na forma de TABLOIDE e não cobria esportes e assuntos econômicos. Suas edições iam de terça a domingo. O noticiário do *La Reppublica* dedicava-se apenas ao que chamava de notícias importantes. Seu objetivo era conquistar um segmento considerável de leitores, mesmo que ao preço de ser o segundo jornal do país. A linha política do jornal é considerada progressista. Sua tiragem diária é de aproximadamente 556 mil exemplares.

representação 1 Aquilo que se representa. 2 Ideia ou imagem que concebemos do mundo ou de alguma coisa. 3 CINE TEAT TV Ato de representar papéis em espetáculos teatrais, cinematográficos etc.; atuação. 4 FIL Operação pela qual a mente tem presente em si mesma a imagem, a ideia ou o conceito que correspondem a um objeto que se encontra fora da consciência. 5 ART.PLÁST Reprodução por meio da escultura, da pintura, da gravura. 6 PSIC Imagem intencionalmente chamada à consciência e mais ou menos completa de um objeto qualquer ou de um acontecimento anteriormente percebido.

INFORMAÇÕES GERAIS

Para que se entenda o processo de representação, é preciso partir da noção de que os conteúdos mentais, a matéria ou as imagens que representam o façam por meio do nexo, da ação ou da relação de signos com algo que, não sendo signo, é representado. As representações não são coisas, mas valem como se fossem. O mundo das representações é um domínio do 'faz de conta'. *X* representa *Y*, porque *X* passa por *Y*. Nesse sentido, representar é bem mais do que meramente substituir ou estar no lugar de algo. A representação acrescenta ou modifica aquilo que já era sabido, admitido ou conhecido: freq., a representação não se restringe a indicar e a mostrar. Daí Immanuel Kant (1724-1804) ter reconhecido que a representação do mundo é o limite daquilo que se pode conhecer sobre a coisa em si mesma. Uma vez definida a natureza aditiva da representação, cabe a pergunta a respeito de como esse acréscimo se verifica. Desde a influente discussão cartesiana sobre a CERTEZA, muitos teóricos adotam, de modo implícito ou explícito, um modelo estritamente dual de representação, afirmando ou supondo que só existem os signos que representam e as coisas representadas. Mas, se a representação for vista como uma relação onde *X* é o veículo e *Y* seu objeto, algumas outras questões surgem. Como se reduz a ARBITRARIEDADE entre representante e representado? Por que os usuários das representações acreditam e aceitam essa substituição? Para que os signos se estabeleçam como elemento do faz de conta, é preciso considerar a ação mental que opera e legitima a substituição representativa. A alternativa para o modelo dual de representação é, portanto, triádica e composta de um veículo, um objeto e outra representação, que é equivalente ou mais desenvolvida do que o veículo original e que, para esse jogo de faz de conta, se mostra legitimamente aceitável. A teoria das representações de Charles S. Peirce (1839-1914), sua semiótica, reconhece três modos fundamentais de equivalência sígnica: por analogia, por causa e efeito e por convenção. Através de um desses três modos ou de sua ação combinada, uma representação é, efetivamente, aceita como signo, que conta como se fosse algo distinto da expressão material do veículo de representação. Só assim é possível afirmar o signo como um elemento representativo; o prefixo *re-* no termo *representação* indica mediação, o que, de fato, acontece na teoria triádica de Peirce. Ao enfatizar o processo de mediação representativa, a semiótica peirciana sofistica a relação entre objeto e representação que, num modelo dualista, soa como se fosse uma imagem direta de duas entidades que são, na maioria das vezes, opacas uma à outra. Nenhum pensamento permite o acesso direto àquilo do qual fala e que representa: entre veículo de pensamento e objeto interpõe-se um complexo reino de representações que agem sobre o veículo e seu objeto. Esse universo é regido por um processo de SEMIOSE. É justo deduzir dessas considerações analíticas que as atribuições mentais que seriam uma dimensão aparentemente psíquica e psicológica só acontecem, na realidade, por meio de atos de representação.

BIBLIOGRAFIA
PEIRCE, Charles S. *Semiótica*. São Paulo: Perspectiva, 1999.

representacionalismo 1 FIL Doutrina segundo a qual a mente, ou não raro o cérebro, opera com representações das coisas que percebemos ou nas quais pensamos, e assim o objeto imediato do conhecimento é uma ideia mental, diferente do objeto externo que vem a ser a ocasião da percepção. 2 HIST.ART Teoria ou prática da representação realista na arte; realismo.

representamen [lat.] FIL LÓG SEMIO M.q. SIGNO. ▸ No vocabulário técnico da lógica e da semiótica de Charles S. Peirce (1839-1914), o *representamen* é o aspecto material da representação sobre o qual repousa a estrutura triádica do signo, sendo, portanto, qualquer coisa que seja capaz de representar algo para alguém; nesse caso, o signo é visto como uma função triádica que relaciona um veículo que representa, um objeto representado e um interpretante. ▸ Cf. INTERPRETANTE.

repressão 1 Ação de ocultar, não manifestar; castigo; punição. 2 Aquilo que reprime. 3 Rejeição consciente e voluntária de uma motivação, de um desejo. 4 PSICN Operação psíquica através da qual um afeto, ideia, ato etc. é conscientemente inibido ou suprimido ao ser afastado do campo da consciência sem passar para o do inconsciente. ▸ Cf. RECALQUE.

INFORMAÇÕES GERAIS

Na teoria freudiana, distinguem-se repressão e recalque. A repressão assemelha-se superficialmente ao recalque, mas é caracteristicamente uma ação consciente, enquanto o recalque é um fenômeno inconsciente. Note-se que um conteúdo meramente reprimido, logo sem ser recalcado, não é transferido do sistema consciente/pré-consciente para o inconsciente. A repressão é mais uma censura do que um mecanismo de defesa do sujeito. Uma condenação moral é repressiva, sem que seja recalcada. Não se devem identificar repressão e condenação: um juízo condenatório pode ser afastado da consciência, tornando a repressão inócua, o que indica uma diferença entre condenação e repressão. Na conceituação psicanalítica, a repressão exerce uma força constante sob o sujeito e assim, pelo menos teoricamente, esse tipo de pressão conduziria conteúdos para o sistema inconsciente, mas isso necessariamente não acontece. Inspirada na psicanálise freudiana, a leitura que Herbert Marcuse (1898-1979) fez da sociedade industrial, no livro *One-dimensional man*, levou-o a singularizar um processo social que recebeu o nome *dessublimação repressiva*, através da qual os impulsos e desejos instintuais são imediatamente satisfeitos, sem mediação ou adiamento. Para Marcuse, essa é uma estratégia desenvolvida pelo consumismo na sociedade industrial moderna. A dessublimação repressiva seria um simulacro de liberdade e satisfação, por meio da qual práticas potencialmente subversivas e revolucionárias, como a sexualidade, são transformadas em instrumentos do conservadorismo social, como seria o caso da pornografia, que transforma o sexo numa atividade estritamente falocêntrica, subjugando e oprimindo o desejo feminino. Para a visão pessimista da sociedade, proposta por Marcuse e comum a tantos outros pensadores da ESCOLA DE FRANKFURT, é preciso desconfiar do que se apresenta como tolerância absoluta. As sociedades industriais avançadas sofisticaram suas estratégias repressivas a ponto de ocultá-las quase por completo. Só abrangendo todas as formas de dissidência é que o capitalismo tardio consegue administrar completamente as forças sociais que teriam a capacidade de desestabilizá-lo. A suposta tolerância completa narcotiza o espírito crítico, desestimulando a consciência contestadora. Sem referência direta a Marcuse, mas, de certa forma, a ele aparentado, Michel Foucault (1926-1984) argumentou que a permissão e o encorajamento a se falar de um desvio fazem parte de dispositivos repressivos. O discurso socialmente sancionado sobre o sexo, por exemplo, não passa de uma estratégia de controle disciplinar. ▸ Cf. DISPOSITIVO; FOUCAULT, MICHEL; MARCUSE, HERBERT.

BIBLIOGRAFIA
FEENBERG, Andrew; LEISS, William. *The essential Marcuse*. New York: Houghton Mifflin, 2007.

reprint [ing.] BIBL EDIT GRÁF Reimpressão.

reprise 1 Ato ou efeito de reprisar. 2 Nova apresentação de (filme, espetáculo etc.). 3 MÚS M.q. REEXPOSIÇÃO.
reprodução 1 Cópia, imitação de algo preexistente, obtida por meio de qualquer processo. 2 ART.PLÁST Cópia de obra artística feita por processos manuais ou mecânicos, seja a partir de um molde do original, seja por meio de gravura, fotografia etc. ▸ Cf. BENJAMIN, WALTER. 3 BIO Ato ou processo de produção de novos indivíduos a partir de organismos parentais. 4 GRÁF Estampa fac-similar, feita mecanicamente a partir de um original. 5 Repetição (de modelo, sistema, prática etc.) tradicional.
reprodução assexuada BIO Aquela em que não ocorre junção de gametas, podendo dar-se, p.ex., por brotamento ou por divisão binária; agamia, agamogênese, agamogonia, apogamia.
reprodução sexuada BIO Aquela em que ocorre junção de gametas; anfigênese, gamogênese, gamogonia. ▸ Cf. SELEÇÃO SEXUAL; SEXO.
reprografia Conjunto de técnicas que permitem reproduzir um documento.
resenha 1 JOR Tipo de resumo de texto de extensão maior que a da sinopse. 2 JOR Notícia jornalística que desce a detalhes da ocorrência e a analisa por diversos ângulos. 3 JOR Sinopse geral do que de fundamental ocorreu em determinado período, em matéria de noticiário. 4 JOR LIT Análise crítica ou informativa de um livro; recensão. 5 JOR M.q. BOLETIM ('seção').
reset [ing.] INF 1 Recondução de um sistema de computador a um estado inicial em condições normais e de modo controlado, por meio do acionamento de botão apropriado, com o intuito de finalizar quaisquer eventos e erros pendentes no sistema. 2 O botão us. nessa operação.
resguardo falso ENC M.q. SALVAGUARDA.
resíduo INF Informação sem significado ou desnecessária, contida em qualquer elemento de armazenagem.
resistência 1 ELETR Condutor que utiliza esp. o efeito resistivo à passagem da corrente. 2 ELETR Peça má condutora de eletricidade, introduzida em um circuito com o fim de consumir parte apreciável da força eletromotriz da corrente que por ele circula. 3 PSICN Recusa do paciente em tomar consciência de suas motivações inconscientes e/ou reconhecê-las como motivações próprias e escondidas da experiência vivida, e de sua conduta. ▸ Sigmund Freud (1856-1939) identificou o que seria resistência na clínica psicanalítica. É um tipo particular de recusa: aquela que bloqueia o acesso ao sistema de representações que foram recalcadas e remetidas ao inconsciente do analisado. Portanto, a resistência constitui um obstáculo fundamental na comunicação entre paciente e terapeuta. Consequentemente, desfazê-la seria um passo importante para que a terapia psicanalítica, de fato, funcione. Ao perceber isso, Freud abandonou a hipnose, que se mostrara, até então, um instrumento revelador de representações recalcadas inconscientemente. A resistência é uma recusa à elucidação das comunicações enigmáticas transmitidas por sonhos, atos falhos, compulsões e outras representações que emergem no encontro psicanalítico. O antídoto à resistência é a insistência na interpretação por parte do analista. A resistência não deve ser entendida como uma má vontade fútil por parte do paciente: pelo contrário, é uma pista central para que o RECALQUE seja liberado e o que é comunicado deixe de ser uma representação cifrada e passe a ser uma explicação eficaz para os processos mentais que se manifestam na terapia. ▸ Cf. INCONSCIENTE.

BIBLIOGRAFIA
FREUD, Sigmund. *O caso Schreber, artigos sobre técnica*. Rio de Janeiro: Imago, 2006.

resma PAP O conjunto formado por quinhentas folhas de papel.
resmar Juntar, reunir em resmas (papel em folhas).
resolução 1 CINE FOT TV Processo ou capacidade de tornar bem visível, nítida, uma imagem registrada por câmara de fotografia, cinema ou TV. 2 MÚS Movimento melódico de uma dissonância para uma consonância.
resposta 1 Qualquer ato que representa o efeito que se segue a um estímulo, e que deste depende para realizar-se. 2 Qualquer processo muscular ou glandular desencadeado por um estímulo. 3 PSIC Na teoria behaviorista, reação verbal ou não verbal a um estímulo. ▸ Cf. BEHAVIORISMO; REFORÇO ('apresentação do estímulo').
resumo 1 Ato ou efeito de resumir(-se); sumário, síntese, sinopse. 2 Exposição sintetizada de um acontecimento ou de uma série de acontecimentos, das características básicas de alguma coisa, com a finalidade de transmitir uma ideia geral sobre seu sentido. 3 Apresentação abreviada do texto ou conteúdo de livro, peça teatral, argumento de filme etc. 4 Recapitulação breve, sucinta.
retardador FOT Que, armado, dispara sozinho o obturador (diz-se de ou mecanismo de máquina fotográfica).
retícula GRÁF GRAV 1 Em fotogravura, rede de pontos, interposta entre a objetiva e a chapa, que torna possível a reprodução dos meios-tons pela decomposição da imagem em inúmeros e pequeníssimos pontos; retículo. 2 O pontilhado que essa chapa determina; trama, retículo. 3 Qualquer padrão, raiado, traçado etc. montado sobre outro, de forma que as raias, traços etc. se combinem perpendicularmente, formando minúsculos quadrados que, impressos com a mesma intensidade de tinta, produzem ilusoriamente o efeito de diversas tonalidades, sendo bastante us. na reprodução de imagens a meio-tom em qualquer processo gráfico; retículo.
reticulado Que se obtém pela aplicação de retícula (diz-se de qualquer imagem já impressa ou em preparo para impressão – no negativo, no clichê, no *software* de editoração eletrônica etc.).
retículo GRÁF GRAV M.q. RETÍCULA.
retificação EDIT Corrigenda de erro em uma publicação, jornal etc.
retiração GRÁF O lado da folha de papel que recebe a impressão em segundo lugar. ▸ P.opos. a BRANCO ('lado do papel').
retirar GRÁF Imprimir (o segundo lado do papel), depois de impresso o primeiro.
retoque 1 Aprimoramento final com que se corrige ou aperfeiçoa uma obra artística ou científica, material gráfico etc. 2 FOT GRÁF Correção, feita por meios químicos ou físicos, que visa a melhoria da qualidade do material de impressão (clichês, chapas fotográficas, fotolito etc.). 3 PINT Recuperação ou aperfeiçoamento das cores desbotadas de um quadro, ger. feito por pessoa especializada; repinte.
rétor RET Aquele que é versado em retórica; mestre de retórica. ▸ Cf. RETÓRICA; SOFISTA.
retorção RET Refutação em que se faz com que os argumentos do adversário se voltem contra ele próprio; réplica, objeção.
retórica 1 RET A arte da eloquência, a arte de bem argumentar; arte da palavra. 2 RET Conjunto de regras

que constituem a arte do bem falar, a arte da eloquência; oratória. **3** RET Aula em que se ensinava essa arte. **4** RET Uma das três disciplinas de que se constituía o *trivium*, na Idade Média, e era ensinada nas universidades. **5** RET Livro ou tratado sobre retórica. **6** Uso da eloquência; utilização dos recursos, das regras da retórica. **7** Emprego de procedimentos enfáticos e pomposos para persuadir ou por exibição; discurso bombástico, enfático, ornamentado e vazio. ▶ Uso pejorativo. **8** Discussão inútil; debate em torno de coisas vãs; logomaquia. ▶ Uso pejorativo.

INFORMAÇÕES GERAIS

Ao longo de sua história como disciplina, a retórica assumiu várias formas, sendo, por vezes, o estudo da persuasão, passando pelo estágio de ser um saber analítico e literário sobre a construção estilística das mensagens, e, ultimamente, uma espécie de teoria da disseminação de conteúdos ideológicos. Por retórica entende-se uma prática, o treinamento necessário para falar bem em público (*bene dicendi scientia*) e também uma teoria; mas houve um tempo em que não se sabia direito o que era essa disciplina que o SOFISTA grego GÓRGIAS DE LEONTINOS (c483 a.C. - 375 a.C.) dizia ser indispensável para que o cidadão fosse civicamente virtuoso. No diálogo platônico, *Górgias*, SÓCRATES (c469 a.C. - 399 a.C.) pergunta ao sofista e professor de retórica o que ele pretende ensinar, que tipo de saber dissemina e pratica: "Que tipo de ofício os sofistas ensinam? O músico faz melodias, o sapateiro, sapatos, mas o que faz você, Górgias?" "Eu ensino a persuadir" é o que Sócrates ouve como resposta. "Persuadir o quê, como e por quê?" "Ajudo, p.ex., o médico a convencer um paciente a ser tratado." Através da incisiva argumentação de Sócrates, o texto platônico acaba apontando que a persuasão é o elogio da ignorância, pois muito mais centrais do que um discurso proferido são o saber e a verdade do conhecimento médico. Assim, a retórica seria meramente cosmética, uma prática sedutora sem objeto teórico possível, e aqueles que a praticam, o corpo de indivíduos que recebem qualificação de sofistas, um bando de interesseiros, mentirosos e descomprometidos com as consequências morais e sociais do que fazem. ARISTÓTELES (384 a.C. - 322 a.C.) é o primeiro pensador de importância que reverte e refuta a argumentação negativa de PLATÃO (c428 a.C. - c348 a.C.) a respeito da retórica. Para Aristóteles, a retórica é uma espécie de contracanto da discussão DIALÉTICA, uma *techné*, ou seja, um método de se atingir a verdade. Quem estuda e compreende a retórica tem um objeto claro e um objetivo próprio: descobrir o que for persuasivo em cada situação ou caso. Na prática, o que a retórica faz é produzir argumentos de cunho situacional. Uma construção retórica não demonstra o que seja cientificamente verdadeiro. O conteúdo de suas proposições é regido pela possibilidade, pela aparência de verdade, pela verossimilhança. Enquanto a demonstração, por ser baseada numa premissa geral inquestionável, não exige provas suplementares, a retórica é eficaz na medida das provas que apresenta para a argumentação possível ou verossímil. Ao contrário da verdade, que tem uma forma absoluta, a verossimilhança é uma questão de grau: algumas proposições são mais ou menos verossímeis do que outras. Nesse sentido, a prova é vital para que se aumente o teor persuasivo e verdadeiro de um enunciado retórico. A retórica é, por vezes, considerada uma técnica que propicia o encontro de mentes e que tem um lugar previamente reservado em todos os sistemas políticos democráticos. A retórica seria uma quase lógica, pois seus enunciados têm a forma lógica e expositiva de um SILOGISMO, mas o conteúdo da proposição discursiva principal é baseado no seu teor de probabilidade. A retórica tem o interesse voltado para o ENTIMEMA, um silogismo retórico sem o mesmo rigor formal e teórico da demonstração científica, que, por sua vez, se caracteriza apenas pela probabilidade. Nesse caso, probabilidade não recebe o significado no sentido matemático do termo: em retórica, o provável é apenas o que for aceitável ou razoável para uma audiência específica. O entimema fracassa se não houver uma predisposição relativamente unânime da audiência para aceitá-lo. Essa é uma regra retórica básica: o que unifica uma audiência serve para fins persuasivos; o que divide deve ser evitado como estratégia de comunicação. A exposição que Aristóteles apresenta da arte retórica é o momento culminante da teoria da persuasão grega. Tanto no tratado anônimo posterior *O sublime* como na retórica romana, o saber retórico que emerge de Aristóteles passa a ser o ponto de referência. A retórica, entre os latinos, tem um objetivo estritamente prático, medido por sua utilidade nas deliberações forenses e na arena política. A ênfase filosófica sobre o papel da possibilidade na persuasão é atenuada e o interesse recai no treinamento de oradores. As duas primeiras marcas referenciais da retórica são a *Rhetorica ad Herennium*, as obras de Cícero (106 a.C. - 43 a.C.) sobre a oratória (cf. CÍCERO, MARCO TÚLIO) e principalmente a *Institutio oratoria*, de Quintiliano (c35-c100) [cf. QUINTILIANO, MARCO FABIO]. A avaliação da retórica como um saber secundário, ainda que útil, que prevalecia no mundo grego, é completamente modificada na obra de Cícero: a retórica transforma-se na forma artística superior, nem um pouco menor do que a demonstração científica. A retórica é o espaço social em que os seres humanos vivem sua mais suprema excelência. A retórica não divide a sociedade; a persuasão é um instrumento de unificação das diversidades. Isso não impede que a retórica se transforme num treinamento que dá privilégio à expressão puramente ornamental e assim acabe por se esvaziar filosófica e politicamente. Na Idade Média, a retórica poderia até mesmo auxiliar na disseminação e no trabalho pastoral do cristianismo, mas o fato é que a dominância das Escrituras e do papel da fé são tais que a retórica será vista, entre os cristãos, como um resíduo indesejável do mundo pagão. Agostinho de Hipona (354-430) responde negativamente à pergunta se ele considera o ensino da eloquência importante e mesmo necessário para os católicos: mais importantes são a dimensão moral e a correção doutrinária. Leitor fiel de Aristóteles, Tomás de Aquino (1225-1274) não despreza o verossímil, mesmo que, para ele, a retórica seja parte de um saber que tem um leque maior do que o discurso, mais precisamente, o debate dialético. No processo que leva à modernidade, a retórica apresenta uma fortuna crítica oscilante, sendo recuperada em períodos do humanismo renascentista até se transformar numa barreira à identificação das leis naturais. Quando ao empirismo de autores como Francis Bacon (1561-1626) soma-se a glorificação da matemática em René Descartes (1596-1650), Blaise Pascal (1623-1662) e Gottfried Leibniz (1646-1716), a retórica passa a ser vista como uma prática corrente, mas sem importância cognitiva: avaliação sustentada pela discriminação e separação do intelecto e dos sentidos, da razão pura e da razão aplicada. A entrada definitiva da era moderna acentua ainda mais o quadro. Georg W. F. Hegel (1770-1831) recupera o valor da retórica, desde que vista como parte do curso da história. O marxismo, por sua vez, invoca a história como luta de classes, para equiparar os estratagemas retóricos à ilusão e aos enganos da IDEOLOGIA. Os sulcos que marcam as fronteiras de avaliação da retórica estão cavados e se espalham, de modo diversificado, no sXX. Se o LOGICISMO de Gottlob Frege (1848-1925) e Bertrand Russell (1872-1970) continua a tradição de importância maior dada à matemática em detrimento da retórica, que seria o lugar do desconhecimento, a linguagem ordinária é revalorizada no segundo período de Ludwig Wittgenstein (1889-1951), aquele que entende a fala como um jogo. A revitalização da retórica no pensamento contemporâneo não a restaura como um saber superior, mas é produto do interesse naquilo com que os estudos retóricos podem contribuir para regiões específicas do conhecimento. Nesse projeto, incluem-se contribuições diversificadas que vão da teoria da argumentação de Chaïm Perelman (1912-1984) e Lucie Olbrechts-Tyteca (1899-1987) à narratologia, que tanto interessa ao ESTRUTURALISMO, passando pela leitura ideológica da cultura de massa de Roland Barthes (1915-1980).

BIBLIOGRAFIA
BARILLI, Renato. *Retórica*. Lisboa: Presença, 1983.
PLEBE, Armando. *Breve história da retórica antiga*. São Paulo: EPU/Edusp, 1978.

retorno PUB Tempo gratuito e excedente, para veiculação de mensagens publicitárias, que um veículo concede à agência ou ao cliente como bônus.

retranca GRÁF Para facilitar a paginação, divisão que se faz da matéria de jornal ou revista, marcando os originais e as respectivas provas com letras ou números.

retrancado GRÁF Marcado com retranca (diz-se de original ou prova de matéria jornalística).

retrancar GRÁF Fazer marcação com retranca(s).

retransmissora **1** ELETR Estação que capta e retransmite ondas de rádio. **2** RÁD TV Estação repetidora dos sinais emitidos por uma transmissora.

retratação **1** Ato ou efeito de retirar (o que se disse anteriormente). **2** Confissão de engano, de equívoco cometido, através de declaração contrária a outra anteriormente feita; desmentido. **3** Pedido de desculpa por alguma ofensa, injúria etc. que se tenha cometido. **4** Aquilo que se diz como pedido de desculpas.

retrato **1** Imagem de uma pessoa (real ou imaginária), reproduzida por pintura, desenho ou escultura. **2** Obra artística em que se reproduz essa imagem. **3** M.q. FOTOGRAFIA ('imagem obtida').

retroalimentação **1** Qualquer processo por intermédio do qual uma ação é controlada pelo conhecimento do efeito de suas respostas. **2** A reação resultante desse processo. **3** ELETR ELETRÔN INF M.q. REALIMENTAÇÃO.

retrocesso CINE Trucagem cinematográfica que consiste em fazer a película desenrolar-se no sentido inverso, de tal modo que todos os movimentos se processem ao contrário.

retrodução **1** Ato, fato ou efeito de trazer algo de volta. **2** FIL LÓG Raciocínio que parte de uma conclusão admitida ou aceita como verdadeira, para a qual se busca uma explicação hipotética; hipótese, abdução. ▸ Cf. ABDUÇÃO.

retrofit [ing.] INF Correção de alguma característica de programação, feita com o programa em funcionamento.

retroprojeção CINE Processo de filmagem simulada de cenas de exteriores em estúdio, que consiste em projetar sobre um telão paisagens previamente filmadas, constituindo, assim, um fundo projetado à frente do qual trabalham o elenco e a câmara.

return [ing.] INF Tecla de computador que, apertada, o instrui a executar uma ação desejada.

reunião de pauta COMN JOR Encontro da equipe jornalística ou do conselho editorial que tem por objetivo elaborar a pauta de jornal, telejornal, revista etc.

Reuters [ing.] Agência de notícias com sede em Londres, concebida em 1851, atualmente subsidiária do grupo de empresas de comunicação Thompson Reuters. ▸ A agência de notícias Reuters é efeito direto da invenção do telégrafo. Seu fundador, Paul Julius Reuter (1816-1899), percebeu que o telégrafo era uma importante e revolucionária tecnologia das comunicações, pois poderia fornecer dados e notícias com rapidez. A princípio, Reuter usou pombos-correio para transmitir informações, mas sua primeira empreitada no campo da comunicação elétrica foi a criação da The Submarine Telegraph Company, que conectava a Inglaterra ao continente europeu, transmitindo notícias econômicas. Em 1865, Reuters reestruturou The Submarine Company, que passou a ter o nome de seu fundador. A Reuters adquiriu fama no sXIX ao noticiar, na frente de todos os orgãos jornalísticos, o assassinato do presidente norte-americano Abraham Lincoln (1809-1865). Em 2007, o grupo canadense Thomson Corporation juntou-se à Reuters, criando a maior agências de notícias financeiras do mercado de comunicação contemporâneo, a Thomson Reuters.

revelação FOT Conjunto das operações que têm por objetivo transformar uma imagem fotográfica latente em imagem visível estável.

revelador FOT **1** Que ou o que é us. na revelação de um negativo ou cópia fotográfica (diz-se de solução química). **2** Diz-se de ou o banho do negativo ou cópia nessa solução, para a revelação fotográfica.

reveladora FOT Máquina us. na revelação, por contatos, de provas tipográficas.

revelar FOT Fazer aparecer pelo banho, na matriz fotográfica, a imagem de.

reverberação FÍS Persistência de um som, depois de ter sido extinta sua emissão por uma fonte, e que ocorre como resultado de reflexões nas paredes de um recinto total ou parcialmente fechado.

reversível FOT Que possibilita a obtenção de imagens positivas ou diapositivas, a partir de um mesmo negativo (diz-se de filme ou material fotográfico).

revertátur GRÁF Sinal us. em revisão para indicar necessidade de virar a letra; vertátur.

revestimento PAP Ato ou efeito de cobrir uma ou ambas as faces do papel com uma camada de substâncias minerais adesivas e tb., por vezes, pigmentos; cobertura.

review [ing.] **1** Publicação periódica especializada em resenha e crítica de livros recém-lançados, exposições de arte, peças teatrais etc., além de conter alguns artigos literários, políticos etc. **2** Resumo e crítica de livro, peça teatral etc. publicados em jornal ou revista.

revisão **1** Nova leitura, mais minuciosa, de um texto. **2** EDIT GRÁF Exame minucioso das provas de impressão a fim de fazer-lhes as necessárias emendas no confronto com os originais; revisão de prova. 3 EDIT GRÁF JOR Corpo de revisores de jornal, revista, editora etc. 4 EDIT GRÁF JOR Local ou sala onde se revisam textos, antes de sua impressão definitiva.

revisão de prova EDIT GRÁF M.q. REVISÃO TIPOGRÁFICA.

revisão tipográfica EDIT GRÁF Aquela que se faz sobre um texto já composto, ao se confrontarem as provas e contraprovas com o texto original; revisão de prova.

revisionismo 1 Atitude de quem discorda de uma doutrina ou soergue uma discussão em torno da mesma. 2 Atitude daqueles que tendem a rever antigos valores artísticos ou literários. 3 POL Segundo o ponto de vista dos marxistas mais ortodoxos, postura (esp. de alguns partidos socialistas) que preconiza revisões doutrinais do marxismo, em função da análise conjuntural. ▸ Cf. REFORMISMO.

INFORMAÇÕES GERAIS

As ortodoxias entendem freq. a revisão de seus conceitos básicos como uma traição por parte daqueles que deveriam apoiá-las sem questionamento. Esse é um sintoma de mera obediência doutrinária. O emprego pejorativo do termo 'revisionista' indica, no vocabulário marxista, o desejo de pureza ideológica. Por isso, num carrossel de acusações, alguns simpatizantes marxistas que pediram uma reavaliação dos conceitos básicos dos escritos de Karl Marx (1818-1883) e Friedrich Engels (1820-1895) foram considerados revisionistas: os sociais-democratas Eduard Bernstein (1850-1932), Jean Jaurès (1859-1914) e o secretário-geral do Partido Comunista soviético Nikita Kruschev (1894-1971) receberam a pecha de revisionistas; curiosamente, o trotskismo e o maoismo desqualificaram o Comintern da União Soviética como revisionista e, por sua vez, a liderança do Partido Comunista albanês fustigou o maoismo como uma ideologia revisionista. Num outro sentido, quando a crítica é admitida e vista como parte do processo teórico, revisionismo teria potencialmente um significado positivo.

revisor 1 Que ou aquele que revisa, que ou quem faz a revisão. 2 EDIT GRÁF Indivíduo que executa trabalho de revisão de originais ou de provas tipográficas.

revista COMN JOR Publicação periódica destinada a grande público ou a um público específico, que reúne, em geral, matérias jornalísticas, esportivas, econômicas, informações culturais, conselhos de beleza, moda, decoração etc. ▸ Algumas revistas destinam-se a um público especializado, assumindo, portanto, determinado formato: jornalístico, científico, literário, esportivo etc. ▸ Cf. MAGAZINE.

revista de empresa JOR M.q. JORNAL DE EMPRESA.

rewind [ing.] REC.AV Rebobinar (fita de áudio ou vídeo).

RF Abrev. de RADIOFREQUÊNCIA.

Rhetorica ad Herennium, libri VI de ratione dicendi [lat.] Tratado latino e anônimo, em seis partes, o livro-texto de ensino retórico mais popular e influente durante a Idade Média e a Renascença, cujos conceitos e ordenação conceitual são usados até hoje. ▸ Dirigido a um indivíduo desconhecido chamado Herênio, talvez redigido para publicação restrita e privada, datado da segunda década do sI a.C., o livro *Rhetorica ad Herennium* é o mais antigo manual de RETÓRICA que sobreviveu sob a forma de manuscrito completo. No texto de *Rhetorica ad Herennium* encontram-se concepções gregas sobre a arte de falar bem em público, adaptadas ao que era romano. De maneira geral, o tom que prevalece no trabalho é próprio de uma sistematização prática, técnica e formal de conceitos derivados das discussões filosóficas helênicas a respeito da retórica. Acredita-se que a atribuição inicial de sua autoria ao grande orador romano Marco Túlio Cícero (106 a.C. - 43 a.C.) seja a medida do reconhecimento de qualidades cardeais encontradas na retórica ciceroniana (clareza, concisão, objetividade e racionalidade expositivas), apesar de o estilo de *Rhetorica ad Herennium* parecer tosco, se comparado à obra madura de Cícero. Hoje em dia, a maioria dos estudiosos afirma que o autor anônimo seja outra pessoa, provavelmente, mas não conclusivamente, o rétor romano Quinto Cornifício. A atribuição do texto a Cornifício é duvidosa e baseia-se menos em dados factuais e cronológicos do que em citações de Quintiliano (c35--c100) que historiadores da retórica consideraram insuficientes ou imprecisas. Conceitualmente, *Rhetorica ad Herennium* apresenta pouca originalidade, pois depende da articulação teórica de Aristóteles (384 a.C. - 322 a.C.). Mas graças a isso a nomenclatura grega a respeito da retórica estabeleceu-se na cultura latina a partir da leitura de *ad Herennium*. Como em Aristóteles, o *ad Herennium* postula que existem três gêneros de discursos: o judiciário, o deliberativo (ou epidítico) e o demonstrativo. O ensino retórico seria subdividido em cinco partes: *inventio, dispositio, memoria, elocutio* e *pronuntiatio*. É na seção sobre a memória que se reconhece a novidade maior do livro. A *Rhetorica ad Herennium* descreve um receituário de procedimentos mnemônicos fundamentais numa época em que os suportes da escrita eram de difícil acesso e pouca manuseabilidade para os oradores. Segundo a receita do livro, o orador constrói um espaço mental, convenientemente partilhado em áreas e locais, onde coloca objetos e imagens visuais que evocam argumentos que fazem parte do discurso planejado. Ao falar em público, o orador caminha mentalmente pelos lugares do espaço imaginado, resgatando o que seria parte de seu discurso. A partir dessa recomendação, característica de um processo de memorização artificial, os oradores podiam elaborar discursos com forte apelo simbólico, dramático e textual. Apesar da falta de novidade teórica, mas talvez mesmo por causa disso, a *Rhetorica ad Herennium* exerceu um papel central na apropriação que o ensino sistemático romano fez de uma invenção puramente grega, espalhando, posteriormente sua influência na prosa e na poesia, até o fim do sXIX.

BIBLIOGRAFIA

ANÔNIMO. *Ad. C. Herennium de ratione dicendi (Rhetorica ad Herennium) [M. Tulli Ciceronis ad Herennium Libri VI]*. Trad. ing. por Harry Caplan. Cambridge: Harvard University Press, 1954.

rhythm and blues [ing.] MÚS Gênero de música popular de origem n.-am., surgido por volta da década de 1940, de ritmo acentuado e estrutura harmônica elementar, com elementos incorporados do *blues* e do folclore negro norte-americano. ▸ O termo *rhythm and bues* surgiu na indústria fonográfica n.-am. na década de 1940 para identificar um gênero musical de origem afro-americana que apresentava um grau de sofisticação musical maior do que o *blues* tradicional, influenciado pelo *jazz*. *Rhythm and blues* virou um termo amplo que cobriu artistas de *gospel music*, *soul* e até mesmo *funk*. Elvis Presley (1935-1977), Sam Cooke (1931-1964), Marvin Gaye (1939-1984) e Ray Charles (1930-2004) foram, em algum momento da carreira, identificados como artistas de *rhythm and blues*.

ribalta TEAT **1** Parte dianteira do palco, que se estende para fora do pano de boca, e onde ficam os refletores. **2** O teatro, o palco teatral.

riff [ing.] MÚS **1** No *jazz* e em outros gêneros musicais, breve figuração melódica constantemente repetida durante uma composição, num solo improvisado. **2** Fragmento melódico baseado nessa figuração.

rima 1 Reiteração de sons (vocais, consonantais ou combinados) iguais ou similares, em uma ou mais sílabas, ger. acentuadas, que ocorrem em intervalos determinados e reconhecíveis. **2** Apoio fonético recorrente, entre dois ou mais versos, que consiste na reiteração total ou parcial do segmento fonético final de um verso a partir da última tônica, com igual ocorrência no meio ou no fim de outro verso. **3** Repetição de um som em mais de uma palavra de um mesmo verso.

risca 1 Ato, processo ou efeito de riscar. **2** Traço, linha feita com utensílio próprio para riscar ou desenhar (p.ex., lápis, pincel, caneta etc.) ou ainda com qualquer objeto pontiagudo; risco.

risca de dois fios GRÁF Sinal constituído de dois pequenos traços horizontais (=) que representam igualdade; travessão de dois fios.

risca de dois quadratins GRÁF Traço com largura equivalente a dois quadratins (–), us. em listas bibliográficas para evitar a repetição do nome de autor cuja lista de publicações seja extensa.

risca de meio-quadratim GRÁF Traço de meio-quadratim de largura (-), us. para ligar números, datas ou termos que não constituem expressão composta. ▸ Substitui o hífen.

risca de nota GRÁF Linha horizontal que separa do texto as notas postas ao pé da página: fio de nota, linha de nota.

risca de quadratim GRÁF Traço de meio quadratim de largura (—), us. em listas bibliográficas para evitar a repetição do nome do autor cuja lista de publicações seja extensa; linha de quadratim. ▸ Gramática e editorialmente conhecido como *travessão*.

risca de união EDIT GRAM M.q. HÍFEN.

riscar GRÁF Passar, com utensílio próprio, um traço sobre; tachar.

[1]**risco** Probabilidade de perigo, ger. com ameaça física para o homem e/ou para o meio ambiente. ▸ O teor de risco envolvido na comunicação é um elemento central para a chamada 'teoria do custo da sinalização' (*cost-signaling theory*). Se uma mensagem for arriscada a ponto de pôr em perigo a integridade do sinalizador, ela deve ser avaliada como verdadeira, pois, caso contrário, o emissor não correria o risco de transmiti-la. ▸ Cf. ZAHAVI, AMOTZ.

BIBLIOGRAFIA

MILLER, Geoffrey. *Spent: sex, evolution, and consumer behavior*. New York: Viking, 2009.

ZAHAVI, Amotz. The cost of honesty: further remarks on the handicap principle. In: *Journal of Theoretical Biology*: n. 67 p. 603-5, 1977.

[2]**risco 1** Traço colorido e/ou pouco acentuado sobre uma superfície, feito com instrumento próprio (lápis, caneta etc.) ou um artefato pontiagudo; risca. **2** Traçado, esboço, debuxo de um bordado, de um quadro etc. **3** ART.PLÁST Esboço de uma obra pictórica, feito com perfis, linhas etc. e desprovido de cores ou sombras etc.

rítmica MÚS Estudo das leis do ritmo, seus fundamentos e empregos.

ritmo 1 Sequência harmônica de um fenômeno artístico, uma atividade, uma obra etc., no espaço e/ou no tempo. **2** LIT Na arte literária, esp. na poesia, efeito estético ocasionado pela ocorrência de unidades melódicas, dispostas em sequência contínua. **3** MÚS Sucessão de tempos fortes e fracos, que se alternam com intervalos regulares em um verso, frase musical etc. **4** MÚS Na música, unidade abstrata de medida do tempo, a partir da qual são determinadas as relações rítmicas; pulsação, cadência. **5** MÚS Ocorrência de uma duração sonora em uma série de intervalos regulares. **6** MÚS Padrão rítmico que define um gênero; balanço, toque. **7** MÚS Na música popular, o conjunto de instrumentos, ger. de percussão, que marcam o ritmo. **8** Conjunto de músicos de bateria; conjunto de ritmistas. **9** RET Efeito causado no discurso pela repetição ordenada de elementos de ordem prosódica, principalmente de entoação, pausas, quantidade de sílabas, aliteração e acento tônico.

rito ANTRPOL ETN **1** Em determinadas sociedades, conjunto das práticas mágicas, realizadas durante as cerimônias, cujo objetivo é assegurar certo controle sobre as forças sobrenaturais e/ou orientar uma força oculta no sentido de uma ação determinada (tb. us. no pl.). ▸ Até agora, a antropologia tem-se recusado a admitir que a convenção ritualizada entre animais tenha algo a ver com ritos sociais humanos. Teoricamente, essa recusa fundamenta-se numa distinção e numa divergência entre natureza e cultura. O mundo natural seria incompatível com o que acontece entre os seres humanos. Então, como explicar que convenções assemelhadas formalmente a práticas culturais tenham evoluído entre animais? Uma resposta plausível seria atribuir causação diversa a essas formas semelhantes. A ritualização animal seria apenas o produto de instintos, enquanto os ritos humanos advêm de regras criadas e geradas pela sociabilidade em operação nos grupos humanos. As sociedades atuariam constantemente nas páginas em branco que são as mentes dos atores sociais e, por isso, não devem ser confundidas com as formas de ação fixas, que são os instintos. Outra resposta seria afirmar que os ritos codificam o que os animais jamais conseguiriam codificar: palavras, gestos e objetos. No rito, palavras, gestos e objetos representam crenças que os animais não têm e representam uma sobrenaturalidade e uma religiosidade inalcançáveis no mundo estritamente animal. Os ritos teriam uma contrapartida emocional e afetiva que é disparada na sociabilidade humana e expressa ritualisticamente. Entre os antropólogos, o britânico Victor Turner (1920-1983) foi um dos teóricos que enfatizou a importância do processo ritual para a interação simbólica que define os seres humanos. Apropriando-se das especulações de Arnold van Gennep (1873-1957) sobre os ritos de passagem, Turner afirmou que o rito é um processo que se desenvolve em três estágios: o indivíduo é separado do grupo, num estado dito pré-liminar, para depois passar por uma fase de transição no qual se experimenta a liminaridade que, eventualmente, deságua na reincorporação pós-liminar do ator social a seu grupo. Só assim, atravessando o portal da liminaridade, o indivíduo adquire um estatuto social completo. Nada disso aconteceria na ritualização instintual. **2** Qualquer processo de cunho sagrado ou simbólico, suscetível de estabelecer e desenvolver costumes. **3** O conjunto dos preceitos, normas etc. estabelecidos socialmente; etiqueta, ritual. **4** Cerimônia que segue esses preceitos, essas normas.

BIBLIOGRAFIA
GENNEP, Arnold van. *Ritos de passagem*. Petrópolis: Vozes, 2011.
RODRIGUES, José Carlos. O rei e o rito. In: *Comum*, n. 1, p. 16-29, 1978.
TURNER, Victor. *O processo ritual: estrutura e antiestrutura*. Petrópolis: Vozes, 1974.

ritualização **1** Ato, processo ou efeito de ritualizar. **2** Prática de ritualismo. **3** ETO Processo evolutivo que consiste na modificação de um padrão de comportamento para que este tb. possa ter função de comunicação. ▶ A ritualização é um processo evolutivo que recodifica um comportamento e o transforma num sinal que significa algo distinto do que se indicara anteriormente. A evolução atua sobre uma forma comportamental modificando a sua função. Nesse sentido, um movimento passa a ser um sinal-movimento. Os dentes arreganhados, a postura ereta e os sons de vocalização agressiva de um cão, ao serem ritualizados, tomam a feição de sinal que indica disposição para a luta. Não é difícil imaginar que, no curso da história biológica das espécies, um sinal perca seu aspecto estritamente motor e passe a funcionar em circunstâncias e situações completamente distintas daquelas das quais se originou. Teoricamente, o fenômeno da ritualização deve ser entendido em relação às teses dos etólogos Konrad Lorenz (1907-1989) e Niko Tinbergen (1907-1988). Eles afirmavam que os instintos gerados evolutivamente obedecem a uma forma de ação fixa (*fixed action pattern*). Por ser uma forma de ação fixa, o instinto herdado biologicamente se manifesta por meio de ritualizações. O animal não aprende a ritualizar: ele nasce com a ritualização já processada instintualmente. A ritualização não é efeito de instrução ou de treinamento, e muito menos da observação de outros membros da espécie. Geneticamente fixa, a ritualização segue uma forma repetida e sem variações, mesmo que, ao longo do tempo, partes do processo se desliguem da sequência inicial e acabem se organizando em novas ritualizações. Para Tinbergen, a ritualização revela que o comportamento tem o mesmo estatuto biológico de um órgão. Encontra-se simultaneamente no processo de ritualização tanto o que é conservado como aquilo que se modifica historicamente. A modificação acaba se estabelecendo numa nova forma de ação fixa. Esquematização e estereotipia caracterizam as ritualizações que recusam a ambiguidade e favorecem o inflacionamento de seus sinais em nome da eficácia comunicativa.

BIBLIOGRAFIA
LORENZ, Konrad. *Os fundamentos da etologia*. São Paulo: Unesp, 2002.
TINBERGEN, Niko. *The study of instincts*. London: Oxford University Press, 1951.
___________. Derived activities: their causation, biological significance, origin and emancipation during evolution. In: *Quarterly Review of Biology*, n. 27, p. 1-32, 1952.

RNA [ing.] BIOQ Ver ÁCIDO RIBONUCLEICO. ▶ Sigla de *ribonucleic acid* ('ácido ribonucleico').

roaming [ing.] TEL Tipo de conexão de telefonia celular feita através de uma rede fora da localidade em que a linha está registrada.

rock [ing.] MÚS Abrev. de ROCK AND ROLL.

rock and roll [ing.] MÚS Música popular derivada do *rhythm and blues*, ger. executada em instrumentos de amplificação eletrônica, e que se caracteriza por um persistente ritmo quaternário, letras repetitivas e, eventualmente, elementos de *country*, música folclórica ou *blues*. ▶ A locução *rock and roll* pode ser tb. us. apenas como *rock* (aport. roque) e é um mais do que um gênero musical. Diz-se que, no linguajar e na gíria negra n-am., *to rock and roll* significa copular, ter relações sexuais. Seu papel cultural e político no Estados Unidos e no mundo inteiro é da maior importância política e social. Porque muitos intérpretes e criadores eram negros e porque o período de maior popularidade do *rock* aconteceu durante a luta pelos direitos civis da década de 1960, esse estilo musical é visto como um fator de integração e dissolução do *apartheid* norte-americano. Uma nova sensibilidade surgiu com a popularidade dos músicos e cantores, e aí se incluem o vocabulário, filmes, objetos de consumo, roupas, carros e um universo cultural que rompia com o que era então norma. Musicalmente, o *rock and roll* é uma recombinação e mescla de gêneros já existentes: a acentuação da batida rítmica nas guitarras e na percussão distingue o gênero de suas fontes mais antigas. Dos instrumentos que utiliza, a guitarra elétrica é seu núcleo principal. Além de eletrificar, ampliar, intensificar sons, o papel da guitarra elétrica no *rock and roll* é crucial para a criação de uma arte popular e democrática: a eletrificação magnifica a experiência sonora para a audiência através de um instrumento que pode ser aprendido com um esforço e uma dedicação bem menores do que os demandados pela virtuosidade mínima de um violonista clássico. Consequentemente, a popularidade do *rock* espalhou-se pelos segmentos sociais mais diversos das sociedades industriais da época. A prosperidade americana do pós-guerra e o rádio tornaram a música, que se originara nas plantações da região sul e escravagista dos Estados Unidos, um produto consumido por brancos e negros. Surpreendentemente, a cada momento de declínio, o *rock* ressurgiu com uma nova roupagem e novos artistas. Em meados do sXX, a uma onda de músicos americanos, como Chuck Berry (1926-), Carl Perkins (1932-1998), Elvis Presley (1934-1977), Little Richard (1932-), seguiu-se uma invasão de músicos britânicos que renovaram o *rock*. O *rock and roll* tinha deixado de ser um fenômeno regional n-am. para se tornar uma música de alcance internacional.

BIBLIOGRAFIA
FRIEDLANDER, Paul. *Rock and roll: uma história social*. Rio de Janeiro: Record, 2002.
MILLARD, André (ed.). *The electric guitar: an American icon*. Baltimore: The Johns Hopkins University Press, 2004.

rodapé **1** O pé de uma página impressa. **2** EDIT Artigo inserido na margem inferior da página de jornal, revista, de um cartaz, de um anúncio, ger. com medidas e/ou corpos menores e separado por um fio horizontal.

rollover [ing.] ECON Ação de rolar uma dívida; adiamento do pagamento de uma obrigação.

rolo GRÁF Cilindro com um eixo, que os tipógrafos chamam de sabugo, revestido com substância gelatinosa para entintar a fôrma nas máquinas de impressão.

rolo carregador GRÁF Rolo de madeira ou metal que, para melhorar a tintagem da fôrma, é colocado sobre os rolos dadores.

rolo dador GRÁF Na máquina impressora, cada um dos rolos que apanham do prato ou da mesa de distribuição a tinta para entintar a fôrma; rolo entintador, rolo tocador.
rolo de sucção PAP Cilindro oco, com a superfície dotada de muitos furos ou fendas, no interior do qual funciona uma caixa aspirante us. para oferecer maior rapidez à máquina de papel; cilindro de sucção.
rolo distribuidor GRÁF Na máquina impressora, cada um dos rolos que espalham a tinta na mesa de distribuição, onde os rolos dadores a apanham.
rolo entintador GRÁF M.q. ROLO DADOR.
rolo molhador GRÁF Cada um dos rolos revestidos de pano que, nos prelos litográficos ou nas máquinas ofsete, distribuem solução aquosa na pedra ou na chapa; umedecedor.
rolo tocador GRÁF M.q. ROLO DADOR.
ROM [ing.] INF Ver MEMÓRIA PERMANENTE.
romance LIT Prosa, mais ou menos longa, na qual se narram fatos imaginários, às vezes inspirados em histórias reais, e cujo centro de interesse pode estar no relato de aventuras, no estudo de costumes ou tipos psicológicos, na crítica social etc. ▸ Superficialmente, o português e o inglês usam termos opostos para designar uma prosa longa, que narre fatos e acontecimentos. Em inglês, *novel* indica uma narrativa de melhor qualidade literária do que *romance*, enquanto em português *romance* seria literariamente superior a *novela*, principalmente aquelas que, como as telenovelas, são veiculadas nos meios de comunicação de massa. Mas as duas formas linguísticas têm uma só origem e referem-se às linguagens vernaculares (português, espanhol, italiano etc.) derivadas do latim vulgar no qual essas narrativas eram escritas. Os romances eram formas populares de narrativa que contavam histórias de amor e de aventura, com forte teor fantasioso. Os romances populares mantêm essa tradição. Escritas por encomenda, seguindo fórmulas preestabelecidas, as narrativas românticas, por mais desprezadas que sejam, têm um público leitor de tamanho aporte que podem ser consideradas sociologicamente. Assim, pela força de sua popularidade, a palavra 'romance' acabou transformando-se num termo que também representa o 'amor'. Romances de alta qualidade, como os de Jane Austen (1775-1817), Charlotte Brontë (1816-1855) e Émile Brontë (1818-1848), modificaram a temática romântica em termos de uma ficcionalidade realista, que mostra o progresso individual da heroína. Na literatura brasileira, as primeiras obras ficcionais de Machado de Assis (1839-1908) estão no limiar divisório que separava a narrativa popular romântica e a ficção séria. *Memórias póstumas de Brás Cubas* e *Quincas Borba* definem-se pelo ceticismo e ironia em contradição com o romantismo sentimental da ficção popular. ▸ Cf CONTO; NOVELA.
romance de costumes LIT Aquele em que se registra a preocupação de fixar as paixões, os interesses, as atitudes, o comportamento etc. de uma época, região ou classe social.
romance de folhetim LIT 1 Aquele cuja narrativa, publicada em episódios pela imprensa e repleto de aventura, suscita o interesse do leitor pelas repetidas surpresas que a ação contém. 2 Romance sem expressão ou originalidade. ▸ Uso pejorativo.
romance didático LIT Aquele que utiliza uma história fictícia para propagar um ensinamento.
romance epistolar LIT Aquele cuja ação é narrada pela correspondência trocada entre algumas personagens.
romance histórico LIT Aquele em que figuram personagens e cenas extraídos da história.
romance negro LIT Aquele cujos personagens são dominados por vícios, pela loucura e por paixões criminosas, e cuja ação é repleta de crimes pavorosos. ▸ Cf. FILM NOIR.
romance pessoal LIT Aquele que é construído, em sua maior parte, com informações autobiográficas.
romance picaresco LIT Aquele, ger. em forma de biografia, que narra as aventuras e desventuras ladinas de um personagem pícaro. ▸ É de linhagem literária castelhana, cujo exemplo emblemático é *A vida de Lazarillo de Tormes* (1554).
romance policial LIT Narrativa que aborda a investigação de um crime ou mistério, na maioria das vezes efetuada por um policial ou por um detetive particular.
romance psicológico LIT Narrativa que, explorando vários níveis da atividade mental, focaliza em profundidade a complexidade emocional de seus personagens.
romano GRÁF 1 Diz-se de ou caráter tipográfico que apresenta variações de espessuras nas hastes, rematadas por serifas inclinadas ou retas. ▸ Estilo surgido em 1465, na edição das *Divinae institutiones* ("Preceitos divinos"), de Lactâncio (c240-c320), produzido pelos tipógrafos Konrad Sweinheim (?-1478) e Arnold Pannartz (?-1476), e que se notabilizou por suas formas arredondadas, que o afastavam do gótico. 2 Diz-se de ou conjunto das famílias tipográficas com essas características. 3 M.q. REDONDO.
romano antigo GRÁF Tipo que apresenta serifas delgadas e angulosas, e contrastes pouco acentuados entre os traços grossos e finos. ▸ Estilo desenvolvido a partir do romano, esp. pelo tipógrafo francês Nicolas Jenson (c1420-1480), e consolidado pelo gravador e fundidor de tipos francês Claude Garamond (1499-1561).
romano de transição GRÁF Tipo que apresenta serifas finas e não angulosas, regularidade geométrica e contraste bem definido entre os traços grossos e finos; romano do rei, romano transicional. ▸ Estilo criado por encomenda do rei francês Luís XIV (1638-1715), em 1692, e inicialmente cunhado por Phillipe Grandjean (1666-1714).
romano do rei GRÁF M.q. ROMANO DE TRANSIÇÃO.
romano moderno GRÁF Tipo caracterizado por sua regularidade e simetria com base em um eixo vertical, serifas retas e finas, precisão e contraste acentuado nos traços finos e grossos. ▸ Estilo iniciado por Firmin Didot (1764-1836) e consolidado por Giambattista Bodoni (1740-1813).
romano transicional GRÁF M.q. ROMANO DE TRANSIÇÃO.
romantismo 1 Qualidade do que é romântico ou romanesco. 2 Característica que evoca o ambiente da produção artística romântica. 3 ART.PLÁST LIT MÚS Movimento intelectual e artístico ocidental que, a partir do final do sXVIII, fez prevalecerem, como princípios estéticos, o sentimento sobre a razão, a imaginação sobre o espírito crítico, a originalidade subjetiva sobre as regras estabelecidas pelo Classicismo, as tradições históricas e nacionais sobre os modelos da Antiguidade, a imaginação sobre o racional, na literatura, na música, nas belas-artes e em outras manifestações intelectuais. ▸ Inicial maiúsc. 4 LIT Tendência literária, originária na Alemanha do fim do sXVIII, que, entre outras coisas, se caracterizava na lírica pela maior inserção de subjetivismo e na narrativa pela focalização da incompatibilidade entre o indivíduo

(herói problemático) e a sociedade burguesa. ▸ Inicial maiúsc.

INFORMAÇÕES GERAIS

Na filosofia, nas artes, na história, na política, o Romantismo reage ao racionalismo e ao empirismo dominantes nos sXVIII e XIX. Por sua exaltação celebratória do 'eu' criativo e superior, o Romantismo deve ser entendido mais como uma sensibilidade do que como uma teoria articulada. O valor supremo dado à imaginação constitui-se no traço a ser definitivamente reconhecido nas produções românticas. As filosofias rousseaunianas e kantianas expressam, de modo diverso, a sensibilidade romântica. No *Emílio*, de Jean-Jacques Rousseau (1712-1778), a educação centra-se no sensível e na saúde corporal, em detrimento do intelecto e da razão, enquanto, na sua *Crítica da faculdade de julgar*, Immanuel Kant (1724-1804) sublinha o poder subjetivo do gênio que recria e transforma a beleza de outra forma somente reconhecível na natureza. ▸ Cf. ROUSSEAU, JEAN-JACQUES; KANT, IMMANUEL.

rondo CALG GRÁF **1** Letra caligráfica de traços arredondados e fortes; letra redonda. **2** Cada um dos caracteres gráficos que imitam essa letra.

roque MÚS Aport. e abrev. de ROCK AND ROLL.

Roquette-Pinto, Edgar (Rio de Janeiro, Brasil 1884 - Rio de Janeiro, Brasil 1954) Fundador da radiodifusão brasileira, defensor de uma política educacional a ser executada pelos meios de comunicação. ▸ Após formar-se em medicina e ter-se dedicado a uma carreira acadêmica que o levou a ensinar antropologia, história natural e fisiologia, Roquette-Pinto familiarizou-se com o rádio, que era motivo de entusiasmo na indústria da comunicação norte-americana. Em 1922, assistindo à demonstração do veículo que transmitia sinais do morro do Corcovado, Roquette-Pinto, então, vislumbrou a potencialidade educacional do rádio, fundando a Rádio Roquette-Pinto, que se transformou na rádio MEC, após resistir à incorporação da rádio ao sistema de propaganda da ditadura do presidente Getúlio Vargas (1882-1954).

[1]**rosto** GRÁF Red. de FOLHA DE ROSTO.

[2]**rosto** GRÁF Red. de PÁGINA DE ROSTO.

rosto falso GRÁF M.q. ANTERROSTO.

rosto gravado GRÁF M.q. PORTADA.

rotativa GRÁF Red. de PRENSA ROTATIVA.

rotativista GRÁF Impressor que trabalha em prensa rotativa.

roteirismo CINE RÁD TEAT TV Teoria, prática, técnica, profissão de escrever roteiros, originais ou calcados em obra alheia, para fins precipuamente cinematográficos e cênicos em geral.

roteirista CINE RÁD TEAT TV Que ou quem escreve roteiros para filmes e ações cênicas em geral.

roteiro CINE Texto que resulta do desenvolvimento do argumento de filme, vídeo, novela, programa de rádio ou televisão, peça teatral etc., dividido em planos, sequências e cenas, com as rubricas técnicas, cenários e todos os diálogos; cenário.

rotina INF Trecho de código constituído por um conjunto de instruções capaz de executar uma tarefa, e que pode ser invocado por um programa; parte de um programa destinada a executar uma tarefa específica.

rotina de diagnóstico INF M.q. TESTE-DIAGNÓSTICO.

rotogravura GRÁF **1** Processo de heliogravura que utiliza fôrma cilíndrica de cobre para impressão rotativa; heliogravura rotativa. **2** Estampa ou qualquer trabalho impresso obtido por esse processo.

rotoimpressão GRÁF M.q. IMPRESSÃO ROTATIVA.

rotoplano GRÁF Que é alimentado a papel de bobina e trabalha com forma plana (diz-se de prensa, máquina).

rotulador Diz-se de ou profissional encarregado de fixar rótulos ou etiquetas.

rótulo 1 Impresso, afixado em recipientes e embalagens, que apresenta informações sobre o produto ali contido (p.ex., sua marca, principais características, apelos mercadológicos, nome e endereço do fabricante, peso, composição, teor alcoólico etc.). **2** ENC Etiqueta, ger. de pele ou papel, que se cola na lombada e que informa o título da obra, autor, volume etc.; tomba. **3** ENC O conjunto das informações existentes na lombada de um volume.

rough [ing.] GRÁF PUB Ver RAFE.

rough mix [ing.] FONO Pré-mixagem; demo.

Rousseau, Jean-Jacques (Genebra, República de Genebra, atual Suíça 1712 - Ermenonville, Reino da França 1778) Filósofo, escritor, ensaísta, novelista e compositor do sXVIII, a principal e mais influente figura do Iluminismo. ▸ A obra literária e filosófica de Rousseau é capital para a constituição da sensibilidade que se formou após o chamado Século das Luzes. Sua contribuição para a política, a educação e o entendimento das ciências humanas em geral é imensa. Abandonado quando criança e movendo-se ao sabor das circunstâncias, a vida de Rousseau ilustra sua ideia de que o *eu* é uma construção única que não necessariamente espelha a sociedade ou é por ela determinada, mas está, muitas vezes, em contraste com as normas sociais da época. Filho de Isaac, um relojoeiro que, após a morte, por complicações pós-parto, da esposa e mãe de Jean-Jacques, casou-se outra vez e deixou de ver o filho. Rousseau ficou famoso repentinamente, ao ganhar, em 1750, o prêmio da Academia de Dijon com o texto *Discurso sobre as ciências e as artes*. O trabalho oferecia resposta à questão proposta pela Academia, que indagava se as ciências e as artes seriam capazes de aprimorar os costumes. A resposta de Rousseau era surpreendentemente negativa. Para ele, os costumes pertencem a outra ordem que não o artístico e o científico, e, portanto, devem ser medidos pela probidade moral e jamais pela expressão estilística e cognitiva. O progresso das ciências das artes nada acrescenta à verdadeira felicidade. De fato, o que fazem é justamente o contrário: são as causas da corrupção moral e da ruína dos costumes. A segunda obra concorrente, em 1753, ao prêmio da Academia de Dijon, *Discurso sobre a origem e os fundamentos da desigualdade entre os homens*, estende o pessimismo e a negatividade do primeiro discurso a toda a sociedade. Não apenas as artes e as ciências, mas também a sociedade é a causa da infelicidade humana. O argumento de Rousseau compara a sociedade real com um hipotético estado natural em que proliferariam a felicidade, a bondade e a inocência. Desse estado idílico da natureza, os seres humanos recebem a capacidade de ter simpatia pelo sofrimento alheio, que será embotada, entorpecida e corrompida pela razão. Ao contrário do que Thomas Hobbes (1588-1679) sugere, na natureza o homem não é o lobo do homem. Apesar de o segundo discurso ser uma continuidade lógica do primeiro, o prêmio de 1753 não foi dado ao ensaio sobre a origem da desigualdade. Nesse livro, o recurso de Rousseau a um hipotético estado natural da humanidade não constitui uma escolha ingênua, mas o ponto de partida sobre o qual se ergue uma série de recomendações provocativas e práticas sobre a política, a educação e a função da liberdade na vida social. Em todos os trabalhos de Rousseau, o que se vê é a ação de um espírito simultaneamente moral e reformista. Como tantos pensadores moralizantes, Rousseau é fundamentalmente um crítico da cultura. No seu entendimento, a simpatia natural e originária atenua-se quando a racionalidade e a linguagem começam a desenvolver-se. Mesmo que a simpatia não desapareça por completo e ressurja ocasional e intermitentemente, as convenções sociais afastam os seres humanos de sua natureza individual. Apesar de negativamente, Rousseau desenha, para o pensamento moderno, uma conexão que persistirá na antropologia, na sociologia, na política e na ética: a sociabilidade existe através da construção de convenções. O CONVENCIONALISMO e o CONTRATUALISMO, que dominam as ciênciais sociais e humanas contemporâneas, começam a ser formulados na obra de Rousseau. Para ele, história é a perversão corrupta de uma comunidade que foi, um dia, o que de mais perfeito a humanidade pôde produzir. O desenvolvimento cultural gerou os males da propriedade privada, da divisão do trabalho e da alienação, que infectam as sociedades. Na sua obra-prima política, *O contrato social*, Rousseau parte do princípio de que governar é apresentar resoluções para conflitos individuais. Filosoficamente, isso significaria conciliar o particular e o universal; mas como harmonizar a liberdade individual e o interesse coletivo? A tese do *Contrato* afirma que, se os indivíduos voluntariamente submetessem suas vontades à vontade geral, liberdade e coletividade não seriam dimensões contraditórias. O CONTRATO SOCIAL deve ser subsidiário da vontade coletiva (*la volonté générale*). A vontade geral seria maior do que qualquer desejo particular. Rousseau redefine, de modo perverso, a liberdade individual como uma forma de obediência ao que é coletivo: a coletividade força o indivíduo a ser livre. Aqui aparece um elemento mediador da vontade coletiva e da liberdade do indivíduo: o legislador que, através do entendimento correto da moralidade e da política, introduz e mantém, por meio de normas, a estabilidade social. O grande sucesso de seu romance sentimental, *A nova Heloísa*, não impediu que *O contrato social* e *Emílio, ou Da educação* fossem banidos de Genebra, o que levou Rousseau a uma existência andarilha, eivada de tendências paranoicas. Seu último trabalho importante é *Confissões*, onde o que normalmente seria avaliado como vergonhoso e mesquinho de sua trajetória biográfica é examinado com desconcertante honestidade.

BIBLIOGRAFIA

ROUSSEAU, Jean-Jacques. *O contrato social*. Porto Alegre: L&PM, 2007.

_________________. *Discurso sobre a origem e os fundamentos da desigualdade entre os homens*. Porto Alegre: L&PM, 2008.

royalty [ing.] ECON JUR **1** Compensação ou parte do lucro paga ao detentor de um direito qualquer, p.ex. de uma patente, concessão etc. **2** Parte acordada da receita de uma obra qualquer, paga ao autor, compositor etc., ger. em forma de porcentagem sobre o preço de custo a varejo de cada exemplar vendido.

RTVC **1** CINE RÁD TV Sigla de *Rádio, Televisão e Cinema*. **2** PUB Setor de agência publicitária encarregado de produzir peças para esses veículos.

rua GRÁF M.q. CANAL ('espaço').

rubrica **1** CINE TEAT TV Em um roteiro de filme, teatro, televisão etc., texto que não faz parte do diálogo, mas indica aos atores, ao diretor e à produção (arte, figurino etc.) detalhes imprescindíveis da cena. **2** MÚS Indicação de como deve ser executado um trecho musical.

ruído **1** ACS Som constituído pela superposição aleatória de vibrações de amplitudes e frequências diversas, sem relações harmônicas entre si. **2** COMN Qualquer distúrbio ou perturbação que ocasiona perda de informação na transmissão da mensagem. ▸ Em teoria da comunicação, 'ruído' é entendido como uma perturbação física que surge no canal que liga o polo transmissor ao receptor; é um distúrbio do sinal que o altera fisicamente. Os primeiros engenheiros de telecomunicação, como Claude Shannon (1916-2001), claramente perceberam que era preciso distinguir o sinal a ser transmitido da estática que nele interfere e que recebe, portanto, a qualificação de ruído. O ruído age no sentido oposto ao que faz o código. Os códigos introduzem um determinado teor de previsibilidade na troca de mensagens, o que torna a comunicação mais econômica. Os ruídos dão lugar a distorções e erros, fazendo que um material estranho à intenção original irrompa na mensagem, aumentando o grau de incerteza para o receptor. Um erro de datilografia é um tipo de ruído muito frequente na comunicação. O fato de o ruído aumentar não quer dizer que seja um fenômeno benéfico ao processo comunicativo. É bem verdade que o ruído aumenta a taxa de informação de uma mensagem, mas a quantidade de informação não é um valor absoluto, ela depende intrinsecamente da capacidade transmissiva do canal. O ruído aumenta a despesa de transmissão, complicando-a. Para que ele seja minorado, a saída é repetir a mensagem, torná-la mais redundante, dobrar a despesa de transmissão. De outra forma, o ruído, seja ele acústico, visual, fonético etc., seria uma interferência irreprimível que perturba a intenção da mensagem. O ruído perturba ou impede que uma intenção comunicativa se realize, limitando, portanto, a habilidade e o sucesso do transmissor. ▸ Cf. REDUNDÂNCIA. **3** FON Qualquer efeito acústico de articulação que não depende dos órgãos ressoadores e não apresenta, por isso, vibrações harmônicas. **4** FON Na produção dos sons linguísticos, o som produzido pela obstrução total ou parcial da passagem da corrente expiratória, como na articulação das consoantes, por oposição às vogais formadas de sons laríngeos modulados segundo a forma da cavidade bucal. **5** TEL Sinal elétrico não desejado que interfere nas comunicações.

BIBLIOGRAFIA

SHANNON, Claude; WEAVER, Warren. A teoria matemática da comunicação. In: COHN, Gabriel (org.), *Comunicação e indústria cultural*. São Paulo: Nacional, 1975, p. 25-37.

rumor Notícia que se propaga rapidamente; boato.

running head [ing.] JOR Manchete ou cabeçalho que se imprime em páginas sequenciais.

Russell, Bertrand (Trelleck, Monmouthshire, País de Gales 1872 - Penrhyndeudraeth, País de Gales 1970) Filósofo, matemático, lógico, escritor e crítico social. ▸ A obra de Russell é uma defesa filosófica radical do empirismo. Seu interesse nos fenômenos linguísticos qualifica-o como um dos principais antecessores da principal contribuição britânica para a história da filosofia - a filosofia analítica da linguagem. Nascido numa das mais aristocráticas famílias britânicas, Russell estudou no Trinity College, em Cambridge. A extensão dos interesses de Russell é extraordinária: em 1950, ele recebeu o Prêmio Nobel de Literatura. Suas mais importantes contribuições filosóficas datam do que produziu na primeira metade da década de 1910. A princípio interessado e atraído por filosofias idealistas, que haveria de rejeitar, Russell escreveu, com seu mentor, Alfred North Whitehead (1861-1947), um dos principais e mais influentes tratados filosóficos do sXX, *Principia mathematica*, foi defesa apaixonada do que viria se chamar de LOGICISMO, ou seja, a ideia de que a matemática seria parte da lógica, da qual poderia ser deduzida. O livro deriva do que veio a ser chamado de o *paradoxo de Russell*. *Principia mathematica* deriva de um problema teórico que Russell identificou na teoria dos conjuntos. O ponto de partida é o reconhecimento de que alguns conjuntos são membros de si mesmos, enquanto outros não são. O que fazer com um conjunto de todos os conjuntos que não seja membro de si mesmo? Suponha-se, p.ex., o caso de uma lista ('conjunto ou coleção') de todos os livros. Como livro, a lista deveria ser parte da classe de livros, mas a rigor não pode ser isso, caso contrário não seria aquilo que arrola todos os livros: se fosse um livro não seria uma lista, sendo lista não pode ser um livro. Os três volumes de *Principia mathematica* procuraram uma resolução para o paradoxo dos conjuntos, que haveria de ser perseguido em outros trabalhos seus. Russell acreditava firmemente que haveria necessariamente uma solução que eliminasse o paradoxo. Para isso, propôs que se admita a existência de dois tipos de conhecimento: um conhecimento por familiaridade e outro por descrição. O paradoxo seria apenas a confusão desses dois tipos de conhecimento, que precisam ser claramente separados em níveis distintos. A solução de Russell é restritiva e, portanto, decepcionante. Alguns de seus críticos acham que se trata mais de um desvio diante do problema do que uma resposta que desfaça a contradição apontada na teoria dos conjuntos. O conceito de descrição definitiva pressupõe a existência possível de uma linguagem ideal que representaria os estados de coisas e outras propriedades do mundo natural. Outro nível de descrição é necessário para que isso seja atingido, algo semelhante à maneira pela qual os átomos apresentam uma descrição definitiva das coisas do mundo. O conteúdo verdadeiro de uma expressão encontra-se, portanto, em outro nível, aparentemente desconectado da fala ordinária, e está representado, inferencialmente, através de elementos básicos e atômicos que compõem a forma lógica das sentenças expressas na linguagem comum. A solução para o paradoxo consiste na discriminação radical de LINGUAGEM-OBJETO e METALINGUAGEM. Russell advogava em favor de uma teoria do significado que tinha rigorosa fundamentação lógica. Não se deve, entretanto, qualificar suas teses como uma espécie de POSITIVISMO LÓGICO. Para ele, a linguagem não é uma construção autônoma e completamente distinta da realidade: a sintaxe lógica da linguagem é passível de ser descoberta, mas isso não autoriza a conclusão de que não haja correspondência entre as sentenças e aquilo que elas representam. O entendimento da sintaxe lógica é um dos caminhos para se conhecer a estrutura do mundo. De maneira coerente, em *A análise da mente*, Russell apresenta uma postura monística e neutra a respeito da realidade: a mente e a matéria são articulações diferentes, feitas dos mesmos componentes básicos, que não são nem materiais nem mentais. Os trabalhos completos de Russell incluem também livros de popularização e de polêmica do mais alto nível. Ele é um caso raro de pensador acadêmico que se transformou em influente figura pública. Suas posições políticas liberais e pacifistas causaram-lhe demissão de cargos universitários e processos jurídicos, mas reservaram-lhe um papel proeminente durante quase todo o sXX. ▸ Cf. FREGE, GOTTLOB; GÖDEL, KURT.

BIBLIOGRAFIA
EGNER, Robert E. (org.). *O melhor de Bertrand Russell*. São Paulo: Bertrand, 2001.
RUSSELL, Bertrand. *A análise da mente*. Rio de Janeiro: Zahar, 1976.
___________. *Significado e verdade*. Rio de Janeiro: Zahar, 1978.
WHITEHEAD, Alfred North; RUSSELL, Bertrand. *Principia mathematica*. Cambridge: Cambridge University Press, 1970.

RV INF Sigla de REALIDADE VIRTUAL.

Ryle, Gilbert **(Brighton, Inglaterra 1900 - Oxford, Inglaterra 1976)** Filósofo britânico, estudioso da linguagem ordinária e crítico do modelo dualista cartesiano. ▸ As primeiras publicações de Ryle dedicam-se à interpretação de problemas metafísicos, principalmente os apresentados nas obras de Martin Heidegger (1889-1976) e de Edmund Husserl (1859-1938). O contato com a filosofia de Ludwig Wittgenstein (1889-1951) fez com que Ryle passasse a se interessar pela filosofia da linguagem, publicando artigos que examinavam minuciosamente o surgimento de problemas e impasses filosóficos aparentemente inescrutáveis, porque ocultos pela expressão linguística. Sua reputação cresceu consideravelmente com a publicação de *The concept of mind*, que atacava o dualismo cartesiano e sua hipótese de que existe um fantasma latente na maquinaria do corpo. Para ele, o que for mental só é analisável em termos de comportamentos concretos ou possíveis. Ryle é visto como um defensor sofisticado do BEHAVIORISMO. Enunciados sobre estados mentais não têm um estatuto próprio, pois são apenas enunciados sobre ações, em si tão observáveis como as coisas. Ryle concluiu que a distinção cartesiana que separa pensamento (*res cogitatio*) e mundo (*res extensio*) é completamente ilusória. Seus *Collected papers* revelam um filósofo familiarizado tanto com a problemática pós-wittgensteiniana como com a análise de pensadores clássicos da estatura de Platão (c428 a.C. - 348 a.C.). Lógica e filosofia da mente são seus principais interesses, tendo também formulado o conceito de DESCRIÇÃO DENSA, que se mostra de grande utilidade para a interpretação das culturas humanas.

BIBLIOGRAFIA
RYLE, Gilbert. *Collected papers*. London: Hutchinson, 1971. 2 v.
_________. *The concept of mind*. Harmindsworth: Penguin, 2000.

Ss

s 1 Décima nona letra do nosso alfabeto. **2** **FON** No português do Brasil, representação de dois sons distintos: a) consoante fricativa côncava dental surda (*sal*); b) consoante fricativa côncava dental sonora (*asa*). **3** A forma dessa letra. **4** **GRÁF** Tipo que imprime essa letra. **5** **EDIT** Matriz que imprime essa letra. **6** Diz-se do elemento de uma série que sucede ao designado pela letra *r*.

S 1 **FÍS** Símb. de ENTROPIA. **2** **LÓG** Símb. de SUJEITO.

sabir **LING** M.q. LÍNGUA FRANCA (acp. 1).

sabor 1 Sensação em que intervêm gosto e odor que certos corpos ou substâncias exercem sobre os órgãos do paladar. **2** Propriedade que esses corpos ou substâncias têm de impressionar o paladar; paladar, gosto. **3** O sentido do gosto, do paladar. **4** Qualidade que pode ser comparada a alguma coisa que agrada ao paladar. **5** Traço distintivo; caráter, peculiaridade. **6** Categoria de obra artística, literária etc.; gênero, tipo.

sabugo 1 **GRÁF** Eixo central da máquina de impressão; estanga. **2** **PAP** Vara onde se enrola o papel da bobina.

safe mode [ing.] **INF** Diagnóstico de um computador feito por sistema operacional que permite a intervenção de programadores e é us. freq. no tratamento de vírus. ▶ Lit.: 'procedimento seguro'.

saída 1 **ELETR** Terminal de um circuito ou dispositivo capaz de fornecer energia elétrica. **2** **ELETR** Energia elétrica utilizável ou outra forma de energia fornecida por circuito ou dispositivo. **3** **INF** Transferência de informação da memória interna do computador para um meio de armazenamento externo. **4** **INF** Qualquer dado que passa por essa transferência. **5** **INF** Dispositivo, processo ou canal envolvido numa operação de transferência.

Said, Edward **(Jerusalém, Palestina Britânica 1935 - Nova York, Estados Unidos 2003)** Professor de literatura comparada da Universidade de Columbia, em Nova York, crítico cultural e um dos principais articuladores da tendência pós-colonialista na literatura e na cultura. ▶ A celebridade de Said deriva de seu livro *Orientalismo*, publicado em 1978, no qual, demonstrando imenso conhecimento da literatura de inspiração colonialista, ele oferece uma crítica radical às teorias tradicionais, que seriam instrumentos ideológicos a serem repudiados. Para Said, o *Oriente* representado no cânone orientalista não passa de uma construção eurocêntrica e paradigmática a serviço da dominação política, cultural e econômica. O orientalismo serve diretamente aos interesses do Ocidente. A presumida fascinação do exótico é, na interpretação de Said, uma clara estratégia de controle e dominação. Teoricamente, Said acredita que a interpretação não é o exercício de uma liberdade ilimitada: o recurso à textualidade não justifica uma suspensão das relações que a literatura efetivamente tem com o mundo social. A crítica do texto literário deve estar, portanto, a serviço de um projeto de libertação das injustiças que assombram o mundo em que se vive. Os monstros sagrados da literatura não estão imunes ideologicamente: Joseph Conrad (1857-1924) é caracterizado como um autor paradigmático para o colonialismo ocidental. Romances, diários, livros de viagens são dispositivos a serviço da ideologia imperialista que naturalizam as formas de domínio político e econômico. Não haveria, nesse caso, uma realidade social separada e imune à ação dos textos que a representam. A visão de Said transcende os limites das teses que acreditam que as representações refletem as estruturas sociais. Sua hipótese afirma que as representações apropriam-se da realidade, dando-lhe forma. O prestígio público de Said permitiu que ele se tornasse um defensor importante das causas palestinas, ao criticar a visão monolítica e ideologicamente comprometida do Ocidente, que reduz, em sua opinião, as sutilezas do islamismo a uma alteridade que define rígida e mutuamente as duas culturas. A independência intelectual de Said manifestou-se na sua crítica à Frente pela Libertação da Palestina durante a Guerra do Golfo, no início da década de 1990. Suas análises literárias são vistas como um desenvolvimento das teses de Michel Foucault (1926-1984) e Jacques Derrida (1930-2004). ▶ Cf. COLONIALISMO; OUTRO.

BIBLIOGRAFIA

SAID, Edward. *Cultura e imperialismo*. São Paulo: Companhia das Letras, 1995.

__________. *Orientalismo*. São Paulo: Companhia das Letras, 2001.

sair do prelo Ser publicado (livro).

salão Exposição periódica de obras de arte, livros, novos produtos etc.

sale [ing.] **COM PUB** Oferta de produto(s) a preço reduzido para estimular o consumo.

sales kit [ing.] **MKT** M.q. KIT DE VENDAS.

salto 1 **GRÁF** Erro tipográfico na composição de texto, que consiste na omissão de letras, palavras, frases e/ou período. **2** **TV** Erro ou problema técnico na transmissão de imagens. **3** **MÚS** Subida abrupta da voz fora do compasso. **4** **MÚS** Qualquer intervalo melódico que ultrapasse a segunda. **5** **CINE TV** Transmissão brusca entre tomadas.

salva-folhas **GRÁF** Alavanca acionada pelo margeador quando a folha entra torta no esquadro, evitando que esta se estrague, e sem que seja necessário parar a máquina; desligador da pressão.

salvaguarda **ENC** Cada uma das folhas de papel cortadas no formato do livro e presas, uma no princípio e outra no fim do volume, para evitar que sujem durante o trabalho de encadernação; guarda suja, resguardo falso.

salva-mão **GRÁF** Dispositivo das máquinas de platina e das guilhotinas que evita que as mãos do profissional sejam atingidas pela platina ou pela faca.

salvar 1 **INF** M.q. GRAVAR ('transferir dados'). **2** **MÚS** M.q. ABONAR.

sample [ing.] 1 MKT Amostra. 2 ACS REC.AV Passagem ou fragmento gravado de som.
sampleador MÚS Diz-se de ou instrumento eletrônico que utiliza sons previamente gravados e armazenados digitalmente em sua memória, podendo alterá-los de diversas formas, à maneira de um sintetizador. ▶ O sampleador é um instrumento combinatório: o ato de samplear começa com a seleção criativa de produtos culturais que são descontextualizados e recombinados em nova configuração. Musicalmente, o ato de samplear começa isolando um elemento, como, por exemplo, a linha do baixo, extraída de um arranjo que serve como base para uma fusão com outros sons.
samplear MÚS 1 Gravar e processar (sons previamente gravados) por meio de um sampleador. 2 Montar (composição ou arranjo musical) com uso desse instrumento.
sanduíche PUB Red. de ANÚNCIO-SANDUÍCHE.
sanfona 1 GRÁF Folheto ou encarte impresso, dobrado como os foles de uma sanfona. 2 MÚS M.q. CONCERTINA. 3 MÚS M.q. ACORDEÃO.
sangrado GRÁF Cuja diagramação determina que o limite da ilustração coincida com o corte da página.
sangrar GRÁF Fazer que o limite da ilustração coincida com o corte da página.
sanguina 1 Peróxido de ferro empr. na fabricação de lápis vermelho. 2 Esse lápis. 3 ART.PLÁST Desenho feito com esse lápis.
santinho POL PUB Pequeno prospecto de propaganda eleitoral com retrato e número de candidato a cargo público.
Sapir, Edward (Lauenburg, Pomerânia, atual Polônia, 1884 - New Haven, Connecticut, Estados Unidos 1939) Linguista e antropólogo n.-am., que afirma ser a linguagem o elemento causador do pensamento, das percepções e do comportamento humano. ▶ Sapir mudou-se da Alemanha para os Estados Unidos aos quatro anos de idade, formando-se em filologia germânica pela Universidade de Columbia. Influenciado e estimulado por seu professor Franz Boas (1858-1942), Sapir passou a dedicar-se ao estudo das linguagens dos nativos americanos, estendendo seu interesse para questões antropológicas. Tornou-se um antropólogo de renome, com contribuições importantes para a teoria do parentesco, que, segundo ele, não pode ser entendido em termos estritamente sociológicos, mas tb. linguísticos. Seu interesse pela função dos sistemas linguísticos nas culturas levou-o a acreditar que as linguagens têm um papel ativo na existência humana, determinando o pensamento, a ação e a percepção. Ele é um dos formuladores radicais do que se chama *relativismo linguístico*, segundo o qual as estruturas linguísticas funcionam como um filtro criador dos comportamentos e das percepções culturais. Um de seus alunos, Benjamin Lee Whorf (1897-1941), desenvolveu a tese que passou a ser conhecida como HIPÓTESE DE SAPIR-WHORF. ▶ Cf. WHORF, BENJAMIN LEE.

BIBLIOGRAFIA

MANDELBAUM, David G. (ed.). *Selected writings of Edward Sapir in language, culture and personality*. Berkeley; California University Press, 1986.

sarcasmo Ironia cáustica.
satélite de comunicações COMN Satélite artificial para comunicações eletromagnéticas entre diversos pontos da Terra ou entre uma nave espacial e a Terra. ▶ A comunicação por satélite resolve alguns problemas criados pela transmissão de sinais a partir de uma torre: o seu espectro de transmissão é maior e a curvatura da Terra não limita o alcance de recepção do sinal. O problema da transmissão por satélite é de natureza econômica, pois os custos de investimentos iniciais são mais altos, ainda que acabe compensando, pois a área de transmissão é mais ampla do que a transmissão de sinais por torre.
satélite de teledifusão COMN Satélite artificial concebido para transmitir programação televisiva para receptores dotados de antenas parabólicas.
sátira 1 LIT Composição literária que ataca de forma incisiva ou ridiculariza os vícios e as imperfeições. 2 Discurso ou escrito picante, maledicente ou de crítica rigorosa. 3 Ironia, mofa, zombaria. 4 Censura espirituosa. 5 LIT Na literatura latina, composição poética jocosa ou indignada contra as instituições, os costumes e as ideias contemporâneas.
saturação 1 CINE TV Intensidade de tom de uma cor. 2 ÓPT Grau de uma cor que determina a sua pureza e a diferencia de outras de idêntico matiz.
Saussure, Ferdinand de (Genebra, Suíça 1857 - Vufflens-le-Château, Vaud, Suíça 1913) Linguista suíço, considerado o mais importante pensador sobre a linguagem na primeira metade do sXX, cujos trabalhos e indicações metodológicas tiveram imensa repercussão nas abordagens estruturalistas e pós-estruturalistas dos fenômenos sociais. ▶ A vasta reputação e influência de Saussure advém de um livro que não escreveu, *Curso de linguística geral*, produto das notas editadas e coligidas de um curso de teor metodológico. Recentemente, o semioticista canadense Paul Bouissac (1934-) reconstituiu, de modo memorável, as aulas de Saussure que inspiraram seus alunos. Nessa reconstituição das aulas dadas no ano escolar de 1910-1911, é possível ver como Saussure forjou conceitos que se tornaram o fundamento da linguística e das ciências sociais modernas. Saussure procurava compreender a linguagem como um fenômeno social, por isso vários termos da sociologia durkheimiana pareceram-lhe úteis para explicar o que seja a dimensão linguística: para ele, a linguagem é uma instituição, um FATO SOCIAL. O vocabulário é claramente durkheimiano, mas também enraizado na visão sociocêntrica da linguística defendida pelo filólogo norte-americano William Dwight Whitney (1827-1894). Além de Whitney, uma importante influência linguística sobre Saussure é o trabalho do russo Baudouin de Courtneay (1845-1929) sobre fonética, que haveria também de ecoar nas investigações do CÍRCULO LINGUÍSTICO DE PRAGA. Segundo Saussure, o objeto da linguística deve ser o sistema constituído da língua (*langue*) e não a fala (*parole*), que se realiza apenas através da estrutura normativa da língua. Por ser um contrato sem a ação voluntária dos contratantes, a língua funciona como um produto comunicacional. As línguas diferem porque são sistemas que se desenvolveram historicamente, reunindo indissociavelmente a matéria expressiva (significante, imagem acústica) aos conceitos que são expressos. Metodologicamente, isso significa que aquilo que importa para o estudo da língua é o sistema presente na mente dos falantes e não sua história evolutiva, que, a rigor, pode ser ignorada: dito de outra forma, importa, em primeiro lugar, a dimensão sincrônica da língua, ainda que ela tenha também uma natureza diacrônica. A relação entre significante e significado é arbitrária: essa noção foi criticada porque, para o falan-

te, o uso da linguagem não é jamais uma experiência arbitrária (cf. ARBITRARIEDADE). Melhor seria afirmar que a relação de causalidade entre o signo e seu referente é imotivada. A linguagem não é um acontecimento natural, mas um produto da sociabilização. Saussure não tinha, de fato, nas suas aulas, nenhum outro objetivo que o de fornecer esclarecimentos metodológicos para os jovens linguistas da época. Mas foi através da disseminação de suas ideias por Roman Jakobson (1896-1982), apropriadas por Claude Lévi-Strauss (1908-2009), Maurice Merleau-Ponty (1908-1961) e o psicanalista Jacques Lacan (1901-1981), que as teorias sociais do sXX passaram a ser influenciadas pelos conceitos básicos da linguística saussuriana. Da mesma maneira que Saussure chamara a atenção para o sistema de regras presente na mente do falante, que torna todo ato de fala significativo, as ciências sociais passaram a dar prioridade à ESTRUTURA, ainda que esse termo não faça parte da nomenclatura saussuriana. Cabe a Jakobson o mérito de ter reconhecido a analogia entre a dicotomia linguística língua/fala e seu correlato comunicacional código/mensagem. A língua não deve ser entendida como uma capacidade humana geral (isso seria a linguagem), mas um sistema estruturante com regras presentes na mente dos falantes que se disseminam sociologicamente. Os fenômenos linguísticos têm, na sua concepção, um fundamento psicológico, pois o SIGNO linguístico é uma unidade psíquica que reúne significante e significado. Sua recusa em privilegiar o caráter individual do uso do signo, bem como sua função referencial, abriu um caminho importante para o entendimento não só da língua como comunicação social, mas da comunicação social como uma organização, à imagem do que seja linguístico. As leituras pós-estruturalistas conferiram um papel ainda mais autônomo à questão do signo, que, por isso, não pode ser entendido pelo critério e pelo prisma de verdade, sendo apenas um objeto a ser desconstruído (cf. DESCONSTRUCIONISMO): significantes deslizam numa cadeia interminável de relações que geram o que se chama de significado. Em vida, a reputação intelectual de Saussure baseava-se no seu estudo comparativo dos sistemas linguísticos indo-europeus. Hoje ele é visto como fundador da linguística moderna e da teoria dos signos contemporânea, que estudaria a vida dos signos em sociedade e que deveria receber o nome de SEMIOLOGIA. Apesar da referência brevíssima a uma ciência geral dos signos, isso não impediu que Roland Barthes (1915-1980) procurasse os elementos básicos da semiologia, numa inversão do que Saussure dissera. Para Barthes, porque a linguística se tornou um saber rigoroso conceitualmente, e a semiologia apenas uma promessa em rascunho, é preciso reconceber a semiologia como um ramo da linguística (cf. BARTHES, ROLAND). Na concepção saussuriana, o estudo da comunicação que é a semiologia está lado a lado com a sociologia e a psicologia e caracteriza-se pela dicotomia de sua estrutura de conceitos (significante/significado, língua/fala, sincronia/diacronia, paradigma/sintagma etc.), pela ênfase na significação, em detrimento da referencialidade do signo, e por sua dedicação ao estudo dos múltiplos e variados sistemas convencionais de comunicação. Para o entendimento das teses complexas e ainda em desenvolvimento por Saussure no ano de sua morte, é importante a leitura de suas notas originais para o livro que pretendia escrever.

BIBLIOGRAFIA

BOUISSAC, Paul. *Saussure: a guide for the perplexed*. New York: Continuum, 2010.

GODEL, Robert. *Les sources manuscriptes du Cours de Linguistique Générale*. Genéve: Droz, 1969.

SAUSSURE, Ferdinand de. *Curso de linguística geral*. São Paulo: Cultrix, 2006.

sazonal Relativo a estação do ano; próprio de uma estação; estacional.

sazonalidade Qualidade ou estado de sazonal. ▸ Alguns produtos, por serem mais demandados numa determinada estação do ano, são ditos sazonais.

scam [ing.] INF Fraude cometida por programa de computador (*malware*) esp. programado para esse fim.

scan [ing.] INF Ver ESCANEAR.

scanner [ing.] INF Ver ESCÂNER.

scanning [ing.] INF Ato ou efeito de escanear.

schedule [ing.] **1** Plano, esp. um programa de procedimentos, indicando o momento de cada operação e a sequência de todas elas. ▸ Ao planejar uma programação radiofônica ou televisiva, o que se faz é estabelecer uma lista de produções que irão ao ar num determinado período. O estabelecimento de um *schedule* é precedido pelo conhecimento e pela pesquisa a respeito de que tipo de audiência tende a assistir à programação nesse horário específico. A decisão deve considerar também o número possível de pessoas que prefiram tal horário. Obviamente, por motivos econômicos, quanto maior a audiência, tanto melhor para o programador. Outros fatores importantes dizem respeito à competição. A guerra pela audiência acaba sendo uma guerra numérica. Por isso, o *schedule* constitui-se na preocupação estratégica mais prioritária na difusão de programas de comunicação de massa. Nada é muito simples, pois o *scheduling* envolve decisões complexas: não se trata apenas de escolher o que é mais popular. O ato de construir um *schedule* permite que se aumente a audiência de um programa menos popular, alocando-o entre duas produções de audiência mais ampla. Já que, muitas vezes, a audiência opera por inércia, preferindo uma estação a programas específicos, a transferência de índices de popularidade se torna assim possível. O sistema de gravação de programas reduz a centralidade do *schedule* na comunicação de massa. **2** Conjunto de itens a serem aviados; agenda.

schwabacher [al.] GRÁF Tipo gótico alemão, do sXV, semelhante ao cursivo, de traços simples e fortes, letras aneladas e caudadas.

s-commerce [ing.] INF INTERN Abrev. de SOCIAL COMMERCE.

scoop [ing.] JOR M.q. FURO.

scrambler [ing.] **1** ELETR ELETRÔN Circuito que separa, inverte e desloca as frequências de um sinal elétrico, de modo a torná-lo ininteligível para um interceptador não desejado; perturbador de conversa, embaralhador de áudio. **2** TV Aparelho decodificador de canais pagos de televisão, que recompõe os sinais.

screen [ing.] CINE INF TV Ver TELA.

screen saver [ing.] INF Tipo de programa de computação que tinha, primeiramente, o propósito de evitar a queima de substâncias que compunham as primeiras telas de computadores, e é atualmente us. para decoração, entretenimento ou segurança.

script [ing.] **1** CINE RÁD TEAT TV M.q. ROTEIRO. **2** INF Conjunto de instruções para que uma função seja executada em determinado aplicativo.

scriptorium [lat.] Nos mosteiros medievais, recinto onde se copiavam livros.
search engine [ing.] INF M.q. BUSCADOR.
Sebeok, Thomas A. (Budapeste, Hungria 1920 - Bloomington, Indiana, Estados Unidos 2001) Semioticista e linguista n.-am. ▸ Sebeok dedicou-se ao estudo dos sistemas de sinalização e de comunicação animal e humana. Cunhador dos termos ZOOSSEMIÓTICA e BIOSSEMIÓTICA, seu trabalho é uma apaixonada busca por um saber interdisciplinar que, segundo ele, deveria ser alcançado pela consideração dos signos em ação. Formado pela Universidade de Chicago e doutor pela Universidade de Princeton, Sebeok lecionou na Universidade de Indiana, na cidade de Bloomington, onde dirigiu o Centro de Pesquisa para os Estudos Semióticos e da Linguagem. De Charles S. Peirce (1839-1914), Sebeok extraiu uma concepção de SIGNO, que é redefinido como unidade representativa central para todos os aspectos da vida biológica. Os signos comunicados constroem redes de relações entre o que parece ser diverso e desconectado. Dessa maneira, os organismos percebem os outros organismos e o ambiente em que existem. O que Sebeok postulou foi formulado a partir de sua leitura dos escritos de Jakob von Uexküll (1864-1944) sobre o fenômeno do *Innenwelt*. O *Innenwelt* é modelado por representações que transformam o mundo exterior num nicho onde a espécie atua. Não haveria, portanto, para Sebeok, fronteiras que delimitassem o estudo dos signos. A semiótica trataria de todas as linguagens da vida; por isso, não deveria estar presa a conceituações antropocêntricas. Durante sua produtiva carreira, Sebeok editou várias obras coletivas, enciclopédias e jornais acadêmicos que divulgavam sua visão interdisciplinar. Na teoria de Sebeok, as representações sígnicas seriam fundamentalmente processos que simulam as condições do mundo exterior, para então transformar essas representações icônicas em índices materiais que, posteriormente, funcionariam como símbolos. Novamente, Sebeok extrai de Peirce a ideia de que o signo é um processo regido em sua totalidade por similaridade, causa-efeito e convenções.

BIBLIOGRAFIA

SEBEOK, Thomas A. *Animal communication: techniques of study and result of research*. Bloomington: Indiana University Press, 1973.

____________. *Global semiotics*. Bloomington: Indiana University Press, 2001.

____________. *Signs: an introduction to semiotics*. Toronto: Toronto University Press, 2001.

secador monolúcido PAP Grande cilindro secador, de superfície polida, que se usa para lustrar a superfície do papel, comprimida contra o cilindro por uma prensa também cilíndrica, e que pode funcionar como secador comum, se não se utilizar essa prensa; cilindro lustrador.
seção 1 Divisão ou subdivisão feita em uma obra escrita por capítulos ou artigos, para melhor compreensão de sua disposição interior. **2** JOR Espaço destinado a determinada matéria ou assunto em jornais, revistas etc.
seção livre JOR Matéria jornalística paga.
secaria PAP Local da máquina de papel onde estão instalados os cilindros secadores.
secretária eletrônica Dispositivo ligado a um telefone que responde a chamadas e registra recados através de um gravador; atendedor de chamadas.
Século das Luzes FIL M.q. ILUMINISMO.
secundo [lat.] Em segundo lugar.
segmentação 1 INF Técnica muito usada em sistemas de memória virtual, para segmentar a memória principal em blocos de tamanhos variados, ger. correspondentes a regiões lógicas, em que cada bloco é um segmento. **2** INF Forma sofisticada de gerenciamento de memória que permite que os programas sejam apenas parcialmente residentes em memória real para operação. **3** MKT Divisão do mercado em grupos de indivíduos com características, necessidades e modos de atuação semelhantes, segundo seu perfil financeiro, psicológico etc., visando definir estratégias de *marketing*.
segmentado MKT Relativo a ou próprio de segmentação ('divisão').
segmento 1 PUB Parte de um mercado publicitário. **2** TV Cada um dos blocos em que se divide um programa de televisão. **3** TV Movimento de câmara de televisão.
segmento de mercado MKT Cada um dos grupos em que a estratégia de *marketing* divide o mercado.
seguidor automático RÁD Aparelho de radar que acompanha o alvo após sua detecção, registrando todos os seus movimentos.
segunda 1 GRÁF Prova tipográfica de folha já revista. **2** MÚS Intervalo de dois graus conjuntos na escala diatônica. **3** MÚS Corda de instrumentos imediatamente superior à prima.
segunda capa BIBL Lado interno da capa de um livro, folheto etc.
segunda figura LÓG Figura do silogismo na qual o termo médio é predicado em ambas as premissas.
segunda fôrma GRÁF M.q. FÔRMA DE RETIRAÇÃO.
segunda língua LING Língua aprendida após a aquisição da língua materna, ger. para fins específicos.
seleção 1 Processo biológico, natural ou artificial, que leva ao aumento da proporção de certos genótipos em gerações sucessivas. **2** EDIT Coleção selecionada de trechos ou peças literárias; antologia. **3** INF Processo de indicar a uma estação que há mensagem para ela, que pode aceitar o recebimento ou rejeitá-la, temporária ou definitivamente. **4** Em aplicações gráficas de computador, aspecto da manipulação de imagem que consiste em selecionar os dados que interessam na estrutura em que estão armazenados, através de rotinas de pesquisa e recuperação seletiva. **5** LING Opção feita pelo falante entre possíveis unidades oferecidas pela língua, em face de um quadro típico de frase. ▸ Cada elo da cadeia sintagmática oferece a possibilidade de escolha seletiva no nível do eixo paradigmático; pode-se, assim, opor o eixo das seleções ao eixo das combinações. **6** LING Relação combinatória entre o sentido de um núcleo e o do complemento por ele implicado, ou entre a categoria sintática do núcleo e a do seu complemento. **7** LING Processo de economia linguística que consiste em anular a dualidade de formas equivalentes pela conservação de ambas com funções distintas, em lugar do abandono de uma delas (justiça, exação jurídica; justeza, exatidão em geral). **8** LING Em glossemática, determinação que se processa no texto (p.ex., a conj. 'para que' exige subjuntivo, sem que o oposto seja verdadeiro). ▸ Cf. GLOSSEMÁTICA. **9** PSIC SOC De acordo com o condicionamento operacional, escolha, feita pelo sujeito, dos comportamentos que lhe são gratificantes; escolha de elementos em consonância com os gostos ou configuração do sujeito. **10** SOC Processo em que pessoas ou grupos, em concorrência consciente

ou não com outros para lograrem *status* em uma cultura determinada, ou entre culturas, triunfam e alcançam reconhecimento, prestígio, poder ou sobrevivência social devido à sua adaptabilidade à situação cambiante.

seleção de cores GRÁF Operação essencial à reprodução de originais em cores, que consiste na separação das três cores básicas (magenta, ciano e amarelo) e também do preto, cor auxiliar, componentes da cor original.

seleção K BIO Processo que favorece a competitividade numa população de organismos e prole limitada, com investimento maior em cada um dos filhos. ▸ Cf. SELEÇÃO R.

seleção natural BIO Sobrevivência e/ou reprodução diferencial de populações ou espécies que melhor se adaptam ao meio ambiente, em detrimento das formas menos aptas. ▸ Quando de seu retorno à Inglaterra, após uma longa viagem pelo mundo, Charles Darwin (1809-1882) tentara responder teoricamente a uma questão que assombrava os naturalistas do sXIX: por que existem tantas espécies que maravilham não por sua variedade, mas também pelo fato de parecerem estar minuciosa e beneficamente adaptadas ao meio ambiente? O que interessava a Darwin não era justificar a transmutação das espécies, pois esse era um fato admitido por muitos outros naturalistas. O que lhe interessava era apontar o mecanismo através do qual as transmutações ocorreriam. A resposta dada pela teologia natural da época era, sem dúvida, insuficiente. A teologia natural não passava de uma apologética: a variedade das espécies devia ser vista como um sinal da grandeza do criador. Satisfeitos com suas respostas, autores como William Paley (1743-1805) desconsideravam, por completo, uma explicação fundada não em 'quem', mas em 'como' se cria a especiação. Era exatamente a identificação de um mecanismo que explicasse a variedade das espécies aquilo que impulsionava o raciocínio de Darwin. Ao mesmo tempo em que Darwin coletava exemplos que justificassem o princípio da seleção natural, um explorador, tremendo de febre na selva da Malásia, chegava à mesma conclusão. Ao receber uma carta desse naturalista, Alfred Russell Wallace (1823-1913), que lhe enviava cópia de um artigo em que formulava o mesmo princípio com termos idênticos, Charles Darwin entrou em pânico. Assim como Darwin, Russell Wallace lera os tratados populacionais de Thomas Malthus (1766-1834). Malthus acreditava que o crescimento populacional traria inevitavelmente uma depuração destrutiva do grupo. Tanto para Darwim como para Wallace, era isso que acontecia no mundo natural. Alguns sobrevivem e outros desaparecem. Já que isso significa também uma transmissão de qualidades dos sobreviventes para seus descendentes, é justo acreditar que a diversificação das espécies produz um melhor ajuste dos organismos ao nicho em que vivem. No capítulo VII de *A origem das espécies*, Darwin define a seleção natural como produto otimizado das variações, pois aquelas que fossem de alguma forma injuriosas seriam depuradas e destruídas. A rejeição de variações injuriosas é o que se chama de seleção natural. Quem identificou a seleção natural como a sobrevivência do mais forte não foi Darwin, mas o filósofo inglês Herbert Spencer (1820-1903). Só nas reedições de seu livro e em deferência à imensa influência intelectual de Spencer é que Darwin incorpora a locução ao texto de *A origem*. A ideia de seleção natural escandalizou muitos de seus contemporâneos e ainda é rejeitada por autores das ciências sociais e humanas, apesar de ser, até hoje, um princípio estruturante da BIOLOGIA. Para alguns, a noção de seleção natural só se aplica ao mundo biológico, o que é um resíduo teísta inaceitável. Por que a humanidade seria feita segundo princípios nebulosos e etéreos? Não há, na verdade, motivo para se separar os homens da ordem natural, a menos que se rejeite o princípio de descendência comum com modificação, que atravessa todas as formas de vida. Outra crítica inconsistente é a acusação de que a seleção natural não passa de uma transposição do que acontecia à natureza nos primórdios do capitalismo inglês. Se é uma banalidade dizer que uma teorização se faz num determinado momento histórico, é simplório desqualificá-la com base nessa trivialidade. Não se deve desqualificar uma reflexão sobre a natureza com esse tipo de sociologismo vulgar. Quem, em sã consciência, negaria a importância da física galileana porque é, como todo pensamento, produzido numa época? ▸ Cf. DARWIN, CHARLES; DARWINISMO; DARWINISMO SOCIAL.

seleção R BIO Processo que favorece o aumento demográfico de uma população que existe em um ambiente com recursos estáveis e abundantes, mas que, por isso mesmo, faz um investimento menor em cada um deles. ▸ Cf. SELEÇÃO K.

seleção sexual BIO COMN Desenvolvimento conceitual da teoria darwiniana de seleção natural que reconhece um papel informativo sobre a qualidade do organismo na presença de traços orgânicos diferenciados em machos da mesma espécie, o que lhes confere maior atratividade para as fêmeas e que, ao mesmo tempo, intimida seus competidores na luta pelo diferencial reprodutivo. ▸ Até recentemente, os trabalhos de divulgação do pensamento darwiniano negligenciaram o processo de seleção sexual, apesar de o próprio Charles Darwin (1809-1882) ter enfatizado que a SELEÇÃO NATURAL dominante em *A origem das espécies* era um mecanismo que precisava ser aprimorado. É o que faz na segunda parte de *A origem do homem e a seleção sexual*. A primeira parte desse livro, em que aponta a existência de um ancestral comum aos primatas e aos seres humanos, é mais célebre e bem menor do que o segmento sobre seleção sexual. Como sempre acontece em Darwin, ele enuncia o princípio de modo breve e elegante, sendo essa exposição seguida de uma grande quantidade de exemplos, que não só justificam, mas estão diretamente relacionados à tese principal do trabalho. Sua escolha pela seleção natural em *A origem das espécies* resultava do entendimento de que a seleção sexual é menos rígida do que a destrutividade seletiva que a seleção natural trazia para os organismos deletérios de uma espécie. O conflito por fêmeas não leva à morte, mas, a longo prazo, a seleção sexual elimina o injurioso. Se o tempo é um fator central para as teses evolucionistas, a seleção sexual não deve ser desconsiderada. O tempo também mostra como a seleção natural sem reprodução sexual é ineficiente: um organismo que viva muito sem reproduzir, por ser estéril ou por qualquer outra razão, é um beco sem saída evolutivo. Darwin formulou o princípio de seleção sexual com base na observação das diferenças estruturais de machos e fêmeas e das variações dessas distinções na população de machos de uma mesma espécie: no mundo natural, os machos são sempre exuberantes, enquanto as fêmeas não o são. Por quê? O motivo é que as fêmeas selecionam traços de excelência e adaptabilidade biológica, enquanto cabe aos machos se exibirem.

A cauda do pavão é uma mensagem de qualidade sem função reprodutiva direta. Para Darwin, a seleção sexual manifesta-se em maior tamanho, força, combatividade, colorido mais chamativo, poder de cantar, todas as capacidades adaptativas ligadas à manutenção ou sustento da prole e outros anúncios individuais. A seleção sexual é a dimensão comunicativa do pensamento de Darwin, o que, por sua vez, também explicita uma causa importante para a presença e o desenvolvimento da comunicação em boa parte do mundo natural: o SEXO. ▶ Cf. BIOLOGIA; DARWIN, CHARLES; DARWINISMO.

BIBLIOGRAFIA

DARWIN, Charles. *A origem do homem e a seleção sexual*. Belo Horizonte: Itatiaia, 2004.

selecionar INF **1** Escolher (uma) dentre várias rotinas alternativas de um arquivo. **2** Separar (documento ou arquivo) por indicativo.

seletividade ELETR Capacidade que tem um receptor de rádio de selecionar o sinal desejado em determinada frequência, ignorando as outras.

seletor 1 Qualquer mecanismo, automático ou não, que executa determinada seleção. **2** ELETR Qualquer aparato us. para estabelecer conexões dentro de circuitos, como p.ex. um relé ou um comutador. **3** INF Dispositivo em computador que, após serem oferecidas opções ao usuário, inicia a operação desejada em resposta à escolha feita por ele. **4** INF Esse mesmo dispositivo, que, após a seleção comandada, busca uma linha livre dentro de um grupo de linhas e conecta a linha selecionada ao circuito.

seletor de canais ELETR Comutador ou outro controle us. para sintonizar o canal desejado em um aparelho de televisão.

seletor de faixas ELETRÔN Chave rotativa utilizada para selecionar qualquer uma das faixas nas quais um receptor ou transmissor foi projetado para funcionar.

seletor de linha TEL O que faz conexão telefônica direta com a linha desejada.

seletor rápido DOC INF Dispositivo que explora códigos em microfilmes e pode registrar na película as microimagens de documentos ligados a esses códigos.

self [ing.] PSICN **1** Sentimento difuso da unidade da personalidade (suas atitudes e predisposições de comportamento). **2** Indivíduo, tal como se revela e se conhece, representado em sua própria consciência. ▶ Cf. INCONSCIENTE.

self-actualization [ing.] PSIC M.q. REALIZAÇÃO.

selo 1 Pequeno sinal que se põe ou se apõe às coisas para assinalá-las, identificá-las ou torná-las invioláveis; carimbo. **2** Estampilha adesiva, fixa ou estampada por máquina de franquear. **3** Sinal ou marca que fica estampada por carimbo, chancela ou máquina de franquear. **4** Local onde se apõem selos a certos documentos para validá-los. **5** Tudo o que fecha ou serve para selar. **6** Imposto que incide sobre certos documentos ou autos. **7** Pequeno impresso a que se atribui um preço, destinado ao pagamento de impostos. **8** Sinal particular; distintivo, marca.

sema LING EST Cada unidade mínima de significação, que, combinada com outras, define o significado de morfemas e palavras; traço semântico, componente semântico. ▶ Cf. ANÁLISE SEMÂNTICA.

semáforo COMN **1** Torre ou espécie de mastro com dispositivo us. para comunicar, da terra para os navios ou vice-versa, informações sobre a maré, mudança de tempo, movimentação de navios etc., por meio de sinais convencionados. **2** Meio de comunicação que usa esse dispositivo e sinais. **3** Estação de sinalização semafórica. **4** Sinal de parada de sinalização mecânica (que compreende um braço e uma haste vermelha) ou de sinalização luminosa (sinal vermelho). **5** Poste de sinalização luminosa, us. para orientar o trânsito urbano de automóveis e afins ou como ponto de referência; sinal de trânsito, sinaleira, sinaleiro.

semantema LING Parte de um vocábulo que expressa um conceito, uma ideia de caráter unicamente lexical (substância, qualidade, processo, modalidade da ação ou da qualidade). ▶ Está presente em diferentes elementos lexicais: radicais, palavras simples, palavras compostas; não está presente nos morfemas com funções exclusivamente gramaticais.

semântica 1 LING Ramo da linguística que se ocupa do estudo da significação como parte dos sistemas das línguas naturais; pode ser abordado sincrônica ou diacronicamente. **2** LING Num sistema linguístico, o componente do sentido das palavras e da interpretação das sentenças e dos enunciados. **3** LING O significado das palavras, por oposição à sua forma. ▶ Cf. MORRIS, CHARLES. **4** FIL LÓG Teoria abstrata da significação ou da relação entre os signos e seus referentes (p.opos. à sintaxe e à pragmática), e constituindo com estas uma semiótica. **5** FILOL Ciência que estuda a evolução do significado das palavras e de outros símbolos que servem à comunicação humana. ▶ Cf. SEMIOLOGIA.

INFORMAÇÕES GERAIS

Por mais que a questão do significado pareça parte integrante e inseparável de qualquer mensagem, pode-se definir a semântica de modo bastante restrito. Semântica seria apenas uma das dimensões do signo. Enquanto disciplina, a semântica distingue-se do estudo de como os signos se combinam (sintática) e de como as representações são instrumentalizadas por seus usuários (pragmática). Sob um ponto de vista prático, a semântica geraria descrições do funcionamento das linguagens naturais pela identificação da equivalência ou da complementaridade dos termos que representem os mesmos objetos, conceitos ou estados de coisas. Teoricamente, a tarefa da semântica é estabelecer o sistema de regras de formação dos significados, ou seja, suas regras de significação que associam a superfície das sentenças com sua estrutura mais profunda. A dimensão semântica não se reduz ao que é estritamente linguístico e assume, por vezes, uma dimensão psicológica, o que acontece quando se pergunta, como se faz na análise freudiana, qual o significado latente de um sonho. Na filosofia da linguagem, a semântica procura reconhecer as definições verdadeiras e implícitas que operam nas linguagens naturais. Seguindo os caminhos abertos por Ludwig Wittgenstein (1889-1951), que identificou significado e uso, o filósofo norte-americano John R. Searle (1932-) afirmou que perguntar sobre o significado de uma mensagem é apenas responder a questões relativas à intencionalidade: o que algo significa não passa daquilo que se quer dizer. O que parece ser a semântica é, portanto, pragmática: a rigor, a distinção entre semântica e pragmática não se sustentaria. Num espírito semelhante, Paul Grice (1913-1988) define o significado não só como equivalência de termos, mas também considerando a intenção do emissor da mensagem, que é reconhecida como tal por quem a recebe. Na teoria matemática da comunicação, o significado das mensagens é claramente desconsiderado, pois o que interessa é o estudo das condições de transmissão de informação, medida por sua raridade estatística e não por nada que tenha a ver com o que as mensagens eventualmente signifiquem. ▸ Cf. ATO DE FALA; SEMASIOLOGIA; SEMIOLOGIA.

BIBLIOGRAFIA

GRICE, Paul. *Studies in the way of words*. Cambridge: Harvard University Press, 1969.

SEARLE, John R. *Intencionalidade*. São Paulo: Martins Fontes, 2001.

WITTGENSTEIN, Ludwig. *Tractatus logico-philosophicus*. São Paulo: Edusp, 2001.

______________. *Investigações filosóficas*. Petrópolis: Vozes, 2005.

semântica behaviorista LING.EST Na corrente descritivista inspirada por Leonard Bloomfield (1887-1949), estudo da significação entendida como o comportamento observável entre falante e ouvinte, em termos de estímulo e resposta. ▸ Cf. BEHAVIORISMO.

semântica estrutural LING.EST Estudo da significação linguística vista como uma rede de relações (p.ex., antonímia, sinonímia etc.) estabelecidas através da decomposição do significado das palavras em unidades semânticas mínimas (semas). ▸ Cf. ESTRUTURA; ESTRUTURALISMO.

semântica gerativa GRAM.GENER **1** Corrente que, na década de 1970, defendeu a hipótese, já rejeitada, de que a estrutura subjacente de uma sentença confunde-se com a sua estrutura semântica, tentando assim alterar a tese da semântica interpretativa defendida por Noam Chomsky (1928-). **2** Teoria semântica segundo a qual os diversos sentidos de um item lexical possuem uma estrutura semântica subjacente comum, da qual são derivados pela aplicação de regras gerativas de natureza computacional, estritamente formalizadas.

semântica interpretativa GRAM.GENER Hipótese formulada na teoria gerativa por Noam Chomsky (1928-), segundo a qual o significado de uma sentença é interpretado por meio da aplicação das regras semânticas do sistema linguístico à estrutura produzida pelas regras sintáticas, entendendo que a sintaxe é o componente gerativo da gramática e a semântica, o componente interpretativo.

semântica lexical LING Abordagem das teorias semânticas que tomam como objeto de sua análise o significado dos itens lexicais, tomado individualmente e nas relações semânticas que mantém com outros itens lexicais.

semasiologia **1** LING Estudo da significação cuja metodologia de análise parte das formas linguísticas para indicar as noções ou conceitos a elas correspondentes; sematologia. ▸ Semasiologia, assim como semântica, deriva do verbo grego *semaíno*, em cuja raiz encontra-se *sema*, que quer dizer 'sinal', 'signo'. O termo *semântica*, em ing. *semantic*, teria sido us. pela primeira vez em 1652, enquanto, no final do sXIX, o filólogo francês Michel Bréal (1832-1915) intitulou um livro de *Éssai de semantique*. Mas, antes de Bréal, o latinista alemão Karl Christian Reisig (1792-1829) dividiu a gramática em três partes, uma dedicada ao estudo de etimologias, outra à sintaxe e uma terceira, chamada de semasiologia, que trataria do estudo histórico dos significados lexicais. A palavra *semasiologia* é bem menos usada que *semântica*. ▸ Cf. SEMÂNTICA. **2** LEX Técnica lexicográfica de partir de significantes para esclarecer, em dicionários e afins, os significados que lhes correspondem (p.ex., 'mirmecólogo' = 'especialista em formigas'). [É o que fazem os dicionários habituais de língua geral.] ▸ P.opos. a ONOMASIOLOGIA.

semema LING Unidade semântica que tem por correspondente formal o lexema, consistindo do feixe de semas que compõem o significado de um vocábulo. ▸ Determinam seu sentido específico, a classe a que pertence e suas interpretações virtuais.

semente INF Monocristal de semicondutor que dá origem a outro monocristal maior, us. para fabricar dispositivos semicondutores.

semiauxiliar LING Diz-se de ou verbo que pode desempenhar o papel de verbo auxiliar, além de funcionar como verbo principal (p.ex., no port., *ir* indica o futuro próximo; *vir*, o passado próximo; *começar a*, a ideia de início da ação etc.).

sêmico LING Relativo a sema.

semigótico GRÁF PALEOG **1** Diz-se de estilo que busca simplificar e suavizar o traçado das letras góticas. **2** Diz-se da família de caracteres tipográficos que segue esse estilo.

semilog PAP Diz-se de papel em que uma das escalas é logarítmica, e a outra, linear; semilogarítmico.

semilogarítmico PAP M.q. SEMILOG.

semiologia SEMIO **1** Para Ferdinand de Saussure (1857-1913), ciência geral que tem como objeto todos os sistemas de signos (incluindo os ritos e costumes) e todos os sistemas de comunicação vigentes na sociedade, sendo a linguística científica o seu ramo mais proeminente. **2** Para Luis J. Prieto (1926-1996), estudo de todos os sistemas de representação que têm a comunicação como função, privilegiando o funcionamento dos sistemas de signos não linguísticos (numeração de ruas, de quartos em hotéis, códigos navais etc.). **3** Para Roland Barthes (1915-1980), estudo das significações que podem ser atribuídas aos fatos da vida social concebidos como sistemas de significação: imagens, gestos, sons melódicos, elementos rituais, protocolos, sistemas de parentesco, mitos etc. **4** Nas artes, estudo de fatos literários, teatrais, cinematográficos, artísticos, vistos sob o prisma de sistemas de signos.

INFORMAÇÕES GERAIS

Os que chegaram à noção de uma teoria dos signos por meio da leitura da breve passagem de Ferdinand de Saussure (1857-1913) no *Curso de linguística geral*, onde ele expõe sua visão de uma análise sígnica no interior da vida social, adotaram, além do termo *semiologia*, uma opção metodológica. Os conceitos que explicitam a língua e a língua teriam um papel dominante no estudo dos signos. Essa atribuição de responsabilidade deriva da intuição de que a língua é o sistema sígnico modelar da comunicação humana. É, entretanto, indicativo da problemática que assombra as relações entre teoria dos signos e linguística o fato de que, meio século depois da publicação do *Curso* de Saussure, a noção de que a linguística seja parte da semiologia permanecia apenas esquemática, uma mera promessa, no máximo uma profecia, enquanto a influência saussuriana nos estudos da linguagem era simplesmente avassaladora. No mundo anglo-saxão, a teoria dos signos seguiria uma inspiração lógica e tinha outro fundador, Charles S. Peirce (1839-1914), que denominava a teoria dos signos não de semiologia, mas de SEMIÓTICA. Ainda que Leonard Bloomfield (1887-1949) mencionasse o papel central da linguística para a teoria dos signos e Jean Piaget (1896-1980) considerasse a linguística a mais avançada das ciências sociais, é com Roland Barthes (1915-1980) que a semiologia começa a adquirir um estatuto cognitivo respeitável. Nos *Elementos de semiologia*, de 1964, Barthes indicou as analogias entre conceitos da linguística e fatos sígnicos. Um pouco depois, Thomas A. Sebeok (1920-2001) sublinhou os nexos possíveis entre linguística e teoria dos signos. A opção metodológica era claramente convencionalista: da mesma maneira que as regras da LÍNGUA determinavam a fala e eram o objeto de estudo da linguística, a teoria dos signos conferiria ao código um papel central na semiologia. Mas a suposição de que a estrutura da linguagem funcionava como um espelho para a totalidade dos signos é, certamente, bem discutível. Além de signos regidos por regras partilhadas socialmente e de convenções que geram símbolos sociais, existe, no domínio semiótico (ou semiológico), signos regidos por semelhança (ícones) ou por relações de causa e efeito (índices). Por mais que se reconheça algum modo de diagramação icônica nos enunciados linguísticos, as palavras são claramente imotivadas por seus referentes, portanto convencionais e simbólicas. Se levada ao pé da letra, a sugestão metodológica saussuriana de se dar importância à língua em detrimento da fala acabava excluindo da semiologia uma grande variedade de práticas discursivas. Nada disso deteve alguns semiólogos, que afirmaram, dogmaticamente, que a língua determina outros sistemas de signos. Claude Lévi-Strauss (1908-2009), por exemplo, em *Estruturas elementares do parentesco*, considerou as trocas linguísticas como formadoras das sociedades humanas. As trocas linguísticas teriam o mesmo *status* das trocas econômicas (bens e serviços) e dos sistemas de parentesco. Nem todos admitem o emprego do termo 'semiologia' para identificar o que é propriamente linguístico. Luis J. Prieto (1926-1996) reserva a palavra 'semiologia' para sistemas de signos não linguísticos. Em Barthes, semiologia é um instrumento de leitura ideológica das mensagens de massa. Nenhuma dessas vertentes teóricas resolve satisfatoriamente o problema da relação entre linguagem verbal e outras formas de signo, que, sendo examinada com rigor, traz efeitos teóricos para o projeto da semiologia e seu encanto com a linguagem verbal. Afinal, mesmo que uma mensagem não linguística possa ser sempre transformada num enunciado ou em vários enunciados verbais, isso não significa que se possam converter as expressões linguísticas em outros tipos de signos. Considere-se, por exemplo, a dificuldade de se representar visualmente um termo SINCATEGOREMÁTICO, como 'não', 'se' ou 'então'. Muitas formações sígnicas não podem ser codificadas linguisticamente: por que, então, acreditar que a dimensão linguística seja a codificação-mor, a base dos outros signos? Se a atitude teórica não for a de excluir formas discursivas como não sendo parte da linguagem, e caso se admita a existência igualitária dos sistemas de signos verbais com representações não convencionais, então caminha-se rapidamente da semiologia para a semiótica, supondo-se que as distinções entre elas sejam substanciais e de forma alguma apenas terminológicas ou meramente verbais. ▶ Cf. BARTHES, ROLAND; LOTMAN, IURI M.; PEIRCE, CHARLES SANDERS; SAUSSURE, FERDINAND DE; SEBEOK, THOMAS A..

---

semiose SEMIO Processo pelo qual algo faz as vezes de signo; o processo de significação. ▶ Apesar de o termo *semiose* ter sido cunhado e usado por Charles Sanders Peirce (1839-1914) em 1907, a ideia de que um signo pode ser explicado por outro é discutida numa das seções do diálogo de Agostinho de Hipona (354-430) *De magistro*. A semiose é o traço característico dos processos de significação. Por meio de semiose, um veículo material funciona como representação, portanto como signo. Sem semiose, não haveria comunicação. Resumidamente, 'signo em ação' é o que quer dizer a palavra *semiose*. Porque impulsiona e define a troca de signos, o processo de semiose é o objeto de estudo da semiótica. Os estudos semióticos não se restringem, portanto, a analisar e a classificar signos, mas entender a sua ação. Para que um signo designe um objeto, é necessário que essa relação seja mediada por uma representação que, na terminologia de Peirce, recebe o nome de INTERPRETANTE. Sendo também um signo, o interpretante pode assumir a função de veículo, que, para designar outro objeto, exige outro interpretante, num processo interminável. De maneira simplificada, uma palavra, o seu *designatum* e a definição do termo entretêm uma relação de semiose: a palavra procurada num dicionário é o veículo; aquilo do qual ela fala, seu *designatum;* e a definição, o interpretante. Não é difícil imaginar que, por sua vez, na definição, existam palavras que exigem interpretação mais elaborada, o que faz com que a busca pelo significado preciso continue. A palavra, como todo e qualquer signo, não pode ser entendida isoladamente, mas sim no interior da semiose, como ação sígnica. ▶ Cf. SEMIOLOGIA; SEMIÓTICA; SIGNO.

semiótica SEMIO **1** Para Charles S. Peirce (1839-1914), teoria geral das representações, que leva em conta os signos sob todas as formas e manifestações que assumem (linguísticas ou não), enfatizando esp. a propriedade de convertibilidade recíproca entre os sistemas significantes que integram. **2** Estudo dos fenômenos culturais considerados como sistemas de significação, tenham ou não a natureza de sistemas de comunicação (inclui, assim, práticas sociais, comportamentos etc.); semiologia.

INFORMAÇÕES GERAIS

O uso do termo 'semiótica' remonta aos pensadores estoicos e a filosofia medieval. Mais recentemente, o empirista John Locke (1632-1704) foi quem primeiro empregou semiótica com o sentido de 'doutrina dos signos ou lógica' e, nessa mesma linha significacional, a expressão é retomada (1897) por Peirce e, mais adiante (1937), por Charles Morris (1901-1979) como 'ciência geral dos signos'; em ingl. *semiotics* (1880): 'ciência da comunicação estudada através dos signos e dos símbolos para detectar como operam nos vários campos, esp. na língua'. Já que tudo o que existe no pensamento se manifesta como SIGNO, a semiótica estaria na fronteira não apenas da lógica, mas também perto de outras disciplinas. Por isso, para Thomas A. Sebeok (1920-2001), as múltiplas formas de saberes encontram-se e relacionam-se porque são semióticas. Ao contrário de muitas disciplinas que, ingenuamente, dispensam a consideração dos signos, porque os supõem transparentes a seu objeto, a teoria dos signos aponta que é preciso estar atento a sua ação na constituição do conhecimento. Como método e teoria, a semiótica assume formas diversas, que derivam de um sistema conceitual geral proposto, além de Peirce e Sebeok, por Charles Morris, Louis Hjelmslev (1899-1965), Roland Barthes (1915-1980), Umberto Eco (1932-), entre outros. Se, por um lado, é intelectualmente excitante a interdisciplinaridade que caracteriza a aplicação da semiótica a campos diversificados de saberes, que vão da comunicação à biologia, por outro lado, essa diversidade acaba criando a estranha sensação de que conceitos por vezes antitéticos e excludentes tratam do mesmo objeto. Aqui cabe uma resposta pronta e a mais imediata possível: qual o objeto da semiótica? Considerá-la apenas como o estudo ou a doutrina dos signos é empobrecedor e limitado. A rigor, a semiótica trataria da ação dos signos, sendo, portanto, a SEMIOSE seu objeto prioritário. É inevitável, portanto, que cada momento histórico tenha forjado sua própria semiótica, o que, com dedicação e tenacidade, levaria à identificação das raízes da semiótica nos sofistas, em Platão (c428 a.C. - c348 a.C.), nos romanos, na patrística cristã, nos autores medievais, em poetas e escritores, na linguística estrutural, na gramática gerativa de Noam Chomsky (1928-), nos filósofos os mais diversos, de Gottfried Leibniz (1646-1716) a Willard van Orman Quine (1908-2000), passando por biólogos e naturalistas, como Charles Darwin (1809-1882), e chegando a neurocientistas contemporâneos. Deixando de lado as variações conceituais das muitas disciplinas que, potencialmente, contribuem para o estudo dos signos, é inevitável o reconhecimento de duas distinções de objeto que discriminariam as abordagens semióticas. De um lado, a semiótica preocupar-se-ia com os aspectos constitutivos do signo, o que representaria uma ênfase na dimensão significativa das mensagens, enquanto outra vertente trataria das maneiras pelas quais o signo é veiculado, ou seja, os seus aspectos comunicativos. É claro que essa discriminação é superficial, pois significação e comunicação são aspectos complementares da ação sígnica. Outro motivo para se recusar essa distinção é que os signos são feitos de matéria inerte: o estudo da constituição dos signos não se restringiria ao que é semântico, pois deveria tratar das relações de causa e efeito que, mesmo sendo estritamente materiais, possuem significado sem referência à consciência humana individual ou social. Como todo signo indicial, as nuvens no céu representam uma chuva ainda por vir e os cata-ventos movem-se na direção dos ventos; nuvens e cata-ventos são definitivamente signos, mais precisamente um tipo de signo: índices. Logo, a semiótica não se restringiria ao estudo e à análise de processos convencionais comuns entre os seres humanos. Afinal, processos genéticos são compreensíveis a partir das noções semióticas de INFORMAÇÃO e de CÓDIGO. Sob o ponto de vista da ação dos signos, há estudos que ultrapassam as raias de uma abordagem antropossemiótica e dedicam-se ao estudo da comunicação animal, seja ela denominada ETOLOGIA OU ZOOSSEMIÓTICA, e ao estudo da troca de signos entre plantas, a FITOSSEMIÓTICA. Duas são as vantagens de se usar a palavra 'semiótica' para designar a teoria e o estudo dos signos: definida como a análise e o entendimento de toda e qualquer ação sígnica, 'semiótica' pode abranger o conjunto completo das representações existentes e assim, por extensão, evita-se a confusão criada pelo uso da palavra SEMIOLOGIA, pois, para a linha saussuriana, 'semiologia' designaria os estudos dos sistemas linguísticos e convencionais, ao mesmo tempo em que outros, como Luis J. Prieto (1926-1996), se valem da mesma palavra para afirmar que semiologia estudaria signos não convencionais. Para complicar ainda mais o assunto e tornar o termo inviável, Barthes entendia a semiologia como parte da linguística e seu objetivo seria produzir leituras dos conteúdos ideológicos veiculados pelos meios de comunicação nas sociedades industriais. De qualquer maneira, o emprego de 'semiótica' indicava frequentemente a linha teórica de um determinado autor ou texto que estaria participando da tradição lógica e empírica de Charles Peirce. Superficialmente, semiótica e semiologia teriam o mesmo objeto cognitivo: os signos; porém a metodologia adotada por quem fazia semiologia era recorrentemente linguística. Num outro ponto do espectro teórico, Julia Kristeva (1941-) afirmou que semiótica é uma dimensão da mais absoluta materialidade do signo que se caracteriza por ser pré-linguística. Atualmente, 'semiótica' é mais usada que 'semiologia' para identificar o estudo dos sistemas e das práticas de comunicação. ▸ Cf. BARTHES, ROLAND; ECO, UMBERTO; HJELMSLEV, LOUIS; KRISTEVA, JULIA; MORRIS, CHARLES; PEIRCE, CHARLES SANDERS; SAUSSURE, FERDINAND DE; SEBEOK, THOMAS A.; SEMIOLOGIA; SIGNO.

---

semipasta PAP Pasta antes de ser refinada, mas já alvejada e livre das principais impurezas.

semiquímico PAP Que se obtém em duas etapas, a primeira com uso de agente químico e a segunda com ação mecânica (diz-se de pasta).

semitom MÚS O menor intervalo empr. na música ocidental tradicional; metade de um tom.

sem-serifa GRÁF Diz-se de ou caráter tipográfico cujo desenho não apresenta remate nas hastes.

senha INF Conjunto de caracteres destinado a identificar o usuário ou a permitir acesso a dados, programas ou sistemas que não estão disponíveis ao público.

sensação FISL PSIC Processo pelo qual um estímulo externo ou interno provoca uma reação específica, produzindo uma percepção. ▸ Talvez, para a maioria das pessoas, a água fria com a qual lavam o rosto, a dor que sentem nas costas ao cair de uma escada e o som de um cão latindo não mereçam maiores reflexões. As percepções corpóreas são imediatas e fugidias: para que pensar sobre elas? O tema sobre o qual se reflete, quando se investigam as sensações, está diretamente ligado à alteração dos estados de consciência por meio das percepções. Entretanto, por mais intensas e poderosas que sejam as sensações corpóreas, alguns traços que as distinguem as tornam de difícil compreensão: toda sensação é um acontecimento primitivo interno que não pode ser experimentado diretamente a não ser pelo indivíduo que a experimenta; isso acontece não apenas no caso de uma sensação isolada, mas na comparação dos vários tipos de acontecimentos sensórios. As sensações produzem percepções que com elas não se confundem, ainda que sejam geradas numa mesma consciência. A sensação existe na consciência como um acontecimento básico: sua percepção é um subproduto da mente. Mas, pela consideração das sensações, René Descartes (1596-1650) afirmou que o sujeito é uma unidade de duas naturezas distintas: corpo e mente. A sensação de dor existe tanto na mente como no corpo. Ainda que seja difícil comunicar o que há de sensorialmente imediato e intenso para uma pessoa que não experimenta o estímulo concreto, as sensações funcionam como signos que definitivamente indicam e comunicam algo. A dor, por exemplo, não é somente um mal-estar difuso, mas um sinal preciso que estabelece o local do corpo onde a sensação acontece. Recolher sensações localizadas na consciência permite que o indivíduo se movimente em seu ambiente. Apesar de diferentes, sensação e pensamento estão intimamente ligados: toca-se um copo com uma bebida e infere-se que nele se encontra certa quantidade de líquido frio. Um entendimento dessa natureza justificaria a crítica ao senso comum que acredita ser a água gelada, quando, na verdade, essa propriedade não está nas coisas, mas na mente que experimenta e reconhece o que foi percebido. Para atenuar o idealismo implícito em reflexões assim, o físico e filósofo Ernst Mach (1838-1916) afirmou que as sensações são o componente real do mundo, pois nosso conhecimento da realidade exterior deriva diretamente das sensações que não são sinais, mas expressões diretas de uma existência, logicamente antecedentes a qualquer forma de pensamento. O vocabulário filosófico inglês recente prefere o uso da expressão 'dado sensorial' (*sense datum*) ao termo 'sensação'. Com o propósito de dar conta das intricadas sutilezas em torno do tema da sensação, usa-se *sensibilia* para se identificar um dado sensorial (*sense datum*) que ainda não foi experimentado.

BIBLIOGRAFIA

MACH, Ernst. *Contributions to the analysis of sensations*. La Salle: Open Court, 2010.

sensacionalismo M.COM Uso e efeito de assuntos sensacionais, capazes de causar impacto, de chocar a opinião pública, sem que haja qualquer preocupação com a veracidade. ▶ Cf. TABLOIDE.

sensacionismo FIL Manifestação radical do pensamento empirista, desenvolvida esp. por Étienne de Condillac (1715-1780), segundo o qual todo conhecimento e todas as faculdades cognitivas humanas provêm de sensações; sensualismo. ▶ O sensacionismo é também chamado de sensacionalismo. ▶ Cf. SENSAÇÃO.

sensibilidade 1 Faculdade de receber informações sobre as mudanças no meio (externo ou interno) e de a elas reagir através de sensações; capacidade de estesia; excitabilidade, receptividade. 2 AUT O menor sinal de entrada capaz de produzir, num sistema, um sinal de saída com características específicas. 3 EST Probabilidade de que um teste estatístico seja positivo para uma verdade estatística. 4 FIL Faculdade responsável pela recepção das impressões sensoriais, determinando os fundamentos empíricos do processo cognitivo, tal como o vínculo inicial e intuitivo que o sujeito humano estabelece com os objetos do conhecimento. 5 FIL No kantismo, captação direta, sensitiva e empírica da natureza, embora constituída por formas apriorísticas (espaço e tempo) originadas exclusivamente no interior do espírito humano. 6 FIL No tomismo e no kantismo, a disposição afetiva ou passional diretamente vinculada às impressões sensoriais, e em conflito potencial com os ditames éticos da razão. 7 FOT Reação a determinada quantidade de luz. 8 TEL Capacidade de captar sinais de baixa energia.

sensibilizador 1 Que ou o que sensibiliza. 2 Que ou aquilo que torna algo sensível à ação de um agente qualquer.

sensitômetro FOT Instrumento que mede a sensibilidade do material fotográfico.

sensível 1 Que recebe ou capta impressões e sensações externas ou internas por meio dos órgãos dos sentidos. 2 Que pode ser percebido pelos sentidos; que se percebe como real ou material. ▶ Na filosofia platônica, *sensível* tem caráter pejorativo e oposto ao de *inteligível*. O mundo percebido pelos sentidos é uma projeção ilusória das ideias, um mundo onde proliferam os simulacros. 3 Muito suscetível a influências externas, ao contato etc. 4 Capaz de registrar variações ou diferenças de pouca intensidade. 5 Capaz de sentir e captar o que existe, e eventualmente de expressá-lo, p.ex., por meio de uma das artes. 6 Que se comove ou se ofende facilmente. 7 Emocionalmente favorável e compreensivo; solidário. 8 MÚS Diz-se de ou o sétimo grau de uma escala diatônica que diste um semitom da tônica. ▶ A designação deve-se à tendência de a nota que ocupa esse grau ser atraída pela tônica. ▶ Cf. SUBTÔNICA.

senso comum FIL 1 No aristotelismo, na escolástica e no cartesianismo, faculdade cognitiva cuja função é reunir as múltiplas impressões dos nossos sentidos, com o objetivo de unificar a imagem de um objeto percebido. 2 Na filosofia romana, e posteriormente no pensamento moderno, conjunto de opiniões, ideias e concepções que, prevalecendo em um determinado contexto social, se impõem como naturais e necessárias, não evocando ger. reflexões ou questionamentos; consenso.

INFORMAÇÕES GERAIS

A locução *senso comum* chega ao discurso moderno como o produto de uma capacidade natural que todos os seres humanos têm e que foi refinada no exercício da sociabilidade. Senso comum é um juízo cuja força surge precisamente da sociabilidade. Mesmo que não exija nenhuma educação ou treinamento especial para produzi-lo ou reconhecê-lo, o senso comum é um senso moral, pois, na sua ideia, supõe-se sempre que seja um julgamento feito em nome e a partir do bem público. É menos opinião partilhada do que bom senso reconhecível, após ser produzido, por todos. O caráter democrático da expressão 'senso comum' é o que a faz se tornar o título de um panfleto de Thomas Paine (1737-1809), escrito numa prosa direta de alcance popular, durante a Revolução Americana, para argumentar em favor da liberdade da colônia. Nesse sentido, o senso comum encarna o espírito democrático que inspira a revolta anticolonialista. Filosoficamente, a noção de senso comum foi usada pelo escocês Thomas Reid (1710-1796) para contrapor-se ao ceticismo extremo de empiristas como John Locke (1632-1704) e David Hume (1711-1776). No sXX, senso comum é novamente o antídoto anticeticista de G. E. Moore (1873-1958), que o invocava para refutar filosofias idealistas. Como é possível duvidar daquilo que é percebido, como se pode dizer que não existe conhecimento do mundo exterior, quando basta levantar as mãos repetidas vezes em gestos que são reconhecidos pelo senso comum? Moore confere um papel normativo ao senso comum ao afirmar que, se existe uma contradição entre o senso comum e uma tese filosófica, isso é sinal de que o pensamento se embaralhou por vias tortuosas e equivocadas. Quem discorda da simplicidade do argumento de Moore costuma acreditar que o senso comum é, na melhor das hipóteses, um estágio inicial do pensamento a ser superado.

BIBLIOGRAFIA

BOULTER, Stephen. *The rediscovery of common sense*. New York: Palgrave Macmillan, 2007.

LEMOS, Noah. *Common sense: a contemporary defense*. Cambridge: Cambridge University Press, 2004.

sensor Diz-se de ou dispositivo que responde a estímulos físicos (calórico, luminoso, sonoro, pressional, magnético, motor) e transmite um impulso (mensurável ou operante) correspondente. ▸ O termo *sensor* é aplicável tanto a dispositivos artificiais como a órgãos naturais, desde que sejam capazes de reagir a estímulos; mas também um organismo é considerado sensor se, entre suas outras capacidades, for sensível a estímulos vindos do exterior.

sentença LÓG Qualquer expressão declarativa, independente da consideração de veracidade ou falsidade; proposição. ▸ A sentença é a unidade básica da comunicação linguística que toma várias formas: comando, indicação, asserção, proposição, investigação etc. Por isso, as sentenças podem ser pensadas tanto nos termos de sua estrutura interna, o que leva ao entendimento de seu sistema formador, seja ele fonológico ou gramatical, quanto segundo seu valor de verdade. Os valores de verdade, na lógica sentencial, são estabelecidos não pelas proposições em si, mas pelo uso de conectivos sob a forma de símbolos que representam elementos lógicos tais como "e", "ou", "não", "se e apenas se" etc. Devido ao papel dos conectivos na lógica sentencial, verdade e falsidade não podem ser consideradas atributos das sentenças. Na linguagem ordinária, uma sentença pode ser sistêmica e gramaticalmente correta sem que seja passível de ser verdadeira ou falsa. "Existirá, um dia, um animal que seja imortal" não é nem verdadeiro nem falso: mesmo no caso de uma proposição que seja corretamente construída, verdade e falsidade são medidas por sua correspondência com a realidade. Contra essa hipótese, afirma-se que, quando uma sentença é testada, testam-se dois elementos heterogêneos: sua ordem de conceitos no confronto com os fatos empíricos. De maneira semelhante, porém de modo mais homogêneo, é na relação com outras sentenças e sua interação contextual que se estipula o sentido das expressões linguísticas. Na linguagem ordinária ou nos saberes específicos, as sentenças são instrumentos declarativos.

sentença atômica FIL LÓG Sentença sem conectivo ou operador lógico que é, por isso, logicamente simples.

sentença protocolar FIL No positivismo lógico, aquela que descreve ou relata estado de coisa básico, de natureza pré-teórica.

sentido **1** Faculdade de sentir ou perceber, de compreender, de apreciar; senso. **2** Ideia geral e abstrata; noção, consciência. **3** Aquilo que se pretende alcançar quando se realiza uma ação; alvo, fim, propósito. **4** Cada uma das faces através das quais algo pode ser visto; ângulo, lado, ponto, aspecto. **5** Encadeamento coerente de coisas ou fatos; razão de ser; lógica, cabimento. **6** Concentração da atividade mental; atenção, pensamento. **7** FIL Faculdade humana apta à captação de uma determinada classe ou grupo de sensações, estabelecendo um contato intuitivo e imediato com a realidade e assentando, dessa maneira, os fundamentos empíricos do processo cognitivo. **8** FISL Faculdade de perceber uma modalidade específica de sensações (como o calor, as ondas sonoras, o sabor), que correspondem, *grosso modo*, a um órgão determinado, cuja estimulação dá início ao processo interno de recepção sensorial. ▸ São cinco os sentidos: TATO; AUDIÇÃO; VISÃO; PALADAR; OLFATO. **9** LEX Cada um dos significados de uma palavra ou locução, que ger. vêm separados nos dicionários. **10** LING LÓG Aquilo que uma palavra ou frase podem significar num contexto determinado; significado. ▸ Cf. CONOTAÇÃO; DENOTAÇÃO.

INFORMAÇÕES GERAIS

O significado teórico do termo 'sentido' é complexo e identifica o que é um efeito percebido sensorialmente com o que é percebido intelectualmente. Essa dualidade não facilitou a adoção da palavra no vocabulário filosófico recente, com a exceção do LOGICISMO fregiano, que distingue dois aspectos de uma proposição: SINN e BEDEUTUNG, que podem ser definidos como 'sentido' e 'denotação', ou como 'sentido' e 'significado'. A polissemia de 'sentido' acaba insinuando a fusão do que é freq. segregado desde as origens do pensamento filosófico grego. As acepções do vocábulo 'sentido' conjugam o que é sensorial com o que é inteligível, uma conjunção que a história da filosofia problematizou ou sistematicamente colocou sob suspeita. Parecia justo para filósofos como PARMÊNIDES DE ELEIA (c515 a.C. - ?) desconfiar da impermanência e instabilidade do mundo dos sentidos em oposição à permanência e inalterabilidade da ordem inteligível. Afinal, o mundo dos sentidos era um universo flutuante. Seu correlato, na ordem humana, seria o universo das opiniões, em oposição ao domínio fixo da verdade e da certeza. Surge daí a expressão SENSO COMUM, que é, para o intelectualismo de filósofos idealistas, uma forma inferior de conhecimento. Tanto em inglês como em francês, a locução correspondente a *senso comum* apresenta, com mais evidência do que o português, o nexo com sentido (*sense, sens*). Em inglês, *senso comum* é *common sense* e, em francês, *sens commun*. É tb. significativo que os diálogos platônicos não tenham um termo que se aproxime de *senso comum*. Mas Aristóteles (384 a.C. - 322 a.C.), que valorizava a opinião coletiva como um modo específico da verdade, faz uso da expressão *koiné aisthésis* ('senso comum'), ignorada completamente por Platão (c428 a.C. - c348 a.C.). O início do pensamento moderno situa o que é capturado pelos sentidos como um estágio do processo de conhecimento, ainda concebido nos termos de sua inferioridade. Na argumentação cartesiana expressa nas *Meditações*, os sentidos reagem ao que recebemos por meio de órgãos; formam-se, então, percepções, que são, por sua vez, transformadas numa ordem cognitiva que leva, eventualmente, à certeza. O fisiológico, o psicológico e o cognitivo são integrados e reconhecidos como partes de um só processo. *Sentido* ainda não é conteúdo mental, mas a transformação semântica do termo começa a ser esboçada. Opondo-se à tradição filosófica grega, o lógico Gottlob Frege (1848-1925) afirma que *sentido* é conteúdo mental objetivo que independe de quem pensa. Para ele, em favor da objetividade, a dimensão psicológica de *sentido* deve ser abandonada. Wittgenstein (1889-1951) reforça a ideia de Frege, afirmando que *sentido* é um atributo de proposições que, por serem compostas de nomes, denotam ou representam um objeto. Psicologia, subjetivismo, subjetividade nada têm a ver com sentido. Assim, os positivistas lógicos, que Wittgenstein tanto influencia, definem ausência de sentido, NONSENSE, como falta de referência objetiva, logo o que não pode ser verificado. Seja sob o patrocínio do critério empírico de VERIFICABILIDADE, seja como parte de um conjunto de estímulos que o behaviorismo reconhece advir do mundo exterior, os sentidos em sua materialidade retornam, pela porta dos fundos, à discussão sobre o significado.

sentido absoluto LEX Acepção que restringe seu uso à denotação de um único elemento dentre a coletividade a que ela pertence. ▸ P.ex., nas frases "abaixo a bomba", "liberem a pílula" e o "Senhor esteja convosco", "bomba" (= bomba atômica), "pílula" (= pílula anticoncepcional) e "Senhor" (= Deus) estão us. não em sentido lato, mas no absoluto.

sentido estrito LING 1 Sentido exato, preciso e que não comporta ampliação, extensão ou analogia; sentido rigoroso. 2 M.q. SENTIDO RESTRITO. ▸ P.opos. a SENTIDO LATO.

sentido figurado ESTL LING Sentido derivado do sentido primitivo de uma palavra, que supõe uma comparação implícita de qualquer ordem (metáfora), ou uma associação por contiguidade (metonímia), ou uma extensão do significado original. ▸ P.opos. a SENTIDO PRÓPRIO e SENTIDO LITERAL.

sentido lato LING Sentido amplo, extensivo, que abarca muitas coisas mais ou menos distintas. ▸ P.opos. a SENTIDO ESTRITO e SENTIDO RESTRITO.

sentido literal ESTL LING Sentido primordial, real de uma palavra; sentido próprio. ▸ P.opos. a SENTIDO FIGURADO.

sentido primitivo LING Significação originária da palavra, da qual provieram outras.

sentido próprio LING Sentido primitivo, não derivado, não figurado; sentido literal. ▸ P.opos. a SENTIDO FIGURADO.

sentido restrito LING Sentido limitado, reduzido, particular (em relação a outro, mais geral, mais amplo), que se cinge tão somente ao caso de que se fala; sentido estrito. ▸ P.opos. a SENTIDO LATO.

sentido rigoroso LING M.q. SENTIDO ESTRITO.

sentidos 1 Conjunto de funções da vida orgânica que buscam experimentar o prazer físico, a sensualidade. 2 Faculdades intelectuais; raciocínio.

sentido vulgar LING Sentido mais comumente associado a determinado vocábulo ou locução, que não pertence a nenhuma terminologia técnica.

separador 1 Em indexação, diz-se de ou elemento com função de afastamento; divisão. 2 TEL Que ou o que impede o contato dos fios de uma linha de transmissão ou de uma antena de fios múltiplos (diz-se de travessão isolante); *spreader*.

separata GRÁF Impresso que contém artigos publicados em jornal ou revista no qual se mantém a mesma composição tipográfica.

sequência 1 Ordem das palavras numa frase. 2 Parte de uma obra escrita que guarda conexões com a(s) precedente(s).

sequência de controle INF Ordem normal em que se selecionam as instruções para sua execução.

seriação Ato ou efeito de pôr em série.

seriado 1 Que se dispõe em série. 2 Que faz parte de série. 3 Que se realiza em série. 4 CINE TV Diz-se de ou filme que se exibe em partes e a intervalos regulares. 5 EDIT Diz-se de ou publicação editada como um número de uma série continuada e numerada consecutivamente.

serial 1 INF Relativo à realização sequencial de duas ou mais atividades em um mesmo dispositivo. 2 MÚS Diz-se da música baseada na série de 12 sons da escala cromática temperada; dodecafônico.

série 1 BIBL Conjunto de obras independentes, de diversos autores, publicado com um título comum e, em geral, com os volumes numerados. 2 ELETR Disposição dos componentes de um circuito que forma um caminho único para a corrente. 3 MÚS No dodecafonismo, organização dos 12 sons da escala cromática ou outros parâmetros musicais, que serve como ponto de partida para uma composição. 4 TV Programa, novela ou filme seriado para televisão, ger. exibido uma vez por semana, em dia e horário fixo.

série temporal EST Sequência discreta ou contínua de dados quantitativos determinados, estudados em relação à sua distribuição no tempo.

série tipo BIO Aquela que compreende todos os espécimes nos quais se baseia a descrição de uma espécie.

serifa GRÁF Traço ou barra que remata cada haste de certas letras, de um ou de ambos os lados; cerifa, filete, rabisco, remate.

serifado Que apresenta serifa na haste (diz-se de letra, caráter tipográfico).

serigrafar GRÁF Imprimir por meio de serigrafia.

serigrafia GRÁF 1 Técnica de impressão de desenhos de cores planas através de um caixilho com tela. ▸ A tinta é colocada sobre uma tela (tecido de seda, náilon, rede metálica) com algumas regiões permeáveis e outras impermeáveis, de modo a formar um desenho sobre qualquer base (papel, metal, tecidos etc.). 2 Estampa impressa por esse processo.

serviço ECON 1 Produto da atividade humana destinado à satisfação de necessidades, mas que não apresenta o aspecto de um bem material. 2 Nome genérico dos pagamentos de uma dívida, tais como os juros e as amortizações do principal.

servidor INF Diz-se de ou computador us. numa rede para proporcionar algum serviço (como acesso a arquivos ou a periféricos compartilhados) aos demais componentes da rede. ▸ Cf. CLIENTE.

servomecanismo AUT Sistema de controle automático de realimentação para movimento mecânico; servossistema.

servossistema AUT M.q. SERVOMECANISMO.

sessão Espaço de tempo durante o qual um espetáculo cinematográfico, teatral etc. é apresentado.

set [ing.] CINE TEAT TV Cenário preparado para representação e filmagem.

set light [ing.] CINE TEAT TV Luz que ilumina um cenário.

setor 1 Cada uma das divisões ou subdivisões de um estabelecimento qualquer, que corresponde a serviço ou assunto determinado; seção. 2 INF Um dos diversos trechos nos quais as trilhas dos discos magnéticos são subdivididas.

setorista JOR Que ou quem se encarrega de determinada fonte de notícias, como sede de governo, delegacia de polícia, parlamento etc. (diz-se de repórter).

setor primário ECON Parte das atividades econômicas que compreende a agricultura e o extrativismo.

setor privado Conjunto das empresas que pertencem a pessoas físicas ou jurídicas de direito privado.

setor público Conjunto das empresas que pertencem a pessoas jurídicas de direito público.

setor secundário ECON Parte das atividades econômicas representada pela indústria.

setor terciário ECON Parte das atividades econômicas que compreende o comércio, os transportes, os serviços, as atividades financeiras e a administração pública.

setting [ing.] CINE LIT TEAT TV Cenário ou ambientação de uma narrativa.

setup [ing.] Configuração básica de *hardware* ou *software* num computador.

sexo 1 Cada um dos grupos (machos e fêmeas) em que se dividem os indivíduos de várias espécies, de acordo com suas características orgânicas e seus papéis na reprodução. **2** Nos animais, conjunto das características comuns a seres da mesma espécie, que os diferenciam machos e fêmeas e definem suas funções na reprodução. **3** Nos vegetais, conjunto de características que distinguem os órgãos reprodutores femininos e masculinos ou as plantas que os contenham. **4** Nos seres humanos, o conjunto das características fisiológicas e comportamentais que distinguem os membros de cada sexo. **5** O conjunto dos seres da mesma espécie, esp. a humana, que pertencem a um dos sexos ('grupo'). **6** Contato físico entre indivíduos envolvendo estimulação sexual dos genitais, por meio do qual é possível gerar novos seres. **7** Prazer decorrente do estímulo dos órgãos genitais ou de estímulos sensuais. **8** Conjunto dos órgãos sexuais externos dos homens (pênis e testículos) e das mulheres (vulva); genitália.

INFORMAÇÕES GERAIS

Os estudos que tratam a comunicação do ponto de vista do sexo tendem a ser análise de conteúdo ou dos efeitos sociais causados por mensagens sexuais, sejam elas pornográficas ou não. Nesse sentido, o que faz são estudos sobre a representação e a comunicação do desejo. Para esse tipo de trabalho, a relação entre sexo e comunicação é frequentemente exterior ou indireta. As mensagens reduzem-se a estímulos que levam a práticas sexuais específicas. O que se tem, então, é o tratamento de discursos sobre o sexo e não sobre o papel formador da sexualidade no universo da discursividade. Mas, na verdade, se abordada de outra maneira, a sexualidade funciona como um elemento explicativo do próprio processo da comunicação. No universo teórico sobre o sexo, pode-se entender sua fala como um discurso com regras formativas próprias, capazes de estabelecer não só o que não se deve dizer, mas também e principalmente como se discursa a propósito do sexo. O objetivo do discurso sobre a sexualidade seria controlar socialmente o desejo dos indivíduos. Dentre os pensadores contemporâneos, Michel Foucault (1926-1984) argumentou nessa direção, examinando a história da sexualidade não como a história de práticas, e sim de discursos com as regras construtivas que lhes são peculiares. A análise histórica de Foucault restringe-se à construção das representações sociais do sexo, ao mesmo tempo que desconsidera totalmente a fundação biológica da sexualidade. O pensamento n-am. da década de 1970 exigia, em nome de um aparente rigor, a distinção entre 'sexo' e 'gênero'. A palavra *sexo* designaria a mecânica biológica, enquanto *gênero* estaria reservado para a construção social do fenômeno. O exame cuidadoso dos significados de um e de outro termos revela que a distinção vocabular tende a introduzir contradições e interpretações confusas, pois dois termos indicam três coisas: sexo natural, gênero cultural e tb. a diferença de sexos. A falta de clareza acentua-se ainda mais porque 'gênero' é freq. usado para referir-se a uma totalidade, não apenas à separação de grupos de machos e fêmeas: fala-se, portanto, no gênero humano. A oposição entre sexo e gênero assume foros ideológicos e é invenção e produto teórico do FEMINISMO anglo-saxão, que não tem uma abordagem consistente sobre o que seja a dimensão física da sexualidade. O sexo é, aparentemente, um enigma evolutivo. Por que surge o sexo quando a replicação assexuada já existia na natureza? Qual o propósito biológico do sexo? Ainda que se qualifique o sexo como um mecanismo de reprodução evolutiva, o sexo gera uma fusão única de partes do material hereditário dos genitores. O sexo de dois genitores cria um terceiro organismo irredutível aos dois outros, que funcionam como modelos. Através de recombinação e de reprodução cruzada, a replicação sexual introduz, de modo radical, a variedade nas populações de seres sexuais. Em comparação com a reprodução assexuada, que não gera diversidade e singularidade, pois dá origem a descendentes virtualmente idênticos, o sexo faz proliferar a diversidade em escala geométrica. Já que o sexo está marcado pela diversidade, a escolha dos parceiros na atividade sexual transforma-se num elemento central da evolução biológica. Se há variedade, a escolha torna-se indispensável. Os seres sexuais são, portanto, extremamente dependentes da informação anunciada por aqueles que se qualificam como parceiros potenciais. Não é sem motivo, portanto, que a comunicação se tenha desenvolvido, de modo sofisticado e progressivo, entre seres sexuais.

BIBLIOGRAFIA

FOUCAULT, Michel. *História da sexualidade*. Rio de Janeiro: Graal, 2010. v. 1.

RIDLEY, Matt. *The red queen: sex and the evolution of human nature*. New York: Penguin Books, 1993.

UZIEL, Anna Paula; RIOS, Luís Felipe; PARKER, Richard G. *Construções da sexualidade: gênero, identidade e comportamento em tempos de aids*. Rio de Janeiro: Pallas, 2004.

sfumato [it.] ART.PLÁST Estilo vaporoso de pintura (ou de imagem), de tons gradativamente misturados e sem contornos abruptos.

SGDB Sigla de Sistema Gerencial de Banco de Dados.

shaded [ing.] M.q. SOMBREADO.

Shannon, Claude **(Petoskey, Michigan, Estados Unidos 1916 - Medford, Massachusetts, Estados Unidos 2001)** Matemático, engenheiro eletrônico, analista de códigos e criador da teoria da informação. ▸ Na Universidade de Michigan, durante a década de 1930, Claude Shannon entrou em contato com os escritos de George Boole (1815-1864), quando percebeu que a álgebra booleana era a chave para a solução de problemas centrais da engenharia eletrônica. Para ele, a ÁLGEBRA DE BOOLE era particularmente útil na melhoria da telefonia da época, já que havia uma perfeita conjunção entre o binarismo booleano e a estrutura aceso/apagado dos circuitos eletrônicos. A única pessoa que percebera e desenvolvera essa tese antes de Shannon foi o lógico, semioticista e matemático Charles S. Peirce (1839-1914), que sugerira a possibilidade de se executarem operações algébricas booleanas ligando e desligando circuitos elétricos. A tese de mestrado de Shannon sobre análise simbólica e a passagem de sinais por circuitos eletrônicos, um nexo que hoje pode parecer óbvio, era, na realidade, produto de uma imaginação teórica audaciosa e fértil. Não só problemas práticos próprios de circuitos eletrônicos poderiam ser resolvidos pelo binarismo da álgebra booleana, mas o uso aplicado de eletricidade seria vital para a resolução de questões estritamente algébricas. Eletricidade e lógica partilhavam uma natureza comum. Deve-se a Shannon a fundação teórica que criou os circuitos digitais da comunicação contemporânea. Sua visão estendia-se além da engenharia elétrica: a tese de doutorado que apresentou ao MIT correlacionava álgebra e genética. Durante a Segunda Guerra Mundial, Shannon trabalhou como criptanalista do governo norte-americano e, no fim da década de 1940, publicou o texto mais importante para a teoria da informação e da comunicação contemporânea, valendo-se de princípios matemáticos da teoria da probabilidade, postulando e explicando matematicamente o papel do conceito de BIT ('dígito binário') para a transmissão de mensagem. Durante a atividade de criptanalista, Shannon reconheceu o papel central dos códigos na comunicação, por serem capazes de reduzir o teor de incerteza probabilística e informativa de uma mensagem. O impacto de sua obra teórica é incalculável e projeta-se por tudo aquilo que hoje é identificado como comunicação. ▶ Cf. BINÁRIO; INFORMAÇÃO.

BIBLIOGRAFIA

GLEICK, James. *The information: a history, a theory, a flood*. New York: Pantheon, 2011.

SHANNON, Claude; WEAVER, Warren. A teoria matemática da comunicação. In: COHN, Gabriel (org.). *Comunicação e indústria cultural*. São Paulo: Nacional, 1975, p. 25-37.

share of mind [ing.] MKT Medida de retenção de determinada marca (de empresa, produto etc.) na memória dos consumidores ou do público em geral. ▶ Cf. MARKET SHARE.

shareware [ing.] INF Programa de computador posto gratuitamente à disposição dos usuários para testes, subentendendo-se que cada usuário, se decidir continuar a usá-lo após o período de testes, pagará uma certa quantia ao programador que o desenvolveu. ▶ Cf. FREE SOFTWARE; OPENSOURCE.

SHF ELETRÔN Símb. de FREQUÊNCIA SUPERELEVADA.

shoot [ing.] CINE PUB TV Tomada de cena de um filme ou comercial em estúdio ou locação ao ar livre.

shot [ing.] CINE TV M.q. TOMADA.

show [ing.] 1 Espetáculo (musical, humorístico etc.) apresentado em teatro, televisão, rádio, casas noturnas ou mesmo ao ar livre. 2 RÁD TV Programa de variedades, com a participação de vários artistas (ou mesmo de um só) e por vezes também do público.

show bill [ing.] PUB Anúncio sob a forma de cartaz ou cartazete.

showbiz [ing.] CINE TEAT TV Red. de SHOW BUSINESS.

show business [ing.] CINE TEAT TV Negócio, indústria de espetáculos recreativos, abrangendo esp. teatro, cinema, televisão, rádio, feiras de amostras e circos. ▶ F.red.: *showbiz*.

showcase [ing.] Local de exibição, apresentação ou lançamento experimental (de alguma coisa ou pessoa) em forma de evento especial.

showmício Reunião em praça pública, com números musicais e discursos de caráter social ou político.

showroom [ing.] Local em que se expõem produtos industriais e comerciais para venda.

sic [lat.] Assim, desse modo. ▶ Entre parênteses ou colchetes, intercala-se numa citação ou pospõe-se a esta para indicar que o texto original está reproduzido exatamente, por errado ou estranho que possa parecer.

siderografia GRAV Arte de gravar em ferro ou aço.

sigla 1 Letra inicial ou conjunto de letras iniciais de um nome próprio empr. como monograma. 2 PALEOG Letra inicial de uma palavra ou conjunto de letras iniciais de diversas palavras, us. como abreviação em monumentos, moedas, medalhas e manuscritos antigos. 3 LING Redução de um intitulativo complexo a suas: a) letras iniciais, sem formar palavra (ABCD = Santo André, São Bernardo do Campo, São Caetano do Sul e Diadema, municípios da Grande São Paulo); b) letras iniciais, formando palavra (UNE = União Nacional dos Estudantes, ONU = Organização das Nações Unidas); c) sílabas iniciais, formando quase palavras (Benelux = Bélgica, Nederland [Países Baixos] e Luxemburgo); d) partes iniciais, formando quase palavras (Petrobras = Petróleo Brasileiro S.A.); acrógrafo, acrograma, acrografia. ▶ Não são redução apenas de letras iniciais, mas tb. de sílabas iniciais, que podem combinar-se com letras iniciais. 4 Redução literal, ger. de intitulativos (p.ex., bibliônimos), baseada nas letras iniciais de cada um ou de alguns dos componentes do intitulativo a que se referirem.

signa Sinal distintivo; bandeira, estandarte, insígnia, pendão, sina.

signalética 1 Estudo dos sinais. 2 Conjunto dos elementos que compõem uma sinalização.

signalético Relativo a signalética.

significação 1 Ato ou efeito de significar. 2 LING SEMIO Representação mental relacionada a uma forma linguística, um sinal, um conjunto de sinais, um fato, um gesto etc.; aquilo que um signo quer dizer; acepção, sentido, significado. 3 M.q. SIGNIFICADO ('conteúdo', 'relação').

significacional Referente a ou respeitante à significação.

significado 1 M.q. SIGNIFICAÇÃO ('representação mental'). 2 LING Conteúdo semântico de um signo linguístico; acepção, sentido, significação, noção, conceito. 3 LING Na terminologia saussuriana, a face do signo linguístico que corresponde ao conceito; conteúdo. 4 Relação de estima, reconhecimento, apreço por alguém ou algo; importância, valor, significação, significância.

INFORMAÇÕES GERAIS

Na tradição saussuriana, significado está indissociavelmente ligado a significante, como os lados de uma folha de papel ou a cara e a coroa de uma moeda. Quando, numa aula de 19 de maio de 1911, na Universidade de Genebra, o linguista Ferdinand de Saussure (1857-1913) ensinava que a língua era um sistema de signos, ele observou que a característica principal do signo era ser arbitrário. Dessa percepção é que surge a dicotomia significante/significado que funde dois elementos sempre díspares: um, de natureza conceitual, o 'significado', e outro, material ou acústico, o 'significante'. Para a linguística saussuriana, significado e significante virão sempre num par; sua mutualidade e reciprocidade fazem do signo uma entidade comunicativa. Significado e significante são efeitos das relações sistêmicas do signo que devem, portanto, estar presentes na mente dos que participam de uma comunidade linguística. O sistema de regras que une significante e significado atribui ao signo relações de oposição, que estruturam simultaneamente a materialidade e o conteúdo da representação. A origem teórica do nexo entre significante e significado não indica, de forma alguma, que essas ideias sejam aplicáveis apenas ao que for estritamente linguístico, sendo, de fato, utilizada tanto pela semiologia barthesiana e sua interpretação da moda, como pela antropologia estrutural e sua análise dos sistemas de parentesco. Na filosofia analítica da linguagem, o conceito de significado é pragmático e identifica conteúdo semântico com uso ou intencionalidade. ▶ Cf. ATO DE FALA.

significante 1 M.q. SIGNIFICATIVO. 2 Imagem acústica que é associada a um significado numa língua, para formar o signo linguístico; expressão. ▶ Segundo Ferdinand de Saussure (1857-1913), essa imagem acústica denominada significante não é o som material, ou seja, a palavra falada, mas sim a impressão psíquica desse som. As próprias metáforas saussurianas, usadas para definir a relação entre significante e SIGNIFICADO, indicam que são entidades que não podem ser separadas: Saussure refere-se aos lados de uma moeda ou de uma folha de papel. Caracteristicamente uma imagem acústica, o significante é um dos lados do signo, o outro seria o significado. A unidade do signo é um traço importante para a SEMIOLOGIA saussuriana, o que leva necessariamente ao questionamento do que Saussure dizia, quando afirmava que o traço principal de um signo é a ARBITRARIEDADE. Uma vez definido como uma entidade unitária, para o falante o signo jamais será arbitrário, pois, nesse caso, a representação constituída pareceria uma construção absurda. O que acontece, na formação de um signo, não é arbitrariedade: o nexo de significante e de significado é, de fato, imotivado. Não há nada no significado ou mesmo no referente do signo que cause ou estimule o surgimento de um significante específico. O significante tem um conteúdo significativo porque entretém uma relação de reciprocidade com o significado, ao qual está indissoluvelmente ligado. A indissolubilidade da relação entre significante e significado resulta do fato de que esse nexo seja constituído pelo sistema da língua, que é um dado imutável para os falantes que se valem da mesma estrutura linguística. A mutualidade e a reciprocidade do sistema permitem que a entidade composta simultaneamente de significante e significado seja eficaz comunicacionalmente. Apesar de reconhecido inicialmente como sendo parte da comunicação linguística, o conceito de significante é aplicável e reconhecível em outros sistemas de signos. Talvez por isso a leitura que a psicanálise lacaniana faz da relação entre significante e significado seja bem outra. Nas formações do INCONSCIENTE, os significantes deslizam numa cadeia livre, sem que neles haja a indissociabilidade que Saussure sugere. A barra, que une no mesmo conceito significante e significado, é também o que permite a autonomia entre a ordem dos significantes e dos significados que serão costurados pela interpretação do psicanalista.

significar **1** Ter o significado ou o sentido de; querer dizer. **2** Apresentar-se como expressão de; exprimir, traduzir. **3** Dar a entender; mostrar. **4** Ser sinal ou indício de; denotar. **5** Fazer conhecer; participar, comunicar. **6** LING Possuir determinado significado; denotar, designar.

significativo **1** Que significa, que denota ou exprime com clareza. **2** Cheio de significado; que contém revelação interessante; expressivo. **3** LING Que possui significado, que remete para um conceito (diz-se de forma, significante, elemento etc.).

signo **1** Sinal indicativo; indício, marca, símbolo. **2** COMN SEMIO Designação comum a qualquer objeto, forma ou fenômeno que remete para algo diferente de si mesmo e que é us. no lugar deste numa série de situações (a balança significando a justiça; a cruz simbolizando o cristianismo; a suástica simbolizando o nazismo; uma faixa oblíqua significando proibido [sinal de trânsito]; um conjunto de sons [palavras] designando coisas do mundo físico ou psíquico etc.); sinal. ▸ Cf. ÍCONE; ÍNDICE; SÍMBOLO. **3** MÚS M.q. NOTA ('sinal gráfico').

INFORMAÇÕES GERAIS

Derivada e ampliada da fórmula escolástica (ALIQUID STAT PRO ALIQUO 'algo que representa alguma coisa'), a conceituação moderna que Charles Sanders Peirce (1839-1914) propõe para *signo* é propositadamente ampla, a tal ponto de parecer vaga: signo seria alguma coisa que representa algo para alguém sob algum aspecto ou circunstância. Antes de Peirce e dos escolásticos medievais, Agostinho de Hipona, em *De doctrina christiana*, definira 'signo' como o que leva a mente remeter-se a algo que não está presente nos sentidos. Portanto, o signo é uma operação remissiva de cunho mental. Os signos representam algo (coisa, conteúdo imaginário, estados mentais, ocorrências no mundo etc.) porque entretêm alguma forma de correlação com o que é representado. Dois elementos radicalmente distintos e díspares (o *aliquid* e o *aliquo*) só podem estar correlacionados se houver entre eles uma representação que funcione como elemento de mediação. Na semiótica de Peirce, a função mediadora é sempre de outro signo, que recebe o nome de 'interpretante'. De modo resumido e em resposta a críticas possíveis de que a conceituação de signo, em Peirce é vaga, contra-argumenta-se que toda e qualquer ocorrência no mundo material funcionará como signo se atender ao critério de representação estabelecido pela correlação entre um veículo (*ground*), um objeto (*object*) e um interpretante (*interpretant*). Os signos estão sempre no lugar de algo, material, imaterial, natural, cultural, individual ou coletivo. Os signos seguem as categorias básicas do pensamento: similaridade, causa e efeito e convencionalidade. Por isso, em relação aos objetos que representam, os signos, se forem regidos pela similaridade, serão icônicos ou por causa e efeito indiciais, e os por meio de convenção, simbólicos. Com base nessas categorias que se combinam, Peirce identificou uma classificação básica de todos os modos de representação. As teorias do signo de inspiração linguística tendem a considerar o signo como a reunião convencionada de um meio de expressão e um conteúdo, organizado por uma regra sistêmica, que é como Ferdinand de Saussure (1857-1913) define 'signo' no influente *Curso de linguística geral*. A conceituação saussuriana é retomada por Louis Hjelmslev (1899-1965), que entende o signo como entidade que agrega dupla natureza (expressão e conteúdo), por sua vez subdividida em forma e substância. ▸ Cf. AGOSTINHO (SANTO), BISPO DE HIPONA; HJELMSLEV, LOUIS; INTERPRETANTE; SEMIOLOGIA; SEMIOSE; SEMIÓTICA.

BIBLIOGRAFIA

EPSTEIN, Isaac. *O signo*. São Paulo: Ática, 1997.
HJELMSLEV, Louis. *Prolegômenos a uma teoria da linguagem*. São Paulo: Perspectiva, 2009.
PEIRCE, Charles Sanders. *Semiótica*. São Paulo: Perspectiva, 1999.
SAUSSURE, Ferdinand de. *Curso de linguística geral*. São Paulo: Cultrix, 2006.
SHORT, T. L. *Peirce's theory of signs*. Cambridge: Cambridge University Press, 2007.

signo arbitrário LING SEMIO M.q. SÍMBOLO ('signo'). ▸ Um signo pode ser arbitrário em relação ao objeto que representa e, ainda assim, funcionar comunicacionalmente. Isso acontece porque uma regra partilhada por seus usuários confere-lhe significado. A ideia de signo arbitrário foi postulada pela linguística saussuriana, tendo sido objeto de crítica, pois um signo totalmente arbitrário não poderia ter eficácia comunicativa. O que se sugere com a locução *signo arbitrário* é que ele é imotivado em relação a seu referente.

signo imotivado LING SEMIO Signo que não apresenta uma relação de semelhança no estabelecimento da união entre o significante e o significado. ▸ A força e eficácia dos signos imotivados derivam de sua convencionalidade. O conceito de signo imotivado foi proposto por Émile Benveniste (1902-1976) como resposta às críticas feitas à ARBITRARIEDADE, que a linguística saussuriana afirma ser o traço dominante do signo linguístico. Os falantes não poderiam usar signos que fossem somente arbitrários.
signo linguístico LING Unidade linguística constituída pela união de um conceito, ou significado, e de uma imagem acústica, ou significante, ger. através de uma relação arbitrária, pela qual não existe uma semelhança formal entre o significante e o significado.
signo motivado LING SEMIO Signo no qual a união entre o significante e o significado se faz por uma relação de semelhança, pela qual o sentido é evocado pela própria forma do signo, como se verifica no ÍCONE e no ÍNDICE.
silabismo LING **1** M.q. ESCRITA SILÁBICA. **2** Prática das escritas silábicas.
silêncio **1** Estado de quem se cala ou se abstém de falar. **2** Privação, voluntária ou não, de falar, de publicar, de escrever, de pronunciar qualquer palavra ou som, de manifestar os próprios pensamentos etc. **3** Taciturnidade, discrição. **4** Interrupção de correspondência. **5** Ausência ou cessação de barulho, ruído ou inquietação; calada.
silepse **1** ESTL GRAM RET Figura pela qual a concordância das palavras na frase se faz logicamente, pelo significado, e não de acordo com as regras da gramática. ▸ P.ex., "muita gente aqui, pelo que dizem, não sabem se portar em público". **2** ESTL Emprego de um vocábulo ao mesmo tempo no sentido próprio e no figurado. ▸ P.ex., "admiravam-na por sua beleza física e de caráter".
silhueta **1** Desenho que representa o perfil de uma pessoa ou objeto, de acordo com os contornos que a sua sombra projeta. **2** Desenho uniforme formado pela sombra de alguém ou alguma coisa. **3** Figura de pessoa, coisa ou animal que se obtém recortando convenientemente um papel negro e colocando-o sobre um fundo claro.
silhuetagem FOT Técnica que consiste em destacar uma figura, atenuando ou eliminando por completo o fundo da fotografia.
silhuetar Fazer a silhueta de, representar por silhueta ou aparecer de perfil, como em silhueta.
silkscreen [ing.] GRÁF Ver SERIGRAFIA.
silogismo FIL LÓG Segundo o aristotelismo, raciocínio dedutivo estruturado formalmente a partir de duas proposições, ditas 'premissas', das quais, por inferência, se obtém necessariamente uma terceira, chamada 'conclusão'. ▸ P.ex., "todos os homens são mortais" /"os gregos são homens"//"os gregos são mortais".

INFORMAÇÕES GERAIS

As raízes etimológicas de silogismo sugerem um raciocínio conjectural ou necessário que é deduzido de premissas que antecedem a conclusão. Na lógica clássica é uma forma de raciocínio, um modo de demonstração e um conhecimento resultante. Como forma de raciocínio, designa um argumento disposto de tal maneira que das conjunções de premissas chega-se a uma conclusão, preferencialmente única e necessária, ou seja, que não pode ser outra. A ordem silogística exige que a argumentação se organize de tal modo que cada premissa tenha um termo em comum com a conclusão, ao mesmo tempo que um termo em comum com a outra premissa. Em seus escritos sobre lógica, coletados no ÓRGANON, Aristóteles (384 a.C. - 322 a.C.) expõe as nuances do silogismo, de modo que foi durante séculos considerado a formulação definitiva. Nos *Tópicos*, Aristóteles chama de silogismo qualquer raciocínio cuja conclusão resulte da articulação de premissas. Mas, nos *Analíticos*, a palavra 'silogismo' passa a indicar um raciocínio que relaciona termos gerais por meio de um termo médio. Quando a forma silogística vale-se de proposições subentendidas, ela é chamada de ENTIMEMA ou de EPIQUIREMA.

---

silogismo apodítico LÓG M.q. SILOGISMO CIENTÍFICO.
silogismo categórico LÓG O que tem por premissas proposições categóricas, caracterizadas pela simples afirmação ou negação de algo. ▸ P.opos. a SILOGISMO HIPOTÉTICO.
silogismo científico LÓG O que é adequado à prática científica, pois se constitui de premissas e conclusões que não admitem refutação, por se tratarem de proposições universais e necessárias; silogismo apodítico, silogismo demonstrativo, silogismo necessário. ▸ Para Aristóteles (384 a. C. - 322 a. C.), é a forma mais importante que pode assumir um silogismo. ▸ P.opos. a SILOGISMO DIALÉTICO.
silogismo demonstrativo LÓG M.q. SILOGISMO CIENTÍFICO.
silogismo dialético LÓG O que se baseia em premissas apenas prováveis, possíveis ou contingentes, oferecendo, portanto, uma conclusão sem o caráter de verdade irrefutável, a despeito de sua verossimilhança; silogismo retórico. ▸ O silogismo dialético é us. em discussões ou confronto de opiniões contrárias, ger. vencidas pela habilidade argumentativa ou retórica. ▸ Cf. DIALÉTICA ('no aristotelismo'). ▸ P.opos. a SILOGISMO CIENTÍFICO.
silogismo disjuntivo LÓG Aquele cuja primeira premissa é uma proposição disjuntiva.
silogismo erístico LÓG Tipo de silogismo dialético caracterizado por apresentar premissas que, embora ostentem verossimilhança, são de fato inverídicas; silogismo sofístico, sofisma.
silogismo hipotético LÓG Aquele cujas premissas incluem proposições hipotéticas, caracterizadas por não afirmar ou negar, senão propondo uma hipótese ou condição. ▸ P.opos. a SILOGISMO CATEGÓRICO.
silogismo ilegítimo LÓG Silogismo perfeitamente lógico e coerente, cuja conclusão não é obrigatoriamente verdadeira, mesmo que suas premissas o sejam. ▸ A lógica procurou determinar regras de utilização dos termos e proposições como propósito de evitar a ilegitimidade logística. ▸ P.opos. a SILOGISMO LEGÍTIMO.
silogismo legítimo LÓG Aquele que, uma vez que se admita a verdade de suas premissas, oferece uma conclusão necessariamente verdadeira; silogismo válido. ▸ Das centenas dos modos possíveis de um silogismo, somente 19, tradicionalmente designados por termos mnemônicos, são legítimos. ▸ P.opos. a SILOGISMO ILEGÍTIMO.
silogismo necessário LÓG M.q. SILOGISMO CIENTÍFICO.
silogismo retórico LÓG M.q. SILOGISMO DIALÉTICO.
silogismo sofístico LÓG M.q. SILOGISMO ERÍSTICO.
silogismo válido LÓG M.q. SILOGISMO LEGÍTIMO.
simbólico PSICN Campo de reencontro, estruturação e tomada de sentido dos fenômenos como uma linguagem; um dos três registros essenciais (juntamente com o real e o imaginário) do campo psicanalítico, segundo Jacques Lacan (1901-1981). ▸ A ideia de uma ordem simbólica

que tem a capacidade e o poder de estruturar o que é humano, seja individual ou social, remonta à sociologia de Émile Durkheim (1858-1917) e seu argumento de que as representações coletivas conduzem a vida em sociedade com força unificante; mas é com a leitura que o antropólogo e etnólogo Claude Lévi-Strauss (1908-2009) faz da linguística saussuriana que a noção de ordem simbólica se transfere para a teoria da sociedade. A cultura passa, então, a ser concebida como um sistema simbólico que abarca as formas sociais da representação convencionada, como mitos, ritos, práticas econômicas, regras de parentesco etc. A leitura que o psicanalista francês Lacan faz tanto da antropologia estrutural de Lévi-Strauss como dos fonólogos russos do CÍRCULO LINGUÍSTICO DE PRAGA o autoriza a declarar que o inconsciente, por ser uma linguagem, faz parte de um registro fundamental da vida humana, que é o simbólico. O sujeito socializa-se ao ser introduzido no reconhecimento do simbólico que se manifesta sob a forma do "nome do pai", um trocadilho francês que evoca, ao sobrepor homofonicamente, as palavras e os significados de *nom* ('nome') e *non* ('não'). Logo, o nome (o não) do pai é visto como castração simbólica pela criança, que então se torna um ser social. A influência do ESTRUTURALISMO de Lévi-Strauss é inegável: o indivíduo insere-se numa ordem que o antecede, da mesma maneira que o faz linguisticamente, já que a fala presume o seguimento de um sistema linguístico que a determina. Mais do que isso: a castração sugerida pelo "nome do pai" é uma lei fundamental da sociabilidade e que, por isso, transcende do pai real ou imaginário que o individual tem ou venha eventualmente a ter. Essa lei pertence a outro registro, o das funções culturais e das convenções que escapam ao que é real ou imaginário e que, por isso, recebe o nome de simbólico. ▸ Cf. LACAN, JACQUES.

BIBLIOGRAFIA

LACAN, Jacques. *Escritos*. São Paulo: Perspectiva, 1996.
LÉVI-STRAUSS, Claude. *Antropologia estrutural*. Rio de Janeiro: Tempo Brasileiro, 1972.

símbolo **1** Aquilo que, por um princípio de analogia formal ou de outra natureza, substitui ou sugere algo. **2** Aquilo que, num contexto cultural, possui valor evocativo, mágico ou místico. **3** Elemento descritivo ou narrativo ao qual se pode atribuir mais de um significado, do qual se pode fazer mais de uma leitura. **4** Pessoa ou personagem que se torna representativa de determinado comportamento ou atividade. **5** Objeto, som, ato que, por convenção arbitrária, representa uma operação, uma relação, uma quantidade etc. **6** Sinal indicativo; signo. **7** Aquilo que, por pura convenção, representa ou substitui outra coisa. **8** Representação convencional de algo; emblema, insígnia. **9** LING SEMIO Signo que apresenta relação arbitrária, baseada apenas em convenção, com o objeto ou a ideia que representa. ▸ P.ex., certas bandeiras de alguns países, a cruz para o cristianismo, os sinais de trânsito não figurativos etc., os sinais de escrita não pictográficos, como as letras, algarismos, etc.); signo arbitrário. Cf. ÍCONE; ÍNDICE. **10** Palavra ou imagem que designa outro objeto ou qualidade por ter com estes uma relação de semelhança; alegoria, comparação, metáfora.

INFORMAÇÕES GERAIS

Enquanto o vocabulário teórico clássico vale-se dos termos 'signo' e 'símbolo' de maneira intercambiável, o lógico e semioticista n.-am. Charles Sanders Peirce (1839-1914) emprega o termo 'símbolo' num sentido bem restrito. 'Símbolo' é um tipo de 'signo' caracterizado pela convencionalidade, portanto formado por regras partilhadas numa determinada comunidade comunicacional. Portanto, todo símbolo é um signo, mas nem todo signo é um símbolo. A convencionalidade que tipifica os símbolos distingue-os dos sinais que são estímulos regidos por relações estritamente causais. Simbolicamente, as cores que indicam luto variam de cultura para cultura: as representações simbólicas não se formam ao capricho individual de seus usuários. Pelo contrário, os símbolos sugerem uma relação de necessidade com aquilo que representam; mas isso não quer dizer que sejam desprovidos de ambiguidade e ambivalência: o símbolo branco significa, simbolicamente, paz e a paz é evocada pela brancura; um número é tanto um número como o símbolo do azar, como no caso do algarismo 13. Porém o fato de um símbolo ser ambivalente ou ambíguo (branco pode representar muitas coisas) não quer dizer que seja arbitrário. Por isso, as interpretações sociológicas e antropológicas privilegiam, nos seus estudos, tudo que for parte da ordem simbólica de um grupo social. Teorias as mais diversas, que vão da lógica aos estudos da cultura, passando pela psicologia junguiana, presumem a identificação entre símbolo e humanidade. ▸ Cf. ALEGORIA; SIGNO; SINAL; SIMBÓLICO.

Simmel, Georg (Berlim, Império Prussiano, atual Alemanha 1858 - Estrasburgo, Alemanha 1918) Sociólogo, filósofo e crítico alemão. ▸ Junto a Max Weber (1864-1920), Simmel é o principal sociólogo alemão do final do sXIX, início do sXX. Seus pressupostos teóricos são culturalistas, pois acredita que os indivíduos são gerados por forças externas e objetivas que se criaram no curso da história. Essa intuição inaugura a sociologia, disciplina que estudaria a socialização dos indivíduos e da qual deve ser considerado um fundador. Simmel estudou e lecionou na Universidade de Berlim, como conferencista não remunerado, apesar de ser um professor popular. Em 1914, quatro anos antes de morrer, Simmel foi nomeado professor da Universidade de Estrasburgo. Seus escritos abordam temas diversificados e pouco ortodoxos, que fariam parte das mais diversas disciplinas: filosofia, sociologia, história, estética, religião, educação, teoria e análise de produtos culturais etc. O que unificaria tamanha diversidade seria o fato de que Simmel produzia uma filosofia da cultura, num estilo livre dos pedantismos habituais dos escritos acadêmicos. Sua obra antecipa o pensamento sociológico contemporâneo que vão dos estudos urbanos ao interacionismo simbólico e à ESCOLA DE FRANKFURT.

BIBLIOGRAFIA

SIMMEL, Georg. *Philosophy of money*. New York: Routledge, 2004.
__________. *Questões filosóficas da sociologia*. Rio de Janeiro: Zahar, 2006.
__________. *Filosofia da moda e outros ensaios*. Lisboa: Texto e Grafia, 2008.

símplex TEL Que ou o que só se pode transmitir alternadamente, ora num, ora noutro sentido, de um circuito de telecomunicações (diz-se de operação).

simploce RET Figura que consiste numa sequência de frases que principiam e/ou terminam com as mesmas palavras.

simulação **1** Ação ou efeito de simular. **2** Falta de correspondência com a verdade; fingimento, disfarce, dissimulação. **3** Caráter do que carece de sinceridade; hipocrisia, impostura, falsidade. **4** Imitação do funcionamento de um processo por meio do funcionamento de outro.

INFORMAÇÕES GERAIS

Para o teórico da comunicação Jean Baudrillard (1929-2007), a sociedade contemporânea caracteriza-se pelo fascínio por métodos e mecanismos de simulação e pela abundância de simulacros. As categorias do pensamento clássico, como realidade e verdade, foram, para Baudrillard, dissolvidos pelo que a tecnologia informatizada permite. ▶ Cf. BAUDRILLARD, JEAN.

BIBLIOGRAFIA

BAUDRILLARD, Jean. *Simulacros e simulação*. Lisboa: Relógio d'Água, 1996.

simulacro **1** Representação de pessoa; ídolo, efígie. **2** Representação, imitação. **3** Falso aspecto, aparência enganosa. **4** Cópia malfeita ou grosseira; arremedo. **5** Semelhança, parecença.

INFORMAÇÕES GERAIS

A imitação é o princípio formador da ontologia platônica. A multiplicidade de coisas que existem no mundo sensível é de cópias de uma forma ideal que está livre da variação contraditória do mundo sensível. Toda cópia é, por consequência, a perda de uma essência. Assim, cópias de cópias são simulacros e estão afastadas em três graus da fonte da verdade. É óbvio que, na teorização platônica, a imitação não pode ser um processo servil, mas algo que é adicionado à essência, ainda que corrompendo-a. O simulacro é o nível mais baixo do universo. Enquanto as formas intelectuais são perfeitas, imutáveis, eternas e sem contradição, os simulacros são manifestações múltiplas, mutáveis e falsas, como o reflexo da luz da lua numa lagoa, logo instáveis e incorpóreas, do mesmo modo que a superfície dos espelhos. Ao contrário da filosofia platônica, que avaliava negativamente o simulacro, pensadores contemporâneos, como Jean Baudrillard (1929-2007), veem na produção de simulacros o que há de mais característico da cultura pós-moderna. O simulacro espalha-se pela experiência contemporânea, transformando-a numa espécie de hiper-realidade. Os meios de comunicação são centros de disseminação de simulacros.

BIBLIOGRAFIA

BAUDRILLARD, Jean. *Simulacros e simulação*. Lisboa: Relógio D'Água, 1996.
HAMILTON, Edith; CAIRNS, Huntington (ed.). *The collected dialogues of Plato, including the letters*. Princeton: Princeton University Press, 1989.

simulador INF Instrumento que, seguindo as instruções de um programa de computador, simula as várias condições existentes na realidade, empr. para testes de equipamento, treinamento ou jogos informatizados.

simular **1** Fazer parecer real (o que por si não é). **2** Fazer o simulacro, a imitação de; representar, aparentar. **3** Representar com semelhança; arremedar, imitar. **4** Dar-se ares de; fingir, aparentar, dissimular. **5** Reproduzir da forma mais exata possível (uma situação, um processo). **6** INF Reproduzir, representar ou imitar, com o auxílio de um sistema computacional, as características e a evolução de (fenômeno, situação ou processo concretos).

simulcadência RET Qualidade de simulcadente.

simulcadente RET Que tem igualdade, regularidade, paralelismo (diz-se de frase ou período).

simulcast [ing.] RÁD TV Programa concebido e executado para transmissão simultânea em rádio e TV. ▶ A progressiva convergência dos meios de comunicação que as tecnologias digitais autorizam acabará transformando o *simulcast* num fenômeno ultrapassado.

sina M.q. SIGNA.

sinal **1** Movimento, gesto, manifestação que serve de advertência ou possibilita conhecer, reconhecer ou prever alguma coisa. **2** Gesto, mensagem para comunicar algo a alguém. **3** Impressão deixada por alguém ou algo; marca, traço. **4** Rótulo, letreiro, tabuleta. **5** O que se escreve ou desenha sobre uma etiqueta, uma placa; aviso, indicação. **6** Aquilo que supostamente precede e anuncia o futuro; prenúncio, presságio. **7** COMN SEMIO Unidade de informação convertida em suporte físico pelo emissor (gesto, fonema, *bit*, caráter tipográfico, vibração em onda de rádio etc.), através de um canal e segundo determinado código, para transmissão de uma mensagem. ▶ Cf. SIGNO; SÍMBOLO. **8** ELETR Impulso elétrico que entra em ou sai de um circuito. **9** INF TEL Impulso eletrônico que corresponde a uma unidade mínima de informação entre dois ou mais sistemas ou entre partes integrantes de um mesmo sistema. **10** Aquilo que restou (de alguma coisa que sumiu); vestígio, rastro. **11** RÁD Oscilação de uma onda modulada capaz de modular outra onda. **12** SEMIO M.q. SIGNO ('objeto, forma ou fenômeno'). **13** TEL Variação de feixe de ondas eletromagnéticas, que corresponde à informação, capaz de ser captada e decodificada por aparelho receptor.

INFORMAÇÕES GERAIS

Em teorias convencionalistas do signo, costuma-se opor 'sinal' e 'símbolo', sendo sinal um estímulo operacional, que dispara um efeito qualquer quando transmitido: nesse sentido, sinal é, na terminologia de Charles S. Peirce (1839-1914), um tipo específico de signo, denominado 'índice'. Entretanto, não há concordância quanto aos limites que definem um sinal. Os sinais podem ser entendidos como um caso do que Agostinho de Hipona (334-430) classificava de *signa naturalia*, em oposição a *signa data*, que seriam signos dados e transmitidos nas sociedades humanas ou por Deus, para guiar a humanidade. É claro que Agostinho não poderia conceber sinal como um tipo de signo atuante em autômatos e máquinas. Esse nexo só será reconhecido bem mais tarde, numa época com outro tipo de desenvolvimento tecnológico que não o existente durante a vida de Agostinho. A materialidade é o que freq. define os sinais, como fazem teorias behavioristas que identificam sinal e estímulo predominantemente físico. Sinal, nesse caso, não exclui os seres humanos: o que se faz é considerá-lo uma materialidade que causa uma resposta no indivíduo que o recebe. Se a teoria é mecanicista, os sinais caracterizar-se-iam por serem formas físicas que se propagam por meios diferenciados. Analógica ou digitalmente, os sinais possuem teor informativo (cf. INFORMAÇÃO). Seguindo o princípio classificatório da materialidade, os sinais podem ser entendidos biologicamente. Na tradição pavloviana, sinal é um estímulo preparatório que, ao ser transmitido, dispara reações em outros organismos. Fora do materialismo pavloviano, sinal seria um aspecto motor e sensorial da comunicação, enquanto símbolo teria uma função conceitual e operaria como uma representação mentalizada. Porém, quando sinal não tem peso conceitual numa teoria, usa-se indistintamente o termo como sinônimo de 'signo', 'símbolo' ou mesmo 'mensagem'.

sinal binário INF MAT TEL BIT.
sinal de acentuação LING Sinal gráfico que se coloca sobre uma vogal para indicar que é tônica.
sinal de articulação MÚS Cada um dos símbolos us. na notação musical com o objetivo de fazer separações entre grupos rítmicos ou melódicos.
sinal demarcativo LING Elemento fônico que assinala, em posição final ou inicial, as fronteiras de uma unidade significativa (palavra ou morfema). ▸ Pode ser positivo (p.ex.: no grego, o espírito forte ou aspiração só aparece no começo da palavra; no tcheco, o acento, que não tem valor distintivo, aparece sempre na sílaba inicial) ou negativo (no italiano, as consoantes geminadas não aparecem no início das palavras).
sinal de pontuação GRAM LING Cada um dos sinais us. na pontuação.
sinal de repetição MÚS Aquele que indica repetição de trecho(s) de uma composição.
sinal de revisão GRÁF Marcação convencional que os revisores fazem às margens das provas para indicar a natureza de uma correção. (Ver quadro de sinais no verbete BIBLIOLOGIA.)
sinal de supressão GRÁF Ver DELEATUR.
sinalização **1** Ato ou efeito de sinalizar. **2** Conjunto dos sinais (luminosos, visuais, acústicos) utilizados como meio de comunicação. **3** Instalação, disposição ou o conjunto dos sinais que, numa via de comunicação, à entrada de portos, sobre aeroportos etc., proporcionam mais facilidade e mais segurança à circulação.
sinalizar **1** Pôr marcas, sinais, inscrições etc. em (locais determinados), a fim de prestar informações a quem por ali passa; pôr sinalização em. **2** Fazer sinais; comunicar por sinais. **3** Anunciar (algo) por meio de sinais. **4** Marcar, assinalar.
sinapse **1** GEN Emparelhamento de cromossomos homólogos durante a meiose. **2** FISL Local de contato entre neurônios, onde ocorre a transmissão de impulsos nervosos de uma célula para outra.
sincategorema GRAM LÓG Palavra que, por si só, não pode ser empregada como um termo, mas em conjunção apenas (explícita ou não) com outra(s) palavra(s) [p.ex., os quantificadores (*todo, algum, nenhum*) ou os advérbios, preposições e conjunções]. ▸ Cf. CONECTIVO.
sincategoremático **1** GRAM LÓG Na gramática e lógica medievais, diz-se de palavra (conjunção, preposição, advérbio etc.) cuja função linguística é complementar ou relacionar termos significativos, não possuindo ela própria significado autônomo e preciso. ▸ Cf. CATEGOREMÁTICO. **2** LÓG Que não possui significação própria, podendo apresentar-se apenas como conectivo ou cooperador (diz-se, na lógica contemporânea, de símbolo linguístico).

INFORMAÇÕES GERAIS

Uma das consequências importantes da presença de termos sincategoremáticos nas linguagens naturais e formais é que o significado não se reduz ao que for referente ou categorema. Trata-se, portanto, de um elemento da frase que não tem sentido isoladamente, seja como sujeito ou predicado de uma proposição. Não há referente para o condicional 'se', nem para o quantificador 'nada'. Se 'nada' existisse como referente individual e independente, como são os categoremas, seria algo e jamais nada. Os termos sincategoremáticos, por serem palavras lógicas, não passam de conectivos ou operadores, o que revela que o significado depende prioritariamente de uma operação mental que as palavras disparam ou trazem à tona. Para a comunicação, o significado das mensagens é resultado de inferências feitas pelos receptores a partir do que os emissores transmitem. Na lógica moderna, considera-se sincategoremático todo símbolo que não tem significado próprio. ▸ Cf. CONECTIVO.

sincronia **1** LING Ação ou efeito de sincronizar. **2** Estado ou condição de dois ou mais fenômenos ou fatos passados ou atuais que ocorrem simultaneamente e são, de certo modo, relacionados entre si. ▸ Ferdinand de Saussure (1871-1913) frisou a independência entre as abordagens sincrônica e diacrônica das línguas, mostrando que é possível abstrair os fatos que antecederam um dado estado da língua e vê-la como um sistema completo e perfeitamente eficiente em cada etapa da sua história, que como tal deve ser descrito pela linguística sincrônica. A ênfase na dimensão sincrônica é uma reação à linguística neogramática que dava maior importância à DIACRONIA, o que significava a adoção de uma análise histórica. A sugestão metodológica que estava implícita na separação dos dois domínios, o sincrônico e o diacrônico, foi atenuada no curso da história da linguística, principalmente porque sincronia e diacronia são, na realidade, suplementares. As doutrinas e abordagens estruturalistas tendem a dar privilégio a abordagens sincrônicas, enquanto que outros, como Eugenio Coseriu (1921-2002), afirmam que a questão central da linguística não pode ser opor sistema a mudança, mas entender o sistema em mutação. **3** INF Ocorrência simultânea ou em ritmo regular e definido.

BIBLIOGRAFIA

COSERIU, Eugenio. *Introducción a la linguística*. Madrid: Gredós, 1986.
SAUSSURE, Ferdinand de. *Curso de linguística geral*. São Paulo: Cultrix, 2006.

sincronicidade **1** Qualidade do que é síncrono, simultâneo. **2** PSIC Segundo a teoria de C. G. Jung (1875-1961), coincidência de um estado psíquico com um acontecimento exterior correspondente que ocorre fora do campo de percepção do observador. ▸ Cf. JUNG, CARL GUSTAV.
sincronismo **1** Caráter ou particularidade de dois ou mais fenômenos que se passam no mesmo limite de tempo. **2** Coordenação no tempo da ocorrência desses fatos ou fenômenos. **3** Aparecimento simultâneo, numa obra literária, numa composição etc., de dois ou mais personagens ou fatos que aparecem em épocas diferentes. **4** CINE REC.AV TV M.q. SINCRONIZAÇÃO ('ajuste perfeito')
sincronização **1** Ato ou efeito de sincronizar. **2** CINE REC.AV TV Ajuste perfeito entre os elementos visuais e sonoros na produção ou na exibição de (filme, programa televisivo, apresentação multimídia etc.); sincronismo. **3** CINE REC.AV TV Conjunto de técnicas e tarefas necessárias para esse ajuste. **4** ELETRÔN Conjugação ou entrosamento de uma operação com outra.
síncrono **1** Que acontece simultaneamente. **2** Relativo a fatos coincidentes ou coexistentes. **3** Que tem o seu tempo de duração determinado por um mecanismo de sincronia. **4** INF Que ocorre simultaneamente ou em intervalos regulares, controlados por um dispositivo temporizador; que mantém sincronia.
sine die [lat.] Sem data marcada.
sinédoque RET Tipo especial de metonímia baseada na relação quantitativa entre o significado original da pa-

lavra us. e o conteúdo ou referente imaginado; os casos mais comuns são: parte pelo todo: braços para a lavoura por 'homens, trabalhadores'; gênero pela espécie ou vice-versa: a sociedade por 'a alta sociedade', a maldade do homem por 'da espécie humana'; singular pelo plural ou vice-versa: é preciso pensar na criança por 'nas crianças'. ▸ Cf. METONÍMIA.

sinergia 1 Ação ou esforço simultâneos; trabalho ou operação associados; cooperação, coesão. 2 COMN ECON Ação conjunta de empresas, visando obter um desempenho melhor do que aquele demonstrado isoladamente. 3 FISL Ação associada de dois ou mais órgãos, sistemas ou elementos anatômicos ou biológicos, cujo resultado seja a execução de um movimento ou a realização de uma função orgânica.

sínese GRAM Construção sintática em que se atende mais ao sentido que ao rigorismo formal. ▸ Cf. ANACOLUTO.

sinestesia 1 PSIC Relação que se verifica espontaneamente (e que varia de acordo com os indivíduos) entre sensações de caráter diverso, mas intimamente ligadas na aparência (p.ex., determinado ruído ou som pode evocar uma imagem particular, um cheiro pode evocar uma certa cor etc.) 2 ESTL Cruzamento de sensações; associação de palavras ou expressões em que ocorre combinação de sensações diferentes numa só impressão.

sinestésico Referente a SINESTESIA.

sinestrático LING M.q. SINSTRÁTICO.

sinete 1 Utensílio com assinatura, monograma ou divisa gravada em alto ou baixo-relevo e que se usa para imprimir em lacre, cera, papel etc. 2 Impressão feita por esse utensílio; chancela. 3 M.q. CARIMBO ('peça'). 4 Sinal, marca. 5 GRÁF M.q. TIMBRE ('conjunto de informações').

Sinn [al.] FIL Segundo Gottlob Frege (1848-1925), conteúdo mental objetivo que independe de quem pensa. ▸ P.opos. a *BEDEUTUNG*.

sinonímia 1 Ato ou efeito de exprimir uma mesma coisa por palavras sinônimas. 2 LING SEMT Relação de sentido entre dois vocábulos que têm significação muito próxima, permitindo que um seja substituído pelo outro em alguns contextos, sem alterar o sentido literal da sentença como um todo. 3 LING SEMT Qualidade das palavras sinônimas. 4 RET Emprego de palavra ou expressão us. a seguir a outra de significado afim, para matizar, aclarar ou ampliar seu sentido (p.ex.: pai e amigo, mulher e mãe). 5 LEX Conjunto de sinonímias ('coleção').

INFORMAÇÕES GERAIS

Distinguem-se 'sinonímia' e 'homonímia' porque o fenômeno da sinonímia mostra palavras diversas para o mesmo significado, enquanto a homonímia revela termos idênticos com significados diferentes. Há quem observe que a identidade perfeita de significados, de fato, não existe. Cada termo usado, sua etimologia e cada contexto comum acabam por matizar de diferente o que parecia ser uma expressão distinta. Na melhor das hipóteses, a sinonímia seria uma questão de grau, não de identidade. ▸ Cf. SINÔNIMO ABSOLUTO; QUASE SINÔNIMO.

sinônimo LING SEMT Diz-se de ou palavra que tem com outra uma semelhança de significação que permite que uma seja escolhida pela outra em alguns contextos, sem alterar a significação literal da sentença. ▸ Cf. SINÔNIMO ABSOLUTO; QUASE SINÔNIMO.

sinônimo absoluto LING Termo intercambiável por outro(s) em qualquer contexto. ▸ Cf. SINÔNIMO; QUASE SINÔNIMO.

sinopse 1 Relato breve; síntese, sumário. 2 Resumo de uma teoria, ciência, doutrina etc.; compêndio. 3 Em revista científica, apresentação concisa da matéria de um artigo, de um comunicado etc., e que, para dar ao leitor um apanhado do texto integral, é colocada entre este e o título. 4 CINE TV Resumo de um argumento a ser produzido para cinema ou televisão; *story line*.

sinsigno SEMIO Na classificação dos signos de Charles S. Peirce (1834-1914), singularidade de cunho causal que funciona como elemento representativo. ▸ A classificação dos signos de Peirce é triádica, porque organizada segundo três categorias: semelhança, causalidade e convenções. Quando se considera um signo em relação a seu veículo (*ground*), uma singularidade causal pode ser o elemento que, estando no lugar de algo, é um signo. O 'aqui e agora' de uma obra de arte, a assinatura do indivíduo que endossa ou emite um cheque têm seu valor sígnico a partir de sua causalidade imediata e singularidade radical, sendo assim sinsignos, a rigor subsignos, que são partes da qualidade material dos signos.

BIBLIOGRAFIA

PEIRCE, Charles S. *Semiótica*. São Paulo: Perspectiva, 1999.

sinstrático LING Que é relativamente uniforme em todas as camadas socioculturais (diz-se de variante linguística, fato linguístico etc.); sinestrático.

sintagma LING Unidade de análise sintática composta de um núcleo (verbo, nome, adjetivo etc.) e de outros termos que a ele se unem; locução. ▸ Na linguística estrutural, derivada da leitura de Ferdinand de Sausssure (1857-1913), as relações sintagmáticas ocorrem num eixo em que os signos da fala existem *in praesentia*. O sintagma forma um eixo em que os termos do discurso se expressam e, portanto, pertence ao domínio da fala, já que, na teoria saussuriana, fala é tudo que não faz parte da língua, que, por sua vez, estrutura-se como um sistema fundamental e abstrato que está presente na mente do falante ideal. Ainda que haja a tendência de se considerar o universo da fala como algo menor do que o da língua, o correto seria abordar a fala e, portanto, o sintagma de outra maneira. De fato, fala e língua são complementares. Seguindo as determinações da língua, o falante real combina elementos que seguem numa cadeia linear de antecedentes e consequentes, seja na sentença, seja no discurso como um todo. Para esse fato, Saussure reservou o termo 'sintagma' que, em grego, representa ordenação sequencial. O linguista André Martinet (1908-1999) diz que sintagma é a combinação de unidades linguísticas significativas. É preciso ter cuidado com a afirmação apressada de que a descrição sintagmática é suficiente para o entendimento da língua, pois, num sintagma, muitos de seus elementos pertencem ao universo da língua. Toda comunicação linguística é tanto uma realização de regras predeterminadas como um ato de criação individual. A consciência do intuito de comunicar é o que caracteriza a relação sintagmática. O nome do sintagma depende da classe da palavra que forma seu núcleo, havendo assim sintagma nominal (núcleo substantivo), sintagma verbal (núcleo verbo), sintagma adjetivo (núcleo adjetivo), sintagma preposicional (núcleo preposição). ▸ Cf. PARADIGMA ('conjunto de termos').

BIBLIOGRAFIA
MARTINET, André. *Elementos de linguística geral*. São Paulo: Martins Fontes, 1978.
SAUSSURE, Ferdinand de. *Curso de linguística geral*. São Paulo: Cultrix, 2006.

sintagma-ônibus LING Sintagma, quase sempre de uso coloquial, cujas acepções são tantas que não comportam delimitação semântica formal (p.ex., 'na maior').

sintagmático LING **1** Relativo ou pertencente a sintagma. **2** Diz-se da relação entre unidades da língua que se encontram contíguas na cadeia da fala e não se podem substituir mutuamente, pois têm funções diferentes (p.ex., em 'céu azul' e 'eles chegaram', a relação entre 'céu' e 'azul' e entre 'eles' e 'chegaram'). ▸ P.opos. a PARADIGMÁTICO.

sintática SEMIO Parte da semiótica que trata da combinação dos signos entre si. ▸ O ramo da semiótica que estuda as combinações de signos também considera seus componentes formais. Na concepção de Charles Morris (1901-1979), a sintática observa como os signos relacionam-se entre si, desconsiderando, como algo que lhe é estranho, o nexo entre os signos e seus referentes (SEMÂNTICA) e o uso que se faz das representações (PRAGMÁTICA). A sintática tem como um de seus objetos de estudo os modos pelos quais signos interagem com signos, contribuindo significativamente para aquilo que se chama de SEMIOSE. O fato de que o processo de semiose acontece não só na relação de signos, um funcionando como veículo (*ground*) e outro como interpretante (*interpretant*), mas também em face de um referente que designa, faz com que seja problemático estabelecer que a semiose seja parte exclusiva da sintática. A combinatória da qual a sintática trata é um dos fatores do processo de substituição de signos, ou seja, um dos elementos da semiose. Além da sintaxe lógica das linguagens, a sintática dedicar-se-ia à identificação dos elementos a serem combinados e ao estudo de sua morfologia, tanto no caso de linguagens formalizadas como no de linguagens naturais, sem se deixar de lado os sistemas de signos não verbais. Se a sintática pode ser tratada e entendida como a fundação da teoria dos signos, como Rudolf Carnap (1891-1970) acreditava, ou se é um ramo isolado, como Morris sugere, é mais do que uma matéria de discussão teórica. A combinatória teria precedência sobre os outros ramos da teoria dos signos, porque é através dela que signos se agregam a signos, formando representações complexas de grande utilidade na construção de referências e no uso aplicado de signos. ▸ Cf. CARNAP, RUDOLF; MORRIS, CHARLES.

sintaticista LING Que ou quem é estudioso de sintaxe.

sintático **1** LING De, relativo ou pertencente a sintaxe. **2** LING Conforme as regras da sintaxe. **3** SEMIO Relativo à sintaxe, à combinatória dos signos. ▸ Cf. CHOMSKY, NOAM; MORRIS, CHARLES; SINTAXE.

sintaxe SEMIO **1** Parte da teoria dos signos que estuda as mensagens como elementos integrados e suas relações de combinação e concordância, subordinação e ordem. **2** Qualquer conjunto de regras de combinação de signos que se pode depreender de uma mensagem. **3** Disposição harmoniosa de partes ou elementos de uma mensagem. ▸ Cf. CHOMSKY, NOAM; MORRIS, CHARLES.

síntese **1** Método, processo ou operação que consiste em reunir elementos diferentes, concretos ou abstratos, e fundi-los num todo coerente. **2** O todo assim formado. **3** Operação ou método de abarcar o todo pelos seus componentes e de chegar aos efeitos pelas causas. **4** Operação ou processo de reunir ou compulsar dados sobre um tema e chegar a uma visão geral e concisa do todo. **5** Combinação de fatos, partes, elementos, concepções diversas, de modo a compor um todo congruente. **6** Obra que resulta de um trabalho que reúne ou apresenta elementos de conhecimento sobre um tema ou domínio, ou uma visão concisa. **7** Resumo dos tópicos principais ou da essência de algo; sumário. **8** Concentração em si, servindo de exemplo; epítome. **9** FIL No cartesianismo e no leibnizianismo, método cognitivo us. na investigação de realidades sensíveis e inteligíveis, que, partindo da evidência imediata dos fragmentos de um objeto, alcança uma formulação teórica de sua totalidade, indo da constatação de elementos simples à explicação de combinações complexas. ▸ P.opos. a ANÁLISE. **10** No kantismo, atividade fundamental da consciência que, anteriormente a qualquer procedimento analítico, constitui e amplia o conhecimento e o pensamento especulativo, por meio da reunião de representações sensitivas e conceituais. **11** FIL Na dialética hegeliana, fusão de uma tese e de uma antítese numa noção ou proposição nova que, num nível superior de entendimento ou conhecimento, as combina, conservando o que há de legítimo em cada uma. **12** LÓG No aristotelismo, ato intelectual que constitui uma proposição, consistindo na reunião de um sujeito e um predicado.

sintético **1** Relativo a ou que envolve síntese. **2** Que constitui uma síntese; originário ou resultante de uma síntese. **3** Dotado de capacidade natural para a síntese. **4** Que tende a ou se empenha em sintetizar. **5** Cujo interesse ou foco é o conjunto dos elementos, a totalidade. **6** LING Cujas relações gramaticais são indicadas por meio de alterações na estrutura interna das palavras ou reunindo-se diversos morfemas numa só palavra (diz-se de língua ou forma linguística).

sintetizador **1** Que ou o que sintetiza. **2** MÚS Instrumento eletrônico que sintetiza as características sonoras de qualquer instrumento ou voz. **3** TEC Aparelho eletracústico acionado por potenciômetros, ger. computadorizado, capaz de sintetizar elementos sonoros a partir de sinais elétricos digitais.

sintetizador de imagens TV Gerador eletrônico de imagens munido de memória e um programa de funcionamento.

sintetizar **1** Tornar sintético, resumido; sumarizar. **2** Concentrar em si, servindo como exemplo; epitomar. **3** Combinar (fatos, partes, elementos), de modo a compor um todo; congeminar, harmonizar. **4** Combinar num todo coerente (concepções diferentes); congeminar. **5** ACS Produzir (um som) por síntese.

sintoma **1** Indício, sinal. **2** MED Fenômeno, sinal, cuja interpretação leva à previsão de que algo está para acontecer; intuição, presságio, pressentimento. **3** MED Em sentido lato, manifestação de alteração orgânica ou funcional. **4** PSIC Manifestação de conflito psicológico.

INFORMAÇÕES GERAIS

No vocabulário médico ou paramédico, sintoma é uma representação que indica a saúde ou doença de um organismo. Sintoma é um SIGNO da condição geral de uma pessoa. Para sintomatologistas, os signos sintomáticos seguem uma gramática indicial, resultado da coleção de interpretações dos signos fisiológicos no curso da história de uma especialização médica. De maneira semelhante aos signos linguísticos, os sintomas devem ser considerados por sua sequencialidade tópica, como uma relação sintagmática, ou pelas associações que evocam, como numa relação paradigmática (cf. PARADIGMA; SINTAGMA). Por mais que o objetivo seja compreender a causalidade física dos sintomas, no processo de entendimento misturam-se dimensões subjetivas e objetivas, naturais e convencionais. Afinal, o sentido do sintoma é dado por sua interpretação, o que implica certo grau de falibilidade. É óbvio que, no curso da história do estudo de um sintoma específico, as dimensões subjetivas, objetivas, naturais e convencionais do seu entendimento podem ser integradas. A sintomatologia fisiológica e médica assemelha-se ao modo oracular e divinatório de prever acontecimentos futuros. Na teoria freudiana, importa menos o sintoma do que seu processo de formação. Visto como um sinal isolado, o que aflora à mente individual não adquire maior sentido. Para a psicanálise, o sintoma resulta de uma elaboração psíquica do sujeito, que freq. não é capaz, por si só, de compreender o seu significado. O sintoma neurótico é produto de conflitos mentais que são recalcados, suprimidos ou substituídos por outras representações, sejam estas reativas ou de compromisso. Já se observou que o termo usado por Sigmund Freud (1856-1939) para exprimir sua intuição a propósito dos sintomas psiconeuróticos foi *Symptom biuldung*, que, em alemão, sugere simultaneamente processo e resultado.

---

sintomatismo SEMIO Ramo do conhecimento cujo objeto é o estudo dos sintomas de determinado fenômeno.
sintomia RET **1** Exposição abreviada, incompleta de (algo); bosquejo, esboço, resumo. **2** Comparação genérica sem a preocupação de demonstrar a base que permitiu relacionar os elementos comparados.
sintonia 1 ELETR Qualidade de seleção dos receptores nos quais as emissões de frequências (diferentes daquela que corresponde à regulação do ressoador) produzem um efeito mínimo. **2** PSIC Estado das pessoas sintônicas, que se encontram em harmonia ou correspondência com o meio. **3** RÁD Estado de dois sistemas suscetíveis de emitir e receber oscilações radioelétricas da mesma frequência.
sintonizador ACS ELETRÔN REC.AV Diz-se de ou unidade de um sistema de recepção de sinais elétricos, responsável pelo ajuste de frequências, necessário para a recuperação das informações transmitidas nesses sinais; *tuner*.
sistema 1 Conjunto de elementos, concretos ou abstratos, intelectualmente organizados. **2** Conjunto concebido pelo espírito (como hipóteses, crenças etc.) de objetos de reflexão, ou convicção, unidos por um fundamento; doutrina, ideologia, teoria, tese. **3** Conjunto de ideias logicamente solidárias, consideradas nas suas relações. **4** Conjunto de regras ou leis que fundamentam determinada ciência, fornecendo explicação para uma grande quantidade de fatos; teoria. **5** Distribuição de um conjunto de objetos numa ordem que torna mais fácil sua observação e estudo. **6** A classificação que daí resulta. **7** Estrutura que se organiza com base em conjuntos de unidades inter-relacionáveis por dois eixos básicos: o eixo das que podem ser agrupadas e classificadas pelas características semelhantes que possuem e o eixo das que se distribuem em dependência hierárquica ou arranjo funcional. ▸ Cf. ESTRUTURA. **8** Arrolamento de unidades e combinação de meios e processos que visam a produção de certo resultado. **9** Qualquer conjunto natural constituído de partes e elementos interdependentes. **10** Inter-relação das partes, elementos ou unidades que fazem funcionar uma estrutura organizada. **11** Constituição política, econômica ou social (de uma comunidade, um Estado etc.). **12** Qualquer forma particular de classificação ou esquematização. **13** Técnica ou meio de se fazer alguma coisa, esp. de acordo com um plano; método, processo, procedimento. **14** Prática que apresenta certa unidade; norma. **15** Conjunto de ações e meios que visam um objetivo; planejamento, plano. **16** Qualidade econômica, moral, política de uma sociedade que condiciona, integra e/ou aliena um indivíduo. **17** LING Conjunto das redes de relações pelas quais uma língua se organiza e estrutura. **18** LING Conjunto dos sistemas parciais ou subsistemas (fonológico, sintático, morfológico, semântico) que, integradamente, formam a estrutura da língua como um todo.
sistema afocal ÓPT Sistema óptico em que a imagem de um objeto no infinito se forma apenas no infinito.
sistema binário INF Sistema numérico de base 2 que emprega apenas os algarismos 0 e 1.
sistema cromático MÚS Sistema baseado na divisão da oitava em 12 partes iguais.
sistema decimal MAT Sistema de números que se baseia no número 10 e em que, teoricamente, cada unidade de ordem vale 10 vezes a unidade de ordem imediatamente menor.
sistema de computação INF M.q. SISTEMA DE PROCESSAMENTO DE DADOS.
sistema de comunicação COMN Transmissão por meio de telefone, telégrafo, teletipo, televisão, computador ou outro sistema em que impulsos elétricos originados num determinado local são fielmente reproduzidos em outro ponto distante.
sistema de controle automático AUT Sistema dotado de um ou mais controladores automáticos conectados em malha fechada com um ou mais processos.
sistema de endereçamento INF Processo utilizado para identificar posições de memória num computador.
sistema de informação INF Conjunto de pessoas, procedimentos e equipamento projetado, construído, operado e mantido com a finalidade de coletar, registrar, processar, armazenar, recuperar e exibir informação, podendo assim servir-se de diferentes tecnologias.
sistema de logaritmos MAT Numa base, o conjunto dos logaritmos dos números.
sistema de numeração binária MAT Sistema de numeração que emprega apenas os dígitos 0 e 1, e cuja base é 2; binário puro, sistema binário.
sistema de processamento de dados INF Conjunto complexo de procedimentos, métodos e unidades de equipamento (e até mesmo pessoal), organizado para o desempenho de determinado número de funções específicas de processamento de dados; sistema de computação.
sistema em linha INF Sistema de computação em que os dados de entrada são diretamente introduzidos no computador no local de sua origem, enviando-se os dados de saída também diretamente para o ponto onde deverão ser utilizados, evitando-se, assim, estágios intermediários, como perfuração de cartões, gravação de fitas etc.; sistema de computação conectado e em prontidão, ger. sob controle de outros dispositivos ou sistemas, de modo

que possa ser imediatamente us. sem intervenção de um operador humano.

sistema especialista INF Sistema de computação que retém uma parte do conhecimento de uma pessoa versada em determinada área e que, utilizando esse conhecimento, pode sugerir conclusões às quais essa pessoa chegaria, se ambos fossem postos em confronto com os mesmos problemas.

sistema executivo INF M.q. SISTEMA MONITOR.

sistema financeiro ECON Segmento do sistema econômico formado pelo conjunto de instituições públicas e privadas especializadas na prestação de serviços que viabilizam as trocas de ativos financeiros.

sistema hexadecimal INF Sistema de numeração com base 16 em que são utilizados os dez dígitos de 0 a 9 e as seis letras de A a F, para facilitar operações com números binários.

sistema lógico LÓG Conjunto de axiomas, de regras de formação e de princípios inferenciais que governam os operadores lógicos de uma teoria.

sistema mercantil ECON Aquele que considera o numerário como a verdadeira representação da riqueza de uma nação e proíbe ou diminui as importações.

sistema monetário ECON Conjunto de instituições diretamente envolvidas na criação e alteração da quantidade dos meios de pagamento existentes no sistema econômico. ▸ Pela definição usual de meios de pagamento, que incluem a moeda em poder do público e os depósitos à vista nos bancos, o sistema monetário é constituído pela Autoridade Monetária (normalmente o Banco Central) e pelos bancos comerciais.

sistema monitor INF Conjunto integrado de rotinas de serviço que, por intermédio de um computador, permite a ordenação dos programas em sequência; sistema executivo.

sistema operacional INF Coleção de *softwares*, como o sistema Windows, o sistema Linux etc., que controla a operação de um computador e dirige o processamento de programas, esp. reservando espaço de armazenamento na memória e controlando as funções de entrada e saída.

sistema operacional de disco INF Sistema operacional de um único usuário para os computadores pessoais da linha IBM PC. ▸ Sigla: *DOS* (*disk operating system*).

sistema óptico ÓPT Qualquer conjunto de componentes ópticos, como lentes, espelhos, prismas simples ou compostos, us. no estudo da óptica ou em pesquisas que utilizam os seus princípios.

sistema protetor ECON Aquele cuja finalidade é favorecer a indústria nacional, sobrecarregando de taxas e encargos a importação de produtos estrangeiros que lhe poderiam fazer concorrência.

site [ing.] INF Local na internet identificado por um nome de domínio, constituído por uma ou mais páginas de hipertexto, que podem conter textos, gráficos e informações em multimídia; sítio. ▸ Cf. HOME PAGE.

sítio [ing.] INF M.q SITE.

sizzle [ing.] PUB Anúncio sem substância.

Skinner, B. F. (Susquehanna, Pensilvânia, Estados Unidos 1904 - Cambridge, Massachusetts, Estados Unidos 1990) Influente psicólogo behaviorista n.-am., filósofo social, poeta e pensador sobre a linguagem. ▸ B. (Burrhus) F. (Frederic) Skinner é considerado um behaviorista radical, que reduziu a formação de conhecimento a um mecanismo de estímulo e resposta. Skinner acreditava que seria possível introduzir melhorias radicais na sociedade se os processos reativos de estímulo e resposta fossem apropriadamente empregados. A mente humana é, para o behaviorismo de Skinner, apenas uma *tabula rasa*, uma página em branco que funciona como a base para as construções cognitivas que irão reger a vida individual. É por isso que a mente em si não importa, mas somente os mecanismos de entrada e saída de estímulos que geram respostas. Assim forma-se um molde comportamental básico que influencia o indivíduo. O comportamento adquirido é entendido nos termos de uma consequência que, portanto, se repetirá no futuro. O behaviorismo de Skinner é também radicalmente determinista. Durante sua vida, ele foi o mais conhecido, popular e influente psicólogo norte-americano. Suas ideias de condicionamento por estímulo e resposta foram sistematicamente representadas nos meios de comunicação, o que gerou críticas e reações negativas. Um dos mais célebres assaltos à engenharia social de Skinner é a versão de Stanley Kubrick (1928-1999) do livro *Laranja mecânica* (*A clockwork orange*) do romancista inglês Anthony Burgess (1917-1993). Cabe, porém, a Noam Chomsky (1928-) a responsabilidade ou, se preferirmos, o mérito de ter desbancado de vez as hipóteses skinnerianas na célebre resenha do livro *Verbal behavior*, que Skinner publicou em meados da década de 1950. As ideias de Skinner permanecem influentes em vários aspectos da teoria moderna da educação. ▸ Cf. BEHAVIORISMO.

BIBLIOGRAFIA

SKINNER, B. F. *Verbal behavior*. Acton: Copley, 1992.
B. F. Skinner. São Paulo: Atta Mídia e Educação, 2006. (Coleção *Grandes Educadores*). *1 DVD*.

slang [ing.] M.q. GÍRIA.

slant [ing.] M.COM M.q. GANCHO.

slanted [ing.] GRÁF Letra inclinada na direção oposta às letras itálicas, para a esquerda.

slide-som M.q. AUDIOVISUAL.

slogan [ing.] Expressão concisa, fácil de lembrar, utilizada em campanhas políticas, de publicidade, de propaganda, para lançar um produto, marca etc.

slot [ing.] INF Conector em forma de soquete, fixado e ligado eletricamente a uma placa de circuito impresso no qual se pode encaixar uma segunda placa por meio de conector de borda, e destinado a estabelecer a conexão elétrica entre os circuitos de ambas as placas.

slow motion [ing.] CINE TV M.q. CÂMARA LENTA.

smartphone [ing.] TEL Telefone móvel com funcionalidades comparáveis às de um computador pessoal. ▸ Pode oferecer acesso à internet, posicionamento via satélite (*GPS*), câmara digital, acelerômetro, receptor de rádio FM, TV analógica ou digital etc.

smiley [ing.] Emoticon com um sorriso, us. para expressar o sentimento dos usuários de correio eletrônico ou *chat groups*.

Smith, Adam (Kirkcaldy, Escócia 1723 - Edimburgo, Escócia 1790) Filósofo, pensador social e economista escocês. ▸ A perspectiva que guia Adam Smith é fundamentalmente ética e comunitária. O início de sua carreira segue o modelo clássico dos filósofos da época, com ênfase naquilo que na época se chamava de filosofia moral, mas que englobava vários aspectos da vida humana. Seu primeiro cargo acadêmico na Universidade de Glasgow, na Escócia, foi o de professor de lógica. Adam Smith participava do círculo intelectual em torno do filósofo

David Hume (1711-1776). A rigor, para que se entenda plenamente o que move o pensamento de Adam Smith, é necessário ler seus trabalhos de filosofia moral, mas atualmente ele é apenas conhecido como o pensador econômico mais importante do sXVIII, que, com *A riqueza das nações* (1776), inventou o entendimento do que seja economia. A ideia de liberdade de mercado que hoje se atribui a Adam Smith não poderia, por ser uma dimensão moral, meramente autorizar a exploração descontrolada dos mais fracos. Afinal, em seu livro *A theory of moral sentiments*, de 1759, ele argumenta que a simpatia e a compaixão são os sentimentos mais centrais para que se obtenha uma humanidade melhor. Todos os juízos morais derivam da simpatia por outros seres humanos. Para Smith, a economia baseia-se num sentimento de autointeresse, que não é um egoísmo cego e destrutivo, mas condição para que outros sejam igualmente beneficiados. A liberdade de mercado faz parte da ordem econômica correta, porque os benefícios do agente econômico livre espalham-se pelo resto da comunidade: é por interesse próprio que o padeiro faz o melhor pão e mais barato do que seus competidores, pois quer vender o maior número possível de seus produtos, o que também beneficiará seus consumidores. A sua famosa frase "a mão invisível do mercado" aparece em alguns de seus textos antes de ser usada, com muita parcimônia, no famoso *A riqueza das nações*. Adam Smith também teorizou sobre os benefícios da 'divisão do trabalho', que produziria mais objetos a custo mais baixo, beneficiando a todos os agentes das trocas econômicas. Apesar de elogiar a liberdade econômica, Adam Smith não era contra a ação governamental e não advogava a isenção completa de impostos que muitos políticos conservadores hoje veem como a panaceia para todos os males econômicos, citando, equivocadamente, os livros desse pensador importante do Iluminismo escocês. Para Adam Smith, o governo tinha um papel importante na melhoria das condições de vida da população, aprimorando com incentivos e benefícios a força de trabalho que, no final das contas, funcionaria para o bem da comunidade. ▸ Cf. LAISSEZ-FAIRE.

BIBLIOGRAFIA

SMITH, Adam. *A teoria dos sentimentos morais*. São Paulo: Martins Fontes, 1999.

__________. *A riqueza das nações*. Rio de Janeiro: Zahar, 2008.

SMS [ing.] INF Mensagem curta de texto, enviada e recebida em telefone celular, em que cada letra é inserida ao digitar repetidamente a tecla numérica correspondente no teclado do celular ou então com apenas uma digitação, caso esteja em uso a modalidade de texto preditivo. ▸ A princípio, a popularidade da transmissão de *SMS* por telefones foi restrita, sendo atualmente maior o tráfego de *SMS* do que as mensagens por voz. Nos celulares de tecla sensível a toque, pode-se tb. clicar em uma imagem do teclado ou ainda utilizar o reconhecimento da escrita. ▸ Sigla de *Short Message Service*.

SMTP [ing.] Sigla de *Simple Mail Transference Protocol* ('protocolo simples para a transferência de correio').

snapshot [ing.] FOT M.q. INSTANTÂNEO.

soap opera [ing.] TV Novela de fácil assimilação e em cujo enredo, ger. melodramático, são inseridas numerosas personagens. ▸ Em inglês, a expressão *soap opera* quer dizer literalmente 'ópera de sabonete', assim chamada pelo fato de esses programas radiofônicos terem sido, na década de 1930, patrocinados por fabricantes de sabão. ▸ Cf. TELENOVELA.

sobreatuação CINE TEAT TV Ato ou efeito de sobreatuar; exagero na ação ou representação; super-representação.

sobreatuar CINE TEAT TV Exagerar na representação; super-representar.

sobrecabeceado 1 ENC Que recebeu cabeçada (diz-se de livro). 2 Cordão colorido ou debrum, colocado como adorno e reforço nas extremidades superior (cabeça) e inferior (pé) de livro, bloco etc.

sobrecabecear ENC Fazer, pôr cabeçada em (livro, bloco etc.); encabeçar, cabecear.

sobrecapa ENC GRÁF Cobertura de papel com que se envolve e protege a capa de um livro e na qual vêm impressos o título, o nome do autor, informações sobre a obra etc., por vezes com ilustrações; jaqueta.

sobredeterminação 1 LING Determinação do sentido de um termo por meio do contexto em que se apresenta. 2 PSICN Fenômeno do psiquismo humano consistente no fato de que uma mesma formação do inconsciente (sintoma, sonho etc.) pode ser originada por uma pluralidade de fatores heterogêneos e, portanto, é passível de receber diferentes interpretações, simultaneamente verdadeiras. 3 SOC Processo no qual uma mesma realidade é gerada por uma multiplicidade de causas.

INFORMAÇÕES GERAIS

O conceito de sobredeterminação supõe que um efeito tenha possivelmente múltiplas causas. A psicanálise freudiana foi a perspectiva teórica que primeiro formulou a ideia de sobredeterminação. Segundo Sigmund Freud (1856-1939), sem a noção de sobredeterminação não se captaria a intrincada sintomatologia da vida psíquica. Na associação livre que acontece no intercâmbio verbal entre o paciente e o terapeuta, uma mesma representação psíquica toma várias formas e assume significados flutuantes nos pensamentos, sonhos, atos falhos daquele que se encontra em terapia. A flutuação acontece pela natureza livre e mutante dos processos inconscientes. O filósofo marxista francês Louis Althusser (1918-1990) tomou o termo de empréstimo à psicanálise para explicar o problema da contradição histórica. A interpretação althusseriana afirma que a contradição é um fenômeno social que afeta não apenas a região específica onde a ação concreta ocorre, mas a sociedade como um todo, exercendo o papel de múltipla causa. Consequentemente, a contradição entre capital e trabalho transcende o nível estritamente econômico. Não é erro ou metáfora falar de uma formação social capitalista: o capitalismo não se restringe a um modo de relação econômica. As formações sociais capitalistas demandam uma interpretação mais ampla do que o mero economicismo, já que uma ordenação social é também feita de práticas políticas e ideológicas. Para o marxismo, a história não se deposita como as camadas sobrepostas de uma cebola, mas resulta de forças em estado de sobredeterminação.

BIBLIOGRAFIA

ALTHUSSER, Louis. *Pour Marx*. Paris: La Découverte, 2005.

FREUD, Sigmund. *A interpretação dos sonhos*. Rio de Janeiro: Imago, 1999.

sobreimpressão 1 CINE FOT Impressão de duas ou mais imagens distintas obtida graças à exposição múltipla. 2 GRÁF Impressão de uma imagem sobre outra anteriormente impressa; superposição.

sobrescrito 1 Nome e endereço que se escrevem sobre envelope, capa ou invólucro de correspondência. 2 Envelope, capa ou invólucro de carta ou ofício em que se escrevem nome e endereço de destinatário. 3 M.q. DESTINATÁRIO. 4 GRÁF Diz-se de letra, número ou outro sinal, menor que os demais, que se grafa acima do alinhamento das palavras, utilizado esp. em abreviaturas ou como expoente matemático; alceado, elevado, subido. ▸ P.opos. a SUBSCRITO.

sobretítulo 1 EDIT Primeiro título (ou título principal), se houver título alternativo, como, p.ex., em *Cândido ou O otimismo*, em que *Cândido* representa o sobretítulo e *O otimismo*, o título alternativo. 2 JOR Palavra ou frase que, colocada antes do título principal da matéria, serve para introduzi-lo ou complementá-lo.

social commerce [ing.] INF INTERN Atividade econômica e compra feita *on-line*, através de redes sociais. ▸ Abrev.: *e-commerce.*

socialização 1 Ato ou efeito de socializar(-se). 2 SOC Ação ou efeito de desenvolver, nos indivíduos de uma comunidade, o sentimento coletivo, o espírito de solidariedade social e de cooperação. 3 PSIC SOC Processo de adaptação de um indivíduo a um grupo social e, em particular, de uma criança à vida em grupo.

INFORMAÇÕES GERAIS

Num momento histórico em que a família nuclear tradicional declinou a ponto de perder a sua força, é inevitável que se atribua aos meios de comunicação de massa um papel formador na socialização dos indivíduos. Acredita-se, nesse caso, que os meios disseminem valores que geram comportamentos considerados aceitáveis socialmente. Contraditoriamente, outra vertente da questão da socialização vê nas mensagens da comunicação de massa a causa de comportamentos antissociais. As teorias que dão aos meios um papel positivo na socialização afirmam que a cultura de massa atua no vácuo criado pela atenuação dos laços que as crianças entretêm com os adultos. Num segundo momento da socialização, quando as crianças se relacionam entre si de modo mais próximo, o quadro não muda, devido à presença constante dos meios de comunicação entre adolescentes. Tanto na primeira como na segunda fase de socialização, a mídia continua sendo uma força importante na veiculação e na cristalização de valores sociais. Há, porém, estudos que criticam essas teses, postulando que se trata de um exagero que as pesquisas empíricas nunca verificaram.

BIBLIOGRAFIA

DURHAM M.; KELLNER, D. *Media and cultural studies*. London: Blackwell, 2001.

GAUNTLETT, David. *Moving experiences: media effects and beyond*. London: John Libbey, 2005.

social network [ing.] COMN INF SOC M.q. REDE SOCIAL.

sociedade 1 Agrupamento de seres que convivem em estado gregário e em colaboração mútua. 2 SOC Conjunto de pessoas que vivem em certa faixa de tempo e de espaço, seguindo normas comuns, e que são unidas pelo sentimento de grupo; corpo social, coletividade. 3 Grupo de indivíduos que vivem, por vontade própria, sob normas comuns; comunidade, coletividade. 4 Ambiente humano em que o indivíduo se encontra integrado. 5 Relacionamento entre pessoas que vivem em grupo; convivência, contato. 6 Grupo de pessoas que se submetem a um regulamento a fim de exercer uma atividade comum ou defender interesses comuns; agremiação, grêmio, associação. 7 Agrupamento de animais de uma espécie que vivem em estado gregário, freq. com indivíduos interagindo entre si e desempenhando funções específicas. ▸ Cf. ETOLOGIA.

INFORMAÇÕES GERAIS

Segundo a tradição marxista, todas as atividades humanas são atividades sociais. Sociedade e humanidade identificam-se. A sociedade não poderia ser, portanto, uma mera justaposição agregada de indivíduos. Viver em sociedade é nosso destino insuperável, já que toda existência humana é um fato social. A visão marxista é radicalmente sociocêntrica e anti-individualista: o indivíduo, a maneira pela qual é concebido, seus modos de existir estão diretamente condicionados por forças socializantes. Por isso, para o conjunto de estudos e análises que sejam direta ou indiretamente influenciados pelos textos de Karl Marx (1818-1883) e Friedrich Engels (1820-1895), toda vez que se fala em 'sociedade' o que está indicado é um dos tipos de organização humana caracterizados por um modo de produção específico ('sociedade feudal', 'sociedade capitalista' etc.), mas também formas de sociedade que existem num determinado momento histórico. A onipresença da socialização em todas as esferas humanas sugere fortemente que a sociabilidade seja parte essencial de nossa natureza. De acordo com os escritos marxistas, a relação entre natureza e sociedade é produzida pelo trabalho e aquilo que ele cria e gera socialmente. É essa concepção teórica estruturante que permite, para o marxismo, entender as sociedades tanto pela consideração de suas forças materiais de produção como pelas relações culturais e socioprodutivas que daí surgem. O dinamismo histórico das sociedades faz-se através dos conflitos e das transformações que abalam e alteram a ordem econômica existente. O caráter conflituoso, que reside no centro da vida social, só pode levar a uma reavaliação do que seja uma sociedade. Afinal, 'sociedade' vem do lat. *socius*, companheiro, alguém que está ao lado de outro durante uma guerra. Não é nada disso que a teoria social marxista sugere. Assim, Engels indicou que o marxismo obriga a uma reformulação das interpretações históricas tradicionais das sociedades, o que deveria ser feito tendo em mente um modelo de humanidade fraturada em lutas de classes. Lutas de classes são de tal forma atuantes em todas as formações sociais que se deve abandonar, por completo, qualquer sugestão de colaboração social mútua nas sociedades, pois sociedade é exatamente o contrário de cooperação para o bem geral: é dominação e subjugação sustentada por ideias comunicadas socialmente. Daí ser perfeitamente lógico que não se use a palavra 'sociedade' para designar o que se passa em momentos históricos específicos; melhor seria utilizar 'formação social'. Porém Marx e Engels escreveram em relativo desconhecimento de outras sociedades humanas que não foram atravessadas pelo modo de produção capitalista. Na primeira nota de pé de página do *Manifesto do Partido Comunista,* de 1848, Marx e Engels citam o trabalho do antropólogo norte-americano Lewis H. Morgan (1818-1881) sobre os iroqueses, que guardariam traços de sociedades antigas. Para os autores do *Manifesto*, Morgan oferecia um exemplo inquestionável de comunismo original afastado e abandonado pelo movimento da história impulsionado por lutas de classes. Na interpretação de Marx e Engels, Morgan revelava, espontaneamente, os princípios materialistas da história e das sociedades, uma tese que não seria facilmente aceita pelo desenvolvimento da antropologia. Pesquisas de campo, como as de Bronislaw Malinowski (1884-1942) entre os trobriandeses, não só recusavam claramente o evolucionismo de antropólogos de gabinete, mas também desconsideravam qualquer interesse pela transformação histórica da humanidade. O que importava era 'o aqui e o agora' que o trabalho de campo revelava. Seria uma mera especulação sem fundamento encaixar uma sociedade não capitalista num modelo econômico que, se viesse a existir no futuro, seria por meio da destruição do que seja essa sociedade particular e específica (cf. MALINOWSKI, BRONISLAW). O estudo da *kula trade* que Malinowski apresentava vigorosamente em *Os argonautas do Pacífico Ocidental* contrariava as teses marxistas, ao descrever as trocas econômicas como sendo instrumentos exclusivos da cultura. A cultura não era o efeito da economia política dos trobriandeses, mas o contrário: a economia política era parte integrante de uma moldura social mais ampla. O que o marxismo dissera sobre as sociedades estava sendo virado de ponta-cabeça. Uma ruptura aparentemente irreconciliável começava a se formar, excluindo duas concepções de sociedade, uma sociológica, outra antropológica. A sociologia daria conta de sistemas sociais, enquanto a antropologia teorizaria sobre sistemas totais da cultura, sendo a estrutura social parte das formações culturais. A trégua proposta por essa divisão de trabalho intelectual durou pouco. Seguindo a argumentação de A. R. Radcliffe-Brown (1881-1955), a antropologia britânica passou a conceber as sociedades como vastos organismos, onde, ao contrário do que o marxismo postulava, os indivíduos viviam em estado de relativa harmonia. Se esse é o caso, a história da humanidade não pode ser a história das lutas de classes. O objeto de estudo de qualquer formação humana só pode ser a ESTRUTURA SOCIAL, que é vivida como estável e integradora. Consequentemente, as teses marxistas não teriam o lugar privilegiado no estudo das sociedades, pois a luta de classes não seria parte do que define as formações pré--industriais. As sociedades descritas pelo marxismo não passariam de uma ANOMIA na história das organizações sociais humanas.

BIBLIOGRAFIA

KROEBER, A. L.; PARSONS, Talcott. The concept of culture and social system. In: *American review of sociology*, n. 23, p. 859-68, 1958.

MALINOWSKI, Bronislaw. *Os argonautas do Pacífico ocidental*. São Paulo: Abril, 1975.

MARX, Karl; ENGELS, Friedrich. *Manifesto do Partido Comunista*. Porto Alegre: L&PM, 2001.

RADCLIFFE-BROWN, A. R. *A natural science of society*. Glencoe: The Free Press, 1948.

sociedade civil **1** Associação não estabelecida pelas leis comerciais, logo, sem visar lucro, regida pelo Código Civil. **2** FIL POL No hegelianismo, esfera constitutiva da vida social, caracterizada pelos conflitos de interesses e pela competição de indivíduos e corporações, que somente supera suas contradições com a ação universalista do Estado. **3** FIL POL No marxismo, esfera constitutiva da vida social, caracterizada pelo jogo caótico e explorador das forças econômicas, que se extingue com o advento do socialismo. **4** FIL POL Para o pensador marxista italiano Antonio Gramsci (1891-1937), esfera social de organizações privadas, associações e instituições de natureza econômica e política (empresas, escolas, igrejas, sindicatos etc.), caracterizada pela produção espontânea de ideias, pactos e acordos capazes de consolidar ou contestar a hegemonia dos grupos dominantes.

INFORMAÇÕES GERAIS

As raízes da noção de sociedade civil estão, aparentemente, na maneira pela qual Aristóteles (384 a.C. - 322 a.C.) define o ser humano, ou seja, como um "animal político". Por serem animais políticos, os homens criam comunidades que transcendem o sentimento de simpatia pessoal. Mas a sociedade civil não é uma mera e exclusiva relação entre iguais e pares, pois nela coexistem indivíduos em relação hierárquica e diferenciada. Resta, portanto, explicar como é possível o surgimento dessa harmonia do que é, por natureza, diverso. A comunidade política que a sociedade civil cria é regulada pela aceitação de regras por todos os que dela participam. Diz-se 'sociedade civil', e não 'comunidade civil', porque os laços que atuam na *societas* são mais jurídicos do que políticos, o que tb. implica um grau relativo de universalidade de direitos comuns a todos os participantes. Por isso, as origens da noção de sociedade civil encontram-se no monumental *Cidade de Deus,* de Agostinho de Hipona (354-430). Para Agostinho, os cristãos viviam sob regras comuns estabelecidas pelo primado das Escrituras, constituindo uma sociedade de cunho contratualista que a todos unificava como irmãos, mesmo que caracteristicamente diferenciados. Agostinho inaugurou uma importante tradição no entendimento das sociedades como formas criadas contratualmente. Nos tempos modernos, a partir do ILUMINISMO, a noção de 'sociedade civil' identifica governo humano em oposição ao estado natural, onde não há contrato, apenas força bruta. A concepção contratualista de sociedade que Agostinho postula permanece no liberalismo de John Locke (1632-1704) e na noção de vontade coletiva de Jean-Jacques Rousseau (1712-1778). Entretanto, na teoria política de Georg W. F. Hegel (1770-1831), a sociedade civil é uma arena de disputas egocêntricas em oposição ao domínio pacífico da família. Na sociedade civil, os indivíduos agem no sentido de fazer prevalecer a particularidade de seus interesses, que só podem ser regulados pelo Estado; o que existe na sociedade civil é disputa e competição. Não é através da sociedade civil que um grupo social atinge um teor de racionalidade que seja universal a seus membros: sem Estado, a universalidade é impossível. Estado, sociedade civil e família articulam-se num grau de organização crescente. Os conflitos entre interesses econômicos dos grupos familiares manifestam-se na sociedade civil, que é, por sua vez, ordenada pelo Estado. Marx adota de Hegel a qualificação de sociedade civil como uma vasta arena de interesses egoístas contraditórios e centrada na figura social do indivíduo. 'Sociedade civil' descreve, por analogia, a formação social burguesa. O filósofo marxista Antonio Gramsci define sociedade civil de modo bem distinto da maneira como Marx a concebe. Para Gramsci, sociedade civil é o conjunto de instituições que tornam a vida social possível e de onde surge o consentimento, sem o qual não há hegemonia de classe. ▸ Cf. CONTRATUALISMO; CONTRATO SOCIAL.

BIBLIOGRAFIA

BOBBIO, Norberto. *O conceito de sociedade civil*. Rio de Janeiro: Graal, 1994.

sociedade de consumo SOC Nos países industriais desenvolvidos e subdesenvolvidos, sociedade que valoriza e estimula excessivamente o consumo de bens materiais, freq. artificiais e supérfluos, e que se torna dependente deles como uma forma de gerar empregos.

sociedade em rede SOC Conceito do teórico espanhol Manuel Castells (1942-), que enfatiza o papel socialmente transformador das tecnologias da informação que criam formas flexíveis e descentralizadas de interação à imagem de uma rede. ▶ Após trabalhar com sociologia urbana de inspiração marxista, Castells teorizou sobre os efeitos da tecnologia da informação e da comunicação. Ele argumenta que estamos vivendo outro tipo de ordem capitalista. O capitalismo seria, hoje, essencialmente informacional. De Karl Marx (1818-1883) Castells extrai a inspiração de que a tecnologia não é neutra, mas formativa, com efeitos para os modos de conectividade social que agora se fazem com base na informação e no conhecimento. Uma sociedade em rede interage por meio de fluxos de comunicação, impulsionada principalmente pelos novos meios de troca de informação.

BIBLIOGRAFIA

CASTELLS, Manuel. *A galáxia da internet*. Rio de Janeiro: Zahar, 2003.

__________. *A era da informação, volume 1: a sociedade em rede*. Rio de Janeiro: Paz e Terra, 2007

sociobiologia BIO Estudo das bases biológicas do comportamento social dos animais e, por extensão, dos seres humanos. ▶ A sociobiologia é uma perspectiva teórica que não só estuda as sociedades animais e humanas comparativamente, mas que leva em conta esp. a relação entre a base genética e a história evolutiva das formas sociais. Título de uma obra de E. O. Wilson (1929-), a sociobiologia aplica conhecimentos biológicos a sociedades humanas, seguindo os princípios teóricos do evolucionismo darwiniano. A inspiração de toda biologia social encontra-se na obra-prima de Charles Darwin (1809-1882), *A origem das espécies*. É um paradoxo que no texto darwiniano não se encontre nenhuma referência ou desenvolvimento detalhado a propósito da espécie humana; mas não há como negar que o princípio evolutivo de 'descendência comum com modificações', que caracterizaria todas as formas de vida, não poderia excluir a humanidade. Além disso, encontram-se nas páginas de *A origem* várias menções ao comportamento social de animais e a relevância da sociabilidade para a evolução das espécies. Para Darwin, as sociedades (animais e humanas) resultam do processo de SELEÇÃO NATURAL. O próprio Darwin tentou explicar o fenômeno da sociabilidade, que, aparentemente, contradiz o individualismo extremo que a sobrevivência exige e que parecia ser a única força regente na seleção natural. Em *A origem*, Darwin fala em 'seleção familiar', mas, como desconhecia genética, não poderia compreender por que os organismos abrem mão de sua reprodutibilidade para cuidar dos filhos de outros membros de uma colmeia, por exemplo. Só com os descobrimentos da genética é que surgiu uma explicação mais apropriada. A seleção natural não atua apenas no nível dos indivíduos, mas no nível de seus replicantes, portanto de seu material genético. A seleção natural estaria em ação no nível do parentesco, que reproduz e constitui a sociabilidade. O curioso é que o sentido de sociabilidade não se limita aos parentes, mas também inclui organismos que não partilham de uma constituição genética comum. A isso Robert Trivers (1943-) chamou de 'altruísmo recíproco'. Quando Wilson publicou *Sociobiologia* (1975), as acusações que lhe foram imputadas eram de alto teor emocional. Para seus críticos mais ferozes, trata-se de uma obra sexista e racista, uma espécie de DARWINISMO SOCIAL contemporâneo. Politicamente, a sociobiologia seria uma ideologia de extrema direita, uma apologia ao LAISSEZ-FAIRE capitalista etc. Na versão mais atenuada das críticas, Wilson teria cometido um erro intelectual crasso, que se costuma identificar pela expressão 'falácia naturalista': o fato de que a natureza orgânica seja de fato assim não significa que a humanidade deva ser dessa maneira. Uma resposta possível para a crítica de falácia naturalista seria dizer que 'o dever' que não se baseie no que 'é' não passa de opressão dissimulada de humanitarismo. Não se pode, porém, concluir que as várias formas de sociobiologia sejam ideologicamente comprometidas com o conservadorismo político e social e muito menos que defendam práticas fascistas e autoritárias. Por exemplo, ideologicamente, o sociobiologista Trivers juntou-se ao movimento negro de esquerda radical, os Panteras Negras. O horizonte comum das sociedades animais e humanas é uma fronteira teórica importante e respeitável que nada tem a ver com as acusações de cunho político. ▶ Cf. BIOSSOCIOLOGIA; BIOLOGISMO.

BIBLIOGRAFIA

RUSE, Michael. *Sociobiologia: senso ou contrassenso?* Belo Horizonte: Itatiaia, 1983.

WILSON. E. O. *Sociobiologia*. Madrid: Omega, 1980.

sociocultural Relativo ao mesmo tempo aos fatores ou aspectos sociais e culturais de um dado grupo.

socioeconômico Que envolve condições, elementos, circunstâncias, fatores sociais e econômicos.

sociogenia 1 Estudo a respeito da formação da sociedade. **2** Manual ou tratado sobre esse tema.

socioleto SLING Cada uma das variedades de uma língua us. pelos grupos de indivíduos que, tendo características sociais em comum (p.ex., a profissão, os passatempos, a geração etc.), usam termos técnicos, gírias ou fraseados que os distinguem dos demais falantes na sua comunidade; dialeto social.

sociolinguista SLING Linguista especializado em sociolinguística.

sociolinguística 1 LING Ramo da linguística que estuda as relações entre língua e sociedade e dá ênfase ao caráter institucional das línguas. **2** Estudo do comportamento linguístico dos membros de uma comunidade e de como ele é determinado pelas relações sociais, culturais e econômicas existentes. ▶ Cf. TEORIA DA VARIAÇÃO.

sociologia SOC **1** Estudo científico da organização e do funcionamento das sociedades humanas e das leis fundamentais que regem as relações sociais, as instituições etc. **2** Descrição sistemática e análise de determinados comportamentos sociais.

INFORMAÇÕES GERAIS

A palavra e o princípio geral da sociologia foram popularizadas no sXIX pelo filósofo francês Auguste Comte (1798-1857). A sociologia seria equivalente ao seu conceito de *physique sociale*. Comte presumia que as sociedades formavam uma realidade distinta da soma de suas partes, ou, então, 'algo mais' que a psicologia de seus indivíduos. O saber sociológico seria capaz de oferecer uma explicação teórica ou uma descrição sistêmica das condutas cotidianas que se verifiquem e determinem por meio de estruturas sociais. É óbvio que, superficialmente, sociedade e comunicação se sobrepõem: não há como se conceber uma sociedade sem a criação, a troca, a disseminação e a interpretação de mensagens. Certamente, todas as formas de sociedades, sejam elas animais ou humanas, criam-se e reproduzem-se pela transmissão e recepção de signos. Mas, como disciplina, a sociologia distingue-se dos estudos da comunicação por dar prioridade a características estruturantes das formas e das representações sociais; nesse caso, por mais importantes que sejam os atos comunicativos numa sociedade, para a sociologia, a troca de mensagens é tributária da estrutura social humana. A sociologia considera, por exemplo, mais relevantes do que a comunicação que acontece entre os atores sociais o estudo e a análise de grupos rurais, urbanos e suas dinâmicas populacionais, raciais, de gênero etc. Papel, norma, classe e instituição são alguns dos conceitos empregados pela sociologia desde o século passado. Entretanto, nenhum desses conceitos tem uma dimensão comunicacional específica. Dependendo de que tipo de sociologia se pratica, o resultado é uma descrição empírica de comportamentos e organizações sociais ou uma interpretação dos motivos que geram uma situação social, em termos dos fatores econômicos, políticos ou ideológicos que dão forma a uma sociedade. Nesse segundo sentido, a sociologia sofre uma nítida influência das teorias sociais marxistas. Além de Karl Marx (1818-1883), outros pensadores sociais deram forma à sociologia moderna, tais como Max Weber (1864-1920), Georg Simmel (1858-1918), Émile Durkheim (1858-1917), Vilfredo Pareto (1848-1923), Talcott Parsons (1902-1979), Raymond Aron (1905-1983), Jürgen Habermas (1929-), Anthony Giddens (1938-). Apesar de suas diferenças teóricas e metodológicas, todos esses pensadores entendem a sociedade como um sistema atuante que exerce o papel de causa no comportamento dos indivíduos. Existe, no centro do pensamento sociológico, uma possível oposição entre indivíduo e estrutura social. Mesmo que alguns sociólogos considerem a oposição sociedade e indivíduo como uma postulação que precise ser refinada, é com base nessa dicotomia que o pensamento sociológico tomou forma. Afinal, como estudar a sociedade se não houver o reconhecimento de uma estrutura específica, irredutível à psicologia individual e às motivações pessoais e internas dos que agem em sociedade? Essa opção metodológica desvia o interesse dos estudos sociológicos da comunicação para a identificação e o reconhecimento dos códigos da comunicação social, que se mostram obviamente mais produtivos para a disciplina do que a compreensão da ação dos signos (SEMIOSE), que se trocam individualmente. A SEMIOLOGIA é, consequentemente, mais próxima da sociologia clássica do que a SEMIÓTICA, o que não deveria ser nenhuma surpresa, vez que o fundador da semiologia moderna, o linguista Ferdinand de Saussure (1857-1913), retirou muito de sua inspiração teórica da sociologia de Durkheim. Na verdade, lendo Durkheim, nota-se que a oposição entre indivíduo e estrutura é definitivamente matizada, bem mais sutil do que uma mera dicotomia excludente. Na sociologia durkheimiana, o pensamento tem uma dimensão comunitária e expressa-se por meio de representações coletivas, que dão forma à psicologia dos indivíduos. Não há aqui oposição entre o individual e o coletivo, mas uma interação; pois, como Marx afirma, o indivíduo é uma categoria cognitiva que se forma no interior da vida social. Seja a partir da interação pessoal, seja considerando a ação dos meios de comunicação, a consciência do papel que o simbolismo exerce na formação e na manutenção da vida em sociedade é o que autoriza a existência de uma verdadeira sociologia da comunicação, que leve em conta simultaneamente os signos trocados e a estrutura social onde tais trocas acontecem. ▶ Cf. DURKHEIM, ÉMILE; MAUSS, MARCEL; MARX, KARL; WEBER, MAX.

BIBLIOGRAFIA

ARON, Raymond. *As etapas do pensamento sociológico*. São Paulo: Martins Fontes, 2008.

DIAS, Reinaldo. *Fundamentos de sociologia geral*. São Paulo: Alínea, 2011.

Sócrates (Atenas c469 a.C. - Atenas, 399 a.C.) Filósofo grego, o mais influente pensador na história da filosofia. ▶ Paradoxalmente, apesar de a vida e, principalmente, a morte de Sócrates serem pontos mitológicos na cultura do Ocidente, as fontes que descrevem o mais influente de todos os pensadores são poucas, contraditórias e frequentemente objeto de disputa. Conhecer quem foi o Sócrates real, enfim, resolver definitivamente aquilo que os historiadores denominam de 'o problema Sócrates' é, de fato, uma tarefa impossível. As três fontes principais a respeito do filósofo são o comediógrafo Aristófanes (c450 a.C. - c388 a.C.), o escritor Xenofonte (c430 a.C. - c350 a.C.) e o filósofo Platão (c428-a.C. - 348 a.C.). Aristóteles (384 a.C.- 322 a.C) também se refere a Sócrates na *Metafísica*, mas seu conhecimento é indireto, pois chegou a Atenas depois do julgamento e da execução do filósofo. O Sócrates de Aristófanes em *As nuvens* provavelmente corresponde à imagem que os atenienses comuns tinham dele, o que, por isso, inclui um conjunto de imprecisões e erros. Ao contrário do que Aristófanes declara, Sócrates não tinha uma escola, logo, não recebia dinheiro por seu ensinamento. Ele não estava interessado no entendimento da natureza e não pregava o relativismo moral que *As nuvens* indicava. O Sócrates que a comédia representa é profundamente caricatural: ele desce das nuvens num cesto, não apresenta maior senso prático e é pintado como se fosse um SOFISTA. Quando, sem mencionar Aristófanes, Platão escreve sua versão idealizada do julgamento de Sócrates, atribui à comédia o rancor generalizado e a má vontade popular contra seu mestre, que é apresentado como um ateu, um imoral, sem o menor senso de decoro. Aristófanes parece atacar e representar grotescamente não apenas Sócrates, mas todos os intelectuais da cidade, que, para ele, teriam corrompido irremediavelmente a juventude ateniense. Não há motivo para se duvidar de que essa era a opinião que Aristófanes tinha de Sócrates. Os textos de Xenofonte *Memoráveis* e *Apologia*, que descrevem a ação socrática, apresentam uma versão bem mais simpática. Talvez por não se interessar por investigações filosóficas e metafísicas, Xenofonte descreve Sócrates como uma pessoa com sentido prático, versada em assuntos monetários e de forma alguma alguém desinteressado por finanças. Algumas objeções podem ser levantadas contra a avaliação de que o retrato de Xenofonte seja mais verdadeiro do que as outras fontes clássicas. Xenofonte não residiu em Atenas, não teve contato sistemático com o filósofo e há indícios de que seu relato do julgamento seja uma narrativa feita a partir de fontes que estiveram presentes ao acontecimento. Em *Apologia*, Platão faz questão de indicar que ele estivera no julgamento, ainda que o escrito tenha sido produzido alguns anos depois da morte de Sócrates. A pista é dada no momento em que o acusado, seguindo a praxe jurídica ateniense, propõe uma reparação monetária, dizendo que ela seria paga por "meu amigo, Platão", que estava ali na ágora ateniense. Platão produziu o que há de mais volumoso sobre Sócrates. A princípio, os diálogos platônicos dedicam-se, com maior ou menor fidelidade e precisão, a recontar acontecimentos centrais das interações de Sócrates com outros cidadãos; entretanto, algumas contradições aparecem no curso da obra. Nos primeiros diálogos, cuja ordem cronológica foi estabelecida por técnicas estilométricas, Sócrates é fundamentalmente um crítico do raciocínio alheio, que segue por Atenas conversando e discutindo com todos sobre vários temas que são desenvolvidos a partir de uma pergunta do mesmo tipo: "o que é a virtude?", "o que é o bem?". Os personagens variam, mas as cenas dos diálogos da primeira fase platônica são semelhantes: Sócrates submete seus interlocutores a um assédio feito de perguntas e respostas, para, no final, apontar que eles caíram em contradição e que, portanto, não sabem do que estão falando, mas não lhes oferece respostas para os problemas que foram discutidos. Até determinado ponto de sua vida, Sócrates era uma pessoa como outra qualquer, salientando-se apenas por sua extrema feiura. Ele começara a sair pela cidade, questionando os atenienses, após seu amigo Querofonte ter ido ao oráculo do deus Apolo perguntar quem era o mais sábio dos helenos. Sócrates espantou-se com a resposta, indicando-o como o mais sábio, e entendeu esse sinal divino como uma missão. Saiu em busca de confirmação de que a interpretação do que o oráculo dizia era correta, já que a pitonisa falava por meio de enigmas. Dizendo-se inicialmente ignorante de tudo, Sócrates descobre que a interpretação oracular era correta: ele sabia mais do que seus interlocutores porque, ao contrário deles, ele sabia que nada sabia. O raciocínio engenhoso e brilhante de Sócrates encerra uma profunda intuição cognitiva: a de que o conhecimento é sempre eivado de erros que devem ser identificados e reconhecidos como tais. O passo mais fundamental para o conhecimento seria de natureza crítica e levaria sempre à refutação de falsidades. Outra interpretação para o ceticismo socrático afirma que ele só aceitava o saber especializado: os navegadores conhecem a arte de levar um barco pelo mar, o médico sabe como curar doenças, e o músico, como compor melodias. A arte da oratória, por não ter um objeto de conhecimento, levaria apenas à ilusão, à ignorância e à demagogia política. Qualquer tipo de especulação geral está fadada a gerar erros, equívocos e puro desconhecimento. Essa interpretação está de acordo com o que Aristóteles afirma de Sócrates: ao contrário de Platão, ele não defendia a existência de formas ideais, que seriam o verdadeiro objeto de conhecimento. Na segunda fase dos escritos de Platão, Sócrates tem soluções para aporias que surgem no curso da conversa, parecendo ser apenas uma máscara para as teses platônicas. Finalmente, nas derradeiras obras de Platão, como *As leis*, Sócrates não representa nenhum papel central nos diálogos, sendo, quando muito, um espectador periférico. Do Sócrates histórico sabemos que ele lutou bravamente na Guerra do Peloponeso contra Esparta. Era casado com Xantipa, com quem teve três filhos. Provavelmente de estatura mediana, tinha uma constituição forte e desprezava a riqueza, a ostentação de bens e o trabalho. Andava descalço e vestia-se com trapos, não sendo um entusiasta do asseio pessoal. Além da intuição sobre a natureza falível e errônea do conhecimento, Sócrates é considerado um modelo de professor, mas essa afirmação é problemática: ele nada ensinava, somente apontava a ignorância e a arrogância alheias, o que, junto com as estocadas irônicas nos outros cidadãos, proporcionou-lhe um rebanho de inimigos. A célebre ironia socrática era, certamente, causa de rancor: ele elogiava seus interlocutores, botando-os para baixo, e depreciava-se, ao mesmo tempo em que exibia poderes intelectuais incomuns. Como os sofistas da época, e talvez seja por isso que Aristófanes sugeria que ele era um deles, Sócrates usava um método de investigação por meio de perguntas e respostas. Ele se definia como uma parteira que dá luz a ideias nos seus interlocutores. Por isso, o método socrático é chamado de MAIÊUTICA, que significa a arte do parto. Em 399 a.C., três cidadãos atenienses, Meleto, Ânito e Lícon, pedem o julgamento de Sócrates por corromper a juventude e promover crenças religiosas que não eram a religião oficial da cidade. Dos relatos disponíveis sobre o acontecimento, o de Platão é o mais célebre e tem funcionado, na história da filosofia ocidental, como uma narrativa de alcance mítico. É provável, porém, que o texto platônico tenha por objetivo não descrever o discurso apologético de Sócrates, mas expor o que ele deveria ter dito para a audiência de jurados. Platão traçou o retrato de um Sócrates que enfrentava a comunidade ateniense, recusando-se a admitir algum erro: pelo contrário, sua ação crítica só fizera bem à cidade; portanto, acreditava que deveria receber a honra social de ser alimentado perpetuamente pelos cofres públicos. Talvez esse seja o motivo pelo qual, na primeira fase do julgamento, ele é condenado por uma margem pequena de votos, que, na segunda fase, a que determina o castigo, se amplia consideravelmente, condenando-o à morte. O mito de Sócrates é complementado pelo relato de seus últimos dias e sua morte digna e corajosa, que Platão descreve, principalmente, no diálogo *Fedo*. Segundo as palavras de Platão, Sócrates nutria desprezo por aqueles que cortejavam as audiências, submetendo-se a seus ditames e caprichos; retórica, para ele, era uma inutilidade, pois o que importava não era a persuasão, mas a verdade: qual a justificativa para estudar e ensinar oratória, que não passava de uma atividade juvenil? Apesar de condenado e executado pela democracia ateniense e de ter criticado asperamente o que as assembleias atenienses decidiam, Sócrates é um produto da política democrática, em que importava mais a consciência individual do que a obediência a normas coletivas e tradicionais. Um exemplo eloquente está contido no diálogo *Ménon*: nele, Sócrates interroga um escravo ignorante, revelando no final que o subalterno já tinha em si um conhecimento do teorema de Pitágoras, sobre o qual respondera para os outros assistentes da cena. Numa sociedade extremamente hierarquizada, o episódio representa uma instância radical de igualitarismo social e cognitivo.

BIBLIOGRAFIA

GUTHRIE, W. K. *Socrates*. Cambridge: Cambridge University Press, 1972.

sofisma 1 Mentira ou ato praticado de má-fé para enganar; enganação, logro, embuste. 2 LÓG Argumento ou raciocínio concebido com o objetivo de produzir a ilusão da verdade e que, embora simule um acordo com as regras da lógica, apresenta, na realidade, uma estrutura interna inconsistente, incorreta e deliberadamente enganosa. 3 LÓG Argumentação que aparenta verossimilhança ou veridicidade, mas que comete involuntariamente incorreções lógicas; paralogismo. 4 Qualquer argumentação capciosa concebida com a intenção de induzir em erro, o que supõe má-fé por parte de quem a apresenta; cavilação.

INFORMAÇÕES GERAIS

'Sofisma' chega ao português através do latim, que, por sua vez, tomou de empréstimo o vocábulo *sophisma* do grego. No relato mítico de Prometeu ou na narrativa homérica que mostra Ulisses (Odisseu) valendo-se de jogos de palavras para enganar os cíclopes, *sophisma* refere-se a esperteza, invenção engenhosa e capacidade de enganar. Há, nesses exemplos iniciais, um senso de habilidade espantosa que predomina sobre o logro e a falsidade; mas, como resultado do ataque platônico aos que ensinavam, entre outras coisas, RETÓRICA, para a juventude grega, *sophisma* assume características semânticas profundamente negativas, pejorativas e malévolas. Cf. SOFISTA.

sofista 1 Relativo a sofisma. 2 Que ou quem utiliza a habilidade retórica no intuito de defender argumentos especiosos ou logicamente inconsistentes. 3 FIL Na antiga Grécia (sV e IV a.C.), mestre da retórica que tomava a si a tarefa de ensinar conhecimentos gerais, gramática e a arte da eloquência aos cidadãos gregos postulantes à participação ativa na vida política, tendo freq. acrescentado questionamentos polêmicos aos debates filosóficos da época. ▸ Quem ouvisse, nas praças de Atenas, a palavra 'sofista' não reconheceria no termo uma acepção pejorativa. Pelo contrário, as associações mentais causadas pelo termo seriam de 'sábio', 'sabedoria', em referência a algo ou alguém que seria, de alguma forma, excelente. A excelência não se restringia à atividade intelectual, sugerindo a hipótese de que os *sophoi* dominassem um tipo de ofício. De uma maneira ou de outra, os sofistas eram possuidores de um saber, provavelmente prático e, certamente, de valia. Por isso, no diálogo *Górgias*, o texto platônico apresenta Sócrates (c469 a.C. - 399 a.C.) comparando quem ensina retórica, que era uma atividade sofística, com os médicos, os alfaiates e os músicos. Essas pessoas curam doentes, fazem roupas, compõem melodias: o que faz um sofista? Se o sofista era um especialista, ele deveria especializar-se numa atividade específica que fosse prática e de algum benefício para os outros. Na maioria dos casos, o sofista não seria, portanto, uma pessoa que soubesse de tudo um pouco, mas alguém que detinha um conhecimento útil e desejável. Só isso justificaria o ensino dos sofistas. Por alguns cidadãos das cidades-estado gregas, porém, o sofista era visto com desconfiança e hostilidade. Qualificavam-se os sofistas de *deinotes*, expressão associada com temor, reverência e respeito. Alguns historiadores observaram que os sofistas eram vistos como possuidores de poderes assemelhados à magia. O fato de serem professores itinerantes não lhes conferia maior prestígio; pelo contrário, Platão (c428a.C. - c348 a.C.), no diálogo *Protágoras*, identifica-os como estrangeiros que iam de cidade em cidade vendendo um saber que atraía a juventude e que se contrapunha às tradições estabelecidas. O ensino sofístico encontrava-se no epicentro de uma revolução educacional que transformou a Antiguidade grega. A família e a sociedade perdiam o controle da sua juventude e talvez por isso Sócrates tenha sido acusado de corromper os jovens atenienses. Os sofistas também chamavam a atenção por cobrarem pelo ensino. Com o claro objetivo de denegri-los, Platão considera-os vendedores bem remunerados de produtos mentais. Contudo, o principal produto que os sofistas vendiam era algo imaterial, *areté*, que significava virtude num sentido extramoral, mais especificamente um valor da vida cívica. Quem fosse treinado na eloquência e na arte da argumentação seria um cidadão de importância e influenciaria a esfera pública da *pólis*. Para os homens da época, não haveria algo de maior prestígio. Ao contrário de Protágoras de Abdera (c490 a.C. - c420 a.C.), que se considerava capaz de aprimorar o cidadão, Górgias de Leontinos (c483 a.C. - c375 a.C.) apenas se definia como um instrutor da arte de expressar-se bem em público. Os sofistas ensinavam não apenas a comunicação e as formas retóricas, disseminavam outros conhecimentos: a filosofia da natureza, a matemática, a antropologia especulativa, a geografia etc. Atualmente, porém, associa-se sofística ao estudo, ensino e treinamento nas artes da persuasão. Os sofistas acabaram sendo criticados muito negativamente pela influência e poder que exerceram junto às figuras políticas contemporâneas. Num mundo onde as práticas políticas eram extremamente paroquiais, a crítica aos sofistas baseava-se no argumento de que, por serem estrangeiros, não teriam condição ou interesse de criar bons cidadãos. É injusta, porém, a acusação de que eram imoralistas ou desinteressados pelos efeitos sociais do que ensinavam: até um relativista radical como Protágoras, que dizia não existir verdade absoluta, ensinava que um discurso forte era aquele que fundamentava e expressava os valores locais das comunidades para as quais o orador se estaria dirigindo. A instrução dos sofistas era dada por meio de aulas públicas, freq. na casa de um anfitrião, como na *Apologia*, de Platão, Sócrates diz acontecer na casa do homem mais rico de Atenas, Callias. Dependendo da fama do instrutor, os atendentes pagavam pelo ingresso, que custava algo entre meia e quatro dracmas. Após a conferência, os sofistas respondiam às perguntas da audiência. As aulas eram preparadas por escrito. Em sua grande maioria, os textos sofísticos desapareceram, mas eram bem conhecidos, pois tanto Platão como Aristóteles (384 a.C. - 322 a.C.) falavam nos escritores de *technai*, que seriam livros de instrução que expunham as técnicas do raciocínio e da persuasão. O que se sabe dos sofistas encontra-se, prioritariamente, na obra de Platão, inimigo e opositor declarado do grupo. Aos sofistas, ele contrapunha a atitude filosófica comprometida com a verdade e a investigação desinteressada que a figura de Sócrates representaria. ▸ Cf. GÓRGIAS DE LEONTINOS; PLATÃO; PROTÁGORAS DE ABDERA; SÓCRATES.

BIBLIOGRAFIA

GUTHRIE, W. K. *The sophists*. Cambridge: Cambridge University Press, 1977.

ROMILY, Jacqueline de. *Magic and rhetoric in ancient Greece*. Cambridge: Harvard University Press, 1975.

________________. *The great sophists in the Periclean Age*. Oxford: Claredon Press, 1991.

soft-core [ing.] CINE M.COM Que contém descrições ou cenas de atos sexuais, antes implícitas que explícitas (diz-se de filme, material impresso etc.). ▶ P.opos. a HARD-CORE.

soft-focus [ing.] CINE FOT **1** Diz-se de lente que fotografa ligeiramente fora de foco, permitindo um efeito de névoa à maneira impressionista. **2** Diz-se de fotografia feita com essa lente. **3** Qualquer técnica ou equipamento fotográfico que permita eliminar contornos de alta definição.

soft sell [ing.] PUB Campanha ou anúncio publicitário que veicula mensagens de venda sutis e não agressivas.

software [ing.] INF **1** Coleção de programas, procedimentos e documentação que controla ou desempenha alguma tarefa em um sistema de computação. ▶ Tb. se diz apenas *soft.* P.opos. a HARDWARE. **2** Todo programa armazenado em memória, discos ou circuitos integrados de computador, esp. destinado a uso com equipamento dotado de interface audiovisual. **3** Conjunto de componentes lógicos de um computador ou sistema de processamento de dados; programa, rotina ou conjunto de instruções que controlam o funcionamento de um computador; suporte lógico.

INFORMAÇÕES GERAIS

As linguagens operacionais de um computador organizam-se hierarquicamente. As de primeira ordem atuam no nível dos operadores humanos, enquanto outras agem no nível da máquina. A linguagem no nível da máquina é escrita no vocabulário de dígitos binários (cf. BIT). Além de níveis superiores e inferiores de linguagem, existem níveis intermediários, que traduzem um nível de linguagem em outro. As operações da linguagem de computadores caracterizam-se por serem processos de instrução, que executam operações de transferência de dados, autorizam processos de controle e, assim, permitem que os programas se alterem no curso do processo. Os componentes lógicos de computadores partilhados por máquinas individuais tramam uma vasta rede de comunicação, que é o traço principal dos sistemas informacionais contemporâneos.

soirée [fr.] Sessão noturna de espetáculo teatral ou cinematográfico.

solarização FOT Insolação de uma película ou papel sensível durante a revelação ou copiagem, com o objetivo de obter efeitos especiais; efeito Sabatier. ▶ Nas fotografias digitais, os efeitos de solarização são obtidos por meio de programas informatizados.

solarizar FOT Efetuar solarização em (negativo, papel sensível etc.). ▶ Cf. SOLARIZAÇÃO.

solecismo Intromissão, na norma culta de uma língua, de construções sintáticas alheias a ela, ger. por pessoas que não dominam inteiramente suas regras (p.ex., os chamados erros de concordância, de regência, de colocação, a má construção de um período composto etc.).

solilóquio LIT TEAT Recurso dramático ou literário que consiste em verbalizar, na primeira pessoa, aquilo que se passa na consciência de um personagem. ▶ Opõe-se ao monólogo interior, porque o personagem, no solilóquio, articula os seus pensamentos de forma lógica, coerente.

solipsismo FIL Doutrina segundo a qual só existem, efetivamente, o eu e suas sensações, sendo os outros entes (seres humanos e objetos), como partícipes da única mente pensante, meras impressões sem existência própria. ▶ Entendido como forma extrema de individualismo filosófico, o termo 'solipsismo' costuma ser us. para identificar e qualificar as teses que consideram o 'eu' como o que unicamente existe neste mundo. Na melhor das hipóteses, o solipsismo é uma tendência de correntes filosóficas centradas na mente individual e solitária, como é o caso da fenomenologia de Edmund Husserl (1859-1938) e do existencialismo de Jean-Paul Sartre (1905-1980). Embora freq. considerado uma possibilidade intelectual (caso-limite da filosofia idealista), jamais foi endossado integralmente por algum pensador. A crença de que a única dimensão existente é a subjetividade do indivíduo pode facilmente levar a uma forma extremada de CETICISMO: o que sobraria, nesse caso, é apenas o momento presente e instantâneo da existência, que, entretanto, se desfaz constantemente. Numa outra crítica ao solipsismo, que tem a forma de um argumento sobre a possibilidade de uma linguagem privada, Ludwig Wittgenstein (1889-1951) observou que, por ser expresso num instrumento público – o discurso ordinário –, o solipsismo é, a rigor, uma doutrina cujo objeto não se pode efetivamente conhecer: nem mesmo as descrições na primeira pessoa dão conta da dimensão plenamente individual das experiências.

solo MÚS **1** Passagem ou trecho musical para ser executado por um só instrumento ou uma só voz, com acompanhamento ou não, em conjunto coral ou orquestral. **2** Bailado executado por um só dançarino. **3** Composição ou seção de composição a ser executada por um único intérprete. **4** Frase melódica a ser destacada dentro de um contexto orquestral ou coral. **5** Em concertos, a parte formal destinada ao solista, que contém o essencial da forma. ▶ P.opos. a TUTTI. **6** Diz-se de instrumento musical ou de cantor que se apresenta solando; solista.

som **1** Tudo que é captado pelo sentido da audição, tudo que se pode ouvir; ruído, barulho. **2** FÍS Vibração que se propaga num meio elástico com uma frequência que compreende a região entre 20 e 20.000 hertz, capaz de ser percebida pelo sistema auditivo humano. **3** Sensação auditiva provocada por essa vibração. **4** Ruído ou timbre característico de uma determinada fonte sonora. **5** FON Qualquer emissão sonora, simples ou combinada, feita pelo aparelho fonador humano. **6** MÚS Característica ou estilo de uma banda, de um músico, de um conjunto de música popular, de uma orquestra etc. **7** MÚS Característica especial de cada instrumento; timbre, sonoridade.

INFORMAÇÕES GERAIS

Em filmes e transmissões radiofônicas ou televisivas, o som freq. sublinha o significado do que é transmitido, tornando-o mais claro e evidente para as audiências. A interpretação convencional é que os sons desses tipos de produtos de cultura de massa têm uma função conotativa, ou seja, criam laços associativos na mente dos espectadores.

sombra **1** Obscuridade produzida pela interceptação dos raios luminosos por um corpo opaco. **2** Espaço menos iluminado, onde não bate luz direta; escuro, obscuridade. **3** Local onde não bate sol. **4** Ausência de luz; escuridão. **5** ART.PLÁST FOT Parte mais escura de um desenho, gravura, imagem fotográfica ou pintura, que reproduz os efeitos da ausência de luz na natureza e que dá relevo ao que está representado. **6** ART.PLÁST Tinta, ger. de um marrom muito escuro, com que se pintam as sombras.

sombreado 1 Em que há sombra ou coberto de sombra. 2 Escurecido à maneira de sombra. 3 Ato ou efeito de sombrear. 4 Gradação dos tons claros e escuros num desenho, gravura ou pintura, com o objetivo de criar a ilusão de relevo e de terceira dimensão.

sombrinha FOT Tipo de refletor, com a forma de um guarda-chuva aberto, us. em estúdio para produzir luz difusa.

som da fala FON Unidade mínima da fonética, em que se decompõem as sílabas e os vocábulos. ▸ É um conceito anterior ao de fonema, pois este pressupõe uma análise fonológica para determinar quais as unidades fonéticas que têm valor distintivo na língua em questão; um som da fala pode ser um fonema ou uma variante de fonema (alofone).

som de retorno ELETRÔN Aquele que, durante uma apresentação em público, o amplificador e alguns alto-falantes lançam em direção aos músicos e intérpretes, para que estes ouçam mais perfeitamente o conjunto do que está sendo produzido. ▸ Tb. se diz apenas *retorno*.

som fundamental ACS MÚS 1 Numa sequência de sons harmônicos, o mais grave deles, cuja frequência é um divisor da frequência de todos os outros. 2 A nota que gera uma série harmônica. ▸ Nas duas acp., tb. se diz apenas *fundamental*.

som musical FON Aquele em que as vibrações são periódicas.

som óptico CINE Som gravado em película fotográfica, sobre a faixa sonora sensível à luz, e passível de ser decodificado e reproduzido em um projetor de cinema sonoro.

sonata forma MÚS M.q. FORMA SONATA.

songbook [ing.] MÚS Coletânea de canções, ger. de um mesmo compositor; cancioneiro.

sonoplasta ACS ELETR ELETRÔN M.COM Aquele que cuida da sonoplastia; contrarregra. ▸ Cf. ENGENHEIRO DE SOM; TÉCNICO DE SOM.

sonoplastia FONO RÁD TEAT TV 1 Atividade artística e técnica que usa recursos sonoros (música, ruídos, efeitos acústicos etc.) em espetáculos teatrais, filmes, programas de rádio e televisão etc.; sonotécnica. 2 O conjunto de efeitos sonoros utilizados em uma produção teatral, cinematográfica, radiofônica ou televisiva. 3 Reconstituição de ruídos que acompanham a ação; contrarregra, contrarregragem. 4 O conjunto das atividades de equalização e edição de sons provenientes de vários canais, em programas de rádio e televisão, trilhas sonoras, gravações fonográficas etc.

sonoridade 1 Característica ou condição do que é sonoro. 2 Som claro, harmonioso, suave, agradável ao ouvido. 3 Qualidade do trecho literário que, pela escolha de vocábulos sonoros ou por sua ordenação sintática, torna a leitura agradável ao ouvido. 4 Propriedade que têm certos corpos de emitir sons intensos ou sons de frequência regular. 5 CINE Gravação de trilha sonora em filme. 6 FON Qualidade do som em que há vibração das pregas vocais; vozeamento. 7 MÚS Uma das qualidades do som.

sonoro 1 Que tem som. 2 Que produz ou pode produzir som. 3 Que reforça ou repercute os sons; que tem boa acústica. 4 Que tem som agradável e claro; cheio, musical, melodioso, harmonioso. 5 Que impressiona os ouvidos e a mente (diz-se de palavra); expressivo, forte, significativo. 6 MÚS M.q. FORTE ('intenso').

sonoteca 1 Arquivo onde se guardam as gravações de diversos ruídos, sons e vozes, para serem us. em filmes, montagens teatrais, programas de televisão, emissões radiofônicas etc. 2 Local ou armário onde fica esse arquivo.

sonotécnica FONO RÁD TEAT TV M.q. SONOPLASTIA.

Sontag, Susan (Nova York, Estados Unidos 1933 - Nova York, Estados Unidos 2004) Romancista, crítica literária, feminista, ativista política e jornalista cultural n.-am. ▸ Dentre suas produções, a obra ensaística de Susan Sontag foi o que lhe conferiu celebridade e fama. Através dos ensaios publicados em revistas culturais, ela introduziu no mundo norte-americano vários escritores e criadores europeus de importância: Antonin Artaud (1896-1948), Nathalie Sarraute (1900-1999), Jean-Luc Godard (1930-), Roland Barthes (1915-1980) e Elias Canetti (1905-1994), entre outros. Seus ensaios sobre fotografia argumentaram lucidamente que a tecnologia fotográfica introduz uma nova maneira de ver, a ponto de ser correto dizer que a fotografia cria um novo código visual. O uso do conceito de código, no ensaio de Sontag, beira o metafórico, mas sua tese sobre o que há de único na fotografia merece ser considerada com seriedade. De maneira comparável a seus ensaios coligidos no volume *Against interpretation* ('Contra a interpretação'), de 1966, o que Susan Sontag diz sobre a fotografia é que se trata, em si mesma, de uma criação visual irredutível a todas as outras, sejam elas pintura ou desenho, que se infiltra no cotidiano, criando uma nova aparência de visão. A fotografia é uma estratégia de interpretação semelhante às metáforas usadas para a descrição de doenças socialmente comoventes, como a aids e o câncer. Os romances de Sontag derivam de sua leitura do modernismo europeu, mas não são considerados tão eloquentes como seus ensaios de jornalismo cultural.

BIBLIOGRAFIA

SONTAG, Susan. *Against interpretation*. London: Vintage, 1994.

__________. *Sobre fotografia*. São Paulo: Companhia das Letras, 2004.

__________. *Doença como metáfora: aids e suas metáforas*. São Paulo: Companhia de Bolso, 2007.

soprador GRÁF Cada um dos orifícios ligados aos tubos que, no margeador automático, sopram o ar por entre as folhas de papel, a fim de separá-las ao irem para a impressão. ▸ Cf. SUGADOR.

soul [ing.] MÚS Red. de SOUL MUSIC.

soul music [ing.] MÚS Estilo de música popular criado pelos negros n.-am., originário do canto *gospel*, muito afim com o *rhythm and blues* e com influência do *jazz*, com motivos terrenos e caracterizado por uma expressão intensa dos sentimentos. ▸ Tb. se diz apenas *soul*.

spam [ing.] INF INTERN Mensagem indesejada ou não solicitada, recebida por correio eletrônico via internet, ger. com fins comerciais ou de disseminação furtiva de vírus de computador; *junk mail*. ▸ Os *spams* são mensagens expedidas dia e noite para considerável número de usuários. A palavra em inglês *spam* é a marca registrada de certo enlatado feito esp. de presunto e que foi utilizada num esquete da série cômica de televisão *Monty Python's Flying Circus* em que, num café, *spam* era o principal ingrediente de cada prato servido, com o acompanhamento de uma canção que repetia inúmeras vezes a palavra *spam*.

spammer [ing.] INF Que ou quem distribui *spam*.

speech [ing.] Fala, comunicação oral, discurso.

spell check [ing.] INF Programa que permite a identificação, a localização e a correção de erros ortográficos ou de digitação num texto produzido.

Spiegel, Der [al.] Revista semanal alemã, fundada em 1947 e sediada em Hamburgo, publicada pelo grupo Spiegel-Verlag. ▸ A revista *Der Spiegel* é conhecida pela dedicação à apuração correta e precisa dos fatos que noticia. É uma das revistas mais vendidas na Europa, com uma tiragem de aproximadamente 1 milhão de exemplares por semana. Dedica-se especialmente à prática de jornalismo investigativo; exerceu papel fundamental na formação da consciência democrática alemã do pós-guerra. *Der Spiegel* foi um dos periódicos que deram apoio e publicaram documentos vazados pelo WIKILEAKS.

split screen [ing.] CINE TV VIDEO Divisão de uma tela em duas ou mais imagens transmitidas simultaneamente.

spokesperson [ing.] PUB M.q. PORTA-VOZ.

spot [ing.] **1** M.q. FOCO ('pequena luminária'). **2** TEAT Pequeno foco de luz direcionável que ilumina um artista ou uma área delimitada. **3** Refletor que produz esse foco; projetor direcionável. **4** TEL Mancha luminosa produzida pelos elétrons que colidem com uma tela fluorescente, em um tubo catódico.

spotlight [ing.] M.q. SPOT.

spot market [ing.] ECON M.q. MERCADO SPOT.

spread [ing.] JOR Matéria que se espalha por mais de uma folha de um caderno de jornal. ▸ Freq., o *spread* ocupa duas páginas opostas num mesmo caderno.

spreader [ing.] TEL M.q. SEPARADOR.

stabile [lat.] ART.PLÁST Escultura, instalação ou construção abstrata, de aspecto análogo ao de um móbile, porém estática. ▸ Cf. MÓBILE.

stand [ing.] PUB MKT M.q. ESTANDE.

stand-by [ing.] Que está de prontidão.

standing [ing.] **1** ECON Fixo, constante. **2** RÁD Estacionário, imóvel (diz-se de onda hertziana). **3** COM ECON Bom nome; prestígio.

stand up [ing.] TEAT Gravada ou apresentada ao vivo (diz-se de peça ou cena).

Stanislavski, Constantin (Moscou, Rússia 1863 - Moscou, União Soviética 1938) Ator russo, diretor de teatro, autor e criador de influente método realista de interpretação dramática. ▸ Tanto as produções teatrais como o método de interpretação dramática de Stanislavski poderiam ser qualificados como realistas. Sua influência no teatro contemporâneo deriva de seus estudos e análises sobre a preparação do ator para representar um personagem. Até hoje, muitas escolas de teatro adotam suas recomendações como fundamentais para o ofício de representar. Stanislavski considerava seu método um sistema, que incluía exercícios, técnicas de improvisação e outros recursos de auxílio para o ator. O objetivo do método era criar a totalidade de um personagem, que seria vivido integralmente na cena representada. O sistema stanislavskiano favorecia a identificação de ator e personagem. O realismo psicológico e dramático de Stanislavski foi duramente criticado por Bertolt Brecht (1898-1956) e sua teoria de que o teatro deve criar distanciamento e não identificação ilusória. ▸ Cf. BRECHT, BERTOLT; ALIENAÇÃO (TEAT).

BIBLIOGRAFIA

STANISLAVSKI, Constantin. *A preparação do ator*. Rio de Janeiro: Civilização Brasileira, 1999.

____________. *A construção do personagem*. Rio de Janeiro: Civilização Brasileira, 2001.

star [ing.] **1** Artista famoso de cinema; estrela, astro. **2** Figura célebre em qualquer outro campo de atividade.

INFORMAÇÕES GERAIS

A definição do que seja uma estrela ou um astro nos meios de comunicação está diretamente relacionada ao tipo de desempenho que um determinado veículo favorece como impressionante ou atraente. As exigências da televisão são bem diferentes das qualidades demandadas pelo rádio ou pela mídia impressa. O desempenho acaba sendo a expressão carismática da estrela ou do astro. O fascínio que uma estrela exerce sobre as audiências deveria acentuar ainda mais sua distância dos seres humanos comuns; mas, como se sabe que as estrelas são personagens mundanas, surge na cultura do estrelato que domina a mídia um interesse desmesurado pela vida particular dos astros e estrelas. A distância que a força do CARISMA criaria é compensada e reduzida pelo interesse muitas vezes patológico sobre os menores detalhes da vida dessas figuras célebres. O processo de identificação entre fãs e celebridades toma várias formas complementares, desde o desejo de ser um astro, passando por incorporações que acontecem quando os fãs se vestem, caminham e se apresentam como se fossem a estrela revivida. Nesse caso, o fã não quer apenas ser um astro, ele quer ser essa estrela específica, que é o objeto de sua admiração.

BIBLIOGRAFIA

DYER, R. *Heavenly bodies: films stars and society*. Bassingstoke: Mcmillam, 1987.

starlet [ing.] Jovem atriz de cinema que sonha tornar-se estrela.

star-system [ing.] CINE M.COM No mundo do espetáculo, organização comercial e de produção centrada na publicidade, no prestígio e no culto a grandes astros e estrelas. ▸ O *star-system* foi um recurso mercadológico criado por HOLLYWOOD que permitiu atender ao que as audiências dos tempos gloriosos do cinema pareciam exigir. Mais importantes do que o filme em si, o diretor e o produtor eram os atores e atrizes: ia-se ao cinema para ver o último filme de tal ou qual estrela. Além de ser um recurso mercadológico, o *star-system*, na medida em que se preocupava mais com a construção de imagens e estereótipos coletivos, acabou criando um repertório de tipos sociais ideais, que materializariam os valores e a ideologia da sociedade norte-americana da época. Com a transformação da sociedade norte-americana, o *star-system* entrou em declínio. Mesmo atualmente, porém, a importância dos astros e estrelas persiste: os atores famosos e na moda acabam por permitir que se levante dinheiro para financiar uma produção cinematográfica, ainda que a presença de um ator ou atriz num filme não seja realmente garantia de que o filme se transforme em sucesso.

BIBLIOGRAFIA

BESINGER, Jeanine. *The star machine*. New York: Alfred Knopf, 2007.

starter [ing.] ELETR Interruptor automático us. na partida das lâmpadas fluorescentes de catódio quente.

static ad [ing.] PUB Anúncio sem movimento, ger. na mídia impressa.

Stern [al.] JOR Revista semanal alemã, fundada em 1948, de propriedade do grupo Gruner+Jahr, subsidiário do conglomerado Bertelsmann. ▸ *Stern* é uma publicação esquerdista-liberal, com tiragem semanal de cerca de 250 mil exemplares.

still [ing.] 1 CINE FOT Fotografia de cena batida enquanto a sequência respectiva está sendo filmada. 2 FOT Foto de cena parada, estática. ▸ P.opos. a FOTOGRAMA. 3 REC.AV Dipositivo que congela uma imagem de vídeo.

stock shot [ing.] CINE TV Todo plano pré-filmado de arquivo, como, p.ex., o extraído de jornal da tela, que, inserido num filme qualquer, ajuda a estabelecer cor local, ambiência etc.

stop motion [ing.] CINE Dispositivo que, numa câmara ou projetor, interrompe a filmagem ou a projeção de uma cena. ▸ A técnica de *stop motion* é usada na construção de filmes de animação ou qualquer outro produto fílmico que seja feito no sistema quadro a quadro.

store audit [ing.] Auditoria que tem por objetivo identificar o estoque disponível numa loja ou num estabelecimento comercial.

storyboard [ing.] CINE PUB TV Roteiro que contém desenhos em sequência cronológica, mostrando as cenas e ações mais importantes na decupagem de um filme, programa ou anúncio de TV.

story line [ing.] CINE TV M.q. SINOPSE. ▸ Uma *story line* sumariza os acontecimentos mais importantes em uma narrativa a ser produzida, deixando de lado os detalhes que serão apresentados no roteiro completo.

streaming [ing.] INF INTERN M.COM Processo multimídia por meio do qual a transmissão e o consumo da mensagem se fazem ao mesmo tempo, como num fluxo; fluxo de mídia. ▸ O processo de *streaming* distingue, tecnologicamente, um produto como o livro do cinema. No caso do livro impresso, há uma separação entre o momento de compra do trabalho e seu consumo, enquanto, no filme transmitido por *streaming*, isso não acontece: o espectador deve consumir o filme no instante em que o requer. *Streaming* é um importante método de distribuição de filmes pela internet e por redes computadorizadas, o que só se tornou possível após o aprimoramento tecnológico, que permitiu a transmissão informatizada dos grandes arquivos digitais que são os filmes. Um dos efeitos mais evidentes de *streaming*, acoplado à facilidade de filmagem, é a presença constante de vídeos de todos os tipos e espécies, veiculados em espaços tais como *sites* pessoais, YouTube, Hulu, Youku (na China) e Facebook. O que, no passado, era um processo lento e laborioso, agora, graças ao *IPTV* ('*Internet Protocol Television*'), tornou-se rápido e fácil, além de permitir a convergência da internet por banda larga, vídeo e televisão. O *IPTV* serve para a transmissão de vídeos, áudios, gráficos, fotografias e qualquer outro modo de informação visual, de modo pessoalizado e interativo. O *IPTV* é planejado para que haja a passagem de informação de fontes diversas (TV, computador e telefone móvel) num fluxo ininterrupto: trata-se de um processo complexo, porque freq. envolve, além do *streaming*, transmissão por satélite de vídeo e de áudio, seja por meio de *wireless* ou não. A disseminação da tecnologia por *streaming* vai alterar dramaticamente o consumo de vídeos e filmes, fazendo com que a ida às salas de cinema diminua ainda mais. O mercado de aluguel de filmes por *DVDs* também será afetado pela nova tecnologia. Apesar de não ser uma tecnologia de emissão instantânea, pois há sempre um intervalo separando o que é recebido e transmitido, o processo é, mesmo assim, veloz, controlado e flexível. Não se deve pensar que o *streaming* seja uma forma de *downloading*: os arquivos que são transmitidos por *streaming* não baixam para o disco rígido do consumidor; os arquivos ficam guardados no servidor. O consumidor não tem, por isso, como piratear o material que é transmitido. Atualmente, as principais plataformas de *streaming* são RealNetworks, Microsoft Windows/Media Player, Apple/QuickTimes/iTunes e Adobe/Adobe Media Player/Flash. O processo de *streaming* levará à integração ou colaboração entre os ramos da mídia que, até agora, se mantiveram em separado: as companhias telefônicas, os provedores de televisão a cabo, as companhias de comunicação por satélite e os que atuam na internet sentirão a necessidade de operar em convergência.

stricto sensu [lat.] Tomado no sentido mais estrito, limitado, da palavra; em sentido restrito. ▸ P.opos. a LATO SENSU.

subacepção LEX Nas obras de referência (p.ex., num dicionário), subitem ou acepção restritiva ou afim da acepção anterior.

subalterna LÓG No aristotelismo, proposição particular (p.ex., "alguns poetas são brilhantes"), com relação a uma proposição universal com sujeito e predicado semelhantes (p.ex., "todos os poetas são brilhantes"). ▸ Cf. PROPOSIÇÕES SUBALTERNAS.

subalternação LÓG Oposição existente entre a proposição universal (afirmativa ou negativa) e as proposições particulares da mesma qualidade.

subconsciente 1 Levemente consciente; subliminar. 2 Que existe na mente, mas não ao alcance imediato da consciência. 3 De, relativo a ou pertencente ao subconsciente ou à subconsciência. 4 PSICN Conjunto dos fatos ou vivências pouco conscientes, ou que estão fora do limiar da consciência atual, ou aos quais ela não pode ter acesso; subconsciência, subliminar. ▸ Freud usou esse conceito em sua primeira teoria tópica do aparelho psíquico, mas logo depois o abandonou.

subdiretório INF Diretório contido em outro diretório, na árvore hierárquica da organização de arquivos em um computador.

subexpor FOT Dar a (emulsão fotográfica) um tempo menor de exposição à luz do que o indicado ou considerado normal.

subexposição FOT 1 Ato ou efeito de subexpor. 2 Tempo insuficiente de exposição do material sensível ao fotografar ou ampliar uma fotografia. ▸ A subexposição escurece a imagem e apaga os detalhes; pode ser us. propositalmente, se se deseja criar o efeito de NOITE AMERICANA.

subido GRÁF M.q. SOBRESCRITO.

subjeção RET Figura que consiste em o orador interrogar o adversário e, pressupondo a resposta, emitir logo a réplica.

subjetivação Ação ou efeito de subjetivar; subjetivização.

subjetivado Tornado subjetivo; subjetivizado.

subjetivante Que subjetiva; que torna subjetivo.

subjetivar Tornar subjetivo; subjetivizar.

subjetividade 1 Característica ou domínio do que é subjetivo. 2 Realidade psíquica, emocional e cognitiva do ser humano, passível de manifestar-se simultaneamente nos âmbitos individual e coletivo, e comprometida com a apropriação intelectual dos objetos externos.

subjetivismo 1 Tendência para a subjetividade; propensão para o que é subjetivo. 2 Tendência para considerar e avaliar as coisas de um ponto de vista meramente pessoal. 3 ESTÉT Teoria para a qual todo julgamento estético denota apenas gosto individual. 4 FIL Doutrina filosófica idealista, segundo a qual a realidade do mundo objetivo depende das características, formas e explicações que lhe são atribuídas pela subjetividade humana, considerada, dessa maneira, fator preponderante no processo cognitivo. ▸ P.opos. a OBJETIVISMO. **5** LÓG Teoria para a qual a distinção entre verdadeiro e falso não tem valor objetivo.

subjetivo **1** Próprio para servir de sujeito, de assunto, tema. **2** Que existe na mente; que pertence ao sujeito pensante e a seu íntimo (em contraste com as experiências externas, gerais, universais). **3** Pertinente a ou característico de um indivíduo; individual, pessoal, particular. **4** Que não tem objetividade, imparcialidade; tendencioso, emocional, passional. **5** Que é independente do que é concreto ou objetivo; impalpável, imaterial, abstrato. **6** Pertencente à substância ou ao sujeito essencial; inerente. ▸ P.opos. a OBJETIVO. **7** FIL Relativo ao sujeito do conhecimento, à consciência humana, à interioridade espiritual que se apodera cognitivamente dos objetos que lhe são externos. **8** FIL Válido para um só sujeito; individual. **9** CINE Relativo à primeira pessoa. **10** GRAM Relativo a sujeito; que tem função de sujeito. **11** GRAM M.q. NOMINATIVO (diz-se de caso). ▸ Pouco us.

sub judice [lat.] Em julgamento; sendo apreciado por um juiz.

sublegenda GRÁF Legenda secundária de uma ilustração.

sublide JOR Continuação do lide num segundo parágrafo, em que o autor coloca os fatos que considera de importância inferior aos do lide ou desenvolve estes. ▸ É prática jornalística condenada por alguns. ▸ Cf. LIDE

sublimação PSIC PSICN Modificação da orientação originalmente sexual de um impulso ou de sua energia, de maneira a levar a um ato aceito e valorizado pela sociedade; transformação de um motivo primitivo e sua colocação a serviço de fins considerados mais elevados. ▸ As atividades religiosa, artística e intelectual são exemplos típicos de sublimação.

sublime **1** Que apresenta inexcedível perfeição material, moral ou intelectual; elevado, augusto. **2** Superlativamente belo, esteticamente perfeito; grandioso, soberbo, extraordinário. ▸ Cf. BELEZA. **3** Moralmente irrepreensível; digno de admiração. **4** Intelectualmente irretocável, perfeito. **5** Cujos méritos ultrapassam o normal. **6** Que em relação a outros está em posição superior ou distinta; insigne, perfeito, preexcelente. **7** De uma beleza radiosa; esplendente, esplêndido, magnífico. **8** Digno do reino celestial; que se eleva acima do humano, do material; celeste, divino. **9** Que desperta pensamentos e sentimentos nobres; elevado, magnífico, excelso. **10** O que há de mais elevado nas ações ou nos sentimentos. **11** O máximo de perfeição ou beleza. **12** Grandiosidade, poder, força incomparável.

INFORMAÇÕES GERAIS

Sublime é tanto um adjetivo simples como um substantivo. Para a tradição retórica, o sublime podia ser grave, elevado, poderoso e capaz de causar espanto. Na teorização ciceroniana e quintiliana, o discurso sublime é uma construção com alto grau de excelência. Daí, quando, no sXVIII, o interesse pelo entendimento da arte se transforma no ramo da filosofia que é a estética, o conceito de sublime transforma-se num critério de avaliação da comunicação artística.

subliminar **1** Que é subentendido nas entrelinhas ou se faz por associação de ideias (diz-se de propaganda). **2** PSIC Que não ultrapassa o limiar da consciência, que não é suficientemente intenso para penetrar na consciência, mas que, pela repetição ou por outras técnicas, pode atingir o subconsciente, afetando as emoções, desejos, opiniões; subconsciente. **3** M.q. SUBCONSCIENTE.

submenu INF Conjunto de opções adicionais postas à disposição do usuário quando certas entradas de um menu são acionadas; menu em cascata.

subprograma INF Parte de um programa maior, que pode ser compilada independentemente.

sub-rotina INF Conjunto sequencial de sentenças, declarações ou instruções de computador (associadas eventualmente a constantes e áreas de trabalho) agrupadas para uso em uma operação ou série de operações, em um programa ou parte dele.

sub-rotina aberta INF Conjunto de instruções que realiza uma função específica e que se insere diretamente no programa, em todos e em cada um dos pontos nos quais esta função seja solicitada.

sub-rotina dinâmica INF A que pressupõe parâmetros tais como a situação da vírgula decimal ou o tamanho dos campos, com base nos quais o computador desenvolve uma sub-rotina parcialmente codificada.

sub-rotina estática INF Aquela para a qual não interessam outros parâmetros que não os endereços dos operandos.

sub-rotina fechada INF A que se pode situar fora da rotina principal e se integrar a ela em vários pontos do processo.

sub-rotina padrão INF A que é aplicável a um determinado tipo de problema.

sub-rotina recursiva INF A que pode ser us. como sub-rotina de si mesma, chamando diretamente a si própria, ou sendo chamada por outra sub-rotina, a qual ela mesma tenha chamado.

subscrição EDIT JOR **1** M.q. ASSINATURA ('pagamento antecipado'). **2** M.q. COLOFÃO.

subscrito **1** Que foi assinado, demonstrando que obteve aprovação e anuência. **2** EDIT GRÁF Diz-se de ou sinal (letra, algarismo etc.) menor do que os demais de sua fonte que se grafa debaixo do alinhamento do tipo; descido. ▸ Us. esp. em fórmulas matemáticas ou químicas. **3** Que ou o que se subscreveu; assinado. ▸ P.opos. a SOBRESCRITO. **4** Que se obteve por meio de subscrição.

subseção Divisão de seção.

subsentido **1** Ideia ou intenção não declarada; segundo sentido. **2** Ideia pouco clara que se encontra no subconsciente. **3** LEX Nas obras de referência (p.ex., num dicionário), acepção subsidiária, suplementar, ou acepção restritiva da acepção anterior; subacepção, subitem.

subsistema Sistema subordinado a outro.

subsistema linguístico LING Cada um dos componentes do sistema de uma língua, que, por sua vez, constituem outro sistema: o fonológico, o morfológico, o sintático, o semântico.

substância **1** Qualquer espécie de matéria. **2** O que subsiste por si mesmo ou independentemente de todo acidente determinado. **3** A matéria de que é formado um corpo, e em virtude da qual ele apresenta certas qualidades particulares. **4** O que é absolutamente essencial para a nutrição, para a vida. **5** Característica verdadeira; realidade. **6** Conjunto das ideias, dos conhecimentos, dos sentimentos que se consideram a essência do caráter e do espírito de uma pessoa. **7** Ideia principal, sentido intrínseco de escrito, ato, negócio etc.; essência. **8** FIL No aristotelismo e na escolástica, realidade que se mantém permanente sob os acidentes múltiplos e mutáveis, servindo-lhes de suporte e sustentáculo; aquilo que subsiste por si, com autonomia e independência em relação às suas qualificações e estados. ▸ P.opos. a ACIDENTE. 9 FIL No cartesianismo, Deus, a realidade suprema, que não necessita de qualquer outra para existir. ▸ Segundo essa doutrina, a substância em sentido pleno, a divindade, origina duas substâncias secundárias: a extensa e a pensante. ▸ Cf. DESCARTES, RENÉ. 10 FIL No spinozismo, Deus, a realidade divina e autossuficiente, pois concebível pelo pensamento sem a exigência de qualquer outro conceito prévio, de caráter causal ou explicativo. 11 LING Na concepção de Ferdinand de Saussure (1871-1913), a matéria do signo linguístico: a matéria sonora do significante e a matéria conceitual do significado. ▸ P.opos. a FORMA.

substância composta FIL No aristotelismo, a substância primeira de natureza sensível, composta de forma e matéria, e por isso incapaz de atualizar plenamente todas as suas potencialidades. ▸ Pode ser corruptível, como os seres sublunares, ou incorruptível, como os astros e estrelas. P.opos. a SUBSTÂNCIA SIMPLES.

substância extensa FIL No cartesianismo, substância finita que ocupa no espaço comprimento, largura e profundidade, sendo Deus (a substância plena) a causa última de sua existência. ▸ P.opos. a SUBSTÂNCIA PENSANTE.

substância pensante FIL No cartesianismo, substância finita que equivale à atividade da mente, inteligência ou intelecto, sendo Deus (a substância plena) a causa última de sua existência. ▸ P.opos. a SUBSTÂNCIA EXTENSA.

substância primeira FIL No aristotelismo, ente individual, caracterizado por sua concretude, unidade, delimitação e determinação. ▸ P.opos. a SUBSTÂNCIA SEGUNDA.

substância segunda FIL No aristotelismo, a essência da substância primeira; o gênero e a espécie aos quais pertence um ente ou indivíduo concreto ▸ P.opos. a SUBSTÂNCIA PRIMEIRA.

substância simples FIL Na metafísica aristotélica, e esp. escolástica, a divindade, substância primeira absolutamente perfeita, sem qualquer resíduo de matéria ou incompletude. ▸ P.opos. a SUBSTÂNCIA COMPOSTA.

substituição 1 LING EST M.q. COMUTAÇÃO. 2 LING Eliminação ou esquecimento progressivo da língua materna e adoção de outra língua. 3 MÚS Na técnica pianística, alternância dos dedos sobre uma mesma tecla. 4 PSICN Troca de um desejo inconsciente por outro.

substrato 1 ELETRÔN Monocristal semicondutor sobre o qual é realizado um circuito ativo ou um circuito integrado. 2 FIL Aquilo sobre que se exerce uma ação qualquer, o objeto da ação. 3 FIL O que constitui a base ou a essência do ser, sobre que repousam seus atributos. 4 LING Língua que em dado território foi substituída por outra, ger. do povo conquistador, deixando nesta traços perceptíveis. ▸ Cf. SUPERESTRATO.

subtítulo EDIT JOR Título secundário que se segue ao principal e o complementa. ▸ Cf. ENTRETÍTULO.

subtom 1 Cor suave, cor de um pigmento escassamente passado sobre uma superfície branca ou clara; transparência de cor, cor vista através de (e modificada por) outra(s) cor(es). 2 Conteúdo expressivo ou moral subjacente, implícito numa frase ou ação.

subtônica 1 GRAM Numa palavra polissílaba, a vogal ou a sílaba onde ocorre o acento secundário. 2 MÚS O sétimo grau de uma escala diatônica que diste um tom da tônica. ▸ Cf. SENSÍVEL.

sucesso Pessoa ou coisa vitoriosa (filme, peça teatral, livro etc.), de grande popularidade.

sucursal 1 Diz-se de ou estabelecimento comercial ou financeiro, subordinado a uma matriz; filial. 2 JOR Diz-se de ou representação comercial e/ou jornalística de uma empresa em outro país, cidade etc.

Süddeutsche Zeitung [al.] JOR Jornal diário alemão, fundado em 1949, sediado em Munique e de propriedade do grupo Südwestdeutsche Medienholding. ▸ É o jornal mais lido da Alemanha, de linha centrista com inclinação progressista. O *Süddeutsche Zeitung* é um produto do pós-guerra alemão, tendo sido o primeiro jornal a ser autorizado a circular pelas forças de ocupação n.-am. Sua tiragem diária é de 1,1 milhão de exemplares.

sueltista JOR Que ou quem é autor de sueltos; topiquista.

suelto JOR M.q. TÓPICO.

sufixo 1 GRAM Afixo que, posposto a uma raiz, radical, tema ou palavra, produz formas flexionadas ou derivadas. 2 RÁD TV Vinheta característica de um programa ou de uma emissora de rádio ou TV, transmitida regularmente no encerramento do programa ou da programação diária da emissora. ▸ Cf. ENCERRAMENTO.

sugador GRÁF No margeador automático, tubos com ventosas de borracha que apanham a folha por sucção.

sui generis [lat.] Único no seu gênero, sem semelhança com nenhum outro; original, peculiar, singular.

suíte 1 JOR Desdobramento de matéria já publicada em edição anterior pelo veículo ou por outro órgão da imprensa. 2 MÚS Composição instrumental com sequência de movimentos de caráter diverso. 3 MÚS Seleção livre para orquestra de trechos de bailados, óperas etc.

sujeito 1 Indivíduo dependente ou subordinado a um suserano, no regime feudal; vassalo, súdito. 2 Pessoa indeterminada ou cujo nome não se enuncia. 3 Indivíduo imprestável, reles. 4 FIL Em epistemologia, esp. a partir do cartesianismo e do pensamento moderno, o eu pensante, consciência, espírito ou mente enquanto faculdade cognoscente e princípio fundador do conhecimento. ▸ P.opos. a OBJETO. ▸ Cf. INCONSCIENTE. 5 FIL Na metafísica clássica, esp. no aristotelismo, ser real, substância, realidade permanente à qual se atribuem transformações, qualidades ou acidentes. 6 GRAM Termo da oração sobre o qual recai a predicação da oração e com o qual o verbo concorda. 7 LÓG Numa proposição, termo de que se fala, de que se afirma ou se nega algo, e ao qual se predicam propriedades, qualidades ou determinações. ▸ Símb.: *S*.

sujo GRÁF Que apresenta muitas emendas (diz-se de prova ou original).

sulfite PAP Diz-se de papel preparado com pasta de sulfito.

sumário BIBL Numa obra, documento etc., enumeração das principais divisões (com títulos, seções etc.), dentro da mesma ordem em que a matéria aí aparece, ger. acrescida da indicação dos números de página em que estão respectivamente localizadas; índice de matéria, índice sinóptico, tábua de matérias. ▸ Cf. ÍNDICE.

summa cum laude [lat.] Com o mais alto louvor.

supercalandra PAP Calandra de grande poder de compressão, que possui de cinco a 18 cilindros alternados, de metal altamente polido e de papel ou algodão comprimido, com que se dá acabamento acetinado extrafino às superfícies do papel.

supercalculador INF Diz-se de ou computador de grande potência de cálculo que funciona à base de curtíssimos períodos de ciclos de instruções, recursos consideráveis e a possibilidade de efetuar operações paralelas entre si.

superego **1** Indivíduo que é um modelo, um exemplo (para alguém). **2** PSICN De acordo com a segunda teoria freudiana do aparelho psíquico, conjunto das forças morais que se desenvolvem sob a influência da educação durante o processo de socialização. ▸ Para a psicanálise freudiana, uma das forças que controlam e moldam a personalidade é aquela que age no indivíduo como um juiz, de fato como um censor, que avalia desejos e pulsões. A força do superego paira sobre o sujeito e é, freq., um exercício condenatório, idealizado e moralizante que aponta para o que deve ser. O termo 'superego' foi introduzido na obra de Sigmund Freud (1856-1939) em 1923, quando publicou *O ego e o id*. Por ser a parte do ego que julga e objetifica, o superego faz parte da dinâmica de auto-observação do sujeito. O que há de radicalmente novo na teoria freudiana é a concepção de que a consciência moralizante vem de uma idealização interna do sujeito, que é um palco de conflitos entre o que deseja, o que é e o que acredita que obrigatoriamente deveria ser. Nos sujeitos neuróticos, compulsivos, culpados ou melancólicos, o superego é a causa recorrente de tais patologias clínicas. O superego escapa a tentativas de rejeição e negação, pois foi introjetado como um outro maiúsculo e poderoso. Freud observou que, na instância do superego, misturam-se interdição e idealização, proibição e transgressão. O sentimento infantil de castração, que aparentemente resolve o complexo de Édipo na criança, ressurge sob a forma do superego como resposta a demandas sociais e culturais do sujeito, as quais não pode razoavelmente recusar. Para Freud, o desejo edipiano é a fonte formadora do superego. Mas alguns teóricos da psicanálise, como Melanie Klein (1882-1960), acreditam que, antes da formação do superego, estão plantadas as condições de sua existência, o que, na prática, significa que o superego dá origem ao complexo de Édipo e não se trata de algo que se faz após o declínio e superação do desejo edipiano. ▸ Cf. ATO FALHO; EGO; INCONSCIENTE; ID.

BIBLIOGRAFIA

FREUD, Sigmund. *O ego e o id*. Rio de Janeiro: Imago, 2006.
KLEIN, Melanie. *A psicanálise das crianças*. Rio de Janeiro: Imago, 1997.

superestrato LING Língua do povo conquistador, que se introduz amplamente na área de outra língua, do povo conquistado, mas que não a substitui e pode deixar de existir naquela área, deixando, entretanto, marcada sua passagem por certos traços que permaneceram na língua do povo conquistado (p.ex., a influência lexical das línguas germânicas sobre as línguas românicas; as vogais anteriores arredondadas do francês, tb. atribuídas a um superestrato germânico, da língua dos francos). ▸ Cf. SUBSTRATO.

superestrutura ECON.POL Tudo que, apesar de determinado pelas relações econômicas, não faz parte direta da base (comércio, salários etc.) do edifício social e que abarca o político, o social, o cultural e o ideológico. ▸ Na teoria marxista, um dos problemas principais da relação entre base e superestrutura diz respeito à relação entre esses dois níveis. Se a base determina a superestrutura, de maneira necessária e completa, isso significa que o reino das ideias e de tudo que não seja estritamente econômico só pode ser irrelevante. E o que é mais problemático: a teoria marxista seria uma interpretação mecanicista, reducionista e empobrecedora da complexidade da vida social. Para matizar esse problema, Friedrich Engels (1820-1895) diz que a base é determinante numa "última instância". A questão, agora, é saber se a causalidade mecanicista foi, de fato, afastada por tal afirmação. O que astuciosamente Engels sugeriu não exclui a possibilidade de que a superestrutura determine a base econômica. Mas, para que a tese de Engels se mostre eficaz, é preciso que se admita que a economia é um forte fator em ação da ordem social, sem ser o único, E, tb., até que ponto a economia é determinante? Surge aqui um equilíbrio conceitual de difícil manutenção, mas que, por um tempo, satisfez muitos teóricos marxistas. O mecanicismo da relação entre base e superestrutura seria mediado pelo conceito de PRÁXIS. A atividade real dos seres humanos em sociedade faria uma ponte entre o que fosse estritamente econômico e a mentalidade e a consciência necessárias para a crítica social. Pois, em si mesma, a base econômica é incapaz de formular um entendimento global e revolucionário das formações sociais. A manutenção do *status quo* dependeria, portanto, da ação e da prática ideológica dos aparelhos educacionais, culturais, religiosos etc. que traduzem o econômico num sistema de ideias que circulam entre os atores sociais concretos. ▸ Cf. BASE.

superexpor FOT Dar (a uma emulsão fotográfica) um tempo maior de exposição à luz do que o indicado ou maior que o considerado normal.

superexposição FOT Ato ou efeito de superexpor (emulsão fotográfica).

super-homem FIL Ver ÜBERMENSCH.

supermodelo Manequim ou modelo de renome; *top model*.

super-8 CINE **1** Bitola de filme us. ger. por cinegrafista amador, de padrão intermediário entre 8 mm e 16 mm. **2** Trabalho feito com esse filme. **3** Câmara que trabalha com filme super-8.

superordenado LING M.q. HIPERÔNIMO.

superposição **1** CINE FOT Impressão simultânea num mesmo pedaço de filme de duas imagens fotografadas separadamente, ou o efeito resultante dela; sobreimpressão. **2** EST Relação existente entre dois conjuntos de valores da mesma variável aleatória quando pelo menos um do primeiro é igual ou maior do que algum do segundo e, portanto, o conjunto interseção não é nulo; transvariação. **3** FONO Registro de vários canais de som obtidos em separado ou simultaneamente, em um único trecho de gravação. **4** GRÁF M.q. SOBREIMPRESSÃO.

superprodução **1** ECON Produção acima do que é viável comercializar, que supera a demanda; excesso de produção. **2** CINE TEAT TV Produção de cinema, teatro, televisão etc., em geral de custo elevado e que se caracteriza por grandiosidade de cenários, elenco numeroso, amplos recursos técnicos etc.

superprodução generalizada ECON Situação de crise da economia, caracterizada pelo excesso da produção geral em relação à demanda, que leva à queda brusca da produção, falência de empresas, desemprego em massa, redução de salários etc. ▸ Segundo a teoria marxista, a superprodução generalizada é inerente ao capitalismo, no qual é cíclica, podendo acontecer num só país ou em escala mundial.

super-reação RÁD Fenômeno pelo qual uma reação é levada até a indução de oscilações de altíssima frequência e amplitude crescente.

superstar [ing.] Indivíduo (artista, político, líder religioso, atleta etc.) que apresenta algum talento em alto grau e é por isso extremamente aplaudido, famoso e requisitado.

suplemento JOR Página ou caderno, ger. ilustrado e com matéria especial, que, em determinados números de jornal ou revista, se acrescenta à matéria ordinária. ▶ Dito de maneira precisa, os suplementos distinguem-se dos cadernos por sua periodicidade, sendo semanais ou mensais. Muitas vezes são publicados em dias específicos da semana ou do mês. A unidade temática freq. caracteriza os suplementos, que se constituem numa resposta do jornal ou da revista a interesses do subconjunto de seus leitores, como é o caso de suplementos literários ou educacionais. Além disso, cobrem, com maior profundidade, temas ou assuntos veiculados nos cadernos das edições normais. Os classificados de jornais são um serviço oferecido na forma de suplementos. Cf. CADERNO.

suporte 1 DOC Base física (de qualquer material, como papel, plástico, madeira, tecido, filme, fita magnética etc.) na qual se registram informações impressas, manuscritas, fotografadas, gravadas etc. **2** INF Num computador, material (disco, *pendrive*, fita magnética etc.) destinado a receber a informação.

suporte de impressão GRÁF Papel ou cartão sobre o qual se monta qualquer gravura que foi impressa em outro papel.

supra [lat.] BIBL EDIT Acima. ▶ Us. para indicar trecho da mesma página, mais acima, ou de página(s) anterior(es). P.opos. a INFRA.

supressão GRÁF Alteração que consiste na retirada, da prova, de palavras, frases ou mesmo períodos que havia no original.

surfar INF INTERN Circular, com uso de computadores, pela internet.

Surrealismo HIST.ART LIT Movimento literário e artístico, lançado em 1924 pelo escritor francês André Breton (1896-1966), que se caracterizava pela expressão espontânea e automática do pensamento (ditada apenas pelo inconsciente) e, deliberadamente incoerente, proclamava a prevalência absoluta do sonho, do inconsciente, do instinto e do desejo, e pregava a renovação de todos os valores, inclusive os morais, políticos, científicos e filosóficos.

suspensão 1 ESTL GRAM Interrupção intencional de uma frase; pausa, reticência. **2** RET Figura pela qual o orador mantém por algum tempo o auditório em expectativa, em suspense; reticência.

suspense 1 Qualquer situação em que há um acontecimento, cuja explicação, continuação ou desfecho são aguardados com grande impaciência e inquietude. **2** CINE LIT RÁD TEAT TV Gênero ficcional cujo objetivo é criar no espectador, leitor ou ouvinte uma expectativa ansiosa e angustiante dos acontecimentos que virão a seguir.

sustentação PUB Numa campanha publicitária, a fase subsequente ao lançamento.

sutiã JOR Palavra ou frase que precede o título; antetítulo.

switch [ing.] **1** TEL Dispositivo que conecta, interrompe ou alterna as conexões elétricas de um circuito. **2** TV M.q. MESA DE CORTE.

switchboard [ing.] TEL Dispositivo que conecta, desconecta e controla as chamadas telefônicas em uma determinada área.

switcher [ing.] TV Cabine da mesa de corte.

syscall [ing.] INF Abrev. de *SYSTEM CALL*.

system call [ing.] INF Ver CHAMADA DE SISTEMA. ▶ Abrev.: *syscall*.

Tt

t 1 Vigésima letra do nosso alfabeto. 2 O nome dessa letra. 3 A forma dessa letra. 4 GRÁF Tipo que imprime essa letra. 5 EDIT Matriz que imprime essa letra. 6 FON Letra que representa o fonema oclusivo linguodental surdo, como em *tal*. 7 Diz-se do elemento de uma série que sucede ao designado pela letra *s*.

T9 [ing.] INF TEL *Software* com uma lista ampliável de palavras que auxilia a digitação de mensagens via celular (p.ex., ao digitar as primeiras letras, ele sugere a palavra). ▶ Abrev. de 'texto em nove letras', marca registrada da companhia Nuance Communications Inc.

tab [ing.] INF No teclado dos computadores, tecla tabuladora que insere o caractere ASCII denominado TAB ou um determinado número de caracteres em branco no texto de um documento, ger. us. para fazer o cursor andar até posições previamente estabelecidas no menu de comandos. ▶ Red. do ing. *tab key* ('tecla de tabulação').

tabela 1 Pequena tábua, quadro sistemático de consulta de dados onde se registram preços, relação de pessoas etc. 2 GRÁF Quadro composto de linhas e colunas que, separadas por filetes, formam casas em que se acham contidas palavras e algarismos. 3 PUB Lista de preços cobrados, por espaço utilizado, para a veiculação de mensagens publicitárias. 4 TEAT Quadro onde se registra diariamente o serviço dos atores e demais funcionários do teatro e onde se afixam avisos, ordens de serviço, multas impostas, elogios atribuídos e outras informações.

tabelar 1 Relativo a tabela. 2 Em forma de tabela.

tablado 1 Estrutura de madeira elevada do chão, us. ger. para apresentações artísticas, comícios, bailes etc.; palco. 2 Lugar em que decorre qualquer ato ou cena.

tablet [ing.] INF 1 Dispositivo de entrada de dados que permite inserir gráficos desenhados à mão por meio de uma caneta ou estilete especial pressionado contra uma superfície sensível, similar a uma prancheta. 2 Computador portátil cuja tela, além de ser monitor de vídeo, é o principal dispositivo de entrada e comando. ▶ Pode ter acesso à internet ou funcionar como celular.

INFORMAÇÕES GERAIS

O *tablet* é um dispositivo que se aproxima do computador individual e da telefonia móvel. O termo genérico aplicável a *tablet* e *smartphone* é *mobile*, traduzível como dispositivo móvel. Sua forma física é a de uma espécie de placa que, por meio de um teclado e uma tela sensível ao toque dos dedos do usuário (*touch screen*), permite que dados sejam recebidos ou transmitidos para o aparelho. Operados por telefonia móvel, com um sistema de representação gráfica de resolução da melhor qualidade possível, composta de *pixels* que acumulam cristais líquidos (*LCD*, LIQUID CRYSTAL DISPLAY), cuja luminosidade pode ser aumentada ou diminuída, e graças a aplicativos especiais, os *tablets* acessam a internet, baixam material de leitura como livros, jornais e revistas, permitem a visualização de fotografias e filmes, além da escuta de música e material sonoro, bem como jogar *video games*, fazer compras, checar extratos bancários etc. Apesar de ser um conceito já conhecido sob a forma de computadores de pranchetas, os *tablets* começaram sua escalada de popularidade quando o *CEO* da Apple, Steve Jobs (1955-2011), apresentou-o como algo revolucionário, mágico, uma virada transformadora na indústria de computadores. Em São Francisco, no dia 27 de janeiro de 2010, Jobs apresentou, para um público ávido de novidades, o que seria um novo conceito de computador pelo toque (*touch computing*). Para os que acompanhavam o desenvolvimento da indústria, na verdade, não havia nenhuma grande surpresa no que Jobs anunciava, pois desde 2006 acreditava-se que a Apple lançaria no mercado uma forma aperfeiçoada dos *tablet PCs*, para muitos apenas um computador sob a forma de uma placa operada por uma caneta informatizada. Entretanto, acoplado aos recursos da telefonia móvel, o *tablet* expandiu o conceito de *tablet PC* a níveis bem mais sofisticados e altos do que os *tablets* anteriores poderiam fazer. Antes do *iPad*, o primeiro *tablet* da Apple, a companhia dirigida na época por Jobs lançara o *iPhone*, e livrarias virtuais como a Barnes and Noble e a Amazon agitavam o comércio de livros eletrônicos com dispositivos como Nook e Kindle (cf. E-BOOK). O caminho para a comercialização dos *tablets* já tinha sido traçado, o que contribuiu consideravelmente para a crescente popularidade do dispositivo da Apple. A princípio definidos por Steve Jobs como aparelhos intermediários entre *laptops* e *smartphones*, prevê-se que os *tablets* deixarão de ser dispositivos alternativos. Com o mercado progressivamente impulsionado por *tablets* de outras marcas, que competem de perto com a Apple e que utilizam o sistema *Android*, criado pela Google a partir do programa de fonte aberta LINUX, acredita-se que os níveis de venda atingidos em 2011, de 86,1 milhões de unidades comercializadas, provavelmente alcançarão, em 2017, a marca de 424 milhões. A tendência de crescimento do mercado de *tablets* é diretamente proporcional à expansão de serviços como CLOUD COMPUTING e outras formas de mobilidade dos meios informatizados.

tabletop [ing.] FOT PUB Tipo de imagem fotográfica no qual um produto é representado numa mesa, em tamanho natural ou em miniatura.

table topper [ing.] MKT PUB Mostra de produtos apoiados ou dispostos na superfície de uma mesa.

tabloide GRÁF JOR Diz-se de ou jornal, caderno ou suplemento que tem cerca da metade do tamanho padrão dos jornais habituais. ▶ O termo 'tabloide' tem sido us. de modo pejorativo para qualificar um jornalismo sensacionalista e escandaloso, aquilo que se costumava denominar 'imprensa marrom'. O motivo para esse deslocamento semântico, de um tamanho gráfico para determinado tipo de conteúdo jornalístico que não se pauta pelo escrúpulo, deve-se ao fato de que os jornais com esse tipo de apelo na Inglaterra, como *The Sun*, *The Daily Mirror*, *News of the World* etc., têm sido tradicionalmente impressos na forma de tabloide, com um tamanho gráfico de aproximadamente 430 x 280 mm ou de 280 x 320 mm. Porque são de conveniente manipulação dos leitores, alguns jornais que praticam o jornalismo sério também são impressos no formato aproximado de tabloide, como *El País*, na Espanha, *La Reppublica*, na Itália, e *El Clarín*, na Argentina. No jornalismo brasileiro, que se inicia na década de 1960, jornais alternativos como *O Sol* e *O Pasquim* eram impressos na forma de tabloide. O termo, uma derivação de 'tablete', foi inicialmente criado pela indústria farmacêutica britânica do sXIX para comercializar pílulas. Atualmente, a palavra 'tabloide' qualifica não apenas um tipo específico de jornalismo impresso, mas também a programação de outros veículos que recorrem ao mesmo tipo de conteúdo: fofocas sobre celebridades, esporte, crime etc. O apelo popular tem sido de tal natureza que jornais ditos 'sérios' não deixam de recorrer a esse tipo de escolha editorial. De maneira geral, o termo 'tabloide' é pejorativo, pois muitos deles envolvem-se em práticas editoriais e modos de apuração que beiram o criminoso, como o recente escândalo da espia telefônica pelo tabloide *News of the World*. Os jornais tradicionais tentam evitar o que seja antiético e contamine sua reputação. Cf. JORNALISMO.

tábua Quadro sistemático de consulta de dados e matérias; índice, catálogo, tabela.

tábuas de Bacon FIL Coleções sistemáticas de exemplos típicos, preconizadas pelo filósofo inglês Francis Bacon (1561-1626) e concernentes a uma natureza (isto é, a qualidade ou fenômeno dado) de que se quer descobrir a forma ou essência, o que ela é em si, por oposição àquilo que parece ser, tal como os sentidos a representam ao homem. ▸ Cf. BACON, FRANCIS; INDUÇÃO.

tabuísmo LING Palavra, locução ou acepção tabus, consideradas chulas, grosseiras ou ofensivas demais na maioria dos contextos. ▸ São os chamados palavrões e afins, e referem-se ger. ao metabolismo (*cagar, mijar, merda*), aos órgãos e funções sexuais (*caralho, pica, boceta* 'vulva', *colhão, cona, foder, pívia, crica, pachoucho* etc.), incluem ainda disfemismos pesados (*puta, veado, cabrão, paneleiro*), expressões tabuizadas (*puta que pariu*) etc.

tábula BIBL HIST M.q. CÓDICE ('pequena placa').

tabulado 1 Que se se tabulou. 2 Organizado em tabela. 3 Marcado na página (diz-se de parágrafo, tabela etc.)

tabulador 1 Diz-se de ou mecanismo de máquina de escrever que permite organizar automaticamente em tabela o texto que se escreve e tb. criar tabelas, colunas etc. 2 Que ou o que aciona esse mecanismo (diz-se de tecla). 3 INF No teclado dos computadores, diz-se de ou tecla (Tab) que permite passar de um campo a outro dentro da interface, sem o auxílio do *mouse*, e/ou possibilita efetuar alinhamentos, tabulações.

tabula rasa [lat.] FIL Para os empiristas radicais, estado que caracteriza a mente vazia, anterior a qualquer experiência. ▸ Literalmente 'tabuinha lisa', 'tábua rasa'. ▸ Cf. EMPIRISMO.

tabuleta PUB Placa feita de madeira, ou outro material, na qual se inscrevem anúncios, avisos etc., para ser colocada em local destacado e/ou público.

tacet [lat.] MÚS Notação musical que representa o silêncio de um instrumento ou de uma voz, num trecho de peça.

tachado GRÁF Riscado com um traço por cima das letras, ger. para indicar uma incorreção, censura ou exclusão (diz-se de texto).

tachar GRÁF M.q. RISCAR.

tacômetro CINE Dispositivo de câmara que regula a cadência de uma filmagem (número de fotogramas a ser rodado por segundo).

tagma 1 GRAM LING Caráter da disposição sintática dos elementos gramaticais. 2 LING EST Em tagmêmica, cada uma das variantes ou realizações concretas de um tagmema. ▸ Cf. ÉTICO; ÊMICO.

tagmema LING Na teoria tagmêmica, unidade da gramática (assim como o fonema é a unidade da fonologia e o morfema é a unidade do léxico) que consiste numa casa dentro de uma construção maior, definida por uma função, e de uma classe de itens, cada um dos quais é capaz de ocupar aquela casa. ▸ Cf. TAGMA.

BIBLIOGRAFIA

PIKE, Kenneth L. *Language in relation to a unified theory of the structure of human behavior*. The Hague: Mouton, 1967.

tagmêmica LING Método de análise e descrição linguística criado entre as décadas de 1940 e 1960 pelo linguista norte-americano K.L. Pike (1912-2000), baseado principalmente em postulados teóricos do linguista, tb. n.-am., Leonard Bloomfield, para treinamento dos linguistas do Summer Institute of Linguistics, cuja proposta é a descrição das línguas indígenas e a tradução da Bíblia e outros textos religiosos para essas línguas.

take [ing.] CINE TV Ver TOMADA.

talão Bloco de folhas destacáveis por pontilhado, divididas em duas ou mais partes, cuja parte fixa constitui um recibo ou espaço para anotações do emitente; talonário.

talbotipia FOT GRÁF M.q. CALOTIPIA.

Talbot, (William) Henry Fox **(Melbury, Dorset, Inglaterra 1800 - Lacock, Wiltshire, Inglaterra 1877)** Inventor inglês, criador do processo de calotipia, que é precursor da reprodução fotográfica moderna que predominou nos sXIX e XX. ▸ Por volta de 1834, Talbot começou a desenvolver pesquisas ópticas que o levariam à descoberta da CALOTIPIA (talbotipia), que antecipa os conceitos da fotografia moderna. A calotipia é um processo de produção de imagens em papel coberto de nitrato de prata que escurece na medida de sua exposição à luz. A calotipia permitia a formação de positivos e negativos de uma mesma cena fotografada e daí, a partir de um único negativo, uma série de fotos positivas seria produzida por meio de simples impressão por contato. Usando uma pequena caixa preta à maneira da câmara obscura para gerar imagens, Talbot resolvera tecnicamente um problema que assombrava as artes visuais após o Renascimento. Desde Leonardo da Vinci (1452-1519), conhecia-se o fenômeno óptico da câmara obscura. Se num ambiente completamente vedado à luz houver um orifício, o que estiver do lado luminoso é projetado de cabeça para baixo na parede do quarto, numa tela ou numa folha de papel que ali estiver posicionada. Daí pintores como Caravaggio (1571-1610), Vermeer (1632-1675) e Canaletto (1697-1768), entre outros, valeram-se da projeção para traçar e executar imagens detalhadas e minuciosas de paisagens, retratos e naturezas-mortas. Mas as formas projetadas pela câmara obscura mostravam-se irremediavelmente efêmeras: sem a habilidade manual do pintor ou do desenhista, as imagens desapareceriam com as mutações da fonte de luz natural. Sabia-se também que superfícies de sulfato, cloridrato ou nitrato de prata registravam o que as atingisse ou estivesse nelas colocado. Entretanto, o problema que daí surgia era fixar tais formas efêmeras: expostas constantemente à luz, as superfícies de prata acabavam obliterando a imagem, transformando-se em um bloco completamente negro. A invenção da fotografia está, portanto, diretamente relacionada aos esforços feitos no sentido de fixar as sombras ocasionais. Talbot foi um dos que mais contribuíram para isso, pois suas pesquisas antecedem em cinco anos os experimentos com retratos feitos pelo artista, cenógrafo e físico francês Louis Daguerre (1787-1851). Diante da consideração de que Talbot e Daguerre descobriram o ponto de origem da comunicação visual de massa, alguns reparos devem ser feitos. É bem verdade que ambos tentaram, de modo diferente, fixar o jogo de luzes e de sombras da óptica da câmara obscura. Porém a solução de Daguerre não se valia de uma matriz, daquilo que hoje se chama NEGATIVO. O negativo funciona como uma matriz que permite a reprodução múltipla de uma imagem. Foi exatamente isso que Talbot fez. Enquanto Daguerre empregava uma superfície de prata para o registro de imagens, o que tornava sua solução custosa a ponto de ser comparável a joias e preciosidades, Talbot preferia a impressão de imagens em folhas de papel cobertas de prata, o que barateava o processo de produção fotográfica. As folhas de papel eram submetidas ao banho de outros componentes químicos, que freavam o escurecimento progressivo da superfície. Cada retrato produzido por Daguerre, cada daguerreótipo, exigia o recomeço de todo o processo de produção: Talbot inventara um método de reprodução mecânica, recurso constante na produção em série que caracteriza os meios de comunicação de massa ▸ Cf. FOTOGRAFIA.

BIBLIOGRAFIA

BATCHEN, Geoffrey. *William Henry Fox Talbot*. London: Phaidon Press, 2008.

talk show [ing.] RÁD TV Programa de variedades em que pessoas de renome são entrevistadas ou conversam entre si. ▸ Na mídia anglo-saxã, os *talk shows* deixaram de apresentar apenas pessoas de renome artístico, político ou cultural e passaram a fomentar a voz e a opinião do indivíduo comum, o que, segundo críticos, levou inevitavelmente à vulgaridade, ao exibicionismo e à trivialidade. Os índices de audiência subiram, na medida em que os programas ficaram cada vez mais escandalosos. Nos *talk shows*, o que importa é apenas a opinião pessoal, por mais absurda, convencional ou preconceituosa que seja. Expõe-se a uma plateia de auditório um grupo de indivíduos que viveram situações dolorosas, traumáticas ou cômicas, de teor emocional ou que cause perplexidade ("casei com o namorado de minha filha e ela tentou suicídio"; "mamãe é uma ex-viciada que de lésbica virou freira" etc.). Os programadores dos *shows* anunciam, nos intervalos, os próximos temas sensacionalistas, pedindo que as pessoas que tenham passado por tais problemas se candidatem a aparecer no programa. Os *talk shows* invertem a lógica dos programas das celebridades, trazendo para o escrutínio publico pessoas que não têm a menor projeção social e cultural, o que significa que seu atrativo reduz-se à exibição desavergonhada de sentimentos privados. Alguns *talk shows* encorajaram a agressão mútua dos participantes, seja ela física ou verbal. Análises e estudos de audiência dos *talk shows* mostraram que os espectadores não são um grupo passivo, mas intensamente envolvido com o que está sendo veiculado pelo programa. O formato encontra-se, atualmente, em declínio.

tally light [ing.] REC.AV TV Sinal luminoso numa câmara de vídeo ou de monitor que, estando aceso, indica que a câmara está em funcionamento.

talonagem PAP **1** Ato ou efeito de talonar, de fabricar talões. **2** Processo mecanizado que permite a criação de talões, blocos etc.

talonário **1** Organizado em talão (diz-se de bloco, carnê etc.); talonado. **2** M.q. TALÃO.

tambor GRÁF O cilindro grande de uma impressora.

tangão **1** TEAT Viga ou grade suspensa a que se prendem os bastidores. **2** TEAT Suporte vertical, ger. colocado nas laterais do palco, a que se prende uma sequência de refletores. **3** TV Luz que se monta na própria câmara, us. sobretudo na iluminação de reportagens externas.

Tarde, Gabriel de (Sarlat-la-Canéda, França 1843 - Paris, França 1904) Jurista, sociólogo e autor francês. ▸ O debate de Tarde com Durkheim (1858-1917) é o ponto de definição da teoria social francesa no fim do sXIX e início do sXX. A vitória de Durkheim é responsável pelas suposições teóricas que caracterizariam a sociologia moderna. Ao contrário de Durkheim, que favorecia, no estudo das sociedades, o papel formativo das representações coletivas que deveriam, segundo ele, ser o objeto cognitivo da sociologia, Tarde preferia enfatizar a interação social dos indivíduos. O que leva os indivíduos a formarem um grupo é um dos temas centrais de Tarde. Durkheim, por sua vez, tinha uma concepção holística de sociedade: as formações sociais seriam um todo que, de cima para baixo, organiza as possibilidades e modos de interação dos indivíduos. Para Tarde, a sociedade é mais uma agregação do que um todo predeterminante. Como jurista, Tarde foi magistrado e diretor do *bureau* de estatísticas criminais do Ministério da Justiça francês e lecionou no Collège de France. Na concepção de Tarde, o que é inovação original passa a ser seguida pelo resto dos indivíduos, segundo princípios sociais de cunho psicológico que ele chamou de 'leis da imitação'. A imitação seria um processo adaptativo que deve ser considerado como inovação e criatividade. Por isso, para ele, o principal problema do crime em sociedade teria de ser ambiental e de forma alguma apenas uma herança biológica, como os seguidores da frenologia acreditavam. As agregações em sociedade resultam de processos comunicativos. ▸ Cf. DURKHEIM, ÉMILE; COMUNIDADE; COMUNIDADE VIRTUAL.

BIBLIOGRAFIA

TARDE, Gabriel. *Les lois de l'imitation*. Paris: Kime, 1993.
________. *A opinião e as massas*. São Paulo: Martins Fontes, 2005.
THEMUDO, Tiago Seixas. *Sociologia e subjetividade*. Rio de Janeiro: Relume-Dumará, 2002.
VARGAS, Eduardo V. *Antes Tarde do que nunca: Gabriel Tarde e a emergência das ciências sociais*. Rio de Janeiro: Contra Capa, 2000.
________ (org.). *Gabriel Tarde: monadologia e sociologia e outros ensaios*. São Paulo: Cosac Naify, 2007. v. 1.

target group [ing.] PUB Público-alvo de uma campanha publicitária. ▸ No linguajar dos publicitários, tb. se diz apenas *target*.

tarja GRÁF 1 Cercadura ('moldura') composta por fios grossos e pretos. 2 Listra negra, simbolizando luto, que se usa à margem de papéis, envelopes etc. 3 Listra escura que se coloca sobre trabalho já impresso, para encobrir erros ou trechos indesejáveis. 4 Listra escura que se aplica sobre trecho que se deseja encobrir (por motivo de censura ou qualquer outro) em imagem impressa, fotográfica, cinematográfica etc.

tarja magnética INF Em cartões e bilhetes, faixa magnética em que se podem registrar informações.

Tarski, Alfred (Varsóvia, Polônia 1901 - Berkeley, Califórnia, Estados Unidos 1983) Matemático, lógico e filósofo nascido na Polônia, tendo residido nos Estados Unidos, autor de artigos influentes sobre problemas centrais da lógica e da semântica. ▸ Considerado o grande reformador da lógica moderna, junto com Kurt Gödel (1906-1978) e Gottlob Frege (1848-1925), Tarski formou-se na Universidade de Varsóvia, quando a Polônia era parte do Império Russo e a Universidade de Varsóvia, centro de estudos sobre problemas e questões lógicas de renome internacional. Sua ambição primeira era ser biólogo, mas foi convencido por seu professor, Stanislaw Leśniewski (1886-1939), a abandonar a biologia e dedicar-se à lógica e à matemática. Ao longo de sua vida, Tarski considerou-se essencialmente um matemático. Apesar de ter contribuído para vários ramos da lógica, Tarski é célebre por sua defesa e articulação em linguagem rigorosa e matemática do critério de VERDADE por correspondência, que, para a atividade científica, valida logicamente o método HIPOTÉTICO-DEDUTIVO. Segundo a teoria de Tarski, a verdade e a falsidade não pertencem ao que se chama de linguagem-objeto, ou seja, aquela que fala das coisas do mundo. Verdade e falsidade são conceitos lógicos próprios de uma metalinguagem, em outras palavras, característicos da linguagem que discorre não sobre as coisas, mas sobre a própria linguagem utilizada. Sem essa distinção de linguagem-objeto e metalinguagem, o raciocínio pode andar em círculos intermináveis e inconsistentes. Se digo "essa sentença é falsa", ela não pode ser verdadeira, mas, para que seu conteúdo faça sentido e assim seja falsa, ela tem de ser verdadeira. O problema parece insolúvel. Mas, segundo a reformulação elegante de Tarski, o problema desaparece se a frase for reestruturada, usando-se um sinal gráfico de citação, como aspas. Tarski reformula a sentença da seguinte maneira: "a frase 'essa sentença é falsa' é falsa se e apenas se for, de fato, falsa". Ainda que pareça superficialmente redundante, a solução de Tarski permite que se separe o que expressa (justamente a linguagem comum de onde emerge a circularidade da sentença) daquilo que é expresso. Por isso, uma sentença do tipo "a neve é branca" pode ser testada empiricamente. Sem que haja nenhuma alteração do sentido gramatical da sentença, apenas deflacionando-a, é possível converter essa frase sobre a brancura da neve em "a sentença 'a neve é branca' é verdadeira se e apenas se a neve for, de fato, branca". Quando a verificação empírica estiver sendo feita, preferivelmente testando a sentença e não apenas observando-a, as aspas são, na prática, retiradas, e a expressão linguística coincide com o fato expresso, mediado pela condição lógica BICONDICIONAL contida em 'se e apenas se'. Se a condição lógica for realizada, a verdade se define como logicamente rigorosa e em estado de correspondência entre a representação e o fato. Publicada inicialmente em polonês na década de 1930, só tendo sido traduzida vinte anos depois para o inglês, a argumentação lógica de Tarski estabelece a possibilidade de um tratamento sintático, formalizado e formalmente preciso para uma noção de verdade que é admitida extensivamente no senso comum. Se a verdade é logicamente testada pela aplicação do sinal gráfico de citação, que são as aspas (*quotation marks*, em inglês), isso significa que a verdade é, como diz Willard van Orman Quine (1908-2000), um ato de retirar aspas, uma descitação (*disquotation*). Apesar de Tarski duvidar da possibilidade de aplicação do seu conceito de verdade às linguagens naturais, muitos filósofos da linguagem, como Quine e Donald Davidson (1917-2003), viam nessa formulação um rigor filosófico útil para uma teoria da verdade mesmo no caso da fala ordinária. Outra contribuição considerada importante na obra de Tarski é sua defesa de que um argumento é válido se as suas consequências estiverem de acordo com o conjunto de suas premissas. O modelo do conjunto de premissas de um argumento é modelo da sentença que se deriva como consequência.

BIBLIOGRAFIA

TARSKI, Alfred. *Logic, semantics, and metamathematics: papers from 1923-1938*. Indianapolis: Hackett, 1983.

tarugo PAP Eixo da bobina de papel.

tateio M.q. TATO.

tato 1 Sentido por meio do qual se conhece ou percebe, usando o corpo, a forma, consistência, peso, temperatura, aspereza etc. de outro corpo ou de algo. 2 Qualquer sensação provocada por esse sentido. 3 Ato ou efeito de tatear; tateio.

INFORMAÇÕES GERAIS

A comunicação humana pelo tato vale-se das propriedades sensitivas da pele ou da superfície dos corpos. Como a imensa maioria das mensagens trocadas fundamentam-se nos sentidos da audição e da visão, pouca atenção costuma ser dada à comunicação tátil por parte das ciências sociais e humanas. Enquanto a comunicação auditiva e a visual recorrem, com facilidade, a regras convencionais, o tato é indicial e pré-convencional, caracterizado pelo imediatismo do contato sensitivo. Os processos de codificação existentes e verificados na comunicação pelo tato se fizeram ao longo do curso evolutivo e das capacidades de cada espécie. Uma importante dominância na comunicação tátil é a transmissibilidade de uma intenção que se faz pela extensão de um gesto. Porém, no tato, o gesto não é percebido como uma forma visual, mas recebido sob a forma de ação direta. O tatear raramente é usado como um signo em isolamento; vem sempre acompanhado de outras representações, que confirmam e asseguram o imediatismo do tateio. Entre os seres humanos, através da frequência e da repetição pelo tato, cegos, amantes, prisioneiros etc. constroem representações equivalentes ou substitutas da imagem visual. Sob a camada epidérmica, o indivíduo que toca tem uma série de receptores especializados (células sensoriais) que reagem especificamente a estímulos diferenciados. A sensitividade tátil não é uma só, mas um agregado de canais sensitivos que reagem ao que é térmico, erógeno, muscular etc. Mais do que um estudo estrito da fisiologia, que é condição para que o tato exista, do ponto de vista comunicacional o que se deveria fazer era compreender a sua funcionalidade e seus propósitos no caso de interações do tipo estético ou amoroso. Nesse casos, não se deve deixar de considerar tb. os fenômenos da saturação sensitiva, dos limites diferenciais aos estímulos táteis e outras reações ao que o toque revela. A linguagem teórica da comunicação tátil será, portanto, prioritariamente derivada da fisiologia e do estudo do corpo, bem mais do que aquilo que as ciências sociais e seu centramento cognitivo na convencionalidade são capazes de contribuir. O estudo do tato como elemento comunicativo é particularmente importante no caso de animais com visão deficiente ou limitada: exatamente o caso da dança das abelhas que o entomólogo Karl von Frisch (1886-1982) conseguiu decodificar. ▸ Cf. VON FRISCH, KARL.

BIBLIOGRAFIA

HERTENSTEIN, M. J. *et alii*. The communicative functions of touch in human, non-human primates and rats: a review and a synthesis of empirical research. In: *Genetic, Social and General Psychology Monographs*, n. 132, p. 5-94, 2006.

tautologia 1 LING Uso de palavras diferentes para expressar uma mesma ideia, redundância; pleonasmo. 2 LÓG Proposição analítica que permanece sempre verdadeira, uma vez que o atributo é uma repetição do sujeito (p.ex., "o sal é salgado"). ▸ Cf. ANALÍTICO E SINTÉTICO. 3 RET Expressão que repete o mesmo conceito já emitido, ou que só desenvolve uma ideia citada, sem aclarar ou aprofundar sua compreensão.

INFORMAÇÕES GERAIS

Uma proposição é tautológica em virtude não de sua relação com o mundo exterior, mas com o resultado de sua estruturação estritamente lógica. Uma proposição empírica e não tautológica pode ser ou não verdadeira, dependendo do nexo com aquilo que ela designa, mas uma tautologia será sempre verdadeira, o que não a isenta de ser cognitivamente vazia. Uma proposição que se limite a reescrever a definição de seus termos é não mais que tautológica, como no caso de "todo solteiro não é casado". 'Solteiro' implica necessariamente 'não ser casado', o que faz da tautologia um tipo de proposição que não pode ser contradita. Os raciocínios puramente lógicos são tautológicos. A sentença "dois e dois são quatro" é tautológica porque a noção 'dois e dois' está contida necessariamente na ideia de 'quatro'. Diz-se, portanto, que, além de vazias e desinteressantes em termos de conhecimento, as tautologias são formas de conhecimento *a priori*, como no caso de quatro conter dois duas vezes. A sentença "p ou não p" ("neve é ou não é branca") é tautológica, porque é verdadeira para qualquer valor de verdade, sendo falsa ou não. Portanto, será contraditória uma proposição que, não sendo tautológica, seja simultaneamente verdadeira e falsa. Toda verdade analítica é tautológica, por isso afirma-se que a tautologia é uma verdade lógico-funcional. Na discussão filosófica, tautologia não quer dizer apenas e meramente repetição.

tautossilabismo Duplicação de sílabas idênticas na formação de vocábulos informais, ger. de uso familiar (p.ex., 'Dedé', 'Lulu').

taxa de bit disponível INF Ver AVAILABLE BIT RATE.

taxa de compressão ELETR REC.AV Quantidade de material audiovisual original comprimido em relação ao armazenado num arquivo. ▸ Quanto maior a taxa de compressão do sinal, mais eficaz o resultado do processo.

taxa de contraste REC.AV Proporção entre as áreas de maior e menor brilho numa determinada tomada de câmara, de acordo com a leitura da luz refletida.

Tb [ing.] INF Símb. de TERABIT.

TB [ing.] INF Símb. de TERABYTE.

TC COMN INF M.COM Sigla de TECNOLOGIA DA COMUNICAÇÃO.

t-commerce [ing.] MKT TV Comércio que usa esp. a televisão como meio. ▸ Abrev. de *telecommerce*.

TCP [ing.] INTERN Sigla de *Transmission Control Protocol* ('Protocolo de Controle de Transmissão'). ▸ *TPC* é um dos protocolos centrais da internet; permite a transmissão de fluxos de *bytes* de um programa de computador para outro; também conhecido pela sigla *TCP/IP* (*Transmission Control Protocol/Internet Protocol*).

TDM [ing.] TEL Sigla de TIME-DIVISION MULTIPLEXING.

tear ENC GRÁF Artefato próprio para coser livros manualmente; cosedor.

teaser [ing.] 1 PUB Diz-se de ou recurso de propaganda utilizado para novos produtos, em que se omite sua identificação com o objetivo de provocar a curiosidade do público em torno de seu lançamento iminente. 2 M.COM *Flash* de uma notícia a ser divulgada, em detalhes, instantes mais tarde. 3 TV Trecho ou sequência curta de um programa (p.ex., a abertura de uma telenovela), us. no início ou antes de um intervalo para atrair a atenção da audiência.

teatralizar 1 Adaptar ao teatro, à cena; tornar representável no teatro. 2 Tornar teatral; dar feição teatral a. 3 Conferir relevo dramático a.

teatro TEAT 1 Na Roma antiga, grande anfiteatro com camarotes e arquibancadas onde se realizavam jogos e espetáculos públicos; circo, anfiteatro. 2 Lugar ou edifício destinado à representação de obras dramáticas, óperas ou outros espetáculos públicos. 3 A arte de representar ou de se apresentar a um público teatral; cena, palco. 4 Conjunto das obras dramáticas de um autor, de uma época ou de um país. 5 A arte de representar. 6 Profissão de ator ou de atriz. 7 Trabalho escrito para instruir sobre certos princípios; modelo, regra. 8 Local onde se passa algum acontecimento notável; palco.

INFORMAÇÕES GERAIS

Semelhante à ÓPERA, que é um subgênero do teatro, a combinação de múltiplas formas de expressão num só espetáculo (texto literário, fala, música, cenário, gestos, dança etc.) faz da experiência teatral um objeto de análise particularmente complexo e escorregadio. Um dos dilemas da análise dos espetáculos de teatro reside na escolha a ser feita entre a encenação, que é radicalmente efêmera, e o permanente, corporificado no texto literário, considerado a origem da experiência teatral. O problema criado pela escolha do texto, em detrimento do espetáculo, começa na perda da riqueza da montagem, que é efetivamente o que faz do teatro uma forma artística própria e não apenas um subproduto da literatura. O teatro, tal como o conhecemos, foi inventado em Atenas e fazia parte dos festivais cívicos dessa cidade-Estado grega, aproximadamente no sVI a.C. Para os atenienses, o teatro era uma arte do desempenho competitivo cívico, comparável às disputas retóricas. Não é à toa que a reforma social promulgada por Platão (c428 a.C. - c348 a.C.) em *A república* demandava a exclusão e a proibição do teatro e da retórica em nome do bem-estar e da saúde social. O teatro grego apresentava-se num semicírculo de arquibancadas ao ar livre. Nesses palcos foram encenados mais de mil textos, sendo que apenas pouco mais que três dezenas sobreviveram. Apesar da condenação platônica, o teatro era um espetáculo popular de massa, visto e apreciado passionalmente pelos cidadãos atenienses. Aristóteles (384 a.C. - 322 a.C.) entendia que o teatro tinha uma função social importante: a de mostrar emoções extremas e exemplares com o propósito de purgá-las da vida social. Ainda que não se saiba com certeza se Aristóteles escreveu sobre outros gêneros teatrais além da tragédia, a regeneração da validade da experiência teatral encontra-se no que teorizou em *A poética*. Uma tendência preconceituosa considera as graves tragédias de Ésquilo (c525 a.C. - c456 a.C.), Sófocles (c497 a.C. - c406 a.C.) e Eurípides (c480 a.C. - 406 a.C.) mais importantes literária e culturalmente do que o riso desbragado e debochado das comédias da época, mas não se deve questionar a genialidade criativa das comédias de Aristófanes (c450 a.C. - c388 a.C.) e sua ironia caricatural dos costumes e problemas sociais da época. Significativamente, para Platão, a comédia não era um divertimento social inócuo e inofensivo, pois afirma na *Apologia* que a condenação de Sócrates (c469 a.C. - 399 a.C.) à morte por cicuta teria sido resultado da influência da peça cômica de Aristófanes *As nuvens*. É da invenção grega que surgem as muitas variações de modelo teatral que dominam o teatro no Ocidente. Ainda que se possam misturar sem obedecer a linhas divisórias rígidas, os gêneros teatrais costumam ser classificados em drama, teatro musicado, comédia e tragédia. Para os que querem entender a dimensão comunicativa e significativa da experiência teatral, uma das questões centrais seria definir o que se entende como signo teatral. Entre os que se dedicaram ao tema, deve-se salientar a contribuição do CÍRCULO LINGUÍSTICO DE PRAGA, que reconheceu a analogia entre língua e fala, que postulava a teoria saussuriana como produtiva para que se entenda a relação entre *performance* e estrutura, que dominam a montagem de uma peça teatral. Como expressão linguística, o teatro é fundamentalmente conotativo e os objetos que surgem em cena são sempre signos de um objeto significativo, não apenas uma ocorrência factual. Assim como a linguagem, é na mente da audiência que a teatralidade atinge sua plenitude. As dificuldades de atender às demandas desse *insight* são muitas e, por isso, frequentemente, a análise da comunicação teatral preferiu tratar do que estava previsto e materializado no texto literário, levando, como já foi dito, à recorrente perda do elemento performático e transitório (movimentação do ator em cena, timbre das vozes, presença em cena, iluminação, cenário, além das reações da plateia), que é parte fundamental da encenação no palco. No final da década de 1960, Tadeusz Kowzan (1922-2010) insistiu na necessidade de se reconhecer a especificidade da representação teatral e do espetáculo, ainda que se refira também à predominância do caráter literário da teatralidade. Segundo Kowzan, não se deve esquecer que a encenação é uma composição mista, em que coexistem mímica, gesto, movimento, maquilagem, roupagens, adereços, iluminação, música e efeitos sonoros. Daí surge, naturalmente, uma série de temas teóricos, que vão além da relação entre texto e encenação e que incluem os mecanismos de produção teatral e a adoção, como trabalho coletivo, de soluções dramatúrgicas e subcódigos expressivos, que dão forma estável aos significados do texto e da cena, além de tudo mais que a *mise-en-scène* exige. Na formulação de Marco De Marinis, o teatro constitui-se em uma nova categoria de signo, a de 'texto espetacular'. Teatro não é a transposição de um texto literário para um cenário onde atores recitam o que foi escrito: teatro é desempenho e espetáculo. ▸ Cf. MUSICAL; ÓPERA; SIGNO.

BIBLIOGRAFIA

ARISTÓTELES. *Arte retórica e arte poética*. Rio de Janeiro: Ediouro, 1979.

DE MARINIS, Marco. *L'experienza dello specttatore, fundamenti per una semiotica della recenzioni teatrale*. Urbino: Centro Internazionale di Semiotica i di Linguistica, 1984.

____________. *The semiotics of performance*. Bloomington: Indiana University Press, 1993.

HAMILTON, Edith; CAIRNS, Huntington (ed.). *The collected dialogues of Plato, including the letters*. Princeton: Princeton University Press, 1989.

INGARDEN, Roman *et alii*. *O signo teatral: a semiologia aplicada à arte dramática*. Porto Alegre: Globo, 1977.

KOWZAN, Tadeusz. *El signo y el teatro*. Madrid: Arco, 1997.

teatro de arena TEAT Aquele em que o palco fica no centro e ao nível da plateia circundante.

teatro de bonecos TEAT Aquele em que os personagens são interpretados por bonecos articulados e apresentados sob diversas formas, esp. fantoches (cujo corpo é formado pela roupa, sob a qual a mão do operador faz movimentar a cabeça e os braços) e marionetes (cujos movimentos são executados por meio de cordéis); teatro de fantoches, teatro de marionetes.

teatro de fantoches TEAT M.q. TEATRO DE BONECOS.

teatro de marionetes TEAT M.q. TEATRO DE BONECOS.

teatro de revista TEAT Espetáculo teatral composto de números falados, musicais e coreográficos, humorismo, atrações circenses etc.; teatro-revista. ▸ O teatro de revista alcançou grande popularidade no Brasil, esp. no Rio de Janeiro, pela crítica bem-humorada com que enfocava certos aspectos do cotidiano do país. ▸ Tb. se diz apenas *revista*.

teatro de variedades TEAT Espetáculo popular composto por breves quadros de diferentes artistas, sem fio temático nem forma única de expressão artística.

teatro dialético TEAT M.q. TEATRO ÉPICO.

teatro do absurdo TEAT Manifestação artística inovadora surgida no fim da Segunda Guerra Mundial que, rompendo com gêneros tradicionais, esp. o teatro realista, tematizava o absurdo da existência humana.

teatro do oprimido TEAT Manifestação artística inovadora, elaborada na década de 1960 pelo dramaturgo Augusto Boal, que, buscando libertar o espectador de qualquer forma de opressão, objetivava despertar nele uma postura ativa.

teatro épico TEAT Gênero de teatro didático que se desenvolveu na Alemanha, na década de 1920, por iniciativa de artistas como Bertolt Brecht (1898-1956), seu dramaturgo maior, e cujas principais características são a efabulação e o distanciamento; teatro dialético. ▸ Cf. BRECHT, BERTOLT.

teatrólogo TEAT Escritor de peças teatrais; dramaturgo, comediógrafo.

tecladista MÚS Que ou quem toca teclado de instrumento musical (esp. eletrônico).

teclado 1 Conjunto de teclas através das quais se opera uma máquina. 2 Suporte, apetrecho ou parte da máquina em que se agrupam tais teclas. 3 MÚS Instrumento musical de teclado.

teclagem 1 TEL Ato ou efeito de teclar, de pressionar teclas com os dedos. 2 TEL Em comutação telefônica, marcação manual de sinais por meio de teclas, em substituição ao disco giratório.

teclar 1 Pressionar (botão, tecla de instrumento musical, compositora tipográfica, máquina de datilografia etc.); teclear. 2 Acionar por meio de teclas. 3 INF Introduzir dados em um computador, premindo teclas; digitar. 4 INF Usar o computador para comunicar-se (com alguém).

tecleador Que ou quem opera máquina dotada de teclado.

teclear 1 Atuar como tecleador. 2 M.q. TECLAR ('pressionar').

técnica 1 Conjunto de procedimentos ligados a uma arte ou ciência. 2 A parte material dessa arte ou ciência. 3 Maneira de tratar detalhes técnicos (como faz um escritor) ou de usar os movimentos do corpo (como faz um dançarino). 4 Destreza, habilidade especial para tratar esses detalhes ou usar esses movimentos. 5 Jeito, perícia em qualquer ação ou movimento. 6 REC.AV Área de atuação do diretor, produtor e outros membros da equipe de produção, que exercem controle sobre o produto final, onde os sinais de áudio e vídeo são mixados.

técnico de som CINE Em uma equipe de filmagem, o supervisor de todo o trabalho de gravação sonora; sonoplasta.

tecnicolor CINE 1 Diz-se de ou processo especial de registro de imagens em cores, em filmes cinematográficos, desenvolvido nos EUA. 2 DIz-se de ou qualquer filme colorido.

tecnicolorido CINE 1 Filmado em cores pelo processo tecnicolor. 2 Filmado em cores por qualquer processo.

tecnoleto LING Cada uma das variedades de uma língua que reúnem o linguajar e o conjunto do vocabulário us. para expressar a tecnologia e o agir de uma ciência, arte, esporte, área técnica e/ou tecnológica, em qualquer campo específico de conhecimento e/ou profissional. ▸ P.ex., '*software*', 'armazenar dados', na informática; 'sintagma', 'morfema', 'gerar uma sentença', na gramática e na linguística; 'zagueiro', 'tiro de meta', no futebol; '*pas de deux*', no balé etc.).

tecnologia 1 Teoria geral e/ou estudo sistemático sobre técnicas, processos, métodos, meios e instrumentos de um ou mais ofícios ou domínios da atividade humana (p.ex., indústria, ciência etc.). 2 Técnica ou conjunto de técnicas de um domínio particular.

INFORMAÇÕES GERAIS

Estudar a tecnologia é, primeiramente, mas não apenas, entender como determinados objetos físicos são produzidos. Nesse sentido, a tecnologia de um veículo é reduzida aos avanços técnicos que dão forma à sua existência, o que, por sua vez, produz efeitos sociais. Uma maneira alternativa de conceber tecnologia é vê-la como uma atividade intelectual que gera conhecimento. Num campo onde ocorram grandes avanços tecnológicos, há sempre a tentação teórica de se considerar ingenuamente que a tecnologia seja uma força autônoma e todo-poderosa, criadora absoluta daquilo que a humanidade experimenta. A crítica de Martin Heidegger (1889-1976) à tecnologia e à ciência como perda do Ser exemplifica essa tendência interpretativa (cf. HEIDEGGER, MARTIN). Na comunicação, Marshall McLuhan (1911-1980) foi um dos defensores de teses semelhantes, chamadas de determinismo tecnológico. Para McLuhan, o veículo criado por sua forma tecnológica era mais importante do que o que era veiculado. Para ele, os meios de comunicação eram criadores e produtores das transformações sociais. As teses de McLuhan foram severamente criticadas por pensadores marxistas, como Raymond Williams (1921-1988), que exigiram a consideração de múltiplos elementos quando um veículo do tipo da televisão fosse analisado. O que não significa dizer que a tecnologia não seja um elemento crucial nos estudos contemporâneos da comunicação.

---

tecnologia da comunicação COMN INF M.COM M.q. TECNOLOGIA DA INFORMAÇÃO. ▸ Sigla: *TC*.

tecnologia da informação COMN INF M.COM Todo processo tecnológico de telecomunicação e de computação que permite transmitir, armazenar, disseminar, receber e otimizar a circulação de informação através de redes globalizantes. ▸ As últimas décadas do sXX caracterizaram-se pela proliferação de novas tecnologias da informação com efeitos para muitos aspectos da vida humana. Impulsionados pela digitalização, todos os modos de comunicação sofreram mutações que os produtores da mídia não pensavam ter de enfrentar. O próprio conceito de mídia mudou. Os formatos da mídia tradicional (jornais, livros, fotografia, vídeo etc.) transformaram-se em efeitos posteriores, que se espalham por meio de plataformas digitais, permitindo convergência e mutação a um ponto até então inimaginável. Competência em multimídia é uma exigência constante do mercado profissional da comunicação. As leis antitruste, que encurralavam as companhias de comunicação em nichos isolados e determinados pela propriedade de mídia impressa, televisiva, radiofônica etc., mostram-se obsoletas. A fragmentação dos veículos faz com que a especialização decresça em detrimento de um generalismo teórico e profissional. Os receptores não são mais uma audiência passiva, e sim programadores culturais. A segmentação de mercado e a diferenciação de gostos desfazem as teses que anunciavam a centralização monopolizante da produção da mídia. Os grandes conglomerados podem ser afetados por uma tecnologia, como é o caso da transferência de arquivos *MPS* promovida pelo antigo *site* da NAPSTER. Após a disseminação da internet, a regulamentação da mídia mostra-se uma impossibilidade crescente. Ainda que seja difícil fazer qualquer previsão sobre o futuro, não se pode deixar de reconhecer graves alterações em tudo que até então se supusera sobre a indústria da informação. ▸ Sigla: *TI*. ▸ Cf. SOCIEDADE EM REDE.

tectura GRÁF M.q. LETRA DE FÔRMA ('estilo gótico').

teia INF M.q. NET, INTERNET, WORLD WIDE WEB.

teipe ACS INF TV M.q. FITA MAGNÉTICA. ▸ Aport. do ing. *tape*.

tela 1 CINE FOT REC.AV Superfície sobre a qual se projetam imagens cinematográficas (filmes) ou fotográficas (*slides*, diapositivos); painel, ecrã. 2 CINE O cinema, a arte cinematográfica. 3 Descrição de cenas ou paisagens em obra literária. 4 A obra em que essa descrição é feita. 5 GRÁF Matriz usada em serigrafia. 6 PAP Parte essencial da mesa de fabricação da máquina de papel, constituída por uma tira sem fim de malha metálica fina e delicada.

tela grande CINE M.q. CINEMA.
tela larga CINE M.q. TELA PANORÂMICA.
tela metálica CINE Refletor retangular, recoberto de alumínio, que reflete a luz natural ou artificial projetada à maneira de pequenos espelhos.
telão 1 Grande tela. 2 CINE Grande tela transparente em que se projeta um fundo ou uma paisagem, para filmagem em retroprojeção. 3 TEAT Painel com letreiros ou anúncios que pende diante do pano de boca. 4 TV Sistema de projeção de imagens em tela grande, como no cinema.
tela panorâmica CINE Toda tela côncava e inclinada (p.ex., a do processo *cinemascope*), destinada ger. à projeção pelo processo anamórfico; tela larga.
tele FOT Red. de TELEOBJETIVA.
telecinagem TV Ação ou processo de utilizar o telecine.
telecine TV Equipamento destinado à transmisão de filmes cinematográficos e *slides* pela televisão e que converte imagens em sinais eletrônicos.
telecomandar Emitir sinais por linha de comunicação para comandar a distância (aeronave, navio, míssil, mecanismo etc.); teleconduzir, teleguiar.
telecomando ELETR TV 1 Ato ou efeito de telecomandar. 2 Emissão de sinais por linha de comunicação, para executar comandos a distância; controle remoto.
telecommerce [ing.] Ver T-COMMERCE.
telecomunicação Designação genérica das comunicações a longa distância, que abrange a transmissão, emissão ou recepção de sinais, sons ou mensagens por fio, rádio, eletricidade, meios ópticos ou qualquer outro processo eletromagnético.
telecomunicações A totalidade dos meios técnicos de comunicação; comunicações.
teleconduzir M.q. TELECOMANDAR.
teleconferência Conferência na qual mais de dois interlocutores estão em lugares diferentes, ligados por telefonia, televisão ou computador. ▶ Cf. VIDEOCONFERÊNCIA.
teleconversor FOT M.q. CONVERSOR ('lente suplementar').
teledensidade TEL Número de telefones em serviço em cada grupo de 100 habitantes.
teledifusão TEL TV 1 Serviço de transmissão de sinais, sons ou imagens para o público em geral, por meio de ondas eletromagnéticas, cujo receptor é a televisão. 2 Transmissão pelaa televisão de programas noticiosos, educativos, culturais, de entretenimento etc.
teledrama TV 1 Adaptação de texto literário (conto, peça teatral, romance etc.) para a televisão. 2 Filme feito esp. para a televisão.
telefac-símile TEL 1 Sistema em que a imagem de uma fotografia, mapa, texto ou material gráfico fixo, convertida em sinais para sua transmissão por telefone ou rádio a um receptor situado a distância, é neste reproduzida (em tela ou papel) com suas características originais; fac-símile. 2 Aparelho que realiza essa operação. 3 A reprodução obtida por esse sistema. ▶ F.red.: *telefax*.

---

telefax TEL 1 Red. de TELEFAC-SÍMILE. 2 Aparelho que combina os recursos de telefone e fax.
telefilme CINE TV Filme produzido esp. para exibição em televisão e ger. de duração menor que um longa-metragem.
telefone TEL 1 Aparelho destinado a transmitir e reproduzir a distância o som, esp. o da fala humana, por meio de correntes eletromagnéticas. 2 Conjunto de números e/ou letras com que se efetua uma ligação telefônica. 3 Chamada telefônica.

INFORMAÇÕES GERAIS

O que hoje se chama de telefone é, na verdade, um aparelho radicalmente transformado pela telefonia, a tal ponto que seria correto e talvez até esperado que outro termo fosse criado para designar o novo dispositivo. O antigo telefone, criado por Alexander Graham Bell (1847-1922), transmitia apenas sons: era uma invenção que tinha o objetivo caridoso e benemérito de ajudar os deficientes auditivos da época, entre os quais se encontravam membros da família do inventor. O novo telefone é capaz de emitir e receber sons e textos, acessar núcleos de informação, navegar na internet, movimentar contas bancárias, fazer compras, identificar mapas de área, entrar em redes sociais, receber informações financeiras em tempo real, ver fotos e imagens, fotografar e filmar acontecimentos, ler jornais e revistas etc. Acredita-se que, no futuro, mais capacidades sejam adicionadas ao que hoje é oferecido. A telefonia transformou-se no recurso tecnológico de informação e de comunicação mais poderoso no início do sXXI. Uma importante característica do novo telefone é que seus recursos são desenhados de acordo com as necessidades pessoais do usuário, ao contrário do telefone tradicional, que oferecia o mesmo conjunto de serviços para todos que se utilizassem dele. A evolução histórica do telefone mostra como o aparelho acumulou mutações incrementais que o foram transformando ao longo do tempo: o próprio Graham Bell não poderia ter inventado o telefone sem os avanços técnicos da telegrafia contemporânea. Os inventores do telégrafo sabiam que era possível transmitir sinais através de fios: coube ao inventor do telefone a resolução do problema de como transmitir sons. Os primeiros dispositivos telefônicos convertiam sons em impulsos elétricos que permitiam a recepção de sons relativamente análogos aos que eram transmitidos. Além de Bell, outros inventores tentaram resolver os problemas técnicos da telefonia analógica, entre eles Antonio Meucci (1808-1889) e Elisha Grey (1835-1901), que foi registrar a patente da invenção no mesmo dia que Bell, chegando depois dele. Ao contrário do que Bell fizera, o aparelho de Meucci não transformava sons eletromagneticamente em corrente eletrônica ondulatória, que é a característica do aparelho que passou a ser reconhecido como telefone. Durante vários anos, a companhia telefônica fundada por Graham Bell, a Bell Telephone Company, que virou a AT&T, lutou juridicamente contra o governo norte-americano para manter o monopólio do serviço. Em 1934, a AT&T detinha o virtual monopólio da telefonia estadunidense. O domínio do mercado progrediu assombrosamente, pois a AT&T tanto oferecia a grande maioria dos serviços locais diretos (90% deles) como providenciava as interconexões que efetuavam ligações interurbanas. Até 1974, a AT&T exerceu o controle quase que total do serviço telefônico n.-am. Além da concessão legal, o monopólio da AT&T resultava de superioridade e de domínio tecnológico. A companhia recrutava cientistas e técnicos para pesquisarem problemas de telefonia, estando na frente de qualquer outro competidor em potencial. A perda do virtual monopólio da AT&T é tanto jurídica como política, pois passou-se a reconhecer que o controle do mercado telefônico era um fator de restrição de novas invenções. Em 1984, em acordo com o departamento de justiça do governo americano, a AT&T concordou em deixar de atuar no mercado telefônico local. Do ponto de vista do problema tecnológico mais básico, os telefones tradicionais e os telefones móveis não se diferenciam por completo, o que certamente justifica o uso do nome telefone tanto para um como para outro aparelho. Mesmo usando a internet ou operando com TEXT MESSAGING, os dois dispositivos transformam informação em sinais, que são recebidos de modo semelhante ao que foram produzidos. Entretanto, ainda que o objetivo comunicacional seja o mesmo, o método é diferente. Os telefones móveis atuais valem-se do *Voice over Internet Protocol* (*VoIP*). Esse protocolo não se utiliza dos sistemas públicos de telefonia e é a mesma tecnologia que levou a internet para a casa dos usuários. Graças ao *VoIP*, existem hoje serviços telefônicos, como o Skype, que são transmitidos pela internet, a um custo bem menor, e que acoplam sons e imagens. Além do fato de que a telefonia por *VoIP* é descentralizada, os custos não são os do sistema público de transmissão telefônica, o que permite que, através do Skype, p.ex., longas conversas ocorram sem contas astronômicas, o que, para muitos usuários, compensa a qualidade mais baixa de telefonia por *VoIP*. Com a expansão da cobertura pela internet, essa telefonia será cada vez mais frequente e de melhor qualidade. Os *smartphones* que acessam a internet serão competidores dos serviços como o Skype (cf. SMARTPHONE). Com tantas opções, seja por meio de telefones móveis, seja por *smartphones*, o uso de telefones não só aumentou de modo significativo, mas tb. muitos usuários passaram a deixar de usar os serviços tradicionais de linha, usando apenas telefones celulares, num claro processo depurativo em que fatores tecnológicos e econômicos exercem papel fundamental. Pesquisa feita pelo Pew Research Center, dos Estados Unidos, revelou que oito entre cada dez norte-americanos possuem e usam um telefone celular. Como era de se esperar e como resultado das possibilidades abertas pelos *smarphones*, houve uma alteração significativa no uso dos aparelhos. Quem tem *smartphones* utiliza seus aparelhos 92% do tempo para receber ou mandar textos e tirar fotos, enquanto esses serviços consomem apenas 59% do tempo no caso dos usuários de outros tipos de telefones celulares. A convergência de mídia é uma tendência das mais evidentes na comunicação por telefonia. Algumas companhias, como a T-Mobile, passaram a ser acopladas ao telefone da Google, que dispensa os serviços de provedores. O mercado de telefonia WIRELESS crescerá até o ponto de saturação, se é que isso vai acontecer, da internet. Os telefones deixarão de ser somente instrumentos de sociabilidade. A vocação futura do telefone está na encruzilhada da transmissão e da recepção de informação, funcionando simultaneamente como modo de comunicação pessoal e de massa.

BIBLIOGRAFIA

PEW RESEARCH CENTER. *Americans and their cell phones: mobile devices help solve problems but create new annoyance.* Pew Internet and American Life Project, 15/08/2011.

telefone celular TEL **1** Telefone móvel que opera a partir de uma central de computação que controla uma rede de estações básicas (células), o que permite seu uso em múltiplos pontos. ▶ Tb. se diz apenas *celular*. **2** Sistema que se utiliza de transmissor de rádio de alcance limitado e esse telefone móvel como receptor. ▶ O telefone celular é um recurso e um conceito tecnológico que data de 1947, tendo sido desenvolvido por uma companhia n.-am., a AT&T. A ideia é a seguinte: uma antena transmissora irradia em baixa potência igualmente em todas as direções, criando uma área circular (célula) cujo raio depende da energia da emissão; outras antenas podem ser instaladas, tangenciando-se ou sobrepondo-se ligeiramente, formando um mosaico e possibilitando a telefonia celular móvel. Apesar de a tecnologia ter sido conceituada na primeira metade do sXX, seu uso e aplicação só aconteceram 26 anos depois, em 1973. O aparelho celular desenvolvido por uma divisão da Motorola, liderada por Martin Cooper (1928-), era extremamente pesado, a ponto de ser apelidado de "tijolo", a um custo de 3.500 dólares por aparelho. Os primeiros celulares eram analógicos e usavam bandas de frequência entre 800 e 900 mega-hertz, sendo posteriormente transformados pela aplicação de tecnologia digital. Essa transformação foi chamada de 2G (segunda geração), em referência a 1G (primeira geração), que identificava os antigos telefones celulares analógicos. A tecnologia 2G facilitou o acesso à internet e a transmissão de textos, sendo ainda mais aprimorada pela tecnologia 2,5G, que, além de permitir o uso de PACKET SWITCHING, aumentava a velocidade da comunicação. Atualmente, os telefones celulares utilizam-se de recursos 3G, que permitem a transmissão simultânea de dados e de voz com capacidade comunicacional maior do que a tecnologia 2G. Acredita-se que a chegada de uma nova geração de celulares (4G) representará um aumento na compra e venda de produtos no *m-commerce* (*mobile commerce*), bem como marcará o início de uma transição da telefonia *wireless* para uma tecnologia completamente informacional.

telefonia 1 Arte de levar a palavra falada ou outros sons a grandes distâncias. **2** TEL Transmissão e reprodução do som a distância, por meio de fios, cabos ou ondas eletromagnéticas, tendo como receptor um telefone. **3** M.q. RÁDIO ('aparelho receptor'). ▶ Cf. TELEFONE.

telefonia sem fio TEL M.q. RADIOFONIA.

telefoto TEL **1** Transmissão e recepção a distância de imagens fotográficas por meio de ondas hertzianas. **2** Aparelhagem de transmissão e recepção us. nesse sistema. **3** Imagem fotográfica transmitida e captada por esse sistema.

telefotografia 1 FOT Arte ou técnica de fotografar a distância. **2** TEL M.q. TELEFOTO.

telegame [ing.] Ver TELEJOGO.

telegenia Qualidade atribuída a um indivíduo ou objeto que tende a apresentar uma boa imagem ao aparecer na televisão.

telegênico Relativo a telegenia.

telegrafia COMN **1** Processo de telecomunicações que transmite textos escritos (telegramas) por meio de um código de sinais (código Morse), através de fios **2** Arte de construir telégrafos. **3** Ramo das telecomunicações que engloba qualquer processo de reprodução a distância do conteúdo de documentos gráficos (impressos, escritos, imagens visuais fixas etc.).

telégrafo 1 Aparelho através do qual se efetua a transmissão ou recepção de mensagens a distância, por meio de sinais. 2 Esse sistema de transmissão e recepção de mensagens. 3 Local onde está localizado esse aparelho.

INFORMAÇÕES GERAIS

O telégrafo não só inaugurou um novo modo de comunicação a distância, que iria evoluir para as formas do rádio, televisão, internet etc., mas também deu partida à noção de meios completamente dependentes da eletricidade que persiste até os dias de hoje. Durante a maior parte da história do conhecimento humano, a eletricidade não era um fenômeno natural propriamente compreendido. Via-se a eletricidade como uma força capaz de criar algo de mágico, como era o caso do relato de *Frankenstein*, célebre história de horror de Mary Shelley (1797-1851), que ficcionou a criação de um monstro, feito doentiamente de partes humanas que ressuscitavam graças a descargas elétricas obtidas por galvanização. Para muitos que viveram na época em que a eletricidade não era um fenômeno onipresente nos rituais práticos da vida cotidiana, as descargas elétricas pareceriam ser o produto de um agente invisível, intangível e imponderável. A conceituação da comunicação a distância existia antes da invenção de aparelhos elétricos de telegrafia. Porém os primeiros telégrafos eram ópticos. Então, a palavra 'telégrafo' descrevia os aparelhos sincronizados que mandavam sinais visuais de uma torre para outra, inventados pelo francês Claude Chappe (1763-1805) durante a Revolução Francesa. O nome 'telégrafo' indicava semáforos que se distribuíam, em rede, por áreas do território francês. Chappe recebia o título de engenheiro telegráfico. Seu irmão, Ignace Chappe (1760-1829), era membro da assembleia revolucionária e conseguiu apoio governamental para a ideia de um sistema de semáforos que veicularia informação sobre conflitos bélicos. A rede de semáforos era o que permitia a transmissão de sinais bem mais velozes que o modo principal de disseminação de informação da época, que era a viagem a cavalo. A primeira utilização eficaz do telégrafo elétrico deve-se ao alemão Friedrich Clemens Gerke (1801-1888). Desde meados do sXVIII, sabia-se que descargas elétricas navegavam no espaço, como demonstraram os experimentos feitos pelo abade e físico francês Jean-Antoine Nollet (1700-1770). Conjugado ao conceito de rede de Chappe, era possível imaginar a transmissão de sinais eletromagnéticos de um ponto a outro, por mais distantes que fossem. O que faltava era uma linguagem que pudesse veicular as mensagens. Várias soluções técnicas foram tentadas (agulhas, bolas, papéis preparados quimicamente etc.) sem sucesso consistente. A solução que permitiu a criação da nova tecnologia informacional deve-se a Samuel Finley Breese Morse (1791-1872). Morse não era engenheiro, mas artista plástico, e sua solução, vulgarmente chamada de código Morse, não é, tecnicamente, um código. A ideia de Morse era simples e elegante. O que ele fez foi usar as propriedades da corrente elétrica, que eram a emissão de uma descarga e sua interrupção, para criar um sistema notacional subsidiário à linguagem ordinária. Após tentar dispositivos diversos para representar a intuição de que a transmissão e a interrupção de energia elétrica serviam como veículos de significação, Morse optou por uma chave telegráfica, na verdade um dispositivo que usava uma mola para transmitir e interromper uma taxa de centenas de sinais por minuto. Do outro lado da emissão telegráfica, o receptor referia-se ao mesmo sistema de notação, decifrando a linguagem dos sinais elétricos. A invenção de Morse era bem mais apropriada para a comunicação elétrica do que a us. por seus concorrentes. Gerke simplificou ainda mais o sistema de notação que Morse criou, tornando-o a linguagem dominante na telegrafia. Desde o início de seu emprego generalizado, a telegrafia e o jornalismo andaram lado a lado. A telegrafia não é apenas uma maneira de transmitir mensagens verbais: suas limitações e processos influenciaram o jornalismo de modo estrutural. Graças ao telégrafo, as notícias poderiam circular imediatamente, sem maiores restrições de espaço, o que fomentou um novo tipo de jornalismo de cunho global e internacional. E não apenas isso: como o serviço telegráfico era cobrado por número de batidas da chave, os jornais passaram a ser redigidos em linguagem simples e direta, o que afastou o jornalismo de seus modelos literários tradicionais: como efeito secundário, o jornalismo encontrava uma maneira popular de expressão. Ao contrário do que se presumia, que os jornais deixariam de existir por causa da competição do telégrafo, o que aconteceu foi o contrário: os jornais adaptaram-se às possibilidades abertas tecnologicamente pelo telégrafo, passando a depender de agências de notícias que forneciam serviços informativos para os meios de comunicação.

BIBLIOGRAFIA

GLIECK, James. *The information: a history, a theory, a flood.* New York: Pantheon, 2011.

JONES, Alexander. *Historical sketch of the electric telegraph.* New York: Putnam, 1872.

telégrafo Morse TEL Sistema telegráfico, inventado pelo norte-americano Samuel F. B. Morse (1791-1872), em que se usa um código formado por pontos e traços para transmissão de mensagens. ▸ Tb. se diz apenas *morse*.

telégrafo sem fio TEL Aparelho em que a transmissão de sinais se faz por meio de ondas hertzianas.

telegrama COMN 1 Comunicação transmitida ou recebida via telégrafo. 2 Impresso onde se escreve essa comunicação.

telegrama fonado COMN Telegrama passado ou recebido através do telefone.

teleguiar M.q. TELECOMANDAR.

teleinformática INF TEL M.q. TELEMÁTICA.

telejogo Jogo em que se manipulam imagens por meio de um console ligado a uma televisão. ▸ Precedeu o *video game*, mas seus recursos são limitados, não aceitando cartuchos nem fitas.

telejornal Noticiário transmitido pela televisão, em que ger. se abordam os acontecimentos do dia.

telejornalismo Atividade de produção e apresentação de telejornais.

telejornalista 1 Relativo a telejornalismo. 2 Que ou quem exerce o telejornalismo.

telemarketing [ing.] MKT Utilização do telefone e demais meios de telecomunicação pelo *marketing* de bens ou serviços.

telemática INF TEL 1 Conjunto de serviços informáticos fornecidos através de uma rede de telecomunicações; teleinformática. 2 Ciência que trata da transmissão, a longa distância, de informação computadorizada; teleinformática. **3** Esse tipo de transmissão; teleinformática.

telenovela TV Novela escrita diretamente ou adaptada (de obra literária, peça teatral etc.) para a televisão e ger. apresentada sob a forma de capítulos diários. ▸ A transmissão televisiva em capítulos regulares de narrativa folhetinesca, seja ela dramática, cômica ou rocambolesca, de textos adaptados ou não, constitui o gênero comunicativo que é a telenovela. Não se deve confundir telenovela com *soap opera*. Originariamente um formato transmitido através do rádio na década de 1930, as narrativas televisivas n-am. são invariavelmente dramalhões intermináveis, com múltiplos personagens movidos por maldade, paixões e conspirações nefastas, que se transmitem à tarde, quando as crianças ainda estão no colégio, e se dirigem a um público feminino composto de pessoas que não atuam diretamente no mercado de trabalho. No caso brasileiro, as novelas são acompanhadas fielmente por todos os extratos da população nacional. As telenovelas produzidas no Brasil subdividem-se em gêneros, exibidos em horários fixos e diferentes, que vão da adaptação literária ao romântico, ao cômico e ao dramático e chegam ao desenlace após um determinado, ainda que longo, período. Os atores de *soap opera* não atuam no cinema ou no teatro, como é o caso dos profissionais brasileiros. Não há exemplo de um dramaturgo norte-americano importante, como Dias Gomes (1922-1999), que tenha escrito *soap operas*. Ver novelas é um ritual doméstico e contínuo de grande popularidade no Brasil, que começa no início da noite e dura até perto da hora de dormir, talvez interrompido apenas pela transmissão de telejornais. Até agora, apenas uma das telenovelas brasileiras, *Malhação*, no ar desde 1995, seguiu o modelo de narrativa interminável que caracteriza a *soap opera* n.-am. Ainda que outras estações tenham produzido novelas populares, o gênero até agora é identificado como um produto típico e poderoso da REDE GLOBO. Porque os capítulos dos programas não são totalmente filmados para então serem exibidos, uma vez que a reação da audiência acaba conduzindo a trama narrativa, as telenovelas têm sido consideradas como um nicho sociológico especial da comunicação de massa, que espelharia os gostos, os pensamentos e as reações tanto sociais como ideológicas da população brasileira. Por mais que a reação das audiências sejam índices movediços e instáveis da ordem social brasileira, estudos importantes consideram a telenovela como um instrumento formador do mercado de consumo nacional, além de se constituírem como dispositivos criadores das múltiplas identidades sociais: supõe-se que a sociedade brasileira e seus dramas se projetam nas telas que exibem as narrativas ficcionais mais populares do país. O gênero telenovela é popular em vários países, do Canadá à Grécia, do Oriente Médio à Ásia. O mercado das telenovelas brasileiras não se limita ao Brasil ou à América Latina: é um produto vendido na Rússia, na Grécia e em muitos outros países.

BIBLIOGRAFIA

ALMEIDA, Heloísa Buarque de. *Telenovela, consumo e gênero*. Bauru: Edusc/Anpocs, 2003

HAMBURGER, Esther. *O Brasil antenado: a sociedade da novela*. Rio de Janeiro: Zahar, 2005.

LEAL, Ondina Fachel. *A leitura social da novela das oito*. Petrópolis: Vozes, 1986.

telenovelista TV Que ou quem escreve telenovelas.

teleobjetiva FOT Objetiva com distância focal bastante grande e, portanto, ângulo mínimo de abertura, utilizada para fotografar (ou filmar) a grandes distâncias. ▸ Tb. se diz apenas *tele*.

teleoperador MKT Que ou quem faz e atende ligações telefônicas em operações de *telemarketing*; operador de *telemarketing*.

teleouvinte M.q. TELESPECTADOR.

teleprinter [ing.] TEL Dispositivo que reproduz e digitaliza material recebido sob a forma de impulsos elétricos, num sistema de telecomunicações.

teleprocessamento INF Modalidade de tratamento de informação em que um sistema de processamento de dados utiliza recursos de telecomunicação. ▸ Os dados podem ou não ser transmitidos a uma central onde são processados antes de serem retransmitidos ao ponto de origem.

teleprompter [ing.] TV Dispositivo formado por tela ou rolo de papel rotativo, adaptável à câmara, us. para expor um texto em letras grandes e permitir, assim, que um locutor ou ator o leia com facilidade; gerador de caracteres.

teleshoping [ing.] INF TV Comércio feito através de computadores ou a partir de uma reação a programas dedicados exclusivamente a compra e venda de produtos.

telespectador Que ou quem assiste a televisão; teleouvinte, tevente.

teleteatro TEAT TV **1** Arte de apresentar peças de teatro ou novelas pela televisão; teledramaturgia. **2** Peça teatral encenada num estúdio de tevê e televisionada, inteira ou em capítulos. ▸ Cf. TELENOVELA.

teletexto COMN TEL TV Sistema unidirecional de telecomunicação que, servindo-se da parte redundante de um sinal de televisão ou de uma linha telefônica, transmite informação em forma de texto ou grafismos para a tela receptora de um televisor esp. equipado com decodificador.

teletipo COMN Aparelho telegráfico, utilizado sobretudo em agências de notícias, jornais, revistas etc., que transmite um texto, por meio de um teclado datilográfico, registrando a mensagem, no posto receptor, sob a forma de letras impressas; teleimpressor. ▸ Teletipo é um processo e aparelho de transmissão a distância de textos escritos já impressos, inventado em 1903 por M. Casevitz, sendo a marca registrada a partir de 1925.

Televisa M.COM TV Grupo mexicano de mídia eletrônica, fundado em 1955, que transmite nos EUA como Univisión. ▸ De propriedade da família venezuela Cisneros, a Televisa começou com um agrupamento de três estações mexicanas e é, hoje, um dos grandes conglomerados da América Latina, com atividade nos ramos de TV a cabo, rádio, produção de filmes, portal de internet etc. As novelas da Televisa são de grande popularidade no mundo de língua hispânica.

televisamento M.q. TELEVISIONAMENTO.

televisão TEL **1** Transmissão e recepção de imagens visuais convertidas em sinais eletromagnéticos, por meio de ondas hertzianas ou de cabo coaxial. **2** Aparelho receptor de imagens televisionadas; televisor. **3** Estação transmissora dessas imagens. **4** Meio de comunicação que se serve da televisão para a difusão de atividades e programas artísticos, informativos, educativos etc. ▸ Tb. se diz apenas *tevê* e *TV*.

INFORMAÇÕES GERAIS

Durante a primeira metade do sXX, a televisão foi o meio de comunicação dominante, com imensa presença na vida cotidiana das nações industrializadas e, eventualmente, em todo o mundo. A televisão é o resultado de uma série de invenções acumuladas, que aprimoraram a visão de imagens transmitidas a distância, desenvolvidas pelo alemão Paul G. Nipkow (1860-1940), pelo escocês John Logie Baird (1888-1946), pelo húngaro Kálmán Tihanyi (1897-1947) e pelo russo León Theremin (1896-1993). O engenheiro e inventor russo Vladimir Kosma Zworykin (1889-1982), que repudiou passionalmente o que foi feito de sua invenção, foi o primeiro a demonstrar um sistema televisivo de raio e tubo catódico, com todos os traços da televisão moderna. Desde a década de 1920, quando começaram suas primeiras transmissões em maior escala, até hoje em dia, a televisão infiltrou-se na vida doméstica, o que a torna o meio de comunicação mais assistido pela população mundial. Mais de três ou quatro horas da vida média dos espectadores é dedicada à assistência de programas televisivos. Na vida moderna, nenhuma outra atividade comunicativa recebe tanta atenção. É, portanto, inescapável que se estudem e analisem exaustivamente os efeitos da televisão. Mais de 99% da população n.-am. tem televisores, numa média de mais de dois aparelhos por lar. No Brasil, mesmo em áreas pobres, com péssimas condições sanitárias, a maioria das casas abriga pelo menos um aparelho de TV. Ao todo, mais de 162,9 milhões de lares brasileiros têm TV em cores. A chave e o poder da TV residem na sua domesticidade, tanto do ponto de vista de sua recepção como dos conteúdos transmitidos. Para a TV, ainda que de modo variado, o centro é sempre a família e o lar. A esfera pública chega à ordem privada através das transmissões de televisão. Comédias, novelas, filmes, programas de variedades, noticiários etc. giram frequentemente em torno da domesticidade. O próprio modo de transmitir notícias segue o modelo da conversa íntima, em que o transmissor se dirige diretamente ao receptor, criando a impressão de contato direto. Na televisão, a busca de um tom íntimo é uma estratégia comunicativa constante. Na casa moderna, muito da rotina diária gira em torno de um aparelho ligado: acredita-se que 66% dos jantares nos Estados Unidos acontecem com uma televisão transmitindo um programa. Faz-se de quase tudo numa casa vendo imagens televisivas. Há cada vez menos restaurantes que não tenham TV em uma de suas paredes. Não é, portanto, correto que se analise o veículo televisivo a partir da reação individual, uma vez que se trata de um dispositivo que adquire sentido pleno na troca coletiva de reações e impressões. Um dos preconceitos disseminados sobre a TV diz respeito à presumida passividade dos espectadores. Como experiência coletiva, a televisão apresenta algumas características estruturais: nesse espaço comunicativo os espectadores encontram-se projetados; seus gostos parecem supremos e inquestionáveis. Mas a experiência televisiva é composta de atos de violência simbólica, segundo o sociólogo francês Pierre Bourdieu (1930-2002); uma violência simbólica que se exerce com a cumplicidade tácita daqueles que a experimentam (cf. BOURDIEU, PIERRE). Ao contrário, porém, do que Bourdieu sugere, estudos empíricos de audiência demonstraram que a relação da audiência com o que se assiste é profundamente ativa, mesmo que a programação preferida seja sempre entretenimento: ficção escapista, esportes, *shows* sensacionalistas, música de fácil consumo etc. A televisão é um objeto comunicacional usado pelo espectador que interpreta o que vê nos seus próprios termos, segundo seus desejos e modos de compreensão. Não há um modo de assistência predominante que caracterize a experiência televisiva: talvez seja por isso que estudos sobre temas socialmente pungentes, como o papel da televisão na proliferação da violência em sociedade, não cheguem nunca a afirmações satisfatórias ou conclusivas. A televisão fornece molduras de interação social que vão da novela assistida com fervor e fidelidade até a notícia. A experiência televisiva só pode ser qualitativamente diferente da solidão do espectador individual numa sala de projeção cinematográfica. Em termos de sua composição formal, a televisão apresenta um material conspicuamente fragmentado, enquanto ger. o cinema parte de tomadas fragmentadas que são montadas com o objetivo de criar um só todo narrativo. O cinema é um meio para ser contemplado a distância, enquanto a TV apela diretamente para o imediatismo. Em alguns lugares como o Reino Unido, a TV desenvolveu-se a partir de sua definição como bem e serviço público, semelhante à educação, enquanto nos Estados Unidos o que marca a economia do veículo são práticas do capitalismo mercantil. A tecnologia a cabo e a internet transformaram consideravelmente a televisão tradicional, multiplicando o número de canais e a variedade da programação, criando assim nichos de programação especializada até então impensados comercialmente. O regime econômico de franquia é o mais utilizado pelas TVs comerciais. A franquia permite que estações locais transmitam programação nacional, constituindo-se no fundamento da teledifusão em rede. A combinação de desregulamentação e ação de tecnologia por satélite afetou consideravelmente a TV comercial; a televisão a cabo, que crescera exponencialmente até o início do sXXI, mostra, nos Estados Unidos, sinais de declínio. Caiu o número de assinantes de TV a cabo, provavelmente agravado pelo fato de que programas e *shows* antes exclusivos das TVs comerciais estão sendo veiculados pela internet ou por satélite.

BIBLIOGRAFIA

BOURDIEU, Pierre. *Sobre a televisão*. Rio de Janeiro: Zahar, 1997.

televisão aberta TEL Aquela de difusão irrestrita, que, ao contrário da televisão a cabo, não precisa de equipamento especial de recepção, apenas de uma antena para a escolha do canal a que se quer assistir.

televisão a cabo TEL Sistema de distribuição de programas de TV em que os sinais de estações, tanto locais como distantes, são captados por uma ou mais antenas de alta sensibilidade em posição elevada e amplificados em canais individuais, para alimentar diretamente os monitores individuais de usuários através de cabos coaxiais subterrâneos ou terrestres; televisão paga, *cable TV*.

televisão em circuito fechado TEL Aquela de difusão restrita, cujos programas só podem ser vistos em receptores conectados à câmara de TV por circuitos que abrangem ou não repetidores de micro-ondas e cabos coaxiais.

televisão paga TEL M.q. TELEVISÃO A CABO.

televisão por assinatura TEL Sistema de TV cujos programas são transmitidos de forma codificada e para recepção exclusiva de assinantes, que pagam mensalmente pela utilização dos aparelhos decodificadores necessários à restauração do programa. ▶ Porque seus espectadores compram um pacote de serviços, a televisão por assinatura pode ousar em sua programação: cada programa individual não depende de índices de audiência, desde que os assinantes estejam satisfeitos com o resto da programação veiculada.

televisionamento Ato ou efeito de televisionar; televisamento.

televisivo 1 Relativo a televisão; televisual. 2 Que tem qualidades ou condições para ser transmitido por meio de televisão.

telex 1 Modalidade de serviço telegráfico através do qual os usuários podem comunicar-se direta e temporariamente entre si, por meio de aparelhos teleimpressores. 2 Rede telegráfica destinada à operação desse serviço. 3 Aparelho teleimpressor us. nesse serviço. 4 Mensagem transmitida por esse serviço; telexograma.

telexograma TEL M.q. TELEX ('mensagem').

telha GRÁF 1 Chapa estereotípica, moldada em forma arqueada para se adaptar ao cilindro da máquina rotativa; estereotipia curva, estereótipo curvo. 2 Peça do tinteiro de uma impressora, através da qual é regulado o fluxo da tinta; faca.

telnet INF Protocolo de comunicação computacional que permite o acesso remoto a um computador. ▶ Um dos primeiros métodos formais de comunicação informatizada, ainda em uso, mas que está sendo gradualmente substituído pelo *SSH* (*Secure Shell*), que permite a criptografia e, assim, oferece um sistema de comunicação mais seguro.

tema 1 Proposição, assunto que se quer desenvolver ou provar. 2 ART.PLÁST Assunto desenvolvido pelo artista numa obra. 3 LING Papel semântico do argumento em torno do qual é feita a predicação (p.ex., "o *livro* está sobre a mesa", "o *trem* partiu", "rasgaram a *carta*"). ▶ Cf. ARGUMENTO. 4 MÚS Frase musical que se repete, por vezes com variações, em uma composição. 5 PUB Conteúdo central que organiza as mensagens e anúncios de uma campanha publicitária.

temática Conjunto dos temas que caracterizam uma obra literária ou artística.

tempo 1 Duração relativa das coisas, que cria no ser humano a ideia de presente, passado e futuro; período contínuo e indefinido durante o qual os eventos se sucedem. 2 Determinado período considerado em relação aos acontecimentos nele ocorridos; época. 3 Certo período da vida que se distingue de outros. 4 Período específico, segundo quem fala, de quem se fala ou sobre quem se fala. 5 Época na qual se vive. 6 GRAM Categoria verbal que indica o momento em que se dá o fato expresso pelo verbo ou o tempo em que transcorre. ▶ O conteúdo dessa categoria varia segundo as línguas; em português, compreende presente, pretérito (ou passado) e futuro, e suas subdivisões. 7 GRAM Cada subdivisão da categoria tempo existente numa língua e seu paradigma próprio. 8 MÚS Unidade abstrata de medida do tempo musical, a partir da qual se estabelecem as relações rítmicas; pulsação. 9 MÚS M.q. ANDAMENTO.

INFORMAÇÕES GERAIS

A passagem do tempo tem uma dimensão central na existência natural e humana e, por isso, não poderia deixar de ocupar um lugar privilegiado na história do pensamento. Quando HERÁCLITO DE ÉFESO (c540 a.C. – c480 a.C.) observa que não se banha duas vezes nas mesmas águas do mesmo rio, a inferência é que nada permanece e que, portanto, na vida, tudo flui. Por extensão, o tempo vivido é como o curso de um rio. Não é apenas pelo estilo enigmático e críptico de Heráclito que, após sua observação, deixou muitas perguntas sobre o tempo sem resposta. Se o tempo é como um rio que flui, ele flui de onde para onde? Do futuro para o passado? Do passado para o futuro? E, nesse fluxo, o que é a humanidade? Apenas resíduos indo pelo curso do tempo, rio abaixo, rio acima? Além de ter produzido uma das frases mais belas sobre o tempo, Platão (c428 a.C. - c348 a.C.) sugere que o fluxo cronológico nasce numa dimensão sem tempo, em si perfeita, de onde então surge esse movimento fluido e interminável que Heráclito sugeriu. A frase de Platão está no diálogo *Timeu*: ao fazer o tempo, o Demiurgo criou "uma imagem móvel da eternidade" (Tim. 37d-e). O tempo é eternidade que descansa numa unidade que se desdobra progressivamente, como os números de uma série: noites seguindo-se aos dias; meses, um após outro no ritmo pausado e harmonioso das estações. Se a retórica aristotélica identifica três espécies de discurso (o deliberativo, que se dedica a ajudar numa decisão cívica e política; o judicial, que procura estabelecer culpa ou inocência; e o elogioso, que exalta ou avilta, muitas vezes comparativamente, o caráter de uma pessoa), nelas se encontram os três modos de existência temporal: a deliberação é sobre o futuro; o julgamento, sobre se, no passado, tal fato aconteceu, enquanto o elogio é regido pelo presente. No que concerne ao fluxo temporal, Aristóteles (384 a. C. - 322 a. C.), como Platão, entende o tempo como sequência tb. numérica, que vai do antes para o depois. Mas como medir algo tão fluido? Medi-lo em referência a quê? Parece óbvio que o fluxo temporal deve ser mensurado a partir de sua capacidade e manifestar-se como um 'agora': as dimensões do tempo seriam formas da 'presentidade' (*presentness* 'qualidade de ser ou estar presente'). No livro 11 das *Confissões*, Agostinho de Hipona (354-430) pergunta-se o que significa dizer 'passado', 'presente' e 'futuro'. Se o passado é um presente que se foi e o futuro, um presente que virá, o que é o presente? O presente é algo que deixa de ser, que tem na impermanência regressiva seu atributo mais evidente. O 'agora' do presente desfaz-se incessantemente ao transformar-se em passado. Não é, então, possível entender o tempo nos termos do presente. Para Agostinho, a resposta tem de ser outra, por dois motivos: pela impermanência factual do presente e porque a compreensão do que é próprio do tempo jamais será atingida plenamente somente com conceitos temporais. Entender o tempo como o que é apenas temporal levaria a uma circularidade lógica. Mas não há dúvida de que a experiência temporal existe; o que falta é a resposta para uma pergunta: como se vive o tempo? Para isso, Agostinho desloca sua argumentação no sentido da mente que experimenta o tempo. O passado é memória; o futuro, esperança e expectativa. E o presente? O presente é aquilo que está sob o olhar. Agostinho, contudo, considera sua resposta sobre a natureza do tempo insatisfatória, mas é o que diz poder oferecer. A partir de Agostinho, o tempo parece um problema que não pode ser resolvido. Posteriormente Gottfried Leibniz (1646-1716) afirma que o tempo é uma ilusão, que não existe objetivamente no mundo exterior, já que é pura relação. A rigor, a solução kantiana para o problema do tempo não poderia existir sem o argumento de Agostinho; o tempo é uma dimensão interna que, por isso, forma e constitui a experiência de modo *a priori*. Como o espaço, o tempo é um *a priori*, pois é possível pensar o espaço e o tempo sem as coisas, mas todas elas só existem em uma moldura espaço-temporal. Daí surgem concepções radicalmente interiorizadas do tempo. Em Henri Bergson (1859-1941), o tempo transforma-se numa duração interna e intuitiva, uma dimensão própria que tem natureza diferente da do espaço; ou, então, como a causa da consciência da morte e da angústia próprias do ser lançado ao drama da existência, que inspira a filosofia de Martin Heidegger (1869-1976). Para o evolucionismo darwiniano, a separação de tempo humano e natural não se sustenta. Os corpos naturais e humanos têm um registro temporal comum. Segundo a teoria evolucionista, o tempo biológico movimenta-se através de variações que têm origem comum. Cada organismo é, portanto, diversidade e similaridade. Se Darwin (1809-1882), em *A origem das espécies*, fizera apenas uma referência superficial à humanidade, num livro posterior, *A descendência do homem*, o principal teórico do evolucionismo postulou a tese de que os primatas partilham com os homens um ancestral comum. Ainda que Darwin nada sugerisse a respeito do evolucionismo cultural, abria-se, a partir da influência do darwinismo, uma nova perspectiva teórica: junto com o conhecimento da variedade dos costumes humanos, trazido pela exploração colonial, passou-se a acreditar que as sociedades seguiam uma hierarquia social evolutiva que ia do primitivo ao civilizado. O evolucionismo antropológico tinha por objetivo recuperar o processo que fizera a humanidade. Ainda que arbitrárias e descontextualizadas, as teses do evolucionismo cultural inspiraram vários autores envolvidos nos estudos comparativos da sociedade, entre eles E. B. Tylor (1832-1917) e James George Frazer (1854-1941). Quanto mais a antropologia se dedicava ao estudo *in loco* e de campo das sociedades humanas, mais se observava que, no estudo das sociedades, a dimensão temporal a ser favorecida e adotada só podia a do tempo presente. Menos importante do que a maneira pela qual um costume se desenvolveu, a partir de contato e de difusão, é a presença de um sistema e uma estrutura de regras sociais que permite a interação dos indivíduos em sociedade. A antropologia passou a privilegiar a dimensão do presente em detrimento do passado, da origem e de sua evolução. Vê-se a mesma preocupação com o presente nas recomendações metodológicas que Ferdinand de Saussure (1857-1913) faz no *Curso de linguística geral*. Para Saussure, que lera o sociólogo francês Émile Durkheim (1858-1917), a linguística deve dar mais importância ao estado presente da língua, sua ordem sincrônica, do que ao processo histórico que a constitui, ou seja, sua ordem diacrônica (cf. SINCRONIA; DIACRONIA). Igualmente importante para os estudos da comunicação é a maneira pela qual os engenheiros de telecomunicação dos laboratórios Bell teorizaram que o teor de informação de uma mensagem é medido por sua despesa, portanto pelo tempo necessário para a sua transmissão.

---

tempo compartilhado INF Uso simultâneo de um computador central por diversos usuários em localizações distanciadas entre si. ▸ Em ing. *time-sharing*.

tempo de acesso INF Período decorrido desde que uma informação é solicitada a um dispositivo de armazenamento até começar a ser fornecida; tempo de entrada.

tempo de entrada INF M.q. TEMPO DE ACESSO.

tempo de projeção CINE Tempo transcorrido entre o início e o fim da projeção ininterrupta de um filme; duração.

tempo de resposta INF Intervalo de tempo decorrido entre o fim de uma consulta, ou solicitação, e o início da resposta.

tempo de vida 1 Intervalo de tempo durante o qual um dispositivo mantém suas características específicas. 2 INF Período em que um determinado dispositivo permanece útil sem se tornar obsoleto.

tempo real 1 INF Processamento imediato das transações, como, p.ex., nas operações bancárias efetuadas em terminais remotos. 2 RÁD TV Momento exato dos acontecimentos que estão sendo noticiados.

tenso LING 1 Relativo à situação de comunicação linguística que ocorre em ocasiões sociais formais, em que já existe um consenso sobre a linguagem adequada ou permitida, como aulas, encontros oficiais, consultas a médicos, advogados etc., ou quando há um desnível hierárquico, social ou etário muito grande entre o locutor e o interlocutor. ▸ P. opos. a DISTENSO. ▸ Cf. REGISTRO. 2 Relativo à linguagem us. nessa situação.

teorema da incompletude de Gödel FIL LÓG MAT Teorema formulado pelo lógico e filósofo Kurt Gödel (1906-1978), que afirma a existência, num sistema lógico, de pelo menos uma fórmula que não pode ser provada ou refutada. ▸ Cf. GÖDEL, KURT.

teorema de Arrow ECON FIL Teorema formulado pelo economista n.-am. Kenneth Arrow (1921-), Prêmio Nobel de Economia de 1972, que indica a impossibilidade de se atingir uma escolha social, mais especificamente o voto, que atenda a critérios básicos de 'justiça'. ▸ Tb. conhecido como 'teorema da impossibilidade da escolha social' ou 'teorema da possibilidade geral de escolha social', o teorema de Arrow é um dos problemas centrais da lógica social no caso de escolhas democráticas. Arrow demonstrou que não há escolha social possível que atenda, sem contradição ou inconsistência, a quatro critérios básicos: 1) ser uma escolha racional coletiva que, ao mesmo tempo represente que cada escolha individual gera uma ordenação hierárquica de preferências; 2) atender ao critério de otimalidade, ou seja, de que, se os indivíduos preferem uma escolha a outra, não haverá como existir uma preferência comum a todos; 3) ser uma escolha não ditatorial, portanto ser aquela em que a escolha final não se identifique com a escolha de um indivíduo em particular; 4) haver independência de alternativas irrelevantes, isso significando que qualquer subconjunto de alternativas seja constituído apenas de preferências individuais. Se os critérios existem conjuntamente, o resultado é sempre uma inconsistência. É óbvio que o teorema de Arrow traz uma carga negativa para escolhas que representem o bem-estar social. A única saída para a inconsistência estrutural da escolha social parecia estar no relaxamento de um ou dos vários critérios identificados por Arrow. A solução dada pelo Nobel de Economia de 1998, Amartya Sen (1933-), é que não se abandonem as escolhas sociais, mas que elas passem a ser consideradas nos termos do bem social ou do valor da escolha específica, mesmo que, em si, a inconsistência persista. Sem essa tolerância, não haveria como se desenvolver um plano de bem-estar coletivo, com prejuízos para a sociedade.

BIBLIOGRAFIA

ARROW, Kenneth J. A difficulty in the concept of social welfare. *Journal of Political Economy* n. 58, p. 528-46, 1950.

SEN, Amartya. Personal utilities and public judgements: or what's wrong with welfare economics? *The Economic Journal* n. 89, p. 537-58, 1979.

teoria 1 Conjunto de regras ou leis, mais ou menos sistematizadas, aplicadas a uma área específica. 2 Doutrina ou sistema resultantes dessas regras ou leis. 3 Conhecimento especulativo, metódico e organizado de caráter hipotético e sintético. 4 Conjunto sistemático de opiniões e ideias sobre um dado tema. 5 Qualquer noção abrangente; generalidade. 6 Construção imaginária; utopia, sonho, fantasia. 7 FIL Na filosofia grega, conhecimento de caráter estritamente especulativo, desinteressado e abstrato, voltado para a contemplação da realidade, em oposição à prática e a qualquer saber técnico ou aplicado. 8 FIL Conhecimento sistemático, fundamentado em observações empíricas e/ou postulados racionais, voltado para a formulação de leis e categorias gerais que permitam a ordenação, a classificação minuciosa e, eventualmente, a transformação dos fatos e das realidades da natureza. 9 HIST Na Grécia antiga, embaixada sagrada que um Estado enviava para o representar nos grandes jogos esportivos, consultar um oráculo, levar oferendas etc.

INFORMAÇÕES GERAIS

Por mais que se afirme, ingenuamente, que a teorização restringe-se ao universo dos conceitos abstratos, não há prática sem pressuposições cognitivas de natureza teórica. Para justificar essa afirmação, o filósofo das ciências Karl Popper (1902-1994) propôs um experimento: dirija-se a um grupo de pessoas e peça que, de lápis e papel na mão, observem. A resposta será, sempre, a mesma: observar o quê? Daí Popper conclui que não há observação em estado puro, que tudo o que é observado exige pressuposições em si teorizantes. Aquilo que seria o "o quê?" das observações é, de fato, uma intencionalidade de fundo teórico. Da mesma maneira, como transmitir uma prática sem uma descrição que presuma conceitos mais ou menos rigorosos? Fazer algo sem conceitos e diretrizes é uma atividade intransmissível. E, também, numa sociedade onde a informação e a reforma incessante dos saberes são forças constantes, o pensamento teórico é mais do que uma necessidade; é um destino que não se consegue evitar. Se as representações teóricas tivessem natureza radicalmente diferente da experiência, as teorias não poderiam ser testadas, verificadas ou falsificadas. O conceito de VERDADE por correspondência não existiria. A separação valorativa entre teoria e observação, que Popper tanto rejeitava, é, porém, parte de uma forte e poderosa tradição com raízes na filosofia grega. O mundo dos sentidos e o mundo dos conceitos seriam antitéticos e, segundo o pensamento platônico, a fluidez e a impermanência das sensações desqualificam-nas como forma de conhecimento. Só se pode saber o que seja permanente: a impermanência só gera incerteza. Saber, verdade e conhecimento só seriam atingíveis no universo da abstração teórico. A crítica devastadora que Platão (c428 a. C. - c348 a. C.) faz da comunicação retórica está ancorada em tais pressuposições. No diálogo *Górgias*, Sócrates encontra-se com o professor de retórica Górgias de Leontinos e seus discípulos Polo e Cálicles. Os que assistiram ao discurso de Górgias num banquete estão maravilhados. Graças à mediação do amigo comum, Querofonte, Sócrates pergunta a Górgias: "você diz que ensina retórica; o que ensina?", com isso querendo perguntar que conceitos norteiam sua prática. A observação é particularmente relevante no caso de Górgias, pois sua instrução retórica era fundamentalmente prática. O sofista Górgias responde que ensina a arte da persuasão. Sócrates reage criticamente: "para que a persuasão, se há sempre a verdade, que é mais persuasiva e eficaz do que todo e qualquer palavreado vazio?". Produzir crença sem verdade seria nocivo, flutuante e impreciso, uma trajetória ao sabor das circunstâncias. A comunicação retórica seria, portanto, uma prática sem rigor teórico, algo que não deveria ter lugar na boa sociedade, na república ideal. O médico sabe o que faz, cura os pacientes; o músico compõe ou executa melodias; o alfaiate faz roupas; e o que faz aquele sofista, como Górgias, que ensina a arte ateórica da comunicação? Platão parece enterrar, de vez, a comunicação na lista das práticas frívolas e cosméticas. Só com Aristóteles (384 a.C. - 322 a.C.), em *A retórica*, é que a teorização sobre comunicação adquire foros de legitimidade. O objeto teórico da comunicação, segundo Aristóteles, seria o estudo dos meios disponíveis para a persuasão. Desde então, diz-se que a comunicação tem um objeto teórico próprio, que se define como o estudo dos efeitos que as mensagens têm sobre aqueles que as recebem. Trata-se, porém, de um objeto multifacetado, que recebe contribuições das mais variadas disciplinas, que vão da lógica à matemática, da economia à sociologia, da biologia à antropologia. Isso não deve ser motivo de surpresa ou de rejeição, pois, em todas as suas manifestações, a linguagem da comunicação é a linguagem da própria vida. No vocabulário crítico contemporâneo, altamente influenciado pela identificação que Louis Althusser (1918-1990) faz de 'teoria' com filosofia, o termo passou a indicar uma atividade reflexiva altamente abstrata, que recusa todas as formas do empirismo e que abandona as categorias das diretrizes e dos campos de conhecimento tradicionais. Por isso, em literatura, por exemplo, deve-se deixar de lado a questão do gênero e explorar intelectualmente a literariedade como objeto teórico, o que certamente faz sentido no momento em que a interdisciplinaridade é vista como o que caracteriza o saber de uma época.

BIBLIOGRAFIA

ARISTÓTELES. *Arte retórica e arte poética*. Rio de Janeiro: Ediouro, s.d.

HAMILTON, Edith; CAIRNS, Huntington (ed.). *The collected dialogues of Plato, including the letters*. Princeton: Princeton University Press, 1989.

teoria crítica COMN FIL SOC 1 Conjunto de reflexões desenvolvidas esp. pelos pensadores alemães Theodor W. Adorno (1903-1969) e Max Horkheimer (1895-1973), calcadas na filosofia idealista, no marxismo e na psicanálise e caracterizadas por uma perspectiva crítica em relação à razão e à civilização contemporâneas, que estariam à mercê de uma lógica e uma política totalitárias. 2 Diz-se de ou conjunto de interpretações e avaliações teóricas que não só propõem o entendimento crítico dos fatos sociais, mas a sua transformação prática.

INFORMAÇÕES GERAIS

Cunhada por Max Horkheimer, a expressão 'teoria crítica' é, inicialmente, sinônima da ESCOLA DE FRANKFURT e sua reavaliação do marxismo tradicional, mas, atualmente, a expressão aplica-se a um conjunto de abordagens que incluem o feminismo, *queer studies*, além de muitas outras teses das ciências humanas comprometidas com a transformação das condições e das ideologias sociais. A ambição das ditas teorias críticas não se limita, após Horkheimer, a interpretar a sociedade. A atividade teórica de tais pensadores define-se pelo fornecimento de instrumental cognitivo para a libertação dos indivíduos, na medida em que os atores sociais compreendem as amarras ideológicas que os constrangem. Daí derivam suas críticas aos conteúdos ideológicos veiculados pelos meios de comunicação. Nesse sentido restrito, o projeto da teoria crítica é prático e normativo, pois traz consigo valores implícitos que norteiam sua atividade cognitiva. Desde a Escola de Frankfurt, as teorias críticas apresentam avaliações das ideologias que dominam a sociedade contemporânea, o que é sempre, no seu caso, uma atividade não de cunho moral, mas de caráter intelectual. Aqui reside o principal ponto de refutação epistemológica daqueles que recusam o projeto das teorias críticas. Nelas, concluem seus opositores, inexistiria a distinção que caracteriza a atividade intelectual das ciências, que é a separação rigorosa entre valor e fato. Mas os que abraçam as teorias críticas retrucam que esse julgamento não passa de um sintoma das ideologias positivistas que só concebem, como diz Jürgen Habermas (1929-), um tipo de racionalidade empobrecida: a razão instrumental. ▸ Cf. IDEOLOGIA; INDÚSTRIA CULTURAL.

BIBLIOGRAFIA

FREITAG, Barbara. *Teoria crítica: ontem e hoje*. São Paulo: Brasiliense, 2004.

HABERMAS, Jürgen. *Técnica e ciência como ideologia*. Lisboa: Edições 70, 2007.

HORKHEIMER, Max. *Teoria crítica I*. São Paulo: Perspectiva, 2002.

teoria da árvore genealógica LING Teoria postulada pelo linguista alemão August Schleicher (1821-1868), que explica a formação das línguas pela imagem de uma árvore com ramificações: o parentesco linguístico estabelece-se a partir das transformações de uma língua original comum.

teoria da catástrofe MAT Teoria que descreve fenômenos nos quais variações abruptas decorrem de processos contínuos. ▸ A teoria da catástrofe é um ramo da matemática que estuda a bifurcação em sistema dinâmicos que classifica, geometricamente, as relações repetitivas e básicas de cada alteração. Após trabalhar em topologia diferencial, cujo trabalho rendeu-lhe o correspondente ao Nobel em matemática, a medalha Fields, o matemático René Thom (1923-2002) dedicou-se ao entendimento de como as transições se articulam, segundo conjuntos e mapas básicos. Thom identificou sete modos de transformações, grandes ações situacionais, ou no seu vocabulário teórico, catástrofes que são mudanças súbitas a acumulações suaves: a dobra, a cúspide, a frente da onda, a cauda de andorinha, a pirâmide, a bolsa, a cáustica e a borboleta. Thom reinterpretou, em termos temporais, a teoria dos signos de Charles S. Peirce (1839-1914). Segundo Thom, o ÍNDICE, o ÍCONE e o SÍMBOLO diferenciam-se por seus componentes temporais. Os índices expandem-se num espaço contínuo, criando a congruência entre um modelo (a pata de um cão, um corpo opaco) e um meio de suporte (o cimento molhado, a parede onde a sombra do corpo é projetada). A imagem projetada não tem permanência em si mesma; ela é permanente se o modelo persistir fisicamente, que é o que acontece quando o cimento seca, mas não se altera, se o corpo opaco, o modelo, permanecer na frente de uma fonte de luz. A regência do índice é, portanto, a do presente. O ícone faz-se pela plasticidade da memória e é, portanto, tipificado pela dimensão temporal do passado. O símbolo, sendo resultado de convenções, transcende presente e passado e pode ser tipificado por seu componente futuro. Revendo, criticamente, os experimentos da constituição do nexo de estímulo e resposta nos experimentos pavlovianos com cães que, após repetidas sinalizações, associam a campainha à alimentação e, assim, passam a salivar, Thom afirmou que o significado se dá pela criação de uma saliência que impregna um sinal. Essa seria a origem biológica da formação de representações.

BIBLIOGRAFIA

ARNOLD, Vladimir I. *Teoria da catástrofe*. Campinas: Unicamp, 1989.

THOM, René. *Paraboles et catastrophes*. Paris: Falmmarion, 1997.

________. *Mathematical models of morphogenesis*. New York: Ellis Horwood, 1983.

teoria da ciência FIL M.q. EPISTEMOLOGIA ('estudo')

teoria da comunicação COMN A que determina os fundamentos científicos da comunicação e que, por seu caráter interdisciplinar, se revela como a superposição de diferentes áreas do conhecimento, como semiologia, teoria da informação linguística, sociologia etc.

teoria da confirmação FIL Teoria formulada pelo positivismo lógico, esp. por Rudolf Carnap (1891-1970), sobre o problema de se saber em que grau determinados dados empíricos sustentam uma teoria científica. ▸ Cf. VERIFICABILIDADE.

teoria da forma PSIC M.q. GESTALT (acp. 2).

teoria da informação INF MAT Teoria científica voltada para a análise matemática dos processos de transmissão, armazenamento e manipulação da informação. ▸ Cf. BIT.

teoria da sedução PSIC Teoria que atribui a reminiscências de cenas reais de sedução o papel principal nas psiconeuroses.

teoria das ideias FIL Doutrina fundamental do platonismo, segundo a qual o conhecimento verdadeiro deve voltar-se para entidades eternas e imutáveis, as ideias transcendentes, modelos perfeitos, cujo pálido reflexo pode ser percebido pelos sentidos no mundo circundante.

teoria das ondas LING Teoria elaborada por Johannes Schmidt (1843-1901), que explica as convergências entre línguas geograficamente vizinhas, baseando-se na imagem da propagação das ondas na água.

teoria da variação LING Modelo de análise sociolinguística que dá ênfase ao uso da língua e esp. à variação linguística, a qual considera como não aleatória e condicionada por fatores internos e externos à língua, estes últimos de natureza social.

teoria de princípios e parâmetros LING Programa de pesquisa desenvolvido desde a década de 1980 na teoria gerativa, segundo o qual a gramática é composta de módulos simples e autônomos, regidos por princípios universais que refletem a capacidade cognitiva humana e divididos em dois tipos: a) princípios rígidos, obrigatórios para todas as línguas; b) princípios abertos (parâmetros), que, em sua aplicação, oferecem valores alternativos que diferenciam as línguas, sendo o seu valor em cada língua fixado pela criança com base nos dados linguísticos que ela recebe da sociedade na fase da aquisição da linguagem.

teoria do aprendizado PSIC Termo geral que designa toda e qualquer transformação do comportamento individual em reação a certos estímulos, sinais, objetos ou situações.

teoria do conhecimento FIL Estudo que tem por objetivo determinar a natureza, as características gerais e o alcance do conhecimento humano, refletindo esp. a respeito das relações entre sujeito e objeto, os dois polos tradicionais do processo cognitivo; gnosiologia. ▸ Cf. EPISTEMOLOGIA.

teoria dos autômatos INF Teoria que trata da ordenação das operações necessárias, em todas as fases, à solução de um problema matemático ou lógico. ▸ Cf. AUTÔMATO.

teoria dos jogos ECON MAT Teoria cujo objetivo é definir a melhor estratégia numa situação de conflito, que ocorre quando dois ou mais agentes, que atuam no mesmo sistema, têm objetivos diferentes. ▸ Costuma-se datar o nascimento da teoria dos jogos em 1944, quando John von Neumann (1903-1957) e Oskar Morgenstern (1902-1977) publicaram um dos livros fundamentais da teoria econômica moderna: *Teoria dos jogos e comportamento econômico* (*Theory of games and economic behavior*). Desde então, a teoria dos jogos tornou-se um importante instrumento conceitual, aplicável a todas as situações em que haja conflito de interesses. Recentemente, vários praticantes da teoria dos jogos receberam Prêmios Nobel de Economia. A teoria dos jogos tem-se mostrado eficaz no entendimento de leilões, atos de pechinchar e barganhar, compra e venda de imóveis, estratégias de galanteio e de sedução, debates políticos, negociações trabalhistas, comportamento de agentes financeiros, conflito entre nações, disputas recreativas etc. Alguns antecedentes importantes da teoria dos jogos são os estudos de A. A. Cournot (1801-1877), em 1848, sobre a concorrência entre agentes econômicos que se enfrentam com o propósito de eliminar seu concorrente e, em biologia, as reflexões de Charles Darwin (1809-1882) sobre como a disputa entre organismos competitivos marcados pelo sexo termina, surpreendentemente, num equilíbrio na proporção de 1:1. O jogo é uma situação caracterizada pelo conflito de interesses daqueles que dela participam. Os times de futebol querem derrotar o oponente; os que vendem casas fazem de tudo para vendê-las ao maior preço, enquanto seus compradores buscam reduzir os ganhos dos vendedores; quem, num leilão, apresenta um lance para comprar um quadro deve derrotar o preço oferecido por outros interessados; seduzir uma pessoa significa passar na frente de outros sedutores etc. O que há de interessante na teoria dos jogos não é o reconhecimento de conflitos, mas a atenção que chama para o fato de que haverá sempre uma mutualidade entre os que se envolvem numa situação de jogo: o comportamento de um é diretamente dependente daquilo que seu oponente poderá fazer. A relação entre os elementos de uma situação de jogo corresponde claramente a uma situação comunicacional: dois jogadores em posições distintas (conforme seus interesses) e atos que circulam entre eles; na comunicação: um emissor, um receptor e uma mensagem. A teoria dos jogos é uma perspectiva importante para os estudos da comunicação, porque os jogadores envolvidos no conflito trocam informações ao interagirem. Quando as interações prosseguem, com base na informação transmitida pelos atos, os jogadores ajustam suas estratégias e dessas estratégias saem os resultados dos jogos. De maneira geral, há dois tipos de jogos básicos: uns em que um jogador ganha e outro perde e outros em que os dois perdem ou os dois ganham ou perdem. Surge daí a tipologia básica da teoria dos jogos: jogos de soma zero e jogos não zero; uns em que a vitória implica uma derrota, e outros em que ambos ganham; jogos de conflito e jogos de cooperação. Cada um dos jogos requer um plano de ação diferente para chegar ao resultado desejado. O principal teórico dos jogos de cooperação, que, no final das contas, não excluem as situações de conflito básicas, é o matemático e Prêmio Nobel de Economia John Nash Jr. (1928-). Um jogo de soma zero, portanto uma situação de absoluto conflito, exige uma estratégia comunicacional que transmita informações incompletas, enquanto os jogos de cooperação, ao longo do tempo, fomentarão a transparência de informações chamadas completas. ▸ Cf. BARGANHA; EQUILÍBRIO DE NASH; NASH JR., JOHN; VON NEUMANN, JOHN.

BIBLIOGRAFIA

FIANI, Ronaldo. *Teoria dos jogos*. Rio de Janeiro: Campus, 2009.

KUHN, Harold W.; NASAR, Sylvia. *The essential John Nash*. Princeton: Princeton University Press, 2000.

NEIVA, Eduardo. *Jogos de comunicação: em busca dos fundamentos da cultura*. São Paulo: Ática, 2009.

SCHELLING, Thomas C. *The strategy of conflicts*. Cambridge: Harvard University Press, 1960.

VON NEUMANN, John; MORGENSTERN, Oskar. *Theory of games and economic behavior*. Princeton: Princeton University Press, 1944.

teoria gerativa LING Teoria linguística desenvolvida por Noam Chomsky (1928-), desde 1957, que representa a capacidade linguística humana por meio de um sistema formalizado de regras de aplicação mecânica (gramática gerativa) baseadas em princípios de caráter universal; gerativismo, linguística chomskiana, linguística gerativa. ▸ A teoria gerativa adota o método da investigação por hipótese, apresentando sucessivas reformulações, conhecidas como modelos.

teoria holística PSIC Teoria segundo a qual a inteligência é uma função inseparável do cérebro como um todo.

teoria minimalista LING M.q. MINIMALISMO.

teoria padrão LING Versão da teoria gerativa baseada nos princípios propostos por Noam Chomsky (1928-) em seu livro *Aspectos da teoria da sintaxe* (1965).

teoria psicanalítica PSICN Teoria que parte das hipóteses de Sigmund Freud (1856-1939), segundo as quais o desenvolvimento da personalidade se efetua no campo das tensões que opõem as exigências pulsionais às condições exógenas da satisfação (ou, em caso de fracasso, da frustração) das pulsões.

terabaite INF Aport. de TERABYTE

terabit [ing.] Múltiplo do *bit*, que vale 1.024 *gigabits*. ▸ Freq. arredonda-se o valor do *terabit* para mil *gigabits*. ▸ F. aport.: *terabite*. ▸ Símb.: *Tb*.

terabite INF Aport. de TERABIT.

terabyte INF Múltiplo do *byte*, que vale 1.024 *gigabytes*. ▸ Freq. arredonda-se o valor do *terabyte* para mil *gigabytes*. ▸ F. aport. *terabaite*. ▸ Símb.: *TB*.

terça **1** GRÁF JOR Nas oficinas de jornais, última prova antes da impressão. **2** MÚS Intervalo que abrange três notas da escala diatônica; terceira.

terceira MÚS M.q. TERÇA.

terceira capa BIBL Lado interno da quarta capa de um livro, folheto etc.

terceira figura LÓG Figura do silogismo na qual o termo médio é sujeito em ambas as premissas.

terceiro excluído FIL LÓG Diz-se de ou princípio lógico que expressa, sem mediação, a relação de incompatibilidade entre proposições, de tal modo que a disjunção de qualquer sentença e sua negação seja sempre verdadeira (p.ex., "ou existe um ser humano que tenha mais de 300 anos ou não é caso que tal pessoa exista"). ▶ Na lógica clássica, o princípio do terceiro excluído expressa uma lei básica do pensamento, que rejeita a contradição. Não haverá, portanto, meio-termo a propósito do que é ou não é. Se algo é, não pode não ser. Os acontecimentos do mundo têm ou não uma propriedade descrita. A lógica proposicional expressa o terceiro excluído de modo robusto: *p* ou ~*p*. Num conjunto de duas proposições que se contradigam, as duas não podem ser falsas (ou verdadeiras): uma será falsa, enquanto a outra será verdadeira. Dizer que algo é verdadeiro ou falso é mais robusto do que expressar o princípio como sendo algo verdadeiro ou não verdadeiro. Nesse caso, haveria lugar para uma qualificação mediadora do raciocínio que pode ser julgada verossímil, como matéria de opinião ou como expressão de um juízo subjetivo. Os argumentos persuasivos, com base na verossimilhança, escapam às restrições do terceiro excluído. Por outro lado, numa teoria da verdade, a aplicação rigorosa do terceiro excluído elimina os traços de subjetividade individual ou de grupo (ou seja, opiniões mantidas pela maioria). A bivalência não deve ser confundida com o princípio do terceiro excluído: a bivalência é a formulação lógica de um princípio ontológico. ▶ Cf. BIVALÊNCIA; VEROSSIMILHANÇA.

terceto MÚS **1** Conjunto formado por três executantes; trio. **2** Composição escrita para três vozes.

terminal INF Dispositivo de entrada e saída sem capacidade própria de processamento, ger. constituído apenas por um teclado, um monitor e um *mouse*, que permite a um usuário comunicar-se com um computador remoto, introduzindo dados pelo teclado e pelo *mouse* e recebendo os resultados do processamento pelo monitor.

terminal de vídeo INF Num sistema de processamento de dados, terminal dotado de monitor de vídeo (ger. um tubo de raios catódicos, *LCD* ou plasma) e destinado a produzir e apresentar imagens na tela.

terminal impressor INF Terminal formado essencialmente por uma impressora, podendo ter ou não teclado, e que se destina a exibir a informação sob a forma de caracteres impressos.

terminal inteligente INF Terminal dotado de capacidade própria de processamento, ger. constituído de um microcomputador ligado a um computador remoto, e que pode funcionar, seja indiretamente, apenas enviando dados e recebendo os resultados do processamento do computador remoto, seja diretamente, processando dados.

terminal remoto INF Num sistema de processamento de dados, terminal instalado à distância da unidade central de processamento, em local conveniente ao usuário do sistema.

terminal-vídeo INF Terminal com tela em que se exibem informações e que ger. é dotado de teclado.

termo 1 GRAM Parte constituinte, elemento (de oração). **2** LÓG Na teoria aristotélica, cada um dos dois elementos (sujeito ou predicado) que compõem as proposições em um silogismo categórico. ▶ Os trabalhos lógicos de Aristóteles (384 a.C. - 322 a.C.) classificam três tipos de termos, que podem ser os sujeitos ou os predicados de cada uma das proposições e das conclusões do raciocínio encadeado: termo maior, menor e médio. O termo menor faz parte do sujeito da conclusão e o maior só se localiza no predicado da conclusão, ao passo que o termo médio só se encontra nas premissas e não na conclusão. Apesar de derivar de uma estrutura gramatical determinada pelas relações entre sujeito e predicado, os termos são entidades lógicas e não apenas nominais. Por serem elementos lógicos e cognitivos, os termos são sempre gerais, tornando-se específicos ao serem articulados nas proposições do silogismo categórico. Para Aristóteles, o conhecimento é sempre uma generalidade a respeito do que é individual. Na investigação científica, o termo é o nome comum a uma classe de indivíduos reunidos por princípios e leis naturais comuns. Portanto, seguindo Aristóteles, para a tradição positivista, um termo teórico é uma generalidade construída e espelhada por termos elementares básicos contidos em cada proposição singular. **3** LÓG No nominalismo de Guilherme de Ockham (c1285-1349), cada um dos elementos simples que integram uma proposição, o que inclui não somente os vocábulos categoremáticos (esp. substantivos e adjetivos), mas também os sincategoremáticos (conjunção, preposição, advérbio etc.).

termo de impressão GRÁF Indicação da oficina em que uma obra foi impressa, habitualmente posta no pé ou no verso da folha de rosto (podendo também constar do colofão), e que compreende o nome da firma que executou o trabalho, a localidade e ger. o ano da edição.

termodinâmica FÍS Estudo das leis que regem as relações entre calor, trabalho e outras formas de energia, mais especificamente a transformação de um tipo de energia em outra, a disponibilidade de energia para a realização de trabalho e a direção das trocas de calor. ▶ Cf. ENTROPIA.

termo maior LÓG Termo que se encontra ao mesmo tempo na proposição que convencionalmente inicia um silogismo, a premissa maior, e no predicado da proposição que encerra um silogismo, a conclusão. ▶ Cf. PREMISSA MAIOR; TERMO.

termo médio LÓG Termo que, num silogismo, é comum à premissa maior e à menor, sendo eliminado na conclusão. ▶ Cf. TERMO.

termo menor LÓG Termo que se encontra ao mesmo tempo na segunda proposição de um silogismo, convencionalmente a premissa menor, e no sujeito da proposição que encerra um silogismo, a conclusão. ▶ Cf. TERMO.

terno GRÁF Caderno de três folhas, encaixadas uma na outra. ▶ Cf. DUERNO.

tertio [lat.] Em terceiro lugar.

tesauro 1 DOC LEX Repertório alfabético de termos utilizados em indexação e na classificação de documentos. **2** LEX Vocabulário de um ramo do saber que descreve sem ambiguidade os conceitos a ele atinentes.

tesourão 1 ENC M.q. CISALHA. **2** GRÁF Nas fundidoras de material branco, aparelho que corta os fios e as entrelinhas na medida desejada; facão.

tesouro LEX **1** Compilação lexicográfica de uma língua (discurso coletivo), enciclopédia ou outro tipo de livro de referência de grande abrangência. ▶ Cf. TESAURO. **2** Acervo de vocábulos, locuções ou particularidades de uma língua ou de determinada área do saber ou do fazer humano. **3** Obra de referência com elementos de dicionário de sinônimos (e por vezes tb. de antônimos e de dicionário analógico).

testabilidade 1 Qualidade do que pode ser testado. 2 FIL Capacidade que uma hipótese tem de estar em contradição com a observação sensível. ▶ Na filosofia das ciências de Karl Popper (1902-1994), testabilidade é o mesmo que refutabilidade, devendo, portanto, ser entendida como o critério que demarca a ciência da metafísica. A testabilidade teórica não se reduz ao mero confronto com observações isoladas ou à coleta do anedótico. Mesmo admitindo-se que uma teoria é testada, se for submetida a um exame detalhado e rigoroso, cabe a pergunta: como se delineia esse detalhe e esse rigor? Pierre Duhem (1861-1916) e Willard van Orman Quine (1908-2000) observaram que o teste de uma teoria não é uma atividade simples e imediata. Uma observação não é o que leva à refutação de uma teoria, mas outros critérios que escapam à evidenciação empírica: elegância, simplicidade e produtividade. Só assim o sistema teórico é rejeitado como um todo.

BIBLIOGRAFIA

POPPER, Karl. *Conjectures and refutations: the growth of scientific knowledge*. London: Routledge and Kegan Paul, 1963.

teste de diagnóstico INF M.q. TESTE-DIAGNÓSTICO. ▶ Tb. se diz apenas *diagnóstico*.

teste-diagnóstico INF Rotina específica destinada a localizar uma falha ou defeito no funcionamento de um computador; teste de diagnóstico, rotina de diagnóstico. ▶ Tb. se diz apenas *diagnóstico*.

testemunha ENC Folha que, em certos livros aparados, e ger. em edição de luxo, o encadernador evita aparar, deixando-a inteira e dobrando-lhe a parte excedente para dentro, a fim de que sirva de prova do formato do papel.

test market [ing.] MKT PUB Grupo de consumidores entrevistados para examinar seu interesse em determinado produto ou a eficácia deste.

tetracromia GRÁF Técnica de impressão em quatro cores; quadricromia.

tetrafonia ACS M.q. QUADRIFONIA.

tetragrama MÚS Pauta de quatro linhas.

tetralogia 1 LIT Conjunto de quatro obras de um autor, ligadas entre si por um tema comum. 2 MÚS Conjunto de quatro óperas que desenvolvem o mesmo assunto, esp. o célebre ciclo dramático *O anel de Nibelungo*, de Richard Wagner (1813-1883). ▶ Cf. ÓPERA. 3 TEAT Conjunto de quatro peças (três tragédias e um drama satírico) que os poetas trágicos da Grécia antiga apresentavam em concurso dramático.

textbook [ing.] BIBL EDIT Livro-texto sobre um determinado assunto ou campo de conhecimento.

textese [ing.] INF Linguagem abreviada que se usa nos sistemas de *text messaging*.

text messaging [ing.] INF Ato ou efeito de enviar ou receber mensagens textuais pelo telefone móvel.

texto 1 Conjunto das palavras de um autor, em livro, folheto, documento etc. (p.opos. a comentários, aditamentos, sumário, tradução etc.); redação original de qualquer obra escrita. ▶ A tradição formalista russa e, mais especificamente, o trabalho de Iuri M. Lotman (1922-1993), confere ao texto literário um lugar especial no universo das mensagens (cf. FORMALISMO RUSSO; LOTMAN, IURI M.). Isso justificaria o tratamento do texto literário como uma construção com regras internas próprias, ainda que multicodificado e com ação cultural própria numa comunidade ou nação. 2 Conjunto de palavras citadas para provar alguma ideia ou doutrina. 3 Trecho ou fragmento de obra de um autor. 4 Passagem da Bíblia que se toma para servir de tema ou assunto de um sermão. 5 GRÁF Parte principal de livro ou outra publicação, com exclusão dos títulos, subtítulos, epígrafes, gravuras, notas etc. 6 TEL Conteúdo de um telegrama, telex etc., excluídos os endereços de remetente e destinatário. 7 RÁD TV Qualquer material escrito que se destina a ser falado ou lido em voz alta.

INFORMAÇÕES GERAIS

O que se entende exatamente como texto? Seria o texto um objeto estritamente verbal, logo irredutível a outras formas de comunicação, como a construção visual? Se for assim, o texto é restrito à sua materialidade verbal e, por isso, caberia distinguir 'texto' e 'discurso'. A categoria de discurso seria mais ampla do que a de texto, sendo a textualidade uma das partes do que é uma construção discursiva e comunicacional. Enquanto o texto limita-se ao verbal, o discurso transcende essa dimensão, podendo ser visto como comunicação no sentido mais amplo. A menos que discurso e texto sejam usados de modo frouxo e intercambiável, se uma mensagem é qualificada de texto, seu tratamento pode reduzir-se à identificação de suas regras formativas internas, enquanto, se uma mensagem é discurso, sua dimensão é mais pragmática, sendo, portanto, analisável em seus efeitos socioculturais. Os estudos culturais contemporâneos estenderam a ideia de texto a todo e qualquer produto da cultura, sejam eles veiculados em livros, programas de TV, *CDs* etc., assim dissolvendo os limites que separam discurso e texto, alta e baixa cultura. ▶ Cf. DISCURSO.

texto de apoio JOR Designação comum aos textos (p.ex., boxes, biografias, dados de pesquisa etc.) que acompanham, à guisa de reforço, o texto principal da matéria.

texto-foguete PUB Breve mensagem, veiculada diversas vezes por dia em programa(s) de rádio.

texto-legenda JOR Legenda de desenvolvimento maior que o comum, descrevendo, explicando ou comentando a ilustração que acompanha; eventualmente, apresenta um resumo da notícia. ▶ Cf. FOTO-LEGENDA.

texto-piloto PUB Esboço ou amostra de anúncio que uma agência de publicidade submete à apreciação e aprovação do cliente, antes da redação do texto definitivo.

textualidade Qualidade, condição ou caráter do que é textual.

textualismo Prática de interpretações literais.

textualista Que ou quem se restringe à interpretação literal dos textos.

textuário 1 Relativo a texto; textual. 2 Livro constituído apenas de texto(s), sem notas explicativas nem comentários.

textura 1 Ligação ou arranjo das partes de uma obra. 2 GRÁF M.q. LETRA DE FÔRMA. 3 MÚS Quantidade e qualidade das ocorrências sonoras num mesmo trecho musical.

thesaurus [lat.] LEX 1 Ver TESOURO ('obra de referência'). 2 Ver TESAURO ('vocabulário').

Thoreau, Henry David (Concord, Massachusetts, Estados Unidos 1817 - Concord, Massachusetts, Estados Unidos 1862) Escritor, poeta, naturalista, filósofo americano, autor do ensaio *A desobediência civil*. ▶ Considerado um dos principais filósofos do transcendentalismo n-am., Thoreau escreveu mais de vinte volumes de prosa e de poesia. Como todos os transcendentalistas da Nova Inglaterra, nos Estados Unidos, Thoreau acreditava na superioridade e no poder da razão sobre o entendimento. Para ele, o pensamento filosófico adquire sua força nos argumentos racionais que veicula, sendo apenas contido e sufocado pelos hábitos e costumes sociais. A literatura, a filosofia e a prática de Thoreau são radicalmente anticonformistas; é dele a observação de que a maioria das pessoas vive vidas de quieto desespero. Sua obra literária mais famosa é a narrativa *Walden*, uma demonstração de que se pode viver com simplicidade e com o mínimo no ambiente natural em torno do lago Walden, em Concord, perto de onde ele então morava. A narrativa, os conselhos que celebram uma vida simples e plena, com as belas descrições da flora e da fauna do lugar, fazem de *Walden* um dos clássicos da literatura n-am. do sXIX. Puritanismo, anticonformismo e a celebração da autossuficiência estão no núcleo desse livro, que é, sem dúvida, uma criação das mais significativas no mundo cultural n-am. Thoreau acreditava que os indivíduos deviam desobedecer a governos injustos que se dedicassem a práticas opressivas. Para ele, isso não era uma escolha, mas um dever moral, o que o levou à prisão por se recusar a pagar impostos que financiassem a guerra imperial contra o México. Aparentadas às do filósofo francês do sXVI Étienne La Boétie (1530-1563), as ideias que sustentaram essa decisão foram apresentadas no livro *A desobediência civil*, obra de imensa importância, que inspirou movimentos modernos de reforma social, como os direitos civis norte-americanos e a oposição à guerra do Vietnã. ▸ Cf. LA BOÉTIE, ÉTIENNE.

BIBLIOGRAFIA
THOREAU, Henry David. *A desobediência civil*. Porto Alegre: L&PM, 1997.
_______________. *Walden*. Porto Alegre: L&PM, 2010.

thriller [ing.] CINE LIT TEAT Peça, filme, romance ou qualquer outro enredo de suspense, esp. na literatura policial de mistério.

throughput [ing.] COMN Taxa de transmisssão bem-sucedida num canal de comunicação, medida em termos de *bits* por segundo. ▸ O conceito de *thoroughput* considera a transformação de entradas num processo comunicativo, complementando-o teoricamente.

BIBLIOGRAFIA
BLAHAUT, Richard E. *Algebraic codes for data transmission*. Cambridge: Cambridge University Press, 2003.

THX [ing.] Padrão de reprodução sonora e visual criado em 2001 pela Lucas Film Ltd. ▸ De *Thomas Holman eXperiment* ('experimento de Thomas Holman', que criou o padrão de reprodução acústica desse tipo de equipamento) ou do título do filme de George Lucas *THX*.

TI COMN Sigla de TECNOLOGIA DA INFORMAÇÃO.

TIC M.COM Sigla de *Tecnologia da Informação e da Comunicação*. ▸ A sigla TIC identifica o conjunto de recursos tecnológicos que permite a comunicação informática em todos os seus modos (texto, vídeo, gráfico, *chats*, programas interativos etc.). ▸ Cf. SOCIEDADE EM REDE.

tie-in [ing.] PUB Tipo específico de campanha publicitária que liga produtos, veículos e mercados.

tijolo 1 EDIT GRÁF Composição compacta, corrida e sem parágrafos de abertura; catatau. **2** JOR Artigo ou matéria muito extensa, ger. de leitura cansativa.

tilting [ing.] CINE TV Ato ou efeito de movimentar a câmara para cima e para baixo, evitando que ela se mova horizontalmente.

timbragem 1 Ato ou efeito de timbrar. **2** GRÁF GRAV Processo de impressão em relevo a partir de chapas de cobre ou aço (macho e fêmea), gravadas a talho doce e calcadas sobre o papel por meio de balancim; timbrogravura, relevogravura.

timbre 1 Inscrição, nome, número etc. que se coloca sobre um impresso para distingui-lo de outros, ou como indicação de propriedade, qualidade, categoria, origem. **2** Carimbo, selo. **3** ACS FÍS MÚS Qualidade dos sons de mesma altura e intensidade que permite ao ouvido distingui-los e que é resultante da combinação dos sons harmônicos presentes e de suas intensidades relativas ao som fundamental. ▸ Timbre é o que permite, p.ex., distinguir uma mesma nota tocada por diferentes instrumentos. **4** FON Característica acústica de um som da fala, esp. as vogais e soantes, resultante do reforço e da audibilidade de certos harmônicos do tom fundamental gerado na laringe pela vibração das pregas vocais, e que se dá por ocasião da passagem do ar pulmonar pelas diferentes cavidades do canal vocal, modificadas na sua forma e tamanho pelos órgãos articuladores. **5** FON Qualidade acústica da voz humana, que distingue a voz de uma pessoa da de outra, e que depende de características anatômicas do indivíduo, como o comprimento das pregas vocais. **6** GRÁF Conjunto de informações identificadoras do emitente em determinados impressos (envelope, papel de carta, nota fiscal, fatura etc.), contendo ger. a indicação de nome ou razão social, logotipo, endereço e ramo de atividade; sinete. **7** MÚS Característica individual de um som, devida à combinação de seus harmônicos. **8** MÚS Num tambor de duas peles, a membrana que fica do lado oposto ao da percussão. **9** MÚS Corda transversal que está em contato com essa membrana **10** MÚS Motivo melódico já existente e de que lançam mão compositores populares para compor novos textos. **11** MÚS Qualidade que empresta à voz maior ou menor pureza, amplidão e riqueza sonora. ▸ Cf. REGISTRO.

timbrogravura GRÁF GRAV M.q. TIMBRAGEM.

time-division multiplexing [ing.] TEL Tipo de multiplexação digital que funciona pela divisão temporal preestabelecida dos canais de comunicação.

Time (Magazine) [ing.] Revista semanal norte-americana, com edições internacionais, fundada em 1923, sediada em Nova York e de propriedade do grupo de comunicação Time Warner. ▸ *Time* é a revista mais antiga dos Estados Unidos. Seu alcance é internacional e cobre o Oriente Médio, a África, a América Latina, a Oceania e a Ásia. Para cada um desses continentes, a revista tem uma edição especial, cuja totalidade de exemplares chega à tiragem de 25 milhões de exemplares. Entretanto, nos últimos dez anos, como muitos veículos da mídia impressa, a revista *Time* sofreu o declínio de 1 milhão de exemplares, o que significa um quarto da edição norte-americana. Em 2011, a revista passou a usar a plataforma IPAD para atingir e formar um novo contingente de leitores.

timer [ing.] **1** Dispositivo visual ou sonoro que sinaliza o final de um intervalo preestabelecido de tempo. **2** Dispositivo que liga ou desliga automaticamente uma máquina ou aparelho, em um ou mais momentos preestabelecidos.

time-sharing [ing.] INF Ver TEMPO COMPARTILHADO.

times new roman [ing.] GRÁF JOR Denominação de família tipográfica, serifada e de forma clássica, desenhada em 1931 para o jornal inglês *The Times*, de Londres. ▸ O tipo *times new roman* foi inicialmente desenhado pelo artista gráfico inglês Victor Lardent (1905-1968) sob a supervisão de Stanley Morrison (1889-1967). A base de inspiração do desenho encontra-se nas formas clássicas da escrita romana, por isso sendo chamado de *new roman*. O tipo, de alta legibilidade e elegância, foi constantemente aprimorado desde sua primeira comercialização, através da companhia de desenho gráfica Monotype. Atualmente, a família *times new roman* é a fonte básica do Microsoft Windows, o que a candidata ao lugar do tipo gráfico mais usado na escrita ocidental contemporânea.

Times of India, The [ing.] Jornal de língua inglesa publicado desde 1838 em Mumbai, Índia, e de propriedade do conglomerado de mídia Bennett, Coleman and Company Ltd. ▸ *The Times of India* (*TOI*) é um jornal indiano com uma circulação diária de mais de 4,3 milhões de exemplares, por isso considerado o jornal de língua inglesa que mais vende no mundo. Atualmente, a força de um jornal como ele na ESFERA PÚBLICA da nação é certamente resultado do pouco acesso da população indiana aos meios digitais. Na Índia de 2012, menos de 10% da população tinha acesso à internet. Outros fatores tb. contribuem para o sucesso comercial de *The Times of India*: o jornal é concebido principalmente como um veículo de anúncios. O preço de cada exemplar é muito baixo, com uma margem de lucro mínima, o que obriga os editores a centrarem seus esforços comerciais na venda de espaço publicitário. Desde a primeira página, *The Times of India* tem a aparência de uma espécie de mural de anúncios, bem pouco ao estilo do jornalismo ocidental. Visto por seus críticos como sendo mais comércio do que jornalismo, *The Times of India* afirma que alerta os leitores para o que é publicidade, ainda que o aviso venha sempre em letras pequenas. Para a política editorial do jornal, é perfeitamente legítima a aceitação de matéria APEDIDO bem como a celebração de acordos com grupos econômicos, de que o jornal, por sua vez, afirma não garantir notícias favoráveis. Segundo seus proprietários, a família Jain, é a publicidade que permite a prática do jornalismo, o que inverteria a concepção tradicional que afirma ser a atividade jornalística uma condição para a venda de espaço publicitário. Mesmo que não seja uma prática absolutamente universal no jornalismo indiano, muitos afirmam que as estratégias comerciais de *The Times of Índia* se espalharam pelo país.

BIBLIOGRAFIA

AULETTA, Ken. Citizens Jain. *The New Yorker*. p. 52-61, 08/10/2012..

Times, The [ing.] Jornal britânico, fundado em 1785, sediado em Londres e de propriedade do grupo de comunicação News Corporation. ▸ O jornal *The Times* está em circulação há mais de 220 anos e é considerado um modelo de jornalismo tradicional e sério. Politicamente, é um jornal moderadamente conservador, apesar de ter apoiado o governo trabalhista do primeiro-ministro Tony Blair (1953-). Durante muito tempo, deteve, na prática, uma espécie de monopólio jornalístico. Aos domingos, edita a publicação *The Sunday Times*. *The Times* é impresso num tipo que foi especialmente desenhado para ele, o TIMES NEW ROMAN, o tipo gráfico mais utilizado no mundo inteiro. A tiragem diária aproximada do jornal é de 441 mil exemplares.

Time Warner [ing.] Conglomerado n.-am. de mídia, resultado da fusão entre America Online e Time Warner, em 1989, com múltiplas subsidiárias de mídia impressa, fílmica e televisiva. ▸ A Time Warner é dona de jornais e revistas internacionalmente célebres, como a revista *Time*, editoras como a Little, Brown and Company, publicações *on-line* como a AOL e estações de TV a cabo como a CNN e a HBO. Além da midia *stricto sensu*, a Time Warner atua na área de parques de diversões e de times de esporte.

timing [ing.] **1** Cronometragem. **2** Cronologia detalhada de um processo qualquer; repartição no tempo das diferentes tarefas a serem executadas. **3** Sincronia entre um processo ou um desenvolvimento e outro(s). **4** Sensibilidade para o momento propício de realizar ou de perceber a ocorrência de algo, ou senso de oportunidade quanto à duração de um processo, uma ação etc.

Tinbergen, Nikolaas (Niko) **(Haia, Holanda 1907 - Oxford, Inglaterra 1988)** Etólogo e ornitólogo holandês, fundador dos estudos da comunicação animal. ▸ Na pequena nota biográfica que escreveu ao receber o Prêmio Nobel de Medicina e de Etologia de 1973, Tinbergen define-se como o produto de um ambiente familiar feliz. Quando criança, Tinbergen preferia ao estudo a vida ao ar livre, onde se dedicava à observação de pássaros. Suas elucubrações teóricas, feitas no curso de uma longa e produtiva carreira acadêmica, tratam o comportamento animal como um modo de comunicação. Para Tinbergen, quando um animal age ante outros animais, sua ação não é estritamente comportamental, pois se trata de um ato feito com o propósito de gerar uma resposta intencionada em outro animal. Entre os animais, comportamento só pode ser um modo de comunicação social. Toda a comunicação que acontece entre animais resulta de movimentos que têm o propósito de sinalizar. Evolutivamente, a comunicação animal é uma atividade derivada. Essa é a base de todo signo não verbal que se faz, por isso, analogicamente. Quando um animal sinaliza que está disposto a enfrentar seu oponente, ele escolherá comunicar-se com um sinal analógico ao ato de lutar: assume uma postura agressiva, empinando o corpo e vocalizando os mesmos sons que transmitiria se estivesse numa luta. Está implícita, na noção de atividade derivada, a sugestão de que os sistemas de comunicação digital, como a linguagem verbal, são estágios evolutivos posteriores à derivação analógica que caracteriza a comunicação animal. Além de ser o produto de uma evolução, a sinalização dos animais tem um efeito adaptativo. Um dos programas de pesquisa de Tinbergen diz respeito ao que chama de 'estímulo supernormal'. Através de experimentos elegantes, ele demonstrou que animais reagem a estímulos inflacionados, numa resposta forte a sinais que instintivamente os atraiam. Na vida adulta, Tinbergen sofreu de graves crises depressivas e temia suicidar-se, como fizera um de seus irmãos. ▸ Cf. ETOLOGIA.

BIBLIOGRAFIA

TINBERGEN, Niko. *The animal and its instincts; explorations of an ethologist, 1932-1972*. Cambridge: Harvard University Press, 1972-1973.

tinta **1** Substância constituída de um corante e de um aglutinante (ou de um coloide) us. para pintura. **2** Essa substância, em estado líquido ou pastoso, empr. para tingir, escrever ou imprimir. **3** Produto corante contido em certos frutos, esp. na casca, bem como em certos animais. **4** Matiz resultante da mistura de duas ou mais cores. **5** Conjunto de cores; cor, tom, colorido. **6** Grau de força que o pintor dá às cores.

tinta de impressão GRÁF Tinta líquida ou pastosa utilizada nos diferentes processos de impressão e composta de uma substância colorante sólida (pigmento), de origem animal, vegetal ou mineral, e de um veículo fluido ou viscoso (verniz).
tintagem 1 Ato ou efeito de tintar. 2 M.q. ENTINTAMENTO. 3 GRÁF Processo de distribuição da tinta pelos rolos dos diversos tipos de prensas.
tintar GRÁF M.q. ENTINTAR.
tinteiro 1 Pequeno vidro em que se deposita tinta para escrever. 2 Utensílio de escritório composto de um ou mais recipientes de tinta de escrever. 3 GRÁF Reservatório de tinta para máquinas de impressão.
[1]tipo 1 Objeto ou coisa que serve ou se usa para produzir outro igual ou semelhante; modelo. 2 Coisa ou indivíduo que possui em grau elevado os caracteres distintivos de uma classe, um grupo etc.; símbolo. 3 Classe, categoria de seres, agrupados segundo alguma(s) característica(s); espécie, gênero. 4 Conjunto de traços característicos de uma raça, de uma família, das pessoas de determinada região etc. 5 Personagem original, figura que se pode considerar como modelo próprio para ser imitado pelos artistas ou escritores. 6 Pessoa excêntrica, de grande originalidade. 7 MKT Conjunto das características que indicam as qualidades de um produto. 8 CINE TEAT TV O conjunto formado pelas características de um personagem. 9 CINE TEAT TV Modo de interpretar característico de um ator. 10 GRÁF Bloco de metal fundido ou de madeira, apresentando, em uma das faces, gravação em relevo de determinado sinal de escrita (letra, vírgula etc.) para ser reproduzido através de impressão; caráter, letra. 11 GRÁF Letra impressa obtida por meio de qualquer processo de composição (tipográfica, fotocomposição, editoração eletrônica etc.); caráter, letra. 12 LING Na relação tipo/ocorrência, cada vocábulo configurando um elemento da língua, por oposição às ocorrências que o caracterizam como elemento da fala. 13 SEMIO Signo que representa uma categoria ou um conjunto de casos ou indicações, por oposição às ocorrências particulares mediante as quais uma categoria se manifesta. ▶ Cf. OCORRÊNCIA.
[2]tipo GRÁF M.q. IMPRESSÃO TIPOGRÁFICA.
tipo claro GRÁF Aquele cujo traço do desenho do olho é mais fino do que o normal.
tipo comum GRÁF Tipo romano, us. na composição de livros, jornais, revistas.
tipo de fantasia GRÁF Tipo de ostensão que não se enquadra em nenhum dos principais grupos de letras existentes, caracterizando-se pela criatividade ou pela excentricidade e exuberância de seu desenho.
tipo de máquina GRÁF Caráter tipográfico que imita o tipo us. nas máquinas de escrever.
tipo de obra GRÁF Aquele que é usado na composição corrente de livros e publicações periódicas.
tipo de ostensão GRÁF Aquele concebido para despertar a atenção por seu desenho original e atraente, por vezes excêntrico.
tipoffset [ing.] GRÁF M.q. TIPOFSETE.
tipofsete GRÁF Método de impressão tipográfica que utiliza a técnica de transferência das imagens para um cilindro revestido de borracha, a partir do qual se faz a impressão; ofsete seco. ▶ O tipofsete difere da litografia ofsete por dispensar umedecimento.
tipo gótico GRÁF Designação comum aos caracteres tipográficos em estilo gótico.
tipografia 1 A arte e a técnica de compor e imprimir com uso de tipos. 2 Conjunto de procedimentos artísticos e técnicos que abrangem as diversas etapas da produção gráfica (desde a criação dos caracteres até a impressão e acabamento), esp. no sistema de impressão direta com o uso de matriz em relevo; imprensa. 3 Estabelecimento destinado a composição, paginação e impressão tipográfica. 4 GRÁF M.q. IMPRESSÃO TIPOGRÁFICA. 5 M.q. TIPOLOGIA ('coleção dos caracteres'). 6 Arranjo ou estilo da composição tipográfica numa determinada publicação. ▶ Tb. se diz apenas [1]*tipo*. ▶ Cf. GUTENBERG, JOHANNES.
tipo ideal SOC Abstração construída sobre características e relações consideradas típicas da realidade empírica observada e sua condensação numa sinopse conceitual de validade. ▶ 'Tipo ideal' é uma locução cunhada por Max Weber (1864-1920) e empr. em sociologia, história, economia e outras ciências humanas e sociais. O conceito weberiano de tipo ideal faz parte de uma estratégia que definiria o tipo de entendimento característico da sociologia. Segundo Weber, o entendimento sociológico difere do conhecimento positivista da natureza, pois requer abstrações generalizantes em larga escala, que podem ser atingidas pela construção intelectual de tipos ideais que, por sua vez, explicam causalmente os fenômenos analisados. Seu trabalho mais conhecido, que corporifica suas concepções, é o estudo do papel da ética protestante na formação do capitalismo.

BIBLIOGRAFIA
WEBER, Max. *A ética protestante e o espírito do capitalismo*. São Paulo: Companhia das Letras, 2004.

tipo levantado GRÁF Tipo que está composto.
tipologia GRÁF 1 Estudo sistematizado dos caracteres tipográficos, esp. no que se refere ao desenho das fontes ou famílias de tipos. 2 Coleção dos caracteres tipográficos us. em determinado trabalho gráfico; tipografia. 3 Estudo, análise ou sistema de classificação ou organização baseada em tipos, em um conjunto de traços distintivos.
tira M.COM 1 M.q. QUADRINHO. 2 Segmento ou fragmento de história em quadrinhos, ger. composto de três ou quatro quadros e apresentado em jornais ou revistas numa só faixa horizontal.
tira e retira GRÁF Técnica que permite imprimir, com a mesma matriz, os dois lados da folha.
tiragem GRÁF 1 Operação de imprimir. 2 Número de exemplares (de livro, periódico ou outro trabalho) impressos de uma só vez ou em cada edição.
tira-manchas TEAT Refletor que uniformiza a luz ambiente, reduzindo suas sombras.
tirante GRÁF Designação comum aos fios que, numa tabela ou formulário, correm de alto a baixo, separando as colunas.
tira-provas GRÁF M..q. PRELO DE PROVAS.
tirar GRÁF Imprimir.
tira-teima TV VIDEO M.q. TIRA-TEIMAS.
tira-teimas TV VIDEO Recurso eletrônico que analisa trechos selecionados de imagens gravadas, esp. lances de competições esportivas, avaliando detalhes que tenham suscitado dúvidas na exibição em velocidade normal.
tirete EDIT GRAM M.q. HÍFEN.
titulação Ato ou efeito de titular; titulagem.
titulagem Ato ou efeito de titular; titulação.
titular 1 Dar título a; intitular. 2 Apelidar, apodar, atribuir um valor quantitativo a; quantificar.
tituleiro JOR Redator encarregado da criação de títulos.

título 1 Nome ou expressão que se coloca no começo de um livro, em seus capítulos, em publicação jornalística, peça teatral, filme, composição musical, programa de televisão etc., para indicar o assunto tratado ou simplesmente para identificar, distinguir, individualizar a obra ou o trabalho em questão. **2** Qualquer obra que se apresenta sob a forma de livro, filme, composição musical etc. **3** Inscrição que serve aos mais diversos tipos de informação; letreiro, rótulo.

título alternativo EDIT Subtítulo que se liga ao título por meio de conjunção alternativa, como, p.ex., *Justina, ou As infelicidades da virtude.*

título-chave EDIT Título normalizado e distinto que, para efeito de controle pelo Sistema Internacional sobre Publicações Seriadas, se dá a toda publicação seriada.

título coletivo EDIT Título que, em um ou mais volumes, abrange as obras de um autor ou os trabalhos de diferentes autores sobre determinado assunto.

título corrente EDIT Em livro, revista, jornal, folheto etc., dizer(es) que aparece(m) no alto de cada página e que corresponde(m) ao título da publicação e/ou de seus capítulos ou seções.

título de começo EDIT M.q. TÍTULO DE ENTRADA.

título de entrada EDIT Título da obra colocada no alto da primeira página de texto; título de começo.

título de série EDIT Título que designa uma série ou coleção, isto é, um conjunto de obras de diferentes autores e com títulos próprios, sendo os volumes ger. numerados; título editorial.

título editorial EDIT M.q. TÍTULO DE SÉRIE.

Todorov, Tzvetan (Sofia, Bulgária 1939 -) Pensador nascido na Bulgária, com residência em Paris, autor de livros sobre história das ideias, teoria literária e teoria da cultura. ▸ A obra de Todorov está diretamente associada à disseminação do ESTRUTURALISMO parisiense. Considerado um importante teórico do fantástico e partindo da dicotomia entre real e imaginário que dá forma à psicanálise lacaniana, Todorov afirmou que é possível distinguir o surpreendente do maravilhoso. Quando o fantástico surpreende, trata-se de uma ilusão derivada das regras da realidade, enquanto o fantástico pertence a outra ordem, em que as regras do real estão suspensas e transformadas. Todorov é um intérprete perspicaz e original de Jean-Jacques Rousseau (1712-1778) e Mikhail Bakhtin (1895-1975), além de autor de um importante dicionário sobre as ciências da linguagem. Seus estudos no início da carreira tinham por objetivo identificar uma gramática universal das narrativas. Filosoficamente, como tantos estruturalistas, as análises de Todorov presumem que as regras de formação de um produto discursivo precedem e determinam sua execução. A narrativa concretiza, sob a forma de combinação diferenciada, as possibilidades abertas pelo sistema geral do discurso narrado.

BIBLIOGRAFIA

TODOROV, Tzvetan. *As estruturas narrativas*. São Paulo: Perspectiva, 2003.

____________. *Introdução à literatura fantástica*. São Paulo: Perspectiva, 2008.

____________. *A beleza salvará o mundo*. São Paulo: Difel, 2011.

tom 1 Altura dos sons emitidos pela voz humana ou por instrumentos, e determinados em relação a um ponto de referência; tonalidade. **2** Variação de altura, intensidade, duração ou qualidade de um som musical ou de um ruído. **3** RET Inflexão da voz; maneira de se expressar, falando ou escrevendo; entoação. **4** Resultado da mistura de cores diferentes; colorido. **5** MÚS Qualidade da cor em suas diversas gradações; matiz, nuança. **6** RET Modo de encarar um assunto; ponto de vista. **7** FON Fonema suprassegmental que consiste na diferença de altura da vogal de determinadas sílabas de uma palavra, permitindo opor dois vocábulos, iguais quanto aos fonemas segmentais, mas com significados distintos. ▸ Tal oposição é encontrada em línguas como o sueco, o norueguês, o servo-croata, o chinês, o japonês, o vietnamita, o hotentote etc. **8** MÚS Altura em que, até o sXVIII, se afinavam os instrumentos. **9** MÚS Intervalo constituído de dois semitons. **10** MÚS Tônica a partir da qual se estabelecem as relações tonais; tonalidade. **11** MÚS Organização da escala musical; modo. **12** MÚS Espaço entre cada uma das divisões do espelho (traste) de vários instrumentos de cordas. **13** MÚS Designação comum aos oito modos ('padrões') empr. na música gregoriana.

tomada 1 CINE TV Registro ininterrupto de uma cena por meio de uma câmara. ▸ A ideia de que um filme possa ser montado advém do fato de que as cenas eram registradas em celulose numa série de fotogramas independentes. Após as tomadas, constrói-se a narração e, assim, a experiência cinematográfica sofistica-se narrativamente, pois essa reorganização planejada de tomadas é feita com o propósito consciente de conferir sentido ao que será visto na tela. ▸ Cf. EISENSTEIN, SERGEI MIKHAILOVICH. **2** ELETR Dispositivo que serve de intermediário entre uma fonte de energia elétrica e um equipamento alimentado por essa energia.

Tomás de Aquino (Santo) (Roccasecco, Aquino, Reino de Nápoles, atual Itália c1225 - abadia Fossanova, província de Latina, Reino da Sicília, atual Itália 1274) Teólogo e filósofo, autor de *Suma teológica*, considerado o pensador mais importante do período medieval que antecede ao Renascimento e a modernidade. ▸ Antes de entrar para a ordem dominicana, Tomás de Aquino estudou com os monges beneditinos, formando-se, depois, em teologia e artes liberais pela Universidade de Paris, cidade onde ensinou até obter, em 1256, o que, na época, correspondia ao doutorado em teologia. O nome Tomás de Aquino sugere sua procedência, perto de Aquino e Nápoles. O volume do que deixou redigido é imenso e trata de temas estritamente cristãos. Atualmente, sua obra funciona como uma espécie de pano de fundo contra o qual se projetam as filosofias futuras que, de uma forma ou de outra, podem ser vistas como reações ou resposta ao que o *Doctor Angelicus*, *Doctor Comunis* ou *Doctor Universalis* (que são alguns de seus epítetos) escreveu. Muitas vezes, o pensamento de São Tomás é interpretado como a aplicação de princípios aristotélicos às doutrinas cristãs. Na verdade, o que ele fez foi tornar Aristóteles (384 a.C. - 322 a.C.), um pensador pagão, até então sob o domínio da filosofia islâmica, acessível, palatável e fundamental para a cristandade do Ocidente. Aquino conheceu Aristóteles através de fontes árabes ou judias. Nos textos de Aristóteles, Aquino vislumbrou a possibilidade de adicionar a razão ao instrumental intelectivo da religião. Não há, em Tomás de Aquino, a crença de que a religião, a fé e a revelação sejam incompatíveis com a ciência e a racionalidade. Ao contrário dos agostinianos, que entendiam a verdade como uma projeção direta de Deus, Aquino entende a verdade como produto de uma mediação entre as coisas do mundo e os seres humanos. Para ele, o exame da natureza seria o caminho para o conhecimento de Deus. Aquino é, por isso, considerado o primeiro pensador que postulou uma teologia natural. O radicalismo de suas teses valeu-lhe a condenação como herético por segmentos da Igreja católica. A autoridade intelectual de Aquino é tal que, apesar de ter sido condenado, três após sua morte ele foi canonizado (1323). Em 1879, uma encíclica papal determinou a obrigatoriedade de sua leitura na formação de clérigos católicos. Apesar de seu objeto intelectual ser prioritariamente a teologia (*sacra doctrina*), o interesse pela imensa obra de Tomás de Aquino não se reduz ao estritamente teológico: seus argumentos importam na medida direta de sua sistemática argumentação filosófica. Para que isso seja compreendido, é preciso lembrar que Aquino produziu seus argumentos para um novo cenário cultural, que começara a se formar no sXIII, que é o surgimento das universidades, onde ele foi professor por toda sua vida. Os argumentos de Tomás de Aquino constituem-se a partir de leituras comentadas de textos considerados fundamentais que, então, dão lugar a disputas argumentativas. A introdução de textos aristotélicos, por parte de Aquino e seu mestre Alberto Magno (c1193-1280), nas leituras básicas que dão partida ao saber universitário da época foi o suficiente para que Aquino fosse visto pelos que seguiam o platonismo agostiniano como uma figura simplesmente herética. A *Summa contra gentiles* é um trabalho que quer servir ao propósito de fornecer um manual catequético para os missionários dominicanos que se embrenhavam na conversão dos árabes. Lendo a *Summa contra gentiles*, vê-se que o texto é mais do que um receituário de instruções: trata-se de uma exposição de princípios teológicos dirigidos à audiência muçulmana que quer converter. Fica claro, então, que a razão é, na concepção de Aquino, um instrumento persuasivo. Fé e razão são dimensões complementares e não excludentes. A fé oferece aquilo que a razão não pode fazer, mas a razão também pode gerar argumentos para as questões da fé, tais como as provas da existência de Deus. É com esse propósito que Aquino oferece as cinco provas, os cinco caminhos para a existência de Deus, expostos magnificamente no seu trabalho final, a *Suma teológica*. Entre essas teses a mais importante é a de que Deus é o primeiro móvel e a primeira causa eficiente de tudo que existe; o que tb. presume a existência de um ente divino, capaz de articular minuciosamente, em todos os seus detalhes, as múltiplas adaptações da vida natural. Na argumentação de Aquino, Deus exerce o papel de fonte de tudo de bom que existe no mundo. E não apenas isso: deve haver um ente que seja a necessidade absoluta que aponta para a existência de Deus. Se há coisas no mundo natural que são melhores do que outras, deve haver uma que é a melhor de todas e que indica a existência necessária de Deus. De todos esses argumentos e sugestões, o único que Aquino considerava indubitável é aquele que define Deus como o primeiro móvel e necessário para a existência do mundo. O resto seria matéria de discussão e debate. Isso quer dizer que Tomás de Aquino enterra a prioridade dada pelos agostinianos à iluminação, restaurando um papel dominante para a argumentação racional. O que, certamente, significa que não é de todo equivocado ver no seu sistema tanto a culminação de um período como o início de sua superação. Ainda que não seja o ponto que encerra a filosofia medieval, Aquino é paradoxalmente onde começa lentamente a desenhar-se o fim da Idade Média.

BIBLIOGRAFIA
AQUINO, Tomás de. *Suma teológica*. São Paulo: Loyola, 2001-2006. v. 1-9.

tomba ENC M.q. RÓTULO ('etiqueta').
tomo BIBL Divisão editorial de uma obra, determinada pelo(s) autor(es) ou em concordância com este(s), e que pode ou não corresponder a um volume do trabalho impresso.
tonal **1** MÚS Que diz respeito à tonalidade. **2** LING Que se relaciona com o tom. **3** MÚS Que se refere ao tom ou à tonalidade.
tonalidade **1** Propriedade característica de um tom; cor, matiz. **2** Qualidade de um escrito em que predomina um determinado tom. **3** MÚS Sistema de relações hierárquicas entre notas e harmonias, a partir da tônica. **4** MÚS M.q. TOM ('tônica'). **5** ÓPT Sensação de cor impressa pela cor dominante de uma radiação eletromagnética que contém diferentes comprimentos de onda.
tonalizador **1** Que ou o que tonaliza. **2** GRÁF Ver TONER.
tonalizar Dar tom ou tonalidade a.
toner [ing.] GRÁF Pó preto, fino e resinoso, us. nos processos de reprodução eletrostática (p.ex., na xerografia) para visualizar imagens latentes, como substituto de tinta nas impressoras a *laser*; tonalizador.
tônica **1** FON GRAM Sílaba ou vogal sobre a qual recai a acentuação tônica. **2** LING RET Ponto em que se insiste ou a que se dá mais destaque ao tratar ou debater determinado assunto, tema etc.; ênfase. **3** MÚS O primeiro grau de uma escala diatônica. **4** MÚS Nota que dá nome ao tom sobre o qual essa escala repousa.
tonicidade **1** Qualidade, estado ou condição de tônico. **2** FON LING Característica de uma sílaba ou vogal que é pronunciada com maior intensidade do que as sílabas vizinhas, o que lhe dá maior destaque; acentuação.
toolbar [ing.] INF Ver BARRA DE MENU.
top [ing.] TV Sinal breve us. para atrair a atenção dos ouvintes ou telespectadores para um instante preciso da transmissão (p.ex., o início de um programa).
tópica FIL LÓG RET Teoria dos tópicos, dos lugares-comuns. ▸ Cf. LUGAR-COMUM.
topicalização LING Processo que seleciona um constituinte da frase destacando-o à frente como tópico, sendo o restante o comentário (p.ex., a topicalização do objeto direto 'vida' na frase "a vida o vento levou"). ▸ Cf. TÓPICO.
topicalizado LING **1** Diz-se de constituinte da sentença na posição de tópico. **2** Diz-se de constituinte da sentença sobre o qual o restante da sentença atribui um comentário.
topicalizar LING Deslocar (constituinte da sentença) para a posição de tópico; efetuar topicalização em.
tópico **1** Relativo a lugar. **2** Que se refere direta e precisamente àquilo de que se trata. **3** JOR Breve comentário de jornal, de modo geral sobre assunto da atualidade; vária, suelto. **4** RET Ponto principal; tema, assunto. **5** LING Parte de um enunciado identificado gramaticalmente ou por elementos contextuais, sobre o qual o restante do enunciado faz uma declaração (ou comentário), formula uma pergunta etc.; pode ou não ser o sujeito da frase (p.ex.: "*A Aninha* eu conheço muito"); tema. **6** LING Posição inicial da sentença ocupada por um constituinte topicalizado. **7**

RET Diz-se de lugar-comum, ou estudo ou tratado acerca de lugares-comuns. ▸ Cf. LUGAR-COMUM. **8** RET Argumento geral aplicável a todos os casos análogos; lugar-comum (mais us. no pl.).

tópicos Generalidades, rudimentos.

topiquista JOR Diz-se de ou pessoa que escreve tópicos jornalísticos; sueltista.

top light [ing.] TEAT Luz que se situa na vertical em relação ao ator, sobre sua cabeça.

top model [ing.] Ver SUPERMODELO.

tópos [gr.] **1** LIT Motivo ou tema tradicional. **2** LIT RET Lugar-comum retórico; convenção ou fórmula literária. ▸ Cf. LUGAR-COMUM. ▸ Pl.: *topoi*.

toque 1 Ação de tocar, de fazer com que uma coisa entre em contato com outra, ou o contato produzido por essa ação. ▸ Cf. TATO. **2** EDIT Cada um dos espaços de um manuscrito datilografado, sejam eles ocupados por uma letra ou em branco; batida. **3** MÚS Ato ou efeito de percutir, tanger, dedilhar, friccionar etc. um instrumento musical. **4** MÚS Som típico de um instrumento gerado pelo toque. **5** MÚS A maneira pessoal de tocar. **6** MÚS M.q. RITMO ('padrão'). **7** MÚS Melodia curta de caráter funcional.

torre de Babel Na Bíblia, torre que os descendentes de Noé pretendiam erguer até o céu e cuja construção foi interrompida em virtude da confusão de línguas estabelecida por Deus entre os trabalhadores, por punição. ▸ Junto com a narrativa sobre a criação pela palavra de Deus, o episódio da torre de Babel é particularmente significativo para a centralidade da comunicação na vida humana. ▸ Cf. ADAMISMO; BABELISMO.

torrinha TEAT Nos teatros, camarote ou galeria da última ordem de assentos, ger. localizada no pavimento superior; poleiro, galinheiro.

totem ANTRPOL **1** Animal, planta ou objeto que serve como símbolo sagrado de um grupo social (clã, tribo) e é considerado como seu ancestral ou divindade protetora. **2** Representação ou emblema (ger. entalhado ou pintado) desse animal, planta ou objeto.

touch screen [ing.] INF Tela de monitor de vídeo sensível ao toque de dedo, mão ou estilete, permitindo interação com a informação visual que está sendo exibida. ▸ Em outubro de 2012, ao lançar comercialmente seu novo sistema operacional, Windows 8, a Microsoft optou pioneiramente por usar a tecnologia *touch screen* em *PCs*, sem, com isso, descartar o uso de cursores e de teclado. Justificou-se a coexistência de teclado, cursor e *touch screen* como sendo uma escolha pelo que há de melhor em cada um desses dispositivos. Entretanto, o motivo subjacente para a conjugação paralela dos recursos não pode ser apenas esse. Já existe um volume considerável de usuários de produtos informáticos familiarizados com *smartphones*, tabletes e seus recursos *touch screen* que tende a rejeitar cursores e teclados como dispositivos antiquados. Não é irrazoável prever que, no futuro, teclado, *mouse* e *touch screen* entrem em rota de colisão evolutiva, levando talvez a um novo estágio tecnológico, em que os dispositivos do passado sejam simplesmente eliminados das novas máquinas informacionais.

tour [fr.] M.q. TURNÊ.

TPI [ing.] INF Medida de memória armazenável num disco. ▸ Sigla de *tracks per inch* ('pistas por polegada').

trabalho 1 ECON.POL Atividade humana que, com o auxílio ou não de máquinas, se caracteriza como fator essencial da produção de bens e serviços. **2** Conjunto dos trabalhadores que participam da vida econômica de um país. **3** FIL No hegelianismo, processo por meio do qual o espírito humano, ao colocar nos objetos externos todas as suas potencialidades subjetivas, descobre e desenvolve plenamente a sua própria realidade. **4** FIL No marxismo, atividade consciente e planejada na qual o ser humano, ao mesmo tempo em que extrai da natureza os bens capazes de satisfazer suas necessidades materiais, cria as bases de sua realidade sociocultural.

traça Ato ou efeito de traçar, de desenhar traços.

trackball [ing.] INF Dispositivo de entrada com dois ou três botões, que pode fazer parte do teclado ou repousar na mesa ao lado dele, dotado de uma esfera que pode ser movimentada e cujo movimento provoca o deslocamento análogo de um cursor na tela, permitindo ao usuário comandar a execução de determinadas ações, quer movendo o cursor até ícones, regiões da tela ou entradas de menus que correspondem às ações desejadas, quer clicando um dos botões.

traço 1 Ato ou efeito de traçar. **2** Linha ou risco feito com carvão, giz, lápis, pena, pincel, buril etc. **3** Maneira característica de desenhar. **4** LING Propriedade de um elemento linguístico, que o caracteriza. ▸ A presença ou ausência de tal propriedade é marcada pelos sinais + ou -, respectivamente. **5** GRÁF Imagem impressa sem qualquer meio-tom, formada por chapados, linhas ou pontos sem retícula. ▸ Cf. CLICHÊ A TRAÇO; FILME DE TRAÇO.

traço contextual LING Aquele que indica, para uma dada palavra, as classes de significado requeridas em outros itens lexicais com os quais ela pode combinar-se nas frases.

traço cultural ANTRPOL A menor unidade identificável, material ou não, que distingue uma cultura (p.ex., artefato típico, comportamento característico etc.).

traço de continuidade MÚS Lnha traçada após uma cifra ou uma sílaba de texto, significando que o sublinhado continua valendo através das notas abrangidas; linha de continuidade.

traço de união EDIT GRAM M.q. HÍFEN.

traço distintivo FON O menor elemento distintivo (inferior ao fonema) que permite opor um signo a outro. ▸ Só aparece combinado com outro(s) traço(s) no interior do fonema e pode ser constatado por comutação (p.ex., em português, nas palavras 'pata' e 'bata' os fonemas /p/ e /b/ opõem-se pelo traço distintivo surdo/sonoro, já que são ambos oclusivos e bilabiais).

traço inerente LING Cada um dos traços que traduzem os componentes de significado intrínsecos de cada palavra, independentemente das relações com outras palavras na frase.

traço pertinente FON LING Para Roman Jakobson (1896-1982), qualquer elemento fônico que, mesmo sem função distintiva, leva à identificação da mensagem e da língua em que esta é emitida; linha pertinente.

traço semântico LING.EST M.q. SEMA.

trade mark [ing.] Marca registrada. ▸ Uma *trade mark*, sinalizada pela sigla *TM*, indica propriedade legal.

trade name [ing.] MKT Marca comercial.

tradução 1 Ato ou efeito de traduzir. **2** Versão de uma língua para outra. **3** LING Operação que consiste em fazer passar um enunciado emitido numa determinada língua (língua-fonte) para o equivalente em outra língua (língua-alvo), ambas conhecidas pelo tradutor; assim, o termo ou discurso original torna-se compreensível para alguém que desconhece a língua de origem. **4** Obra traduzida. **5** Ato de tornar claro o significado de algo; interpretação, compreensão, explicação. **6** INF Processo por meio do qual se converte uma linguagem em outra.

INFORMAÇÕES GERAIS

As traduções respondem a uma necessidade comunicacional. Até ser traduzida, a mensagem de um texto em língua estrangeira repousa num código inacessível, total ou parcialmente, ao que o receptor domina. Bem-sucedida ou não, a tradução deve criar mecanismos de expressão que façam a ponte entre essas codificações opacas. Só então a barreira comunicacional é desfeita. Mede-se uma tradução bem-sucedida pela fidelidade ao que se intencionava transmitir. Os problemas que daí surgem são consideráveis. O que é fidelidade à mensagem transmitida? Mera transposição de uma língua para outra daquilo que a mensagem simplesmente denota? Ou algo mais, resultado do fato de que os processos linguísticos são marcados pela conotação associativa? Nesse caso, o que fazer quando não há essa correspondência no código linguístico dos receptores? Qual a atitude recomendada quando a denotação fiel está em contradição com os nexos associativos da frase? Como proceder quando o efeito estético e associativo da frase não encontra correspondência na frase denotativa? Se as linguagens são universos únicos, irredutíveis uns aos outros, como diz a HIPÓTESE DE SAPIR-WHORF, isso levaria à conclusão de que as linguagens são, naturalmente, opacas umas às outras e, a rigor, intraduzíveis. Formulada pelos linguistas n.-am. Benjamin Lee Whorf (1897-1941) e Edward Sapir (1884-1939), a hipótese de Sapir-Whorf faz mais do que se opor à postura da linguística oitocentista, segundo a qual a concepção e a visão de mundo condicionam as bases diretas da cultura de um grupo social, esp. seu sistema linguístico. Ela traz, como efeito de suas suposições, a sugestão de que não haveria comunicação possível entre culturas que tenham meios expressivos, línguas, estruturadas de modos diferentes. Além do fato de que as traduções de trabalhos criativos complexos são possíveis de serem feitas, com maior ou menor laboriosidade, os conceitos culturais que atuam numa determinada população humana podem ser traduzidos na língua do intérprete etnográfico, mesmo que aproximadamente. Como já se notou, nenhum antropólogo jamais escreveu que, voltando de uma viagem de campo, os conceitos desse povo são tão estranhos que é impossível descrever seus princípios de propriedade, seus sistemas de parentesco, seus rituais. A tradução linguística ou cultural aproxima o que é diverso e reduz a alteridade.

BIBLIOGRAFIA

STEINER, George. *After Babel: aspects of language and translation*. New York: Oxford University Press, 1975.

tráfego PUB Setor de uma agência publicitária responsável pelo controle e coordenação dos serviços prestados aos clientes.

tragédia TEAT **1** Na antiga Grécia, peça em verso, de forma ao mesmo tempo dramática e lírica, na qual figuram personagens ilustres ou heroicos e em que a ação, elevada, nobre e própria para suscitar o terror e a piedade, termina ger. por um acontecimento funesto. **2** Peça, ger. em verso, cuja ação termina de ordinário por acontecimentos fatais. **3** O gênero trágico. **4** A arte de representar ou fazer tragédias.

INFORMAÇÕES GERAIS

Na *Poética*, Aristóteles (384 a.C.- 322 a.C.) justifica a encenação de acontecimentos trágicos no palco considerando os possíveis efeitos que causariam na plateia. Durante a tragédia, a audiência aprende por imitação, reconhecendo-se no que é representado, experimentando exemplarmente medo e piedade. Mas por que acontecimentos desagradáveis, vividos como castigo e maldição inescapáveis, podem causar prazer? Uma solução para o problema está na natureza do teatro, que faz com que a cena apresentada pelo desempenho hábil dos atores e sua encenação total seja mais importante do que a ação trágica que está sendo narrada. Para a audiência, a encenação teatral é a presença dominante. Infelizmente, o tom original de espantoso perdeu-se do termo *tragédia* (*tragikós*). Para o espectador grego que assistisse a montagem de textos de Ésquilo (c525 a.C.- c455 a.C.), Sófocles (c497 a.C.- c405 a.C.) e Eurípedes (c480 - c406 a.C.), tragédia não era a expressão de dor pessoal comum em indivíduos desafortunados, mas um indício de excepcionalidade existencial que só aconteceria com alguém que vivesse, na própria pele, os grandes dilemas da humanidade, que se confronta com forças que lhes são maiores. O gênero tem origens sacrificiais, pois o étimo da palavra (do grego *trágos* 'cabra, bode' e *oidé* 'ode, canção') evoca a encenação ou competição de peças em situações sacrificiais. Outras literaturas, além da grega, recorreram a princípios da tragédia para interpretar acontecimentos históricos ou ficcionais, como é o caso de William Shakespeare (1564-1616), Christopher Marlowe (1564-1593) e John Webster (c1580-1634), entre os ingleses, e Jean Racine (1639-1699) e Pierre Corneille (1606-1684), na dramaturgia francesa. ▶ Cf. COMÉDIA; TEATRO.

BIBLIOGRAFIA

ARISTÓTELES. *Arte poética*. São Paulo: Martin Claret, 2003.
BANHAM, Martin. *Cambridge guide to theater*. Cambridge: Cambridge University Press, 1995.
VERNANT, Jean-Pierre. *Mito e tragédia na Grécia antiga*. São Paulo: Perspectiva, 1999.

tragicomédia **1** TEAT Obra dramática que contém ao mesmo tempo elementos da tragédia e da comédia. **2** Mistura de acontecimentos trágicos e risíveis.

tragifarsa **1** TEAT Peça dramática na qual se aliam as características da tragédia e da farsa. **2** Acontecimento ao mesmo tempo trágico e ridículo.

trailer [ing.] CINE TV Montagem constituída de curtos excertos de filme, novela, programa etc., e exibida, como anúncio, antes do lançamento.

tralha INF M.q. CERQUILHA.

trama **1** CINE LIT TEAT Sucessão de acontecimentos que constituem a ação de uma obra de ficção (romance, filme etc.); entrecho, enredo, intriga. **2** GRÁF M.q. RETÍCULA ('pontilhado').

transação INF Atividade específica dentro de um sistema computadorizado (p.ex., a atualização de um item de estoque, a cópia ou eliminação de um arquivo).

transbordamento LIT M.q. ENJAMBEMENT.

transcodificação **1** Ato ou efeito de transcodificar. **2** Tradução de informação, mensagem etc. em um código diferente. **3** TV Transposição de imagens televisionadas de um sistema de cor para outro. **4** TV Gravação de filme cinematográfico em fita magnética para transmissão via televisão, feita por equipamentos de telecine.

transcodificador TV Diz-se de ou aparelho com que se faz a transcodificação de um sistema de cor para outro.

transcodificar Fazer a transcodificação de.

transculturação Transformação cultural que resulta do contato de duas culturas diferentes.

transcultural Que envolve, compreende ou se estende por duas ou mais culturas. ▸ Quando traço é transcultural, ele sugere que se trata de um fator que possa, talvez, aspirar à qualificação de universal. Considerado a partir da cultura de massa globalizante, o traço transcultural pode ser sintoma ou instância de imperialismo cultural.

transferência **1** INF Movimentação de dados entre dois pontos, ou a passagem de controle do programa de uma seção de código para outra. **2** PSICN Processo no curso do qual o paciente em psicanálise transpõe para o analista seus sentimentos e atitudes com relação a outros objetos ('alvo') de amor.

transformação GRAM LING Na gramática gerativa, regra ou operação formal que estabelece uma relação entre dois níveis de análise de uma estrutura oracional, através do deslocamento de um elemento para uma posição distinta, ou de seu apagamento ou cópia, dentro de condições rigidamente definidas; regra transformacional.

transformacional LING **1** Diz-se de gramática gerativa que estabelece que de um esquema oracional se passa a outro, ou a outros, pela aplicação de determinadas operações ou regras chamadas de transformações. **2** Pertencente a uma gramática transformacional.

transição **1** CINE RÁD TV Passagem de uma tomada ou de um som para outro, em filme ou programa de rádio ou de televisão. **2** CINE RÁD TV Composição musical que separa cenas ou falas de um *script*. **3** MÚS Seção formal onde ocorre a passagem de um tom para outro; divertimento, ponte modulante.

transistor ELETRÔN Pequeno dispositivo semicondutor us. para controlar o fluxo de eletricidade em um equipamento eletrônico. ▸ Inventado em 1947 para substituir as válvulas termiônicas em rádio e televisão, o transistor é responsável pela grande revolução nas telecomunicações na segunda metade do sXX. A invenção desse pequeno semicondutor eletrônico exigia um nome e o comitê dos laboratórios Bell, que nele votou, oscilou entre *tríode semicondutor* e *totraton*, até decidir por *transistor*, que juntava numa só palavra composta a ideia de transferência e aquilo que resiste (*transfer* + *resistor*). Os princípios centrais da telecomunicações moderna, miniaturização e ubiquidade, materializam-se nesse pequeno dispositivo. No mesmo ano, o conceito de INFORMAÇÃO foi divulgado numa das publicações dos laboratórios Bell. Binarismo e circulação de mensagens que fundam a revolução comunicacional moderna ocorrem, não por acaso, num mesmo momento histórico.

BIBLIOGRAFIA

GLEICK, James. *The information: A history, a theory, a flood.* New York: Pantheon Books, 2001.

transitividade **1** Qualidade ou estado de transitivo, de transitório. **2** GRAM Propriedade de alguns verbos que necessitam de um ou mais complementos no seu sintagma verbal para formar uma frase com sentido completo. **3** LÓG MAT Propriedade de uma relação binária tal que, para três elementos quaisquer, a relação do primeiro com o segundo e do segundo com o terceiro acarreta a relação do primeiro com o terceiro.

transitivo direto GRAM Que necessita de objeto direto para formar uma frase com sentido completo (diz-se de verbo).

transitivo indireto GRAM Que necessita de objeto indireto para formar uma frase com sentido completo (diz-se de verbo); transitivo relativo.

transitivo relativo GRAM M.q. TRANSITIVO INDIRETO.

translador Equipamento capaz de interpretar e converter informação de uma forma para outra.

transmissão **1** Ato, processo ou efeito de transmitir. **2** COMN Um dos polos do processo de comunicação. ▸ Cf. EMISSOR. **3** TEL Envio de informação sonora ou visual por meio de ondas eletromagnéticas. ▸ Cf. RADIODIFUSÃO.

transmissão ao vivo RÁD TV Transmissão de um evento no momento em que ele ocorre.

transmissivo Que transmite ou serve para transmitir; transmissor.

transmissor COMN LING SEMIO **1** M.q. EMISSOR. **2** Que transmite; transmissivo. **3** TEL Emissor que envia para o receptor a mensagem cifrada e convertida em sinais. **4** TEL Equipamento que emite sinais (telegráficos, telefônicos, radiofônicos etc.). num sistema de telecomunicações.

transparência **1** GRÁF Matriz de impressão confeccionada em material translúcido (acetato, poliéster, papel vegetal etc.). **2** REC.AV Diapositivo, produzido em folha translúcida e estampando textos, desenhos etc., ger. impressos, reprografados ou traçados à mão, para projeção com uso de diascópio ou epidiascópio.

transparência de cor FOT GRÁF M.q. CROMO ('fotografia em cores').

transporte **1** MÚS M.q. TRANSPOSIÇÃO. **2** PINT Técnica de restauração que consiste na transferência de uma pintura cujo suporte estava deteriorado para outro. **3** PUB Propaganda apresentada em meios de transporte coletivo e em estações de embarque de passageiros, ger. sob a forma de cartazes.

transposição **1** GRÁF Erro tipográfico em que letras, palavras ou frases se encontram incorretamente colocadas. **2** LING Processo gramatical que consiste em mudar a categoria de um elemento linguístico, atribuindo-lhe função diversa da sua função básica. **3** MÚS Reapresentação de um mesmo fragmento de uma composição em outro diapasão ('altura'); transporte.

trapdoor [ing.] INF Ver PORTA DE ENTRADA.

tratado EDIT Obra que expõe de forma didática um ou vários assuntos a respeito de uma ciência, arte etc.

tratador de texto INF M.q. PROCESSADOR DE TEXTO.

travar INF Recusar-se (computador ou sistema) a responder aos comandos do usuário e a continuar o processamento, ger. em consequência de uma falha do programa, do sistema operacional ou de um componente de *hardware*.

travelling [ing.] CINE TV Movimento de câmara cinematográfica, ger. montada em carrinho sobre trilhos dispostos em conformidade com cada tomada; *dolly*.

travelling óptico CINE TV Falso efeito de *travelling* obtido por uma lente zum em câmara fixa, mediante a variação da distância focal.

travessão **1** EDIT GRAM Sinal (–) constituído de traço horizontal maior que o hífen (-), da largura do quadratim, us., entre outras coisas, para indicar a mudança dos interlocutores num diálogo, separar título e subtítulo em uma mesma linha, substituir parênteses para efeito de ênfase e como sinal de subtração. 2 MÚS Ver BARRA.

treble [ing.] 1 ACS REC.AV Som agudo e estridente. 2 ACS REC.AV Botão ou controle que harmoniza e equaliza sons estridentes. 3 MÚS A seção mais alta de uma composição musical.

treble control [ing.] ACS REC.AV Parte de equipamento acústico que controla, equaliza, harmoniza, atenua ou acentua sons agudos.

3G INTERN M.q. INTERNET 3G.

triângulo espanhol GRÁF M.q. PARÁGRAFO ESPANHOL.

triângulo francês GRÁF M.q. PARÁGRAFO FRANCÊS.

triângulo semiótico LING SEMIO Modelo proposto por C. K. Ogden (1889-1957) e I. A. Richards (1893-1979) na década de 1920, segundo o qual o significado é uma relação triádica entre conceito, símbolo e referente, na qual o primeiro tem uma relação direta com os dois últimos, os quais, por sua vez, só se relacionam entre si através do primeiro.

tricromia GRÁF Reprodução em cores de originais, nas três cores primárias (amarelo, vermelho e azul). ▶ Cf. MONOCROMIA; BICROMIA; POLICROMIA.

trilha INF Uma de várias linhas sobre as quais são gravados dados em meios magnéticos, que assumem a forma de retas, em fitas magnéticas, ou de circunferências concêntricas, em discos magnéticos.

trilha de efeitos CINE TV Faixa na qual estão gravados os sons de um filme que não são música nem diálogos.

trilha sonora CINE TV 1 Estreita faixa paralela à dos fotogramas onde está gravado opticamente o som de filme, telenovela etc. 2 Conjunto de músicas que compõem a trilha sonora (acp. 1) de filme ou produção de televisão.

trilho GRÁF Cada uma das saliências laterais do cofre das prensas plano-cilíndricas onde deslizam as castanhas que ficam na extremidade do rolo.

trilogia 1 LIT Qualquer peça, informativa, literária, dividida em três segmentos. 2 TEAT Na antiga Grécia, poema dramático composto de três tragédias que deviam ser representadas juntas.

tripé Suporte portátil com três escoras, sobre o qual se assenta máquina fotográfica, telescópio, filmadora ou outro aparelho.

tríptico 1 Obra que consta de três partes. 2 ART.PLÁST Obra de pintura, desenho ou escultura, composta de três painéis: um central e fixo e outros dois laterais e móveis, ligados ao primeiro por dobradiças ou gonzos. ▶ As partes laterais podem dobrar-se sobre a parte central. 3 BIBL HIST Códice feito de três placas enceradas, sobre as quais se escrevia com um estilete, na Antiguidade.

triturador PAP Diz-se de ou aparelho que, em fábricas de papel, transforma em pasta a matéria-prima; jacaré.

Trivers, Robert L. (Washingon, D.C., Estados Unidos 1943 -) Sociobiologista n.-am. com contribuições teóricas influentes sobre a questão do altruísmo, o cuidado e os conflitos parentais e a função evolutiva da autoilusão e do autoengano. ▶ Além da familiaridade com a Bíblia, na juventude, os primeiros estudos de Trivers foram em matemática, durante a década de 1960. Posteriormente, interessou-se por história norte-americana, que seria o estágio preparatório para uma carreira de advogado. Nesse período, sofreu um colapso nervoso, foi internado para tratamento psiquiátrico e, depois, procurou emprego como ilustrador e escritor de livros-texto científicos para o ensino secundário, o que, por sua vez, o levou ao estudo da BIOLOGIA darwiniana. Em 1972, recebeu o título de doutor em biologia por Harvard, um ano antes de publicar seu influente texto "The evolution of reciprocal altruism". Atualmente, Trivers é professor titular de antropologia e biologia da Universidade de Rutgers, nos Estados Unidos, residindo na Jamaica. O tema do ALTRUÍSMO RECÍPROCO desenvolveu-se numa série de artigos complementares, que tratavam dos conflitos, manipulações e modos de cooperação entre pais e filhos, irmãos, nas relações pessoais e tb. na consciência individual. Os trabalhos de Trivers inspiraram e influenciaram outras hipóteses e formulações teóricas, que explicavam as sociedades humanas e animais a partir de um ponto de vista comum, deixado em aberto por Charles Darwin (1809-1882): aquele que reúne a vantagem reprodutiva, a SELEÇÃO SEXUAL e o interesse individual na disseminação de genes. Trivers renovou o darwinismo e, sem seus escritos, a aproximação da biologia à teoria social seria impensável, ou aconteceria talvez de outra forma. É nesse momento histórico, seguindo-se às teses de Trivers, que surgem, apaixonada e cegamente, reações favoráveis ou hostis à aplicação da biologia à sociabilidade humana. A politização obtusa do debate de forma alguma contribuiu para o reconhecimento da relevância do tema e da pergunta que o conduz: de que maneira a vida humana se relaciona com os outros modos de vida? Numa reação que parece sintoma da incapacidade de lidar com os novos conceitos que vinham do pensamento biológico, a antropologia adotou uma postura ideológica intransigente e surda ao que estava sendo argumentado. Sem fundamento maior do que o temor, diante de conceitos que foram até então rejeitados dogmaticamente, e sem observar o seu próprio determinismo de fundo cultural, pensadores das ciências sociais e humanas passaram, mesmo que destituídos de fundamentação rigorosa, a acusar de determinismo biológico e reacionarismo político toda abordagem que se aproximasse da biologia. Lamentavelmente, e até pouco tempo, a renovação teórica que Trivers anunciara não repercutiu, como deveria, nos estudos da sociedade, da cultura e da comunicação humanas. É curioso que a política de Trivers tenha sido profundamente radical. Em 1978, ele conhecera o ativista político Huey P. Newton (1942-1989), que fora seu aluno na Universidade da Califórnia, Santa Cruz, e, mesmo não sendo de origem africana, associou-se ao partido político marginal dos Panteras Negras. Apesar de ter tocado no assunto desde seus primeiros trabalhos, Trivers dedicou-se, recentemente, ao tema do autoengano, da autoilusão e da manipulação de si mesmo e dos outros. A manipulação de si mesmo e o autoengano foram tratados exaustivamente em *The folly of fools*, livro publicado em 2011. Nos seus escritos sobre o autoengano, Trivers parte de uma perspectiva claramente darwiniana: qual a vantagem adaptativa que fomenta a evolução dos processos de autoengano que, superficialmente, parecem ser deletérios ao interesse pessoal. Trivers considera o autoengano como a base necessária para o desenvolvimento de estratégias de ataque e de agressão. Para que a manipulação de outras pessoas seja eficaz, o indivíduo deve, primeiro, enganar a si próprio. Caso contrário, comunicará evidências de que está mentindo, o que frustra seu propósito e revela suas intenções. O autoengano seria um fator estruturante para a relação social e encontra-se na natureza, na neurofisiologia da mente, nas interações familiares, no sexo, nos sistemas imunológicos, na psicologia, na vida cotidiana, nos saberes sociais e históricos, na guerra, na religiosidade e em muitos outros aspectos da vida cotidiana. O reconhecimento de seu trabalho e importância rendeu-lhe o prêmio Crafoord de 2007 por sua contribuição ao entendimento biológico dos processos de evolução social, conflito e comunicação.

BIBLIOGRAFIA

TRIVERS, Robert L. The evolution of reciprocal altruism. In: *The Quarterly Review of Biology*, n. 46, p. 35-57, 1971.

_____________. *Social evolution*. Menlo Park, CA: Benjamins/Cummings, 1985.

_____________. *The folly of fools: the logic of deceit and self--deception in human life*. New York: Basic Books, 2011.

trivium [lat.] Na Idade Média, a primeira parte do ensino universitário, formada por três disciplinas (gramática latina, lógica e retórica) ministradas antes do *quadrivium* e que, com este último, constituía as sete artes ou as artes liberais. ▸ Cf. QUADRIVIUM.

trocadilho M.q. JOGO DE PALAVRAS.

trojan [ing.] INF Programa maléfico (*malware*) que consegue driblar os mecanismos de identificação de um computador, invadi-lo e destruir a máquina que o recebe. ▸ Ao contrário do que muitos supõem, *trojan* não é um vírus, mas um programa malicioso (MALWARE)

tronco TEL Canal de comunicação simples ou múltiplo entre dois equipamentos de uma mesma central.

tropo 1 ESTL LING Emprego figurado de palavra ou locução; figura. **2** FIL Cada um dos argumentos por meio dos quais os filósofos céticos da Antiguidade procuravam demonstrar a inutilidade da busca pela verdade (p.ex., o argumento de que a multiplicidade insuperável de experiências ou personalidades humanas jamais permitirá a formulação de uma concepção única e privilegiada da verdade) [mais us. no pl.].

Trubetzkoy, Nikolay (Moscou, Rússia 1890 - Viena, Áustria 1938) Linguista russo, considerado um dos mais importantes do sXX, cujas ideias a respeito do funcionamento da linguagem influenciaram tanto o Círculo Linguístico de Praga como, posteriormente, o movimento estruturalista. ▸ Filho de família nobre da Rússia, Trubetzkoy foi o linguista que deu forma definitiva à fonologia moderna. Deve-se a ele a noção de que as línguas são compostas de elementos distintivos mínimos que se organizam em sistemas. A fonologia concebida por Trubetzkoy distinguia-se radicalmente da fonética tradicional, ao enfatizar que, em si, os fonemas não têm valor linguístico; os valores dos fonemas são definidos por sua posição no sistema da língua. A linguagem, para Trubetzkoy, é um estado relacional. O aspecto material da língua, que tanto interessara à fonética, é um estudo incapaz de dar conta da dimensão semântica da linguagem. A principal obra de Trubetzkoy, *Princípios de fonologia*, abriu um continente radicalmente novo de noções a respeito da linguagem e de sua organização sistêmica para a linguística moderna e saberes adjacentes, como a antropologia estrutural de Claude Lévi-Strauss (1908-2009). O trabalho de Trubetzkoy, interrompido por sua morte prematura por ataque cardíaco, foi desenvolvido por seu amigo Roman Jakobson (1896-1982), editor de *Princípios de fonologia*. ▸ Cf. FONÉTICA; FONOLOGIA; ESTRUTURA; ESTRUTURALISMO; JAKOBSON, ROMAN; LÉVI-STRAUSS, CLAUDE; LÍNGUA.

BIBLIOGRAFIA

TRUBETZKOY, Nikolay. *Principles of phonology*. Berkeley: University of California Press, 1969.

truca CINE Máquina cinematográfica dotada de inúmeros recursos, us. para produzir efeitos de trucagem.

trucagem CINE **1** Efeito cinematográfico obtido por meio da truca. **2** Artifício (como fotomontagem, distorções etc.) us. para criar efeitos inesperados, divertidos ou dramáticos em filmes. **3** Fase final da produção de um filme, quando se fazem os truques.

trucar CINE Fazer truques em (filme), durante a filmagem, ou processando em laboratório, ou ainda por meio da truca.

truísmo 1 Verdade incontestável ou evidente por si mesma. ▸ Cf. VERDADE. **2** Coisa tão óbvia que não precisa ser mencionada; banalidade, obviedade.

truncamento GRAM LING Processo de redução de um termo, que pode levar à criação de uma nova palavra, sem alteração do seu significado ou da categoria sintática, como, p.ex., *prof* [professor], *facho* [fascista], *pornô* [pornográfico], *micro* [microcomputador] etc.

truque 1 CINE TEAT Processo us. para criar ilusões, em filmes ou no palco. **2** TEAT Mecanismo us. para mover cenários.

tuitar INF Enviar mensagens, seguir mensagens enviadas por meio da rede social operada por Twitter, Inc.

tuner [ing.] ACS ELETRÔN REC.AV M.q. SINTONIZADOR.

Turing, Alan (Maida Vale, Londres, Inglaterra 1912 - Wilmslow, Cheshire, Inglaterra 1954) Matemático, lógico, teórico da computação inglês, figura fundamental no desenvolvimento da informática. ▸ Turing cometeu suicídio, aos 42 anos, envenenando-se com cianeto de potássio, após uma vida de triunfos intelectuais e perseguições por suas preferências sexuais numa Inglaterra que, na época, criminalizava o que era chamado de indecência e comportamento imoral. O sistema repressivo e punitivo britânico perseguia cruelmente aqueles que fossem identificados como homossexuais. Para se livrar de condenação judicial, Turing aceitou ser castrado quimicamente. Alguns dos conceitos centrais da informática, como algoritmo e computação numérica, são impensáveis sem o trabalho intelectual de Turing. Durante a Segunda Guerra Mundial, ele trabalhou como criptoanalista para o governo britânico, tendo desenvolvido máquinas eletromagnéticas de decifração de códigos secretos dos inimigos que prefiguravam o computador moderno. A origem dos interesses de Turing pelas máquinas vinha da matemática, disciplina em que ele se mostrara precocemente competente e altamente habilidoso. A ideia de uma máquina capaz de raciocinar já fora formulada, como uma possibilidade intelectual, por Gottfried Leibniz (1646-1716): o material matemático para realizá-la seria o ALGORITMO, que permitia logicamente a identificação e a aplicação de uma série de instruções que resolvessem e computassem questões preestabelecidas. Se fosse possível armazenar uma máquina com essa série de instruções algorítmicas, ela, certamente, poderia realizar procedimentos com um número finito de etapas. Isso significaria a possibilidade de um dispositivo que fosse capaz de dar soluções para qualquer problema. A ideia de um dispositivo capaz de realizar qualquer computação matemática, se representada como um algoritmo, era algo radicalmente novo: os dispositivos, simples e formais, passaram a ser chamados de máquinas de Turing, consideradas universais, porque capazes de computar qualquer operação. Uma máquina de Turing era composta de um autômato finito, que teria o poder de operar uma fita infinitamente longa que armazenasse os passos de seu processamento. Na fita interminável, ficaria armazenado um número finito de quadrados com símbolos, enquanto o resto da fita seria em branco. A área finita da máquina é capaz de executar operações discretas, mudando, binariamente, de um lado para outro, da esquerda para a direita da fita, que tem os valores lógicos e opositivos de 0/1. O autômato finito funciona como um conjunto de instruções necessárias para que a máquina opere. A máquina de Turing executa operações que são produtos de uma decisão sob a forma de linguagem formal e da consequente atribuição de valores de verdade. Com uma memória infinita, a máquina poderia fazer qualquer coisa, tomar qualquer decisão que pudesse ser expressa como passos e operações daí resultantes. A máquina de Turing possivelmente especifica outra máquina, daí receber o qualificativo de universal. Turing estabeleceu, teoricamente, o critério de reconhecimento de uma máquina inteligente. Para ele, o critério que define o pensamento numa máquina é o de simulação. A primeira versão do teste de Turing não incluía diretamente máquinas; apenas um investigador, um homem e uma mulher. O objetivo do jogo era estabelecer quem era a mulher, obviamente sem que o investigador tivesse como identificar o sexo, visual ou auditivamente. Se o investigador não fosse capaz de separar o homem da mulher, os dois seriam, para ele, indiferenciados. O mesmo valeria no caso de um computador. Considere-se a seguinte situação: o investigador insiste em indagar diretamente a um dos investigados se ele é homem ou mulher, e o homem responde "não, eu não sou homem, sou mulher", levando o inquiridor ao engano. Para ele, o homem é uma mulher. Situação idêntica repete-se se, diante de um pedido de escrever um soneto qualquer, o computador responder para o inquisidor: "não consigo escrever versos". O inquisidor teria sido enganado com uma estratégia idêntica à do homem. A máquina deveria, nesse caso, ser considerada inteligente.

BIBLIOGRAFIA

GLEICK, James. *The information: a history, a theory, a flood*. New York: Pantheon Books, 2011.

TURING, Alan. Computing machinery and intelligence. In: *Minds and machines*, n. 59, p. 433-60, 1950.

turnê Viagem, com itinerário e paradas predeterminadas, de uma pessoa ou grupo de pessoas, esp. de uma companhia teatral, um conjunto musical, um artista (mimo, músico etc.) ao exterior ou pelo interior de um país; excursão artística, *tour*.

tutti [it.] MÚS **1** Notação de partitura us. para indicar que todos os instrumentos devem tocar ou todas as vozes cantar. ▸ Símb.: *T*. **2** Techo assim executado por toda a orquestra. **3** Em concertos, a seção orquestral que se opõe ao solo.

TV Red. de TELEVISÃO. ▸ Tb. se diz *tevê*.

tweeter [ing.] ACS REC.AV Alto-falante pequeno, projetado para reproduzir sons de altas frequências. ▸ Cf. WOOFER.

Twitter [ing.] Rede de *microblogging*, formada em 2006, caracterizada pela rapidez e acessibilidade maior do que as outras redes sociais concorrentes. ▸ O *Twitter* é criação de Jack Dorsey (1976-), Evan Williams (1972-) e Biz Stone (1974-). Sua característica exclusiva é a limitação de tamanho de mensagens, princípio que fora estabelecido por outra rede social: o Facebook. O conceito do Twitter transformou-se num *site* à imagem de TEXT MESSAGING. No Twitter, o limite de texto é de 140 caracteres, com mais 20 para a identificação do emissor. O fascínio que *text messaging* exerce na telefonia transferiu-se para o Twitter. Celebridades, artistas e figuras públicas em geral viram na rede Twitter uma maneira de se comunicar com um número imenso de pessoas imediatamente, sem maiores elaborações, como seria necessário no caso de *sites* pessoais. Uma outra novidade era a de que se podia "seguir" um usuário que postaria pistas e outras informações de interesse. Se a fofoca caracteriza o Facebook, o Twitter é um simulacro de pessoalização e de intimidade com os que são inacessíveis ou estão, de fato, distantes. A maioria das mensagens que circulam nele é de pouca ou nenhuma importância, menos uma declaração do que uma corrente de consciência que se mostra atraente por revelar a intimidade do usuário.

BIBLIOGRAFIA

SHEL, Israel. *A era do Twitter*. Rio de Janeiro: Campus, 2010.

two shot [ing.] CINE Tomada cinematográfica de duas pessoas feita com o propósito de mostrar a inter-relação ou as reações emocionais dos personagens.

two-step flow [ing.] COMN SOC Exigência metodológica do estudo sociológico da comunicação que parte do princípio de que o fluxo das mensagens não vai apenas do emissor ao receptor, mas que os receptores interagem entre si, mediando o que lhes é transmitido. ▸ Cf. LAZARSFELD, PAUL.

Tynyanov, Yury (Rezhitsa, Rússia 1894 - Moscou, União Soviética 1943) Linguista, crítico literário, autor russo, membro da escola formalista. ▸ Considerado uma das maiores autoridades da época no grande escritor russo Alexander Pushkin (1799-1837), Tynyanov é um dos criadores do estruturalismo linguístico moderno. Tynyanov escreveu, com Roman Jakobson (1896-1982), uma série de teses sobre linguística que são a base dessa ciência na primeira metade do sXX. Segundo Tynyanov e Jakobson, a linguística deveria ser uma ciência rigorosa, com princípios nítidos e vocabulário específico. Como a maioria dos linguistas modernos que leram Ferdinand de Saussure (1857-1913), Tynyanov acreditava que estudar uma língua é identificar as leis que constituem o seu sistema. Isso seria válido tanto para a linguagem ordinária como para os estudos poéticos. Ainda que a linguística saussuriana exigisse a distinção do estudo histórico da linguagem (sua diacronia) de sua ordem e estrutura sincrônica, não se deve esquecer que as línguas nos chegam através da história. A distinção entre diacronia e sincronia é, para Tynyanov, meramente utilitária. Segundo ele, sincronia e diacronia complementam-se: as transformações e os desvios da norma apenas traçam o horizonte histórico da evolução literária. Sem abrir mão da dimensão histórica, Tynyanov postulava que as línguas são estruturas hierarquizadas com leis que as organizam de modo imanente. ▸ Cf. ESTRUTURA; ESTRUTURALISMO; FONOLOGIA; FORMALISMO RUSSO; JAKOBSON, ROMAN.

BIBLIOGRAFIA

TYNYANOV, Yury. *O problema da linguagem poética*. Rio de Janeiro: Tempo Brasileiro, 1975, v. 1-2.

Uu

u 1 Vigésima primeira letra e quinta vogal do nosso alfabeto. 2 FON Letra que representa a vogal ou a semivogal posterior alta fechada arredondada oral, como em *sul*, *mau*. 3 O nome dessa letra. 4 A forma dessa letra. 5 GRÁF Tipo que imprime essa letra. 6 EDIT Matriz que imprime essa letra. 7 Diz-se do elemento de uma série que sucede ao designado pela letra *t*.

Übermensch [al.] FIL No sistema teórico de Friedrich Nietzsche (1844-1900), o indivíduo que não é limitado por nenhuma restrição de crença, classe ou moral e que, por isso, supera a natureza humana e, assim, ascende a um nível superior de existência.

UCP INF Sigla de UNIDADE CENTRAL DE PROCESSAMENTO. ▸ Cf. MICROPROCESSADOR.

Uexküll, Jakob von (Klebast, Estônia 1864-Capri, Itália 1944) Biólogo estoniano, fundador da etologia moderna que, para ele, deveria ser baseada no entendimento do universo de signos dos animais. ▸ Muito antes de Niko Tinbergen (1907-1988), Konrad Lorenz (1903-1989) e Karl von Frisch (1886-1982) terem recebido o Prêmio Nobel de Fisiologia de 1973 por suas contribuições à etologia, Jakob von Uexküll foi quem formulou, pela primeira vez, a hipótese de que a comunicação animal ocupa um lugar central na biologia moderna. Na teoria de Uexküll, as células e os organismos multicelulares caracterizar-se-iam por seus mecanismos de interação. Não apenas os organismos formam-se e mantêm-se a partir de células que interagem, mas também os animais interrelacionam-se com outros animais e com o seu meio ambiente. Os animais atuam no que a teoria uexküliana diz ser o *Unwelt*, termo alemão difícil de ser traduzido. *Unwelt* é tanto o meio que circunda o animal como seu universo de percepção e de operação; por isso, Uexküll afirmou que o *Unwelt* constitui o mundo total em que o animal age e opera. Através de seus órgãos receptores, os animais constroem a sua representação do meio ambiente, que só assim existe. O animal contrapõe-se ao que o circunda e desse ambiente recebe informação e dados que formam o seu universo funcional. A mecânica dessa relação é definida por Uexküll como sendo um círculo funcional (*Funktionkris*), que é simultaneamente operativo e perceptivo. As representações funcionais dos animais seguem seu interesse e urgência de satisfazer necessidades relativas a alimentação, reprodução, predação (seja evitando-a, seja sendo predador) e movimentação. As necessidades do animal são próprias de si mesmo. Rigorosamente solipsística, a mente animal seleciona aquilo que, no ambiente, é relevante para sua sobrevivência. Nesse momento, o animal impõe significado àquilo que é trazido, como signo, pelo mundo, interpretando o estímulo nos termos de seus interesses imediatos. Observador e observado sobrepõem-se por completo, formando uma unidade sensorial, psíquica, significativa e interpretativa. Por isso, expressão e conteúdo fundem-se, inseparavelmente, em todas as dimensões da comunicação que transcendem identificação de sons, cheiros, cores etc. e formam, para o organismo vivo, uma só unidade, que recebe o *status* de código, permitindo sua ação num universo externo que se apresenta firme e indubitável. O processo materializa-se desde os signos não verbais até a inseparabilidade de significante e significado, que fora notada por linguistas e pensadores da linguagem. Intérpretes contemporâneos de Uexküll qualificam-no como fundador não apenas da etologia e do entendimento do comportamento animal, mas de uma BIOSSEMIÓTICA geral que não exclui a dimensão humana.

BIBLIOGRAFIA

UEXKÜLL, Jakob von. *Theoretical biology*. New York: Harcourt, Brace and Co., 1926.

____________. *A foray into the worlds of animals and humans, with a theory of meaning*. Minneapolis: University of Minnesota Press, 2010.

UHF [ing.] ELETRÔN Símb. de FREQUÊNCIA ULTRAELEVADA.

ultima ratio [lat.] FIL Argumento definitivo e final.

ultrajar Ofender gravemente a dignidade de; afrontar, desonrar, insultar.

ultraje 1 Ato ou efeito de ultrajar. 2 Ofensa muito grave; afronta, desacato. 3 Afirmação injuriosa a respeito de alguém. ▸ Cf. CALÚNIA; DIFAMAÇÃO; INJÚRIA. 4 Violação de leis, regras, princípios.

umedecedor GRÁF M.q. ROLO MOLHADOR.

umidificador PAP Diz-se de ou aparelho pulverizador us. para dar ao papel o necessário grau de umidade, no processo de acetinação.

UMJ JOR Caminhão, veículo ou equipamento que permite a transmissão de material jornalístico que ocorre fora do estúdio de televisão; UPJ. ▸ Sigla. de *unidade móvel de jornalismo*.

UMTS [ing.] TEL Sigla de *Universal Mobile Telecommunication System*. ▸ *UMTS* é um sistema universal de telecomunicação móvel com múltiplas aplicações na telefonia móvel que, além de transmitir e receber sinais telefônicos, permite o acesso à internet, além de outros recursos audiovisuais.

una corda [lat.] MÚS 1 Com o pedal doce acionado (us. como indicação de execução em partituras de piano). 2 M.q. PEDAL DOCE.

Unesco Sigla de *Organização das Nações Unidas para Educação, Ciência e Cultura*.

unha GRÁF M.q. PINÇA.

unidade central de processamento INF 1 Conjunto de circuitos internos de armazenamento, processamento e controle de um computador (nos *PCs*, é um *chip* único, tb. dito microprocessador). ▸ Sigla: *CPU*. 2 Circuito integrado do microprocessador.

unidade de compasso MÚS Conceito teórico que indica a figura de duração que representa um compasso inteiro.
unidade de controle de câmara CINE REC.AV Parte de uma câmara de estúdio que ajusta a qualidade do vídeo; *camera control unit* (*CCU*).
unidade de criação M.COM PUB M.q. CENTRO DE CRIAÇÃO.
unidade de disco INF M.q. ACIONADOR.
unidade de impressão GRÁF Na rotativa, cada um dos elementos que, na tiragem e retiração, determinam a quantidade de páginas que a máquina pode imprimir por vez; grupo de impressão.
unidade de negócio MKT **1** Área de comercialização localizada numa única empresa. **2** Numa empresa, cada um de seus pontos de venda.
unidade de rede INF Computador integrante de uma rede de computadores.
unidade de resposta audível MKT TEL Sistema de atendimento telefônico automático, pelo qual um computador emite mensagens de voz previamente gravadas, indicando opções para que o usuário acesse um dos ramais ou serviços disponíveis, pressionando teclas em seu telefone. ▸ Sigla: *URA*.
unidade de saída INF Em um sistema de processamento de dados, dispositivo pelo qual dados podem ser extraídos do sistema.
unidade de tempo MÚS Figura de duração que representa o tempo de um compasso.
unidade léxica LING Unidade vocabular que se pode compor de uma única palavra (p.ex., 'pé', 'lombo') ou de mais de uma, neste caso sendo impossível substituir seus elementos por qualquer sinônimo ou afim, sem alterar-lhe o sentido ('mercado negro', 'casa de banho', 'pé-frio', 'mão de obra', 'tim-tim por tim-tim' etc.).
unidade linguística LING Elemento discreto definido por suas relações com outros elementos num determinado nível de um sistema linguístico. ▸ Os fonemas são unidades no nível fonológico; os morfemas, no nível morfológico; as frases, no nível frásico
unidade móvel TV Unidade televisiva que permite a gravação e a transmissão de tomadas externas.
unilíngue LING M.q. MONOLÍNGUE.
universal FIL **1** Ideia geral, conceito, termo abrangente aplicável a todos os indivíduos de uma mesma classe de seres ou objetos. **2** No platonismo, ideia de caráter transcendente, que origina, fundamenta e classifica toda a realidade imanente e sensível, preexistindo em relação aos seres materiais e às consciências humanas. **3** No aristotelismo, termo geral que representa a essência ou substância de um ente singular, e que somente existe, ao contrário da autossubsistência das ideias platônicas, acoplado aos objetos materiais. **4** Na filosofia medieval, conceito geral que, para os autores da escola realista, mais próximos do platonismo, é uma realidade autossuficiente e, para os pensadores da escola nominalista, mais inclinados ao aristotelismo, é mera entidade linguística (mais us. no pl.). ▸ Cf. ABELARDO; NOMINALISMO; OCKHAM, GUILHERME DE.

INFORMAÇÕES GERAIS

O debate e os argumentos em torno da realidade ou não dos universais separam versões e nuances do nominalismo e do realismo filosófico. Para os nominalistas, o universo físico é tudo que existe e sua existência implica uma singularidade radical que não se reduz a nenhuma forma universal, mesmo que nela pareça habitar uma pluralidade. Essa postura teórica pode ser insatisfatória, pois não explica o fato de que a linguagem se compõe de termos e nomes próprios que são, por sua própria natureza, gerais e universais. A palavra 'cão' indica a classe de animais caninos, sem deixar de se referir a um cão específico e individual. Para os que recusam a realidade dos universais, os conceitos e os nomes próprios apenas sinalizam o que for significação. Nesse caso, as representações limitam-se a satisfazer o critério de ALIQUID STAT PRO ALIQUO, ou seja, os nomes estão somente no lugar de algo, o que, por sua vez, não quer dizer que o algo seja mais importante do que o processo de substituição que caracteriza todas as formas do signo. Vista assim, a discussão pode facilmente transformar-se numa investigação de cunho metafísico. Para o realismo filosófico, as relações de substituição não seriam apenas processos nominativos, pois sugerem que nelas há mais do que uma existência particular: a partir da ocorrência singular de cada percepção do 'vermelho', pode-se facilmente presumir a realidade da vermelhidão, que, nesse caso, além de ser universal, indica uma essência. Ser nominalista significa recusar todos os modos de compromisso ontológico, justamente aquilo que caracteriza os realistas. Na filosofia clássica, o tema dos universais animou os mais variados argumentos filosóficos: o platonismo acreditava que existia realmente e de fato um universo de formas ideais que se projetavam sobre aquilo que fosse nome, funcionando como modelo da existência, seja ela nominal ou empírica; mas, por isso, a filosofia platônica não advoga necessariamente uma teoria dos universais, já que situa a universalidade em algo que não é nem empírico nem nominal. Dentre as filosofias antigas, o aristotelismo afirmava que os universais existem nas coisas das quais não podem se separar. Não haveria outra maneira de explicar o fato de que um atributo particular possa ser predicado em vários sujeitos: o termo 'cão' é um universal, e o nome 'Bingo', uma representação individual. A postura aristotélica é, a rigor, conciliatória na medida em que evita discutir a realidade ontológica dos universais, o que não impediu que, na Idade Média, retornasse com grande força metafísica, dividindo os argumentos filosóficos da época. Antes de Boécio (c480-c525), um importante ponto de partida da discussão medieval em torno dos universais encontra-se nas teses neoplatônicas de Porfírio (c232-c304). Porfírio demandou que as categorias da predicação fossem consideradas na sua realidade, de modo a definir sua natureza corporal ou incorporal. Os universais antecedem as coisas ou são inventados a partir delas? Teorias sobre a realidade dos universais parecem dar uma resposta definitiva a um enigma importante da linguagem: por que damos os mesmos nomes às coisas? A resposta realista depende da admissão de que os nomes indicam propriedades comuns e semelhantes que de fato existem em coisas diferenciadas. Trata-se, porém, de uma resposta circular: damos nomes comuns às coisas porque elas efetivamente têm propriedades comuns, ou reconhecemos propriedades comuns porque o mesmo nome aplica-se a uma classe de entidades particulares? A partir dessa percepção, os argumentos filosóficos oscilaram de um extremo a outro, da admissão da realidade dos universais até sua negação, como meras vocalizações (*flatus vocis*). Uma alternativa para o debate aparentemente interminável sobre o problema dos universais começa pela hipótese de que os universais são conceitos e entidades construídos pela mente, uma tese bem ao agrado do EMPIRISMO moderno e contemporâneo, que, por sua vez, deixa intocada a questão de que o mundo seja do jeito que é. ▶ Cf. CONCEITO; NOMINALISMO; OCKHAM, GUILHERME DE.

BIBLIOGRAFIA
LIBERA, Alain de. *La querelle des universaux: de Platón à la fin de la Moyen Âge*. Paris: Seuil, 1996.

universal linguístico LING Cada uma das propriedades comuns que devem ser encontradas em todas as línguas humanas, com base na hipótese de que todas as línguas são produto de uma faculdade de linguagem uniforme e específica da espécie humana.

universo de enunciados LING O total dos enunciados contidos em uma circunstância determinada e reunidos para pesquisa sem que se estabeleça distinção entre os que irão constituir o *corpus* e os que não serão utilizados.

universo do discurso LING O mínimo irredutível de contexto para a produção de um enunciado, levando-se em conta a participação do falante e do ouvinte. ▶ É estabelecido pelo cerne das formações ideológicas (crenças, convenções etc.) que dão origem ao discurso.

Univisión TV Televisão de língua hispânica transmitida nos EUA e em Porto Rico, fundada em 1962, de propriedade da Univisión Communications e Televisa. ▶ Univisión é o canal em língua espanhola mais popular dos Estados Unidos, com uma programação de telenovelas, noticiário, esportes, programas infantis e *shows* de variedades. ▶ Cf. TELEVISA.

UNIX INF Sistema operacional para computadores, multitarefa, multiusuário, desenvolvido em linguagem de programação C e capaz de rodar em diferentes tipos de máquinas.

upgrade [ing.] INF Atualização dos componentes do *hardware* ou do *software* de um computador.

UPJ JOR M.q. UMJ. ▶ Sigla de *unidade portátil de jornalismo*.

uplink [ing.] TEL Caminho de transmissão de sinais das estações terrestes para os satélites de comunicação.

upload [ing.] INF Ver CARREGAR.

upscale [ing.] PUB Que ou o que se refere e é dirigido aos segmentos mais abastados da sociedade.

URA MKT TEL Sigla de UNIDADE DE RESPOSTA AUDÍVEL.

uranografia FOT Fotografia dos astros.

URL [ing.] INF Forma padronizada de representação de diferentes documentos, mídia e serviços de rede na internet, capaz de fornecer a cada documento um endereço único. ▶ Sigla de *Uniform Resource Locator* ('localizador-padrão de recursos').

USA Today [ing.] Jornal diário n.-am. que não circula aos sábados e domingos, de propriedade da Gannett Corporation Inc., sediado em McLean, no estado da Virgínia, o segundo maior jornal em circulação nos Estados Unidos. ▶ O *USA Today* foi concebido pelo jornalista e empresário Al Neuharth (1924-) com um propósito específico: fazer um jornal que fosse popular, facilmente digerível e numa direção completamente oposta aos jornais norte-americanos de opinião e de comentário, como o *The New York Times* e o *The Wall Street Journal*. Sua diagramação é tão leve como sua cobertura dos assuntos. O *USA Today* é distribuído em *newstands*, supermercados, aeroportos e hotéis., com uma circulação da ordem de 1,8 milhão de exemplares diários. O *USA Today* é um caso raro de jornal nacional no universo jornalístico norte-americano, que tem sido predominantemente metropolitano e regional.

USB [ing.] INF Porta de entrada de comunicação *PnP* (***Plug** and **Play*** 'ligue e faça funcionar') que permite conectar periféricos ao computador. ▶ Sigla de *Universal Serial Bus* ('barramento serial universal').

USENET [ing.] INF INTERN Sistema de comunicação eletrônica, precursor do uso civil da internet, criado em 1976 para servir aos alunos da Universidade de Duke e da Universidade da Carolina do Norte, nos Estados Unidos. ▶ *USENET* era um BULLETIN BOARD eletrônico, através do qual se postavam notícias e comentários transmitidos por EMAIL. Feito com o propósito de fomentar o uso civil, a *USENET* incluía usuários que, por motivo de segurança militar, não teriam acesso ao ARPANET.

uso FIL LING O emprego que os falantes efetivamente fazem da língua em sua atividade linguística, e que constitui o interesse da abordagem descritiva em linguística, em oposição à atitude normativa. ▶ Ainda que a dimensão pragmática da comunicação e da linguagem também tenha sido sublinhada na semiótica de Charles Morris (1901-1979), é com Ludwig Wittgenstein (1889-1951) que o elo entre uso e significado se estabelece no pensamento moderno. A intuição transformou-se em princípios programáticos ("significado é uso", "não pergunte pelo significado, pergunte pelo uso") que repercutiram, muitas vezes encantatoriamente, pela filosofia linguística anglo-saxã. Como consequência da imensa influência de Wittgenstein, a análise linguística passou a debruçar-se sobre as práticas consagradas pelo uso dos signos; tal uso, porém, segue normas que beiram o fluido, como os movimentos de um jogo. Nesse caso, seria preciso distinguir as regras básicas e normativas de um jogo, que funcionam como fundamentos interativos entre os falantes e aquilo que os jogadores fazem criativamente com essas regras, torcendo-as, levando-as a um extremo, valendo-se dos princípios para vantagem própria, sem com isso rasgar e subverter as normas por completo. De fato, as normas são mecanismos de entrada no jogo que não determinam *a priori* o que se desenvolve durante o jogo. A equivalência de uso e significado contrapõe-se à ideia de que as representações sejam determinadas por aquilo a que se referem. A teoria do uso como critério de significação privilegia os processos de ocorrência e interação entre os que trocam signos. A rigor, a sugestão de Wittgenstein é, prioritariamente, metodológica: o significado, como entidade mental e privada, é inacessível aos que participam das trocas linguísticas, que apenas se expressam por meio de seus usos públicos. O critério de uso é um argumento de Wittgenstein que tem o propósito de desbancar a possibilidade de uma linguagem privada. A equivalência entre uso e significado caracteriza-se por ser antagônica a duas alternativas até então canônicas, uma que afirma ser o significado determinado por seu referente e outra que identifica significado como imagem mental interna ao sujeito. Isso não quer dizer que a identificação de significado e uso esteja com problemas, dentre eles a distinção entre uso legítimo e ilegítimo. Afinal, se tudo é uso, qual o uso apropriado? Algo parece estar faltando na sugestão apenas esboçada pelas *Investigações filosóficas*, de Wittgenstein. Por isso John R. Searle (1932-) postulou que a linguagem seja um ATO DE FALA, o que desenvolveria a tese wittgensteiniana em outra direção, mantendo sua integridade e produtividade conceitual. O estudo dos usos da linguagem demanda a distinção entre uso e menção. Usa-se uma palavra para se falar de algo, o que não é o mesmo que mencioná-la numa frase. Os objetos intelectuais envolvidos no uso e na menção são claramente diferenciados. Usa-se a palavra 'sofá' para descrever um assento longo, frequentemente estofado, onde as pessoas se sentam; o que não é o mesmo que mencionar que a palavra *sofá* tem quatro letras e é acentuada. Separar uso e menção é um cuidado relevante e intelectualmente frutífero, pois permite que se discriminem e discutam teorias que usam palavras idênticas de maneira discrepante. Graças à discriminação entre uso e menção, pode-se reconhecer falácias argumentativas que advêm da sobreposição do modo formal e do modo material da comunicação.

BIBLIOGRAFIA

MORRIS, Charles. *Writings on the general theory of signs*. The Hague: Mouton, 1971.

SEARLE, John R. *Expressão e significado*. São Paulo: Martins Fontes, 2002.

WITTGENSTEIN, Ludwig. *Investigações filosóficas*. Petrópolis: Vozes, 2005.

usos e gratificações COMN PSIC Segundo a teoria de Abraham Maslow (1908-1970), o processo que justifica o consumo da comunicação de massa. ▸ Cf. REALIZAÇÃO.

usuário MKT Consumidor ou utilizador de determinado serviço ou produto.

utilidade ECON MAT Em teoria dos jogos, conceito que expressa numericamente o interesse e o propósito dos jogadores em situação de disputa e de conflito de interesses. ▸ O conceito de utilidade revela que, numa situação de jogo, o conflito de interesses não se reduz apenas à alternativa excludente de vitória ou derrota do adversário. Um candidato político pode participar de uma disputa eleitoral não com o propósito de ganhar o cargo, mas de expor suas ideias. Nesse caso, a utilidade da vitória seria menor do que a utilidade de divulgar sua ideologia. A utilidade é um conjunto de preferências organizadas hierarquicamente numa escala numérica. A regra da utilidade pode ser assim formulada: "u (a) > u (b), se e apenas se o participante do jogo preferir a a b". O conceito de utilidade cobre um amplo e complexo espectro de preferências. Do ponto de vista da utilidade, mais importante do que a mera expressão numérica de um objetivo é o fato de que isso varia de jogador para jogador. O problema que daí surge é que a comparação de utilidades cria um quadro intricado de preferências, freq. de cunho excessivamente subjetivo. Se a impressão de excessiva complexidade persiste no caso das decisões econômicas, o quadro é bem outro se o entendimento da utilidade é biológico e fundado na teoria darwiniana de seleção sexual. Como John Maynard Smith (1920-2004) mostrou, a noção de utilidade é de boa serventia para a biologia porque pode ser expressa em termos muito simples: o organismo deseja reproduzir-se geneticamente com maior ou menor frequência.

BIBLIOGRAFIA

MAYNARD SMITH, John. *Evolution and theory of games*. Cambridge: Cambridge University Press, 1982.

VON NEUMANN, John; MORGENSTERN, Oskar. *The theory of games and economic behavior*. Princeton: Princeton University Press, 1944.

utilitário INF Diz-se de ou programa concebido para realizar uma atividade relativa ao próprio computador, como pesquisa, cópia e organização de arquivos ou detecção e correção de defeitos no computador ou em seus periféricos.

utilitarismo FIL Teoria desenvolvida na filosofia liberal inglesa, esp. em Jeremy Bentham (1748-1832) e John Stuart Mill (1806-1873), que considera a boa ação ou a boa regra de conduta caracterizáveis pela utilidade e pelo prazer que podem proporcionar a um indivíduo e, em extensão, à coletividade, na suposição de uma complementaridade entre a satisfação pessoal e coletiva. ▸ Considerada a mais importante contribuição da filosofia britânica à questão da ética, o utilitarismo procura identificar os critérios que definem uma ação moral sem cair nos rigores da universalidade exigidos pela filosofia de Immanuel Kant (1724-1804). Na formulação do imperativo categórico, Kant afirmava que devemos agir de acordo com um critério universal: se a ação puder ser erguida ao patamar de uma lei universal, trata-se, então, de um ato moral. O ato seria individual, mas o juízo moral deve ser universal. Todos na mesma circunstância devem fazer a mesma coisa. No caso do utilitarismo, o critério de universalidade é claramente atenuado. Moral é o que proporciona prazer e felicidade ao maior número de pessoas. O utilitarismo tenta conciliar a satisfação pessoal não com a mais absoluta coletividade, e sim com sua maioria. Já que depende da maioria, que pode ser variável, a ética utilitarista advoga uma moralidade gradativa. O utilitarismo mede a ética nos termos estritos das consequências de uma ação. A crítica ao utilitarismo toma formas variadas. Alguns críticos exigem que se defina melhor o que seja prazer. O caráter hedonista do utilitarismo comprometeria sua perspectiva moral, tornando-o uma teoria de fundo irremediavelmente subjetivista. Por mais que proclame seu compromisso para com a coletividade, o utilitarismo mostra-se incapaz de explicar por que alguns, ainda que a maioria, beneficiam-se de uma ação ao mesmo tempo que outros são prejudicados. O filósofo britânico Bernard Williams (1929-2003) examinou o paradoxo moral do pintor Paul Gauguin (1848-1903), cujas telas hoje disseminam beleza e prazer para tantos, apesar de ter gerado imenso sofrimento para sua família ao escolher a carreira de pintor. Ao reduzir os atos morais a meras consequências, desconsiderando intenções e motivos, o utilitarismo, para seus críticos, empobrece e limita irremediavelmente as sutilezas e a multiplicidade de níveis envolvidos nas decisões morais. Também, como explicar que, na prática e na vida cotidiana, os que agem o fazem com rara ou nenhuma consideração pela comunidade, sendo frequentemente regidos pela aleatoriedade ou sorte, no sentido de acaso, moral?

BIBLIOGRAFIA

MILL, John Stuart; BENTHAM, Jeremy. *Utilitarianism and other essays*. Harmondsworth: Penguin, 1987.

NAGEL, Thomas. *Moral questions*. New York: Cambridge University Press, 1991.

WILLIAMS, Bernard. *Moral luck*. Cambridge: Cambridge University Press, 1981.

ut infra [lat.] Conforme (dito ou demonstrado) abaixo.

utopia **1** Qualquer descrição imaginativa de uma sociedade ideal, fundamentada em leis justas e em instituições político-econômicas verdadeiramente comprometidas com o bem-estar da coletividade. **2** Projeto de natureza irrealizável; ideia generosa, porém impraticável; quimera, fantasia. **3** FIL POL SOC No marxismo, modelo abstrato e imaginário de sociedade ideal, concebido como crítica à organização social existente, porém inexequível, por não estar vinculado às condições políticas e econômicas da realidade concreta. **4** FIL POL SOC Em sociólogos como Karl Mannheim (1893-1947) ou filósofos como Ernst Bloch (1885-1977), projeto alternativo de organização social capaz de indicar potencialidades realizáveis e concretas em uma determinada ordem política constituída, contribuindo dessa maneira para sua transformação.

INFORMAÇÕES GERAIS

A palavra grega *utopia* é, em si mesma, cética. Utopia é o que não ocorre em lugar algum. Por isso, a perfeição que a utopia anuncia é, na melhor das hipóteses, mera idealização. Após a propagação do termo no título do livro de Thomas Morus (1478-1535), 'utopia' sugere norma e modelo ou idealização ingênua sem fundamento na realidade. Cabe aqui perguntar se a realidade que se contrapõe à utopia é realizável ou não. Marx (1818-1883) usava o termo utopia para desqualificar quem não fundamentasse a transformação da realidade no seu entendimento. Utopia também pode ser o que é passível de ser perseguido sem que seja necessariamente concretizável.

ut retro [lat.] Conforme (está) atrás.
ut supra [lat.] Conforme acima.

Vv

v 1 Vigésima segunda letra do nosso alfabeto. 2 FON Letra que representa a consoante fricativa labiodental sonora, como em *vai.* 3 O nome dessa letra. 4 A forma dessa letra. 5 GRÁF Tipo que imprime essa letra. 6 EDIT Matriz que funde esse tipo. 7 Diz-se do elemento de uma série que sucede ao designado pela letra *u.* 8 FÍS Símb. de FREQUÊNCIA.

V ELETR FÍS Símb. de VOLT.

vacina INF Programa destinado a impedir a contaminação do computador por um ou mais tipos de vírus determinados.

vade-mécum 1 Livro de uso muito frequente, que o usuário costuma carregar consigo. 2 M.q. AGENDA ('caderneta ou livro').

vago 1 Que vagueia; errante. 2 Que se apresenta inconstante, mutável, instável. 3 Que age com indecisão; hesitante, perplexo. 4 Que se apresenta sem traços ou características bem definidas, nítidas; ambíguo, incerto, impreciso. 5 Falta de clareza; imprecisão. ▶ O reconhecimento de que a linguagem ordinária é permeada de elementos caracteristicamente vagos foi, durante algum tempo, motivo para rejeitá-la como fonte de conhecimento preciso, claro e sem ambiguidade. A qualidade de ser vago faz com que um enunciado seja perigosa e indesejavelmente fronteiriço, o que, em lógica, significa dizer que a expressão ou enunciado não tem um valor de verdade definido. O problema, nesse caso, é semântico no sentido preciso e técnico de ser referencial. O significado da expressão pode ser compreensível sem que seja possível aplicar a construção linguística à realidade e, portanto, decidir se a aplicação é, sem AMBIGUIDADE, portanto apropriada ou não, válida ou inválida. Mesmo que, nos enunciados produzidos, alguns termos sejam vagos e outros não, resta sempre esclarecer como e por que a expressão é considerada vaga, o que pode acontecer por falta de informação transmitida, mas também pela natureza de seu objeto. Alguns objetos, como certo tipo de conceitos, memórias, sentimentos e juízos morais, são considerados inevitavelmente vagos. Comparativamente, alguns enunciados são mais vagos do que outros e, portanto, mais ou menos precisos. É por isso que o critério de fronteira se aplica: um enunciado que não seja de forma alguma vago não deve aplicar-se a outro objeto. Num enunciado que não seja vago, a correspondência entre conceito e objeto deve ser do tipo um a um. Por sua natureza, esse critério de demarcação absoluta sugere um paradoxo impossível. Se o enunciado é feito com a ambiguidade múltipla que caracteriza a linguagem ordinária, que construção linguística atende plenamente ao critério de correspondência perfeita? Nem mesmo os dados sensoriais estão livres de ambiguidade e de imprecisão. Basta observar o arco-íris, em que as cores se interpenetram de maneira próxima à indefinição. Num mundo em estado de constante fluxo, qual é o ponto em que o quente passa a ser frio? Se o mundo físico e mental é um processo de transformação contínua, não há como evitar a intrusão de vaguezas. Além do que as qualidades sensoriais revelam, muito do que é vago é filosoficamente impreciso e constitui-se de enunciados que não são verdadeiros, nem falsos, nem verificáveis, nem inverificáveis. Por isso, posturas filosóficas, como a de Ludwig Wittgenstein (1889-1951), ao escrever seu primeiro livro, o *Tractatus logico-philosophicus*, acreditam que a missão do pensamento é eliminar o que for vago em sistemas teóricos. A terapia filosófica teria dois objetivos complementares: em primeiro lugar, reconhecer e identificar o que for impreciso e indefinido, com o propósito de descartá-lo, e, em segundo lugar, construir uma linguagem formal pura sem lugar para o que seja vago. Porque as expressões linguísticas na linguagem ordinária são vagas, há quem, apressadamente, conclua que ser geral e ser vago são idênticos. "A maioria dos produtos dessa loja é muito cara", "animais com estômago de duas câmaras têm um tipo particular de dentição" são expressões gerais que não podem ser consideradas vagas. Os dois enunciados não são fronteiriços, pois podem ser submetidos a testes empíricos. O tratamento teórico do que é vago é um desses problemas crônicos e incômodos que não parecem ter cura. A linguagem ordinária é um modo de comunicação que tem uma "textura aberta", para usar a expressão do filósofo austríaco Friedrich Waismann (1896-1959), o que, segundo ele, indica a possibilidade de ser vaga. Abertura e porosidade caracterizariam a comunicação e a linguagem ordinária. A solução para os problemas cognitivos que a vaguidade cria é frequentemente de cunho normativo e depende da clareza a respeito das regras de emprego dos enunciados; pois ser vago é um traço relativo à maneira pela qual se usam meios expressivos. Regra e uso são, portanto, os elementos de que a segunda filosofia da linguagem de Wittgenstein se vale para resolver o problema da vaguidão que assombraria a linguagem ordinária. A fase final da filosofia linguística de Wittgenstein, apresentada em *Investigações filosóficas*, descreve a linguagem nos termos e à imagem de um jogo (cf. JOGO DE LINGUAGEM), que é composto de normas e de movimentos de seus usuários. Outra alternativa para o problema dos enunciados vagos foi sugerida pela lógica fluida e indeterminada (*fuzzy logic*), de valores múltiplos, de Tarski-Lukasiewicz. Se 1 é um valor de verdade e 0 um valor de falsidade, formando assim um espectro de verdade, um enunciado deve ser julgado pela posição que ocupa nesse contínuo. Ser vago é ser proporcionalmente verdadeiro ou falso.

BIBLIOGRAFIA

WAISMANN, Friedrich. *How I see philosophy*. New York: Saint Martin's Press, 1968.

WITTGENSTEIN, Ludwig. *Tractatus logico-philosophicus*. São Paulo: Edusp, 2001.

________________. *Investigações filosóficas*. Petrópolis: Vozes, 2005.

vagueza 1 Qualidade, característica ou condição de vago; vaguidade, vaguidão. ▸ Cf. VAGO ('impreciso'). 2 PINT Característica de ligeireza e finura que apresenta a tinta distribuída de modo suave na pintura.

vaguidade M.q. VAGUEZA ('qualidade').

vaguidão M.q. VAGUEZA ('qualidade').

validação INF Teste que comprova a validade, a correção ou concordância com padrões etc. de dados introduzidos num sistema de computador.

válido 1 Que tem embasamento bem fundado; correto, certo. 2 Que é logicamente correto, seja do ponto de vista formal, seja do ponto de vista interpretativo.

INFORMAÇÕES GERAIS

Em lógica, um enunciado válido é aquele bem formulado, ou seja, aquele que leva dedutivamente a uma conclusão indisputável. Se as premissas forem falsas, a conclusão deve ser necessariamente falsa. A boa formulação lógica é adequada tanto a linguagens formalizadas como a qualquer conjunto de enunciados que não se valha de símbolos lógicos e matemáticos. A validade qualifica um argumento, ou seja, um conjunto de premissas que levam a uma conclusão; mas as premissas e a conclusão são verdadeiras ou falsas. Por isso, diz-se que o objetivo da lógica não é avaliar se os enunciados individuais que constituem as premissas e a conclusão sejam verdadeiros ou falsos, mas o argumento como um todo. Um argumento não pode ter premissas verdadeiras e uma conclusão falsa; se for assim, é inválido. Se é impossível que uma conclusão seja falsa, as premissas que levaram a ela terão de ser verdadeiras.

valor 1 Conjunto de traços culturais, ideológicos ou institucionais, definidos de maneira sistemática ou em sua coerência interna. 2 ART.PLÁST Grau de intensidade luminosa de uma cor, em escala de tonalidades que vai do branco ao preto. 3 ECON Poder aquisitivo variável (de moeda nacional, ação, título etc.). ▸ Cf. ECONOMIA. 4 ECON Papel estampado, com valor financeiro representativo (papel-moeda, letra de câmbio, ação, título etc.). ▸ Mais us. no pl. 5 FIL Na ética, conjunto de princípios ou normas que, por corporificar um ideal de perfeição ou plenitude moral, deve ser buscado pelos seres humanos. ▸ Cf. FATO. 6 FIL No pensamento moderno de tendência relativista, cada um dos preceitos ou princípios igualmente passíveis de conduzir a ação humana, na suposição da existência de uma pluralidade incontornável de padrões éticos e da ausência de um Bem absoluto ou universalmente válido. ▸ Cabe à AXIOLOGIA refletir sobre os valores, sejam eles estéticos, morais, políticos ou qualquer elemento que leve o indivíduo a tomar uma decisão em relação a outra. A teoria do valor procura estabelecer o que, no mundo, é bom, desejável e de maior relevância e que, por isso, pode aspirar ao papel de princípio normativo. Os valores seriam intrínsecos, inerentes, instrumentais ou contributivos. Nesse sentido, porque os valores são elementos essencialmente judicativos, a ética é facilmente concebida como um ramo da teoria do valor. A consideração de valores faz com que a discussão ética transcenda o sentimento individual e passe a ser considerada a partir da perspectiva do outro. Se não fosse assim, a discussão axiológica sobre o prazer esgotar-se-ia no reconhecimento de uma satisfação meramente individualista, subjetiva e limitada apenas pelo que é parte do ego. Quando o prazer é, por exemplo, discutido como valor, o que se faz é considerá-lo como princípio relacional que seria válido ou inválido para vários indivíduos ou para uma comunidade. Por isso, a problemática do hedonismo argumenta se o prazer tem um valor intrínseco e, assim, pode ser aplicável a uma multiplicidade de indivíduos. Teria o prazer um valor inerente a si mesmo, capaz de funcionar como um princípio universal? A reflexão sobre um valor intrínseco e inerente levaria, necessariamente, à consideração de sua desejabilidade ou sua instrumentalidade. Pensar em termos de desejabilidade ou instrumentalidade implica a adoção de critérios mais subjetivos na avaliação dos valores, pois só é desejável ou instrumental o que for parte dos interesses pessoais do indivíduo em questão e da situação em que se encontra. Nesse sentido, o pensamento sobre o valor é uma consideração estritamente prática e não teórica. 7 LING Segundo Ferdinand de Saussure (1857-1913), o conjunto de relações e de oposições que determinam o papel das unidades da língua no sistema linguístico, independentemente da substância que lhes dê suporte. ▸ Assim, temos o fonema /t/, cujo valor, em português é o de opor palavras, distinguindo *tapa* e *papa*, *tia* e *pia*, p.ex., apesar da diferença fonética existente entre [t] em *tapa* e [tchi] em *tia* em certos dialetos. ▸ Cf. ECONOMIA (valor do signo linguístico em Saussure).

valor de mercado ECON Quantia que se pode esperar receber em troca de alguma mercadoria, serviço ou título; preço de base pelo qual compradores e vendedores estão dispostos a efetuar negócio.

valor de troca ECON Medida que indica o poder apresentado por determinada mercadoria de obter certas quantidades de outras mercadorias, por meio de um processo de troca.

valor de uso ECON Utilidade específica de um bem econômico para seus usuários, condição prévia para que possa ser trocado por outros bens e, portanto, adquira um valor de troca.

valor de verdade LÓG 1 Na lógica clássica, de caráter bivalente, característica de uma proposição que a torna classificável como verdadeira ou falsa. 2 Na lógica moderna, característica de uma proposição que a faz classificável de forma polivalente, acrescentando valores tais como a indeterminação ou a possibilidade às caracterizações tradicionais de verdade e falsidade.

valor negativo MÚS Na notação musical, figura que representa a pausa, a duração do silêncio. ▸ P.opos. a VALOR POSITIVO.

valor nominal ECON 1 Valor de emissão de um título, ger. inscrito no próprio título. 2 Valor atribuído pelo governo à moeda circulante. 3 Valor estampado em moeda ou preço de uma mercadoria em sua manifestação imediata, isto é, sem levar em consideração a desvalorização inflacionária.

valor padrão INF Valor adotado por um aplicativo para um parâmetro, quando o usuário se abstém de definir o valor a ser utilizado.

valor positivo MÚS Na notação musical, figura que representa a nota, indicando sua duração. ▸ P.opos. a VALOR NEGATIVO.

valor venal ECON Valor que pode ser obtido por um produto em decorrência das circunstâncias do mercado, a despeito de seu valor real ou dos custos de produção.
vantagem competitiva MKT Posição de superioridade de um produto ou serviço sobre outros que são oferecidos no mercado, resultante de sua marca, imagem pública, preço, processos de promoção etc.
vara TEAT Peça da manobra que serve para pendurar refletores ou outros elementos do cenário.
varanda TEAT Na parte superior do palco, balcão do urdimento onde ficam os manobristas que operam as mudanças de cenário; varandim.
varandim TEAT M.q. VARANDA.
varejão COM Grande estabelecimento comercial que vende a varejo.
varejista 1 COM Que é próprio do ou pertencente ao comércio a varejo. 2 Que ou quem negocia a varejo.
varejo 1 COM Tipo de comércio no qual a venda é feita diretamente ao comprador final, e não ao intermediário. 2 Venda de mercadorias em pequenas porções ou quantidades. 3 Estabelecimento que vende a varejo. 4 Assunto trivial, de pequena importância. 5 PUB Anúncio de lojas que vendem no varejo, promovendo o estabelecimento comercial, suas promoções e ofertas.
vareta 1 MÚS A parte de madeira de um arco. 2 GRÁF M.q. PALHETA.
vária JOR M.q. TÓPICO.
variação 1 BIO Divergência de características funcionais e estruturais, esp. aquelas não relacionadas a idade ou sexo, que se observa entre os indivíduos de uma mesma espécie. 2 LING Conjunto das diferenças de realização linguística (falada ou escrita) pelos falantes de uma mesma língua, decorrentes do fato de o sistema linguístico não ser unitário, pois que comporta diversos eixos de diferenciação: estilístico, regional, sociocultural, ocupacional e etário. ▸ A variação ocorre em todos os níveis do sistema linguístico: fonético, fonológico, morfológico, sintático e lexical. 3 MÚS Apresentação de um mesmo trecho melódico com modificações estruturais que o tornam, aparentemente, novo; glosa. 4 Composição que utiliza variação ('modificação'); glosa
variante 1 BIO Organismo individual reconhecido como geneticamente diferente do tipo padrão arbitrário da espécie. 2 GRÁF Modalidade de desenho gráfico de uma família de tipos. 3 LING Forma linguística (fonema, morfema ou palavra) admitida na língua como alternativa de outra, com o mesmo valor e função. 4 LING M.q. VARIEDADE.
variável 1 EST MAT Quantidade que pode assumir qualquer um dos valores de um conjunto de valores; símbolo que a representa. 2 INF A posição de armazenamento que contém um tipo de dados que podem ser modificados ao longo da execução de um programa. 3 LING Que altera sua forma para expressar mudança de função (*eu saí* – *olhei-me*) ou de sentido gramatical, como na flexão de gênero: *gato* – *gata*; de número: *folha* – *folhas*; ou de pessoa, na conjugação verbal: *falei* – *falamos* – *falaram* etc. (diz-se de palavra); flexionável. 4 LING Cada um dos elementos lexicais, gramaticais e fonológicos que, de acordo com o linguista norte-americano William Labov (1927-), estão mais sujeitos à variação sociocultural, regional ou estilística. 5 LÓG Símbolo us. para um objeto particular de uma classe determinada de objetos. 6 MAT Símbolo que representa um dos elementos de um conjunto.
variável aleatória EST Variável que assume qualquer um de um conjunto de valores com determinadas probabilidades; variável estocástica.
variável booleana MAT A que só pode assumir dois valores distintos, que se excluem mutuamente, como, p.ex., 0 e 1.
variedade 1 BIO Animal ou planta produzido por seleção artificial. 2 LING Cada uma das modalidades em que uma língua se diversifica, em virtude das possibilidades de variação dos elementos do seu sistema (vocabulário, pronúncia, sintaxe) ligadas a fatores sociais e/ou culturais (escolaridade, profissão, sexo, idade etc.) e geográficos; dialeto, variante. ▸ São variedades sociais e/ou culturais: a língua padrão, a língua popular, a linguagem dos pescadores etc. São variedades geográficas: o português do Brasil, o português de Portugal, falares regionais carioca, nordestino etc.
variedades Espetáculo com números variados, como canto, dança, mágica etc., em teatro, casas noturnas, rádio, televisão etc.
varredura 1 INF Busca em arquivos para localização de um item; rastreio. 2 INF TV Processo utilizado em telas de televisão e monitores de computador, para reprodução de imagens num padrão horizontal de linhas formadas por pequenos pontos que podem ser iluminados separadamente pela ação de um feixe de elétrons.
vassoura MÚS Instrumento de metal que lembra uma pequena vassoura utilizado para percutir suavemente pratos ou caixa-clara.
vaudevile 1 TEAT Comédia ligeira e divertida, de enredo fértil em intrigas e maquinações, que combina pantomima, dança e/ou canções. 2 TEAT Divertimento teatral composto de vários números, p.ex., acrobacias, esquetes cômicos, danças, canções, animais amestrados etc., sem relação entre si. 3 MÚS No final do sXVIII, canção final em ópera ou peça teatral. 4 MÚS No sXX, espetáculo de variedades incluindo música.
vaudevilesco TEAT Que possui o tom ligeiro e burlesco do vaudevile.
vaudevilista Diz-se de ou comediógrafo autor de vaudeviles.
vazado GRÁF Diz-se de ou espaço vazio, não impresso, que corresponde à forma de letra, fio, ilustração a traço etc. dentro de área impressa maior (fundo, tarja, foto ou desenho); diapositivo.
vazamento 1 GRÁF Falha na impressão, em que a tinta traspassa o papel, ger. devido a excesso de solvente; atravessamento. 2 JOR Ato de fazer-se pública uma notícia que não deveria ser divulgada.
vazar 1 Chegar (informação sigilosa) ao conhecimento de outras pessoas, por denúncia, engano, indiscrição ou negligência. 2 CINE FOT TV Ser (objeto, pessoa, parte do cenário etc.) indevidamente captado na imagem da câmara por falha de enquadramento ou erro na composição da cena. 3 GRÁF Em diagramação, aplicar (algum elemento gráfico, como letra, fio, ilustração a traço etc.) sem impressão, recortado, sobre área impressa maior. 4 GRÁF Atravessar (a tinta) para o outro lado do papel, na impressão, ger. devido a excesso de solvente.
VCR [ing.] VIDEO Ver VIDEOCASSETE.
VDT [ing.] INF Terminal de vídeo num sistema informatizado. ▸ Sigla de *Video Display Terminal* ('terminal de vídeo').
Veblen, Thorstein (Cato, Wisconsin, Estados Unidos 1857 - Menlo Park, Califórnia, Estados Unidos 1929) Sociólogo e economista norte-americano, crítico da so-

ciedade e da economia capitalista, autor do conceito de consumo conspícuo. ▸ Filho de pais noruegueses que emigraram para a América, após formar-se na Universidade de Yale e tendo superado a dificuldade inicial de encontrar trabalho, Veblen tornou-se professor da Universidade de Chicago, trabalhou para *The Dial* e foi editor do *Journal of Political Economy*. Em 1899, escreveu a obra que lhe trouxe fama e popularidade, *A teoria da classe ociosa*, influenciada por Charles Darwin (1809-1882), Herbert Spencer (1820-1903) e certamente um eco de seu trabalho como estudante na Universidade de Johns Hopkins com o lógico e semioticista americano Charles Sanders Peirce (1839-1914). *A teoria da classe ociosa* é uma interpretação simultaneamente econômica, social e semiótica da sociedade capitalista em seus primórdios. Nela, Veblen estabeleceu uma clara distinção entre a produtividade que caracteriza a indústria e a atividade financeira capitalista que favorecia e incentivava o parasitismo das classes dominantes. Com ironia e satiricamente, Veblen fustigou as elites norte-americanas de sua época. Para ele, a economia tinha uma clara fundação biológica que só o evolucionismo darwiniano explicaria. Consumir é expor signos que, através de uma lógica do desperdício e do gasto aparentemente irracionais, servem a claros propósitos de valoração biológica do indivíduo. Exibir o que se consome é uma estratégia de seleção sexual. A novidade e a importância de Veblen derivam do seu entendimento de que consumir ostensivamente constitui-se num ato de comunicação.

BIBLIOGRAFIA

VEBLEN, Thorstein. *A teoria da classe ociosa: um estudo econômico das instituições*. São Paulo: Ática, 1974.

vedete 1 Mulher que canta e dança em teatros de revista e musicais. 2 Atriz principal de espetáculo teatral ou cinematográfico. 3 Pessoa que se destaca por sua excelência. 4 Pessoa que se coloca em evidência usando de recursos chamativos; estrela.

vedetismo 1 Comportamento, atitude de vedete. 2 M.q. ESTRELISMO.

veduta [it.] ART.PLÁST Desenho, gravura ou pintura em perspectiva com a vista de uma cidade.

veiculação 1 Ato ou efeito de veicular. 2 Qualquer tipo de propagação, transmissão ou difusão de algo. 3 PUB Divulgação de mensagem publicitária por veículos de comunicação, como jornais, televisão e outros.

veiculador Que ou o que veicula.

veicular 1 Fazer a difusão de; propagar, transmitir. 2 Promover a divulgação de (anúncio) numa campanha publicitária.

veículo de comunicação COMN M.q. MEIO DE COMUNICAÇÃO.

veículo de divulgação PUB M.q. de VEÍCULO DE PROPAGANDA.

veículo de propaganda PUB Qualquer meio de divulgação visual, auditiva, audiovisual autorizado a divulgar mensagem de propaganda ao público, mediante pagamento, com preço fixado em tabela; veículo, veículo de divulgação, veículo de publicidade.

veículo de publicidade PUB M.q. VEÍCULO DE PROPAGANDA.

Veja (Revista) Semanário brasileiro, fundado em 1968, sediado em São Paulo e de propriedade do grupo editorial Abril. ▸ A *Veja* é uma das publicações mais influentes no jornalismo brasileiro. A credibilidade da revista junto ao público leitor do Brasil resulta da sua prática de jornalismo investigativo. De linha política centrista e conservadora, a *Veja* não poupou os regimes políticos de esquerda recentes no Brasil. Além de cobrir as seções tradicionais de uma revista, tais como a área internacional, a política nacional, a cultura etc., também publica, em suas primeiras páginas, uma entrevista com pessoa célebre e importante culturalmente, sempre sobre fundo amarelo.

velada PINT Superfície coberta com verniz ou camada fina e transparente de tinta; veladura, velatura.

velado FOT Manchado por ter recebido luz antes de ser usado ou impressão excessiva (diz-se de película virgem ou de cópia).

veladura 1 PINT M.q. VELADA. 2 M.q. VELATURA.

[1]**velar** 1 FOT CINE Ser exposto à luz antes de ser usado ou receber excessiva impressão (diz-se de uma película virgem ou cópia). 2 PINT Cobrir com verniz ou uma camada fina e transparente de tinta; pôr velatura em.

[2]**velar** 1 Relativo ao véu palatino (tb. dito palato mole). 2 FON Relativo aos sons que são formados nessa região da boca (p.ex., os sons /k/, /g/, /u/).

velatura 1 PINT M. q VELADA. 2 FOT Mancha causada por incidência de luz sobre filme virgem, negativo ou cópia fotográfica; veladura, velo, véu.

velocidade 1 CINE Cadência ou frequência em que uma película se desenrola na câmara. 2 FOT Tempo durante o qual permanece aberto o obturador de uma câmara. ▸ É o tempo de exposição do filme à luz. 3 FOT A potência, luminosidade ou capacidade de concentrar a luz por parte de uma lente ou sistema óptico.

velocidade normal CINE Velocidade com que a película se desenrola na câmara, ger. 24 quadros por segundo.

ventre ACS A parte da corda em vibração compreendida entre dois nós.

verbal 1 Relativo à comunicação linguística. 2 Que é expresso oralmente, de viva voz; oral. 3 Relativo a, próprio ou derivado de verbo.

verbalidade 1 Qualidade do que é verbal. 2 Capacidade de expressar-se por meio de palavras.

verbalismo 1 Ensino ou transmissão de conhecimentos e tradições realizados apenas oralmente, sem contribuição da escrita. 2 Tendência literária caracterizada pela atribuição de importância maior às palavras e à eloquência do que às ideias transmitidas. 3 Uso abusivo de palavras; verborreia, falatório. 4 Repetição de palavras sem atenção ao seu conteúdo; psitacismo.

verbalização 1 Ato ou efeito de verbalizar. 2 Formação de verbos por processos morfológicos derivacionais.

verbalizado 1 Tornado verbal. 2 Codificado através da língua, expresso por meios linguísticos. 3 LING Transformado em verbo.

verbalizar 1 Codificar (pensamento, sentimento) fazendo uso das palavras e do sistema linguístico; tornar verbal. 2 Expor, expressar verbalmente. 3 LING Transformar(-se) em verbo, por meio de processo morfológico derivacional.

verbatim [lat.] Com as mesmas palavras; *ipsis litteris*.

verbetar 1 Pôr ou organizar em verbete, fazer verbete de. 2 Em dicionários, glossários, enciclopédias, catálogos, redigir em forma de verbete (informações relevantes sobre o termo explicado ou definido).

verbete Em lexicografia, o conjunto das acepções, exemplos e outras informações pertinentes contido numa entrada de dicionário, enciclopédia, glossário etc.

verbetista Pessoa que organiza ou redige verbetes.
verbiagem Falatório longo mas com pouco sentido ou utilidade; verborragia.
verbi gratia [lat.] Por exemplo. ▸ Abrev.: *v.g.*
verbo 1 Palavra, discurso. **2** GRAM LING Classe de palavras que, do ponto de vista semântico, contêm as noções de ação, processo ou estado, e, do ponto de vista sintático, exercem a função de núcleo do predicado das sentenças; predicador. **3** GRAM LING Nas línguas flexionais e aglutinantes, palavra pertencente a um paradigma de formas flexionadas, cujas flexões indicam algumas categorias, tais como o tempo (que localiza ação, processo ou estado em relação ao momento da fala), a pessoa (indica o emissor, o destinatário ou o ser sobre o qual se fala), o número (indica se o sujeito gramatical é singular ou plural), o modo (indica a atitude do emissor quanto ao fato por ele enunciado, que pode ser de certeza, dúvida, temor, desejo, ordem etc.), a voz (indica se o sujeito gramatical é agente, paciente ou, ao mesmo tempo, agente e paciente da ação), o aspecto (fornece mais detalhes a respeito do modo de ser da ação, se é unitária, momentânea, prolongada, habitual etc.).
verbo abundante GRAM LING Verbo que possui duas ou mais formas equivalentes no significado. ▸ No português ocorre ger. no particípio (p.ex.: *aceitado, aceito* e *aceite*; *entregado* e *entregue*; *matado* e *morto*; *pegado* e *pego*).
Verbo aspectivo GRAM LING M.q. VERBO AUXILIAR ASPECTUAL.
verbo aspectual GRAM LING Red. de VERBO AUXILIAR ASPECTUAL.
verbo auxiliar GRAM LING Classe de verbos (*ter, haver, ser, estar, ir, andar* etc.) que, seguidos de uma das formas nominais de outros verbos (particípio, gerúndio ou infinitivo), formam um tempo composto (os verbos *ter* e *haver*) ou uma locução verbal (demais auxiliares); verbo vazio. ▸ Os verbos auxiliares têm seu significado próprio (aquele que eles possuem quando funcionam como verbos plenos) bastante esvaziado, esp. os que formam os tempos compostos, e sua função principal é indicar algumas categorias gramaticais da língua, como tempo, modo, aspecto, pessoa, número e voz. ▸ Tb. se diz apenas *auxiliar*.
verbo auxiliar aspectual GRAM LING Cada um dos verbos que funcionam como auxiliares e acrescentam ao significado do verbo principal noções de como a ação se processa (p.ex.: *começou a rir*; *pôs-se a rir*; *desatou a rir*; *chegou a rir*; *estava rindo* ou *a rir*; *anda rindo* ou *a rir*, *acabara de rir*; *vem rindo*, *continua rindo* ou *a rir* etc.); verbo aspectivo, verbo aspectual. ▸ Tb. se diz apenas *auxiliar aspectual, auxiliar aspectivo*.
verbo auxiliar de modo GRAM LING M.q. VERBO AUXILIAR MODAL.
verbo auxiliar de tempo GRAM LING Verbo que funciona como auxiliar, formando os tempos compostos, como *ter, haver* e *ir* (p.ex.: *tinha* ou *havia chegado*; *terá* ou *haverá chegado*, *ia chegar*, *vai chegar* etc.).
verbo auxiliar modal GRAM LING Verbo que funciona como auxiliar, formando locuções verbais com valor modal (de desejo, probabilidade, dever, possibilidade, necessidade etc.) [p.ex.: *ele deve chegar depois das dez*; *ele podia chegar a qualquer hora*]; verbo auxiliar de modo. ▸ Tb. se diz apenas *modal*.
verbo biobjetivo GRAM LING M.q. VERBO BITRANSITIVO.
verbo birrelativo GRAM LING Verbo que pede simultaneamente dois objetos indiretos de valor diverso (p.ex.: *ela lhe respondeu à carta enviada*; *rivalizava com ele em inteligência*).
verbo bitransitivo GRAM LING Verbo que, por sua significação, pede simultaneamente dois complementos: objeto direto e objeto indireto (p.ex.: o verbo *dar*, em *dar agasalho aos pobres*); verbo biobjetivo, transitivo direto e indireto.
verbo causativo GRAM LING Verbo que exprime a ideia de que o sujeito da oração causa a ocorrência da ação ou processo, mesmo quando ela é efetuada por outrem (p.ex.: *Maria adormeceu a criança*; *o calor excessivo derreteu a borracha*). ▸ O verbo pode ser de causação explícita, como *mandar, fazer, deixar*, ou implícita, como em *Pedro quebrou a vidraça*, onde se entende que Pedro causou a quebra da vidraça.
verbo copulativo GRAM LING M.q. VERBO DE LIGAÇÃO.
verbo declarativo GRAM LING Verbo que exprime uma asserção (p.ex.: *dizer, declarar, afirmar*). ▸ P.opos. a VERBO DE OPINIÃO.
verbo de estado GRAM LING Verbo de ligação que exprime um determinado estado do sujeito, o qual não é o agente nem o paciente. ▸ Constitui, com o sintagma nominal ou o adjetivo que a ele se seguem, um sintagma verbal predicativo (p.ex.: os verbos *ser, estar, ficar, parecer*).
verbo defectivo GRAM LING Verbo que não apresenta todas as formas (de tempo, pessoa, modo ou voz) do paradigma da conjugação a que pertence (p.ex.: *banir, explodir, falir, comedir-se, reaver, soer, precaver-se*). ▸ A defectividade verbal tem como razões principais a eufonia e a significação. Cf. VERBO UNIPESSOAL.
verbo de ligação GRAM LING Verbo que estabelece a união entre um sujeito e um elemento de predicação, podendo ter função predicativa (*Maria é inteligente*), função identificativa (*esta é Maria*), ou função locativa (*Maria está no quarto*); pode expressar estado permanente (*ser*), estado transitório (*estar, andar*), mudança de estado (*ficar, tornar-se*), continuidade do estado (*continuar, permanecer*), aparência (*parecer*); cópula, verbo copulativo, verbo predicativo. ▸ P.opos. a VERBO SIGNIFICATIVO.
verbo de opinião GRAM LING Verbo que exprime uma asserção cujo conteúdo é assumido pelo locutor como possivelmente verdadeiro (p.ex.: *crer, pensar*). ▸ P.opos. a VERBO DECLARATIVO.
verbo dicendi GRAM LING Verbo *dizer*, e sinônimos ou afins, cujo objeto direto é uma oração substantiva que exprime o conteúdo de um ato de fala (p.ex.: *João disse que vai viajar*; *Maria declarou estar doente*).
verbo factitivo GRAM LING Verbo que expressa o fato de que o sujeito gramatical promove, motiva ou causa uma ação, sem contudo realizá-la por si mesmo. ▸ Pode ser expresso pelos verbos causativos de sentido implícito ou explícito, como em *a criança fez o cachorro saltar*, *Maria mandou que a empregada fizesse o almoço*, *o governo eletrificou o bairro*, ou por verbos com os sufixos *-ecer*, *-entar*, *-fazer*, *-ficar*, *-izar* etc. ▸ Cf. VERBO CAUSATIVO.
verbo factivo GRAM LING Verbo cujo significado, quando us. numa oração principal, acarreta a interpretação de que a oração subordinada expressa um fato verdadeiro, e não uma dúvida (p.ex.: *eu sei que João é honesto* pressupõe ser verdade que *João é honesto*).
verbo intransitivo GRAM LING Verbo que, por sua significação, não requer complemento para a frase ter sentido.
verbo irregular GRAM LING Verbo que não segue o paradigma dos verbos da sua conjugação, podendo a irregu-

laridade ocorrer na desinência flexional ('est-*ou*') ou no radical ('*troux*-e').

verbo-nominal GRAM Que apresenta um núcleo verbal e um núcleo nominal (diz-se de predicado e locução).

verbo pleno GRAM LING **1** M.q. VERBO PRINCIPAL. ▸ P.opos. a VERBO AUXILIAR. **2** Verbo us. em tempos simples ou como verbo principal num tempo composto e que expressa toda a sua carga semântica original (p.ex.: o verbo *passar*, em *ele passava pela rua*; o verbo *fazer*, em *eles fizeram a casa em um ano*; o verbo *dar*, em *ela deu uma flor à professora*, p.opos. a *ele passou uma descompostura; eles fizeram questão de pagar; ninguém dava ciência da situação*, em que os mesmos verbos têm seu sentido original esvaziado, funcionando como verbos-suporte em locuções fixas. ▸ P.opos. a VERBO VAZIO e VERBO-SUPORTE.

verbo predicativo GRAM LING Verbo que exige ou aceita um complemento predicativo, com o qual constitui o predicado: *Marta é boa menina*; existem ainda: o verbo transitivo direto predicativo (*o pai considera o filho um gênio*), o verbo transitivo indireto predicativo (*Maria gosta de seu café sem açúcar*) e o verbo intransitivo predicativo (*Pedrinho acordou com febre; João levantou mal-humorado*).

verbo principal GRAM LING Num tempo composto ou numa locução verbal, o verbo que tem o significado extralinguístico (ou seja, reporta ao mundo biofísico ou ao espiritual humano, exterior à língua); verbo pleno. ▸ Assume uma das formas nominais do verbo (infinitivo, gerúndio, particípio, p.ex.: *deve partir, vamos almoçar; está dançando; tem chorado*). P.opos. a VERBO AUXILIAR.

verbo pronominal GRAM LING Verbo que exige ou aceita um pronome oblíquo átono do mesmo número e pessoa do sujeito, como *queixar-se, lastimar(-se), aborrecer(-se)* etc.

verbo recíproco GRAM LING Espécie de verbo reflexivo em que a ação é realizada e sofrida por duas ou mais pessoas de modo mútuo: *os dois beijaram-se* (trocaram um beijo), *esbofeteamo-nos no restaurante* (mutuamente, eu a ele e vice-versa), *agarraram-se um ao outro*.

verbo reflexivo GRAM LING Verbo que exige ou aceita um pronome oblíquo átono do mesmo número e pessoa do sujeito, distinguindo-se dos verbos pronominais por a ação ser realizada e recebida pelo mesmo ser: *lambeu-se* (lambeu a si mesmo), *piquei-me* (piquei a mim mesmo) etc.

verbo regular GRAM LING Verbo que na sua conjugação mantém inalterado o radical e recebe as desinências flexionais próprias dos verbos da sua conjugação.

verborragia M.q. VERBORREIA.

verborrágico M.q. VERBORREICO.

verborreia Uso de uma grande quantidade de palavras e de enorme fluência para dizer coisa de pouco conteúdo ou importânica; verborragia.

verborreico **1** Que pratica ou é propenso à verborreia. **2** Em que há verborreia.

verbosidade Qualidade do que é verboso, que fala muito ou usa palavras em excesso para se expressar.

verbo significativo GRAM LING Verbo que possui conteúdo semântico próprio, sem necessitar de um predicativo para constituir, com o sujeito, uma oração (pode ser transitivo ou intransitivo). ▸ P.opos. a VERBO DE LIGAÇÃO.

verboso **1** Que fala muito; loquaz, palavroso. **2** Que tem facilidade para se exprimir verbalmente, que fala bem; eloquente, facundo. **3** Que é abundante em palavras; prolixo.

verbo-suporte GRAM LING Verbo que é us. com um complemento com o qual forma uma unidade semântica, perdendo nesse emprego parte de sua significação como verbo pleno, mas mantendo alguns traços gerais de seu sentido, entre os quais noções de ação (*fazer ginástica, fazer uma viagem*), processo (*tomar impulso*), estado (*ter conhecimento*). ▸ Este tipo de noção pode tb. se alterar; p.ex.: com *levar*, verbo pleno, o sujeito pratica a ação (*levar um presente para alguém*), mas com *levar*, verbo-suporte, o sujeito a sofre (*levar um soco, levar um susto*). ▸ P.opos. a VERBO PLENO.

verbo transitivo GRAM LING Verbo que não tem sentido completo, exigindo um ou mais complementos para formar uma frase gramatical.

verbo transitivo direto GRAM LING Verbo transitivo que exige um objeto direto, via de regra um complemento não preposicionado.

verbo transitivo direto e indireto GRAM LING Verbo transitivo que exige dois complementos, um direto e um indireto; verbo biobjetivo, verbo bitransitivo.

verbo transitivo indireto GRAM LING Verbo transitivo que exige um objeto indireto, via de regra um complemento antecedido de preposição.

verbo transobjetivo GRAM LING Verbo transitivo que requer um complemento predicativo referente a seu objeto (direto ou indireto). ▸ Cf. VERBO PREDICATIVO.

verbo unipessoal GRAM LING Verbo que só aceita sujeito da terceira pessoa, no singular ou no plural (p.ex.: *acontecer, haver* ['existir'], *ganir*).

verbo vazio GRAM LING M.q. VERBO AUXILIAR.

verbo vicário GRAM LING Verbo que se emprega para evitar a repetição de outro (ger. são os verbos *fazer* e *ser*, como, p.ex.: *não gosto de dirigir, faço-o por necessidade; o time perdeu, mas foi de pouco*).

verdade **1** Propriedade de estar conforme com os fatos ou a realidade; exatidão, autenticidade, veracidade. **2** A fidelidade de uma representação em relação ao modelo ou original; exatidão, rigor, precisão. **3** Coisa, fato ou evento real, verdadeiro, certo. **4** Qualquer ideia, proposição, princípio ou julgamento que se aceita como autêntico, digno de fé; axioma, máxima. **5** Procedimento sincero, retidão ou pureza de intenções; boa-fé. **6** FIL Correspondência, adequação ou harmonia passível de ser estabelecida, por meio de um discurso ou pensamento, entre a subjetividade cognitiva do intelecto humano e os fatos, eventos e seres da realidade objetiva. **7** FIL No nietzschianismo e pragmatismo, pluralidade inesgotável e freq. contraditória de enunciados ou discursos que, em vista de suas consequências práticas, se revelam úteis ou favoráveis aos interesses de indivíduos, grupos ou da humanidade em geral.

INFORMAÇÕES GERAIS

Acredita-se que uma proposição é verdadeira se estiver em alguma forma de concordância ou adequação com a realidade. Por mais claro e indiscutível que isso possa parecer, a mera indicação desse critério não basta para que se esgotem todas as nuances filosóficas da questão da verdade como correspondência. A verdade não é uma propriedade das proposições que podem ser definidas como inteligíveis e racionais; na formulação de Willard van Orman Quine (1908-2000), a impressão de que a verdade é inteligível advém, a princípio, das proposições que descrevem o real, mas de fato nenhuma proposição é verdadeira em si mesma: a verdade depende da realidade. Considerando esse argumento, percebem-se duas concepções de verdade: uma que depende da relação das proposições entre si, o que sugeriria a ideia de que verdade é uma questão de coerência, e outra que se funda no critério de correspondência referencial à realidade. Na avaliação de Quine, uma sentença é verdadeira se está de acordo com um fato que lhe seja exterior. A verdade seria, então, um critério normativo, uma qualidade reguladora das proposições. Sem referência, uma proposição pode ser analiticamente verdadeira e, por isso, tautológica (cf. TAUTOLOGIA). À primeira vista, a teoria da verdade como correspondência parece inquestionável, mas essa impressão é facilmente desfeita se considerarmos algumas questões que dela derivam: como definir o que seja um fato ao qual a proposição corresponda? Como justificar a correspondência entre dois elementos de natureza heterogênea: proposições gerais e realidade singular? Na lógica moderna, Alfred Tarski (1901-1983) advoga o conceito de verdade como correspondência (cf. TARSKI, ALFRED). Não se pode dizer que os critérios de verdade como correspondência e como coerência sistêmica sejam triviais: trata-se de aspectos do mesmo tema. A teoria da coerência quer determinar como se chega à verdade utilizando a razão, enquanto a teoria da correspondência tem como propósito estabelecer a maneira pela qual os enunciados se ligam com os fatos dos quais falam. Ludwig Wittgenstein (1889-1951), no *Tractatus logico-philosophicus*, combina elementos da teoria da verdade como correspondência e como coerência (cf. WITTGENSTEIN, LUDWIG). Para ele, um enunciado básico corresponde a um estado de coisas do mundo, enquanto os enunciados complexos entretêm relações de coerência ou de consistência. Uma terceira opção é a teoria instrumentalista, ou pragmática, da verdade. Para o instrumentalismo, a correspondência e a coerência importam menos do que as consequências práticas de um enunciado. Essa teoria é o baluarte dos argumentos de William James (1842-1910) e Charles Sanders Peirce (1839-1914). [Cf. JAMES, WILLIAM; PEIRCE, CHARLES SANDERS]. Ao contrário do que as ideologias antropocêntricas supõem, a verdade é uma força abundante no mundo natural, onde reina a competição pela sobrevivência e pela reprodução. Porque os organismos estão envolvidos numa interminável corrida armamentista, a evolução favorece a verdade. Essa tese é facilmente compreendida, quando se considera que qualquer sinal comunicado entre os organismos tem um determinado custo. A teoria do custo do sinal (*cost signaling theory*) observa que um organismo só poderá emitir um sinal custoso, ao longo do tempo, se for capaz de pagar pelo seu preço. A falsidade e a mentira são, portanto, ocasionais e insustentáveis ao longo do curso evolutivo. O sinal comunicado é índice de excelência biológica do organismo. Os biólogos israelenses Amotz Zahavi (1928-) e Avishag Zahavi (1922-) chamaram esse fenômeno de *princípio da desvantagem* (*handicap principle*). Qual o propósito biológico da cauda de um pavão e do nariz avantajado de um leão-marinho? São traços desadaptativos que não teriam nenhuma razão de proliferar nas populações dessas espécies. O que a cauda do pavão e o nariz do leão-marinho indicam é que esse organismo individual é de fato excelente no seu desempenho evolutivo, caso contrário teria sido eliminado na competição com outros membros da mesma espécie ou por seus predadores. ▶ Cf. ZAHAVI, AMOTZ.

---

vergatura PAP **1** Cada um dos arames finos e muito unidos que formam, juntamente com os pontusais, o fundo da fôrma us. no fabrico artesanal de certos tipos de papel, esp. o avergoado. **2** Cada uma das linhas paralelas, unidas e finas, produzidas no papel por esses fios metálicos, e visíveis por transparência através da luz. **3** Na fabricação industrial do papel, cada um dos fios que, no cilindro de certas máquinas, produzem essas filigranas.

verificabilidade 1 Qualidade do que pode ser verificado. **2** FIL Capacidade de coadunar-se com a observação sensível, ou de ser empiricamente verificável, que pode ser atribuída a uma proposição, hipótese ou teoria científica.

INFORMAÇÕES GERAIS

Para o POSITIVISMO LÓGICO, a verificabilidade estabelece o princípio que determina o significado de uma proposição ou enunciado. Sentenças que forem construídas segundo as regras gramaticais e que não possam ser submetidas a um método verificacionista são destituídas de significado. Afirmações como "Deus é amor", "a linguagem é a morada do ser" são simultaneamente inverificáveis e sem significação. Por extensão, para o cientificismo positivista, os enunciados metafísicos e teológicos são expressões de uma mera tagarelice que não pode ser julgada em termos de verdade ou falsidade, pois, para que um enunciado seja verdadeiro ou falso, é preciso que seja, em princípio, verificável ou não. Um enunciado do tipo "em algum lugar do universo, existiu, existe ou existirá um planeta como a Terra" não pode ser verificado, porque pode ser que tenha havido e se desmaterializado, ou então que esse planeta tenha existido num passado que nos é inacessível, ou mesmo que venha a existir no futuro. De maneira semelhante, um enunciado do tipo "todos os cisnes são brancos" não pode ser verificado, já que a totalidade do conjunto de cisnes inexiste. Entretanto, esse enunciado pode ser falsificado se um cisne preto for encontrado. Ao criticar o critério de verificabilidade, Karl Popper (1902-1994) propôs que se descarte sua dimensão semântica e que se reconheça a questão sob a forma estritamente empírica da falsificabilidade.

BIBLIOGRAFIA

AYER, A. J. *Linguagem, verdade e lógica*. Lisboa: Presença, 1991.

verificação 1 Ato ou efeito de verificar; averiguação, exame. **2** Cumprimento, realização. **3** Prova, demonstração.

verisímil M.q. VEROSSÍMIL.

verissimilhança M.q. VEROSSIMILHANÇA.

verissimilhante M.q. VEROSSÍMIL.

vernáculo 1 Diz-se de linguagem correta, sem estrangeirismos na pronúncia, vocabulário ou construções sintáticas; castiço. **2** A língua própria de um país ou de uma região; língua nacional, idioma vernáculo.

Verneinung [al.] PSICN M.q. DENEGAÇÃO.

vernissage [fr.] Inauguração de exposição de obras de arte.

verniz 1 Solução transparente resinosa, natural ou sintética, de secagem rápida, us. como revestimento de superfícies (de madeira, couro, cerâmica etc.), formando uma película dura, aderente e brilhante. ▶ Os vernizes são sempre soluções de matérias resinosas num dissolvente.

2 Solução à base de óleo de linhaça ou de resina, us. nos couros para torná-los lisos e brilhantes.

vernizagem GRAV Operação de aplicar sobre o cobre uma fina camada de verniz antes da gravação.

verosímil M.q. VEROSSÍMIL.

verossímil LÓG RET **1** Que parece verdadeiro. **2** Que é possível ou provável por não contrariar a verdade; plausível.

INFORMAÇÕES GERAIS

A identificação daquilo que seja verossímil ocupa um lugar central no que Aristóteles (384 a.C. - 322 a.C.) escreveu sobre persuasão. De maneira geral, ele afirma que as mensagens têm uma forma inerente e estruturalmente semelhante, que se projeta tanto na demonstração científica como na argumentação persuasiva. A diferença entre demonstração e argumentação é apenas uma questão de grau. O SILOGISMO demonstrativo e o ENTIMEMA persuasivo são formas do pensamento dedutivo que, apesar de se valerem, por vezes, de fontes diferentes, possuem elementos comuns. Como se sabe, a conclusão silogística, que afirma algo de modo peremptório, depende dos elementos que antecedem o raciocínio final, como é o caso da seguinte afirmação: "todos os homens são mortais/todos os atenienses são homens", "logo, todos os atenienses são mortais". A forma do silogismo depende da existência de uma partícula da frase, comum tanto na primeira como na segunda premissa, que é o termo 'homens'. Porém, além disso, outro elemento confere força de verdade à conclusão: o quantificador 'todos'. A verdade desse quantificador faz-se presente na conclusão final. Mas o que pensar no caso de uma versão atenuada do quantificador 'todos', como, por exemplo, 'na maioria dos casos'? O que pensar se a totalidade não for absoluta, mas expressão de um grau da totalidade, uma porção significativa? Será justo, como a crítica platônica fizera, desqualificar um raciocínio só porque se baseia numa opinião majoritária? Para Aristóteles, o que for verdade na maioria dos casos é, sem dúvida, uma das formas do verdadeiro. As formas da generalidade, que tomam a forma de máximas que expressem preconceitos, sabedoria popular, valores comuns ou opiniões predominantes numa comunidade, são verdades persuasivas. A teoria retórica aristotélica acredita que a possibilidade da verdade e o teor de verossimilhança de uma proposição são fatores centrais e necessários para a mensagem persuasiva. O verossímil é uma forma de verdade, algo que é tido como aceitável, razoável e possivelmente verdadeiro para determinada audiência. O verossímil é caracterizado como um modo contingente da verdade que, mesmo não sendo absoluta e completamente universal, apresenta uma forma específica e local do verdadeiro. O paralelo entre o verdadeiro e o verossímil é claro: a demonstração verdadeira conjuga um signo necessariamente válido (*tekmérion*) a um modelo ou princípio (*parádeigma*) que funciona como regra para a conclusão. O argumento persuasivo faz algo idêntico, reunindo um signo falível (*seméion*) e uma possibilidade (*eikós*). Além de Aristóteles, lógicos modernos, que admitem que o universo físico e mental esteja sofrendo a ação de forças evolutivas, tb. refletiram sobre as situações e casos onde não haja certeza e verdade absoluta. O filósofo norte-americano Charles S. Peirce (1839-1914) é um deles. Para Peirce, o verossímil é aparentado ao provável ou ao plausível, mas trata-se de uma forma de raciocínio com características próprias. O provável seria associado à DEDUÇÃO, o plausível, à criação de hipóteses, que, no seu vocabulário, se referiria à ABDUÇÃO, enquanto o verossímil resultaria do mecanismo lógico que é a INDUÇÃO. Apesar de não ter maiores preocupações teóricas com a retórica persuasiva, a avaliação de Peirce coincide com a de Aristóteles. Como é que uma comunidade chega a cristalizar uma máxima ou qualquer outra forma de generalidade aceita por sua maioria se não for por meio de mecanismos indutivos?

---

verossimilhança 1 LÓG RET Qualidade do que é verossímil ou verossimilhante . **2** LIT Ligação, nexo ou harmonia entre fatos, ideias etc. numa obra literária, ainda que os elementos imaginosos ou fantásticos sejam determinantes no texto; coerência.

verossimilhante M.q. VEROSSÍMIL.

verossimilidade M.q. VEROSSIMILHANÇA.

verossimílimo Extremamente verossímil.

verossimilitude M.q. VEROSSIMILHANÇA.

versado 1 Que foi ou é objeto de estudo ou discussão; tratado, discutido, estudado. **2** Que sabe muito, é entendido em (algum assunto); conhecedor, perito, experimentado.

versal 1 M.q. LETRA MAIÚSCULA. **2** GRÁF Diz-se dessa letra, de tamanho maior do que a minúscula e formato próprio. **3** M.q. MAIÚSCULO.

versalete GRÁF Letra que, em determinado corpo, tem a mesma forma das maiúsculas escrita no mesmo tamanho das minúsculas.

versão 1 Ato ou efeito de verter; tradução de um texto de uma língua para outra. **2** Exercício escolar no qual os estudantes traduzem um texto em outra língua para a sua própria. **3** Ato de esclarecer algum fato ou assunto; interpretação, explicação. **4** Cada um dos diferentes modos de contar ou interpretar o mesmo ponto, fato, história, lenda etc. **5** INF Cada uma das formas sucessivas que um programa de computador apresenta, à medida que se desenvolve o processo de sua elaboração e aperfeiçoamento.

¹verso LIT **1** Subdivisão de um poema, ger. coincidindo com uma linha deste, que obedece a padrões de métrica (pés) e de rima (variáveis no tempo e no espaço), ou prescinde deles (versos brancos e livres), caracterizando-se por possuir certa linha melódica ou efeitos sonoros, além de apresentar unidade de sentido. **2** Composição literária em que as frases são versificadas; poema, poesia. **3** Qualquer quadra ou estrofe que se declama. **4** A linguagem literária característica das obras poéticas, em oposição à prosa; poesia.

²verso Página de uma folha de papel que fica oposta à da frente.

Verstehen [al.] Termo do vocabulário teórico germânico que significa um tipo particular de entendimento próprio das atividades humanas. ▸ O tipo de entendimento que o termo alemão *Verstehen* denota opõe-se àquele que se fundamenta na observação e no caráter objetivo dos fatos e que caracteriza as ciências naturais. *Verstehen* supõe a consideração de processos e atividades mentais de pessoas ou grupos interpretados. A hermenêutica de Wilhelm Dilthey (1833-1911) e a sociologia de Max Weber (1864-1920) seriam exemplos de *Verstehen*. O conceito de *Verstehen* sugere, na prática, que o conhecimento não pode ser unificado.

versus [lat.] EDIT Contra.

vertátur GRÁF M.q. REVERTÁTUR.

vesperal Qualquer apresentação ou sessão de espetáculo ou outro tipo de divertimento que se realiza à tarde.
véu FOT M.q. VELATURA ('mancha').
VHF [ing.] ELETRÔN Símb. de FREQUÊNCIA MUITO ELEVADA.
vice versa [lat.] No sentido contrário.
videasta REC.AV 1 Autor ou diretor de obras em vídeo (esp. quando têm teor artístico). 2 Indivíduo que participa da realização de vídeos, como diretor e/ou operador de câmara. ▸ Cf. VIDEOMAKER.
videoamador TV Que ou aquele que filma videocassetes por prazer e em caráter diletante, não profissional.
videoamadorístico TV 1 Relativo a amadorismo em televisão ou a videoamador (subst.). 2 Realizado por amador (diz-se de programa de TV).
videoarte ART.PLÁST VIDEO Utilização, em artes plásticas, de imagens e sons gravados em vídeo.
videobook [ing.] PUB VIDEO Edição que reúne trabalhos (de ator, modelo, agência, estúdio de produção etc.) gravados em fita de vídeo, para apresentação e divulgação junto a possíveis clientes e contratantes. ▸ F. aport.: *videobuque*.
videobuque PUB VIDEO Aport. de VIDEOBOOK.
videocâmara Câmara capaz de captar e gravar imagens para televisão.
videocassete VIDEO 1 Cassete cuja fita magnética registra e/ou reproduz imagens e sons. 2 Equipamento de reprodução de imagens gravadas nesse tipo de fita; gravador de videocassete, magnetoscópio, *VCR*.
videocharge TV VIDEO Cartum concebido esp. para televisão, com efeitos de animação ger. produzidos por meio de computação gráfica.
videoclipe MÚS TV Curta-metragem em filme ou vídeo que ilustra uma música e/ou apresenta o trabalho de um artista; clipe.
videoclube 1 Local destinado especialmente à exibição de obras gravadas em vídeo. 2 M.q. VIDEOTECA ('estabelecimento'). 3 M.q. VIDEOLOCADORA.
vídeo composto REC.AV M.q. COMPOSTO.
videoconferência REC.AV TV Teleconferência realizada interativamente, com transmissão de imagem e som entre os interlocutores, via televisão, em circuito fechado ou rede de computadores.
videodisco INF Disco a *laser* com gravações digitalizadas de áudio e vídeo, que podem ser reproduzidas em uma tela de televisão por meio de dispositivo de leitura óptica; *videolaser*.
videofax TEL Aparelho de fax que exibe em tela de vídeo as mensagens recebidas.
videofilia 1 Paixão ou entusiasmo por televisão. 2 Entusiasmo por obras (cinematográficas, televisivas etc.) gravadas em vídeo.
videófilo CINE TV Que ou aquele que ama o vídeo como forma de expressão ou de lazer, e tem especial interesse pelas realizações nesse meio de comunicação.
videofone 1 TEL Sistema de comunicação telefônica que transmite, além da voz, a imagem dos interlocutores. 2 Aparelho empregado pelos usuários desse sistema.
videofonograma DOC Registro de imagens e sons em determinado suporte (como no caso de videocassetes, videodiscos etc.).
videofrequência ELETR TEL Frequência de ondas hertzianas utilizadas na transmissão de sinais de televisão.
video game [ing.] M.COM 1 Jogo em que se manipulam eletronicamente imagens numa tela de televisão; videojogo. ▸ Cf. TELEJOGO. 2 Todo jogo em que se usa um microcomputador equipado de teclado ou console para tomar decisões, reagir a ações, manipular mudanças ou responder a perguntas que apareçam na tela. 3 Equipamento, independente ou ligado a computador, específico para jogos desse tipo. ▸ Tb. se diz apenas *game*.

INFORMAÇÕES GERAIS

A importância financeira da indústria de *video games* na economia da comunicação de massa é inegável e exponencial. Em 2009, a venda de *video games* e produtos correlatos atingiu a casa de 10 bilhões de dólares; em 2010, 67 bilhões; em 2011, cerca de 74 bilhões; em 2015, espera-se que o volume de vendas chegue a 112 bilhões de dólares. Alguns estereótipos disseminados a propósito dos usuários de *video games* são fantasiosos. Sua idade média está na faixa dos 30 anos e pouco menos da metade é composta de mulheres. Cerca de 25% dos que se dedicam a jogos eletrônicos têm mais de 50 anos. Pesquisas feitas, em 2009, pela Entertainment Software Association (EAS) indicam que, na América do Norte, mulheres adultas (37%) representam uma fatia maior do mercado do que aquela composta de rapazes com menos de 17 anos (18%). É erro grosseiro associar o *video game* a adolescentes problemáticos, fascinados pela violência de alguns dos jogos mais vendidos. Muitos dos mais populares são transformados em filmes ou séries de TV. De modo geral, considera-se *video game* todo jogo de estimulação visual e auditiva que é feito para ser consumido através de um sistema de mediação digital. Atualmente, suas plataformas variam e incluem computadores pessoais, telefones celulares, *softwares*, consoles ou dispositivos planejados exclusivamente para o que for jogo eletrônico. O crescimento e o desenvolvimento da indústria de *video games* são diretamente proporcionais ao aumento do poder de computação de suas máquinas. Para os usuários de jogos, isso se traduz num aprimoramento do poder de movimento exibido nas telas, na melhoria da qualidade das representações gráficas e no desenvolvimento de computadores pessoais e telefones, que têm agora permitido o jogo em qualquer circunstância e lugar. É óbvio que a narrativa e a tipologia de personagens dos *video games* se sobrepõem às de outros produtos de comunicação de massa: quadrinhos, filmes, romances, livros e programas de televisão. A relação que os *video games* entretêm com outros produtos de comunicação de massa é de fertilização mútua. Os jogos dividem-se em estilos claros, que, certamente, expressam a preferência de seus usuários: os jogos são freq. de esporte, ficção científica, explorações militares e históricas, formas de caraoquês etc. Acredita-se que um momento decisivo na disseminação dos *video games* aconteceu no início da década de 1970, quando foi desenvolvido o console Magnavox Odyssey, que na segunda versão foi chamado, no Brasil, de Philips Odyssey. O usuário operava o aparelho por meio de um JOYSTICK. Durante os quatro anos em que esteve no mercado, o Odyssey 1 vendeu 330 mil unidades, e a sua segunda versão, 2 milhões. O jogo Atari inovou, ao favorecer a troca de cartuchos com jogos diferentes, o que aumentou consideravelmente a popularidade dos *video games*: os consoles Atari e seus produtos movimentaram um volume financeiro bem maior, da ordem de 4 bilhões de dólares. Com altos e baixos na década de 1980, a indústria de jogos eletrônicos continuou a crescer. Em 1989, o lançamento do Game Boy, da Nintendo, sistema portátil que se tornou um grande sucesso de vendas, deu início a uma série de jogos desenhados para que pudessem ser transportados facilmente de um lugar para outro. Mas o verdadeiro impulso dos jogos portáteis só foi possível quando a indústria de computadores conseguiu desenvolver linhas de PALMTOP COMPUTER. Usando plataformas estáveis e apresentando gráficos mais sofisticados, os *video games* passaram a desenvolver narrativas cada vez mais explícitas e violentas, trazendo a atenção do público para seus efeitos socialmente nocivos: apesar de antigos aficionados lembrarem-se de jogos inocentes, como Pong e PacMan, a imagem que se tem atualmente de *video games* deriva dos primeiros anos do sXXI. As fronteiras dos *video games* foram ampliadas com a introdução da tecnologia WII, que se caracteriza pela reação direta aos movimentos do usuário. O Wii, produto lançado para competir com o Xbox 360 e o PlayStation 3, trouxe para a indústria uma nova demografia de compradores, que incluía tanto crianças como avós e avôs. Os temas do *video game* expandiram-se: com um jogo sensível a movimentos tridimensionais, como o Wii, é possível fazer exercícios, simular o uso de *skates* e dirigir carros. O Exército e a Marinha dos Estados Unidos utilizam essa tecnologia para treinamento de soldados e simulação de combates. É motivo de perplexidade que as discussões públicas sobre os efeitos do *video game* presumam constantemente que os jogos eletrônicos sejam um entretenimento infantil.

BIBLIOGRAFIA

ASSIS, Jesus de Paula. *Arte do videogame*. São Paulo: Alameda, 2007.

BAER, Ralph; BURHAM, Van. *Superarcade: a visual history of the videogame age*. Cambridge: The MIT Press, 2001.

videografia ELETR INF TV Processo que permite transmitir e visualizar, por meio de televisão, mensagens alfanuméricas ou gráficas (p.ex., diagramas) em uma tela.

video jockey [ing.] M.q. VIDEOJÓQUEI.

videojogo Menos us. e m.q. VIDEO GAME.

videojóquei Animador que apresenta videoclipes e atrações musicais ao vivo ou em transmissões. ▸ Sigla: *VJ*.

videojornal TV VIDEO Programa de telejornalismo, ger. produzido para exibição em circuito fechado, como recurso de *marketing* interno.

videolaser [ing.] ELETR **1** M.q. VIDEODISCO. **2** Aparelho utilizado para a leitura de videodiscos.

videolocadora Estabelecimento comercial que aluga para seus associados esp. filmes gravados em fitas, *DVD* etc.; videoclube.

videomaker [ing.] TV VIDEO Indivíduo que produz vídeos (artísticos, institucionais, publicitários etc.), com seus próprios recursos ou por encomenda de terceiros.

videomania Paixão desmedida pela televisão e por produtos de vídeo.

videomaníaco **1** Relativo a videomania. **2** Que ou o que tem videomania.

videoquê **1** Equipamento de vídeo ou programa de computador, ligado a um microfone, que reproduz em *playback* o fundo instrumental de determinadas melodias, apresentando na tela a sua letra. **2** Entretenimento que consiste em cantar ao microfone qualquer das melodias constantes da memória desse equipamento, seguindo o *playback* e a letra exibida na tela. **3** Local que oferece esse tipo de entretenimento.

videoteca **1** Coleção de vídeos (na forma de videocassetes, videodiscos etc.). **2** Móvel ou local onde fica guardada essa coleção. **3** Recinto onde ficam depositadas diversas obras gravadas em vídeo, a que o público, sob certas condições, tem acesso, utilizando equipamentos disponíveis no local, ou que são oferecidas para empréstimo. **4** Estabelecimento especializado na venda e/ou aluguel de videocassetes e videodiscos; videoclube.

videoteipe **1** TV VIDEO Fita magnética us. para gravação, edição e reprodução de imagens, ger. acompanhadas de sons. **2** Sistema de gravação de imagens televisivas que utiliza, como suporte, esse tipo de fita magnética. **3** A gravação de um programa, para posterior transmissão.

videotex ELETR Sistema (ger. interativo) para visualização de informações em monitor de vídeo, freq. em forma de textos transmitidos por linha telefônica ou televisão a cabo; videotexto.

videotexto ELETR M.q. VIDEOTEX.

videowall [ing.] REC.AV Conjunto de telas de televisão ou monitores de vídeo, justapostos, ligados a um computador, e que funcionam como partes de uma única tela de grandes dimensões. ▸ Cf. TELÃO.

viewer [ing.] REC.AV Em sistema de edição não linear, janela que mostra trecho de vídeo ou videoclipe que está sendo montado, cortado ou processado; *canvas*, *clip window*.

viewfinder [ing.] CINE FOT TV M.q. VISOR.

vincadeira GRÁF Máquina us. para fazer vincos em cartolina, papelão etc.

vinco GRÁF M.q. DOBRA SECA.

vínculo INF Ligação entre itens de dados ou programas que permite fácil acesso a um enquanto o outro está sendo usado.

vinheta **1** GRÁF Enfeite ou cercadura de uma só peça que serve de ornato numa composição textual. **2** RÁD TV Trecho musical ou pequena música que se toca antes do início de um programa de rádio ou televisão, ou separando suas seções, identificando o programa, a estação ou o patrocínio. ▸ Cf. PREFIXO. **3** TV Desenho animado, ou plano fixo de curtíssima metragem, inserido num programa qualquer, à guisa de continuidade ou conectivo entre sequências, ou como identificador do programa, da estação ou do patrocinador.

vinhetista Que ou quem cria, desenha ou grava vinhetas.

viola MÚS **1** Instrumento de arco e cordas friccionáveis, cuja família se difundiu na Europa a partir do sXV. **2** Instrumento de arco e cordas friccionáveis semelhante ao violino, de maiores dimensões e som mais grave que o deste. ▸ Corresponde, na orquestra contemporânea, ao contralto da família dos violinos. **3** Instrumento de cordas dedilháveis, semelhante ao violão, porém menor, com cinco ou seis cordas duplas de metal, de larga utilização na música rural brasileira e portuguesa.

violão MÚS **1** Instrumento de cordas dedilháveis, com caixa de ressonância em formato semelhante a um oito, com seis cordas, de diferentes materiais. **2** M.q. VIOLONISTA.

violinista MÚS Que ou quem é executante de violino; violino.

violinístico MÚS Que diz respeito ao violino.

violino MÚS **1** Instrumento cordófono, de madeira, executado com um arco e desenvolvido, no sXVI, a partir da família das violas; suas quatro cordas, hoje metálicas, são afinadas em quintas (sol_2, $ré_3$, $lá_3$ e mi_4) e sua extensão é de quase quatro oitavas (sol_2 a mi_6); rabeca. **2** M.q. VIOLINISTA.

violista MÚS Que ou quem é executante de viola.
violístico MÚS Que diz respeito à viola.
violoncelista MÚS Que ou quem é executante de violoncelo.
violoncelístico MÚS Que diz respeito ao violoncelo.
violoncelo MÚS **1** Instrumento de arco e cordas friccionáveis, que corresponde ao baixo da família dos violinos, executado, porém, entre as pernas e apoiado num espigão; *cello*, rabecão pequeno. **2** M.q. VIOLONCELISTA.
violon d'Ingres [fr.] **1** O fato de praticar outra arte além da sua própria (a exemplo do pintor francês Ingres, que praticava o violino) [diz-se de artista]. **2** Atividade artística exercida fora de uma profissão qualquer; passatempo, *hobby*.
violone [it.] MÚS O instrumento contrabaixo de viola de seis cordas, afinado uma oitava mais grave que o baixo de viola.
violonista MÚS Que ou quem é executante de violão.
vírgula **1** GRAM Sinal gráfico de pontuação (,) indicando uma pausa ligeira, us. para separar frases encadeadas entre si ou elementos dentro de uma frase. **2** Sinal gráfico (,) usado para indicar a separação de números inteiros e frações decimais. **3** Expressão de negação ou restrição a algo que foi dito ("ela é bonita, vírgula!"). ▸ Uso informal.
virgulação Ato ou efeito de virgular; colocação de vírgulas num texto escrito, ou de pausas correspondentes a vírgulas, na fala.
virgulado **1** A que se pôs vírgulas ou que foi dito com pausas correspondentes a vírgulas. **2** Do formato de uma vírgula; riscos. **3** Que sofre interrupção; entrecortado, espaçado.
vírgula dobrada GRÁF M.q. ASPAS.
vírgula flututante INF MAT **1** Método de codificação e armazenamento de números reais nos computadores para que os cálculos sejam mais rápidos e precisos. **2** Esse tipo de notação ou o método de realizar operações aritméticas com números expressos dessa maneira.
virgular **1** Pôr vírgulas em (frases, períodos etc.). **2** Quebrar a continuidade de; entrecortar, interromper.
virtual **1** Existente apenas em potência ou como faculdade, não como realidade ou com efeito real. **2** Que constitui uma simulação de algo criada por meios eletrônicos. ▸ O efeito de realidade virtual dá-se pela interação de dispositivos informáticos, modelos matemáticos, interfaces e um ou mais participantes humanos. O ambiente virtual é uma criação no espaço cibernético que, além de sua dimensão estritamente técnica, postula uma questão central para o entendimento do que seja a realidade objetiva. Do ponto de vista virtual, a realidade é uma construção de modelos matemáticos que, por meio de interfaces, transmitem sinais para o usuário do sistema. Não há, nessa experiência, nenhuma separação entre mundo objetivo e universo representado. Objeto e representação coincidem na medida direta de sua semelhança. A iconicidade é, portanto, um traço fundamental do que é visto, entendido e percebido como realidade. **3** INF Fisicamente inexistente, e sim criado por programas de computação, para parecer real aos sentidos (diz-se de imagem ou ambiente). **4** INTERN Feito pela internet ou existente na internet. **5** LING Relacionado à língua enquanto sistema de relações (*langue*), que se atualiza na fala (diz-se de termo, elemento etc., segundo a teoria saussuriana). ▸ Cf. ATUAL.
virtualidade **1** Qualidade do que é virtual. ▸ Cf. VIRTUAL. **2** Existência potencial. **3** Aquilo cuja existência é virtual; potencialidade. **4** Natureza essencial; essência.
virtualizador INF Que ou aquele que transforma em virtualidade.
vírus INF Programa de computador executado independentemente da vontade do usuário, e sem seu conhecimento, capaz de criar cópias de si mesmo em meios magnéticos e na memória primária de computadores, e que ger. danifica, corrompe ou destrói informações armazenadas, trava a máquina ou provoca outros efeitos indesejáveis. ▸ Cf. ANTIVÍRUS; BUG; INFECÇÃO.
virus maker [ing.] INF Indivíduo que faz programa de computador que contém vírus.
visagismo Conjunto de técnicas usadas para valorizar a beleza de um rosto pela concepção harmônica entre a maquilagem e o penteado.
visagista **1** Relativo a visagismo ou esteticista especializado em visagismo. **2** Especialista (cabeleireiro, esteticista etc.) cuja técnica tem por objetivo valorizar a especificidade dos rostos.
visagístico Relativo a visagismo e a visagista.
visão **1** O sentido da vista; percepção do mundo exterior pelos órgãos da vista. **2** Algo visto, percebido. **3** Imagem ou representação que aparece aos olhos ou ao espírito, causada por delírio, ilusão, sonho, superstição, fé etc.; fantasma, visagem. **4** Concepção ou representação, em espírito, de situações, questões etc.; interpretação, ponto de vista. **5** Aquilo que constitui uma expectativa, um desejo; quimera, sonho. ▸ Cf. VISUAL.
visibilizar Tornar visível.
visita INTERN Acesso feito a *site* por usuário da internet.
visor **1** Que permite ou ajuda a ver. **2** M.q. MOSTRADOR. **3** CINE FOT TV Nas câmaras fotográficas e filmadoras, dispositivo (*viewfinder*) pelo qual se verifica o enquadramento do objeto que se pretende fotografar ou filmar.
vista **1** Capacidade de perceber o mundo exterior pelos órgãos da vista; visão. **2** Cada um dos olhos. **3** O ato de captar imagens visuais. **4** Extensão de uma área alcançada pelo olhar; paisagem, panorama. **5** Aquilo que se apresenta ao olhar, que se vê; cena, cenário, panorama. **6** Alcance do olhar ou da visão. **7** Representação por desenho, pintura, foto etc. de um panorama ou paisagem. **8** Maneira como os objetos se apresentam ao olhar. **9** TEAT Cenário teatral. **10** TEAT Decoração de cenário teatral. **11** Maneira de julgar ou interpretar uma questão; opinião.
visual **1** Relativo a, pertencente a, próprio de ou us. na visão. **2** Obtido ou mantido através da visão. **3** Realizado apenas com o sentido da visão ou tb. com sua ajuda. **4** Que é efeito de imagens mentais expressivas. **5** Que ou o que apreende ou retém melhor os conhecimentos através da visão do que pelo meio auditivo. **6** Que ou o que é muito sensível às impressões colhidas pelos olhos. **7** Que ou o que pode fazer uso do sentido da vista.

INFORMAÇÕES GERAIS

O visual é um domínio da teoria dos signos, a semiótica visual, com problemas próprios e questões específicas. Não se deve, entretanto, acreditar que basta manipular e aplicar conceitos semióticos gerais ao tema da visualidade. A imagem visual tem características próprias e irredutíveis à expressão verbal. Todo cuidado metodológico é necessário, pois a semiótica de inspiração saussuriana deriva diretamente de modelos pertinentes ao que é estritamente linguístico. A expressão verbal faz-se em sequência, enquanto a imagem apresenta um todo simultâneo e não linear, que é seu traço principal. Dizer que uma imagem é organizada sintaticamente não passa de uma metáfora, pois a combinatória imagística escapa às restrições que as regras linguísticas impõem aos enunciados produzidos pelos falantes. Enquanto a forma material da língua determina diretamente o significado de uma palavra ou frase, pois significante e significado estão completamente associados como dois lados de uma folha de papel, a questão do significado visual é bem mais fluida, a ponto de se poder até negligenciar os aspectos semânticos da imagem no estudo dos signos visuais. Representações não objetivas, como a da arte abstrata, são legitimamente estudadas pela semiótica visual. É bem verdade que tanto a língua como a imagem visual seguem processos de continuidade e de associação, mas isso não faz com que o visual seja caracteristicamente linear, como é a frase verbal. O tempo da língua é o do passado e o da memória, enquanto o da imagem visual é o da contemplação imediata e o do presente. Pode-se fazer uma análise formal do visual, desde que se mantenha em mente a especificidade da imagem, que cria um todo combinado marcado pela ocorrência livre e não por regras sintáticas que sancionam ou excluem e desqualificam o que for comunicado. Aceitam-se mais facilmente a invenção e a novidade na criação visual, enquanto os desvios da norma verbal tendem a ser rejeitados como erro ou anomalia. O princípio de desmembramento em unidades menores, que sofrem uma nova ARTICULAÇÃO linguística, o que, segundo André Martinet (1908-1999), é a principal característica da linguagem humana, claramente não se aplica no caso de desenhos, pinturas, esculturas etc. Como o visual não se faz por dupla articulação, não se pode dizer, confortavelmente, que a imagem constitua-se num sistema. Para o filósofo norte-americano Nelson Goodman (1906-1998), a imagem visual é recorrentemente densa e, portanto, incomparável com outros sistemas denotacionais não analógicos, como é o caso das línguas naturais. Mais do que a combinatória de unidades discretas, para a imagem a consideração principal será sempre a relação figura-fundo que a psicologia da GESTALT teorizou. A ocorrência mais ou menos habilidosa de pinceladas de cores claras num fundo de cor escura é capaz de transformar manchas claras num colar de luzes de uma cidade vista a distância numa noite escura. Quando algo assim acontece, a imagem visual adquire a função de representar referencial e ilusoriamente um estado do mundo exterior. Agora, o problema teórico deixa de ser como os signos visuais combinam-se, e sim como pode, por exemplo, uma pintura que é plana e bidimensional representar um mundo tridimensional percebido pelo aparelho óptico e cerebral dos que a contemplam. A imagem não se caracteriza por imitação e semelhança. O efeito de semelhança é produzido não pela relação entre a imagem visual e a natureza, mas por seu grau de semelhança com outras imagens. A discrepância entre a imagem visual e o real é tamanha que o efeito mimético resulta do aprendizado e do treinamento visual do espectador. Num texto clássico sobre o efeito mimético do cavalo de pau (*hobby horse*), o historiador da arte E. H. Gombrich (1909-2001) retomou o problema da imitação e teorizou que uma vassoura de cabeça para baixo usada no brinquedo de crianças não se confunde com um cavalo: os pelos e o cabo da vassoura assemelham-se à crina e ao corpo de um cavalo pela semelhança de suas funções. A imagem visual deixa, nesse caso, de ser dependente da referência e passa a ser o produto de seu uso. O que, no caso da referência visual, era gerado por suas regras de feitura passa a ser, quando a criança brinca de cavalo de pau com uma vassoura, produto de uma interpretação e do entendimento de seu uso. Várias dimensões interagem simultaneamente na constituição de uma mensagem visual: a combinação densa de seus elementos materiais, a referencialidade em face do mundo exterior, a característica social do signo visual, sem esquecer o papel exercido pelo aparato perceptivo e cerebral que atua diretamente na produção e na recepção do que aparenta ser estritamente visual.

BIBLIOGRAFIA

GOMBRICH, E. H. *Meditações sobre um cavalinho de pau*. São Paulo: Edusp, 1999.
____________. *Arte e ilusão*. São Paulo: Martins Fontes, 2007.
GOODMAN, Nelson. *Linguagens da arte*. Lisboa: Gradiva, 2006.

visualidade **1** Qualidade ou estado de ser visual ou visível; visibilidade. **2** Imagem mental ou pictórica; visualização.

visualização **1** Ato ou efeito de visualizar. **2** Capacidade ou ato de formar na mente imagens visuais de coisas que não estão à vista, ou a imagem daí resultante; visualidade. **3** Conversão de conceitos em formas visíveis. **4** Ato ou processo de tornar (algo) visível, perceptível à vista. **5** Ato ou processo de colocar (algo) em evidência. ▸ Cf. VISUAL.

visualizar **1** Tornar visual, convertendo (algo abstrato) em imagem mental ou real. **2** Tornar (algo) visível mediante determinado recurso. **3** Formar uma imagem visual mental de (algo que não existe ou que não está diante dos olhos); imaginar.

vitrina M.q. VITRINE.

vitrine **1** Armário com portas envidraçadas no qual se colocam objetos de coleção destinados à exposição ou à venda. **2** Caixa com tampa envidraçada us. para os mesmos fins. **3** Compartimento cuja face principal é envidraçada, no qual se expõem mercadorias.

vitrinista Que ou aquele que se ocupa da arrumação e decoração de vitrines.

viúva GRÁF M.q. LINHA QUEBRADA.

vivace [it.] MÚS Com vivacidade, rapidez e vitalidade.

viva voz TEL No aparelho telefônico, dispositivo que amplia os sons recebidos, dispensando o uso do monofone e, assim, permite que as mensagens sejam ouvidas por todos que estão no mesmo ambiente.

vivo MÚS Apressado, ligeiro (referindo-se a andamento).

VJ Sigla de VIDEOJÓQUEI.

VLF [ing.] RÁD TEL Sigla de *Very Low Frequency* ('frequência muito baixa'). ▸ Medida de radiofrequência na faixa de 3-20 kHz.

vocabulário **1** Conjunto dos vocábulos de uma língua; léxico. **2** Codificação da totalidade ou seleção de palavras de uma língua (p.ex., os vocabulários ortográficos) ou esse conjunto, com as significações respectivas de cada palavra ou locução registrada (nesse caso, equivalendo a dicionário). **3** Conjunto de termos que são característicos de determinado campo de conhecimento ou atividade, e sua codificação, com ou sem definições; glossário. **4** M.q.

GLOSSÁRIO ('pequeno léxico'). **5** O conjunto das palavras us. em certo período ou estágio de uma língua, e sua codificação. **6** O conjunto das palavras conhecidas por um indivíduo. **7** O conjunto das palavras empr. por uma pessoa, por um autor em sua obra ou por um grupo socialmente identificável, e sua codificação. **8** HIST Na Idade Média e Renascença, registro de uns poucos vocábulos colecionados com determinado fim (p.ex., para uso de estudantes). **9** INF O conjunto dos símbolos com os quais se constrói a linguagem informática, e sua codificação. **10** LING EST Lista dos vocábulos do discurso, efetivamente ocorridos num *corpus*.

vocabulário disponível LING Vocabulário de uma língua que, no total do léxico, corresponde a um conjunto de palavras de frequência fraca e instável, mas que, sendo úteis e correntes, encontram-se à disposição do falante.

vocabulário fundamental LING Conjunto das palavras e expressões léxicas selecionadas por critério estatístico, us. como vocabulário de base na primeira etapa do ensino/aprendizagem de uma língua estrangeira.

vocabularista **1** Diz-se de ou pessoa que colige termos de vocabulário ou organiza um vocabulário ('codificação', 'glossário', 'lista'); autor de dicionário. **2** Diz-se de ou pessoa que estuda vocabulário.

vocabularização **1** Ato ou efeito de vocabularizar. **2** LEX Ato ou efeito de registrar palavra ou outro tipo de unidade léxica em vocabulário ou obra de referência afim.

vocabularizado Registrado em dicionário ou vocabulário; dicionarizado.

vocabularizar Registrar em vocabulário ou dicionário.

vocabulismo Conjunto de palavras; vocabulário.

vocabulista M.q. VOCABULARISTA.

vocábulo **1** GRAM LING EST Palavra ('unidade pertencente'). **2** GRAM Cada uma das unidades átonas do léxico (preposições, conjunções, artigos, pronomes oblíquos) que, não podendo constituir um enunciado sozinhas, se agregam a outra, formando um vocábulo fonético; palavra, pseudopalavra.

vocábulo expressivo LING M.q. PALAVRA EXPRESSIVA.

vocábulo fonético LING Unidade acentual formada por uma palavra plena (acentuada, portanto) e um ou mais vocábulos átonos (p.ex.: "eu o vi"; "para casar-se"; "com sua mãe") ou palavras plenas que funcionam como determinantes (p.ex.: "feliz natal"; "nas altas rodas").

vocábulo onomatopaico LING GRAM Vocábulo derivado de uma onomatopeia, a qual constitui o semantema, combinado com morfemas nominais ou verbais (p.ex.: "zumbido", "tilintar"); palavra onomatopaica.

vocal **1** Relativo ou pertencente à voz. **2** Que se expressa por meio da voz; que utiliza vozes. **3** Que é utilizado na produção e emissão de voz. **4** MÚS O cantor ou grupo de cantores num conjunto de música popular.

vocálico **1** Relativo a ou próprio de vogal. **2** LING Que é formado por vogal ou vogais. **3** FON Que funciona como vogal. **4** FON Que constitui a parte mais sonora de uma sílaba (diz-se de som ou sequência de sons). **5** FON Diz-se de som da fala em que as ondas sonoras se formam pela vibração das cordas vocais com livre escoamento de ar através do conduto bucal. ▶ São basicamente as vogais, mas tb. incluem as consoantes líquidas/*l*/ e /*r*/. **6** Diz-se de cada um dos fonemas que, na alternativa da teoria binarista, apresentam as características acima descritas, opondo-se aos sons e fonemas não vocálicos. ▶ Cf. BINÁRIO; BINARISMO.

vocalise [fr.] MÚS **1** Melodia vocal sem palavras. **2** Exercício vocal cantado, em que a voz se apoia em uma vogal, para percorrer a escala cromática, subindo e descendo.

vocalismo LING **1** O conjunto das alterações fonéticas que atingem as vogais de uma língua. **2** Sistema das vogais de uma língua. **3** Teoria das vogais.

vocalista MÚS **1** Pessoa que canta; cantor ou cantora. **2** Em conjunto de música popular e banda, o músico que canta.

vocalístico Relativo a ou próprio de vocalismo e vocalista.

vocalização **1** Ato ou efeito de vocalizar. **2** Emissão de sons da voz, falados ou cantados. **3** ETO Em certos animais, produção de som, através de órgão fonador especializado. ▶ Tais manifestações podem ser inatas ou desenvolvidas por aprendizagem. **4** FON LING Passagem de um elemento consonântico a uma vogal. **5** MÚS Conjunto de exercícios e métodos us. para trabalhar e disciplinar a voz.

vocativo **1** LING Diz-se de ou forma linguística us. para chamamento ou interlocução ao interlocutor no discurso direto. **2** Que chama ou serve para chamar.

vocoder [ing.] ELETR Mecanismo us. nos sistemas de comunicação de faixa de frequência limitada, que analisa a fala (reduzindo os sinais vocais a sinais lentamente variáveis) e permite a síntese das respostas vocais.

VOD [ing.] Sistema de solicitação de transmissão de vídeo feita por solicitação pessoal do espectador. ▶ Sigla de *Video on Demand* ('vídeo por demanda').

voice mail [ing.] COMN Secretária eletrônica ou qualquer outro dispositivo que registre mensagem em áudio.

VoIP [ing.] INTERN TEL Sigla de *Voice over Internet Protocol* ('protocolo para uso de voz na internet'), tecnologia us. nos telefones móveis atuais. ▶ Cf. TELEFONE.

volante PUB M.q. PROSPECTO.

volt ELETR Unidade de medida de diferença de potencial elétrico do Sistema Internacional, definida como a diferença de potencial entre dois pontos de um condutor percorrido por uma corrente elétrica constante de um ampere, quando a potência dissipada entre os dois pontos é igual a 1 watt. ▶ Símb.: *V*.

voltagem ELETR **1** Tensão elétrica medida em volts. **2** Indicação do potencial de corrente elétrica necessário para fazer funcionar uma máquina ou aparelho elétrico.

Voltaire (François-Maire Arouet) **(Paris, França 1694 - Paris, França 1778)** Filósofo, dramaturgo, poeta, divulgador da ciência, ficcionista, moralista, satirista, polemista, historiador e escritor, um dos gênios universais do Iluminismo francês. ▶ Em *Os miseráveis*, de Victor Hugo (1802-1885), Gavroche, que é um estereótipo do menino de rua da época, tudo atribui a Voltaire: *Je suis tombé par terre, je suis pas notaire, c'est la faute a Voltaire* ('levei um tombo, não sou notário, é culpa de Voltaire'). A admiração e a gratidão de Hugo por Voltaire eram sem limites. Antes de Victor Hugo, Voltaire forjou um papel e uma imagem do intelectual público, como a consciência da humanidade, que não existira dessa maneira no passado. Hiperbolicamente, Gavroche tem razão: Voltaire está no centro de todos os acontecimentos de sua época, do menor ao maior evento: *toujours, c'est la faute a Voltaire* ('é sempre culpa de Voltaire'). Tecnicamente, Voltaire não pode ser considerado um filósofo no sentido estrito do termo. Ele não é reconhecível, intelectualmente, por uma ou várias doutrinas que tenha postulado de modo original. A profunda influência de Voltaire na história do pensamento moderno é bem maior do que a apresentação de uma doutrina. Voltaire redefiniu o ofício e a função social do pensador que ecoará além de Victor Hugo, encontrando, no sXX, sua expressão na figura de Jean-Paul Sartre (1905-1980). De fato, todos os que veem a filosofia como exercício de uma crítica radical, sejam eles ou elas nietzschianos, marxistas, frankfurtianos, feministas etc., são tributários da imagem de pensador público que Voltaire criou. A ação intelectual de Voltaire era fundamentalmente crítica, da qual ninguém estava livre, nem mesmo os grandes pensadores do passado. Para ele, as ciências naturais ofereciam o antídoto contra o autoritarismo religioso, o fanatismo, a subserviência às autoridades constituídas e a superstição em geral. Voltaire não era apenas parte do SÉCULO DAS LUZES; o Século das Luzes foi, de alguma maneira, sua criação. Filho de um funcionário público e de uma aristocrata, que, em si, representavam a nata da sociedade francesa da época de Luís XIV, e educado na prestigiosa escola jesuíta Louis-le-Grand, Voltaire começou a carreira de escritor com textos satíricos que lhe valeram a passagem pelo período de um ano, de 1717 a 1718, na famosa prisão, a Bastilha. Seus primeiros modelos intelectuais eram puramente literários: Jean Racine (1639-1699), Pierre Corneille (1606-1684) e Molière (1622-1673). Voltaire queria escrever peças de teatro e, de fato, sua primeira obra de sucesso foi um drama, *Oedipe*, em que a tragédia grega era reformulada na inspiração que buscara em Racine e Corneille. Em 1726, com receio de ser processado por difamação por um poderoso aristocrata, o Duque de Rohan, Voltaire mudou-se para a Inglaterra, onde encontrou o clima de liberdade e tolerância que lhe faltara em Paris. Escreveu, então, seu primeiro trabalho estritamente de filosofia: *Cartas filosóficas*. Como muitos reformistas morais e sociais, Voltaire desencantara-se com o mundo de sua época e por isso afastou-se dos salões e da corte parisiense, passando os últimos anos de sua vida em Ferney, como um abastado proprietário de terras, adquiridas por sua sagacidade de investidor em títulos públicos. A independência intelectual de Voltaire era acompanhada de independência econômica. Residir em Ferney retratava o que Voltaire pensava da França: sua propriedades estava localizada no território francês, mas perto o suficiente da fronteira com a Suíça para lhe permitir fuga e exílio. Em 1778, Voltaire retornou, em visita, a Paris, recebendo uma aclamação apoteótica e sendo celebrado como o intelectual público mais importante de sua época. A visita prolongou-se e Voltaire, exausto da vida social, morreu em Paris, fechando o ciclo de sua vida. Desde *Cartas filosóficas*, os costumes, as práticas, as hipocrisias, as instituições políticas e religiosas foram assaltados vigorosa e impiedosamente pela volumosa obra voltairiana, sempre em nome de uma visão libertária da sociedade, da política e da religião. Durante a visita à Inglaterra, Voltaire conheceu o satirista e autor de *As viagens de Gulliver*, Jonathan Swift (1667-1745), com quem aprendeu e vislumbrou as possibilidades literárias e filosóficas de mesclar ficção e sátira política para tratar de assuntos ou temas públicos contemporâneos. Segundo Voltaire, o intelectual tem por obrigação fomentar dúvidas instigadas pelo espírito crítico mais radical. A liberdade seria a fundação da sabedoria, da tolerância e da reforma cognitiva que a ciência, ao contrário da religiosidade, promove de modo mais fácil e natural. Por essa razão, Voltaire publicou uma interpretação do sistema científico newtoniano: *Elementos da filosofia de Newton*. Seus contos filosóficos "Zadig" e "Cândido" são textos de tese em que ele ataca otimistas e conformistas, como Gottfried Leibniz (1646-1716), Alexander Pope (1688-1744) e ele mesmo, uma vez que seu livro de 1738, *Discurso em versos sobre o homem*, expressa tb. um visão cor-de-rosa da sociedade. Além da ação crítica negativa, porém de modo assistemático, Voltaire era um ardoroso defensor do papel da liberdade de conhecimento e, por isso, coerentemente, recusou todas as formas de determinismo materialista e científico que negassem a vontade e o livre-arbítrio. Voltaire era um cético em termos de conhecimento e um hedonista do ponto de vista da moral. Seu *Dicionário filosófico*, de 1764, foi concebido, fisicamente, como uma enciclopédia portátil e de fácil manuseio. Na era dos grandes dicionários de língua, Voltaire formulou novo conceito de livro amplo, vasto, útil, para ser carregado por toda parte, com um número restrito de páginas, de modo a estar sempre disponível para consulta e leitura. Diz-se que, com o *Dicionário filosófico*, Voltaire inventou o livro de bolso. ▸ Cf. DICIONÁRIO; ENCICLOPÉDIA.

BIBLIOGRAFIA

VOLTAIRE. *Cândido ou O otimismo*. Porto Alegre: L&PM, 1998.
______. *Dicionário filosófico*. São Paulo: Martin Claret, 2001.
______. *Tratado sobre a tolerância*. Porto Alegre: L&PM, 2008.
______. *Cartas iluministas*. Rio de Janeiro: Zahar, 2011.

voltímetro ELETR Cada um dos instrumentos que permitem medir a diferença de potencial entre dois pontos de um circuito elétrico, em volts ou unidades relacionadas, maiores ou menores; voltômetro.

voltômetro ELETR M.q. VOLTÍMETRO.

volume 1 Cada unidade de mercadoria que se apresenta ao caixa numa compra. 2 ACS Intensidade da voz ou do som emitido por um instrumento ou por um aparelho acústico. 3 BIBL Cada uma das partes brochadas ou encadernadas separadamente de uma obra impressa ou manuscrita. ▸ Cf. TOMO. 4 BIBL O conteúdo necessário para constituir cada uma dessas partes. 5 BIBL O conjunto dos números de um periódico publicados no espaço de um ano. 6 ART.PLÁST Em desenho, gravura ou pintura, os efeitos obtidos com quantidades de luz ou com linhas na representação das massas, dando ilusão de tridimensionalidade a uma composição em duas dimensões.

voluntarismo 1 FIL Doutrina que se caracteriza por privilegiar a importância ética, psicológica ou metafísica da vontade em relação às disposições intelectuais humanas. 2 FIL Doutrina metafísica, exemplificada pela filosofia de Arthur Schopenhauer (1788-1860), segundo a qual a realidade essencial do mundo possui uma natureza análoga à da vontade irracional, sendo, portanto, incompreensível por meio da intelectualidade pura. 3 PSIC FIL Teoria psicológica (Wilhelm Wundt [1832-1920], p.ex.) ou filosófica (notoriamente, Friedrich Nietzsche [1844-1900]) que professa a importância superior da vontade afetivamente orientada na atividade geral do espírito humano, em detrimento de suas faculdades intelectivas ou racionais.

INFORMAÇÕES GERAIS

O termo 'voluntarismo' foi criado pelo filósofo e sociólogo alemão Ferdinand Tönnies (1855-1936). *Volunta-*

rismus vem do latim *voluntarius*, que significa 'que age por vontade própria' e indica, de uma maneira geral, a subserviência do intelecto e da razão à vontade ou ao que não é racional. Uma das mais célebres formulações voluntaristas é a de David Hume (1711-1776), que afirma ser a razão escrava das paixões. Em sua diversidade, as filosofias voluntaristas acreditam que seja possível controlar e estabelecer limites para aquilo que a razão seja tentada a concluir. O *voluntarismo ético* afirma que se deve agir por vontade própria. Quando as opiniões e crenças são controladas pela vontade, tem-se o caso do *voluntarismo doxástico*. A avaliação marxista nega a hipótese de que as ideias sejam produto da vontade dos indivíduos, afirmando que são produto de sua pertinência a um segmento social.

Von Frisch, Karl **(Viena, Áustria 1886 - Munique, Alemanha 1982)** Entomólogo austríaco, Prêmio Nobel de Fisiologia e Medicina, estudioso do comportamento animal, decodificador do sistema comunicacional das abelhas. ▸ Em 1973, ao serem promulgados os ganhadores do Nobel daquele ano, a premiação simultânea de Karl Von Frisch, Nikolaas (Niko) Tinbergen (1907-1988) e Konrad Lorenz (1903-1989) consagrava as pesquisas etológicas do século passado. Apesar das possíveis diferenças entre os premiados, havia neles um ponto em comum: Tinbergen, Lorenz e Von Frisch estudavam o comportamento dos animais como um modo de transmissão de mensagens (cf. ETOLOGIA). Karl von Frisch estudou zoologia em Munique e Viena, recebendo o doutorado em 1910, pela Universidade de Munique, para onde retornou em 1950 na função de professor e pesquisador. Seus trabalhos são um modelo primoroso de investigação empírica. A descrição de como chegou à solução para um determinado problema investigado aparenta-se às etapas atravessadas durante a elucidação detetivesca de um enigma ou mistério. Hipóteses são formuladas e checadas por experimentos que as testam, falsificando-as ou confirmando-as. O objeto principal de estudo de Karl von Frisch é uma determinada espécie de abelha conhecida pela produção de mel, a *Apis mellifera carnica*. Von Frisch examinou sistematicamente alguns aspectos essenciais dessa abelha, como, por exemplo, o olfato, a visão colorida, o sentido de orientação, o reconhecimento da localização de raios solares, o relógio interno e os métodos de construção de colmeias. Mas, para o entendimento da comunicação, a análise de Von Frisch sobre a dança das abelhas é um marco teórico fundamental. A princípio ele suspeitou que, na colmeia, as abelhas que iam atrás do pólen transmitiam informação às outras que ficavam para trás. Para provar que a informação era efetivamente comunicada, Von Frisch marcou abelhas batedoras. Ficou provado que as batedoras realmente não conduziam o grupo, mas valiam-se de danças para anunciar onde a fonte de pólen se encontrava. Daí, duas danças foram identificadas. Por meio de um engenhoso e elaborado processo de tentativa e erro, mudando o pólen de lugar aleatoriamente no laboratório, Von Frisch concluiu que cada dança era usada em separado com o objetivo de indicar a sua distância. Uma dança em círculos era utilizada toda vez que o pólen se encontrava a uma distância de 50 a 100 metros. Outra dança, uma espécie de rebolado, acontecia quando a distância excedia 100 metros. Outros fatores perceptivos complementavam a informação que a abelha batedora transmitia à colmeia: o cheiro do pólen e a percepção da intensidade da dança. O emprego por Von Frisch da palavra 'linguagem' para descrever o sistema de sinalização das abelhas trouxe-lhe algumas críticas. A linguagem humana seria radicalmente diferente dos sinais trocados pelos animais, porque não tem o que se chama de dupla articulação: as danças não são combináveis entre si. Por isso, não possuem o caráter de abertura criativa dos vocabulários humanos. A importância dos estudos de Von Frisch restringir-se-ia à comunicação, sendo de pouca relevância para a linguística. Isso não invalida a extrema importância de suas pesquisas. Trata-se de uma contribuição central para a tese darwiniana de que as diferenças entre as características das espécies é, frequentemente, uma questão de grau e não de tipo, já que tanto as abelhas como os seres humanos possuiriam, ainda que de modo diferenciado, a capacidade de representar por meio de sinais informações vitais para a sua sobrevivência.

BIBLIOGRAFIA

VON FRISCH, Karl. *Animal architecture*. New York: Helen and Kurt Wolf, 1974.

____________. *Dance language and the orientation of bees*. Cambridge: Harvard University Press, 1993.

Von Neumann, John **(Budapeste, Hungria 1903 - Washington, D.C., Estados Unidos 1957)** Matemático com contribuições múltiplas para várias áreas do conhecimento, da teoria dos conjuntos à física quântica, da computação à teoria dos jogos. ▸ John von Neumann é considerado um dos maiores matemáticos do século passado. Nascido em família judia abastada, foi convidado, em 1930, para ser professor de matemática na Universidade de Princeton, Nova Jersey, nos Estados Unidos. Em 1933, juntou-se, entre outros, ao físico Albert Einstein (1879-1955) e ao lógico Kurt Gödel (1906-1978), formando os quadros do Institute of Advanced Studies da mesma universidade, onde permaneceu lecionando matemática até a morte. Von Neumann escreveu igualmente sobre matemática pura e aplicada, sendo também autor de duas dezenas de artigos sobre problemas da física. Seus trabalhos, que matematizaram a computação e a teoria dos jogos econômicos, são de vital importância para os estudos da comunicação. Em 1944, com Oskar Morgenstern (1902-1977), Von Neumann publicou *The theory of games and economic behavior* (*A teoria dos jogos e o comportamento econômico*), onde se formulou pela primeira vez o conceito de 'jogo'. Von Neumann e Morgenstern propuseram uma ideia de jogo que incluía todas as formas de interação em que houvesse conflito de interesses: barganha, pechincha, disputa de mercado, partidas desportivas, vários modos de pelejas recreativas etc. O que há de comum nessas situações é o fato de que nelas atuam jogadores capazes de avaliar racionalmente o que fazem e escolher o plano de ação que lhes permita atingir seus objetivos. Na teoria de Neumann e Morgenstern, os objetivos de um jogo são determinados por seus resultados: há jogos em que, quando um jogador ganha, o outro perde, mas também existem jogos em que ambos ganham ou ambos perdem. Von Neumann e Morgenstern dedicaram-se exclusivamente ao entendimento de jogos em que o ganho de um oponente é sempre a perda do outro. Esses jogos, cujo modelo é o pôquer, são ditos jogos de soma zero, expressos matematicamente da seguinte forma: ponto ganho por jogador A (+1) mais ponto perdido por jogador B

(-1) é igual a zero. Para que se obtenha esse resultado, o plano de ação a ser adotado deve ser sempre aquele que oculte informação: no caso do pôquer, blefar. A intenção é econômica, mas a prática é comunicacional: nos jogos de soma zero, não há lugar para mensagens honestas. A solução para esses jogos segue o princípio estrutural de todos os jogos, que Von Neumann e Morgenstern chamaram de *minimax*. Antes de morrer, Von Neumann trabalhava no livro que estabeleceu a arquitetura das máquinas de computação.

BIBLIOGRAFIA

VON NEUMANN, John; MORGENSTERN, Oskar. *The theory of games and economic behavior*. Princeton: Princeton University Press, 1944.

______________. *The computer and the brain*. New Haven: Yale University Press, 1953.

VTR [ing.] VIDEO Ver VIDEOCASSETE ('equipamento'). ▶ Sigla do ing. *videotape recorder* ('gravador de videoteipe').

vulgo Comumente, vulgarmente. ▶ Tb. us. com o sentido de *povo*, *populacho*, *ralé*.

Ww

w 1 Vigésima terceira letra do nosso alfabeto; dábliu ▸ Us. em casos especiais no português, como em símbolos internacionais e em unidades léxicas e terminologias estrangeiras e tb. nos derivados gráficos de vocábulos estrangeiros dos quais consta essa letra (p.ex., *weberiano*, *windsurfista*). **2** FON Letra que representa a consoante fricativa plana labiodental sonora, em palavras ger. de origem alemã, como em *wagneriano*, ou a semivogal posterior alta fechada arredondada oral, em palavras provenientes do inglês, de línguas asiáticas e outras, ou nos etnônimos brasílicos (*windsurf*, *walkie-talkie*, *Waiwai*, *Wanana*). **3** A forma dessa letra. **4** GRÁF Tipo que imprime essa letra. **5** EDIT Matriz a partir da qual se faz essa letra. **6** Diz-se de elemento de uma série que sucede ao designado pela letra *v*.

W ELETR FÍS Símb. de WATT.

walkie-talkie [ing.] ELETRÔN TEL Pequeno aparelho de radiotransmissor e receptor us. para se comunicar a uma distância relativamente curta; *walky-talky*.

walkman [ing.] ELETRÔN TEL Pequeno aparelho de rádio ou reprodução sonora portátil, us. com fones de ouvidos.

walky-talky [ing.] ELETRÔN TEL M.q. WALKIE-TALKIE.

Wall Street Journal, The [ing.] Jornal financeiro e econômico, fundado em 1889, localizado na Wall Street, centro financeiro de Nova Iorque, e com ramificações editoriais na Ásia e na Europa; o jornal n.-am. de maior circulação, propriedade da Dow Jones and Company. ▸ Ao contrário do *The New York Times*, jornal metropolitano com impacto internacional, *The Wall Street Journal* dirige-se a uma audiência internacional, interessada em informação financeira e econômica. *The Wall Street Journal* compete com o *The Financial Times*, de Londres. Dados e interpretações sobre finanças e economia têm sido um filão constantemente explorado na história do jornalismo moderno e foi o que impulsionou a criação de agências de notícias como a REUTERS. A tiragem diária de *The Wall Street Journal* ultrapassa a casa dos 2 milhões de exemplares e sua aparência visual mantém uma aura conservadora, tanto na tipologia como no uso de desenhos pontilhados, sofrendo, porém, algumas alterações na sua aparência no início do sXX, com o propósito de economizar na produção gráfica; mas isso não quer dizer que o *WSJ* tenha dado as costas à tecnologia, uma vez que expandiu sua influência na era da internet, sendo hoje oferecido por telefonia móvel. *The Wall Street Journal* recebeu 33 vezes o Prêmio Pulitzer de Jornalismo e o reconhecimento da vitalidade recente da economia chinesa emergiu de suas páginas, valendo-lhe o Pulitzer de 2007. Como se poderia esperar, as páginas editoriais de *The Wall Street Journal* defendem uma política de mercado livre de intervenção e regulamentação governamental. Sigla: *WSJ*.

wannabe [ing.] INF Aprendiz de *hacker* ainda em processo evolutivo, aprimorando-se na técnica e no saber sobre computação. ▸ O termo *wannabe* é também usado para qualquer pessoa que seja aspirante de algo.

WAP [ing.] INF INTERN TEL Protocolo que permite o acesso e a transferência de informações da internet para rede de celulares. ▸ Sigla de *Wireless Application Protocol*.

warm start [ing.] INF M.q. PARTIDA QUENTE.

Washington Post, The [ing.] Principal jornal diário da capital federal n.-am., o mais antigo periódico norte-americano, fundado em 1877, propriedade da Washington Post Company, corporação com investimentos e interesses nos meios de comunicação e na educação. ▸ A importância e o impacto do *Washington Post* na mídia norte-americana e internacional são indiretos, pois derivam de sua cobertura da Casa Branca, do Congresso, do Senado e dos órgãos governamentais dos Estados Unidos. Seu público leitor prioritário é o distrito de Colúmbia e subúrbios adjacentes à capital federal. Mesmo que tenha correspondentes na Ásia, América Latina, Europa e Oriente Médio, a rigor, o *Washington Post* é um jornal local, dirigido a uma região específica, o que é uma forte tradição do jornalismo norte-americano. Com o declínio generalizado do público leitor de jornais impressos, o *Post* optou por dar mais ênfase ao noticiário político, fechando alguns de seus escritórios pelo país. Ganhador de 47 Prêmios Pulitzer de Jornalismo, o *Washinton Post* é célebre na história política do sXX pela cobertura do caso Watergate, que começou com a notícia de um arrombamento nas páginas locais de crime e cresceu até atingir a Casa Branca e, assim, forçar a única renúncia presidencial americana, a de Richard Nixon (1913-1994). O jornal também é conhecido por um escândalo jornalístico: a cobertura sensacionalista de uma criança de oito anos de idade que seria viciada em heroína, o que, na verdade, era pura ficção. Essa cobertura ganhou um Prêmio Pulitzer, que foi devolvido. A tiragem do jornal é de aproximadamente 550 mil exemplares durante a semana e 765 mil aos domingos.

watt ELETR FÍS Unidade de medida de energia elétrica ou mecânica, de fluxo térmico ou de fluxo energético de irradiação, equivalente a uma transferência de 1 joule por segundo ou à energia produzida por uma corrente de 1 ampere através de uma diferença potencial de 1 volt; 1/746 de cavalo-vapor. ▸ Símb.: *W*.

wave effect [ing.] PUB Veiculação alternada e recorrente de anúncios em períodos de intensidade variada.

wearable technology [ing.] INF Conjunto de dispositivos tecnológicos acoplados ao corpo dos usuários que transmitem ou recebem informação. ▸ As possibilidades abertas pelo conceito e pelas pesquisas em torno de *wearable technologies* são múltiplas. Poderia ser o caso de objetos como óculos, que fornecem dados e informação sobre o que está sendo observado: uma pessoa que use *googgle goggles* olha para o Cristo Redentor e recebe nas lentes dos óculos dados históricos, sociais e informativos sobre o monumento. O mesmo, teoricamente, ocorreria numa reunião: uma pessoa olha para outra e é alimentada de informação sobre quem está sob seu olhar. Um paciente forneceria, em tempo real, um fluxo de informações sobre sua pressão arterial para o consultório de seu médico, que poderia, assim, agir clinicamente com base no que está sendo comunicado. Ainda em estado de elaboração, a *wearable technology* será uma revolução comparável ao bipedalismo, que deu aos seres humanos um novo estatuto na ordem dos primatas. Assim como o bipedalismo liberou as mãos humanas, que passaram a produzir e refinar ferramentas cada vez mais sofisticadas, óculos que acessem, enviem, manipulem e organizem informação sem a necessidade de teclados farão do indivíduo em movimento mais do que um corpo e, principalmente, um núcleo informativo sobre si mesmo e para o universo como um todo. As possibilidades são exponencialmente magnificadas se acopladas a programas BIG DATA, que, em tempo real, processam uma quantidade imensa de dados.

Weaver, Warren (Reedsburg, Wisconsin, Estados Unidos 1894 - New Milford, Connecticutt, Estados Unidos 1978) Cientista e matemático norte-americano, um dos pioneiros da tradução mecânica da linguagem, coautor, com Claude Shannon (1916-2001), do texto que funda a teoria matemática da comunicação. ▸ Durante sua carreira acadêmica, Weaver dirigiu o Departamento de Ciências Naturais da Fundação Rockefeller, onde serviu no período de 1932 a 1955, além de participar do Conselho de Matemática Aplicada da Secretaria de Pesquisa Científica e Desenvolvimento do governo norte-americano. Pesquisou problemas de comunicação e de probabilidade estatística. Teorizou com o matemático Norbert Wiener (1894-1964) sobre a possibilidade de tradução por meio de computadores. Weaver é responsável pela parte mais discursiva e menos matemática do texto publicado com Shannon, que deu forma à teoria matemática da comunicação. ▸ Cf. SHANNON, CLAUDE; WIENER, NORBERT.

BIBLIOGRAFIA

SHANNON, Claude; WEAVER, Warren. A teoria matemática da comunicação. In: COHEN, Gabriel (org.). *Comunicação e indústria cultural*. São Paulo: Nacional, 1975, p. 25-37.

web [ing.] INTERN Nome pelo qual a rede mundial de computadores tornou-se conhecida a partir de 1991, quando se popularizou, devido à criação de uma interface gráfica que facilitou o acesso e estendeu seu alcance ao público em geral. ▸ Cf. INTERNET.

web 2.0 [ing.] INF INTERN Conceituação de uma nova fase do desenvolvimento da WORLD WIDE WEB, constituída por aplicativos centrados em torno dos usuários, como *wikis*, *blogs*, *podcasts* e outros *sites* de relação social. ▸ *Web 2.0* é uma conceituação da internet que dá prioridade aos que controlam e produzem os conteúdos transmitidos. A *web 2.0* fomenta a partilha de informações, a cooperação mútua e o diálogo entre os que transmitem mensagens pela internet. O conceito reconhece e enfatiza a diferença entre o uso clássico da internet, que priorizava a recepção, tanto em termos de conteúdo como em termos de estrutura. O sistema de entrega por *packet switching* foi desenhado para que a recepção das mensagens não fosse interrompida por um inimigo militar, o que era um temor dos militares norte-americanos na época da Guerra Fria com a União Soviética. Ao contrário do que a expressão sugere, não se trata de uma nova versão da internet, mas da identificação de uma nova maneira de usar o sistema como um espaço de diálogo e de troca.

webcam [ing.] INF Câmara de filmar embutida ou acoplada a um computador que transmite imagens ao vivo.

webcasting [ing.] RÁD TV INTERN Transmissão de rádio e televisão feita pela internet.

web designer [ing.] INTERN Profissional responsável pela concepção da arquitetura de um *site*, incluindo sua estrutura e aspectos visuais que o compõem; *webmaster*.

Weber, Max (Erfurt, Alemanha 1864 - Munique, Alemanha 1920) Pensador social e filósofo alemão, responsável pelos principais avanços metodológicos da sociologia moderna. ▸ A sociologia moderna adquire do trabalho de Max Weber bem mais do que um conjunto de conceitos. Weber demonstrou, nas muitas páginas que escreveu, que é possível fazer uma teoria da sociedade que seja objetiva e livre de valores. Segundo Weber, cabe ao sociólogo separar claramente o que é factual e o que é julgamento baseado nos valores que abraça. Isso não quer dizer que o sociólogo aspire a agir como um cientista natural. Sociologia é interpretação e entendimento que separam o que é daquilo que se acredita que deva ser. A interpretação busca causas objetivas, ainda que a causalidade da interpretação e do entendimento sociológico possa ser estritamente racional. No método weberiano, a sociologia formula vastas generalizações, tais como os seus *tipos ideais*. Os tipos ideais resumiriam traços sociais explicativos de fenômenos sociológicos complexos, tais como 'seita', 'crença', 'autoridade' e 'ética protestante'. No seu livro clássico, de 1904, *Ética protestante e o espírito do capitalismo*, Weber argumenta que a ética protestante é a raiz e a causa das atividades econômicas que dão forma ao sistema capitalista. O protestantismo procura encontrar salvação e predestinação numa prática mundana e secular. Nesse livro, economia e religião explicam-se mutuamente. De maneira geral, para Weber, moral, religião, política e economia integram-se num todo complexo. A interpretação sociológica é, por definição, comparativa. Ao situar capitalismo ao lado da ética religiosa, Weber observa que a dimensão religiosa perde sua força, gerando um sentimento de 'desencanto' com o mundo, que dá lugar a um tipo de racionalidade prática, a burocracia, que priva e limita a liberdade humana. As críticas da ESCOLA DE FRANKFURT ao saber científico dependem do trabalho de Weber, ainda que contradigam seu preceito de neutralidade sociológica. A obra magna de Weber é a síntese monumental *Economia e sociedade*, que, por explicitar métodos e conceitos sociológicos, influencia direta ou indiretamente toda a sociologia moderna, desde sua publicação em 1914. Weber situa seu pensamento social na fronteira dos estudos da IDEOLOGIA e da CULTURA, ao reconhecer e afirmar categoricamente que as ações humanas só acontecem porque são simultaneamente significativas e simbólicas.

BIBLIOGRAFIA

WEBER, Max. *Economia e sociedade*. Brasília: UnB, 1994-1999. v. 1-2.

________. *Ética protestante e o espírito do capitalismo*. São Paulo: Companhia das Letras, 2004.

________. *Ciência e política: duas vocações*. São Paulo: Cultrix, 2004.

weblog [ing.] INF M.q. BLOGUE.
webmail [ing.] INF Diz-se de ou correio eletrônico que circula pelas redes de informação da internet (*world wide web*). ▸ Cf. EMAIL.
webmarketing [ing.] INTERN MKT Conjunto de estratégias mercadológicas operadas ou veiculadas pela internet; *marketing on-line*.
webmaster [ing.] **1** Editor ou administrador de um *site*. **2** INTERN M.q. WEB DESIGNER.
web radio [ing.] INF Estação radiodifusora que opera na internet.
website [ing.] INTERN Conexão de páginas pessoais, governamentais, comerciais, institucionais que contêm material diverso (imagens, textos, vídeos etc.) porém relacionado.
webvertising [ing.] INTERN PUB Publicidade veiculada pela internet.
webwriter [ing.] INTERN Profissional especializado em escrever textos para a internet.
webzine INTERN JOR Fanzine veiculado pela internet.
Weltanschauung [al.] FIL **1** Conjunto ordenado de valores, impressões, sentimentos e concepções de natureza intuitiva, anteriores à reflexão, a respeito da época ou do mundo em que se vive; cosmovisão, mundivivência. **2** Tal visão pré-lógica da realidade, descoberta por um crítico historicista numa obra artística ou filosófica.

INFORMAÇÕES GERAIS

Com o sentido de visão total e abrangente do mundo, *Weltanschauung* aproxima-se da noção de CULTURA, sendo também intercambiável com o sentido de CIVILIZAÇÃO. Numa determinada época ou numa sociedade, o indivíduo guia-se pela cosmovisão que é sancionada por seu grupo. Uma vez que as sociedades estão em processo de mutação, de uma maneira ideal, a *Weltanschauung* deve ser localizada temporalmente e abarca o conjunto de crenças, princípios ideológicos, ideias e representações coletivas de uma unidade social, seja ela um grupo, um partido político, uma comunidade de especialistas ou uma nação. Pode-se, porém, delimitar uma cosmovisão em termos temporais relativamente extensos, afirmando-se daí que sua força e poder diretrizes derivam de sua história. Nesse caso, *Weltanschauung* é compreendida como o corpo de ideias que forma uma tradição. De maneira menos rigorosa, afirma-se que um indivíduo, um autor, um criador apresentam uma mundivisão específica. Há quem se refira à *Weltanschauung* de Adolf Hitler (1889-1945), Immanuel Kant (1724-1804), Sigmund Freud (1856-1939) etc. As *Weltanschauungen* são percepções amplas, consistentes e, principalmente, integradas. O conceito de *Weltanschauung* é central para a filosofia historicista alemã, mas faz-se igualmente presente em teorias mais recentes, como é o caso da HIPÓTESE DE SAPIR-WHORF, que supõe que a cosmovisão de um grupo social se infiltra na estrutura de seu sistema linguístico e que, assim, a *Weltanschauung* é constantemente mantida e reiterada num processo de naturalização contínua. Se a hipótese de Sapir-Whorf estiver correta, não pode haver cosmovisão individual, pois ela se materializa rígida e fixamente no sistema de expressão e pensamento que guia todos os indivíduos. O conceito de 'epistema', em Michel Foucault (1926-1984), e o de 'paradigma', em Thomas Kuhn (1922-1996), aproximam-se do que o historicismo alemão denominaria *Weltanschauung*.

BIBLIOGRAFIA

PALMER, George. *Toward a theory of cultural linguistics*. Austin: University of Texas Press, 1996.
WHORF, Benjamin Lee. *Language, thought, and reality: selected writings*. Cambridge: The MIT Press, 1956.

western [ing.] CINE LIT TV Ver FAROESTE.
western spaghetti [ing.] CINE Filme de faroeste, de orçamento relativamente baixo, rodado na Itália ou na Espanha a partir de meados do decênio de 1960, ger. com elenco europeu e um ou mais astros norte-americanos. ▸ Cf. FAROESTE.
white balance [ing.] REC.AV Ver BALANCEAMENTO.
white hat [ing.] INF Pessoa com profundo conhecimento dos processos de computação que invade sistemas, mas não exerce atividades ilegais. ▸ Cf. BLACK HAT; GREY HAT.
white noise [ing.] ACS Mistura de todas as frequências audíveis numa única faixa de frequência.
Whorf, Benjamin Lee (Winthrop, Massachusetts, Estados Unidos 1897 - Wethersfield, Connecticut, Estados Unidos 1941) Engenheiro químico e linguista norte-americano, criador, com o antropólogo Edward Sapir (1889-1939), de uma hipótese radical a propósito da relatividade linguística. ▸ Funcionário da companhia de seguros Hartford, nos Estados Unidos, e responsável por programas de prevenção de acidentes, Whorf acreditava ter descoberto que a causa de comportamentos que levavam a incêndios e outros problemas correlatos era determinada pela estrutura da língua nativa de seus usuários. Atuando entre o mundo físico e a consciência individual, a linguagem ordinária funcionava como um filtro criador da experiência que, assim, induzia a comportamentos perigosos e desastrosos. As teses que Whorf propagou foram desenvolvidas no contato com o linguista norte-americano Sapir e que, assim, recebem o nome de HIPÓTESE DE SAPIR-WHORF. Whorf passou daí a observar que a estrutura das línguas dos nativos americanos, como a da tribo Hopi, era de tal modo distinta das línguas indo-europeias que elas só podiam construir uma visão do mundo radicalmente diferente, com expectativas e comportamentos igualmente diferenciados. As formações culturais seriam determinadas linguisticamente. Linguagem e pensamento estariam diretamente relacionados numa relação de completa SOBREDETERMINAÇÃO. Whorf chegou a afirmar que a teoria einsteniana da relatividade era mais bem expressa e compreendida nos termos da linguagem dos Hopi. A hipótese de Sapir-Whorf é tema de um interminável debate linguístico, frequentemente criticada por ser um entendimento falho e excessivamente convencionalista quando, a rigor, as linguagens são apenas variações superficiais de uma linguagem universal. Ainda que alguns linguistas tendam a aceitar as hipóteses de Whorf com alguma cautela, a ideia de que a realidade seja capturada por uma estrutura filtrante é frequentemente citada e aprovada, sem maiores escrutínios, nos meios de comunicação de massa e em escritos de popularização científica.

BIBLIOGRAFIA

WHORF, Benjamin Lee. *Language, thought, and reality*. Cambridge: The MIT Press, 1956.

who's who [ing.] EDIT Lista de indivíduos proeminentes numa determinada atividade ou campo de conhecimento, que tb. apresenta informação biográfica.
widescreen [ing.] CINE REC.AV TV Formato de tela cinematográfica e televisiva em que a proporção (*aspect*

ratio) entre largura e altura da imagem é mais larga do que a relação padronizada em 4:3. ▸ Em telas de cinema, a proporção entre largura e altura de uma imagem tem sido tradicionalmente da ordem de 2,2:1 ou de 1,66:1. O padrão atual das telas de *HDTV* (*High Definition TV*) é de 1,76:1. As alterações e experimentos com o formato das telas cinematográficas, feitas a partir da década de 1950, tinham por objetivo distinguir a experiência cinematográfica da televisiva. Entretanto, com o aprimoramento da aparelhagem de recepção das televisões, a distinção entre cinema e TV tende a diminuir. ▸ Cf. ASPECT RATIO.

Wiener, Norbert (Colúmbia, Missouri, Estados Unidos 1894 - Estocolmo, Suécia 1964) Matemático norte-americano, pioneiro da comunicação eletrônica, criador de conceitos centrais para o desenvolvimento da cibernética. ▸ Sem as formulações matemáticas atribuídas a Wiener, não haveria o que hoje se chama de CIBERNÉTICA. Como resultado de suas tentativas de fazer com que a linguagem de uma máquina fosse traduzida em outra, Wiener passou a interessar-se pelos mecanismos de controle mecânico. Para ele, esse era um problema central para a comunicação de máquinas, o que só seria realmente possível se houvesse como reduzir o intervalo entre um estado de coisas existente e o objetivo desejado. Como fazer com que uma máquina seja de tal modo controlada que ela faça o que se quer? A ideia que Wiener desenvolveu era a de fazer com que o estado inicial e o estado desejado se comunicassem entre si, reduzindo ao máximo possível a sua diferença. É aí que surge o conceito de FEEDBACK, de retroalimentação, que se mostrou indispensável para o desenvolvimento da comunicação eletrônica. Porque o polo transmissor pode ser cotejado com o extremo receptor, a comunicação consegue reduzir o teor de ruído causado pelo intervalo de viagem de uma mensagem, que vai da emissão a seu destino. Junto a Claude Shannon (1916-2001), Norbert Wiener é a figura central para a fundação de uma teoria matemática e informacional da comunicação.

BIBLIOGRAFIA

WEINER, Norbert. *Cybernetics: control and communication in the animal and the machine*. Cambridge: The MIT Press, 1965.

___________. *Human use of human beings*. New York: Avon, 1986.

wifi [ing.] INF Padrão e protocolo tecnológico que conecta dispositivos sem fio a redes celulares locais.

Wii [ing.] INF M.COM Console de *video game*, lançado em 2006, com controle sem fio (*wireless*) que responde a movimentos em três dimensões. ▸ O *Wii* é um desenvolvimento de outro produto Nintendo, o *Game Cube*.

Wii-U [ing.] INF Desenvolvimento do console de *video game* WII que opera com uma tela *touch screen*, chamada de GamePad, semelhante a um tablet do tipo *iPad*. ▸ Mais do que um desenvolvimento do video game *Wii*, o *Wii-U* é um exemplo de CONVERGÊNCIA DE MÍDIA que caracteriza as novas tecnologias de comunicação. Equipado com uma tela de alta definição, além de funcionar como um console, o aparelho permite não só que se assista a filmes por *streamlining*, mas também que se receba informação pela internet. Na palavra *Wii-U*, por homofonia, a letra U quer dizer 'você' ('*you*').

wiki [ing.] INF INTERN *Website* que possibilita a criação, edição e modificação de seu conteúdo por visitantes. ▸ Além de comportar uma solução técnica, *wiki* é uma conceituação específica da comunicação que valoriza e incentiva o trabalho cooperativo. O programador que desenvolveu pela primeira vez a tecnologia *wiki*, Ward Cunningham (1949-), tinha por propósito criar um sistema *on-line* que fosse o mais simples e rápido possível, por isso a escolha da palavra *wiki* para designar o que fez: na linguagem nativa do Havaí, *wiki* significa 'rápido'. O núcleo da programação de um *website wiki* é menos rigidamente estruturado do que o de outras programações, o que facilita navegação veloz pelos dados interligados no *site*. O material pode, assim, ser alterado com maior rapidez, sendo, portanto, esse o traço mais básico dos *wikis*. Como efeito secundário, a facilidade e a imediaticidade da alteração fomentam o trabalho cooperativo. O exemplo mais conhecido de um produto feito com a tecnologia *wiki* é a *Wikipedia*, uma enciclopédia de mais de três milhões de entradas. A incessante correção colaborativa e pública da *Wikipedia* é o motivo pelo qual, na maioria dos verbetes, a taxa de imprecisão de erro é substancialmente a mesma dos artigos de especialistas. Ainda que use o termo *wiki* no seu nome, WIKILEAKS é um *website* de postagem de documentos e não um produto da programação criada por Cunningham. Os recursos de edição dos *sites wiki* seguem modelo WYSIWYG (sigla de *what you see is what you get*, em português: 'o que se vê é o que se tem'). O recurso *wysiwyg* possibilita uma visualização prévia do que será alterado. A lógica conceitual de um *website wiki* é fundamentalmente seletiva no melhor estilo darwiniano: uma mutação do material é proposta e, em seguida, aceita ou rejeitada pelos visitantes que formam um meio ambiente.

BIBLIOGRAFIA

LEUF, Bo; CUNNINGHAM, Ward. *The wiki way: quick collaboration on the web*. Reading: Addison-Wessley, 2011.

WikiLeaks [ing.] COMN INTERN JOR Organização não governamental sem fins lucrativos que se dedica à divulgação de documentos e informações secretas, postando-os em *websites* ou repassando-os para organizações jornalísticas. ▸ A WikiLeaks passou a ser conhecida por um público mais amplo em 2010, quando postou o filme de um ataque aéreo das forças armadas norte-americanas às ruas de Bagdá que matou civis iraquianos, após confundi-los com militantes. Viam-se e ouviam-se cenas e comentários do ponto de vista interno do helicóptero que expunham direta e cruamente a violência e a estupidez da ação militar. O material, que recebeu o título de *Assassinato colateral* (*Collateral murder*), era memorável também pela maneira como foi obtido. Um militar do Pentágono, Bradley Manning (1987-), depois preso e identificado, corajosamente vazou o documento secreto para a WikiLeaks. A organização, então, recrutou pela internet a colaboração de um especialista anônimo, que, usando um supercomputador, decodificou o material e assim a WikiLeaks pôde torná-lo público na internet. O material falsificava a versão oficial do Pentágono e envergonhou profundamente o governo dos EUA. Não era a primeira vez que a WikiLeaks divulgava documentos secretos. Um mês antes da difusão de *Assassinato colateral*, o Departamento de Estado n.-am. discutia em memorando como bloquear os atos da WikiLeaks, que vinha atuando desde 2006. A massa de documentos que a WiliLeaks divulgou é extraordinária e, de certa forma, inassimilável. Além de segredos militares, o grupo postou na internet telegramas diplomáticos, informações quanto a atos de corrupção governamental, planos de assassinato, *e-mails* pessoais de políticos proeminentes, a bíblia secreta da seita cientologia, arbitrariedades governamentais diversas, além de práticas escusas de grandes corporações e bancos. O objetivo declarado da WikiLeaks é atingir um nível de transparência total de informação quanto às atividades de entidades, instituições e organizações que afetem a vida pública, mesmo que ao preço do mais extremo incômodo e mal-estar. O ativismo radical da WikiLeaks recebeu prêmios de instituições e publicações como *Anistia Internacional*, *The Economist*, *The New City Daily News*, sendo igualmente vilificada por irresponsabilidade e por desconsiderar as consequências de seus atos. A pressão sobre a WikiLeaks foi imensa: seu fundador e porta-voz, Julian Assange (1971-), tornou-se objeto de polêmica, ataques e processos jurídicos; mas o apoio popular à organização é igualmente inegável: mais de 600 milhões de assinaturas foram coletadas, pedindo que processos contra Assange sejam suspensos; mais de 1 milhão de dólares foram doados à WikiLeaks no período de outubro de 2009 a dezembro de 2010. Dissidências de Assange com outro diretor da WikiLeaks, Daniel Domscheit-Berg (1978-), sobre problemas operacionais do *site*, tornaram-se públicas, levando à renúncia de Berg. Diante da novidade radical da WikiLeaks, muitos não conseguem identificar o que seja exatamente a organização; não é um veículo que possa ser classificado como um meio tradicional de comunicação, mas não deixa de veicular documentos, tanto direta como indiretamente. O que são seus fundadores: ativistas da internet ou jornalistas? É uma organização irresponsável ou um meio de frear com denúncias eficazes os abusos e iniquidades de governos e grandes corporações? Podem as sociedades viver com informação ampla, aberta e não editorializada? A WikiLeaks não seria possível sem a transformação tecnológica dos meios de comunicação: trata-se de um fenômeno único, que mostra o poder da veiculação da informação mesmo quando vinda de baixo para cima. Os que criticam a WikiLeaks dizem que a organização nada tem a ver com a prática e o critério ético que guia a atividade jornalística. E isso é de fato verdade. Por mais perturbadora que a WikiLeaks seja, porém, ela sinaliza uma nova era na comunicação, pois é inegável o seu impacto revolucionário no panorama da mídia contemporânea. Pressionada juridicamente, com problemas financeiros e sob um assalto de críticas à sua atuação pública, em 24 de outubro de 2011, a WikiLeaks fechou temporariamente suas atividades de divulgação de documentos secretos. Desde então, sua figura pública mais conhecida, Julian Assange, começou um périplo de exílio e lutas contra extradição para evitar responder a processos de assédio sexual na Suécia. Assange nega ter cometido crimes sexuais e atribui as acusações a motivações políticas. Em 2012, o governo equatoriano concedeu-lhe exílio político.

BIBLIOGRAFIA

CARYL, Christian. Why WikiLeaks changes everything. *The New York Review of Books*, 13/01/2011.

LEIGH, David; HARDING, Luke. *WikiLeaks: Julian Assange's war on secrecy*. New York: PublicAffairs, 2011.

Williams, Raymond (Llanfihangel Crucorney, País de Gales, 1921 - Cambridge, Inglaterra, 1988) Crítico, teórico literário e cultural, romancista, dramaturgo, ensaísta, pensador marxista dos meios de comunicação. ▶ Considerado o mais importante e influente estudioso britânico dos meios de comunicação, Raymond Williams considerava a mídia como um lugar para onde múltiplos elementos convergem: a autoria, os processos sociais, a ideologia e as posições ideológicas de classes, além de procedimentos formais e estéticos. Williams foi uma figura pública comprometida com o pensamento político marxista. Apesar de sua formação literária tradicional, ele acreditava que, se o objetivo da reflexão social é entender onde se vive, é preciso olhar, com atenção minuciosa, para as formas e práticas corriqueiras e aparentemente triviais que afetam dretamente a consciência dos indivíduos. Por isso, a mídia deve ser um objeto de análise sistemática. Em 1958, Williams publicou seu primeiro livro de sucesso, *Culture and society*. Sua perspectiva política socialista e a adoção do credo marxista levaram-no a estabelecer nexos constantes e próximos entre linguagem, sociedade e cultura, sem conferir, ao contrário dos estruturalistas da época, nenhum privilégio especial à linguagem. Entre as opções disponíveis, o privilégio teórico deveria ser dado à história, que por sua vez é parte da sociedade. O entendimento do presente vem do estudo arqueológico, de uma história social dos conceitos e de como eles se transformam ao longo do tempo, em reação às pressões sociais dos momentos históricos. Os temas de *Culture and society* (indústria, democracia, classe, arte e cultura) desenvolvem-se segundo sutis ou súbitas mudanças de sentimento, de 1780 a meados do sXX; *Keywords* também apresenta desenvolvimentos histórico-sociais dos conceitos-chave do campo de *culture studies*. Exigindo contextualização histórica e social, Raymond Williams desqualificou Marshall McLuhan (1911-1980) como pensador da comunicação, acusando-o de desconsiderar ingenuamente os aspectos sociais da tecnologia que criou a televisão. Sua crítica a McLuhan afirma que a experiência de ver televisão não é definida pelos programas a que se assiste, mas pelo *fluxo* narrativo da experiência: a televisão é um texto contínuo. As hipóteses e conclusões do materialismo cultural de Williams forjaram-se no debate com as figuras culturais da atualidade. Consistente com suas posições políticas, a ficção e o drama que produziu representam frequente e realisticamente o cotidiano de gente comum. Até sua morte, Williams foi um militante nacionalista gaulês.

BIBLIOGRAFIA

CEVASCO, Maria Elisa. *Para ler Raymond Williams*. Rio de Janeiro: Paz e Terra, 2001.

WILLIAMS, Raymond. *Culture and society: 1780-1950*. New York: Columbia University Press, 1983.

__________. *Television: technology and cultural form*. London: Routledge Classics, 2003.

__________. *Palavras-chave*. São Paulo: Boitempo, 2007.

Wilson, E(dward). O(sborne). (Birmingham, Alabama, Estados Unidos 1929 -) Zoólogo e biólogo n-am., especialista em formigas e sociedades animais, cunhador do termo e de estruturas conceituais que dão forma à SOCIOBIOLOGIA. ▶ Após a infância e a juventude passadas na costa sul dos Estados Unidos, observando insetos, lagartos e outros animais, Wilson formou-se pela Universidade do Alabama, em Tuscaloosa, e doutorou-se em Harvard, dedicando-se, então, a um ramo da entomologia, a mirmecologia, ou seja, ao estudo e à análise das formigas. Com Bert Hölldobbler (1936-), Wilson escreveu o principal livro-texto sobre o que ele chama de criaturas mínimas, mas que, ao mesmo tempo, expressam a maravilha da epopeia evolutiva que é a vida biológica. Em 1991, Hölldobbler e Wilson receberam o Prêmio Pulitzer por seu trabalho *The ants* (*As formigas*): a análise das formigas sublinhava claramente o nexo entre os processos de comunicação desses animais e sua estrutura social. A celebridade pública de Wilson advém da publicação em 1977 do livro *Sociobiology: the new synthesis*. *Sociobiology* sistematizava uma perspectiva teórica que se viera fundamentando na biologia e que reunia genética e o entendimento das sociedades humanas e animais. A reação ao trabalho de Wilson de alguns cientistas e dos que praticavam as ciências sociais e humanas foi estarrecedora e extrapolou os limites da civilidade. Havia mais do que discussão e debate passional diante daquilo que Wilson dizia. As manifestações contra Wilson chegaram ao absurdo de interromperem suas palestras e derramarem uma jarra de água na sua cabeça. O propósito era, visivelmente, silenciar sua sugestão de que os genes dão forma e orientam o comportamento social de todos os organismos vivos. É óbvio que a sociobiologia de Wilson argumenta a favor da unidade radical dos seres vivos, que é a hipótese central do evolucionismo e que se expressa pela ideia darwiniana de DESCENDÊNCIA COMUM COM MODIFICAÇÕES. Em sua multiplicidade, a vida se faz pela ação mútua dos processos de SELEÇÃO NATURAL, de mutação genética e de adaptabilidade a estados ambientais. O que as sociedades animais e humanas desenvolvem e favorecem consistentemente tem sempre por objetivo incrementar a sobrevivência e a disseminação das unidades hereditárias, portanto os genes, a partir dos quais a evolução se organiza. Um dos méritos da síntese de Wilson residia na organização de intuições e teorias que já vinham sendo aceitas por biólogos e geneticistas. Infelizmente, o estigma criado pela reação à sociobiologia fez do termo uma locução carregada de sentido pejorativo. Aceitar que a hereditariedade genética funcione como uma rédea comportamental era fácil e desprovido de polêmica no caso das sociedades animais, mas inaceitável se transposta para a dimensão humana. Filosoficamente, além de questionar e problematizar cientificamente a segregação dos domínios da natureza e da cultura que vigoram nas humanidades desde o iluminismo rousseauniano, a sociobiologia desmontava a hipótese de que a mente humana seja uma página em branco a ser preenchida por conteúdos sociais sem base biológica. De maneira geral, as teses sociobiologistas limitam severamente a ação autônoma e independente da cultura na formação dos comportamentos humanos. Se a natureza humana é unitária, o saber que a espécie produz é igualmente unificado: *Consilience* defende a possibilidade de uma conjugação de conhecimentos que tradicionalmente são mantidos em separado. Outra parte importante da obra de Wilson é sua reflexão sobre a biodiversidade, a interconexão das formas de vida e a consequente necessidade de um conservacionismo radical no mundo em que vivemos. Wilson recebeu o prêmio Crafoord de 1990, outorgado pela Real Academia Sueca das Ciências para as áreas de saber que não são consideradas pelo Prêmio Nobel.

BIBLIOGRAFIA

HÖLLDOBBLER, Bert; WILSON, E. O. *The ants*. Cambridge: The Belknap Press at Harvard University Press, 1990.

WILSON, E. O. *Consilience: the unity of knowledge*. New York: Vintage Books, 1999.

________. *Sociobiology: the new synthesis*. Cambridge: Harvard University Press, 2000.

________. *On human nature*. Cambridge: Harvard University Press, 2004.

________. *The diversity of life*. Cambridge: Harvard University Press, 2010.

________. *Criação ou como salvar a vida na Terra*. São Paulo: Companhia das Letras, 2011.

winchester [ing.] INF M.q. DISCO RÍGIDO.

wire [ing.] TEL Ato ou efeito de transmitir mensagem e informação por meio de cabos eletrônicos.

wireless [ing.] TEL Qualquer aplicativo que dispense a conexão por fio. ▸ Se a conectividade é o traço dominante de toda comunicação, não há como negar o crescimento progressivo de dispositivos sem fio. Computadores, celulares e outros dispositivos conectam-se sem o recurso de fios e cabos. O resultado é uma comunicação nômade que responde a demandas, mas que não se ancora em lugar nenhum.

wiretap [ing.] TEL M.q. GRAMPEAR ('interceptar').

Wittgenstein, Ludwig **(Viena, Áustria 1889 - Cambridge, Inglaterra 1951)** Filósofo austríaco, professor da Universidade de Cambridge, Inglaterra, inspirador de duas grandes doutrinas teóricas antitéticas da filosofia contemporânea: o positivismo lógico e a filosofia da linguagem ordinária. ▸ A filosofia anglo-saxã do sXX é profundamente marcada pela presença de Wittgenstein. Filho de uma família de industrialistas de grande riqueza, Wittgenstein, após estudar engenharia, interessa-se por filosofia da matemática. Em 1911, ele visita Gottlob Frege (1848-1925), de quem recebe a sugestão de ir para Cambridge, na Inglaterra, estudar com Bertrand Russell (1872-1970). Num ensaio autobiográfico, Russell conta que, no fim do ano letivo, Wittgenstein se aproximou dele e perguntou se devia prosseguir seus estudos de engenharia ou dedicar-se plenamente à filosofia da matemática. Intrigado, Russell quis saber o motivo da questão. Wittgenstein respondeu de maneira simultaneamente direta e cifrada: "se for um gênio, estudo matemática; se não, engenharia". Após as férias, Wittgenstein, que tinha sido praticamente esquecido por Russell, apresenta-lhe um ensaio filosófico. Russell leu o texto, lembrou-se da estranha pergunta e disse-lhe que ele não devia estudar engenharia. A história é tanto biográfica como representativa do estilo e da personalidade de Wittgenstein. Russell o recebeu como aluno e colaborador no estudo da lógica e da matemática. Visto como um todo, o trabalho filosófico de Wittgenstein não é estrita e exclusivamente acadêmico. É bem verdade que seus escritos lidam frequentemente com observações sobre problemas próprios da investigação filosófica, mas é igualmente certo que ele reflete sobre questões mais gerais que transcendem os limites estritos da filosofia. A prosa de Wittgenstein inspira-se nos aforismas filosóficos de George Lichtenberg (1742-1799), composta de frases curtas, abertas a interpretações variadas e cuidadosamente ordenadas numa sequência lógica e significativa. É nesse estilo que Wittgenstein formulou seu primeiro livro, *Tractatus logico-philsophicus*, publicado em 1922 e redigido nas trincheiras da Primeira Guerra Mundial, durante o seu serviço militar no exército austríaco. Wittgenstein, então, renunciou à sua cátedra em Cambridge, acreditando que tinha resolvido no *Tractatus* todos os problemas possíveis da investigação filosófica. Mesmo ramificando-se em incursões que transcendem as fronteiras da filosofia, o tema central do *Tractatus* é a relação entre a linguagem e a filosofia. Para Wittgenstein, o que parece ser enigma filosófico é frequentemente apenas uma compreensão equivocada da linguagem na qual o pensamento se expressa. Toda sentença que seja efetivamente significativa tem uma estrutura lógica precisa e determinada. Entender a sentença é entender os elementos que a estruturam logicamente e que estão, por vezes, ocultos pelas imprecisões e pela gramática da linguagem comum. A filosofia que deriva do *Tractatus* é reconhecida como atomismo lógico, porque Wittgenstein presumiu que as sentenças aparentemente complexas são compostas ou de sentenças mais simples que têm um conteúdo de verdade ou de elementos igualmente simplificados que se ligam diretamente com o mundo. É assim que se distingue uma sentença que possui daquela que não possui significado. Os estados de coisas que compõem o mundo e a linguagem adequada para descrevê-los têm o mesmo modelo ou a mesma representação lógica. Sem explicar como o processo de representação se forma, o pensamento wittgensteiniano afirma que toda proposição é uma imagem da realidade. Nessa primeira fase de seu pensamento, o que os usuários da linguagem fazem com ela e por que meios não interessa a Wittgenstein. Muitas vezes o que acreditamos ser um enunciado significativo é desprovido de sentido, pois não atinge os requisitos da linguagem atômica e logicamente perfeita que Wittgenstein identifica no *Tractatus*. Questões sobre ética, estética, o significado da vida e até o próprio livro que acabara de escrever são mera tagarelice, a qual não se pode verificar. Daí ter sido perfeitamente coerente abandonar a atividade filosófica. Wittgenstein desapareceu por completo, a tal ponto que Russell, numa introdução sobre a filosofia da matemática, reconheceu a sua dívida para com o ex-aluno, ainda que não soubesse por onde ele andava. Hoje, sabe-se que Wittgenstein ensinara numa escola primária dos Alpes austríacos e que planejara uma casa para sua irmã. Nesse período, Wittgenstein concluiu que as teses do atomismo lógico do *Tractatus* estão completamente erradas. Ao contrário do que o *Tractatus* supusera, a linguagem é composta de múltiplos modos, cada um correspondente às diferentes necessidades de seus usuários. Acredita-se que a nova concepção de linguagem, completamente diversa da que rege a sua filosofia inicial, tenha surgido durante suas experiências com as crianças as quais ensinara. A linguagem, agora, é como um jogo (cf. JOGO DE LINGUAGEM). Cabe, portanto, à filosofia examinar com atenção minuciosa o funcionamento e os usos da linguagem ordinária. A linguagem e os jogos infantis seguem regras próprias que determinam suas possibilidades, mas que, por si mesmas, limitam-se a estabelecer os critérios de aplicações. À maneira dos jogos, a linguagem se manifesta em suas práticas regulares. Por mais que seja tentador traçar fronteiras nítidas entre a primeira e a segunda fase da atividade filosófica de Wittgenstein, uma que leva ao positivismo lógico e outra que estuda os mecanismos da linguagem ordinária, há em todo o seu trabalho uma unidade de preocupação e de objeto que o faz um dos mais importantes pensadores atuais da linguagem e da comunicação.

BIBLIOGRAFIA

MORENO, Arley. *Wittgenstein: um estudo introdutório*. Rio de Janeiro: Taurus, 1985.

WITTGENSTEIN, Ludwig. *Tractatus logico-philosophicus*. São Paulo: Edusp, 2001.

_______________. *Investigações filosóficas*. Petrópolis: Vozes, 2005.

WML [ing.] **INTERN** Sigla de *wireless markup language* ('linguagem de marcação para dispositivos sem fio').

Wollstonecraft, Mary **(Londres, Inglaterra 1759 - Londres, Inglaterra 1797)** Pensadora, romancista, panfletista radical e feminista britânica do sXVIII. ▸ Autodidata, Mary Wollstonecraft enfatizou o papel liberador que a educação deveria ter na formação das mulheres. Só a educação poderia ter o propósito de gerar independência e assim conferir força e poder a um grupo de indivíduos que fora sistematicamente oprimido ao longo da história. Seu ensaio *Thoughts on the education of daughters*, de 1787, argumenta que a educação das mulheres seria benéfica para o casal, para os filhos e para a sociedade como um todo. O trabalho mais célebre de Wollstonecraft é *A vindication of the rights of woman* publicado em 1792, cinco anos antes de sua morte por complicações no parto. Nesse livro, Wollstonecraft ataca as afirmações da época sobre a inferioridade natural do sexo feminino. As diferenças que possam ser reconhecidas entre os sexos não derivam de uma inclinação natural, e sim da educação diferenciada de mulheres e homens. Seu argumento é profundamente igualitário e, por esse motivo, ela é considerada uma das fundadoras e inspiradoras de uma tendência do FEMINISMO contemporâneo. Além de ensaios doutrinários, Wollstonecraft escreveu uma narrativa de viagens, uma história da Revolução Francesa, romances e livros infantis. Sua relação, por vezes tempestuosa e sempre não convencional, com outros radicais da época constitui um foco constante dos estudos sobre ela.

BIBLIOGRAFIA

WOLLSTONECRAFT, Mary. *A vindication of the rights of woman and a vindication of the rights of men*. Oxford: Oxford University Press, 2009.

woofer [ing.] **REC.AV** Alto-falante em foma de cone destinado à reprodução de sons graves.

workprint [ing.] **CINE** M.q. COPIÃO.

workstation [ing.] **INF** **1** Terminal ou *PC* que funciona como local de trabalho de um usuário. **2** Microcomputador com grande capacidade de processamento, us. especialmente para operações profissionais específicas, como trabalhos científicos, projetos de engenharia, projetos gráficos, cálculos estruturais, editoração eletrônica, simulação de sistemas etc.

world music [ing.] **MÚS** Tendência musical do fim da década de 1980, originada do *jazz*, da música *pop* e de vertentes não ocidentais, esp. africanas, indianas e latino-americanas.

world wide web [ing.] **INF M.COM** **1** Serviço da INTERNET. ▸ Apesar de ser de uso comum identificar *world wide web* como internet, internet e *world wide web* não são equivalentes. **2** Forma de prover informação organizada em hipertexto que utiliza um protocolo de comunicação *HTTP*.

worm [ing.] **INTERN** Programa de computação danoso (*malware*) desenvolvido com o propósito de replicar-se via *email*, *instant messaging* ou programas de rede com falha de segurança. ▸ Extremamente engenhoso, esse tipo de *malware* chega a combinar vários recursos de transmissão, podendo proliferar-se por *emails* e outros serviços *on-line*, *pendrives* etc. O *worm* não deve ser confundido com um vírus. Ao contrário do vírus, o *worm* tem um conceito automatizado de proliferação que exige apenas um meio de acesso. A mutação do *worm* é incansável. Caso, por exemplo, o usuário contamine-se através do uso de *instant messaging*, e se o programa contaminador tiver instruções de espalhar-se por meio de *pendrives*, isso será feito, mas com uma consequência perversa; quando o mesmo computador for usado por alguém com outro *pendrive*, o *malware* possivelmente se espalhará por *instant messaging* e subsequentemente por *pendrive*, assim multiplicando-se exponencialmente.

wow [ing.] ACS M.q. CHORO ('modulação').

www [ing.] INF M.COM Sigla de WORLD WIDE WEB. ▸ Cf. INTERNET; WEB.

wysiwyg [ing.] INF Sigla designativa de recurso de *software* criado com o objetivo de exibir na tela do computador informações (textos, diagramas, imagens etc.) com um aspecto semelhante ao de sua impressão, possibilitando uma visualização prévia do trabalho antes de sua concretização. ▸ Sigla de *what you see is what you get* ('o que você vê é o que você tem').

Xx

x **1** Vigésima quarta letra do nosso alfabeto. **2** FON Letra que representa 1) a consoante fricativa côncava palatoalveolar surda, como em *xadrez, mexe, enxame*; 2) o grupo consonantal [ks], como em *fixo, nexo*; 3) a consoante fricativa dental sonora [z], como em *exame, exército*. **3** A forma dessa letra. **4** GRÁF Tipo que imprime essa letra. **5** EDIT Matriz a partir da qual se faz essa letra. **6** Diz-se do elemento de uma série que sucede ao designado pela letra *w*.

xDLS [ing.] INF TEL Sigla de *digital subscriber line* ('assinante de linha digital'). ▸ A letra *x* indica que a sigla também se refere a outros sistemas de transmissão de mensagens.

xerocador Que ou o que opera uma máquina xerox; xerocopista.

xerocável Que pode ser xerocado, reproduzido, copiado (diz-se qualquer registro gráfico).

xerocópia GRÁF Exemplar repográfico obtido por cópia xerox; cópia xerográfica. ▸ Cf. FOTOCÓPIA.

xilo GRAV Red. de XILOGRAVURA.

xilógrafo GRAV **1** Que ou aquele que grava sobre madeira imagens ou textos em relevo; xilogravador, xilogravurista. **2** Trabalho de xilografia; xilogravura.

xilogravador GRAV M.q. XILÓGRAFO.

xilogravura GRAV **1** Arte e técnica de fazer gravura sobre madeira. **2** Estampa obtida através dessa técnica. ▸Tb. se diz apenas *xilo*.

XML [ing.] INF INTERN Linguagem de descrição de páginas extensível, personalizável e baseada em dados textuais, us. para codificar documentos eletronicamente e de forma estruturada para armazenamento e envio pela internet. ▸ Sigla de *extensible markup language* ('linguagem de marcação extensível').

X-Y recording [ing.] M.COM Técnica de gravação que usa dois microfones no mesmo lugar com um posicionamento de 90° em face do outro.

Yy

y **1** Vigésima quinta letra do nosso alfabeto; ípsilon. ▸ Us. em derivados gráficos de vocábulos estrangeiros em que pode representar a vogal anterior fechada [i], como em *whisky*, e o ditongo [ai], como em *byroniano*. **2** FON Letra que representa a vogal ou a semivogal anterior, alta, fechada, não arredondada, oral, em palavras estrangeiras como em *hobby*, *boy*. **3** A forma dessa letra. **4** GRÁF Tipo que imprime essa letra. **5** EDIT Matriz a partir da qual se faz essa letra. **6** Diz-se do elemento de uma série que sucede ao designado pela letra *x*.

YB [ing.] INF Símb. de YOTABYTE

yearbook [ing.] BIBL EDIT Anuário.

Yomiuri Shimbun [jap.] Jornal diário japonês, fundado em 1874, sediado em Otemachi, Chiyoda, Tóquio, e de propriedade do grupo de comunicação Yomiuri. ▸ O *Yomiuri Shimbun* começou a circular como uma pequena publicação diária em 1876, transformando-se numa publicação literária e eventualmente num jornal diário de grande circulação em todo o Japão. É impresso em duas versões, a matutina e a vespertina, com várias edições locais. Sua tiragem ultrapassa a casa de 14 milhões de exemplares (10 milhões da edição matutina e 4 milhões da vespertina) e é certamente o jornal mais vendido e lido em todo o mundo.

yotabyte [ing.] INF Unidade de informação que é um multiplicador de 10^{24}, no valor de um quatrilião de *bytes*. ▸ Símb.: *YB*.

YouTube INF INTERN M.COM *Site* de partilha de vídeos, fundado em 2005, desde 2006 subsidiária do Google. ▸ A popularidade do YouTube deve-se à combinação de vários elementos e processos de comunicação num só veículo. Concebido inicialmente como um *site* para DOWNLOAD e UPLOAD de vídeos pessoais e amadores, o YouTube funciona também como um vasto arquivo de vídeo e áudio, que oferece espaço opcional para a manifestação e comentário crítico de seus usuários, além de ser uma forma de veiculação alternativa, caracteristicamente descentralizada e sem a maioria das restrições e empecilhos de distribuição próprios da mídia tradicional. Os índices de popularidade do material exibido são tb. estabelecidos no *site*, fazendo com que muitos aspirantes ao estrelato na mídia (animais e humanos; crianças, adolescentes e adultos) exibam suas qualidades criativas nas várias plataformas (*smartphones*, computadores, consoles, TVs etc.) de YouTube. Com um investimento de capital de 1,5 milhão de dólares, a estrutura da companhia foi desenvolvida em fins de 2005 e início de 2006. O crescimento e a expansão extraordinárias do YouTube fez com que o *site* recebesse, em poucos meses de existência, mais de 100 milhões de entradas diárias. Atualmente, o YouTube é o principal *site* de consumo de vídeos nos Estados Unidos, sendo o terceiro *website* mais visitado na internet, atrás apenas do Facebook e do Google. Da mesma maneira que o Facebook e o Google, o número imenso de usuários do YouTube faz do *website* um veículo publicitário atraente e importante. Para responder à competição de *sites* como o Hulu, que apresenta filmes de maior duração do que os 15 minutos ger. permitidos no YouTube, o *site* associou-se com a MGM, a CBS e a Lions Gate Entertainment para prover serviços de aluguel e material cinematográfico e televisivo. Calcula-se que, em 2010, a audiência diária de vídeos no YouTube tenha sido duas vezes maior do que o total de espectadores das três principais emissoras dos EUA.

BIBLIOGRAFIA

BURGUESS, Jean; GREEN, Joshua. *YouTube: online video and participatory culture*. Cambridge: Polity Press, 2006.

Zz

z **1** Vigésima sexta letra do nosso alfabeto. **2** FON Letra que representa a fricativa côncava sonora [z], como em *zebra, azar, azedo.* **3** A forma dessa letra. **4** GRÁF Tipo que imprime essa letra. **5** EDIT Matriz a partir da qual se faz essa letra. **6** Diz-se do elemento de uma série que sucede ao designado pela letra *y*.

Zahavi, Amotz (Petah Tikvah, então Palestina Britânica 1928 -) Biólogo evolucionista, ornitólogo e teórico israelita que formulou o princípio da desvantagem (*handicap principle*). ▸ Em 1975, Amotz Zahavi publicou um trabalho revolucionário em comunicação animal que, após uma reação de indiferença, criou imensa polêmica no campo da ETOLOGIA. Partindo da observação de que alguns comportamentos, características e estruturas biológicas não são explicáveis pela ideia de adaptação, Zahavi propôs o que chamou de princípio da desvantagem (*handicap principle*). Um dos motivos da reação negativa à ideia era a associação negativa do termo *desvantagem*. O doutrinarismo evolucionista sugere que as adaptações biológicas são, por definição, benéficas ao organismo individual: como pode ser possível a proliferação de traços desvantajosos em populações que sofrem a ação da seleção natural? Aos poucos, o debate favoreceu a formulação de Zahavi, que hoje é chamada, por alguns autores, de *cost-signaling theory* ('teoria do custo da sinalização'). De fato, se vista sob a perspectiva da seleção natural darwiniana, a teoria de Zahavi é contraintuitiva; mas, vista a partir da mecânica de seleção sexual, a conclusão é bem outra. Por que as gazelas desafiam predadores, saltando na sua frente? Por que os leões-marinhos portam focinho volumoso que atrapalha a visão? Por que alguns pássaros brigam com membros de suas comunidades para terem o direito arriscado de vigiar em nome da comunidade? Por que o pavão desenvolveu uma cauda tão grande que o impede de se movimentar agilmente quando atacado? Os casos a serem explicados são muitos e sempre intrigantes. A teoria de Zahavi opera com algumas premissas básicas. Todo sinal comunicado pelo organismo tem um custo. Se o custo é maior do que o organismo pode pagar, o efeito da sinalização é prejudicial e danoso; e, principalmente, quanto maior for o investimento necessário para a transmissão dos sinais, mais confiável e honesta é a mensagem. Só organismos com alto teor de excelência biológica são capazes de emitir certos sinais. O sinal que parece ser desvantajoso ou custoso é de fato uma garantia de que o seu comunicador é de alta qualidade. Quem é capaz de sobreviver, apesar da desvantagem, produzirá rebentos tão bons quanto ele. A evolução favorece a honestidade e a verdade. Zahavi, que publicou trabalhos com sua mulher, Avishag, acredita ter solucionado o que parece mistério no processo evolutivo, alguns deles reconhecidos pelo próprio Charles Darwin (1809-1882). Sob a perspectiva do princípio da desvantagem, entende-se facilmente a proliferação da abundância e das mensagens inflacionadas que circulam com frequência no mundo animal e humano. A ideia do custo da sinalização explica com nitidez motivos para comportamentos econômicos humanos desmesurados e arriscados. O consumo conspícuo é uma instância do *handicap principle*. Considere-se Jimi Hendrix (1942-1970) tocando guitarra com os dentes: só uma pessoa altamente capacitada poderia fazer isso. Tudo é claro e lógico, na teoria de Zahavi, se considerado pelo prisma da seleção sexual. ▸ Cf. BIOSSEMIÓTICA.

BIBLIOGRAFIA

ZAHAVI, Amotz. Ritualization and the evolution of movement signals. In: *Behavior*, n. 72, p. 77-81, 1980.

__________. The falacy of conventional signaling. In: *Philosophical Transactions of the Royal Society of London*, n. 340, p. 227-30, 1993.

__________; ZAHAVI, Avishag. *The handicap principle: a missing piece of Darwin's puzzle*. New York: Oxford University Press, 1997.

Zahavi, Avishag (Haifa, então Protetorado Britânico 1922 -) Naturalista e ornitóloga israelense, coautora do princípio da desvantagem (*handicap principle*) com seu marido, Amotz Zahavi (1928-). ▸ Cf. ZAHAVI, AMOTZ.

zapear Trocar seguidamente de canal de TV para percorrer sua programação.

zapping [ing.] TV Ato ou efeito de mover-se rapidamente pelos canais de televisão, usando o controle remoto.

ZB [ing.] INF Símb. de ZETABYTE.

Zedong, Mao Ver MAO TSÉ-TUNG (ZEDONG).

zetabyte [ing.] INF Unidade de informação que é um multiplicador de 10^{21}, equivalente a um sextilião de *bytes*. ▸ Símb.: *ZB*. ▸ Aport: *zetabaite*.

zine M.COM Abrev. de FANZINE.

zipar INF Compactar (arquivo) para armazenamento de dados.

zoom [ing.] CINE TEAT TV M.q. ZUM.

zoossemiótica BIO SEMIO Ramo da biossemiótica que estuda o intercâmbio de sinais que se dá entre os animais de qualquer espécie. ▸ Cf. BIOSSEMIÓTICA.

Zuckerberg, Mark (White Plains, Nova York, Estados Unidos 1984 -) Empresário n.-am., programador de computação e um dos criadores da rede de relações sociais *Facebook*. ▸ A história da criação do site Facebook, por parte de Mark Zuckerberg, Eduardo Saverin (1982-), Dustin Moskovitz (1984-) e Chris Hughes (1983-) é fartamente conhecida e foi tema do filme *A rede social*, de 2010. Entretanto várias críticas foram feitas à veracidade do filme, que seria mais uma narrativa ficcional bem livre do que um relato jornalístico preciso. Ao entrar para a Universidade de Harvard, onde estudou computação e psicologia, Zuckerberg já era um programador experiente e, na opinião de alguns, mais do que isso: era um programador prodigioso. Antes de escrever o Facebook, Zuckerberg desenvolveu outros programas de relação social. A princípio concebido para estudantes universitários de escolas de elite, o Facebook seguiu o princípio que Zuckerberg diz ter sido sua motivação inicial ao criar o que se transformou no *site* mais popular do planeta: abertura completa de informação, sem limites ou restrições. Em 2011, calculava-se que uma entre quatro pessoas de todo o mundo tinha uma página no Facebook. A disseminação aberta e completa do que é postado no Facebook distingue-o das outras redes de relação social. Sociologicamente, o poder do Facebook talvez venha do interesse desmesurado que se tem pela vida alheia, através de FOFOCA. Muitos acreditam que o Facebook vai longe demais, disseminando informação sem o consentimento dos usuários, invertendo a mecânica tradicional de revelar quem quer ter suas informações distribuídas, não sendo o caso de prioritariamente não revelar os que não querem. Filantropo e dono de uma fortuna pessoal de mais de 17,5 bilhões de dólares, Zuckerberg foi objeto de processos legais relativos a coautoria, propriedade e práticas do Facebook.

BIBLIOGRAFIA

VARGAS, Antonio. The face of Facebook. In: *The New Yorker*, 20/09/2010.

zum CINE FOT TV **1** Efeito de afastamento ou aproximação sucessiva obtido pela variedade de planos (plano médio, plano próximo, detalhe etc.) com uma câmara de distância focal continuamente variável. **2** Objetiva especial que, reunindo características de grande angular, lente normal e objetiva, permite obter os efeitos de afastamento ou aproximação sucessiva, graças a sua distância focal, que, continuamente ajustada, oferece vários graus de ampliação sem prejuízo do foco. **3** Relativo a ou próprio para proporcionar esse efeito.

zumbido REC.AV Ruído, distorção na transmissão e na recepção de sons.

zum-zum Notícia divulgada à boca pequena, ger. infundada; boato, zum-zum-zum. ▶ Cf. FOFOCA.

zum-zum-zum M.q. ZUM-ZUM ('boato'). ▶ Cf. FOFOCA.

zunzunar **1** Fazer zum-zum. **2** Fazer espalhar-se (notícia, mexerico) à boca pequena; rumorejar. ▶ Cf. FOFOCA.

Bibliografia

ABERCROMBIE, Nicholas; Longhurst, Brian. *Dictionary of media studies*. London: Penguin, 2007.

AUDI, Robert (ed.). *The Cambridge dictionary of philosophy*. Cambridge: Cambridge University Press, 1995.

BARNOW, Erik (ed.). *International encyclopedia of communications*. New York: Oxford University Press.

BENSE, Max; Walther, Elisabeth (dir.). *La semiótica: Guia Alfabética*. Barcelona: Anagrama, 1975.

BLACKBURN, Simon. *The Oxford dictionary of philosophy*. Oxford: Oxford University Press, 2008.

BOTTOMORE, Tom (ed.). *Dicionário do pensamento marxista*. Rio de Janeiro: Jorge Zahar Editor, 1988.

BOUISSAC, Paul (ed.). *Encyclopedia of semiotics*. New York: Oxford University Press, 1998.

BRUNSCHWIG, Jacques; Llyod, Geoffrey E. R. (ed.). *Greek thought: a guide to classical knowledge*. Cambridge: The Belknap Press of Harvard University Press, 2000.

CANTOR, Norman F. (dir.). *The encyclopedia of the Middle Ages*. New York: Viking, 1999.

CASSIN, Barbara (dir.). *Vocabulaire européen des philosophes; dictionnaire des intraduisibles*. Paris: Le Robert/Seuil, 2004.

CONNORS, Tracy Daniel. *Longman dictionary of mass media and communication*. New York: Longman.

DANESI, Marcel. *Dictionary of media and communication*. Armonk, NY: M. E. Sharpe, 2009.

DAREMBERG, Charles. *Dictionnaire des antiquités grecques et romaines*. Graz, Academische Druk: Verlangstalt, 1969.

DONSBACH, Wolfgang (ed.). *The international encyclopedia of communication*. Malden: Blackwell, 2008.

ELLMORE, Terry. *NTC's mass media dictionary*. Lincolnwood, Ill: National Text Book, 1981.

FITZGERALD, Allan D (ed.). *Augustine through the ages: an encyclopedia*. Grand Rapids, Michigan: William Eerdamans, 1999.

FLEW, Anthony. *A dictionary of philosophy: revised second edition*. New York: Saint Martin's Press, 1979.

GREIMAS, A. J.; Courtés, J. *Semiotics and language: an analytical dictionary*. Bloomington: Indiana University Press, 1982.

GRANT, August E.; Meadows, Jennifer H. (ed.). *Communication technology update and fundamentals*. Amsterdam: Elzivier/Focal, 2010.

HORNBLOWER, Simon; Spawforth, Antony. *Oxford classical dictionary*. New York: Oxford University Press, 1996.

HORNBLOWER, Simon; Spawforth, Antony. *The Oxford companion to classical civilization*. New York: Oxford University Press, 1998.

HOUAISS, Antônio. *Pequeno dicionário enciclopédico Koogan Larrouse*. Rio de Janeiro: Editora Larousse do Brasil, 1978.

HOUAISS, Antônio; Villar, Mauro de Salles. *Dicionário Houaiss da língua portuguesa*. Rio de Janeiro: Objetiva, 2004.

KATZ, Chaim Samuel; Dória, Francisco Antonio; Costa Lima, Luiz. *Dicionário crítico de comunicação*. Rio de Janeiro: Paz e Terra, 1971.

LACEY, A. R. *A dictionary of philosophy*. London: Routledge and Kegan Paul, 1976.

LALANDE, André. *Vocabulaire technique et critique de la philosophie*. Paris: Presses Universitaires de France, 1956.

MARCONDES Filho, Ciro (org.). *Dicionário da comunicação*. São Paulo: Paulus, 2009.

PANOFF, Michel; Perrin, Michel. *Dicionário de etnologia*. Lisboa: Edições 70, 1979.

RÓNAI, Paulo. *Não perca seu latim*. Rio de Janeiro: Nova Fronteira, 1980.

SEBEOK, Thomas A.; Danesi, Marcel (ed.). *Encyclopedic dictionary of semiotics, 3 vols: third edition, revised and updated*. Berlin: Mouton de Gruyter, 2010.

SMITH, Ken *et alii* (ed.). *Handbook of visual communication*. Mahwah: Lawrence Erlbaum, 2005.

VESEY, F.; Foulkes, P. *A dictionary of philosophy*. Glasgow: HarperCollins, 1990.

WATSON, James; Hill, Anne. *A dictionary of communication and media studies*. London: Edward Arnold, 1989.

WEIK, Martin H. *Communication standard dictionary*. New York: Van Reinhold, 1983.

WEINER, Richard. *Webster's new world dictionary of media and communications*. New York: Macmillan, 1996.

Este dicionário foi composto em Cambria c. 8.1/9.2; c. 8.5/9.5 e
Helvetica Neue c. 8, 9, 24/9.2 e foi impresso sobre papel offset 75 g/m^2,
pela gráfica RR Donnelley em junho de 2013.